法律与政策工具箱

期货和衍生品

规定·案例·文书

中衍律师事务所 编
郑乃全 主编

法律出版社
LAW PRESS · CHINA
北京

图书在版编目(CIP)数据

法律与政策工具箱：期货和衍生品：规定·案例·文书／中衍律师事务所编；郑乃全主编. --北京：法律出版社，2022

ISBN 978-7-5197-6580-4

Ⅰ. ①法… Ⅱ. ①中… ②郑… Ⅲ. ①期货交易－法律－研究－中国 Ⅳ. ①D922.287.4

中国版本图书馆CIP数据核字(2022)第051470号

法律与政策工具箱：
期货和衍生品(规定·案例·文书)
FALÜ YU ZHENGCE GONGJUXIANG:
QIHUO HE YANSHENGPIN(GUIDING · ANLI · WENSHU)

中衍律师事务所 编
郑乃全 主编

责任编辑 邢艳萍
装帧设计 汪奇峰

出版发行 法律出版社
编辑统筹 法律应用出版分社
责任校对 朱海波
责任印制 刘晓伟
经　　销 新华书店

开本 A5
印张 39.875　**字数** 1400千
版本 2022年6月第1版
印次 2022年6月第1次印刷
印刷 天津嘉恒印务有限公司

地址：北京市丰台区莲花池西里7号(100073)
网址：www.lawpress.com.cn
投稿邮箱：info@lawpress.com.cn
举报盗版邮箱：jbwq@lawpress.com.cn
销售电话：010-83938349
客服电话：010-83938350
咨询电话：010-63939796

书号：ISBN 978-7-5197-6580-4
定价：186.00元
凡购买本社图书，如有印装错误，我社负责退换。电话：010-83938349

目　　录

第一部分　规范指引

法律

法规

国务院规范性文件

司法解释

证券综合规定

部门规章

中国人民银行

中国证券监督管理委员会

第二部分　典型案例

第三部分　文书范本

本书所涉机构的说明

1. 根据2018年《国务院机构改革方案》，将中国银行业监督管理委员会和中国保险监督管理委员会的职责整合，组建中国银行保险监督管理委员会，作为国务院直属事业单位。将中国银行业监督管理委员会和中国保险监督管理委员会拟订银行业、保险业重要法律法规草案和审慎监管基本制度的职责划入中国人民银行。不再保留中国银行业监督管理委员会、中国保险监督管理委员会。

2. 根据2018年《国务院机构改革方案》，组建国家市场监督管理总局，不再保留国家工商行政管理总局、国家质量监督检验检疫总局、国家食品药品监督管理总局。

3. 根据2018年《国务院机构改革方案》，组建国家林业和草原局。将国家林业局的职责，农业部的草原监督管理职责，以及国土资源部、住房和城乡建设部、水利部、农业部、国家海洋局等部门的自然保护区、风景名胜区、自然遗产、地质公园等管理职责整合，组建国家林业和草原局，由自然资源部管理。国家林业和草原局加挂国家公园管理局牌子，不再保留国家林业局。

4. 根据2018年《国务院机构改革方案》，重新组建司法部。将司法部和国务院法制办公室的职责整合，重新组建司法部，作为国务院组成部门。

5. 1952年11月16日，中央人民政府国家计划委员会成立，是国家计委前身。1954年9月，中央人民政府国家计划委员会改为中华人民共和国国家计划委员会。1993年成立国家发展计划委员会。2003年3月，根据《第十届全国人民代表大会第一次会议关于国务院机构改革方案的决定》，将国家发展计划委员会改组为国家发展和改革委员会。

第一部分　规 范 指 引

中华人民共和国期货和衍生品法

（2022年4月20日第十三届全国人民代表大会常务委员会第三十四次会议通过　2022年4月20日公布　中华人民共和国主席令第111号　自2022年8月1日起施行）

目　　录

第一章　总　　则

第一条　为了规范期货交易和衍生品交易行为，保障各方合法权益,维护市场秩序和社会公共利益,促进期货市场和衍生品市场服务国民经济,防范化解金融风险,维护国家经济安全,制定本法。

第二条 在中华人民共和国境内,期货交易和衍生品交易及相关活动,适用本法。

在中华人民共和国境外的期货交易和衍生品交易及相关活动,扰乱中华人民共和国境内市场秩序,损害境内交易者合法权益的,依照本法有关规定处理并追究法律责任。

第三条 本法所称期货交易,是指以期货合约或者标准化期权合约为交易标的的交易活动。

本法所称衍生品交易,是指期货交易以外的,以互换合约、远期合约和非标准化期权合约及其组合为交易标的的交易活动。

本法所称期货合约,是指期货交易场所统一制定的、约定在将来某一特定的时间和地点交割一定数量标的物的标准化合约。

本法所称期权合约,是指约定买方有权在将来某一时间以特定价格买入或者卖出约定标的物(包括期货合约)的标准化或非标准化合约。

本法所称互换合约,是指约定在将来某一特定时间内相互交换特定标的物的金融合约。

本法所称远期合约,是指期货合约以外的,约定在将来某一特定的时间和地点交割一定数量标的物的金融合约。

第四条 国家支持期货市场健康发展,发挥发现价格、管理风险、配置资源的功能。

国家鼓励利用期货市场和衍生品市场从事套期保值等风险管理活动。

国家采取措施推动农产品期货市场和衍生品市场发展,引导国内农产品生产经营。

本法所称套期保值,是指交易者为管理因其资产、负债等价值变化产生的风险而达成与上述资产、负债等基本吻合的期货交易和衍生品交易的活动。

第五条 期货市场和衍生品市场应当建立和完善风险的监测监控与化解处置制度机制,依法限制过度投机行为,防范市场系统性风险。

第六条　期货交易和衍生品交易活动，应当遵守法律、行政法规和国家有关规定，遵循公开、公平、公正的原则，禁止欺诈、操纵市场和内幕交易的行为。

第七条　参与期货交易和衍生品交易活动的各方具有平等的法律地位，应当遵守自愿、有偿、诚实信用的原则。

第八条　国务院期货监督管理机构依法对全国期货市场实行集中统一监督管理。国务院对利率、汇率期货的监督管理另有规定的，适用其规定。

衍生品市场由国务院期货监督管理机构或者国务院授权的部门按照职责分工实行监督管理。

第九条　期货和衍生品行业协会依法实行自律管理。

第十条　国家审计机关依法对期货经营机构、期货交易场所、期货结算机构、国务院期货监督管理机构进行审计监督。

第二章　期货交易和衍生品交易

第一节　一般规定

第十一条　期货交易应当在依法设立的期货交易所或者国务院期货监督管理机构依法批准组织开展期货交易的其他期货交易场所（以下统称期货交易场所），采用公开的集中交易方式或者国务院期货监督管理机构批准的其他方式进行。

禁止在期货交易场所之外进行期货交易。

衍生品交易，可以采用协议交易或者国务院规定的其他交易方式进行。

第十二条　任何单位和个人不得操纵期货市场或者衍生品市场。

禁止以下列手段操纵期货市场，影响或者意图影响期货交易价格或者期货交易量：

（一）单独或者合谋，集中资金优势、持仓优势或者利用信息优势联合或者连续买卖合约；

（二）与他人串通，以事先约定的时间、价格和方式相互进行期货

交易;

(三)在自己实际控制的账户之间进行期货交易;

(四)利用虚假或者不确定的重大信息,诱导交易者进行期货交易;

(五)不以成交为目的,频繁或者大量申报并撤销申报;

(六)对相关期货交易或者合约标的物的交易作出公开评价、预测或者投资建议,并进行反向操作或者相关操作;

(七)为影响期货市场行情囤积现货;

(八)在交割月或者临近交割月,利用不正当手段规避持仓限额,形成持仓优势;

(九)利用在相关市场的活动操纵期货市场;

(十)操纵期货市场的其他手段。

第十三条 期货交易和衍生品交易的内幕信息的知情人和非法获取内幕信息的人,在内幕信息公开前不得从事相关期货交易或者衍生品交易,明示、暗示他人从事与内幕信息有关的期货交易或者衍生品交易,或者泄露内幕信息。

第十四条 本法所称内幕信息,是指可能对期货交易或者衍生品交易的交易价格产生重大影响的尚未公开的信息。

期货交易的内幕信息包括:

(一)国务院期货监督管理机构以及其他相关部门正在制定或者尚未发布的对期货交易价格可能产生重大影响的政策、信息或者数据;

(二)期货交易场所、期货结算机构作出的可能对期货交易价格产生重大影响的决定;

(三)期货交易场所会员、交易者的资金和交易动向;

(四)相关市场中的重大异常交易信息;

(五)国务院期货监督管理机构规定的对期货交易价格有重大影响的其他信息。

第十五条 本法所称内幕信息的知情人,是指由于经营地位、管理地位、监督地位或者职务便利等,能够接触或者获得内幕信息的单位和个人。

期货交易的内幕信息的知情人包括：

（一）期货经营机构、期货交易场所、期货结算机构、期货服务机构的有关人员；

（二）国务院期货监督管理机构和其他有关部门的工作人员；

（三）国务院期货监督管理机构规定的可以获取内幕信息的其他单位和个人。

第十六条　禁止任何单位和个人编造、传播虚假信息或者误导性信息，扰乱期货市场和衍生品市场。

禁止期货经营机构、期货交易场所、期货结算机构、期货服务机构及其从业人员，组织、开展衍生品交易的场所、机构及其从业人员，期货和衍生品行业协会、国务院期货监督管理机构、国务院授权的部门及其工作人员，在期货交易和衍生品交易及相关活动中作出虚假陈述或者信息误导。

各种传播媒介传播期货市场和衍生品市场信息应当真实、客观，禁止误导。传播媒介及其从事期货市场和衍生品市场信息报道的工作人员不得从事与其工作职责发生利益冲突的期货交易和衍生品交易及相关活动。

第二节　期货交易

第十七条　期货合约品种和标准化期权合约品种的上市应当符合国务院期货监督管理机构的规定，由期货交易场所依法报经国务院期货监督管理机构注册。

期货合约品种和标准化期权合约品种的中止上市、恢复上市、终止上市应当符合国务院期货监督管理机构的规定，由期货交易场所决定并向国务院期货监督管理机构备案。

期货合约品种和标准化期权合约品种应当具有经济价值，合约不易被操纵，符合社会公共利益。

第十八条　期货交易实行账户实名制。交易者进行期货交易的，应当持有证明身份的合法证件，以本人名义申请开立账户。

任何单位和个人不得违反规定，出借自己的期货账户或者借用他人的期货账户从事期货交易。

第十九条 在期货交易场所进行期货交易的,应当是期货交易场所会员或者符合国务院期货监督管理机构规定的其他参与者。

第二十条 交易者委托期货经营机构进行交易的,可以通过书面、电话、自助终端、网络等方式下达交易指令。交易指令应当明确、具体、全面。

第二十一条 通过计算机程序自动生成或者下达交易指令进行程序化交易的,应当符合国务院期货监督管理机构的规定,并向期货交易场所报告,不得影响期货交易场所系统安全或者正常交易秩序。

第二十二条 期货交易实行保证金制度,期货结算机构向结算参与人收取保证金,结算参与人向交易者收取保证金。保证金用于结算和履约保障。

保证金的形式包括现金,国债、股票、基金份额、标准仓单等流动性强的有价证券,以及国务院期货监督管理机构规定的其他财产。以有价证券等作为保证金的,可以依法通过质押等具有履约保障功能的方式进行。

期货结算机构、结算参与人收取的保证金的形式、比例等应当符合国务院期货监督管理机构的规定。

交易者进行标准化期权合约交易的,卖方应当缴纳保证金,买方应当支付权利金。

前款所称权利金是指买方支付的用于购买标准化期权合约的资金。

第二十三条 期货交易实行持仓限额制度,防范合约持仓过度集中的风险。

从事套期保值等风险管理活动的,可以申请持仓限额豁免。

持仓限额、套期保值的管理办法由国务院期货监督管理机构制定。

第二十四条 期货交易实行交易者实际控制关系报备管理制度。交易者应当按照国务院期货监督管理机构的规定向期货经营机构或者期货交易场所报备实际控制关系。

第二十五条 期货交易的收费应当合理,收费项目、收费标准和管理办法应当公开。

第二十六条　依照期货交易场所依法制定的业务规则进行的交易，不得改变其交易结果，本法第八十九条第二款规定的除外。

第二十七条　期货交易场所会员和交易者应当按照国务院期货监督管理机构的规定，报告有关交易、持仓、保证金等重大事项。

第二十八条　任何单位和个人不得违规使用信贷资金、财政资金进行期货交易。

第二十九条　期货经营机构、期货交易场所、期货结算机构、期货服务机构等机构及其从业人员对发现的禁止的交易行为，应当及时向国务院期货监督管理机构报告。

第三节　衍生品交易

第三十条　依法设立的场所，经国务院授权的部门或者国务院期货监督管理机构审批，可以组织开展衍生品交易。

组织开展衍生品交易的场所制定的交易规则，应当公平保护交易参与各方合法权益和防范市场风险，并报国务院授权的部门或者国务院期货监督管理机构批准。

第三十一条　金融机构开展衍生品交易业务，应当依法经过批准或者核准，履行交易者适当性管理义务，并应当遵守国家有关监督管理规定。

第三十二条　衍生品交易采用主协议方式的，主协议、主协议项下的全部补充协议以及交易双方就各项具体交易作出的约定等，共同构成交易双方之间一个完整的单一协议，具有法律约束力。

第三十三条　本法第三十二条规定的主协议等合同范本，应当按照国务院授权的部门或者国务院期货监督管理机构的规定报送备案。

第三十四条　进行衍生品交易，可以依法通过质押等方式提供履约保障。

第三十五条　依法采用主协议方式从事衍生品交易的，发生约定的情形时，可以依照协议约定终止交易，并按净额对协议项下的全部交易盈亏进行结算。

依照前款规定进行的净额结算，不因交易任何一方依法进入破产程序而中止、无效或者撤销。

第三十六条 国务院授权的部门、国务院期货监督管理机构应当建立衍生品交易报告库,对衍生品交易标的、规模、对手方等信息进行集中收集、保存、分析和管理,并按照规定及时向市场披露有关信息。具体办法由国务院授权的部门、国务院期货监督管理机构规定。

第三十七条 衍生品交易,由国务院授权的部门或者国务院期货监督管理机构批准的结算机构作为中央对手方进行集中结算的,可以依法进行终止净额结算;结算财产应当优先用于结算和交割,不得被查封、冻结、扣押或者强制执行;在结算和交割完成前,任何人不得动用。

依法进行的集中结算,不因参与结算的任何一方依法进入破产程序而中止、无效或者撤销。

第三十八条 对衍生品交易及相关活动进行规范和监督管理的具体办法,由国务院依照本法的原则规定。

第三章 期货结算与交割

第三十九条 期货交易实行当日无负债结算制度。在期货交易场所规定的时间,期货结算机构应当在当日按照结算价对结算参与人进行结算;结算参与人应当根据期货结算机构的结算结果对交易者进行结算。结算结果应当在当日及时通知结算参与人和交易者。

第四十条 期货结算机构、结算参与人收取的保证金、权利金等,应当与其自有资金分开,按照国务院期货监督管理机构的规定,在期货保证金存管机构专户存放,分别管理,禁止违规挪用。

第四十一条 结算参与人的保证金不符合期货结算机构业务规则规定标准的,期货结算机构应当按照业务规则的规定通知结算参与人在规定时间内追加保证金或者自行平仓;结算参与人未在规定时间内追加保证金或者自行平仓的,通知期货交易场所强行平仓。

交易者的保证金不符合结算参与人与交易者约定标准的,结算参与人应当按照约定通知交易者在约定时间内追加保证金或者自行平仓;交易者未在约定时间内追加保证金或者自行平仓的,按照约定强行平仓。

以有价证券等作为保证金,期货结算机构、结算参与人按照前两款规定强行平仓的，可以对有价证券等进行处置。

第四十二条 结算参与人在结算过程中违约的，期货结算机构按照业务规则动用结算参与人的保证金、结算担保金以及结算机构的风险准备金、自有资金等完成结算；期货结算机构以其风险准备金、自有资金等完成结算的，可以依法对该结算参与人进行追偿。

交易者在结算过程中违约的，其委托的结算参与人按照合同约定动用该交易者的保证金以及结算参与人的风险准备金和自有资金完成结算；结算参与人以其风险准备金和自有资金完成结算的，可以依法对该交易者进行追偿。

本法所称结算担保金，是指结算参与人以自有资金向期货结算机构缴纳的，用于担保履约的资金。

第四十三条 期货结算机构依照其业务规则收取和提取的保证金、权利金、结算担保金、风险准备金等资产，应当优先用于结算和交割，不得被查封、冻结、扣押或者强制执行。

在结算和交割完成之前，任何人不得动用用于担保履约和交割的保证金、进入交割环节的交割财产。

依法进行的结算和交割，不因参与结算的任何一方依法进入破产程序而中止、无效或者撤销。

第四十四条 期货合约到期时，交易者应当通过实物交割或者现金交割，了结到期未平仓合约。

在标准化期权合约规定的时间，合约的买方有权以约定的价格买入或者卖出标的物，或者按照约定进行现金差价结算，合约的卖方应当按照约定履行相应的义务。标准化期权合约的行权，由期货结算机构组织进行。

第四十五条 期货合约采取实物交割的，由期货结算机构负责组织货款与标准仓单等合约标的物权利凭证的交付。

期货合约采取现金交割的，由期货结算机构以交割结算价为基础，划付持仓双方的盈亏款项。

本法所称标准仓单，是指交割库开具并经期货交易场所登记的标准化提货凭证。

第四十六条 期货交易的实物交割在期货交易场所指定的交割

库、交割港口或者其他符合期货交易场所要求的地点进行。实物交割不得限制交割总量。采用标准仓单以外的单据凭证或者其他方式进行实物交割的，期货交易场所应当明确规定交割各方的权利和义务。

第四十七条 结算参与人在交割过程中违约的，期货结算机构有权对结算参与人的标准仓单等合约标的物权利凭证进行处置。

交易者在交割过程中违约的，结算参与人有权对交易者的标准仓单等合约标的物权利凭证进行处置。

第四十八条 不符合结算参与人条件的期货经营机构可以委托结算参与人代为其客户进行结算。不符合结算参与人条件的期货经营机构与结算参与人、交易者之间的权利义务关系，参照本章关于结算参与人与交易者之间权利义务的规定执行。

第四章 期货交易者

第四十九条 期货交易者是指依照本法从事期货交易，承担交易结果的自然人、法人和非法人组织。

期货交易者从事期货交易，除国务院期货监督管理机构另有规定外，应当委托期货经营机构进行。

第五十条 期货经营机构向交易者提供服务时，应当按照规定充分了解交易者的基本情况、财产状况、金融资产状况、交易知识和经验、专业能力等相关信息；如实说明服务的重要内容，充分揭示交易风险；提供与交易者上述状况相匹配的服务。

交易者在参与期货交易和接受服务时，应当按照期货经营机构明示的要求提供前款所列真实信息。拒绝提供或者未按照要求提供信息的，期货经营机构应当告知其后果，并按照规定拒绝提供服务。

期货经营机构违反第一款规定导致交易者损失的，应当承担相应的赔偿责任。

第五十一条 根据财产状况、金融资产状况、交易知识和经验、专业能力等因素，交易者可以分为普通交易者和专业交易者。专业交易者的标准由国务院期货监督管理机构规定。

普通交易者与期货经营机构发生纠纷的，期货经营机构应当证明其行为符合法律、行政法规以及国务院期货监督管理机构的规定，不存在误导、欺诈等情形。期货经营机构不能证明的，应当承担相应的赔偿责任。

第五十二条　参与期货交易的法人和非法人组织，应当建立与其交易合约类型、规模、目的等相适应的内部控制制度和风险控制制度。

第五十三条　期货经营机构、期货交易场所、期货结算机构的从业人员，国务院期货监督管理机构、期货业协会的工作人员，以及法律、行政法规和国务院期货监督管理机构规定禁止参与期货交易的其他人员，不得进行期货交易。

第五十四条　交易者有权查询其委托记录、交易记录、保证金余额、与其接受服务有关的其他重要信息。

第五十五条　期货经营机构、期货交易场所、期货结算机构、期货服务机构及其工作人员应当依法为交易者的信息保密，不得非法买卖、提供或者公开交易者的信息。

期货经营机构、期货交易场所、期货结算机构、期货服务机构及其工作人员不得泄露所知悉的商业秘密。

第五十六条　交易者与期货经营机构等发生纠纷的，双方可以向行业协会等申请调解。普通交易者与期货经营机构发生期货业务纠纷并提出调解请求的，期货经营机构不得拒绝。

第五十七条　交易者提起操纵市场、内幕交易等期货民事赔偿诉讼时，诉讼标的是同一种类，且当事人一方人数众多的，可以依法推选代表人进行诉讼。

第五十八条　国家设立期货交易者保障基金。期货交易者保障基金的筹集、管理和使用的具体办法，由国务院期货监督管理机构会同国务院财政部门制定。

第五章　期货经营机构

第五十九条　期货经营机构是指依照《中华人民共和国公司法》和本法设立的期货公司以及国务院期货监督管理机构核准从事期货业务的其他机构。

第六十条　设立期货公司，应当具备下列条件，并经国务院期货监督管理机构核准：

（一）有符合法律、行政法规规定的公司章程；

（二）主要股东及实际控制人具有良好的财务状况和诚信记录，净资产不低于国务院期货监督管理机构规定的标准，最近三年无重大违法违规记录；

（三）注册资本不低于人民币一亿元，且应当为实缴货币资本；

（四）从事期货业务的人员符合本法规定的条件，董事、监事和高级管理人员具备相应的任职条件；

（五）有良好的公司治理结构、健全的风险管理制度和完善的内部控制制度；

（六）有合格的经营场所、业务设施和信息技术系统；

（七）法律、行政法规和国务院期货监督管理机构规定的其他条件。

国务院期货监督管理机构根据审慎监管原则和各项业务的风险程度，可以提高注册资本最低限额。

国务院期货监督管理机构应当自受理期货公司设立申请之日起六个月内依照法定条件、法定程序和审慎监管原则进行审查，作出核准或者不予核准的决定，并通知申请人；不予核准的，应当说明理由。

第六十一条 期货公司应当在其名称中标明“期货”字样，国务院期货监督管理机构另有规定的除外。

第六十二条 期货公司办理下列事项，应当经国务院期货监督管理机构核准：

（一）合并、分立、停业、解散或者申请破产；

（二）变更主要股东或者公司的实际控制人；

（三）变更注册资本且调整股权结构；

（四）变更业务范围；

（五）国务院期货监督管理机构规定的其他重大事项。

前款第三项、第五项所列事项，国务院期货监督管理机构应当自受理申请之日起二十日内作出核准或者不予核准的决定；前款所列其他事项，国务院期货监督管理机构应当自受理申请之日起六十日内作出核准或者不予核准的决定。

第六十三条 期货公司经国务院期货监督管理机构核准可以从

事下列期货业务：

（一）期货经纪；

（二）期货交易咨询；

（三）期货做市交易；

（四）其他期货业务。

期货公司从事资产管理业务的，应当符合《中华人民共和国证券投资基金法》等法律、行政法规的规定。

未经国务院期货监督管理机构核准，任何单位和个人不得设立或者变相设立期货公司，经营或者变相经营期货经纪业务、期货交易咨询业务，也不得以经营为目的使用"期货"、"期权"或者其他可能产生混淆或者误导的名称。

第六十四条 期货公司的董事、监事、高级管理人员，应当正直诚实、品行良好，熟悉期货法律、行政法规，具有履行职责所需的经营管理能力。期货公司任免董事、监事、高级管理人员，应当报国务院期货监督管理机构备案。

有下列情形之一的，不得担任期货公司的董事、监事、高级管理人员：

（一）存在《中华人民共和国公司法》规定的不得担任公司董事、监事和高级管理人员的情形；

（二）因违法行为或者违纪行为被解除职务的期货经营机构的董事、监事、高级管理人员，或者期货交易场所、期货结算机构的负责人，自被解除职务之日起未逾五年；

（三）因违法行为或者违纪行为被吊销执业证书或者被取消资格的注册会计师、律师或者其他期货服务机构的专业人员，自被吊销执业证书或者被取消资格之日起未逾五年。

第六十五条 期货经营机构应当依法经营，勤勉尽责，诚实守信。期货经营机构应当建立健全内部控制制度，采取有效隔离措施，防范经营机构与客户之间、不同客户之间的利益冲突。

期货经营机构应当将其期货经纪业务、期货做市交易业务、资产管理业务和其他相关业务分开办理，不得混合操作。

期货经营机构应当依法建立并执行反洗钱制度。

第六十六条 期货经营机构接受交易者委托为其进行期货交易,应当签订书面委托合同,以自己的名义为交易者进行期货交易,交易结果由交易者承担。

期货经营机构从事经纪业务,不得接受交易者的全权委托。

第六十七条 期货经营机构从事资产管理业务,接受客户委托,运用客户资产进行投资的,应当公平对待所管理的不同客户资产,不得违背受托义务。

第六十八条 期货经营机构不得违反规定为其股东、实际控制人或者股东、实际控制人的关联人提供融资或者担保,不得违反规定对外担保。

第六十九条 期货经营机构从事期货业务的人员应当正直诚实、品行良好,具备从事期货业务所需的专业能力。

期货经营机构从事期货业务的人员不得私下接受客户委托从事期货交易。

期货经营机构从事期货业务的人员在从事期货业务活动中,执行所属的期货经营机构的指令或者利用职务违反期货交易规则的,由所属的期货经营机构承担全部责任。

第七十条 国务院期货监督管理机构应当制定期货经营机构持续性经营规则,对期货经营机构及其分支机构的经营条件、风险管理、内部控制、保证金存管、合规管理、风险监管指标、关联交易等方面作出规定。期货经营机构应当符合持续性经营规则。

第七十一条 期货经营机构应当按照规定向国务院期货监督管理机构报送业务、财务等经营管理信息和资料。国务院期货监督管理机构有权要求期货经营机构及其主要股东、实际控制人、其他关联人在指定的期限内提供有关信息、资料。

期货经营机构及其主要股东、实际控制人或者其他关联人向国务院期货监督管理机构报送或者提供的信息、资料,应当真实、准确、完整。

第七十二条 期货经营机构涉及重大诉讼、仲裁,股权被冻结或者用于担保,以及发生其他重大事件时,应当自该事件发生之日起五日内向国务院期货监督管理机构提交书面报告。

期货经营机构的控股股东或者实际控制人应当配合期货经营机构履行前款规定的义务。

第七十三条 期货经营机构不符合持续性经营规则或者出现经营风险的,国务院期货监督管理机构应当责令其限期改正;期货经营机构逾期未改正的,或者其行为严重危及该期货经营机构的稳健运行、损害交易者合法权益的,或者涉嫌严重违法违规正在被国务院期货监督管理机构调查的,国务院期货监督管理机构可以区别情形,对其采取下列措施:

(一)限制或者暂停部分业务;

(二)停止核准新增业务;

(三)限制分配红利,限制向董事、监事、高级管理人员支付报酬、提供福利;

(四)限制转让财产或者在财产上设定其他权利;

(五)责令更换董事、监事、高级管理人员或者有关业务部门、分支机构的负责人员,或者限制其权利;

(六)限制期货经营机构自有资金或者风险准备金的调拨和使用;

(七)认定负有责任的董事、监事、高级管理人员为不适当人选;

(八)责令负有责任的股东转让股权,限制负有责任的股东行使股东权利。

对经过整改符合有关法律、行政法规规定以及持续性经营规则要求的期货经营机构,国务院期货监督管理机构应当自验收完毕之日起三日内解除对其采取的有关措施。

对经过整改仍未达到持续性经营规则要求,严重影响正常经营的期货经营机构,国务院期货监督管理机构有权撤销其部分或者全部期货业务许可、关闭其部分或者全部分支机构。

第七十四条 期货经营机构违法经营或者出现重大风险,严重危害期货市场秩序、损害交易者利益的,国务院期货监督管理机构可以对该期货经营机构采取责令停业整顿、指定其他机构托管或者接管等监督管理措施。

期货经营机构有前款所列情形,经国务院期货监督管理机构批准,可以对该期货经营机构直接负责的董事、监事、高级管理人员和其

他直接责任人员采取以下措施:

(一)决定并通知出境入境管理机关依法阻止其出境;

(二)申请司法机关禁止其转移、转让或者以其他方式处分财产,或者在财产上设定其他权利。

第七十五条 期货经营机构的股东有虚假出资、抽逃出资行为的,国务院期货监督管理机构应当责令其限期改正,并可责令其转让所持期货经营机构的股权。

在股东依照前款规定的要求改正违法行为、转让所持期货经营机构的股权前,国务院期货监督管理机构可以限制其股东权利。

第七十六条 期货经营机构有下列情形之一的,国务院期货监督管理机构应当依法办理相关业务许可证注销手续:

(一)营业执照被依法吊销;

(二)成立后无正当理由超过三个月未开始营业,或者开业后无正当理由停业连续三个月以上;

(三)主动提出注销申请;

(四)《中华人民共和国行政许可法》和国务院期货监督管理机构规定应当注销行政许可的其他情形。

期货经营机构在注销相关业务许可证前,应当结清相关期货业务,并依法返还交易者的保证金和其他资产。

第七十七条 国务院期货监督管理机构认为必要时,可以委托期货服务机构对期货经营机构的财务状况、内部控制状况、资产价值进行审计或者评估。具体办法由国务院期货监督管理机构会同有关主管部门制定。

第七十八条 禁止期货经营机构从事下列损害交易者利益的行为:

(一)向交易者作出保证其资产本金不受损失或者取得最低收益承诺;

(二)与交易者约定分享利益、共担风险;

(三)违背交易者委托进行期货交易;

(四)隐瞒重要事项或者使用其他不正当手段,诱骗交易者交易;

(五)以虚假或者不确定的重大信息为依据向交易者提供交易

建议；

（六）向交易者提供虚假成交回报；

（七）未将交易者交易指令下达到期货交易场所；

（八）挪用交易者保证金；

（九）未依照规定在期货保证金存管机构开立保证金账户，或者违规划转交易者保证金；

（十）利用为交易者提供服务的便利，获取不正当利益或者转嫁风险；

（十一）其他损害交易者权益的行为。

第六章　期货交易场所

第七十九条　期货交易场所应当遵循社会公共利益优先原则，为期货交易提供场所和设施，组织和监督期货交易，维护市场的公平、有序和透明，实行自律管理。

第八十条　设立、变更和解散期货交易所，应当由国务院期货监督管理机构批准。

设立期货交易所应当制定章程。期货交易所章程的制定和修改，应当经国务院期货监督管理机构批准。

第八十一条　期货交易所应当在其名称中标明“商品交易所”或者“期货交易所”等字样。其他任何单位或者个人不得使用期货交易所或者其他可能产生混淆或者误导的名称。

第八十二条　期货交易所可以采取会员制或者公司制的组织形式。

会员制期货交易所的组织机构由其章程规定。

第八十三条　期货交易所依照法律、行政法规和国务院期货监督管理机构的规定，制定有关业务规则；其中交易规则的制定和修改应当报国务院期货监督管理机构批准。

期货交易所业务规则应当体现公平保护会员、交易者等市场相关各方合法权益的原则。

在期货交易所从事期货交易及相关活动，应当遵守期货交易所依法制定的业务规则。违反业务规则的，由期货交易所给予纪律处分或者采取其他自律管理措施。

第八十四条 期货交易所的负责人由国务院期货监督管理机构提名或者任免。

有《中华人民共和国公司法》规定的不适合担任公司董事、监事、高级管理人员的情形或者下列情形之一的,不得担任期货交易所的负责人:

(一)因违法行为或者违纪行为被解除职务的期货经营机构的董事、监事、高级管理人员,或者期货交易场所、期货结算机构的负责人,自被解除职务之日起未逾五年;

(二)因违法行为或者违纪行为被吊销执业证书或者被取消资格的注册会计师、律师或者其他期货服务机构的专业人员,自被吊销执业证书或者被取消资格之日起未逾五年。

第八十五条 期货交易场所应当依照本法和国务院期货监督管理机构的规定,加强对交易活动的风险控制和对会员以及交易场所工作人员的监督管理,依法履行下列职责:

(一)提供交易的场所、设施和服务;

(二)设计期货合约、标准化期权合约品种,安排期货合约、标准化期权合约品种上市;

(三)对期货交易进行实时监控和风险监测;

(四)依照章程和业务规则对会员、交易者、期货服务机构等进行自律管理;

(五)开展交易者教育和市场培育工作;

(六)国务院期货监督管理机构规定的其他职责。

期货交易场所不得直接或者间接参与期货交易。未经国务院批准,期货交易场所不得从事信托投资、股票投资、非自用不动产投资等与其职责无关的业务。

第八十六条 期货交易所的所得收益按照国家有关规定管理和使用,应当首先用于保证期货交易的场所、设施的运行和改善。

第八十七条 期货交易场所应当加强对期货交易的风险监测,出现异常情况的,期货交易场所可以依照业务规则,单独或者会同期货结算机构采取下列紧急措施,并立即报告国务院期货监督管理机构:

（一）调整保证金；

（二）调整涨跌停板幅度；

（三）调整会员、交易者的交易限额或持仓限额标准；

（四）限制开仓；

（五）强行平仓；

（六）暂时停止交易；

（七）其他紧急措施。

异常情况消失后，期货交易场所应当及时取消紧急措施。

第八十八条　期货交易场所应当实时公布期货交易即时行情，并按交易日制作期货市场行情表，予以公布。

期货交易行情的权益由期货交易场所享有。未经期货交易场所许可，任何单位和个人不得发布期货交易行情。

期货交易场所不得发布价格预测信息。

期货交易场所应当依照国务院期货监督管理机构的规定，履行信息报告义务。

第八十九条　因突发性事件影响期货交易正常进行时，为维护期货交易正常秩序和市场公平，期货交易场所可以按照本法和业务规则规定采取必要的处置措施，并应当及时向国务院期货监督管理机构报告。

因前款规定的突发性事件导致期货交易结果出现重大异常，按交易结果进行结算、交割将对期货交易正常秩序和市场公平造成重大影响的，期货交易场所可以按照业务规则采取取消交易等措施，并应当及时向国务院期货监督管理机构报告并公告。

第九十条　期货交易场所对其依照本法第八十七条、第八十九条规定采取措施造成的损失，不承担民事赔偿责任，但存在重大过错的除外。

第七章　期货结算机构

第九十一条　期货结算机构是指依法设立，为期货交易提供结算、交割服务，实行自律管理的法人。

期货结算机构包括内部设有结算部门的期货交易场所、独立的期货结算机构和经国务院期货监督管理机构批准从事与证券业务相关的期货交易结算、交割业务的证券结算机构。

第九十二条 独立的期货结算机构的设立、变更和解散，应当经国务院期货监督管理机构批准。

设立独立的期货结算机构，应当具备下列条件：

（一）具备良好的财务状况，注册资本最低限额符合国务院期货监督管理机构的规定；

（二）有具备任职专业知识和业务工作经验的高级管理人员；

（三）具备完善的治理结构、内部控制制度和风险控制制度；

（四）具备符合要求的营业场所、信息技术系统以及与期货交易的结算有关的其他设施；

（五）国务院期货监督管理机构规定的其他条件。

承担期货结算机构职责的期货交易场所，应当具备本条第二款规定的条件。

国务院期货监督管理机构应当根据审慎监管原则进行审查，在六个月内作出批准或者不予批准的决定。

第九十三条 期货结算机构作为中央对手方，是结算参与人共同对手方，进行净额结算，为期货交易提供集中履约保障。

第九十四条 期货结算机构履行下列职责：

（一）组织期货交易的结算、交割；

（二）按照章程和业务规则对交易者、期货经营机构、期货服务机构、非期货经营机构结算参与人等进行自律管理；

（三）办理与期货交易的结算、交割有关的信息查询业务；

（四）国务院期货监督管理机构规定的其他职责。

第九十五条 期货结算机构应当按照国务院期货监督管理机构的规定，在其业务规则中规定结算参与人制度、风险控制制度、信息安全管理制度、违规违约处理制度、应急处理及临时处置措施等事项。期货结算机构制定和修改章程、业务规则，应当经国务院期货监督管理机构批准。参与期货结算，应当遵守期货结算机构制定的业务规则。

期货结算机构制定和执行业务规则，应当与期货交易场所的相关制度衔接、协调。

第九十六条　期货结算机构应当建立流动性管理制度，保障结算活动的稳健运行。

第九十七条　本法第八十四条，第八十五条第二款，第八十六条，第八十八条第三款、第四款的规定，适用于独立的期货结算机构和经批准从事期货交易结算、交割业务的证券结算机构。

第八章　期货服务机构

第九十八条　会计师事务所、律师事务所、资产评估机构、期货保证金存管机构、交割库、信息技术服务机构等期货服务机构，应当勤勉尽责、恪尽职守，按照相关业务规则为期货交易及相关活动提供服务，并按照国务院期货监督管理机构的要求提供相关资料。

第九十九条　会计师事务所、律师事务所、资产评估机构等期货服务机构接受期货经营机构、期货交易场所、期货结算机构的委托出具审计报告、法律意见书等文件，应当对所依据的文件资料内容的真实性、准确性、完整性进行核查和验证。

第一百条　交割库包括交割仓库和交割厂库等。交割库为期货交易的交割提供相关服务，应当符合期货交易场所规定的条件。期货交易场所应当与交割库签订协议，明确双方的权利和义务。

交割库不得有下列行为：

（一）出具虚假仓单；

（二）违反期货交易场所的业务规则，限制交割商品的出库、入库；

（三）泄露与期货交易有关的商业秘密；

（四）违反国家有关规定参与期货交易；

（五）违反国务院期货监督管理机构规定的其他行为。

第一百零一条　为期货交易及相关活动提供信息技术系统服务的机构，应当符合国家及期货行业信息安全相关的技术管理规定和标准，并向国务院期货监督管理机构备案。

国务院期货监督管理机构可以依法要求信息技术服务机构提供前款规定的信息技术系统的相关材料。

第九章 期货业协会

第一百零二条 期货业协会是期货行业的自律性组织,是社会团体法人。

期货经营机构应当加入期货业协会。期货服务机构可以加入期货业协会。

第一百零三条 期货业协会的权力机构为会员大会。

期货业协会的章程由会员大会制定,并报国务院期货监督管理机构备案。

期货业协会设理事会。理事会成员依照章程的规定选举产生。

第一百零四条 期货业协会履行下列职责:

(一)制定和实施行业自律规则,监督、检查会员的业务活动及从业人员的执业行为,对违反法律、行政法规、国家有关规定、协会章程和自律规则的,按照规定给予纪律处分或者实施其他自律管理措施;

(二)对会员之间、会员与交易者之间发生的纠纷进行调解;

(三)依法维护会员的合法权益,向国务院期货监督管理机构反映会员的建议和要求;

(四)组织期货从业人员的业务培训,开展会员间的业务交流;

(五)教育会员和期货从业人员遵守期货法律法规和政策,组织开展行业诚信建设,建立行业诚信激励约束机制;

(六)开展交易者教育和保护工作,督促会员落实交易者适当性管理制度,开展期货市场宣传;

(七)对会员的信息安全工作实行自律管理,督促会员执行国家和行业信息安全相关规定和技术标准;

(八)组织会员就期货行业的发展、运作及有关内容进行研究,收集整理、发布期货相关信息,提供会员服务,组织行业交流,引导行业创新发展;

(九)期货业协会章程规定的其他职责。

第十章 监督管理

第一百零五条 国务院期货监督管理机构依法对期货市场实行

监督管理，维护期货市场公开、公平、公正，防范系统性风险，维护交易者合法权益，促进期货市场健康发展。

国务院期货监督管理机构在对期货市场实施监督管理中，依法履行下列职责：

（一）制定有关期货市场监督管理的规章、规则，并依法进行审批、核准、注册，办理备案；

（二）对品种的上市、交易、结算、交割等期货交易及相关活动，进行监督管理；

（三）对期货经营机构、期货交易场所、期货结算机构、期货服务机构和非期货经营机构结算参与人等市场相关参与者的期货业务活动，进行监督管理；

（四）制定期货从业人员的行为准则，并监督实施；

（五）监督检查期货交易的信息公开情况；

（六）维护交易者合法权益、开展交易者教育；

（七）对期货违法行为进行查处；

（八）监测监控并防范、处置期货市场风险；

（九）对期货行业金融科技和信息安全进行监管；

（十）对期货业协会的自律管理活动进行指导和监督；

（十一）法律、行政法规规定的其他职责。

国务院期货监督管理机构根据需要可以设立派出机构，依照授权履行监督管理职责。

第一百零六条　国务院期货监督管理机构依法履行职责，有权采取下列措施：

（一）对期货经营机构、期货交易场所、期货结算机构进行现场检查，并要求其报送有关的财务会计、业务活动、内部控制等资料；

（二）进入涉嫌违法行为发生场所调查取证；

（三）询问当事人和与被调查事件有关的单位和个人，要求其对与被调查事件有关的事项作出说明，或者要求其按照指定的方式报送与被调查事件有关的文件和资料；

（四）查阅、复制与被调查事件有关的财产权登记、通讯记录等文件和资料；

(五)查阅、复制当事人和与被调查事件有关的单位和个人的期货交易记录、财务会计资料及其他相关文件和资料;对可能被转移、隐匿或者毁损的文件资料,可以予以封存、扣押;

(六)查询当事人和与被调查事件有关的单位和个人的保证金账户和银行账户以及其他具有支付、托管、结算等功能的账户信息,可以对有关文件和资料进行复制;对有证据证明已经或者可能转移或者隐匿违法资金等涉案财产或者隐匿、伪造、毁损重要证据的,经国务院期货监督管理机构主要负责人或者其授权的其他负责人批准,可以冻结、查封,期限为六个月;因特殊原因需要延长的,每次延长期限不得超过三个月,最长期限不得超过二年;

(七)在调查操纵期货市场、内幕交易等重大违法行为时,经国务院期货监督管理机构主要负责人或者其授权的其他负责人批准,可以限制被调查事件当事人的交易,但限制的时间不得超过三个月;案情复杂的,可以延长三个月;

(八)决定并通知出境入境管理机关依法阻止涉嫌违法人员、涉嫌违法单位的主管人员和其他直接责任人员出境。

为防范期货市场风险,维护市场秩序,国务院期货监督管理机构可以采取责令改正、监管谈话、出具警示函等措施。

第一百零七条 国务院期货监督管理机构依法履行职责,进行监督检查或者调查,其监督检查、调查的人员不得少于二人,并应当出示执法证件和检查、调查、查询等相关执法文书。监督检查、调查的人员少于二人或者未出示执法证件和有关执法文书的,被检查、调查的单位或者个人有权拒绝。

第一百零八条 国务院期货监督管理机构的工作人员,应当依法办事,忠于职守,公正廉洁,保守国家秘密和有关当事人的商业秘密,不得利用职务便利牟取不正当利益。

第一百零九条 国务院期货监督管理机构依法履行职责,被检查、调查的单位和个人应当配合,如实作出说明或者提供有关文件和资料,不得拒绝、阻碍和隐瞒。

国务院期货监督管理机构与其他相关部门,应当建立信息共享等监督管理协调配合机制。国务院期货监督管理机构依法履行职责,进行监督检查或者调查时，有关部门应当予以配合。

第一百一十条　对涉嫌期货违法、违规行为，任何单位和个人有权向国务院期货监督管理机构举报。

对涉嫌重大违法、违规行为的实名举报线索经查证属实的，国务院期货监督管理机构按照规定给予举报人奖励。

国务院期货监督管理机构应当对举报人的身份信息保密。

第一百一十一条　国务院期货监督管理机构制定的规章、规则和监督管理工作制度应当依法公开。

国务院期货监督管理机构依据调查结果，对期货违法行为作出的处罚决定，应当依法公开。

第一百一十二条　国务院期货监督管理机构对涉嫌期货违法的单位或者个人进行调查期间，被调查的当事人书面申请，承诺在国务院期货监督管理机构认可的期限内纠正涉嫌违法行为，赔偿有关交易者损失，消除损害或者不良影响的，国务院期货监督管理机构可以决定中止调查。被调查的当事人履行承诺的，国务院期货监督管理机构可以决定终止调查；被调查的当事人未履行承诺或者有国务院规定的其他情形的，应当恢复调查。具体办法由国务院规定。

国务院期货监督管理机构中止或者终止调查的，应当按照规定公开相关信息。

第一百一十三条　国务院期货监督管理机构依法将有关期货市场主体遵守本法的情况纳入期货市场诚信档案。

第一百一十四条　国务院期货监督管理机构依法履行职责，发现期货违法行为涉嫌犯罪的，应当依法将案件移送司法机关处理；发现公职人员涉嫌职务违法或者职务犯罪的，应当依法移送监察机关处理。

第一百一十五条　国务院期货监督管理机构应当建立健全期货市场监测监控制度，通过专门机构加强保证金安全存管监控。

第一百一十六条　为防范交易及结算的风险，期货经营机构、期货交易场所、期货结算机构和非期货经营机构结算参与人应当从业务收入中按照国务院期货监督管理机构、国务院财政部门的规定提取、管理和使用风险准备金。

第一百一十七条 期货经营机构、期货交易场所、期货结算机构、期货服务机构和非期货经营机构结算参与人等应当按照规定妥善保存与业务经营相关的资料和信息，任何人不得泄露、隐匿、伪造、篡改或者毁损。期货经营机构、期货交易场所、期货结算机构和非期货经营机构结算参与人的信息和资料的保存期限不得少于二十年；期货服务机构的信息和资料的保存期限不得少于十年。

第十一章 跨境交易与监管协作

第一百一十八条 境外期货交易场所向境内单位或者个人提供直接接入该交易场所交易系统进行交易服务的，应当向国务院期货监督管理机构申请注册，接受国务院期货监督管理机构的监督管理，国务院期货监督管理机构另有规定的除外。

第一百一十九条 境外期货交易场所上市的期货合约、期权合约和衍生品合约，以境内期货交易场所上市的合约价格进行挂钩结算的，应当符合国务院期货监督管理机构的规定。

第一百二十条 境内单位或者个人从事境外期货交易，应当委托具有境外期货经纪业务资格的境内期货经营机构进行，国务院另有规定的除外。

境内期货经营机构转委托境外期货经营机构从事境外期货交易的，该境外期货经营机构应当向国务院期货监督管理机构申请注册，接受国务院期货监督管理机构的监督管理，国务院期货监督管理机构另有规定的除外。

第一百二十一条 境外期货交易场所在境内设立代表机构的，应当向国务院期货监督管理机构备案。

境外期货交易场所代表机构及其工作人员，不得从事或者变相从事任何经营活动。

第一百二十二条 境外机构在境内从事期货市场营销、推介及招揽活动，应当经国务院期货监督管理机构批准，适用本法的相关规定。

境内机构为境外机构在境内从事期货市场营销、推介及招揽活动，应当经国务院期货监督管理机构批准。

任何单位或者个人不得从事违反前两款规定的期货市场营销、推介及招揽活动。

第一百二十三条　国务院期货监督管理机构可以和境外期货监督管理机构建立监督管理合作机制，或者加入国际组织，实施跨境监督管理。

国务院期货监督管理机构应境外期货监督管理机构请求提供协助的，应当遵循国家法律、法规的规定和对等互惠的原则，不得泄露国家秘密，不得损害国家利益和社会公共利益。

第一百二十四条　国务院期货监督管理机构可以按照与境外期货监督管理机构达成的监管合作安排，接受境外期货监督管理机构的请求，依照本法规定的职责和程序为其进行调查取证。境外期货监督管理机构应当提供有关案件材料，并说明其正在就被调查当事人涉嫌违反请求方当地期货法律法规的行为进行调查。境外期货监督管理机构不得在中华人民共和国境内直接进行调查取证等活动。

未经国务院期货监督管理机构和国务院有关主管部门同意，任何单位和个人不得擅自向境外监督管理机构提供与期货业务活动有关的文件和资料。

国务院期货监督管理机构可以依照与境外期货监督管理机构达成的监管合作安排，请求境外期货监督管理机构进行调查取证。

第十二章　法律责任

第一百二十五条　违反本法第十二条的规定，操纵期货市场或者衍生品市场的，责令改正，没收违法所得，并处以违法所得一倍以上十倍以下的罚款；没有违法所得或者违法所得不足一百万元的，处以一百万元以上一千万元以下的罚款。单位操纵市场的，还应当对直接负责的主管人员和其他直接责任人员给予警告，并处以五十万元以上五百万元以下的罚款。

操纵市场行为给交易者造成损失的，应当依法承担赔偿责任。

第一百二十六条　违反本法第十三条的规定从事内幕交易的，责令改正，没收违法所得，并处以违法所得一倍以上十倍以下的罚款；没有违法所得或者违法所得不足五十万元的，处以五十万元以上五百万元以下的罚款。单位从事内幕交易的，还应当对直接负责的主管人员和其他直接责任人员给予警告，并处以二十万元以上二百万元以下的罚款。

国务院期货监督管理机构、国务院授权的部门、期货交易场所、期货结算机构的工作人员从事内幕交易的，从重处罚。

内幕交易行为给交易者造成损失的，应当依法承担赔偿责任。

第一百二十七条 违反本法第十六条第一款、第三款的规定，编造、传播虚假信息或者误导性信息，扰乱期货市场、衍生品市场的，没收违法所得，并处以违法所得一倍以上十倍以下的罚款；没有违法所得或者违法所得不足二十万元的，处以二十万元以上二百万元以下的罚款。对直接负责的主管人员和其他直接责任人员给予警告，并处以十万元以上一百万元以下的罚款。

违反本法第十六条第二款的规定，在期货交易、衍生品交易活动中作出虚假陈述或者信息误导的，责令改正，处以二十万元以上二百万元以下的罚款；属于国家工作人员的，还应当依法给予处分。

传播媒介及其从事期货市场、衍生品市场信息报道的工作人员违反本法第十六条第三款的规定，从事与其工作职责发生利益冲突的期货交易、衍生品交易的，没收违法所得，并处以违法所得一倍以下的罚款，没有违法所得或者违法所得不足十万元的，处以十万元以下的罚款。

编造、传播有关期货交易、衍生品交易的虚假信息，或者在期货交易、衍生品交易中作出信息误导，给交易者造成损失的，应当依法承担赔偿责任。

第一百二十八条 违反本法第十八条第二款的规定，出借自己的期货账户或者借用他人的期货账户从事期货交易的，责令改正，给予警告，可以处五十万元以下的罚款。

第一百二十九条 违反本法第二十一条的规定，采取程序化交易影响期货交易场所系统安全或者正常交易秩序的，责令改正，并处以五十万元以上五百万元以下的罚款。对直接负责的主管人员和其他直接责任人员给予警告，并处以十万元以上一百万元以下的罚款。

第一百三十条 违反本法第二十七条规定，未报告有关重大事项的，责令改正，给予警告，可以处一百万元以下的罚款。

第一百三十一条 法律、行政法规和国务院期货监督管理机构规定禁止参与期货交易的人员，违反本法第五十三条的规定，直接或者以化名、借他人名义参与期货交易的，责令改正，给予警告，没收违法所得，并处以五万元以上五十万元以下的罚款；属于国家工作人员的，还应当依法给予处分。

第一百三十二条　非法设立期货公司，或者未经核准从事相关期货业务的，予以取缔，没收违法所得，并处以违法所得一倍以上十倍以下的罚款；没有违法所得或者违法所得不足一百万元的，处以一百万元以上一千万元以下的罚款。对直接负责的主管人员和其他直接责任人员给予警告，并处以二十万元以上二百万元以下的罚款。

第一百三十三条　提交虚假申请文件或者采取其他欺诈手段骗取期货公司设立许可、重大事项变更核准或者期货经营机构期货业务许可的，撤销相关许可，没收违法所得，并处以违法所得一倍以上十倍以下的罚款；没有违法所得或者违法所得不足二十万元的，处以二十万元以上二百万元以下的罚款。对直接负责的主管人员和其他直接责任人员给予警告，并处以二十万元以上二百万元以下的罚款。

第一百三十四条　期货经营机构违反本法第四十条、第六十二条、第六十五条、第六十八条、第七十一条、第七十二条的，责令改正，给予警告，没收违法所得，并处以违法所得一倍以上十倍以下的罚款；没有违法所得或者违法所得不足二十万元的，处以二十万元以上二百万元以下的罚款；情节严重的，责令停业整顿或者吊销期货业务许可证。对直接负责的主管人员和其他直接责任人员给予警告，并处以五万元以上五十万元以下的罚款。

期货经营机构有前款所列违法情形，给交易者造成损失的，应当依法承担赔偿责任。

期货经营机构的主要股东、实际控制人或者其他关联人违反本法第七十一条规定的，依照本条第一款的规定处罚。

第一百三十五条　期货经营机构违反本法第五十条交易者适当性管理规定，或者违反本法第六十六条规定从事经纪业务接受交易者全权委托，或者有第七十八条损害交易者利益行为的，责令改正，给予警告，没收违法所得，并处以违法所得一倍以上十倍以下的罚款；没有违法所得或者违法所得不足五十万元的，处以五十万元以上五百万元以下的罚款；情节严重的，吊销相关业务许可。对直接负责的主管人员和其他直接责任人员给予警告，并处以二十万元以上二百万元以下的罚款。

期货经营机构有本法第七十八条规定的行为，给交易者造成损失的，应当依法承担赔偿责任。

第一百三十六条　违反本法第十一条、第八十条、第九十二条规定，非法设立期货交易场所、期货结算机构，或者以其他形式组织期货交易的，没收违法所得，并处以违法所得一倍以上十倍以下的罚款；没有违法所得或者违法所得不足一百万元的，处以一百万元以上一千万元以下的罚款。对直接负责的主管人员和其他直接责任人员给予警告，并处以二十万元以上二百万元以下的罚款。非法设立期货交易场所的，由县级以上人民政府予以取缔。

违反本法第三十条规定，未经批准组织开展衍生品交易的，或者金融机构违反本法第三十一条规定，未经批准、核准开展衍生品交易的，依照前款规定处罚。

第一百三十七条　期货交易场所、期货结算机构违反本法第十七条、第四十条、第八十五条第二款规定的，责令改正，给予警告，没收违法所得，并处以违法所得一倍以上十倍以下的罚款；没有违法所得或者违法所得不足二十万元的，处以二十万元以上二百万元以下的罚款；情节严重的，责令停业整顿。对直接负责的主管人员和其他直接责任人员处以五万元以上五十万元以下的罚款。

第一百三十八条　期货交易场所、期货结算机构违反本法第八十八条第三款规定发布价格预测信息的，责令改正，给予警告，并处以二十万元以上二百万元以下的罚款。对直接负责的主管人员和其他直接责任人员处以五万元以上五十万元以下的罚款。

第一百三十九条　期货服务机构违反本法第九十八条的规定，从事期货服务业务未按照要求提供相关资料的，责令改正，可以处二十万元以下的罚款。

第一百四十条　会计师事务所、律师事务所、资产评估机构等期货服务机构违反本法第九十九条的规定，未勤勉尽责，所制作、出具的文件有虚假记载、误导性陈述或者重大遗漏的，责令改正，没收业务收入，并处以业务收入一倍以上十倍以下的罚款；没有业务收入或者业务收入不足五十万元的，处以五十万元以上五百万元以下的罚款。对直接负责的主管人员和其他直接责任人员给予警告，并处以二十万元以上二百万元以下的罚款。

期货服务机构有前款所列违法行为，给他人造成损失的，依法承担赔偿责任。

第一百四十一条　交割库有本法第一百条所列行为之一的，责令改正，给予警告，没收违法所得，并处以违法所得一倍以上十倍以下的罚款；没有违法所得或者违法所得不足十万元的，处以十万元以上一百万元以下的罚款；情节严重的，责令期货交易场所暂停或者取消其交割库资格。对直接负责的主管人员和其他直接责任人员给予警告，并处以五万元以上五十万元以下的罚款。

第一百四十二条　信息技术服务机构违反本法第一百零一条规定未报备案的，责令改正，可以处二十万元以下的罚款。

信息技术服务机构违反本法第一百零一条规定，提供的服务不符合国家及期货行业信息安全相关的技术管理规定和标准的，责令改正，没收业务收入，并处以业务收入一倍以上十倍以下的罚款；没有业务收入或者业务收入不足五十万元的，处以五十万元以上五百万元以下的罚款。对直接负责的主管人员和其他直接责任人员给予警告，并处以二十万元以上二百万元以下的罚款。

第一百四十三条　违反本法第一百一十六条的规定，期货经营机构、期货交易场所、期货结算机构和非期货经营机构结算参与人未按照规定提取、管理和使用风险准备金的，责令改正，给予警告。对直接负责的主管人员和其他直接责任人员给予警告，并处以十万元以上一百万元以下的罚款。

第一百四十四条　违反本法第一百一十七条的规定，期货经营机构、期货交易场所、期货结算机构、期货服务机构和非期货经营机构结算参与人等未按照规定妥善保存与业务经营相关的资料和信息的，责令改正，给予警告，并处以十万元以上一百万元以下的罚款；泄露、隐匿、伪造、篡改或者毁损有关文件资料的，责令改正，给予警告，并处以二十万元以上二百万元以下的罚款；情节严重的，处以五十万元以上五百万元以下的罚款，并暂停、吊销相关业务许可或者禁止从事相关业务。对直接负责的主管人员和其他直接责任人员给予警告，并处以十万元以上一百万元以下的罚款。

第一百四十五条 境外期货交易场所和期货经营机构违反本法第一百一十八条和第一百二十条的规定，未向国务院期货监督管理机构申请注册的，责令改正，没收违法所得，并处以违法所得一倍以上十倍以下的罚款；没有违法所得或者违法所得不足五十万元的，处以五十万元以上五百万元以下的罚款。对直接负责的主管人员和其他直接责任人员给予警告，并处以十万元以上一百万元以下的罚款。

第一百四十六条 境内单位或者个人违反本法第一百二十条第一款规定的，责令改正，给予警告，没收违法所得，并处以十万元以上一百万元以下的罚款；情节严重的，暂停其境外期货交易。对直接负责的主管人员和其他直接责任人员给予警告，并处以五万元以上五十万元以下的罚款。

第一百四十七条 境外期货交易场所在境内设立的代表机构及其工作人员违反本法第一百二十一条的规定，从事或者变相从事任何经营活动的，责令改正，给予警告，没收违法所得，并处以违法所得一倍以上十倍以下的罚款；没有违法所得或者违法所得不足五十万元的，处以五十万元以上五百万元以下的罚款。对直接负责的主管人员和其他直接责任人员给予警告，并处以十万元以上一百万元以下的罚款。

第一百四十八条 违反本法第一百二十二条的规定在境内从事市场营销、推介及招揽活动的，责令改正，给予警告，没收违法所得，并处以违法所得一倍以上十倍以下的罚款；没有违法所得或者违法所得不足五十万元的，处以五十万元以上五百万元以下的罚款。对直接负责的主管人员和其他直接责任人员给予警告，并处以十万元以上一百万元以下的罚款。

第一百四十九条 拒绝、阻碍国务院期货监督管理机构或者国务院授权的部门及其工作人员依法行使监督检查、调查职权的，责令改正，处以十万元以上一百万元以下的罚款，并由公安机关依法给予治安管理处罚。

第一百五十条 违反法律、行政法规或者国务院期货监督管理机构的有关规定，情节严重的，国务院期货监督管理机构可以对有关责任人员采取期货市场禁入的措施。

前款所称期货市场禁入，是指在一定期限内直至终身不得进行期货交易、从事期货业务，不得担任期货经营机构、期货交易场所、期货结算机构的董事、监事、高级管理人员或者负责人的制度。

第一百五十一条　本法规定的行政处罚，由国务院期货监督管理机构、国务院授权的部门按照国务院规定的职责分工作出决定；法律、行政法规另有规定的，适用其规定。

第一百五十二条　国务院期货监督管理机构或者国务院授权的部门的工作人员，不履行本法规定的职责，滥用职权、玩忽职守，利用职务便利牟取不正当利益，或者泄露所知悉的有关单位和个人的商业秘密的，依法追究法律责任。

第一百五十三条　违反本法规定，构成犯罪的，依法追究刑事责任。

第一百五十四条　违反本法规定，应当承担民事赔偿责任和缴纳罚款、罚金、违法所得，违法行为人的财产不足以支付的，优先用于承担民事赔偿责任。

第十三章　附　　则

第一百五十五条　本法自2022年8月1日起施行。

中华人民共和国数据安全法

（2021年6月10日第十三届全国人民代表大会常务委员会第二十九次会议通过　2021年6月10日公布　中华人民共和国主席令第84号　自2021年9月1日起施行）

目　　录

第一章 总 则

第一条 为了规范数据处理活动,保障数据安全,促进数据开发利用,保护个人、组织的合法权益,维护国家主权、安全和发展利益,制定本法。

第二条 在中华人民共和国境内开展数据处理活动及其安全监管,适用本法。

在中华人民共和国境外开展数据处理活动,损害中华人民共和国国家安全、公共利益或者公民、组织合法权益的,依法追究法律责任。

第三条 本法所称数据,是指任何以电子或者其他方式对信息的记录。

数据处理,包括数据的收集、存储、使用、加工、传输、提供、公开等。

数据安全,是指通过采取必要措施,确保数据处于有效保护和合法利用的状态,以及具备保障持续安全状态的能力。

第四条 维护数据安全,应当坚持总体国家安全观,建立健全数据安全治理体系,提高数据安全保障能力。

第五条 中央国家安全领导机构负责国家数据安全工作的决策和议事协调,研究制定、指导实施国家数据安全战略和有关重大方针政策,统筹协调国家数据安全的重大事项和重要工作,建立国家数据安全工作协调机制。

第六条 各地区、各部门对本地区、本部门工作中收集和产生的数据及数据安全负责。

工业、电信、交通、金融、自然资源、卫生健康、教育、科技等主管部门承担本行业、本领域数据安全监管职责。

公安机关、国家安全机关等依照本法和有关法律、行政法规的规定，在各自职责范围内承担数据安全监管职责。

国家网信部门依照本法和有关法律、行政法规的规定，负责统筹协调网络数据安全和相关监管工作。

第七条　国家保护个人、组织与数据有关的权益，鼓励数据依法合理有效利用，保障数据依法有序自由流动，促进以数据为关键要素的数字经济发展。

第八条　开展数据处理活动，应当遵守法律、法规，尊重社会公德和伦理，遵守商业道德和职业道德，诚实守信，履行数据安全保护义务，承担社会责任，不得危害国家安全、公共利益，不得损害个人、组织的合法权益。

第九条　国家支持开展数据安全知识宣传普及，提高全社会的数据安全保护意识和水平，推动有关部门、行业组织、科研机构、企业、个人等共同参与数据安全保护工作，形成全社会共同维护数据安全和促进发展的良好环境。

第十条　相关行业组织按照章程，依法制定数据安全行为规范和团体标准，加强行业自律，指导会员加强数据安全保护，提高数据安全保护水平，促进行业健康发展。

第十一条　国家积极开展数据安全治理、数据开发利用等领域的国际交流与合作，参与数据安全相关国际规则和标准的制定，促进数据跨境安全、自由流动。

第十二条　任何个人、组织都有权对违反本法规定的行为向有关主管部门投诉、举报。收到投诉、举报的部门应当及时依法处理。

有关主管部门应当对投诉、举报人的相关信息予以保密，保护投诉、举报人的合法权益。

第二章　数据安全与发展

第十三条　国家统筹发展和安全，坚持以数据开发利用和产业发展促进数据安全，以数据安全保障数据开发利用和产业发展。

第十四条　国家实施大数据战略，推进数据基础设施建设，鼓励和支持数据在各行业、各领域的创新应用。

省级以上人民政府应当将数字经济发展纳入本级国民经济和社

会发展规划,并根据需要制定数字经济发展规划。

第十五条 国家支持开发利用数据提升公共服务的智能化水平。提供智能化公共服务,应当充分考虑老年人、残疾人的需求,避免对老年人、残疾人的日常生活造成障碍。

第十六条 国家支持数据开发利用和数据安全技术研究,鼓励数据开发利用和数据安全等领域的技术推广和商业创新,培育、发展数据开发利用和数据安全产品、产业体系。

第十七条 国家推进数据开发利用技术和数据安全标准体系建设。国务院标准化行政主管部门和国务院有关部门根据各自的职责,组织制定并适时修订有关数据开发利用技术、产品和数据安全相关标准。国家支持企业、社会团体和教育、科研机构等参与标准制定。

第十八条 国家促进数据安全检测评估、认证等服务的发展,支持数据安全检测评估、认证等专业机构依法开展服务活动。

国家支持有关部门、行业组织、企业、教育和科研机构、有关专业机构等在数据安全风险评估、防范、处置等方面开展协作。

第十九条 国家建立健全数据交易管理制度,规范数据交易行为,培育数据交易市场。

第二十条 国家支持教育、科研机构和企业等开展数据开发利用技术和数据安全相关教育和培训,采取多种方式培养数据开发利用技术和数据安全专业人才,促进人才交流。

第三章 数据安全制度

第二十一条 国家建立数据分类分级保护制度,根据数据在经济社会发展中的重要程度,以及一旦遭到篡改、破坏、泄露或者非法获取、非法利用,对国家安全、公共利益或者个人、组织合法权益造成的危害程度,对数据实行分类分级保护。国家数据安全工作协调机制统筹协调有关部门制定重要数据目录,加强对重要数据的保护。

关系国家安全、国民经济命脉、重要民生、重大公共利益等数据属于国家核心数据,实行更加严格的管理制度。

各地区、各部门应当按照数据分类分级保护制度,确定本地区、本部门以及相关行业、领域的重要数据具体目录,对列入目录的数据进行重点保护。

第二十二条　国家建立集中统一、高效权威的数据安全风险评估、报告、信息共享、监测预警机制。国家数据安全工作协调机制统筹协调有关部门加强数据安全风险信息的获取、分析、研判、预警工作。

第二十三条　国家建立数据安全应急处置机制。发生数据安全事件，有关主管部门应当依法启动应急预案，采取相应的应急处置措施，防止危害扩大，消除安全隐患，并及时向社会发布与公众有关的警示信息。

第二十四条　国家建立数据安全审查制度，对影响或者可能影响国家安全的数据处理活动进行国家安全审查。

依法作出的安全审查决定为最终决定。

第二十五条　国家对与维护国家安全和利益、履行国际义务相关的属于管制物项的数据依法实施出口管制。

第二十六条　任何国家或者地区在与数据和数据开发利用技术等有关的投资、贸易等方面对中华人民共和国采取歧视性的禁止、限制或者其他类似措施的，中华人民共和国可以根据实际情况对该国家或者地区对等采取措施。

第四章　数据安全保护义务

第二十七条　开展数据处理活动应当依照法律、法规的规定，建立健全全流程数据安全管理制度，组织开展数据安全教育培训，采取相应的技术措施和其他必要措施，保障数据安全。利用互联网等信息网络开展数据处理活动，应当在网络安全等级保护制度的基础上，履行上述数据安全保护义务。

重要数据的处理者应当明确数据安全负责人和管理机构，落实数据安全保护责任。

第二十八条　开展数据处理活动以及研究开发数据新技术，应当有利于促进经济社会发展，增进人民福祉，符合社会公德和伦理。

第二十九条　开展数据处理活动应当加强风险监测，发现数据安全缺陷、漏洞等风险时，应当立即采取补救措施；发生数据安全事件时,应当立即采取处置措施,按照规定及时告知用户并向有关主管部门报告。

第三十条 重要数据的处理者应当按照规定对其数据处理活动定期开展风险评估,并向有关主管部门报送风险评估报告。

风险评估报告应当包括处理的重要数据的种类、数量,开展数据处理活动的情况,面临的数据安全风险及其应对措施等。

第三十一条 关键信息基础设施的运营者在中华人民共和国境内运营中收集和产生的重要数据的出境安全管理,适用《中华人民共和国网络安全法》的规定;其他数据处理者在中华人民共和国境内运营中收集和产生的重要数据的出境安全管理办法,由国家网信部门会同国务院有关部门制定。

第三十二条 任何组织、个人收集数据,应当采取合法、正当的方式,不得窃取或者以其他非法方式获取数据。

法律、行政法规对收集、使用数据的目的、范围有规定的,应当在法律、行政法规规定的目的和范围内收集、使用数据。

第三十三条 从事数据交易中介服务的机构提供服务,应当要求数据提供方说明数据来源,审核交易双方的身份,并留存审核、交易记录。

第三十四条 法律、行政法规规定提供数据处理相关服务应当取得行政许可的,服务提供者应当依法取得许可。

第三十五条 公安机关、国家安全机关因依法维护国家安全或者侦查犯罪的需要调取数据,应当按照国家有关规定,经过严格的批准手续,依法进行,有关组织、个人应当予以配合。

第三十六条 中华人民共和国主管机关根据有关法律和中华人民共和国缔结或者参加的国际条约、协定,或者按照平等互惠原则,处理外国司法或者执法机构关于提供数据的请求。非经中华人民共和国主管机关批准,境内的组织、个人不得向外国司法或者执法机构提供存储于中华人民共和国境内的数据。

第五章 政务数据安全与开放

第三十七条 国家大力推进电子政务建设,提高政务数据的科学性、准确性、时效性，提升运用数据服务经济社会发展的能力。

第三十八条　国家机关为履行法定职责的需要收集、使用数据，应当在其履行法定职责的范围内依照法律、行政法规规定的条件和程序进行；对在履行职责中知悉的个人隐私、个人信息、商业秘密、保密商务信息等数据应当依法予以保密，不得泄露或者非法向他人提供。

第三十九条　国家机关应当依照法律、行政法规的规定，建立健全数据安全管理制度，落实数据安全保护责任，保障政务数据安全。

第四十条　国家机关委托他人建设、维护电子政务系统，存储、加工政务数据，应当经过严格的批准程序，并应当监督受托方履行相应的数据安全保护义务。受托方应当依照法律、法规的规定和合同约定履行数据安全保护义务，不得擅自留存、使用、泄露或者向他人提供政务数据。

第四十一条　国家机关应当遵循公正、公平、便民的原则，按照规定及时、准确地公开政务数据。依法不予公开的除外。

第四十二条　国家制定政务数据开放目录，构建统一规范、互联互通、安全可控的政务数据开放平台，推动政务数据开放利用。

第四十三条　法律、法规授权的具有管理公共事务职能的组织为履行法定职责开展数据处理活动，适用本章规定。

第六章　法律责任

第四十四条　有关主管部门在履行数据安全监管职责中，发现数据处理活动存在较大安全风险的，可以按照规定的权限和程序对有关组织、个人进行约谈，并要求有关组织、个人采取措施进行整改，消除隐患。

第四十五条　开展数据处理活动的组织、个人不履行本法第二十七条、第二十九条、第三十条规定的数据安全保护义务的，由有关主管部门责令改正，给予警告，可以并处五万元以上五十万元以下罚款，对直接负责的主管人员和其他直接责任人员可以处一万元以上十万元以下罚款；拒不改正或者造成大量数据泄露等严重后果的，处五十万元以上二百万元以下罚款，并可以责令暂停相关业务、停业整顿、吊销相关业务许可证或者吊销营业执照，对直接负责的主管人员和其他直接责任人员处五万元以上二十万元以下罚款。

违反国家核心数据管理制度，危害国家主权、安全和发展利益的，由有关主管部门处二百万元以上一千万元以下罚款，并根据情况责令暂停相关业务、停业整顿、吊销相关业务许可证或者吊销营业执照；构成犯罪的，依法追究刑事责任。

第四十六条 违反本法第三十一条规定，向境外提供重要数据的，由有关主管部门责令改正，给予警告，可以并处十万元以上一百万元以下罚款，对直接负责的主管人员和其他直接责任人员可以处一万元以上十万元以下罚款；情节严重的，处一百万元以上一千万元以下罚款，并可以责令暂停相关业务、停业整顿、吊销相关业务许可证或者吊销营业执照，对直接负责的主管人员和其他直接责任人员处十万元以上一百万元以下罚款。

第四十七条 从事数据交易中介服务的机构未履行本法第三十三条规定的义务的，由有关主管部门责令改正，没收违法所得，处违法所得一倍以上十倍以下罚款，没有违法所得或者违法所得不足十万元的，处十万元以上一百万元以下罚款，并可以责令暂停相关业务、停业整顿、吊销相关业务许可证或者吊销营业执照；对直接负责的主管人员和其他直接责任人员处一万元以上十万元以下罚款。

第四十八条 违反本法第三十五条规定，拒不配合数据调取的，由有关主管部门责令改正，给予警告，并处五万元以上五十万元以下罚款，对直接负责的主管人员和其他直接责任人员处一万元以上十万元以下罚款。

违反本法第三十六条规定，未经主管机关批准向外国司法或者执法机构提供数据的，由有关主管部门给予警告，可以并处十万元以上一百万元以下罚款，对直接负责的主管人员和其他直接责任人员可以处一万元以上十万元以下罚款；造成严重后果的，处一百万元以上五百万元以下罚款，并可以责令暂停相关业务、停业整顿、吊销相关业务许可证或者吊销营业执照，对直接负责的主管人员和其他直接责任人员处五万元以上五十万元以下罚款。

第四十九条 国家机关不履行本法规定的数据安全保护义务的，

对直接负责的主管人员和其他直接责任人员依法给予处分。

第五十条 履行数据安全监管职责的国家工作人员玩忽职守、滥用职权、徇私舞弊的，依法给予处分。

第五十一条 窃取或者以其他非法方式获取数据，开展数据处理活动排除、限制竞争，或者损害个人、组织合法权益的，依照有关法律、行政法规的规定处罚。

第五十二条 违反本法规定，给他人造成损害的，依法承担民事责任。

违反本法规定，构成违反治安管理行为的，依法给予治安管理处罚；构成犯罪的，依法追究刑事责任。

第七章 附 则

第五十三条 开展涉及国家秘密的数据处理活动，适用《中华人民共和国保守国家秘密法》等法律、行政法规的规定。

在统计、档案工作中开展数据处理活动，开展涉及个人信息的数据处理活动，还应当遵守有关法律、行政法规的规定。

第五十四条 军事数据安全保护的办法，由中央军事委员会依据本法另行制定。

第五十五条 本法自2021年9月1日起施行。

中华人民共和国刑法
（2020年修正）（节选）

（1979年7月1日第五届全国人民代表大会第二次会议通过 1997年3月14日第八届全国人民代表大会第五次会议修订 根据1998年12月29日第九届全国人民代表大会常务委员会第六次会议通过的《全国人民代表大会常务委员会关于惩治骗购外汇、逃汇和非法买卖外汇犯罪的决定》、1999年12月25日第九届全国人民代表大会常务委员会第十三次会议通过的《中华人民共和国刑法修正案》、2001年8

月31日第九届全国人民代表大会常务委员会第二十三次会议通过的《中华人民共和国刑法修正案（二）》、2001年12月29日第九届全国人民代表大会常务委员会第二十五次会议通过的《中华人民共和国刑法修正案（三）》、2002年12月28日第九届全国人民代表大会常务委员会第三十一次会议通过的《中华人民共和国刑法修正案（四）》、2005年2月28日第十届全国人民代表大会常务委员会第十四次会议通过的《中华人民共和国刑法修正案（五）》、2006年6月29日第十届全国人民代表大会常务委员会第二十二次会议通过的《中华人民共和国刑法修正案（六）》、2009年2月28日第十一届全国人民代表大会常务委员会第七次会议通过的《中华人民共和国刑法修正案（七）》、2009年8月27日第十一届全国人民代表大会常务委员会第十次会议通过的《全国人民代表大会常务委员会关于修改部分法律的决定》、2011年2月25日第十一届全国人民代表大会常务委员会第十九次会议通过的《中华人民共和国刑法修正案（八）》、2015年8月29日第十二届全国人民代表大会常务委员会第十六次会议通过的《中华人民共和国刑法修正案（九）》、2017年11月4日第十二届全国人民代表大会常务委员会第三十次会议通过的《中华人民共和国刑法修正案（十）》和2020年12月26日第十三届全国人民代表大会常务委员会第二十四次会议通过的《中华人民共和国刑法修正案（十一）》修正）

第一百七十四条　未经国家有关主管部门批准，擅自设立商业银行、证券交易所、期货交易所、证券公司、期货经纪公司、保险公司或者其他金融机构的，处三年以下有期徒刑或者拘役，并处或者单处二万元以上二十万元以下罚金；情节严重的，处三年以上十年以下有期徒刑，并处五万元以上五十万元以下罚金。

伪造、变造、转让商业银行、证券交易所、期货交易所、证券公司、期货经纪公司、保险公司或者其他金融机构的经营许可证或者批准文件的，依照前款的规定处罚。

单位犯前两款罪的，对单位判处罚金，并对其直接负责的主管人员和其他直接责任人员，依照第一款的规定处罚。

第一百八十条　证券、期货交易内幕信息的知情人员或者非法获取证券、期货交易内幕信息的人员，在涉及证券的发行，证券、期货交易或者其他对证券、期货交易价格有重大影响的信息尚未公开前，买入或者卖出该证券，或者从事与该内幕信息有关的期货交易，或者泄露该信息，或者明示、暗示他人从事上述交易活动，情节严重的，处五年以下有期徒刑或者拘役，并处或者单处违法所得一倍以上五倍以下罚金；情节特别严重的，处五年以上十年以下有期徒刑，并处违法所得一倍以上五倍以下罚金。

单位犯前款罪的，对单位判处罚金，并对其直接负责的主管人员和其他直接责任人员，处五年以下有期徒刑或者拘役。

内幕信息、知情人员的范围，依照法律、行政法规的规定确定。

证券交易所、期货交易所、证券公司、期货经纪公司、基金管理公司、商业银行、保险公司等金融机构的从业人员以及有关监管部门或者行业协会的工作人员，利用因职务便利获取的内幕信息以外的其他未公开的信息，违反规定，从事与该信息相关的证券、期货交易活动，或者明示、暗示他人从事相关交易活动，情节严重的，依照第一款的规定处罚。

第一百八十一条　编造并且传播影响证券、期货交易的虚假信息，扰乱证券、期货交易市场，造成严重后果的，处五年以下有期徒刑或者拘役，并处或者单处一万元以上十万元以下罚金。

证券交易所、期货交易所、证券公司、期货经纪公司的从业人员，证券业协会、期货业协会或者证券期货监督管理部门的工作人员，故意提供虚假信息或者伪造、变造、销毁交易记录，诱骗投资者买卖证券、期货合约，造成严重后果的，处五年以下有期徒刑或者拘役，并处或者单处一万元以上十万元以下罚金；情节特别恶劣的，处五年以上十年以下有期徒刑，并处二万元以上二十万元以下罚金。

单位犯前两款罪的，对单位判处罚金，并对其直接负责的主管人员和其他直接责任人员，处五年以下有期徒刑或者拘役。

第一百八十二条 有下列情形之一，操纵证券、期货市场，影响证券、期货交易价格或者证券、期货交易量，情节严重的，处五年以下有期徒刑或者拘役，并处或者单处罚金；情节特别严重的，处五年以上十年以下有期徒刑，并处罚金：

（一）单独或者合谋，集中资金优势、持股或者持仓优势或者利用信息优势联合或者连续买卖的；

（二）与他人串通，以事先约定的时间、价格和方式相互进行证券、期货交易的；

（三）在自己实际控制的账户之间进行证券交易，或者以自己为交易对象，自买自卖期货合约的；

（四）不以成交为目的，频繁或者大量申报买入、卖出证券、期货合约并撤销申报的；

（五）利用虚假或者不确定的重大信息，诱导投资者进行证券、期货交易的；

（六）对证券、证券发行人、期货交易标的公开作出评价、预测或者投资建议，同时进行反向证券交易或者相关期货交易的；

（七）以其他方法操纵证券、期货市场的。

单位犯前款罪的，对单位判处罚金，并对其直接负责的主管人员和其他直接责任人员，依照前款的规定处罚。

第一百八十五条 商业银行、证券交易所、期货交易所、证券公司、期货经纪公司、保险公司或者其他金融机构的工作人员利用职务上的便利，挪用本单位或者客户资金的，依照本法第二百七十二条的规定定罪处罚。

国有商业银行、证券交易所、期货交易所、证券公司、期货经纪公司、保险公司或者其他国有金融机构的工作人员和国有商业银行、证券交易所、期货交易所、证券公司、期货经纪公司、保险公司或者其他国有金融机构委派到前款规定中的非国有机构从事公务的人员有前款行为的，依照本法第三百八十四条的规定定罪处罚。

第一百八十五条之一 商业银行、证券交易所、期货交易所、证券公司、期货经纪公司、保险公司或者其他金融机构，违背受托义务，擅自运用客户资金或者其他委托、信托的财产，情节严重的，对单位判处罚金，并对其直接负责的主管人员和其他直接责任人员，处三年以下有期徒刑或者拘役，并处三万元以上三十万元以下罚金；情节特别严重的，处三年以上十年以下有期徒刑，并处五万元以上五十万元以下罚金。

社会保障基金管理机构、住房公积金管理机构等公众资金管理机构，以及保险公司、保险资产管理公司、证券投资基金管理公司，违反国家规定运用资金的，对其直接负责的主管人员和其他直接责任人员，依照前款的规定处罚。

第二百二十五条　违反国家规定，有下列非法经营行为之一，扰乱市场秩序，情节严重的，处五年以下有期徒刑或者拘役，并处或者单处违法所得一倍以上五倍以下罚金；情节特别严重的，处五年以上有期徒刑，并处违法所得一倍以上五倍以下罚金或者没收财产：

（一）未经许可经营法律、行政法规规定的专营、专卖物品或者其他限制买卖的物品的；

（二）买卖进出口许可证、进出口原产地证明以及其他法律、行政法规规定的经营许可证或者批准文件的；

（三）未经国家有关主管部门批准非法经营证券、期货、保险业务的，或者非法从事资金支付结算业务的；

（四）其他严重扰乱市场秩序的非法经营行为。

中华人民共和国证券法(2019年修订)

(1998年12月29日第九届全国人民代表大会常务委员会第六次会议通过　根据2004年8月28日第十届全国人民代表大会常务委员会第十一次会议《关于修改〈中华人民共和国证券法〉的决定》第一次修正　2005年10月27日第十届全国人民代表大会常务委员会第十八次会议第一次修订　根据2013年6月29日第十二届全国人民代表大会常务委员会第三次会议《关于修改〈中华人民共和国文物保护法〉等十二部法律的决定》第二次修正　根据2014年8月31日第十二届全国人民代表大会常务委员会第十次会议《关于修改〈中华人民共和国保险法〉等五部法律的决定》第三次修正　2019年12月28日第十三届全国人民代表大会常务委员会第十五次会议第二次修订)

目　　录

第一章　总　　则

第一条　为了规范证券发行和交易行为，保护投资者的合法权益，维护社会经济秩序和社会公共利益，促进社会主义市场经济的发展，制定本法。

第二条　在中华人民共和国境内，股票、公司债券、存托凭证和国务院依法认定的其他证券的发行和交易，适用本法；本法未规定的，适用《中华人民共和国公司法》和其他法律、行政法规的规定。

政府债券、证券投资基金份额的上市交易，适用本法；其他法律、行政法规另有规定的，适用其规定。

资产支持证券、资产管理产品发行、交易的管理办法，由国务院依照本法的原则规定。

在中华人民共和国境外的证券发行和交易活动，扰乱中华人民共和国境内市场秩序，损害境内投资者合法权益的，依照本法有关规定处理并追究法律责任。

第三条　证券的发行、交易活动，必须遵循公开、公平、公正的原则。

第四条　证券发行、交易活动的当事人具有平等的法律地位，应当遵守自愿、有偿、诚实信用的原则。

第五条　证券的发行、交易活动，必须遵守法律、行政法规；禁止欺诈、内幕交易和操纵证券市场的行为。

第六条　证券业和银行业、信托业、保险业实行分业经营、分业管理，证券公司与银行、信托、保险业务机构分别设立。国家另有规定的除外。

第七条　国务院证券监督管理机构依法对全国证券市场实行集中统一监督管理。

国务院证券监督管理机构根据需要可以设立派出机构,按照授权履行监督管理职责。

第八条 国家审计机关依法对证券交易场所、证券公司、证券登记结算机构、证券监督管理机构进行审计监督。

第二章 证券发行

第九条 公开发行证券,必须符合法律、行政法规规定的条件,并依法报经国务院证券监督管理机构或者国务院授权的部门注册。未经依法注册,任何单位和个人不得公开发行证券。证券发行注册制的具体范围、实施步骤,由国务院规定。

有下列情形之一的,为公开发行:

(一)向不特定对象发行证券;

(二)向特定对象发行证券累计超过二百人,但依法实施员工持股计划的员工人数不计算在内;

(三)法律、行政法规规定的其他发行行为。

非公开发行证券,不得采用广告、公开劝诱和变相公开方式。

第十条 发行人申请公开发行股票、可转换为股票的公司债券,依法采取承销方式的,或者公开发行法律、行政法规规定实行保荐制度的其他证券的,应当聘请证券公司担任保荐人。

保荐人应当遵守业务规则和行业规范,诚实守信,勤勉尽责,对发行人的申请文件和信息披露资料进行审慎核查,督导发行人规范运作。

保荐人的管理办法由国务院证券监督管理机构规定。

第十一条 设立股份有限公司公开发行股票,应当符合《中华人民共和国公司法》规定的条件和经国务院批准的国务院证券监督管理机构规定的其他条件,向国务院证券监督管理机构报送募股申请和下列文件:

(一)公司章程;

(二)发起人协议;

(三)发起人姓名或者名称,发起人认购的股份数、出资种类及验资证明;

（四）招股说明书；

（五）代收股款银行的名称及地址；

（六）承销机构名称及有关的协议。

依照本法规定聘请保荐人的，还应当报送保荐人出具的发行保荐书。

法律、行政法规规定设立公司必须报经批准的，还应当提交相应的批准文件。

第十二条　公司首次公开发行新股，应当符合下列条件：

（一）具备健全且运行良好的组织机构；

（二）具有持续经营能力；

（三）最近三年财务会计报告被出具无保留意见审计报告；

（四）发行人及其控股股东、实际控制人最近三年不存在贪污、贿赂、侵占财产、挪用财产或者破坏社会主义市场经济秩序的刑事犯罪；

（五）经国务院批准的国务院证券监督管理机构规定的其他条件。

上市公司发行新股，应当符合经国务院批准的国务院证券监督管理机构规定的条件，具体管理办法由国务院证券监督管理机构规定。

公开发行存托凭证的，应当符合首次公开发行新股的条件以及国务院证券监督管理机构规定的其他条件。

第十三条　公司公开发行新股，应当报送募股申请和下列文件：

（一）公司营业执照；

（二）公司章程；

（三）股东大会决议；

（四）招股说明书或者其他公开发行募集文件；

（五）财务会计报告；

（六）代收股款银行的名称及地址。

依照本法规定聘请保荐人的，还应当报送保荐人出具的发行保荐书。依照本法规定实行承销的，还应当报送承销机构名称及有关的协议。

第十四条　公司对公开发行股票所募集资金，必须按照招股说明书或者其他公开发行募集文件所列资金用途使用；改变资金用途，必须经股东大会作出决议。擅自改变用途，未作纠正的，或者未经股东

法律

大会认可的,不得公开发行新股。

第十五条 公开发行公司债券,应当符合下列条件:

(一)具备健全且运行良好的组织机构;

(二)最近三年平均可分配利润足以支付公司债券一年的利息;

(三)国务院规定的其他条件。

公开发行公司债券筹集的资金,必须按照公司债券募集办法所列资金用途使用;改变资金用途,必须经债券持有人会议作出决议。公开发行公司债券筹集的资金,不得用于弥补亏损和非生产性支出。

上市公司发行可转换为股票的公司债券,除应当符合第一款规定的条件外,还应当遵守本法第十二条第二款的规定。但是,按照公司债券募集办法,上市公司通过收购本公司股份的方式进行公司债券转换的除外。

第十六条 申请公开发行公司债券,应当向国务院授权的部门或者国务院证券监督管理机构报送下列文件:

(一)公司营业执照;

(二)公司章程;

(三)公司债券募集办法;

(四)国务院授权的部门或者国务院证券监督管理机构规定的其他文件。

依照本法规定聘请保荐人的,还应当报送保荐人出具的发行保荐书。

第十七条 有下列情形之一的,不得再次公开发行公司债券:

(一)对已公开发行的公司债券或者其他债务有违约或者延迟支付本息的事实,仍处于继续状态;

(二)违反本法规定,改变公开发行公司债券所募资金的用途。

第十八条 发行人依法申请公开发行证券所报送的申请文件的格式、报送方式,由依法负责注册的机构或者部门规定。

第十九条 发行人报送的证券发行申请文件,应当充分披露投资者作出价值判断和投资决策所必需的信息,内容应当真实、准确、完整。

为证券发行出具有关文件的证券服务机构和人员,必须严格履行法定职责,保证所出具文件的真实性、准确性和完整性。

第二十条 发行人申请首次公开发行股票的,在提交申请文件后,应当按照国务院证券监督管理机构的规定预先披露有关申请文件。

第二十一条 国务院证券监督管理机构或者国务院授权的部门依照法定条件负责证券发行申请的注册。证券公开发行注册的具体办法由国务院规定。

按照国务院的规定,证券交易所等可以审核公开发行证券申请,判断发行人是否符合发行条件、信息披露要求,督促发行人完善信息披露内容。

依照前两款规定参与证券发行申请注册的人员,不得与发行申请人有利害关系,不得直接或者间接接受发行申请人的馈赠,不得持有所注册的发行申请的证券,不得私下与发行申请人进行接触。

第二十二条 国务院证券监督管理机构或者国务院授权的部门应当自受理证券发行申请文件之日起三个月内,依照法定条件和法定程序作出予以注册或者不予注册的决定,发行人根据要求补充、修改发行申请文件的时间不计算在内。不予注册的,应当说明理由。

第二十三条 证券发行申请经注册后,发行人应当依照法律、行政法规的规定,在证券公开发行前公告公开发行募集文件,并将该文件置备于指定场所供公众查阅。

发行证券的信息依法公开前,任何知情人不得公开或者泄露该信息。

发行人不得在公告公开发行募集文件前发行证券。

第二十四条 国务院证券监督管理机构或者国务院授权的部门对已作出的证券发行注册的决定,发现不符合法定条件或者法定程序,尚未发行证券的,应当予以撤销,停止发行。已经发行尚未上市的,撤销发行注册决定,发行人应当按照发行价并加算银行同期存款利息返还证券持有人;发行人的控股股东、实际控制人以及保荐人,应当与发行人承担连带责任,但是能够证明自己没有过错的除外。

股票的发行人在招股说明书等证券发行文件中隐瞒重要事实或者编造重大虚假内容,已经发行并上市的,国务院证券监督管理机构可以责令发行人回购证券,或者责令负有责任的控股股东、实际控制人买回证券。

第二十五条 股票依法发行后,发行人经营与收益的变化,由发行人自行负责;由此变化引致的投资风险,由投资者自行负责。

第二十六条 发行人向不特定对象发行的证券,法律、行政法规规定应当由证券公司承销的,发行人应当同证券公司签订承销协议。证券承销业务采取代销或者包销方式。

证券代销是指证券公司代发行人发售证券,在承销期结束时,将未售出的证券全部退还给发行人的承销方式。

证券包销是指证券公司将发行人的证券按照协议全部购入或者在承销期结束时将售后剩余证券全部自行购入的承销方式。

第二十七条 公开发行证券的发行人有权依法自主选择承销的证券公司。

第二十八条 证券公司承销证券,应当同发行人签订代销或者包销协议,载明下列事项:

(一)当事人的名称、住所及法定代表人姓名;

(二)代销、包销证券的种类、数量、金额及发行价格;

(三)代销、包销的期限及起止日期;

(四)代销、包销的付款方式及日期;

(五)代销、包销的费用和结算办法;

(六)违约责任;

(七)国务院证券监督管理机构规定的其他事项。

第二十九条 证券公司承销证券,应当对公开发行募集文件的真实性、准确性、完整性进行核查。发现有虚假记载、误导性陈述或者重大遗漏的,不得进行销售活动;已经销售的,必须立即停止销售活动,并采取纠正措施。

证券公司承销证券,不得有下列行为:

(一)进行虚假的或者误导投资者的广告宣传或者其他宣传推介活动;

(二)以不正当竞争手段招揽承销业务;

(三)其他违反证券承销业务规定的行为。

证券公司有前款所列行为，给其他证券承销机构或者投资者造成损失的，应当依法承担赔偿责任。

第三十条　向不特定对象发行证券聘请承销团承销的，承销团应当由主承销和参与承销的证券公司组成。

第三十一条　证券的代销、包销期限最长不得超过九十日。

证券公司在代销、包销期内，对所代销、包销的证券应当保证先行出售给认购人，证券公司不得为本公司预留所代销的证券和预先购入并留存所包销的证券。

第三十二条　股票发行采取溢价发行的，其发行价格由发行人与承销的证券公司协商确定。

第三十三条　股票发行采用代销方式，代销期限届满，向投资者出售的股票数量未达到拟公开发行股票数量百分之七十的，为发行失败。发行人应当按照发行价并加算银行同期存款利息返还股票认购人。

第三十四条　公开发行股票，代销、包销期限届满，发行人应当在规定的期限内将股票发行情况报国务院证券监督管理机构备案。

第三章　证券交易

第一节　一般规定

第三十五条　证券交易当事人依法买卖的证券，必须是依法发行并交付的证券。

非依法发行的证券，不得买卖。

第三十六条　依法发行的证券，《中华人民共和国公司法》和其他法律对其转让期限有限制性规定的，在限定的期限内不得转让。

上市公司持有百分之五以上股份的股东、实际控制人、董事、监事、高级管理人员，以及其他持有发行人首次公开发行前发行的股份或者上市公司向特定对象发行的股份的股东，转让其持有的本公司股份的，不得违反法律、行政法规和国务院证券监督管理机构关于持有期限、卖出时间、卖出数量、卖出方式、信息披露等规定，并应当遵守证券交易所的业务规则。

第三十七条 公开发行的证券,应当在依法设立的证券交易所上市交易或者在国务院批准的其他全国性证券交易场所交易。

非公开发行的证券,可以在证券交易所、国务院批准的其他全国性证券交易场所、按照国务院规定设立的区域性股权市场转让。

第三十八条 证券在证券交易所上市交易,应当采用公开的集中交易方式或者国务院证券监督管理机构批准的其他方式。

第三十九条 证券交易当事人买卖的证券可以采用纸面形式或者国务院证券监督管理机构规定的其他形式。

第四十条 证券交易场所、证券公司和证券登记结算机构的从业人员,证券监督管理机构的工作人员以及法律、行政法规规定禁止参与股票交易的其他人员,在任期或者法定限期内,不得直接或者以化名、借他人名义持有、买卖股票或者其他具有股权性质的证券,也不得收受他人赠送的股票或者其他具有股权性质的证券。

任何人在成为前款所列人员时,其原已持有的股票或者其他具有股权性质的证券,必须依法转让。

实施股权激励计划或者员工持股计划的证券公司的从业人员,可以按照国务院证券监督管理机构的规定持有、卖出本公司股票或者其他具有股权性质的证券。

第四十一条 证券交易场所、证券公司、证券登记结算机构、证券服务机构及其工作人员应当依法为投资者的信息保密,不得非法买卖、提供或者公开投资者的信息。

证券交易场所、证券公司、证券登记结算机构、证券服务机构及其工作人员不得泄露所知悉的商业秘密。

第四十二条 为证券发行出具审计报告或者法律意见书等文件的证券服务机构和人员,在该证券承销期内和期满后六个月内,不得买卖该证券。

除前款规定外,为发行人及其控股股东、实际控制人,或者收购人、重大资产交易方出具审计报告或者法律意见书等文件的证券服务机构和人员,自接受委托之日起至上述文件公开后五日内,不得买卖该证券。实际开展上述有关工作之日早于接受委托之日的,自实际开展上述有关工作之日起至上述文件公开后五日内,不得买卖该证券。

第四十三条 证券交易的收费必须合理,并公开收费项目、收费标准和管理办法。

第四十四条 上市公司、股票在国务院批准的其他全国性证券交易场所交易的公司持有百分之五以上股份的股东、董事、监事、高级管理人员,将其持有的该公司的股票或者其他具有股权性质的证券在买入后六个月内卖出,或者在卖出后六个月内又买入,由此所得收益归该公司所有,公司董事会应当收回其所得收益。但是,证券公司因购入包销售后剩余股票而持有百分之五以上股份,以及有国务院证券监督管理机构规定的其他情形的除外。

前款所称董事、监事、高级管理人员、自然人股东持有的股票或者其他具有股权性质的证券,包括其配偶、父母、子女持有的及利用他人账户持有的股票或者其他具有股权性质的证券。

公司董事会不按照第一款规定执行的,股东有权要求董事会在三十日内执行。公司董事会未在上述期限内执行的,股东有权为了公司的利益以自己的名义直接向人民法院提起诉讼。

公司董事会不按照第一款的规定执行的,负有责任的董事依法承担连带责任。

第四十五条 通过计算机程序自动生成或者下达交易指令进行程序化交易的,应当符合国务院证券监督管理机构的规定,并向证券交易所报告,不得影响证券交易所系统安全或者正常交易秩序。

第二节 证券上市

第四十六条 申请证券上市交易,应当向证券交易所提出申请,由证券交易所依法审核同意,并由双方签订上市协议。

证券交易所根据国务院授权的部门的决定安排政府债券上市交易。

第四十七条 申请证券上市交易,应当符合证券交易所上市规则规定的上市条件。

证券交易所上市规则规定的上市条件,应当对发行人的经营年限、财务状况、最低公开发行比例和公司治理、诚信记录等提出要求。

第四十八条 上市交易的证券,有证券交易所规定的终止上市情形的，由证券交易所按照业务规则终止其上市交易。

证券交易所决定终止证券上市交易的，应当及时公告，并报国务院证券监督管理机构备案。

第四十九条　对证券交易所作出的不予上市交易、终止上市交易决定不服的，可以向证券交易所设立的复核机构申请复核。

第三节　禁止的交易行为

第五十条　禁止证券交易内幕信息的知情人和非法获取内幕信息的人利用内幕信息从事证券交易活动。

第五十一条　证券交易内幕信息的知情人包括：

（一）发行人及其董事、监事、高级管理人员；

（二）持有公司百分之五以上股份的股东及其董事、监事、高级管理人员，公司的实际控制人及其董事、监事、高级管理人员；

（三）发行人控股或者实际控制的公司及其董事、监事、高级管理人员；

（四）由于所任公司职务或者因与公司业务往来可以获取公司有关内幕信息的人员；

（五）上市公司收购人或者重大资产交易方及其控股股东、实际控制人、董事、监事和高级管理人员；

（六）因职务、工作可以获取内幕信息的证券交易场所、证券公司、证券登记结算机构、证券服务机构的有关人员；

（七）因职责、工作可以获取内幕信息的证券监督管理机构工作人员；

（八）因法定职责对证券的发行、交易或者对上市公司及其收购、重大资产交易进行管理可以获取内幕信息的有关主管部门、监管机构的工作人员；

（九）国务院证券监督管理机构规定的可以获取内幕信息的其他人员。

第五十二条　证券交易活动中，涉及发行人的经营、财务或者对该发行人证券的市场价格有重大影响的尚未公开的信息，为内幕信息。

本法第八十条第二款、第八十一条第二款所列重大事件属于内幕信息。

第五十三条 证券交易内幕信息的知情人和非法获取内幕信息的人，在内幕信息公开前，不得买卖该公司的证券，或者泄露该信息，或者建议他人买卖该证券。

持有或者通过协议、其他安排与他人共同持有公司百分之五以上股份的自然人、法人、非法人组织收购上市公司的股份，本法另有规定的，适用其规定。

内幕交易行为给投资者造成损失的，应当依法承担赔偿责任。

第五十四条 禁止证券交易场所、证券公司、证券登记结算机构、证券服务机构和其他金融机构的从业人员、有关监管部门或者行业协会的工作人员，利用因职务便利获取的内幕信息以外的其他未公开的信息，违反规定，从事与该信息相关的证券交易活动，或者明示、暗示他人从事相关交易活动。

利用未公开信息进行交易给投资者造成损失的，应当依法承担赔偿责任。

第五十五条 禁止任何人以下列手段操纵证券市场，影响或者意图影响证券交易价格或者证券交易量：

（一）单独或者通过合谋，集中资金优势、持股优势或者利用信息优势联合或者连续买卖；

（二）与他人串通，以事先约定的时间、价格和方式相互进行证券交易；

（三）在自己实际控制的账户之间进行证券交易；

（四）不以成交为目的，频繁或者大量申报并撤销申报；

（五）利用虚假或者不确定的重大信息，诱导投资者进行证券交易；

（六）对证券、发行人公开作出评价、预测或者投资建议，并进行反向证券交易；

（七）利用在其他相关市场的活动操纵证券市场；

（八）操纵证券市场的其他手段。

操纵证券市场行为给投资者造成损失的，应当依法承担赔偿责任。

第五十六条 禁止任何单位和个人编造、传播虚假信息或者误导性信息,扰乱证券市场。

禁止证券交易场所、证券公司、证券登记结算机构、证券服务机构及其从业人员,证券业协会、证券监督管理机构及其工作人员,在证券交易活动中作出虚假陈述或者信息误导。

各种传播媒介传播证券市场信息必须真实、客观,禁止误导。传播媒介及其从事证券市场信息报道的工作人员不得从事与其工作职责发生利益冲突的证券买卖。

编造、传播虚假信息或者误导性信息,扰乱证券市场,给投资者造成损失的,应当依法承担赔偿责任。

第五十七条 禁止证券公司及其从业人员从事下列损害客户利益的行为:

(一)违背客户的委托为其买卖证券;

(二)不在规定时间内向客户提供交易的确认文件;

(三)未经客户的委托,擅自为客户买卖证券,或者假借客户的名义买卖证券;

(四)为牟取佣金收入,诱使客户进行不必要的证券买卖;

(五)其他违背客户真实意思表示,损害客户利益的行为。

违反前款规定给客户造成损失的,应当依法承担赔偿责任。

第五十八条 任何单位和个人不得违反规定,出借自己的证券账户或者借用他人的证券账户从事证券交易。

第五十九条 依法拓宽资金入市渠道,禁止资金违规流入股市。

禁止投资者违规利用财政资金、银行信贷资金买卖证券。

第六十条 国有独资企业、国有独资公司、国有资本控股公司买卖上市交易的股票,必须遵守国家有关规定。

第六十一条 证券交易场所、证券公司、证券登记结算机构、证券服务机构及其从业人员对证券交易中发现的禁止的交易行为,应当及时向证券监督管理机构报告。

第四章 上市公司的收购

第六十二条 投资者可以采取要约收购、协议收购及其他合法方式收购上市公司。

第六十三条 通过证券交易所的证券交易，投资者持有或者通过协议、其他安排与他人共同持有一个上市公司已发行的有表决权股份达到百分之五时，应当在该事实发生之日起三日内，向国务院证券监督管理机构、证券交易所作出书面报告，通知该上市公司，并予公告，在上述期限内不得再行买卖该上市公司的股票，但国务院证券监督管理机构规定的情形除外。

投资者持有或者通过协议、其他安排与他人共同持有一个上市公司已发行的有表决权股份达到百分之五后，其所持该上市公司已发行的有表决权股份比例每增加或者减少百分之五，应当依照前款规定进行报告和公告，在该事实发生之日起至公告后三日内，不得再行买卖该上市公司的股票，但国务院证券监督管理机构规定的情形除外。

投资者持有或者通过协议、其他安排与他人共同持有一个上市公司已发行的有表决权股份达到百分之五后，其所持该上市公司已发行的有表决权股份比例每增加或者减少百分之一，应当在该事实发生的次日通知该上市公司，并予公告。

违反第一款、第二款规定买入上市公司有表决权的股份的，在买入后的三十六个月内，对该超过规定比例部分的股份不得行使表决权。

第六十四条 依照前条规定所作的公告，应当包括下列内容：

（一）持股人的名称、住所；

（二）持有的股票的名称、数额；

（三）持股达到法定比例或者持股增减变化达到法定比例的日期、增持股份的资金来源；

（四）在上市公司中拥有有表决权的股份变动的时间及方式。

第六十五条 通过证券交易所的证券交易，投资者持有或者通过协议、其他安排与他人共同持有一个上市公司已发行的有表决权股份达到百分之三十时，继续进行收购的，应当依法向该上市公司所有股东发出收购上市公司全部或者部分股份的要约。

收购上市公司部分股份的要约应当约定，被收购公司股东承诺出售的股份数额超过预定收购的股份数额的，收购人按比例进行收购。

第六十六条 依照前条规定发出收购要约，收购人必须公告上市公司收购报告书，并载明下列事项：

（一）收购人的名称、住所；

（二）收购人关于收购的决定；

（三）被收购的上市公司名称；

（四）收购目的；

（五）收购股份的详细名称和预定收购的股份数额；

（六）收购期限、收购价格；

（七）收购所需资金额及资金保证；

（八）公告上市公司收购报告书时持有被收购公司股份数占该公司已发行的股份总数的比例。

第六十七条 收购要约约定的收购期限不得少于三十日，并不得超过六十日。

第六十八条 在收购要约确定的承诺期限内，收购人不得撤销其收购要约。收购人需要变更收购要约的，应当及时公告，载明具体变更事项，且不得存在下列情形：

（一）降低收购价格；

（二）减少预定收购股份数额；

（三）缩短收购期限；

（四）国务院证券监督管理机构规定的其他情形。

第六十九条 收购要约提出的各项收购条件，适用于被收购公司的所有股东。

上市公司发行不同种类股份的，收购人可以针对不同种类股份提出不同的收购条件。

第七十条 采取要约收购方式的，收购人在收购期限内，不得卖出被收购公司的股票，也不得采取要约规定以外的形式和超出要约的条件买入被收购公司的股票。

第七十一条 采取协议收购方式的，收购人可以依照法律、行政法规的规定同被收购公司的股东以协议方式进行股份转让。

以协议方式收购上市公司时，达成协议后，收购人必须在三日内将该收购协议向国务院证券监督管理机构及证券交易所作出书面报告,并予公告。

在公告前不得履行收购协议。

第七十二条　采取协议收购方式的,协议双方可以临时委托证券登记结算机构保管协议转让的股票,并将资金存放于指定的银行。

第七十三条　采取协议收购方式的,收购人收购或者通过协议、其他安排与他人共同收购一个上市公司已发行的有表决权股份达到百分之三十时,继续进行收购的,应当依法向该上市公司所有股东发出收购上市公司全部或者部分股份的要约。但是,按照国务院证券监督管理机构的规定免除发出要约的除外。

收购人依照前款规定以要约方式收购上市公司股份,应当遵守本法第六十五条第二款、第六十六条至第七十条的规定。

第七十四条　收购期限届满,被收购公司股权分布不符合证券交易所规定的上市交易要求的,该上市公司的股票应当由证券交易所依法终止上市交易;其余仍持有被收购公司股票的股东,有权向收购人以收购要约的同等条件出售其股票,收购人应当收购。

收购行为完成后,被收购公司不再具备股份有限公司条件的,应当依法变更企业形式。

第七十五条　在上市公司收购中,收购人持有的被收购的上市公司的股票,在收购行为完成后的十八个月内不得转让。

第七十六条　收购行为完成后,收购人与被收购公司合并,并将该公司解散的,被解散公司的原有股票由收购人依法更换。

收购行为完成后,收购人应当在十五日内将收购情况报告国务院证券监督管理机构和证券交易所,并予公告。

第七十七条　国务院证券监督管理机构依照本法制定上市公司收购的具体办法。

上市公司分立或者被其他公司合并,应当向国务院证券监督管理机构报告,并予公告。

第五章　信息披露

第七十八条　发行人及法律、行政法规和国务院证券监督管理机构规定的其他信息披露义务人,应当及时依法履行信息披露义务。

信息披露义务人披露的信息，应当真实、准确、完整，简明清晰，通俗易懂，不得有虚假记载、误导性陈述或者重大遗漏。

证券同时在境内境外公开发行、交易的，其信息披露义务人在境外披露的信息，应当在境内同时披露。

第七十九条　上市公司、公司债券上市交易的公司、股票在国务院批准的其他全国性证券交易场所交易的公司，应当按照国务院证券监督管理机构和证券交易场所规定的内容和格式编制定期报告，并按照以下规定报送和公告：

（一）在每一会计年度结束之日起四个月内，报送并公告年度报告，其中的年度财务会计报告应当经符合本法规定的会计师事务所审计；

（二）在每一会计年度的上半年结束之日起二个月内，报送并公告中期报告。

第八十条　发生可能对上市公司、股票在国务院批准的其他全国性证券交易场所交易的公司的股票交易价格产生较大影响的重大事件，投资者尚未得知时，公司应当立即将有关该重大事件的情况向国务院证券监督管理机构和证券交易场所报送临时报告，并予公告，说明事件的起因、目前的状态和可能产生的法律后果。

前款所称重大事件包括：

（一）公司的经营方针和经营范围的重大变化；

（二）公司的重大投资行为，公司在一年内购买、出售重大资产超过公司资产总额百分之三十，或者公司营业用主要资产的抵押、质押、出售或者报废一次超过该资产的百分之三十；

（三）公司订立重要合同、提供重大担保或者从事关联交易，可能对公司的资产、负债、权益和经营成果产生重要影响；

（四）公司发生重大债务和未能清偿到期重大债务的违约情况；

（五）公司发生重大亏损或者重大损失；

（六）公司生产经营的外部条件发生的重大变化；

（七）公司的董事、三分之一以上监事或者经理发生变动，董事长或者经理无法履行职责；

（八）持有公司百分之五以上股份的股东或者实际控制人持有股

份或者控制公司的情况发生较大变化，公司的实际控制人及其控制的其他企业从事与公司相同或者相似业务的情况发生较大变化；

（九）公司分配股利、增资的计划，公司股权结构的重要变化，公司减资、合并、分立、解散及申请破产的决定，或者依法进入破产程序、被责令关闭；

（十）涉及公司的重大诉讼、仲裁，股东大会、董事会决议被依法撤销或者宣告无效；

（十一）公司涉嫌犯罪被依法立案调查，公司的控股股东、实际控制人、董事、监事、高级管理人员涉嫌犯罪被依法采取强制措施；

（十二）国务院证券监督管理机构规定的其他事项。

公司的控股股东或者实际控制人对重大事件的发生、进展产生较大影响的，应当及时将其知悉的有关情况书面告知公司，并配合公司履行信息披露义务。

第八十一条 发生可能对上市交易公司债券的交易价格产生较大影响的重大事件，投资者尚未得知时，公司应当立即将有关该重大事件的情况向国务院证券监督管理机构和证券交易场所报送临时报告，并予公告，说明事件的起因、目前的状态和可能产生的法律后果。

前款所称重大事件包括：

（一）公司股权结构或者生产经营状况发生重大变化；

（二）公司债券信用评级发生变化；

（三）公司重大资产抵押、质押、出售、转让、报废；

（四）公司发生未能清偿到期债务的情况；

（五）公司新增借款或者对外提供担保超过上年末净资产的百分之二十；

（六）公司放弃债权或者财产超过上年末净资产的百分之十；

（七）公司发生超过上年末净资产百分之十的重大损失；

（八）公司分配股利，作出减资、合并、分立、解散及申请破产的决定，或者依法进入破产程序、被责令关闭；

（九）涉及公司的重大诉讼、仲裁；

（十）公司涉嫌犯罪被依法立案调查，公司的控股股东、实际控制人、董事、监事、高级管理人员涉嫌犯罪被依法采取强制措施；

（十一）国务院证券监督管理机构规定的其他事项。

第八十二条 发行人的董事、高级管理人员应当对证券发行文件和定期报告签署书面确认意见。

发行人的监事会应当对董事会编制的证券发行文件和定期报告进行审核并提出书面审核意见。监事应当签署书面确认意见。

发行人的董事、监事和高级管理人员应当保证发行人及时、公平地披露信息，所披露的信息真实、准确、完整。

董事、监事和高级管理人员无法保证证券发行文件和定期报告内容的真实性、准确性、完整性或者有异议的，应当在书面确认意见中发表意见并陈述理由，发行人应当披露。发行人不予披露的，董事、监事和高级管理人员可以直接申请披露。

第八十三条 信息披露义务人披露的信息应当同时向所有投资者披露，不得提前向任何单位和个人泄露。但是，法律、行政法规另有规定的除外。

任何单位和个人不得非法要求信息披露义务人提供依法需要披露但尚未披露的信息。任何单位和个人提前获知的前述信息，在依法披露前应当保密。

第八十四条 除依法需要披露的信息之外，信息披露义务人可以自愿披露与投资者作出价值判断和投资决策有关的信息，但不得与依法披露的信息相冲突，不得误导投资者。

发行人及其控股股东、实际控制人、董事、监事、高级管理人员等作出公开承诺的，应当披露。不履行承诺给投资者造成损失的，应当依法承担赔偿责任。

第八十五条 信息披露义务人未按照规定披露信息，或者公告的证券发行文件、定期报告、临时报告及其他信息披露资料存在虚假记载、误导性陈述或者重大遗漏，致使投资者在证券交易中遭受损失的，信息披露义务人应当承担赔偿责任；发行人的控股股东、实际控制人、董事、监事、高级管理人员和其他直接责任人员以及保荐人、承销的证券公司及其直接责任人员，应当与发行人承担连带赔偿责任，但是能够证明自己没有过错的除外。

第八十六条 依法披露的信息，应当在证券交易场所的网站和符合国务院证券监督管理机构规定条件的媒体发布，同时将其置备于公司住所、证券交易场所，供社会公众查阅。

第八十七条　国务院证券监督管理机构对信息披露义务人的信息披露行为进行监督管理。

证券交易场所应当对其组织交易的证券的信息披露义务人的信息披露行为进行监督，督促其依法及时、准确地披露信息。

第六章　投资者保护

第八十八条　证券公司向投资者销售证券、提供服务时，应当按照规定充分了解投资者的基本情况、财产状况、金融资产状况、投资知识和经验、专业能力等相关信息；如实说明证券、服务的重要内容，充分揭示投资风险；销售、提供与投资者上述状况相匹配的证券、服务。

投资者在购买证券或者接受服务时，应当按照证券公司明示的要求提供前款所列真实信息。拒绝提供或者未按照要求提供信息的，证券公司应当告知其后果，并按照规定拒绝向其销售证券、提供服务。

证券公司违反第一款规定导致投资者损失的，应当承担相应的赔偿责任。

第八十九条　根据财产状况、金融资产状况、投资知识和经验、专业能力等因素，投资者可以分为普通投资者和专业投资者。专业投资者的标准由国务院证券监督管理机构规定。

普通投资者与证券公司发生纠纷的，证券公司应当证明其行为符合法律、行政法规以及国务院证券监督管理机构的规定，不存在误导、欺诈等情形。证券公司不能证明的，应当承担相应的赔偿责任。

第九十条　上市公司董事会、独立董事、持有百分之一以上有表决权股份的股东或者依照法律、行政法规或者国务院证券监督管理机构的规定设立的投资者保护机构（以下简称投资者保护机构），可以作为征集人，自行或者委托证券公司、证券服务机构，公开请求上市公司股东委托其代为出席股东大会，并代为行使提案权、表决权等股东权利。

依照前款规定征集股东权利的，征集人应当披露征集文件，上市公司应当予以配合。

禁止以有偿或者变相有偿的方式公开征集股东权利。

公开征集股东权利违反法律、行政法规或者国务院证券监督管理机构有关规定,导致上市公司或者其股东遭受损失的,应当依法承担赔偿责任。

第九十一条 上市公司应当在章程中明确分配现金股利的具体安排和决策程序,依法保障股东的资产收益权。

上市公司当年税后利润,在弥补亏损及提取法定公积金后有盈余的,应当按照公司章程的规定分配现金股利。

第九十二条 公开发行公司债券的,应当设立债券持有人会议,并应当在募集说明书中说明债券持有人会议的召集程序、会议规则和其他重要事项。

公开发行公司债券的,发行人应当为债券持有人聘请债券受托管理人,并订立债券受托管理协议。受托管理人应当由本次发行的承销机构或者其他经国务院证券监督管理机构认可的机构担任,债券持有人会议可以决议变更债券受托管理人。债券受托管理人应当勤勉尽责,公正履行受托管理职责,不得损害债券持有人利益。

债券发行人未能按期兑付债券本息的,债券受托管理人可以接受全部或者部分债券持有人的委托,以自己名义代表债券持有人提起、参加民事诉讼或者清算程序。

第九十三条 发行人因欺诈发行、虚假陈述或者其他重大违法行为给投资者造成损失的,发行人的控股股东、实际控制人、相关的证券公司可以委托投资者保护机构,就赔偿事宜与受到损失的投资者达成协议,予以先行赔付。先行赔付后,可以依法向发行人以及其他连带责任人追偿。

第九十四条 投资者与发行人、证券公司等发生纠纷的,双方可以向投资者保护机构申请调解。普通投资者与证券公司发生证券业务纠纷,普通投资者提出调解请求的,证券公司不得拒绝。

投资者保护机构对损害投资者利益的行为,可以依法支持投资者向人民法院提起诉讼。

发行人的董事、监事、高级管理人员执行公司职务时违反法律、行政法规或者公司章程的规定给公司造成损失,发行人的控股股东、实际控制人等侵犯公司合法权益给公司造成损失，投资者保护机构持有该公司股份的，可以为公司的利益以自己的名义向人民法院提起诉讼，持股比例和持股期限不受《中华人民共和国公司法》规定的限制。

第九十五条　投资者提起虚假陈述等证券民事赔偿诉讼时，诉讼标的是同一种类，且当事人一方人数众多的，可以依法推选代表人进行诉讼。

对按照前款规定提起的诉讼，可能存在有相同诉讼请求的其他众多投资者的，人民法院可以发出公告，说明该诉讼请求的案件情况，通知投资者在一定期间向人民法院登记。人民法院作出的判决、裁定，对参加登记的投资者发生效力。

投资者保护机构受五十名以上投资者委托，可以作为代表人参加诉讼，并为经证券登记结算机构确认的权利人依照前款规定向人民法院登记，但投资者明确表示不愿意参加该诉讼的除外。

第七章　证券交易场所

第九十六条　证券交易所、国务院批准的其他全国性证券交易场所为证券集中交易提供场所和设施，组织和监督证券交易，实行自律管理，依法登记，取得法人资格。

证券交易所、国务院批准的其他全国性证券交易场所的设立、变更和解散由国务院决定。

国务院批准的其他全国性证券交易场所的组织机构、管理办法等，由国务院规定。

第九十七条　证券交易所、国务院批准的其他全国性证券交易场所可以根据证券品种、行业特点、公司规模等因素设立不同的市场层次。

第九十八条　按照国务院规定设立的区域性股权市场为非公开发行证券的发行、转让提供场所和设施，具体管理办法由国务院规定。

第九十九条　证券交易所履行自律管理职能，应当遵守社会公共利益优先原则，维护市场的公平、有序、透明。

设立证券交易所必须制定章程。证券交易所章程的制定和修改，必须经国务院证券监督管理机构批准。

第一百条 证券交易所必须在其名称中标明证券交易所字样。其他任何单位或者个人不得使用证券交易所或者近似的名称。

第一百零一条 证券交易所可以自行支配的各项费用收入,应当首先用于保证其证券交易场所和设施的正常运行并逐步改善。

实行会员制的证券交易所的财产积累归会员所有,其权益由会员共同享有,在其存续期间,不得将其财产积累分配给会员。

第一百零二条 实行会员制的证券交易所设理事会、监事会。

证券交易所设总经理一人,由国务院证券监督管理机构任免。

第一百零三条 有《中华人民共和国公司法》第一百四十六条规定的情形或者下列情形之一的,不得担任证券交易所的负责人:

(一)因违法行为或者违纪行为被解除职务的证券交易场所、证券登记结算机构的负责人或者证券公司的董事、监事、高级管理人员,自被解除职务之日起未逾五年;

(二)因违法行为或者违纪行为被吊销执业证书或者被取消资格的律师、注册会计师或者其他证券服务机构的专业人员,自被吊销执业证书或者被取消资格之日起未逾五年。

第一百零四条 因违法行为或者违纪行为被开除的证券交易场所、证券公司、证券登记结算机构、证券服务机构的从业人员和被开除的国家机关工作人员,不得招聘为证券交易所的从业人员。

第一百零五条 进入实行会员制的证券交易所参与集中交易的,必须是证券交易所的会员。证券交易所不得允许非会员直接参与股票的集中交易。

第一百零六条 投资者应当与证券公司签订证券交易委托协议,并在证券公司实名开立账户,以书面、电话、自助终端、网络等方式,委托该证券公司代其买卖证券。

第一百零七条 证券公司为投资者开立账户,应当按照规定对投资者提供的身份信息进行核对。

证券公司不得将投资者的账户提供给他人使用。

投资者应当使用实名开立的账户进行交易。

第一百零八条 证券公司根据投资者的委托,按照证券交易规则提出交易申报,参与证券交易所场内的集中交易,并根据成交结果承担相应的清算交收责任。证券登记结算机构根据成交结果，按照清算交收规则，与证券公司进行证券和资金的清算交收，并为证券公司客户办理证券的登记过户手续。

第一百零九条 证券交易所应当为组织公平的集中交易提供保障，实时公布证券交易即时行情，并按交易日制作证券市场行情表，予以公布。

证券交易即时行情的权益由证券交易所依法享有。未经证券交易所许可，任何单位和个人不得发布证券交易即时行情。

第一百一十条 上市公司可以向证券交易所申请其上市交易股票的停牌或者复牌，但不得滥用停牌或者复牌损害投资者的合法权益。

证券交易所可以按照业务规则的规定，决定上市交易股票的停牌或者复牌。

第一百一十一条 因不可抗力、意外事件、重大技术故障、重大人为差错等突发性事件而影响证券交易正常进行时，为维护证券交易正常秩序和市场公平，证券交易所可以按照业务规则采取技术性停牌、临时停市等处置措施，并应当及时向国务院证券监督管理机构报告。

因前款规定的突发性事件导致证券交易结果出现重大异常，按交易结果进行交收将对证券交易正常秩序和市场公平造成重大影响的，证券交易所按照业务规则可以采取取消交易、通知证券登记结算机构暂缓交收等措施，并应当及时向国务院证券监督管理机构报告并公告。

证券交易所对其依照本条规定采取措施造成的损失，不承担民事赔偿责任，但存在重大过错的除外。

第一百一十二条 证券交易所对证券交易实行实时监控，并按照国务院证券监督管理机构的要求，对异常的交易情况提出报告。

证券交易所根据需要，可以按照业务规则对出现重大异常交易情况的证券账户的投资者限制交易，并及时报告国务院证券监督管理机构。

第一百一十三条 证券交易所应当加强对证券交易的风险监测，出现重大异常波动的，证券交易所可以按照业务规则采取限制交易、强制停牌等处置措施,并向国务院证券监督管理机构报告;严重影响证券市场稳定的,证券交易所可以按照业务规则采取临时停市等处置措施并公告。

证券交易所对其依照本条规定采取措施造成的损失,不承担民事赔偿责任,但存在重大过错的除外。

第一百一十四条 证券交易所应当从其收取的交易费用和会员费、席位费中提取一定比例的金额设立风险基金。风险基金由证券交易所理事会管理。

风险基金提取的具体比例和使用办法,由国务院证券监督管理机构会同国务院财政部门规定。

证券交易所应当将收存的风险基金存入开户银行专门账户,不得擅自使用。

第一百一十五条 证券交易所依照法律、行政法规和国务院证券监督管理机构的规定,制定上市规则、交易规则、会员管理规则和其他有关业务规则,并报国务院证券监督管理机构批准。

在证券交易所从事证券交易,应当遵守证券交易所依法制定的业务规则。违反业务规则的,由证券交易所给予纪律处分或者采取其他自律管理措施。

第一百一十六条 证券交易所的负责人和其他从业人员执行与证券交易有关的职务时,与其本人或者其亲属有利害关系的,应当回避。

第一百一十七条 按照依法制定的交易规则进行的交易,不得改变其交易结果,但本法第一百一十一条第二款规定的除外。对交易中违规交易者应负的民事责任不得免除;在违规交易中所获利益,依照有关规定处理。

第八章 证券公司

第一百一十八条 设立证券公司,应当具备下列条件,并经国务院证券监督管理机构批准:

(一)有符合法律、行政法规规定的公司章程;

(二)主要股东及公司的实际控制人具有良好的财务状况和诚信记录,最近三年无重大违法违规记录;

（三）有符合本法规定的公司注册资本；

（四）董事、监事、高级管理人员、从业人员符合本法规定的条件；

（五）有完善的风险管理与内部控制制度；

（六）有合格的经营场所、业务设施和信息技术系统；

（七）法律、行政法规和经国务院批准的国务院证券监督管理机构规定的其他条件。

未经国务院证券监督管理机构批准，任何单位和个人不得以证券公司名义开展证券业务活动。

第一百一十九条　国务院证券监督管理机构应当自受理证券公司设立申请之日起六个月内，依照法定条件和法定程序并根据审慎监管原则进行审查，作出批准或者不予批准的决定，并通知申请人；不予批准的，应当说明理由。

证券公司设立申请获得批准的，申请人应当在规定的期限内向公司登记机关申请设立登记，领取营业执照。

证券公司应当自领取营业执照之日起十五日内，向国务院证券监督管理机构申请经营证券业务许可证。未取得经营证券业务许可证，证券公司不得经营证券业务。

第一百二十条　经国务院证券监督管理机构核准，取得经营证券业务许可证，证券公司可以经营下列部分或者全部证券业务：

（一）证券经纪；

（二）证券投资咨询；

（三）与证券交易、证券投资活动有关的财务顾问；

（四）证券承销与保荐；

（五）证券融资融券；

（六）证券做市交易；

（七）证券自营；

（八）其他证券业务。

国务院证券监督管理机构应当自受理前款规定事项申请之日起三个月内，依照法定条件和程序进行审查，作出核准或者不予核准的决定，并通知申请人；不予核准的，应当说明理由。

证券公司经营证券资产管理业务的，应当符合《中华人民共和国证券投资基金法》等法律、行政法规的规定。

除证券公司外,任何单位和个人不得从事证券承销、证券保荐、证券经纪和证券融资融券业务。

证券公司从事证券融资融券业务,应当采取措施,严格防范和控制风险,不得违反规定向客户出借资金或者证券。

第一百二十一条 证券公司经营本法第一百二十条第一款第(一)项至第(三)项业务的,注册资本最低限额为人民币五千万元;经营第(四)项至第(八)项业务之一的,注册资本最低限额为人民币一亿元;经营第(四)项至第(八)项业务中两项以上的,注册资本最低限额为人民币五亿元。证券公司的注册资本应当是实缴资本。

国务院证券监督管理机构根据审慎监管原则和各项业务的风险程度,可以调整注册资本最低限额,但不得少于前款规定的限额。

第一百二十二条 证券公司变更证券业务范围,变更主要股东或者公司的实际控制人,合并、分立、停业、解散、破产,应当经国务院证券监督管理机构核准。

第一百二十三条 国务院证券监督管理机构应当对证券公司净资本和其他风险控制指标作出规定。

证券公司除依照规定为其客户提供融资融券外,不得为其股东或者股东的关联人提供融资或者担保。

第一百二十四条 证券公司的董事、监事、高级管理人员,应当正直诚实、品行良好,熟悉证券法律、行政法规,具有履行职责所需的经营管理能力。证券公司任免董事、监事、高级管理人员,应当报国务院证券监督管理机构备案。

有《中华人民共和国公司法》第一百四十六条规定的情形或者下列情形之一的,不得担任证券公司的董事、监事、高级管理人员:

(一)因违法行为或者违纪行为被解除职务的证券交易场所、证券登记结算机构的负责人或者证券公司的董事、监事、高级管理人员,自被解除职务之日起未逾五年;

(二)因违法行为或者违纪行为被吊销执业证书或者被取消资格的律师、注册会计师或者其他证券服务机构的专业人员,自被吊销执业证书或者被取消资格之日起未逾五年。

第一百二十五条　证券公司从事证券业务的人员应当品行良好，具备从事证券业务所需的专业能力。

因违法行为或者违纪行为被开除的证券交易场所、证券公司、证券登记结算机构、证券服务机构的从业人员和被开除的国家机关工作人员，不得招聘为证券公司的从业人员。

国家机关工作人员和法律、行政法规规定的禁止在公司中兼职的其他人员，不得在证券公司中兼任职务。

第一百二十六条　国家设立证券投资者保护基金。证券投资者保护基金由证券公司缴纳的资金及其他依法筹集的资金组成，其规模以及筹集、管理和使用的具体办法由国务院规定。

第一百二十七条　证券公司从每年的业务收入中提取交易风险准备金，用于弥补证券经营的损失，其提取的具体比例由国务院证券监督管理机构会同国务院财政部门规定。

第一百二十八条　证券公司应当建立健全内部控制制度，采取有效隔离措施，防范公司与客户之间、不同客户之间的利益冲突。

证券公司必须将其证券经纪业务、证券承销业务、证券自营业务、证券做市业务和证券资产管理业务分开办理，不得混合操作。

第一百二十九条　证券公司的自营业务必须以自己的名义进行，不得假借他人名义或者以个人名义进行。

证券公司的自营业务必须使用自有资金和依法筹集的资金。

证券公司不得将其自营账户借给他人使用。

第一百三十条　证券公司应当依法审慎经营，勤勉尽责，诚实守信。

证券公司的业务活动，应当与其治理结构、内部控制、合规管理、风险管理以及风险控制指标、从业人员构成等情况相适应，符合审慎监管和保护投资者合法权益的要求。

证券公司依法享有自主经营的权利，其合法经营不受干涉。

第一百三十一条　证券公司客户的交易结算资金应当存放在商业银行，以每个客户的名义单独立户管理。

证券公司不得将客户的交易结算资金和证券归入其自有财产。禁止任何单位或者个人以任何形式挪用客户的交易结算资金和证券。

证券公司破产或者清算时,客户的交易结算资金和证券不属于其破产财产或者清算财产。非因客户本身的债务或者法律规定的其他情形,不得查封、冻结、扣划或者强制执行客户的交易结算资金和证券。

第一百三十二条 证券公司办理经纪业务,应当置备统一制定的证券买卖委托书,供委托人使用。采取其他委托方式的,必须作出委托记录。

客户的证券买卖委托,不论是否成交,其委托记录应当按照规定的期限,保存于证券公司。

第一百三十三条 证券公司接受证券买卖的委托,应当根据委托书载明的证券名称、买卖数量、出价方式、价格幅度等,按照交易规则代理买卖证券,如实进行交易记录;买卖成交后,应当按照规定制作买卖成交报告单交付客户。

证券交易中确认交易行为及其交易结果的对账单必须真实,保证账面证券余额与实际持有的证券相一致。

第一百三十四条 证券公司办理经纪业务,不得接受客户的全权委托而决定证券买卖、选择证券种类、决定买卖数量或者买卖价格。

证券公司不得允许他人以证券公司的名义直接参与证券的集中交易。

第一百三十五条 证券公司不得对客户证券买卖的收益或者赔偿证券买卖的损失作出承诺。

第一百三十六条 证券公司的从业人员在证券交易活动中,执行所属的证券公司的指令或者利用职务违反交易规则的,由所属的证券公司承担全部责任。

证券公司的从业人员不得私下接受客户委托买卖证券。

第一百三十七条 证券公司应当建立客户信息查询制度,确保客户能够查询其账户信息、委托记录、交易记录以及其他与接受服务或者购买产品有关的重要信息。

证券公司应当妥善保存客户开户资料、委托记录、交易记录和与内部管理、业务经营有关的各项信息,任何人不得隐匿、伪造、篡改或者毁损。上述信息的保存期限不得少于二十年。

第一百三十八条 证券公司应当按照规定向国务院证券监督管

理机构报送业务、财务等经营管理信息和资料。国务院证券监督管理机构有权要求证券公司及其主要股东、实际控制人在指定的期限内提供有关信息、资料。

证券公司及其主要股东、实际控制人向国务院证券监督管理机构报送或者提供的信息、资料，必须真实、准确、完整。

第一百三十九条　国务院证券监督管理机构认为有必要时，可以委托会计师事务所、资产评估机构对证券公司的财务状况、内部控制状况、资产价值进行审计或者评估。具体办法由国务院证券监督管理机构会同有关主管部门制定。

第一百四十条　证券公司的治理结构、合规管理、风险控制指标不符合规定的，国务院证券监督管理机构应当责令其限期改正；逾期未改正，或者其行为严重危及该证券公司的稳健运行、损害客户合法权益的，国务院证券监督管理机构可以区别情形，对其采取下列措施：

（一）限制业务活动，责令暂停部分业务，停止核准新业务；

（二）限制分配红利，限制向董事、监事、高级管理人员支付报酬、提供福利；

（三）限制转让财产或者在财产上设定其他权利；

（四）责令更换董事、监事、高级管理人员或者限制其权利；

（五）撤销有关业务许可；

（六）认定负有责任的董事、监事、高级管理人员为不适当人选；

（七）责令负有责任的股东转让股权，限制负有责任的股东行使股东权利。

证券公司整改后，应当向国务院证券监督管理机构提交报告。国务院证券监督管理机构经验收，治理结构、合规管理、风险控制指标符合规定的，应当自验收完毕之日起三日内解除对其采取的前款规定的有关限制措施。

第一百四十一条　证券公司的股东有虚假出资、抽逃出资行为的，国务院证券监督管理机构应当责令其限期改正，并可责令其转让所持证券公司的股权。

在前款规定的股东按照要求改正违法行为、转让所持证券公司的股权前，国务院证券监督管理机构可以限制其股东权利。

第一百四十二条 证券公司的董事、监事、高级管理人员未能勤勉尽责,致使证券公司存在重大违法违规行为或者重大风险的,国务院证券监督管理机构可以责令证券公司予以更换。

第一百四十三条 证券公司违法经营或者出现重大风险,严重危害证券市场秩序、损害投资者利益的,国务院证券监督管理机构可以对该证券公司采取责令停业整顿、指定其他机构托管、接管或者撤销等监管措施。

第一百四十四条 在证券公司被责令停业整顿、被依法指定托管、接管或者清算期间,或者出现重大风险时,经国务院证券监督管理机构批准,可以对该证券公司直接负责的董事、监事、高级管理人员和其他直接责任人员采取以下措施:

(一)通知出境入境管理机关依法阻止其出境;

(二)申请司法机关禁止其转移、转让或者以其他方式处分财产,或者在财产上设定其他权利。

第九章　证券登记结算机构

第一百四十五条 证券登记结算机构为证券交易提供集中登记、存管与结算服务,不以营利为目的,依法登记,取得法人资格。

设立证券登记结算机构必须经国务院证券监督管理机构批准。

第一百四十六条 设立证券登记结算机构,应当具备下列条件:

(一)自有资金不少于人民币二亿元;

(二)具有证券登记、存管和结算服务所必需的场所和设施;

(三)国务院证券监督管理机构规定的其他条件。

证券登记结算机构的名称中应当标明证券登记结算字样。

第一百四十七条 证券登记结算机构履行下列职能:

(一)证券账户、结算账户的设立;

(二)证券的存管和过户;

(三)证券持有人名册登记;

(四)证券交易的清算和交收;

(五)受发行人的委托派发证券权益;

(六)办理与上述业务有关的查询、信息服务;

（七）国务院证券监督管理机构批准的其他业务。

第一百四十八条　在证券交易所和国务院批准的其他全国性证券交易场所交易的证券的登记结算，应当采取全国集中统一的运营方式。

前款规定以外的证券，其登记、结算可以委托证券登记结算机构或者其他依法从事证券登记、结算业务的机构办理。

第一百四十九条　证券登记结算机构应当依法制定章程和业务规则，并经国务院证券监督管理机构批准。证券登记结算业务参与人应当遵守证券登记结算机构制定的业务规则。

第一百五十条　在证券交易所或者国务院批准的其他全国性证券交易场所交易的证券，应当全部存管在证券登记结算机构。

证券登记结算机构不得挪用客户的证券。

第一百五十一条　证券登记结算机构应当向证券发行人提供证券持有人名册及有关资料。

证券登记结算机构应当根据证券登记结算的结果，确认证券持有人持有证券的事实，提供证券持有人登记资料。

证券登记结算机构应当保证证券持有人名册和登记过户记录真实、准确、完整，不得隐匿、伪造、篡改或者毁损。

第一百五十二条　证券登记结算机构应当采取下列措施保证业务的正常进行：

（一）具有必备的服务设备和完善的数据安全保护措施；

（二）建立完善的业务、财务和安全防范等管理制度；

（三）建立完善的风险管理系统。

第一百五十三条　证券登记结算机构应当妥善保存登记、存管和结算的原始凭证及有关文件和资料。其保存期限不得少于二十年。

第一百五十四条　证券登记结算机构应当设立证券结算风险基金，用于垫付或者弥补因违约交收、技术故障、操作失误、不可抗力造成的证券登记结算机构的损失。

证券结算风险基金从证券登记结算机构的业务收入和收益中提取，并可以由结算参与人按照证券交易业务量的一定比例缴纳。

证券结算风险基金的筹集、管理办法，由国务院证券监督管理机构会同国务院财政部门规定。

第一百五十五条 证券结算风险基金应当存入指定银行的专门账户，实行专项管理。

证券登记结算机构以证券结算风险基金赔偿后，应当向有关责任人追偿。

第一百五十六条 证券登记结算机构申请解散，应当经国务院证券监督管理机构批准。

第一百五十七条 投资者委托证券公司进行证券交易，应当通过证券公司申请在证券登记结算机构开立证券账户。证券登记结算机构应当按照规定为投资者开立证券账户。

投资者申请开立账户，应当持有证明中华人民共和国公民、法人、合伙企业身份的合法证件。国家另有规定的除外。

第一百五十八条 证券登记结算机构作为中央对手方提供证券结算服务的，是结算参与人共同的清算交收对手，进行净额结算，为证券交易提供集中履约保障。

证券登记结算机构为证券交易提供净额结算服务时，应当要求结算参与人按照货银对付的原则，足额交付证券和资金，并提供交收担保。

在交收完成之前，任何人不得动用用于交收的证券、资金和担保物。

结算参与人未按时履行交收义务的，证券登记结算机构有权按照业务规则处理前款所述财产。

第一百五十九条 证券登记结算机构按照业务规则收取的各类结算资金和证券，必须存放于专门的清算交收账户，只能按业务规则用于已成交的证券交易的清算交收，不得被强制执行。

第十章 证券服务机构

第一百六十条 会计师事务所、律师事务所以及从事证券投资咨询、资产评估、资信评级、财务顾问、信息技术系统服务的证券服务机构，应当勤勉尽责、恪尽职守，按照相关业务规则为证券的交易及相关活动提供服务。

从事证券投资咨询服务业务，应当经国务院证券监督管理机构核准；未经核准，不得为证券的交易及相关活动提供服务。从事其他证券服务业务，应当报国务院证券监督管理机构和国务院有关主管部门备案。

第一百六十一条　证券投资咨询机构及其从业人员从事证券服务业务不得有下列行为：

（一）代理委托人从事证券投资；

（二）与委托人约定分享证券投资收益或者分担证券投资损失；

（三）买卖本证券投资咨询机构提供服务的证券；

（四）法律、行政法规禁止的其他行为。

有前款所列行为之一，给投资者造成损失的，应当依法承担赔偿责任。

第一百六十二条　证券服务机构应当妥善保存客户委托文件、核查和验证资料、工作底稿以及与质量控制、内部管理、业务经营有关的信息和资料，任何人不得泄露、隐匿、伪造、篡改或者毁损。上述信息和资料的保存期限不得少于十年，自业务委托结束之日起算。

第一百六十三条　证券服务机构为证券的发行、上市、交易等证券业务活动制作、出具审计报告及其他鉴证报告、资产评估报告、财务顾问报告、资信评级报告或者法律意见书等文件，应当勤勉尽责，对所依据的文件资料内容的真实性、准确性、完整性进行核查和验证。其制作、出具的文件有虚假记载、误导性陈述或者重大遗漏，给他人造成损失的，应当与委托人承担连带赔偿责任，但是能够证明自己没有过错的除外。

第十一章　证券业协会

第一百六十四条　证券业协会是证券业的自律性组织，是社会团体法人。

证券公司应当加入证券业协会。

证券业协会的权力机构为全体会员组成的会员大会。

第一百六十五条　证券业协会章程由会员大会制定，并报国务院证券监督管理机构备案。

第一百六十六条 证券业协会履行下列职责：

（一）教育和组织会员及其从业人员遵守证券法律、行政法规，组织开展证券行业诚信建设，督促证券行业履行社会责任；

（二）依法维护会员的合法权益，向证券监督管理机构反映会员的建议和要求；

（三）督促会员开展投资者教育和保护活动，维护投资者合法权益；

（四）制定和实施证券行业自律规则，监督、检查会员及其从业人员行为，对违反法律、行政法规、自律规则或者协会章程的，按照规定给予纪律处分或者实施其他自律管理措施；

（五）制定证券行业业务规范，组织从业人员的业务培训；

（六）组织会员就证券行业的发展、运作及有关内容进行研究，收集整理、发布证券相关信息，提供会员服务，组织行业交流，引导行业创新发展；

（七）对会员之间、会员与客户之间发生的证券业务纠纷进行调解；

（八）证券业协会章程规定的其他职责。

第一百六十七条 证券业协会设理事会。理事会成员依章程的规定由选举产生。

第十二章 证券监督管理机构

第一百六十八条 国务院证券监督管理机构依法对证券市场实行监督管理，维护证券市场公开、公平、公正，防范系统性风险，维护投资者合法权益，促进证券市场健康发展。

第一百六十九条 国务院证券监督管理机构在对证券市场实施监督管理中履行下列职责：

（一）依法制定有关证券市场监督管理的规章、规则，并依法进行审批、核准、注册，办理备案；

（二）依法对证券的发行、上市、交易、登记、存管、结算等行为，进行监督管理；

（三）依法对证券发行人、证券公司、证券服务机构、证券交易场所、证券登记结算机构的证券业务活动，进行监督管理；

（四）依法制定从事证券业务人员的行为准则，并监督实施；

（五）依法监督检查证券发行、上市、交易的信息披露；

（六）依法对证券业协会的自律管理活动进行指导和监督；

（七）依法监测并防范、处置证券市场风险；

（八）依法开展投资者教育；

（九）依法对证券违法行为进行查处；

（十）法律、行政法规规定的其他职责。

第一百七十条　国务院证券监督管理机构依法履行职责，有权采取下列措施：

（一）对证券发行人、证券公司、证券服务机构、证券交易场所、证券登记结算机构进行现场检查。

（二）进入涉嫌违法行为发生场所调查取证。

（三）询问当事人和与被调查事件有关的单位和个人，要求其对与被调查事件有关的事项作出说明；或者要求其按照指定的方式报送与被调查事件有关的文件和资料。

（四）查阅、复制与被调查事件有关的财产权登记、通讯记录等文件和资料。

（五）查阅、复制当事人和与被调查事件有关的单位和个人的证券交易记录、登记过户记录、财务会计资料及其他相关文件和资料；对可能被转移、隐匿或者毁损的文件和资料，可以予以封存、扣押。

（六）查询当事人和与被调查事件有关的单位和个人的资金账户、证券账户、银行账户以及其他具有支付、托管、结算等功能的账户信息，可以对有关文件和资料进行复制；对有证据证明已经或者可能转移或者隐匿违法资金、证券等涉案财产或者隐匿、伪造、毁损重要证据的，经国务院证券监督管理机构主要负责人或者其授权的其他负责人批准，可以冻结或者查封，期限为六个月；因特殊原因需要延长的，每次延长期限不得超过三个月，冻结、查封期限最长不得超过二年。

（七）在调查操纵证券市场、内幕交易等重大证券违法行为时，经国务院证券监督管理机构主要负责人或者其授权的其他负责人批准，可以限制被调查的当事人的证券买卖,但限制的期限不得超过三个月;案情复杂的,可以延长三个月。

(八)通知出境入境管理机关依法阻止涉嫌违法人员、涉嫌违法单位的主管人员和其他直接责任人员出境。

为防范证券市场风险,维护市场秩序,国务院证券监督管理机构可以采取责令改正、监管谈话、出具警示函等措施。

第一百七十一条 国务院证券监督管理机构对涉嫌证券违法的单位或者个人进行调查期间,被调查的当事人书面申请,承诺在国务院证券监督管理机构认可的期限内纠正涉嫌违法行为,赔偿有关投资者损失,消除损害或者不良影响的,国务院证券监督管理机构可以决定中止调查。被调查的当事人履行承诺的,国务院证券监督管理机构可以决定终止调查;被调查的当事人未履行承诺或者有国务院规定的其他情形的,应当恢复调查。具体办法由国务院规定。

国务院证券监督管理机构决定中止或者终止调查的,应当按照规定公开相关信息。

第一百七十二条 国务院证券监督管理机构依法履行职责,进行监督检查或者调查,其监督检查、调查的人员不得少于二人,并应当出示合法证件和监督检查、调查通知书或者其他执法文书。监督检查、调查的人员少于二人或者未出示合法证件和监督检查、调查通知书或者其他执法文书的,被检查、调查的单位和个人有权拒绝。

第一百七十三条 国务院证券监督管理机构依法履行职责,被检查、调查的单位和个人应当配合,如实提供有关文件和资料,不得拒绝、阻碍和隐瞒。

第一百七十四条 国务院证券监督管理机构制定的规章、规则和监督管理工作制度应当依法公开。

国务院证券监督管理机构依据调查结果,对证券违法行为作出的处罚决定,应当公开。

第一百七十五条 国务院证券监督管理机构应当与国务院其他金融监督管理机构建立监督管理信息共享机制。

国务院证券监督管理机构依法履行职责,进行监督检查或者调查时,有关部门应当予以配合。

第一百七十六条　对涉嫌证券违法、违规行为，任何单位和个人有权向国务院证券监督管理机构举报。

对涉嫌重大违法、违规行为的实名举报线索经查证属实的，国务院证券监督管理机构按照规定给予举报人奖励。

国务院证券监督管理机构应当对举报人的身份信息保密。

第一百七十七条　国务院证券监督管理机构可以和其他国家或者地区的证券监督管理机构建立监督管理合作机制，实施跨境监督管理。

境外证券监督管理机构不得在中华人民共和国境内直接进行调查取证等活动。未经国务院证券监督管理机构和国务院有关主管部门同意，任何单位和个人不得擅自向境外提供与证券业务活动有关的文件和资料。

第一百七十八条　国务院证券监督管理机构依法履行职责，发现证券违法行为涉嫌犯罪的，应当依法将案件移送司法机关处理；发现公职人员涉嫌职务违法或者职务犯罪的，应当依法移送监察机关处理。

第一百七十九条　国务院证券监督管理机构工作人员必须忠于职守、依法办事、公正廉洁，不得利用职务便利牟取不正当利益，不得泄露所知悉的有关单位和个人的商业秘密。

国务院证券监督管理机构工作人员在任职期间，或者离职后在《中华人民共和国公务员法》规定的期限内，不得到与原工作业务直接相关的企业或者其他营利性组织任职，不得从事与原工作业务直接相关的营利性活动。

第十三章　法律责任

第一百八十条　违反本法第九条的规定，擅自公开或者变相公开发行证券的，责令停止发行，退还所募资金并加算银行同期存款利息，处以非法所募资金金额百分之五以上百分之五十以下的罚款；对擅自公开或者变相公开发行证券设立的公司，由依法履行监督管理职责的机构或者部门会同县级以上地方人民政府予以取缔。对直接负责的主管人员和其他直接责任人员给予警告，并处以五十万元以上五百万元以下的罚款。

第一百八十一条 发行人在其公告的证券发行文件中隐瞒重要事实或者编造重大虚假内容,尚未发行证券的,处以二百万元以上二千万元以下的罚款;已经发行证券的,处以非法所募资金金额百分之十以上一倍以下的罚款。对直接负责的主管人员和其他直接责任人员,处以一百万元以上一千万元以下的罚款。

发行人的控股股东、实际控制人组织、指使从事前款违法行为的,没收违法所得,并处以违法所得百分之十以上一倍以下的罚款;没有违法所得或者违法所得不足二千万元的,处以二百万元以上二千万元以下的罚款。对直接负责的主管人员和其他直接责任人员,处以一百万元以上一千万元以下的罚款。

第一百八十二条 保荐人出具有虚假记载、误导性陈述或者重大遗漏的保荐书,或者不履行其他法定职责的,责令改正,给予警告,没收业务收入,并处以业务收入一倍以上十倍以下的罚款;没有业务收入或者业务收入不足一百万元的,处以一百万元以上一千万元以下的罚款;情节严重的,并处暂停或者撤销保荐业务许可。对直接负责的主管人员和其他直接责任人员给予警告,并处以五十万元以上五百万元以下的罚款。

第一百八十三条 证券公司承销或者销售擅自公开发行或者变相公开发行的证券的,责令停止承销或者销售,没收违法所得,并处以违法所得一倍以上十倍以下的罚款;没有违法所得或者违法所得不足一百万元的,处以一百万元以上一千万元以下的罚款;情节严重的,并处暂停或者撤销相关业务许可。给投资者造成损失的,应当与发行人承担连带赔偿责任。对直接负责的主管人员和其他直接责任人员给予警告,并处以五十万元以上五百万元以下的罚款。

第一百八十四条 证券公司承销证券违反本法第二十九条规定的,责令改正,给予警告,没收违法所得,可以并处五十万元以上五百万元以下的罚款;情节严重的,暂停或者撤销相关业务许可。对直接负责的主管人员和其他直接责任人员给予警告,可以并处二十万元以上二百万元以下的罚款;情节严重的,并处以五十万元以上五百万元以下的罚款。

第一百八十五条　发行人违反本法第十四条、第十五条的规定擅自改变公开发行证券所募集资金的用途的，责令改正，处以五十万元以上五百万元以下的罚款；对直接负责的主管人员和其他直接责任人员给予警告，并处以十万元以上一百万元以下的罚款。

发行人的控股股东、实际控制人从事或者组织、指使从事前款违法行为的，给予警告，并处以五十万元以上五百万元以下的罚款；对直接负责的主管人员和其他直接责任人员，处以十万元以上一百万元以下的罚款。

第一百八十六条　违反本法第三十六条的规定，在限制转让期内转让证券，或者转让股票不符合法律、行政法规和国务院证券监督管理机构规定的，责令改正，给予警告，没收违法所得，并处以买卖证券等值以下的罚款。

第一百八十七条　法律、行政法规规定禁止参与股票交易的人员，违反本法第四十条的规定，直接或者以化名、借他人名义持有、买卖股票或者其他具有股权性质的证券的，责令依法处理非法持有的股票、其他具有股权性质的证券，没收违法所得，并处以买卖证券等值以下的罚款；属于国家工作人员的，还应当依法给予处分。

第一百八十八条　证券服务机构及其从业人员，违反本法第四十二条的规定买卖证券的，责令依法处理非法持有的证券，没收违法所得，并处以买卖证券等值以下的罚款。

第一百八十九条　上市公司、股票在国务院批准的其他全国性证券交易场所交易的公司的董事、监事、高级管理人员、持有该公司百分之五以上股份的股东，违反本法第四十四条的规定，买卖该公司股票或者其他具有股权性质的证券的，给予警告，并处以十万元以上一百万元以下的罚款。

第一百九十条　违反本法第四十五条的规定，采取程序化交易影响证券交易所系统安全或者正常交易秩序的，责令改正，并处以五十万元以上五百万元以下的罚款。对直接负责的主管人员和其他直接责任人员给予警告，并处以十万元以上一百万元以下的罚款。

第一百九十一条　证券交易内幕信息的知情人或者非法获取内幕信息的人违反本法第五十三条的规定从事内幕交易的，责令依法处理非法持有的证券,没收违法所得,并处以违法所得一倍以上十倍以下的罚款;没有违法所得或者违法所得不足五十万元的,处以五十万元以上五百万元以下的罚款。单位从事内幕交易的,还应当对直接负责的主管人员和其他直接责任人员给予警告,并处以二十万元以上二百万元以下的罚款。国务院证券监督管理机构工作人员从事内幕交易的,从重处罚。

违反本法第五十四条的规定,利用未公开信息进行交易的,依照前款的规定处罚。

第一百九十二条 违反本法第五十五条的规定,操纵证券市场的,责令依法处理其非法持有的证券,没收违法所得,并处以违法所得一倍以上十倍以下的罚款;没有违法所得或者违法所得不足一百万元的,处以一百万元以上一千万元以下的罚款。单位操纵证券市场的,还应当对直接负责的主管人员和其他直接责任人员给予警告,并处以五十万元以上五百万元以下的罚款。

第一百九十三条 违反本法第五十六条第一款、第三款的规定,编造、传播虚假信息或者误导性信息,扰乱证券市场的,没收违法所得,并处以违法所得一倍以上十倍以下的罚款;没有违法所得或者违法所得不足二十万元的,处以二十万元以上二百万元以下的罚款。

违反本法第五十六条第二款的规定,在证券交易活动中作出虚假陈述或者信息误导的,责令改正,处以二十万元以上二百万元以下的罚款;属于国家工作人员的,还应当依法给予处分。

传播媒介及其从事证券市场信息报道的工作人员违反本法第五十六条第三款的规定,从事与其工作职责发生利益冲突的证券买卖的,没收违法所得,并处以买卖证券等值以下的罚款。

第一百九十四条 证券公司及其从业人员违反本法第五十七条的规定,有损害客户利益的行为的,给予警告,没收违法所得,并处以违法所得一倍以上十倍以下的罚款;没有违法所得或者违法所得不足十万元的,处以十万元以上一百万元以下的罚款;情节严重的,暂停或者撤销相关业务许可。

第一百九十五条 违反本法第五十八条的规定,出借自己的证券账户或者借用他人的证券账户从事证券交易的，责令改正，给予警告，可以处五十万元以下的罚款。

第一百九十六条　收购人未按照本法规定履行上市公司收购的公告、发出收购要约义务的，责令改正，给予警告，并处以五十万元以上五百万元以下的罚款。对直接负责的主管人员和其他直接责任人员给予警告，并处以二十万元以上二百万元以下的罚款。

收购人及其控股股东、实际控制人利用上市公司收购，给被收购公司及其股东造成损失的，应当依法承担赔偿责任。

第一百九十七条　信息披露义务人未按照本法规定报送有关报告或者履行信息披露义务的，责令改正，给予警告，并处以五十万元以上五百万元以下的罚款；对直接负责的主管人员和其他直接责任人员给予警告，并处以二十万元以上二百万元以下的罚款。发行人的控股股东、实际控制人组织、指使从事上述违法行为，或者隐瞒相关事项导致发生上述情形的，处以五十万元以上五百万元以下的罚款；对直接负责的主管人员和其他直接责任人员，处以二十万元以上二百万元以下的罚款。

信息披露义务人报送的报告或者披露的信息有虚假记载、误导性陈述或者重大遗漏的，责令改正，给予警告，并处以一百万元以上一千万元以下的罚款；对直接负责的主管人员和其他直接责任人员给予警告，并处以五十万元以上五百万元以下的罚款。发行人的控股股东、实际控制人组织、指使从事上述违法行为，或者隐瞒相关事项导致发生上述情形的，处以一百万元以上一千万元以下的罚款；对直接负责的主管人员和其他直接责任人员，处以五十万元以上五百万元以下的罚款。

第一百九十八条　证券公司违反本法第八十八条的规定未履行或者未按照规定履行投资者适当性管理义务的，责令改正，给予警告，并处以十万元以上一百万元以下的罚款。对直接负责的主管人员和其他直接责任人员给予警告，并处以二十万元以下的罚款。

第一百九十九条　违反本法第九十条的规定征集股东权利的，责令改正，给予警告，可以处五十万元以下的罚款。

第二百条　非法开设证券交易场所的，由县级以上人民政府予以取缔,没收违法所得,并处以违法所得一倍以上十倍以下的罚款;没有违法所得或者违法所得不足一百万元的,处以一百万元以上一千万元以下的罚款。对直接负责的主管人员和其他直接责任人员给予警告,并处以二十万元以上二百万元以下的罚款。

证券交易所违反本法第一百零五条的规定,允许非会员直接参与股票的集中交易的,责令改正,可以并处五十万元以下的罚款。

第二百零一条　证券公司违反本法第一百零七条第一款的规定,未对投资者开立账户提供的身份信息进行核对的,责令改正,给予警告,并处以五万元以上五十万元以下的罚款。对直接负责的主管人员和其他直接责任人员给予警告,并处以十万元以下的罚款。

证券公司违反本法第一百零七条第二款的规定,将投资者的账户提供给他人使用的,责令改正,给予警告,并处以十万元以上一百万元以下的罚款。对直接负责的主管人员和其他直接责任人员给予警告,并处以二十万元以下的罚款。

第二百零二条　违反本法第一百一十八条、第一百二十条第一款、第四款的规定,擅自设立证券公司、非法经营证券业务或者未经批准以证券公司名义开展证券业务活动的,责令改正,没收违法所得,并处以违法所得一倍以上十倍以下的罚款;没有违法所得或者违法所得不足一百万元的,处以一百万元以上一千万元以下的罚款。对直接负责的主管人员和其他直接责任人员给予警告,并处以二十万元以上二百万元以下的罚款。对擅自设立的证券公司,由国务院证券监督管理机构予以取缔。

证券公司违反本法第一百二十条第五款规定提供证券融资融券服务的,没收违法所得,并处以融资融券等值以下的罚款;情节严重的,禁止其在一定期限内从事证券融资融券业务。对直接负责的主管人员和其他直接责任人员给予警告,并处以二十万元以上二百万元以下的罚款。

第二百零三条　提交虚假证明文件或者采取其他欺诈手段骗取证券公司设立许可、业务许可或者重大事项变更核准的,撤销相关许可,并处以一百万元以上一千万元以下的罚款。对直接负责的主管人员和其他直接责任人员给予警告,并处以二十万元以上二百万元以下的罚款。

第二百零四条　证券公司违反本法第一百二十二条的规定，未经核准变更证券业务范围，变更主要股东或者公司的实际控制人，合并、分立、停业、解散、破产的，责令改正，给予警告，没收违法所得，并处以违法所得一倍以上十倍以下的罚款；没有违法所得或者违法所得不足五十万元的，处以五十万元以上五百万元以下的罚款；情节严重的，并处撤销相关业务许可。对直接负责的主管人员和其他直接责任人员给予警告，并处以二十万元以上二百万元以下的罚款。

第二百零五条　证券公司违反本法第一百二十三条第二款的规定，为其股东或者股东的关联人提供融资或者担保的，责令改正，给予警告，并处以五十万元以上五百万元以下的罚款。对直接负责的主管人员和其他直接责任人员给予警告，并处以十万元以上一百万元以下的罚款。股东有过错的，在按照要求改正前，国务院证券监督管理机构可以限制其股东权利；拒不改正的，可以责令其转让所持证券公司股权。

第二百零六条　证券公司违反本法第一百二十八条的规定，未采取有效隔离措施防范利益冲突，或者未分开办理相关业务、混合操作的，责令改正，给予警告，没收违法所得，并处以违法所得一倍以上十倍以下的罚款；没有违法所得或者违法所得不足五十万元的，处以五十万元以上五百万元以下的罚款；情节严重的，并处撤销相关业务许可。对直接负责的主管人员和其他直接责任人员给予警告，并处以二十万元以上二百万元以下的罚款。

第二百零七条　证券公司违反本法第一百二十九条的规定从事证券自营业务的，责令改正，给予警告，没收违法所得，并处以违法所得一倍以上十倍以下的罚款；没有违法所得或者违法所得不足五十万元的，处以五十万元以上五百万元以下的罚款；情节严重的，并处撤销相关业务许可或者责令关闭。对直接负责的主管人员和其他直接责任人员给予警告，并处以二十万元以上二百万元以下的罚款。

第二百零八条　违反本法第一百三十一条的规定，将客户的资金和证券归入自有财产，或者挪用客户的资金和证券的，责令改正，给予警告,没收违法所得,并处以违法所得一倍以上十倍以下的罚款;没有违法所得或者违法所得不足一百万元的,处以一百万元以上一千万元以下的罚款;情节严重的,并处撤销相关业务许可或者责令关闭。对直接负责的主管人员和其他直接责任人员给予警告,并处以五十万元以上五百万元以下的罚款。

第二百零九条　证券公司违反本法第一百三十四条第一款的规定接受客户的全权委托买卖证券的,或者违反本法第一百三十五条的规定对客户的收益或者赔偿客户的损失作出承诺的,责令改正,给予警告,没收违法所得,并处以违法所得一倍以上十倍以下的罚款;没有违法所得或者违法所得不足五十万元的,处以五十万元以上五百万元以下的罚款;情节严重的,并处撤销相关业务许可。对直接负责的主管人员和其他直接责任人员给予警告,并处以二十万元以上二百万元以下的罚款。

证券公司违反本法第一百三十四条第二款的规定,允许他人以证券公司的名义直接参与证券的集中交易的,责令改正,可以并处五十万元以下的罚款。

第二百一十条　证券公司的从业人员违反本法第一百三十六条的规定,私下接受客户委托买卖证券的,责令改正,给予警告,没收违法所得,并处以违法所得一倍以上十倍以下的罚款;没有违法所得的,处以五十万元以下的罚款。

第二百一十一条　证券公司及其主要股东、实际控制人违反本法第一百三十八条的规定,未报送、提供信息和资料,或者报送、提供的信息和资料有虚假记载、误导性陈述或者重大遗漏的,责令改正,给予警告,并处以一百万元以下的罚款;情节严重的,并处撤销相关业务许可。对直接负责的主管人员和其他直接责任人员,给予警告,并处以五十万元以下的罚款。

第二百一十二条　违反本法第一百四十五条的规定,擅自设立证券登记结算机构的,由国务院证券监督管理机构予以取缔,没收违法所得,并处以违法所得一倍以上十倍以下的罚款;没有违法所得或者违法所得不足五十万元的,处以五十万元以上五百万元以下的罚款。对直接负责的主管人员和其他直接责任人员给予警告,并处以二十万元以上二百万元以下的罚款。

第二百一十三条　证券投资咨询机构违反本法第一百六十条第二款的规定擅自从事证券服务业务，或者从事证券服务业务有本法第一百六十一条规定行为的，责令改正，没收违法所得，并处以违法所得一倍以上十倍以下的罚款；没有违法所得或者违法所得不足五十万元的，处以五十万元以上五百万元以下的罚款。对直接负责的主管人员和其他直接责任人员，给予警告，并处以二十万元以上二百万元以下的罚款。

会计师事务所、律师事务所以及从事资产评估、资信评级、财务顾问、信息技术系统服务的机构违反本法第一百六十条第二款的规定，从事证券服务业务未报备案的，责令改正，可以处二十万元以下的罚款。

证券服务机构违反本法第一百六十三条的规定，未勤勉尽责，所制作、出具的文件有虚假记载、误导性陈述或者重大遗漏的，责令改正，没收业务收入，并处以业务收入一倍以上十倍以下的罚款，没有业务收入或者业务收入不足五十万元的，处以五十万元以上五百万元以下的罚款；情节严重的，并处暂停或者禁止从事证券服务业务。对直接负责的主管人员和其他直接责任人员给予警告，并处以二十万元以上二百万元以下的罚款。

第二百一十四条　发行人、证券登记结算机构、证券公司、证券服务机构未按照规定保存有关文件和资料的，责令改正，给予警告，并处以十万元以上一百万元以下的罚款；泄露、隐匿、伪造、篡改或者毁损有关文件和资料的，给予警告，并处以二十万元以上二百万元以下的罚款；情节严重的，处以五十万元以上五百万元以下的罚款，并处暂停、撤销相关业务许可或者禁止从事相关业务。对直接负责的主管人员和其他直接责任人员给予警告，并处以十万元以上一百万元以下的罚款。

第二百一十五条　国务院证券监督管理机构依法将有关市场主体遵守本法的情况纳入证券市场诚信档案。

第二百一十六条　国务院证券监督管理机构或者国务院授权的部门有下列情形之一的，对直接负责的主管人员和其他直接责任人员，依法给予处分：

（一）对不符合本法规定的发行证券、设立证券公司等申请予以核准、注册、批准的；

（二）违反本法规定采取现场检查、调查取证、查询、冻结或者查封等措施的；

（三）违反本法规定对有关机构和人员采取监督管理措施的；

（四）违反本法规定对有关机构和人员实施行政处罚的；

（五）其他不依法履行职责的行为。

第二百一十七条 国务院证券监督管理机构或者国务院授权的部门的工作人员，不履行本法规定的职责，滥用职权、玩忽职守，利用职务便利牟取不正当利益，或者泄露所知悉的有关单位和个人的商业秘密的，依法追究法律责任。

第二百一十八条 拒绝、阻碍证券监督管理机构及其工作人员依法行使监督检查、调查职权，由证券监督管理机构责令改正，处以十万元以上一百万元以下的罚款，并由公安机关依法给予治安管理处罚。

第二百一十九条 违反本法规定，构成犯罪的，依法追究刑事责任。

第二百二十条 违反本法规定，应当承担民事赔偿责任和缴纳罚款、罚金、违法所得，违法行为人的财产不足以支付的，优先用于承担民事赔偿责任。

第二百二十一条 违反法律、行政法规或者国务院证券监督管理机构的有关规定，情节严重的，国务院证券监督管理机构可以对有关责任人员采取证券市场禁入的措施。

前款所称证券市场禁入，是指在一定期限内直至终身不得从事证券业务、证券服务业务，不得担任证券发行人的董事、监事、高级管理人员，或者一定期限内不得在证券交易所、国务院批准的其他全国性证券交易场所交易证券的制度。

第二百二十二条 依照本法收缴的罚款和没收的违法所得，全部上缴国库。

第二百二十三条 当事人对证券监督管理机构或者国务院授权

的部门的处罚决定不服的，可以依法申请行政复议，或者依法直接向人民法院提起诉讼。

第十四章　附　　则

第二百二十四条　境内企业直接或者间接到境外发行证券或者将其证券在境外上市交易，应当符合国务院的有关规定。

第二百二十五条　境内公司股票以外币认购和交易的，具体办法由国务院另行规定。

第二百二十六条　本法自2020年3月1日起施行。

中华人民共和国公司法(2018年修正)

（1993年12月29日第八届全国人民代表大会常务委员会第五次会议通过　根据1999年12月25日第九届全国人民代表大会常务委员会第十三次会议《关于修改〈中华人民共和国公司法〉的决定》第一次修正　根据2004年8月28日第十届全国人民代表大会常务委员会第十一次会议《关于修改〈中华人民共和国公司法〉的决定》第二次修正　2005年10月27日第十届全国人民代表大会常务委员会第十八次会议修订　根据2013年12月28日第十二届全国人民代表大会常务委员会第六次会议《关于修改〈中华人民共和国海洋环境保护法〉等七部法律的决定》第三次修正　根据2018年10月26日第十三届全国人民代表大会常务委员会第六次会议《关于修改〈中华人民共和国公司法〉的决定》第四次修正）

目　　录

第一章　总　　则

第一条　为了规范公司的组织和行为，保护公司、股东和债权人的合法权益，维护社会经济秩序，促进社会主义市场经济的发展，制定本法。

第二条　本法所称公司是指依照本法在中国境内设立的有限责任公司和股份有限公司。

第三条　公司是企业法人，有独立的法人财产，享有法人财产权。公司以其全部财产对公司的债务承担责任。

有限责任公司的股东以其认缴的出资额为限对公司承担责任；股份有限公司的股东以其认购的股份为限对公司承担责任。

第四条　公司股东依法享有资产收益、参与重大决策和选择管理者等权利。

第五条　公司从事经营活动，必须遵守法律、行政法规，遵守社会公德、商业道德，诚实守信，接受政府和社会公众的监督，承担社会责任。

公司的合法权益受法律保护，不受侵犯。

第六条　设立公司，应当依法向公司登记机关申请设立登记。符合本法规定的设立条件的，由公司登记机关分别登记为有限责任公司或者股份有限公司；不符合本法规定的设立条件的，不得登记为有限责任公司或者股份有限公司。

法律、行政法规规定设立公司必须报经批准的，应当在公司登记前依法办理批准手续。

公众可以向公司登记机关申请查询公司登记事项，公司登记机关应当提供查询服务。

第七条　依法设立的公司，由公司登记机关发给公司营业执照。公司营业执照签发日期为公司成立日期。

公司营业执照应当载明公司的名称、住所、注册资本、经营范围、法定代表人姓名等事项。

公司营业执照记载的事项发生变更的，公司应当依法办理变更登记，由公司登记机关换发营业执照。

第八条　依照本法设立的有限责任公司，必须在公司名称中标明有限责任公司或者有限公司字样。

依照本法设立的股份有限公司，必须在公司名称中标明股份有限公司或者股份公司字样。

第九条　有限责任公司变更为股份有限公司，应当符合本法规定的股份有限公司的条件。股份有限公司变更为有限责任公司，应当符合本法规定的有限责任公司的条件。

有限责任公司变更为股份有限公司的，或者股份有限公司变更为有限责任公司的，公司变更前的债权、债务由变更后的公司承继。

第十条 公司以其主要办事机构所在地为住所。

第十一条 设立公司必须依法制定公司章程。公司章程对公司、股东、董事、监事、高级管理人员具有约束力。

第十二条 公司的经营范围由公司章程规定,并依法登记。公司可以修改公司章程,改变经营范围,但是应当办理变更登记。

公司的经营范围中属于法律、行政法规规定须经批准的项目,应当依法经过批准。

第十三条 公司法定代表人依照公司章程的规定,由董事长、执行董事或者经理担任,并依法登记。公司法定代表人变更,应当办理变更登记。

第十四条 公司可以设立分公司。设立分公司,应当向公司登记机关申请登记,领取营业执照。分公司不具有法人资格,其民事责任由公司承担。

公司可以设立子公司,子公司具有法人资格,依法独立承担民事责任。

第十五条 公司可以向其他企业投资;但是,除法律另有规定外,不得成为对所投资企业的债务承担连带责任的出资人。

第十六条 公司向其他企业投资或者为他人提供担保,依照公司章程的规定,由董事会或者股东会、股东大会决议;公司章程对投资或者担保的总额及单项投资或者担保的数额有限额规定的,不得超过规定的限额。

公司为公司股东或者实际控制人提供担保的,必须经股东会或者股东大会决议。

前款规定的股东或者受前款规定的实际控制人支配的股东,不得参加前款规定事项的表决。该项表决由出席会议的其他股东所持表决权的过半数通过。

第十七条 公司必须保护职工的合法权益,依法与职工签订劳动合同,参加社会保险,加强劳动保护,实现安全生产。

公司应当采用多种形式,加强公司职工的职业教育和岗位培训,提高职工素质。

第十八条 公司职工依照《中华人民共和国工会法》组织工会,开展工会活动,维护职工合法权益。公司应当为本公司工会提供必要的活动条件。公司工会代表职工就职工的劳动报酬、工作时间、福利、保险和劳动安全卫生等事项依法与公司签订集体合同。

公司依照宪法和有关法律的规定,通过职工代表大会或者其他形式,实行民主管理。

公司研究决定改制以及经营方面的重大问题、制定重要的规章制度时,应当听取公司工会的意见,并通过职工代表大会或者其他形式听取职工的意见和建议。

第十九条　在公司中,根据中国共产党章程的规定,设立中国共产党的组织,开展党的活动。公司应当为党组织的活动提供必要条件。

第二十条　公司股东应当遵守法律、行政法规和公司章程,依法行使股东权利,不得滥用股东权利损害公司或者其他股东的利益;不得滥用公司法人独立地位和股东有限责任损害公司债权人的利益。

公司股东滥用股东权利给公司或者其他股东造成损失的,应当依法承担赔偿责任。

公司股东滥用公司法人独立地位和股东有限责任,逃避债务,严重损害公司债权人利益的,应当对公司债务承担连带责任。

第二十一条　公司的控股股东、实际控制人、董事、监事、高级管理人员不得利用其关联关系损害公司利益。

违反前款规定,给公司造成损失的,应当承担赔偿责任。

第二十二条　公司股东会或者股东大会、董事会的决议内容违反法律、行政法规的无效。

股东会或者股东大会、董事会的会议召集程序、表决方式违反法律、行政法规或者公司章程,或者决议内容违反公司章程的,股东可以自决议作出之日起六十日内,请求人民法院撤销。

股东依照前款规定提起诉讼的,人民法院可以应公司的请求,要求股东提供相应担保。

公司根据股东会或者股东大会、董事会决议已办理变更登记的,人民法院宣告该决议无效或者撤销该决议后,公司应当向公司登记机关申请撤销变更登记。

第二章　有限责任公司的设立和组织机构

第一节　设　　立

第二十三条　设立有限责任公司,应当具备下列条件:

(一)股东符合法定人数;

(二)有符合公司章程规定的全体股东认缴的出资额;

(三)股东共同制定公司章程;

(四)有公司名称,建立符合有限责任公司要求的组织机构;

(五)有公司住所。

第二十四条　有限责任公司由五十个以下股东出资设立。

第二十五条　有限责任公司章程应当载明下列事项:

(一)公司名称和住所;

(二)公司经营范围;

(三)公司注册资本;

(四)股东的姓名或者名称;

(五)股东的出资方式、出资额和出资时间;

(六)公司的机构及其产生办法、职权、议事规则;

(七)公司法定代表人;

(八)股东会会议认为需要规定的其他事项。

股东应当在公司章程上签名、盖章。

第二十六条　有限责任公司的注册资本为在公司登记机关登记的全体股东认缴的出资额。

法律、行政法规以及国务院决定对有限责任公司注册资本实缴、注册资本最低限额另有规定的,从其规定。

第二十七条　股东可以用货币出资,也可以用实物、知识产权、土地使用权等可以用货币估价并可以依法转让的非货币财产作价出资;但是,法律、行政法规规定不得作为出资的财产除外。

对作为出资的非货币财产应当评估作价,核实财产,不得高估或者低估作价。法律、行政法规对评估作价有规定的,从其规定。

第二十八条　股东应当按期足额缴纳公司章程中规定的各自所

认缴的出资额。股东以货币出资的,应当将货币出资足额存入有限责任公司在银行开设的账户;以非货币财产出资的,应当依法办理其财产权的转移手续。

股东不按照前款规定缴纳出资的,除应当向公司足额缴纳外,还应当向已按期足额缴纳出资的股东承担违约责任。

第二十九条 股东认足公司章程规定的出资后,由全体股东指定的代表或者共同委托的代理人向公司登记机关报送公司登记申请书、公司章程等文件,申请设立登记。

第三十条 有限责任公司成立后,发现作为设立公司出资的非货币财产的实际价额显著低于公司章程所定价额的,应当由交付该出资的股东补足其差额;公司设立时的其他股东承担连带责任。

第三十一条 有限责任公司成立后,应当向股东签发出资证明书。

出资证明书应当载明下列事项:

(一)公司名称;

(二)公司成立日期;

(三)公司注册资本;

(四)股东的姓名或者名称、缴纳的出资额和出资日期;

(五)出资证明书的编号和核发日期。

出资证明书由公司盖章。

第三十二条 有限责任公司应当置备股东名册,记载下列事项:

(一)股东的姓名或者名称及住所;

(二)股东的出资额;

(三)出资证明书编号。

记载于股东名册的股东,可以依股东名册主张行使股东权利。

公司应当将股东的姓名或者名称向公司登记机关登记;登记事项发生变更的,应当办理变更登记。未经登记或者变更登记的,不得对抗第三人。

第三十三条 股东有权查阅、复制公司章程、股东会会议记录、董事会会议决议、监事会会议决议和财务会计报告。

股东可以要求查阅公司会计账簿。股东要求查阅公司会计账簿的，应当向公司提出书面请求，说明目的。公司有合理根据认为股东查阅会计账簿有不正当目的，可能损害公司合法利益的，可以拒绝提供查阅，并应当自股东提出书面请求之日起十五日内书面答复股东并说明理由。公司拒绝提供查阅的，股东可以请求人民法院要求公司提供查阅。

第三十四条 股东按照实缴的出资比例分取红利；公司新增资本时，股东有权优先按照实缴的出资比例认缴出资。但是，全体股东约定不按照出资比例分取红利或者不按照出资比例优先认缴出资的除外。

第三十五条 公司成立后，股东不得抽逃出资。

第二节 组织机构

第三十六条 有限责任公司股东会由全体股东组成。股东会是公司的权力机构，依照本法行使职权。

第三十七条 股东会行使下列职权：

（一）决定公司的经营方针和投资计划；

（二）选举和更换非由职工代表担任的董事、监事，决定有关董事、监事的报酬事项；

（三）审议批准董事会的报告；

（四）审议批准监事会或者监事的报告；

（五）审议批准公司的年度财务预算方案、决算方案；

（六）审议批准公司的利润分配方案和弥补亏损方案；

（七）对公司增加或者减少注册资本作出决议；

（八）对发行公司债券作出决议；

（九）对公司合并、分立、解散、清算或者变更公司形式作出决议；

（十）修改公司章程；

（十一）公司章程规定的其他职权。

对前款所列事项股东以书面形式一致表示同意的，可以不召开股东会会议，直接作出决定，并由全体股东在决定文件上签名、盖章。

第三十八条 首次股东会会议由出资最多的股东召集和主持，依照本法规定行使职权。

第三十九条　股东会会议分为定期会议和临时会议。

定期会议应当依照公司章程的规定按时召开。代表十分之一以上表决权的股东，三分之一以上的董事，监事会或者不设监事会的公司的监事提议召开临时会议的，应当召开临时会议。

第四十条　有限责任公司设立董事会的，股东会会议由董事会召集，董事长主持；董事长不能履行职务或者不履行职务的，由副董事长主持；副董事长不能履行职务或者不履行职务的，由半数以上董事共同推举一名董事主持。

有限责任公司不设董事会的，股东会会议由执行董事召集和主持。

董事会或者执行董事不能履行或者不履行召集股东会会议职责的，由监事会或者不设监事会的公司的监事召集和主持；监事会或者监事不召集和主持的，代表十分之一以上表决权的股东可以自行召集和主持。

第四十一条　召开股东会会议，应当于会议召开十五日前通知全体股东；但是，公司章程另有规定或者全体股东另有约定的除外。

股东会应当对所议事项的决定作成会议记录，出席会议的股东应当在会议记录上签名。

第四十二条　股东会会议由股东按照出资比例行使表决权；但是，公司章程另有规定的除外。

第四十三条　股东会的议事方式和表决程序，除本法有规定的外，由公司章程规定。

股东会会议作出修改公司章程、增加或者减少注册资本的决议，以及公司合并、分立、解散或者变更公司形式的决议，必须经代表三分之二以上表决权的股东通过。

第四十四条　有限责任公司设董事会，其成员为三人至十三人；但是，本法第五十条另有规定的除外。

两个以上的国有企业或者两个以上的其他国有投资主体投资设立的有限责任公司，其董事会成员中应当有公司职工代表；其他有限责任公司董事会成员中可以有公司职工代表。董事会中的职工代表由公司职工通过职工代表大会、职工大会或者其他形式民主选举产生。

董事会设董事长一人,可以设副董事长。董事长、副董事长的产生办法由公司章程规定。

第四十五条 董事任期由公司章程规定,但每届任期不得超过三年。董事任期届满,连选可以连任。

董事任期届满未及时改选,或者董事在任期内辞职导致董事会成员低于法定人数的,在改选出的董事就任前,原董事仍应当依照法律、行政法规和公司章程的规定,履行董事职务。

第四十六条 董事会对股东会负责,行使下列职权:

(一)召集股东会会议,并向股东会报告工作;

(二)执行股东会的决议;

(三)决定公司的经营计划和投资方案;

(四)制订公司的年度财务预算方案、决算方案;

(五)制订公司的利润分配方案和弥补亏损方案;

(六)制订公司增加或者减少注册资本以及发行公司债券的方案;

(七)制订公司合并、分立、解散或者变更公司形式的方案;

(八)决定公司内部管理机构的设置;

(九)决定聘任或者解聘公司经理及其报酬事项,并根据经理的提名决定聘任或者解聘公司副经理、财务负责人及其报酬事项;

(十)制定公司的基本管理制度;

(十一)公司章程规定的其他职权。

第四十七条 董事会会议由董事长召集和主持;董事长不能履行职务或者不履行职务的,由副董事长召集和主持;副董事长不能履行职务或者不履行职务的,由半数以上董事共同推举一名董事召集和主持。

第四十八条 董事会的议事方式和表决程序,除本法有规定的外,由公司章程规定。

董事会应当对所议事项的决定作成会议记录,出席会议的董事应当在会议记录上签名。

董事会决议的表决,实行一人一票。

第四十九条 有限责任公司可以设经理,由董事会决定聘任或者

解聘。经理对董事会负责,行使下列职权:

(一)主持公司的生产经营管理工作,组织实施董事会决议;

(二)组织实施公司年度经营计划和投资方案;

(三)拟订公司内部管理机构设置方案;

(四)拟订公司的基本管理制度;

(五)制定公司的具体规章;

(六)提请聘任或者解聘公司副经理、财务负责人;

(七)决定聘任或者解聘除应由董事会决定聘任或者解聘以外的负责管理人员;

(八)董事会授予的其他职权。

公司章程对经理职权另有规定的,从其规定。

经理列席董事会会议。

第五十条　股东人数较少或者规模较小的有限责任公司,可以设一名执行董事,不设董事会。执行董事可以兼任公司经理。

执行董事的职权由公司章程规定。

第五十一条　有限责任公司设监事会,其成员不得少于三人。股东人数较少或者规模较小的有限责任公司,可以设一至二名监事,不设监事会。

监事会应当包括股东代表和适当比例的公司职工代表,其中职工代表的比例不得低于三分之一,具体比例由公司章程规定。监事会中的职工代表由公司职工通过职工代表大会、职工大会或者其他形式民主选举产生。

监事会设主席一人,由全体监事过半数选举产生。监事会主席召集和主持监事会会议;监事会主席不能履行职务或者不履行职务的,由半数以上监事共同推举一名监事召集和主持监事会会议。

董事、高级管理人员不得兼任监事。

第五十二条　监事的任期每届为三年。监事任期届满,连选可以连任。

监事任期届满未及时改选,或者监事在任期内辞职导致监事会成员低于法定人数的,在改选出的监事就任前,原监事仍应当依照法律、行政法规和公司章程的规定,履行监事职务。

第五十三条 监事会、不设监事会的公司的监事行使下列职权:

(一)检查公司财务;

(二)对董事、高级管理人员执行公司职务的行为进行监督,对违反法律、行政法规、公司章程或者股东会决议的董事、高级管理人员提出罢免的建议;

(三)当董事、高级管理人员的行为损害公司的利益时,要求董事、高级管理人员予以纠正;

(四)提议召开临时股东会会议,在董事会不履行本法规定的召集和主持股东会会议职责时召集和主持股东会会议;

(五)向股东会会议提出提案;

(六)依照本法第一百五十一条的规定,对董事、高级管理人员提起诉讼;

(七)公司章程规定的其他职权。

第五十四条 监事可以列席董事会会议,并对董事会决议事项提出质询或者建议。

监事会、不设监事会的公司的监事发现公司经营情况异常,可以进行调查;必要时,可以聘请会计师事务所等协助其工作,费用由公司承担。

第五十五条 监事会每年度至少召开一次会议,监事可以提议召开临时监事会会议。

监事会的议事方式和表决程序,除本法有规定的外,由公司章程规定。

监事会决议应当经半数以上监事通过。

监事会应当对所议事项的决定作成会议记录,出席会议的监事应当在会议记录上签名。

第五十六条 监事会、不设监事会的公司的监事行使职权所必需的费用,由公司承担。

第三节 一人有限责任公司的特别规定

第五十七条 一人有限责任公司的设立和组织机构,适用本节规定;本节没有规定的,适用本章第一节、第二节的规定。

本法所称一人有限责任公司,是指只有一个自然人股东或者一个法人股东的有限责任公司。

第五十八条　一个自然人只能投资设立一个一人有限责任公司。该一人有限责任公司不能投资设立新的一人有限责任公司。

第五十九条　一人有限责任公司应当在公司登记中注明自然人独资或者法人独资,并在公司营业执照中载明。

第六十条　一人有限责任公司章程由股东制定。

第六十一条　一人有限责任公司不设股东会。股东作出本法第三十七条第一款所列决定时,应当采用书面形式,并由股东签名后置备于公司。

第六十二条　一人有限责任公司应当在每一会计年度终了时编制财务会计报告,并经会计师事务所审计。

第六十三条　一人有限责任公司的股东不能证明公司财产独立于股东自己的财产的,应当对公司债务承担连带责任。

第四节　国有独资公司的特别规定

第六十四条　国有独资公司的设立和组织机构,适用本节规定;本节没有规定的,适用本章第一节、第二节的规定。

本法所称国有独资公司,是指国家单独出资、由国务院或者地方人民政府授权本级人民政府国有资产监督管理机构履行出资人职责的有限责任公司。

第六十五条　国有独资公司章程由国有资产监督管理机构制定,或者由董事会制订报国有资产监督管理机构批准。

第六十六条　国有独资公司不设股东会,由国有资产监督管理机构行使股东会职权。国有资产监督管理机构可以授权公司董事会行使股东会的部分职权,决定公司的重大事项,但公司的合并、分立、解散、增加或者减少注册资本和发行公司债券,必须由国有资产监督管理机构决定;其中,重要的国有独资公司合并、分立、解散、申请破产的,应当由国有资产监督管理机构审核后,报本级人民政府批准。

前款所称重要的国有独资公司,按照国务院的规定确定。

第六十七条　国有独资公司设董事会,依照本法第四十六条、第六十六条的规定行使职权。董事每届任期不得超过三年。董事会成员中应当有公司职工代表。

董事会成员由国有资产监督管理机构委派;但是,董事会成员中的职工代表由公司职工代表大会选举产生。

董事会设董事长一人,可以设副董事长。董事长、副董事长由国有资产监督管理机构从董事会成员中指定。

第六十八条 国有独资公司设经理,由董事会聘任或者解聘。经理依照本法第四十九条规定行使职权。

经国有资产监督管理机构同意,董事会成员可以兼任经理。

第六十九条 国有独资公司的董事长、副董事长、董事、高级管理人员,未经国有资产监督管理机构同意,不得在其他有限责任公司、股份有限公司或者其他经济组织兼职。

第七十条 国有独资公司监事会成员不得少于五人,其中职工代表的比例不得低于三分之一,具体比例由公司章程规定。

监事会成员由国有资产监督管理机构委派;但是,监事会成员中的职工代表由公司职工代表大会选举产生。监事会主席由国有资产监督管理机构从监事会成员中指定。

监事会行使本法第五十三条第(一)项至第(三)项规定的职权和国务院规定的其他职权。

第三章 有限责任公司的股权转让

第七十一条 有限责任公司的股东之间可以相互转让其全部或者部分股权。

股东向股东以外的人转让股权,应当经其他股东过半数同意。股东应就其股权转让事项书面通知其他股东征求同意,其他股东自接到书面通知之日起满三十日未答复的,视为同意转让。其他股东半数以上不同意转让的,不同意的股东应当购买该转让的股权;不购买的,视为同意转让。

经股东同意转让的股权,在同等条件下,其他股东有优先购买权。两个以上股东主张行使优先购买权的,协商确定各自的购买比例;协商不成的,按照转让时各自的出资比例行使优先购买权。

公司章程对股权转让另有规定的,从其规定。

第七十二条　人民法院依照法律规定的强制执行程序转让股东的股权时,应当通知公司及全体股东,其他股东在同等条件下有优先购买权。其他股东自人民法院通知之日起满二十日不行使优先购买权的,视为放弃优先购买权。

第七十三条　依照本法第七十一条、第七十二条转让股权后,公司应当注销原股东的出资证明书,向新股东签发出资证明书,并相应修改公司章程和股东名册中有关股东及其出资额的记载。对公司章程的该项修改不需再由股东会表决。

第七十四条　有下列情形之一的,对股东会该项决议投反对票的股东可以请求公司按照合理的价格收购其股权:

(一)公司连续五年不向股东分配利润,而公司该五年连续盈利,并且符合本法规定的分配利润条件的;

(二)公司合并、分立、转让主要财产的;

(三)公司章程规定的营业期限届满或者章程规定的其他解散事由出现,股东会会议通过决议修改章程使公司存续的。

自股东会会议决议通过之日起六十日内,股东与公司不能达成股权收购协议的,股东可以自股东会会议决议通过之日起九十日内向人民法院提起诉讼。

第七十五条　自然人股东死亡后,其合法继承人可以继承股东资格;但是,公司章程另有规定的除外。

第四章　股份有限公司的设立和组织机构

第一节　设　　立

第七十六条　设立股份有限公司,应当具备下列条件:

(一)发起人符合法定人数;

(二)有符合公司章程规定的全体发起人认购的股本总额或者募集的实收股本总额;

(三)股份发行、筹办事项符合法律规定;

(四)发起人制订公司章程,采用募集方式设立的经创立大会

通过;

(五)有公司名称,建立符合股份有限公司要求的组织机构;

(六)有公司住所。

第七十七条 股份有限公司的设立,可以采取发起设立或者募集设立的方式。

发起设立,是指由发起人认购公司应发行的全部股份而设立公司。

募集设立,是指由发起人认购公司应发行股份的一部分,其余股份向社会公开募集或者向特定对象募集而设立公司。

第七十八条 设立股份有限公司,应当有二人以上二百人以下为发起人,其中须有半数以上的发起人在中国境内有住所。

第七十九条 股份有限公司发起人承担公司筹办事务。

发起人应当签订发起人协议,明确各自在公司设立过程中的权利和义务。

第八十条 股份有限公司采取发起设立方式设立的,注册资本为在公司登记机关登记的全体发起人认购的股本总额。在发起人认购的股份缴足前,不得向他人募集股份。

股份有限公司采取募集方式设立的,注册资本为在公司登记机关登记的实收股本总额。

法律、行政法规以及国务院决定对股份有限公司注册资本实缴、注册资本最低限额另有规定的,从其规定。

第八十一条 股份有限公司章程应当载明下列事项:

(一)公司名称和住所;

(二)公司经营范围;

(三)公司设立方式;

(四)公司股份总数、每股金额和注册资本;

(五)发起人的姓名或者名称、认购的股份数、出资方式和出资时间;

(六)董事会的组成、职权和议事规则;

(七)公司法定代表人;

(八)监事会的组成、职权和议事规则;

（九）公司利润分配办法；

（十）公司的解散事由与清算办法；

（十一）公司的通知和公告办法；

（十二）股东大会会议认为需要规定的其他事项。

第八十二条　发起人的出资方式，适用本法第二十七条的规定。

第八十三条　以发起设立方式设立股份有限公司的，发起人应当书面认足公司章程规定其认购的股份，并按照公司章程规定缴纳出资。以非货币财产出资的，应当依法办理其财产权的转移手续。

发起人不依照前款规定缴纳出资的，应当按照发起人协议承担违约责任。

发起人认足公司章程规定的出资后，应当选举董事会和监事会，由董事会向公司登记机关报送公司章程以及法律、行政法规规定的其他文件，申请设立登记。

第八十四条　以募集设立方式设立股份有限公司的，发起人认购的股份不得少于公司股份总数的百分之三十五；但是，法律、行政法规另有规定的，从其规定。

第八十五条　发起人向社会公开募集股份，必须公告招股说明书，并制作认股书。认股书应当载明本法第八十六条所列事项，由认股人填写认购股数、金额、住所，并签名、盖章。认股人按照所认购股数缴纳股款。

第八十六条　招股说明书应当附有发起人制订的公司章程，并载明下列事项：

（一）发起人认购的股份数；

（二）每股的票面金额和发行价格；

（三）无记名股票的发行总数；

（四）募集资金的用途；

（五）认股人的权利、义务；

（六）本次募股的起止期限及逾期未募足时认股人可以撤回所认股份的说明。

第八十七条　发起人向社会公开募集股份，应当由依法设立的证券公司承销，签订承销协议。

第八十八条　发起人向社会公开募集股份,应当同银行签订代收股款协议。

代收股款的银行应当按照协议代收和保存股款,向缴纳股款的认股人出具收款单据,并负有向有关部门出具收款证明的义务。

第八十九条　发行股份的股款缴足后,必须经依法设立的验资机构验资并出具证明。发起人应当自股款缴足之日起三十日内主持召开公司创立大会。创立大会由发起人、认股人组成。

发行的股份超过招股说明书规定的截止期限尚未募足的,或者发行股份的股款缴足后,发起人在三十日内未召开创立大会的,认股人可以按照所缴股款并加算银行同期存款利息,要求发起人返还。

第九十条　发起人应当在创立大会召开十五日前将会议日期通知各认股人或者予以公告。创立大会应有代表股份总数过半数的发起人、认股人出席,方可举行。

创立大会行使下列职权:

(一)审议发起人关于公司筹办情况的报告;

(二)通过公司章程;

(三)选举董事会成员;

(四)选举监事会成员;

(五)对公司的设立费用进行审核;

(六)对发起人用于抵作股款的财产的作价进行审核;

(七)发生不可抗力或者经营条件发生重大变化直接影响公司设立的,可以作出不设立公司的决议。

创立大会对前款所列事项作出决议,必须经出席会议的认股人所持表决权过半数通过。

第九十一条　发起人、认股人缴纳股款或者交付抵作股款的出资后,除未按期募足股份、发起人未按期召开创立大会或者创立大会决议不设立公司的情形外,不得抽回其股本。

第九十二条　董事会应于创立大会结束后三十日内,向公司登记机关报送下列文件,申请设立登记:

(一)公司登记申请书;

(二)创立大会的会议记录;

（三）公司章程；

（四）验资证明；

（五）法定代表人、董事、监事的任职文件及其身份证明；

（六）发起人的法人资格证明或者自然人身份证明；

（七）公司住所证明。

以募集方式设立股份有限公司公开发行股票的，还应当向公司登记机关报送国务院证券监督管理机构的核准文件。

第九十三条　股份有限公司成立后，发起人未按照公司章程的规定缴足出资的，应当补缴；其他发起人承担连带责任。

股份有限公司成立后，发现作为设立公司出资的非货币财产的实际价额显著低于公司章程所定价额的，应当由交付该出资的发起人补足其差额；其他发起人承担连带责任。

第九十四条　股份有限公司的发起人应当承担下列责任：

（一）公司不能成立时，对设立行为所产生的债务和费用负连带责任；

（二）公司不能成立时，对认股人已缴纳的股款，负返还股款并加算银行同期存款利息的连带责任；

（三）在公司设立过程中，由于发起人的过失致使公司利益受到损害的，应当对公司承担赔偿责任。

第九十五条　有限责任公司变更为股份有限公司时，折合的实收股本总额不得高于公司净资产额。有限责任公司变更为股份有限公司，为增加资本公开发行股份时，应当依法办理。

第九十六条　股份有限公司应当将公司章程、股东名册、公司债券存根、股东大会会议记录、董事会会议记录、监事会会议记录、财务会计报告置备于本公司。

第九十七条　股东有权查阅公司章程、股东名册、公司债券存根、股东大会会议记录、董事会会议决议、监事会会议决议、财务会计报告，对公司的经营提出建议或者质询。

第二节　股 东 大 会

第九十八条　股份有限公司股东大会由全体股东组成。股东大会是公司的权力机构,依照本法行使职权。

第九十九条 本法第三十七条第一款关于有限责任公司股东会职权的规定,适用于股份有限公司股东大会。

第一百条 股东大会应当每年召开一次年会。有下列情形之一的,应当在两个月内召开临时股东大会:

(一)董事人数不足本法规定人数或者公司章程所定人数的三分之二时;

(二)公司未弥补的亏损达实收股本总额三分之一时;

(三)单独或者合计持有公司百分之十以上股份的股东请求时;

(四)董事会认为必要时;

(五)监事会提议召开时;

(六)公司章程规定的其他情形。

第一百零一条 股东大会会议由董事会召集,董事长主持;董事长不能履行职务或者不履行职务的,由副董事长主持;副董事长不能履行职务或者不履行职务的,由半数以上董事共同推举一名董事主持。

董事会不能履行或者不履行召集股东大会会议职责的,监事会应当及时召集和主持;监事会不召集和主持的,连续九十日以上单独或者合计持有公司百分之十以上股份的股东可以自行召集和主持。

第一百零二条 召开股东大会会议,应当将会议召开的时间、地点和审议的事项于会议召开二十日前通知各股东;临时股东大会应当于会议召开十五日前通知各股东;发行无记名股票的,应当于会议召开三十日前公告会议召开的时间、地点和审议事项。

单独或者合计持有公司百分之三以上股份的股东,可以在股东大会召开十日前提出临时提案并书面提交董事会;董事会应当在收到提案后二日内通知其他股东,并将该临时提案提交股东大会审议。临时提案的内容应当属于股东大会职权范围,并有明确议题和具体决议事项。

股东大会不得对前两款通知中未列明的事项作出决议。

无记名股票持有人出席股东大会会议的,应当于会议召开五日前至股东大会闭会时将股票交存于公司。

第一百零三条　股东出席股东大会会议,所持每一股份有一表决权。但是,公司持有的本公司股份没有表决权。

股东大会作出决议,必须经出席会议的股东所持表决权过半数通过。但是,股东大会作出修改公司章程、增加或者减少注册资本的决议,以及公司合并、分立、解散或者变更公司形式的决议,必须经出席会议的股东所持表决权的三分之二以上通过。

第一百零四条　本法和公司章程规定公司转让、受让重大资产或者对外提供担保等事项必须经股东大会作出决议的,董事会应当及时召集股东大会会议,由股东大会就上述事项进行表决。

第一百零五条　股东大会选举董事、监事,可以依照公司章程的规定或者股东大会的决议,实行累积投票制。

本法所称累积投票制,是指股东大会选举董事或者监事时,每一股份拥有与应选董事或者监事人数相同的表决权,股东拥有的表决权可以集中使用。

第一百零六条　股东可以委托代理人出席股东大会会议,代理人应当向公司提交股东授权委托书,并在授权范围内行使表决权。

第一百零七条　股东大会应当对所议事项的决定作成会议记录,主持人、出席会议的董事应当在会议记录上签名。会议记录应当与出席股东的签名册及代理出席的委托书一并保存。

第三节　董事会、经理

第一百零八条　股份有限公司设董事会,其成员为五人至十九人。

董事会成员中可以有公司职工代表。董事会中的职工代表由公司职工通过职工代表大会、职工大会或者其他形式民主选举产生。

本法第四十五条关于有限责任公司董事任期的规定,适用于股份有限公司董事。

本法第四十六条关于有限责任公司董事会职权的规定,适用于股份有限公司董事会。

第一百零九条　董事会设董事长一人,可以设副董事长。董事长和副董事长由董事会以全体董事的过半数选举产生。

董事长召集和主持董事会会议，检查董事会决议的实施情况。副董事长协助董事长工作，董事长不能履行职务或者不履行职务的，由副董事长履行职务；副董事长不能履行职务或者不履行职务的，由半数以上董事共同推举一名董事履行职务。

第一百一十条 董事会每年度至少召开两次会议，每次会议应当于会议召开十日前通知全体董事和监事。

代表十分之一以上表决权的股东、三分之一以上董事或者监事会，可以提议召开董事会临时会议。董事长应当自接到提议后十日内，召集和主持董事会会议。

董事会召开临时会议，可以另定召集董事会的通知方式和通知时限。

第一百一十一条 董事会会议应有过半数的董事出席方可举行。董事会作出决议，必须经全体董事的过半数通过。

董事会决议的表决，实行一人一票。

第一百一十二条 董事会会议，应由董事本人出席；董事因故不能出席，可以书面委托其他董事代为出席，委托书中应载明授权范围。

董事会应当对会议所议事项的决定作成会议记录，出席会议的董事应当在会议记录上签名。

董事应当对董事会的决议承担责任。董事会的决议违反法律、行政法规或者公司章程、股东大会决议，致使公司遭受严重损失的，参与决议的董事对公司负赔偿责任。但经证明在表决时曾表明异议并记载于会议记录的，该董事可以免除责任。

第一百一十三条 股份有限公司设经理，由董事会决定聘任或者解聘。

本法第四十九条关于有限责任公司经理职权的规定，适用于股份有限公司经理。

第一百一十四条 公司董事会可以决定由董事会成员兼任经理。

第一百一十五条 公司不得直接或者通过子公司向董事、监事、高级管理人员提供借款。

第一百一十六条 公司应当定期向股东披露董事、监事、高级管理人员从公司获得报酬的情况。

第四节　监　事　会

第一百一十七条　股份有限公司设监事会，其成员不得少于三人。

监事会应当包括股东代表和适当比例的公司职工代表，其中职工代表的比例不得低于三分之一，具体比例由公司章程规定。监事会中的职工代表由公司职工通过职工代表大会、职工大会或者其他形式民主选举产生。

监事会设主席一人，可以设副主席。监事会主席和副主席由全体监事过半数选举产生。监事会主席召集和主持监事会会议；监事会主席不能履行职务或者不履行职务的，由监事会副主席召集和主持监事会会议；监事会副主席不能履行职务或者不履行职务的，由半数以上监事共同推举一名监事召集和主持监事会会议。

董事、高级管理人员不得兼任监事。

本法第五十二条关于有限责任公司监事任期的规定，适用于股份有限公司监事。

第一百一十八条　本法第五十三条、第五十四条关于有限责任公司监事会职权的规定，适用于股份有限公司监事会。

监事会行使职权所必需的费用，由公司承担。

第一百一十九条　监事会每六个月至少召开一次会议。监事可以提议召开临时监事会会议。

监事会的议事方式和表决程序，除本法有规定的外，由公司章程规定。

监事会决议应当经半数以上监事通过。

监事会应当对所议事项的决定作成会议记录，出席会议的监事应当在会议记录上签名。

第五节　上市公司组织机构的特别规定

第一百二十条　本法所称上市公司，是指其股票在证券交易所上市交易的股份有限公司。

第一百二十一条　上市公司在一年内购买、出售重大资产或者担保金额超过公司资产总额百分之三十的,应当由股东大会作出决议,并经出席会议的股东所持表决权的三分之二以上通过。

第一百二十二条 上市公司设独立董事,具体办法由国务院规定。

第一百二十三条 上市公司设董事会秘书,负责公司股东大会和董事会会议的筹备、文件保管以及公司股东资料的管理,办理信息披露事务等事宜。

第一百二十四条 上市公司董事与董事会会议决议事项所涉及的企业有关联关系的,不得对该项决议行使表决权,也不得代理其他董事行使表决权。该董事会会议由过半数的无关联关系董事出席即可举行,董事会会议所作决议须经无关联关系董事过半数通过。出席董事会的无关联关系董事人数不足三人的,应将该事项提交上市公司股东大会审议。

第五章 股份有限公司的股份发行和转让

第一节 股份发行

第一百二十五条 股份有限公司的资本划分为股份,每一股的金额相等。

公司的股份采取股票的形式。股票是公司签发的证明股东所持股份的凭证。

第一百二十六条 股份的发行,实行公平、公正的原则,同种类的每一股份应当具有同等权利。

同次发行的同种类股票,每股的发行条件和价格应当相同;任何单位或者个人所认购的股份,每股应当支付相同价额。

第一百二十七条 股票发行价格可以按票面金额,也可以超过票面金额,但不得低于票面金额。

第一百二十八条 股票采用纸面形式或者国务院证券监督管理机构规定的其他形式。

股票应当载明下列主要事项:

(一)公司名称;

（二）公司成立日期；

（三）股票种类、票面金额及代表的股份数；

（四）股票的编号。

股票由法定代表人签名，公司盖章。

发起人的股票，应当标明发起人股票字样。

第一百二十九条 公司发行的股票，可以为记名股票，也可以为无记名股票。

公司向发起人、法人发行的股票，应当为记名股票，并应当记载该发起人、法人的名称或者姓名，不得另立户名或者以代表人姓名记名。

第一百三十条 公司发行记名股票的，应当置备股东名册，记载下列事项：

（一）股东的姓名或者名称及住所；

（二）各股东所持股份数；

（三）各股东所持股票的编号；

（四）各股东取得股份的日期。

发行无记名股票的，公司应当记载其股票数量、编号及发行日期。

第一百三十一条 国务院可以对公司发行本法规定以外的其他种类的股份，另行作出规定。

第一百三十二条 股份有限公司成立后，即向股东正式交付股票。公司成立前不得向股东交付股票。

第一百三十三条 公司发行新股，股东大会应当对下列事项作出决议：

（一）新股种类及数额；

（二）新股发行价格；

（三）新股发行的起止日期；

（四）向原有股东发行新股的种类及数额。

第一百三十四条 公司经国务院证券监督管理机构核准公开发行新股时，必须公告新股招股说明书和财务会计报告，并制作认股书。

本法第八十七条、第八十八条的规定适用于公司公开发行新股。

第一百三十五条 公司发行新股，可以根据公司经营情况和财务状况，确定其作价方案。

第一百三十六条 公司发行新股募足股款后,必须向公司登记机关办理变更登记,并公告。

第二节 股份转让

第一百三十七条 股东持有的股份可以依法转让。

第一百三十八条 股东转让其股份,应当在依法设立的证券交易场所进行或者按照国务院规定的其他方式进行。

第一百三十九条 记名股票,由股东以背书方式或者法律、行政法规规定的其他方式转让;转让后由公司将受让人的姓名或者名称及住所记载于股东名册。

股东大会召开前二十日内或者公司决定分配股利的基准日前五日内,不得进行前款规定的股东名册的变更登记。但是,法律对上市公司股东名册变更登记另有规定的,从其规定。

第一百四十条 无记名股票的转让,由股东将该股票交付给受让人后即发生转让的效力。

第一百四十一条 发起人持有的本公司股份,自公司成立之日起一年内不得转让。公司公开发行股份前已发行的股份,自公司股票在证券交易所上市交易之日起一年内不得转让。

公司董事、监事、高级管理人员应当向公司申报所持有的本公司的股份及其变动情况,在任职期间每年转让的股份不得超过其所持有本公司股份总数的百分之二十五;所持本公司股份自公司股票上市交易之日起一年内不得转让。上述人员离职后半年内,不得转让其所持有的本公司股份。公司章程可以对公司董事、监事、高级管理人员转让其所持有的本公司股份作出其他限制性规定。

第一百四十二条 公司不得收购本公司股份。但是,有下列情形之一的除外:

(一)减少公司注册资本;

(二)与持有本公司股份的其他公司合并;

(三)将股份用于员工持股计划或者股权激励;

(四)股东因对股东大会作出的公司合并、分立决议持异议,要求公司收购其股份;

（五）将股份用于转换上市公司发行的可转换为股票的公司债券；

（六）上市公司为维护公司价值及股东权益所必需。

公司因前款第（一）项、第（二）项规定的情形收购本公司股份的，应当经股东大会决议；公司因前款第（三）项、第（五）项、第（六）项规定的情形收购本公司股份的，可以依照公司章程的规定或者股东大会的授权，经三分之二以上董事出席的董事会会议决议。

公司依照本条第一款规定收购本公司股份后，属于第（一）项情形的，应当自收购之日起十日内注销；属于第（二）项、第（四）项情形的，应当在六个月内转让或者注销；属于第（三）项、第（五）项、第（六）项情形的，公司合计持有的本公司股份数不得超过本公司已发行股份总额的百分之十，并应当在三年内转让或者注销。

上市公司收购本公司股份的，应当依照《中华人民共和国证券法》的规定履行信息披露义务。上市公司因本条第一款第（三）项、第（五）项、第（六）项规定的情形收购本公司股份的，应当通过公开的集中交易方式进行。

公司不得接受本公司的股票作为质押权的标的。

第一百四十三条　记名股票被盗、遗失或者灭失，股东可以依照《中华人民共和国民事诉讼法》规定的公示催告程序，请求人民法院宣告该股票失效。人民法院宣告该股票失效后，股东可以向公司申请补发股票。

第一百四十四条　上市公司的股票，依照有关法律、行政法规及证券交易所交易规则上市交易。

第一百四十五条　上市公司必须依照法律、行政法规的规定，公开其财务状况、经营情况及重大诉讼，在每会计年度内半年公布一次财务会计报告。

第六章　公司董事、监事、高级管理人员的资格和义务

第一百四十六条　有下列情形之一的，不得担任公司的董事、监事、高级管理人员：

（一）无民事行为能力或者限制民事行为能力；

（二）因贪污、贿赂、侵占财产、挪用财产或者破坏社会主义市场经

济秩序,被判处刑罚,执行期满未逾五年,或者因犯罪被剥夺政治权利,执行期满未逾五年;

(三)担任破产清算的公司、企业的董事或者厂长、经理,对该公司、企业的破产负有个人责任的,自该公司、企业破产清算完结之日起未逾三年;

(四)担任因违法被吊销营业执照、责令关闭的公司、企业的法定代表人,并负有个人责任的,自该公司、企业被吊销营业执照之日起未逾三年;

(五)个人所负数额较大的债务到期未清偿。

公司违反前款规定选举、委派董事、监事或者聘任高级管理人员的,该选举、委派或者聘任无效。

董事、监事、高级管理人员在任职期间出现本条第一款所列情形的,公司应当解除其职务。

第一百四十七条 董事、监事、高级管理人员应当遵守法律、行政法规和公司章程,对公司负有忠实义务和勤勉义务。

董事、监事、高级管理人员不得利用职权收受贿赂或者其他非法收入,不得侵占公司的财产。

第一百四十八条 董事、高级管理人员不得有下列行为:

(一)挪用公司资金;

(二)将公司资金以其个人名义或者以其他个人名义开立账户存储;

(三)违反公司章程的规定,未经股东会、股东大会或者董事会同意,将公司资金借贷给他人或者以公司财产为他人提供担保;

(四)违反公司章程的规定或者未经股东会、股东大会同意,与本公司订立合同或者进行交易;

(五)未经股东会或者股东大会同意,利用职务便利为自己或者他人谋取属于公司的商业机会,自营或者为他人经营与所任职公司同类的业务;

(六)接受他人与公司交易的佣金归为己有;

(七)擅自披露公司秘密;

(八)违反对公司忠实义务的其他行为。

董事、高级管理人员违反前款规定所得的收入应当归公司所有。

第一百四十九条 董事、监事、高级管理人员执行公司职务时违反法律、行政法规或者公司章程的规定,给公司造成损失的,应当承担赔偿责任。

第一百五十条 股东会或者股东大会要求董事、监事、高级管理人员列席会议的,董事、监事、高级管理人员应当列席并接受股东的质询。

董事、高级管理人员应当如实向监事会或者不设监事会的有限责任公司的监事提供有关情况和资料,不得妨碍监事会或者监事行使职权。

第一百五十一条 董事、高级管理人员有本法第一百四十九条规定的情形的,有限责任公司的股东、股份有限公司连续一百八十日以上单独或者合计持有公司百分之一以上股份的股东,可以书面请求监事会或者不设监事会的有限责任公司的监事向人民法院提起诉讼;监事有本法第一百四十九条规定的情形的,前述股东可以书面请求董事会或者不设董事会的有限责任公司的执行董事向人民法院提起诉讼。

监事会、不设监事会的有限责任公司的监事,或者董事会、执行董事收到前款规定的股东书面请求后拒绝提起诉讼,或者自收到请求之日起三十日内未提起诉讼,或者情况紧急、不立即提起诉讼将会使公司利益受到难以弥补的损害的,前款规定的股东有权为了公司的利益以自己的名义直接向人民法院提起诉讼。

他人侵犯公司合法权益,给公司造成损失的,本条第一款规定的股东可以依照前两款的规定向人民法院提起诉讼。

第一百五十二条 董事、高级管理人员违反法律、行政法规或者公司章程的规定,损害股东利益的,股东可以向人民法院提起诉讼。

第七章 公司债券

第一百五十三条 本法所称公司债券,是指公司依照法定程序发行、约定在一定期限还本付息的有价证券。

公司发行公司债券应当符合《中华人民共和国证券法》规定的发行条件。

第一百五十四条 发行公司债券的申请经国务院授权的部门核准后,应当公告公司债券募集办法。

公司债券募集办法中应当载明下列主要事项:

(一)公司名称;

(二)债券募集资金的用途;

(三)债券总额和债券的票面金额;

(四)债券利率的确定方式;

(五)还本付息的期限和方式;

(六)债券担保情况;

(七)债券的发行价格、发行的起止日期;

(八)公司净资产额;

(九)已发行的尚未到期的公司债券总额;

(十)公司债券的承销机构。

第一百五十五条 公司以实物券方式发行公司债券的,必须在债券上载明公司名称、债券票面金额、利率、偿还期限等事项,并由法定代表人签名,公司盖章。

第一百五十六条 公司债券,可以为记名债券,也可以为无记名债券。

第一百五十七条 公司发行公司债券应当置备公司债券存根簿。

发行记名公司债券的,应当在公司债券存根簿上载明下列事项:

(一)债券持有人的姓名或者名称及住所;

(二)债券持有人取得债券的日期及债券的编号;

(三)债券总额,债券的票面金额、利率、还本付息的期限和方式;

(四)债券的发行日期。

发行无记名公司债券的,应当在公司债券存根簿上载明债券总额、利率、偿还期限和方式、发行日期及债券的编号。

第一百五十八条 记名公司债券的登记结算机构应当建立债券登记、存管、付息、兑付等相关制度。

第一百五十九条 公司债券可以转让,转让价格由转让人与受让人约定。

公司债券在证券交易所上市交易的,按照证券交易所的交易规则转让。

第一百六十条　记名公司债券，由债券持有人以背书方式或者法律、行政法规规定的其他方式转让；转让后由公司将受让人的姓名或者名称及住所记载于公司债券存根簿。

无记名公司债券的转让，由债券持有人将该债券交付给受让人后即发生转让的效力。

第一百六十一条　上市公司经股东大会决议可以发行可转换为股票的公司债券，并在公司债券募集办法中规定具体的转换办法。上市公司发行可转换为股票的公司债券，应当报国务院证券监督管理机构核准。

发行可转换为股票的公司债券，应当在债券上标明可转换公司债券字样，并在公司债券存根簿上载明可转换公司债券的数额。

第一百六十二条　发行可转换为股票的公司债券的，公司应当按照其转换办法向债券持有人换发股票，但债券持有人对转换股票或者不转换股票有选择权。

第八章　公司财务、会计

第一百六十三条　公司应当依照法律、行政法规和国务院财政部门的规定建立本公司的财务、会计制度。

第一百六十四条　公司应当在每一会计年度终了时编制财务会计报告，并依法经会计师事务所审计。

财务会计报告应当依照法律、行政法规和国务院财政部门的规定制作。

第一百六十五条　有限责任公司应当依照公司章程规定的期限将财务会计报告送交各股东。

股份有限公司的财务会计报告应当在召开股东大会年会的二十日前置备于本公司，供股东查阅；公开发行股票的股份有限公司必须公告其财务会计报告。

第一百六十六条　公司分配当年税后利润时，应当提取利润的百分之十列入公司法定公积金。公司法定公积金累计额为公司注册资本的百分之五十以上的，可以不再提取。

公司的法定公积金不足以弥补以前年度亏损的,在依照前款规定提取法定公积金之前,应当先用当年利润弥补亏损。

公司从税后利润中提取法定公积金后,经股东会或者股东大会决议,还可以从税后利润中提取任意公积金。

公司弥补亏损和提取公积金后所余税后利润,有限责任公司依照本法第三十四条的规定分配;股份有限公司按照股东持有的股份比例分配,但股份有限公司章程规定不按持股比例分配的除外。

股东会、股东大会或者董事会违反前款规定,在公司弥补亏损和提取法定公积金之前向股东分配利润的,股东必须将违反规定分配的利润退还公司。

公司持有的本公司股份不得分配利润。

第一百六十七条 股份有限公司以超过股票票面金额的发行价格发行股份所得的溢价款以及国务院财政部门规定列入资本公积金的其他收入,应当列为公司资本公积金。

第一百六十八条 公司的公积金用于弥补公司的亏损、扩大公司生产经营或者转为增加公司资本。但是,资本公积金不得用于弥补公司的亏损。

法定公积金转为资本时,所留存的该项公积金不得少于转增前公司注册资本的百分之二十五。

第一百六十九条 公司聘用、解聘承办公司审计业务的会计师事务所,依照公司章程的规定,由股东会、股东大会或者董事会决定。

公司股东会、股东大会或者董事会就解聘会计师事务所进行表决时,应当允许会计师事务所陈述意见。

第一百七十条 公司应当向聘用的会计师事务所提供真实、完整的会计凭证、会计账簿、财务会计报告及其他会计资料,不得拒绝、隐匿、谎报。

第一百七十一条 公司除法定的会计账簿外,不得另立会计账簿。

对公司资产,不得以任何个人名义开立账户存储。

第九章 公司合并、分立、增资、减资

第一百七十二条 公司合并可以采取吸收合并或者新设合并。

一个公司吸收其他公司为吸收合并,被吸收的公司解散。两个以上公司合并设立一个新的公司为新设合并,合并各方解散。

第一百七十三条 公司合并,应当由合并各方签订合并协议,并编制资产负债表及财产清单。公司应当自作出合并决议之日起十日内通知债权人,并于三十日内在报纸上公告。债权人自接到通知书之日起三十日内,未接到通知书的自公告之日起四十五日内,可以要求公司清偿债务或者提供相应的担保。

第一百七十四条 公司合并时,合并各方的债权、债务,应当由合并后存续的公司或者新设的公司承继。

第一百七十五条 公司分立,其财产作相应的分割。

公司分立,应当编制资产负债表及财产清单。公司应当自作出分立决议之日起十日内通知债权人,并于三十日内在报纸上公告。

第一百七十六条 公司分立前的债务由分立后的公司承担连带责任。但是,公司在分立前与债权人就债务清偿达成的书面协议另有约定的除外。

第一百七十七条 公司需要减少注册资本时,必须编制资产负债表及财产清单。

公司应当自作出减少注册资本决议之日起十日内通知债权人,并于三十日内在报纸上公告。债权人自接到通知书之日起三十日内,未接到通知书的自公告之日起四十五日内,有权要求公司清偿债务或者提供相应的担保。

第一百七十八条 有限责任公司增加注册资本时,股东认缴新增资本的出资,依照本法设立有限责任公司缴纳出资的有关规定执行。

股份有限公司为增加注册资本发行新股时,股东认购新股,依照本法设立股份有限公司缴纳股款的有关规定执行。

第一百七十九条 公司合并或者分立,登记事项发生变更的,应当依法向公司登记机关办理变更登记;公司解散的,应当依法办理公司注销登记;设立新公司的,应当依法办理公司设立登记。

公司增加或者减少注册资本，应当依法向公司登记机关办理变更登记。

第十章 公司解散和清算

第一百八十条 公司因下列原因解散：

（一）公司章程规定的营业期限届满或者公司章程规定的其他解散事由出现；

（二）股东会或者股东大会决议解散；

（三）因公司合并或者分立需要解散；

（四）依法被吊销营业执照、责令关闭或者被撤销；

（五）人民法院依照本法第一百八十二条的规定予以解散。

第一百八十一条 公司有本法第一百八十条第（一）项情形的，可以通过修改公司章程而存续。

依照前款规定修改公司章程，有限责任公司须经持有三分之二以上表决权的股东通过，股份有限公司须经出席股东大会会议的股东所持表决权的三分之二以上通过。

第一百八十二条 公司经营管理发生严重困难，继续存续会使股东利益受到重大损失，通过其他途径不能解决的，持有公司全部股东表决权百分之十以上的股东，可以请求人民法院解散公司。

第一百八十三条 公司因本法第一百八十条第（一）项、第（二）项、第（四）项、第（五）项规定而解散的，应当在解散事由出现之日起十五日内成立清算组，开始清算。有限责任公司的清算组由股东组成，股份有限公司的清算组由董事或者股东大会确定的人员组成。逾期不成立清算组进行清算的，债权人可以申请人民法院指定有关人员组成清算组进行清算。人民法院应当受理该申请，并及时组织清算组进行清算。

第一百八十四条 清算组在清算期间行使下列职权：

（一）清理公司财产，分别编制资产负债表和财产清单；

（二）通知、公告债权人；

（三）处理与清算有关的公司未了结的业务；

（四）清缴所欠税款以及清算过程中产生的税款；

（五）清理债权、债务；

（六）处理公司清偿债务后的剩余财产；

（七）代表公司参与民事诉讼活动。

第一百八十五条 清算组应当自成立之日起十日内通知债权人，并于六十日内在报纸上公告。债权人应当自接到通知书之日起三十日内，未接到通知书的自公告之日起四十五日内，向清算组申报其债权。

债权人申报债权，应当说明债权的有关事项，并提供证明材料。清算组应当对债权进行登记。

在申报债权期间，清算组不得对债权人进行清偿。

第一百八十六条 清算组在清理公司财产、编制资产负债表和财产清单后，应当制定清算方案，并报股东会、股东大会或者人民法院确认。

公司财产在分别支付清算费用、职工的工资、社会保险费用和法定补偿金，缴纳所欠税款，清偿公司债务后的剩余财产，有限责任公司按照股东的出资比例分配，股份有限公司按照股东持有的股份比例分配。

清算期间，公司存续，但不得开展与清算无关的经营活动。公司财产在未依照前款规定清偿前，不得分配给股东。

第一百八十七条 清算组在清理公司财产、编制资产负债表和财产清单后，发现公司财产不足清偿债务的，应当依法向人民法院申请宣告破产。

公司经人民法院裁定宣告破产后，清算组应当将清算事务移交给人民法院。

第一百八十八条 公司清算结束后，清算组应当制作清算报告，报股东会、股东大会或者人民法院确认，并报送公司登记机关，申请注销公司登记，公告公司终止。

第一百八十九条 清算组成员应当忠于职守，依法履行清算义务。

清算组成员不得利用职权收受贿赂或者其他非法收入，不得侵占公司财产。

清算组成员因故意或者重大过失给公司或者债权人造成损失的,应当承担赔偿责任。

第一百九十条　公司被依法宣告破产的,依照有关企业破产的法律实施破产清算。

第十一章　外国公司的分支机构

第一百九十一条　本法所称外国公司是指依照外国法律在中国境外设立的公司。

第一百九十二条　外国公司在中国境内设立分支机构,必须向中国主管机关提出申请,并提交其公司章程、所属国的公司登记证书等有关文件,经批准后,向公司登记机关依法办理登记,领取营业执照。

外国公司分支机构的审批办法由国务院另行规定。

第一百九十三条　外国公司在中国境内设立分支机构,必须在中国境内指定负责该分支机构的代表人或者代理人,并向该分支机构拨付与其所从事的经营活动相适应的资金。

对外国公司分支机构的经营资金需要规定最低限额的,由国务院另行规定。

第一百九十四条　外国公司的分支机构应当在其名称中标明该外国公司的国籍及责任形式。

外国公司的分支机构应当在本机构中置备该外国公司章程。

第一百九十五条　外国公司在中国境内设立的分支机构不具有中国法人资格。

外国公司对其分支机构在中国境内进行经营活动承担民事责任。

第一百九十六条　经批准设立的外国公司分支机构,在中国境内从事业务活动,必须遵守中国的法律,不得损害中国的社会公共利益,其合法权益受中国法律保护。

第一百九十七条　外国公司撤销其在中国境内的分支机构时,必须依法清偿债务,依照本法有关公司清算程序的规定进行清算。未清偿债务之前,不得将其分支机构的财产移至中国境外。

第十二章 法律责任

第一百九十八条 违反本法规定，虚报注册资本、提交虚假材料或者采取其他欺诈手段隐瞒重要事实取得公司登记的，由公司登记机关责令改正，对虚报注册资本的公司，处以虚报注册资本金额百分之五以上百分之十五以下的罚款；对提交虚假材料或者采取其他欺诈手段隐瞒重要事实的公司，处以五万元以上五十万元以下的罚款；情节严重的，撤销公司登记或者吊销营业执照。

第一百九十九条 公司的发起人、股东虚假出资，未交付或者未按期交付作为出资的货币或者非货币财产的，由公司登记机关责令改正，处以虚假出资金额百分之五以上百分之十五以下的罚款。

第二百条 公司的发起人、股东在公司成立后，抽逃其出资的，由公司登记机关责令改正，处以所抽逃出资金额百分之五以上百分之十五以下的罚款。

第二百零一条 公司违反本法规定，在法定的会计账簿以外另立会计账簿的，由县级以上人民政府财政部门责令改正，处以五万元以上五十万元以下的罚款。

第二百零二条 公司在依法向有关主管部门提供的财务会计报告等材料上作虚假记载或者隐瞒重要事实的，由有关主管部门对直接负责的主管人员和其他直接责任人员处以三万元以上三十万元以下的罚款。

第二百零三条 公司不依照本法规定提取法定公积金的，由县级以上人民政府财政部门责令如数补足应当提取的金额，可以对公司处以二十万元以下的罚款。

第二百零四条 公司在合并、分立、减少注册资本或者进行清算时，不依照本法规定通知或者公告债权人的，由公司登记机关责令改正，对公司处以一万元以上十万元以下的罚款。

公司在进行清算时，隐匿财产，对资产负债表或者财产清单作虚假记载或者在未清偿债务前分配公司财产的，由公司登记机关责令改正，对公司处以隐匿财产或者未清偿债务前分配公司财产金额百分之五以上百分之十以下的罚款；对直接负责的主管人员和其他直接责任人员处以一万元以上十万元以下的罚款。

第二百零五条 公司在清算期间开展与清算无关的经营活动的,由公司登记机关予以警告,没收违法所得。

第二百零六条 清算组不依照本法规定向公司登记机关报送清算报告,或者报送清算报告隐瞒重要事实或者有重大遗漏的,由公司登记机关责令改正。

清算组成员利用职权徇私舞弊、谋取非法收入或者侵占公司财产的,由公司登记机关责令退还公司财产,没收违法所得,并可以处以违法所得一倍以上五倍以下的罚款。

第二百零七条 承担资产评估、验资或者验证的机构提供虚假材料的,由公司登记机关没收违法所得,处以违法所得一倍以上五倍以下的罚款,并可以由有关主管部门依法责令该机构停业、吊销直接责任人员的资格证书,吊销营业执照。

承担资产评估、验资或者验证的机构因过失提供有重大遗漏的报告的,由公司登记机关责令改正,情节较重的,处以所得收入一倍以上五倍以下的罚款,并可以由有关主管部门依法责令该机构停业、吊销直接责任人员的资格证书,吊销营业执照。

承担资产评估、验资或者验证的机构因其出具的评估结果、验资或者验证证明不实,给公司债权人造成损失的,除能够证明自己没有过错的外,在其评估或者证明不实的金额范围内承担赔偿责任。

第二百零八条 公司登记机关对不符合本法规定条件的登记申请予以登记,或者对符合本法规定条件的登记申请不予登记的,对直接负责的主管人员和其他直接责任人员,依法给予行政处分。

第二百零九条 公司登记机关的上级部门强令公司登记机关对不符合本法规定条件的登记申请予以登记,或者对符合本法规定条件的登记申请不予登记的,或者对违法登记进行包庇的,对直接负责的主管人员和其他直接责任人员依法给予行政处分。

第二百一十条 未依法登记为有限责任公司或者股份有限公司,而冒用有限责任公司或者股份有限公司名义的,或者未依法登记为有限责任公司或者股份有限公司的分公司,而冒用有限责任公司或者股份有限公司的分公司名义的,由公司登记机关责令改正或者予以取缔，可以并处十万元以下的罚款。

第二百一十一条　公司成立后无正当理由超过六个月未开业的，或者开业后自行停业连续六个月以上的，可以由公司登记机关吊销营业执照。

公司登记事项发生变更时，未依照本法规定办理有关变更登记的，由公司登记机关责令限期登记；逾期不登记的，处以一万元以上十万元以下的罚款。

第二百一十二条　外国公司违反本法规定，擅自在中国境内设立分支机构的，由公司登记机关责令改正或者关闭，可以并处五万元以上二十万元以下的罚款。

第二百一十三条　利用公司名义从事危害国家安全、社会公共利益的严重违法行为的，吊销营业执照。

第二百一十四条　公司违反本法规定，应当承担民事赔偿责任和缴纳罚款、罚金的，其财产不足以支付时，先承担民事赔偿责任。

第二百一十五条　违反本法规定，构成犯罪的，依法追究刑事责任。

第十三章　附　　则

第二百一十六条　本法下列用语的含义：

（一）高级管理人员，是指公司的经理、副经理、财务负责人，上市公司董事会秘书和公司章程规定的其他人员。

（二）控股股东，是指其出资额占有限责任公司资本总额百分之五十以上或者其持有的股份占股份有限公司股本总额百分之五十以上的股东；出资额或者持有股份的比例虽然不足百分之五十，但依其出资额或者持有的股份所享有的表决权已足以对股东会、股东大会的决议产生重大影响的股东。

（三）实际控制人，是指虽不是公司的股东，但通过投资关系、协议或者其他安排，能够实际支配公司行为的人。

（四）关联关系，是指公司控股股东、实际控制人、董事、监事、高级管理人员与其直接或者间接控制的企业之间的关系，以及可能导致公司利益转移的其他关系。但是，国家控股的企业之间不仅因为同受国家控股而具有关联关系。

第二百一十七条 外商投资的有限责任公司和股份有限公司适用本法;有关外商投资的法律另有规定的,适用其规定。

第二百一十八条 本法自2006年1月1日起施行。

中华人民共和国网络安全法

(2016年11月7日第十二届全国人民代表大会常务委员会第二十四次会议通过 2016年11月7日公布 中华人民共和国主席令第53号 自2017年6月1日起施行)

目　　录

第一章 总　　则

第一条 为了保障网络安全,维护网络空间主权和国家安全、社会公共利益,保护公民、法人和其他组织的合法权益,促进经济社会信息化健康发展,制定本法。

第二条 在中华人民共和国境内建设、运营、维护和使用网络,以及网络安全的监督管理,适用本法。

第三条 国家坚持网络安全与信息化发展并重,遵循积极利用、科学发展、依法管理、确保安全的方针，推进网络基础设施建设和互联互通，鼓励网络技术创新和应用，支持培养网络安全人才，建立健全网络安全保障体系，提高网络安全保护能力。

第四条　国家制定并不断完善网络安全战略，明确保障网络安全的基本要求和主要目标，提出重点领域的网络安全政策、工作任务和措施。

第五条　国家采取措施，监测、防御、处置来源于中华人民共和国境内外的网络安全风险和威胁，保护关键信息基础设施免受攻击、侵入、干扰和破坏，依法惩治网络违法犯罪活动，维护网络空间安全和秩序。

第六条　国家倡导诚实守信、健康文明的网络行为，推动传播社会主义核心价值观，采取措施提高全社会的网络安全意识和水平，形成全社会共同参与促进网络安全的良好环境。

第七条　国家积极开展网络空间治理、网络技术研发和标准制定、打击网络违法犯罪等方面的国际交流与合作，推动构建和平、安全、开放、合作的网络空间，建立多边、民主、透明的网络治理体系。

第八条　国家网信部门负责统筹协调网络安全工作和相关监督管理工作。国务院电信主管部门、公安部门和其他有关机关依照本法和有关法律、行政法规的规定，在各自职责范围内负责网络安全保护和监督管理工作。

县级以上地方人民政府有关部门的网络安全保护和监督管理职责，按照国家有关规定确定。

第九条　网络运营者开展经营和服务活动，必须遵守法律、行政法规，尊重社会公德，遵守商业道德，诚实信用，履行网络安全保护义务，接受政府和社会的监督，承担社会责任。

第十条　建设、运营网络或者通过网络提供服务，应当依照法律、行政法规的规定和国家标准的强制性要求，采取技术措施和其他必要措施，保障网络安全、稳定运行，有效应对网络安全事件，防范网络违法犯罪活动，维护网络数据的完整性、保密性和可用性。

第十一条　网络相关行业组织按照章程，加强行业自律，制定网络安全行为规范，指导会员加强网络安全保护，提高网络安全保护水平,促进行业健康发展。

第十二条 国家保护公民、法人和其他组织依法使用网络的权利,促进网络接入普及,提升网络服务水平,为社会提供安全、便利的网络服务,保障网络信息依法有序自由流动。

任何个人和组织使用网络应当遵守宪法法律,遵守公共秩序,尊重社会公德,不得危害网络安全,不得利用网络从事危害国家安全、荣誉和利益,煽动颠覆国家政权、推翻社会主义制度,煽动分裂国家、破坏国家统一,宣扬恐怖主义、极端主义,宣扬民族仇恨、民族歧视,传播暴力、淫秽色情信息,编造、传播虚假信息扰乱经济秩序和社会秩序,以及侵害他人名誉、隐私、知识产权和其他合法权益等活动。

第十三条 国家支持研究开发有利于未成年人健康成长的网络产品和服务,依法惩治利用网络从事危害未成年人身心健康的活动,为未成年人提供安全、健康的网络环境。

第十四条 任何个人和组织有权对危害网络安全的行为向网信、电信、公安等部门举报。收到举报的部门应当及时依法作出处理;不属于本部门职责的,应当及时移送有权处理的部门。

有关部门应当对举报人的相关信息予以保密,保护举报人的合法权益。

第二章 网络安全支持与促进

第十五条 国家建立和完善网络安全标准体系。国务院标准化行政主管部门和国务院其他有关部门根据各自的职责,组织制定并适时修订有关网络安全管理以及网络产品、服务和运行安全的国家标准、行业标准。

国家支持企业、研究机构、高等学校、网络相关行业组织参与网络安全国家标准、行业标准的制定。

第十六条 国务院和省、自治区、直辖市人民政府应当统筹规划,加大投入,扶持重点网络安全技术产业和项目,支持网络安全技术的研究开发和应用,推广安全可信的网络产品和服务,保护网络技术知识产权,支持企业、研究机构和高等学校等参与国家网络安全技术创新项目。

第十七条　国家推进网络安全社会化服务体系建设，鼓励有关企业、机构开展网络安全认证、检测和风险评估等安全服务。

第十八条　国家鼓励开发网络数据安全保护和利用技术，促进公共数据资源开放，推动技术创新和经济社会发展。

国家支持创新网络安全管理方式，运用网络新技术，提升网络安全保护水平。

第十九条　各级人民政府及其有关部门应当组织开展经常性的网络安全宣传教育，并指导、督促有关单位做好网络安全宣传教育工作。

大众传播媒介应当有针对性地面向社会进行网络安全宣传教育。

第二十条　国家支持企业和高等学校、职业学校等教育培训机构开展网络安全相关教育与培训，采取多种方式培养网络安全人才，促进网络安全人才交流。

第三章　网络运行安全

第一节　一般规定

第二十一条　国家实行网络安全等级保护制度。网络运营者应当按照网络安全等级保护制度的要求，履行下列安全保护义务，保障网络免受干扰、破坏或者未经授权的访问，防止网络数据泄露或者被窃取、篡改：

（一）制定内部安全管理制度和操作规程，确定网络安全负责人，落实网络安全保护责任；

（二）采取防范计算机病毒和网络攻击、网络侵入等危害网络安全行为的技术措施；

（三）采取监测、记录网络运行状态、网络安全事件的技术措施，并按照规定留存相关的网络日志不少于六个月；

（四）采取数据分类、重要数据备份和加密等措施；

（五）法律、行政法规规定的其他义务。

第二十二条　网络产品、服务应当符合相关国家标准的强制性要求。网络产品、服务的提供者不得设置恶意程序；发现其网络产品、服务存在安全缺陷、漏洞等风险时,应当立即采取补救措施,按照规定及时告知用户并向有关主管部门报告。

网络产品、服务的提供者应当为其产品、服务持续提供安全维护;在规定或者当事人约定的期限内,不得终止提供安全维护。

网络产品、服务具有收集用户信息功能的,其提供者应当向用户明示并取得同意;涉及用户个人信息的,还应当遵守本法和有关法律、行政法规关于个人信息保护的规定。

第二十三条 网络关键设备和网络安全专用产品应当按照相关国家标准的强制性要求,由具备资格的机构安全认证合格或者安全检测符合要求后,方可销售或者提供。国家网信部门会同国务院有关部门制定、公布网络关键设备和网络安全专用产品目录,并推动安全认证和安全检测结果互认,避免重复认证、检测。

第二十四条 网络运营者为用户办理网络接入、域名注册服务,办理固定电话、移动电话等入网手续,或者为用户提供信息发布、即时通讯等服务,在与用户签订协议或者确认提供服务时,应当要求用户提供真实身份信息。用户不提供真实身份信息的,网络运营者不得为其提供相关服务。

国家实施网络可信身份战略,支持研究开发安全、方便的电子身份认证技术,推动不同电子身份认证之间的互认。

第二十五条 网络运营者应当制定网络安全事件应急预案,及时处置系统漏洞、计算机病毒、网络攻击、网络侵入等安全风险;在发生危害网络安全的事件时,立即启动应急预案,采取相应的补救措施,并按照规定向有关主管部门报告。

第二十六条 开展网络安全认证、检测、风险评估等活动,向社会发布系统漏洞、计算机病毒、网络攻击、网络侵入等网络安全信息,应当遵守国家有关规定。

第二十七条 任何个人和组织不得从事非法侵入他人网络、干扰他人网络正常功能、窃取网络数据等危害网络安全的活动;不得提供专门用于从事侵入网络、干扰网络正常功能及防护措施、窃取网络数据等危害网络安全活动的程序、工具;明知他人从事危害网络安全的活动的,不得为其提供技术支持、广告推广、支付结算等帮助。

第二十八条　网络运营者应当为公安机关、国家安全机关依法维护国家安全和侦查犯罪的活动提供技术支持和协助。

第二十九条　国家支持网络运营者之间在网络安全信息收集、分析、通报和应急处置等方面进行合作，提高网络运营者的安全保障能力。

有关行业组织建立健全本行业的网络安全保护规范和协作机制，加强对网络安全风险的分析评估，定期向会员进行风险警示，支持、协助会员应对网络安全风险。

第三十条　网信部门和有关部门在履行网络安全保护职责中获取的信息，只能用于维护网络安全的需要，不得用于其他用途。

第二节　关键信息基础设施的运行安全

第三十一条　国家对公共通信和信息服务、能源、交通、水利、金融、公共服务、电子政务等重要行业和领域，以及其他一旦遭到破坏、丧失功能或者数据泄露，可能严重危害国家安全、国计民生、公共利益的关键信息基础设施，在网络安全等级保护制度的基础上，实行重点保护。关键信息基础设施的具体范围和安全保护办法由国务院制定。

国家鼓励关键信息基础设施以外的网络运营者自愿参与关键信息基础设施保护体系。

第三十二条　按照国务院规定的职责分工，负责关键信息基础设施安全保护工作的部门分别编制并组织实施本行业、本领域的关键信息基础设施安全规划，指导和监督关键信息基础设施运行安全保护工作。

第三十三条　建设关键信息基础设施应当确保其具有支持业务稳定、持续运行的性能，并保证安全技术措施同步规划、同步建设、同步使用。

第三十四条　除本法第二十一条的规定外，关键信息基础设施的运营者还应当履行下列安全保护义务：

（一）设置专门安全管理机构和安全管理负责人，并对该负责人和关键岗位的人员进行安全背景审查；

（二）定期对从业人员进行网络安全教育、技术培训和技能考核；

（三）对重要系统和数据库进行容灾备份；

（四）制定网络安全事件应急预案，并定期进行演练；

（五）法律、行政法规规定的其他义务。

第三十五条 关键信息基础设施的运营者采购网络产品和服务，可能影响国家安全的，应当通过国家网信部门会同国务院有关部门组织的国家安全审查。

第三十六条 关键信息基础设施的运营者采购网络产品和服务，应当按照规定与提供者签订安全保密协议，明确安全和保密义务与责任。

第三十七条 关键信息基础设施的运营者在中华人民共和国境内运营中收集和产生的个人信息和重要数据应当在境内存储。因业务需要，确需向境外提供的，应当按照国家网信部门会同国务院有关部门制定的办法进行安全评估；法律、行政法规另有规定的，依照其规定。

第三十八条 关键信息基础设施的运营者应当自行或者委托网络安全服务机构对其网络的安全性和可能存在的风险每年至少进行一次检测评估，并将检测评估情况和改进措施报送相关负责关键信息基础设施安全保护工作的部门。

第三十九条 国家网信部门应当统筹协调有关部门对关键信息基础设施的安全保护采取下列措施：

（一）对关键信息基础设施的安全风险进行抽查检测，提出改进措施，必要时可以委托网络安全服务机构对网络存在的安全风险进行检测评估；

（二）定期组织关键信息基础设施的运营者进行网络安全应急演练，提高应对网络安全事件的水平和协同配合能力；

（三）促进有关部门、关键信息基础设施的运营者以及有关研究机构、网络安全服务机构等之间的网络安全信息共享；

（四）对网络安全事件的应急处置与网络功能的恢复等，提供技术支持和协助。

第四章 网络信息安全

第四十条 网络运营者应当对其收集的用户信息严格保密，并建立健全用户信息保护制度。

第四十一条　网络运营者收集、使用个人信息，应当遵循合法、正当、必要的原则，公开收集、使用规则，明示收集、使用信息的目的、方式和范围，并经被收集者同意。

网络运营者不得收集与其提供的服务无关的个人信息，不得违反法律、行政法规的规定和双方的约定收集、使用个人信息，并应当依照法律、行政法规的规定和与用户的约定，处理其保存的个人信息。

第四十二条　网络运营者不得泄露、篡改、毁损其收集的个人信息；未经被收集者同意，不得向他人提供个人信息。但是，经过处理无法识别特定个人且不能复原的除外。

网络运营者应当采取技术措施和其他必要措施，确保其收集的个人信息安全，防止信息泄露、毁损、丢失。在发生或者可能发生个人信息泄露、毁损、丢失的情况时，应当立即采取补救措施，按照规定及时告知用户并向有关主管部门报告。

第四十三条　个人发现网络运营者违反法律、行政法规的规定或者双方的约定收集、使用其个人信息的，有权要求网络运营者删除其个人信息；发现网络运营者收集、存储的其个人信息有错误的，有权要求网络运营者予以更正。网络运营者应当采取措施予以删除或者更正。

第四十四条　任何个人和组织不得窃取或者以其他非法方式获取个人信息，不得非法出售或者非法向他人提供个人信息。

第四十五条　依法负有网络安全监督管理职责的部门及其工作人员，必须对在履行职责中知悉的个人信息、隐私和商业秘密严格保密，不得泄露、出售或者非法向他人提供。

第四十六条　任何个人和组织应当对其使用网络的行为负责，不得设立用于实施诈骗，传授犯罪方法，制作或者销售违禁物品、管制物品等违法犯罪活动的网站、通讯群组，不得利用网络发布涉及实施诈骗，制作或者销售违禁物品、管制物品以及其他违法犯罪活动的信息。

第四十七条　网络运营者应当加强对其用户发布的信息的管理，发现法律、行政法规禁止发布或者传输的信息的，应当立即停止传输该信息，采取消除等处置措施，防止信息扩散，保存有关记录，并向有关主管部门报告。

第四十八条　任何个人和组织发送的电子信息、提供的应用软件，不得设置恶意程序，不得含有法律、行政法规禁止发布或者传输的信息。

电子信息发送服务提供者和应用软件下载服务提供者，应当履行安全管理义务，知道其用户有前款规定行为的，应当停止提供服务，采取消除等处置措施，保存有关记录，并向有关主管部门报告。

第四十九条　网络运营者应当建立网络信息安全投诉、举报制度，公布投诉、举报方式等信息，及时受理并处理有关网络信息安全的投诉和举报。

网络运营者对网信部门和有关部门依法实施的监督检查，应当予以配合。

第五十条　国家网信部门和有关部门依法履行网络信息安全监督管理职责，发现法律、行政法规禁止发布或者传输的信息的，应当要求网络运营者停止传输，采取消除等处置措施，保存有关记录；对来源于中华人民共和国境外的上述信息，应当通知有关机构采取技术措施和其他必要措施阻断传播。

第五章　监测预警与应急处置

第五十一条　国家建立网络安全监测预警和信息通报制度。国家网信部门应当统筹协调有关部门加强网络安全信息收集、分析和通报工作，按照规定统一发布网络安全监测预警信息。

第五十二条　负责关键信息基础设施安全保护工作的部门，应当建立健全本行业、本领域的网络安全监测预警和信息通报制度，并按照规定报送网络安全监测预警信息。

第五十三条　国家网信部门协调有关部门建立健全网络安全风险评估和应急工作机制，制定网络安全事件应急预案，并定期组织演练。

负责关键信息基础设施安全保护工作的部门应当制定本行业、本领域的网络安全事件应急预案，并定期组织演练。

网络安全事件应急预案应当按照事件发生后的危害程度、影响范围等因素对网络安全事件进行分级，并规定相应的应急处置措施。

第五十四条　网络安全事件发生的风险增大时，省级以上人民政府有关部门应当按照规定的权限和程序，并根据网络安全风险的特点和可能造成的危害，采取下列措施：

（一）要求有关部门、机构和人员及时收集、报告有关信息，加强对网络安全风险的监测；

（二）组织有关部门、机构和专业人员，对网络安全风险信息进行分析评估，预测事件发生的可能性、影响范围和危害程度；

（三）向社会发布网络安全风险预警，发布避免、减轻危害的措施。

第五十五条　发生网络安全事件，应当立即启动网络安全事件应急预案，对网络安全事件进行调查和评估，要求网络运营者采取技术措施和其他必要措施，消除安全隐患，防止危害扩大，并及时向社会发布与公众有关的警示信息。

第五十六条　省级以上人民政府有关部门在履行网络安全监督管理职责中，发现网络存在较大安全风险或者发生安全事件的，可以按照规定的权限和程序对该网络的运营者的法定代表人或者主要负责人进行约谈。网络运营者应当按照要求采取措施，进行整改，消除隐患。

第五十七条　因网络安全事件，发生突发事件或者生产安全事故的，应当依照《中华人民共和国突发事件应对法》、《中华人民共和国安全生产法》等有关法律、行政法规的规定处置。

第五十八条　因维护国家安全和社会公共秩序，处置重大突发社会安全事件的需要，经国务院决定或者批准，可以在特定区域对网络通信采取限制等临时措施。

第六章　法律责任

第五十九条　网络运营者不履行本法第二十一条、第二十五条规定的网络安全保护义务的，由有关主管部门责令改正，给予警告；拒不改正或者导致危害网络安全等后果的，处一万元以上十万元以下罚款，对直接负责的主管人员处五千元以上五万元以下罚款。

关键信息基础设施的运营者不履行本法第三十三条、第三十四条、第三十六条、第三十八条规定的网络安全保护义务的,由有关主管部门责令改正,给予警告;拒不改正或者导致危害网络安全等后果的,处十万元以上一百万元以下罚款,对直接负责的主管人员处一万元以上十万元以下罚款。

第六十条 违反本法第二十二条第一款、第二款和第四十八条第一款规定,有下列行为之一的,由有关主管部门责令改正,给予警告;拒不改正或者导致危害网络安全等后果的,处五万元以上五十万元以下罚款,对直接负责的主管人员处一万元以上十万元以下罚款:

(一)设置恶意程序的;

(二)对其产品、服务存在的安全缺陷、漏洞等风险未立即采取补救措施,或者未按照规定及时告知用户并向有关主管部门报告的;

(三)擅自终止为其产品、服务提供安全维护的。

第六十一条 网络运营者违反本法第二十四条第一款规定,未要求用户提供真实身份信息,或者对不提供真实身份信息的用户提供相关服务的,由有关主管部门责令改正;拒不改正或者情节严重的,处五万元以上五十万元以下罚款,并可以由有关主管部门责令暂停相关业务、停业整顿、关闭网站、吊销相关业务许可证或者吊销营业执照,对直接负责的主管人员和其他直接责任人员处一万元以上十万元以下罚款。

第六十二条 违反本法第二十六条规定,开展网络安全认证、检测、风险评估等活动,或者向社会发布系统漏洞、计算机病毒、网络攻击、网络侵入等网络安全信息的,由有关主管部门责令改正,给予警告;拒不改正或者情节严重的,处一万元以上十万元以下罚款,并可以由有关主管部门责令暂停相关业务、停业整顿、关闭网站、吊销相关业务许可证或者吊销营业执照,对直接负责的主管人员和其他直接责任人员处五千元以上五万元以下罚款。

第六十三条 违反本法第二十七条规定,从事危害网络安全的活动,或者提供专门用于从事危害网络安全活动的程序、工具,或者为他人从事危害网络安全的活动提供技术支持、广告推广、支付结算等帮助,尚不构成犯罪的,由公安机关没收违法所得,处五日以下拘留,可以并处五万元以上五十万元以下罚款;情节较重的,处五日以上十五日以下拘留，可以并处十万元以上一百万元以下罚款。

单位有前款行为的，由公安机关没收违法所得，处十万元以上一百万元以下罚款，并对直接负责的主管人员和其他直接责任人员依照前款规定处罚。

违反本法第二十七条规定，受到治安管理处罚的人员，五年内不得从事网络安全管理和网络运营关键岗位的工作；受到刑事处罚的人员，终身不得从事网络安全管理和网络运营关键岗位的工作。

第六十四条　网络运营者、网络产品或者服务的提供者违反本法第二十二条第三款、第四十一条至第四十三条规定，侵害个人信息依法得到保护的权利的，由有关主管部门责令改正，可以根据情节单处或者并处警告、没收违法所得、处违法所得一倍以上十倍以下罚款，没有违法所得的，处一百万元以下罚款，对直接负责的主管人员和其他直接责任人员处一万元以上十万元以下罚款；情节严重的，并可以责令暂停相关业务、停业整顿、关闭网站、吊销相关业务许可证或者吊销营业执照。

违反本法第四十四条规定，窃取或者以其他非法方式获取、非法出售或者非法向他人提供个人信息，尚不构成犯罪的，由公安机关没收违法所得，并处违法所得一倍以上十倍以下罚款，没有违法所得的，处一百万元以下罚款。

第六十五条　关键信息基础设施的运营者违反本法第三十五条规定，使用未经安全审查或者安全审查未通过的网络产品或者服务的，由有关主管部门责令停止使用，处采购金额一倍以上十倍以下罚款；对直接负责的主管人员和其他直接责任人员处一万元以上十万元以下罚款。

第六十六条　关键信息基础设施的运营者违反本法第三十七条规定，在境外存储网络数据，或者向境外提供网络数据的，由有关主管部门责令改正，给予警告，没收违法所得，处五万元以上五十万元以下罚款，并可以责令暂停相关业务、停业整顿、关闭网站、吊销相关业务许可证或者吊销营业执照；对直接负责的主管人员和其他直接责任人员处一万元以上十万元以下罚款。

第六十七条　违反本法第四十六条规定，设立用于实施违法犯罪活动的网站、通讯群组,或者利用网络发布涉及实施违法犯罪活动的信息,尚不构成犯罪的,由公安机关处五日以下拘留,可以并处一万元以上十万元以下罚款;情节较重的,处五日以上十五日以下拘留,可以并处五万元以上五十万元以下罚款。关闭用于实施违法犯罪活动的网站、通讯群组。

单位有前款行为的,由公安机关处十万元以上五十万元以下罚款,并对直接负责的主管人员和其他直接责任人员依照前款规定处罚。

第六十八条 网络运营者违反本法第四十七条规定,对法律、行政法规禁止发布或者传输的信息未停止传输、采取消除等处置措施、保存有关记录的,由有关主管部门责令改正,给予警告,没收违法所得;拒不改正或者情节严重的,处十万元以上五十万元以下罚款,并可以责令暂停相关业务、停业整顿、关闭网站、吊销相关业务许可证或者吊销营业执照,对直接负责的主管人员和其他直接责任人员处一万元以上十万元以下罚款。

电子信息发送服务提供者、应用软件下载服务提供者,不履行本法第四十八条第二款规定的安全管理义务的,依照前款规定处罚。

第六十九条 网络运营者违反本法规定,有下列行为之一的,由有关主管部门责令改正;拒不改正或者情节严重的,处五万元以上五十万元以下罚款,对直接负责的主管人员和其他直接责任人员,处一万元以上十万元以下罚款:

(一)不按照有关部门的要求对法律、行政法规禁止发布或者传输的信息,采取停止传输、消除等处置措施的;

(二)拒绝、阻碍有关部门依法实施的监督检查的;

(三)拒不向公安机关、国家安全机关提供技术支持和协助的。

第七十条 发布或者传输本法第十二条第二款和其他法律、行政法规禁止发布或者传输的信息的,依照有关法律、行政法规的规定处罚。

第七十一条 有本法规定的违法行为的,依照有关法律、行政法规的规定记入信用档案,并予以公示。

第七十二条 国家机关政务网络的运营者不履行本法规定的网

络安全保护义务的，由其上级机关或者有关机关责令改正；对直接负责的主管人员和其他直接责任人员依法给予处分。

第七十三条　网信部门和有关部门违反本法第三十条规定，将在履行网络安全保护职责中获取的信息用于其他用途的，对直接负责的主管人员和其他直接责任人员依法给予处分。

网信部门和有关部门的工作人员玩忽职守、滥用职权、徇私舞弊，尚不构成犯罪的，依法给予处分。

第七十四条　违反本法规定，给他人造成损害的，依法承担民事责任。

违反本法规定，构成违反治安管理行为的，依法给予治安管理处罚；构成犯罪的，依法追究刑事责任。

第七十五条　境外的机构、组织、个人从事攻击、侵入、干扰、破坏等危害中华人民共和国的关键信息基础设施的活动，造成严重后果的，依法追究法律责任；国务院公安部门和有关部门并可以决定对该机构、组织、个人采取冻结财产或者其他必要的制裁措施。

第七章　附　　则

第七十六条　本法下列用语的含义：

（一）网络，是指由计算机或者其他信息终端及相关设备组成的按照一定的规则和程序对信息进行收集、存储、传输、交换、处理的系统。

（二）网络安全，是指通过采取必要措施，防范对网络的攻击、侵入、干扰、破坏和非法使用以及意外事故，使网络处于稳定可靠运行的状态，以及保障网络数据的完整性、保密性、可用性的能力。

（三）网络运营者，是指网络的所有者、管理者和网络服务提供者。

（四）网络数据，是指通过网络收集、存储、传输、处理和产生的各种电子数据。

（五）个人信息，是指以电子或者其他方式记录的能够单独或者与其他信息结合识别自然人个人身份的各种信息，包括但不限于自然人的姓名、出生日期、身份证件号码、个人生物识别信息、住址、电话号码等。

第七十七条　存储、处理涉及国家秘密信息的网络的运行安全保护，除应当遵守本法外，还应当遵守保密法律、行政法规的规定。

第七十八条 军事网络的安全保护,由中央军事委员会另行规定。

第七十九条 本法自2017年6月1日起施行。

中华人民共和国商业银行法
(2015年修正)

(1995年5月10日第八届全国人民代表大会常务委员会第十三次会议通过 根据2003年12月27日第十届全国人民代表大会常务委员会第六次会议《关于修改〈中华人民共和国商业银行法〉的决定》第一次修正 根据2015年8月29日第十二届全国人民代表大会常务委员会第十六次会议《关于修改〈中华人民共和国商业银行法〉的决定》第二次修正)

目 录

第一章 总 则

第一条 为了保护商业银行、存款人和其他客户的合法权益,规范商业银行的行为，提高信贷资产质量，加强监督管理，保障商业银行的稳健运行，维护金融秩序，促进社会主义市场经济的发展，制定本法。

第二条　本法所称的商业银行是指依照本法和《中华人民共和国公司法》设立的吸收公众存款、发放贷款、办理结算等业务的企业法人。

第三条　商业银行可以经营下列部分或者全部业务：

（一）吸收公众存款；

（二）发放短期、中期和长期贷款；

（三）办理国内外结算；

（四）办理票据承兑与贴现；

（五）发行金融债券；

（六）代理发行、代理兑付、承销政府债券；

（七）买卖政府债券、金融债券；

（八）从事同业拆借；

（九）买卖、代理买卖外汇；

（十）从事银行卡业务；

（十一）提供信用证服务及担保；

（十二）代理收付款项及代理保险业务；

（十三）提供保管箱服务；

（十四）经国务院银行业监督管理机构批准的其他业务。

经营范围由商业银行章程规定，报国务院银行业监督管理机构批准。

商业银行经中国人民银行批准，可以经营结汇、售汇业务。

第四条　商业银行以安全性、流动性、效益性为经营原则，实行自主经营，自担风险，自负盈亏，自我约束。

商业银行依法开展业务，不受任何单位和个人的干涉。

商业银行以其全部法人财产独立承担民事责任。

第五条　商业银行与客户的业务往来，应当遵循平等、自愿、公平和诚实信用的原则。

第六条　商业银行应当保障存款人的合法权益不受任何单位和

个人的侵犯。

第七条 商业银行开展信贷业务,应当严格审查借款人的资信,实行担保,保障按期收回贷款。

商业银行依法向借款人收回到期贷款的本金和利息,受法律保护。

第八条 商业银行开展业务,应当遵守法律、行政法规的有关规定,不得损害国家利益、社会公共利益。

第九条 商业银行开展业务,应当遵守公平竞争的原则,不得从事不正当竞争。

第十条 商业银行依法接受国务院银行业监督管理机构的监督管理,但法律规定其有关业务接受其他监督管理部门或者机构监督管理的,依照其规定。

第二章 商业银行的设立和组织机构

第十一条 设立商业银行,应当经国务院银行业监督管理机构审查批准。

未经国务院银行业监督管理机构批准,任何单位和个人不得从事吸收公众存款等商业银行业务,任何单位不得在名称中使用"银行"字样。

第十二条 设立商业银行,应当具备下列条件:

(一)有符合本法和《中华人民共和国公司法》规定的章程;

(二)有符合本法规定的注册资本最低限额;

(三)有具备任职专业知识和业务工作经验的董事、高级管理人员;

(四)有健全的组织机构和管理制度;

(五)有符合要求的营业场所、安全防范措施和与业务有关的其他设施。

设立商业银行,还应当符合其他审慎性条件。

第十三条 设立全国性商业银行的注册资本最低限额为十亿元人民币。设立城市商业银行的注册资本最低限额为一亿元人民币,设立农村商业银行的注册资本最低限额为五千万元人民币。注册资本应当是实缴资本。

国务院银行业监督管理机构根据审慎监管的要求可以调整注册资本最低限额,但不得少于前款规定的限额。

第十四条 设立商业银行,申请人应当向国务院银行业监督管理机构提交下列文件、资料:

(一)申请书,申请书应当载明拟设立的商业银行的名称、所在地、注册资本、业务范围等;

(二)可行性研究报告;

(三)国务院银行业监督管理机构规定提交的其他文件、资料。

第十五条 设立商业银行的申请经审查符合本法第十四条规定的,申请人应当填写正式申请表,并提交下列文件、资料:

(一)章程草案;

(二)拟任职的董事、高级管理人员的资格证明;

(三)法定验资机构出具的验资证明;

(四)股东名册及其出资额、股份;

(五)持有注册资本百分之五以上的股东的资信证明和有关资料;

(六)经营方针和计划;

(七)营业场所、安全防范措施和与业务有关的其他设施的资料;

(八)国务院银行业监督管理机构规定的其他文件、资料。

第十六条 经批准设立的商业银行,由国务院银行业监督管理机构颁发经营许可证,并凭该许可证向工商行政管理部门办理登记,领取营业执照。

第十七条 商业银行的组织形式、组织机构适用《中华人民共和国公司法》的规定。

本法施行前设立的商业银行,其组织形式、组织机构不完全符合《中华人民共和国公司法》规定的,可以继续沿用原有的规定,适用前款规定的日期由国务院规定。

第十八条 国有独资商业银行设立监事会。监事会的产生办法由国务院规定。

监事会对国有独资商业银行的信贷资产质量、资产负债比例、国有资产保值增值等情况以及高级管理人员违反法律、行政法规或者章程的行为和损害银行利益的行为进行监督。

第十九条 商业银行根据业务需要可以在中华人民共和国境内外设立分支机构。设立分支机构必须经国务院银行业监督管理机构审查批准。在中华人民共和国境内的分支机构,不按行政区划设立。

商业银行在中华人民共和国境内设立分支机构,应当按照规定拨付与其经营规模相适应的营运资金额。拨付各分支机构营运资金额的总和,不得超过总行资本金总额的百分之六十。

第二十条 设立商业银行分支机构,申请人应当向国务院银行业监督管理机构提交下列文件、资料:

(一)申请书,申请书应当载明拟设立的分支机构的名称、营运资金额、业务范围、总行及分支机构所在地等;

(二)申请人最近二年的财务会计报告;

(三)拟任职的高级管理人员的资格证明;

(四)经营方针和计划;

(五)营业场所、安全防范措施和与业务有关的其他设施的资料;

(六)国务院银行业监督管理机构规定的其他文件、资料。

第二十一条 经批准设立的商业银行分支机构,由国务院银行业监督管理机构颁发经营许可证,并凭该许可证向工商行政管理部门办理登记,领取营业执照。

第二十二条 商业银行对其分支机构实行全行统一核算,统一调度资金,分级管理的财务制度。

商业银行分支机构不具有法人资格,在总行授权范围内依法开展业务,其民事责任由总行承担。

第二十三条 经批准设立的商业银行及其分支机构,由国务院银行业监督管理机构予以公告。

商业银行及其分支机构自取得营业执照之日起无正当理由超过六个月未开业的,或者开业后自行停业连续六个月以上的,由国务院银行业监督管理机构吊销其经营许可证,并予以公告。

第二十四条 商业银行有下列变更事项之一的,应当经国务院银行业监督管理机构批准:

(一)变更名称;

（二）变更注册资本；

（三）变更总行或者分支行所在地；

（四）调整业务范围；

（五）变更持有资本总额或者股份总额百分之五以上的股东；

（六）修改章程；

（七）国务院银行业监督管理机构规定的其他变更事项。

更换董事、高级管理人员时，应当报经国务院银行业监督管理机构审查其任职资格。

第二十五条　商业银行的分立、合并，适用《中华人民共和国公司法》的规定。

商业银行的分立、合并，应当经国务院银行业监督管理机构审查批准。

第二十六条　商业银行应当依照法律、行政法规的规定使用经营许可证。禁止伪造、变造、转让、出租、出借经营许可证。

第二十七条　有下列情形之一的，不得担任商业银行的董事、高级管理人员：

（一）因犯有贪污、贿赂、侵占财产、挪用财产罪或者破坏社会经济秩序罪，被判处刑罚，或者因犯罪被剥夺政治权利的；

（二）担任因经营不善破产清算的公司、企业的董事或者厂长、经理，并对该公司、企业的破产负有个人责任的；

（三）担任因违法被吊销营业执照的公司、企业的法定代表人，并负有个人责任的；

（四）个人所负数额较大的债务到期未清偿的。

第二十八条　任何单位和个人购买商业银行股份总额百分之五以上的，应当事先经国务院银行业监督管理机构批准。

第三章　对存款人的保护

第二十九条　商业银行办理个人储蓄存款业务，应当遵循存款自愿、取款自由、存款有息、为存款人保密的原则。

对个人储蓄存款，商业银行有权拒绝任何单位或者个人查询、冻结、扣划，但法律另有规定的除外。

第三十条　对单位存款,商业银行有权拒绝任何单位或者个人查询,但法律、行政法规另有规定的除外;有权拒绝任何单位或者个人冻结、扣划,但法律另有规定的除外。

第三十一条　商业银行应当按照中国人民银行规定的存款利率的上下限,确定存款利率,并予以公告。

第三十二条　商业银行应当按照中国人民银行的规定,向中国人民银行交存存款准备金,留足备付金。

第三十三条　商业银行应当保证存款本金和利息的支付,不得拖延、拒绝支付存款本金和利息。

第四章　贷款和其他业务的基本规则

第三十四条　商业银行根据国民经济和社会发展的需要,在国家产业政策指导下开展贷款业务。

第三十五条　商业银行贷款,应当对借款人的借款用途、偿还能力、还款方式等情况进行严格审查。

商业银行贷款,应当实行审贷分离、分级审批的制度。

第三十六条　商业银行贷款,借款人应当提供担保。商业银行应当对保证人的偿还能力,抵押物、质物的权属和价值以及实现抵押权、质权的可行性进行严格审查。

经商业银行审查、评估,确认借款人资信良好,确能偿还贷款的,可以不提供担保。

第三十七条　商业银行贷款,应当与借款人订立书面合同。合同应当约定贷款种类、借款用途、金额、利率、还款期限、还款方式、违约责任和双方认为需要约定的其他事项。

第三十八条　商业银行应当按照中国人民银行规定的贷款利率的上下限,确定贷款利率。

第三十九条　商业银行贷款,应当遵守下列资产负债比例管理的规定:

(一)资本充足率不得低于百分之八;

(二)流动性资产余额与流动性负债余额的比例不得低于百分之二十五;

（三）对同一借款人的贷款余额与商业银行资本余额的比例不得超过百分之十；

（四）国务院银行业监督管理机构对资产负债比例管理的其他规定。

本法施行前设立的商业银行，在本法施行后，其资产负债比例不符合前款规定的，应当在一定的期限内符合前款规定。具体办法由国务院规定。

第四十条 商业银行不得向关系人发放信用贷款；向关系人发放担保贷款的条件不得优于其他借款人同类贷款的条件。

前款所称关系人是指：

（一）商业银行的董事、监事、管理人员、信贷业务人员及其近亲属；

（二）前项所列人员投资或者担任高级管理职务的公司、企业和其他经济组织。

第四十一条 任何单位和个人不得强令商业银行发放贷款或者提供担保。商业银行有权拒绝任何单位和个人强令要求其发放贷款或者提供担保。

第四十二条 借款人应当按期归还贷款的本金和利息。

借款人到期不归还担保贷款的，商业银行依法享有要求保证人归还贷款本金和利息或者就该担保物优先受偿的权利。商业银行因行使抵押权、质权而取得的不动产或者股权，应当自取得之日起二年内予以处分。

借款人到期不归还信用贷款的，应当按照合同约定承担责任。

第四十三条 商业银行在中华人民共和国境内不得从事信托投资和证券经营业务，不得向非自用不动产投资或者向非银行金融机构和企业投资，但国家另有规定的除外。

第四十四条 商业银行办理票据承兑、汇兑、委托收款等结算业务，应当按照规定的期限兑现，收付入账，不得压单、压票或者违反规定退票。有关兑现、收付入账期限的规定应当公布。

第四十五条 商业银行发行金融债券或者到境外借款，应当依照法律、行政法规的规定报经批准。

第四十六条 同业拆借,应当遵守中国人民银行的规定。禁止利用拆入资金发放固定资产贷款或者用于投资。

拆出资金限于交足存款准备金、留足备付金和归还中国人民银行到期贷款之后的闲置资金。拆入资金用于弥补票据结算、联行汇差头寸的不足和解决临时性周转资金的需要。

第四十七条 商业银行不得违反规定提高或者降低利率以及采用其他不正当手段,吸收存款,发放贷款。

第四十八条 企业事业单位可以自主选择一家商业银行的营业场所开立一个办理日常转账结算和现金收付的基本账户,不得开立两个以上基本账户。

任何单位和个人不得将单位的资金以个人名义开立账户存储。

第四十九条 商业银行的营业时间应当方便客户,并予以公告。商业银行应当在公告的营业时间内营业,不得擅自停止营业或者缩短营业时间。

第五十条 商业银行办理业务,提供服务,按照规定收取手续费。收费项目和标准由国务院银行业监督管理机构、中国人民银行根据职责分工,分别会同国务院价格主管部门制定。

第五十一条 商业银行应当按照国家有关规定保存财务会计报表、业务合同以及其他资料。

第五十二条 商业银行的工作人员应当遵守法律、行政法规和其他各项业务管理的规定,不得有下列行为:

(一)利用职务上的便利,索取、收受贿赂或者违反国家规定收受各种名义的回扣、手续费;

(二)利用职务上的便利,贪污、挪用、侵占本行或者客户的资金;

(三)违反规定徇私向亲属、朋友发放贷款或者提供担保;

(四)在其他经济组织兼职;

(五)违反法律、行政法规和业务管理规定的其他行为。

第五十三条 商业银行的工作人员不得泄露其在任职期间知悉的国家秘密、商业秘密。

第五章　财务会计

第五十四条　商业银行应当依照法律和国家统一的会计制度以及国务院银行业监督管理机构的有关规定，建立、健全本行的财务、会计制度。

第五十五条　商业银行应当按照国家有关规定，真实记录并全面反映其业务活动和财务状况，编制年度财务会计报告，及时向国务院银行业监督管理机构、中国人民银行和国务院财政部门报送。商业银行不得在法定的会计账册外另立会计账册。

第五十六条　商业银行应当于每一会计年度终了三个月内，按照国务院银行业监督管理机构的规定，公布其上一年度的经营业绩和审计报告。

第五十七条　商业银行应当按照国家有关规定，提取呆账准备金，冲销呆账。

第五十八条　商业银行的会计年度自公历1月1日起至12月31日止。

第六章　监督管理

第五十九条　商业银行应当按照有关规定，制定本行的业务规则，建立、健全本行的风险管理和内部控制制度。

第六十条　商业银行应当建立、健全本行对存款、贷款、结算、呆账等各项情况的稽核、检查制度。

商业银行对分支机构应当进行经常性的稽核和检查监督。

第六十一条　商业银行应当按照规定向国务院银行业监督管理机构、中国人民银行报送资产负债表、利润表以及其他财务会计、统计报表和资料。

第六十二条　国务院银行业监督管理机构有权依照本法第三章、第四章、第五章的规定，随时对商业银行的存款、贷款、结算、呆账等情况进行检查监督。检查监督时，检查监督人员应当出示合法的证件。商业银行应当按照国务院银行业监督管理机构的要求，提供财务会计资料、业务合同和有关经营管理方面的其他信息。

中国人民银行有权依照《中华人民共和国中国人民银行法》第三十二条、第三十四条的规定对商业银行进行检查监督。

第六十三条 商业银行应当依法接受审计机关的审计监督。

第七章 接管和终止

第六十四条 商业银行已经或者可能发生信用危机,严重影响存款人的利益时,国务院银行业监督管理机构可以对该银行实行接管。

接管的目的是对被接管的商业银行采取必要措施,以保护存款人的利益,恢复商业银行的正常经营能力。被接管的商业银行的债权债务关系不因接管而变化。

第六十五条 接管由国务院银行业监督管理机构决定,并组织实施。国务院银行业监督管理机构的接管决定应当载明下列内容:

(一)被接管的商业银行名称;

(二)接管理由;

(三)接管组织;

(四)接管期限。

接管决定由国务院银行业监督管理机构予以公告。

第六十六条 接管自接管决定实施之日起开始。

自接管开始之日起,由接管组织行使商业银行的经营管理权力。

第六十七条 接管期限届满,国务院银行业监督管理机构可以决定延期,但接管期限最长不得超过二年。

第六十八条 有下列情形之一的,接管终止:

(一)接管决定规定的期限届满或者国务院银行业监督管理机构决定的接管延期届满;

(二)接管期限届满前,该商业银行已恢复正常经营能力;

(三)接管期限届满前,该商业银行被合并或者被依法宣告破产。

第六十九条 商业银行因分立、合并或者出现公司章程规定的解散事由需要解散的,应当向国务院银行业监督管理机构提出申请,并附解散的理由和支付存款的本金和利息等债务清偿计划。经国务院银行业监督管理机构批准后解散。

商业银行解散的,应当依法成立清算组,进行清算,按照清偿计划及时偿还存款本金和利息等债务。国务院银行业监督管理机构监督清算过程。

第七十条　商业银行因吊销经营许可证被撤销的，国务院银行业监督管理机构应当依法及时组织成立清算组，进行清算，按照清偿计划及时偿还存款本金和利息等债务。

第七十一条　商业银行不能支付到期债务，经国务院银行业监督管理机构同意，由人民法院依法宣告其破产。商业银行被宣告破产的，由人民法院组织国务院银行业监督管理机构等有关部门和有关人员成立清算组，进行清算。

商业银行破产清算时，在支付清算费用、所欠职工工资和劳动保险费用后，应当优先支付个人储蓄存款的本金和利息。

第七十二条　商业银行因解散、被撤销和被宣告破产而终止。

第八章　法律责任

第七十三条　商业银行有下列情形之一，对存款人或者其他客户造成财产损害的，应当承担支付迟延履行的利息以及其他民事责任：

（一）无故拖延、拒绝支付存款本金和利息的；

（二）违反票据承兑等结算业务规定，不予兑现，不予收付入账，压单、压票或者违反规定退票的；

（三）非法查询、冻结、扣划个人储蓄存款或者单位存款的；

（四）违反本法规定对存款人或者其他客户造成损害的其他行为。

有前款规定情形的，由国务院银行业监督管理机构责令改正，有违法所得的，没收违法所得，违法所得五万元以上的，并处违法所得一倍以上五倍以下罚款；没有违法所得或者违法所得不足五万元的，处五万元以上五十万元以下罚款。

第七十四条　商业银行有下列情形之一，由国务院银行业监督管理机构责令改正，有违法所得的，没收违法所得，违法所得五十万元以上的，并处违法所得一倍以上五倍以下罚款；没有违法所得或者违法所得不足五十万元的，处五十万元以上二百万元以下罚款；情节特别严重或者逾期不改正的，可以责令停业整顿或者吊销其经营许可证；构成犯罪的，依法追究刑事责任：

(一)未经批准设立分支机构的;

(二)未经批准分立、合并或者违反规定对变更事项不报批的;

(三)违反规定提高或者降低利率以及采用其他不正当手段,吸收存款,发放贷款的;

(四)出租、出借经营许可证的;

(五)未经批准买卖、代理买卖外汇的;

(六)未经批准买卖政府债券或者发行、买卖金融债券的;

(七)违反国家规定从事信托投资和证券经营业务、向非自用不动产投资或者向非银行金融机构和企业投资的;

(八)向关系人发放信用贷款或者发放担保贷款的条件优于其他借款人同类贷款的条件的。

第七十五条 商业银行有下列情形之一,由国务院银行业监督管理机构责令改正,并处二十万元以上五十万元以下罚款;情节特别严重或者逾期不改正的,可以责令停业整顿或者吊销其经营许可证;构成犯罪的,依法追究刑事责任:

(一)拒绝或者阻碍国务院银行业监督管理机构检查监督的;

(二)提供虚假的或者隐瞒重要事实的财务会计报告、报表和统计报表的;

(三)未遵守资本充足率、资产流动性比例、同一借款人贷款比例和国务院银行业监督管理机构有关资产负债比例管理的其他规定的。

第七十六条 商业银行有下列情形之一,由中国人民银行责令改正,有违法所得的,没收违法所得,违法所得五十万元以上的,并处违法所得一倍以上五倍以下罚款;没有违法所得或者违法所得不足五十万元的,处五十万元以上二百万元以下罚款;情节特别严重或者逾期不改正的,中国人民银行可以建议国务院银行业监督管理机构责令停业整顿或者吊销其经营许可证;构成犯罪的,依法追究刑事责任:

(一)未经批准办理结汇、售汇的;

(二)未经批准在银行间债券市场发行、买卖金融债券或者到境外借款的;

(三)违反规定同业拆借的。

第七十七条 商业银行有下列情形之一,由中国人民银行责令改正，并处二十万元以上五十万元以下罚款；情节特别严重或者逾期不改正的，中国人民银行可以建议国务院银行业监督管理机构责令停业整顿或者吊销其经营许可证；构成犯罪的，依法追究刑事责任：

（一）拒绝或者阻碍中国人民银行检查监督的；

（二）提供虚假的或者隐瞒重要事实的财务会计报告、报表和统计报表的；

（三）未按照中国人民银行规定的比例交存存款准备金的。

第七十八条　商业银行有本法第七十三条至第七十七条规定情形的，对直接负责的董事、高级管理人员和其他直接责任人员，应当给予纪律处分；构成犯罪的，依法追究刑事责任。

第七十九条　有下列情形之一，由国务院银行业监督管理机构责令改正，有违法所得的，没收违法所得，违法所得五万元以上的，并处违法所得一倍以上五倍以下罚款；没有违法所得或者违法所得不足五万元的，处五万元以上五十万元以下罚款：

（一）未经批准在名称中使用"银行"字样的；

（二）未经批准购买商业银行股份总额百分之五以上的；

（三）将单位的资金以个人名义开立账户存储的。

第八十条　商业银行不按照规定向国务院银行业监督管理机构报送有关文件、资料的，由国务院银行业监督管理机构责令改正，逾期不改正的，处十万元以上三十万元以下罚款。

商业银行不按照规定向中国人民银行报送有关文件、资料的，由中国人民银行责令改正，逾期不改正的，处十万元以上三十万元以下罚款。

第八十一条　未经国务院银行业监督管理机构批准，擅自设立商业银行，或者非法吸收公众存款、变相吸收公众存款，构成犯罪的，依法追究刑事责任；并由国务院银行业监督管理机构予以取缔。

伪造、变造、转让商业银行经营许可证，构成犯罪的，依法追究刑事责任。

第八十二条　借款人采取欺诈手段骗取贷款，构成犯罪的，依法追究刑事责任。

第八十三条　有本法第八十一条、第八十二条规定的行为，尚不构成犯罪的,由国务院银行业监督管理机构没收违法所得,违法所得五十万元以上的,并处违法所得一倍以上五倍以下罚款;没有违法所得或者违法所得不足五十万元的,处五十万元以上二百万元以下罚款。

第八十四条 商业银行工作人员利用职务上的便利,索取、收受贿赂或者违反国家规定收受各种名义的回扣、手续费,构成犯罪的,依法追究刑事责任;尚不构成犯罪的,应当给予纪律处分。

有前款行为,发放贷款或者提供担保造成损失的,应当承担全部或者部分赔偿责任。

第八十五条 商业银行工作人员利用职务上的便利,贪污、挪用、侵占本行或者客户资金,构成犯罪的,依法追究刑事责任;尚不构成犯罪的,应当给予纪律处分。

第八十六条 商业银行工作人员违反本法规定玩忽职守造成损失的,应当给予纪律处分;构成犯罪的,依法追究刑事责任。

违反规定徇私向亲属、朋友发放贷款或者提供担保造成损失的,应当承担全部或者部分赔偿责任。

第八十七条 商业银行工作人员泄露在任职期间知悉的国家秘密、商业秘密的,应当给予纪律处分;构成犯罪的,依法追究刑事责任。

第八十八条 单位或者个人强令商业银行发放贷款或者提供担保的,应当对直接负责的主管人员和其他直接责任人员或者个人给予纪律处分;造成损失的,应当承担全部或者部分赔偿责任。

商业银行的工作人员对单位或者个人强令其发放贷款或者提供担保未予拒绝的,应当给予纪律处分;造成损失的,应当承担相应的赔偿责任。

第八十九条 商业银行违反本法规定的,国务院银行业监督管理机构可以区别不同情形,取消其直接负责的董事、高级管理人员一定期限直至终身的任职资格,禁止直接负责的董事、高级管理人员和其他直接责任人员一定期限直至终身从事银行业工作。

商业银行的行为尚不构成犯罪的,对直接负责的董事、高级管理人员和其他直接责任人员,给予警告,处五万元以上五十万元以下罚款。

第九十条 商业银行及其工作人员对国务院银行业监督管理机

构、中国人民银行的处罚决定不服的，可以依照《中华人民共和国行政诉讼法》的规定向人民法院提起诉讼。

第九章　附　　则

第九十一条　本法施行前，按照国务院的规定经批准设立的商业银行不再办理审批手续。

第九十二条　外资商业银行、中外合资商业银行、外国商业银行分行适用本法规定，法律、行政法规另有规定的，依照其规定。

第九十三条　城市信用合作社、农村信用合作社办理存款、贷款和结算等业务，适用本法有关规定。

第九十四条　邮政企业办理商业银行的有关业务，适用本法有关规定。

第九十五条　本法自2015年10月1日起施行。

中华人民共和国证券投资基金法
（2015年修正）

（2003年10月28日第十届全国人民代表大会常务委员会第五次会议通过　2012年12月28日第十一届全国人民代表大会常务委员会第三十次会议修订　根据2015年4月24日第十二届全国人民代表大会常务委员会第十四次会议《关于修改〈中华人民共和国港口法〉等七部法律的决定》修正）

目　　录

第一章　总　　则

第一条　为了规范证券投资基金活动,保护投资人及相关当事人的合法权益,促进证券投资基金和资本市场的健康发展,制定本法。

第二条　在中华人民共和国境内,公开或者非公开募集资金设立证券投资基金(以下简称基金),由基金管理人管理,基金托管人托管,为基金份额持有人的利益,进行证券投资活动,适用本法;本法未规定的,适用《中华人民共和国信托法》、《中华人民共和国证券法》和其他有关法律、行政法规的规定。

第三条　基金管理人、基金托管人和基金份额持有人的权利、义务,依照本法在基金合同中约定。

基金管理人、基金托管人依照本法和基金合同的约定,履行受托职责。

通过公开募集方式设立的基金(以下简称公开募集基金)的基金份额持有人按其所持基金份额享受收益和承担风险,通过非公开募集方式设立的基金(以下简称非公开募集基金)的收益分配和风险承担由基金合同约定。

第四条　从事证券投资基金活动,应当遵循自愿、公平、诚实信用的原则,不得损害国家利益和社会公共利益。

第五条　基金财产的债务由基金财产本身承担，基金份额持有人以其出资为限对基金财产的债务承担责任。但基金合同依照本法另有约定的，从其约定。

基金财产独立于基金管理人、基金托管人的固有财产。基金管理人、基金托管人不得将基金财产归入其固有财产。

基金管理人、基金托管人因基金财产的管理、运用或者其他情形而取得的财产和收益，归入基金财产。

基金管理人、基金托管人因依法解散、被依法撤销或者被依法宣告破产等原因进行清算的，基金财产不属于其清算财产。

第六条　基金财产的债权，不得与基金管理人、基金托管人固有财产的债务相抵销；不同基金财产的债权债务，不得相互抵销。

第七条　非因基金财产本身承担的债务，不得对基金财产强制执行。

第八条　基金财产投资的相关税收，由基金份额持有人承担，基金管理人或者其他扣缴义务人按照国家有关税收征收的规定代扣代缴。

第九条　基金管理人、基金托管人管理、运用基金财产，基金服务机构从事基金服务活动，应当恪尽职守，履行诚实信用、谨慎勤勉的义务。

基金管理人运用基金财产进行证券投资，应当遵守审慎经营规则，制定科学合理的投资策略和风险管理制度，有效防范和控制风险。

基金从业人员应当具备基金从业资格，遵守法律、行政法规，恪守职业道德和行为规范。

第十条　基金管理人、基金托管人和基金服务机构，应当依照本法成立证券投资基金行业协会（以下简称基金行业协会），进行行业自律，协调行业关系，提供行业服务，促进行业发展。

第十一条　国务院证券监督管理机构依法对证券投资基金活动实施监督管理；其派出机构依照授权履行职责。

第二章　基金管理人

第十二条　基金管理人由依法设立的公司或者合伙企业担任。

公开募集基金的基金管理人，由基金管理公司或者经国务院证券监督管理机构按照规定核准的其他机构担任。

第十三条 设立管理公开募集基金的基金管理公司，应当具备下列条件，并经国务院证券监督管理机构批准：

（一）有符合本法和《中华人民共和国公司法》规定的章程；

（二）注册资本不低于一亿元人民币，且必须为实缴货币资本；

（三）主要股东应当具有经营金融业务或者管理金融机构的良好业绩、良好的财务状况和社会信誉，资产规模达到国务院规定的标准，最近三年没有违法记录；

（四）取得基金从业资格的人员达到法定人数；

（五）董事、监事、高级管理人员具备相应的任职条件；

（六）有符合要求的营业场所、安全防范设施和与基金管理业务有关的其他设施；

（七）有良好的内部治理结构、完善的内部稽核监控制度、风险控制制度；

（八）法律、行政法规规定的和经国务院批准的国务院证券监督管理机构规定的其他条件。

第十四条 国务院证券监督管理机构应当自受理基金管理公司设立申请之日起六个月内依照本法第十三条规定的条件和审慎监管原则进行审查，作出批准或者不予批准的决定，并通知申请人；不予批准的，应当说明理由。

基金管理公司变更持有百分之五以上股权的股东，变更公司的实际控制人，或者变更其他重大事项，应当报经国务院证券监督管理机构批准。国务院证券监督管理机构应当自受理申请之日起六十日内作出批准或者不予批准的决定，并通知申请人；不予批准的，应当说明理由。

第十五条 有下列情形之一的，不得担任公开募集基金的基金管理人的董事、监事、高级管理人员和其他从业人员：

（一）因犯有贪污贿赂、渎职、侵犯财产罪或者破坏社会主义市场经济秩序罪，被判处刑罚的；

（二）对所任职的公司、企业因经营不善破产清算或者因违法被吊销营业执照负有个人责任的董事、监事、厂长、高级管理人员，自该公司、企业破产清算终结或者被吊销营业执照之日起未逾五年的；

（三）个人所负债务数额较大，到期未清偿的；

（四）因违法行为被开除的基金管理人、基金托管人、证券交易所、证券公司、证券登记结算机构、期货交易所、期货公司及其他机构的从业人员和国家机关工作人员；

（五）因违法行为被吊销执业证书或者被取消资格的律师、注册会计师和资产评估机构、验证机构的从业人员、投资咨询从业人员；

（六）法律、行政法规规定不得从事基金业务的其他人员。

第十六条　公开募集基金的基金管理人的董事、监事和高级管理人员，应当熟悉证券投资方面的法律、行政法规，具有三年以上与其所任职务相关的工作经历；高级管理人员还应当具备基金从业资格。

第十七条　公开募集基金的基金管理人的董事、监事、高级管理人员和其他从业人员，其本人、配偶、利害关系人进行证券投资，应当事先向基金管理人申报，并不得与基金份额持有人发生利益冲突。

公开募集基金的基金管理人应当建立前款规定人员进行证券投资的申报、登记、审查、处置等管理制度，并报国务院证券监督管理机构备案。

第十八条　公开募集基金的基金管理人的董事、监事、高级管理人员和其他从业人员，不得担任基金托管人或者其他基金管理人的任何职务，不得从事损害基金财产和基金份额持有人利益的证券交易及其他活动。

第十九条　公开募集基金的基金管理人应当履行下列职责：

（一）依法募集资金，办理基金份额的发售和登记事宜；

（二）办理基金备案手续；

（三）对所管理的不同基金财产分别管理、分别记账，进行证券投资；

（四）按照基金合同的约定确定基金收益分配方案，及时向基金份额持有人分配收益；

（五）进行基金会计核算并编制基金财务会计报告；

（六）编制中期和年度基金报告；

(七)计算并公告基金资产净值,确定基金份额申购、赎回价格;

(八)办理与基金财产管理业务活动有关的信息披露事项;

(九)按照规定召集基金份额持有人大会;

(十)保存基金财产管理业务活动的记录、账册、报表和其他相关资料;

(十一)以基金管理人名义,代表基金份额持有人利益行使诉讼权利或者实施其他法律行为;

(十二)国务院证券监督管理机构规定的其他职责。

第二十条 公开募集基金的基金管理人及其董事、监事、高级管理人员和其他从业人员不得有下列行为:

(一)将其固有财产或者他人财产混同于基金财产从事证券投资;

(二)不公平地对待其管理的不同基金财产;

(三)利用基金财产或者职务之便为基金份额持有人以外的人牟取利益;

(四)向基金份额持有人违规承诺收益或者承担损失;

(五)侵占、挪用基金财产;

(六)泄露因职务便利获取的未公开信息、利用该信息从事或者明示、暗示他人从事相关的交易活动;

(七)玩忽职守,不按照规定履行职责;

(八)法律、行政法规和国务院证券监督管理机构规定禁止的其他行为。

第二十一条 公开募集基金的基金管理人应当建立良好的内部治理结构,明确股东会、董事会、监事会和高级管理人员的职责权限,确保基金管理人独立运作。

公开募集基金的基金管理人可以实行专业人士持股计划,建立长效激励约束机制。

公开募集基金的基金管理人的股东、董事、监事和高级管理人员在行使权利或者履行职责时,应当遵循基金份额持有人利益优先的原则。

第二十二条 公开募集基金的基金管理人应当从管理基金的报酬中计提风险准备金。

公开募集基金的基金管理人因违法违规、违反基金合同等原因给基金财产或者基金份额持有人合法权益造成损失,应当承担赔偿责任的,可以优先使用风险准备金予以赔偿。

第二十三条 公开募集基金的基金管理人的股东、实际控制人应当按照国务院证券监督管理机构的规定及时履行重大事项报告义务,并不得有下列行为:

(一)虚假出资或者抽逃出资;

(二)未依法经股东会或者董事会决议擅自干预基金管理人的基金经营活动;

(三)要求基金管理人利用基金财产为自己或者他人牟取利益,损害基金份额持有人利益;

(四)国务院证券监督管理机构规定禁止的其他行为。

公开募集基金的基金管理人的股东、实际控制人有前款行为或者股东不再符合法定条件的,国务院证券监督管理机构应当责令其限期改正,并可视情节责令其转让所持有或者控制的基金管理人的股权。

在前款规定的股东、实际控制人按照要求改正违法行为、转让所持有或者控制的基金管理人的股权前,国务院证券监督管理机构可以限制有关股东行使股东权利。

第二十四条 公开募集基金的基金管理人违法违规,或者其内部治理结构、稽核监控和风险控制管理不符合规定的,国务院证券监督管理机构应当责令其限期改正;逾期未改正,或者其行为严重危及该基金管理人的稳健运行、损害基金份额持有人合法权益的,国务院证券监督管理机构可以区别情形,对其采取下列措施:

(一)限制业务活动,责令暂停部分或者全部业务;

(二)限制分配红利,限制向董事、监事、高级管理人员支付报酬、提供福利;

(三)限制转让固有财产或者在固有财产上设定其他权利;

(四)责令更换董事、监事、高级管理人员或者限制其权利;

(五)责令有关股东转让股权或者限制有关股东行使股东权利。

公开募集基金的基金管理人整改后,应当向国务院证券监督管理机构提交报告。国务院证券监督管理机构经验收,符合有关要求的,应当自验收完毕之日起三日内解除对其采取的有关措施。

第二十五条 公开募集基金的基金管理人的董事、监事、高级管理人员未能勤勉尽责,致使基金管理人存在重大违法违规行为或者重大风险的,国务院证券监督管理机构可以责令更换。

第二十六条 公开募集基金的基金管理人违法经营或者出现重大风险,严重危害证券市场秩序、损害基金份额持有人利益的,国务院证券监督管理机构可以对该基金管理人采取责令停业整顿、指定其他机构托管、接管、取消基金管理资格或者撤销等监管措施。

第二十七条 在公开募集基金的基金管理人被责令停业整顿、被依法指定托管、接管或者清算期间,或者出现重大风险时,经国务院证券监督管理机构批准,可以对该基金管理人直接负责的董事、监事、高级管理人员和其他直接责任人员采取下列措施:

(一)通知出境管理机关依法阻止其出境;

(二)申请司法机关禁止其转移、转让或者以其他方式处分财产,或者在财产上设定其他权利。

第二十八条 有下列情形之一的,公开募集基金的基金管理人职责终止:

(一)被依法取消基金管理资格;

(二)被基金份额持有人大会解任;

(三)依法解散、被依法撤销或者被依法宣告破产;

(四)基金合同约定的其他情形。

第二十九条 公开募集基金的基金管理人职责终止的,基金份额持有人大会应当在六个月内选任新基金管理人;新基金管理人产生前,由国务院证券监督管理机构指定临时基金管理人。

公开募集基金的基金管理人职责终止的,应当妥善保管基金管理业务资料,及时办理基金管理业务的移交手续,新基金管理人或者临时基金管理人应当及时接收。

第三十条 公开募集基金的基金管理人职责终止的,应当按照规定聘请会计师事务所对基金财产进行审计,并将审计结果予以公告,同时报国务院证券监督管理机构备案。

第三十一条 对非公开募集基金的基金管理人进行规范的具体

办法，由国务院金融监督管理机构依照本章的原则制定。

第三章　基金托管人

第三十二条　基金托管人由依法设立的商业银行或者其他金融机构担任。

商业银行担任基金托管人的，由国务院证券监督管理机构会同国务院银行业监督管理机构核准；其他金融机构担任基金托管人的，由国务院证券监督管理机构核准。

第三十三条　担任基金托管人，应当具备下列条件：

（一）净资产和风险控制指标符合有关规定；

（二）设有专门的基金托管部门；

（三）取得基金从业资格的专职人员达到法定人数；

（四）有安全保管基金财产的条件；

（五）有安全高效的清算、交割系统；

（六）有符合要求的营业场所、安全防范设施和与基金托管业务有关的其他设施；

（七）有完善的内部稽核监控制度和风险控制制度；

（八）法律、行政法规规定的和经国务院批准的国务院证券监督管理机构、国务院银行业监督管理机构规定的其他条件。

第三十四条　本法第十五条、第十七条、第十八条的规定，适用于基金托管人的专门基金托管部门的高级管理人员和其他从业人员。

本法第十六条的规定，适用于基金托管人的专门基金托管部门的高级管理人员。

第三十五条　基金托管人与基金管理人不得为同一机构，不得相互出资或者持有股份。

第三十六条　基金托管人应当履行下列职责：

（一）安全保管基金财产；

（二）按照规定开设基金财产的资金账户和证券账户；

（三）对所托管的不同基金财产分别设置账户，确保基金财产的完整与独立；

（四）保存基金托管业务活动的记录、账册、报表和其他相关资料；

(五)按照基金合同的约定,根据基金管理人的投资指令,及时办理清算、交割事宜;

(六)办理与基金托管业务活动有关的信息披露事项;

(七)对基金财务会计报告、中期和年度基金报告出具意见;

(八)复核、审查基金管理人计算的基金资产净值和基金份额申购、赎回价格;

(九)按照规定召集基金份额持有人大会;

(十)按照规定监督基金管理人的投资运作;

(十一)国务院证券监督管理机构规定的其他职责。

第三十七条 基金托管人发现基金管理人的投资指令违反法律、行政法规和其他有关规定,或者违反基金合同约定的,应当拒绝执行,立即通知基金管理人,并及时向国务院证券监督管理机构报告。

基金托管人发现基金管理人依据交易程序已经生效的投资指令违反法律、行政法规和其他有关规定,或者违反基金合同约定的,应当立即通知基金管理人,并及时向国务院证券监督管理机构报告。

第三十八条 本法第二十条、第二十二条的规定,适用于基金托管人。

第三十九条 基金托管人不再具备本法规定的条件,或者未能勤勉尽责,在履行本法规定的职责时存在重大失误的,国务院证券监督管理机构、国务院银行业监督管理机构应当责令其改正;逾期未改正,或者其行为严重影响所托管基金的稳健运行、损害基金份额持有人利益的,国务院证券监督管理机构、国务院银行业监督管理机构可以区别情形,对其采取下列措施:

(一)限制业务活动,责令暂停办理新的基金托管业务;

(二)责令更换负有责任的专门基金托管部门的高级管理人员。

基金托管人整改后,应当向国务院证券监督管理机构、国务院银行业监督管理机构提交报告;经验收,符合有关要求的,应当自验收完毕之日起三日内解除对其采取的有关措施。

第四十条 国务院证券监督管理机构、国务院银行业监督管理机构对有下列情形之一的基金托管人,可以取消其基金托管资格:

(一)连续三年没有开展基金托管业务的;

（二）违反本法规定，情节严重的；

（三）法律、行政法规规定的其他情形。

第四十一条　有下列情形之一的，基金托管人职责终止：

（一）被依法取消基金托管资格；

（二）被基金份额持有人大会解任；

（三）依法解散、被依法撤销或者被依法宣告破产；

（四）基金合同约定的其他情形。

第四十二条　基金托管人职责终止的，基金份额持有人大会应当在六个月内选任新基金托管人；新基金托管人产生前，由国务院证券监督管理机构指定临时基金托管人。

基金托管人职责终止的，应当妥善保管基金财产和基金托管业务资料，及时办理基金财产和基金托管业务的移交手续，新基金托管人或者临时基金托管人应当及时接收。

第四十三条　基金托管人职责终止的，应当按照规定聘请会计师事务所对基金财产进行审计，并将审计结果予以公告，同时报国务院证券监督管理机构备案。

第四章　基金的运作方式和组织

第四十四条　基金合同应当约定基金的运作方式。

第四十五条　基金的运作方式可以采用封闭式、开放式或者其他方式。

采用封闭式运作方式的基金（以下简称封闭式基金），是指基金份额总额在基金合同期限内固定不变，基金份额持有人不得申请赎回的基金；采用开放式运作方式的基金（以下简称开放式基金），是指基金份额总额不固定，基金份额可以在基金合同约定的时间和场所申购或者赎回的基金。

采用其他运作方式的基金的基金份额发售、交易、申购、赎回的办法，由国务院证券监督管理机构另行规定。

第四十六条　基金份额持有人享有下列权利：

（一）分享基金财产收益；

（二）参与分配清算后的剩余基金财产；

(三)依法转让或者申请赎回其持有的基金份额;

(四)按照规定要求召开基金份额持有人大会或者召集基金份额持有人大会;

(五)对基金份额持有人大会审议事项行使表决权;

(六)对基金管理人、基金托管人、基金服务机构损害其合法权益的行为依法提起诉讼;

(七)基金合同约定的其他权利。

公开募集基金的基金份额持有人有权查阅或者复制公开披露的基金信息资料;非公开募集基金的基金份额持有人对涉及自身利益的情况,有权查阅基金的财务会计账簿等财务资料。

第四十七条 基金份额持有人大会由全体基金份额持有人组成,行使下列职权:

(一)决定基金扩募或者延长基金合同期限;

(二)决定修改基金合同的重要内容或者提前终止基金合同;

(三)决定更换基金管理人、基金托管人;

(四)决定调整基金管理人、基金托管人的报酬标准;

(五)基金合同约定的其他职权。

第四十八条 按照基金合同约定,基金份额持有人大会可以设立日常机构,行使下列职权:

(一)召集基金份额持有人大会;

(二)提请更换基金管理人、基金托管人;

(三)监督基金管理人的投资运作、基金托管人的托管活动;

(四)提请调整基金管理人、基金托管人的报酬标准;

(五)基金合同约定的其他职权。

前款规定的日常机构,由基金份额持有人大会选举产生的人员组成;其议事规则,由基金合同约定。

第四十九条 基金份额持有人大会及其日常机构不得直接参与或者干涉基金的投资管理活动。

第五章 基金的公开募集

第五十条 公开募集基金,应当经国务院证券监督管理机构注册。未经注册，不得公开或者变相公开募集基金。

前款所称公开募集基金，包括向不特定对象募集资金、向特定对象募集资金累计超过二百人，以及法律、行政法规规定的其他情形。

公开募集基金应当由基金管理人管理，基金托管人托管。

第五十一条　注册公开募集基金，由拟任基金管理人向国务院证券监督管理机构提交下列文件：

（一）申请报告；

（二）基金合同草案；

（三）基金托管协议草案；

（四）招募说明书草案；

（五）律师事务所出具的法律意见书；

（六）国务院证券监督管理机构规定提交的其他文件。

第五十二条　公开募集基金的基金合同应当包括下列内容：

（一）募集基金的目的和基金名称；

（二）基金管理人、基金托管人的名称和住所；

（三）基金的运作方式；

（四）封闭式基金的基金份额总额和基金合同期限，或者开放式基金的最低募集份额总额；

（五）确定基金份额发售日期、价格和费用的原则；

（六）基金份额持有人、基金管理人和基金托管人的权利、义务；

（七）基金份额持有人大会召集、议事及表决的程序和规则；

（八）基金份额发售、交易、申购、赎回的程序、时间、地点、费用计算方式，以及给付赎回款项的时间和方式；

（九）基金收益分配原则、执行方式；

（十）基金管理人、基金托管人报酬的提取、支付方式与比例；

（十一）与基金财产管理、运用有关的其他费用的提取、支付方式；

（十二）基金财产的投资方向和投资限制；

（十三）基金资产净值的计算方法和公告方式；

（十四）基金募集未达到法定要求的处理方式；

（十五）基金合同解除和终止的事由、程序以及基金财产清算方式；

(十六)争议解决方式;

(十七)当事人约定的其他事项。

第五十三条 公开募集基金的基金招募说明书应当包括下列内容:

(一)基金募集申请的准予注册文件名称和注册日期;

(二)基金管理人、基金托管人的基本情况;

(三)基金合同和基金托管协议的内容摘要;

(四)基金份额的发售日期、价格、费用和期限;

(五)基金份额的发售方式、发售机构及登记机构名称;

(六)出具法律意见书的律师事务所和审计基金财产的会计师事务所的名称和住所;

(七)基金管理人、基金托管人报酬及其他有关费用的提取、支付方式与比例;

(八)风险警示内容;

(九)国务院证券监督管理机构规定的其他内容。

第五十四条 国务院证券监督管理机构应当自受理公开募集基金的募集注册申请之日起六个月内依照法律、行政法规及国务院证券监督管理机构的规定进行审查,作出注册或者不予注册的决定,并通知申请人;不予注册的,应当说明理由。

第五十五条 基金募集申请经注册后,方可发售基金份额。

基金份额的发售,由基金管理人或者其委托的基金销售机构办理。

第五十六条 基金管理人应当在基金份额发售的三日前公布招募说明书、基金合同及其他有关文件。

前款规定的文件应当真实、准确、完整。

对基金募集所进行的宣传推介活动,应当符合有关法律、行政法规的规定,不得有本法第七十七条所列行为。

第五十七条 基金管理人应当自收到准予注册文件之日起六个月内进行基金募集。超过六个月开始募集,原注册的事项未发生实质性变化的,应当报国务院证券监督管理机构备案;发生实质性变化的,应当向国务院证券监督管理机构重新提交注册申请。

基金募集不得超过国务院证券监督管理机构准予注册的基金募集期限。基金募集期限自基金份额发售之日起计算。

第五十八条　基金募集期限届满，封闭式基金募集的基金份额总额达到准予注册规模的百分之八十以上，开放式基金募集的基金份额总额超过准予注册的最低募集份额总额，并且基金份额持有人人数符合国务院证券监督管理机构规定的，基金管理人应当自募集期限届满之日起十日内聘请法定验资机构验资，自收到验资报告之日起十日内，向国务院证券监督管理机构提交验资报告，办理基金备案手续，并予以公告。

第五十九条　基金募集期间募集的资金应当存入专门账户，在基金募集行为结束前，任何人不得动用。

第六十条　投资人交纳认购的基金份额的款项时，基金合同成立；基金管理人依照本法第五十八条的规定向国务院证券监督管理机构办理基金备案手续，基金合同生效。

基金募集期限届满，不能满足本法第五十八条规定的条件的，基金管理人应当承担下列责任：

（一）以其固有财产承担因募集行为而产生的债务和费用；

（二）在基金募集期限届满后三十日内返还投资人已交纳的款项，并加计银行同期存款利息。

第六章　公开募集基金的基金份额的交易、申购与赎回

第六十一条　申请基金份额上市交易，基金管理人应当向证券交易所提出申请，证券交易所依法审核同意的，双方应当签订上市协议。

第六十二条　基金份额上市交易，应当符合下列条件：

（一）基金的募集符合本法规定；

（二）基金合同期限为五年以上；

（三）基金募集金额不低于二亿元人民币；

（四）基金份额持有人不少于一千人；

（五）基金份额上市交易规则规定的其他条件。

第六十三条　基金份额上市交易规则由证券交易所制定，报国务

院证券监督管理机构批准。

第六十四条 基金份额上市交易后,有下列情形之一的,由证券交易所终止其上市交易,并报国务院证券监督管理机构备案:

(一)不再具备本法第六十二条规定的上市交易条件;

(二)基金合同期限届满;

(三)基金份额持有人大会决定提前终止上市交易;

(四)基金合同约定的或者基金份额上市交易规则规定的终止上市交易的其他情形。

第六十五条 开放式基金的基金份额的申购、赎回、登记,由基金管理人或者其委托的基金服务机构办理。

第六十六条 基金管理人应当在每个工作日办理基金份额的申购、赎回业务;基金合同另有约定的,从其约定。

投资人交付申购款项,申购成立;基金份额登记机构确认基金份额时,申购生效。

基金份额持有人递交赎回申请,赎回成立;基金份额登记机构确认赎回时,赎回生效。

第六十七条 基金管理人应当按时支付赎回款项,但是下列情形除外:

(一)因不可抗力导致基金管理人不能支付赎回款项;

(二)证券交易场所依法决定临时停市,导致基金管理人无法计算当日基金资产净值;

(三)基金合同约定的其他特殊情形。

发生上述情形之一的,基金管理人应当在当日报国务院证券监督管理机构备案。

本条第一款规定的情形消失后,基金管理人应当及时支付赎回款项。

第六十八条 开放式基金应当保持足够的现金或者政府债券,以备支付基金份额持有人的赎回款项。基金财产中应当保持的现金或者政府债券的具体比例,由国务院证券监督管理机构规定。

第六十九条 基金份额的申购、赎回价格,依据申购、赎回日基金份额净值加、减有关费用计算。

第七十条 基金份额净值计价出现错误时,基金管理人应当立即纠正,并采取合理的措施防止损失进一步扩大。计价错误达到基金份额净值百分之零点五时,基金管理人应当公告,并报国务院证券监督管理机构备案。

因基金份额净值计价错误造成基金份额持有人损失的,基金份额持有人有权要求基金管理人、基金托管人予以赔偿。

第七章　公开募集基金的投资与信息披露

第七十一条　基金管理人运用基金财产进行证券投资,除国务院证券监督管理机构另有规定外,应当采用资产组合的方式。

资产组合的具体方式和投资比例,依照本法和国务院证券监督管理机构的规定在基金合同中约定。

第七十二条　基金财产应当用于下列投资:

(一)上市交易的股票、债券;

(二)国务院证券监督管理机构规定的其他证券及其衍生品种。

第七十三条　基金财产不得用于下列投资或者活动:

(一)承销证券;

(二)违反规定向他人贷款或者提供担保;

(三)从事承担无限责任的投资;

(四)买卖其他基金份额,但是国务院证券监督管理机构另有规定的除外;

(五)向基金管理人、基金托管人出资;

(六)从事内幕交易、操纵证券交易价格及其他不正当的证券交易活动;

(七)法律、行政法规和国务院证券监督管理机构规定禁止的其他活动。

运用基金财产买卖基金管理人、基金托管人及其控股股东、实际控制人或者与其有其他重大利害关系的公司发行的证券或承销期内承销的证券,或者从事其他重大关联交易的,应当遵循基金份额持有人利益优先的原则,防范利益冲突,符合国务院证券监督管理机构的规定,并履行信息披露义务。

第七十四条　基金管理人、基金托管人和其他基金信息披露义务人应当依法披露基金信息,并保证所披露信息的真实性、准确性和完整性。

第七十五条 基金信息披露义务人应当确保应予披露的基金信息在国务院证券监督管理机构规定时间内披露,并保证投资人能够按照基金合同约定的时间和方式查阅或者复制公开披露的信息资料。

第七十六条 公开披露的基金信息包括:

(一)基金招募说明书、基金合同、基金托管协议;

(二)基金募集情况;

(三)基金份额上市交易公告书;

(四)基金资产净值、基金份额净值;

(五)基金份额申购、赎回价格;

(六)基金财产的资产组合季度报告、财务会计报告及中期和年度基金报告;

(七)临时报告;

(八)基金份额持有人大会决议;

(九)基金管理人、基金托管人的专门基金托管部门的重大人事变动;

(十)涉及基金财产、基金管理业务、基金托管业务的诉讼或者仲裁;

(十一)国务院证券监督管理机构规定应予披露的其他信息。

第七十七条 公开披露基金信息,不得有下列行为:

(一)虚假记载、误导性陈述或者重大遗漏;

(二)对证券投资业绩进行预测;

(三)违规承诺收益或者承担损失;

(四)诋毁其他基金管理人、基金托管人或者基金销售机构;

(五)法律、行政法规和国务院证券监督管理机构规定禁止的其他行为。

第八章 公开募集基金的基金合同的变更、终止与基金财产清算

第七十八条 按照基金合同的约定或者基金份额持有人大会的

决议,基金可以转换运作方式或者与其他基金合并。

第七十九条　封闭式基金扩募或者延长基金合同期限,应当符合下列条件,并报国务院证券监督管理机构备案:

(一)基金运营业绩良好;

(二)基金管理人最近二年内没有因违法违规行为受到行政处罚或者刑事处罚;

(三)基金份额持有人大会决议通过;

(四)本法规定的其他条件。

第八十条　有下列情形之一的,基金合同终止:

(一)基金合同期限届满而未延期;

(二)基金份额持有人大会决定终止;

(三)基金管理人、基金托管人职责终止,在六个月内没有新基金管理人、新基金托管人承接;

(四)基金合同约定的其他情形。

第八十一条　基金合同终止时,基金管理人应当组织清算组对基金财产进行清算。

清算组由基金管理人、基金托管人以及相关的中介服务机构组成。

清算组作出的清算报告经会计师事务所审计,律师事务所出具法律意见书后,报国务院证券监督管理机构备案并公告。

第八十二条　清算后的剩余基金财产,应当按照基金份额持有人所持份额比例进行分配。

第九章　公开募集基金的基金份额持有人权利行使

第八十三条　基金份额持有人大会由基金管理人召集。基金份额持有人大会设立日常机构的,由该日常机构召集;该日常机构未召集的,由基金管理人召集。基金管理人未按规定召集或者不能召集的,由基金托管人召集。

代表基金份额百分之十以上的基金份额持有人就同一事项要求召开基金份额持有人大会,而基金份额持有人大会的日常机构、基金管理人、基金托管人都不召集的,代表基金份额百分之十以上的基金份额持有人有权自行召集,并报国务院证券监督管理机构备案。

第八十四条 召开基金份额持有人大会,召集人应当至少提前三十日公告基金份额持有人大会的召开时间、会议形式、审议事项、议事程序和表决方式等事项。

基金份额持有人大会不得就未经公告的事项进行表决。

第八十五条 基金份额持有人大会可以采取现场方式召开,也可以采取通讯等方式召开。

每一基金份额具有一票表决权,基金份额持有人可以委托代理人出席基金份额持有人大会并行使表决权。

第八十六条 基金份额持有人大会应当有代表二分之一以上基金份额的持有人参加,方可召开。

参加基金份额持有人大会的持有人的基金份额低于前款规定比例的,召集人可以在原公告的基金份额持有人大会召开时间的三个月以后、六个月以内,就原定审议事项重新召集基金份额持有人大会。重新召集的基金份额持有人大会应当有代表三分之一以上基金份额的持有人参加,方可召开。

基金份额持有人大会就审议事项作出决定,应当经参加大会的基金份额持有人所持表决权的二分之一以上通过;但是,转换基金的运作方式、更换基金管理人或者基金托管人、提前终止基金合同、与其他基金合并,应当经参加大会的基金份额持有人所持表决权的三分之二以上通过。

基金份额持有人大会决定的事项,应当依法报国务院证券监督管理机构备案,并予以公告。

第十章 非公开募集基金

第八十七条 非公开募集基金应当向合格投资者募集,合格投资者累计不得超过二百人。

前款所称合格投资者,是指达到规定资产规模或者收入水平,并且具备相应的风险识别能力和风险承担能力、其基金份额认购金额不低于规定限额的单位和个人。

合格投资者的具体标准由国务院证券监督管理机构规定。

第八十八条　除基金合同另有约定外，非公开募集基金应当由基金托管人托管。

第八十九条　担任非公开募集基金的基金管理人，应当按照规定向基金行业协会履行登记手续，报送基本情况。

第九十条　未经登记，任何单位或者个人不得使用“基金”或者“基金管理”字样或者近似名称进行证券投资活动；但是，法律、行政法规另有规定的除外。

第九十一条　非公开募集基金，不得向合格投资者之外的单位和个人募集资金，不得通过报刊、电台、电视台、互联网等公众传播媒体或者讲座、报告会、分析会等方式向不特定对象宣传推介。

第九十二条　非公开募集基金，应当制定并签订基金合同。基金合同应当包括下列内容：

（一）基金份额持有人、基金管理人、基金托管人的权利、义务；

（二）基金的运作方式；

（三）基金的出资方式、数额和认缴期限；

（四）基金的投资范围、投资策略和投资限制；

（五）基金收益分配原则、执行方式；

（六）基金承担的有关费用；

（七）基金信息提供的内容、方式；

（八）基金份额的认购、赎回或者转让的程序和方式；

（九）基金合同变更、解除和终止的事由、程序；

（十）基金财产清算方式；

（十一）当事人约定的其他事项。

基金份额持有人转让基金份额的，应当符合本法第八十七条、第九十一条的规定。

第九十三条　按照基金合同约定，非公开募集基金可以由部分基金份额持有人作为基金管理人负责基金的投资管理活动，并在基金财产不足以清偿其债务时对基金财产的债务承担无限连带责任。

前款规定的非公开募集基金，其基金合同还应载明：

（一）承担无限连带责任的基金份额持有人和其他基金份额持有人的姓名或者名称、住所；

(二)承担无限连带责任的基金份额持有人的除名条件和更换程序;

(三)基金份额持有人增加、退出的条件、程序以及相关责任;

(四)承担无限连带责任的基金份额持有人和其他基金份额持有人的转换程序。

第九十四条 非公开募集基金募集完毕,基金管理人应当向基金行业协会备案。对募集的资金总额或者基金份额持有人的人数达到规定标准的基金,基金行业协会应当向国务院证券监督管理机构报告。

非公开募集基金财产的证券投资,包括买卖公开发行的股份有限公司股票、债券、基金份额,以及国务院证券监督管理机构规定的其他证券及其衍生品种。

第九十五条 基金管理人、基金托管人应当按照基金合同的约定,向基金份额持有人提供基金信息。

第九十六条 专门从事非公开募集基金管理业务的基金管理人,其股东、高级管理人员、经营期限、管理的基金资产规模等符合规定条件的,经国务院证券监督管理机构核准,可以从事公开募集基金管理业务。

第十一章 基金服务机构

第九十七条 从事公开募集基金的销售、销售支付、份额登记、估值、投资顾问、评价、信息技术系统服务等基金服务业务的机构,应当按照国务院证券监督管理机构的规定进行注册或者备案。

第九十八条 基金销售机构应当向投资人充分揭示投资风险,并根据投资人的风险承担能力销售不同风险等级的基金产品。

第九十九条 基金销售支付机构应当按照规定办理基金销售结算资金的划付,确保基金销售结算资金安全、及时划付。

第一百条 基金销售结算资金、基金份额独立于基金销售机构、基金销售支付机构或者基金份额登记机构的自有财产。基金销售机构、基金销售支付机构或者基金份额登记机构破产或者清算时,基金销售结算资金、基金份额不属于其破产财产或者清算财产。非因投资人本身的债务或者法律规定的其他情形,不得查封、冻结、扣划或者强制执行基金销售结算资金、基金份额。

基金销售机构、基金销售支付机构、基金份额登记机构应当确保基金销售结算资金、基金份额的安全、独立，禁止任何单位或者个人以任何形式挪用基金销售结算资金、基金份额。

第一百零一条 基金管理人可以委托基金服务机构代为办理基金的份额登记、核算、估值、投资顾问等事项，基金托管人可以委托基金服务机构代为办理基金的核算、估值、复核等事项，但基金管理人、基金托管人依法应当承担的责任不因委托而免除。

第一百零二条 基金份额登记机构以电子介质登记的数据，是基金份额持有人权利归属的根据。基金份额持有人以基金份额出质的，质权自基金份额登记机构办理出质登记时设立。

基金份额登记机构应当妥善保存登记数据，并将基金份额持有人名称、身份信息及基金份额明细等数据备份至国务院证券监督管理机构认定的机构。其保存期限自基金账户销户之日起不得少于二十年。

基金份额登记机构应当保证登记数据的真实、准确、完整，不得隐匿、伪造、篡改或者毁损。

第一百零三条 基金投资顾问机构及其从业人员提供基金投资顾问服务，应当具有合理的依据，对其服务能力和经营业绩进行如实陈述，不得以任何方式承诺或者保证投资收益，不得损害服务对象的合法权益。

第一百零四条 基金评价机构及其从业人员应当客观公正，按照依法制定的业务规则开展基金评价业务，禁止误导投资人，防范可能发生的利益冲突。

第一百零五条 基金管理人、基金托管人、基金服务机构的信息技术系统，应当符合规定的要求。国务院证券监督管理机构可以要求信息技术系统服务机构提供该信息技术系统的相关资料。

第一百零六条 律师事务所、会计师事务所接受基金管理人、基金托管人的委托，为有关基金业务活动出具法律意见书、审计报告、内部控制评价报告等文件，应当勤勉尽责，对所依据的文件资料内容的真实性、准确性、完整性进行核查和验证。其制作、出具的文件有虚假记载、误导性陈述或者重大遗漏，给他人财产造成损失的，应当与委托人承担连带赔偿责任。

第一百零七条 基金服务机构应当勤勉尽责、恪尽职守,建立应急等风险管理制度和灾难备份系统,不得泄露与基金份额持有人、基金投资运作相关的非公开信息。

第十二章 基金行业协会

第一百零八条 基金行业协会是证券投资基金行业的自律性组织,是社会团体法人。

基金管理人、基金托管人应当加入基金行业协会,基金服务机构可以加入基金行业协会。

第一百零九条 基金行业协会的权力机构为全体会员组成的会员大会。

基金行业协会设理事会。理事会成员依章程的规定由选举产生。

第一百一十条 基金行业协会章程由会员大会制定,并报国务院证券监督管理机构备案。

第一百一十一条 基金行业协会履行下列职责:

(一)教育和组织会员遵守有关证券投资的法律、行政法规,维护投资人合法权益;

(二)依法维护会员的合法权益,反映会员的建议和要求;

(三)制定和实施行业自律规则,监督、检查会员及其从业人员的执业行为,对违反自律规则和协会章程的,按照规定给予纪律处分;

(四)制定行业执业标准和业务规范,组织基金从业人员的从业考试、资质管理和业务培训;

(五)提供会员服务,组织行业交流,推动行业创新,开展行业宣传和投资人教育活动;

(六)对会员之间、会员与客户之间发生的基金业务纠纷进行调解;

(七)依法办理非公开募集基金的登记、备案;

(八)协会章程规定的其他职责。

第十三章 监督管理

第一百一十二条 国务院证券监督管理机构依法履行下列职责:

（一）制定有关证券投资基金活动监督管理的规章、规则，并行使审批、核准或者注册权；

（二）办理基金备案；

（三）对基金管理人、基金托管人及其他机构从事证券投资基金活动进行监督管理，对违法行为进行查处，并予以公告；

（四）制定基金从业人员的资格标准和行为准则，并监督实施；

（五）监督检查基金信息的披露情况；

（六）指导和监督基金行业协会的活动；

（七）法律、行政法规规定的其他职责。

第一百一十三条　国务院证券监督管理机构依法履行职责，有权采取下列措施：

（一）对基金管理人、基金托管人、基金服务机构进行现场检查，并要求其报送有关的业务资料；

（二）进入涉嫌违法行为发生场所调查取证；

（三）询问当事人和与被调查事件有关的单位和个人，要求其对与被调查事件有关的事项作出说明；

（四）查阅、复制与被调查事件有关的财产权登记、通讯记录等资料；

（五）查阅、复制当事人和与被调查事件有关的单位和个人的证券交易记录、登记过户记录、财务会计资料及其他相关文件和资料；对可能被转移、隐匿或者毁损的文件和资料，可以予以封存；

（六）查询当事人和与被调查事件有关的单位和个人的资金账户、证券账户和银行账户；对有证据证明已经或者可能转移或者隐匿违法资金、证券等涉案财产或者隐匿、伪造、毁损重要证据的，经国务院证券监督管理机构主要负责人批准，可以冻结或者查封；

（七）在调查操纵证券市场、内幕交易等重大证券违法行为时，经国务院证券监督管理机构主要负责人批准，可以限制被调查事件当事人的证券买卖，但限制的期限不得超过十五个交易日；案情复杂的，可以延长十五个交易日。

第一百一十四条　国务院证券监督管理机构工作人员依法履行职责，进行调查或者检查时，不得少于二人，并应当出示合法证件；对调查或者检查中知悉的商业秘密负有保密的义务。

第一百一十五条 国务院证券监督管理机构工作人员应当忠于职守,依法办事,公正廉洁,接受监督,不得利用职务牟取私利。

第一百一十六条 国务院证券监督管理机构依法履行职责时,被调查、检查的单位和个人应当配合,如实提供有关文件和资料,不得拒绝、阻碍和隐瞒。

第一百一十七条 国务院证券监督管理机构依法履行职责,发现违法行为涉嫌犯罪的,应当将案件移送司法机关处理。

第一百一十八条 国务院证券监督管理机构工作人员在任职期间,或者离职后在《中华人民共和国公务员法》规定的期限内,不得在被监管的机构中担任职务。

第十四章 法律责任

第一百一十九条 违反本法规定,未经批准擅自设立基金管理公司或者未经核准从事公开募集基金管理业务的,由证券监督管理机构予以取缔或者责令改正,没收违法所得,并处违法所得一倍以上五倍以下罚款;没有违法所得或者违法所得不足一百万元的,并处十万元以上一百万元以下罚款。对直接负责的主管人员和其他直接责任人员给予警告,并处三万元以上三十万元以下罚款。

基金管理公司违反本法规定,擅自变更持有百分之五以上股权的股东、实际控制人或者其他重大事项的,责令改正,没收违法所得,并处违法所得一倍以上五倍以下罚款;没有违法所得或者违法所得不足五十万元的,并处五万元以上五十万元以下罚款。对直接负责的主管人员给予警告,并处三万元以上十万元以下罚款。

第一百二十条 基金管理人的董事、监事、高级管理人员和其他从业人员,基金托管人的专门基金托管部门的高级管理人员和其他从业人员,未按照本法第十七条第一款规定申报的,责令改正,处三万元以上十万元以下罚款。

基金管理人、基金托管人违反本法第十七条第二款规定的,责令改正,处十万元以上一百万元以下罚款;对直接负责的主管人员和其他直接责任人员给予警告,暂停或者撤销基金从业资格,并处三万元以上三十万元以下罚款。

第一百二十一条 基金管理人的董事、监事、高级管理人员和其他从业人员，基金托管人的专门基金托管部门的高级管理人员和其他从业人员违反本法第十八条规定的，责令改正，没收违法所得，并处违法所得一倍以上五倍以下罚款；没有违法所得或者违法所得不足一百万元的，并处十万元以上一百万元以下罚款；情节严重的，撤销基金从业资格。

第一百二十二条 基金管理人、基金托管人违反本法规定，未对基金财产实行分别管理或者分账保管，责令改正，处五万元以上五十万元以下罚款；对直接负责的主管人员和其他直接责任人员给予警告，暂停或者撤销基金从业资格，并处三万元以上三十万元以下罚款。

第一百二十三条 基金管理人、基金托管人及其董事、监事、高级管理人员和其他从业人员有本法第二十条所列行为之一的，责令改正，没收违法所得，并处违法所得一倍以上五倍以下罚款；没有违法所得或者违法所得不足一百万元的，并处十万元以上一百万元以下罚款；基金管理人、基金托管人有上述行为的，还应当对其直接负责的主管人员和其他直接责任人员给予警告，暂停或者撤销基金从业资格，并处三万元以上三十万元以下罚款。

基金管理人、基金托管人及其董事、监事、高级管理人员和其他从业人员侵占、挪用基金财产而取得的财产和收益，归入基金财产。但是，法律、行政法规另有规定的，依照其规定。

第一百二十四条 基金管理人的股东、实际控制人违反本法第二十三条规定的，责令改正，没收违法所得，并处违法所得一倍以上五倍以下罚款；没有违法所得或者违法所得不足一百万元的，并处十万元以上一百万元以下罚款；对直接负责的主管人员和其他直接责任人员给予警告，暂停或者撤销基金或证券从业资格，并处三万元以上三十万元以下罚款。

第一百二十五条 未经核准，擅自从事基金托管业务的，责令停止，没收违法所得，并处违法所得一倍以上五倍以下罚款；没有违法所得或者违法所得不足一百万元的，并处十万元以上一百万元以下罚款；对直接负责的主管人员和其他直接责任人员给予警告，并处三万元以上三十万元以下罚款。

第一百二十六条　基金管理人、基金托管人违反本法规定,相互出资或者持有股份的,责令改正,可以处十万元以下罚款。

第一百二十七条　违反本法规定,擅自公开或者变相公开募集基金的,责令停止,返还所募资金和加计的银行同期存款利息,没收违法所得,并处所募资金金额百分之一以上百分之五以下罚款。对直接负责的主管人员和其他直接责任人员给予警告,并处五万元以上五十万元以下罚款。

第一百二十八条　违反本法第五十九条规定,动用募集的资金的,责令返还,没收违法所得,并处违法所得一倍以上五倍以下罚款;没有违法所得或者违法所得不足五十万元的,并处五万元以上五十万元以下罚款;对直接负责的主管人员和其他直接责任人员给予警告,并处三万元以上三十万元以下罚款。

第一百二十九条　基金管理人、基金托管人有本法第七十三条第一款第一项至第五项和第七项所列行为之一,或者违反本法第七十三条第二款规定的,责令改正,处十万元以上一百万元以下罚款;对直接负责的主管人员和其他直接责任人员给予警告,暂停或者撤销基金从业资格,并处三万元以上三十万元以下罚款。

基金管理人、基金托管人有前款行为,运用基金财产而取得的财产和收益,归入基金财产。但是,法律、行政法规另有规定的,依照其规定。

第一百三十条　基金管理人、基金托管人有本法第七十三条第一款第六项规定行为的,除依照《中华人民共和国证券法》的有关规定处罚外,对直接负责的主管人员和其他直接责任人员暂停或者撤销基金从业资格。

第一百三十一条　基金信息披露义务人不依法披露基金信息或者披露的信息有虚假记载、误导性陈述或者重大遗漏的,责令改正,没收违法所得,并处十万元以上一百万元以下罚款;对直接负责的主管人员和其他直接责任人员给予警告,暂停或者撤销基金从业资格,并处三万元以上三十万元以下罚款。

第一百三十二条　基金管理人或者基金托管人不按照规定召集

基金份额持有人大会的，责令改正，可以处五万元以下罚款；对直接负责的主管人员和其他直接责任人员给予警告，暂停或者撤销基金从业资格。

第一百三十三条　违反本法规定，未经登记，使用"基金"或者"基金管理"字样或者近似名称进行证券投资活动的，没收违法所得，并处违法所得一倍以上五倍以下罚款；没有违法所得或者违法所得不足一百万元的，并处十万元以上一百万元以下罚款。对直接负责的主管人员和其他直接责任人员给予警告，并处三万元以上三十万元以下罚款。

第一百三十四条　违反本法规定，非公开募集基金募集完毕，基金管理人未备案的，处十万元以上三十万元以下罚款。对直接负责的主管人员和其他直接责任人员给予警告，并处三万元以上十万元以下罚款。

第一百三十五条　违反本法规定，向合格投资者之外的单位或者个人非公开募集资金或者转让基金份额的，没收违法所得，并处违法所得一倍以上五倍以下罚款；没有违法所得或者违法所得不足一百万元的，并处十万元以上一百万元以下罚款。对直接负责的主管人员和其他直接责任人员给予警告，并处三万元以上三十万元以下罚款。

第一百三十六条　违反本法规定，擅自从事公开募集基金的基金服务业务的，责令改正，没收违法所得，并处违法所得一倍以上五倍以下罚款；没有违法所得或者违法所得不足三十万元的，并处十万元以上三十万元以下罚款。对直接负责的主管人员和其他直接责任人员给予警告，并处三万元以上十万元以下罚款。

第一百三十七条　基金销售机构未向投资人充分揭示投资风险并误导其购买与其风险承担能力不相当的基金产品的，处十万元以上三十万元以下罚款；情节严重的，责令其停止基金服务业务。对直接负责的主管人员和其他直接责任人员给予警告，撤销基金从业资格，并处三万元以上十万元以下罚款。

第一百三十八条　基金销售支付机构未按照规定划付基金销售结算资金的，处十万元以上三十万元以下罚款；情节严重的，责令其停止基金服务业务。对直接负责的主管人员和其他直接责任人员给予警告，撤销基金从业资格，并处三万元以上十万元以下罚款。

第一百三十九条 挪用基金销售结算资金或者基金份额的,责令改正,没收违法所得,并处违法所得一倍以上五倍以下罚款;没有违法所得或者违法所得不足一百万元的,并处十万元以上一百万元以下罚款。对直接负责的主管人员和其他直接责任人员给予警告,并处三万元以上三十万元以下罚款。

第一百四十条 基金份额登记机构未妥善保存或者备份基金份额登记数据的,责令改正,给予警告,并处十万元以上三十万元以下罚款;情节严重的,责令其停止基金服务业务。对直接负责的主管人员和其他直接责任人员给予警告,撤销基金从业资格,并处三万元以上十万元以下罚款。

基金份额登记机构隐匿、伪造、篡改、毁损基金份额登记数据的,责令改正,处十万元以上一百万元以下罚款,并责令其停止基金服务业务。对直接负责的主管人员和其他直接责任人员给予警告,撤销基金从业资格,并处三万元以上三十万元以下罚款。

第一百四十一条 基金投资顾问机构、基金评价机构及其从业人员违反本法规定开展投资顾问、基金评价服务的,处十万元以上三十万元以下罚款;情节严重的,责令其停止基金服务业务。对直接负责的主管人员和其他直接责任人员给予警告,撤销基金从业资格,并处三万元以上十万元以下罚款。

第一百四十二条 信息技术系统服务机构未按照规定向国务院证券监督管理机构提供相关信息技术系统资料,或者提供的信息技术系统资料虚假、有重大遗漏的,责令改正,处三万元以上十万元以下罚款。对直接负责的主管人员和其他直接责任人员给予警告,并处一万元以上三万元以下罚款。

第一百四十三条 会计师事务所、律师事务所未勤勉尽责,所出具的文件有虚假记载、误导性陈述或者重大遗漏的,责令改正,没收业务收入,暂停或者撤销相关业务许可,并处业务收入一倍以上五倍以下罚款。对直接负责的主管人员和其他直接责任人员给予警告,并处三万元以上十万元以下罚款。

第一百四十四条 基金服务机构未建立应急等风险管理制度和灾难备份系统,或者泄露与基金份额持有人、基金投资运作相关的非公开信息的，处十万元以上三十万元以下罚款；情节严重的，责令其停止基金服务业务。对直接负责的主管人员和其他直接责任人员给予警告，撤销基金从业资格，并处三万元以上十万元以下罚款。

第一百四十五条　违反本法规定，给基金财产、基金份额持有人或者投资人造成损害的，依法承担赔偿责任。

基金管理人、基金托管人在履行各自职责的过程中，违反本法规定或者基金合同约定，给基金财产或者基金份额持有人造成损害的，应当分别对各自的行为依法承担赔偿责任；因共同行为给基金财产或者基金份额持有人造成损害的，应当承担连带赔偿责任。

第一百四十六条　证券监督管理机构工作人员玩忽职守、滥用职权、徇私舞弊或者利用职务上的便利索取或者收受他人财物的，依法给予行政处分。

第一百四十七条　拒绝、阻碍证券监督管理机构及其工作人员依法行使监督检查、调查职权未使用暴力、威胁方法的，依法给予治安管理处罚。

第一百四十八条　违反法律、行政法规或者国务院证券监督管理机构的有关规定，情节严重的，国务院证券监督管理机构可以对有关责任人员采取证券市场禁入的措施。

第一百四十九条　违反本法规定，构成犯罪的，依法追究刑事责任。

第一百五十条　违反本法规定，应当承担民事赔偿责任和缴纳罚款、罚金，其财产不足以同时支付时，先承担民事赔偿责任。

第一百五十一条　依照本法规定，基金管理人、基金托管人、基金服务机构应当承担的民事赔偿责任和缴纳的罚款、罚金，由基金管理人、基金托管人、基金服务机构以其固有财产承担。

依法收缴的罚款、罚金和没收的违法所得，应当全部上缴国库。

第十五章　附　　则

第一百五十二条　在中华人民共和国境内募集投资境外证券的基金，以及合格境外投资者在境内进行证券投资，应当经国务院证券监督管理机构批准，具体办法由国务院证券监督管理机构会同国务院有关部门规定,报国务院批准。

第一百五十三条 公开或者非公开募集资金,以进行证券投资活动为目的设立的公司或者合伙企业,资产由基金管理人或者普通合伙人管理的,其证券投资活动适用本法。

第一百五十四条 本法自2013年6月1日起施行。

中华人民共和国保险法(2015年修正)

(1995年6月30日第八届全国人民代表大会常务委员会第十四次会议通过 根据2002年10月28日第九届全国人民代表大会常务委员会第三十次会议《关于修改〈中华人民共和国保险法〉的决定》第一次修正 2009年2月28日第十一届全国人民代表大会常务委员会第七次会议修订 根据2014年8月31日第十二届全国人民代表大会常务委员会第十次会议《关于修改〈中华人民共和国保险法〉等五部法律的决定》第二次修正 根据2015年4月24日第十二届全国人民代表大会常务委员会第十四次会议《关于修改〈中华人民共和国计量法〉等五部法律的决定》第三次修正)

目　录

第一章　总　　则

第一条　为了规范保险活动，保护保险活动当事人的合法权益，加强对保险业的监督管理，维护社会经济秩序和社会公共利益，促进保险事业的健康发展，制定本法。

第二条　本法所称保险，是指投保人根据合同约定，向保险人支付保险费，保险人对于合同约定的可能发生的事故因其发生所造成的财产损失承担赔偿保险金责任，或者当被保险人死亡、伤残、疾病或者达到合同约定的年龄、期限等条件时承担给付保险金责任的商业保险行为。

第三条　在中华人民共和国境内从事保险活动，适用本法。

第四条　从事保险活动必须遵守法律、行政法规，尊重社会公德，不得损害社会公共利益。

第五条　保险活动当事人行使权利、履行义务应当遵循诚实信用原则。

第六条　保险业务由依照本法设立的保险公司以及法律、行政法规规定的其他保险组织经营，其他单位和个人不得经营保险业务。

第七条　在中华人民共和国境内的法人和其他组织需要办理境内保险的，应当向中华人民共和国境内的保险公司投保。

第八条　保险业和银行业、证券业、信托业实行分业经营、分业管理，保险公司与银行、证券、信托业务机构分别设立。国家另有规定的除外。

第九条　国务院保险监督管理机构依法对保险业实施监督管理。

国务院保险监督管理机构根据履行职责的需要设立派出机构。派出机构按照国务院保险监督管理机构的授权履行监督管理职责。

第二章　保险合同

第一节　一般规定

第十条　保险合同是投保人与保险人约定保险权利义务关系的

协议。

投保人是指与保险人订立保险合同，并按照合同约定负有支付保险费义务的人。

保险人是指与投保人订立保险合同，并按照合同约定承担赔偿或者给付保险金责任的保险公司。

第十一条 订立保险合同，应当协商一致，遵循公平原则确定各方的权利和义务。

除法律、行政法规规定必须保险的外，保险合同自愿订立。

第十二条 人身保险的投保人在保险合同订立时，对被保险人应当具有保险利益。

财产保险的被保险人在保险事故发生时，对保险标的应当具有保险利益。

人身保险是以人的寿命和身体为保险标的的保险。

财产保险是以财产及其有关利益为保险标的的保险。

被保险人是指其财产或者人身受保险合同保障，享有保险金请求权的人。投保人可以为被保险人。

保险利益是指投保人或者被保险人对保险标的具有的法律上承认的利益。

第十三条 投保人提出保险要求，经保险人同意承保，保险合同成立。保险人应当及时向投保人签发保险单或者其他保险凭证。

保险单或者其他保险凭证应当载明当事人双方约定的合同内容。当事人也可以约定采用其他书面形式载明合同内容。

依法成立的保险合同，自成立时生效。投保人和保险人可以对合同的效力约定附条件或者附期限。

第十四条 保险合同成立后，投保人按照约定交付保险费，保险人按照约定的时间开始承担保险责任。

第十五条 除本法另有规定或者保险合同另有约定外，保险合同成立后，投保人可以解除合同，保险人不得解除合同。

第十六条 订立保险合同，保险人就保险标的或者被保险人的有关情况提出询问的，投保人应当如实告知。

投保人故意或者因重大过失未履行前款规定的如实告知义务，足以影响保险人决定是否同意承保或者提高保险费率的，保险人有权解除合同。

前款规定的合同解除权，自保险人知道有解除事由之日起，超过三十日不行使而消灭。自合同成立之日起超过二年的，保险人不得解除合同；发生保险事故的，保险人应当承担赔偿或者给付保险金的责任。

投保人故意不履行如实告知义务的，保险人对于合同解除前发生的保险事故，不承担赔偿或者给付保险金的责任，并不退还保险费。

投保人因重大过失未履行如实告知义务，对保险事故的发生有严重影响的，保险人对于合同解除前发生的保险事故，不承担赔偿或者给付保险金的责任，但应当退还保险费。

保险人在合同订立时已经知道投保人未如实告知的情况的，保险人不得解除合同；发生保险事故的，保险人应当承担赔偿或者给付保险金的责任。

保险事故是指保险合同约定的保险责任范围内的事故。

第十七条　订立保险合同，采用保险人提供的格式条款的，保险人向投保人提供的投保单应当附格式条款，保险人应当向投保人说明合同的内容。

对保险合同中免除保险人责任的条款，保险人在订立合同时应当在投保单、保险单或者其他保险凭证上作出足以引起投保人注意的提示，并对该条款的内容以书面或者口头形式向投保人作出明确说明；未作提示或者明确说明的，该条款不产生效力。

第十八条　保险合同应当包括下列事项：

（一）保险人的名称和住所；

（二）投保人、被保险人的姓名或者名称、住所，以及人身保险的受益人的姓名或者名称、住所；

（三）保险标的；

（四）保险责任和责任免除；

（五）保险期间和保险责任开始时间；

（六）保险金额；

（七）保险费以及支付办法；

(八)保险金赔偿或者给付办法;

(九)违约责任和争议处理;

(十)订立合同的年、月、日。

投保人和保险人可以约定与保险有关的其他事项。

受益人是指人身保险合同中由被保险人或者投保人指定的享有保险金请求权的人。投保人、被保险人可以为受益人。

保险金额是指保险人承担赔偿或者给付保险金责任的最高限额。

第十九条 采用保险人提供的格式条款订立的保险合同中的下列条款无效:

(一)免除保险人依法应承担的义务或者加重投保人、被保险人责任的;

(二)排除投保人、被保险人或者受益人依法享有的权利的。

第二十条 投保人和保险人可以协商变更合同内容。

变更保险合同的,应当由保险人在保险单或者其他保险凭证上批注或者附贴批单,或者由投保人和保险人订立变更的书面协议。

第二十一条 投保人、被保险人或者受益人知道保险事故发生后,应当及时通知保险人。故意或者因重大过失未及时通知,致使保险事故的性质、原因、损失程度等难以确定的,保险人对无法确定的部分,不承担赔偿或者给付保险金的责任,但保险人通过其他途径已经及时知道或者应当及时知道保险事故发生的除外。

第二十二条 保险事故发生后,按照保险合同请求保险人赔偿或者给付保险金时,投保人、被保险人或者受益人应当向保险人提供其所能提供的与确认保险事故的性质、原因、损失程度等有关的证明和资料。

保险人按照合同的约定,认为有关的证明和资料不完整的,应当及时一次性通知投保人、被保险人或者受益人补充提供。

第二十三条 保险人收到被保险人或者受益人的赔偿或者给付保险金的请求后,应当及时作出核定;情形复杂的,应当在三十日内作出核定,但合同另有约定的除外。保险人应当将核定结果通知被保险人或者受益人;对属于保险责任的,在与被保险人或者受益人达成赔偿或者给付保险金的协议后十日内,履行赔偿或者给付保险金义务。

保险合同对赔偿或者给付保险金的期限有约定的,保险人应当按照约定履行赔偿或者给付保险金义务。

保险人未及时履行前款规定义务的,除支付保险金外,应当赔偿被保险人或者受益人因此受到的损失。

任何单位和个人不得非法干预保险人履行赔偿或者给付保险金的义务,也不得限制被保险人或者受益人取得保险金的权利。

第二十四条 保险人依照本法第二十三条的规定作出核定后,对不属于保险责任的,应当自作出核定之日起三日内向被保险人或者受益人发出拒绝赔偿或者拒绝给付保险金通知书,并说明理由。

第二十五条 保险人自收到赔偿或者给付保险金的请求和有关证明、资料之日起六十日内,对其赔偿或者给付保险金的数额不能确定的,应当根据已有证明和资料可以确定的数额先予支付;保险人最终确定赔偿或者给付保险金的数额后,应当支付相应的差额。

第二十六条 人寿保险以外的其他保险的被保险人或者受益人,向保险人请求赔偿或者给付保险金的诉讼时效期间为二年,自其知道或者应当知道保险事故发生之日起计算。

人寿保险的被保险人或者受益人向保险人请求给付保险金的诉讼时效期间为五年,自其知道或者应当知道保险事故发生之日起计算。

第二十七条 未发生保险事故,被保险人或者受益人谎称发生了保险事故,向保险人提出赔偿或者给付保险金请求的,保险人有权解除合同,并不退还保险费。

投保人、被保险人故意制造保险事故的,保险人有权解除合同,不承担赔偿或者给付保险金的责任;除本法第四十三条规定外,不退还保险费。

保险事故发生后,投保人、被保险人或者受益人以伪造、变造的有关证明、资料或者其他证据,编造虚假的事故原因或者夸大损失程度的,保险人对其虚报的部分不承担赔偿或者给付保险金的责任。

投保人、被保险人或者受益人有前三款规定行为之一,致使保险人支付保险金或者支出费用的,应当退回或者赔偿。

第二十八条 保险人将其承担的保险业务,以分保形式部分转移给其他保险人的,为再保险。

应再保险接受人的要求,再保险分出人应当将其自负责任及原保险的有关情况书面告知再保险接受人。

第二十九条 再保险接受人不得向原保险的投保人要求支付保险费。

原保险的被保险人或者受益人不得向再保险接受人提出赔偿或者给付保险金的请求。

再保险分出人不得以再保险接受人未履行再保险责任为由,拒绝履行或者迟延履行其原保险责任。

第三十条 采用保险人提供的格式条款订立的保险合同,保险人与投保人、被保险人或者受益人对合同条款有争议的,应当按照通常理解予以解释。对合同条款有两种以上解释的,人民法院或者仲裁机构应当作出有利于被保险人和受益人的解释。

第二节 人身保险合同

第三十一条 投保人对下列人员具有保险利益:

(一)本人;

(二)配偶、子女、父母;

(三)前项以外与投保人有抚养、赡养或者扶养关系的家庭其他成员、近亲属;

(四)与投保人有劳动关系的劳动者。

除前款规定外,被保险人同意投保人为其订立合同的,视为投保人对被保险人具有保险利益。

订立合同时,投保人对被保险人不具有保险利益的,合同无效。

第三十二条 投保人申报的被保险人年龄不真实,并且其真实年龄不符合合同约定的年龄限制的,保险人可以解除合同,并按照合同约定退还保险单的现金价值。保险人行使合同解除权,适用本法第十六条第三款、第六款的规定。

投保人申报的被保险人年龄不真实,致使投保人支付的保险费少于应付保险费的,保险人有权更正并要求投保人补交保险费,或者在给付保险金时按照实付保险费与应付保险费的比例支付。

投保人申报的被保险人年龄不真实，致使投保人支付的保险费多于应付保险费的，保险人应当将多收的保险费退还投保人。

第三十三条　投保人不得为无民事行为能力人投保以死亡为给付保险金条件的人身保险，保险人也不得承保。

父母为其未成年子女投保的人身保险，不受前款规定限制。但是，因被保险人死亡给付的保险金总和不得超过国务院保险监督管理机构规定的限额。

第三十四条　以死亡为给付保险金条件的合同，未经被保险人同意并认可保险金额的，合同无效。

按照以死亡为给付保险金条件的合同所签发的保险单，未经被保险人书面同意，不得转让或者质押。

父母为其未成年子女投保的人身保险，不受本条第一款规定限制。

第三十五条　投保人可以按照合同约定向保险人一次支付全部保险费或者分期支付保险费。

第三十六条　合同约定分期支付保险费，投保人支付首期保险费后，除合同另有约定外，投保人自保险人催告之日起超过三十日未支付当期保险费，或者超过约定的期限六十日未支付当期保险费的，合同效力中止，或者由保险人按照合同约定的条件减少保险金额。

被保险人在前款规定期限内发生保险事故的，保险人应当按照合同约定给付保险金，但可以扣减欠交的保险费。

第三十七条　合同效力依照本法第三十六条规定中止的，经保险人与投保人协商并达成协议，在投保人补交保险费后，合同效力恢复。但是，自合同效力中止之日起满二年双方未达成协议的，保险人有权解除合同。

保险人依照前款规定解除合同的，应当按照合同约定退还保险单的现金价值。

第三十八条　保险人对人寿保险的保险费，不得用诉讼方式要求投保人支付。

第三十九条　人身保险的受益人由被保险人或者投保人指定。

投保人指定受益人时须经被保险人同意。投保人为与其有劳动关系的劳动者投保人身保险，不得指定被保险人及其近亲属以外的人为受益人。

被保险人为无民事行为能力人或者限制民事行为能力人的，可以由其监护人指定受益人。

第四十条 被保险人或者投保人可以指定一人或者数人为受益人。

受益人为数人的，被保险人或者投保人可以确定受益顺序和受益份额；未确定受益份额的，受益人按照相等份额享有受益权。

第四十一条 被保险人或者投保人可以变更受益人并书面通知保险人。保险人收到变更受益人的书面通知后，应当在保险单或者其他保险凭证上批注或者附贴批单。

投保人变更受益人时须经被保险人同意。

第四十二条 被保险人死亡后，有下列情形之一的，保险金作为被保险人的遗产，由保险人依照《中华人民共和国继承法》的规定履行给付保险金的义务：

（一）没有指定受益人，或者受益人指定不明无法确定的；

（二）受益人先于被保险人死亡，没有其他受益人的；

（三）受益人依法丧失受益权或者放弃受益权，没有其他受益人的。

受益人与被保险人在同一事件中死亡，且不能确定死亡先后顺序的，推定受益人死亡在先。

第四十三条 投保人故意造成被保险人死亡、伤残或者疾病的，保险人不承担给付保险金的责任。投保人已交足二年以上保险费的，保险人应当按照合同约定向其他权利人退还保险单的现金价值。

受益人故意造成被保险人死亡、伤残、疾病的，或者故意杀害被保险人未遂的，该受益人丧失受益权。

第四十四条 以被保险人死亡为给付保险金条件的合同，自合同成立或者合同效力恢复之日起二年内，被保险人自杀的，保险人不承担给付保险金的责任，但被保险人自杀时为无民事行为能力人的除外。

保险人依照前款规定不承担给付保险金责任的，应当按照合同约定退还保险单的现金价值。

第四十五条　因被保险人故意犯罪或者抗拒依法采取的刑事强制措施导致其伤残或者死亡的，保险人不承担给付保险金的责任。投保人已交足二年以上保险费的，保险人应当按照合同约定退还保险单的现金价值。

第四十六条　被保险人因第三者的行为而发生死亡、伤残或者疾病等保险事故的，保险人向被保险人或者受益人给付保险金后，不享有向第三者追偿的权利，但被保险人或者受益人仍有权向第三者请求赔偿。

第四十七条　投保人解除合同的，保险人应当自收到解除合同通知之日起三十日内，按照合同约定退还保险单的现金价值。

第三节　财产保险合同

第四十八条　保险事故发生时，被保险人对保险标的不具有保险利益的，不得向保险人请求赔偿保险金。

第四十九条　保险标的转让的，保险标的的受让人承继被保险人的权利和义务。

保险标的转让的，被保险人或者受让人应当及时通知保险人，但货物运输保险合同和另有约定的合同除外。

因保险标的转让导致危险程度显著增加的，保险人自收到前款规定的通知之日起三十日内，可以按照合同约定增加保险费或者解除合同。保险人解除合同的，应当将已收取的保险费，按照合同约定扣除自保险责任开始之日起至合同解除之日止应收的部分后，退还投保人。

被保险人、受让人未履行本条第二款规定的通知义务的，因转让导致保险标的的危险程度显著增加而发生的保险事故，保险人不承担赔偿保险金的责任。

第五十条　货物运输保险合同和运输工具航程保险合同，保险责任开始后，合同当事人不得解除合同。

第五十一条　被保险人应当遵守国家有关消防、安全、生产操作、劳动保护等方面的规定，维护保险标的的安全。

保险人可以按照合同约定对保险标的的安全状况进行检查，及时向投保人、被保险人提出消除不安全因素和隐患的书面建议。

投保人、被保险人未按照约定履行其对保险标的的安全应尽责任的，保险人有权要求增加保险费或者解除合同。

保险人为维护保险标的的安全，经被保险人同意，可以采取安全预防措施。

第五十二条 在合同有效期内，保险标的的危险程度显著增加的，被保险人应当按照合同约定及时通知保险人，保险人可以按照合同约定增加保险费或者解除合同。保险人解除合同的，应当将已收取的保险费，按照合同约定扣除自保险责任开始之日起至合同解除之日止应收的部分后，退还投保人。

被保险人未履行前款规定的通知义务的，因保险标的的危险程度显著增加而发生的保险事故，保险人不承担赔偿保险金的责任。

第五十三条 有下列情形之一的，除合同另有约定外，保险人应当降低保险费，并按日计算退还相应的保险费：

（一）据以确定保险费率的有关情况发生变化，保险标的的危险程度明显减少的；

（二）保险标的的保险价值明显减少的。

第五十四条 保险责任开始前，投保人要求解除合同的，应当按照合同约定向保险人支付手续费，保险人应当退还保险费。保险责任开始后，投保人要求解除合同的，保险人应当将已收取的保险费，按照合同约定扣除自保险责任开始之日起至合同解除之日止应收的部分后，退还投保人。

第五十五条 投保人和保险人约定保险标的的保险价值并在合同中载明的，保险标的发生损失时，以约定的保险价值为赔偿计算标准。

投保人和保险人未约定保险标的的保险价值的，保险标的发生损失时，以保险事故发生时保险标的的实际价值为赔偿计算标准。

保险金额不得超过保险价值。超过保险价值的，超过部分无效，保险人应当退还相应的保险费。

保险金额低于保险价值的，除合同另有约定外，保险人按照保险金额与保险价值的比例承担赔偿保险金的责任。

第五十六条　重复保险的投保人应当将重复保险的有关情况通知各保险人。

重复保险的各保险人赔偿保险金的总和不得超过保险价值。除合同另有约定外,各保险人按照其保险金额与保险金额总和的比例承担赔偿保险金的责任。

重复保险的投保人可以就保险金额总和超过保险价值的部分,请求各保险人按比例返还保险费。

重复保险是指投保人对同一保险标的、同一保险利益、同一保险事故分别与两个以上保险人订立保险合同,且保险金额总和超过保险价值的保险。

第五十七条　保险事故发生时,被保险人应当尽力采取必要的措施,防止或者减少损失。

保险事故发生后,被保险人为防止或者减少保险标的的损失所支付的必要的、合理的费用,由保险人承担;保险人所承担的费用数额在保险标的损失赔偿金额以外另行计算,最高不超过保险金额的数额。

第五十八条　保险标的发生部分损失的,自保险人赔偿之日起三十日内,投保人可以解除合同;除合同另有约定外,保险人也可以解除合同,但应当提前十五日通知投保人。

合同解除的,保险人应当将保险标的未受损失部分的保险费,按照合同约定扣除自保险责任开始之日起至合同解除之日止应收的部分后,退还投保人。

第五十九条　保险事故发生后,保险人已支付了全部保险金额,并且保险金额等于保险价值的,受损保险标的的全部权利归于保险人;保险金额低于保险价值的,保险人按照保险金额与保险价值的比例取得受损保险标的的部分权利。

第六十条　因第三者对保险标的的损害而造成保险事故的,保险人自向被保险人赔偿保险金之日起,在赔偿金额范围内代位行使被保险人对第三者请求赔偿的权利。

前款规定的保险事故发生后,被保险人已经从第三者取得损害赔偿的,保险人赔偿保险金时,可以相应扣减被保险人从第三者已取得的赔偿金额。

保险人依照本条第一款规定行使代位请求赔偿的权利，不影响被保险人就未取得赔偿的部分向第三者请求赔偿的权利。

第六十一条 保险事故发生后，保险人未赔偿保险金之前，被保险人放弃对第三者请求赔偿的权利的，保险人不承担赔偿保险金的责任。

保险人向被保险人赔偿保险金后，被保险人未经保险人同意放弃对第三者请求赔偿的权利的，该行为无效。

被保险人故意或者因重大过失致使保险人不能行使代位请求赔偿的权利的，保险人可以扣减或者要求返还相应的保险金。

第六十二条 除被保险人的家庭成员或者其组成人员故意造成本法第六十条第一款规定的保险事故外，保险人不得对被保险人的家庭成员或者其组成人员行使代位请求赔偿的权利。

第六十三条 保险人向第三者行使代位请求赔偿的权利时，被保险人应当向保险人提供必要的文件和所知道的有关情况。

第六十四条 保险人、被保险人为查明和确定保险事故的性质、原因和保险标的的损失程度所支付的必要的、合理的费用，由保险人承担。

第六十五条 保险人对责任保险的被保险人给第三者造成的损害，可以依照法律的规定或者合同的约定，直接向该第三者赔偿保险金。

责任保险的被保险人给第三者造成损害，被保险人对第三者应负的赔偿责任确定的，根据被保险人的请求，保险人应当直接向该第三者赔偿保险金。被保险人怠于请求的，第三者有权就其应获赔偿部分直接向保险人请求赔偿保险金。

责任保险的被保险人给第三者造成损害，被保险人未向该第三者赔偿的，保险人不得向被保险人赔偿保险金。

责任保险是指以被保险人对第三者依法应负的赔偿责任为保险标的的保险。

第六十六条 责任保险的被保险人因给第三者造成损害的保险事故而被提起仲裁或者诉讼的，被保险人支付的仲裁或者诉讼费用以及其他必要的、合理的费用,除合同另有约定外,由保险人承担。

第三章 保险公司

第六十七条 设立保险公司应当经国务院保险监督管理机构批准。

国务院保险监督管理机构审查保险公司的设立申请时,应当考虑保险业的发展和公平竞争的需要。

第六十八条 设立保险公司应当具备下列条件:

(一)主要股东具有持续盈利能力,信誉良好,最近三年内无重大违法违规记录,净资产不低于人民币二亿元;

(二)有符合本法和《中华人民共和国公司法》规定的章程;

(三)有符合本法规定的注册资本;

(四)有具备任职专业知识和业务工作经验的董事、监事和高级管理人员;

(五)有健全的组织机构和管理制度;

(六)有符合要求的营业场所和与经营业务有关的其他设施;

(七)法律、行政法规和国务院保险监督管理机构规定的其他条件。

第六十九条 设立保险公司,其注册资本的最低限额为人民币二亿元。

国务院保险监督管理机构根据保险公司的业务范围、经营规模,可以调整其注册资本的最低限额,但不得低于本条第一款规定的限额。

保险公司的注册资本必须为实缴货币资本。

第七十条 申请设立保险公司,应当向国务院保险监督管理机构提出书面申请,并提交下列材料:

(一)设立申请书,申请书应当载明拟设立的保险公司的名称、注册资本、业务范围等;

(二)可行性研究报告;

(三)筹建方案;

(四)投资人的营业执照或者其他背景资料,经会计师事务所审计

的上一年度财务会计报告;

(五)投资人认可的筹备组负责人和拟任董事长、经理名单及本人认可证明;

(六)国务院保险监督管理机构规定的其他材料。

第七十一条 国务院保险监督管理机构应当对设立保险公司的申请进行审查,自受理之日起六个月内作出批准或者不批准筹建的决定,并书面通知申请人。决定不批准的,应当书面说明理由。

第七十二条 申请人应当自收到批准筹建通知之日起一年内完成筹建工作;筹建期间不得从事保险经营活动。

第七十三条 筹建工作完成后,申请人具备本法第六十八条规定的设立条件的,可以向国务院保险监督管理机构提出开业申请。

国务院保险监督管理机构应当自受理开业申请之日起六十日内,作出批准或者不批准开业的决定。决定批准的,颁发经营保险业务许可证;决定不批准的,应当书面通知申请人并说明理由。

第七十四条 保险公司在中华人民共和国境内设立分支机构,应当经保险监督管理机构批准。

保险公司分支机构不具有法人资格,其民事责任由保险公司承担。

第七十五条 保险公司申请设立分支机构,应当向保险监督管理机构提出书面申请,并提交下列材料:

(一)设立申请书;

(二)拟设机构三年业务发展规划和市场分析材料;

(三)拟任高级管理人员的简历及相关证明材料;

(四)国务院保险监督管理机构规定的其他材料。

第七十六条 保险监督管理机构应当对保险公司设立分支机构的申请进行审查,自受理之日起六十日内作出批准或者不批准的决定。决定批准的,颁发分支机构经营保险业务许可证;决定不批准的,应当书面通知申请人并说明理由。

第七十七条 经批准设立的保险公司及其分支机构,凭经营保险业务许可证向工商行政管理机关办理登记,领取营业执照。

第七十八条 保险公司及其分支机构自取得经营保险业务许可

证之日起六个月内，无正当理由未向工商行政管理机关办理登记的，其经营保险业务许可证失效。

第七十九条　保险公司在中华人民共和国境外设立子公司、分支机构，应当经国务院保险监督管理机构批准。

第八十条　外国保险机构在中华人民共和国境内设立代表机构，应当经国务院保险监督管理机构批准。代表机构不得从事保险经营活动。

第八十一条　保险公司的董事、监事和高级管理人员，应当品行良好，熟悉与保险相关的法律、行政法规，具有履行职责所需的经营管理能力，并在任职前取得保险监督管理机构核准的任职资格。

保险公司高级管理人员的范围由国务院保险监督管理机构规定。

第八十二条　有《中华人民共和国公司法》第一百四十六条规定的情形或者下列情形之一的，不得担任保险公司的董事、监事、高级管理人员：

（一）因违法行为或者违纪行为被金融监督管理机构取消任职资格的金融机构的董事、监事、高级管理人员，自被取消任职资格之日起未逾五年的；

（二）因违法行为或者违纪行为被吊销执业资格的律师、注册会计师或者资产评估机构、验证机构等机构的专业人员，自被吊销执业资格之日起未逾五年的。

第八十三条　保险公司的董事、监事、高级管理人员执行公司职务时违反法律、行政法规或者公司章程的规定，给公司造成损失的，应当承担赔偿责任。

第八十四条　保险公司有下列情形之一的，应当经保险监督管理机构批准：

（一）变更名称；

（二）变更注册资本；

（三）变更公司或者分支机构的营业场所；

（四）撤销分支机构；

（五）公司分立或者合并；

（六）修改公司章程；

(七)变更出资额占有限责任公司资本总额百分之五以上的股东,或者变更持有股份有限公司股份百分之五以上的股东;

(八)国务院保险监督管理机构规定的其他情形。

第八十五条 保险公司应当聘用专业人员,建立精算报告制度和合规报告制度。

第八十六条 保险公司应当按照保险监督管理机构的规定,报送有关报告、报表、文件和资料。

保险公司的偿付能力报告、财务会计报告、精算报告、合规报告及其他有关报告、报表、文件和资料必须如实记录保险业务事项,不得有虚假记载、误导性陈述和重大遗漏。

第八十七条 保险公司应当按照国务院保险监督管理机构的规定妥善保管业务经营活动的完整账簿、原始凭证和有关资料。

前款规定的账簿、原始凭证和有关资料的保管期限,自保险合同终止之日起计算,保险期间在一年以下的不得少于五年,保险期间超过一年的不得少于十年。

第八十八条 保险公司聘请或者解聘会计师事务所、资产评估机构、资信评级机构等中介服务机构,应当向保险监督管理机构报告;解聘会计师事务所、资产评估机构、资信评级机构等中介服务机构,应当说明理由。

第八十九条 保险公司因分立、合并需要解散,或者股东会、股东大会决议解散,或者公司章程规定的解散事由出现,经国务院保险监督管理机构批准后解散。

经营有人寿保险业务的保险公司,除因分立、合并或者被依法撤销外,不得解散。

保险公司解散,应当依法成立清算组进行清算。

第九十条 保险公司有《中华人民共和国企业破产法》第二条规定情形的,经国务院保险监督管理机构同意,保险公司或者其债权人可以依法向人民法院申请重整、和解或者破产清算;国务院保险监督管理机构也可以依法向人民法院申请对该保险公司进行重整或者破产清算。

第九十一条 破产财产在优先清偿破产费用和共益债务后,按照下列顺序清偿：

（一）所欠职工工资和医疗、伤残补助、抚恤费用，所欠应当划入职工个人账户的基本养老保险、基本医疗保险费用，以及法律、行政法规规定应当支付给职工的补偿金；

（二）赔偿或者给付保险金；

（三）保险公司欠缴的除第（一）项规定以外的社会保险费用和所欠税款；

（四）普通破产债权。

破产财产不足以清偿同一顺序的清偿要求的，按照比例分配。

破产保险公司的董事、监事和高级管理人员的工资，按照该公司职工的平均工资计算。

第九十二条 经营有人寿保险业务的保险公司被依法撤销或者被依法宣告破产的，其持有的人寿保险合同及责任准备金，必须转让给其他经营有人寿保险业务的保险公司；不能同其他保险公司达成转让协议的，由国务院保险监督管理机构指定经营有人寿保险业务的保险公司接受转让。

转让或者由国务院保险监督管理机构指定接受转让前款规定的人寿保险合同及责任准备金的，应当维护被保险人、受益人的合法权益。

第九十三条 保险公司依法终止其业务活动，应当注销其经营保险业务许可证。

第九十四条 保险公司，除本法另有规定外，适用《中华人民共和国公司法》的规定。

第四章 保险经营规则

第九十五条 保险公司的业务范围：

（一）人身保险业务，包括人寿保险、健康保险、意外伤害保险等保险业务；

（二）财产保险业务，包括财产损失保险、责任保险、信用保险、保证保险等保险业务；

（三）国务院保险监督管理机构批准的与保险有关的其他业务。

保险人不得兼营人身保险业务和财产保险业务。但是,经营财产保险业务的保险公司经国务院保险监督管理机构批准,可以经营短期健康保险业务和意外伤害保险业务。

保险公司应当在国务院保险监督管理机构依法批准的业务范围内从事保险经营活动。

第九十六条 经国务院保险监督管理机构批准,保险公司可以经营本法第九十五条规定的保险业务的下列再保险业务:

(一)分出保险;

(二)分入保险。

第九十七条 保险公司应当按照其注册资本总额的百分之二十提取保证金,存入国务院保险监督管理机构指定的银行,除公司清算时用于清偿债务外,不得动用。

第九十八条 保险公司应当根据保障被保险人利益、保证偿付能力的原则,提取各项责任准备金。

保险公司提取和结转责任准备金的具体办法,由国务院保险监督管理机构制定。

第九十九条 保险公司应当依法提取公积金。

第一百条 保险公司应当缴纳保险保障基金。

保险保障基金应当集中管理,并在下列情形下统筹使用:

(一)在保险公司被撤销或者被宣告破产时,向投保人、被保险人或者受益人提供救济;

(二)在保险公司被撤销或者被宣告破产时,向依法接受其人寿保险合同的保险公司提供救济;

(三)国务院规定的其他情形。

保险保障基金筹集、管理和使用的具体办法,由国务院制定。

第一百零一条 保险公司应当具有与其业务规模和风险程度相适应的最低偿付能力。保险公司的认可资产减去认可负债的差额不得低于国务院保险监督管理机构规定的数额;低于规定数额的,应当按照国务院保险监督管理机构的要求采取相应措施达到规定的数额。

第一百零二条 经营财产保险业务的保险公司当年自留保险费,不得超过其实有资本金加公积金总和的四倍。

第一百零三条　保险公司对每一危险单位，即对一次保险事故可能造成的最大损失范围所承担的责任，不得超过其实有资本金加公积金总和的百分之十；超过的部分应当办理再保险。

保险公司对危险单位的划分应当符合国务院保险监督管理机构的规定。

第一百零四条　保险公司对危险单位的划分方法和巨灾风险安排方案，应当报国务院保险监督管理机构备案。

第一百零五条　保险公司应当按照国务院保险监督管理机构的规定办理再保险，并审慎选择再保险接受人。

第一百零六条　保险公司的资金运用必须稳健，遵循安全性原则。

保险公司的资金运用限于下列形式：

（一）银行存款；

（二）买卖债券、股票、证券投资基金份额等有价证券；

（三）投资不动产；

（四）国务院规定的其他资金运用形式。

保险公司资金运用的具体管理办法，由国务院保险监督管理机构依照前两款的规定制定。

第一百零七条　经国务院保险监督管理机构会同国务院证券监督管理机构批准，保险公司可以设立保险资产管理公司。

保险资产管理公司从事证券投资活动，应当遵守《中华人民共和国证券法》等法律、行政法规的规定。

保险资产管理公司的管理办法，由国务院保险监督管理机构会同国务院有关部门制定。

第一百零八条　保险公司应当按照国务院保险监督管理机构的规定，建立对关联交易的管理和信息披露制度。

第一百零九条　保险公司的控股股东、实际控制人、董事、监事、高级管理人员不得利用关联交易损害公司的利益。

第一百一十条　保险公司应当按照国务院保险监督管理机构的规定，真实、准确、完整地披露财务会计报告、风险管理状况、保险产品经营情况等重大事项。

第一百一十一条 保险公司从事保险销售的人员应当品行良好,具有保险销售所需的专业能力。保险销售人员的行为规范和管理办法,由国务院保险监督管理机构规定。

第一百一十二条 保险公司应当建立保险代理人登记管理制度,加强对保险代理人的培训和管理,不得唆使、诱导保险代理人进行违背诚信义务的活动。

第一百一十三条 保险公司及其分支机构应当依法使用经营保险业务许可证,不得转让、出租、出借经营保险业务许可证。

第一百一十四条 保险公司应当按照国务院保险监督管理机构的规定,公平、合理拟订保险条款和保险费率,不得损害投保人、被保险人和受益人的合法权益。

保险公司应当按照合同约定和本法规定,及时履行赔偿或者给付保险金义务。

第一百一十五条 保险公司开展业务,应当遵循公平竞争的原则,不得从事不正当竞争。

第一百一十六条 保险公司及其工作人员在保险业务活动中不得有下列行为:

(一)欺骗投保人、被保险人或者受益人;

(二)对投保人隐瞒与保险合同有关的重要情况;

(三)阻碍投保人履行本法规定的如实告知义务,或者诱导其不履行本法规定的如实告知义务;

(四)给予或者承诺给予投保人、被保险人、受益人保险合同约定以外的保险费回扣或者其他利益;

(五)拒不依法履行保险合同约定的赔偿或者给付保险金义务;

(六)故意编造未曾发生的保险事故、虚构保险合同或者故意夸大已经发生的保险事故的损失程度进行虚假理赔,骗取保险金或者牟取其他不正当利益;

(七)挪用、截留、侵占保险费;

(八)委托未取得合法资格的机构从事保险销售活动;

(九)利用开展保险业务为其他机构或者个人牟取不正当利益;

(十)利用保险代理人、保险经纪人或者保险评估机构,从事以虚构保险中介业务或者编造退保等方式套取费用等违法活动；

（十一）以捏造、散布虚假事实等方式损害竞争对手的商业信誉，或者以其他不正当竞争行为扰乱保险市场秩序；

（十二）泄露在业务活动中知悉的投保人、被保险人的商业秘密；

（十三）违反法律、行政法规和国务院保险监督管理机构规定的其他行为。

第五章　保险代理人和保险经纪人

第一百一十七条　保险代理人是根据保险人的委托，向保险人收取佣金，并在保险人授权的范围内代为办理保险业务的机构或者个人。

保险代理机构包括专门从事保险代理业务的保险专业代理机构和兼营保险代理业务的保险兼业代理机构。

第一百一十八条　保险经纪人是基于投保人的利益，为投保人与保险人订立保险合同提供中介服务，并依法收取佣金的机构。

第一百一十九条　保险代理机构、保险经纪人应当具备国务院保险监督管理机构规定的条件，取得保险监督管理机构颁发的经营保险代理业务许可证、保险经纪业务许可证。

第一百二十条　以公司形式设立保险专业代理机构、保险经纪人，其注册资本最低限额适用《中华人民共和国公司法》的规定。

国务院保险监督管理机构根据保险专业代理机构、保险经纪人的业务范围和经营规模，可以调整其注册资本的最低限额，但不得低于《中华人民共和国公司法》规定的限额。

保险专业代理机构、保险经纪人的注册资本或者出资额必须为实缴货币资本。

第一百二十一条　保险专业代理机构、保险经纪人的高级管理人员，应当品行良好，熟悉保险法律、行政法规，具有履行职责所需的经营管理能力，并在任职前取得保险监督管理机构核准的任职资格。

第一百二十二条　个人保险代理人、保险代理机构的代理从业人员、保险经纪人的经纪从业人员，应当品行良好，具有从事保险代理业务或者保险经纪业务所需的专业能力。

第一百二十三条 保险代理机构、保险经纪人应当有自己的经营场所,设立专门账簿记载保险代理业务、经纪业务的收支情况。

第一百二十四条 保险代理机构、保险经纪人应当按照国务院保险监督管理机构的规定缴存保证金或者投保职业责任保险。

第一百二十五条 个人保险代理人在代为办理人寿保险业务时,不得同时接受两个以上保险人的委托。

第一百二十六条 保险人委托保险代理人代为办理保险业务,应当与保险代理人签订委托代理协议,依法约定双方的权利和义务。

第一百二十七条 保险代理人根据保险人的授权代为办理保险业务的行为,由保险人承担责任。

保险代理人没有代理权、超越代理权或者代理权终止后以保险人名义订立合同,使投保人有理由相信其有代理权的,该代理行为有效。保险人可以依法追究越权的保险代理人的责任。

第一百二十八条 保险经纪人因过错给投保人、被保险人造成损失的,依法承担赔偿责任。

第一百二十九条 保险活动当事人可以委托保险公估机构等依法设立的独立评估机构或者具有相关专业知识的人员,对保险事故进行评估和鉴定。

接受委托对保险事故进行评估和鉴定的机构和人员,应当依法、独立、客观、公正地进行评估和鉴定,任何单位和个人不得干涉。

前款规定的机构和人员,因故意或者过失给保险人或者被保险人造成损失的,依法承担赔偿责任。

第一百三十条 保险佣金只限于向保险代理人、保险经纪人支付,不得向其他人支付。

第一百三十一条 保险代理人、保险经纪人及其从业人员在办理保险业务活动中不得有下列行为:

(一)欺骗保险人、投保人、被保险人或者受益人;

(二)隐瞒与保险合同有关的重要情况;

(三)阻碍投保人履行本法规定的如实告知义务,或者诱导其不履行本法规定的如实告知义务;

(四)给予或者承诺给予投保人、被保险人或者受益人保险合同约定以外的利益；

（五）利用行政权力、职务或者职业便利以及其他不正当手段强迫、引诱或者限制投保人订立保险合同；

（六）伪造、擅自变更保险合同，或者为保险合同当事人提供虚假证明材料；

（七）挪用、截留、侵占保险费或者保险金；

（八）利用业务便利为其他机构或者个人牟取不正当利益；

（九）串通投保人、被保险人或者受益人，骗取保险金；

（十）泄露在业务活动中知悉的保险人、投保人、被保险人的商业秘密。

第一百三十二条　本法第八十六条第一款、第一百一十三条的规定，适用于保险代理机构和保险经纪人。

第六章　保险业监督管理

第一百三十三条　保险监督管理机构依照本法和国务院规定的职责，遵循依法、公开、公正的原则，对保险业实施监督管理，维护保险市场秩序，保护投保人、被保险人和受益人的合法权益。

第一百三十四条　国务院保险监督管理机构依照法律、行政法规制定并发布有关保险业监督管理的规章。

第一百三十五条　关系社会公众利益的保险险种、依法实行强制保险的险种和新开发的人寿保险险种等的保险条款和保险费率，应当报国务院保险监督管理机构批准。国务院保险监督管理机构审批时，应当遵循保护社会公众利益和防止不正当竞争的原则。其他保险险种的保险条款和保险费率，应当报保险监督管理机构备案。

保险条款和保险费率审批、备案的具体办法，由国务院保险监督管理机构依照前款规定制定。

第一百三十六条　保险公司使用的保险条款和保险费率违反法律、行政法规或者国务院保险监督管理机构的有关规定的，由保险监督管理机构责令停止使用，限期修改；情节严重的，可以在一定期限内禁止申报新的保险条款和保险费率。

第一百三十七条　国务院保险监督管理机构应当建立健全保险

公司偿付能力监管体系,对保险公司的偿付能力实施监控。

第一百三十八条 对偿付能力不足的保险公司,国务院保险监督管理机构应当将其列为重点监管对象,并可以根据具体情况采取下列措施:

(一)责令增加资本金、办理再保险;

(二)限制业务范围;

(三)限制向股东分红;

(四)限制固定资产购置或者经营费用规模;

(五)限制资金运用的形式、比例;

(六)限制增设分支机构;

(七)责令拍卖不良资产、转让保险业务;

(八)限制董事、监事、高级管理人员的薪酬水平;

(九)限制商业性广告;

(十)责令停止接受新业务。

第一百三十九条 保险公司未依照本法规定提取或者结转各项责任准备金,或者未依照本法规定办理再保险,或者严重违反本法关于资金运用的规定的,由保险监督管理机构责令限期改正,并可以责令调整负责人及有关管理人员。

第一百四十条 保险监督管理机构依照本法第一百三十九条的规定作出限期改正的决定后,保险公司逾期未改正的,国务院保险监督管理机构可以决定选派保险专业人员和指定该保险公司的有关人员组成整顿组,对公司进行整顿。

整顿决定应当载明被整顿公司的名称、整顿理由、整顿组成员和整顿期限,并予以公告。

第一百四十一条 整顿组有权监督被整顿保险公司的日常业务。被整顿公司的负责人及有关管理人员应当在整顿组的监督下行使职权。

第一百四十二条 整顿过程中,被整顿保险公司的原有业务继续进行。但是,国务院保险监督管理机构可以责令被整顿公司停止部分原有业务、停止接受新业务,调整资金运用。

第一百四十三条 被整顿保险公司经整顿已纠正其违反本法规

定的行为，恢复正常经营状况的，由整顿组提出报告，经国务院保险监督管理机构批准，结束整顿，并由国务院保险监督管理机构予以公告。

第一百四十四条 保险公司有下列情形之一的，国务院保险监督管理机构可以对其实行接管：

（一）公司的偿付能力严重不足的；

（二）违反本法规定，损害社会公共利益，可能严重危及或者已经严重危及公司的偿付能力的。

被接管的保险公司的债权债务关系不因接管而变化。

第一百四十五条 接管组的组成和接管的实施办法，由国务院保险监督管理机构决定，并予以公告。

第一百四十六条 接管期限届满，国务院保险监督管理机构可以决定延长接管期限，但接管期限最长不得超过二年。

第一百四十七条 接管期限届满，被接管的保险公司已恢复正常经营能力的，由国务院保险监督管理机构决定终止接管，并予以公告。

第一百四十八条 被整顿、被接管的保险公司有《中华人民共和国企业破产法》第二条规定情形的，国务院保险监督管理机构可以依法向人民法院申请对该保险公司进行重整或者破产清算。

第一百四十九条 保险公司因违法经营被依法吊销经营保险业务许可证的，或者偿付能力低于国务院保险监督管理机构规定标准，不予撤销将严重危害保险市场秩序、损害公共利益的，由国务院保险监督管理机构予以撤销并公告，依法及时组织清算组进行清算。

第一百五十条 国务院保险监督管理机构有权要求保险公司股东、实际控制人在指定的期限内提供有关信息和资料。

第一百五十一条 保险公司的股东利用关联交易严重损害公司利益，危及公司偿付能力的，由国务院保险监督管理机构责令改正。在按照要求改正前，国务院保险监督管理机构可以限制其股东权利；拒不改正的，可以责令其转让所持的保险公司股权。

第一百五十二条 保险监督管理机构根据履行监督管理职责的需要，可以与保险公司董事、监事和高级管理人员进行监督管理谈话，要求其就公司的业务活动和风险管理的重大事项作出说明。

第一百五十三条 保险公司在整顿、接管、撤销清算期间，或者出现重大风险时，国务院保险监督管理机构可以对该公司直接负责的董事、监事、高级管理人员和其他直接责任人员采取以下措施：

（一）通知出境管理机关依法阻止其出境；

（二）申请司法机关禁止其转移、转让或者以其他方式处分财产，或者在财产上设定其他权利。

第一百五十四条 保险监督管理机构依法履行职责，可以采取下列措施：

（一）对保险公司、保险代理人、保险经纪人、保险资产管理公司、外国保险机构的代表机构进行现场检查。

（二）进入涉嫌违法行为发生场所调查取证。

（三）询问当事人及与被调查事件有关的单位和个人，要求其对与被调查事件有关的事项作出说明。

（四）查阅、复制与被调查事件有关的财产权登记等资料。

（五）查阅、复制保险公司、保险代理人、保险经纪人、保险资产管理公司、外国保险机构的代表机构以及与被调查事件有关的单位和个人的财务会计资料及其他相关文件和资料；对可能被转移、隐匿或者毁损的文件和资料予以封存。

（六）查询涉嫌违法经营的保险公司、保险代理人、保险经纪人、保险资产管理公司、外国保险机构的代表机构以及与涉嫌违法事项有关的单位和个人的银行账户。

（七）对有证据证明已经或者可能转移、隐匿违法资金等涉案财产或者隐匿、伪造、毁损重要证据的，经保险监督管理机构主要负责人批准，申请人民法院予以冻结或者查封。

保险监督管理机构采取前款第（一）项、第（二）项、第（五）项措施的，应当经保险监督管理机构负责人批准；采取第（六）项措施的，应当经国务院保险监督管理机构负责人批准。

保险监督管理机构依法进行监督检查或者调查，其监督检查、调查的人员不得少于二人，并应当出示合法证件和监督检查、调查通知书；监督检查、调查的人员少于二人或者未出示合法证件和监督检查、调查通知书的，被检查、调查的单位和个人有权拒绝。

第一百五十五条 保险监督管理机构依法履行职责，被检查、调查的单位和个人应当配合。

第一百五十六条　保险监督管理机构工作人员应当忠于职守，依法办事，公正廉洁，不得利用职务便利牟取不正当利益，不得泄露所知悉的有关单位和个人的商业秘密。

第一百五十七条　国务院保险监督管理机构应当与中国人民银行、国务院其他金融监督管理机构建立监督管理信息共享机制。

保险监督管理机构依法履行职责，进行监督检查、调查时，有关部门应当予以配合。

第七章　法律责任

第一百五十八条　违反本法规定，擅自设立保险公司、保险资产管理公司或者非法经营商业保险业务的，由保险监督管理机构予以取缔，没收违法所得，并处违法所得一倍以上五倍以下的罚款；没有违法所得或者违法所得不足二十万元的，处二十万元以上一百万元以下的罚款。

第一百五十九条　违反本法规定，擅自设立保险专业代理机构、保险经纪人，或者未取得经营保险代理业务许可证、保险经纪业务许可证从事保险代理业务、保险经纪业务的，由保险监督管理机构予以取缔，没收违法所得，并处违法所得一倍以上五倍以下的罚款；没有违法所得或者违法所得不足五万元的，处五万元以上三十万元以下的罚款。

第一百六十条　保险公司违反本法规定，超出批准的业务范围经营的，由保险监督管理机构责令限期改正，没收违法所得，并处违法所得一倍以上五倍以下的罚款；没有违法所得或者违法所得不足十万元的，处十万元以上五十万元以下的罚款。逾期不改正或者造成严重后果的，责令停业整顿或者吊销业务许可证。

第一百六十一条　保险公司有本法第一百一十六条规定行为之一的，由保险监督管理机构责令改正，处五万元以上三十万元以下的罚款；情节严重的，限制其业务范围、责令停止接受新业务或者吊销业务许可证。

第一百六十二条　保险公司违反本法第八十四条规定的，由保险监督管理机构责令改正，处一万元以上十万元以下的罚款。

第一百六十三条 保险公司违反本法规定,有下列行为之一的,由保险监督管理机构责令改正,处五万元以上三十万元以下的罚款:

(一)超额承保,情节严重的;

(二)为无民事行为能力人承保以死亡为给付保险金条件的保险的。

第一百六十四条 违反本法规定,有下列行为之一的,由保险监督管理机构责令改正,处五万元以上三十万元以下的罚款;情节严重的,可以限制其业务范围、责令停止接受新业务或者吊销业务许可证:

(一)未按照规定提存保证金或者违反规定动用保证金的;

(二)未按照规定提取或者结转各项责任准备金的;

(三)未按照规定缴纳保险保障基金或者提取公积金的;

(四)未按照规定办理再保险的;

(五)未按照规定运用保险公司资金的;

(六)未经批准设立分支机构的;

(七)未按照规定申请批准保险条款、保险费率的。

第一百六十五条 保险代理机构、保险经纪人有本法第一百三十一条规定行为之一的,由保险监督管理机构责令改正,处五万元以上三十万元以下的罚款;情节严重的,吊销业务许可证。

第一百六十六条 保险代理机构、保险经纪人违反本法规定,有下列行为之一的,由保险监督管理机构责令改正,处二万元以上十万元以下的罚款;情节严重的,责令停业整顿或者吊销业务许可证:

(一)未按照规定缴存保证金或者投保职业责任保险的;

(二)未按照规定设立专门账簿记载业务收支情况的。

第一百六十七条 违反本法规定,聘任不具有任职资格的人员的,由保险监督管理机构责令改正,处二万元以上十万元以下的罚款。

第一百六十八条 违反本法规定,转让、出租、出借业务许可证的,由保险监督管理机构处一万元以上十万元以下的罚款;情节严重的,责令停业整顿或者吊销业务许可证。

第一百六十九条 违反本法规定,有下列行为之一的,由保险监督管理机构责令限期改正;逾期不改正的,处一万元以上十万元以下的罚款:

（一）未按照规定报送或者保管报告、报表、文件、资料的，或者未按照规定提供有关信息、资料的；

（二）未按照规定报送保险条款、保险费率备案的；

（三）未按照规定披露信息的。

第一百七十条 违反本法规定，有下列行为之一的，由保险监督管理机构责令改正，处十万元以上五十万元以下的罚款；情节严重的，可以限制其业务范围、责令停止接受新业务或者吊销业务许可证：

（一）编制或者提供虚假的报告、报表、文件、资料的；

（二）拒绝或者妨碍依法监督检查的；

（三）未按照规定使用经批准或者备案的保险条款、保险费率的。

第一百七十一条 保险公司、保险资产管理公司、保险专业代理机构、保险经纪人违反本法规定的，保险监督管理机构除分别依照本法第一百六十条至第一百七十条的规定对该单位给予处罚外，对其直接负责的主管人员和其他直接责任人员给予警告，并处一万元以上十万元以下的罚款；情节严重的，撤销任职资格。

第一百七十二条 个人保险代理人违反本法规定的，由保险监督管理机构给予警告，可以并处二万元以下的罚款；情节严重的，处二万元以上十万元以下的罚款。

第一百七十三条 外国保险机构未经国务院保险监督管理机构批准，擅自在中华人民共和国境内设立代表机构的，由国务院保险监督管理机构予以取缔，处五万元以上三十万元以下的罚款。

外国保险机构在中华人民共和国境内设立的代表机构从事保险经营活动的，由保险监督管理机构责令改正，没收违法所得，并处违法所得一倍以上五倍以下的罚款；没有违法所得或者违法所得不足二十万元的，处二十万元以上一百万元以下的罚款；对其首席代表可以责令撤换；情节严重的，撤销其代表机构。

第一百七十四条 投保人、被保险人或者受益人有下列行为之一，进行保险诈骗活动，尚不构成犯罪的，依法给予行政处罚：

（一）投保人故意虚构保险标的，骗取保险金的；

（二）编造未曾发生的保险事故，或者编造虚假的事故原因或者夸大损失程度，骗取保险金的；

(三)故意造成保险事故,骗取保险金的。

保险事故的鉴定人、评估人、证明人故意提供虚假的证明文件,为投保人、被保险人或者受益人进行保险诈骗提供条件的,依照前款规定给予处罚。

第一百七十五条 违反本法规定,给他人造成损害的,依法承担民事责任。

第一百七十六条 拒绝、阻碍保险监督管理机构及其工作人员依法行使监督检查、调查职权,未使用暴力、威胁方法的,依法给予治安管理处罚。

第一百七十七条 违反法律、行政法规的规定,情节严重的,国务院保险监督管理机构可以禁止有关责任人员一定期限直至终身进入保险业。

第一百七十八条 保险监督管理机构从事监督管理工作的人员有下列情形之一的,依法给予处分:

(一)违反规定批准机构的设立的;

(二)违反规定进行保险条款、保险费率审批的;

(三)违反规定进行现场检查的;

(四)违反规定查询账户或者冻结资金的;

(五)泄露其知悉的有关单位和个人的商业秘密的;

(六)违反规定实施行政处罚的;

(七)滥用职权、玩忽职守的其他行为。

第一百七十九条 违反本法规定,构成犯罪的,依法追究刑事责任。

第八章 附 则

第一百八十条 保险公司应当加入保险行业协会。保险代理人、保险经纪人、保险公估机构可以加入保险行业协会。

保险行业协会是保险业的自律性组织,是社会团体法人。

第一百八十一条 保险公司以外的其他依法设立的保险组织经营的商业保险业务,适用本法。

第一百八十二条 海上保险适用《中华人民共和国海商法》的有关规定;《中华人民共和国海商法》未规定的,适用本法的有关规定。

第一百八十三条　中外合资保险公司、外资独资保险公司、外国保险公司分公司适用本法规定；法律、行政法规另有规定的，适用其规定。

第一百八十四条　国家支持发展为农业生产服务的保险事业。农业保险由法律、行政法规另行规定。

强制保险，法律、行政法规另有规定的，适用其规定。

第一百八十五条　本法自2009年10月1日起施行。

中华人民共和国企业国有资产法

（2008年10月28日第十一届全国人民代表大会常务委员会第五次会议通过　2008年10月28日公布　中华人民共和国主席令第5号　自2009年5月1日起施行）

目　录

第一章　总　　则

第一条　为了维护国家基本经济制度,巩固和发展国有经济,加强对国有资产的保护,发挥国有经济在国民经济中的主导作用,促进社会主义市场经济发展,制定本法。

第二条　本法所称企业国有资产(以下称国有资产),是指国家对企业各种形式的出资所形成的权益。

第三条　国有资产属于国家所有即全民所有。国务院代表国家行使国有资产所有权。

第四条　国务院和地方人民政府依照法律、行政法规的规定,分别代表国家对国家出资企业履行出资人职责,享有出资人权益。

国务院确定的关系国民经济命脉和国家安全的大型国家出资企业,重要基础设施和重要自然资源等领域的国家出资企业,由国务院代表国家履行出资人职责。其他的国家出资企业,由地方人民政府代表国家履行出资人职责。

第五条　本法所称国家出资企业,是指国家出资的国有独资企业、国有独资公司,以及国有资本控股公司、国有资本参股公司。

第六条　国务院和地方人民政府应当按照政企分开、社会公共管理职能与国有资产出资人职能分开、不干预企业依法自主经营的原则,依法履行出资人职责。

第七条　国家采取措施,推动国有资本向关系国民经济命脉和国家安全的重要行业和关键领域集中,优化国有经济布局和结构,推进国有企业的改革和发展,提高国有经济的整体素质,增强国有经济的控制力、影响力。

第八条　国家建立健全与社会主义市场经济发展要求相适应的国有资产管理与监督体制,建立健全国有资产保值增值考核和责任追究制度,落实国有资产保值增值责任。

第九条　国家建立健全国有资产基础管理制度。具体办法按照国务院的规定制定。

第十条　国有资产受法律保护,任何单位和个人不得侵害。

第二章　履行出资人职责的机构

第十一条　国务院国有资产监督管理机构和地方人民政府按照国务院的规定设立的国有资产监督管理机构,根据本级人民政府的授权,代表本级人民政府对国家出资企业履行出资人职责。

国务院和地方人民政府根据需要,可以授权其他部门、机构代表本级人民政府对国家出资企业履行出资人职责。

代表本级人民政府履行出资人职责的机构、部门,以下统称履行出资人职责的机构。

第十二条　履行出资人职责的机构代表本级人民政府对国家出资企业依法享有资产收益、参与重大决策和选择管理者等出资人权利。

履行出资人职责的机构依照法律、行政法规的规定,制定或者参与制定国家出资企业的章程。

履行出资人职责的机构对法律、行政法规和本级人民政府规定须经本级人民政府批准的履行出资人职责的重大事项,应当报请本级人民政府批准。

第十三条　履行出资人职责的机构委派的股东代表参加国有资本控股公司、国有资本参股公司召开的股东会会议、股东大会会议,应当按照委派机构的指示提出提案、发表意见、行使表决权,并将其履行职责的情况和结果及时报告委派机构。

第十四条　履行出资人职责的机构应当依照法律、行政法规以及企业章程履行出资人职责,保障出资人权益,防止国有资产损失。

履行出资人职责的机构应当维护企业作为市场主体依法享有的权利,除依法履行出资人职责外,不得干预企业经营活动。

第十五条　履行出资人职责的机构对本级人民政府负责,向本级人民政府报告履行出资人职责的情况,接受本级人民政府的监督和考核,对国有资产的保值增值负责。

履行出资人职责的机构应当按照国家有关规定,定期向本级人民政府报告有关国有资产总量、结构、变动、收益等汇总分析的情况。

第三章 国家出资企业

第十六条 国家出资企业对其动产、不动产和其他财产依照法律、行政法规以及企业章程享有占有、使用、收益和处分的权利。

国家出资企业依法享有的经营自主权和其他合法权益受法律保护。

第十七条 国家出资企业从事经营活动,应当遵守法律、行政法规,加强经营管理,提高经济效益,接受人民政府及其有关部门、机构依法实施的管理和监督,接受社会公众的监督,承担社会责任,对出资人负责。

国家出资企业应当依法建立和完善法人治理结构,建立健全内部监督管理和风险控制制度。

第十八条 国家出资企业应当依照法律、行政法规和国务院财政部门的规定,建立健全财务、会计制度,设置会计账簿,进行会计核算,依照法律、行政法规以及企业章程的规定向出资人提供真实、完整的财务、会计信息。

国家出资企业应当依照法律、行政法规以及企业章程的规定,向出资人分配利润。

第十九条 国有独资公司、国有资本控股公司和国有资本参股公司依照《中华人民共和国公司法》的规定设立监事会。国有独资企业由履行出资人职责的机构按照国务院的规定委派监事组成监事会。

国家出资企业的监事会依照法律、行政法规以及企业章程的规定,对董事、高级管理人员执行职务的行为进行监督,对企业财务进行监督检查。

第二十条 国家出资企业依照法律规定,通过职工代表大会或者其他形式,实行民主管理。

第二十一条 国家出资企业对其所出资企业依法享有资产收益、参与重大决策和选择管理者等出资人权利。

国家出资企业对其所出资企业,应当依照法律、行政法规的规定,通过制定或者参与制定所出资企业的章程,建立权责明确、有效制衡的企业内部监督管理和风险控制制度,维护其出资人权益。

第四章 国家出资企业管理者的选择与考核

第二十二条 履行出资人职责的机构依照法律、行政法规以及企业章程的规定，任免或者建议任免国家出资企业的下列人员：

（一）任免国有独资企业的经理、副经理、财务负责人和其他高级管理人员；

（二）任免国有独资公司的董事长、副董事长、董事、监事会主席和监事；

（三）向国有资本控股公司、国有资本参股公司的股东会、股东大会提出董事、监事人选。

国家出资企业中应当由职工代表出任的董事、监事，依照有关法律、行政法规的规定由职工民主选举产生。

第二十三条 履行出资人职责的机构任命或者建议任命的董事、监事、高级管理人员，应当具备下列条件：

（一）有良好的品行；

（二）有符合职位要求的专业知识和工作能力；

（三）有能够正常履行职责的身体条件；

（四）法律、行政法规规定的其他条件。

董事、监事、高级管理人员在任职期间出现不符合前款规定情形或者出现《中华人民共和国公司法》规定的不得担任公司董事、监事、高级管理人员情形的，履行出资人职责的机构应当依法予以免职或者提出免职建议。

第二十四条 履行出资人职责的机构对拟任命或者建议任命的董事、监事、高级管理人员的人选，应当按照规定的条件和程序进行考察。考察合格的，按照规定的权限和程序任命或者建议任命。

第二十五条 未经履行出资人职责的机构同意，国有独资企业、国有独资公司的董事、高级管理人员不得在其他企业兼职。未经股东会、股东大会同意，国有资本控股公司、国有资本参股公司的董事、高级管理人员不得在经营同类业务的其他企业兼职。

未经履行出资人职责的机构同意，国有独资公司的董事长不得兼任经理。未经股东会、股东大会同意，国有资本控股公司的董事长不得兼任经理。

董事、高级管理人员不得兼任监事。

第二十六条 国家出资企业的董事、监事、高级管理人员,应当遵守法律、行政法规以及企业章程,对企业负有忠实义务和勤勉义务,不得利用职权收受贿赂或者取得其他非法收入和不当利益,不得侵占、挪用企业资产,不得超越职权或者违反程序决定企业重大事项,不得有其他侵害国有资产出资人权益的行为。

第二十七条 国家建立国家出资企业管理者经营业绩考核制度。履行出资人职责的机构应当对其任命的企业管理者进行年度和任期考核,并依据考核结果决定对企业管理者的奖惩。

履行出资人职责的机构应当按照国家有关规定,确定其任命的国家出资企业管理者的薪酬标准。

第二十八条 国有独资企业、国有独资公司和国有资本控股公司的主要负责人,应当接受依法进行的任期经济责任审计。

第二十九条 本法第二十二条第一款第一项、第二项规定的企业管理者,国务院和地方人民政府规定由本级人民政府任免的,依照其规定。履行出资人职责的机构依照本章规定对上述企业管理者进行考核、奖惩并确定其薪酬标准。

第五章 关系国有资产出资人权益的重大事项

第一节 一般规定

第三十条 国家出资企业合并、分立、改制、上市,增加或者减少注册资本,发行债券,进行重大投资,为他人提供大额担保,转让重大财产,进行大额捐赠,分配利润,以及解散、申请破产等重大事项,应当遵守法律、行政法规以及企业章程的规定,不得损害出资人和债权人的权益。

第三十一条 国有独资企业、国有独资公司合并、分立,增加或者减少注册资本,发行债券,分配利润,以及解散、申请破产,由履行出资人职责的机构决定。

第三十二条 国有独资企业、国有独资公司有本法第三十条所列事项的，除依照本法第三十一条和有关法律、行政法规以及企业章程的规定，由履行出资人职责的机构决定的以外，国有独资企业由企业负责人集体讨论决定，国有独资公司由董事会决定。

第三十三条 国有资本控股公司、国有资本参股公司有本法第三十条所列事项的，依照法律、行政法规以及公司章程的规定，由公司股东会、股东大会或者董事会决定。由股东会、股东大会决定的，履行出资人职责的机构委派的股东代表应当依照本法第十三条的规定行使权利。

第三十四条 重要的国有独资企业、国有独资公司、国有资本控股公司的合并、分立、解散、申请破产以及法律、行政法规和本级人民政府规定应当由履行出资人职责的机构报经本级人民政府批准的重大事项，履行出资人职责的机构在作出决定或者向其委派参加国有资本控股公司股东会会议、股东大会会议的股东代表作出指示前，应当报请本级人民政府批准。

本法所称的重要的国有独资企业、国有独资公司和国有资本控股公司，按照国务院的规定确定。

第三十五条 国家出资企业发行债券、投资等事项，有关法律、行政法规规定应当报经人民政府或者人民政府有关部门、机构批准、核准或者备案的，依照其规定。

第三十六条 国家出资企业投资应当符合国家产业政策，并按照国家规定进行可行性研究；与他人交易应当公平、有偿，取得合理对价。

第三十七条 国家出资企业的合并、分立、改制、解散、申请破产等重大事项，应当听取企业工会的意见，并通过职工代表大会或者其他形式听取职工的意见和建议。

第三十八条 国有独资企业、国有独资公司、国有资本控股公司对其所出资企业的重大事项参照本章规定履行出资人职责。具体办法由国务院规定。

第二节 企业改制

第三十九条 本法所称企业改制是指：

(一)国有独资企业改为国有独资公司;

(二)国有独资企业、国有独资公司改为国有资本控股公司或者非国有资本控股公司;

(三)国有资本控股公司改为非国有资本控股公司。

第四十条　企业改制应当依照法定程序,由履行出资人职责的机构决定或者由公司股东会、股东大会决定。

重要的国有独资企业、国有独资公司、国有资本控股公司的改制,履行出资人职责的机构在作出决定或者向其委派参加国有资本控股公司股东会会议、股东大会会议的股东代表作出指示前,应当将改制方案报请本级人民政府批准。

第四十一条　企业改制应当制定改制方案,载明改制后的企业组织形式、企业资产和债权债务处理方案、股权变动方案、改制的操作程序、资产评估和财务审计等中介机构的选聘等事项。

企业改制涉及重新安置企业职工的,还应当制定职工安置方案,并经职工代表大会或者职工大会审议通过。

第四十二条　企业改制应当按照规定进行清产核资、财务审计、资产评估,准确界定和核实资产,客观、公正地确定资产的价值。

企业改制涉及以企业的实物、知识产权、土地使用权等非货币财产折算为国有资本出资或者股份的,应当按照规定对折价财产进行评估,以评估确认价格作为确定国有资本出资额或者股份数额的依据。不得将财产低价折股或者有其他损害出资人权益的行为。

第三节　与关联方的交易

第四十三条　国家出资企业的关联方不得利用与国家出资企业之间的交易,谋取不当利益,损害国家出资企业利益。

本法所称关联方,是指本企业的董事、监事、高级管理人员及其近亲属,以及这些人员所有或者实际控制的企业。

第四十四条　国有独资企业、国有独资公司、国有资本控股公司不得无偿向关联方提供资金、商品、服务或者其他资产,不得以不公平的价格与关联方进行交易。

第四十五条　未经履行出资人职责的机构同意,国有独资企业、国有独资公司不得有下列行为：

（一）与关联方订立财产转让、借款的协议；

（二）为关联方提供担保；

（三）与关联方共同出资设立企业，或者向董事、监事、高级管理人员或者其近亲属所有或者实际控制的企业投资。

第四十六条　国有资本控股公司、国有资本参股公司与关联方的交易，依照《中华人民共和国公司法》和有关行政法规以及公司章程的规定，由公司股东会、股东大会或者董事会决定。由公司股东会、股东大会决定的，履行出资人职责的机构委派的股东代表，应当依照本法第十三条的规定行使权利。

公司董事会对公司与关联方的交易作出决议时，该交易涉及的董事不得行使表决权，也不得代理其他董事行使表决权。

第四节　资产评估

第四十七条　国有独资企业、国有独资公司和国有资本控股公司合并、分立、改制，转让重大财产，以非货币财产对外投资，清算或者有法律、行政法规以及企业章程规定应当进行资产评估的其他情形的，应当按照规定对有关资产进行评估。

第四十八条　国有独资企业、国有独资公司和国有资本控股公司应当委托依法设立的符合条件的资产评估机构进行资产评估；涉及应当报经履行出资人职责的机构决定的事项的，应当将委托资产评估机构的情况向履行出资人职责的机构报告。

第四十九条　国有独资企业、国有独资公司、国有资本控股公司及其董事、监事、高级管理人员应当向资产评估机构如实提供有关情况和资料，不得与资产评估机构串通评估作价。

第五十条　资产评估机构及其工作人员受托评估有关资产，应当遵守法律、行政法规以及评估执业准则，独立、客观、公正地对受托评估的资产进行评估。资产评估机构应当对其出具的评估报告负责。

第五节　国有资产转让

第五十一条　本法所称国有资产转让，是指依法将国家对企业的出资所形成的权益转移给其他单位或者个人的行为;按照国家规定无偿划转国有资产的除外。

第五十二条　国有资产转让应当有利于国有经济布局和结构的战略性调整,防止国有资产损失,不得损害交易各方的合法权益。

第五十三条　国有资产转让由履行出资人职责的机构决定。履行出资人职责的机构决定转让全部国有资产的,或者转让部分国有资产致使国家对该企业不再具有控股地位的,应当报请本级人民政府批准。

第五十四条　国有资产转让应当遵循等价有偿和公开、公平、公正的原则。

除按照国家规定可以直接协议转让的以外,国有资产转让应当在依法设立的产权交易场所公开进行。转让方应当如实披露有关信息,征集受让方;征集产生的受让方为两个以上的,转让应当采用公开竞价的交易方式。

转让上市交易的股份依照《中华人民共和国证券法》的规定进行。

第五十五条　国有资产转让应当以依法评估的、经履行出资人职责的机构认可或者由履行出资人职责的机构报经本级人民政府核准的价格为依据,合理确定最低转让价格。

第五十六条　法律、行政法规或者国务院国有资产监督管理机构规定可以向本企业的董事、监事、高级管理人员或者其近亲属,或者这些人员所有或者实际控制的企业转让的国有资产,在转让时,上述人员或者企业参与受让的,应当与其他受让参与者平等竞买;转让方应当按照国家有关规定,如实披露有关信息;相关的董事、监事和高级管理人员不得参与转让方案的制定和组织实施的各项工作。

第五十七条　国有资产向境外投资者转让的,应当遵守国家有关规定,不得危害国家安全和社会公共利益。

第六章　国有资本经营预算

第五十八条　国家建立健全国有资本经营预算制度,对取得的国有资本收入及其支出实行预算管理。

第五十九条　国家取得的下列国有资本收入,以及下列收入的支出，应当编制国有资本经营预算：

（一）从国家出资企业分得的利润；

（二）国有资产转让收入；

（三）从国家出资企业取得的清算收入；

（四）其他国有资本收入。

第六十条　国有资本经营预算按年度单独编制，纳入本级人民政府预算，报本级人民代表大会批准。

国有资本经营预算支出按照当年预算收入规模安排，不列赤字。

第六十一条　国务院和有关地方人民政府财政部门负责国有资本经营预算草案的编制工作，履行出资人职责的机构向财政部门提出由其履行出资人职责的国有资本经营预算建议草案。

第六十二条　国有资本经营预算管理的具体办法和实施步骤，由国务院规定，报全国人民代表大会常务委员会备案。

第七章　国有资产监督

第六十三条　各级人民代表大会常务委员会通过听取和审议本级人民政府履行出资人职责的情况和国有资产监督管理情况的专项工作报告，组织对本法实施情况的执法检查等，依法行使监督职权。

第六十四条　国务院和地方人民政府应当对其授权履行出资人职责的机构履行职责的情况进行监督。

第六十五条　国务院和地方人民政府审计机关依照《中华人民共和国审计法》的规定，对国有资本经营预算的执行情况和属于审计监督对象的国家出资企业进行审计监督。

第六十六条　国务院和地方人民政府应当依法向社会公布国有资产状况和国有资产监督管理工作情况，接受社会公众的监督。

任何单位和个人有权对造成国有资产损失的行为进行检举和控告。

第六十七条　履行出资人职责的机构根据需要，可以委托会计师事务所对国有独资企业、国有独资公司的年度财务会计报告进行审计，或者通过国有资本控股公司的股东会、股东大会决议，由国有资本控股公司聘请会计师事务所对公司的年度财务会计报告进行审计,维护出资人权益。

第八章 法律责任

第六十八条 履行出资人职责的机构有下列行为之一的,对其直接负责的主管人员和其他直接责任人员依法给予处分:

(一)不按照法定的任职条件,任命或者建议任命国家出资企业管理者的;

(二)侵占、截留、挪用国家出资企业的资金或者应当上缴的国有资本收入的;

(三)违反法定的权限、程序,决定国家出资企业重大事项,造成国有资产损失的;

(四)有其他不依法履行出资人职责的行为,造成国有资产损失的。

第六十九条 履行出资人职责的机构的工作人员玩忽职守、滥用职权、徇私舞弊,尚不构成犯罪的,依法给予处分。

第七十条 履行出资人职责的机构委派的股东代表未按照委派机构的指示履行职责,造成国有资产损失的,依法承担赔偿责任;属于国家工作人员的,并依法给予处分。

第七十一条 国家出资企业的董事、监事、高级管理人员有下列行为之一,造成国有资产损失的,依法承担赔偿责任;属于国家工作人员的,并依法给予处分:

(一)利用职权收受贿赂或者取得其他非法收入和不当利益的;

(二)侵占、挪用企业资产的;

(三)在企业改制、财产转让等过程中,违反法律、行政法规和公平交易规则,将企业财产低价转让、低价折股的;

(四)违反本法规定与本企业进行交易的;

(五)不如实向资产评估机构、会计师事务所提供有关情况和资料,或者与资产评估机构、会计师事务所串通出具虚假资产评估报告、审计报告的;

(六)违反法律、行政法规和企业章程规定的决策程序,决定企业重大事项的；

（七）有其他违反法律、行政法规和企业章程执行职务行为的。

国家出资企业的董事、监事、高级管理人员因前款所列行为取得的收入，依法予以追缴或者归国家出资企业所有。

履行出资人职责的机构任命或者建议任命的董事、监事、高级管理人员有本条第一款所列行为之一，造成国有资产重大损失的，由履行出资人职责的机构依法予以免职或者提出免职建议。

第七十二条　在涉及关联方交易、国有资产转让等交易活动中，当事人恶意串通，损害国有资产权益的，该交易行为无效。

第七十三条　国有独资企业、国有独资公司、国有资本控股公司的董事、监事、高级管理人员违反本法规定，造成国有资产重大损失，被免职的，自免职之日起五年内不得担任国有独资企业、国有独资公司、国有资本控股公司的董事、监事、高级管理人员；造成国有资产特别重大损失，或者因贪污、贿赂、侵占财产、挪用财产或者破坏社会主义市场经济秩序被判处刑罚的，终身不得担任国有独资企业、国有独资公司、国有资本控股公司的董事、监事、高级管理人员。

第七十四条　接受委托对国家出资企业进行资产评估、财务审计的资产评估机构、会计师事务所违反法律、行政法规的规定和执业准则，出具虚假的资产评估报告或者审计报告的，依照有关法律、行政法规的规定追究法律责任。

第七十五条　违反本法规定，构成犯罪的，依法追究刑事责任。

第九章　附　　则

第七十六条　金融企业国有资产的管理与监督，法律、行政法规另有规定的，依照其规定。

第七十七条　本法自2009年5月1日起施行。

中华人民共和国银行业监督管理法（2006年修正）

（2003年12月27日第十届全国人民代表大会常务委员会第六次会议通过　根据2006年10月31日第十届全国人民代表大会常务委员会第二十四次会议《关于修改〈中华人民共和国银行业监督管理法〉的决定》修正）

目　录

第一章　总　　则

第一条　为了加强对银行业的监督管理，规范监督管理行为，防范和化解银行业风险，保护存款人和其他客户的合法权益，促进银行业健康发展，制定本法。

第二条　国务院银行业监督管理机构负责对全国银行业金融机构及其业务活动监督管理的工作。

本法所称银行业金融机构，是指在中华人民共和国境内设立的商业银行、城市信用合作社、农村信用合作社等吸收公众存款的金融机构以及政策性银行。

对在中华人民共和国境内设立的金融资产管理公司、信托投资公司、财务公司、金融租赁公司以及经国务院银行业监督管理机构批准设立的其他金融机构的监督管理，适用本法对银行业金融机构监督管理的规定。

国务院银行业监督管理机构依照本法有关规定，对经其批准在境外设立的金融机构以及前二款金融机构在境外的业务活动实施监督管理。

第三条　银行业监督管理的目标是促进银行业的合法、稳健运行，维护公众对银行业的信心。

银行业监督管理应当保护银行业公平竞争，提高银行业竞争能力。

第四条　银行业监督管理机构对银行业实施监督管理，应当遵循依法、公开、公正和效率的原则。

第五条　银行业监督管理机构及其从事监督管理工作的人员依法履行监督管理职责，受法律保护。地方政府、各级政府部门、社会团体和个人不得干涉。

第六条　国务院银行业监督管理机构应当和中国人民银行、国务院其他金融监督管理机构建立监督管理信息共享机制。

第七条　国务院银行业监督管理机构可以和其他国家或者地区的银行业监督管理机构建立监督管理合作机制，实施跨境监督管理。

第二章　监督管理机构

第八条　国务院银行业监督管理机构根据履行职责的需要设立派出机构。国务院银行业监督管理机构对派出机构实行统一领导和管理。

国务院银行业监督管理机构的派出机构在国务院银行业监督管理机构的授权范围内，履行监督管理职责。

第九条　银行业监督管理机构从事监督管理工作的人员，应当具备与其任职相适应的专业知识和业务工作经验。

第十条　银行业监督管理机构工作人员，应当忠于职守，依法办事，公正廉洁，不得利用职务便利牟取不正当的利益，不得在金融机构等企业中兼任职务。

第十一条　银行业监督管理机构工作人员，应当依法保守国家秘密,并有责任为其监督管理的银行业金融机构及当事人保守秘密。

国务院银行业监督管理机构同其他国家或者地区的银行业监督管理机构交流监督管理信息,应当就信息保密作出安排。

第十二条 国务院银行业监督管理机构应当公开监督管理程序,建立监督管理责任制度和内部监督制度。

第十三条 银行业监督管理机构在处置银行业金融机构风险、查处有关金融违法行为等监督管理活动中,地方政府、各级有关部门应当予以配合和协助。

第十四条 国务院审计、监察等机关,应当依照法律规定对国务院银行业监督管理机构的活动进行监督。

第三章 监督管理职责

第十五条 国务院银行业监督管理机构依照法律、行政法规制定并发布对银行业金融机构及其业务活动监督管理的规章、规则。

第十六条 国务院银行业监督管理机构依照法律、行政法规规定的条件和程序,审查批准银行业金融机构的设立、变更、终止以及业务范围。

第十七条 申请设立银行业金融机构,或者银行业金融机构变更持有资本总额或者股份总额达到规定比例以上的股东的,国务院银行业监督管理机构应当对股东的资金来源、财务状况、资本补充能力和诚信状况进行审查。

第十八条 银行业金融机构业务范围内的业务品种,应当按照规定经国务院银行业监督管理机构审查批准或者备案。需要审查批准或者备案的业务品种,由国务院银行业监督管理机构依照法律、行政法规作出规定并公布。

第十九条 未经国务院银行业监督管理机构批准,任何单位或者个人不得设立银行业金融机构或者从事银行业金融机构的业务活动。

第二十条 国务院银行业监督管理机构对银行业金融机构的董事和高级管理人员实行任职资格管理。具体办法由国务院银行业监督管理机构制定。

第二十一条 银行业金融机构的审慎经营规则,由法律、行政法规规定，也可以由国务院银行业监督管理机构依照法律、行政法规制定。

前款规定的审慎经营规则，包括风险管理、内部控制、资本充足率、资产质量、损失准备金、风险集中、关联交易、资产流动性等内容。

银行业金融机构应当严格遵守审慎经营规则。

第二十二条 国务院银行业监督管理机构应当在规定的期限，对下列申请事项作出批准或者不批准的书面决定；决定不批准的，应当说明理由：

（一）银行业金融机构的设立，自收到申请文件之日起六个月内；

（二）银行业金融机构的变更、终止，以及业务范围和增加业务范围内的业务品种，自收到申请文件之日起三个月内；

（三）审查董事和高级管理人员的任职资格，自收到申请文件之日起三十日内。

第二十三条 银行业监督管理机构应当对银行业金融机构的业务活动及其风险状况进行非现场监管，建立银行业金融机构监督管理信息系统，分析、评价银行业金融机构的风险状况。

第二十四条 银行业监督管理机构应当对银行业金融机构的业务活动及其风险状况进行现场检查。

国务院银行业监督管理机构应当制定现场检查程序，规范现场检查行为。

第二十五条 国务院银行业监督管理机构应当对银行业金融机构实行并表监督管理。

第二十六条 国务院银行业监督管理机构对中国人民银行提出的检查银行业金融机构的建议，应当自收到建议之日起三十日内予以回复。

第二十七条 国务院银行业监督管理机构应当建立银行业金融机构监督管理评级体系和风险预警机制，根据银行业金融机构的评级情况和风险状况，确定对其现场检查的频率、范围和需要采取的其他措施。

第二十八条 国务院银行业监督管理机构应当建立银行业突发事件的发现、报告岗位责任制度。

银行业监督管理机构发现可能引发系统性银行业风险、严重影响社会稳定的突发事件的，应当立即向国务院银行业监督管理机构负责人报告；国务院银行业监督管理机构负责人认为需要向国务院报告的，应当立即向国务院报告，并告知中国人民银行、国务院财政部门等有关部门。

第二十九条 国务院银行业监督管理机构应当会同中国人民银行、国务院财政部门等有关部门建立银行业突发事件处置制度，制定银行业突发事件处置预案，明确处置机构和人员及其职责、处置措施和处置程序，及时、有效地处置银行业突发事件。

第三十条 国务院银行业监督管理机构负责统一编制全国银行业金融机构的统计数据、报表，并按照国家有关规定予以公布。

第三十一条 国务院银行业监督管理机构对银行业自律组织的活动进行指导和监督。

银行业自律组织的章程应当报国务院银行业监督管理机构备案。

第三十二条 国务院银行业监督管理机构可以开展与银行业监督管理有关的国际交流、合作活动。

第四章 监督管理措施

第三十三条 银行业监督管理机构根据履行职责的需要，有权要求银行业金融机构按照规定报送资产负债表、利润表和其他财务会计、统计报表、经营管理资料以及注册会计师出具的审计报告。

第三十四条 银行业监督管理机构根据审慎监管的要求，可以采取下列措施进行现场检查：

（一）进入银行业金融机构进行检查；

（二）询问银行业金融机构的工作人员，要求其对有关检查事项作出说明；

（三）查阅、复制银行业金融机构与检查事项有关的文件、资料，对可能被转移、隐匿或者毁损的文件、资料予以封存；

（四）检查银行业金融机构运用电子计算机管理业务数据的系统。

进行现场检查，应当经银行业监督管理机构负责人批准。现场检查时，检查人员不得少于二人，并应当出示合法证件和检查通知书；检查人员少于二人或者未出示合法证件和检查通知书的，银行业金融机构有权拒绝检查。

第三十五条 银行业监督管理机构根据履行职责的需要，可以与银行业金融机构董事、高级管理人员进行监督管理谈话，要求银行业金融机构董事、高级管理人员就银行业金融机构的业务活动和风险管理的重大事项作出说明。

第三十六条 银行业监督管理机构应当责令银行业金融机构按照规定，如实向社会公众披露财务会计报告、风险管理状况、董事和高级管理人员变更以及其他重大事项等信息。

第三十七条 银行业金融机构违反审慎经营规则的，国务院银行业监督管理机构或者其省一级派出机构应当责令限期改正；逾期未改正的，或者其行为严重危及该银行业金融机构的稳健运行、损害存款人和其他客户合法权益的，经国务院银行业监督管理机构或者其省一级派出机构负责人批准，可以区别情形，采取下列措施：

（一）责令暂停部分业务、停止批准开办新业务；

（二）限制分配红利和其他收入；

（三）限制资产转让；

（四）责令控股股东转让股权或者限制有关股东的权利；

（五）责令调整董事、高级管理人员或者限制其权利；

（六）停止批准增设分支机构。

银行业金融机构整改后，应当向国务院银行业监督管理机构或者其省一级派出机构提交报告。国务院银行业监督管理机构或者其省一级派出机构经验收，符合有关审慎经营规则的，应当自验收完毕之日起三日内解除对其采取的前款规定的有关措施。

第三十八条 银行业金融机构已经或者可能发生信用危机，严重影响存款人和其他客户合法权益的，国务院银行业监督管理机构可以依法对该银行业金融机构实行接管或者促成机构重组，接管和机构重组依照有关法律和国务院的规定执行。

第三十九条 银行业金融机构有违法经营、经营管理不善等情形，不予撤销将严重危害金融秩序、损害公众利益的，国务院银行业监督管理机构有权予以撤销。

第四十条 银行业金融机构被接管、重组或者被撤销的,国务院银行业监督管理机构有权要求该银行业金融机构的董事、高级管理人员和其他工作人员,按照国务院银行业监督管理机构的要求履行职责。

在接管、机构重组或者撤销清算期间,经国务院银行业监督管理机构负责人批准,对直接负责的董事、高级管理人员和其他直接责任人员,可以采取下列措施:

(一)直接负责的董事、高级管理人员和其他直接责任人员出境将对国家利益造成重大损失的,通知出境管理机关依法阻止其出境;

(二)申请司法机关禁止其转移、转让财产或者对其财产设定其他权利。

第四十一条 经国务院银行业监督管理机构或者其省一级派出机构负责人批准,银行业监督管理机构有权查询涉嫌金融违法的银行业金融机构及其工作人员以及关联行为人的账户;对涉嫌转移或者隐匿违法资金的,经银行业监督管理机构负责人批准,可以申请司法机关予以冻结。

第四十二条 银行业监督管理机构依法对银行业金融机构进行检查时,经设区的市一级以上银行业监督管理机构负责人批准,可以对与涉嫌违法事项有关的单位和个人采取下列措施:

(一)询问有关单位或者个人,要求其对有关情况作出说明;

(二)查阅、复制有关财务会计、财产权登记等文件、资料;

(三)对可能被转移、隐匿、毁损或者伪造的文件、资料,予以先行登记保存。

银行业监督管理机构采取前款规定措施,调查人员不得少于二人,并应当出示合法证件和调查通知书;调查人员少于二人或者未出示合法证件和调查通知书的,有关单位或者个人有权拒绝。对依法采取的措施,有关单位和个人应当配合,如实说明有关情况并提供有关文件、资料,不得拒绝、阻碍和隐瞒。

第五章 法律责任

第四十三条 银行业监督管理机构从事监督管理工作的人员有下列情形之一的,依法给予行政处分;构成犯罪的,依法追究刑事责任:

（一）违反规定审查批准银行业金融机构的设立、变更、终止，以及业务范围和业务范围内的业务品种的；

（二）违反规定对银行业金融机构进行现场检查的；

（三）未依照本法第二十八条规定报告突发事件的；

（四）违反规定查询账户或者申请冻结资金的；

（五）违反规定对银行业金融机构采取措施或者处罚的；

（六）违反本法第四十二条规定对有关单位或者个人进行调查的；

（七）滥用职权、玩忽职守的其他行为。

银行业监督管理机构从事监督管理工作的人员贪污受贿，泄露国家秘密、商业秘密和个人隐私，构成犯罪的，依法追究刑事责任；尚不构成犯罪的，依法给予行政处分。

第四十四条 擅自设立银行业金融机构或者非法从事银行业金融机构的业务活动的，由国务院银行业监督管理机构予以取缔；构成犯罪的，依法追究刑事责任；尚不构成犯罪的，由国务院银行业监督管理机构没收违法所得，违法所得五十万元以上的，并处违法所得一倍以上五倍以下罚款；没有违法所得或者违法所得不足五十万元的，处五十万元以上二百万元以下罚款。

第四十五条 银行业金融机构有下列情形之一，由国务院银行业监督管理机构责令改正，有违法所得的，没收违法所得，违法所得五十万元以上的，并处违法所得一倍以上五倍以下罚款；没有违法所得或者违法所得不足五十万元的，处五十万元以上二百万元以下罚款；情节特别严重或者逾期不改正的，可以责令停业整顿或者吊销其经营许可证；构成犯罪的，依法追究刑事责任：

（一）未经批准设立分支机构的；

（二）未经批准变更、终止的；

（三）违反规定从事未经批准或者未备案的业务活动的；

（四）违反规定提高或者降低存款利率、贷款利率的。

第四十六条 银行业金融机构有下列情形之一，由国务院银行业监督管理机构责令改正，并处二十万元以上五十万元以下罚款；情节特别严重或者逾期不改正的，可以责令停业整顿或者吊销其经营许可证；构成犯罪的，依法追究刑事责任：

(一)未经任职资格审查任命董事、高级管理人员的;

(二)拒绝或者阻碍非现场监管或者现场检查的;

(三)提供虚假的或者隐瞒重要事实的报表、报告等文件、资料的;

(四)未按照规定进行信息披露的;

(五)严重违反审慎经营规则的;

(六)拒绝执行本法第三十七条规定的措施的。

第四十七条 银行业金融机构不按照规定提供报表、报告等文件、资料的,由银行业监督管理机构责令改正,逾期不改正的,处十万元以上三十万元以下罚款。

第四十八条 银行业金融机构违反法律、行政法规以及国家有关银行业监督管理规定的,银行业监督管理机构除依照本法第四十四条至第四十七条规定处罚外,还可以区别不同情形,采取下列措施:

(一)责令银行业金融机构对直接负责的董事、高级管理人员和其他直接责任人员给予纪律处分;

(二)银行业金融机构的行为尚不构成犯罪的,对直接负责的董事、高级管理人员和其他直接责任人员给予警告,处五万元以上五十万元以下罚款;

(三)取消直接负责的董事、高级管理人员一定期限直至终身的任职资格,禁止直接负责的董事、高级管理人员和其他直接责任人员一定期限直至终身从事银行业工作。

第四十九条 阻碍银行业监督管理机构工作人员依法执行检查、调查职务的,由公安机关依法给予治安管理处罚;构成犯罪的,依法追究刑事责任。

第六章　附　　则

第五十条 对在中华人民共和国境内设立的政策性银行、金融资产管理公司的监督管理,法律、行政法规另有规定的,依照其规定。

第五十一条 对在中华人民共和国境内设立的外资银行业金融机构、中外合资银行业金融机构、外国银行业金融机构的分支机构的监督管理,法律、行政法规另有规定的,依照其规定。

第五十二条 本法自 2004 年 2 月 1 日起施行。

中华人民共和国反洗钱法

（2006 年 10 月 31 日第十届全国人民代表大会常务委员会第二十四次会议通过　2006 年 10 月 31 日公布　中华人民共和国主席令第 56 号　自 2007 年 1 月 1 日起施行）

目　　录

第一章　总　　则

第一条　为了预防洗钱活动，维护金融秩序，遏制洗钱犯罪及相关犯罪，制定本法。

第二条　本法所称反洗钱，是指为了预防通过各种方式掩饰、隐瞒毒品犯罪、黑社会性质的组织犯罪、恐怖活动犯罪、走私犯罪、贪污贿赂犯罪、破坏金融管理秩序犯罪、金融诈骗犯罪等犯罪所得及其收益的来源和性质的洗钱活动，依照本法规定采取相关措施的行为。

第三条　在中华人民共和国境内设立的金融机构和按照规定应当履行反洗钱义务的特定非金融机构，应当依法采取预防、监控措施，建立健全客户身份识别制度、客户身份资料和交易记录保存制度、大额交易和可疑交易报告制度，履行反洗钱义务。

第四条　国务院反洗钱行政主管部门负责全国的反洗钱监督管理工作。国务院有关部门、机构在各自的职责范围内履行反洗钱监督管理职责。

国务院反洗钱行政主管部门、国务院有关部门、机构和司法机关在反洗钱工作中应当相互配合。

第五条 对依法履行反洗钱职责或者义务获得的客户身份资料和交易信息,应当予以保密;非依法律规定,不得向任何单位和个人提供。

反洗钱行政主管部门和其他依法负有反洗钱监督管理职责的部门、机构履行反洗钱职责获得的客户身份资料和交易信息,只能用于反洗钱行政调查。

司法机关依照本法获得的客户身份资料和交易信息,只能用于反洗钱刑事诉讼。

第六条 履行反洗钱义务的机构及其工作人员依法提交大额交易和可疑交易报告,受法律保护。

第七条 任何单位和个人发现洗钱活动,有权向反洗钱行政主管部门或者公安机关举报。接受举报的机关应当对举报人和举报内容保密。

第二章 反洗钱监督管理

第八条 国务院反洗钱行政主管部门组织、协调全国的反洗钱工作,负责反洗钱的资金监测,制定或者会同国务院有关金融监督管理机构制定金融机构反洗钱规章,监督、检查金融机构履行反洗钱义务的情况,在职责范围内调查可疑交易活动,履行法律和国务院规定的有关反洗钱的其他职责。

国务院反洗钱行政主管部门的派出机构在国务院反洗钱行政主管部门的授权范围内,对金融机构履行反洗钱义务的情况进行监督、检查。

第九条 国务院有关金融监督管理机构参与制定所监督管理的金融机构反洗钱规章,对所监督管理的金融机构提出按照规定建立健全反洗钱内部控制制度的要求,履行法律和国务院规定的有关反洗钱的其他职责。

第十条 国务院反洗钱行政主管部门设立反洗钱信息中心,负责大额交易和可疑交易报告的接收、分析,并按照规定向国务院反洗钱行政主管部门报告分析结果,履行国务院反洗钱行政主管部门规定的其他职责。

第十一条　国务院反洗钱行政主管部门为履行反洗钱资金监测职责,可以从国务院有关部门、机构获取所必需的信息,国务院有关部门、机构应当提供。

国务院反洗钱行政主管部门应当向国务院有关部门、机构定期通报反洗钱工作情况。

第十二条　海关发现个人出入境携带的现金、无记名有价证券超过规定金额的,应当及时向反洗钱行政主管部门通报。

前款应当通报的金额标准由国务院反洗钱行政主管部门会同海关总署规定。

第十三条　反洗钱行政主管部门和其他依法负有反洗钱监督管理职责的部门、机构发现涉嫌洗钱犯罪的交易活动,应当及时向侦查机关报告。

第十四条　国务院有关金融监督管理机构审批新设金融机构或者金融机构增设分支机构时,应当审查新机构反洗钱内部控制制度的方案;对于不符合本法规定的设立申请,不予批准。

第三章　金融机构反洗钱义务

第十五条　金融机构应当依照本法规定建立健全反洗钱内部控制制度,金融机构的负责人应当对反洗钱内部控制制度的有效实施负责。

金融机构应当设立反洗钱专门机构或者指定内设机构负责反洗钱工作。

第十六条　金融机构应当按照规定建立客户身份识别制度。

金融机构在与客户建立业务关系或者为客户提供规定金额以上的现金汇款、现钞兑换、票据兑付等一次性金融服务时,应当要求客户出示真实有效的身份证件或者其他身份证明文件,进行核对并登记。

客户由他人代理办理业务的,金融机构应当同时对代理人和被代理人的身份证件或者其他身份证明文件进行核对并登记。

与客户建立人身保险、信托等业务关系,合同的受益人不是客户本人的,金融机构还应当对受益人的身份证件或者其他身份证明文件进行核对并登记。

金融机构不得为身份不明的客户提供服务或者与其进行交易,不得为客户开立匿名账户或者假名账户。

金融机构对先前获得的客户身份资料的真实性、有效性或者完整性有疑问的,应当重新识别客户身份。

任何单位和个人在与金融机构建立业务关系或者要求金融机构为其提供一次性金融服务时,都应当提供真实有效的身份证件或者其他身份证明文件。

第十七条 金融机构通过第三方识别客户身份的,应当确保第三方已经采取符合本法要求的客户身份识别措施;第三方未采取符合本法要求的客户身份识别措施的,由该金融机构承担未履行客户身份识别义务的责任。

第十八条 金融机构进行客户身份识别,认为必要时,可以向公安、工商行政管理等部门核实客户的有关身份信息。

第十九条 金融机构应当按照规定建立客户身份资料和交易记录保存制度。

在业务关系存续期间,客户身份资料发生变更的,应当及时更新客户身份资料。

客户身份资料在业务关系结束后、客户交易信息在交易结束后,应当至少保存五年。

金融机构破产和解散时,应当将客户身份资料和客户交易信息移交国务院有关部门指定的机构。

第二十条 金融机构应当按照规定执行大额交易和可疑交易报告制度。

金融机构办理的单笔交易或者在规定期限内的累计交易超过规定金额或者发现可疑交易的,应当及时向反洗钱信息中心报告。

第二十一条 金融机构建立客户身份识别制度、客户身份资料和交易记录保存制度的具体办法,由国务院反洗钱行政主管部门会同国务院有关金融监督管理机构制定。金融机构大额交易和可疑交易报告的具体办法,由国务院反洗钱行政主管部门制定。

第二十二条 金融机构应当按照反洗钱预防、监控制度的要求,开展反洗钱培训和宣传工作。

第四章 反洗钱调查

第二十三条 国务院反洗钱行政主管部门或者其省一级派出机构发现可疑交易活动,需要调查核实的,可以向金融机构进行调查,金融机构应当予以配合,如实提供有关文件和资料。

调查可疑交易活动时,调查人员不得少于二人,并出示合法证件和国务院反洗钱行政主管部门或者其省一级派出机构出具的调查通知书。调查人员少于二人或者未出示合法证件和调查通知书的,金融机构有权拒绝调查。

第二十四条 调查可疑交易活动,可以询问金融机构有关人员,要求其说明情况。

询问应当制作询问笔录。询问笔录应当交被询问人核对。记载有遗漏或者差错的,被询问人可以要求补充或者更正。被询问人确认笔录无误后,应当签名或者盖章;调查人员也应当在笔录上签名。

第二十五条 调查中需要进一步核查的,经国务院反洗钱行政主管部门或者其省一级派出机构的负责人批准,可以查阅、复制被调查对象的账户信息、交易记录和其他有关资料;对可能被转移、隐藏、篡改或者毁损的文件、资料,可以予以封存。

调查人员封存文件、资料,应当会同在场的金融机构工作人员查点清楚,当场开列清单一式二份,由调查人员和在场的金融机构工作人员签名或者盖章,一份交金融机构,一份附卷备查。

第二十六条 经调查仍不能排除洗钱嫌疑的,应当立即向有管辖权的侦查机关报案。客户要求将调查所涉及的账户资金转往境外的,经国务院反洗钱行政主管部门负责人批准,可以采取临时冻结措施。

侦查机关接到报案后,对已依照前款规定临时冻结的资金,应当及时决定是否继续冻结。侦查机关认为需要继续冻结的,依照刑事诉讼法的规定采取冻结措施;认为不需要继续冻结的,应当立即通知国务院反洗钱行政主管部门,国务院反洗钱行政主管部门应当立即通知金融机构解除冻结。

临时冻结不得超过四十八小时。金融机构在按照国务院反洗钱行政主管部门的要求采取临时冻结措施后四十八小时内,未接到侦查机关继续冻结通知的,应当立即解除冻结。

第五章 反洗钱国际合作

第二十七条 中华人民共和国根据缔结或者参加的国际条约,或者按照平等互惠原则,开展反洗钱国际合作。

第二十八条 国务院反洗钱行政主管部门根据国务院授权,代表中国政府与外国政府和有关国际组织开展反洗钱合作,依法与境外反洗钱机构交换与反洗钱有关的信息和资料。

第二十九条 涉及追究洗钱犯罪的司法协助,由司法机关依照有关法律的规定办理。

第六章 法律责任

第三十条 反洗钱行政主管部门和其他依法负有反洗钱监督管理职责的部门、机构从事反洗钱工作的人员有下列行为之一的,依法给予行政处分:

(一)违反规定进行检查、调查或者采取临时冻结措施的;

(二)泄露因反洗钱知悉的国家秘密、商业秘密或者个人隐私的;

(三)违反规定对有关机构和人员实施行政处罚的;

(四)其他不依法履行职责的行为。

第三十一条 金融机构有下列行为之一的,由国务院反洗钱行政主管部门或者其授权的设区的市一级以上派出机构责令限期改正;情节严重的,建议有关金融监督管理机构依法责令金融机构对直接负责的董事、高级管理人员和其他直接责任人员给予纪律处分:

(一)未按照规定建立反洗钱内部控制制度的;

(二)未按照规定设立反洗钱专门机构或者指定内设机构负责反洗钱工作的;

(三)未按照规定对职工进行反洗钱培训的。

第三十二条 金融机构有下列行为之一的,由国务院反洗钱行政主管部门或者其授权的设区的市一级以上派出机构责令限期改正;情节严重的,处二十万元以上五十万元以下罚款,并对直接负责的董事、高级管理人员和其他直接责任人员,处一万元以上五万元以下罚款：

（一）未按照规定履行客户身份识别义务的；

（二）未按照规定保存客户身份资料和交易记录的；

（三）未按照规定报送大额交易报告或者可疑交易报告的；

（四）与身份不明的客户进行交易或者为客户开立匿名账户、假名账户的；

（五）违反保密规定，泄露有关信息的；

（六）拒绝、阻碍反洗钱检查、调查的；

（七）拒绝提供调查材料或者故意提供虚假材料的。

金融机构有前款行为，致使洗钱后果发生的，处五十万元以上五百万元以下罚款，并对直接负责的董事、高级管理人员和其他直接责任人员处五万元以上五十万元以下罚款；情节特别严重的，反洗钱行政主管部门可以建议有关金融监督管理机构责令停业整顿或者吊销其经营许可证。

对有前两款规定情形的金融机构直接负责的董事、高级管理人员和其他直接责任人员，反洗钱行政主管部门可以建议有关金融监督管理机构依法责令金融机构给予纪律处分，或者建议依法取消其任职资格、禁止其从事有关金融行业工作。

第三十三条 违反本法规定，构成犯罪的，依法追究刑事责任。

第七章 附 则

第三十四条 本法所称金融机构，是指依法设立的从事金融业务的政策性银行、商业银行、信用合作社、邮政储汇机构、信托投资公司、证券公司、期货经纪公司、保险公司以及国务院反洗钱行政主管部门确定并公布的从事金融业务的其他机构。

第三十五条 应当履行反洗钱义务的特定非金融机构的范围、其履行反洗钱义务和对其监督管理的具体办法，由国务院反洗钱行政主管部门会同国务院有关部门制定。

第三十六条 对涉嫌恐怖活动资金的监控适用本法；其他法律另有规定的，适用其规定。

第三十七条 本法自2007年1月1日起施行。

中华人民共和国企业破产法

(2006年8月27日第十届全国人民代表大会常务委员会第二十三次会议通过 2006年8月27日公布 中华人民共和国主席令第54号 自2007年6月1日起施行)

目 录

第一章 总 则

第一条 为规范企业破产程序，公平清理债权债务，保护债权人和债务人的合法权益，维护社会主义市场经济秩序，制定本法。

第二条 企业法人不能清偿到期债务，并且资产不足以清偿全部债务或者明显缺乏清偿能力的，依照本法规定清理债务。

企业法人有前款规定情形，或者有明显丧失清偿能力可能的，可以依照本法规定进行重整。

第三条 破产案件由债务人住所地人民法院管辖。

第四条 破产案件审理程序，本法没有规定的，适用民事诉讼法的有关规定。

第五条 依照本法开始的破产程序，对债务人在中华人民共和国领域外的财产发生效力。

对外国法院作出的发生法律效力的破产案件的判决、裁定，涉及债务人在中华人民共和国领域内的财产，申请或者请求人民法院承认和执行的，人民法院依照中华人民共和国缔结或者参加的国际条约，或者按照互惠原则进行审查，认为不违反中华人民共和国法律的基本原则，不损害国家主权、安全和社会公共利益，不损害中华人民共和国领域内债权人的合法权益的，裁定承认和执行。

第六条 人民法院审理破产案件，应当依法保障企业职工的合法权益，依法追究破产企业经营管理人员的法律责任。

第二章 申请和受理

第一节 申 请

第七条 债务人有本法第二条规定的情形，可以向人民法院提出重整、和解或者破产清算申请。

债务人不能清偿到期债务，债权人可以向人民法院提出对债务人进行重整或者破产清算的申请。

企业法人已解散但未清算或者未清算完毕，资产不足以清偿债务的,依法负有清算责任的人应当向人民法院申请破产清算。

第八条 向人民法院提出破产申请,应当提交破产申请书和有关证据。

破产申请书应当载明下列事项:

(一)申请人、被申请人的基本情况;

(二)申请目的;

(三)申请的事实和理由;

(四)人民法院认为应当载明的其他事项。

债务人提出申请的,还应当向人民法院提交财产状况说明、债务清册、债权清册、有关财务会计报告、职工安置预案以及职工工资的支付和社会保险费用的缴纳情况。

第九条 人民法院受理破产申请前,申请人可以请求撤回申请。

第二节 受 理

第十条 债权人提出破产申请的,人民法院应当自收到申请之日起五日内通知债务人。债务人对申请有异议的,应当自收到人民法院的通知之日起七日内向人民法院提出。人民法院应当自异议期满之日起十日内裁定是否受理。

除前款规定的情形外,人民法院应当自收到破产申请之日起十五日内裁定是否受理。

有特殊情况需要延长前两款规定的裁定受理期限的,经上一级人民法院批准,可以延长十五日。

第十一条 人民法院受理破产申请的,应当自裁定作出之日起五日内送达申请人。

债权人提出申请的,人民法院应当自裁定作出之日起五日内送达债务人。债务人应当自裁定送达之日起十五日内,向人民法院提交财产状况说明、债务清册、债权清册、有关财务会计报告以及职工工资的支付和社会保险费用的缴纳情况。

第十二条 人民法院裁定不受理破产申请的,应当自裁定作出之日起五日内送达申请人并说明理由。申请人对裁定不服的,可以自裁定送达之日起十日内向上一级人民法院提起上诉。

人民法院受理破产申请后至破产宣告前，经审查发现债务人不符合本法第二条规定情形的，可以裁定驳回申请。申请人对裁定不服的，可以自裁定送达之日起十日内向上一级人民法院提起上诉。

第十三条 人民法院裁定受理破产申请的，应当同时指定管理人。

第十四条 人民法院应当自裁定受理破产申请之日起二十五日内通知已知债权人，并予以公告。

通知和公告应当载明下列事项：

（一）申请人、被申请人的名称或者姓名；

（二）人民法院受理破产申请的时间；

（三）申报债权的期限、地点和注意事项；

（四）管理人的名称或者姓名及其处理事务的地址；

（五）债务人的债务人或者财产持有人应当向管理人清偿债务或者交付财产的要求；

（六）第一次债权人会议召开的时间和地点；

（七）人民法院认为应当通知和公告的其他事项。

第十五条 自人民法院受理破产申请的裁定送达债务人之日起至破产程序终结之日，债务人的有关人员承担下列义务：

（一）妥善保管其占有和管理的财产、印章和账簿、文书等资料；

（二）根据人民法院、管理人的要求进行工作，并如实回答询问；

（三）列席债权人会议并如实回答债权人的询问；

（四）未经人民法院许可，不得离开住所地；

（五）不得新任其他企业的董事、监事、高级管理人员。

前款所称有关人员，是指企业的法定代表人；经人民法院决定，可以包括企业的财务管理人员和其他经营管理人员。

第十六条 人民法院受理破产申请后，债务人对个别债权人的债务清偿无效。

第十七条 人民法院受理破产申请后，债务人的债务人或者财产持有人应当向管理人清偿债务或者交付财产。

债务人的债务人或者财产持有人故意违反前款规定向债务人清偿债务或者交付财产，使债权人受到损失的，不免除其清偿债务或者交付财产的义务。

第十八条 人民法院受理破产申请后,管理人对破产申请受理前成立而债务人和对方当事人均未履行完毕的合同有权决定解除或者继续履行,并通知对方当事人。管理人自破产申请受理之日起二个月内未通知对方当事人,或者自收到对方当事人催告之日起三十日内未答复的,视为解除合同。

管理人决定继续履行合同的,对方当事人应当履行;但是,对方当事人有权要求管理人提供担保。管理人不提供担保的,视为解除合同。

第十九条 人民法院受理破产申请后,有关债务人财产的保全措施应当解除,执行程序应当中止。

第二十条 人民法院受理破产申请后,已经开始而尚未终结的有关债务人的民事诉讼或者仲裁应当中止;在管理人接管债务人的财产后,该诉讼或者仲裁继续进行。

第二十一条 人民法院受理破产申请后,有关债务人的民事诉讼,只能向受理破产申请的人民法院提起。

第三章 管 理 人

第二十二条 管理人由人民法院指定。

债权人会议认为管理人不能依法、公正执行职务或者有其他不能胜任职务情形的,可以申请人民法院予以更换。

指定管理人和确定管理人报酬的办法,由最高人民法院规定。

第二十三条 管理人依照本法规定执行职务,向人民法院报告工作,并接受债权人会议和债权人委员会的监督。

管理人应当列席债权人会议,向债权人会议报告职务执行情况,并回答询问。

第二十四条 管理人可以由有关部门、机构的人员组成的清算组或者依法设立的律师事务所、会计师事务所、破产清算事务所等社会中介机构担任。

人民法院根据债务人的实际情况,可以在征询有关社会中介机构的意见后,指定该机构具备相关专业知识并取得执业资格的人员担任管理人。

有下列情形之一的，不得担任管理人：

（一）因故意犯罪受过刑事处罚；

（二）曾被吊销相关专业执业证书；

（三）与本案有利害关系；

（四）人民法院认为不宜担任管理人的其他情形。

个人担任管理人的，应当参加执业责任保险。

第二十五条　管理人履行下列职责：

（一）接管债务人的财产、印章和账簿、文书等资料；

（二）调查债务人财产状况，制作财产状况报告；

（三）决定债务人的内部管理事务；

（四）决定债务人的日常开支和其他必要开支；

（五）在第一次债权人会议召开之前，决定继续或者停止债务人的营业；

（六）管理和处分债务人的财产；

（七）代表债务人参加诉讼、仲裁或者其他法律程序；

（八）提议召开债权人会议；

（九）人民法院认为管理人应当履行的其他职责。

本法对管理人的职责另有规定的，适用其规定。

第二十六条　在第一次债权人会议召开之前，管理人决定继续或者停止债务人的营业或者有本法第六十九条规定行为之一的，应当经人民法院许可。

第二十七条　管理人应当勤勉尽责，忠实执行职务。

第二十八条　管理人经人民法院许可，可以聘用必要的工作人员。

管理人的报酬由人民法院确定。债权人会议对管理人的报酬有异议的，有权向人民法院提出。

第二十九条　管理人没有正当理由不得辞去职务。管理人辞去职务应当经人民法院许可。

第四章　债务人财产

第三十条　破产申请受理时属于债务人的全部财产，以及破产申请受理后至破产程序终结前债务人取得的财产,为债务人财产。

第三十一条 人民法院受理破产申请前一年内,涉及债务人财产的下列行为,管理人有权请求人民法院予以撤销:

(一)无偿转让财产的;

(二)以明显不合理的价格进行交易的;

(三)对没有财产担保的债务提供财产担保的;

(四)对未到期的债务提前清偿的;

(五)放弃债权的。

第三十二条 人民法院受理破产申请前六个月内,债务人有本法第二条第一款规定的情形,仍对个别债权人进行清偿的,管理人有权请求人民法院予以撤销。但是,个别清偿使债务人财产受益的除外。

第三十三条 涉及债务人财产的下列行为无效:

(一)为逃避债务而隐匿、转移财产的;

(二)虚构债务或者承认不真实的债务的。

第三十四条 因本法第三十一条、第三十二条或者第三十三条规定的行为而取得的债务人的财产,管理人有权追回。

第三十五条 人民法院受理破产申请后,债务人的出资人尚未完全履行出资义务的,管理人应当要求该出资人缴纳所认缴的出资,而不受出资期限的限制。

第三十六条 债务人的董事、监事和高级管理人员利用职权从企业获取的非正常收入和侵占的企业财产,管理人应当追回。

第三十七条 人民法院受理破产申请后,管理人可以通过清偿债务或者提供为债权人接受的担保,取回质物、留置物。

前款规定的债务清偿或者替代担保,在质物或者留置物的价值低于被担保的债权额时,以该质物或者留置物当时的市场价值为限。

第三十八条 人民法院受理破产申请后,债务人占有的不属于债务人的财产,该财产的权利人可以通过管理人取回。但是,本法另有规定的除外。

第三十九条 人民法院受理破产申请时,出卖人已将买卖标的物向作为买受人的债务人发运,债务人尚未收到且未付清全部价款的,出卖人可以取回在运途中的标的物。但是,管理人可以支付全部价款，请求出卖人交付标的物。

第四十条 债权人在破产申请受理前对债务人负有债务的，可以向管理人主张抵销。但是，有下列情形之一的，不得抵销：

（一）债务人的债务人在破产申请受理后取得他人对债务人的债权的；

（二）债权人已知债务人有不能清偿到期债务或者破产申请的事实，对债务人负担债务的；但是，债权人因为法律规定或者有破产申请一年前所发生的原因而负担债务的除外；

（三）债务人的债务人已知债务人有不能清偿到期债务或者破产申请的事实，对债务人取得债权的；但是，债务人的债务人因为法律规定或者有破产申请一年前所发生的原因而取得债权的除外。

第五章 破产费用和共益债务

第四十一条 人民法院受理破产申请后发生的下列费用，为破产费用：

（一）破产案件的诉讼费用；

（二）管理、变价和分配债务人财产的费用；

（三）管理人执行职务的费用、报酬和聘用工作人员的费用。

第四十二条 人民法院受理破产申请后发生的下列债务，为共益债务：

（一）因管理人或者债务人请求对方当事人履行双方均未履行完毕的合同所产生的债务；

（二）债务人财产受无因管理所产生的债务；

（三）因债务人不当得利所产生的债务；

（四）为债务人继续营业而应支付的劳动报酬和社会保险费用以及由此产生的其他债务；

（五）管理人或者相关人员执行职务致人损害所产生的债务；

（六）债务人财产致人损害所产生的债务。

第四十三条 破产费用和共益债务由债务人财产随时清偿。

债务人财产不足以清偿所有破产费用和共益债务的，先行清偿破产费用。

债务人财产不足以清偿所有破产费用或者共益债务的,按照比例清偿。

债务人财产不足以清偿破产费用的,管理人应当提请人民法院终结破产程序。人民法院应当自收到请求之日起十五日内裁定终结破产程序,并予以公告。

第六章　债 权 申 报

第四十四条　人民法院受理破产申请时对债务人享有债权的债权人,依照本法规定的程序行使权利。

第四十五条　人民法院受理破产申请后,应当确定债权人申报债权的期限。债权申报期限自人民法院发布受理破产申请公告之日起计算,最短不得少于三十日,最长不得超过三个月。

第四十六条　未到期的债权,在破产申请受理时视为到期。

附利息的债权自破产申请受理时起停止计息。

第四十七条　附条件、附期限的债权和诉讼、仲裁未决的债权,债权人可以申报。

第四十八条　债权人应当在人民法院确定的债权申报期限内向管理人申报债权。

债务人所欠职工的工资和医疗、伤残补助、抚恤费用,所欠的应当划入职工个人账户的基本养老保险、基本医疗保险费用,以及法律、行政法规规定应当支付给职工的补偿金,不必申报,由管理人调查后列出清单并予以公示。职工对清单记载有异议的,可以要求管理人更正;管理人不予更正的,职工可以向人民法院提起诉讼。

第四十九条　债权人申报债权时,应当书面说明债权的数额和有无财产担保,并提交有关证据。申报的债权是连带债权的,应当说明。

第五十条　连带债权人可以由其中一人代表全体连带债权人申报债权,也可以共同申报债权。

第五十一条　债务人的保证人或者其他连带债务人已经代替债务人清偿债务的,以其对债务人的求偿权申报债权。

债务人的保证人或者其他连带债务人尚未代替债务人清偿债务的,以其对债务人的将来求偿权申报债权。但是,债权人已经向管理人申报全部债权的除外。

第五十二条　连带债务人数人被裁定适用本法规定的程序的，其债权人有权就全部债权分别在各破产案件中申报债权。

第五十三条　管理人或者债务人依照本法规定解除合同的，对方当事人以因合同解除所产生的损害赔偿请求权申报债权。

第五十四条　债务人是委托合同的委托人，被裁定适用本法规定的程序，受托人不知该事实，继续处理委托事务的，受托人以由此产生的请求权申报债权。

第五十五条　债务人是票据的出票人，被裁定适用本法规定的程序，该票据的付款人继续付款或者承兑的，付款人以由此产生的请求权申报债权。

第五十六条　在人民法院确定的债权申报期限内，债权人未申报债权的，可以在破产财产最后分配前补充申报；但是，此前已进行的分配，不再对其补充分配。为审查和确认补充申报债权的费用，由补充申报人承担。

债权人未依照本法规定申报债权的，不得依照本法规定的程序行使权利。

第五十七条　管理人收到债权申报材料后，应当登记造册，对申报的债权进行审查，并编制债权表。

债权表和债权申报材料由管理人保存，供利害关系人查阅。

第五十八条　依照本法第五十七条规定编制的债权表，应当提交第一次债权人会议核查。

债务人、债权人对债权表记载的债权无异议的，由人民法院裁定确认。

债务人、债权人对债权表记载的债权有异议的，可以向受理破产申请的人民法院提起诉讼。

第七章　债权人会议

第一节　一般规定

第五十九条　依法申报债权的债权人为债权人会议的成员，有权参加债权人会议,享有表决权。

债权尚未确定的债权人,除人民法院能够为其行使表决权而临时确定债权额的外,不得行使表决权。

对债务人的特定财产享有担保权的债权人,未放弃优先受偿权利的,对于本法第六十一条第一款第七项、第十项规定的事项不享有表决权。

债权人可以委托代理人出席债权人会议,行使表决权。代理人出席债权人会议,应当向人民法院或者债权人会议主席提交债权人的授权委托书。

债权人会议应当有债务人的职工和工会的代表参加,对有关事项发表意见。

第六十条 债权人会议设主席一人,由人民法院从有表决权的债权人中指定。

债权人会议主席主持债权人会议。

第六十一条 债权人会议行使下列职权:

(一)核查债权;

(二)申请人民法院更换管理人,审查管理人的费用和报酬;

(三)监督管理人;

(四)选任和更换债权人委员会成员;

(五)决定继续或者停止债务人的营业;

(六)通过重整计划;

(七)通过和解协议;

(八)通过债务人财产的管理方案;

(九)通过破产财产的变价方案;

(十)通过破产财产的分配方案;

(十一)人民法院认为应当由债权人会议行使的其他职权。

债权人会议应当对所议事项的决议作成会议记录。

第六十二条 第一次债权人会议由人民法院召集,自债权申报期限届满之日起十五日内召开。

以后的债权人会议,在人民法院认为必要时,或者管理人、债权人委员会、占债权总额四分之一以上的债权人向债权人会议主席提议时召开。

第六十三条　召开债权人会议，管理人应当提前十五日通知已知的债权人。

第六十四条　债权人会议的决议，由出席会议的有表决权的债权人过半数通过，并且其所代表的债权额占无财产担保债权总额的二分之一以上。但是，本法另有规定的除外。

债权人认为债权人会议的决议违反法律规定，损害其利益的，可以自债权人会议作出决议之日起十五日内，请求人民法院裁定撤销该决议，责令债权人会议依法重新作出决议。

债权人会议的决议，对于全体债权人均有约束力。

第六十五条　本法第六十一条第一款第八项、第九项所列事项，经债权人会议表决未通过的，由人民法院裁定。

本法第六十一条第一款第十项所列事项，经债权人会议二次表决仍未通过的，由人民法院裁定。

对前两款规定的裁定，人民法院可以在债权人会议上宣布或者另行通知债权人。

第六十六条　债权人对人民法院依照本法第六十五条第一款作出的裁定不服的，债权额占无财产担保债权总额二分之一以上的债权人对人民法院依照本法第六十五条第二款作出的裁定不服的，可以自裁定宣布之日或者收到通知之日起十五日内向该人民法院申请复议。复议期间不停止裁定的执行。

第二节　债权人委员会

第六十七条　债权人会议可以决定设立债权人委员会。债权人委员会由债权人会议选任的债权人代表和一名债务人的职工代表或者工会代表组成。债权人委员会成员不得超过九人。

债权人委员会成员应当经人民法院书面决定认可。

第六十八条　债权人委员会行使下列职权：

（一）监督债务人财产的管理和处分；

（二）监督破产财产分配；

（三）提议召开债权人会议；

(四)债权人会议委托的其他职权。

债权人委员会执行职务时,有权要求管理人、债务人的有关人员对其职权范围内的事务作出说明或者提供有关文件。

管理人、债务人的有关人员违反本法规定拒绝接受监督的,债权人委员会有权就监督事项请求人民法院作出决定;人民法院应当在五日内作出决定。

第六十九条 管理人实施下列行为,应当及时报告债权人委员会:

(一)涉及土地、房屋等不动产权益的转让;

(二)探矿权、采矿权、知识产权等财产权的转让;

(三)全部库存或者营业的转让;

(四)借款;

(五)设定财产担保;

(六)债权和有价证券的转让;

(七)履行债务人和对方当事人均未履行完毕的合同;

(八)放弃权利;

(九)担保物的取回;

(十)对债权人利益有重大影响的其他财产处分行为。

未设立债权人委员会的,管理人实施前款规定的行为应当及时报告人民法院。

第八章 重 整

第一节 重整申请和重整期间

第七十条 债务人或者债权人可以依照本法规定,直接向人民法院申请对债务人进行重整。

债权人申请对债务人进行破产清算的,在人民法院受理破产申请后、宣告债务人破产前,债务人或者出资额占债务人注册资本十分之一以上的出资人,可以向人民法院申请重整。

第七十一条 人民法院经审查认为重整申请符合本法规定的,应当裁定债务人重整,并予以公告。

第七十二条 自人民法院裁定债务人重整之日起至重整程序终止,为重整期间。

第七十三条 在重整期间,经债务人申请,人民法院批准,债务人可以在管理人的监督下自行管理财产和营业事务。

有前款规定情形的,依照本法规定已接管债务人财产和营业事务的管理人应当向债务人移交财产和营业事务,本法规定的管理人的职权由债务人行使。

第七十四条 管理人负责管理财产和营业事务的,可以聘任债务人的经营管理人员负责营业事务。

第七十五条 在重整期间,对债务人的特定财产享有的担保权暂停行使。但是,担保物有损坏或者价值明显减少的可能,足以危害担保权人权利的,担保权人可以向人民法院请求恢复行使担保权。

在重整期间,债务人或者管理人为继续营业而借款的,可以为该借款设定担保。

第七十六条 债务人合法占有的他人财产,该财产的权利人在重整期间要求取回的,应当符合事先约定的条件。

第七十七条 在重整期间,债务人的出资人不得请求投资收益分配。

在重整期间,债务人的董事、监事、高级管理人员不得向第三人转让其持有的债务人的股权。但是,经人民法院同意的除外。

第七十八条 在重整期间,有下列情形之一的,经管理人或者利害关系人请求,人民法院应当裁定终止重整程序,并宣告债务人破产:

(一)债务人的经营状况和财产状况继续恶化,缺乏挽救的可能性;

(二)债务人有欺诈、恶意减少债务人财产或者其他显著不利于债权人的行为;

(三)由于债务人的行为致使管理人无法执行职务。

第二节 重整计划的制定和批准

第七十九条 债务人或者管理人应当自人民法院裁定债务人重整之日起六个月内,同时向人民法院和债权人会议提交重整计划草案。

前款规定的期限届满,经债务人或者管理人请求,有正当理由的,人民法院可以裁定延期三个月。

债务人或者管理人未按期提出重整计划草案的,人民法院应当裁定终止重整程序,并宣告债务人破产。

第八十条 债务人自行管理财产和营业事务的,由债务人制作重整计划草案。

管理人负责管理财产和营业事务的,由管理人制作重整计划草案。

第八十一条 重整计划草案应当包括下列内容:

(一)债务人的经营方案;

(二)债权分类;

(三)债权调整方案;

(四)债权受偿方案;

(五)重整计划的执行期限;

(六)重整计划执行的监督期限;

(七)有利于债务人重整的其他方案。

第八十二条 下列各类债权的债权人参加讨论重整计划草案的债权人会议,依照下列债权分类,分组对重整计划草案进行表决:

(一)对债务人的特定财产享有担保权的债权;

(二)债务人所欠职工的工资和医疗、伤残补助、抚恤费用,所欠的应当划入职工个人账户的基本养老保险、基本医疗保险费用,以及法律、行政法规规定应当支付给职工的补偿金;

(三)债务人所欠税款;

(四)普通债权。

人民法院在必要时可以决定在普通债权组中设小额债权组对重整计划草案进行表决。

第八十三条 重整计划不得规定减免债务人欠缴的本法第八十二条第一款第二项规定以外的社会保险费用;该项费用的债权人不参加重整计划草案的表决。

第八十四条 人民法院应当自收到重整计划草案之日起三十日

内召开债权人会议,对重整计划草案进行表决。

出席会议的同一表决组的债权人过半数同意重整计划草案,并且其所代表的债权额占该组债权总额的三分之二以上的,即为该组通过重整计划草案。

债务人或者管理人应当向债权人会议就重整计划草案作出说明,并回答询问。

第八十五条 债务人的出资人代表可以列席讨论重整计划草案的债权人会议。

重整计划草案涉及出资人权益调整事项的,应当设出资人组,对该事项进行表决。

第八十六条 各表决组均通过重整计划草案时,重整计划即为通过。

自重整计划通过之日起十日内,债务人或者管理人应当向人民法院提出批准重整计划的申请。人民法院经审查认为符合本法规定的,应当自收到申请之日起三十日内裁定批准,终止重整程序,并予以公告。

第八十七条 部分表决组未通过重整计划草案的,债务人或者管理人可以同未通过重整计划草案的表决组协商。该表决组可以在协商后再表决一次。双方协商的结果不得损害其他表决组的利益。

未通过重整计划草案的表决组拒绝再次表决或者再次表决仍未通过重整计划草案,但重整计划草案符合下列条件的,债务人或者管理人可以申请人民法院批准重整计划草案:

(一)按照重整计划草案,本法第八十二条第一款第一项所列债权就该特定财产将获得全额清偿,其因延期清偿所受的损失将得到公平补偿,并且其担保权未受到实质性损害,或者该表决组已经通过重整计划草案;

(二)按照重整计划草案,本法第八十二条第一款第二项、第三项所列债权将获得全额清偿,或者相应表决组已经通过重整计划草案;

(三)按照重整计划草案,普通债权所获得的清偿比例,不低于其在重整计划草案被提请批准时依照破产清算程序所能获得的清偿比例,或者该表决组已经通过重整计划草案;

(四)重整计划草案对出资人权益的调整公平、公正,或者出资人组已经通过重整计划草案;

(五)重整计划草案公平对待同一表决组的成员,并且所规定的债权清偿顺序不违反本法第一百一十三条的规定;

(六)债务人的经营方案具有可行性。

人民法院经审查认为重整计划草案符合前款规定的,应当自收到申请之日起三十日内裁定批准,终止重整程序,并予以公告。

第八十八条 重整计划草案未获得通过且未依照本法第八十七条的规定获得批准,或者已通过的重整计划未获得批准的,人民法院应当裁定终止重整程序,并宣告债务人破产。

第三节 重整计划的执行

第八十九条 重整计划由债务人负责执行。

人民法院裁定批准重整计划后,已接管财产和营业事务的管理人应当向债务人移交财产和营业事务。

第九十条 自人民法院裁定批准重整计划之日起,在重整计划规定的监督期内,由管理人监督重整计划的执行。

在监督期内,债务人应当向管理人报告重整计划执行情况和债务人财务状况。

第九十一条 监督期届满时,管理人应当向人民法院提交监督报告。自监督报告提交之日起,管理人的监督职责终止。

管理人向人民法院提交的监督报告,重整计划的利害关系人有权查阅。

经管理人申请,人民法院可以裁定延长重整计划执行的监督期限。

第九十二条 经人民法院裁定批准的重整计划,对债务人和全体债权人均有约束力。

债权人未依照本法规定申报债权的,在重整计划执行期间不得行使权利;在重整计划执行完毕后,可以按照重整计划规定的同类债权的清偿条件行使权利。

债权人对债务人的保证人和其他连带债务人所享有的权利,不受重整计划的影响。

第九十三条　债务人不能执行或者不执行重整计划的，人民法院经管理人或者利害关系人请求，应当裁定终止重整计划的执行，并宣告债务人破产。

人民法院裁定终止重整计划执行的，债权人在重整计划中作出的债权调整的承诺失去效力。债权人因执行重整计划所受的清偿仍然有效，债权未受清偿的部分作为破产债权。

前款规定的债权人，只有在其他同顺位债权人同自己所受的清偿达到同一比例时，才能继续接受分配。

有本条第一款规定情形的，为重整计划的执行提供的担保继续有效。

第九十四条　按照重整计划减免的债务，自重整计划执行完毕时起，债务人不再承担清偿责任。

第九章　和　　解

第九十五条　债务人可以依照本法规定，直接向人民法院申请和解；也可以在人民法院受理破产申请后、宣告债务人破产前，向人民法院申请和解。

债务人申请和解，应当提出和解协议草案。

第九十六条　人民法院经审查认为和解申请符合本法规定的，应当裁定和解，予以公告，并召集债权人会议讨论和解协议草案。

对债务人的特定财产享有担保权的权利人，自人民法院裁定和解之日起可以行使权利。

第九十七条　债权人会议通过和解协议的决议，由出席会议的有表决权的债权人过半数同意，并且其所代表的债权额占无财产担保债权总额的三分之二以上。

第九十八条　债权人会议通过和解协议的，由人民法院裁定认可，终止和解程序，并予以公告。管理人应当向债务人移交财产和营业事务，并向人民法院提交执行职务的报告。

第九十九条　和解协议草案经债权人会议表决未获得通过，或者已经债权人会议通过的和解协议未获得人民法院认可的，人民法院应当裁定终止和解程序,并宣告债务人破产。

第一百条　经人民法院裁定认可的和解协议,对债务人和全体和解债权人均有约束力。

和解债权人是指人民法院受理破产申请时对债务人享有无财产担保债权的人。

和解债权人未依照本法规定申报债权的,在和解协议执行期间不得行使权利;在和解协议执行完毕后,可以按照和解协议规定的清偿条件行使权利。

第一百零一条　和解债权人对债务人的保证人和其他连带债务人所享有的权利,不受和解协议的影响。

第一百零二条　债务人应当按照和解协议规定的条件清偿债务。

第一百零三条　因债务人的欺诈或者其他违法行为而成立的和解协议,人民法院应当裁定无效,并宣告债务人破产。

有前款规定情形的,和解债权人因执行和解协议所受的清偿,在其他债权人所受清偿同等比例的范围内,不予返还。

第一百零四条　债务人不能执行或者不执行和解协议的,人民法院经和解债权人请求,应当裁定终止和解协议的执行,并宣告债务人破产。

人民法院裁定终止和解协议执行的,和解债权人在和解协议中作出的债权调整的承诺失去效力。和解债权人因执行和解协议所受的清偿仍然有效,和解债权未受清偿的部分作为破产债权。

前款规定的债权人,只有在其他债权人同自己所受的清偿达到同一比例时,才能继续接受分配。

有本条第一款规定情形的,为和解协议的执行提供的担保继续有效。

第一百零五条　人民法院受理破产申请后,债务人与全体债权人就债权债务的处理自行达成协议的,可以请求人民法院裁定认可,并终结破产程序。

第一百零六条　按照和解协议减免的债务,自和解协议执行完毕时起,债务人不再承担清偿责任。

第十章 破产清算

第一节 破产宣告

第一百零七条 人民法院依照本法规定宣告债务人破产的，应当自裁定作出之日起五日内送达债务人和管理人，自裁定作出之日起十日内通知已知债权人，并予以公告。

债务人被宣告破产后，债务人称为破产人，债务人财产称为破产财产，人民法院受理破产申请时对债务人享有的债权称为破产债权。

第一百零八条 破产宣告前，有下列情形之一的，人民法院应当裁定终结破产程序，并予以公告：

（一）第三人为债务人提供足额担保或者为债务人清偿全部到期债务的；

（二）债务人已清偿全部到期债务的。

第一百零九条 对破产人的特定财产享有担保权的权利人，对该特定财产享有优先受偿的权利。

第一百一十条 享有本法第一百零九条规定权利的债权人行使优先受偿权利未能完全受偿的，其未受偿的债权作为普通债权；放弃优先受偿权利的，其债权作为普通债权。

第二节 变价和分配

第一百一十一条 管理人应当及时拟订破产财产变价方案，提交债权人会议讨论。

管理人应当按照债权人会议通过的或者人民法院依照本法第六十五条第一款规定裁定的破产财产变价方案，适时变价出售破产财产。

第一百一十二条 变价出售破产财产应当通过拍卖进行。但是，债权人会议另有决议的除外。

破产企业可以全部或者部分变价出售。企业变价出售时，可以将其中的无形资产和其他财产单独变价出售。

按照国家规定不能拍卖或者限制转让的财产，应当按照国家规定的方式处理。

第一百一十三条 破产财产在优先清偿破产费用和共益债务后，依照下列顺序清偿：

（一）破产人所欠职工的工资和医疗、伤残补助、抚恤费用，所欠的应当划入职工个人账户的基本养老保险、基本医疗保险费用，以及法律、行政法规规定应当支付给职工的补偿金；

（二）破产人欠缴的除前项规定以外的社会保险费用和破产人所欠税款；

（三）普通破产债权。

破产财产不足以清偿同一顺序的清偿要求的，按照比例分配。

破产企业的董事、监事和高级管理人员的工资按照该企业职工的平均工资计算。

第一百一十四条 破产财产的分配应当以货币分配方式进行。但是，债权人会议另有决议的除外。

第一百一十五条 管理人应当及时拟订破产财产分配方案，提交债权人会议讨论。

破产财产分配方案应当载明下列事项：

（一）参加破产财产分配的债权人名称或者姓名、住所；

（二）参加破产财产分配的债权额；

（三）可供分配的破产财产数额；

（四）破产财产分配的顺序、比例及数额；

（五）实施破产财产分配的方法。

债权人会议通过破产财产分配方案后，由管理人将该方案提请人民法院裁定认可。

第一百一十六条 破产财产分配方案经人民法院裁定认可后，由管理人执行。

管理人按照破产财产分配方案实施多次分配的，应当公告本次分配的财产额和债权额。管理人实施最后分配的，应当在公告中指明，并载明本法第一百一十七条第二款规定的事项。

第一百一十七条 对于附生效条件或者解除条件的债权，管理人应当将其分配额提存。

管理人依照前款规定提存的分配额，在最后分配公告日，生效条件未成就或者解除条件成就的，应当分配给其他债权人；在最后分配公告日，生效条件成就或者解除条件未成就的，应当交付给债权人。

第一百一十八条　债权人未受领的破产财产分配额，管理人应当提存。债权人自最后分配公告之日起满二个月仍不领取的，视为放弃受领分配的权利，管理人或者人民法院应当将提存的分配额分配给其他债权人。

第一百一十九条　破产财产分配时，对于诉讼或者仲裁未决的债权，管理人应当将其分配额提存。自破产程序终结之日起满二年仍不能受领分配的，人民法院应当将提存的分配额分配给其他债权人。

第三节　破产程序的终结

第一百二十条　破产人无财产可供分配的，管理人应当请求人民法院裁定终结破产程序。

管理人在最后分配完结后，应当及时向人民法院提交破产财产分配报告，并提请人民法院裁定终结破产程序。

人民法院应当自收到管理人终结破产程序的请求之日起十五日内作出是否终结破产程序的裁定。裁定终结的，应当予以公告。

第一百二十一条　管理人应当自破产程序终结之日起十日内，持人民法院终结破产程序的裁定，向破产人的原登记机关办理注销登记。

第一百二十二条　管理人于办理注销登记完毕的次日终止执行职务。但是，存在诉讼或者仲裁未决情况的除外。

第一百二十三条　自破产程序依照本法第四十三条第四款或者第一百二十条的规定终结之日起二年内，有下列情形之一的，债权人可以请求人民法院按照破产财产分配方案进行追加分配：

（一）发现有依照本法第三十一条、第三十二条、第三十三条、第三十六条规定应当追回的财产的；

（二）发现破产人有应当供分配的其他财产的。

有前款规定情形，但财产数量不足以支付分配费用的，不再进行追加分配,由人民法院将其上交国库。

第一百二十四条 破产人的保证人和其他连带债务人,在破产程序终结后,对债权人依照破产清算程序未受清偿的债权,依法继续承担清偿责任。

第十一章 法律责任

第一百二十五条 企业董事、监事或者高级管理人员违反忠实义务、勤勉义务,致使所在企业破产的,依法承担民事责任。

有前款规定情形的人员,自破产程序终结之日起三年内不得担任任何企业的董事、监事、高级管理人员。

第一百二十六条 有义务列席债权人会议的债务人的有关人员,经人民法院传唤,无正当理由拒不列席债权人会议的,人民法院可以拘传,并依法处以罚款。债务人的有关人员违反本法规定,拒不陈述、回答,或者作虚假陈述、回答的,人民法院可以依法处以罚款。

第一百二十七条 债务人违反本法规定,拒不向人民法院提交或者提交不真实的财产状况说明、债务清册、债权清册、有关财务会计报告以及职工工资的支付情况和社会保险费用的缴纳情况的,人民法院可以对直接责任人员依法处以罚款。

债务人违反本法规定,拒不向管理人移交财产、印章和账簿、文书等资料的,或者伪造、销毁有关财产证据材料而使财产状况不明的,人民法院可以对直接责任人员依法处以罚款。

第一百二十八条 债务人有本法第三十一条、第三十二条、第三十三条规定的行为,损害债权人利益的,债务人的法定代表人和其他直接责任人员依法承担赔偿责任。

第一百二十九条 债务人的有关人员违反本法规定,擅自离开住所地的,人民法院可以予以训诫、拘留,可以依法并处罚款。

第一百三十条 管理人未依照本法规定勤勉尽责,忠实执行职务的,人民法院可以依法处以罚款;给债权人、债务人或者第三人造成损失的,依法承担赔偿责任。

第一百三十一条 违反本法规定,构成犯罪的,依法追究刑事责任。

第十二章　附　　则

第一百三十二条　本法施行后，破产人在本法公布之日前所欠职工的工资和医疗、伤残补助、抚恤费用，所欠的应当划入职工个人账户的基本养老保险、基本医疗保险费用，以及法律、行政法规规定应当支付给职工的补偿金，依照本法第一百一十三条的规定清偿后不足以清偿的部分，以本法第一百零九条规定的特定财产优先于对该特定财产享有担保权的权利人受偿。

第一百三十三条　在本法施行前国务院规定的期限和范围内的国有企业实施破产的特殊事宜，按照国务院有关规定办理。

第一百三十四条　商业银行、证券公司、保险公司等金融机构有本法第二条规定情形的，国务院金融监督管理机构可以向人民法院提出对该金融机构进行重整或者破产清算的申请。国务院金融监督管理机构依法对出现重大经营风险的金融机构采取接管、托管等措施的，可以向人民法院申请中止以该金融机构为被告或者被执行人的民事诉讼程序或者执行程序。

金融机构实施破产的，国务院可以依据本法和其他有关法律的规定制定实施办法。

第一百三十五条　其他法律规定企业法人以外的组织的清算，属于破产清算的，参照适用本法规定的程序。

第一百三十六条　本法自2007年6月1日起施行，《中华人民共和国企业破产法（试行）》同时废止。

中华人民共和国中国人民银行法(2003年修正)

(1995年3月18日第八届全国人民代表大会第三次会议通过 根据2003年12月27日第十届全国人民代表大会常务委员会第六次会议《关于修改〈中华人民共和国中国人民银行法〉的决定》修正)

目 录

第一章 总 则

第一条 为了确立中国人民银行的地位,明确其职责,保证国家货币政策的正确制定和执行,建立和完善中央银行宏观调控体系,维护金融稳定,制定本法。

第二条 中国人民银行是中华人民共和国的中央银行。

中国人民银行在国务院领导下,制定和执行货币政策,防范和化解金融风险,维护金融稳定。

第三条 货币政策目标是保持货币币值的稳定,并以此促进经济增长。

第四条　中国人民银行履行下列职责：

（一）发布与履行其职责有关的命令和规章；

（二）依法制定和执行货币政策；

（三）发行人民币，管理人民币流通；

（四）监督管理银行间同业拆借市场和银行间债券市场；

（五）实施外汇管理，监督管理银行间外汇市场；

（六）监督管理黄金市场；

（七）持有、管理、经营国家外汇储备、黄金储备；

（八）经理国库；

（九）维护支付、清算系统的正常运行；

（十）指导、部署金融业反洗钱工作，负责反洗钱的资金监测；

（十一）负责金融业的统计、调查、分析和预测；

（十二）作为国家的中央银行，从事有关的国际金融活动；

（十三）国务院规定的其他职责。

中国人民银行为执行货币政策，可以依照本法第四章的有关规定从事金融业务活动。

第五条　中国人民银行就年度货币供应量、利率、汇率和国务院规定的其他重要事项作出的决定，报国务院批准后执行。

中国人民银行就前款规定以外的其他有关货币政策事项作出决定后，即予执行，并报国务院备案。

第六条　中国人民银行应当向全国人民代表大会常务委员会提出有关货币政策情况和金融业运行情况的工作报告。

第七条　中国人民银行在国务院领导下依法独立执行货币政策，履行职责，开展业务，不受地方政府、各级政府部门、社会团体和个人的干涉。

第八条　中国人民银行的全部资本由国家出资，属于国家所有。

第九条　国务院建立金融监督管理协调机制，具体办法由国务院规定。

第二章　组织机构

第十条　中国人民银行设行长一人，副行长若干人。

中国人民银行行长的人选,根据国务院总理的提名,由全国人民代表大会决定;全国人民代表大会闭会期间,由全国人民代表大会常务委员会决定,由中华人民共和国主席任免。中国人民银行副行长由国务院总理任免。

第十一条 中国人民银行实行行长负责制。行长领导中国人民银行的工作,副行长协助行长工作。

第十二条 中国人民银行设立货币政策委员会。货币政策委员会的职责、组成和工作程序,由国务院规定,报全国人民代表大会常务委员会备案。

中国人民银行货币政策委员会应当在国家宏观调控、货币政策制定和调整中,发挥重要作用。

第十三条 中国人民银行根据履行职责的需要设立分支机构,作为中国人民银行的派出机构。中国人民银行对分支机构实行统一领导和管理。

中国人民银行的分支机构根据中国人民银行的授权,维护本辖区的金融稳定,承办有关业务。

第十四条 中国人民银行的行长、副行长及其他工作人员应当恪尽职守,不得滥用职权、徇私舞弊,不得在任何金融机构、企业、基金会兼职。

第十五条 中国人民银行的行长、副行长及其他工作人员,应当依法保守国家秘密,并有责任为与履行其职责有关的金融机构及当事人保守秘密。

第三章 人 民 币

第十六条 中华人民共和国的法定货币是人民币。以人民币支付中华人民共和国境内的一切公共的和私人的债务,任何单位和个人不得拒收。

第十七条 人民币的单位为元,人民币辅币单位为角、分。

第十八条 人民币由中国人民银行统一印制、发行。

中国人民银行发行新版人民币,应当将发行时间、面额、图案、式样、规格予以公告。

第十九条　禁止伪造、变造人民币。禁止出售、购买伪造、变造的人民币。禁止运输、持有、使用伪造、变造的人民币。禁止故意毁损人民币。禁止在宣传品、出版物或者其他商品上非法使用人民币图样。

第二十条　任何单位和个人不得印制、发售代币票券，以代替人民币在市场上流通。

第二十一条　残缺、污损的人民币，按照中国人民银行的规定兑换，并由中国人民银行负责收回、销毁。

第二十二条　中国人民银行设立人民币发行库，在其分支机构设立分支库。分支库调拨人民币发行基金，应当按照上级库的调拨命令办理。任何单位和个人不得违反规定，动用发行基金。

第四章　业　　务

第二十三条　中国人民银行为执行货币政策，可以运用下列货币政策工具：

（一）要求银行业金融机构按照规定的比例交存存款准备金；

（二）确定中央银行基准利率；

（三）为在中国人民银行开立账户的银行业金融机构办理再贴现；

（四）向商业银行提供贷款；

（五）在公开市场上买卖国债、其他政府债券和金融债券及外汇；

（六）国务院确定的其他货币政策工具。

中国人民银行为执行货币政策，运用前款所列货币政策工具时，可以规定具体的条件和程序。

第二十四条　中国人民银行依照法律、行政法规的规定经理国库。

第二十五条　中国人民银行可以代理国务院财政部门向各金融机构组织发行、兑付国债和其他政府债券。

第二十六条　中国人民银行可以根据需要，为银行业金融机构开立账户，但不得对银行业金融机构的账户透支。

第二十七条　中国人民银行应当组织或者协助组织银行业金融机构相互之间的清算系统，协调银行业金融机构相互之间的清算事项，提供清算服务。具体办法由中国人民银行制定。

中国人民银行会同国务院银行业监督管理机构制定支付结算规则。

第二十八条 中国人民银行根据执行货币政策的需要,可以决定对商业银行贷款的数额、期限、利率和方式,但贷款的期限不得超过一年。

第二十九条 中国人民银行不得对政府财政透支,不得直接认购、包销国债和其他政府债券。

第三十条 中国人民银行不得向地方政府、各级政府部门提供贷款,不得向非银行金融机构以及其他单位和个人提供贷款,但国务院决定中国人民银行可以向特定的非银行金融机构提供贷款的除外。

中国人民银行不得向任何单位和个人提供担保。

第五章 金融监督管理

第三十一条 中国人民银行依法监测金融市场的运行情况,对金融市场实施宏观调控,促进其协调发展。

第三十二条 中国人民银行有权对金融机构以及其他单位和个人的下列行为进行检查监督:

(一)执行有关存款准备金管理规定的行为;

(二)与中国人民银行特种贷款有关的行为;

(三)执行有关人民币管理规定的行为;

(四)执行有关银行间同业拆借市场、银行间债券市场管理规定的行为;

(五)执行有关外汇管理规定的行为;

(六)执行有关黄金管理规定的行为;

(七)代理中国人民银行经理国库的行为;

(八)执行有关清算管理规定的行为;

(九)执行有关反洗钱规定的行为。

前款所称中国人民银行特种贷款,是指国务院决定的由中国人民银行向金融机构发放的用于特定目的的贷款。

第三十三条 中国人民银行根据执行货币政策和维护金融稳定

的需要,可以建议国务院银行业监督管理机构对银行业金融机构进行检查监督。国务院银行业监督管理机构应当自收到建议之日起三十日内予以回复。

第三十四条　当银行业金融机构出现支付困难,可能引发金融风险时,为了维护金融稳定,中国人民银行经国务院批准,有权对银行业金融机构进行检查监督。

第三十五条　中国人民银行根据履行职责的需要,有权要求银行业金融机构报送必要的资产负债表、利润表以及其他财务会计、统计报表和资料。

中国人民银行应当和国务院银行业监督管理机构、国务院其他金融监督管理机构建立监督管理信息共享机制。

第三十六条　中国人民银行负责统一编制全国金融统计数据、报表,并按照国家有关规定予以公布。

第三十七条　中国人民银行应当建立、健全本系统的稽核、检查制度,加强内部的监督管理。

第六章　财务会计

第三十八条　中国人民银行实行独立的财务预算管理制度。

中国人民银行的预算经国务院财政部门审核后,纳入中央预算,接受国务院财政部门的预算执行监督。

第三十九条　中国人民银行每一会计年度的收入减除该年度支出,并按照国务院财政部门核定的比例提取总准备金后的净利润,全部上缴中央财政。

中国人民银行的亏损由中央财政拨款弥补。

第四十条　中国人民银行的财务收支和会计事务,应当执行法律、行政法规和国家统一的财务、会计制度,接受国务院审计机关和财政部门依法分别进行的审计和监督。

第四十一条　中国人民银行应当于每一会计年度结束后的三个月内,编制资产负债表、损益表和相关的财务会计报表,并编制年度报告,按照国家有关规定予以公布。

中国人民银行的会计年度自公历 1 月 1 日起至 12 月 31 日止。

第七章 法律责任

第四十二条 伪造、变造人民币,出售伪造、变造的人民币,或者明知是伪造、变造的人民币而运输,构成犯罪的,依法追究刑事责任;尚不构成犯罪的,由公安机关处十五日以下拘留、一万元以下罚款。

第四十三条 购买伪造、变造的人民币或者明知是伪造、变造的人民币而持有、使用,构成犯罪的,依法追究刑事责任;尚不构成犯罪的,由公安机关处十五日以下拘留、一万元以下罚款。

第四十四条 在宣传品、出版物或者其他商品上非法使用人民币图样的,中国人民银行应当责令改正,并销毁非法使用的人民币图样,没收违法所得,并处五万元以下罚款。

第四十五条 印制、发售代币票券,以代替人民币在市场上流通的,中国人民银行应当责令停止违法行为,并处二十万元以下罚款。

第四十六条 本法第三十二条所列行为违反有关规定,有关法律、行政法规有处罚规定的,依照其规定给予处罚;有关法律、行政法规未作处罚规定的,由中国人民银行区别不同情形给予警告,没收违法所得,违法所得五十万元以上的,并处违法所得一倍以上五倍以下罚款;没有违法所得或者违法所得不足五十万元的,处五十万元以上二百万元以下罚款;对负有直接责任的董事、高级管理人员和其他直接责任人员给予警告,处五万元以上五十万元以下罚款;构成犯罪的,依法追究刑事责任。

第四十七条 当事人对行政处罚不服的,可以依照《中华人民共和国行政诉讼法》的规定提起行政诉讼。

第四十八条 中国人民银行有下列行为之一的,对负有直接责任的主管人员和其他直接责任人员,依法给予行政处分;构成犯罪的,依法追究刑事责任:

(一)违反本法第三十条第一款的规定提供贷款的;

(二)对单位和个人提供担保的;

(三)擅自动用发行基金的。

有前款所列行为之一,造成损失的,负有直接责任的主管人员和其他直接责任人员应当承担部分或者全部赔偿责任。

第四十九条　地方政府、各级政府部门、社会团体和个人强令中国人民银行及其工作人员违反本法第三十条的规定提供贷款或者担保的，对负有直接责任的主管人员和其他直接责任人员，依法给予行政处分；构成犯罪的，依法追究刑事责任；造成损失的，应当承担部分或者全部赔偿责任。

第五十条　中国人民银行的工作人员泄露国家秘密或者所知悉的商业秘密，构成犯罪的，依法追究刑事责任；尚不构成犯罪的，依法给予行政处分。

第五十一条　中国人民银行的工作人员贪污受贿、徇私舞弊、滥用职权、玩忽职守，构成犯罪的，依法追究刑事责任；尚不构成犯罪的，依法给予行政处分。

第八章　附　　则

第五十二条　本法所称银行业金融机构，是指在中华人民共和国境内设立的商业银行、城市信用合作社、农村信用合作社等吸收公众存款的金融机构以及政策性银行。

在中华人民共和国境内设立的金融资产管理公司、信托投资公司、财务公司、金融租赁公司以及经国务院银行业监督管理机构批准设立的其他金融机构，适用本法对银行业金融机构的规定。

第五十三条　本法自公布之日起施行。

中华人民共和国信托法

(2001年4月28日第九届全国人民代表大会常务委员会第二十一次会议通过 2001年4月28日公布 中华人民共和国主席令第50号 自2001年10月1日起施行)

目 录

第一章 总 则

第一条 为了调整信托关系,规范信托行为,保护信托当事人的合法权益,促进信托事业的健康发展,制定本法。

第二条 本法所称信托,是指委托人基于对受托人的信任,将其财产权委托给受托人,由受托人按委托人的意愿以自己的名义,为受益人的利益或者特定目的,进行管理或者处分的行为。

第三条 委托人、受托人、受益人(以下统称信托当事人)在中华人民共和国境内进行民事、营业、公益信托活动,适用本法。

第四条 受托人采取信托机构形式从事信托活动,其组织和管理由国务院制定具体办法。

第五条　信托当事人进行信托活动,必须遵守法律、行政法规,遵循自愿、公平和诚实信用原则,不得损害国家利益和社会公共利益。

第二章　信托的设立

第六条　设立信托,必须有合法的信托目的。

第七条　设立信托,必须有确定的信托财产,并且该信托财产必须是委托人合法所有的财产。

本法所称财产包括合法的财产权利。

第八条　设立信托,应当采取书面形式。

书面形式包括信托合同、遗嘱或者法律、行政法规规定的其他书面文件等。

采取信托合同形式设立信托的,信托合同签订时,信托成立。采取其他书面形式设立信托的,受托人承诺信托时,信托成立。

第九条　设立信托,其书面文件应当载明下列事项:

(一)信托目的;

(二)委托人、受托人的姓名或者名称、住所;

(三)受益人或者受益人范围;

(四)信托财产的范围、种类及状况;

(五)受益人取得信托利益的形式、方法。

除前款所列事项外,可以载明信托期限、信托财产的管理方法、受托人的报酬、新受托人的选任方式、信托终止事由等事项。

第十条　设立信托,对于信托财产,有关法律、行政法规规定应当办理登记手续的,应当依法办理信托登记。

未依照前款规定办理信托登记的,应当补办登记手续;不补办的,该信托不产生效力。

第十一条　有下列情形之一的,信托无效:

(一)信托目的违反法律、行政法规或者损害社会公共利益;

(二)信托财产不能确定;

(三)委托人以非法财产或者本法规定不得设立信托的财产设立信托;

(四)专以诉讼或者讨债为目的设立信托;

(五)受益人或者受益人范围不能确定;

(六)法律、行政法规规定的其他情形。

第十二条 委托人设立信托损害其债权人利益的,债权人有权申请人民法院撤销该信托。

人民法院依照前款规定撤销信托的,不影响善意受益人已经取得的信托利益。

本条第一款规定的申请权,自债权人知道或者应当知道撤销原因之日起一年内不行使的,归于消灭。

第十三条 设立遗嘱信托,应当遵守继承法关于遗嘱的规定。

遗嘱指定的人拒绝或者无能力担任受托人的,由受益人另行选任受托人;受益人为无民事行为能力人或者限制民事行为能力人的,依法由其监护人代行选任。遗嘱对选任受托人另有规定的,从其规定。

第三章　信 托 财 产

第十四条 受托人因承诺信托而取得的财产是信托财产。

受托人因信托财产的管理运用、处分或者其他情形而取得的财产,也归入信托财产。

法律、行政法规禁止流通的财产,不得作为信托财产。

法律、行政法规限制流通的财产,依法经有关主管部门批准后,可以作为信托财产。

第十五条 信托财产与委托人未设立信托的其他财产相区别。设立信托后,委托人死亡或者依法解散、被依法撤销、被宣告破产时,委托人是唯一受益人的,信托终止,信托财产作为其遗产或者清算财产;委托人不是唯一受益人的,信托存续,信托财产不作为其遗产或者清算财产;但作为共同受益人的委托人死亡或者依法解散、被依法撤销、被宣告破产时,其信托受益权作为其遗产或者清算财产。

第十六条 信托财产与属于受托人所有的财产(以下简称固有财产)相区别,不得归入受托人的固有财产或者成为固有财产的一部分。

受托人死亡或者依法解散、被依法撤销、被宣告破产而终止,信托财产不属于其遗产或者清算财产。

第十七条 除因下列情形之一外,对信托财产不得强制执行:

（一）设立信托前债权人已对该信托财产享有优先受偿的权利，并依法行使该权利的；

（二）受托人处理信托事务所产生债务，债权人要求清偿该债务的；

（三）信托财产本身应担负的税款；

（四）法律规定的其他情形。

对于违反前款规定而强制执行信托财产，委托人、受托人或者受益人有权向人民法院提出异议。

第十八条　受托人管理运用、处分信托财产所产生的债权，不得与其固有财产产生的债务相抵销。

受托人管理运用、处分不同委托人的信托财产所产生的债权债务，不得相互抵销。

第四章　信托当事人

第一节　委　托　人

第十九条　委托人应当是具有完全民事行为能力的自然人、法人或者依法成立的其他组织。

第二十条　委托人有权了解其信托财产的管理运用、处分及收支情况，并有权要求受托人作出说明。

委托人有权查阅、抄录或者复制与其信托财产有关的信托账目以及处理信托事务的其他文件。

第二十一条　因设立信托时未能预见的特别事由，致使信托财产的管理方法不利于实现信托目的或者不符合受益人的利益时，委托人有权要求受托人调整该信托财产的管理方法。

第二十二条　受托人违反信托目的处分信托财产或者因违背管理职责、处理信托事务不当致使信托财产受到损失的，委托人有权申请人民法院撤销该处分行为，并有权要求受托人恢复信托财产的原状或者予以赔偿；该信托财产的受让人明知是违反信托目的而接受该财产的，应当予以返还或者予以赔偿。

前款规定的申请权，自委托人知道或者应当知道撤销原因之日起一年内不行使的,归于消灭。

第二十三条 受托人违反信托目的处分信托财产或者管理运用、处分信托财产有重大过失的,委托人有权依照信托文件的规定解任受托人,或者申请人民法院解任受托人。

第二节 受 托 人

第二十四条 受托人应当是具有完全民事行为能力的自然人、法人。

法律、行政法规对受托人的条件另有规定的,从其规定。

第二十五条 受托人应当遵守信托文件的规定,为受益人的最大利益处理信托事务。

受托人管理信托财产,必须恪尽职守,履行诚实、信用、谨慎、有效管理的义务。

第二十六条 受托人除依照本法规定取得报酬外,不得利用信托财产为自己谋取利益。

受托人违反前款规定,利用信托财产为自己谋取利益的,所得利益归入信托财产。

第二十七条 受托人不得将信托财产转为其固有财产。受托人将信托财产转为其固有财产的,必须恢复该信托财产的原状;造成信托财产损失的,应当承担赔偿责任。

第二十八条 受托人不得将其固有财产与信托财产进行交易或者将不同委托人的信托财产进行相互交易,但信托文件另有规定或者经委托人或者受益人同意,并以公平的市场价格进行交易的除外。

受托人违反前款规定,造成信托财产损失的,应当承担赔偿责任。

第二十九条 受托人必须将信托财产与其固有财产分别管理、分别记账,并将不同委托人的信托财产分别管理、分别记账。

第三十条 受托人应当自己处理信托事务,但信托文件另有规定或者有不得已事由的,可以委托他人代为处理。

受托人依法将信托事务委托他人代理的,应当对他人处理信托事务的行为承担责任。

第三十一条 同一信托的受托人有两个以上的,为共同受托人。

共同受托人应当共同处理信托事务，但信托文件规定对某些具体事务由受托人分别处理的，从其规定。

共同受托人共同处理信托事务，意见不一致时，按信托文件规定处理；信托文件未规定的，由委托人、受益人或者其利害关系人决定。

第三十二条 共同受托人处理信托事务对第三人所负债务，应当承担连带清偿责任。第三人对共同受托人之一所作的意思表示，对其他受托人同样有效。

共同受托人之一违反信托目的处分信托财产或者因违背管理职责、处理信托事务不当致使信托财产受到损失的，其他受托人应当承担连带赔偿责任。

第三十三条 受托人必须保存处理信托事务的完整记录。

受托人应当每年定期将信托财产的管理运用、处分及收支情况，报告委托人和受益人。

受托人对委托人、受益人以及处理信托事务的情况和资料负有依法保密的义务。

第三十四条 受托人以信托财产为限向受益人承担支付信托利益的义务。

第三十五条 受托人有权依照信托文件的约定取得报酬。信托文件未作事先约定的，经信托当事人协商同意，可以作出补充约定；未作事先约定和补充约定的，不得收取报酬。

约定的报酬经信托当事人协商同意，可以增减其数额。

第三十六条 受托人违反信托目的处分信托财产或者因违背管理职责、处理信托事务不当致使信托财产受到损失的，在未恢复信托财产的原状或者未予赔偿前，不得请求给付报酬。

第三十七条 受托人因处理信托事务所支出的费用、对第三人所负债务，以信托财产承担。受托人以其固有财产先行支付的，对信托财产享有优先受偿的权利。

受托人违背管理职责或者处理信托事务不当对第三人所负债务或者自己所受到的损失，以其固有财产承担。

第三十八条 设立信托后，经委托人和受益人同意，受托人可以辞任。本法对公益信托的受托人辞任另有规定的，从其规定。

受托人辞任的,在新受托人选出前仍应履行管理信托事务的职责。

第三十九条　受托人有下列情形之一的,其职责终止:

(一)死亡或者被依法宣告死亡;

(二)被依法宣告为无民事行为能力人或者限制民事行为能力人;

(三)被依法撤销或者被宣告破产;

(四)依法解散或者法定资格丧失;

(五)辞任或者被解任;

(六)法律、行政法规规定的其他情形。

受托人职责终止时,其继承人或者遗产管理人、监护人、清算人应当妥善保管信托财产,协助新受托人接管信托事务。

第四十条　受托人职责终止的,依照信托文件规定选任新受托人;信托文件未规定的,由委托人选任;委托人不指定或者无能力指定的,由受益人选任;受益人为无民事行为能力人或者限制民事行为能力人的,依法由其监护人代行选任。

原受托人处理信托事务的权利和义务,由新受托人承继。

第四十一条　受托人有本法第三十九条第一款第(三)项至第(六)项所列情形之一,职责终止的,应当作出处理信托事务的报告,并向新受托人办理信托财产和信托事务的移交手续。

前款报告经委托人或者受益人认可,原受托人就报告中所列事项解除责任。但原受托人有不正当行为的除外。

第四十二条　共同受托人之一职责终止的,信托财产由其他受托人管理和处分。

第三节　受　益　人

第四十三条　受益人是在信托中享有信托受益权的人。受益人可以是自然人、法人或者依法成立的其他组织。

委托人可以是受益人,也可以是同一信托的唯一受益人。

受托人可以是受益人,但不得是同一信托的唯一受益人。

第四十四条　受益人自信托生效之日起享有信托受益权。信托文件另有规定的,从其规定。

第四十五条　共同受益人按照信托文件的规定享受信托利益。信托文件对信托利益的分配比例或者分配方法未作规定的，各受益人按照均等的比例享受信托利益。

第四十六条　受益人可以放弃信托受益权。

全体受益人放弃信托受益权的，信托终止。

部分受益人放弃信托受益权的，被放弃的信托受益权按下列顺序确定归属：

（一）信托文件规定的人；

（二）其他受益人；

（三）委托人或者其继承人。

第四十七条　受益人不能清偿到期债务的，其信托受益权可以用于清偿债务，但法律、行政法规以及信托文件有限制性规定的除外。

第四十八条　受益人的信托受益权可以依法转让和继承，但信托文件有限制性规定的除外。

第四十九条　受益人可以行使本法第二十条至第二十三条规定的委托人享有的权利。受益人行使上述权利，与委托人意见不一致时，可以申请人民法院作出裁定。

受托人有本法第二十二条第一款所列行为，共同受益人之一申请人民法院撤销该处分行为的，人民法院所作出的撤销裁定，对全体共同受益人有效。

第五章　信托的变更与终止

第五十条　委托人是唯一受益人的，委托人或者其继承人可以解除信托。信托文件另有规定的，从其规定。

第五十一条　设立信托后，有下列情形之一的，委托人可以变更受益人或者处分受益人的信托受益权：

（一）受益人对委托人有重大侵权行为；

（二）受益人对其他共同受益人有重大侵权行为；

（三）经受益人同意；

（四）信托文件规定的其他情形。

有前款第（一）项、第（三）项、第（四）项所列情形之一的，委托人可以解除信托。

第五十二条 信托不因委托人或者受托人的死亡、丧失民事行为能力、依法解散、被依法撤销或者被宣告破产而终止,也不因受托人的辞任而终止。但本法或者信托文件另有规定的除外。

第五十三条 有下列情形之一的,信托终止:

(一)信托文件规定的终止事由发生;

(二)信托的存续违反信托目的;

(三)信托目的已经实现或者不能实现;

(四)信托当事人协商同意;

(五)信托被撤销;

(六)信托被解除。

第五十四条 信托终止的,信托财产归属于信托文件规定的人;信托文件未规定的,按下列顺序确定归属:

(一)受益人或者其继承人;

(二)委托人或者其继承人。

第五十五条 依照前条规定,信托财产的归属确定后,在该信托财产转移给权利归属人的过程中,信托视为存续,权利归属人视为受益人。

第五十六条 信托终止后,人民法院依据本法第十七条的规定对原信托财产进行强制执行的,以权利归属人为被执行人。

第五十七条 信托终止后,受托人依照本法规定行使请求给付报酬、从信托财产中获得补偿的权利时,可以留置信托财产或者对信托财产的权利归属人提出请求。

第五十八条 信托终止的,受托人应当作出处理信托事务的清算报告。受益人或者信托财产的权利归属人对清算报告无异议的,受托人就清算报告所列事项解除责任。但受托人有不正当行为的除外。

第六章 公益信托

第五十九条 公益信托适用本章规定。本章未规定的,适用本法及其他相关法律的规定。

第六十条 为了下列公共利益目的之一而设立的信托,属于公益信托：

（一）救济贫困；

（二）救助灾民；

（三）扶助残疾人；

（四）发展教育、科技、文化、艺术、体育事业；

（五）发展医疗卫生事业；

（六）发展环境保护事业，维护生态环境；

（七）发展其他社会公益事业。

第六十一条 国家鼓励发展公益信托。

第六十二条 公益信托的设立和确定其受托人，应当经有关公益事业的管理机构（以下简称公益事业管理机构）批准。

未经公益事业管理机构的批准，不得以公益信托的名义进行活动。

公益事业管理机构对于公益信托活动应当给予支持。

第六十三条 公益信托的信托财产及其收益，不得用于非公益目的。

第六十四条 公益信托应当设置信托监察人。

信托监察人由信托文件规定。信托文件未规定的，由公益事业管理机构指定。

第六十五条 信托监察人有权以自己的名义，为维护受益人的利益，提起诉讼或者实施其他法律行为。

第六十六条 公益信托的受托人未经公益事业管理机构批准，不得辞任。

第六十七条 公益事业管理机构应当检查受托人处理公益信托事务的情况及财产状况。

受托人应当至少每年一次作出信托事务处理情况及财产状况报告，经信托监察人认可后，报公益事业管理机构核准，并由受托人予以公告。

第六十八条 公益信托的受托人违反信托义务或者无能力履行其职责的，由公益事业管理机构变更受托人。

第六十九条 公益信托成立后，发生设立信托时不能预见的情形,公益事业管理机构可以根据信托目的,变更信托文件中的有关条款。

第七十条 公益信托终止的,受托人应当于终止事由发生之日起十五日内,将终止事由和终止日期报告公益事业管理机构。

第七十一条 公益信托终止的,受托人作出的处理信托事务的清算报告,应当经信托监察人认可后,报公益事业管理机构核准,并由受托人予以公告。

第七十二条 公益信托终止,没有信托财产权利归属人或者信托财产权利归属人是不特定的社会公众的,经公益事业管理机构批准,受托人应当将信托财产用于与原公益目的相近似的目的,或者将信托财产转移给具有近似目的的公益组织或者其他公益信托。

第七十三条 公益事业管理机构违反本法规定的,委托人、受托人或者受益人有权向人民法院起诉。

第七章 附 则

第七十四条 本法自2001年10月1日起施行。

证券期货行政执法当事人承诺制度实施办法

(2021 年 10 月 26 日公布　中华人民共和国国务院令第 749 号
自 2022 年 1 月 1 日起施行)

第一条　为了规范证券期货领域行政执法当事人承诺制度的实施,保护投资者合法权益,维护市场秩序,提高行政执法效能,根据《中华人民共和国证券法》(以下简称《证券法》)等法律,制定本办法。

第二条　本办法所称行政执法当事人承诺,是指国务院证券监督管理机构对涉嫌证券期货违法的单位或者个人进行调查期间,被调查的当事人承诺纠正涉嫌违法行为、赔偿有关投资者损失、消除损害或者不良影响并经国务院证券监督管理机构认可,当事人履行承诺后国务院证券监督管理机构终止案件调查的行政执法方式。

第三条　行政执法当事人承诺制度的实施应当遵循公平、自愿、诚信原则,不得损害国家利益、社会公共利益和他人合法权益。

第四条　国务院证券监督管理机构应当确定专门的内设部门负责行政执法当事人承诺工作,并将该内设部门与负责案件调查的内设部门分别设置。

国务院证券监督管理机构应当建立健全内部监督和社会监督制度,加强对负责行政执法当事人承诺工作的内设部门以及相关人员执行法律、行政法规和遵守纪律情况的监督。

第五条　当事人自收到国务院证券监督管理机构案件调查法律文书之日至国务院证券监督管理机构作出行政处罚决定前,可以依照《证券法》等法律和本办法的规定,申请适用行政执法当事人承诺。国务院证券监督管理机构应当在送达当事人的案件调查法律文书中告知其有权依法申请适用行政执法当事人承诺。

第六条　当事人申请适用行政执法当事人承诺,应当提交申请书以及相关申请材料。申请书应当载明下列事项:

(一)当事人的基本情况;

(二)提出申请的主要事实和理由;

(三)当事人已采取或者承诺采取的纠正涉嫌违法行为、赔偿有关投资者损失、消除损害或者不良影响的措施;

(四)国务院证券监督管理机构规定的其他事项。

当事人应当对其所提交材料的真实性、准确性、完整性负责。

第七条　有下列情形之一的,国务院证券监督管理机构对适用行政执法当事人承诺的申请不予受理:

(一)当事人因证券期货犯罪被判处刑罚,自刑罚执行完毕之日起未逾3年,或者因证券期货违法行为受到行政处罚,自行政处罚执行完毕之日起未逾1年;

(二)当事人涉嫌证券期货犯罪,依法应当移送司法机关处理;

(三)当事人涉嫌证券期货违法行为情节严重、社会影响恶劣;

(四)当事人已提出适用行政执法当事人承诺的申请但未被受理,或者其申请已被受理但其作出的承诺未获得国务院证券监督管理机构认可,没有新事实、新理由,就同一案件再次提出申请;

(五)当事人因自身原因未履行或者未完全履行经国务院证券监督管理机构认可的承诺,就同一案件再次提出申请;

(六)国务院证券监督管理机构基于审慎监管原则认为不适用行政执法当事人承诺的其他情形。

第八条　国务院证券监督管理机构应当自收到当事人完整的申请材料之日起20个工作日内,作出受理或者不予受理的决定。决定受理的,发给受理通知书;决定不予受理的,应当书面通知当事人并说明理由。

第九条　国务院证券监督管理机构受理申请后,在与当事人签署承诺认可协议前,不停止对案件事实的调查。

第十条　国务院证券监督管理机构自受理申请之日起,可以根据当事人涉嫌违法行为造成的损失、损害或者不良影响等情况,就适用行政执法当事人承诺相关事项与当事人进行沟通协商。

当事人提交的材料以及在沟通协商时所作的陈述，只能用于实施行政执法当事人承诺。

第十一条 国务院证券监督管理机构与当事人进行沟通协商的期限为6个月。经国务院证券监督管理机构主要负责人或者其授权的其他负责人批准，可以延长沟通协商的期限，但延长的期限最长不超过6个月。

国务院证券监督管理机构与当事人沟通协商应当当面进行，并制作笔录。国务院证券监督管理机构与当事人进行沟通协商的工作人员不得少于2人，并应当向当事人出示执法证件。

国务院证券监督管理机构与当事人进行沟通协商的工作人员不得违反规定会见当事人及其委托的人。

第十二条 国务院证券监督管理机构相关工作人员与案件有直接利害关系或者有其他关系，可能影响公正执法的，应当回避。

当事人认为国务院证券监督管理机构相关工作人员有前款规定情形的，有权申请其回避。当事人提出回避申请，应当说明理由。国务院证券监督管理机构应当自当事人提出回避申请之日起3日内作出决定，并书面告知当事人。决定作出之前，被申请回避的人员不停止相关工作。

第十三条 国务院证券监督管理机构经与当事人沟通协商，认可当事人作出的承诺的，应当与当事人签署承诺认可协议。承诺认可协议应当载明下列事项：

（一）申请适用行政执法当事人承诺的事由；

（二）当事人涉嫌违法行为的主要事实；

（三）当事人承诺采取的纠正涉嫌违法行为、赔偿有关投资者损失、消除损害或者不良影响的具体措施；

（四）承诺金数额及交纳方式；

（五）当事人履行承诺的期限；

（六）保障当事人商业秘密、个人隐私等权利的措施；

（七）需要载明的其他事项。

本办法所称承诺金，是指当事人为适用行政执法当事人承诺而交纳的资金。

第十四条 国务院证券监督管理机构确定承诺金数额应当综合考虑下列因素:

(一)当事人因涉嫌违法行为可能获得的收益或者避免的损失;

(二)当事人涉嫌违法行为依法可能被处以罚款、没收违法所得的金额;

(三)投资者因当事人涉嫌违法行为所遭受的损失;

(四)签署承诺认可协议时案件所处的执法阶段;

(五)需要考虑的其他因素。

国务院证券监督管理机构可以就适用行政执法当事人承诺涉及的专业问题征求证券期货交易场所、证券登记结算机构、投资者保护机构等相关机构或者专家学者的意见。

第十五条 国务院证券监督管理机构与当事人签署承诺认可协议后,应当中止案件调查,向当事人出具中止调查决定书,并予以公告。

当事人完全履行承诺认可协议后,国务院证券监督管理机构应当终止案件调查,向当事人出具终止调查决定书,并予以公告。国务院证券监督管理机构出具终止调查决定书后,对当事人涉嫌实施的同一个违法行为不再重新调查。

申请适用行政执法当事人承诺的当事人为《证券法》等法律、行政法规和国务院证券监督管理机构规定的信息披露义务人的,应当依法履行信息披露义务。

第十六条 有下列情形之一的,国务院证券监督管理机构应当终止适用行政执法当事人承诺:

(一)当事人在签署承诺认可协议前撤回适用行政执法当事人承诺的申请;

(二)未能在本办法第十一条规定的期限内签署承诺认可协议;

(三)承诺认可协议签署后,当事人因自身原因未履行或者未完全履行承诺;

(四)承诺认可协议履行完毕前,发现当事人提交的材料存在虚假记载或者重大遗漏;

(五)承诺认可协议履行完毕前,当事人因涉嫌证券期货犯罪被依法立案。

发生前款规定情形的，国务院证券监督管理机构应当向当事人出具终止适用行政执法当事人承诺通知书；发生前款第一项至第四项情形的，还应当及时恢复案件调查。国务院证券监督管理机构在决定终止适用行政执法当事人承诺前，应当听取当事人的意见。

第十七条　国务院证券监督管理机构应当建立集体决策制度，讨论决定行政执法当事人承诺实施过程中的申请受理、签署承诺认可协议、中止或者终止案件调查等重大事项，并经国务院证券监督管理机构主要负责人或者其授权的其他负责人批准后执行。

第十八条　投资者因当事人涉嫌违法行为遭受损失的，可以向承诺金管理机构申请合理赔偿，也可以通过依法对当事人提起民事赔偿诉讼等其他途径获得赔偿。承诺金管理机构向投资者支付的赔偿总额不得超过涉及案件当事人实际交纳并用于赔偿的承诺金总额。投资者已通过其他途径获得赔偿的，不得就已获得赔偿的部分向承诺金管理机构申请赔偿。

承诺金管理和使用的具体办法由国务院证券监督管理机构会同国务院财政部门另行制定。

第十九条　当事人有下列情形之一的，由国务院证券监督管理机构记入证券期货市场诚信档案数据库，纳入全国信用信息共享平台，按照国家规定实施联合惩戒：

（一）因自身原因未履行或者未完全履行承诺；

（二）提交的材料存在虚假记载或者重大遗漏；

（三）违背诚信原则的其他情形。

第二十条　国务院证券监督管理机构工作人员违反规定适用行政执法当事人承诺，或者泄露履行职责中知悉的商业秘密、个人隐私的，依法给予处分；构成犯罪的，依法追究刑事责任。

第二十一条　本办法自2022年1月1日起施行。

中共中央办公厅、国务院办公厅印发《关于依法从严打击证券违法活动的意见》

（2021年7月6日公布　自2021年7月6日起施行）

近日，中共中央办公厅、国务院办公厅印发了《关于依法从严打击证券违法活动的意见》，并发出通知，要求各地区各部门结合实际认真贯彻落实。

《关于依法从严打击证券违法活动的意见》主要内容如下。

打击证券违法活动是维护资本市场秩序、有效发挥资本市场枢纽功能的重要保障。党的十八大以来，各有关方面认真贯彻党中央、国务院决策部署，扎实推进资本市场执法司法体系建设，依法打击资本市场违法活动，维护投资者合法权益，取得积极成效。同时，在经济金融环境深刻变化、资本市场改革开放不断深化背景下，资本市场违法行为仍较为突出，案件查处难度加大，相关执法司法等工作面临新形势新挑战。为进一步推动资本市场高质量发展，现就依法从严打击证券违法活动提出如下意见。

一、总体要求

（一）指导思想。以习近平新时代中国特色社会主义思想为指导，全面贯彻党的十九大和十九届二中、三中、四中、五中全会精神，坚持市场化、法治化方向，坚持建制度、不干预、零容忍，加强资本市场基础制度建设，健全依法从严打击证券违法活动体制机制，提高执法司法效能，有效防范化解重大风险，为加快建设规范、透明、开放、有活力、有韧性的资本市场提供有力支撑。

（二）工作原则

——坚持零容忍要求。依法严厉查处证券违法犯罪案件，加大对大案要案的查处力度，加强诚信约束惩戒，强化震慑效应。

——坚持法治原则。遵循公开、公平、公正原则，坚持严格执法、公正司法，统一标准、规范程序，提高专业化水平，提升透明度，不断增强公信力。

——坚持统筹协调。加强证券期货监督管理机构与公安、司法、市场监管等部门及有关地方的工作协同，形成高效打击证券违法活动的合力。

——坚持底线思维。将依法从严打击证券违法活动与有效防范化解风险、维护国家安全和社会稳定相结合，加强重点领域风险排查，强化源头风险防控，严防风险叠加共振、放大升级。

（三）主要目标。到2022年，资本市场违法犯罪法律责任制度体系建设取得重要进展，依法从严打击证券违法活动的执法司法体制和协调配合机制初步建立，证券违法犯罪成本显著提高，重大违法犯罪案件多发频发态势得到有效遏制，投资者权利救济渠道更加通畅，资本市场秩序明显改善。到2025年，资本市场法律体系更加科学完备，中国特色证券执法司法体制更加健全，证券执法司法透明度、规范性和公信力显著提升，行政执法与刑事司法衔接高效顺畅，崇法守信、规范透明、开放包容的良好资本市场生态全面形成。

二、完善资本市场违法犯罪法律责任制度体系

（四）完善证券立法机制。充分运用法律修正、法律解释、授权决定等形式，提高证券领域立法效率，增强法律供给及时性。

（五）加大刑事惩戒力度。贯彻实施刑法修正案（十一），同步修改有关刑事案件立案追诉标准，完善相关刑事司法解释和司法政策。

（六）完善行政法律制度。贯彻实施新修订的证券法，加快制定修订上市公司监督管理条例、证券公司监督管理条例、新三板市场监督管理条例、证券期货行政执法当事人承诺实施办法等配套法规制度，大幅提高违法违规成本。加快制定期货法，补齐期货市场监管执法制度短板。

（七）健全民事赔偿制度。抓紧推进证券纠纷代表人诉讼制度实施。修改因虚假陈述引发民事赔偿有关司法解释，取消民事赔偿诉讼前置程序。开展证券行业仲裁制度试点。

（八）强化市场约束机制。推进退市制度改革，强化退市监管，严格执行强制退市制度，研究完善已退市公司的监管和风险处置制度，健全上市公司优胜劣汰的良性循环机制。加强证券投资基金发行和运作监管，对严重违法违规的基金管理人依法实施市场退出，做好风险处置工作，保护基金持有人合法利益。完善交易场所、行业协会等对证券违法违规行为的自律监管制度。

三、建立健全依法从严打击证券违法活动的执法司法体制机制

（九）建立打击资本市场违法活动协调工作机制。成立打击资本市场违法活动协调工作小组，加大对重大案件的协调力度，完善信息共享机制，推进重要规则制定，协调解决重大问题。

（十）完善证券案件侦查体制机制。进一步发挥公安部证券犯罪侦查局派驻中国证监会的体制优势，完善线索研判、数据共享、情报导侦、协同办案等方面的行政刑事执法协作机制。进一步优化公安部证券犯罪侦查编制资源配置，加强一线侦查力量建设。

（十一）完善证券案件检察体制机制。根据案件数量、人员配备等情况，研究在检察机关内部组建金融犯罪办案团队。探索在中国证监会建立派驻检察的工作机制，通过参与案件线索会商研判、开展犯罪预防等，加强最高人民检察院与中国证监会、公安部的协同配合。加强证券领域检察队伍专业化建设。涉嫌重大犯罪案件移送公安机关时，同步抄送检察机关。

（十二）完善证券案件审判体制机制。充分利用现有审判资源，加强北京、深圳等证券交易场所所在地金融审判工作力量建设，探索统筹证券期货领域刑事、行政、民事案件的管辖和审理。深化金融审判专业化改革，加强金融审判队伍专业化建设。落实由中级法院和同级检察院办理证券犯罪第一审案件的级别管辖。加大行政处罚、司法判决的执行力度。建立专家咨询制度和专业人士担任人民陪审员的专门机制。

（十三）加强办案、审判基地建设。在证券交易场所、期货交易所所在地等部分地市的公安机关、检察机关、审判机关设立证券犯罪办案、审判基地。加强对证券犯罪办案基地的案件投放，并由对应的检察院、法院分别负责提起公诉、审判，通过犯罪地管辖或者指定管辖等方式，依法对证券犯罪案件适当集中管辖。

（十四）强化地方属地责任。加强中国证监会与地方政府及有关部门之间的信息互通和执法合作，研究建立资本市场重大违法案件内部通报制度，有效防范和约束办案中可能遇到的地方保护等阻力和干扰，推动高效查办案件。在坚持金融管理主要是中央事权前提下，强化属地风险处置责任。地方政府要规范各类区域性交易场所，依法打击各种非法证券期货活动，做好区域内金融风险防范处置工作，维护社会稳定。

四、强化重大证券违法犯罪案件惩治和重点领域执法

（十五）依法严厉查处大案要案。坚持分类监管、精准打击，全面提升证券违法大案要案查处质量和效率。依法从严从快从重查处欺诈发行、虚假陈述、操纵市场、内幕交易、利用未公开信息交易以及编造、传播虚假信息等重大违法案件。对资金占用、违规担保等严重侵害上市公司利益的行为，要依法严肃清查追偿，限期整改。加大对证券发行人控股股东、实际控制人、董事、监事、高级管理人员等有关责任人证券违法行为的追责力度。加强对中介机构的监管，存在证券违法行为的，依法严肃追究机构及其从业人员责任，对参与、协助财务造假等违法行为依法从重处罚。加快推进相关案件调查、处罚、移送等工作。依法严格控制缓刑适用。

（十六）依法严厉打击非法证券活动。加强市场监管、公安等部门与中国证监会的协同配合，完善跨部门协作机制，坚决取缔非法证券经营机构，坚决清理非法证券业务，坚决打击非法证券投资咨询等活动。加强场外配资监测，依法坚决打击规模化、体系化场外配资活动。严格核查证券投资资金来源合法性，严控杠杆率。加强涉地方交易场所案件的行政处置与司法审判工作衔接，有效防范区域性金融风险。

（十七）加强债券市场统一执法。强化对债券市场各类违法行为的统一执法，重点打击欺诈发行债券、信息披露造假、中介机构未勤勉尽责等违法行为。不断优化债券市场监管协作机制。

（十八）强化私募违法行为的法律责任。加大对私募领域非法集资、私募基金管理人及其从业人员侵占或挪用基金财产等行为的刑事打击力度。加快制定私募投资基金管理暂行条例，对创业投资企业和创业投资管理企业实行差异化监管和行业自律。

五、进一步加强跨境监管执法司法协作

(十九)加强跨境监管合作。完善数据安全、跨境数据流动、涉密信息管理等相关法律法规。抓紧修订关于加强在境外发行证券与上市相关保密和档案管理工作的规定,压实境外上市公司信息安全主体责任。加强跨境信息提供机制与流程的规范管理。坚持依法和对等原则,进一步深化跨境审计监管合作。探索加强国际证券执法协作的有效路径和方式,积极参与国际金融治理,推动建立打击跨境证券违法犯罪行为的执法联盟。

(二十)加强中概股监管。切实采取措施做好中概股公司风险及突发情况应对,推进相关监管制度体系建设。修改国务院关于股份有限公司境外募集股份及上市的特别规定,明确境内行业主管和监管部门职责,加强跨部门监管协同。

(二十一)建立健全资本市场法律域外适用制度。抓紧制定证券法有关域外适用条款的司法解释和配套规则,细化法律域外适用具体条件,明确执法程序、证据效力等事项。加强资本市场涉外审判工作,推动境外国家、地区与我国对司法判决的相互承认与执行。

六、着力提升证券执法司法能力和专业化水平

(二十二)增强证券执法能力。加强证券执法力量,优化证券稽查执法机构设置,推动完善符合资本市场发展需要的中国特色证券执法体制机制。充分发挥证券期货行政执法当事人承诺制度功能。完善证券违法线索举报奖励制度,加强违法线索举报受理平台建设。

(二十三)丰富证券执法手段。有效运用大数据、人工智能、区块链等技术,建立证券期货市场监测预警体系,构建以科技为支撑的现代化监管执法新模式,提高监管执法效能,加强对严重违法隐患的排查预警,做到有效预防、及时发现、精准打击。

(二十四)严格执法公正司法。牢固树立权责意识、证据意识、程序意识,切实提升执法司法专业性、规范性、权威性和公信力。加强统一执法,制定行政处罚裁量基准,规范执法行为。发挥复议监督、诉讼监督和检察监督作用,强化对监管执法机构的规范与监督,坚决纠正执法司法工作中的不规范现象,为资本市场发展营造公平公正的法治环境。

七、加强资本市场信用体系建设

（二十五）夯实资本市场诚信建设制度基础。在相关法律法规中增设诚信建设专门条款，建立资本市场诚信记录主体职责制度，明确市场参与主体诚信条件、义务和责任，依法合规开展资本市场失信惩戒和守信激励。

（二十六）建立健全信用承诺制度。建立资本市场行政许可信用承诺制度，明确适用主体范围和许可事项。将信用承诺事项及其履行情况纳入信用记录，作为事中事后监管的重要依据。对严重违反承诺的当事人，依法撤销有关行政许可。

（二十七）强化资本市场诚信监管。建立健全全国统一的资本市场诚信档案，全面记录资本市场参与主体诚信信息。健全诚信信息共享机制，加大信息归集、查询、公示力度。将相关信息纳入全国信用信息共享平台和“信用中国”网站，形成各方共建共治共享的资本市场诚信建设格局。

八、加强组织保障和监督问责

（二十八）加强组织领导。各地区各部门要高度重视资本市场执法司法工作，切实把思想和行动统一到党中央、国务院决策部署上来，明确职责分工，加强工作协同，落实工作责任，确保各项任务落到实处。

（二十九）加强舆论引导。做好立体化打击证券违法活动的新闻舆论工作，多渠道多平台强化对重点案件的执法宣传，充分发挥典型案件查处的警示教育作用，向市场传递零容忍明确信号，推动形成崇法守信的良好资本市场生态。

（三十）加强监督问责。坚持全面从严治党，坚决落实深化金融领域反腐败工作要求。执法司法机关与纪检监察机关协同推进风险处置和金融领域反腐败工作，坚决查处金融风险背后的各种腐败问题，同时注重防范腐败案件可能诱发的资本市场风险。优先查处可能影响资本市场重大改革进程、可能引发系统性风险的案件，以及监管工作人员与市场人员内外勾连等案件。依法严格规范证券监督管理机构工作人员到与原工作业务直接相关的企业或者其他营利性组织任职等行为。对不严格执行法律法规、发现线索不报、有案不立、查处不力以及影响干扰案件正常查办的，依规依纪依法严肃追究责任。

防范和处置非法集资条例

(2021 年 1 月 26 日公布　中华人民共和国国务院令第 737 号
自 2021 年 5 月 1 日起施行)

第一章　总　　则

第一条　为了防范和处置非法集资,保护社会公众合法权益,防范化解金融风险,维护经济秩序和社会稳定,制定本条例。

第二条　本条例所称非法集资,是指未经国务院金融管理部门依法许可或者违反国家金融管理规定,以许诺还本付息或者给予其他投资回报等方式,向不特定对象吸收资金的行为。

非法集资的防范以及行政机关对非法集资的处置,适用本条例。法律、行政法规对非法从事银行、证券、保险、外汇等金融业务活动另有规定的,适用其规定。

本条例所称国务院金融管理部门,是指中国人民银行、国务院金融监督管理机构和国务院外汇管理部门。

第三条　本条例所称非法集资人,是指发起、主导或者组织实施非法集资的单位和个人;所称非法集资协助人,是指明知是非法集资而为其提供帮助并获取经济利益的单位和个人。

第四条　国家禁止任何形式的非法集资,对非法集资坚持防范为主、打早打小、综合治理、稳妥处置的原则。

第五条　省、自治区、直辖市人民政府对本行政区域内防范和处置非法集资工作负总责,地方各级人民政府应当建立健全政府统一领导的防范和处置非法集资工作机制。县级以上地方人民政府应当明确防范和处置非法集资工作机制的牵头部门(以下简称处置非法集资牵头部门),有关部门以及国务院金融管理部门分支机构、派出机构等单位参加工作机制;乡镇人民政府应当明确牵头负责防范和处置非法集资工作的人员。上级地方人民政府应当督促、指导下级地方人民政府做好本行政区域防范和处置非法集资工作。

行业主管部门、监管部门应当按照职责分工,负责本行业、领域非法集资的防范和配合处置工作。

第六条 国务院建立处置非法集资部际联席会议(以下简称联席会议)制度。联席会议由国务院银行保险监督管理机构牵头,有关部门参加,负责督促、指导有关部门和地方开展防范和处置非法集资工作,协调解决防范和处置非法集资工作中的重大问题。

第七条 各级人民政府应当合理保障防范和处置非法集资工作相关经费,并列入本级预算。

第二章 防　　范

第八条 地方各级人民政府应当建立非法集资监测预警机制,纳入社会治安综合治理体系,发挥网格化管理和基层群众自治组织的作用,运用大数据等现代信息技术手段,加强对非法集资的监测预警。

行业主管部门、监管部门应当强化日常监督管理,负责本行业、领域非法集资的风险排查和监测预警。

联席会议应当建立健全全国非法集资监测预警体系,推动建设国家监测预警平台,促进地方、部门信息共享,加强非法集资风险研判,及时预警提示。

第九条 市场监督管理部门应当加强企业、个体工商户名称和经营范围等商事登记管理。除法律、行政法规和国家另有规定外,企业、个体工商户名称和经营范围中不得包含"金融"、"交易所"、"交易中心"、"理财"、"财富管理"、"股权众筹"等字样或者内容。

县级以上地方人民政府处置非法集资牵头部门、市场监督管理部门等有关部门应当建立会商机制,发现企业、个体工商户名称或者经营范围中包含前款规定以外的其他与集资有关的字样或者内容的,及时予以重点关注。

第十条 处置非法集资牵头部门会同互联网信息内容管理部门、电信主管部门加强对涉嫌非法集资的互联网信息和网站、移动应用程序等互联网应用的监测。经处置非法集资牵头部门组织认定为用于非法集资的,互联网信息内容管理部门、电信主管部门应当及时依法作出处理。

互联网信息服务提供者应当加强对用户发布信息的管理,不得制作、复制、发布、传播涉嫌非法集资的信息。发现涉嫌非法集资的信息,应当保存有关记录,并向处置非法集资牵头部门报告。

第十一条　除国家另有规定外,任何单位和个人不得发布包含集资内容的广告或者以其他方式向社会公众进行集资宣传。

市场监督管理部门会同处置非法集资牵头部门加强对涉嫌非法集资广告的监测。经处置非法集资牵头部门组织认定为非法集资的,市场监督管理部门应当及时依法查处相关非法集资广告。

广告经营者、广告发布者应当依照法律、行政法规查验相关证明文件,核对广告内容。对没有相关证明文件且包含集资内容的广告,广告经营者不得提供设计、制作、代理服务,广告发布者不得发布。

第十二条　处置非法集资牵头部门与所在地国务院金融管理部门分支机构、派出机构应当建立非法集资可疑资金监测机制。国务院金融管理部门及其分支机构、派出机构应当按照职责分工督促、指导金融机构、非银行支付机构加强对资金异常流动情况及其他涉嫌非法集资可疑资金的监测工作。

第十三条　金融机构、非银行支付机构应当履行下列防范非法集资的义务:

(一)建立健全内部管理制度,禁止分支机构和员工参与非法集资,防止他人利用其经营场所、销售渠道从事非法集资;

(二)加强对社会公众防范非法集资的宣传教育,在经营场所醒目位置设置警示标识;

(三)依法严格执行大额交易和可疑交易报告制度,对涉嫌非法集资资金异常流动的相关账户进行分析识别,并将有关情况及时报告所在地国务院金融管理部门分支机构、派出机构和处置非法集资牵头部门。

第十四条　行业协会、商会应当加强行业自律管理、自我约束,督促、引导成员积极防范非法集资,不组织、不协助、不参与非法集资。

第十五条　联席会议应当建立中央和地方上下联动的防范非法集资宣传教育工作机制,推动全国范围内防范非法集资宣传教育工作。

地方各级人民政府应当开展常态化的防范非法集资宣传教育工作，充分运用各类媒介或者载体，以法律政策解读、典型案例剖析、投资风险教育等方式，向社会公众宣传非法集资的违法性、危害性及其表现形式等，增强社会公众对非法集资的防范意识和识别能力。

行业主管部门、监管部门以及行业协会、商会应当根据本行业、领域非法集资风险特点，有针对性地开展防范非法集资宣传教育活动。

新闻媒体应当开展防范非法集资公益宣传，并依法对非法集资进行舆论监督。

第十六条　对涉嫌非法集资行为，任何单位和个人有权向处置非法集资牵头部门或者其他有关部门举报。

国家鼓励对涉嫌非法集资行为进行举报。处置非法集资牵头部门以及其他有关部门应当公开举报电话和邮箱等举报方式、在政府网站设置举报专栏，接受举报，及时依法处理，并为举报人保密。

第十七条　居民委员会、村民委员会发现所在区域有涉嫌非法集资行为的，应当向当地人民政府、处置非法集资牵头部门或者其他有关部门报告。

第十八条　处置非法集资牵头部门和行业主管部门、监管部门发现本行政区域或者本行业、领域可能存在非法集资风险的，有权对相关单位和个人进行警示约谈，责令整改。

第三章　处　　置

第十九条　对本行政区域内的下列行为，涉嫌非法集资的，处置非法集资牵头部门应当及时组织有关行业主管部门、监管部门以及国务院金融管理部门分支机构、派出机构进行调查认定：

（一）设立互联网企业、投资及投资咨询类企业、各类交易场所或者平台、农民专业合作社、资金互助组织以及其他组织吸收资金；

（二）以发行或者转让股权、债权，募集基金，销售保险产品，或者以从事各类资产管理、虚拟货币、融资租赁业务等名义吸收资金；

（三）在销售商品、提供服务、投资项目等商业活动中，以承诺给付货币、股权、实物等回报的形式吸收资金；

（四）违反法律、行政法规或者国家有关规定，通过大众传播媒介、

即时通信工具或者其他方式公开传播吸收资金信息;

(五)其他涉嫌非法集资的行为。

第二十条 对跨行政区域的涉嫌非法集资行为,非法集资人为单位的,由其登记地处置非法集资牵头部门组织调查认定;非法集资人为个人的,由其住所地或者经常居住地处置非法集资牵头部门组织调查认定。非法集资行为发生地、集资资产所在地以及集资参与人所在地处置非法集资牵头部门应当配合调查认定工作。

处置非法集资牵头部门对组织调查认定职责存在争议的,由其共同的上级处置非法集资牵头部门确定;对跨省、自治区、直辖市组织调查认定职责存在争议的,由联席会议确定。

第二十一条 处置非法集资牵头部门组织调查涉嫌非法集资行为,可以采取下列措施:

(一)进入涉嫌非法集资的场所进行调查取证;

(二)询问与被调查事件有关的单位和个人,要求其对有关事项作出说明;

(三)查阅、复制与被调查事件有关的文件、资料、电子数据等,对可能被转移、隐匿或者毁损的文件、资料、电子设备等予以封存;

(四)经处置非法集资牵头部门主要负责人批准,依法查询涉嫌非法集资的有关账户。

调查人员不得少于2人,并应当出示执法证件。

与被调查事件有关的单位和个人应当配合调查,不得拒绝、阻碍。

第二十二条 处置非法集资牵头部门对涉嫌非法集资行为组织调查,有权要求暂停集资行为,通知市场监督管理部门或者其他有关部门暂停为涉嫌非法集资的有关单位办理设立、变更或者注销登记。

第二十三条 经调查认定属于非法集资的,处置非法集资牵头部门应当责令非法集资人、非法集资协助人立即停止有关非法活动;发现涉嫌犯罪的,应当按照规定及时将案件移送公安机关,并配合做好相关工作。

行政机关对非法集资行为的调查认定,不是依法追究刑事责任的必经程序。

第二十四条 根据处置非法集资的需要,处置非法集资牵头部门可以采取下列措施：

（一）查封有关经营场所，查封、扣押有关资产；

（二）责令非法集资人、非法集资协助人追回、变价出售有关资产用于清退集资资金；

（三）经设区的市级以上地方人民政府处置非法集资牵头部门决定，按照规定通知出入境边防检查机关，限制非法集资的个人或者非法集资单位的控股股东、实际控制人、董事、监事、高级管理人员以及其他直接责任人员出境。

采取前款第一项、第二项规定的措施，应当经处置非法集资牵头部门主要负责人批准。

第二十五条　非法集资人、非法集资协助人应当向集资参与人清退集资资金。清退过程应当接受处置非法集资牵头部门监督。

任何单位和个人不得从非法集资中获取经济利益。

因参与非法集资受到的损失，由集资参与人自行承担。

第二十六条　清退集资资金来源包括：

（一）非法集资资金余额；

（二）非法集资资金的收益或者转换的其他资产及其收益；

（三）非法集资人及其股东、实际控制人、董事、监事、高级管理人员和其他相关人员从非法集资中获得的经济利益；

（四）非法集资人隐匿、转移的非法集资资金或者相关资产；

（五）在非法集资中获得的广告费、代言费、代理费、好处费、返点费、佣金、提成等经济利益；

（六）可以作为清退集资资金的其他资产。

第二十七条　为非法集资设立的企业、个体工商户和农民专业合作社，由市场监督管理部门吊销营业执照。为非法集资设立的网站、开发的移动应用程序等互联网应用，由电信主管部门依法予以关闭。

第二十八条　国务院金融管理部门及其分支机构、派出机构，地方人民政府有关部门以及其他有关单位和个人，对处置非法集资工作应当给予支持、配合。

任何单位和个人不得阻挠、妨碍处置非法集资工作。

第二十九条　处置非法集资过程中，有关地方人民政府应当采取有效措施维护社会稳定。

第四章　法律责任

第三十条　对非法集资人,由处置非法集资牵头部门处集资金额20%以上1倍以下的罚款。非法集资人为单位的,还可以根据情节轻重责令停产停业,由有关机关依法吊销许可证、营业执照或者登记证书;对其法定代表人或者主要负责人、直接负责的主管人员和其他直接责任人员给予警告,处50万元以上500万元以下的罚款。构成犯罪的,依法追究刑事责任。

第三十一条　对非法集资协助人,由处置非法集资牵头部门给予警告,处违法所得1倍以上3倍以下的罚款;构成犯罪的,依法追究刑事责任。

第三十二条　非法集资人、非法集资协助人不能同时履行所承担的清退集资资金和缴纳罚款义务时,先清退集资资金。

第三十三条　对依照本条例受到行政处罚的非法集资人、非法集资协助人,由有关部门建立信用记录,按照规定将其信用记录纳入全国信用信息共享平台。

第三十四条　互联网信息服务提供者未履行对涉嫌非法集资信息的防范和处置义务的,由有关主管部门责令改正,给予警告,没收违法所得;拒不改正或者情节严重的,处10万元以上50万元以下的罚款,并可以根据情节轻重责令暂停相关业务、停业整顿、关闭网站、吊销相关业务许可证或者吊销营业执照,对直接负责的主管人员和其他直接责任人员处1万元以上10万元以下的罚款。

广告经营者、广告发布者未按照规定查验相关证明文件、核对广告内容的,由市场监督管理部门责令改正,并依照《中华人民共和国广告法》的规定予以处罚。

第三十五条　金融机构、非银行支付机构未履行防范非法集资义务的,由国务院金融管理部门或者其分支机构、派出机构按照职责分工责令改正,给予警告,没收违法所得;造成严重后果的,处100万元以上500万元以下的罚款,对直接负责的主管人员和其他直接责任人员给予警告,处10万元以上50万元以下的罚款。

第三十六条 与被调查事件有关的单位和个人不配合调查，拒绝提供相关文件、资料、电子数据等或者提供虚假文件、资料、电子数据等的，由处置非法集资牵头部门责令改正，给予警告，处5万元以上50万元以下的罚款。

阻碍调查人员依法执行职务，构成违反治安管理行为的，由公安机关依法给予治安管理处罚；构成犯罪的，依法追究刑事责任。

第三十七条 国家机关工作人员有下列行为之一的，依法给予处分：

（一）明知所主管、监管的单位有涉嫌非法集资行为，未依法及时处理；

（二）未按照规定及时履行对非法集资的防范职责，或者不配合非法集资处置，造成严重后果；

（三）在防范和处置非法集资过程中滥用职权、玩忽职守、徇私舞弊；

（四）通过职务行为或者利用职务影响，支持、包庇、纵容非法集资。

前款规定的行为构成犯罪的，依法追究刑事责任。

第五章 附 则

第三十八条 各省、自治区、直辖市可以根据本条例制定防范和处置非法集资工作实施细则。

第三十九条 未经依法许可或者违反国家金融管理规定，擅自从事发放贷款、支付结算、票据贴现等金融业务活动的，由国务院金融管理部门或者地方金融管理部门按照监督管理职责分工进行处置。

法律、行政法规对其他非法金融业务活动的防范和处置没有明确规定的，参照本条例的有关规定执行。其他非法金融业务活动的具体类型由国务院金融管理部门确定。

第四十条 本条例自2021年5月1日起施行。1998年7月13日国务院发布的《非法金融机构和非法金融业务活动取缔办法》同时废止。

优化营商环境条例

(2019年10月22日公布　中华人民共和国国务院令第722号
自2020年1月1日起施行)

第一章　总　　则

第一条　为了持续优化营商环境,不断解放和发展社会生产力,加快建设现代化经济体系,推动高质量发展,制定本条例。

第二条　本条例所称营商环境,是指企业等市场主体在市场经济活动中所涉及的体制机制性因素和条件。

第三条　国家持续深化简政放权、放管结合、优化服务改革,最大限度减少政府对市场资源的直接配置,最大限度减少政府对市场活动的直接干预,加强和规范事中事后监管,着力提升政务服务能力和水平,切实降低制度性交易成本,更大激发市场活力和社会创造力,增强发展动力。

各级人民政府及其部门应当坚持政务公开透明,以公开为常态、不公开为例外,全面推进决策、执行、管理、服务、结果公开。

第四条　优化营商环境应当坚持市场化、法治化、国际化原则,以市场主体需求为导向,以深刻转变政府职能为核心,创新体制机制、强化协同联动、完善法治保障,对标国际先进水平,为各类市场主体投资兴业营造稳定、公平、透明、可预期的良好环境。

第五条　国家加快建立统一开放、竞争有序的现代市场体系,依法促进各类生产要素自由流动,保障各类市场主体公平参与市场竞争。

第六条　国家鼓励、支持、引导非公有制经济发展,激发非公有制经济活力和创造力。

国家进一步扩大对外开放,积极促进外商投资,平等对待内资企业、外商投资企业等各类市场主体。

第七条　各级人民政府应当加强对优化营商环境工作的组织领

导，完善优化营商环境的政策措施，建立健全统筹推进、督促落实优化营商环境工作的相关机制，及时协调、解决优化营商环境工作中的重大问题。

县级以上人民政府有关部门应当按照职责分工，做好优化营商环境的相关工作。县级以上地方人民政府根据实际情况，可以明确优化营商环境工作的主管部门。

国家鼓励和支持各地区、各部门结合实际情况，在法治框架内积极探索原创性、差异化的优化营商环境具体措施；对探索中出现失误或者偏差，符合规定条件的，可以予以免责或者减轻责任。

第八条　国家建立和完善以市场主体和社会公众满意度为导向的营商环境评价体系，发挥营商环境评价对优化营商环境的引领和督促作用。

开展营商环境评价，不得影响各地区、各部门正常工作，不得影响市场主体正常生产经营活动或者增加市场主体负担。

任何单位不得利用营商环境评价谋取利益。

第九条　市场主体应当遵守法律法规，恪守社会公德和商业道德，诚实守信、公平竞争，履行安全、质量、劳动者权益保护、消费者权益保护等方面的法定义务，在国际经贸活动中遵循国际通行规则。

第二章　市场主体保护

第十条　国家坚持权利平等、机会平等、规则平等，保障各种所有制经济平等受到法律保护。

第十一条　市场主体依法享有经营自主权。对依法应当由市场主体自主决策的各类事项，任何单位和个人不得干预。

第十二条　国家保障各类市场主体依法平等使用资金、技术、人力资源、土地使用权及其他自然资源等各类生产要素和公共服务资源。

各类市场主体依法平等适用国家支持发展的政策。政府及其有关部门在政府资金安排、土地供应、税费减免、资质许可、标准制定、项目申报、职称评定、人力资源政策等方面，应当依法平等对待各类市场主体，不得制定或者实施歧视性政策措施。

第十三条 招标投标和政府采购应当公开透明、公平公正,依法平等对待各类所有制和不同地区的市场主体,不得以不合理条件或者产品产地来源等进行限制或者排斥。

政府有关部门应当加强招标投标和政府采购监管,依法纠正和查处违法违规行为。

第十四条 国家依法保护市场主体的财产权和其他合法权益,保护企业经营者人身和财产安全。

严禁违反法定权限、条件、程序对市场主体的财产和企业经营者个人财产实施查封、冻结和扣押等行政强制措施;依法确需实施前述行政强制措施的,应当限定在所必需的范围内。

禁止在法律、法规规定之外要求市场主体提供财力、物力或者人力的摊派行为。市场主体有权拒绝任何形式的摊派。

第十五条 国家建立知识产权侵权惩罚性赔偿制度,推动建立知识产权快速协同保护机制,健全知识产权纠纷多元化解决机制和知识产权维权援助机制,加大对知识产权的保护力度。

国家持续深化商标注册、专利申请便利化改革,提高商标注册、专利申请审查效率。

第十六条 国家加大中小投资者权益保护力度,完善中小投资者权益保护机制,保障中小投资者的知情权、参与权,提升中小投资者维护合法权益的便利度。

第十七条 除法律、法规另有规定外,市场主体有权自主决定加入或者退出行业协会商会等社会组织,任何单位和个人不得干预。

除法律、法规另有规定外,任何单位和个人不得强制或者变相强制市场主体参加评比、达标、表彰、培训、考核、考试以及类似活动,不得借前述活动向市场主体收费或者变相收费。

第十八条 国家推动建立全国统一的市场主体维权服务平台,为市场主体提供高效、便捷的维权服务。

第三章 市场环境

第十九条 国家持续深化商事制度改革,统一企业登记业务规范,统一数据标准和平台服务接口,采用统一社会信用代码进行登记管理。

国家推进“证照分离”改革，持续精简涉企经营许可事项，依法采取直接取消审批、审批改为备案、实行告知承诺、优化审批服务等方式，对所有涉企经营许可事项进行分类管理，为企业取得营业执照后开展相关经营活动提供便利。除法律、行政法规规定的特定领域外，涉企经营许可事项不得作为企业登记的前置条件。

政府有关部门应当按照国家有关规定，简化企业从申请设立到具备一般性经营条件所需办理的手续。在国家规定的企业开办时限内，各地区应当确定并公开具体办理时间。

企业申请办理住所等相关变更登记的，有关部门应当依法及时办理，不得限制。除法律、法规、规章另有规定外，企业迁移后其持有的有效许可证件不再重复办理。

第二十条　国家持续放宽市场准入，并实行全国统一的市场准入负面清单制度。市场准入负面清单以外的领域，各类市场主体均可以依法平等进入。

各地区、各部门不得另行制定市场准入性质的负面清单。

第二十一条　政府有关部门应当加大反垄断和反不正当竞争执法力度，有效预防和制止市场经济活动中的垄断行为、不正当竞争行为以及滥用行政权力排除、限制竞争的行为，营造公平竞争的市场环境。

第二十二条　国家建立健全统一开放、竞争有序的人力资源市场体系，打破城乡、地区、行业分割和身份、性别等歧视，促进人力资源有序社会性流动和合理配置。

第二十三条　政府及其有关部门应当完善政策措施、强化创新服务，鼓励和支持市场主体拓展创新空间，持续推进产品、技术、商业模式、管理等创新，充分发挥市场主体在推动科技成果转化中的作用。

第二十四条　政府及其有关部门应当严格落实国家各项减税降费政策，及时研究解决政策落实中的具体问题，确保减税降费政策全面、及时惠及市场主体。

第二十五条　设立政府性基金、涉企行政事业性收费、涉企保证金，应当有法律、行政法规依据或者经国务院批准。对政府性基金、涉企行政事业性收费、涉企保证金以及实行政府定价的经营服务性收费,实行目录清单管理并向社会公开,目录清单之外的前述收费和保证金一律不得执行。推广以金融机构保函替代现金缴纳涉企保证金。

第二十六条 国家鼓励和支持金融机构加大对民营企业、中小企业的支持力度,降低民营企业、中小企业综合融资成本。

金融监督管理部门应当完善对商业银行等金融机构的监管考核和激励机制,鼓励、引导其增加对民营企业、中小企业的信贷投放,并合理增加中长期贷款和信用贷款支持,提高贷款审批效率。

商业银行等金融机构在授信中不得设置不合理条件,不得对民营企业、中小企业设置歧视性要求。商业银行等金融机构应当按照国家有关规定规范收费行为,不得违规向服务对象收取不合理费用。商业银行应当向社会公开开设企业账户的服务标准、资费标准和办理时限。

第二十七条 国家促进多层次资本市场规范健康发展,拓宽市场主体融资渠道,支持符合条件的民营企业、中小企业依法发行股票、债券以及其他融资工具,扩大直接融资规模。

第二十八条 供水、供电、供气、供热等公用企事业单位应当向社会公开服务标准、资费标准等信息,为市场主体提供安全、便捷、稳定和价格合理的服务,不得强迫市场主体接受不合理的服务条件,不得以任何名义收取不合理费用。各地区应当优化报装流程,在国家规定的报装办理时限内确定并公开具体办理时间。

政府有关部门应当加强对公用企事业单位运营的监督管理。

第二十九条 行业协会商会应当依照法律、法规和章程,加强行业自律,及时反映行业诉求,为市场主体提供信息咨询、宣传培训、市场拓展、权益保护、纠纷处理等方面的服务。

国家依法严格规范行业协会商会的收费、评比、认证等行为。

第三十条 国家加强社会信用体系建设,持续推进政务诚信、商务诚信、社会诚信和司法公信建设,提高全社会诚信意识和信用水平,维护信用信息安全,严格保护商业秘密和个人隐私。

第三十一条 地方各级人民政府及其有关部门应当履行向市场主体依法作出的政策承诺以及依法订立的各类合同,不得以行政区划调整、政府换届、机构或者职能调整以及相关责任人更替等为由违约毁约。因国家利益、社会公共利益需要改变政策承诺、合同约定的，应当依照法定权限和程序进行，并依法对市场主体因此受到的损失予以补偿。

第三十二条　国家机关、事业单位不得违约拖欠市场主体的货物、工程、服务等账款，大型企业不得利用优势地位拖欠中小企业账款。

县级以上人民政府及其有关部门应当加大对国家机关、事业单位拖欠市场主体账款的清理力度，并通过加强预算管理、严格责任追究等措施，建立防范和治理国家机关、事业单位拖欠市场主体账款的长效机制。

第三十三条　政府有关部门应当优化市场主体注销办理流程，精简申请材料、压缩办理时间、降低注销成本。对设立后未开展生产经营活动或者无债权债务的市场主体，可以按照简易程序办理注销。对有债权债务的市场主体，在债权债务依法解决后及时办理注销。

县级以上地方人民政府应当根据需要建立企业破产工作协调机制，协调解决企业破产过程中涉及的有关问题。

第四章　政务服务

第三十四条　政府及其有关部门应当进一步增强服务意识，切实转变工作作风，为市场主体提供规范、便利、高效的政务服务。

第三十五条　政府及其有关部门应当推进政务服务标准化，按照减环节、减材料、减时限的要求，编制并向社会公开政务服务事项（包括行政权力事项和公共服务事项，下同）标准化工作流程和办事指南，细化量化政务服务标准，压缩自由裁量权，推进同一事项实行无差别受理、同标准办理。没有法律、法规、规章依据，不得增设政务服务事项的办理条件和环节。

第三十六条　政府及其有关部门办理政务服务事项，应当根据实际情况，推行当场办结、一次办结、限时办结等制度，实现集中办理、就近办理、网上办理、异地可办。需要市场主体补正有关材料、手续的，应当一次性告知需要补正的内容；需要进行现场踏勘、现场核查、技术审查、听证论证的，应当及时安排、限时办结。

法律、法规、规章以及国家有关规定对政务服务事项办理时限有规定的，应当在规定的时限内尽快办结；没有规定的，应当按照合理、高效的原则确定办理时限并按时办结。各地区可以在国家规定的政务服务事项办理时限内进一步压减时间，并应当向社会公开；超过办理时间的，办理单位应当公开说明理由。

地方各级人民政府已设立政务服务大厅的，本行政区域内各类政务服务事项一般应当进驻政务服务大厅统一办理。对政务服务大厅中部门分设的服务窗口，应当创造条件整合为综合窗口，提供一站式服务。

第三十七条 国家加快建设全国一体化在线政务服务平台（以下称一体化在线平台），推动政务服务事项在全国范围内实现“一网通办”。除法律、法规另有规定或者涉及国家秘密等情形外，政务服务事项应当按照国务院确定的步骤，纳入一体化在线平台办理。

国家依托一体化在线平台，推动政务信息系统整合，优化政务流程，促进政务服务跨地区、跨部门、跨层级数据共享和业务协同。政府及其有关部门应当按照国家有关规定，提供数据共享服务，及时将有关政务服务数据上传至一体化在线平台，加强共享数据使用全过程管理，确保共享数据安全。

国家建立电子证照共享服务系统，实现电子证照跨地区、跨部门共享和全国范围内互信互认。各地区、各部门应当加强电子证照的推广应用。

各地区、各部门应当推动政务服务大厅与政务服务平台全面对接融合。市场主体有权自主选择政务服务办理渠道，行政机关不得限定办理渠道。

第三十八条 政府及其有关部门应当通过政府网站、一体化在线平台，集中公布涉及市场主体的法律、法规、规章、行政规范性文件和各类政策措施，并通过多种途径和方式加强宣传解读。

第三十九条 国家严格控制新设行政许可。新设行政许可应当按照行政许可法和国务院的规定严格设定标准，并进行合法性、必要性和合理性审查论证。对通过事中事后监管或者市场机制能够解决以及行政许可法和国务院规定不得设立行政许可的事项，一律不得设立行政许可，严禁以备案、登记、注册、目录、规划、年检、年报、监制、认定、认证、审定以及其他任何形式变相设定或者实施行政许可。

法律、行政法规和国务院决定对相关管理事项已作出规定，但未采取行政许可管理方式的，地方不得就该事项设定行政许可。对相关管理事项尚未制定法律、行政法规的，地方可以依法就该事项设定行政许可。

第四十条 国家实行行政许可清单管理制度，适时调整行政许可清单并向社会公布，清单之外不得违法实施行政许可。

国家大力精简已有行政许可。对已取消的行政许可，行政机关不得继续实施或者变相实施，不得转由行业协会商会或者其他组织实施。

对实行行政许可管理的事项，行政机关应当通过整合实施、下放审批层级等多种方式，优化审批服务，提高审批效率，减轻市场主体负担。符合相关条件和要求的，可以按照有关规定采取告知承诺的方式办理。

第四十一条 县级以上地方人民政府应当深化投资审批制度改革，根据项目性质、投资规模等分类规范投资审批程序，精简审批要件，简化技术审查事项，强化项目决策与用地、规划等建设条件落实的协同，实行与相关审批在线并联办理。

第四十二条 设区的市级以上地方人民政府应当按照国家有关规定，优化工程建设项目（不包括特殊工程和交通、水利、能源等领域的重大工程）审批流程，推行并联审批、多图联审、联合竣工验收等方式，简化审批手续，提高审批效能。

在依法设立的开发区、新区和其他有条件的区域，按照国家有关规定推行区域评估，由设区的市级以上地方人民政府组织对一定区域内压覆重要矿产资源、地质灾害危险性等事项进行统一评估，不再对区域内的市场主体单独提出评估要求。区域评估的费用不得由市场主体承担。

第四十三条 作为办理行政审批条件的中介服务事项（以下称法定行政审批中介服务）应当有法律、法规或者国务院决定依据；没有依据的,不得作为办理行政审批的条件。中介服务机构应当明确办理法定行政审批中介服务的条件、流程、时限、收费标准,并向社会公开。

国家加快推进中介服务机构与行政机关脱钩。行政机关不得为市场主体指定或者变相指定中介服务机构;除法定行政审批中介服务外,不得强制或者变相强制市场主体接受中介服务。行政机关所属事业单位、主管的社会组织及其举办的企业不得开展与本机关所负责行政审批相关的中介服务,法律、行政法规另有规定的除外。

行政机关在行政审批过程中需要委托中介服务机构开展技术性服务的,应当通过竞争性方式选择中介服务机构,并自行承担服务费用,不得转嫁给市场主体承担。

第四十四条 证明事项应当有法律、法规或者国务院决定依据。

设定证明事项,应当坚持确有必要、从严控制的原则。对通过法定证照、法定文书、书面告知承诺、政府部门内部核查和部门间核查、网络核验、合同凭证等能够办理,能够被其他材料涵盖或者替代,以及开具单位无法调查核实的,不得设定证明事项。

政府有关部门应当公布证明事项清单,逐项列明设定依据、索要单位、开具单位、办理指南等。清单之外,政府部门、公用企事业单位和服务机构不得索要证明。各地区、各部门之间应当加强证明的互认共享,避免重复索要证明。

第四十五条 政府及其有关部门应当按照国家促进跨境贸易便利化的有关要求,依法削减进出口环节审批事项,取消不必要的监管要求,优化简化通关流程,提高通关效率,清理规范口岸收费,降低通关成本,推动口岸和国际贸易领域相关业务统一通过国际贸易“单一窗口”办理。

第四十六条 税务机关应当精简办税资料和流程,简并申报缴税次数,公开涉税事项办理时限,压减办税时间,加大推广使用电子发票的力度,逐步实现全程网上办税,持续优化纳税服务。

第四十七条 不动产登记机构应当按照国家有关规定,加强部门协作,实行不动产登记、交易和缴税一窗受理、并行办理,压缩办理时间,降低办理成本。在国家规定的不动产登记时限内,各地区应当确定并公开具体办理时间。

国家推动建立统一的动产和权利担保登记公示系统,逐步实现市场主体在一个平台上办理动产和权利担保登记。纳入统一登记公示系统的动产和权利范围另行规定。

第四十八条　政府及其有关部门应当按照构建亲清新型政商关系的要求,建立畅通有效的政企沟通机制,采取多种方式及时听取市场主体的反映和诉求,了解市场主体生产经营中遇到的困难和问题,并依法帮助其解决。

建立政企沟通机制,应当充分尊重市场主体意愿,增强针对性和有效性,不得干扰市场主体正常生产经营活动,不得增加市场主体负担。

第四十九条　政府及其有关部门应当建立便利、畅通的渠道,受理有关营商环境的投诉和举报。

第五十条　新闻媒体应当及时、准确宣传优化营商环境的措施和成效,为优化营商环境创造良好舆论氛围。

国家鼓励对营商环境进行舆论监督,但禁止捏造虚假信息或者歪曲事实进行不实报道。

第五章　监 管 执 法

第五十一条　政府有关部门应当严格按照法律法规和职责,落实监管责任,明确监管对象和范围、厘清监管事权,依法对市场主体进行监管,实现监管全覆盖。

第五十二条　国家健全公开透明的监管规则和标准体系。国务院有关部门应当分领域制定全国统一、简明易行的监管规则和标准,并向社会公开。

第五十三条　政府及其有关部门应当按照国家关于加快构建以信用为基础的新型监管机制的要求,创新和完善信用监管,强化信用监管的支撑保障,加强信用监管的组织实施,不断提升信用监管效能。

第五十四条　国家推行“双随机、一公开”监管,除直接涉及公共安全和人民群众生命健康等特殊行业、重点领域外,市场监管领域的行政检查应当通过随机抽取检查对象、随机选派执法检查人员、抽查事项及查处结果及时向社会公开的方式进行。针对同一检查对象的多个检查事项,应当尽可能合并或者纳入跨部门联合抽查范围。

对直接涉及公共安全和人民群众生命健康等特殊行业、重点领域,依法依规实行全覆盖的重点监管,并严格规范重点监管的程序;对通过投诉举报、转办交办、数据监测等发现的问题,应当有针对性地进行检查并依法依规处理。

第五十五条 政府及其有关部门应当按照鼓励创新的原则,对新技术、新产业、新业态、新模式等实行包容审慎监管,针对其性质、特点分类制定和实行相应的监管规则和标准,留足发展空间,同时确保质量和安全,不得简单化予以禁止或者不予监管。

第五十六条 政府及其有关部门应当充分运用互联网、大数据等技术手段,依托国家统一建立的在线监管系统,加强监管信息归集共享和关联整合,推行以远程监管、移动监管、预警防控为特征的非现场监管,提升监管的精准化、智能化水平。

第五十七条 国家建立健全跨部门、跨区域行政执法联动响应和协作机制,实现违法线索互联、监管标准互通、处理结果互认。

国家统筹配置行政执法职能和执法资源,在相关领域推行综合行政执法,整合精简执法队伍,减少执法主体和执法层级,提高基层执法能力。

第五十八条 行政执法机关应当按照国家有关规定,全面落实行政执法公示、行政执法全过程记录和重大行政执法决定法制审核制度,实现行政执法信息及时准确公示、行政执法全过程留痕和可回溯管理、重大行政执法决定法制审核全覆盖。

第五十九条 行政执法中应当推广运用说服教育、劝导示范、行政指导等非强制性手段,依法慎重实施行政强制。采用非强制性手段能够达到行政管理目的的,不得实施行政强制;违法行为情节轻微或者社会危害较小的,可以不实施行政强制;确需实施行政强制的,应当尽可能减少对市场主体正常生产经营活动的影响。

开展清理整顿、专项整治等活动,应当严格依法进行,除涉及人民群众生命安全、发生重特大事故或者举办国家重大活动,并报经有权机关批准外,不得在相关区域采取要求相关行业、领域的市场主体普遍停产、停业的措施。

禁止将罚没收入与行政执法机关利益挂钩。

第六十条　国家健全行政执法自由裁量基准制度，合理确定裁量范围、种类和幅度，规范行政执法自由裁量权的行使。

第六章　法 治 保 障

第六十一条　国家根据优化营商环境需要，依照法定权限和程序及时制定或者修改、废止有关法律、法规、规章、行政规范性文件。

优化营商环境的改革措施涉及调整实施现行法律、行政法规等有关规定的，依照法定程序经有权机关授权后，可以先行先试。

第六十二条　制定与市场主体生产经营活动密切相关的行政法规、规章、行政规范性文件，应当按照国务院的规定，充分听取市场主体、行业协会商会的意见。

除依法需要保密外，制定与市场主体生产经营活动密切相关的行政法规、规章、行政规范性文件，应当通过报纸、网络等向社会公开征求意见，并建立健全意见采纳情况反馈机制。向社会公开征求意见的期限一般不少于30日。

第六十三条　制定与市场主体生产经营活动密切相关的行政法规、规章、行政规范性文件，应当按照国务院的规定进行公平竞争审查。

制定涉及市场主体权利义务的行政规范性文件，应当按照国务院的规定进行合法性审核。

市场主体认为地方性法规同行政法规相抵触，或者认为规章同法律、行政法规相抵触的，可以向国务院书面提出审查建议，由有关机关按照规定程序处理。

第六十四条　没有法律、法规或者国务院决定和命令依据的，行政规范性文件不得减损市场主体合法权益或者增加其义务，不得设置市场准入和退出条件，不得干预市场主体正常生产经营活动。

涉及市场主体权利义务的行政规范性文件应当按照法定要求和程序予以公布，未经公布的不得作为行政管理依据。

第六十五条　制定与市场主体生产经营活动密切相关的行政法规、规章、行政规范性文件，应当结合实际，确定是否为市场主体留出必要的适应调整期。

政府及其有关部门应当统筹协调、合理把握规章、行政规范性文件等的出台节奏，全面评估政策效果，避免因政策叠加或者相互不协调对市场主体正常生产经营活动造成不利影响。

第六十六条　国家完善调解、仲裁、行政裁决、行政复议、诉讼等有机衔接、相互协调的多元化纠纷解决机制，为市场主体提供高效、便捷的纠纷解决途径。

第六十七条　国家加强法治宣传教育，落实国家机关普法责任制，提高国家工作人员依法履职能力，引导市场主体合法经营、依法维护自身合法权益，不断增强全社会的法治意识，为营造法治化营商环境提供基础性支撑。

第六十八条　政府及其有关部门应当整合律师、公证、司法鉴定、调解、仲裁等公共法律服务资源，加快推进公共法律服务体系建设，全面提升公共法律服务能力和水平，为优化营商环境提供全方位法律服务。

第六十九条　政府和有关部门及其工作人员有下列情形之一的，依法依规追究责任：

（一）违法干预应当由市场主体自主决策的事项；

（二）制定或者实施政策措施不依法平等对待各类市场主体；

（三）违反法定权限、条件、程序对市场主体的财产和企业经营者个人财产实施查封、冻结和扣押等行政强制措施；

（四）在法律、法规规定之外要求市场主体提供财力、物力或者人力；

（五）没有法律、法规依据，强制或者变相强制市场主体参加评比、达标、表彰、培训、考核、考试以及类似活动，或者借前述活动向市场主体收费或者变相收费；

（六）违法设立或者在目录清单之外执行政府性基金、涉企行政事业性收费、涉企保证金；

（七）不履行向市场主体依法作出的政策承诺以及依法订立的各类合同，或者违约拖欠市场主体的货物、工程、服务等账款；

（八）变相设定或者实施行政许可，继续实施或者变相实施已取消

的行政许可,或者转由行业协会商会或者其他组织实施已取消的行政许可;

(九)为市场主体指定或者变相指定中介服务机构,或者违法强制市场主体接受中介服务;

(十)制定与市场主体生产经营活动密切相关的行政法规、规章、行政规范性文件时,不按照规定听取市场主体、行业协会商会的意见;

(十一)其他不履行优化营商环境职责或者损害营商环境的情形。

第七十条　公用企事业单位有下列情形之一的,由有关部门责令改正,依法追究法律责任:

(一)不向社会公开服务标准、资费标准、办理时限等信息;

(二)强迫市场主体接受不合理的服务条件;

(三)向市场主体收取不合理费用。

第七十一条　行业协会商会、中介服务机构有下列情形之一的,由有关部门责令改正,依法追究法律责任:

(一)违法开展收费、评比、认证等行为;

(二)违法干预市场主体加入或者退出行业协会商会等社会组织;

(三)没有法律、法规依据,强制或者变相强制市场主体参加评比、达标、表彰、培训、考核、考试以及类似活动,或者借前述活动向市场主体收费或者变相收费;

(四)不向社会公开办理法定行政审批中介服务的条件、流程、时限、收费标准;

(五)违法强制或者变相强制市场主体接受中介服务。

第七章　附　　则

第七十二条　本条例自2020年1月1日起施行。

企业国有资产监督管理暂行条例(2019年修订)

(2003年5月27日中华人民共和国国务院令第378号公布 根据2011年1月8日国务院令第588号《国务院关于废止和修改部分行政法规的决定》第一次修订 根据2019年3月2日国务院令第709号《国务院关于修改部分行政法规的决定》第二次修订)

第一章 总 则

第一条 为建立适应社会主义市场经济需要的国有资产监督管理体制,进一步搞好国有企业,推动国有经济布局和结构的战略性调整,发展和壮大国有经济,实现国有资产保值增值,制定本条例。

第二条 国有及国有控股企业、国有参股企业中的国有资产的监督管理,适用本条例。

金融机构中的国有资产的监督管理,不适用本条例。

第三条 本条例所称企业国有资产,是指国家对企业各种形式的投资和投资所形成的权益,以及依法认定为国家所有的其他权益。

第四条 企业国有资产属于国家所有。国家实行由国务院和地方人民政府分别代表国家履行出资人职责,享有所有者权益,权利、义务和责任相统一,管资产和管人、管事相结合的国有资产管理体制。

第五条 国务院代表国家对关系国民经济命脉和国家安全的大型国有及国有控股、国有参股企业,重要基础设施和重要自然资源等领域的国有及国有控股、国有参股企业,履行出资人职责。国务院履行出资人职责的企业,由国务院确定、公布。

省、自治区、直辖市人民政府和设区的市、自治州级人民政府分别代表国家对由国务院履行出资人职责以外的国有及国有控股、国有参股企业，履行出资人职责。其中，省、自治区、直辖市人民政府履行出资人职责的国有及国有控股、国有参股企业，由省、自治区、直辖市人民政府确定、公布，并报国务院国有资产监督管理机构备案；其他由设区的市、自治州级人民政府履行出资人职责的国有及国有控股、国有参股企业，由设区的市、自治州级人民政府确定、公布，并报省、自治区、直辖市人民政府国有资产监督管理机构备案。

国务院，省、自治区、直辖市人民政府，设区的市、自治州级人民政府履行出资人职责的企业，以下统称所出资企业。

第六条　国务院，省、自治区、直辖市人民政府，设区的市、自治州级人民政府，分别设立国有资产监督管理机构。国有资产监督管理机构根据授权，依法履行出资人职责，依法对企业国有资产进行监督管理。

企业国有资产较少的设区的市、自治州，经省、自治区、直辖市人民政府批准，可以不单独设立国有资产监督管理机构。

第七条　各级人民政府应当严格执行国有资产管理法律、法规，坚持政府的社会公共管理职能与国有资产出资人职能分开，坚持政企分开，实行所有权与经营权分离。

国有资产监督管理机构不行使政府的社会公共管理职能，政府其他机构、部门不履行企业国有资产出资人职责。

第八条　国有资产监督管理机构应当依照本条例和其他有关法律、行政法规的规定，建立健全内部监督制度，严格执行法律、行政法规。

第九条　发生战争、严重自然灾害或者其他重大、紧急情况时，国家可以依法统一调用、处置企业国有资产。

第十条　所出资企业及其投资设立的企业，享有有关法律、行政法规规定的企业经营自主权。

国有资产监督管理机构应当支持企业依法自主经营，除履行出资人职责以外，不得干预企业的生产经营活动。

第十一条　所出资企业应当努力提高经济效益，对其经营管理的企业国有资产承担保值增值责任。

所出资企业应当接受国有资产监督管理机构依法实施的监督管

理,不得损害企业国有资产所有者和其他出资人的合法权益。

第二章 国有资产监督管理机构

第十二条 国务院国有资产监督管理机构是代表国务院履行出资人职责、负责监督管理企业国有资产的直属特设机构。

省、自治区、直辖市人民政府国有资产监督管理机构,设区的市、自治州级人民政府国有资产监督管理机构是代表本级政府履行出资人职责、负责监督管理企业国有资产的直属特设机构。

上级政府国有资产监督管理机构依法对下级政府的国有资产监督管理工作进行指导和监督。

第十三条 国有资产监督管理机构的主要职责是:

(一)依照《中华人民共和国公司法》等法律、法规,对所出资企业履行出资人职责,维护所有者权益;

(二)指导推进国有及国有控股企业的改革和重组;

(三)依照规定向所出资企业委派监事;

(四)依照法定程序对所出资企业的企业负责人进行任免、考核,并根据考核结果对其进行奖惩;

(五)通过统计、稽核等方式对企业国有资产的保值增值情况进行监管;

(六)履行出资人的其他职责和承办本级政府交办的其他事项。

国务院国有资产监督管理机构除前款规定职责外,可以制定企业国有资产监督管理的规章、制度。

第十四条 国有资产监督管理机构的主要义务是:

(一)推进国有资产合理流动和优化配置,推动国有经济布局和结构的调整;

(二)保持和提高关系国民经济命脉和国家安全领域国有经济的控制力和竞争力,提高国有经济的整体素质;

(三)探索有效的企业国有资产经营体制和方式,加强企业国有资产监督管理工作,促进企业国有资产保值增值,防止企业国有资产流失;

(四)指导和促进国有及国有控股企业建立现代企业制度,完善法人治理结构,推进管理现代化;

（五）尊重、维护国有及国有控股企业经营自主权，依法维护企业合法权益，促进企业依法经营管理，增强企业竞争力；

（六）指导和协调解决国有及国有控股企业改革与发展中的困难和问题。

第十五条　国有资产监督管理机构应当向本级政府报告企业国有资产监督管理工作、国有资产保值增值状况和其他重大事项。

第三章　企业负责人管理

第十六条　国有资产监督管理机构应当建立健全适应现代企业制度要求的企业负责人的选用机制和激励约束机制。

第十七条　国有资产监督管理机构依照有关规定，任免或者建议任免所出资企业的企业负责人：

（一）任免国有独资企业的总经理、副总经理、总会计师及其他企业负责人；

（二）任免国有独资公司的董事长、副董事长、董事，并向其提出总经理、副总经理、总会计师等的任免建议；

（三）依照公司章程，提出向国有控股的公司派出的董事、监事人选，推荐国有控股的公司的董事长、副董事长和监事会主席人选，并向其提出总经理、副总经理、总会计师人选的建议；

（四）依照公司章程，提出向国有参股的公司派出的董事、监事人选。

国务院，省、自治区、直辖市人民政府，设区的市、自治州级人民政府，对所出资企业的企业负责人的任免另有规定的，按照有关规定执行。

第十八条　国有资产监督管理机构应当建立企业负责人经营业绩考核制度，与其任命的企业负责人签订业绩合同，根据业绩合同对企业负责人进行年度考核和任期考核。

第十九条　国有资产监督管理机构应当依照有关规定，确定所出资企业中的国有独资企业、国有独资公司的企业负责人的薪酬；依据考核结果，决定其向所出资企业派出的企业负责人的奖惩。

第四章 企业重大事项管理

第二十条 国有资产监督管理机构负责指导国有及国有控股企业建立现代企业制度，审核批准其所出资企业中的国有独资企业、国有独资公司的重组、股份制改造方案和所出资企业中的国有独资公司的章程。

第二十一条 国有资产监督管理机构依照法定程序决定其所出资企业中的国有独资企业、国有独资公司的分立、合并、破产、解散、增减资本、发行公司债券等重大事项。其中，重要的国有独资企业、国有独资公司分立、合并、破产、解散的，应当由国有资产监督管理机构审核后，报本级人民政府批准。

国有资产监督管理机构依照法定程序审核、决定国防科技工业领域其所出资企业中的国有独资企业、国有独资公司的有关重大事项时，按照国家有关法律、规定执行。

第二十二条 国有资产监督管理机构依照公司法的规定，派出股东代表、董事，参加国有控股的公司、国有参股的公司的股东会、董事会。

国有控股的公司、国有参股的公司的股东会、董事会决定公司的分立、合并、破产、解散、增减资本、发行公司债券、任免企业负责人等重大事项时，国有资产监督管理机构派出的股东代表、董事，应当按照国有资产监督管理机构的指示发表意见、行使表决权。

国有资产监督管理机构派出的股东代表、董事，应当将其履行职责的有关情况及时向国有资产监督管理机构报告。

第二十三条 国有资产监督管理机构决定其所出资企业的国有股权转让。其中，转让全部国有股权或者转让部分国有股权致使国家不再拥有控股地位的，报本级人民政府批准。

第二十四条 所出资企业投资设立的重要子企业的重大事项，需由所出资企业报国有资产监督管理机构批准的，管理办法由国务院国有资产监督管理机构另行制定，报国务院批准。

第二十五条 国有资产监督管理机构依照国家有关规定组织协调所出资企业中的国有独资企业、国有独资公司的兼并破产工作，并配合有关部门做好企业下岗职工安置等工作。

第二十六条　国有资产监督管理机构依照国家有关规定拟订所出资企业收入分配制度改革的指导意见，调控所出资企业工资分配的总体水平。

第二十七条　国有资产监督管理机构可以对所出资企业中具备条件的国有独资企业、国有独资公司进行国有资产授权经营。

被授权的国有独资企业、国有独资公司对其全资、控股、参股企业中国家投资形成的国有资产依法进行经营、管理和监督。

第二十八条　被授权的国有独资企业、国有独资公司应当建立和完善规范的现代企业制度，并承担企业国有资产的保值增值责任。

第五章　企业国有资产管理

第二十九条　国有资产监督管理机构依照国家有关规定，负责企业国有资产的产权界定、产权登记、资产评估监管、清产核资、资产统计、综合评价等基础管理工作。

国有资产监督管理机构协调其所出资企业之间的企业国有资产产权纠纷。

第三十条　国有资产监督管理机构应当建立企业国有资产产权交易监督管理制度，加强企业国有资产产权交易的监督管理，促进企业国有资产的合理流动，防止企业国有资产流失。

第三十一条　国有资产监督管理机构对其所出资企业的企业国有资产收益依法履行出资人职责；对其所出资企业的重大投融资规划、发展战略和规划，依照国家发展规划和产业政策履行出资人职责。

第三十二条　所出资企业中的国有独资企业、国有独资公司的重大资产处置，需由国有资产监督管理机构批准的，依照有关规定执行。

第六章　企业国有资产监督

第三十三条　国有资产监督管理机构依法对所出资企业财务进行监督，建立和完善国有资产保值增值指标体系，维护国有资产出资人的权益。

第三十四条　国有及国有控股企业应当加强内部监督和风险控

制,依照国家有关规定建立健全财务、审计、企业法律顾问和职工民主监督等制度。

第三十五条 所出资企业中的国有独资企业、国有独资公司应当按照规定定期向国有资产监督管理机构报告财务状况、生产经营状况和国有资产保值增值状况。

第七章 法律责任

第三十六条 国有资产监督管理机构不按规定任免或者建议任免所出资企业的企业负责人,或者违法干预所出资企业的生产经营活动,侵犯其合法权益,造成企业国有资产损失或者其他严重后果的,对直接负责的主管人员和其他直接责任人员依法给予行政处分;构成犯罪的,依法追究刑事责任。

第三十七条 所出资企业中的国有独资企业、国有独资公司未按照规定向国有资产监督管理机构报告财务状况、生产经营状况和国有资产保值增值状况的,予以警告;情节严重的,对直接负责的主管人员和其他直接责任人员依法给予纪律处分。

第三十八条 国有及国有控股企业的企业负责人滥用职权、玩忽职守,造成企业国有资产损失的,应负赔偿责任,并对其依法给予纪律处分;构成犯罪的,依法追究刑事责任。

第三十九条 对企业国有资产损失负有责任受到撤职以上纪律处分的国有及国有控股企业的企业负责人,5 年内不得担任任何国有及国有控股企业的企业负责人;造成企业国有资产重大损失或者被判处刑罚的,终身不得担任任何国有及国有控股企业的企业负责人。

第八章 附 则

第四十条 国有及国有控股企业、国有参股企业的组织形式、组织机构、权利和义务等,依照《中华人民共和国公司法》等法律、行政法规和本条例的规定执行。

第四十一条 国有及国有控股企业、国有参股企业中中国共产党基层组织建设、社会主义精神文明建设和党风廉政建设,依照《中国共产党章程》和有关规定执行。

国有及国有控股企业、国有参股企业中工会组织依照《中华人民共和国工会法》和《中国工会章程》的有关规定执行。

第四十二条　国务院国有资产监督管理机构，省、自治区、直辖市人民政府可以依据本条例制定实施办法。

第四十三条　本条例施行前制定的有关企业国有资产监督管理的行政法规与本条例不一致的，依照本条例的规定执行。

第四十四条　政企尚未分开的单位，应当按照国务院的规定，加快改革，实现政企分开。政企分开后的企业，由国有资产监督管理机构依法履行出资人职责，依法对企业国有资产进行监督管理。

第四十五条　本条例自公布之日起施行。

期货交易管理条例(2017年修订)

(2007年3月6日　中华人民共和国国务院令第489号公布　根据2012年10月24日国务院令第627号《国务院关于修改〈期货交易管理条例〉的决定》第一次修订　根据2013年7月18日国务院令第638号《国务院关于废止和修改部分行政法规的决定》第二次修订　根据2016年2月6日国务院令第666号《国务院关于修改部分行政法规的决定》第三次修订　根据2017年3月1日国务院令第676号《国务院关于修改和废止部分行政法规的决定》第四次修订)

第一章　总　　则

第一条　为了规范期货交易行为，加强对期货交易的监督管理，维护期货市场秩序，防范风险，保护期货交易各方的合法权益和社会公共利益，促进期货市场积极稳妥发展，制定本条例。

第二条　任何单位和个人从事期货交易及其相关活动，应当遵守本条例。

本条例所称期货交易,是指采用公开的集中交易方式或者国务院期货监督管理机构批准的其他方式进行的以期货合约或者期权合约为交易标的的交易活动。

本条例所称期货合约,是指期货交易场所统一制定的、规定在将来某一特定的时间和地点交割一定数量标的物的标准化合约。期货合约包括商品期货合约和金融期货合约及其他期货合约。

本条例所称期权合约,是指期货交易场所统一制定的、规定买方有权在将来某一时间以特定价格买入或者卖出约定标的物(包括期货合约)的标准化合约。

第三条 从事期货交易活动,应当遵循公开、公平、公正和诚实信用的原则。禁止欺诈、内幕交易和操纵期货交易价格等违法行为。

第四条 期货交易应当在依照本条例第六条第一款规定设立的期货交易所、国务院批准的或者国务院期货监督管理机构批准的其他期货交易场所进行。

禁止在前款规定的期货交易场所之外进行期货交易。

第五条 国务院期货监督管理机构对期货市场实行集中统一的监督管理。

国务院期货监督管理机构派出机构依照本条例的有关规定和国务院期货监督管理机构的授权,履行监督管理职责。

第二章　期货交易所

第六条 设立期货交易所,由国务院期货监督管理机构审批。

未经国务院批准或者国务院期货监督管理机构批准,任何单位或者个人不得设立期货交易场所或者以任何形式组织期货交易及其相关活动。

第七条 期货交易所不以营利为目的,按照其章程的规定实行自律管理。期货交易所以其全部财产承担民事责任。期货交易所的负责人由国务院期货监督管理机构任免。

期货交易所的管理办法由国务院期货监督管理机构制定。

第八条 期货交易所会员应当是在中华人民共和国境内登记注册的企业法人或者其他经济组织。

期货交易所可以实行会员分级结算制度。实行会员分级结算制度的期货交易所会员由结算会员和非结算会员组成。

第九条　有《中华人民共和国公司法》第一百四十六条规定的情形或者下列情形之一的，不得担任期货交易所的负责人、财务会计人员：

（一）因违法行为或者违纪行为被解除职务的期货交易所、证券交易所、证券登记结算机构的负责人，或者期货公司、证券公司的董事、监事、高级管理人员，以及国务院期货监督管理机构规定的其他人员，自被解除职务之日起未逾5年；

（二）因违法行为或者违纪行为被撤销资格的律师、注册会计师或者投资咨询机构、财务顾问机构、资信评级机构、资产评估机构、验证机构的专业人员，自被撤销资格之日起未逾5年。

第十条　期货交易所应当依照本条例和国务院期货监督管理机构的规定，建立、健全各项规章制度，加强对交易活动的风险控制和对会员以及交易所工作人员的监督管理。期货交易所履行下列职责：

（一）提供交易的场所、设施和服务；

（二）设计合约，安排合约上市；

（三）组织并监督交易、结算和交割；

（四）为期货交易提供集中履约担保；

（五）按照章程和交易规则对会员进行监督管理；

（六）国务院期货监督管理机构规定的其他职责。

期货交易所不得直接或者间接参与期货交易。未经国务院期货监督管理机构审核并报国务院批准，期货交易所不得从事信托投资、股票投资、非自用不动产投资等与其职责无关的业务。

第十一条　期货交易所应当按照国家有关规定建立、健全下列风险管理制度：

（一）保证金制度；

（二）当日无负债结算制度；

（三）涨跌停板制度；

（四）持仓限额和大户持仓报告制度；

（五）风险准备金制度；

（六）国务院期货监督管理机构规定的其他风险管理制度。

实行会员分级结算制度的期货交易所,还应当建立、健全结算担保金制度。

第十二条 当期货市场出现异常情况时,期货交易所可以按照其章程规定的权限和程序,决定采取下列紧急措施,并应当立即报告国务院期货监督管理机构:

(一)提高保证金;

(二)调整涨跌停板幅度;

(三)限制会员或者客户的最大持仓量;

(四)暂时停止交易;

(五)采取其他紧急措施。

前款所称异常情况,是指在交易中发生操纵期货交易价格的行为或者发生不可抗拒的突发事件以及国务院期货监督管理机构规定的其他情形。

异常情况消失后,期货交易所应当及时取消紧急措施。

第十三条 期货交易所办理下列事项,应当经国务院期货监督管理机构批准:

(一)制定或者修改章程、交易规则;

(二)上市、中止、取消或者恢复交易品种;

(三)国务院期货监督管理机构规定的其他事项。

国务院期货监督管理机构批准期货交易所上市新的交易品种,应当征求国务院有关部门的意见。

第十四条 期货交易所的所得收益按照国家有关规定管理和使用,但应当首先用于保证期货交易场所、设施的运行和改善。

第三章 期货公司

第十五条 期货公司是依照《中华人民共和国公司法》和本条例规定设立的经营期货业务的金融机构。设立期货公司,应当在公司登记机关登记注册,并经国务院期货监督管理机构批准。

未经国务院期货监督管理机构批准,任何单位或者个人不得设立或者变相设立期货公司,经营期货业务。

第十六条 申请设立期货公司,应当符合《中华人民共和国公司法》的规定，并具备下列条件：

（一）注册资本最低限额为人民币3000万元；

（二）董事、监事、高级管理人员具备任职条件，从业人员具有期货从业资格；

（三）有符合法律、行政法规规定的公司章程；

（四）主要股东以及实际控制人具有持续盈利能力，信誉良好，最近3年无重大违法违规记录；

（五）有合格的经营场所和业务设施；

（六）有健全的风险管理和内部控制制度；

（七）国务院期货监督管理机构规定的其他条件。

国务院期货监督管理机构根据审慎监管原则和各项业务的风险程度，可以提高注册资本最低限额。注册资本应当是实缴资本。股东应当以货币或者期货公司经营必需的非货币财产出资，货币出资比例不得低于85%。

国务院期货监督管理机构应当在受理期货公司设立申请之日起6个月内，根据审慎监管原则进行审查，作出批准或者不批准的决定。

未经国务院期货监督管理机构批准，任何单位和个人不得委托或者接受他人委托持有或者管理期货公司的股权。

第十七条　期货公司业务实行许可制度，由国务院期货监督管理机构按照其商品期货、金融期货业务种类颁发许可证。期货公司除申请经营境内期货经纪业务外，还可以申请经营境外期货经纪、期货投资咨询以及国务院期货监督管理机构规定的其他期货业务。

期货公司不得从事与期货业务无关的活动，法律、行政法规或者国务院期货监督管理机构另有规定的除外。

期货公司不得从事或者变相从事期货自营业务。

期货公司不得为其股东、实际控制人或者其他关联人提供融资，不得对外担保。

第十八条　期货公司从事经纪业务，接受客户委托，以自己的名义为客户进行期货交易，交易结果由客户承担。

第十九条　期货公司办理下列事项，应当经国务院期货监督管理机构批准：

(一)合并、分立、停业、解散或者破产;

(二)变更业务范围;

(三)变更注册资本且调整股权结构;

(四)新增持有5%以上股权的股东或者控股股东发生变化;

(五)国务院期货监督管理机构规定的其他事项。

前款第三项、第五项所列事项,国务院期货监督管理机构应当自受理申请之日起20日内作出批准或者不批准的决定;前款所列其他事项,国务院期货监督管理机构应当自受理申请之日起2个月内作出批准或者不批准的决定。

第二十条 期货公司或者其分支机构有《中华人民共和国行政许可法》第七十条规定的情形或者下列情形之一的,国务院期货监督管理机构应当依法办理期货业务许可证注销手续:

(一)营业执照被公司登记机关依法注销;

(二)成立后无正当理由超过3个月未开始营业,或者开业后无正当理由停业连续3个月以上;

(三)主动提出注销申请;

(四)国务院期货监督管理机构规定的其他情形。

期货公司在注销期货业务许可证前,应当结清相关期货业务,并依法返还客户的保证金和其他资产。期货公司分支机构在注销经营许可证前,应当终止经营活动,妥善处理客户资产。

第二十一条 期货公司应当建立、健全并严格执行业务管理规则、风险管理制度,遵守信息披露制度,保障客户保证金的存管安全,按照期货交易所的规定,向期货交易所报告大户名单、交易情况。

第二十二条 其他期货经营机构从事期货投资咨询业务,应当遵守国务院期货监督管理机构的规定。

第四章 期货交易基本规则

第二十三条 在期货交易所进行期货交易的,应当是期货交易所会员。

符合规定条件的境外机构,可以在期货交易所从事特定品种的期货交易。具体办法由国务院期货监督管理机构制定。

第二十四条 期货公司接受客户委托为其进行期货交易,应当事先向客户出示风险说明书,经客户签字确认后,与客户签订书面合同。期货公司不得未经客户委托或者不按照客户委托内容,擅自进行期货交易。

期货公司不得向客户作获利保证;不得在经纪业务中与客户约定分享利益或者共担风险。

第二十五条 下列单位和个人不得从事期货交易,期货公司不得接受其委托为其进行期货交易:

(一)国家机关和事业单位;

(二)国务院期货监督管理机构、期货交易所、期货保证金安全存管监控机构和期货业协会的工作人员;

(三)证券、期货市场禁止进入者;

(四)未能提供开户证明材料的单位和个人;

(五)国务院期货监督管理机构规定不得从事期货交易的其他单位和个人。

第二十六条 客户可以通过书面、电话、互联网或者国务院期货监督管理机构规定的其他方式,向期货公司下达交易指令。客户的交易指令应当明确、全面。

期货公司不得隐瞒重要事项或者使用其他不正当手段诱骗客户发出交易指令。

第二十七条 期货交易所应当及时公布上市品种合约的成交量、成交价、持仓量、最高价与最低价、开盘价与收盘价和其他应当公布的即时行情,并保证即时行情的真实、准确。期货交易所不得发布价格预测信息。

未经期货交易所许可,任何单位和个人不得发布期货交易即时行情。

第二十八条 期货交易应当严格执行保证金制度。期货交易所向会员、期货公司向客户收取的保证金,不得低于国务院期货监督管理机构、期货交易所规定的标准,并应当与自有资金分开,专户存放。

期货交易所向会员收取的保证金,属于会员所有,除用于会员的交易结算外,严禁挪作他用。

期货公司向客户收取的保证金,属于客户所有,除下列可划转的情形外,严禁挪作他用:

(一)依据客户的要求支付可用资金;

(二)为客户交存保证金,支付手续费、税款;

(三)国务院期货监督管理机构规定的其他情形。

第二十九条 期货公司应当为每一个客户单独开立专门账户、设置交易编码,不得混码交易。

第三十条 期货公司经营期货经纪业务又同时经营其他期货业务的,应当严格执行业务分离和资金分离制度,不得混合操作。

第三十一条 期货交易所、期货公司、非期货公司结算会员应当按照国务院期货监督管理机构、财政部门的规定提取、管理和使用风险准备金,不得挪用。

第三十二条 期货交易的收费项目、收费标准和管理办法由国务院有关主管部门统一制定并公布。

第三十三条 期货交易的结算,由期货交易所统一组织进行。

期货交易所实行当日无负债结算制度。期货交易所应当在当日及时将结算结果通知会员。

期货公司根据期货交易所的结算结果对客户进行结算,并应当将结算结果按照与客户约定的方式及时通知客户。客户应当及时查询并妥善处理自己的交易持仓。

第三十四条 期货交易所会员的保证金不足时,应当及时追加保证金或者自行平仓。会员未在期货交易所规定的时间内追加保证金或者自行平仓的,期货交易所应当将该会员的合约强行平仓,强行平仓的有关费用和发生的损失由该会员承担。

客户保证金不足时,应当及时追加保证金或者自行平仓。客户未在期货公司规定的时间内及时追加保证金或者自行平仓的,期货公司应当将该客户的合约强行平仓,强行平仓的有关费用和发生的损失由该客户承担。

第三十五条 期货交易的交割,由期货交易所统一组织进行。

交割仓库由期货交易所指定。期货交易所不得限制实物交割总量,并应当与交割仓库签订协议,明确双方的权利和义务。交割仓库不得有下列行为：

（一）出具虚假仓单；

（二）违反期货交易所业务规则，限制交割商品的入库、出库；

（三）泄露与期货交易有关的商业秘密；

（四）违反国家有关规定参与期货交易；

（五）国务院期货监督管理机构规定的其他行为。

第三十六条 会员在期货交易中违约的，期货交易所先以该会员的保证金承担违约责任；保证金不足的，期货交易所应当以风险准备金和自有资金代为承担违约责任，并由此取得对该会员的相应追偿权。

客户在期货交易中违约的，期货公司先以该客户的保证金承担违约责任；保证金不足的，期货公司应当以风险准备金和自有资金代为承担违约责任，并由此取得对该客户的相应追偿权。

第三十七条 实行会员分级结算制度的期货交易所，应当向结算会员收取结算担保金。期货交易所只对结算会员结算，收取和追收保证金，以结算担保金、风险准备金、自有资金代为承担违约责任，以及采取其他相关措施；对非结算会员的结算、收取和追收保证金、代为承担违约责任，以及采取其他相关措施，由结算会员执行。

第三十八条 期货交易所、期货公司和非期货公司结算会员应当保证期货交易、结算、交割资料的完整和安全。

第三十九条 任何单位或者个人不得编造、传播有关期货交易的虚假信息，不得恶意串通、联手买卖或者以其他方式操纵期货交易价格。

第四十条 任何单位或者个人不得违规使用信贷资金、财政资金进行期货交易。

银行业金融机构从事期货交易融资或者担保业务的资格，由国务院银行业监督管理机构批准。

第四十一条 国有以及国有控股企业进行境内外期货交易，应当遵循套期保值的原则，严格遵守国务院国有资产监督管理机构以及其他有关部门关于企业以国有资产进入期货市场的有关规定。

第四十二条 境外期货项下购汇、结汇以及外汇收支，应当符合国家外汇管理有关规定。

境内单位或者个人从事境外期货交易的办法,由国务院期货监督管理机构会同国务院商务主管部门、国有资产监督管理机构、银行业监督管理机构、外汇管理部门等有关部门制订,报国务院批准后施行。

第五章 期货业协会

第四十三条 期货业协会是期货业的自律性组织,是社会团体法人。

期货公司以及其他专门从事期货经营的机构应当加入期货业协会,并缴纳会员费。

第四十四条 期货业协会的权力机构为全体会员组成的会员大会。

期货业协会的章程由会员大会制定,并报国务院期货监督管理机构备案。

期货业协会设理事会。理事会成员按照章程的规定选举产生。

第四十五条 期货业协会履行下列职责:

(一)教育和组织会员遵守期货法律法规和政策;

(二)制定会员应当遵守的行业自律性规则,监督、检查会员行为,对违反协会章程和自律性规则的,按照规定给予纪律处分;

(三)负责期货从业人员资格的认定、管理以及撤销工作;

(四)受理客户与期货业务有关的投诉,对会员之间、会员与客户之间发生的纠纷进行调解;

(五)依法维护会员的合法权益,向国务院期货监督管理机构反映会员的建议和要求;

(六)组织期货从业人员的业务培训,开展会员间的业务交流;

(七)组织会员就期货业的发展、运作以及有关内容进行研究;

(八)期货业协会章程规定的其他职责。

期货业协会的业务活动应当接受国务院期货监督管理机构的指导和监督。

第六章 监督管理

第四十六条 国务院期货监督管理机构对期货市场实施监督管

理，依法履行下列职责：

（一）制定有关期货市场监督管理的规章、规则，并依法行使审批权；

（二）对品种的上市、交易、结算、交割等期货交易及其相关活动，进行监督管理；

（三）对期货交易所、期货公司及其他期货经营机构、非期货公司结算会员、期货保证金安全存管监控机构、期货保证金存管银行、交割仓库等市场相关参与者的期货业务活动，进行监督管理；

（四）制定期货从业人员的资格标准和管理办法，并监督实施；

（五）监督检查期货交易的信息公开情况；

（六）对期货业协会的活动进行指导和监督；

（七）对违反期货市场监督管理法律、行政法规的行为进行查处；

（八）开展与期货市场监督管理有关的国际交流、合作活动；

（九）法律、行政法规规定的其他职责。

第四十七条　国务院期货监督管理机构依法履行职责，可以采取下列措施：

（一）对期货交易所、期货公司及其他期货经营机构、非期货公司结算会员、期货保证金安全存管监控机构和交割仓库进行现场检查。

（二）进入涉嫌违法行为发生场所调查取证。

（三）询问当事人和与被调查事件有关的单位和个人，要求其对与被调查事件有关的事项作出说明。

（四）查阅、复制与被调查事件有关的财产权登记等资料。

（五）查阅、复制当事人和与被调查事件有关的单位和个人的期货交易记录、财务会计资料以及其他相关文件和资料；对可能被转移、隐匿或者毁损的文件和资料，可以予以封存。

（六）查询与被调查事件有关的单位的保证金账户和银行账户。

（七）在调查操纵期货交易价格、内幕交易等重大期货违法行为时，经国务院期货监督管理机构主要负责人批准，可以限制被调查事件当事人的期货交易，但限制的时间不得超过 15 个交易日；案情复杂的，可以延长至 30 个交易日。

（八）法律、行政法规规定的其他措施。

第四十八条 期货交易所、期货公司及其他期货经营机构、期货保证金安全存管监控机构,应当向国务院期货监督管理机构报送财务会计报告、业务资料和其他有关资料。

对期货公司及其他期货经营机构报送的年度报告,国务院期货监督管理机构应当指定专人进行审核,并制作审核报告。审核人员应当在审核报告上签字。审核中发现问题的,国务院期货监督管理机构应当及时采取相应措施。

必要时,国务院期货监督管理机构可以要求非期货公司结算会员、交割仓库,以及期货公司股东、实际控制人或者其他关联人报送相关资料。

第四十九条 国务院期货监督管理机构依法履行职责,进行监督检查或者调查时,被检查、调查的单位和个人应当配合,如实提供有关文件和资料,不得拒绝、阻碍和隐瞒;其他有关部门和单位应当给予支持和配合。

第五十条 国家根据期货市场发展的需要,设立期货投资者保障基金。

期货投资者保障基金的筹集、管理和使用的具体办法,由国务院期货监督管理机构会同国务院财政部门制定。

第五十一条 国务院期货监督管理机构应当建立、健全保证金安全存管监控制度,设立期货保证金安全存管监控机构。

客户和期货交易所、期货公司及其他期货经营机构、非期货公司结算会员以及期货保证金存管银行,应当遵守国务院期货监督管理机构有关保证金安全存管监控的规定。

第五十二条 期货保证金安全存管监控机构依照有关规定对保证金安全实施监控,进行每日稽核,发现问题应当立即报告国务院期货监督管理机构。国务院期货监督管理机构应当根据不同情况,依照本条例有关规定及时处理。

第五十三条 国务院期货监督管理机构对期货交易所和期货保证金安全存管监控机构的董事、监事、高级管理人员,实行资格管理制度。

第五十四条 国务院期货监督管理机构应当制定期货公司持续

性经营规则，对期货公司的净资本与净资产的比例，净资本与境内期货经纪、境外期货经纪等业务规模的比例，流动资产与流动负债的比例等风险监管指标作出规定；对期货公司及其分支机构的经营条件、风险管理、内部控制、保证金存管、关联交易等方面提出要求。

第五十五条 期货公司及其分支机构不符合持续性经营规则或者出现经营风险的，国务院期货监督管理机构可以对期货公司及其董事、监事和高级管理人员采取谈话、提示、记入信用记录等监管措施或者责令期货公司限期整改，并对其整改情况进行检查验收。

期货公司逾期未改正，其行为严重危及期货公司的稳健运行、损害客户合法权益，或者涉嫌严重违法违规正在被国务院期货监督管理机构调查的，国务院期货监督管理机构可以区别情形，对其采取下列措施：

（一）限制或者暂停部分期货业务；

（二）停止批准新增业务；

（三）限制分配红利，限制向董事、监事、高级管理人员支付报酬、提供福利；

（四）限制转让财产或者在财产上设定其他权利；

（五）责令更换董事、监事、高级管理人员或者有关业务部门、分支机构的负责人员，或者限制其权利；

（六）限制期货公司自有资金或者风险准备金的调拨和使用；

（七）责令控股股东转让股权或者限制有关股东行使股东权利。

对经过整改符合有关法律、行政法规规定以及持续性经营规则要求的期货公司，国务院期货监督管理机构应当自验收完毕之日起 3 日内解除对其采取的有关措施。

对经过整改仍未达到持续性经营规则要求，严重影响正常经营的期货公司，国务院期货监督管理机构有权撤销其部分或者全部期货业务许可、关闭其分支机构。

第五十六条 期货公司违法经营或者出现重大风险，严重危害期货市场秩序、损害客户利益的，国务院期货监督管理机构可以对该期货公司采取责令停业整顿、指定其他机构托管或者接管等监管措施。经国务院期货监督管理机构批准，可以对该期货公司直接负责的董

事、监事、高级管理人员和其他直接责任人员采取以下措施:

(一)通知出境管理机关依法阻止其出境;

(二)申请司法机关禁止其转移、转让或者以其他方式处分财产,或者在财产上设定其他权利。

第五十七条 期货公司的股东有虚假出资或者抽逃出资行为的,国务院期货监督管理机构应当责令其限期改正,并可责令其转让所持期货公司的股权。

在股东按照前款要求改正违法行为、转让所持期货公司的股权前,国务院期货监督管理机构可以限制其股东权利。

第五十八条 当期货市场出现异常情况时,国务院期货监督管理机构可以采取必要的风险处置措施。

第五十九条 期货公司的交易软件、结算软件,应当满足期货公司审慎经营和风险管理以及国务院期货监督管理机构有关保证金安全存管监控规定的要求。期货公司的交易软件、结算软件不符合要求的,国务院期货监督管理机构有权要求期货公司予以改进或者更换。

国务院期货监督管理机构可以要求期货公司的交易软件、结算软件的供应商提供该软件的相关资料,供应商应当予以配合。国务院期货监督管理机构对供应商提供的相关资料负有保密义务。

第六十条 期货公司涉及重大诉讼、仲裁,或者股权被冻结或者用于担保,以及发生其他重大事件时,期货公司及其相关股东、实际控制人应当自该事件发生之日起5日内向国务院期货监督管理机构提交书面报告。

第六十一条 会计师事务所、律师事务所、资产评估机构等中介服务机构向期货交易所和期货公司等市场相关参与者提供相关服务时,应当遵守期货法律、行政法规以及国家有关规定,并按照国务院期货监督管理机构的要求提供相关资料。

第六十二条 国务院期货监督管理机构应当与有关部门建立监督管理的信息共享和协调配合机制。

国务院期货监督管理机构可以和其他国家或者地区的期货监督管理机构建立监督管理合作机制,实施跨境监督管理。

第六十三条　国务院期货监督管理机构、期货交易所、期货保证金安全存管监控机构和期货保证金存管银行等相关单位的工作人员，应当忠于职守，依法办事，公正廉洁，保守国家秘密和有关当事人的商业秘密，不得利用职务便利牟取不正当的利益。

第七章　法律责任

第六十四条　期货交易所、非期货公司结算会员有下列行为之一的，责令改正，给予警告，没收违法所得：

（一）违反规定接纳会员的；

（二）违反规定收取手续费的；

（三）违反规定使用、分配收益的；

（四）不按照规定公布即时行情的，或者发布价格预测信息的；

（五）不按照规定向国务院期货监督管理机构履行报告义务的；

（六）不按照规定向国务院期货监督管理机构报送有关文件、资料的；

（七）不按照规定建立、健全结算担保金制度的；

（八）不按照规定提取、管理和使用风险准备金的；

（九）违反国务院期货监督管理机构有关保证金安全存管监控规定的；

（十）限制会员实物交割总量的；

（十一）任用不具备资格的期货从业人员的；

（十二）违反国务院期货监督管理机构规定的其他行为。

有前款所列行为之一的，对直接负责的主管人员和其他直接责任人员给予纪律处分，处1万元以上10万元以下的罚款。

有本条第一款第二项所列行为的，应当责令退还多收取的手续费。

期货保证金安全存管监控机构有本条第一款第五项、第六项、第九项、第十一项、第十二项所列行为的，依照本条第一款、第二款的规定处罚、处分。期货保证金存管银行有本条第一款第九项、第十二项所列行为的，依照本条第一款、第二款的规定处罚、处分。

第六十五条　期货交易所有下列行为之一的，责令改正，给予警告，没收违法所得，并处违法所得1倍以上5倍以下的罚款；没有违法所得或者违法所得不满10万元的，并处10万元以上50万元以下的罚款；情节严重的，责令停业整顿：

（一）未经批准，擅自办理本条例第十三条所列事项的；

（二）允许会员在保证金不足的情况下进行期货交易的；

（三）直接或者间接参与期货交易，或者违反规定从事与其职责无关的业务的；

（四）违反规定收取保证金，或者挪用保证金的；

（五）伪造、涂改或者不按照规定保存期货交易、结算、交割资料的；

（六）未建立或者未执行当日无负债结算、涨跌停板、持仓限额和大户持仓报告制度的；

（七）拒绝或者妨碍国务院期货监督管理机构监督检查的；

（八）违反国务院期货监督管理机构规定的其他行为。

有前款所列行为之一的，对直接负责的主管人员和其他直接责任人员给予纪律处分，处1万元以上10万元以下的罚款。

非期货公司结算会员有本条第一款第二项、第四项至第八项所列行为之一的，依照本条第一款、第二款的规定处罚、处分。

期货保证金安全存管监控机构有本条第一款第三项、第七项、第八项所列行为的，依照本条第一款、第二款的规定处罚、处分。

第六十六条 期货公司有下列行为之一的，责令改正，给予警告，没收违法所得，并处违法所得1倍以上3倍以下的罚款；没有违法所得或者违法所得不满10万元的，并处10万元以上30万元以下的罚款；情节严重的，责令停业整顿或者吊销期货业务许可证：

（一）接受不符合规定条件的单位或者个人委托的；

（二）允许客户在保证金不足的情况下进行期货交易的；

（三）未经批准，擅自办理本条例第十九条所列事项的；

（四）违反规定从事与期货业务无关的活动的；

（五）从事或者变相从事期货自营业务的；

（六）为其股东、实际控制人或者其他关联人提供融资，或者对外担保的；

（七）违反国务院期货监督管理机构有关保证金安全存管监控规定的；

（八）不按照规定向国务院期货监督管理机构履行报告义务或者报送有关文件、资料的；

（九）交易软件、结算软件不符合期货公司审慎经营和风险管理以及国务院期货监督管理机构有关保证金安全存管监控规定的要求的；

（十）不按照规定提取、管理和使用风险准备金的；

（十一）伪造、涂改或者不按照规定保存期货交易、结算、交割资料的；

（十二）任用不具备资格的期货从业人员的；

（十三）伪造、变造、出租、出借、买卖期货业务许可证或者经营许可证的；

（十四）进行混码交易的；

（十五）拒绝或者妨碍国务院期货监督管理机构监督检查的；

（十六）违反国务院期货监督管理机构规定的其他行为。

期货公司有前款所列行为之一的，对直接负责的主管人员和其他直接责任人员给予警告，并处1万元以上5万元以下的罚款；情节严重的，暂停或者撤销期货从业人员资格。

期货公司之外的其他期货经营机构有本条第一款第八项、第十二项、第十三项、第十五项、第十六项所列行为的，依照本条第一款、第二款的规定处罚。

期货公司的股东、实际控制人或者其他关联人未经批准擅自委托他人或者接受他人委托持有或者管理期货公司股权的，拒不配合国务院期货监督管理机构的检查，拒不按照规定履行报告义务、提供有关信息和资料，或者报送、提供的信息和资料有虚假记载、误导性陈述或者重大遗漏的，依照本条第一款、第二款的规定处罚。

第六十七条　期货公司有下列欺诈客户行为之一的，责令改正，给予警告，没收违法所得，并处违法所得1倍以上5倍以下的罚款；没有违法所得或者违法所得不满10万元的，并处10万元以上50万元以下的罚款；情节严重的，责令停业整顿或者吊销期货业务许可证：

(一)向客户作获利保证或者不按照规定向客户出示风险说明书的;

(二)在经纪业务中与客户约定分享利益、共担风险的;

(三)不按照规定接受客户委托或者不按照客户委托内容擅自进行期货交易的;

(四)隐瞒重要事项或者使用其他不正当手段,诱骗客户发出交易指令的;

(五)向客户提供虚假成交回报的;

(六)未将客户交易指令下达到期货交易所的;

(七)挪用客户保证金的;

(八)不按照规定在期货保证金存管银行开立保证金账户,或者违规划转客户保证金的;

(九)国务院期货监督管理机构规定的其他欺诈客户的行为。

期货公司有前款所列行为之一的,对直接负责的主管人员和其他直接责任人员给予警告,并处1万元以上10万元以下的罚款;情节严重的,暂停或者撤销期货从业人员资格。

任何单位或者个人编造并且传播有关期货交易的虚假信息,扰乱期货交易市场的,依照本条第一款、第二款的规定处罚。

第六十八条 期货公司及其他期货经营机构、非期货公司结算会员、期货保证金存管银行提供虚假申请文件或者采取其他欺诈手段隐瞒重要事实骗取期货业务许可的,撤销其期货业务许可,没收违法所得。

第六十九条 期货交易内幕信息的知情人或者非法获取期货交易内幕信息的人,在对期货交易价格有重大影响的信息尚未公开前,利用内幕信息从事期货交易,或者向他人泄露内幕信息,使他人利用内幕信息进行期货交易的,没收违法所得,并处违法所得1倍以上5倍以下的罚款;没有违法所得或者违法所得不满10万元的,处10万元以上50万元以下的罚款。单位从事内幕交易的,还应当对直接负责的主管人员和其他直接责任人员给予警告,并处3万元以上30万元以下的罚款。

国务院期货监督管理机构、期货交易所和期货保证金安全存管监控机构的工作人员进行内幕交易的,从重处罚。

第七十条 任何单位或者个人有下列行为之一,操纵期货交易价格的,责令改正,没收违法所得,并处违法所得1倍以上5倍以下的罚款;没有违法所得或者违法所得不满20万元的,处20万元以上100万元以下的罚款:

(一)单独或者合谋,集中资金优势、持仓优势或者利用信息优势联合或者连续买卖合约,操纵期货交易价格的;

(二)蓄意串通,按事先约定的时间、价格和方式相互进行期货交易,影响期货交易价格或者期货交易量的;

(三)以自己为交易对象,自买自卖,影响期货交易价格或者期货交易量的;

(四)为影响期货市场行情囤积现货的;

(五)国务院期货监督管理机构规定的其他操纵期货交易价格的行为。

单位有前款所列行为之一的,对直接负责的主管人员和其他直接责任人员给予警告,并处1万元以上10万元以下的罚款。

第七十一条 交割仓库有本条例第三十五条第二款所列行为之一的,责令改正,给予警告,没收违法所得,并处违法所得1倍以上5倍以下的罚款;没有违法所得或者违法所得不满10万元的,并处10万元以上50万元以下的罚款;情节严重的,责令期货交易所暂停或者取消其交割仓库资格。对直接负责的主管人员和其他直接责任人员给予警告,并处1万元以上10万元以下的罚款。

第七十二条 国有以及国有控股企业违反本条例和国务院国有资产监督管理机构以及其他有关部门关于企业以国有资产进入期货市场的有关规定进行期货交易,或者单位、个人违规使用信贷资金、财政资金进行期货交易的,给予警告,没收违法所得,并处违法所得1倍以上5倍以下的罚款;没有违法所得或者违法所得不满10万元的,并处10万元以上50万元以下的罚款。对直接负责的主管人员和其他直接责任人员给予降级直至开除的纪律处分。

第七十三条 境内单位或者个人违反规定从事境外期货交易的,责令改正,给予警告,没收违法所得,并处违法所得1倍以上5倍以下的罚款;没有违法所得或者违法所得不满 20 万元的,并处 20 万元以上 100 万元以下的罚款;情节严重的,暂停其境外期货交易。对单位直接负责的主管人员和其他直接责任人员给予警告,并处 1 万元以上 10 万元以下的罚款。

第七十四条 非法设立期货交易场所或者以其他形式组织期货交易活动的,由所在地县级以上地方人民政府予以取缔,没收违法所得,并处违法所得 1 倍以上 5 倍以下的罚款;没有违法所得或者违法所得不满 20 万元的,处 20 万元以上 100 万元以下的罚款。对单位直接负责的主管人员和其他直接责任人员给予警告,并处 1 万元以上 10 万元以下的罚款。

非法设立期货公司及其他期货经营机构,或者擅自从事期货业务的,予以取缔,没收违法所得,并处违法所得 1 倍以上 5 倍以下的罚款;没有违法所得或者违法所得不满 20 万元的,处 20 万元以上 100 万元以下的罚款。对单位直接负责的主管人员和其他直接责任人员给予警告,并处 1 万元以上 10 万元以下的罚款。

第七十五条 期货公司的交易软件、结算软件供应商拒不配合国务院期货监督管理机构调查,或者未按照规定向国务院期货监督管理机构提供相关软件资料,或者提供的软件资料有虚假、重大遗漏的,责令改正,处 3 万元以上 10 万元以下的罚款。对直接负责的主管人员和其他直接责任人员给予警告,并处 1 万元以上 5 万元以下的罚款。

第七十六条 会计师事务所、律师事务所、资产评估机构等中介服务机构未勤勉尽责,所出具的文件有虚假记载、误导性陈述或者重大遗漏的,责令改正,没收业务收入,暂停或者撤销相关业务许可,并处业务收入 1 倍以上 5 倍以下的罚款。对直接负责的主管人员和其他直接责任人员给予警告,并处 3 万元以上 10 万元以下的罚款。

第七十七条 任何单位或者个人违反本条例规定,情节严重的,由国务院期货监督管理机构宣布该个人、该单位或者该单位的直接责任人员为期货市场禁止进入者。

第七十八条 国务院期货监督管理机构、期货交易所、期货保证金安全存管监控机构和期货保证金存管银行等相关单位的工作人员,泄露知悉的国家秘密或者会员、客户商业秘密，或者徇私舞弊、玩忽职守、滥用职权、收受贿赂的，依法给予行政处分或者纪律处分。

第七十九条　违反本条例规定，构成犯罪的，依法追究刑事责任。

第八十条　对本条例规定的违法行为的行政处罚，除本条例已有规定的外，由国务院期货监督管理机构决定；涉及其他有关部门法定职权的，国务院期货监督管理机构应当会同其他有关部门处理；属于其他有关部门法定职权的，国务院期货监督管理机构应当移交其他有关部门处理。

第八章　附　　则

第八十一条　本条例下列用语的含义：

（一）商品期货合约，是指以农产品、工业品、能源和其他商品及其相关指数产品为标的物的期货合约。

（二）金融期货合约，是指以有价证券、利率、汇率等金融产品及其相关指数产品为标的物的期货合约。

（三）保证金，是指期货交易者按照规定交纳的资金或者提交的价值稳定、流动性强的标准仓单、国债等有价证券，用于结算和保证履约。

（四）结算，是指根据期货交易所公布的结算价格对交易双方的交易结果进行的资金清算和划转。

（五）交割，是指合约到期时，按照期货交易所的规则和程序，交易双方通过该合约所载标的物所有权的转移，或者按照规定结算价格进行现金差价结算，了结到期未平仓合约的过程。

（六）平仓，是指期货交易者买入或者卖出与其所持合约的品种、数量和交割月份相同但交易方向相反的合约，了结期货交易的行为。

（七）持仓量，是指期货交易者所持有的未平仓合约的数量。

（八）持仓限额，是指期货交易所对期货交易者的持仓量规定的最高数额。

（九）标准仓单，是指交割仓库开具并经期货交易所认定的标准化提货凭证。

(十)涨跌停板,是指合约在1个交易日中的交易价格不得高于或者低于规定的涨跌幅度,超出该涨跌幅度的报价将被视为无效,不能成交。

(十一)内幕信息,是指可能对期货交易价格产生重大影响的尚未公开的信息,包括:国务院期货监督管理机构以及其他相关部门制定的对期货交易价格可能发生重大影响的政策,期货交易所作出的可能对期货交易价格发生重大影响的决定,期货交易所会员、客户的资金和交易动向以及国务院期货监督管理机构认定的对期货交易价格有显著影响的其他重要信息。

(十二)内幕信息的知情人员,是指由于其管理地位、监督地位或者职业地位,或者作为雇员、专业顾问履行职务,能够接触或者获得内幕信息的人员,包括:期货交易所的管理人员以及其他由于任职可获取内幕信息的从业人员,国务院期货监督管理机构和其他有关部门的工作人员以及国务院期货监督管理机构规定的其他人员。

第八十二条 国务院期货监督管理机构可以批准设立期货专门结算机构,专门履行期货交易所的结算以及相关职责,并承担相应法律责任。

第八十三条 境外机构在境内设立、收购或者参股期货经营机构,以及境外期货经营机构在境内设立分支机构(含代表处)的管理办法,由国务院期货监督管理机构会同国务院商务主管部门、外汇管理部门等有关部门制订,报国务院批准后施行。

第八十四条 在期货交易所之外的国务院期货监督管理机构批准的交易场所进行的期货交易,依照本条例的有关规定执行。

第八十五条 不属于期货交易的商品或者金融产品的其他交易活动,由国家有关部门监督管理,不适用本条例。

第八十六条 本条例自2007年4月15日起施行。1999年6月2日国务院发布的《期货交易管理暂行条例》同时废止。

证券公司监督管理条例(2014 年修订)

(2008 年 4 月 23 日 中华人民共和国国务院令第 522 号公布 根据 2014 年 7 月 29 日国务院令第 653 号《国务院关于修改部分行政法规的决定》修订)

第一章 总 则

第一条 为了加强对证券公司的监督管理,规范证券公司的行为,防范证券公司的风险,保护客户的合法权益和社会公共利益,促进证券业健康发展,根据《中华人民共和国公司法》(以下简称《公司法》)、《中华人民共和国证券法》(以下简称《证券法》),制定本条例。

第二条 证券公司应当遵守法律、行政法规和国务院证券监督管理机构的规定,审慎经营,履行对客户的诚信义务。

第三条 证券公司的股东和实际控制人不得滥用权利,占用证券公司或者客户的资产,损害证券公司或者客户的合法权益。

第四条 国家鼓励证券公司在有效控制风险的前提下,依法开展经营方式创新、业务或者产品创新、组织创新和激励约束机制创新。

国务院证券监督管理机构、国务院有关部门应当采取有效措施,促进证券公司的创新活动规范、有序进行。

第五条 证券公司按照国家规定,可以发行、交易、销售证券类金融产品。

第六条 国务院证券监督管理机构依法履行对证券公司的监督管理职责。国务院证券监督管理机构的派出机构在国务院证券监督管理机构的授权范围内,履行对证券公司的监督管理职责。

第七条 国务院证券监督管理机构、中国人民银行、国务院其他金融监督管理机构应当建立证券公司监督管理的信息共享机制。

国务院证券监督管理机构和地方人民政府应当建立证券公司的有关情况通报机制。

第二章　设立与变更

第八条　设立证券公司,应当具备《公司法》、《证券法》和本条例规定的条件,并经国务院证券监督管理机构批准。

第九条　证券公司的股东应当用货币或者证券公司经营必需的非货币财产出资。证券公司股东的非货币财产出资总额不得超过证券公司注册资本的30%。

证券公司股东的出资,应当经具有证券、期货相关业务资格的会计师事务所验资并出具证明;出资中的非货币财产,应当经具有证券相关业务资格的资产评估机构评估。

在证券公司经营过程中,证券公司的债权人将其债权转为证券公司股权的,不受本条第一款规定的限制。

第十条　有下列情形之一的单位或者个人,不得成为持有证券公司5%以上股权的股东、实际控制人:

(一)因故意犯罪被判处刑罚,刑罚执行完毕未逾3年;

(二)净资产低于实收资本的50%,或者或有负债达到净资产的50%;

(三)不能清偿到期债务;

(四)国务院证券监督管理机构认定的其他情形。

证券公司的其他股东应当符合国务院证券监督管理机构的相关要求。

第十一条　证券公司应当有3名以上在证券业担任高级管理人员满2年的高级管理人员。

第十二条　证券公司设立时,其业务范围应当与其财务状况、内部控制制度、合规制度和人力资源状况相适应;证券公司在经营过程中,经其申请,国务院证券监督管理机构可以根据其财务状况、内部控制水平、合规程度、高级管理人员业务管理能力、专业人员数量,对其业务范围进行调整。

第十三条　证券公司增加注册资本且股权结构发生重大调整,减少注册资本,变更业务范围或者公司章程中的重要条款,合并、分立,设立、收购或者撤销境内分支机构,在境外设立、收购、参股证券经营机构,应当经国务院证券监督管理机构批准。

前款所称公司章程中的重要条款,是指规定下列事项的条款:

(一)证券公司的名称、住所;

(二)证券公司的组织机构及其产生办法、职权、议事规则;

(三)证券公司对外投资、对外提供担保的类型、金额和内部审批程序;

(四)证券公司的解散事由与清算办法;

(五)国务院证券监督管理机构要求证券公司章程规定的其他事项。

本条第一款所称证券公司分支机构,是指从事业务经营活动的分公司、证券营业部等证券公司下属的非法人单位。

第十四条 任何单位或者个人有下列情形之一的,应当事先告知证券公司,由证券公司报国务院证券监督管理机构批准:

(一)认购或者受让证券公司的股权后,其持股比例达到证券公司注册资本的5%;

(二)以持有证券公司股东的股权或者其他方式,实际控制证券公司5%以上的股权。

未经国务院证券监督管理机构批准,任何单位或者个人不得委托他人或者接受他人委托持有或者管理证券公司的股权。证券公司的股东不得违反国家规定,约定不按照出资比例行使表决权。

第十五条 证券公司合并、分立的,涉及客户权益的重大资产转让应当经具有证券相关业务资格的资产评估机构评估。

证券公司停业、解散或者破产的,应当经国务院证券监督管理机构批准,并按照有关规定安置客户、处理未了结的业务。

第十六条 国务院证券监督管理机构应当对下列申请进行审查,并在下列期限内,作出批准或者不予批准的书面决定:

(一)对在境内设立证券公司或者在境外设立、收购或者参股证券经营机构的申请,自受理之日起6个月;

(二)对增加注册资本且股权结构发生重大调整,减少注册资本,合并、分立或者要求审查股东、实际控制人资格的申请,自受理之日起3个月;

(三)对变更业务范围、公司章程中的重要条款或者要求审查高级管理人员任职资格的申请,自受理之日起45个工作日;

(四)对设立、收购、撤销境内分支机构,或者停业、解散、破产的申请,自受理之日起30个工作日;

(五)对要求审查董事、监事任职资格的申请,自受理之日起20个工作日。

国务院证券监督管理机构审批证券公司及其分支机构的设立申请,应当考虑证券市场发展和公平竞争的需要。

第十七条 公司登记机关应当依照法律、行政法规的规定,凭国务院证券监督管理机构的批准文件,办理证券公司及其境内分支机构的设立、变更、注销登记。

证券公司在取得公司登记机关颁发或者换发的证券公司或者境内分支机构的营业执照后,应当向国务院证券监督管理机构申请颁发或者换发经营证券业务许可证。经营证券业务许可证应当载明证券公司或者境内分支机构的证券业务范围。

未取得经营证券业务许可证,证券公司及其境内分支机构不得经营证券业务。

证券公司停止全部证券业务、解散、破产或者撤销境内分支机构的,应当在国务院证券监督管理机构指定的报刊上公告,并按照规定将经营证券业务许可证交国务院证券监督管理机构注销。

第三章 组织机构

第十八条 证券公司应当依照《公司法》、《证券法》和本条例的规定,建立健全组织机构,明确决策、执行、监督机构的职权。

第十九条 证券公司可以设独立董事。证券公司的独立董事,不得在本证券公司担任董事会外的职务,不得与本证券公司存在可能妨碍其做出独立、客观判断的关系。

第二十条 证券公司经营证券经纪业务、证券资产管理业务、融资融券业务和证券承销与保荐业务中两种以上业务的,其董事会应当设薪酬与提名委员会、审计委员会和风险控制委员会,行使公司章程规定的职权。

证券公司董事会设薪酬与提名委员会、审计委员会的，委员会负责人由独立董事担任。

第二十一条　证券公司设董事会秘书，负责股东会和董事会会议的筹备、文件的保管以及股东资料的管理，按照规定或者根据国务院证券监督管理机构、股东等有关单位或者个人的要求，依法提供有关资料，办理信息报送或者信息披露事项。董事会秘书为证券公司高级管理人员。

第二十二条　证券公司设立行使证券公司经营管理职权的机构，应当在公司章程中明确其名称、组成、职责和议事规则，该机构的成员为证券公司高级管理人员。

第二十三条　证券公司设合规负责人，对证券公司经营管理行为的合法合规性进行审查、监督或者检查。合规负责人为证券公司高级管理人员，由董事会决定聘任，并应当经国务院证券监督管理机构认可。合规负责人不得在证券公司兼任负责经营管理的职务。

合规负责人发现违法违规行为，应当向公司章程规定的机构报告，同时按照规定向国务院证券监督管理机构或者有关自律组织报告。

证券公司解聘合规负责人，应当有正当理由，并自解聘之日起3个工作日内将解聘的事实和理由书面报告国务院证券监督管理机构。

第二十四条　证券公司的董事、监事、高级管理人员应当在任职前取得经国务院证券监督管理机构核准的任职资格。

证券公司不得聘任、选任未取得任职资格的人员担任前款规定的职务；已经聘任、选任的，有关聘任、选任的决议、决定无效。

第二十五条　证券公司的法定代表人或者高级管理人员离任的，证券公司应当对其进行审计，并自其离任之日起2个月内将审计报告报送国务院证券监督管理机构；证券公司的法定代表人或者经营管理的主要负责人离任的，应当聘请具有证券、期货相关业务资格的会计师事务所对其进行审计。

前款规定的审计报告未报送国务院证券监督管理机构的，离任人员不得在其他证券公司任职。

第四章 业务规则与风险控制

第一节 一般规定

第二十六条 证券公司及其境内分支机构从事《证券法》第一百二十五条规定的证券业务,应当遵守《证券法》和本条例的规定。

证券公司及其境内分支机构经营的业务应当经国务院证券监督管理机构批准,不得经营未经批准的业务。

2个以上的证券公司受同一单位、个人控制或者相互之间存在控制关系的,不得经营相同的证券业务,但国务院证券监督管理机构另有规定的除外。

第二十七条 证券公司应当按照审慎经营的原则,建立健全风险管理与内部控制制度,防范和控制风险。

证券公司应当对分支机构实行集中统一管理,不得与他人合资、合作经营管理分支机构,也不得将分支机构承包、租赁或者委托给他人经营管理。

第二十八条 证券公司受证券登记结算机构委托,为客户开立证券账户,应当按照证券账户管理规则,对客户申报的姓名或者名称、身份的真实性进行审查。同一客户开立的资金账户和证券账户的姓名或者名称应当一致。

证券公司为证券资产管理客户开立的证券账户,应当自开户之日起3个交易日内报证券交易所备案。

证券公司不得将客户的资金账户、证券账户提供给他人使用。

第二十九条 证券公司从事证券资产管理业务、融资融券业务,销售证券类金融产品,应当按照规定程序,了解客户的身份、财产与收入状况、证券投资经验和风险偏好,并以书面和电子方式予以记载、保存。证券公司应当根据所了解的客户情况推荐适当的产品或者服务。具体规则由中国证券业协会制定。

第三十条 证券公司与客户签订证券交易委托、证券资产管理、融资融券等业务合同,应当事先指定专人向客户讲解有关业务规则和合同内容,并将风险揭示书交由客户签字确认。业务合同的必备条款和风险揭示书的标准格式，由中国证券业协会制定，并报国务院证券监督管理机构备案。

第三十一条　证券公司从事证券资产管理业务、融资融券业务，应当按照规定编制对账单，按月寄送客户。证券公司与客户对对账单送交时间或者方式另有约定的，从其约定。

第三十二条　证券公司应当建立信息查询制度，保证客户在证券公司营业时间内能够随时查询其委托记录、交易记录、证券和资金余额，以及证券公司业务经办人员和证券经纪人的姓名、执业证书、证券经纪人证书编号等信息。

客户认为有关信息记录与实际情况不符的，可以向证券公司或者国务院证券监督管理机构投诉。证券公司应当指定专门部门负责处理客户投诉。国务院证券监督管理机构应当根据客户的投诉，采取相应措施。

第三十三条　证券公司不得违反规定委托其他单位或者个人进行客户招揽、客户服务、产品销售活动。

第三十四条　证券公司向客户提供投资建议，不得对证券价格的涨跌或者市场走势做出确定性的判断。

证券公司及其从业人员不得利用向客户提供投资建议而谋取不正当利益。

第三十五条　证券公司应当建立并实施有效的管理制度，防范其从业人员直接或者以化名、他人名义持有、买卖股票，收受他人赠送的股票。

第三十六条　证券公司应当按照规定提取一般风险准备金，用于弥补经营亏损。

第二节　证券经纪业务

第三十七条　证券公司从事证券经纪业务，应当对客户账户内的资金、证券是否充足进行审查。客户资金账户内的资金不足的，不得接受其买入委托；客户证券账户内的证券不足的，不得接受其卖出委托。

第三十八条　证券公司从事证券经纪业务，可以委托证券公司以外的人员作为证券经纪人,代理其进行客户招揽、客户服务等活动。证券经纪人应当具有证券从业资格。

证券公司应当与接受委托的证券经纪人签订委托合同,颁发证券经纪人证书,明确对证券经纪人的授权范围,并对证券经纪人的执业行为进行监督。

证券经纪人应当在证券公司的授权范围内从事业务,并应当向客户出示证券经纪人证书。

第三十九条 证券经纪人应当遵守证券公司从业人员的管理规定,其在证券公司授权范围内的行为,由证券公司依法承担相应的法律责任;超出授权范围的行为,证券经纪人应当依法承担相应的法律责任。

证券经纪人只能接受一家证券公司的委托,进行客户招揽、客户服务等活动。

证券经纪人不得为客户办理证券认购、交易等事项。

第四十条 证券公司向客户收取证券交易费用,应当符合国家有关规定,并将收费项目、收费标准在营业场所的显著位置予以公示。

第三节 证券自营业务

第四十一条 证券公司从事证券自营业务,限于买卖依法公开发行的股票、债券、权证、证券投资基金或者国务院证券监督管理机构认可的其他证券。

第四十二条 证券公司从事证券自营业务,应当使用实名证券自营账户。

证券公司的证券自营账户,应当自开户之日起3个交易日内报证券交易所备案。

第四十三条 证券公司从事证券自营业务,不得有下列行为:

(一)违反规定购买本证券公司控股股东或者与本证券公司有其他重大利害关系的发行人发行的证券;

(二)违反规定委托他人代为买卖证券;

(三)利用内幕信息买卖证券或者操纵证券市场;

(四)法律、行政法规或者国务院证券监督管理机构禁止的其他行为。

第四十四条 证券公司从事证券自营业务,自营证券总值与公司净资本的比例、持有一种证券的价值与公司净资本的比例、持有一种证券的数量与该证券发行总量的比例等风险控制指标,应当符合国务院证券监督管理机构的规定。

第四节 证券资产管理业务

第四十五条 证券公司可以依照《证券法》和本条例的规定,从事接受客户的委托、使用客户资产进行投资的证券资产管理业务。投资所产生的收益由客户享有,损失由客户承担,证券公司可以按照约定收取管理费用。

证券公司从事证券资产管理业务,应当与客户签订证券资产管理合同,约定投资范围、投资比例、管理期限及管理费用等事项。

第四十六条 证券公司从事证券资产管理业务,不得有下列行为:

(一)向客户做出保证其资产本金不受损失或者保证其取得最低收益的承诺;

(二)接受一个客户的单笔委托资产价值,低于国务院证券监督管理机构规定的最低限额;

(三)使用客户资产进行不必要的证券交易;

(四)在证券自营账户与证券资产管理账户之间或者不同的证券资产管理账户之间进行交易,且无充分证据证明已依法实现有效隔离;

(五)法律、行政法规或者国务院证券监督管理机构禁止的其他行为。

第四十七条 证券公司使用多个客户的资产进行集合投资,应当符合法律、行政法规和国务院证券监督管理机构的有关规定。

第五节 融资融券业务

第四十八条 本条例所称融资融券业务,是指在证券交易所或者国务院批准的其他证券交易场所进行的证券交易中,证券公司向客户出借资金供其买入证券或者出借证券供其卖出,并由客户交存相应担保物的经营活动。

第四十九条 证券公司经营融资融券业务,应当具备下列条件:

(一)证券公司治理结构健全,内部控制有效;

(二)风险控制指标符合规定,财务状况、合规状况良好;

(三)有经营融资融券业务所需的专业人员、技术条件、资金和证券;

(四)有完善的融资融券业务管理制度和实施方案;

(五)国务院证券监督管理机构规定的其他条件。

第五十条 证券公司从事融资融券业务,应当与客户签订融资融券合同,并按照国务院证券监督管理机构的规定,以证券公司的名义在证券登记结算机构开立客户证券担保账户,在指定商业银行开立客户资金担保账户。客户资金担保账户内的资金应当参照本条例第五十七条的规定进行管理。

在以证券公司名义开立的客户证券担保账户和客户资金担保账户内,应当为每一客户单独开立授信账户。

第五十一条 证券公司向客户融资,应当使用自有资金或者依法筹集的资金;向客户融券,应当使用自有证券或者依法取得处分权的证券。

第五十二条 证券公司向客户融资融券时,客户应当交存一定比例的保证金。保证金可以用证券充抵。

客户交存的保证金以及通过融资融券交易买入的全部证券和卖出证券所得的全部资金,均为对证券公司的担保物,应当存入证券公司客户证券担保账户或者客户资金担保账户并记入该客户授信账户。

第五十三条 客户证券担保账户内的证券和客户资金担保账户内的资金为信托财产。证券公司不得违背受托义务侵占客户担保账户内的证券或者资金。除本条例第五十四条规定的情形或者证券公司和客户依法另有约定的情形外,证券公司不得动用客户担保账户内的证券或者资金。

第五十四条 证券公司应当逐日计算客户担保物价值与其债务的比例。当该比例低于规定的最低维持担保比例时,证券公司应当通知客户在一定的期限内补交差额。客户未能按期交足差额,或者到期未偿还融资融券债务的,证券公司应当立即按照约定处分其担保物。

第五十五条　客户依照本条例第五十二条第一款规定交存保证金的比例,由国务院证券监督管理机构授权的单位规定。

证券公司可以向客户融出的证券和融出资金可以买入证券的种类,可充抵保证金的有价证券的种类和折算率,融资融券的期限,最低维持担保比例和补交差额的期限,由证券交易所规定。

本条第一款、第二款规定由被授权单位或者证券交易所做出的相关规定,应当向国务院证券监督管理机构备案,且不得违反国家货币政策。

第五十六条　证券公司从事融资融券业务,自有资金或者证券不足的,可以向证券金融公司借入。证券金融公司的设立和解散由国务院决定。

第五章　客户资产的保护

第五十七条　证券公司从事证券经纪业务,其客户的交易结算资金应当存放在指定商业银行,以每个客户的名义单独立户管理。

指定商业银行应当与证券公司及其客户签订客户的交易结算资金存管合同,约定客户的交易结算资金存取、划转、查询等事项,并按照证券交易净额结算、货银对付的要求,为证券公司开立客户的交易结算资金汇总账户。

客户的交易结算资金的存取,应当通过指定商业银行办理。指定商业银行应当保证客户能够随时查询客户的交易结算资金的余额及变动情况。

指定商业银行的名单,由国务院证券监督管理机构会同国务院银行业监督管理机构确定并公告。

第五十八条　证券公司从事证券资产管理业务,应当将客户的委托资产交由本条例第五十七条第四款规定的指定商业银行或者国务院证券监督管理机构认可的其他资产托管机构托管。

资产托管机构应当按照国务院证券监督管理机构的规定和证券资产管理合同的约定,履行安全保管客户的委托资产、办理资金收付事项、监督证券公司投资行为等职责。

第五十九条 客户的交易结算资金、证券资产管理客户的委托资产属于客户,应当与证券公司、指定商业银行、资产托管机构的自有资产相互独立、分别管理。非因客户本身的债务或者法律规定的其他情形,任何单位或者个人不得对客户的交易结算资金、委托资产申请查封、冻结或者强制执行。

第六十条 除下列情形外,不得动用客户的交易结算资金或者委托资金:

(一)客户进行证券的申购、证券交易的结算或者客户提款;

(二)客户支付与证券交易有关的佣金、费用或者税款;

(三)法律规定的其他情形。

第六十一条 证券公司不得以证券经纪客户或者证券资产管理客户的资产向他人提供融资或者担保。任何单位或者个人不得强令、指使、协助、接受证券公司以其证券经纪客户或者证券资产管理客户的资产提供融资或者担保。

第六十二条 指定商业银行、资产托管机构和证券登记结算机构应当对存放在本机构的客户的交易结算资金、委托资金和客户担保账户内的资金、证券的动用情况进行监督,并按照规定定期向国务院证券监督管理机构报送客户的交易结算资金、委托资金和客户担保账户内的资金、证券的存管或者动用情况的有关数据。

指定商业银行、资产托管机构和证券登记结算机构对超出本条例第五十三条、第五十四条、第六十条规定的范围,动用客户的交易结算资金、委托资金和客户担保账户内的资金、证券的申请、指令,应当拒绝;发现客户的交易结算资金、委托资金和客户担保账户内的资金、证券被违法动用或者有其他异常情况的,应当立即向国务院证券监督管理机构报告,并抄报有关监督管理机构。

第六章 监督管理措施

第六十三条 证券公司应当自每一会计年度结束之日起4个月内,向国务院证券监督管理机构报送年度报告;自每月结束之日起7个工作日内,报送月度报告。

发生影响或者可能影响证券公司经营管理、财务状况、风险控制指标或者客户资产安全的重大事件的,证券公司应当立即向国务院证券监督管理机构报送临时报告,说明事件的起因、目前的状态、可能产生的后果和拟采取的相应措施。

第六十四条 证券公司年度报告中的财务会计报告、风险控制指标报告以及国务院证券监督管理机构规定的其他专项报告,应当经具有证券、期货相关业务资格的会计师事务所审计。证券公司年度报告应当附有该会计师事务所出具的内部控制评审报告。

证券公司的董事、高级管理人员应当对证券公司年度报告签署确认意见;经营管理的主要负责人和财务负责人应当对月度报告签署确认意见。在证券公司年度报告、月度报告上签字的人员,应当保证报告的内容真实、准确、完整;对报告内容持有异议的,应当注明自己的意见和理由。

第六十五条 对证券公司报送的年度报告、月度报告,国务院证券监督管理机构应当指定专人进行审核,并制作审核报告。审核人员应当在审核报告上签字。审核中发现问题的,国务院证券监督管理机构应当及时采取相应措施。

国务院证券监督管理机构应当对有关机构报送的客户的交易结算资金、委托资金和客户担保账户内的资金、证券的有关数据进行比对、核查,及时发现资金或者证券被违法动用的情况。

第六十六条 证券公司应当依法向社会公开披露其基本情况、参股及控股情况、负债及或有负债情况、经营管理状况、财务收支状况、高级管理人员薪酬和其他有关信息。具体办法由国务院证券监督管理机构制定。

第六十七条 国务院证券监督管理机构可以要求下列单位或者个人,在指定的期限内提供与证券公司经营管理和财务状况有关的资料、信息:

(一)证券公司及其董事、监事、工作人员;

(二)证券公司的股东、实际控制人;

(三)证券公司控股或者实际控制的企业;

(四)证券公司的开户银行、指定商业银行、资产托管机构、证券交易所、证券登记结算机构；

（五）为证券公司提供服务的证券服务机构。

第六十八条 国务院证券监督管理机构有权采取下列措施，对证券公司的业务活动、财务状况、经营管理情况进行检查：

（一）询问证券公司的董事、监事、工作人员，要求其对有关检查事项做出说明；

（二）进入证券公司的办公场所或者营业场所进行检查；

（三）查阅、复制与检查事项有关的文件、资料，对可能被转移、隐匿或者毁损的文件、资料、电子设备予以封存；

（四）检查证券公司的计算机信息管理系统，复制有关数据资料。

国务院证券监督管理机构为查清证券公司的业务情况、财务状况，经国务院证券监督管理机构负责人批准，可以查询证券公司及与证券公司有控股或者实际控制关系企业的银行账户。

第六十九条 证券公司以及有关单位和个人披露、报送或者提供的资料、信息应当真实、准确、完整，不得有虚假记载、误导性陈述或者重大遗漏。

第七十条 国务院证券监督管理机构对治理结构不健全、内部控制不完善、经营管理混乱、设立账外账或者进行账外经营、拒不执行监督管理决定、违法违规的证券公司，应当责令其限期改正，并可以采取下列措施：

（一）责令增加内部合规检查的次数并提交合规检查报告；

（二）对证券公司及其有关董事、监事、高级管理人员、境内分支机构负责人给予谴责；

（三）责令处分有关责任人员，并报告结果；

（四）责令更换董事、监事、高级管理人员或者限制其权利；

（五）对证券公司进行临时接管，并进行全面核查；

（六）责令暂停证券公司或者其境内分支机构的部分或者全部业务、限期撤销境内分支机构。

证券公司被暂停业务、限期撤销境内分支机构的，应当按照有关规定安置客户、处理未了结的业务。

对证券公司的违法违规行为，合规负责人已经依法履行制止和报告职责的,免除责任。

第七十一条　任何单位或者个人未经批准,持有或者实际控制证券公司5%以上股权的,国务院证券监督管理机构应当责令其限期改正;改正前,相应股权不具有表决权。

第七十二条　任何人未取得任职资格,实际行使证券公司董事、监事、高级管理人员或者境内分支机构负责人职权的,国务院证券监督管理机构应当责令其停止行使职权,予以公告,并可以按照规定对其采取证券市场禁入的措施。

第七十三条　证券公司董事、监事、高级管理人员或者境内分支机构负责人不再具备任职资格条件的,证券公司应当解除其职务并向国务院证券监督管理机构报告;证券公司未解除其职务的,国务院证券监督管理机构应当责令其解除。

第七十四条　证券公司聘请或者解聘会计师事务所的,应当自做出决定之日起3个工作日内报国务院证券监督管理机构备案;解聘会计师事务所的,应当说明理由。

第七十五条　会计师事务所对证券公司或者其有关人员进行审计,可以查阅、复制与审计事项有关的客户信息或者证券公司的其他有关文件、资料,并可以调取证券公司计算机信息管理系统内的有关数据资料。

会计师事务所应当对所知悉的信息保密。法律、行政法规另有规定的除外。

第七十六条　证券交易所应当对证券公司证券自营账户和证券资产管理账户的交易行为进行实时监控;发现异常情况的,应当及时按照交易规则和会员管理规则处理,并向国务院证券监督管理机构报告。

第七章　法律责任

第七十七条　证券公司有下列情形之一的,依照《证券法》第一百九十八条的规定处罚:

(一)聘任不具有任职资格的人员担任境内分支机构的负责人;

(二)未按照国务院证券监督管理机构依法做出的决定,解除不再具备任职资格条件的董事、监事、高级管理人员、境内分支机构负责人的职务。

第七十八条 证券公司从事证券经纪业务,客户资金不足而接受其买入委托,或者客户证券不足而接受其卖出委托的,依照《证券法》第二百零五条的规定处罚。

第七十九条 证券公司将客户的资金账户、证券账户提供给他人使用的,依照《证券法》第二百零八条的规定处罚。

第八十条 证券公司诱使客户进行不必要的证券交易,或者从事证券资产管理业务时,使用客户资产进行不必要的证券交易的,依照《证券法》第二百一十条的规定处罚。

第八十一条 证券公司或者其境内分支机构超出国务院证券监督管理机构批准的范围经营业务的,依照《证券法》第二百一十九条的规定处罚。

第八十二条 证券公司在证券自营账户与证券资产管理账户之间或者不同的证券资产管理账户之间进行交易,且无充分证据证明已依法实现有效隔离的,依照《证券法》第二百二十条的规定处罚。

第八十三条 证券公司违反本条例的规定,有下列情形之一的,责令改正,给予警告,没收违法所得,并处以违法所得1倍以上5倍以下的罚款;没有违法所得或者违法所得不足10万元的,处以10万元以上30万元以下的罚款;情节严重的,暂停或者撤销其相关证券业务许可。对直接负责的主管人员和其他直接责任人员,给予警告,并处以3万元以上10万元以下的罚款;情节严重的,撤销任职资格或者证券从业资格:

(一)违反规定委托其他单位或者个人进行客户招揽、客户服务或者产品销售活动;

(二)向客户提供投资建议,对证券价格的涨跌或者市场走势做出确定性的判断;

(三)违反规定委托他人代为买卖证券;

(四)从事证券自营业务、证券资产管理业务,投资范围或者投资比例违反规定;

(五)从事证券资产管理业务,接受一个客户的单笔委托资产价值低于规定的最低限额。

第八十四条　证券公司违反本条例的规定，有下列情形之一的，责令改正，给予警告，没收违法所得，并处以违法所得1倍以上5倍以下的罚款；没有违法所得或者违法所得不足3万元的，处以3万元以上30万元以下的罚款。对直接负责的主管人员和其他直接责任人员单处或者并处警告、3万元以上10万元以下的罚款；情节严重的，撤销任职资格或者证券从业资格：

（一）未按照规定对离任的法定代表人或者高级管理人员进行审计，并报送审计报告；

（二）与他人合资、合作经营管理分支机构，或者将分支机构承包、租赁或者委托给他人经营管理；

（三）未按照规定将证券自营账户或者证券资产管理客户的证券账户报证券交易所备案；

（四）未按照规定程序了解客户的身份、财产与收入状况、证券投资经验和风险偏好；

（五）推荐的产品或者服务与所了解的客户情况不相适应；

（六）未按照规定指定专人向客户讲解有关业务规则和合同内容，并以书面方式向其揭示投资风险；

（七）未按照规定与客户签订业务合同，或者未在与客户签订的业务合同中载入规定的必备条款；

（八）未按照规定编制并向客户送交对账单，或者未按照规定建立并有效执行信息查询制度；

（九）未按照规定指定专门部门处理客户投诉；

（十）未按照规定提取一般风险准备金；

（十一）未按照规定存放、管理客户的交易结算资金、委托资金和客户担保账户内的资金、证券；

（十二）聘请、解聘会计师事务所，未按照规定向国务院证券监督管理机构备案，解聘会计师事务所未说明理由。

第八十五条　证券公司未按照规定为客户开立账户的，责令改正；情节严重的，处以20万元以上50万元以下的罚款，并对直接负责的董事、高级管理人员和其他直接责任人员，处以1万元以上5万元以下的罚款。

第八十六条 违反本条例的规定,有下列情形之一的,责令改正,给予警告,没收违法所得,并处以违法所得1倍以上5倍以下的罚款;没有违法所得或者违法所得不足10万元的,处以10万元以上60万元以下的罚款;情节严重的,撤销相关业务许可。对直接负责的主管人员和其他直接责任人员给予警告,撤销任职资格或者证券从业资格,并处以3万元以上30万元以下的罚款:

(一)未经批准,委托他人或者接受他人委托持有或者管理证券公司的股权,或者认购、受让或者实际控制证券公司的股权;

(二)证券公司股东、实际控制人强令、指使、协助、接受证券公司以证券经纪客户或者证券资产管理客户的资产提供融资或者担保;

(三)证券公司、资产托管机构、证券登记结算机构违反规定动用客户的交易结算资金、委托资金和客户担保账户内的资金、证券;

(四)资产托管机构、证券登记结算机构对违反规定动用委托资金和客户担保账户内的资金、证券的申请、指令予以同意、执行;

(五)资产托管机构、证券登记结算机构发现委托资金和客户担保账户内的资金、证券被违法动用而未向国务院证券监督管理机构报告。

第八十七条 指定商业银行有下列情形之一的,由国务院证券监督管理机构责令改正,给予警告,没收违法所得,并处以违法所得1倍以上5倍以下的罚款;没有违法所得或者违法所得不足10万元的,处以10万元以上60万元以下的罚款。对直接负责的主管人员和其他直接责任人员给予警告,并处以3万元以上30万元以下的罚款:

(一)违反规定动用客户的交易结算资金;

(二)对违反规定动用客户的交易结算资金的申请、指令予以同意或者执行;

(三)发现客户的交易结算资金被违法动用而未向国务院证券监督管理机构报告。

指定商业银行有前款规定的行为,情节严重的,由国务院证券监督管理机构会同国务院银行业监督管理机构责令其暂停或者终止客户的交易结算资金存管业务;对直接负责的主管人员和其他直接责任人员,国务院证券监督管理机构可以建议国务院银行业监督管理机构依法处罚。

第八十八条　违反本条例的规定，有下列情形之一的，责令改正，给予警告，并处以3万元以上20万元以下的罚款；对直接负责的主管人员和其他直接责任人员，给予警告，可以处以3万元以下的罚款：

（一）证券公司未按照本条例第六十六条的规定公开披露信息，或者公开披露的信息中有虚假记载、误导性陈述或者重大遗漏；

（二）证券公司控股或者实际控制的企业、资产托管机构、证券服务机构未按照规定向国务院证券监督管理机构报送、提供有关信息、资料，或者报送、提供的信息、资料中有虚假记载、误导性陈述或者重大遗漏。

第八十九条　违反本条例的规定，有下列情形之一的，责令改正，给予警告，没收违法所得，并处以违法所得等值罚款；没有违法所得或者违法所得不足3万元的，处以3万元以下的罚款；情节严重的，撤销任职资格或者证券从业资格：

（一）合规负责人未按照规定向国务院证券监督管理机构或者有关自律组织报告违法违规行为；

（二）证券经纪人从事业务未向客户出示证券经纪人证书；

（三）证券经纪人同时接受多家证券公司的委托，进行客户招揽、客户服务等活动；

（四）证券经纪人接受客户的委托，为客户办理证券认购、交易等事项。

第九十条　证券公司违反规定收取费用的，由有关主管部门依法给予处罚。

第八章　附　　则

第九十一条　证券公司经营证券业务不符合本条例第二十六条第三款规定的，应当在国务院证券监督管理机构规定的期限内达到规定要求。

第九十二条　证券公司客户的交易结算资金存管方式不符合本条例第五十七条规定的，国务院证券监督管理机构应当责令其限期调整。

证券公司客户的交易结算资金存管方式,应当自本条例实施之日起1年内达到规定要求。

第九十三条 证券公司可以向股东或者其他单位借入偿还顺序在普通债务之后的债,具体管理办法由国务院证券监督管理机构制定。

第九十四条 外商投资证券公司的业务范围、境外股东的资格条件和出资比例,由国务院证券监督管理机构规定,报国务院批准。

第九十五条 境外证券经营机构在境内经营证券业务或者设立代表机构,应当经国务院证券监督管理机构批准。具体办法由国务院证券监督管理机构制定,报国务院批准。

第九十六条 本条例所称证券登记结算机构,是指《证券法》第一百五十五条规定的证券登记结算机构。

第九十七条 本条例自2008年6月1日起施行。

中华人民共和国外汇管理条例(2008年修订)

(1996年1月29日中华人民共和国国务院令第193号发布　根据1997年1月14日《国务院关于修改〈中华人民共和国外汇管理条例〉的决定》修订　2008年8月5日国务院令第532号修订公布)

第一章　总　　则

第一条 为了加强外汇管理,促进国际收支平衡,促进国民经济健康发展,制定本条例。

第二条 国务院外汇管理部门及其分支机构(以下统称外汇管理机关)依法履行外汇管理职责,负责本条例的实施。

第三条 本条例所称外汇,是指下列以外币表示的可以用作国际清偿的支付手段和资产：

（一）外币现钞，包括纸币、铸币；

（二）外币支付凭证或者支付工具，包括票据、银行存款凭证、银行卡等；

（三）外币有价证券，包括债券、股票等；

（四）特别提款权；

（五）其他外汇资产。

第四条　境内机构、境内个人的外汇收支或者外汇经营活动，以及境外机构、境外个人在境内的外汇收支或者外汇经营活动，适用本条例。

第五条　国家对经常性国际支付和转移不予限制。

第六条　国家实行国际收支统计申报制度。

国务院外汇管理部门应当对国际收支进行统计、监测，定期公布国际收支状况。

第七条　经营外汇业务的金融机构应当按照国务院外汇管理部门的规定为客户开立外汇账户，并通过外汇账户办理外汇业务。

经营外汇业务的金融机构应当依法向外汇管理机关报送客户的外汇收支及账户变动情况。

第八条　中华人民共和国境内禁止外币流通，并不得以外币计价结算，但国家另有规定的除外。

第九条　境内机构、境内个人的外汇收入可以调回境内或者存放境外；调回境内或者存放境外的条件、期限等，由国务院外汇管理部门根据国际收支状况和外汇管理的需要作出规定。

第十条　国务院外汇管理部门依法持有、管理、经营国家外汇储备，遵循安全、流动、增值的原则。

第十一条　国际收支出现或者可能出现严重失衡，以及国民经济出现或者可能出现严重危机时，国家可以对国际收支采取必要的保障、控制等措施。

第二章　经常项目外汇管理

第十二条　经常项目外汇收支应当具有真实、合法的交易基础。

经营结汇、售汇业务的金融机构应当按照国务院外汇管理部门的规定,对交易单证的真实性及其与外汇收支的一致性进行合理审查。

外汇管理机关有权对前款规定事项进行监督检查。

第十三条 经常项目外汇收入,可以按照国家有关规定保留或者卖给经营结汇、售汇业务的金融机构。

第十四条 经常项目外汇支出,应当按照国务院外汇管理部门关于付汇与购汇的管理规定,凭有效单证以自有外汇支付或者向经营结汇、售汇业务的金融机构购汇支付。

第十五条 携带、申报外币现钞出入境的限额,由国务院外汇管理部门规定。

第三章 资本项目外汇管理

第十六条 境外机构、境外个人在境内直接投资,经有关主管部门批准后,应当到外汇管理机关办理登记。

境外机构、境外个人在境内从事有价证券或者衍生产品发行、交易,应当遵守国家关于市场准入的规定,并按照国务院外汇管理部门的规定办理登记。

第十七条 境内机构、境内个人向境外直接投资或者从事境外有价证券、衍生产品发行、交易,应当按照国务院外汇管理部门的规定办理登记。国家规定需要事先经有关主管部门批准或者备案的,应当在外汇登记前办理批准或者备案手续。

第十八条 国家对外债实行规模管理。借用外债应当按照国家有关规定办理,并到外汇管理机关办理外债登记。

国务院外汇管理部门负责全国的外债统计与监测,并定期公布外债情况。

第十九条 提供对外担保,应当向外汇管理机关提出申请,由外汇管理机关根据申请人的资产负债等情况作出批准或者不批准的决定;国家规定其经营范围需经有关主管部门批准的,应当在向外汇管理机关提出申请前办理批准手续。申请人签订对外担保合同后,应当到外汇管理机关办理对外担保登记。

经国务院批准为使用外国政府或者国际金融组织贷款进行转贷

提供对外担保的，不适用前款规定。

第二十条 银行业金融机构在经批准的经营范围内可以直接向境外提供商业贷款。其他境内机构向境外提供商业贷款，应当向外汇管理机关提出申请，外汇管理机关根据申请人的资产负债等情况作出批准或者不批准的决定；国家规定其经营范围需经有关主管部门批准的，应当在向外汇管理机关提出申请前办理批准手续。

向境外提供商业贷款，应当按照国务院外汇管理部门的规定办理登记。

第二十一条 资本项目外汇收入保留或者卖给经营结汇、售汇业务的金融机构，应当经外汇管理机关批准，但国家规定无需批准的除外。

第二十二条 资本项目外汇支出，应当按照国务院外汇管理部门关于付汇与购汇的管理规定，凭有效单证以自有外汇支付或者向经营结汇、售汇业务的金融机构购汇支付。国家规定应当经外汇管理机关批准的，应当在外汇支付前办理批准手续。

依法终止的外商投资企业，按照国家有关规定进行清算、纳税后，属于外方投资者所有的人民币，可以向经营结汇、售汇业务的金融机构购汇汇出。

第二十三条 资本项目外汇及结汇资金，应当按照有关主管部门及外汇管理机关批准的用途使用。外汇管理机关有权对资本项目外汇及结汇资金使用和账户变动情况进行监督检查。

第四章 金融机构外汇业务管理

第二十四条 金融机构经营或者终止经营结汇、售汇业务，应当经外汇管理机关批准；经营或者终止经营其他外汇业务，应当按照职责分工经外汇管理机关或者金融业监督管理机构批准。

第二十五条 外汇管理机关对金融机构外汇业务实行综合头寸管理，具体办法由国务院外汇管理部门制定。

第二十六条 金融机构的资本金、利润以及因本外币资产不匹配需要进行人民币与外币间转换的，应当经外汇管理机关批准。

第五章　人民币汇率和外汇市场管理

第二十七条　人民币汇率实行以市场供求为基础的、有管理的浮动汇率制度。

第二十八条　经营结汇、售汇业务的金融机构和符合国务院外汇管理部门规定条件的其他机构,可以按照国务院外汇管理部门的规定在银行间外汇市场进行外汇交易。

第二十九条　外汇市场交易应当遵循公开、公平、公正和诚实信用的原则。

第三十条　外汇市场交易的币种和形式由国务院外汇管理部门规定。

第三十一条　国务院外汇管理部门依法监督管理全国的外汇市场。

第三十二条　国务院外汇管理部门可以根据外汇市场的变化和货币政策的要求,依法对外汇市场进行调节。

第六章　监督管理

第三十三条　外汇管理机关依法履行职责,有权采取下列措施:

(一)对经营外汇业务的金融机构进行现场检查;

(二)进入涉嫌外汇违法行为发生场所调查取证;

(三)询问有外汇收支或者外汇经营活动的机构和个人,要求其对与被调查外汇违法事件直接有关的事项作出说明;

(四)查阅、复制与被调查外汇违法事件直接有关的交易单证等资料;

(五)查阅、复制被调查外汇违法事件的当事人和直接有关的单位、个人的财务会计资料及相关文件,对可能被转移、隐匿或者毁损的文件和资料,可以予以封存;

(六)经国务院外汇管理部门或者省级外汇管理机关负责人批准,查询被调查外汇违法事件的当事人和直接有关的单位、个人的账户,但个人储蓄存款账户除外;

(七)对有证据证明已经或者可能转移、隐匿违法资金等涉案财产或者隐匿、伪造、毁损重要证据的，可以申请人民法院冻结或者查封。

有关单位和个人应当配合外汇管理机关的监督检查，如实说明有关情况并提供有关文件、资料，不得拒绝、阻碍和隐瞒。

第三十四条　外汇管理机关依法进行监督检查或者调查，监督检查或者调查的人员不得少于2人，并应当出示证件。监督检查、调查的人员少于2人或者未出示证件的，被监督检查、调查的单位和个人有权拒绝。

第三十五条　有外汇经营活动的境内机构，应当按照国务院外汇管理部门的规定报送财务会计报告、统计报表等资料。

第三十六条　经营外汇业务的金融机构发现客户有外汇违法行为的，应当及时向外汇管理机关报告。

第三十七条　国务院外汇管理部门为履行外汇管理职责，可以从国务院有关部门、机构获取所必需的信息，国务院有关部门、机构应当提供。

国务院外汇管理部门应当向国务院有关部门、机构通报外汇管理工作情况。

第三十八条　任何单位和个人都有权举报外汇违法行为。

外汇管理机关应当为举报人保密，并按照规定对举报人或者协助查处外汇违法行为有功的单位和个人给予奖励。

第七章　法律责任

第三十九条　有违反规定将境内外汇转移境外，或者以欺骗手段将境内资本转移境外等逃汇行为的，由外汇管理机关责令限期调回外汇，处逃汇金额30%以下的罚款；情节严重的，处逃汇金额30%以上等值以下的罚款；构成犯罪的，依法追究刑事责任。

第四十条　有违反规定以外汇收付应当以人民币收付的款项，或者以虚假、无效的交易单证等向经营结汇、售汇业务的金融机构骗购外汇等非法套汇行为的，由外汇管理机关责令对非法套汇资金予以回兑，处非法套汇金额30%以下的罚款；情节严重的，处非法套汇金额30%以上等值以下的罚款；构成犯罪的，依法追究刑事责任。

第四十一条　违反规定将外汇汇入境内的，由外汇管理机关责令改正,处违法金额30%以下的罚款;情节严重的,处违法金额30%以上等值以下的罚款。

非法结汇的,由外汇管理机关责令对非法结汇资金予以回兑,处违法金额30%以下的罚款。

第四十二条 违反规定携带外汇出入境的,由外汇管理机关给予警告,可以处违法金额20%以下的罚款。法律、行政法规规定由海关予以处罚的,从其规定。

第四十三条 有擅自对外借款、在境外发行债券或者提供对外担保等违反外债管理行为的,由外汇管理机关给予警告,处违法金额30%以下的罚款。

第四十四条 违反规定,擅自改变外汇或者结汇资金用途的,由外汇管理机关责令改正,没收违法所得,处违法金额30%以下的罚款;情节严重的,处违法金额30%以上等值以下的罚款。

有违反规定以外币在境内计价结算或者划转外汇等非法使用外汇行为的,由外汇管理机关责令改正,给予警告,可以处违法金额30%以下的罚款。

第四十五条 私自买卖外汇、变相买卖外汇、倒买倒卖外汇或者非法介绍买卖外汇数额较大的,由外汇管理机关给予警告,没收违法所得,处违法金额30%以下的罚款;情节严重的,处违法金额30%以上等值以下的罚款;构成犯罪的,依法追究刑事责任。

第四十六条 未经批准擅自经营结汇、售汇业务的,由外汇管理机关责令改正,有违法所得的,没收违法所得,违法所得50万元以上的,并处违法所得1倍以上5倍以下的罚款;没有违法所得或者违法所得不足50万元的,处50万元以上200万元以下的罚款;情节严重的,由有关主管部门责令停业整顿或者吊销业务许可证;构成犯罪的,依法追究刑事责任。

未经批准经营结汇、售汇业务以外的其他外汇业务的,由外汇管理机关或者金融业监督管理机构依照前款规定予以处罚。

第四十七条 金融机构有下列情形之一的,由外汇管理机关责令限期改正,没收违法所得,并处20万元以上100万元以下的罚款;情节严重或者逾期不改正的,由外汇管理机关责令停止经营相关业务:

（一）办理经常项目资金收付，未对交易单证的真实性及其与外汇收支的一致性进行合理审查的；

（二）违反规定办理资本项目资金收付的；

（三）违反规定办理结汇、售汇业务的；

（四）违反外汇业务综合头寸管理的；

（五）违反外汇市场交易管理的。

第四十八条　有下列情形之一的，由外汇管理机关责令改正，给予警告，对机构可以处30万元以下的罚款，对个人可以处5万元以下的罚款：

（一）未按照规定进行国际收支统计申报的；

（二）未按照规定报送财务会计报告、统计报表等资料的；

（三）未按照规定提交有效单证或者提交的单证不真实的；

（四）违反外汇账户管理规定的；

（五）违反外汇登记管理规定的；

（六）拒绝、阻碍外汇管理机关依法进行监督检查或者调查的。

第四十九条　境内机构违反外汇管理规定的，除依照本条例给予处罚外，对直接负责的主管人员和其他直接责任人员，应当给予处分；对金融机构负有直接责任的董事、监事、高级管理人员和其他直接责任人员给予警告，处5万元以上50万元以下的罚款；构成犯罪的，依法追究刑事责任。

第五十条　外汇管理机关工作人员徇私舞弊、滥用职权、玩忽职守，构成犯罪的，依法追究刑事责任；尚不构成犯罪的，依法给予处分。

第五十一条　当事人对外汇管理机关作出的具体行政行为不服的，可以依法申请行政复议；对行政复议决定仍不服的，可以依法向人民法院提起行政诉讼。

第八章　附　　则

第五十二条　本条例下列用语的含义：

（一）境内机构，是指中华人民共和国境内的国家机关、企业、事业单位、社会团体、部队等，外国驻华外交领事机构和国际组织驻华代表机构除外。

（二）境内个人，是指中国公民和在中华人民共和国境内连续居住满1年的外国人，外国驻华外交人员和国际组织驻华代表除外。

（三）经常项目，是指国际收支中涉及货物、服务、收益及经常转移的交易项目等。

（四）资本项目，是指国际收支中引起对外资产和负债水平发生变化的交易项目，包括资本转移、直接投资、证券投资、衍生产品及贷款等。

第五十三条　非金融机构经营结汇、售汇业务，应当由国务院外汇管理部门批准，具体管理办法由国务院外汇管理部门另行制定。

第五十四条　本条例自公布之日起施行。

金融违法行为处罚办法

（1999年2月22日公布　中华人民共和国国务院令第260号
自1999年2月22日起施行）

第一条　为了惩处金融违法行为，维护金融秩序，防范金融风险，制定本办法。

第二条　金融机构违反国家有关金融管理的规定，有关法律、行政法规有处罚规定的，依照其规定给予处罚；有关法律、行政法规未作处罚规定或者有关行政法规的处罚规定与本办法不一致的，依照本办法给予处罚。

本办法所称金融机构，是指在中华人民共和国境内依法设立和经营金融业务的机构，包括银行、信用合作社、财务公司、信托投资公司、金融租赁公司等。

第三条　本办法规定的行政处罚，由中国人民银行决定；但是本办法第二十四条、第二十五条规定的行政处罚，由国家外汇管理机关决定。

本办法规定的纪律处分，包括警告、记过、记大过、降级、撤职、留用察看、开除，由所在金融机构或者上级金融机构决定。

金融机构的工作人员依照本办法受到开除的纪律处分的，终身不得在金融机构工作，由中国人民银行通知各金融机构不得任用，并在全国性报纸上公告。金融机构的高级管理人员依照本办法受到撤职的纪律处分的，由中国人民银行决定在一定期限内直至终身不得在任何金融机构担任高级管理职务或者与原职务相当的职务，通知各金融机构不得任用，并在全国性报纸上公告。

本办法所称高级管理人员，是指金融机构的法定代表人和其他主要负责人，包括银行及其分支机构的董事长、副董事长、行长、副行长、主任、副主任；信用合作社的理事长、副理事长、主任、副主任；财务公司、信托投资公司、金融租赁公司等金融机构的董事长、副董事长、总经理、副总经理等。

第四条 金融机构的工作人员离开该金融机构工作后，被发现在该金融机构工作期间违反国家有关金融管理规定的，仍然应当依法追究责任。

第五条 金融机构设立、合并、撤销分支机构或者代表机构的，应当经中国人民银行批准。

未经中国人民银行批准，金融机构擅自设立、合并、撤销分支机构或者代表机构的，给予警告，并处 5 万元以上 30 万元以下的罚款；对该金融机构直接负责的高级管理人员，给予撤职直至开除的纪律处分。

第六条 金融机构有下列情形之一的，应当经中国人民银行批准：

（一）变更名称；

（二）变更注册资本；

（三）变更机构所在地；

（四）更换高级管理人员；

（五）中国人民银行规定的其他变更、更换情形。

金融机构未经中国人民银行批准，有前款所列情形之一的，给予警告，并处 1 万元以上 10 万元以下的罚款；有前款第（四）项所列情形的，对该金融机构直接负责的高级管理人员，给予撤职直至开除的纪律处分。

第七条 金融机构变更股东、转让股权或者调整股权结构的,应当经中国人民银行批准;涉及国有股权变动的,并应当按照规定经财政部门批准。

未经依法批准,金融机构擅自变更股东、转让股权或者调整股权结构的,给予警告,没收违法所得,并处违法所得1倍以上3倍以下的罚款,没有违法所得的,处5万元以上30万元以下的罚款;对该金融机构直接负责的高级管理人员,给予撤职直至开除的纪律处分。

第八条 金融机构不得虚假出资或者抽逃出资。

金融机构虚假出资或者抽逃出资的,责令停业整顿,并处虚假出资金额或者抽逃出资金额百分之五以上百分之十以下的罚款;对该金融机构直接负责的高级管理人员给予开除的纪律处分,对其他直接负责的主管人员和直接责任人员给予记过直至开除的纪律处分;情节严重的,吊销该金融机构的经营金融业务许可证;构成虚假出资、抽逃出资罪或者其他罪的,依法追究刑事责任。

第九条 金融机构不得超出中国人民银行批准的业务范围从事金融业务活动。

金融机构超出中国人民银行批准的业务范围从事金融业务活动的,给予警告,没收违法所得,并处违法所得1倍以上5倍以下的罚款,没有违法所得的,处10万元以上50万元以下的罚款;对该金融机构直接负责的高级管理人员给予撤职直至开除的纪律处分,对其他直接负责的主管人员和直接责任人员给予记过直至开除的纪律处分;情节严重的,责令该金融机构停业整顿或者吊销经营金融业务许可证;构成非法经营罪或者其他罪的,依法追究刑事责任。

第十条 金融机构的代表机构不得经营金融业务。

金融机构的代表机构经营金融业务的,给予警告,没收违法所得,并处违法所得1倍以上3倍以下的罚款,没有违法所得的,处5万元以上30万元以下的罚款;对该金融机构直接负责的高级管理人员给予撤职直至开除的纪律处分,对其他直接负责的主管人员和直接责任人员给予降级直至开除的纪律处分;情节严重的,撤销该代表机构。

第十一条 金融机构不得以下列方式从事账外经营行为:

（一）办理存款、贷款等业务不按照会计制度记账、登记，或者不在会计报表中反映；

（二）将存款与贷款等不同业务在同一账户内轧差处理；

（三）经营收入未列入会计账册；

（四）其他方式的账外经营行为。

金融机构违反前款规定的，给予警告，没收违法所得，并处违法所得1倍以上5倍以下的罚款，没有违法所得的，处10万元以上50万元以下的罚款；对该金融机构直接负责的高级管理人员、其他直接负责的主管人员和直接责任人员，给予开除的纪律处分；情节严重的，责令该金融机构停业整顿或者吊销经营金融业务许可证；构成用账外客户资金非法拆借、发放贷款罪或者其他罪的，依法追究刑事责任。

第十二条　金融机构不得提供虚假的或者隐瞒重要事实的财务会计报告、统计报告。

金融机构提供虚假的或者隐瞒重要事实的财务会计报告、统计报告的，给予警告，并处10万元以上50万元以下的罚款；对该金融机构直接负责的高级管理人员给予撤职直至开除的纪律处分，对其他直接负责的主管人员和直接责任人员给予记大过直至开除的纪律处分；情节严重的，责令该金融机构停业整顿或者吊销经营金融业务许可证；构成提供虚假财会报告罪或者其他罪的，依法追究刑事责任。

第十三条　金融机构不得出具与事实不符的信用证、保函、票据、存单、资信证明等金融票证。

金融机构弄虚作假，出具与事实不符的信用证、保函、票据、存单、资信证明等金融票证的，给予警告，没收违法所得，并处违法所得1倍以上5倍以下的罚款，没有违法所得的，处10万元以上50万元以下的罚款；对该金融机构直接负责的高级管理人员、其他直接负责的主管人员和直接责任人员，给予开除的纪律处分；构成非法出具金融票证罪或者其他罪的，依法追究刑事责任。

第十四条　金融机构对违反票据法规定的票据，不得承兑、贴现、付款或者保证。

金融机构对违反票据法规定的票据，予以承兑、贴现、付款或者保证的，给予警告，没收违法所得，并处违法所得1倍以上3倍以下的罚款,没有违法所得的,处5万元以上30万元以下的罚款;对该金融机构直接负责的高级管理人员、其他直接负责的主管人员和直接责任人员,给予记大过直至开除的纪律处分;造成资金损失的,对该金融机构直接负责的高级管理人员,给予撤职直至开除的纪律处分;构成对违法票据承兑、付款、保证罪或者其他罪的,依法追究刑事责任。

第十五条 金融机构办理存款业务,不得有下列行为:

(一)擅自提高利率或者变相提高利率,吸收存款;

(二)明知或者应知是单位资金,而允许以个人名义开立账户存储;

(三)擅自开办新的存款业务种类;

(四)吸收存款不符合中国人民银行规定的客户范围、期限和最低限额;

(五)违反规定为客户多头开立账户;

(六)违反中国人民银行规定的其他存款行为。

金融机构有前款所列行为之一的,给予警告,没收违法所得,并处违法所得1倍以上3倍以下的罚款,没有违法所得的,处5万元以上30万元以下的罚款;对该金融机构直接负责的高级管理人员给予撤职直至开除的纪律处分,对其他直接负责的主管人员和直接责任人员给予降级直至开除的纪律处分;情节严重的,责令该金融机构停业整顿或者吊销经营金融业务许可证。

第十六条 金融机构办理贷款业务,不得有下列行为:

(一)向关系人发放信用贷款;

(二)向关系人发放担保贷款的条件优于其他借款人同类贷款的条件;

(三)违反规定提高或者降低利率以及采用其他不正当手段发放贷款;

(四)违反中国人民银行规定的其他贷款行为。

金融机构有前款所列行为之一的,给予警告,没收违法所得,并处违法所得1倍以上5倍以下的罚款,没有违法所得的,处10万元以上50万元以下的罚款;对该金融机构直接负责的高级管理人员、其他直接负责的主管人员和直接责任人员,给予撤职直至开除的纪律处分;

情节严重的,责令该金融机构停业整顿或者吊销经营金融业务许可证;构成违法向关系人发放贷款罪、违法发放贷款罪或者其他罪的,依法追究刑事责任。

第十七条 金融机构从事拆借活动,不得有下列行为:

(一)拆借资金超过最高限额;

(二)拆借资金超过最长期限;

(三)不具有同业拆借业务资格而从事同业拆借业务;

(四)在全国统一同业拆借网络之外从事同业拆借业务;

(五)违反中国人民银行规定的其他拆借行为。

金融机构有前款所列行为之一的,暂停或者停止该项业务,没收违法所得,并处违法所得1倍以上3倍以下的罚款,没有违法所得的,处5万元以上30万元以下的罚款;对该金融机构直接负责的高级管理人员、其他直接负责的主管人员和直接责任人员,给予记大过直至开除的纪律处分。

第十八条 金融机构不得违反国家规定从事证券、期货或者其他衍生金融工具交易,不得为证券、期货或者其他衍生金融工具交易提供信贷资金或者担保,不得违反国家规定从事非自用不动产、股权、实业等投资活动。

金融机构违反前款规定的,给予警告,没收违法所得,并处违法所得1倍以上5倍以下的罚款,没有违法所得的,处10万元以上50万元以下的罚款;对该金融机构直接负责的高级管理人员给予开除的纪律处分,对其他直接负责的主管人员和直接责任人员给予撤职直至开除的纪律处分;情节严重的,责令该金融机构停业整顿或者吊销经营金融业务许可证;构成非法经营罪、违法发放贷款罪或者其他罪的,依法追究刑事责任。

第十九条 金融机构应当遵守中国人民银行有关现金管理的规定,不得允许单位或者个人超限额提取现金。

金融机构违反中国人民银行有关现金管理的规定,允许单位或者个人超限额提取现金的,给予警告,并处5万元以上30万元以下的罚款;对该金融机构直接负责的高级管理人员、其他直接负责的主管人员和直接责任人员,给予记大过直至开除的纪律处分。

第二十条 金融机构应当遵守中国人民银行有关信用卡管理的规定，不得违反规定对持卡人透支或者帮助持卡人利用信用卡套取现金。

金融机构违反中国人民银行有关信用卡管理的规定，对持卡人透支或者帮助持卡人利用信用卡套取现金的，给予警告，并处5万元以上30万元以下的罚款；对该金融机构直接负责的高级管理人员、其他直接负责的主管人员和直接责任人员，给予记大过直至开除的纪律处分。

第二十一条 金融机构应当遵守中国人民银行有关资产负债比例管理的规定。

金融机构违反中国人民银行有关资产负债比例管理规定的，给予警告，没收违法所得，并处违法所得1倍以上3倍以下的罚款，没有违法所得的，处5万元以上30万元以下的罚款；对该金融机构直接负责的高级管理人员，给予记大过直至开除的纪律处分。

第二十二条 金融机构不得占压财政存款或者资金。

金融机构占压财政存款或者资金的，给予警告，没收违法所得，并处违法所得1倍以上3倍以下的罚款，没有违法所得的，处5万元以上30万元以下的罚款；对该金融机构直接负责的高级管理人员给予撤职直至开除的纪律处分，对其他直接负责的主管人员和直接责任人员给予降级直至开除的纪律处分。

第二十三条 金融机构应当依法协助税务机关、海关办理对纳税人存款的冻结、扣划。

金融机构违反前款规定，造成税款流失的，给予警告，并处10万元以上50万元以下的罚款；对该金融机构直接负责的高级管理人员、其他直接负责的主管人员和直接责任人员，给予撤职直至开除的纪律处分；构成违反治安管理行为的，依法给予治安管理处罚；构成妨害公务罪或者其他罪的，依法追究刑事责任。

第二十四条 经营外汇业务的金融机构应当遵守国家外汇管理规定。

经营外汇业务的金融机构违反国家外汇管理规定的，依照外汇管理条例的规定，给予行政处罚；对该金融机构直接负责的高级管理人员、其他直接负责的主管人员和直接责任人员，给予记过直至开除的纪律处分；情节严重的，对该金融机构直接负责的高级管理人员，给予撤职直至开除的纪律处分；构成犯罪的，依法追究刑事责任。

第二十五条　经营外汇业务的金融机构，不得有下列行为：

（一）对大额购汇、频繁购汇、存取大额外币现钞等异常情况不及时报告；

（二）未按照规定办理国际收支申报。

经营外汇业务的金融机构有前款所列行为之一的，给予警告，并处5万元以上30万元以下的罚款；对该金融机构直接负责的高级管理人员、其他直接负责的主管人员和直接责任人员，给予记过直至开除的纪律处分；情节严重的，对该金融机构直接负责的高级管理人员，给予撤职直至开除的纪律处分；构成签订、履行合同失职被骗罪或者其他罪的，依法追究刑事责任。

第二十六条　商业银行不得为证券、期货交易资金清算透支或者为新股申购透支。

商业银行为证券、期货交易资金清算透支或者为新股申购透支的，给予警告，没收违法所得，并处违法所得1倍以上5倍以下的罚款，没有违法所得的，处10万元以上50万元以下的罚款；对该商业银行直接负责的高级管理人员给予开除的纪律处分，对其他直接负责的主管人员和直接责任人员给予撤职直至开除的纪律处分。

第二十七条　财务公司不得有下列行为：

（一）超过中国人民银行批准的规模发行财务公司债券；

（二）吸收非集团成员单位存款或者向非集团成员单位发放贷款；

（三）违反规定向非集团成员单位提供金融服务；

（四）违反中国人民银行规定的其他行为。

财务公司有前款所列行为之一的，给予警告，没收违法所得，并处违法所得1倍以上5倍以下的罚款，没有违法所得的，处10万元以上50万元以下的罚款；对该财务公司直接负责的高级管理人员、其他直接负责的主管人员和直接责任人员，给予记过直至开除的纪律处分；情节严重的，责令该财务公司停业整顿，对直接负责的高级管理人员给予撤职直至开除的纪律处分；构成非法吸收公众存款罪、擅自发行股票、公司企业债券罪或者其他罪的，依法追究刑事责任。

第二十八条 信托投资公司不得以办理委托、信托业务名义吸收公众存款、发放贷款，不得违反国家规定办理委托、信托业务。

信托投资公司违反前款规定的，给予警告，没收违法所得，并处违法所得1倍以上5倍以下的罚款，没有违法所得的，处10万元以上50万元以下的罚款；对该信托投资公司直接负责的高级管理人员、其他直接负责的主管人员和直接责任人员，给予记大过直至开除的纪律处分；情节严重的，暂停或者停止该项业务，对直接负责的高级管理人员给予撤职直至开除的纪律处分；构成非法吸收公众存款罪、集资诈骗罪或者其他罪的，依法追究刑事责任。

第二十九条 金融机构缴纳的罚款和被没收的违法所得，不得列入该金融机构的成本、费用。

第三十条 对中国人民银行所属从事金融业务的机构的金融违法行为的处罚，适用本办法。

第三十一条 对证券违法行为的处罚，依照国家有关证券管理的法律、行政法规执行，不适用本办法。

对保险违法行为的处罚，依照国家有关保险管理的法律、行政法规执行，不适用本办法。

第三十二条 本办法自发布之日起施行。

证券、期货投资咨询管理暂行办法

（1997年12月25日公布 证委发〔1997〕96号
自1998年4月1日起施行）

第一章 总 则

第一条 为了加强对证券、期货投资咨询活动的管理，保障投资者的合法权益和社会公共利益，制定本办法。

第二条 在中华人民共和国境内从事证券、期货投资咨询业务，必须遵守本办法。

本办法所称证券、期货投资咨询，是指从事证券、期货投资咨询业务的机构及其投资咨询人员以下列形式为证券、期货投资人或者客户提供证券、期货投资分析、预测或者建议等直接或者间接有偿咨询服务的活动：

（一）接受投资人或者客户委托，提供证券、期货投资咨询服务；

（二）举办有关证券、期货投资咨询的讲座、报告会、分析会等；

（三）在报刊上发表证券、期货投资咨询的文章、评论、报告，以及通过电台、电视台等公众传播媒体提供证券、期货投资咨询服务；

（四）通过电话、传真、电脑网络等电信设备系统，提供证券、期货投资咨询服务；

（五）中国证券监督管理委员会（以下简称中国证监会）认定的其他形式。

第三条 从事证券、期货投资咨询业务，必须依照本办法的规定，取得中国证监会的业务许可。未经中国证监会许可，任何机构和个人均不得从事本办法第二条所列各种形式证券、期货投资咨询业务。

证券经营机构、期货经纪机构及其工作人员从事超出本机构范围的证券、期货投资咨询业务，应当遵守本办法的规定。

第四条 从事证券、期货投资咨询业务，必须遵守有关法律、法规、规章和中国证监会的有关规定，遵循客观、公正和诚实信用的原则。

第五条 中国证监会及其授权的地方证券、期货监管部门［以下简称地方证管办（证监会）］负责对证券、期货投资咨询业务的监督管理，并负责本办法的实施。

第二章 证券、期货投资咨询机构

第六条 申请证券、期货投资咨询从业资格的机构，应当具备下列条件：

（一）分别从事证券或者期货投资咨询业务的机构，有五名以上取得证券、期货投资咨询从业资格的专职人员；同时从事证券和期货投资咨询业务的机构，有十名以上取得证券、期货投资咨询从业资格的

专职人员;其高级管理人员中,至少有一名取得证券或者期货投资咨询从业资格;

(二)有100万元人民币以上的注册资本;

(三)有固定的业务场所和与业务相适应的通讯及其他信息传递设施;

(四)有公司章程;

(五)有健全的内部管理制度;

(六)具备中国证监会要求的其他条件。

第七条 证券经营机构、期货经纪机构应当符合本办法第六条规定的条件,方可申请从事超出本机构范围的证券、期货投资咨询业务。

其他从事咨询业务的机构,符合本办法第六条规定的条件的,可以申请兼营证券、期货投资咨询业务。

第八条 申请证券、期货投资咨询从业资格的机构,按照下列程序审批:

(一)申请人向经中国证监会授权的所在地地方证管办(证监会)提出申请[所在地地方证管办(证监会)未经中国证监会授权的,申请人向中国证监会直接提出申请,下同],地方证管办(证监会)经审核同意后,提出初审意见;

(二)地方证管办(证监会)将审核同意的申请文件报送中国证监会,经中国证监会审批后,向申请人颁发业务许可证,并将批准文件抄送地方证管办(证监会);

(三)中国证监会将以公告形式向社会公布获得业务许可的申请人的情况。

第九条 申请证券、期货投资咨询从业资格的机构,应当提交下列文件:

(一)中国证监会统一印制的申请表;

(二)公司章程;

(三)企业法人营业执照;

(四)机构高级管理人员和从事证券、期货投资咨询业务人员名单及其学历、工作经历和从业资格证书;

(五)开展投资咨询业务的方式和内部管理规章制度;

（六）业务场所使用证明文件、机构通讯地址、电话和传真机号码；

（七）由注册会计师提供的验资报告；

（八）中国证监会要求提供的其他文件。

第十条 证券、期货投资咨询机构的业务方式、业务场所、主要负责人以及具有证券、期货投资咨询从业资格的业务人员发生变化的，应当自发生变化之日起五个工作日内，向地方证管办（证监会）提出变更报告，办理变更手续。

第十一条 证券、期货投资咨询机构应当于每年一月一日至四月三十日期间向地方证管办（证监会）申请办理年检。办理年检时，应当提交下列文件：

（一）年检申请报告；

（二）年度业务报告；

（三）经注册会计师审计的财务会计报表。

地方证管办（证监会）应当自收到前款所列文件之日起二十个工作日内对年检申请提出审核意见；审核同意的，上报中国证监会审批。

证券、期货投资咨询机构逾期未提交年检报告或者经审核未通过年检的，不得继续从事证券、期货投资咨询业务。

第三章 证券、期货投资咨询人员

第十二条 从事证券、期货投资咨询业务的人员，必须取得证券、期货投资咨询从业资格并加入一家有从业资格的证券、期货投资咨询机构后，方可从事证券、期货投资咨询业务。

任何人未取得证券、期货投资咨询从业资格的，或者取得证券、期货投资咨询从业资格，但是未在证券、期货投资咨询机构工作的，不得从事证券、期货投资咨询业务。

第十三条 证券、期货投资咨询人员申请取得证券、期货投资咨询从业资格，必须具备下列条件：

（一）具有中华人民共和国国籍；

（二）具有完全民事行为能力；

（三）品行良好、正直诚实，具有良好的职业道德；

（四）未受过刑事处罚或者与证券、期货业务有关的严重行政处罚；

(五)具有大学本科以上学历;

(六)证券投资咨询人员具有从事证券业务两年以上的经历,期货投资咨询人员具有从事期货业务两年以上的经历;

(七)通过中国证监会统一组织的证券、期货从业人员资格考试;

(八)中国证监会规定的其他条件。

第十四条 证券、期货投资咨询人员申请取得证券、期货投资咨询从业资格,按照下列程序审批:

(一)申请人向经中国证监会授权的所在地地方证管办(证监会)提出申请[所在地地方证管办(证监会)未经中国证监会授权的,申请人向中国证监会直接提出申请,下同],地方证管办(证监会)经审核同意后,提出初审意见;

(二)地方证管办(证监会)将审核同意的申请文件报送中国证监会,经中国证监会审批后,向申请人颁发资格证书,并将批准文件抄送地方证管办(证监会)。

第十五条 证券、期货投资咨询人员申请取得证券、期货投资咨询从业资格,应当提交下列文件:

(一)中国证监会统一印制的申请表;

(二)身份证;

(三)学历证书;

(四)参加证券、期货从业人员资格考试的成绩单;

(五)所在单位或者户口所在地街道办事处开具的以往行为说明材料;

(六)中国证监会要求报送的其他材料。

第十六条 取得证券、期货投资咨询从业资格的人员申请执业的,由所参加的证券、期货投资咨询机构向所在地地方证管办(证监会)提出申请,地方证管办(证监会)审核同意后,报中国证监会审批;准予执业的,由中国证监会颁发执业证书。

第十七条 取得证券、期货投资咨询执业资格的人员,应当在所参加的证券、期货投资咨询机构年检时同时办理执业年检。取得证券、期货投资咨询从业资格,但是未在证券、期货投资咨询机构执业的,其从业资格自取得之日起满18个月后自动失效。

第十八条 证券、期货投资咨询人员不得同时在两个或者两个以上的证券、期货投资咨询机构执业。

第四章 证券、期货投资咨询业务管理

第十九条 证券、期货投资咨询机构及其投资咨询人员,应当以行业公认的谨慎、诚实和勤勉尽责的态度,为投资人或者客户提供证券、期货投资咨询服务。

第二十条 证券、期货投资咨询机构及其投资咨询人员,应当完整、客观、准确地运用有关信息、资料向投资人或者客户提供投资分析、预测和建议,不得断章取义地引用或者篡改有关信息、资料;引用有关信息、资料时,应当注明出处和著作权人。

第二十一条 证券、期货投资咨询机构及其投资咨询人员,不得以虚假信息、市场传言或者内幕信息为依据向投资人或者客户提供投资分析、预测或建议。

第二十二条 证券、期货投资咨询人员在报刊、电台、电视台或者其他传播媒体上发表投资咨询文章、报告或者意见时,必须注明所在证券、期货投资咨询机构的名称和个人真实姓名,并对投资风险作充分说明。证券、期货投资咨询机构向投资人或者客户提供的证券、期货投资咨询传真件必须注明机构名称、地址、联系电话和联系人姓名。

第二十三条 证券、期货投资咨询机构与报刊、电台、电视台合办或者协办证券、期货投资咨询版面、节目或者与电信服务部门进行业务合作时,应当向地方证管办(证监会)备案,备案材料包括:合作内容、起止时间、版面安排或者节目时间段、项目负责人等,并加盖双方单位的印鉴。

第二十四条 证券、期货投资咨询机构及其投资咨询人员,不得从事下列活动:

(一)代理投资人从事证券、期货买卖;

(二)向投资人承诺证券、期货投资收益;

(三)与投资人约定分享投资收益或者分担投资损失;

(四)为自己买卖股票及具有股票性质、功能的证券以及期货;

(五)利用咨询服务与他人合谋操纵市场或者进行内幕交易;

(六)法律、法规、规章所禁止的其他证券、期货欺诈行为。

第二十五条 证券、期货投资咨询机构就同一问题向不同客户提供的投资分析、预测或者建议应当一致。

具有自营业务的证券经营机构在从事超出本机构范围的证券投资咨询业务时,就同一问题向社会公众和其自营部门提供的咨询意见应当一致,不得为自营业务获利的需要误导社会公众。

第二十六条 证券经营机构、期货经纪机构编发的供本机构内部使用的证券、期货信息简报、快讯、动态以及信息系统等,只能限于本机构范围内使用,不得通过任何途径向社会公众提供。

经中国证监会批准的公开发行股票的公司的承销商或者上市推荐人及其所属证券投资咨询机构,不得在公众传播媒体上刊登其为客户撰写的投资价值分析报告。

第二十七条 中国证监会和地方证管办(证监会)有权对证券、期货投资咨询机构和投资咨询人员的业务活动进行检查,被检查的证券、期货投资咨询机构及其投资咨询人员应当予以配合,不得干扰和阻碍。

中国证监会和地方证管办(证监会)及其工作人员在业务检查过程中,对所涉及的商业秘密应注意保护。

第二十八条 证券、期货投资咨询机构应当将其向投资人或者社会公众提供的投资咨询资料,自提供之日起保存二年。

第二十九条 地方证管办(证监会)根据投资人或者社会公众的投诉或者举报,有权要求证券、期货投资咨询机构及其投资咨询人员说明情况并提供相关资料。

第三十条 任何单位和个人发现证券、期货投资咨询机构、投资咨询人员或其他机构和个人有违反本办法规定的行为时,可以向地方证管办(证监会)投诉和举报。

第三十一条 地方证管办(证监会)对违反本办法的行为,应当进行立案调查并将调查结果报中国证监会备案。

第五章 罚 则

第三十二条 未经中国证监会许可,擅自从事本办法第二条规定的证券、期货投资咨询业务的，由地方证管办（证监会）责令停止，并处没收违法所得和违法所得等值以下的罚款。

第三十三条　证券、期货投资咨询机构有下列行为之一的，由地方证管办（证监会）处一万元以上，五万元以下的罚款；情节严重的，地方证管办（证监会）应当向中国证监会报告，由中国证监会作出暂停或者撤销其业务资格的处罚：

（一）向证券监管部门报送的文件、资料有虚假陈述或者重大遗漏的；

（二）未按照本办法规定履行报告和年检义务的；

（三）未按照本办法规定履行对本机构有关情况发生变化的变更手续的；

（四）本机构证券、期货投资咨询人员违反本办法规定，受到证券监管部门行政处罚的；

（五）干扰、阻碍地方证管办（证监会）检查、调查，或者隐瞒、销毁证据的。

第三十四条　证券、期货投资咨询机构违反本办法第十八条、第十九条、第二十条、第二十一条、第二十二条、第二十三条、第二十四条、第二十五条、第二十八条规定的，由地方证管办（证监会）单处或者并处警告、没收违法所得、一万元以上十万元以下罚款；情节严重的，地方证管办（证监会）应当向中国证监会报告，由中国证监会作出暂停或者撤销业务资格的处罚；构成犯罪的，依法追究刑事责任。

第三十五条　证券经营机构、期货经纪机构违反本办法第二十六条规定的，由地方证管办（证监会）责令改正，并处以警告或者一万元以上五万元以下罚款。

第三十六条　证券、期货投资咨询人员违反本办法第十八条、第十九条、第二十条、第二十一条、第二十二条、第二十四条的规定或者未按本办法规定向证券主管部门履行报告、年检义务的，由地方证管办（证监会）单处或者并处警告、没收违法所得、一万元以上三万元以下罚款；情节严重的，地方证管办（证监会）应当向中国证监会报告，由中国证监会作出暂停或者撤销其业务资格的处罚；构成犯罪的，依法追究刑事责任。

第三十七条 中国证监会和地方证管办(证监会)的工作人员玩忽职守、滥用职权、徇私舞弊,构成犯罪的,依法追究刑事责任;尚不构成犯罪的,依法给予行政处分。

第六章 附 则

第三十八条 本办法自一九九八年四月一日起施行。

国务院关于实施动产和权利担保统一登记的决定

（2020年12月22日公布　国发〔2020〕18号
自2021年1月1日起施行）

各省、自治区、直辖市人民政府，国务院各部委、各直属机构：

为贯彻落实党中央、国务院决策部署，进一步提高动产和权利担保融资效率，优化营商环境，促进金融更好服务实体经济，现作出如下决定：

一、自2021年1月1日起，在全国范围内实施动产和权利担保统一登记。

二、纳入动产和权利担保统一登记范围的担保类型包括：

（一）生产设备、原材料、半成品、产品抵押；

（二）应收账款质押；

（三）存款单、仓单、提单质押；

（四）融资租赁；

（五）保理；

（六）所有权保留；

（七）其他可以登记的动产和权利担保，但机动车抵押、船舶抵押、航空器抵押、债券质押、基金份额质押、股权质押、知识产权中的财产权质押除外。

三、纳入统一登记范围的动产和权利担保，由当事人通过中国人民银行征信中心（以下简称征信中心）动产融资统一登记公示系统自主办理登记，并对登记内容的真实性、完整性和合法性负责。登记机构不对登记内容进行实质审查。

四、中国人民银行要加强对征信中心的督促指导。征信中心具体承担服务性登记工作,不得开展事前审批性登记。征信中心要做好系统建设和维护工作,保障系统安全、稳定运行,建立高效运转的服务体系,不断提高服务效率和质量。

五、国家市场监督管理总局不再承担"管理动产抵押物登记"职责。中国人民银行负责制定生产设备、原材料、半成品、产品抵押和应收账款质押统一登记制度,推进登记服务便利化。中国人民银行、国家市场监督管理总局应当明确生产设备、原材料、半成品、产品抵押登记的过渡安排,妥善做好存量信息的查询、变更、注销服务和数据移交工作,确保有关工作的连续性、稳定性、有效性。

各地区、各相关部门要相互协作、密切配合,认真落实本决定部署的各项工作,努力优化营商环境。

国务院关于进一步促进资本市场健康发展的若干意见

(2014 年 5 月 8 日公布　国发〔2014〕17 号
自 2014 年 5 月 8 日起施行)

各省、自治区、直辖市人民政府,国务院各部委、各直属机构:

进一步促进资本市场健康发展,健全多层次资本市场体系,对于加快完善现代市场体系、拓宽企业和居民投融资渠道、优化资源配置、促进经济转型升级具有重要意义。20 多年来,我国资本市场快速发展,初步形成了涵盖股票、债券、期货的市场体系,为促进改革开放和经济社会发展作出了重要贡献。但总体上看,我国资本市场仍不成熟,一些体制机制性问题依然存在,新情况新问题不断出现。为深入贯彻党的十八大和十八届二中、三中全会精神,认真落实党中央和国务院的决策部署,实现资本市场健康发展,现提出以下意见。

一、总体要求

(一)指导思想。

高举中国特色社会主义伟大旗帜,以邓小平理论、“三个代表”重要思想、科学发展观为指导,贯彻党中央和国务院的决策部署,解放思想,改革创新,开拓进取。坚持市场化和法治化取向,维护公开、公平、公正的市场秩序,维护投资者特别是中小投资者合法权益。紧紧围绕促进实体经济发展,激发市场创新活力,拓展市场广度深度,扩大市场双向开放,促进直接融资与间接融资协调发展,提高直接融资比重,防范和分散金融风险。推动混合所有制经济发展,完善现代企业制度和公司治理结构,提高企业竞争能力,促进资本形成和股权流转,更好发挥资本市场优化资源配置的作用,促进创新创业、结构调整和经济社会持续健康发展。

(二)基本原则。

资本市场改革发展要从我国国情出发,积极借鉴国际经验,遵循以下原则:

一是处理好市场与政府的关系。尊重市场规律,依据市场规则、市场价格、市场竞争实现效益最大化和效率最优化,使市场在资源配置中起决定性作用。同时,更好发挥政府作用,履行好政府监管职能,实施科学监管、适度监管,创造公平竞争的市场环境,保护投资者合法权益,有效维护市场秩序。

二是处理好创新发展与防范风险的关系。以市场为导向、以提高市场服务能力和效率为目的,积极鼓励和引导资本市场创新。同时,强化风险防范,始终把风险监测、预警和处置贯穿于市场创新发展全过程,牢牢守住不发生系统性、区域性金融风险的底线。

三是处理好风险自担与强化投资者保护的关系。加强投资者教育,引导投资者培育理性投资理念,自担风险、自负盈亏,提高风险意识和自我保护能力。同时,健全投资者特别是中小投资者权益保护制度,保障投资者的知情权、参与权、求偿权和监督权,切实维护投资者合法权益。

四是处理好积极推进与稳步实施的关系。立足全局、着眼长远,坚定不移地积极推进改革。同时,加强市场顶层设计,增强改革措施的系统性、针对性、协同性,把握好改革的力度、节奏和市场承受程度,稳步实施各项政策措施,着力维护资本市场平稳发展。

(三)主要任务。

加快建设多渠道、广覆盖、严监管、高效率的股权市场,规范发展债券市场,拓展期货市场,着力优化市场体系结构、运行机制、基础设施和外部环境,实现发行交易方式多样、投融资工具丰富、风险管理功能完备、场内场外和公募私募协调发展。到2020年,基本形成结构合理、功能完善、规范透明、稳健高效、开放包容的多层次资本市场体系。

二、发展多层次股票市场

(四)积极稳妥推进股票发行注册制改革。建立和完善以信息披露为中心的股票发行制度。发行人是信息披露第一责任人,必须做到言行与信息披露的内容一致。发行人、中介机构对信息披露的真实性、准确性、完整性、充分性和及时性承担法律责任。投资者自行判断发行人的盈利能力和投资价值,自担投资风险。逐步探索符合我国实际的股票发行条件、上市标准和审核方式。证券监管部门依法监管发行和上市活动,严厉查处违法违规行为。

(五)加快多层次股权市场建设。强化证券交易所市场的主导地位,充分发挥证券交易所的自律监管职能。壮大主板、中小企业板市场,创新交易机制,丰富交易品种。加快创业板市场改革,健全适合创新型、成长型企业发展的制度安排。增加证券交易所市场内部层次。加快完善全国中小企业股份转让系统,建立小额、便捷、灵活、多元的投融资机制。在清理整顿的基础上,将区域性股权市场纳入多层次资本市场体系。完善集中统一的登记结算制度。

(六)提高上市公司质量。引导上市公司通过资本市场完善现代企业制度,建立健全市场化经营机制,规范经营决策。督促上市公司以投资者需求为导向,履行好信息披露义务,严格执行企业会计准则和财务报告制度,提高财务信息的可比性,增强信息披露的有效性。促进上市公司提高效益,增强持续回报投资者能力,为股东创造更多价值。规范上市公司控股股东、实际控制人行为,保障公司独立主体地位,维护各类股东的平等权利。鼓励上市公司建立市值管理制度。完善上市公司股权激励制度,允许上市公司按规定通过多种形式开展员工持股计划。

（七）鼓励市场化并购重组。充分发挥资本市场在企业并购重组过程中的主渠道作用，强化资本市场的产权定价和交易功能，拓宽并购融资渠道，丰富并购支付方式。尊重企业自主决策，鼓励各类资本公平参与并购，破除市场壁垒和行业分割，实现公司产权和控制权跨地区、跨所有制顺畅转让。

（八）完善退市制度。构建符合我国实际并有利于投资者保护的退市制度，建立健全市场化、多元化退市指标体系并严格执行。支持上市公司根据自身发展战略，在确保公众投资者权益的前提下以吸收合并、股东收购、转板等形式实施主动退市。对欺诈发行的上市公司实行强制退市。明确退市公司重新上市的标准和程序。逐步形成公司进退有序、市场转板顺畅的良性循环机制。

三、规范发展债券市场

（九）积极发展债券市场。完善公司债券公开发行制度。发展适合不同投资者群体的多样化债券品种。建立健全地方政府债券制度。丰富适合中小微企业的债券品种。统筹推进符合条件的资产证券化发展。支持和规范商业银行、证券经营机构、保险资产管理机构等合格机构依法开展债券承销业务。

（十）强化债券市场信用约束。规范发展债券市场信用评级服务。完善发行人信息披露制度，提高投资者风险识别能力，减少对外部评级的依赖。建立债券发行人信息共享机制。探索发展债券信用保险。完善债券增信机制，规范发展债券增信业务。强化发行人和投资者的责任约束，健全债券违约监测和处置机制，支持债券持有人会议维护债权人整体利益，切实防范道德风险。

（十一）深化债券市场互联互通。在符合投资者适当性管理要求的前提下，完善债券品种在不同市场的交叉挂牌及自主转托管机制，促进债券跨市场顺畅流转。鼓励债券交易场所合理分工、发挥各自优势。促进债券登记结算机构信息共享、顺畅连接，加强互联互通。提高债券市场信息系统、市场监察系统的运行效率，逐步强化对债券登记结算体系的统一管理，防范系统性风险。

（十二）加强债券市场监管协调。充分发挥公司信用类债券部际协调机制作用,各相关部门按照法律法规赋予的职责,各司其职,加强对债券市场准入、信息披露和资信评级的监管,建立投资者保护制度,加大查处债券市场虚假陈述、内幕交易、价格操纵等各类违法违规行为的力度。

四、培育私募市场

(十三)建立健全私募发行制度。建立合格投资者标准体系,明确各类产品私募发行的投资者适当性要求和面向同一类投资者的私募发行信息披露要求,规范募集行为。对私募发行不设行政审批,允许各类发行主体在依法合规的基础上,向累计不超过法律规定特定数量的投资者发行股票、债券、基金等产品。积极发挥证券中介机构、资产管理机构和有关市场组织的作用,建立健全私募产品发行监管制度,切实强化事中事后监管。建立促进经营机构规范开展私募业务的风险控制和自律管理制度安排,以及各类私募产品的统一监测系统。

(十四)发展私募投资基金。按照功能监管、适度监管的原则,完善股权投资基金、私募资产管理计划、私募集合理财产品、集合资金信托计划等各类私募投资产品的监管标准。依法严厉打击以私募为名的各类非法集资活动。完善扶持创业投资发展的政策体系,鼓励和引导创业投资基金支持中小微企业。研究制定保险资金投资创业投资基金的相关政策。完善围绕创新链需要的科技金融服务体系,创新科技金融产品和服务,促进战略性新兴产业发展。

五、推进期货市场建设

(十五)发展商品期货市场。以提升产业服务能力和配合资源性产品价格形成机制改革为重点,继续推出大宗资源性产品期货品种,发展商品期权、商品指数、碳排放权等交易工具,充分发挥期货市场价格发现和风险管理功能,增强期货市场服务实体经济的能力。允许符合条件的机构投资者以对冲风险为目的使用期货衍生品工具,清理取消对企业运用风险管理工具的不必要限制。

(十六)建设金融期货市场。配合利率市场化和人民币汇率形成机制改革,适应资本市场风险管理需要,平稳有序发展金融衍生产品。逐步丰富股指期货、股指期权和股票期权品种。逐步发展国债期货,进一步健全反映市场供求关系的国债收益率曲线。

六、提高证券期货服务业竞争力

（十七）放宽业务准入。实施公开透明、进退有序的证券期货业务牌照管理制度，研究证券公司、基金管理公司、期货公司、证券投资咨询公司等交叉持牌，支持符合条件的其他金融机构在风险隔离基础上申请证券期货业务牌照。积极支持民营资本进入证券期货服务业。支持证券期货经营机构与其他金融机构在风险可控前提下以相互控股、参股的方式探索综合经营。

（十八）促进中介机构创新发展。推动证券经营机构实施差异化、专业化、特色化发展，促进形成若干具有国际竞争力、品牌影响力和系统重要性的现代投资银行。促进证券投资基金管理公司向现代资产管理机构转型，提高财富管理水平。推动期货经营机构并购重组，提高行业集中度。支持证券期货经营机构拓宽融资渠道，扩大业务范围。在风险可控前提下，优化客户交易结算资金存管模式。支持证券期货经营机构、各类资产管理机构围绕风险管理、资本中介、投资融资等业务自主创设产品。规范发展证券期货经营机构柜台业务。对会计师事务所、资产评估机构、评级增信机构、法律服务机构开展证券期货相关服务强化监督，提升证券期货服务机构执业质量和公信力，打造功能齐备、分工专业、服务优质的金融服务产业。

（十九）壮大专业机构投资者。支持全国社会保障基金积极参与资本市场投资，支持社会保险基金、企业年金、职业年金、商业保险资金、境外长期资金等机构投资者资金逐步扩大资本市场投资范围和规模。推动商业银行、保险公司等设立基金管理公司，大力发展证券投资基金。

（二十）引导证券期货互联网业务有序发展。建立健全证券期货互联网业务监管规则。支持证券期货服务业、各类资产管理机构利用网络信息技术创新产品、业务和交易方式。支持有条件的互联网企业参与资本市场，促进互联网金融健康发展，扩大资本市场服务的覆盖面。

七、扩大资本市场开放

（二十一）便利境内外主体跨境投融资。扩大合格境外机构投资者、合格境内机构投资者的范围，提高投资额度与上限。稳步开放境外个人直接投资境内资本市场，有序推进境内个人直接投资境外资本市场。建立健全个人跨境投融资权益保护制度。在符合外商投资产业政策的范围内,逐步放宽外资持有上市公司股份的限制,完善对收购兼并行为的国家安全审查和反垄断审查制度。

(二十二)逐步提高证券期货行业对外开放水平。适时扩大外资参股或控股的境内证券期货经营机构的经营范围。鼓励境内证券期货经营机构实施"走出去"战略,增强国际竞争力。推动境内外交易所市场的连接,研究推进境内外基金互认和证券交易所产品互认。稳步探索B股市场改革。

(二十三)加强跨境监管合作。完善跨境监管合作机制,加大跨境执法协查力度,形成适应开放型资本市场体系的跨境监管制度。深化与香港、澳门特别行政区和台湾地区的监管合作。加强与国际证券期货监管组织的合作,积极参与国际证券期货监管规则制定。

八、防范和化解金融风险

(二十四)完善系统性风险监测预警和评估处置机制。建立健全宏观审慎管理制度。逐步建立覆盖各类金融市场、机构、产品、工具和交易结算行为的风险监测监控平台。完善风险管理措施,及时化解重大风险隐患。加强涵盖资本市场、货币市场、信托理财等领域的跨行业、跨市场、跨境风险监管。

(二十五)健全市场稳定机制。资本市场稳定关系经济发展和社会稳定大局。各地区、各部门在出台政策时要充分考虑资本市场的敏感性,做好新闻宣传和舆论引导工作。完善市场交易机制,丰富市场风险管理工具。建立健全金融市场突发事件快速反应和处置机制。健全稳定市场预期机制。

(二十六)从严查处证券期货违法违规行为。加强违法违规线索监测,提升执法反应能力。严厉打击证券期货违法犯罪行为。完善证券期货行政执法与刑事司法的衔接机制,深化证券期货监管部门与公安司法机关的合作。进一步加强执法能力,丰富行政调查手段,大幅改进执法效率,提高违法违规成本,切实提升执法效果。

(二十七)推进证券期货监管转型。加强全国集中统一的证券期货监管体系建设,依法规范监管权力运行,减少审批、核准、备案事项,强化事中事后监管,提高监管能力和透明度。支持市场自律组织履行职能。加强社会信用体系建设，完善资本市场诚信监管制度，强化守信激励、失信惩戒机制。

九、营造资本市场良好发展环境

（二十八）健全法规制度。推进证券法修订和期货法制定工作。出台上市公司监管、私募基金监管等行政法规。建立健全结构合理、内容科学、层级适当的法律实施规范体系，整合清理现行规章、规范性文件，完善监管执法实体和程序规则。重点围绕调查与审理分离、日常监管与稽查处罚协同等关键环节，积极探索完善监管执法体制和机制。配合完善民事赔偿法律制度，健全操纵市场等犯罪认定标准。

（二十九）坚决保护投资者特别是中小投资者合法权益。健全投资者适当性制度，严格投资者适当性管理。完善公众公司中小投资者投票和表决机制，优化投资者回报机制，健全多元化纠纷解决和投资者损害赔偿救济机制。督促证券投资基金等机构投资者参加上市公司业绩发布会，代表公众投资者行使权利。

（三十）完善资本市场税收政策。按照宏观调控政策和税制改革的总体方向，统筹研究有利于进一步促进资本市场健康发展的税收政策。

（三十一）完善市场基础设施。加强登记、结算、托管等公共基础设施建设。实现资本市场监管数据信息共享。推进资本市场信息系统建设，提高防范网络攻击、应对重大灾难与技术故障的能力。

（三十二）加强协调配合。健全跨部门监管协作机制。加强中小投资者保护工作的协调合作。各地区、各部门要加强与证券期货监管部门的信息共享与协同配合。出台支持资本市场扩大对外开放的外汇、海关监管政策。地方人民政府要规范各类区域性交易场所，打击各种非法证券期货活动，做好区域内金融风险防范和处置工作。

（三十三）规范资本市场信息传播秩序。各地区、各部门要严格管理涉及资本市场的内幕信息，确保信息发布公开公正、准确透明。健全资本市场政策发布和解读机制，创新舆论回应与引导方式。综合运用法律、行政、行业自律等方式，完善资本市场信息传播管理制度。依法严肃查处造谣、传谣以及炒作不实信息误导投资者和影响社会稳定的机构、个人。

国务院办公厅关于进一步加强资本市场中小投资者合法权益保护工作的意见

(2013 年 12 月 25 日公布　国办发〔2013〕110 号
自 2013 年 12 月 25 日起施行)

各省、自治区、直辖市人民政府,国务院各部委、各直属机构:

中小投资者是我国现阶段资本市场的主要参与群体,但处于信息弱势地位,抗风险能力和自我保护能力较弱,合法权益容易受到侵害。维护中小投资者合法权益是证券期货监管工作的重中之重,关系广大人民群众切身利益,是资本市场持续健康发展的基础。近年来,我国中小投资者保护工作取得了积极成效,但与维护市场"公开、公平、公正"和保护广大投资者合法权益的要求相比还有较大差距。为贯彻落实党的十八大、十八届三中全会精神和国务院有关要求,进一步加强资本市场中小投资者合法权益保护工作,经国务院同意,现提出如下意见。

一、健全投资者适当性制度

制定完善中小投资者分类标准。根据我国资本市场实际情况,制定并公开中小投资者分类标准及依据,并进行动态评估和调整。进一步规范不同层次市场及交易品种的投资者适当性制度安排,明确适合投资者参与的范围和方式。

科学划分风险等级。证券期货经营机构和中介机构应当对产品或者服务的风险进行评估并划分风险等级。推荐与投资者风险承受和识别能力相适应的产品或者服务,向投资者充分说明可能影响其权利的信息,不得误导、欺诈客户。

进一步完善规章制度和市场服务规则。证券期货经营机构和中介机构应当建立执业规范和内部问责机制,销售人员不得以个人名义接受客户委托从事交易;明确提示投资者如实提供资料信息,对收集的个人信息要严格保密、确保安全,不得出售或者非法提供给他人。严格落实投资者适当性制度并强化监管,违反适当性管理规定给中小投资者造成损失的,要依法追究责任。

二、优化投资回报机制

引导和支持上市公司增强持续回报能力。上市公司应当完善公司治理,提高盈利能力,主动积极回报投资者。公司首次公开发行股票、上市公司再融资或者并购重组摊薄即期回报的,应当承诺并兑现填补回报的具体措施。

完善利润分配制度。上市公司应当披露利润分配政策尤其是现金分红政策的具体安排和承诺。对不履行分红承诺的上市公司,要记入诚信档案,未达到整改要求的不得进行再融资。独立董事及相关中介机构应当对利润分配政策是否损害中小投资者合法权益发表明确意见。

建立多元化投资回报体系。完善股份回购制度,引导上市公司承诺在出现股价低于每股净资产等情形时回购股份。研究建立"以股代息"制度,丰富股利分配方式。对现金分红持续稳定的上市公司,在监管政策上给予扶持。制定差异化的分红引导政策。完善除权除息制度安排。

发展服务中小投资者的专业化中介机构。鼓励开发适合中小投资者的产品。鼓励中小投资者通过机构投资者参与市场。基金管理人应当切实履行分红承诺,并努力创造良好投资回报。鼓励基金管理费率结构及水平多样化,形成基金管理人与基金份额持有人利益一致的费用模式。

三、保障中小投资者知情权

增强信息披露的针对性。有关主体应当真实、准确、完整、及时地披露对投资决策有重大影响的信息,披露内容做到简明易懂,充分揭示风险,方便中小投资者查阅。健全内部信息披露制度和流程,强化董事会秘书等相关人员职责。制定自愿性和简明化的信息披露规则。

提高市场透明度。对显著影响证券期货交易价格的信息,交易场所和有关主体要及时履行报告、信息披露和提示风险的义务。建立统一的信息披露平台。健全跨市场交易产品及突发事件信息披露机制。

健全信息披露异常情形问责机制,加大对上市公司发生敏感事件时信息披露的动态监管力度。

切实履行信息披露职责。上市公司依法公开披露信息前,不得非法对他人提供相关信息。上市公司控股股东、实际控制人在信息披露文件中的承诺须具体可操作,特别是应当就赔偿或者补偿责任作出明确承诺并切实履行。上市公司应当明确接受投资者问询的时间和方式,健全舆论反应机制。

四、健全中小投资者投票机制

完善中小投资者投票等机制。引导上市公司股东大会全面采用网络投票方式。积极推行累积投票制选举董事、监事。上市公司不得对征集投票权提出最低持股比例限制。完善上市公司股东大会投票表决第三方见证制度。研究完善中小投资者提出罢免公司董事提案的制度。自律组织应当健全独立董事备案和履职评价制度。

建立中小投资者单独计票机制。上市公司股东大会审议影响中小投资者利益的重大事项时,对中小投资者表决应当单独计票。单独计票结果应当及时公开披露,并报送证券监管部门。

保障中小投资者依法行使权利。健全利益冲突回避、杜绝同业竞争和关联交易公平处理制度。上市公司控股股东、实际控制人不得限制或者阻挠中小投资者行使合法权利,不得损害公司和中小投资者的权益。健全公开发行公司债券持有人会议制度和受托管理制度。基金管理人须为基金份额持有人行使投票权提供便利,鼓励中小投资者参加持有人大会。

五、建立多元化纠纷解决机制

完善纠纷解决机制。上市公司及证券期货经营机构等应当承担投资者投诉处理的首要责任,完善投诉处理机制并公开处理流程和办理情况。证券监管部门要健全登记备案制度,将投诉处理情况作为衡量相关主体合规管理水平的依据。支持投资者与市场经营主体协商解决争议或者达成和解协议。

发挥第三方机构作用。支持自律组织、市场机构独立或者联合依法开展证券期货专业调解,为中小投资者提供免费服务。开展证券期货仲裁服务,培养专业仲裁力量。建立调解与仲裁、诉讼的对接机制。

加强协调配合。有关部门配合司法机关完善相关侵权行为民事诉讼制度。优化中小投资者依法维权程序,降低维权成本。健全适应资本市场中小投资者民事侵权赔偿特点的救济维权工作机制。推动完善破产清偿中保护投资者的措施。

六、健全中小投资者赔偿机制

督促违规或者涉案当事人主动赔偿投资者。对上市公司违法行为负有责任的控股股东及实际控制人,应当主动、依法将其持有的公司股权及其他资产用于赔偿中小投资者。招股说明书虚假记载、误导性陈述或者重大遗漏致使投资者遭受损失的,责任主体须依法赔偿投资者,中介机构也应当承担相应责任。基金管理人、托管人等未能履行勤勉尽责义务造成基金份额持有人财产损失的,应当依法赔偿。

建立上市公司退市风险应对机制。因违法违规而存在退市风险的上市公司,在定期报告中应当对退市风险作专项评估,并提出应对预案。研究建立公开发行公司债券的偿债基金制度。上市公司退市引入保险机制,在有关责任保险中增加退市保险附加条款。健全证券中介机构职业保险制度。

完善风险救助机制。证券期货经营机构和基金管理人应当在现有政策框架下,利用计提的风险准备金完善自主救济机制,依法赔偿投资者损失。研究实行证券发行保荐质保金制度和上市公司违规风险准备金制度。探索建立证券期货领域行政和解制度,开展行政和解试点。研究扩大证券投资者保护基金和期货投资者保障基金使用范围和来源。

七、加大监管和打击力度

完善监管政策。证券监管部门应当把维护中小投资者合法权益贯穿监管工作始终,落实到各个环节。对纳入行政许可、注册或者备案管理的证券期货行为,证券监管部门应当建立起相应的投资者合法权益保护安排。建立限售股股东减持计划预披露制度,在披露之前有关股东不得转让股票。鼓励限售股股东主动延长锁定期。建立覆盖全市场的诚信记录数据库,并实现部门之间共享。健全中小投资者查询市场经营主体诚信状况的机制。建立守信激励和失信惩戒机制。

坚决查处损害中小投资者合法权益的违法行为。严肃查处上市公司不当更正盈利预测报告、未披露导致股价异动事项、先于指定媒体发布信息、以新闻发布替代应履行公告义务、编造或传播虚假信息误导投资者,以及进行内幕交易和操纵市场等行为。坚决打击上市公司控股股东、实际控制人直接或者间接转移、侵占上市公司资产。建立证券期货违法案件举报奖励制度。

强化执法协作。各地区、各部门要统一认识,密切配合,严厉打击各类证券期货违法犯罪活动,及时纠正各类损害中小投资者合法权益的行为。建立侵害中小投资者合法权益事件的快速反应和处置机制,制定和完善应对突发性群体事件预案,做好相关事件处理和维护稳定工作。证券监管部门、公安机关应当不断强化执法协作,完善工作机制,加大提前介入力度。有关部门要配合公安、司法机关完善证券期货犯罪行为的追诉标准及相关司法解释。

八、强化中小投资者教育

加大普及证券期货知识力度。将投资者教育逐步纳入国民教育体系,有条件的地区可以先行试点。充分发挥媒体的舆论引导和宣传教育功能。证券期货经营机构应当承担各项产品和服务的投资者教育义务,保障费用支出和人员配备,将投资者教育纳入各业务环节。

提高投资者风险防范意识。自律组织应当强化投资者教育功能,健全会员投资者教育服务自律规则。中小投资者应当树立理性投资意识,依法行使权利和履行义务,养成良好投资习惯,不听信传言,不盲目跟风,提高风险防范意识和自我保护能力。

九、完善投资者保护组织体系

构建综合保护体系。加快形成法律保护、监管保护、自律保护、市场保护、自我保护的综合保护体系,实现中小投资者保护工作常态化、规范化和制度化。证券监管部门、自律组织以及市场经营主体应当健全组织机构和工作制度,加大资源投入,完善基础设施,畅通与中小投资者的沟通渠道。证券监管部门建立中小投资者合法权益保障检查制度与评估评价体系,并将其作为日常监管和行政许可申请审核的重要依据。

完善组织体系。探索建立中小投资者自律组织和公益性维权组织,向中小投资者提供救济援助,丰富和解、调解、仲裁、诉讼等维权内容和方式。充分发挥证券期货专业律师的作用,鼓励和支持律师为中小投资者提供公益性法律援助。

优化政策环境。证券监管部门要进一步完善政策措施,提高保护中小投资者合法权益的水平。上市公司国有大股东或者实际控制人应当依法行使权利,支持市场经营主体履行法定义务。财政、税收、证券监管部门应当完善交易和分红等相关税费制度,优化投资环境。国务院有关部门和地方人民政府要求上市公司提供未公开信息的,应当遵循法律法规相关规定。有关部门要完善数据采集发布工作机制,加强信息共享,形成投资者合法权益保护的协调沟通机制。强化国际监管合作与交流,实现投资者合法权益的跨境监管和保护。

国务院办公厅关于清理整顿各类交易场所的实施意见

（2012年7月12日公布　国办发〔2012〕37号
自2012年7月12日起施行）

各省、自治区、直辖市人民政府,国务院各部委、各直属机构:

为贯彻落实《国务院关于清理整顿各类交易场所切实防范金融风险的决定》(国发〔2011〕38号,以下称国发38号文件),进一步明确政策界限、措施和工作要求,扎实推进清理整顿各类交易场所工作,防范金融风险,维护社会稳定,经国务院同意,现提出以下意见:

一、全面把握清理整顿范围

遵循规范有序、便利实体经济发展的原则,准确界定清理整顿范围,突出重点,增强清理整顿各类交易场所工作的针对性、有效性。本次清理整顿的范围包括从事权益类交易、大宗商品中远期交易以及其他标准化合约交易的各类交易场所,包括名称中未使用“交易所”字样的交易场所,但仅从事车辆、房地产等实物交易的交易场所除外。其中,权益类交易包括产权、股权、债权、林权、矿权、知识产权、文化艺术品权益及金融资产权益等交易;大宗商品中远期交易,是指以大宗商品的标准化合约为交易对象,采用电子化集中交易方式,允许交易者以对冲平仓方式了结交易而不以实物交收为目的或不必交割实物的标准化合约交易;其他标准化合约,包括以有价证券、利率、汇率、指数、碳排放权、排污权等为标的物的标准化合约。

各类交易场所已设立的分支机构,按照属地管理原则,由各分支机构所在地省、自治区、直辖市人民政府(以下称省级人民政府)负责清理整顿。

依法经批准设立的证券、期货交易所,或经国务院金融管理部门批准设立的从事金融产品交易的交易场所不属于本次清理整顿范围。

二、准确适用清理整顿政策界限

违反下列规定之一的交易场所及其分支机构,应予以清理整顿。

(一)不得将任何权益拆分为均等份额公开发行。任何交易场所利用其服务与设施,将权益拆分为均等份额后发售给投资者,即属于“均等份额公开发行”。股份公司股份公开发行适用公司法、证券法相关规定。

(二)不得采取集中交易方式进行交易。本意见所称的“集中交易方式”包括集合竞价、连续竞价、电子撮合、匿名交易、做市商等交易方式,但协议转让、依法进行的拍卖不在此列。

(三)不得将权益按照标准化交易单位持续挂牌交易。本意见所称的“标准化交易单位”是指将股权以外的其他权益设定最小交易单位,并以最小交易单位或其整数倍进行交易。“持续挂牌交易”是指在买入后5个交易日内挂牌卖出同一交易品种或在卖出后5个交易日内挂牌买入同一交易品种。

(四)权益持有人累计不得超过200人。除法律、行政法规另有规定外,任何权益在其存续期间,无论在发行还是转让环节,其实际持有人累计不得超过200人,以信托、委托代理等方式代持的,按实际持有人数计算。

(五)不得以集中交易方式进行标准化合约交易。本意见所称的“标准化合约”包括两种情形:一种是由交易场所统一制定,除价格外其他条款固定,规定在将来某一时间和地点交割一定数量标的物的合约;另一种是由交易场所统一制定,规定买方有权在将来某一时间以特定价格买入或者卖出约定标的物的合约。

(六)未经国务院相关金融管理部门批准,不得设立从事保险、信贷、黄金等金融产品交易的交易场所,其他任何交易场所也不得从事保险、信贷、黄金等金融产品交易。

商业银行、证券公司、期货公司、保险公司、信托投资公司等金融机构不得为违反上述规定的交易场所提供承销、开户、托管、资产划转、代理买卖、投资咨询、保险等服务;已提供服务的金融机构,要按照相关金融管理部门的要求开展自查自清,并做好善后工作。

三、认真落实清理整顿工作安排

(一)排查甄别。各省级人民政府要按照国发 38 号文件和本意见要求,组织对本地区各类交易场所的交易品种、交易方式、投资者人数等是否违反规定,以及风险状况进行认真排查甄别。对违反国发 38 号文件规定的交易场所,严禁新增交易品种。

(二)整改规范。各类交易场所对自身存在问题纠正不及时、不到位的,有关省级人民政府要按照国发 38 号文件及本意见的要求,落实监管责任,对问题交易场所采取整改措施。交易规则违反国发 38 号文件规定的,不得继续交易;已暂停交易的,不得恢复交易,并依据相关政策规定修改交易规则,报本省(区、市)清理整顿工作领导小组批准。交易产品违反国发 38 号文件规定的,要取消违规交易产品并处理好善后问题;权益持有人累计超过 200 人的,要予以清理。

(三)检查验收。各省级人民政府应当组织对各类交易场所整改规范情况进行检查验收。重点核查交易场所章程、交易规则、交易品种、交易方式、投资者适当性、管理制度是否符合国发 38 号文件和本意见的规定,交易信息系统是否符合安全稳定性要求等。

(四)分类处置。各省级人民政府要对交易场所进行分类处置,该关闭的要坚决关闭,该整改的要认真整改,该规范的要切实规范。对确有必要保留的,要按照国发 38 号文件和本意见的要求履行相应审批程序。对于拒不整改、无正当理由逾期未完成整改的,或继续从事违法证券、期货交易的交易场所,各省级人民政府要依法依规坚决予以关闭或取缔。清理整顿过程中,各省级人民政府要采取有效措施确保投资者资金安全和社会稳定;对涉嫌犯罪的,要移送司法机关,依法追究有关人员的法律责任。

各省级人民政府要在清理整顿工作基本完成后,对清理整顿工作过程、政策措施、验收结果、日常监管和风险处置等情况进行全面总结,并书面报告清理整顿各类交易场所部际联席会议(以下简称联席会议)。

四、严格执行交易场所审批政策

(一)把握各类交易场所设立原则。

各省级人民政府应按照“总量控制、合理布局、审慎审批”的原则,统筹规划各类交易场所的数量规模和区域分布,制定交易场所品种结构规划和审查标准,审慎批准设立交易场所,使交易场所的设立与监管能力及实体经济发展水平相协调。

(二)严格规范交易场所设立审批。

1. 凡新设交易所的,除经国务院或国务院金融管理部门批准的以外,必须报省级人民政府批准;省级人民政府批准前,应取得联席会议的书面反馈意见。

2. 清理整顿前已设立运营的交易所,应当按照下列情形分别处理:

一是省级人民政府批准设立的交易所,确有必要保留,且未违反国发38号文件和本意见规定的,应经省级人民政府确认;违反国发38号文件和本意见规定的,应予清理整顿并经省级人民政府组织检查验收,验收通过后方可继续运营。各省级人民政府应当将上述两类交易所名单分别报联席会议备案。

二是未经省级人民政府批准设立的交易所,清理整顿并验收通过后,拟继续保留的,应按照新设交易场所的要求履行相关审批程序。省级人民政府批准前,应取得联席会议的书面反馈意见。

三是历史形成的从事车辆、房地产等实物交易的交易所,未从事违反国发38号文件和本意见规定,名称中拟继续使用“交易所”字样的,由省级人民政府根据实际情况处理,并将交易所名单报联席会议备案。

3. 从事权益类交易、大宗商品中远期交易以及其他标准化合约交易的交易场所，原则上不得设立分支机构开展经营活动。确有必要设立的，应当分别经该交易场所所在地省级人民政府及拟设分支机构所在地省级人民政府批准，并按照属地监管原则，由相应省级人民政府负责监管。凡未经省级人民政府批准已设立运营的经营性分支机构，要按照上述要求履行审批程序。违反上述规定的，各地工商行政管理部门不得为分支机构办理工商登记，并按照工商管理相关规定进行处理。

名称中未使用"交易所"字样的各类交易场所的监管办法，由各省级人民政府制定。

五、切实贯彻清理整顿工作要求

（一）统一政策标准。各省级人民政府在开展清理整顿工作中，要严格按照国务院、联席会议及有关部门的要求，统一政策标准，准确把握政策界限。实际执行中遇到疑难问题或对相关政策把握不准的，要及时上报联席会议。

（二）防范化解风险。各省级人民政府在清理整顿工作中，要制定完善风险处置预案，认真排查矛盾纠纷和风险隐患，及时掌握市场动向，做好信访投诉受理和处置工作。要加强与司法机关的协调配合，严肃查处挪用客户资金、诈骗等涉嫌违法犯罪行为，妥善处置突发事件，维护投资者合法权益，防范和化解金融风险，维护社会稳定。

（三）落实监管责任。各省级人民政府要制定本地区各类交易场所监管制度，明确各类交易场所监管机构和职能，加强日常监管，建立长效机制，持续做好各类交易场所统计监测、违规处理、风险处置等工作。相关省级人民政府要加强沟通配合和信息共享。联席会议成员单位和国务院相关部门要做好监督检查和指导工作。

国务院关于清理整顿各类交易场所切实防范金融风险的决定

(2011年11月24日公布　国发〔2011〕38号
自2011年11月24日起施行)

各省、自治区、直辖市人民政府,国务院各部委、各直属机构:

近年来,一些地区为推进权益(如股权、产权等)和商品市场发展,陆续批准设立了一些从事产权交易、文化艺术品交易和大宗商品中远期交易等各种类型的交易场所(以下简称交易场所)。由于缺乏规范管理,在交易场所设立和交易活动中违法违规问题日益突出,风险不断暴露,引起了社会广泛关注。为防范金融风险,规范市场秩序,维护社会稳定,现作出如下决定:

一、高度重视各类交易场所违法交易活动蕴藏的风险

交易场所是为所有市场参与者提供平等、透明交易机会,进行有序交易的平台,具有较强的社会性和公开性,需要依法规范管理,确保安全运行。其中,证券和期货交易更是具有特殊的金融属性和风险属性,直接关系到经济金融安全和社会稳定,必须在经批准的特定交易场所,遵循严格的管理制度规范进行。目前,一些交易场所未经批准违法开展证券期货交易活动;有的交易场所管理不规范,存在严重投机和价格操纵行为;个别交易场所股东直接参与买卖,甚至发生管理人员侵吞客户资金、经营者卷款逃跑等问题。这些问题如发展蔓延下去,极易引发系统性、区域性金融风险,甚至影响社会稳定,必须及早采取措施坚决予以纠正。

各地人民政府和国务院有关部门要统一认识,高度重视各类交易场所存在的违法违规问题,从维护市场秩序和社会稳定的大局出发,切实做好清理整顿各类交易场所和规范市场秩序的各项工作。各类交易场所要建立健全规章制度,严格遵守信息披露、公平交易和风险管理等各项规定。建立与风险承受能力、投资知识和经验相适应的投资者管理制度，提高投资者风险意识和辨别能力，切实保护投资者合法权益。

二、建立分工明确、密切协作的工作机制

为加强对清理整顿交易场所和规范市场秩序工作的组织领导，形成既有分工又相互配合的监管机制，建立由证监会牵头，有关部门参加的“清理整顿各类交易场所部际联席会议”（以下简称联席会议）制度。联席会议的主要任务是，统筹协调有关部门和省级人民政府清理整顿违法证券期货交易工作，督导建立对各类交易场所和交易产品的规范管理制度，完成国务院交办的其他事项。联席会议日常办事机构设在证监会。

联席会议不代替国务院有关部门和省级人民政府的监管职责。对经国务院或国务院金融管理部门批准设立从事金融产品交易的交易场所，由国务院金融管理部门负责日常监管。其他交易场所均由省级人民政府按照属地管理原则负责监管，并切实做好统计监测、违规处理和风险处置工作。联席会议及相关部门和省级人民政府要及时沟通情况，加强协调配合，齐心协力做好各类交易场所清理整顿和规范工作。

三、健全管理制度、严格管理程序

自本决定下发之日起，除依法设立的证券交易所或国务院批准的从事金融产品交易的交易场所外，任何交易场所均不得将任何权益拆分为均等份额公开发行，不得采取集中竞价、做市商等集中交易方式进行交易；不得将权益按照标准化交易单位持续挂牌交易，任何投资者买入后卖出或卖出后买入同一交易品种的时间间隔不得少于 5 个交易日；除法律、行政法规另有规定外，权益持有人累计不得超过 200 人。

除依法经国务院或国务院期货监管机构批准设立从事期货交易的交易场所外，任何单位一律不得以集中竞价、电子撮合、匿名交易、做市商等集中交易方式进行标准化合约交易。

从事保险、信贷、黄金等金融产品交易的交易场所，必须经国务院相关金融管理部门批准设立。

为规范交易场所名称,凡使用“交易所”字样的交易场所,除经国务院或国务院金融管理部门批准的外,必须报省级人民政府批准;省级人民政府批准前,应征求联席会议意见。未按上述规定批准设立或违反上述规定在名称中使用“交易所”字样的交易场所,工商部门不得为其办理工商登记。

四、稳妥推进清理整顿工作

各省级人民政府要立即成立领导小组,建立工作机制,根据法律、行政法规和本决定的要求,按照属地管理原则,对本地区各类交易场所,进行一次集中清理整顿,其中重点是坚决纠正违法证券期货交易活动,并采取有效措施确保投资者资金安全和社会稳定。对从事违法证券期货交易活动的交易场所,严禁以任何方式扩大业务范围,严禁新增交易品种,严禁新增投资者,并限期取消或结束交易活动;未经批准在交易场所名称中使用“交易所”字样的交易场所,应限期清理规范。清理整顿期间,不得设立新的开展标准化产品或合约交易的交易场所。各省级人民政府要尽快制定清理整顿工作方案,于 2011 年 12 月底前报国务院备案。

联席会议要切实负起责任,加强组织指导和督促检查,切实推动清理整顿工作有效、有序开展。商务部要在联席会议工作机制下,负责对大宗商品中远期交易市场清理整顿工作的监督、检查和指导,抓紧制定大宗商品交易市场管理办法,确保大宗商品中远期交易市场有序回归现货市场。联席会议各有关部门要按照职责分工,加强沟通,相互配合,相互支持,尽职尽责做好工作。金融机构不得为违法证券期货交易活动提供承销、开户、托管、资金划转、代理买卖、投资咨询、保险等服务;已提供服务的金融机构,要及时开展自查自清,做好善后工作。

国务院办公厅关于严厉打击以证券期货投资为名进行违法犯罪活动的通知

（2001年8月31日公布 国办发〔2001〕64号
自2001年8月31日起施行）

各省、自治区、直辖市人民政府，国务院各部委、各直属机构：

近两年来，以证券期货投资为名进行的违法犯罪活动屡有发生，个别地区甚至到了十分猖獗的地步，不但扰乱了国民经济的正常秩序，而且严重影响了社会稳定。今年重点打击的“兰州证券黑市”就是这类违法犯罪活动的典型。该类违法犯罪活动主要有以下三个特点：一是从事违法犯罪活动的机构未经主管部门批准，营业地点和公司名称频繁变更、隐蔽性很强；二是涉案机构并未与证券交易系统联网，而是打着“投资咨询”和“代客理财”等招牌，以高额回报为诱饵，采用在内部系统模拟证券交易等欺诈手法进行诈骗；三是部分入场参与者虽然对这些机构的非法性质有所了解，却仍因心存侥幸涉足其中。据不完全统计，从1999年至2000年，全国共发生此类案件216起，对正常的经济秩序和社会稳定构成了极大的威胁，必须坚决予以打击。为落实《国务院关于整顿和规范市场经济秩序的决定》（国发〔2001〕11号），经国务院同意，现就有关事项通知如下：

一、统一思想，周密部署，尽快遏制以证券期货投资为名进行的违法犯罪活动

打击以证券期货投资为名进行的违法犯罪活动，难度大、敏感度高、涉及面广。各地区、各部门一定要统一思想，充分认识此类违法犯罪活动的严重性和危害性，并按照本通知的要求，立即部署打击以证券期货投资为名进行违法犯罪活动的有关工作。各地区要尽快成立由政府有关负责同志牵头，当地证券监管、工商行政管理部门和公安机关组成的领导小组，统筹安排、周密部署，根据《刑法》、《证券法》和

《非法多事机构和非法金融业务活动取缔办法》等法律法规和规章的相关规定,对以证券期货投资为名进行的违法犯罪活动从重、从快地给予严厉打击,发现一起,查处一起,力争在年内使此类违法犯罪活动得到有效遏制。

二、明确职责分工,加强协作配合,形成打击合力

各省、自治区、直辖市人民政府要结合本地实际,制定专项打击工作的具体步骤和方案。各地证券监管、工商行政管理部门和公安机关要树立大局观念,在当地政府的统一领导下,明确职责分工,互相配合,排除干扰,迅速开展查处、取缔工作。证券监管部门和工商行政管理部门要依照各自的职责,做好对非法证券期货经营者违法违规行为的初步调查工作,公安机关要视情况提前介入,对涉嫌犯罪的及时立案查处。证券监管、工商行政管理部门和公安机关的执法工作人员必须恪尽职守、秉公执法。凡因监管不力,执法不严,玩忽职守,徇私舞弊,贻误工作的,应追究责任、严肃处理;构成犯罪的,依法追究刑事责任。

三、正确适用法律,把握政策界限

(一)对超出核准的经营范围,非法从事或变相非法从事证券期货交易活动,非法经营境外期货、外汇期货业务的,以涉嫌非法经营罪立案查处。

(二)对未经证券监管部门批准和工商行政管理部门登记注册,擅自设立证券期货机构的,以涉嫌擅自设立金融机构罪立案查处。

(三)对以"投资咨询"、"代客理财"等为招牌,以高额回报、赠送礼品、虚假融资、减免手续费、提供"免费午餐"等为诱饵吸纳客户资金,采用内部模拟证券期货交易等手法,非法侵占他人财产的,以涉嫌集资诈骗罪立案查处。

(四)非法证券期货经营者对受害人有暴力、威胁、非法拘禁等侵犯公民人身权利的行为,或以暴力、威胁手段阻碍国家机关工作人员依法执行公务,情节严重,构成犯罪的,依法追究刑事责任。

(五)对以证券期货投资为名进行违法犯罪活动的机构,由证券监管部门、工商行政管理部门依法取缔、吊销其营业执照。

四、加强法制宣传和对投资者的教育，把握新闻舆论导向，维护社会稳定

各地区、各部门要根据整顿和规范市场经济秩序形势的需要，通过各种宣传手段，加强正面宣传和证券期货法律法规教育。要运用报刊、电台、电视等多种形式，公布本地区合法证券期货交易机构的名称、地址、电话，提醒投资者到合法的证券经营机构参与证券投资，防止上当受骗。要向社会重申《非法金融机构和非法金融业务活动取缔办法》第十八条有关“因参与非法金融业务活动受到的损失，由参与者自行承担”的规定，各级政府、各有关部门不承担任何赔偿责任。要结合已查处的典型案例，不失时机地做好受骗群众的说服教育工作。各级新闻管理部门，要加强对相关新闻报道的管理和从业人员的职业道德教育，把握正确的舆论导向，防止少数别有用心的人为达到让政府赔偿的目的，恶意炒作，转嫁责任，制造事端，破坏安定团结的大好局面。

以上各项工作，各省、自治区、直辖市人民政府应于10月底以前向国务院报告落实情况，国务院将组织有关部门进行检查。各地区、各部门在执行本通知的过程中如发现重大问题，应及时向国务院报告；同时，要从中吸取经验教训，完善监管措施，进一步加大对以证券期货投资为名进行违法犯罪活动的打击力度，从根本上防止此类违法犯罪活动死灰复燃，坚决维护市场经济的正常秩序。

国务院关于整顿和规范市场经济秩序的决定

（2001年4月27日公布　国发〔2001〕11号
自2001年4月27日起施行）

各省、自治区、直辖市人民政府，国务院各部委、各直属机构：

建立规范的市场经济秩序，既是保证当前经济正常运行的迫切需要，又是完善社会主义市场经济体制的重要举措。为了进一步深化改革、扩大对外开放,营造国民经济持续快速健康发展的良好环境,根据当前我国市场经济秩序的现状,国务院决定,在全国范围内开展整顿和规范市场经济秩序的工作。

一、充分认识整顿和规范市场经济秩序的重要意义

(一)良好的市场经济秩序,是建立社会主义市场经济体制的客观要求。近年来,全国开展了打击走私、偷税、骗税、骗汇和制售假冒伪劣商品等违法犯罪活动的专项斗争,取得了明显成效,对促进社会主义市场经济的健康发展,发挥了重要作用。

(二)市场经济秩序混乱的问题必须引起高度重视。由于复杂的经济、社会和思想原因,当前一些领域中市场经济秩序仍然相当混乱,主要表现在:假冒伪劣产品充斥市场,偷税、骗税、骗汇和走私活动屡禁不止,商业欺诈、逃废债务现象日益严重,财务失真、违反财经纪律的行为比较普遍,工程建设领域招投标弄虚作假、工程质量低劣的问题相当突出,文化市场混乱问题群众反映强烈,生产经营中的重大特大安全事故时有发生。这些问题触目惊心,不仅严重影响国民经济健康运行,给国家、企业和人民群众利益造成重大损害,而且造成投资环境恶化,社会道德水准下降,败坏国家信誉和改革开放的形象。大力整顿和规范市场经济秩序,已经成为当务之急。

(三)整顿和规范市场经济秩序具有重要意义。今后五年,是我国完善社会主义市场经济体制和扩大对外开放的重要时期。建立良好的市场经济秩序,既是重大的经济问题,也是严肃的政治问题;既是提高国民经济整体素质和竞争力的必然选择,也是进一步扩大对外开放的必要条件;既是巩固我国现代化建设成果的重大举措,也是全面推进社会文明进步的内在要求。各地区、各部门必须从贯彻落实江泽民总书记"三个代表"重要思想的高度,站在国家安危、民族兴衰和现代化事业成败的高度,充分认识整顿和规范市场经济秩序的重要性、紧迫性和艰巨性,坚持不懈地抓好这项工作。

二、整顿和规范市场经济秩序的主要内容和当前工作重点

(四)今后五年的主要任务。整顿和规范市场经济秩序是一项涉及面广、十分复杂的工作。必须坚持深化改革与加强法制并举的指导思想,标本兼治,边整边改,着力治本。针对市场经济秩序方面存在的

问题,"十五"时期整顿和规范市场经济秩序的主要内容包括以下几个方面:

1. 打击制售假冒伪劣商品、偷税、骗税、骗汇、走私、制贩假币等违法犯罪活动。继续查处制假售假问题突出的重点商品、重点市场、重点地区和大案要案。打击伪造、倒卖、虚开增值税专用发票进行涉税犯罪活动的专业化作案团伙。取缔非法买卖外汇。严防走私回潮。

2. 整顿建筑市场。查处在工程建设中规避招标和招投标中的弄虚作假,转包、违法分包和无证、越级承包工程,以及违反法定建设程序及不执行强制性技术标准、偷工减料、以次充好等行为。

3. 整顿和规范金融秩序。查处银行、证券、保险机构的违法违规经营活动。取缔非法金融机构和非法变相从事金融业务的活动。打击和制止金融欺诈、操纵证券市场和内幕交易、恶意逃废债务等行为。

4. 严肃财经纪律。加强对财政资金、重大投资项目、重点专项资金、国有金融机构和国有企业资产质量的审计。查处私设"小金库"、账外经营、截留、坐支、挪用国家资金等违反财经法纪行为。打击伪造各种票据、会计凭证、会计账簿和提供虚假财务会计报告等违法行为。

5. 规范中介机构的行为,实行中介机构市场准入制度。整顿经济鉴证服务市场。严肃查处中介机构出具虚假资信证明、虚假评估、虚假鉴证等不法行为,对严重违法违规的中介机构和人员实行禁入制度。

6. 推进文化和旅游市场整顿。开展"扫黄打非"斗争,打击侵权盗版、制贩非法出版物等违法犯罪活动。加强对电子游戏、歌舞娱乐经营场所的监管。查处非法经营的各类"网吧"。整顿文物市场。规范旅游业经营秩序。

7. 打破地区封锁和部门、行业垄断。查处行政机关、事业单位、垄断性行业和公用企业妨碍公平竞争,阻挠外地产品或工程建设类服务进入本地市场的行为,以及其他各种限制企业竞争的做法。

8. 强化安全生产管理和安全监察。抓紧重点行业的安全整顿,加强对事故隐患及危险源的综合治理。对不符合基本安全生产条件或整改无效的企业和经营单位,坚决予以关闭。

(五)当前的工作重点。在全面整顿和规范市场经济秩序的基础上,根据每个时期的不同特点,分别确定各阶段整治的重点。当前,要紧紧抓住直接关系广大群众切身利益、群众反映强烈、社会危害严重的几个突出问题,主要包括:以食品、药品、农资、棉花以及拼装汽车等为重点,打击制售假冒伪劣商品的行为;以查处规避招标、假招标和转包为重点,整顿和规范建筑市场;以查处偷税、骗税、非法减免税为重点,强化税收征管;以查处地区封锁和部门、行业垄断为重点,打击地方保护主义;以清理压缩音像集中经营场所,查处非法经营的"网吧"、"游戏机房"为重点,整顿文化市场。

经过全国范围内的集中整顿和打击,争取用一年左右的时间,使严重破坏市场经济秩序违法犯罪活动蔓延的势头得到明显遏制;后果严重、影响恶劣的大案要案得到揭露和处理;触犯刑律的犯罪分子移送司法机关得到严厉惩处;有关法律、法规得到进一步完善;执法队伍和执法力度得到加强;群众对市场经济秩序的满意程度明显提高,整顿和规范市场经济秩序的工作取得阶段性的成果。

三、加大打击力度,严惩破坏市场经济秩序的违法犯罪活动

(六)加大打击违法犯罪活动的力度。依法严惩破坏市场经济秩序的违法犯罪行为,是整顿和规范市场经济秩序的重要措施。行政主管部门与执法部门要加强协调配合,始终保持严打的高压态势。行政执法部门在查处违法行为中发现的犯罪线索,必须及时通报并依法移送公安部门及其他有关部门,坚决制止一些地方和部门存在的瞒案不报、以罚代管、以罚代刑现象,造成严重后果的要严肃追究责任。依法加大对破坏市场经济秩序行为的处罚力度,让违法犯罪者为其行为付出巨大代价,切实起到震慑作用。

(七)严惩各种违法犯罪分子。集中力量侦破一批涉及面广、数额巨大、影响恶劣、严重破坏市场经济秩序的大案要案,依法严惩一批违法犯罪的首恶分子和惯犯。对国家机关中与犯罪分子相互勾结,包庇、纵容违法犯罪活动的人员,要一查到底,绝不姑息。违纪的必须严肃处理,触犯刑律的必须依法追究刑事责任。

(八)建立健全举报奖励制度。各地区、各部门要建立通畅的渠道,认真受理群众和企业的举报、投诉,制定并完善举报奖励办法,筹措奖励经费,对举报有功人员予以重奖,并采取有效的保护措施。

四、深化改革,转变政府职能

(九)进一步理顺政府部门职能,明确分工。规范市场经济秩序,首先要规范政府行为。各级政府都要与各类生产经营活动和中介机构彻底脱钩,把培育市场体系、监督市场运行、维护公平竞争、调整经济结构、推进营销方式改革、创造良好的经济运行环境,作为自己的重要责任。政府部门之间要明确职责分工,避免因职能交叉造成管理上的重复或疏漏,影响市场经济秩序。

(十)切实减少行政性审批。加快清理政府审批事项,大幅度减少行政性审批,主要发挥市场在资源配置中的基础性作用。对没有法律、法规依据,或可以用市场机制代替的行政审批,坚决予以废止。依法需要保留的行政性审批,要程序公开,手续简便,除法定规费外,一律不准收费。按照审批权力与责任挂钩的原则,建立行政审批责任追究制度。

(十一)打破地方封锁和行业垄断。彻底清理并废除各地区、各部门制定的带有地方封锁和行业垄断内容的规章。禁止任何单位或个人违反法律、行政法规,以任何形式阻挠、干预外地产品或工程建设类等服务进入本地市场,或者对阻挠、干预外地产品或工程建设类等服务进入本地市场的行为纵容、包庇,限制公平竞争。进一步加快垄断行业的改革和重组,推进政企分开,强化竞争机制,推行现代化服务方式,实现规模经营。

五、健全市场法律法规,严格执法

(十二)完善市场法律法规体系。根据整顿和规范市场经济秩序的需要,清理不符合市场经济要求的法律法规,按照立法的法定程序适时提出制定、修订有关法律的建议,制定、修订行政法规。加强现有法律法规的宣传教育,在全社会树立政府部门必须依法行政、企业和公民必须守法经营的观念。

(十三)坚决纠正执法不严、违法不究的现象。依法行政、有法必依、严格执法是政府的重要职责,对扰乱市场经济秩序行为不予制止是政府的失职。加强行政执法与刑事执法的衔接,建立信息共享、沟通便捷、防范有力、查处及时的打击经济犯罪的协作机制,对破坏市场经济秩序构成犯罪行为的,及时移送司法机关处理。

(十四)加强行政执法机构和执法队伍建设。进一步改善执法机构装备,加强执法系统基础设施建设。严格执行行政性收费和罚没收入"收支两条线"的规定,坚决纠正各种形式的收支挂钩现象。同时,要增加财政投入,保证办案经费需要。加强执法队伍建设,努力提高执法人员的业务素质和执法水平,提高工作效率,从严惩治并清除执法队伍中的腐败分子。

六、完善市场监督机制,加大监管力度

(十五)加快建设"金关"、"金税"、"金卡"、"金盾"工程等信息网络监管系统。以信息技术为手段,强化市场监督管理。已经建成的电子监管系统要尽快实现全国联网,并加快相关部门之间的网络互联,实现监管信息交流和共享,充分发挥高新技术在整顿和规范市场经济秩序中的作用。信息网络监管手段建设进展迟缓的部门和单位,可视情节轻重追究主管领导的责任;故意设置障碍严重影响市场监管的,要撤销其领导职务。

(十六)建立健全以行业自律、新闻监督、群众参与为主要内容的社会监督体系。充分发挥商会、行业协会等组织的作用,教育、监督、约束企业自觉遵守法律法规。进一步加强电视、广播、报刊、网络等媒体的舆论监督,加大对大案要案的披露和对查处工作的宣传报道力度,扶正压邪,形成整顿和规范市场经济秩序的浓厚舆论氛围。提高全民质量意识和安全意识,人人自觉抵制假冒伪劣商品,制止违反安全规程的行为,维护自身合法权益。社会中介机构作为维护市场经济秩序的重要力量,要进一步发挥其服务、沟通、公证、监督的功能。

七、加强思想道德教育,建立健全社会信用制度

(十七)把依法治国和以德治国结合起来。在全社会进行诚实守信的思想道德教育,努力建立适应社会主义市场经济发展的思想道德体系,使全体人民自觉遵守市场经济秩序,形成良好的道德风尚,带动和促进社会风气的进一步好转。

(十八)建立健全符合市场经济体制要求的社会信用制度。缺乏信用不仅造成经济关系的扭曲,社会交易成本增加,而且败坏社会风气,已经成为当前影响我国经济健康运行的一个突出问题。因此,要逐步建立企业经济档案制度和个人信用体系,防止商业欺诈、恶意拖欠及逃废债务等不法行为的发生。

八、加强领导，分工负责

（十九）建立“全国统一领导，地方政府负责，部门指导协调，各方联合行动”的工作格局。

1. 成立全国整顿和规范市场经济秩序领导小组，并设立办公室（设在国家经贸委）。领导小组的主要任务是统一领导全国整顿和规范市场经济秩序的工作，指导、部署和协调各项专项整治行动；定期检查各地区、各部门的工作进展情况，及时向国务院报告整顿和规范市场经济秩序中的重大事项。

2. 实行省长（主席、市长）负责制，由省（区、市）政府组织领导本地区的整顿和规范市场经济秩序工作。各地区也要确定本地的整顿工作重点，进行具体部署并加强监督检查。对整顿工作不力，市场经济秩序混乱而又长期得不到有效治理的地区，要依法、依纪追究当地政府主要负责人和有关负责人的责任，构成犯罪的要依法追究刑事责任。

3. 国务院各部门要按照职责分工，对主管领域市场经济秩序的整顿和规范工作，切实负起责任。对列入全国重点整顿范围的问题，要按照国务院的统一部署，深入开展专项整治；没有列入全国重点整治范围的，也要确定整顿和规范的具体内容，提出标本兼治的措施。各部门要尽快提出同本决定配套的法规和政策，协助搞好对各级政府公务员的培训，并指导地方政府抓好在全国有影响的大案要案的查处工作。要严肃执法，边整边改，转变职能，建章立制，完善法律法规，不断巩固整顿和规范市场经济秩序的成果。

4. 各行政主管部门和执法部门，在整顿和规范市场经济秩序工作中，要相互支持，密切合作，加强协调，形成合力。在查处跨地区的违法活动时，地区、部门之间要联合行动，相互配合。各部门在工作中要从大局出发，力戒政出多门、互相推诿扯皮。

整顿和规范市场经济秩序，是一项时间紧、任务重、涉及面广、政策性强的工作，各地区、各部门要按照国务院的统一部署，结合实际确定工作重点，提出时间和进度要求，严格依法进行整顿，维护企业的正常生产经营活动。在规范中整顿，在整顿中规范，通过整顿和规范使市场经济秩序得到根本好转，为经济和社会发展创造良好环境。

国务院关于进一步整顿和规范期货市场的通知

(1998年8月1日公布 国发〔1998〕27号
自1998年8月1日起施行)

各省、自治区、直辖市人民政府,国务院各部委、各直属机构:

按照国务院的部署,中国证券监督管理委员会(以下简称:中国证监会)加强了对期货市场的整顿和规范工作。经过几年的努力,我国期货市场盲目发展的势头得到了有效遏制,市场行为逐步规范,监管能力有力加强。但是,目前期货市场仍存在一些不容忽视的问题,最为突出的是期货交易所和期货经纪机构过多,运作不规范;少数机构和个人联手操纵市场,牟取暴利;非法从事境外期货、外汇按金交易行为依然存在;监管部门的监管力量薄弱,监管手段落后。为切实加强对期货市场的监管,防范和化解市场风险,保证期货市场试点工作的顺利进行,根据全国金融工作会议精神和党中央、国务院的统一部署,现就有关部门通知如下:

一、继续整顿、撤并期货交易所

(一)按照"继续试点,加强监管,依法规范,防范风险"的原则,对现有14家期货交易所进行整顿和撤并,只在上海、郑州和大连保留3家期货交易所。对保留的期货交易所实行集中统一管理,比照证券交易所管理体制,将期货交易所划归中国证监会直接管理。期货交易所的总经理和副总经理由中国证监会任命,理事长、副理事长由中国证监会提名,理事会选举产生。

(二)具体调整办法是:

1. 同城合并。按照"统一机构、统一财务、统一交易、统一结算、统一规则"的原则,在清产核资后,将上海金属交易所、上海商品交易所和上海粮油商品交易所等3家交易所合并为上海期货交易所。

2. 异地联网。除保留上海期货交易所、郑州商品交易所、大连商品交易所外，其他期货交易所可改组为公司制地方交易厅或地方报价厅，与上述3家期货交易所进行联网交易。地方交易厅或地方报价厅为期货交易所会员提供异地交易席位和下单服务，不得上市期货品种，不得进行交易撮合，不得办理结算业务。地方交易厅或地方报价厅具有法人地位，独立承担原期货交易所的债权债务关系。

3. 为了实现平稳过渡，对未保留的期货交易所，也可采取多种方式进行改组：第一，改组为期货经纪公司；第二，具备条件的，可改组为证券经营机构。

二、取消部分商品期货交易品种，提高部分商品品种的期货交易保证金

为了充分发挥期货市场发现价格和套期保值的功能，进一步遏制过度投机，将商品期货交易品种由35个压缩到12个，取消23个品种。保留铜、铝、大豆、小麦、豆粕、绿豆、天然橡胶、胶合板、籼米、啤酒大麦、红小豆、花生仁等12个商品品种。

提高部分商品品种的交易保证金。对发挥套期保值功能较好、不易炒作的铜、铝、大豆等3个商品品种的最低交易保证金比例仍维持现行的5%不变，其余9个商品品种的最低交易保证金比例提高到10%。上海期货交易所、郑州商品交易所、大连商品交易所要重新设计期货合约，经中国证监会审核批准后上市交易。今后，中国证监会可根据市场需要调整上市品种和规定其最低交易保证金比例。

三、取缔非法期货经纪活动，清理整顿期货经纪机构

（一）取消所有非期货经纪公司会员的期货经纪资格，个人一律不得从事期货经纪业务。对以各种名义从事非法期货经纪业务的机构和个人，工商行政管理部门要会同中国证监会严肃查处，坚决取缔。

（二）提高期货经纪公司最低注册资本金标准，促进期货经纪公司合并重组，实现规模经营。期货经纪公司最低注册资本金标准由中国证监会另行制定。

（三）期货经纪公司一律不得从事期货自营业务，代理业务要进一步清理整顿，规范各个交易环节，严格控制风险。

（四）完善年检制度，注销不符合规定的期货经纪公司，适当扶持运作规范、资信良好的大型经纪公司。

四、严格控制境外期货交易

国务院再次重申,未经批准,任何机构和个人均不得擅自进行境外期货交易,各期货经纪公司均不得从事境外期货业务。对确需利用境外期货市场进行套期保值的少数进出口企业,由中国证监会会同国家经贸委、外经贸部等部门进行严格审核,报国务院批准后,颁发境外期货业务许可证。未取得境外期货业务许可证的企业一律不得以任何借口、任何方式从事境外期货交易。取得境外期货业务许可证的企业,在境外期货市场只允许可行套期保值,不得进行投机交易。国家经贸委、外经贸部等部门会同中国证监会根据这些企业的进口商品种类和实际贸易量,确定其交易品种和最大期货交易量,由中国证监会指定其境外期货经纪机构和境外期货交易所。

未经批准,禁止境外中资机构在境外擅自从事期货交易,违者要追究有关人员的责任。国家经贸委、外经贸部等部门要对工业、外贸企业已从事境外期货交易的情况进行清理整顿,并将整顿结果报告国务院,同时抄送中国证监会。

中国证监会要会同有关部门加强对非法境外期货交易的监管。凡涉及证券经营机构、期货经纪机构违法经营境外期货的,由中国证监会会同有关部门查处;其他机构非法从事境外期货的,由国家工商行政管理局会同有关部门查处。对违反上述规定擅自进行境外期货交易的企业及境外中资机构要严加惩处,对企业负责人和直接责任人员由其上级主管部门给予撤职直至开除的处分,同时追究主管部门领导的责任;构成犯罪的,移交司法机关依法追究刑事责任。

五、加快法规建设,进一步加强对期货市场的监管

期货市场风险性和投机性很强,要加快期货市场法制建设,做到依法监管。国务院法制办公室和中国证监会要抓紧起草期货交易管理条例,提交国务院审议。中国证监会要进一步加强对期货市场的监管,规范和统一期货市场的交易、结算、交割制度。严禁金融机构、事业单位和党政机关参与期货交易,严禁国有企业违规从事期货交易,严禁信贷资金、财政资金以任何形式流入期货市场,金融机构不得为期货交易提供融资或担保。未经批准任何机构不得从事金融期货交易。要依法查处境内金融机构的违规外汇交易，加强对从事外汇远期以及期权、汇率掉期等业务的金融机构的内部管理和外部监管。

自本通知下发之日起，各期货交易所要立即停止推出新合约，已上市合约可以交易到最后交易日。从 1999 年 1 月 1 日起正式按新的期货商品品种和交易保证金比例开始运作。中国证监会要进一步加强监督与管理，加大执法力度。各地区、各部门要认真贯彻本通知的精神，通力协作，积极配合中国证监会做好期货市场规范整顿工作，保持市场和社会稳定。

国务院办公厅转发国务院证券委员会《关于 1996 年全国证券期货工作安排意见》的通知

（1996 年 9 月 2 日公布　国办发〔1996〕37 号
自 1996 年 9 月 2 日起施行）

根据国务院证券委员会第 6 次会议精神，1996 年证券、期货工作要认真贯彻落实《中华人民共和国国民经济和社会发展“九五”计划和 2010 年远景目标纲要》提出的各项任务，积极推进经济体制和经济增长方式的转变，促进国民经济持续、快速、健康发展和社会全面进步。证券工作必须从中国的国情出发，积极稳妥地发展债券和股票融资。今年证券市场工作的指导思想是：紧紧围绕实现“两个根本性”转变，认真贯彻法制、监管、自律、规范的方针，加大监管力度，规范市场行为，积极稳妥地发展债券和股票融资，进一步完善和发展证券市场，更好地为社会主义市场经济服务。期货监管工作要继续贯彻落实《国务院批转证券委、证监会关于进一步加强期货市场监管工作请示的通知》（国发〔1996〕10 号），加强管理，努力提高期货市场规范化水平。今年期货市场监管工作的指导思想是：采取有力措施，继续清理整顿期货市场，强化监管力度，进一步遏制过度投机，坚决打击各种非法境外期货交易和外汇按金交易,维护市场正常交易秩序,规范市场行为,保持期货市场的稳定。

今年证券、期货工作的具体安排是:

一、加快立法进度,强化执法工作

(一)国务院证券委员会(以下简称证券委)、中国证券监督管理委员会(以下简称证监会)要积极配合有关方面,继续做好《证券法(草案)》的修改工作,加快制订单项行政法规,为证券、期货市场法制化、规范化创造条件。证券委和证监会要认真行使国务院赋予的监管职能,加强对有关证券、期货法规执行情况的监督检查;对证监会发布的规范性文件,各有关单位要认真执行。

(二)有条件的地方证券、期货监管部门要建立稽查机构,充实稽查人员,完善执法手段,采取有效措施,切实加强执法工作。各证券、期货交易所也要进一步健全稽查制度,充分发挥一线监管作用。对各类大案要案,一经发现,要及时报告,依法严肃处理。

二、改进新股发行管理办法,做好新股发行上市工作

1995年下达的股票发行计划,还有一部分未发行上市,今年要继续做好有关工作。今年下半年,将根据宏观经济发展情况,编制新股发行计划。针对目前新股发行中存在的问题,今后下达新股发行计划,改为"总量控制,限报家数"的管理办法,即由国家计委、证券委共同制定股票发行总规模,证监会在确定的总规模内,根据市场情况向各地区、各部门下达发行企业个数,并对企业进行审核。

三、加强证券交易所的管理,清理证券交易中心

(一)加强对证券交易所管理,发挥其一线监管作用。证监会要督促证券交易所健全内部管理机制,发挥会员大会、理事会对重大事项的决策作用,逐步形成内部制衡机制,并会同有关部门加强对与证券交易有关的清算业务和登记公司的监管;证券交易所要加强对会员、上市公司和市场的监管,发挥一线监管作用。

(二)配合中国人民银行对证券交易中心进行清理整顿。按照《国务院关于批转国务院证券委员会1995年证券期货工作安排意见的通知》(国发〔1995〕22号)规定,证监会要积极配合中国人民银行,抓紧清理整顿证券交易中心。经清理保留的证券交易中心,逐步移交证监会统一监督管理。

前一时期，一些证券经营机构和证券交易中心违反有关规定，借用证券回购名义变相拆借资金，严重地干扰了正常金融秩序。各地证券、期货监管部门要认真贯彻落实《国务院批转中国人民银行关于进一步做好证券回购债务清偿工作请示的通知》（国发〔1996〕20号），主动配合中国人民银行抓紧进行清理，做好善后工作。

四、继续做好对地方证券、期货监管部门的授权工作

证监会要继续做好对具备条件的地方证券、期货监管部门授予部分监管职能的工作。已经获得授权的地方监管部门要按照以下要求，在授权范围内切实做好监管工作。

（一）地方监管部门要维护国家对证券、期货市场的集中统一管理，并按照授权范围，切实履行监管职责，对超出授权范围的事项，要及时请示证监会；

（二）地方监管部门履行监管职责时要依照法律、法规和证券委、证监会发布的规章或规范性文件进行，不得自行制定与国家有关规定相冲突的规定和办法。确需制定工作程序性办法的，应事先报经证监会同意，并在发布的同时报证监会备案；

（三）地方监管部门不得干预被监管对象的正常业务活动，不得主办或协办有关证券、期货类报刊。

五、加大监管力度，进一步规范期货市场

（一）继续加强期货交易所的建设。各期货交易所要结合实际，总结经验教训，找出薄弱环节，进一步完善规章制度和管理规则。今年要完成各期货交易所会员制改造工作，建立全体会员共担风险、共同监督的约束机制。目前，对已设置的异地同步期货交易点中存在的问题，要尽快制定办法加以解决。各期货交易所要切实履行职责，加强监管。今后任何交易所由于管理不当出现问题，都要严肃处理，并追究该交易所及其负责人的责任。

（二）进一步加强对期货经纪机构的监管。暂停审批新的期货经纪公司，进一步提高现有公司的规范化管理水平，尽快完成对期货兼营机构和期货经纪公司分支机构的资格审核工作。对已取得期货经纪业务许可证的主营或兼营机构，证监会将建立年检制度，实施严格的监督管理。对严重违规的,要从严处理直至吊销期货经纪业务许可证。

根据国发〔1996〕10 号文件的规定,金融机构不得从事商品期货交易活动。目前有些金融机构仍在收购、参股或控股期货经纪公司的做法不利于稳定金融秩序,也不利于期货市场的正常发展,应当予以制止,对这类期货经纪公司和期货兼营机构,证监会不予核发期货经纪业务许可证。

(三)采取切实措施,把扰乱期货市场的机构和个人坚决清除出期货市场。证监会要尽快制订《关于对操纵期货市场行为认定和处罚的规定》,对少数凭借资金实力联手操纵市场的机构和个人,一经查实,除按照有关法规进行经济处罚外,证监会要通报各交易所和经纪机构,不得再接纳其从事期货交易。

(四)坚决打击并取缔各种非法期货交易活动。在对期货经纪公司分支机构和期货兼营机构审批工作结束后,凡未取得证监会颁发的期货经纪业务许可证的单位,要立即停止期货经纪业务。地方监管部门要组织力量严厉查处各种非法期货交易活动,维护正常的交易秩序。对违反规定,继续非法从事境外期货业务和外汇按金交易的,各地监管部门要配合外汇管理、工商行政管理和公安等部门予以坚决打击。要坚决取缔各种名目的变相期货交易场所。

六、促进上市公司规范发展

上市公司质量是证券市场能否健康发展的关键,各有关单位要十分重视,加强这方面工作。

(一)建立上市公司动态监管系统,强化上市公司的信息披露,明确证监会和交易所在信息披露监管工作上的分工。证券交易所负责督促上市公司依法及时、准确、完整地披露信息;发现违规行为要依法查处,并及时报告证监会,以保护投资者的合法权益。证监会要建立对上市公司的定期抽查制度,强化对上市公司的监管力度。从今年开始,证监会将组织力量,对上市公司进行抽查,抽查的重点内容是财务报告的真实性、募集资金使用情况和公司规范运作的情况。

(二)积极帮助上市公司完善章程,健全法人治理结构。要帮助和督促上市公司按照《中华人民共和国公司法》完善公司章程,充分发挥股东大会权力机构的作用,建立健全经理对董事会负责、董事会(监事会)对股东大会负责的制衡机制。证监会和交易所还要抓好对上市公司有关负责人员的培训工作。

七、加强对证券经营机构以及与证券业务有关的中介机构的管理,积极稳妥地开展证券投资基金业务

(一)加强对证券经营机构的管理。证监会要根据有关规定对证券经营机构的承销和自营业务进行系统监管,将自营业务、经纪业务严格分开,降低经营风险,保护投资者利益。要定期检查证券经营机构执行各项法规的情况,对不符合条件、违法违章者给予相应处罚,直至吊销证券业务许可证。根据分业管理的要求,创造条件,逐步由证监会对证券经营机构实行统一的审批和监管。

对与证券业有关的会计师事务所、资产评估机构、律师事务所等中介机构和信息咨询机构从事证券业务的,要加强监管,对违反国家有关规定的,证监会有权暂停、取消其从事证券业务资格。

(二)开展证券投资基金业务有利于大中型企业发行股票,增加股市资金供应。要尽快出台《证券投资基金管理办法》,按照该办法设立的证券投资基金,由中国人民银行和证监会共同审批,共同管理。今后逐步由证监会对投资基金实行统一审批和监管。

八、进一步做好境外上市工作,扩大B股试点范围

(一)进一步做好境外上市工作。近期选择一些国有大中型企业作为第四批境外上市预选企业。在继续做好以中国香港地区资本市场为重点的境外上市工作的同时,要稳妥的开辟新的国际资本市场,并抓紧与有关国家签署证券监管合作备忘录。要认真总结境外上市经验,加强对境外上市公司的监管,严格督促企业按照有关要求使用资金,提高企业经营管理水平。

(二)加强对企业境外间接上市的管理。这项工作必须经过严格审批,各地不得自行其是,未经证券委批准,任何企业不得擅自到境外间接上市。

(三)总结发行B股的经验教训,扩大试点范围。各地要按照《国务院关于股份有限公司境内上市外资股的规定》(国务院令第189号)及证券委关于推荐B股预选企业的通知,认真做好筛选工作,选择一些效益好、规模大、有发展前景的企业发行B股并不断完善B股市场。

九、加强债券市场的监管,做好可转换债券的试点工作

要加强对国债及企业债券上市、交易和清算活动的监管。证券交易所要尽快制定企业债券上市交易规则。企业债券经证券交易所审核、证监会批准后方可上市,并做好信息披露工作。发行企业债券要经过信用评级。

为开辟新的融资渠道,积极稳妥地做好可转换债券的试点工作,证监会要尽快制定试点办法,明确规定统一的审批程序,防止一哄而起。

十、完成证券市场“九五”时期发展规划和2010年远景目标的制定工作。

八届全国人大第四次会议正式通过了《中华人民共和国国民经济和社会发展“九五”计划和2010年远景目标纲要》,提出了“积极稳妥地发展债券和股票融资,进一步完善和发展证券市场”的要求。为适应建立社会主义市场经济体制和国民经济发展的新形势,要抓紧制定证券市场“九五”时期发展规划,在不断规范的基础上,使证券市场在规范和质量上达到一个新的水平。

十一、加强证券、期货监管部门的队伍建设

首先要加强各级证券、期货监管部门的领导班子建设。要努力学习邓小平同志建设有中国特色的社会主义理论,要讲政治,加强民主集中制和勤政廉政建设。其次要改进工作作风,加强调查研究,对涉及证券、期货市场的重大政策性问题,要组织力量,会同有关部门做好调研工作。三是要根据工作需要进行必要的干部交流。四是各地监管部门要加强机构内部建设,在地方政府领导下,带好队伍,做好监管工作。五是必须重视培养和造就一批具有专家水平的监管人才。六是要对从业人员进行严格的资格考试和认定,提高整个行业人员的技能素质,适应市场发展的需要。

进一步加强对证券、期货工作新闻报道和宣传的管理。有关新闻单位,特别是证监会指定报刊,在新闻报道中,要正确宣传党和国家有关证券、期货工作的方针政策,加强正面宣传和引导;在披露上市公司信息时,要做到真实、准确、完整、充分,促进证券、期货市场健康发展。

国务院关于批转国务院证券委员会1995年证券期货工作安排意见的通知

（1995年7月20日公布 国发〔1995〕22号
自1995年7月20日起施行）

目前，我国证券、期货市场仍处于试点阶段，当前和今后一段时间市场监管工作方针是：证券、期货监管工作必须紧密围绕抑制通货膨胀，配合企业制度改革，坚持先试点后推广、宁肯慢务求好的原则，加大监管力度，规范市场行为，抑制过度投机，在稳定中求发展。根据国务院证券委员会第五次会议精神，现对1995年证券、期货工作提出如下意见：

一、控制发行上市节奏，规范发行市场

1994年确定的55亿元股票发行规模，近期由国家计委会同国务院证券委员会一次下达，可跨年度使用。中国证监会将根据企业准备情况和市场状况严格控制发行进度，分期分批安排发行与上市。各地区、各部门要积极支持现代企业制度试点，在选择上市企业时，对符合上市条件的试点企业应予以优先考虑。为保证政策的统一性，从1995年起，所有新股发行与上市必须严格执行全国统一的发行审核条件和审批程序。为提高股票发行复审质量，增加工作透明度，中国证监会要调整、充实发行审核委员会，吸收有关部门专家参加，但不得吸纳有利益冲突的市场参与者。

为保证上市公司的质量，企业发行股票前要由主承销商对其进行必要的辅导；企业上市后，主承销商仍有责任帮助、督促企业严格执行上市公司的有关规定，发现违规行为应促其及时纠正并报告中国证监会。辅导工作要做到不增加企业负担，不另请中介机构，严格按规定程序办事。

1990年前已公开发行股票并经国家体改委重新确认但尚未上市

的90家企业,属于历史遗留问题,只能根据市场情况逐步解决。鉴于这些企业不新发行股票,从1995年到1996年上半年,在不超过中国证监会与国家体改委商定的第一批20户企业范围内,可视市场情况相机安排上市。对这类企业未安排上市的股票和定向募集公司的股权证,严禁搞任何形式的柜台交易。

为改善股市资金结构,抑制过度投机,中国人民银行要会同中国证监会抓紧修订发布《投资基金管理办法》,积极、稳妥地组织证券投资基金试点,逐步培育长期、稳定的专业机构投资者,促进股市健康发展。

二、以规范化为核心,进一步加大市场监管力度

证券、期货市场是全国性的市场,风险大,变化快,必须实行集中统一管理。要逐步理顺国务院证券委、中国证监会与国务院有关部门及地方证券、期货监管部门的关系,在国家集中统一的监督管理下,充分发挥地方对证券、期货市场的监督管理作用。要授予地方证券、期货监管部门必要的监管权限,上下配合,共同抓好市场监管工作。

(一)理顺证券、期货交易所管理体制,规范证券、期货交易所行为。证券交易所、期货交易所的正副理事长和正副总经理人选,由中国证监会提名,商所在地人民政府后推荐给交易所会员大会或理事会任免;上述人员任职期间如不能按规定行使职权,或者有重大违法违规行为,证监会有权提出罢免意见,商所在地人民政府后由交易所会员大会或理事会罢免。要加快证券、期货交易所的规范化建设,发挥其自律监管作用。交易所一切重大决策必须经理事会审议批准后方能执行。对在交易场所内发生的重大违规行为未能及时采取有效措施予以制止的,有关证券、期货交易所或证券交易中心的主要负责人要承担相应责任。

(二)整顿证券交易中心,规范证券公司业务活动。中国人民银行要会同中国证监会对现有的证券交易中心及其变相的柜台交易进行清理整顿,制定统一的设立标准、业务规范和管理办法,不符合要求的要予以撤销。对保留的证券交易中心,比照证券交易所管理体制由中国证监会进行监督管理。

从严管理证券公司业务活动。按照证券业与银行业、信托业分业经营、分业管理的原则,由中国证监会对证券公司从事承销或自营业务的资格进行审核、确认。证券公司由中国人民银行归口管理,业务活动接受中国证监会监督管理。

(三)建立和完善证券、期货业协会,充分发挥其行业自律监管的作用。要尽快建立期货业协会,并做好证券业协会的换届工作,使其真正成为自律性组织。证券、期货业协会由国务院证券委实行统一归口管理。

(四)提高上市公司的质量,是证券市场健康发展的基础。各级证券管理部门要加强对上市公司的监管,督促企业加强经营管理,提高经济效益。中国证监会要在征求有关部门意见的基础上,尽快制定上市公司示范章程,规范上市公司行为,对违反法律和法规的行为要按照有关规定予以处罚。上市公司董事会要指派专门人员,作为本公司的代表负责办理公司与证券市场管理部门、投资者及证券交易所、证券公司往来方面的日常事务,协助公司董事会履行上市公司章程。

三、巩固清理整顿成果,进一步规范期货市场

1995年期货市场监管工作的重点是巩固清理整顿成果,加强立法,规范运作。首先,要抓好期货交易所的规范化管理,各交易所要严格执行经中国证监会审核批准的章程和交易规则,不得擅自修改;未经中国证监会批准,各期货交易所不得自行推出上市品种;各期货交易所要创造条件,尽快完成从现有体制向会员制的过渡,在此基础上,比照证券交易所的管理模式确立新的管理体制。

其次,要进一步整顿期货经纪公司分支机构,清理非经纪公司会员的期货代理业务,并实行许可证制度。未取得许可证的机构和单位一律不得从事期货经纪业务。对借中远期合同之名从事期货交易的批发市场,中国证监会要会同国内贸易部进行清理,禁止其从事期货交易。

第三,要严格控制境外期货交易,坚决取缔非法境外期货交易。对少数确需在国际市场上开展套期保值业务的全国性公司,经中国证监会会同国家外汇管理局严格审核后发给境外期货业务许可证。同时,要加强对金融衍生产品的上市管理,未经国务院证券委批准,一律不得进行试点。

四、继续进行B股试点,做好境外上市工作

企业发行B股由国务院证券委审批。国务院证券委第四次会议确定的10亿美元B股发行规模不变，并将根据国际市场情况陆续推出。同时，准备选择少数有条件的B股企业，到境外进行第二上市试点。1995年后，国家不再单独给上海、深圳下达B股发行规模，两地符合条件的企业，可优先考虑安排。

国务院确定的境外上市预选企业，要积极创造条件达到上市要求；国务院证券委和中国证监会要视国际市场情况，成熟一家，推出一家。在巩固中国香港地区、美国上市地位的基础上，选择适当时机，开辟新的境外市场，扩大筹资渠道。1995年可选择少数企业到东京、新加坡、澳大利亚市场进行试点。

为了确保境外上市工作有计划、有步骤地进行，维护对外开放形象，境内企业无论采取什么形式到境外上市，都必须报经国务院证券委员会批准，违反上述规定的，要追究越权审批部门和擅自到境外上市企业负责人的责任。各地区、各部门要对本地区、本部门未经审批、擅自到境外上市的企业进行清理，并将清理结果报国务院，同时抄送国务院证券委。

五、加强法制建设，完善管理办法

国务院证券委要积极配合有关部门做好证券、期货有关法规的起草、制定工作，真正做到依法监管。同时，中国证监会和各级证券、期货监管部门，都要组织力量对部分上市公司、证券公司、期货经纪公司和证券、期货交易所以及其他中介服务机构的经营状况等进行深入调查研究，通过典型解剖，了解其运作情况以及执行各项法规的情况，找出现行规章制度中的不足，在总结经验的基础上，加以修订完善。

六、加强各级证券、期货监管部门内部管理和廉政建设

中国证监会要结合落实“三定”方案，健全各项规章制度，改进工作作风，实现办公制度化、程序化、科学化。加强中国证监会内部廉政建设，全体工作人员要严格按照党中央、国务院的要求，依法办事，执法从严，铁面无私，不讲情面。国务院证券委和中国证监会要加强对各级证券、期货监管部门的业务指导，加强对从业人员执行法规情况的督促检查，加强队伍建设，提高整体素质，扎扎实实地做好证券、期货市场监管工作。

国务院关于坚决制止期货市场盲目发展的通知

（1993年11月4日公布　国发〔1993〕77号
自1993年11月4日起施行）

各省、自治区、直辖市人民政府，国务院各部委、各直属机构：

期货市场是市场发育的高级形态，其风险性和投机性很大，管理要求很高，根据我国现阶段的实际情况，除选择少数商品和地方进行试点探索外，必须严加控制，不能盲目发展。一九八八年以来，国务院有关部门在几个批发市场和交易所进行了部分引进期货交易机制的试点工作。近来，一些地方和部门竞相争办期货交易所或以发展期货交易为目标的批发市场，盲目成立期货经纪公司；一些执法部门也参与期货经纪活动；有些外资、中外合资或变相合资的期货经纪公司蓄意欺骗客户；一些境内外不法分子相互勾结搞期货经纪诈骗活动；一些单位和个人对期货市场缺乏基本了解，盲目参与境内外的期货交易，上当受骗，造成经济损失。这些问题虽然发生在少数地方，但涉及面广，影响很坏，隐患很大，严重干扰了期货市场试点工作的正常进行。为坚决制止期货市场的盲目发展，确保试点工作健康地进行，特作如下通知：

一、在期货市场试点工作中，必须坚持“规范起步，加强立法，一切经过试验和严格控制”的原则，加强宏观管理，实行统一指导和监管，不得各行其是。国务院决定，对期货市场试点工作的指导、规划和协调、监管工作由国务院证券委员会（简称证券委，下同）负责，具体工作由中国证券监督管理委员会（简称证监会，下同）执行。各有关部门要在证券委的统一指导下，与证监会密切配合，共同做好期货市场试点工作。未经证券委批准，不得设立期货交易所（中心）。

二、一律暂停审批注册新的期货交易和经纪机构。已经成立的各种期货交易机构，要按照国务院即将发布的期货交易法规重新履行审核批准手续,由证监会从严审核后报国务院批准,统一在国家工商行政管理局重新登记注册;重新审核后未予批准的,一律停止进行期货交易。期货交易法规发布前已经成立的各种期货经纪机构,要按照国家工商行政管理局发布的《期货经纪公司登记管理暂行办法》(中华人民共和国国家工商行政管理局令第 11 号)的规定,由证监会审核后,在国家工商行政管理局重新登记注册;外资、中外合资期货经纪公司,在有关涉外期货法规发布前,原则上暂不予重新登记注册,有关方面要切实做好善后工作。经重新审核不予登记注册的各种期货经纪机构,一律停止办理期货经纪业务。

三、取缔非法期货经纪活动。对那些以各种名义从事非法期货经纪业务的机构和个人,各级工商行政管理部门要会同有关部门严肃查处,坚决取缔。

四、对国有企、事业单位参与期货交易,要从严控制。执法部门及其所属单位不得参与期货经纪活动。严禁用银行贷款从事期货交易。未经中国人民银行和国家外汇管理部门批准,一律不得从事金融期货业务和进行外汇期货交易。期货交易和经纪机构要切实完善风险防避措施。新闻单位要注意加强有关期货风险方面的宣传,提高人们的风险意识。

军队系统所办期货经纪机构的重新审核工作,由中央军委办公厅根据本通知精神商证监会制定具体办法。

最高人民法院关于审理期货纠纷案件若干问题的规定(2020年修正)

[2003年5月16日最高人民法院审判委员会第1270次会议通过　根据2020年12月23日最高人民法院审判委员会第1823次会议通过、2020年12月29日公布的《最高人民法院关于修改〈最高人民法院关于破产企业国有划拨土地使用权应否列入破产财产等问题的批复〉等二十九件商事类司法解释的决定》(法释〔2020〕18号)修正]

为了正确审理期货纠纷案件,根据《中华人民共和国民法典》《中华人民共和国民事诉讼法》等有关法律、行政法规的规定,结合审判实践经验,对审理期货纠纷案件的若干问题制定本规定。

一、一般规定

第一条　人民法院审理期货纠纷案件,应当依法保护当事人的合法权益,正确确定其应承担的风险责任,并维护期货市场秩序。

第二条　人民法院审理期货合同纠纷案件,应当严格按照当事人在合同中的约定确定违约方承担的责任,当事人的约定违反法律、行政法规强制性规定的除外。

第三条　人民法院审理期货侵权纠纷和无效的期货交易合同纠纷案件,应当根据各方当事人是否有过错,以及过错的性质、大小,过错和损失之间的因果关系,确定过错方承担的民事责任。

二、管　　辖

第四条　人民法院应当依据民事诉讼法第二十三条、第二十八条和第三十四条的规定确定期货纠纷案件的管辖。

第五条 在期货公司的分公司、营业部等分支机构进行期货交易的,该分支机构住所地为合同履行地。

因实物交割发生纠纷的,期货交易所住所地为合同履行地。

第六条 侵权与违约竞合的期货纠纷案件,依当事人选择的诉由确定管辖。当事人既以违约又以侵权起诉的,以当事人起诉状中在先的诉讼请求确定管辖。

第七条 期货纠纷案件由中级人民法院管辖。

高级人民法院根据需要可以确定部分基层人民法院受理期货纠纷案件。

三、承担责任的主体

第八条 期货公司的从业人员在本公司经营范围内从事期货交易行为产生的民事责任,由其所在的期货公司承担。

第九条 期货公司授权非本公司人员以本公司的名义从事期货交易行为的,期货公司应当承担由此产生的民事责任;非期货公司人员以期货公司名义从事期货交易行为,具备民法典第一百七十二条所规定的表见代理条件的,期货公司应当承担由此产生的民事责任。

第十条 公民、法人受期货公司或者客户的委托,作为居间人为其提供订约的机会或者订立期货经纪合同的中介服务的,期货公司或者客户应当按照约定向居间人支付报酬。居间人应当独立承担基于居间经纪关系所产生的民事责任。

第十一条 不以真实身份从事期货交易的单位或者个人,交易行为符合期货交易所交易规则的,交易结果由其自行承担。

第十二条 期货公司设立的取得营业执照和经营许可证的分公司、营业部等分支机构超出经营范围开展经营活动所产生的民事责任,该分支机构不能承担的,由期货公司承担。

客户有过错的,应当承担相应的民事责任。

四、无效合同责任

第十三条 有下列情形之一的,应当认定期货经纪合同无效:

(一)没有从事期货经纪业务的主体资格而从事期货经纪业务的;

(二)不具备从事期货交易主体资格的客户从事期货交易的;

(三)违反法律、行政法规的强制性规定的。

第十四条 因期货经纪合同无效给客户造成经济损失的,应当根据无效行为与损失之间的因果关系确定责任的承担。一方的损失系对方行为所致,应当由对方赔偿损失;双方有过错的,根据过错大小各自承担相应的民事责任。

第十五条 不具有主体资格的经营机构因从事期货经纪业务而导致期货经纪合同无效,该机构按客户的交易指令入市交易的,收取的佣金应当返还给客户,交易结果由客户承担。

该机构未按客户的交易指令入市交易,客户没有过错的,该机构应当返还客户的保证金并赔偿客户的损失。赔偿损失的范围包括交易手续费、税金及利息。

五、交易行为责任

第十六条 期货公司在与客户订立期货经纪合同时,未提示客户注意《期货交易风险说明书》内容,并由客户签字或者盖章,对于客户在交易中的损失,应当依据民法典第五百条第三项的规定承担相应的赔偿责任。但是,根据以往交易结果记载,证明客户已有交易经历的,应当免除期货公司的责任。

第十七条 期货公司接受客户全权委托进行期货交易的,对交易产生的损失,承担主要赔偿责任,赔偿额不超过损失的百分之八十,法律、行政法规另有规定的除外。

第十八条 期货公司与客户签订的期货经纪合同对下达交易指令的方式未作约定或者约定不明确的,期货公司不能证明其所进行的交易是依据客户交易指令进行的,对该交易造成客户的损失,期货公司应当承担赔偿责任,客户予以追认的除外。

第十九条 期货公司执行非受托人的交易指令造成客户损失,应当由期货公司承担赔偿责任,非受托人承担连带责任,客户予以追认的除外。

第二十条 客户下达的交易指令没有品种、数量、买卖方向的,期货公司未予拒绝而进行交易造成客户的损失,由期货公司承担赔偿责任,客户予以追认的除外。

第二十一条 客户下达的交易指令数量和买卖方向明确,没有有效期限的,应当视为当日有效;没有成交价格的,应当视为按市价交易;没有开平仓方向的,应当视为开仓交易。

第二十二条 期货公司错误执行客户交易指令,除客户认可的以外,交易的后果由期货公司承担,并按下列方式分别处理:

(一)交易数量发生错误的,多于指令数量的部分由期货公司承担,少于指令数量的部分,由期货公司补足或者赔偿直接损失;

(二)交易价格超出客户指令价位范围的,交易差价损失或者交易结果由期货公司承担。

第二十三条 期货公司不当延误执行客户交易指令给客户造成损失的,应当承担赔偿责任,但由于市场原因致客户交易指令未能全部或者部分成交的,期货公司不承担责任。

第二十四条 期货公司超出客户指令价位的范围,将高于客户指令价格卖出或者低于客户指令价格买入后的差价利益占为己有的,客户要求期货公司返还的,人民法院应予支持,期货公司与客户另有约定的除外。

第二十五条 期货交易所未按交易规则规定的期限、方式,将交易或者持仓头寸的结算结果通知期货公司,造成期货公司损失的,由期货交易所承担赔偿责任。

期货公司未按期货经纪合同约定的期限、方式,将交易或者持仓头寸的结算结果通知客户,造成客户损失的,由期货公司承担赔偿责任。

第二十六条 期货公司与客户对交易结算结果的通知方式未作约定或者约定不明确,期货公司未能提供证据证明已经发出上述通知的,对客户因继续持仓而造成扩大的损失,应当承担主要赔偿责任,赔偿额不超过损失的百分之八十。

第二十七条 客户对当日交易结算结果的确认,应当视为对该日之前所有持仓和交易结算结果的确认,所产生的交易后果由客户自行承担。

第二十八条 期货公司对交易结算结果提出异议,期货交易所未及时采取措施导致损失扩大的,对造成期货公司扩大的损失应当承担赔偿责任。

客户对交易结算结果提出异议,期货公司未及时采取措施导致损失扩大的,期货公司对造成客户扩大的损失应当承担赔偿责任。

第二十九条 期货公司对期货交易所或者客户对期货公司的交易结算结果有异议,而未在期货交易所交易规则规定或者期货经纪合同约定的时间内提出的,视为期货公司或者客户对交易结算结果已予以确认。

第三十条 期货公司进行混码交易的,客户不承担责任,但期货公司能够举证证明其已按照客户交易指令入市交易的,客户应当承担相应的交易结果。

六、透支交易责任

第三十一条 期货交易所在期货公司没有保证金或者保证金不足的情况下,允许期货公司开仓交易或者继续持仓,应当认定为透支交易。

期货公司在客户没有保证金或者保证金不足的情况下,允许客户开仓交易或者继续持仓,应当认定为透支交易。

审查期货公司或者客户是否透支交易,应当以期货交易所规定的保证金比例为标准。

第三十二条 期货公司的交易保证金不足,期货交易所未按规定通知期货公司追加保证金的,由于行情向持仓不利的方向变化导致期货公司透支发生的扩大损失,期货交易所应当承担主要赔偿责任,赔偿额不超过损失的百分之六十。

客户的交易保证金不足,期货公司未按约定通知客户追加保证金的,由于行情向持仓不利的方向变化导致客户透支发生的扩大损失,期货公司应当承担主要赔偿责任,赔偿额不超过损失的百分之八十。

第三十三条 期货公司的交易保证金不足,期货交易所履行了通知义务,而期货公司未及时追加保证金,期货公司要求保留持仓并经书面协商一致的,对保留持仓期间造成的损失,由期货公司承担;穿仓造成的损失,由期货交易所承担。

客户的交易保证金不足,期货公司履行了通知义务而客户未及时追加保证金,客户要求保留持仓并经书面协商一致的,对保留持仓期间造成的损失,由客户承担;穿仓造成的损失,由期货公司承担。

第三十四条 期货交易所允许期货公司开仓透支交易的,对透支交易造成的损失,由期货交易所承担主要赔偿责任,赔偿额不超过损失的百分之六十。

期货公司允许客户开仓透支交易的,对透支交易造成的损失,由期货公司承担主要赔偿责任,赔偿额不超过损失的百分之八十。

第三十五条 期货交易所允许期货公司透支交易,并与其约定分享利益,共担风险的,对透支交易造成的损失,期货交易所承担相应的赔偿责任。

期货公司允许客户透支交易,并与其约定分享利益,共担风险的,对透支交易造成的损失,期货公司承担相应的赔偿责任。

七、强行平仓责任

第三十六条 期货公司的交易保证金不足,又未能按期货交易所规定的时间追加保证金的,按交易规则的规定处理;规定不明确的,期货交易所有权就其未平仓的期货合约强行平仓,强行平仓所造成的损失,由期货公司承担。

客户的交易保证金不足,又未能按期货经纪合同约定的时间追加保证金的,按期货经纪合同的约定处理;约定不明确的,期货公司有权就其未平仓的期货合约强行平仓,强行平仓造成的损失,由客户承担。

第三十七条 期货交易所因期货公司违规超仓或者其他违规行为而必须强行平仓的,强行平仓所造成的损失,由期货公司承担。

期货公司因客户违规超仓或者其他违规行为而必须强行平仓的,强行平仓所造成的损失,由客户承担。

第三十八条 期货公司或者客户交易保证金不足,符合强行平仓条件后,应当自行平仓而未平仓造成的扩大损失,由期货公司或者客户自行承担。法律、行政法规另有规定或者当事人另有约定的除外。

第三十九条 期货交易所或者期货公司强行平仓数额应当与期货公司或者客户需追加的保证金数额基本相当。因超量平仓引起的损失，由强行平仓者承担。

第四十条 期货交易所对期货公司、期货公司对客户未按期货交易所交易规则规定或者期货经纪合同约定的强行平仓条件、时间、方式进行强行平仓，造成期货公司或者客户损失的，期货交易所或者期货公司应当承担赔偿责任。

第四十一条 期货交易所依法或依交易规则强行平仓发生的费用，由被平仓的期货公司承担；期货公司承担责任后有权向有过错的客户追偿。

期货公司依法或依约定强行平仓所发生的费用，由客户承担。

八、实物交割责任

第四十二条 交割仓库未履行货物验收职责或者因保管不善给仓单持有人造成损失的，应当承担赔偿责任。

第四十三条 期货公司没有代客户履行申请交割义务的，应当承担违约责任；造成客户损失的，应当承担赔偿责任。

第四十四条 在交割日，卖方期货公司未向期货交易所交付标准仓单，或者买方期货公司未向期货交易所账户交付足额货款，构成交割违约。

构成交割违约的，违约方应当承担违约责任；具有民法典第五百六十三条第一款第四项规定情形的，对方有权要求终止交割或者要求违约方继续交割。

征购或者竞卖失败的，应当由违约方按照交易所有关赔偿办法的规定承担赔偿责任。

第四十五条 在期货合约交割期内，买方或者卖方客户违约的，期货交易所应当代期货公司、期货公司应当代客户向对方承担违约责任。

第四十六条 买方客户未在期货交易所交易规则规定的期限内对货物的质量、数量提出异议的，应视为其对货物的数量、质量无异议。

第四十七条 交割仓库不能在期货交易所交易规则规定的期限内，向标准仓单持有人交付符合期货合约要求的货物，造成标准仓单持有人损失的，交割仓库应当承担责任，期货交易所承担连带责任。

期货交易所承担责任后，有权向交割仓库追偿。

九、保证合约履行责任

第四十八条　期货公司未按照每日无负债结算制度的要求，履行相应的金钱给付义务，期货交易所亦未代期货公司履行，造成交易对方损失的，期货交易所应当承担赔偿责任。

期货交易所代期货公司履行义务或者承担赔偿责任后，有权向不履行义务的一方追偿。

第四十九条　期货交易所未代期货公司履行期货合约，期货公司应当根据客户请求向期货交易所主张权利。

期货公司拒绝代客户向期货交易所主张权利的，客户可直接起诉期货交易所，期货公司可作为第三人参加诉讼。

第五十条　因期货交易所的过错导致信息发布、交易指令处理错误，造成期货公司或者客户直接经济损失的，期货交易所应当承担赔偿责任，但其能够证明系不可抗力的除外。

第五十一条　期货交易所依据有关规定对期货市场出现的异常情况采取合理的紧急措施造成客户损失的，期货交易所不承担赔偿责任。

期货公司执行期货交易所的合理的紧急措施造成客户损失的，期货公司不承担赔偿责任。

十、侵权行为责任

第五十二条　期货交易所、期货公司故意提供虚假信息误导客户下单的，由此造成客户的经济损失由期货交易所、期货公司承担。

第五十三条　期货公司私下对冲、与客户对赌等不将客户指令入市交易的行为，应当认定为无效，期货公司应当赔偿由此给客户造成的经济损失；期货公司与客户均有过错的，应当根据过错大小，分别承担相应的赔偿责任。

第五十四条　期货公司擅自以客户的名义进行交易，客户对交易结果不予追认的，所造成的损失由期货公司承担。

第五十五条 期货公司挪用客户保证金,或者违反有关规定划转客户保证金造成客户损失的,应当承担赔偿责任。

十一、举 证 责 任

第五十六条 期货公司应当对客户的交易指令是否入市交易承担举证责任。

确认期货公司是否将客户下达的交易指令入市交易,应当以期货交易所的交易记录、期货公司通知的交易结算结果与客户交易指令记录中的品种、买卖方向是否一致,价格、交易时间是否相符为标准,指令交易数量可以作为参考。但客户有相反证据证明其交易指令未入市交易的除外。

第五十七条 期货交易所通知期货公司追加保证金,期货公司否认收到上述通知的,由期货交易所承担举证责任。

期货公司向客户发出追加保证金的通知,客户否认收到上述通知的,由期货公司承担举证责任。

十二、保全和执行

第五十八条 人民法院保全与会员资格相应的会员资格费或者交易席位,应当依法裁定不得转让该会员资格,但不得停止该会员交易席位的使用。人民法院在执行过程中,有权依法采取强制措施转让该交易席位。

第五十九条 期货交易所、期货公司为债务人的,人民法院不得冻结、划拨期货公司在期货交易所或者客户在期货公司保证金账户中的资金。

有证据证明该保证金账户中有超出期货公司、客户权益资金的部分,期货交易所、期货公司在人民法院指定的合理期限内不能提出相反证据的,人民法院可以依法冻结、划拨该账户中属于期货交易所、期货公司的自有资金。

第六十条 期货公司为债务人的,人民法院不得冻结、划拨专用结算账户中未被期货合约占用的用于担保期货合约履行的最低限额的结算准备金;期货公司已经结清所有持仓并清偿客户资金的,人民法院可以对结算准备金依法予以冻结、划拨。

期货公司有其他财产的,人民法院应当依法先行冻结、查封、执行期货公司的其他财产。

第六十一条　客户、自营会员为债务人的,人民法院可以对其保证金、持仓依法采取保全和执行措施。

十三、其　　它

第六十二条　本规定所称期货公司是指经依法批准代理投资者从事期货交易业务的经营机构及其分公司、营业部等分支机构。客户是指委托期货公司从事期货交易的投资者。

第六十三条　本规定自2003年7月1日起施行。

2003年7月1日前发生的期货交易行为或者侵权行为,适用当时的有关规定;当时规定不明确的,参照本规定处理。

最高人民法院关于审理期货纠纷案件若干问题的规定(二)(2020年修正)

[2010年12月27日最高人民法院审判委员会第1507次会议通过　根据2020年12月23日最高人民法院审判委员会第1823次会议通过、2020年12月29日公布的《最高人民法院关于修改〈最高人民法院关于破产企业国有划拨土地使用权应否列入破产财产等问题的批复〉等二十九件商事类司法解释的决定》(法释〔2020〕18号)修正]

为解决相关期货纠纷案件的管辖、保全与执行等法律适用问题,根据《中华人民共和国民事诉讼法》等有关法律、行政法规的规定以及审判实践的需要,制定本规定。

第一条　以期货交易所为被告或者第三人的因期货交易所履行职责引起的商事案件,由期货交易所所在地的中级人民法院管辖。

第二条 期货交易所履行职责引起的商事案件是指：

（一）期货交易所会员及其相关人员、保证金存管银行及其相关人员、客户、其他期货市场参与者，以期货交易所违反法律法规以及国务院期货监督管理机构的规定，履行监督管理职责不当，造成其损害为由提起的商事诉讼案件；

（二）期货交易所会员及其相关人员、保证金存管银行及其相关人员、客户、其他期货市场参与者，以期货交易所违反其章程、交易规则、实施细则的规定以及业务协议的约定，履行监督管理职责不当，造成其损害为由提起的商事诉讼案件；

（三）期货交易所因履行职责引起的其他商事诉讼案件。

第三条 期货交易所为债务人，债权人请求冻结、划拨以下账户中资金或者有价证券的，人民法院不予支持：

（一）期货交易所会员在期货交易所保证金账户中的资金；

（二）期货交易所会员向期货交易所提交的用于充抵保证金的有价证券。

第四条 期货公司为债务人，债权人请求冻结、划拨以下账户中资金或者有价证券的，人民法院不予支持：

（一）客户在期货公司保证金账户中的资金；

（二）客户向期货公司提交的用于充抵保证金的有价证券。

第五条 实行会员分级结算制度的期货交易所的结算会员为债务人，债权人请求冻结、划拨结算会员以下资金或者有价证券的，人民法院不予支持：

（一）非结算会员在结算会员保证金账户中的资金；

（二）非结算会员向结算会员提交的用于充抵保证金的有价证券。

第六条 有证据证明保证金账户中有超过上述第三条、第四条、第五条规定的资金或者有价证券部分权益的，期货交易所、期货公司或者期货交易所结算会员在人民法院指定的合理期限内不能提出相反证据的，人民法院可以依法冻结、划拨超出部分的资金或者有价证券。

有证据证明期货交易所、期货公司、期货交易所结算会员自有资金与保证金发生混同，期货交易所、期货公司或者期货交易所结算会员在人民法院指定的合理期限内不能提出相反证据的，人民法院可以依法冻结、划拨相关账户内的资金或者有价证券。

第七条 实行会员分级结算制度的期货交易所或者其结算会员为债务人,债权人请求冻结、划拨期货交易所向其结算会员依法收取的结算担保金的,人民法院不予支持。

有证据证明结算会员在结算担保金专用账户中有超过交易所要求的结算担保金数额部分的,结算会员在人民法院指定的合理期限内不能提出相反证据的,人民法院可以依法冻结、划拨超出部分的资金。

第八条 人民法院在办理案件过程中,依法需要通过期货交易所、期货公司查询、冻结、划拨资金或者有价证券的,期货交易所、期货公司应当予以协助。应当协助而拒不协助的,按照《中华人民共和国民事诉讼法》第一百一十四条之规定办理。

第九条 本规定施行前已经受理的上述案件不再移送。

第十条 本规定施行前本院作出的有关司法解释与本规定不一致的,以本规定为准。

最高人民法院、最高人民检察院关于办理利用未公开信息交易刑事案件适用法律若干问题的解释

(2018年9月10日最高人民法院审判委员会第1748次会议、2018年11月30日最高人民检察院第十三届检察委员会第十次会议通过 2019年6月27日公布 法释〔2019〕10号 自2019年7月1日起施行)

为依法惩治证券、期货犯罪,维护证券、期货市场管理秩序,促进证券、期货市场稳定健康发展,保护投资者合法权益,根据《中华人民共和国刑法》《中华人民共和国刑事诉讼法》的规定,现就办理利用未公开信息交易刑事案件适用法律的若干问题解释如下:

第一条 刑法第一百八十条第四款规定的“内幕信息以外的其他

未公开的信息”，包括下列信息：

（一）证券、期货的投资决策、交易执行信息；

（二）证券持仓数量及变化、资金数量及变化、交易动向信息；

（三）其他可能影响证券、期货交易活动的信息。

第二条　内幕信息以外的其他未公开的信息难以认定的，司法机关可以在有关行政主（监）管部门的认定意见的基础上，根据案件事实和法律规定作出认定。

第三条　刑法第一百八十条第四款规定的“违反规定”，是指违反法律、行政法规、部门规章、全国性行业规范有关证券、期货未公开信息保护的规定，以及行为人所在的金融机构有关信息保密、禁止交易、禁止利益输送等规定。

第四条　刑法第一百八十条第四款规定的行为人“明示、暗示他人从事相关交易活动”，应当综合以下方面进行认定：

（一）行为人具有获取未公开信息的职务便利；

（二）行为人获取未公开信息的初始时间与他人从事相关交易活动的初始时间具有关联性；

（三）行为人与他人之间具有亲友关系、利益关联、交易终端关联等关联关系；

（四）他人从事相关交易的证券、期货品种、交易时间与未公开信息所涉证券、期货品种、交易时间等方面基本一致；

（五）他人从事的相关交易活动明显不具有符合交易习惯、专业判断等正当理由；

（六）行为人对明示、暗示他人从事相关交易活动没有合理解释。

第五条　利用未公开信息交易，具有下列情形之一的，应当认定为刑法第一百八十条第四款规定的“情节严重”：

（一）违法所得数额在一百万元以上的；

（二）二年内三次以上利用未公开信息交易的；

（三）明示、暗示三人以上从事相关交易活动的。

第六条　利用未公开信息交易，违法所得数额在五十万元以上，或者证券交易成交额在五百万元以上，或者期货交易占用保证金数额在一百万元以上，具有下列情形之一的，应当认定为刑法第一百八十

条第四款规定的“情节严重”:

(一)以出售或者变相出售未公开信息等方式,明示、暗示他人从事相关交易活动的;

(二)因证券、期货犯罪行为受过刑事追究的;

(三)二年内因证券、期货违法行为受过行政处罚的;

(四)造成恶劣社会影响或者其他严重后果的。

第七条 刑法第一百八十条第四款规定的“依照第一款的规定处罚”,包括该条第一款关于“情节特别严重”的规定。

利用未公开信息交易,违法所得数额在一千万元以上的,应当认定为“情节特别严重”。

违法所得数额在五百万元以上,或者证券交易成交额在五千万元以上,或者期货交易占用保证金数额在一千万元以上,具有本解释第六条规定的四种情形之一的,应当认定为“情节特别严重”。

第八条 二次以上利用未公开信息交易,依法应予行政处理或者刑事处理而未经处理的,相关交易数额或者违法所得数额累计计算。

第九条 本解释所称“违法所得”,是指行为人利用未公开信息从事与该信息相关的证券、期货交易活动所获利益或者避免的损失。

行为人明示、暗示他人利用未公开信息从事相关交易活动,被明示、暗示人员从事相关交易活动所获利益或者避免的损失,应当认定为“违法所得”。

第十条 行为人未实际从事与未公开信息相关的证券、期货交易活动的,其罚金数额按照被明示、暗示人员从事相关交易活动的违法所得计算。

第十一条 符合本解释第五条、第六条规定的标准,行为人如实供述犯罪事实,认罪悔罪,并积极配合调查,退缴违法所得的,可以从轻处罚;其中犯罪情节轻微的,可以依法不起诉或者免予刑事处罚。

符合刑事诉讼法规定的认罪认罚从宽适用范围和条件的,依照刑事诉讼法的规定处理。

第十二条 本解释自 2019 年 7 月 1 日起施行。

最高人民法院、最高人民检察院关于办理操纵证券、期货市场刑事案件适用法律若干问题的解释

（2018年9月3日最高人民法院审判委员会第1747次会议、2018年12月12日最高人民检察院第十三届检察委员会第十一次会议通过 2019年6月27日公布 法释〔2019〕9号 自2019年7月1日起施行）

为依法惩治证券、期货犯罪，维护证券、期货市场管理秩序，促进证券、期货市场稳定健康发展，保护投资者合法权益，根据《中华人民共和国刑法》《中华人民共和国刑事诉讼法》的规定，现就办理操纵证券、期货市场刑事案件适用法律的若干问题解释如下：

第一条 行为人具有下列情形之一的，可以认定为刑法第一百八十二条第一款第四项规定的“以其他方法操纵证券、期货市场”：

（一）利用虚假或者不确定的重大信息，诱导投资者作出投资决策，影响证券、期货交易价格或者证券、期货交易量，并进行相关交易或者谋取相关利益的；

（二）通过对证券及其发行人、上市公司、期货交易标的公开作出评价、预测或者投资建议，误导投资者作出投资决策，影响证券、期货交易价格或者证券、期货交易量，并进行与其评价、预测、投资建议方向相反的证券交易或者相关期货交易的；

（三）通过策划、实施资产收购或者重组、投资新业务、股权转让、上市公司收购等虚假重大事项，误导投资者作出投资决策，影响证券交易价格或者证券交易量，并进行相关交易或者谋取相关利益的；

（四）通过控制发行人、上市公司信息的生成或者控制信息披露的内容、时点、节奏，误导投资者作出投资决策，影响证券交易价格或者证券交易量，并进行相关交易或者谋取相关利益的；

(五)不以成交为目的,频繁申报、撤单或者大额申报、撤单,误导投资者作出投资决策,影响证券、期货交易价格或者证券、期货交易量,并进行与申报相反的交易或者谋取相关利益的;

(六)通过囤积现货,影响特定期货品种市场行情,并进行相关期货交易的;

(七)以其他方法操纵证券、期货市场的。

第二条 操纵证券、期货市场,具有下列情形之一的,应当认定为刑法第一百八十二条第一款规定的"情节严重":

(一)持有或者实际控制证券的流通股份数量达到该证券的实际流通股份总量百分之十以上,实施刑法第一百八十二条第一款第一项操纵证券市场行为,连续十个交易日的累计成交量达到同期该证券总成交量百分之二十以上的;

(二)实施刑法第一百八十二条第一款第二项、第三项操纵证券市场行为,连续十个交易日的累计成交量达到同期该证券总成交量百分之二十以上的;

(三)实施本解释第一条第一项至第四项操纵证券市场行为,证券交易成交额在一千万元以上的;

(四)实施刑法第一百八十二条第一款第一项及本解释第一条第六项操纵期货市场行为,实际控制的账户合并持仓连续十个交易日的最高值超过期货交易所限仓标准的二倍,累计成交量达到同期该期货合约总成交量百分之二十以上,且期货交易占用保证金数额在五百万元以上的;

(五)实施刑法第一百八十二条第一款第二项、第三项及本解释第一条第一项、第二项操纵期货市场行为,实际控制的账户连续十个交易日的累计成交量达到同期该期货合约总成交量百分之二十以上,且期货交易占用保证金数额在五百万元以上的;

(六)实施本解释第一条第五项操纵证券、期货市场行为,当日累计撤回申报量达到同期该证券、期货合约总申报量百分之五十以上,且证券撤回申报额在一千万元以上、撤回申报的期货合约占用保证金数额在五百万元以上的;

(七)实施操纵证券、期货市场行为,违法所得数额在一百万元以上的。

第三条　操纵证券、期货市场，违法所得数额在五十万元以上，具有下列情形之一的，应当认定为刑法第一百八十二条第一款规定的“情节严重”：

（一）发行人、上市公司及其董事、监事、高级管理人员、控股股东或者实际控制人实施操纵证券、期货市场行为的；

（二）收购人、重大资产重组的交易对方及其董事、监事、高级管理人员、控股股东或者实际控制人实施操纵证券、期货市场行为的；

（三）行为人明知操纵证券、期货市场行为被有关部门调查，仍继续实施的；

（四）因操纵证券、期货市场行为受过刑事追究的；

（五）二年内因操纵证券、期货市场行为受过行政处罚的；

（六）在市场出现重大异常波动等特定时段操纵证券、期货市场的；

（七）造成恶劣社会影响或者其他严重后果的。

第四条　具有下列情形之一的，应当认定为刑法第一百八十二条第一款规定的“情节特别严重”：

（一）持有或者实际控制证券的流通股份数量达到该证券的实际流通股份总量百分之十以上，实施刑法第一百八十二条第一款第一项操纵证券市场行为，连续十个交易日的累计成交量达到同期该证券总成交量百分之五十以上的；

（二）实施刑法第一百八十二条第一款第二项、第三项操纵证券市场行为，连续十个交易日的累计成交量达到同期该证券总成交量百分之五十以上的；

（三）实施本解释第一条第一项至第四项操纵证券市场行为，证券交易成交额在五千万元以上的；

（四）实施刑法第一百八十二条第一款第一项及本解释第一条第六项操纵期货市场行为，实际控制的账户合并持仓连续十个交易日的最高值超过期货交易所限仓标准的五倍，累计成交量达到同期该期货合约总成交量百分之五十以上，且期货交易占用保证金数额在二千五百万元以上的；

(五)实施刑法第一百八十二条第一款第二项、第三项及本解释第一条第一项、第二项操纵期货市场行为,实际控制的账户连续十个交易日的累计成交量达到同期该期货合约总成交量百分之五十以上,且期货交易占用保证金数额在二千五百万元以上的;

(六)实施操纵证券、期货市场行为,违法所得数额在一千万元以上的。

实施操纵证券、期货市场行为,违法所得数额在五百万元以上,并具有本解释第三条规定的七种情形之一的,应当认定为“情节特别严重”。

第五条 下列账户应当认定为刑法第一百八十二条中规定的“自己实际控制的账户”:

(一)行为人以自己名义开户并使用的实名账户;

(二)行为人向账户转入或者从账户转出资金,并承担实际损益的他人账户;

(三)行为人通过第一项、第二项以外的方式管理、支配或者使用的他人账户;

(四)行为人通过投资关系、协议等方式对账户内资产行使交易决策权的他人账户;

(五)其他有证据证明行为人具有交易决策权的账户。

有证据证明行为人对前款第一项至第三项账户内资产没有交易决策权的除外。

第六条 二次以上实施操纵证券、期货市场行为,依法应予行政处理或者刑事处理而未经处理的,相关交易数额或者违法所得数额累计计算。

第七条 符合本解释第二条、第三条规定的标准,行为人如实供述犯罪事实,认罪悔罪,并积极配合调查,退缴违法所得的,可以从轻处罚;其中犯罪情节轻微的,可以依法不起诉或者免予刑事处罚。

符合刑事诉讼法规定的认罪认罚从宽适用范围和条件的,依照刑事诉讼法的规定处理。

第八条 单位实施刑法第一百八十二条第一款行为的,依照本解释规定的定罪量刑标准,对其直接负责的主管人员和其他直接责任人员定罪处罚,并对单位判处罚金。

第九条 本解释所称“违法所得”,是指通过操纵证券、期货市场所获利益或者避免的损失。

本解释所称“连续十个交易日”,是指证券、期货市场开市交易的连续十个交易日,并非指行为人连续交易的十个交易日。

第十条 对于在全国中小企业股份转让系统中实施操纵证券市场行为,社会危害性大,严重破坏公平公正的市场秩序的,比照本解释的规定执行,但本解释第二条第一项、第二项和第四条第一项、第二项除外。

第十一条 本解释自2019年7月1日起施行。

最高人民法院、最高人民检察院关于办理内幕交易、泄露内幕信息刑事案件具体应用法律若干问题的解释

(2011年10月31日最高人民法院审判委员会第1529次会议、2012年2月27日最高人民检察院第十一届检察委员会第72次会议通过 2012年3月29日公布 法释〔2012〕6号 自2012年6月1日起施行)

为维护证券、期货市场管理秩序,依法惩治证券、期货犯罪,根据刑法有关规定,现就办理内幕交易、泄露内幕信息刑事案件具体应用法律的若干问题解释如下:

第一条 下列人员应当认定为刑法第一百八十条第一款规定的“证券、期货交易内幕信息的知情人员”:

(一)证券法第七十四条规定的人员;

(二)期货交易管理条例第八十五条第十二项规定的人员。

第二条 具有下列行为的人员应当认定为刑法第一百八十条第一款规定的“非法获取证券、期货交易内幕信息的人员”:

(一)利用窃取、骗取、套取、窃听、利诱、刺探或者私下交易等手段获取内幕信息的;

(二)内幕信息知情人员的近亲属或者其他与内幕信息知情人员关系密切的人员,在内幕信息敏感期内,从事或者明示、暗示他人从事,或者泄露内幕信息导致他人从事与该内幕信息有关的证券、期货交易,相关交易行为明显异常,且无正当理由或者正当信息来源的;

(三)在内幕信息敏感期内,与内幕信息知情人员联络、接触,从事或者明示、暗示他人从事,或者泄露内幕信息导致他人从事与该内幕信息有关的证券、期货交易,相关交易行为明显异常,且无正当理由或者正当信息来源的。

第三条 本解释第二条第二项、第三项规定的"相关交易行为明显异常",要综合以下情形,从时间吻合程度、交易背离程度和利益关联程度等方面予以认定:

(一)开户、销户、激活资金账户或者指定交易(托管)、撤销指定交易(转托管)的时间与该内幕信息形成、变化、公开时间基本一致的;

(二)资金变化与该内幕信息形成、变化、公开时间基本一致的;

(三)买入或者卖出与内幕信息有关的证券、期货合约时间与内幕信息的形成、变化和公开时间基本一致的;

(四)买入或者卖出与内幕信息有关的证券、期货合约时间与获悉内幕信息的时间基本一致的;

(五)买入或者卖出证券、期货合约行为明显与平时交易习惯不同的;

(六)买入或者卖出证券、期货合约行为,或者集中持有证券、期货合约行为与该证券、期货公开信息反映的基本面明显背离的;

(七)账户交易资金进出与该内幕信息知情人员或者非法获取人员有关联或者利害关系的;

(八)其他交易行为明显异常情形。

第四条 具有下列情形之一的,不属于刑法第一百八十条第一款规定的从事与内幕信息有关的证券、期货交易:

(一)持有或者通过协议、其他安排与他人共同持有上市公司百分之五以上股份的自然人、法人或者其他组织收购该上市公司股份的;

（二）按照事先订立的书面合同、指令、计划从事相关证券、期货交易的；

（三）依据已被他人披露的信息而交易的；

（四）交易具有其他正当理由或者正当信息来源的。

第五条　本解释所称“内幕信息敏感期”是指内幕信息自形成至公开的期间。

证券法第六十七条第二款所列“重大事件”的发生时间，第七十五条规定的“计划”、“方案”以及期货交易管理条例第八十五条第十一项规定的“政策”、“决定”等的形成时间，应当认定为内幕信息的形成之时。

影响内幕信息形成的动议、筹划、决策或者执行人员，其动议、筹划、决策或者执行初始时间，应当认定为内幕信息的形成之时。

内幕信息的公开，是指内幕信息在国务院证券、期货监督管理机构指定的报刊、网站等媒体披露。

第六条　在内幕信息敏感期内从事或者明示、暗示他人从事或者泄露内幕信息导致他人从事与该内幕信息有关的证券、期货交易，具有下列情形之一的，应当认定为刑法第一百八十条第一款规定的“情节严重”：

（一）证券交易成交额在五十万元以上的；

（二）期货交易占用保证金数额在三十万元以上的；

（三）获利或者避免损失数额在十五万元以上的；

（四）三次以上的；

（五）具有其他严重情节的。

第七条　在内幕信息敏感期内从事或者明示、暗示他人从事或者泄露内幕信息导致他人从事与该内幕信息有关的证券、期货交易，具有下列情形之一的，应当认定为刑法第一百八十条第一款规定的“情节特别严重”：

（一）证券交易成交额在二百五十万元以上的；

（二）期货交易占用保证金数额在一百五十万元以上的；

（三）获利或者避免损失数额在七十五万元以上的；

（四）具有其他特别严重情节的。

第八条 二次以上实施内幕交易或者泄露内幕信息行为,未经行政处理或者刑事处理的,应当对相关交易数额依法累计计算。

第九条 同一案件中,成交额、占用保证金额、获利或者避免损失额分别构成情节严重、情节特别严重的,按照处罚较重的数额定罪处罚。

构成共同犯罪的,按照共同犯罪行为人的成交总额、占用保证金总额、获利或者避免损失总额定罪处罚,但判处各被告人罚金的总额应掌握在获利或者避免损失总额的一倍以上五倍以下。

第十条 刑法第一百八十条第一款规定的“违法所得”,是指通过内幕交易行为所获利益或者避免的损失。

内幕信息的泄露人员或者内幕交易的明示、暗示人员未实际从事内幕交易的,其罚金数额按照因泄露而获悉内幕信息人员或者被明示、暗示人员从事内幕交易的违法所得计算。

第十一条 单位实施刑法第一百八十条第一款规定的行为,具有本解释第六条规定情形之一的,按照刑法第一百八十条第二款的规定定罪处罚。

最高人民法院、最高人民检察院关于贯彻执行《关于办理证券期货违法犯罪案件工作若干问题的意见》有关问题的通知

(2012 年 3 月 14 日公布 法发〔2012〕8 号
自 2012 年 3 月 14 日起施行)

各省、自治区、直辖市高级人民法院、人民检察院,解放军军事法院、军事检察院,新疆维吾尔自治区高级人民法院生产建设兵团分院、新疆生产建设兵团人民检察院:

最高人民法院、最高人民检察院、公安部、中国证监会《关于办理证券期货违法犯罪案件工作若干问题的意见》(证监发〔2011〕30 号,

以下简称《意见》)已于2011年12月下发各地执行。为正确适用《意见》,做好证券期货犯罪案件起诉审判工作,现就贯彻执行《意见》的有关问题通知如下:

一、《意见》第十条中的"证券期货犯罪",是指刑法第一百六十条、第一百六十一条、第一百六十九条之一、第一百七十八条第二款、第一百七十九条、第一百八十条、第一百八十一条、第一百八十二条、第一百八十五条之一第一款规定的犯罪。

二、2012年1月1日以后,证券期货犯罪的第一审案件,适用《意见》第十条的规定,由中级人民法院管辖,同级人民检察院负责提起公诉。

三、2011年12月31日以前已经提起公诉的证券期货犯罪案件,不适用《意见》第十条关于级别管辖的规定。

四、各级人民法院、人民检察院在贯彻执行《意见》的过程中,应当注意总结办案经验,加强调查研究。对于贯彻执行过程中遇到的疑难问题,请及时报告最高人民法院、最高人民检察院。最高人民法院、最高人民检察院将在进一步总结司法审判经验的基础上,通过有关工作会议、司法文件、公布典型案例等方式,对证券期货犯罪案件司法审判工作加强指导,以更好地服务经济社会发展和依法惩处证券期货违法犯罪工作的需要。

最高人民法院关于在经济犯罪审判中参照适用《最高人民检察院、公安部关于公安机关管辖的刑事案件立案追诉标准的规定(二)》的通知

(2010年6月21日公布　法发〔2010〕22号
自2010年6月21日起施行)

全国地方各级人民法院、各级军事法院、各铁路运输中级法院和基层法院,新疆生产建设兵团各级法院:

今年5月18日,最高人民检察院、公安部印发了《最高人民检察

院、公安部关于公安机关管辖的刑事案件立案追诉标准的规定（二）》（以下简称《标准二》）。《标准二》规定了公安机关经济犯罪侦查部门管辖的86种刑事案件的立案追诉标准。为切实做好经济犯罪审判工作，及时、准确打击经济犯罪，有效维护市场经济秩序，现就人民法院在审理经济犯罪案件中参照适用《标准二》的有关问题通知如下：

一、最高人民法院对相关经济犯罪的定罪量刑标准没有规定的，人民法院在审理经济犯罪案件时，可以参照适用《标准二》的规定。

二、各级人民法院在参照适用《标准二》的过程中，如认为《标准二》的有关规定不能适应案件审理需要的，要结合案件具体情况和本地实际，依法审慎稳妥处理好案件的法律适用和政策把握，争取更好的社会效果。

三、最高人民法院将在进一步总结审判经验的基础上，对审判实践中亟须的相关经济犯罪定罪量刑标准作出具体规定。在此之前，拟通过有关工作会议、司法文件、公布典型案例等方式，对人民法院经济犯罪案件审判工作加强指导，以不断提高经济犯罪案件审判水平，更好地服务经济社会发展和依法惩处经济犯罪工作的需要。

特此通知。

最高人民法院办公厅、中国证券监督管理委员会办公厅关于建立"总对总"证券期货纠纷在线诉调对接机制的通知

（2021年8月20日公布　法办〔2021〕313号
自2021年8月20日起施行）

各省、自治区、直辖市高级人民法院，解放军军事法院，新疆维吾尔自治区高级人民法院生产建设兵团分院；中国证券监督管理委员会各派出机构，各交易所，各下属单位，各协会：

为深入贯彻党中央关于建立共建共治共享社会治理格局的重大决策部署，进一步落实最高人民法院、中国证券监督管理委员会联合印发的《关于全面推进证券期货纠纷多元化解机制建设的意见》（法〔2018〕305号）要求，最高人民法院、中国证券监督管理委员会（以下简称中国证监会）决定建立"总对总"在线诉调对接机制，全面推进证券期货纠纷多元化解工作。现将有关事项通知如下。

一、指导思想

坚持以习近平新时代中国特色社会主义思想为指导，全面贯彻党的十九大和十九届二中、三中、四中、五中全会精神，深入落实党中央、国务院关于强化投资者合法权益保护和完善矛盾纠纷多元化解机制的决策部署，切实发挥证券监管部门在解决证券期货纠纷中的指导协调作用，以及人民法院在多元化纠纷解决机制改革中的引领、推动、保障作用，建立健全证券期货纠纷在线诉调对接机制，全面推进证券期货纠纷多元化解工作，不断满足证券期货投资者多元纠纷解决需求。

二、基本原则

（一）依法公正原则。证券期货纠纷多元化解工作不得违反法律

基本原则,不得损害国家利益、社会公共利益和第三人合法权益。

(二)高效便民原则。根据证券期货纠纷特点,灵活确定解纷方式,强化信息技术应用,提升解纷效率,降低投资者解纷成本。

(三)调解自愿原则。充分尊重各方当事人意愿,保障投资者依法行使民事权利和诉讼权利。

三、工作目标

坚持把非诉讼纠纷解决机制挺在前面,充分发挥调解在化解证券期货领域矛盾纠纷中的重要作用,建立有机衔接、协调联动、高效便捷的证券期货纠纷在线诉调对接工作机制,依法及时高效化解大量证券期货纠纷。

四、工作内容

(一)建立"总对总"在线诉调对接机制。最高人民法院与中国证监会共同建立"总对总"在线诉调对接机制,即"人民法院调解平台"(以下简称调解平台)与"中国投资者网证券期货纠纷在线调解平台"(以下简称投资者网平台),通过平台对接方式开展全流程在线调解、在线申请司法确认或出具调解书等诉调对接工作,全面提升证券期货纠纷调解工作的质量和效率。

(二)职责分工。最高人民法院立案庭负责在线诉调对接工作的统筹推进,宣传引导当事人运用调解平台化解证券期货纠纷,对证券期货纠纷调解员开展技术系统培训指导,调解平台的研发运维等;最高人民法院民事审判第二庭负责在线诉调对接工作具体业务流程指导,对证券期货纠纷调解员开展业务培训等。

中国证监会投资者保护局负责统筹证券期货纠纷调解机制建设,制定证券期货纠纷调解政策规范,建立调解组织和调解员名册及相关管理制度,指导调解组织和调解员开展在线调解和诉调对接工作等。中证中小投资者服务中心有限责任公司(以下简称投资者服务中心)负责投资者网平台的日常运行、安全防护和升级优化等工作。

各级人民法院在"总对总"诉调对接机制框架下,积极与中国证监会相关派出机构、会管单位开展诉调对接工作,将符合条件的证券期货调解组织和调解员纳入本院特邀调解名册,引导当事人自愿选择调解方式化解证券期货纠纷,开展委派、委托调解工作,依法及时在线进行司法确认。

中国证监会各派出机构、相关会管单位在"总对总"在线诉调对接机制框架下,负责与相关人民法院开展诉调对接工作,指导对应的调解组织和调解员入驻投资者网平台,组织调解组织和调解员开展在线调解工作。

(三)调解组织和调解员信息的采集和管理。中国证监会投资者保护局负责定期汇总并更新调解组织和调解员信息。中国证监会各派出机构、相关会管单位指导督促各调解组织负责日常管理和信息维护工作。

(四)特邀调解组织和调解员的确认。根据《最高人民法院关于人民法院特邀调解的规定》,中国证监会投资者保护局将符合特邀调解组织条件的调解组织,中国证监会各派出机构、相关会管单位将对应调解组织中符合特邀调解员条件的调解员,通过调解平台推送到相应的人民法院进行确认。人民法院对于符合条件的调解组织和调解员,应当纳入本院特邀调解名册中,并在调解平台上予以确认。

最高人民法院立案庭、民事审判第二庭与中国证监会投资者保护局共同推动将最高人民法院和中国证监会共同认定的特邀调解组织和调解员纳入各级人民法院特邀调解名册。

(五)在线诉调对接业务流程。当事人向人民法院提交纠纷调解申请后,人民法院通过调解平台向调解组织委派、委托调解案件;调解组织及调解员登录投资者网平台接受委派、委托,开展调解工作;调解完成后将调解结果录入投资者网平台,由投资者网平台将案件信息回传至调解平台,并告知相关法院。当事人也可以直接通过投资者网平台向相关调解组织提交调解申请。

调解组织接受法院委派、委托调解或自行调解成功的案件,调解员组织双方当事人在线签订调解协议或上传调解协议。鼓励双方当事人自动履行。确有必要的,可就达成的调解协议共同申请在线司法确认或者出具调解书,人民法院将在线进行司法确认或者出具调解书;未调解成功的案件由人民法院依据法律规定进行立案或者继续审理。经调解组织线下调解成功的案件,依法能够进行司法确认的,可通过调解平台进行在线司法确认。

人民法院在委派、委托案件前,应当征求当事人同意,并考虑调解组织的专业领域、规模能力、办理范围等因素。调解组织在收到法院委派、委托调解通知后,应在5个工作日内就是否接受委派、委托调解作出回复。

(六)强化在线音视频调解。调解组织和调解员应当积极使用投资者网平台的音视频调解功能开展在线调解工作。各级人民法院要充分利用法院办案系统和调解平台内外连通的便利条件,落实在线委派、委托调解、调解协议在线司法确认、电子送达等工作,为在线音视频调解提供支持和保障。

五、工作要求

(一)建立联席会议制度。建立由最高人民法院立案庭、民事审判第二庭、中国证监会投资者保护局、投资者服务中心共同参与的联席会议制度,定期通报在线诉调对接工作推广应用情况,分析存在的问题,研究制定下一步工作举措。各地由人民法院立案庭牵头,与相关单位和部门建立工作协调和信息共享机制,从具体工作层面部署落实相关工作要求。

(二)建立健全评估激励体系。最高人民法院和中国证监会根据工作实际分别建立调解组织和调解员绩效评估激励体系,从组织建设情况、矛盾纠纷化解数量、调解成功率等方面科学设定评估内容和评估标准,定期形成调解工作质效分析报告。对参与纠纷化解工作表现突出的调解组织和调解员给予表彰和奖励,引导调解组织和调解员优质高效参与证券期货纠纷多元化解工作。

(三)加强培训指导。最高人民法院立案庭、民事审判第二庭、中国证监会投资者保护局,各级人民法院和中国证监会各派出机构、相关会管单位应当建立多层次联合培训机制,不断提高调解员的职业修养、法律素养、专业知识和调解技能。人民法院要大力支持证券监管部门培育并充实调解力量,广泛吸纳证券专业人士担任调解员,为推进证券期货纠纷多元化解工作提供保障。

(四)重视宣传推广。各级人民法院、证券监管部门要加大宣传力度,通过典型案例、普法教育等方式,提高当事人和社会公众对证券期货纠纷多元化解工作的知晓度和信任度,积极引导当事人通过调解方式解决证券期货纠纷，依法理性维权。

各地在落实推进中的经验做法和困难问题，请及时层报最高人民法院和中国证监会。

最高人民法院、中国证券监督管理委员会关于全面推进证券期货纠纷多元化解机制建设的意见

（2018年11月13日法〔2018〕305号公布
自2018年11月13日起施行）

建设证券期货纠纷多元化解机制，是畅通投资者诉求表达和权利救济渠道、夯实资本市场基础制度和保护投资者合法权益的重要举措。自2016年最高人民法院和中国证券监督管理委员会联合下发《关于在全国部分地区开展证券期货纠纷多元化解机制试点工作的通知》（法〔2016〕149号）以来，试点地区人民法院与证券期货监管机构、试点调解组织加强协调联动，充分发挥纠纷多元化解机制作用，依法、公正、高效化解证券期货纠纷，有效保护投资者的合法权益，试点工作取得积极成效。为贯彻《中共中央办公厅　国务院办公厅关于完善矛盾纠纷多元化解机制的意见》《国务院办公厅关于进一步加强资本市场中小投资者合法权益保护工作的意见》和《最高人民法院关于人民法院进一步深化多元化纠纷解决机制改革的意见》，最高人民法院和中国证券监督管理委员会在总结试点工作经验的基础上，决定在全国联合开展证券期货纠纷多元化解机制建设工作。现就有关事项提出如下意见：

一、工作目标

1. 建立、健全有机衔接、协调联动、高效便民的证券期货纠纷多元化解机制，依法保护投资者的合法权益，维护公开、公平、公正的资本市场秩序，促进资本市场的和谐健康发展。

二、工作原则

2. 依法公正原则。充分尊重投资者的程序选择权，严格遵守法定程序。调解工作的开展不得违反法律的基本原则，不得损害国家利益、社会公共利益和第三人合法权益。

3. 灵活便民原则。着眼于纠纷的实际情况，灵活确定纠纷化解的方式、时间和地点，尽可能方便投资者，降低当事人解决纠纷的成本。调解工作应当明确办理时限，提高工作效率，不得久调不决。

4. 注重预防原则。发挥调解的矛盾预防和源头治理功能，推动健康投资文化、投资理念、投资知识的传播。人民法院、证券期货监管机构及调解组织要加强信息共享，防止矛盾纠纷积累、激化。

三、工作内容

（一）加强调解组织管理

5. 加强证券期货调解组织建设。证券期货调解组织是指由证券期货监管机构、行业组织等设立或实际管理的调解机构，应当具有规范的组织形式、固定的办公场所及调解场地、专业的调解人员和健全的调解工作制度。中国证券监督管理委员会负责证券期货调解组织的认定和管理工作，定期商最高人民法院后公布。

6. 规范调解组织内部管理。调解组织应当制定工作制度和流程管理，建立科学的考核评估体系和责任追究制度。

7. 加强调解员队伍建设。调解组织应当加强调解员政治思想、职业道德建设和专业技能培训，完善调解员从业基本要求，制定调解员工作指南，建立、完善专职或专家调解员制度。

8. 调解组织受理中小投资者的纠纷调解申请，不收取费用。

9. 建立证券期货纠纷特邀调解组织和特邀调解员名册制度。各级人民法院应当将调解组织及其调解员纳入名册，做好动态更新和维护，并向证券期货纠纷当事人提供完整、准确的调解组织和调解员信息，供当事人自愿选择。

（二）健全诉调对接工作机制

10. 证券期货纠纷多元化解机制范围。自然人、法人和非法人组织之间因证券、期货、基金等资本市场投资业务产生的合同和侵权责任纠纷，均属调解范围。证券期货监管机构、调解组织的非诉讼调解、先行赔付等,均可与司法诉讼对接。

11. 调解协议的司法确认制度。经调解组织主持调解达成的调解协议,具有民事合同性质。经调解员和调解组织签字盖章后,当事人可以申请有管辖权的人民法院确认其效力。当事人申请确认调解协议的案件,按照《中华人民共和国民事诉讼法》第十五章第六节和相关司法解释的规定执行。

经人民法院确认有效的具有明确给付主体和给付内容的调解协议,一方拒绝履行的,对方当事人可以申请人民法院强制执行。

12. 落实委派调解或者委托调解机制。人民法院在受理和审理证券期货纠纷的过程中,应当依法充分行使释明权,经双方当事人同意,采取立案前委派、立案后委托、诉中邀请等方式,引导当事人通过调解组织解决纠纷。

经人民法院委派调解并达成调解协议、当事人申请司法确认的,由委派调解的人民法院依法受理。

13. 建立示范判决机制。证券期货监管机构在清理处置大规模群体性纠纷的过程中,可以将涉及投资者权利保护的相关事宜委托调解组织进行集中调解。对虚假陈述、内幕交易、操纵市场等违法行为引发的民事赔偿群体性纠纷,需要人民法院通过司法判决宣示法律规则、统一法律适用的,受诉人民法院可选取在事实认定、法律适用上具有代表性的若干个案作为示范案件,先行审理并及时作出判决;通过示范判决所确立的事实认定和法律适用标准,引导其他当事人通过证券期货纠纷多元化解机制解决纠纷,降低投资者维权成本,提高矛盾化解效率。

14. 建立小额速调机制。为更好化解资本市场纠纷,鼓励证券期货市场经营主体基于自愿原则与调解组织事先签订协议,承诺在一定金额内无条件接受该调解组织提出的调解建议方案。纠纷发生后,经投资者申请,调解组织提出调解建议方案在该金额内的,如投资者同意,视为双方已自愿达成调解协议,证券期货市场经营主体应当接受。当事人就此申请司法确认该调解协议的,人民法院应当依法办理。

15. 探索建立无争议事实记载机制。调解程序终结时,当事人未达成调解协议的,调解员在征得各方当事人同意后,可以用书面形式记载调解过程中双方没有争议的事实,并由当事人签字确认。在诉讼程序中,除涉及国家利益、社会公共利益和他人合法权益的外,当事人无需对调解过程中确认的无争议事实举证。

16. 探索建立调解前置程序。有条件的人民法院对证券、期货、基金等适宜调解的纠纷,在征求当事人意愿的基础上,引导当事人在诉讼登记立案前由特邀调解组织或者特邀调解员先行调解。

17. 充分运用在线纠纷解决方式开展工作。依托"中国投资者网"(www. investor. gov. cn)建设证券期货纠纷在线解决平台,并与人民法院办案信息平台连通,方便诉讼与调解在线对接。调解组织应当充分运用"中国投资者网"等现代传媒手段,把"面对面"与网络对话、即时化解等方式有机结合,研究制定在线纠纷解决规则,并总结推广远程调解等做法。各级人民法院要借助互联网等现代科技手段,探索开展在线委托或委派调解、调解协议在线司法确认,通过接受相关申请、远程审查和确认、快捷专业服务渠道、电子督促、电子送达等方法方便当事人参与多元化解工作,提高工作质量和效率。

(三)强化纠纷多元化解机制保障落实

18. 充分发挥督促程序功能。符合法定条件的调解协议,可以作为当事人向有管辖权的基层人民法院申请支付令的依据。

19. 调解协议所涉纠纷的司法审理范围。当事人就调解协议的履行或者调解协议的内容发生争议的,可以就调解协议问题向人民法院提起诉讼,人民法院按照合同纠纷进行审理。当事人一方以原纠纷向人民法院提起诉讼,对方当事人以调解协议抗辩并提供调解协议书的,人民法院应当就调解协议的内容进行审理。

20. 加大对多元化解机制的监管支持力度。投资者申请采用调解方式解决纠纷的,证券期货市场经营主体应当积极参与调解,配合人民法院、调解组织查明事实。对于证券期货市场经营主体无正当理由拒不履行已达成的调解协议的,证券期货监管机构应当依法记入证券期货市场诚信档案数据库。

21. 加强执法联动,严厉打击损害投资者合法权益的行为。人民法院和证券期货监管机构应当充分发挥各自职能优势,对损毁证据、转移财产等可能损害投资者合法权益的行为，依法及时采取保全措施。对工作中发现的违法、违规行为，及时予以查处；涉嫌犯罪的，依法移送有关司法机关处理。

22. 加强经费保障和人员培训。证券期货监管机构、行业自律组织等应当为建立健全证券期货纠纷多元化解机制提供必要的人员、经费和物质保障，加大对调解员的培训力度；有条件的人民法院应当提供专门处理证券期货纠纷的调解室，供特邀调解组织、调解员开展工作。建立人民法院与证券期货监管机构多层次联合培训机制，不断加强业务交流的广度和深度。

四、工作要求

23. 建立证券期货纠纷多元化解协调机制。各高级人民法院和证券期货监管机构应当各自指定联系部门和联系人，对工作中遇到的问题加强协调；强化沟通联系和信息共享，构建完善的证券期货纠纷排查预警机制，防止矛盾纠纷积累激化。

24. 加强宣传和投资者教育工作。人民法院和证券期货监管机构、行业自律组织、投资者保护专门机构、调解组织应当通过多种途径，及时总结和宣传典型案例，发挥示范教育作用；加大对证券期货纠纷多元化解机制的宣传力度，增进各方对多元化解机制的认识，引导中小投资者转变观念、理性维权。

25. 加强监督、指导、协调和管理。最高人民法院民事审判第二庭与中国证券监督管理委员会投资者保护局成立证券期货纠纷多元化解机制工作小组，具体负责证券期货纠纷多元化解机制建设的指导和协调工作。各高级人民法院要指导、督促、检查辖区内人民法院落实好证券期货多元化解机制各项工作要求。中国证券监督管理委员会负责监督指导各调解组织工作；各派出机构负责督促辖区内相关调解组织加强内部管理和规范运作，指导并支持各调解组织在本辖区开展工作。地方各级人民法院和证券期货监管机构应当将工作情况和遇到的问题，及时层报最高人民法院和中国证券监督管理委员会。

最高人民法院、中国证券监督管理委员会关于在全国部分地区开展证券期货纠纷多元化解机制试点工作的通知

(2016年5月25日公布 法〔2016〕149号
自2016年5月25日起施行)

各省、自治区、直辖市高级人民法院,新疆维吾尔自治区高级人民法院生产建设兵团分院,中国证券监督管理委员会各派出机构、各证券期货交易所、各下属单位、各证券期货行业协会:

为贯彻中共中央办公厅、国务院办公厅《关于完善矛盾纠纷多元化解机制的意见》和《最高人民法院关于人民法院全面深化多元化纠纷解决机制改革的若干意见》,充分发挥证券期货监管机构、行业组织等在预防和化解证券期货矛盾纠纷方面的积极作用,依法、公正、高效化解证券期货纠纷,维护投资者的合法权益,最高人民法院和中国证券监督管理委员会决定在全国部分地区联合开展建立健全证券期货纠纷多元化解机制的试点工作(试点地区法院和试点调解组织名单附后)。现就有关事项通知如下:

一、工作目标

1. 建立、健全有机衔接、协调联动、高效便民的证券期货纠纷多元化解机制,依法保护投资者的合法权益,维护公开、公平、公正的资本市场秩序,促进资本市场的和谐健康发展。

二、工作原则

2. 依法公正原则。要充分尊重投资者的程序选择权,严格遵守法定程序;调解工作的开展不得违反法律的基本原则,不得损害国家利益、社会公共利益和第三人合法权益。

3. 灵活便民原则。要着眼于纠纷的实际情况,灵活确定纠纷化解的方式、时间和地点,尽可能方便投资者,降低当事人解决纠纷的成

本；调解工作应当明确办理时限，提高工作效率，不得久调不决。

4. 注重预防原则。要发挥调解的矛盾预防和源头治理功能，推动健康投资文化、投资理念、投资知识的传播；试点地区法院、证券期货监管机构及调解组织要加强信息共享，防止矛盾纠纷积累、激化。

三、试点工作主要内容

（一）试点调解机构的认可和管理

5. 建立最高人民法院、中国证券监督管理委员会共同确定试点调解组织制度。证券期货监管机构、行业组织等发起设立、实际管理的调解组织，可以成为试点调解组织。试点调解组织应当符合具有规范的组织形式、固定的办公场所和调解场地、专业的调解人员、健全的调解工作制度等基本条件。中国证券监督管理委员会负责试点调解组织的认定和管理工作，并商最高人民法院后公布。

6. 建立证券期货纠纷特邀调解组织和特邀调解员名册制度。试点地区法院应当将公布的试点调解组织及其调解员纳入名册，做好动态更新和维护，并向证券期货纠纷当事人提供完整、准确的调解组织和调解员信息，供当事人自愿选择。

7. 试点调解组织受理中小投资者的纠纷调解申请，不收取任何费用。

8. 证券期货监管机构负责监督指导各试点调解组织工作。监督试点调解组织完善内部制度并规范运行。

9. 试点调解组织应建立专职或专家调解员制度。依法开展调解工作，完善工作制度和流程管理，建立科学的考核评估体系和责任追究制度。

（二）健全诉调对接工作机制

10. 证券期货纠纷多元化解机制的试点范围。自然人、法人和其他组织之间因证券、期货、基金等资本市场风险投资业务产生的合同和侵权责任纠纷，均属试点范围；证券期货监管机构、试点调解组织的非诉讼调解、先行赔付等，均可与司法诉讼对接。

11. 调解协议的司法确认制度。经试点调解组织主持调解达成的调解协议，具有民事合同性质。经调解员和调解组织签字盖章后，当事人可以申请有管辖权的人民法院确认其效力。当事人申请确认调解协议的案件,按照《中华人民共和国民事诉讼法》第十五章第六节和相关司法解释的规定执行。

经人民法院确认有效的具有明确给付主体和给付内容的调解协议,当事人可以申请人民法院强制执行。

12. 落实委派调解或者委托调解机制。试点地区法院在受理和审理证券期货纠纷的过程中,应当依法充分行使释明权,经双方当事人同意,采取立案前委派、立案后委托、诉中邀请等方式,引导当事人通过试点调解组织解决纠纷。

经人民法院委派调解并达成调解协议、当事人申请司法确认的,由委派调解的法院依法受理。

13. 建立示范判决机制。证券期货监管机构在清理处置大规模群体性纠纷的过程中,可以将涉及投资者权利保护的相关事宜委托试点调解组织进行集中调解。对因虚假陈述、内幕交易、操纵市场等行为所引发的民事赔偿纠纷,需要人民法院通过司法判决宣示法律规则、统一法律适用的,人民法院应当及时作出判决。

14. 充分运用在线纠纷解决方式开展工作。试点调解组织应充分运用现代传媒手段,把面对面与网络对话、即时化解等方式有机结合,并总结推广电视调解、视频调解等做法。试点地区法院要借助互联网等现代科技手段,通过接受相关申请、远程审查和确认、快捷专业服务渠道、电子督促、电子送达等方法方便当事人参与多元化解工作,提高工作质量和效率。

(三)强化纠纷多元化解机制保障落实

15. 充分发挥督促程序功能。符合法定条件的调解协议,可以作为当事人向有管辖权的基层人民法院申请支付令的依据。

16. 对调解协议所涉纠纷的司法审理范围。当事人就调解协议的履行或者调解协议的内容发生争议的,一方当事人可以就调解协议问题向人民法院提起诉讼,人民法院按照合同纠纷进行审理。当事人一方以原纠纷向人民法院起诉,对方当事人以调解协议抗辩并提供调解协议书的,应当就调解协议的内容进行审理。

17. 加大对多元化解机制的监管支持力度。投资者申请采用调解方式解决纠纷的，证券期货市场经营主体应当积极配合参与调解。对于无正当理由而拒不履行调解、和解协议的证券期货市场经营主体，证券期货监管机构应当依法对其相关行为进行核查，发现违法违规行为的及时查处，并记入资本市场诚信数据库。

18. 加强执法联动，严厉打击损害投资者合法权益的行为。试点地区法院和证券期货监管机构应当充分发挥各自职能优势，对损毁证据、转移财产等可能损害投资者合法权益的行为，依法及时采取保全措施。对工作中发现的违法、违规行为，及时予以查处；涉嫌犯罪的，依法移送有关司法机关处理。

19. 加强经费保障和人员培训。证券期货监管机构、行业自律组织等应当为建立健全证券期货纠纷多元化解机制提供必要的人员、经费和物质保障，加大对调解员培训力度；有条件的试点地区法院应提供专门处理证券期货纠纷的调解室，供特邀调解组织、调解员开展工作。

四、工作要求

20. 建立证券期货纠纷多元化解协调机制。试点地区法院和证券期货监管机构、试点调解组织应各自指定联系部门和联系人，对工作中遇到的问题加强协调；强化沟通联系和信息共享，构建完善的证券期货纠纷排查预警机制，防止矛盾纠纷积累激化。

21. 加强宣传和投资者教育工作。试点地区法院和证券期货监管机构、行业自律组织、投资者保护专门机构、试点调解组织应通过多种途径，及时总结和宣传典型案例，发挥示范教育作用；加大对证券期货纠纷多元化解机制的宣传力度，增进各方对多元化解机制的认识，引导中小投资者转变观念、理性维权。

22. 加强对试点工作的管理。最高人民法院民二庭与中国证券监督管理委员会投资者保护局成立证券期货纠纷多元化解机制工作小组，具体负责对证券期货纠纷多元化解机制试点的指导和协调工作。各试点地区法院所在辖区的高级人民法院应指导、督促、检查其辖区法院的试点工作。试点地区法院和证券期货监管机构应将试点工作情况和遇到的问题，及时层报最高人民法院和中国证券监督管理委员会。

23.本通知下发后,各省、区、市高级法院和中国证券监督管理委员会各派出机构共同商定辖区内开展试点工作的中级法院和基层人民法院名单后各自层报,不再另行签订合作协议。

部门规章

中国人民银行

金融机构客户尽职调查和客户身份资料及交易记录保存管理办法①

（2021 年 10 月 29 日中国人民银行 2021 年第 10 次行务会议审议通过和银保监会、证监会审签　2022 年 1 月 19 日公布　中国人民银行、中国银行保险监督管理委员会、中国证券监督管理委员会令〔2022〕第 1 号　自 2022 年 3 月 1 日起施行）

第一章　总　　则

第一条　为了预防和遏制洗钱和恐怖融资活动，规范金融机构客户尽职调查、客户身份资料及交易记录保存行为，维护国家安全和金融秩序，根据《中华人民共和国反洗钱法》《中华人民共和国反恐怖主义法》等法律、行政法规的规定，制定本办法。

第二条　本办法适用于在中华人民共和国境内依法设立的下列金融机构：

（一）开发性金融机构、政策性银行、商业银行、农村合作银行、农村信用合作社、村镇银行；

（二）证券公司、期货公司、证券投资基金管理公司；

（三）保险公司、保险资产管理公司；

① 因技术原因暂缓施行。

(四)信托公司、金融资产管理公司、企业集团财务公司、金融租赁公司、汽车金融公司、消费金融公司、货币经纪公司、贷款公司、理财公司;

(五)中国人民银行确定并公布的从事金融业务的其他机构。

非银行支付机构、银行卡清算机构、资金清算中心以及从事汇兑业务、基金销售业务、保险专业代理和保险经纪业务的机构履行客户尽职调查、客户身份资料及交易记录保存义务适用本办法关于金融机构的规定。

第三条 金融机构应当勤勉尽责,遵循"了解你的客户"的原则,识别并核实客户及其受益所有人身份,针对具有不同洗钱或者恐怖融资风险特征的客户、业务关系或者交易,采取相应的尽职调查措施。

金融机构在与客户业务存续期间,应当采取持续的尽职调查措施。针对洗钱或者恐怖融资风险较高的情形,金融机构应当采取相应的强化尽职调查措施,必要时应当拒绝建立业务关系或者办理业务,或者终止已经建立的业务关系。

第四条 金融机构应当按照安全、准确、完整、保密的原则,妥善保存客户身份资料及交易记录,确保足以重现每笔交易,以提供客户尽职调查、监测分析交易、调查可疑交易活动以及查处洗钱和恐怖融资案件所需的信息。

第五条 金融机构应当根据本办法以及反洗钱和反恐怖融资相关法律规定,结合金融机构面临的洗钱和恐怖融资风险状况,建立健全客户尽职调查、客户身份资料及交易记录保存等方面的内部控制制度,定期审计、评估内部控制制度是否健全、有效,及时修改和完善相关制度。

金融机构应当合理设计业务流程和操作规范,以保证客户尽职调查、客户身份资料及交易记录保存制度有效执行。

第六条 金融机构应当在总部层面对客户尽职调查、客户身份资料及交易记录保存工作作出统一部署或者安排,制定反洗钱和反恐怖融资信息共享制度和程序,以保证客户尽职调查、洗钱和恐怖融资风险管理工作有效开展。

金融机构应当对其分支机构执行客户尽职调查制度、客户身份资料及交易记录保存制度的情况进行监督管理。

金融机构应当要求其境外分支机构和附属机构在驻在国家或地区法律规定允许的范围内,执行本办法的有关要求,驻在国家或地区有更严格要求的,遵守其规定。如果本办法的要求比驻在国家或地区的相关规定更为严格,但驻在国家或地区法律禁止或者限制境外分支机构和附属机构实施本办法的,金融机构应当采取适当措施应对洗钱和恐怖融资风险,并向中国人民银行报告。

第二章　客户尽职调查

第一节　一般规定

第七条　金融机构在与客户建立业务关系、办理规定金额以上一次性交易和业务关系存续期间,怀疑客户及其交易涉嫌洗钱或恐怖融资的,或者对先前获得的客户身份资料的真实性、有效性或完整性存疑的,应当开展客户尽职调查,采取以下尽职调查措施:

(一)识别客户身份,并通过来源可靠、独立的证明材料、数据或者信息核实客户身份;

(二)了解客户建立业务关系和交易的目的和性质,并根据风险状况获取相关信息;

(三)对于洗钱或者恐怖融资风险较高的情形,了解客户的资金来源和用途,并根据风险状况采取强化的尽职调查措施;

(四)在业务关系存续期间,对客户采取持续的尽职调查措施,审查客户状况及其交易情况,以确认为客户提供的各类服务和交易符合金融机构对客户身份背景、业务需求、风险状况以及对其资金来源和用途等方面的认识;

(五)对于客户为法人或者非法人组织的,识别并采取合理措施核实客户的受益所有人。

金融机构应当根据风险状况差异化确定客户尽职调查措施的程度和具体方式,不应采取与风险状况明显不符的尽职调查措施,把握好防范风险与优化服务的平衡。

第八条　金融机构不得为身份不明的客户提供服务或者与其进

行交易，不得为客户开立匿名账户或者假名账户，不得为冒用他人身份的客户开立账户。

第九条 开发性金融机构、政策性银行、商业银行、农村合作银行、农村信用合作社、村镇银行等金融机构和从事汇兑业务的机构在办理以下业务时，应当开展客户尽职调查，并登记客户身份基本信息，留存客户有效身份证件或者其他身份证明文件的复印件或者影印件：

(一)以开立账户或者通过其他协议约定等方式与客户建立业务关系的；

(二)为不在本机构开立账户的客户提供现金汇款、现钞兑换、票据兑付、实物贵金属买卖、销售各类金融产品等一次性交易且交易金额单笔人民币5万元以上或者外币等值1万美元以上的。

第十条 商业银行、农村合作银行、农村信用合作社、村镇银行等金融机构为自然人客户办理人民币单笔5万元以上或者外币等值1万美元以上现金存取业务的，应当识别并核实客户身份，了解并登记资金的来源或者用途。

第十一条 金融机构提供保管箱服务时，应当了解保管箱的实际使用人，登记实际使用人的姓名、联系方式、有效身份证件或者其他身份证明文件的种类、号码和有效期限，并留存实际使用人有效身份证件或者其他身份证明文件的复印件或者影印件。

第十二条 证券公司、期货公司、证券投资基金管理公司以及其他从事基金销售业务的机构在为客户办理以下业务时，应当开展客户尽职调查，并登记客户身份基本信息，留存客户有效身份证件或者其他身份证明文件的复印件或者影印件：

(一)经纪业务；

(二)资产管理业务；

(三)向不在本机构开立账户的客户销售各类金融产品且交易金额单笔人民币5万元以上或者外币等值1万美元以上的；

(四)融资融券、股票质押、约定购回等信用交易类业务；

(五)场外衍生品交易等柜台业务；

(六)承销与保荐、上市公司并购重组财务顾问、公司债券受托管理、非上市公众公司推荐、资产证券化等业务；

（七）中国人民银行和中国证券监督管理委员会规定的应当开展客户尽职调查的其他证券业务。

第十三条　保险公司在与客户订立人寿保险合同和具有投资性质的保险合同时，应当开展客户尽职调查，确认投保人和被保险人之间的关系，以及被保险人和受益人之间的关系，登记投保人身份基本信息，并留存投保人有效身份证件或者其他身份证明文件的复印件或者影印件；识别并核实被保险人、受益人的身份，登记被保险人、受益人的姓名或者名称、联系方式、有效身份证件或者其他身份证明文件的种类、号码和有效期限，并留存被保险人、受益人有效身份证件或者其他身份证明文件的复印件或者影印件。当上述保险合同未明确指定受益人，而是通过特征描述、法定继承或者其他方式指定受益人时，保险公司应当在明确受益人身份或者赔偿或给付保险金时识别并核实受益人身份。

对于保险费金额人民币 5 万元以上或者外币等值 1 万美元以上的财产保险合同和健康保险、意外伤害保险等人身保险合同，保险公司在与客户订立保险合同时，应当识别并核实投保人、被保险人身份，登记投保人、被保险人、受益人的姓名或者名称、联系方式、有效身份证件或者其他身份证明文件的种类、号码和有效期限，并留存投保人有效身份证件或者其他身份证明文件的复印件或者影印件。

第十四条　在客户申请解除保险合同、减保或者办理保单贷款时，如退还的保险费或者提供的贷款金额为人民币 1 万元以上或者外币等值 1000 美元以上的，保险公司应当要求申请人出示保险合同或者保险凭证，核实申请人身份，登记退保、减保或者办理保单贷款原因，将保险费退还或者发放至投保人本人账户，如遇特殊情况无法将保险费退还或者发放至投保人本人账户的，需登记原因并经高级管理层批准。

第十五条　对于人寿保险合同和其他具有投资性质的保险合同，保险公司在赔偿或者给付保险金时，应当核实被保险人、受益人身份，并留存受益人有效身份证件或者其他身份证明文件的复印件或者影印件。

对于财产保险合同和健康保险、意外伤害保险等人身保险合同，当被保险人或者受益人请求保险公司赔偿时,如金额为人民币 5 万元以上或者外币等值 1 万美元以上的,保险公司应当识别并核实被保险人或者受益人身份,登记被保险人或者受益人的姓名或者名称、联系方式、有效身份证件或者其他身份证明文件的种类、号码和有效期限,并留存被保险人或者受益人有效身份证件或者其他身份证明文件的复印件或者影印件。

保险公司应当将保险金支付给保单受益人、被保险人或者指定收款人的账户。对于被保险人或者受益人请求将保险金支付给被保险人、受益人、指定收款人以外第三人的,保险公司应当确认被保险人和实际收款人之间的关系,或者受益人和实际收款人之间的关系,识别并核实实际收款人身份,登记实际收款人的姓名或者名称、联系方式、有效身份证件或者其他身份证明文件的种类、号码和有效期限,并留存实际收款人有效身份证件或者其他身份证明文件的复印件或者影印件。

第十六条　保险公司在与客户订立养老保障管理合同时,应当识别并核实委托人身份,登记委托人身份基本信息,并留存委托人有效身份证件或者其他身份证明文件的复印件或者影印件;在办理资金领取时,如金额为单笔人民币 5 万元以上或者外币等值 1 万美元以上的,保险公司应当识别并核实受益人身份。

第十七条　非银行支付机构在办理以下业务时,应当开展客户尽职调查,并登记客户身份基本信息,留存客户有效身份证件或者其他身份证明文件的复印件或者影印件:

(一)以开立支付账户等方式与客户建立业务关系,以及向客户出售记名预付卡或者一次性出售不记名预付卡人民币 1 万元以上的;

(二)通过签约或者绑卡等方式为不在本机构开立支付账户的客户提供支付交易处理且交易金额为单笔人民币 1 万元以上或者外币等值 1000 美元以上,或者 30 天内资金双边收付金额累计人民币 5 万元以上或者外币等值 1 万美元以上的;

(三)中国人民银行规定的其他情形。

第十八条　银行、非银行支付机构为特约商户提供收单服务,应当对特约商户开展客户尽职调查,并登记特约商户及其法定代表人或者负责人身份基本信息，留存特约商户及其法定代表人或者负责人有效身份证件或者其他身份证明文件的复印件或者影印件。

第十九条　信托公司在设立信托或者为客户办理信托受益权转让时，应当识别并核实委托人身份，了解信托财产的来源，登记委托人、受益人的身份基本信息，并留存委托人有效身份证件或者其他身份证明文件的复印件或者影印件。

第二十条　对于客户的资金是信托资金或者财产属于信托财产的，金融机构与客户建立业务关系或者提供规定金额以上一次性交易时，应当识别信托关系委托人、受托人、受益人以及其他最终有效控制信托财产的自然人身份，登记其姓名或者名称、联系方式。

第二十一条　保险资产管理公司、金融资产管理公司、企业集团财务公司、金融租赁公司、汽车金融公司、消费金融公司、货币经纪公司、贷款公司、理财公司以及中国人民银行确定的其他金融机构，在与客户建立业务关系时，应当识别并核实客户身份，登记客户身份基本信息，并留存客户有效身份证件或者其他身份证明文件的复印件或者影印件。

金融机构通过其他机构开展上述业务时，应当符合本办法第三十九条的规定。

第二十二条　金融机构开展客户尽职调查时，对于客户为法人或者非法人组织的，应当识别并核实客户身份，了解客户业务性质、所有权和控制权结构，识别并采取合理措施核实客户的受益所有人，即通过以下方式最终拥有或者实际控制法人或者非法人组织的一个或者多个自然人：

（一）直接或者间接拥有法人或者非法人组织25%（含）以上股权或合伙权益的自然人；

（二）单独或者联合对法人或者非法人组织进行实际控制的自然人，包括但不限于通过协议约定、亲属关系等方式实施控制，如决定董事或者高级管理人员的任免，决定重大经营、管理决策的制定或者执行，决定财务收支，长期实际支配使用重要资产或者主要资金等；

（三）直接或者间接享有法人或者非法人组织25%（含）以上收益权的自然人。

金融机构应当综合使用上述三种方式识别并核实客户的受益所有人,当使用上述方式均无法识别受益所有人时,识别法人或者非法人组织的高级管理人员。

第二十三条　对于人寿保险合同保单受益人为法人或者非法人组织并且具有较高风险情形的,保险公司应当在赔偿或者给付保险金时采取强化尽职调查措施,识别并采取合理措施核实保单受益人的受益所有人。

第二十四条　金融机构应当通过来源可靠、独立的证明材料、数据或者信息核实客户身份,包括以下一种或者几种方式:

(一)通过公安、市场监督管理、民政、税务、移民管理等部门或者其他政府公开渠道获取的信息核实客户身份;

(二)通过外国政府机构、国际组织等官方认证的信息核实客户身份;

(三)客户补充其他身份资料或者证明材料;

(四)中国人民银行认可的其他信息来源。

银行履行客户尽职调查义务时,按照法律、行政法规、部门规章的规定需核实相关自然人的第二代居民身份证的,应当通过中国人民银行建立的联网核查公民身份信息系统进行核查。

第二十五条　金融机构应当在建立业务关系或者办理一次性交易时,核实客户及其受益所有人身份。在有效管理洗钱和恐怖融资风险的情况下,对于难以中断的正常交易,金融机构可以在建立业务关系后尽快完成客户及其受益所有人身份核实工作。金融机构在未完成客户及其受益所有人身份核实工作前为客户办理业务的,应当采取适当的风险管理措施。

第二十六条　金融机构应当采取合理方式确认代理关系存在,在按照本办法的有关要求对被代理人采取客户尽职调查措施时,应当识别并核实代理人身份,登记代理人的姓名或者名称、联系方式、有效身份证件或者其他身份证明文件的种类、号码,并留存代理人有效身份证件或者其他身份证明文件的复印件或者影印件。

第二十七条　金融机构在与客户建立业务关系时,应当根据客户尽职调查所获得的信息,及时评估客户风险,划分风险等级,并根据客户风险状况确定业务存续期间对客户身份状况的定期审核频次和方式。对洗钱或者恐怖融资风险等级最高的客户，金融机构应当至少每年进行1次审核。

金融机构应当持续关注客户的风险状况、交易情况和身份信息变化，及时调整客户洗钱和恐怖融资风险等级。

第二十八条 金融机构与客户业务存续期间，应当持续关注并审查客户身份状况及交易情况，发生以下情形时，金融机构应当审核本机构保存的客户身份信息，及时更新或者补充客户身份证件或者其他身份证明文件、身份信息或者其他资料，以确认为客户提供的各类服务和交易符合金融机构对客户身份背景、业务需求、风险状况以及对客户资金来源和用途等方面的认识：

（一）客户有关行为或者交易出现异常，或者客户风险状况发生变化的；

（二）金融机构怀疑先前获得的客户身份资料的真实性、有效性、完整性的；

（三）客户要求变更姓名或者名称、身份证件或者其他身份证明文件种类、身份证件号码、经营范围、法定代表人或者受益所有人的；

（四）客户申请变更保险合同投保人、被保险人或者受益人的；

（五）客户先前提交的身份证件或者其他身份证明文件已过有效期的；

（六）其他需要关注并审查客户身份状况及交易情况的。

客户先前提交的身份证件或者其他身份证明文件已过有效期，金融机构在履行必要的告知程序后，客户未在合理期限内更新且未提出合理理由的，金融机构应当中止为客户办理业务。

第二十九条 金融机构与客户建立业务关系时或者业务存续期间，综合考虑客户特征、业务关系、交易目的、交易性质、资金来源和用途等因素，对于存在较高洗钱或者恐怖融资风险情形的，或者客户为国家司法、执法和监察机关调查、发布的涉嫌洗钱或者恐怖融资及相关犯罪人员的，应当根据风险状况采取强化尽职调查措施。

第三十条 对于洗钱或者恐怖融资风险较高的情形以及高风险客户，金融机构应当根据风险情形采取相匹配的以下一种或者多种强

化尽职调查措施:

(一)获取业务关系、交易目的和性质、资金来源和用途的相关信息,必要时,要求客户提供证明材料并予以核实;

(二)通过实地查访等方式了解客户的经济状况或者经营状况;

(三)加强对客户及其交易的监测分析;

(四)提高对客户及其受益所有人信息审查和更新的频率;

(五)与客户建立、维持业务关系,或者为客户办理业务,需要获得高级管理层的批准。

金融机构采取强化尽职调查措施后,认为需要对客户的洗钱或者恐怖融资风险进行风险管理的,应当对客户的交易方式、交易规模、交易频率等实施合理限制,认为客户的洗钱或者恐怖融资风险超出金融机构风险管理能力的,应当拒绝交易或者终止已经建立的业务关系。

第三十一条 金融机构参考以下信息,结合客户特征、业务关系或者交易目的和性质,经过风险评估且具有充足理由判断某类客户、业务关系或者交易的洗钱和恐怖融资风险较低时,可以采取相匹配的简化尽职调查措施:

(一)国家洗钱风险评估报告;

(二)中国人民银行发布的反洗钱、反恐怖融资以及账户管理相关规定及指引、风险提示、洗钱类型分析报告和风险评估报告;

(三)其他法律、行政法规有相关规定的。

金融机构采取简化尽职调查措施时,应当至少识别并核实客户身份,登记客户的姓名或者名称、联系方式、有效身份证件或者其他身份证明文件的种类、号码和有效期限等信息,留存客户尽职调查过程中必要的身份资料。对已采取简化尽职调查措施的客户、业务关系或者交易,金融机构应当定期审查其风险状况,根据风险高低调整所提供的服务范围和业务功能;客户、业务关系或者交易存在洗钱和恐怖融资嫌疑或者高风险的情形时,金融机构不得采取简化尽职调查措施。

第三十二条 金融机构无法完成本办法规定的客户尽职调查措施的,应当拒绝建立业务关系,采取必要的限制措施或者拒绝交易,或者终止已经建立的业务关系,并根据风险情形提交可疑交易报告。

第三十三条 如果怀疑客户涉嫌洗钱或者恐怖融资,并且开展客户尽职调查会导致发生泄密事件的，金融机构可以不开展客户尽职调查，但应当提交可疑交易报告。

第二节　其他规定

第三十四条　金融机构与境外金融机构建立代理行或者类似业务关系，或者接受委托为境外经纪机构或其客户提供境内证券期货交易时，应当了解境外机构所在国家或地区洗钱和恐怖融资风险状况，充分收集境外机构代理业务性质、声誉、内部控制、接受监管和调查等方面的信息，评估境外机构接受反洗钱和反恐怖融资监管和调查的情况，以及反洗钱和反恐怖融资措施的健全性和有效性，明确本机构与境外机构在客户尽职调查、客户身份资料及交易记录保存方面的职责。

金融机构与境外金融机构建立代理行或者类似业务关系，或者接受委托为境外经纪机构或其客户提供境内证券期货交易时，应当获得董事会或者向董事会负责的高级管理层的批准。金融机构不得与空壳银行建立代理行或者类似业务关系，同时应当确保代理行不提供账户供空壳银行使用。

金融机构应当持续关注并审查境外机构接受反洗钱和反恐怖融资监管情况，以及境外机构所在国家或地区洗钱和恐怖融资风险状况，评定境外机构风险等级，并实施动态管理。

第三十五条　金融机构应当采取合理措施确定客户及其受益所有人是否为外国政要、国际组织高级管理人员、外国政要或者国际组织高级管理人员的特定关系人。如客户或者其受益所有人为上述人员，金融机构应当采取风险管理措施了解客户及其受益所有人资金或者财产的来源和用途，与客户建立、维持业务关系还应当获得高级管理层批准，并对客户及业务关系采取强化的持续监测措施。

如人寿保险保单受益人或者其受益所有人为外国政要、国际组织高级管理人员、外国政要或者国际组织高级管理人员的特定关系人，保险公司应当在赔偿或者给付保险金时获得高级管理层批准，并对投保人及业务关系采取强化尽职调查措施。

第三十六条　金融机构和从事汇兑业务的机构为客户向境外汇出资金时，应当登记汇款人的姓名或者名称、账号、住所和收款人的姓名或者名称、账号等信息,在汇兑凭证或者相关信息系统中留存上述信息,并向接收汇款的境外机构提供汇款人的姓名或者名称、账号、住所等信息。汇款人未在本机构开户,金融机构无法登记汇款人账号的,可以登记并向接收汇款的境外机构提供其他相关信息,确保该笔交易可跟踪稽核。

金融机构和从事汇兑业务的机构为客户向境外汇出资金金额为单笔人民币5000元或者外币等值1000美元以上的,应当核实汇款人身份,确保汇款人信息的准确性。发现客户涉嫌洗钱或者恐怖融资的,无论汇出资金金额大小,金融机构都应当采取合理措施核实汇款人身份。

金融机构作为跨境汇款业务的中间机构时,应当完整传递汇款业务所附的汇款人和收款人信息,采取合理措施识别是否缺少汇款人和收款人必要信息,并根据风险状况,明确执行、拒绝或暂停上述汇款业务的适用情形及相应的后续处理措施。

接收境外汇入款的金融机构,发现汇款人姓名或者名称、账号、住所等信息缺失的,应当要求境外机构补充。如汇款人未在办理汇出业务的境外机构开立账户,接收汇款的境内金融机构无法登记汇款人账号的,可以登记其他相关信息,确保该笔交易可跟踪稽核。

第三十七条 金融机构和从事汇兑业务的机构为客户办理境内汇款的,应当参照执行本办法第三十六条第一款和第二款的要求。若汇款机构无法及时将汇款人信息提供给接收汇款的机构,应当至少提供汇款人账号或者其他能够确保该笔交易可跟踪稽核的信息,并在接收汇款的机构或者相关主管部门需要时向其提供汇款人信息。

金融机构和从事汇兑业务的机构不符合本办法第三十六条和第三十七条第一款有关汇款业务要求的,不得为客户办理汇款业务。金融机构和从事汇兑业务的机构通过其境内外分支机构、附属机构或者代理机构开展汇款业务的,应当确保其境内外分支机构、附属机构或者代理机构遵守汇款业务相关规定。

第三十八条 金融机构运用互联网和移动通信等信息通信技术,依法以非面对面形式与客户建立业务关系或者为客户提供金融服务时,应当建立有效的客户身份认证机制,通过有效措施识别并核实客户身份,以确认客户身份的真实性和交易的合理性。

第三十九条　金融机构通过第三方开展本办法第七条第一款第一项、第二项、第五项尽职调查措施的,应当符合下列要求,并承担未履行客户尽职调查义务的责任:

(一)第三方接受反洗钱和反恐怖融资监管或者监测;

(二)评估第三方的风险状况及其履行反洗钱和反恐怖融资义务的能力,并确保第三方根据反洗钱和反恐怖融资法律法规和本办法的有关要求采取客户尽职调查、客户身份资料及交易记录保存措施;第三方具有较高风险情形或者不具备履行反洗钱和反恐怖融资义务能力的,金融机构不得通过第三方识别客户身份;

(三)金融机构能够立即从第三方获取客户尽职调查的必要信息;

(四)金融机构在需要时能够立即获得第三方开展客户尽职调查获取的身份证件或者其他身份证明文件以及其他资料的复印件或者影印件。

第三方应当严格按照法律规定和合同约定履行相应的客户尽职调查义务,并向金融机构提供必要的客户身份信息;金融机构对客户身份信息的真实性、准确性或者完整性有疑问的,或者怀疑客户涉嫌洗钱或恐怖融资的,第三方应当配合金融机构开展客户尽职调查。第三方未按照规定配合金融机构履行客户尽职调查义务的,应当承担相应责任。

金融机构通过金融机构以外的第三方识别客户身份的,应当符合第一款第二项至第四项要求。

第四十条　金融机构应当在开展客户尽职调查中相互配合。

第四十一条　金融机构应当建立健全工作机制,及时获取涉嫌恐怖活动的组织和人员名单以及中国人民银行要求关注的其他涉嫌洗钱及相关犯罪人员名单。有合理理由怀疑客户或其交易对手,以及客户或其交易对手的资金或者其他资产与名单相关的,应当采取相应的尽职调查和风险管理措施。法律、行政法规、规章另有规定的,从其规定。

第四十二条　金融机构应当建立健全工作机制,及时获取国际反洗钱组织和我国有关部门发布的高风险国家或地区以及强化监控国家或地区名单。对于来自高风险国家或地区的客户或交易,金融机构应当结合业务关系和交易的风险状况采取强化尽职调查措施和必要的风险管理措施。对于来自强化监控国家或地区的客户,金融机构在开展客户尽职调查及划分客户风险等级时,应当关注客户所在国家或地区的风险状况。

金融机构通过境外第三方开展客户尽职调查的,应当充分考虑第三方所在国家或地区的风险状况,不得通过来自高风险国家或地区的第三方开展客户尽职调查。

第四十三条 金融机构在开展客户尽职调查时,应当根据风险情形向中国反洗钱监测分析中心和中国人民银行当地分支机构报告以下可疑行为:

(一)客户拒绝提供有效身份证件或者其他身份证明文件的;

(二)有明显理由怀疑客户建立业务关系的目的和性质与洗钱和恐怖融资等违法犯罪活动相关的;

(三)对向境内汇入资金的境外机构提出要求后,仍无法完整获得汇款人姓名或者名称、账号和住所的;

(四)采取必要措施后,仍怀疑先前获得的客户身份资料的真实性、有效性、完整性的;

(五)履行客户尽职调查义务时发现其他可疑行为的。

金融机构报告上述可疑行为按照中国人民银行关于金融机构大额交易和可疑交易报告的相关规定执行。

第三章 客户身份资料及交易记录保存

第四十四条 金融机构应当保存的客户身份资料包括记载客户身份信息以及反映金融机构开展客户尽职调查工作情况的各种记录和资料。

金融机构应当保存的交易记录包括关于每笔交易的数据信息、业务凭证、账簿以及有关规定要求的反映交易真实情况的合同、业务凭证、单据、业务函件和其他资料。

第四十五条 金融机构应当采取必要的管理措施和技术措施,逐步实现以电子化方式完整、准确保存客户身份资料及交易信息,依法保护商业秘密和个人信息,防止客户身份资料及交易记录缺失、损毁,防止泄漏客户身份信息及交易信息。

金融机构客户身份资料及交易记录的保存方式和管理机制，应当确保足以重现和追溯每笔交易，便于金融机构反洗钱工作开展，以及反洗钱调查和监督管理。

第四十六条　金融机构应当按照下列期限保存客户身份资料及交易记录：

（一）客户身份资料自业务关系结束后或者一次性交易结束后至少保存5年；

（二）交易记录自交易结束后至少保存5年。

如客户身份资料及交易记录涉及正在被反洗钱调查的可疑交易活动，且反洗钱调查工作在前款规定的最低保存期限届满时仍未结束的，金融机构应当将相关客户身份资料及交易记录保存至反洗钱调查工作结束。

同一介质上存有不同保存期限客户身份资料或者交易记录的，应当按最长保存期限保存。同一客户身份资料或者交易记录采用不同介质保存的，应当按照上述期限要求至少保存一种介质的客户身份资料或者交易记录。

法律、行政法规对客户身份资料及交易记录有更长保存期限要求的，从其规定。

第四十七条　金融机构破产或者解散时，应当将客户身份资料、交易记录以及包含客户身份资料、交易记录的介质移交给中国人民银行、中国银行保险监督管理委员会或者中国证券监督管理委员会指定的机构。

第四章　法律责任

第四十八条　金融机构违反本办法的，由中国人民银行按照《中华人民共和国反洗钱法》第三十一条、第三十二条的规定予以处罚；区别不同情形，采取或者建议中国银行保险监督管理委员会和中国证券监督管理委员会采取下列措施：

（一）责令金融机构停业整顿或者吊销其经营许可证；

（二）取消金融机构直接负责的董事、高级管理人员和其他直接责任人员的任职资格、禁止从事有关金融行业的工作。

中国人民银行县(市)支行发现金融机构违反本办法的,应当报告上一级中国人民银行分支机构,由上一级中国人民银行分支机构按照前款规定进行处罚或者提出建议。

第五章 附 则

第四十九条 保险公司在办理再保险业务时,履行客户尽职调查义务不适用本办法。

第五十条 本办法有关用语的含义如下:

自然人客户的身份基本信息指姓名、性别、国籍、职业、住所地或者工作单位地址、联系方式,身份证件或者其他身份证明文件的种类、号码和有效期限,客户的住所地与经常居住地不一致的,以客户的经常居住地为准。

法人、非法人组织和个体工商户客户的身份基本信息指名称、住所、经营范围、可证明该客户依法设立或者可依法开展经营、社会活动的执照、证件或者文件的名称、号码和有效期限;法定代表人或负责人和授权办理业务人员的姓名、身份证件或者其他身份证明文件的种类、号码和有效期限;受益所有人的姓名、地址、身份证件或者其他身份证明文件的种类、号码和有效期限。

第五十一条 本办法由中国人民银行会同中国银行保险监督管理委员会、中国证券监督管理委员会解释。金融机构对本办法施行前已经建立业务关系或者进行交易的存量客户,未满足本办法有关客户尽职调查要求的,应当自本办法施行之日起1年内完成较高风险以上存量客户的尽职调查,自本办法施行之日起2年内完成全部存量客户的尽职调查。

第五十二条 本办法自2022年3月1日起施行。《金融机构客户身份识别和客户身份资料及交易记录保存管理办法》(中国人民银行、中国银行业监督管理委员会、中国证券监督管理委员会、中国保险监督管理委员会令〔2007〕第2号发布)同时废止。本办法施行前发布的客户尽职调查和客户身份资料及交易记录保存的其他规定与本办法不一致的,以本办法为准。

动产和权利担保统一登记办法

（2021年11月18日中国人民银行2021年第11次行务会议审议通过　2021年12月28日公布　中国人民银行令〔2021〕第7号　自2022年2月1日起施行）

第一章　总　　则

第一条　为规范动产和权利担保统一登记，保护担保当事人和利害关系人的合法权益，根据《中华人民共和国民法典》《优化营商环境条例》《国务院关于实施动产和权利担保统一登记的决定》（国发〔2020〕18号）等相关法律法规规定，制定本办法。

第二条　纳入动产和权利担保统一登记范围的担保类型包括：

（一）生产设备、原材料、半成品、产品抵押；

（二）应收账款质押；

（三）存款单、仓单、提单质押；

（四）融资租赁；

（五）保理；

（六）所有权保留；

（七）其他可以登记的动产和权利担保，但机动车抵押、船舶抵押、航空器抵押、债券质押、基金份额质押、股权质押、知识产权中的财产权质押除外。

第三条　本办法所称应收账款是指应收账款债权人因提供一定的货物、服务或设施而获得的要求应收账款债务人付款的权利以及依法享有的其他付款请求权，包括现有的以及将有的金钱债权，但不包括因票据或其他有价证券而产生的付款请求权，以及法律、行政法规禁止转让的付款请求权。

本办法所称的应收账款包括下列权利：

（一）销售、出租产生的债权，包括销售货物，供应水、电、气、暖，知识产权的许可使用，出租动产或不动产等；

（二）提供医疗、教育、旅游等服务或劳务产生的债权；

（三）能源、交通运输、水利、环境保护、市政工程等基础设施和公用事业项目收益权；

（四）提供贷款或其他信用活动产生的债权；

（五）其他以合同为基础的具有金钱给付内容的债权。

第四条　中国人民银行征信中心（以下简称征信中心）是动产和权利担保的登记机构，具体承担服务性登记工作，不开展事前审批性登记，不对登记内容进行实质审查。

征信中心建立基于互联网的动产融资统一登记公示系统（以下简称统一登记系统）为社会公众提供动产和权利担保登记和查询服务。

第五条　中国人民银行对征信中心登记和查询服务有关活动进行督促指导。

第二章　登记与查询

第六条　纳入统一登记范围的动产和权利担保登记通过统一登记系统办理。

第七条　担保权人办理登记。担保权人办理登记前，应当与担保人就登记内容达成一致。

担保权人也可以委托他人办理登记。委托他人办理登记的，适用本办法关于担保权人办理登记的规定。

第八条　担保权人办理登记时，应当注册为统一登记系统的用户。

第九条　登记内容包括担保权人和担保人的基本信息、担保财产的描述、登记期限。

担保权人或担保人为法人、非法人组织的，应当填写法人、非法人组织的法定注册名称、住所、法定代表人或负责人姓名，金融机构编码、统一社会信用代码、全球法人识别编码等机构代码或编码以及其他相关信息。

担保权人或担保人为自然人的，应当填写有效身份证件号码、有效身份证件载明的地址等信息。

担保权人可以与担保人约定将主债权金额、担保范围、禁止或限制转让的担保财产等项目作为登记内容。对担保财产进行概括性描述的,应当能够合理识别担保财产。

最高额担保应登记最高债权额。

第十条　担保权人应当将填写完毕的登记内容提交统一登记系统。统一登记系统记录提交时间并分配登记编号,生成初始登记证明和修改码提供给担保权人。

第十一条　担保权人应当根据主债权履行期限合理确定登记期限。登记期限最短1个月,最长不超过30年。

第十二条　在登记期限届满前,担保权人可以申请展期。

担保权人可以多次展期,每次展期期限最短1个月,最长不超过30年。

第十三条　登记内容存在遗漏、错误等情形或登记内容发生变化的,担保权人应当办理变更登记。

担保权人在原登记中增加新的担保财产的,新增加的部分视为新的登记。

第十四条　担保权人办理登记时所填写的担保人法定注册名称或有效身份证件号码变更的,担保权人应当自变更之日起4个月内办理变更登记。

第十五条　担保权人办理展期、变更登记的,应当与担保人就展期、变更事项达成一致。

第十六条　有下列情形之一的,担保权人应当自该情形发生之日起10个工作日内办理注销登记:

(一)主债权消灭;

(二)担保权利实现;

(三)担保权人放弃登记载明的担保财产之上的全部担保权;

(四)其他导致所登记权利消灭的情形。

担保权人迟延办理注销登记,给他人造成损害的,应当承担相应的法律责任。

第十七条　担保权人凭修改码办理展期、变更登记、注销登记。

第十八条　担保人或其他利害关系人认为登记内容错误的,可以要求担保权人办理变更登记或注销登记。担保权人不同意变更或注销的,担保人或其他利害关系人可以办理异议登记。

办理异议登记的担保人或其他利害关系人可以自行注销异议登记。

第十九条　担保人或其他利害关系人应当自异议登记办理完毕之日起7日内通知担保权人。

第二十条　担保人或其他利害关系人自异议登记之日起30日内,未就争议起诉或提请仲裁并在统一登记系统提交案件受理通知的,征信中心撤销异议登记。

第二十一条　应担保人或其他利害关系人、担保权人的申请,征信中心根据对担保人或其他利害关系人、担保权人生效的人民法院判决、裁定或仲裁机构裁决等法律文书撤销相关登记。

第二十二条　担保权人办理变更登记和注销登记、担保人或其他利害关系人办理异议登记后,统一登记系统记录登记时间、分配登记编号,并生成变更登记、注销登记或异议登记证明。

第二十三条　担保权人开展动产和权利担保融资业务时,应当严格审核确认担保财产的真实性,并在统一登记系统中查询担保财产的权利负担状况。

第二十四条　担保权人、担保人和其他利害关系人应当按照统一登记系统提示项目如实登记,并对登记内容的真实性、完整性和合法性负责。因担保权人或担保人名称填写错误,担保财产描述不能够合理识别担保财产等情形导致不能正确公示担保权利的,其法律后果由当事人自行承担。办理登记时,存在提供虚假材料等行为给他人造成损害的,应当承担相应的法律责任。

第二十五条　任何法人、非法人组织和自然人均可以在注册为统一登记系统的用户后,查询动产和权利担保登记信息。

第二十六条　担保人为法人、非法人组织的,查询人以担保人的法定注册名称进行查询。

担保人为自然人的,查询人以担保人的身份证件号码进行查询。

第二十七条　征信中心根据查询人的申请,提供查询证明。

第二十八条　担保权人、担保人或其他利害关系人、查询人可以通过证明编号在统一登记系统对登记证明和查询证明进行验证。

第三章 征信中心的职责

第二十九条 征信中心应当建立登记信息内部控制制度，采取技术措施和其他必要措施，做好统一登记系统建设和维护工作，保障系统安全、稳定运行，建立高效运转的服务体系，不断提高服务效率和质量，防止登记信息泄露、丢失，保护当事人合法权益。

第三十条 征信中心应当制定登记操作规则和内部管理制度，并报中国人民银行备案。

第三十一条 登记注销、登记期限届满或登记撤销后，征信中心应当对登记记录进行电子化离线保存，保存期限为 15 年。

第四章 附 则

第三十二条 征信中心按照国务院价格主管部门批准的收费标准收取登记服务费用。

第三十三条 本办法由中国人民银行负责解释。

第三十四条 本办法自 2022 年 2 月 1 日起施行。《应收账款质押登记办法》（中国人民银行令〔2019〕第 4 号发布）同时废止。

金融机构大额交易和可疑交易报告管理办法（2018 年修正）

（2016 年 12 月 28 日公布 中国人民银行令〔2016〕第 3 号 根据 2018 年 7 月 26 日中国人民银行令〔2018〕第 2 号《关于修改〈金融机构大额交易和可疑交易报告管理办法〉的决定》修正）

第一章 总 则

第一条 为了规范金融机构大额交易和可疑交易报告行为，根据

《中华人民共和国反洗钱法》、《中华人民共和国中国人民银行法》、《中华人民共和国反恐怖主义法》等有关法律法规,制定本办法。

第二条 本办法适用于在中华人民共和国境内依法设立的下列金融机构:

(一)政策性银行、商业银行、农村合作银行、农村信用社、村镇银行。

(二)证券公司、期货公司、基金管理公司。

(三)保险公司、保险资产管理公司、保险专业代理公司、保险经纪公司。

(四)信托公司、金融资产管理公司、企业集团财务公司、金融租赁公司、汽车金融公司、消费金融公司、货币经纪公司、贷款公司。

(五)中国人民银行确定并公布的应当履行反洗钱义务的从事金融业务的其他机构。

第三条 金融机构应当履行大额交易和可疑交易报告义务,向中国反洗钱监测分析中心报送大额交易和可疑交易报告,接受中国人民银行及其分支机构的监督、检查。

第四条 金融机构应当通过其总部或者总部指定的一个机构,按本办法规定的路径和方式提交大额交易和可疑交易报告。

第二章 大额交易报告

第五条 金融机构应当报告下列大额交易:

(一)当日单笔或者累计交易人民币 5 万元以上(含 5 万元)、外币等值 1 万美元以上(含 1 万美元)的现金缴存、现金支取、现金结售汇、现钞兑换、现金汇款、现金票据解付及其他形式的现金收支。

(二)非自然人客户银行账户与其他的银行账户发生当日单笔或者累计交易人民币 200 万元以上(含 200 万元)、外币等值 20 万美元以上(含 20 万美元)的款项划转。

(三)自然人客户银行账户与其他的银行账户发生当日单笔或者累计交易人民币 50 万元以上(含 50 万元)、外币等值 10 万美元以上(含 10 万美元)的境内款项划转。

(四)自然人客户银行账户与其他的银行账户发生当日单笔或者

累计交易人民币20万元以上(含20万元)、外币等值1万美元以上(含1万美元)的跨境款项划转。

累计交易金额以客户为单位,按资金收入或者支出单边累计计算并报告。中国人民银行另有规定的除外。

中国人民银行根据需要可以调整本条第一款规定的大额交易报告标准。

第六条　对同时符合两项以上大额交易标准的交易,金融机构应当分别提交大额交易报告。

第七条　对符合下列条件之一的大额交易,如未发现交易或行为可疑的,金融机构可以不报告:

(一)定期存款到期后,不直接提取或者划转,而是本金或者本金加全部或者部分利息续存入在同一金融机构开立的同一户名下的另一账户。

活期存款的本金或者本金加全部或者部分利息转为在同一金融机构开立的同一户名下的另一账户内的定期存款。

定期存款的本金或者本金加全部或者部分利息转为在同一金融机构开立的同一户名下的另一账户内的活期存款。

(二)自然人实盘外汇买卖交易过程中不同外币币种间的转换。

(三)交易一方为各级党的机关、国家权力机关、行政机关、司法机关、军事机关、人民政协机关和人民解放军、武警部队,但不包含其下属的各类企事业单位。

(四)金融机构同业拆借、在银行间债券市场进行的债券交易。

(五)金融机构在黄金交易所进行的黄金交易。

(六)金融机构内部调拨资金。

(七)国际金融组织和外国政府贷款转贷业务项下的交易。

(八)国际金融组织和外国政府贷款项下的债务掉期交易。

(九)政策性银行、商业银行、农村合作银行、农村信用社、村镇银行办理的税收、错账冲正、利息支付。

(十)中国人民银行确定的其他情形。

第八条　金融机构应当在大额交易发生之日起5个工作日内以电子方式提交大额交易报告。

第九条 下列金融机构与客户进行金融交易并通过银行账户划转款项的，由银行机构按照本办法规定提交大额交易报告：

（一）证券公司、期货公司、基金管理公司。

（二）保险公司、保险资产管理公司、保险专业代理公司、保险经纪公司。

（三）信托公司、金融资产管理公司、企业集团财务公司、金融租赁公司、汽车金融公司、消费金融公司、货币经纪公司、贷款公司。

第十条 客户通过在境内金融机构开立的账户或者境内银行卡所发生的大额交易，由开立账户的金融机构或者发卡银行报告；客户通过境外银行卡所发生的大额交易，由收单机构报告；客户不通过账户或者银行卡发生的大额交易，由办理业务的金融机构报告。

第三章 可疑交易报告

第十一条 金融机构发现或者有合理理由怀疑客户、客户的资金或者其他资产、客户的交易或者试图进行的交易与洗钱、恐怖融资等犯罪活动相关的，不论所涉资金金额或者资产价值大小，应当提交可疑交易报告。

第十二条 金融机构应当制定本机构的交易监测标准，并对其有效性负责。交易监测标准包括并不限于客户的身份、行为，交易的资金来源、金额、频率、流向、性质等存在异常的情形，并应当参考以下因素：

（一）中国人民银行及其分支机构发布的反洗钱、反恐怖融资规定及指引、风险提示、洗钱类型分析报告和风险评估报告。

（二）公安机关、司法机关发布的犯罪形势分析、风险提示、犯罪类型报告和工作报告。

（三）本机构的资产规模、地域分布、业务特点、客户群体、交易特征，洗钱和恐怖融资风险评估结论。

（四）中国人民银行及其分支机构出具的反洗钱监管意见。

（五）中国人民银行要求关注的其他因素。

第十三条 金融机构应当定期对交易监测标准进行评估，并根据评估结果完善交易监测标准。如发生突发情况或者应当关注的情况的，金融机构应当及时评估和完善交易监测标准。

第十四条　金融机构应当对通过交易监测标准筛选出的交易进行人工分析、识别，并记录分析过程；不作为可疑交易报告的，应当记录分析排除的合理理由；确认为可疑交易的，应当在可疑交易报告理由中完整记录对客户身份特征、交易特征或行为特征的分析过程。

第十五条　金融机构应当在按本机构可疑交易报告内部操作规程确认为可疑交易后，及时以电子方式提交可疑交易报告。

第十六条　既属于大额交易又属于可疑交易的交易，金融机构应当分别提交大额交易报告和可疑交易报告。

第十七条　可疑交易符合下列情形之一的，金融机构应当在向中国反洗钱监测分析中心提交可疑交易报告的同时，以电子形式或书面形式向所在地中国人民银行或者其分支机构报告，并配合反洗钱调查：

（一）明显涉嫌洗钱、恐怖融资等犯罪活动的。

（二）严重危害国家安全或者影响社会稳定的。

（三）其他情节严重或者情况紧急的情形。

第十八条　金融机构应当对下列恐怖活动组织及恐怖活动人员名单开展实时监测，有合理理由怀疑客户或者其交易对手、资金或者其他资产与名单相关的，应当在立即向中国反洗钱监测分析中心提交可疑交易报告的同时，以电子形式或书面形式向所在地中国人民银行或者其分支机构报告，并按照相关主管部门的要求依法采取措施。

（一）中国政府发布的或者要求执行的恐怖活动组织及恐怖活动人员名单。

（二）联合国安理会决议中所列的恐怖活动组织及恐怖活动人员名单。

（三）中国人民银行要求关注的其他涉嫌恐怖活动的组织及人员名单。

恐怖活动组织及恐怖活动人员名单调整的，金融机构应当立即开展回溯性调查，并按前款规定提交可疑交易报告。

法律、行政法规、规章对上述名单的监控另有规定的，从其规定。

第四章　内部管理措施

第十九条　金融机构应当根据本办法制定大额交易和可疑交易

报告内部管理制度和操作规程,对本机构的大额交易和可疑交易报告工作做出统一要求,并对分支机构、附属机构大额交易和可疑交易报告制度的执行情况进行监督管理。

金融机构应当将大额交易和可疑交易报告制度向中国人民银行或其总部所在地的中国人民银行分支机构报备。

第二十条　金融机构应当设立专职的反洗钱岗位,配备专职人员负责大额交易和可疑交易报告工作,并提供必要的资源保障和信息支持。

第二十一条　金融机构应当建立健全大额交易和可疑交易监测系统,以客户为基本单位开展资金交易的监测分析,全面、完整、准确地采集各业务系统的客户身份信息和交易信息,保障大额交易和可疑交易监测分析的数据需求。

第二十二条　金融机构应当按照完整准确、安全保密的原则,将大额交易和可疑交易报告、反映交易分析和内部处理情况的工作记录等资料自生成之日起至少保存5年。

保存的信息资料涉及正在被反洗钱调查的可疑交易活动,且反洗钱调查工作在前款规定的最低保存期届满时仍未结束的,金融机构应将其保存至反洗钱调查工作结束。

第二十三条　金融机构及其工作人员应当对依法履行大额交易和可疑交易报告义务获得的客户身份资料和交易信息,对依法监测、分析、报告可疑交易的有关情况予以保密,不得违反规定向任何单位和个人提供。

第五章　法律责任

第二十四条　金融机构违反本办法的,由中国人民银行或者其地市中心支行以上分支机构按照《中华人民共和国反洗钱法》第三十一条、第三十二条的规定予以处罚。

第六章　附　　则

第二十五条　非银行支付机构、从事汇兑业务和基金销售业务的机构报告大额交易和可疑交易适用本办法。银行卡清算机构、资金清算中心等从事清算业务的机构应当按照中国人民银行有关规定开展交易监测分析、报告工作。

本办法所称非银行支付机构，是指根据《非金融机构支付服务管理办法》（中国人民银行令〔2010〕第2号发布）规定取得《支付业务许可证》的支付机构。

本办法所称资金清算中心，包括城市商业银行资金清算中心、农信银资金清算中心有限责任公司及中国人民银行确定的其他资金清算中心。

第二十六条　本办法所称非自然人，包括法人、其他组织和个体工商户。

第二十七条　金融机构应当按照本办法所附的大额交易和可疑交易报告要素要求（要素内容见附件），制作大额交易报告和可疑交易报告的电子文件。具体的报告格式和填报要求由中国人民银行另行规定。

第二十八条　中国反洗钱监测分析中心发现金融机构报送的大额交易报告或者可疑交易报告内容要素不全或者存在错误的，可以向提交报告的金融机构发出补正通知，金融机构应当在接到补正通知之日起5个工作日内补正。

第二十九条　本办法由中国人民银行负责解释。

第三十条　本办法自2017年7月1日起施行。中国人民银行2006年11月14日发布的《金融机构大额交易和可疑交易报告管理办法》（中国人民银行令〔2006〕第2号）和2007年6月11日发布的《金融机构报告涉嫌恐怖融资的可疑交易管理办法》（中国人民银行令〔2007〕第1号）同时废止。中国人民银行此前发布的大额交易和可疑交易报告的其他规定，与本办法不一致的，以本办法为准。

金融机构反洗钱规定

(2006年11月6日第25次行长办公会议通过 2006年11月14日公布 中国人民银行令〔2006〕第1号 自2007年1月1日起施行)

第一条 为了预防洗钱活动,规范反洗钱监督管理行为和金融机构的反洗钱工作,维护金融秩序,根据《中华人民共和国反洗钱法》、《中华人民共和国中国人民银行法》等有关法律、行政法规,制定本规定。

第二条 本规定适用于在中华人民共和国境内依法设立的下列金融机构:

(一)商业银行、城市信用合作社、农村信用合作社、邮政储汇机构、政策性银行;

(二)证券公司、期货经纪公司、基金管理公司;

(三)保险公司、保险资产管理公司;

(四)信托投资公司、金融资产管理公司、财务公司、金融租赁公司、汽车金融公司、货币经纪公司;

(五)中国人民银行确定并公布的其他金融机构。

从事汇兑业务、支付清算业务和基金销售业务的机构适用本规定对金融机构反洗钱监督管理的规定。

第三条 中国人民银行是国务院反洗钱行政主管部门,依法对金融机构的反洗钱工作进行监督管理。中国银行业监督管理委员会、中国证券监督管理委员会、中国保险监督管理委员会在各自的职责范围内履行反洗钱监督管理职责。

中国人民银行在履行反洗钱职责过程中,应当与国务院有关部门、机构和司法机关相互配合。

第四条 中国人民银行根据国务院授权代表中国政府开展反洗

钱国际合作。中国人民银行可以和其他国家或者地区的反洗钱机构建立合作机制,实施跨境反洗钱监督管理。

第五条 中国人民银行依法履行下列反洗钱监督管理职责:

(一)制定或者会同中国银行业监督管理委员会、中国证券监督管理委员会和中国保险监督管理委员会制定金融机构反洗钱规章;

(二)负责人民币和外币反洗钱的资金监测;

(三)监督、检查金融机构履行反洗钱义务的情况;

(四)在职责范围内调查可疑交易活动;

(五)向侦查机关报告涉嫌洗钱犯罪的交易活动;

(六)按照有关法律、行政法规的规定,与境外反洗钱机构交换与反洗钱有关的信息和资料;

(七)国务院规定的其他有关职责。

第六条 中国人民银行设立中国反洗钱监测分析中心,依法履行下列职责:

(一)接收并分析人民币、外币大额交易和可疑交易报告;

(二)建立国家反洗钱数据库,妥善保存金融机构提交的大额交易和可疑交易报告信息;

(三)按照规定向中国人民银行报告分析结果;

(四)要求金融机构及时补正人民币、外币大额交易和可疑交易报告;

(五)经中国人民银行批准,与境外有关机构交换信息、资料;

(六)中国人民银行规定的其他职责。

第七条 中国人民银行及其工作人员应当对依法履行反洗钱职责获得的信息予以保密,不得违反规定对外提供。

中国反洗钱监测分析中心及其工作人员应当对依法履行反洗钱职责获得的客户身份资料、大额交易和可疑交易信息予以保密;非依法律规定,不得向任何单位和个人提供。

第八条 金融机构及其分支机构应当依法建立健全反洗钱内部控制制度,设立反洗钱专门机构或者指定内设机构负责反洗钱工作,制定反洗钱内部操作规程和控制措施,对工作人员进行反洗钱培训,增强反洗钱工作能力。

金融机构及其分支机构的负责人应当对反洗钱内部控制制度的有效实施负责。

第九条 金融机构应当按照规定建立和实施客户身份识别制度。

(一)对要求建立业务关系或者办理规定金额以上的一次性金融业务的客户身份进行识别,要求客户出示真实有效的身份证件或者其他身份证明文件,进行核对并登记,客户身份信息发生变化时,应当及时予以更新;

(二)按照规定了解客户的交易目的和交易性质,有效识别交易的受益人;

(三)在办理业务中发现异常迹象或者对先前获得的客户身份资料的真实性、有效性、完整性有疑问的,应当重新识别客户身份;

(四)保证与其有代理关系或者类似业务关系的境外金融机构进行有效的客户身份识别,并可从该境外金融机构获得所需的客户身份信息。

前款规定的具体实施办法由中国人民银行会同中国银行业监督管理委员会、中国证券监督管理委员会和中国保险监督管理委员会制定。

第十条 金融机构应当在规定的期限内,妥善保存客户身份资料和能够反映每笔交易的数据信息、业务凭证、账簿等相关资料。

前款规定的具体实施办法由中国人民银行会同中国银行业监督管理委员会、中国证券监督管理委员会、中国保险监督管理委员会制定。

第十一条 金融机构应当按照规定向中国反洗钱监测分析中心报告人民币、外币大额交易和可疑交易。

前款规定的具体实施办法由中国人民银行另行制定。

第十二条 中国人民银行会同中国银行业监督管理委员会、中国证券监督管理委员会、中国保险监督管理委员会指导金融行业自律组织制定本行业的反洗钱工作指引。

第十三条 金融机构在履行反洗钱义务过程中,发现涉嫌犯罪的,应当及时以书面形式向中国人民银行当地分支机构和当地公安机关报告。

第十四条　金融机构及其工作人员应当依法协助、配合司法机关和行政执法机关打击洗钱活动。

金融机构的境外分支机构应当遵循驻在国家或者地区反洗钱方面的法律规定，协助配合驻在国家或者地区反洗钱机构的工作。

第十五条　金融机构及其工作人员对依法履行反洗钱义务获得的客户身份资料和交易信息应当予以保密；非依法律规定，不得向任何单位和个人提供。

金融机构及其工作人员应当对报告可疑交易、配合中国人民银行调查可疑交易活动等有关反洗钱工作信息予以保密，不得违反规定向客户和其他人员提供。

第十六条　金融机构及其工作人员依法提交大额交易和可疑交易报告，受法律保护。

第十七条　金融机构应当按照中国人民银行的规定，报送反洗钱统计报表、信息资料以及稽核审计报告中与反洗钱工作有关的内容。

第十八条　中国人民银行及其分支机构根据履行反洗钱职责的需要，可以采取下列措施进行反洗钱现场检查：

（一）进入金融机构进行检查；

（二）询问金融机构的工作人员，要求其对有关检查事项作出说明；

（三）查阅、复制金融机构与检查事项有关的文件、资料，并对可能被转移、销毁、隐匿或者篡改的文件资料予以封存；

（四）检查金融机构运用电子计算机管理业务数据的系统。

中国人民银行或者其分支机构实施现场检查前，应填写现场检查立项审批表，列明检查对象、检查内容、时间安排等内容，经中国人民银行或者其分支机构负责人批准后实施。

现场检查时，检查人员不得少于2人，并应出示执法证和检查通知书；检查人员少于2人或者未出示执法证和检查通知书的，金融机构有权拒绝检查。

现场检查后，中国人民银行或者其分支机构应当制作现场检查意见书，加盖公章，送达被检查机构。现场检查意见书的内容包括检查情况、检查评价、改进意见与措施。

第十九条　中国人民银行及其分支机构根据履行反洗钱职责的

需要，可以与金融机构董事、高级管理人员谈话，要求其就金融机构履行反洗钱义务的重大事项作出说明。

第二十条　中国人民银行对金融机构实施现场检查，必要时将检查情况通报中国银行业监督管理委员会、中国证券监督管理委员会或者中国保险监督管理委员会。

第二十一条　中国人民银行或者其省一级分支机构发现可疑交易活动需要调查核实的，可以向金融机构调查可疑交易活动涉及的客户账户信息、交易记录和其他有关资料，金融机构及其工作人员应当予以配合。

前款所称中国人民银行或者其省一级分支机构包括中国人民银行总行、上海总部、分行、营业管理部、省会（首府）城市中心支行、副省级城市中心支行。

第二十二条　中国人民银行或者其省一级分支机构调查可疑交易活动，可以询问金融机构的工作人员，要求其说明情况；查阅、复制被调查的金融机构客户的账户信息、交易记录和其他有关资料；对可能被转移、隐藏、篡改或者毁损的文件、资料，可以封存。

调查可疑交易活动时，调查人员不得少于2人，并出示执法证和中国人民银行或者其省一级分支机构出具的调查通知书。查阅、复制、封存被调查的金融机构客户的账户信息、交易记录和其他有关资料，应当经中国人民银行或者其省一级分支机构负责人批准。调查人员违反规定程序的，金融机构有权拒绝调查。

询问应当制作询问笔录。询问笔录应当交被询问人核对。记载有遗漏或者差错的，被询问人可以要求补充或者更正。被询问人确认笔录无误后，应当签名或者盖章；调查人员也应当在笔录上签名。

调查人员封存文件、资料，应当会同在场的金融机构工作人员查点清楚，当场开列清单一式二份，由调查人员和在场的金融机构工作人员签名或者盖章，一份交金融机构，一份附卷备查。

第二十三条　经调查仍不能排除洗钱嫌疑的，应当立即向有管辖权的侦查机关报案。对客户要求将调查所涉及的账户资金转往境外的，金融机构应当立即向中国人民银行当地分支机构报告。经中国人民银行负责人批准，中国人民银行可以采取临时冻结措施，并以书面形式通知金融机构，金融机构接到通知后应当立即予以执行。

侦查机关接到报案后，认为需要继续冻结的，金融机构在接到侦查机关继续冻结的通知后，应当予以配合。侦查机关认为不需要继续冻结的，中国人民银行在接到侦查机关不需要继续冻结的通知后，应当立即以书面形式通知金融机构解除临时冻结。

临时冻结不得超过48小时。金融机构在按照中国人民银行的要求采取临时冻结措施后48小时内，未接到侦查机关继续冻结通知的，应当立即解除临时冻结。

第二十四条　中国人民银行及其分支机构从事反洗钱工作的人员有下列行为之一的，依法给予行政处分：

（一）违反规定进行检查、调查或者采取临时冻结措施的；

（二）泄露因反洗钱知悉的国家秘密、商业秘密或者个人隐私的；

（三）违反规定对有关机构和人员实施行政处罚的；

（四）其他不依法履行职责的行为。

第二十五条　金融机构违反本规定的，由中国人民银行或者其地市中心支行以上分支机构按照《中华人民共和国反洗钱法》第三十一条、第三十二条的规定进行处罚；区别不同情形，建议中国银行业监督管理委员会、中国证券监督管理委员会或者中国保险监督管理委员会采取下列措施：

（一）责令金融机构停业整顿或者吊销其经营许可证；

（二）取消金融机构直接负责的董事、高级管理人员和其他直接责任人员的任职资格、禁止其从事有关金融行业工作；

（三）责令金融机构对直接负责的董事、高级管理人员和其他直接责任人员给予纪律处分。

中国人民银行县（市）支行发现金融机构违反本规定的，应报告其上一级分支机构，由该分支机构按照前款规定进行处罚或提出建议。

第二十六条　中国人民银行和其地市中心支行以上分支机构对金融机构违反本规定的行为给予行政处罚的，应当遵守《中国人民银行行政处罚程序规定》的有关规定。

第二十七条　本规定自2007年1月1日起施行。2003年1月3日中国人民银行发布的《金融机构反洗钱规定》同时废止。

中国人民银行关于印发《银行间外汇市场管理暂行规定》的通知

(1996年11月29日公布 银发〔1996〕423号
自1996年11月29日起施行)

中国人民银行各省、自治区直辖市、计划单列市分行,国家外汇管理局各省、自治区、直辖市、计划单列市、经济特区分局,中国外汇交易中心,各中资外汇指定银行总行:

为规范银行间外汇市场交易行为,维护银行间外汇市场竞争的公平和公正,确保银行间外汇市场的稳健运行,我行制定了《银行间外汇市场管理暂行规定》,现印发你们,请认真贯彻执行。

附件:银行间外汇市场管理暂行规定

银行间外汇市场管理暂行规定

第一章 总 则

第一条 为规范和发展我国银行间外汇市场,维护交易当事人的合法权益,根据《中华人民共和国外汇管理条例》特制定本规定。

第二条 本规定所称银行间外汇市场(以下简称外汇市场)是指经国家外汇管理局批准可以经营外汇业务的境内金融机构(包括银行、非银行金融机构和外资金融机构)之间通过中国外汇交易中心(以下简称交易中心)进行人民币与外币之间的交易市场。

任何境内金融机构之间不得在交易中心之外进行人民币与外汇之间的交易。

第三条 外汇市场由中国人民银行授权国家外汇管理局进行监管。

第四条 交易中心在国家外汇管理局的监管下,负责外汇市场的组织和日常业务管理。

第五条 从事外汇交易,必须遵守法律、行政法规,遵守公开、公平、公正和诚实信用的原则。

第二章 市场组织机构的设立与监管

第六条 交易中心是中国人民银行领导下的独立核算、非盈利性的事业法人。

第七条 交易中心的主要职能是:

(一)提供并维护银行间外汇交易系统;

(二)组织外汇交易币种、品种的买卖;

(三)办理外汇交易的清算交割;

(四)提供外汇市场信息服务;

(五)国家外汇管理局授权的其他职能。

第八条 根据业务需要,交易中心可以设立分中心,分中心的设立或撤销须报经国家外汇管理局批准。

第九条 交易中心实行会员制,只有会员才能参与外汇市场的交易。

第十条 会员大会是交易中心的最高权力机构,每年召开一次。会议由交易中心理事会负责召集。

第十一条 交易中心设立理事会,为会员大会闭会期间会员大会的常设机构。

第十二条 理事会成员不得少于九人,其中非会员理事人数不得少于理事会成员的三分之一;会员理事中中资机构会员人数不得少于理事会成员的三分之一;理事会每届任期二年,每位会员理事连任不得超过两届。

第十三条 会员理事由会员大会选举产生,非会员理事由国家外汇管理局提名,会员大会选举产生。

第十四条 理事会设理事长一人,由非会员理事担任,经国家外汇管理局提名,理事会选举产生;副理事长三人,其中非会员理事长一人,会员理事长二人,由理事会选举产生。

第三章　对会员的管理

第十五条　境内金融机构提出申请,经交易中心理事会批准、并报国家外汇管理局备案后,可成为交易中心的会员;会员申请退会的,亦须经交易中心理事会批准并报国家外汇管理局备案。

第十六条　会员选派的交易员必须经过交易中心培训并颁发许可证方可上岗参加交易。

第十七条　会员须按规定向交易中心缴纳席位费。

第十八条　会员应当遵守国家有关外汇管理法规,接受交易中心的管理。

第四章　对交易行为的监管

第十九条　会员之间的外汇交易必须通过交易中心进行,非会员的外汇交易必须通过有代理资格的会员进行。

交易中心自身不得从事外汇交易。

第二十条　会员代理非会员的外汇交易的资格应当得到交易中心的批准。

第二十一条　交易价格采用直接标价法。

第二十二条　市场交易中的下列事项,应当报经国家外汇管理局批准:

(一)交易方式;

(二)交易时间;

(三)交易币种及品种;

(四)清算方式;

(五)国家外汇管理局规定的其他事项。

第二十三条　交易中心和会员单位应当保证用于清算的外汇和人民币资金在规定时间内办理交割入账。

第二十四条　交易中心可以向交易双方收取手续费,收取手续费的标准须报经国家外汇管理局批准。

第二十五条　中国人民银行授权国家外汇管理局规定和调整每日外汇市场交易价格的最大浮动幅度。

第二十六条 中国人民银行根据外汇市场形成的价格,公布当日人民币市场汇率,外汇交易应当根据当日市场汇率并在规定的每日最大浮动幅度内进行。

第二十七条 中国人民银行可以根据货币政策的要求,在外汇市场内买卖外汇,调节外汇供求,平抑外汇市场价格。

第五章 法律责任

第二十八条 会员违反国家外汇管理规定、交易中心章程和业务规则的,国家外汇管理局有权对其处以通报批评、暂停交易或取消会员资格,由此造成的经济损失由会员承担。

第二十九条 交易员若违反交易中心的交易规则,交易中心有权给予警告、通报批评、取消交易资格等处罚,造成经济损失的,应承担民事责任,经济损失由其会员单位承担。

第三十条 交易中心有以下行为的,造成经济损失的由交易中心承担,同时追究主管人员的责任:

(一)擅自改变交易时间、交易方式、交易币种及品种、清算方式的;

(二)无故拖延清算资金划拨的;

(三)向上级主管机关上报虚假交易情况的;

(四)违反中国人民银行及国家外汇管理局的其他规定的。

第三十一条 交易中心工作人员有以下行为的,交易中心理事会有权给予警告、通报批评或开除等行政处分,造成经济损失的,应承担民事责任、构成犯罪的,应当依法追究刑事责任。

(一)利用职务便利贪污、挪用或其他非法占有公共财物的行为的;

(二)玩忽职守给外汇市场造成损失的;

(三)泄露不准对外公布的内部信息的。

第六章 附 则

第三十二条 交易中心依照本规定制定交易中心章程、业务规则,报国家外汇管理局批准后实施。

第三十三条　本规定由国家外汇管理局负责解释。

第三十四条　本规定自印发之日起实施。

中国证券监督管理委员会

证券期货行政执法当事人承诺制度实施规定

（2021年12月22日中国证券监督管理委员会2021年第8次委务会议审议通过　2022年1月1日公布　中国证券监督管理委员会令第194号　自2022年1月1日起施行）

第一条　为了规范开展证券期货领域行政执法当事人承诺工作，充分发挥行政执法当事人承诺制度在保护投资者合法权益，提高执法效率，维护市场秩序等方面的积极作用，根据《证券法》《证券期货行政执法当事人承诺制度实施办法》（以下简称《办法》）等法律法规，制定本规定。

第二条　中国证监会设立行政执法当事人承诺审核委员会（以下简称委员会），负责组织开展行政执法当事人承诺工作，并就受理行政执法当事人承诺申请、签署承诺认可协议、中止或者终止案件调查等重大事项进行集体决策。

委员会下设行政执法当事人承诺审核办公室（以下简称办公室），负责办理行政执法当事人承诺具体工作。

办公室与中国证监会案件调查部门（以下简称调查部门）、中国证监会案件审理部门（以下简称审理部门）相互独立。

第三条　当事人申请适用行政执法当事人承诺，存在《办法》第七条规定的不得适用情形的，不予受理。

对于未经过必要的调查的案件，当事人提交行政执法当事人承诺申请材料的，不予接收。

第四条　当事人申请适用行政执法当事人承诺的，应当以纸质和电子两种形式向中国证监会提交以下申请材料：

（一）申请书；

（二）营业执照复印件或者身份证明文件复印件；

（三）调查通知书复印件；

（四）立案告知书复印件（如有）；

（五）行政处罚事先告知书复印件（如有）；

（六）提出申请的内部决议（如当事人为单位）；

（七）委托书及受托人身份证明文件复印件（如有）；

（八）当事人或者受托人的联系方式、通讯地址；

（九）中国证监会要求提供的其他材料。

第五条　申请书应当载明以下事项：

（一）当事人的基本信息；

（二）当事人接受调查的情况；

（三）当事人涉嫌违法的主要事实；

（四）案件不存在不得适用行政执法当事人承诺情形的详细说明；

（五）当事人已采取或者承诺采取的纠正涉嫌违法行为、赔偿有关投资者损失、消除损害或者不良影响的措施；

（六）中国证监会要求载明的其他事项。

第六条　办公室在收到当事人提交的行政执法当事人承诺申请材料后，应当抄送调查部门；如果案件已进入审理阶段，还应当抄送审理部门。

办公室经审核认为申请材料完整的，应当向当事人出具申请材料接收凭证；认为申请材料不完整的，应当告知当事人补正的内容。

办公室可以就申请材料的完整性与当事人进行沟通。

第七条　办公室在向当事人出具申请材料接收凭证后，应当就案件适用行政执法当事人承诺相关事项征求调查部门的意见；

如果案件已进入审理阶段，还应当征求审理部门的意见。

调查部门、审理部门应当自收到办公室征求意见书面材料之日起5个工作日内反馈意见。反馈意见应当包括以下内容：

(一)调查过程或者审理过程;

(二)现阶段掌握的案件事实、证据以及相关报告;

(三)当事人可能涉嫌的违法行为以及可能给予的处理;

(四)是否发现当事人存在不得适用行政执法当事人承诺的情形;

(五)办公室请求提供的其他材料。

第八条 决定受理行政执法当事人承诺申请的,应当经委员会集体决策同意并报中国证监会主要负责人或者其授权的其他负责人批准。

决定不予受理行政执法当事人承诺申请的,应当经中国证监会主要负责人或者其授权的其他负责人批准。

办公室应当自向当事人出具申请材料接收凭证之日起20个工作日内向当事人出具受理通知书或者不予受理通知书。不予受理的,应当说明理由。

第九条 向当事人出具受理通知书的,办公室应当抄送调查部门、审理部门、中国证监会投资者保护部门(以下简称投资者保护部门)、承诺金管理机构;向当事人出具不予受理通知书的,办公室应当抄送调查部门、审理部门。

第十条 调查部门在收到办公室抄送的受理通知书后不中止调查。调查部门经调查发现新事实、新证据,认为案件不应继续适用行政执法当事人承诺或者对当事人承诺内容的沟通有重大影响的,应当及时告知办公室。

审理部门在收到办公室抄送的受理通知书后,应当中止审理。

承诺金管理机构在收到办公室抄送的受理通知书后,应当及时按照规定开展投资者损失测算工作,并将有关结果函告办公室、投资者保护部门。调查部门、审理部门、证券期货交易场所、证券登记结算机构、投资者保护机构等部门单位应当为投资者损失测算工作提供必要的支持。

第十一条 办公室自向当事人出具受理通知书之日起,可以就案件适用行政执法当事人承诺相关事项与当事人进行沟通协商。

当事人申请延长沟通协商期限的,应当在期限届满15日前向中国证监会提交书面申请。

第十二条 承诺金数额的确定应当符合《办法》第十四条规定;当

事人自行赔偿投资者的，承诺金数额可以不包括已向投资者赔偿损失的金额，但是应当向中国证监会提交以下赔偿证明材料：

（一）受偿投资者的姓名、身份证明文件号码（或名称、统一社会信用代码）及联系方式、通讯地址；

（二）赔偿金额明细及凭证；

（三）受偿投资者本人签署的谅解书；

（四）中国证监会要求提交的其他材料。

第十三条 办公室经与当事人沟通协商，认可当事人作出的承诺的，应当按照规定与当事人签署承诺认可协议。

当事人为单位的，应当提交同意签署承诺认可协议的内部决议。

决定签署承诺认可协议的，应当经委员会集体决策同意并报中国证监会主要负责人或者其授权的其他负责人批准。

第十四条 在签署承诺认可协议后，中国证监会向当事人出具中止调查决定书，在中国证监会网站予以公告。

办公室应当将中止调查决定书抄送调查部门、审理部门、投资者保护部门、承诺金管理机构和相应的中国证监会派出机构。调查部门在收到抄送的中止调查决定书后，应当中止调查。

第十五条 办公室负责组织监督当事人履行承诺认可协议约定的义务。

承诺金管理机构应当做好承诺金的收取工作，并及时将承诺金的收取情况函告办公室。承诺金管理机构在收到承诺金后，应当及时制定承诺金管理使用方案，并报中国证监会备案，投资者保护部门负责具体备案工作。

当事人所在地的中国证监会派出机构应当对当事人履行承诺认可协议的情况进行核查验收，并及时将核查验收结果函告办公室。办公室可以根据情况派员参与核查验收工作。

第十六条 当事人完全履行承诺认可协议后，中国证监会向当事人出具终止调查决定书，在中国证监会网站予以公告。

办公室应当将终止调查决定书抄送调查部门、审理部门、投资者保护部门、承诺金管理机构和相应的中国证监会派出机构。调查部门、审理部门在收到抄送的终止调查决定书后，应当终止调查、审理，并且对当事人涉嫌实施的同一违法行为不再重新调查、审理。

第十七条 在向当事人出具终止调查决定书前，发现案件存在《办法》第十六条规定的应当终止适用行政执法当事人承诺情形的，经中国证监会主要负责人或者其授权的其他负责人批准，办公室应当向当事人出具终止适用行政执法当事人承诺通知书。在决定终止适用行政执法当事人承诺前，办公室应当听取当事人的意见。

第十八条 办公室应当将终止适用行政执法当事人承诺通知书抄送调查部门、审理部门、投资者保护部门、承诺金管理机构和相应的中国证监会派出机构。已中止调查、审理的案件，调查部门、审理部门应当及时按照规定恢复调查、审理。

第十九条 当事人因自身原因未完全履行承诺或者提交的材料存在虚假记载或者重大遗漏，导致行政执法当事人承诺终止的，已交纳的承诺金不予返还，但在中国证监会恢复对该案件的调查、审理并作出行政处罚时可以抵扣行政罚没款。

第二十条 当事人为《证券法》等法律、行政法规和中国证监会规定的信息披露义务人的，应当及时按照中国证监会、证券交易场所等的规定履行信息披露义务。

第二十一条 中国证监会工作人员在办理行政执法当事人承诺工作中存在下列情形之一的，根据情节轻重，依法给予处分；构成犯罪的，依法追究刑事责任：

部门规章

（一）违反规定适用行政执法当事人承诺；

（二）违反规定泄露国家秘密、工作秘密或者履行职责中知悉的商业秘密、个人隐私；

（三）违反规定会见当事人及其委托的人；

（四）滥用职权、玩忽职守或者利用职务便利牟取不正当利益。

第二十二条 中国证监会派出机构查处的案件适用行政执法当事人承诺的，由办公室统一办理。

中国证监会可以开展派出机构自行办理行政执法当事人承诺工作的试点，具体办法另行规定。

第二十三条 本规定自公布之日起施行。在本规定施行前启动调查且尚未作出行政处罚的案件，当事人可以依照本规定申请适用行政执法当事人承诺。2015 年 2 月 17 日中国证监会公布的《行政和解试点实施办法》(证监会令第 114 号)同时废止。

证券期货违法行为行政处罚办法

(2021 年 7 月 8 日中国证券监督管理委员会 2021 年第 5 次委务会议审议通过　2021 年 7 月 14 日公布　中国证券监督管理委员会令第 186 号　自 2021 年 7 月 14 日起施行)

第一条　为了规范中国证券监督管理委员会(以下简称中国证监会)及其派出机构行政处罚的实施,维护证券期货市场秩序,保护公民、法人和其他组织的合法权益,根据《中华人民共和国行政处罚法》《中华人民共和国证券法》《中华人民共和国证券投资基金法》《期货交易管理条例》等法律、法规,制定本办法。

第二条　中国证监会依法对全国证券期货市场实行集中统一监督管理。中国证监会派出机构按照授权,依法履行行政处罚职责。

第三条　自然人、法人或者其他组织违反证券期货法律、法规和规章规定,应当给予行政处罚的,中国证监会及其派出机构依照有关法律、法规、规章和本办法规定的程序实施。

第四条　中国证监会及其派出机构实施行政处罚,遵循公开、公平、公正、效率和审慎监管原则,依法、全面、客观地调查、收集有关证据。

第五条　中国证监会及其派出机构作出的行政处罚决定,应当事实清楚、证据确凿、依据正确、程序合法、处罚适当。

第六条　中国证监会及其派出机构发现自然人、法人或者其他组织涉嫌违反证券期货法律、法规和规章,符合下列条件,且不存在依法不予行政处罚等情形的,应当立案:

(一)有明确的违法行为主体;

(二)有证明违法事实的证据;

(三)法律、法规、规章规定有明确的行政处罚法律责任;

(四)尚未超过二年行政处罚时效。涉及金融安全且有危害后果的,尚未超过五年行政处罚时效。

第七条 中国证监会及其派出机构通过文字记录等形式对行政处罚进行全过程记录,归档保存。根据需要,可以对容易引发争议的行政处罚过程进行音像记录,被调查的单位和个人不配合的,执法人员对相关情况进行文字说明。

第八条 中国证监会及其派出机构执法人员必须忠于职守,依法办事,公正廉洁,不得滥用权力,或者利用职务便利牟取不正当利益;严格遵守保密规定,不得泄露案件查办信息,不得泄露所知悉的国家秘密、商业秘密和个人隐私;对于依法取得的个人信息,应当确保信息安全。

第九条 中国证监会及其派出机构进行调查时,执法人员不得少于二人,并应当出示执法证和调查通知书等执法文书。执法人员少于二人或者未出示执法证和调查通知书等执法文书的,被调查的单位和个人有权拒绝。

执法人员应当在询问笔录或现场笔录等材料中对出示情况进行记录。

第十条 被调查的单位和个人应当配合调查,如实回答询问,按要求提供有关文件和资料,不得拒绝、阻碍和隐瞒。

第十一条 中国证监会及其派出机构调查、收集的证据包括:

(一)书证;

(二)物证;

(三)视听资料;

(四)电子数据;

(五)证人证言;

(六)当事人的陈述;

(七)鉴定意见;

(八)勘验笔录、现场笔录。

证据必须经查证属实,方可作为认定案件事实的根据。

以非法手段取得的证据,不得作为认定案件事实的根据。

第十二条　书证原则上应当收集原件。收集原件确有困难的，可以收集与原件核对无误的复印件、照片、节录本。复印件、照片、节录本由证据提供人核对无误后注明与原件一致，同时由证据提供人逐页签名或者盖章。提供复印内容较多且连续编码的，可以在首尾页及骑缝处签名、盖章。

第十三条　物证原则上应当收集原物。收集原物确有困难的，可以收集与原物核对无误的复制品或者证明该物证的照片、录像等其他证据。原物为数量较多的种类物的，可以收集其中一部分。收集复制品或者影像资料的，应当在现场笔录中说明取证情况。

第十四条　视听资料原则上应当收集有关资料的原始载体。收集原始载体确有困难的，可以收集与原始载体核对无误的复制件，并以现场笔录或其他方式注明制作方法、制作时间、制作人和证明对象等。声音资料应当附有该录音内容的文字记录。

第十五条　电子数据原则上应当收集有关数据的原始载体。收集电子数据原始载体确有困难的，可以制作复制件，并以现场笔录或其他方式记录参与人员、技术方法、收集对象、步骤和过程等。具备条件的，可以采取拍照或录像等方式记录取证过程。对于电子数据的关键内容，可以直接打印或者截屏打印，并由证据提供人签字确认。

第十六条　当事人的陈述、证人证言可以通过询问笔录、书面说明等方式调取。询问应当分别单独进行。询问笔录应当由被询问人员及至少二名参与询问的执法人员逐页签名并注明日期；如有修改，应当由被询问人签字确认。

通过书面说明方式调取的，书面说明应当由提供人逐页签名或者盖章并注明日期。

第十七条　对于涉众型违法行为，在能够充分证明基本违法事实的前提下，执法人员可以按一定比例收集和调取书证、证人证言等证据。

第十八条　下列证据材料，经审查符合真实性、合法性及关联性要求的，可以作为行政处罚的证据：

（一）中国证监会及其派出机构在立案前调查或者监督检查过程中依法取得的证据材料；

（二）司法机关、纪检监察机关、其他行政机关等保存、公布、移交的证据材料；

（三）中国证监会及其派出机构通过依法建立的跨境监督管理合作机制获取的证据材料；

（四）其他符合真实性、合法性及关联性要求的证据材料。

第十九条 中国证监会及其派出机构根据案情需要，可以委托下列单位和人员提供协助：

（一）委托具有法定鉴定资质的鉴定机构对涉案相关事项进行鉴定，鉴定意见应有鉴定人签名和鉴定机构盖章；

（二）委托会计师事务所、资产评估事务所、律师事务所等中介机构以及专家顾问提供专业支持；

（三）委托证券期货交易场所、登记结算机构等检验、测算相关数据或提供与其职能有关的其他协助。

第二十条 中国证监会及其派出机构可以依法要求当事人或与被调查事件有关的单位和个人，在指定的合理期限内，通过纸质、电子邮件、光盘等指定方式报送与被调查事件有关的文件和资料。

第二十一条 中国证监会及其派出机构依法需要采取冻结、查封、扣押、限制证券买卖等措施的，按照《中华人民共和国行政强制法》等法律、法规以及中国证监会的有关规定办理。

第二十二条 中国证监会及其派出机构依法需要采取封存、先行登记保存措施的，应当经单位负责人批准。

遇有紧急情况，需要立即采取上述措施的，执法人员应当在二十四小时内向单位负责人报告，并补办批准手续。单位负责人认为不应当采取的，应当立即解除。

第二十三条 采取封存、先行登记保存措施的，应当当场清点，出具决定书或通知书，开列清单并制作现场笔录。

对于封存、先行登记保存的证据，中国证监会及其派出机构可以自行或采取委托第三方等其他适当方式保管，当事人和有关人员不得隐藏、转移、变卖或者毁损。

第二十四条 对于先行登记保存的证据，应当在七日内采取下列措施：

（一）根据情况及时采取记录、复制、拍照、录像、提取电子数据等证据保全措施；

（二）需要检查、检验、鉴定、评估的，送交检查、检验、鉴定、评估；

（三）依据有关法律、法规可以采取查封、扣押、封存等措施的，作出查封、扣押、封存等决定；

（四）违法事实不成立，或者违法事实成立但依法不应予以查封、扣押、封存的，决定解除先行登记保存措施。

第二十五条　执法人员制作现场笔录的，应当载明时间、地点和事件等内容，并由执法人员和当事人等在场有关人员签名或者盖章。

当事人或者有关人员拒绝或不能在现场笔录、询问笔录、证据材料上签名、盖章的，执法人员应当在现场笔录、询问笔录、证据材料上说明或以录音录像等形式加以证明。必要时，执法人员可以请无利害关系第三方作为见证人签名。

第二十六条　实施行政处罚过程中，有下列情形之一的，中国证监会可以通知出境入境管理机关依法阻止涉嫌违法人员、涉嫌违法单位的主管人员和其他直接责任人员出境：

（一）相关人员涉嫌违法行为情节严重、影响恶劣，或存在本办法第三十八条规定的行为，出境后可能对行政处罚的实施产生不利影响的；

（二）相关人员涉嫌构成犯罪，可能承担刑事责任的；

（三）存在有必要阻止出境的其他情形的。

阻止出境的期限按照出境入境管理机关的规定办理，需要延长期限的，应当通知出境入境管理机关。到期不通知的，由出境入境管理机关按规定解除阻止出境措施。

经调查、审理，被阻止出境人员不属于涉嫌违法人员或责任人员，或者中国证监会认为没有必要继续阻止出境的，应当通知出境入境管理机关依法解除对相关人员的阻止出境措施。

第二十七条　案件调查终结，中国证监会及其派出机构根据案件不同情况，依法报单位负责人批准后，分别作出如下决定：

（一）确有应受行政处罚的违法行为的，根据情节轻重及具体情况，作出行政处罚决定；

(二)违法行为轻微,依法可以不予行政处罚的,不予行政处罚;

(三)违法事实不能成立的,不予行政处罚;

(四)违法行为涉嫌犯罪的,依法移送司法机关。

对情节复杂或者重大违法行为给予行政处罚,中国证监会及其派出机构负责人应当集体讨论决定。

第二十八条 中国证监会设立行政处罚委员会,对按照规定向其移交的案件提出审理意见、依法进行法制审核,报单位负责人批准后作出处理决定。

中国证监会派出机构负责人作出行政处罚的决定之前,依法由从事行政处罚决定法制审核的人员进行法制审核。

第二十九条 中国证监会及其派出机构在行政处罚过程中发现违法行为涉嫌犯罪的,应当依法、及时将案件移送司法机关处理。

司法机关依法不追究刑事责任或者免予刑事处罚,但应当给予行政处罚的,中国证监会及其派出机构依法作出行政处罚决定。

第三十条 行政处罚决定作出前,中国证监会及其派出机构应当向当事人送达行政处罚事先告知书,载明下列内容:

(一)拟作出行政处罚的事实、理由和依据;

(二)拟作出的行政处罚决定;

(三)当事人依法享有陈述和申辩的权利;

(四)符合《中国证券监督管理委员会行政处罚听证规则》所规定条件的,当事人享有要求听证的权利。

第三十一条 当事人要求听证的,按照听证相关规定办理。

当事人要求陈述、申辩但未要求听证的,应当在行政处罚事先告知书送达后五日内提出,并在行政处罚事先告知书送达后十五日内提出陈述、申辩意见。当事人书面申请延长陈述、申辩期限的,经同意后可以延期。

当事人存在下列情形的,视为明确放弃陈述、申辩、听证权利:

(一)当事人未按前两款规定提出听证要求或陈述、申辩要求的;

(二)要求听证的当事人未按听证通知书载明的时间、地点参加听证,截至听证当日也未提出陈述、申辩意见的;

(三)要求陈述、申辩但未要求听证的当事人,未在规定时间内提出陈述、申辩意见的。

第三十二条　中国证监会及其派出机构对已经送达的行政处罚事先告知书认定的主要事实、理由、依据或者拟处罚决定作出调整的，应当重新向当事人送达行政处罚事先告知书，但作出对当事人有利变更的除外。

第三十三条　当事人收到行政处罚事先告知书后，可以申请查阅涉及本人行政处罚事项的证据，但涉及国家秘密、他人的商业秘密和个人隐私的内容除外。

第三十四条　证券期货违法行为的违法所得，是指通过违法行为所获利益或者避免的损失，应根据违法行为的不同性质予以认定，具体规则由中国证监会另行制定。

第三十五条　中国证监会及其派出机构应当自立案之日起一年内作出行政处罚决定。有特殊情况需要延长的，应当报经单位负责人批准，每次延长期限不得超过六个月。

中国证监会及其派出机构作出行政处罚决定的，应当依照《中华人民共和国行政处罚法》的规定，在七日内将行政处罚决定书送达当事人，并按照政府信息公开等规定予以公开。

第三十六条　行政执法文书可以采取《中华人民共和国民事诉讼法》规定的方式送达当事人。当事人同意的，可以采用传真、电子邮件等方式送达。

第三十七条　申请适用行政执法当事人承诺制度的，按照有关规定办理。

第三十八条　有下列拒绝、阻碍执法情形之一的，按照《证券法》第二百一十八条的规定追究责任：

（一）殴打、围攻、推搡、抓挠、威胁、侮辱、谩骂执法人员的；

（二）限制执法人员人身自由的；

（三）抢夺、毁损执法装备及执法人员个人物品的；

（四）抢夺、毁损、伪造、隐藏证据材料的；

（五）不按要求报送文件资料，且无正当理由的；

（六）转移、变卖、毁损、隐藏被依法冻结、查封、扣押、封存的资金或涉案财产的；

（七）躲避推脱、拒不接受、无故离开等不配合执法人员询问，或在询问时故意提供虚假陈述、谎报案情的；

（八）其他不履行配合义务的情形。

第三十九条　本办法所称派出机构，是指中国证监会派驻各省、自治区、直辖市和计划单列市监管局。

中国证监会稽查总队、证券监管专员办事处根据职责或授权对证券期货违法行为进行立案、调查的，依照本办法执行。

第四十条　行政处罚相关信息记入证券期货市场诚信档案数据库。

第四十一条　本办法自公布之日起施行。

期货交易所管理办法（2021年修正）

（2007年3月28日中国证券监督管理委员会第203次主席办公会议审议通过　根据2021年1月15日中国证券监督管理委员会令第179号《关于修改、废止部分证券期货规章的决定》修正）

第一章　总　　则

第一条　为了加强对期货交易所的监督管理，明确期货交易所职责，维护期货市场秩序，促进期货市场积极稳妥发展，根据《期货交易管理条例》，制定本办法。

第二条　本办法适用于在中华人民共和国境内设立的期货交易所。

第三条　本办法所称期货交易所是指依照《期货交易管理条例》和本办法规定设立，不以营利为目的，履行《期货交易管理条例》和本办法规定的职责，按照章程和交易规则，实行自律管理的法人。

第四条　经中国证券监督管理委员会（以下简称中国证监会）批准，期货交易所可以采取会员制或者公司制的组织形式。

会员制期货交易所的注册资本划分为均等份额，由会员出资认缴。

公司制期货交易所采用股份有限公司的组织形式。

第五条　中国证监会依法对期货交易所实行集中统一的监督管理。

第二章　设立、变更与终止

第六条　设立期货交易所，由中国证监会审批。未经国务院或者中国证监会批准，任何单位或者个人不得设立期货交易场所或者以任何形式组织期货交易及其相关活动。

第七条　经中国证监会批准设立的期货交易所，应当标明“商品交易所”、“期货交易所”字样。其他任何单位或者个人不得使用“期货交易所”或者近似的名称。

第八条　期货交易所除履行《期货交易管理条例》规定的职责外，还应当履行下列职责：

（一）制定并实施期货交易所的交易规则及其实施细则；

（二）发布市场信息；

（三）监管会员及其客户、指定交割仓库、期货保证金存管银行及期货市场其他参与者的期货业务；

（四）查处违规行为。

第九条　申请设立期货交易所，应当向中国证监会提交下列文件和材料：

（一）申请书；

（二）章程和交易规则草案；

（三）期货交易所的经营计划；

（四）拟加入会员或者股东名单；

（五）理事会成员候选人或者董事会和监事会成员名单及简历；

（六）拟任用高级管理人员的名单及简历；

（七）场地、设备、资金证明文件及情况说明；

（八）中国证监会规定的其他文件、材料。

第十条　期货交易所章程应当载明下列事项：

（一）设立目的和职责；

（二）名称、住所和营业场所；

（三）注册资本及其构成；

（四）营业期限；

（五）组织机构的组成、职责、任期和议事规则；

（六）管理人员的产生、任免及其职责；

（七）基本业务制度；

（八）风险准备金管理制度；

（九）财务会计、内部控制制度；

（十）变更、终止的条件、程序及清算办法；

（十一）章程修改程序；

（十二）需要在章程中规定的其他事项。

第十一条　除本办法第十条规定的事项外，会员制期货交易所章程还应当载明下列事项：

（一）会员资格及其管理办法；

（二）会员的权利和义务；

（三）对会员的纪律处分。

第十二条　期货交易所交易规则应当载明下列事项：

（一）期货交易、结算和交割制度；

（二）风险管理制度和交易异常情况的处理程序；

（三）保证金的管理和使用制度；

（四）期货交易信息的发布办法；

（五）违规、违约行为及其处理办法；

（六）交易纠纷的处理方式；

（七）需要在交易规则中载明的其他事项。

公司制期货交易所还应当在交易规则中载明本办法第十一条规定的事项。

第十三条　期货交易所变更名称、注册资本的，应当事前向中国证监会报告。

第十四条　期货交易所合并、分立或者变更组织形式的，应当事前向中国证监会报告。

期货交易所合并可以采取吸收合并和新设合并两种方式，合并前各方的债权、债务由合并后存续或者新设的期货交易所承继。

期货交易所分立的，其债权、债务由分立后的期货交易所承继。

第十五条 期货交易所联网交易的，应当于决定之日起10日内报告中国证监会。

第十六条 未经中国证监会批准，期货交易所不得设立分所或者其他任何期货交易场所。

第十七条 期货交易所因下列情形之一解散：

（一）章程规定的营业期限届满；

（二）会员大会或者股东大会决定解散；

（三）中国证监会决定关闭。

期货交易所因前款第（一）项、第（二）项情形解散的，应当事前向中国证监会报告。

第十八条 期货交易所因合并、分立或者解散而终止的，由中国证监会予以公告。

期货交易所终止的，应当成立清算组进行清算。清算组制定的清算方案，应当事前向中国证监会报告。

第三章 组织机构

第一节 会员制期货交易所

第十九条 会员制期货交易所设会员大会。会员大会是期货交易所的权力机构，由全体会员组成。

第二十条 会员大会行使下列职权：

（一）审定期货交易所章程、交易规则及其修改草案；

（二）选举、更换会员理事；

（三）审议批准理事会和总经理的工作报告；

（四）审议批准期货交易所的财务预算方案、决算报告；

（五）审议期货交易所风险准备金使用情况；

（六）决定增加或者减少期货交易所注册资本；

（七）决定期货交易所的合并、分立、解散和清算事项；

(八)决定期货交易所理事会提交的其他重大事项;

(九)期货交易所章程规定的其他职权。

第二十一条 会员大会由理事会召集,每年召开一次。

有下列情形之一的,应当召开临时会员大会:

(一)会员理事不足期货交易所章程规定人数的2/3;

(二)1/3以上会员联名提议;

(三)理事会认为必要。

第二十二条 会员大会由理事长主持。召开会员大会,应当将会议审议的事项于会议召开10日前通知会员。临时会员大会不得对通知中未列明的事项作出决议。

第二十三条 会员大会有2/3以上会员参加方为有效。会员大会应当对表决事项制作会议纪要,由出席会议的理事签名。

会员大会结束之日起10日内,期货交易所应当将大会全部文件报告中国证监会。

第二十四条 期货交易所设理事会,每届任期3年。理事会是会员大会的常设机构,对会员大会负责。

第二十五条 理事会行使下列职权:

(一)召集会员大会,并向会员大会报告工作;

(二)拟订期货交易所章程、交易规则及其修改草案,提交会员大会审定;

(三)审议总经理提出的财务预算方案、决算报告,提交会员大会通过;

(四)审议期货交易所合并、分立、解散和清算的方案,提交会员大会通过;

(五)决定专门委员会的设置;

(六)决定会员的接纳和退出;

(七)决定对违规行为的纪律处分;

(八)决定期货交易所变更名称、住所或者营业场所;

(九)审议批准根据章程和交易规则制定的细则和办法;

(十)审议结算担保金的使用情况;

(十一)审议批准风险准备金的使用方案;

（十二）审议批准总经理提出的期货交易所发展规划和年度工作计划；

（十三）审议批准期货交易所对外投资计划；

（十四）监督总经理组织实施会员大会和理事会决议的情况；

（十五）监督期货交易所高级管理人员和其他工作人员遵守国家有关法律、行政法规、规章、政策和期货交易所章程、交易规则及其实施细则的情况；

（十六）组织期货交易所年度财务会计报告的审计工作，决定会计师事务所的聘用和变更事项；

（十七）期货交易所章程规定和会员大会授予的其他职权。

第二十六条　理事会由会员理事和非会员理事组成；其中会员理事由会员大会选举产生，非会员理事由中国证监会委派。

第二十七条　理事会设理事长1人、副理事长1至2人。理事长、副理事长的任免，由中国证监会提名，理事会通过。理事长不得兼任总经理。

第二十八条　理事长行使下列职权：

（一）主持会员大会、理事会会议和理事会日常工作；

（二）组织协调专门委员会的工作；

（三）检查理事会决议的实施情况并向理事会报告。

副理事长协助理事长工作。理事长因故临时不能履行职权的，由理事长指定的副理事长或者理事代其履行职权。

第二十九条　理事会会议至少每半年召开一次。每次会议应当于会议召开10日前通知全体理事。

有下列情形之一的，应当召开理事会临时会议：

（一）1/3以上理事联名提议；

（二）期货交易所章程规定的情形；

（三）中国证监会提议。

理事会召开临时会议，可以另定召集理事会临时会议的通知方式和通知时限。

第三十条　理事会会议须有2/3以上理事出席方为有效，其决议须经全体理事1/2以上表决通过。

理事会会议结束之日起10日内,理事会应当将会议决议及其他会议文件报告中国证监会。

第三十一条 理事会会议应当由理事本人出席。理事因故不能出席的,应当以书面形式委托其他理事代为出席;委托书中应当载明授权范围。每位理事只能接受一位理事的委托。

理事会应当对会议表决事项作成会议记录,由出席会议的理事和记录员在会议记录上签名。

第三十二条 理事会可以根据需要设立监察、交易、结算、交割、会员资格审查、纪律处分、调解、财务和技术等专门委员会。

各专门委员会对理事会负责,其职责、任期和人员组成等事项由理事会规定。

第三十三条 期货交易所设总经理1人、副总经理若干人。总经理、副总经理由中国证监会任免。总经理每届任期3年,连任不得超过两届。

总经理是期货交易所的法定代表人,总经理是当然理事。

第三十四条 总经理行使下列职权:

(一)组织实施会员大会、理事会通过的制度和决议;

(二)主持期货交易所的日常工作;

(三)根据章程和交易规则拟订有关细则和办法;

(四)决定结算担保金的使用;

(五)拟订风险准备金的使用方案;

(六)拟订并实施经批准的期货交易所发展规划、年度工作计划;

(七)拟订并实施经批准的期货交易所对外投资计划;

(八)拟订期货交易所财务预算方案、决算报告;

(九)拟订期货交易所合并、分立、解散和清算的方案;

(十)拟订期货交易所变更名称、住所或者营业场所的方案;

(十一)决定期货交易所机构设置方案,聘任和解聘工作人员;

(十二)决定期货交易所员工的工资和奖惩;

(十三)期货交易所章程规定的或者理事会授予的其他职权。

总经理因故临时不能履行职权的,由总经理指定的副总经理代其履行职权。

第三十五条 期货交易所任免中层管理人员,应当在决定之日起10日内向中国证监会报告。

第二节 公司制期货交易所

第三十六条 公司制期货交易所设股东大会。股东大会是期货交易所的权力机构,由全体股东组成。

第三十七条 股东大会行使下列职权:

(一)本办法第二十条第(一)项、第(四)项至第(七)项规定的职权;

(二)选举和更换非由职工代表担任的董事、监事;

(三)审议批准董事会、监事会和总经理的工作报告;

(四)决定期货交易所董事会提交的其他重大事项;

(五)期货交易所章程规定的其他职权。

第三十八条 股东大会会议的召开及议事规则应当符合期货交易所章程的规定。

会议结束之日起10日内,期货交易所应当将会议全部文件报告中国证监会。

第三十九条 期货交易所设董事会,每届任期3年。

第四十条 董事会对股东大会负责,行使下列职权:

(一)召集股东大会会议,并向股东大会报告工作;

(二)拟订期货交易所章程、交易规则及其修改草案,提交股东大会审定;

(三)审议总经理提出的财务预算方案、决算报告,提交股东大会通过;

(四)审议期货交易所合并、分立、解散和清算的方案,提交股东大会通过;

(五)监督总经理组织实施股东大会和董事会决议的情况;

(六)本办法第二十五条第(五)项至第(十三)项、第(十五)项、第(十六)项规定的职权;

(七)期货交易所章程规定和股东大会授予的其他职权。

第四十一条 期货交易所设董事长1人、副董事长1至2人。董事长、副董事长的任免,由中国证监会提名,董事会通过。董事长不得兼任总经理。

第四十二条 董事长行使下列职权:

(一)主持股东大会、董事会会议和董事会日常工作;

(二)组织协调专门委员会的工作;

(三)检查董事会决议的实施情况并向董事会报告。

副董事长协助董事长工作。董事长因故临时不能履行职权的,由董事长指定的副董事长或者董事代其履行职权。

第四十三条 董事会会议的召开和议事规则应当符合期货交易所章程的规定。

董事会会议结束之日起10日内,董事会应当将会议决议及其他会议文件报告中国证监会。

第四十四条 董事会可以根据需要设立本办法第三十二条规定的专门委员会。各专门委员会对董事会负责,其职责、任期和人员组成等事项由董事会规定。

第四十五条 期货交易所应当设独立董事。独立董事由中国证监会提名,股东大会通过。

第四十六条 期货交易所可以设董事会秘书。董事会秘书由中国证监会提名,董事会通过。

董事会秘书负责期货交易所股东大会和董事会会议的筹备、文件保管以及期货交易所股东资料的管理等事宜。

第四十七条 期货交易所设总经理1人、副总经理若干人。总经理、副总经理由中国证监会任免。总经理每届任期3年,连任不得超过两届。

总经理是期货交易所的法定代表人,应当由董事担任。

第四十八条 总经理行使下列职权:

(一)组织实施股东大会、董事会通过的制度和决议;

(二)本办法第三十四条第(二)项至第(十二)项规定的职权;

(三)期货交易所章程规定或者董事会授予的其他职权。

总经理因故临时不能履行职权的,由总经理指定的副总经理代其履行职权。

第四十九条 期货交易所设监事会，每届任期3年。监事会成员不得少于3人。监事会设主席1人、副主席1至2人。监事会主席、副主席的任免，由中国证监会提名，监事会通过。

第五十条 监事会行使下列职权：

（一）检查期货交易所财务；

（二）监督期货交易所董事、高级管理人员执行职务行为；

（三）向股东大会提出提案；

（四）期货交易所章程规定的其他职权。

第五十一条 监事会会议的召开和议事规则应当符合期货交易所章程的规定。

监事会会议结束之日起10日内，监事会应当将会议决议及其他会议文件报告中国证监会。

第五十二条 本办法第三十五条的规定适用于公司制期货交易所。

第四章 会员管理

第五十三条 期货交易所会员应当是在中华人民共和国境内登记注册的法人或者非法人组织。

第五十四条 取得期货交易所会员资格，应当经期货交易所批准。

期货交易所批准、取消会员的会员资格，应当向中国证监会报告。

第五十五条 期货交易所应当制定会员管理办法，规定会员资格的取得与终止的条件和程序、对会员的监督管理等内容。

第五十六条 会员制期货交易所会员享有下列权利：

（一）参加会员大会，行使选举权、被选举权和表决权；

（二）在期货交易所从事规定的交易、结算和交割等业务；

（三）使用期货交易所提供的交易设施，获得有关期货交易的信息和服务；

（四）按规定转让会员资格；

（五）联名提议召开临时会员大会；

（六）按照期货交易所章程和交易规则行使申诉权；

（七）期货交易所章程规定的其他权利。

第五十七条　会员制期货交易所会员应当履行下列义务：

（一）遵守国家有关法律、行政法规、规章和政策；

（二）遵守期货交易所的章程、交易规则及其实施细则及有关决定；

（三）按规定缴纳各种费用；

（四）执行会员大会、理事会的决议；

（五）接受期货交易所监督管理。

第五十八条　公司制期货交易所会员享有下列权利：

（一）本办法第五十六条第（二）项和第（三）项规定的权利；

（二）按照交易规则行使申诉权；

（三）期货交易所交易规则规定的其他权利。

第五十九条　公司制期货交易所会员应当履行本办法第五十七条第（一）项至第（三）项、第（五）项规定的义务。

第六十条　期货交易所应当每年对会员遵守期货交易所交易规则及其实施细则的情况进行抽样或者全面检查，并将检查结果报送中国证监会。

期货交易所行使监管职权时，可以按照期货交易所章程和交易规则及其实施细则规定的权限和程序对会员进行调查取证，会员应当予以配合。

第六十一条　期货交易所实行全员结算制度或者会员分级结算制度，应当事前向中国证监会报告。

第六十二条　实行全员结算制度的期货交易所会员均具有与期货交易所进行结算的资格。

第六十三条　实行全员结算制度的期货交易所会员由期货公司会员和非期货公司会员组成。期货公司会员按照中国证监会批准的业务范围开展相关业务；非期货公司会员不得从事《期货交易管理条例》规定的期货公司业务。

第六十四条　实行全员结算制度的期货交易所对会员结算，会员对其受托的客户结算。

第六十五条　实行会员分级结算制度的期货交易所会员由结算

会员和非结算会员组成。结算会员具有与期货交易所进行结算的资格,非结算会员不具有与期货交易所进行结算的资格。

期货交易所对结算会员结算,结算会员对非结算会员结算,非结算会员对其受托的客户结算。

第六十六条　结算会员由交易结算会员、全面结算会员和特别结算会员组成。

全面结算会员、特别结算会员可以为与其签订结算协议的非结算会员办理结算业务。交易结算会员不得为非结算会员办理结算业务。

第六十七条　实行会员分级结算制度的期货交易所可以根据结算会员资信和业务开展情况,限制结算会员的结算业务范围,但应当于3日内报告中国证监会。

第五章　基本业务规则

第六十八条　期货交易所向会员收取的保证金,只能用于担保期货合约的履行,不得查封、冻结、扣划或者强制执行。期货交易所应当在期货保证金存管银行开立专用结算账户,专户存储保证金,不得挪用。

保证金分为结算准备金和交易保证金。结算准备金是指未被合约占用的保证金;交易保证金是指已被合约占用的保证金。

实行会员分级结算制度的期货交易所只向结算会员收取保证金。

第六十九条　期货交易所应当建立保证金管理制度,保证金管理制度应当包括下列内容:

(一)向会员收取保证金的标准和形式;

(二)专用结算账户中会员结算准备金最低余额;

(三)当会员结算准备金余额低于期货交易所规定最低余额时的处置方法。

会员结算准备金最低余额由会员以自有资金向期货交易所缴纳。

第七十条　期货交易所可以接受以下有价证券作为保证金:

(一)经期货交易所认定的标准仓单;

(二)可流通的国债;

(三)中国证监会认定的其他有价证券。

以前款规定的有价证券作为保证金的,其期限不得超过该有价证券的有效期限。

第七十一条 期货交易所应当制定有价证券作为保证金的规则,明确可以作为保证金的有价证券的种类、基准计算价值、折扣率等内容。

期货交易所可以根据市场情况对作为保证金的有价证券的基准计算价值进行调整。

第七十二条 有价证券作为保证金的金额不得高于会员在期货交易所专用结算账户中的实有货币资金的4倍。

第七十三条 期货交易的相关亏损、费用、货款和税金等款项,应当以货币资金支付。

第七十四条 客户以有价证券作为保证金的,会员应当将收到的有价证券提交期货交易所。

非结算会员的客户以有价证券作为保证金的,非结算会员应将收到的有价证券提交结算会员,由结算会员提交期货交易所。

第七十五条 客户以有价证券作为保证金的,期货交易所应当将有价证券的种类和数量如实反映在该客户的交易编码下。

第七十六条 实行会员分级结算制度的期货交易所应当建立结算担保金制度。结算担保金包括基础结算担保金和变动结算担保金。

结算担保金由结算会员以自有资金向期货交易所缴纳。结算担保金属于结算会员所有,用于应对结算会员违约风险。期货交易所应当按照有关规定管理和使用,不得挪作他用。

期货交易所调整基础结算担保金标准的,应当在调整前报告中国证监会。

第七十七条 期货交易所应当按照手续费收入的20%的比例提取风险准备金,风险准备金应当单独核算,专户存储。

中国证监会可以根据期货交易所业务规模、发展计划以及潜在的风险决定风险准备金的规模。

第七十八条 期货交易实行客户交易编码制度。会员和客户应当遵守一户一码制度,不得混码交易。

第七十九条 期货交易实行限仓制度和套期保值审批制度。

第八十条　期货交易实行大户持仓报告制度。会员或者客户持仓达到期货交易所规定的持仓报告标准的,会员或者客户应当向期货交易所报告。客户未报告的,会员应当向期货交易所报告。

期货交易所可以根据市场风险状况制定并调整持仓报告标准。

第八十一条　期货交易实行当日无负债结算制度。期货交易所在规定的交易时间结束后,对应收应付的款项实行净额结算。

承担期货结算职责的期货交易所是期货交易的中央对手方,自期货交易达成后介入期货交易双方,成为所有买方的卖方和所有卖方的买方,承继双方在期货交易中的权利和义务,为期货交易提供集中履约保障。

第八十二条　实行全员结算制度的期货交易所对会员进行风险管理,会员对其受托的客户进行风险管理。

实行会员分级结算制度的期货交易所对结算会员进行风险管理,结算会员对与其签订结算协议的非结算会员进行风险管理,会员对其受托的客户进行风险管理。

第八十三条　会员在期货交易中违约的,应当承担违约责任。

期货交易所先以违约会员的保证金承担该会员违约责任。保证金不足的,实行全员结算制度的期货交易所应当以违约会员的自有资金、期货交易所风险准备金和期货交易所自有资金承担;实行会员分级结算制度的期货交易所应当以违约会员的自有资金、结算担保金期货交易所风险准备金和期货交易所自有资金承担。

期货交易所以结算担保金、期货交易所风险准备金和期货交易所自有资金代为承担责任后,由此取得对违约会员的相应追偿权。

第八十四条　有根据认为会员或者客户违反期货交易所交易规则及其实施细则并且对市场正在产生或者即将产生重大影响,为防止违规行为后果进一步扩大,期货交易所可以对会员或者客户采取下列临时处置措施:

(一)限制入金;

(二)限制出金;

(三)限制开仓;

(四)提高保证金标准;

（五）限期平仓；

（六）强行平仓。

期货交易所按交易规则及其实施细则规定的程序采取前款第（四）项、第（五）项或者第（六）项措施的，应当在采取措施后及时报告中国证监会。

期货交易所对会员或者客户采取临时处置措施，应当按照期货交易所交易规则及其实施细则规定的方式通知会员或者客户，并列明采取临时处置措施的根据。

第八十五条 期货价格出现同方向连续涨跌停板的，期货交易所可以采用调整涨跌停板幅度、提高交易保证金标准及按一定原则减仓等措施化解风险。

第八十六条 期货交易所实行风险警示制度。期货交易所认为必要的，可以分别或同时采取要求会员和客户报告情况、谈话提醒、发布风险提示函等措施，以警示和化解风险。

第八十七条 在期货交易过程中出现以下情形之一的，期货交易所可以宣布进入异常情况，采取紧急措施化解风险：

（一）地震、水灾、火灾等不可抗力或者计算机系统故障等不可归责于期货交易所的原因导致交易无法正常进行；

（二）会员出现结算、交割危机，对市场正在产生或者即将产生重大影响；

（三）出现本办法第八十五条规定的情形经采取相应措施后仍未化解风险；

（四）期货交易所交易规则及其实施细则中规定的其他情形。

期货交易所宣布进入异常情况并决定采取紧急措施前应当报告中国证监会。

第八十八条 期货交易所宣布进入异常情况并决定暂停交易的，暂停交易的期限不得超过3个交易日，但经中国证监会批准延长的除外。

第八十九条 期货交易所应当以适当方式发布下列信息：

（一）即时行情；

（二）持仓量、成交量排名情况；

（三）期货交易所交易规则及其实施细则规定的其他信息。

期货交易涉及商品实物交割的，期货交易所还应当发布标准仓单数量和可用库容情况。

第九十条 期货交易所应当编制交易情况周报表、月报表和年报表，并及时公布。

第九十一条 期货交易所对期货交易、结算、交割资料的保存期限应当不少于20年。

第六章 监督管理

第九十二条 期货交易所制定或者修改章程、交易规则，上市、中止、取消或者恢复交易品种，应当经中国证监会批准。期货交易所上市、修改或者终止合约，应当事前向中国证监会报告。

第九十三条 期货交易所应当对违反期货交易所交易规则及其实施细则的行为制定查处办法，并事前向中国证监会报告。

期货交易所对会员及其客户、指定交割仓库、期货保证金存管银行及期货市场其他参与者与期货业务有关的违规行为，应当在前款所称办法规定的职责范围内及时予以查处；超出前款所称办法规定的职责范围的，应当向中国证监会报告。

第九十四条 期货交易所制定或者修改交易规则的实施细则，应当事前向中国证监会报告。

第九十五条 期货交易所的交易结算系统和交易结算业务应当满足期货保证金安全存管监控的要求，真实、准确和完整地反映会员保证金的变动情况。

第九十六条 期货交易所应当按照中国证监会有关期货保证金安全存管监控的规定，向期货保证金安全存管监控机构报送相关信息。

第九十七条 公司制期货交易所收购本期货交易所股份、股东转让所持股份或者对其股份进行其他处置，应当按照中国证监会有关规定进行事前报告。

第九十八条 期货交易所的高级管理人员应当具备中国证监会要求的条件。未经中国证监会批准，期货交易所的理事长、副理事长、董事长、副董事长、监事会主席、监事会副主席、总经理、副总经理、董事会秘书不得在任何营利性组织中兼职。

未经批准,期货交易所的其他工作人员和非会员理事不得以任何形式在期货交易所会员单位及其他与期货交易有关的营利性组织兼职。

第九十九条 期货交易所工作人员应当自觉遵守有关法律、行政法规、规章和政策,恪尽职守,勤勉尽责,诚实信用,具有良好的职业操守。

期货交易所工作人员不得从事期货交易,不得泄露内幕消息或者利用内幕消息获得非法利益,不得从期货交易所会员和客户处谋取利益。

期货交易所工作人员履行职务,遇有与本人或者其亲属有利害关系的情形时,应当回避。

第一百条 期货交易所的所得收益按照国家有关规定管理和使用,但应当首先用于保证期货交易场所、设施的运行和改善。

第一百零一条 期货交易所应当向中国证监会履行下列报告义务:

(一)每一年度结束后4个月内提交符合规定的会计师事务所审计的年度财务报告;

(二)每一季度结束后15日内、每一年度结束后30日内提交有关经营情况和有关法律、行政法规、规章、政策执行情况的季度和年度工作报告;

(三)中国证监会规定的其他事项。

第一百零二条 发生下列重大事项,期货交易所应当及时向中国证监会报告:

(一)发现期货交易所工作人员存在或者可能存在严重违反国家有关法律、行政法规、规章、政策的行为;

(二)期货交易所涉及占其净资产10%以上或者对其经营风险有较大影响的诉讼;

(三)期货交易所的重大财务支出、投资事项以及可能带来较大财务或者经营风险的重大财务决策;

（四）中国证监会规定的其他事项。

第一百零三条　中国证监会可以根据市场情况调整期货交易所收取的保证金标准，暂停、恢复或者取消某一期货交易品种的交易。

第一百零四条　中国证监会认为期货市场出现异常情况的，可以决定采取延迟开市、暂停交易、提前闭市等必要的风险处置措施。

第一百零五条　中国证监会认为有必要的，可以对期货交易所高级管理人员实施提示。

第一百零六条　中国证监会派出机构对期货交易所会员进行风险处置，采取监管措施的，经中国证监会批准，期货交易所应当在限制会员资金划转、限制会员开仓、移仓和强行平仓等方面予以配合。

第一百零七条　中国证监会可以向期货交易所派驻督察员。督察员依照中国证监会的有关规定履行职责。

督察员履行职责，期货交易所应当予以配合。

第一百零八条　期货交易所应当按照国家有关规定及时缴纳期货市场监管费。

第七章　法律责任

第一百零九条　期货交易所未按照本办法第十五条、第三十五条、第五十二条、第六十七条、第八十七条、第九十四条、第一百零一条和第一百零二条的规定履行报告义务，或者未按照本办法第二十三条、第三十条、第三十八条、第四十三条、第五十一条和第九十六条的规定报送有关文件、资料和信息的，根据《期货交易管理条例》第六十四条处罚。

第一百一十条　期货交易所有下列行为之一的，根据《期货交易管理条例》第六十五条处罚：

（一）未经报告变更名称或者注册资本；

（二）未经批准设立分所或者其他任何交易场所；

（三）违反有价证券作为保证金规定；

（四）不按照规定对会员进行检查；

（五）未建立或者未执行客户交易编码制度、保证金管理制度；

（六）交易结算系统和交易结算业务不符合本办法第九十五条的

规定。

第一百一十一条　期货交易所工作人员违反本办法第九十九条规定的,根据《期货交易管理条例》第七十八条处罚。

第八章　附　　则

第一百一十二条　在中国证监会批准的其他交易场所进行期货交易的,依照本办法的有关规定执行。

第一百一十三条　本办法自2007年4月15日起施行。2002年5月17日发布的《期货交易所管理办法》(中国证券监督管理委员会令第6号)同时废止。

期货公司董事、监事和高级管理人员任职管理办法(2021年修正)

(2007年5月30日中国证券监督管理委员会第207次主席办公会议审议通过　根据2021年1月15日中国证券监督管理委员会令第179号《关于修改、废止部分证券期货规章的决定》修正)

第一章　总　　则

第一条　为了加强对期货公司董事、监事和高级管理人员的任职管理,规范期货公司运作,防范经营风险,根据《公司法》和《期货交易管理条例》,制定本办法。

第二条　期货公司董事、监事和高级管理人员的任职管理,适用本办法。

本办法所称高级管理人员,是指期货公司的总经理、副总经理、首席风险官(以下简称经理层人员),财务负责人以及实际履行上述职务的人员。

期货公司分支机构负责人的管理参照本办法有关高级管理人员的相关规定执行。

第三条　期货公司董事、监事和高级管理人员应当符合中国证券监督管理委员会(以下简称中国证监会)规定的任职条件。

期货公司不得任用不符合任职条件的人员担任董事、监事和高级管理人员。

期货公司不得授权董事、监事和高级管理人员之外的人员实际履行相关职责,本办法另有规定的除外。

第四条　期货公司董事、监事和高级管理人员应当遵守法律、行政法规和中国证监会的规定,遵守自律规则、行业规范和公司章程,恪守诚信,勤勉尽责。

第五条　中国证监会依法对期货公司董事、监事和高级管理人员进行监督管理。

中国证监会派出机构依照本办法和中国证监会的授权对期货公司董事、监事和高级管理人员进行监督管理。

中国期货业协会、期货交易所依法对期货公司董事、监事和高级管理人员进行自律管理。

第二章　任职条件

第六条　期货公司董事、监事和高级管理人员应当具有诚实守信的品质、良好的职业道德和履行职责所必需的经营管理能力。

第七条　担任除董事长、监事会主席、独立董事以外的期货公司董事、监事的,应当具备下列条件:

(一)具有从事期货、证券等金融业务或者法律、会计业务 3 年以上经验,或者经济管理工作 5 年以上经验;

(二)具有大学专科以上学历。

第八条　担任期货公司独立董事的,应当具备下列条件:

(一)具有从事期货、证券等金融业务或者法律、会计业务 5 年以上经验,或者具有相关学科教学、研究的高级职称;

(二)具有大学本科以上学历,并且取得学士以上学位;

(三)熟悉期货法律、行政法规和中国证监会的规定,具备期货专业能力;

(四)有履行职责所必需的时间和精力。

第九条 独立董事不得与所任职期货公司存在可能妨碍其作出独立、客观判断的关系。

下列人员不得担任期货公司独立董事:

(一)在期货公司或者其关联方任职的人员及其近亲属和主要社会关系人员;

(二)在下列机构任职的人员及其近亲属和主要社会关系人员:持有或者控制期货公司5%以上股权的单位、期货公司前5名股东单位、与期货公司存在业务联系或者利益关系的机构;

(三)直接或间接持有上市期货公司已发行股份1%以上或者是上市期货公司前十名股东中的自然人股东及其近亲属;

(四)为期货公司及其关联方提供财务、法律、咨询等服务的人员及其近亲属;

(五)最近1年内曾经具有前四项所列举情形之一的人员;

(六)在其他期货公司担任除独立董事以外职务的人员;

(七)中国证监会规定的其他人员。

第十条 担任期货公司董事长和监事会主席的,应当具备下列条件:

(一)具有从事期货业务3年以上经验,或者其他金融业务4年以上经验,或者法律、会计业务5年以上经验,或者经济管理工作10年以上经验;

(二)具有大学本科以上学历或者取得学士以上学位;

(三)熟悉期货法律、行政法规和中国证监会的规定,具备期货专业能力。

第十一条 担任期货公司经理层人员的,应当具备下列条件:

(一)具有期货从业人员资格;

(二)具有大学本科以上学历或者取得学士以上学位;

(三)熟悉期货法律、行政法规和中国证监会的规定,具备期货专业能力。

第十二条 担任期货公司总经理、副总经理的，除具备第十一条规定条件外，还应当具备下列条件：

（一）具有从事期货业务3年以上经验，或者其他金融业务4年以上经验，或者法律、会计业务5年以上经验，或者经济管理工作10年以上经验；

（二）担任期货公司、证券公司等金融机构部门负责人以上职务不少于2年，或者具有相当职位管理工作经历。

第十三条 担任期货公司首席风险官的，除具备第十一条规定条件外，还应当具有从事期货业务3年以上经验，并担任期货公司交易、结算、风险管理或者合规负责人职务不少于2年；或者具有从事期货业务1年以上经验，并具有在证券公司等金融机构从事风险管理、合规业务3年以上经验。

首席风险官的任职、履职以及考核应当保持独立性。

第十四条 担任期货公司财务负责人的，应当具备下列条件：

（一）具有期货从业人员资格；

（二）具有大学本科以上学历或者取得学士以上学位；

（三）具有会计师以上职称或者注册会计师资格。

担任期货公司分支机构负责人的，除具备上述第（一）项、第（二）项条件外，还应当具有从事期货业务3年以上经验，或者其他金融业务4年以上经验，或者经济管理工作5年以上经验。

第十五条 期货公司法定代表人应当具有期货从业人员资格。

第十六条 具有从事期货业务10年以上经验或者曾担任金融机构部门负责人以上职务8年以上的人员，担任期货公司董事长、监事会主席、高级管理人员的，学历可以放宽至大学专科。

第十七条 具有期货等金融或者法律、会计专业硕士研究生以上学历的人员，担任期货公司董事、监事和高级管理人员的，从事除期货以外的其他金融业务，或者法律、会计业务的年限可以放宽1年。

第十八条 在期货监管机构、自律机构以及其他承担期货监管职能的专业监管岗位任职8年以上的人员，担任期货公司高级管理人员的，可以免试取得期货从业人员资格。

第十九条 有下列情形之一的，不得担任期货公司董事、监事和

高级管理人员:

(一)《公司法》第一百四十六条规定的情形;

(二)因违法行为或者违纪行为被解除职务的期货交易所、证券交易所、证券登记结算机构的负责人,或者期货公司、证券公司、基金管理公司的董事、监事、高级管理人员,自被解除职务之日起未逾5年;

(三)因违法行为或者违纪行为被撤销资格的律师、注册会计师或者投资咨询机构、财务顾问机构、资信评级机构、资产评估机构、验证机构的专业人员,自被撤销资格之日起未逾5年;

(四)因违法行为或者违纪行为被开除的期货交易所、证券交易所、证券登记结算机构、证券服务机构、期货公司、证券公司、基金管理公司的从业人员和被开除的国家机关工作人员,自被开除之日起未逾5年;

(五)国家机关工作人员和法律、行政法规规定的禁止在公司中兼职的其他人员;

(六)因重大违法违规行为受到金融监管部门的行政处罚,执行期满未逾3年;

(七)自被中国证监会或者其派出机构认定为不适当人选之日起未逾2年;

(八)因违法违规行为或者出现重大风险被监管部门责令停业整顿、托管、接管或者撤销的金融机构及分支机构,其负有责任的主管人员和其他直接责任人员,自该金融机构及分支机构被停业整顿、托管、接管或者撤销之日起未逾3年;

(九)中国证监会规定的其他情形。

第三章 任职备案

第二十条 期货公司董事、监事和高级管理人员的任职,由期货公司住所地的中国证监会派出机构依法备案。

分支机构负责人的任职由期货公司分支机构所在地的中国证监会派出机构依法备案,并抄报期货公司住所地的中国证监会派出机构。

第二十一条 期货公司董事长、监事会主席、独立董事的任职,应

当由任职期货公司自作出决定之日起5个工作日内,向中国证监会派出机构备案,并根据任职条件提交下列备案材料:

(一)备案报告书;

(二)任职条件表;

(三)身份、学历、学位证明;

(四)中国证监会规定的其他材料。

独立董事的任职,还应当提供任职人员关于独立性的声明,声明应当重点说明其本人是否存在本办法第九条所列举的情形。

第二十二条　期货公司经理层人员的任职,应当由任职期货公司自作出决定之日起5个工作日内,向中国证监会派出机构备案,并提交下列备案材料:

(一)备案报告书;

(二)任职条件表;

(三)身份、学历、学位证明;

(四)期货从业人员资格证明;

(五)高级管理人员职责范围的说明;

(六)中国证监会规定的其他材料。

第二十三条　除董事长、监事会主席、独立董事以外的董事、监事的任职,应当由任职期货公司自作出决定之日起5个工作日内,向中国证监会派出机构备案,并根据任职条件提交下列备案材料:

(一)备案报告书;

(二)任职条件表;

(三)身份、学历、学位证明;

(四)中国证监会规定的其他材料。

第二十四条　财务负责人的任职,应当由任职期货公司自作出决定之日起5个工作日内,向中国证监会派出机构备案,并提交下列备案材料:

(一)备案报告书;

(二)任职条件表;

(三)身份、学历、学位证明;

(四)期货从业人员资格证明;

(五)高级管理人员职责范围的说明;

(六)会计师以上职称或者注册会计师资格的证明;

(七)中国证监会规定的其他材料。

分支机构负责人的任职,应当由任职期货公司自作出决定之日起5个工作日内,向中国证监会派出机构备案,并提交第一款中第(一)项至第(四)项、第(七)项备案材料。

第二十五条 备案人提交境外大学或者高等教育机构学位证书或者高等教育文凭,或者非学历教育文凭的,应当同时提交国务院教育行政部门对任职人员所获教育文凭的学历学位认证文件。

第二十六条 中国证监会派出机构通过审核材料、考察谈话、调查从业经历等方式,对任职人员是否符合任职条件进行核查。

第二十七条 期货公司免除董事、监事、高级管理人员和分支机构负责人的职务,应当自作出决定之日起5个工作日内,向任职备案时备案及抄报的中国证监会派出机构报告,并提交下列材料:

(一)免职决定文件;

(二)相关会议的决议;

(三)中国证监会规定的其他材料。

期货公司拟免除首席风险官的职务,应当在作出决定前10个工作日将免职理由及其履行职责情况向公司住所地的中国证监会派出机构报告。

第二十八条 期货公司董事、监事和高级管理人员不得在党政机关兼职。

期货公司高级管理人员最多可以在期货公司参股的2家公司兼任董事、监事,但不得在上述公司兼任董事、监事之外的职务,不得在其他营利性机构兼职或者从事其他经营性活动。

期货公司高级管理人员在期货公司全资或控股子公司兼职的,不受上述限制,但应当遵守中国证监会的有关规定。

期货公司营业部负责人不得兼任其他营业部负责人。

符合任职条件的人员最多可以在2家期货公司兼任独立董事。

期货公司董事、监事和高级管理人员兼职的,应当自有关情况发生之日起5个工作日内向中国证监会相关派出机构报告。

第二十九条 期货公司董事、监事和高级管理人员改任的,应当按规定备案。

有以下情形的,期货公司应当自作出改任决定之日起5个工作日内,向中国证监会派出机构报告,不需备案:

(一)期货公司除董事长、监事会主席、独立董事以外的董事、监事,在同一期货公司内由董事改任监事或者由监事改任董事;

(二)在同一期货公司内,董事长改任监事会主席,或者监事会主席改任董事长,或者董事长、监事会主席改任除独立董事之外的其他董事、监事;

(三)在同一期货公司内,经理层人员改任董事(不包括独立董事)、监事;

(四)在同一期货公司内,分支机构负责人改任同一中国证监会派出机构监管辖区内的其他分支机构负责人。

第三十条 期货公司董事长、监事会主席、独立董事离任后12个月内到其他期货公司担任董事长、监事会主席、独立董事,且未出现本办法第十九条规定情形的,新任职期货公司应当提交下列备案材料:

(一)备案报告书;

(二)任职条件表;

(三)任职人员在原任职期货公司任职情况的陈述;

(四)中国证监会规定的其他材料。

第四章 行为规则

第三十一条 期货公司董事应当按照公司章程的规定出席董事会会议,参加公司的活动,切实履行职责。

第三十二条 期货公司独立董事应当重点关注和保护客户、中小股东的合法利益,发表客观、公正的独立意见。

第三十三条 期货公司高级管理人员应当遵循诚信原则,谨慎地在职权范围内行使职权,维护客户和公司的合法利益,不得从事或者配合他人从事损害客户和公司利益的活动,不得利用职务之便为自己或者他人谋取属于本公司的商业机会。

第三十四条 期货公司董事、监事和高级管理人员的近亲属在期货公司从事期货交易的,有关董事、监事和高级管理人员应当在知悉或者应当知悉之日起5个工作日内向公司报告,并遵循回避原则。公司应当在接到报告之日起5个工作日内向中国证监会相关派出机构备案,并每季度报告相关交易情况。

第三十五条 期货公司总经理应当认真执行董事会决议,有效执行公司制度,防范和化解经营风险,确保经营业务的稳健运行和客户保证金安全完整。副总经理应当协助总经理工作,忠实履行职责。

第三十六条 期货公司董事、监事和高级管理人员不得收受或进行商业贿赂,不得利用职务之便牟取其他非法利益。

第五章 监督管理

第三十七条 期货公司董事长、监事会主席、独立董事和经理层人员依法参加中国期货业协会组织的非准入型专业能力水平评价测试,保障和提高自身专业能力水平。

第三十八条 期货公司董事长、总经理、首席风险官、分支机构负责人在失踪、死亡、丧失行为能力等特殊情形下不能履行职责的,期货公司可以按照公司章程等规定临时决定由符合相应任职条件的人员代为履行职责,并自作出决定之日起3个工作日内向中国证监会派出机构报告。

公司决定的人员不符合条件的,中国证监会派出机构可以责令公司更换代为履行职责的人员。

代为履行职责的时间不得超过6个月。公司应当在6个月内任用符合任职条件的人员担任董事长、总经理、首席风险官、分支机构负责人。

第三十九条 期货公司调整高级管理人员职责分工的,应当在5个工作日内向中国证监会相关派出机构报告。

第四十条 期货公司董事、监事和高级管理人员因涉嫌违法违规行为被有权机关立案调查或者采取强制措施的,期货公司应当立即向中国证监会相关派出机构报告。

第四十一条 期货公司对董事、监事和高级管理人员给予处分的,应当自作出决定之日起5个工作日内向中国证监会相关派出机构报告。

第四十二条　期货公司董事、监事和高级管理人员受到非法或者不当干预,不能正常依法履行职责,导致或者可能导致期货公司发生违规行为或者出现风险的,该人员应当及时向中国证监会相关派出机构报告。

第四十三条　期货公司有下列情形之一的,中国证监会及其派出机构可以责令改正,并对负有责任的主管人员和其他直接责任人员采取监管谈话、出具警示函等监管措施:

(一)任用的董事、监事和高级管理人员不符合任职条件;

(二)未按规定备案或报告董事、监事和高级管理人员任免情况;

(三)法人治理结构、内部控制存在重大隐患;

(四)未按规定报告高级管理人员职责分工调整的情况;

(五)未按规定报告相关人员代为履行职责的情况;

(六)未按规定备案或报告董事、监事和高级管理人员的近亲属在本公司从事期货交易的情况;

(七)未按规定对离任人员进行离任审计;

(八)违反规定授权董事、监事和高级管理人员之外的人员实际行使相关职权;

(九)中国证监会规定的其他情形。

第四十四条　期货公司董事、监事和高级管理人员有下列情形之一的,中国证监会及其派出机构可以责令改正,并对其采取监管谈话、出具警示函等监管措施:

(一)未按规定履行职责;

(二)违规兼职或者未按规定报告兼职情况;

(三)未按规定报告近亲属在本公司从事期货交易的情况;

(四)中国证监会规定的其他情形。

第四十五条　期货公司董事、监事和高级管理人员在任职期间出现下列情形之一的,中国证监会及其派出机构可以将其认定为不适当人选:

(一)向中国证监会及其派出机构提供虚假信息或者隐瞒重大事项,造成严重后果;

(二)拒绝配合中国证监会及其派出机构依法履行监管职责,造成严重后果;

(三)擅离职守,造成严重后果;

(四)1 年内累计 3 次被中国证监会及其派出机构进行监管谈话;

(五)累计 3 次被行业自律组织纪律处分;

(六)对期货公司出现违法违规行为或者重大风险负有责任;

(七)中国证监会规定的其他情形。

第四十六条 期货公司董事、监事和高级管理人员被中国证监会及其派出机构认定为不适当人选的,期货公司应当将该人员免职。

第四十七条 期货公司董事、监事和高级管理人员的诚信信息,记入证券期货市场诚信档案数据库(以下简称诚信档案)。

第四十八条 期货公司董事长、总经理辞职,或者被认定为不适当人选而被解除职务的,期货公司应当委托符合规定的会计师事务所对其进行离任审计,并自其离任之日起 3 个月内将审计报告报中国证监会及其派出机构备案。

期货公司无故拖延或者拒不审计的,中国证监会及其派出机构可以指定符合规定的会计师事务所进行审计。有关审计费用由期货公司承担。

第六章 法律责任

第四十九条 期货公司或者任职人员隐瞒有关情况或者提供虚假材料的,责令改正,记入诚信档案;拒不改正的,依法予以警告,并处 3 万元以下罚款。

第五十条 期货公司或者任职人员以欺骗、贿赂等不正当手段完成任职备案的,责令改正,记入诚信档案,对负有责任的公司和人员予以警告,并处 3 万元以下罚款。

第五十一条 期货公司有下列情形之一的,根据《期货交易管理条例》第六十六条处罚:

(一)任用不符合任职条件的人员担任董事、监事和高级管理人员且拒不改正;

(二)任用中国证监会及其派出机构认定的不适当人选担任董事、

监事和高级管理人员；

（三）未按规定备案或报告董事、监事和高级管理人员的任免情况造成严重后果，或者报送的材料存在虚假记载、误导性陈述或者重大遗漏；

（四）未按规定报告董事、监事和高级管理人员的处分情况；

（五）董事、监事和高级管理人员被有权机关立案调查或者采取强制措施的，未按规定履行报告义务；

（六）未按照中国证监会的要求更换或者调整董事、监事和高级管理人员。

第五十二条　期货公司董事、监事和高级管理人员收受或进行商业贿赂，或者利用职务之便牟取其他非法利益的，依法追究行政责任。

第五十三条　违反本办法，涉嫌犯罪的，依法移送司法机关，追究刑事责任。

第七章　附　　则

第五十四条　本办法自公布之日起施行。中国证监会发布的《期货经纪公司高级管理人员任职资格管理办法（修订）》（证监发〔2002〕6号）、《关于期货经纪公司高级管理人员任职资格审核有关问题的通知》（证监期货字〔2004〕67号）、《期货经纪公司高级管理人员任职资格年检工作细则》（证监期货字〔2003〕110号）、《关于落实对涉嫌违法违规期货公司高管人员及相关人员责任追究的通知》（证监期货字〔2005〕159号）同时废止。

证券基金经营机构信息技术管理办法
(2021 年修正)

(2017 年 3 月 31 日中国证券监督管理委员会 2017 年第 2 次主席办公会议审议通过　根据 2021 年 1 月 15 日中国证券监督管理委员会令第 179 号《关于修改、废止部分证券期货规章的决定》修正)

第一章　总　　则

第一条　为加强证券基金经营机构信息技术管理,保障证券基金行业信息系统安全、合规运行,保护投资者合法权益,根据《证券法》、《证券投资基金法》、《证券公司监督管理条例》等法律法规,制定本办法。

第二条　证券基金经营机构借助信息技术手段从事证券基金业务活动,信息技术服务机构为证券基金业务活动提供信息技术服务,适用本办法。

第三条　本办法所称证券基金经营机构,是指经中国证监会批准在境内设立的证券公司和管理公开募集基金的基金管理公司(以下简称基金管理公司)。

本办法所称信息技术服务机构,是指为证券基金业务活动提供信息技术服务的机构。信息技术服务的范围如下:

(一)重要信息系统的开发、测试、集成及测评;

(二)重要信息系统的运维及日常安全管理;

(三)中国证监会规定的其他情形。

以上机构统称证券基金经营与服务机构。

第四条　证券基金经营机构是从事证券基金业务活动的责任主体,应当保障充足的信息技术投入,在依法合规、有效防范风险的前提下，充分利用现代信息技术手段完善客户服务体系、改进业务运营模式、提升内部管理水平、增强合规风控能力，持续强化现代信息技术对证券基金业务活动的支撑作用。

第五条　中国证监会及其派出机构依法对证券基金经营与服务机构借助信息技术手段从事证券基金业务活动或提供相关服务实施监督管理。

中国证券业协会及中国证券投资基金业协会依照本办法制定和完善相关自律规则，对证券基金经营机构借助信息技术手段从事证券基金业务活动或提供相关服务实施自律管理。

中证信息技术服务有限责任公司（以下简称中证信息）在中国证监会指导下制定相关配套业务规则，协助开展信息技术相关备案、监测、检测和检查等工作。

第二章　信息技术治理

第六条　证券基金经营机构应当完善信息技术运用过程中的权责分配机制，建立健全信息技术管理制度和操作流程，保障与业务活动规模及复杂程度相适应的信息技术投入水平，持续满足信息技术资源的可用性、安全性与合规性要求。

第七条　证券基金经营机构董事会负责审议本公司的信息技术管理目标，对信息技术管理的有效性承担责任，履行下列职责：

（一）审议信息技术战略，确保与本公司的发展战略、风险管理策略、资本实力相一致；

（二）建立信息技术人力和资金保障方案；

（三）评估年度信息技术管理工作的总体效果和效率；

（四）公司章程规定的其他信息技术管理职责。

第八条　证券基金经营机构经营管理层负责落实信息技术管理目标，对信息技术管理工作承担责任，履行下列职责：

（一）组织实施董事会相关决议；

（二）建立责任明确、程序清晰的信息技术管理组织架构，明确管理职责、工作程序和协调机制；

（三）完善绩效考核和责任追究机制；

(四)公司章程规定或董事会授权的其他信息技术管理职责。

第九条 证券基金经营机构应当在公司管理层下设立信息技术治理委员会或指定专门委员会(以下统称信息技术治理委员会)负责制定信息技术战略并审议下列事项:

(一)信息技术规划,包括但不限于信息技术建设规划、信息安全规划、数据治理规划等;

(二)信息技术投入预算及分配方案;

(三)重要信息系统建设或重大改造立项、重大变更方案;

(四)信息技术应急预案;

(五)使用信息技术手段开展相关业务活动的审查报告以及年度评估报告;

(六)信息技术治理委员会委员提请审议的事项;

(七)其他对信息技术管理产生重大影响的事项。

信息技术治理委员会应当由高级管理人员以及合规管理部门、风险管理部门、稽核审计部门、主要业务部门、信息技术管理部门等部门负责人组成,可聘请外部专业人员担任信息技术治理委员会委员或顾问。

第十条 证券基金经营机构应当指定一名熟悉证券、基金业务,具有信息技术相关专业背景、任职经历、履职能力的高级管理人员为首席信息官,由其负责信息技术管理工作,并具备下列任职条件:

(一)从事信息技术相关工作十年以上,或者在证券监管机构、证券基金业自律组织任职八年以上;

(二)最近三年未被金融监管机构实施行政处罚或采取重大行政监管措施;

(三)中国证监会规定的其他条件。

第十一条 证券基金经营机构应当设立信息技术管理部门或指定专门机构(以下统称信息技术管理部门)负责实施信息技术规划、信息系统建设、信息技术质量控制、信息安全保障、运维管理等工作。

第三章 信息技术合规与风险管理

第十二条 证券基金经营机构应当将信息技术运用情况纳入合规与风险管理体系,为合规管理部门和风险管理部门配备与业务活动规模、复杂程度相适应的信息技术资源，并建立相应的审查、监测和检查机制，确保合规与风险管理覆盖信息技术运用的各个环节。

第十三条　证券基金经营机构借助信息技术手段从事证券基金业务活动的，应当在业务系统上线时，同步上线与业务活动复杂程度和风险状况相适应的风险管理系统或相关功能（以下统称风险管理系统），对风险进行识别、监控、预警和干预。

第十四条　证券基金经营机构借助信息技术手段从事证券基金业务活动前，应当开展内部审查，验证下列事项并建立存档记录：

（一）业务系统的流程设计、功能设置、参数配置和技术实现应当遵循业务合规的原则，不得违反法律法规及中国证监会的规定；

（二）风险管理系统功能完备、权限清晰，能够与业务系统同步上线运行；

（三）具备完善的信息安全防护措施，能够保障经营数据和客户信息的安全、完整；

（四）具备符合要求的信息系统备份及运维管理能力，能够保障相关系统安全、平稳运行。

第十五条　证券基金经营机构应当识别借助信息技术手段从事证券基金业务活动的各类风险，建立持续有效的风险监测机制。证券基金经营机构应当及时、稳妥处置发现的风险问题，并至少每年开展一次风险监测机制及执行情况的有效性评估。

第十六条　证券基金经营机构应当定期开展信息技术管理工作专项审计，频率不低于每年一次，确保三年内完成信息技术管理全部事项的审计工作，包括但不限于信息技术治理、信息技术合规与风险管理、信息技术安全管理、应急管理。

证券基金经营机构应当委托外部专业机构开展信息技术管理工作的全面审计，频率不低于每三年一次；未能有效实施信息技术管理被采取行政处罚措施、监管措施或者自律管理措施的，应当在三个月内完成对有关事项的专项审计。

证券基金经营机构应当跟踪审计发现问题的整改情况，相关问题未能及时整改的，应当说明理由，并将审计报告提交信息技术治理委员会审议。证券基金经营机构应当妥善保存审计报告，保存期限不得少于二十年。

第十七条 除法律法规及中国证监会另有规定外,证券基金经营机构应当通过自身运营管理的信息系统直接接收客户交易指令,并记录客户交易指令接收时间。

第十八条 证券基金经营机构应当按照中国证监会有关规定采集、记录、存储、报送客户交易终端信息,并采取有效的技术措施,保障相关信息真实、准确、完整。

证券基金经营机构借助专业化交易信息系统向特定客户提供交易服务的,应当要求客户登记交易终端信息;信息发生变更的,应当要求客户履行变更程序,确保客户真实使用的客户交易终端信息与登记内容一致。

第十九条 证券基金经营机构使用电子合同从事证券基金业务活动的,应当将电子合同存储在指定的信息系统,并提供可供投资者及合同其他相关方查询、下载的公开渠道。

第二十条 证券基金经营机构从事证券交易相关业务,应当按照监管规定及自律管理规则的要求,确保风险管理系统具备审查账户资金及证券是否充足、监控交易及资金划转是否异常等功能。

第四章 信息技术安全

第一节 信息系统安全

第二十一条 证券基金经营机构应当建立独立于生产环境的专用开发测试环境,避免风险传导;开发测试环境使用未脱敏数据的,应当采取与生产环境同等的安全控制措施。

证券基金经营机构在生产环境开展重要信息系统技术或业务测试的,应对测试流程及结果进行审查。

第二十二条 证券基金经营机构重要信息系统上线或发生重大变更的,应当制定专项实施方案,并对信息系统上线或变更操作行为进行审查、确认和跟踪。

证券基金经营机构重要信息系统计划停止使用的,应当开展技术和业务影响评估,制定完整的系统停用和数据迁移保管方案,并组织必要的评审及停用后的安全检查。

第二十三条　证券基金经营机构应当结合公司发展战略、市场交易规模等因素定期对重要信息系统开展压力测试和评估分析，确保其容量满足业务开展需要。

第二十四条　证券基金经营机构应当建立健全信息系统安全监测机制，设定监测指标并持续监测重要信息系统的运行状况。

证券基金经营机构应当指定专人跟踪监测发现的异常情形，及时处置并定期开展评估分析。

第二十五条　证券基金经营机构应当妥善保存信息系统开发、测试、上线、变更及运维过程中产生的文档，并根据业务开展情况以及信息系统的重要程度建立与监测工作相适应的日志留痕机制，确保满足应急处置和审计需要。

第二十六条　证券基金经营机构重要信息系统部署以及所承载数据的管理，应当遵循法律法规等规定。

第二十七条　证券基金经营机构可以在安全、合规的前提下为子公司提供机房、通信网络及其他信息技术基础设施，并协助开展相关运维工作。

证券基金经营机构为其子公司提供信息技术服务的，应当充分评估信息技术基础设施的支撑能力与冗余程度，并与子公司签订服务协议，明确合作双方的权利义务，以及建立日常协作、业务隔离和应急管理机制，防范基础设施共用产生的新增风险。

证券基金经营机构可以设立信息技术专业子公司，为母公司提供信息技术服务。信息技术专业子公司经中国证监会备案后可为其他金融机构提供信息技术服务。

第二十八条　证券基金经营机构应当确保重要信息系统具备可审计功能，并可以根据监管部门的要求转换、提供数据。

第二节　数据治理

第二十九条　证券基金经营机构应当结合公司发展战略，建立全面、科学、有效的数据治理组织架构以及数据全生命周期管理机制，确保数据统一管理、持续可控和安全存储，切实履行数据安全及数据质量管理职责,不断提升数据使用价值。

第三十条 证券基金经营机构应当将经营及客户数据按照重要性和敏感性进行分类分级,并根据不同类别和级别作出差异化数据管理制度安排。

第三十一条 证券基金经营机构应当完善网络隔离、用户认证、访问控制、数据加密、数据备份、数据销毁、日志记录、病毒防范和非法入侵检测等安全保障措施,保护经营数据和客户信息安全,防范信息泄露与损毁。

第三十二条 证券基金经营机构应当遵循最少功能以及最小权限等原则分配信息系统管理、操作和访问权限,并履行审批流程。合规管理和风险管理部门应当对权限管理制度和操作流程进行合规审查及风险控制。

证券基金经营机构应当建立对信息系统权限的定期检查与核对机制,确保用户权限与其工作职责相匹配,防止出现授权不当的情形。

证券基金经营机构应当对重要信息系统的开发、测试、运维实施必要分离,保证信息技术管理部门内部岗位的相互制衡。

第三十三条 证券基金经营机构应当记录经营数据和客户信息的使用情况,并持续监督信息技术服务机构等相关方落实保密协议的情况。

证券基金经营机构发现其他机构、个人违规存储或使用自身经营数据和客户信息的,应当排查数据泄露途径、评估影响范围,采取合理可行的整改措施,及时处置风险隐患,并按照中国证监会规定履行报告和调查处理职责。

证券基金经营机构发现信息技术服务机构等相关方违规存储或者使用自身经营数据和客户信息的,应当责令其立即改正并销毁已获取的经营数据和客户信息;信息技术服务机构等相关方拒绝配合整改的,证券基金经营机构应当立即停止与其合作,并采取措施维护自身及客户的合法权益。

第三十四条 证券基金经营机构应当建立健全数据安全管理制度,不得收集与服务无关的客户信息,不得购买或使用非法获取或来源不明的数据。在收集使用客户信息之前,证券基金经营机构应当公开收集、使用的规则和目的,并征得客户同意。

除法律法规和中国证监会另有规定外,证券基金经营机构不得允许或者配合其他机构、个人截取、留存客户信息,不得以任何方式向其他机构、个人提供客户信息。

第三十五条 证券基金经营机构应当充分挖掘、梳理和分析数据内容,提高管理精细化程度,在业务经营、风险管理与内部控制中加强数据应用,实现同一客户、同类业务统一管理,充分发挥数据价值。

第三节 应急管理

第三十六条 证券基金经营机构借助信息技术手段从事证券基金业务活动的,应当建立信息技术应急管理的组织架构,确定重要业务及其恢复目标,制定应急预案,配置充足资源,稳妥处置信息技术突发事件,并积极开展应急演练和信息技术应急管理的评估与改进。

第三十七条 证券基金经营机构应当落实下列应急管理职责:

(一)信息技术管理部门为信息技术应急管理的牵头组织部门,组织开展信息技术应急预案的制定、演练、评估与改进工作,并负责信息系统的应急响应与恢复;

(二)各业务部门负责评估本业务条线信息技术突发事件相关风险,开展业务影响分析,确定并实施重要业务恢复目标和恢复策略;

(三)风险管理部门负责评估信息系统与相关业务恢复目标和恢复策略制定的合理性,确保与公司整体风险管理策略保持一致。

第三十八条 证券基金经营机构应当制定并持续完善应急预案,包括应急管理建设目标、备份信息系统建设和恢复机制、备份数据恢复机制、业务恢复或替代措施、应急联系方式、与客户沟通方式、向监管部门及有关单位的报告路径、应急预案披露与更新机制等内容。

证券基金经营机构应急预案应当充分考虑重要信息系统故障、相关信息技术服务机构无法继续提供服务、证券基金经营机构信息技术高管或重要技术团队发生重大变动以及自然灾害等可能影响重要信息系统平稳运行的事件。

第三十九条 证券基金经营机构应当根据系统变更、业务变化等情况,持续更新应急预案。

证券基金经营机构应当根据应急预案定期组织关键岗位人员开展应急演练,演练频率不低于每年一次,并确保应急演练在两年内覆盖全部重要信息系统。应急演练应当形成报告,保存期限不得少于五年。

第四十条 证券基金经营机构应当在公司网站、客户交易终端等渠道公示信息技术突发事件发生时客户可采取的替代交易方式等信息,提示客户防范和应对可能出现的风险。

第四十一条 证券基金经营机构应当确保备份系统与生产系统具备同等的处理能力,保持备份数据与原始数据的一致性。重要信息系统应当符合下列信息系统备份能力等级要求:

(一)实时信息系统、非实时信息系统的数据备份能力应当达到第一级;

(二)非实时信息系统的故障应对能力应当达到第二级;

(三)证券公司实时信息系统的故障应对能力应当达到第四级,基金管理公司实时信息系统的故障应对能力应当达到第三级;

(四)实时信息系统、非实时信息系统应当具备灾难及重大灾难应对能力,相关技术指标应当分别达到灾难应对能力第五级、重大灾难应对能力第六级;

(五)灾难应对能力可以通过重大灾难应对能力体现,但重大灾难应对能力相关技术指标应当达到灾难应对能力第五级。

第四十二条 证券基金经营机构应当按照中国证监会有关规定,建立信息安全事件的分级响应机制,明确内部处置工作流程,确保相关信息系统及时恢复运行。

第五章 信息技术服务机构

第四十三条 证券基金经营机构借助信息技术手段从事证券基金业务活动的,可以委托信息技术服务机构提供产品或服务,但证券基金经营机构依法应当承担的责任不因委托而免除或减轻。

证券基金经营机构应当清晰、准确、完整的掌握重要信息系统的技术架构、业务逻辑和操作流程等内容,确保重要信息系统运行始终处于自身控制范围。除法律法规及中国证监会另有规定外,不得将重要信息系统的运维、日常安全管理交由信息技术服务机构独立实施。

第四十四条 证券基金经营机构委托信息技术服务机构提供服务，应当按照本办法第十四条的规定对信息技术服务机构及相关信息系统进行内部审查，并向中国证监会及其派出机构报送审查意见及相关资料。

证券基金经营机构应当在选择信息技术服务机构之前，制定更换服务提供方的流程及预案，确保在特定情况下可更换服务提供方。

第四十五条 证券基金经营机构应当与信息技术服务机构签订服务协议和保密协议，明确各方权利、义务和责任，约定质量考核标准、持续监控机制、异常处理机制、服务变更或者终止的处置流程以及现场服务人员保密要求等内容，并持续监督信息技术服务机构及相关人员落实服务协议和保密协议的情况。

证券基金经营机构应当参照本办法第三条在服务协议中列明委托信息技术服务机构提供的服务范围、服务方式、涉及信息系统及相关证券基金业务活动类型。

第四十六条 信息技术服务机构出现异常情形的，证券基金经营机构应当按照应急预案开展内部评估与审查；信息技术服务机构保障能力不足，导致相关产品或服务的可用性、完整性或机密性丧失的，应当及时更换信息技术服务机构。

第四十七条 信息技术服务机构应当向中国证监会备案，具体规定由中国证监会另行制定。

第四十八条 基金信息技术服务机构备案材料应当包括本机构基本情况、信息技术服务情况、服务对象情况、内部控制情况等相关资料。备案内容发生变更的，基金信息技术服务机构应当及时更新备案材料。

基金信息技术服务机构备案材料不完整或者不符合规定的，应当根据中国证监会要求及时补正。

第四十九条 为证券公司、证券投资咨询机构提供信息技术服务的机构（以下简称证券信息技术服务机构）可以自愿接受中证信息业务指导，并遵守相关业务规则。

第五十条 信息技术服务机构应当健全内部质量控制机制，定期

第七章　附　　则

第六十条　证券基金专项业务服务机构借助信息技术手段从事证券基金业务活动的，参照本办法执行。

从事证券公司客户交易结算资金存管活动的商业银行、从事公开募集基金的基金托管机构、证券基金经营机构在境内依法设立的子公司及其下设机构借助信息技术手段从事相关证券基金业务活动的，参照本办法执行。

第六十一条　证券基金专项业务服务机构违反本办法规定的，中国证监会及其派出机构可以对证券基金专项业务服务机构及其直接负责的主管人员和其他直接责任人员单处或者并处警告、责令停止基金服务业务或三万元以下罚款等行政监管措施。

第六十二条　证券基金经营机构、证券基金专项业务服务机构应当按照本办法第五十二条规定，在本办法实施之日起半年内将已投产的重要信息系统所在机房、证券基金交易相关信息系统等相关情况报送中国证监会。

本办法实施前，已提供相关服务的基金信息技术服务机构应当按照本办法规定，在本办法实施之日起半年内向中国证监会备案。

本办法实施前，已从事相关业务活动且不符合本办法第十七条规定的，证券基金经营机构应当妥善处理相关问题，并在本办法实施之日起半年内完成整改；整改未完成前，不得借助违规接收客户交易指令的信息系统增加新客户或提供新服务。

第六十三条　本办法中下列用语的含义：

（一）证券基金专项业务服务机构，是指从事公开募集基金的销售、销售支付、份额登记、估值、投资顾问、评价等基金服务业务的机构和证券投资咨询机构。

（二）重要信息系统，是指支持证券基金经营机构和证券基金专项业务服务机构关键业务功能、如出现异常将对证券期货市场和投资者产生重大影响的信息系统。包括集中交易系统、投资交易系统、金融产品销售系统、估值核算系统、投资监督系统、份额登记系统、第三方存管系统、融资融券业务系统、网上交易系统、电话委托系统、移动终端交易系统、法人清算系统、具备开户交易或者客户资料修改功能的门户网站、承载投资咨询业务的系统、存放承销保荐业务工作底稿相关数据的系统、专业即时通信软件以及与上述信息系统具备类似功能的信息系统。

（三）重大变更，是指经证券基金经营机构、证券基金专项业务服务机构自行评估，可能影响业务合规和信息系统安全稳定运行的系统变更，包括但不限于信息技术服务机构更换、技术架构重大调整、主要功能变化等。

（四）专业化交易信息系统，是指除网上交易系统、移动终端交易系统等标准化交易系统外，证券基金经营机构向具有个性化需求并且符合规定条件的特定客户提供服务的交易系统。

（五）证券基金经营机构信息系统备份能力、数据备份能力、故障应对能力、重大灾难应对能力、实时信息系统、非实时信息系统以及备份能力等级相关定义参见中国证监会关于信息系统备份能力相关行业标准。

第六十四条 本办法自2019年6月1日起实施。《证券投资基金销售机构通过第三方电子商务平台开展业务管理暂行规定》（证监会公告〔2013〕18号）同时废止。

证券期货投资者适当性管理办法
（2020年修正）

（2016年5月26日中国证券监督管理委员会2016年第7次主席办公会议审议通过　根据2020年10月30日中国证券监督管理委员会令第177号《关于修改、废止部分证券期货规章的决定》修正）

第一条 为了规范证券期货投资者适当性管理，维护投资者合法权益，根据《证券法》、《证券投资基金法》、《证券公司监督管理条例》、

《期货交易管理条例》及其他相关法律、行政法规,制定本办法。

第二条 向投资者销售公开或者非公开发行的证券、公开或者非公开募集的证券投资基金和股权投资基金(包括创业投资基金,以下简称基金)、公开或者非公开转让的期货及其他衍生产品,或者为投资者提供相关业务服务的,适用本办法。

第三条 向投资者销售证券期货产品或者提供证券期货服务的机构(以下简称经营机构)应当遵守法律、行政法规、本办法及其他有关规定,在销售产品或者提供服务的过程中,勤勉尽责,审慎履职,全面了解投资者情况,深入调查分析产品或者服务信息,科学有效评估,充分揭示风险,基于投资者的不同风险承受能力以及产品或者服务的不同风险等级等因素,提出明确的适当性匹配意见,将适当的产品或者服务销售或者提供给适合的投资者,并对违法违规行为承担法律责任。

第四条 投资者应当在了解产品或者服务情况,听取经营机构适当性意见的基础上,根据自身能力审慎决策,独立承担投资风险。

经营机构的适当性匹配意见不表明其对产品或者服务的风险和收益做出实质性判断或者保证。

第五条 中国证券监督管理委员会(以下简称中国证监会)及其派出机构依照法律、行政法规、本办法及其他相关规定,对经营机构履行适当性义务进行监督管理。

证券期货交易场所、登记结算机构及中国证券业协会、中国期货业协会、中国证券投资基金业协会(以下统称行业协会)等自律组织对经营机构履行适当性义务进行自律管理。

第六条 经营机构向投资者销售产品或者提供服务时,应当了解投资者的下列信息:

(一)自然人的姓名、住址、职业、年龄、联系方式,法人或者其他组织的名称、注册地址、办公地址、性质、资质及经营范围等基本信息;

(二)收入来源和数额、资产、债务等财务状况;

(三)投资相关的学习、工作经历及投资经验;

(四)投资期限、品种、期望收益等投资目标;

(五)风险偏好及可承受的损失;

（六）诚信记录；

（七）实际控制投资者的自然人和交易的实际受益人；

（八）法律法规、自律规则规定的投资者准入要求相关信息；

（九）其他必要信息。

第七条 投资者分为普通投资者与专业投资者。

普通投资者在信息告知、风险警示、适当性匹配等方面享有特别保护。

第八条 符合下列条件之一的是专业投资者：

（一）经有关金融监管部门批准设立的金融机构，包括证券公司、期货公司、基金管理公司及其子公司、商业银行、保险公司、信托公司、财务公司等；经行业协会备案或者登记的证券公司子公司、期货公司子公司、私募基金管理人。

（二）上述机构面向投资者发行的理财产品，包括但不限于证券公司资产管理产品、基金管理公司及其子公司产品、期货公司资产管理产品、银行理财产品、保险产品、信托产品、经行业协会备案的私募基金。

（三）社会保障基金、企业年金等养老基金，慈善基金等社会公益基金，合格境外机构投资者（QFII）、人民币合格境外机构投资者（RQFII）。

（四）同时符合下列条件的法人或者其他组织：

1. 最近 1 年末净资产不低于 2000 万元；

2. 最近 1 年末金融资产不低于 1000 万元；

3. 具有 2 年以上证券、基金、期货、黄金、外汇等投资经历。

（五）同时符合下列条件的自然人：

1. 金融资产不低于 500 万元，或者最近 3 年个人年均收入不低于 50 万元；

2. 具有 2 年以上证券、基金、期货、黄金、外汇等投资经历，或者具有 2 年以上金融产品设计、投资、风险管理及相关工作经历，或者属于本条第（一）项规定的专业投资者的高级管理人员、获得职业资格认证的从事金融相关业务的注册会计师和律师。

前款所称金融资产，是指银行存款、股票、债券、基金份额、资产管理计划、银行理财产品、信托计划、保险产品、期货及其他衍生产品等。

第九条 经营机构可以根据专业投资者的业务资格、投资实力、投资经历等因素,对专业投资者进行细化分类和管理。

第十条 专业投资者之外的投资者为普通投资者。

经营机构应当按照有效维护投资者合法权益的要求,综合考虑收入来源、资产状况、债务、投资知识和经验、风险偏好、诚信状况等因素,确定普通投资者的风险承受能力,对其进行细化分类和管理。

第十一条 普通投资者和专业投资者在一定条件下可以互相转化。

符合本办法第八条第(四)、(五)项规定的专业投资者,可以书面告知经营机构选择成为普通投资者,经营机构应当对其履行相应的适当性义务。

符合下列条件之一的普通投资者可以申请转化成为专业投资者,但经营机构有权自主决定是否同意其转化:

(一)最近1年末净资产不低于1000万元,最近1年末金融资产不低于500万元,且具有1年以上证券、基金、期货、黄金、外汇等投资经历的除专业投资者外的法人或其他组织;

(二)金融资产不低于300万元或者最近3年个人年均收入不低于30万元,且具有1年以上证券、基金、期货、黄金、外汇等投资经历或者1年以上金融产品设计、投资、风险管理及相关工作经历的自然人投资者。

第十二条 普通投资者申请成为专业投资者应当以书面形式向经营机构提出申请并确认自主承担可能产生的风险和后果,提供相关证明材料。

经营机构应当通过追加了解信息、投资知识测试或者模拟交易等方式对投资者进行谨慎评估,确认其符合前条要求,说明对不同类别投资者履行适当性义务的差别,警示可能承担的投资风险,告知申请的审查结果及其理由。

第十三条 经营机构应当告知投资者,其根据本办法第六条规定所提供的信息发生重要变化、可能影响分类的,应及时告知经营机构。经营机构应当建立投资者评估数据库并及时更新,充分使用已了解信息和已有评估结果,避免重复采集,提高评估效率。

第十四条 中国证监会、自律组织在针对特定市场、产品或者服务制定规则时,可以考虑风险性、复杂性以及投资者的认知难度等因素,从资产规模、收入水平、风险识别能力和风险承担能力、投资认购最低金额等方面,规定投资者准入要求。投资者准入要求包含资产指标的,应当规定投资者在购买产品或者接受服务前一定时期内符合该指标。

现有市场、产品或者服务规定投资者准入要求的,应当符合前款规定。

第十五条 经营机构应当了解所销售产品或者所提供服务的信息,根据风险特征和程度,对销售的产品或者提供的服务划分风险等级。

第十六条 划分产品或者服务风险等级时应当综合考虑以下因素:

(一)流动性;

(二)到期时限;

(三)杠杆情况;

(四)结构复杂性;

(五)投资单位产品或者相关服务的最低金额;

(六)投资方向和投资范围;

(七)募集方式;

(八)发行人等相关主体的信用状况;

(九)同类产品或者服务过往业绩;

(十)其他因素。

涉及投资组合的产品或者服务,应当按照产品或者服务整体风险等级进行评估。

第十七条 产品或者服务存在下列因素的,应当审慎评估其风险等级:

(一)存在本金损失的可能性,因杠杆交易等因素容易导致本金大部分或者全部损失的产品或者服务;

(二)产品或者服务的流动变现能力,因无公开交易市场、参与投

资者少等因素导致难以在短期内以合理价格顺利变现的产品或者服务;

(三)产品或者服务的可理解性,因结构复杂、不易估值等因素导致普通人难以理解其条款和特征的产品或者服务;

(四)产品或者服务的募集方式,涉及面广、影响力大的公募产品或者相关服务;

(五)产品或者服务的跨境因素,存在市场差异、适用境外法律等情形的跨境发行或者交易的产品或者服务;

(六)自律组织认定的高风险产品或者服务;

(七)其他有可能构成投资风险的因素。

第十八条 经营机构应当根据产品或者服务的不同风险等级,对其适合销售产品或者提供服务的投资者类型作出判断,根据投资者的不同分类,对其适合购买的产品或者接受的服务作出判断。

第十九条 经营机构告知投资者不适合购买相关产品或者接受相关服务后,投资者主动要求购买风险等级高于其风险承受能力的产品或者接受相关服务的,经营机构在确认其不属于风险承受能力最低类别的投资者后,应当就产品或者服务风险高于其承受能力进行特别的书面风险警示,投资者仍坚持购买的,可以向其销售相关产品或者提供相关服务。

第二十条 经营机构向普通投资者销售高风险产品或者提供相关服务,应当履行特别的注意义务,包括制定专门的工作程序,追加了解相关信息,告知特别的风险点,给予普通投资者更多的考虑时间,或者增加回访频次等。

第二十一条 经营机构应当根据投资者和产品或者服务的信息变化情况,主动调整投资者分类、产品或者服务分级以及适当性匹配意见,并告知投资者上述情况。

第二十二条 禁止经营机构进行下列销售产品或者提供服务的活动:

(一)向不符合准入要求的投资者销售产品或者提供服务;

(二)向投资者就不确定事项提供确定性的判断,或者告知投资者有可能使其误认为具有确定性的意见;

（三）向普通投资者主动推介风险等级高于其风险承受能力的产品或者服务；

（四）向普通投资者主动推介不符合其投资目标的产品或者服务；

（五）向风险承受能力最低类别的投资者销售或者提供风险等级高于其风险承受能力的产品或者服务；

（六）其他违背适当性要求，损害投资者合法权益的行为。

第二十三条　经营机构向普通投资者销售产品或者提供服务前，应当告知下列信息：

（一）可能直接导致本金亏损的事项；

（二）可能直接导致超过原始本金损失的事项；

（三）因经营机构的业务或者财产状况变化，可能导致本金或者原始本金亏损的事项；

（四）因经营机构的业务或者财产状况变化，影响客户判断的重要事由；

（五）限制销售对象权利行使期限或者可解除合同期限等全部限制内容；

（六）本办法第二十九条规定的适当性匹配意见。

第二十四条　经营机构对投资者进行告知、警示，内容应当真实、准确、完整，不存在虚假记载、误导性陈述或者重大遗漏，语言应当通俗易懂；告知、警示应当采用书面形式送达投资者，并由其确认已充分理解和接受。

第二十五条　经营机构通过营业网点向普通投资者进行本办法第十二条、第二十条、第二十一条和第二十三条规定的告知、警示，应当全过程录音或者录像；通过互联网等非现场方式进行的，经营机构应当完善配套留痕安排，由普通投资者通过符合法律、行政法规要求的电子方式进行确认。

第二十六条　经营机构委托其他机构销售本机构发行的产品或者提供服务，应当审慎选择受托方，确认受托方具备代销相关产品或者提供服务的资格和落实相应适当性义务要求的能力，应当制定并告知代销方所委托产品或者提供服务的适当性管理标准和要求，代销方应当严格执行，但法律、行政法规、中国证监会其他规章另有规定的除外。

第二十七条 经营机构代销其他机构发行的产品或者提供相关服务,应当在合同中约定要求委托方提供的信息,包括本办法第十六条、第十七条规定的产品或者服务分级考虑因素等,自行对该信息进行调查核实,并履行投资者评估、适当性匹配等适当性义务。委托方不提供规定的信息、提供信息不完整的,经营机构应当拒绝代销产品或者提供服务。

第二十八条 对在委托销售中违反适当性义务的行为,委托销售机构和受托销售机构应当依法承担相应法律责任,并在委托销售合同中予以明确。

第二十九条 经营机构应当制定适当性内部管理制度,明确投资者分类、产品或者服务分级、适当性匹配的具体依据、方法、流程等,严格按照内部管理制度进行分类、分级,定期汇总分类、分级结果,并对每名投资者提出匹配意见。

经营机构应当制定并严格落实与适当性内部管理有关的限制不匹配销售行为、客户回访检查、评估与销售隔离等风控制度,以及培训考核、执业规范、监督问责等制度机制,不得采取鼓励不适当销售的考核激励措施,确保从业人员切实履行适当性义务。

第三十条 经营机构应当每半年开展一次适当性自查,形成自查报告。发现违反本办法规定的问题,应当及时处理并主动报告住所地中国证监会派出机构。

第三十一条 鼓励经营机构将投资者分类政策、产品或者服务分级政策、自查报告在公司网站或者符合中国证监会规定条件的媒体进行披露。

第三十二条 经营机构应当按照相关规定妥善保存其履行适当性义务的相关信息资料,防止泄露或者被不当利用,接受中国证监会及其派出机构和自律组织的检查。对匹配方案、告知警示资料、录音录像资料、自查报告等的保存期限不得少于20年。

第三十三条 投资者购买产品或者接受服务,按规定需要提供信息的,所提供的信息应当真实、准确、完整。投资者根据本办法第六条规定所提供的信息发生重要变化、可能影响其分类的,应当及时告知经营机构。

投资者不按照规定提供相关信息，提供信息不真实、不准确、不完整的，应当依法承担相应法律责任，经营机构应当告知其后果，并拒绝向其销售产品或者提供服务。

第三十四条　经营机构应当妥善处理适当性相关的纠纷，与投资者协商解决争议，采取必要措施支持和配合投资者提出的调解。经营机构履行适当性义务存在过错并造成投资者损失的，应当依法承担相应法律责任。

经营机构与普通投资者发生纠纷的，经营机构应当提供相关资料，证明其已向投资者履行相应义务。

第三十五条　中国证监会及其派出机构在监管中应当审核或者关注产品或者服务的适当性安排，对适当性制度落实情况进行检查，督促经营机构严格落实适当性义务，强化适当性管理。

第三十六条　证券期货交易场所应当制定完善本市场相关产品或者服务的适当性管理自律规则。

行业协会应当制定完善会员落实适当性管理要求的自律规则，制定并定期更新本行业的产品或者服务风险等级名录以及本办法第十九条、第二十二条规定的风险承受能力最低的投资者类别，供经营机构参考。经营机构评估相关产品或者服务的风险等级不得低于名录规定的风险等级。

证券期货交易场所、行业协会应当督促、引导会员履行适当性义务，对备案产品或者相关服务应当重点关注高风险产品或者服务的适当性安排。

第三十七条　经营机构违反本办法规定的，中国证监会及其派出机构可以对经营机构及其直接负责的主管人员和其他直接责任人员，采取责令改正、监管谈话、出具警示函等监督管理措施。

第三十八条　证券公司、期货公司违反本办法规定，存在较大风险或者风险隐患的，中国证监会及其派出机构可以按照《证券法》第一百四十条、《证券公司监督管理条例》第七十条、《期货交易管理条例》第五十五条的规定，采取监督管理措施。

第三十九条　违反本办法第六条、第十八条、第十九条、第二十

第五条 中国证监会、中国人民银行(以下简称人民银行)依法对合格境外投资者的境内证券期货投资实施监督管理,人民银行、国家外汇管理局(以下简称外汇局)依法对合格境外投资者境内银行账户、资金汇兑等实施监督管理。

合格境外投资者可参与的金融衍生品等交易品种和交易方式,由中国证监会商人民银行、外汇局同意后公布。

第六条 申请合格境外投资者资格,应当具备下列条件:

(一)财务稳健,资信良好,具备证券期货投资经验;

(二)境内投资业务主要负责人员符合申请人所在境外国家或者地区有关从业资格的要求(如有);

(三)治理结构、内部控制和合规管理制度健全有效,按照规定指定督察员负责对申请人境内投资行为的合法合规性进行监督;

(四)经营行为规范,近3年或者自成立以来未受到监管机构的重大处罚;

(五)不存在对境内资本市场运行产生重大影响的情形。

第七条 申请人应当通过托管人向中国证监会报送合格境外投资者资格申请文件。

中国证监会自受理申请文件之日起10个工作日内,对申请材料进行审核,并作出批准或者不予批准的决定。决定批准的,作出书面批复,并颁发经营证券期货业务许可证(以下简称许可证);决定不予批准的,书面通知申请人。

第八条 托管人首次开展合格境外投资者资产托管业务的,应当自签订托管协议之日起5个工作日内,报中国证监会备案。

第九条 托管人应当履行下列职责:

(一)安全保管合格境外投资者托管的全部资产;

(二)办理合格境外投资者的有关交易清算、交收、结汇、售汇、收汇、付汇和人民币资金结算业务;

(三)监督合格境外投资者的投资运作,发现其投资指令违法、违规的,及时向中国证监会、人民银行和外汇局报告;

(四)根据中国证监会、人民银行和外汇局的要求,报送合格境外投资者的开销户信息、资金跨境收付信息、境内证券期货投资资产配置情况信息等相关业务报告和报表，并进行国际收支统计申报；

（五）保存合格境外投资者的资金汇入、汇出、兑换、收汇、付汇和资金往来记录等相关资料，保存期限不少于20年；

（六）中国证监会、人民银行和外汇局根据审慎监管原则规定的其他职责。

第十条 托管人应当持续符合下列要求：

（一）有专门的资产托管部门和符合托管业务需要的人员、系统、制度；

（二）具有经营外汇业务和人民币业务的资格；

（三）未发生影响托管业务的重大违法违规行为；

（四）中国证监会、人民银行和外汇局根据审慎监管原则规定的其他要求。

第十一条 托管人应当将其自有资产和受托资产严格分开，对受托资产实行分账托管。

第十二条 合格境外投资者委托2个以上托管人的，应当指定1个主报告人，负责代其统一办理资格申请、重大事项报告、主体信息登记等事项。合格境外投资者应当在指定主报告人之日起5个工作日内，通过主报告人将所有托管人信息报中国证监会、外汇局备案。

合格境外投资者可以更换托管人。中国证监会、外汇局根据审慎监管原则可以要求合格境外投资者更换托管人。

第十三条 合格境外投资者应当依法申请开立证券期货账户。

合格境外投资者进行证券期货交易，应当委托具有相应结算资格的机构结算。

第十四条 合格境外投资者的投资本金及在境内的投资收益可以投资于符合规定的金融工具。

合格境外投资者投资银行间债券市场，参与境内外汇市场业务，应当根据人民银行、外汇局相关规定办理。

第十五条 合格境外投资者开展境内证券投资，应当遵守中国证监会规定的证券投资比例限制和国家其他有关规定。

第十六条 合格境外投资者履行信息披露义务时，应当依法合并计算其拥有的同一公司境内上市或者挂牌股票和境外上市外资股的报告等监管措施。违反有关法律、行政法规的，按照有关规定实施行政处罚。涉嫌犯罪的，依法将案件移送司法机关追究刑事责任。

第二十八条 在香港特别行政区、澳门特别行政区设立的机构投资者到内地从事证券期货投资，在台湾地区设立的机构投资者到大陆从事证券期货投资，适用本办法。

第二十九条 本办法自2020年11月1日起施行。2006年8月24日中国证监会、人民银行、外汇局公布的《合格境外机构投资者境内证券投资管理办法》和2013年3月1日中国证监会公布的《人民币合格境外机构投资者境内证券投资试点办法》同时废止。

证券期货市场诚信监督管理办法（2020年修正）

（2017年11月2日中国证券监督管理委员会2017年第7次主席办公会议审议通过　根据2020年3月20日中国证券监督管理委员会令第166号《关于修改部分证券期货规章的决定》修正）

第一章　总　　则

第一条 为了加强证券期货市场诚信建设，保护投资者合法权益，维护证券期货市场秩序，促进证券期货市场健康稳定发展，根据《证券法》等法律、行政法规，制定本办法。

第二条 中国证券监督管理委员会（以下简称中国证监会）建立全国统一的证券期货市场诚信档案数据库（以下简称诚信档案），记录证券期货市场诚信信息。

第三条 记入诚信档案的诚信信息的界定、采集与管理，诚信信息的公开、查询，诚信约束、激励与引导等，适用本办法。

第四条 公民（自然人）、法人或者其他组织从事证券期货市场活动，应当诚实信用，遵守法律、行政法规、规章和依法制定的自律规则，禁止欺诈、内幕交易、操纵市场以及其他损害投资者合法权益的不诚实信用行为。

第五条　中国证监会鼓励、支持诚实信用的公民、法人或者其他组织从事证券期货市场活动，实施诚信约束、激励与引导。

第六条　中国证监会可以和国务院其他部门、地方人民政府、国家司法机关、行业组织、境外证券期货监管机构建立诚信监管合作机制，实施诚信信息共享，推动健全社会信用体系。

第二章　诚信信息的采集和管理

第七条　下列从事证券期货市场活动的公民、法人或者其他组织的诚信信息，记入诚信档案：

（一）证券业从业人员、期货从业人员和基金从业人员；

（二）证券期货市场投资者、交易者；

（三）证券发行人、上市公司、全国中小企业股份转让系统挂牌公司、区域性股权市场挂牌转让证券的企业及其董事、监事、高级管理人员、主要股东、实际控制人；

（四）区域性股权市场的运营机构及其董事、监事和高级管理人员，为区域性股权市场办理账户开立、资金存放、登记结算等业务的机构；

（五）证券公司、期货公司、基金管理人、债券受托管理人、债券发行担保人及其董事、监事、高级管理人员、主要股东和实际控制人或者执行事务合伙人，合格境外机构投资者、合格境内机构投资者及其主要投资管理人员，境外证券类机构驻华代表机构及其总代表、首席代表；

（六）会计师事务所、律师事务所、保荐机构、财务顾问机构、资产评估机构、投资咨询机构、信用评级机构、基金服务机构、期货合约交割仓库以及期货合约标的物质量检验检疫机构等证券期货服务机构及其相关从业人员；

（七）为证券期货业务提供存管、托管业务的商业银行或者其他金融机构，及其存管、托管部门的高级管理人员；

责采集并记入诚信档案;第(十七)项、第(十八)项诚信信息,由相关证券期货市场行业组织、证券期货经营机构采集并记入诚信档案;其他诚信信息由中国证监会及其派出机构通过政府信息公开、信用信息共享等途径采集并记入诚信档案。

第十二条 记入诚信档案的诚信信息所对应的决定或者行为经法定程序撤销、变更的,中国证监会及其派出机构相应删除、修改该诚信信息。

第十三条 本办法第八条规定的违法失信信息,在诚信档案中的效力期限为3年,但因证券期货违法行为被行政处罚、市场禁入、刑事处罚和判决承担较大侵权、违约民事赔偿责任的信息,其效力期限为5年。

法律、行政法规或者中国证监会规章对违法失信信息的效力期限另有规定的,国务院其他主管部门对其产生的违法失信信息的效力期限另有规定的,从其规定。

前款所规定的效力期限,自对违法失信行为的处理决定执行完毕之日起算。

超过效力期限的违法失信信息,不再进行诚信信息公开,并不再接受诚信信息申请查询,公民、法人或者其他组织根据本办法第十七条申请查询自己信息的除外。

第三章 诚信信息的公开与查询

第十四条 本办法第八条第(二)、(三)、(四)、(六)项信息和第(五)项的行政处罚、市场禁入信息依法向社会公开。

中国证监会在其网站建立证券期货市场违法失信信息公开查询平台,社会公众可通过该平台查询本办法第八条第(五)项行政处罚、市场禁入决定信息,第(六)项信息等违法失信信息。

第十五条 中国证监会对有下列严重违法失信情形的市场主体,在证券期货市场违法失信信息公开查询平台进行专项公示:

(一)因操纵市场、内幕交易、欺诈发行、虚假披露信息、非法从事证券期货业务、利用未公开信息交易以及编造、传播虚假信息被中国证监会及其派出机构作出行政处罚;

（二）被中国证监会及其派出机构采取市场禁入措施；

（三）因证券期货犯罪被人民法院判处刑罚；

（四）因拒不配合中国证监会及其派出机构监督检查、调查被有关机关作出行政处罚或者处理决定；

（五）到期拒不执行中国证监会及其派出机构生效行政处罚决定；

（六）经责令改正仍逾期不履行《证券法》第八十四条规定的公开承诺；

（七）严重侵害投资者合法权益、市场反应强烈的其他严重违法失信情形。

严重违法失信主体的专项公示期为一年，自公示之日起算。

中国证监会对有第（五）、（六）项情形的市场主体，统一归集至全国信用信息共享平台安排公示的，按照相关规定办理。

第十六条 除本办法第十四条、第十五条规定之外的诚信信息，公民、法人或者其他组织可以根据本办法规定向中国证监会及其派出机构申请查询。

第十七条 公民、法人或者其他组织提出诚信信息查询申请，符合以下条件之一的，中国证监会及其派出机构予以办理：

（一）公民、法人或者其他组织申请查询自己的诚信信息的；

（二）发行人、上市公司申请查询拟任董事、监事、高级管理人员的诚信信息的；

（三）发行人、上市公司申请查询拟参与本公司并购、重组的公民、法人或者其他组织的诚信信息的；

（四）发行人、上市公司申请查询拟委托的证券公司、证券服务机构及其相关从业人员的诚信信息的；

（五）证券公司、债券受托管理人、证券服务机构申请查询其所提供专业服务的发行人、上市公司及其董事、监事、高级管理人员、控股股东和实际控制人以及债券发行担保人的诚信信息的；

（六）证券公司、期货公司、基金管理人、证券期货服务机构申请查询已聘任或者拟聘任的董事、监事、高级管理人员或者其他从业人员的诚信信息的；

（七）中国证监会规定的其他条件。

决定。

申请人以及申请事项所涉及的有关当事人的诚信信息虽不属于法定不予许可条件范围,但有关法律、行政法规和规章对行政许可法定条件提出诚实信用要求、作出原则性规定或者设定授权性条款的,中国证监会及其派出机构可以综合考虑诚信状况等相关因素,审慎审查申请人提出的行政许可申请事项。

第三十条 业务创新试点申请人有本办法第八条第(四)项中的未履行或者未如期履行承诺信息,或者第(五)项至第(十八)项规定的违法失信信息之一的,中国证监会及其派出机构、证券期货市场行业组织可以暂缓或者不予安排,但申请人能证明该违法失信信息与业务创新明显无关的除外。

第三十一条 中国证监会及其派出机构审查行政许可,对符合以下条件的,在受理后,即时进行审查:

(一)近三年没有违反证券期货法律、行政法规和中国证监会规定的失信记录;

(二)近三年没有因违法开展经营活动被银行、保险、税收、环保、海关等相关主管部门予以行政处罚;

(三)没有因证券期货犯罪或者其他犯罪被人民法院判处刑罚。

中国证监会及其派出机构审查行政许可,可以在同等条件下对诚信积分较高的申请人优先审查。

第三十二条 中国证监会及其派出机构、证券期货市场行业组织在业务创新试点安排中,可以在法律、行政法规规定的范围内,对于同等条件下诚信状况较好的申请人予以优先安排。

第三十三条 中国证监会及其派出机构在对公民、法人或者其他组织进行行政处罚、实施市场禁入和采取监督管理措施中,应当查阅当事人的诚信档案,在综合考虑当事人违法行为的性质、情节、损害投资者合法权益程度和当事人诚信状况等因素的基础上,依法作出处理。

第三十四条 中国证监会及其派出机构在开展监督检查等日常监管工作中,应当查阅被监管机构的诚信档案,根据被监管机构的诚信状况,有针对性地进行现场检查和非现场检查,或者适当调整、安排现场检查的对象、频率和内容。

第三十五条　证券登记结算机构、证券公司、期货公司等机构在为投资者、客户开立证券、期货相关账户时，应当查询投资者、客户的诚信档案，按照规定办理相关账户开立事宜。

第三十六条　证券公司在办理客户证券质押式回购、约定式购回以及融资融券业务申请时，可以查阅客户的诚信档案，根据申请人的诚信状况，决定是否予以办理，或者确定和调整授信额度。

证券金融公司在开展转融通业务时，可以查阅证券公司的诚信档案，根据证券公司的诚信状况，决定是否对其进行转融通，或者确定和调整授信额度。

第三十七条　发行人、上市公司、全国中小企业股份转让系统挂牌公司、证券公司、期货公司、基金管理人、证券期货服务机构拟聘任董事、监事、高级管理人员以及从业人员的，应当查询拟聘任人员的诚信档案，并将其诚信状况作为决定是否聘任的依据。

第三十八条　证券公司、证券服务机构受托为发行人、上市公司、全国中小企业股份转让系统挂牌公司等提供证券服务的，应当查询委托人的诚信档案，并将其诚信状况作为决定是否接受委托、确定收费标准的依据。

第三十九条　公民、法人或者其他组织公开发布证券期货市场评论信息，所述事实内容与实际情况不相符合的，或者存在其他显著误导公众情形的，中国证监会及其派出机构可以对其出具诚信关注函，记入诚信档案，并可将有关情况向其所在工作单位、所属主管部门或者行业自律组织通报。

证券期货投资咨询机构及其人员公开发布证券期货市场评论信息违反规定的，依照有关规定处理、处罚。

公民、法人或者其他组织利用公开发布证券期货市场评论信息进行操纵市场等违法行为的，依法予以处罚；构成犯罪的，由司法机关依法追究刑事责任。

第四十条　证券期货市场行业组织应当教育和鼓励其成员以及从业人员遵守法律，诚实信用。对遵守法律、诚实信用的成员以及从业人员，可以给予表彰、奖励。

证券公司风险控制指标管理办法(2020年修正)

(2006年7月5日中国证券监督管理委员会第185次主席办公会议审议通过　根据2008年6月24日中国证券监督管理委员会令第55号《关于修改〈证券公司风险控制指标管理办法〉的决定》、2016年6月16日中国证券监督管理委员会令第125号《关于修改〈证券公司风险控制指标管理办法〉的决定》、2020年3月20日中国证券监督管理委员会令第166号《关于修改部分证券期货规章的决定》修正)

第一章　总　　则

第一条　为了建立以净资本和流动性为核心的风险控制指标体系,加强证券公司风险监管,督促证券公司加强内部控制、提升风险管理水平、防范风险,根据《证券法》等有关法律、行政法规,制定本办法。

第二条　证券公司应当按照中国证券监督管理委员会(以下简称中国证监会)的有关规定,遵循审慎、实质重于形式的原则,计算净资本、风险覆盖率、资本杠杆率、流动性覆盖率、净稳定资金率等各项风险控制指标,编制净资本计算表、风险资本准备计算表、表内外资产总额计算表、流动性覆盖率计算表、净稳定资金率计算表、风险控制指标计算表等监管报表(以下统称风险控制指标监管报表)。

第三条　中国证监会可以根据市场发展情况和审慎监管原则,对各项风险控制指标标准及计算要求进行动态调整;调整之前,应当公开征求行业意见,并为调整事项的实施作出过渡性安排。

对于未规定风险控制指标标准及计算要求的新产品、新业务,证券公司在投资该产品或者开展该业务前,应当按照规定事先向中国证监会、公司注册地的中国证监会派出机构（以下简称派出机构）报告或者报批。中国证监会根据证券公司新产品、新业务的特点和风险状况，在征求行业意见基础上确定相应的风险控制指标标准及计算要求。

第四条　中国证监会可以按照分类监管原则，根据证券公司的治理结构、内控水平和风险控制情况，对不同类别公司的风险控制指标标准和计算要求，以及某项业务的风险资本准备计算比例进行动态调整。

第五条　中国证监会及其派出机构应当对证券公司净资本等各项风险控制指标数据的生成过程及计算结果的真实性、准确性、完整性进行定期或者不定期检查。

中国证监会及其派出机构可以根据监管需要，要求证券公司聘请符合《证券法》规定的会计师事务所对其风险控制指标监管报表进行审计。

第六条　证券公司应当根据中国证监会有关规定建立符合自身发展战略需要的全面风险管理体系。证券公司应当将所有子公司以及比照子公司管理的各类孙公司纳入全面风险管理体系，强化分支机构风险管理，实现风险管理全覆盖。全面风险管理体系应当包括可操作的管理制度、健全的组织架构、可靠的信息技术系统、量化的风险指标体系、专业的人才队伍、有效的风险应对机制。

证券公司应当任命一名具有风险管理相关专业背景、任职经历、履职能力的高级管理人员为首席风险官，由其负责全面风险管理工作。

第七条　证券公司应当根据自身资产负债状况和业务发展情况，建立动态的风险控制指标监控和资本补足机制，确保净资本等各项风险控制指标在任一时点都符合规定标准。

证券公司应当在发生重大业务事项及分配利润前对风险控制指标进行压力测试，合理确定有关业务及分配利润的最大规模。

证券公司应当建立健全压力测试机制，及时根据市场变化情况及监管部门要求，对公司风险控制指标进行压力测试。

压力测试结果显示风险超过证券公司自身承受能力范围的，证券公司应采取措施控制业务规模或降低风险。

第八条 证券公司应当聘请符合《证券法》规定的会计师事务所对其年度风险控制指标监管报表进行审计。

第九条 会计师事务所及其注册会计师应当勤勉尽责,对证券公司风险控制指标监管报表的真实性、准确性、完整性进行审计,并发表恰当的审计意见。

第二章 净资本及其计算

第十条 证券公司净资本由核心净资本和附属净资本构成。其中:

核心净资本 = 净资产 - 资产项目的风险调整 - 或有负债的风险调整 -/+ 中国证监会认定或核准的其他调整项目。

附属净资本 = 长期次级债 × 规定比例 -/+ 中国证监会认定或核准的其他调整项目。

第十一条 证券公司应当按照中国证监会规定的证券公司净资本计算标准计算净资本。

第十二条 证券公司计算核心净资本时,应当按照规定对有关项目充分计提资产减值准备。

中国证监会及其派出机构可以要求公司专项说明资产减值准备提取的充足性和合理性。有证据表明公司未充分计提资产减值准备的,中国证监会及其派出机构可以责令公司整改并追究相关人员责任。

第十三条 证券公司应当根据公司期末或有事项的性质(如未决诉讼、未决仲裁、对外提供担保等)、涉及金额、形成原因和进展情况、可能发生的损失和预计损失进行相应会计处理。对于很可能导致经济利益流出公司的或有事项,应当确认预计负债;对于未确认预计负债,但仍可能导致经济利益流出公司的或有事项,在计算核心净资本时,应当作为或有负债,按照一定比例在净资本中予以扣减,并在净资本计算表的附注中披露。

第十四条 证券公司对控股证券业务子公司出具承诺书提供担保承诺的,应当按照担保承诺金额的一定比例扣减核心净资本。从事证券承销与保荐、证券资产管理业务等中国证监会认可的子公司可以将母公司提供的担保承诺按照一定比例计入核心净资本。

第十五条 证券公司向股东或机构投资者借入或发行的次级债，可以按照一定比例计入附属净资本或扣减风险资本准备。具体规定由中国证监会另行制定。

第三章 风险控制指标标准

第十六条 证券公司经营证券经纪业务的，其净资本不得低于人民币2000万元。

证券公司经营证券承销与保荐、证券自营、证券资产管理、其他证券业务等业务之一的，其净资本不得低于人民币5000万元。

证券公司经营证券经纪业务，同时经营证券承销与保荐、证券自营、证券资产管理、其他证券业务等业务之一的，其净资本不得低于人民币1亿元。

证券公司经营证券承销与保荐、证券自营、证券资产管理、其他证券业务中两项及两项以上的，其净资本不得低于人民币2亿元。

第十七条 证券公司必须持续符合下列风险控制指标标准：

（一）风险覆盖率不得低于100%；

（二）资本杠杆率不得低于8%；

（三）流动性覆盖率不得低于100%；

（四）净稳定资金率不得低于100%；

其中：

风险覆盖率 = 净资本/各项风险资本准备之和 ×100%；

资本杠杆率 = 核心净资本/表内外资产总额 ×100%；

流动性覆盖率 = 优质流动性资产/未来30天现金净流出量 ×100%；

净稳定资金率 = 可用稳定资金/所需稳定资金 ×100%。

第十八条 证券公司应当按照中国证监会规定的证券公司风险资本准备计算标准计算市场风险、信用风险、操作风险资本准备。中国证监会可以根据特定产品或业务的风险特征，以及监督检查结果，要求证券公司计算特定风险资本准备。

市场风险资本准备按照各类金融工具市场风险特征的不同,用投资规模乘以风险系数计算;信用风险资本准备按照各表内外项目信用风险程度的不同,用资产规模乘以风险系数计算;操作风险资本准备按照各项业务收入的一定比例计算。

证券公司可以采取内部模型法等风险计量高级方法计算风险资本准备,具体规定由中国证监会另行制定。

第十九条 证券公司经营证券自营业务、为客户提供融资或融券服务的,应当符合中国证监会对该项业务的风险控制指标标准。

第二十条 证券公司可以结合自身实际情况,在不低于中国证监会规定标准的基础上,确定相应的风险控制指标标准。

第二十一条 中国证监会对各项风险控制指标设置预警标准,对于规定"不得低于"一定标准的风险控制指标,其预警标准是规定标准的120%;对于规定"不得超过"一定标准的风险控制指标,其预警标准是规定标准的80%。

第四章 编制和披露

第二十二条 设有子公司的证券公司应当以母公司数据为基础,编制风险控制指标监管报表。

中国证监会及其派出机构可以根据监管需要,要求证券公司以合并数据为基础编制风险控制指标监管报表。

第二十三条 证券公司的董事、高级管理人员应当对公司半年度、年度风险控制指标监管报表签署确认意见。

证券公司经营管理的主要负责人、首席风险官、财务负责人应当对公司月度风险控制指标监管报表签署确认意见。在证券公司风险控制指标监管报表上签字的人员,应当保证风险控制指标监管报表真实、准确、完整,不存在虚假记载、误导性陈述和重大遗漏;对风险控制指标监管报表内容持有异议的,应当在报表上注明自己的意见和理由。

第二十四条 证券公司应当至少每半年经主要负责人、首席风险官签署确认后,向公司全体董事报告一次公司净资本等风险控制指标的具体情况和达标情况;证券公司应当至少每半年经董事会签署确认,向公司全体股东报告一次公司净资本等风险控制指标的具体情况和达标情况,并至少获得主要股东的签收确认证明文件。

净资本指标与上月相比发生20%以上不利变化或不符合规定标准时,证券公司应当在5个工作日内向公司全体董事报告,10个工作日内向公司全体股东报告。

第二十五条 证券公司应当在每月结束之日起7个工作日内,向中国证监会及其派出机构报送月度风险控制指标监管报表。

派出机构可以根据监管需要,要求辖区内单个、部分或者全部证券公司在一定阶段内按周或者按日编制并报送各项风险控制指标监管报表。

第二十六条 证券公司的净资本等风险控制指标与上月相比发生不利变化超过20%的,应当在该情形发生之日起3个工作日内,向中国证监会及其派出机构报告,说明基本情况和变化原因。

第二十七条 证券公司的净资本等风险控制指标达到预警标准或者不符合规定标准的,应当分别在该情形发生之日起3个、1个工作日内,向中国证监会及其派出机构报告,说明基本情况、问题成因以及解决问题的具体措施和期限。

第五章 监督管理

第二十八条 证券公司的财务会计报告、风险控制指标监管报表被注册会计师出具了保留意见、带强调事项段或其他事项段无保留意见的,证券公司应当就涉及事项进行专项说明。

涉及事项不属于明显违反会计准则、证券公司净资本计算规则等有关规定的,中国证监会及其派出机构可以要求证券公司说明该事项对公司净资本等风险控制指标的影响。

涉及事项属于明显违反会计准则、证券公司净资本计算规则等有关规定的,中国证监会及其派出机构可以要求证券公司限期纠正、重新编制风险控制指标监管报表;证券公司未限期纠正的,中国证监会及其派出机构可以认定其净资本等风险控制指标低于规定标准。

第二十九条 证券公司的财务会计报告、风险控制指标监管报表被注册会计师出具了无法表示意见或者否定意见的,中国证监会及其派出机构可以认定其净资本等风险控制指标低于规定标准。

第三十条 证券公司未按照监管部门要求报送风险控制指标监管报表,或者风险控制指标监管报表存在重大错报、漏报以及虚假报送情况,中国证监会及其派出机构可以根据情况采取出具警示函、责令改正、监管谈话、责令处分有关人员等监管措施。

第三十一条 证券公司净资本或者其他风险控制指标不符合规定标准的,派出机构应当责令公司限期改正,在5个工作日制定并报送整改计划,整改期限最长不超过20个工作日;证券公司未按时报送整改计划的,派出机构应当立即限制其业务活动。

整改期内,中国证监会及其派出机构应当区别情形,对证券公司采取下列措施:

(一)停止批准新业务;

(二)停止批准增设、收购营业性分支机构;

(三)限制分配红利;

(四)限制转让财产或在财产上设定其他权利。

第三十二条 证券公司整改后,经派出机构验收符合有关风险控制指标的,中国证监会及其派出机构应当自验收完毕之日起3个工作日内解除对其采取的有关措施。

第三十三条 证券公司未按期完成整改的,自整改期限到期的次日起,派出机构应当区别情形,对其采取下列措施:

(一)限制业务活动;

(二)责令暂停部分业务;

(三)限制向董事、监事、高级管理人员支付报酬、提供福利;

(四)责令更换董事、监事、高级管理人员或者限制其权利;

(五)责令负有责任的股东转让股权,限制负有责任的股东行使股东权利;

(六)认定负有责任的董事、监事、高级管理人员为不适当人选;

(七)中国证监会及其派出机构认为有必要采取的其他措施。

第三十四条 证券公司未按期完成整改、风险控制指标情况继续恶化,严重危及该证券公司的稳健运行的,中国证监会可以撤销其有关业务许可。

第三十五条　证券公司风险控制指标无法达标，严重危害证券市场秩序、损害投资者利益的，中国证监会可以区别情形，对其采取下列措施：

（一）责令停业整顿；

（二）指定其他机构托管、接管；

（三）撤销经营证券业务许可；

（四）撤销。

第六章　附　　则

第三十六条　本办法下列用语的含义：

（一）风险资本准备：指证券公司在开展各项业务等过程中，因市场风险、信用风险、操作风险等可能引起的非预期损失所需要的资本。证券公司应当按照一定标准计算风险资本准备并与净资本建立对应关系，确保风险资本准备有对应的净资本支撑。

（二）负债：指对外负债，不含代理买卖证券款、信用交易代理买卖证券款、代理承销证券款。

（三）资产：指自有资产，不含客户资产。

（四）或有负债：指过去的交易或者事项形成的潜在义务，其存在须通过未来不确定事项的发生或者不发生予以证实；或过去的交易或者事项形成的现时义务，履行该义务不是很可能导致经济利益流出企业或该义务的金额不能可靠计量。

（五）表内外资产总额：表内资产余额与表外项目余额之和。

第三十七条　本办法自2006年11月1日起施行。

证券期货规章制定程序规定

(2020年3月6日中国证券监督管理委员会2020年第2次委务会议审议通过　2020年3月13日公布　中国证券监督管理委员会令第165号　自2020年4月13日起施行)

第一章　总　　则

第一条　为了规范证券期货规章制定程序,提高规章质量和立法工作效率,根据《中华人民共和国立法法》(以下简称立法法)、《规章制定程序条例》《行政法规制定程序条例》《法规规章备案条例》和《法规汇编编辑出版管理规定》,制定本规定。

第二条　本规定所称证券期货规章(以下简称规章)是指中国证券监督管理委员会(以下简称中国证监会)为履行其证券期货市场监管职责,根据法律、行政法规和国务院授权制定并以中国证监会令的形式公布的规定、办法等。

第三条　规章的立项、起草、审查、决定、公布、备案、解释、修改、废止、汇编和翻译,适用本规定。

第四条　制定规章,应当贯彻落实党的路线方针政策和决策部署,体现全面深化改革精神,遵循立法法确定的立法原则,符合宪法、法律、行政法规和其他上位法的规定。

制定规章,应当注重调查研究,立足我国证券期货市场的发展实际,增强规章的规范化程度和前瞻性、可操作性。

第五条　制定规章,应当经中国证监会委务会议(以下简称委务会)审议通过。

中国证监会制定涉外规章,应当按照有关规定向国务院报告。

第六条　中国证监会法制机构(以下简称法制机构)负责组织规章的制定工作,履行下列职责:

(一)研究、拟订、公布年度规章制定工作计划,组织、督促计划的执行；

（二）起草或者组织起草规章草案；

（三）审查、修改规章草案送审稿（以下简称规章送审稿）；

（四）提请委务会审议规章草案；

（五）办理规章公布与备案事宜；

（六）起草或者组织起草规章解释、修改、废止的草案或者意见；

（七）组织开展立法后评估；

（八）编辑证券期货法规汇编。

第二章 立 项

第七条 中国证监会每年年初制定年度规章制定工作计划。

第八条 中国证监会各部门认为需要制定规章的，应当向法制机构报送制定规章的立项申请。

法制机构可以向社会公开征集规章制定项目建议。

第九条 法制机构应当对立项申请和公开征集的规章制定项目建议进行评估论证，按照突出重点、统筹兼顾、切实可行、保证质量的原则，拟订中国证监会年度规章制定工作计划。

年度规章制定工作计划经批准后向社会公布。

第十条 在年度规章制定工作计划执行过程中，中国证监会各部门可以根据实际工作需要提出调整建议，对拟增加的规章项目应当进行补充论证，并向法制机构报送立项申请。法制机构应当对立项申请进行审核，报中国证监会主要负责人批准后纳入年度规章制定工作计划。

第三章 起 草

第十一条 中国证监会各部门负责其职责范围内的规章起草工作；规章涉及两个或者两个以上部门职责的，由中国证监会负责人指定主要起草部门；重要的或者综合性的规章，可以由法制机构起草或者组织成立专门的工作小组负责起草。

第十二条 起草部门应当按照年度规章制定工作计划完成起草任务，需要延期的，应当经中国证监会负责人批准。法制机构应当督促起草部门执行年度规章制定工作计划。

第十三条 起草部门可以邀请中国证监会派出机构(以下简称派出机构)和证券期货交易场所、证券期货市场行业协会、证券登记结算机构等全国性证券期货市场行业组织(以下简称证券期货市场行业组织)的公职律师等法制工作人员,以及有关专家、单位参与起草工作。

起草部门拟委托有关专家、单位起草规章草案的,应当商法制机构后报中国证监会负责人批准。未经批准,不得将起草工作委托给其他单位或者个人。

起草部门、参与或者接受委托起草规章的有关人员、单位应当遵守保密等制度。

第十四条 起草部门应当深入调查研究,总结实践经验,广泛听取有关机关、组织和公民的意见。听取意见可以采取书面征求意见、座谈会、论证会、听证会等多种形式。

起草部门应当收集国内外的相关立法资料;开展立法调研的,应当制作调研报告;采取各种形式听取意见的,应当制作相应的听取意见情况报告。

第十五条 规章内容涉及国务院其他部门的职责或者与其关系紧密的,应当征求国务院其他部门的意见。

规章内容不能取得一致意见的,起草部门应当在报送规章送审稿时说明情况和理由。

第十六条 除依法需要保密的外,起草部门应当将规章草案及其说明等向社会公布,征求意见。向社会公开征求意见的期限一般不少于30日。

向社会公开征求意见,应当经中国证监会主要负责人批准,并将征求意见稿及其起草说明在中国政府法制信息网、中国证监会网站以及相关媒体等刊登。

起草规章,涉及《规章制定程序条例》第十六条规定的情形,起草部门应当进行论证咨询,需要听证的,起草部门应当举行听证会。起草部门举行听证会,应当经中国证监会负责人批准。

第十七条 起草规章,应当注意与现行规章的衔接。新起草的规章拟取代现行规章的,应当在草案中写明拟废止的规章的名称、文号;

新起草的规章对现行规章的部分内容予以修改的，应当在草案中写明所修改的规章的名称、文号、条款或者内容。

第十八条　规章内容涉及市场主体经济活动的，起草部门应当按照有关规定开展公平竞争审查。

第十九条　起草完毕后，起草部门应当制作下列材料并移送审查：

（一）规章送审稿；

（二）规章送审稿的说明，包括制定规章的必要性、规定的主要制度、有关方面的意见及其协调处理情况等；

（三）其他有关材料，包括所规范领域的实际情况和相关数据、实践中存在的主要问题、汇总的意见、调研报告、公开征求意见报告、座谈会报告、论证会报告、听证会报告、国内外有关立法资料等。

移送审查的规章送审稿，应当由起草部门主要负责人签署；几个起草部门共同起草的规章送审稿，应当由该几个起草部门主要负责人共同签署。

第四章　审　　查

第二十条　规章送审稿由法制机构负责统一审查。法制机构除依照《规章制定程序条例》第十九条的有关规定对规章送审稿进行审查外，还要重点审查以下内容：

（一）是否与上位法抵触；

（二）是否与金融监管政策一致；

（三）是否与现行证券期货法制体系协调、衔接；

（四）是否符合立法程序要求；

（五）是否符合立法技术规范；

（六）需要审查的其他内容。

第二十一条　规章送审稿有下列情形之一的，法制机构可以缓办或者退回起草部门：

（一）制定规章的基本条件尚不成熟或者发生重大变化的；

（二）未按照规定立项的；

（三）未按照规定公开征求意见的；

（四）中国证监会其他部门对规章送审稿规定的主要制度存在较大争议，起草部门未与其充分协商的；

（五）规章涉及国务院其他部门职责或者与其关系紧密，起草部门未充分征求国务院有关部门意见的；

（六）规章送审稿等材料不符合本规定第十九条规定的。

第二十二条 法制机构应当就规章送审稿或者规章送审稿涉及的主要问题进行调查研究，听取有关方面意见。

法制机构可以将规章送审稿或者修改稿及其说明等向社会公布，征求意见。向社会公开征求意见的期限一般不少于30日。

第二十三条 规章送审稿涉及《规章制定程序条例》第二十三条规定的情形，法制机构应当进行论证咨询，起草部门在起草过程中未举行听证会的，法制机构经中国证监会负责人批准，可以举行听证会。

第二十四条 有关机构或者部门对规章送审稿涉及的主要措施、管理体制、权限分工等问题有不同意见的，法制机构应当组织进行论证研究。对有较大争议的重要立法事项，法制机构可以委托有关专家、教学科研单位、社会组织进行评估。

第二十五条 法制机构应当认真研究各方面的意见，与起草部门协商后对规章送审稿进行修改，形成规章草案及其说明，提请委务会审议。

第五章 决定、公布和备案

第二十六条 委务会审议决定规章的发布和实施。

委务会审议规章草案时，由法制机构作审查意见说明；起草部门就起草情况等进行汇报。

法制机构应当根据委务会的审议意见对规章草案进行修改，形成规章草案修改稿。规章草案修改稿会签起草部门后，报请中国证监会主席签署，以中国证监会令的形式公布。

第二十七条 需要与国务院其他部门联合制定规章的，规章草案应经相关部门依法履行决策程序；规章草案经中国证监会主席签署后，送国务院其他部门签署，以中国证监会令的形式公布。

国务院其他部门需要与中国证监会联合制定规章的，法制机构或者归口业务部门参照本规定第三章、第四章、第五章的规定，办理起草、审查、提请审议、公布等事宜。

第二十八条　规章签署公布后，应当在中国政府法制信息网、中国证监会网站以及相关媒体上公开规章内容及立法说明等。

第二十九条　规章应当明确规定实施日期。规章应当自公布之日起30日后施行。但是，可能严重影响证券期货市场稳定或者公布后不立即施行将有碍规章施行的，经委务会审议通过，可以自公布之日起施行。

法制机构根据上述规定以及主席签署命令的时间，会商起草部门，确定规章实施日期。

第三十条　规章备案事宜，由法制机构负责，依照立法法和《法规规章备案条例》的规定办理。

第六章　解释、修改与废止

第三十一条　规章的解释权属于中国证监会。

规章有下列情形之一的，由中国证监会解释：

（一）规章的规定需要进一步明确具体含义的；

（二）规章制定后出现新的情况，需要明确适用规章依据的。

规章的解释同规章具有同等效力。

第三十二条　中国证监会各部门对其职责范围内的规章可以向法制机构提出解释的建议。法制机构可以根据有关部门的建议，起草规章解释草案，按程序报请批准后，以证券期货法律适用意见形式公布。

中国证监会各部门可以起草规章解释草案，法制机构参照规章送审稿审查程序提出意见，按程序报请批准后，以证券期货法律适用意见形式公布。

第三十三条　现行规章存在下列情形之一的，应当予以修改：

（一）部分内容不适应全面深化改革和经济社会发展要求；

（二）因上位法的修改需要作相应修改；

（三）因国家政策发生变化，有必要进行相应修改；

（四）两件以上的规章对同一事项的规定相互抵触；

(五)其他情形。

规章的修改程序适用本规定的有关规定。中国证监会各部门对其职责范围内的规章可以向法制机构提出修改的建议。法制机构可以根据有关部门的建议,起草修正案草案,提请委务会审议通过后,以中国证监会令的形式公布。

第三十四条 现行规章存在下列情形之一的,应当予以废止:

(一)不适应全面深化改革和经济社会发展要求;

(二)因上位法的废止或者修改而失去立法依据;

(三)所规范的事项已由新的法律、行政法规予以规范;

(四)所规范的事项已由新的规章予以规范;

(五)所规范的事项已不存在或者已执行完毕,规章无继续存在的必要;

(六)其他情形。

中国证监会各部门对其职责范围内的规章可以向法制机构提出废止的建议。法制机构可以根据有关部门的建议,提出废止的请示,提请委务会审议通过后,以公告形式公布。

第三十五条 中国证监会建立立法信息及时反馈制度。中国证监会各部门以及派出机构、证券期货市场行业组织,在适用现行证券期货法律、行政法规、规章时,发现需要修改、解释的,可以及时向法制机构报告。

中国证监会可以对有关规章或者规章中的有关规定进行立法后评估,并把评估结果作为修改、废止有关规章的重要参考。

第三十六条 中国证监会在每年第一季度对上一年度中国证监会公布的规章和规章以外的其他规范性文件(以下简称规范性文件)进行清理,并及时公布清理结果。

第七章 汇编和翻译

第三十七条 法制机构依照《法规汇编编辑出版管理规定》的规定,负责编辑证券期货法规汇编。证券期货法规汇编的内容包括:

(一)全国人民代表大会及其常务委员会审议通过的涉及中国证监会职责的法律、决议、决定和命令等;

（二）国务院公布的涉及中国证监会职责的行政法规、决定和命令等；

（三）中国证监会公布的规章和规范性文件；

（四）司法部门公布的涉及中国证监会职责的司法解释等；

（五）国务院有关部门公布的涉及中国证监会职责的规章和规范性文件；

（六）其他文件。

证券期货法规汇编编辑完成后，交有关专业出版社出版。

第三十八条　规章需要翻译正式英文译本的，由起草部门或者法制机构向委务会提出建议，由委务会作出决定。

委务会作出翻译规章决定的，由法制机构组织翻译、审定，起草部门和中国证监会国际合作部门予以协助。在翻译和审定工作中，法制机构可以聘请相关专业组织或者人员予以协助。

第八章　附　　则

第三十九条　中国证监会向国务院提出有关法律、行政法规的立法建议，报送法律、行政法规的立法规划、计划项目建议，由法制机构负责办理。

第四十条　证券期货市场行业组织制定或者修改章程、业务规则等文件，应当依照《中华人民共和国证券法》《中华人民共和国证券投资基金法》《期货交易管理条例》和中国证监会的规定，报中国证监会批准、备案。

第四十一条　本规定自2020年4月13日起施行。2008年10月21日发布的《证券期货规章制定程序规定》（证监会令第59号）同时废止。

中国证券监督管理委员会
关于《期货交易管理条例》第七十条第五项
“其他操纵期货交易价格行为”的规定

（中国证券监督管理委员会2019年第3次委务会审议通过　2019年11月18日公布　中国证券监督管理委员会令第160号　自2019年11月18日起施行）

第一条　为防范和打击操纵期货交易价格违法行为，依据《期货交易管理条例》第四十六条和第七十条，制定本规定。

第二条　不以成交为目的，频繁申报、撤单或者大额申报、撤单，影响期货交易价格或者期货交易量，并进行与申报方向相反的交易或者谋取相关利益的，构成操纵。

第三条　编造、传播虚假信息或者误导性信息，影响期货交易价格或者期货交易量，并进行相关交易或者谋取相关利益的，构成操纵。

第四条　对合约或合约标的物作出公开评价、预测或者投资建议，影响期货交易价格或者期货交易量，并进行与其评价、预测或者投资建议方向相反的期货交易的，构成操纵。

第五条　在临近交割月或者交割月，利用不正当手段规避持仓限制，形成持仓优势，影响期货交易价格的，构成操纵。

第六条　任何单位或者个人不得以其他方式操纵期货交易价格。

第七条　任何单位或者个人有本规定行为的，依照《期货交易管理条例》第七十条的规定处理。

第八条　本规定自公布之日起施行。

境外证券期货交易所驻华代表机构管理办法

（中国证券监督管理委员会2019年第1次委务会议审议通过　2019年7月25日公布　中国证券监督管理委员会令第157号　自2019年7月25日起施行）

第一章　总　　则

第一条　为规范境外交易所驻华代表机构的设立及其活动，根据《中华人民共和国证券法》《期货交易管理条例》《外国企业常驻代表机构登记管理条例》等有关法律法规，制定本办法。

第二条　本办法所称境外交易所，包括境外证券交易所、期货交易所、证券期货自动报价或者电子交易系统或者市场，以及中国证券监督管理委员会（以下简称中国证监会）认定的其他境外交易所。

本办法所称境外交易所驻华代表机构（以下简称代表处），是指境外交易所在中国境内依法设立并专门从事联络、调研等非营利性活动的常驻代表机构，以及中国证监会认定的其他代表机构。

第三条　中国证监会根据审慎监管的原则，依法对代表处进行监管。中国证监会派出机构在中国证监会授权范围内对本辖区的代表处进行监管。

代表处自愿加入证券、期货行业组织，接受自律管理。

第二章　设立备案

第四条　境外交易所应当在代表处完成登记注册后5个工作日内向其所在地中国证监会派出机构提交下列备案材料，并对材料真实、准确与完整负责：

（一）境外交易所出具的致中国证监会的备案申请书；

(二)所在国家或者地区有关主管当局核发的、经中国驻该国使(领)馆认证的营业执照或者合法开业证明等复印件;中国缔结或者参加的国际条约另有规定的除外;

(三)境外交易所章程、管理架构、股权结构图、业务范围、主要业务规则、管理制度、内控机制等说明以及董事会(理事会)成员、管理层人员名单及简介;

(四)境外交易所提交备案材料之日起过往3年的年报;

(五)境外交易所出具的首席代表授权书;

(六)就拟任首席代表最近3年是否存在重大违法违规行为受到处罚情形的声明;

(七)拟任首席代表的身份证明、简历、联系方式及家庭住址等信息;

(八)由拟任首席代表签署的致中国证监会的承诺书;

(九)代表处登记证复印件;

(十)代表处基本信息,包括但不限于名称、住所地、办公场所的电话和传真、业务范围、管理制度、内部机构设置及工作人员信息;

(十一)中国证监会要求提交的其他文件。

本条所列除第(四)项外,凡用外文书写的文件,均需附中文译本。

第五条 备案材料齐备的,代表处所在地中国证监会派出机构应当将备案材料及时报送中国证监会,中国证监会应当在5个工作日内对备案代表处的名称、变更、撤销及相关材料等信息予以公示;备案材料不齐备的,代表处所在地中国证监会派出机构应当要求境外交易所补充齐备。

第六条 代表处主要负责人为首席代表。首席代表不得由境外交易所总部或者地区总部人员兼任,也不得在中国境内任何营利性机构任职。首席代表有兼职行为的,境外交易所应当更换首席代表。

第三章 变更与撤销

第七条 代表处变更名称,应当向其所在地中国证监会派出机构提交境外交易所出具的书面报告,说明更名原因,并提交代表处更名后的登记证及中国证监会要求的其他文件。境外交易所因控制股权发生变更、合并、重组、被接管等原因导致代表处更名，境外交易所应当按本办法第四条要求重新备案。

代表处变更首席代表，应当在市场监督管理部门办理变更登记手续后向其所在地中国证监会派出机构书面报告并提交本办法第四条（五）至（九）项规定的材料。

代表处变更办公场所，自变更之日起5个工作日内，应当向其所在地中国证监会派出机构书面报告新办公场所电话、传真、通信地址。

第八条　代表处撤销，应当在启动撤销工作前20个工作日向其所在地中国证监会派出机构书面报告，撤销报告应当由境外交易所出具，并在市场监督管理部门办理注销登记后5个工作日内向其所在地中国证监会派出机构书面报告。

代表处撤销后，未了事宜由其境外交易所承担责任。

第四章　监督管理

第九条　代表处及其工作人员不得与法人或者自然人签订可能给代表处或者其境外交易所带来收入的协议或者合同，不得从事或者变相从事任何营利性活动，不得向境内单位或者个人提供交易直接接入服务，不得通过境外交易所会员等机构以任何形式向境内单位或者个人提供交易服务以及其他法律、法规规定的禁止性活动。

第十条　代表处及其工作人员只可面向机构或者企业进行市场介绍。

市场介绍指代表处及其工作人员对机构或者企业举办的培训、会议、座谈等非营利性活动。代表处举办面向机构或者企业的市场介绍，应当在活动结束后5个工作日内将有关情况报送代表处所在地中国证监会派出机构。

代表处及其工作人员进行市场介绍时，不得涉及具体产品；不得介绍开户、交易方式、交易费用等具有交易导向的内容；不得提出或者接受买卖任何证券、期货合约和其他金融产品的要约。

第十一条　代表处应当于每一年度结束之日起4个月内，向其所在地中国证监会派出机构报送上年度中文工作报告,工作报告包括但不限于其交易所上市交易的中国公司、中资会员的情况。

代表处应当在其境外交易所会计年度结束之日起4个月内向其所在地中国证监会派出机构报送其境外交易所上一年度年报。

第十二条 境外交易所有下列情形之一的,代表处应当自事件发生之日起10个工作日内,向其所在地中国证监会派出机构提交中文书面报告:

(一)章程、业务许可、名称、注册资本或者注册地址变更;

(二)分立、合并或者其他重大并购重组活动;

(三)董事长(理事长)、总经理、法定代表人或者主要负责人变动;

(四)经营严重亏损或者财务严重困难;

(五)所在国家或者地区的金融监管当局对其采取调查、处罚、纪律处分或者和解等措施;

(六)对经营有重大影响的其他事项。

第十三条 中国证监会或者其派出机构可以对代表处进行定期或者不定期现场或者非现场检查。

代表处违反本办法,中国证监会或者其派出机构可以对代表处的首席代表和其他直接责任人员采取责令整改、监管谈话、出具警示函等监管措施;情节严重的,中国证监会或者其派出机构可以对代表处的首席代表和其他直接责任人员采取证券期货市场禁入的措施。

第五章 法律责任

第十四条 境外交易所未经省、自治区、直辖市人民政府市场监督管理部门登记而在中国境内设立代表处或者从事代表处活动的,中国证监会派出机构通知当地市场监督管理部门依法予以处理。境外交易所在市场监督管理部门办理代表处登记注册后,未向其代表处所在地中国证监会派出机构备案或者逾期未提交备案材料,由中国证监会或者其派出机构责令改正;逾期不改正的,给予警告并处以3万元以下罚款。

第十五条 代表处及其工作人员非法经营证券期货业务的,由中国证监会或者其派出机构按照《中华人民共和国证券法》《期货交易管理条例》等法律、法规进行处罚。

代表处及其工作人员违法从事证券期货业务以外营利性活动的，中国证监会派出机构通知市场监督管理等相关部门依法予以处理。

第十六条　代表处登记注册后，代表处及其工作人员违反本办法规定，有下列行为之一的，由中国证监会或者其派出机构责令改正，给予警告并处以 3 万元以下罚款；情节严重的，由中国证监会取消备案：

（一）提交虚假材料或者采取其他欺诈手段隐瞒真实情况，进行代表处备案的；

（二）未按规定向中国证监会派出机构报送报告、资料或者报送的报告、资料隐瞒真实情况、弄虚作假的；

（三）开展市场介绍未按规定报告的；

（四）拒绝、阻碍中国证监会或者其派出机构检查、监管或者不如实提供文件、资料的；

（五）其他违反法律、法规的行为。

第十七条　中国证监会依据本办法相关规定，将代表处及其工作人员的违法违规失信行为纳入证券期货诚信档案数据库，依据相关规定予以公示，并通报境外监管当局。

第六章　附　　则

第十八条　本办法自公布之日起施行。香港特别行政区、澳门特别行政区的交易所在内地和台湾地区的交易所在大陆设立代表处，参照本办法办理。原《境外证券交易所驻华代表机构管理办法》（证监会令第 44 号）同时废止。

自本办法施行起 12 个月以内，已在境内设立办事机构或者从事代表处活动的境外交易所，应当向中国证监会相关派出机构进行备案。

期货公司监督管理办法

[2019年第1次主席办公会议(常务会)审议通过 2019年6月4日公布 中国证券监督管理委员会令第155号 自2019年6月4日起施行]

第一章 总 则

第一条 为了规范期货公司经营活动,加强对期货公司监督管理,保护客户合法权益,推进期货市场建设,根据《公司法》和《期货交易管理条例》等法律、行政法规,制定本办法。

第二条 在中华人民共和国境内设立的期货公司,适用本办法。

第三条 期货公司应当遵守法律、行政法规和中国证券监督管理委员会(以下简称中国证监会)的规定,审慎经营,防范利益冲突,履行对客户的诚信义务。

第四条 期货公司的股东、实际控制人和其他关联人不得滥用权利,不得占用期货公司资产或者挪用客户资产,不得侵害期货公司、客户的合法权益。

第五条 中国证监会及其派出机构依法对期货公司及其分支机构实行监督管理。

中国期货业协会、期货交易所按照自律规则对期货公司实行自律管理。

期货保证金安全存管监控机构依法对客户保证金安全实施监控。

第二章 设立、变更与业务终止

第六条 申请设立期货公司,除应当符合《期货交易管理条例》第十六条规定的条件外,还应当具备下列条件:

(一)注册资本不低于人民币1亿元;

(二)具有期货从业人员资格的人员不少于15人;

（三）具备任职条件的高级管理人员不少于3人。

第七条　期货公司主要股东为法人或者非法人组织的，应当具备下列条件：

（一）实收资本和净资产均不低于人民币1亿元；

（二）净资产不低于实收资本的50%，或有负债低于净资产的50%，不存在对财务状况产生重大不确定影响的其他风险；

（三）具备持续盈利能力，持续经营3个以上完整的会计年度，最近3个会计年度连续盈利；

（四）出资额不得超过其净资产，且资金来源真实合法，不得以委托资金、负债资金等入股期货公司；

（五）信誉良好、公司治理规范、组织架构清晰、股权结构透明，主营业务性质与期货公司具有相关性；

（六）没有较大数额的到期未清偿债务；

（七）近3年未因重大违法违规行为受到行政处罚或者刑事处罚；

（八）未因涉嫌重大违法违规正在被有权机关立案调查或者采取强制措施；

（九）近3年作为公司（含金融机构）的股东或者实际控制人，未有滥用股东权利、逃避股东义务等不诚信行为；

（十）不存在中国证监会根据审慎监管原则认定的其他不适合持有期货公司股权的情形。

第八条　期货公司主要股东为自然人的，除应当符合本办法第七条第（四）项、第（六）项至第（十）项规定的条件外，还应当具备下列条件：

（一）个人金融资产不低于人民币3000万元；

（二）信誉良好，不存在对所投资企业经营失败或重大违法违规行为负有直接责任未逾3年的情形。

间接持有期货公司5%以上股权的自然人应当符合前款规定。

第九条　期货公司控股股东、第一大股东除应当符合本办法第七条、第八条规定的条件外，还应当具备下列条件：

（一）净资本不低于人民币5亿元；股东不适用净资本或者类似指标的，净资产不低于人民币10亿元；

(二)在技术能力、管理服务、人员培训或营销渠道等方面具有较强优势;

(三)具备对期货公司持续的资本补充能力,对期货公司可能发生风险导致无法正常经营的情况具有妥善处置的能力;

(四)中国证监会根据审慎监管原则规定的其他条件。

第十条 非金融企业入股期货公司成为主要股东或者控股股东、第一大股东的,除应当符合本办法第七条、第九条规定的相关条件外,还应当具备下列条件:

(一)符合国家关于加强非金融企业投资金融机构监管的有关规定和相关指导意见;

(二)中国证监会根据审慎监管原则规定的其他条件。

第十一条 期货公司主要股东、控股股东、第一大股东为境外股东的,除应当符合本办法第七条、第九条规定的条件外,还应当具备下列条件:

(一)依其所在国家或者地区法律设立、合法存续的金融机构。

(二)近3年各项财务指标及监管指标符合所在国家或者地区法律的规定和监管机构的要求。

(三)所在国家或者地区具有完善的期货法律和监督管理制度,其期货监管机构已与中国证监会签订监管合作备忘录,并保持有效的监管合作关系。

(四)期货公司外资持股比例或者拥有的权益比例,累计(包括直接持有和间接持有)不得超过我国期货业对外或者对我国香港特别行政区、澳门特别行政区和台湾地区开放所作的承诺。

境外股东应当以可自由兑换货币或者合法取得的人民币出资。

(五)中国证监会根据审慎监管原则规定的其他条件。

第十二条 期货公司有关联关系的股东持股比例合计达到5%的,持股比例最高的股东应当符合本办法第七条、第八条和第十一条规定的条件。

期货公司有关联关系的股东、一致行动人持股比例合计达到成为期货公司控股股东、第一大股东的,持股比例最高的股东应当符合本办法第九条、第十一条规定的条件。涉及的非金融企业股东应当符合本办法第十条、第十一条规定的条件。

第十三条 申请设立期货公司,应当向中国证监会提交下列申请材料:

(一)申请书;

(二)发起协议;

(三)非自然人股东按照其自身决策程序同意出资设立期货公司的决定文件;

(四)公司章程草案;

(五)经营计划;

(六)发起人名单及其最近3年经会计师事务所审计的财务报告或者个人金融资产证明以及不存在对所投资企业经营失败或重大违法违规行为负有直接责任未逾3年的说明;

(七)拟任用高级管理人员和从业人员名单、简历、相关任职条件证明和相关资格证书;

(八)拟订的期货业务制度、内部控制制度和风险管理制度文本;

(九)场地、设备、资金来源证明文件;

(十)股权结构及股东间关联关系、一致行动人关系的说明;

(十一)资本补充方案及风险处置预案;

(十二)律师事务所出具的法律意见书;

(十三)中国证监会规定的其他申请材料。

期货公司单个境外股东的持股比例或者有关联关系的境外股东合计持股比例达到5%以上的,还应当提交下列申请材料:

(一)境外股东的章程、营业执照或者注册证书和相关业务资格证书复印件;

(二)境外股东所在国家或者地区的相关监管机构或者中国证监会认可的境外机构出具的关于其符合本办法第七条第(七)项、第(八)项与第十一条第(二)项规定条件的说明函。

存在非金融企业为期货公司主要股东、控股股东、第一大股东情形的,除上述材料外,还需提交国家关于加强非金融企业投资金融机构监管的有关规定和相关指导意见要求的其他材料。

第十四条 外资持有股权的期货公司,应当按照法律、行政法规的规定,向国务院商务主管部门和外汇管理部门申请办理相关手续。

第十五条 按照本办法设立的期货公司,可以依法从事商品期货经纪业务;从事金融期货经纪、境外期货经纪、期货投资咨询的,应当取得相应业务资格。从事资产管理业务的,应当依法登记备案。

期货公司经批准或者备案可以从事中国证监会规定的其他业务。

第十六条 期货公司申请金融期货经纪业务资格,应当具备下列条件:

(一)申请日前2个月风险监管指标持续符合规定标准;

(二)具有健全的公司治理、风险管理制度和内部控制制度,并有效执行;

(三)符合中国证监会期货保证金安全存管监控的规定;

(四)业务设施和技术系统符合相关技术规范且运行状况良好;

(五)高级管理人员近2年内未受到刑事处罚,未因违法违规经营受到行政处罚,无不良信用记录,且不存在因涉嫌违法违规经营正在被有权机关调查的情形;

(六)不存在被中国证监会及其派出机构采取《期货交易管理条例》第五十五条第二款、第五十六条规定的监管措施的情形;

(七)不存在因涉嫌违法违规正在被有权机关立案调查的情形;

(八)近2年内未因违法违规行为受过刑事处罚或者行政处罚。但期货公司控股股东或者实际控制人变更,高级管理人员变更比例超过50%,对出现上述情形负有责任的高级管理人员和业务负责人已不在公司任职,且已整改完成并经期货公司住所地中国证监会派出机构验收合格的,可不受此限制;

(九)中国证监会根据审慎监管原则规定的其他条件。

第十七条 期货公司申请金融期货经纪业务资格,应当向中国证监会提交下列申请材料:

(一)申请书;

(二)加盖公司公章的营业执照和业务许可证复印件;

(三)股东会或者董事会决议文件;

(四)申请日前2个月风险监管报表;

(五)公司治理、风险管理制度和内部控制制度执行情况报告;

（六）业务设施和技术系统运行情况报告，以及信息系统内部审计报告等网络安全相关材料；

（七）律师事务所出具的法律意见书；

（八）若存在本办法第十六条第（八）项规定情形的，还应提供期货公司住所地中国证监会派出机构出具的整改验收合格意见书；

（九）中国证监会规定的其他申请材料。

第十八条 期货公司申请境外期货经纪、期货投资咨询以及经批准或者备案的其他业务的条件，由中国证监会另行规定。

第十九条 期货公司变更股权有下列情形之一的，应当经中国证监会批准：

（一）变更控股股东、第一大股东；

（二）单个股东的持股比例或者有关联关系的股东合计持股比例增加到5%以上，且涉及境外股东的。

除前款规定情形外，期货公司单个股东的持股比例或者有关联关系的股东合计持股比例增加到5%以上，应当经期货公司住所地中国证监会派出机构批准。

第二十条 期货公司变更股权有本办法第十九条所列情形的，应当具备下列条件：

（一）拟变更的股权不存在被冻结等情形；

（二）期货公司与股东之间不存在交叉持股的情形，期货公司不存在为股权受让方提供任何形式财务支持的情形；

（三）涉及的股东符合本办法第七条至第十二条规定的条件。

第二十一条 期货公司变更股权，有本办法第十九条所列情形的，应当提交下列相关申请材料：

（一）申请书；

（二）关于变更股权的决议文件；

（三）股权转让或者变更出资合同，以及有限责任公司其他股东放弃优先购买权的承诺书；

（四）所涉及股东的基本情况报告、变更后期货公司股东股权背景情况图以及期货公司关于变更后股东是否存在关联关系、期货公司是否为股权受让方提供任何形式财务支持的情况说明；

(五)所涉及股东的股东会、董事会或者其他决策机构做出的相关决议;

(六)所涉及股东的最近3年经会计师事务所审计的财务报告或者个人金融资产证明以及不存在对所投资企业经营失败或重大违法违规行为负有直接责任未逾3年的说明;

(七)律师事务所出具的法律意见书;

(八)中国证监会规定的其他材料。

期货公司单个境外股东的持股比例或者有关联关系的境外股东合计持股比例增加到5%以上的,还应当提交本办法第十三条第二款所规定的申请材料。

存在非金融企业为期货公司主要股东、控股股东、第一大股东情形的,除上述材料外,还需提交国家关于加强非金融企业投资金融机构监管的有关规定和相关指导意见要求的其他材料。

期货公司发生本办法第十九条规定情形以外的股权变更,且股权登记管理未在证券登记结算机构实施的,应当自完成工商变更登记手续之日起5个工作日内向公司住所地中国证监会派出机构报备下列书面材料:

(一)变更持有5%以下股权股东情况报告;

(二)股权受让方相关背景材料;

(三)股权背景情况图;

(四)股权变更相关文件;

(五)公司章程、准予变更登记文件、营业执照复印件;

(六)中国证监会规定的其他材料。

第二十二条 期货公司股东应当秉承长期投资理念,依法行使股东权利,履行股东义务,督促期货公司完善治理结构、风险管理与内部控制制度,实现持续、健康发展。

第二十三条 期货公司拟入股股东应当充分了解期货公司股东条件、权利和义务,入股期货公司的程序应当完备合法,不得存在损害期货公司其他股东或者客户的合法权益以及通过隐瞒等方式规避期货公司股东资格审批或者监管的情况。

第二十四条 期货公司股权出让方在股权转让期间,应当支持并配合期货公司董事会、监事会和高级管理人员依法履行职责，不得在股权转让完成前推荐股权受让方相关人员担任期货公司董事、监事、高级管理人员。

期货公司股东出让股权依法应经中国证监会批准的，在批准前，股权出让方应当继续独立行使表决权及其他股东权利，不得以任何形式变相让渡表决权予股权受让方。

第二十五条 期货公司变更法定代表人，拟任法定代表人应当具备任职条件。期货公司应当自完成相关工商变更登记之日起 5 个工作日内向住所地中国证监会派出机构提交下列备案材料：

（一）备案报告；

（二）变更后的营业执照副本复印件；

（三）公司决议文件；

（四）法定代表人期货从业资格证书、任职条件证明；

（五）期货公司原《经营证券期货业务许可证》正、副本原件；

（六）中国证监会要求提交的其他文件。

第二十六条 期货公司变更住所或营业场所，应当妥善处理客户资产，拟迁入的住所和拟使用的设施应当符合业务需要，并自完成相关工商变更登记之日起 5 个工作日内向住所地中国证监会派出机构报备。期货公司在中国证监会不同派出机构辖区变更住所的，还应当符合下列条件：

（一）符合持续性经营规则；

（二）近 2 年未因重大违法违规行为受到行政处罚或者刑事处罚；

（三）中国证监会根据审慎监管原则规定的其他条件。

第二十七条 期货公司变更住所或营业场所，应当向拟迁入地中国证监会派出机构提交下列备案材料：

（一）备案报告；

（二）变更后的营业执照副本复印件；

（三）公司决议文件；

（四）关于客户资产处理情况，变更后住所和使用的设施符合期货业务需要的说明；

（五）变更后住所所有权或者使用权证明；

(六)首席风险官出具的公司符合相关条件的意见;

(七)期货公司原《经营证券期货业务许可证》正、副本原件;

(八)中国证监会要求提交的其他文件。

期货公司在提交备案材料时,应当将备案材料同时抄报拟迁出地中国证监会派出机构。

第二十八条 期货公司设立营业部、分公司等境内分支机构,应当自完成相关工商设立登记之日起5个工作日内向公司住所地中国证监会派出机构报备。

期货公司设立境内分支机构,应当具备下列条件:

(一)公司治理健全,内部控制制度符合有关规定并有效执行;

(二)申请日前3个月符合风险监管指标标准;

(三)符合有关客户资产保护和期货保证金安全存管监控的规定;

(四)未因涉嫌违法违规经营正在被有权机关调查,近1年内未因违法违规经营受到行政处罚或者刑事处罚;

(五)具有符合业务发展需要的分支机构设立方案和稳定的经营计划;

(六)中国证监会根据审慎监管原则规定的其他条件。

第二十九条 期货公司设立境内分支机构,应当向公司住所地中国证监会派出机构提交下列备案材料:

(一)备案报告;

(二)分支机构营业执照副本复印件;

(三)公司决议文件;

(四)分支机构负责人任职条件证明;

(五)分支机构从业人员名册及期货从业资格证书;

(六)营业场所所有权或者使用权证明;

(七)首席风险官出具的公司符合相关条件的意见;

(八)中国证监会要求提交的其他文件。

期货公司在提交备案材料时,应当将备案材料同时抄报拟设立分支机构所在地的中国证监会派出机构。

第三十条 期货公司变更分支机构营业场所的,应当妥善处理客户资产,拟迁入的营业场所和拟使用的设施应当满足业务需要。

本办法所称期货公司变更分支机构营业场所仅限于在中国证监会同一派出机构辖区内变更营业场所。

第三十一条 期货公司终止境内分支机构的，应当先行妥善处理该分支机构客户资产，结清分支机构业务并终止经营活动，并自完成上述工作之日起5个工作日内向分支机构所在地中国证监会派出机构提交下列备案材料：

（一）备案报告；

（二）公司决议文件；

（三）关于处理分支机构客户资产、结清期货业务并终止经营活动情况的说明；

（四）在中国证监会指定报刊上的公告证明；

（五）首席风险官出具的公司符合相关条件的意见；

（六）期货公司分支机构《经营证券期货业务许可证》正、副本原件；

（七）中国证监会要求提交的其他文件。

期货公司在提交备案材料时，应当将备案材料同时抄报公司住所地的中国证监会派出机构。

第三十二条 期货公司设立、收购、参股境外经营机构，应当具备下列条件，并应当自公司决议生效之日起5个工作日内向中国证监会报备：

（一）申请日前6个月符合风险监管指标标准；

（二）最近一次期货公司分类监管评级不低于B类BB级；

（三）近3年内未因重大违法违规行为受到行政处罚或者刑事处罚，近1年未因治理结构不健全、内部控制不完善等原因被采取监管措施，不存在因涉嫌重大违法违规行为正在被立案调查或者正处于整改期间的情形；

（四）具有完备的境外机构管理制度，能够有效隔离风险；

（五）拟设立、收购或者参股机构所在国家或者地区的期货监管机构已与中国证监会签署监管合作备忘录；

（六）中国证监会根据审慎监管原则规定的其他条件。

第三十三条 期货公司设立、收购、参股境外经营机构，应当自获

得境外有关监管机构核准文件之日起5个工作日内向中国证监会提交下列备案材料:

(一)备案报告;

(二)境外经营机构的章程;

(三)境外有关监管机构核准文件;

(四)中国证监会要求的其他资料。

期货公司变更境外经营机构注册资本或股权以及终止境外经营机构的,应当自获得境外有关监管机构核准文件之日起5个工作日内向中国证监会提交下列备案材料:

(一)备案报告;

(二)最近一年经具有证券、期货相关业务资格的会计师事务所审计的境外经营机构的财务报告;

(三)中国证监会要求的其他资料。

第三十四条 期货公司申请设立、收购或者参股境外经营机构,应当按照外汇管理部门相关规定办理有关手续。

第三十五条 期货公司因遭遇不可抗力等正当事由申请停业的,应当妥善处理客户资产,清退或者转移客户。

期货公司恢复营业的,应当符合期货公司持续性经营规则。停业期限届满后,期货公司未能恢复营业或者不符合持续性经营规则的,中国证监会可以根据《期货交易管理条例》第二十条第一款规定注销其期货业务许可证。

第三十六条 期货公司停业的,应当向中国证监会提交下列申请材料:

(一)申请书;

(二)停业决议文件;

(三)关于处理客户资产、处置或者清退客户情况的报告;

(四)中国证监会规定的其他材料。

第三十七条 期货公司被撤销所有期货业务许可的,应当妥善处理客户资产,结清期货业务;公司继续存续的,应当依法办理名称、营业范围和公司章程等工商变更登记,存续公司不得继续以期货公司名义从事业务,其名称中不得有“期货”或者近似字样。

期货公司解散、破产的，应当先行妥善处理客户资产，结清业务。

第三十八条 期货公司设立、变更、停业、解散、破产、被撤销期货业务许可或者其分支机构设立、变更、终止的，期货公司应当在中国证监会指定的媒体上公告。

第三十九条 期货公司及其分支机构的许可证由中国证监会统一印制。许可证正本或者副本遗失或者灭失的，期货公司应当在30个工作日内在中国证监会指定的媒体上声明作废，并持登载声明向中国证监会或期货公司分支机构所在地派出机构重新申领。

第三章 公司治理

第四十条 期货公司应当按照明晰职责、强化制衡、加强风险管理的原则，建立并完善公司治理。

第四十一条 期货公司与其股东、实际控制人及其他关联人在业务、人员、资产、财务等方面应当严格分开，独立经营，独立核算。

未依法经期货公司股东会或者董事会决议，期货公司股东、实际控制人不得任免期货公司的董事、监事、高级管理人员，或者非法干预期货公司经营管理活动。

期货公司向股东、实际控制人及其关联人提供服务的，不得降低风险管理要求。

第四十二条 期货公司应当加强关联交易管理，准确识别关联方，严格落实关联交易审批和信息披露制度，及时向公司住所地中国证监会派出机构报告关联交易情况。

期货公司股东、实际控制人和其他关联人应当遵守法律、行政法规和中国证监会关于关联交易的相关规定，不得与期货公司进行不当的关联交易，不得利用其对期货公司经营管理的影响力获取不当利益。

第四十三条 期货公司控股股东、第一大股东应当每年对自身遵守法律法规及监管规定情况、经营状况、履行对期货公司承诺事项和期货公司章程的情况进行自查自评，每年度结束之日起4个月内将评估报告通过期货公司报送期货公司住所地中国证监会派出机构。

第四十四条 期货公司主要股东或者实际控制人出现下列情形

之一的,应当主动、准确、完整地在3个工作日内通知期货公司:

(一)所持有的期货公司股权被冻结或者被强制执行;

(二)质押或解除质押所持有的期货公司股权;

(三)决定转让所持有的期货公司股权;

(四)不能正常行使股东权利或者承担股东义务,可能造成期货公司治理的重大缺陷;

(五)股权变更或者业务范围、经营管理发生重大变化;

(六)董事长、总经理或者代为履行相应职务的董事、高级管理人员等发生变动;

(七)因国家法律法规、重大政策调整或者不可抗力等因素,可能对公司经营管理产生重大不利影响;

(八)涉嫌重大违法违规被有权机关调查或者采取强制措施;

(九)因重大违法违规行为受到行政处罚或者刑事处罚;

(十)变更名称;

(十一)合并、分立或者进行重大资产、债务重组;

(十二)被采取停业整顿、撤销、接管、托管等监管措施,或者进入解散、破产、关闭程序;

(十三)其他可能影响期货公司股权变更或者持续经营的情形。

期货公司主要股东发生前款规定情形的,期货公司应当自收到通知之日起3个工作日内向期货公司住所地中国证监会派出机构报告。

期货公司实际控制人发生第一款第(八)项至第(十二)项所列情形的,期货公司应当自收到通知之日起3个工作日内向中国证监会及住所地派出机构报告。

第四十五条 期货公司有下列情形之一的,应当立即书面通知全体股东或进行公告,并向住所地中国证监会派出机构报告:

(一)公司或者其董事、监事、高级管理人员因涉嫌违法违规被有权机关立案调查或者采取强制措施;

(二)公司或者其董事、监事、高级管理人员因违法违规行为受到行政处罚或者刑事处罚;

(三)风险监管指标不符合规定标准;

(四)客户发生重大透支、穿仓,可能影响期货公司持续经营;

（五）发生突发事件，对期货公司或者客户利益产生或者可能产生重大不利影响；

（六）其他可能影响期货公司持续经营的情形。

中国证监会及其派出机构对期货公司及其分支机构采取《期货交易管理条例》第五十五条第二款、第四款或者第五十六条规定的监管措施或者作出行政处罚，期货公司应当书面通知全体股东或进行公告。

第四十六条　期货公司股东会或股东大会应当按照《公司法》和公司章程，对职权范围内的事项进行审议和表决。股东会或股东大会每年应当至少召开一次会议。期货公司股东应当按照出资比例或者所持股份比例行使表决权。

第四十七条　期货公司应当设立董事会，并按照《公司法》的规定设立监事会或监事，切实保障监事会和监事对公司经营情况的知情权。

期货公司可以设立独立董事，期货公司的独立董事不得在期货公司担任董事会以外的职务，不得与本期货公司存在可能妨碍其作出独立、客观判断的关系。

第四十八条　期货公司应当设首席风险官，对期货公司经营管理行为的合法合规性、风险管理进行监督、检查。

首席风险官发现涉嫌占用、挪用客户保证金等违法违规行为或者可能发生风险的，应当立即向住所地中国证监会派出机构和公司董事会报告。

期货公司拟解聘首席风险官的，应当有正当理由，并向住所地中国证监会派出机构报告。

第四十九条　期货公司的董事长、总经理、首席风险官之间不得存在近亲属关系。

第五十条　期货公司应当合理设置业务部门及其职能，建立岗位责任制度，不相容岗位应当分离。交易、结算、财务业务应当由不同部门和人员分开办理。

期货公司应当设立风险管理部门或者岗位，管理和控制期货公司的经营风险。

期货公司应当设立合规审查部门或者岗位，审查和稽核期货公司经营管理的合法合规性。

第五十一条　期货公司应当建立健全并持续完善覆盖境内外分支机构、子公司及其业务的合规管理、风险管理和内部控制体系，贯穿决策、执行、监督、反馈等各个环节，实现风险管理全覆盖。

第五十二条　期货公司应当对分支机构实行集中统一管理，不得与他人合资、合作经营管理分支机构，不得将分支机构承包、租赁或者委托给他人经营管理。

分支机构经营的业务不得超出期货公司的业务范围，并应当符合中国证监会对相关业务的规定。

期货公司应当按照规定对分支机构实行统一结算、统一风险管理、统一资金调拨、统一财务管理和会计核算。

第五十三条　期货公司设立、收购、参股的境外经营机构发生下列事项的，期货公司应当在5个工作日内向公司住所地中国证监会派出机构书面报告：

(一)注册登记、取得业务资格、设立子公司；

(二)变更名称、变更业务范围以及修改章程重要条款等；

(三)取得、变更或者注销交易所、协会等会员资格；

(四)变更董事长、总经理、合规负责人和风险管理负责人；

(五)机构或其从业人员受到境外监管机构或交易所的调查、纪律处分或处罚；

(六)预计发生重大亏损或者遭受超过净资产10%的重大损失；

(七)与期货公司及其关联方发生重大关联交易；

(八)按规定应当向境外监管机构报告的重大事项；

(九)中国证监会规定的其他重大事项。

第五十四条　期货公司应当在每月结束之日起7个工作日内报送设立、收购的境外经营机构的上一月度主要财务数据及业务情况。

期货公司应当在每会计年度结束之日起4个月内报送上一年度境外经营机构经审计的财务报告、审计报告以及年度工作报告，年度工作报告的内容包括但不限于：持牌情况、业务开展情况、财务状况、下属机构以及被境外监管机构采取监管措施或处罚等情况。

第五十五条 期货公司可以按照规定，运用自有资金投资于股票、投资基金、债券等金融类资产，与业务相关的股权以及中国证监会规定的其他业务，但不得从事《期货交易管理条例》禁止的业务。

第四章 业务规则

第一节 一般规定

第五十六条 期货公司应当建立并有效执行风险管理、内部控制、期货保证金存管等业务制度和流程，有效隔离不同业务之间的风险，确保客户资产安全和交易安全。

第五十七条 期货公司应当按照规定实行投资者适当性管理制度，建立执业规范和内部问责机制，了解客户的经济实力、专业知识、投资经历和风险偏好等情况，审慎评估客户的风险承受能力，提供与评估结果相适应的产品或者服务。

期货公司应当向客户全面客观介绍相关法律法规、业务规则、产品或者服务的特征，充分揭示风险，并按照合同的约定，如实向客户提供相关的资料、信息，不得欺诈或者误导客户。

期货公司应充分了解和评估客户风险承受能力，加强对客户的管理。

期货公司应当承担各项产品和服务的投资者教育义务，保障必要费用和人员配备，将投资者教育纳入各业务环节。

第五十八条 期货公司应当在本公司网站、营业场所等公示业务流程。

期货公司应当提供从业人员资格证书等资料供客户查阅，并在本公司网站和营业场所提示客户可以通过中国期货业协会网站查询。

第五十九条 期货公司应当承担投资者投诉处理的首要责任，建立、健全客户投诉处理制度，公开投诉处理流程，妥善处理客户投诉及与客户的纠纷。

第六十条 期货公司应当建立数据备份制度，对交易、结算、财务等数据进行备份管理。

期货公司应当妥善保存客户开户资料、委托记录、交易记录和与内部管理、业务经营有关的各项资料,任何人不得隐匿、伪造、篡改或者毁损,除依法接受调查和检查外,应当为客户保密,不得非法提供给他人。客户资料保存期限自账户销户之日起不得少于20年。

第二节 期货经纪业务

第六十一条 期货公司不得接受下列单位和个人的委托,为其进行期货交易:

(一)国家机关和事业单位;

(二)中国证监会及其派出机构、期货交易所、期货保证金安全存管监控机构、中国期货业协会工作人员及其配偶;

(三)期货公司工作人员及其配偶;

(四)证券、期货市场禁止进入者;

(五)未能提供开户证明材料的单位和个人;

(六)中国证监会规定的不得从事期货交易的其他单位和个人。

第六十二条 客户应当以自己的名义向期货公司提出开户申请,出具合法有效的单位、个人身份证明或者其他证明材料,如实提供相关信息和材料,承诺资金来源合法,对拟开立的账户与其他账户存在实际控制关系的,应当在开户时向期货公司披露。期货公司应当及时向期货交易所、期货保证金安全存管监控机构报告。

期货公司应当充分告知客户有关实际控制关系账户管理的规定,对客户实际控制关系账户的申报和变更进行管理。

第六十三条 期货公司应当对客户开户信息和资料进行审核。开户信息和资料不真实、不准确和不完整的,期货公司不得为其办理开户手续。

第六十四条 期货公司在为客户开立期货经纪账户前,应当向客户出示《期货交易风险说明书》,由客户签字确认,并签订期货经纪合同。

《〈期货经纪合同〉指引》和《期货交易风险说明书》由中国期货业协会制定。

第六十五条 客户可以通过书面、电话、计算机、互联网等委托方式下达交易指令。

期货公司应当建立交易指令委托管理制度,并与客户就委托方式和程序进行约定。期货公司应当按照客户委托下达交易指令,不得未经客户委托或者未按客户委托内容,擅自进行期货交易。期货公司从业人员不得私下接受客户委托进行期货交易。

以书面方式下达交易指令的,客户应当填写书面交易指令单;以电话方式下达交易指令的,期货公司应当同步录音;以计算机、互联网等委托方式下达交易指令的,期货公司应当以适当方式保存。以互联网方式下达交易指令的,期货公司应当对互联网交易风险进行特别提示。

第六十六条 期货公司应当进行客户交易指令审核。期货公司应当在传递交易指令前对客户账户资金和持仓进行验证。

期货公司应当按照时间优先的原则传递客户交易指令。

第六十七条 期货公司应当建立健全客户交易行为管理制度,发现客户交易指令涉嫌违法违规或者出现交易异常的,应当及时向期货交易所、期货保证金安全存管监控机构及住所地中国证监会派出机构报告。

第六十八条 期货公司应当在每日结算后为客户提供交易结算报告,并提示客户可以通过期货保证金安全存管监控机构进行查询。客户应当按照期货经纪合同约定方式对交易结算报告内容进行确认。

客户对交易结算报告有异议的,应当在期货经纪合同约定的时间内以书面方式提出,期货公司应当在约定时间内进行核实。客户未在约定时间内提出异议的,视为对交易结算报告内容的确认。

第六十九条 期货公司应当制定并执行错单处理业务规则。

第七十条 期货公司应当按照规定为客户申请、注销交易编码。客户与期货公司的委托关系终止的,应当办理销户手续。期货公司不得将客户未注销的资金账号、交易编码借给他人使用。

第七十一条 期货公司为境外交易者和境外经纪机构提供境内特定品种期货交易、结算服务的,应当遵守法律、行政法规及中国证监会的有关规定。

第七十二条 期货公司可以按照规定委托其他机构或者接受其他机构委托从事中间介绍业务。

第三节　期货投资咨询业务

第七十三条　期货公司可以依法从事期货投资咨询业务,接受客户委托,向客户提供风险管理顾问、研究分析、交易咨询等服务。

第七十四条　期货公司从事期货投资咨询业务,应当与客户签订服务合同,明确约定服务内容、收费标准及纠纷处理方式等事项。

第七十五条　期货公司及其从业人员从事期货投资咨询业务,不得有下列行为:

(一)向客户做出保证其资产本金不受损失或者取得最低收益的承诺;

(二)以虚假信息、市场传言或者内幕信息为依据向客户提供期货投资咨询服务;

(三)对价格涨跌或者市场走势做出确定性的判断;

(四)利用向客户提供投资建议谋取不正当利益;

(五)利用期货投资咨询活动传播虚假、误导性信息;

(六)以个人名义收取服务报酬;

(七)法律、行政法规和中国证监会规定禁止的其他行为。

第四节　资产管理业务

第七十六条　期货公司可以依法从事资产管理业务,接受客户委托,运用客户资产进行投资。投资收益由客户享有,损失由客户承担。

第七十七条　期货公司从事资产管理业务,应当与客户签订资产管理合同,通过专门账户提供服务。

第七十八条　期货公司可以依法从事下列资产管理业务:

(一)为单一客户办理资产管理业务;

(二)为特定多个客户办理资产管理业务。

第七十九条　期货公司及其从业人员从事资产管理业务,不得有下列行为:

(一)以欺诈手段或者其他不当方式误导、诱导客户;

(二)向客户做出保证其资产本金不受损失或者取得最低收益的承诺;

（三）接受客户委托的初始资产低于中国证监会规定的最低限额；

（四）占用、挪用客户委托资产；

（五）以转移资产管理账户收益或者亏损为目的，在不同账户之间进行买卖，损害客户利益；

（六）以获取佣金或者其他利益为目的，使用客户资产进行不必要的交易；

（七）利用管理的客户资产为第三方谋取不正当利益，进行利益输送；

（八）利用或协助客户利用资管账户规避期货交易所限仓管理规定；

（九）违反投资者适当性要求，通过拆分资产管理产品等方式，向风险承受能力低于产品风险等级的投资者销售资产管理产品；

（十）法律、行政法规以及中国证监会规定禁止的其他行为。

第八十条 期货公司从事资产管理业务，除应当符合本办法规定外，还应当符合中国证监会关于期货公司从事资产管理业务的其他规定。

第五章 客户资产保护

第八十一条 客户的保证金和委托资产属于客户资产，归客户所有。客户资产应当与期货公司的自有资产相互独立、分别管理。非因客户本身的债务或者法律、行政法规规定的其他情形，不得查封、冻结、扣划或者强制执行客户资产。期货公司破产或者清算时，客户资产不属于破产财产或者清算财产。

第八十二条 期货公司应当在期货保证金存管银行开立期货保证金账户。

期货公司开立、变更或者撤销期货保证金账户的，应于当日向期货保证金安全存管监控机构备案，并通过规定方式向客户披露账户开立、变更或者撤销情况。

第八十三条 客户应当向期货公司登记以本人名义开立的用于存取期货保证金的结算账户。

期货公司和客户应当通过备案的期货保证金账户和登记的期货

结算账户转账存取保证金。

第八十四条 期货公司存管的客户保证金应当全额存放在期货保证金账户和期货交易所专用结算账户内,严禁在期货保证金账户和期货交易所专用结算账户之外存放。

第八十五条 期货公司应当按照规定及时向期货保证金安全存管监控机构报送信息。

第八十六条 期货保证金存管银行未按规定向期货保证金安全存管监控机构报送信息,被期货交易所采取自律监管措施或者被中国证监会采取监管措施、处以行政处罚的,期货公司应当暂停在该存管银行开立期货保证金账户,并将期货保证金转存至其他符合规定的期货保证金存管银行。

第八十七条 期货公司应当按照期货交易所规则,缴存结算担保金,并维持最低数额的结算准备金等专用资金,确保客户正常交易。

第八十八条 除依据《期货交易管理条例》第二十八条划转外,任何单位或者个人不得以任何形式占用、挪用客户保证金。

客户在期货交易中违约造成保证金不足的,期货公司应当以风险准备金和自有资金垫付,不得占用其他客户保证金。

期货公司应当按照规定提取、管理和使用风险准备金,不得挪作他用。

第六章 信息系统管理

第八十九条 期货公司应当具有符合行业标准和自身业务发展需要的信息系统,制定信息技术管理制度,按照规定设置信息技术部门或岗位,保障信息系统安全运行。

第九十条 期货公司应当将合规与风险管理贯穿信息技术管理的各个环节,建立相应的审查、测试、监测和应急处置机制。

第九十一条 期货公司运用信息系统从事期货业务活动前,应当进行内部审查,验证下列事项并建立存档记录:

(一)信息系统的功能设计与技术实现应当遵循业务合规的原则,各项功能符合法律、行政法规以及中国证监会的规定;

(二)风险管理系统功能完备、权限清晰,能够正常运行;

（三）信息系统的安全防护措施能够保障经营数据和客户信息的安全、完整；

（四）期货公司运行管理能力和信息系统备份能力能够保障信息系统的安全运行；

（五）可能影响信息系统运行连续性、合规性、安全性的其他事项。

第九十二条　期货公司应当建立独立于生产环境的专用信息系统开发测试环境，运用信息系统从事期货业务活动前应当进行测试。

第九十三条　期货公司应当通过自身具有管理权限的信息系统直接接受客户交易指令，不得允许或者配合其他机构、个人截取、留存客户信息，不得以任何方式向其他机构、个人违规提供客户信息，法律、行政法规以及中国证监会另有规定的除外。

期货公司发现其他机构、个人违规传输、转发、存储或者使用本公司经营数据和客户信息的，应当及时向公司住所地中国证监会派出机构报告，并评估影响范围、排查泄露途径。如涉及业务合作机构的，期货公司应当立即终止与其合作。

第九十四条　期货公司应当建立健全信息系统安全监测机制，设立监测指标并持续监测重要信息系统的运行状况。

期货公司应当跟踪监测发现的异常情形，及时处理并定期开展评估分析。

第九十五条　期货公司应当建立信息系统安全应急处置和报告机制，及时处置重大异常情况和突发信息安全事件，尽快恢复信息系统的正常运行，并向中国证监会及其派出机构和期货交易所报告。

第九十六条　期货公司重要信息系统部署以及所承载数据的管理，应当符合法律法规等规定。

第九十七条　期货公司应当建立健全外部接入信息系统管理制度。期货公司信息系统接入外部信息系统的，应当对接入的外部信息系统开展合规评估、风险评估和技术系统测试，保证接入的外部信息系统的合规性和安全性，并按照期货交易所、中国期货业协会的要求报告接入方及接入信息系统情况，不得违规为客户提供信息系统外部接入服务。

第九十八条　期货公司委托信息技术服务机构提供信息技术服

务,应当建立内部审查、评估和管理机制。期货公司依法应当承担的相应责任不因委托而免除或减轻。

期货信息技术服务机构应当遵守法律、行政法规及中国证监会的相关规定。

第七章 监督管理

第九十九条 期货公司应当按照规定报送年度报告、月度报告等资料。

期货公司法定代表人、经营管理主要负责人、首席风险官、财务负责人应当对年度报告和月度报告签署确认意见;监事会或监事应对年度报告进行审核并提出书面审核意见;期货公司董事应当对年度报告签署确认意见。

期货公司年度报告、月度报告签字人员应当保证报告内容真实、准确、完整;对报告内容有异议的,应当注明意见和理由。

第一百条 中国证监会及其派出机构可以要求下列机构或者个人,在指定期限内报送与期货公司经营相关的资料:

(一)期货公司及其董事、监事、高级管理人员及其他工作人员;

(二)期货公司股东、实际控制人或者其他关联人;

(三)期货公司控股、参股或者实际控制的企业;

(四)为期货公司提供相关服务的会计师事务所、律师事务所、资产评估机构等中介服务机构。

报送、提供或者披露的资料、信息应当真实、准确、完整,不得有虚假记载、误导性陈述或者重大遗漏。

第一百零一条 期货公司主要股东、实际控制人或者其他关联人在期货公司从事期货交易的,期货公司应当自开户之日起5个工作日内向住所地中国证监会派出机构报告开户情况,并定期报告交易情况。

第一百零二条 发生下列事项之一的,期货公司应当在5个工作日内向住所地中国证监会派出机构书面报告:

(一)变更公司名称、形式、章程;

(二)同比例增减资;

（三）变更股权或注册资本，且不涉及新增持有5%以上股权的股东；

（四）变更分支机构负责人或者营业场所；

（五）作出终止业务等重大决议；

（六）被有权机关立案调查或者采取强制措施；

（七）发生影响或者可能影响期货公司经营管理、财务状况或者客户资产安全等重大事件；

（八）中国证监会规定的其他事项。

上述事项涉及期货公司分支机构的，期货公司应当同时向分支机构住所地中国证监会派出机构书面报告。

第一百零三条 期货公司聘请或者解聘会计师事务所的，应当自作出决定之日起5个工作日内向住所地中国证监会派出机构报告；解聘会计师事务所的，应当说明理由。

第一百零四条 期货公司应当按照规定，公示基本情况、历史情况、分支机构基本情况、董事及监事信息、高级管理人员及从业人员信息、公司股东信息、公司诚信记录以及中国证监会要求的其他信息。

期货公司公示信息及其他重大事项发生变更的，应当自变更之日起5个工作日内在中国证监会有关监管信息系统中进行更新。

第一百零五条 中国证监会可以按照规定对期货公司进行分类监管。

第一百零六条 中国证监会及其派出机构可以对期货公司及其分支机构进行定期或者不定期现场检查。

中国证监会及其派出机构依法进行现场检查时，检查人员不得少于2人，并应当出示合法证件和检查通知书，必要时可以聘请外部专业人士协助检查。

中国证监会及其派出机构可以对期货公司子公司以及期货公司的股东、实际控制人进行延伸检查。

第一百零七条 中国证监会及其派出机构对期货公司及其分支机构进行检查，有权采取下列措施：

（一）询问期货公司及其分支机构的工作人员，要求其对被检查事项作出解释、说明；

（二）查阅、复制与被检查事项有关的文件、资料；

（三）查询期货公司及其分支机构的客户资产账户；

（四）检查期货公司及其分支机构的信息系统，调阅交易、结算及财务数据。

第一百零八条 中国证监会及其派出机构认为期货公司可能存在下列情形之一的，可以要求其聘请中介服务机构进行专项审计、评估或者出具法律意见：

（一）期货公司年度报告、月度报告或者临时报告等存在虚假记载、误导性陈述或者重大遗漏；

（二）违反客户资产保护、期货保证金安全存管监控规定或者风险监管指标管理规定；

（三）中国证监会根据审慎监管原则认定的其他情形。

期货公司应当配合中介服务机构工作。

第一百零九条 期货公司及其分支机构、期货公司负有责任的董事、监事、高级管理人员以及其他直接责任人员违反本办法有关规定的，中国证监会及其派出机构可以对其采取监管谈话、责令改正、出具警示函等监管措施。

第一百一十条 期货公司或其分支机构有下列情形之一的，中国证监会及其派出机构可以依据《期货交易管理条例》第五十五条规定采取监管措施：

（一）公司治理不健全，部门或者岗位设置存在较大缺陷，关键业务岗位人员缺位或者未履行职责，可能影响期货公司持续经营；

（二）业务规则不健全或者未有效执行，风险管理或者内部控制等存在较大缺陷，经营管理混乱，可能影响期货公司持续经营或者可能损害客户合法权益；

（三）不符合有关客户资产保护或者期货保证金安全存管监控规定，可能影响客户资产安全；

（四）未按规定执行分支机构统一管理制度，经营管理存在较大风险或者风险隐患；

（五）未按规定实行投资者适当性管理制度，存在较大风险或者风险隐患；

（六）未按规定委托或者接受委托从事中间介绍业务；

（七）交易、结算或者财务信息系统存在重大缺陷，可能造成有关数据失真或者损害客户合法权益；

（八）信息系统不符合规定或者未按照规定要求实施信息系统管理，存在较大风险或者风险隐患；

（九）违规开展关联交易，可能影响持续经营；

（十）未按规定实施外部接入信息系统管理，存在较大风险或者风险隐患；

（十一）未按规定调拨和使用自有资金，存在较大风险或者风险隐患；

（十二）未按规定从事资产管理业务，存在较大风险或者风险隐患；

（十三）设立、收购、参股境外经营机构不符合本办法有关规定，存在较大风险或者风险隐患；

（十四）未按规定履行对境外经营机构的管理责任，导致境外经营机构运营不合规或者出现较大风险的；

（十五）股东、实际控制人或者其他关联人停业、发生重大风险或者涉嫌严重违法违规，可能影响期货公司治理或者持续经营；

（十六）存在重大纠纷、仲裁、诉讼，可能影响持续经营；

（十七）未按规定进行信息报送、披露或者报送、披露的信息存在虚假记载、误导性陈述或者重大遗漏；

（十八）其他不符合持续性经营规则规定或者出现其他经营风险的情形。

对经过整改仍未达到经营条件的分支机构，中国证监会派出机构有权依法关闭。

第一百一十一条　期货公司股东、实际控制人、其他关联人，为期货公司提供相关服务的会计师事务所、律师事务所、资产评估机构等中介服务机构违反本办法规定的，中国证监会及其派出机构可以对其采取监管谈话、责令改正、出具警示函等监管措施。

第一百一十二条　期货公司的股东、实际控制人或者其他关联人有下列情形之一的，中国证监会及其派出机构可以责令其限期整改：

(一)虚假出资、出资不实、抽逃出资的;

(二)违规使用委托资金、负债资金等投资入股的;

(三)股权转让过程中,在股权转让完成前推荐股权受让方相关人员担任期货公司董事、监事、高级管理人员或者出让股权依法应经中国证监会批准的,在批准前,让渡或者变相让渡表决权予股权受让方;

(四)占用期货公司资产;

(五)直接任免期货公司董事、监事、高级管理人员,或者非法干预期货公司经营管理活动;

(六)股东未按照出资比例或者所持股份比例行使表决权;

(七)报送、提供或者出具的材料、信息或者报告等存在虚假记载、误导性陈述或者重大遗漏;

(八)违规开展关联交易;

(九)拒绝或阻碍中国证监会或其派出机构进行调查核实;

(十)不配合中国证监会或其派出机构开展风险处置;

(十一)其他损害期货公司及其客户合法利益,扰乱期货市场秩序的行为。

因前款情形致使期货公司不符合持续性经营规则或者出现经营风险的,中国证监会及其派出机构可以依据《期货交易管理条例》第五十五条的规定责令控股股东转让股权或者限制有关股东行使股东权利。

第一百一十三条 未经中国证监会或其派出机构批准,任何个人或者单位及其关联人擅自持有期货公司5%以上股权,或者通过提供虚假申请材料等方式成为期货公司股东的,中国证监会或其派出机构可以责令其限期转让股权。该股权在转让之前,不具有表决权、分红权。

第八章 法律责任

第一百一十四条 期货公司及其分支机构接受未办理开户手续的单位或者个人委托进行期货交易,或者将客户的资金账号、交易编码借给其他单位或者个人使用的,给予警告,单处或者并处3万元以下罚款。

第一百一十五条　期货公司及其分支机构有下列行为之一的，根据《期货交易管理条例》第六十六条处罚：

（一）未按规定实行投资者适当性管理制度，损害客户合法权益；

（二）未按规定将客户资产与期货公司自有资产相互独立、分别管理；

（三）在期货保证金账户和期货交易所专用结算账户之外存放客户保证金；

（四）占用客户保证金；

（五）向期货保证金安全存管监控机构报送的信息存在虚假记载、误导性陈述或者重大遗漏；

（六）违反期货保证金安全存管监控管理相关规定，损害客户合法权益；

（七）未按规定缴存结算担保金，或者未能维持最低数额的结算准备金等专用资金；

（八）在传递交易指令前未对客户账户资金和持仓进行验证；

（九）违反中国证监会有关结算业务管理规定，损害其他期货公司及其客户合法权益；

（十）信息系统不符合规定或者未按照规定要求实施信息系统管理，损害客户合法权益或者扰乱期货市场秩序；

（十一）未按规定实施外部接入信息系统管理，损害客户合法权益或者扰乱期货市场秩序；

（十二）违反中国证监会风险监管指标规定；

（十三）违反规定从事期货投资咨询或者资产管理业务，情节严重的；

（十四）设立、收购、参股境外经营机构不符合本办法有关规定，情节严重或者出现严重后果的；

（十五）未按规定履行对境外经营机构的管理责任，导致境外经营机构违法经营或者出现重大风险的；

（十六）违反规定委托或者接受其他机构委托从事中间介绍业务，损害客户合法权益；

（十七）违规开展关联交易，情节严重的；

(十八)对股东、实际控制人及其关联人降低风险管理要求,侵害其他客户合法权益;

(十九)以合资、合作、联营方式设立分支机构,或者将分支机构承包、出租给他人,或者违反分支机构集中统一管理规定;

(二十)拒不配合、阻碍或者破坏中国证监会及其派出机构的监督管理;

(二十一)违反期货投资者保障基金管理规定。

第一百一十六条 期货公司及其分支机构有下列情形之一的,根据《期货交易管理条例》第六十七条处罚:

(一)发布虚假广告或者进行虚假宣传,诱骗客户参与期货交易;

(二)不按照规定变更或者撤销期货保证金账户,或者不按照规定方式向客户披露期货保证金账户信息。

第一百一十七条 期货公司因治理结构不健全、内部控制不完善,未按有关规定履行对子公司的管理职责,导致子公司违法经营或者出现重大风险的,对期货公司及其直接负责的董事、监事、高级管理人员和其他直接责任人员,依照《期货交易管理条例》第六十六条处罚。

第一百一十八条 会计师事务所、律师事务所、资产评估机构等中介服务机构不按照规定履行报告义务,提供或者出具的材料、报告、意见不完整,责令改正,没收业务收入,单处或者并处3万元以下罚款。对直接负责的主管人员和其他责任人员给予警告,并处3万元以下罚款。

第一百一十九条 未经中国证监会或其派出机构批准,任何个人或者单位及其关联人擅自持有期货公司5%以上股权,或者通过提供虚假申请材料等方式成为期货公司股东,情节严重的,给予警告,单处或者并处3万元以下罚款。

第一百二十条 期货公司股东、实际控制人或者其他关联人等有下列情形之一,除法律、行政法规另有规定外,给予警告,单独或者并处三万元以下罚款。对直接负责的主管人员和其他直接责任人员,给予警告,单独或者并处三万元以下罚款:

(一)违规使用委托资金、负债资金等投资入股,情节严重的;

（二）股权转让过程中，在股权转让完成前推荐股权受让方相关人员担任期货公司董事、监事、高级管理人员或者出让股权依法应经中国证监会批准的，在批准前，让渡或者变相让渡表决权予股权受让方，情节严重的；

（三）占用期货公司资产；

（四）直接任免期货公司董事、监事、高级管理人员，或者非法干预期货公司经营管理活动，情节严重的；

（五）股东未按照出资比例或者所持股份比例行使表决权，情节严重的；

（六）违规开展关联交易，情节严重的；

（七）其他损害期货公司及其客户合法利益，严重扰乱期货市场秩序的行为。

第九章　附　　则

第一百二十一条　经中国证监会批准，其他期货经营机构可以从事特定期货业务。具体办法由中国证监会另行制定。

第一百二十二条　期货公司参与其他交易场所交易的，应当遵守法律、行政法规、中国证监会的规定及其他交易场所业务规则的规定。

第一百二十三条　本办法下列用语的含义：

（一）期货公司主要股东，是指持有期货公司5%以上股权的法人、非法人组织或者自然人。

（二）外部接入信息系统，是指通过期货公司交易信息系统接口或其他信息技术手段接入期货公司交易信息系统，且期货公司不具有管理权限的客户交易系统。

第一百二十四条　本办法中所称金融资产包括银行存款、股票、债券、基金份额、资产管理计划、银行理财产品、信托计划、保险产品、期货权益等。

第一百二十五条　本办法自公布之日起施行。2014年10月29日发布的《期货公司监督管理办法》（证监会令第110号）同时废止。

证券期货经营机构私募资产管理业务管理办法

(2018 年 10 月 17 日中国证券监督管理委员会 2018 年第 8 次主席办公会议审议通过 2018 年 10 月 22 日公布 中国证券监督管理委员会令第 151 号 自 2018 年 10 月 22 日起施行)

目　　录

第一章 总　　则

第一条 为规范证券期货经营机构私募资产管理业务,保护投资者及相关当事人的合法权益,维护证券期货市场秩序,根据《中华人民共和国证券法》、《中华人民共和国证券投资基金法》(以下简称《证券投资基金法》)、《证券公司监督管理条例》、《期货交易管理条例》、《关于规范金融机构资产管理业务的指导意见》(银发〔2018〕106 号,以下简称《指导意见》)及相关法律法规,制定本办法。

第二条 在中华人民共和国境内,证券期货经营机构非公开募集资金或者接受财产委托,设立私募资产管理计划(以下简称资产管理计划)并担任管理人,由托管机构担任托管人,依照法律法规和资产管理合同的约定,为投资者的利益进行投资活动,适用本办法。

本办法所称证券期货经营机构,是指证券公司、基金管理公司、期货公司及前述机构依法设立的从事私募资产管理业务的子公司。

证券期货经营机构非公开募集资金开展资产证券化业务,由中国证券监督管理委员会(以下简称中国证监会)另行规定。

第三条 证券期货经营机构从事私募资产管理业务,应当遵循自愿、公平、诚实信用和客户利益至上原则,恪尽职守,谨慎勤勉,维护投资者合法权益,服务实体经济,不得损害国家利益、社会公共利益和他人合法权益。

证券期货经营机构应当遵守审慎经营规则,制定科学合理的投资策略和风险管理制度,有效防范和控制风险,确保业务开展与资本实力、管理能力及风险控制水平相适应。

第四条 证券期货经营机构不得在表内从事私募资产管理业务,不得以任何方式向投资者承诺本金不受损失或者承诺最低收益。

投资者参与资产管理计划,应当根据自身能力审慎决策,独立承担投资风险。

第五条 证券期货经营机构从事私募资产管理业务,应当实行集中运营管理,建立健全内部控制和合规管理制度,采取有效措施,将私募资产管理业务与公司其他业务分开管理,控制敏感信息的不当流动和使用,防范内幕交易、利用未公开信息交易、利益冲突和利益输送。

第六条 资产管理计划财产的债务由资产管理计划财产本身承担,投资者以其出资为限对资产管理计划财产的债务承担责任。但资产管理合同依照《证券投资基金法》另有约定的,从其约定。

资产管理计划财产独立于证券期货经营机构和托管人的固有财产,并独立于证券期货经营机构管理的和托管人托管的其他财产。证券期货经营机构、托管人不得将资产管理计划财产归入其固有财产。

证券期货经营机构、托管人因资产管理计划财产的管理、运用或者其他情形而取得的财产和收益,归入资产管理计划财产。

证券期货经营机构、托管人因依法解散、被依法撤销或者被依法宣告破产等原因进行清算的，资产管理计划财产不属于其清算财产。

非因资产管理计划本身的债务或者法律规定的其他情形，不得查封、冻结、扣划或者强制执行资产管理计划财产。

第七条 中国证监会及其派出机构依据法律、行政法规和本办法的规定，对证券期货经营机构私募资产管理业务实施监督管理。

第八条 证券交易场所、期货交易所、证券登记结算机构、中国证券业协会（以下简称证券业协会）、中国期货业协会（以下简称期货业协会）、中国证券投资基金业协会（以下简称证券投资基金业协会）依照法律、行政法规和中国证监会的规定，对证券期货经营机构私募资产管理业务实施自律管理。

第二章 业务主体

第九条 证券期货经营机构从事私募资产管理业务，应当依法经中国证监会批准。法律、行政法规和中国证监会另有规定的除外。

第十条 证券期货经营机构从事私募资产管理业务，应当符合以下条件：

（一）净资产、净资本等财务和风险控制指标符合法律、行政法规和中国证监会的规定；

（二）法人治理结构良好，内部控制、合规管理、风险管理制度完备；

（三）具备符合条件的高级管理人员和三名以上投资经理；

（四）具有投资研究部门，且专职从事投资研究的人员不少于三人；

（五）具有符合要求的营业场所、安全防范设施、信息技术系统；

（六）最近两年未因重大违法违规行为被行政处罚或者刑事处罚，最近一年未因重大违法违规行为被监管机构采取行政监管措施，无因涉嫌重大违法违规正受到监管机构或有权机关立案调查的情形；

（七）中国证监会根据审慎监管原则规定的其他条件。

证券公司、基金管理公司、期货公司设立子公司从事私募资产管理业务，并由其投资研究部门为子公司提供投资研究服务的，视为符合前款第(四)项规定的条件。

第十一条　证券期货经营机构从事私募资产管理业务,应当履行以下管理人职责:

(一)依法办理资产管理计划的销售、登记、备案事宜;

(二)对所管理的不同资产管理计划的受托财产分别管理、分别记账,进行投资;

(三)按照资产管理合同的约定确定收益分配方案,及时向投资者分配收益;

(四)进行资产管理计划会计核算并编制资产管理计划财务会计报告;

(五)依法计算并披露资产管理计划净值,确定参与、退出价格;

(六)办理与受托财产管理业务活动有关的信息披露事项;

(七)保存受托财产管理业务活动的记录、账册、报表和其他相关资料;

(八)以管理人名义,代表投资者利益行使诉讼权利或者实施其他法律行为;

(九)法律、行政法规和中国证监会规定的其他职责。

第十二条　投资经理应当依法取得从业资格,具有三年以上投资管理、投资研究、投资咨询等相关业务经验,具备良好的诚信记录和职业操守,且最近三年未被监管机构采取重大行政监管措施、行政处罚。

第十三条　证券期货经营机构应当将受托财产交由依法取得基金托管资格的托管机构实施独立托管。法律、行政法规和中国证监会另有规定的除外。

托管人应当履行下列职责:

(一)安全保管资产管理计划财产;

(二)按照规定开设资产管理计划的托管账户,不同托管账户中的财产应当相互独立;

(三)按照资产管理合同约定,根据管理人的投资指令,及时办理清算、交割事宜;

(四)建立与管理人的对账机制,复核、审查管理人计算的资产管理计划资产净值和资产管理计划参与、退出价格;

(五)监督管理人的投资运作,发现管理人的投资或清算指令违反法律、行政法规、中国证监会的规定或者资产管理合同约定的,应当拒绝执行,并向中国证监会相关派出机构和证券投资基金业协会报告;

(六)办理与资产管理计划托管业务活动有关的信息披露事项;

(七)对资产管理计划财务会计报告、年度报告出具意见;

(八)保存资产管理计划托管业务活动的记录、账册、报表和其他相关资料;

(九)对资产管理计划投资信息和相关资料承担保密责任,除法律、行政法规、规章规定或者审计要求、合同约定外,不得向任何机构或者个人提供相关信息和资料;

(十)法律、行政法规和中国证监会规定的其他职责。

第十四条 证券期货经营机构可以自行销售资产管理计划,也可以委托具有基金销售资格的机构(以下简称销售机构)销售或者推介资产管理计划。

销售机构应当依法、合规销售或者推介资产管理计划。

第十五条 证券期货经营机构可以自行办理资产管理计划份额的登记、估值、核算,也可以委托中国证监会认可的其他机构代为办理。

第十六条 证券期货经营机构从事私募资产管理业务,可以聘请符合中国证监会规定条件并接受国务院金融监督管理机构监管的机构为其提供投资顾问服务。证券期货经营机构依法应当承担的责任不因聘请投资顾问而免除。

证券期货经营机构应当向投资者详细披露所聘请的投资顾问的资质、收费等情况,以及更换、解聘投资顾问的条件和程序,充分揭示聘请投资顾问可能产生的特定风险。

证券期货经营机构不得聘请个人或者不符合条件的机构提供投资顾问服务。

第十七条 证券期货经营机构、托管人、投资顾问及相关从业人员不得有下列行为:

(一)利用资产管理计划从事内幕交易、操纵市场或者其他不当、违法的证券期货业务活动;

（二）泄露因职务便利获取的未公开信息、利用该信息从事或者明示、暗示他人从事相关交易活动；

（三）为违法或者规避监管的证券期货业务活动提供交易便利；

（四）从事非公平交易、利益输送等损害投资者合法权益的行为；

（五）利用资产管理计划进行商业贿赂；

（六）侵占、挪用资产管理计划财产；

（七）利用资产管理计划或者职务便利为投资者以外的第三方谋取不正当利益；

（八）直接或者间接向投资者返还管理费；

（九）以获取佣金或者其他不当利益为目的，使用资产管理计划财产进行不必要的交易；

（十）法律、行政法规和中国证监会规定禁止的其他行为。

第三章　业务形式

第十八条　证券期货经营机构可以为单一投资者设立单一资产管理计划，也可以为多个投资者设立集合资产管理计划。

集合资产管理计划的投资者人数不少于二人，不得超过二百人。

第十九条　单一资产管理计划可以接受货币资金委托，或者接受投资者合法持有的股票、债券或中国证监会认可的其他金融资产委托。集合资产管理计划原则上应当接受货币资金委托，中国证监会认可的情形除外。

证券登记结算机构应当按照规定为接受股票、债券等证券委托的单一资产管理计划办理证券非交易过户等手续。

第二十条　资产管理计划应当具有明确、合法的投资方向，具备清晰的风险收益特征，并区分最终投向资产类别，按照下列规定确定资产管理计划所属类别：

（一）投资于存款、债券等债权类资产的比例不低于资产管理计划总资产80%的，为固定收益类；

（二）投资于股票、未上市企业股权等股权类资产的比例不低于资产管理计划总资产80%的，为权益类；

（三）投资于商品及金融衍生品的持仓合约价值的比例不低于资

产管理计划总资产80%,且衍生品账户权益超过资产管理计划总资产20%的,为商品及金融衍生品类;

(四)投资于债权类、股权类、商品及金融衍生品类资产的比例未达到前三类产品标准的,为混合类。

第二十一条 根据资产管理计划的类别、投向资产的流动性及期限特点、投资者需求等因素,证券期货经营机构可以设立存续期间办理参与、退出的开放式资产管理计划,或者存续期间不办理参与和退出的封闭式资产管理计划。

开放式资产管理计划应当明确投资者参与、退出的时间、次数、程序及限制事项。开放式集合资产管理计划每三个月至多开放一次计划份额的参与、退出,中国证监会另有规定的除外。

第二十二条 单一资产管理计划可以不设份额,集合资产管理计划应当设定为均等份额。

开放式集合资产管理计划不得进行份额分级。封闭式集合资产管理计划可以根据风险收益特征对份额进行分级。同级份额享有同等权益、承担同等风险。分级资产管理计划优先级与劣后级的比例应当符合法律、行政法规和中国证监会的规定。

分级资产管理计划的名称应当包含"分级"或"结构化"字样,证券期货经营机构应当向投资者充分披露资产管理计划的分级设计及相应风险、收益分配、风险控制等信息。

第二十三条 证券期货经营机构可以设立基金中基金资产管理计划,将80%以上的资产管理计划资产投资于接受国务院金融监督管理机构监管的机构发行的资产管理产品,但不得违反本办法第四十四条、第四十五条以及中国证监会的其他规定。

证券期货经营机构应当向投资者充分披露基金中基金资产管理计划所投资资产管理产品的选择标准、资产管理计划发生的费用、投资管理人及管理人关联方所设立的资产管理产品的情况。

本办法所称关联方按照《企业会计准则》的规定确定。

第二十四条 证券期货经营机构可以设立管理人中管理人资产管理计划,具体规则由中国证监会另行制定。

第四章　非公开募集

第二十五条　资产管理计划应当以非公开方式向合格投资者募集。

证券期货经营机构、销售机构不得公开或变相公开募集资产管理计划，不得通过报刊、电台、电视、互联网等传播媒体或者讲座、报告会、传单、布告、自媒体等方式向不特定对象宣传具体资产管理计划。

证券期货经营机构不得设立多个资产管理计划，同时投资于同一非标准化资产，以变相突破投资者人数限制或者其他监管要求。单一主体及其关联方的非标准化资产，视为同一非标准化资产。

任何单位和个人不得以拆分份额或者转让份额收（受）益权等方式，变相突破合格投资者标准或人数限制。

第二十六条　证券期货经营机构募集资产管理计划，应当与投资者、托管人签订资产管理合同。资产管理合同应当包括《证券投资基金法》第九十二条、第九十三条规定的内容。

资产管理合同应当对巨额退出、延期支付、延期清算、管理人变更或者托管人变更等或有事项，作出明确约定。

第二十七条　证券期货经营机构和销售机构在募集资产管理计划过程中，应当按照中国证监会的规定，严格履行适当性管理义务，充分了解投资者，对投资者进行分类，对资产管理计划进行风险评级，遵循风险匹配原则，向投资者推荐适当的产品，禁止误导投资者购买与其风险承受能力不相符合的产品，禁止向风险识别能力和风险承受能力低于产品风险等级的投资者销售资产管理计划。

投资者应当以真实身份和自有资金参与资产管理计划，并承诺委托资金的来源符合法律、行政法规的规定。投资者未作承诺，或者证券期货经营机构、销售机构知道或者应当知道投资者身份不真实、委托资金来源不合法的，证券期货经营机构、销售机构不得接受其参与资产管理计划。

第二十八条　销售机构应当在募集结束后十个工作日内，将销售过程中产生和保存的投资者信息及资料全面、准确、及时提供给证券期货经营机构。

资产管理计划存续期间持续销售的,销售机构应当在销售行为完成后五个工作日内,将销售过程中产生和保存的投资者信息及资料全面、准确、及时提供给证券期货经营机构。

第二十九条 集合资产管理计划募集期间,证券期货经营机构、销售机构应当在规定期限内,将投资者参与资金存入集合资产管理计划份额登记机构指定的专门账户。集合资产管理计划成立前,任何机构和个人不得动用投资者参与资金。

按照前款规定存入专门账户的投资者参与资金,独立于证券期货经营机构、销售机构的固有财产。非因投资者本身的债务或者法律规定的其他情形,不得查封、冻结、扣划或者强制执行存入专门账户的投资者参与资金。

第三十条 集合资产管理计划成立应当具备下列条件:

(一)募集过程符合法律、行政法规和中国证监会的规定;

(二)募集金额达到资产管理合同约定的成立规模,且不违反中国证监会规定的最低成立规模;

(三)投资者人数不少于二人;

(四)符合中国证监会规定以及资产管理合同约定的其他条件。

第三十一条 集合资产管理计划的募集金额缴足之日起十个工作日内,证券期货经营机构应当委托具有证券相关业务资格的会计师事务所进行验资并出具验资报告。

集合资产管理计划在取得验资报告后,由证券期货经营机构公告资产管理计划成立;单一资产管理计划在受托资产入账后,由证券期货经营机构书面通知投资者资产管理计划成立。

第三十二条 证券期货经营机构应当在资产管理计划成立之日起五个工作日内,将资产管理合同、投资者名单与认购金额、验资报告或者资产缴付证明等材料报证券投资基金业协会备案,并抄报中国证监会相关派出机构。

资产管理计划完成备案前不得开展投资活动,以现金管理为目的,投资于银行活期存款、国债、中央银行票据、政策性金融债、地方政府债券、货币市场基金等中国证监会认可的投资品种的除外。

证券投资基金业协会应当制定资产管理计划备案规则,明确工作程序和期限,并向社会公开。

第三十三条 证券期货经营机构应当在资产管理合同约定的募集期内,完成集合资产管理计划的募集。募集期届满,集合资产管理计划未达到本办法第三十条规定的成立条件的,证券期货经营机构应当承担下列责任:

(一)以其固有财产承担因募集行为而产生的债务和费用;

(二)在募集期届满后三十日内返还投资者已缴纳的款项,并加计银行同期活期存款利息。

第三十四条 证券期货经营机构以自有资金参与集合资产管理计划,应当符合法律、行政法规和中国证监会的规定,并按照《中华人民共和国公司法》和公司章程的规定,获得公司股东会、董事会或者其他授权程序的批准。

证券期货经营机构自有资金所持的集合资产管理计划份额,应当与投资者所持的同类份额享有同等权益、承担同等风险。

第三十五条 投资者可以通过证券交易所以及中国证监会认可的其他方式,向合格投资者转让其持有的集合资产管理计划份额,并按规定办理份额变更登记手续。转让后,持有资产管理计划份额的合格投资者合计不得超过二百人。

证券期货经营机构应当在集合资产管理计划份额转让前,对受让人的合格投资者身份和资产管理计划的投资者人数进行合规性审查。受让方首次参与集合资产管理计划的,应当先与证券期货经营机构、托管人签订资产管理合同。

证券期货经营机构、交易场所不得通过办理集合资产管理计划的份额转让,公开或变相公开募集资产管理计划。

第五章 投资运作

第三十六条 证券期货经营机构设立集合资产管理计划进行投资,除中国证监会另有规定外,应当采用资产组合的方式。

资产组合的具体方式和比例,依照法律、行政法规和中国证监会的规定在资产管理合同中约定。

第三十七条 资产管理计划可以投资于以下资产:

（一）银行存款、同业存单，以及符合《指导意见》规定的标准化债权类资产，包括但不限于在证券交易所、银行间市场等国务院同意设立的交易场所交易的可以划分为均等份额、具有合理公允价值和完善流动性机制的债券、中央银行票据、资产支持证券、非金融企业债务融资工具等；

（二）上市公司股票、存托凭证，以及中国证监会认可的其他标准化股权类资产；

（三）在证券期货交易所等国务院同意设立的交易场所集中交易清算的期货及期权合约等标准化商品及金融衍生品类资产；

（四）公开募集证券投资基金（以下简称公募基金），以及中国证监会认可的比照公募基金管理的资产管理产品；

（五）第（一）至（三）项规定以外的非标准化债权类资产、股权类资产、商品及金融衍生品类资产；

（六）第（四）项规定以外的其他受国务院金融监督管理机构监管的机构发行的资产管理产品；

（七）中国证监会认可的其他资产。

前款第（一）项至第（四）项为标准化资产，第（五）项至第（六）项为非标准化资产。

中国证监会对证券期货经营机构从事私募资产管理业务投资于本条第一款第（五）项规定资产另有规定的，适用其规定。

第三十八条　资产管理计划可以依法参与证券回购、融资融券、转融通以及中国证监会认可的其他业务。法律、行政法规和中国证监会另有规定的除外。

证券期货经营机构可以依法设立资产管理计划在境内募集资金，投资于中国证监会认可的境外金融产品。

第三十九条　资产管理计划不得直接投资商业银行信贷资产；不得违规为地方政府及其部门提供融资，不得要求或者接受地方政府及其部门违规提供担保；不得直接或者间接投资法律、行政法规和国家政策禁止投资的行业或领域。

第四十条　资产管理计划存续期间，证券期货经营机构应当严格按照法律、行政法规、中国证监会规定以及合同约定的投向和比例进行资产管理计划的投资运作。

资产管理计划改变投向和比例的,应当事先取得投资者同意,并按规定履行合同变更程序。

因证券期货市场波动、证券发行人合并、资产管理计划规模变动等证券期货经营机构之外的因素导致资产管理计划投资不符合法律、行政法规和中国证监会规定的投资比例或者合同约定的投资比例的,证券期货经营机构应当在流动性受限资产可出售、可转让或者恢复交易的十五个交易日内调整至符合相关要求。确有特殊事由未能在规定时间内完成调整的,证券期货经营机构应当及时向中国证监会相关派出机构和证券投资基金业协会报告。

第四十一条　证券期货经营机构应当确保资产管理计划所投资的资产组合的流动性与资产管理合同约定的参与、退出安排相匹配,确保在开放期保持适当比例的现金或者其他高流动性金融资产,且限制流动性受限资产投资比例。

第四十二条　资产管理计划的总资产不得超过该计划净资产的200%,分级资产管理计划的总资产不得超过该计划净资产的140%。

第四十三条　证券期货经营机构应当对资产管理计划实行净值化管理,确定合理的估值方法和科学的估值程序,真实公允地计算资产管理计划净值。

第四十四条　资产管理计划接受其他资产管理产品参与,证券期货经营机构应当切实履行主动管理职责,不得进行转委托,不得再投资除公募基金以外的其他资产管理产品。

第四十五条　资产管理计划投资于其他资产管理产品的,应当明确约定所投资的资产管理产品不再投资除公募基金以外的其他资产管理产品。

资产管理计划投资于其他资产管理产品的,计算该资产管理计划的总资产时应当按照穿透原则合并计算所投资资产管理产品的总资产。

资产管理计划投资于其他私募资产管理产品的,该资产管理计划按照穿透原则合并计算的投资同一资产的比例以及投资同一或同类资产的金额,应当符合本办法及中国证监会相关规定。

资产管理计划应当按照所投资资产管理产品披露投资组合的频率,及时更新计算该资产管理计划所投资资产的金额或比例。

证券期货经营机构不得将其管理的资产管理计划资产投资于该机构管理的其他资产管理计划,依法设立的基金中基金资产管理计划以及中国证监会另有规定的除外。

第四十六条 证券期货经营机构应当切实履行主动管理职责,不得有下列行为:

(一)为其他机构、个人或者资产管理产品提供规避投资范围、杠杆约束等监管要求的通道服务;

(二)在资产管理合同中约定由委托人或其指定第三方自行负责尽职调查或者投资运作;

(三)在资产管理合同中约定由委托人或其指定第三方下达投资指令或者提供投资建议;

(四)在资产管理合同中约定管理人根据委托人或其指定第三方的意见行使资产管理计划所持证券的权利;

(五)法律、行政法规和中国证监会禁止的其他行为。

第六章 信息披露

第四十七条 证券期货经营机构、托管人、销售机构和其他信息披露义务人应当依法披露资产管理计划信息,保证所披露信息的真实性、准确性、完整性、及时性,确保投资者能够按照资产管理合同约定的时间和方式查阅或者复制所披露的信息资料。

第四十八条 资产管理计划应向投资者提供下列信息披露文件:

(一)资产管理合同、计划说明书和风险揭示书;

(二)资产管理计划净值,资产管理计划参与、退出价格;

(三)资产管理计划定期报告,至少包括季度报告和年度报告;

(四)重大事项的临时报告;

(五)资产管理计划清算报告;

(六)中国证监会规定的其他事项。

证券期货经营机构向投资者提供的信息披露文件,应当及时报送中国证监会相关派出机构、证券投资基金业协会。

信息披露文件的内容与格式指引由中国证监会或者授权证券投资基金业协会另行制定。

第四十九条 证券期货经营机构募集资产管理计划,除向投资者提供资产管理合同外,还应当制作计划说明书和风险揭示书,详细说明资产管理计划管理和运作情况,充分揭示资产管理计划的各类风险。

计划说明书披露的信息应当与资产管理合同内容一致。销售机构应当使用证券期货经营机构制作的计划说明书和其他销售材料,不得擅自修改或者增减材料。

风险揭示书应当作为资产管理计划合同的一部分交由投资者签字确认。

第五十条 资产管理计划运作期间,证券期货经营机构应当按照以下要求向投资者提供相关信息:

(一)投资标准化资产的资产管理计划至少每周披露一次净值,投资非标准化资产的资产管理计划至少每季度披露一次净值;

(二)开放式资产管理计划净值的披露频率不得低于资产管理计划的开放频率,分级资产管理计划应当披露各类别份额净值;

(三)每季度结束之日起一个月内披露季度报告,每年度结束之日起四个月内披露年度报告;

(四)发生资产管理合同约定的或者可能影响投资者利益的重大事项时,在事项发生之日起五日内向投资者披露;

(五)中国证监会规定的其他要求。

资产管理计划成立不足三个月或者存续期间不足三个月的,证券期货经营机构可以不编制资产管理计划当期的季度报告和年度报告。

第五十一条 披露资产管理计划信息,不得有下列行为:

(一)虚假记载、误导性陈述或者重大遗漏;

(二)对投资业绩进行预测,或者宣传预期收益率;

(三)承诺收益,承诺本金不受损失或者限定损失金额或比例;

(四)夸大或者片面宣传管理人、投资经理及其管理的资产管理计划的过往业绩;

(五)恶意诋毁、贬低其他资产管理人、托管人、销售机构或者其他

资产管理产品;

(六)中国证监会禁止的其他情形。

第五十二条 集合资产管理计划年度财务会计报告应当经具有证券相关业务资格的会计师事务所审计,审计机构应当对资产管理计划会计核算及净值计算等出具意见。

第七章 变更、终止与清算

第五十三条 资产管理合同需要变更的,证券期货经营机构应当按照资产管理合同约定的方式取得投资者和托管人的同意,保障投资者选择退出资产管理计划的权利,对相关后续事项作出公平、合理安排。

证券期货经营机构应当自资产管理合同变更之日起五个工作日内报证券投资基金业协会备案,并抄报中国证监会相关派出机构。

第五十四条 资产管理计划展期应当符合下列条件:

(一)资产管理计划运作规范,证券期货经营机构、托管人未违反法律、行政法规、中国证监会规定和资产管理合同的约定;

(二)资产管理计划展期没有损害投资者利益的情形;

(三)中国证监会规定的其他条件。

集合资产管理计划展期的,还应当符合集合资产管理计划的成立条件。

第五十五条 有下列情形之一的,资产管理计划终止:

(一)资产管理计划存续期届满且不展期;

(二)证券期货经营机构被依法撤销资产管理业务资格或者依法解散、被撤销、被宣告破产,且在六个月内没有新的管理人承接;

(三)托管人被依法撤销基金托管资格或者依法解散、被撤销、被宣告破产,且在六个月内没有新的托管人承接;

(四)经全体投资者、证券期货经营机构和托管人协商一致决定终止的;

(五)发生资产管理合同约定的应当终止的情形;

(六)集合资产管理计划存续期间,持续五个工作日投资者少于二人;

（七）法律、行政法规及中国证监会规定的其他情形。

证券期货经营机构应当自资产管理计划终止之日起五个工作日内报证券投资基金业协会备案，并抄报中国证监会相关派出机构。

第五十六条　资产管理计划终止的，证券期货经营机构应当在发生终止情形之日起五个工作日内开始组织清算资产管理计划财产。

清算后的剩余财产，集合资产管理计划应当按照投资者持有份额占总份额的比例或者资产管理合同的约定，以货币资金形式分配给投资者，中国证监会另有规定的除外；单一资产管理计划应当按照合同约定的形式将全部财产交还投资者自行管理。

证券期货经营机构应当在资产管理计划清算结束后五个工作日内将清算结果报证券投资基金业协会备案，并抄报中国证监会相关派出机构。

资产管理计划因委托财产流动性受限等原因延期清算的，证券期货经营机构应当及时向中国证监会相关派出机构和证券投资基金业协会报告。

第五十七条　证券期货经营机构、托管人、销售机构等机构应当按照法律、行政法规和中国证监会的规定保存资产管理计划的会计账册，妥善保存有关的合同、协议、交易记录等文件、资料和数据，任何人不得隐匿、伪造、篡改或者销毁。保存期限自资产管理计划终止之日起不少于二十年。

第八章　风险管理与内部控制

第五十八条　证券期货经营机构应当建立健全与私募资产管理业务相关的投资者适当性、投资决策、公平交易、会计核算、风险控制、合规管理、投诉处理等管理制度，覆盖私募资产管理业务的产品设计、募集、研究、投资、交易、会计核算、信息披露、清算、信息技术、投资者服务等各个环节，明确岗位职责和责任追究机制，确保各项制度流程得到有效执行。

第五十九条　证券期货经营机构应当采取有效措施，确保私募资产管理业务与其他业务在场地、人员、账户、资金、信息等方面相分离，不同投资经理管理的资产管理计划的持仓和交易等重大非公开投资信息相隔离，控制敏感信息的不当流动和使用，切实防范内幕交易、利用未公开信息交易、利益冲突和利益输送。

第六十条 证券期货经营机构应当明确投资决策流程与授权管理制度，建立、维护投资对象与交易对手备选库，设定清晰的清算流程和资金划转路径，对资产管理计划账户日常交易情况进行风险识别、监测，严格执行风险控制措施和投资交易复核程序，保证投资决策按照法律、行政法规、中国证监会的规定以及合同约定执行。

投资经理应当在授权范围内独立、客观地履行职责，重要投资应当有详细的研究报告和风险分析支持。

第六十一条 证券期货经营机构应当建立健全信用风险管理制度，对信用风险进行准确识别、审慎评估、动态监控、及时应对和全程管理。

证券期货经营机构应当对投资对象、交易对手开展必要的尽职调查，实施严格的准入管理和交易额度管理，评估并持续关注证券发行人、融资主体和交易对手的资信状况，以及担保物状况、增信措施和其他保障措施的有效性。出现可能影响投资者权益的事项，证券期货经营机构应当及时采取申请追加担保、依法申请财产保全等风险控制措施。

第六十二条 资产管理计划投资于本办法第三十七条第（五）项规定资产的，证券期货经营机构应当建立专门的质量控制制度，进行充分尽职调查并制作书面报告，设置专岗负责投后管理、信息披露等事宜，动态监测风险。

第六十三条 证券期货经营机构应当建立健全流动性风险监测、预警与应急处置制度，将私募资产管理业务纳入常态化压力测试机制，压力测试应当至少每季度进行一次。

证券期货经营机构应当结合市场状况和自身管理能力制定并持续更新流动性风险应急预案，明确预案触发情景、应急程序与措施、应急资金来源、公司董事会、管理层及各部门职责与权限等。

第六十四条 证券期货经营机构应当建立公平交易制度及异常交易监控机制，公平对待所管理的不同资产，对投资交易行为进行监控、分析、评估、核查，监督投资交易的过程和结果，保证公平交易原则的实现，不得开展可能导致不公平交易和利益输送的交易行为。

证券期货经营机构应当对不同资产管理计划之间发生的同向交易和反向交易进行监控。同一资产管理计划不得在同一交易日内进行反向交易。确因投资策略或流动性等需要发生同日反向交易的，应要求投资经理提供决策依据，并留存书面记录备查。

资产管理计划依法投资于本办法第三十七条第（三）项规定资产的，在同一交易日内进行反向交易的，不受前款规定限制。

第六十五条　证券期货经营机构的自营账户、资产管理计划账户、作为投资顾问管理的产品账户之间，以及不同资产管理计划账户之间，不得发生交易，有充分证据证明进行有效隔离并且价格公允的除外。

子公司从事私募资产管理业务的，证券期货经营机构的自营账户、资产管理计划账户以及作为投资顾问管理的产品账户与子公司的资产管理计划账户之间的交易，适用本条规定。

第六十六条　证券期货经营机构应当建立健全关联交易管理制度，对关联交易认定标准、交易定价方法、交易审批程序进行规范，不得以资产管理计划的资产与关联方进行不正当交易、利益输送、内幕交易和操纵市场。

证券期货经营机构以资产管理计划资产从事重大关联交易的，应当遵守法律、行政法规、中国证监会的规定和合同约定，事先取得投资者的同意，事后及时告知投资者和托管人，并向中国证监会相关派出机构和证券投资基金业协会报告，投资于证券期货的关联交易还应当向证券期货交易所报告。

第六十七条　证券期货经营机构应当建立健全信息披露管理制度，设置专门部门或者专岗负责信息披露工作，明确负责的高级管理人员，并建立复核机制，通过规范渠道向投资者披露有关信息，还应当定期对信息披露工作的真实性、准确性、完整性、及时性等进行评估。

第六十八条　证券期货经营机构和托管人应当加强对私募资产管理业务从业人员的管理，加强关键岗位的监督与制衡，投资经理、交易执行、风险控制等岗位不得相互兼任，并建立从业人员投资申报、登记、审查、处置等管理制度，防范与投资者发生利益冲突。

证券期货经营机构应当完善长效激励约束机制,不得以人员挂靠、业务包干等方式从事私募资产管理业务。

证券期货经营机构分管私募资产管理业务的高级管理人员、私募资产管理业务部门负责人以及投资经理离任的,证券期货经营机构应当立即对其进行离任审查,并自离任之日起三十个工作日内将审查报告报送中国证监会相关派出机构和证券投资基金业协会。

第六十九条　证券期货经营机构应当建立资产管理计划的销售机构和投资顾问的授权管理体系,明确销售机构和投资顾问的准入标准和程序,对相关机构资质条件、专业服务能力和风险管理制度等进行尽职调查,确保其符合法规规定。证券期货经营机构应当以书面方式明确界定双方的权利与义务,明确相关风险的责任承担方式。

证券期货经营机构应当建立对销售机构和投资顾问履职情况的监督评估机制,发现违法违规行为的,应当及时更换并报告中国证监会相关派出机构和证券投资基金业协会。

第七十条　证券期货经营机构应当每月从资产管理计划管理费中计提风险准备金,或者按照法律、行政法规以及中国证监会的规定计算风险资本准备。

风险准备金主要用于弥补因证券期货经营机构违法违规、违反资产管理合同约定、操作错误或者技术故障等给资产管理计划资产或者投资者造成的损失。风险准备金计提比例不得低于管理费收入的10%,风险准备金余额达到上季末资产管理计划资产净值的1%时可以不再提取。

计提风险准备金的证券期货经营机构,应当选定具有基金托管资格的商业银行开立专门的私募资产管理业务风险准备金账户,该账户不得与公募基金风险准备金账户及其他类型账户混用,不得存放其他性质资金。风险准备金的投资管理和使用,应当参照公募基金风险准备金监督管理有关规定执行。证券期货经营机构应当在私募资产管理业务管理年度报告中,对风险准备金的提取、投资管理、使用、年末结余等情况作专项说明。

第七十一条　证券期货经营机构合规管理和风险管理部门应当定期对私募资产管理业务制度及执行情况进行检查,发现违反法律、行政法规、中国证监会规定或者合同约定的，应当及时纠正处理，并向中国证监会及相关派出机构、证券投资基金业协会报告。

第七十二条 证券期货经营机构应当建立健全应急处理机制，对发生延期兑付、负面舆论、群体性事件等风险事件的处理原则、方案等作出明确规定，并指定高级管理人员负责实施。出现重大风险事件的，应当及时向中国证监会及相关派出机构、证券投资基金业协会报告。

第九章 监督管理与法律责任

第七十三条 证券期货经营机构应当于每月十日前向中国证监会及相关派出机构、证券投资基金业协会报送资产管理计划的持续募集情况、投资运作情况、资产最终投向等信息。

证券期货经营机构应当在每季度结束之日起一个月内，编制私募资产管理业务管理季度报告，并报中国证监会相关派出机构和证券投资基金业协会备案。证券期货经营机构、托管人应当在每年度结束之日起四个月内，分别编制私募资产管理业务管理年度报告和托管年度报告，并报中国证监会相关派出机构和证券投资基金业协会备案。

证券期货经营机构应当在私募资产管理业务管理季度报告和管理年度报告中，就本办法所规定的风险管理与内部控制制度在报告期内的执行情况等进行分析，并由合规负责人、风控负责人、总经理分别签署。

第七十四条 证券期货经营机构进行年度审计，应当同时对私募资产管理业务的内部控制情况进行审计。

证券期货经营机构应当在每年度结束之日起四个月内将前述审计结果报送中国证监会及相关派出机构、证券投资基金业协会。

第七十五条 证券交易场所、期货交易所、中国期货市场监控中心（以下简称期货市场监控中心）应当对证券期货经营机构资产管理计划交易行为进行监控。发现存在重大风险、重大异常交易或者涉嫌违法违规事项的，应当及时报告中国证监会及相关派出机构。

证券投资基金业协会应当按照法律、行政法规和中国证监会规定对证券期货经营机构资产管理计划实施备案管理和监测监控。发现提交备案的资产管理计划不符合法律、行政法规和中国证监会规定的，不得予以备案，并报告中国证监会及相关派出机构；发现已备案的资产管理计划存在重大风险或者违规事项的，应当及时报告中国证监会及相关派出机构。

第七十六条 中国证监会及其派出机构对证券期货经营机构、托管人、销售机构和投资顾问等服务机构从事私募资产管理及相关业务的情况，进行定期或者不定期的现场和非现场检查，相关机构应当予以配合。

中国证监会相关派出机构应当定期对辖区证券期货经营机构私募资产管理业务开展情况进行总结分析，纳入监管季度报告和年度报告，发现存在重大风险或者违规事项的，应当及时报告中国证监会。

第七十七条 中国证监会与中国人民银行、中国银行保险监督管理委员会建立监督管理信息共享机制，加强资产管理业务的统计信息共享。

中国证监会及其派出机构、证券交易场所、期货交易所、证券登记结算机构、期货市场监控中心、证券业协会、期货业协会、证券投资基金业协会应当加强证券期货经营机构私募资产管理业务数据信息共享。

证券交易场所、期货交易所、证券登记结算机构、期货市场监控中心、证券业协会、期货业协会、证券投资基金业协会应当按照中国证监会的要求，定期或者不定期提供证券期货经营机构私募资产管理业务专项统计、分析等数据信息。

中国证监会相关派出机构应当每月对证券期货经营机构资产管理计划备案信息和业务数据进行分析汇总，并按照本办法第七十六条的规定报告。

第七十八条 证券期货经营机构、托管人、销售机构和投资顾问等服务机构违反法律、行政法规、本办法及中国证监会其他规定的，中国证监会及相关派出机构可以对其采取责令改正、监管谈话、出具警示函、责令定期报告、暂不受理与行政许可有关的文件等行政监管措施；对直接负责的主管人员和其他直接责任人员，采取监管谈话、出具警示函、责令参加培训、认定为不适当人选等行政监管措施。

第七十九条 证券公司及其子公司、基金管理公司及其子公司违反本办法规定构成公司治理结构不健全、内部控制不完善等情形的，对证券公司、基金管理公司及其直接负责的董事、监事、高级管理人员和其他直接责任人员，依照《证券投资基金法》第二十四条、《证券公司监督管理条例》第七十条采取行政监管措施。

期货公司及其子公司违反本办法规定被责令改正且逾期未改正，其行为严重危及期货公司的稳健运行，损害客户合法权益，或者涉嫌严重违法违规正在被中国证监会及其派出机构调查的，依照《期货交易管理条例》第五十五条采取行政监管措施。

证券期货经营机构未尽合规审查义务，提交备案的资产管理计划明显或者频繁不符合法律、行政法规和中国证监会规定的，依照本条第一款、第二款规定，采取责令暂停私募资产管理业务三个月的行政监管措施；情节严重的，采取责令暂停私募资产管理业务六个月以上的行政监管措施。

第八十条 证券期货经营机构、托管人、销售机构和投资顾问等服务机构有下列情形之一且情节严重的，除法律、行政法规另有规定外，给予警告，并处三万元以下罚款，对直接负责的主管人员和其他直接责任人员，给予警告，并处三万元以下罚款：

（一）违反本办法第三条至第六条规定的基本原则；

（二）违反本办法第十一条、第十三条的规定，未按规定履行管理人和托管人职责，或者从事第十七条所列举的禁止行为；

（三）违反本办法第十四条、第十六条的规定，聘请不符合条件的销售机构、投资顾问；

（四）违反本办法第二十二条关于产品分级的规定；

（五）违反本办法第二十五条、第二十六条、第二十七条、第二十八条、第二十九条、第三十条、第三十一条、第三十二条、第三十四条、第三十五条关于非公开募集的规定；

（六）违反本办法第五章关于投资运作的规定；

（七）违反本办法第四十七条、第四十八条、第五十条、第五十一条，未按照规定向投资者披露资产管理计划信息；

（八）未按照本办法第八章的规定建立健全和有效执行资产管理

业务相关制度，内部控制或者风险管理不完善，引发较大风险事件或者存在重大风险隐患；

（九）违反本法第四十八条、第七十三条，未按照规定履行备案或者报告义务，导致风险扩散。

第八十一条 证券期货经营机构、托管人、销售机构和投资顾问等服务机构的相关从业人员违反法律、行政法规和本办法规定，情节严重的，中国证监会可以依法采取市场禁入措施。

第十章 附 则

第八十二条 过渡期自本办法实施之日起至2020年12月31日。

过渡期内，证券期货经营机构应当自行制定整改计划，有序压缩不符合本办法规定的资产管理计划规模；对于不符合本办法规定的存量资产管理计划，其持有资产未到期的，证券期货经营机构可以设立老产品对接，或者予以展期。过渡期结束后，证券期货经营机构不得发行或者存续违反本办法规定的资产管理计划。

依据《证券公司客户资产管理业务管理办法》（证监会令第93号）、《证券公司定向资产管理业务实施细则》（证监会公告〔2012〕30号）设立的存量定向资产管理计划投资于上市公司股票、挂牌公司股票的，其所持证券的所有权归属、权利行使、信息披露以及证券账户名称等不符合本办法规定的，不受前述过渡期期限的限制，但最晚应当在2023年12月31日前完成规范。

第八十三条 鼓励证券公司设立子公司从事私募资产管理业务，加强风险法人隔离。专门从事资产管理业务的证券公司除外。

鼓励证券公司设立子公司专门从事投资于本办法第三十七条第（五）项规定资产的私募资产管理业务。

中国证监会依据审慎监管原则，对依照本条第一款、第二款规定设立子公司的证券公司，在分类评价、风险资本准备计算等方面实施差异化安排。

第八十四条 证券期货经营机构设立特定目的的公司或者合伙企业从事私募资产管理业务的，参照适用本办法。

第八十五条 本办法自2018年10月22日起施行。《证券公司客户资产管理业务管理办法》(证监会令第93号)、《基金管理公司特定客户资产管理业务试点办法》(证监会令第83号)、《期货公司资产管理业务试点办法》(证监会令第81号)、《证券公司集合资产管理业务实施细则》(证监会公告〔2013〕28号)、《证券公司定向资产管理业务实施细则》(证监会公告〔2012〕30号)、《关于实施〈基金管理公司特定客户资产管理业务试点办法〉有关问题的规定》(证监会公告〔2012〕23号)、《基金管理公司单一客户资产管理合同内容与格式准则》(证监会公告〔2012〕24号)、《基金管理公司特定多个客户资产管理合同内容与格式准则》(证监会公告〔2012〕25号)同时废止。

外商投资期货公司管理办法

(经国务院批准,2018年8月24日公布 中国证券监督管理委员会令第149号 自2018年8月24日起施行)

第一条 为适应期货市场对外开放需要,加强和完善对外商投资期货公司的监督管理,根据《中华人民共和国公司法》、《期货交易管理条例》有关规定,制定本办法。

第二条 本办法所称外商投资期货公司是指单一或有关联关系的多个境外股东直接持有或间接控制公司5%以上股权的期货公司。

第三条 中国证券监督管理委员会(以下简称中国证监会)及其派出机构依法对外商投资期货公司实施监督管理。

第四条 外商投资期货公司的名称、组织形式、注册资本、组织机构的设立及职责等,应当符合《中华人民共和国公司法》、《期货交易管理条例》、《期货公司监督管理办法》等法律、行政法规和中国证监会的有关规定。

第五条 直接持有期货公司5%以上股权的境外股东,除应当符合《期货公司监督管理办法》第七条和第九条规定的条件外,还应当具备下列条件:

(一)持续经营5年以上,近3年未受到所在国家或者地区监管机构或者行政、司法机关的重大处罚;

(二)管理层具有良好的专业素质和管理能力;

(三)具有健全的内部控制制度和风险管理体系;

(四)具有良好的国际声誉和经营业绩,近3年业务规模、收入、利润居于国际前列,近3年长期信用均保持在高水平;

(五)中国证监会规定的其他审慎性条件。

有关联关系的多个境外股东合计持有期货公司5%以上股权的,每个境外股东均应具备上款所列条件。

第六条 除通过中国境内证券公司间接持有期货公司股权及中国证监会规定的其他情形外,境外投资者通过投资关系、协议或其他安排,实际控制期货公司5%以上股权的,应当转为直接持股。

单独或与关联方、一致行动人共同实际控制期货公司5%以上股权的境外投资者,应当具备本办法第五条规定的条件。

第七条 境外股东应当以自由兑换货币出资。境外股东累计持有的(包括直接持有和间接控制)外商投资期货公司股权比例,应当符合国家关于期货业对外开放的安排。

第八条 外商投资期货公司的董事、监事和高级管理人员应当具备中国证监会规定的任职条件。

外商投资期货公司的高级管理人员须在中国境内实地履职。

第九条 境外机构设立外商投资期货公司,应当在公司登记机关登记注册,并向中国证监会提出申请。除应当向中国证监会提交《期货公司监督管理办法》规定的申请文件外,还应当提交下列文件:

(一)申请前3年该境外机构经审计的财务报表;

(二)该境外机构所在国家或者地区相关监管机构或者中国证监会认可的机构出具的关于该境外机构是否具备本办法第五条第一款第一项及《期货公司监督管理办法》第七条第五项、第九条第一款第二项规定条件的说明函;

(三)该境外机构是否具备本办法第五条第一款第二项、第三项规定条件的说明材料;

(四)该境外机构是否具备本办法第五条第一款第四项规定条件

的证明文件；

（五）由中国境内律师事务所出具的法律意见书；

（六）中国证监会规定的其他申请文件。

境外股东变更股权属《期货公司监督管理办法》第十七条规定情形的，应当向中国证监会提出申请，申请文件适用前款规定。

第十条 获得中国证监会批准设立的外商投资期货公司，应当按国家外汇管理部门的规定办理相关业务登记手续，足额缴付出资或者提供约定的合作条件。

第十一条 外商投资期货公司申请颁发或换发《经营证券期货业务许可证》，应当向中国证监会提交下列文件：

（一）营业执照副本复印件；

（二）公司章程；

（三）由中国境内具有期货相关业务资格的会计师事务所出具的验资报告；

（四）董事、监事、高级管理人员和主要业务人员的名单，符合任职条件证明文件及期货从业资格证明文件；

（五）高级管理人员在中国境内实地履职的说明文件；

（六）内部控制制度和风险管理制度文本；

（七）营业场所和业务设施情况说明书；

（八）中国证监会要求的其他文件。

申请换发《经营证券期货业务许可证》的，还应当提交公司原有《经营证券期货业务许可证》。

未取得中国证监会颁发的《经营证券期货业务许可证》，外商投资期货公司不得经营期货业务。

第十二条 外商投资期货公司合并或者分立后设立的外商投资期货公司，其股权变动应当符合本办法的规定。

第十三条 境外投资者依法通过证券交易所的证券交易持有或者通过协议、其他安排与他人共同持有上市期货公司股份达到5%以上的，应当具备本办法第五条规定的条件，并遵守法律、行政法规和中国证监会关于上市公司收购、期货公司变更审批的有关规定。

第十四条 外商投资期货公司及其境外股东向中国证监会提交

的申请文件,以及向中国证监会及其派出机构报送的文件、资料,必须使用中文。境外股东及其所在国家或者地区相关监管机构或者中国证监会认可的机构出具的文件、资料,以及外商投资期货公司股东会、董事会、监事会、总经理办公会相关文件、资料使用外文的,应当附有与原文内容一致的中文译本。

申请人提交的文件及报送的材料,不能充分说明申请人状况的,中国证监会可以要求申请人作出补充说明。

第十五条 外商投资期货公司交易、结算、风险控制等信息系统的核心服务器以及记录、存储客户信息的数据设备,应当设置在中国境内。

在符合法律、行政法规和中国证监会有关规定的前提下,外商投资期货公司可以利用境外股东的资源和技术,提升信息系统的效率和安全水平。

第十六条 外商投资期货公司及其股东、董事、监事、高级管理人员违反本办法规定的,中国证监会及其派出机构可以依照《期货交易管理条例》、《期货公司监督管理办法》、《期货公司董事、监事和高级管理人员任职资格管理办法》等相关规定采取行政监管措施或予以处罚。

第十七条 香港特别行政区、澳门特别行政区和台湾地区的投资者投资期货公司的,参照适用本办法。国家另有规定的,从其规定。

第十八条 外商投资期货公司的设立、变更、终止、业务活动及监督管理事项,本办法未作规定的,适用中国证监会的其他有关规定。

第十九条 本办法自公布之日起施行。

证券期货经营机构及其工作人员廉洁从业规定

(2018年5月2日中国证券监督管理委员会2018年第3次主席办公会会议审议通过 2018年6月27日公布 中国证券监督管理委员会令第145号 自2018年6月27日起施行)

第一条 为促进资本市场健康发展,净化资本市场生态环境,保护投资者合法权益,切实加强对证券期货经营机构及其工作人员廉洁从业的监督管理,根据《证券法》《证券投资基金法》《证券公司监督管理条例》《期货交易管理条例》等法律法规,制定本规定。

第二条 本规定所称廉洁从业,是指证券期货经营机构及其工作人员在开展证券期货业务及相关活动中,严格遵守法律法规、中国证监会的规定和行业自律规则,遵守社会公德、商业道德、职业道德和行为规范,公平竞争,合规经营,忠实勤勉,诚实守信,不直接或者间接向他人输送不正当利益或者谋取不正当利益。

第三条 中国证监会应当加强对证券期货经营机构及其工作人员廉洁从业的监督管理。

中国证券业协会、中国期货业协会、中国证券投资基金业协会等自律组织依据章程、相关自律规则对证券期货经营机构及其工作人员进行廉洁从业的自律管理。

第四条 证券期货经营机构承担廉洁从业风险防控主体责任。

证券期货经营机构董事会决定廉洁从业管理目标,对廉洁从业管理的有效性承担责任。

证券期货经营机构主要负责人是落实廉洁从业管理职责的第一责任人,各级负责人在职责范围内承担相应管理责任。

第五条 证券期货经营机构应当指定专门部门对本机构及其工

作人员的廉洁从业情况进行监督、检查,充分发挥纪检监察、合规、审计等部门的合力,发现问题及时处理,重大情况及时报告。

第六条 证券期货经营机构应当建立健全廉洁从业内部控制制度,制定具体、有效的事前风险防范体系、事中管控措施和事后追责机制,对所从事的业务种类、环节及相关工作进行科学、系统的廉洁风险评估,识别廉洁从业风险点,强化岗位制衡与内部监督机制并确保运作有效。

前款规定的业务种类、环节包括业务承揽、承做、销售、交易、结算、交割、投资、采购、商业合作、人员招聘,以及申请行政许可、接受监管执法和自律管理等。

第七条 证券期货经营机构应当制定工作人员廉洁从业规范,明确廉洁从业要求,加强从业人员廉洁培训和教育,培育廉洁从业文化。

证券期货经营机构应当将工作人员廉洁从业纳入工作人员管理体系,在遇有人员聘用、晋级、提拔、离职以及考核、审计、稽核等情形时,对其廉洁从业情况予以考察评估。

第八条 证券期货经营机构应当强化财经纪律,杜绝账外账等不规范行为。对于业务活动中产生的费用支出制定明确的内部决策流程和具体标准,确保相关费用支出合法合规。

第九条 证券期货经营机构及其工作人员在开展证券期货业务及相关活动中,不得以下列方式向公职人员、客户、正在洽谈的潜在客户或者其他利益关系人输送不正当利益:

(一)提供礼金、礼品、房产、汽车、有价证券、股权、佣金返还等财物,或者为上述行为提供代持等便利;

(二)提供旅游、宴请、娱乐健身、工作安排等利益;

(三)安排显著偏离公允价格的结构化、高收益、保本理财产品等交易;

(四)直接或者间接向他人提供内幕信息、未公开信息、商业秘密和客户信息,明示或者暗示他人从事相关交易活动;

(五)其他输送不正当利益的情形。

证券期货经营机构及其工作人员按照证券期货经营机构依法制

定的内部规定及限定标准,依法合理营销的,不适用前款规定。

第十条　证券期货经营机构工作人员不得以下列方式谋取不正当利益:

(一)直接或者间接以第九条所列形式收受、索取他人的财物或者利益;

(二)直接或者间接利用他人提供或主动获取的内幕信息、未公开信息、商业秘密和客户信息谋取利益;

(三)以诱导客户从事不必要交易、使用客户受托资产进行不必要交易等方式谋取利益;

(四)违规从事营利性经营活动,违规兼任可能影响其独立性的职务或者从事与所在机构或者投资者合法利益相冲突的活动;

(五)违规利用职权为近亲属或者其他利益关系人从事营利性经营活动提供便利条件;

(六)其他谋取不正当利益的情形。

第十一条　证券期货经营机构及其工作人员不得以下列方式干扰或者唆使、协助他人干扰证券期货监督管理或者自律管理工作:

(一)以不正当方式影响监督管理或者自律管理决定;

(二)以不正当方式影响监督管理或者自律管理人员工作安排;

(三)以不正当方式获取监督管理或者自律管理内部信息;

(四)协助利益关系人,拒绝、干扰、阻碍或者不配合监管人员行使监督、检查、调查职权;

(五)其他干扰证券期货监督管理或者自律管理工作的情形。

第十二条　证券期货经营机构及其工作人员在开展投资银行类业务过程中,不得以下列方式输送或者谋取不正当利益:

(一)以非公允价格或者不正当方式为自身或者利益关系人获取拟上市公司股权;

(二)以非公允价格或者不正当方式为自身或者利益关系人获取拟并购重组上市公司股权或者标的资产股权;

(三)以非公允价格为利益关系人配售债券或者约定回购债券;

(四)泄露证券发行询价和定价信息,操纵证券发行价格;

(五)直接或者间接通过聘请第三方机构或者个人的方式输送

利益;

(六)以与监管人员或者其他相关人员熟悉,或者以承诺价格、利率、获得批复及获得批复时间等为手段招揽项目、商定服务费;

(七)其他输送或者谋取不正当利益的行为。

第十三条　证券期货经营机构应当对其股东、客户等相关方做好辅导和宣传工作,告知相关方应当遵守廉洁从业规定。

第十四条　证券期货经营机构应当定期或者不定期开展廉洁从业内部检查,对发现的问题及时整改,对责任人严肃处理。

责任人为中共党员的,同时按照党的纪律要求进行处理。

第十五条　证券期货经营机构应当于每年4月30日前,向中国证监会有关派出机构报送上年度廉洁从业管理情况报告。

有下列情形之一的,证券期货经营机构应当在五个工作日内,向中国证监会有关派出机构报告:

(一)证券期货经营机构在内部检查中,发现存在违反本规定行为的;

(二)证券期货经营机构及其工作人员发现监管人员存在应当回避的情形而未进行回避、利用职务之便索取或者收受不正当利益等违反廉洁规定行为的;

(三)证券期货经营机构及其工作人员发现其股东、客户等相关方以不正当手段干扰监管工作的;

(四)证券期货经营机构或者其工作人员因违反廉洁从业规定被纪检监察部门、司法机关立案调查或者被采取纪律处分、行政处罚、刑事处罚等措施的。

出现前款第(一)项情形的,应当同时向主管纪检监察部门报告,出现第(一)(二)(三)项情形且涉嫌犯罪的,相关部门应当依法移送监察、司法机关。

第十六条　中国证监会在对证券期货经营机构及其工作人员的现场检查中,可以将廉洁从业管理情况纳入检查范围。证券期货经营机构及其工作人员应当予以配合。

第十七条　中国证券业协会、中国期货业协会、中国证券投资基金业协会等自律组织应当制定和实施行业廉洁从业自律规则,监督、检查会员及其从业人员的执业行为，对违反廉洁从业规定的采取自律惩戒措施，并按照规定记入证券期货市场诚信档案。

第十八条　证券期货经营机构及其工作人员违反本规定的，中国证监会可以采取出具警示函、责令参加培训、责令定期报告、责令改正、监管谈话、认定为不适当人选、暂不受理行政许可相关文件等行政监管措施。

第十九条　证券期货经营机构及其工作人员违反本规定，并构成违反《证券法》《证券投资基金法》《证券公司监督管理条例》《期货交易管理条例》规定违法情形的，中国证监会可以采取限制业务活动，限制向董事、监事、高级管理人员支付报酬、提供福利，责令更换董事、监事、高级管理人员等行政监管措施，并按照相关法律法规的规定进行处罚。

第二十条　证券期货经营机构及其工作人员违反本规定第九条、第十条、第十一条、第十二条、第十三条、第十四条、第十五条规定，按照相关法律法规的规定进行处罚，相关法律法规没有规定的，处以警告、3 万元以下罚款。

第二十一条　证券期货经营机构及其工作人员违反本规定，公司董事、监事、高级管理人员和其他人员负有管理责任的，中国证监会可以对其采取第十八条和第二十条规定的行政监管措施或者行政处罚。

第二十二条　证券期货经营机构工作人员违反相关法律法规和本规定，情节严重的，中国证监会可以依法对其采取市场禁入的措施。

证券期货经营机构工作人员在开展证券期货业务及相关活动中向公职人员及其利益关系人输送不正当利益，或者唆使、协助他人向公职人员及其利益关系人输送不正当利益，情节特别严重的，中国证监会可以依法对其采取终身市场禁入的措施。

第二十三条　证券期货经营机构及其工作人员违反本规定，有下列情形之一的，中国证监会应当从重处理：

（一）直接、间接或者唆使、协助他人向监管人员输送利益；

（二）连续或者多次违反本规定；

(三)涉及金额较大或者涉及人员较多;

(四)产生恶劣社会影响;

(五)曾为公职人员特别是监管人员,以及曾任证券期货经营机构合规风控职务的人员违反本规定;

(六)中国证监会认定应当从重处理的其他情形。

第二十四条 证券期货经营机构通过有效的廉洁从业风险管理,主动发现违反本规定的行为,并积极有效整改,落实责任追究,完善内部控制制度和业务流程,及时向中国证监会报告的,依法免于追究责任或者从轻、减轻处理。

证券期货经营机构工作人员违反本规定,事后及时向中国证监会报告,或者积极配合调查的,依法免于追究责任或者从轻、减轻处理。

第二十五条 证券期货经营机构及其工作人员涉嫌违反党纪、政纪的,中国证监会将有关情况通报相关主管单位纪检监察部门;涉嫌犯罪的,依法移送监察、司法机关,追究其刑事责任。

第二十六条 本规定所称证券期货经营机构是指证券公司、期货公司、基金管理公司及其子公司。

本规定所称监管人员包括在中国证监会及其派出机构、行业协会、证券期货交易所、全国中小企业股份转让系统等单位从事监管工作的人员、发行审核委员会委员、并购重组委员会委员等。

第二十七条 私募基金管理人、其他公募基金管理人、证券期货投资咨询机构、证券资信评级机构、基金销售机构、基金托管人以及从事基金评价、基金估值、信息技术服务等证券期货服务类机构参照本规定执行。

第二十八条 中央纪委驻中国证监会纪检组及系统各级纪检监察机关对中国证监会、相关自律组织的上述工作开展监督、检查、问责。

第二十九条 本规定自公布之日起施行。

期货公司风险监管指标管理办法

（2017 年 2 月 7 日中国证券监督管理委员会 2017 年第 1 次主席办公会议审议通过　2017 年 4 月 18 日公布　中国证券监督管理委员会令第 131 号　自 2017 年 10 月 1 日起施行）

第一章　总　　则

第一条　为了加强期货公司监督管理，促进期货公司加强内部控制、防范风险、稳健发展，根据《期货交易管理条例》，制定本办法。

第二条　期货公司应当按照中国证券监督管理委员会（以下简称中国证监会）的有关规定计算风险监管指标。

第三条　中国证监会可以根据审慎监管原则，结合期货市场与期货行业发展状况，在征求行业意见基础上对期货公司风险监管指标标准及计算要求进行动态调整，并为调整事项的实施作出过渡性安排。

第四条　期货公司应当建立与风险监管指标相适应的内部控制制度及风险管理制度，建立动态的风险监控和资本补充机制，确保净资本等风险监管指标持续符合标准。

第五条　期货公司应当及时根据监管要求、市场变化及业务发展情况对公司风险监管指标进行压力测试。

压力测试结果显示潜在风险超过期货公司承受能力的，期货公司应当采取有效措施，及时补充资本或控制业务规模，将风险控制在可承受范围内。

第六条　期货公司应当聘请具备证券、期货相关业务资格的会计师事务所对期货公司年度风险监管报表进行审计。

会计师事务所及其注册会计师应当勤勉尽责，对出具报告所依据的文件资料内容的真实性、准确性和完整性进行核查和验证，并对出具审计报告的合法性和真实性负责。

第七条　中国证监会及其派出机构按照法律、行政法规及本办法的规定,对期货公司风险监管指标是否符合标准,期货公司编制、报送风险监管报表相关活动实施监督管理。

第二章 风险监管指标标准及计算要求

第八条 期货公司应当持续符合以下风险监管指标标准:

(一)净资本不得低于人民币3000万元;

(二)净资本与公司风险资本准备的比例不得低于100%;

(三)净资本与净资产的比例不得低于20%;

(四)流动资产与流动负债的比例不得低于100%;

(五)负债与净资产的比例不得高于150%;

(六)规定的最低限额结算准备金要求。

第九条 中国证监会对风险监管指标设置预警标准。规定"不得低于"一定标准的风险监管指标,其预警标准是规定标准的120%,规定"不得高于"一定标准的风险监管指标,其预警标准是规定标准的80%。

最低限额结算准备金不设预警标准。

第十条 期货公司净资本是在净资产基础上,按照变现能力对资产负债项目及其他项目进行风险调整后得出的综合性风险监管指标。

净资本的计算公式为:净资本=净资产-资产调整值+负债调整值-/+其他调整项。

第十一条 期货公司风险资本准备是指期货公司在开展各项业务过程中,为应对可能发生的风险损失所需要的资本。

第十二条 最低限额结算准备金是指期货公司按照交易所及登记结算机构的有关要求以自有资金缴存用于履约担保的最低金额。

第十三条 期货公司计算净资本时,应当按照企业会计准则的规定充分计提资产减值准备、确认预计负债。

中国证监会派出机构可以要求期货公司对资产减值准备计提的充足性和合理性、预计负债确认的完整性进行专项说明,并要求期货公司聘请具有证券、期货业务资格的会计师事务所出具鉴证意见;有证据表明期货公司未能充分计提资产减值准备或未能准确确认预计负债的，中国证监会派出机构应当要求期货公司相应核减净资本金额。

第十四条 期货公司应当根据期末未决诉讼、未决仲裁等或有事项的性质、涉及金额、形成原因、进展情况、可能发生的损失和预计损失进行会计处理，在计算净资本时按照一定比例扣减，并在风险监管报表附注中予以说明。

第十五条 期货公司借入次级债务、向股东或者其关联企业借入具有次级债务性质的长期借款以及其他清偿顺序在普通债之后的债务，可以按照规定计入净资本。

期货公司应当在相关事项完成后5个工作日内向住所地中国证监会派出机构报告。

期货公司不得互相持有次级债务。

第十六条 中国证监会及其派出机构认为期货公司开展某项业务存在未预期风险特征的，可以根据潜在风险状况确定所需资本规模，并要求期货公司补充计提风险资本准备。

第三章 编制和披露

第十七条 期货公司应当按照中国证监会规定的方式编制并报送风险监管报表。中国证监会可以根据监管需要及行业发展情况调整风险监管报表的编制及报送要求。

中国证监会派出机构可以根据审慎监管原则，要求期货公司不定期编制并报送风险监管报表，或要求期货公司在一段时期内提高风险监管报表的报送频率。

第十八条 期货公司法定代表人、经营管理主要负责人、首席风险官、财务负责人应当在风险监管报表上签字确认，并应当保证其真实、准确、完整。上述人员对风险监管报表内容持有异议的，应当书面说明意见和理由，向期货公司住所地中国证监会派出机构报告。

第十九条 期货公司应当保留书面月度及年度风险监管报表，法定代表人、经营管理主要负责人、首席风险官、财务负责人等责任人员应当在书面报表上签字，并加盖公司印章。风险监管报表的保存期限应当不少于5年。

第二十条 期货公司应当每半年向公司董事会提交书面报告,说明各项风险监管指标的具体情况,该报告应当经期货公司法定代表人签字确认。该报告经董事会审议通过后,应当向期货公司全体股东提交或进行信息披露。

第二十一条 净资本与风险资本准备的比例与上月相比向不利方向变动超过20%的,期货公司应当向公司住所地中国证监会派出机构提交书面报告,说明原因,并在5个工作日内向全体董事提交书面报告。

第二十二条 期货公司风险监管指标达到预警标准的,期货公司应当于当日向全体董事提交书面报告,详细说明原因、对期货公司的影响、解决问题的具体措施和期限,书面报告应当同时抄送期货公司住所地中国证监会派出机构。

期货公司风险监管指标不符合规定标准的,期货公司除履行上述程序外,还应当及时向全体股东报告或进行信息披露。

第四章 监督管理

第二十三条 中国证监会派出机构应当对期货公司风险监管指标的计算过程及计算结果的真实性、准确性、完整性进行定期或者不定期检查。

中国证监会派出机构可以根据监管需要,要求期货公司聘请具有证券、期货相关业务资格的会计师事务所对其风险监管报表进行专项审计。

第二十四条 期货公司的风险监管报表被相关会计师事务所出具了保留意见、带强调事项段或其他事项段无保留意见的,期货公司应当自审计意见出具的5个工作日内就涉及事项对风险监管指标的影响进行专项说明,并向住所地中国证监会派出机构进行书面报告。中国证监会派出机构可以视情况要求期货公司限期改正并重新编制风险监管报表;期货公司未限期改正的,中国证监会派出机构可以认定其风险监管指标不符合规定标准。

期货公司的风险监管报表被相关会计师事务所出具了无法表示意见或者否定意见的,中国证监会派出机构可以认定其风险监管指标不符合规定标准。

第二十五条　期货公司未按期报送风险监管报表或者报送的风险监管报表存在虚假记载、误导性陈述、重大遗漏的，中国证监会派出机构应当要求期货公司限期报送或者补充更正。

期货公司未在限期内报送或者补充更正的，公司住所地中国证监会派出机构应当进行现场检查；发现期货公司违反企业会计准则和本办法有关规定的，可以认定其风险监管指标不符合规定标准。

第二十六条　期货公司报送的风险监管报表存在漏报、错报，影响中国证监会及其派出机构对期货公司风险状况判断的，中国证监会派出机构应当要求期货公司立即报送更正的风险监管报表，并可以视情况采取出具警示函、监管谈话等监管措施。

第二十七条　期货公司风险监管指标达到预警标准的，进入风险预警期。风险预警期内，中国证监会派出机构可视情况采取以下措施：

（一）要求期货公司制定风险监管指标改善方案并定期对监管指标的改善情况进行书面报告；

（二）要求期货公司进行重大业务决策时，应当至少提前5个工作日向住所地中国证监会派出机构报送临时报告，说明有关业务对风险监管指标的影响；

（三）要求期货公司增加内部合规检查的频率，并提交合规检查报告。

期货公司未能有效履行相关要求的，中国证监会派出机构可以视情况采取出具警示函、监管谈话等监管措施。

第二十八条　期货公司风险监管指标优于预警标准并连续保持3个月的，风险预警期结束。

第二十九条　期货公司风险监管指标不符合规定标准的，中国证监会派出机构应当在知晓相关情况后2个工作日内对期货公司不符合规定标准的情况和原因进行核实，视情况对期货公司及其董事、监事和高级管理人员采取谈话、提示、记入信用记录等监管措施，并责令期货公司限期整改，整改期限不得超过20个工作日。

第三十条　经过整改，期货公司风险监管指标符合规定标准的，应当向住所地中国证监会派出机构报告,中国证监会派出机构应当进行验收。

期货公司风险监管指标符合规定标准的,中国证监会派出机构应当自验收合格之日起3个工作日内解除对期货公司采取的有关措施。

第三十一条　期货公司逾期未改正或者经过整改风险监管指标仍不符合规定标准的,中国证监会及其派出机构可以依据《期货交易管理条例》第五十五条采取监管措施。

第三十二条　期货公司违反本办法规定的,中国证监会及其派出机构可以依据《期货交易管理条例》第六十六条的规定处罚。

第五章　附　　则

第三十三条　本办法相关用语含义如下:

(一)风险监管报表是期货公司编制的反映各项风险监管指标计算过程及计算结果的报表。

(二)资产、流动资产是指期货公司的自身资产,不含客户保证金。

(三)负债、流动负债是指期货公司的对外负债,不含客户权益。

(四)重大业务,是指可能导致期货公司风险监管指标发生10%以上变化的业务。

第三十四条　本办法自2017年10月1日起施行。《期货公司风险监管指标管理试行办法》(证监发〔2007〕55号公布、证监会公告〔2013〕12号修订)、《关于期货公司风险资本准备计算标准的规定》(证监会公告〔2013〕13号)同时废止。

期货投资者保障基金管理办法（2016年修订）

（2007年4月19日证监会、中华人民共和国财政部公布　根据2016年11月8日中国证券监督管理委员会、中华人民共和国财政部令第129号《关于修改〈期货投资者保障基金管理暂行办法〉的决定》修订）

第一章　总　　则

第一条　为保护期货投资者的合法权益，根据《期货交易管理条例》，制定本办法。

第二条　期货投资者保障基金（以下简称保障基金）是在期货公司严重违法违规或者风险控制不力等导致保证金出现缺口，可能严重危及社会稳定和期货市场安全时，补偿投资者保证金损失的专项基金。

第三条　期货交易活动实行公开、公平、公正和投资者投资决策自主、投资风险自担的原则。

投资者在期货投资活动中因期货市场波动或者投资品种价值本身发生变化所导致的损失，由投资者自行负担。

第四条　保障基金按照取之于市场、用之于市场的原则筹集。保障基金的规模应当与期货市场的发展状况、市场风险水平相适应。

第五条　保障基金由中国证监会集中管理、统筹使用。

第六条　保障基金的管理和运用遵循公开、合理、有效的原则。

第七条　保障基金的使用遵循保障投资者合法权益和公平救助原则，实行比例补偿。

第二章　保障基金的筹集

第八条　保障基金管理机构应当以保障基金名义设立资金专用

账户,专户存储保障基金。

第九条 保障基金的启动资金由期货交易所从其积累的风险准备金中按照截至2006年12月31日风险准备金账户总额的百分之十五缴纳形成。

保障基金的后续资金来源包括:

(一)期货交易所按其向期货公司会员收取的交易手续费的一定比例缴纳;

(二)期货公司从其收取的交易手续费中按照代理交易额的一定比例缴纳;

(三)保障基金管理机构追偿或者接受的其他合法财产。

保障基金的后续资金缴纳比例,由中国证监会和财政部确定,并可根据期货市场发展状况、市场风险水平等情况进行调整。

对于因财务状况恶化、风险控制不力等存在较高风险的期货公司,应当按照较高比例缴纳保障基金,各期货公司的具体缴纳比例由中国证监会根据期货公司风险状况确定。期货交易所、期货公司缴纳的保障基金在其营业成本中列支。

第十条 期货交易所、期货公司应当按年度缴纳保障基金。期货交易所应当在每年度结束后30个工作日内,缴纳前一年度应当缴纳的保障基金,并按照中国证监会和财政部确定的比例代扣代缴期货公司应当缴纳的保障基金。

第十一条 有下列情形之一的,经中国证监会、财政部批准,期货交易所、期货公司可以暂停缴纳保障基金:

(一)保障基金总额足以覆盖市场风险;

(二)期货交易所、期货公司遭受重大突发市场风险或者不可抗力。

当前款情形消除后,经中国证监会、财政部批准,应当恢复缴纳。

第十二条 对于新设立的期货公司,应当自产生经纪业务收入后纳入保障基金缴纳范围;公司停止经营的,应当告知期货交易所,对其当年应缴纳的保障基金份额进行扣缴。

第十三条 鼓励保障基金来源多元化,保障基金可以接受社会捐赠和其他合法财产。

保障基金产生的利息以及运用所产生的各种收益等孳息归属保障基金。

第三章 保障基金的管理和监管

第十四条 中国证监会、财政部可以指定相关机构作为保障基金管理机构,代为管理保障基金。

第十五条 对保障基金的管理应当遵循安全、稳健的原则,保证保障基金的安全。

保障基金的资金运用限于银行存款、购买国债、中央银行债券(包括中央银行票据)和中央级金融机构发行的金融债券,以及中国证监会和财政部批准的其他资金运用方式。

第十六条 保障基金应当实行独立核算,分别管理,并与保障基金管理机构管理的其他资产有效隔离。

保障基金管理机构应当定期编报保障基金的筹集、管理、使用报告,经会计师事务所审计后,报送中国证监会和财政部。

第十七条 保障基金管理机构、期货交易所及期货公司,应当妥善保存有关保障基金的财务凭证、账簿和报表等资料,确保财务记录和档案完整、真实。

第十八条 财政部负责保障基金财务监管。保障基金的年度收支计划和决算报财政部批准。

第十九条 中国证监会负责保障基金业务监管,对保障基金的筹集、管理和使用等情况进行定期核查。

中国证监会定期向保障基金管理机构通报期货公司总体风险状况。存在较高风险的期货公司应当每月向保障基金管理机构提供财务监管报表。

第四章 保障基金的使用

第二十条 期货公司因严重违法违规或者风险控制不力等导致保证金出现缺口的,中国证监会可以按照本办法规定决定使用保障基金,对不能清偿的投资者保证金损失予以补偿。

第二十一条 对期货投资者的保证金损失,保障基金按照下列原

则予以补偿:

(一)对每位个人投资者的保证金损失在10万元以下(含10万元)的部分全额补偿,超过10万元的部分按百分之九十补偿;

(二)对每位机构投资者的保证金损失在10万元以下(含10万元)的部分全额补偿,超过10万元的部分按百分之八十补偿。

现有保障基金不足补偿的,由后续缴纳的保障基金补偿。

第二十二条 使用保障基金前,中国证监会和保障基金管理机构应当监督期货公司核实投资者保证金权益及损失,积极清理资产并变现处置,应当先以自有资金和变现资产弥补保证金缺口。不足弥补或者情况危急的,方能决定使用保障基金。

第二十三条 对投资者因参与非法期货交易而遭受的保证金损失,保障基金不予补偿。

对机构投资者以个人名义参与期货交易的,按照机构投资者补偿规则进行补偿。

第二十四条 动用保障基金对期货投资者的保证金损失进行补偿后,保障基金管理机构依法取得相应的受偿权,可以依法参与期货公司清算。

第二十五条 保障基金管理机构应当及时将保障基金的使用、补偿、追偿等情况报告中国证监会和财政部。

第五章 罚 则

第二十六条 期货公司因严重违法违规或者风险控制不力等导致保证金出现缺口的,中国证监会根据《期货交易管理条例》第六十六条、第六十七条进行处罚,吊销期货业务许可证。涉嫌犯罪的,依法移送司法机关。

第二十七条 期货交易所、期货公司违反本办法规定,延期缴纳或者拒不缴纳保障基金以及不按规定保存、报送有关信息和资料的,中国证监会根据《期货交易管理条例》第六十四条、第六十六条进行处罚。

第二十八条 对挪用、侵占、骗取保障基金的违法行为,依法查处;对有关失职人员,依法追究法律责任;涉嫌犯罪的,依法移送司法机关。

第六章　附　　则

第二十九条　本办法自2007年8月1日起施行。

中国证券监督管理委员会行政处罚听证规则

（2015年3月11日中国证券监督管理委员会第81次主席办公会议审议通过　2015年11月2日公布　中国证券监督管理委员会令第119号　自2015年12月4日起施行）

第一条　为了规范证券期货违法案件的行政处罚听证程序，保障和监督中国证券监督管理委员会（以下简称中国证监会）及其派出机构依法实施行政处罚，维护公民、法人和其他组织的合法权益，根据《中华人民共和国行政处罚法》、《中华人民共和国证券法》、《中华人民共和国证券投资基金法》和《期货交易管理条例》等法律、行政法规有关规定，制定本规则。

第二条　中国证监会及其派出机构作出行政处罚决定前组织的听证，适用本规则。

第三条　中国证监会及其派出机构组织听证，应当遵循公正、公开的原则，保障当事人的各项权利。

第四条　听证依法实行回避制度。

听证主持人、听证员认为自己与本案有利害关系或者有其他关系可能影响案件公正处理的，应当自行回避。当事人认为听证主持人、听证员与本案有利害关系或者有其他关系可能影响案件公正处理的，有权以口头或者书面形式申请听证主持人、听证员回避。

当事人提出回避申请，应当说明理由，在听证开始前提出；回避事由在听证开始后知道的，也可以在听证辩论终结前提出。被申请回避的人员在决定作出前，应当暂停参与案件听证工作，但案件需要采取紧急措施的除外。

听证主持人、听证员的回避,由中国证监会负责组织听证部门的负责人或者派出机构的负责人决定;其他人员的回避,由听证主持人决定。

本条规定适用于书记员、翻译人员、鉴定人。

第五条 中国证监会或其派出机构拟对当事人作出以下一项或者一项以上行政处罚的,应当在向当事人送达的《行政处罚事先告知书》中载明当事人享有要求听证的权利:

(一)责令停止发行证券;

(二)责令停业整顿;

(三)暂停、撤销或者吊销证券、期货、基金相关业务许可;

(四)暂停或者撤销任职资格、从业资格;

(五)对个人没收业务收入、没收违法所得、罚款,单独或者合计5万元以上;

(六)对单位没收业务收入、没收违法所得、罚款,单独或者合计30万元以上;

(七)法律、行政法规和规章规定或者中国证监会及其派出机构认为可以听证的其他情形。

第六条 除下列情况外,听证公开举行:

(一)案件涉及国家秘密、商业秘密或者个人隐私;

(二)案件涉及可能对证券、期货交易价格产生重大影响的尚未公开的信息;

(三)法律规定的其他情况。

第七条 当事人要求听证的,应当在《行政处罚事先告知书》送达后3日内提出听证要求。当事人逾期未提出听证要求的,视为放弃听证权利。

行政处罚涉及多个当事人,部分当事人放弃听证权利的,不影响其他当事人要求听证。

第八条 同一案件中,符合本规则第五条规定情形的当事人要求听证的,其他当事人可以在《行政处罚事先告知书》送达后3日内提出一并参加听证的申请,是否准许,由中国证监会或其派出机构决定。

第九条　中国证监会或其派出机构应当及时组织听证，并在举行听证7日前向当事人送达《听证通知书》。

《听证通知书》应当载明以下事项：

（一）举行听证的时间、地点；

（二）听证主持人、听证员和书记员名单；

（三）当事人在听证中的权利和义务；

（四）举行听证的程序；

（五）中国证监会或其派出机构指定的听证联系人和联系方式；

（六）其他应当载明的事项。

第十条　当事人具有正当理由的，应当在收到《听证通知书》后3日内以书面形式提出延期举行听证的申请，是否准许，由中国证监会或其派出机构决定。

第十一条　当事人在听证程序中享有以下权利：

（一）亲自参加听证，或者委托1至2名代理人参加听证；

（二）在听证召开前书面撤回听证申请；

（三）在听证召开前向中国证监会或其派出机构申请查阅拟对其作出行政处罚决定所依据的证据；

（四）根据本规则第四条的规定申请相关人员回避；

（五）根据本规则第十条的规定申请延期举行听证；

（六）带相关人员作为证人到听证现场为其作证；

（七）对案件事实认定、法律适用、处罚幅度等进行陈述和申辩；

（八）对案件调查人员提出的证据进行质证，并提出新的证据；

（九）与案件调查人员进行辩论和作最后陈述；

（十）法律、行政法规和规章规定的其他权利。

第十二条　中国证监会或其派出机构同意当事人查阅证据申请的，当事人及其代理人可以按照规定查阅涉及本人行政处罚事项的证据，但涉及国家秘密、商业秘密和个人隐私的内容除外。

第十三条　当事人在听证程序中应当履行以下义务：

（一）按时出席或者委托代理人出席听证；

（二）如实陈述案件事实和回答提问，举证客观、真实；

（三）遵守听证纪律，服从听证主持人的要求；

(四)听证结束后,在确认无误的听证笔录上签名或者盖章;

(五)对获知的国家秘密、商业秘密和个人隐私应予保密;

(六)法律、行政法规和规章规定的其他义务。

第十四条 听证前,当事人及其代理人可以向中国证监会或其派出机构提交陈述申辩意见和证据。

第十五条 中国证监会及其派出机构应当保障当事人充分行使在听证中的各项权利,履行下列职责:

(一)组织召开听证;

(二)向当事人送达《听证通知书》;

(三)对当事人查阅证据申请作出决定;

(四)决定回避、延期举行听证、中止听证、终止听证等程序事项;

(五)接收并复核当事人及其代理人提交的陈述申辩意见和证据;

(六)法律、行政法规和规章规定应当履行的其他职责。

第十六条 听证按照以下程序进行:

(一)听证开始前,由书记员查明当事人及其代理人、案件调查人员等听证参加人是否到场,并宣布听证纪律;

(二)听证主持人核对听证参加人,宣布出席听证的听证员、书记员名单,告知听证参加人在听证中的权利义务,询问当事人及其代理人是否申请回避;

(三)听证主持人宣布听证开始,宣布案由;

(四)案件调查人员提出当事人违法的具体事实、证据和行政处罚建议;

(五)当事人及其代理人进行陈述和申辩,并可以提出相关事实、理由和证据;

(六)当事人及其代理人和案件调查人员双方对有关证据进行质证。经听证主持人允许,双方可以向证人、鉴定人发问;

(七)当事人及其代理人和案件调查人员双方进行辩论,经听证主持人允许,双方可以相互发问;

(八)当事人及其代理人作最后陈述;

(九)听证主持人宣布听证结束。

听证过程中,听证主持人、听证员可以向案件调查人员、当事人及其代理人、证人、鉴定人等提问，有关人员应当如实回答。

第十七条　有下列情形之一的，延期举行听证：

（一）因不可抗力致使听证无法按期举行的；

（二）当事人及其代理人听证开始时申请回避理由成立，且因无法即时更换被申请回避人员致使听证无法按期举行的；

（三）当事人及其代理人申请延期举行听证，并有正当理由的；

（四）中国证监会或其派出机构认为需要延期举行听证的其他情形。

除当事人及其代理人申请延期举行听证并经同意的以外，中国证监会或其派出机构应当将延期举行听证的理由及时告知当事人。

延期举行听证的情形消除后，中国证监会或其派出机构应当及时组织听证。

第十八条　有下列情形之一的，中止听证：

（一）当事人及其代理人在听证过程中提出的回避申请理由成立，且因无法即时更换被申请回避人员致使听证无法继续举行的；

（二）当事人及其代理人因不可抗拒的事由，无法继续参加听证的；

（三）因不可抗拒的事由，致使听证无法继续举行的；

（四）其他应当中止听证的情形。

中止听证的情形消除后，中国证监会或其派出机构应当及时组织听证。

第十九条　当事人及其代理人有下列情形之一的，中国证监会或其派出机构可以终止听证，并将相关情形记录在案：

（一）书面撤回听证申请的；

（二）无正当理由不出席听证的；

（三）未经听证主持人允许中途退场的；

（四）严重违反听证纪律，被听证主持人责令退场的；

（五）其他符合终止听证的情形。

部分当事人及其代理人因上述情形被终止听证的，不影响其他当事人及其代理人继续行使听证权利。

第二十条　在听证过程中，听证参加人、旁听人员等应当遵守听证纪律，保证听证有序举行。

听证主持人对违反听证纪律、妨碍听证秩序的人员,有权予以制止、口头警告,情节严重的,可以责令其退场。

第二十一条 听证应当制作笔录。听证笔录应当当场交由当事人及其代理人、证人及其他有关人员确认无误后签名或者盖章。相关人员认为对自己陈述的记录有遗漏或者差错的,有权要求补正。相关人员拒绝签名或者盖章的,中国证监会或其派出机构应当在听证笔录中予以注明。

第二十二条 听证结束,当事人及其代理人应当将陈述申辩意见和有关证据提交中国证监会或其派出机构。

第二十三条 听证结束后,中国证监会或其派出机构应当对当事人提出的事实、理由和证据进行复核,当事人提出的事实和理由成立的,应当采纳。

中国证监会或其派出机构应当根据听证复核情况,依据《中华人民共和国行政处罚法》第三十八条的规定,对当事人作出相应的处理决定。

中国证监会或其派出机构不得因当事人申辩和听证而加重处罚。

第二十四条 中国证监会及其派出机构举行听证,不向当事人收取费用。

当事人委托代理人、证人出席听证等所产生的费用以及其他己方支出,由当事人自行承担。

第二十五条 中国证监会及其派出机构拟对当事人采取市场禁入措施的,当事人可以要求举行听证,听证程序参照本规则的规定执行。

中国证监会及其派出机构在对当事人采取注销业务许可、关闭分支机构等重大监管措施之前,认为需要组织听证或者根据当事人申请决定听证的,听证程序参照本规则的规定执行。

第二十六条 本规则规定的期间以日计算。期间开始当日,不计算在期间内。

期间届满的最后一日是节假日的,以节假日后的第一日为期间届满的日期。

第二十七条 本规则自 2015 年 12 月 4 日起施行。《中国证券监督管理委员会行政处罚听证规则》(证监法律字〔2007〕8 号)同时废止。

境外交易者和境外经纪机构从事境内特定品种期货交易管理暂行办法

(2014 年 12 月 8 日第 71 次主席办公会议审议通过 2015 年 6 月 26 日公布 中国证券监督管理委员会令第 116 号 自 2015 年 8 月 1 日起施行)

第一条 为了促进期货市场创新发展和对外开放,加强对境外交易者和境外经纪机构从事境内特定品种期货交易的管理,维护期货市场秩序,保护交易者合法权益,根据《期货交易管理条例》及有关法律法规,制定本办法。

第二条 境外交易者、境外经纪机构从事我国境内特定品种期货交易及其相关业务活动,应当遵守本办法。

本办法所称境外交易者,是指从事期货交易并承担交易结果,在中华人民共和国境外依法成立的法人、其他经济组织,或者依法拥有境外公民身份的自然人。

本办法所称境外经纪机构,是指在中华人民共和国境外依法设立、具有所在国(地区)期货监管机构认可的可以接受交易者资金和交易指令并以自己名义为交易者进行期货交易资质的金融机构。

本办法所称境内特定品种由中国证券监督管理委员会(以下简称中国证监会)确定并公布。

第三条 中国证监会及其派出机构依法对境外交易者和境外经纪机构从事境内特定品种期货交易实行监督管理。

期货交易所依据自律规则对境内特定品种期货交易及相关业务活动实行自律管理。

中国期货业协会依据自律规则对境内特定品种期货交易及相关业务活动实行行业自律管理。

中国期货市场监控中心有限责任公司依法对境内特定品种期货

交易及相关业务活动实施监测监控。

第四条 境外交易者和境外经纪机构应当遵守中华人民共和国法律法规和本办法，并履行反洗钱、反恐融资、反逃税等义务。

第五条 境外交易者可以委托境内期货公司（以下简称期货公司）或者境外经纪机构参与境内特定品种期货交易。

经期货交易所批准，符合条件的境外交易者可以直接在期货交易所从事境内特定品种期货交易。

前款所述直接入场交易的境外交易者应当具备下列条件：

（一）所在国（地区）具有完善的法律和监管制度；

（二）财务稳健，资信良好，具备充足的流动资本；

（三）具有健全的治理结构和完善的内部控制制度，经营行为规范；

（四）期货交易所规定的其他条件。

第六条 境外经纪机构在接受境外交易者委托后，可以委托期货公司进行境内特定品种期货交易。期货公司接受委托后，以自己的名义为该境外经纪机构进行交易。

经期货交易所批准，符合条件的境外经纪机构可以接受境外交易者委托，直接在期货交易所以自己的名义为境外交易者进行境内特定品种期货交易。

前款所述直接入场交易的境外经纪机构应当符合本办法第五条第三款的规定，且其所在国（地区）期货监管机构已与中国证监会签署监管合作谅解备忘录。

第七条 境外经纪机构不得接受境内交易者和《期货交易管理条例》第二十六条规定的单位和个人的委托，为其进行境内期货交易。

第八条 对直接入场交易的境外交易者和境外经纪机构，期货交易所应当规定其资格取得与终止的条件和程序，明确其权利和义务。

第九条 境外交易者从事境内特定品种期货交易，应当遵守期货交易所的自律规则，遵守"买卖自愿、风险自担、盈亏自负"的原则，承担期货交易的履约责任和交易结果。

第十条 境外交易者应当以真实合法身份办理开户，如实提供境外公民身份证明、境外法人资格或者其他经济组织资格的合法有效证明文件。境外交易者的身份证明文件及要求由中国期货市场监控中心有限责任公司另行规定。

第十一条 境外经纪机构接受境外交易者委托进行境内特定品种期货交易的，应当按照《期货市场客户开户管理规定》和中国期货市场监控中心有限责任公司的业务规则，为境外交易者办理账户开立等手续，并为每个境外交易者单独申请交易编码，不得进行混码交易。

接受境外经纪机构委托的期货公司，应当按照中国期货市场监控中心有限责任公司的业务规则，为境外经纪机构办理前款所述手续提供必要的协助。

直接入场交易的境外交易者应当向期货交易所办理账户开立等手续并申请交易编码，期货交易所应当在其开始交易之前将有关材料报中国期货市场监控中心有限责任公司备案。

第十二条 境内特定品种期货交易实行交易者适当性制度。期货交易所、期货公司和境外经纪机构应当执行交易者适当性制度。境外交易者应当遵守交易者适当性制度。

第十三条 境外经纪机构接受境外交易者委托的，应当事先向境外交易者出示风险说明书，与境外交易者签订书面合同，不得未经境外交易者委托或者不按照境外交易者委托内容，擅自进行期货交易，不得隐瞒重要事项或者使用其他不正当手段诱骗境外交易者发出交易指令。

第十四条 直接入场交易的境外经纪机构应当建立健全并严格执行业务管理规则、风险管理制度，遵守信息披露制度，保障境外交易者保证金的存管安全。

第十五条 承担结算职能的期货交易所作为中央对手方，统一组织境内特定品种期货交易的结算。境外交易者、境外经纪机构应当根据期货交易所的规定委托具有结算资格的期货公司或者其他机构进行结算，并适用《期货交易管理条例》第二十九条、第三十四条、第三十五条、第三十七条对客户和期货公司的规定。

前款所称中央对手方，是指期货交易达成后介入期货交易双方，成为所有买方的卖方和所有卖方的买方，以净额方式结算，为期货交易提供集中履约保障的法人。

第十六条 直接入场交易的境外交易者和境外经纪机构,以及委托期货公司进行境内特定品种期货交易的境外交易者和境外经纪机构,应当在境内开立符合条件的银行账户,并将其设定为期货结算账户。

第十七条 境外交易者和境外经纪机构应当遵守中国证监会关于保证金安全存管的规定。

期货公司应当将向委托其结算的境外交易者和境外经纪机构收取的保证金存放在期货公司的保证金专用账户。期货公司应当将来源于境内和境外的保证金按币种分账户管理。

期货交易所、期货公司、本办法第十六条所指的境外交易者和境外经纪机构之间的境内账户资金划转,应当通过专用结算账户、保证金专用账户和期货结算账户进行。

第十八条 境外交易者和境外经纪机构持仓达到期货交易所规定的持仓报告标准的,境外交易者和境外经纪机构应当向期货交易所报告。境外交易者未报告的,受托交易的期货公司、境外经纪机构应当向期货交易所报告。

第十九条 保证金只能用于担保期货合约或者期权合约的履行,除法定情形外,严禁挪作他用。

境外交易者和境外经纪机构被接管、破产或者清算的,其保证金均应当优先用于履行在期货交易所未了结的期货合约或期权合约。

第二十条 期货市场出现《期货交易所管理办法》第八十五条、第八十七条规定情形的,期货交易所可以按照对客户和会员的规定,对境外交易者和境外经纪机构采取措施。

第二十一条 期货公司与境外交易者或者境外经纪机构发生期货业务纠纷的,可以提请中国期货业协会、期货交易所以及其他调解组织调解处理。

第二十二条 期货公司应当在月度、年度报告中报送接受境外交易者和境外经纪机构委托进行境内特定品种期货交易的情况。

期货公司首席风险官应当负责对本公司境内特定品种期货交易相关业务活动进行监督和检查,并履行督促整改和报告等义务。

第二十三条 中国证监会及其派出机构可以根据监管职责要求

期货公司、境外交易者和境外经纪机构提供下列信息或者书面资料，并进行必要的询问和检查：

（一）境外交易者和境外经纪机构的账户、所有子账户的最终受益人姓名（名称）、国籍、有效身份证件（号码）、联系方式及相关信息、资金来源等；

（二）境外交易者和境外经纪机构的账户、所有子账户的指令下达人姓名、国籍、有效身份证件（号码）、联系方式及相关信息等；

（三）境外交易者和境外经纪机构的账户、所有子账户资金划拨、使用的明细资料；

（四）境外交易者和境外经纪机构的账户、所有子账户交易的明细资料；

（五）中国证监会根据审慎监管原则要求的其他材料。

第二十四条　发生下列重大情形之一的，期货公司应当在知情后5个工作日内或者按照规定向其住所地的中国证监会派出机构报告：

（一）境外交易者或者境外经纪机构发生违规、被接管、破产或者其他风险事件；

（二）发生涉及境外交易者或者境外经纪机构的期货纠纷、仲裁或者诉讼；

（三）其他影响境外交易者或者境外经纪机构从事境内特定品种期货交易的情形。

期货公司的报告应当包括事件的起因、目前的状态、可能发生的后果以及应对方案或者措施等内容。

第二十五条　期货公司及其从业人员违反本办法的，依照《期货交易管理条例》的有关规定，采取责令限期整改、监管谈话、责令更换有关责任人员等监管措施，并记入诚信档案。

第二十六条　直接入场交易的境外交易者和境外经纪机构的交易结算软件，应当满足期货交易所风险管理以及中国证监会有关保证金安全存管监控规定的要求。不符合要求的，中国证监会有权要求直接入场交易的境外交易者和境外经纪机构予以改进或者更换。

中国证监会可以要求直接入场交易的境外交易者和境外经纪机构的交易软件、结算软件的供应商提供该软件的相关资料，供应商应当予以配合。中国证监会对供应商提供的相关资料负有保密义务。

第二十七条 中国证监会及其派出机构可以根据监管职责对境外交易者或者境外经纪机构进行境内特定品种期货交易及相关业务活动进行定期或者不定期现场检查。

第二十八条 期货交易所违反规定接纳直接入场交易的境外交易者或者境外经纪机构的,依照《期货交易管理条例》第六十五条的规定处罚、处分。

期货交易所允许直接入场交易的境外交易者或者境外经纪机构在保证金不足的情况下进行期货交易的,依照《期货交易管理条例》第六十六条的规定处罚、处分。

第二十九条 境外经纪机构有《期货交易管理条例》第六十七条第一款第一项、第七项至第九项、第十一项、第十四项至第十六项所列行为之一的,依照《期货交易管理条例》第六十七条第一款规定处罚。

境外经纪机构有《期货交易管理条例》第六十八条第一款所列欺诈行为的,依照《期货交易管理条例》第六十八条第一款的规定处罚。

第三十条 直接入场交易的境外交易者或者境外经纪机构的交易软件、结算软件供应商拒不配合中国证监会及其派出机构调查,或者未按照规定向中国证监会及其派出机构提供相关软件资料,或者提供的软件资料有虚假、重大遗漏的,依照《期货交易管理条例》第七十六条的规定处罚。

第三十一条 期货交易所、期货公司、境外交易者或者境外经纪机构违法经营或者出现重大经营风险,严重危害中国期货市场秩序、损害交易者合法权益,依法应予以行政处罚的,依照《期货交易管理条例》进行处罚;涉嫌犯罪的,依法移送司法机关,追究刑事责任。

第三十二条 境外交易者或者境外经纪机构违反《期货交易管理条例》和中国证监会有关规定的,中国证监会依法进行查处。需要境外交易者或者境外经纪机构所在地监管机构协助的,中国证监会可以根据与其签署的双边或者多边监管合作谅解备忘录等跨境监管合作机制进行跨境监管合作。

第三十三条 在中国证监会批准的其他期货交易场所从事境内特定品种期货交易及相关业务活动的,适用本办法。

第三十四条 香港、澳门特别行政区和台湾地区设立的法人、其他经济组织,或者拥有香港、澳门特别行政区和台湾地区居民身份的自然人从事境内特定品种期货交易的,适用本办法。

第三十五条 本办法自2015年8月1日起施行。

股票期权交易试点管理办法

(2014年11月25日第68次主席办公会议审议通过 2015年1月9日公布 中国证券监督管理委员会令第112号 自2015年1月9日起施行)

第一条 为了规范股票期权交易试点,维护股票期权市场秩序,防范市场风险,保护股票期权交易各方的合法权益,促进资本市场健康发展,根据《证券法》、《期货交易管理条例》、《证券公司监督管理条例》等有关法律法规,制定本办法。

第二条 任何单位和个人从事股票期权交易及其相关活动,应当遵守本办法。

本办法所称股票期权交易,是指采用公开的集中交易方式或者中国证券监督管理委员会(以下简称中国证监会)批准的其他方式进行的以股票期权合约为交易标的的交易活动。

本办法所称股票期权合约,是指由证券交易所统一制定的、规定买方有权在将来特定时间按照特定价格买入或者卖出约定股票、跟踪股票指数的交易型开放式指数基金等标的证券的标准化合约。

第三条 从事股票期权交易活动,应当遵循公开、公平、公正和诚实信用的原则。禁止欺诈、内幕交易、操纵股票期权市场以及利用股票期权交易从事跨市场操纵、内幕交易等违法行为。

第四条 中国证监会对股票期权市场实行集中统一的监督管理。

证券交易所、证券登记结算机构、相关行业协会按照章程及业务规则,分别对股票期权交易活动及经营机构实行自律管理。

第五条 证券交易所经中国证监会批准可以开展股票期权交易。

股票期权交易品种的上市、中止、取消或者恢复应当经中国证监会批准。

股票期权交易品种应当具有充分的现货交易基础,市场竞争充分,可供交割量充足等,适于进行股票期权交易。

第六条 证券登记结算机构经中国证监会批准可以履行在证券交易所开展的股票期权交易的结算职能,并承担相应法律责任。

证券登记结算机构作为股票期权结算参与人(以下简称结算参与人)的共同对手方,为股票期权业务提供多边净额结算服务,并按照货银对付原则实施期权行权结算。

第七条 证券公司可以从事股票期权经纪业务、自营业务、做市业务,期货公司可以从事股票期权经纪业务、与股票期权备兑开仓以及行权相关的证券现货经纪业务。

证券公司、期货公司等股票期权经营机构(以下简称经营机构)依法从事前款规定的股票期权相关业务,应当遵守法律、行政法规以及中国证监会的相关规定,具体办法由中国证监会另行制定。

第八条 股票期权交易可以实行做市商制度。

股票期权做市商(以下简称做市商)应当依据证券交易所的相关业务规则,承担为股票期权合约提供双边报价等义务,并享有相应的权利。

做市商从事做市业务,应当严格遵守法律法规、行政规章和证券交易所有关规定;建立健全信息隔离制度,防范做市业务与其他业务之间的利益冲突;不得利用从事做市业务的机会,进行内幕交易、市场操纵等违法违规行为,或者谋取其他不正当利益。

第九条 中国证券投资者保护基金公司、中国期货保证金监控中心作为保证金安全存管监控机构,依照有关规定分别负责对证券公司、期货公司开展股票期权业务涉及的投资者资金安全存管实施监控。

第十条 证券交易所、证券登记结算机构应当根据各自职责,分别制定股票期权交易、结算规则及相应实施细则。交易规则和结算规则的制定或者修改应当报中国证监会批准。实施细则的制定或者修改应当征求中国证监会意见,并在正式发布实施前,报告中国证监会。

经营机构、结算参与人、投资者以及其他股票期权交易参与主体应当遵守证券交易所、证券登记结算机构及保证金安全存管监控机构的业务规则。

第十一条 股票期权交易实行投资者适当性制度。

证券交易所应当制定股票期权投资者的具体标准和实施指引。

投资者参与股票期权交易,应当对股票期权产品及市场环境的变化自主承担风险。

第十二条 经营机构应当按照证券交易所投资者适当性管理要求对投资者的身份和风险承受能力进行审慎评估,根据投资者的风险承受和风险识别能力决定是否推荐其参与股票期权交易,并应当事先对产品、服务以及可能影响投资者权利义务的信息进行恰当说明,充分揭示风险,经投资者签署风险揭示书后,与投资者签订经纪合同,不得误导、欺诈投资者。

经纪合同中应当包括经营机构对投资者采取的风险管理措施、投资者出现交收违约或者保证金不足情形的处理方式以及强行平仓和行权操作等事项。

经营机构应当对投资者与其发生纠纷时的处理规则和程序、投资者投诉的方式和渠道以及投资者权益保障等事项进行说明和公示。

第十三条 经营机构从事股票期权经纪业务,接受投资者委托,以自己的名义为投资者进行股票期权交易,交易结果由投资者承担。

第十四条 证券登记结算机构负责投资者衍生品合约账户的统一管理。经营机构应当根据投资者的申请,按照证券登记结算机构业务规则为投资者开立衍生品合约账户。

证券登记结算机构负责统一为经营机构分配、发放投资者衍生品合约账户号码。

经营机构应当明确提示投资者如实提供开户信息。投资者应当如实申报开户材料,不得采用虚假申报等手段规避投资者适当性制度要求。投资者衍生品合约账户应当与其人民币普通股票账户的相关注册信息一致。

第十五条 股票期权买方应当支付权利金。股票期权卖方收取权利金,并应当根据证券交易所、证券登记结算机构的规定交纳保证金。

保证金以现金、证券交易所及证券登记结算机构认可的证券方式交纳。

经营机构向投资者收取的保证金以及投资者存放于经营机构的权利金、行权资金,属于投资者所有,除按照相关规定可划转的情形外,严禁挪作他用。

第十六条 证券公司应当在存管银行开设投资者股票期权保证金账户,用于存放投资者股票期权交易的权利金、行权资金、以现金形式提交的保证金。

期货公司应当将投资者股票期权交易的权利金、行权资金、以现金形式提交的保证金存放于期货保证金账户。期货公司开展与股票期权备兑开仓以及行权相关的证券现货经纪业务的,还应当在存管银行单独开立相关现货资金账户。

经营机构应当对向投资者收取的资金实行分账管理,妥善记载单个投资者的资金明细数据,并且与经营机构自有资金、证券现货交易结算资金实行分户管理,相关资金的划转应当符合中国证监会相关规定。

第十七条 结算参与人应当根据相关业务规则的规定,在证券登记结算机构开立股票期权资金保证金账户,用于存放结算参与人股票期权交易的权利金、行权资金、以现金形式提交的保证金。证券登记结算机构应当对结算参与人存放的投资者股票期权交易的权利金、行权资金、以现金形式提交的保证金与结算参与人存放的自有资金实行分户管理。

结算参与人可以根据相关业务规则的规定,在证券登记结算机构开立股票期权证券保证金账户,用于存放以证券形式提交的保证金,具体事宜由证券交易所、证券登记结算机构另行规定。

第十八条 股票期权买方有权决定在合约规定期间内是否行权。股票期权买方提出行权时,股票期权卖方应当按照有关规定履行相应义务。

投资者可以根据证券交易所业务规则的规定,采用自有资金、证券或依法借入的资金、证券进行行权结算。

经营机构可以在经纪合同中与投资者约定为其提供协议行权服务。提供协议行权服务的，经营机构应当在经纪合同中对触发条件、行权数量、操作流程以及该项服务可能产生的风险等内容进行详细约定并向投资者作充分说明，经营机构还应当对该项服务的实际操作流程进行记录，相关记录保存期限不得少于20年。

股票期权合约到期前，经营机构应当采取网络、电话、短信、电子邮件或者其他适当方式中的至少一种提醒投资者妥善处理股票期权交易持仓，并对提醒情况进行记录，相关记录保存期限不得少于20年。

第十九条 股票期权交易实行当日无负债结算制度。

证券登记结算机构应当在当日及时将结算结果通知结算参与人，结算参与人据此对投资者进行结算，并应当将结算结果按照与投资者约定的方式及时通知投资者。

投资者应当及时查询并妥善处理自己的交易持仓。

第二十条 结算参与人出现保证金不足、交收违约情形的，证券登记结算机构有权按照业务规则的规定，对其采取直接扣款，处置结算参与人期权保证金，暂不交付并处置其应收证券、资金或者担保证券，扣划其自营证券，收取违约金等措施。

投资者出现保证金不足、交收违约情形的，经营机构可以根据相关业务规则及经纪合同的规定，对其采取处置投资者期权保证金，暂不交付并处置其应收证券、资金或者担保证券，收取违约金等措施。

结算参与人可以委托证券登记结算机构将暂不交付给投资者的证券划付至结算参与人的证券处置账户内进行处置。

第二十一条 证券交易所开展股票期权交易活动，应当建立保证金、涨跌停板、持仓限额、大户持仓报告、风险准备金、风险警示制度以及中国证监会规定的其他风险管理制度，并在业务规则中明确上市公司董事、监事、高级管理人员以及持股达到一定比例的股东等相关主体从事股票期权交易的规范要求。

证券登记结算机构开展股票期权交易活动，应当建立保证金、当日无负债结算、强行平仓、结算担保金、风险准备金以及中国证监会规定的其他风险管理制度。

证券交易所、证券登记结算机构建立相同的风险管理制度的，应当在业务规则中明确各自的职责分工。

经营机构应当遵守中国证监会、证券交易所、证券登记结算机构以及行业自律组织规定的风险管理制度，建立健全并严格执行股票期权业务合规管理及风险管理制度，保障投资者保证金的存管安全，按照规定提取、管理和使用风险准备金，按照证券交易所的规定，向其报告大户名单、交易情况。

第二十二条 结算参与人的保证金不足且未在证券登记结算机构规定时间内追加保证金或者自行平仓的，证券登记结算机构应当按照《期货交易管理条例》以及业务规则的规定将该结算参与人负责结算的合约强行平仓。

投资者保证金不足且未在经营机构规定时间内追加保证金或者自行平仓的，经营机构应当按照《期货交易管理条例》、相关业务规则以及经纪合同的规定将该投资者的合约强行平仓。

因强行平仓发生的有关费用和损失由相关主体根据相关业务规则、经纪合同的规定承担。

第二十三条 当出现不可抗力、市场操纵、技术系统故障等异常情况，影响股票期权交易正常秩序时，证券交易所可以按照业务规则规定的权限和程序，决定采取下列紧急措施：

（一）调整保证金；

（二）调整涨跌停板幅度；

（三）调整经营机构或者投资者的持仓限额；

（四）限制经营机构或投资者开仓，或要求其限期平仓；

（五）暂时停止股票期权合约的交易；

（六）其他紧急措施。

出现前款所述情形，导致或者可能导致股票期权重大结算风险时，证券登记结算机构可以按照业务规则规定的权限和程序，决定采取限制出金或入金、强行平仓或其他紧急措施。

证券交易所、证券登记结算机构根据本条规定采取上述措施，应当立即报告中国证监会、向市场公告，并积极协助、配合对方履行相应职责。因采取上述措施发生的有关费用、损失，由相关主体根据相关业务规则、经纪合同的规定承担。

第二十四条　证券交易所、证券登记结算机构、保证金安全存管监控机构应当根据各自职责，建立股票期权市场与其他证券、期货等相关市场以及监管机构之间的信息共享、市场监测、风险控制、打击违法违规等协作机制。

证券交易所、证券登记结算机构、保证金安全存管监控机构发现股票期权交易活动中存在违法违规行为的，应当及时向中国证监会报告，并按照有关规定通报派出机构。

第二十五条　任何单位或者个人不得编造、传播有关股票期权交易的虚假信息扰乱市场秩序，不得通过《期货交易管理条例》第七十一条规定的手段以及操纵相关标的证券市场等手段操纵股票期权市场，不得利用《期货交易管理条例》第八十二条第（十一）项规定的内幕信息、相关标的证券市场的内幕信息以及其他未公开信息从事股票期权交易，或者向他人泄露上述信息、使他人利用上述信息从事股票期权交易。

任何单位或者个人不得通过操纵股票期权市场等手段操纵相关标的证券市场，不得利用股票期权市场的内幕信息从事相关标的证券交易，或者向他人泄露上述信息、使他人利用上述信息从事相关标的证券交易。

第二十六条　证券交易所、证券登记结算机构开展股票期权交易与结算业务时，相关业务活动依照《期货交易管理条例》关于期货交易所开展期货交易的有关监管要求和法律责任执行。

除法律法规及中国证监会另有规定外，证券公司从事股票期权经纪业务时，相关业务活动参照适用期货公司从事期货经纪业务的有关监管要求和法律责任；期货公司从事与股票期权备兑开仓以及行权相关的证券现货经纪业务时，相关业务活动参照适用证券公司从事证券经纪业务的有关监管要求和法律责任。

第二十七条　任何单位或者个人违反期货法律、法规、规章以及本办法，中国证监会及其派出机构按照《期货交易管理条例》以及中国证监会的相关规定对其采取责令改正、监管谈话、出具警示函等监管措施;应当给予处罚的,按照《期货交易管理条例》以及中国证监会的相关规定进行处罚;涉嫌犯罪的,依法移送司法机关追究刑事责任。

任何单位或者个人违反本办法第二十五条第二款的规定,操纵相关标的证券市场或者进行相关标的证券内幕交易的,中国证监会及其派出机构按照《证券法》以及中国证监会的相关规定对其采取责令改正、监管谈话、出具警示函等监管措施;应当给予处罚的,按照《证券法》以及中国证监会的相关规定进行处罚;涉嫌犯罪的,依法移送司法机关追究刑事责任。

任何单位或者个人违反本办法以及《期货交易管理条例》的规定,在股票期权交易中从事违法违规行为,给投资者造成损失的,应当依法承担赔偿责任。

第二十八条　本办法下列用语具有如下含义:

(一)保证金安全存管监控机构,是指中国证券投资者保护基金公司、中国期货保证金监控中心或者中国证监会批准的其他保证金安全存管监控机构。

(二)股票期权经营机构,是指经中国证监会批准经营股票期权业务的证券公司、期货公司等金融机构。

(三)股票期权结算参与人,是指具有证券登记结算机构股票期权结算业务结算参与人资格的机构。

(四)做市商,是指经证券交易所认可、为其上市交易的股票期权合约提供双边持续报价或者双边回应报价等服务的机构。

(五)权利金,是指股票期权买方向卖方支付的用于购买股票期权合约的资金。

(六)保证金,是指用于结算和保证股票期权合约履行的现金或者证券。

(七)衍生品合约账户,是指经营机构按照证券登记结算机构业务规则,为投资者开立的用于股票期权合约交易、行权申报及记录投资者持有的股票期权合约及其变动情况的账户。

(八)股票期权买方,是指持有股票期权合约权利仓的投资者。权利仓指股票期权合约买入开仓形成的持仓头寸。

(九)股票期权卖方,是指持有股票期权合约义务仓的投资者。义务仓指股票期权合约卖出开仓形成的持仓头寸。

（十）行权，是指股票期权合约买方按照规定行使权利，以行权价格买入或者卖出约定标的证券，或者按照规定结算价格进行现金差价结算。

（十一）协议行权，是指经营机构根据合同约定为投资者提供的行权申报及相关服务，具体服务内容和各自权利义务由经营机构与投资者在经纪合同中进行约定。

（十二）行权价格，是指股票期权合约中约定的在行权时买入、卖出约定标的证券或者用于计算行权价差的价格。

（十三）结算，包括对股票期权交易双方的日常交易结算和行权结算。日常交易结算是指股票期权日常交易的资金清算与交收，行权结算是指股票期权行权的资金清算与交收以及标的证券的清算与交割。股票期权日常交易结算与行权结算中的资金交收与标的证券交割统称为交收。

（十四）备兑开仓，是指投资者事先交存足额合约标的作为将来行权结算所应交付的证券，并据此卖出相应数量的认购期权。

（十五）认购期权，是指买方有权在将来特定时间以特定价格买入约定数量合约标的的期权合约。

（十六）认沽期权，是指买方有权在将来特定时间以特定价格卖出约定数量合约标的的期权合约。

（十七）其他未公开信息：是指除标的证券市场内幕信息以外、对标的证券的市场价格有重大影响且尚未公开的下列信息：

1. 证券交易场所、存管银行、证券资产托管机构、证券登记结算机构、依法设立的证券市场监测监控机构在经营、监控过程中形成或获取的证券交易、证券持有状况、资金数量等相关信息；

2. 证券期货经营机构、公募基金管理人、商业银行、保险公司、信托公司、社保基金、私募证券投资基金等金融机构的证券投资相关信息；

3. 政府主管部门、监管机构或者有关单位，制定或作出的可能对证券交易价格发生重大影响的政策或者决定；

4. 中国证监会认定的其他信息。

第二十九条　其他交易场所经中国证监会批准可以开展股票期权交易，具体业务规范参照本办法的有关规定执行。

第三十条　本办法自公布之日起施行。

私募投资基金监督管理暂行办法

（2014年6月30日中国证券监督管理委员会第51次主席办公会议审议通过　2014年8月21日公布　中国证券监督管理委员会令第105号　自2014年8月21日起施行）

第一章　总　　则

第一条　为了规范私募投资基金活动，保护投资者及相关当事人的合法权益，促进私募投资基金行业健康发展，根据《证券投资基金法》、《国务院关于进一步促进资本市场健康发展的若干意见》，制定本办法。

第二条　本办法所称私募投资基金（以下简称私募基金），是指在中华人民共和国境内，以非公开方式向投资者募集资金设立的投资基金。

部门规章

私募基金财产的投资包括买卖股票、股权、债券、期货、期权、基金份额及投资合同约定的其他投资标的。

非公开募集资金，以进行投资活动为目的设立的公司或者合伙企业，资产由基金管理人或者普通合伙人管理的，其登记备案、资金募集和投资运作适用本办法。

证券公司、基金管理公司、期货公司及其子公司从事私募基金业务适用本办法，其他法律法规和中国证券监督管理委员会（以下简称中国证监会）有关规定对上述机构从事私募基金业务另有规定的，适用其规定。

第三条　从事私募基金业务，应当遵循自愿、公平、诚实信用原则，维护投资者合法权益，不得损害国家利益和社会公共利益。

第四条 私募基金管理人和从事私募基金托管业务的机构(以下简称私募基金托管人)管理、运用私募基金财产,从事私募基金销售业务的机构(以下简称私募基金销售机构)及其他私募服务机构从事私募基金服务活动,应当恪尽职守,履行诚实信用、谨慎勤勉的义务。

私募基金从业人员应当遵守法律、行政法规,恪守职业道德和行为规范。

第五条 中国证监会及其派出机构依照《证券投资基金法》、本办法和中国证监会的其他有关规定,对私募基金业务活动实施监督管理。

设立私募基金管理机构和发行私募基金不设行政审批,允许各类发行主体在依法合规的基础上,向累计不超过法律规定数量的投资者发行私募基金。建立健全私募基金发行监管制度,切实强化事中事后监管,依法严厉打击以私募基金为名的各类非法集资活动。

建立促进经营机构规范开展私募基金业务的风险控制和自律管理制度,以及各类私募基金的统一监测系统。

第六条 中国证券投资基金业协会(以下简称基金业协会)依照《证券投资基金法》、本办法、中国证监会其他有关规定和基金业协会自律规则,对私募基金业开展行业自律,协调行业关系,提供行业服务,促进行业发展。

第二章 登记备案

第七条 各类私募基金管理人应当根据基金业协会的规定,向基金业协会申请登记,报送以下基本信息:

(一)工商登记和营业执照正副本复印件;

(二)公司章程或者合伙协议;

(三)主要股东或者合伙人名单;

(四)高级管理人员的基本信息;

(五)基金业协会规定的其他信息。

基金业协会应当在私募基金管理人登记材料齐备后的20个工作日内,通过网站公告私募基金管理人名单及其基本情况的方式,为私募基金管理人办结登记手续。

第八条 各类私募基金募集完毕，私募基金管理人应当根据基金业协会的规定，办理基金备案手续，报送以下基本信息：

（一）主要投资方向及根据主要投资方向注明的基金类别；

（二）基金合同、公司章程或者合伙协议。资金募集过程中向投资者提供基金招募说明书的，应当报送基金招募说明书。以公司、合伙等企业形式设立的私募基金，还应当报送工商登记和营业执照正副本复印件；

（三）采取委托管理方式的，应当报送委托管理协议。委托托管机构托管基金财产的，还应当报送托管协议；

（四）基金业协会规定的其他信息。

基金业协会应当在私募基金备案材料齐备后的20个工作日内，通过网站公告私募基金名单及其基本情况的方式，为私募基金办结备案手续。

第九条 基金业协会为私募基金管理人和私募基金办理登记备案不构成对私募基金管理人投资能力、持续合规情况的认可；不作为对基金财产安全的保证。

第十条 私募基金管理人依法解散、被依法撤销或者被依法宣告破产的，其法定代表人或者普通合伙人应当在20个工作日内向基金业协会报告，基金业协会应当及时注销基金管理人登记并通过网站公告。

第三章 合格投资者

第十一条 私募基金应当向合格投资者募集，单只私募基金的投资者人数累计不得超过《证券投资基金法》、《公司法》、《合伙企业法》等法律规定的特定数量。

投资者转让基金份额的，受让人应当为合格投资者且基金份额受让后投资者人数应当符合前款规定。

第十二条 私募基金的合格投资者是指具备相应风险识别能力和风险承担能力，投资于单只私募基金的金额不低于100万元且符合下列相关标准的单位和个人：

（一）净资产不低于1000万元的单位；

（二）金融资产不低于300万元或者最近三年个人年均收入不低于50万元的个人。

前款所称金融资产包括银行存款、股票、债券、基金份额、资产管理计划、银行理财产品、信托计划、保险产品、期货权益等。

第十三条　下列投资者视为合格投资者：

（一）社会保障基金、企业年金等养老基金，慈善基金等社会公益基金；

（二）依法设立并在基金业协会备案的投资计划；

（三）投资于所管理私募基金的私募基金管理人及其从业人员；

（四）中国证监会规定的其他投资者。

以合伙企业、契约等非法人形式，通过汇集多数投资者的资金直接或者间接投资于私募基金的，私募基金管理人或者私募基金销售机构应当穿透核查最终投资者是否为合格投资者，并合并计算投资者人数。但是，符合本条第（一）、（二）、（四）项规定的投资者投资私募基金的，不再穿透核查最终投资者是否为合格投资者和合并计算投资者人数。

第四章　资 金 募 集

第十四条　私募基金管理人、私募基金销售机构不得向合格投资者之外的单位和个人募集资金，不得通过报刊、电台、电视、互联网等公众传播媒体或者讲座、报告会、分析会和布告、传单、手机短信、微信、博客和电子邮件等方式，向不特定对象宣传推介。

第十五条　私募基金管理人、私募基金销售机构不得向投资者承诺投资本金不受损失或者承诺最低收益。

第十六条　私募基金管理人自行销售私募基金的，应当采取问卷调查等方式，对投资者的风险识别能力和风险承担能力进行评估，由投资者书面承诺符合合格投资者条件；应当制作风险揭示书，由投资者签字确认。

私募基金管理人委托销售机构销售私募基金的，私募基金销售机构应当采取前款规定的评估、确认等措施。

投资者风险识别能力和承担能力问卷及风险揭示书的内容与格式指引，由基金业协会按照不同类别私募基金的特点制定。

第十七条 私募基金管理人自行销售或者委托销售机构销售私募基金,应当自行或者委托第三方机构对私募基金进行风险评级,向风险识别能力和风险承担能力相匹配的投资者推介私募基金。

第十八条 投资者应当如实填写风险识别能力和承担能力问卷,如实承诺资产或者收入情况,并对其真实性、准确性和完整性负责。填写虚假信息或者提供虚假承诺文件的,应当承担相应责任。

第十九条 投资者应当确保投资资金来源合法,不得非法汇集他人资金投资私募基金。

第五章 投资运作

第二十条 募集私募证券基金,应当制定并签订基金合同、公司章程或者合伙协议(以下统称基金合同)。基金合同应当符合《证券投资基金法》第九十三条、第九十四条规定。

募集其他种类私募基金,基金合同应当参照《证券投资基金法》第九十三条、第九十四条规定,明确约定各方当事人的权利、义务和相关事宜。

第二十一条 除基金合同另有约定外,私募基金应当由基金托管人托管。

基金合同约定私募基金不进行托管的,应当在基金合同中明确保障私募基金财产安全的制度措施和纠纷解决机制。

第二十二条 同一私募基金管理人管理不同类别私募基金的,应当坚持专业化管理原则;管理可能导致利益输送或者利益冲突的不同私募基金的,应当建立防范利益输送和利益冲突的机制。

第二十三条 私募基金管理人、私募基金托管人、私募基金销售机构及其他私募服务机构及其从业人员从事私募基金业务,不得有以下行为:

(一)将其固有财产或者他人财产混同于基金财产从事投资活动;

(二)不公平地对待其管理的不同基金财产;

(三)利用基金财产或者职务之便,为本人或者投资者以外的人牟取利益,进行利益输送;

(四)侵占、挪用基金财产;

（五）泄露因职务便利获取的未公开信息，利用该信息从事或者明示、暗示他人从事相关的交易活动；

（六）从事损害基金财产和投资者利益的投资活动；

（七）玩忽职守，不按照规定履行职责；

（八）从事内幕交易、操纵交易价格及其他不正当交易活动；

（九）法律、行政法规和中国证监会规定禁止的其他行为。

第二十四条 私募基金管理人、私募基金托管人应当按照合同约定，如实向投资者披露基金投资、资产负债、投资收益分配、基金承担的费用和业绩报酬、可能存在的利益冲突情况以及可能影响投资者合法权益的其他重大信息，不得隐瞒或者提供虚假信息。信息披露规则由基金业协会另行制定。

第二十五条 私募基金管理人应当根据基金业协会的规定，及时填报并定期更新管理人及其从业人员的有关信息、所管理私募基金的投资运作情况和杠杆运用情况，保证所填报内容真实、准确、完整。发生重大事项的，应当在10个工作日内向基金业协会报告。

私募基金管理人应当于每个会计年度结束后的4个月内，向基金业协会报送经会计师事务所审计的年度财务报告和所管理私募基金年度投资运作基本情况。

第二十六条 私募基金管理人、私募基金托管人及私募基金销售机构应当妥善保存私募基金投资决策、交易和投资者适当性管理等方面的记录及其他相关资料，保存期限自基金清算终止之日起不得少于10年。

第六章 行业自律

第二十七条 基金业协会应当建立私募基金管理人登记、私募基金备案管理信息系统。

基金业协会应当对私募基金管理人和私募基金信息严格保密。除法律法规另有规定外，不得对外披露。

第二十八条 基金业协会应当建立与中国证监会及其派出机构和其他相关机构的信息共享机制，定期汇总分析私募基金情况，及时提供私募基金相关信息。

第二十九条 基金业协会应当制定和实施私募基金行业自律规则,监督、检查会员及其从业人员的执业行为。

会员及其从业人员违反法律、行政法规、本办法规定和基金业协会自律规则的,基金业协会可以视情节轻重,采取自律管理措施,并通过网站公开相关违法违规信息。会员及其从业人员涉嫌违法违规的,基金业协会应当及时报告中国证监会。

第三十条 基金业协会应当建立投诉处理机制,受理投资者投诉,进行纠纷调解。

第七章 监督管理

第三十一条 中国证监会及其派出机构依法对私募基金管理人、私募基金托管人、私募基金销售机构及其他私募服务机构开展私募基金业务情况进行统计监测和检查,依照《证券投资基金法》第一百一十四条规定采取有关措施。

第三十二条 中国证监会将私募基金管理人、私募基金托管人、私募基金销售机构及其他私募服务机构及其从业人员诚信信息记入证券期货市场诚信档案数据库;根据私募基金管理人的信用状况,实施差异化监管。

第三十三条 私募基金管理人、私募基金托管人、私募基金销售机构及其他私募服务机构及其从业人员违反法律、行政法规及本办法规定,中国证监会及其派出机构可以对其采取责令改正、监管谈话、出具警示函、公开谴责等行政监管措施。

第八章 关于创业投资基金的特别规定

第三十四条 本办法所称创业投资基金,是指主要投资于未上市创业企业普通股或者依法可转换为普通股的优先股、可转换债券等权益的股权投资基金。

第三十五条 鼓励和引导创业投资基金投资创业早期的小微企业。

享受国家财政税收扶持政策的创业投资基金,其投资范围应当符合国家相关规定。

第三十六条 基金业协会在基金管理人登记、基金备案、投资情况报告要求和会员管理等环节,对创业投资基金采取区别于其他私募基金的差异化行业自律,并提供差异化会员服务。

第三十七条 中国证监会及其派出机构对创业投资基金在投资方向检查等环节,采取区别于其他私募基金的差异化监督管理;在账户开立、发行交易和投资退出等方面,为创业投资基金提供便利服务。

第九章 法律责任

第三十八条 私募基金管理人、私募基金托管人、私募基金销售机构及其他私募服务机构及其从业人员违反本办法第七条、第八条、第十一条、第十四条至第十七条、第二十四条至第二十六条规定的,以及有本办法第二十三条第一项至第七项和第九项所列行为之一的,责令改正,给予警告并处三万元以下罚款;对直接负责的主管人员和其他直接责任人员,给予警告并处三万元以下罚款;有本办法第二十三条第八项行为的,按照《证券法》和《期货交易管理条例》的有关规定处罚;构成犯罪的,依法移交司法机关追究刑事责任。

第三十九条 私募基金管理人、私募基金托管人、私募基金销售机构及其他私募服务机构及其从业人员违反法律法规和本办法规定,情节严重的,中国证监会可以依法对有关责任人员采取市场禁入措施。

第四十条 私募证券基金管理人及其从业人员违反《证券投资基金法》有关规定的,按照《证券投资基金法》有关规定处罚。

第十章 附 则

第四十一条 本办法自公布之日起施行。

公开募集证券投资基金运作管理办法

(2014年3月10日中国证券监督管理委员会第29次主席办公会议审议通过 2014年7月7日公布 中国证券监督管理委员会令第104号 自2014年8月8日起施行)

第一章 总 则

第一条 为了规范公开募集证券投资基金(以下简称基金)运作活动,保护投资者的合法权益,促进证券投资基金市场健康发展,根据《证券投资基金法》及其他有关法律、行政法规,制定本办法。

第二条 本办法适用于基金的募集,基金份额的申购、赎回和交易,基金财产的投资,基金收益的分配,基金份额持有人大会的召开,以及其他基金运作活动。

第三条 从事基金运作活动,应当遵守法律、行政法规和中国证券监督管理委员会(以下简称中国证监会)的规定,遵循自愿、公平、诚实信用原则,不得损害国家利益和社会公共利益。

基金管理人运用基金财产进行证券投资,应当遵守审慎经营规则,制定科学合理的投资策略和风险管理制度,有效防范和控制风险。

第四条 中国证监会及其派出机构依照法律、行政法规、本办法的规定和审慎监管原则,对基金运作活动实施监督管理。

中国证监会对基金募集的注册审查以要件齐备和内容合规为基础,以充分的信息披露和投资者适当性为核心,以加强投资者利益保护和防范系统性风险为目标。中国证监会不对基金的投资价值及市场前景等作出实质性判断或者保证。投资者应当认真阅读基金招募说明书、基金合同等信息披露文件,自主判断基金的投资价值,自主做出投资决策,自行承担投资风险。

第五条 证券投资基金行业协会(以下简称基金行业协会)依据法律、行政法规、中国证监会的规定和自律规则,对基金运作活动进行自律管理。

第二章　基金的募集

第六条　申请募集基金，拟任基金管理人、基金托管人应当具备下列条件：

（一）拟任基金管理人为依法设立的基金管理公司或者经中国证监会核准的其他机构，拟任基金托管人为具有基金托管资格的商业银行或者经中国证监会核准的其他金融机构；

（二）有符合中国证监会规定的、与管理和托管拟募集基金相适应的基金经理等业务人员；

（三）最近一年内没有因重大违法违规行为、重大失信行为受到行政处罚或者刑事处罚；

（四）没有因违法违规行为、失信行为正在被监管机构立案调查、司法机关立案侦查，或者正处于整改期间；

（五）最近一年内向中国证监会提交的注册基金申请材料不存在虚假记载、误导性陈述或者重大遗漏；

（六）不存在对基金运作已经造成或者可能造成不良影响的重大变更事项，或者诉讼、仲裁等其他重大事项；

（七）不存在治理结构不健全、经营管理混乱、内部控制和风险管理制度无法得到有效执行、财务状况恶化等重大经营风险；

（八）中国证监会根据审慎监管原则规定的其他条件。

第七条　申请募集基金，拟募集的基金应当具备下列条件：

（一）有明确、合法的投资方向；

（二）有明确的基金运作方式；

（三）符合中国证监会关于基金品种的规定；

（四）基金合同、招募说明书等法律文件草案符合法律、行政法规和中国证监会的规定；

（五）基金名称表明基金的类别和投资特征，不存在损害国家利益、社会公共利益，欺诈、误导投资者，或者其他侵犯他人合法权益的内容；

（六）招募说明书真实、准确、完整地披露了投资者做出投资决策

所需的重要信息,不存在虚假记载、误导性陈述或者重大遗漏,语言简明、易懂、实用,符合投资者的理解能力;

(七)有符合基金特征的投资者适当性管理制度,有明确的投资者定位、识别和评估等落实投资者适当性安排的方法,有清晰的风险警示内容;

(八)基金的投资管理、销售、登记和估值等业务环节制度健全,行为规范,技术系统准备充分,不存在影响基金正常运作、损害或者可能损害基金份额持有人合法权益、可能引发系统性风险的情形;

(九)中国证监会规定的其他条件。

第八条 基金管理人申请募集基金,应当按照《证券投资基金法》和中国证监会的规定提交申请材料。申请材料自被行政受理时点起,基金管理人、基金托管人及相关中介机构即需要对申请材料的真实性、准确性、完整性承担相应的法律责任。

为基金申请材料出具法律意见书等文件的中介机构,应当勤勉尽责,对所依据的文件资料的真实性、准确性、完整性进行核查和验证。

申请材料受理后,相关内容不得随意更改。申请期间申请材料涉及的事项发生重大变化的,基金管理人应当自变化发生之日起五个工作日内向中国证监会提交更新材料。

第九条 中国证监会依照《行政许可法》和《证券投资基金法》第五十五条的规定,受理基金募集注册申请,并进行审查,作出注册或者不予注册的决定,并通知申请人;不予注册的,应当说明理由。

第十条 中国证监会在注册审查中可视情况征求基金行业协会、证券交易所、证券登记结算机构等的意见,供注册审查参考。

第十一条 基金募集期限自基金份额发售之日起不得超过三个月。

第十二条 基金募集期限届满,募集的基金份额总额符合《证券投资基金法》第五十九条的规定,并具备下列条件的,基金管理人应当按照规定办理验资和基金备案手续:基金募集份额总额不少于两亿份,基金募集金额不少于两亿元人民币;基金份额持有人的人数不少于二百人。

发起式基金不受上述限制。发起式基金是指,基金管理人在募集基金时，使用公司股东资金、公司固有资金、公司高级管理人员或者基金经理等人员资金认购基金的金额不少于一千万元人民币，且持有期限不少于三年。发起式基金的基金合同生效三年后，若基金资产净值低于两亿元的，基金合同自动终止。

第十三条　中国证监会自收到基金管理人验资报告和基金备案材料之日起三个工作日内予以书面确认；自中国证监会书面确认之日起，基金备案手续办理完毕，基金合同生效。

基金管理人应当在收到中国证监会确认文件的次日予以公告。

第十四条　基金募集期间的信息披露费、会计师费、律师费以及其他费用，不得从基金财产中列支；基金收取认购费的，可以从认购费中列支。

第三章　基金份额的申购、赎回和交易

第十五条　开放式基金的基金合同应当约定，并在招募说明书中载明基金管理人办理基金份额申购、赎回业务的日期（以下简称开放日）和时间。基金管理人在办理基金份额申购、赎回业务时，应当遵循基金份额持有人利益优先原则，发生申购、赎回损害持有人利益的情形时，应当及时暂停申购、赎回业务。

第十六条　开放式基金的基金合同可以约定基金管理人自基金合同生效之日起一定期限内不办理赎回；但约定的期限不得超过三个月，并应当在招募说明书中载明。但中国证监会规定的特殊基金品种除外。

第十七条　开放式基金份额的申购、赎回价格，依据申购、赎回日基金份额净值加、减有关费用计算。开放式基金份额的申购、赎回价格具体计算方法应当在基金合同和招募说明书中载明。

开放式基金份额净值，应当按照每个开放日闭市后，基金资产净值除以当日基金份额的余额数量计算。具体计算方法应当在基金合同和招募说明书中载明。

第十八条　基金管理人不得在基金合同约定之外的日期或者时间办理基金份额的申购、赎回或者转换。

投资者在基金合同约定之外的日期和时间提出申购、赎回或者转

换申请的，其基金份额申购、赎回价格为下次办理基金份额申购、赎回时间所在开放日的价格。

第十九条　投资者申购基金份额时，必须全额交付申购款项；投资者交付申购款项，申购成立；基金份额登记机构确认基金份额时，申购生效。基金份额持有人递交赎回申请，赎回成立；基金份额登记机构确认赎回时，赎回生效。但中国证监会规定的特殊基金品种除外。

投资特定指数所对应的组合证券或者基金合同约定的其他投资标的的开放式基金，其基金份额可以用组合证券、现金或者基金合同约定的其他对价进行申购、赎回。基金份额的申购、赎回对价根据基金的资产组合和申购、赎回日基金份额净值确定，具体计算方法应当在基金合同和招募说明书中载明。基金份额的上市交易、申购赎回和资金结算应当符合证券交易所和证券登记结算机构等的有关规定。

第二十条　基金管理人应当自收到投资者申购、赎回申请之日起三个工作日内，对该申购、赎回的有效性进行确认，但中国证监会规定的特殊基金品种除外。

基金管理人应当自接受投资者有效赎回申请之日起七个工作日内支付赎回款项，但中国证监会规定的特殊基金品种除外。

第二十一条　开放式基金的基金合同可以约定基金达到一定的规模后，基金管理人不再接受认购、申购申请，但应当在招募说明书中载明。

基金管理人在基金募集期间不得调整基金合同约定的基金规模。基金合同生效后，基金管理人可以按照基金合同的约定，根据实际情况调整基金规模，但应当提前三日公告，并更新招募说明书。

第二十二条　开放式基金的基金合同可以对单个基金份额持有人持有基金份额的比例或者数量设置限制，但应当在招募说明书中载明。

第二十三条　开放式基金单个开放日净赎回申请超过基金总份额的百分之十的，为巨额赎回，但中国证监会规定的特殊基金品种除外。

开放式基金发生巨额赎回的，基金管理人当日办理的赎回份额不得低于基金总份额的百分之十，对其余赎回申请可以延期办理。

第二十四条　开放式基金发生巨额赎回的，基金管理人对单个基金份额持有人的赎回申请，应当按照其申请赎回份额占当日申请赎回总份额的比例，确定该单个基金份额持有人当日办理的赎回份额。

基金份额持有人可以在申请赎回时选择将当日未获办理部分予以撤销。基金份额持有人未选择撤销的，基金管理人对未办理的赎回份额，可延迟至下一个开放日办理，赎回价格为下一个开放日的价格。

第二十五条　开放式基金发生巨额赎回并延期办理的，基金管理人应当通过邮寄、传真或者招募说明书规定的其他方式，在三个交易日内通知基金份额持有人，说明有关处理方法，同时在指定媒介上予以公告。

第二十六条　开放式基金连续发生巨额赎回，基金管理人可按基金合同的约定和招募说明书的规定，暂停接受赎回申请；已经接受的赎回申请可以延缓支付赎回款项，但延缓期限不得超过二十个工作日，并应当在指定媒介上予以公告。

第二十七条　开放式基金的基金合同可以约定，单个基金份额持有人在单个开放日申请赎回基金份额超过基金总份额一定比例的，基金管理人可以按照本办法第二十六条的规定暂停接受赎回申请或者延缓支付。

第二十八条　开放式基金应当保持不低于基金资产净值百分之五的现金或者到期日在一年以内的政府债券，以备支付基金份额持有人的赎回款项，但中国证监会规定的特殊基金品种除外。

第二十九条　基金份额可以依法在证券交易所上市交易，或者按照法律法规规定和基金合同约定在中国证监会认可的交易场所或者通过其他方式进行转让。

第四章　基金的投资和收益分配

第三十条　基金合同和基金招募说明书应当按照下列规定载明基金的类别：

（一）百分之八十以上的基金资产投资于股票的，为股票基金；

（二）百分之八十以上的基金资产投资于债券的，为债券基金；

（三）仅投资于货币市场工具的，为货币市场基金；

(四)百分之八十以上的基金资产投资于其他基金份额的,为基金中基金;

(五)投资于股票、债券、货币市场工具或其他基金份额,并且股票投资、债券投资、基金投资的比例不符合第(一)项、第(二)项、第(四)项规定的,为混合基金;

(六)中国证监会规定的其他基金类别。

第三十一条　基金名称显示投资方向的,应当有百分之八十以上的非现金基金资产属于投资方向确定的内容。

第三十二条　基金管理人运用基金财产进行证券投资,不得有下列情形:

(一)一只基金持有一家公司发行的证券,其市值超过基金资产净值的百分之十;

(二)同一基金管理人管理的全部基金持有一家公司发行的证券,超过该证券的百分之十;

(三)基金财产参与股票发行申购,单只基金所申报的金额超过该基金的总资产,单只基金所申报的股票数量超过拟发行股票公司本次发行股票的总量;

(四)一只基金持有其他基金(不含货币市场基金),其市值超过基金资产净值的百分之十,但基金中基金除外;

(五)基金中基金持有其他单只基金,其市值超过基金资产净值的百分之二十,或者投资于其他基金中基金;

(六)基金总资产超过基金净资产的百分之一百四十;

(七)违反基金合同关于投资范围、投资策略和投资比例等约定;

(八)中国证监会规定禁止的其他情形。

完全按照有关指数的构成比例进行证券投资的基金品种可以不受前款第(一)项、第(二)项规定的比例限制。

基金管理人运用基金财产投资证券衍生品种的,应当根据风险管理的原则,并制定严格的授权管理制度和投资决策流程。基金管理人运用基金财产投资证券衍生品种的具体比例,应当符合中国证监会的有关规定。

中国证监会另行规定的其他特殊基金品种可不受上述比例的

限制。

第三十三条　基金管理人运用基金财产买卖基金管理人、基金托管人及其控股股东、实际控制人或者与其有重大利害关系的公司发行的证券或者承销期内承销的证券,或者从事其他重大关联交易的,应当符合基金的投资目标和投资策略,遵循持有人利益优先原则,防范利益冲突,建立健全内部审批机制和评估机制,按照市场公平合理价格执行。相关交易必须事先得到基金托管人的同意,并按法律法规予以披露。重大关联交易应提交基金管理人董事会审议,并经过三分之二以上的独立董事通过。基金管理人董事会应至少每半年对关联交易事项进行审查。

第三十四条　基金管理人应当自基金合同生效之日起六个月内使基金的投资组合比例符合基金合同的有关约定。期间,基金的投资范围、投资策略应当符合基金合同的约定。

第三十五条　因证券市场波动、上市公司合并、基金规模变动等基金管理人之外的因素致使基金投资不符合本办法第三十二条规定的比例或者基金合同约定的投资比例的,基金管理人应当在十个交易日内进行调整,但中国证监会规定的特殊情形除外。

第三十六条　下列与基金有关的费用可以从基金财产中列支:

(一)基金管理人的管理费;

(二)基金托管人的托管费;

(三)基金合同生效后的会计师费和律师费;

(四)基金份额持有人大会费用;

(五)基金的证券交易费用;

(六)按照国家有关规定和基金合同约定,可以在基金财产中列支的其他费用。

基金管理人可以根据与基金份额持有人利益一致的原则,结合产品特点和投资者的需求设置基金管理费率的结构和水平。

第三十七条　封闭式基金的收益分配,每年不得少于一次,封闭式基金年度收益分配比例不得低于基金年度可供分配利润的百分之九十。

开放式基金的收益分配,由基金合同约定。

第三十八条 基金收益分配应当采用现金方式,但中国证监会规定的特殊基金品种除外。

开放式基金的基金份额持有人可以事先选择将所获分配的现金收益,按照基金合同有关基金份额申购的约定转为基金份额;基金份额持有人事先未做出选择的,基金管理人应当支付现金。

第五章 基金转换运作方式、合并及变更注册

第三十九条 基金转换运作方式或者与其他基金合并,应当按照法律法规及基金合同约定的程序进行。实施方案若未在基金合同中明确约定的,应当经基金份额持有人大会审议通过。基金管理人应当提前发布提示性通知,明确有关实施安排,说明对现有基金份额持有人的影响以及基金份额持有人享有的选择权(如赎回、转出或者卖出),并在实施前预留至少二十个开放日或者交易日供基金份额持有人做出选择。

第四十条 基金注册后,如需对原注册事项进行实质性调整,应当依照法律法规和基金合同履行相关手续;继续公开募集资金的,应当在公开募集前按照《行政许可法》的规定向中国证监会提出变更注册事项的申请。未经注册,不得公开或者变相公开募集基金。

第四十一条 按照本办法第十二条第一款成立的开放式基金,基金合同生效后,连续二十个工作日出现基金份额持有人数量不满二百人或者基金资产净值低于五千万元情形的,基金管理人应当在定期报告中予以披露;连续六十个工作日出现前述情形的,基金管理人应当向中国证监会报告并提出解决方案,如转换运作方式、与其他基金合并或者终止基金合同等,并召开基金份额持有人大会进行表决。

按照本办法第十二条第二款成立的发起式基金,在基金合同生效三年后继续存续的,依照前款规定执行。

第六章 基金份额持有人大会

第四十二条 除《证券投资基金法》第四十八条第(一)项至第(四)项规定的事项外,基金合同还应当按照中国证监会的规定,约定对基金合同当事人权利、义务产生重大影响,须召开基金份额持有人

大会的其他事项。

第四十三条 基金份额持有人大会未设立日常机构的，基金托管人认为有必要召开基金份额持有人大会的，应当向基金管理人提出书面提议。基金管理人应当自收到书面提议之日起十日内决定是否召集，并书面告知基金托管人。

基金管理人决定召集的，应当自出具书面决定之日起六十日内召开；基金管理人决定不召集，基金托管人仍认为有必要召开的，应当自行召集，并自出具书面决定之日起六十日内召开并告知基金管理人，基金管理人应当配合。

第四十四条 基金份额持有人大会未设立日常机构的，代表基金份额百分之十以上的基金份额持有人认为有必要召开基金份额持有人大会的，应当向基金管理人提出书面提议。基金管理人应当自收到书面提议之日起十日内决定是否召集，并书面告知提出提议的基金份额持有人代表和基金托管人。

基金管理人决定召集的，应当自出具书面决定之日起六十日内召开；基金管理人决定不召集，代表基金份额百分之十以上的基金份额持有人仍认为有必要召开的，应当向基金托管人提出书面提议。

基金托管人应当自收到书面提议之日起十日内决定是否召集，并书面告知提出提议的基金份额持有人代表和基金管理人；基金托管人决定召集的，应当自出具书面决定之日起六十日内召开。

第四十五条 基金份额持有人大会设立日常机构的，基金管理人、基金托管人或者代表基金份额百分之十以上的基金份额持有人认为有必要召开基金份额持有人大会的，应当向该日常机构提出书面提议。

该日常机构应当自收到书面提议之日起十日内决定是否召集，并书面告知基金管理人、基金托管人和提出提议的基金份额持有人代表。该日常机构决定召集的，应当自出具书面决定之日起六十日内召开；该日常机构决定不召集，基金管理人、基金托管人或者代表基金份额百分之十以上的基金份额持有人仍认为有必要召开的，按照未设立日常机构的相关规定执行。

第四十六条 基金份额持有人大会日常机构、基金管理人和基金托管人都不召集基金份额持有人大会的,基金份额持有人可以按照《证券投资基金法》第八十四条第二款的规定自行召集基金份额持有人大会。

基金份额持有人自行召集基金份额持有人大会的,应当至少提前三十日向中国证监会备案。

第四十七条 基金份额持有人依法自行召集基金份额持有人大会的,基金份额持有人大会日常机构、基金管理人、基金托管人应当配合,不得阻碍、干扰。

第四十八条 基金份额持有人大会可通过现场开会或者通讯开会等基金合同约定的方式召开。基金管理人、基金托管人须为基金份额持有人行使投票权提供便利。

基金份额持有人大会决定的事项自表决通过之日起生效。基金份额持有人大会按照《证券投资基金法》第八十七条的规定表决通过的事项,召集人应当自通过之日起五日内报中国证监会备案。

第四十九条 基金份额持有人大会日常机构、基金管理人、基金托管人和基金份额持有人应当执行生效的基金份额持有人大会的决定。

第七章 监督管理和法律责任

第五十条 中国证监会及其派出机构对基金管理人、基金托管人从事基金运作活动的情况进行定期或者不定期检查,基金管理人、基金托管人应当予以配合。

第五十一条 基金管理人、基金托管人及其直接负责的主管人员和其他直接责任人员违反本办法规定从事基金运作活动,依法应予以行政处罚的,依照法律、行政法规的规定进行行政处罚;法律、行政法规未做规定的,依照本办法的规定进行行政处罚;涉嫌犯罪的,依法移送司法机关,追究其刑事责任。

第五十二条 基金管理人、基金托管人违反本办法规定的,中国证监会及其派出机构可以采取监管谈话、出具警示函、责令限期整改,整改期间暂停受理及审查基金产品募集申请或者其他业务申请等行政监管措施,记入诚信档案;对直接负责的主管人员和其他直接责任人员，可以采取监管谈话、出具警示函、暂停履行职务、认定为不适宜担任相关职务者等行政监管措施，记入诚信档案。

第五十三条　基金管理人注册基金，向中国证监会提交的申请材料存在信息自相矛盾或者就同一事实前后存在不同表述且有实质性差异的，中国证监会将中止审查，并在六个月内不再受理基金管理人提交的基金注册申请。

基金管理人注册基金，向中国证监会提交的申请材料存在虚假记载、误导性陈述、重大遗漏的，中国证监会不予受理；已经受理的，不予注册；已经注册，尚未募集的，撤销注册决定；并在一年内不再受理该基金管理人提交的基金注册申请，对该基金管理人及其直接负责的主管人员和其他直接责任人员，采取相关行政监管措施并记入诚信档案；情节严重的，采取单处或者并处警告、三万元以下罚款。已经注册并募集的，依照《证券投资基金法》第一百三十二条的规定处罚。

基金管理人违反本办法第四十条的规定，在公开募集前未变更注册的，依照《证券投资基金法》第一百二十八条的规定处罚。

第五十四条　基金管理人违反本办法第三十二条的规定运用基金财产进行证券投资、情节严重的，或者违反本办法第三十三条的规定从事关联交易的，依照《证券投资基金法》第一百三十条的规定处罚。

第五十五条　基金管理人、基金托管人不按照本办法第四十二条、第四十三条的规定召集基金份额持有人大会的，依照《证券投资基金法》第一百三十三条的规定处罚。

第五十六条　基金管理人从事基金运作活动，有下列情形之一的，中国证监会可以对基金管理人及其直接负责的主管人员和其他直接责任人员，采取相关行政监管措施并记入诚信档案；情节严重的，可单处或者并处警告、三万元以下罚款：

（一）未按照本办法第十一条规定发售基金份额；

（二）未按照本办法第十二条规定及时办理验资和基金备案手续；

（三）未按照本办法第十五条规定办理申购、赎回业务，涉及损害基金财产和基金份额持有人利益的；

（四）未按照本办法第十七条的规定计算基金份额申购、赎回价格；

（五）基金管理人违反本办法第十八条的规定，在基金合同约定之外的日期或者时间办理基金份额的申购、赎回或者转换的；

（六）未按照本办法第二十条的规定确认申购、赎回的有效性，并支付赎回款项；

（七）未按照本办法第二十三条第二款、第二十四条第一款的规定办理赎回申请；

（八）未按照本办法第二十八条的规定保持现金或者政府债券；

（九）未按照本办法第三十四条、第三十五条的规定调整投资比例；

（十）未按照本办法第三十七条、第三十八条的规定进行收益分配；

（十一）未按照本办法第三十九条的规定办理基金转换运作方式或者合并；

（十二）未按照本办法第四十一条的规定报告、说明有关情况，报送解决方案，或者召开基金份额持有人大会；

（十三）技术系统出现故障，影响基金正常运作，损害持有人利益的。

第五十七条 基金管理人、基金托管人有下列情形之一的，中国证监会可以对基金管理人、基金托管人及其直接负责的主管人员和其他直接责任人员，采取相关行政监管措施并记入诚信档案；情节严重的，可单处或者并处警告、三万元以下罚款：

（一）未按照本办法第十四条、第三十六条规定列支相关费用；

（二）未按照本办法第四十七条规定配合基金份额持有人召集基金份额持有人大会；

（三）未按照本办法第四十八条的规定申请备案基金份额持有人大会决定的事项；

（四）未按照本办法第四十九条的规定执行基金份额持有人大会的生效决定；

（五）未按照本办法第五十条的规定配合中国证监会及其派出机构进行检查。

第八章　附　　则

第五十八条　证券公司管理的投资者超过二百人的集合资产管理计划须遵守《证券投资基金法》关于管理人及从业人员禁止从事利益输送、非公平交易、内幕交易等规定，并参照本办法关于防范利益冲突、保护投资者的相关规定执行。

第五十九条　本办法自2014年8月8日起施行。《证券投资基金运作管理办法》（证监会令第79号）同时废止。

证券期货业信息安全保障管理办法

（2012年8月23日中国证券监督管理委员会第22次主席办公会议审议通过　2012年9月24日公布　中国证券监督管理委员会令第82号　自2012年11月1日起施行）

第一章　总　　则

第一条　为了保障证券期货信息系统安全运行，加强证券期货业信息安全管理工作，促进证券期货市场稳定健康发展，保护投资者合法权益，根据《证券法》、《证券投资基金法》、《期货交易管理条例》及信息安全保障相关的法律、行政法规，制定本办法。

第二条　证券期货业信息安全保障、管理、监督等工作适用本办法。

第三条　证券期货业信息安全保障工作实行“谁运行、谁负责，谁使用、谁负责”、安全优先、保障发展的原则。

第四条　证券期货业信息安全保障的责任主体应当执行国家信息安全相关法律、行政法规和行业相关技术管理规定、技术规则、技术指引和技术标准，开展信息安全工作，保护投资者交易安全和数据安全，并对本机构信息系统安全运行承担责任。

前款所称责任主体，包括承担证券期货市场公共职能的机构、承担证券期货行业信息技术公共基础设施运营的机构等证券期货市场核心机构及其下属机构(以下简称核心机构),证券公司、期货公司、基金管理公司、证券期货服务机构等证券期货经营机构(以下简称经营机构)。

第五条 开展证券客户交易结算资金第三方存管业务,银证、银期、银基转账和结算业务,基金托管和销售业务的机构应当按照有关规定保障相关业务系统的安全运行。

第六条 为证券期货业提供软硬件产品或者技术服务的供应商(以下简称供应商),应当保证所提供的软硬件产品或者技术服务符合国家及证券期货业信息安全相关的技术管理规定、技术规则、技术指引和技术标准。

第七条 中国证监会支持、协助国家信息安全管理部门组织实施信息安全相关法律、行政法规,依法对证券期货业信息安全保障工作实施监督管理。

中国证监会派出机构按照授权履行监督管理职责。

第八条 中国证监会及其派出机构与国家信息安全管理部门、相关行业管理部门建立信息安全协调机制,与国家有关专业安全机构和标准化组织建立信息安全合作机制。

第九条 证券、期货、证券投资基金等行业协会(以下简称证券期货行业协会)依照本办法的规定,对会员的信息安全工作实行自律管理。

第十条 核心机构依照本办法的规定,对市场相关主体关联信息系统的安全保障工作进行督促、指导。

第二章 基本要求

第十一条 核心机构和经营机构应当具有合格的基础设施。机房、电力、空调、消防、通信等基础设施的建设符合行业信息安全管理的有关规定。

第十二条 核心机构和经营机构应当设置合理的网络结构,划分安全区域,各安全区域之间应当进行有效隔离,并具有防范、监控和阻断来自内外部网络攻击破坏的能力。

第十三条 核心机构和经营机构应当建立符合业务要求的信息系统。信息系统应当具有合理的架构,足够的性能、容量、可靠性、扩展性和安全性,能够支持业务的运行和发展。

第十四条 核心机构应当对交易、行情、开户、结算、风控、通信等重要信息系统具有自主开发能力,拥有执行程序和源代码并安全可靠存放,在重要信息系统上线前对执行程序和源代码进行严格的审查和测试。

第十五条 核心机构和经营机构应当具有防范木马、病毒等恶意代码的能力,防止恶意代码对信息系统造成破坏,防止信息泄露或者被篡改。

第十六条 核心机构和经营机构应当建立完善的信息技术治理架构,明确信息技术决策、管理、执行和内部监督的权责机制。

第十七条 核心机构和经营机构应当建立完善的信息技术管理制度和操作规程,并严格执行。

第十八条 核心机构应当制定本机构与市场相关主体信息系统安全互联的技术规则,并报中国证监会备案。

核心机构依法督促市场相关主体执行技术规则。

第十九条 核心机构应当提供多种互为备份的远程接入方式,保证市场相关主体安全接入,并对市场相关主体的远程接入进行监控与管理。

第三章 持续保障要求

第二十条 核心机构和经营机构应当保障充足、稳定的信息技术经费投入,配备足够的信息技术人员。

第二十一条 核心机构和经营机构应当根据行业规划和本机构发展战略,制定信息化与信息安全发展规划,满足业务发展和信息安全管理的需要。

第二十二条 核心机构和经营机构开展信息系统新建、升级、变更、换代等建设项目,应当进行充分论证和测试。

第二十三条 核心机构交易、行情、开户、结算、通信等重要信息系统上线或者进行重大升级变更时,应当组织市场相关主体进行联网测试,并按规定进行报告。

第二十四条 核心机构和经营机构应当规范开展信息技术基础设施和重要信息系统的运行维护,保障系统安全稳定运行。

第二十五条 核心机构应当指导市场相关主体正确运行维护与本机构互联的系统和通信设施。

第二十六条 核心机构和经营机构应当建立数据备份设施,并按照规定在同城和异地保存备份数据。

第二十七条 核心机构和经营机构应当建立重要信息系统的故障备份设施和灾难备份设施,保证业务活动连续。

第二十八条 核心机构和经营机构应当按照规定向中国证监会指定的证券期货业数据中心报送数据。报送的数据必须真实、完整、准确、及时。

证券期货业数据中心应当按照中国证监会的有关规定开展行业数据的集中保存工作,确保数据的安全、完整、可靠。

第二十九条 核心机构负责建设和运营行业信息技术公共基础设施。

第三十条 核心机构和经营机构应当加强信息安全保密管理,保障投资者信息安全。

第三十一条 核心机构和经营机构应当建立网络与信息安全风险检测、监测、评估和预警机制,发现风险隐患应当及时处置,并按照规定进行报告。

第三十二条 核心机构和经营机构应当建立信息安全应急处置机制,及时处置突发信息安全事件,尽快恢复信息系统的正常运行,并按照规定进行报告,不得迟报、漏报、瞒报。

核心机构和经营机构应当对信息安全事件进行内部调查、责任追究和采取整改措施,并配合中国证监会及其派出机构对事件进行调查处理。

与核心机构和经营机构发生信息安全事件相关的软硬件产品或者技术服务供应商,应当配合相关调查工作。

第三十三条 核心机构应当每年组织市场相关主体进行一次信息安全应急演练,并于实施前15个工作日向中国证监会报告。

第三十四条　核心机构和经营机构应当对信息技术人员进行培训,确保其具有履行岗位职责的能力。

第三十五条　核心机构和经营机构应当建立信息安全内部审计制度,定期开展内部审计,对发现的问题进行整改。

第四章　产品及服务采购要求

第三十六条　核心机构和经营机构应当建立供应商管理制度,定期对供应商的资质、专业经验、产品和服务的质量进行了解和评估。

第三十七条　核心机构和经营机构在采购软硬件产品或者技术服务时,应当与供应商签订合同和保密协议,并在合同和保密协议中明确约定信息安全和保密的权利和义务。

涉及证券期货交易、行情、开户、结算等软件产品或者技术服务的采购合同,应当约定供应商须接受中国证监会及其派出机构的信息安全延伸检查。

第三十八条　核心机构和经营机构采购的软硬件产品或者技术服务应当满足审慎经营和风险管理的要求。软硬件产品或者技术服务不符合要求,影响核心机构和经营机构持续经营的,中国证监会有权要求核心机构和经营机构予以改进或者更换。

第五章　行 业 自 律

第三十九条　证券期货行业协会应当制定信息技术指引,督促、引导会员执行国家和行业信息安全相关规定和技术标准。

第四十条　证券期货行业协会应当引导行业加强信息技术人才队伍建设,定期组织信息技术培训和交流,提高信息技术人员执业素质。

第四十一条　证券期货行业协会应当引导鼓励行业信息技术研究与创新,增强自主可控能力,组织开展科技奖励,促进行业科技进步。

第四十二条　证券期货行业协会应当引导供应商规范参与行业信息化与信息安全工作,促进市场公平竞争,促进供应商与市场相关主体共同发展。

第六章　监 督 管 理

第四十三条　中国证监会建立统一组织、分级负责的信息安全监督管理体制。

中国证监会信息安全管理部门负责证券期货业信息安全工作的组织、协调和指导;相关业务监管部门依照职责范围对核心机构和经营机构的信息安全进行监督、检查;派出机构根据授权对辖区内经营机构的信息安全进行监督、检查。

第四十四条　中国证监会依法组织制定证券期货业信息安全管理规定和技术标准。

第四十五条　中国证监会及其派出机构依照职责范围,对核心机构和经营机构进行信息安全检查或者委托国家、行业有关专业安全机构进行安全检查。核心机构和经营机构应当配合检查。

核心机构和经营机构的信息安全管理不能达到规定要求的,中国证监会及其派出机构责令其限期改正,改正前可以暂停或者限制其部分或者全部证券期货经营业务活动。

第四十六条　中国证监会及其派出机构可以要求核心机构和经营机构提供信息安全相关资料。

核心机构和经营机构应当及时、准确、完整地提供相关资料。

第四十七条　中国证监会组织制定证券期货业信息安全应急预案,督促、指导行业开展信息安全应急工作。

第四十八条　中国证监会有权对核心机构、经营机构的信息安全事件进行调查处理。

对于损害投资者合法权益或者影响证券期货市场安全稳定运行的信息安全事件,中国证监会依法对相关单位采取监督管理措施或者行政处罚。

第四十九条　中国证监会对发现的系统漏洞、安全隐患、产品缺陷进行全行业通报。

第五十条　核心机构和经营机构违反本办法规定,中国证监会可以视情节,依法对其采取责令改正、监管谈话、出具警示函、公开谴责、责令定期报告、责令处分有关人员、撤销任职资格、暂停或者限制证券期货经营业务活动等措施;情节严重的,给予警告、罚款。

第七章　附　　则

第五十一条　本办法自2012年11月1日起施行。《证券期货业信息安全保障管理暂行办法》(证监信息字〔2005〕5号)同时废止。

期货公司期货投资咨询业务试行办法

(2010年12月23日中国证券监督管理委员会第289次主席办公会议审议通过　2011年3月23日公布　中国证券监督管理委员会令第70号　自2011年5月1日起施行)

第一章　总　　则

第一条　为了规范期货公司期货投资咨询业务活动,提高期货公司专业化服务能力,保护客户合法权益,促进期货市场更好地服务国民经济发展,根据《期货交易管理条例》等有关规定,制定本办法。

第二条　本办法所称期货公司期货投资咨询业务,是指期货公司基于客户委托从事的下列营利性活动:

(一)协助客户建立风险管理制度、操作流程,提供风险管理咨询、专项培训等风险管理顾问服务;

(二)收集整理期货市场信息及各类相关经济信息,研究分析期货市场及相关现货市场的价格及其相关影响因素,制作、提供研究分析报告或者资讯信息的研究分析服务;

(三)为客户设计套期保值、套利等投资方案,拟定期货交易策略等交易咨询服务;

(四)中国证券监督管理委员会(以下简称中国证监会)规定的其他活动。

第三条　期货公司从事期货投资咨询业务,应当经中国证监会批准取得期货投资咨询业务资格;期货公司从事期货投资咨询业务的人员应当取得期货投资咨询业务从业资格。

未取得规定资格的期货公司及其从业人员不得从事期货投资咨询业务活动。

第四条 期货公司及其从业人员从事期货投资咨询业务,应当遵守有关法律、法规、规章和本办法规定,遵循诚实信用原则,基于独立、客观的立场,公平对待客户,避免利益冲突。

第五条 中国证监会及其派出机构依法对期货公司及其从业人员从事期货投资咨询业务实行监督管理。

中国期货业协会对期货公司及其从业人员从事期货投资咨询业务实行自律管理。

第二章 公司业务资格和人员从业资格

第六条 期货公司申请从事期货投资咨询业务,应当具备下列条件:

(一)注册资本不低于人民币1亿元,且净资本不低于人民币8000万元;

(二)申请日前6个月的风险监管指标持续符合监管要求;

(三)具有3年以上期货从业经历并取得期货投资咨询从业资格的高级管理人员不少于1名,具有2年以上期货从业经历并取得期货投资咨询从业资格的业务人员不少于5名,且前述高级管理人员和业务人员最近3年内无不良诚信记录,未受到行政、刑事处罚,且不存在因涉嫌违法违规正被有权机关调查的情形;

(四)具有完备的期货投资咨询业务管理制度;

(五)近3年内未因违法违规经营受到行政、刑事处罚,且不存在因涉嫌重大违法违规正被有权机关调查的情形;

(六)近1年内不存在被监管机构采取《期货交易管理条例》第五十九条第二款、第六十条规定的监管措施的情形;

(七)中国证监会根据审慎监管原则规定的其他条件。

第七条 期货公司申请期货投资咨询业务资格,应当提交下列申请材料:

(一)期货投资咨询业务资格申请书;

(二)股东会关于申请期货投资咨询业务的决议文件;

(三)申请日前6个月的期货公司风险监管报表;

(四)期货投资咨询业务管理制度文本,内容包括部门和人员管理、业务操作、合规检查、客户回访与投诉等;

(五)最近3年的期货公司合规经营情况说明;

(六)拟从事期货投资咨询业务的高级管理人员和业务人员的名单、简历、相关任职资格和从业资格证明,以及公司出具的诚信合规证明材料;

(七)加盖公司公章的《企业法人营业执照》复印件、《经营期货业务许可证》复印件;

(八)经具有证券、期货相关业务资格的会计师事务所审计的前一年度财务报告;申请日在下半年的,还应当提供经审计的半年度财务报告;

(九)律师事务所就期货公司是否符合本办法第六条第(三)、(五)项规定的条件,以及股东会决议是否合法出具的法律意见书;

(十)中国证监会规定的其他材料。

第八条 中国证监会自受理期货公司期货投资咨询业务资格申请之日起2个月内,作出批准或者不予批准的决定。

第九条 中国期货业协会负责期货投资咨询业务从业人员的资格考试、资格认定、日常管理等相关工作,相关自律管理办法由中国期货业协会制定。

第三章 业务规则

第十条 期货公司及其从业人员应当以专业的技能,谨慎、勤勉、尽责地为客户提供期货投资咨询服务,保守客户的商业秘密,维护客户合法权益。

期货公司及其从业人员不得对期货投资咨询服务能力进行虚假、误导性的宣传,不得欺诈或者误导客户。

第十一条 期货公司应当按照信息公示有关规定,在营业场所、公司网站和中国期货业协会网站上公示公司的业务资格、人员的从业资格、服务内容、投诉方式等相关信息。

第十二条 期货公司开展期货投资咨询业务活动,应当遵循具体的业务操作规范,并应与自身的管理能力、业务水平和人员配置相适应,有效执行期货投资咨询业务管理制度,加强合规检查,防范业务风险。

第十三条 期货公司及其从业人员在开展期货投资咨询服务时,不得从事下列行为:

(一)向客户做获利保证,或者约定分享收益或共担风险;

(二)以虚假信息、市场传言或者内幕信息为依据向客户提供期货投资咨询服务;

(三)利用期货投资咨询活动操纵期货交易价格、进行内幕交易,或者传播虚假、误导性信息;

(四)以个人名义收取服务报酬;

(五)期货法规、规章禁止的其他行为。

期货投资咨询业务人员在开展期货投资咨询服务时,不得接受客户委托代为从事期货交易。

第十四条 期货公司应当事前了解客户的身份、财务状况、投资经验等情况,认真评估客户的风险偏好、风险承受能力和服务需求,并以书面和电子形式保存客户相关信息。

期货公司应当针对客户期货投资咨询具体服务需求,揭示期货市场风险,明确告知客户独立承担期货市场风险。

第十五条 期货公司应当与客户签订期货投资咨询服务合同,明确约定服务的具体内容和费用标准等相关事项。

期货投资咨询服务合同指引和风险揭示书格式,由中国期货业协会制定。

第十六条 期货公司提供风险管理服务时,应当发挥自身专业优势,为客户制定符合其需要的风险管理制度或者操作流程,提供有针对性的风险管理咨询或者培训,不得夸大期货的风险管理功能。

期货公司应当定期评估风险管理服务效果和客户反馈意见,不断改进风险管理服务能力。

第十七条 期货公司提供研究分析服务时,应当公平对待委托客户,并采取有效措施,保证研究分析人员独立形成研究分析意见和结论。

期货公司应当建立研究分析报告和资讯信息的审阅、管理及使用机制，对研究分析报告、资讯信息的使用进行审阅和合规检查。

期货公司应当采取有效措施，防止研究分析人员以及公司内部其他人员利用研究报告、资讯信息为自身及其他利益相关方谋取不当利益。

第十八条 研究分析人员应当对研究分析报告的内容和观点负责，保证信息来源合法合规，研究方法专业审慎，分析结论合理。

研究分析报告应当制作形成适当的书面或者电子文本形式，载明期货公司名称及其业务资格、研究分析人员姓名、从业证号、制作日期等内容，同时注明相关信息资料的来源、研究分析意见的局限性与使用者风险提示。

期货公司制作、提供的研究分析报告不得侵犯他人的知识产权。

第十九条 期货公司提供交易咨询服务时，应当向客户明示有无利益冲突，提示潜在的市场变化和投资风险，不得就市场行情做出确定性判断。

期货公司提供的投资方案或者期货交易策略应当以本公司的研究报告、合法取得的研究报告、相关行业信息资料以及公开发布的相关信息等为主要依据。

期货公司应当告知客户自主做出期货交易决策，独立承担期货交易后果，并不得泄露客户的投资决策计划信息。

第二十条 期货公司以期货交易软件、终端设备为载体，向客户提供交易咨询服务或者具有类似功能服务的，应当执行本办法，并向客户说明交易软件、终端设备的基本功能，揭示使用局限性，说明相关数据信息来源，不得对交易软件、终端设备的使用价值或功能作出虚假、误导性宣传。

第二十一条 期货公司应当对期货投资咨询业务操作实行留痕管理，并按照中国证监会规定的保存年限和要求，妥善保存期货投资咨询业务的风险揭示书、合同、风险管理意见、研究分析报告、交易咨询建议、期货交易软件或者终端设备说明等业务材料。

第二十二条 期货公司应当有效执行期货投资咨询业务管理制

度中的客户回访与投诉规定,明确客户回访与投诉的内容、要求、程序,及时、妥善处理客户投诉事项。

第四章　防范利益冲突

第二十三条　期货公司应当制定防范期货投资咨询业务与其他期货业务之间利益冲突的管理制度,建立健全信息隔离机制,并保持办公场所和办公设备相对独立。

期货投资咨询业务活动之间可能发生利益冲突的,期货公司应当作出必要的岗位独立、信息隔离和人员回避等工作安排。

期货公司首席风险官应当对前款规定事项进行检查落实。

第二十四条　期货公司及其从业人员与客户之间可能发生利益冲突的,应当遵循客户利益优先的原则予以处理;不同客户之间存在利益冲突的,应当遵循公平对待的原则予以处理。

第二十五条　期货公司总部应当设立独立的部门,对期货投资咨询业务实行统一管理。

期货公司营业部应当在公司总部的统一管理下对外提供期货投资咨询服务。

第二十六条　期货投资咨询业务人员应当以期货公司名义开展期货投资咨询业务活动,不得以个人名义为客户提供期货投资咨询服务。

第二十七条　期货投资咨询业务人员应当与交易、结算、风险控制、财务、技术等业务人员岗位独立,职责分离。

第五章　监督管理和法律责任

第二十八条　期货公司应当按照规定的内容与格式要求,每月向住所地中国证监会派出机构报送期货投资咨询业务信息。

第二十九条　期货公司首席风险官负责监督期货投资咨询业务管理制度的制定和执行,对期货投资咨询业务的合规性定期检查,并依法履行督促整改和报告职责。

期货公司首席风险官向住所地中国证监会派出机构报送的季度报告、年度报告中,应当包括本公司期货投资咨询业务的合规性及其检查情况,并重点就防范利益冲突作出说明。

第三十条　中国证监会及其派出机构按照审慎监管原则,定期或者不定期对期货公司期货投资咨询业务进行检查。

第三十一条　期货公司未取得规定资格从事期货投资咨询业务活动的,或者任用不具备相应资格的人员从事期货投资咨询业务活动的,责令改正;情节严重的,根据《期货交易管理条例》第七十条的规定处罚。

第三十二条　期货公司或其从业人员开展期货投资咨询业务出现下列情形之一的,中国证监会及其派出机构可以针对具体情况,根据《期货交易管理条例》第五十九条的规定采取相应监管措施:

(一)对期货投资咨询服务能力进行虚假、误导性宣传,欺诈或者误导客户;

(二)高级管理人员缺位或者业务部门人员低于规定要求;

(三)以个人名义为客户提供期货投资咨询服务;

(四)违反本办法第十三条规定;

(五)未按照规定建立防范利益冲突的管理制度、机制;

(六)未有效执行防范利益冲突管理制度、机制且处置失当,导致发生重大利益冲突事件;

(七)利用研究报告、资讯信息为自身及其他利益相关方谋取不当利益;

(八)其他不符合本办法规定的情形。

期货公司或其从业人员出现前款所列情形之一,情节严重的,根据《期货交易管理条例》第七十条、第七十一条、第七十三条、第七十四条相关规定处罚;涉嫌犯罪的,依法移送司法机关。

第六章　附　　则

第三十三条　期货公司基于期货经纪业务向客户提供咨询、培训等附属服务的,应当遵守期货法规、规章的相关规定。

第三十四条　期货公司及其从业人员通过报刊、电视、电台和网络等公共媒体开展期货行情分析等信息传播活动的,应当取得期货投资咨询业务资格及从业资格,遵守金融信息传播相关规定,保护他人的知识产权;在开展期货信息传播活动前,期货公司及其从业人员应当向住所地的中国证监会派出机构备案。

第三十五条 证券经营机构从事期货投资咨询业务活动的资格条件和监管要求等由中国证监会另行规定。

第三十六条 本办法自2011年5月1日起施行。

证券期货业反洗钱工作实施办法

(2010年2月11日中国证券监督管理委员会第269次主席办公会审议通过 2010年9月1日公布 中国证券监督管理委员会令第68号 自2010年10月1日起施行)

第一章 总 则

第一条 为进一步配合国务院反洗钱行政主管部门加强证券期货业反洗钱工作,有效防范证券期货业洗钱和恐怖融资风险,规范行业反洗钱监管行为,推动证券期货经营机构认真落实反洗钱工作,维护证券期货市场秩序,根据《中华人民共和国反洗钱法》(以下简称《反洗钱法》)、《中华人民共和国证券法》、《中华人民共和国证券投资基金法》及《期货交易管理条例》等法律法规,制定本办法。

第二条 本办法适用于中华人民共和国境内的证券期货业反洗钱工作。

从事基金销售业务的机构在基金销售业务中履行反洗钱责任适用本办法。

第三条 中国证券监督管理委员会(以下简称证监会)依法配合国务院反洗钱行政主管部门履行证券期货业反洗钱监管职责,制定证券期货业反洗钱工作的规章制度,组织、协调、指导证券公司、期货公司和基金管理公司(以下简称证券期货经营机构)的反洗钱工作。

证监会派出机构按照本办法的规定,履行辖区内证券期货业反洗钱监管职责。

第四条 中国证券业协会和中国期货业协会依照本办法的规定，履行证券期货业反洗钱自律管理职责。

第五条 证券期货经营机构应当依法建立健全反洗钱工作制度，按照本办法规定向当地证监会派出机构报送相关信息。证券期货经营机构发现证券期货业内涉嫌洗钱活动线索，应当依法向反洗钱行政主管部门、侦查机关举报。

第二章 监管机构及行业协会职责

第六条 证监会负责组织、协调、指导证券期货业的反洗钱工作，履行以下反洗钱工作职责：

（一）配合国务院反洗钱行政主管部门研究制定证券期货业反洗钱工作的政策、规划，研究解决证券期货业反洗钱工作重大和疑难问题，及时向国务院反洗钱行政主管部门通报反洗钱工作信息；

（二）参与制定证券期货经营机构反洗钱有关规章，对证券期货经营机构提出建立健全反洗钱内控制度的要求，在证券期货经营机构市场准入和人员任职方面贯彻反洗钱要求；

（三）配合国务院反洗钱行政主管部门对证券期货经营机构实施反洗钱监管；

（四）会同国务院反洗钱行政主管部门指导中国证券业协会、中国期货业协会制定反洗钱工作指引，开展反洗钱宣传和培训；

（五）研究证券期货业反洗钱的重大问题并提出政策建议；

（六）及时向侦查机关报告涉嫌洗钱犯罪的交易活动，协助司法部门调查处理涉嫌洗钱犯罪案件；

（七）对派出机构落实反洗钱监管工作情况进行考评，对中国证券业协会、中国期货业协会落实反洗钱工作进行指导；

（八）法律、行政法规规定的其他职责。

第七条 证监会派出机构履行以下反洗钱工作职责：

（一）配合当地反洗钱行政主管部门对辖区证券期货经营机构实施反洗钱监管，并建立信息交流机制；

（二）定期向证监会报送辖区内半年度和年度反洗钱工作情况，及时报告辖区证券期货经营机构受反洗钱行政主管部门检查或处罚等

信息及相关重大事件;

(三)组织、指导辖区证券期货业的反洗钱培训和宣传工作;

(四)研究辖区证券期货业反洗钱工作问题,并提出改进措施;

(五)法律、行政法规以及证监会规定的其他职责。

第八条 中国证券业协会、中国期货业协会履行以下反洗钱工作职责:

(一)在证监会的指导下,制定和修改行业反洗钱相关工作指引;

(二)组织会员单位开展反洗钱培训和宣传工作;

(三)定期向证监会报送协会年度反洗钱工作报告,及时报告相关重大事件;

(四)组织会员单位研究行业反洗钱工作的相关问题;

(五)法律、行政法规以及证监会规定的其他职责。

第三章 证券期货经营机构反洗钱义务

第九条 证券期货经营机构应当依法履行反洗钱义务,建立健全反洗钱内部控制制度。证券期货经营机构负责人应当对反洗钱内部控制制度的有效实施负责,总部应当对分支机构执行反洗钱内部控制制度进行监督管理,根据要求向当地证监会派出机构报告反洗钱工作开展情况。

第十条 证券期货经营机构应当向当地证监会派出机构报送其内部反洗钱工作部门设置、负责人及专门负责反洗钱工作的人员的联系方式等相关信息。如有变更,应当自变更之日起10个工作日内报送更新后的相关信息。

第十一条 证券期货经营机构应当在发现以下事项发生后的5个工作日内,以书面方式向当地证监会派出机构报告:

(一)证券期货经营机构受到反洗钱行政主管部门检查或处罚的;

(二)证券期货经营机构或其客户从事或涉嫌从事洗钱活动,被反洗钱行政主管部门、侦查机关或者司法机关处罚的;

(三)其他涉及反洗钱工作的重大事项。

第十二条 证券期货经营机构应当按照反洗钱法律法规的要求及时建立客户风险等级划分制度,并报当地证监会派出机构备案。在持续关注的基础上，应适时调整客户风险等级。

第十三条 证券期货经营机构在为客户办理业务过程中，发现客户所提供的个人身份证件或机构资料涉嫌虚假记载的，应当拒绝办理；发现存在可疑之处的，应当要求客户补充提供个人身份证件或机构原件等足以证实其身份的相关证明材料，无法证实的，应当拒绝办理。

第十四条 证券期货经营机构通过销售机构向客户销售基金等金融产品时，应当通过合同、协议或其他书面文件，明确双方在客户身份识别、客户身份资料和交易记录保存与信息交换、大额交易和可疑交易报告等方面的反洗钱职责和程序。

第十五条 证券期货经营机构应当建立反洗钱工作保密制度，并报当地证监会派出机构备案。

反洗钱工作保密事项包括以下内容：

（一）客户身份资料及客户风险等级划分资料；

（二）交易记录；

（三）大额交易报告；

（四）可疑交易报告；

（五）履行反洗钱义务所知悉的国家执法部门调查涉嫌洗钱活动的信息；

（六）其他涉及反洗钱工作的保密事项。

查阅、复制涉密档案应当实施书面登记制度。

第十六条 证券期货经营机构应当建立反洗钱培训、宣传制度，每年开展对单位员工的反洗钱培训工作和对客户的反洗钱宣传工作，持续完善反洗钱的预防和监控措施。每年年初，应当向当地证监会派出机构上报反洗钱培训和宣传的落实情况。

第十七条 证券期货经营机构不遵守本办法有关报告、备案或建立相关内控制度等规定的，证监会及其派出机构可采取责令改正、监管谈话或责令参加培训等监管措施。

第四章 附 则

第十八条 本办法自2010年10月1日起施行。

证券期货市场统计管理办法

(2008 年 10 月 28 日中国证券监督管理委员会第 243 次主席办公会议审议通过　2009 年 1 月 8 日公布　中国证券监督管理委员会令第 60 号　自 2009 年 3 月 1 日起施行)

第一章　总　　则

第一条　为了规范证券期货市场统计行为,发挥统计在反映证券期货市场基础信息和动态状况、加强证券期货市场监管中的作用,根据《中华人民共和国统计法》、《中华人民共和国证券法》、《中华人民共和国证券投资基金法》、《期货交易管理条例》、《证券公司监督管理条例》和《中华人民共和国统计法实施细则》等法律、行政法规,制定本办法。

第二条　证券期货市场统计的基本任务是对证券期货市场发展情况进行统计调查、统计分析,提供证券期货市场统计资料和统计咨询意见,实行统计监督。

第三条　证券期货市场统计调查对象(以下简称统计调查对象)应当如实提供证券期货统计资料,不得虚报、瞒报、拒报、迟报,不得伪造、篡改。

本办法所称的统计调查对象,包括证券公司、证券投资基金管理公司、期货公司及其分支机构,基金托管银行、基金销售机构、合格境外机构投资者托管银行,从事证券期货服务业务的投资咨询机构、财务顾问机构、资信评级机构、资产评估机构、会计师事务所、律师事务所,上市公司、非上市公众公司,证券期货交易所、证券登记结算机构、证券业协会、期货业协会、证券投资者保护基金公司、期货保证金监控中心等市场主体。

第四条　中国证券监督管理委员会(以下简称中国证监会)建立集中统一领导,分业务、分级负责的统计管理体制。

中国证监会负责全国证券期货市场(以下简称证券期货市场)的统计工作,中国证监会派出机构负责辖区内的证券期货统计工作。

第五条　中国证监会制定证券期货市场统计标准,发布证券期货市场统计资料或者可能影响证券期货市场稳定运行的其他统计资料。

第六条　统计资料的管理、使用和公布,应当遵守国家档案管理制度、保密制度和证券期货监督管理信息公开制度、证券期货市场诚信档案管理制度,保守统计调查对象的商业秘密,维护证券期货市场公开、公平、公正的原则。

第二章　统计机构和统计人员

第七条　中国证监会统计部门履行以下职责:

(一)组织证券期货市场统计调查工作,搜集、整理证券期货统计资料,管理、公布、汇编、对外提供证券期货市场统计资料;

(二)对证券期货市场运行、发展、风险等情况进行统计分析,编制证券期货市场统计报表,出具统计报告,提出有关的政策建议;

(三)建立健全证券期货统计制度,制定证券期货市场统计标准,完善证券期货统计指标体系,对统计法律、行政法规、本办法及中国证监会制定的统计制度的执行情况进行指导和检查监督,对中国证监会派出机构、统计调查对象的统计工作进行考核评估;

(四)建设并管理证券期货统计信息自动化系统和统计数据库体系;

(五)负责办理与会外单位之间的统计协调工作;

(六)办理中国证监会派出机构统计调查项目和证券期货市场统计调查项目补充内容的备案;

(七)组织开展证券期货市场统计人员的业务培训。

第八条　中国证监会履行监管职责的其他部门(以下简称中国证监会其他部门)对其职责范围内的统计调查对象进行统计调查,搜集、整理证券期货统计资料。

中国证监会其他部门应当配合中国证监会统计部门的工作。

第九条　中国证监会统计部门建立证券期货市场统计工作联席会议机制,其成员单位包括中国证监会统计部门、中国证监会其他部门、证券期货交易所、证券登记结算机构等。

除中国证监会统计部门之外的其他成员单位按照约定的格式与内容,定期或者不定期地向中国证监会统计部门报送本单位搜集、整理、管理的证券期货统计资料。证券期货市场统计工作联席会议机制确保成员之间实现信息互联共享,并承担以下职能:

(一)分析评价证券期货统计标准,提出补充、修改的建议;

(二)研究统计工作中遇到的新问题、新情况,加强各单位间的协调、配合;

(三)讨论其他与证券期货统计工作有关的重大事项。

第十条 中国证监会派出机构应当指定或者设立专门处室履行统计职责,其统计职责包括:

(一)配合中国证监会统计部门完成证券期货市场统计调查任务,搜集、整理、提供辖区内证券期货统计资料;

(二)组织辖区内的证券期货统计调查工作,搜集、整理、管理、公布、对外提供证券期货统计资料;

(三)对辖区内证券期货发展情况进行统计分析,出具统计报告,提出有关政策建议;

(四)对辖区内统计调查对象执行统计法律、行政法规、本办法及中国证监会制定统计制度的情况进行检查监督。

第十一条 统计调查对象应当设立统计部门或者指定部门、人员负责统计工作。

第十二条 中国证监会其他部门、派出机构配置专职的统计人员。统计调查对象应当配备专职或者兼职的统计人员。

统计人员应当具备良好的职业道德,具备必要的证券期货市场基础知识、统计专业基础知识和必备的计算机操作技能。

第十三条 统计人员应当依法如实搜集、报送统计资料。

统计人员应当对其负责搜集、审核、录入的统计资料和调查对象报送的统计资料的真实性负责,不得伪造、篡改统计资料,不得以任何方式要求统计调查对象提供不真实的统计资料。

第十四条 统计人员依法履行统计职责,不受任何单位和个人非法干预。

第十五条 中国证监会统计部门组织对统计人员的专业培训,加强职业道德教育,提高统计工作水平。

第三章 统计调查和统计分析

第十六条 中国证监会统计部门负责制定证券期货市场统计调查项目。中国证监会派出机构在执行前述统计调查项目时,可以根据本辖区的实际情况和监管工作需要,对统计调查内容作出补充,并报中国证监会统计部门备案。

中国证监会派出机构负责制定辖区内证券期货统计调查项目,并报中国证监会统计部门备案。

第十七条 中国证监会统计部门制定证券期货市场统计标准,以保障统计调查中采用的指标涵义、计算方法、分类目录、调查表式等方面的标准化。

中国证监会其他部门、中国证监会派出机构开展统计调查的,应当适用中国证监会统计部门制定的统计标准。

第十八条 中国证监会及其派出机构在组织统计调查时,应当对统计调查内容、调查对象、统计资料的报送时间、格式及方式等内容作出明确规定。

中国证监会及其派出机构可以采用公文、传真、电话、电子邮件以及网络等统计调查方式。涉及保密内容的统计调查,应当遵循保密管理的相关规定。

第十九条 统计调查对象应当在规定时限内,按照规定的统计调查内容与格式,向中国证监会及其派出机构报送统计资料。统计资料还应当符合中国证监会统计部门制定的统计标准。

第二十条 统计调查对象应当做好基层统计报表的收集、审核和汇总工作,保证统计资料的真实、准确和完整。

统计调查对象应当向中国证监会及其派出机构报送经单位负责人审核、签署的统计数据,并在填报说明中,对基层数据的上报情况及本期数据的异常变动等情况作出说明。

第二十一条 统计调查对象发现报送的统计资料有误的,应当立即报告中国证监会及其派出机构,组织本单位的统计部门或者人员予以核实订正后，及时向中国证监会及其派出机构作出书面更正与说明。必要时，还应当依法及时公开披露。

第二十二条　统计调查应当以定期调查为基础，以抽样调查为补充，综合运用全面调查、重点调查、行政业务记录等方法，搜集、整理证券期货基本统计资料。

第二十三条　中国证监会统计部门应当定期分析、研究证券期货市场和宏观经济发展情况，并就其对证券期货业发展的影响等情况进行调查研究。

中国证监会统计部门可以根据证券期货监管工作的需要，对一些市场高度关注、关系证券期货市场发展大局的情况进行分析、研究。

第二十四条　地方各级人民政府或者国务院其他部门派出机构组织证券期货统计调查的，统计调查对象应当及时向中国证监会派出机构报告。

中国证监会派出机构应当及时了解统计调查内容及其进展情况；必要时，应当及时就统计资料的一致性等问题，与地方各级人民政府或者国务院其他部门派出机构协商。

统计调查属于证券期货市场统计调查一部分的，中国证监会派出机构应当及时报告中国证监会统计部门。中国证监会统计部门应当及时就统计资料的一致性等问题，与国务院其他部门协商。

第四章　统计资料管理和公布

第二十五条　中国证监会统计部门统一管理证券期货市场统计资料。

中国证监会其他部门、派出机构负责本部门或者单位统计资料的管理工作。

统计调查对象应当按照法律、行政法规的要求，加强统计资料的管理工作。

统计资料档案的保管、调用和移交，应当遵守国家有关档案管理的规定。

第二十六条　中国证监会及其派出机构应当建立健全统计资料的审核、整理、交接和存档等管理制度。

中国证监会统计部门应当建设统一的证券期货统计信息自动化系统,实现与中国证监会其他部门、中国证监会派出机构、证券期货交易所、证券登记结算机构等单位统计资料电子化管理系统、证券期货市场诚信档案系统的对接。

第二十七条 中国证监会及其派出机构应当建立健全统计资料提供和公布制度。

证券期货市场统计资料或者可能影响证券期货市场稳定运行的统计资料应当由中国证监会统计部门对外提供或者公布。

中国证监会派出机构可以对外提供或者公布本辖区证券期货统计资料。

第二十八条 统计调查对象或者其他单位公布统计资料应当遵守法律、行政法规和中国证监会的规定,不得编造、伪造统计资料,扰乱证券期货市场秩序。

第五章 监督管理与法律责任

第二十九条 中国证监会统计部门、中国证监会派出机构可以对统计调查对象的以下情况,实施定期或者不定期检查:

(一)统计部门或者指定负责统计工作的部门、人员的配置情况;

(二)统计工作的独立性;

(三)基层统计报表的收集、审核和汇总工作及其真实、准确、完整程度;

(四)有关统计法律、行政法规、中国证监会规定的其他要求的执行情况。

第三十条 检查分为现场检查与非现场检查。

现场检查时,检查人员不得少于两人,并应当出示合法证件和检查通知书。检查人员有权采取下列措施:

(一)询问统计调查对象的有关人员,要求其对检查事项作出说明;

(二)查阅、复制统计调查对象与检查事项有关的文件、资料、凭证等;

(三)要求统计调查对象及其有关人员提交与检查事项有关的自

查报告。

非现场检查时,中国证监会统计部门、中国证监会派出机构可以要求统计调查对象提供备查资料及其说明或者自查报告。

第三十一条 统计调查对象应当配合中国证监会统计部门、中国证监会派出机构的检查工作。任何单位、个人不得干扰和妨碍检查工作。

第三十二条 对于违反本办法规定的统计调查对象,中国证监会可以对其采取以下监督管理措施:

(一)责令改正;

(二)监管谈话;

(三)出具警示函;

(四)责令参加培训。

第三十三条 统计调查对象有下列行为之一的,中国证监会可以给予警告,单处或者并处罚款:

(一)虚报、瞒报、漏报统计资料;

(二)伪造、篡改统计资料;

(三)拒报或者无故迟报统计资料;

(四)拒绝或者妨碍统计检查。

对前款行为负有直接责任的管理人员和其他直接责任人员,中国证监会可以给予警告,单处或者并处罚款。

第三十四条 统计调查对象或者其他单位违反本办法第二十八条规定,作出虚假陈述或者信息误导,扰乱证券期货市场的,中国证监会按照《证券法》第二百零七条、《期货交易管理条例》第七十一条的规定予以处罚。

第三十五条 统计调查对象报送的监管信息包含统计资料,其报送或者信息披露行为违反法律、行政法规、中国证监会规定的,按照相关规定处理。

第三十六条 中国证监会统计部门、中国证监会其他部门和中国证监会派出机构的工作人员违反国家有关保密规定,擅自公开证券期货统计资料的,中国证监会依照有关规定给予行政处分。

第六章 附 则

第三十七条 证券期货交易所、证券期货业协会、证券登记结算机构等自律组织组织统计调查的,应当适用中国证监会统计部门规定的统一的统计标准。

前款所称的自律组织可以制定本单位统计工作制度,并报中国证监会统计部门备案。

第三十八条 本办法自2009年3月1日起施行。

期货从业人员管理办法

(中国证券监督管理委员会第207次主席办公会议审议通过 2007年7月4日公布 中国证券监督管理委员会令第48号 自2007年7月4日起施行)

第一章 总 则

第一条 为了加强期货从业人员的资格管理,规范期货从业人员的执业行为,根据《期货交易管理条例》,制定本办法。

第二条 申请期货从业人员资格(以下简称从业资格),从事期货经营业务的机构(以下简称机构)任用期货从业人员,以及期货从业人员从事期货业务的,应当遵守本办法。

第三条 本办法所称机构是指:

(一)期货公司;

(二)期货交易所的非期货公司结算会员;

(三)期货投资咨询机构;

(四)为期货公司提供中间介绍业务的机构;

(五)中国证券监督管理委员会(以下简称中国证监会)规定的其他机构。

第四条 本办法所称期货从业人员是指:

(一)期货公司的管理人员和专业人员;

(二)期货交易所的非期货公司结算会员中从事期货结算业务的管理人员和专业人员;

(三)期货投资咨询机构中从事期货投资咨询业务的管理人员和专业人员;

(四)为期货公司提供中间介绍业务的机构中从事期货经营业务的管理人员和专业人员;

(五)中国证监会规定的其他人员。

第五条　中国证监会及其派出机构依法对期货从业人员进行监督管理。

中国期货业协会(以下简称协会)依法对期货从业人员实行自律管理,负责从业资格的认定、管理及撤销。

第二章　从业资格的取得和注销

第六条　协会负责组织从业资格考试。

第七条　参加从业资格考试的,应当符合下列条件:

(一)年满18周岁;

(二)具有完全民事行为能力;

(三)具有高中以上文化程度;

(四)中国证监会规定的其他条件。

第八条　通过从业资格考试的,取得协会颁发的从业资格考试合格证明。

第九条　取得从业资格考试合格证明的人员从事期货业务的,应当事先通过其所在机构向协会申请从业资格。

未取得从业资格的人员,不得在机构中开展期货业务活动。

第十条　机构任用具有从业资格考试合格证明且符合下列条件的人员从事期货业务的,应当为其办理从业资格申请:

(一)品行端正,具有良好的职业道德;

(二)已被本机构聘用;

(三)最近3年内未受过刑事处罚或者中国证监会等金融监管机构的行政处罚;

（四）未被中国证监会等金融监管机构采取市场禁入措施，或者禁入期已经届满；

（五）最近3年内未因违法违规行为被撤销证券、期货从业资格；

（六）中国证监会规定的其他条件。

机构不得任用无从业资格的人员从事期货业务，不得在办理从业资格申请过程中弄虚作假。

第十一条 期货从业人员辞职、被解聘或者死亡的，机构应当自上述情形发生之日起10个工作日内向协会报告，由协会注销其从业资格。

机构的相关期货业务许可被注销的，由协会注销该机构中从事相应期货业务的期货从业人员的从业资格。

第十二条 取得从业资格考试合格证明或者被注销从业资格的人员连续2年未在机构中执业的，在申请从业资格前应当参加协会组织的后续职业培训。

第三章 执业规则

第十三条 期货从业人员必须遵守有关法律、行政法规和中国证监会的规定，遵守协会和期货交易所的自律规则，不得从事或者协同他人从事欺诈、内幕交易、操纵期货交易价格、编造并传播有关期货交易的虚假信息等违法违规行为。

第十四条 期货从业人员应当遵守下列执业行为规范：

（一）诚实守信，恪尽职守，促进机构规范运作，维护期货行业声誉；

（二）以专业的技能，谨慎、勤勉尽责地为客户提供服务，保守客户的商业秘密，维护客户的合法权益；

（三）向客户提供专业服务时，充分揭示期货交易风险，不得作出不当承诺或者保证；

（四）当自身利益或者相关方利益与客户的利益发生冲突或者存在潜在利益冲突时，及时向客户进行披露，并且坚持客户合法利益优先的原则；

（五）具有良好的职业道德与守法意识，抵制商业贿赂，不得从事

不正当竞争行为和不正当交易行为;

(六)不得为迎合客户的不合理要求而损害社会公共利益、所在机构或者他人的合法权益;

(七)不得以本人或者他人名义从事期货交易;

(八)协会规定的其他执业行为规范。

第十五条 期货公司的期货从业人员不得有下列行为:

(一)进行虚假宣传,诱骗客户参与期货交易;

(二)挪用客户的期货保证金或者其他资产;

(三)中国证监会禁止的其他行为。

第十六条 期货交易所的非期货公司结算会员的期货从业人员不得有下列行为:

(一)利用结算业务关系及由此获得的结算信息损害非结算会员及其客户的合法权益;

(二)代理客户从事期货交易;

(三)中国证监会禁止的其他行为。

第十七条 期货投资咨询机构的期货从业人员不得有下列行为:

(一)利用传播媒介或者通过其他方式提供、传播虚假或者误导客户的信息;

(二)代理客户从事期货交易;

(三)中国证监会禁止的其他行为。

第十八条 为期货公司提供中间介绍业务的机构的期货从业人员不得有下列行为:

(一)收付、存取或者划转期货保证金;

(二)代理客户从事期货交易;

(三)中国证监会禁止的其他行为。

第十九条 机构或者其管理人员对期货从业人员发出违法违规指令的,期货从业人员应当予以抵制,并及时按照所在机构内部程序向高级管理人员或者董事会报告。机构应当及时采取措施妥善处理。

机构未妥善处理的,期货从业人员应当及时向中国证监会或者协会报告。中国证监会和协会应当对期货从业人员的报告行为保密。

机构的管理人员及其他相关人员不得对期货从业人员的上述报

告行为打击报复。

第四章　监督管理

第二十条　中国证监会指导和监督协会对期货从业人员的自律管理活动。

第二十一条　协会应当建立期货从业人员信息数据库,公示并且及时更新从业资格注册、诚信记录等信息。

中国证监会及其派出机构履行监管职责,需要协会提供期货从业人员信息和资料的,协会应当按照要求及时提供。

第二十二条　协会应当组织期货从业人员后续职业培训,提高期货从业人员的职业道德和专业素质。

期货从业人员应当按照有关规定参加后续职业培训,其所在机构应予以支持并提供必要保障。

第二十三条　协会应当对期货从业人员的执业行为进行定期或者不定期检查,期货从业人员及其所在机构应当予以配合。

第二十四条　期货从业人员违反本办法以及协会自律规则的,协会应当进行调查、给予纪律惩戒。

期货从业人员涉嫌违法违规需要中国证监会给予行政处罚的,协会应当及时移送中国证监会处理。

第二十五条　协会应当设立专门的纪律惩戒及申诉机构,制订相关制度和工作规程,按照规定程序对期货从业人员进行纪律惩戒,并保障当事人享有申诉等权利。

第二十六条　协会应当自对期货从业人员作出纪律惩戒决定之日起10个工作日内,向中国证监会及其有关派出机构报告,并及时在协会网站公示。

第二十七条　期货从业人员受到机构处分,或者从事的期货业务行为涉嫌违法违规被调查处理的,机构应当在作出处分决定、知悉或者应当知悉该期货从业人员违法违规被调查处理事项之日起10个工作日内向协会报告。

第二十八条　协会应当定期向中国证监会报告期货从业人员管理的有关情况。

第二十九条 期货从业人员违反本办法规定的，中国证监会及其派出机构可以采取责令改正、监管谈话、出具警示函等监管措施。

第三十条 期货从业人员自律管理的具体办法，包括从业资格考试、从业资格注册和公示、执业行为准则、后续职业培训、执业检查、纪律惩戒和申诉等，由协会制订，报中国证监会核准。

第五章 罚 则

第三十一条 未取得从业资格，擅自从事期货业务的，中国证监会责令改正，给予警告，单处或者并处3万元以下罚款。

第三十二条 有下列行为之一的，中国证监会根据《期货交易管理条例》第七十条处罚：

（一）任用无从业资格的人员从事期货业务；

（二）在办理从业资格申请过程中弄虚作假；

（三）不履行本办法第二十三条规定的配合义务；

（四）不按照本办法第二十七条的规定履行报告义务或者报告材料存在虚假内容。

第三十三条 违反本办法第十九条的规定，对期货从业人员进行打击报复的，中国证监会根据《期货交易管理条例》第七十条、第八十一条处罚。

第三十四条 期货从业人员违法违规的，中国证监会依法给予行政处罚。但因被迫执行违法违规指令而按照本办法第十九条第二款的规定履行了报告义务的，可以从轻、减轻或者免予行政处罚。

第三十五条 协会工作人员不按本办法规定履行职责，徇私舞弊、玩忽职守或者故意刁难有关当事人的，协会应当给予纪律处分。

第六章 附 则

第三十六条 本办法自公布之日起施行。2002年1月23日发布的《期货从业人员资格管理办法（修订）》（证监发〔2002〕6号）同时废止。

中国银行保险监督管理委员会

保险资金运用管理办法

（2018 年 1 月 10 日中国保险监督管理委员会第 5 次主席办公会审议通过　2018 年 1 月 24 日公布　中华人民共和国保监会令〔2018〕1 号　自 2018 年 4 月 1 日起施行）

第一章　总　　则

第一条　为了规范保险资金运用行为，防范保险资金运用风险，保护保险当事人合法权益，维护保险市场秩序，根据《中华人民共和国保险法》等法律、行政法规，制定本办法。

第二条　在中国境内依法设立的保险集团（控股）公司、保险公司从事保险资金运用活动适用本办法规定。

第三条　本办法所称保险资金，是指保险集团（控股）公司、保险公司以本外币计价的资本金、公积金、未分配利润、各项准备金以及其他资金。

第四条　保险资金运用必须以服务保险业为主要目标，坚持稳健审慎和安全性原则，符合偿付能力监管要求，根据保险资金性质实行资产负债管理和全面风险管理，实现集约化、专业化、规范化和市场化。

保险资金运用应当坚持独立运作。保险集团（控股）公司、保险公司的股东不得违法违规干预保险资金运用工作。

第五条　中国保险监督管理委员会（以下简称中国保监会）依法对保险资金运用活动进行监督管理。

第二章　资金运用形式

第一节　资金运用范围

第六条　保险资金运用限于下列形式：

(一)银行存款;

(二)买卖债券、股票、证券投资基金份额等有价证券;

(三)投资不动产;

(四)投资股权;

(五)国务院规定的其他资金运用形式。

保险资金从事境外投资的,应当符合中国保监会、中国人民银行和国家外汇管理局的相关规定。

第七条 保险资金办理银行存款的,应当选择符合下列条件的商业银行作为存款银行:

(一)资本充足率、净资产和拨备覆盖率等符合监管要求;

(二)治理结构规范、内控体系健全、经营业绩良好;

(三)最近三年未发现重大违法违规行为;

(四)信用等级达到中国保监会规定的标准。

第八条 保险资金投资的债券,应当达到中国保监会认可的信用评级机构评定的、且符合规定要求的信用级别,主要包括政府债券、金融债券、企业(公司)债券、非金融企业债务融资工具以及符合规定的其他债券。

第九条 保险资金投资的股票,主要包括公开发行并上市交易的股票和上市公司向特定对象非公开发行的股票。

保险资金开展股票投资,分为一般股票投资、重大股票投资和上市公司收购等,中国保监会根据不同情形实施差别监管。

保险资金投资全国中小企业股份转让系统挂牌的公司股票,以及以外币认购及交易的股票,由中国保监会另行规定。

第十条 保险资金投资证券投资基金的,其基金管理人应当符合下列条件:

(一)公司治理良好、风险控制机制健全;

(二)依法履行合同,维护投资者合法权益;

(三)设立时间一年(含)以上;

(四)最近三年没有重大违法违规行为;设立未满三年的,自其成立之日起没有重大违法违规行为;

(五)建立有效的证券投资基金和特定客户资产管理业务之间的

防火墙机制；

(六)投资团队稳定，历史投资业绩良好，管理资产规模或者基金份额相对稳定。

第十一条　保险资金投资的不动产，是指土地、建筑物以及其他附着于土地上的定着物，具体办法由中国保监会制定。

第十二条　保险资金投资的股权，应当为境内依法设立和注册登记，且未在证券交易所公开上市的股份有限公司和有限责任公司的股权。

第十三条　保险集团(控股)公司、保险公司购置自用不动产、开展上市公司收购或者从事对其他企业实现控股的股权投资，应当使用自有资金。

第十四条　保险集团(控股)公司、保险公司对其他企业实现控股的股权投资，应当满足有关偿付能力监管规定。保险集团(控股)公司的保险子公司不符合中国保监会偿付能力监管要求的，该保险集团(控股)公司不得向非保险类金融企业投资。

实现控股的股权投资应当限于下列企业：

(一)保险类企业，包括保险公司、保险资产管理机构以及保险专业代理机构、保险经纪机构、保险公估机构；

(二)非保险类金融企业；

(三)与保险业务相关的企业。

本办法所称保险资产管理机构，是指经中国保监会同意，依法登记注册，受托管理保险资金等资金的金融机构，包括保险资产管理公司及其子公司、其他专业保险资产管理机构。

第十五条　保险资金可以投资资产证券化产品。

前款所称资产证券化产品，是指金融机构以可特定化的基础资产所产生的现金流为偿付支持，通过结构化等方式进行信用增级，在此基础上发行的金融产品。

第十六条　保险资金可以投资创业投资基金等私募基金。

前款所称创业投资基金是指依法设立并由符合条件的基金管理机构管理，主要投资创业企业普通股或者依法可转换为普通股的优先股、可转换债券等权益的股权投资基金。

第十七条 保险资金可以投资设立不动产、基础设施、养老等专业保险资产管理机构,专业保险资产管理机构可以设立符合条件的保险私募基金,具体办法由中国保监会制定。

第十八条 除中国保监会另有规定以外,保险集团(控股)公司、保险公司从事保险资金运用,不得有下列行为:

(一)存款于非银行金融机构;

(二)买入被交易所实行"特别处理""警示存在终止上市风险的特别处理"的股票;

(三)投资不符合国家产业政策的企业股权和不动产;

(四)直接从事房地产开发建设;

(五)将保险资金运用形成的投资资产用于向他人提供担保或者发放贷款,个人保单质押贷款除外;

(六)中国保监会禁止的其他投资行为。

第十九条 保险集团(控股)公司、保险公司从事保险资金运用应当符合中国保监会比例监管要求,具体规定由中国保监会另行制定。

中国保监会根据保险资金运用实际情况,可以对保险资产的分类、品种以及相关比例等进行调整。

第二十条 投资连结保险产品和非寿险非预定收益投资型保险产品的资金运用,应当在资产隔离、资产配置、投资管理等环节,独立于其他保险产品资金,具体办法由中国保监会制定。

第二节 资金运用模式

第二十一条 保险集团(控股)公司、保险公司应当按照"集中管理、统一配置、专业运作"的要求,实行保险资金的集约化、专业化管理。

保险资金应当由法人机构统一管理和运用,分支机构不得从事保险资金运用业务。

第二十二条 保险集团(控股)公司、保险公司应当选择符合条件的商业银行等专业机构,实施保险资金运用第三方托管和监督,具体办法由中国保监会制定。

托管的保险资产独立于托管机构固有资产,并独立于托管机构托管的其他资产。托管机构因依法解散、被依法撤销或者被依法宣告破产等原因进行清算的，托管资产不属于其清算财产。

第二十三条　托管机构从事保险资金托管的，主要职责包括：

（一）保险资金的保管、清算交割和资产估值；

（二）监督投资行为；

（三）向有关当事人披露信息；

（四）依法保守商业秘密；

（五）法律、行政法规、中国保监会规定和合同约定的其他职责。

第二十四条　托管机构从事保险资金托管，不得有下列行为：

（一）挪用托管资金；

（二）混合管理托管资金和自有资金或者混合管理不同托管账户资金；

（三）利用托管资金及其相关信息谋取非法利益；

（四）其他违法行为。

第二十五条　保险集团（控股）公司、保险公司、保险资产管理机构开展保险资金运用业务，应当具备相应的投资管理能力。

第二十六条　保险集团（控股）公司、保险公司根据投资管理能力和风险管理能力，可以按照相关监管规定自行投资或者委托符合条件的投资管理人作为受托人进行投资。

本办法所称投资管理人，是指依法设立的，符合中国保监会规定的保险资产管理机构、证券公司、证券资产管理公司、证券投资基金管理公司等专业投资管理机构。

第二十七条　保险集团（控股）公司、保险公司委托投资管理人投资的，应当订立书面合同，约定双方权利与义务，确保委托人、受托人、托管人三方职责各自独立。

保险集团（控股）公司、保险公司应当履行制定资产战略配置指引、选择受托人、监督受托人执行情况、评估受托人投资绩效等职责。

受托人应当执行委托人资产配置指引，根据保险资金特性构建投资组合，公平对待不同资金。

第二十八条　保险集团（控股）公司、保险公司委托投资管理人投资的，不得有下列行为：

(一)妨碍、干预受托人正常履行职责;

(二)要求受托人提供其他委托机构信息;

(三)要求受托人提供最低投资收益保证;

(四)非法转移保险利润或者进行其他不正当利益输送;

(五)其他违法行为。

第二十九条 投资管理人受托管理保险资金的,不得有下列行为:

(一)违反合同约定投资;

(二)不公平对待不同资金;

(三)混合管理自有、受托资金或者不同委托机构资金;

(四)挪用受托资金;

(五)向委托机构提供最低投资收益承诺;

(六)以保险资金及其投资形成的资产为他人设定担保;

(七)将受托资金转委托;

(八)为委托机构提供通道服务;

(九)其他违法行为。

第三十条 保险资产管理机构根据中国保监会相关规定,可以将保险资金运用范围内的投资品种作为基础资产,开展保险资产管理产品业务。

保险集团(控股)公司、保险公司委托投资或者购买保险资产管理产品,保险资产管理机构应当根据合同约定,及时向有关当事人披露资金投向、投资管理、资金托管、风险管理和重大突发事件等信息,并保证披露信息的真实、准确和完整。

保险资产管理机构应当根据受托资产规模、资产类别、产品风险特征、投资业绩等因素,按照市场化原则,以合同方式与委托或者投资机构,约定管理费收入计提标准和支付方式。

保险资产管理产品业务,是指由保险资产管理机构作为发行人和管理人,向保险集团(控股)公司、保险公司、保险资产管理机构以及其他合格投资者发售产品份额,募集资金,并选聘商业银行等专业机构为托管人,为投资人利益开展的投资管理活动。

第三十一条 保险资产管理机构开展保险资产管理产品业务,应当在中国保监会认可的资产登记交易平台进行发行、登记、托管、交易、结算、信息披露以及相关信用增进和抵质押融资等业务。

保险资金投资保险资产管理产品以外的其他金融产品,金融产品信息应当在中国保监会认可的资产登记交易平台进行登记和披露,具体操作参照保险资产管理产品的相关规定执行。

前款所称其他金融产品是指商业银行、信托公司、证券公司、证券投资基金管理公司等金融机构依照相关法律、行政法规发行,符合中国保监会规定的金融产品。

第三章 决策运行机制

第一节 组织结构与职责

第三十二条 保险集团(控股)公司、保险公司应当建立健全公司治理,在公司章程和相关制度中明确规定股东(大)会、董事会、监事会和经营管理层的保险资金运用职责,实现保险资金运用决策权、运营权、监督权相互分离,相互制衡。

第三十三条 保险资金运用实行董事会负责制。保险公司董事会应当对资产配置和投资政策、风险控制、合规管理承担最终责任,主要履行下列职责:

(一)审定保险资金运用管理制度;

(二)确定保险资金运用管理方式;

(三)审定投资决策程序和授权机制;

(四)审定资产战略配置规划、年度资产配置计划及相关调整方案;

(五)决定重大投资事项;

(六)审定新投资品种的投资策略和运作方案;

(七)建立资金运用绩效考核制度;

(八)其他相关职责。

董事会应当设立具有投资决策、资产负债管理和风险管理等相应职能的专业委员会。

第三十四条 保险集团(控股)公司、保险公司决定委托投资,以及投资无担保债券、股票、股权和不动产等重大保险资金运用事项,应当经董事会审议通过。

第三十五条 保险集团(控股)公司、保险公司经营管理层根据董事会授权,应当履行下列职责:

(一)负责保险资金运用的日常运营和管理工作;

(二)建立保险资金运用与财务、精算、产品和风险控制等部门之间的沟通协商机制;

(三)审议资产管理部门拟定的保险资产战略配置规划和年度资产配置计划及相关调整方案,并提交董事会审定;

(四)组织实施经董事会审定的资产战略配置规划和年度资产配置计划;

(五)控制和管理保险资金运用风险;

(六)其他相关职责。

第三十六条 保险集团(控股)公司、保险公司应当设置专门的保险资产管理部门,并独立于财务、精算、风险控制等其他业务部门,履行下列职责:

(一)拟定保险资金运用管理制度;

(二)拟定资产战略配置规划和年度资产配置计划及相关调整方案;

(三)执行资产战略配置规划和年度资产配置计划;

(四)实施保险资金运用风险管理措施;

(五)其他相关职责。

保险集团(控股)公司、保险公司自行投资的,保险资产管理部门应当负责日常投资和交易管理;委托投资的,保险资产管理部门应当履行监督投资行为和评估投资业绩等委托人职责。

第三十七条 保险集团(控股)公司、保险公司的保险资产管理部门应当在投资研究、资产清算、风险控制、业绩评估、相关保障等环节设置岗位,建立防火墙体系,实现专业化、规范化、程序化运作。

保险集团(控股)公司、保险公司自行投资的,保险资产管理部门应当设置投资、交易等与资金运用业务直接相关的岗位。

第三十八条 保险集团(控股)公司、保险公司风险管理部门以及具有相应管理职能的部门，应当履行下列职责：

（一）拟定保险资金运用风险管理制度；

（二）审核和监控保险资金运用合法合规性；

（三）识别、评估、跟踪、控制和管理保险资金运用风险；

（四）定期报告保险资金运用风险管理状况；

（五）其他相关职责。

第三十九条　保险资产管理机构应当设立首席风险管理执行官。

首席风险管理执行官为公司高级管理人员，负责组织和指导保险资产管理机构风险管理，履职范围应当包括保险资产管理机构运作的所有业务环节，独立向董事会、中国保监会报告有关情况，提出防范和化解重大风险建议。

首席风险管理执行官不得主管投资管理。如需更换，应当于更换前至少5个工作日向中国保监会书面说明理由和其履职情况。

第二节　资金运用流程

第四十条　保险集团（控股）公司、保险公司应当建立健全保险资金运用的管理制度和内部控制机制，明确各个环节、有关岗位的衔接方式及操作标准，严格分离前、中、后台岗位责任，定期检查和评估制度执行情况，做到权责分明、相对独立和相互制衡。相关制度包括但不限于：

（一）资产配置相关制度；

（二）投资研究、决策和授权制度；

（三）交易和结算管理制度；

（四）绩效评估和考核制度；

（五）信息系统管理制度；

（六）风险管理制度等。

第四十一条　保险集团（控股）公司、保险公司应当以独立法人为单位，统筹境内境外两个市场，综合偿付能力约束、外部环境、风险偏好和监管要求等因素，分析保险资金成本、现金流和期限等负债指标，选择配置具有相应风险收益特征、期限及流动性的资产。

第四十二条　保险集团（控股）公司、保险公司应当建立专业化分析平台，并利用外部研究成果，研究制定涵盖交易对手管理和投资品种选择的模型和制度，实时跟踪并分析市场变化，为保险资金运用决策提供依据。

第四十三条 保险集团（控股）公司、保险公司应当建立健全相对集中、分级管理、权责统一的投资决策和授权制度，明确授权方式、权限、标准、程序、时效和责任，并对授权情况进行检查和逐级问责。

第四十四条 保险集团（控股）公司、保险公司应当建立和完善公平交易机制，有效控制相关人员操作风险和道德风险，防范交易系统的技术安全疏漏，确保交易行为的合规性、公平性和有效性。公平交易机制至少应当包括以下内容：

（一）实行集中交易制度，严格隔离投资决策与交易执行；

（二）构建符合相关要求的集中交易监测系统、预警系统和反馈系统；

（三）建立完善的交易记录制度；

（四）在账户设置、研究支持、资源分配、人员管理等环节公平对待不同资金等。

保险集团（控股）公司、保险公司开展证券投资业务，应当遵守证券行业相关法律法规，建立健全风险隔离机制，实行相关从业人员本人及直系亲属投资信息申报制度，切实防范内幕交易、利用未公开信息交易、利益输送等违法违规行为。

第四十五条 保险集团（控股）公司、保险公司应当建立以资产负债管理为核心的绩效评估体系和评估标准，定期开展保险资金运用绩效评估和归因分析，推进长期投资、价值投资和分散化投资，实现保险资金运用总体目标。

第四十六条 保险集团（控股）公司、保险公司应当建立保险资金运用信息管理系统，减少或者消除人为操纵因素，自动识别、预警报告和管理控制资产管理风险，确保实时掌握风险状况。

信息管理系统应当设定合规性和风险指标阈值，将风险监控的各项要素固化到相关信息技术系统之中，降低操作风险、防止道德风险。

信息管理系统应当建立全面风险管理数据库，收集和整合市场基础资料，记录保险资金管理和投资交易的原始数据，保证信息平台共享。

第四章　风 险 管 控

第四十七条　保险集团(控股)公司、保险公司应当建立全面覆盖、全程监控、全员参与的保险资金运用风险管理组织体系和运行机制,改进风险管理技术和信息技术系统,通过管理系统和稽核审计等手段,分类、识别、量化和评估各类风险,防范和化解风险。

第四十八条　保险集团(控股)公司、保险公司应当管理和控制资产负债错配风险,以偿付能力约束和保险产品负债特性为基础,加强成本收益管理、期限管理和风险预算,确定保险资金运用风险限额,采用缺口分析、敏感性和情景测试等方法,评估和管理资产错配风险。

第四十九条　保险集团(控股)公司、保险公司应当管理和控制流动性风险,根据保险业务特点和风险偏好,测试不同状况下可以承受的流动性风险水平和自身风险承受能力,制定流动性风险管理策略、政策和程序,防范流动性风险。

第五十条　保险集团(控股)公司、保险公司应当管理和控制市场风险,评估和管理利率风险、汇率风险以及金融市场波动风险,建立有效的市场风险评估和管理机制,实行市场风险限额管理。

第五十一条　保险集团(控股)公司、保险公司应当管理和控制信用风险,建立信用风险管理制度,及时跟踪评估信用风险,跟踪分析持仓信用品种和交易对手,定期组织回测检验。

第五十二条　保险集团(控股)公司、保险公司应当加强同业拆借、债券回购和融资融券业务管理,严格控制融资规模和使用杠杆,禁止投机或者用短期拆借资金投资高风险和流动性差的资产。保险资金参与衍生产品交易,仅限于对冲风险,不得用于投机,具体办法由中国保监会制定。

第五十三条　保险集团(控股)公司、保险公司、保险资产管理机构开展投资业务或者资产管理产品业务,应当建立风险责任人制度,明确相应的风险责任人,具体办法由中国保监会制定。

第五十四条　保险集团(控股)公司、保险公司应当建立内部稽核和外部审计制度。

保险集团(控股)公司、保险公司应当每年至少进行一次保险资金运用内部稽核。

保险集团(控股)公司、保险公司应当聘请符合条件的外部专业审计机构,对保险资金运用内部控制情况进行年度专项审计。

上述内部稽核和年度审计的结果应当向中国保监会报告。具体办法由中国保监会制定。

第五十五条 保险集团(控股)公司、保险公司主管投资的高级管理人员、保险资金运用部门负责人和重要岗位人员离任前应当进行离任审计,审计结果应当向中国保监会报告。

第五十六条 保险集团(控股)公司、保险公司应当建立保险资金运用风险处置机制,制定应急预案,及时控制和化解风险隐患。投资资产发生大幅贬值或者出现债权不能清偿的,应当制定处置方案,并及时报告中国保监会。

第五十七条 保险集团(控股)公司、保险公司应当确保风险管控相关岗位和人员具有履行职责所需知情权和查询权,有权查阅、询问所有与保险资金运用业务相关的数据、资料和细节,并列席与保险资金运用相关的会议。

第五十八条 保险集团(控股)公司、保险公司的保险资金运用行为涉及关联交易的,应当遵守法律、行政法规、国家会计制度,以及中国保监会的有关监管规定。

第五章 监督管理

第五十九条 中国保监会对保险资金运用的监督管理,采取现场监管与非现场监管相结合的方式。

中国保监会可以授权其派出机构行使保险资金运用监管职权。

第六十条 中国保监会应当根据公司治理结构、偿付能力、投资管理能力和风险管理能力,按照内控与合规计分等有关监管规则,对保险集团(控股)公司、保险公司保险资金运用实行分类监管、持续监管、风险监测和动态评估。

中国保监会应当强化对保险公司的资本约束,确定保险资金运用风险监管指标体系,并根据评估结果,采取相应监管措施,防范和化解风险。

第六十一条　保险集团(控股)公司、保险公司分管投资的高级管理人员、保险资产管理公司的董事、监事、高级管理人员,应当在任职前取得中国保监会核准的任职资格。

保险集团(控股)公司、保险公司的首席投资官由分管投资的高级管理人员担任。

保险集团(控股)公司、保险公司的首席投资官和资产管理部门主要负责人应当在任命后10个工作日内,由任职机构向中国保监会报告。

第六十二条　保险集团(控股)公司、保险公司的重大股权投资,应当报中国保监会核准。

重大股权投资的具体办法由中国保监会另行制定。

第六十三条　保险资产管理机构发行或者发起设立的保险资产管理产品,实行核准、备案或注册管理。

注册不对保险资产管理产品的投资价值以及风险作实质性判断。

第六十四条　中国保监会有权要求保险集团(控股)公司、保险公司提供报告、报表、文件和资料。

提交报告、报表、文件和资料,应当及时、真实、准确、完整。

第六十五条　保险集团(控股)公司、保险公司应当依法披露保险资金运用的相关信息。保险集团(控股)公司、保险公司的股东(大)会、董事会的重大投资决议,应当在决议作出后5个工作日内向中国保监会报告,中国保监会另有规定的除外。

第六十六条　中国保监会有权要求保险集团(控股)公司、保险公司将保险资金运用的有关数据与中国保监会的监管信息系统动态连接。

保险集团(控股)公司、保险公司应当按照中国保监会规定,及时、准确、完整地向中国保监会的监管信息系统报送相关数据。

第六十七条　保险集团(控股)公司和保险公司违反本办法规定,存在以下情形之一的,中国保监会可以限制其资金运用的形式和比例:

(一)偿付能力状况不符合中国保监会要求的;

(二)公司治理存在重大风险的;

(三)资金运用违反关联交易有关规定的。

第六十八条 保险集团(控股)公司、保险公司违反资金运用形式和比例有关规定的,由中国保监会责令限期改正。

第六十九条 中国保监会有权对保险集团(控股)公司、保险公司的董事、监事、高级管理人员和保险资产管理部门负责人进行监管谈话,要求其就保险资金运用情况、风险控制、内部管理等有关重大事项作出说明。

第七十条 保险集团(控股)公司、保险公司严重违反资金运用有关规定的,中国保监会可以责令调整负责人及有关管理人员。

第七十一条 保险集团(控股)公司、保险公司严重违反保险资金运用有关规定,被责令限期改正逾期未改正的,中国保监会可以决定选派有关人员组成整顿组,对公司进行整顿。

第七十二条 保险集团(控股)公司、保险公司违反本办法规定运用保险资金的,由中国保监会依法予以罚款、限制业务范围、责令停止接受新业务或者吊销业务许可证等行政处罚,对相关责任人员依法予以警告、罚款、撤销任职资格、禁止进入保险业等行政处罚。

受到行政处罚的,保险集团(控股)公司、保险公司应当对相关责任人员进行内部责任追究。

第七十三条 保险资金运用的其他当事人在参与保险资金运用活动中,违反有关法律、行政法规和本办法规定的,中国保监会应当记录其不良行为,并将有关情况通报其行业主管部门;情节严重的,中国保监会可以通报保险集团(控股)公司、保险公司3年内不得与其从事相关业务,并商有关监管部门依法给予行政处罚。

第七十四条 中国保监会工作人员滥用职权、玩忽职守,或者泄露所知悉的有关单位和人员的商业秘密的,依法追究法律责任。

第六章 附 则

第七十五条 保险资产管理机构以及其他投资管理人管理运用保险资金参照本办法执行。

第七十六条 中国保监会对保险集团(控股)公司、自保公司以及其他类型保险机构的资金运用另有规定的,从其规定。

第七十七条 本办法由中国保监会负责解释和修订。

第七十八条 本办法自2018年4月1日起施行。中国保监会2010年7月30日发布的《保险资金运用管理暂行办法》(保监会令2010年第9号)、2014年4月4日发布的《中国保险监督管理委员会关于修改〈保险资金运用管理暂行办法〉的决定》(保监会令2014年第3号)同时废止。

银行业金融机构衍生产品交易业务管理暂行办法(2011年修订)

(2004年2月4日中国银行业监督管理委员会令2004年第1号公布 2007年7月3日根据中国银行业监督管理委员会令2007年第10号《关于修改〈金融机构衍生产品交易业务管理暂行办法〉的决定》第一次修订 2011年1月5日根据中国银行业监督管理委员会令2011年第1号《关于修改〈金融机构衍生产品交易业务管理暂行办法〉的决定》第二次修订)

第一章 总 则

第一条 为规范银行业金融机构衍生产品业务,有效控制银行业金融机构衍生产品业务风险,根据《中华人民共和国银行业监督管理法》、《中华人民共和国商业银行法》及其他有关法律法规,制定本办法。

第二条 本办法所称银行业金融机构是指依法设立的商业银行、城市信用合作社、农村信用合作社等吸收公众存款的金融机构以及政策性银行。依法设立的金融资产管理公司、信托公司、企业集团财务公司、金融租赁公司,以及经中国银行业监督管理委员会(以下简称中国银监会)批准设立的其他银行业金融机构从事衍生产品业务,适用本办法。

第三条　本办法所称衍生产品是一种金融合约,其价值取决于一种或多种基础资产或指数,合约的基本种类包括远期、期货、掉期(互换)和期权。衍生产品还包括具有远期、期货、掉期(互换)和期权中一种或多种特征的混合金融工具。

第四条　本办法所称银行业金融机构衍生产品交易业务按照交易目的分为两类:

(一)套期保值类衍生产品交易。即银行业金融机构主动发起,为规避自有资产、负债的信用风险、市场风险或流动性风险而进行的衍生产品交易。此类交易需符合套期会计规定,并划入银行账户管理。

(二)非套期保值类衍生产品交易。即除套期保值类以外的衍生产品交易。包括由客户发起,银行业金融机构为满足客户需求提供的代客交易和银行业金融机构为对冲前述交易相关风险而进行的交易;银行业金融机构为承担做市义务持续提供市场买、卖双边价格,并按其报价与其他市场参与者进行的做市交易;以及银行业金融机构主动发起,运用自有资金,根据对市场走势的判断,以获利为目的进行的自营交易。此类交易划入交易账户管理。

第五条　本办法所称客户是指除金融机构以外的个人客户和机构客户。银行业金融机构向客户销售的理财产品若具有衍生产品性质,其产品设计、交易、管理适用本办法,客户准入以及销售环节适用中国银监会关于理财业务的相关规定。对个人衍生产品交易的风险评估和销售环节适用个人理财业务的相关规定。

第六条　银行业金融机构开办衍生产品交易业务,应当经中国银监会批准,接受中国银监会的监督与检查。

获得衍生产品交易业务资格的银行业金融机构,应当从事与其自身风险管理能力相适应的业务活动。

第七条　银行业金融机构从事与外汇、商品、能源和股权有关的衍生产品交易以及场内衍生产品交易,应当具有中国银监会批准的衍生产品交易业务资格,并遵守国家外汇管理及其他相关规定。

第二章　市场准入管理

第八条　银行业金融机构开办衍生产品交易业务的资格分为以

下两类：

（一）基础类资格：只能从事套期保值类衍生产品交易；

（二）普通类资格：除基础类资格可以从事的衍生产品交易之外，还可以从事非套期保值类衍生产品交易。根据银行业金融机构的风险管理能力，监管部门可以对其具体的业务模式、产品种类等实施差别化资格管理。

第九条 银行业金融机构申请基础类资格，应当具备以下条件：

（一）有健全的衍生产品交易风险管理制度和内部控制制度；

（二）具有接受相关衍生产品交易技能专门培训半年以上、从事衍生产品或相关交易2年以上的交易人员至少2名，相关风险管理人员至少1名，风险模型研究人员或风险分析人员至少1名，熟悉套期会计操作程序和制度规范的人员至少1名，以上人员均需专岗专人，相互不得兼任，且无不良记录；

（三）有适当的交易场所和设备；

（四）具有处理法律事务和负责内控合规检查的专业部门及相关专业人员；

（五）满足中国银监会审慎监管指标要求；

（六）中国银监会规定的其他条件。

第十条 银行业金融机构申请普通类资格，除具备上述基础类资格条件以外还需具备以下条件：

（一）完善的衍生产品交易前、中、后台自动联接的业务处理系统和实时风险管理系统；

（二）衍生产品交易业务主管人员应当具备5年以上直接参与衍生产品交易活动或风险管理的资历，且无不良记录；

（三）严格的业务分离制度，确保套期保值类业务与非套期保值类业务的市场信息、风险管理、损益核算有效隔离；

（四）完善的市场风险、操作风险、信用风险等风险管理框架；

（五）中国银监会规定的其他条件。

第十一条 外资银行开办衍生产品交易业务，应当向当地监管机构提交由授权签字人签署的申请材料，经审查同意后，报中国银监会审批。外商独资银行、中外合资银行应当由总行统一向当地监管机构提交申请材料；外国银行拟在中国境内两家以上分行开办衍生产品交易业务的，应当由其在华管理行统一向当地监管机构提交申请材料，经审查同意后，报中国银监会审批。

外国银行分行申请开办衍生产品交易业务，应当获得其总行（地区总部）的正式授权，其母国应当具备对衍生产品交易业务进行监管的法律框架，其母国监管当局应当具备相应的监管能力。

申请开办衍生产品交易业务的外国银行分行，如果不具备第九条或第十条所列条件，其总行（地区总部）应当具备上述条件。同时该分行还应当具备以下条件：

（一）其总行（地区总部）对该分行从事衍生产品交易等方面的正式授权对交易品种和限额作出明确规定；

（二）除总行另有明确规定外，该分行的全部衍生产品交易统一通过对其授权的总行（地区总部）系统进行实时平盘，并由其总行（地区总部）统一进行平盘、敞口管理和风险控制。

其他由属地监管的银行业金融机构应当先向当地监管机构提交申请材料，经审查同意后，报中国银监会审批；其他由中国银监会直接监管的银行业金融机构直接向中国银监会提交申请材料，报中国银监会审批。

第十二条　银行业金融机构申请开办衍生产品交易业务，应当向中国银监会或其派出机构报送以下文件和资料（一式三份）：

（一）开办衍生产品交易业务的申请报告、可行性报告及业务计划书或展业计划；

（二）衍生产品交易业务内部管理规章制度；

（三）衍生产品交易会计制度；

（四）主管人员和主要交易人员名单、履历；

（五）衍生产品交易风险管理制度，包括但不限于：风险敞口量化规则或风险限额授权管理制度；

（六）交易场所、设备和系统的安全性和稳定性测试报告；

（七）中国银监会要求的其他文件和资料。

外国银行分行申请开办衍生产品交易业务，若不具备第九条或第十条所列条件，该分行除报送其总行（地区总部）的上述文件和资料外，同时还应当向所在地银监局报送以下文件：

（一）其总行（地区总部）对该分行从事衍生产品交易品种和限额等方面的正式书面授权文件；

（二）除其总行另有明确规定外，其总行（地区总部）出具的确保该分行全部衍生产品交易通过总行（地区总部）交易系统进行实时平盘，并由其总行（地区总部）负责进行平盘、敞口管理和风险控制的承诺函。

第十三条　银行业金融机构提交的衍生产品交易会计制度，应当符合我国有关会计标准。我国未规定的，应当符合有关国际标准。外国银行分行可以遵从其母国/总行会计标准。

第十四条　银行业金融机构按本办法规定提交的交易场所、设备和系统的安全性测试报告，原则上应当由第三方独立做出。

第十五条　银行业金融机构开办衍生产品交易业务内部管理规章制度应当至少包括以下内容：

（一）衍生产品交易业务的指导原则、业务操作规程（业务操作规程应当体现交易前台、中台与后台分离的原则）和针对突发事件的应急计划；

（二）新业务、新产品审批制度及流程；

（三）交易品种及其风险控制制度；

（四）衍生产品交易的风险模型指标及量化管理指标；

（五）风险管理制度和内部审计制度；

（六）衍生产品交易业务研究与开发的管理制度及后评价制度；

（七）交易员守则；

（八）交易主管人员岗位责任制度，对各级主管人员与交易员的问责制度和激励约束机制；

（九）对前、中、后台主管人员及工作人员的培训计划；

（十）中国银监会规定的其他内容。

第十六条　中国银监会自收到银行业金融机构按照本办法提交的完整申请资料之日起三个月内予以批复。

第十七条　银行业金融机构法人授权其分支机构办理衍生产品交易业务，须对其风险管理能力进行严格审核，并出具有关交易品种和限额等方面的正式书面授权文件;境内分支机构办理衍生产品交易业务须统一通过其总行(部)系统进行实时平盘,并由总行(部)统一进行平盘、敞口管理和风险控制。

上述分支机构应当在收到其总行(部)授权或授权发生变动之日起30日内,持其总行(部)的授权文件向当地银监局报告。

外国银行分行所获授权发生变动时,应当及时主动向中国银监会报告。

第三章 风险管理

第十八条 银行业金融机构应当根据本机构的经营目标、资本实力、管理能力和衍生产品的风险特征,确定是否适合从事衍生产品交易及适合从事的衍生产品交易品种和规模。

银行业金融机构从事衍生产品交易业务,在开展新的业务品种、开拓新市场等创新前,应当书面咨询监管部门意见。

银行业金融机构应当逐步提高自主创新能力、交易管理能力和风险管理水平,谨慎涉足自身不具备定价能力的衍生产品交易。银行业金融机构不得自主持有或向客户销售可能出现无限损失的裸卖空衍生产品,以及以衍生产品为基础资产或挂钩指标的再衍生产品。

第十九条 银行业金融机构应当按照第四条所列衍生产品交易业务的分类,建立与所从事的衍生产品交易业务性质、规模和复杂程度相适应的、完善的、可靠的市场风险、信用风险、操作风险以及法律合规风险管理体系和制度、内部控制制度和业务处理系统,并配备履行上述风险管理、内部控制和业务处理职责所需要的具备相关业务知识和技能的工作人员。

第二十条 银行业金融机构董事会或其授权专业委员会应当定期对现行的衍生产品业务情况、风险管理政策和程序进行评价,确保其与机构的资本实力、管理水平相一致。新产品推出频繁或系统发生重大变化时,应当相应增加评估频度。

第二十一条 银行业金融机构高级管理人员应当了解所从事的衍生产品交易风险;审核评估和批准衍生产品交易业务经营及其风险管理的原则、程序、组织、权限的综合管理框架;并能通过独立的风险管理部门和完善的检查报告系统，随时获取有关衍生产品交易风险状况的信息，进行相应的监督与指导。在此基础上，银行业金融机构应当每年一次对其自身衍生产品业务情况进行评估，并将上一年度评估报告一式两份于每年一月底之前报送监管机构。

第二十二条 银行业金融机构要根据本机构的整体实力、自有资本、盈利能力、业务经营方针、衍生产品交易目的及对市场走向的预测，选择与本机构业务相适应的测算衍生产品交易风险敞口的指标和方法。

银行业金融机构应当建立并严格执行授权和止损制度，制定并定期审查更新各类衍生产品交易的风险敞口限额、止损限额、应急计划和压力测试的制度和指标，制定限额监控和超限额处理程序。

在进行衍生产品交易时，必须严格执行分级授权和敞口风险管理制度，任何重大交易或新的衍生产品业务都应当经由董事会或其授权的专业委员会或高级管理层审批。在因市场变化或决策失误出现账面浮亏时，应当严格执行止损制度。

对在交易活动中有越权或违规行为的交易员及其主管，要实行严格问责和惩处。

第二十三条 银行业金融机构应当加强对分支机构衍生产品交易业务的授权与管理。对于衍生产品经营能力较弱、风险防范及管理水平较低的分支机构，应当适当上收其衍生产品的交易权限。银行业金融机构应当在相应的风险管理制度中明确重大交易风险的类别特征，并规定取消交易权限的程序。对于发生重大衍生产品交易风险的分支机构，应当及时取消其衍生产品的交易权限。

第二十四条 银行业金融机构从事风险计量、监测和控制的工作人员必须与从事衍生产品交易或营销的人员分开，不得相互兼任；风险计量、监测或控制人员可以直接向高级管理层报告风险状况。根据本办法第四条所列的分类标准，银行业金融机构负责从事套期保值类与非套期保值类衍生产品交易的交易人员不得相互兼任。银行业金融机构应当确保其所从事的上述不同类别衍生产品交易的相关信息相互隔离。

第二十五条 银行业金融机构应当制定明确的交易员、分析员、销售人员等从业人员资格认定标准,根据衍生产品交易及风险管理的复杂性对业务销售人员及其他有关业务人员进行培训,确保其具备必要的技能和资格。

第二十六条 银行业金融机构要制定合理的成本和资产分析测算制度和科学规范的激励约束机制,不得将衍生产品交易和风险管理人员的收入与当期绩效简单挂钩,避免其过度追求利益,增加交易风险。

第二十七条 银行业金融机构应当对衍生产品交易主管和交易员实行定期轮岗和强制带薪休假。

第二十八条 银行业金融机构内审部门要定期对衍生产品交易业务风险管理制度的执行情况进行检查。对于衍生产品交易制度和业务的内审应当具有以下要素:

(一)确保配备数量充足且具备相关经验和技能的内审人员;

(二)建立内审部门向董事会的独立报告路线。

第二十九条 银行业金融机构应当建立健全控制法律风险的机制和制度,严格审查交易对手的法律地位和交易资格。银行业金融机构与交易对手签订衍生产品交易合约时应当参照国际及国内市场惯例,充分考虑发生违约事件后采取法律手段追索保全的可操作性等因素,采取有效措施防范交易合约起草、谈判和签订等过程中的法律风险。

第三十条 银行业金融机构应当制定完善针对衍生产品交易合同等法律文本的评估及管理制度,至少每年根据交易对手的情况,对涉及的衍生产品交易合同文本的效力、效果进行评估,加深理解和掌握,有效防范法律风险。

第三十一条 银行业金融机构应当制定评估交易对手适当性的相关政策:包括评估交易对手是否充分了解合约的条款以及履行合约的责任,识别拟进行的衍生交易是否符合交易对手本身从事衍生交易的目的。在履行本条要求时,银行业金融机构可以根据诚实信用原则合理地依赖交易对手提供的正式书面文件。

第三十二条 银行业金融机构应当制定完善的交易对手信用风险管理制度,选择适当的方法和模型对交易对手信用风险进行评估,并采取适当的风险缓释措施。

银行业金融机构应当以适当的方式向交易对手明示相关的信用风险缓释措施可能对其产生的影响。

第三十三条 银行业金融机构应当运用适当的风险评估方法或模型对衍生产品交易的市场风险进行评估,按市价原则管理市场风险(衍生产品的市值评估可以合理利用第三方独立估值报价),调整交易规模、类别及风险敞口水平。

第三十四条 银行业金融机构从事套期保值类衍生产品交易,应当由资产负债管理部门根据本机构的真实需求背景决定发起交易和进行交易决策。

第三十五条 银行业金融机构从事非套期保值类衍生产品交易,应当计提此类衍生产品交易敞口的市场风险资本,市场风险资本计算方法按照《商业银行资本充足率管理办法》和《商业银行市场风险资本计量内部模型法监管指引》的相关规定执行。

第三十六条 银行业金融机构从事非套期保值类衍生产品交易,其标准法下市场风险资本不得超过银行业金融机构核心资本的3%。监管部门可根据银行业金融机构的经营情况在该资本比例上限要求内实施动态差异化管理。标准法下市场风险资本的计算方法按照《商业银行资本充足率管理办法》的相关规定执行。

第三十七条 银行业金融机构应当根据衍生产品交易的规模与类别,建立完善的流动性风险监控与预警系统,做好充分的流动性安排,确保在市场交易异常情况下,具备足够的履约能力。

第三十八条 银行业金融机构应当建立健全控制操作风险的机制和制度,明确衍生产品交易操作和监控中的各项责任,包括但不限于:交易文件的生成和录入、交易确认、轧差交割、交易复核、市值重估、异常报告、会计处理等。衍生产品交易过程中的文件和录音记录应当统一纳入档案系统管理,由职能部门定期检查。

第三十九条 银行业金融机构应当按照中国银监会的规定对从事的衍生产品交易进行清算,确保履行交割责任,规范处理违约及终止事件,及时识别并控制操作风险。

第四十条 银行业金融机构应当建立完善衍生产品交易管理信

息系统,确保按产品、交易对手等进行分类的管理信息完整、有效。

第四十一条 银行业金融机构应当按照中国银监会的规定报送与衍生产品交易有关的会计、统计报表及其他报告。

银行业金融机构应当按照中国银监会关于信息披露的规定,对外披露从事衍生产品交易的风险状况、损失状况、利润变化及异常情况。

第四十二条 银行业金融机构从事衍生产品交易出现重大业务风险或重大业务损失时,应当迅速采取有效措施,制止损失继续扩大,同时将有关情况及时主动向中国银监会报告。

银行业金融机构所从事的衍生产品交易、运行系统、风险管理系统等发生重大变动时,应当及时主动向中国银监会报告具体情况。

第四十三条 中国银监会可以检查银行业金融机构有关衍生产品交易业务的资料和报表、风险管理制度、内部控制制度和业务处理系统是否与其从事的衍生产品交易业务种类相适应。

第四章 产品营销与后续服务

第四十四条 银行业金融机构应当高度重视衍生产品交易的风险管理工作,制定完善客户适合度评估制度,在综合考虑衍生产品分类和客户分类的基础上,对衍生产品交易进行充分的适合度评估:

(一)评估衍生产品的风险及复杂程度,对衍生产品进行相应分类,并至少每年复核一次其合理性,进行动态管理;

(二)根据客户的业务性质、衍生产品交易经验等评估其成熟度,对客户进行相应分类,并至少每年复核一次其合理性,进行动态管理。

第四十五条 银行业金融机构应当根据客户适合度评估结果,与有真实需求背景的客户进行与其风险承受能力相适应的衍生产品交易,并获取由客户提供的声明、确认函等能够证明其真实需求背景的书面材料,内容包括但不限于:

(一)与衍生产品交易直接相关的基础资产或基础负债的真实性;

(二)客户进行衍生产品交易的目的或目标;

(三)是否存在与本条第一项确认的基础资产或基础负债相关的尚未结清的衍生产品交易敞口。

第四十六条 银行业金融机构与客户交易的衍生产品的主要风

险特征应当与作为真实需求背景的基础资产或基础负债的主要风险特征具有合理的相关度,在营销与交易时应当首先选择基础的、简单的、自身具备定价估值能力的衍生产品。

第四十七条 银行业金融机构应当制定完善衍生产品销售人员的内部培训、资格认定及授权管理制度,加强对销售人员的持续专业培训和职业操守教育,及时跟进针对新产品新业务的培训和资格认定,并建立严格的管理制度。通过资格认定并获得有效授权的销售人员方可向客户介绍、营销衍生产品。在向客户介绍衍生产品时,销售人员应当以适当的方式向客户明示其已通过内部资格认定并获得有效授权。

第四十八条 银行业金融机构应当以清晰易懂、简明扼要的文字表述向客户提供衍生产品介绍和风险揭示的书面资料,相关披露以单独章节、明白清晰的方式呈现,不得以页边、页底或脚注以及小字体等方式说明,内容包括但不限于:

(一)产品结构及基本交易条款的完整介绍和该产品的完整法律文本;

(二)与产品挂钩的指数、收益率或其他参数的说明;

(三)与交易相关的主要风险披露;

(四)产品现金流分析、压力测试、在一定假设和置信度之下最差可能情况的模拟情景分析与最大现金流亏损以及该假设和置信度的合理性分析;

(五)应当向客户充分揭示的其他信息。

第四十九条 在衍生产品销售过程中,银行业金融机构应当客观公允地陈述所售衍生产品的收益与风险,不得误导客户对市场的看法,不得夸大产品的优点或缩小产品的风险,不得以任何方式向客户承诺收益。

第五十条 银行业金融机构应当充分尊重客户的独立自主决策,不得将交易衍生产品作为与客户开展其他业务的附加条件。

第五十一条 银行业金融机构应当建立客户的信用评级制度,并结合客户的信用评级、财务状况、盈利能力、净资产水平、现金流量等因素,确定相关的信用风险缓释措施,限制与一定信用评级以下客户的衍生产品交易。

第五十二条 与客户达成衍生产品交易之前,银行业金融机构应当获取由客户提供的声明、确认函等形式的书面材料,内容包括但不限于:

(一)客户进行该笔衍生产品交易的合规性;

(二)衍生产品交易合同、交易指令等协议文本的签署人员是否获得有效的授权;

(三)客户是否已经完全理解该笔衍生产品交易的条款、相关风险,以及该笔交易是否符合第四十五条第二项确认的交易目的或目标;

(四)客户对于该笔衍生产品交易在第四十八条第四项所述最差可能情况下是否具备足够的承受能力;

(五)需要由客户声明或确认的其他事项。

第五十三条 银行业金融机构应当及时向客户提供已交易的衍生产品的市场信息,定期将与客户交易的衍生产品的市值重估结果以评估报告、风险提示函等形式,通过信件、电子邮件、传真等可记录的方式向客户书面提供,并确保相关材料及时送达客户。当市场出现较大波动时,应当适当提高市值重估频率,并及时向客户书面提供市值重估结果。银行业金融机构应当至少每年对上述市值重估的频率和质量进行评估。

第五十四条 银行业金融机构对于自身不具备定价估值能力的衍生产品交易,应当向报价方获取关键的估值参数及相关信息,并通过信件、电子邮件、传真等可记录的方式向客户书面提供此类信息,以提高衍生产品市值重估的透明度。

第五十五条 银行业金融机构应当针对与客户交易的衍生产品业务种类确定科学合理的利润目标,制定科学合理的考核评价与长效激励约束机制,引导相关部门和人员诚实守信、合规操作,不得过度追求盈利,不得将与客户交易衍生产品的相关收益与员工薪酬及其所在部门的利润目标及考核激励机制简单挂钩。

第五十六条 银行业金融机构应当制定完善衍生产品交易业务的定期后评价制度,包括对合规销售、风险控制、考核激励机制等内部管理制度的定期后评价。

银行业金融机构应当通过实地访问、电子邮件、传真、电话录音等可记录的方式建立完善对客户的定期回访制度，针对合规销售与风险揭示等内容认真听取客户的意见，并及时反馈。

第五章　罚　　则

第五十七条　银行业金融机构未经批准擅自开办衍生产品交易业务的，依据《中华人民共和国银行业监督管理法》的规定进行处罚。

第五十八条　对未能有效执行衍生产品交易风险管理和内部控制制度的银行业金融机构，可以暂停或终止其衍生产品交易资格，并进行经济处罚。

第五十九条　银行业金融机构未按照本办法或者中国银监会的要求报送有关报表、资料以及披露衍生产品交易情况的，根据其性质分别按照《中华人民共和国银行业监督管理法》、《中华人民共和国商业银行法》、《中华人民共和国外资银行管理条例》等法律法规及相关规定，予以处罚。

第六十条　银行业金融机构的衍生产品交易人员（包括主管、风险管理人员、分析师、交易人员等）、机构违反本办法有关规定违规操作，造成本机构或者客户重大经济损失的，该银行业金融机构应当对直接负责的高级管理人员、主管人员和直接责任人给予记过直至开除的纪律处分；构成犯罪的，移交司法机关依法追究刑事责任。

第六章　附　　则

第六十一条　本办法由中国银监会负责解释。

第六十二条　此前公布的有关银行业金融机构衍生产品交易的规定，与本办法相抵触的，以本办法为准。对于本办法规定的内容，法律或行政法规另有规定的，从其规定。

信托公司管理办法

(2006年12月28日中国银行业监督管理委员会第55次主席会议通过 2007年1月23日公布 中国银行业监督管理委员会令2007年第2号 自2007年3月1日起施行)

第一章 总 则

第一条 为加强对信托公司的监督管理,规范信托公司的经营行为,促进信托业的健康发展,根据《中华人民共和国信托法》、《中华人民共和国银行业监督管理法》等法律法规,制定本办法。

第二条 本办法所称信托公司,是指依照《中华人民共和国公司法》和本办法设立的主要经营信托业务的金融机构。

本办法所称信托业务,是指信托公司以营业和收取报酬为目的,以受托人身份承诺信托和处理信托事务的经营行为。

第三条 信托财产不属于信托公司的固有财产,也不属于信托公司对受益人的负债。信托公司终止时,信托财产不属于其清算财产。

第四条 信托公司从事信托活动,应当遵守法律法规的规定和信托文件的约定,不得损害国家利益、社会公共利益和受益人的合法权益。

第五条 中国银行业监督管理委员会对信托公司及其业务活动实施监督管理。

第二章 机构的设立、变更与终止

第六条 设立信托公司,应当采取有限责任公司或者股份有限公司的形式。

第七条 设立信托公司,应当经中国银行业监督管理委员会批准,并领取金融许可证。

未经中国银行业监督管理委员会批准,任何单位和个人不得经营信托业务，任何经营单位不得在其名称中使用“信托公司”字样。法律法规另有规定的除外。

第八条 设立信托公司，应当具备下列条件：

（一）有符合《中华人民共和国公司法》和中国银行业监督管理委员会规定的公司章程；

（二）有具备中国银行业监督管理委员会规定的入股资格的股东；

（三）具有本办法规定的最低限额的注册资本；

（四）有具备中国银行业监督管理委员会规定任职资格的董事、高级管理人员和与其业务相适应的信托从业人员；

（五）具有健全的组织机构、信托业务操作规程和风险控制制度；

（六）有符合要求的营业场所、安全防范措施和与业务有关的其他设施；

（七）中国银行业监督管理委员会规定的其他条件。

第九条 中国银行业监督管理委员会依照法律法规和审慎监管原则对信托公司的设立申请进行审查，作出批准或者不予批准的决定；不予批准的，应说明理由。

第十条 信托公司注册资本最低限额为3亿元人民币或等值的可自由兑换货币，注册资本为实缴货币资本。

申请经营企业年金基金、证券承销、资产证券化等业务，应当符合相关法律法规规定的最低注册资本要求。

中国银行业监督管理委员会根据信托公司行业发展的需要，可以调整信托公司注册资本最低限额。

第十一条 未经中国银行业监督管理委员会批准，信托公司不得设立或变相设立分支机构。

第十二条 信托公司有下列情形之一的，应当经中国银行业监督管理委员会批准：

（一）变更名称；

（二）变更注册资本；

（三）变更公司住所；

（四）改变组织形式；

（五）调整业务范围；

(六)更换董事或高级管理人员;

(七)变更股东或者调整股权结构,但持有上市公司流通股份未达到公司总股份5%的除外;

(八)修改公司章程;

(九)合并或者分立;

(十)中国银行业监督管理委员会规定的其他情形。

第十三条 信托公司出现分立、合并或者公司章程规定的解散事由,申请解散的,经中国银行业监督管理委员会批准后解散,并依法组织清算组进行清算。

第十四条 信托公司不能清偿到期债务,且资产不足以清偿债务或明显缺乏清偿能力的,经中国银行业监督管理委员会同意,可向人民法院提出破产申请。

中国银行业监督管理委员会可以向人民法院直接提出对该信托公司进行重整或破产清算的申请。

第十五条 信托公司终止时,其管理信托事务的职责同时终止。清算组应当妥善保管信托财产,作出处理信托事务的报告并向新受托人办理信托财产的移交。信托文件另有约定的,从其约定。

第三章 经营范围

第十六条 信托公司可以申请经营下列部分或者全部本外币业务:

(一)资金信托;

(二)动产信托;

(三)不动产信托;

(四)有价证券信托;

(五)其他财产或财产权信托;

(六)作为投资基金或者基金管理公司的发起人从事投资基金业务;

(七)经营企业资产的重组、购并及项目融资、公司理财、财务顾问等业务;

(八)受托经营国务院有关部门批准的证券承销业务;

(九)办理居间、咨询、资信调查等业务;

(十)代保管及保管箱业务;

(十一)法律法规规定或中国银行业监督管理委员会批准的其他业务。

第十七条 信托公司可以根据《中华人民共和国信托法》等法律法规的有关规定开展公益信托活动。

第十八条 信托公司可以根据市场需要,按照信托目的、信托财产的种类或者对信托财产管理方式的不同设置信托业务品种。

第十九条 信托公司管理运用或处分信托财产时,可以依照信托文件的约定,采取投资、出售、存放同业、买入返售、租赁、贷款等方式进行。中国银行业监督管理委员会另有规定的,从其规定。

信托公司不得以卖出回购方式管理运用信托财产。

第二十条 信托公司固有业务项下可以开展存放同业、拆放同业、贷款、租赁、投资等业务。投资业务限定为金融类公司股权投资、金融产品投资和自用固定资产投资。

信托公司不得以固有财产进行实业投资,但中国银行业监督管理委员会另有规定的除外。

第二十一条 信托公司不得开展除同业拆入业务以外的其他负债业务,且同业拆入余额不得超过其净资产的20%。中国银行业监督管理委员会另有规定的除外。

第二十二条 信托公司可以开展对外担保业务,但对外担保余额不得超过其净资产的50%。

第二十三条 信托公司经营外汇信托业务,应当遵守国家外汇管理的有关规定,并接受外汇主管部门的检查、监督。

第四章 经营规则

第二十四条 信托公司管理运用或者处分信托财产,必须恪尽职守,履行诚实、信用、谨慎、有效管理的义务,维护受益人的最大利益。

第二十五条 信托公司在处理信托事务时应当避免利益冲突,在无法避免时,应向委托人、受益人予以充分的信息披露,或拒绝从事该项业务。

第二十六条 信托公司应当亲自处理信托事务。信托文件另有约定或有不得已事由时,可委托他人代为处理,但信托公司应尽足够的监督义务,并对他人处理信托事务的行为承担责任。

第二十七条 信托公司对委托人、受益人以及所处理信托事务的情况和资料负有依法保密的义务,但法律法规另有规定或者信托文件另有约定的除外。

第二十八条 信托公司应当妥善保存处理信托事务的完整记录,定期向委托人、受益人报告信托财产及其管理运用、处分及收支的情况。

委托人、受益人有权向信托公司了解对其信托财产的管理运用、处分及收支情况,并要求信托公司作出说明。

第二十九条 信托公司应当将信托财产与其固有财产分别管理、分别记账,并将不同委托人的信托财产分别管理、分别记账。

第三十条 信托公司应当依法建账,对信托业务与非信托业务分别核算,并对每项信托业务单独核算。

第三十一条 信托公司的信托业务部门应当独立于公司的其他部门,其人员不得与公司其他部门的人员相互兼职,业务信息不得与公司的其他部门共享。

第三十二条 以信托合同形式设立信托时,信托合同应当载明以下事项:

(一)信托目的;

(二)委托人、受托人的姓名或者名称、住所;

(三)受益人或者受益人范围;

(四)信托财产的范围、种类及状况;

(五)信托当事人的权利义务;

(六)信托财产管理中风险的揭示和承担;

(七)信托财产的管理方式和受托人的经营权限;

(八)信托利益的计算,向受益人交付信托利益的形式、方法;

(九)信托公司报酬的计算及支付;

(十)信托财产税费的承担和其他费用的核算;

(十一)信托期限和信托的终止;

（十二）信托终止时信托财产的归属；

（十三）信托事务的报告；

（十四）信托当事人的违约责任及纠纷解决方式；

（十五）新受托人的选任方式；

（十六）信托当事人认为需要载明的其他事项。

以信托合同以外的其他书面文件设立信托时，书面文件的载明事项按照有关法律法规规定执行。

第三十三条　信托公司开展固有业务，不得有下列行为：

（一）向关联方融出资金或转移财产；

（二）为关联方提供担保；

（三）以股东持有的本公司股权作为质押进行融资。

信托公司的关联方按照《中华人民共和国公司法》和企业会计准则的有关标准界定。

第三十四条　信托公司开展信托业务，不得有下列行为：

（一）利用受托人地位谋取不当利益；

（二）将信托财产挪用于非信托目的的用途；

（三）承诺信托财产不受损失或者保证最低收益；

（四）以信托财产提供担保；

（五）法律法规和中国银行业监督管理委员会禁止的其他行为。

第三十五条　信托公司开展关联交易，应以公平的市场价格进行，逐笔向中国银行业监督管理委员会事前报告，并按照有关规定进行信息披露。

第三十六条　信托公司经营信托业务，应依照信托文件约定以手续费或者佣金的方式收取报酬，中国银行业监督管理委员会另有规定的除外。

信托公司收取报酬，应当向受益人公开，并向受益人说明收费的具体标准。

第三十七条　信托公司违反信托目的处分信托财产，或者因违背管理职责、处理信托事务不当致使信托财产受到损失的，在恢复信托财产的原状或者予以赔偿前，信托公司不得请求给付报酬。

第三十八条　信托公司因处理信托事务而支出的费用、负担的债务,以信托财产承担,但应在信托合同中列明或明确告知受益人。信托公司以其固有财产先行支付的,对信托财产享有优先受偿的权利。因信托公司违背管理职责或者管理信托事务不当所负债务及所受到的损害,以其固有财产承担。

第三十九条 信托公司违反信托目的处分信托财产,或者管理运用、处分信托财产有重大过失的,委托人或受益人有权依照信托文件的约定解任该信托公司,或者申请人民法院解任该信托公司。

第四十条 受托人职责依法终止的,新受托人依照信托文件的约定选任;信托文件未规定的,由委托人选任;委托人不能选任的,由受益人选任;受益人为无民事行为能力人或者限制民事行为能力人的,依法由其监护人代行选任。新受托人未产生前,中国银行业监督管理委员会可以指定临时受托人。

第四十一条 信托公司经营信托业务,有下列情形之一的,信托终止:

(一)信托文件约定的终止事由发生;

(二)信托的存续违反信托目的;

(三)信托目的已经实现或者不能实现;

(四)信托当事人协商同意;

(五)信托期限届满;

(六)信托被解除;

(七)信托被撤销;

(八)全体受益人放弃信托受益权。

第四十二条 信托终止的,信托公司应当依照信托文件的约定作出处理信托事务的清算报告。受益人或者信托财产的权利归属人对清算报告无异议的,信托公司就清算报告所列事项解除责任,但信托公司有不当行为的除外。

第五章 监督管理

第四十三条 信托公司应当建立以股东(大)会、董事会、监事会、高级管理层等为主体的组织架构,明确各自的职责划分,保证相互之间独立运行、有效制衡,形成科学高效的决策、激励与约束机制。

第四十四条 信托公司应当按照职责分离的原则设立相应的工作岗位，保证公司对风险能够进行事前防范、事中控制、事后监督和纠正，形成健全的内部约束机制和监督机制。

第四十五条 信托公司应当按规定制订本公司的信托业务及其他业务规则，建立、健全本公司的各项业务管理制度和内部控制制度，并报中国银行业监督管理委员会备案。

第四十六条 信托公司应当按照国家有关规定建立、健全本公司的财务会计制度，真实记录并全面反映其业务活动和财务状况。公司年度财务会计报表应当经具有良好资质的中介机构审计。

第四十七条 中国银行业监督管理委员会可以定期或者不定期对信托公司的经营活动进行检查；必要时，可以要求信托公司提供由具有良好资质的中介机构出具的相关审计报告。

信托公司应当按照中国银行业监督管理委员会的要求提供有关业务、财务等报表和资料，并如实介绍有关业务情况。

第四十八条 中国银行业监督管理委员会对信托公司实行净资本管理。具体办法由中国银行业监督管理委员会另行制定。

第四十九条 信托公司每年应当从税后利润中提取5%作为信托赔偿准备金，但该赔偿准备金累计总额达到公司注册资本的20%时，可不再提取。

信托公司的赔偿准备金应存放于经营稳健、具有一定实力的境内商业银行，或者用于购买国债等低风险高流动性证券品种。

第五十条 中国银行业监督管理委员会对信托公司的董事、高级管理人员实行任职资格审查制度。未经中国银行业监督管理委员会任职资格审查或者审查不合格的，不得任职。

信托公司对拟离任的董事、高级管理人员，应当进行离任审计，并将审计结果报中国银行业监督管理委员会备案。信托公司的法定代表人变更时，在新的法定代表人经中国银行业监督管理委员会核准任职资格前，原法定代表人不得离任。

第五十一条 中国银行业监督管理委员会对信托公司的信托从业人员实行信托业务资格管理制度。符合条件的，颁发信托从业人员资格证书；未取得信托从业人员资格证书的，不得经办信托业务。

第五十二条 信托公司的董事、高级管理人员和信托从业人员违反法律、行政法规或中国银行业监督管理委员会有关规定的,中国银行业监督管理委员会有权取消其任职资格或者从业资格。

第五十三条 中国银行业监督管理委员会根据履行职责的需要,可以与信托公司董事、高级管理人员进行监督管理谈话,要求信托公司董事、高级管理人员就信托公司的业务活动和风险管理的重大事项作出说明。

第五十四条 信托公司违反审慎经营规则的,中国银行业监督管理委员会责令限期改正;逾期未改正的,或者其行为严重危及信托公司的稳健运行、损害受益人合法权益的,中国银行业监督管理委员会可以区别情形,依据《中华人民共和国银行业监督管理法》等法律法规的规定,采取暂停业务、限制股东权利等监管措施。

第五十五条 信托公司已经或者可能发生信用危机,严重影响受益人合法权益的,中国银行业监督管理委员会可以依法对该信托公司实行接管或者督促机构重组。

第五十六条 中国银行业监督管理委员会在批准信托公司设立、变更、终止后,发现原申请材料有隐瞒、虚假的情形,可以责令补正或者撤销批准。

第五十七条 信托公司可以加入中国信托业协会,实行行业自律。

中国信托业协会开展活动,应当接受中国银行业监督管理委员会的指导和监督。

第六章 罚 则

第五十八条 未经中国银行业监督管理委员会批准,擅自设立信托公司的,由中国银行业监督管理委员会依法予以取缔;构成犯罪的,依法追究刑事责任;尚不构成犯罪的,由中国银行业监督管理委员会没收违法所得,违法所得五十万元以上的,并处违法所得一倍以上五倍以下罚款;没有违法所得或者违法所得不足五十万元的,处五十万元以上二百万元以下罚款。

第五十九条 未经中国银行业监督管理委员会批准,信托公司擅自设立分支机构或开展本办法第十九条、第二十条、第二十一条、第二十二条、第三十三条和第三十四条禁止的业务的,由中国银行业监督管理委员会责令改正,有违法所得的,没收违法所得,违法所得五十万元以上的,并处违法所得一倍以上五倍以下罚款;没有违法所得或者违法所得不足五十万元的,处五十万元以上二百万元以下罚款;情节特别严重或者逾期不改正的,责令停业整顿或者吊销其金融许可证;构成犯罪的,依法追究刑事责任。

第六十条　信托公司违反本办法其他规定的,中国银行业监督管理委员会根据《中华人民共和国银行业监督管理法》等法律法规的规定,采取相应的处罚措施。

第六十一条　信托公司有违法经营、经营管理不善等情形,不予撤销将严重危害金融秩序、损害公众利益的,由中国银行业监督管理委员会依法予以撤销。

第六十二条　对信托公司违规负有直接责任的董事、高级管理人员和其他直接责任人员,中国银行业监督管理委员会可以区别不同情形,根据《中华人民共和国银行业监督管理法》等法律法规的规定,采取罚款、取消任职资格或从业资格等处罚措施。

第六十三条　对中国银行业监督管理委员会的处罚决定不服的,可以依法提请行政复议或者向人民法院提起行政诉讼。

第七章　附　　则

第六十四条　信托公司处理信托事务不履行亲自管理职责,即不承担投资管理人职责的,其注册资本不得低于1亿元人民币或等值的可自由兑换货币。对该类信托公司的监督管理参照本办法执行。

第六十五条　本办法由中国银行业监督管理委员会负责解释。

第六十六条　本办法自2007年3月1日起施行,原《信托投资公司管理办法》(中国人民银行令〔2002〕第5号)不再适用。

商业银行市场风险管理指引

(2004年12月16日中国银行业监督管理委员会第30次主席会议通过 2004年12月29日公布 中国银行业监督管理委员会令2004年第10号 自2005年3月1日起施行)

第一章 总 则

第一条 为加强商业银行的市场风险管理,根据《中华人民共和国银行业监督管理法》、《中华人民共和国商业银行法》以及其他有关法律和行政法规,制定本指引。

第二条 本指引所称商业银行是指在中华人民共和国境内依法设立的商业银行,包括中资商业银行、外资独资银行和中外合资银行。

第三条 本指引所称市场风险是指因市场价格(利率、汇率、股票价格和商品价格)的不利变动而使银行表内和表外业务发生损失的风险。市场风险存在于银行的交易和非交易业务中。

市场风险可以分为利率风险、汇率风险(包括黄金)、股票价格风险和商品价格风险,分别是指由于利率、汇率、股票价格和商品价格的不利变动所带来的风险。利率风险按照来源的不同,可以分为重新定价风险、收益率曲线风险、基准风险和期权性风险。

前款所称商品是指可以在二级市场上交易的某些实物产品,如农产品、矿产品(包括石油)和贵金属(不包括黄金)等。

第四条 市场风险管理是识别、计量、监测和控制市场风险的全过程。市场风险管理的目标是通过将市场风险控制在商业银行可以承受的合理范围内,实现经风险调整的收益率的最大化。

商业银行应当充分识别、准确计量、持续监测和适当控制所有交易和非交易业务中的市场风险,确保在合理的市场风险水平之下安全、稳健经营。商业银行所承担的市场风险水平应当与其市场风险管理能力和资本实力相匹配。

为了确保有效实施市场风险管理,商业银行应当将市场风险的识别、计量、监测和控制与全行的战略规划、业务决策和财务预算等经营管理活动进行有机结合。

第五条 中国银行业监督管理委员会(以下简称银监会)依法对商业银行的市场风险水平和市场风险管理体系实施监督管理。银监会应当督促商业银行有效地识别、计量、监测和控制各项业务所承担的各类市场风险。

第二章 市场风险管理

第六条 商业银行应当按照本指引要求,建立与本行的业务性质、规模和复杂程度相适应的、完善的、可靠的市场风险管理体系。市场风险管理体系包括如下基本要素:

(一)董事会和高级管理层的有效监控;

(二)完善的市场风险管理政策和程序;

(三)完善的市场风险识别、计量、监测和控制程序;

(四)完善的内部控制和独立的外部审计;

(五)适当的市场风险资本分配机制。

第七条 商业银行实施市场风险管理,应当适当考虑市场风险与其他风险类别,如信用风险、流动性风险、操作风险、法律风险、声誉风险等风险的相关性,并协调市场风险管理与其他类别风险管理的政策和程序。

第一节 董事会和高级管理层的监控

第八条 商业银行的董事会和高级管理层应当对市场风险管理体系实施有效监控。

商业银行的董事会承担对市场风险管理实施监控的最终责任,确保商业银行有效地识别、计量、监测和控制各项业务所承担的各类市场风险。董事会负责审批市场风险管理的战略、政策和程序,确定银行可以承受的市场风险水平,督促高级管理层采取必要的措施识别、计量、监测和控制市场风险,并定期获得关于市场风险性质和水平的报告,监控和评价市场风险管理的全面性、有效性以及高级管理层在市场风险管理方面的履职情况。董事会可以授权其下设的专门委员会履行以上部分职能,获得授权的委员会应当定期向董事会提交有关报告。

商业银行的高级管理层负责制定、定期审查和监督执行市场风险管理的政策、程序以及具体的操作规程,及时了解市场风险水平及其管理状况,并确保银行具备足够的人力、物力以及恰当的组织结构、管理信息系统和技术水平来有效地识别、计量、监测和控制各项业务所承担的各类市场风险。

商业银行的董事会和高级管理层应当对本行与市场风险有关的业务、所承担的各类市场风险以及相应的风险识别、计量和控制方法有足够的了解。

商业银行的监事会应当监督董事会和高级管理层在市场风险管理方面的履职情况。

第九条 商业银行应当指定专门的部门负责市场风险管理工作。负责市场风险管理的部门应当职责明确,与承担风险的业务经营部门保持相对独立,向董事会和高级管理层提供独立的市场风险报告,并且具备履行市场风险管理职责所需要的人力、物力资源。负责市场风险管理部门的工作人员应当具备相关的专业知识和技能,并充分了解本行与市场风险有关的业务、所承担的各类市场风险以及相应的风险识别、计量、控制方法和技术。商业银行应当确保其薪酬制度足以吸引和留住合格的市场风险管理人员。

商业银行负责市场风险管理的部门应当履行下列职责:

(一)拟定市场风险管理政策和程序,提交高级管理层和董事会审查批准;

(二)识别、计量和监测市场风险;

(三)监测相关业务经营部门和分支机构对市场风险限额的遵守情况,报告超限额情况;

(四)设计、实施事后检验和压力测试;

(五)识别、评估新产品、新业务中所包含的市场风险,审核相应的操作和风险管理程序;

（六）及时向董事会和高级管理层提供独立的市场风险报告；

（七）其他有关职责。

业务复杂程度和市场风险水平较高的商业银行应当建立专门的市场风险管理部门负责市场风险管理工作。

第十条　商业银行承担市场风险的业务经营部门应当充分了解并在业务决策中充分考虑所从事业务中包含的各类市场风险，以实现经风险调整的收益率的最大化。业务经营部门应当为承担市场风险所带来的损失承担责任。

第二节　市场风险管理政策和程序

第十一条　商业银行应当制定适用于整个银行机构的、正式的书面市场风险管理政策和程序。市场风险管理政策和程序应当与银行的业务性质、规模、复杂程度和风险特征相适应，与其总体业务发展战略、管理能力、资本实力和能够承担的总体风险水平相一致，并符合银监会关于市场风险管理的有关要求。市场风险管理政策和程序的主要内容包括：

（一）可以开展的业务，可以交易或投资的金融工具，可以采取的投资、保值和风险缓解策略和方法；

（二）商业银行能够承担的市场风险水平；

（三）分工明确的市场风险管理组织结构、权限结构和责任机制；

（四）市场风险的识别、计量、监测和控制程序；

（五）市场风险的报告体系；

（六）市场风险管理信息系统；

（七）市场风险的内部控制；

（八）市场风险管理的外部审计；

（九）市场风险资本的分配；

（十）对重大市场风险情况的应急处理方案。

商业银行应当根据本行市场风险状况和外部市场的变化情况，及时修订和完善市场风险管理政策和程序。

商业银行的市场风险管理政策和程序及其重大修订应当由董事会批准。商业银行的高级管理层应当向与市场风险管理有关的工作人员阐明本行的市场风险管理政策和程序。与市场风险管理有关的工作人员应当充分了解其与市场风险管理有关的权限和职责。

第十二条 商业银行在开展新产品和开展新业务之前应当充分识别和评估其中包含的市场风险,建立相应的内部审批、操作和风险管理程序,并获得董事会或其授权的专门委员会/部门的批准。新产品、新业务的内部审批程序应当包括由相关部门,如业务经营部门、负责市场风险管理的部门、法律部门/合规部门、财务会计部门和结算部门等对其操作和风险管理程序的审核和认可。

第十三条 市场风险管理政策和程序应当在并表基础上应用,并应当尽可能适用于具有独立法人地位的附属机构,包括境外附属机构。但是,商业银行应当充分认识到附属机构之间存在的法律差异和资金流动障碍,并对其风险管理政策和程序进行相应调整,以避免在具有法律差异和资金流动障碍的附属机构之间轧差头寸而造成对市场风险的低估。

第十四条 商业银行应当按照银监会关于商业银行资本充足率管理的有关要求划分银行账户和交易账户,并根据银行账户和交易账户的性质和特点,采取相应的市场风险识别、计量、监测和控制方法。

商业银行应当对不同类别的市场风险(如利率风险)和不同业务种类(如衍生产品交易)的市场风险制定更详细和有针对性的风险管理政策和程序,并保持相互之间的一致性。

第三节 市场风险的识别、计量、监测和控制

第十五条 商业银行应当对每项业务和产品中的市场风险因素进行分解和分析,及时、准确地识别所有交易和非交易业务中市场风险的类别和性质。

第十六条 商业银行应当根据本行的业务性质、规模和复杂程度,对银行账户和交易账户中不同类别的市场风险选择适当的、普遍接受的计量方法,基于合理的假设前提和参数,计量承担的所有市场风险。商业银行应当尽可能准确计算可以量化的市场风险和评估难以量化的市场风险。

商业银行可以采取不同的方法或模型计量银行账户和交易账户

中不同类别的市场风险。市场风险的计量方式包括缺口分析、久期分析、外汇敞口分析、敏感性分析、情景分析和运用内部模型计算风险价值等。商业银行应当充分认识到市场风险不同计量方法的优势和局限性,并采用压力测试等其他分析手段进行补充。

商业银行应当尽量对所计量的银行账户和交易账户中的市场风险(特别是利率风险)在全行范围内进行加总,以便董事会和高级管理层了解本行的总体市场风险水平。

商业银行的董事会、高级管理层和与市场风险管理有关的人员应当了解本行采用的市场风险计量方法、模型及其假设前提,以便准确理解市场风险的计量结果。

第十七条 商业银行应当采取措施确保假设前提、参数、数据来源和计量程序的合理性和准确性。商业银行应当对市场风险计量系统的假设前提和参数定期进行评估,制定修改假设前提和参数的内部程序。重大的假设前提和参数修改应当由高级管理层审批。

第十八条 商业银行应当对交易账户头寸按市值每日至少重估一次价值。市值重估应当由与前台相独立的中台、后台、财务会计部门或其他相关职能部门或人员负责。用于重估的定价因素应当从独立于前台的渠道获取或者经过独立的验证。前台、中台、后台、财务会计部门、负责市场风险管理的部门等用于估值的方法和假设应当尽量保持一致,在不完全一致的情况下,应当制定并使用一定的校对、调整方法。在缺乏可用于市值重估的市场价格时,商业银行应当确定选用代用数据的标准、获取途径和公允价格计算方法。

第十九条 银监会鼓励业务复杂程度和市场风险水平较高的商业银行逐步开发和使用内部模型计量风险价值,对所承担的市场风险水平进行量化估计。风险价值是指所估计的在一定的持有期和给定的置信水平下,利率、汇率等市场风险要素的变化可能对某项资金头寸、资产组合或机构造成的潜在最大损失。

第二十条 采用内部模型的商业银行应当根据本行的业务规模和性质,参照国际通行标准,合理选择、定期审查和调整模型技术(如方差-协方差法、历史模拟法和蒙特·卡洛法)以及模型的假设前提和参数,并建立和实施引进新模型、调整现有模型以及检验模型准确性的内部政策和程序。模型的检验应当由独立于模型开发和运行的人员负责。

采用内部模型的商业银行应当将模型的运用与日常风险管理相融合,内部模型所提供的信息应当成为规划、监测和控制市场风险资产组合过程的有机组成部分。

采用内部模型的商业银行应当恰当理解和运用市场风险内部模型的计算结果,并充分认识到内部模型的局限性,运用压力测试和其他非统计类计量方法对内部模型方法进行补充。

第二十一条 商业银行应当定期实施事后检验,将市场风险计量方法或模型的估算结果与实际结果进行比较,并以此为依据对市场风险计量方法或模型进行调整和改进。

第二十二条 商业银行应当建立全面、严密的压力测试程序,定期对突发的小概率事件,如市场价格发生剧烈变动,或者发生意外的政治、经济事件可能造成的潜在损失进行模拟和估计,以评估本行在极端不利情况下的亏损承受能力。压力测试应当包含定性和定量分析。

压力测试应当选择对市场风险有重大影响的情景,包括历史上发生过重大损失的情景和假设情景。假设情景包括模型假设和参数不再适用的情形、市场价格发生剧烈变动的情形、市场流动性严重不足的情形,以及外部环境发生重大变化、可能导致重大损失或风险难以控制的情景。商业银行应当使用银监会规定的压力情景和根据本行业务性质、市场环境设计的压力情景进行压力测试。

商业银行应当根据压力测试的结果,对市场风险有重大影响的情形制定应急处理方案,并决定是否及如何对限额管理、资本配置及市场风险管理的其他政策和程序进行改进。董事会和高级管理层应当定期对压力测试的设计和结果进行审查,不断完善压力测试程序。

第二十三条 商业银行应当对市场风险实施限额管理,制定对各类和各级限额的内部审批程序和操作规程,根据业务性质、规模、复杂程度和风险承受能力设定、定期审查和更新限额。

市场风险限额包括交易限额、风险限额及止损限额等,并可按地区、业务经营部门、资产组合、金融工具和风险类别进行分解。商业银行应当根据不同限额控制风险的不同作用及其局限性，建立不同类型和不同层次的限额相互补充的合理限额体系，有效控制市场风险。商业银行总的市场风险限额以及限额的种类、结构应当由董事会批准。

商业银行在设计限额体系时应当考虑以下因素：

（一）业务性质、规模和复杂程度；

（二）商业银行能够承担的市场风险水平；

（三）业务经营部门的既往业绩；

（四）工作人员的专业水平和经验；

（五）定价、估值和市场风险计量系统；

（六）压力测试结果；

（七）内部控制水平；

（八）资本实力；

（九）外部市场的发展变化情况。

商业银行应当对超限额情况制定监控和处理程序。超限额情况应当及时向相应级别的管理层报告。该级别的管理层应当根据限额管理的政策和程序决定是否批准以及此超限额情况可以保持多长时间。对未经批准的超限额情况应当按照限额管理的政策和程序进行处理。管理层应当根据超限额发生情况决定是否对限额管理体系进行调整。

商业银行应当确保不同市场风险限额之间的一致性，并协调市场风险限额管理与流动性风险限额等其他风险类别的限额管理。

第二十四条　商业银行应当为市场风险的计量、监测和控制建立完备、可靠的管理信息系统，并采取相应措施确保数据的准确、可靠、及时和安全。管理信息系统应当能够支持市场风险的计量及其所实施的事后检验和压力测试，并能监测市场风险限额的遵守情况和提供市场风险报告的有关内容。商业银行应当建立相应的对账程序确保不同部门和产品业务数据的一致性和完整性，并确保向市场风险计量系统输入准确的价格和业务数据。商业银行应当根据需要对管理信息系统及时改进和更新。

第二十五条　商业银行应当对市场风险有重大影响的情形制定应急处理方案，包括采取对冲、减少风险暴露等措施降低市场风险水平,以及建立针对自然灾害、银行系统故障和其他突发事件的应急处理或者备用系统、程序和措施,以减少银行可能发生的损失和银行声誉可能受到的损害。

商业银行应当将压力测试的结果作为制定市场风险应急处理方案的重要依据,并定期对应急处理方案进行审查和测试,不断更新和完善应急处理方案。

第二十六条　有关市场风险情况的报告应当定期、及时向董事会、高级管理层和其他管理人员提供。不同层次和种类的报告应当遵循规定的发送范围、程序和频率。报告应当包括如下全部或部分内容:

(一)按业务、部门、地区和风险类别分别统计的市场风险头寸;

(二)按业务、部门、地区和风险类别分别计量的市场风险水平;

(三)对市场风险头寸和市场风险水平的结构分析;

(四)盈亏情况;

(五)市场风险识别、计量、监测和控制方法及程序的变更情况;

(六)市场风险管理政策和程序的遵守情况;

(七)市场风险限额的遵守情况,包括对超限额情况的处理;

(八)事后检验和压力测试情况;

(九)内部和外部审计情况;

(十)市场风险资本分配情况;

(十一)对改进市场风险管理政策、程序以及市场风险应急方案的建议;

(十二)市场风险管理的其他情况。

向董事会提交的市场风险报告通常包括银行的总体市场风险头寸、风险水平、盈亏状况和对市场风险限额及市场风险管理的其他政策和程序的遵守情况等内容。向高级管理层和其他管理人员提交的市场风险报告通常包括按地区、业务经营部门、资产组合、金融工具和风险类别分解后的详细信息,并具有更高的报告频率。

第四节　内部控制和外部审计

第二十七条　商业银行应当按照银监会关于商业银行内部控制

的有关要求,建立完善的市场风险管理内部控制体系,作为银行整体内部控制体系的有机组成部分。市场风险管理的内部控制应当有利于促进有效的业务运作,提供可靠的财务和监管报告,促使银行严格遵守相关法律、行政法规、部门规章和内部的制度、程序,确保市场风险管理体系的有效运行。

第二十八条 为避免潜在的利益冲突,商业银行应当确保各职能部门具有明确的职责分工,以及相关职能适当分离。商业银行的市场风险管理职能与业务经营职能应当保持相对独立。交易部门应当将前台、后台严格分离,前台交易人员不得参与交易的正式确认、对账、重新估值、交易结算和款项收付;必要时可设置中台监控机制。

第二十九条 商业银行应当避免其薪酬制度和激励机制与市场风险管理目标产生利益冲突。董事会和高级管理层应当避免薪酬制度具有鼓励过度冒险投资的负面效应,防止绩效考核过于注重短期投资收益表现,而不考虑长期投资风险。负责市场风险管理工作人员的薪酬不应当与直接投资收益挂钩。

第三十条 商业银行的内部审计部门应当定期(至少每年一次)对市场风险管理体系各个组成部分和环节的准确、可靠、充分和有效性进行独立的审查和评价。内部审计应当既对业务经营部门,也对负责市场风险管理的部门进行。内部审计报告应当直接提交给董事会。董事会应当督促高级管理层对内部审计所发现的问题提出改进方案并采取改进措施。内部审计部门应当跟踪检查改进措施的实施情况,并向董事会提交有关报告。

商业银行对市场风险管理体系的内部审计应当至少包括以下内容:

(一)市场风险头寸和风险水平;

(二)市场风险管理体系文档的完备性;

(三)市场风险管理的组织结构,市场风险管理职能的独立性,市场风险管理人员的充足性、专业性和履职情况;

(四)市场风险管理所涵盖的风险类别及其范围;

(五)市场风险管理信息系统的完备性、可靠性,市场风险头寸数据的准确性、完整性,数据来源的一致性、时效性、可靠性和独立性;

(六)市场风险管理系统所用参数和假设前提的合理性、稳定性;

(七)市场风险计量方法的恰当性和计量结果的准确性;

(八)对市场风险管理政策和程序的遵守情况;

(九)市场风险限额管理的有效性;

(十)事后检验和压力测试系统的有效性;

(十一)市场风险资本的计算和内部配置情况;

(十二)对重大超限额交易、未授权交易和账目不匹配情况的调查。

商业银行在引入对市场风险水平有重大影响的新产品和新业务、市场风险管理体系出现重大变动或者存在严重缺陷的情况下,应当扩大市场风险内部审计的范围和增加内部审计频率。

商业银行的内部审计人员应当具备相关的专业知识和技能,并经过相应的培训,能够充分理解市场风险识别、计量、监测、控制的方法和程序。

第三十一条 内部审计力量不足的商业银行,应当委托社会中介机构对其市场风险的性质、水平及市场风险管理体系进行审计。

银监会也鼓励其他商业银行委托社会中介机构对其市场风险的性质、水平及市场风险管理体系定期进行审查和评价。

第五节 市场风险资本

第三十二条 商业银行应当按照银监会关于商业银行资本充足率管理的要求,为所承担的市场风险提取充足的资本。

银监会鼓励业务复杂程度和市场风险水平较高的商业银行运用经风险调整的收益率进行内部资本配置和业绩考核,在全行和业务经营部门等各个层次上达到市场风险水平和盈利水平的适当平衡。

第三章 市场风险监管

第三十三条 商业银行应当按照规定向银监会报送与市场风险有关的财务会计、统计报表和其他报告。委托社会中介机构对其市场风险的性质、水平及市场风险管理体系进行审计的,还应当提交外部审计报告。

商业银行的市场风险管理政策和程序应当报银监会备案。

第三十四条　商业银行应当及时向银监会报告下列事项：

（一）出现超过本行内部设定的市场风险限额的严重亏损；

（二）国内、国际金融市场发生的引起市场较大波动的重大事件将对本行市场风险水平及其管理状况产生的影响；

（三）交易业务中的违法行为；

（四）其他重大意外情况。

商业银行应当制定市场风险重大事项报告制度，并报银监会备案。

第三十五条　银监会应当定期对商业银行的市场风险管理状况进行现场检查，检查的主要内容有：

（一）董事会和高级管理层在市场风险管理中的履职情况；

（二）市场风险管理政策和程序的完善性及其实施情况；

（三）市场风险识别、计量、监测和控制的有效性；

（四）市场风险管理系统所用假设前提和参数的合理性、稳定性；

（五）市场风险管理信息系统的有效性；

（六）市场风险限额管理的有效性；

（七）市场风险内部控制的有效性；

（八）银行内部市场风险报告的独立性、准确性、可靠性，以及向银监会报送的与市场风险有关的报表、报告的真实性和准确性；

（九）市场风险资本的充足性；

（十）负责市场风险管理工作人员的专业知识、技能和履职情况；

（十一）市场风险管理的其他情况。

第三十六条　对于银监会在监管中发现的有关市场风险管理的问题，商业银行应当在规定的时限内提交整改方案并采取整改措施。银监会可以对商业银行的市场风险管理体系提出整改建议，包括调整市场风险计量方法、模型、假设前提和参数等方面的建议。

对于在规定的时限内未能有效采取整改措施或者市场风险管理体系存在严重缺陷的商业银行，银监会有权采取下列措施：

（一）要求商业银行增加提交市场风险报告的次数；

（二）要求商业银行提供额外相关资料；

(三)要求商业银行通过调整资产组合等方式适当降低市场风险水平;

(四)《中华人民共和国银行业监督管理法》以及其他法律、行政法规和部门规章规定的有关措施。

第三十七条 商业银行应当按照银监会关于信息披露的有关规定,披露其市场风险状况的定量和定性信息,披露的信息应当至少包括以下内容:

(一)所承担市场风险的类别、总体市场风险水平及不同类别市场风险的风险头寸和风险水平;

(二)有关市场价格的敏感性分析,如利率、汇率变动对银行的收益、经济价值或财务状况的影响;

(三)市场风险管理的政策和程序,包括风险管理的总体理念、政策、程序和方法,风险管理的组织结构,市场风险计量方法及其所使用的参数和假设前提,事后检验和压力测试情况,市场风险的控制方法等;

(四)市场风险资本状况;

(五)采用内部模型的商业银行应当披露所计算的市场风险类别及其范围,计算的总体市场风险水平及不同类别的市场风险水平,报告期内最高、最低、平均和期末的风险价值,以及所使用的模型技术、所使用的参数和假设前提、事后检验和压力测试情况及检验模型准确性的内部程序等信息。

第四章 附 则

第三十八条 政策性银行、金融资产管理公司、城市信用社、农村信用社、信托投资公司、财务公司、金融租赁公司、汽车金融公司、邮政储蓄机构等其他金融机构参照本指引执行。

第三十九条 未设立董事会的国有商业银行,应当由其经营决策机构履行本指引规定的董事会的有关市场风险管理职责。

第四十条 在中华人民共和国境内设立的外国银行分行应当遵循其总行制定的市场风险管理政策和程序,定期向总行报送市场风险管理报告,并按照规定向银监会报送市场风险的有关报告。

第四十一条 本指引的《附录》对本指引所涉及的有关名词进行了说明。

第四十二条 国有商业银行和股份制商业银行最迟应于2007年底前,城市商业银行和其他商业银行最迟应于2008年底前达到本指引要求。

第四十三条 本指引由银监会负责解释。

第四十四条 本指引自2005年3月1日起施行。

附录

《商业银行市场风险管理指引》有关名词的说明

一、重新定价风险(Repricing Risk)、收益率曲线风险(Yield Curve Risk)、基准风险(Basis Risk)、期权性风险(Optionality)

利率风险按照来源的不同,可以分为重新定价风险、收益率曲线风险、基准风险和期权性风险。

(一)重新定价风险(Repricing Risk)

重新定价风险也称为期限错配风险,是最主要和最常见的利率风险形式,来源于银行资产、负债和表外业务到期期限(就固定利率而言)或重新定价期限(就浮动利率而言)所存在的差异。这种重新定价的不对称性使银行的收益或内在经济价值会随着利率的变动而变化。例如,如果银行以短期存款作为长期固定利率贷款的融资来源,当利率上升时,贷款的利息收入是固定的,但存款的利息支出却会随着利率的上升而增加,从而使银行的未来收益减少和经济价值降低。

(二)收益率曲线风险(Yield Curve Risk)

重新定价的不对称性也会使收益率曲线斜率、形态发生变化,即收益率曲线的非平行移动,对银行的收益或内在经济价值产生不利影响,从而形成收益率曲线风险,也称为利率期限结构变化风险。例如,若以五年期政府债券的空头头寸为10年期政府债券的多头头寸进行保值,当收益率曲线变陡的时候,虽然上述安排已经对收益率曲线的平行移动进行了保值,但该10年期债券多头头寸的经济价值还是会下降。

(三)基准风险(Basis Risk)

基准风险也称为利率定价基础风险,是另一种重要的利率风险来源。在利息收入和利息支出所依据的基准利率变动不一致的情况下,虽然资产、负债和表外业务的重新定价特征相似,但因其现金流和收益的利差发生了变化,也会对银行的收益或内在经济价值产生不利影响。例如,一家银行可能用一年期存款作为一年期贷款的融资来源,贷款按照美国国库券利率每月重新定价一次,而存款则按照伦敦同业拆借市场利率每月重新定价一次。虽然用一年期的存款为来源发放一年期的贷款,由于利率敏感性负债与利率敏感性资产的重新定价期限完全相同而不存在重新定价风险,但因为其基准利率的变化可能不完全相关,变化不同步,仍然会使该银行面临着因基准利率的利差发生变化而带来的基准风险。

(四)期权性风险(Optionality)

期权性风险是一种越来越重要的利率风险,来源于银行资产、负债和表外业务中所隐含的期权。一般而言,期权赋予其持有者买入、卖出或以某种方式改变某一金融工具或金融合同的现金流量的权利,而非义务。期权可以是单独的金融工具,如场内(交易所)交易期权和场外期权合同,也可以隐含于其他的标准化金融工具之中,如债券或存款的提前兑付、贷款的提前偿还等选择性条款。一般而言,期权和期权性条款都是在对买方有利而对卖方不利时执行,因此,此类期权性工具因具有不对称的支付特征而会给卖方带来风险。比如,若利率变动对存款人或借款人有利,存款人就可能选择重新安排存款,借款人可能选择重新安排贷款,从而对银行产生不利影响。如今,越来越多的期权品种因具有较高的杠杆效应,还会进一步增大期权头寸可能会对银行财务状况产生的不利影响。

二、缺口分析(Gap Analysis)

缺口分析是衡量利率变动对银行当期收益的影响的一种方法。具体而言,就是将银行的所有生息资产和付息负债按照重新定价的期限划分到不同的时间段(如1个月以下,1~3个月,3个月~1年,1~5

年,5 年以上等)。在每个时间段内,将利率敏感性资产减去利率敏感性负债,再加上表外业务头寸,就得到该时间段内的重新定价“缺口”。以该缺口乘以假定的利率变动,即得出这一利率变动对净利息收入变动的大致影响。当某一时段内的负债大于资产(包括表外业务头寸)时,就产生了负缺口,即负债敏感型缺口,此时市场利率上升会导致银行的净利息收入下降。相反,当某一时段内的资产(包括表外业务头寸)大于负债时,就产生了正缺口,即资产敏感型缺口,此时市场利率下降会导致银行的净利息收入下降。缺口分析中的假定利率变动可以通过多种方式来确定,如根据历史经验确定、根据银行管理层的判断确定和模拟潜在的未来利率变动等方式。

缺口分析是对利率变动进行敏感性分析的方法之一,是银行业较早采用的利率风险计量方法。因为其计算简便、清晰易懂,目前仍然被广泛使用。但是,缺口分析也存在一定的局限性。第一,缺口分析假定同一时间段内的所有头寸到期时间或重新定价时间相同,因此忽略了同一时段内不同头寸的到期时间或利率重新定价期限的差异。在同一时间段内的加总程度越高,对计量结果精确性的影响就越大。第二,缺口分析只考虑了由重新定价期限的不同而带来的利率风险,即重新定价风险,未考虑当利率水平变化时,因各种金融产品基准利率的调整幅度不同而带来的利率风险,即基准风险。同时,缺口分析也未考虑因利率环境改变而引起的支付时间的变化,即忽略了与期权有关的头寸在收入敏感性方面的差异。第三,非利息收入和费用是银行当期收益的重要来源,但大多数缺口分析未能反映利率变动对非利息收入和费用的影响。第四,缺口分析主要衡量利率变动对银行当期收益的影响,未考虑利率变动对银行经济价值的影响,所以只能反映利率变动的短期影响。因此,缺口分析只是一种初级的、粗略的利率风险计量方法。

三、久期分析(Duration Analysis)

久期分析也称为持续期分析或期限弹性分析,是衡量利率变动对银行经济价值影响的一种方法。具体而言,就是对各时段的缺口赋予相应的敏感性权重,得到加权缺口,然后对所有时段的加权缺口进行汇总,以此估算某一给定的小幅(通常小于 1%)利率变动可能会对银行经济价值产生的影响(用经济价值变动的百分比表示)。各个时段的敏感性权重通常是由假定的利率变动乘以该时段头寸的假定平均久期来确定。一般而言,金融工具的到期日或距下一次重新定价日的时间越长,并且在到期日之前支付的金额越小,则久期的绝对值越高,表明利率变动将会对银行的经济价值产生较大的影响。久期分析也是对利率变动进行敏感性分析的方法之一。

银行可以对以上的标准久期分析法进行演变,如可以不采用对每一时段头寸使用平均久期的做法,而是通过计算每项资产、负债和表外头寸的精确久期来计量市场利率变化所产生的影响,从而消除加总头寸/现金流量时可能产生的误差。另外,银行还可以采用有效久期分析法,即对不同的时段运用不同的权重,根据在特定的利率变化情况下,假想金融工具市场价值的实际百分比变化,来设计各时段风险权重,从而更好地反映市场利率的显著变动所导致的价格的非线性变化。

与缺口分析相比较,久期分析是一种更为先进的利率风险计量方法。缺口分析侧重于计量利率变动对银行短期收益的影响,而久期分析则能计量利率风险对银行经济价值的影响,即估算利率变动对所有头寸的未来现金流现值的潜在影响,从而能够对利率变动的长期影响进行评估,更为准确地估算利率风险对银行的影响。但是,久期分析仍然存在一定的局限性。第一,如果在计算敏感性权重时对每一时段使用平均久期,即采用标准久期分析法,久期分析仍然只能反映重新定价风险,不能反映基准风险,以及因利率和支付时间的不同而导致的头寸的实际利率敏感性差异,也不能很好地反映期权性风险。第二,对于利率的大幅变动(大于1%),由于头寸价格的变化与利率的变动无法近似为线性关系,因此,久期分析的结果就不再准确。

四、外汇敞口分析(Foreign Currency Exposure Analysis)

外汇敞口分析是衡量汇率变动对银行当期收益的影响的一种方法。外汇敞口主要来源于银行表内外业务中的货币错配。当在某一时段内,银行某一币种的多头头寸与空头头寸不一致时,所产生的差额就形成了外汇敞口。在存在外汇敞口的情况下,汇率变动可能会给银行的当期收益或经济价值带来损失,从而形成汇率风险。在进行敞口分析时，银行应当分析单一币种的外汇敞口，以及各币种敞口折成报告货币并加总轧差后形成的外汇总敞口。对单一币种的外汇敞口，银行应当分析即期外汇敞口、远期外汇敞口和即期、远期加总轧差后的外汇敞口。银行还应当对交易业务和非交易业务形成的外汇敞口加以区分。对因存在外汇敞口而产生的汇率风险，银行通常采用套期保值和限额管理等方式进行控制。外汇敞口限额包括对单一币种的外汇敞口限额和外汇总敞口限额。外汇敞口分析是银行业较早采用的汇率风险计量方法，具有计算简便、清晰易懂的优点。但是，外汇敞口分析也存在一定的局限性，主要是忽略了各币种汇率变动的相关性，难以揭示由于各币种汇率变动的相关性所带来的汇率风险。

五、敏感性分析（Sensitivity Analysis）

敏感性分析是指在保持其他条件不变的前提下，研究单个市场风险要素（利率、汇率、股票价格和商品价格）的变化可能会对金融工具或资产组合的收益或经济价值产生的影响。例如，缺口分析可用于衡量银行当期收益对利率变动的敏感性；久期分析可用于衡量银行经济价值对利率变动的敏感性。巴塞尔委员会在2004年发布的《利率风险管理与监管原则》中，要求银行评估标准利率冲击（如利率上升或下降200个基点）对银行经济价值的影响，也是一种利率敏感性分析方法，目的是使监管当局能够根据标准利率冲击的评估结果，评价银行的内部计量系统是否能充分反映其实际利率风险水平及其资本充足程度，并对不同机构所承担的利率风险进行比较。如果在标准利率冲击下，银行经济价值的下降幅度超过一级资本、二级资本之和的20%，监管机构就必须关注其资本充足状况，必要时还应要求银行降低风险水平和/或增加资本。

敏感性分析计算简单且便于理解，在市场风险分析中得到了广泛应用。但是敏感性分析也存在一定的局限性，主要表现在对于较复杂的金融工具或资产组合，无法计量其收益或经济价值相对市场风险要素的非线性变化。因此，在使用敏感性分析时要注意其适用范围，并在必要时辅以其他的市场风险分析方法。

六、情景分析(Scenario Analysis)

与敏感性分析对单一因素进行分析不同,情景分析是一种多因素分析方法,结合设定的各种可能情景的发生概率,研究多种因素同时作用时可能产生的影响。在情景分析过程中要注意考虑各种头寸的相关关系和相互作用。情景分析中所用的情景通常包括基准情景、最好的情景和最坏的情景。情景可以人为设定(如直接使用历史上发生过的情景),也可以从对市场风险要素历史数据变动的统计分析中得到,或通过运行描述在特定情况下市场风险要素变动的随机过程得到。如银行可以分析利率、汇率同时发生变化时可能会对其市场风险水平产生的影响,也可以分析在发生历史上出现过的政治、经济事件或金融危机以及一些假设事件时,其市场风险状况可能发生的变化。

七、风险价值(Value at Risk,VaR)

风险价值是指在一定的持有期和给定的置信水平下,利率、汇率等市场风险要素发生变化时可能对某项资金头寸、资产组合或机构造成的潜在最大损失。例如,在持有期为 1 天、置信水平为 99% 的情况下,若所计算的风险价值为 1 万美元,则表明该银行的资产组合在 1 天中的损失有 99% 的可能性不会超过 1 万美元。风险价值通常是由银行的市场风险内部定量管理模型来估算。目前常用的风险价值模型技术主要有三种:方差—协方差法(Variance - Covariance Method)、历史模拟法(Historical Simulation Method)和蒙特·卡洛法(Monte Carlo Simulation Method)。现在,风险价值已成为计量市场风险的主要指标,也是银行采用内部模型计算市场风险资本要求的主要依据。

市场风险内部模型的技术方法、假设前提和参数设置可以有多种选择,在进行内部风险管理时,银行通常都根据本行的发展战略、风险管理目标和业务复杂程度自行设定。只是对于市场风险监管资本的计算,巴塞尔委员会和大多数监管当局才做出了一些统一规定,目的是使不同银行所计算的市场风险监管资本具有一致性和可比性,同时从审慎监管的角度出发,对一些参数,如持有期做出了相对保守的规定。巴塞尔委员会在 1996 年的《资本协议市场风险补充规定》中对市场风险内部模型主要提出了以下定量要求:置信水平采用 99% 的单尾置信区间；持有期为10个营业日；市场风险要素价格的历史观测期至少为一年；至少每三个月更新一次数据。但是，在模型技术方面，巴塞尔委员会和各国监管当局均未做出硬性要求，允许银行自行选择三种常用模型技术中的任何一种。即使是对VaR模型参数设置做出的定量规定，也仅限于在计算市场风险监管资本时遵循，商业银行实施内部风险管理完全可以选用不同的参数值。如巴塞尔委员会要求计算监管资本应采用99%的置信水平，而不少银行在内部管理时却选用95%、97.5%的置信水平。此外，考虑到市场风险内部模型本身存在的一些缺陷，巴塞尔委员会要求在计算市场风险监管资本时，必须将计算出来的风险价值乘以一个乘数因子（multiplication factor），使所得出的资本数额足以抵御市场发生不利变化可能对银行造成的损失。乘数因子一般由各国监管当局根据其对银行风险管理体系质量的评估自行确定，巴塞尔委员会规定该值不得低于3。

目前，市场风险内部模型已成为市场风险的主要计量方法。与缺口分析、久期分析等传统的市场风险计量方法相比，市场风险内部模型的主要优点是可以将不同业务、不同类别的市场风险用一个确切的数值（VaR值）表示出来，是一种能在不同业务和风险类别之间进行比较和汇总的市场风险计量方法，而且将隐性风险显性化之后，有利于进行风险的监测、管理和控制。同时，由于风险价值具有高度的概括性，简明易懂，也适宜董事会和高级管理层了解本行市场风险的总体水平。但是，市场风险内部模型法也存在一定的局限性。第一，市场风险内部模型计算的风险水平高度概括，不能反映资产组合的构成及其对价格波动的敏感性，因此对具体的风险管理过程作用有限，需要辅之以敏感性分析、情景分析等非统计类方法。第二，市场风险内部模型方法未涵盖价格剧烈波动等可能会对银行造成重大损失的突发性小概率事件，因此需要采用压力测试对其进行补充。第三，大多数市场风险内部模型只能计量交易业务中的市场风险，不能计量非交易业务中的市场风险。因此，使用市场风险内部模型的银行应当充分认识其局限性，恰当理解和运用模型的计算结果。

八、事后检验（Back Testing）

事后检验是指将市场风险计量方法或模型的估算结果与实际发

生的损益进行比较，以检验计量方法或模型的准确性、可靠性，并据此对计量方法或模型进行调整和改进的一种方法。若估算结果与实际结果近似，则表明该风险计量方法或模型的准确性和可靠性较高；若两者差距较大，则表明该风险计量方法或模型的准确性和可靠性较低，或者是事后检验的假设前提存在问题；介于这两种情况之间的检验结果，则暗示该风险计量方法或模型存在问题，但结论不确定。目前，事后检验作为检验市场风险计量方法或模型的一种手段还处在发展过程中。不同银行采用的事后检验方法以及对事后检验结果的解释标准均有所不同。

巴塞尔委员会1996年的《资本协议市场风险补充规定》要求采用内部模型计算市场风险资本的银行对模型进行事后检验，以检验并提高模型的准确性和可靠性。监管当局应根据事后检验的结果决定是否通过设定附加因子（plus factor）来提高市场风险的监管资本要求。附加因子设定在最低乘数因子（巴塞尔委员会规定为3）之上，取值在0~1之间。如果监管当局对模型的事后检验结果比较满意，模型也满足了监管当局规定的其他定量和定性标准，就可以将附加因子设为0，否则可以设为0~1之间的一个数，即通过增大所计算VaR值的乘数因子，对内部模型存在缺陷的银行提出更高的监管资本要求。

九、压力测试（Stress Testing）

银行不仅应采用各种市场风险计量方法对在一般市场情况下所承受的市场风险进行分析，还应当通过压力测试来估算突发的小概率事件等极端不利情况可能对其造成的潜在损失，如在利率、汇率、股票价格等市场风险要素发生剧烈变动、国内生产总值大幅下降、发生意外的政治和经济事件或者几种情形同时发生的情况下，银行可能遭受的损失。压力测试的目的是评估银行在极端不利情况下的亏损承受能力，主要采用敏感性分析和情景分析方法进行模拟和估计。

在运用敏感性分析方法进行压力测试时，需要回答的问题如：汇率冲击对银行净外汇头寸的影响，利率冲击对银行经济价值或收益产生的影响等等。在运用情景分析方法进行压力测试时，应当选择可能对市场风险产生最大影响的情景，包括历史上发生过重大损失的情景（如1997年的亚洲金融危机）和假设情景。假设情景又包括模型假设和参数不再适用的情形、市场价格发生剧烈变动的情形、市场流动性严重不足的情形，以及外部环境发生重大变化、可能导致重大损失或风险难以控制的情景。这些情景或者由监管当局规定，或者由商业银行根据自己的资产组合特点来设计。在设计压力情景时，既要考虑市场风险要素变动等微观因素，又要考虑一国经济结构和宏观经济政策变化等宏观层面因素。

十、银行账户与交易账户(Banking Book and Trading Book)

银行的表内外资产可分为银行账户和交易账户资产两大类。巴塞尔委员会2004年的《新资本协议》对其1996年《资本协议市场风险补充规定》中的交易账户定义进行了修改，修改后的定义为：交易账户记录的是银行为交易目的或规避交易账户其他项目的风险而持有的可以自由交易的金融工具和商品头寸。记入交易账户的头寸必须在交易方面不受任何条款限制，或者能够完全规避自身风险。而且，银行应当对交易账户头寸经常进行准确估值，并积极管理该项投资组合。为交易目的而持有的头寸是指，在短期内有目的地持有以便转手出售、从实际或预期的短期价格波动中获利或者锁定套利(lock in arbitrage profits)的头寸，如自营头寸、代客买卖头寸和做市交易(market making)形成的头寸。记入交易账户的头寸应当满足以下基本要求：一是具有经高级管理层批准的书面的头寸/金融工具和投资组合的交易策略(包括持有期限)；二是具有明确的头寸管理政策和程序；三是具有明确的监控头寸与银行交易策略是否一致的政策和程序，包括监控交易规模和交易账户的头寸余额。是否具有交易目的在交易之初就已确定，此后一般不能随意更改。与交易账户相对应，银行的其他业务归入银行账户，最典型的是存贷款业务。交易账户中的项目通常按市场价格计价(mark - to - market)，当缺乏可参考的市场价格时，可以按模型定价(mark - to - model)。按模型定价是指将从市场获得的其他相关数据输入模型，计算或推算出交易头寸的价值。银行账户中的项目则通常按历史成本计价。

商业银行应当制定关于账户划分的内部政策和程序，内容应包括：对交易业务的界定，应列入交易账户的金融工具，对交易和非交易岗位及其职责的严格划分，金融工具或投资组合的交易策略，交易头寸的管理政策和程序,监控交易头寸与交易策略是否一致的程序等。同时,银行应保留完整的交易和账户划分记录,以便进行查询,并接受内部、外部审计和监管当局的监督检查。同时,商业银行应当根据银行账户和交易账户的性质和特点,采取相应的市场风险识别、计量、监测和控制方法。

另外,划分银行账户和交易账户,也是准确计算市场风险监管资本的基础。巴塞尔委员会于1996年1月颁布的《资本协议市场风险补充规定》以及大多数国家据此制定的资本协议将市场风险纳入了资本要求的范围,但未涵盖全部的市场风险,所包括的是在交易账户中的利率和股票价格风险以及在银行和交易账户中的汇率和商品价格风险。因此,若账户划分不当,会影响市场风险资本要求的准确程度;若银行在两个账户之间随意调节头寸,则会为其根据需要调整所计算的资本充足率提供监管套利机会。目前,实行市场风险监管资本要求的国家/地区的银行监管当局都制定了银行账户、交易账户划分的基本原则,并要求商业银行据此制定内部的政策和程序,详细规定账户划分标准和程序。监管当局则定期对银行的账户划分情况进行检查,检查重点是其内部账户划分的政策、程序是否符合监管当局的要求,是否遵守了内部的账户划分政策和程序,是否为减少监管资本要求而人为地在两个账户之间调节头寸等。

十一、限额(Limits)管理

商业银行实施市场风险管理,应当确保将所承担的市场风险控制在可以承受的合理范围内,使市场风险水平与其风险管理能力和资本实力相匹配,限额管理正是对市场风险进行控制的一项重要手段。银行应当根据所采用的市场风险计量方法设定市场风险限额。市场风险限额可以分配到不同的地区、业务单元和交易员,还可以按资产组合、金融工具和风险类别进行分解。银行负责市场风险管理的部门应当监测对市场风险限额的遵守情况,并及时将超限额情况报告给管理层。常用的市场风险限额包括交易限额、风险限额和止损限额等。

交易限额(Limits on Net and Gross Positions)是指对总交易头寸或净交易头寸设定的限额。总头寸限额对特定交易工具的多头头寸或空头头寸给予限制,净头寸限额对多头头寸和空头头寸相抵后的净额加以限制。在实践中,银行通常将这两种交易限额结合使用。

风险限额是指对按照一定的计量方法所计量的市场风险设定的限额,如对内部模型计量的风险价值设定的限额(Value - at - Risk Limits)和对期权性头寸设定的期权性头寸限额(Limits on Options Positions)等。期权性头寸限额是指对反映期权价值的敏感性参数设定的限额,通常包括:对衡量期权价值对基准资产价格变动率的Delta、衡量Delta对基准资产价格变动率的Gamma、衡量期权价值对市场预期的基准资产价格波动性的敏感度的Vega、衡量期权临近到期日时价值变化的Theta以及衡量期权价值对短期利率变动率的Rho设定的限额。

止损限额(Stop - Loss Limits)即允许的最大损失额。通常,当某项头寸的累计损失达到或接近止损限额时,就必须对该头寸进行对冲交易或将其变现。典型的止损限额具有追溯力,即止损限额适用于一日、一周或一个月内等一段时间内的累计损失。

十二、按经风险调整的收益率(Risk - Adjusted Rate of Return)

长期以来,衡量企业盈利能力普遍采用的是股本收益率(ROE)和资产收益率(ROA)指标,其缺陷是只考虑了企业的账面盈利而忽略了未充分考虑风险因素。银行是经营特殊商品的高风险企业,以不考虑风险因素的指标衡量其盈利能力,具有很大的局限性。目前,国际银行业的发展趋势是采用按经风险调整的收益率,综合考核银行的盈利能力和风险管理能力。按经风险调整的收益率克服了传统绩效考核中盈利目标未充分反映风险成本的缺陷,使银行的收益与风险直接挂钩、有机结合,体现了业务发展与风险管理的内在统一,实现了经营目标与绩效考核的统一。使用按经风险调整的收益率,有利于在银行内部建立良好的激励机制,从根本上改变银行忽视风险、盲目追求利润的经营方式,激励银行充分了解所承担的风险并自觉地识别、计量、监测和控制这些风险,从而在审慎经营的前提下拓展业务、创造利润。

在按经风险调整的收益率中,目前被广泛接受和普遍使用的是按经风险调整的资本收益率(Risk - Adjusted Return on Capital,

RAROC)。按经风险调整的资本收益率是指经预期损失(Expected Loss,EL)和以经济资本(Capital at Risk,CaR)计量的非预期损失(Unexpected Loss,UL)调整后的收益率,其计算公式如下:

RAROC=(收益-预期损失)/经济资本(或非预期损失)

经风险调整的收益率,如RAROC强调,银行承担风险是有成本的。在RAROC计算公式的分子项中,风险带来的预期损失被量化为当期成本,直接对当期盈利进行扣减,以此衡量经风险调整后的收益;在分母项中,则以经济资本,或非预期损失代替传统ROE指标中的所有者权益,意即银行应为不可预计的风险提取相应的经济资本。整个公式衡量的是经济资本的使用效益。

目前,RAROC等按经风险调整的收益率已在国际先进银行中得到了广泛运用,在其内部各个层面的经营管理活动中发挥着重要作用。在单笔业务层面上,RAROC可用于衡量一笔业务的风险与收益是否匹配,为银行决定是否开展该笔业务以及如何进行定价提供依据。在资产组合层面上,银行在考虑单笔业务的风险和资产组合效应之后,可依据RAROC衡量资产组合的风险与收益是否匹配,及时对RAROC指标呈现明显不利变化趋势的资产组合进行处理,为效益更好的业务腾出空间。在银行总体层面上,RAROC可用于目标设定、业务决策、资本配置和绩效考核等。高级管理层在确定银行能承担的总体风险水平,即风险偏好之后,计算银行需要的总体经济资本,以此评价自身的资本充足状况;将经济资本在各类风险、各个业务部门和各类业务之间进行分配(资本配置),以有效控制银行的总体风险,并通过分配经济资本优化资源配置;同时,将股东回报要求转化为对全行、各业务部门和各个业务线的经营目标,用于绩效考核,使银行实现在可承受风险水平之下的收益最大化,并最终实现股东价值的最大化。

国务院国有资产监督管理委员会

中央企业境外国有资产监督管理暂行办法

（国务院国有资产监督管理委员会第102次主任办公会议审议通过　2011年6月14日公布　国务院国有资产监督管理委员会令第26号　自2011年7月1日起施行）

第一章　总　　则

第一条　为加强国务院国有资产监督管理委员会（以下简称国资委）履行出资人职责的企业（以下简称中央企业）境外国有资产监督管理，规范境外企业经营行为，维护境外国有资产权益，防止国有资产流失，根据《中华人民共和国企业国有资产法》和《企业国有资产监督管理暂行条例》及相关法律、行政法规，制定本办法。

第二条　本办法适用于中央企业及其各级独资、控股子企业（以下简称各级子企业）在境外以各种形式出资所形成的国有权益的监督管理。

本办法所称境外企业，是指中央企业及其各级子企业在我国境外以及香港特别行政区、澳门特别行政区和台湾地区依据当地法律出资设立的独资及控股企业。

第三条　国资委依法对中央企业境外国有资产履行下列监督管理职责：

（一）制定中央企业境外国有资产监督管理制度，并负责组织实施和监督检查；

（二）组织开展中央企业境外国有资产产权登记、资产统计、清产核资、资产评估和绩效评价等基础管理工作；

（三）督促、指导中央企业建立健全境外国有资产经营责任体系，落实国有资产保值增值责任；

（四）依法监督管理中央企业境外投资、境外国有资产经营管理重大事项，组织协调处理境外企业重大突发事件；

（五）按照《中央企业资产损失责任追究暂行办法》组织开展境外企业重大资产损失责任追究工作；

（六）法律、行政法规以及国有资产监督管理有关规定赋予的其他职责。

第四条　中央企业依法对所属境外企业国有资产履行下列监督管理职责：

（一）依法审核决定境外企业重大事项，组织开展境外企业国有资产基础管理工作；

（二）建立健全境外企业监管的规章制度及内部控制和风险防范机制；

（三）建立健全境外国有资产经营责任体系，对境外企业经营行为进行评价和监督，落实国有资产保值增值责任；

（四）按照《中央企业资产损失责任追究暂行办法》规定，负责或者配合国资委开展所属境外企业重大资产损失责任追究工作；

（五）协调处理所属境外企业突发事件；

（六）法律、行政法规以及国有资产监督管理有关规定赋予的其他职责。

第五条　中央企业及其各级子企业依法对境外企业享有资产收益、参与重大决策和选择管理者等出资人权利，依法制定或者参与制定其出资的境外企业章程。

中央企业及其各级子企业应当依法参与其出资的境外参股、联营、合作企业重大事项管理。

第二章　境外出资管理

第六条　中央企业应当建立健全境外出资管理制度，对境外出资实行集中管理，统一规划。

第七条　境外出资应当遵守法律、行政法规、国有资产监督管理有关规定和所在国（地区）法律，符合国民经济和社会发展规划及产业政策,符合国有经济布局和结构调整方向,符合中央企业发展战略和规划。

中央企业及其重要子企业收购、兼并境外上市公司以及重大境外出资行为应当依照法定程序报国资委备案或者核准。

第八条 境外出资应当进行可行性研究和尽职调查,评估企业财务承受能力和经营管理能力,防范经营、管理、资金、法律等风险。境外出资原则上不得设立承担无限责任的经营实体。

第九条 以非货币资产向境外出资的,应当依法进行资产评估并按照有关规定备案或者核准。

第十条 境外出资形成的产权应当由中央企业或者其各级子企业持有。根据境外相关法律规定须以个人名义持有的,应当统一由中央企业依据有关规定决定或者批准,依法办理委托出资、代持等保全国有资产的法律手续,并以书面形式报告国资委。

第十一条 中央企业应当建立健全离岸公司管理制度,规范离岸公司设立程序,加强离岸公司资金管理。新设离岸公司的,应当由中央企业决定或者批准并以书面形式报告国资委。已无存续必要的离岸公司,应当依法予以注销。

第十二条 中央企业应当将境外企业纳入本企业全面预算管理体系,明确境外企业年度预算目标,加强对境外企业重大经营事项的预算控制,及时掌握境外企业预算执行情况。

第十三条 中央企业应当将境外资金纳入本企业统一的资金管理体系,明确界定境外资金调度与使用的权限与责任,加强日常监控。具备条件的中央企业应当对境外资金实施集中管理和调度。

中央企业应当建立境外大额资金调度管控制度,对境外临时资金集中账户的资金运作实施严格审批和监督检查,定期向国资委报告境外大额资金的管理和运作情况。

第十四条 中央企业应当加强境外金融衍生业务的统一管理,明确决策程序、授权权限和操作流程,规定年度交易量、交易权限和交易流程等重要事项,并按照相关规定报国资委备案或者核准。从事境外期货、期权、远期、掉期等金融衍生业务应当严守套期保值原则,完善风险管理规定,禁止投机行为。

第十五条 中央企业应当建立外派人员管理制度,明确岗位职责、工作纪律、工资薪酬等规定,建立外派境外企业经营管理人员的定期述职和履职评估制度。

中央企业应当按照属地化管理原则,统筹境内外薪酬管理制度。不具备属地化管理条件的,中央企业应当按照法律法规有关规定,结合属地的实际情况,制定统一的外派人员薪酬管理办法,报国资委备案。

第三章 境外企业管理

第十六条 中央企业是所属境外企业监督管理的责任主体。境外企业应当定期向中央企业报告境外国有资产总量、结构、变动、收益等汇总分析情况。

第十七条 境外企业应当建立完善法人治理结构,健全资产分类管理制度和内部控制机制,定期开展资产清查,加强风险管理,对其运营管理的国有资产承担保值增值责任。

第十八条 境外企业应当依据有关规定建立健全境外国有产权管理制度,明确负责机构和工作责任,切实加强境外国有产权管理。

第十九条 境外企业应当加强投资管理,严格按照中央企业内部管理制度办理相关手续。

第二十条 境外企业应当加强预算管理,严格执行经股东(大)会、董事会或章程规定的相关权力机构审议通过的年度预算方案,加强成本费用管理,严格控制预算外支出。

第二十一条 境外企业应当建立健全法律风险防范机制,严格执行重大决策、合同的审核与管理程序。

第二十二条 境外企业应当遵循中央企业确定的融资权限。非金融类境外企业不得为其所属中央企业系统之外的企业或个人进行任何形式的融资、拆借资金或者提供担保。

第二十三条 境外企业应当加强资金管理,明确资金使用管理权限,严格执行企业主要负责人与财务负责人联签制度,大额资金支出和调度应当符合中央企业规定的审批程序和权限。

境外企业应当选择信誉良好并具有相应资质的银行作为开户行,

不得以个人名义开设账户，但所在国(地区)法律另有规定的除外。境外企业账户不得转借个人或者其他机构使用。

第二十四条　境外企业应当按照法律、行政法规以及国有资产监督管理有关规定和企业章程，在符合所在国(地区)法律规定的条件下，及时、足额向出资人分配利润。

第二十五条　境外企业应当建立和完善会计核算制度，会计账簿及财务报告应当真实、完整、及时地反映企业经营成果、财务状况和资金收支情况。

第二十六条　境外企业应当通过法定程序聘请具有资质的外部审计机构对年度财务报告进行审计。暂不具备条件的，由中央企业内部审计机构进行审计。

第四章　境外企业重大事项管理

第二十七条　中央企业应当依法建立健全境外企业重大事项管理制度和报告制度，加强对境外企业重大事项的管理。

第二十八条　中央企业应当明确境外出资企业股东代表的选任条件、职责权限、报告程序和考核奖惩办法，委派股东代表参加境外企业的股东(大)会会议。股东代表应当按照委派企业的指示提出议案、发表意见、行使表决权，并将其履行职责的情况和结果及时报告委派企业。

第二十九条　境外企业有下列重大事项之一的，应当按照法定程序报中央企业核准：

(一)增加或者减少注册资本，合并、分立、解散、清算、申请破产或者变更企业组织形式；

(二)年度财务预算方案、决算方案、利润分配方案和弥补亏损方案；

(三)发行公司债券或者股票等融资活动；

(四)收购、股权投资、理财业务以及开展金融衍生业务；

(五)对外担保、对外捐赠事项；

(六)重要资产处置、产权转让；

(七)开立、变更、撤并银行账户；

(八)企业章程规定的其他事项。

第三十条 境外企业转让国有资产,导致中央企业重要子企业由国有独资转为绝对控股、绝对控股转为相对控股或者失去控股地位的,应当按照有关规定报国资委审核同意。

第三十一条 境外企业发生以下有重大影响的突发事件,应当立即报告中央企业;影响特别重大的,应当通过中央企业在24小时内向国资委报告。

(一)银行账户或者境外款项被冻结;

(二)开户银行或者存款所在的金融机构破产;

(三)重大资产损失;

(四)发生战争、重大自然灾害,重大群体性事件,以及危及人身或者财产安全的重大突发事件;

(五)受到所在国(地区)监管部门处罚产生重大不良影响;

(六)其他有重大影响的事件。

第五章 境外国有资产监督

第三十二条 国资委应当将境外企业纳入中央企业业绩考核和绩效评价范围,定期组织开展境外企业抽查审计,综合评判中央企业经营成果。

第三十三条 中央企业应当定期对境外企业经营管理、内部控制、会计信息以及国有资产运营等情况进行监督检查,建立境外企业生产经营和财务状况信息报告制度,按照规定向国资委报告有关境外企业财产状况、生产经营状况和境外国有资产总量、结构、变动、收益等情况。

第三十四条 中央企业应当加强对境外企业中方负责人的考核评价,开展任期及离任经济责任审计,并出具审计报告。重要境外企业中方负责人的经济责任审计报告应当报国资委备案。

第三十五条 国家出资企业监事会依照法律、行政法规以及国有资产监督管理有关规定,对中央企业境外国有资产进行监督检查,根据需要组织开展专项检查。

第六章　法律责任

第三十六条　境外企业有下列情形之一的，中央企业应当按照法律、行政法规以及国有资产监督管理有关规定，追究有关责任人的责任。

（一）违规为其所属中央企业系统之外的企业或者个人进行融资或者提供担保，出借银行账户；

（二）越权或者未按规定程序进行投资、调度和使用资金、处置资产；

（三）内部控制和风险防范存在严重缺陷；

（四）会计信息不真实，存有账外业务和账外资产；

（五）通过不正当交易转移利润；

（六）挪用或者截留应缴收益；

（七）未按本规定及时报告重大事项。

第三十七条　中央企业有下列情形之一，国资委应当按照法律、行政法规以及国有资产监督管理有关规定，追究相关责任人的责任。

（一）未建立境外企业国有资产监管制度；

（二）未按本办法规定履行有关核准备案程序；

（三）未按本办法规定及时报告重大事项；

（四）对境外企业管理失控，造成国有资产损失。

第七章　附　　则

第三十八条　中央企业及其各级子企业在境外设立的各类分支机构的国有资产的监督和管理参照本办法执行。

第三十九条　地方国有资产监督管理机构可以参照本办法制定所出资企业境外国有资产管理制度。

第四十条　本办法自 2011 年 7 月 1 日起施行。

中华人民共和国商务部

商品现货市场交易特别规定(试行)

(2013 年 8 月 15 日商务部第 7 次部务会议审议通过 经中国人民银行、证监会同意,2013 年 11 月 8 日公布 中华人民共和国商务部、中国人民银行、中国证券监督管理委员会令 2013 年第 3 号 自 2014 年 1 月 1 日起施行)

第一章 总 则

第一条 为规范商品现货市场交易活动,维护市场秩序,防范市场风险,保护交易各方的合法权益,促进商品现货市场健康发展,加快推行现代流通方式,根据国家有关法律法规以及《国务院关于清理整顿各类交易场所切实防范金融风险的决定》(国发〔2011〕38 号),制定本规定。

第二条 中华人民共和国境内的商品现货市场交易活动,应当遵守本规定。国家另有规定的,依照其规定。

第三条 本规定所称商品现货市场,是指依法设立的,由买卖双方进行公开的、经常性的或定期性的商品现货交易活动,具有信息、物流等配套服务功能的场所或互联网交易平台。

本规定所称商品现货市场经营者(以下简称市场经营者),是指依法设立商品现货市场,制定市场相关业务规则和规章制度,并为商品现货交易活动提供场所及相关配套服务的法人、其他经济组织和个人。

第四条 从事商品现货市场交易活动,应当遵循公开、公平、公正和诚实信用的原则。

第五条 商务部负责全国商品现货市场的规划、信息、统计等行业管理工作,促进商品现货市场健康发展。

中国人民银行依据职责负责商品现货市场交易涉及的金融监管

部门规章

以及非金融机构支付业务的监管工作。

第六条　商品现货市场行业协会应当制定行业规范和行业标准，加强行业自律，组织业务培训，建立高管诚信档案，受理投诉和调解纠纷等。

第二章　交易对象和交易方式

第七条　商品现货市场交易对象包括：

（一）实物商品；

（二）以实物商品为标的的仓单、可转让提单等提货凭证；

（三）省级人民政府依法规定的其他交易对象。

第八条　商品现货市场交易的实物商品，应当执行国家有关质量担保责任的法律法规，并符合现行有效的质量标准。

第九条　商品现货市场交易可以采用下列方式：

（一）协议交易；

（二）单向竞价交易；

（三）省级人民政府依法规定的其他交易方式。

本规定所称协议交易，是指买卖双方以实物商品交收为目的，采用协商等方式达成一致，约定立即交收或者在一定期限内交收的交易方式。

本规定所称单向竞价交易，是指一个买方（卖方）向市场提出申请，市场预先公告交易对象，多个卖方（买方）按照规定加价或者减价，在约定交易时间内达成一致并成交的交易方式。

第十条　市场经营者不得开展法律法规以及《国务院关于清理整顿各类交易场所切实防范金融风险的决定》禁止的交易活动，不得以集中交易方式进行标准化合约交易。

现货合同的转让、变更，应当按照法律法规的相关规定办理。

第三章　商品现货市场经营规范

第十一条　市场经营者应当履行下列职责：

（一）提供交易的场所、设施及相关服务；

（二）按照本规定确定的交易方式和交易对象，建立健全交易、交

收、结算、仓储、信息发布、风险控制、市场管理等业务规则与各项规章制度;

(三)法律法规规定的其他职责。

第十二条 市场经营者应当公开业务规则和规章制度。制定、修改和变更业务规则和规章制度,应当在合理时间内提前公示。

第十三条 商品现货市场应当制定应急预案。出现异常情况时,应当及时采取有效措施,防止出现市场风险。

第十四条 市场经营者应当采取合同约束、系统控制、强化内部管理等措施,加强资金管理力度。

市场经营者不得以任何形式侵占或挪用交易者的资金。

第十五条 鼓励商品现货市场创新流通方式,降低交易成本;建设节能环保、绿色低碳市场。

第十六条 鼓励商品现货市场采用现代信息化技术,建立互联网交易平台,开展电子商务。

第十七条 市场经营者应当建立完善商品信息发布制度,公布交易商品的名称、数量、质量、规格、产地等相关信息,保证信息的真实、准确,不得发布虚假信息。

第十八条 采用现代信息化技术开展交易活动的,市场经营者应当实时记录商品仓储、交易、交收、结算、支付等相关信息,采取措施保证相关信息的完整和安全,并保存五年以上。

第十九条 市场经营者不得擅自篡改、销毁相关信息和资料。

第四章 监督管理

第二十条 县级以上人民政府商务主管部门负责本行政区域内的商品现货市场的行业管理,并按照要求及时报送行业发展规划和其他具体措施。

中国人民银行分支机构依据职责负责辖区内商品现货市场交易涉及的金融机构和支付机构的监督管理工作。

国务院期货监督管理机构派出机构负责商品现货市场非法期货交易活动的认定等工作。

第二十一条 市场经营者应当根据相关部门的要求报送有关经

营信息与资料。

第二十二条　县级以上人民政府商务主管部门应当根据本地实际情况,建立完善各项工作制度。必要时应及时将有关情况报告上级商务主管部门和本级人民政府。

第五章　法 律 责 任

第二十三条　市场经营者违反第十一条、第十二条、第十三条、第十四条、第十七条、第十八条、第十九条、第二十一条规定,由县级以上商务主管部门会同有关部门责令改正。逾期不改的,处一万元以上三万元以下罚款。

第二十四条　市场经营者违反第八条、第十条规定和《期货交易管理条例》的,依法予以处理。

第二十五条　有关行政管理部门工作人员在市场监督管理工作中,玩忽职守、滥用职权、徇私舞弊的,依法给予行政处分;构成犯罪的,依法追究刑事责任。

第六章　附　　则

第二十六条　本规定自 2014 年 1 月 1 日起施行。

公安部

最高人民检察院、公安部关于印发《最高人民检察院、公安部关于公安机关管辖的刑事案件立案追诉标准的规定(二)》的通知(2022年修订)

(2022年4月6日公布　自2022年5月15日起实施)

各省、自治区、直辖市人民检察院、公安厅(局),解放军军事检察院,新疆生产建设兵团人民检察院、公安局:

为适应新时期打击经济犯罪案件工作需要,服务保障经济社会高质量发展,根据《中华人民共和国刑法》《中华人民共和国刑事诉讼法》等法律规定,最高人民检察院、公安部研究修订了《最高人民检察院、公安部关于公安机关管辖的刑事案件立案追诉标准的规定(二)》,对公安机关管辖的部分经济犯罪案件立案追诉标准进行修改完善,现印发给你们,请遵照执行。各级公安机关应当依照此规定立案侦查,各级检察机关应当依照此规定审查批捕、审查起诉。工作中,要依法惩治各类经济犯罪活动,严格规范公正文明执法司法,同时要认真落实少捕慎诉慎押刑事司法政策、认罪认罚从宽制度,不断提高执法规范化水平和公信力。

通知印发后,相关司法解释对立案追诉标准作出进一步明确规定的,依照相关司法解释规定执行。各地在执行中遇到的问题,请及时分别报最高人民检察院和公安部。

最高人民检察院、公安部关于公安机关管辖的刑事案件立案追诉标准的规定(二)(节选)

第十九条　〔擅自设立金融机构案(刑法第一百七十四条第一款)〕未经国家有关主管部门批准,擅自设立金融机构,涉嫌下列情形之一的,应予立案追诉:

(一)擅自设立商业银行、证券交易所、期货交易所、证券公司、期货公司、保险公司或者其他金融机构的;

(二)擅自设立金融机构筹备组织的。

第二十条　〔伪造、变造、转让金融机构经营许可证、批准文件案(刑法第一百七十四条第二款)〕伪造、变造、转让商业银行、证券交易所、期货交易所、证券公司、期货公司、保险公司或者其他金融机构的经营许可证或者批准文件的,应予立案追诉。

第二十一条　〔高利转贷案(刑法第一百七十五条)〕以转贷牟利为目的,套取金融机构信贷资金高利转贷他人,违法所得数额在五十万元以上的,应予立案追诉。

第二十二条　〔骗取贷款、票据承兑、金融票证案(刑法第一百七十五条之一)〕以欺骗手段取得银行或者其他金融机构贷款、票据承兑、信用证、保函等,给银行或者其他金融机构造成直接经济损失数额在五十万元以上的,应予立案追诉。

第二十三条　〔非法吸收公众存款案(刑法第一百七十六条)〕非法吸收公众存款或者变相吸收公众存款,扰乱金融秩序,涉嫌下列情形之一的,应予立案追诉:

(一)非法吸收或者变相吸收公众存款数额在一百万元以上的;

(二)非法吸收或者变相吸收公众存款对象一百五十人以上的;

(三)非法吸收或者变相吸收公众存款,给集资参与人造成直接经济损失数额在五十万元以上的;

非法吸收或者变相吸收公众存款数额在五十万元以上或者给集资参与人造成直接经济损失数额在二十五万元以上,同时涉嫌下列情形之一的，应予立案追诉：

（一）因非法集资受过刑事追究的；

（二）二年内因非法集资受过行政处罚的；

（三）造成恶劣社会影响或者其他严重后果的。

第二十四条 〔伪造、变造金融票证案(刑法第一百七十七条)〕伪造、变造金融票证，涉嫌下列情形之一的，应予立案追诉：

（一）伪造、变造汇票、本票、支票，或者伪造、变造委托收款凭证、汇款凭证、银行存单等其他银行结算凭证，或者伪造、变造信用证或者附随的单据、文件，总面额在一万元以上或者数量在十张以上的；

（二）伪造信用卡一张以上，或者伪造空白信用卡十张以上的。

第二十五条 〔妨害信用卡管理案(刑法第一百七十七条之一第一款)〕妨害信用卡管理，涉嫌下列情形之一的，应予立案追诉：

（一）明知是伪造的信用卡而持有、运输的；

（二）明知是伪造的空白信用卡而持有、运输，数量累计在十张以上的；

（三）非法持有他人信用卡，数量累计在五张以上的；

（四）使用虚假的身份证明骗领信用卡的；

（五）出售、购买、为他人提供伪造的信用卡或者以虚假的身份证明骗领的信用卡的。

违背他人意愿，使用其居民身份证、军官证、士兵证、港澳居民往来内地通行证、台湾居民来往大陆通行证、护照等身份证明申领信用卡的，或者使用伪造、变造的身份证明申领信用卡的，应当认定为"使用虚假的身份证明骗领信用卡"。

第二十六条 〔窃取、收买、非法提供信用卡信息案(刑法第一百七十七条之一第二款)〕窃取、收买或者非法提供他人信用卡信息资料，足以伪造可进行交易的信用卡，或者足以使他人以信用卡持卡人名义进行交易，涉及信用卡一张以上的，应予立案追诉。

第二十七条 〔伪造、变造国家有价证券案(刑法第一百七十八条第一款)〕伪造、变造国库券或者国家发行的其他有价证券，总面额在二千元以上的，应予立案追诉。

第二十八条 〔伪造、变造股票、公司、企业债券案(刑法第一百七十八条第二款)〕伪造、变造股票或者公司、企业债券,总面额在三万元以上的,应予立案追诉。

第二十九条　〔擅自发行股票、公司、企业债券案(刑法第一百七十九条)〕未经国家有关主管部门批准或者注册,擅自发行股票或者公司、企业债券,涉嫌下列情形之一的,应予立案追诉:

(一)非法募集资金金额在一百万元以上的;

(二)造成投资者直接经济损失数额累计在五十万元以上的;

(三)募集的资金全部或者主要用于违法犯罪活动的;

(四)其他后果严重或者有其他严重情节的情形。

本条规定的"擅自发行股票或者公司、企业债券",是指向社会不特定对象发行、以转让股权等方式变相发行股票或者公司、企业债券,或者向特定对象发行、变相发行股票或者公司、企业债券累计超过二百人的行为。

第三十条　〔内幕交易、泄露内幕信息案(刑法第一百八十条第一款)〕证券、期货交易内幕信息的知情人员、单位或者非法获取证券、期货交易内幕信息的人员、单位,在涉及证券的发行,证券、期货交易或者其他对证券、期货交易价格有重大影响的信息尚未公开前,买入或者卖出该证券,或者从事与该内幕信息有关的期货交易,或者泄露该信息,或者明示、暗示他人从事上述交易活动,涉嫌下列情形之一的,应予立案追诉:

(一)获利或者避免损失数额在五十万元以上的;

(二)证券交易成交额在二百万元以上的;

(三)期货交易占用保证金数额在一百万元以上的;

(四)二年内三次以上实施内幕交易、泄露内幕信息行为的;

(五)明示、暗示三人以上从事与内幕信息相关的证券、期货交易活动的;

(六)具有其他严重情节的。

内幕交易获利或者避免损失数额在二十五万元以上,或者证券交易成交额在一百万元以上,或者期货交易占用保证金数额在五十万元以上,同时涉嫌下列情形之一的,应予立案追诉:

(一)证券法规定的证券交易内幕信息的知情人实施或者与他人

共同实施内幕交易行为的;

(二)以出售或者变相出售内幕信息等方式,明示、暗示他人从事与该内幕信息相关的交易活动的;

(三)因证券、期货犯罪行为受过刑事追究的;

(四)二年内因证券、期货违法行为受过行政处罚的;

(五)造成其他严重后果的。

第三十一条 〔利用未公开信息交易案(刑法第一百八十条第四款)〕证券交易所、期货交易所、证券公司、期货公司、基金管理公司、商业银行、保险公司等金融机构的从业人员以及有关监管部门或者行业协会的工作人员,利用因职务便利获取的内幕信息以外的其他未公开的信息,违反规定,从事与该信息相关的证券、期货交易活动,或者明示、暗示他人从事相关交易活动,涉嫌下列情形之一的,应予立案追诉:

(一)获利或者避免损失数额在一百万元以上的;

(二)二年内三次以上利用未公开信息交易的;

(三)明示、暗示三人以上从事相关交易活动的;

(四)具有其他严重情节的。

利用未公开信息交易,获利或者避免损失数额在五十万元以上,或者证券交易成交额在五百万元以上,或者期货交易占用保证金数额在一百万元以上,同时涉嫌下列情形之一的,应予立案追诉:

(一)以出售或者变相出售未公开信息等方式,明示、暗示他人从事相关交易活动的;

(二)因证券、期货犯罪行为受过刑事追究的;

(三)二年内因证券、期货违法行为受过行政处罚的;

(四)造成其他严重后果的。

第三十二条 〔编造并传播证券、期货交易虚假信息案(刑法第一百八十一条第一款)〕编造并且传播影响证券、期货交易的虚假信息,扰乱证券、期货交易市场,涉嫌下列情形之一的,应予立案追诉:

(一)获利或者避免损失数额在五万元以上的;

(二)造成投资者直接经济损失数额在五十万元以上的;

(三)虽未达到上述数额标准,但多次编造并且传播影响证券、期货交易的虚假信息的；

（四）致使交易价格或者交易量异常波动的；

（五）造成其他严重后果的。

第三十三条　〔诱骗投资者买卖证券、期货合约案（刑法第一百八十一条第二款）〕证券交易所、期货交易所、证券公司、期货公司的从业人员，证券业协会、期货业协会或者证券期货监督管理部门的工作人员，故意提供虚假信息或者伪造、变造、销毁交易记录，诱骗投资者买卖证券、期货合约，涉嫌下列情形之一的，应予立案追诉：

（一）获利或者避免损失数额在五万元以上的；

（二）造成投资者直接经济损失数额在五十万元以上的；

（三）虽未达到上述数额标准，但多次诱骗投资者买卖证券、期货合约的；

（四）致使交易价格或者交易量异常波动的；

（五）造成其他严重后果的。

第三十四条　〔操纵证券、期货市场案（刑法第一百第一百八十二条）〕操纵证券、期货市场，影响证券、期货交易价格或者证券、期货交易量，涉嫌下列情形之一的，应予立案追诉：

（一）持有或者实际控制证券的流通股份数量达到该证券的实际流通股份总量百分之十以上，实施刑法第一百八十二条第一款第一项操纵证券市场行为，连续十个交易日的累计成交量达到同期该证券总成交量百分之二十以上的；

（二）实施刑法第一百八十二条第一款第二项、第三项操纵证券市场行为，连续十个交易日的累计成交量达到同期该证券总成交量百分之二十以上的；

（三）利用虚假或者不确定的重大信息，诱导投资者进行证券交易，行为人进行相关证券交易的成交额在一千万元以上的；

（四）对证券、证券发行人公开作出评价、预测或者投资建议，同时进行反向证券交易，证券交易成交额在一千万元以上的；

（五）通过策划、实施资产收购或者重组、投资新业务、股权转让、上市公司收购等虚假重大事项，误导投资者作出投资决策，并进行相关交易或者谋取相关利益，证券交易成交额在一千万元以上的；

（六）通过控制发行人、上市公司信息的生成或者控制信息披露的内容、时点、节奏，误导投资者作出投资决策，并进行相关交易或者谋取相关利益，证券交易成交额在一千万元以上的；

（七）实施刑法第一百八十二条第一款第一项操纵期货市场行为，实际控制的账户合并持仓连续十个交易日的最高值超过期货交易所限仓标准的二倍，累计成交量达到同期该期货合约总成交量百分之二十以上，且期货交易占用保证金数额在五百万元以上的；

（八）通过囤积现货，影响特定期货品种市场行情，并进行相关期货交易，实际控制的账户合并持仓连续十个交易日的最高值超过期货交易所限仓标准的二倍，累计成交量达到同期该期货合约总成交量百分之二十以上，且期货交易占用保证金数额在五百万元以上的；

（九）实施刑法第一百八十二条第一款第二项、第三项操纵期货市场行为，实际控制的账户连续十个交易日的累计成交量达到同期该期货合约总成交量百分之二十以上，且期货交易占用保证金数额在五百万元以上的；

（十）利用虚假或者不确定的重大信息，诱导投资者进行期货交易，行为人进行相关期货交易，实际控制的账户连续十个交易日的累计成交量达到同期该期货合约总成交量百分之二十以上，且期货交易占用保证金数额在五百万元以上的；

（十一）对期货交易标的公开作出评价、预测或者投资建议，同时进行相关期货交易，实际控制的账户连续十个交易日的累计成交量达到同期该期货合约总成交量的百分之二十以上，且期货交易占用保证金数额在五百万元以上的；

（十二）不以成交为目的，频繁或者大量申报买入、卖出证券、期货合约并撤销申报，当日累计撤回申报量达到同期该证券、期货合约总申报量百分之五十以上，且证券撤回申报额在一千万元以上、撤回申报的期货合约占用保证金数额在五百万元以上的；

（十三）实施操纵证券、期货市场行为，获利或者避免损失数额在一百万元以上的。

操纵证券、期货市场，影响证券、期货交易价格或者证券、期货交易量，获利或者避免损失数额在五十万元以上，同时涉嫌下列情形之

一的,应予立案追诉:

（一）发行人、上市公司及其董事、监事、高级管理人员、控股股东或者实际控制人实施操纵证券、期货市场行为的;

（二）收购人、重大资产重组的交易对方及其董事、监事、高级管理人员、控股股东或者实际控制人实施操纵证券、期货市场行为的;

（三）行为人明知操纵证券、期货市场行为被有关部门调查,仍继续实施的;

（四）因操纵证券、期货市场行为受过刑事追究的;

（五）二年内因操纵证券、期货市场行为受过行政处罚的;

（六）在市场出现重大异常波动等特定时段操纵证券、期货市场的;

（七）造成其他严重后果的。

对于在全国中小企业股份转让系统中实施操纵证券市场行为,社会危害性大,严重破坏公平公正的市场秩序的,比照本条的规定执行,但本条第一款第一项和第二项除外。

第三十五条　〔背信运用受托财产案（刑法第一百八十五条之一第一款）〕商业银行、证券交易所、期货交易所、证券公司、期货公司、保险公司或者其他金融机构,违背受托义务,擅自运用客户资金或者其他委托、信托的财产,涉嫌下列情形之一的,应予立案追诉:

（一）擅自运用客户资金或者其他委托、信托的财产数额在三十万元以上的;

（二）虽未达到上述数额标准,但多次擅自运用客户资金或者其他委托、信托的财产,或者擅自运用多个客户资金或者其他委托、信托的财产的;

（三）其他情节严重的情形。

第三十六条　〔违法运用资金案（刑法第一百八十五条之一第二款）〕社会保障基金管理机构、住房公积金管理机构等公众资金管理机构,以及保险公司、保险资产管理公司、证券投资基金管理公司,违反国家规定运用资金,涉嫌下列情形之一的,应予立案追诉:

（一）违反国家规定运用资金数额在三十万元以上的;

（二）虽未达到上述数额标准,但多次违反国家规定运用资金的;

(三)其他情节严重的情形。

第三十七条 〔违法发放贷款案(刑法第一百八十六条)〕银行或者其他金融机构及其工作人员违反国家规定发放贷款,涉嫌下列情形之一的,应予立案追诉:

(一)违法发放贷款,数额在二百万元以上的;

(二)违法发放贷款,造成直接经济损失数额在五十万元以上的。

第三十八条 〔吸收客户资金不入账案(刑法第一百八十七条)〕银行或者其他金融机构及其工作人员吸收客户资金不入账,涉嫌下列情形之一的,应予立案追诉:

(一)吸收客户资金不入账,数额在二百万元以上的;

(二)吸收客户资金不入账,造成直接经济损失数额在五十万元以上的。

中国人民银行

中国人民银行、中央网信办、最高人民法院、最高人民检察院、工业和信息化部、公安部、市场监管总局、银保监会、证监会、外汇局关于进一步防范和处置虚拟货币交易炒作风险的通知

(2021年9月15日公布 银发〔2021〕237号
自2021年9月15日起施行)

各省、自治区、直辖市人民政府,新疆生产建设兵团:

近期,虚拟货币交易炒作活动抬头,扰乱经济金融秩序,滋生赌博、非法集资、诈骗、传销、洗钱等违法犯罪活动,严重危害人民群众财

产安全。为进一步防范和处置虚拟货币交易炒作风险，切实维护国家安全和社会稳定，依据《中华人民共和国中国人民银行法》《中华人民共和国商业银行法》《中华人民共和国证券法》《中华人民共和国网络安全法》《中华人民共和国电信条例》《防范和处置非法集资条例》《期货交易管理条例》《国务院关于清理整顿各类地方交易场所切实防范金融风险的决定》《国务院办公厅关于清理整顿各类交易场所的实施意见》等规定，现就有关事项通知如下：

一、明确虚拟货币和相关业务活动本质属性

（一）虚拟货币不具有与法定货币等同的法律地位。比特币、以太币、泰达币等虚拟货币具有非货币当局发行、使用加密技术及分布式账户或类似技术、以数字化形式存在等主要特点，不具有法偿性，不应且不能作为货币在市场上流通使用。

（二）虚拟货币相关业务活动属于非法金融活动。开展法定货币与虚拟货币兑换业务、虚拟货币之间的兑换业务、作为中央对手方买卖虚拟货币、为虚拟货币交易提供信息中介和定价服务、代币发行融资以及虚拟货币衍生品交易等虚拟货币相关业务活动涉嫌非法发售代币票券、擅自公开发行证券、非法经营期货业务、非法集资等非法金融活动，一律严格禁止，坚决依法取缔。对于开展相关非法金融活动构成犯罪的，依法追究刑事责任。

（三）境外虚拟货币交易所通过互联网向我国境内居民提供服务同样属于非法金融活动。对于相关境外虚拟货币交易所的境内工作人员，以及明知或应知其从事虚拟货币相关业务，仍为其提供营销宣传、支付结算、技术支持等服务的法人、非法人组织和自然人，依法追究有关责任。

（四）参与虚拟货币投资交易活动存在法律风险。任何法人、非法人组织和自然人投资虚拟货币及相关衍生品，违背公序良俗的，相关民事法律行为无效，由此引发的损失由其自行承担；涉嫌破坏金融秩序、危害金融安全的，由相关部门依法查处。

二、建立健全应对虚拟货币交易炒作风险的工作机制

（五）部门协同联动。人民银行会同中央网信办、最高人民法院、最高人民检察院、工业和信息化部、公安部、市场监管总局、银保监会、证监会、外汇局等部门建立工作协调机制,协同解决工作中的重大问题,督促指导各地区按统一部署开展工作。

(六)强化属地落实。各省级人民政府对本行政区域内防范和处置虚拟货币交易炒作相关风险负总责,由地方金融监管部门牵头,国务院金融管理部门分支机构以及网信、电信主管、公安、市场监管等部门参加,建立常态化工作机制,统筹调动资源,积极预防、妥善处理虚拟货币交易炒作有关问题,维护经济金融秩序和社会和谐稳定。

三、加强虚拟货币交易炒作风险监测预警

(七)全方位监测预警。各省级人民政府充分发挥地方监测预警机制作用,线上监测和线下排查相结合,提高识别发现虚拟货币交易炒作活动的精度和效率。人民银行、中央网信办等部门持续完善加密资产监测技术手段,实现虚拟货币"挖矿"、交易、兑换的全链条跟踪和全时信息备份。金融管理部门指导金融机构和非银行支付机构加强对涉虚拟货币交易资金的监测工作。

(八)建立信息共享和快速反应机制。在各省级人民政府领导下,地方金融监管部门会同国务院金融管理部门分支机构、网信部门、公安机关等加强线上监控、线下摸排、资金监测的有效衔接,建立虚拟货币交易炒作信息共享和交叉验证机制,以及预警信息传递、核查、处置快速反应机制。

四、构建多维度、多层次的风险防范和处置体系

(九)金融机构和非银行支付机构不得为虚拟货币相关业务活动提供服务。金融机构和非银行支付机构不得为虚拟货币相关业务活动提供账户开立、资金划转和清算结算等服务,不得将虚拟货币纳入抵质押品范围,不得开展与虚拟货币相关的保险业务或将虚拟货币纳入保险责任范围,发现违法违规问题线索应及时向有关部门报告。

(十)加强对虚拟货币相关的互联网信息内容和接入管理。互联网企业不得为虚拟货币相关业务活动提供网络经营场所、商业展示、营销宣传、付费导流等服务,发现违法违规问题线索应及时向有关部门报告,并为相关调查、侦查工作提供技术支持和协助。网信和电信主管部门根据金融管理部门移送的问题线索及时依法关闭开展虚拟货币相关业务活动的网站、移动应用程序、小程序等互联网应用。

（十一）加强对虚拟货币相关的市场主体登记和广告管理。市场监管部门加强市场主体登记管理，企业、个体工商户注册名称和经营范围中不得含有“虚拟货币”“虚拟资产”“加密货币”“加密资产”等字样或内容。市场监管部门会同金融管理部门依法加强对涉虚拟货币相关广告的监管，及时查处相关违法广告。

（十二）严厉打击虚拟货币相关非法金融活动。发现虚拟货币相关非法金融活动问题线索后，地方金融监管部门会同国务院金融管理部门分支机构等相关部门依法及时调查认定、妥善处置，并严肃追究有关法人、非法人组织和自然人的法律责任，涉及犯罪的，移送司法机关依法查处。

（十三）严厉打击涉虚拟货币犯罪活动。公安部部署全国公安机关继续深入开展“打击洗钱犯罪专项行动”“打击跨境赌博专项行动”“断卡行动”，依法严厉打击虚拟货币相关业务活动中的非法经营、金融诈骗等犯罪活动，利用虚拟货币实施的洗钱、赌博等犯罪活动和以虚拟货币为噱头的非法集资、传销等犯罪活动。

（十四）加强行业自律管理。中国互联网金融协会、中国支付清算协会、中国银行业协会加强会员管理和政策宣传，倡导和督促会员单位抵制虚拟货币相关非法金融活动，对违反监管政策和行业自律规则的会员单位，依照有关自律管理规定予以惩戒。依托各类行业基础设施开展虚拟货币交易炒作风险监测，及时向有关部门移送问题线索。

五、强化组织实施

（十五）加强组织领导和统筹协调。各部门、各地区要高度重视应对虚拟货币交易炒作风险工作，加强组织领导，明确工作责任，形成中央统筹、属地实施、条块结合、共同负责的长效工作机制，保持高压态势，动态监测风险，采取有力措施，防范化解风险，依法保护人民群众财产安全，全力维护经济金融秩序和社会稳定。

（十六）加强政策解读和宣传教育。各部门、各地区及行业协会要充分运用各类媒体等传播渠道，通过法律政策解读、典型案例剖析、投资风险教育等方式，向社会公众宣传虚拟货币炒作等相关业务活动的违法性、危害性及其表现形式等，增强社会公众风险防范意识。

关于完善银行间债券市场现券做市商管理有关事宜的公告

（2020年12月23日公布　中国人民银行公告〔2020〕第21号
自2021年4月1日起施行）

为贯彻落实《国务院关于取消和下放一批行政许可事项的决定》（国发〔2020〕13号），做好取消银行间债券市场双边报价商行政许可审批后的制度衔接，加强事中事后管理，推动债券市场健康发展，根据《中华人民共和国中国人民银行法》，现就完善银行间债券市场现券做市商管理有关事宜公告如下：

一、本公告所称现券做市商（以下简称做市商）是指在银行间债券市场开展做市业务的商业银行、证券公司等境内金融机构法人。做市商应当具有较强的定价能力和与拟开展做市业务相匹配的资本实力和风险管理能力，具备支持做市业务开展的业务系统和专业人才队伍。

做市业务是指通过持续向市场提供现券双边买卖报价、回复市场询价请求等为市场提供流动性的行为。

二、中国人民银行对银行间债券市场做市业务进行监督管理，根据有关规定对做市业务开展现场和非现场检查。

中国银行间市场交易商协会（以下简称交易商协会）对银行间债券市场做市商进行自律管理，对违规行为进行自律处分，定期对做市业务开展评价，并向市场披露评价结果。交易商协会应当根据本公告完善相关评价体系和自律指引，报中国人民银行备案后实施。

全国银行间同业拆借中心等中国人民银行认可的交易平台（以下简称交易平台）应当加强交易系统建设，健全信息披露、交易相关服务和应急处置机制，为做市业务提供服务支持和便利。

三、交易平台应当与符合本公告第一条规定且具有做市意愿的境内金融机构法人签署做市业务协议。境内金融机构法人在与交易平台签署做市业务协议后,即可开展做市业务。交易平台应当根据本公告要求制定相关做市业务操作指引,报中国人民银行备案后实施。

本公告实施前已在银行间债券市场开展做市业务和尝试做市业务的境内金融机构在与交易平台签署做市业务协议后,可继续开展做市业务。

四、做市商享有以下权利:

(一)将做市业务表现作为国债承销团成员、非金融企业债务融资工具主承销商的重要参考指标;

(二)将做市业务表现作为公开市场业务一级交易商的重要参考指标;

(三)将做市业务表现作为参与随买随卖业务的重要参考指标;

(四)优先开展银行间债券市场现券交易净额清算业务;

(五)获得交易平台提供的交易信息便利;

(六)优先参与衍生品等市场创新业务。

五、做市商应当积极维护市场价格稳定,促进市场价格发现,切实履行以下义务:

(一)在约定时间内,持续提供双边报价,积极回复市场机构询价需求;

(二)报价应当处于市场合理水平,双边报价价差应处于市场合理范围;

(三)提供本机构所能提供的做市最优价格;

(四)严格履行交易义务。

鼓励债券承销商在依法合规的前提下,主动为所承销债券做市。

六、做市商应当遵守银行间债券市场的法律法规和自律规则,妥善保管与做市业务相关的询价及交易记录,履行信息保密义务,建立健全防范做市业务风险和利益冲突的内控机制和操作流程。

七、做市商开展做市业务应当遵循公平、公正、诚信原则,不得有以下行为:

(一)操纵或者以其他不正当方式影响市场公允价格形成;

(二)利用内幕信息进行决策和交易;

(三)向第三方泄露投资者信息;

(四)通过不当利用做市业务信息等向自身或者利益相关方进行利益输送;

(五)缺乏真实意图的频繁撤改报价或者开展虚假交易,扰乱或者误导市场;

(六)故意向投资者提供误导性报价或者建议,获取不正当利益;

(七)达成做市交易后无正当理由拒绝履行;

(八)与其他做市商、货币经纪商等中介机构串通谋取不正当利益;

(九)其他扰乱市场秩序或者利用做市业务损害投资者利益的行为。

交易平台对做市业务履行一线监测职能,发现异常情况应当及时处理,并向中国人民银行报告,同时抄送交易商协会。

八、交易商协会、交易平台应当建立做市信息共享和沟通机制,及时在各自官方网站上发布最新做市商名单及做市商详细信息,便利境内外投资者查询。

九、中国人民银行指导交易商协会、交易平台持续完善做市商激励约束机制,优化做市商管理。

十、做市商等机构违反本公告规定的,由中国人民银行依据《中华人民共和国中国人民银行法》予以处罚。

十一、中国人民银行负责对本公告进行解释。

十二、本公告自 2021 年 4 月 1 日起施行。《全国银行间债券市场做市商管理规定》(中国人民银行公告〔2007〕第 1 号公布)同时废止。

境外机构投资者境内证券期货投资资金管理规定

（2020年5月7日公布　中国人民银行、国家外汇管理局公告〔2020〕第2号　自2020年6月6日起施行）

第一章　总　　则

第一条　为规范境外机构投资者境内证券期货投资管理，根据《中华人民共和国中国人民银行法》《中华人民共和国外汇管理条例》等相关规定，制定本规定。

第二条　本规定所称境外机构投资者，是指经中国证券监督管理委员会（以下简称证监会）批准投资于境内证券期货市场的合格境外机构投资者和人民币合格境外机构投资者（以下简称合格投资者）。

第三条　合格投资者应当委托境内托管人（以下简称托管人）代为办理本规定所要求的相关手续。

合格投资者委托2家以上托管人的，应当指定1家托管人作为主报告人（仅有1家托管人的，默认该托管人为主报告人），负责代其统一办理业务登记等事项。

第四条　中国人民银行、国家外汇管理局及其分支机构依法对合格投资者的资金账户、资金收付及汇兑等实施监督、管理和检查。

第二章　登 记 管 理

第五条　国家外汇管理局对合格投资者境内证券期货投资资金实行登记管理。

第六条　合格投资者取得证监会经营证券期货业务许可证后，应委托主报告人提交以下材料，向国家外汇管理局申请办理业务登记：

(一)《境外机构投资者登记表》(见附1)。

(二)经营证券期货业务许可证复印件。

主报告人应认真履行职责,严格审核合格投资者所提供材料的真实性。国家外汇管理局办理业务登记后将相关业务登记凭证反馈给主报告人。

第三章 账户管理

第七条 合格投资者应凭国家外汇管理局出具的业务登记凭证,根据投资和资金汇入需要,在托管人处开立一个或多个合格投资者专用账户。

合格投资者仅汇入外币资金的,须开立外币专用账户及与外币专用账户相对应的人民币专用存款账户;仅汇入人民币资金的,须开立人民币专用存款账户;同时汇入人民币和外币资金的,须分别开立人民币专用存款账户、外币专用账户及与外币专用账户相对应的人民币专用存款账户,两类人民币专用存款账户的命名应予以有效区分。

第八条 合格投资者外币专用账户的收入范围是:合格投资者从境外汇入的本金及支付有关税费(税款、托管费、审计费、管理费等)所需外币资金,外币利息收入,开展外汇衍生品交易相关资金划入,从与外币专用账户相对应的人民币专用存款账户购汇划入的资金,以及符合外汇管理规定的其他收入。支出范围是:结汇划入与外币专用账户相对应的人民币专用存款账户,开展外汇衍生品交易相关资金划出,向境外汇出本金及收益,以及符合外汇管理规定的其他支出。

第九条 合格投资者应按照中国人民银行关于境外机构境内人民币结算账户管理的有关规定,开立人民币专用存款账户和(或)与外币专用账户相对应的人民币专用存款账户(有关人民币专用存款账户开立和使用详见附2《境外机构投资者境内人民币账户管理操作指引》)。

第十条 合格投资者专用账户与其境内其他账户之间不得划转资金,法律法规规章另有规定的除外。

同时汇入人民币和外币资金的合格投资者，所开立的两类人民币专用存款账户之间不得划转资金。

合格投资者专用账户内资金不得用于境内证券期货投资及基于套期保值为目的的风险管理以外的其他用途，法律法规规章另有规定的除外。

合格投资者专用账户不得支取现金。

第十一条 合格投资者专用账户内的资金存款利率，参照中国人民银行有关规定执行。

第四章 汇兑管理

第十二条 合格投资者可自主选择汇入币种开展境内证券期货投资。

合格投资者汇入外币进行投资的，可根据投资计划等，及时通知托管人直接将投资所需外币资金结汇并划入其与外币专用账户相对应的人民币专用存款账户。合格投资者汇入人民币进行投资的，可根据投资计划等，将投资所需的境外人民币资金直接汇入其人民币专用存款账户。

第十三条 合格投资者应委托托管人办理相关投资本金和收益汇出手续。

第十四条 合格投资者如需汇出已实现的累计收益，托管人可凭合格投资者书面申请或指令、合格投资者出具的承诺按照中国境内相关税务法律法规足额缴纳税费的承诺函等，为合格投资者办理相关资金汇出手续。

合格投资者清盘（含产品清盘）的，托管人可凭合格投资者书面申请或指令、中国注册会计师出具的投资收益专项审计报告、税务备案表（按规定无需提供的除外）等，为合格投资者办理相关资金汇出及关户手续。

第十五条 合格投资者境内证券期货投资汇出与汇入的资金币种原则上应保持一致，不得进行人民币和外币间的跨币种套利。

第五章　投资风险管理

第十六条　合格投资者在境内开展的衍生品交易,仅限于以套期保值为目的的外汇风险对冲产品和符合规定的金融衍生品,衍生品敞口与作为交易基础的境内证券投资项下投资风险敞口应具有合理的相关度。

第十七条　合格投资者持有的外汇衍生品头寸应控制在不超过其境内证券期货投资对应的人民币资产规模(不含人民币专用存款账户内人民币存款类资产,下同),确保实需交易原则。

第十八条　合格投资者可通过具备代客人民币对外汇衍生品业务(以下简称外汇衍生品业务)资格的托管人或境内金融机构(以下简称外汇衍生品业务经办机构)办理外汇衍生品业务。外汇衍生品业务经办机构为合格投资者办理外汇衍生品业务应当遵守实需交易原则。

第十九条　外汇衍生品业务经办机构对合格投资者开展的外汇衍生品业务类型及结算等,按照现行外汇衍生品管理规定执行。

第二十条　外汇衍生品业务经办机构应遵循结售汇综合头寸管理规定,并按照外汇管理相关规定履行有关结售汇统计报告义务。

第六章　统计与监督管理

第二十一条　合格投资者名称发生变更的,应在取得证监会换发的经营证券期货业务许可证后10个工作日内,委托其主报告人向国家外汇管理局申请办理变更登记。

托管人等其他重要信息发生变更的,合格投资者应委托其主报告人自变更之日起10个工作日内向国家外汇管理局申请办理变更登记。

主报告人发生变更的,合格投资者应委托新的主报告人自变更之日起10个工作日内向国家外汇管理局申请办理变更登记。

合格投资者因机构解散、进入破产程序、由接管人接管或自身原因等导致证监会注销其业务许可的,合格投资者应通过主报告人及时向中国人民银行和国家外汇管理局报告,且原则上应在30个工作日内变现资产并关闭合格投资者专用账户。

第二十二条　托管人在为合格投资者办理资金汇出入时，应对相应的资金收付进行真实性与合规性审查，并切实履行反洗钱和反恐怖融资等义务。合格投资者应配合托管人履行以上义务，并向托管人提供真实完整的资料和信息。

第二十三条　托管人应按照《人民币银行结算账户管理办法》（中国人民银行令〔2003〕第5号）、《人民币跨境收付信息管理系统管理办法》（银发〔2017〕126号文印发）、《中国人民银行办公厅关于完善人民币跨境收付信息管理系统银行间业务数据报送流程的通知》（银办发〔2017〕118号）等相关规定，报送合格投资者相关的监督和统计数据。

第二十四条　托管人应按照《通过银行进行国际收支统计申报业务实施细则》（汇发〔2015〕27号文印发）、《通过银行进行国际收支统计申报业务指引（2019版）》（汇发〔2019〕25号文印发）、《对外金融资产负债及交易统计制度》（汇发〔2018〕24号文印发）、《金融机构外汇业务数据采集规范（1.2版）》（汇发〔2019〕1号文印发）等相关规定，及时、准确地进行国际收支统计申报并报送其他相关数据。

第二十五条　合格投资者有以下行为之一的，国家外汇管理局依据《中华人民共和国外汇管理条例》等相关规定予以处罚：

（一）未按规定办理业务登记的。

（二）未按规定向国家外汇管理局或托管人提供境内证券期货投资相关信息和材料，或提供虚假信息和材料的。

（三）开展境内证券期货投资过程中违反账户、资金收付及汇兑管理等相关规定的。

（四）开展外汇衍生品交易过程中违反相关外汇管理规定的。

（五）其他违反外汇管理规定的行为。

第二十六条　合格投资者的托管人有下列行为之一的，涉及人民币业务的，由中国人民银行依据《中华人民共和国中国人民银行法》等法律规定予以处罚；涉及外汇业务的，由国家外汇管理局依据《中华人民共和国外汇管理条例》等相关规定予以处罚：

（一）未按规定为合格投资者办理本金和收益汇出手续的。

(二)未按规定为合格投资者开立或关闭相关账户,或未按规定的账户收支范围为合格投资者办理资金划转和汇兑手续的。

(三)未按规定为合格投资者办理外汇衍生品业务的。

(四)未按规定向国家外汇管理局报送有关信息、材料或情况报告的。

(五)未按规定进行国际收支统计申报及有关结售汇统计报告的。

(六)有其他违反中国人民银行及外汇管理规定的行为。

第二十七条　外汇衍生品业务经办机构未按规定为合格投资者办理相关业务的,国家外汇管理局依据《中华人民共和国外汇管理条例》等相关规定予以处罚。

第七章　附　　则

第二十八条　根据本规定向中国人民银行和国家外汇管理局报送的材料应为中文文本。同时具有外文和中文译文的,以中文文本为准。

第二十九条　本规定由中国人民银行和国家外汇管理局负责解释。

第三十条　本规定自2020年6月6日起实施。《合格境外机构投资者境内证券投资外汇管理规定》(国家外汇管理局公告2018年第1号)、《中国人民银行 国家外汇管理局关于人民币合格境外机构投资者境内证券投资管理有关问题的通知》(银发〔2018〕157号)和《国家外汇管理局关于调整合格机构投资者数据报送方式的通知》(汇发〔2015〕45号)同时废止。其他相关跨境资金管理规定与本规定不一致的,以本规定为准。

附:(略)

中国人民银行、中国银行保险监督管理委员会、中国证券监督管理委员会、国家外汇管理局关于规范金融机构资产管理业务的指导意见

(2018年4月27日公布 银发〔2018〕106号
自2018年4月27日起施行)

近年来,我国资产管理业务快速发展,在满足居民和企业投融资需求、改善社会融资结构等方面发挥了积极作用,但也存在部分业务发展不规范、多层嵌套、刚性兑付、规避金融监管和宏观调控等问题。按照党中央、国务院决策部署,为规范金融机构资产管理业务,统一同类资产管理产品监管标准,有效防控金融风险,引导社会资金流向实体经济,更好地支持经济结构调整和转型升级,经国务院同意,现提出以下意见:

一、规范金融机构资产管理业务主要遵循以下原则:

(一)坚持严控风险的底线思维。把防范和化解资产管理业务风险放到更加重要的位置,减少存量风险,严防增量风险。

(二)坚持服务实体经济的根本目标。既充分发挥资产管理业务功能,切实服务实体经济投融资需求,又严格规范引导,避免资金脱实向虚在金融体系内部自我循环,防止产品过于复杂,加剧风险跨行业、跨市场、跨区域传递。

(三)坚持宏观审慎管理与微观审慎监管相结合、机构监管与功能监管相结合的监管理念。实现对各类机构开展资产管理业务的全面、统一覆盖,采取有效监管措施,加强金融消费者权益保护。

(四)坚持有的放矢的问题导向。重点针对资产管理业务的多层嵌套、杠杆不清、套利严重、投机频繁等问题,设定统一的标准规制,同时对金融创新坚持趋利避害、一分为二,留出发展空间。

(五)坚持积极稳妥审慎推进。正确处理改革、发展、稳定关系,坚

持防范风险与有序规范相结合,在下决心处置风险的同时,充分考虑市场承受能力,合理设置过渡期,把握好工作的次序、节奏、力度,加强市场沟通,有效引导市场预期。

二、资产管理业务是指银行、信托、证券、基金、期货、保险资产管理机构、金融资产投资公司等金融机构接受投资者委托,对受托的投资者财产进行投资和管理的金融服务。金融机构为委托人利益履行诚实信用、勤勉尽责义务并收取相应的管理费用,委托人自担投资风险并获得收益。金融机构可以与委托人在合同中事先约定收取合理的业绩报酬,业绩报酬计入管理费,须与产品一一对应并逐个结算,不同产品之间不得相互串用。

资产管理业务是金融机构的表外业务,金融机构开展资产管理业务时不得承诺保本保收益。出现兑付困难时,金融机构不得以任何形式垫资兑付。金融机构不得在表内开展资产管理业务。

私募投资基金适用私募投资基金专门法律、行政法规,私募投资基金专门法律、行政法规中没有明确规定的适用本意见,创业投资基金、政府出资产业投资基金的相关规定另行制定。

三、资产管理产品包括但不限于人民币或外币形式的银行非保本理财产品,资金信托,证券公司、证券公司子公司、基金管理公司、基金管理子公司、期货公司、期货公司子公司、保险资产管理机构、金融资产投资公司发行的资产管理产品等。依据金融管理部门颁布规则开展的资产证券化业务,依据人力资源社会保障部门颁布规则发行的养老金产品,不适用本意见。

四、资产管理产品按照募集方式的不同,分为公募产品和私募产品。公募产品面向不特定社会公众公开发行。公开发行的认定标准依照《中华人民共和国证券法》执行。私募产品面向合格投资者通过非公开方式发行。

资产管理产品按照投资性质的不同,分为固定收益类产品、权益类产品、商品及金融衍生品类产品和混合类产品。固定收益类产品投资于存款、债券等债权类资产的比例不低于80%,权益类产品投资于股票、未上市企业股权等权益类资产的比例不低于80%,商品及金融衍生品类产品投资于商品及金融衍生品的比例不低于80%,混合类产品投资于债权类资产、权益类资产、商品及金融衍生品类资产且任一资产的投资比例未达到前三类产品标准。非因金融机构主观因素导致突破前述比例限制的，金融机构应当在流动性受限资产可出售、可转让或者恢复交易的15个交易日内调整至符合要求。

金融机构在发行资产管理产品时，应当按照上述分类标准向投资者明示资产管理产品的类型，并按照确定的产品性质进行投资。在产品成立后至到期日前，不得擅自改变产品类型。混合类产品投资债权类资产、权益类资产和商品及金融衍生品类资产的比例范围应当在发行产品时予以确定并向投资者明示，在产品成立后至到期日前不得擅自改变。产品的实际投向不得违反合同约定，如有改变，除高风险类型的产品超出比例范围投资较低风险资产外，应当先行取得投资者书面同意，并履行登记备案等法律法规以及金融监督管理部门规定的程序。

五、资产管理产品的投资者分为不特定社会公众和合格投资者两大类。合格投资者是指具备相应风险识别能力和风险承担能力，投资于单只资产管理产品不低于一定金额且符合下列条件的自然人和法人或者其他组织：

（一）具有2年以上投资经历，且满足以下条件之一：家庭金融净资产不低于300万元，家庭金融资产不低于500万元，或者近3年本人年均收入不低于40万元。

（二）最近1年末净资产不低于1000万元的法人单位。

（三）金融管理部门视为合格投资者的其他情形。

合格投资者投资于单只固定收益类产品的金额不低于30万元，投资于单只混合类产品的金额不低于40万元，投资于单只权益类产品、单只商品及金融衍生品类产品的金额不低于100万元。

投资者不得使用贷款、发行债券等筹集的非自有资金投资资产管理产品。

六、金融机构发行和销售资产管理产品，应当坚持“了解产品”和“了解客户”的经营理念，加强投资者适当性管理，向投资者销售与其风险识别能力和风险承担能力相适应的资产管理产品。禁止欺诈或者误导投资者购买与其风险承担能力不匹配的资产管理产品。金融机构不得通过拆分资产管理产品的方式，向风险识别能力和风险承担能力低于产品风险等级的投资者销售资产管理产品。

金融机构应当加强投资者教育，不断提高投资者的金融知识水平和风险意识，向投资者传递“卖者尽责、买者自负”的理念，打破刚性兑付。

七、金融机构开展资产管理业务，应当具备与资产管理业务发展相适应的管理体系和管理制度，公司治理良好，风险管理、内部控制和问责机制健全。

金融机构应当建立健全资产管理业务人员的资格认定、培训、考核评价和问责制度，确保从事资产管理业务的人员具备必要的专业知识、行业经验和管理能力，充分了解相关法律法规、监管规定以及资产管理产品的法律关系、交易结构、主要风险和风险管控方式，遵守行为准则和职业道德标准。

对于违反相关法律法规以及本意见规定的金融机构资产管理业务从业人员，依法采取处罚措施直至取消从业资格，禁止其在其他类型金融机构从事资产管理业务。

八、金融机构运用受托资金进行投资，应当遵守审慎经营规则，制定科学合理的投资策略和风险管理制度，有效防范和控制风险。

金融机构应当履行以下管理人职责：

（一）依法募集资金，办理产品份额的发售和登记事宜。

（二）办理产品登记备案或者注册手续。

（三）对所管理的不同产品受托财产分别管理、分别记账，进行投资。

（四）按照产品合同的约定确定收益分配方案，及时向投资者分配收益。

（五）进行产品会计核算并编制产品财务会计报告。

（六）依法计算并披露产品净值或者投资收益情况，确定申购、赎回价格。

（七）办理与受托财产管理业务活动有关的信息披露事项。

（八）保存受托财产管理业务活动的记录、账册、报表和其他相关资料。

（九）以管理人名义，代表投资者利益行使诉讼权利或者实施其他法律行为。

（十）在兑付受托资金及收益时，金融机构应当保证受托资金及收益返回委托人的原账户、同名账户或者合同约定的受益人账户。

（十一）金融监督管理部门规定的其他职责。

金融机构未按照诚实信用、勤勉尽责原则切实履行受托管理职责，造成投资者损失的，应当依法向投资者承担赔偿责任。

九、金融机构代理销售其他金融机构发行的资产管理产品，应当符合金融监督管理部门规定的资质条件。未经金融监督管理部门许可，任何非金融机构和个人不得代理销售资产管理产品。

金融机构应当建立资产管理产品的销售授权管理体系，明确代理销售机构的准入标准和程序，明确界定双方的权利与义务，明确相关风险的承担责任和转移方式。

金融机构代理销售资产管理产品，应当建立相应的内部审批和风险控制程序，对发行或者管理机构的信用状况、经营管理能力、市场投资能力、风险处置能力等开展尽职调查，要求发行或者管理机构提供详细的产品介绍、相关市场分析和风险收益测算报告，进行充分的信息验证和风险审查，确保代理销售的产品符合本意见规定并承担相应责任。

十、公募产品主要投资标准化债权类资产以及上市交易的股票，除法律法规和金融管理部门另有规定外，不得投资未上市企业股权。公募产品可以投资商品及金融衍生品，但应当符合法律法规以及金融管理部门的相关规定。

私募产品的投资范围由合同约定，可以投资债权类资产、上市或挂牌交易的股票、未上市企业股权（含债转股）和受（收）益权以及符合法律法规规定的其他资产，并严格遵守投资者适当性管理要求。鼓励充分运用私募产品支持市场化、法治化债转股。

十一、资产管理产品进行投资应当符合以下规定：

（一）标准化债权类资产应当同时符合以下条件：

1. 等分化，可交易。

2. 信息披露充分。

3.集中登记,独立托管。

4.公允定价,流动性机制完善。

5.在银行间市场、证券交易所市场等经国务院同意设立的交易市场交易。

标准化债权类资产的具体认定规则由中国人民银行会同金融监督管理部门另行制定。

标准化债权类资产之外的债权类资产均为非标准化债权类资产。金融机构发行资产管理产品投资于非标准化债权类资产的,应当遵守金融监督管理部门制定的有关限额管理、流动性管理等监管标准。金融监督管理部门未制定相关监管标准的,由中国人民银行督促根据本意见要求制定监管标准并予以执行。

金融机构不得将资产管理产品资金直接投资于商业银行信贷资产。商业银行信贷资产受(收)益权的投资限制由金融管理部门另行制定。

(二)资产管理产品不得直接或者间接投资法律法规和国家政策禁止进行债权或股权投资的行业和领域。

(三)鼓励金融机构在依法合规、商业可持续的前提下,通过发行资产管理产品募集资金投向符合国家战略和产业政策要求、符合国家供给侧结构性改革政策要求的领域。鼓励金融机构通过发行资产管理产品募集资金支持经济结构转型,支持市场化、法治化债转股,降低企业杠杆率。

(四)跨境资产管理产品及业务参照本意见执行,并应当符合跨境人民币和外汇管理有关规定。

十二、金融机构应当向投资者主动、真实、准确、完整、及时披露资产管理产品募集信息、资金投向、杠杆水平、收益分配、托管安排、投资账户信息和主要投资风险等内容。国家法律法规另有规定的,从其规定。

对于公募产品,金融机构应当建立严格的信息披露管理制度,明确定期报告、临时报告、重大事项公告、投资风险披露要求以及具体内容、格式。在本机构官方网站或者通过投资者便于获取的方式披露产品净值或者投资收益情况,并定期披露其他重要信息:开放式产品按照开放频率披露,封闭式产品至少每周披露一次。

对于私募产品,其信息披露方式、内容、频率由产品合同约定,但金融机构应当至少每季度向投资者披露产品净值和其他重要信息。

对于固定收益类产品,金融机构应当通过醒目方式向投资者充分披露和提示产品的投资风险,包括但不限于产品投资债券面临的利率、汇率变化等市场风险以及债券价格波动情况,产品投资每笔非标准化债权类资产的融资客户、项目名称、剩余融资期限、到期收益分配、交易结构、风险状况等。

对于权益类产品,金融机构应当通过醒目方式向投资者充分披露和提示产品的投资风险,包括产品投资股票面临的风险以及股票价格波动情况等。

对于商品及金融衍生品类产品,金融机构应当通过醒目方式向投资者充分披露产品的挂钩资产、持仓风险、控制措施以及衍生品公允价值变化等。

对于混合类产品,金融机构应当通过醒目方式向投资者清晰披露产品的投资资产组合情况,并根据固定收益类、权益类、商品及金融衍生品类资产投资比例充分披露和提示相应的投资风险。

十三、主营业务不包括资产管理业务的金融机构应当设立具有独立法人地位的资产管理子公司开展资产管理业务,强化法人风险隔离,暂不具备条件的可以设立专门的资产管理业务经营部门开展业务。

金融机构不得为资产管理产品投资的非标准化债权类资产或者股权类资产提供任何直接或间接、显性或隐性的担保、回购等代为承担风险的承诺。

金融机构开展资产管理业务,应当确保资产管理业务与其他业务相分离,资产管理产品与其代销的金融产品相分离,资产管理产品之间相分离,资产管理业务操作与其他业务操作相分离。

十四、本意见发布后,金融机构发行的资产管理产品资产应当由具有托管资质的第三方机构独立托管,法律、行政法规另有规定的除外。

过渡期内,具有证券投资基金托管业务资质的商业银行可以托管本行理财产品,但应当为每只产品单独开立托管账户,确保资产隔离。过渡期后,具有证券投资基金托管业务资质的商业银行应当设立具有独立法人地位的子公司开展资产管理业务,该商业银行可以托管子公司发行的资产管理产品,但应当实现实质性的独立托管。独立托管有名无实的,由金融监督管理部门进行纠正和处罚。

十五、金融机构应当做到每只资产管理产品的资金单独管理、单独建账、单独核算,不得开展或者参与具有滚动发行、集合运作、分离定价特征的资金池业务。

金融机构应当合理确定资产管理产品所投资资产的期限,加强对期限错配的流动性风险管理,金融监督管理部门应当制定流动性风险管理规定。

为降低期限错配风险,金融机构应当强化资产管理产品久期管理,封闭式资产管理产品期限不得低于90天。资产管理产品直接或者间接投资于非标准化债权类资产的,非标准化债权类资产的终止日不得晚于封闭式资产管理产品的到期日或者开放式资产管理产品的最近一次开放日。

资产管理产品直接或者间接投资于未上市企业股权及其受(收)益权的,应当为封闭式资产管理产品,并明确股权及其受(收)益权的退出安排。未上市企业股权及其受(收)益权的退出日不得晚于封闭式资产管理产品的到期日。

金融机构不得违反金融监督管理部门的规定,通过为单一融资项目设立多只资产管理产品的方式,变相突破投资人数限制或者其他监管要求。同一金融机构发行多只资产管理产品投资同一资产的,为防止同一资产发生风险波及多只资产管理产品,多只资产管理产品投资该资产的资金总规模合计不得超过300亿元。如果超出该限额,需经相关金融监督管理部门批准。

十六、金融机构应当做到每只资产管理产品所投资资产的风险等级与投资者的风险承担能力相匹配,做到每只产品所投资资产构成清晰,风险可识别。

金融机构应当控制资产管理产品所投资资产的集中度:

(一)单只公募资产管理产品投资单只证券或者单只证券投资基

金的市值不得超过该资产管理产品净资产的10%。

(二)同一金融机构发行的全部公募资产管理产品投资单只证券或者单只证券投资基金的市值不得超过该证券市值或者证券投资基金市值的30%。其中,同一金融机构全部开放式公募资产管理产品投资单一上市公司发行的股票不得超过该上市公司可流通股票的15%。

(三)同一金融机构全部资产管理产品投资单一上市公司发行的股票不得超过该上市公司可流通股票的30%。

金融监督管理部门另有规定的除外。

非因金融机构主观因素导致突破前述比例限制的,金融机构应当在流动性受限资产可出售、可转让或者恢复交易的10个交易日内调整至符合相关要求。

十七、金融机构应当按照资产管理产品管理费收入的10%计提风险准备金,或者按照规定计量操作风险资本或相应风险资本准备。风险准备金余额达到产品余额的1%时可以不再提取。风险准备金主要用于弥补因金融机构违法违规、违反资产管理产品协议、操作错误或者技术故障等给资产管理产品财产或者投资者造成的损失。金融机构应当定期将风险准备金的使用情况报告金融管理部门。

十八、金融机构对资产管理产品应当实行净值化管理,净值生成应当符合企业会计准则规定,及时反映基础金融资产的收益和风险,由托管机构进行核算并定期提供报告,由外部审计机构进行审计确认,被审计金融机构应当披露审计结果并同时报送金融管理部门。

金融资产坚持公允价值计量原则,鼓励使用市值计量。符合以下条件之一的,可按照企业会计准则以摊余成本进行计量:

(一)资产管理产品为封闭式产品,且所投金融资产以收取合同现金流量为目的并持有到期。

(二)资产管理产品为封闭式产品,且所投金融资产暂不具备活跃交易市场,或者在活跃市场中没有报价也不能采用估值技术可靠计量公允价值。

金融机构以摊余成本计量金融资产净值,应当采用适当的风险控制手段,对金融资产净值的公允性进行评估。当以摊余成本计量已不能真实公允反映金融资产净值时,托管机构应当督促金融机构调整会计核算和估值方法。金融机构前期以摊余成本计量的金融资产的加权平均价格与资产管理产品实际兑付时金融资产的价值的偏离度不得达到5%或以上,如果偏离5%或以上的产品数超过所发行产品总数的5%,金融机构不得再发行以摊余成本计量金融资产的资产管理产品。

十九、经金融管理部门认定,存在以下行为的视为刚性兑付:

(一)资产管理产品的发行人或者管理人违反真实公允确定净值原则,对产品进行保本保收益。

(二)采取滚动发行等方式,使得资产管理产品的本金、收益、风险在不同投资者之间发生转移,实现产品保本保收益。

(三)资产管理产品不能如期兑付或者兑付困难时,发行或者管理该产品的金融机构自行筹集资金偿付或者委托其他机构代为偿付。

(四)金融管理部门认定的其他情形。

经认定存在刚性兑付行为的,区分以下两类机构进行惩处:

(一)存款类金融机构发生刚性兑付的,认定为利用具有存款本质特征的资产管理产品进行监管套利,由国务院银行保险监督管理机构和中国人民银行按照存款业务予以规范,足额补缴存款准备金和存款保险保费,并予以行政处罚。

(二)非存款类持牌金融机构发生刚性兑付的,认定为违规经营,由金融监督管理部门和中国人民银行依法纠正并予以处罚。

任何单位和个人发现金融机构存在刚性兑付行为的,可以向金融管理部门举报,查证属实且举报内容未被相关部门掌握的,给予适当奖励。

外部审计机构在对金融机构进行审计时,如果发现金融机构存在刚性兑付行为的,应当及时报告金融管理部门。外部审计机构在审计过程中未能勤勉尽责,依法追究相应责任或依法依规给予行政处罚,并将相关信息纳入全国信用信息共享平台,建立联合惩戒机制。

二十、资产管理产品应当设定负债比例(总资产/净资产)上限,同类产品适用统一的负债比例上限。每只开放式公募产品的总资产不得超过该产品净资产的140%,每只封闭式公募产品、每只私募产品的总资产不得超过该产品净资产的200%。计算单只产品的总资产时应当按照穿透原则合并计算所投资资产管理产品的总资产。

金融机构不得以受托管理的资产管理产品份额进行质押融资，放大杠杆。

二十一、公募产品和开放式私募产品不得进行份额分级。

分级私募产品的总资产不得超过该产品净资产的140%。分级私募产品应当根据所投资资产的风险程度设定分级比例(优先级份额/劣后级份额，中间级份额计入优先级份额)。固定收益类产品的分级比例不得超过3∶1，权益类产品的分级比例不得超过1∶1，商品及金融衍生品类产品、混合类产品的分级比例不得超过2∶1。发行分级资产管理产品的金融机构应当对该资产管理产品进行自主管理，不得转委托给劣后级投资者。

分级资产管理产品不得直接或者间接对优先级份额认购者提供保本保收益安排。

本条所称分级资产管理产品是指存在一级份额以上的份额为其他级份额提供一定的风险补偿，收益分配不按份额比例计算，由资产管理合同另行约定的产品。

二十二、金融机构不得为其他金融机构的资产管理产品提供规避投资范围、杠杆约束等监管要求的通道服务。

资产管理产品可以再投资一层资产管理产品，但所投资的资产管理产品不得再投资公募证券投资基金以外的资产管理产品。

金融机构将资产管理产品投资于其他机构发行的资产管理产品，从而将本机构的资产管理产品资金委托给其他机构进行投资的，该受托机构应当为具有专业投资能力和资质的受金融监督管理部门监管的机构。公募资产管理产品的受托机构应当为金融机构，私募资产管理产品的受托机构可以为私募基金管理人。受托机构应当切实履行主动管理职责，不得进行转委托，不得再投资公募证券投资基金以外的资产管理产品。委托机构应当对受托机构开展尽职调查，实行名单制管理，明确规定受托机构的准入标准和程序、责任和义务、存续期管理、利益冲突防范机制、信息披露义务以及退出机制。委托机构不得因委托其他机构投资而免除自身应当承担的责任。

金融机构可以聘请具有专业资质的受金融监督管理部门监管的

机构作为投资顾问。投资顾问提供投资建议指导委托机构操作。

金融监督管理部门和国家有关部门应当对各类金融机构开展资产管理业务实行平等准入、给予公平待遇。资产管理产品应当在账户开立、产权登记、法律诉讼等方面享有平等的地位。金融监督管理部门基于风险防控考虑,确实需要对其他行业金融机构发行的资产管理产品采取限制措施的,应当充分征求相关部门意见并达成一致。

二十三、运用人工智能技术开展投资顾问业务应当取得投资顾问资质,非金融机构不得借助智能投资顾问超范围经营或者变相开展资产管理业务。

金融机构运用人工智能技术开展资产管理业务应当严格遵守本意见有关投资者适当性、投资范围、信息披露、风险隔离等一般性规定,不得借助人工智能业务夸大宣传资产管理产品或者误导投资者。金融机构应当向金融监督管理部门报备人工智能模型的主要参数以及资产配置的主要逻辑,为投资者单独设立智能管理账户,充分提示人工智能算法的固有缺陷和使用风险,明晰交易流程,强化留痕管理,严格监控智能管理账户的交易头寸、风险限额、交易种类、价格权限等。金融机构因违法违规或者管理不当造成投资者损失的,应当依法承担损害赔偿责任。

金融机构应当根据不同产品投资策略研发对应的人工智能算法或者程序化交易,避免算法同质化加剧投资行为的顺周期性,并针对由此可能引发的市场波动风险制定应对预案。因算法同质化、编程设计错误、对数据利用深度不够等人工智能算法模型缺陷或者系统异常,导致羊群效应、影响金融市场稳定运行的,金融机构应当及时采取人工干预措施,强制调整或者终止人工智能业务。

二十四、金融机构不得以资产管理产品的资金与关联方进行不正当交易、利益输送、内幕交易和操纵市场,包括但不限于投资于关联方虚假项目、与关联方共同收购上市公司、向本机构注资等。

金融机构的资产管理产品投资本机构、托管机构及其控股股东、实际控制人或者与其有其他重大利害关系的公司发行或者承销的证券,或者从事其他重大关联交易的,应当建立健全内部审批机制和评估机制,并向投资者充分披露信息。

二十五、建立资产管理产品统一报告制度。中国人民银行负责统筹资产管理产品的数据编码和综合统计工作，会同金融监督管理部门拟定资产管理产品统计制度，建立资产管理产品信息系统，规范和统一产品标准、信息分类、代码、数据格式，逐只产品统计基本信息、募集信息、资产负债信息和终止信息。中国人民银行和金融监督管理部门加强资产管理产品的统计信息共享。金融机构应当将含债权投资的资产管理产品信息报送至金融信用信息基础数据库。

金融机构于每只资产管理产品成立后5个工作日内，向中国人民银行和金融监督管理部门同时报送产品基本信息和起始募集信息；于每月10日前报送存续期募集信息、资产负债信息，于产品终止后5个工作日内报送终止信息。

中央国债登记结算有限责任公司、中国证券登记结算有限公司、银行间市场清算所股份有限公司、上海票据交易所股份有限公司、上海黄金交易所、上海保险交易所股份有限公司、中保保险资产登记交易系统有限公司于每月10日前向中国人民银行和金融监督管理部门同时报送资产管理产品持有其登记托管的金融工具的信息。

在资产管理产品信息系统正式运行前，中国人民银行会同金融监督管理部门依据统计制度拟定统一的过渡期数据报送模板；各金融监督管理部门对本行业金融机构发行的资产管理产品，于每月10日前按照数据报送模板向中国人民银行提供数据，及时沟通跨行业、跨市场的重大风险信息和事项。

中国人民银行对金融机构资产管理产品统计工作进行监督检查。资产管理产品统计的具体制度由中国人民银行会同相关部门另行制定。

二十六、中国人民银行负责对资产管理业务实施宏观审慎管理，会同金融监督管理部门制定资产管理业务的标准规制。金融监督管理部门实施资产管理业务的市场准入和日常监管，加强投资者保护，依照本意见会同中国人民银行制定出台各自监管领域的实施细则。

本意见正式实施后，中国人民银行会同金融监督管理部门建立工作机制，持续监测资产管理业务的发展和风险状况，定期评估标准规制的有效性和市场影响，及时修订完善，推动资产管理行业持续健康发展。

二十七、对资产管理业务实施监管遵循以下原则:

(一)机构监管与功能监管相结合,按照产品类型而不是机构类型实施功能监管,同一类型的资产管理产品适用同一监管标准,减少监管真空和套利。

(二)实行穿透式监管,对于多层嵌套资产管理产品,向上识别产品的最终投资者,向下识别产品的底层资产(公募证券投资基金除外)。

(三)强化宏观审慎管理,建立资产管理业务的宏观审慎政策框架,完善政策工具,从宏观、逆周期、跨市场的角度加强监测、评估和调节。

(四)实现实时监管,对资产管理产品的发行销售、投资、兑付等各环节进行全面动态监管,建立综合统计制度。

二十八、金融监督管理部门应当根据本意见规定,对违规行为制定和完善处罚规则,依法实施处罚,并确保处罚标准一致。资产管理业务违反宏观审慎管理要求的,由中国人民银行按照法律法规实施处罚。

二十九、本意见实施后,金融监督管理部门在本意见框架内研究制定配套细则,配套细则之间应当相互衔接,避免产生新的监管套利和不公平竞争。按照"新老划断"原则设置过渡期,确保平稳过渡。过渡期为本意见发布之日起至2020年底,对提前完成整改的机构,给予适当监管激励。过渡期内,金融机构发行新产品应当符合本意见的规定;为接续存量产品所投资的未到期资产,维持必要的流动性和市场稳定,金融机构可以发行老产品对接,但应当严格控制在存量产品整体规模内,并有序压缩递减,防止过渡期结束时出现断崖效应。金融机构应当制定过渡期内的资产管理业务整改计划,明确时间进度安排,并报送相关金融监督管理部门,由其认可并监督实施,同时报备中国人民银行。过渡期结束后,金融机构的资产管理产品按照本意见进行全面规范(因子公司尚未成立而达不到第三方独立托管要求的情形除外),金融机构不得再发行或存续违反本意见规定的资产管理产品。

三十、资产管理业务作为金融业务,属于特许经营行业,必须纳入金融监管。非金融机构不得发行、销售资产管理产品,国家另有规定的除外。

非金融机构违反上述规定,为扩大投资者范围、降低投资门槛,利用互联网平台等公开宣传、分拆销售具有投资门槛的投资标的、过度强调增信措施掩盖产品风险、设立产品二级交易市场等行为,按照国家规定进行规范清理,构成非法集资、非法吸收公众存款、非法发行证券的,依法追究法律责任。非金融机构违法违规开展资产管理业务的,依法予以处罚;同时承诺或进行刚性兑付的,依法从重处罚。

三十一、本意见自发布之日起施行。

本意见所称“金融管理部门”是指中国人民银行、国务院银行保险监督管理机构、国务院证券监督管理机构和国家外汇管理局。“发行”是指通过公开或者非公开方式向资产管理产品的投资者发出认购邀约,进行资金募集的活动。“销售”是指向投资者宣传推介资产管理产品,办理产品申购、赎回的活动。“代理销售”是指接受合作机构的委托,在本机构渠道向投资者宣传推介、销售合作机构依法发行的资产管理产品的活动。

中国人民银行关于加强远期售汇宏观审慎管理的通知

(2015年8月31日公布　银发〔2015〕273号
自2015年8月31日起施行)

中国人民银行上海总部,各分行、营业管理部,各省会(首府)城市中心支行,深圳市中心支行;国家外汇管理局各省、自治区、直辖市分局、外汇管理部,深圳、大连、青岛、厦门、宁波市分局;国家开发银行,中国进出口银行,中国工商银行、中国农业银行、中国银行、中国建设银行、交通银行,招商银行、浦发银行、中信银行、兴业银行、中国民生银行、中国光大银行、华夏银行、广发银行、平安银行、浙商银行、渤海银行,中

国邮政储蓄银行:

为完善宏观审慎管理框架,防范宏观金融风险,促进金融机构稳健经营,中国人民银行决定,对开展代客远期售汇业务的金融机构收取外汇风险准备金。现就有关事项通知如下:

一、外汇风险准备金率

从2015年10月15日起,开展代客远期售汇业务的金融机构(含财务公司)应交存外汇风险准备金,准备金率暂定为20%。

二、账户

中国人民银行上海总部设立“金融机构外汇风险准备金”专用账户,用于存放金融机构交存的外汇风险准备金。

三、交存

(一)中国人民银行上海总部负责外汇风险准备金资金的收取及退还等日常管理。

(二)在上海的法人金融机构和外资银行分行向中国人民银行上海总部营业部门提交“外汇风险准备金交存申报表”(格式见附件)。中国人民银行上海总部营业部门审查合格并加盖公章后,金融机构向中国人民银行上海总部办理划款手续。

(三)在上海以外地区的法人金融机构和外资银行分行向其所在地中国人民银行省会(首府)城市中心支行以上分支机构(深圳市的相应为深圳市中心支行,下同)营业部门提交“外汇风险准备金交存申报表”。中国人民银行相关分支机构营业部门审查合格并加盖公章后,金融机构向中国人民银行上海总部办理划款手续。同时,中国人民银行相关分支机构营业部门将上述申报表传真至上海总部营业部门。

(四)代客远期售汇业务按美元计算交存外汇风险准备金,非美元币种业务折算成美元交存。各种货币之间的折算率按每月国家外汇管理局公布的《各种货币对美元折算率》计算。未公布折算率的,参照国家外汇管理局确定各种货币对美元折算率的方法计算。

四、考核

(一)中国人民银行对金融机构外汇风险准备金按月考核。金融机构应在每月15日前(遇节假日顺延)将外汇风险准备金划至中国人民银行上海总部开立的外汇风险准备金专用账户。

金融机构外汇风险准备金计算公式为：当月外汇风险准备金交存额 = 上月远期售汇签约额 * 外汇风险准备金率

（二）国家外汇管理局各分局、外汇管理部应在每月 8 日前（遇节假日顺延，其中 10 月份为 10 日）向相应的中国人民银行省会（首府）城市中心支行以上分支机构营业部门提供辖区内开展代客远期售汇业务的金融机构名单及各金融机构上月远期售汇签约额等相关数据。

（三）法人金融机构和外资银行分行应在每月 10 日前？（遇节假日顺延，其中 10 月份为 12 日）将"外汇风险准备金交存申报表"报送至所在地中国人民银行省会（首府）城市中心支行以上分支机构营业部门。

（四）金融机构在中国人民银行的外汇风险准备金冻结期为 1 年金融机构按月交存的外汇风险准备金冻结期满后，中国人民银行在期满当月 15 日（遇节假日顺延）将资金退划该金融机构指定账户。

（五）国家外汇管理局各分局、外汇管理部应在金融机构代客远期售汇业务资格审批通过之日起 5 个工作日内，将名单提供至相应的中国人民银行省会（首府）城市中心支行以上分支机构。中国人民银行相关分支机构应立即将本通知转发至上述金融机构。

五、利率

外汇风险准备金利率暂定为零。

六、其他

中国人民银行依法对金融机构执行外汇风险准备金政策中的违规行为进行处理。

本通知自印发之日起实施。国家外汇管理局各分局、外汇管理部应于通知印发之日将辖区内开展代客远期售汇业务的金融机构名单提供至相应的中国人民银行省会（首府）城市中心支行以上分支机构。

请中国人民银行分支机构将本通知于印发之日转发至辖区内开展代客远期售汇业务的城市商业银行、农村商业银行、农村合作银行、农村信用社、村镇银行、财务公司和外资金融机构。

中国人民银行办公厅关于远期售汇宏观审慎管理有关事项的通知

(2015年9月2日公布　银办发〔2015〕203号
自2015年9月2日起施行)

中国人民银行上海总部,各分行、营业管理部,各省会(首府)城市中心支行,深圳市中心支行;国家开发银行,中国进出口银行,中国工商银行、中国农业银行、中国银行、中国建设银行、交通银行,招商银行、浦发银行、中信银行、兴业银行、中国民生银行、中国光大银行、华夏银行、广发银行、平安银行、浙商银行、渤海银行,中国邮政储蓄银行:

为切实落实好《中国人民银行关于加强远期售汇宏观审慎管理的通知》(银发〔2015〕273号),现就有关事项通知如下:

一、银发〔2015〕273号文件所称代客远期售汇业务是指在未来某一时间形成客户购汇行为的人民币对外汇衍生产品业务,包括以下情况:

(一)客户远期售汇业务;

(二)客户买入或卖出期权业务,以及包含多个期权的期权组合业务;

(三)客户在近端不交换本金、远端换入外汇的货币掉期;

(四)人民币购售业务中的远、掉期业务;

(五)客户远期购入外汇的其他业务。

除期权和期权组合业务按名义本金(期权组合采用名义本金最高的单笔期权)的二分之一外,其他代客远期售汇业务均按名义本金的全额作为应交存外汇风险准备金的计算基准。

二、金融机构为客户办理远期售汇业务,应当坚持实需交易原则。金融机构应当提高自主创新能力和交易管理能力,建立完善的风险管理制度和内部控制制度,审慎开展与自身风险管理水平相适应的远期售汇业务。

三、国家外汇管理局各分局、外汇管理部应按照银发〔2015〕273号文件要求,向相应的中国人民银行省会(首府)城市中心支行以上分支机构营业部门提供相关机构名单。同时,督促金融机构执行实需交易原则并提供客观、真实的统计数据,不得弄虚作假。

请中国人民银行分支机构将本通知于印发之日转发至相应的国家外汇管理局分局、外汇管理部,以及辖区内开展代客远期售汇业务的城市商业银行、农村商业银行、农村合作银行、农村信用社、村镇银行、财务公司和外资金融机构。

中国人民银行关于拓宽人民币购售业务范围的通知

(2015年8月13日公布 银发〔2015〕250号
自2015年8月13日起施行)

中国人民银行上海总部,各分行、营业管理部,各省会(首府)城市中心支行,各副省级城市中心支行;国家开发银行,各政策性银行、国有商业银行、股份制商业银行,中国邮政储蓄银行:

为促进人民币跨境使用,进一步推进金融改革,根据《中华人民共和国中国人民银行法》等法律法规,现就拓宽人民币购售业务范围有关事项通知如下:

一、境内代理行或境外清算行与境外参加行可为货物贸易、服务贸易和直接投资项下的跨境人民币结算需求办理人民币购售业务,交易品种包括即期、远期和掉期交易。境内代理行和境外清算行应当要求境外参加行加强对客户购售需求的真实性审核。

二、境内代理行和境外清算行应当及时准确地向人民币跨境收付信息管理系统报送人民币购售业务信息。

三、与人民币购售业务有关的人民币代理结算协议应当明确境外参加行的以下义务:一是企业客户在境外参加行办理人民币购售业务后,须在同一家银行完成购售相关的支付;二是境外参加行应当关注异常交易,监测客户大额购售业务的资金流向,及时通过境内代理行或境外清算行向人民银行报告有关情况。

四、本通知自印发之日起施行。《中国人民银行关于明确跨境人民币业务相关问题的通知》(银发〔2011〕145 号)第十一条、第十二条、《中国人民银行关于调整人民币购售业务管理的通知》(银发〔2013〕321 号)第一条的规定与本通知不一致的,以本通知为准。

关于做好境内原油期货交易跨境结算管理工作有关事宜的公告

(2015 年 7 月 20 日公布　中国人民银行公告〔2015〕第 19 号
自 2015 年 8 月 1 日起施行)

为做好境内原油期货交易跨境结算管理工作,现就有关事宜公告如下:

一、"境外交易者"是指从事境内原油期货交易并承担交易结果,在中华人民共和国境外(含港澳台地区)依法成立的法人、其他经济组织,或者依法拥有中华人民共和国境外(含港澳台地区)公民身份的自然人。"境外经纪机构"是指在中华人民共和国境外(含港澳台地区)依法成立、具有所在国(地区)期货监管机构认可的可以接受交易者资金和交易指令并以自己名义为交易者进行期货交易资质的金融机构。

二、境内原油期货交易以人民币计价、结算。

三、期货交易所应通过在期货保证金指定存管银行(以下简称存管银行)开立的人民币专用结算账户,为具有结算资格的期货公司或者其他机构提供境内原油期货交易结算服务。

四、具有结算资格的期货公司或者其他机构应通过在存管银行开立的人民币保证金专用账户,为境外交易者、境外经纪机构提供境内原油期货交易结算服务。

五、境外交易者、境外经纪机构可以按照《境外机构人民币银行结算账户管理办法》(银发〔2010〕249 号文印发)和《中国人民银行关于境外机构人民币银行结算账户开立和使用有关问题的通知》(银发〔2012〕183 号)等银行结算账户管理规定,在存管银行开立人民币期货结算账户,用于办理境内原油期货交易的相关资金往来。境外交易者、境外经纪机构未开立基本存款账户的,该人民币期货结算账户纳入基本存款账户管理。

六、具有结算资格的期货公司或者其他机构的人民币保证金专用账户的收支范围。

(一)收入范围:

1. 从其同名人民币保证金专用账户汇入的人民币资金;

2. 从其境内客户人民币期货结算账户汇入的人民币资金;

3. 从境外交易者和境外经纪机构人民币期货结算账户汇入的人民币资金;

4. 其同名外汇保证金专用账户结汇后汇入的人民币资金;

5. 账户利息收入;

6. 中国人民银行规定的其他收入。

(二)支出范围:

1. 汇往其同名人民币保证金专用账户的人民币资金;

2. 汇往其境内客户人民币期货结算账户的人民币资金;

3. 汇往境外交易者和境外经纪机构人民币期货结算账户的人民币资金;

4. 期货交易相关税费支出;

5. 账户相关手续费支出;

6. 中国人民银行规定的其他支出。

七、境外交易者、境外经纪机构的人民币期货结算账户收支范围。

(一)收入范围:

1. 从境外汇入的人民币资金;

2. 从其同名人民币银行结算账户汇入的人民币资金;

3. 从具有结算资格的期货公司或者其他机构人民币保证金专用账户汇入的人民币资金;

4. 账户利息收入;

5. 中国人民银行规定的其他收入。

(二)支出范围:

1. 汇往境外的人民币资金;

2. 汇往其同名人民币银行结算账户的人民币资金;

3. 汇往具有结算资格的期货公司或者其他机构人民币保证金专用账户的人民币资金;

4. 期货交易相关税费支出;

5. 账户相关手续费支出;

6. 中国人民银行规定的其他支出。

八、境外交易者、境外经纪机构人民币期货结算账户的资金按照活期存款利率计息,在境内实行专户存放和封闭管理,不得用于期货交易以外的其他用途。

九、境外交易者、境外经纪机构可以直接使用外汇作为保证金,外汇保证金结汇后方可用于境内原油期货资金结算。境内原油期货交易盈亏结算、缴纳手续费、交割货款或补充结算资金缺口等需要结汇、购汇的,通过存管银行办理,按外汇管理有关规定执行。

十、存管银行应当及时、准确、完整地向人民币跨境收付信息管理系统(RCPMIS)报送有关账户信息以及跨境人民币资金收支信息。期货交易所应按月向中国人民银行报送境外交易者、境外经纪机构从事境内原油期货交易业务的基本情况、资金流出流入等相关业务信息。

十一、期货交易所、存管银行、期货公司等应当按照《中华人民共和国反洗钱法》和中国人民银行的有关规定,切实履行反洗钱和反恐怖融资义务,预防洗钱、恐怖融资等违法犯罪活动。

十二、中国人民银行及相关监管部门对境内人民币原油期货交易结算业务活动进行监督管理,对违反有关规定的,依法进行处理。

十三、中国证券监督管理委员会批准的其他境内特定品种期货交易的跨境结算业务,参照本公告办理。

十四、本公告自2015年8月1日起施行。

中国人民银行关于境外机构人民币银行结算账户开立和使用有关问题的通知

（2012年7月26日公布　银发〔2012〕183号
自2012年7月26日起施行）

中国人民银行上海总部、各分行、营业管理部、各省会（首府）城市中心支行，副省级城市中心支行；国家开发银行、各政策性银行，各国有商业银行、股份制商业银行，中国邮政储蓄银行：

为加强境外机构人民币银行结算账户管理，规范境外机构人民币银行结算账户开立和使用，促进贸易投资便利化，根据《人民币银行结算账户管理办法》（中国人民银行令〔2003〕第5号发布）、《跨境贸易人民币结算试点管理办法》（中国人民银行　财政部　商务部　海关总署　国家税务总局　中国银行业监督管理委员会公告〔2009〕第10号发布）、《境外机构人民币银行结算账户管理办法》（银发〔2010〕249号文印发）等相关规定，现就有关事项通知如下：

一、关于境外机构人民币银行结算账户开立

（一）境外机构在境内只能开立一个基本存款账户。境外机构开立基本存款账户后，可以按照《人民币银行结算账户管理办法》和《人民币银行结算账户管理办法实施细则》（银发〔2005〕16号）等银行账户管理制度，根据办理跨境人民币业务的需要开立一般存款账户和专用存款账户。

（二）境内银行业金融机构（以下简称银行）应当采取措施对境外机构在境外合法注册成立的证明文件、在境内开展相关活动所依据的法规制度或者政府主管部门的批准文件等开户证明文件进行审核，确保开户证明文件的真实性、合规性和完整性，并据此出具境外机构在境内开立人民币银行结算账户的合法性审核书面声明并加盖签章（见附件1）。境外机构申请开立基本存款账户的，银行应当将合法性审核书面声明与境外机构的开户申请书、开户证明文件一并送中国人民银行当地分支机构审核。

银行可以通过其境外分支机构等其他机构采取合法、可靠的措施，协助审查境外机构身份及其开户证明文件的真实性、合法性。

（三）境外机构开立人民币银行结算账户时不能出具法定代表人或者单位负责人的有效身份证件的，可以出具公司章程规定的账户有权签字人的有效身份证件，并同时出具公司章程。

（四）境外机构开立人民币银行结算账户时出具的其在境外合法注册成立的证明文件、法定代表人或者单位负责人或者账户有权签字人（以下统称负责人）的有效身份证件等开户证明文件应当为原件。如开户证明文件为非中文的，应当翻译为对应的中文，并在翻译件上加盖单位公章或者财务专用章或者账户有权签字人的签章。银行应当对翻译件与原件核对一致。

（五）境外机构人民币银行结算账户的存款人名称、账户名称、负责人的名称可为中文或者英文。境外机构在境外合法注册成立的证明文件、负责人有效身份证件上记载有中文名称的，应当采用中文；记载非中文或者非英文名称的，应当使用翻译后的中文。采用中文的，应当为简体中文全称；采用英文的，应当为英文大写字母全称。

（六）境外机构申请开立银行结算账户应当填写“开立单位银行结算账户申请书”。其中，“存款人类别”填写“境外机构”，“电话”填写境外机构的境外联系电话，“地址”填写境外机构在境外的联系地址，“邮政编码”填写境外机构的境外联系地址的邮政编码，“地区代码”填写境外机构注册地的国家或者地区名称简称和3位国家或者地区代码（见附件2《世界各国和地区名称及代码》），“账号”填写“NRA”+阿拉伯数字账号。境外机构有国家外汇管理局核发的特殊机构代码的，应当将特殊机构代码作为组织机构代码进行填写。境外机构在境内有联系方式的，应当在备注栏或者空白处填写境内的联系电话、地址、邮政编码。

境外机构无单位公章或者财务专用章，银行预留签章为账户有权签字人签章的，应当在开户申请书三联上分别签署账户有权签字人的签章。

（七）境外机构开立的人民币银行结算账户信息录入人民币银行结算账户管理系统时，"存款人类别"录入"境外机构"，"电话"录入境外机构的境外联系电话（格式为国际区号＋地区号＋电话号码），"地址"录入境外机构的境外联系地址，"邮政编码"统一录入"000000"，"地区代码"统一录入"上海市（2900）"，"组织机构代码"录入国家外汇管理局核发的特殊机构代码，"备注"最前面录入"NRA"＋3位国家或者地区代码，并以中文分号"；"分隔后录入境外机构真实的境外邮政编码。如境外机构在境内有联系方式的，还应当在备注中填写境内联系地址、电话及邮政编码等。境外机构的存款人名称等信息不能完整录入的，应当在备注中加以说明。

（八）境外机构办理开立、变更、撤销银行结算账户，申请补（换）发开户许可证等业务时，可由负责人直接办理，也可授权他人办理。由负责人直接办理的，应当出具负责人的有效身份证件；授权他人办理的，应当出具负责人的有效身份证件及其出具的授权书，以及被授权人的有效身份证件。

（九）境外机构在境内有联系地址的，应当在境内联系地址和境外联系地址中确定一个为主要联系方式，方便银行开展对账等业务。境内联系地址或者境外联系地址发生变更的，境外机构应当在5个工作日内向银行提出变更申请。

（十）境外机构开立的基本存款账户、一般存款账户、专用存款账户不得用于办理现金业务。基本存款账户和专用存款账户确有办理现金业务需要的，需经中国人民银行批准。

二、关于境外机构开立人民币银行结算账户的特殊情形

（一）关于特殊境外机构投资者。

境外中央银行（货币当局）开展货币互换、境外银行提供清算或者结算服务、合格境外机构投资者从事证券投资、境外机构投资银行间债券市场、俄罗斯金融机构开办人民币购售业务，需要开立人民币银行结算账户的，仍按照《中国人民银行办公厅关于有关货币当局在境内银行业金融机构开立人民币银行结算账户有关事项的通知》（银办发〔2010〕101号）、《跨境贸易人民币结算试点管理办法实施细则》（银发〔2009〕212号文印发）、《人民币银行结算账户管理办法》、《中国人民银行关于境外人民币清算行等三类机构运用人民币投资银行间债券市场试点有关事宜的通知》（银发〔2010〕217号）、《中国人民银行关于俄罗斯莫斯科银行间货币交易所人民币对卢布交易人民币清算有关问题的通知》（银发〔2011〕222号）等规定执行。

上述机构依据相关法律、行政法规、部门规章或者政府主管部门的批准文件从事人民币业务，还需要开立其他人民币银行结算账户的，可撤销原已开立的专用存款账户，按照《人民币银行结算账户管理办法》、《境外机构人民币银行结算账户管理办法》及本通知等相关规定，开立境外机构人民币基本存款账户和专用存款账户。其中，基本存款账户用于日常人民币转账结算，开户证明文件为法律、行政法规、部门规章或者政府主管部门的批准文件，账户收支范围与普通境外机构基本存款账户的收支范围一致；专用存款账户用于按照相关制度的要求对特定用途资金进行专项管理，开户依据为中国人民银行、国家外汇管理局或者其他政府主管部门的批准文件，账户收支范围按照批准文件的规定严格执行。

上述机构不得开立一般存款账户、临时存款账户，中国人民银行另有规定的除外。

（二）关于其他境外机构投资者。

境外投资者因经营受让不良债权、国际开发机构发行人民币债券、合格境外机构办理人民币贷款业务和货币互换业务、A股上市公司外资股东减持股份及分红，需要开立人民币银行结算账户的，按照《人民币银行结算账户管理办法》、《境外机构人民币银行结算账户管理办法》及本通知等相关规定，开立境外机构人民币基本存款账户、一般存款账户、专用存款账户。

基本存款账户用于人民币日常转账结算，开户证明文件为法律、行政法规、部门规章或者政府主管部门的批准文件，账户收支范围与普通境外机构基本存款账户的收支范围一致。

一般存款账户用于贷款或者其他结算需要，按照《人民币银行结算账户管理办法》、《境外机构人民币银行结算账户管理办法》及本通知等相关规定进行管理。

专用存款账户用于按照《中国人民银行关于境外投资者因经营受

让不良债权开立人民币银行结算账户有关问题的通知》(银发〔2005〕116号)、《中国人民银行关于国际开发机构发行人民币债券开立人民币银行结算账户等事宜的批复》(银复〔2005〕97号)、《中国人民银行关于政策性银行为合格境外机构办理人民币贷款业务和货币互换业务有关问题的通知》(银发〔2007〕81号)、《中国人民银行办公厅关于A股上市公司外资股东减持股份及分红所涉及账户开立与外汇管理有关问题的通知》(银办发〔2009〕178号)等相关规定对特定用途资金进行专项管理,开户依据为法律、行政法规、部门规章、中国人民银行或者其他政府主管部门的批准文件,账户收支范围按照批准文件的规定严格执行。其中,A股上市公司外资股东因减持股份及分红而开立的专用存款账户,应当在上市公司注册地开立。

境外机构已按照《中国人民银行关于境外投资者因经营受让不良债权开立人民币银行结算账户有关问题的通知》等规定开立专用存款账户或者临时存款账户的,如目前无开立其他银行结算账户需要,可继续使用该账户,无需做销户处理;如需开立其他银行结算账户,可撤销原已开立的银行结算账户,按照《人民币银行结算账户管理办法》、《境外机构人民币银行结算账户管理办法》及本通知等相关规定,开立境外机构人民币基本存款账户、一般存款账户和专用存款账户。

(三)关于境外边贸企业。

周边国家从事边境贸易的企业应当按照《人民币银行结算账户管理办法》、《境外机构人民币银行结算账户管理办法》及本通知等相关规定,开立境外机构人民币银行结算账户,账户收支范围按照《境外机构人民币银行结算账户管理办法》和本通知的规定执行。原《中国人民银行办公厅关于境外边贸企业和个人开立人民币银行结算账户有关问题的批复》(银办函〔2008〕26号)关于境外边贸企业开立人民币特殊专用存款账户的规定不再适用。

境外边贸企业已按照《中国人民银行办公厅关于境外边贸企业和个人开立人民币银行结算账户有关问题的批复》开立专用存款账户的,如目前无开立其他银行结算账户需要,可继续使用该账户,无需做销户处理;如需开立其他银行结算账户,可撤销原已开立的银行结算账户,按照《人民币银行结算账户管理办法》、《境外机构人民币银行结算账户管理办法》及本通知等相关规定，开立境外机构人民币基本存款账户、一般存款账户和专用存款账户。

三、关于清理核实已开立的境外机构人民币银行结算账户

（一）对于2010年10月1日《境外机构人民币银行结算账户管理办法》实施前，境外机构因开展跨境贸易人民币结算试点业务开立的人民币银行结算账户，应当按照《人民币银行结算账户管理办法》、《人民币银行结算账户管理办法实施细则》、《境外机构人民币银行结算账户管理办法》及本通知的有关规定进行清理核实，纳入人民币银行结算账户管理系统统一管理：

境外机构开立一个银行结算账户的，开户银行应当与境外机构以书面方式确认为基本存款账户。开户银行应当将书面确认函、需补充的开户证明文件报送中国人民银行当地分支机构，由中国人民银行当地分支机构核发基本存款账户开户许可证。

境外机构开立多个银行结算账户的，开户银行应当与境外机构以书面方式确认其中一个银行结算账户为基本存款账户，其他银行结算账户逐一确认为一般存款账户、专用存款账户。

确认为基本存款账户的，开户银行应当将书面确认函、需补充的开户证明文件报送中国人民银行当地分支机构，由中国人民银行当地分支机构核发基本存款账户开户许可证。

确认为一般存款账户、专用存款账户的，开户银行应当联系境外机构出具书面确认函、基本存款账户开户许可证及需补充的开户证明文件，并通过人民币银行结算账户管理系统向中国人民银行当地分支机构备案。

（二）对于2010年10月1日后，境外机构按照《境外机构人民币银行结算账户管理办法》开立的人民币银行结算账户，应当按照本通知要求补充、规范有关账户信息，开户银行应当与境外机构进行核实确认，及时办理有关银行结算账户变更手续。

境外机构变更账户性质的，应当先撤销银行结算账户，再重新办理银行结算账户开立手续。

（三）自本通知下发之日起3个月内，对于符合开户条件的银行结算账户，银行应当及时联系境外机构办理上述确认及变更手续。未在规定期限内办理的，银行应当加强与境外机构的联系，并在境外机构第一次办理业务时，要求其首先补办确认及变更手续。对于不符合开户条件的银行结算账户，银行应当通知境外机构办理销户手续，如境外机构自发出通知之日起30日内未办理销户手续，逾期视同自愿销户，未划转款项列入久悬未取专户管理。

四、关于境外机构人民币银行结算账户的使用

（一）境内银行应当根据有关人民币跨境业务管理相关规定对境外机构人民币银行结算账户资金收付的真实性和合法性进行严格审查。

（二）境外机构人民币银行结算账户收入及支出范围。

收入范围：

（1）跨境货物贸易、服务贸易、收益及经常转移等经常项目人民币结算收入；

（2）政策明确允许或经批准的资本项目人民币收入；

（3）跨境贸易人民币融资款项；

（4）账户孳生的利息；

（5）从同名或其他境外机构境内人民币银行结算账户获得的收入；

（6）中国人民银行规定的其他收入。

支出范围：

（1）跨境货物贸易、服务贸易、收益及经常转移等经常项目的境内人民币结算支出；

（2）政策明确允许或经批准的资本项目人民币支出；

（3）跨境贸易人民币融资利息及融资款项的归还；

（4）银行费用支出；

（5）中国人民银行规定的其他支出项目。

（三）境外机构人民币银行结算账户向境外的划转，以及境外机构人民币银行结算账户之间的划转，银行可以根据境外机构的指令直接办理，另有规定的除外。

（四）履行相应手续后，境外机构人民币银行结算账户内的资金可购汇汇出。

（五）境内机构与境外机构人民币银行结算账户之间的资金收支，按照跨境交易进行管理。境内收付款行应当按照人民币跨境交易管理的有关规定办理。

（六）境内银行应当通过大额支付系统办理境外机构人民币银行结算账户和境内机构之间的跨境资金收支，并在汇款指令交易附言中注明款项的用途。在办理经常项下人民币资金划转时，暂使用大额支付系统汇兑支付报文（CMT100）中的“60－出口贸易结算”和“62－进口贸易结算”。在办理资本项下人民币资金划转时，暂使用大额支付系统汇兑支付报文（CMT100）中的“70－内地机构境外发行债券结算”和“71－内地机构境外发行债券兑付”。待第二代支付系统上线运行后，再按新的业务种类分类处理。

（七）境外机构人民币银行结算账户为活期存款账户。境外机构可将人民币结算账户资金用作境内质押境内融资。

五、关于境外机构人民币银行结算账户管理等问题

（一）银行应当在2013年底前完成境外机构人民币银行结算账户账号统一标注前缀“NRA”的行内业务系统调整工作。银行在完成NRA标注前，应当在境外机构的有关支付指令交易附言中注明“NRA PAYMENT”。

（二）银行应当及时将境外机构人民币银行结算账户的开销户信息、基本信息变更、余额信息及其涉及的与境外主体之间资金划转信息向人民币跨境收付信息管理系统报送。中国人民银行、国家外汇管理局建立境外机构人民币银行结算账户信息共享机制。

（三）通过境外机构账户与境外、境内之间发生的人民币资金收支，以及由此产生的账户余额变动，均应当按照有关规定办理国际收支统计申报。

（四）境内银行办理境外机构人民币银行结算账户项下购汇业务时，应当按照有关规定报送结售汇和头寸统计相关信息。

（五）在相关法规明确之前，境外机构人民币银行结算账户资金余额暂不纳入现行外债管理。

（六）银行应当采取合理措施了解境外机构客户及其实际控制人，并依据境外机构客户的风险程度采取相应的反洗钱、反恐怖融资措施。跨境人民币大额资金交易报告参照《金融机构大额交易和可疑交易报告管理办法》(中国人民银行令〔2006〕第2号发布)的大额跨境交易标准。

六、本通知自发布之日起施行。此前有关规定,与本通知不一致的,以本通知为准。

附件:1. 银行业金融机构对境外机构开立人民币银行结算账户的合法性审核书面声明(略)

2. 世界各国和地区名称及代码(略)

中国人民银行关于印发《境外机构人民币银行结算账户管理办法》的通知

(2010年8月31日公布　银发〔2010〕249号
自2010年10月1日起施行)

中国人民银行上海总部,各分行、营业管理部,各省会(首府)城市中心支行,副省级城市中心支行;国家开发银行,各政策性银行,各国有商业银行、股份制商业银行,中国邮政储蓄银行:

现将《境外机构人民币银行结算账户管理办法》(以下简称《办法》)印发给你们,并就有关事项通知如下:

一、境外中央银行(货币当局)因货币互换操作等需要在境内商业银行开立人民币银行结算账户的,根据人民银行的其他相关规定办理。

境外银行因提供清算或结算服务需要,在境内商业银行开立的人民币同业往来账户,按照《跨境贸易人民币结算试点管理办法实施细则》(银发〔2009〕212号文印发)的有关规定办理。

合格境外机构投资者在境内从事证券投资开立的人民币特殊账户按照《人民币银行结算账户管理办法》(中国人民银行令〔2003〕第5号发布)第二十条和《人民币银行结算账户管理办法实施细则》(银发

〔2005〕16号文印发）第五条的规定办理。

境外中央银行或货币当局，我国香港、澳门地区人民币业务清算行和跨境贸易人民币结算境外参加银行等机构，因投资银行间债券市场的人民币资金需要开立账户的，应根据中国人民银行关于境外机构投资银行间债券市场试点有关规定办理。

二、自本通知发布之日起，除上述4类人民币银行结算账户外，境外机构在境内开立人民币银行结算账户应按《办法》规定执行。

境外机构在本通知印发前依据中国人民银行相关规定，已在境内开立人民币银行结算账户的，毋须做变更或销户处理。

三、各境内银行应依据《办法》制定境外机构开立人民币银行结算账户的实施细则或操作指引，并向中国人民银行报告。

四、请中国人民银行上海总部，各分行、营业管理部、省会（首府）城市中心支行将本通知转发至辖区内银行业金融机构，确保《办法》有效实施。

请将执行中遇到的问题及时报告中国人民银行总行。

联系人：杨青，联系电话：010－66194067

附件：境外机构人民币银行结算账户管理办法

附件

境外机构人民币银行结算账户管理办法

第一条　为规范境外机构人民币银行结算账户的开立和使用，加强银行结算账户管理，维护经济金融秩序稳定，根据《人民币银行结算账户管理办法》（中国人民银行令〔2003〕第5号发布）等规定，制定本办法。

第二条　境外机构在中国境内银行业金融机构开立的人民币银行结算账户（以下简称银行结算账户）适用本办法。境外中央银行（货币当局）在境内银行业金融机构开立的人民币银行结算账户、境外商业银行因提供清算或结算服务在境内银行业金融机构开立的同业往来账户、合格境外机构投资者依法在境内从事证券投资开立的人民币特殊账户以及境外机构投资境内银行间债券市场的人民币资金开立的人民币特殊账户除外。

第三条 本办法所称境外机构，是指在境外（含香港、澳门和台湾地区）合法注册成立的机构；境内银行业金融机构（以下简称银行）是指依法具有办理国内外结算等业务经营资格的境内中资和外资银行。

第四条 境外机构依法办理人民币资金收付，可以申请在银行开立银行结算账户，用于依法开展的各项跨境人民币业务。

第五条 中国人民银行是银行结算账户的监督管理部门，负责对银行结算账户的开立、使用、变更和撤销进行监督管理。

第六条 银行应对境外机构的本、外币账户以及境外机构与境内机构的银行结算账户进行有效区分、单独管理。银行在编制境外机构人民币银行结算账户账号时，应统一加前缀“NRA”。

第七条 银行应严格执行反洗钱规定，并加强对境外机构银行结算账户资金流动的监测。

第八条 境外机构向银行申请开立银行结算账户时，应填写开户申请书，并提供其在境外合法注册成立的证明文件，及其在境内开展相关活动所依据的法规制度或政府主管部门的批准文件等开户资料。证明文件等开户资料为非中文的，还应同时提供对应的中文翻译。

银行应对境外机构身份及其开户资料的真实性和合法性进行审查。

第九条 境外机构符合开立银行结算账户条件的，可选择境内任意一家银行开立银行结算账户。该银行应将相应开户资料和开户申请书报送中国人民银行当地分支机构，并出具对境外机构身份审查合格的证明材料，经中国人民银行当地分支机构核准后为其办理基本存款账户开户手续。

第十条 中国人民银行分支机构应于2个工作日内对银行报送的境外机构身份审查合格的证明材料予以审核，对符合开户条件的颁发基本存款账户开户许可证。

第十一条 境外机构开立的银行结算账户的账户名称应使用境外机构的中文或英文名称全称，并与其在境外合法注册成立的证明文件（或对应的中文翻译）记载的名称全称一致，一个国家或地区境外机构的中文（或英文）名称全称应唯一。

第十二条 境外机构申请开立银行结算账户时，根据国家外汇管理部门有关规定已申领特殊机构代码的，应将特殊机构代码录入人民币银行结算账户管理系统。境外机构在开户后申领特殊机构代码的，银行应及时向中国人民银行当地分支机构申请为其办理账户信息变更手续。

第十三条 境外机构开立银行结算账户，应在银行预留签章。预留签章为境外机构公章或财务专用章及账户有权签字人的签章，没有公章或财务专用章的，可为账户有权签字人的签章。

第十四条 境外机构银行结算账户不得用于办理现金业务，确有需要的，需经中国人民银行批准。

境外机构银行结算账户内的资金不得转换为外币使用，另有明确规定的除外。

第十五条 银行应按有关规定将境外机构银行结算账户的开立、变更、撤销以及资金结算收付信息报送人民币跨境收付信息管理系统。

第十六条 境外机构银行结算账户的变更，参照《人民币银行结算账户管理办法》及《人民币银行结算账户管理办法实施细则》（银发〔2005〕16 号文印发）的有关规定执行。

第十七条 有下列情形之一的，境外机构应及时办理销户手续：

（一）境外机构开户时所依据的法规制度或政府主管部门的批准文件设定有效期限，且有效期限届满的；

（二）政府主管部门禁止境外机构继续在境内从事相关活动的；

（三）按境外机构本国或本地区法律规定，境外机构主体资格已消亡的；

（四）其他应撤销银行结算账户的情形。

境外机构未及时办理销户手续的，银行应通知境外机构自发出通知之日起 30 日之内办理销户手续，逾期视同自愿销户，未划转款项列入久悬未取专户管理。

第十八条 银行应指定人员负责境外机构银行结算账户开立、使用、变更和撤销的审查和管理，负责对存款人开户申请资料的审查，并按照本办法的规定及时报送存款人开销户信息资料，建立健全开销户登记制度及境外机构银行结算账户管理档案，按会计档案进行单独管理。

第十九条　银行应对已开立的境外机构银行结算账户实行年检制度。

第二十条　本办法未尽事宜，按照《人民币银行结算账户管理办法》和《人民币银行结算账户管理办法实施细则》等有关规定执行。

第二十一条　本办法自2010年10月1日起实施，由中国人民银行负责解释、修改。

关于发布《中国银行间市场金融衍生产品交易主协议》文本有关事项的公告

（2009年3月11日公布　中国人民银行公告〔2009〕第4号
自2009年3月11日起施行）

为维护银行间市场参与者（以下简称市场参与者）合法权益，促进我国金融衍生产品市场的规范、健康发展，中国人民银行和国家外汇管理局同意中国银行间市场交易商协会（以下简称交易商协会）发布《中国银行间市场金融衍生产品交易主协议》（以下简称《主协议》）文本，现就有关事项公告如下：

一、市场参与者开展金融衍生产品交易应签署交易商协会制订并发布的《主协议》，并及时将签署后的《主协议》及其补充协议向交易商协会备案。交易商协会应将有关签署信息及时告知中国外汇交易中心。

本公告所称金融衍生产品是指市场参与者间以一对一方式达成的、按照交易双方具体要求拟定交易条款的金融衍生合约，包括符合上述条件的利率衍生产品、汇率衍生产品、债券衍生产品、信用衍生产品和黄金衍生产品，以及前述衍生产品交易的组合等。

二、《主协议》关于单一协议和终止净额等约定适用于金融衍生产品交易。

三、《主协议》签署后达成的金融衍生产品交易适用《主协议》；《主协议》签署前达成的金融衍生产品交易可由交易双方协商约定继续适用原签署的主协议，或统一适用《主协议》。

四、为保证新旧协议文本的平稳过渡，《主协议》发布之日后的6个月为《主协议》实施的过渡期。市场参与者应在过渡期内积极沟通协商，尽快签署《主协议》。

在过渡期内，未签署《主协议》的市场参与者，仍可在原相关主协议下进行金融衍生产品交易。过渡期结束后，仍未签署《主协议》的市场参与者，不得进行新的金融衍生产品交易。

五、《全国银行间债券市场债券远期交易管理规定》（中国人民银行公告〔2005〕第9号发布）、《远期利率协议业务管理规定》（中国人民银行公告〔2007〕20号发布）、《中国人民银行关于开展人民币利率互换业务有关事宜的通知》（银发〔2008〕18号）、《中国人民银行关于加快发展外汇市场有关问题的通知》（银发〔2005〕202号）、《国家外汇管理局关于中国外汇交易中心发布〈全国银行间外汇市场人民币外汇衍生产品主协议（2007年版）〉的批复》（汇复〔2007〕254号）和《中国人民银行关于在银行间外汇市场开办人民币外汇货币掉期业务有关问题的通知》（银发〔2007〕287号）等文件中涉及与金融衍生产品交易相关主协议的制订、签署、备案等规定根据本公告同时调整。

六、交易商协会应以公告形式向市场参与者发布《主协议》文本并组织市场参与者签署，同时做好《主协议》及其补充协议的备案服务工作。

七、交易商协会应加强市场自律管理，组织《主协议》业务培训，强化投资者教育，引导市场参与者建立健全金融衍生产品交易的内部控制和风险管理制度，维护市场秩序和市场参与者的合法权益。

八、本公告自发布之日起施行。

远期利率协议业务管理规定

（2007年9月29日公布　中国人民银行公告
〔2007〕第20号　自2007年11月1日起施行）

第一条　为规范远期利率协议业务，根据《中华人民共和国中国人民银行法》等有关法律、行政法规，制定本规定。

第二条　本规定所称远期利率协议是指交易双方约定在未来某一日，交换协议期间内一定名义本金基础上分别以合同利率和参考利率计算的利息的金融合约。其中，远期利率协议的买方支付以合同利率计算的利息，卖方支付以参考利率计算的利息。

第三条　远期利率协议的参考利率应为经中国人民银行授权的全国银行间同业拆借中心（简称交易中心）等机构发布的银行间市场具有基准性质的市场利率或中国人民银行公布的基准利率，具体由交易双方共同约定。

第四条　全国银行间债券市场参与者（简称市场参与者）中，具有做市商或结算代理业务资格的金融机构可与其他所有市场参与者进行远期利率协议交易，其他金融机构可以与所有金融机构进行远期利率协议交易，非金融机构只能与具有做市商或结算代理业务资格的金融机构进行以套期保值为目的的远期利率协议交易。

第五条　市场参与者进行远期利率协议交易应遵循公平、诚信、风险自担的原则，建立健全相应的内部操作规程和风险管理制度，有效防范远期利率协议交易可能带来的风险。

第六条　市场参与者开展远期利率协议业务应签署《中国银行间市场金融衍生产品交易主协议》。《中国银行间市场金融衍生产品交易主协议》中关于单一协议和终止净额等约定适用于远期利率协议交易。

《中国银行间市场金融衍生产品交易主协议》由中国人民银行授

权中国银行间市场交易商协会(简称交易商协会)制定并发布。

第七条 金融机构在开展远期利率协议交易前,应将其远期利率协议的内部操作规程和风险管理制度送交易商协会和交易中心备案。内部风险管理制度至少应包括风险测算与监控、内部授权授信、信息监测管理、风险报告和内部审计等内容。

第八条 具有做市商或结算代理业务资格的金融机构在与非金融机构进行远期利率协议交易时,应提示该交易可能存在的风险,但不得对其进行欺诈和误导。

第九条 远期利率协议交易既可以通过交易中心的交易系统达成,也可以通过电话、传真等其他方式达成。

未通过交易中心交易系统的,金融机构应于交易达成后的次一工作日将远期利率协议交易情况送交易中心备案。

第十条 市场参与者进行远期利率协议交易时,应订立书面交易合同。书面交易合同包括交易中心交易系统生成的成交单,或者合同书、信件和数据电文等。交易合同应至少包括交易双方名称、交易日、名义本金额、协议起止日、结算日、合同利率、参考利率、资金清算方式、争议解决方式等要素。交易双方认为必要时,可签订补充合同。

第十一条 市场参与者可按对手的信用状况协商建立履约保障机制。

第十二条 远期利率协议交易发生违约时,对违约事实或违约责任存在争议的,交易双方可以按照合同的约定申请仲裁或者向人民法院提起诉讼,并于接到仲裁或诉讼最终结果的次一工作日 12:00 之前,将最终结果送达交易商协会,交易商协会应在接到最终结果的当日予以公告。

第十三条 交易商协会要充分发挥行业自律组织作用,制订相应的自律规则,引导市场参与者规范开展远期利率协议业务。

第十四条 交易中心应依据本规定制定远期利率协议交易操作规程,报中国人民银行备案后实施。

第十五条 交易中心负责远期利率协议交易的日常监控工作,发现异常交易情况应及时向中国人民银行报告。

交易中心应于每月后的 10 个工作日内将本月远期利率协议交易

情况以书面形式向中国人民银行报告，同时抄送交易商协会。

第十六条　交易中心应按照中国人民银行的规定和授权，及时公布远期利率协议交易有关信息，但不得泄露非公开信息或误导参与者。

第十七条　交易中心应定期向中国人民银行上海总部、各分行、营业管理部、省会（首府）城市中心支行以及副省级城市中心支行提供其辖区内市场参与者的远期利率协议交易有关信息，同时抄送交易商协会。各分支机构应加强对辖区内市场参与者远期利率协议交易的日常管理。

第十八条　市场参与者、交易中心违反本规定的，由中国人民银行按照《中华人民共和国中国人民银行法》第四十六条的规定予以处罚。

第十九条　本规定由中国人民银行负责解释。

第二十条　本规定自2007年11月1日起施行。

中国人民银行关于全国银行间债券市场债券远期交易保证金存款利率问题的通知

（2005年8月30日公布　银发〔2005〕225号
自2005年8月30日起施行）

中国人民银行各分行、营业管理部、各省会（首府）城市中心支行、深圳市中心支行，政策性银行、国有独资商业银行、股份制商业银行，全国银行间同业拆借中心、中央国债登记结算有限责任公司：

根据《全国银行间债券市场债券远期交易主协议》第五条规定，为保证远期交易合同的履行，交易双方可按照交易对手的信用状况协商设定保证金或保证券。现就该保证金存款的相关利率政策通知如下：

一、对于交易双方自行保管的保证金，其利率按放开金融机构同业存款利率的政策执行，利率水平及付息方式由双方协商确定。

二、对于集中保管的保证金，由全国银行间同业拆借中心或中央国债登记结算有限责任公司在中国人民银行当地分行开立专户存放，人民银行对其不计付利息。

中国人民银行关于加快发展外汇市场有关问题的通知

（2005年8月8日公布　银发〔2005〕202号
自2005年8月8日起施行）

中国人民银行各分行、营业管理部，省会（首府）城市中心支行，大连、青岛、宁波、厦门、深圳市中心支行；国家外汇管理局各省、自治区、直辖市分局，外汇管理部，深圳、大连、青岛、厦门、宁波市分局；各中资外汇指定银行；中国外汇交易中心：

为进一步完善社会主义市场经济体制，提高汇率形成的市场化程度，充分发挥市场在资源配置中的基础作用，中国人民银行决定加快银行间外汇市场的发展，为银行和企业提供更多的风险管理工具。根据《中华人民共和国外汇管理条例》和《银行间外汇市场管理暂行规定》等有关法规，现就有关问题通知如下：

一、扩大即期外汇市场交易主体

（一）非金融企业符合以下条件的，可以向中国外汇交易中心（以下简称交易中心）申请会员资格，进入银行间即期外汇市场进行自营性交易：

1. 上年度经常项目跨境外汇收支25亿美元或者货物贸易进出口总额20亿美元以上；

2. 具有2名以上从事外汇交易的专业人员；

3. 具备与银行间外汇市场联网的电子交易系统；

4. 自申请日起前两年内没有重大违反外汇管理法规行为；

5. 国家外汇管理局规定的其他条件。

（二）非银行金融机构符合以下条件的，可以向交易中心申请会员资格，进入银行间即期外汇市场交易：

1. 具有主管部门批准的外汇业务经营资格；

2. 具有经国家外汇管理局批准的结售汇业务经营资格；

3. 保险公司注册资本金不低于10亿元人民币或等值外汇，证券公司、信托公司、财务公司等注册资本金不低于5亿元人民币或等值外汇，基金管理公司注册资本金不低于1.5亿元人民币或等值外汇；

4. 具有2名以上从事外汇交易的专业人员；

5. 具备与银行间外汇市场联网的电子交易系统；

6. 自申请日起前两年内没有重大违反外汇管理法规行为；

7. 国家外汇管理局规定的其他条件。

（三）非金融企业和非银行金融机构进入银行间即期外汇市场交易申请程序：

1. 符合条件的非金融企业和非银行金融机构应当持以下材料，向交易中心提出申请，交易中心初审后报国家外汇管理局备案。

（1）申请报告（说明申请的主要目的、人员配备等）；

（2）非金融企业应出具上年度经常项目跨境外汇收支或者货物贸易进出口总额等有关情况的报告；

（3）非银行金融机构应出具外汇业务经营资格和结售汇业务经营资格的证明文件，上年度经会计师事务所审计的外汇财务报告；

（4）技术支持系统的配置和功能说明；

（5）参与银行间即期外汇市场交易的内部管理制度，包括基本操作规程、风险管理规定、业务权限管理规定等；

（6）交易中心要求提供的其他材料。

2. 国家外汇管理局自收到交易中心递交的备案报告起，15个工作日内出具备案通知书，同时抄送交易中心；对不符合规定而不予备案的申请者，国家外汇管理局以书面形式予以通知。不予备案的非金融企业和非银行金融机构，不能取得交易中心会员资格，不得进入即期外汇市场进行交易。

3. 在特定情况下，非金融企业和非银行金融机构可直接向国家外汇管理局提出申请,经批准可取得交易中心会员资格,进入银行间即期外汇市场进行交易。

(四)非金融企业和非银行金融机构交易管理

1. 非金融企业在银行间外汇市场的即期交易以实需为原则,除现行外汇管理法规规定须经国家外汇管理局及其分支局(以下简称外汇局)批准的交易外,均可入市交易。

2. 非银行金融机构在银行间外汇市场的即期交易,除按现行外汇管理法规规定须经外汇局批准并出具结汇或者售汇批准文件方可交易外,其他交易可在市场内进行。

3. 非银行金融机构须遵守各自行业主管部门规定的风险管理规定,或者参照执行《商业银行市场风险管理指引》(中国银行业监督管理委员会令2004年第10号)中有关市场风险管理的规定。

二、增加外汇市场询价交易方式

(一)在银行间外汇市场引入询价交易系统,交易中心会员可自主决定采取询价交易或竞价交易方式。

(二)采取询价交易方式的会员应当在双边授信基础上,通过交易中心询价交易系统进行交易,交易的币种、汇率、金额等由交易双方协商议定。

(三)询价交易实行双边清算,风险自担,并遵守交易中心询价交易管理制度的各项规定。

三、开办银行间远期外汇交易

(一)银行间远期外汇交易是指交易双方以约定的外汇币种、金额、汇率,在约定的未来某一日期交割的人民币对外汇的交易。

(二)银行间远期外汇市场参与主体须为交易中心的会员。

(三)政策性银行、商业银行、信托投资公司、金融租赁公司、财务公司和汽车金融公司会员参与银行间远期外汇交易,须获得中国银行业监督管理委员会颁发的金融衍生产品交易业务资格;其他非银行金融机构会员须获得其监管部门的批准;非金融企业会员须经国家外汇管理局批准。

(四)国家外汇管理局对银行间远期外汇市场参与主体实行法人备案管理。符合条件的交易中心会员持本条第(三)项规定的文件,向交易中心提出申请,交易中心初审后报国家外汇管理局备案。国家外汇管理局按照本通知第一条第(三)项第2点规定的程序对该机构进行备案审核。

(五)国家外汇管理局根据结售汇业务量、资本金或营运资金规模、外汇资产状况等指标,核定非金融企业和非银行金融机构的本外币转换头寸。

(六)银行间远期外汇交易应遵守以下规定:

1. 交易双方通过交易中心询价交易系统进行交易,交易的外币币种、金额、期限、汇率、交割安排等由交易双方协商议定。

2. 远期交易可采取到期日本金全额交割的方式,也可采取在到期日根据约定的远期交易价格与到期日即期交易价格轧差交割的方式。两种交割方式及币种在成交单中应予以明确。

3. 为明确交易双方的权利与义务,远期外汇市场会员应签订银行间远期外汇交易主协议。

4. 为防范违约风险,保证远期外汇交易合同的履行,远期外汇市场会员可按交易对手的信用状况协商设定保证金。保证金可由交易中心代为集中保管。

5. 远期外汇市场会员应建立、健全内部管理制度和风险防范机制,并采取切实有效的措施对远期风险进行监控和管理。

6. 交易中心负责提供交易系统并进行日常统计与监控工作,及时向市场披露有关信息,但不得泄露非公开信息或误导市场参与者。

7. 远期外汇市场会员除遵守本通知规定外,还应遵守银行间外汇市场其他有关规定。

(七)远期外汇市场会员自获得远期交易备案资格起6个月后,可按即期交易与远期交易相关管理规定,在银行间市场开展即期与远期、远期与远期相结合的人民币对外币掉期交易。

四、加强外汇市场监管

中国人民银行授权国家外汇管理局对银行间即期外汇市场和远期外汇市场进行监督管理。

国家外汇管理局应依据《中华人民共和国外汇管理条例》和相关外汇管理规定,加强对外汇市场的监督和检查,对违反本通知规定、扰乱外汇市场交易秩序的参与主体，依法严肃查处。

本通知自发布之日起施行。

中国人民银行关于完善人民币汇率形成机制改革的公告

（2005年7月21日公布　中国人民银行公告〔2005〕第16号　自2005年7月21日起施行）

为建立和完善我国社会主义市场经济体制，充分发挥市场在资源配置中的基础性作用，建立健全以市场供求为基础的、有管理的浮动汇率制度，经国务院批准，现就完善人民币汇率形成机制改革有关事宜公告如下：

一、自2005年7月21日起，我国开始实行以市场供求为基础、参考一篮子货币进行调节、有管理的浮动汇率制度。人民币汇率不再盯住单一美元，形成更富弹性的人民币汇率机制。

二、中国人民银行于每个工作日闭市后公布当日银行间外汇市场美元等交易货币对人民币汇率的收盘价，作为下一个工作日该货币对人民币交易的中间价格。

三、2005年7月21日19:00时，美元对人民币交易价格调整为1美元兑8.11元人民币，作为次日银行间外汇市场上外汇指定银行之间交易的中间价，外汇指定银行可自此时起调整对客户的挂牌汇价。

四、现阶段，每日银行间外汇市场美元对人民币的交易价仍在人民银行公布的美元交易中间价上下千分之三的幅度内浮动，非美元货币对人民币的交易价在人民银行公布的该货币交易中间价上下一定幅度内浮动。

中国人民银行将根据市场发育状况和经济金融形势，适时调整汇率浮动区间。同时，中国人民银行负责根据国内外经济金融形势，以市场供求为基础，参考篮子货币汇率变动，对人民币汇率进行管理和调节,维护人民币汇率的正常浮动,保持人民币汇率在合理、均衡水平上的基本稳定,促进国际收支基本平衡,维护宏观经济和金融市场的稳定。

全国银行间债券市场债券远期交易管理规定

(2005年5月11日公布　中国人民银行公告〔2005〕第9号
自2005年6月15日起施行)

第一条　为规范债券远期交易,维护市场参与者合法权益,促进债券市场健康发展,根据《中华人民共和国中国人民银行法》等有关法律、行政法规,制定本规定。

第二条　本规定所称债券远期交易(以下简称远期交易)是指交易双方约定在未来某一日期,以约定价格和数量买卖标的债券的行为。

第三条　远期交易标的债券券种应为已在全国银行间债券市场进行现券交易的中央政府债券、中央银行债券、金融债券和经中国人民银行批准的其他债券券种。

第四条　远期交易应遵循公开、公正、公平的原则。

第五条　远期交易的市场参与者应为进入全国银行间债券市场的机构投资者。

第六条　市场参与者进行远期交易应建立、健全内部管理制度和风险防范机制,并采取切实有效的措施对远期交易风险进行监控与管理。

市场参与者在开展远期交易业务前应将其远期交易内部管理办法报送相关监管部门,同时,抄送全国银行间同业拆借中心(以下简称同业中心)和中央国债登记结算有限责任公司(以下简称中央结算公司)。

第七条　市场参与者进行远期交易应签订远期交易主协议。

第八条 市场参与者开展远期交易应通过同业中心交易系统进行,并逐笔订立书面形式的合同,其书面形式的合同为同业中心交易系统生成的成交单。交易双方认为必要时,可签订补充合同。

远期交易主协议、同业中心交易系统生成的成交单和补充合同构成远期交易的完整合同。

第九条 依法成立的远期交易合同,对交易双方具有法律约束力,交易双方不得擅自变更或者解除。

第十条 远期交易双方可按对手的信用状况协商建立履约保障机制。

第十一条 远期交易从成交日至结算日的期限(含成交日不含结算日)由交易双方确定,但最长不得超过365天。

第十二条 远期交易实行净价交易,全价结算。

第十三条 远期交易双方应于成交日或者次一工作日将结算指令及辅助指令发送至中央结算公司。

第十四条 远期交易到期应实际交割资金和债券。

第十五条 任何一家市场参与者(基金管理公司运用基金财产进行远期交易的,为单只基金)单只债券的远期交易卖出与买入总余额分别不得超过该只债券流通量的20%,远期交易卖出总余额不得超过其可用自有债券总余额的200%。

第十六条 市场参与者中,任何一只基金的远期交易净买入总余额不得超过其基金资产净值的100%,任何一家外资金融机构在中国境内的分支机构的远期交易净买入总余额不得超过其人民币营运资金的100%,其他机构的远期交易净买入总余额不得超过其实收资本金或者净资产的100%。

第十七条 市场参与者不得以任何手段操纵标的债券远期交易价格或者通过远期交易操纵标的债券现券价格。

第十八条 同业中心和中央结算公司应按照中国人民银行的规定和授权,及时向市场披露远期交易、结算等有关信息,但不得泄露非公开信息或者误导市场参与者。

第十九条 同业中心负责远期交易的日常监控工作,中央结算公司负责远期交易结算的日常监控工作,发现异常交易和结算情况应启动相应的应急机制，并向中国人民银行报告。

第二十条　同业中心和中央结算公司应依据本规定分别制定远期交易、结算规则。

第二十一条　中国人民银行各分支机构应加强与同业中心和中央结算公司的沟通，对辖区内市场参与者的远期交易进行日常监督和检查。

第二十二条　市场参与者进行远期交易除遵守本规定外，还应遵守全国银行间债券市场其他有关规定。

第二十三条　远期交易发生违约，对违约事实或违约责任存在争议的，交易双方可以协议申请仲裁或者向人民法院提起诉讼，并于接到仲裁或诉讼最终结果的次一工作日 12:00 之前，将最终结果送达同业中心和中央结算公司，同业中心和中央结算公司应在接到最终结果的当日将其予以公告。

第二十四条　市场参与者以及同业中心和中央结算公司违反本规定的，由中国人民银行按照《中华人民共和国中国人民银行法》第四十六条的规定予以处罚。

第二十五条　中国人民银行可视远期交易业务发展情况适时对本规定第十一条、第十四条、第十五条、第十六条等条款的相关内容进行调整。

第二十六条　本规定由中国人民银行负责解释。

第二十七条　本规定自 2005 年 6 月 15 日起施行。

中国证券监督管理委员会

中国证券监督管理委员会、司法部关于依法开展证券期货行业仲裁试点的意见

(2021年10月15日公布 中国证券监督管理委员会公告〔2021〕25号 自2021年10月15日起施行)

为贯彻落实中共中央办公厅、国务院办公厅印发的《关于依法从严打击证券违法活动的意见》(以下简称《意见》)关于"开展证券行业仲裁制度试点"的任务要求,完善证券期货纠纷多元化解机制,有效保护资本市场投资者的合法权益,维护证券期货行业健康发展,根据《中华人民共和国仲裁法》(以下简称《仲裁法》)、《中华人民共和国证券法》(以下简称《证券法》)、《中华人民共和国证券投资基金法》(以下简称《基金法》)、《期货交易管理条例》(以下简称《期货条例》)、《国务院办公厅关于进一步加强资本市场中小投资者合法权益保护工作的意见》(国办发〔2013〕110号,以下简称《中小投资者保护意见》)等相关规定和要求,现就开展证券期货行业仲裁试点的意见公告如下:

一、开展证券期货行业仲裁试点的重要意义

随着资本市场的发展,证券期货纠纷日益呈现出案情复杂、专业性强、涉及主体众多、行业特点明显、解决难度大等特征。其中,证券期货民事赔偿纠纷通常还具有涉案金额巨大、当事人请求事项较为集中、涉及众多投资者合法权益的保护甚至市场秩序的平稳运行等特征。提高证券期货纠纷和争议解决的专业性、公平性、公正性、高效性和权威性,强化处理结果的法律约束力,是保护市场主体的合法权益,防范化解金融风险,维护市场稳定,保障证券期货行业健康发展的重要体现和迫切要求。

仲裁作为一种法定的商事纠纷解决制度,具有专业性强、一裁终局、程序灵活、经济高效、注重保密性、裁决可依法强制执行等优势,符

合证券期货纠纷解决的特点和行业发展的需要,是促进资本市场法治化和专业化的重要渠道。有必要开展证券期货行业仲裁试点,依法化解证券期货矛盾纠纷,切实维护投资者的合法权益,进一步完善矛盾多元化解机制。

二、开展证券期货行业仲裁试点的总体要求

开展证券期货行业仲裁试点应当遵循资本市场的基本规律和基本原则,遵守资本市场的法律、行政法规、规章、规范性文件、自律规则和行业惯例,建立专门的证券期货仲裁院(中心),制定符合证券期货行业特点的仲裁规则,提升仲裁从业人员的证券期货专业水平,保障纠纷解决的公平公正,提高证券期货纠纷解决的高效便捷性。

维护投资者尤其是中小投资者的合法权益是《证券法》《基金法》《期货条例》以及《中小投资者保护意见》的基本要求,是资本市场持续健康发展的基础。开展证券期货仲裁试点的仲裁委员会(以下简称试点仲裁委员会)应当充分运用投资者权益保障机制,在仲裁规则中设立注重调解、先行赔付、纠纷速裁、互联网仲裁专门条款,依法保护投资者合法权益。试点仲裁委员会可以制定符合证券期货类案件特点的专门收费办法。中国证券监督管理委员会(以下简称中国证监会)及其派出机构,证券期货交易场所,证券登记结算机构,投资者保护机构,证券期货行业协会要积极支持引导证券期货争议当事人主动选择仲裁作为争议解决方式,在仲裁协议或仲裁条款中选择试点仲裁委员会作为仲裁机构。

三、设立证券期货仲裁院(中心)

支持、推动证券期货业务活跃的北京、上海、深圳三地开展试点,在依法组建的仲裁委员会内部设立证券期货仲裁院(中心),适用专门的仲裁规则,专门处理我国资本市场产生的证券期货纠纷。鼓励证券期货行业协会、证券交易场所为证券期货仲裁院(中心)提供办公场所以及必要的经费等支持。证券期货仲裁院(中心)可以设立协调咨询机构,建立咨询协调机制,协调有关部门处理证券期货仲裁院(中心)发展的重大事项,并提供咨询意见。

中国证监会及其派出机构,证券期货交易场所、证券登记结算机构、投资者保护机构、证券期货行业协会等自律组织应当为证券期货仲裁院（中心）的设立、专门仲裁员名册的建立、仲裁规则的制定提供专业支持。证券期货行业协会、证券交易场所提供多种形式的专业合作和支持，根据证券期货仲裁院（中心）的需要提供证券期货行业专业咨询意见。

四、关于证券期货仲裁院（中心）的仲裁范围

证券期货合同纠纷和其他财产权益纠纷符合《仲裁法》规定的，可依法适用仲裁方式解决。证券期货合同纠纷和其他财产权益纠纷具体包括以下方面：

（一）证券基金期货经营机构、证券基金期货服务机构、私募投资基金管理人和托管机构、证券发行人、上市公司和非上市公众公司等证券期货市场主体之间，上述主体与投资者或客户之间因证券期货合同或协议引起的纠纷。

（二）证券期货交易场所、证券登记结算机构、证券期货行业协会等证券期货市场自律组织的会员、参与人之间，以及会员、参与人与投资者或客户之间因交易结算、登记存管等证券期货业务产生的纠纷；证券发行人、非上市公众公司与证券交易场所因上市协议、挂牌协议等协议产生的纠纷。

（三）证券期货市场平等主体之间产生的财产性权利受到侵害引起的民事赔偿纠纷。其中，证券期货侵权行为引起的财产权益纠纷包括违反证券期货法律、行政法规、规章和规范性文件、自律规则规定的义务引起的虚假陈述民事赔偿纠纷，以及市场主体从事操纵市场、内幕交易、损害客户利益等行为引起的民事赔偿纠纷。

（四）证券期货市场主体之间产生的其他证券期货类合同纠纷和其他财产权益纠纷。

五、关于证券期货民事赔偿纠纷的仲裁

为保障证券期货民事赔偿纠纷的高效处理，保护投资者的合法财产权益及时获得赔偿，推动、支持证券期货民事赔偿纠纷通过仲裁方式解决。

（一）投资者与证券期货侵权行为人或负有赔偿责任的主体间有仲裁协议的，投资者可以依据有关机关的行政处罚决定或者人民法院的裁判文书，对证券期货侵权行为人或者负有赔偿责任的主体提起民事赔偿仲裁。

（二）发生证券期货民事赔偿纠纷后，投资者可以与发行人、上市公司、非上市公众公司、证券期货经营机构、证券期货服务机构、资产管理机构等赔偿方签订仲裁协议。投资者与上述赔偿方存在的基础合同或协议中约定了仲裁条款，或者公司章程中载明相关纠纷的仲裁条款，投资者可以根据仲裁条款申请仲裁。

六、关于资本市场自律组织会员纠纷的仲裁

证券期货交易场所、证券登记结算机构、证券期货行业协会等资本市场自律组织的会员或参与人之间、投资者与资本市场自律组织的会员或参与人之间发生的证券期货业务纠纷，当事人可以事先在合同或协议中约定仲裁条款或者事后达成仲裁协议。

资本市场自律组织的会员章程可以载明会员之间证券期货业务纠纷的仲裁条款，规定或约定仲裁方式解决的争议范围，当事人可以根据仲裁条款申请仲裁。

资本市场自律组织的会员之间发生的证券期货业务纠纷，当事人选择仲裁方式解决的，应当选择试点仲裁委员会作为仲裁机构。

七、创新仲裁员选聘机制，提升仲裁员的专业水平

拓宽仲裁员选聘渠道，支持、推动按照《仲裁法》的规定从证券期货监管机构及自律组织的专业人员、证券期货行业专家、从事证券期货领域研究或科研的高校学者、相关仲裁经验丰富的人员中选聘仲裁员。鼓励选择多年从事证券期货相关工作，具有丰富的证券期货法律、会计、金融等专业知识，熟悉证券期货市场情况的专业人士担任仲裁员。试点仲裁委员会应当建立专门的证券期货专业仲裁员名册。

证券期货行业协会或证券交易场所应当从证券期货监管机构、自律组织、证券基金期货经营机构和服务机构及证券期货行业专家中向试点仲裁委员会提出证券期货专业仲裁员或专家咨询委员会委员的推荐名单，并提供相关人员的专业背景、从业经验、职业履职和操守等情况。

试点仲裁委员会按照《仲裁法》及本机构章程的规定，建立证券期货专业仲裁员培训、考核及续聘、解聘相关制度规定。

证券期货专业仲裁员涉及所在证券、期货机构或组织的仲裁案件应当依法回避。对在仲裁过程中违规私自会见当事人、代理人的,或者接受当事人、代理人请客送礼,情节严重的;或者有索贿受贿、徇私舞弊、枉法裁决行为的证券期货专业仲裁员,应当按照有关规定处理,并由所聘任的仲裁委员会依法予以除名,并通报证券期货行业协会或证券交易场所。

八、加强试点仲裁委员会与证券期货监管机构、自律组织之间的合作

(一)加强试点仲裁委员会与证券期货监管机构、自律组织之间的专业合作,提升证券期货纠纷仲裁的公信力和专业水平

证券期货行业协会或证券交易场所应当协助试点仲裁委员会聘任证券期货专业仲裁员,并根据所推荐仲裁员的任职和履职等情况,及时做好相关仲裁员的推荐、更换。

对重大复杂的证券期货纠纷,证券期货监管机构、自律组织可以根据试点仲裁委员会的请求,提供专业意见。接受咨询的专家负有保密义务。

证券期货监管机构、自律组织应当协助试点仲裁委员会,为证券期货纠纷的仲裁案件办理提供支持和便利。

证券期货监管机构、自律组织应当支持试点仲裁委员会对证券期货专业仲裁员开展证券期货法律、行政法规、规章、规范性文件、自律规则、行业惯例及监管政策的培训,提高仲裁员的专业素养。

支持试点仲裁委员会与证券期货行业协会、证券交易场所建立证券期货纠纷的信息通报和资源共享机制,针对证券期货纠纷涉及的重大疑难专业性问题进行沟通和咨询,建立常态化联系机制。试点仲裁委员会对于相关涉密信息和数据负有保密义务。

(二)支持、推动试点仲裁委员会与资本市场自律组织、调解中心签订长期合作协议

试点仲裁委员会可以与具有调解权的资本市场自律组织或其调解中心签订调解和仲裁衔接的合作协议。上述自律组织、调解中心主持达成调解协议的,可以根据当事人意愿引导当事人协商达成仲裁协议,由仲裁庭根据当事人的请求制作调解书或者按照协议的结果制作仲裁裁决书并送达当事人。积极推动证券期货仲裁院(中心)与资本

市场调解组织或调解中心建立长期合作和交流机制。资本市场自律组织可以委托证券期货仲裁院(中心)调解相关证券期货纠纷。

九、推动完善证券期货纠纷仲裁与调解、诉讼的有效衔接

推动试点仲裁委员会建立健全证券期货纠纷仲裁与调解有效衔接的工作机制。仲裁庭在作出裁决前,可以根据当事人意愿先行调解。证券期货仲裁院(中心)应当完善调解规则,健全优化仲裁、调解相衔接的工作机制,调解协议达成的,仲裁庭应当制作调解书或者根据协议结果制作裁决书。

积极争取司法支持保障。通过仲裁方式解决的案件,证券期货仲裁院(中心)应当加强与人民法院等司法机关的协调沟通,完善相关制度规则,积极建立健全信息互联互通平台或机制。

十、关于证券期货行业仲裁试点工作的指导和监督

司法部对全国证券期货行业仲裁试点工作予以监督和指导,省级司法行政部门对所在行政区域内证券期货行业仲裁试点工作予以监督和指导。中国证监会对全国证券期货行业仲裁试点工作提供专业支持,中国证监会派出机构对所监管区域内证券期货行业仲裁试点工作提供专业支持。证券期货行业协会、证券交易场所对证券期货行业仲裁试点工作提供专业合作和支持。

各地试点工作情况及时报中国证监会和司法部。

证券期货业网络安全事件报告与调查处理办法

(2021年6月4日公布　中国证券监督管理委员会公告〔2021〕12号　自2021年6月4日起施行)

第一章　总　　则

第一条　为了规范证券期货业网络安全事件的报告和调查处理,

减少网络安全事件的发生,根据《证券法》、《证券投资基金法》、《证券公司监督管理条例》、《期货交易管理条例》、《证券期货业信息安全保障管理办法》、《证券基金经营机构信息技术管理办法》等法律、行政法规和规章,制定本办法。

第二条　证券期货业网络安全事件是指由于人为原因、软硬件缺陷或故障、自然灾害等,对证券期货业网络和信息系统或者数据造成影响,发生网络和信息系统服务能力异常或者数据损毁、泄露,对国家金融安全、社会秩序、投资者合法权益造成损害的事件。

第三条　证券期货业网络安全保障责任主体发生网络安全事件后,应当按本办法规定进行报告和调查处理。

前款所称责任主体,包括证券期货交易场所、证券登记结算机构等承担证券期货市场公共职能、承担证券期货业信息技术公共基础设施运营的证券期货市场核心机构及其承担上述相关职能的下属机构(以下简称核心机构),证券公司、期货公司、基金管理公司及其提供证券期货相关服务的下属机构、证券期货服务机构等证券期货经营机构(以下简称经营机构)。

第四条　核心机构、经营机构发生网络安全事件后,应当及时、准确、完整报告,不得迟报、漏报、谎报或者瞒报。

第五条　网络安全事件调查处理应当坚持实事求是、尊重科学、客观公正、及时稳妥的原则。

第二章　系统分类与事件分级

第六条　根据网络和信息系统发生网络安全事件后,直接对国家金融安全、社会秩序、投资者合法权益造成的损害程度,网络和信息系统由高到低分为五类系统、四类系统、三类系统、二类系统和一类系统。各类系统的分类原则及典型系统见《网络和信息系统分类表》和《典型系统》(见附件1)。

未列在《典型系统》中的网络和信息系统,如发生网络安全事件,在应急处置和调查处理时,应依据《网络和信息系统分类表》进行分类。

第七条　核心机构和经营机构结算系统等中后台业务系统发生

网络安全事件后,按照受其影响的前台业务系统的类别和受影响程度,或按照其导致的投资者数据和结算金额差错、直接资金损失等,进行网络安全事件的分类分级。

第八条　根据服务能力异常程度,网络和信息系统服务能力异常分为严重异常、中度异常、轻度异常。具体如下:

(一)严重异常,是指网络和信息系统发生故障,服务能力异常80%以上的情形;

(二)中度异常,是指网络和信息系统发生故障,服务能力异常30%以上且未构成严重异常的情形;

(三)轻度异常,是指网络和信息系统发生故障,服务能力异常但未构成严重异常、中度异常的情形。

不同业务类型网络和信息系统服务能力异常的计算方法见《服务能力异常计算方法》(见附件2)。

第九条　综合考虑网络和信息系统类别、服务能力异常程度、事件持续时间、数据损毁程度、结算金额差错数额、直接资金损失以及对国家金融安全、社会秩序、投资者合法权益造成损害的程度,网络安全事件分为特别重大事件、重大事件、较大事件、一般事件。

同时符合两类或两类以上分级情形的,应当以孰高原则分级。

第十条　特别重大事件是指对国家金融安全、社会秩序、投资者合法权益造成特别严重损害的网络安全事件。符合下列情形之一的为特别重大事件:

(一)五类系统服务能力严重异常且故障持续时间30分钟以上的;

(二)四类系统服务能力严重异常且故障持续时间2小时以上的;

(三)100万人以上的投资者数据发生损毁、泄露或篡改的;

(四)结算金额差错100亿元人民币以上,或者给投资者造成直接资金损失10亿元人民币以上的;

(五)其他对国家金融安全、社会秩序、投资者合法权益造成特别严重损害的事件。

第十一条　重大事件是指对国家金融安全、社会秩序、投资者合法权益造成严重损害的网络安全事件。符合下列情形之一,且未达到

特别重大事件的为重大事件:

(一)五类系统服务能力严重异常且故障持续时间15分钟以上,或者服务能力中度异常且故障持续时间30分钟以上的;

(二)四类系统服务能力严重异常且故障持续时间30分钟以上,或者服务能力中度异常且故障持续时间2小时以上的;

(三)三类系统服务能力严重异常且故障持续时间2小时以上的;

(四)10万人以上的投资者数据发生损毁、泄露、篡改的;

(五)结算金额差错10亿元人民币以上,或者给投资者造成直接资金损失1亿元人民币以上的;

(六)其他对国家金融安全、社会秩序、投资者合法权益造成严重损害的事件。

第十二条 较大事件是指对国家金融安全、社会秩序、投资者合法权益造成较大损害的网络安全事件。符合下列情形之一,且未达到重大事件的为较大事件:

(一)五类系统服务能力严重异常且故障持续时间5分钟以上,或者服务能力中度异常且故障持续时间15分钟以上,或者服务能力轻度异常且故障持续时间30分钟以上的;

(二)四类系统服务能力严重异常且故障持续时间10分钟以上,或者服务能力中度异常且故障持续时间30分钟以上,或者服务能力轻度异常且故障持续时间2小时以上的;

(三)三类系统服务能力严重异常且故障持续时间30分钟以上,或者服务能力中度异常且故障持续时间2小时以上的;

(四)二类系统服务能力严重异常且故障持续时间2小时以上的;

(五)1万人以上的投资者数据发生损毁、泄露、篡改的;

(六)因审核不严或系统被非法入侵,相关信息平台发送违法和不良信息造成恶劣的社会影响或者直接向10万人以上发送相关信息的;

(七)结算金额差错达到1亿元人民币以上,或者给投资者造成直接资金损失达到1000万元人民币以上的;

(八)其他对国家金融安全、社会秩序、投资者合法权益造成较大损害的事件。

第十三条　一般事件是指对国家金融安全、社会秩序、投资者合法权益造成损害的网络安全事件。符合下列情形之一，且未达到较大事件的为一般事件：

（一）一类、二类、三类、四类、五类系统出现服务能力严重异常、中度异常、轻度异常等情形的；

（二）1 万人以下的投资者数据发生损毁、泄露、篡改的；

（三）因审核不严或网络和信息系统被非法入侵，相关信息平台发送违法和不良信息造成社会影响的；

（四）结算金额差错 1 亿元人民币以下且未能及时完成差错处理，或者给投资者造成直接资金损失 1000 万元人民币以下；

（五）其他对国家金融安全、社会秩序、投资者合法权益造成损害的事件。

第十四条　存在明显过错、疏忽且社会影响较大的网络安全事件，中国证监会及其派出机构可酌情提高事件定级。

第十五条　符合以下情形之一的，未发现明显过错、疏忽且不良影响较小的，可酌情从轻分级，或不认定为网络安全事件：

（一）自主研发的系统上线一年内发生网络安全事件的；

（二）基金销售、会计核算、注册登记系统发生网络安全事件后及时修复，未对行业及投资者权益造成影响的；

（三）具有冗余架构的系统或基础设施，在合理的切换时间内完成切换不影响系统提供正常服务的；

（四）经营机构面向 50 名以下投资者提供服务或者网络安全事件发生前 20 个交易日日均成交笔数不足 50 笔的系统、分支机构系统发生故障，处置得当，受影响客户得到妥善安抚的；

（五）其他未发现明显过错、疏忽且不良影响较小的网络安全事件。

第十六条　本章所称的“以上”包括本数，所称的“以下”、“不足”不包括本数。

第三章　事件报告

第十七条　核心机构和经营机构应当建立网络安全风险监测预

警体系，发现风险隐患应当尽快加以核实，采取必要的防范措施，如有重大情况应当及时进行预警报告。

预警报告应当包括：事件基本情况（包括预警发生的时间、地点、经过等），可能造成的影响范围和后果，已采取的防范措施及相关建议、需要有关部门和单位协调处置的有关事宜。

第十八条 核心机构和经营机构应当建立网络安全应急处置机制，及时处置网络安全事件，尽快恢复系统的正常运行，保护事件现场和相关证据，并按照下列要求进行应急报告：

（一）网络和信息系统发生故障，可能构成网络安全事件的，应当立即报告。可能构成特别重大、重大网络安全事件的，应当每隔30分钟至少上报一次事件处置情况，直至系统恢复正常运行；对较大和一般网络安全事件，第一次上报后，无须持续上报事件处置情况；如有重要情况应当立即报告。

（二）发生涉及犯罪的网络安全事件，应当立即报告。在事件解决前，如有重要情况应当立即报告。

第十九条 核心机构和经营机构进行应急报告时应当先通过电话或事件报送平台进行报告，随后书面报送《网络安全事件情况报告书》（见附件3），内容包括：事件初步定级、事件发生时间、地点、简要经过、影响范围初步评估、影响程度初步评估、影响人数初步评估、经济损失初步评估、后果初步判断、原因初步判断、事件性质初步判断、已采取的措施及效果、需要有关部门和单位协助处置的有关事宜、报告单位、签发人和报告时间、联系人与联系方式、与本事件有关的其他内容。

第二十条 核心机构和经营机构应当在网络安全事件应急处置结束、系统恢复正常运行后7个工作日内，组织内部调查，准确查清事件经过、原因和损失，查明事件性质，认定并追究事件责任，提出整改措施，并进行事件总结报告。事件总结报告内容应当包括：

（一）事件基本情况，包括事件发生时间、地点、经过、影响范围、影响程度、损失情况等；

（二）应急处置情况，包括事件报告的情况、采取的措施及效果；

（三）事件调查情况，包括事件原因、事件级别、责任认定和结论；

（四）事件处理情况，包括事件暴露出的问题及采取的整改措施，责任追究情况。

暂时无法确定事件原因、责任和结论的，应当提交事件的初步分析报告，同时尽快查找原因，认定并追究事件责任，采取整改措施，并在事件应急处置结束、系统恢复正常运行后30个工作日内提交事件补充报告。

第二十一条　核心机构和经营机构接到中国证监会及其派出机构关于系统漏洞、安全隐患、产品缺陷的网络安全通报书后，应当立即核实情况，采取必要的处置措施，并根据要求进行事件总结报告。

事件总结报告内容应当包括：事件基本情况，可能或者已经造成的影响范围和后果，已采取的防范措施及相关建议。

第二十二条　核心机构或者经营机构应当按照下列规定向有关机构进行报告：

（一）核心机构应当向中国证监会进行预警报告、应急报告和事件总结报告。

（二）核心机构发生网络安全事件影响到其他机构的，应当及时向有关机构进行应急通报。

（三）经营机构应当向住所地中国证监会派出机构进行预警报告、应急报告和事件总结报告，经营机构分支机构应当向所在地中国证监会派出机构进行预警报告、应急报告和事件总结报告。事件总结报告应当抄送中国证券业协会、中国期货业协会或者中国证券投资基金业协会。

（四）经营机构发生网络安全事件影响到证券期货交易业务时，应当向相关证券期货交易场所进行应急报告和事件总结报告；影响到证券登记结算业务时，应当向中国证券登记结算有限责任公司进行应急报告和事件总结报告；影响到转融通业务时，应当向中国证券金融股份有限公司进行应急报告和事件总结报告；影响到其他机构的，应当及时向有关机构进行应急通报。

（五）核心机构或者经营机构发生涉及犯罪的网络安全事件，核心机构和经营机构应当向公安机关进行应急报告。

第四章 调查处理

第二十三条 中国证监会及其派出机构依据本办法规定对核心机构、经营机构的网络安全事件进行调查处理。网络安全事件相关的核心机构、经营机构应当配合中国证监会及其派出机构和发生事件的机构对事件进行调查和处理。

第二十四条 调查人员有权向网络安全事件相关的核心机构、经营机构和个人了解事件有关的情况,可采取听取报告、询问当事人、调阅文件资料、调阅系统日志、实地核查等工作方式。

在事件调查期间,发生网络安全事件的机构相关人员应当积极配合接受询问,如实介绍情况,提供证据和所需的文件、资料,并签名确认。

第二十五条 调查人员应当诚信公正,认真履职,遵守工作纪律,做好笔录,严格保守事件调查的秘密,以及在调查过程中了解到的商业秘密、技术秘密。未经允许,不得泄露或者擅自发布事件调查中知悉的有关信息。

第二十六条 中国证监会或者其派出机构督促发生网络安全事件的机构落实整改措施,并对整改措施落实情况进行监督。

发生网络安全事件的机构应当认真吸取事件教训,尽快落实整改措施,消除风险隐患。

第二十七条 中国证监会视情况将网络安全事件有关情况向全行业通报,中国证监会派出机构视情况向本辖区证券期货经营机构通报。

第二十八条 核心机构、经营机构在研发、测试、上线及运维等系统管理过程中未能严格执行相关法律法规和行业相关技术管理规定、技术规则、技术指引和技术标准,造成网络安全事件的,中国证监会及其派出机构依照有关法律、行政法规和规章,对事件相关机构及其负责人员采取监督管理措施或者实施行政处罚。事件相关机构应当对相关责任人员进行内部责任追究。

第二十九条 妨碍网络安全事件报告与调查处理的,中国证监会或者其派出机构依照有关法律、行政法规和规章,对相关机构和负责人员采取监督管理措施或者实施行政处罚。

第五章　附　　则

第三十条　本办法自公布之日起施行。《证券期货业信息安全事件报告与调查处理办法》(证监会公告〔2012〕46号)同时废止。

附件:(略)

期货公司保证金封闭管理办法
(2021年修正)

(2004年7月20日证监期货字〔2004〕45号公布　根据2021年1月15日中国证券监督管理委员会公告〔2021〕1号《关于修改、废止部分证券期货制度文件的决定》修正)

第一章　总　　则

第一条　为保护期货投资者的合法权益,防范市场风险,根据《期货交易管理条例》《期货公司监督管理办法》等有关法律、行政法规,制定本办法。

第二条　期货公司客户保证金(以下简称保证金)按照封闭运行原则,必须全额存入从事保证金存取业务的期货保证金存管银行(以下简称存管银行),与期货公司自有资金相互独立,分别管理。

严禁期货公司挪用保证金。

第三条　中国证券监督管理委员会(以下称中国证监会)及其派出机构依照本办法对期货公司保证金封闭管理进行监管。

中国期货市场监控中心(以下简称监控中心)依照本办法对期货公司保证金封闭管理实施监控。

第四条　存管银行依照本办法对期货公司保证金封闭管理履行监督义务。

第五条　期货交易所及其他为期货交易履行结算职能的机构(以

下简称其他期货结算机构)依照本办法对期货公司保证金封闭管理履行自律管理职责。

第二章 账户管理

第六条 期货公司应当在存管银行开立保证金账户,专用于保证金的存放。

第七条 期货公司根据业务需要可以在多家存管银行开立保证金账户,但必须指定一家存管银行为主办存管银行。如遇特殊情形,期货公司可以向监控中心申请,将另一家存管银行临时指定为主办存管银行。

期货公司应当在主办存管银行开立专用自有资金账户。

第八条 客户从事期货交易,应当以本人名义在存管银行开立或者指定用于存取保证金的银行结算账户为期货结算账户。

第九条 客户使用期货结算账户办理期货交易出入金之前,应当在期货公司登记。客户可以在期货公司登记多家存管银行的期货结算账户。客户变更期货结算账户,应当在期货公司办理变更登记。

第三章 封闭运行

第十条 期货公司必须将保证金存放于保证金账户。保证金可以在期货公司保证金账户、期货公司在期货交易所指定的存管银行网点开立的专用资金账户、期货公司在期货交易所及其他期货结算机构的资金账户之间划转。上述账户共同构成保证金封闭圈。保证金只能在封闭圈内划转,封闭运行。

期货公司从事股票期权经纪业务、与股票期权备兑开仓以及行权相关的证券现货经纪业务的,存放期货保证金及期权保证金、权利金和行权资金等客户资金的保证金账户应当与存放客户相关现货资金的保证金账户隔离管理,不得相互划转资金。

第十一条 除客户出金及本办法第十三条、第十四条所述情况外,期货公司不得将资金划出封闭圈。

严禁以质押等方式变相挪用占用保证金。

第十二条 期货公司自有资金账户与保证金封闭圈相互隔离。

期货公司在保证金封闭圈和自有资金之间划转资金，只能通过在主办存管银行开立并指定的保证金账户和专用自有资金账户之间进行。

除指定用于保证金封闭圈与自有资金之间进行划转的保证金账户外，期货公司开立的其他保证金账户与其自有资金账户之间，应当完全隔离，不得相互划转资金。

第十三条　期货公司收取手续费、利息等，支付席位费、电话费等费用，应当在保证金封闭圈与专用自有资金账户间相互划款。

第十四条　期货公司为满足客户在不同期货交易所之间的交易需求，保证客户的交易结算，以自有资金临时补充结算准备金的，只能从专用自有资金账户调入在主办存管银行开立并指定的保证金账户。

期货公司完成临时周转后需要将调入的资金划回自有资金账户的，只能从在主办存管银行开立并指定的保证金账户划入专用自有资金账户，且累计划出金额不得大于前期累计划入金额。

第十五条　客户在期货交易中透支、穿仓导致保证金不足时，期货公司应当及时以自有资金补足保证金，不得占用其他客户的保证金。以自有资金补足保证金时，应当通过专用自有资金账户调入在主办存管银行开立并指定的保证金账户。

第十六条　期货公司应当依据相关法规允许的结算方式从保证金账户为客户出金，不得将保证金划至自有资金账户后再从自有资金账户向客户出金。

第十七条　期货公司为客户办理出金时，收款人账户名称应当与出金客户名称一致。根据中国证监会其他业务规则名称无法一致的部分特殊法人客户等除外。

因有权机关强制执行、企业注销、法定继承等特殊情形，期货公司需要将客户资金从保证金封闭圈划转至与客户名称不一致的账户时，期货公司应当履行审核职责，并向监控中心出具情况说明及涉及的证明材料。

第十八条　客户存取保证金应当通过开立在同一存管银行的期货结算账户与期货公司保证金账户之间以同行转账形式办理，不得通过现金收付或者期货公司内部划转的方式办理。

第四章 业务规范

第十九条 期货公司指定或者变更主办存管银行，应于完成当日向监控中心备案。

第二十条 期货公司开立或者变更保证金账户、专用自有资金账户，应于完成当日向监控中心备案。

监控中心在收到期货公司的备案信息后对备案内容进行登记，通知存管银行按要求维护保证金账户并报送账户信息。

期货公司通过投资者查询服务系统确认存管银行正常报送账户信息之前，不得使用此账户。

第二十一条 期货公司应当及时撤销不再使用的保证金账户和专用自有资金账户，并于完成当日向监控中心备案。

第二十二条 期货公司开立、变更或者撤销保证金账户的，应当在备案完成后通过官网等渠道及时向客户披露账户开立、变更或者撤销情况。

第二十三条 监控中心应当建立信息共享机制，及时向中国证监会派出机构共享期货公司保证金账户备案信息。

第二十四条 期货公司应当按统一格式，定期向监控中心报送客户权益总额等数据信息。

存管银行应当按统一格式，定期向监控中心报送期货公司开立的保证金账户及在期货交易所指定存管银行网点开立的专用资金账户余额等数据信息。

期货交易所及其他期货结算机构应当按统一格式，定期向监控中心报送期货公司在交易所及其他期货结算机构的资金账户余额等数据信息。

第二十五条 监控中心根据存管银行、期货交易所及其他期货结算机构报送的保证金封闭圈内的资金数据，对下列事项进行每日稽核：

（一）期货公司报送的客户权益。期货公司保证金封闭圈内资金余额应当大于或者等于当期所有客户权益。

（二）期货公司在保证金封闭圈内的自有资金。期货公司保证金封闭圈内自有资金余额应大于或者等于自有资金最低监管要求。

（三）中国证监会规定的其他事项。

第二十六条　监控中心应当按照期货保证金监管相关规定向期货公司所在地中国证监会派出机构通报稽核发现的异常情况，并报告中国证监会。派出机构应当按照期货保证金监管相关规定进行核查和处置，并向监控中心通报核查和处置情况。

第二十七条　期货公司应当对保证金封闭圈资金情况及客户权益数据进行每日测算，并留存测算结果备查。

第二十八条　存管银行应当在系统中对保证金账户进行特殊标识，并在相关网络查控等平台中作出限制整体冻结设置；在收到有权机关对保证金账户的冻结、扣划指令时，应当提示账户资金的特殊性质以及账户不得被整体或者超出涉案金额范围冻结、扣划等安排。

保证金账户发生冻结、扣划情况的，存管银行应当及时向监控中心报告。

第二十九条　存管银行应当对期货公司保证金封闭圈资金划转进行监督。发现期货公司存在违规划转保证金等行为的，应当立即向期货公司所在地中国证监会派出机构及监控中心报告。

第三十条　存管银行、期货交易所及其他期货结算机构发现期货公司保证金封闭圈内资金出现重大异常情况时，应当立即向期货公司所在地中国证监会派出机构及监控中心报告。

第三十一条　中国证监会及其派出机构、监控中心、存管银行、期货交易所及其他期货结算机构工作人员应当对期货公司保证金的情况保密。

第五章　监督管理

第三十二条　中国证监会及其派出机构根据监管需要，可以对期货公司保证金封闭运行情况进行检查，监控中心应当提供数据支持，存管银行、期货交易所及其他期货结算机构应当予以配合。

第三十三条　期货公司有下列行为之一的，中国证监会及其派出机构可以区别情形，对期货公司、期货公司负有责任的董事、监事、高级管理人员以及其他直接责任人员采取《期货交易管理条例》第五十五条、《期货公司监督管理办法》第一百零九条规定的监管措施：

(一)不按照规定在存管银行开立保证金账户、专用自有资金账户;

(二)不按照规定将保证金与期货公司自有资金相互独立、分别管理;

(三)在保证金封闭圈之外存放保证金;

(四)不按照规定变更或者撤销保证金账户,或者不按照规定方式向客户披露保证金账户信息;

(五)通过主办存管银行专用自有资金账户以外的账户划拨自有资金进出保证金封闭圈;

(六)擅自为客户出金到登记的期货结算账户以外的账户;

(七)向监控中心报送的信息存在虚假记载、误导性陈述或者重大遗漏;

(八)挪用、占用保证金;

(九)中国证监会认定的其他违反本办法规定的行为。

第三十四条 存管银行有下列行为之一的,中国证监会及其派出机构可以对存管银行采取责令改正监管措施。存管银行未能改正,情节严重的,中国证监会及其派出机构可以建议期货交易所按照业务规则解除与其签订的期货保证金存管业务协议:

(一)不按照监控中心数据报送要求及时、准确、完整报送相关文件信息;

(二)不按照规定及时维护保证金账户信息;

(三)不按照规定对保证金账户进行特殊标识,并有效履行保证金账户性质提示义务及审核职责,导致保证金账户被有权机关以未经相关法律法规允许的方式进行冻结或者扣划资金;

(四)对已发现的期货公司违规划转保证金等行为未及时向中国证监会派出机构及监控中心报告;

(五)参与以质押等方式变相挪用客户保证金;

(六)伪造并报送虚假保证金账户余额、出入金、汇兑等数据信息;

(七)中国证监会认定的其他违反本办法规定的行为。

第三十五条 期货交易所及其他期货结算机构未能严格履行本办法规定的义务,影响中国证监会及其派出机构对期货公司保证金封闭圈的监管,中国证监会可以责令其限期整改。

第三十六条　监控中心未能严格履行本办法规定的职责，影响中国证监会及其派出机构对期货公司保证金封闭圈的监管及期货市场安全稳定运行，中国证监会可以责令其限期整改。

第三十七条　期货公司保证金封闭管理实行责任追究制度。中国证监会可以依照《期货交易管理条例》第六十四条至第六十七条规定对期货公司、存管银行、期货交易所及其他期货结算机构、监控中心以及相关责任人员进行处罚。

对于违反本办法应予以行政处分或纪律处分的，依照《期货交易管理条例》第七十八条处理。

第六章　附　　则

第三十八条　本办法下列用语的含义：

（一）“存管银行”，指期货交易所指定的从事保证金存放、划拨、汇兑等业务的境内银行。

（二）“主办存管银行”，指期货公司开立保证金账户和专用自有资金账户的存管银行。

（三）“保证金账户”，指期货公司在存管银行开立的、专用于保证金存放的账户。

（四）“期货公司在期货交易所指定存管银行网点开立的专用资金账户”，指期货公司在期货交易所指定存管银行网点开立的、用于办理和期货交易所结算账户之间期货业务资金往来的保证金账户。

（五）“期货公司在期货交易所及其他期货结算机构的资金账户”，指期货交易所为便于对期货公司存入其专用结算账户的保证金实行分账管理而为期货公司设立的明细账户，用于期货公司在期货交易所存放结算准备金和交易保证金；以及期货公司作为结算参与人向证券登记结算机构申请开立的股票期权资金保证金账户及结算备付金账户，分别用于存放结算参与人期权交易的权利金、行权资金、以现金形式提交的保证金和现货结算备付金。

第三十九条　境外交易者和境外经纪机构从事境内特定品种期货交易的，适用本办法相关规定。

第四十条　期货公司办理与其他期货结算机构结算账户之间资

金往来的，还应当符合其他期货结算机构相关要求。

第四十一条　本办法自发布之日起实施。

期货市场客户开户管理规定（2021年修正）

（2009年8月27日公布　根据2012年2月2日中国证券监督管理委员会公告〔2012〕1号《关于修改〈期货市场客户开户管理规定〉的决定》修订　根据2021年1月15日中国证券监督管理委员会公告〔2021〕1号《关于修改、废止部分证券期货制度文件的决定》修正）

第一章　总　　则

第一条　为加强期货市场监管，保护客户合法权益，维护期货市场秩序，防范风险，提高市场运行效率，根据《期货交易管理条例》、《期货交易所管理办法》、《期货公司监督管理办法》等行政法规和规章，制定本规定。

第二条　期货公司接受客户委托，为其申请境内期货交易所交易编码、修改客户资料、注销交易编码，以及期货公司管理客户资料、对账户进行规范和休眠管理等行为，应当遵守本规定。

第三条　期货公司为客户开立账户，应当对客户开户资料进行审核，确保开户资料的合规、真实、准确和完整。

第四条　中国期货市场监控中心有限责任公司（以下简称监控中心）应当根据本规定制定期货市场统一开户业务相关具体实施细则，承担期货市场统一开户业务的具体实施工作。期货公司为客户申请、注销各期货交易所交易编码，以及修改与交易编码相关的客户资料，应当统一通过监控中心办理。

第五条　监控中心应当建立和维护期货市场客户统一开户系统

(以下简称统一开户系统),对期货公司提交的客户资料进行复核,并将通过复核的客户资料转发给相关期货交易所。

第六条　期货交易所收到监控中心转发的客户交易编码申请资料后,根据期货交易所业务规则对客户交易编码进行分配、发放和管理,并将各类申请的处理结果通过监控中心反馈期货公司。

第七条　监控中心应当为每一个客户设立统一开户编码,并建立统一开户编码与客户在各期货交易所交易编码的对应关系。

第八条　中国证券监督管理委员会(以下简称中国证监会)及其派出机构依法对期货市场客户开户实行监督管理。

中国期货业协会、期货交易所依法对期货市场客户开户实行自律管理。

第二章　客户开户及交易编码申请

第九条　客户开户应当符合《期货交易管理条例》及中国证监会有关规定,并遵守以下实名制要求:

(一)客户开户时应当提供有效身份证明文件;

(二)个人客户应当本人亲自办理开户手续,签署开户资料,不得委托他人代为办理;

(三)单位客户应当出具单位客户的授权委托书、开户代理人的有效身份证明文件和其他开户证件;

(四)期货经纪合同、期货结算账户中客户姓名或者名称与其有效身份证明文件中的姓名或者名称一致;

(五)在期货经纪合同及其他开户资料中真实、完整、准确地填写客户资料信息。

个人客户、单位客户以及开户代理人的有效身份证明文件由监控中心在实施细则中另行规定。

第十条　期货公司应当对客户进行以下实名制审核:

(一)对照有效身份证明文件,核实个人客户是否本人亲自开户,核实单位客户是否由经授权的开户代理人开户;

(二)确保客户交易编码申请表、期货结算账户登记表、期货经纪合同等开户资料所记载的客户姓名或者名称与其有效身份证明文件中的姓名或者名称一致。

第十一条 客户开户时,期货公司应当实时采集并按照监控中心要求及时提交客户以下影像资料:

(一)个人客户头部正面照和有效身份证明文件扫描件;

(二)单位客户开户代理人头部正面照、开户代理人有效身份证明文件扫描件、单位客户有效身份证明文件扫描件;

(三)监控中心在实施细则中规定的其他影像资料。

第十二条 证券公司等依法接受期货公司委托协助办理开户手续的,应当按照本规定的要求对照核实客户真实身份,核对客户期货结算账户户名与其有效身份证明文件中姓名或者名称一致,采集并留存客户影像资料,并随同其他开户资料一并提交期货公司审核开户和存档。

第十三条 期货公司应当按照监控中心的规定以电子文档方式在公司总部集中统一保存客户影像资料,并随其他开户资料一并存档备查。各营业部、分公司等分支机构应当确保可以查询所办理的客户影像资料等开户资料。

第十四条 期货公司不得与不符合实名制要求的客户签署期货经纪合同,也不得为未签订期货经纪合同的客户申请交易编码。

第十五条 期货公司为客户申请交易编码,应当向监控中心提交客户交易编码申请。客户交易编码申请填写内容应当完整并与期货经纪合同所记载的内容一致。

第十六条 期货公司为单位客户申请交易编码时,应当按照规定要求向监控中心提交该单位客户的有效身份证明文件扫描件。

第十七条 期货公司应当按照规定要求定期向监控中心提交客户的以下资料:

(一)个人客户的头部正面照和有效身份证明文件扫描件;

(二)单位客户的开户代理人头部正面照和有效身份证明文件扫描件。

第十八条 监控中心应当按以下标准对期货公司提交的客户交易编码申请表及其他相关资料进行复核:

(一)客户交易编码申请表内容完整性、格式正确性;

（二）客户姓名或者名称、有效身份证明文件号码等与有权机构检查反馈结果的一致性；

（三）客户姓名或者名称与其期货结算账户户名的一致性；

（四）其他应当复核的内容。

第十九条　监控中心在复核中发现以下情况之一的，监控中心应当退回客户交易编码申请，并告知期货公司：

（一）客户资料不符合实名制要求；

（二）客户交易编码申请表及相关资料内容不完整、格式不正确；

（三）中国证监会规定的其他情形。

第二十条　监控中心应当将当日通过复核的客户交易编码申请资料转发给相关期货交易所。

第二十一条　期货交易所应当将客户交易编码申请的处理结果当日发送监控中心，由监控中心当日反馈给期货公司。

第二十二条　当日分配的客户交易编码，期货交易所应当于下一交易日允许客户使用。

第三章　客户资料修改

第二十三条　期货公司修改与申请交易编码相关的客户资料，应当向监控中心提交修改申请。

期货公司应当对提交修改的客户资料进行审核，确保申请修改的内容与期货经纪合同中客户资料保持一致，并符合实名制等要求。

第二十四条　期货公司申请对客户姓名或者名称、客户有效身份证明文件号码、客户期货结算账户户名（以下简称关键信息）进行修改的，监控中心重新按本规定第十八条进行复核。通过复核的，监控中心将修改后的资料转发相关期货交易所。期货交易所根据其业务规则检查后，将处理结果发送监控中心，由监控中心及时反馈给期货公司。

第二十五条　期货公司申请对关键信息之外的客户资料进行修改的，应当指明修改申请拟提交的期货交易所，监控中心对修改后客户资料内容的完整性、格式正确性进行复核，并将通过复核的申请转发相关期货交易所。期货交易所根据其业务规则检查后，向监控中心反馈修改申请的处理结果,由监控中心反馈给期货公司。

第二十六条 监控中心和期货交易所在管理中发现客户资料错误的,应当统一由监控中心通知期货公司,由期货公司登录统一开户系统进行修改。

第四章 客户交易编码的注销

第二十七条 期货公司应当登录监控中心统一开户系统办理客户交易编码的注销。

第二十八条 监控中心接到期货公司的客户交易编码注销申请后,应当于当日转发给相关期货交易所。

第二十九条 期货交易所应当将期货公司客户交易编码注销申请处理结果及时反馈监控中心,监控中心据此反馈期货公司。

第三十条 期货交易所注销客户交易编码的,应当于注销当日通知监控中心,监控中心据此通知期货公司。

第五章 客户资料管理

第三十一条 期货公司在交易结算系统中维护的客户资料应当与报送统一开户系统的客户资料保持一致。

监控中心应当对期货公司报送保证金监控系统与统一开户系统的客户姓名或者名称、内部资金账户、期货结算账户和交易编码进行一致性复核。

第三十二条 监控中心应当根据统一开户系统,建立期货市场客户基本资料库。

关键信息之外的客户信息,监控中心应当根据不同的期货交易所、期货公司分别维护。

第三十三条 期货交易所应当定期向监控中心核对客户资料。

第六章 账户休眠管理

第三十四条 监控中心应当定期组织期货公司开展休眠账户认定和处理工作,明确休眠账户认定日和休眠账户处理期限。

第三十五条 休眠账户是指截至休眠认定日,同时符合开户时间一年以上、最近一年以上无持仓、最近一年以上无交易(含一年)、休眠认定日结算后客户权益在1000元人民币以下(含1000元)四个条件的账户,或者2009年9月1日前直接通过期货交易所开立交易编码,但是客户资料不完整或者关键信息不准确的账户。

第三十六条 监控中心收到期货公司提交的账户休眠申请后,应当及时转发给相关期货交易所。期货交易所应当对休眠账户进行标记并将处理结果经监控中心反馈期货公司。

期货公司和期货交易所应当在账户休眠后的下一个交易日,限制其开仓权限。

第三十七条 期货公司激活休眠账户时,应当向监控中心提交账户激活申请,期货公司和期货交易所应当在休眠账户激活成功后的下一个交易日解除其开仓限制。

第七章 监督管理

第三十八条 中国证监会依法对期货市场客户开户进行监督检查。中国证监会派出机构对期货公司客户开户进行监督检查。

第三十九条 监控中心依据本规定制定的相关实施细则应当报告中国证监会。

监控中心应当建立健全相应的应急处理机制,防范和化解统一开户系统的运行风险。

第四十条 期货公司、证券公司等违反本规定的,中国证监会及其派出机构可以采取责令限期整改、监管谈话、出具警示函等监管措施;逾期未改正,其行为可能危及期货公司稳健运行、损害客户合法权益的,中国证监会及其派出机构可以责令期货公司、证券公司等暂停开户或办理相关业务。

第四十一条 期货交易所、监控中心的工作人员应当忠于职守,依法办事,公正廉洁,保守期货公司和客户的商业秘密,不得利用职务便利牟取不正当的利益。

第四十二条 期货公司、证券公司等违反本规定的,依照《期货交易管理条例》第六十六条的规定进行处罚。

第四十三条 期货交易所、监控中心违反本规定的,依照《期货交易管理条例》第六十四条、第六十五条的规定进行处罚、处分。

第四十四条 期货交易所、监控中心的工作人员违反本规定的,依照《期货交易管理条例》第七十八条的规定进行处分。

第八章 附 则

第四十五条 期货公司会员号变更、会员分级结算关系变更、会员资格转让或者交易编码申请权限受到期货交易所限制时,期货交易所应当将有关情况及时通知监控中心。

第四十六条 对于实行会员分级结算制度期货交易所的非结算会员,监控中心应当将其申请和注销客户交易编码的结果及时通知其结算会员。

第四十七条 证券公司、基金管理公司、信托公司和其他金融机构,以及社会保障类公司、合格境外机构投资者等法律、行政法规和规章规定的需要资产分户管理的特殊单位客户的实名制要求及核对应当遵循实质重于形式的原则,确保特殊单位客户、分户管理资产和期货结算账户对应关系准确。

第四十八条 期货公司为客户在中国证监会批准的其他期货交易场所申请开立交易编码的,依照本规定的有关规定执行。

第四十九条 期货交易所为其自营会员等直接开立交易编码的,应当及时向监控中心报备相关开户信息。

第五十条 期货公司办理开户业务,应当遵守反洗钱及投资者适当性相关法律法规的规定。

第五十一条 本规定自2009年9月1日起施行。2007年11月5日中国证监会发布的《关于进一步加强期货公司开户环节实名制工作的通知》(证监期货字〔2007〕257号)同时废止。

关于实施《合格境外机构投资者和人民币合格境外机构投资者境内证券期货投资管理办法》有关问题的规定

（2020年9月25日公布　中国证券监督管理委员会公告〔2020〕63号　自2020年11月1日起施行）

为落实《合格境外机构投资者和人民币合格境外机构投资者境内证券期货投资管理办法》（证监会令第176号），现就有关问题规定如下：

一、申请合格境外机构投资者和人民币合格境外机构投资者（以下统称合格境外投资者）资格，应当通过中国证券监督管理委员会（以下简称中国证监会）网站在线填写申请表，并通过境内托管人（以下简称托管人）向中国证监会报送下列申请文件：

（一）法定代表人或其授权代表签署的申请书；

（二）营业执照或者注册证书、业务经营资格证明材料；

（三）最近3年或者自成立起是否受到监管机构重大处罚的说明；

（四）对托管人的授权委托书；

（五）中国证监会根据审慎监管原则要求的其他文件。

前款所称法定代表人是指，经申请人董事会授权或者按申请人公司章程规定或者符合申请人所在国家或者地区法律规定，可以代表申请人办理合格境外投资者境内证券期货投资管理有关事宜的自然人，如董事会主席或者首席执行官等。

申请书由申请人的法定代表人的授权代表签署的，应当出具该法定代表人对其授权代表的授权委托书。

申请材料用外文书写的，应当提供中文译本（以中文为准）。

国际组织、主权基金、养老基金申请合格境外投资者资格的，经中国证监会同意，可豁免提交本条第一款第（二）项、第（三）项规定的文件。

合格境外投资者发生《合格境外机构投资者和人民币合格境外机构投资者境内证券期货投资管理办法》第二十二条规定的重大事项,应及时通过中国证监会网站以电子报送方式进行备案。

二、合格境外投资者经营证券期货业务许可证长期有效,法律法规、中国证监会另有规定以及中国证监会依法注销其证券期货业务许可的除外。

三、托管人首次开展合格境外投资者资产托管业务的,应当自签订托管协议之日起5个工作日内,向中国证监会报送下列备案文件:

(一)备案报告,包括托管人基本情况、境内注册地址、境内持续经营时间、最近3年开展外汇管理业务的合规情况等,并对所提交文件的真实性、准确性、完整性、合规性作出承诺;

(二)境内托管部门情况,包括展业情况、技术系统情况、托管业务专职人员配备情况等;

(三)金融业务许可证副本(复印件)及营业执照副本(复印件);

(四)托管业务管理制度,包括托管业务管理办法、合规管理与风险管理制度、岗位职责与操作规程、员工行为规范、会计核算办法以及信息系统管理制度等;

(五)技术系统有关情况的说明;

(六)首次托管协议复印件;

(七)中国证监会根据审慎监管原则要求的其他文件。

托管人备案文件齐备的,中国证监会通过网站公告合格境外投资者托管人名录的方式,为托管人办结备案手续。

四、合格境外投资者应当委托托管人申请开立证券期货账户。合格境外投资者可以开立多个证券期货账户,申请开立的证券期货账户应当与人民币专用存款账户对应。

合格境外投资者应当按照证券登记结算机构、期货交易场所和期货市场监控机构的业务规则开立、使用、管理证券期货账户。

五、合格境外投资者开展境内证券期货投资,应当使用自有资金或者管理的客户资金,并为自有资金或者管理的客户资金分别申请开立证券期货账户。

合格境外投资者为自有资金开立证券期货账户，应当将账户名称设置为"合格境外投资者+自有资金"。

合格境外投资者为管理的客户资金开立证券期货账户，应当使用"合格境外投资者+客户名称"或"合格境外投资者+基金"的账户名称；确有必要使用"合格境外投资者+客户资金"的账户名称的，应当按照证券登记结算机构及期货市场监控机构的规定，通过托管人报送该账户下有关投资者或者基金的名称、资产状况等信息。

"合格境外投资者+客户名称"、"合格境外投资者+基金"、"合格境外投资者+客户资金"账户资产属客户、基金所有，独立于合格境外投资者和托管人。

合格境外投资者开立其他账户的，应当按照中国证监会有关要求报送信息。

六、合格境外投资者可以投资于下列金融工具：

（一）在证券交易所交易或转让的股票、存托凭证、债券、债券回购、资产支持证券；

（二）在全国中小企业股份转让系统（以下简称全国股转系统）转让的股票等证券；

（三）中国人民银行（以下简称人民银行）允许合格境外投资者投资的在银行间债券市场交易的产品以及债券类、利率类、外汇类衍生品；

（四）公募证券投资基金；

（五）在中国金融期货交易所（以下简称中金所）上市交易的金融期货合约；

（六）中国证监会批准设立的期货交易场所上市交易的商品期货合约；

（七）在国务院或中国证监会批准设立的交易场所上市交易的期权；

（八）国家外汇管理局（以下简称外汇局）允许合格境外投资者交易基于套期保值目的的外汇衍生品；

（九）中国证监会允许的其他金融工具。

合格境外投资者可以参与证券交易所和全国股转系统新股发行、

债券发行、资产支持证券发行、股票增发和配股的申购,可以参与证券交易所融资融券、转融通证券出借交易。

合格境外投资者可以投资证券期货经营机构以及中国证券投资基金业协会登记的私募投资基金管理人依法设立的私募投资基金,相关私募投资基金的最终投资范围应当符合本条第一款、第二款的规定。

合格境外投资者可参与的金融期货、商品期货、期权等的具体品种和交易方式,由证券期货交易场所报中国证监会同意。

合格境外投资者可以委托其控制或在同一控制下的境内私募投资基金管理人提供投资建议服务。

七、合格境外投资者及其他境外投资者的境内证券投资,应当遵循下列持股比例限制:

(一)单个合格境外投资者或其他境外投资者持有单个上市公司或者挂牌公司的股份,不得超过该公司股份总数的10%;

(二)全部合格境外投资者及其他境外投资者持有单个公司A股或者境内挂牌股份的总和,不得超过该公司股份总数的30%。

合格境外投资者及其他境外投资者依法对上市公司战略投资的,其战略投资的持股不受前款规定的比例限制。境内有关法律、行政法规、产业政策对合格境外投资者及其他境外投资者的持股比例有更严格规定的,从其规定。

八、合格境外投资者参与金融期货交易,应当遵守中金所有关规定。

中金所应当对合格境外投资者金融期货交易行为进行管理,定期向中国证监会和外汇局报告合格境外投资者参与金融期货交易情况。

中金所应当按照中国证监会、人民银行根据审慎监管原则提出的相关要求,报告合格境外投资者参与国债期货交易情况。

九、合格境外投资者及其托管人应当根据证券期货交易场所、证券登记结算机构、期货市场监控机构的规定,确定合格境外投资者参与证券期货交易的交易结算模式,明确交易执行、资金划拨、资金清算、会计核算、保证金存管等业务中的权利和义务,建立资产和资金安全保障机制。

十、托管人、证券公司、期货公司应当持续监控合格境外投资者的交易行为、账户资金进出情况，及时向中国证监会、人民银行和外汇局报告异常情形和违法违规行为。

托管人应当于每月结束后10个工作日内和每年结束后3个月内，向中国证监会报告合格境外投资者投资运作情况。

中国证监会可以根据监管需要，要求合格境外投资者报告其在境外开展的与境内证券期货投资相关的对冲交易头寸等信息。

十一、合格境外投资者名下的境外投资者的境内证券投资达到信息披露要求的，作为信息披露义务人，应当通过合格境外投资者向交易场所提交信息披露文件。合格境外投资者应当充分了解其名下的境外投资者的境内证券持仓情况，并督促其严格履行信息披露的有关规定。

十二、合格境外投资者可以自行或委托托管人、境内证券公司、上市公司或挂牌公司的独立董事或董事会秘书、名下的境外投资者等行使股东权利。

十三、合格境外投资者行使股东权利时，应当向上市公司或挂牌公司出示下列证明文件：

（一）合格境外投资者经营证券期货业务许可证复印件；

（二）具体权利行使人的身份证明；

（三）若合格境外投资者授权他人行使股东权利的，除上述材料外，还应提供授权代表签署的授权委托书（合格境外投资者授权其名下境外投资者行使股东权利的，应提供相应的经合格境外投资者授权代表签署的持股说明）。

十四、合格境外投资者应当指定熟悉境内证券期货市场相关法律法规、职业操守良好的人员担任督察员，负责监督合格境外投资者合法合规运作。

十五、督察员应当履行下列职责：

（一）审核向中国证监会提交的申请文件及业务报告；

（二）审查客户及产品合规情况；

（三）监督合格境外投资者的投资交易活动和信息披露行为；

（四）定期检查、抽查合格境外投资者投资交易活动；

(五)组织相关法律法规培训;

(六)及时制止合格境外投资者违反境内法律法规的行为,并在10个工作日内报告中国证监会。

十六、证券期货交易场所、证券登记结算机构、证券期货市场监测监控机构负责对合格境外投资者境内证券期货投资交易活动的监测分析和自律管理,建立信息共享和协作配合机制,及时发现和处置跨市场异常交易行为。

证券期货交易场所、证券登记结算机构、证券期货市场监测监控机构应当定期向中国证监会报送合格境外投资者境内投资情况。

中国证监会、人民银行、外汇局就合格境外投资者投资境内证券期货的情况加强监管协调,建立信息共享机制。

十七、合格境外投资者因发生同一控制下变更业务开展主体、同一合格境外投资者调整账户安排、基金产品或账户变更管理人等情形,有助于提高投资运作效率或明晰账户结构的,可以按照证券登记结算机构、证券交易场所的有关规定,办理证券非交易过户。

十八、本规定自2020年11月1日起施行。2008年10月17日公布的《合格境外机构投资者督察员指导意见》(证监会公告〔2008〕40号)、2011年5月4日公布的《合格境外机构投资者参与股指期货交易指引》(证监会公告〔2011〕12号)、2012年7月27日公布的《关于实施〈合格境外机构投资者境内证券投资管理办法〉有关问题的规定》(证监会公告〔2012〕17号)、2013年3月1日公布的《关于实施〈人民币合格境外机构投资者境内证券投资试点办法〉的规定》(证监会公告〔2013〕14号)同时废止。

证券期货经营机构参与股票期权交易试点指引（2020年修正）

（2015年1月9日中国证券监督管理委员会公告2015年第1号发布　根据2020年3月20日中国证券监督管理委员会公告〔2020〕20号《关于修改部分证券期货规范性文件的决定》修正）

第一条　为规范证券期货经营机构参与股票期权交易，根据《证券法》、《证券投资基金法》、《证券公司监督管理条例》、《期货交易管理条例》、《股票期权交易试点管理办法》，制定本指引。

第二条　本指引所称证券期货经营机构，指在中华人民共和国境内依法设立的证券公司、证券投资基金管理公司（以下简称基金管理公司）及其子公司、期货公司及其子公司。证券期货经营机构在其经营范围内参与股票期权交易的，适用本指引。

本指引所称股票期权交易，是指符合《股票期权交易试点管理办法》规定的以股票期权合约为交易标的的交易活动。

第三条　证券公司从事股票期权经纪业务试点，应当符合下列基本条件：

（一）具有证券经纪业务资格；

（二）股票期权经纪业务制度健全，拟负责股票期权经纪业务的高级管理人员具备股票期权业务知识和相应的专业能力，配备3名具备相应专业能力的业务人员；

（三）具有满足从事股票期权经纪业务相关要求的营业场所、经营设备、技术系统等软硬件设施；业务设施和技术系统符合相关技术规范且运行状况良好，股票期权经纪业务技术系统已通过相关证券交易所、中国证券登记结算有限公司（以下简称登记结算公司）组织的测试；

（四）公司及其董事、监事、高级管理人员最近1年内未因重大违法违规行为受到行政处罚或刑事处罚。

具有金融期货经纪业务资格的期货公司可以从事股票期权经纪业务,并开展与股票期权备兑开仓以及行权相关的证券现货经纪业务。

第四条　证券公司从事股票期权经纪业务试点,应于实际开展业务后五个工作日内报公司住所地中国证监会派出机构备案,并提交下列备案材料:

(一)股票期权经纪业务备案报告书;

(二)股东会(股东大会)或董事会关于开展股票期权经纪业务的决议文件;

(三)股票期权经纪业务方案、内部管理制度文本;

(四)负责股票期权经纪业务的高级管理人员与业务人员的名册及资质证明文件;

(五)证券交易所、登记结算公司出具的股票期权经纪业务技术系统验收报告;

(六)中国证监会规定的其他备案材料。

第五条　证券公司、期货公司应当指定专门部门、专人开展股票期权经纪业务,拟开展股票期权经纪业务的分支机构应当至少有1名具备相应专业能力的业务人员。

第六条　证券公司、期货公司从事股票期权经纪业务,应当制定并严格执行股票期权经纪业务投资者适当性管理制度,全面介绍股票期权产品特征,充分揭示股票期权交易风险,准确评估投资者的风险承受能力,不得向客户作获利保证,不得在经纪业务中与客户约定分享利益或者共担风险,不得虚假宣传、误导客户。

投资者应当在证券公司、期货公司营业场所现场办理股票期权交易开户手续,并书面签署风险揭示书。

第七条　证券公司从事股票期权经纪业务,应当依据法律法规以及中国证监会的相关规定,在保证金存管银行开设投资者股票期权保证金账户,在登记结算公司开立投资者股票期权资金保证金账户,用于权利金、保证金及行权资金等客户资金的存放,并与公司自有资金、证券现货交易结算资金实行分户管理。

证券公司应当对向投资者收取的资金实行分账管理,妥善记载单个投资者的资金明细数据。

证券公司开设、变更或注销投资者股票期权保证金账户,应在三个工作日内向公司住所地中国证监会派出机构报告。

期货公司对投资者股票期权权利金、保证金及行权资金等客户资金的管理,应当符合《期货公司监督管理办法》和《期货经纪公司保证金封闭管理暂行办法》等规定。

第八条 证券公司为客户办理期权业务结算或者为满足客户出入金需要,可以在存管银行开立的投资者股票期权保证金账户与登记结算公司开立的投资者股票期权资金保证金账户之间,或者在不同存管银行的投资者股票期权保证金账户之间划转客户资金。

符合以下情形的,证券公司可以从在登记结算公司开立的投资者股票期权资金保证金账户向在登记结算公司开立的自营股票期权资金保证金账户划转资金:

(一)向客户收取交易佣金、费用或者代扣税款;

(二)根据登记结算公司的结算规则以自有资金垫付客户款项后,收回垫付的款项;

(三)根据登记结算公司的结算规则以自有证券履行股票期权经纪业务中的自身行权结算义务后,收回相应的行权资金;

(四)转回利息收入;

(五)法律、行政法规及证监会认可的其他情形。

证券公司为客户办理出金、入金时,客户的收款、付款银行账户名称应与客户名称一致。

第九条 期货公司可以接受一家或者多家证券公司或期货公司的委托,为其介绍客户参与股票期权交易,并提供其他相关服务。

第十条 期货公司从事中间介绍业务,应当签订书面介绍业务协议,并于签订书面介绍业务协议之日起五个工作日内,向公司住所地中国证监会派出机构备案。

第十一条 期货公司与证券公司或其他期货公司签订的书面介绍业务协议内容应当至少包括以下事项:

(一)介绍业务的范围和内容;

(二)是否提供协助办理期权开户等服务;

(三)介绍业务如何对接和管理;

(四)客户投诉的接待处理方式;

(五)报酬支付及相关费用的分担方式;

(六)介绍业务的责任界定和追究机制。

期货公司按照介绍业务协议对证券公司或其他期货公司承担相应的受托责任。

第十二条 期货公司协助证券公司或其他期货公司办理期权客户开户的,应当配备满足协助开户要求的场地、设备、信息系统和工作人员。

第十三条 期货公司为证券公司或其他期货公司介绍客户时,应当向客户明示其与相关证券公司或期货公司的介绍业务委托关系。

第十四条 证券公司以自有资金参与股票期权交易试点的,应当具备证券自营业务资格。不具备证券自营业务资格的证券公司,其自有资金只能以套期保值为目的,参与股票期权交易。

除法律法规另有规定外,期货公司不得以自有资金参与股票期权交易试点。

第十五条 符合下列条件的证券公司,经中国证监会批准,可以从事股票期权做市业务:

(一)具有证券自营业务资格;

(二)最近6个月净资本持续不低于40亿元;

(三)最近18个月净资本等风险控制指标持续符合规定标准;

(四)具有完备的做市业务实施方案、相关内部管理制度及开展做市商业务所需的专业人员;

(五)具备健全的全面风险管理体系,首席风险官具有相应的履职能力,具备对股票期权业务风险进行量化分析和评估的专业素质;

(六)做市业务系统符合相关技术规范且运行状况良好,并通过相关证券交易所组织的测试;

(七)中国证监会规定的其他条件。

第十六条 符合下列条件的期货公司,经中国证监会批准,其子公司可以从事股票期权做市业务:

（一）净资本不低于人民币5亿元；

（二）子公司具有完备的做市业务实施方案、相关内部管理制度及开展做市商业务所需的专业人员；

（三）子公司做市业务系统符合相关技术规范且运行状况良好，并通过相关证券交易所组织的测试；

（四）中国证监会规定的其他条件。

第十七条 证券公司申请股票期权做市业务资格，应当向中国证监会提交下列申请材料：

（一）申请书；

（二）股东会（股东大会）或董事会关于开展股票期权做市业务的决议文件；

（三）股票期权做市业务方案、内部管理制度文本；

（四）负责股票期权做市业务的高级管理人员与业务人员的名册及资质证明文件；

（五）证券交易所出具的股票期权做市业务技术系统验收报告；

（六）中国证监会规定的其他申请材料。

第十八条 期货公司通过子公司从事股票期权做市业务，应当向中国证监会提交下列申请材料：

（一）申请书；

（二）股东会（股东大会）或董事会关于子公司开展股票期权做市业务的决议文件；

（三）子公司开展股票期权做市业务的方案、内部管理制度文本；

（四）子公司负责股票期权做市业务的高级管理人员与业务人员的名册及资质证明文件；

（五）证券交易所出具的股票期权做市业务技术系统验收报告；

（六）中国证监会规定的其他申请材料。

第十九条 从事股票期权做市业务的证券公司以及期货公司子公司应当加强做市业务管理，有效控制做市业务风险，不得利用从事做市业务的机会，进行内幕交易、市场操纵等违法违规行为，或者牟取其他不正当利益。

第二十条 公开募集证券投资基金（以下简称基金）参与股票期

权交易的,应当按照风险管理的原则,以套期保值为主要目的。经中国证监会注册的特殊基金品种除外。

债券基金、货币市场基金不得参与股票期权交易。股票基金、混合基金及中国证监会认可的其他基金可以按照本指引参与股票期权交易。

基金拟参与股票期权交易的,基金管理公司应当在基金合同中明确参与股票期权交易的投资策略、比例限制、估值方法、信息披露、风险控制等事项。

第二十一条 基金参与股票期权交易的,应当在定期信息披露文件中披露参与股票期权交易的有关情况,包括投资政策、持仓情况、损益情况、风险指标、估值方法等,并充分揭示股票期权交易对基金总体风险的影响以及是否符合既定的投资政策和投资目标。

第二十二条 基金管理公司拟运用基金财产参与股票期权交易的,应建立股票期权交易决策部门或小组,按照有关要求做好人员培训工作,确保投资、风控等核心岗位人员具备股票期权业务知识和相应的专业能力,同时授权特定的管理人员负责股票期权的投资审批事项。

第二十三条 基金管理公司、基金托管机构应当根据证券交易所、登记结算公司的相关规定,确定基金参与股票期权交易的交易结算模式,明确交易执行、清算交收、会计核算、保证金存管等业务中的权利和义务,建立资金安全保障机制。基金托管机构应当加强对基金参与股票期权交易的监督、核查和风险控制,切实保护持有人的合法权益。

第二十四条 本指引实施前已经核准或注册的基金,基金管理公司应当根据法律法规、基金合同和本指引的要求,决定是否参与股票期权交易,拟参与股票期权交易的,应当按照基金合同的约定履行相关程序。

存续运营的投资者超过 200 人的证券公司集合资产管理计划参与股票期权交易的,参照本指引关于基金的要求执行。

证券期货经营机构开展的其他资产管理业务,应按照合同的约定参与股票期权交易,并向委托人充分披露有关信息。

第二十五条　证券期货经营机构从事股票期权相关业务的，应当强化内部控制制度，对股票期权相关业务制定严格的授权管理制度和投资决策流程，建立有效的岗位分工和制衡机制，确保研究分析、投资决策、交易执行等相关环节的独立运作。

第二十六条　证券期货经营机构从事股票期权相关业务的，应当建立健全并有效执行信息隔离制度，对经纪、自营、做市、资产管理等业务进行有效隔离，防止敏感信息的不当流动和使用，严格防范利益冲突。

第二十七条　证券期货经营机构从事股票期权相关业务的，应当建立健全并有效执行风险管理制度，完善相应的风险管理系统，加强对市场风险、流动性风险、操作风险等的识别、监测和控制。

第二十八条　证券公司开展股票期权经纪业务的，应当符合下列风险控制指标要求：

（一）对客户保证金（含已被期权合约占用的保证金和未被期权合约占用的保证金）按4%计算风险资本准备（4%为基准标准，不同类别公司按规定实施不同的风险资本准备计算比例，下同）；

（二）对欠缴的客户保证金按100%扣减净资本。

期货公司开展股票期权相关业务，风险监管指标应当符合《期货公司风险监管指标管理办法》的有关规定。从事股票期权经纪业务的，相关指标按照期货公司境内经纪业务的要求计算。

第二十九条　证券公司以自有资金参与股票期权交易的，应当符合下列风险控制指标要求：

（一）对已被股票期权合约占用的保证金按照100%比例扣减净资本，对持有的股票期权资产按照其价值的20%扣减净资本；

（二）自营权益类证券及证券衍生品（包括股票期权）的合计额不得超过净资本的100%，其中对于未有效对冲风险的股票期权，其投资规模按照期权Delta值绝对额的15%计算，对于已有效对冲风险的投资组合（包括股票期权、期货、股票、基金等），其投资规模按照该投资组合Delta值总额的5%计算；

（三）对已有效对冲风险的投资组合，按照投资规模的5%计算风险资本准备；对未有效对冲风险的股票期权合约，按照投资规模的

20%计算风险资本准备。

同时符合以下条件的可认为已有效对冲风险:

1. 投资组合中的标的一致,或相关标的过去一年价格相关系数不低于95%;

2. 投资组合中相关投资为对冲目的而持有;

3. 投资组合中的多头 Delta 值绝对额与空头 Delta 值绝对额的比例处于80% -125%之间。

本条款中的期权 Delta 值是指股票期权标的股票市值乘以交易所公布的期权 Delta 系数,投资组合 Delta 值总额为该组合中多头 Delta 值绝对额与空头 Delta 值绝对额之和。

第三十条 基金参与股票期权交易的,除中国证监会另有规定或注册的特殊基金品种外,应当符合下列风险控制指标要求:

(一)因未平仓的期权合约支付和收取的权利金总额不得超过基金资产净值的10%;

(二)开仓卖出认购期权的,应持有足额标的证券;开仓卖出认沽期权的,应持有合约行权所需的全额现金或交易所规则认可的可冲抵期权保证金的现金等价物;

(三)未平仓的期权合约面值不得超过基金资产净值的20%。其中,合约面值按照行权价乘以合约乘数计算;

(四)基金的投资符合基金合同约定的比例限制(如股票仓位、个股占比等)、投资目标和风险收益特征;

(五)法律法规、基金合同规定的其他投资限制。

因证券期货市场波动、基金规模变动等基金管理公司之外的因素致使基金投资比例不符合上述要求的,基金管理公司应当依法在10个交易日内调整完毕。

第三十一条 证券公司、期货公司应当按照有关规定,分别向中国证券投资者保护基金公司、中国期货保证金监控中心报送股票期权业务保证金相关数据,确保数据及时、准确和完整。

第三十二条 证券期货经营机构参与股票期权交易违反本指引规定或者导致风险控制指标不符合规定标准的,中国证监会及其派出机构将依法采取相应监管措施。

第三十三条　其他获得公开募集证券投资基金管理人资格的机构参与股票期权交易的,参照本指引关于基金管理公司的有关规定执行。

第三十四条　本指引自公布之日起施行。

中国证监会、财政部、中国人民银行、中国银保监会关于商业银行、保险机构参与中国金融期货交易所国债期货交易的公告

(2020年2月14日公布　中国证券监督管理委员会公告〔2020〕12号　自2020年2月14日起施行)

为进一步完善市场主体结构,经国务院同意,现就商业银行、保险机构参与中国金融期货交易所国债期货交易有关事项公告如下:

一、符合条件的商业银行可以风险管理为目的,试点参与中国金融期货交易所国债期货交易。

二、具备投资管理能力的保险机构可以风险管理为目的,参与中国金融期货交易所国债期货交易。

三、商业银行、保险机构应在依法合规、风险可控、商业可持续的前提下,参与国债期货交易。

四、参与国债期货交易的商业银行、保险机构,应建立完善的全面风险管理和内部控制制度及业务处理系统,具备专业的管理团队和规范的业务操作流程,防范和控制交易风险。

五、中国证券监督管理委员会、财政部、中国人民银行、中国银行保险监督管理委员会发挥跨部委协调机制作用,加强监管合作和信息共享,分批推进商业银行和保险机构参与国债期货市场交易,促进国债期货市场健康发展。

六、中国证券监督管理委员会、财政部、中国人民银行、中国银行保险监督管理委员会此前发布的关于商业银行和保险机构参与国债期货交易的相关规定如与本公告不符,以本公告为准。

证券期货违法违规行为举报工作暂行规定（2020年修订）

（2020年1月14日公布　中国证券监督管理委员会公告〔2020〕7号　自2020年1月14日起施行）

第一条　为规范证券期货违法线索举报工作，加大对证券期货违法违规行为的打击力度，依据《证券法》《证券投资基金法》《期货交易管理条例》等法律法规，制定本规定。

第二条　举报人向中国证券监督管理委员会（以下简称中国证监会）证券期货违法违规行为举报中心（以下简称举报中心）举报的，举报中心按照本规定处理举报接收、提请调查、奖励等工作。

举报人向证监局举报的，证监局参照本规定处理举报接收、调查等工作。证监局处理的举报符合奖励条件的，由举报中心按照本规定执行。

第三条　举报人可以通过证券期货违法线索网络举报系统、信函方式，向举报中心举报有关个人或单位涉嫌违反证券期货法律和行政法规的行为。

第四条　证券期货违法线索网络举报系统接收实名举报，举报人应当准确提供举报人的姓名、有效身份证件、联系方式和地址等信息。举报人为单位的，提供单位名称、统一社会信用代码、通讯地址、授权委托书及代理人身份、联系方式等信息。

第五条　举报处理工作遵循秉公执法，严格保密，保护举报人合法权益的原则。

第六条　举报应当符合以下条件：

（一）举报事项属于证券期货法律法规明确禁止的、并规定行政法律责任的违法违规行为；

（二）提供被举报人的姓名（名称）、身份、地址等信息；

（三）提供违反证券期货法律法规的具体事实、详细线索和客观证据，可供证券期货监管机构进行核查。

第七条　举报有下列情形之一的，举报中心不予登记，可予以存档处理：

（一）不符合本规定第六条规定的；

（二）举报事项已依法处理，举报人在无新证据或者新线索的情况下就同一事实或者理由重复举报的；

（三）违法行为已经超过行政处罚时效的；

（四）法律法规规定的其他情形。

第八条　举报中心负责处理可以作为稽查案件调查线索的举报，对于符合举报条件的稽查案件调查线索，予以登记；对于其他材料，按规定转中国证监会相关部门处理，相关部门可以按照职责分工转证监局、交易所等单位处理。

对于经登记的举报，中国证监会综合监管执法情况决定是否启动调查。

第九条　对于举报人的姓名、年龄、住所、电话及其他可以识别举报人身份的信息，除依法使用外，均予严格保密。

第十条　举报中心对网络举报人的姓名（名称）、证件号码、联系方式、工作单位、地址身份信息实行编码管理，在调查、处罚以及举报奖励评审阶段使用编码。因调查、处罚或举报奖励发放等工作需要查询举报人身份信息的，应当履行登记手续。

在调查、处罚或举报奖励发放工作中，相关部门和单位应当全程做好举报保密工作，保护举报人身份信息。

第十一条　负责处理举报的工作人员及其他相关人员应当严格遵守以下制度：

（一）在办理举报事项时，应严格遵守工作程序，妥善保管举报材料，严禁向被举报人及其他无关人员泄露举报人身份信息及举报内容；

（二）不得私自摘抄、复制、扣压和销毁举报材料；

（三）禁止其他可能泄露举报人身份信息或举报内容的行为。

第十二条　举报奖励适用于举报下列违法行为的实名举报：

(一)欺诈发行证券;

(二)信息披露违法;

(三)操纵证券、期货市场;

(四)内幕交易或利用未公开信息交易;

(五)其他重大证券期货违法行为。

第十三条 举报事实清楚、线索明确,经调查属实,已依法作出行政处罚且罚没款金额在10万元以上的,按罚没款金额的1%对举报人进行奖励;已依法移送司法机关后作出生效的有罪判决的,酌情给予奖励。奖励金额不超过10万元。

对于举报在全国有重大影响,或涉案数额巨大的案件线索,经调查属实的,奖励金额不受前款规定的限制,但最高不超过30万元。内部知情人员提供了重大违法案件线索,经调查属实的,最高奖励额度不超过60万元。

上述罚没款金额是指举报所揭发的违法案件罚没款合计数额。举报奖励涉税事项按照税务部门相关规定执行。

第十四条 对作出行政处罚案件的举报人予以奖励的,在行政处罚诉讼期限届满之后作出;当事人提出行政复议或行政诉讼的,在相关法定程序完结、行政处罚决定生效之后作出。对未经行政处罚直接移送司法机关案件的举报人予以奖励的,在有罪判决生效之后作出。

第十五条 中国证监会委托中国证券投资者保护基金有限责任公司办理举报奖励登记工作。符合条件的举报人应在规定时限按要求提起奖励申请并提供材料。逾期未申请或未按要求提供材料的,视为放弃奖励。

第十六条 具有以下情形之一的,不予奖励:

(一)匿名举报或冒用他人名义进行举报的;

(二)举报的违法违规行为已被发现或正在查处的;

(三)举报的违法事实与线索已经新闻媒体、网络信息等公开报道或披露的;

(四)举报人本人参与其举报的证券期货违法违规行为的;

(五)国家机关工作人员利用工作便利获取信息用于举报,或将信息告知他人用于举报的;

（六）举报人放弃奖励的；

（七）中国证监会认定的其他情形。

前款第（二）项不包括举报人对已发现或正在查处的案件提供新的线索或证据的情形。

第十七条　多人分别举报同一违法违规行为并提供有效线索的，综合考虑各举报人提供线索的重大性、有效性、充分性、及时性等因素，对举报人分配奖金。

多人联名举报同一违法违规行为的，奖金发放给第一署名人，奖金分配由联名举报人自行协商解决。

第十八条　对于主动交待其本人参与的证券期货违法违规行为事实的举报人，在对其作出行政处罚时，可依法从轻、减轻或不予处罚；或者向有关司法机关提出对其给予从轻、减轻处理的建议。

第十九条　对违反本规定第十一条规定造成举报信息泄露及其他后果的责任人员，依情节轻重，按照相关规定追究行政责任；涉嫌构成犯罪的，依法移送司法机关追究刑事责任。

第二十条　被举报人不得采取暴力、胁迫、诽谤、泄露个人隐私或者其他违法手段打击报复举报人。被举报人不得以解除、变更劳动合同或者其他方式打击报复单位内部举报人。对于违反规定者，按照有关规定处理；涉嫌构成犯罪的，依法移送司法机关追究刑事责任。

第二十一条　举报人与被举报人相互串通，骗取奖励的，由中国证监会撤销奖励决定，收回已发放的奖金；违反相关法律法规的，依法追究行政法律责任；涉嫌构成犯罪的，依法移送司法机关追究刑事责任。

第二十二条　举报人陈述的事实及提供的材料应当客观真实。故意捏造事实诬告陷害他人、利用举报敲诈勒索的，依法承担法律责任；涉嫌构成犯罪的，依法移送司法机关追究刑事责任。

对于通过网络举报系统进行恶意举报、重复举报或者没有具体证据随意举报的，举报中心可以对举报账户采取限制措施。

第二十三条　本规定所称“以上”“不超过”均包含本数。

第二十四条　本规定自公布之日起施行，2014 年 6 月 27 日印发的《证券期货违法违规行为举报工作暂行规定》（证监发〔2014〕53 号）同时废止。

证券期货经营机构管理人中管理人(MOM)产品指引(试行)

(2019年12月6日公布　中国证券监督管理委员会公告〔2019〕26号　自2019年12月6日起施行)

第一条　为促进证券期货经营机构资产管理业务创新发展,规范管理人中管理人产品运作,保护投资者合法权益,根据《证券投资基金法》《公开募集证券投资基金运作管理办法》(证监会令第104号)《证券期货经营机构私募资产管理业务管理办法》(证监会令第151号)及其他有关法律法规,制定本指引。

第二条　管理人中管理人产品(以下简称MOM产品),是指证券期货经营机构(以下简称管理人)管理的同时符合以下特征的资产管理产品:

(一)管理人按照本指引要求委托两个或者两个以上符合条件的第三方资产管理机构(以下简称投资顾问)就资产管理产品的部分或者全部资产提供投资建议;

(二)根据资产配置需要将资产管理产品的资产划分成两个或者两个以上资产单元,每一个资产单元按规定单独开立证券期货账户。

本指引所称证券期货经营机构,是指证券公司、公募基金管理人、期货公司及前述机构依法设立的从事私募资产管理业务的子公司。证券期货经营机构设立资产管理产品并委托两个或者两个以上投资顾问的,适用本指引。

第三条　管理人委托投资顾问提供投资建议服务,依法应承担的责任不因委托而免除。管理人履行MOM产品的法定受托职责,负责投资决策及交易执行。

投资顾问按照《证券投资基金法》相关规定接受管理人委托,在约定的权限范围内为特定资产单元提供投资建议等服务。

第四条　MOM 产品可以通过公开募集方式或者非公开募集方式设立。

第五条　注册公开募集 MOM 产品,管理人应当向中国证监会提交下列材料:

(一)《证券投资基金法》《公开募集证券投资基金运作管理办法》要求的公开募集证券投资基金注册申请文件;

(二)拟聘请的投资顾问情况及投资顾问协议;

(三)投资顾问选聘、考核、解聘等管理制度;

(四)中国证监会规定的其他文件。备案非公开募集 MOM 产品,管理人应当按照《证券投资基金法》《证券期货经营机构私募资产管理业务管理办法》等要求向中国证券投资基金业协会提交相关产品备案材料。

第六条　管理人或托管人应当按照规定办理 MOM 产品及各资产单元证券期货账户的开立、变更、注销等业务。

第七条　管理人应当与投资顾问签订投资顾问协议,内容包括但不限于:

(一)管理人与投资顾问双方的权利义务;

(二)资产单元的投资目标、投资范围、投资策略、投资禁止行为等;

(三)资产单元估值核算相关安排;

(四)投资顾问的投资经理、核心投研人员等主要人员配备情况;

(五)投资顾问的费用收取;

(六)协议终止的情形、程序等;

(七)可能影响 MOM 产品运作及投资者保护的其他事项。

第八条　申请募集 MOM 产品,拟任管理人应当符合《公开募集证券投资基金运作管理办法》《证券期货经营机构私募资产管理业务管理办法》等法规关于资产管理产品管理人的相关要求,并持续具备专门的投资研究团队,专职从事 MOM 产品或基金中基金产品相关投资研究人员不少于 3 人。

第九条　拟任公开募集 MOM 产品的投资顾问应当为公募基金管理人。拟任非公开募集 MOM 产品的投资顾问应当符合《证券期货经营机构私募资产管理业务管理办法》《证券期货经营机构私募资产管理计划运作管理规定》(证监会公告〔2018〕31号)等法规关于资产管理产品投资顾问的相关要求。

第十条 拟任非公开募集MOM产品的投资经理,应当符合下列要求:

(一)具备3年以上金融行业从事证券期货投资、证券期货研究分析、证券投资基金研究评价或分析经验,其中至少1年为证券期货投资经验;或者具备3年以上养老金或保险资金资产配置经验;

(二)历史投资业绩稳定、良好,无重大管理失当行为;

(三)最近3年没有重大违法违规记录;

(四)中国证监会根据审慎监管原则规定的其他要求。拟任公开募集MOM产品的基金经理,除应当符合第(二)、(三)、(四)项要求外,还应当具备5年以上金融行业从事证券期货投资、证券期货研究分析、证券投资基金研究评价或分析经验,其中至少2年为证券期货投资经验;或者具备5年以上养老金或保险资金资产配置经验。

第十一条 管理人承担的职责包括但不限于:

(一)科学划分资产单元;

(二)建立合理的投资顾问选聘、评估、更换机制及流程,对投资顾问进行充分的尽职调查;

(三)聘请符合条件的投资顾问,对投资顾问持续进行监督评估,并定期进行回访,回访频率不少于每年1次;

(四)办理投资顾问注册、备案等相关事宜;

(五)作出投资决策,负责交易执行;

(六)对MOM产品及各资产单元分别进行估值、核算;

(七)对MOM产品进行整体的风险控制,确保产品的投资运作符合法律规定及合同约定;

(八)对各资产单元的每笔交易执行情况实行留痕管理,保存期限不得少于15年;

(九)将资产单元的交易执行、持仓信息等相关情况按约定反馈相应投资顾问;

(十)依法编制MOM产品的信息披露文件,定期披露投资顾问信息及产品的投资运作情况；

（十一）法律法规规定的其他职责。

第十二条　投资顾问承担的职责包括但不限于：

（一）按照投资顾问协议约定为特定资产单元提供投资建议；

（二）及时向管理人报告与资产单元相关的重大事项；

（三）公平对待不同资产，严禁直接或者通过第三方的交易安排在不同资产之间进行利益输送；

（四）法律法规规定的其他职责。

投资顾问不得将服务职责转授于其他机构。投资顾问违法违规的，应当承担相应的法律责任。

第十三条　托管人应当加强对 MOM 产品的投资监督，对 MOM 产品及各资产单元的资产净值及份额净值进行复核。

托管人与投资顾问不得为同一机构，不得相互出资或者持有股份。

第十四条　管理人、托管人、投资顾问及其从业人员不得有下列行为：

（一）利用基金从事内幕交易、操纵市场或者其他不当、违法的证券期货业务行为；

（二）泄露因职务便利获取的未公开信息，利用该信息从事或者明示、暗示他人从事相关交易活动；

（三）为违法或者规避监管的证券期货业务活动提供交易便利；

（四）从事非公平交易、利益输送等损害投资者合法权益的行为；

（五）利用基金进行商业贿赂；

（六）侵占、挪用基金财产；

（七）利用基金或者职务便利为投资者以外的第三方谋取不正当利益；

（八）直接或者间接向投资者返还管理费；

（九）以获取佣金或者其他不当利益为目的，使用基金财产进行不必要的交易；

（十）法律、行政法规和中国证监会规定禁止的其他行为。

第十五条　管理人应当建立完善的投资顾问管理制度，制定投资顾问选聘、监督、考核、评估、解聘标准和流程,健全决策程序和授权机制,明确投资决策委员会、投资总监、投资组合经理等各投资决策主体的职责和权限划分。

管理人应当对投资顾问的投资研究能力和合规风控能力开展审慎尽职调查,加强对投资顾问的监督评估,及时解聘或者更换不合格投资顾问。

第十六条 管理人应当制定科学、清晰的MOM产品投资策略,并根据投资策略合理确定投资顾问数量及各资产单元资产规模。

第十七条 投资顾问收取的投资顾问费用应当从管理人收取的管理费中列支,具体由管理人与投资顾问自主约定。

管理人不得向未提供实质服务的投资顾问支付费用,支付的费用应当与投资顾问提供的服务相匹配。

第十八条 MOM产品变更投资顾问应当依法履行变更注册或备案程序。

公开募集MOM产品变更投资顾问的,应当依法履行向中国证监会申请基金产品变更注册等法定程序。

非公开募集MOM产品变更投资顾问的,应当按照中国证券投资基金业协会的规定履行产品变更备案等程序,并抄报中国证监会相关派出机构。

法律法规或中国证监会另有规定的,从其规定。

第十九条 MOM产品应当在基金合同或者资产管理合同中详细列明MOM产品的投资目标、策略、范围,资产单元划分标准,投资顾问选择标准,投资顾问基本信息等核心产品要素。投资顾问基本信息包括但不限于:投资顾问名称、注册地址、办公地址、法定代表人、成立时间、联系人及联系方式等。

MOM产品应当在定期报告中披露各资产单元的规模及占比、管理人与投资顾问及不同投资顾问之间是否存在关联关系等信息,在年度报告中披露投资顾问当年获得的投资顾问费用及占基金年均资产净值的比例等。

MOM产品运作期间,投资顾问调整或者发生其他可能对基金运作产生重大影响事件的,管理人应当及时公告,并在更新的招募说明书或者计划说明书中予以说明。

第二十条　MOM产品应当在产品名称中标识“管理人中管理人（MOM）”字样。

公开募集MOM产品资料概要或者非公开募集MOM产品风险揭示书应当向投资者充分揭示产品的特定风险。管理人应当要求投资者以纸质或电子形式确认其了解产品特征及相关风险。

第二十一条　管理人、投资顾问不得以MOM产品的资金与关联方进行不正当交易、利益输送、内幕交易和操纵市场。

MOM产品依据法律法规及基金合同或者资产管理合同投资管理人、托管人、投资顾问及其控股股东、实际控制人或者与其有重大利害关系的公司发行或者承销的证券，或者从事其他重大关联交易的，管理人应当建立健全内部审批机制和评估机制，并遵守向投资者充分披露信息等法规要求。

第二十二条　管理人应当加强非公开募集MOM产品投资者资金来源的核查，严禁利用MOM产品违规开展配资、通道等业务。

第二十三条　管理人应当建立健全内部控制与风险管理制度，确保MOM产品的投资管理、证券期货交易、估值核算、风险控制、合规管理、信息披露等业务操作符合相关法律法规的要求。

第二十四条　管理人应当建立完善的技术系统，支持MOM产品的投资运作。涉及信息系统外部接入的，应当符合中国证监会相关规定。

第二十五条　投资顾问应当建立健全公平交易等风险管理制度和流程，将MOM产品投资建议活动与自身投资管理活动一并纳入公平交易管控，不得泄露与MOM产品投资运作相关的非公开信息，对可能导致不公平交易和利益输送的异常交易行为进行监控，定期形成公平交易分析报告备查。

第二十六条　中国证券投资基金业协会应当按照法律、行政法规和中国证监会规定对非公开募集MOM产品实施备案管理和监测监控。发现已备案的非公开募集MOM产品存在重大风险或者违规事项的，应当及时报告中国证监会及相关派出机构。

第二十七条　管理人、托管人和投资顾问违反法律、行政法规及中国证监会规定的,中国证监会及相关派出机构可依照《证券投资基金法》《公开募集证券投资基金运作管理办法》《证券期货经营机构私募资产管理业务管理办法》等法律法规规定对其采取监管谈话、出具警示函、责令限期整改,整改期间暂停受理及审查基金产品募集申请或者其他业务申请等行政监管措施;对直接负责的主管人员和其他直接责任人员,可以采取监管谈话、出具警示函、暂停履行职务、认定为不适宜担任相关职务者等行政监管措施。依法应予行政处罚的,依照有关规定进行行政处罚;涉嫌犯罪的,依法移送司法机关,追究刑事责任。

第二十八条 本指引自公布之日起施行。

期货公司分类监管规定(2019年修订)

(2011年4月12日公布 根据2019年2月15日中国证券监督管理委员会公告〔2019〕5号《关于修改〈期货公司分类监管规定〉的决定》修订)

第一章 总 则

第一条 为有效实施对期货公司的监督管理,引导期货公司专注主业、合规经营、稳健发展、做优做强,全面提升期货行业服务能力和竞争力,根据《期货交易管理条例》、《期货公司监督管理办法》有关规定,制定本规定。

第二条 期货公司分类是指以期货公司风险管理能力为基础,结合公司服务实体经济能力、市场竞争力、持续合规状况,按照本规定评价和确定期货公司的类别。

第三条 中国证监会根据市场发展情况和审慎监管原则,在征求期货行业等有关方面意见的基础上,制定并适时调整期货公司分类的评价指标与标准。

第四条 期货公司分类评价坚持依法合规、客观公正原则,由中国证监会组织实施。中国证监会派出机构、各期货交易所、中国期货市场监控中心、中国期货业协会在中国证监会的指导下，依据本规定履行工作职责。

第五条　中国证监会设立期货公司分类监管评审委员会（以下简称评审委员会），负责评审等事宜。

评审委员会由中国证监会、各期货交易所、中国期货市场监控中心、中国期货业协会相关人员组成。评审委员会的产生办法、组织结构、工作程序和议事规则由中国证监会另行规定。

第六条　参与期货公司分类评价工作的人员应当具备相应的专业素质、业务能力和监管经验，在工作中坚持原则、廉洁奉公、勤勉尽责。

第七条　中国证监会及其派出机构根据分类结果，合理配置监管资源，对不同类别的期货公司实施区别对待的监管政策。

分类评价不能替代中国证监会及其派出机构的监管措施。

第二章　评价指标

第八条　期货公司的风险管理能力主要根据公司治理、内部控制、资本管理、业务管理、客户管理、信息技术管理等6类评价指标，按照《期货公司风险管理能力评价指标与标准》（见附件）进行评价，体现期货公司对各类风险的管理和控制能力。

第九条　期货公司服务实体经济能力主要根据期货公司在评价期内开展产业服务的情况进行评价，包括以下内容：

（一）“保险+期货”业务规模；

（二）机构客户日均持仓；

（三）中国证监会认可的其他评价内容。

第十条　期货公司市场竞争力主要根据期货公司在评价期内的业务规模、成本管理能力、盈利能力等方面进行评价，包括以下内容：

（一）加权调整后日均客户权益总额；

（二）期货业务收入；

（三）净利润；

（四）成本管理能力；

(五)净资产收益率;

(六)资产管理产品日均衍生品权益。

第十一条 期货公司持续合规状况主要根据期货公司在评价期内发生的违规行为,证券期货行业自律组织采取的纪律处分,中国证监会及其派出机构采取的监管措施、行政处罚,或者司法机关采取的刑事处罚进行评价。

第三章 评价方法

第十二条 设定正常经营的期货公司基准分为100分。在基准分的基础上,根据期货公司风险管理能力、服务实体经济能力、市场竞争力、持续合规状况等评价指标与标准,进行相应加分或扣分以确定期货公司的评价计分。

第十三条 期货公司的公司治理、内部控制、资本管理、业务管理、客户管理、信息技术管理等6类风险管理能力评价指标不符合具体评价标准的,每项扣0.5分。

期货公司收到行政处罚事先告知书、因涉嫌违法违规被立案调查或者发生风险事件,造成严重影响,反映出公司在上述评价指标方面存在问题的,对照具体评价标准予以扣分。

第十四条 期货公司服务实体经济能力按照以下原则加分:

(一)"保险+期货"业务规模位于参与本指标评价的公司前10%(含)、10%至20%(含)、20%至30%(含)、30%至40%(含)、40%至50%(含)、50%至60%(含)的,分别加2分、1.5分、1分、0.75分、0.5分、0.25分,其他参与本指标评价的公司加0.1分,评审委员会根据当年"保险+期货"业务开展的总体情况确定参评期货公司范围;

(二)机构客户日均持仓位于行业前5名、6至10名、11至20名、21至30名、31至40名、41至50名的,分别加2分、1.5分、1分、0.75分、0.5分、0.25分。

中国证监会根据期货公司服务实体经济情况,在征求行业意见的基础上增加服务实体经济能力评价内容。

第十五条 期货公司市场竞争力按照以下原则加分:

(一)期货公司评价期内加权调整后日均客户权益总额位于行业

前5名、6至10名、11至20名、21至30名、31至40名、41至50名、51至60名、61名至排名中位数的，分别加4分、3分、2分、1.5分、1分、0.75分、0.5分、0.25分，期货公司评价期内成交持仓比高于全行业中位数的，减半加分；

（二）期货公司评价期内期货业务收入位于行业前5名、6至10名、11至20名、21至30名、31至40名、41至50名的，分别加2分、1.5分、1分、0.75分、0.5分、0.25分，期货公司评价期内商品期货及期权手续费率或金融期货及期权手续费率低于全行业平均水平50%的，减半加分；

（三）期货公司评价期内净利润位于行业前5名、6至10名、11至20名、21至30名、31至40名、41至50名的，分别加2分、1.5分、1分、0.75分、0.5分、0.25分；

（四）期货公司评价期内成本管理能力位于行业前10名、11至20名、21至30名、31至40名、41至50名的，分别加0.5分、0.4分、0.3分、0.2分、0.1分；

（五）期货公司评价期内净资产收益率位于行业前10名、11至20名、21至30名、31至40名、41至50名的，分别加0.5分、0.4分、0.3分、0.2分、0.1分；

（六）期货公司评价期内资产管理产品日均衍生品权益位于行业前5名、6至10名、11至15名、16至20名、21至30名的，分别加1分、0.8分、0.6分、0.4分、0.2分，期货公司或子公司评价期内存在资产管理产品不符合监管规定且未在规定时间内完成整改或清理情形的，该指标不予加分。

期货公司风险管理能力与持续合规状况指标得分低于规定分值的，市场竞争力指标不予加分。规定分值由评审委员会根据当年评价情况审议确定。

第十六条　期货公司在评价期内发生以下情形时，按照以下原则进行扣分：

（一）风险监管指标未达到监管标准的，每次扣2分；风险监管指标预警的，每次扣0.5分；

（二）期货保证金重大预警，经核实为期货公司原因的，每次扣1

分;期货保证金一般预警,经核实为期货公司原因的,每次扣0.25分;

(三)违规使用自有资金,或者为股东、实际控制人或者其他关联人提供融资,对外担保的,每次扣2分;

(四)允许客户在保证金不足的情况下进行开仓交易的,每次扣2分;

(五)未经资金和持仓验证,允许客户直接连入交易所进行期货交易的,每次扣2分;

(六)因期货公司风险控制不到位导致的错单和穿仓损失金额超过当期提取的风险准备金额10%的,扣1分;

(七)审计报告及审阅报告被出具非标准审计意见或审阅意见的,每次扣3分;

(八)任用不具有期货从业资格的人员从事期货业务的,每人次扣0.1分,最高扣2分;任用不具备任职条件的投资经理从事资产管理业务的,每人次扣0.5分;任用不具备任职条件的董事、监事、高级管理人员的,每人次扣2分;

(九)董事长、高级管理人员存在3个月以上缺位的,每人次扣2分;董事(含独立董事)、监事(含监事会主席)不符合公司章程规定,存在3个月以上缺位的,每人次扣0.25分;

(十)未履行法规要求的许可程序擅自变更股权的,每次扣10分;

(十一)信息技术评级未达到一类等级要求,扣10分;达到一类等级要求但未达到应该达到的更高等级要求,扣5分;

(十二)未按规定使用分类评价结果的,每次扣1分。

第十七条 期货公司在评价期内被中国证监会及其派出机构采取监管措施、行政处罚或者被司法机关刑事处罚的,按照以下原则进行扣分:

(一)被出具警示函或采取责令改正监管措施的,每次扣2分;

(二)被采取《期货交易管理条例》第五十五条第二款第二项至七项监管措施的,每次扣3分;

(三)本公司或子公司被责令暂停私募资产管理业务的,每次扣5分;

(四)被采取《期货交易管理条例》第五十五条第二款第一项监管

措施的，每次扣10分；

（五）被警告的，每次扣12分；

（六）被罚款或者没收违法所得的，每次扣15分；

（七）被撤销部分业务许可、关闭分支机构，或者被刑事处罚的，每次扣20分。

期货公司董事、监事和高级管理人员因对公司违法违规行为负有责任被出具警示函或者监管谈话的，每人次扣1分；被警告或者罚款的，每人次扣3分；被暂停、撤销任职资格或者被认定为不适当人选的，每人次扣5分；被采取一定期限市场禁入措施的，每人次扣8分；被采取永久性市场禁入措施的，每人次扣10分。

期货公司及其董事、监事和高级管理人员因同一事项被分别采取行政监管措施或行政处罚的，分别计算，合计扣分。

第十八条　期货公司分支机构被采取本规定第十七条所述监管措施的，分支机构所在地中国证监会派出机构应及时告知期货公司住所地中国证监会派出机构。

期货公司分支机构按本规定第十七条所述原则进行扣分。

第十九条　期货公司及子公司被中国期货业协会纪律处分的，每次扣0.5分；期货公司从业人员被中国期货业协会纪律处分的，每人次扣0.25分。期货公司自行查处从业人员违规并移交中国期货业协会采取纪律处分的，经中国期货业协会上报评审委员会认可后可以豁免从业人员纪律处分扣分。

期货公司被期货交易所纪律处分的，每次扣0.5分；期货公司的子公司、期货公司及子公司管理的资产管理产品被期货交易所纪律处分的，每次扣0.25分。期货公司、子公司、资产管理产品因参与证券市场相关业务违规被证券交易所纪律处分的，比照执行。

期货公司及子公司因资产管理业务违规被中国证券投资基金业协会纪律处分的，每次扣0.5分。

第二十条　期货公司违规行为已被采取纪律处分、监管措施、行政处罚、刑事处罚的，或者同一违规行为被采取多项纪律处分、监管措施、行政处罚、刑事处罚的，按本规定扣分最高的项目进行扣分，不重复扣分，但因整改不到位再次被实施纪律处分、监管措施、行政处罚、刑事处罚的除外;不同违规行为被采取同一纪律处分、监管措施、行政处罚、刑事处罚的,分别计算,合计扣分。

期货公司因同一事项在不同评价期被分别采取纪律处分、监管措施、行政处罚、刑事处罚的,按最高分值扣分;同一事项在以前评价期已被扣分但未达到最高分值扣分的,按最高分值与已扣分值的差额扣分。

期货公司违规行为被采取纪律处分、监管措施、行政处罚、刑事处罚的,无论控股股东或者实际控制人是否发生变更,均应按相应的规定予以扣分。

第二十一条 期货公司被采取本规定第十七条第一款第一项规定的监管措施时,能在规定的时间内消除风险隐患、完善内部管理、完成规范整改且通过中国证监会派出机构验收的,对相应的监管措施可以不予扣分,但仍需按照违规行为进行扣分。

期货公司主动上报不符合风险管理能力评价标准的违规行为,经中国证监会派出机构认可后可以减半扣分。期货公司在评价期内自行纠正上述主动上报的违规行为,及时消除不良影响,积极堵塞管理漏洞,反映出期货公司合规管理制度健全且有效执行的,经中国证监会派出机构上报评审委员会认可后可以对相关扣分予以加回。

第二十二条 期货公司符合以下条件的,按照以下原则给予相应加分:

(一)在评价期内与其他期货公司进行合并且在评价期内已获中国证监会核准的,可加 4 分;

(二)期货公司剩余净资本达到 1 亿元整数倍的,每 1 倍数加 0.5 分,最高加 2 分。但期货公司风险监管指标在评价期内出现预警或不达标情形的,不予加分。

第二十三条 中国证监会及其派出机构可以根据期货公司在评价期内配合日常监管、落实专项监管工作及整改完成情况,对期货公司进行酌情扣分,最高可扣 2 分。

第二十四条 中国证监会可以组织相关单位对期货公司服务国家战略、信息技术建设、投资者教育等方面进行专项评价,每项最高可加 2 分。

第四章 公司类别

第二十五条 根据期货公司评价计分的高低，将期货公司分为 A（AAA、AA、A）、B（BBB、BB、B）、C（CCC、CC、C）、D、E 等 5 类 11 个级别。

（一）A 类公司风险管理能力、服务实体经济能力、市场竞争力、持续合规状况的综合评价在行业内最高，能够较好控制业务风险；

（二）B 类公司风险管理能力、服务实体经济能力、市场竞争力、持续合规状况的综合评价在行业内较高，能够控制业务风险；

（三）C 类公司风险管理能力、服务实体经济能力、市场竞争力、持续合规状况的综合评价在行业内一般，风险管理能力与业务规模基本匹配；

（四）D 类公司风险管理能力、服务实体经济能力、市场竞争力、持续合规状况的综合评价在行业内较低，潜在风险可能超过公司可承受范围；

（五）E 类公司潜在风险已经变为现实风险，已被采取风险处置措施。

第二十六条 A（AAA、AA、A）、B（BBB、BB、B）、C（CCC、CC、C）、D 等 4 类 10 个级别的公司，由中国证监会每年结合行业发展状况和以前年度分类结果，根据全部期货公司评价计分的分布情况，按照一定的分值区间确定。

第二十七条 期货公司加权调整后日均客户权益总额排名行业中位数以下的，不得评为 A 类。

第二十八条 被依法采取责令停业整顿、指定其他机构托管、接管等风险处置措施的期货公司，定为 E 类公司。

第二十九条 期货公司在评价期内存在以下情形的，市场竞争力不予加分，并将公司类别下调 3 个级别；情节严重的，评为 D 类：

（一）股东虚假出资或抽逃出资；

（二）超范围经营；

（三）占用、挪用客户资产；

（四）资产管理业务严重违规，引发重大风险或造成恶劣影响；

(五)风险管理子公司违法违规经营,引发重大风险或造成恶劣影响;

(六)参与或为期货配资等非法期货活动提供便利;

(七)恶意规避监管,包括向监管部门报送虚假材料、不配合现场检查或调查、隐藏违规事实等。

期货公司在自评时,若不如实标注存在问题,存在遗漏、隐瞒等情况,将在应扣分事项上加倍扣分。

第三十条　期货公司未在规定日期之前上报自评结果的,将公司类别下调1个级别;未在确定分类结果期限之前上报自评结果的,直接评为D类。

第三十一条　期货公司状况发生重大变化或者出现异常且足以导致公司分类类别调整的,评审委员会有权根据有关情况及时对相关期货公司的分类进行动态调整。期货公司在持续经营过程中,业务规模、财务状况、股权结构等方面情况的变化,不属于动态调整的范围。

上述分类调整属于调高期货公司类别的,E类公司最高可调至C类C级,D类公司最高可调至C类CCC级,A、B、C类公司不予调高类别。

期货公司申请动态调整的,应当经公司住所地中国证监会派出机构初审同意后上报评审委员会。

第三十二条　期货公司合并的,合并后的存续公司在上一年评价期内不存在本规定第二十九条第一款所列违规情形,且截至申请日违规事项全部整改完成,合并后的存续公司可以自收到中国证监会核准期货公司合并的批复文件之日起,申请将其上一年分类结果调整为原合并各方分类结果中的较高者。合并后的存续公司申请调整分类结果的,应当经公司住所地中国证监会派出机构初审同意后上报评审委员会。

第五章　组织实施

第三十三条　期货公司分类评价采取期货公司自评、相关单位初审、评审委员会复核和评审、中国证监会确认评价结果的方法。

第三十四条　期货公司分类评价每年进行1次。风险管理能力及持续合规状况评价指标以上一年度 5 月 1 日至本年度 4 月 30 日为评价期；涉及的财务数据、经营数据原则上以上一年度经审计报表为准。

中国证监会于每年评价工作开始前向相关单位下发通知及工作指引，明确工作要求及操作细则。

第三十五条　期货公司应当按照本规定进行自评，上报以下材料：

（一）对照风险管理能力和持续合规状况评价指标与标准，如实反映存在的问题及被采取的纪律处分、监管措施、行政处罚、刑事处罚等，经公司法定代表人和公司经营管理负责人、首席风险官签署确认后，上报公司住所地中国证监会派出机构；

（二）按照中国期货市场监控中心、中国期货业协会的要求上报涉及服务实体经济能力和市场竞争力指标计算的数据和材料，同时抄送公司住所地中国证监会派出机构。

第三十六条　中国证监会派出机构根据日常监管掌握的情况，对期货公司风险管理能力和持续合规状况自评结果进行初审和评价计分，上报评审委员会。

中国期货市场监控中心汇总计算期货公司服务实体经济能力指标（“保险 + 期货”业务规模除外）、市场竞争力指标得分，上报评审委员会。

中国期货业协会汇总计算期货公司“保险 + 期货”业务规模指标得分，上报评审委员会。

第三十七条　在初审过程中，中国证监会派出机构应当就有关问题进行核查，并与期货公司核对情况，确认事实。

中国期货市场监控中心、中国期货业协会应当对相关数据进行校验并就数据差异与期货公司核实，发现重大异常应当通报中国证监会派出机构，中国证监会派出机构应当核查反馈。

期货交易所、中国期货业协会、中国证券投资基金业协会对期货公司及子公司、资产管理产品采取纪律处分或自律处罚的，应当通报期货公司住所地中国证监会派出机构。

第三十八条　评审委员会对中国证监会派出机构、中国期货市场监控中心、中国期货业协会上报的初审材料进行复核,并根据复核结果评审确定期货公司的类别。期货公司分类结果由中国证监会确认后生效。

第三十九条 期货公司因不可抗力或其他特殊情形,认为有必要申请扣分豁免的,应当提交相应证明材料,经中国证监会派出机构初审后由评审委员会复核并审议决定。

第四十条 中国证监会于每年评价工作结束后将期货公司的具体得分及所属类别书面告知期货公司。

第四十一条 期货公司对评价结果有异议的,可在收到分类结果通知之日起1个月内提出书面申诉。期货公司提出书面申诉的,应当经公司住所地中国证监会派出机构初审同意后上报评审委员会。

第四十二条 对于在自评时隐瞒重大事项或者报送、提供的信息和资料有虚假记载、误导性陈述或者重大遗漏的期货公司,中国证监会派出机构应当对签署确认意见的公司法定代表人和经理层人员采取相应监管措施,记入诚信档案。

第四十三条 中国证监会派出机构在日常监管工作中,对期货公司发生的违规行为和异常情况应当及时调查、迅速采取适当的监管措施并记入监管档案,在此基础上对期货公司进行客观、公正的初审和评价计分。

第四十四条 中国证监会派出机构对期货公司的违法违规行为是否及时、充分采取相应监管措施,以及期货公司分类初审的质量,是落实辖区监管责任制,考评中国证监会派出机构期货监管工作绩效的重要依据。

第六章 分类结果的使用

第四十五条 中国证监会按照分类监管原则,对不同类别的期货公司在监管资源分配、现场检查和非现场检查频率等方面区别对待,对不同类别期货公司规定不同的风险资本准备计算比例。

第四十六条 期货公司分类结果可以作为期货公司及子公司增加业务种类的审慎性条件。

第四十七条 期货公司分类结果将作为确定新业务试点范围和

推广顺序的依据。

第四十八条　期货公司分类结果将作为确定期货投资者保障基金不同缴纳比例的依据。

第四十九条　期货公司分类结果主要供中国证监会及其派出机构、各期货交易所、中国期货市场监控中心、中国期货业协会等机构使用。

期货公司不得将分类结果用于广告、宣传、营销等商业目的。

第七章　附　　则

第五十条　本规定下列用语的含义：

（一）期货保证金重大预警，是指由于期货公司保证金封闭圈内自有资金不足或者保证金出现缺口等事项而导致的预警，以及中国期货市场监控中心认定的其他重大预警情形；期货保证金一般预警，是指除重大预警以外的其他预警。

（二）“保险+期货”业务规模采用加权方式计算，其中承保货值、项目数量、实际赔付金额的权重系数分别为0.8、0.15、0.05。

（三）机构客户日均持仓，是指期货公司在各期货品种上的一般单位客户和特殊单位客户日均持仓占比之和，按下列公式计算：

1. 某公司在某期货品种上的机构客户日均持仓占比（P）：

$$P=\frac{(a_1+a_2+\cdots+a_i)/i}{(A_1+A_2+\cdots+A_i)/i}$$

其中，i = 评价期内的交易天数；a = 某公司在某期货品种上的当日机构客户持仓量；A = 该品种的当日机构客户总持仓；

2. 某公司在各期货品种上的机构客户日均持仓占比之和：

$\sum Pr$

其中，r = 期货品种。

若某品种当年活跃度不足，可与其他相关活跃品种合并视为一个品种计算或不纳入计算。

（四）加权调整后日均客户权益总额，是指对不同属性客户按不同权重综合计算的日均客户权益总额。个人客户、机构客户权重系数分别为0.5、1。

(五)期货业务收入,是指期货经纪业务手续费收入、期货投资咨询业务收入、资产管理业务收入之和。

(六)净利润,是指期货公司母公司报表的净利润。

(七)成本管理能力,是指期货公司期货业务收入/(业务管理费+营业税金及附加)。

(八)净资产收益率,是指净利润/净资产。

(九)资产管理产品日均衍生品权益,是指期货公司及子公司管理的资产管理产品从事期货、期权交易的保证金账户日均权益。

(十)成交持仓比,是指日均成交量/日均持仓量。

(十一)手续费率,是指手续费收入/成交金额。

(十二)纪律处分,是指具有自律管理职责的机构依据相关规定,经过立案调查程序采取的处分、处理、处罚、惩戒等自律管理措施。

(十三)剩余净资本,是指期货公司净资本减去风险资本准备。

第五十一条 本规定自公布之日起施行。

公开募集证券投资基金投资信用衍生品指引

(2019年1月15日公布 中国证券监督管理委员会公告〔2019〕1号 自2019年1月15日起施行)

第一条 为规范公开募集证券投资基金(以下简称基金)投资信用衍生品的行为,防范投资风险,保护投资人合法权益,根据《证券投资基金法》《公开募集证券投资基金运作管理办法》和其他有关法律法规,制定本指引。

第二条 本指引所称信用衍生品,是指符合证券交易所或银行间市场相关业务规则,专门用于管理信用风险的信用衍生工具。

第三条 基金投资信用衍生品的,应当按照风险管理的原则,以风险对冲为目的,并遵守证券交易所或银行间市场的相关规定,中国证监会认定的特殊基金品种除外。货币市场基金不得投资信用衍生品。

第四条 基金管理人应当根据所持标的债券等固定收益品种的投资策略,审慎开展信用衍生品投资,合理确定信用衍生品的投资金额、期限等。

基金管理人应当加强基金投资信用衍生品的交易对手方、创设机构的风险管理,合理分散交易对手方、创设机构的集中度,对交易对手方、创设机构的财务状况、偿付能力及杠杆水平等进行必要的尽职调查与严格的准入管理。

第五条 基金应当在定期报告及招募说明书(更新)等文件中详细披露信用衍生品的投资情况,包括投资策略、持仓情况等,并充分揭示投资信用衍生品对基金总体风险的影响以及是否符合既定的投资目标及策略。

第六条 基金投资信用衍生品的,应当在基金合同等法律文件中充分揭示投资信用衍生品可能存在的风险。

第七条 基金投资信用衍生品的,应当参照行业协会的相关规定进行估值,确保估值的公允性。

第八条 基金投资信用衍生品的,基金管理人应当强化内部控制,完善风险管理,做好人员、制度、业务流程、技术系统等方面的准备工作,并将相关制度及流程等报公司董事会批准。

第九条 基金管理人在投资信用衍生品的过程中,应当根据有关法律法规的要求,规范运作,不得从事内幕交易、操纵价格、利益输送及其他不正当的交易活动。基金托管人应当加强对基金投资信用衍生品的监督,切实保护基金份额持有人的合法权益。

第十条 本指引施行前已经获得中国证监会核准或准予注册的基金,基金管理人可根据法律法规、基金合同和本指引的相关要求,决定是否投资信用衍生品。基金拟投资信用衍生品的,应当依法履行适当程序修改基金合同等法律文件,明确投资安排、信息披露、估值方法、风险揭示等相关内容。

第十一条 本指引自公布之日起施行。

证券期货经营机构私募资产管理计划运作管理规定

(2018 年 10 月 22 日公布　中国证券监督管理委员会公告〔2018〕31 号　自 2018 年 10 月 22 日起施行)

第一条　为规范证券期货经营机构私募资产管理计划(以下简称资产管理计划)运作,强化风险管控,保护投资者及相关当事人的合法权益,根据《中华人民共和国证券法》(以下简称《证券法》)、《中华人民共和国证券投资基金法》、《证券公司监督管理条例》、《期货交易管理条例》、《证券期货经营机构私募资产管理业务管理办法》(证监会令第 151 号,以下简称《管理办法》)、《关于规范金融机构资产管理业务的指导意见》(银发〔2018〕106 号,以下简称《指导意见》)及相关法律法规,制定本规定。

第二条　证券期货经营机构资产管理计划募集、投资、风险管理、估值核算、信息披露以及其他运作活动,适用本规定。

本规定所称证券期货经营机构,是指证券公司、基金管理公司、期货公司及前述机构依法设立的从事私募资产管理业务的子公司。

第三条　资产管理计划应当向合格投资者非公开募集。合格投资者是指具备相应风险识别能力和风险承受能力,投资于单只资产管理计划不低于一定金额且符合下列条件的自然人、法人或者其他组织:

(一)具有 2 年以上投资经历,且满足下列三项条件之一的自然人:家庭金融净资产不低于 300 万元,家庭金融资产不低于 500 万元,或者近 3 年本人年均收入不低于 40 万元;

(二)最近 1 年末净资产不低于 1000 万元的法人单位;

(三)依法设立并接受国务院金融监督管理机构监管的机构,包括证券公司及其子公司、基金管理公司及其子公司、期货公司及其子公司、在中国证券投资基金业协会（以下简称证券投资基金业协会）登记的私募基金管理人、商业银行、金融资产投资公司、信托公司、保险公司、保险资产管理机构、财务公司及中国证监会认定的其他机构；

（四）接受国务院金融监督管理机构监管的机构发行的资产管理产品；

（五）基本养老金、社会保障基金、企业年金等养老基金，慈善基金等社会公益基金，合格境外机构投资者（QFII）、人民币合格境外机构投资者（RQFII）；

（六）中国证监会视为合格投资者的其他情形。

合格投资者投资于单只固定收益类资产管理计划的金额不低于30万元，投资于单只混合类资产管理计划的金额不低于40万元，投资于单只权益类、商品及金融衍生品类资产管理计划的金额不低于100万元。资产管理计划投资于《管理办法》第三十七条第（五）项规定的非标准化资产的，接受单个合格投资者委托资金的金额不低于100万元。

资产管理计划接受其他资产管理产品参与的，不合并计算其他资产管理产品的投资者人数，但应当有效识别资产管理计划的实际投资者与最终资金来源。

第四条　证券期货经营机构、接受证券期货经营机构委托销售资产管理计划的机构（以下简称销售机构）应当充分了解投资者的资金来源、个人及家庭金融资产、负债等情况，并采取必要手段进行核查验证，确保投资者符合本规定第三条规定的条件。

第五条　资产管理计划的初始募集规模不得低于1000万元。

集合资产管理计划的初始募集期自资产管理计划份额发售之日起不得超过60天，专门投资于未上市企业股权的集合资产管理计划的初始募集期自资产管理计划份额发售之日起不得超过12个月。

封闭式单一资产管理计划的投资者可以分期缴付委托资金，但应当在资产管理合同中事先明确约定分期缴付资金的数额、期限，且首期缴付资金不得少于1000万元，全部资金缴付期限自资产管理计划成立之日起不得超过3年。

第六条　证券期货经营机构募集资产管理计划，应当编制计划说

明书,列明以下内容:

(一)资产管理计划名称和类型;

(二)管理人与托管人概况、聘用投资顾问等情况;

(三)资产管理计划的投资范围、投资策略和投资限制情况,投资风险揭示;

(四)收益分配和风险承担安排;

(五)管理人、托管人报酬,以及与资产管理计划财产管理、运用有关的其他费用的计提标准和计提方式;

(六)参与费、退出费等投资者承担的费用和费率,以及投资者的重要权利和义务;

(七)募集期间;

(八)信息披露的内容、方式和频率;

(九)利益冲突情况以及可能影响投资者合法权益的其他重要事项;

(十)中国证监会规定的其他事项。

第七条 证券期货经营机构募集资产管理计划,应当制作风险揭示书。风险揭示书的内容应当具有针对性,表述应当清晰、明确、易懂,并以醒目方式充分揭示资产管理计划的市场风险、信用风险、流动性风险、操作风险、关联交易的风险、聘请投资顾问的特定风险等各类风险。

第八条 基金中基金资产管理计划、管理人中管理人资产管理计划应当按照规定分别在其名称中标明"FOF"、"MOM"或者其他能够反映该资产管理计划类别的字样。

员工持股计划、以收购上市公司为目的设立的资产管理计划等具有特定投资管理目标的资产管理计划应当按照规定在其名称中标明反映该资产管理计划投资管理目标的字样。

第九条 证券期货经营机构自有资金参与集合资产管理计划的持有期限不得少于6个月。参与、退出时,应当提前5个工作日告知投资者和托管人。

证券期货经营机构以自有资金参与单个集合资产管理计划的份额不得超过该计划总份额的20%。证券期货经营机构及其附属机构以自有资金参与单个集合资产管理计划的份额合计不得超过该计划总份额的50%。因集合资产管理计划规模变动等客观因素导致前述比例被动超标的，证券期货经营机构应当依照中国证监会规定及资产管理合同的约定及时调整达标。

为应对集合资产管理计划巨额赎回以解决流动性风险，或者中国证监会认可的其他情形，在不存在利益冲突并遵守合同约定的前提下，证券期货经营机构及其附属机构以自有资金参与及其后续退出集合资产管理计划可不受本条第一款、第二款规定的限制，但应当及时告知投资者和托管人，并向相关派出机构及证券投资基金业协会报告。

第十条　份额登记机构应当妥善保存登记数据，并将集合资产管理计划投资者名称、身份信息以及集合资产管理计划份额明细等数据备份至中国证监会认定的机构。其保存期限自集合资产管理计划账户销户之日起不得少于20年。

第十一条　证券期货经营机构应当及时将投资者参与资金划转至资产管理计划托管账户。

单一资产管理计划可以约定不聘请托管机构进行托管，但应当在资产管理合同中明确保障资产管理计划资产安全的制度措施和纠纷解决机制。

投资于《管理办法》第三十七条第（五）项规定资产的资产管理计划，应当在资产管理合同中准确、合理界定托管人安全保管资产管理计划财产、监督管理人投资运作等职责，并向投资者充分揭示风险。

第十二条　资产管理计划应当按照规定开立资金账户、证券账户、期货账户和其他账户，资金账户名称应当是"资产管理计划名称"，集合资产管理计划的证券账户、期货账户名称应当是"证券期货经营机构名称－托管人名称－资产管理计划名称"，单一资产管理计划的证券账户、期货账户名称应当是"证券期货经营机构名称－投资者名称－资产管理计划名称"。

第十三条　资产管理合同应当明确约定资产管理计划的建仓期。集合资产管理计划的建仓期自产品成立之日起不得超过6个月，专门投资于未上市企业股权的集合资产管理计划除外。

建仓期的投资活动,应当符合资产管理合同约定的投向和资产管理计划的风险收益特征。以现金管理为目的,投资于银行活期存款、国债、中央银行票据、政策性金融债、地方政府债券、货币市场基金等中国证监会认可的投资品种的除外。

建仓期结束后,资产管理计划的资产组合应当符合法律、行政法规、中国证监会规定和合同约定的投向和比例。

第十四条　资产管理计划在证券期货等交易所进行投资交易的,应当遵守交易所的相关规定。在交易所以外进行投资交易的,应当遵守相关管理规定。

证券期货经营机构应当采用信息技术等手段,对资产管理计划账户内的资金、证券是否充足进行审查。资产管理计划资金账户内的资金不足的,不得进行证券买入委托或期货买入卖出委托;资产管理计划证券账户内的证券不足的,不得进行证券卖出委托。

第十五条　一个集合资产管理计划投资于同一资产的资金,不得超过该计划资产净值的25%;同一证券期货经营机构管理的全部集合资产管理计划投资于同一资产的资金,不得超过该资产的25%。银行活期存款、国债、中央银行票据、政策性金融债、地方政府债券等中国证监会认可的投资品种除外。单一融资主体及其关联方的非标准化资产,视为同一资产合并计算。

全部投资者均为符合中国证监会规定的专业投资者且单个投资者投资金额不低于1000万元的封闭式集合资产管理计划,以及完全按照有关指数的构成比例进行证券投资的资产管理计划等中国证监会认可的其他集合资产管理计划,不受前款规定限制。

同一证券期货经营机构管理的全部资产管理计划及公开募集证券投资基金(以下简称公募基金)合计持有单一上市公司发行的股票不得超过该上市公司可流通股票的30%。完全按照有关指数的构成比例进行证券投资的资产管理计划、公募基金,以及中国证监会认定的其他投资组合可不受前述比例限制。

第十六条　资产管理计划参与股票、债券、可转换公司债券、可交换公司债券等证券发行申购时,单个资产管理计划所申报的金额不得超过该资产管理计划的总资产,单个资产管理计划所申报的数量不得超过拟发行公司本次发行的总量。

同一证券期货经营机构管理的全部资产管理计划投资于非标准化债权类资产的资金不得超过其管理的全部资产管理计划净资产的35%。因证券市场波动、资产管理计划规模变动等客观因素导致前述比例被动超标的,证券期货经营机构应当及时报告中国证监会相关派出机构和证券投资基金业协会,且在调整达标前不得新增投资于非标准化债权类资产。

同一证券期货经营机构管理的全部资产管理计划投资于同一非标准化债权类资产的资金合计不得超过300亿元。

证券期货经营机构依照本规定第十七条第二款、《管理办法》第八十三条设立的子公司,按照其与证券期货经营机构合并计算的口径,适用本条第二款、第三款的规定。

第十七条 期货公司及其子公司从事私募资产管理业务,不得投资于《管理办法》第三十七条第(五)项规定资产,中国证监会另有规定的除外。

基金管理公司从事私募资产管理业务投资于《管理办法》第三十七条第(五)项规定资产的,应当通过设立专门的子公司进行。

期货公司及其子公司、基金管理公司从事私募资产管理业务,不得通过投资于《管理办法》第三十七条第(六)项规定资产变相扩大投资范围或者规避监管要求。

第十八条 资产管理计划投资于《管理办法》第三十七条第(五)项规定的非标准化资产的,所投资的资产应当合法、真实、有效、可特定化,原则上应当由有权机关进行确权登记。

资产管理计划不得投资于法律依据不充分的收(受)益权。资产管理计划投资于不动产、特许收费权、经营权等基础资产的收(受)益权的,应当以基础资产产生的独立、持续、可预测的现金流实现收(受)益权。

第十九条 资产管理计划投资于《管理办法》第三十七条第(五)项规定的非标准化资产,涉及抵押、质押担保的,应当设置合理的抵押、质押比例,及时办理抵押、质押登记,确保抵押、质押真实、有效、充分。

资产管理计划不得接受收(受)益权、特殊目的机构股权作为抵押、质押标的资产。

第二十条 证券期货经营机构应当加强资产管理计划的久期管理,不得设立不设存续期限的资产管理计划。

封闭式资产管理计划的期限不得低于90天。

第二十一条 全部资产投资于标准化资产的集合资产管理计划和中国证监会认可的其他资产管理计划,可以按照合同约定每季度多次开放,其主动投资于流动性受限资产的市值在开放退出期内合计不得超过该资产管理计划资产净值的20%。

前款规定的资产管理计划每个交易日开放的,其投资范围、投资比例、投资限制、参与和退出管理应当比照适用公募基金投资运作有关规则。

第二十二条 证券期货经营机构应当确保集合资产管理计划开放退出期内,其资产组合中7个工作日可变现资产的价值,不低于该计划资产净值的10%。

第二十三条 资产管理计划直接或者间接投资于非标准化债权类资产的,非标准化债权类资产的终止日不得晚于封闭式资产管理计划的到期日或者开放式资产管理计划的最近一次开放日。

资产管理计划直接或者间接投资于非标准化股权类资产的,应当为封闭式资产管理计划,并明确非标准化股权类资产的退出安排。非标准化股权类资产的退出日不得晚于封闭式资产管理计划的到期日。

非标准化股权类资产无法按照约定退出的,资产管理计划可以延期清算,也可以按照投资者持有份额占总份额的比例或者资产管理合同的约定,将其持有的非标准化股权类资产分配给投资者,但不得违反《证券法》关于公开发行的规定。

第二十四条 封闭式资产管理计划存续期间,其所投资的非标准化资产部分到期、终止或者退出的,证券期货经营机构可以按照资产管理合同约定,对到期、终止或者退出的非标准化资产进行清算,以货币资金形式分配给投资者,但不得允许投资者提前退出或者变相提前退出。

第二十五条 开放式集合资产管理计划资产管理合同,应当明确约定计划巨额退出和连续巨额退出的认定标准、退出顺序、退出价格确定、退出款项支付、告知客户方式，以及单个客户大额退出的预约申请等事宜，相关约定应当符合公平、合理、公开的原则。

证券期货经营机构经与托管人协商，在确保投资者得到公平对待的前提下，可以依照法律、行政法规、中国证监会规定以及合同约定，延期办理巨额退出申请、暂停接受退出申请、延缓支付退出款项、收取短期赎回费，或者采取中国证监会认可的其他流动性管理措施。

第二十六条 证券期货经营机构将资产管理计划资产投资于本机构、托管人及前述机构的控股股东、实际控制人或者其他关联方发行的证券或者承销期内承销的证券，应当建立健全内部审批机制和评估机制，并应当遵循投资者利益优先原则，事先取得投资者的同意，事后告知投资者和托管人，并采取切实有效措施，防范利益冲突，保护投资者合法权益。

除前款规定外，证券期货经营机构不得将其管理的资产管理计划资产，直接或者通过投资其他资产管理计划等间接形式，为本机构、托管人及前述机构的控股股东、实际控制人或者其他关联方提供或者变相提供融资。全部投资者均为符合中国证监会规定的专业投资者且单个投资者投资金额不低于1000万元，并且事先取得投资者同意的资产管理计划除外。

第二十七条 证券期货经营机构董事、监事、从业人员及其配偶不得参与本公司管理的单一资产管理计划。

证券期货经营机构董事、监事、从业人员及其配偶、控股股东、实际控制人或者其他关联方参与证券期货经营机构设立的资产管理计划，证券期货经营机构应当向投资者进行披露，对该资产管理计划账户进行监控，并及时向中国证监会相关派出机构和证券投资基金业协会报告。

证券期货经营机构不得将其管理的分级资产管理计划资产，直接或者间接为该分级资产管理计划劣后级投资者及其控股股东、实际控制人或者其他关联方提供或者变相提供融资。

第二十八条 固定收益类、权益类、商品及金融衍生品类资产管理计划存续期间，为规避特定风险并经全体投资者同意的，投资于对应类别资产的比例可以低于计划总资产 80%,但不得持续 6 个月低于计划总资产 80%。

第二十九条 资产管理计划不得直接或者间接投资于违反国家产业政策、环境保护政策的项目(证券市场投资除外),包括但不限于以下情形:

(一)投资项目被列入国家发展和改革委员会发布的淘汰类产业目录;

(二)投资项目违反国家环境保护政策要求;

(三)通过穿透核查,资产管理计划最终投向上述投资项目。

第三十条 固定收益类产品优先级与劣后级的比例不得超过 3:1,权益类产品优先级与劣后级的比例不得超过 1:1,商品及金融衍生品类、混合类产品优先级与劣后级的比例不得超过 2:1。

分级资产管理计划若存在中间级份额,中间级份额应当计入优先级份额。

第三十一条 分级资产管理计划不得投资其他分级或者结构化金融产品,不得直接或者间接对优先级份额认购者提供保本保收益安排。

证券期货经营机构不得违背风险收益相匹配原则,利用分级资产管理计划向特定一个或多个劣后级投资者输送利益。

第三十二条 资产管理计划的投资顾问应当为依法可以从事资产管理业务的证券期货经营机构、商业银行资产管理机构、保险资产管理机构以及中国证监会认可的其他金融机构,或者同时符合以下条件的私募证券投资基金管理人:

(一)在证券投资基金业协会登记满 1 年、无重大违法违规记录的会员;

(二)具备 3 年以上连续可追溯证券、期货投资管理业绩且无不良从业记录的投资管理人员不少于 3 人;

(三)中国证监会规定的其他条件。

第三十三条 证券期货经营机构应当对投资顾问的投资建议进行审查,不得由投资顾问直接执行投资指令。

证券期货经营机构不得允许投资顾问及其关联方以其自有资金

或者募集资金投资于分级资产管理计划的劣后级份额,不得向未提供实质服务的投资顾问支付费用或者支付与其提供的服务不相匹配的费用。

第三十四条 资产管理计划应当按照《企业会计准则》、《指导意见》以及中国证监会关于资产管理计划对金融工具进行核算与估值的规定、资产管理计划净值计价及风险控制要求,确认和计量资产管理计划净值。

证券期货经营机构应当定期对资产管理计划估值执行效果进行评估,必要时调整完善,保证公平、合理。

当有充足证据表明资产管理计划相关资产的计量方法已不能真实公允反映其价值时,证券期货经营机构应当与托管人进行协商,及时采用公允价值计量方法对资产管理计划资产净值进行调整。

第三十五条 证券期货经营机构应当对每个资产管理计划单独管理、单独建账、单独核算,不得有以下行为:

(一)将不同资产管理计划进行混同运作,或者出现资金与资产无法明确对应的其他情形;

(二)未按规定进行合理估值,脱离实际投资收益进行分离定价;

(三)未产生实际投资收益,仅以后期投资者的投资资金向前期投资者进行兑付;

(四)资产管理计划发生兑付风险时通过开放参与或者滚动发行等方式由后期投资者承担风险;

(五)法律、行政法规和中国证监会禁止的其他行为。

第三十六条 资产管理计划发生的费用,可以按照资产管理合同的约定,在计划资产中列支。资产管理计划成立前发生的费用,以及存续期间发生的与募集有关的费用,不得在计划资产中列支。

证券期货经营机构应当根据资产管理计划的投资范围、投资策略、产品结构等因素设定合理的管理费率。

第三十七条 证券期货经营机构可以与投资者在资产管理合同中约定提取业绩报酬。

业绩报酬提取应当与资产管理计划的存续期限、收益分配和投资运作特征相匹配,提取频率不得超过每 6 个月一次,提取比例不得超过业绩报酬计提基准以上投资收益的60%。因投资者退出资产管理计划，证券期货经营机构按照资产管理合同的约定提取业绩报酬的，不受前述提取频率的限制。

第三十八条 证券期货经营机构应当按照资产管理合同的约定向投资者提供资产管理计划年度报告，披露报告期内资产管理计划运作情况，包括但不限于下列信息：

（一）管理人履职报告；

（二）托管人履职报告（如适用）；

（三）资产管理计划投资表现；

（四）资产管理计划投资组合报告；

（五）资产管理计划财务会计报告；

（六）资产管理计划投资收益分配情况；

（七）投资经理变更、重大关联交易等涉及投资者权益的重大事项；

（八）中国证监会规定的其他事项。

资产管理计划季度报告应当披露前款除第（五）项之外的其他信息。

第三十九条 证券期货经营机构应当按照《指导意见》的规定，向中国人民银行报送资产管理计划信息，并接受中国人民银行对资产管理计划统计工作的监督检查。

期货公司及其子公司应当将其按照《管理办法》第七十三条规定报送的资产管理计划信息以及私募资产管理业务管理季度报告、年度报告，抄报期货市场监控中心。

第四十条 证券期货经营机构应当在本公司及相关行业协会网站对其私募资产管理业务资格及从业人员信息等基本情况进行公示。

第四十一条 证券期货经营机构应当针对私募资产管理业务的主要业务人员和相关管理人员建立收入递延支付机制，合理确定收入递延支付标准、递延支付年限和比例。递延支付年限原则上不少于3年，递延支付的收入金额原则上不少于40%。

第四十二条 证券期货经营机构、托管人、销售机构和投资顾问等服务机构违反本规定的，中国证监会及相关派出机构可以根据《管理办法》等规定,对其采取责令改正、监管谈话、出具警示函、责令定期报告、暂不受理与行政许可有关的文件等行政监管措施;对直接负责的主管人员和其他直接责任人员,采取监管谈话、出具警示函、责令参加培训、认定为不适当人选等行政监管措施。

证券期货经营机构违反本规定,依法应予行政处罚的,依照有关规定进行行政处罚;涉嫌犯罪的,依法移送司法机关,追究刑事责任。

第四十三条　本规定下列用语的含义:

(一)证券交易场所,是指上海证券交易所、深圳证券交易所和全国中小企业股份转让系统有限责任公司。

(二)家庭金融总资产,是指全体家庭成员共同共有的全部金融资产,包括银行存款、股票、债券、基金份额、资产管理计划、银行理财产品、信托计划、保险产品、期货及其他衍生产品等。家庭金融净资产是指家庭金融总资产减去全体家庭成员的全部负债。

(三)流动性受限资产,是指由于法律法规、监管、合同或者操作障碍等原因无法以合理价格予以变现的资产,包括到期日在10个交易日以上的逆回购与银行定期存款(含协议约定有条件提前支取的银行存款)、资产支持证券(票据)、流动受限的新股以及非公开发行股票、停牌股票、因发行人债务违约无法进行转让或交易的债券和非金融企业债务融资工具等资产。

(四)7个工作日可变现资产,包括可在交易所、银行间市场正常交易的股票、债券、非金融企业债务融资工具、期货及期权合约以及同业存单,7个工作日内到期或者可支取的逆回购、银行存款,7个工作日内能够确认收到的各类应收款项等。

(五)关联方按照《企业会计准则》的规定确定;专业投资者不包括募集两个以上投资者资金设立的私募资产管理产品。

第四十四条　过渡期自本规定实施之日起至2020年12月31日。

过渡期内,证券期货经营机构应当自行制定整改计划,有序压缩不符合本规定的资产管理计划规模;对于不符合本规定的存量资产管理计划,其持有资产未到期的,证券期货经营机构可以设立老产品对接,或者予以展期;过渡期结束后,证券期货经营机构不得再发行或者存续违反本规定的资产管理计划。

证券期货经营机构不符合本规定第十六条第二款规定指标的，在符合前款规定的前提下，其管理的资产管理计划在过渡期内可以新增投资于非标准化债权类资产的规模；过渡期结束后仍不达标的，不得新增投资于非标准化债权类资产。

本规定实施之日起至2018年12月31日，新设资产管理计划开立证券账户、期货账户的名称，可以不适用本规定第十二条的规定；自2019年1月1日起，新设资产管理计划开立证券账户、期货账户的名称，应当遵守本规定第十二条的规定。

第四十五条　证券期货经营机构设立特定目的公司或者合伙企业从事私募资产管理业务的，参照适用本规定。

第四十六条　本规定自2018年10月22日起施行。

关于进一步加强期货经营机构客户交易终端信息采集有关事项的公告

（2018年9月7日公布　中国证券监督管理委员会公告〔2018〕27号　自2018年9月7日起施行）

根据《中国证券监督管理委员会公告》〔2013〕30号的有关要求，为进一步加强期货市场看穿式监管，指导期货市场相关主体做好客户交易终端的信息采集及接入认证工作，现就有关事项公告如下：

一、客户通过交易终端软件下达交易指令的，期货公司应确保客户下达的交易指令直达其信息系统，并对客户交易终端信息进行采集。

二、中国期货市场监控中心有限责任公司（以下简称期货市场监控中心）负责接收客户交易终端信息，并共享给期货交易所。期货公司应当按要求采集客户交易终端信息并报送至期货市场监控中心。

三、期货公司应对其交易、结算软件以及客户使用的交易终端软件进行认证管理，确保软件具备真实、准确、完整地采集和报送客户交易终端信息的功能。客户交易终端软件不能通过接入认证管理的，应拒绝其交易。

四、期货市场监控中心应当制定客户交易终端信息采集及接入认证技术规范，用于指导期货公司按要求采集客户交易终端信息。期货公司应于技术规范发布之日起9个月内完成信息系统的改造升级。

五、非期货公司会员的终端信息，由期货交易所参照本公告有关要求采集并报送至期货市场监控中心。

期货公司金融期货结算业务试行办法（2017年修改）

（2007年4月19日证监发〔2007〕54号公布　根据2017年12月7日中国证券监督管理委员会公告〔2017〕16号《关于修改、废止〈证券公司次级债管理规定〉等十三部规范性文件的决定》修改）

第一章　总　　则

第一条　为了规范期货公司金融期货结算业务，维护期货市场秩序，防范风险，根据《期货交易管理条例》，制定本办法。

第二条　本办法所称期货公司金融期货结算业务，是指期货公司作为实行会员分级结算制度的金融期货交易所（以下简称期货交易所）的结算会员，依据本办法规定从事的结算业务活动。

第三条　期货公司从事金融期货结算业务，应当遵守本办法。

第四条　中国证监会及其派出机构依法对期货公司从事金融期货结算业务实行监督管理。

中国期货业协会和期货交易所依法对期货公司的金融期货结算业务实行自律管理。

第二章　业务规则

第五条　交易结算会员期货公司可以受托为客户办理金融期货

结算业务,不得接受非结算会员的委托为其办理金融期货结算业务。

第六条 全面结算会员期货公司可以受托为其客户以及非结算会员办理金融期货结算业务。

第七条 全面结算会员期货公司为非结算会员结算,应当签订结算协议。结算协议应当包括下列内容:

(一)交易指令下达方式及审查或者验证措施;

(二)保证金标准;

(三)非结算会员结算准备金最低余额;

(四)风险管理措施、条件及程序;

(五)结算流程;

(六)通知事项、方式及时限;

(七)不可归责于协议双方当事人所造成损失的情形及其处理方式;

(八)协议变更和解除;

(九)违约责任;

(十)争议处理方式;

(十一)双方约定且不违反法律、行政法规规定的其他事项。

第八条 非结算会员的客户申请或者注销其交易编码的,由非结算会员按照期货交易所的规定办理。

第九条 非结算会员下达的交易指令应当经全面结算会员期货公司审查或者验证后进入期货交易所。全面结算会员期货公司可以按照结算协议的约定对非结算会员的指令采取必要的限制措施。

第十条 非结算会员下达的交易指令进入期货交易所后,期货交易所应当及时将委托回报和成交结果反馈给全面结算会员期货公司和非结算会员。

非结算会员对委托回报和成交结果有异议的,应当及时向全面结算会员期货公司和期货交易所提出。

第十一条 全面结算会员期货公司应当在期货保证金存管银行开设期货保证金账户,用于存放其客户和非结算会员的保证金。

全面结算会员期货公司的期货保证金账户应当与其自有资金账户相互独立、分别管理。

全面结算会员期货公司应当为每个非结算会员开立一个内部专门账户,明细核算。

第十二条　非结算会员是期货公司的,其与全面结算会员期货公司期货业务资金往来,只能通过各自的期货保证金账户办理。

非结算会员的客户出入金,只能通过非结算会员的期货保证金账户办理。

第十三条　全面结算会员期货公司向非结算会员收取的保证金除用于非结算会员的期货交易外,任何机构或者个人不得占用、挪用。

非结算会员向客户收取的保证金属于客户所有,除用于客户的期货交易外,任何机构或者个人不得占用、挪用。

第十四条　全面结算会员期货公司和非结算会员在结算协议中约定全面结算会员期货公司的期货保证金账户中非结算会员结算准备金最低余额的,应当符合中国证监会、期货交易所的有关规定。结算准备金最低余额应当由非结算会员以自有资金向全面结算会员期货公司缴纳。

第十五条　全面结算会员期货公司应当按照结算协议约定的保证金标准向非结算会员收取保证金。

全面结算会员期货公司向非结算会员收取的保证金,不得低于期货交易所向全面结算会员期货公司收取的保证金标准。

第十六条　全面结算会员期货公司应当建立并执行当日无负债结算制度。

期货交易所对全面结算会员期货公司结算后,全面结算会员期货公司应当根据期货交易所结算结果及时对非结算会员进行结算,并出具交易结算报告。

全面结算会员期货公司对非结算会员的所有结算科目的内容、格式、处理方式和处理日期应当与期货交易所保持一致。

全面结算会员期货公司应当确保交易结算报告真实、准确和完整。

第十七条　非结算会员向期货交易所支付的手续费,由期货交易所从全面结算会员期货公司期货保证金账户中划拨。

第十八条　除下列情形外,全面结算会员期货公司不得划转非结

算会员保证金:

(一)依据非结算会员的要求支付可用资金;

(二)收取非结算会员应当交存的保证金;

(三)收取非结算会员应当支付的手续费、税款及其他费用;

(四)双方约定且不违反法律、行政法规规定的其他情形。

第十九条 非结算会员应当按照结算协议约定的时间和方式查询交易结算报告。

第二十条 非结算会员对交易结算报告的内容有异议的,应当在结算协议约定的时间内书面向全面结算会员期货公司提出异议;非结算会员对交易结算报告的内容无异议的,应当按照结算协议约定的方式确认。非结算会员在结算协议约定的时间内既未对交易结算报告的内容确认,也未提出异议的,视为对交易结算报告内容的确认。

非结算会员有异议的,全面结算会员期货公司应当在结算协议约定的时间内予以核实。

第二十一条 全面结算会员期货公司应当按照中国证监会、期货交易所的规定,建立对非结算会员的保证金管理制度。

全面结算会员期货公司可以根据非结算会员的资信及市场情况调整保证金标准。

第二十二条 全面结算会员期货公司应当按照期货交易所的规定,建立并执行对非结算会员的限仓制度。

第二十三条 非结算会员客户的持仓达到期货交易所规定的持仓报告标准的,客户应当通过非结算会员向期货交易所报告。客户未报告的,非结算会员应当向期货交易所报告。

第二十四条 非结算会员的结算准备金余额低于规定或者约定最低余额的,应当及时追加保证金或者自行平仓。非结算会员未在结算协议约定的时间内追加保证金或者自行平仓的,全面结算会员期货公司有权对该非结算会员的持仓强行平仓。

第二十五条 非结算会员的结算准备金余额小于零并未能在约定时间内补足的,全面结算会员期货公司应当按照约定的原则和措施对非结算会员或者其客户的持仓强行平仓。

除前款规定外,全面结算会员期货公司可以与非结算会员在结算协议中约定应予强行平仓的其他情形。

第二十六条　期货交易所开市前，非结算会员结算准备金余额小于规定或者约定最低余额的，全面结算会员期货公司应当禁止其开仓。

第二十七条　非结算会员在期货交易中违约的，应当承担违约责任。

全面结算会员期货公司先以该非结算会员的保证金承担该非结算会员的违约责任；保证金不足的，全面结算会员期货公司应当以风险准备金和自有资金代为承担违约责任，并由此取得对该非结算会员的相应追偿权。

第二十八条　全面结算会员期货公司认为必要的，可以对非结算会员进行风险提示。

第三章　监督管理

第二十九条　全面结算会员期货公司、交易结算会员期货公司应当按照《期货交易所管理办法》和期货交易所交易规则及其实施细则的规定行使结算会员的权利，履行结算会员的义务。

第三十条　全面结算会员期货公司、交易结算会员期货公司应当以自有资金向期货交易所缴纳结算担保金。

全面结算会员期货公司不得向非结算会员收取结算担保金。

第三十一条　全面结算会员期货公司应当建立并实施风险管理、内部控制等制度，保证金融期货结算业务正常进行，确保非结算会员及其客户资金安全。

第三十二条　全面结算会员期货公司应当谨慎、勤勉地办理金融期货结算业务，控制金融期货结算业务风险；建立金融期货结算业务风险隔离机制和保密制度，平等对待本公司客户、非结算会员及其客户，防范利益冲突，不得利用结算业务关系及由此获得的信息损害非结算会员及其客户的合法权益。

非结算会员应当谨慎、勤勉地控制其客户交易风险，不得利用结算业务关系损害为其结算的全面结算会员期货公司及其客户的合法权益。

第三十三条 全面结算会员期货公司调整非结算会员结算准备金最低余额的,应当在当日结算前向期货交易所和期货保证金安全存管监控机构报告。

第三十四条 全面结算会员期货公司应当按规定向期货保证金安全存管监控机构报送非结算会员及非结算会员客户的相关信息。

第四章 附 则

第三十五条 本办法自发布之日起施行。

证券期货经营机构私募资产管理业务运作管理暂行规定

(2016年7月14日公布 中国证券监督管理委员会公告〔2016〕13号 自2016年7月18日起施行)

第一条 为了进一步加强对证券期货经营机构私募资产管理业务的监管,规范市场行为,强化风险管控,根据《证券法》《证券投资基金法》《证券公司监督管理条例》《期货交易管理条例》《私募投资基金监督管理暂行办法》《证券公司客户资产管理业务管理办法》《基金管理公司特定客户资产管理业务试点办法》《期货公司监督管理办法》和《期货公司资产管理业务试点办法》等法律法规,制定本规定。

第二条 本规定所称证券期货经营机构,是指证券公司、基金管理公司、期货公司及其依法设立的从事私募资产管理业务的子公司。

第三条 证券期货经营机构及相关销售机构不得违规销售资产管理计划,不得存在不适当宣传、误导欺诈投资者以及以任何方式向投资者承诺本金不受损失或者承诺最低收益等行为,包括但不限于以下情形:

(一)资产管理合同及销售材料中存在包含保本保收益内涵的表述,如零风险、收益有保障、本金无忧等;

(二)资产管理计划名称中含有“保本”字样;

(三)与投资者私下签订回购协议或承诺函等文件,直接或间接承诺保本保收益;

(四)向投资者口头或者通过短信、微信等各种方式承诺保本保收益;

(五)向非合格投资者销售资产管理计划,明知投资者实质不符合合格投资者标准,仍予以销售确认,或者通过拆分转让资产管理计划份额或其收益权、为投资者直接或间接提供短期借贷等方式,变相突破合格投资者标准;

(六)单一资产管理计划的投资者人数超过200人,或者同一资产管理人为单一融资项目设立多个资产管理计划,变相突破投资者人数限制;

(七)通过报刊、电台、电视、互联网等公众传播媒体,讲座、报告会、分析会等方式,布告、传单、短信、微信、博客和电子邮件等载体,向不特定对象宣传具体产品,但证券期货经营机构和销售机构通过设置特定对象确定程序的官网、客户端等互联网媒介向已注册特定对象进行宣传推介的除外;

(八)销售资产管理计划时,未真实、准确、完整地披露资产管理计划交易结构、当事各方权利义务条款、收益分配内容、委托第三方机构提供服务、关联交易情况等信息;

(九)资产管理计划完成备案手续前参与股票公开或非公开发行;

(十)向投资者宣传资产管理计划预期收益率;

(十一)夸大或者片面宣传产品,夸大或者片面宣传资产管理计划管理人及其管理的产品、投资经理等的过往业绩,未充分揭示产品风险,投资者认购资产管理计划时未签订风险揭示书和资产管理合同。

第四条 证券期货经营机构设立结构化资产管理计划,不得违背利益共享、风险共担、风险与收益相匹配的原则,不得存在以下情形:

(一)直接或者间接对优先级份额认购者提供保本保收益安排,包括但不限于在结构化资产管理计划合同中约定计提优先级份额收益、提前终止罚息、劣后级或第三方机构差额补足优先级收益、计提风险保证金补足优先级收益等;

(二)未对结构化资产管理计划劣后级份额认购者的身份及风险承担能力进行充分适当的尽职调查;

(三)未在资产管理合同中充分披露和揭示结构化设计及相应风险情况、收益分配情况、风控措施等信息;

(四)股票类、混合类结构化资产管理计划的杠杆倍数超过1倍,固定收益类结构化资产管理计划的杠杆倍数超过3倍,其他类结构化资产管理计划的杠杆倍数超过2倍;

(五)通过穿透核查结构化资产管理计划投资标的,结构化资产管理计划嵌套投资其他结构化金融产品劣后级份额;

(六)结构化资产管理计划名称中未包含"结构化"或"分级"字样;

(七)结构化资产管理计划的总资产占净资产的比例超过140%,非结构化集合资产管理计划(即"一对多")的总资产占净资产的比例超过200%。

第五条 证券期货经营机构开展私募资产管理业务,不得委托个人或不符合条件的第三方机构为其提供投资建议,管理人依法应当承担的职责不因委托而免除,不得存在以下情形:

(一)未建立或未有效执行第三方机构遴选机制,未按照规定流程选聘第三方机构;

(二)未签订相关委托协议,或未在资产管理合同及其他材料中明确披露第三方机构身份、未约定第三方机构职责以及未充分说明和揭示聘请第三方机构可能产生的特定风险;

(三)由第三方机构直接执行投资指令,未建立或有效执行风险管控机制,未能有效防范第三方机构利用资产管理计划从事内幕交易、市场操纵等违法违规行为;

(四)未建立利益冲突防范机制,资产管理计划与第三方机构本身、与第三方机构管理或服务的其他产品之间存在利益冲突或利益输送;

(五)向未提供实质服务的第三方机构支付费用或支付的费用与其提供的服务不相匹配;

(六)第三方机构及其关联方以其自有资金或募集资金投资于结

构化资产管理计划劣后级份额。

第六条 证券期货经营机构发行的资产管理计划不得投资于不符合国家产业政策、环境保护政策的项目(证券市场投资除外),包括但不限于以下情形:

(一)投资项目被列入国家发展改革委最新发布的淘汰类产业目录;

(二)投资项目违反国家环境保护政策要求;

(三)通过穿透核查,资产管理计划最终投向上述投资项目。

第七条 证券期货经营机构开展私募资产管理业务,不得从事违法证券期货业务活动或者为违法证券期货业务活动提供交易便利,包括但不限于以下情形:

(一)资产管理计划份额下设子账户、分账户、虚拟账户或将资产管理计划证券、期货账户出借他人,违反账户实名制规定;

(二)为违法证券期货业务活动提供账户开立、交易通道、投资者介绍等服务或便利;

(三)违规使用信息系统外部接入开展交易,为违法证券期货业务活动提供系统对接或投资交易指令转发服务;

(四)设立伞形资产管理计划,子伞委托人(或其关联方)分别实施投资决策,共用同一资产管理计划的证券、期货账户。

第八条 证券期货经营机构开展私募资产管理业务,不得从事非公平交易、利益输送、利用未公开信息交易、内幕交易、操纵市场等损害投资者合法权益的行为,不得利用资产管理计划进行商业贿赂,包括但不限于以下情形:

(一)交易价格严重偏离市场公允价格,损害投资者利益。不存在市场公允价格的投资标的,能够证明资产管理计划的交易目的、定价依据合理且在资产管理合同中有清晰约定,投资程序合规以及信息披露及时、充分的除外;

(二)以利益输送为目的,与特定对象进行不正当交易,或者在不同的资产管理计划账户之间转移收益或亏损;

(三)以获取佣金或者其他不当利益为目的,使用资产管理计划资产进行不必要的交易;

(四)泄露因职务便利获取的未公开信息,以及利用该信息从事或者明示、暗示他人从事相关的交易活动;

(五)利用管理的资产管理计划资产为资产管理人及其从业人员或第三方谋取不正当利益或向相关服务机构支付不合理的费用;

(六)违背风险收益相匹配原则,利用结构化资产管理计划向特定一个或多个劣后级投资者输送利益;

(七)侵占、挪用资产管理计划资产。

第九条 证券期货经营机构不得开展或参与具有"资金池"性质的私募资产管理业务,资产管理计划不得存在以下情形或者投资存在以下情形的其他资产管理产品:

(一)不同资产管理计划进行混同运作,资金与资产无法明确对应;

(二)资产管理计划在整个运作过程中未有合理估值的约定,且未按照资产管理合同约定向投资者进行充分适当的信息披露;

(三)资产管理计划未单独建账、独立核算,未单独编制估值表;

(四)资产管理计划在开放申购、赎回或滚动发行时未按照规定进行合理估值,脱离对应标的资产的实际收益率进行分离定价;

(五)资产管理计划未进行实际投资或者投资于非标资产,仅以后期投资者的投资资金向前期投资者兑付投资本金和收益;

(六)资产管理计划所投资产发生不能按时收回投资本金和收益情形的,资产管理计划通过开放参与、退出或滚动发行的方式由后期投资者承担此类风险,但管理人进行充分信息披露及风险揭示且机构投资者书面同意的除外。

第十条 证券期货经营机构不得对私募资产管理业务主要业务人员及相关管理团队实施过度激励,包括但不限于以下情形:

(一)未建立激励奖金递延发放机制;

(二)递延周期不足3年,递延支付的激励奖金金额不足40%。

第十一条 证券期货经营机构应当依据本规定要求,制定相应的内部控制与风险管理制度,严格按照上述规定从事私募资产管理业务活动。

第十二条 中国证监会及其派出机构依法对证券期货经营机构私募资产管理业务实施监督管理。对于违反本规定的,中国证监会及其派出机构可对机构采取监管谈话、出具警示函、责令改正、暂停办理相关业务等行政监管措施，对相关责任人员采取监管谈话、出具警示函、认定为不适当人选等行政监管措施；依法应予行政处罚的，依照法律法规进行行政处罚；涉嫌犯罪的，依法移送司法机关，追究其刑事责任。

第十三条 中国证券投资基金业协会按照本规定做好证券期货经营机构资产管理计划的备案管理与风险监测工作；发现违反本规定的，应当及时报告中国证监会及其派出机构。

第十四条 本规定涉及的相关术语释义如下：

（一）结构化资产管理计划，是指存在一级份额以上的份额为其他级份额提供一定的风险补偿，收益分配不按份额比例计算，由资产管理合同另行约定的资产管理计划。资产管理合同约定，由资产管理人以自有资金提供有限风险补偿，且不参与收益分配或不获得高于按份额比例计算的收益的资产管理计划，不属于本规定规范的结构化资产管理计划。

（二）杠杆倍数 = 优先级份额/劣后级份额。结构化资产管理计划若存在中间级份额，应当在计算杠杆倍数时计入优先级份额。

（三）股票类结构化资产管理计划，是指根据资产管理合同约定的投资范围，投资于股票或股票型基金等股票类资产比例不低于 80% 的结构化资产管理计划。

（四）固定收益类结构化资产管理计划，是指根据资产管理合同约定的投资范围，投资于银行存款、标准化债券、债券型基金、股票质押式回购以及固定收益类金融产品的资产比例不低于 80% 的结构化资产管理计划。

（五）混合类结构化资产管理计划，是指资产管理合同约定的投资范围包含股票或股票型基金等股票类资产，但相关标的投资比例未达到本条第（三）项、第（四）项相应类别标准的结构化资产管理计划。

（六）其他类结构化资产管理计划，是指投资范围及投资比例不能归属于前述任何一类的结构化资产管理计划。

（七）市场公允价格区分不同交易市场特征，采取不同确定方法，在集中交易市场，可以参考最近成交价格确定公允价格；在非集中交易市场,应当在资产管理合同中事先约定公允价格确定方法,并按照约定方式确定公允价格。

(八)符合提供投资建议条件的第三方机构,是指依法可从事资产管理业务的证券期货经营机构,以及同时符合以下条件的私募证券投资基金管理人:

1. 在中国证券投资基金业协会登记满一年、无重大违法违规记录的会员;

2. 具备3年以上连续可追溯证券、期货投资管理业绩的投资管理人员不少于3人、无不良从业记录。

第十五条 私募证券投资基金管理人参照本规定执行。

证券公司、基金管理公司子公司依法开展的资产证券化业务不适用本规定。

第十六条 本规定自2016年7月18日起施行。

证券期货经营机构新设立的资产管理计划应当符合本规定要求;本规定施行之日前存续的资产管理计划,按以下要求执行:

(一)不符合本规定第三条第(二)项的,合同到期前不得新增净申购规模,保本周期到期后应转为非保本产品,或者予以清盘,不得续期。

(二)不符合本规定第四条第(一)项、第(四)项、第(五)项、第(七)项的,合同到期前不得提高杠杆倍数,不得新增优先级份额净申购规模,合同到期后予以清盘,不得续期。

(三)委托不符合条件的第三方机构提供投资建议的,合同到期前不得新增净申购规模,合同到期后予以清盘,不得续期。

(四)不符合本规定其他要求的,应当及时进行整改。

中国证券监督管理委员会关于进一步推进期货经营机构创新发展的意见

（2014 年 9 月 16 日公布 自 2014 年 9 月 16 日起施行）

中国证监会各派出机构，各交易所，各下属单位，各协会，会内各部门：

加快建设期货及衍生品行业，充分发挥期货经营机构在服务实体经济风险管理、价格发现和增加投资、激发市场活力方面的重要作用，对于加快完善现代市场体系、优化资源配置、促进经济转型升级、维护国家经济金融安全具有重要意义。为深入贯彻落实《国务院关于进一步促进资本市场健康发展的若干意见》（国发〔2014〕17 号），现就进一步推进期货经营机构创新发展提出以下意见：

推进期货经营机构创新发展的基本原则是：坚持紧紧围绕服务实体经济发展，推进期货经营机构的业务和产品创新，实现场内场外市场协调发展；坚持以市场化、法治化和国际化为取向，着力提升期货经营机构的核心竞争力，加快形成功能齐备、服务高效、结构合理、经营稳健的现代期货及衍生品服务体系；坚持创新发展与防范风险并重，鼓励期货经营机构自主创新，自担风险，始终把风险管理贯穿于创新发展的全过程，牢牢守住不发生系统性、区域性风险的底线；坚持保护投资者合法权益，树立诚信合规的行业文化，促进期货市场稳定健康运行。

一、大力提升服务实体经济能力

支持期货经营机构开展期现结合业务，为产业客户提供个性化的大宗商品定价和风险管理服务和产品。支持期货经营机构围绕农产品目标价格改革试点提供风险管理服务。进一步扩大期货公司设立风险管理公司试点范围。制订完善风险管理公司开展合作套保、定价服务、仓单服务等业务的配套措施。支持有条件的风险管理公司开展期权等衍生品做市业务。支持风险管理公司通过合法渠道参与境外衍生品市场。进一步丰富交易所的基础衍生品工具，适时推出符合实体经济风险管理需要的期货、期权产品，服务国内现货生产经营，管理市场风险。

二、努力增强期货经营机构竞争力

明确期货经营机构作为期货及衍生品服务提供商的基本定位，充分发挥风险管理和资产定价的基础服务功能，推动期货经营机构特色化、专业化和差异化发展，建立健全包括期货经纪、投资咨询、中间介绍、资产管理、风险管理等在内的衍生品服务体系。鼓励有条件的期货公司开展集团化经营，努力打造一批具有国际竞争力的衍生品服务集团。鼓励和引导中小期货经营机构差异化竞争和专业化发展。

支持期货公司做优做强。坚持市场化导向，引导期货公司以多种方式开展境内外并购重组。支持符合条件的期货公司进行股权和债权融资，在境内外发行上市、在全国中小企业股份转让系统挂牌，增强资本实力。支持期货公司自主决定设立分公司、营业部等分支机构，完善期货公司分支机构管理规定。支持符合条件的期货公司根据业务发展需要设立专业子公司。支持期货公司管理层持股、员工持股等股权激励机制。支持期货公司依法进入证券交易所、银行间市场、机构间市场等各类合法交易场所开展衍生品及相关业务。拓宽期货公司自有资金使用范围。完善投资者保障基金缴纳政策。

推动期货公司业务转型升级。强化期货公司客户结算职能，为场内、场外衍生品交易提供结算和风险控制服务。探索期货公司托管功能。支持期货公司为各类期货资产管理机构提供部分后台外包服务。支持期货公司利用互联网技术创新产品、业务和交易方式。探索期货公司在确保开户实名制、落实投资者适当性制度的前提下进行网上开户。完善期货中间介绍业务规定，尽快研究解决期货居间人问题。

加快发展期货公司资产管理业务，适度放宽期货公司资产管理业务净资本要求，进一步扩大试点范围。拓宽期货资管产品投资范围，允许投资于大宗商品仓单等现货领域。支持期货公司设立或参股基金管理公司，支持公募基金依法参与衍生品交易。支持期货公司取得合格境内机构投资者（QDII）资格，发行期货资管产品参与境外衍生品交易。发展私募期货基金，建立健全私募期货基金管理人和私募期货基金产品的登记备案和持续监管制度。

三、适时放宽行业准入

进一步简政放权，调整减少行政审批、核准和备案事项。支持民营资本、专业人员等各类符合条件的市场主体出资设立期货经营机构。研究实施公开透明、进退有序的期货业务牌照管理制度，研究期货公司、证券公司、基金管理公司、证券投资咨询公司等机构交叉申请业务牌照的政策。支持期货公司与其他金融机构在风险可控的前提下以相互控股、参股的方式探索综合经营。全面评估和清理整合现行规章、规范性文件，取消对期货经营机构日常经营活动不必要的管制。

四、探索交易商制度，培育专业交易商队伍

探索建立以套期保值和风险管理为目的的专业交易商制度。支持金融机构和产业客户在风险隔离、防止利益冲突的前提下发展成为专业交易商，依法合规参与衍生品交易，通过设计非标准化产品并作为对手方，满足实体企业个性化风险管理需求。支持期货交易所完善配套制度，为专业交易商在场内对冲风险提供便利。

五、逐步推进期货经营机构对外开放

鼓励外资参股境内期货经营机构，支持境外机构依法参与境内期货公司的兼并重组。支持期货公司为境外机构参与境内期货市场提供交易结算服务。支持期货经营机构境外子公司开展合格境外机构投资者（QFII）、人民币合格境外机构投资者（RQFII）业务。扩大QFII、RQFII参与期货及衍生品交易的范围。支持期货经营机构在境外设立、收购公司，为境内企业"走出去"提供配套金融服务。推出期货公司代理境内实体企业参与境外期货交易的试点。支持期货经营机构与境外机构合作，扩大对境外市场的服务范围。

六、稳步发展场外衍生品业务

支持期货经营机构开展场外期权、远期、互换等场外衍生品交易。规范发展期货经营机构柜台业务，支持期货经营机构自主创设场外衍生品合约，服务实体经济风险管理需要。不断完善统一适用于证券期货市场的场外衍生品交易主协议和相关配套规则。加快基础设施建设,建立交易报告库,实施场外衍生品业务统一的监测监控,提高场外市场透明度。研究制订相关规则,支持交易所及其他具备条件的机构为场外衍生品提供交易转让、集中清算等服务。加强对期货经营机构场外衍生品业务的资本充足性监管。

七、加强投资者保护

加强投资者教育和服务。完善投资者适当性制度,明确期货经营机构的适当性管理责任。引导期货经营机构完善投资者分类管理和风险揭示制度,强化营销行为管理,充分了解投资者风险承受能力,不得从事误导、引诱、欺诈投资者等行为。支持行业协会制订创新业务的投资者保护规则。完善投资者投诉处理制度和工作机制,建立多元化、专业化纠纷调解机制。大力推进诚信文化建设,建立健全诚信评价与约束机制,督促期货经营机构坚持客户利益至上,严守职业道德底线,切实履行行业责任、市场责任与社会责任,提升行业社会形象。

八、加强风险防范

期货经营机构要建立与创新发展相适应的风险责任机制,开展负责任的创新,严格落实风险防范的主体责任。规范股东行为,完善法人治理结构和内部控制机制,强化董事、监事和高级管理人员的诚信责任,强化首席风险官的作用。建立有效的业务隔离制度,防范内幕交易、利益输送以及损害客户合法权益的行为。

加强信息技术安全保障。进一步完善期货行业信息技术标准体系和推动制订统一的接口规范。在安全可控的原则下,支持期货经营机构自主选择技术管理方式,支持中小期货经营机构信息技术外包,鼓励有条件的期货经营机构自主开发核心软件。探索将期货软件开发商、行情信息商和技术服务提供商纳入行业自律管理。

进一步推进监管转型。完善对期货经营机构的风险监管体系和动态风险监测预警系统。优化期货公司分类监管规定,完善以合规风控为导向的分类评价指标体系。加强期货经营机构信息披露,提高行业透明度。规范和公布审批、核准与备案登记事项的标准、流程、期限、方式,统一监管尺度,提高监管能力和透明度。完善以风险、问题为导向的监督检查机制,强化事中事后监管,加大执法力度,严格问责追责，提高违法成本。完善诚信监管制度，强化守信激励、失信惩戒机制。

支持行业自律组织履行职能，加强行政监管与自律管理的沟通协作。充分发挥行业协会在引领行业创新、探索新型业态、规范服务标准、搭建公共平台等方面的重要作用。完善自律规则，加强对新产品、新业务的自律管理。制订行业人才发展战略规划，加大行业人才培养和宣传推广力度。

证券公司参与股指期货、国债期货交易指引

（2013 年 8 月 21 日公布　中国证券监督管理委员会公告〔2013〕34 号　自 2013 年 8 月 21 日起施行）

第一条　为规范证券公司参与股指期货、国债期货交易行为，防范风险，根据《证券法》、《证券公司监督管理条例》、《期货交易管理条例》等法律法规和《证券公司风险控制指标管理办法》（证监会令第 55 号）的规定，制定本指引。

第二条　证券公司以自有资金或受托管理资金参与股指期货、国债期货交易（以下简称证券公司参与股指期货、国债期货交易），适用本指引。

不具备证券自营业务资格的证券公司，其自有资金只能以套期保值为目的，参与国债期货交易。

第三条　证券公司参与股指期货、国债期货交易，应当制定参与股指期货、国债期货交易的相关制度，包括投资决策流程、投资目的、投资规模及风险控制等事项。有关制度应当向公司住所地证监局报备。

第四条　证券公司参与股指期货、国债期货交易，应当具备熟悉股指期货、国债期货的专业人员、健全的风险管理及内部控制制度、有效的动态风险监控系统，确保参与股指期货、国债期货交易的风险可

测、可控、可承受。

第五条 证券公司应当采用有效的风险管理工具,对参与股指期货、国债期货交易的风险进行识别、计量、预警,并将股指期货、国债期货交易纳入风险控制指标动态监控系统进行实时监控,确保各项风险控制指标在任一时点都符合规定标准。有关动态监控系统数据接口应当向公司住所地证监局开放。

证券公司应当建立健全股指期货、国债期货的压力测试机制,及时根据市场变化情况对股指期货、国债期货交易情况进行压力测试,并建立相应的应急措施。

第六条 证券公司参与股指期货、国债期货交易时,应当制定详细的投资策略或套期保值方案。证券公司以套期保值为目的参与股指期货、国债期货交易的,应当在套期保值方案中明确套期保值工具、对象、规模、期限以及有效性等内容。

证券公司负责风险管理的部门应当对投资策略或套期保值的可行性、有效性进行充分验证、及时评估、实时监控并督促证券自营、证券资产管理部门及时调整风险敞口,确保投资策略或套期保值的可行性、有效性。

第七条 证券公司参与股指期货、国债期货交易,应当充分了解股票、债券等现货市场在交易机制、价格连续性、市场透明度、产品流动性等方面的特点,并审慎评估其对股指期货、国债期货投资策略的影响。

证券公司应当熟悉股指期货、国债期货有关交割规则,对实物交割的品种,应当充分评估交割风险,做好应急预案。

证券公司应当通过制度、流程、信息系统等方式,确保参与股指期货、国债期货交易业务的前、中、后台相关部门、相关岗位之间相互制衡、相互监督,不相容职务应当分离。

证券公司不得进行内幕交易、市场操纵、利益输送等违法违规行为及不正当交易活动。

第八条 证券公司以自有资金参与股指期货、国债期货交易的,应当符合以下要求:

(一)证券公司应当按照中国金融期货交易所(以下简称中金所)

有关规定申请交易编码。

（二）证券公司应当根据《证券公司风险控制指标管理办法》等规定，对已被股指期货、国债期货合约占用的交易保证金按100%比例扣减净资本。

（三）证券公司应当对已进行风险对冲的股指期货、国债期货分别按投资规模的5%计算风险资本准备（5%为基准标准，不同类别公司按规定实施不同的风险资本准备计算比例，下同）；对未进行风险对冲的股指期货、国债期货分别按投资规模的20%计算风险资本准备。

其中股指期货、国债期货交易满足《企业会计准则第24号——套期保值》有关套期保值高度有效要求的，可认为已进行风险对冲。

（四）证券公司自营权益类证券及证券衍生品（包括股指期货、国债期货等）的合计额不得超过净资本的100%，其中股指期货以股指期货合约价值总额的15%计算，国债期货以国债期货合约价值总额的5%计算。

第九条 证券公司以受托管理资金参与股指期货、国债期货交易的，应当符合以下要求：

（一）证券公司应当按照中金所有关规定申请交易编码。

（二）证券公司应当选择适当的客户开展参与股指期货、国债期货交易的资产管理业务，审慎进行股指期货、国债期货投资。在与客户签订资产管理合同前，证券公司应当按照规定程序了解客户的情况，审慎评估客户的诚信状况、客户对产品的认知水平和风险承受能力，向客户进行充分的风险揭示，并将风险揭示书交客户签字确认。

（三）证券公司应当在资产管理合同中明确约定参与股指期货、国债期货交易的目的、比例限制、估值方法、信息披露、风险控制、责任承担等事项。

证券公司应当在资产管理合同中明确约定股指期货、国债期货保证金的流动性应急处理机制，包括应急触发条件、保证金补充机制、损失责任承担等。

（四）本指引实施前，证券公司已签署的资产管理合同未约定可参与股指期货、国债期货交易的，原则上不得投资股指期货、国债期货。拟变更合同投资股指期货、国债期货的，应当按照资产管理合同约定的方式及有关规定取得客户、资产托管机构的同意并履行有关报批或报备手续。

(五)证券公司定向资产管理业务参与股指期货、国债期货交易的,应当按合同约定的方式向客户充分披露资产管理业务参与股指期货、国债期货交易的有关情况,包括投资目的、持仓情况、损益情况等,并在定向资产管理业务年度报告中披露相应内容。

(六)证券公司应当在集合资产管理报告中充分披露集合资产管理计划参与股指期货、国债期货交易的有关情况,包括投资目的、持仓情况、损益情况等,并充分说明投资股指期货、国债期货对集合资产管理计划总体风险的影响以及是否符合既定的投资目的。

第十条 证券公司、资产托管机构应当根据中金所的相关规定,确定资产管理业务参与股指期货、国债期货交易的交易结算模式,明确交易执行、资金划拨、资金清算、会计核算、保证金存管等业务中的权利和义务,建立资金安全保障机制。

第十一条 证券公司参与股指期货、国债期货交易的交易编码须在申请后3个工作日内向公司住所地证监局备案。

证券公司集合资产管理计划、定向资产管理合同终止的,应当在清算结束后3个交易日内申请注销股指期货、国债期货交易编码,并在5个工作日内向公司住所地证监局报告。

第十二条 因证券期货市场波动、资产管理计划规模变动等证券公司之外的原因致使股指期货、国债期货投资比例不符合规定的,证券公司应当在10个交易日内调整完毕,同时在该情形发生之日起2个工作日内向公司住所地证监局报告。

第十三条 证券公司参与股指期货、国债期货交易不符合以上规定或者导致风险控制指标不符合规定标准的,中国证监会或有关证监局将依法采取相应监管措施。

第十四条 证券公司参与其他经中国证监会认可的交易所上市期货产品交易的,参照本指引执行,中国证监会另有规定的除外。

本指引自公布之日起施行。《证券公司参与股指期货交易指引》(证监会公告〔2010〕14号)同时废止。

中国证券监督管理委员会关于建立金融期货投资者适当性制度的规定(2013年修订)

［2010年2月5日公布　根据2013年8月2日中国证券监督管理委员会公告〔2013〕32号《关于修改〈关于建立股指期货投资者适当性制度的规定(试行)〉的决定》修订］

第一条　为督促期货公司建立健全内控、合规制度，建立并完善以了解客户和分类管理为核心的客户管理和服务制度，保护投资者合法权益，保障金融期货市场平稳、规范和健康运行，根据《期货交易管理条例》、《期货交易所管理办法》及《期货公司管理办法》等行政法规、规章，制定本规定。

第二条　本规定所称金融期货投资者适当性制度(以下简称投资者适当性制度)，是指根据金融期货的产品特征和风险特性，区别投资者的产品认知水平和风险承受能力，选择适当的投资者审慎参与金融期货交易，并建立与之相适应的监管制度安排。

第三条　中国证监会各省、自治区、直辖市、计划单列市监管局(以下统称各派出机构)，中国金融期货交易所(以下简称中金所)，中国期货保证金监控中心公司(以下简称监控中心)，中国期货业协会(以下简称中期协)应当按照“统一领导、各司其职、各负其责、加强协作、联合监管”的原则，严格落实本规定的各项工作要求。

第四条　中国证监会及其派出机构对期货公司执行投资者适当性制度的情况进行监督检查。

中金所、中期协对期货公司执行投资者适当性制度的情况进行自律管理。

监控中心对期货公司执行投资者适当性制度的情况进行核查验证。

第五条　中金所应当根据“将适当的产品销售给适当投资者”的

核心原则,从投资者的经济实力、金融期货产品认知能力、投资经历等方面,制定投资者适当性制度的具体标准和实施指引,并报中国证监会备案。

第六条 期货公司应当建立健全内控、合规制度,严格落实投资者适当性制度。

期货公司应当根据中金所制定的标准和指引,制定投资者适当性标准的实施方案,建立并有效执行客户开发管理制度和开户审核工作制度,完善业务流程与内部分工,加强责任追究。

期货公司应当及时将投资者适当性制度实施方案及相关制度报中金所和公司所在地中国证监会派出机构备案。

第七条 期货公司应当深化客户服务,向投资者充分揭示金融期货风险,全面客观介绍金融期货法律法规、业务规则和产品特征,测试投资者的金融期货基础知识,认真审核投资者开户申请材料,审慎评估投资者的风险承受能力,不得为不符合适当性标准的投资者申请开立金融期货交易编码。

期货公司应当建立客户资料档案,除依法接受调查和检查外,应当为客户保密。

第八条 自然人投资者应当全面评估自身的经济实力、产品认知能力、风险控制能力、生理及心理承受能力等,审慎决定是否参与金融期货交易。

法人投资者及其他经济组织从事金融期货交易业务,应当根据自身的经营管理特点和业务运作状况,建立健全内部控制和风险管理制度,对自身的内部控制和风险管理能力进行客观评估,审慎决定是否参与金融期货交易。

第九条 投资者应当如实申报开户材料,不得采取虚假申报等手段规避投资者适当性标准要求。投资者提供虚假证明材料的,应当承担相应的责任。

投资者应当遵守"买卖自负"的原则,承担金融期货交易的履约责任,不得以不符合投资者适当性标准为由拒绝承担金融期货交易履约责任。

第十条 中金所、期货公司应当加强对投资者交易行为的合法合规性管理,督促投资者遵守金融期货交易相关法律、行政法规、规章及中金所业务规则,持续开展投资者风险教育。

第十一条　期货公司应当完善客户纠纷处理机制,明确承担此项职责的部门和岗位,负责处理投资者参与金融期货交易所产生的投诉等事项,及时化解相关矛盾纠纷。

期货公司应当督促客户遵守法律法规,通过正当途径维护自身合法权益,不得侵害国家利益及他人的合法权益,不得扰乱社会公共秩序。

第十二条　期货公司违反投资者适当性制度要求,未能执行相关内控、合规制度的,中国证监会及其派出机构依据相关法律法规的规定,采取监管措施;情节严重的,根据《期货交易管理条例》第六十七条规定进行处罚。

期货公司违反投资者适当性制度要求的,中金所、中期协应当根据业务规则和自律规则对其进行纪律处分。

第十三条　从事中间介绍业务的证券公司接受期货公司委托,协助办理开户手续的,应当对投资者开户资料和身份真实性等进行审查,向投资者充分揭示金融期货交易风险,进行相关知识测试和风险评估,做好开户入金指导,严格执行投资者适当性制度。

第十四条　期货公司和从事中间介绍业务的证券公司应当按照《期货市场客户开户管理规定》和行业监管政策的要求为投资者办理金融期货开户手续。

第十五条　中国证监会及其派出机构对从事中间介绍业务的证券公司进行日常监督检查,发现证券公司违反投资者适当性制度要求的,依法采取监管措施或者予以行政处罚。

中金所对期货公司执行投资者适当性制度的情况进行检查,检查中发现从事中间介绍业务的证券公司存在违法违规行为的,应将有关情况通报相关派出机构。

第十六条　投资者适当性制度对投资者的各项要求以及依据制度进行的评价,不构成投资建议,不构成对投资者的获利保证。

第十七条　本规定由中国证监会负责解释。

第十八条　本规定自公布之日起施行。

关于加强证券期货经营机构客户交易终端信息等客户信息管理的规定

(2013 年 7 月 18 日公布　中国证券监督管理委员会公告〔2013〕30 号　自 2013 年 7 月 18 日起施行)

第一条　为进一步规范证券期货经营机构客户信息电子化管理,保护投资者合法权益,促进资本市场健康发展,依据《中华人民共和国证券法》、《中华人民共和国证券投资基金法》、《期货交易管理条例》等法律法规,制定本规定。

第二条　本规定所称证券期货经营机构,是指在中华人民共和国境内依法设立的证券公司、基金管理公司及基金销售机构、期货公司。

第三条　客户交易终端信息是指客户通过证券期货经营机构下达交易指令的交易终端特征代码。

客户交易终端信息是客户委托记录、交易记录的重要组成部分,包括但不限于以下内容:电话号码、互联网通讯协议地址(IP 地址)、媒介访问控制地址(MAC 地址)以及其他能识别客户交易终端的特征代码。

第四条　证券期货经营机构应当按照技术规范确定的交易终端设备的类型,采集相应的客户交易终端信息。

第五条　证券期货经营机构应当按照内部控制适时性和及时性原则,积极跟踪信息技术发展,按照相关法律法规的要求,确保信息系统能够真实、准确、完整地采集到客户交易终端信息。

第六条　证券期货经营机构向客户提供的交易终端软件,应当采取适当的技术,确保软件能够采集到客户交易终端信息。

由第三方提供交易终端软件的,证券期货经营机构应当建立软件认证许可制度,要求第三方采取适当的技术,确保软件能够采集到客户交易终端信息。

客户交易终端软件应当具备先提醒升级、再自动升级为最新版本的功能。

第七条 证券期货经营机构的网上交易、语音交易、自助交易等外围信息系统应当逐笔记录交易委托、银证转账、银期转账、密码修改、账户登录等操作的客户交易终端信息。

证券期货经营机构的集中交易系统还应当同时逐笔存储交易委托、银证转账、银期转账等操作的客户交易终端信息。

第八条 证券期货经营机构应当确保存储在集中交易系统和记录在外围信息系统的客户交易终端信息的真实性、准确性、完整性、一致性、可读性。

第九条 证券期货经营机构应当为证券、期货交易所或登记结算机构采集客户交易终端信息提供相应的数据接口,并在相关技术规范发布之日起12个月内,完成信息系统的改造升级,改造后的信息系统应符合国家信息安全标准。

第十条 证券期货经营机构应当按照本规定的要求建设、改造和维护相关信息系统,以妥善管理客户交易终端信息,并提供符合技术规范的查询接口。

证券期货经营机构应当采取必要的技术手段,满足交易时段客户信息查询的需要。

第十一条 证券公司、期货公司应当按照技术规范对客户的主要开户资料进行电子化,并妥善保存在信息系统中。

证券公司、期货公司应当按照技术规范在18个月内对新增账户实施开户资料电子化,存量的正常交易类账户应在36个月内完成开户资料电子化。

第十二条 证券期货经营机构应妥善保存客户交易终端信息和开户资料电子化信息,保存期限不得少于20年。

证券期货经营机构应妥善保存交易时段客户交易区的监控录像资料,保存期限不得少于6个月。

第十三条 证券期货经营机构应采取可靠的措施,采集、记录、存储、报送与客户身份识别有关的信息,不得以任何理由拒绝承担相应职责。

证券期货经营机构及其工作人员应当对客户交易终端信息予以

保密,不得泄露。

第十四条 证券期货经营机构应当严格限制对客户交易终端信息的人工操作权限,明确查询权限和操作流程,建立日志文档并指定专人妥善保管。

禁止任何人对客户交易终端信息进行隐匿、伪造、篡改或毁损。

第十五条 发生影响采集、记录、存储、报送客户交易终端信息安全的重大事件时,证券期货经营机构应当及时向公司住所地和事件发生地证监局报告,不得隐瞒。

第十六条 证券期货经营机构违反本规定的,中国证监会将按照《中华人民共和国证券法》、《中华人民共和国证券投资基金法》、《期货交易管理条例》等法律法规进行处罚;涉嫌犯罪的,依法移送司法机关,追究刑事责任。

第十七条 本规定自公布之日起施行。

最高人民法院、最高人民检察院、公安部、中国证券监督管理委员会关于印发《最高人民法院、最高人民检察院、公安部、中国证监会关于办理证券期货违法犯罪案件工作若干问题的意见》的通知

(2011年4月27日公布　证监发〔2011〕30号
自2011年4月27日起施行)

各省、自治区、直辖市高级人民法院、人民检察院、公安厅(局),解放军军事法院、军事检察院,新疆维吾尔自治区高级人民法院生产建设兵团分院,新疆生产建设兵团人民检察院、公安局,中国证监会各省、自治区、直辖市、计划单列市监管局:

为解决近年来在办理证券期货违法犯罪案件工作中遇到的一些

突出问题，依法惩治证券期货违法犯罪，现将《最高人民法院 最高人民检察院 公安部 中国证监会关于办理证券期货违法犯罪案件工作若干问题的意见》印发给你们，请遵照执行。

在执行中遇到的问题，请及时报最高人民法院、最高人民检察院、公安部和中国证监会。

最高人民法院、最高人民检察院、公安部、中国证监会关于办理证券期货违法犯罪案件工作若干问题的意见

为加强办理证券期货违法犯罪案件工作，完善行政执法与刑事司法的衔接机制，进一步依法有效惩治证券期货违法犯罪，提出如下意见：

一、证券监管机构依据行政机关移送涉嫌犯罪案件的有关规定，在办理可能移送公安机关查处的证券期货违法案件过程中，经履行批准程序，可商请公安机关协助查询、复制被调查对象的户籍、出入境信息等资料，对有关涉案人员按照相关规定采取边控、报备措施。证券监管机构向公安机关提出请求时，应当明确协助办理的具体事项，提供案件情况及相关材料。

二、证券监管机构办理证券期货违法案件，案情重大、复杂、疑难的，可商请公安机关就案件性质、证据等问题提出参考意见；对有证据表明可能涉嫌犯罪的行为人可能逃匿或者销毁证据的，证券监管机构应当及时通知公安机关；涉嫌犯罪的，公安机关应当及时立案侦查。

三、证券监管机构与公安机关建立和完善协调会商机制。证券监管机构依据行政机关移送涉嫌犯罪案件的有关规定，在向公安机关移送重大、复杂、疑难的涉嫌证券期货犯罪案件前，应当启动协调会商机制，就行为性质认定、案件罪名适用、案件管辖等问题进行会商。

四、公安机关、人民检察院和人民法院在办理涉嫌证券期货犯罪案件过程中，可商请证券监管机构指派专业人员配合开展工作，协助

查阅、复制有关专业资料。证券监管机构可以根据司法机关办案需要,依法就案件涉及的证券期货专业问题向司法机关出具认定意见。

五、司法机关对证券监管机构随案移送的物证、书证、鉴定结论、视听资料、现场笔录等证据要及时审查,作出是否立案的决定;随案移送的证据,经法定程序查证属实的,可作为定案的根据。

六、证券监管机构依据行政机关移送涉嫌犯罪案件的有关规定向公安机关移交证据,应当制作证据移交清单,双方经办人员应当签字确认,加盖公章,相关证据随证据移交清单一并移交。

七、对涉众型证券期货犯罪案件,在已收集的证据能够充分证明基本犯罪事实的前提下,公安机关可在被调查对象范围内按一定比例收集和调取书证、被害人陈述、证人证言等相关证据。

八、以证券交易所、期货交易所、证券登记结算机构、期货保证金监控机构以及证券公司、期货公司留存的证券期货委托记录和交易记录、登记存管结算资料等电子数据作为证据的,数据提供单位应以电子光盘或者其他载体记录相关原始数据,并说明制作方法、制作时间及制作人等信息,并由复制件制作人和原始电子数据持有人签名或盖章。

九、发行人、上市公司或者其他信息披露义务人在证券监管机构指定的信息披露媒体、信息披露义务人或证券交易所网站发布的信息披露公告,其打印件或据此制作的电子光盘,经核对无误后,说明其来源、制作人、制作时间、制作地点等的,可作为刑事证据使用,但有其他证据证明打印件或光盘内容与公告信息不一致的除外。

十、涉嫌证券期货犯罪的第一审案件,由中级人民法院管辖,同级人民检察院负责提起公诉,地(市)级以上公安机关负责立案侦查。

证券投资基金参与股指期货交易指引

(2010年4月21日公布 中国证券监督管理委员会
公告〔2010〕13号 自2010年4月21日起施行)

第一条 为规范证券投资基金(以下简称基金)参与股指期货交易的行为,防范投资风险,保护基金份额持有人的合法权益,根据《证券投资基金法》、《证券投资基金运作管理办法》等法律法规,制定本指引。

第二条 本指引所称股指期货,是指由中国证监会批准,在中国金融期货交易所上市交易的以股票价格指数为标的的金融期货合约。

第三条 基金参与股指期货交易,应当根据风险管理的原则,以套期保值为目的,并按照中国金融期货交易所套期保值管理的有关规定执行。保本基金及中国证监会批准的特殊基金品种除外。

第四条 股票型基金、混合型基金及保本基金可以按照本指引参与股指期货交易,债券型基金、货币市场基金不得参与股指期货交易。

第五条 基金参与股指期货交易,除中国证监会另有规定或批准的特殊基金品种外,应当遵守下列要求:

(一)基金在任何交易日日终,持有的买入股指期货合约价值,不得超过基金资产净值的10%。

(二)开放式基金在任何交易日日终,持有的买入期货合约价值与有价证券市值之和,不得超过基金资产净值的95%。

封闭式基金、开放式指数基金(不含增强型)、交易型开放式指数基金(ETF)在任何交易日日终,持有的买入期货合约价值与有价证券市值之和,不得超过基金资产净值的100%。

其中,有价证券指股票、债券(不含到期日在一年以内的政府债券)、权证、资产支持证券、买入返售金融资产(不含质押式回购)等。

(三)基金在任何交易日日终,持有的卖出期货合约价值不得超过基金持有的股票总市值的20%。

基金管理公司应当按照中国金融期货交易所要求的内容、格式与时限向交易所报告所交易和持有的卖出期货合约情况、交易目的及对应的证券资产情况等。

(四)基金所持有的股票市值和买入、卖出股指期货合约价值,合计(轧差计算)应当符合基金合同关于股票投资比例的有关约定。

(五)基金在任何交易日内交易(不包括平仓)的股指期货合约的成交金额不得超过上一交易日基金资产净值的20%。

(六)开放式基金(不含ETF)每个交易日日终在扣除股指期货合约需缴纳的交易保证金后,应当保持不低于基金资产净值5%的现金或到期日在一年以内的政府债券。

(七)封闭式基金、ETF每个交易日日终在扣除股指期货合约需缴纳的交易保证金后,应当保持不低于交易保证金一倍的现金。

(八)保本基金参与股指期货交易不受上述第(一)项至第(七)项的限制,但应当符合基金合同约定的保本策略和投资目标,且每日所持期货合约及有价证券的最大可能损失不得超过基金净资产扣除用于保本部分资产后的余额。担保机构应当充分了解保本基金的股指期货交易策略和可能损失,并在担保协议中作出专门说明。

(九)法律法规、基金合同规定的其他比例限制。

因证券期货市场波动、基金规模变动等基金管理人之外的因素致使基金投资比例不符合上述要求的,基金管理人应当在10个交易日之内调整完毕。

第六条 本指引施行前已经获得中国证监会核准的基金,基金管理人应当根据法律法规、基金合同和本指引的有关要求,决定是否参与股指期货交易。拟参与股指期货交易的,基金管理人应当在基金合同中明确相应的投资策略、比例限制、信息披露方式等,并履行相应程序。

第七条 本指引施行后申请募集的基金,拟参与股指期货交易的,应当在基金合同、招募说明书、产品方案等募集申报材料中列明股指期货交易方案等相关内容。

第八条 基金应当在季度报告、半年度报告、年度报告等定期报告和招募说明书(更新)等文件中披露股指期货交易情况,包括投资政策、持仓情况、损益情况、风险指标等,并充分揭示股指期货交易对基金总体风险的影响以及是否符合既定的投资政策和投资目标。

第九条　基金管理公司和托管银行应当充分了解股指期货的特点和各种风险,真正从保护基金份额持有人利益的角度出发,以审慎的态度对待基金参与股指期货交易的问题。基金管理公司拟运用基金财产参与股指期货交易的,应当根据公司自身的发展战略和总体规划,综合衡量现阶段的风险管理水平、技术系统和专业人员准备情况,审慎评估参与股指期货交易的能力,科学决策参与股指期货交易的广度和深度,并将相关投资决策流程和风险控制制度等报公司董事会批准。

第十条　基金管理公司应当针对股指期货交易制订严格的授权管理制度和投资决策流程,确保研究分析、投资决策、交易执行及风险控制各环节的独立运作,并明确相关岗位职责。此外,应当建立股指期货交易决策部门或小组,并授权特定的管理人员负责股指期货的投资审批事项。

第十一条　基金管理公司和托管银行应当强化内部控制制度,完善风险管理系统,做好人员、制度、业务流程、技术系统等方面的培训和准备工作,并在上报基金募集申请等相关材料时附上相关制度及准备情况的说明。

第十二条　基金管理公司在参与股指期货交易的过程中,应当根据有关法律法规的要求,规范运作,不得从事内幕交易、操纵证券及期货价格、进行利益输送及其他不正当的交易活动。

第十三条　基金管理公司、基金托管银行应当根据中国金融期货交易所的相关规定,确定基金参与股指期货交易的交易结算模式,明确交易执行、资金划拨、资金清算、会计核算、保证金存管等业务中的权利和义务,建立资金安全保障机制。基金托管银行应当加强对基金参与股指期货交易的监督、核查和风险控制,切实保护基金份额持有人的合法权益。

第十四条　本指引自公布之日起施行。

期货公司信息公示管理规定

(2009年10月22日公布 中国证券监督管理委员会
公告[2009]28号 自2009年11月16日起施行)

为保护投资者合法权益,发挥社会监督功能,提高期货市场透明度,根据《期货交易管理条例》、《期货公司管理办法》等有关法规规章,现对期货公司信息公示做出如下规定:

一、本规定的信息公示是指期货公司通过中国证监会指定的期货公司信息公示平台(http://www.cfachina.org,以下简称公示平台),将期货公司及其分支机构基本情况、高级管理人员及从业人员信息、公司股东信息、诚信记录等信息,以及中国证监会规定的其他信息,向社会公开的活动。

二、期货公司应当按照本规定的要求,公示以下信息:

(一)公司基本情况。包括公司名称、许可证号、经营范围、注册资本、公司住所、法定代表人、办公地址和邮编、客户服务及投诉电话、公司网址、公司电子邮箱等。

(二)公司历史情况。包括公司成立、名称变更、改制重组和增资扩股等。

(三)公司分支机构基本情况。包括分支机构的名称、所在地、设立时间、许可证号、负责人、详细地址、客户服务及投诉电话等。

(四)公司董事、监事和高级管理人员信息。包括期货公司董事、监事和高级管理人员的姓名、性别、职务、任职时间、高管资格批准文号等。

(五)公司从业人员信息。包括期货从业人员的姓名、性别、职务、任职时间、从业资格号等。

(六)公司股东信息。包括期货公司股东名称、注册资本、法定代表人、所属行业、经济类型、持股比例、入股时间、办公地址、公司网址等。

（七）公司诚信记录。包括监管部门实施的行政处罚等。

（八）中国证监会要求的其他信息。

鼓励期货公司公示除以上信息以外的其他信息。

三、期货公司应当在公司网站开辟信息公示专栏，公示的信息内容不得少于在公示平台公开的信息。

四、期货公司应当在营业场所的信息公示栏中，公告公示平台和公司网址、从业人员信息以及投诉、服务电话等信息。

五、期货公司应当保证公示信息的真实、准确、完整和及时。

六、期货公司应当按照本规定的要求，制定信息公示管理制度，明确公示的内容、标准、流程、职责和责任追究等事项，信息公示管理制度应当经公司董事会审议通过，报公司住所地中国证监会派出机构和中国期货业协会备案。

七、期货公司应当指定一名高级管理人员专门负责信息公示工作，并确定专门部门办理信息公示和持续更新工作，报公司住所地中国证监会派出机构备案。

八、期货公司董事、监事和高管人员应当持续关注信息公示文件的编制情况，保证公示事项在规定期限内公开。

九、期货公司法定代表人、经营管理主要负责人、首席风险官、信息公示负责人、其他责任人应当对公示信息签字确认，如对公示信息持有异议的，应当书面注明意见和理由，并向公司住所地中国证监会派出机构报告。

十、期货公司应当通过公示平台对拟公示信息进行在线填报。

期货公司首次公示的信息，应当于2009年12月20日前填报完毕，报告住所地中国证监会派出机构后，统一由中国期货业协会进行网上公示。

十一、公示信息发生变化的，期货公司应当及时通过公示平台在线填报，更新相关内容，并立即报告住所地中国证监会派出机构。本规定第二条（一）项至第（七）项内容发生变化的，期货公司应当在5个工作日内进行更新并报告住所地中国证监会派出机构。

十二、期货公司应当在开户时将公示平台和公司网址书面告知投资者，并在客户交易系统中提示相关事宜。

十三、期货公司填报和更新应公示信息不真实、不准确、不完整和不及时的，或者存在虚假、误导性陈述或者重大遗漏的，中国证监会及其派出机构将依据《期货交易管理条例》、《期货公司管理办法》的有关规定采取监管措施，责令整改；情节严重的，将依法追究有关单位和人员的责任。

中国证券监督管理委员会关于进一步加强商品期货实物交割监管工作的通知

（2008年7月25日公布　证监发〔2008〕66号
自2008年7月25日起施行）

上海期货交易所、郑州商品交易所、大连商品交易所：

自美国次级房地产抵押信贷衍生品危机爆发以来，通货膨胀、流动性过剩等因素使国内外经济环境发生了很大变化，国际、国内经济运行的不确定性增加，商品期货交易的成交量、成交金额均增长迅速，价格波动加剧，这些都对继续做好商品期货实物交割工作提出了新的挑战。实物交割是商品期货交易中连接期货和现货的重要桥梁，实物交割是否顺畅直接影响到商品期货市场的平稳运行和功能的有效发挥。为严防风险，确保商品期货实物交割工作顺畅，根据《期货交易管理条例》有关规定，现就进一步加强商品期货实物交割工作通知如下：

一、期货交易所应当按照《期货交易管理条例》、《期货交易所管理办法》等法律、行政法规和部门规章的规定，严格执行期货交易所业务规则，做好指定交割仓库（以下简称交割仓库）的监督管理工作。

二、期货交易所应当确保交割库容满足市场需要，不得限制实物交割总量。在指定交割仓库之外，期货交易所应当选择一定数量符合条件的仓库作为交割仓库的备用库。备用库在成为交割仓库前，期货交易所不得允许其办理期货交割业务。

三、期货交易所在指定、撤销交割仓库以及选择备用库前，应当征求中国证监会意见。

四、交割仓库应当严格遵守《期货交易管理条例》、《期货交易所管理办法》等法律、行政法规、部门规章以及期货交易所业务规则的各项规定，建立健全内部管理和风险控制制度，确保交割货物的安全和交割流程的顺畅。交割仓库不得将交割货物存放于交割仓库以外的其他场所。

五、期货交易所应当对交割仓库期货交割业务进行年审，并将年审材料报告中国证监会。必要时，中国证监会可以对交割仓库进行现场检查，要求交割仓库直接报送有关资料。

六、在我国期货市场对外开放相关政策、法律法规出台前，禁止境外期货交易所及境外其他机构在境内指定或者设立商品期货交割仓库以及从事其他与商品期货交割业务相关的活动。

请各期货交易所立即将本通知精神转达交割仓库，指导和监管交割仓库按照通知规定加强商品期货实物交割工作，确保市场平稳运行。

特此通知。

证券公司为期货公司提供中间介绍业务试行办法

（2007年4月20日公布　证监发〔2007〕56号
自2007年4月20日起施行）

第一章　总　　则

第一条　为了规范证券公司为期货公司提供中间介绍业务活动，防范和隔离风险，促进期货市场积极稳妥发展，根据《期货交易管理条例》，制定本办法。

第二条 本办法所称证券公司为期货公司提供中间介绍业务(以下简称介绍业务),是指证券公司接受期货公司委托,为期货公司介绍客户参与期货交易并提供其他相关服务的业务活动。

第三条 证券公司从事介绍业务,应当依照本办法的规定取得介绍业务资格,审慎经营,并对通过其营业部开展的介绍业务实行统一管理。

第四条 中国证券监督管理委员会(以下简称中国证监会)及其派出机构依法对证券公司的介绍业务活动实行监督管理。

相关自律性组织依法对介绍业务活动实行自律管理。

第二章 资格条件与业务范围

第五条 证券公司申请介绍业务资格,应当符合下列条件:

(一)申请日前6个月各项风险控制指标符合规定标准;

(二)已按规定建立客户交易结算资金第三方存管制度;

(三)全资拥有或者控股一家期货公司,或者与一家期货公司被同一机构控制,且该期货公司具有实行会员分级结算制度期货交易所的会员资格、申请日前2个月的风险监管指标持续符合规定的标准;

(四)配备必要的业务人员,公司总部至少有5名、拟开展介绍业务的营业部至少有2名具有期货从业人员资格的业务人员;

(五)已按规定建立健全与介绍业务相关的业务规则、内部控制、风险隔离及合规检查等制度;

(六)具有满足业务需要的技术系统;

(七)中国证监会根据市场发展情况和审慎监管原则规定的其他条件。

第六条 本办法第五条第(一)项所称风险控制指标标准是指:

(一)净资本不低于12亿元;

(二)流动资产余额不低于流动负债余额(不包括客户交易结算资金和客户委托管理资金)的150%;

(三)对外担保及其他形式的或有负债之和不高于净资产的10%,但因证券公司发债提供的反担保除外;

(四)净资本不低于净资产的70%。

中国证监会可以根据市场发展情况和审慎监管原则对前款标准进行调整。

第七条　证券公司申请介绍业务，应当向中国证监会提交下列申请材料：

（一）介绍业务资格申请书；

（二）董事会关于从事介绍业务的决议，公司章程规定该决议由股东会或者股东大会做出的，应提供股东会或者股东大会的决议；

（三）净资本等指标的计算表及相关说明；

（四）客户交易结算资金独立存管制度实施情况说明及客户交易结算资金第三方存管制度文本；

（五）分管介绍业务的有关负责人简历，相关业务人员简历、期货从业人员资格证明；

（六）关于介绍业务的业务规则、内部控制、风险隔离和合规检查等制度文本；

（七）关于技术系统准备情况的说明；

（八）全资拥有或者控股期货公司，或者与期货公司被同一机构控制的情况说明，该期货公司在申请日前2个月月末的风险监管报表；

（九）与期货公司拟签订的介绍业务委托协议文本。

第八条　中国证监会自受理申请材料之日起20个工作日内，作出批准或者不予批准的决定。

第九条　证券公司受期货公司委托从事介绍业务，应当提供下列服务：

（一）协助办理开户手续；

（二）提供期货行情信息、交易设施；

（三）中国证监会规定的其他服务。

证券公司不得代理客户进行期货交易、结算或者交割，不得代期货公司、客户收付期货保证金，不得利用证券资金账户为客户存取、划转期货保证金。

第十条　证券公司从事介绍业务，应当与期货公司签订书面委托协议。委托协议应当载明下列事项：

（一）介绍业务的范围；

(二)执行期货保证金安全存管制度的措施;

(三)介绍业务对接规则;

(四)客户投诉的接待处理方式;

(五)报酬支付及相关费用的分担方式;

(六)违约责任;

(七)中国证监会规定的其他事项。

双方可以在委托协议中约定前款规定以外的其他事项,但不得违反法律、行政法规和本办法的规定,不得损害客户的合法权益。

证券公司按照委托协议对期货公司承担介绍业务受托责任。基于期货经纪合同的责任由期货公司直接对客户承担。

第十一条 证券公司与期货公司签订、变更或者终止委托协议的,双方应当在5个工作日内报备自所在地的中国证监会派出机构备案。

第三章 业务规则

第十二条 证券公司只能接受其全资拥有或者控股的或者被同一机构控制的期货公司的委托从事介绍业务,不能接受其他期货公司的委托从事介绍业务。

第十三条 证券公司应当按照合规、审慎经营的原则,制定并有效执行介绍业务规则、内部控制、合规检查等制度,确保有效防范和隔离介绍业务与其他业务的风险。

第十四条 期货公司与证券公司应当建立介绍业务的对接规则,明确办理开户、行情和交易系统的安装维护、客户投诉的接待处理等业务的协作程序和规则。

第十五条 证券公司与期货公司应当独立经营,保持财务、人员、经营场所等分开隔离。

第十六条 证券公司应当根据内部控制和风险隔离制度的规定,指定有关负责人和有关部门负责介绍业务的经营管理。

证券公司应当配备足够的具有期货从业人员资格的业务人员,不得任用不具有期货从业人员资格的业务人员从事介绍业务。

证券公司从事介绍业务的工作人员不得进行期货交易。

第十七条 证券公司应当在其经营场所显著位置或者其网站，公开下列信息：

（一）受托从事的介绍业务范围；

（二）从事介绍业务的管理人员和业务人员的名单和照片；

（三）期货公司期货保证金账户信息、期货保证金安全存管方式；

（四）客户开户和交易流程、出入金流程；

（五）交易结算结果查询方式；

（六）中国证监会规定的其他信息。

中国证监会及其派出机构可以根据审慎监管原则，要求证券公司调整相关信息的公开方式。

第十八条 证券公司为期货公司介绍客户时，应当向客户明示其与期货公司的介绍业务委托关系，解释期货交易的方式、流程及风险，不得作获利保证、共担风险等承诺，不得虚假宣传，误导客户。

第十九条 证券公司应当建立完备的协助开户制度，对客户的开户资料和身份真实性等进行审查，向客户充分揭示期货交易风险，解释期货公司、客户、证券公司三者之间的权利义务关系，告知期货保证金安全存管要求。

证券公司应当及时将客户开户资料提交期货公司，期货公司应当复核后与客户签订期货经纪合同，办理开户手续。

第二十条 证券公司介绍其控股股东、实际控制人等开户的，证券公司应当将其期货账户信息报所在地中国证监会派出机构备案，并按照中国证监会的规定履行信息披露义务。

第二十一条 证券公司不得代客户下达交易指令，不得利用客户的交易编码、资金账号或者期货结算账户进行期货交易，不得代客户接收、保管或者修改交易密码。

第二十二条 证券公司不得直接或者间接为客户从事期货交易提供融资或者担保。

第二十三条 期货、现货市场行情发生重大变化或者客户可能出现风险时，证券公司及其营业部可以协助期货公司向客户提示风险。

第二十四条 证券公司应当协助维护期货交易系统的稳定运行，保证期货交易数据传送的安全和独立。

第二十五条 证券公司应当在营业场所妥善保存有关介绍业务的凭证、单据、账簿、报表、合同、数据信息等资料。

证券公司保存上述文件资料的期限不得少于5年。

第二十六条 证券公司应当建立并有效执行介绍业务的合规检查制度。

证券公司应当定期对介绍业务规则、内部控制、风险隔离等制度的执行情况和营业部介绍业务的开展情况进行检查,每半年向中国证监会派出机构报送合规检查报告。

发生重大事项的,证券公司应当在2个工作日内向所在地中国证监会派出机构报告。

第四章 监督管理

第二十七条 中国证监会及其派出机构按照审慎监管原则,对证券公司从事的介绍业务进行现场检查和非现场检查。

第二十八条 证券公司应当按照中国证监会的规定披露介绍业务的相关信息,报送介绍业务的相关文件、资料及数据信息。

第二十九条 证券公司取得介绍业务资格后不符合本办法第五条、第六条规定条件的,中国证监会及其派出机构责令其限期整改;经限期整改仍不符合条件的,中国证监会依法撤销其介绍业务资格。

第三十条 证券公司违反本办法第三章业务规则的,中国证监会及其派出机构可以采取责令限期整改、监管谈话、出具警示函等监管措施;逾期未改正,其行为可能危及期货公司的稳健运行、损害客户合法权益的,中国证监会可以责令期货公司终止与该证券公司的介绍业务关系。

第三十一条 证券公司因其他业务涉嫌违法违规或者出现重大风险被暂停、限制业务或者撤销业务资格的,中国证监会可以责令期货公司终止与该证券公司的介绍业务关系。

第三十二条 证券公司有下列行为之一的,按照《期货交易管理条例》第七十条进行处罚:

(一)未经许可擅自开展介绍业务;

(二)对客户未充分揭示期货交易风险,进行虚假宣传,误导客户;

（三）代理客户进行期货交易、结算或者交割；

（四）收付、存取或者划转期货保证金；

（五）为客户从事期货交易提供融资或者担保；

（六）未按规定审查客户的开户资料和身份真实性；

（七）代客户下达交易指令；

（八）利用客户的交易编码、资金账号或者期货结算账户进行期货交易；

（九）未将介绍业务与其他经营业务分开或者有效隔离；

（十）未将财务、人员、经营场所与期货公司分开隔离；

（十一）拒绝、阻碍中国证监会及其派出机构依法履行职责。

第五章　附　　则

第三十三条　本办法自发布之日起施行。

中国证监会、国家外汇管理局、国家工商行政管理局、公安部关于严厉查处非法外汇期货和外汇按金交易活动的通知

（1994年10月28日公布　证监发字〔1994〕165号
自1994年10月28日起施行）

各省、自治区、直辖市、计划单列市、经济特区期货监管部门、外汇管理分局、工商行政管理局、公安厅（局）：

近两年来，一些单位未经中国证监会和国家外汇管理局批准，也未在国家工商行政管理局登记注册，擅自从事外汇期货和外汇按金交易，有的境内单位和个人与境外不法分子相勾结，以期货咨询及培训为名，私自在境内非法经营外汇期货和外汇按金交易；有的以误导下单、私下对冲、对赌、吃点等欺诈手段，骗取客户资金；有的大量进行逃汇套汇活动，甚至卷走客户保证金潜逃。这些非法交易活动，不仅扰

乱了金融管理秩序,造成了外汇流失,而且引起了大量经济纠纷,举报、投诉事件不断增加。为了稳定社会秩序和金融秩序,根据国务院办公厅国办发〔1994〕69 号文件精神,现就有关问题通知如下:

一、凡未经中国证监会和国家外汇管理局批准,且未在国家工商行政管理局登记注册的金融机构、期货经纪公司及其他机构擅自开展外汇期货和外汇按金交易,属于违法行为;客户(单位和个人)委托未经批准登记的机构进行外汇期货和外汇按金交易,无论以外币或人民币作保证金也属违法行为。依据《违反外汇管理处罚施行细则》(以下简称《施行细则》)的规定,组织和参与这种交易,属于私自经营外汇业务和私自买卖外汇,构成扰乱金融行为。

未经批准,擅自从事外汇期货和外汇按金交易的双方不受法律保护。

二、各金融机构、期货经纪公司及其他机构从事外汇期货和外汇按金交易,必须经中国证监会和国家外汇管理局批准。各地超越权限擅自批准的,一律无效。未经批准,任何单位一律不得经营外汇期货和外汇按金交易。

三、各地期货监管部门应会同当地外汇管理、工商行政管理和公安等部门,在地方政府大力支持下,迅速采取措施,对非法外汇期货和外汇按金交易活动严肃查处,坚决取缔。

对从事非法外汇期货和外汇按金交易的经营机构,应责令其自本通知下发之日起,一律不得接受新客户和新订单,对于尚未平仓合约,可在交割日前平仓或在交割日进行实物交割。各地要严格防止违法人员携款潜逃。对于以欺诈手段骗取客户资金的,除没收其非法所得外,由外汇管理部门按《施行细则》予以罚款,构成犯罪的,依法追究刑事责任。凡以经营商品期货、外汇信息、投资咨询为名,实际进行外汇期货和外汇按金交易活动的机构,工商行政管理机关应视情节轻重,依法给予罚款、没收非法所得、吊销营业执照等处罚。

四、对拒不停业或以改换经营地点等方式继续进行非法外汇期货和外汇按金交易的,一经发现,期货监管、外汇管理、工商行政管理和公安部门应对其从重处罚。

五、这次查处的重点是非法进行外汇期货及外汇按金交易的机构。对客户要做好宣传教育工作，疏导其尽快平仓，对于不听劝告继续参与外汇期货和外汇按金交易的，可以给予适当的处罚，并将有关情况进行通报。

六、各地期货监管、外汇管理、工商行政管理和公安部门，应协调一致，积极配合，共同做好工作，并及时向上级机关通报有关情况。

中国银行保险监督管理委员会

中国银保监会办公厅关于衍生工具交易对手违约风险资产计量规则有关问题的通知

（2021年11月23日公布　银保监办发〔2021〕124号
自2021年11月23日起施行）

各银保监局，各大型银行、股份制银行、外资银行：

为明确《衍生工具交易对手违约风险资产计量规则》（银监发〔2018〕1号）中净额结算有关内容在我国法律和监管框架下的可执行性，经商相关部门，现就有关问题通知如下：

一、关于《衍生工具交易对手违约风险资产计量规则》第四条规定的净额结算组合认定标准，如商业银行的交易对手为经我国金融监督管理部门批准设立的金融机构，且交易双方签署《中国银行间市场金融衍生产品交易主协议》《中国证券期货市场衍生品交易主协议》《国际掉期及衍生工具协会2002年主协议》或者银保监会认可的其他合法有效净额结算主协议的，可不适用《衍生工具交易对手违约风险资产计量规则》第四条第2项、第3项的规定，商业银行可以按照净额计算衍生工具交易对手违约风险暴露。商业银行债券回购交易违约风险和资本计量参照上述要求执行。商业银行与其他交易对手的净额结算组合认定仍按《衍生工具交易对手违约风险资产计量规则》要求执行。

二、商业银行衍生品交易通过中央清算机构集中清算的,如该中央清算机构已经银保监会、人民银行或证监会认定为合格中央交易对手,商业银行对其违约风险暴露可以按照净额计算,同时适用商业银行资本监管配套政策文件《中央交易对手风险暴露资本计量规则》(银监发〔2013〕33号)关于对合格中央交易对手交易风险暴露的风险权重规定。债券回购交易参照执行。

三、《衍生工具交易对手违约风险资产计量规则》第九条所称单向保证金协议,是指单向支出盯市保证金和押品的协议。单向从交易对手收取保证金和押品或者采用双向盯市保证金的,可认定为保证金衍生品交易。

保险资金参与金融衍生产品交易办法

(2020年6月23日银保监办发〔2020〕59号公布
自2020年6月23日起施行)

第一章 总 则

第一条 为规范保险资金参与金融衍生产品交易,防范资金运用风险,维护保险当事人合法权益,依据《中华人民共和国保险法》及《保险资金运用管理办法》等法律法规,制定本办法。

第二条 在中国境内依法设立的保险集团(控股)公司、保险公司、保险资产管理机构(以下统称保险机构)参与金融衍生产品交易,适用本办法。

第三条 本办法所称金融衍生产品(以下简称衍生品),是指其价值取决于一种或多种基础资产、指数或特定事件的金融合约,包括远期、期货、期权及掉期(互换)。

本办法所称金融衍生产品交易(以下简称衍生品交易),是指境内衍生品交易,不包括境外衍生品交易。

第四条　保险集团(控股)公司、保险公司可以自行参与衍生品交易,也可以根据本办法及相关规定,委托保险资产管理机构及符合中国银行保险监督管理委员会(以下简称银保监会)规定的其他专业管理机构,在授权范围内参与衍生品交易。

第五条　保险资金参与衍生品交易,应当以对冲或规避风险为目的,不得用于投机目的。包括:

(一)对冲或规避现有资产风险、负债风险或资产负债错配风险;

(二)对冲未来拟买入资产风险,或锁定其未来交易价格,具体期限视不同品种另行规定。

本条第(二)项所称拟买入资产,应当是机构按其投资决策程序,已经决定将要买入的资产。未在决定之日起的规定期限内买入该资产,或在规定期限内放弃买入该资产,应当在规定期限结束后或决定之日起的一定期限内,终止、清算或平仓相关衍生品。

第六条　银保监会将根据市场发展和实际需要,适时发布衍生品具体品种交易规定。

第二章　资质条件

第七条　保险集团(控股)公司、保险公司自行参与衍生品交易,应当符合以下要求:

(一)董事会知晓相关风险,并承担参与衍生品交易的最终责任;

(二)保险公司上季度末综合偿付能力充足率不低于150%,上一年资产负债管理能力评估结果不低于85分;

(三)具有良好的公司治理结构,以及健全的衍生品交易业务操作、内部控制和风险管理制度;

(四)建立投资交易、会计核算和风险管理等信息系统;

(五)配备衍生品交易专业管理人员,包括但不限于分析研究、投资交易、财务处理、风险控制和审计稽核等;

(六)近两年未受到监管机构重大行政处罚;

(七)其他规定要求。

第八条　保险集团(控股)公司、保险公司委托保险资产管理机构及其他专业管理机构参与衍生品交易,应当符合以下要求:

(一)董事会知晓相关风险,并承担参与衍生品交易的最终责任;

(二)保险公司上季度末综合偿付能力充足率不低于120%,上一年资产负债管理能力评估结果不低于60分;

(三)配备与衍生品交易相适应的监督和评价等专业管理人员;

(四)其他规定要求。

保险资产管理机构及其他专业管理机构受托参与衍生品交易,应当符合本办法第七条第(三)项至第(七)项规定的要求。

第九条 保险资金参与衍生品交易,选择的交易结算等专业机构,应当符合银保监会有关衍生品交易的规定。

第三章 管理规范

第十条 保险集团(控股)公司、保险公司参与衍生品交易,应当根据公司自身的发展战略和总体规划,综合衡量现阶段的风险管理水平、技术系统和专业人员准备情况,审慎评估参与衍生品交易的能力,科学决策参与衍生品交易的广度和深度。董事会应当根据公司管理情况,制定授权制度,建立决策机制,明确管理人员职责及报告要求。

第十一条 保险机构自行或受托参与衍生品交易,业务操作制度应当涵盖研究、决策、交易、清算与结算等全过程,明确责任分工,确保业务流程清晰,环节紧密衔接。

第十二条 保险机构自行或受托参与衍生品交易,内部控制制度应当明确岗位职责,确保业务操作和风险管理流程可执行,关键岗位相互制衡,重点环节双人复核。

第十三条 保险机构自行或受托参与衍生品交易,风险管理制度应当纳入公司总体风险管理架构,能够覆盖衍生品交易前、中、后台,并符合本办法第四章规定要求。

第十四条 保险机构自行或受托参与衍生品交易,信息系统应当包括业务处理设备、交易软件和操作系统等,并通过可靠性测试。包括但不限于:

(一)应当配置投资分析系统,计算对冲资产组合风险所需的衍生品数量,并根据市场变化,调整衍生品规模,逐步实现担保品动态调整。

（二）应当配备相应的衍生品估值与清算模块，会计确认、计量、账务处理及财务报告应当符合规定。保险机构委托托管银行进行财务核算的，应当确认托管银行的信息系统合规可靠。

第十五条　保险集团（控股）公司、保险公司参与衍生品交易，应当制定业务指引。该指引可以单独制定，也可以作为公司年度投资计划和投资指引的组成部分，包括但不限于以下内容：

（一）拟运用衍生品种类；

（二）使用衍生品的限制；

（三）风险管理要求。

第十六条　保险机构自行或受托参与衍生品交易，应当制定风险对冲方案，并经公司风险管理部门及有关决策人员审批。

第十七条　保险机构参与衍生品交易，应当根据有关法律法规要求，规范业务运作，不得从事内幕交易、操纵证券及衍生品价格、进行利益输送及其他不正当的交易活动。

第四章　风 险 管 理

第十八条　保险机构参与衍生品交易，应当建立动态风险管理机制，制定衍生品交易的全面风险管理制度与操作流程，建立监测、评估与处置风险的信息系统，完善应急机制和管理预案。

第十九条　保险机构参与衍生品交易，应当制定量化的风险指标，采用适当的计量模型与测评分析技术，及时评估衍生品交易风险。

第二十条　保险机构参与衍生品交易，同一资产组合持有的衍生品多头合约价值之和不得高于资产组合净值的100%，应当根据公司风险承受能力，确定衍生品及其资产组合的风险限额，按照一定的评估频率定期复查更新。

保险机构应将风险限额分解为不同层级，由风险管理部门控制执行。对违反风险限额等交易情况，风险管理部门应当及时报告；确有风险对冲需求并需要灵活处理的，应严格履行内部审批程序。

第二十一条　保险机构参与衍生品交易，应当密切关注外部市场变化，审慎评估市场变化趋势，及时调整衍生品交易方案，防范市场风险。

第二十二条 保险机构自行或受托参与衍生品交易涉及交易对手的,应当建立交易对手评估与选择机制,充分调查交易对手的资信情况,评估信用风险,并跟踪评估交易过程和行为。

保险机构应当综合内外部信用评级情况,为交易对手设定交易限额,并根据需要采用适当的信用风险缓释措施。

第二十三条 保险机构自行或受托参与衍生品交易,应当维持一定比例的流动资产,通过现金管理方法监控与防范流动性风险。

第二十四条 保险机构自行或受托参与衍生品交易,应当及时评估避险有效性。评估工作应当独立于决策和交易部门。评估衍生品价值时,应当采用市场公认或合理的估值方法。

第二十五条 保险机构自行或受托参与衍生品交易,应当制定有效的激励制度和机制,不得简单将衍生品交易盈亏与业务人员收入挂钩。后台及风险管理部门的人员报酬应当独立于交易盈亏情况。

第二十六条 保险机构自行或受托参与衍生品交易,应当在不同部门之间设立防火墙体系,实行严格的业务分离制度,确保投资交易、风险管理、清算核算、内审稽核等部门独立运作。

保险机构应当制定衍生品交易主管人员和专业人员的工作守则,建立问责制度。

第二十七条 保险机构参与衍生品交易,内部审计与稽核部门应当定期对衍生品交易的风险管理情况进行监督检查,独立提交半年和年度稽核报告。检查内容包括但不限于以下方面:

(一)衍生品交易活动合规情况;

(二)业务操作、内部控制及风险管理制度执行情况;

(三)专业人员资质情况;

(四)避险政策及其有效性评估等。

第二十八条 保险机构自行或受托参与衍生品交易,应当确保交易记录的及时、真实、准确与完整。记录内容包括衍生品交易决策流程、执行情况及风险事项等。

第五章 监督管理

第二十九条 保险资金参与衍生品交易,应当按照衍生品类别分

别向银保监会报告,并提交以下书面材料:

(一)保险集团(控股)公司、保险公司自行参与衍生品交易的,应当报送董事会批准参与衍生品交易的决议、董事会的风险知晓函及本办法第七条第(二)项至第(六)项要求的书面证明文件。

(二)保险集团(控股)公司、保险公司委托保险资产管理机构及其他专业管理机构参与衍生品交易的,委托人应当报送董事会批准参与衍生品交易的决议、风险知晓函、相关委托协议及符合规定的专业人员资料,受托人应当报送符合本办法第七条第(三)项至第(六)项要求的书面证明文件,受托的其他专业管理机构还应当报送书面承诺函,承诺以对冲或规避风险为目的参与衍生品交易,选择符合银保监会规定的交易结算等专业机构,遵守保险资金参与衍生品交易的头寸比例和流动性比例,并承诺接受银保监会的质询,如实提供衍生品交易的各种资料。

第三十条　保险机构参与衍生品交易,应当持续符合相应的资质条件,在业务系统、设备要求、专业人员配备等不再满足银保监会规定要求时,应当及时向银保监会报告,并暂停开展衍生品业务,妥善处置衍生品头寸,直至满足有关规定要求后,才可恢复相关业务。

第三十一条　保险集团(控股)公司、保险公司应当按照规定向银保监会报送以下报告:

(一)每个季度结束后的10个工作日内,报送衍生品交易的期末风险敞口总额、各类衍生品风险敞口金额,以及该季度的风险对冲情况和合规情况;

(二)每半年度和年度结束后的30个工作日内,报送衍生品交易的稽核审计报告;

(三)发生的衍生品交易违规行为、重大风险或异常情况,及采取的应对措施,应在10个工作日内上报银保监会;

(四)银保监会规定要求报送的其他材料。

本条所指的各项报告应当包括保险集团(控股)公司、保险公司以自己名义开展衍生品交易和委托保险资产管理机构及其他专业管理机构开展衍生品交易的情况。

第三十二条　银保监会依法对保险机构参与衍生品交易情况开

展现场和非现场检查。

第三十三条 保险机构违反规定参与衍生品交易的,由银保监会责令限期改正,并依法对相关机构和人员给予行政处罚。

其他专业管理机构违反有关法规和本办法规定的,银保监会将记录其不良行为,并将有关情况通报其行业主管部门;情节严重的,银保监会可通报保险集团(控股)公司、保险公司3年内不得与其从事相关业务,并商有关监管部门依法给予行政处罚。

涉嫌犯罪的相关机构和人员,银保监会将依法移送司法机关查处。

第三十四条 保险集团(控股)公司、保险公司参与境外衍生品交易,应当遵守保险资金境外投资规定,委托境外投资管理人,按照授权开展相关业务,并将衍生品交易纳入其业务管理体系。

第三十五条 保险机构受托管理非保险资金参与衍生品交易的,应依照相关法律法规及合同约定进行管理,并严格执行风险管控措施,履行勤勉尽责义务,维护投资者权益。

第六章 附 则

第三十六条 本办法由银保监会负责解释。

第三十七条 《保险资金参与金融衍生产品交易暂行办法》(保监发〔2012〕94号)同时废止。

保险资金参与国债期货交易规定

(2020年6月23日公布 银保监办发〔2020〕59号
自2020年6月23日起施行)

为规范保险资金参与国债期货交易,有效防范风险,依据《保险资金运用管理办法》《保险资金参与金融衍生产品交易办法》(以下简称衍生品办法)等规章办法,制定以下规定:

一、本规定所称国债期货，是指经中国证券监督管理机构批准，在中国金融期货交易所上市交易的以国债为标的的金融期货合约。

二、在中国境内依法设立的保险集团（控股）公司、保险公司、保险资产管理机构（以下统称保险机构）参与国债期货交易，应当根据衍生品办法的规定，做好制度、岗位、人员及信息系统安排，遵守管理规范，强化风险管理。

三、保险资金参与国债期货交易，不得用于投机目的，应当以对冲或规避风险为目的，包括：

（一）对冲或规避现有资产风险；

（二）对冲未来半年内拟买入资产风险，或锁定其未来交易价格；

（三）对冲或规避资产负债错配导致的利率风险。

本条第（二）项所称拟买入资产，应当是机构按其投资决策程序，已经决定将要买入的资产。未在决定之日起的半年内买入该资产，或在规定期限内放弃买入该资产，应当在规定期限结束后或做出放弃买入该资产决定之日起的 15 个交易日内，终止、清算或平仓相关衍生品。

本条第（三）项是指人身保险公司按其资产负债管理委员会或资产负债管理执行委员会决策程序，决定缩短资产负债久期缺口，从而对冲由此带来的利率风险。风险对冲方案一经确定须严格执行，未经资产负债管理委员会或资产负债管理执行委员会决策，不得更改。

四、保险资金参与国债期货交易，应当以确定的资产组合（以下简称资产组合）为基础，分别开立期货交易账户，实行账户、资产、交易、核算等的独立管理。

五、保险机构参与国债期货交易，应当根据资产配置和风险管理要求，制定合理的交易策略，并履行内部决策程序。

六、保险机构自行或受托参与国债期货交易，应当根据衍生品办法规定，制定风险对冲方案，明确对冲目标、工具、对象、规模、期限、风险对冲比例、保证金管理、风险敞口限额，对冲有效性的相关指标、标准和评估频度，相关部门权限和责任分工，以及可能导致无法对冲的情景等内容，并履行内部审批程序，包括征求风险管理部门的意见。对于对冲资产负债错配导致的利率风险的策略，保险公司还应当进行风险对冲策略对公司偿付能力和资产负债匹配状况可能产生不利影响的情景测试，并与风险对冲方案一并提交公司资产负债管理委员会或资产负债管理执行委员会审批。

七、保险资金参与国债期货交易，任一资产组合在任何交易日日终，所持有的卖出国债期货合约价值，不得超过其对冲标的债券、债券型基金及其他净值型固定收益类资产管理产品资产的账面价值，所持有的买入国债期货合约价值不得超过该资产组合净值的50%。其中，卖出国债期货合约价值与买入国债期货合约价值，不得合并轧差计算。

保险集团(控股)公司、保险公司在任何交易日日终，持有的合并轧差计算后的国债期货合约价值不得超过本公司上季末总资产的20%。

八、保险资金参与国债期货交易，任一资产组合在任何交易日结算后，扣除国债期货合约需缴纳的交易保证金，应当保持不低于交易保证金一倍的符合银保监会规定的流动性资产，有效防范强制平仓风险。

九、保险机构参与国债期货交易，应当根据公司及资产组合实际情况，动态监测相关风险控制指标，制定风险对冲有效性预警机制，及时根据市场变化对交易作出风险预警。

十、保险机构参与国债期货交易，应当建立国债期货有关交割规则；对实物交割的品种，应当充分评估交割风险，做好应急预案。

十一、保险集团(控股)公司、保险公司委托保险资产管理机构及其他专业管理机构参与国债期货交易的，应在保险资金委托合同或投资指引中明确约定参与国债期货交易的目的、比例限制、估值方法、信息披露、风险控制、责任承担等事项。

十二、保险机构自行或受托参与国债期货交易，除符合衍生品办法规定外，信息系统还应当符合下列要求：

(一)国债期货交易管理系统和估值系统稳定高效，且能够满足交易和估值需求；

(二)风险管理系统能够实现对国债期货交易的实时监控，各项风险管理指标固化在系统中，并能够及时预警；

（三）能够与合作的交易结算机构信息系统对接，并建立相应的备份通道。

十三、保险资金参与国债期货交易，专业管理人员应当符合下列条件：

（一）保险集团（控股）公司、保险公司自行参与国债期货交易的，资产配置和投资交易专业人员不少于5名；风险控制专业人员不少于3名；清算和核算专业人员不少于2名。投资交易、风险控制和清算岗位人员不得相互兼任。

（二）保险集团（控股）公司、保险公司委托保险资产管理机构或者其他专业管理机构参与国债期货交易的，专业人员不少于2名，其中包括风险控制人员。

受托管理的保险资产管理机构及其他专业管理机构，专业人员应当符合本条第（一）项规定的要求。其他专业管理机构应当同时满足银保监会规定的其他条件。

保险机构及其他专业管理机构同时参与股指期货等其他衍生品交易的，资产配置和投资交易专业人员人数不得重复计算，风险控制、清算和核算专业人员人数可重复计算。

上述专业人员均应通过期货从业人员资格考试，负责人员应当具有5年以上期货或证券业务经验；业务经理应当具有3年以上期货或证券业务经验。

十四、保险机构参与国债期货交易，应当根据相关规定，与交易结算机构确定国债期货业务交易、保证金管理结算、风险控制及数据传输等事项，通过协议明确双方的权利和义务。

保险机构与资产托管机构应当根据相关规定，确定国债期货业务的资金划拨、清算、估值等事项，并在托管协议中明确双方的权利和义务。

保险机构可以根据业务需要，与期货交易结算机构、资产托管机构签订多方合作协议。

十五、保险资金参与国债期货交易，所选期货公司应当符合下列条件：

（一）成立5年以上，上季末净资本达到人民币三亿元（含）以上，

且净资本与公司风险资本准备的比例不低于150%;

(二)期货公司分类监管评价为A类;

(三)书面承诺接受银保监会的质询,并向银保监会如实提供保险机构参与国债期货交易涉及的各种资料;

(四)其他规定条件。

十六、保险机构参与国债期货交易,应当向银保监会报送以下文件:

(一)衍生品办法规定的材料,其中专业人员证明材料应当符合本规定的要求;

(二)与期货交易结算、资产托管等机构签署的协议文件;

(三)银保监会要求的其他文件。

十七、保险机构参与国债期货交易,持仓比例因市场波动等外部原因不再符合本规定要求的,应当在15个交易日内调整完毕,并在季度报告中向银保监会报告,列明事件发生的原因及处理过程。保险机构应每半年回溯国债期货买入计划与实际执行的偏差,纳入每半年及年度稽核审计报告,并按规定向银保监会报告。

保险资金参与股指期货交易规定

(2020年6月23日公布　银保监办发〔2020〕59号
自2020年6月23日起施行)

为规范保险资金参与股指期货交易,有效防范风险,依据《保险资金运用管理办法》《保险资金参与金融衍生产品交易办法》(以下简称衍生品办法)等规章办法,制定以下规定:

一、本规定所称股指期货,是指经中国证券监督管理机构批准,在中国金融期货交易所上市的以股票价格指数为标的的金融期货合约。

二、在中国境内依法设立的保险集团(控股)公司、保险公司、保险资产管理机构(以下统称保险机构)参与股指期货交易,应当根据衍生品办法的规定，做好制度、岗位、人员及信息系统安排，遵守管理规范，强化风险管理。

三、保险资金参与股指期货交易，不得用于投机目的，应当以对冲或规避风险为目的，包括：

（一）对冲或规避现有资产风险；

（二）对冲未来三个月内拟买入资产风险，或锁定其未来交易价格。

本条第（二）项所称拟买入资产，应当是机构按其投资决策程序，已经决定将要买入的资产。未在决定之日起的三个月内买入该资产，或在规定期限内放弃买入该资产，应当在规定期限结束后或做出放弃买入该资产决定之日起的10个交易日内，终止、清算或平仓相关衍生品。

四、保险资金参与股指期货交易，应当以确定的资产组合（以下简称资产组合）为基础，分别开立期货交易账户，实行账户、资产、交易、核算等的独立管理。

五、保险机构参与股指期货交易，应当根据资产配置和风险管理要求，制定合理的交易策略，并履行内部决策程序。

六、保险机构自行或受托参与股指期货交易，应当根据衍生品办法规定，制定风险对冲方案，明确对冲目标、工具、对象、规模、期限、风险对冲比例、保证金管理、风险敞口限额，对冲有效性的相关指标、标准和评估频度，相关部门权限和责任分工，以及可能导致无法对冲的情景等内容，并履行内部审批程序。内部审批应当包括风险管理部门意见。

七、保险资金参与股指期货交易，任一资产组合在任何交易日日终，所持有的卖出股指期货合约价值，不得超过其对冲标的股票、股票型基金及其他净值型权益类资产管理产品资产账面价值的102%，所持有的买入股指期货合约价值与股票、股票型基金及其他净值型权益类资产管理产品市值之和，不得超过资产组合净值的100%。

保险机构在任何交易日日终，持有的买入股指期货合约价值与权益类资产的账面价值，合计不得超过规定的投资比例上限。

本条所指卖出股指期货合约价值与买入股指期货合约价值，不得合并轧差计算。

八、保险资金参与股指期货交易,任一资产组合在任何交易日结算后,扣除股指期货合约需缴纳的交易保证金,应当保持不低于轧差后的股指期货合约价值10%的符合银保监会规定的流动性资产,有效防范强制平仓风险。

九、保险机构参与股指期货交易,应当根据公司及资产组合实际情况,动态监测相关风险控制指标,制定风险对冲有效性预警机制,及时根据市场变化对交易作出风险预警。

十、保险集团(控股)公司、保险公司委托保险资产管理机构及其他专业管理机构参与股指期货交易的,应在保险资金委托合同或投资指引中明确约定参与股指期货交易的目的、比例限制、估值方法、信息披露、风险控制、责任承担等事项。

十一、保险机构自行或受托参与股指期货交易,除符合衍生品办法规定外,信息系统还应当符合下列要求:

(一)股指期货交易管理系统和估值系统稳定高效,且能够满足交易和估值需求;

(二)风险管理系统能够实现对股指期货交易的实时监控,各项风险管理指标固化在系统中,并能够及时预警;

(三)能够与合作的交易结算机构信息系统对接,并建立相应的备份通道。

十二、保险资金参与股指期货交易,专业管理人员应当符合下列条件:

(一)保险集团(控股)公司、保险公司自行参与股指期货交易的,资产配置和投资交易专业人员不少于5名;风险控制专业人员不少于3名;清算和核算专业人员不少于2名。投资交易、风险控制和清算岗位人员不得相互兼任。

(二)保险集团(控股)公司、保险公司委托保险资产管理机构或者其他专业管理机构参与股指期货交易的,专业人员不少于2名,其中包括风险控制人员。

受托管理的保险资产管理机构及其他专业管理机构,专业人员应当符合本条第(一)项规定的要求。其他专业管理机构应当同时满足银保监会规定的其他条件。

保险机构及其他专业管理机构同时参与国债期货等其他衍生品交易的,资产配置和投资交易专业人员人数不得重复计算,风险控制、清算和核算专业人员人数可重复计算。

上述专业人员均应通过期货从业人员资格考试,负责人员应当具有5年以上期货或证券业务经验;业务经理应当具有3年以上期货或证券业务经验。

十三、保险机构参与股指期货交易,应当根据相关规定,与交易结算机构确定股指期货业务交易、保证金管理结算、风险控制及数据传输等事项,通过协议明确双方的权利和义务。

保险机构与资产托管机构应当根据相关规定,确定股指期货业务的资金划拨、清算、估值等事项,并在托管协议中明确双方的权利和义务。

保险机构可以根据业务需要,与期货交易结算机构、资产托管机构签订多方合作协议。

十四、保险资金参与股指期货交易,所选期货公司应当符合下列条件:

(一)成立5年以上,上季末净资本达到人民币三亿元(含)以上,且净资本与公司风险资本准备的比例不低于150%;

(二)期货公司分类监管评价为A类;

(三)书面承诺接受银保监会的质询,并向银保监会如实提供保险机构参与股指期货交易涉及的各种资料;

(四)其他规定条件。

十五、保险机构参与股指期货交易,应当向银保监会报送以下文件:

(一)衍生品办法规定的材料,其中专业人员证明材料应当符合本规定的要求;

(二)与期货交易结算、资产托管等机构签署的协议文件;

(三)银保监会要求的其他文件。

十六、保险机构参与股指期货交易,持仓比例因市场波动等外部原因不再符合本规定要求的,应当在10个交易日内调整完毕,并在季度报告中向银保监会报告,列明事件发生的原因及处理过程。保险机构应每半年回溯股指期货买入计划与实际执行的偏差,纳入每半年及年度稽核审计报告,并按规定向银保监会报告。

十七、《保险资金参与股指期货交易规定》(保监发〔2012〕95号)同时废止。

中国银监会关于印发衍生工具交易对手违约风险资产计量规则的通知

(2018年1月3日公布　银监发〔2018〕1号
自2019年1月1日起施行)

各银监局,各大型银行、股份制银行,邮储银行,外资银行:

为提高商业银行衍生工具风险计量和管理水平,促进衍生工具业务稳健发展,现将衍生工具交易对手违约风险资产计量规则印发给你们,请遵照执行。

衍生工具交易对手违约风险资产计量规则自2019年1月1日起实施。

衍生工具交易对手违约风险资产计量规则

一、商业银行应当根据有关规定使用权重法或内部评级法计算衍生工具的交易对手违约风险资产。

二、商业银行使用权重法的,交易对手违约风险资产为衍生工具的交易对手违约风险暴露乘以交易对手风险权重,交易对手风险权重根据《商业银行资本管理办法(试行)》附件2第一部分“表内资产风险权重”确定。商业银行使用内部评级法的,根据《商业银行资本管理办法(试行)》附件3“信用风险内部评级法风险加权资产计量规则”计算交易对手违约风险资产。

三、商业银行应按照本规则的要求，计算衍生工具的交易对手违约风险暴露，包括重置成本和潜在风险暴露。

四、商业银行应制定分类政策，确定净额结算组合定义。净额结算组合是商业银行与单个交易对手发生全部交易的集合，应符合下列标准：

1. 商业银行应与交易对手签订净额结算协议。在交易对手违约或者被清算时，对包含收取权利和支付义务相关交易的盯市价值，商业银行可采取净额结算方式进行清算。

2. 商业银行应确保净额结算协议合法有效，就净额结算协议涉及的法律问题获得书面法律审查意见，以确保净额结算能够有效实施。法律审查意见应至少包括：

（1）交易对手所在国的法律；

（2）如净额结算涉及交易对手的境外分支机构，该境外分支机构所在国的法律；

（3）净额结算协议覆盖的每笔交易适用的法律；

（4）其他可能影响净额结算协议适用的法律。

3. 在净额结算协议适用的法律发生变化时，商业银行应确保相关协议仍合法有效。

五、商业银行应将衍生工具划分至相应的资产类别和抵消组合。商业银行应制定衍生工具分类流程和标准，衍生工具分类应符合唯一、一致原则及审慎监管要求。

六、衍生工具的资产类别包括：利率类工具、外汇类工具、信用类工具、股权类工具和商品类工具。资产分类的依据是衍生工具的主要风险因子，由其参考标的工具决定。当一个衍生工具同时包含不同类型的风险因子时，商业银行应根据不同风险因子的敏感性和波动率来确定主要风险因子，并保持主要风险因子判断方法的一致性。

七、商业银行应在资产类别划分的基础上，制定抵消组合划分标准，并将各类资产类别的衍生工具划分至抵消组合。

八、商业银行应区分保证金衍生品交易和无保证金衍生品交易。对于同一净额结算组合，保证金衍生品交易的违约暴露以无保证金衍生品交易的违约暴露为上限。

九、对保证金衍生品交易,商业银行应与交易对手签订保证金和押品收付协议。仅具有单向保证金协议应认定为无保证金衍生品交易。

十、商业银行应将交易对手信用风险管理纳入全面风险管理框架,建立健全衍生产品风险治理的政策和流程,加强信息系统和基础设施建设,提高数据收集和存储能力,确保衍生工具估值和资本计量的审慎性。

十一、银行业监督管理部门应加强对商业银行衍生工具风险计量及管理的监督检查。在督促充分计提交易对手信用风险资本占用的基础上,推动商业银行提高衍生工具管理水平。

十二、本规则所指的衍生工具包括场外衍生工具、交易所交易的衍生工具和其他多头清算交易。本规则适用于衍生工具名义本金达到5000亿元或占总资产比例达到30%以上的商业银行。

信托公司参与股指期货交易业务指引

(2011年6月27日银监发〔2011〕70号公布
自2011年6月27日起施行)

第一条 为规范信托公司参与股指期货交易行为,有效防范风险,根据《中华人民共和国信托法》、《中华人民共和国银行业监督管理法》、《信托公司管理办法》和《银行业金融机构衍生产品交易业务管理暂行办法》等法律法规,制定本指引。

第二条 信托公司直接或间接参与股指期货交易,应当经中国银监会批准,并取得股指期货交易业务资格。

信托公司参与股指期货交易应当遵守期货交易所有关规则。

第三条 信托公司固有业务不得参与股指期货交易。

信托公司集合信托业务可以套期保值和套利为目的参与股指期货交易。信托公司单一信托业务可以套期保值、套利和投机为目的开展股指期货交易。

第四条 信托公司申请股指期货交易业务资格,应当具备下列条件:

(一)最近年度监管评级达到3C级(含)以上。

申请以投机为目的开展股指期货交易,最近年度监管评级应当达到2C级(含)以上,且已开展套期保值或套利业务一年以上;

(二)具有完善有效的股指期货交易内部控制制度和风险管理制度;

(三)具有接受相关期货交易技能专门培训半年以上、通过期货从业资格考试、从事相关期货交易1年以上的交易人员至少2名,相关风险分析和管理人员至少1名,熟悉套期会计操作程序和制度规范的人员至少1名,以上人员相互不得兼任,且无不良记录;

期货交易业务主管人员应当具备2年以上直接参与期货交易活动或风险管理的资历,且无不良记录;

(四)具有符合本指引第六条要求的IT系统;

(五)具有从事交易所需要的营业场所、安全防范设施和其他相关设施;

(六)具有严格的业务分离制度,确保套期保值类业务与非套期保值类业务的市场信息、风险管理、损益核算有效隔离;

(七)银监会规定的其他条件。

第五条 信托公司申请股指期货业务资格,由属地银监局初审,报送银监会审批。

银监会直接监管的信托公司直接报送银监会审批。

第六条 信托公司开展股指期货信托业务,IT系统应当符合以下要求:

(一)具备可靠、稳定、高效的股指期货交易管理系统及股指期货估值系统,能够满足股指期货交易及估值的需要;

(二)具备风险控制系统和风险控制模块,能够实现对股指期货交易的实时监控;

(三)将股指期货交易系统纳入风险控制指标动态监控系统,确保各项风险控制指标符合规定标准;

(四)信托公司与其合作的期货公司IT系统至少铺设一条专线连接,并建立备份通道。

第七条 信托公司开展股指期货信托业务,应当制定相应的业务流程和风险管理等制度,经公司董事会批准后执行。

第八条 信托公司以套期保值、套利为目的参与股指期货交易,应当制定详细的套期保值、套利方案。套期保值方案中应当明确套期保值工具、对象、规模、期限以及有效性等内容;套利方案中应当明确套利工具、对象、规模、套利方法、风险控制方法等内容。

第九条 信托公司风险管理部门应当对套期保值或套利交易的可行性、有效性进行充分研究、及时评估、实时监控并督促信托业务管理部门及时调整风险敞口,确保套期保值或套利交易的可行性、有效性。

第十条 信托公司开展股指期货信托业务,应当选择适当的客户,审慎进行股指期货投资。

信托公司在与客户签订参与股指期货交易的信托合同前,应当了解客户的资产情况,审慎评估客户的诚信状态、客户对产品的认知水平和风险承受能力,向客户进行充分的风险揭示,并将风险揭示书交客户签字确认。

第十一条 信托公司开展股指期货信托业务,应当在信托合同中明确约定参与股指期货交易的目的、比例限制、估值方法、信息披露、风险控制、责任承担等事项。

第十二条 信托公司、托管机构应当根据交易所的相关规定,确定信托资金参与股指期货交易的交易结算模式,明确交易执行、资金划拨、资金清算、会计核算、保证金存管等业务中的权利和义务,建立资金安全保障机制。

第十三条 信托公司在开展股指期货信托业务时,应当依据法律法规规定和信托文件约定,及时、准确、完整地进行信息披露。

信托公司应当在信托资产管理报告中充分披露参与股指期货交易的有关情况,如投资目的、持仓情况、损益情况等,并充分说明投资股指期货对信托资产总体风险的影响情况以及是否符合既定的投资目的。

第十四条　信托公司集合信托计划参与股指期货交易，应当遵守下列规则：

（一）信托公司集合信托计划参与套期保值交易时，在任何交易日日终持有的卖出股指期货合约价值总额不得超过集合信托计划持有的权益类证券总市值的20%；在任何交易日日终持有的买入股指期货合约价值总额不得超过信托资产净值的10%；

（二）信托公司集合信托计划参与股指期货交易须符合交易所相关规则；

（三）信托公司集合信托计划参与股指期货交易时，在任何交易日日终所持有的权益类证券市值和买入股指期货合约价值总额的合计价值，应当符合信托文件关于权益类证券投资比例的有关约定；

（四）银信合作业务视同为集合信托计划管理；

（五）结构化集合信托计划不得参与股指期货交易。

第十五条　信托公司单一信托参与股指期货交易，在任何交易日日终持有股指期货的风险敞口不得超过信托资产净值的80%，并符合交易所相关规则。

第十六条　因证券期货市场波动、信托规模变动等信托公司之外的原因致使股指期货投资比例不符合规定的，在该情形发生之日起2个工作日内，信托公司应当向银监会或属地银监局报告，并应当在10个工作日内调整完毕。调整完毕后2个工作日内应当再次向银监会或属地银监局报告。

第十七条　信托公司股指期货信托业务终止的，应当在清算结束后3个工作日内申请注销股指期货交易编码，并在5个工作日内向银监会或属地银监局报告。

第十八条　信托公司开展股指期货信托业务选择的合作保管银行应具备下列条件：

（一）具有独立的资产托管业务部门，配备熟悉股指期货业务的专业人员；

（二）有保管信托财产的条件；

（三）有安全高效的针对股指期货业务的清算、交割和估值系统；

（四）有满足保管业务需要的场所、配备独立的监控系统；

（五）银监会规定的其他条件。

第十九条 信托公司开展股指期货交易业务选择的合作期货公司应当具备下列条件：

（一）按照中金所的会员分级制度，具备全面结算会员或者交易结算会员资格；

（二）最近年度监管评级达到B级（含）以上；

（三）具备二类或二类以上的技术资格；

（四）有与业务规模相匹配的风险准备金余额。

第二十条 信托公司开展股指期货信托业务时，应当亲自处理信托事务，自主决策。信托文件事先另有约定的，信托公司可以聘请第三方为信托业务提供投资顾问服务。

第二十一条 前条所称投资顾问，应当满足以下条件：

（一）依法设立，没有重大违法违规记录；

（二）实收资本金不低于人民币1000万元；

（三）有合格的股指期货投资管理和研究团队，团队主要成员通过证券、期货从业资格考试，在业内具有良好的声誉，无不良从业记录，并有可追溯的证券或期货投资管理业绩证明；

（四）有健全的业务管理制度、风险控制体系、规范的后台管理制度和业务流程；

（五）有固定的营业场所和与所从事业务相适应的软硬件设施；

（六）银监会规定的其他条件。

第二十二条 信托公司应当就第三方投资顾问管理团队的基本情况、从业记录和过往业绩等开展尽职调查。信托公司应当制定第三方顾问选聘规程，并向银监会或其派出机构报告。

第二十三条 信托公司聘请第三方开展股指期货交易时，要做好交易实时监控和与第三方的即时风险通报。信托公司应该建立与第三方的多渠道联系方式，保证能够即时传达风险指令，并具有盘中按照净值管理要求进行自主调仓的管理能力。

第二十四条 信托公司开展股指期货交易信托业务不得有以下行为：

（一）以任何方式承诺信托资金不受损失，或者以任何方式承诺信托资金的最低收益；

(二)为股指期货信托产品设定预期收益率；

(三)利用所管理的信托财产为信托公司,或者为委托人、受益人之外的第三方谋取不正当利益或进行利益输送；

(四)从事内幕交易、操纵股指期货价格及其他违法违规活动；

(五)法律法规和银监会、中金所及其他监管机构禁止的其他行为。

第二十五条　本指引实施前,信托公司已开展的信托业务未明确约定可以参与股指期货交易的,不得投资股指期货。变更合同投资股指期货的,应按照约定的方式取得委托人(受益人)的同意,同时对相关后续事项做出合理安排。

第二十六条　本指引由银监会负责解释。

第二十七条　本指引自印发之日起施行。

中国银监会办公厅关于商业银行从事境内黄金期货交易有关问题的补充通知

(2009年1月9日公布　银监办发〔2009〕3号
自2009年1月9日起施行)

各银监局,各政策性银行、国有商业银行、股份制商业银行,邮储银行:

2008年3月,中国银监会办公厅印发了《关于商业银行从事境内黄金期货交易有关问题的通知》(银监办发〔2008〕35号,以下简称原《通知》)。为进一步规范商业银行从事境内黄金期货交易业务,有效防范风险,现就原《通知》中对商业银行申请从事境内黄金期货交易的有关规定补充通知如下:

一、原《通知》第二条开办条件中增加一款"(十)最近3年无重大违法违规行为,未受到过监管机构的重大行政处罚。"

二、原《通知》第三条修改为:"商业银行从事境内黄金期货交易应取得期货交易所会员资格，并必须以交易所会员的方式从事境内黄金期货交易，不得以其他方式从事境内黄金期货交易。商业银行在向期货交易所正式申请从事黄金期货交易业务的会员资格前，应就本通知第二条的准备与落实情况进行自我评估，完成自我评估报告。”

三、原《通知》第四条修改为：“商业银行在向期货交易所正式申请从事黄金期货交易业务的会员资格时，应同时向中国银监会进行书面报告，并提交对本行符合本通知第二条规定的说明、自我评估报告以及向交易所递交的会员资格申请材料一式两份。”

四、原《通知》第五条后增加一条作为第六条“中国银监会认为商业银行不具备从事境内黄金期货交易业务能力的，或发现商业银行境内黄金期货交易业务存在较大风险的，有权责令商业银行停止从事该项业务，或采取其他审慎监管措施。”

五、原《通知》第六条及以后条款依次顺延。

六、原《通知》第八条修改为：“政策性银行、中资商业银行、外商独资银行、中外合资银行、农村合作银行、农村信用合作联社均适用本通知要求，未设立董事会的银行由其经营决策机构履行本通知规定的董事会有关职责。信托公司、财务公司、金融租赁公司、汽车金融公司从事境内黄金期货交易业务的要求另行规定。”

请各银监局将本通知转发至辖内各法人银行业金融机构。

中国银监会办公厅关于银行业金融机构开办外汇保证金交易有关问题的通知

（2008年6月6日公布　银监办发〔2008〕100号
自2008年6月6日起施行）

各银监局，各政策性银行、国有商业银行、股份制商业银行、邮储银行：

为规范银行业金融机构从事外汇保证金交易业务，有效防范风险，现就有关问题通知如下：

一、当前，银行业金融机构开办外汇保证金交易业务的市场风险、操作风险、信息科技系统风险及客户适合度评估不足风险日益突出，市场需要进一步规范，银监会将研究制定规范银行业金融机构开办此业务的相关管理办法。

二、在相关管理办法正式发布前，银行业金融机构不得开办或变相开办外汇保证金交易业务。

三、在本通知发布前已开办外汇保证金交易业务的银行业金融机构，不得再向新增客户提供此项业务，不得再向已从事此业务客户提供新交易（客户结清仓位交易除外）。建议对已在银行进行此业务的客户适时、及早结清交易仓位。

四、目前已开办外汇保证金交易业务的银行业金融机构，应在本通知印发后 5 日内，将已从事此业务客户数量、保证金总额、交易头寸总额、客户总体盈亏状况及目前已采取的相应风险管理措施等情况以书面形式一式两份报送银监会。此后在每月初 5 日内将上月情况逐月报送，直到已从事此业务客户完全结清交易仓位为止。

五、对于违反本通知规定的银行业金融机构，银监会将依法进行处罚。

本通知中的外汇保证金交易业务是指银行业金融机构向投资者提供的具有杠杆交易性质的外汇交易业务，其主要特征是：投资者以获取外汇交易盈利为目的，实际投资一定数量资金，作为交易保证金后，便可按一定的杠杆倍数将保证金金额进行放大，从而使实际进行的外汇交易的合同金额超出投资者实际投资的交易保证金金额。

中国银监会办公厅关于商业银行从事境内黄金期货交易有关问题的通知

(2008 年 3 月 7 日公布　银监办发〔2008〕35 号　自 2008 年 3 月 7 日起施行　已被《中国银监会办公厅关于商业银行从事境内黄金期货交易有关问题的补充通知》修改)

各银监局,各政策性银行、国有商业银行、股份制商业银行,邮储银行:

为规范商业银行从事境内黄金期货交易业务,有效防范风险,现就有关问题通知如下:

一、商业银行从事境内黄金期货交易业务,应遵守《银行业监督管理法》、《商业银行法》、《期货交易管理条例》、《金融机构衍生产品交易业务管理暂行办法》、《商业银行市场风险管理指引》等规定。

二、商业银行从事境内黄金期货交易业务应具备以下条件:

(一)资本充足率达到 8%。

(二)具有衍生产品交易资格。

(三)具有黄金现货交易资格。

(四)具有完善的市场风险管理能力,符合《中国银监会关于进一步加强商业银行市场风险管理工作的通知》(银监发〔2006〕89 号)有关要求。

(五)具有董事会或由董事会授权的机构或高管人员批准同意本行拟从事境内黄金期货交易的证明文件。

(六)完成相关可行性研究分析报告,报告至少要包括市场趋势、业务目的、业务需求、操作流程、风险管理方法、盈利前景等内容。

(七)具有完善的黄金期货交易内部业务管理办法,管理办法至少要包括内部控制制度、风险管理制度、保证金管理制度、每日结算制度、持仓限额及止损平仓制度、应急情况处理制度等内容。

(八)具有开展黄金期货交易业务所需的业务处理系统,至少要包括交易系统、风险管理系统、结算系统、会计核算系统、数据备份系统、应急处理系统等。

（九）通过我国期货行业认可的从业资格考试合格人员不少于4人，其中交易人员至少2人、风险管理人员至少2人，以上人员相互不得兼任，且无不良从业记录。

三、商业银行从事境内黄金期货交易应取得期货交易所会员资格。商业银行在向期货交易所正式申请从事黄金期货交易业务的会员资格前，应就本通知第二条的准备与落实情况、自我评估报告完成情况与中国银监会进行沟通交流，并取得《无异议函》。

四、商业银行在向期货交易所正式申请从事黄金期货交易业务的会员资格后3日内，应将能够证明本行已具备本通知第二条规定条件的文件材料、相应的具有从事黄金期货交易业务的风险控制能力与内部控制能力的自我评估报告一式两份书面报送中国银监会。

五、商业银行开展境内黄金期货交易业务后，应每年至少一次就此项业务的风险控制能力与内部控制能力进行自我评估，并将评估报告书面报送中国银监会。

六、商业银行从事黄金期货经纪业务应取得相应资格，不得利用自有的黄金期货交易资格代理客户从事黄金期货经纪业务。

七、商业银行从事境内黄金期货交易，应建立必要的业务隔离制度，不得利用其黄金期货指定结算银行及指定交割金库的信息优势，为其黄金期货交易谋取不当利益。

八、其他银行业金融机构从事境内黄金期货交易适用本通知要求，未设立董事会的银行业金融机构由其经营决策机构履行本通知规定的董事会有关职责。

请各银监局将本通知转发至辖内各法人银行业金融机构与参照法人管理的相关银行业金融机构。

国务院国有资产监督管理委员会

国资委关于切实加强金融衍生业务管理有关事项的通知

（2020年1月13日公布　国资发财评规〔2020〕8号
自2020年1月13日起施行）

各中央企业：

近年来，中央企业按照监管要求，审慎开展金融衍生业务，强化业务监督管理，有效利用金融衍生工具的套期保值功能，对冲大宗商品价格和利率汇率波动风险，对稳定生产经营发挥了积极作用。但监管中也发现，部分企业存在集团管控不到位、业务审批不严格、操作程序不规范、激励趋向投机以及业务报告不及时、不准确、不全面等问题。为督促中央企业切实加强金融衍生业务管理，建立“严格管控、规范操作、风险可控”的金融衍生业务监管体系，现将有关事项通知如下：

一、落实监管责任

本通知所指金融衍生业务，主要包括中央企业在境内外从事的商品类衍生业务（指以商品为标的资产的金融衍生业务，包括大宗商品期货、期权等）和货币类衍生业务（指以货币或利率为标的资产的金融衍生业务，包括远期合约、期货、期权、掉期等）。金融衍生业务具有杠杆性、复杂性和风险性。各中央企业要切实增强风险意识，强化集团管控，建立健全统一管理体系，严格业务审批，落实监管责任。

（一）坚持专业化集中管理原则，集团内部同类金融衍生业务原则上由统一平台进行集中操作。集团董事会负责核准具体开展金融衍生业务的子企业（以下简称操作主体）业务资质，集团负责审批年度业务计划。资产负债率高于国资委管控线、连续3年经营亏损且资金紧张的子企业，不得开展金融衍生业务。

（二）集团董事会核准业务资质时，要充分论证业务开展的客观需求和必要性，严格审核评估业务管理制度、风险管理机制的健全性和有效性，以及机构设置的合理性、人员专业胜任能力，核准事项应当明确交易场所、品种、工具等内容。核准事项变更时，应当由集团董事会重新审批。董事会下设的风险管理委员会或承担风险管理职责的专业委员会应当对业务资质核准提出明确的审核意见，作为提交董事会决策的必备要件。集团董事会核准的业务资质，应当及时报国资委备案。

（三）集团审批年度业务计划时，要认真审核实货规模、保值规模、套保策略、资金占用规模、止损限额（或亏损预警线）等内容，对场外业务要进行严格审核和风险评估。

（四）集团应当明确金融衍生业务的分管负责人，指定归口管理部门，落实有关部门监管责任。风险管理部门负责业务风险监控；财务部门负责资金特别是保证金的监测；法律部门负责合同文本的法律风险评估；审计部门负责定期开展审计监督。

二、严守套保原则

开展金融衍生业务要严守套期保值原则，以降低实货风险敞口为目的，与实货的品种、规模、方向、期限相匹配，与企业资金实力、交易处理能力相适应，不得开展任何形式的投机交易。

（一）交易品种应当与主业经营密切相关，不得超越规定的经营范围。交易工具应当结构简单、流动性强、风险可认知。持仓时间一般不得超过 12 个月或实货合同规定的时间，不得盲目从事长期业务或展期。

（二）商品类衍生业务年度保值规模不超过年度实货经营规模的 90%，其中针对商品贸易开展的金融衍生业务年度保值规模不超过年度实货经营规模的 80%。时点净持仓规模不得超过对应实货风险敞口。要实行品种分类管理，不同子企业、不同交易品种的规模指标不得相互借用、串用。套期保值对应关系的建立、调整和撤销应当符合生产经营的实际需要，避免频繁短线交易。

（三）货币类衍生业务的规模、期限等应当在资金需求合同范围内，原则上应当与资金需求合同一一对应。

(四)新开展业务或以前年度因违规操作等产生重大损失的企业应当谨慎设定业务规模,进行适当压缩和控制。

(五)建立科学合理的激励约束机制,将金融衍生业务盈亏与实货盈亏进行综合评判,客观评估业务套保效果,不得将绩效考核、薪酬激励与金融衍生业务单边盈亏简单挂钩,防止片面强调金融衍生业务单边盈利导致投机行为。

三、有效管控风险

建立有效的金融衍生业务风险管理体系,健全内控机制,完善信息系统,强化风险预警,覆盖事前防范、事中监控和事后处理的各个环节。

(一)集团应当制定金融衍生业务管理制度,明确相关部门职责、业务审批程序、风险管理要求、止损限额(或亏损预警线)、应急处理、监督检查与责任追究等内容。操作主体应当制定专门的业务操作手册或合规手册。

(二)集团应当建立金融衍生业务风险管理垂直体系,操作主体风险管理部门应当独立向集团上报风险或违规事项。

(三)集团应当通过风险管理信息系统等信息化手段监控业务风险,实现全面覆盖、在线监测。商品类衍生业务的操作主体要建立健全业务信息系统,准确记录、传递各类交易信息,固化制度要求,规范操作流程,阻断违规操作。

(四)集团及操作主体应当建立风险预警和处置机制,采用定量及定性的方法,及时识别市场风险、信用风险、操作风险和流动性风险等,针对不同类型、不同程度的风险事项,明确处置权限及程序。

(五)出现重大风险时,要及时启动风险应急处理机制,成立专门工作组织,制定详细的处置方案,妥善做好仓位止损、法律纠纷案件处置、舆情应对等工作,建立日报或周报制度,防止风险扩大和蔓延。

四、规范业务操作

操作主体要强化内控执行,严格合规管理,规范开展授权审批、交易操作、资金使用、定期报告。

(一)设置独立的风险管理部门、交易部门、财务部门,严格执行前中后台岗位、人员分离原则。建立定期轮岗和培训制度。仅开展货币类衍生业务、且开展频次较低、业务规模较小的企业，可不单独设置风险管理部门、交易部门，但必须严格执行不相容岗位及人员分离原则。

（二）本企业董事会或类似决策机构负责交易授权审批。授权应当明确有交易权限的人员名单、交易品种和额度。人员职责发生变更时应当及时中止授权或重新授权。严禁企业负责人直接操盘。

（三）交易部门应当根据经批准的业务计划制定具体操作方案，按规定程序审批后操作。对于未经批准的操作方案，财务部门不得拨付资金，不得进行交易结算。

（四）开展场外业务时，应当对交易工具、对手信用、合同文本等进行单独的风险评估，审慎选择交易对手，慎重开展业务。

（五）对保证金等资金账户实行专门管理，规范资金划拨和使用程序，加强日常监控，动态开展资金风险评估和压力测试。严格履行保证金追加审批程序。不得以个人账户（或个人名义）开展金融衍生业务。

（六）风险管理部门要建立每日报告制度；风险管理部门、交易部门与财务部门要进行每月核对；风险管理部门、交易部门每季度要向经营管理层报告业务开展情况。

五、强化监督检查

各中央企业应当建立健全金融衍生业务审计监督体系，完善监督机制，加强监督检查，提高监督质量，充分发挥审计监督功能作用。

（一）集团归口管理部门应当每季度抽取部分企业或业务开展专项监督检查，重点关注业务合规性，是否存在超品种、超规模、超期限、超授权等违规操作，是否存在重大损失风险。

（二）集团内审部门应当每年对所有操作主体进行审计，重点关注业务制度的健全性和执行有效性，会计核算的真实性等。

（三）对于审计检查中发现的问题，要及时向集团报告并督促整改到位。对于开展投机业务或产生重大损失风险、重大法律纠纷、造成严重影响的，要及时处置应对，并暂停该操作主体开展金融衍生业务，进行整改问责。恢复开展业务的，需报集团董事会批准。

（四）应当根据《中央企业违规经营投资责任追究实施办法（试

行)》(国资委令第37号)等有关规定,制定责任追究制度,对违规事项进行追责。涉嫌违纪或职务违法的问题和线索,移送纪检监察机构。涉嫌犯罪的问题和线索,移送国家监察机关或司法机关。对于发生重大损失风险、造成严重影响等问题的,国资委将在业绩考核中予以扣分或降级处理,并根据干部管理权限开展责任追究。

六、建立报告制度

各中央企业应当定期向国资委报告金融衍生业务开展情况,及时报告重大事项,确保报送信息准确、完整。

(一)对于业务日常开展情况,应当于每季度末随财务快报一并报送金融衍生业务报表。未开展金融衍生业务的企业要进行"零申报"。集团要加强对上报数据的检查和核实,避免瞒报、漏报、错报。

(二)对于业务年度经营情况,集团应当向国资委报送专项报告,报告内容包括年度业务开展情况(如业务品种、保值规模、盈亏情况、年末持仓风险评估等)、套期保值效果评估、审计检查中发现的问题及整改情况、其他重大事项等,并将中介机构出具的专项审计意见,与年度财务决算报告一并报送国资委。

(三)对于开展投机业务或产生重大损失风险、重大法律纠纷、造成严重影响的,应当于24小时内向国资委专项报告,并对采取的处理措施及处理情况建立周报制度。对于有特殊业务需求,期限、规模等超过本通知的,要提前向国资委报告。

(四)对于瞒报、漏报、错报以及未按要求及时报告的,国资委将予以通报、约谈。对于上报信息严重失实、隐瞒资产损失以及不配合监管工作的,国资委将严肃问责。

国资委将与发展改革委、财政部、商务部、人民银行、银保监会、证监会、外汇局等有关部门,通过定期会商、信息共享、联合检查等方式,形成监管合力,强化监管力度。企业开展境外金融衍生业务所需外汇额度按相关规定及程序办理。

银行、期货、保险、证券等持牌类金融机构开展金融衍生业务,应当严格遵循监管机构的有关规定。各省、自治区、直辖市及计划单列市和新疆生产建设兵团国资委可参照本通知开展本地区金融衍生业务监管工作。

《关于进一步加强中央企业金融衍生业务监管的通知》（国资发评价〔2009〕19号）、《关于建立中央企业金融衍生业务临时监管机制的通知》（国资发评价〔2010〕187号）和《关于取消中央企业境外商品衍生业务核准事项的通知》（国资发评价〔2015〕42号）自本通知印发之日起废止。

中华人民共和国财政部

财政部关于印发修订《企业会计准则第24号——套期会计》的通知

（2017年3月31日公布　财会〔2017〕9号
自2018年1月1日起施行）

国务院有关部委、有关直属机构，各省、自治区、直辖市、计划单列市财政厅（局），新疆生产建设兵团财务局，财政部驻各省、自治区、直辖市、计划单列市财政监察专员办事处，有关中央管理企业：

为了适应社会主义市场经济发展需要，规范金融工具的会计处理，提高会计信息质量，根据《企业会计准则——基本准则》，我部对《企业会计准则第24号——套期会计》进行了修订，现予印发。在境内外同时上市的企业以及在境外上市并采用国际财务报告准则或企业会计准则编制财务报告的企业，自2018年1月1日起施行；其他境内上市企业自2019年1月1日起施行；执行企业会计准则的非上市企业自2021年1月1日起施行。同时，鼓励企业提前执行。执行本准则的企业，不再执行我部于2006年2月15日印发的《财政部关于印发〈企业会计准则第1号——存货〉等38项具体准则的通知》（财会〔2006〕3号）中的《企业会计准则第24号——套期保值》，以及我部于2015年11月26日印发的《商品期货套期业务会计处理暂行规定》（财会〔2015〕18 号)。

执行本准则的企业,应当同时执行我部于 2017 年修订印发的《企业会计准则第 22 号——金融工具确认和计量》(财会〔2017〕7 号)和《企业会计准则第 23 号——金融资产转移》(财会〔2017〕8 号)。

执行中有何问题,请及时反馈我部。

附件:《企业会计准则第 24 号——套期会计》

企业会计准则第 24 号——套期会计

第一章 总 则

第一条 为了规范套期会计处理,根据《企业会计准则——基本准则》,制定本准则。

第二条 套期,是指企业为管理外汇风险、利率风险、价格风险、信用风险等特定风险引起的风险敞口,指定金融工具为套期工具,以使套期工具的公允价值或现金流量变动,预期抵销被套期项目全部或部分公允价值或现金流量变动的风险管理活动。

第三条 套期分为公允价值套期、现金流量套期和境外经营净投资套期。

公允价值套期,是指对已确认资产或负债、尚未确认的确定承诺,或上述项目组成部分的公允价值变动风险敞口进行的套期。该公允价值变动源于特定风险,且将影响企业的损益或其他综合收益。其中,影响其他综合收益的情形,仅限于企业对指定为以公允价值计量且其变动计入其他综合收益的非交易性权益工具投资的公允价值变动风险敞口进行的套期。

现金流量套期,是指对现金流量变动风险敞口进行的套期。该现金流量变动源于与已确认资产或负债、极可能发生的预期交易,或与上述项目组成部分有关的特定风险,且将影响企业的损益。

境外经营净投资套期,是指对境外经营净投资外汇风险敞口进行的套期。境外经营净投资,是指企业在境外经营净资产中的权益份额。

对确定承诺的外汇风险进行的套期,企业可以将其作为公允价值套期或现金流量套期处理。

第四条 对于满足本准则第二章和第三章规定条件的套期,企业可以运用套期会计方法进行处理。

套期会计方法,是指企业将套期工具和被套期项目产生的利得或损失在相同会计期间计入当期损益(或其他综合收益)以反映风险管理活动影响的方法。

第二章 套期工具和被套期项目

第五条 套期工具,是指企业为进行套期而指定的、其公允价值或现金流量变动预期可抵销被套期项目的公允价值或现金流量变动的金融工具,包括:

(一)以公允价值计量且其变动计入当期损益的衍生工具,但签出期权除外。企业只有在对购入期权(包括嵌入在混合合同中的购入期权)进行套期时,签出期权才可以作为套期工具。嵌入在混合合同中但未分拆的衍生工具不能作为单独的套期工具。

(二)以公允价值计量且其变动计入当期损益的非衍生金融资产或非衍生金融负债,但指定为以公允价值计量且其变动计入当期损益、且其自身信用风险变动引起的公允价值变动计入其他综合收益的金融负债除外。

企业自身权益工具不属于企业的金融资产或金融负债,不能作为套期工具。

第六条 对于外汇风险套期,企业可以将非衍生金融资产(选择以公允价值计量且其变动计入其他综合收益的非交易性权益工具投资除外)或非衍生金融负债的外汇风险成分指定为套期工具。

第七条 在确立套期关系时,企业应当将符合条件的金融工具整体指定为套期工具,但下列情形除外:

(一)对于期权,企业可以将期权的内在价值和时间价值分开,只将期权的内在价值变动指定为套期工具。

(二)对于远期合同,企业可以将远期合同的远期要素和即期要素分开,只将即期要素的价值变动指定为套期工具。

(三)对于金融工具,企业可以将金融工具的外汇基差单独分拆,只将排除外汇基差后的金融工具指定为套期工具。

(四)企业可以将套期工具的一定比例指定为套期工具,但不可以将套期工具剩余期限内某一时段的公允价值变动部分指定为套期工具。

第八条　企业可以将两项或两项以上金融工具(或其一定比例)的组合指定为套期工具(包括组合内的金融工具形成风险头寸相互抵销的情形)。

对于一项由签出期权和购入期权组成的期权(如利率上下限期权),或对于两项或两项以上金融工具(或其一定比例)的组合,其在指定日实质上相当于一项净签出期权的,不能将其指定为套期工具。只有在对购入期权(包括嵌入在混合合同中的购入期权)进行套期时,净签出期权才可以作为套期工具。

第九条　被套期项目,是指使企业面临公允价值或现金流量变动风险,且被指定为被套期对象的、能够可靠计量的项目。企业可以将下列单个项目、项目组合或其组成部分指定为被套期项目:

(一)已确认资产或负债。

(二)尚未确认的确定承诺。确定承诺,是指在未来某特定日期或期间,以约定价格交换特定数量资源、具有法律约束力的协议。

(三)极可能发生的预期交易。预期交易,是指尚未承诺但预期会发生的交易。

(四)境外经营净投资。

上述项目组成部分是指小于项目整体公允价值或现金流量变动的部分,企业只能将下列项目组成部分或其组合指定为被套期项目:

(一)项目整体公允价值或现金流量变动中仅由某一个或多个特定风险引起的公允价值或现金流量变动部分(风险成分)。根据在特定市场环境下的评估,该风险成分应当能够单独识别并可靠计量。风险成分也包括被套期项目公允价值或现金流量的变动仅高于或仅低于特定价格或其他变量的部分。

(二)一项或多项选定的合同现金流量。

(三)项目名义金额的组成部分,即项目整体金额或数量的特定部分,其可以是项目整体的一定比例部分,也可以是项目整体的某一层级部分。若某一层级部分包含提前还款权,且该提前还款权的公允价值受被套期风险变化影响的,企业不得将该层级指定为公允价值套期的被套期项目,但企业在计量被套期项目的公允价值时已包含该提前还款权影响的情况除外。

第十条　企业可以将符合被套期项目条件的风险敞口与衍生工具组合形成的汇总风险敞口指定为被套期项目。

第十一条　当企业出于风险管理目的对一组项目进行组合管理、且组合中的每一个项目(包括其组成部分)单独都属于符合条件的被套期项目时,可以将该项目组合指定为被套期项目。

在现金流量套期中,企业对一组项目的风险净敞口(存在风险头寸相互抵销的项目)进行套期时,仅可以将外汇风险净敞口指定为被套期项目,并且应当在套期指定中明确预期交易预计影响损益的报告期间,以及预期交易的性质和数量。

第十二条　企业将一组项目名义金额的组成部分指定为被套期项目时,应当分别满足下列条件:

(一)企业将一组项目的一定比例指定为被套期项目时,该指定应当与该企业的风险管理目标相一致。

(二)企业将一组项目的某一层级部分指定为被套期项目时,应当同时满足下列条件:

1. 该层级能够单独识别并可靠计量。

2. 企业的风险管理目标是对该层级进行套期。

3. 该层级所在的整体项目组合中的所有项目均面临相同的被套期风险。

4. 对于已经存在的项目(如已确认资产或负债、尚未确认的确定承诺)进行的套期,被套期层级所在的整体项目组合可识别并可追踪。

5. 该层级包含提前还款权的,应当符合本准则第九条项目名义金额的组成部分中的相关要求。

本准则所称风险管理目标,是指企业在某一特定套期关系层面上,确定如何指定套期工具和被套期项目,以及如何运用指定的套期工具对指定为被套期项目的特定风险敞口进行套期。

第十三条 如果被套期项目是净敞口为零的项目组合(即各项目之间的风险完全相互抵销),同时满足下列条件时,企业可以将该组项目指定在不含套期工具的套期关系中:

(一)该套期是风险净敞口滚动套期策略的一部分,在该策略下,企业定期对同类型的新的净敞口进行套期;

(二)在风险净敞口滚动套期策略整个过程中,被套期净敞口的规模会发生变化,当其不为零时,企业使用符合条件的套期工具对净敞口进行套期,并通常采用套期会计方法;

(三)如果企业不对净敞口为零的项目组合运用套期会计,将导致不一致的会计结果,因为不运用套期会计方法将不会确认在净敞口套期下确认的相互抵销的风险敞口。

第十四条 运用套期会计时,在合并财务报表层面,只有与企业集团之外的对手方之间交易形成的资产、负债、尚未确认的确定承诺或极可能发生的预期交易才能被指定为被套期项目;在合并财务报表层面,只有与企业集团之外的对手方签订的合同才能被指定为套期工具。对于同一企业集团内的主体之间的交易,在企业个别财务报表层面可以运用套期会计,在企业集团合并财务报表层面不得运用套期会计,但下列情形除外:

(一)在合并财务报表层面,符合《企业会计准则第33号——合并财务报表》规定的投资性主体与其以公允价值计量且其变动计入当期损益的子公司之间的交易,可以运用套期会计。

(二)企业集团内部交易形成的货币性项目的汇兑收益或损失,不能在合并财务报表中全额抵销的,企业可以在合并财务报表层面将该货币性项目的外汇风险指定为被套期项目。

(三)企业集团内部极可能发生的预期交易,按照进行此项交易的主体的记账本位币以外的货币标价,且相关的外汇风险将影响合并损益的,企业可以在合并财务报表层面将该外汇风险指定为被套期项目。

第三章 套期关系评估

第十五条 公允价值套期、现金流量套期或境外经营净投资套期

同时满足下列条件的,才能运用本准则规定的套期会计方法进行处理:

(一)套期关系仅由符合条件的套期工具和被套期项目组成。

(二)在套期开始时,企业正式指定了套期工具和被套期项目,并准备了关于套期关系和企业从事套期的风险管理策略和风险管理目标的书面文件。该文件至少载明了套期工具、被套期项目、被套期风险的性质以及套期有效性评估方法(包括套期无效部分产生的原因分析以及套期比率确定方法)等内容。

(三)套期关系符合套期有效性要求。

套期有效性,是指套期工具的公允价值或现金流量变动能够抵销被套期风险引起的被套期项目公允价值或现金流量变动的程度。套期工具的公允价值或现金流量变动大于或小于被套期项目的公允价值或现金流量变动的部分为套期无效部分。

第十六条 套期同时满足下列条件的,企业应当认定套期关系符合套期有效性要求:

(一)被套期项目和套期工具之间存在经济关系。该经济关系使得套期工具和被套期项目的价值因面临相同的被套期风险而发生方向相反的变动。

(二)被套期项目和套期工具经济关系产生的价值变动中,信用风险的影响不占主导地位。

(三)套期关系的套期比率,应当等于企业实际套期的被套期项目数量与对其进行套期的套期工具实际数量之比,但不应当反映被套期项目和套期工具相对权重的失衡,这种失衡会导致套期无效,并可能产生与套期会计目标不一致的会计结果。例如,企业确定拟采用的套期比率是为了避免确认现金流量套期的套期无效部分,或是为了创造更多的被套期项目进行公允价值调整以达到增加使用公允价值会计的目的,可能会产生与套期会计目标不一致的会计结果。

第十七条 企业应当在套期开始日及以后期间持续地对套期关系是否符合套期有效性要求进行评估,尤其应当分析在套期剩余期限内预期将影响套期关系的套期无效部分产生的原因。企业至少应当在资产负债表日及相关情形发生重大变化将影响套期有效性要求时对套期关系进行评估。

第十八条 套期关系由于套期比率的原因而不再符合套期有效性要求,但指定该套期关系的风险管理目标没有改变的,企业应当进行套期关系再平衡。

本准则所称套期关系再平衡,是指对已经存在的套期关系中被套期项目或套期工具的数量进行调整,以使套期比率重新符合套期有效性要求。基于其他目的对被套期项目或套期工具所指定的数量进行变动,不构成本准则所称的套期关系再平衡。

企业在套期关系再平衡时,应当首先确认套期关系调整前的套期无效部分,并更新在套期剩余期限内预期将影响套期关系的套期无效部分产生原因的分析,同时相应更新套期关系的书面文件。

第十九条 企业发生下列情形之一的,应当终止运用套期会计:

(一)因风险管理目标发生变化,导致套期关系不再满足风险管理目标。

(二)套期工具已到期、被出售、合同终止或已行使。

(三)被套期项目与套期工具之间不再存在经济关系,或者被套期项目和套期工具经济关系产生的价值变动中,信用风险的影响开始占主导地位。

(四)套期关系不再满足本准则所规定的运用套期会计方法的其他条件。在适用套期关系再平衡的情况下,企业应当首先考虑套期关系再平衡,然后评估套期关系是否满足本准则所规定的运用套期会计方法的条件。

终止套期会计可能会影响套期关系的整体或其中一部分,在仅影响其中一部分时,剩余未受影响的部分仍适用套期会计。

第二十条 套期关系同时满足下列条件的,企业不得撤销套期关系的指定并由此终止套期关系:

(一)套期关系仍然满足风险管理目标;

(二)套期关系仍然满足本准则运用套期会计方法的其他条件。在适用套期关系再平衡的情况下,企业应当首先考虑套期关系再平衡,然后评估套期关系是否满足本准则所规定的运用套期会计方法的条件。

第二十一条　企业发生下列情形之一的，不作为套期工具已到期或合同终止处理：

（一）套期工具展期或被另一项套期工具替换，而且该展期或替换是企业书面文件所载明的风险管理目标的组成部分。

（二）由于法律法规或其他相关规定的要求，套期工具的原交易对手方变更为一个或多个清算交易对手方（例如清算机构或其他主体），以最终达成由同一中央交易对手方进行清算的目的。如果存在套期工具其他变更的，该变更应当仅限于达成此类替换交易对手方所必需的变更。

第四章　确认和计量

第二十二条　公允价值套期满足运用套期会计方法条件的，应当按照下列规定处理：

（一）套期工具产生的利得或损失应当计入当期损益。如果套期工具是对选择以公允价值计量且其变动计入其他综合收益的非交易性权益工具投资（或其组成部分）进行套期的，套期工具产生的利得或损失应当计入其他综合收益。

（二）被套期项目因被套期风险敞口形成的利得或损失应当计入当期损益，同时调整未以公允价值计量的已确认被套期项目的账面价值。被套期项目为按照《企业会计准则第22号——金融工具确认和计量》第十八条分类为以公允价值计量且其变动计入其他综合收益的金融资产（或其组成部分）的，其因被套期风险敞口形成的利得或损失应当计入当期损益，其账面价值已经按公允价值计量，不需要调整；被套期项目为企业选择以公允价值计量且其变动计入其他综合收益的非交易性权益工具投资（或其组成部分）的，其因被套期风险敞口形成的利得或损失应当计入其他综合收益，其账面价值已经按公允价值计量，不需要调整。

被套期项目为尚未确认的确定承诺（或其组成部分）的，其在套期关系指定后因被套期风险引起的公允价值累计变动额应当确认为一项资产或负债，相关的利得或损失应当计入各相关期间损益。当履行确定承诺而取得资产或承担负债时，应当调整该资产或负债的初始确认金额,以包括已确认的被套期项目的公允价值累计变动额。

第二十三条　公允价值套期中,被套期项目为以摊余成本计量的金融工具(或其组成部分)的,企业对被套期项目账面价值所作的调整应当按照开始摊销日重新计算的实际利率进行摊销,并计入当期损益。该摊销可以自调整日开始,但不应当晚于对被套期项目终止进行套期利得和损失调整的时点。被套期项目为按照《企业会计准则第22号——金融工具确认和计量》第十八条分类为以公允价值计量且其变动计入其他综合收益的金融资产(或其组成部分)的,企业应当按照相同的方式对累计已确认的套期利得或损失进行摊销,并计入当期损益,但不调整金融资产(或其组成部分)的账面价值。

第二十四条　现金流量套期满足运用套期会计方法条件的,应当按照下列规定处理:

(一)套期工具产生的利得或损失中属于套期有效的部分,作为现金流量套期储备,应当计入其他综合收益。现金流量套期储备的金额,应当按照下列两项的绝对额中较低者确定:

1. 套期工具自套期开始的累计利得或损失;

2. 被套期项目自套期开始的预计未来现金流量现值的累计变动额。

每期计入其他综合收益的现金流量套期储备的金额应当为当期现金流量套期储备的变动额。

(二)套期工具产生的利得或损失中属于套期无效的部分(即扣除计入其他综合收益后的其他利得或损失),应当计入当期损益。

第二十五条　现金流量套期储备的金额,应当按照下列规定处理:

(一)被套期项目为预期交易,且该预期交易使企业随后确认一项非金融资产或非金融负债的,或者非金融资产或非金融负债的预期交易形成一项适用于公允价值套期会计的确定承诺时,企业应当将原在其他综合收益中确认的现金流量套期储备金额转出,计入该资产或负债的初始确认金额。

(二)对于不属于本条(一)涉及的现金流量套期,企业应当在被套期的预期现金流量影响损益的相同期间,将原在其他综合收益中确认的现金流量套期储备金额转出,计入当期损益。

(三)如果在其他综合收益中确认的现金流量套期储备金额是一项损失,且该损失全部或部分预计在未来会计期间不能弥补的,企业应当在预计不能弥补时,将预计不能弥补的部分从其他综合收益中转出,计入当期损益。

第二十六条 当企业对现金流量套期终止运用套期会计时,在其他综合收益中确认的累计现金流量套期储备金额,应当按照下列规定进行处理:

(一)被套期的未来现金流量预期仍然会发生的,累计现金流量套期储备的金额应当予以保留,并按照本准则第二十五条的规定进行会计处理。

(二)被套期的未来现金流量预期不再发生的,累计现金流量套期储备的金额应当从其他综合收益中转出,计入当期损益。被套期的未来现金流量预期不再极可能发生但可能预期仍然会发生,在预期仍然会发生的情况下,累计现金流量套期储备的金额应当予以保留,并按照本准则第二十五条的规定进行会计处理。

第二十七条 对境外经营净投资的套期,包括对作为净投资的一部分进行会计处理的货币性项目的套期,应当按照类似于现金流量套期会计的规定处理:

(一)套期工具形成的利得或损失中属于套期有效的部分,应当计入其他综合收益。

全部或部分处置境外经营时,上述计入其他综合收益的套期工具利得或损失应当相应转出,计入当期损益。

(二)套期工具形成的利得或损失中属于套期无效的部分,应当计入当期损益。

第二十八条 企业根据本准则第十八条规定对套期关系作出再平衡的,应当在调整套期关系之前确定套期关系的套期无效部分,并将相关利得或损失计入当期损益。

套期关系再平衡可能会导致企业增加或减少指定套期关系中被套期项目或套期工具的数量。企业增加了指定的被套期项目或套期工具的,增加部分自指定增加之日起作为套期关系的一部分进行处理;企业减少了指定的被套期项目或套期工具的,减少部分自指定减少之日起不再作为套期关系的一部分,作为套期关系终止处理。

第二十九条 对于被套期项目为风险净敞口的套期,被套期风险影响利润表不同列报项目的,企业应当将相关套期利得或损失单独列报,不应当影响利润表中与被套期项目相关的损益列报项目金额(如营业收入或营业成本)。

对于被套期项目为风险净敞口的公允价值套期,涉及调整被套期各组成项目账面价值的,企业应当对各项资产和负债的账面价值做相应调整。

第三十条 除本准则第二十九条规定外,对于被套期项目为一组项目的公允价值套期,企业在套期关系存续期间,应当针对被套期项目组合中各组成项目,分别确认公允价值变动所引起的相关利得或损失,按照本准则第二十二条的规定进行相应处理,计入当期损益或其他综合收益。涉及调整被套期各组成项目账面价值的,企业应当对各项资产和负债的账面价值做相应调整。

除本准则第二十九条规定外,对于被套期项目为一组项目的现金流量套期,企业在将其他综合收益中确认的相关现金流量套期储备转出时,应当按照系统、合理的方法将转出金额在被套期各组成项目中分摊,并按照本准则第二十五条的规定进行相应处理。

第三十一条 企业根据本准则第七条规定将期权的内在价值和时间价值分开,只将期权的内在价值变动指定为套期工具时,应当区分被套期项目的性质是与交易相关还是与时间段相关。被套期项目与交易相关的,对其进行套期的期权时间价值具备交易成本的特征;被套期项目与时间段相关的,对其进行套期的期权时间价值具备为保护企业在特定时间段内规避风险所需支付成本的特征。企业应当根据被套期项目的性质分别进行以下会计处理:

(一)对于与交易相关的被套期项目,企业应当按照本准则第三十二条的规定,将期权时间价值的公允价值变动中与被套期项目相关的部分计入其他综合收益。对于在其他综合收益中确认的期权时间价值的公允价值累计变动额,应当按照本准则第二十五条规定的与现金流量套期储备金额相同的会计处理方法进行处理。

（二）对于与时间段相关的被套期项目，企业应当按照本准则第三十二条的规定，将期权时间价值的公允价值变动中与被套期项目相关的部分计入其他综合收益。同时，企业应当按照系统、合理的方法，将期权被指定为套期工具当日的时间价值中与被套期项目相关的部分，在套期关系影响损益或其他综合收益（仅限于企业对指定为以公允价值计量且其变动计入其他综合收益的非交易性权益工具投资的公允价值变动风险敞口进行的套期）的期间内摊销，摊销金额从其他综合收益中转出，计入当期损益。若企业终止运用套期会计，则其他综合收益中剩余的相关金额应当转出，计入当期损益。

期权的主要条款（如名义金额、期限和标的）与被套期项目相一致的，期权的实际时间价值与被套期项目相关；期权的主要条款与被套期项目不完全一致的，企业应当通过对主要条款与被套期项目完全一致的期权进行估值确定校准时间价值，并确认期权的实际时间价值中与被套期项目相关的部分。

第三十二条　在套期关系开始时，期权的实际时间价值高于校准时间价值的，企业应当以校准时间价值为基础，将其累计公允价值变动计入其他综合收益，并将这两个时间价值的公允价值变动差额计入当期损益；在套期关系开始时，期权的实际时间价值低于校准时间价值的，企业应当将两个时间价值中累计公允价值变动的较低者计入其他综合收益，如果实际时间价值的累计公允价值变动扣减累计计入其他综合收益金额后尚有剩余的，应当计入当期损益。

第三十三条　企业根据本准则第七条规定将远期合同的远期要素和即期要素分开、只将即期要素的价值变动指定为套期工具的，或者将金融工具的外汇基差单独分拆、只将排除外汇基差后的金融工具指定为套期工具的，可以按照与前述期权时间价值相同的处理方式对远期合同的远期要素或金融工具的外汇基差进行会计处理。

第五章　信用风险敞口的公允价值选择权

第三十四条　企业使用以公允价值计量且其变动计入当期损益的信用衍生工具管理金融工具（或其组成部分）的信用风险敞口时，可以在该金融工具（或其组成部分）初始确认时、后续计量中或尚未确认

时,将其指定为以公允价值计量且其变动计入当期损益的金融工具,并同时作出书面记录,但应当同时满足下列条件:

(一)金融工具信用风险敞口的主体(如借款人或贷款承诺持有人)与信用衍生工具涉及的主体相一致;

(二)金融工具的偿付级次与根据信用衍生工具条款须交付的工具的偿付级次相一致。

上述金融工具(或其组成部分)被指定为以公允价值计量且其变动计入当期损益的金融工具的,企业应当在指定时将其账面价值(如有)与其公允价值之间的差额计入当期损益。如该金融工具是按照《企业会计准则第22号——金融工具确认和计量》第十八条分类为以公允价值计量且其变动计入其他综合收益的金融资产的,企业应当将之前计入其他综合收益的累计利得或损失转出,计入当期损益。

第三十五条 同时满足下列条件的,企业应当对按照本准则第三十四条规定的金融工具(或其一定比例)终止以公允价值计量且其变动计入当期损益:

(一)本准则第三十四条规定的条件不再适用,例如信用衍生工具或金融工具(或其一定比例)已到期、被出售、合同终止或已行使,或企业的风险管理目标发生变化,不再通过信用衍生工具进行风险管理。

(二)金融工具(或其一定比例)按照《企业会计准则第22号——金融工具确认和计量》的规定,仍然不满足以公允价值计量且其变动计入当期损益的金融工具的条件。

当企业对金融工具(或其一定比例)终止以公允价值计量且其变动计入当期损益时,该金融工具(或其一定比例)在终止时的公允价值应当作为其新的账面价值。同时,企业应当采用与该金融工具被指定为以公允价值计量且其变动计入当期损益之前相同的方法进行计量。

第六章 衔接规定

第三十六条 本准则施行日之前套期会计处理与本准则要求不一致的,企业不作追溯调整,但本准则第三十七条所规定的情况除外。

在本准则施行日,企业应当按照本准则的规定对所存在的套期关系进行评估。在符合本准则规定的情况下可以进行再平衡,再平衡后仍然符合本准则规定的运用套期会计方法条件的，将其视为持续的套期关系，并将再平衡所产生的相关利得或损失计入当期损益。

第三十七条　下列情况下，企业应当按照本准则的规定，对在比较财务报表期间最早的期初已经存在的、以及在此之后被指定的套期关系进行追溯调整：

（一）企业将期权的内在价值和时间价值分开，只将期权的内在价值变动指定为套期工具。

（二）本准则第二十一条（二）规定的情形。

此外，企业将远期合同的远期要素和即期要素分开、只将即期要素的价值变动指定为套期工具的，或者将金融工具的外汇基差单独分拆、只将排除外汇基差后的金融工具指定为套期工具的，可以按照与本准则关于期权时间价值相同的处理方式对远期合同的远期要素和金融工具的外汇基差的会计处理进行追溯调整。如果选择追溯调整，企业应当对所有满足该选择条件的套期关系进行追溯调整。

第七章　附　　则

第三十八条　本准则自 2018 年 1 月 1 日起施行。

财政部、国家税务总局关于原油和铁矿石期货保税交割业务增值税政策的通知

（2015 年 4 月 8 日公布　财税〔2015〕35 号
自 2015 年 4 月 1 日起施行）

各省、自治区、直辖市、计划单列市财政厅（局）、国家税务局：

根据国务院批复精神，现将原油和铁矿石期货保税交割业务有关增值税政策通知如下：

一、上海国际能源交易中心股份有限公司的会员和客户通过上海国际能源交易中心股份有限公司交易的原油期货保税交割业务，大连

商品交易所的会员和客户通过大连商品交易所交易的铁矿石期货保税交割业务,暂免征收增值税。

二、期货保税交割的销售方,在向主管税务机关申报纳税时,应出具当期期货保税交割的书面说明、上海国际能源交易中心股份有限公司或大连商品交易所的交割结算单、保税仓单等资料。

三、上述期货交易中实际交割的原油和铁矿石,如果发生进口或者出口的,统一按照现行货物进出口税收政策执行。非保税货物发生的期货实物交割仍按《国家税务总局关于下发〈货物期货征收增值税具体办法〉的通知》(国税发〔1994〕244 号)的规定执行。

四、本通知自 2015 年 4 月 1 日起执行。

国家外汇管理局

国家外汇管理局关于修订《银行间外汇市场做市商指引》的通知

(2021 年 1 月 2 日公布　汇发〔2021〕1 号
自 2021 年 1 月 2 日起施行)

国家外汇管理局各省、自治区、直辖市分局、外汇管理部,深圳、大连、青岛、厦门、宁波市分局,各全国性中资银行;中国外汇交易中心:

为进一步优化银行间外汇市场做市商管理,国家外汇管理局对《银行间外汇市场做市商指引》(汇发〔2013〕13 号)予以修订,修订后的《银行间外汇市场做市商指引》见附件,请遵照执行。

国家外汇管理局各分局、外汇管理部接到本通知后,应及时转发辖内中外资银行。执行中如遇问题,请及时与国家外汇管理局国际收支司联系。联系电话:010 - 68402094。

特此通知。

附件:银行间外汇市场做市商指引

银行间外汇市场做市商指引
（2021 年修订）

第一条　为促进外汇市场可持续发展，根据《中华人民共和国外汇管理条例》《银行间外汇市场管理暂行规定》（银发〔1996〕423 号），制定《银行间外汇市场做市商指引》（以下简称《指引》）。

第二条　《指引》所称银行间外汇市场做市商，是指在我国银行间外汇市场进行人民币与外币交易时，承担向会员持续提供买、卖价格义务的银行间外汇市场会员。

第三条　银行间外汇市场做市商可根据自身做市能力在即期、远期、掉期、期权等外汇市场开展做市。

第四条　银行间外汇市场做市商依法享有以下权利：

（一）适度扩大结售汇综合头寸限额区间，实行较灵活的头寸管理；

（二）交易系统、交易手续费、交易数据等方面获得更多支持；

（三）享有向中国人民银行（以下简称人民银行）申请外汇一级交易商的资格；

（四）在银行间外汇市场进行创新业务的政策支持。

第五条　银行间外汇市场做市商依法应履行以下义务：

（一）在规定的交易时间内，在银行间外汇市场连续提供人民币对主要交易货币的买、卖双向价格，所报价格应是有效的可成交价格；

（二）银行间外汇市场报价不得超过人民银行规定的银行间外汇市场交易汇价的浮动幅度；

（三）遵守外汇市场自律机制相关自律规范，在外汇市场规范交易方面发挥市场引领作用，诚实交易，不利用非法或其他不当手段从事虚假交易、操纵市场价格；

（四）遵守结售汇综合头寸管理规定和要求；

（五）积极引导客户树立汇率风险中性意识，不得在市场营销中误导或诱导客户预期；

(六)按照国家外汇管理局(以下简称外汇局)要求及时报告外汇市场运行和做市情况,并报送人民银行。

第六条 银行间外汇市场做市商需具备以下条件:

(一)前一个评选周期内,依据《银行间外汇市场评优办法》计算的客观指标评分和外汇局评分两项综合得分,排名靠前;上述综合得分涵盖各会员在即期、远掉期、期权等市场的综合做市表现;

(二)遵守人民银行和外汇局的有关规定,外汇市场行为符合自律机制相关要求。前一个评选周期内,外汇业务管理与审慎经营评估考核等级出现一次C级,或外汇市场自律机制评估出现一次严重不达标的,自动丧失评选资格;其他会员按照排名先后依次递补。

第七条 普通会员可根据自身做市意愿申请成为尝试做市机构,为即期、远期、掉期、期权的一种或多种外汇产品提供报价服务。尝试做市机构的市场准入退出和日常管理由中国外汇交易中心(以下简称交易中心)具体实施。

第八条 外汇局每两个年度进行一次做市商评选,参与排名的会员为做市商和尝试做市机构,考核评分标准按照考评周期对应时段《银行间外汇市场评优办法》执行。第一个评选周期为2019－2020年。

第九条 评选周期结束后,外汇局根据评选结果确定和公布做市商名单,并抄送人民银行和交易中心。外汇局公布做市商评选结果时,一并调整新准入和退出的做市商结售汇综合头寸限额。

第十条 发生放弃做市商资格、股权重大变动、外资银行法人化改制资格承继、其他资格承继等机构变更情况的做市商,应在变更后30日内经交易中心提交外汇局登记备案。

第十一条 外汇局对做市商做市情况实施监测,并接受市场会员对不履行本《指引》第五条所列做市义务行为的举报。

第十二条 交易中心根据外汇局要求和市场反馈,完善《银行间外汇市场评优办法》,并定期向外汇局报送做市商评估指标情况,同时报送人民银行。

第十三条 做市商未认真履行做市义务或存在严重扰乱外汇市场行为的,外汇局可以依法约谈、风险提示、暂停做市商资格,并依据

《外汇管理条例》进行处罚。

第十四条 银行间外汇市场直接交易做市商及小币种做市商，遵照人民银行有关规定执行。

第十五条 本《指引》由外汇局负责解释。

第十六条 本《指引》自公布之日起施行，《银行间外汇市场做市商指引》（汇发〔2013〕13号）同时废止。

外汇局关于印发《经常项目外汇业务指引（2020年版）》的通知

（2020年8月28日公布 汇发〔2020〕14号
自2020年8月28日起施行）

国家外汇管理局各省、自治区、直辖市分局、外汇管理部，深圳、大连、青岛、厦门、宁波市分局，各全国性中资银行：

为进一步优化营商环境，便利市场主体办理经常项目外汇业务，国家外汇管理局全面整合相关法规，形成《经常项目外汇业务指引（2020年版）》（见附件1），并废止部分规定（见附件2）。本通知自发布之日起施行。此前规定与本通知不一致的，按照本通知执行。

收到本通知后，国家外汇管理局各分局、外汇管理部应及时转发辖内中心支局（支局）、地方性商业银行及外资银行，各全国性中资银行应及时转发下属分支机构。

特此通知。

附件：1. 经常项目外汇业务指引（2020年版）

2. 废止规定目录（略）

经常项目外汇业务指引（2020年版）

第一章 货物贸易外汇业务

第一节 名录登记

第一条 国家外汇管理局及其分支局（以下简称外汇局）实行“贸易外汇收支企业名录”（以下简称名录）登记管理，通过货物贸易外汇监测系统（以下简称货贸系统）发布名录。对于不在名录的企业，银行和支付机构原则上不得为其办理货物贸易外汇收支业务。

银行和支付机构按规定凭交易电子信息办理货物贸易外汇收支业务时，对年度货物贸易收汇或付汇累计金额低于等值20万美元（不含）的小微跨境电商企业，可免于办理名录登记。

第二条 具有真实货物贸易外汇收支业务需求的企业，凭《贸易外汇收支企业名录登记申请表》（见附1）、营业执照向所在地外汇局申请名录登记。

其他境内机构或个人对外贸易经营者确有客观需要开展货物贸易外汇收支业务的，可参照企业的有关规定办理。

第三条 名录内企业的企业名称、统一社会信用代码、法定代表人、联系方式、注册地址发生变更的，应在变更事项发生之日起30天内，向所在地外汇局报告，进行信息变更。企业变更注册地后所属外汇局变更的，应向原所在地外汇局报告。

第四条 名录内企业存在下列情况之一，外汇局可将其从名录中注销：

（一）终止经营或不再从事对外贸易；

（二）被注销或吊销营业执照；

（三）连续两年未发生货物贸易外汇收支业务；

（四）外汇局对企业实施核查时，通过企业名录登记信息所列联系方式无法与其取得联系。

第五条 外汇局对新列入名录的企业进行辅导期标识，辅导期为企业发生首笔货物贸易外汇收支业务之日起90天。外汇局对货物贸易收支异常的辅导期企业进行重点监测和核查,并实施分类管理。

第二节　货物贸易外汇收支

第六条　本指引所称企业货物贸易外汇收支包括:

(一)从境外、境内海关特殊监管区域收回的出口货款,向境外、境内海关特殊监管区域支付的进口货款;

(二)从离岸账户、境外机构在境内账户收回的出口货款,向离岸账户、境外机构在境内账户支付的进口货款;

(三)深加工结转项下境内收付款;

(四)离岸转手买卖项下收付款;

(五)其他与货物贸易相关的收付款。

本指引所称海关特殊监管区域,是指保税区、出口加工区、保税物流园区、跨境工业区、保税港区、综合保税区等海关实行封闭监管的特定区域。保税物流中心(A、B型)、出口监管仓库、保税仓库、钻石交易所等参照海关特殊监管区域适用本指引。

第七条　货物贸易外汇收支应具有真实、合法的交易基础,企业不得虚构贸易背景办理外汇收支业务。

第八条　企业出口后应按合同约定及时、足额收回货款或按规定存放境外;进口后应按合同约定及时、足额支付货款。企业收取货款后应按合同约定及时、足额出口货物;支付货款后应按合同约定及时、足额进口货物。

第九条　企业应按照"谁出口谁收汇、谁进口谁付汇"原则办理货物贸易外汇收支业务,外汇管理法规另有规定的除外。

代理进口、出口业务原则上应由代理方付汇、收汇。代理进口业务项下,委托方可凭委托代理协议将外汇划转给代理方,也可由代理方购汇。代理出口业务项下,代理方收汇后可凭委托代理协议将外汇划转给委托方,也可结汇后将人民币划转给委托方。

第十条　企业办理货物贸易外汇收入,可自主决定是否开立出口收入待核查账户。企业货物贸易外汇收入可先进入出口收入待核查账户,也可进入企业经常项目外汇结算账户或结汇。

出口收入待核查账户的收入范围为货物贸易外汇收入(不含出口贸易融资项下境内金融机构放款及回款);支出范围为结汇或划入企业经常项目外汇结算账户,以及经外汇局登记的其他外汇支出。

出口收入待核查账户之间资金不得相互划转,账户内资金按活期存款计息。

第十一条 企业办理货物贸易外汇收支业务时,银行应通过货贸系统查询企业名录信息与分类信息,按照"了解客户"、"了解业务"、"尽职审查"的展业原则(以下简称展业原则)和本指引规定进行审核,确认收支的真实性、合理性和逻辑性。

企业办理货物贸易外汇收入时,银行应确认资金性质,无法确认的及时与企业核实。企业办理货物贸易外汇支出时,银行应确认交易单证所列的交易主体、金额、性质等要素与其申请办理的外汇业务相一致。

交易单证包括但不限于合同(协议)、发票、进出口报关单、进出境备案清单、运输单据、保税核注清单等有效凭证和商业单据。银行可根据展业原则和业务实际,自主决定审核交易单证的种类。B、C类企业货物贸易外汇收支业务按照本章第三节的有关规定办理。

第十二条 银行按规定审核经常项目外汇收支时,可根据内控要求和实际业务需要,按照实质合规原则,自主决定是否在单证上签注收付汇金额、日期并加盖业务印章。

银行应按规定留存审核后的纸质或电子材料5年备查,境内机构和个人应留存相应交易单证5年备查。

第十三条 银行应建立货物贸易外汇业务内控制度,包括客户调查、真实性审核、电子单证审核等内容,针对不同货物贸易外汇收支业务制定业务规范,建立货物贸易收支风险业务清单,完善内部管理机制,并按规定及时、准确、完整地向所在地外汇局报送相关信息。

第十四条 企业办理离岸转手买卖外汇收支业务时,银行应按照展业原则和下列要求,审核相关交易单证:

(一)具有真实、合法的交易基础,不存在涉嫌构造或利用虚假离岸转手买卖进行投机套利或转移资金等异常交易情况;

(二)交易具有合理性、逻辑性。

同一笔离岸转手买卖业务原则上应在同一家银行，采用同一币种（外币或人民币）办理收支结算。对无法按此规定办理的离岸转手买卖业务，银行在确认其真实、合法后可直接办理，并在涉外收支申报交易附言中注明“特殊离岸转手”，自业务办理之日起5个工作日内向所在地外汇局报告。

第十五条　企业办理具有货物贸易背景的国内外汇贷款业务，不得虚构贸易背景套取银行融资。银行办理上述国内外汇贷款业务应从源头做好风险防范，加强货物贸易背景审核，确认交易的真实性和逻辑合理性。

出口押汇等具有出口背景的国内外汇贷款按规定进入经常项目外汇结算账户并办理结汇的，企业原则上应以自有外汇或货物贸易出口收汇资金偿还。在企业出口确实无法按期收汇且没有其他外汇资金可用于偿还上述国内外汇贷款时，贷款银行可按照展业原则，审慎为企业办理购汇偿还手续，并于每月初5个工作日内向所在地外汇局报告。

第十六条　银行办理货物贸易对外付汇业务，可按照展业原则，自主决定是否对相应进口报关电子信息办理核验手续；银行能确认企业对外付汇业务真实合法的，可不办理核验手续。

第十七条　银行可按下列方式在货贸系统中办理进口报关电子信息的核验手续：

（一）对已完成进口报关手续的，银行自办理货物贸易对外付汇业务之日起5个工作日内，按照本次货物贸易对外付汇金额，在货贸系统中办理核验手续。

（二）对未完成进口报关手续的，银行可要求企业在完成报关手续之日（即进口日期，下同）起40日内提供相应的报关信息，并按照本次货物贸易对外付汇金额，在货贸系统中补办核验手续。

（三）对已完成进口报关手续但企业因合理原因无法及时提供报关信息的，银行确认交易真实合法后为其办理付汇业务，在企业完成报关手续之日起40日内补办核验手续。对确实无法提供上述报关信息的，银行可在货贸系统中对该笔付汇业务进行记录。

（四）对因溢短装等合理原因导致货物贸易实际对外付汇金额大

于报关金额的,银行在货贸系统中办理核验手续时,应注明原因。

(五)对因数据传输不完整等原因造成货贸系统缺失相应进口报关电子信息的,银行确认交易真实、合法后可为企业办理付汇业务,并可在货贸系统中补办核验手续。对于货贸系统确实缺失进口报关电子信息的,银行可在货贸系统中对该笔付汇业务进行记录。

银行应保证企业进口报关电子信息数据的安全。

第十八条 银行在办理进口报关电子信息核验手续时,对于存在下列情况之一的企业,应逐笔在货贸系统中对企业加注相应标识,企业的标识信息通过货贸系统向全国银行开放:

(一)未在规定期限内提供报关信息且无合理解释的;

(二)涉嫌重复使用报关信息且无合理解释的;

(三)涉嫌使用虚假报关信息的;

(四)其他需加注标识的情况。

企业的标识信息保存期限为24个月。由于银行操作失误导致企业被误标识的,经银行内部审批后,银行应撤销相关企业的标识信息。

第十九条 企业通过银行发生货物贸易外汇收支的,应根据贸易方式、结算方式以及资金来源或流向,按照货物贸易收支信息申报规定,填报相关申报单证,及时、准确、完整地进行货物贸易收付款核查专用信息申报。需进行货物贸易收付款核查专用信息申报的境内资金划转,收付款双方均需进行申报。

货物贸易收付款核查专用信息包括但不限于:是否为保税货物项下付款、合同号、发票号、提运单号/仓单号、外汇局批件号/备案表号/业务编号等。

银行在办理涉及海关特殊监管区域保税货物的境内仓单转卖业务时,应在涉外收支申报交易附言中标注“境内仓单转卖”字样。银行按规定办理货物贸易收付汇单位与进出口单位不一致业务时,在涉外收支申报交易附言中标注“非报关人”字样。

第二十条 符合下列情况之一的业务,企业应在货物进出口或收付汇业务实际发生之日起30天内,通过货贸系统向所在地外汇局报送对应的预计收付汇或进出口日期等信息:

(一)30天以上(不含)的预收货款、预付货款;

(二)90 天以上(不含)的延期收款、延期付款；

(三)90 天以上(不含)的远期信用证(含展期)、海外代付等进口贸易融资；

(四)B、C 类企业在分类监管有效期内发生的预收货款、预付货款,以及 30 天以上(不含)的延期收款、延期付款；

(五)同一笔离岸转手买卖收支日期间隔超过 90 天(不含)且先收后支项下收汇金额或先支后收项下付汇金额超过等值 50 万美元(不含)的业务；

(六)其他应报告的事项。

对于第(一)、(二)、(四)项,企业还需报送关联企业交易信息。

对已报告且未到预计进出口或收付汇日期的上述业务,企业可根据实际情况调整相关报告内容。

本指引所称关联企业交易,是指存在直接或间接控制关系或重大影响关系的企业间贸易行为,主要包括母子公司关系、直接或间接同为第三方控制或同时控制第三方、一方对另一方财务或经营决策过程具有参与权利并可施加一定影响等。

第二十一条　对于符合规定的收付汇单位与进出口单位不一致的情况,收汇或进口企业可向所在地外汇局报告,并办理收汇或进口数据的主体变更手续。

第二十二条　对于除本指引第二十条、第二十一条规定以外的其他影响货物贸易外汇收支与进出口一致性匹配的情况,企业可根据实际业务情况自主决定是否向所在地外汇局报送相关信息。

第二十三条　企业办理下列货物贸易外汇收支业务,应在收汇、付汇、开证、出口贸易融资放款或出口收入待核查账户资金结汇或划出前,提交下列材料到所在地外汇局审核真实性后办理登记：

(一)C 类企业贸易外汇收支：提交本指引第三十五条规定的材料；

(二)B 类企业超可收、付汇额度的贸易外汇收支：提交本指引第三十四条规定的材料；

(三)退汇日期与原收、付款日期间隔在 180 天以上(不含)或由于特殊情况无法原路退回的退汇业务,对于 A 类企业单笔等值 5 万美元以上(不含)或B、C类企业:提交书面申请(说明需要登记事项的具体内容,超期限或无法原路退汇的原因)、超期限或无法原路退汇的证明材料、原收付汇凭证、原进出口合同(因错误汇入以外的其他原因产生的贸易退汇时提供)、进出口货物报关单(发生货物退运时提供);

(四)新出现的贸易新业态外汇收支:提交书面申请(说明需登记事项的具体内容)、说明登记业务真实性和合理性的材料。

企业如有其他有助于说明交易真实、合法的材料,也可提供。

外汇局审核企业提交的资料后,出具《贸易外汇业务登记表》(以下简称《登记表》,见附2)。需办理登记的货物贸易外汇收支业务,银行应凭外汇局签发的《登记表》办理,并通过货贸系统签注《登记表》使用情况。

第二十四条 企业可根据其真实、合法的进口付汇需求,提前购汇存入其经常项目外汇结算账户。因合同变更等原因导致企业提前购汇后未能对外支付的进口货款,企业可自主决定结汇或保留在其经常项目外汇结算账户中。银行应对提前购汇的真实性、合法性和必要性进行合理审核。

第二十五条 进口项下退汇的境外付款人应为原收款人、境内收款人应当为原付款人。出口项下退汇的境内付款人应为原收款人、境外收款人应为原付款人。

银行为企业办理退汇外汇收支时,应按展业原则审核相关交易单证。

银行在为A类企业办理单笔等值5万美元以下(含)的退汇业务时,对于退汇日期与原收、付款日期间隔在180天以上(不含)或由于特殊情况无法原路退回的退汇,银行除审核相应交易单证外,还应对超期限或无法原路退汇的原因进行合理审核,并在涉外收支申报交易附言中注明“特殊退汇”。

第二十六条 货物贸易项下因汇路不畅需要使用外币现钞结汇的,银行应按照本指引第十一条等规定审核。外币现钞结汇金额达到规定入境申报金额的,银行还应审核企业提交的经海关签章的《中华人民共和国海关进境旅客行李物品申报单》(以下简称《海关申报单》)正本。

第三节　企 业 分 类

第二十七条　外汇局根据企业遵守外汇管理规定等情况，将企业分为A、B、C三类，实施分类管理。

在分类管理有效期内，对A类企业的货物贸易外汇收支，适用便利化的管理措施。对B、C类企业的货物贸易外汇收支，在单证审核、业务类型及办理程序、结算方式等方面实施审慎监管。

第二十八条　存在下列情况之一的企业，外汇局可将其列为B类企业：

（一）外汇局核查或风险提示时，对相关交易无合理解释；

（二）未按规定履行报告义务；

（三）未按规定办理货物贸易外汇业务登记；

（四）外汇局核查或风险提示时，未按规定的时间和方式向外汇局报告或提供资料；

（五）被外汇局与国家相关主管部门实施联合监管的；

（六）近两年因本指引第四条第四款情形被外汇局注销名录后，重新列入名录且对前期核查业务无合理解释的。

第二十九条　存在下列情况之一的企业，外汇局可将其列为C类企业：

（一）近12个月受到外汇局处罚且情节严重的；

（二）阻挠或拒不接受外汇局核查，或向外汇局提供虚假资料；

（三）B类企业在分类监管有效期届满经外汇局综合评估，相关情况仍符合列入B类企业标准的；

（四）被外汇局与国家相关主管部门实施联合惩戒的。

第三十条　外汇局在日常管理中发现企业存在本指引第二十八、第二十九条规定情形的，可将A类企业列入B类企业或C类企业，或将B类企业列入C类企业。

外汇局在确定B、C类企业前，出具《国家外汇管理局××分（支）局分类结论告知书》（见附3）并通知相关企业。如有异议，企业可自收到通知之日起7个工作日内，向所在地外汇局提交书面情况说明及相关材料进行申述。企业在规定时间内提出异议的，外汇局应对其分类情况进行复核,并根据复核情况确定其分类结果。对在规定期限内未提出异议或提出异议后经外汇局复核确定分类结果的企业,外汇局向银行发布企业分类信息。

外汇局可将企业分类信息向相关管理部门通报,必要时向社会公开披露。

第三十一条 外汇局可对资金流与货物流严重不匹配或资金单向流动较大的企业发送《国家外汇管理局××分(支)局风险提示函》(见附4),企业未在规定期限内说明原因或不能提供证明材料并做出合理解释的,外汇局可直接将其列入B类企业。

第三十二条 外汇局对分类结果进行动态调整。B、C类企业的分类监管有效期原则上为一年。对降级满3个月(含),同时满足下列条件的,企业可申请调整分类等级:

(一)分类监管有效期内,此前导致降级的异常情况已改善;

(二)没有发生本指引第二十八条、第二十九条规定情形。

第三十三条 B、C类企业分类监管有效期届满或申请调整分类等级时,外汇局应对其在分类监管有效期内或降级期间遵守相关外汇管理规定情况进行综合评估,调整分类结果。

第三十四条 B类企业在分类监管有效期内的货物贸易外汇收支业务应按照本指引第十一条和下列要求办理:

(一)以信用证、托收方式结算的,除按国际惯例审核有关商业单证外,还应审核合同;以预付货款、预收货款结算的,应审核合同和发票;以其他方式结算的,应审核相应的报关单和合同,货物不报关的,企业可提供运输单据等其他证明材料代替报关单。

(二)银行在办理B类企业收汇、付汇、开证、出口贸易融资放款或出口收入待核查账户资金结汇或划出手续时,应进行电子数据核查,通过货贸系统扣减其对应的可收付汇额度。B类企业超过可收付汇额度的货物贸易外汇收支业务,应到外汇局办理货物贸易外汇业务登记手续,银行凭《登记表》办理。

(三)对于预收货款、预付货款以及30天以上(不含)的延期收款、延期付款,企业应按照本指引规定向所在地外汇局报送信息。

(四)企业原则上不得办理90天以上(不含)的延期付款业务、不得签订包含90天以上(不含)收汇条款的出口合同;在分类监管有效期内,此前导致降级的情况已改善或纠正,且没有发生本指引第二十八条、第二十九条规定情形的B类企业,自列入B类之日起6个月后,可经外汇局登记办理该业务。

(五)企业不得办理离岸转手买卖外汇收支业务。

(六)已开办出口收入存放境外业务的企业被列为B类的,在分类监管有效期内,企业出口收入不得存放境外账户,不得使用境外账户对外支付,外汇局可要求企业调回境外账户资金余额。

(七)已开展跨国公司跨境资金集中运营业务的主办企业被列为B类的,所在地外汇局将通知跨国公司变更主办企业;已开展跨国公司跨境资金集中运营业务的其他成员企业被列为B类的,主办企业应终止其业务。

(八)外汇局规定的其他管理措施。

第三十五条　C类企业在分类监管有效期内的货物贸易外汇收支业务应按照下列规定办理:

(一)企业需事前逐笔到所在地外汇局办理登记手续,银行凭《登记表》办理。外汇局办理登记手续时,对于以信用证、托收方式结算的,审核合同;对于以预付、预收货款方式结算的,审核合同和发票;对于以其他方式结算的,审核报关单和合同,货物不报关的,可提供运输单据等其他证明材料代替报关单。

(二)对于预收货款、预付货款以及30天以上(不含)的延期收款、延期付款,企业应按本指引规定向所在地外汇局报送信息。

(三)企业原则上不得办理90天以上(不含)的远期信用证(含展期)、海外代付等进口贸易融资业务;不得办理90天以上(不含)的延期付款、托收业务;不得签订包含90天以上(不含)收汇条款的出口合同。

(四)企业不得办理离岸转手买卖外汇收支业务。

(五)已开展跨国公司跨境资金集中运营业务的主办企业被列为C类的,所在地外汇局将通知跨国公司变更主办企业;已开展跨国公司跨境资金集中运营业务的其他成员企业被列为C类的,主办企业应终止其业务。

(六)已开办出口收入存放境外业务的企业被列为C类的,企业应于列入之日起30日内调回境外账户资金余额。

(七)外汇局规定的其他管理措施。

第四节 其他货物贸易外汇业务

第三十六条 银行办理自身黄金进出口收付汇业务,按照货物贸易外汇收支有关规定办理。

如因价格变动造成实际付汇额与进口货物报关单成交总价存在差额的,应按交易确认凭证上的实际黄金成交总价,凭有效交易单证及差额情况说明办理付汇业务。

第三十七条 海关特殊监管区域与境内海关特殊监管区域外之间货物贸易,以及海关特殊监管区域内机构之间的货物贸易,可以人民币或外币计价结算。

第三十八条 海关特殊监管区域内机构采取货物流与资金流不对应的交易方式时,外汇收支应具有真实、合法的交易基础。

银行应按规定对交易单证的真实性及其与外汇收支的一致性进行合理审核。

企业提供的进口货物报关单、进境货物备案清单或保税核注清单上的收发货人为其他机构的,还应提供付汇人与收发货人不一致原因的书面说明、可证实交易真实性及该不一致情况的商业凭证以及相关海关监管单证。

第三十九条 边境贸易企业(以下简称边贸企业)办理边境贸易外汇收支,应具有真实、合法的贸易背景,且与货物进出口情况一致。

本指引所称边境贸易,包括边境小额贸易和边民互市。边贸企业,是指在商务主管部门备案登记,有边境小额贸易经营资格的企业。

第四十条 银行应按照本指引第十一条规定,对边贸企业提交的边境贸易交易单证的真实性及其与贸易外汇收支的一致性进行合理审核。

第四十一条 边贸企业边境贸易项下出口收取外币现钞,应填写《境内收入申报单》,凭商业单据(合同或发票等)和出口货物报关单办理现钞结汇或入账手续。上述现钞结汇或现钞入账金额达到规定入境申报金额的,边贸企业还应提供经海关签章的《海关申报单》正本。边贸企业边境贸易项下进口支付外币现钞，按照现行外币现钞管理规定办理。

第四十二条　在境内依法设立的期货交易所开展的期货实物交割有关结算业务应具有真实、合法的交易背景。

期货交易所对期货实物交割的真实性和合法性负责，并采集与期货实物交割有关的交易、结算、仓储、报关等信息。

第四十三条　存管银行办理期货实物交割项下货物贸易收支业务，应按照展业原则进行真实性、合规性审核，并按规定办理实际收付数据和还原数据申报。

本指引所称存管银行，是指为期货交易所、会员、境内交易者、境外交易者、境外经纪机构等提供期货交易相关账户、资金收付及汇兑等业务的银行。

第四十四条　境外交易者和境外经纪机构应通过境内期货公司向期货交易所办理期货实物交割项下的货款结算。

办理期货实物交割项下货款结算的境内期货公司，应办理名录登记且分类等级为A类。

参与期货实物交割业务的会员和境内外交易者不得构造交易转移资金，不得以任何方式逃避外汇监管。

第四十五条　从事跨境电子商务的企业可将出口货物在境外发生的仓储、物流、税收等费用与出口货款轧差结算，并按规定办理实际收付数据和还原数据申报。跨境电子商务企业出口至海外仓销售的货物，汇回的实际销售收入可与相应货物的出口报关金额不一致。跨境电子商务企业按现行货物贸易外汇管理规定报送外汇业务报告。

第四十六条　市场采购贸易项下委托第三方报关出口的市场主体，具备下列条件的，可以自身名义办理收汇：

（一）从事市场采购贸易的市场主体已在地方政府市场采购贸易联网平台备案。市场采购贸易联网平台应能采集交易、出口全流程信息，并提供与企业、个体工商户对应的出口明细数据。

（二）经办银行具备接受、存储交易信息的技术条件，系统与市场采购贸易联网平台对接，采取必要的技术手段，识别客户身份，审核交易背景的真实性，防范交易信息重复使用。

第二章 服务贸易外汇业务

第五节 服务贸易外汇收支

第四十七条 服务贸易外汇收支应具有真实、合法的交易基础,境内机构和境内个人不得虚构贸易背景办理外汇收支业务,不得以分拆等方式规避外汇管理。

初次收入和二次收入项下外汇收支按照本指引服务贸易外汇收支有关规定执行。初次收入,是指因提供劳务、金融资产和出租自然资源而获得的回报。二次收入,是指居民与非居民间的经常性转移,包括所有非资本转移的转移项目。

外商投资企业的利润、股息和红利项下对外支付按照直接投资利润汇出管理规定办理。

第四十八条 银行办理服务贸易外汇收支业务,应按照本指引规定对交易单证的真实性及其与外汇收支的一致性进行合理审核。

银行应根据本指引制定内部管理制度,明确有关业务操作规程,并按规定及时、准确、完整地向所在地外汇局报送相关外汇收支信息。

银行自身的服务贸易外汇收支按照本指引服务贸易外汇收支相关规定办理。

第四十九条 办理单笔等值5万美元以下(含)的服务贸易外汇收支业务,银行原则上可不审核交易单证;对于资金性质不明确的外汇收支业务,银行应要求境内机构和境内个人提交交易单证进行合理审核。

办理单笔等值5万美元以上(不含)的服务贸易外汇收支业务,银行应按展业原则,确认交易单证所列的交易主体、金额、性质等要素与其申请办理的外汇收支相一致。

(一)具有关联关系的境内外机构间发生的代垫或分摊费用,原则上不得超过12个月。

本指引所称关联关系,是指境内外机构之间存在直接或间接控制关系或重大影响关系。

（二）对于服务贸易项下预收预付款，银行应审慎审核相关单证，确认交易真实性、合规性和合理性后办理。

（三）银行应按照原汇入或汇出资金交易性质，审核退汇的相关材料，退汇金额原则上不得超过原汇入或汇出金额。汇出资金退汇的境外付款人应为原收款人、境内收款人应当为原付款人。汇入资金退汇的境内付款人应为原收款人、境外收款人应为原付款人。对于退汇项下的收付款人与规定不一致时，境内机构应向银行提供相关说明，由银行审核其退汇真实性和合理性后办理。

（四）办理单笔等值5万美元以上的服务贸易对外支付，境内机构和个人应先按照服务贸易对外支付税务备案有关规定办理备案手续，银行应核验服务贸易等项目对外支付纸质或电子税务备案表。

第五十条 办理下列服务贸易境内外汇划转业务的，由划付方银行按展业原则审核交易单证：

（一）境内机构向国际运输或国际运输代理企业划转国际运输项下运费及相关费用；

（二）对外承包工程项下总承包方向分包方划转工程款；

（三）对外承包工程联合体已指定涉外收付款主体的，收付款主体与联合体其他成员之间划转工程款；

（四）服务外包项下总包方向分包方划转相关费用；

（五）境内机构向个人归还垫付的公务出国项下相关费用；

（六）外汇管理规定的其他情形。

第五十一条 海关特殊监管区域内机构之间的服务贸易，可以人民币或外币计价结算；海关特殊监管区域与境内海关特殊监管区域外之间的服务贸易项下交易应以人民币计价结算，本指引第五十条除外；海关特殊监管区域行政管理机构的各项规费应以人民币计价结算。

第五十二条 服务贸易外汇收支涉及纸质或电子的交易单证应符合国家法律法规和通行商业惯例的要求，包括但不限于：

（一）包含交易标的、主体、金额等要素的合同（协议）；

（二）发票（支付通知）或列明交易标的、主体、金额等要素的结算清单（支付清单）；

(三)其他能证明交易真实合法的单证。

第五十三条 服务贸易外汇收支管理信息申报要素应包括:

(一)交易单证号:应在申报凭证相应栏目中填写合同号、发票号。服务贸易外汇收支本身无交易单证号的,境内机构和境内个人可不填写。

(二)代垫或分摊的服务贸易费用以及非关联关系代垫费用:应在申报凭证的交易附言栏目中标明“代垫”、“分摊”或“非关联代垫款”字样。

(三)对外承包工程签订合同之前服务贸易前期费用:应在申报凭证的交易附言栏目中标明“前期费用”字样。

(四)服务贸易退汇:应在申报凭证的退款栏目中进行确认,并在交易附言栏目中标明“退款”字样。

(五)凭电子或纸质税务备案表付汇:应在申报凭证的交易附言栏目中标明“SWBA+备案表编号后六位”。一笔交易对应多个税务备案表的,“SWBA+备案表编号后六位”用逗号间隔。

(六)服务贸易预付款:应在申报凭证的付款类型栏目中选择“预付款”;服务贸易预收款:应在申报凭证的付款类型栏目中选择“预收款”。

(七)外汇局规定的其他管理信息。

第三章 个人经常项目外汇业务

第六节 个人结售汇

第五十四条 个人经常项目外汇业务应具有真实、合法的交易背景。个人结汇和境内个人购汇实行年度便利化额度管理,便利化额度分别为每人每年等值5万美元。

第五十五条 个人凭本人有效身份证件在银行办理年度便利化额度内的结汇和购汇。标有身份证件号码的户口簿、临时身份证可作为境内个人有效身份证件。

个人可通过银行柜台或电子银行渠道办理结汇和购汇。

第五十六条 境内个人凭本人有效身份证件和有交易额的结汇

资金来源材料,在银行办理不占用年度便利化额度的经常项目结汇。

境内个人凭本人有效身份证件和有交易额的购汇资金用途材料,在银行办理不占用年度便利化额度的经常项目购汇。

第五十七条　境内个人办理购汇业务,应真实、准确、完整填写《个人购汇申请书》,并承担相应法律责任。

第五十八条　境外个人凭本人有效身份证件和有交易额的结汇资金用途材料,在银行办理不占用年度便利化额度的经常项目结汇。

结汇单笔等值5万美元以上(不含)的,应将结汇所得人民币资金直接划转至交易对方的境内人民币账户。

第五十九条　境外个人在境内取得的经常项目合法人民币收入,凭本人有效身份证件和有交易额的购汇资金来源材料(含税务凭证)在银行办理购汇。

持有外国人永久居留身份证的境外个人适用购汇年度便利化额度。

第六十条　境外个人原兑换未用完的人民币兑回外汇,凭本人有效身份证件和原兑换水单办理,原兑换水单的兑回有效期为自兑换日起24个月;对于当日累计兑换不超过等值500美元(含)以及离境前在境内关外场所当日累计不超过等值1000美元(含)的兑换,可凭本人有效身份证件办理。

第六十一条　个人可委托近亲属代为办理年度便利化额度内的结汇和购汇。办理时需提供委托人和受托人的有效身份证件、委托书以及近亲属关系说明材料等。

个人可委托他人(含近亲属)代为办理不占用年度便利化额度的结汇和购汇。办理时需提供委托人和受托人的有效身份证件、委托书和有交易额的相关材料等。

本指引所称近亲属,是指配偶、父母、子女、兄弟姐妹、祖父母、外祖父母、孙子女、外孙子女。近亲属关系说明材料包括户口本、结婚证、出生证等。确无法提供近亲属关系说明材料的,可以近亲属关系承诺函替代。

第六十二条　个人不得以分拆等方式规避便利化额度管理及真实性管理。外汇局对规避管理的个人实行“关注名单”管理。

(一)外汇局对出借本人便利化额度协助他人规避便利化额度及真实性管理的个人,通过银行以《个人外汇业务风险提示函》(见附5)予以风险提示。若上述个人再次出现出借本人便利化额度协助他人规避便利化额度及真实性管理的行为,外汇局将其列入“关注名单”管理,并通过银行以《个人外汇业务“关注名单”告知书》(见附6)予以告知。

(二)外汇局对借用他人便利化额度及其他方式规避便利化额度及真实性管理的个人,列入“关注名单”管理,并通过银行以《个人外汇业务“关注名单”告知书》予以告知。

(三)“关注名单”内个人的关注期限为列入“关注名单”的当年及之后连续2年。在关注期限内,“关注名单”内个人办理个人结售汇业务,应凭本人有效身份证件、有交易额的相关材料在银行办理。银行应按照真实性审核原则,严格审核相关材料。

第六十三条 被实施风险提示的个人,首次在柜台办理个人外汇业务时,银行应打印纸质《个人外汇业务风险提示函》进行告知;被实施“关注名单”管理的个人,首次在柜台办理个人外汇业务时,银行应打印纸质《个人外汇业务“关注名单”告知书》进行告知。

银行可根据个人要求为其本人查询被实施的“关注名单”管理结论,若个人对结论存在异议,应告知个人可向所在地外汇局核实。

第七节 个人外汇收支

第六十四条 境内个人外汇汇出境外用于经常项目支出,按下列规定在银行办理:

(一)外汇账户内外汇汇出境外当日累计等值5万美元以下(含)的,凭本人有效身份证件办理;超过上述金额的,凭本人有效身份证件、有交易额的相关材料办理。境内个人办理外汇汇出业务时,应配合银行购汇用途与付汇用途一致性审核。

(二)持外币现钞汇出当日累计等值1万美元以下(含)的,凭本人有效身份证件在银行办理;超过上述金额的,凭本人有效身份证件、经海关签章的《海关申报单》或本人原存款银行外币现钞提取单据、有交易额的相关材料办理。

第六十五条　境外个人经常项目外汇汇出境外，按下列规定在银行办理：

（一）外汇账户内外汇汇出，凭本人有效身份证件办理；

（二）持外币现钞汇出，当日累计等值 1 万美元以下（含）的，凭本人有效身份证件办理；超过上述金额的，凭本人有效身份证件、经海关签章的《海关申报单》或原存款银行外币现钞提取单据办理。

第六十六条　个人货物贸易外汇收支按下列规定办理：

（一）个体工商户委托有对外贸易经营权的企业办理进口的，本人凭其与代理企业签订的进口代理合同或协议购汇，所购外汇通过本人外汇账户直接划转至代理企业经常项目外汇账户。

个体工商户委托有对外贸易经营权的企业办理出口的，可以通过本人外汇账户收汇、结汇。结汇凭合同及物流公司出具的运输单据等商业单证办理。

（二）境内个人从事跨境电子商务，可通过本人外汇账户办理跨境电子商务外汇结算。境内个人办理跨境电子商务项下结售汇，提供有交易额的材料或交易电子信息的，不占用个人年度便利化额度。

（三）个人从事市场采购贸易，可通过个人外汇账户办理符合相关要求的市场采购贸易外汇结算。个人办理市场采购贸易项下结汇，提供有交易额的材料或交易电子信息的，不占用个人年度便利化额度。

（四）个人从事边境贸易活动，外汇收支参照本指引第三十九条、第四十条的规定办理。个人收取的外币现钞或现汇，凭合同、物流公司出具的运输单据等商业单据办理结汇或入账手续。外币现钞结汇或外币现钞入账金额当日累计等值 1 万美元以上（不含）的，个人还应提供经海关签章的《海关申报单》正本。

第六十七条　个人外汇账户内资金境内划转，仅限于本人账户之间、个人与近亲属账户之间。

划转账户分别属于境内个人、境外个人的，按跨境交易进行管理，且应符合经常项目外汇汇出境外的规定。

第六十八条　银行办理个人经常项目外汇业务，应对交易单证的真实性及其与外汇收支的一致性进行合理审核。

银行可根据个人风险状况，自主决定审核凭证的种类、形式以及审核要点，确保交易真实合规。

银行有权对违反外汇管理规定、真实性存疑的交易予以拒绝。对拒绝办理的业务，银行应向个人准确说明拒绝原因及申诉渠道。

第六十九条　银行为个人开立外汇账户时，应尽职调查，加强对客户的了解，强化个人身份认证核验，确保人证一致。

第七十条　银行为个人办理购汇业务时，应提示个人真实、准确、完整填写《个人购汇申请书》。银行应将个人填写的《个人购汇申请书》信息在本行信息系统中保存。

银行应提升个人购汇信息申报质量，及时更新和完善个人购汇信息异常申报数据库，对申报要素填写不完整、不合逻辑的交易进行识别和拦截。

第七十一条　银行应关注个人购付汇用途是否一致，发现涉嫌付汇用途与购汇用途不一致的，应做好尽职调查，要求个人如实报告购付汇用途。

第七十二条　银行应加强电子银行个人结售汇业务风险识别，落实电子银行业务本人办理原则。通过多重技术手段，事中事后筛查拦截异常外汇交易，防范借用他人便利化额度、出借本人便利化额度及其他规避便利化额度和真实性管理的违规行为。

第七十三条　银行应切实履行自身服务职责，全面提升服务质量，保障个人真实合理用汇需求。银行应在营业网点区域显著位置展示本行编制的个人外汇业务办理指南。

第七十四条　银行开展个人外汇业务，应依据展业原则及反洗钱有关规定制定银行内部管理制度，银行内部管理制度应覆盖本行个人外汇业务的全部类型和业务渠道。

第七十五条　银行开展个人外汇创新业务前，应将业务流程、内部管理制度要求、风险防控措施等书面告知国家外汇管理局。

第七十六条　除下列情况外，银行应将个人结售汇数据录入个人外汇业务系统（以下简称个人系统）：

（一）通过外币代兑机构发生的结售汇；

（二）通过银行柜台尾零结汇、转利息结汇等小于等值100美元（含）的结汇；

（三）外币卡（含境内卡和境外卡）境内消费结汇；

（四）境外卡通过自助银行设备提取人民币现钞；

（五）境内卡境外使用后购汇还款；

（六）通过自助兑换机办理的个人外币现钞兑换人民币现钞的单向兑换。

第七十七条　银行应建立本行数据质量管理机制，办理的个人结售汇和外币现钞存取业务全部数据均应实时、逐笔向个人系统准确报送。通过支付机构办理的个人结售汇业务数据应按规定时限向个人系统准确报送。

第七十八条　银行应对在个人系统使用中知晓的个人信息严格保密，不得泄露和侵犯个人隐私。

第七十九条　银行可办理代理境外分支机构开户见证业务。

银行代理境外分支机构开户见证业务的客户主体仅限于已取得国外（境外）长期签证（连续居住三个月以上）的境内居民个人，汇款用途按有关个人外汇管理规定审核真实性。

若开办代理境外其他银行开户见证业务，应先取得银行保险业监督管理部门同意；如取得其同意，办理开户见证业务应遵守本条第二款的规定。

第四章　外币现钞业务

第八节　外币现钞收付、存取和携带

第八十条　境内机构不得收取、提取外币现钞，本指引第四十条、第四十一条、第八十一条、第八十二条、第八十三条、第一百五十五条、第一百五十七条规定的除外。

第八十一条　符合下列条件的经常项目交易，境内机构可以收取外币现钞，但应在银行办理结汇：

（一）银行汇路不畅的经常项目交易；

（二）与战乱、金融条件差的国家（地区）间开展的经常项目交易；

（三）境外机构或境外个人因临时使用境内港口等交通设施所支付的服务和补给物品的费用；

(四)境内免税商品经营单位和免税商店销售免税商品的外汇交易。

第八十二条 符合下列条件的经常项目交易,境内机构可以按规定在银行购汇或使用自有外汇提取外币现钞:

(一)银行汇路不畅的经常项目交易;

(二)向战乱、金融条件差的国家(地区)支付的经常项目支出;

(三)国际海运船长借支项下;

(四)境内机构公务出国项下每个团组平均每人提取外币现钞金额在等值1万美元以下(含)的。

除上述规定情况外,确需提取外币现钞的交易,应向所在地外汇局提交交易真实性、合法性和必要性的说明材料,办理登记手续。

按规定已提取但未使用完的经常项下外币现钞,可以结汇或存入原提取外币现钞所使用的外汇账户。

第八十三条 财政资金预算内的机关、事业单位和社会团体等办理非贸易非经营性用汇项下提取外币现钞业务,可按规定直接到银行办理。

本指引所称非贸易非经营性用汇,是指驻外机构用汇、出国用汇、留学生用汇、外国专家用汇、国际组织会费用汇、救助与捐赠用汇、对外宣传用汇、股金与基金用汇、援外用汇、境外朝觐用汇及部门预算中确定的其他用汇项目。

司法和行政执法等机构的罚没款、暂扣款和专项收缴款为外币现钞的,银行可根据上述机构的相关文件直接办理结汇、存入经常项目外汇账户和提取外币现钞等手续。

第八十四条 银行应按展业原则办理境内机构外币现钞收付业务,对交易单证的真实性及其与外币现钞交易的一致性,以及外币现钞交易的合法性和必要性等进行合理审核。相关单证无法证明交易真实合法或与办理的外币现钞交易不一致的,银行应要求境内机构补充其他交易单证。

第八十五条 银行、个人本外币兑换特许机构的外币现钞收付,可根据相关规定直接办理,不适用本指引。

第八十六条 个人提取外币现钞当日累计等值1万美元以下

（含）的，凭本人有效身份证件在银行办理；个人出境赴战乱、外汇管制严格、金融条件差或金融动乱的国家（地区），确有需要提取超过等值1万美元以上外币现钞的，凭本人有效身份证件、提钞用途等材料向银行所在地外汇局事前报备。银行凭本人有效身份证件和经外汇局签章的《提取外币现钞备案表》（见附7）为个人办理提取外币现钞手续。

外汇局开具的《提取外币现钞备案表》自签发之日起30天内有效，不可重复使用。

第八十七条　个人存入外币现钞当日累计等值1万美元以下（含）的，凭本人有效身份证件在银行办理；超过上述金额的，凭本人有效身份证件、经海关签章的《海关申报单》或原存款银行外币现钞提取单据在银行办理。

第八十八条　个人占用年度便利化额度的外币现钞结汇，当日外币现钞结汇累计金额在等值1万美元以下（含）的，凭本人有效身份证件在银行办理；超过上述金额的，凭本人有效身份证件、经海关签章的《海关申报单》或原存款银行外币现钞提取单据在银行办理。

个人不占用年度便利化额度的外币现钞结汇，当日外币现钞结汇累计金额在等值1万美元以下（含）的，凭本人有效身份证件、有交易额的相关材料在银行办理。超过上述金额的，凭本人有效身份证件、经海关签章的《海关申报单》或原存款银行外币现钞提取单据、有交易额的相关材料在银行办理。

第八十九条　个人携带外币现钞等入境，超过等值5000美元的应向海关书面申报。当天多次往返及短期内多次往返者第二次及以上入境，不论携带外币现钞的金额大小，均应向海关书面申报。

个人携带外币现钞出境，没有或超出最近一次入境申报外币现钞数据记录的，金额在等值5000美元以上至1万美元（含）的，应向银行申领《携带外汇出境许可证》。个人赴战乱、外汇管制严格、金融条件差或金融动乱的国家（地区），确有需要携带超过等值1万美元外币现钞出境的，需向存款或购汇银行所在地外汇局申领《携带外汇出境许可证》。

个人遗失或逾期补办《携带外汇出境许可证》的，按照“谁签发、谁补办”原则，在出境前持补办申请向原签发银行或外汇局提出申请。

补办的《携带外汇出境许可证》应加注“补办”字样。

第九十条 银行及个人本外币兑换特许机构代售的外币旅行支票原则上应限于境外旅游、朝觐、探亲会亲、境外就医、留学等服务贸易项下的对外支付，不得用于货物贸易项下或资本项下的对外支付。

第九十一条 境内机构、驻华机构申请购买外币旅行支票，应以其经常项目外汇账户、外汇资本金账户以及其他明确规定可用于经常项目支出的外汇账户内资金购买，或用人民币账户内资金购汇后购买，不得以外币现钞或人民币现钞购汇购买外币旅行支票。

本指引所称驻华机构，包含外国驻华外交领事机构和国际组织驻华代表机构。

第九十二条 个人以外汇账户内资金购买外币旅行支票的，一次性购买外币旅行支票在等值5万美元以下（含）的，凭本人有效身份证件办理；超过上述金额的，凭本人有效身份证件和有交易额的相关材料办理。以人民币购买外币旅行支票的，按照个人购汇的相关规定办理。

个人凭本人有效身份证件及旅行支票办理兑付的，按照个人结汇的相关规定办理。个人将旅行支票兑换成外币现钞的，视同提取外币现钞业务；旅行支票可以直接存入个人外汇账户，视同存入外币现钞业务。

第九十三条 银行应加强对个人大额、异常外币现钞存取业务的真实合法性审核，严格审核外币现钞来源或用途。

第九十四条 银行办理的下列个人外币现钞存取数据，应录入个人系统管理：

（一）个人外币现钞存入，包括持外币现钞的结汇、存入个人外汇账户或信用卡、汇出境外、境内划转以及兑换外币后存入现钞等；

（二）个人外币现钞提取，包括购汇提钞、从个人外汇账户或信用卡提取外币现钞、境外汇入或境内划转直接提取外币现钞以及兑换外币后提取现钞等。

银行办理外币现钞收付业务，应遵守我国反洗钱与反恐怖融资的有关规定，并按银行外汇业务数据采集规范相关规定及时、准确报送外币现钞有关数据。

第五章 保险机构经常项目外汇业务

第九节 市场准入和退出

第九十五条 保险公司及其分支机构经营外汇保险业务,应符合下列条件:

(一)经核准在境内依法登记注册;

(二)具有经营保险业务资格;

(三)具有完备的与外汇保险业务相应的内部管理制度;

(四)近三年未发生情节严重的违法违规行为、未受到保险行业主管部门或国家外汇管理局等部门行政处罚。

本指引所称保险公司,是指经保险行业主管部门核准设立,并依法登记注册的商业保险公司以及政策性保险公司。保险集团(控股)公司从事外汇保险业务的,视同保险公司管理。

第九十六条 保险公司经营外汇保险业务,应经所在地国家外汇管理局分局、外汇管理部(以下简称外汇分局)核准。

具有经营外汇保险业务资格的保险公司,其分支机构在取得保险公司或省级分支机构内部书面授权之日起可经营、变更或终止外汇保险业务。

保险公司省级分支机构应按规定在每季度结束后 10 个工作日内,向其所在地外汇分局报告上一季度新申请经营、变更或终止外汇保险业务的本级及其以下分支机构名单。

第九十七条 外汇保险业务是指符合本指引规定,保险公司及其分支机构在境内开展的以外币计价的保险业务或以人民币计价但以外币结算的保险业务。

保险公司及其分支机构可按规定经营下列部分或全部外汇保险业务:

(一)外汇财产保险

1. 保险标的为在中华人民共和国境外的财产及有关利益;

2. 保险标的为在中华人民共和国境内与境外之间移动的财产及有关利益;

3. 保险标的或承保风险为部分或全部在中华人民共和国境外存在或发生的责任险、信用保证保险等;

4. 保险标的为境外投保人或境外被保险人的财产及有关利益。

(二)外汇人身保险

1. 境内个人跨境的短期健康保险和意外伤害保险;

2. 境外个人的短期健康保险和意外伤害保险。

(三)外汇再保险

对上述外汇财产保险和外汇人身保险在境内进行再保险。

(四)其他外汇保险业务

第九十八条 保险公司经营外汇保险业务,应持下列材料向所在地外汇分局申请:

(一)书面申请;

(二)保险行业主管部门颁发的经营保险业务资格证明复印件;

(三)营业执照复印件(自由贸易试验区内保险公司免于提供);

(四)与申请外汇保险业务相应的内部管理制度,包括但不限于业务操作流程、资金管理和数据报送等内容。

第九十九条 保险公司变更外汇保险业务范围或机构名称,应持下列材料向所在地外汇分局申请:

(一)书面申请;

(二)变更外汇保险业务范围的,提交与变更后外汇保险业务范围相应的内部管理制度;

(三)变更机构名称的,在自营业执照变更之日起20个工作日内,提交保险行业主管部门核准其名称变更的文件、保险行业主管部门颁发的变更后经营保险业务资格证明、变更后的营业执照复印件。

第一百条 保险公司终止外汇保险业务,应在其终止相关业务后20个工作日内,持《保险机构终止外汇业务备案申请表》(见附8)向所在地外汇分局备案。

第一百零一条 保险公司按照第九十八条和第九十九条规定办理外汇保险业务市场准入申请的,所在地外汇分局应在收到保险公司完备材料之日起20个工作日内,做出核准或者不予核准的决定。对于符合规定条件予以核准的,向保险公司出具核准文件;不予核准的,做出不予核准的行政许可书面决定并说明理由。

第一百零二条　保险公司及其分支机构有下列情形之一的,保险代理机构或保险经纪机构及其分支机构有下列第(二)、(三)项情形的,自发生或发现之日起 20 个工作日内,应向所在地外汇分局报告,并提交说明函。所在地外汇分局可视情形要求保险公司、保险代理机构、保险经纪机构及其分支机构进行整改,整改期间停止接受新的外汇保险业务。

(一)取得经营外汇保险业务资格连续两年未发生外汇保险业务的;

(二)收到保险行业主管部门接管公告等存在重大风险隐患的;

(三)因发生情节严重的违法违规行为、受到保险行业主管部门或国家外汇管理局等部门行政处罚的。

第一百零三条　保险公司及其分支机构有下列情形之一的,自发生之日起,其经营外汇保险业务资格自动终止,经营外汇保险业务核准文件同时失效:

(一)因分立、合并或按公司章程规定解散;

(二)被保险行业主管部门终止经营保险业务;

(三)被人民法院依法宣告破产;

(四)原上级授权保险公司终止外汇业务;

(五)国家法律、法规规定的其他情形。

保险公司和省级分支机构应自上述情形发生之日起 20 个工作日内,向所在地外汇分局书面报告。

第一百零四条　保险公司因遗失、损毁等需要补办经营外汇保险业务核准文件的,应向所在地外汇分局提交有关补办的书面申请,包括但不限于情况说明、保险公司内部整改措施等。所在地外汇分局自收到保险公司完备材料之日起 20 个工作日内重新出具核准文件。

保险公司变更注册地址、经营地址、注册资本的,应在变更之日起 10 个工作日内向所在地外汇分局报告;保险公司分支机构变更经营地址的,应在变更之日起 10 个工作日内由省级分支机构向变更后的所在地外汇分局报告。

第十节　保险外汇账户使用

第一百零五条　保险机构及其分支机构按规定在银行开立、变更、使用和关闭经常项目外汇结算账户、外汇资金运用账户。

保险机构直接投资、境外上市、境外资金运用等业务涉及外汇账户开立、变更、使用和关闭的，按照资本项目有关外汇账户的规定办理。

保险机构包括保险集团（控股）公司、保险公司和保险资产管理公司。

第一百零六条　保险机构及其分支机构开立经常项目外汇结算账户，用于日常经营保险业务、受托管理外汇资金业务等。保险机构经常项目外汇结算账户的收支范围为经常项目外汇收支和外汇局规定的资本项目外汇收支。

保险机构开立外汇资金运用账户，用于境内外汇资金运用业务。保险机构境内外汇资金运用的外汇资金应先划入在托管银行开立的外汇资金运用账户进行托管。托管的外汇资金转存银行存款所开立的外汇账户性质仍为外汇资金运用账户。

在托管银行开立的用于托管的外汇资金运用账户的收支范围为与外汇资本金账户、经常项目外汇结算账户、境外上市专用外汇账户、其他外汇资金运用账户划转外汇资金，买卖外汇金融资产收支和外汇局规定的其他外汇收支。

其他外汇资金运用账户是指在非托管银行开立的外汇资金运用账户，收支范围为与用于托管的外汇资金运用账户划转外汇资金，买卖外汇金融资产收支和外汇局规定的其他外汇收支。

保险机构经常项目外汇结算账户内资金结汇，可直接在银行办理。保险机构外汇资金运用账户仅限于外汇资金运用业务，不得办理结售汇和日常经营收付。

第一百零七条　用于托管的外汇资金运用账户与外汇资本金账户和境外上市专用外汇账户划转资金时，托管银行应对用于托管的外汇资金运用账户收付的保险机构外汇资本金和境外上市募集外汇资金的情况进行记录。

保险机构从用于托管的外汇资金运用账户向同名境内其他性质外汇账户划转时，应按照下列规定办理：

（一）保险机构应向托管银行说明有关外汇资金划转对方账户的性质，托管银行应根据原汇入资金性质办理外汇资金汇回手续；

（二）托管银行应根据记录情况，将外汇资金优先划转至外汇资本金账户或境外上市专用外汇账户，直至原汇入外汇资本金或境外上市募集外汇资金已全部划回至原性质账户，托管银行方可向保险机构外汇结算账户划转外汇资金。

第一百零八条　保险机构从事保险资金境外投资所开立的境内托管账户参照用于托管的外汇资金运用账户管理，保险资金境外投资的境内托管银行应按照本指引第一百零七条规定记录和办理外汇资金的划转。

托管银行和保险机构应在季度结束后10个工作日内，向所在地外汇分局报告保险机构外汇资本金和境外上市募集外汇资金用于境内外的外汇资金运用情况。

第十一节　保险外汇收支

第一百零九条　银行在办理外汇保险项下保费、分保费、赔款、保险金、摊回赔款、追回款等境内外汇划转手续时，应按规定审核相关交易材料。境内外汇划转手续由划出方银行审核。

保险机构办理外汇保险项下退保时，应以原收取保险费币种进行划转。

第一百一十条　银行可凭付款指令办理同一保险机构同性质外汇账户之间的境内划转手续。

同一保险机构不同性质的外汇账户之间除本指引第一百零七条、第一百零八条规定情形外，不得办理境内划转手续。

在同一法人机构项下保险公司与其分支机构之间或者分支机构之间可相互代收代付保险项下外汇资金，银行应按照本指引的规定办理。

保险公司与其分支机构之间的同性质外汇账户，在境内可以凭付款指令在银行直接划转保险项下外汇资金。

第一百一十一条 保险机构及其分支机构办理跨境保险、跨境再保险等经常项目外汇收支，按照境内机构经常项目外汇管理规定办理。

保险项下赔款、追回款、追偿费用等由被保险人转让至境内或境外第三方的，被保险人与第三方之间的转让交易在符合外汇管理规定的条件下，保险机构可根据被保险人的批单或书面指令办理赔款资金的转让手续。

保险机构与境外救援机构、医疗机构因对被保险人进行救援或医疗产生的垫款费用跨境收支，银行应按规定审核相关材料。

第一百一十二条 保险公司及其分支机构可以通过依法设立的保险代理机构或保险经纪机构办理保险项下外汇收支。

保险代理机构和保险经纪机构在保险行业主管部门完成相关业务备案后，可通过其经常项目外汇账户办理代收代付保险项下资金原币划转，其中赔款资金可办理结汇或购汇。保险经纪机构在境内从事外汇保险项下业务，可以外汇收取佣金，外汇佣金可以自行保留或办理结汇。

（一）保险代理机构和保险经纪机构应在每年 1 月底前向所在地外汇分局报告本年度保险项下代收代付外汇业务计划，每季度初 5 个工作日内报告上一季度实际办理情况，并提供情况说明及相关材料。

情况说明包括但不限于保险项下代收代付外汇业务基本情况、境内外合作保险机构名单、收付汇金额等；办理赔款资金结汇或购汇业务的，说明中还应包括赔款资金结汇或购汇业务基本情况、保险赔款金额及与其对应的收付汇金额、结汇或购汇金额等。

对于超出报告计划的结汇或购汇及单笔等值 5000 万美元以上（含）的结汇或购汇，保险代理机构和保险经纪机构应当事前向所在地外汇分局进行报告。

（二）保险代理机构和保险经纪机构办理代收代付保险项下赔款资金结汇时，结汇资金直接划入赔款接收人账户；已代付保险赔款至赔款接收人账户的，结汇资金由保险代理机构和保险经纪机构自行留存。银行应当对结汇的真实性进行审核，材料包括：

1. 情况说明，包括但不限于结汇原因、赔款接收人姓名、开户银行账号等；

2. 赔款接收人书面委托结汇书；

3. 保险项下代收代付外汇业务计划；

4. 银行认为应当提交的其他材料。

保险代理机构和保险经纪机构办理代收代付保险项下赔款资金购汇业务，银行应当对购汇的真实性进行审核。

第一百一十三条　保险项下发生的检验、估价、查勘、评估等服务，在境内应以人民币收付。

外汇保险业务项下不得收付外币现钞，本指引第四章另有规定的除外。

第一百一十四条　办理外汇保险项下境内外汇划转手续时：

（一）外汇保险项下的保费、赔款、分出保费、摊回赔款等费用可以通过自有外汇支付或购汇支付；

（二）被保险人或受益人收取的外汇赔款、外汇保险金等收入，可以存入外汇账户或办理结汇。

第一百一十五条　保险公司可依据实际经营需要，直接在银行办理外汇资本金和境外上市募集外汇资金结汇。

（一）保险公司在每年 1 月底前应当就本年度结汇计划和上年度结汇情况向所在地外汇分局报告，并提供情况说明及相关材料。

情况说明包括但不限于外汇资金来源、结汇金额、结汇用途、本外币资产不匹配情况和上年度结汇资金使用情况等。

对于超出报告计划的结汇及单笔等值 5000 万美元以上（含）的结汇，保险公司应事前向所在地外汇分局进行报告。

（二）银行应履行展业原则，对结汇的真实性进行审核，资料包括：

1. 结汇申请书，包括但不限于结汇资金来源、结汇金额及结汇资金用途等；

2. 结汇资金使用计划及其材料；

3. 上年度经审计的人民币资产负债表和利润表、外币资产负债表和利润表；保险公司成立不足一年的，可提供近期资产负债表和利润表；上市保险公司未披露上年度资产负债表和利润表的，可提供最近一期已披露的资产负债表和利润表。

(三)结汇所得人民币资金运用需符合保险行业主管部门和国家外汇管理局有关规定,用于新设分支机构的筹建、日常经营支出、支付境内股权投资和人民币保证金等。

第一百一十六条 在金融监管部门核准的业务范围内,保险机构在境内开展境内外汇同业拆借业务、境内外币债券买卖业务,保险资产管理公司开展受托管理外汇资金业务以及管理运用自有外汇资金业务,无需经外汇局核准。

保险机构从事境内外汇同业拆借业务原则上应使用自有外汇资金,不得购汇办理同业拆出业务,拆入资金不得办理结汇;保险机构从事境内外币债券买卖,可以使用自有外汇资金或购汇支付,外币债券收益的结汇纳入外汇利润结汇管理。

保险机构从事本指引未明确的其他外汇业务,由国家外汇管理局另行规定。

第一百一十七条 海关特殊监管区域与境内海关特殊监管区域外之间的保险业务适用本指引。

第一百一十八条 银行办理外汇保险业务相关的跨境外汇收支、境内外汇划转和结售汇等业务,应按规定审核相关交易单证。

第一百一十九条 银行应按规定报送保险机构外汇账户、跨境外汇收支、境内外汇划转和结售汇等业务信息。

保险机构及其分支机构应按照外汇管理规定及时、准确报送信息。

所在地外汇分局应于每季度结束后10个工作日内,通过保险业务系统向国家外汇管理局报送所辖地区办理的外汇保险业务相关情况。

第六章 支付机构外汇业务

第十二节 支付机构名录登记

第一百二十条 支付机构外汇业务是指支付机构通过合作银行为市场交易主体跨境交易提供的小额、快捷、便民的经常项下电子支付服务,包括代理结售汇及相关资金收付服务。市场交易主体是指电子商务经营者、购买商品或服务的消费者(以下简称消费者)。

市场交易主体、支付机构及合作银行应遵守国家有关法律法规,不得以虚构交易、分拆等方式逃避监管。支付机构及合作银行应依法履行反洗钱、反恐怖融资义务,依法维护市场交易主体合法权益,对市场交易主体身份和交易信息等依法严格保密。

支付机构自身外汇业务按照一般企业外汇管理有关规定办理。

第一百二十一条　支付机构办理名录登记后方可开展外汇业务。支付机构应遵循展业原则,在登记的业务范围内开展经营活动。

银行在满足交易信息采集、真实性审核等条件下,可参照支付机构向国家外汇管理局及其分局、外汇管理部申请凭交易电子信息为消费者提供结售汇及相关资金收付服务。全国性银行直接向国家外汇管理局申请,地方性银行向注册地外汇分局申请,外汇分局同时向国家外汇管理局备案。

外汇分支局负责上述机构的名录登记管理。

第一百二十二条　支付机构申请办理名录登记,应具备下列条件:

(一)具有相关支付业务合法资质;

(二)具有开展外汇业务的内部管理制度和相应技术条件;

(三)申请外汇业务的必要性和可行性;

(四)具有交易真实性、合法性审核能力和风险控制能力;

(五)至少5名熟悉外汇业务的人员(其中1名为外汇业务负责人);

(六)与符合要求的银行合作。

第一百二十三条　支付机构应与具备下列条件的银行签约,并通过合作银行办理相关外汇业务:

(一)具有经营结售汇业务资格;

(二)具有审核支付机构外汇业务真实性、合规性的能力;

(三)至少5名熟悉支付机构外汇业务的人员;

(四)已接入个人系统并开通相关联机接口。

支付机构应根据外汇业务规模等因素,原则上选择不超过2家银行开展合作。

第一百二十四条 支付机构申请办理名录登记,应向注册地外汇分局提交下列申请材料:

(一)书面申请,包括但不限于公司基本情况(如治理结构、机构设置等)、合作银行情况、申请外汇业务范围及可行性研究报告、与主要客户的合作意向协议、业务流程、信息采集及真实性审核方案、抽查机制、风控制度模型及系统情况等;

(二)行业主管部门颁发的开展支付业务资质证明文件复印件、营业执照(副本)复印件、法定代表人有效身份证件复印件等;

(三)与银行的合作协议(包括但不限于双方责任与义务,汇率报价规则,服务费收取方式,利息计算方式与归属,纠纷处理流程,合作银行对支付机构外汇业务合规审核能力、风险管理能力以及相关技术条件的评估认可情况等);

(四)外汇业务人员履历及其外汇业务能力核实情况;

(五)承诺函,包括但不限于承诺申请材料真实可信、按时履行报告义务、积极配合外汇局监督管理等。

如有其他有助于说明合规、风控能力的材料,也可提供。

第一百二十五条 注册地外汇分局应在支付机构提交完备申请材料之日起20个工作日内做出核准或不予核准的决定。注册地外汇分局为获准登记的支付机构出具正式书面文件,为其办理名录登记,并按规定公开许可结果,同时报备国家外汇管理局。

支付机构名录登记的有效期为5年。期满后,支付机构拟继续开展外汇业务的,应在距到期日至少3个月前向注册地外汇分局提出延续登记的申请。继续开展外汇业务应具备办理名录登记的相关条件,并按办理名录登记时的要求提交材料。违反《中华人民共和国行政许可法》相关规定,或行业主管部门终止支付机构支付业务,支付机构名录登记相应失效。

第一百二十六条 支付机构变更下列事项之一的,应事前向注册地外汇分局提出登记变更申请,并提供相关说明材料:

(一)业务范围或业务子项;

(二)合作银行;

(三)业务流程;

（四）风控方案；

（五）单笔交易金额限额（特定交易限额变更理由及相应风险控制措施）；

（六）交易信息采集及验证方案；

（七）公司外汇业务负责人。

注册地外汇分局同意变更的，为支付机构办理登记变更，其有效期与原登记有效期一致。

支付机构变更公司名称、实际控制人或法定代表人等公司基本信息，应于变更后30日内向注册地外汇分局报备。注册地外汇分局需评估公司变更情况对持续经营外汇业务能力的影响。

第一百二十七条　支付机构主动终止外汇业务，应在公司作出终止决定之日起5个工作日内向注册地外汇分局提出注销登记申请及终止外汇业务方案。业务处置完毕后，注册地外汇分局注销其登记。

第一百二十八条　支付机构办理名录登记，因隐瞒有关情况或提供虚假材料等未获核准的，自收到不予核准决定之日起1年内不得再次提出申请。

支付机构以欺骗等不正当手段获取名录登记，注册地外汇分局依法撤销其登记，该支付机构自被撤销名录登记之日起3年内不得再次提出登记申请。

支付机构存在未经名录登记或超过登记范围开展外汇业务等违规行为，外汇分局将依法实施调整、注销名录登记等措施。

第十三节　交易审核

第一百二十九条　支付机构应尽职审核市场交易主体的真实性、合法性，并定期核验更新。审核的市场主体信息原则上包括但不限于名称、国别、有效证件号码、联系方式等可校验身份的信息。

支付机构应区分电子商务经营者和消费者，对市场交易主体进行管理，并建立健全市场交易主体管理制度。市场交易主体为境外主体的，支付机构应对其身份进行分类标识，相关外汇业务按现行有关规定办理。

支付机构应建立市场交易主体负面清单管理制度，将拒绝服务的市场交易主体列入负面清单,并每月将负面清单及拒绝服务原因报合作银行。合作银行应建立支付机构服务的市场交易主体随机抽查机制,抽查情况留存备查。

第一百三十条 支付机构为市场交易主体办理的外汇业务应具有真实、合法的交易基础,且符合国家有关法律法规,不得以任何形式为非法交易提供服务。支付机构应对交易的真实性、合法性及其与外汇业务的一致性进行审查。

支付机构应制定交易信息采集制度,按照真实、可跟踪稽核、不可篡改原则采集交易信息,确保交易信息来源客观、可信、合法。交易信息原则上应包括商品或服务名称及种类、数量、交易币种、金额、交易双方及国别、订单时间等必要信息。

支付机构应建立交易信息验证及抽查机制,通过适当方式对采集的交易信息进行持续随机验证,可通过物流等信息进行辅助验证。

第一百三十一条 支付机构为市场交易主体提供外汇服务时,原则上应确保资金收付与交易在主体、项目、金额等方面一致。

对于违规风险较高的交易,支付机构应要求市场交易主体提供相关单证材料。不能确认交易真实合规的,应拒绝办理。

第一百三十二条 支付机构外汇业务的单笔交易金额原则上不得超过等值5万美元。合作银行可根据支付机构风险控制能力等情况在经登记的单笔交易限额内确定实际的单笔交易限额。对于有真实、合法超限额需求的,支付机构应按照名录登记变更要求向注册地外汇分局提出登记变更申请。

国家外汇管理局可根据形势变化及业务发展等情况对支付机构外汇业务单笔交易限额进行调整。

第一百三十三条 支付机构应通过合作银行为市场交易主体办理结售汇及相关资金收付服务,并按照要求实现交易信息的逐笔还原,除退款外不得办理轧差结算。支付机构应在收到资金之日(T)后的第1个工作日(T+1)内完成结售汇业务办理。

支付机构应事前与市场交易主体就汇率标价、手续费、清算时间、汇兑损益等达成协议。支付机构应向市场交易主体明示合作银行提供的汇率标价,不得擅自调整汇率标价,不得利用汇率价差非法牟利。

第一百三十四条　消费者可用人民币或自有外汇进行支付。消费者向支付机构划转外汇时，应向外汇划出银行提供包含有交易金额、支付机构名称等信息的交易真实性材料。外汇划出银行核对支付机构账户名称和金额后办理，并在交易附言中注明“支付机构外汇支付划转”。

第一百三十五条　支付机构应建立健全外汇业务风控制度和技术系统，设立外汇业务合规管理岗，并对制度和技术系统进行持续评估完善。

第一百三十六条　银行应审慎选择合作支付机构，客观评估拟合作支付机构的外汇业务能力等，并对合作支付机构办理的外汇业务的真实性、合规性进行合理审核。未进行合理审核导致违规的，合作银行依法承担连带责任。合作银行应建立业务抽查机制，随机抽查部分业务。

合作银行可要求支付机构及交易相关方就可疑交易提供真实合法的单证材料。不能确认交易真实、合法，合作银行应拒绝办理。支付机构不配合合作银行审核或抽查，合作银行应拒绝为其办理外汇业务。

第十四节　信息报送

第一百三十七条　支付机构应按照国际收支申报有关规定办理交易实际收付数据和还原数据申报。

支付机构应按现行结售汇管理规定，在规定时间提供通过合作银行办理的逐笔购汇或结汇信息，合作银行应按照现行规定报送结售汇统计报表。个人项下结售汇业务，合作银行应根据支付机构的数据，在办理结售汇之日(T)后的第1个工作日(T+1)内对于单笔金额等值500美元以下(含)的区分币种和交易性质汇总后以支付机构名义逐笔录入个人系统，对于单笔金额等值500美元以上的逐笔录入个人系统。支付机构外汇业务项下的个人结售汇不计入个人年度便利化额度。

第一百三十八条　支付机构应通过支付机构跨境支付业务报表系统于每月10日前向注册地外汇分局报送客户外汇收支业务金额、

笔数、外汇备付金余额等数据，并对每月累计外汇收支总额超过等值20万美元的及单笔交易金额超过等值5万美元的客户交易情况报送大额收支交易报告，如发现异常或高风险交易，应在采取相应措施后及时向合作银行及注册地外汇分局报告。

支付机构应根据要求报送相关业务数据和信息，并保证数据的及时性、准确性、完整性和一致性。

第一百三十九条　支付机构应按照外汇账户管理有关规定，在每家合作银行开立一个外汇备付金账户（一家合作银行的多个币种外汇备付金账户视作一个外汇备付金账户），账户名称结尾标注"PIA"（Payment Institute Account）。外汇备付金账户用于收付市场交易主体暂收待付的外汇资金。支付机构外汇备付金账户纳入外汇账户管理信息系统管理，合作银行应及时按照规定将数据报送外汇局。

本指引所称外汇备付金，是指支付机构为办理市场交易主体委托的外汇支付业务而实际收到的暂收待付外汇资金。

支付机构和合作银行应建立外汇备付金信息核对机制，逐日核对外汇备付金的存放、使用、划转等信息，并保存核对记录。

第一百四十条　支付机构为市场交易主体办理的外汇业务均应通过外汇备付金账户进行。同名外汇备付金账户之间可划转外汇资金。

支付机构应将外汇备付金账户资金与自有外汇资金严格区分，不得混用。外汇备付金账户不得提取或存入现钞。支付机构自有外汇资金账户的开立、使用应遵循现行外汇管理规定。

支付机构原则上不得在境外开立外汇备付金账户，或将市场交易主体资金存放境外。

第七章　其他经常项目外汇业务

第十五节　贸易外汇收支便利化试点

第一百四十一条　经国家外汇管理局备案后，外汇分局可在辖内开展贸易外汇收支便利化试点。试点地区银行按所在地外汇分局有关规定备案后，作为贸易外汇收支便利化试点银行（以下简称试点银行),可对本行推荐的企业开展贸易外汇收支便利化试点。

试点银行应审慎落实展业原则,审核贸易外汇收支的真实性、合规性和合理性。适用贸易外汇收支便利化试点业务的企业(以下简称试点企业)应确保贸易外汇收支具有真实、合法的交易基础,不得虚构贸易背景办理外汇收支业务。

试点银行为试点企业办理试点业务的涉外收付款申报时,应在交易附言注明"贸易便利试点"字样。

第一百四十二条 试点银行在确保交易真实、合法,符合合理性和逻辑性的基础上,可为本行试点企业实施下列便利化措施:

(一)优化单证审核。银行按照展业原则为试点企业办理贸易外汇收支业务,对于资金性质不明确的业务,银行应要求企业提供相关交易单证。对于单笔等值5万美元以上(不含)的服务贸易外汇支出,银行还需核验服务贸易等项目对外支付纸质或电子税务备案表,税务部门免予备案的除外。退汇及离岸转手买卖业务根据现行法规要求审核。

(二)货物贸易超期限等特殊退汇业务免于事前登记。试点企业单笔等值5万美元以上(含)的退汇日期与原收、付款日期间隔在180天以上(不含)或由于特殊情况无法原路退汇的,可在银行直接办理,免于到外汇局办理登记手续。

(三)货物贸易对外付汇时免于办理进口报关单核验手续。银行能确认试点企业货物贸易付汇业务真实合法的,可免于办理进口报关电子信息核验手续。

(四)经所在地外汇分局备案的其他贸易外汇收支便利化措施。

第十六节 跨国公司经常项目外汇业务

第一百四十三条 经备案的跨国公司可根据经营需要,通过主办企业办理经常项目资金集中收付或轧差净额结算业务。原则上每个自然月轧差净额结算不少于1次。

境内成员企业按照规定,需凭《登记表》办理的业务,以及主办企业、境内成员企业的离岸转手买卖业务,原则上不得参加经常项目资金集中收付和轧差净额结算,应按现行规定办理。

本指引所称经常项目资金集中收付,是指主办企业通过国内资金主账户集中代理境内成员企业办理经常项目收支。轧差净额结算,是指主办企业通过国内资金主账户集中核算其境内外成员企业经常项目项下应收应付资金,合并一定时期内收付交易为单笔交易的操作方式。

第一百四十四条 国内资金主账户与境外经常项目收付以及结售汇,包括集中收付和轧差净额结算等,由银行按照展业原则办理相关手续。

对于资金性质不明确的,银行应要求主办企业提供相关单证,服务贸易等项目对外支付仍需按规定提交纸质或电子税务备案表。

第一百四十五条 主办企业申请办理经常项目资金集中收付或轧差净额结算的,所在地外汇局在为其出具备案通知书时,应按规定办理货物贸易外汇业务登记手续。

第一百四十六条 主办企业及境内成员企业应按货物贸易外汇管理规定,及时、准确地通过货贸系统(企业端)进行贸易信贷、贸易融资等业务报告。

第十七节 捐赠外汇业务

第一百四十七条 境内机构捐赠外汇收支应遵守我国法律法规及其他相关管理规定,不得违背社会公德,不得损害公共利益和其他公民的合法权益。

本指引所称捐赠外汇收支,是指境内机构与境外机构、境内机构与境外个人之间无偿赠与及援助合法外汇资金的行为。

银行自身的捐赠外汇收支按照本指引境内机构捐赠外汇收支相关规定办理。

第一百四十八条 境内机构应通过捐赠外汇账户办理捐赠外汇收支。银行应为境内机构开立捐赠外汇账户,并纳入外汇账户管理信息系统管理。

捐赠外汇账户的开立、使用、变更、关闭按照经常项目外汇账户管理相关规定办理。收入范围为从境外汇入的捐赠外汇资金、从同名经常项目外汇账户或购汇划入的捐赠外汇资金;支出范围为按捐赠协议约定的支出及其他捐赠支出。

境外非政府组织境内代表机构捐赠外汇账户收支范围为境外非政府组织总部拨付的捐赠项目外汇资金，及其在境内的合法支出。

境内企业接受或向境外营利性机构或境外个人捐赠，其捐赠外汇账户的开立、使用、变更、关闭按照资本项目外汇账户管理相关规定办理。

第一百四十九条　境内企业接受或向境外非营利性机构捐赠，应凭下列材料在银行办理：

（一）申请书：应如实承诺其捐赠行为不违反国家相关禁止性规定，已按照国家相关规定办理审批备案等手续，与其发生捐赠外汇收支的境外机构为非营利性机构，境内企业将严格按照捐赠协议使用资金，并承担由此产生的法律责任；

（二）营业执照复印件；

（三）列明资金用途的捐赠协议；

（四）境外非营利性机构在境外依法登记成立的文件；

（五）在上述材料无法充分证明交易真实性时，银行要求提供的其他材料。

境内企业接受或向境外营利性机构、境外个人捐赠，按照跨境投资、对外债权债务有关规定办理。

第一百五十条　县级以上（含）国家机关、根据有关规定不登记和免予社团登记的部分团体接受或向境外捐赠，应凭申请书在银行办理外汇收支手续。

第一百五十一条　境外非政府组织境内代表机构凭申请书、境外非政府组织总部与境内受赠方之间的捐赠协议在银行办理外汇入账手续。

第一百五十二条　除本指引第一百四十九条、第一百五十条、第一百五十一条规定之外的其他境内机构办理捐赠外汇收支，应凭下列材料在银行办理：

（一）申请书：应如实承诺该捐赠行为不违反国家相关禁止性规定，已按照国家相关规定办理审批备案等手续，并承担由此产生的法律责任；

（二）有关管理部门颁发的登记证书复印件；

（三）列明用途的捐赠协议。

第十八节 免税商品外汇业务

第一百五十三条 销售免税商品可以外币或人民币标价和结算。

销售免税商品以外币和人民币标价、结算时，应符合人民币汇率管理有关规定。

第一百五十四条 免税商品经营单位、免税商店可按规定开立经常项目外汇账户。

免税商品经营单位经常项目外汇账户的收入范围为经营免税商品的外汇收入及其从属费用，各免税商店划入的外汇收入等经常项下外汇收入；支出范围为支付购进海关总署核准经营的境内、外商品的货款及其从属费用等经常项下外汇支出，经核准的资本项下外汇支出。

免税商店经常项目外汇账户的收入范围为销售免税商品的外汇收入及其从属费用等经常项下外汇收入；支出范围为向经营单位支付的进口货款及其从属费用等经常项下外汇支出，经核准的资本项下外汇支出。

第一百五十五条 免税商品经营单位应按规定办理进口购付汇手续。

免税商店向免税商品经营单位支付进口货款及其从属费用时，可以外币结算，也可以人民币结算。

免税商品经营单位和免税商店销售免税商品收入的外币现钞，可以存入其经常项目外汇账户。除因资金周转需要保留适当规模的库存找零备用金外，免税商品经营单位和免税商店不得留存大量外币现钞。

第一百五十六条 本指引所称免税商品，是指免税商品经营单位、免税商店按照海关总署核准的经营品种，向海关总署规定的特定对象销售的进口及国产商品，包括免税品和免税外汇商品。

免税商品经营单位是指经国务院或者其授权部门核准，具备开展免税商品业务经营资格的企业。

免税商店是指经海关总署核准，由免税商品经营单位在规定地点设立的销售免税商品的企业。

对同时具有免税商品经营单位和免税商店功能的免税商品企业，参照本指引免税商品经营单位和免税商店规定办理外汇收支业务。

第十九节 驻华机构外汇业务

第一百五十七条 外国驻华外交机构开立的经常项目外汇账户，可用于在境内以外币支付驻华外交机构内部外交人员的境内工资，支付时可直接划转至外交人员的境内个人外汇账户，或提取外币现钞后支付。外国驻华外交机构应向银行提供工资清单，银行审核真实性、合法性后为其办理相关手续。

驻华机构向境内机构支付房租、运费、租赁费、保险费、学费等，除另有特殊规定外，应使用人民币结算。

第一百五十八条 外国驻华外交机构与其派驻境内的领事机构之间可以办理境内外汇划转，外国驻华外交机构应向银行提供与收款机构的关系书面说明，银行审核真实性、合法性后为其办理外汇划转手续。

第一百五十九条 外国驻华外交机构、领事机构外交人员和国际组织驻华代表机构人员办理个人购汇、结汇、外币现钞存入、外币现钞提取业务，凭《外交人员证》、《行政技术人员证》、《国际组织人员证》等材料直接在银行办理，购汇、结汇、外币现钞存取及时纳入个人系统，不占用个人年度便利化额度。银行办理相关业务时，应备注“享有外交豁免待遇人员”。

第一百六十条 驻华机构特殊机构代码赋码按照《国家外汇管理局国家质量监督检验检疫总局关于修订印发〈特殊机构代码赋码业务操作规程〉的通知》（汇发〔2014〕60号）有关规定办理。

第二十节 收入存放境外登记

第一百六十一条 境内机构可根据经营需要自行保留其经常项目外汇收入。

境内机构将货物贸易出口收入或服务贸易外汇收入存放境外（以

下简称存放境外),应开立用于存放境外的境外外汇账户(以下简称境外账户)。

第一百六十二条 存放境外应具备下列条件:

(一)货物出口收入或服务贸易外汇收入来源真实合法,且在境外有符合相关规定的支付需求;

(二)近两年无违反外汇管理规定行为。

符合上述条件的境内企业集团,可由集团总部或指定一家参与存放境外业务的境内成员公司作为主办企业,负责对所有参与存放境外业务的其他境内成员公司的存放境外收入实行集中收付。

本指引所称境内企业集团,是指在中华人民共和国境内依法登记,以资本为纽带,由母公司、子公司及其他成员企业或机构共同组成的企业法人联合体(不含金融机构)。

第一百六十三条 境内机构开立境外账户,应凭下列材料到所在地外汇局办理境外开户登记:

(一)法定代表人或其授权人签字并加盖企业公章的书面申请,申请书内容包括但不限于:基本情况、业务开展情况、拟开户银行、使用期限、根据实际需要申请的存放境外资金规模等;

(二)货物贸易出口收入存放境外企业还需提供《出口收入存放境外登记表》(见附9)。

境内企业集团实行集中收付的,应由主办企业到所在地外汇局办理境外开户登记手续。

所在地外汇局办理开户登记时,应确定企业存放境外规模。企业提高存放境外规模、境内企业集团调整参与成员公司的,应持书面申请书向所在地外汇局申请变更登记。

第一百六十四条 境外账户的收入范围为货物贸易出口收入,服务贸易收入,账户资金孳息以及符合外汇局规定的其他收入;支出范围为货物贸易支出,服务贸易支出,与境外账户相关的境外银行费用支出,经外汇局核准或登记的资本项目支出,资金调回境内,以及符合外汇局规定的其他支出。

承包工程企业经所在地外汇局登记,可在境外开立资金集中管理账户。境外资金集中管理账户的收入范围为从境外业主或境内划入有关工程款,以及从同一主体开立的境外同一国家(或地区)其他承包工程项目账户划入资金;支出范围为向境内调回工程款、有关境外工程款支出,以及向同一主体开立的境外同一国家(或地区)其他承包工程项目账户划转资金。

境外账户的收支应具有真实、合法的交易基础,符合中国及开户行所在国家(或地区)相关法律规定。

第一百六十五条　境内机构开立境外账户后,应在开户后10个工作日内将开户银行、境外账户账号、账户币种等信息报所在地外汇局备案。

境外开户银行代码或名称、境外开户银行地址等境外账户信息发生变更的,应在获知相关信息之日起10个工作日内将变更信息向所在地外汇局报告。境内机构关闭境外账户的,应自关户之日起10个工作日内持境外开户行的销户通知书向所在地外汇局报告,账户内资金余额调回境内。

境内机构应在每月初5个工作日内如实向所在地外汇局报告境外账户收支余信息。

第一百六十六条　境内机构应按本指引规定通过货贸系统向所在地外汇局报送用于货物贸易出口收入存放境外的境外账户相关信息,包括境外账户开户、变更、关户、账户收支余等。

境内机构应按本指引规定以书面形式将用于服务贸易境外账户的开户、变更、关户、账户收支余等信息,报所在地外汇局备案。境内企业集团存放境外,应由主办企业报送相关信息。

存放境外资金运用出现重大损失的,境内机构应及时报告所在地外汇局。

第一百六十七条　境内机构年度累计存放境外资金不得超出已登记的存放境外规模。

境内机构可根据自身经营需要确定存放境外期限,或将存放境外资金调回境内。

境内机构存在违法违规行为的,外汇局可责令其调回账户资金余额。

第一百六十八条　境内企业集团实行集中收付的,应做好成员公司债权债务的管理及相应的会计记账工作,清晰区分各成员公司的债权债务关系及金额。境内企业集团存放境外的货物贸易出口收入或服务贸易外汇收入调回境内的,应按照资金归属情况相应划入成员公司的境内经常项目外汇结算账户。如企业集团实行境内资金集中管理,其境外账户资金调回可进入该企业集团境内资金集中管理账户。

第二十一节　电子单证业务

第一百六十九条　银行按照展业原则和本指引规定,为境内机构办理经常项目外汇收支业务时,可以审核纸质单证,也可以审核电子单证。

本指引所称电子单证,是指境内机构提供的符合现行法律法规规定,且被银行认可并可以留存的电子形式的合同、发票、报关单、运输单据等有效凭证和商业单据,其形式包括系统自动生成的电子单证、纸质单证电子扫描件等。

第一百七十条　银行以审核电子单证方式办理货物贸易外汇收支业务,应具备下列条件:

(一)上一年度银行外汇业务合规与审慎经营评估为B类及以上(不含B-);银行未直接参与评估的,应以其上一级参与评估分行的评估等级为准;

(二)具有完善的风险防范内控制度;

(三)具备接收、储存电子单证的技术平台或手段,且相关技术能够保证传输、储存电子单证的完整性、安全性。

银行应根据风险程度,确定以审核电子单证方式办理货物贸易外汇收支业务的条件和要求,按照展业原则,自主审慎选择进行电子单证审核的企业,确认收支的真实性、合规性。

第一百七十一条　银行以审核电子单证方式办理货物贸易外汇收支业务,应符合但不限于下列要求:

(一)按规定对企业提交电子单证的真实性及其与外汇收支的一致性进行合理审核,对离岸转手买卖外汇收支业务审慎审核电子单证;企业提交的电子单证无法证明交易真实合法或与其申请办理的外汇收支不一致的,银行应要求企业提交原始交易单证及其他相关材料。

（二）应采取必要的技术识别等手段，确认企业提交电子单证的唯一性，避免同一电子单证以及与其相应的纸质单证被重复使用。

（三）每年不定期抽查企业原始交易单证的真实性及其与相应电子单证的一致性。发现企业提交的电子单证不真实或重复使用电子单证的，应自发现之日起，为其办理业务时停止审核电子单证，并向所在地外汇局报告。

第一百七十二条 企业以提交电子单证方式办理货物贸易外汇收支业务，应符合但不限于下列要求：

（一）在经办银行办理外汇收支的合规性和信用记录良好；

（二）向银行提交的电子单证真实、合法、完整、清晰，与原始交易单证一致，且不得违规重复使用电子单证；

（三）向银行提交的电子单证无法证明交易真实合法或与申请办理的外汇收支不一致的，及时按银行要求提交原始交易单证及其他相关证明材料。

第一百七十三条 银行不满足本指引第一百七十条规定条件的，应自不满足条件之日起，自行停止为新企业以审核电子单证方式办理货物贸易外汇收支，直至重新满足条件。

银行违反本指引等货物贸易电子单证外汇管理规定受到行政处罚的，应暂停为新企业以审核电子单证方式办理货物贸易外汇收支业务1年。

第二十二节　应急业务办理

第一百七十四条 当部分地区或全国范围的企业、银行、外汇局出现无法正常通过货贸系统办理业务等突发情况时，由国家外汇管理局发布紧急通知，启动应急业务办理方案。

第一百七十五条 国家外汇管理局启动货物贸易应急业务办理方案，企业、银行、外汇局应按下列要求办理业务：

（一）企业在银行办理货物贸易外汇收支时，应主动将自身的名录信息和分类级别告知银行业务人员，并按照分类管理规定提交相关交易单证；应凭外汇局《登记表》办理的业务，企业应事前到所在地外汇局申请办理《登记表》。应急期间,企业可暂停货物贸易外汇业务报告。

(二)银行办理货物贸易外汇收支时,银行业务人员应主动询问企业名录信息和分类级别,并按照分类管理规定审核企业提交的交易单证;凭《登记表》办理的业务,手工签注纸质《登记表》。对于B类企业货物贸易外汇收支,银行在应急期间暂停电子数据核查。银行办理货物贸易外汇支出的,可待货贸系统恢复正常后,在"报关信息核验"模块进行补操作。

银行应建立应急期间货物贸易外汇收支台账,记录相关企业名称、组织机构代码,由企业经办人员签字确认的企业名录信息和分类级别说明以及相关业务涉及的收支金额、交易单证号码、申报单号码,凭《登记表》办理的还应包括登记表编号。

(三)外汇局办理应急业务时,对于名录登记业务,应按有关规定审核相关材料,待货贸系统恢复正常后进行补登记;对凭《登记表》办理的业务,应认真审核企业提交的交易单证,并向其签发纸质《登记表》。应急期间,外汇局暂停为企业现场办理货物贸易外汇业务报告,并可暂停非现场监测、现场核查、分类管理以及核定B类企业电子数据核查额度等工作。

第一百七十六条 货贸系统恢复正常后,企业、银行、外汇局按下列要求完成后续工作:

(一)企业应及时将应急期间应报告未报告的相关业务进行补充报告。

(二)银行应在系统恢复正常后48小时内,查询货贸系统信息,核对应急期间业务台账,发现企业没有如实说明名录和分类状态的,立即向所在地外汇局报告。

根据应急期间业务台账,补充签注相应《登记表》,并相应补充核注B类企业的可收汇金额和可付汇金额;银行需要进行报关信息核验的,可根据台账补充相应的进口关单核验信息。

(三)外汇局应在货贸系统恢复正常后48小时内,根据应急期间办理的名录登记、《登记表》业务等资料,将相关信息补录入货贸系统,并在货贸系统中执行相关登记、签发操作。对于辖内银行报告的应急期间没有如实说明情况的企业，外汇局应及时进行现场核查。

第一百七十七条　在个人系统出现全国性系统故障时，国家外汇管理局将通过国家外汇管理局应用服务平台发布信息，启动应急业务办理方案。

应急期间，个人可在银行和个人本外币兑换特许机构柜台正常办理外汇业务。

第一百七十八条　银行应按照下列规定，审核相关材料，并保留应急业务办理台账六个月备查：

（一）对单笔等值5万美元以下（含）的个人结汇、购汇及单笔等值1万美元以下（含）的外币现钞存取和结汇，审核个人有效身份证件办理；

（二）对单笔等值5万美元以上（不含）的个人结汇、购汇及单笔等值1万美元以上（不含）的外币现钞存入和结汇，按照真实性审核原则，审核相关材料；对单笔等值1万美元以上（不含）的外币现钞提取，审核本人有效身份证件和经外汇局签章的《提取外币现钞备案表》。

第一百七十九条　个人系统恢复正常后48小时之内，银行和个人本外币兑换特许机构应完成应急期间业务数据补录。

个人系统恢复正常后72小时之内，银行和个人本外币兑换特许机构应将补录的笔数、金额及应急期间发现的问题以书面形式报告所在地外汇分局。

第八章　监测与管理

第一百八十条　外汇局对经常项目外汇收支进行非现场监测；按照国务院随机抽查监管有关要求，结合非现场监测发现的异常情况，对境内机构和个人进行核查，对银行办理经常项目外汇收支业务的合规性与报送信息的及时性、准确性和完整性实施核查。

外汇局对需核查的境内机构、个人和银行，制发《国家外汇管理局××分（支）局核查通知书》（以下简称《核查通知书》，见附10），实施核查。核查可采取下列一种或多种方式：

（一）要求被核查境内机构、个人和银行提交相关材料；

（二）约见被核查境内机构法定代表人或其授权人、个人、银行负

责人或其授权人;

(三)现场查阅、复制被核查境内机构、个人和银行的相关资料;

(四)外汇局认为其他必要的核查方式。

第一百八十一条 境内机构、个人和银行应按下列规定如实说明情况,提供相关材料,配合外汇局开展核查工作,不得拒绝、阻碍和隐瞒:

(一)外汇局要求境内机构、个人和银行提交相关材料的,境内机构、个人和银行应在收到《核查通知书》之日起10个工作日内,按要求向外汇局提交材料;

(二)外汇局约见被核查境内机构法定代表人或其授权人、个人、银行负责人或其授权人的,上述人员应在收到《核查通知书》之日起10个工作日内,到外汇局说明相关情况;

(三)外汇局现场查阅、复制被核查境内机构、个人和银行相关资料的,境内机构、个人和银行应按外汇局要求做好相关准备工作;

(四)外汇局采取其他核查方式的,境内机构、个人和银行应按外汇局要求做好相关准备工作。

第一百八十二条 银行应配合外汇局对涉嫌规避便利化额度及真实性管理的个人及相关机构的核查,在规定时间内反馈个人系统推送的相关信息。

第一百八十三条 外汇局对企业一定期限内的进出口和货物贸易收支进行对比,核查企业货物贸易外汇收支的真实性和合法性。

外汇局对边境贸易、海关特殊监管区域内等货物贸易外汇收支实行差异化管理。

第一百八十四条 外汇局对银行内部管理制度执行情况及银行经常项目外汇服务质量进行管理,评估银行内部管理制度、系统技术条件和展业能力,对存在问题的银行,采取风险提示、约谈、情况通报、暂停个人系统接口等方式,督促其加强内部管理和提升服务质量。

第一百八十五条 支付机构开展外汇业务依法接受注册地与经营地外汇分局的监管。注册地与经营地外汇分局之间应加强监管协调。

外汇分局依法要求支付机构和合作银行报送有关业务资料、对相关事项作出说明,支付机构和合作银行应积极配合,并及时提供相关材料。

第一百八十六条 支付机构有下列情形之一的，外汇分局对其实施风险提示、责令整改、调整大额收支交易报告要求等措施：

（一）外汇业务管理制度和政策落实存在问题；

（二）交易真实性、合法性审核能力不足；

（三）外汇备付金管理存在风险隐患；

（四）不配合合作银行审核、核查；

（五）频繁变更外汇业务高级管理人员；

（六）其他可能危及支付机构稳健运行、损害客户合法权益或危害外汇市场的情形。

第一百八十七条 对于现行法规或依据不明确，或超出现行规定但符合改革方向且真实合理的业务需求，外汇分支局可根据具体情况按程序通过集体审议处理，或逐级上报国家外汇管理局，但不得新增或变相新增行政许可。

第一百八十八条 违反本指引规定的，由外汇局依据《中华人民共和国外汇管理条例》及相关规定予以处罚。

第一百八十九条 本指引由国家外汇管理局负责解释。

附件：（略）

国家外汇管理局关于境外交易者和境外经纪机构从事境内特定品种期货交易外汇管理有关问题的通知

（2015年7月29日公布 汇发〔2015〕35号
自2015年8月1日起施行）

国家外汇管理局各省、自治区、直辖市分局、外汇管理部，深圳、大连、青岛、厦门、宁波市分局，各中资外汇指定银行总行：

为规范境外交易者、境外经纪机构从事境内特定品种期货交易外汇管理,根据《中华人民共和国外汇管理条例》、《境外交易者和境外经纪机构从事境内特定品种期货交易管理暂行办法》(证监会令第116号,以下简称《暂行办法》)及相关规定,现就有关问题通知如下:

一、本通知所称境外交易者是指从事期货交易并承担交易结果,在境外(含港澳台地区,下同)依法成立的法人、其他经济组织,或者依法拥有境外公民身份的自然人。境外经纪机构是指在境外依法设立、具有所在国(地区)期货监管机构认可的可以接受交易者资金和交易指令并以自己名义为交易者进行期货交易资质的金融机构。会员是指期货交易所的境内会员。

本通知所称境内特定品种由中国证券监督管理委员会(以下简称中国证监会)确定并公布。

二、国家外汇管理局及其分支局(以下简称外汇局)负责对境外交易者、境外经纪机构、境内期货交易所、会员从事境内特定品种期货交易所涉外汇账户开立和使用、资金收付及汇兑等实施监督、管理和检查。

三、境外交易者、境外经纪机构可以外汇或人民币形式汇入资金从事境内特定品种期货交易。

四、期货交易所为会员以及直接入场交易的境外交易者、境外经纪机构从事境内特定品种期货交易提供交易、结算等服务的,可在期货保证金存管银行(以下简称存管银行)开立相应的外汇专用结算账户,用于办理特定品种期货交易相关资金收付、汇兑及划转(账户性质、名称及收支范围见附件1)。

五、具有结算资格的期货公司或其他机构为境外交易者、境外经纪机构从事境内特定品种期货交易提供交易、结算等服务的,可在存管银行开立相应的外汇保证金专用账户,用于办理特定品种期货交易相关资金收付、汇兑及划转(账户性质、名称及收支范围见附件1)。

六、境外交易者、境外经纪机构可在存管银行开立外汇专用期货结算账户,用于办理境内特定品种期货交易相关资金收付、汇兑及划转(账户性质、名称及收支范围见附件1)。

境外交易者、境外经纪机构存放于外汇专用期货结算账户的资金不占用存管银行的短期外债指标,但存管银行应按规定向外汇局报送相关外债数据，上述资金应参照活期存款利率计息。该等资金在境内实行专户管理，不得用于除境内特定品种期货交易以外的其他用途。

七、存管银行应根据境外交易者、境外经纪机构、会员从事境内特定品种期货交易的实际结果，办理相关资金结汇和购汇手续。结汇和购汇只涉及期货交易盈亏结算、缴纳手续费、交割货款或追缴结算货币资金缺口等与境内特定品种期货交易相关的款项。相关资金结汇或购汇后，应按照期货交易和结算有关制度要求，直接支付给收款方或划转至相应账户。

八、期货交易所、会员及境内银行应按照《国际收支统计申报办法》及相关规定履行国际收支统计申报义务，报送通过银行进行的涉外收付款数据和对外金融资产负债及交易统计数据。

存管银行应按照国家外汇管理局有关要求报送账户、账户内结售汇、境内资金划转、外债相关数据。

九、境内特定品种期货交易发生实物交割的，直接为境外交易者、境外经纪机构提供交割货款结算服务的期货交易所或会员，应当按照货物贸易外汇管理有关规定，在办理“贸易外汇收支企业名录”登记后，办理贸易外汇收支业务，通过银行进行贸易外汇收支信息申报，并留存交割结算单等相关业务档案5年备查。

十、期货交易所应按月向外汇局报送境外交易者、境外经纪机构从事境内特定品种期货交易业务的基本情况以及资金流出入、结汇和购汇、实物交割等情况（格式见附件2）。

十一、境外交易者、境外经纪机构、期货交易所、会员、存管银行等从事境内特定品种期货交易违反本通知及其他相关外汇管理规定的，外汇局依据《中华人民共和国外汇管理条例》进行处罚。

十二、本通知由国家外汇管理局负责解释。

十三、本通知自2015年8月1日起实施。各分局收到本通知后，应尽快转发辖内中心支局、支局、城市商业银行及外资银行。各中资外汇指定银行收到本通知后，应尽快转发所辖分支行。执行中如遇问题，请及时向国家外汇管理局资本项目管理司反馈。

附件：（略）

国家外汇管理局关于国有企业境外期货套期保值业务外汇管理有关问题的通知

(2013年6月3日公布 汇发〔2013〕25号
自2013年6月3日起施行)

国家外汇管理局各省、自治区、直辖市分局、外汇管理部,深圳、大连、青岛、厦门、宁波市分局,各中资外汇指定银行总行:

为规范国有企业境外期货套期保值业务所涉外汇管理,简化操作,现就有关问题通知如下:

一、本通知所指的国有企业境外期货套期保值业务(以下简称境外期货业务)是指根据《国有企业境外期货套期保值业务管理办法》(证监发〔2001〕81号)取得中国证券监督管理委员会(以下简称中国证监会)颁发的《境外期货业务许可证》的国有企业(以下简称持证企业)所开展的相关业务。

国家外汇管理局及其分支机构(以下简称外汇局)依法对持证企业境外期货业务相关的外汇登记、资金汇出入、结汇及购汇等实施监督管理。

二、持证企业应在本通知下发后30日内,持以下材料到企业注册地国家外汇管理局分支机构(以下简称所在地外汇局)重新办理境外期货业务外汇登记:

(一)填写完备并加盖公章的《境内机构境外衍生业务登记申请表》(以下简称《申请表》,见附件1);

(二)中国证监会颁发的《境外期货业务许可证》复印件及核定的年度风险敞口批复文件;

(三)外汇局要求的其他有关材料。

所在地外汇局审核材料无误后为企业办理外汇登记,依据中国证监会批复的企业年度风险敞口确认企业对外付汇额度,并向企业出具相关业务登记凭证。

三、持证企业年度风险敞口及其他登记事项(如机构名称、机构代码、许可证号等)发生变更的,应在20个工作日内,持相关批复文件或说明材料等,到所在地外汇局办理变更登记。

持证企业境外期货业务终止的,应在业务终止20个工作日内,持书面申请、《申请表》及相关证明材料到所在地外汇局办理注销登记。

四、已办理外汇登记的持证企业,应凭相关登记凭证在境内银行开立境外期货业务项下境内专用外汇账户(以下简称境内专户),并可根据业务需要开立境外期货业务项下境外保证金账户(以下简称境外专户)。

持证企业原则上只能开立一个境内专户,在同一家银行开立的不同币别的境内专户视为一个境内专户。

境外专户只能开立在已在中国证监会备案的境外期货经纪机构,境外专户的数量应根据持证企业的业务需要开立。

境内专户的收入范围是:从企业其他境内外汇账户划入的外汇资金,购汇资金,境外期货项下划回的保证金、盈利收入,经外汇局批准的其他收入。支出范围是:划往境外专户资金,划回企业其他境内外汇账户资金,支付赔付款、各种税费,结汇,经外汇局批准的其他支出。

境外专户收支范围限于与境内专户之间的资金划转以及境外期货业务项下相关收支。

持证企业原有的国有企业境外商品期货套期保值业务项下境内外汇专用账户,由开户银行在持证企业办理外汇登记后5个工作日内通过资本项目信息系统报送账户信息,统一纳入境内专户管理。

五、持证企业境外期货业务项下的资金汇兑须通过境内专户办理,其境外期货业务项下资金净汇出额不得超过外汇局确认的对外付汇额度。

持证企业可以自有外汇、人民币购汇等资金开展境外期货业务;持证企业境外期货业务项下汇回的资金可以结汇,也可以外汇形式保留。

持证企业可凭外汇局相关业务登记凭证到银行办理境外期货业务项下相关资金购付汇、结汇、境内划转手续等。

六、持证企业应保证境外期货交易的真实性、合规性。开户银行负责对企业资金汇出入的真实性和合规性进行审核。

持证企业发生单笔交易平仓亏损超过5000万美元或强行平仓等重大事项时,应在事项发生后5个工作日内向所在地外汇局报告。

七、持证企业应当按照《通过金融机构进行国际收支统计申报业务操作规程》(汇发〔2010〕22号)的规定,通过境内银行办理其境外期货业务项下涉外收付款的国际收支统计间接申报。

八、持证企业和开户银行应按规定通过资本项目信息系统报送境外期货业务项下账户信息、资金收支等相关数据和报表。

九、持证企业和境内银行违反本通知规定的,外汇局将按照《中华人民共和国外汇管理条例》和外汇管理有关规定予以处罚。

十、中央企业境外金融衍生业务有关外汇管理参照本通知执行(详见附件2:《中央企业境外金融衍生业务外汇管理操作指引》)。

十一、本通知自发布之日起施行。《国家外汇管理局关于〈国有企业境外期货套期保值业务外汇管理操作规程(试行)〉的通知》(汇发〔2001〕150号)、《国家外汇管理局关于调整〈国有企业境外期货套期保值业务外汇管理操作规程(试行)〉中有关开立境内外汇账户问题的通知》(汇发〔2003〕72号)、《国家外汇管理局关于修改〈国有企业境外期货套期保值业务外汇管理操作规程(试行)〉有关问题的通知》(汇发〔2005〕34号)、《国家外汇管理局综合司关于安徽铜陵有色金属集团控股有限公司支付境外商品期货套期保值外汇资金有关问题的批复》(汇综复〔2008〕78号)及附件:《国有企业境外商品期货套期保值外汇管理过渡期有关问题的处理原则》、《国家外汇管理局综合司关于解决假日期间国有企业境外商品期货套期保值项下外汇备用金汇出问题的批复》(汇综复〔2009〕7号)、《国家外汇管理局关于中央企业境外金融衍生业务外汇管理有关问题的通知》(汇发〔2011〕24号)同时废止。以前规定与本通知不一致的,按本通知执行。

十二、各分局、外汇管理部收到本通知后,应尽快转发辖内中心支局、支局和外资银行。各中资外汇指定银行收到本通知后,应尽快转发所辖分支行。执行中如遇问题,请及时向国家外汇管理局资本项目管理司反馈。

联系电话:010－68402273。

附件:1. 境内机构境外衍生业务登记申请表(略)

2. 中央企业境外金融衍生业务外汇管理操作指引

附件 2

中央企业境外金融衍生业务外汇管理操作指引

一、已获得国务院国有资产监督管理委员会(以下简称国资委)核准从事境外金融衍生业务并取得国资委核定对外付汇额度(以下简称额度)的中央企业或上述中央企业授权的集团内成员公司(以下统称企业),应在取得国资委批准文件之日或取得集团公司授权文件之日起 20 个工作日内,持以下材料到企业注册地国家外汇管理局分支机构(以下简称所在地外汇局)办理境外金融衍生业务外汇登记:

(一)填写完备并加盖公章的《境内机构境外衍生业务登记申请表》(以下简称《申请表》,见附件 1);

(二)国资委关于中央企业从事境外金融衍生业务的核准文件复印件(集团内成员公司另需提交中央企业的授权文件正本及复印件);

(三)国资委关于中央企业境外金融衍生业务的额度核定文件复印件(集团内成员公司另需提交中央企业的额度分配文件正本及复印件)。

所在地外汇局审核材料无误后为企业办理外汇登记,确认企业对外付汇额度信息,并向企业出具相关业务登记凭证。

二、企业对外付汇额度及其他登记事项(如机构名称、机构代码、资格批文、许可证号等)发生变更的,应在 20 个工作日内,持批复文件或说明材料等,到所在地外汇局办理变更登记。

中央企业将额度在集团内进行分配或调整的,应在额度分配或调整后5个工作日内将有关情况报所在地外汇局备案。

企业在本通知下发前已办理外汇登记的,由所在地外汇局通过资本项目信息系统为其办理登记信息录入。登记信息不全的,所在地外汇局可要求企业提交《申请表》重新办理外汇登记。

三、已办理外汇登记的企业,应凭外汇局相关业务登记凭证到境内银行开立境外金融衍生业务境内外汇专用账户(以下简称境内专户),并可根据业务需要,开立境外金融衍生业务境外外汇专用账户(以下简称境外专户)。

每家企业原则上只能开立一个境内专户。同一户名不同币别的境内专户视为一个境内专户。

境内专户的收入范围是:从企业其他境内外汇账户或集团成员公司外汇账户划入的外汇资金,购汇资金,从境外保证金账户或交易对手账户划入的资金,从境外专户划入的资金,经外汇局批准的其他收入。境内专户的支出范围是:划往境外专户的资金,划往境外保证金账户或交易对手账户的资金,划往本企业其他境内外汇账户或集团成员公司外汇账户的资金,支付赔付款、各种税费,结汇以及经外汇局批准的其他支出。

境外专户收支范围限于与境内专户之间的资金划转以及境外金融衍生业务项下相关收支。

本通知下发前已开立境外金融衍生业务境内外汇专用账户的,由开户银行在企业办理外汇登记后5个工作日内通过资本项目信息系统报送账户信息,统一纳入境内专户管理。

四、企业可以自有外汇、人民币购汇等资金开展境外金融衍生业务;企业境外金融衍生业务项下汇回的资金可以结汇,也可以外汇形式保留。

企业可凭外汇局相关业务登记凭证到银行办理境外金融衍生业务项下相关资金购付汇、结汇、境内划转手续等。

五、企业应保证境外金融衍生业务交易的真实性、合规性。开户银行负责对企业资金汇出入的真实性和合规性进行审核,确保企业境外金融衍生业务项下的资金净汇出额不超过当期国资委核定的额度或中央企业分配的额度。

六、企业应当按照《通过金融机构进行国际收支统计申报业务操作规程》(汇发〔2010〕22 号)的规定,通过境内银行办理其境外金融衍生业务项下涉外收付款的国际收支统计间接申报。

七、企业和开户银行应按规定通过资本项目信息系统报送境外金融衍生业务项下账户信息、资金收支等相关数据和报表。

八、企业和境内银行违反本操作指引的,外汇局将按照《中华人民共和国外汇管理条例》和外汇管理有关规定予以处罚。

国家税务总局

国家税务总局关于大连商品交易所铁矿石期货保税交割业务增值税管理问题的公告

(2018 年 4 月 20 日公布　国家税务总局公告
2018 年第 19 号　自 2018 年 4 月 20 日起施行)

根据《财政部　国家税务总局关于原油和铁矿石期货保税交割业务增值税政策的通知》(财税〔2015〕35 号),大连商品交易所开展的铁矿石期货保税交割业务暂免征收增值税。现将有关增值税管理问题公告如下:

一、大连商品交易所开展的铁矿石期货保税交割业务(以下简称“铁矿石期货保税交割业务”)是指参与铁矿石期货保税交割业务的境内机构、境外机构,通过大连商品交易所,以海关特殊监管区域或场所内处于保税监管状态的铁矿石货物为期货实物交割标的物,开展的铁矿石期货实物交割业务。

二、境内机构包括大连商品交易所的会员单位(含期货公司会员

和非期货公司会员),以及通过会员单位在大连商品交易所开展铁矿石期货保税交割业务的境内客户;

境外机构包括在大连商品交易所开展铁矿石期货保税交割业务的境外经纪机构和境外参与者。

三、对境内机构的增值税管理按以下规定执行:

(一)境内机构均应注册登记为增值税纳税人。

(二)境内机构应在首次申报铁矿石期货保税交割业务免税时,向主管税务机关提交从事铁矿石期货保税交割业务的书面说明,办理免税备案。

(三)铁矿石期货保税交割业务的卖方为境内机构时,应向买方开具增值税普通发票。即境内卖方客户应向卖方会员单位开具增值税普通发票,卖方会员单位应向大连商品交易所开具增值税普通发票,大连商品交易所应向买方会员单位开具增值税普通发票,买方会员单位应向境内或境外买方客户开具增值税普通发票。开票金额均为大连商品交易所保税交割结算单上注明的保税交割结算金额。

(四)境内机构应将免税业务对应的保税交割结算单及开具和收取的发票、收付款凭证以及保税标准仓单清单等资料按月整理成册,留存备查。

四、铁矿石期货保税交割业务的卖方为境外机构时,卖方会员单位应向卖方索取相应的收款凭证,并以此作为免税依据。

五、大连商品交易所的增值税管理规定,参照本公告第三条对境内机构的增值税管理规定执行。

六、大连商品交易所其他期货品种的保税交割业务,适用免征增值税政策的,其增值税管理参照本公告执行。

七、本公告自发布之日起施行。

国家税务总局关于上海国际能源交易中心原油期货保税交割业务增值税管理问题的公告

（2017 年 7 月 28 日公布　国家税务总局公告 2017 年第 29 号　自 2017 年 7 月 28 日起施行）

根据《财政部　国家税务总局关于原油和铁矿石期货保税交割业务增值税政策的通知》（财税〔2015〕35 号），上海国际能源交易中心股份有限公司（以下简称“上海国际能源交易中心”）开展的原油期货保税交割业务暂免征收增值税。现将有关增值税管理问题公告如下：

一、上海国际能源交易中心开展的原油期货保税交割业务（以下简称“原油期货保税交割业务”）是指参与原油期货保税交割业务的境内机构、境外机构，通过上海国际能源交易中心，以海关特殊监管区域或场所内处于保税监管状态的原油货物为期货实物交割标的物，开展的原油期货实物交割业务。

二、境内机构包括上海国际能源交易中心的会员单位（含期货公司会员和非期货公司会员），以及通过会员单位在上海国际能源交易中心开展原油期货保税交割业务的境内客户；

境外机构包括在上海国际能源交易中心开展原油期货保税交割业务的境外经纪机构和境外参与者。

三、对境内机构的增值税管理按以下规定执行：

（一）境内机构均应注册登记为增值税纳税人。

（二）境内机构应在首次申报原油期货保税交割业务免税时，向主管税务机关提交从事原油期货保税交割业务的书面说明，办理免税备案。

（三）原油期货保税交割业务的卖方为境内机构时，应向买方开具增值税普通发票。即境内卖方客户应向卖方会员单位开具增值税普

部门规范性文件

通发票,卖方会员单位应向上海国际能源交易中心开具增值税普通发票,上海国际能源交易中心应向买方会员单位开具增值税普通发票,买方会员单位应向境内或境外买方客户开具增值税普通发票。开票金额均为上海国际能源交易中心保税交割结算单上注明的保税交割结算金额。

(四)境内机构应将免税业务对应的保税交割结算单及开具和收取的发票、收付款凭证以及保税标准仓单清单等资料按月整理成册,留存备查。

四、原油期货保税交割业务的卖方为境外机构时,卖方会员单位应向卖方索取相应的收款凭证,并以此作为免税依据。

五、上海国际能源交易中心的增值税管理规定,参照本公告第三条对境内机构的增值税管理规定执行。

六、上海期货交易所与上海国际能源交易中心其他期货品种的保税交割业务,适用免征增值税政策的,其增值税管理参照本公告执行。

七、本公告自发布之日起施行。

国家税务总局关于印发《上海期货交易所黄金期货交易增值税征收管理办法》的通知

(2008年5月4日公布　国税发〔2008〕46号
自2008年1月1日起施行)

各省、自治区、直辖市和计划单列市国家税务局:

为了促进黄金期货交易市场发展,加强黄金期货交易增值税征收管理,根据《财政部、国家税务总局关于黄金期货交易有关税收政策的通知》(财税〔2008〕5号)规定,国家税务总局制定了《上海期货交易所黄金期货交易增值税征收管理办法》,现印发给你们,请遵照执行。各地在黄金期货交易增值税征管过程中发现问题,应及时上报国家税务总局(流转税管理司)。

上海期货交易所黄金期货交易增值税征收管理办法

第一条　根据《中华人民共和国税收征收管理法》及实施细则、《中华人民共和国增值税暂行条例》及实施细则、《财政部　国家税务总局关于黄金期货交易有关税收政策的通知》(财税〔2008〕5号)等规定,制定本办法。

第二条　本办法所规定的"黄金"是指标准黄金,即成色与规格同时符合以下标准的金锭、金条及金块等黄金原料:

成色:AU9999,AU9995,AU999,AU995。

规格:50克,100克,1公斤,3公斤,12.5公斤。

非标准黄金,即成色与规格不同时符合以上标准的黄金原料,不适用本办法。

第三条　上海期货交易所黄金期货交易增值税的征收管理按以下规定执行:

(一)上海期货交易所应向主管税务机关申请印制《黄金结算专用发票》(一式三联,分为结算联、发票联和存根联)。

(二)上海期货交易所会员和客户,通过上海期货交易所进行黄金期货交易并发生实物交割的,按照以下规定办理:

1. 卖方会员或客户按交割结算价向上海期货交易所开具普通发票,对其免征增值税。上海期货交易所按交割结算价向卖方提供《黄金结算专用发票》结算联,发票联、存根联由交易所留存。

2. 买方会员或客户未提取黄金出库的,由上海期货交易所按交割结算价开具《黄金结算专用发票》并提供发票联,存根联、结算联由上海期货交易所留存。

3. 买方会员或客户提取黄金出库的,应向上海期货交易所主管税务机关出具期货交易交割结算单、标准仓单出库确认单、溢短结算单,由税务机关按实际交割价和提货数量,代上海期货交易所向具有增值税一般纳税人资格的买方会员或客户(提货方)开具增值税专用发票

(抵扣联),增值税专用发票的发票联和记账联由上海期货交易所留存,抵扣联传递给提货方会员或客户。

买方会员或客户(提货方)不属于增值税一般纳税人的,不得向其开具增值税专用发票。

(三)上海期货交易所应对黄金期货交割并提货环节的增值税税款实行单独核算,并享受增值税即征即退政策,同时免征城市维护建设税、教育费附加。

第四条 会员和客户按以下规定核算增值税进项税额:

(一)上海期货交易所会员或客户(中国人民银行除外)应对在上海期货交易所或黄金交易所办理黄金实物交割提取出库时取得的进项税额实行单独核算,按取得的税务机关代开的增值税专用发票上注明的增值税税额(包括相对应的买入量)单独记账。

对会员或客户从上海期货交易所或黄金交易所购入黄金(指提货出库后)再通过上海期货交易所卖出的,应计算通过上海期货交易所卖出黄金进项税额的转出额,并从当期进项税额中转出,同时计入成本;对当期账面进项税额小于通过下列公式计算出的应转出的进项税额,其差额部分应当立即补征入库。

应转出的进项税额 = 单位进项税额 × 当期黄金卖出量。

单位进项税额 = 购入黄金的累计进项税额 ÷ 累计黄金购入额

(二)对上海期货交易所会员或客户(中国人民银行除外)通过上海期货交易所销售企业原有库存黄金,应按实际成交价格计算相应进项税额的转出额,并从当期进项税额中转出,计入成本。

应转出的进项税额 = 销售库存黄金实际成交价格 ÷ (1 + 增值税税率) × 增值税税率。

(三)买方会员或客户(提货方)取得增值税专用发票抵扣联后,应按发票上注明的税额从黄金材料成本科目中转入"应缴税金——进项税额"科目,核算进项税额。

第五条 增值税专用发票的单价和金额、税额按以下规定确定:

上海期货交易所买方会员或客户(提货方)提货出库时,主管税务机关代开增值税专用发票上注明的单价,应由实际交割货款和提货数量确定,但不包括手续费、仓储费等其他费用。其中,实际交割货款由

交割货款和溢短结算货款组成,交割货款按后进先出法原则确定。具体计算公式如下:

税额 = 金额 × 增值税税率

金额 = 数量 × 单价

单价 = 实际交割价 ÷ (1 + 增值税税率)

实际交割价 = 实际交割货款 ÷ 提货数量

实际交割货款 = 交割货款 + 溢短结算货款

交割货款 = 标准仓单张数 × 每张仓单标准数量 × 交割结算价

溢短结算货款 = 溢短 × 溢短结算日前一交易日上海期货交易所挂牌交易的最近月份黄金期货合约的结算价

其中,单价小数点后至少保留6位。

第六条　会员和客户应将上海期货交易所开具的《黄金结算专用发票》(发票联)作为会计记账凭证进行财务核算;买方会员和客户(提货方)取得税务部门代开的增值税专用发票(抵扣联),仅作为核算进项税额的凭证。

第七条　卖方会员或客户应凭上海期货交易所开具的《黄金结算专用发票》(结算联),向卖方会员或客户主管税务机关办理免税手续。

第八条　上海期货交易所会员应分别核算自营黄金期货交易、代理客户黄金期货交易与黄金实物交割业务的销售额以及增值税销项税额、进项税额、应纳税额。

第九条　本办法所规定的"提取黄金出库",是指期货交易所会员或客户从指定的金库中提取在期货交易所已交割的黄金的行为。

第十条　本办法由国家税务总局解释。

第十一条　本办法自2008年1月1日起执行。

中国人民银行

中国人民银行关于建立场外金融衍生产品集中清算机制及开展人民币利率互换集中清算业务有关事宜的通知

（2014 年 1 月 28 日公布　银发〔2014〕29 号
自 2014 年 1 月 28 日起施行）

中国人民银行上海总部，各分行、营业管理部，各省会（首府）城市中心支行、副省级城市中心支行；国家开发银行，各政策性银行、国有商业银行、股份制银行，中国邮政储蓄银行；中国银行间市场交易商协会；全国银行间同业拆借中心，银行间市场清算所股份有限公司：

为促进场外金融衍生产品市场健康规范发展，建立场外金融衍生产品集中清算机制，全国银行间债券市场参与者（以下简称市场参与者）达成的人民币利率互换等场外金融衍生产品交易，应按要求进行集中清算，银行间市场清算所股份有限公司（以下简称上海清算所）提供集中清算服务，现就有关事宜通知如下：

一、本通知所称人民币利率互换集中清算业务，是指市场参与者将其达成的人民币利率互换交易，提交上海清算所进行集中清算，由上海清算所作为中央对手方（CCP）承继交易双方的权利及义务，并按照多边净额方式计算市场参与者在相同结算日的利息净额，建立相应风险控制机制，保证合约履行、完成利息净额结算的处理过程。

人民币利率互换交易应通过全国银行间同业拆借中心（以下简称同业拆借中心）交易系统确认。

二、市场参与者参加人民币利率互换集中清算业务，应与上海清算所签订《人民币利率互换集中清算协议》。

由上海清算所进行集中清算的人民币利率互换交易，适用市场参与者与上海算所签订的《人民币利率互换集中清算协议》。

三、自本通发布之日起，上海清算所应开始为市场参与者提供人民币利率换交易的集中清算服务。

自2014年7月1日起，金融机构之间新达成的，以FR007，Shibor_ON和Shibor_3M为参考利率的，期限在5年以下（含5年）的人民币利率互换交易，凡参与主体、合约要素符合上海清算所有关规定的，均应提交上海清算所进行集中清算。不能进行集中清算的，应向中国人民银行说明。

四、上海清算所应从制度、人员、系统等多方面入手，建立严格的人民币利率互换集中清算风险管理机制，包括但不限于：

制订集中清算业务参与者标准，建立参与者信用风险监测和评估体系；

建立保证金、清算基金、风险准备金等风险管理制度，合理测算集中清算参与者头寸的盯市价值和风险敞口，定期开展回归测试和压力测试；

建立集中清算业务参与者违约处理机制，落实银行授信等流动性支持措施，确保清算业务安全平稳运行。

五、市场参与者因参与集中清算业务而向上海清算所提交的保证金、清算基金等，属于所提交的机构所有，应仅用于履行集中清算所产生的债权债务及其违约处理。

上海清算所应将人民币利率互换集中清算参与机构提交的保证金、清算基金与自有资产相隔离，严禁挪作他用。

六、人民币利率互换集中清算参与机构应确保相应的资金账户有足够余额用于资金结算和保证金结算。

处于结算过程中的资金或保证金只能用于该笔结算，结算一旦完成不可撤销。

七、中国人民银行将按照《金融市场基础设施原则》等规定的合格中央对手方的标准，对上海清算所进行持续有效的监督和管理。

市场成员应根据有关监管要求,对由上海清算所集中清算的人民币利率互换交易,按照合格中央对手方标准计算相应的风险加权资产。

八、同业拆借中心、上海清算所应加强协调配合,分别做好人民币利率互换灵易、清算的日常监测工作,并于每月前10个工作日内,将上月人民币利率互换集中清算业务相关情况以书面方式向中国人民银行报告,抄送中国银行间市场交易商协会。发现异常情况应及时处理并报告。

九、上海清算所应定期向中国人民银行上海总部,各分行、营业管理部、省会(首府)城市中心支行、副省级城市中心支行提供其辖区内机构参与人民币利率互换集中清算的有关信息。

中国人民银行各分支机构应加强对辖区内机构参与人民币利率互换集中清算业务的日常管理。

十、同业拆借中心、上海清算所应根据本通知要求制订具体的交易、清算业务规则,报中国人民银行批准后实施。

十一、中国人民银行将根据场外金融衍生产品的风险敞口情况、交易活跃程度、定价机制完善情况、标准化程度及指定集中清算机构的准备充分性等情况,决定其他场外金融衍生产品进行集中清算的类别及具体品种。

十二、本通知自发布之日起施行。

中国人民银行关于开展人民币利率互换业务有关事宜的通知

(2008年1月18日公布 银发〔2008〕18号
自2008年2月18日起施行)

中国人民银行上海总部,各分行、营业管理部,各省会(首府)城市中心支行、副省级城市中心支行;政策性银行、国有商业银行、股份制银行;

中国银行间市场交易商协会；全国银行间同业拆借中心：

为进一步推动我国金融衍生产品市场发展，深化市场避险功能，促进利率市场化进程，在总结人民币利率互换试点经验的基础上，根据《中华人民共和国中国人民银行法》等有关法律、行政法规，现就开展人民币利率互换业务有关事宜通知如下：

一、本通知所称人民币利率互换（以下简称利率互换）是指交易双方约定在未来一定期限内，根据约定的人民币本金和利率计算利息并进行利息交换的金融合约。

利率互换的参考利率应为经中国人民银行授权的全国银行间同业拆借中心（以下简称交易中心）等机构发布的银行间市场具有基准性质的市场利率或中国人民银行公布的基准利率。

二、全国银行间债券市场参与者（以下简称市场参与者）中，具有做市商或结算代理业务资格的金融机构可与其他所有市场参与者进行利率互换交易，其他金融机构可与所有金融机构进行出于自身需求的利率互换交易，非金融机构只能与具有做市商或结算代理业务资格的金融机构进行以套期保值为目的的利率互换交易。

三、市场参与者进行利率互换交易应遵循公平、诚信、风险自担的原则，建立健全相应的内部操作规程和风险管理制度，切实有效防范利率互换交易可能带来的风险。

金融机构在开展利率互换交易前，应将其利率互换交易的内部操作规程和风险管理制度送中国银行间市场交易商协会（以下简称交易商协会）和交易中心备案。内部风险管理制度应至少包括风险测算与监控、内部授权授信、信息监测管理、风险报告和内部审计等内容。

四、市场参与者开展利率互换交易应签署由中国人民银行授权交易商协会制定并发布的《中国银行间市场金融衍生产品交易主协议》。《中国银行间市场金融衍生产品交易主协议》中关于单一协议和终止净额等的约定适用于利率互换交易。

五、具有银行间债券市场做市商或结算代理业务资格的金融机构在与非金融机构进行利率互换交易时，应提示该交易可能存在的风险，但不得对其进行欺诈和误导。

六、利率互换交易既可以通过交易中心的交易系统进行，也可以通过电话、传真等其他方式进行。未通过交易中心交易系统进行利率互换交易的,金融机构应于交易达成后的下一工作日 12:00 前将利率互换交易情况送交易中心备案。

七、市场参与者进行利率互换交易时,应订立书面交易合同,书面交易合同包括交易中心交易系统生成的成交单,或者合同书、信件和数据电文等。交易双方认为必要时,可签订补充合同。

八、具有银行间债券市场做市商或结算代理业务资格的金融机构可通过交易中心的交易系统进行利率互换交易的双边报价,双边报价价差应当处于市场合理范围。

九、利率互换交易发生违约时,交易双方可按照有关约定申请仲裁或者向人民法院提起诉讼,并于接到仲裁或诉讼最终结果的下一工作日 12:00 之前,将最终结果送达交易商协会,并抄送交易中心。交易商协会应在接到最终结果的当日予以公告。

十、交易商协会应加强对利率互换交易的自律管理,制定、完善自律管理规则,规范利率互换交易及信息披露行为,维护市场秩序和参与者的合法权益。

十一、交易中心应依据本通知制订利率互换交易操作规程,报中国人民银行备案后实施。

交易中心负责利率互换交易的日常监控工作,发现异常交易情况应及时向中国人民银行报告,并同时告知交易商协会。交易中心应于每月后的 10 个工作日内将本月利率互换交易情况以书面形式向中国人民银行报告,同时抄送交易商协会。

交易中心应按照相关规定,及时公布利率互换交易有关信息,但不得泄露非公开信息或误导市场参与者。

十二、交易中心应定期向中国人民银行上海总部,各分行、营业管理部、省会(首府)城市中心支行及副省级城市中心支行提供其辖区内市场参与者的利率互换交易有关信息。中国人民银行各分支机构应加强对辖区内市场参与者利率互换交易的日常管理。

本通知自发布之日起的 30 日后施行,《中国人民银行关于开展人民币利率互换交易试点有关事宜的通知》(银发〔2006〕27 号)同时废止。

中国证券监督管理委员会

中国证监会办公厅关于做好商品现货市场非法期货交易活动认定有关工作的通知

（2013 年 12 月 31 日公布　证监办发〔2013〕111 号
自 2013 年 12 月 31 日起施行）

中国证监会各监管局：

商务部、中国人民银行与我会联合制定的《商品现货市场交易特别规定（试行）》（商务部令〔2013〕第 3 号）（以下简称《规定》）已于近日发布，并将于 2014 年 1 月 1 日起施行。根据《规定》，各证监局负有商品现货市场非法期货交易活动认定等职责。现就商品现货市场非法期货交易活动认定的工作要求通知如下：

一、商品现货市场非法期货交易活动认定是清理整顿各类交易场所工作的重要内容。各证监局要积极配合地方人民政府对商品现货市场非法期货交易活动的查处工作，根据地方人民政府的工作需要，依法对商品现货市场非法期货交易活动进行认定。

二、各证监局要严格按照《关于认定商品现货市场非法期货交易活动的标准和程序》（以下简称《标准和程序》，见附件）的要求，做好商品现货市场非法期货交易活动的依法认定。遇有《标准和程序》中未能涵盖的情形，应当及时请示清理整顿各类交易场所部际联席会议办公室（以下简称清整联办，设于会公众公司部）。

三、各证监局要深入开展投资者教育，丰富教育的形式和渠道，向投资者揭示商品现货市场非法期货交易活动的特征和危害，提示投资者谨防上当受骗。

四、各证监局要密切跟踪新情况、新问题，不断总结经验，遇有重大问题及时报告清整联办。清整联办将通过编发政策问答、进行案例分析以及组织专题培训等方式，及时加强认定工作指导和各证监局之间的工作交流。

附件:关于认定商品现货市场非法期货交易活动的标准和程序

关于认定商品现货市场非法期货交易活动的标准和程序

一、认定对象及内容

认定对象是各地设立的各类商品现货市场及其代理投资者进行交易活动的会员、加盟商和代理商等。认定内容是相关认定对象的交易行为是否构成非法期货交易。根据《国务院关于清理整顿各类交易场所　切实防范金融风险的决定》(国发〔2011〕38号)、《国务院办公厅关于清理整顿各类交易场所的实施意见》(国办发〔2012〕37号)和《关于进一步明确黄金市场及黄金衍生品交易监管职责的意见》(中央编办发〔2011〕29号)等有关规定,各证监局对非法黄金期货交易不负责认定。

二、认定标准

商品现货市场非法期货交易包括《期货交易管理条例》第七十五条规定的"非法组织期货交易活动"和"擅自从事期货业务"等情形。认定商品现货市场非法组织期货交易活动应采取目的要件和形式要件相结合的方式。就目的要件而言,主要是以标准化合约为交易对象,允许交易者以对冲平仓方式了结交易,而不以实物交收为目的或者不必交割实物。就形式要件而言,根据国发〔2011〕38号文和国办发〔2012〕37号文的有关规定,一般有如下特征:

(一)交易对象为标准化合约。所谓标准化合约是指除价格、交货地点、交货时间等条款外,其他条款相对固定的合约。交易者将此类合约作为交易对象,订立合约时,并非全额付款,而只缴纳商品价值的一定比率作为保证金,即可买入或者卖出:合约订立后,允许交易者不实际履行,而可通过反向操作、对冲平仓方式,了结自己的权利义务。

(二)交易方式为集中交易。所谓集中交易是指由现货市场安排众多买方、卖方集中在一起进行交易(包括但不限于人员集中、信息集中、商品集中),并为促成交易提供各种设施及便利安排。集中交易又可细分为集合竞价、连续竞价、电子撮合、匿名交易、做市商机制等交易方式。

集合竞价是指买卖双方按照自己所能接受的心理价格自行进行买卖申报,由现货市场电子交易系统对全部有效申报进行一次集中撮合的处理过程。

连续竞价是指现货市场按照“价格优先、市场优先”等原则形成成交价,如当最高买价与最低卖价相同时,该价格为成交价;当买价高于卖价时,报价在先一方的卖方价格为成交价。

电子撮合是指众多的买方和卖方同时通过电子交易系统进行撮合配对、点选成交或其他方式促成合约成立的交易方式。

匿名交易是指对于一项交易标的物,交易者完全不需要知道对手方的身份、年龄、信用状况等除价格以外的交易信息而进行的交易。由于该交易标的物可以剥离其所有者的影响而独立存在,因此极大地提高了其标准化、流动性水平,从而成为资本市场特有的交易方式,因具有不同于现货交易的一般规律,不宜为商品现货市场采用。

做市商机制是指具备一定实力和信誉的法人、其他经济组织等,不断地向买卖双方提供报价,并按照自身提供的报价付出资金或商品与之成交,从而为市场提供即时性和流动性,并通过买卖价差获取利润而形成的交易制度。由于做市商买卖商品的目的并不是获取商品的所有权,而主要是低买高卖,提供流动性,与现货交易的初衷完全不符,做市商机制不宜作为现货市场的交易制度。

商品现货市场组织的交易活动构成非法组织期货交易的,其会员、加盟商和代理商等代理投资者进行交易的活动,同时构成《期货交易管理条例》第七十五条第二款所称的“擅自从事期货业务”。

三、认定程序

(一)自行认定。各证监局应当落实辖区监管责任制,按照《关于进一步做好司法机关来访、来函接待和处理相关工作的通知》(证监办发〔2007〕109 号)的有关规定,有效承接地方公安、司法、工商等部门移送的认定和协作请求。要建立健全商品现货市场非法期货交易活动认定的工作机制,形成由一名局领导牵头负责,业务部门和专业人员参与的认定工作组,不断提高认定工作的有效性和及时性。遇有信访、举报、投诉涉及需要进行认定的,各证监局应及时转送地方人民政府统一处理。

(二)协助认定。对于重大疑难案件的性质认定,各证监局自行认定确有困难的,可以向清理整顿各类交易场所部际联席会议办公室(以下简称清整联办,设于会公众公司部)提出申请,清整联办可以通过电话指导、发文协作或派遣专家组等方式协助认定。对于协助认定意见,由证监局选择采纳,并以自身名义对外出具认定意见。

(三)证据标准。各证监局出具的认定意见,应当以地方公安、司法、工商等部门出具的证据材料、法律文书、案件卷宗等为依据,对商品现货市场有关活动是否构成非法期货交易活动进行书面审查。遇有因事实不清、材料不全面而难以形成认定判断的,证监局应告知有关部门及时补充相关证据材料。

(四)及时报备。各证监局应将商品现货市场非法期货交易活动认定结论同时抄送清整联办和相关证监局,并于每年12月20日前将年度非法期货交易活动认定工作总结(包括但不限于非法期货交易申请认定数量、已确认数量、查处结果、典型案例及意见建议等内容)报送清整联办。清整联办会同期货一部等负责组建非法期货交易活动认定工作专家组,及时总结、发布有关非法期货交易的活动特征和典型案例,加强对商品现货市场非法期货交易活动认定的工作指导。

公开募集证券投资基金参与国债期货交易指引

(2013年9月3日公布　中国证券监督管理委员会公告〔2013〕37号　自2013年9月3日起施行)

第一条　为规范公开募集证券投资基金(以下简称基金)参与国

债期货交易的行为,防范投资风险,保护基金份额持有人的合法权益,根据《证券投资基金法》、《期货交易管理条例》、《证券投资基金运作管理办法》等法律法规,制定本指引。

第二条　本指引所称国债期货,是指由中国证监会批准,在中国金融期货交易所上市交易的以国债为标的的金融期货合约。

第三条　基金参与国债期货交易,应当根据风险管理的原则,以套期保值为目的,并按照中国金融期货交易所套期保值管理的有关规定执行。保本基金及中国证监会批准的特殊基金品种除外。

第四条　股票基金、混合基金、债券基金(短期理财债券基金除外),可以按照本指引参与国债期货交易,货币市场基金、短期理财债券基金不得参与国债期货交易。

第五条　基金参与国债期货交易,除中国证监会另有规定或批准的特殊基金品种外,应当遵守下列要求:

(一)基金在任何交易日日终,持有的买入国债期货合约价值,不得超过基金资产净值的15%。

(二)开放式基金在任何交易日日终,持有的买入国债期货和股指期货合约价值与有价证券市值之和,不得超过基金资产净值的95%。

封闭式基金、开放式指数基金(不含增强型)、交易型开放式指数基金(ETF)在任何交易日日终,持有的买入国债期货和股指期货合约价值与有价证券市值之和,不得超过基金资产净值的100%。其中,有价证券指股票、债券(不含到期日在一年以内的政府债券)、权证、资产支持证券、买入返售金融资产(不含质押式回购)等。

债券基金参与国债期货交易不受本项限制,但应当符合基金合同约定的投资策略和投资目标。

(三)基金在任何交易日日终,持有的卖出国债期货合约价值不得超过基金持有的债券总市值的30%。

基金管理人应当按照中国金融期货交易所要求的内容、格式与时限向交易所报告所交易和持有的卖出期货合约情况、交易目的及对应的证券资产情况等。

(四)基金所持有的债券(不含到期日在一年以内的政府债券)市值和买入、卖出国债期货合约价值,合计(轧差计算)应当符合基金合同关于债券投资比例的有关约定。

（五）基金在任何交易日内交易（不包括平仓）的国债期货合约的成交金额不得超过上一交易日基金资产净值的30%。

（六）开放式基金（不含ETF）每个交易日日终在扣除国债期货和股指期货合约需缴纳的交易保证金后，应当保持不低于基金资产净值5%的现金或到期日在一年以内的政府债券。

（七）封闭式基金、ETF每个交易日日终在扣除国债期货和股指期货合约需缴纳的交易保证金后，应当保持不低于交易保证金一倍的现金。

（八）保本基金参与国债期货交易不受上述第（一）项至第（七）项的限制，但应当符合基金合同约定的保本策略和投资目标，且每日所持期货合约及有价证券的最大可能损失不得超过基金净资产扣除用于保本部分资产后的余额。担保机构应当充分了解保本基金的国债期货交易策略和可能损失，并在担保协议中作出专门说明。

（九）法律法规、基金合同规定的其他比例限制。

因证券期货市场波动、基金规模变动等基金管理人之外的因素致使基金投资比例不符合上述要求的，基金管理人应当在10个交易日之内调整完毕。

第六条　本指引施行前已经获得中国证监会核准或准予注册的基金，基金管理人应当根据法律法规、基金合同和本指引的有关要求，决定是否参与国债期货交易。拟参与国债期货交易的，基金管理人应当在基金合同中明确相应的投资策略、比例限制、信息披露方式等，并履行相应程序。

第七条　本指引施行后注册的基金，拟参与国债期货交易的，应当在基金合同、招募说明书、产品方案等募集申报材料中列明国债期货交易方案等相关内容。

第八条　基金应当在季度报告、半年度报告、年度报告等定期报告和招募说明书（更新）等文件中披露国债期货交易情况，包括投资政策、持仓情况、损益情况、风险指标等，并充分揭示国债期货交易对基金总体风险的影响以及是否符合既定的投资政策和投资目标。

第九条　基金管理人和托管人应当充分了解国债期货的特点和

各种风险,真正从保护基金份额持有人利益的角度出发,以审慎的态度对待基金参与国债期货交易的问题。基金管理人拟运用基金财产参与国债期货交易的,应当根据公司自身的发展战略和总体规划,综合衡量现阶段的风险管理水平、技术系统和专业人员准备情况,审慎评估参与国债期货交易的能力,科学决策参与国债期货交易的广度和深度,并将相关投资决策流程和风险控制制度等报公司董事会批准。

第十条 基金管理人应当针对国债期货交易制定严格的授权管理制度和投资决策流程,确保研究分析、投资决策、交易执行及风险控制等各环节的独立运作,并明确相关岗位职责。此外,应当建立国债期货交易决策部门或小组,并授权特定的管理人员负责国债期货的投资审批事项。

第十一条 基金管理人和托管人应当强化内部控制制度,完善风险管理体系,做好人员、制度、业务流程、技术系统等方面的培训和准备工作,并在上报基金募集申请等相关材料时附上相关制度及准备情况的说明。

第十二条 基金管理人在参与国债期货交易的过程中,应当根据有关法律法规的要求,规范运作,不得从事内幕交易、操纵证券及期货价格、进行利益输送及其他不正当的交易活动。

第十三条 基金管理人和托管人应当根据中国金融期货交易所的相关规定,确定基金参与国债期货交易的交易结算模式,明确交易执行、资金划拨、资金清算、会计核算、保证金存管等业务中的权利和义务,建立资金安全保障机制。基金托管人应当加强对基金参与国债期货交易的监督、核查和风险控制,切实保护基金份额持有人的合法权益。

第十四条 本指引自公布之日起施行。

中国银行保险监督管理委员会

中国银保监会办公厅关于保险资金参与信用风险缓释工具和信用保护工具业务的通知

(2019 年 5 月 7 日公布　银保监办发〔2019〕121 号
自 2019 年 5 月 7 日起施行)

各保险集团(控股)公司、保险公司、保险资产管理公司:

为进一步提升保险资金服务实体经济质效,丰富保险资金运用管理工具,完善市场信用风险分散、分担机制,根据《保险资金运用管理办法》、《保险资金参与金融衍生产品交易暂行办法》等规定,现就保险资金参与信用风险缓释工具和信用保护工具业务有关事项通知如下:

一、本通知所称信用风险缓释工具和信用保护工具,是指用于管理信用风险的信用衍生产品。其中,信用风险缓释工具包括合约类产品和凭证类产品,信用保护工具包括信用保护合约和信用保护凭证。

二、保险资金参与信用风险缓释工具和信用保护工具业务仅限于对冲风险,保险集团(控股)公司、保险公司和保险资产管理公司(以下统称"保险机构")不得作为信用风险承担方。

三、参与信用风险缓释工具和信用保护工具业务的保险机构应当具备衍生品运用能力和信用风险管理能力,并符合保险资金参与金融衍生产品交易的监管规定。

四、保险机构应当遵守信用风险缓释工具和信用保护工具的相关业务规则,信用风险缓释工具和信用保护工具的参考实体和标的债务应当符合保险资金运用的相关监管规定。

五、保险机构应当制定参与信用风险缓释工具和信用保护工具业务的管理制度和业务操作流程,防范信用风险、市场风险和操作风险。

六、保险机构应实时监测信用风险缓释工具和信用保护工具的交易情况,定期评估相关风险,并按照《保险资金参与金融衍生产品交易暂行办法》要求,向银保监会报送月度、季度和年度报告,报告内容包括但不限于业务开展、风险对冲、稽核审计及合规等情况。

七、银保监会将加强对保险机构参与信用风险缓释工具和信用保护工具业务的监管,依法开展现场和非现场检查。保险机构违反规定参与相关业务的,银保监会将依据有关规定对相关机构和人员进行行政处罚。

中国保险监督管理委员会关于保险机构开展利率互换业务的通知

(2010年7月14日公布 保监发〔2010〕56号
自2010年7月14日起施行)

各保险集团(控股)公司、保险公司、保险资产管理公司:

为规范保险集团(控股)公司、保险公司和保险资产管理公司(以下简称保险机构)开展利率互换业务行为,防范投资管理风险,提高保险资产质量,根据《中华人民共和国保险法》及相关法规,现将保险机构开展利率互换业务有关事项通知如下:

一、本通知所称利率互换,又称利率掉期,是指交易双方约定在未来一定期限内,根据约定的本金和利率计算利息并进行利息交换的金融合约。

二、保险机构开展利率互换业务,应当达到有关风险管理的能力标准,必须符合分类监管的指标规定;具有健全的风险管理制度;建立投资资产的托管机制;具备相应的业务处理和风险管控系统;配备相应的专业人员;符合市场的业务规定;满足中国保监会规定的其他条件。

三、保险机构开展利率互换业务,应经董事会批准,并将符合本通知第二条规定的证明材料及董事会批准文件报中国保监会备案。受托管理的资产管理公司,应与委托人签订开展利率互换业务的授权书,明确双方的权利义务关系。

四、保险机构开展利率互换业务,应当以避险保值为目的,不得用于投机或放大交易,其交易对手应当符合保险机构交易对手的监管规定。

五、保险机构开展利率互换业务,名义本金额不得超过该机构上季末固定收益资产的10%,与同一交易对手进行利率互换的名义本金额,不得超过该机构上季末固定收益资产的3%。本条所称固定收益资产,包括银行存款、债券和其他债权类投资工具。

六、保险机构开展利率互换业务,应当实时监测利率互换交易情况,定期评估相关风险。每月15日前向保监会报告评估结果。违反本通知及有关规定参与利率互换的,将依法给予行政处罚。

七、保险机构开展金融衍生产品业务的能力标准和备案程序,以及其他金融衍生品业务的规定,由中国保监会另行制定。

国务院国有资产监督管理委员会

国资委办公厅关于进一步加强金融衍生业务管理有关事项的通知

(2021年4月12日公布　国资厅发财评〔2021〕17号
自2021年4月12日起施行)

各中央企业:

《关于切实加强金融衍生业务管理有关事项的通知》(国资发财评规〔2020〕8号,以下简称8号文)印发以来,多数中央企业认真贯彻执行,完善管理制度,加强集团管控,严守套保原则,金融衍生业务运行总体平稳。但部分企业存在资质审核把关不严、信息化监测水平不高、业务报告不及时等问题。为推动中央企业进一步落实好8号文,规范执行制度规定，现将有关事项通知如下：

一、强化业务准入审批

（一）中央企业集团董事会负责核准具体开展金融衍生业务的子企业（以下简称操作主体）业务资质，研判业务开展的可行性，确定可开展的业务类型，不得授权其他部门或决策机构审批。

1. 业务可行性论证应当包括：开展金融衍生业务的必要性，应当基于降低主业范围内的实货风险敞口而开展，具有客观需要。金融衍生业务管理制度完善性和内控体系完整性、有效性，应当覆盖事前、事中、事后各个环节，涵盖部门职责、审批程序、交易流程、风险管理、定期报告等内容。风险管理体系健全性，应当建立相应的风险识别、监控、处置、报告、应急处理等机制。机构、岗位设置合理性，应当做到前中后台岗位、人员相互分离，并建立定期轮岗制度。人员配置完备性，交易及风控人员应当具备相关专业背景和从业经历等，无不良从业记录。财务承受能力适当性，应当具备与所开展业务相适应的资金实力和抗风险能力。

2. 核准事项应当明确操作主体的交易品种、工具、场所等。品种应当与主业密切相关。工具应当结构简单、流动性强、风险可认知。应当优先选择境内交易场所。集团未经营相关境外实货业务的，不得从事境外金融衍生业务。商品类衍生业务原则上应当仅开展场内业务，确需开展场外业务的，应当进行单独风险评估。

3. 资产负债率高于国资委管控线、连续3年经营亏损且资金紧张的子企业，不得开展金融衍生业务。操作主体开展投机业务或产生重大损失风险、重大法律纠纷、造成严重影响的，业务资质应当暂停，风险处置及整改完成后，需恢复开展业务的，报集团董事会重新核准。

4. 集团内实行专业化集中管理、同类金融衍生业务由统一平台集中操作的企业，应当从管理制度、业务流程等方面清晰界定委托企业与平台企业的风险管控责任、盈亏承担方式。如果委托企业是盈亏承担的主体，则委托企业及平台企业都应当取得业务资质，对委托企业的资质核准，重点审核业务开展的必要性、制度完善性、财务承受能力适当性以及与平台企业的风险管控责任界定明晰性等。

（二）各中央企业应当对集团范围内现有的操作主体业务资质进行

全面核查,对未经集团董事会核准的,于2021年6月30日前完成核准。

(三)集团归口管理部门应当每3年对所有操作主体的业务资质进行一次梳理核查,对不具备业务开展必要性或条件的,提请集团董事会取消业务资质。操作主体业务资质核准事项变更时,由集团董事会重新审批。对因并购、划转等新纳入的操作主体,应当在3个月内履行业务资质核准程序。

二、加强年度计划管理

(一)各中央企业应当明确集团层面金融衍生业务归口管理部门或相关决策机构,负责审批操作主体金融衍生业务年度计划。

(二)金融衍生业务年度计划应当与操作主体财务承受能力、年度经营计划相匹配。年度计划的审批内容应当包括:年度实货经营规模、年度保值规模、套期保值策略、资金占用规模、时点最大净持仓规模、止损限额或亏损预警线等。

(三)年度计划不得随意变更。如遇市场环境发生重大变化、国家经济政策调整、企业经营计划变更等情况确需调整的,应当严格履行内部审批程序。

三、加快信息系统建设

(一)各中央企业集团应当建立金融衍生业务风险管理信息系统,对集团范围内所有业务进行每日监控,建立健全风险指标体系,实现在线监测和预警。仅开展货币类衍生业务,且开展频次较低、业务规模较小的集团,可不单独建立风险管理信息系统,但应当采取有效手段监控业务风险。

(二)开展商品类衍生业务的操作主体,应当建立金融衍生业务信息系统,覆盖业务全流程,嵌入内控制度要求,实现"期现一体"管理,具备套保策略审批、交易信息记录、风险指标监测、超限额或违规交易预警等功能。

(三)已开展金融衍生业务的中央企业应当加快推进各层面信息系统建设,自本通知印发之日起2年内建成上线。新开展金融衍生业务的中央企业应当将信息系统建设作为必备条件。

四、严格备案报告制度

(一)各中央企业应当向国资委(财务监管与运行评价局)备案业

务资质及年度计划。业务资质备案时间为集团董事会核准后的 20 个工作日内，年度计划备案时间为每年 3 月 31 日前，具体备案内容及形式另行通知。对于有特殊业务需求，资质核准事项与本通知规定不一致的，应当在核准前报告。对于年度计划调整的，应当及时调整备案，说明情况及原因。

（二）各中央企业应当高度重视金融衍生业务季报统计工作，强化组织管理，明确责任部门，细化指标统计标准和数据口径，确保报送信息及时、准确、完整，于每季度终了 15 日内随财务快报一并报送金融衍生业务季报表及相关附报文档。未开展金融衍生业务的企业应当进行“零申报”。各中央企业应当从 2021 年一季度起，按照附件所示表样进行编制和报送。

（三）开展投机业务或产生重大损失风险、重大法律纠纷、造成严重影响的，集团应当于 24 小时内书面向国资委（财务监管与运行评价局）报告，并就事件处置进展建立周报制度。突发或特别紧急事项可先口头报告，在 2 个工作日内补充书面报告。报告内容包括事件概况、已采取的处置措施、下一步工作安排等。

（四）各中央企业集团归口管理部门、内审部门应当强化金融衍生业务监督检查力度，归口管理部门每季度抽查，内审部门每年对所有操作主体全覆盖审计。各类审计、检查发现问题及整改情况应当作为年度报告的重要内容。

国资委将不定期开展专项检查，与有关监管部门探索建立交易数据共享机制，加强日常监测和风险预警，对于发现的问题，将进行提示、通报、约谈、问责等。其中：对于业务可行性论证不充分的，将提示董事会重新核准业务资质；对于信息系统未按时建成上线的，将要求企业增加报告频率或提示董事会缩减业务规模；对于开展投机业务，存在超规模、超品种、超限额以及未经资质核准开展业务等违规交易问题的，将按照有关规定严肃问责。

附件：1. 金融衍生业务季报表——衍生品明细表（试行）（略）

2. 金融衍生业务季报表——商品类业务品种汇总表（试行）（略）

第二部分　典 型 案 例

001 委托理财与金融衍生品交易的区别，期货买方有权决定是否行权，交易损失责任的分配

某家纺公司与某银行支行金融衍生品种交易纠纷案

【案号】

(2017)最高法民申1057号

【裁判要旨】

金融衍生产品是一种金融合约，其价值取决于一种或多种基础资产或指数，合约的基本种类包括远期、期货、掉期(互换)和期权，此外还包括具有远期、期货、掉期(互换)和期权中一种或多种特征的结构化金融工具；委托理财合同的主要特征是委托人需将其资产交付或者委托给受托人进行投资管理，二者有本质区别。作为支付期权费用的买方，拥有选择是否买入或卖出的权利，其对于未到期交易有权取消交割。金融衍生产品交易具有射幸性或高风险性，交易方应当对该种产品交易的高风险性有相当的了解与注意，对于交易的后果应当承担相应责任。金融机构在缔约及合同履行过程中未能充分向客户进行信息披露和风险揭示，需对客户的交易损失承担一定比例的责任。

【案情简介】

2004年4月9日，中国银行业监督管理委员会作出《关于某银行开办金融衍生产品交易业务的批复》，同意某银行从事与外汇、股票等有关的金融衍生产品交易业务。

2005年11月25日，某银行作出《关于北京等4家分行辖属机构开办代客外汇理财业务的批复》，同意某银行省分行下属机构开展包括超远期外汇买卖在内的衍生金融产品业务。

2007年7月24日，某银行作出《关于分行转授权分支机构开办代客外汇理财业务备案回复通知书》，同意某银行省分行转授权某银行县支行开展包括超远期外汇买卖在内的衍生金融产品业务。

2007 年 9 月 7 日,某家纺公司与某银行支行签订《代客外汇理财业务总协议》,约定由某家纺公司委托某银行支行办理代客外汇理财业务(包括超远期外汇买卖等)。《代客外汇理财业务总协议》第二条约定:双方除了按照本协议有关规定确定各自的权利和义务外,还须遵守双方为每一笔具体交易而签署的交易确认书的有关规定。交易确认书构成本协议不可分割的组成部分。第四条约定:某银行支行将根据某家纺公司所从事具体产品的风险度向某家纺公司收取一定比例的履约保证金。第五条约定:违约事件发生后,未违约方有权要求违约方继续履行交易合同,也有权立即终止本协议项下的有关交易并要求违约方对未到期的交易按照市场价值进行清偿。第六条约定:双方一致同意可提前终止本协议项下交易。第十二条约定:若协议一方要求终止本协议,须提前 30 个工作日书面通知协议另一方。某银行支行将双方之间未到期的交易按终止通知书送达日的市价平盘,并与某家纺公司就由此产生的损益进行资金清算。所有未到期交易的资金清算结束日为本协议终止日。

根据《代客外汇理财业务总协议》,某家纺公司于 2007 年 9 月 10 日向某银行支行提交了《代客外汇理财业务交易委托书(期权类产品)》一份(业务编号为 1),委托某银行支行进行超远期日元外汇买卖。该委托书载明:某家纺公司在某银行支行处存入交易保证金 2350 万元人民币;理财交易期限为 10 年,共 41 个交割日,第一次交割日为 2007 年 9 月 20 日;交易方向为买入美元/卖出日元;每三个月交割一次,客户卖出日元买入美元;交割汇率及金额规定如下:如果美元/日元≥85,则交割汇率为 56,客户买入美元金额为 50 万元;如果美元/日元 <85,则交割汇率 = [交易日当天市场即期汇率 ×99.80/(交割日前五日市场即期汇率+10)](客户交割汇率最高为 200),客户买入美元金额为 100 万元;从第五次(含)开始银行有权取消该交易。后某家纺公司交纳了该委托书项下的交易保证金 2350 万元人民币(2007 年 9 月 7 日交纳 950 万元人民币,2007 年 9 月 12 日交纳 1400 万元人民币)。

2008 年 1 月 9 日,某家纺公司向某银行支行提交《代客外汇理财业务交易委托书(期权类产品)》一份(业务编号为 2),委托某银行支行进行超远期日元外汇买卖。该委托书载明:某家纺公司在某银行支行处存入交易保证金455万元人民币;理财交易期限为10年,共41个交割日,即每年的1月31日、4月30日、7月31日和10月31日(遇节假日调整),第一次交割日为2008年1月31日,最后一个交割日为2018年1月31日;每三个月交割一次,客户卖出日元买入美元;交割汇率及金额为,如果美元/日元≥84,则交割汇率为60,客户买入美元金额为50万元;如果美元/日元<84,则交割汇率=[交易日当天市场即期汇率×99.80/(交割日前五日市场即期汇率+10)](客户交割汇率最高为200),客户买入美元金额为100万元;从2009年1月31日(含)开始银行有权取消该交易。后某家纺公司于2008年1月10日交纳该委托书项下的交易保证金455万元人民币。

上述业务编号为1的外汇买卖从2007年9月20日至2013年9月22日实际已经交割了25期,其中2010年12月29日至2013年9月22日的12期某家纺公司均未出具交易委托书及交易确认书。各交割日的盈亏情况如下:2007年9月20日盈利258,283.12美元,2007年12月20日盈利252,824.86美元,2008年3月20日盈利217,085.99美元,2008年6月20日盈利240,476.41美元,2008年9月22日盈利236,842.11美元,2008年12月22日盈利187,917.97美元,2009年3月23日盈利209,513.44美元,2009年6月22日盈利207,876.89美元,2009年9月24日盈利190,607.73美元,2009年12月21日盈利189,888.14美元,2010年3月23日盈利189,853.79美元,2010年6月21日盈利191,119.69美元,2010年9月21日亏损413,534.50美元,2010年12月29日亏损467,905.17美元,2011年3月23日亏损525,155.23美元,2011年6月24日亏损562,527.68美元,2011年9月26日亏损711,198.22美元,2011年12月20日亏损670,917.45美元,2012年3月21日亏损476,649.80美元,2012年6月20日亏损608,725.62美元,2012年9月20日亏损654,955.79美元,2012年12月20日亏损441,308.56美元,2013年3月20日盈利205,260.06美元,2013年6月20日盈利210,327.85美元,2013年9月22日盈利217,576.81美元。其中第13期(2010年9月21日)亏损413,534.50美元,某家纺公司已支付;第14~25期中的亏损均由某银行支行垫付,盈利由某银行支行收取,某银行支行实际垫款4,486,178.80美元。

上述业务编号为2的外汇买卖2008年1月31日至2013年10月31日实际已经交割了24期,其中2011年2月14日至2013年10月31日的12期某家纺公司均未出具交易委托书及交易确认书。各交割日的盈亏情况如下:2008年1月31日盈利217,540.72美元,2008年4月30日盈利211,399.71美元,2008年7月31日盈利222,154.30美元,2008年10月31日盈利194,189.60美元,2009年2月2日盈利165,924.28美元,2009年4月30日盈利192,717.40美元,2009年7月31日盈利185,270.67美元,2009年10月30日盈利171,412.92美元,2010年1月29日盈利166,147.34美元,2010年4月30日盈利180,647.22美元,2010年7月30日盈利152,978.60美元,2010年10月29日亏损487,976.44美元,2011年2月14日亏损416,425.39美元,2011年5月3日亏损467,653.53美元,2011年7月29日亏损590,777.66美元,2011年10月31日亏损601,180.32美元,2012年2月1日亏损648,748.01美元,2012年4月28日亏损489,260.36美元,2012年7月31日亏损583,684.28美元,2012年10月31日亏损529,782.98美元,2013年1月31日盈利169,643.55美元,2013年4月28日盈利193,286.03美元,2013年7月31日盈利193,286.03美元,2013年10月31日盈利194,818.01美元。其中第12期(2010年10月29日)亏损487,976.44美元,某家纺公司已支付;第13~24期中的亏损均由某银行支行垫付,盈利由某银行支行收取,某银行支行实际垫款3,576,478.91美元。

2010年10月、12月,某家纺公司两次向某银行支行发函要求解除《代客外汇理财业务总协议》。

2010年12月23日,某银行支行向某家纺公司回函称,某家纺公司单方要求解除《代客外汇理财业务总协议》不符合双方约定,即使某家纺公司的函件也表达了终止协议的意思表示,根据该总协议第十二条关于终止协议的相关要求,需进行平盘处理,若某银行支行采取终止协议项下的有关交易并要求某家纺公司对未到期的交易按照市场价值进行清偿,某家纺公司损失较大,要求某家纺公司继续履行协议。

2011年11月11日、2012年11月12日、2013年11月13日,某银行支行三次向某家纺公司送达了超远期外汇买卖垫款催收通知,要求某家纺公司支付涉案两笔超远期外汇买卖业务项下的垫款，并要求某家纺公司继续履行业务。

2013 年 12 月 20 日、2014 年 1 月 26 日，某银行支行分两次向某家纺公司送达了代客外汇理财业务提前终止通知书，认为某家纺公司在两笔超远期外汇买卖业务各有 12 次交割没有履行，导致某银行支行垫款，通知某家纺公司上述两笔业务不再进行交易交割，并要求某家纺公司尽快归还相应垫款。

2014 年 4 月 1 日，某家纺公司向某银行支行邮寄了《要求平盘结算通知书》，要求某银行支行对双方未到期的交易按照《代客外汇理财业务提前终止通知书》送达日的市场价格进行平盘结算，并将相关款项存入某家纺公司账户。

2015 年 1 月 26 日，某家纺公司向浙江省绍兴市中级人民法院提起诉讼，请求判令某银行支行返还某家纺公司交易保证金人民币 2805 万元，并赔偿以上款项自交纳之日起到实际返还之日止按中国人民银行同期贷款利率计算的利息损失。

某银行支行提出反诉，请求判令某家纺公司立即向某银行支行承担交易损失 3,585,031.91 美元并承担相应的利息损失。

一审法院驳回了某家纺公司的诉讼请求，支持了某银行支行的部分诉讼请求。

某家纺公司不服，提起上诉。二审法院驳回上诉，维持原判。

【裁判结论】

一审判决：一、驳回某家纺公司的诉讼请求；二、某家纺公司向某银行支行支付交易损失 645,003.74 美元，并支付该款从 2014 年 1 月 26 日起至上述款项付清日止的利息，以上款项均于本判决生效之日起 10 日内付清；三、驳回某银行支行的其他反诉请求。

二审判决：驳回上诉，维持原判。

再审判决：驳回某家纺公司的再审申请。

【裁判观点】

一、双方当事人之间是委托理财法律关系，还是金融衍生品种交易法律关系

确定合同性质，应该依合同约定的权利义务内容进行判断。委托

合同作为《合同法》(已废止)规定的有名合同,是指一方委托他人处理自己事务,他人同意为其处理事务的合同,处理委托事务产生的各种收益、费用及损失由委托人负担。尽管双方的合同中多次出现“代客”“委托”等词,但并非合同法意义上的“委托合同”。因为传统的委托合同关系中,委托方可以随时解除合同,而根据双方协议的相关规定,某家纺公司并不能随意解除委托。而且,综观双方所签订的合同,其约定将未来10年内美元与日元间汇率变化作为确定盈亏及权利义务的参数,双方均是直接向对方承担责任,双方存在直接的交易关系,而委托理财合同中委托人与受托人不存在互为交易对方的结算关系。综上,讼争合同的主要内容是以美元与日元汇率指数符合某种计算公式时双方互为给付,符合《银行业金融机构衍生产品交易业务管理暂行办法》(2011修订)(以下简称《暂行办法》)第三条关于“本办法所称衍生产品是一种金融合约,其价值取决于一种或多种基础资产或指数”的规定,故双方的合同关系应确认为金融衍生品种交易法律关系。

二、双方对于未到期的交易是否应当进行平盘清算

金融衍生品交易中,买方支付了相应的期权费用,则期权产品的卖方在约定时间内无单方解除权。一审法院认为,某银行支行享有单方取消交易的权利,对于未到期交易无须进行平盘清算:

1.从涉案金融衍生产品的性质分析。某家纺公司出具的代客外汇理财业务交易委托书中明确注明“期权类产品”,故应确认涉案金融衍生产品属于期权产品。期权又称选择权,是一种衍生性金融工具,是指买方向卖方支付期权费后,即拥有在未来一段时间内或未来某一特定日期以事先约定好的价格向卖方购买或出售一定数量的特定标的物的权利,但不负有必须买进或卖出的义务(期权买方拥有选择是否行使买入或卖出的权利,而期权卖方必须无条件服务买方的选择并履行成交时的允诺)。虽然合同条款中并未明确约定某银行支行支付期权费用,但代客外汇理财业务交易委托书明确约定某银行支行从第五次交易开始才有取消权,也即前四次交易某银行支行没有取消权。从合同签订以及前四次交易时美元与日元的汇率来看,其汇率远远高于双方约定的某家纺公司可盈利的汇率(分别为≥85、≥84),某家纺公司也通过前四次交易获得一定盈利,故某银行支行实际上通过前四

次交易让某家纺公司盈利的方式支付了某家纺公司期权费用。因此，某银行支行作为支付期权费用的买方，拥有选择是否买入或卖出的权利，其对于未到期交易有权取消交割。

2. 从双方合同约定来分析。某家纺公司出具的两份《代客外汇理财业务交易委托书》中均载明，某银行支行从第五次（含）交易开始有权取消该交易，故某银行支行后来两次发函要求对涉案两笔业务不再进行交易交割，与合同约定相符。虽然《代客外汇理财业务总协议》第十二条中有终止协议时应对未到期交易进行平盘清算的规定，但结合该总协议第六条之规定，应确认第十二条适用于双方协商一致终止协议的情况，并不适用于某银行支行单方取消交易的情况。某银行支行分两次向某家纺公司发送的代客外汇理财业务提前终止通知书中虽然使用了“提前终止”字样，但其实际内容是通知某家纺公司取消交易，而非与其协商终止协议，故某家纺公司主张应根据该总协议第十二条进行平盘清算，缺乏相应依据，不应予以采纳。

三、双方对于某银行支行垫付的交易损失应承担何种责任

一审法院认为，某家纺公司作为外商独资企业，具有一定的风险识别能力，其作为商事主体也应承担一定审慎注意义务，并承担一定的投资决策风险，故其对于某银行支行垫付的交易损失应承担相应责任，但某银行支行亦应承担一定责任，具体理由如下：

1. 某银行支行未能充分地向某家纺公司进行信息披露和风险揭示。金融衍生品种交易具有杠杆性和射幸性，交易风险巨大。金融衍生品种交易合同条款均为格式条款，某银行支行作为合同条款的提供方，对衍生产品的风险与收益具有相对准确的把握，而作为衍生产品投资者的某家纺公司系根据某银行支行相关人员的介绍来了解衍生产品的性质与资金流向，双方在实力和信息上具有不对等性。因此，某银行支行应向某家纺公司就涉案金融衍生产品进行充分的信息披露和风险揭示。但某银行支行并未充分履行上述义务，具体表现在：(1)涉案《代客外汇理财业务总协议》不够完善。对于金融衍生产品交易，国际市场上已经形成了比较规范的交易合同范本，相应的范本对各方的交易关系、风险、权利、义务等诸多方面进行了比较完善的表述，但某银行支行并未参照当时国际上较为成熟的合同文本来拟订详

尽的条款,而是自成一体,如使用了“代客”的字样,的确容易给合同相对方造成双方并非交易对手的误解。(2)关于缔约阶段。《暂行办法》第四十八条规定:“银行业金融机构应当以清晰易懂、简明扼要的文字表述向客户提供衍生产品介绍和风险揭示的书面资料,相关披露以单独章节、明白清晰的方式呈现,不得以页边、页底或脚注以及小字体等方式说明,内容包括但不限于:(一)产品结构及基本交易条款的完整介绍和该产品的完整法律文本;(二)与产品挂钩的指数、收益率或其他参数的说明;(三)与交易相关的主要风险披露;(四)产品现金流分析、压力测试、在一定假设和置信度之下最差可能情况的模拟情景分析与最大现金流亏损以及该假设和置信度的合理性分析……”《暂行办法》第五十二条规定:“与客户达成衍生产品交易之前,银行业金融机构应当获取由客户提供的声明、确认函等形式的书面材料,内容包括但不限于……(三)客户是否已经完全理解该笔衍生产品交易的条款、相关风险,以及该笔交易是否符合第四十五条第二项确认的交易目的或目标;(四)客户对于该笔衍生产品交易在第四十八条第四项所述最差可能情况下是否具备足够的承受能力……”本案仅在某银行支行提供的格式合同中笼统载明某家纺公司认识到交易中所隐含的风险并愿意承担这些风险,但某银行支行未能证明其向某家纺公司进行了上述信息披露和风险揭示,特别是对于某银行支行与美林国际银行存在对冲交易以及某银行支行单方取消交易的后果等内容未向某家纺公司进行披露和揭示,导致某家纺公司对于交易信息及风险未能全面把握。(3)关于交易履行阶段。《暂行办法》第五十三条规定:“银行业金融机构应当及时向客户提供已交易的衍生产品的市场信息,定期将与客户交易的衍生产品的市值重估结果以评估报告、风险提示函等形式,通过信件、电子邮件、传真等可记录的方式向客户书面提供,并确保相关材料及时送达客户。当市场出现较大波动时,应当适当提高市值重估频率,并及时向客户书面提供市值重估结果。银行业金融机构应当至少每年对上述市值重估的频率和质量进行评估。”第五十四条规定:“银行业金融机构对于自身不具备定价估值能力的衍生产品交易,应当向报价方获取关键的估值参数及相关信息,并通过信件、电子邮件、传真等可记录的方式向客户书面提供此类信息,以提高衍生产品市值重估的透明度。”但某银行支行在交易履行阶段未向某家纺公司提供已交易的衍生产品的市场信息，亦未向某家纺公司发布涉案产品的市值评估结果及风险提示等内容。综上，某银行支行在缔约及合同履行过程中未能充分向某家纺公司进行信息披露和风险揭示，导致某家纺公司对于交易亏损风险及交易取消风险等缺乏相应的心理预期，并可能影响某家纺公司的决策过程，故某银行支行的过错与某家纺公司的交易损失存在一定因果关系，其应承担一定比例的责任。

2. 从合同的履行过程分析。(1)《代客外汇理财业务总协议》第二条规定，双方为每一具体交易而签署的交易确认书构成总协议不可分割的组成部分。但根据某银行支行提供的证据，其所垫付的每一笔交易损失部分均无相应的交易确认书。虽然某银行支行主张因某家纺公司拒绝履行合同而未签订交易确认书，但某银行支行未能提供其要求某家纺公司签订交易确认书的相关证据，故某银行支行在未与某家纺公司签订交易确认书的情况下，径行进行交易并垫付损失，在交易程序上存在瑕疵。(2)根据《代客外汇理财业务总协议》第十二条约定，双方一致终止协议的，需要对未到期交易进行平盘，故该条中的终止协议与某银行支行单方取消交易在性质及后果上均不相同。但某银行支行向某家纺公司发送的《代客外汇理财业务提前终止通知书》中均使用了“提前终止”字样，虽然某银行支行函件的实质内容是行使交易取消权，但确实容易使某家纺公司误认为系依据该总协议第十二条之规定终止协议，故某银行支行在取消交易的通知程序上亦存在一定瑕疵。

3. 从其他因素考量。(1)从本案未到期交易的实际汇率情况来分析。某银行支行向某家纺公司发函要求取消交易时美元与日元汇率已经发生反转，对某家纺公司十分有利，若双方合同继续履行，某家纺公司可获得大量收益。虽然某银行支行享有单方取消交易的权利，但在某家纺公司已经历连续巨大亏损而刚刚开始盈利的情况下，某银行支行提出取消交易，客观上阻却了某家纺公司进一步获取收益，从平衡双方的利益考虑，某银行支行对于已履行交易的损失应分担一定责任。(2)某银行支行陈述其在与美林国际银行的对冲交易中共获取

155 万美元的收益,虽然该交易与本案系不同的合同关系,但某银行支行确认其与美林国际银行的交易是为完成本案业务而发生的对冲交易,故某银行支行该 155 万美元收益的获取需以本案业务的发生为基础,从公平原则角度考量,某银行支行在享受收益时,亦应承担一定的风险。

综合以上三点分析,一审法院确认某家纺公司对于某银行支行垫付的交易损失承担 65% 的责任,某银行支行承担 35% 的责任,故某家纺公司应支付某银行支行的交易损失金额应为 5, 240, 727. 51 美元(8, 062, 657. 71 美元 ×65% =5, 240, 727. 51 美元)。

四、双方最终的债权债务如何承担

鉴于涉案两笔业务的未到期交易已取消,故双方的债权债务应予以清算。根据《合同法》第九十九条[①]之规定,当事人互负到期债务,该债务的标的物种类、品质相同的,任何一方可以将自己的债务与对方的债务抵销,但依照法律规定或者按照合同性质不得抵销的除外。虽然某家纺公司交纳了 2805 万元人民币的保证金,但某银行支行在本诉中提出保证金应先冲减某银行支行垫付款项的抗辩,上述两笔款项符合《合同法》(已废止)规定的债务抵销的情形,故一审法院在本诉中予以冲抵。由于某银行支行最后一次向某家纺公司发函要求取消交易并返还垫款的时间为 2014 年 1 月 26 日,故应根据当时的汇率(当时中国人民银行公布的美元对人民币汇率中间价为 6. 1035)折算成 2805 万元人民币予以冲抵保证金。本诉中可冲抵保证金的垫款金额为 4, 595, 723. 77 美元(4, 595, 723. 77 美元 ×6. 1035 =2805 万元人民币),剩余的款项 645, 003. 74 美元应支付给某家纺公司,具体利息按上述美元换算成人民币后,依照中国人民银行同期人民币贷款基准利率计算。

① 已废止,对应《民法典》第五百六十八条。

002　期货从业人员因个人行为导致期货公司客户交易损失,期货公司无过错的无须对客户损失承担责任

某钢材公司与某期货公司期货经纪合同纠纷案

【案号】

(2017)最高法民申2763号

【裁判要旨】

期货从业人员的工作责任是根据客户的指令从事相关的期货交易活动,但不能一概而论地认为期货从业人员在期货公司工作期间的一切期货交易行为都应由期货公司承担责任。如期货从业人员从事的活动是被期货公司禁止的行为,或超出了期货公司的授权范围,应认定为期货从业人员的个人行为。因期货从业人员个人行为导致客户交易损失,期货公司无过错的,无须对该损失承担赔偿责任。

【案情简介】

2009年3月24日,某钢材公司在某期货公司提供的期货交易风险说明书、客户须知上签字盖章,确认其已阅读并理解期货交易风险说明书、客户须知的内容。客户须知载明"客户应知晓期货公司及其工作人员不得接受客户的全权委托,客户也不得要求期货公司或其工作人员以全权委托的方式进行期货交易。全权委托指期货公司代客户决定交易指令的内容"。之后,某期货公司(甲方)与某钢材公司(乙方)订立编号为9001222的《期货经纪合同》一份,约定甲方为乙方提供期货交易服务。主要内容有:"第一条:在签署本合同前,甲方已向乙方出示了《期货交易风险说明书》及《客户须知》,并充分揭示了期货交易的风险,乙方已仔细阅读、了解并理解了上述文件的内容。第十六条:乙方可以通过互联网、电话或书面方式向甲方下达交易指令。第二十二条:乙方应当妥善管理自己的密码,为确保安全,乙方应

当在获得初始密码后立即修改,并自定义和全权管理本人的密码。由于乙方管理不善造成密码泄露所带来的损失,甲方不予承担责任。甲方郑重提醒乙方注意密码的保密并经常修改密码。第二十七条:甲方对乙方的期货交易实行当日无负债结算,只要乙方在该交易日有交易、有持仓或者有出入金的,甲方均应在当日结算后按照本合同约定的方式向乙方发出显示其账户权益状况和成交结果的交易结算报告。第二十八条:为确保甲方能够履行通知义务,乙方及时了解自己账户的交易情况,双方同意利用中国期货保证金监控中心查询系统作为甲方向乙方发送交易结算报告、追加保证金通知等文件的主要通知方式。第三十二条:除采用中国期货保证金监控中心查询系统作为主要通知方式外,甲方同时采用网上交易系统账单查询功能作为辅助通知方式向乙方发送每日交易结算报告、追加保证金通知、单独调整保证金通知等文件。第三十三条:乙方有义务随时关注自己的交易结果并妥善处理持仓,如果乙方因某种原因无法收到或者没有收到当日交易结算报告的,应于下一个交易日开市前向甲方提出,否则,视同乙方收到当日交易结算报告。乙方提出未收到交易结算报告的,甲方应及时补发。乙方在交易日开市前未对前日交易结算报告提出异议的,视为乙方对交易结算报告记载事项的确认。第三十六条:乙方对当日交易结算报告的确认,视为乙方对该日及该日之前所有持仓和交易结算结果、资金存取的确认。第四十二条第三款:收市后,当乙方的风险度大于100%时,甲方将于当日交易结算报告中向乙方发出追加保证金通知,乙方应当在下一交易日开市前及时追加保证金或者在开市后立即自行平仓。否则,甲方有权对乙方的部分或全部未平仓合约强行平仓,直到乙方可用资金≥0。第六十条:乙方应当向甲方支付期货交易和交割的手续费,手续费收取按照双方约定的《手续费收取标准》执行。合同另对双方其他权利义务作了约定。”

2009年10月19日至2012年2月17日,某钢材公司共向期货账户划入资金11,802,000元,划出资金4,600,616.60元,截至2012年2月17日剩余可用资金500元,出入金总差额为7,200,883.40元。某钢材公司在2011年9月8日、2012年1月5日的期货交易结算单上签字盖章。

2014 年 12 月 25 日,某钢材公司的实际控制人杨某向中国证券监督管理委员会江苏监管局(以下简称江苏证监局)投诉。

2015 年 2 月 25 日,江苏证监局复函杨某:“某期货公司依据法律法规及期货经纪合同约定,在向杨某及某钢材公司提供期货交易经纪服务过程中,我局未发现某期货公司存在利用上述账户擅自进行期货交易的行为。在调查中,我局发现登录上述账户进行交易是某期货公司员工卜某的个人行为,其行为违反了《期货从业人员管理办法》第十四条的有关规定,我局将依法进行处理。”当日,江苏证监局作出《关于对卜某采取出具警示函措施的决定》,内容为:“卜某在 2009 年 10 月至 2014 年期间,作为期货从业人员,存在私下接受客户委托,使用营业部电脑或自己携带的电脑通过营业部网络代客下单交易,在营业部网络关闭交易功能后,使用自己携带的电脑通过其他网络代客下单交易,违反了《期货从业人员管理办法》第十四条的有关规定,根据《期货从业人员管理办法》第二十九条的规定,现对你予以警示。”

某期货公司镇江营业部的工商登记资料显示:2008 年 10 月 31 日至 2010 年 4 月 16 日,负责人为笪某;2010 年 4 月 17 日至 2012 年 3 月 13 日,负责人为张某;2012 年 3 月 14 日至 2013 年 1 月 23 日,负责人为何某;2013 年 1 月 24 日至 2015 年 4 月 2 日,负责人为卜某;2015 年 4 月 3 日至今,负责人为施某。

某钢材公司向一审法院起诉请求:判令某期货公司赔偿某钢材公司损失 7,200,883.41 元及利息损失 2,403,470.93 元(暂计至 2015 年 7 月 22 日,此后的利息以 7,200,883.41 元为基数,按照银行同期贷款利率计算至实际给付之日止),并承担本案全部诉讼费用。

【裁判结论】

一审法院驳回某钢材公司的诉讼请求。某钢材公司不服一审判决,提起上诉。

二审法院驳回某钢材公司上诉,维持原判决。某钢材公司仍不服,向最高人民法院申请再审。

再审法院裁定:驳回某钢材公司的再审申请。

【裁判观点】

法院认为:本案争议的主要问题是:一、卜某的行为是否为职务行

为? 二、某期货公司是否存在违约行为? 具体分述如下:

一、关于卜某的行为是否为职务行为

首先,《民法通则》(已废止)所指向的“经营活动”,主要系合法的生产经营活动,而某钢材公司与卜某达成的相关合意,明显违反相关法律法规的强制性规定与《期货经纪合同》的约定,并非合法经营行为,期货从业人员的工作责任是根据客户的指令从事相关的期货交易活动,不能一概而论地认为卜某在某期货公司工作期间的一切期货交易行为都应由某期货公司承担责任,并且卜某从事的是被某期货公司禁止的行为,也超出了某期货公司的授权范围,据此亦难以认定卜某的行为系从事某期货公司经营范围内的经营活动。其次,从最终获利主体来看,卜某与某钢材公司私下约定分享利益,卜某只是在工作过程中借用机会为自己谋利,其利益的最终归属为某钢材公司和卜某个人,某钢材公司无法提供证据证明某期货公司除了收取法律规定以及双方约定的手续费之外,还有其他不法的获利。再次,某钢材公司在诉讼中陈述登录过账户进行期货交易,并是某钢材公司自己将账户信息交给卜某,说明某钢材公司对自己的账户是有控制权的,而卜某违反规定的行为属于雇员职务范围以外的行为,已经不再是职务行为,江苏证监局在调查中也认定卜某的行为系其个人行为,而非职务行为。最后,某钢材公司不能提供证据证明某期货公司接受其全权委托代其进行期货交易,并且某钢材公司应该明确知晓某期货公司并无与其订立全权委托法律关系的合意,卜某亦未出具任何足以使某钢材公司相信其具有代理权的文件,某钢材公司并无理由相信卜某具有订立全权委托合同的相应代理权。

依法成立的合同,对当事人具有法律约束力,双方当事人应该依照约定履行自己的义务。首先,某钢材公司作为法人应对其签约以及从事的行为作出合理谨慎的判断。2009 年 3 月 24 日某钢材公司与某期货公司签订《期货经纪合同》(包含期货交易风险说明书、客户须知、开户登记表、合同文本、附件一手续费收取标准、附件二期货交易委托代理人授权书)。双方签订的《期货经纪合同》明确约定:期货公司不得接受客户的全权委托,客户也不得要求期货公司及其工作人员以全权委托的方式进行期货交易。某钢材公司明知期货交易的风险以及某期货公司禁止全权委托等规定，仍然委托卜某代为进行期货交易，存在明显过错，在其没有证据证明某期货公司知情的情况下，由此造成的交易风险和损失与某期货公司无关。其次，某钢材公司有义务随时关注自己的交易结果，其在交易日开市前未对前日交易结算报告提出异议的，视为对交易结算报告记载事项的确认，其对当日交易结算报告的确认，视为对该日及该日之前所有持仓和交易结算结果、资金存取的确认。并且某钢材公司也在2011年9月8日、2012年1月5日的交易结算单上签字确认，但某钢材公司未在合同约定的期限内对争议的交易提出异议，应当视为其对交易结果进行确认。再次，在2013年9月27日以及2014年5月7日某期货公司工作人员两次对某钢材公司的实际控制人杨某进行电话回访，杨某均认可期货账户系其亲自操作。最后，某钢材公司作为有期货交易经验的人，应当知道期货交易的一般规则，并且从本案查明的事实来看，某钢材公司主张某期货公司接受其全权委托，但一直未提供相关证据予以证明，根据《民事诉讼法》第六十四条第一款[①]“当事人对自己提出的主张，有责任提供证据”以及《最高人民法院关于民事诉讼证据的若干规定》[②]第二条第二款“没有证据或者证据不足以证明当事人的事实主张的，由负有举证责任的当事人承担不利后果”等规定，法院认定卜某的行为系个人行为。

二、关于某期货公司是否存在违约行为

首先，某期货公司已经履行了风险提醒义务，某钢材公司开户签署的一系列文件都是其实际控制人杨某亲自签名，虽然在期货交易风险说明书、客户须知上签署“以上各项内容本人已阅读并完全理解”的内容并非杨某本人手写，但是杨某在客户栏内签署了自己的名字，且文件都是同一天签署的，杨某不可能认可其中几份文件，而否认其他文件，并且，期货交易风险说明书、客户须知主文中均已包含了与手写部分相同的内容，位置在手写内容及签名栏的上方，并用加黑加粗字体进行了提示。其次，某期货公司并未与某钢材公司约定或签署全权

---

① 2021年修正后改为第六十七条第一款。

② 2019年修正后已无该规定。

委托的协议,而是某钢材公司的实际控制人杨某本人将某钢材公司期货账户相关资料交给卜某,二人私下约定由卜某代其操作,分享利益,杨某将交易密码交给卜某,该行为至少证明杨某授权卜某在其账户内进行交易,并且杨某将密码交给卜某的行为已经违反了双方签订的《期货经纪合同》的相关约定,由于杨某自身对账号和密码管理不善造成的损失与某期货公司无关。再次,某钢材公司主张其委托某期货公司代其进行期货交易,卜某并未按照其指示进行交易,而是代客交易,这与某钢材公司主张的全权委托互为矛盾。最后,某期货公司定时对客户进行回访,某钢材公司实际控制人杨某本人也承认期货账户系其本人亲自操作,并且某期货公司审核交易指令范围并不包括审查指令下达的网络来源,而是审核交易指令的有效性,并且江苏证监局在对某期货公司的调查中也未发现某期货公司存在违规违约行为。某钢材公司主张某期货公司违约操作理由不成立。

003 内幕交易行为对投资者造成损失的,与内幕交易方向一致的投资者不应成为民事赔偿权利主体

李某与某证券公司期货内幕交易责任纠纷案

【案号】

(2017)最高法民申 3327 号

【裁判要旨】

内幕交易行为严重违背了公平交易的原则,行为人理应承担因内幕交易行为给投资者造成的损失。善意投资者信赖掌握信息的人员不会利用内幕信息损害其利益,因而在内幕交易民事赔偿中,有权提起损害赔偿的主体应是反向交易者,并且是善意的同期交易者。若投资者主要交易方向一致,则不属于善意的反向交易者,其损失与内幕交易之间则不存在因果关系,故交易方向一致者不应成为民事赔偿权利主体。

【案情简介】

2013 年 8 月 16 日 11 时 05 分，某证券公司在进行交易型开放式指数基金申赎套利交易时，因程序错误，其所使用的策略交易系统以 234 亿元的巨量资金申购 180ETF 成分股，实际成交 72.7 亿元。巨量申购和成交 180ETF 成分股对沪深 300 指数、180ETF 成分股、50ETF 成分股和股指期货合约价格均产生重大影响。同时，巨量申购和成交可能对投资者判断产生重大影响，从而对沪深 300 指数、180ETF 成分股、50ETF 成分股和股指期货合约价格产生重大影响。某证券公司是《证券法》（2014 年修正）第二百零二条①和《期货交易管理条例》（2013 年修订）第七十条②所规定的内幕信息知情人。上述内幕信息自当日 11 时 05 分交易时产生。

2013 年 8 月 16 日 11 时 32 分，21 世纪网刊发了标题为《A 股暴涨：某某证券自营盘 70 亿乌龙指》的报道。

2013 年 8 月 16 日 13 时，某证券公司因重要事项未公告，向上海证券交易所申请临时停牌，该消息随后被多家网站转载。

2013 年 8 月 16 日 14 时 22 分，某证券公司发布公告时将上述内幕信息公开。

2013 年 8 月 16 日内幕交易时间段内，某证券公司交易的 IF1309 股合约 6077 张，占该时间段市场总成交量 437,499 张的 1.39%，交易的 IF1312 股合约 163 张，占该时间段市场总成交量 9065 张的 1.80%。

2013 年 8 月 16 日下午 13:00 至 14:22 之间，李某共卖出 IF1309 股合约 165 手，买入 IF1309 股合约 95 手。

中国证券监督管理委员会（以下简称中国证监会）对某证券公司 2013 年 8 月 16 日全天的交易进行了全面的调查认定。

中国证监会在（2013）59 号行政处罚决定书中认定：某证券公司对于内幕消息知情的时间不晚于当日 11 时 40 分，内幕交易的时间始于 2013 年 8 月 16 日 13 时，止于内幕消息合法公开之时即当日 14 时 22 分。某证券公司 2013 年 8 月 16 日 13 时至 14 时 22 分的交易行为

---

① 2019 年修订后改为第一百九十一条，下同。

② 2017 年修订后改为第六十九条，下同。

构成内幕交易行为。

“某证券公司在内幕信息公开前将所持股票转换为ETF卖出和卖出股指期货空头合约的交易,构成《证券法》(2014年修正)第二百零二条和《期货交易管理条例》(2013年修订)第七十条所述内幕交易行为。徐某为直接负责的主管人员,杨某、沈某、杨某为其他直接责任人员。中国证监会认为:某证券公司利用内幕信息进行交易时具有进行内幕交易的主观故意,符合《中华人民共和国证券法》中‘利用’要件,应当认定为内幕交易。某证券公司内幕交易行为性质恶劣,影响重大,对市场造成了严重影响,应当依法予以处罚。”

因某证券公司内幕交易行为,李某对其在8月16日当天买入IF1309股指期货主张差价损失,向一审法院起诉请求:1.某证券公司赔偿李某损失1,417,772.1元;2.本案诉讼费用由某证券公司承担。

【裁判结论】

一审法院判决李某的全部诉讼请求不予支持。李某不服一审判决,提起上诉。

二审法院判决驳回上诉,维持原判决。李某仍不服二审法院判决,向最高人民法院申请再审。

再审法院裁定:驳回李某的再审申请。

【裁判观点】

法院认为:本案争议的主要问题是:一、某证券公司是否因内幕交易行为而需向李某承担特殊侵权责任;二、某证券公司是否因错单交易行为而需向李某承担一般侵权责任。具体分述如下:

一、关于某证券公司是否因内幕交易行为而需向李某承担特殊侵权责任的问题

1.关于某证券公司主观上是否存在过错的问题。《证券法》(2014年修正)第七十六条第三款[①]明确规定:“内幕交易行为给投资者造成损失的,行为人应当依法承担赔偿责任。”中国证监会在(2013)59号行政处罚决定书中认定“某证券公司在进行ETF套利交易时,因程序错误,其所使用的策略交易系统以234亿元的巨量资金申购180ETF

① 2019年修订后改为第五十三条。

成分股,实际成交 72.7 亿元”为内幕信息可知,某证券公司是《证券法》(2014 年修正)第二百零二条和《期货交易管理条例》第七十条所规定的内幕信息知情人,并利用内幕消息进行交易,某证券公司具有进行内幕交易的主观故意。本案中某证券公司作为上市公司,在信息正式披露以前,本不应该进行交易,应等到信息公开以后再进行合理避险,但某证券公司为了本公司的利益,内部召开会议决定实施对冲交易,将已购买的 ETF 成分股申购成 ETF 卖出,进而减少公司的损失。换言之,某证券公司在信息公开之前就利用信息优势进行反向交易,下午的卖出行为是主动为之,其减少损失的目的也充分说明了某证券公司主观上是存在故意的,其行为严重违背了公平交易的原则,理应承担因内幕交易行为给投资者造成的损失。

2. 关于李某的损失与某证券公司过错是否具有因果关系的问题。因为期货股票投资本身具有较大的风险性,若投资者的交易方向与内幕知情者交易方向一致,则此种交易模式本就可能获利或者可能受损,不能因获利目的落空就全然归责于内幕交易行为,并且善意投资者信赖掌握信息的人员不会利用内幕信息来损害其利益,因而在内幕交易民事赔偿案件中,具有提起损害赔偿的主体应是反向交易者,并且是“善意”的“同期交易”者。对于“同期交易”来说,在内幕信息未公开这个时间段,内幕交易者能够利用信息优势损害其他投资者的利益,而内幕信息一旦公开,信息就处在大众的视野之内,所有投资者对信息的掌握度都是相同的,因此信息公开之后,先前的知情人便不能再利用内幕信息损害其他投资者的利益,而投资者也不能再以信息知情权遭受侵害为由而提起索赔请求,而同期主要是指“自行为人利用内幕信息进行内幕交易之时起至内幕信息合法有效公开之时止”。结合本案实际情况,中国证监会对某证券公司 2013 年 8 月 16 日全天的交易进行了全面的调查认定,某证券公司对于内幕消息知情的时间不晚于当日 11 时 40 分,内幕交易的时间始于 2013 年 8 月 16 日 13 时,止于内幕消息合法公开之时即当日 14 时 22 分。李某在 2013 年 8 月 16 日下午 13:00 至 14:22 之间,共卖出 IF1309 股合约 165 手,买入 IF1309 股合约 95 手,虽然其交易时间与某证券公司内幕交易时间不完全重合,但其与某证券公司的主要交易方向一致,故李某不属于善意的反向交易者,其损失与某证券公司之间并不存在因果关系,因而不应成为民事赔偿权利主体。

3. 在复杂的证券市场中,影响证券价格走势的因素有很多,证券市场投资品种本身只是一种价值符号,其价格受到利率、汇率、通货膨胀率、所属行业前景以及经营者能力和投资者心理因素的影响而具有高度的不确定性,特别是与投资行为相伴随的投机行为,更是加大了市场的不稳定性和价格波动性。本案中,李某于 2013 年 8 月 16 日上午 11 时 08 分 45 秒至 13 时 26 分 07 秒之间开立 45 手买仓,但事件发生的当天下午上证综合指数整体上是一路下滑的,李某在 13 时仍然继续购买股票,并且最终因为无法维持该 45 手买仓而平仓卖出。法院认为,在期货交易中,只存在卖出和买入两个交易方向,无论是“开仓卖出”还是“平仓卖出”都是投资人开立买仓后,针对市场行情的变化而对自己所持合约进行的处分,李某最终交易方向都系卖出,与某证券公司的交易方向一致,与内幕交易方向相同的投资者可能是受害者更可能是获利者,故李某与某证券公司的内幕交易行为之间不存在因果关系事实清楚,证据相互印证,现予以确认。

二、关于某证券公司是否因错单交易行为而需向李某承担一般侵权责任的问题

1. 中国证监会在对某证券公司核查时并没有发现人为操作的差错,某证券公司因计算机程序错误而产生了大量交易,主要存在的是其信息系统监管问题,也就是说,错单交易行为主要是因为某证券公司自身监管出现问题,其主观上并不具有过错。并且在中国证监会(2013)59 号行政处罚决定书中也是将其后来的做空股指期货、卖出 ETF 对冲的行为认定为内幕交易,而错单交易行为本身并非违法或违规行为,也非内幕交易行为,因此对于错单交易行为,某证券公司主观上并无过错。

2.《证券市场内部交易行为认定指引》①第二十条第一项规定,与内幕交易无关的证券买卖行为,不构成内幕交易。而且中国证监会在(2013)59 号行政处罚决定书中认定的“某证券公司在进行 ETF 套利

---

① 已失效。

交易时,因程序错误,其所使用的策略交易系统以234亿元的巨量资金申购180ETF成分股,实际成交72.7亿元”为内幕信息可知,没有证据证明某证券公司上午时段的交易行为也属于违法违规行为,其错单交易行为也不构成内幕交易。某证券公司上午时段的交易行为并不存在违法、违规的情况,与其下午的内幕交易行为有着本质的区别。换言之,某证券公司针对当日非内幕交易时间段内的交易行为,无须对其他投资人的损失承担赔偿责任。

3. 在证券、期货市场中,任何交易都会对市场产生影响,只是因交易量、价不同导致的影响不同,只要该交易行为不违反法律、法规和交易所交易规则,交易人就无须对该交易行为导致的市场价格变化,及引发的其他投资人自主交易产生的损失承担赔偿责任。某证券公司上午的错单交易并非内幕交易行为,错单交易应该定义为其意图实施的交易因计算机程序错误而与实际实施的交易指令不同的交易行为,故其意图实施的交易由于并未实际作出,也就不可能损害其他投资者的合法权益,即便引起了市场的波动,或者产生了巨额的盈利,也无须对其他投资人的损失承担责任。内幕交易行为人承担民事责任时要求其造成的损害事实必须是因证券相关法律法规中规定的内幕交易行为而造成的。换言之,某证券公司上午实施的交易,除了数量巨大之外,并不存在违法、违规的情形,也不具有侵权发生的可责难性。

4. 就整个证券市场来说,风险大、参与人数众多、涉及的资金数额巨大,而且,我国目前证券市场正逐步由分业向混业过渡,混业经营模式下,“牵一发而动全身”,各业务之间的关联性加强,信用之间互相牵连,风险传播的可能性更高,投资人自身应该保持较高的警惕性,并且李某的买入以及卖出行为导致的损失并不是错单行为造成的,而是因为在2013年8月16日上午股票暴涨后,很多投资者误认为市场存在利好消息而跟风交易,某证券公司错单行为本身与李某的损失之间不具有必然的因果关系,李某不能因此要求某证券公司承担一般侵权责任。

004 期货交易强行平仓的过错认定及责任分担

施某与某期货公司期货强行平仓纠纷案

【案号】

(2017)最高法民申3855号

【裁判要旨】

强行平仓作为期货交易的一项基本制度,其功能在于控制和防范期货交易中的风险,通过及时强行平仓来避免出现穿仓以及承担穿仓带来的风险。强行平仓须以适当履行追加保证金通知义务为前提条件,履行了通知义务,其行为不存在过错;但是期货公司通知客户追加保证金的时间应合理,必须给客户合理的时间完成资金到账的操作,否则,属于不当履行合同,应为此承担相应的责任。

【案情简介】

2013年6月24日,施某与某期货公司订立《期货经纪合同》一份,约定施某委托某期货公司按照施某交易指令为施某进行期货交易,某期货公司根据期货交易所规则执行施某交易指令,施某应当对交易结果承担全部责任。施某应将资金存入某期货公司及中国期货保证金监管中心披露的期货保证金账户,某期货公司有权根据期货交易所及结算机构的规定、市场情况或者其认为有必要时自行调整保证金比例,某期货公司调整保证金比例时,以某期货公司发出的调整保证金公告或者通知为准,某期货公司认为施某持有的未平仓合约风险较大时,有权对施某单独提高保证金比例或者拒绝施某开仓,在此种情形下提高保证金或者拒绝施某开仓的通知单独对施某发出。施某在其持仓过程中或者下达新的交易指令前,应当随时关注自己的持仓、保证金和权益变化情况,并妥善处理自己的交易持仓。某期货公司对施某在不同期货交易所的未平仓合约统一计算风险,以风险率来计算施某期货交易资金账户的风险,风险率分为风险率Ⅰ和风险率Ⅱ,风险率Ⅰ为某期货公司保证金比例标准持仓保证金占用与施某总资产的比例，风险率Ⅱ为交易所保证金比例标准持仓保证金占用与施某总资产的比例。施某的风险率Ⅰ大于100%时，施某不得开新仓和提取保证金，每日交易闭市结算后，当施某的风险率Ⅰ大于100%时，某期货公司将及时按照合同约定的方式向施某发出追加保证金通知和强行平仓通知，施某应当在通知要求的时间内，追加足额保证金直至风险率Ⅰ小于100%，否则某期货公司有权在下一交易日对施某资金账户内的持仓进行部分或全部强行平仓处理，直至施某的风险率Ⅰ小于100%，施某承担由此产生的后果；由于市场行情急剧变化，导致施某资金账户的风险率Ⅱ大于100%时，某期货公司在向施某履行发送追加保证金通知和强行平仓通知的义务后，有权随时对施某资金账户内的持仓进行部分或全部强行平仓处理，直至施某的风险率Ⅱ小于100%，施某承担由此产生的后果等。合同另对双方其他权利义务作了约定。缔约后，双方当事人依约履行。

2015年7月8日收市后，某期货公司向施某发出交易结算单，载明施某账户内风险度为94.55%，当日施某以3433点的价格开仓交易IF1512合约7手。

2015年7月9日上午9时19分，某期货公司向施某发出通知，内容为施某风险级别提升为强平，要求施某立即追加保证金或减仓至可用资金为正，否则某期货公司将实施强平，此时IF1512期货合约价格为3089.8点。

2015年7月9日上午9时20分，某期货公司对施某持有的IH1512期货合约予以强平，强平价格为3106.2点，导致上述期货合约平仓损失686,280元。

施某向一审法院起诉请求：1.判令某期货公司赔偿损失686,280元；2.诉讼费用由某期货公司承担。

【裁判结论】

一审判决：一、某期货公司应于本判决生效之日起10日内赔偿施某损失人民币480,396元；二、驳回施某其余诉讼请求。本案案件受理费人民币10,662.80元，由某期货公司负担人民币7463.96元，由施某负担人民币3198.84元。

二审判决:一、维持一审法院民事判决主文第二项;二、撤销一审法院民事判决第一项;三、上诉人某期货公司应于本判决生效之日起10日内赔偿被上诉人施某损失人民币205,884元。本案一审案件受理费人民币10,662.80元,由上诉人某期货公司负担人民币3198.84元,由被上诉人施某负担人民币7463.96元。本案二审案件受理费人民币8505.94元,由上诉人某期货公司负担人民币2551.78元,由被上诉人施某负担人民币5954.16元。

再审法院裁定:驳回施某的再审申请。

【裁判观点】

法院认为:本案争议的主要问题是某期货公司与施某在平仓过程中的过错认定及责任如何承担。具体分析如下:

一、关于某期货公司在平仓过程中是否存在过错及如何承担责任的问题

1.《最高人民法院关于审理期货纠纷案件若干问题的规定》(2003年)第二条规定:人民法院审理期货合同纠纷案件,应当严格按照当事人在合同中的约定确定违约方承担的责任,当事人的约定违反法律、行政法规强制性规定的除外。第三十六条第二款规定:客户的交易保证金不足,又未能按期货经纪合同约定的时间追加保证金的,按期货经纪合同的约定处理;约定不明确的,期货公司有权就其未平仓的期货合约强行平仓,强行平仓造成的损失,由客户承担。本案《期货经纪合同》第三十七条约定,交易结算报告、追加保证金通知、强行平仓通知等文件一经发出,即视为某期货公司履行了交易结算结果、追加保证金和强行平仓的通知义务。第五十二条约定,市场行情急剧变化导致施某资金账户的风险率Ⅱ≥100%时,某期货公司在向施某履行发出追加保证金和强行平仓通知的义务后,有权随时对施某资金账户内的持仓进行部分或全部强行平仓处理,直至施某的风险率Ⅱ<100%,施某承担由此产生的后果。从相关法律法规和当事人之间的约定可知,强行平仓须以适当履行追加保证金通知义务为前提条件。本案中,在当日开盘后,IF1512期货合约迅速下跌,在上午9时18分已触及跌停,风险度达到了236%,某期货公司遂于上午9时19分11秒通过系统向施某发出了内容为施某风险级别提升为强平,要求施某立即

追加保证金或减仓至可用资金为正的通知,说明某期货公司已经按照法律规定以及合同约定,及时履行了通知义务。

2. 期货市场是一个高风险市场,市场的不稳定性和价格波动性都很大,交易价格短时间内可能出现巨大差异,而强行平仓作为期货交易的一项基本制度,其功能在于控制和防范期货交易中的风险,表现在经纪机构方面则是通过及时强行平仓来避免出现穿仓或者要承担穿仓带来的风险。2015 年 7 月 9 日 IF1512 期货合约开盘后急速下跌,9 时 18 分触及跌停板价位,某期货公司在上午 9 时 19 分 11 秒给施某发通知时施某的账户资金可用已经为负,并且 IF1512 期货合约在 9 时 20 分再次触及跌停板价位,某期货公司遂在上午 9 时 20 分 11 秒对施某进行了平仓,不仅是为了防止施某的损失继续扩大,也是为了杜绝透支交易。某期货公司对施某账户的强行平仓行为,符合《期货经纪合同》的约定,也不违反法律法规的相关规定。

3. 本案还须注意到某期货公司从发出通知到完成强行平仓中间仅隔了 60 秒。《中国金融期货交易所风险控制管理办法》(2013 年修订)第二十条规定:"会员、客户出现下列情形之一的,交易所对其持仓实行强行平仓:(一)结算会员结算准备金余额小于零,且未能在第一节结束前补足;(二)客户、从事自营业务的会员持仓超出持仓限额标准,且未能在第一节结束前平仓……"《上海期货交易所风险控制管理办法》(2014 年修订)第三十五条第一款规定:强行平仓先由会员自己执行,时限除交易所特别规定外,一律为开市后第一节交易时间内,而从上午 9 时开盘到 10 时 15 分停盘之间的时间为第一节交易时间,并且由于期货交易的涨跌停板制度限制了市场风险,客户的保证金一般能够维持交易当日的价格波动,只要在下一个交易日开始交易前客户将保证金追加至原始保证金水平,客户的保证金就能维持其头寸。换句话说,现行的保证金水平已给及时履行通知义务以充足的时间。从现有的相关行业规定可知,期货公司通知客户追加保证金的时间应合理,期货公司必须给客户合理的时间以完成资金到账的操作。在本案中,某期货公司于 2015 年 7 月 9 日上午 9 时 19 分 11 秒通过系统向施某发出通知,但是在 2015 年 7 月 9 日上午 9 时 20 分 11 秒便已经完成了强行平仓的操作,中间仅仅相隔 60 秒。并且在某期货公司向施某发出的通知中也并未载明追加保证金的时间限制,仅仅使用意为马上见到结果的“立即”一词,某期货公司将追加保证金的信息发送到系统内,施某看到消息,然后再进行保证金的追加等一系列行为一般较难在60秒之内完成,结合施某在2015年7月9日上午9时35分和10时36分两次累计追加保证金200万元,说明合理的时间内施某是可以完成保证金的追加行为的,因此某期货公司未给予施某合理的追加保证金期限,属于不当履行合同的情形。正因如此,法院认定某期货公司应对施某的损失承担30%的责任。

二、施某在期货交易中是否存在过错及责任承担的问题

期货交易是一种风险非常大的投资行为,其不同于普通的金融投资,我国对从事股指期货的交易者有更高的门槛要求。《最高人民法院关于审理期货纠纷案件若干问题的规定》(2003年)第三十八条规定:期货公司或者客户交易保证金不足,符合强行平仓条件后,应当自行平仓而未平仓造成的扩大损失,由期货公司或者客户自行承担。从该规定可以看出,期货公司或客户有关注自己交易的义务。施某作为适格的期货交易投资主体,在被强制平仓前一交易日账户风险已经达到94.55%后,在后一交易日中更应该对自己账户的风险保持更为积极的注意义务,并对第二天市场可能出现的相关风险状态有应变的准备,但其却未在2015年7月9日开市后对自己账户风险的变化及时采取应对措施。从市场交易行情来看,IF1512期货合约自2015年7月1日以来数次下跌,施某若想继续保持持仓,更应随时准备追加保证金,避免自己账户资金为负,以防被期货公司实行强行平仓。就本案而言,施某不仅未在7月8日晚上以及7月9日开盘前追加保证金入账,在开市后市场发生剧烈波动的第一时间也未追加保证金,应当对损失的发生承担主要过错责任,二审法院据此认定施某承担70%的责任并无不妥。

005 | 非法期货交易的认定及交易损失的责任分配

粟某与某投资公司、某金交所、某投资控股公司期货交易纠纷案

【案号】

(2018)京民终429号

【裁判要旨】

在有权机关批准的期货交易场所之外进行的期货交易,应当认定为非法期货交易。认定商品现货市场非法组织期货交易活动应采取目的要件和形式要件相结合的标准。就目的要件而言,主要是以标准化合约为交易对象,允许交易者以对冲平仓方式了结交易,而不以实物交收为目的或者不必交割实物。就形式要件而言,一般符合"交易对象为标准化合约""交易方式为集中交易"两大特征。组织非法期货交易的,应对投资者交易亏损承担相应的侵权责任。

【案情简介】

2011年11月25日,某投资公司、某投资控股公司向辽宁省大连市工商行政管理局高新园区分局出具承诺书,载明:"某投资公司与某投资控股公司成立辽宁东北某贵金属交易所有限公司在贵局工商注册,如因名称原因由此产生的一切法律责任,均由某投资公司与某投资控股公司承担。此外,辽宁东北某贵金属交易所有限公司的经营范围'贵金属市场管理服务'如有涉及国家法律、行政限制的项目,应取得相关行业的许可后方可从事相关经营活动,国家法律、行政法规禁止的项目不得经营。如果违反上述承诺,由此产生的一切法律责任均由某投资公司与某投资控股公司承担。"

2013年3月15日,辽宁省大连市金融发展局出具《关于同意设立辽宁东北某贵金属交易所的批复》(大金局发〔2013〕35号),载明:"一、鉴于你所的设立有利于推动我市贵金属交易市场发展,对我市区域性金融中心建设具有积极作用,同意你所设立。二、你所要按照国

发〔2011〕38 号文件、国办发〔2012〕37 号文件精神,建立和完善各项交易制度和管理制度,规范经营、稳健发展,切实保护投资者利益,有效防控市场风险……"

2015 年 12 月 10 日,辽宁东北某贵金属交易所有限公司变更名称为某金交所。

2016 年 5 月 19 日,经冉某申请,中国证券监督管理委员会大连监管局(以下简称大连证监局)出具《监管信息告知书》(大证监信息公开〔2016〕6 号),对"关于辽宁东北某贵金属交易所有限公司现场检查反馈意见函"进行公开。现场检查反馈意见函载明:"根据《关于开展各类交易场所现场检查的通知》(清整联办〔2014〕28 号)和《关于对大连市各类交易场所现场检查的通知》,大连市各类交易场所联合检查组于 2014 年 8 月 20 日、21 日对你公司进行了现场检查,现将检查情况反馈如下:经查,你公司目前存在集中交易方式,包括连续竞价、电子撮合、匿名交易等交易方式,且投资者买入后卖出或者卖出后买入同一交易品种的时间间隔少于 5 个交易日。以上行为违反国发〔2011〕38 号文、国办发〔2012〕37 号文的规定。"

2016 年 6 月 29 日,某投资控股公司变更名称为北京某某投资控股有限公司。

粟某向一审法院起诉请求:1. 判令确认其与某金交所的交易行为无效;2. 判令某金交所、某投资控股公司、某投资公司承担连带责任,共同返还粟某损失款 108,467.04 元;3. 判令某金交所、某投资控股公司、某投资公司承担全部诉讼费用及保全费用。

【裁判结论】

一审判决:一、某金交所于判决生效之日起 7 日内赔偿粟某交易手续费损失 24,350.96 元、延期费损失 2477.03 元、交易损失 11,338.2 元;二、某投资控股公司、某投资公司在判决第一项的范围内对粟某承担连带赔偿责任;三、驳回粟某的其他诉讼请求。

各方均不服一审判决,均提起上诉。

二审判决:驳回上诉,维持原判。

【裁判观点】

法院认为:本案的争议焦点为:一、涉案交易模式的性质应如何认定。二、某金交所应否承担侵权责任；如应承担侵权责任，则其承担责任的范围应如何确定；粟某应受赔偿的经济损失的数额应如何确定。三、某投资控股公司和某投资公司应否承担民事责任；如应承担民事责任，则其承担责任的性质应如何认定。

一、关于涉案交易模式的性质认定问题

辽宁东北某贵金属交易所有限公司于2011年11月25日成立时，工商行政管理部门核定的经营范围为“贵金属市场管理服务”。2015年12月10日，辽宁东北某贵金属交易所有限公司变更名称为某金交所后，工商行政管理部门核定的其经营范围变更为“金融资产交易场所筹建（筹建期不得开展业务）……依法须经批准的项目，经相关部门批准后方可开展经营活动”。辽宁省大连市金融发展局出具的《关于同意设立辽宁东北某贵金属交易所的批复》亦明确要求“你所要按照国发〔2011〕38号文件、国办发〔2012〕37号文件精神，建立和完善各项交易制度和管理制度，规范经营、稳健发展，切实保护投资者利益，有效防控市场风险”。据此，某金交所属于经批准设立的现货交易场所。《期货交易管理条例》（2017年修订）第四条规定：“期货交易应当在依照本条例第六条第一款规定设立的期货交易所、国务院批准的或者国务院期货监督管理机构批准的其他期货交易场所进行。禁止在前款规定的期货交易场所之外进行期货交易。”第六条规定：“设立期货交易所，由国务院期货监督管理机构审批。未经国务院批准或者国务院期货监督管理机构批准，任何单位或者个人不得设立期货交易场所或者以任何形式组织期货交易及其相关活动。”故某金交所作为现货交易场所，未经国务院批准或国务院期货监督管理机构批准，不得以任何形式组织期货交易及其相关活动。

（一）从涉案交易的形式要件进行分析

1. 对交易对象的认定

（1）《东北某贵金属交易所有限公司交易规则》中载明交易所提供的电子交易合同示范条款包括：合同名称、商品标准、最小交易单位、报价单位、最小价差单位、交易时间、申报交收时间、交收方式、交收地点、最小交收单位、订货保证金、交易手续费、现货交收手续费、延期交收补偿金费率等内容。（2）东北某贵金属交易所有限公司官网首页显示的标准仓单交易品种包括:现货白银、现货铂金、现货钯金和现货原油;大标仓单交易品种包括:白银300、白银100、铂金5、钯金5、原油2000;同时列明了报价单位、最小变动价位、仓单规格、仓单预付款、交易手续费、单笔最大下单量、最大持仓量、交易时间、结算时间、延期费、报价点差、指价点差等内容。除“交易价格”一项外,其他合约要素均由交易系统事先设定,交易标的具有同质性或可替代性,相对固定。(3)东北某贵金属交易所有限公司官网首页“东交所优势”项下载明:全球首创“混合制”交易模式;做市商和撮合制混合的交易模式;使用了“场内竞价、场内询价、场外询价”三合一的交易模式。(4)《东北某贵金属交易所有限公司交易规则》第三十八条明确载明交易所实行预付交易保证金制度,即订立合约时,投资者并不需要全额付款,而只缴纳商品价值的一定比率作为保证金,即可买入或者卖出;第五十一条载明交易所对会员或者客户实行强行平仓制度,即当会员或者客户出现违规超仓、未按照规定及时追加保证金等违规行为或者根据交易所紧急措施应进行强行平仓的情况时,交易所有权对相关客户采取强行平仓措施。故合约订立后,可以不实际履行,通过反向操作、对冲平仓方式,了结合约。根据上述四项特征,可以认定涉案交易的对象系标准化合约,即投资者在某金交所平台上交易的是以“现货白银”“西南油”等为名称的标准化合约。

2. 对交易方式的认定。作为集中交易方式之一的做市商机制,是指具备一定实力和信誉的法人、其他经济组织等,不断地向买卖双方提供报价,并按照自身提供的报价付出资金或商品与之成交,从而为市场提供即时性和流动性,并通过买卖价差获取利润而形成的交易制度。《东北某贵金属交易所有限公司交易规则》第四条载明:自营会员可以直接入场代表自己交易,但不可以协助客户交易。综合会员同时具有经纪业务和自营业务功能。超级会员具有自营业务和连续报价功能。故除经纪会员不具备交易资格外,超级会员、综合会员均可与投资者交易。其中,超级会员相当于做市商的角色,承担连续报价的功能,具体交易价格均是超级会员进行的实时报价。因此,一审判决关于“虽然就单独投资者而言,其与会员单位是一对一的交易,但就会员单位而言,其同时与其发展的多名投资者进行交易,实际上构成了集中交易的结果。且投资者在交易时并不知晓其交易对手的身份,某金交所亦认可超级会员承担做市商的角色,故本案中还存在匿名交易、做市商机制的集中交易方式。大连证监局对某金交所进行了现场检查,反馈的结果亦认定某金交所存在集中交易方式,包括连续竞价、电子撮合、匿名交易等交易方式。根据上述事实,法院认定某金交所采取了集中交易的方式。

3. 除了符合期货交易的基本形式要件外,《东北某贵金属交易所有限公司交易规则》及东北某贵金属交易所有限公司官网显示的内容等均表明,交易所实行保证金交易的方式,"交易杠杆"上可以实现保证金比例最低为2%;针对交易所提供的交易品种,投资者可以进行买入或者卖出操作,买入(卖出)的当天即可卖出(买入),当投资者出现违规超仓或者未及时追加保证金等违约行为时,交易所有权采取强行平仓的措施。大连证监局出具的对某金交所现场检查反馈意见函亦载明:某金交所不仅存在集中交易方式,包括连续竞价、电子撮合、匿名交易等交易方式,而且投资者买入后卖出或者卖出后买入同一交易品种的时间间隔少于5个交易日,违反了国发〔2011〕38号文、国办发〔2012〕37号文的规定。故某金交所施行的保证金交易、双向交易、对冲交易等制度,都表明涉案交易脱离现货交易而存在。

(二)从涉案交易的目的要件进行分析

本案中,粟某在某金交所开户后,多次对某金交所上线的产品进行买入、卖出交易。二审庭审中,粟某亦当庭确认其从未向某金交所申请过平台交易进行实物交割,均是当天进行相应的交易结算,以了结当天的平台交易,通过反向操作、对冲平仓的方式了结权利义务。且虽然《东北某贵金属交易所交易规则》中规定了"延期交收补偿金",但并无有关延期的时间限制和相关交割期限规定。本案一审、二审审理中,某金交所均确认实物交收比例较低,绝大部分投资者均系通过对冲平仓的方式了结权利义务。结合某金交所交易的规则和相关交易习惯进行分析,某金交所允许投资者以对冲平仓方式了结交易,而不必真实交割实物。故法院据此认定"涉案交易的目的并非转移'现货白银''西南油'等商品的所有权,交易双方并不期待真实交付,而是期望通过价格涨跌获取利润"。

综上,涉案交易符合期货交易活动的构成要件。某金交所作为现货交易场所,未经批准开展了期货交易活动,属于《期货交易管理条例》(2017 年修订)第七十五条规定的"非法组织期货交易活动"的情形,涉案交易模式为非法期货交易。

二、关于某金交所法律责任的承担,以及粟某应获赔数额的确定问题

(一)某金交所承担责任的性质

虽然本案中,投资者粟某的交易对手是会员单位,其与某金交所之间没有签订交易合同,不存在交易关系。但是,粟某起诉的请求权基础是侵权责任。在国务院、中国证监会已经针对商品现货市场从事非法期货交易活动的问题,决定清理整顿各类交易场所,切实防范金融风险,并下发了国发〔2011〕38 号文、国办发〔2012〕37 号文且辽宁省大连市金融发展局出具的《关于同意设立辽宁东北某贵金属交易所的批复》中要求某金交所"按照国发〔2011〕38 号文、国办发〔2012〕37 号文精神,建立和完善各项交易制度和管理制度,规范经营、稳健发展,切实保护投资者利益,有效防控市场风险"的情况下,某金交所仍然无视相关规定,利用其以现货交易场所获得批准设立的交易平台形式,取得投资者的信赖,在不具备期货交易场所资质的情形下,上线设置违法的交易模式,组织投资者与会员单位进行非法期货交易。因此,某金交所的行为违反了《期货交易管理条例》(2017 年修订)及上述文件的规定,具有明显的主观故意,某金交所对粟某的经济损失具有一定过错。依照我国《侵权责任法》第六条①"行为人因过错侵害他人民事权益,应当承担侵权责任"之规定,某金交所应当承担相应的侵权赔偿责任。

(二)某金交所承担侵权赔偿责任的范围

1. 对于粟某主张的交易亏损金额。法院认为,某金交所组织非法期货交易的行为与粟某交易亏损存在法律上的因果关系,某金交所应当承担相应的侵权赔偿责任。但是,某金交所不应当对粟某的全部交易亏损金额承担赔偿责任。一方面,由于期货交易具有特殊的金融属

---

① 已废止,对应《民法典》第一千一百六十五条。

性和风险属性,不同于一般市场交易。其市场风险亦远高于现货交易,对投资者的专业性和风险承受能力的要求也更高。因此,我国对于期货交易实行严格的行政监管,必须在经批准的特定交易场所、遵循严格的管理制度规范进行,并要求对期货投资者的适当性进行管理。本案中,某金交所以现货交易为名组织非法期货交易,其虽未直接参与交易,但交易规则由其制定,交易平台由其提供,其对于投资者的适当性也没有进行任何审查与管理,某金交所的违法行为使投资者暴露于远比合法期货交易更高的风险之中,而这种更高的风险即表现为更高的交易亏损可能性,法院据此认定某金交所的违法行为与粟某的交易亏损之间存在相当的因果关系,某金交所应当对此承担相应的侵权赔偿责任。但另一方面,某金交所的行为又并非粟某交易亏损的唯一原因。粟某自愿与会员单位签订交易合约,自愿在某金交所的交易平台上开户交易,并根据自己的判断下单进行交易。特别是二审庭审中,粟某当庭确认其从未向某金交所申请过平台交易进行实物交割,均是当天进行相应的交易结算,以了结当天的平台交易,通过反向操作、对冲平仓的方式了结权利义务。本案一审、二审审理过程中,某金交所亦均确认实物交收比例较低,绝大部分投资者均系通过对冲平仓的方式了结权利义务,其履约方式都不是以实物交收为交易目的,而是具有明显的期货交易的投机性特征。即使有部分投资者曾向某金交所申请过进行实物交收,也都是同意通过某金交所的交易平台进行反向操作,在平台上了结交易,或者由某金交所将相应金额的钱款打到交收申请人的账户内,最终均未进行实物交割。因此,粟某在进行交易前,对于某金交所采取的是公开集中竞价和标准化合约的交易模式,对于其交易流程和交易杠杆风险率等,都是明知的或者应当明知的。粟某在此情况下自主决定开户并与会员单位进行交易等行为,也都是造成粟某交易亏损的主要原因。粟某自身、某金交所和会员单位对于非法期货交易行为产生的后果,均有过错责任。因此,法院根据过错与责任相当的侵权责任赔偿原则,酌定某金交所对粟某交易亏损金额承担30%的侵权赔偿责任。

2. 对于某金交所收取的手续费。法院认为,该项费用是某金交所通过组织非法期货交易直接向投资者收取的费用,应当认定投资者主张的该部分损失的形成与某金交所的非法行为具有直接因果关系。因此,某金交所应对此承担全部侵权赔偿责任,某金交所应将其收取的粟某的手续费全部退还给粟某。

3. 对于延期费,是指某金交所在向投资者提供的标准化合约中,约定投资者可以延期交割实物而收取投资者的延期费。本案中,某金交所不能提交确实、充分的证据证明延期费是由会员单位收取的,而该项费用又是在某金交所向投资者提供的标准化合约中约定的。因此,法院认为,"鉴于收取延期费的目的是推迟实物交收,为投资者采取对冲平仓的方式了结权利义务提供便利,故这项交易制度属于某金交所实现'以现货之名组织非法期货交易'的手段,应当认定投资者主张的该部分损失也是某金交所造成的,某金交所应对此承担侵权赔偿责任",某金交所应将收取的延期费全部退还给粟某。

4. 对于会员单位收取的手续费。法院认为,会员单位向投资者收取手续费是基于会员单位与投资者之间签订的经纪合同关系,虽然某金交所提供了交易平台,但该行为与会员单位向投资者收取手续费并无直接因果关系。且在二审庭审中,粟某就其关于"某金交所收取客户手续费后,会返佣67%给会员单位,某金交所自留33%。本案某金交所提供的会员单位收取的手续费加上某金交所平台收取的手续费之和为交易总手续费,其各自占比为67%和33%"的上诉理由,明确表示其仅是根据某金交所提供的有关粟某保证金亏损构成的数据,自行计算分析后得出的结论,并无相关确实充分的证据予以证明。故粟某主张的该部分损失,某金交所不应承担侵权赔偿责任。

综上,法院依照《侵权责任法》第十五条①的规定,认定某金交所应当赔偿粟某交易手续费24,350.96元、延期费2477.03元以及30%的交易亏损金额11,338.2元。

三、关于某投资公司、某投资控股公司应否承担连带责任及承担责任的性质问题

某投资公司、某投资控股公司出具承诺书的行为属于单方允诺的债务承担,其应当对某金交所的侵权债务承担连带责任。

① 已废止,对应《民法典》第一百七十九条。

根据《民法总则》第一百三十三条、第一百三十四条[①]的规定，民事法律行为是民事主体通过意思表示设立、变更、终止民事法律关系的行为；民事法律行为可以基于双方或者多方的意思表示一致成立，也可以基于单方的意思表示成立。单方行为，是指基于一方民事主体的意思表示即可成立的民事法律行为，单方行为中的一方意思表示可产生设立、变更、终止法律关系的效果。本案中，承诺书载明：某金交所经营未取得行业许可或者国家法律、行政法规禁止的项目而产生的一切法律责任由某投资公司、某投资控股公司承担。因某投资公司、某投资控股公司将该承诺书作为某金交所工商登记资料的一部分置于工商行政机关供公众查阅，故某投资公司、某投资控股公司的上述承诺，属于向不特定相对人作出的单方法律行为。《民法总则》第一百四十三条[②]规定，具备下列条件的民事法律行为有效：(1)行为人具有相应的民事行为能力；(2)意思表示真实；(3)不违反法律、行政法规的强制性规定，不违背公序良俗。某投资公司、某投资控股公司作出的单方法律行为未违反上述规定，应属合法有效。某投资公司、某投资控股公司应受到该单方法律行为的约束，在符合其承诺的情形出现时，承担相应的法律责任。鉴于某金交所系具有民事行为能力的法人，其违法经营产生的民事法律责任应自行承担，某投资公司、某投资控股公司以单方允诺的方式同意承担某金交所违法经营产生的民事法律责任，在性质上属于债务承担。未经债权人许可，第三人的债务承担并不免除债务人的债务，即构成并存的债务承担，第三人与债务人共同成为连带债务人。

并存债务承担(债务加入)是指第三人承诺由其履行债务人的债务(不限于已有债务，亦包括或然债务)，但同时不免除债务人履行义务的一种并存债务承担方式。债务加入需第三人作出明确的意思表示，如明确的合同约定或者明确的单方承诺，均构成债务加入。本案中，某投资公司、某投资控股公司出具的承诺书中明确载明：“辽宁东北某贵金属交易所有限公司的经营范围‘贵金属市场管理服务’如有

① 已废止，对应《民法典》第一百三十三条、第一百三十四条。

② 已废止，对应《民法典》第一百四十三条。

涉及国家法律、行政限制的项目，应取得相关行业的许可后方可从事相关经营活动，国家法律、行政法规禁止的项目不得经营。如果违反上述承诺，由此产生的一切法律责任均由某投资公司与某投资控股公司承担。”该承诺属于某投资公司和某投资控股公司对并存债务承担作出的明确意思表示，同时不免除债务人某金交所的履行义务。某投资公司、某投资控股公司应与某金交所针对内容完全一致的债务承担共同偿还责任，且其作为债务偿还共同主体的地位同等。根据上述认定，因某金交所利用其以现货交易场所而获得批准设立的交易平台，取得投资者的信赖，在不具备期货交易场所资质的情形下，上线设置违法的交易模式，组织投资者与会员单位进行非法期货交易，某金交所应当对投资者的经济损失承担相应的侵权赔偿责任，故某投资公司、某投资控股公司应当对某金交所的侵权赔偿债务承担连带责任。《公司法》（2018 年修正）第十五条关于“公司可以向其他企业投资；但是，除法律另有规定外，不得成为对所投资企业的债务承担连带责任的出资人”之规定，是关于公司转投资对象与行为限制的规定。所谓转投资，是指公司为获取能够产生收益（或更多）的财产、资产或权益而依法投资于他公司的行为，并非指公司作为股东出资设立公司的行为。该条规定“（公司）不得成为对所投资企业的债务承担连带责任的出资人”，主要是针对公司对外投资，一般不得成为对所投资企业的债务承担无限连带责任的出资人，并非针对公司作为并存债务承担的债务人，与其所投资企业共同对债权人承担连带责任的情形。而《公司法》（2018 年修正）第三条第二款关于“有限责任公司的股东以其认缴的出资额为限对公司承担责任”之规定，则是有限责任公司的股东对公司承担责任的一般规定。股东与公司之间若对债务承担进行了特殊约定或者股东对公司债务承担作出了单方承诺，则应按照股东与公司之间的特殊约定或者股东作出的单方承诺履行相关债务。本案中，某投资公司、某投资控股公司明确承诺对某金交所经营未取得行业许可或者国家法律、行政法规禁止的项目而产生的一切法律责任，均由某投资控股公司、某投资公司承担，故法定某投资公司、某投资控股公司应承担连带赔偿责任。

006 期货公司员工假借公司名义与客户签署委托理财协议对期货公司不产生法律约束力

顾某与某期货公司、某期货公司营业部期货经纪合同纠纷案

【案号】

(2019)最高法民申757号

【裁判要旨】

不承担投资风险、保本保利的《资产管理合同》约定明显与《期货经纪合同》《客户须知》的内容相矛盾,在未与期货公司进行核实的情况下,行为人与期货公司工作人员签订该代客理财的保本协议,属未谨慎交易,明显存在过错,无法认定为善意无过失的合同相对人,此情形下不能成立表见代理,期货公司对该交易损失不承担责任。

【案情简介】

2015年3月3日,顾某与某期货公司磋商订立《期货经纪合同》(编号0014666),该合同约定:甲方为某期货公司,乙方为顾某,乙方委托甲方按照乙方交易指令为乙方进行期货交易,甲方根据期货交易所规则执行乙方交易指令,乙方应对交易结果承担全部责任,本合同经双方签字(乙方为机构客户的须加盖公章)后,于乙方开户资金汇入甲方账户之日起生效,甲方营业部或部门印章均不能代表甲方签订相关协议等。与此同时,某期货公司还向顾某交付了客户须知、期货交易风险说明书等告知材料,以向其提示交易风险,其中客户须知第三条第二项规定:"客户应当知晓期货交易中任何获利或者不会发生损失的承诺均为不可能或者没有根据的,期货公司不得与客户约定分享利益或共担风险。"第三项规定:"客户应当知晓期货公司及其工作人员不得接受客户的全权委托,客户也不得要求期货公司或其他工作人员以全权委托的方式进行期货交易。"顾某签字确认已阅读并完全理解上述各项内容。

2015年3月3日即《期货经纪合同》订立当天，某期货公司营业部工作人员樊某以某期货公司名义与其签订《资产管理合同》1份，该合同约定：甲方（顾某）在某期货公司开立期货交易账户，账户名称为顾某，资金账号为05×××23，账户初始资金总额为人民币520万元（大写：伍佰贰拾万元整），乙方承诺甲方（顾某）不承担投资风险，乙方以自有资金保证前述账户每年收益为甲方初始资金的9%（合人民币肆拾陆万捌仟元整）等。合同加盖某期货公司营业部字样印章，落款时间为2015年3月9日，系根据资金汇入日期填写。此后，樊某又持某期货公司营业部印章与其签订《补充协议》1份，该协议约定，“甲方（顾某）账户最大浮动亏损不得超过10%，否则甲方有权在不通知乙方的前提下，强平持仓和限制开仓，强行平仓产生的亏损乙方全部承担”等内容，落款时间2015年3月4日。后法院查明该落款时间不实，实际系期货账户出现亏损后倒签。

2015年3月4日，某期货公司电话回访顾某，向其告知：“期货公司是禁止工作人员替客户进行交易，也不提供代客理财业务的。如果您的账户不是本人操作的话，还需要您补办下手续，好吗？”顾某回答：“我自己操作的。”当日，经电话确认开户事宜后，某期货公司即以短信方式通知顾某，开户手续已办理成功，并告知顾某结算账户及密码。

2015年3月11日，某期货公司再次电话回访顾某：“今后这个账户也是由您本人来操作吗？”顾某回答：“对，对。”某期货公司还向其再次告知：“另外，期货公司是禁止工作人员替客户进行交易，也不提供代客理财业务的。”顾某回答：“嗯。”

2015年3月9日、11日，顾某汇入期货交易账号500万元、20万元用于交易，截至2015年6月10日，该交易账户可提资金为2,112,725.65元。

案外人许某与顾某系父女关系。

顾某向一审法院起诉请求：1.某期货公司营业部、某期货公司共同赔偿顾某委托理财本金损失3,087,274.35元；2.某期货公司营业部、某期货公司共同支付顾某预期固定收益669,135元（按年利率9%计算，自2015年3月12日起计算至2017年8月7日，计879天）；3.案件受理费由某期货公司营业部、某期货公司负担。

【裁判结论】

一审法院判决驳回顾某的全部诉讼请求。顾某不服一审判决,提起上诉。

二审法院判决驳回上诉,维持原判。顾某仍不服二审法院判决,向再审法院申请再审。

再审法院裁定:驳回顾某的再审申请。

【裁判观点】

法院认为:对于《期货经纪合同》的效力及内容,双方均无异议,如仅据此确认双方权利义务,顾某本案诉请显然无法予以支持。某期货公司作为期货交易中的受托方,仅负责根据委托方指令进行期货交易,由此产生的交易后果,由委托方自行负责无疑。

本案的特殊之处在于,顾某并非依据《期货经纪合同》主张权利,而是另行提供《资产管理合同》《补充协议》,欲证明某期货公司同意代其理财,并承诺保本保利。

然而,案涉《资产管理合同》及《补充协议》未加盖某期货公司公章,而仅有樊某个人签字及加盖"某期货公司营业部"字样的印章。樊某并非某期货公司法定代表人,在无公司授权的情况下无权以公司名义对外签订合同。《资产管理合同》及《补充协议》加盖的印章也经证实与某期货公司提供的印文样本不一致,不能视为某期货公司或者某期货公司营业部的意思表示。

《最高人民法院关于审理期货纠纷案件若干问题的规定》(2003年)第八条规定,期货公司的从业人员在本公司经营范围内从事期货交易行为产生的民事责任,由其所在的期货公司承担。樊某在《资产管理合同》及《补充协议》上签字并加盖印章的行为并不属于某期货公司的业务范围,樊某的行为也不能构成职务代理。因此,在案《资产管理合同》《补充协议》均不足以证明某期货公司认可委托理财关系,顾某据此向某期货公司主张合同权利,依据不足,无法予以支持。

当然,按照交易之常理,樊某的金融机构工作人员身份以及其持有某期货公司营业部字样印章对外交易的行为,确实会对顾某的交易判断产生一定影响。但就某期货公司提供的开户材料来看,某期货公司已充分考虑到这一交易风险,其不仅在《期货经纪合同》第十一节中明确约定“甲方营业部或部门印章均不能代表甲方签订相关协议”,还向顾某交付了单独印制的客户须知,强调期货公司不得做获利保证、期货公司及其公司人员不得接受客户的全权委托。除书面材料外,某期货公司在电话回访中,又多次向顾某强调了工作人员无权与客户进行交易,也不提供代客理财服务。因此,在某期货公司已多次提示交易风险的情况下,顾某仍与工作人员个人签订《资产管理合同》《补充协议》,轻信营业部字样印章效力,显然并未谨慎交易,无法认定为善意相对人,故即使依据表见代理之规定,顾某也无权要求某期货公司对其损失承担责任。

007 期货交割实物质量瑕疵认定应按照交易所的规则和程序进行

某贸易公司与某期货公司、某商品交易所、某科技公司期货实物交割纠纷案

【案号】

(2019)最高法民申 1824 号

【裁判要旨】

期货实物交割是指合约到期时,按照期货交易所的规则和程序,交易双方通过该合约所载标的物所有权的转移,或者按照规定结算价格进行现金差价结算,了结到期未平仓合约的过程。期货实物交割纠纷,应当按照交易所的规则和程序处理争议。

根据《最高人民法院关于审理期货纠纷案件若干问题的规定》(2003 年)第四十七条第一款“交割仓库不能在期货交易所交易规则规定的期限内,向标准仓单持有人交付符合期货合约要求的货物,造成标准仓单持有人损失的,交割仓库应当承担责任,期货交易所承担连带责任”的规定,标准仓单持有人在既不能证明案涉货物质量不符

合期货合约要求，又放弃对交割仓库主张权利的情况下，直接要求由期货公司和期货交易所承担赔偿责任缺乏事实和法律依据。

【案情简介】

某期货公司系某商品交易所的会员单位。

某贸易公司与某期货公司签订《期货经纪合同》，期货交易资金账号10000130，某贸易公司委托某期货公司按照其交易指令为其进行期货交易，某期货公司根据期货交易所规则执行某贸易公司交易指令，某贸易公司对交易结果承担全部责任。

2017年1月16日、3月14日，某贸易公司经某期货公司在某商品交易所期货交易平台先后分两次下单，共买入11手合计5500张胶合板，交易总价格为615,350元。某贸易公司所进行的前述期货交易属于某商品交易所胶合板期货合约项下交易，该合约约定：交易品种为细木工板，交易单位为500张/手，最小变动单位为0.05元/张，最后交易日为合约月份（1～12月）第10个交易日，最后交割日为最后交易日后第3个交易日，交割方式为实物交割，交割等级为某商品交易所胶合板交割质量标准，交割地点为某商品交易所胶合板指定交割仓库。

某商品交易所胶合板交割质量标准（F/DCEBB 001－2013）主要规定如下："1.主题内容与适用范围。1.1 用于某商品交易所胶合板期货合约交割的商品为实心、胶拼、双面砂光、室内普通用途的五层细木工板。1.2 本标准规定了用于某商品交易所交割的胶合板质量要求、试验方法、检验规则和保证、运输要求等。1.3 本标准适用于某商品交易所胶合板期货合约交割标准品和替代品。2.规范性引用文件。下列文件中的条款通过本标准的引用而成为本标准的条款，凡是注日期的应用文件，其随后所有修改单（不包括勘误的内容）或修订版均不适用于本标准，凡是不注日期的引用文件，其最新版本适用于本标准。GB/T 5849 细木工板、GB 18580 室内装饰装修人造材料人造板及其制品中的甲醛释放限量。3.术语和定义。应符合GB/T 5849、GB 18580中术语和定义的有关规定。4.质量要求。4.1 不区分面板树种，外观质量与翘曲度需满足GB/T 5849一等品的要求。4.2 规格尺寸：宽度1220mm，长度2440mm，厚度标准品15mm、替代品18mm（升贴水15元/张）。4.3 材料、尺寸偏差与版心质量符合GB/T 5849中的要求。4.4　物理力学性能符合 GB/T 5849 的要求，其中胶合强度不做检验要求。4.5　甲醛释放量，执行标准 GB 18580 试验方法是干燥器法，E1 限量≤1.5mg/L，E2 限量≤5mg/L（升贴水 -30 元/张）。5.抽样规则与检验方法按照 GB/T 5849 的要求执行。6.标志、标签、包装和贮存按照 GB/T 5849 要求执行。胶合板期货仓储费为 0.035 元/张/天，交割手续费为 0.01 元/张。”

2017 年 3 月 31 日，某贸易公司通过某期货公司在电子仓单系统申请注销前述 11 手胶合板交易的标准仓单，某商品交易所注销了该标准仓单，结清了有关费用，通过电子仓单系统向某期货公司发送提货密码，并向会员和厂库发送提货通知，交割地点为某商品交易所指定交割厂库第三人某科技公司。据此，某贸易公司前述期货交易关闭，并取得向厂库某科技公司提货的提货密码，但截至庭审结束，某贸易公司并未与某科技公司办理提货出库相关手续。

2017 年 4 月 6 日，某贸易公司向某期货公司提出申请胶合板出库检验，申请出库抽检 3 手是否符合国家规定的质量标准和甲醛释放标准。某期货公司确认收到前述申请，并于 2017 年 4 月 7 日与某商品交易所沟通进行了转交。

2017 年 4 月 12 日，某贸易公司委托某标准技术服务有限公司青岛分公司对某科技公司的细木工板进行出厂检验，检验数量为 1000 张（15 托），进行了外观质量、规格尺寸、理化性能试样。其中理化性能试样系以顺丰快递方式邮寄给了某标准技术服务有限公司。

2017 年 4 月 21 日，某标准技术服务有限公司收到样品。

2017 年 4 月 28 日，某标准技术服务有限公司作出测试报告，该测试报告涉及板芯质量检验、含水率测定、浸渍剥离性能测定、表面胶合强度测定、甲醛释放测定、横向静曲强度测定，标准为 GB/T 5849 - 2006。该测试报告显示板芯质量不符合标准。之后，某贸易公司依据前述检验报告结论通过某期货公司再次向某商品交易所申请复检。

2017 年 5 月 2 日、8 日、10 日，某期货公司先后多次与某商品交易所电话沟通某贸易公司申请复检一事，某商品交易所答复称复检申请应当在提货后的 10 个工作日之内提出。

2017 年 7 月 14 日，就某贸易公司所提出的案涉胶合板质量争议，某商品交易所向第三人某科技公司发送了关于妥善处理客户交割投诉的函,主要内容:某贸易公司于2017年3月31日在某科技公司注销11手胶合板仓单,该客户投诉认为经某某上海公司检验,前述交割商品不符合某商品交易所胶合板交割质量标准(F/DCEBB 001－2013)要求;要求某科技公司务必按照某商品交易所规则要求,及时向客户提供符合交割质量标准的货物,并妥善处理客户投诉。

2017年7月24日,某科技公司向某商品交易所回函称:因当时某贸易公司口头向某科技公司说明2017年4月12日委托某某上海公司来其公司厂库进行交易、销售的一个参考摸底,所以在其所委托的某某上海公司不是某商品交易所指定的检验机构的情况下,某科技公司配合进行了现场检验。2017年4月12日,某某上海公司的检验员对某贸易公司委托检验1000张的要求,抽检了4份胶合板产品,外观检验良好,自裁了样品做理化性能检验,现场没有对复检进行留样,其检验行为不符合某商品交易所关于胶合板产品的检验规则,首先,检验数量与注销仓单数量不符,抽样样本数量不够;其次,现场检验未留复检样品,初检结果出来后也未进行复检。据此认为某某上海公司于2017年4月12日在某科技公司进行的检验不是专业的检验行为,其检验结果带有偶然性、随意性,不能作为评价该批次胶合板是否符合某商品交易所胶合板交割质量标准要求的依据。

2017年8月7日,某商品交易所向某科技公司发函称:某商品交易所已充分注意到某科技公司对某贸易公司所提交的检验报告的质疑,认为某科技公司应提交证据以证明交割的胶合板符合某商品交易所交割质量标准;同时某商品交易所在接到客户投诉后亦已根据检验规则委托常州市产品质量监督检验所进行检验,相关处理应以符合检验标准的报告为准。

2017年8月8日,某标准技术服务有限公司青岛分公司、某标准技术服务有限公司共同向某商品交易所出具了说明函,其中主要载明:某贸易公司作为委托客户的检验委托,不是来自某商品交易所的委托,检验所依据的相关标准方法由委托方提供,不是按照某商品交易所平台对交割货物规定的取样检验流程及相关检验规则执行,并具体列明了主要区别。

2017 年 9 月 11 日,某科技公司委托国家林业局华东木材及木制品质量监督检验中心出具检测报告,该报告主要记载如下内容:依据 GB/T 5849 – 2006《细木工板》、GB 18580 – 2001《室内装饰装修材料人造板及其制品中甲醛释放限量》(9 – 11L 干燥器法),对含水率、横向静曲强度、浸渍剥离、表面胶合强度、甲醛释放量等检测项目进行检验,检验结论是前述检验项目符合标准。

2017 年 8 月 1 日至 2017 年 8 月 5 日,某商品交易所委托国家办公用品设备质量监督检验中心对某科技公司的细木工板进行了检验并作出五份报告。该报告主要记载如下内容:“1. 检验检测和判定依据 GB/T 5849 – 2006《细木工板》、GB 18580 – 2001《室内装饰装修材料人造板及其制品中甲醛释放限量》、F/DCEBB 001 – 2013《某商品交易所胶合板交割质量标准》(判定依据);2. 检验检测结论　所有项目符合某商品交易所胶合板交割质量要求;3. 检验检测地点　常州市质检所;4. 备注　在某家居期货厂库内进行外观质量、规格尺寸和偏差项目检验,垛位号分别为 12、13、14、15,GB/T 5849 – 2006 标准目前已被 GB/T 5849 – 2016 代替,且 GB/T 5849 – 2016 标准于 2017 年 5 月 1 日起开始实施,但该批样品生产日期为 2017 年 1 月 5 日,经双方协商一致仍按 GB/T 5849 – 2006 对该批样品进行检验。”

《某商品交易所交易规则》第七章“交割业务”规定:“第七十六条　实物交割是指期货合约到期时,根据交易所的规则和程序,交易双方通过该期货合约所载标的物所有权的转移,了结未平仓合约的过程。第八十三条　买方会员办理交割时,对交割商品如有异议,应在交易所规定的时间内申请复检。第八十六条　标准仓单是交易所指定交割仓库按照交易所规定的程序提交注册申请后,经交易所注册的符合期货合约规定质量标准的实物提货凭证。标准仓单可以分为仓库标准仓单和厂库标准仓单。第九十三条　由于指定交割仓库的过错造成标准仓单持有人不能行使或不能完全行使标准仓单权利的,指定交割仓库应当承担赔偿责任;赔偿不足的部分由交易所按相关规定补充赔偿,补充赔偿后交易所有权对指定交割仓库进行追偿。”

《某商品交易所标准仓单管理办法》第五章“标准仓单的注销”第二节“厂库标准仓单”规定:“第三十二条　厂库标准仓单注销是指仓

库标准仓单合法持有人办理标准仓单退出流通手续的过程。第三十四条 会员到交易所申请注销标准仓单的,交易所注销相应的标准仓单,结清有关费用,并开具《提货通知单》。会员通过电子仓单系统申请注销标准仓单的,交易所注销相应的标准仓单,结清有关费用,通过电子仓单系统向会员发送提货密码,并向会员和厂库发送提货通知。第三十五条 货主提货时,应当向厂库提供提货人身份证、提货人所在单位证明、《提货通知单》或者提货密码,同时与厂库结清自标准仓单注销日次日起的有关费用。第三十七条 厂库应当保证期货商品的质量符合交易所规定的交割标准。第四十三条 对于胶合板品种,货主应当在《某商品交易所交割细则》规定的提货期限内到厂库提货。在提货期限届满之日后(不含当日)且在标准仓单注销日后(不含注销日)的22个自然日内(含当日)到厂库提货,货主应当向厂库支付滞纳金,厂库仍应按照期货标准承担有关商品质量、发货时间和发货速度的责任,直至发完全部期货商品。"第六章"争议与处理"规定:"第五十四条 商品入库、出库时,货主应当到库监收、监发。货主不到库监收监发的,则视为货主对指定交割仓库所收所发的实物重量、质量没有异议。厂库交割时,货主对出库商品质量有异议的,首先与厂库协商解决。协商不成的,对于胶合板品种,货主应当在发货日起10个工作日内以书面形式向交易所提出质量异议。未在规定时间内提出异议的,视为货主认可出库商品质量。当货主与指定交割仓库就胶合板的检验结果发生争议时,可以在接到商品检验报告或者标准仓单注销之日起10个工作日内向交易所提出复检申请,由交易所指定的质量检验机构进行复检,复检结果为解决争议的依据。逾期未提出申请的,则视为对所交割商品质量无异议。"

《某商品交易所交割细则》第十九章"胶合板交割"规定:"第二百七十五条 胶合板合约标准交割品、替代品的质量标准和包装要求详见《某商品交易所胶合板交割质量标准(F/DCEBB 001-2013)》。第二百七十六条 胶合板合约升贴水的差价款由货主同指定的交割仓库结算。第二百九十条 胶合板从厂库出库时,货主应当在标准仓单注销日后(不含注销日)的7个自然日内(含当日)到厂库提货。厂库应当在标准仓单注销日后(不含注销日)7个自然日内(含当日)开始发货。胶合板出库时,厂库应当在货主的监督下进行抽样,经双方确认后将样品封存,并将样品保留至发货日后的30个自然日,作为发生质量争议的处理依据。”

某贸易公司向一审法院起诉请求:1.某期货公司赔偿我公司购买不合格产品货款348,925元,仓储费7439.5元,交割手续费55元,检验费2014元,违约金61,535元,共计419,968.5元。2.某商品交易所赔偿我公司购买不合格产品货款348,925元,仓储费7439.5元,交割手续费55元,检验费2014元,违约金61,535元,共计419,968.5元。上述两项总计金额为839,937元。3.某期货公司、某商品交易所各承担50%诉讼费。4.2017年6月1日至判决书生效之日仓储费按每日192.5元由某期货公司、某商品交易所均分承担。

【裁判结论】

一审法院判决驳回某贸易公司的诉讼请求。某贸易公司不服一审判决,提起上诉。

二审法院判决驳回上诉,维持原判。某贸易公司不服二审法院判决,向最高人民法院申请再审。

再审法院裁定:驳回再审申请。

【裁判观点】

法院认为:期货实物交割是指合约到期时,按照期货交易所的规则和程序,交易双方通过该合约所载标的物所有权的转移,或者按照规定结算价格进行现金差价结算,了结到期未平仓合约的过程。

期货实物交割分为两个阶段:第一阶段是期货清算阶段,该阶段系由买、卖双方通过各自的期货经纪公司即会员单位在期货交易所的交易平台中进行操作,主要业务是申请实物交割、支付货款、交付标准仓单、发送提货单或提货密码等。在此过程中,期货交易所处于为交易双方履行担保的地位,如果出现交割方面的纠纷,期货交易所应当先行承担责任。第二阶段是实物交收阶段即现货阶段,期货交易已关闭。在此阶段期货交易所处于一般担保的地位,位次在交割仓库之后。如果出现交割纠纷,交割仓库先行承担责任,交割仓库赔付不能时,再由期货交易所承担责任。而且,买方要在交易规则规定的期限内对货物的质量、数量提出异议,否则,期货交易所不再承担责任。根据某商品交易所交易规则，买方交割基本流程如下：交货款—领取《标准仓单持有凭证》—注销标准仓单—领取《提货通知单》—凭《提货通知单》到交割仓库办理出库手续—商品出库。

本案中，某贸易公司起诉某商品交易所和某期货公司承担货物质量不合格的赔偿等责任，属于期货实物交割纠纷，应当按照某商品交易所的规则和程序处理争议。《某商品交易所交割细则》第二百九十条规定，"胶合板从厂库出库时，货主应当在标准仓单注销日后（不含注销日）的7个自然日内（含当日）到厂库提货。厂库应当在标准仓单注销日后（不含注销日）7个自然日内（含当日）开始发货。胶合板出库时，厂库应当在货主的监督下进行抽样，经双方确认后将样品封存，并将样品保留至发货日后的30个自然日，作为发生质量争议的处理依据"。本案中，某贸易公司经某期货公司在某商品交易所期货交易平台下单买入11手合计5500张胶合板，合约到期后，某贸易公司通过某期货公司在电子仓单系统申请注销了前述标准仓单。某商品交易所注销仓单并结清有关费用后，通过电子仓单系统向某期货公司发送提货密码，并向会员和厂库发送提货通知，交割地点为某商品交易所指定交割厂库某科技公司。但是，某贸易公司以质量有问题为由拒不在标准仓单注销日后7日内到某科技公司提货。根据上述交易规则，认定案涉胶合板是否存在质量问题的前提是某贸易公司先行提货并封存样品，该样品是发生质量争议的处理依据。某贸易公司所作检验违背了上述程序要求。某标准技术服务有限公司青岛分公司对某科技公司细木工板作出的出厂检验测试报告，系某贸易公司未提货前自行委托作出。在一审法院审理期间，某科技公司和某商品交易所分别委托质检部门就案涉板材进行了检验，检测报告均显示所有项目符合某商品交易所胶合板交割质量要求。故某贸易公司主张某期货公司、某商品交易所存在违约行为的理由不能成立。另根据《最高人民法院关于审理期货纠纷案件若干问题的规定》（2003年）第四十七条第一款"交割仓库不能在期货交易所交易规则规定的期限内，向标准仓单持有人交付符合期货合约要求的货物，造成标准仓单持有人损失的，交割仓库应当承担责任，期货交易所承担连带责任"的规定，某贸易公司在既不能证明案涉货物质量不符合期货合约要求，又放弃对交割仓库某科技公司主张权利的情况下,直接要求由某期货公司、某商品交易所承担赔偿责任,没有事实和法律依据。同时,某贸易公司亦不能提供证据证明其存在相应的损失,因某贸易公司拒不提货,也没有封存样品,故某贸易公司主张案涉胶合板存在质量问题,要求某期货公司和某商品交易所承担赔偿责任,缺乏事实、法律依据。

008　期货公司员工“代客操盘”交易造成客户交易损失,期货公司未尽监管管理职责应承担相应责任

李某与某期货公司期货经纪合同纠纷案

【案号】

(2019)最高法民再228号

【裁判要旨】

期货公司员工违规接受客户委托,操作客户账户进行期货交易,如期货公司对员工未尽到监督管理职责,对于员工违规操作客户账户交易所造成的损失应承担相应过错责任。

【案情简介】

2010年8月、10月,李某先后在某期货公司开立商品期货和股指期货账户,开户时双方签署了《期货经纪合同》,李某在期货风险说明书、客户须知、客户交易须知和股指期货交易特别风险提示等相关文件材料上签了字。上述文件材料明确载明客户开立期货账户及进行期货交易需要知晓的事项、期货交易存在的风险、期货公司及其工作人员不得向客户作出获利保证且不得接受全权委托等内容。

2011年8月,某期货公司的副总刘某和业务经理彭某请李某吃饭,并告知李某(前期亏损太多,其不想再进行期货交易)不要着急,可以帮李某把钱“做回来”(通过期货交易赚回来)。于是李某将账户和密码告知刘某(在某期货公司总部五一路上班)和彭某(在某期货公司位于芙蓉中路识字岭的长沙营业部上班)。

2011 年 9 月,刘某开始用李某的账户进行期货交易,起初几笔交易是操作黄金,刘某当时已告知李某。

2012 年 1 月 5 日,李某住院待产,生育后于该月 10 日出院。李某称坐月子期间其较少操作期货交易,2012 年 3 月后开始像以往一样操作期货交易(平均每天操作至少有一次)。

2010 年 8 月至 2014 年 5 月,李某的账户共发生 20,000 多次交易记录,成交量 12,666 手,成交金额达 200 余亿元。有争议的交易发生在 2011 年至 2014 年 5 月,交易记录的 IP 地址是某期货公司互联网出口的 IP 地址(包括总部的和营业部的,总部的占多数),即交易记录显示是由某期货公司的 IP 地址发出的交易指令。双方一致认可有争议的交易达 10,000 多次,所对应的直接损失为 5,066,403.11 元(不包括产生的佣金等)。

2014 年 6 月前,李某未对某期货公司发送的交易结算报告提出过异议。

2014 年 6 月,李某的弟弟将李某期货账户的交易清单(未显示下达交易指令的 IP 地址)打印出来,李某对其中 10,000 多次交易有异议,认为系某期货公司的工作人员私自登录其账户并进行交易等,给其造成巨额亏损,开始多次向中国证券监督管理委员会湖南监管局(以下简称湖南证券监管局)等部门进行信访、投诉举报。

2014 年 11 月,湖南证券监管局把交易指令的 IP 地址全部调了出来,李某发现从某期货公司总部和营业部下达的交易指令有 10,000 多次(其中大部分是总部的),而李某对此完全不知情,刘某和彭某没有告诉李某。

2014 年 12 月 31 日,湖南证券监管局对李某的投诉作出答复,部分内容如下:"1. 2010 年 8 月至 2014 年 5 月,你账户的成交量 12,666 手,成交金额 217.15 亿元,合计缴纳手续费 230.15 万元。2. 交易记录中的 IP 地址和 MAC 地址是确定具体操作地址和操作人的有效途径。你的交易记录涉及恒生网上交易 3.0、澎博闪电手、文华财经、掌上财富和柜台五种委托方式,由于某期货公司信息系统设计原因,IP 地址记录方面只有通过恒生网上交易 3.0、澎博闪电手方式下单的交易记录能够记录客户端的 IP 地址,而通过其网上委托产生的交易数据记录的 IP 地址为公司互联网出口或防火墙内网 IP 地址,未记录客户端的 IP 地址。2010 年 8 月 12 日至 2014 年 5 月 28 日,你在某期货公司交易系统共有 20,963 笔委托,其中 10,088 笔记录的是某期货公司互联网出口的 IP 地址,4 笔记录的是某期货公司防火墙内网地址,10,863 笔记录的是客户端 IP 地址,另有 8 笔柜台委托为公司风控强平。根据某期货公司互联网出口防火墙内网 IP 地址无法确定具体操作地址和操作人。3. 根据你提供的本人与彭某(某期货公司长沙营业部的业务经理)的聊天记录及交易记录显示,2011 年 11 月 18 日彭某在你账户中进行过平仓操作,该行为违反了中国证监会《期货从业人员管理办法》等规定,我局将依据相关规定作出严肃处理。"

2015 年 1 月 20 日,湖南证券监管局认为 2011 年 11 月彭某违规登录李某的账户并代理李某从事期货交易的行为违反了《期货从业人员管理办法》的规定,对彭某采取出具警示函的监管措施。2015 年湖南证券监管局在期货公司分类评价中对某期货公司作扣 0.5 分的处理,某期货公司因此被评为 C 类 CCC 级。

李某向一审法院起诉请求:判令某期货公司赔偿其交易及佣金损失 5,066,403.11 元、利息损失 1,918,932.93 元。

【裁判结论】

一审法院判决驳回李某的诉讼请求。李某不服一审判决,提起上诉。

二审法院判决驳回上诉,维持原判。李某仍不服二审法院判决,向再审法院申请再审。

再审法院判决如下:一、撤销湖南省高级人民法院(2017)湘民终 726 号民事判决;二、撤销湖南省长沙市中级人民法院(2017)湘 01 民初 37 号民事判决;三、德盛期货有限公司于本判决生效之日起 10 日内支付李某损失赔偿款 2,533,202 元;四、驳回李某的其他诉讼请求。

【裁判观点】

法院认为,本案的争议焦点为:一、案涉争议 10,000 多笔交易由谁操作;二、某期货公司是否应对案涉争议 10,000 多笔交易的损失承担责任,若应承担,如何确定责任范围。

一、案涉争议 10,000 多笔交易由谁操作

根据原审查明的事实,案涉争议 10,000 多笔交易指令发出的 IP

地址均为某期货公司。2010年8月12日至2014年5月28日,李某在某期货公司交易系统共有20,963笔委托,其中10,088笔记录的是某期货公司互联网出口的IP地址,4笔记录的是某期货公司防火墙内网地址,10,863笔记录的是客户端IP地址,另有8笔柜台委托为公司风控强平。因某期货公司原因,案涉争议的10,000多笔交易无法查清具体操作地址和操作人。由于某期货公司信息系统设计原因,只有通过恒生网上交易3.0、澎博闪电手方式下单的交易记录能够记录客户端的IP地址,而通过其网上委托产生的交易数据记录的IP地址为公司互联网出口或防火墙内网IP地址,未记录客户端的IP地址。根据《最高人民法院关于民事诉讼证据的若干规定》(2008年调整)第二条①的规定,当事人对自己提出的诉讼请求所依据的事实或者反驳对方诉讼请求所依据的事实有责任提供证据加以证明。没有证据或者证据不足以证明当事人的事实主张的,由负有举证责任的当事人承担不利后果。李某主张案涉争议10,000多笔交易由某期货公司员工操作,在某期货公司有员工曾操作李某账户,且案涉争议10,000多笔交易发出指令的IP地址均为某期货公司的情况下,某期货公司作为交易记录的持有者,其更有能力证明案涉争议的10,000多笔交易的具体操作地址和操作人,应当对该10,000多笔交易指令不是其员工操作承担举证证明责任,但某期货公司未能就此提供证据予以证明,应承担举证不能的不利后果。从法院查明的事实来看,湖南证券监管局亦认定某期货公司员工有违规登录李某的账户并代理李某从事期货交易的事实,因某期货公司员工彭某违规登录李某的账户并代理李某从事期货交易,湖南证券监管局曾对彭某采取出具警示函的监管措施,并对某期货公司在期货公司分类评价中作扣分处理。综上,李某关于案涉争议的10,000多笔交易系由某期货公司员工操作的主张,法院予以确认。原审举证责任分配不当、认定事实错误,再审法院予以纠正。

二、某期货公司是否应对案涉争议的10,000多笔交易的损失承担责任,若应承担,如何确定责任范围

如前所述,案涉争议的10,000多笔交易指令应认定为某期货公

① 2019年修正后已无该规定。

司员工操作。某期货公司对其员工负有监督管理职责,应督导员工严格遵守法律法规及行业规则,禁止员工接受客户委托进行交易。本案案涉争议的交易有10,000多笔,其指令发出的IP地址均为某期货公司,在无相反证据的情况下,应认定某期货公司员工违规接受李某委托进行了操作,某期货公司对其员工未尽到监督管理职责,存在过错。根据本案查明的事实,湖南证券监管局曾认定某期货公司员工彭某违规登录李某的账户并代理李某从事期货交易,并因此对某期货公司在期货公司分类评价中作扣分处理,此节事实亦印证了某期货公司对员工疏于管理,其对于员工违规操作客户账户应承担相应的过错责任。从事实后果来看,某期货公司已从其员工的违规行为中受益,即从期货交易中收取的费用。如庭审中某期货公司所述,李某在2010年8月至2014年5月期间的交易中交纳手续费230.15万元,其中某期货公司获得手续费净收入约为65.16万元。综上,某期货公司对于其员工疏于监管,其员工违规操作客户账户造成客户损失,其从中受益,应当就案涉争议10,000多笔交易对李某造成的损失承担相应的过错赔偿责任。

关于某期货公司承担赔偿责任的范围,应同时考虑本案所涉事实中李某的过错。根据《侵权责任法》第二十六条①的规定,被侵权人对损害的发生也有过错的,可以减轻侵权人的责任。本案李某私下将密码告知某期货公司员工,违规委托某期货公司员工代为期货交易,且其自2012年3月之后每日都有操作及每日对交易结算报告予以确认,其未能及时发现并制止某期货公司员工在其账户反常的频繁交易,对因此造成的损失亦有明显过错。

关于李某主张某期货公司赔偿其交易及佣金损失,双方均认可案涉争议的10,000多笔交易造成的损失为5,066,403.11元,对此,再审法院结合本案查明的事实及双方当事人的过错,酌定由某期货公司对案涉10,000多笔交易给李某造成的损失承担50%的责任,即2,533,202元,其余部分由李某自行承担。

关于李某主张的利息损失。法院认为,某期货公司应承担的赔偿

---

① 已废止,对应《民法典》第一千一百七十三条。

责任,是基于其疏于对员工的管理对客户造成损害而产生,而非其直接侵害李某的利益所导致,在未经法院确定损害赔偿责任时,赔偿责任的履行期限并不确定,利息计算缺少起算时间的依据。因此,本案中李某关于某期货公司承担利息损失1,918,932.93元的请求,缺乏事实依据,故不予支持。

009　合法有效的金融衍生品交易协议应当依约全面履行,为实现债权和担保权益所发生的律师费用请求可得到法院支持

某银行分行与某黄金公司、某实业公司、某控股公司金融衍生品种交易纠纷案

【案号】

(2019)沪74民初360号

【裁判要旨】

金融机构取得相应资质后开展的金融衍生产品交易业务,在无其他受到处罚或存在违法的情形下,所签订的各项协议若均系当事人的真实意思表示,则合法有效,各方当事人均应恪守。开展金融衍生产品远期/掉期交易本意就是避免市场波动,提前锁定价格,交易参与者认可交易价格后,应当承担交易相应的损失风险。如果双方约定,守约方有权要求违约方及担保人赔偿因其违约而产生的包括律师费在内的为实现债权和担保权益而发生的费用的,如律师费未超出行政管理规定的相关律师服务收费标准,该律师费请求将得到法院支持。

【案情简介】

2017年12月6日,某银行分行作为授信人,某黄金公司作为受信人,共同签订编号为××的《综合授信合同》,约定:由某银行分行向某黄金公司提供最高授信额度1亿元整,各项具体业务额度为5000万元

整,每笔贷款的贷款期限最长不超过12个月,黄金租借额度折合1亿元整,各笔业务期限最长不超过12个月,提款期为自合同签订日起12个月,额度为可循环额度,保证金比例不低于5%。具体业务的币种、金额、期限、利率与费率、偿还等事项以具体业务合同的约定为准。若有受信人未按本合同约定或具体业务合同的约定使用授信额度,或者未能按期足额支付利息、本金或其他应付款项,或者未能及时足额付款导致某银行分行发生垫款等情形则构成受信人违约,某银行分行有权根据合同约定或/及法律法规、金融规章的规定行使违约救济权利,包括但不限于调整授信额度和有效期、要求纠正违约、计收罚息、依法行使担保权益及留置权、宣布本合同和具体业务合同下的全部或部分债务立即到期、公告催收、要求赔偿损失以及要求偿付某银行为实现债权和担保权益而发生的费用(包括但不限于诉讼/仲裁费用、评估/鉴定/拍卖等处置费用、律师费用、调查取证费用、差旅费及其他合理费用等)。某银行分行行使权利而收回的款项按下列顺序清偿其债权:(1)实现债权和担保权益的费用以及借款人应承担的其他费用;(2)损害赔偿金、补偿金和违约金;(3)罚息;(4)利息;(5)本金;(6)其他应付款项;但某银行分行可变更上述清偿顺序。受信人有多笔已到期应还款项的,以某银行分行确定的偿还顺序为准。

同日,某银行分行与某控股公司签订了编号为××_001的《最高额保证合同》,某控股公司承诺对某黄金公司在《综合授信合同》及该授信合同下订立的全部具体业务合同的债务向某银行分行提供独立的连带责任保证担保,被担保的债权包括主债权本金(最高限额为1亿元)以及利息、罚息、违约金、损害赔偿金、实现债权和担保权益的费用等其他款项。上述担保已于2017年3月24日由某控股公司董事会对外公告,并于2017年4月10日经临时股东大会决议通过。

2018年1月2日,某黄金公司作为申请人,某银行分行作为借出人签订了编号为××_002《黄金租借业务协议》,约定:本协议系《综合授信合同》项下的具体业务合同,最高黄金租借额度为1亿元,为可循环额度,额度有效期为协议订立之日起365天,每笔业务下的租借期限最长不超过360天,申请人应在租借日前一日内交纳500万元的原始保证金。租借费计算方式为租借黄金重量(g)×租借费率/360×租借实际天数×同种黄金在租借日(指租借期限起始日)之前一个交易日的交易所收盘价+须由某银行分行缴纳的租借黄金货权转移相关交易所费用;申请人应在每笔租借到期日前向上海黄金交易所提出还金申请,并由申请人将同种黄金的买入货权过户给某银行分行,货权过户给某银行分行之日即为实际还金日;申请人未能在每笔租借到期日完成还金并将买入货权过户给某银行分行的手续或者归还的黄金货权不符合协议约定的,某银行分行有权直接扣划保证金账户内的款项并通过交易所按照买入时的市场价格买入黄金货权用于归还;申请人可用保证金款项不足的,某银行分行有权予以垫款,自垫款之日起,垫款金额构成申请人对某银行分行所负垫款债务本金;申请人将按照某银行分行的实际垫款金额承担垫款债务的清偿责任,不对某银行分行的黄金货权的交易价格等交易条件及其合理性提出任何质疑及异议;垫款利率为垫款日适用的一年期贷款基准利率基础上上浮50%;申请人未能按期足额偿还任何到期应付的垫款本息、租借费或其他应付款项,申请人使用租借黄金的用途不符合合同约定或者法律法规或金融规章规定的,应就欠付款项加付罚息,垫款罚息利率为垫款利率基础上上浮50%;申请人发生违约事件时,某银行分行有权行使计收罚息、扣收保证金、要求偿付某银行分行为实现债权和担保权益而发生的费用(包括但不限于诉讼/仲裁费用、评估/鉴定/拍卖等处置费用、律师费用、调查取证费用、差旅费及其他合理费用)等违约救济权利。

同日,某黄金公司根据上述《黄金租借业务协议》向某银行分行提交黄金租借申请书,申请租借成色Au99.99的黄金买入货权325千克,租借期限为2018年1月2日至2018年11月6日,租借费率为2.25%,并交纳了500万元的保证金。某银行分行经审核同意租借并出具黄金租借业务确认书,确认租借重量325千克,租借日前一个交易日收盘价为273元/克。

2018年1月2日,某银行分行作为甲方、某黄金公司作为乙方另签订编号为××_003的《黄金远期/掉期交易协议》,约定乙方应对黄金交易或远期交易和甲乙双方之间其他被该远期或掉期交易套保的交易承担整体履约责任,并对该套期保值关系下的所有交易整体缴纳保证金或承担甲方要求的其他履约担保条件。同日,某黄金公司向某银行分行提交黄金远期/掉期交易申请书,办理325千克Au99.99的黄金远期掉期交易,远期交易起息日为2018年1月2日,远期价格280.36元/克,交易方向为买回;掉期交易近端起息日2018年1月2日,近端价格273.00元/克,交易方向为卖出,远期起息日2018年11月6日,远期价格280.36元/克,交易方向为买回,远期到期不轧差清算。某银行分行经审核同意上述申请内容,向某黄金公司出具了金远期/掉期交易确认书,确认:远期交易金额91,117,000.00元;掉期交易近端、远期交易金额分别为88,725,000.00元、91,117,000.00元。

2018年7月10日,某实业公司经公司股东会决议同意,与某银行分行签订《最高额抵押合同》,以其名下厂房对某黄金公司在《综合授信合同》及该授信合同下订立的全部具体业务合同的债务向某银行分行提供抵押担保,被担保的债权包括主债权本金(最高限额为1亿元)以及利息、罚息、违约金、损害赔偿金、实现债权和担保权益的费用等其他款项。上述房产于同年7月13日办理了抵押登记,最高债权限额1亿元。

2018年11月5日,某银行资金运营中心出具电子说明,因某黄金公司黄金租借违约,要求某银行分行上划违约平盘垫资91,117,000元、欠费垫资1,518,183.33元,合计垫资金额92,635,183.33元。同日,某银行分行将上述垫资上划后对某黄金公司记账并出具黄金租借违约垫款债务逾期通知单,要求某黄金公司于2018年11月6日清偿违约垫款。

2018年11月6日,某银行总行于当日在上海黄金交易所以283.46元的结算价格买入Au99.99黄金325,000克,成交金额92,124,500元。当日的Au99.99黄金现货最高价276.32元,最低价274.70元,加权平均价275.01元。同日,某银行分行向某黄金公司出具黄金租借违约垫款通知单,告知某银行分行垫款事项,并载明买入价为280.36元/克,买入金额合计91,117,000元,其中以保证金支付金额4,481,816.67元,某银行分行垫款金额86,635,183.33元;租借费用1,707,956.25元,已缴1,518,183.33元,未缴189,772.92元。同日,某银行分行向某控股公司出具黄金租借违约垫款债务逾期通知单,要求其履行担保责任偿还受信人的违约垫款债务本金、利息、罚息、费用及其他应付款项合计 86,824,956.25 元。

某银行分行为本案纠纷与某律师事务所上海分所签订《法律服务委托代理合同》,约定按诉讼标的 3% 计收律师费,并已支出律师费 2,733,791元。

某银行分行向上海金融法院提起诉讼,请求:1. 判令某黄金公司向某银行分行支付垫款本金人民币 86,635,183.33 元;2. 判令某黄金公司支付截至 2019 年 2 月 27 日的垫款利息 1,774,396.85 元及自 2019 年 2 月 28 日起至垫款实际清偿之日止垫款利息;3. 判令某黄金公司支付截至 2019 年 2 月 27 日垫款罚息 2,716,801.84 元及自 2019 年 2 月 28 日起至垫款实际清偿之日止的垫款利息;4. 判令某黄金公司支付某银行分行律师费损失 2,733,791 元;5. 判令如某黄金公司不履行上述第 1 ~ 4 项诉请,某银行分行有权就某实业公司名下厂房拍卖、变卖后在最高额 1 亿元范围内优先受偿;6. 判令某控股公司在上述第 1 ~ 4 项请求范围内承担连带清偿责任。

【裁判结论】

一审判决:支持某银行分行诉讼请求,某黄金公司支付某银行分行垫款本金人民币 86,635,183.33 元;某黄金公司支付某银行分行截至 2019 年 2 月 27 日的垫款罚息人民币 2,662,275.12 元;某黄金公司支付某银行分行垫款利息(以人民币 86,635,183.33 元为基数,按年利率 6.53% 计算,自 2019 年 2 月 28 日起至垫款实际清偿之日止);某黄金公司届期不履行上述所确定的付款义务的,某银行分行可以与某实业公司协议,以某实业公司名下厂房拍卖、变卖后在最高额 1 亿元范围内优先受偿;抵押物折价或者拍卖、变卖后,其价款超过债权数额的部分归某实业公司所有,不足部分由某黄金公司继续清偿。某控股公司对某黄金公司上述所确定的付款义务承担连带清偿责任,某控股公司在履行上述义务后,有权向某黄金公司追偿。

【裁判观点】

法院认为,本案的争议焦点为:一、涉案合同的效力问题;二、涉案相关费用如何确定。

一、涉案合同的效力问题

根据《中国人民银行法》(2003 年修正)第四条的规定,发布与履行其职责有关的命令和规章;依法制定和执行货币政策;发行人民币,管理人民币流通;监督管理黄金市场等属于中国人民银行的法定职责。现某银行分行已提交证据证明某银行根据银办发〔2012〕238号《中国人民银行办公厅关于加强银行业金融机构黄金市场业务管理有关事项的通知》中的相关要求向中国人民银行办理了黄金业务备案手续,取得了相应资质,且具体黄金租借业务由某银行分行提交总行通过上海黄金交易所办理。现某黄金公司认为《黄金租借业务协议》《黄金远期/掉期交易协议》等因违反法律规定而无效,但并未提交任何证据证明某银行分行开展涉案业务受到法定主管部门的处罚或存在其他违法情形,故法院对其主张不予采纳。某银行分行与某黄金公司、某实业公司、某控股公司签订的《综合授信合同》《黄金租借业务协议》《黄金远期/掉期交易协议》《最高额保证合同》《最高额抵押合同》等均系当事人的真实意思表示,合法有效,各方当事人均应恪守。某实业公司、某控股公司关于《最高额保证合同》《最高额抵押合同》未经决议而无效的抗辩,亦与事实不符,法院不予采纳。现某银行分行按约发放黄金货权,有权在租借到期日黄金货权未获及时、足额归还的情况下,按约买入黄金货权用于归还,并要求某黄金公司偿还垫款、费息,某实业公司、某控股公司承担担保责任。

二、涉案相关费用应如何确定

关于某黄金公司已经交纳的费用及抵扣情况,某银行分行的陈述与其提交的借方传票、保证金利息传票、特种转账借方传票、借方凭证、对账单及某黄金公司提交的特种转账借方传票等可相互印证,法院予以认可。某黄金公司主张其交纳黄金租借费为1,189,772.92元,某银行分行扣划的100万元资金不包含在前述租借费用中,但未提交相应证据予以证明,法院不予采纳。某黄金公司、某实业公司、某控股公司另主张,《黄金租借业务协议》的租借到期日为2018年11月6日,某银行分行于2018年11月5日擅自解除合同,构成违约;黄金的买入价格应按照加权平均价计算。某银行分行认为,黄金租赁不能出现货权短缺的情况,故租借到期日必须足额归还相应黄金货权,《黄金租借业务协议》虽然确定租借到期日为2018年11月6日,但也约定了申请人应在每笔租借到期日前向上海黄金交易所提出还金申请,现某黄金公司未按约提出还金申请，某银行分行垫款符合约定，垫款罚息也并未将2018年11月6日当日计入；交易所买入的市场价格并不限于现货价格，当事人签订《黄金远期/掉期交易协议》本意就是避免黄金市场波动，提前锁定价格，黄金远期/掉期交易申请书由某黄金公司自行提交，故可以认定某黄金公司认可280.36元/克的价格，且某银行分行实际支付的交易费用已经高于主张的价格，并未依《黄金租借业务协议》约定向某黄金公司主张差额部分。某银行分行的上述意见与事实相符且合理，法院予以采纳，现某银行分行主张的垫款本金、利息、罚息等计算方式并未超出合同约定，法院予以认可。关于律师费，法院认为，根据《综合授信合同》《最高额保证合同》《最高额抵押合同》的约定，某银行分行有权要求受信人及担保人赔偿因其违约而产生的包括律师费在内的为实现债权和担保权益而发生的费用。本案的纠纷系因某黄金公司违约行为而引发，某银行分行要求某黄金公司承担其为此实际支付的律师费2,678,923.75元，该费用并未超出相关律师服务收费标准的行政管理规定，故法院对某银行分行的相应主张予以支持。

010　金融衍生品交易发生提前终止，如双方未明确约定被终止交易的公允价值的数据来源和计算模型，将导致计算方式不被法院采信

某开发公司与某银行分行金融衍生品种交易纠纷案

【案号】

(2020)浙02民终685号

【裁判要旨】

金融衍生品交易双方具有订立合同的行为能力的、当事人就合同主要条款协商一致的、合同具备要约和承诺阶段的，合同成立。金融

衍生品交易双方签订的主协议及补充协议中虽有约定违约事件项下提前终止应付额的计算方式,但未明确被终止交易的公允市场价值的数据来源、计算模型,法院在无法判断计算数据及计算模型的权威性、公正性时,应综合考虑合同约定及当事人的实际损失等因素。

【案情简介】

2017 年 12 月 14 日,某银行分行(甲方)与某开发公司(丙方)、案外人某开发有限公司(乙方)、案外人某集团公司(丁方)签订《衍生产品交易总协议》一份[协议编号:C59DF0P17(年)001N],主要内容:“第一条　衍生产品交易的先决条件。乙方、丙方、丁方申请叙做衍生产品交易须向甲方提供下列文件,并符合下列条件:1. 乙方、丙方、丁方已取得甲方授予的衍生产品交易授信额度,且该授信额度仍有效。以上授信额度为乙方、丙方、丁方共用……4. 乙方、丙方、丁方须以产品风险度与作为真实需求背景的基础资产或基础负债的主要风险及自身风险承受能力相匹配为原则,进行与其风险承受能力相称的衍生产品交易。不得将人民币债务作为叙做挂钩非人民币市场指标的衍生产品的交易需求背景……11. 乙方、丙方、丁方所申请办理的衍生产品交易确实是为了规避汇率或者利率风险,存在实际需求背景,为此,乙方、丙方、丁方应向甲方提供相应的有效证明文件。第二条　主协议与交易有效约定、相关产品说明书的统一。1. 每项衍生产品交易成交后,甲方应在 5 个工作日内主动向乙方、丙方、丁方寄送经负责人或其授权签字人签署并加盖单位印章的该笔交易的交易证实书,乙方、丙方、丁方应在收到交易证实书后 5 个工作日内将经由乙方、丙方、丁方法定代表人或其授权签字人签署并加盖单位公章的交易证实书寄回甲方。证实书一式五份,经交易方法定代表人/负责人或其授权签字人签署并加盖单位印章后生效,正本由甲方保留两份,乙方、丙方、丁方各保留一份。2. 交易有效约定、相关交易产品的产品说明书一并构成本协议不可分割的组成部分。所有交易的进行基于主协议及补充协议、交易有效约定以及产品说明书构成交易方之间的唯一协议(统称本协议)这一事实,否则交易方不会进行任何交易。3. 补充协议与主协议不一致的,补充协议有优先效力;就一笔具体交易而言,在主协议、补充协议和交易有效约定及说明书出现不一致时,效力优先顺序如下:交易有效约定、补充协议、主协议、产品说明书。第三条 衍生产品交易的范围。本协议中的衍生产品交易是指甲方对乙方、丙方、丁方,分别一对一方式达成的、按照交易方的具体要求拟定交易条款的金融衍生合约,包括:(1)远期结售汇、人民币与外币的掉期、远期外汇、外汇掉期、外汇期权、利率掉期、远期利率协议、利率期权、债券期权、利率上限、利率下限、货币掉期、信用衍生产品交易、商品衍生产品交易等交易以及与这些交易类似的其他交易;(2)由以上交易相结合而产生的交易;(3)在交易有效约定中规定适用主协议的其他交易……第七条 违约事件。在任何时候,如交易一方发生以下任何事件,将构成该方的违约事件:1.乙方、丙方、丁方未在某一项衍生产品交割前提交全部有效凭证和有效商业单据(仅适用于远期结售汇业务和人民币与外币的掉期业务)。在某一项衍生产品交易到期前,乙方、丙方、丁方不再具有与该项衍生产品交易直接相关的真实的基础资产或基础负债而未及时书面通知甲方并立即将该项衍生产品交易平盘的……6.违反主协议、补充协议、产品说明书或交易有效约定的规定,而未能遵守或履行其应该遵守或履行的任何规定或义务……12.交易一方未履行其在本协议下的其他义务,且在另一方发出未履约通知生效后的第30天届满时仍未纠正的……第十条 违约事件的处理。1.确定提前终止日。(1)当发生主协议第七条所述违约事件且该违约事件仍然持续,守约方有权书面通知(通知方式仅适用主协议第二十一条第一款约定的方式)违约方该违约事件的发生,并指定提前终止日。提前终止日应为该通知生效之日起15个营业日内的一个营业日,且一旦被指定后即不可撤销或更改。所有被终止交易将在提前终止日终止……(3)在提前终止被有效指定或发生后,交易方在本协议下的所有被终止交易适用终止净额,即交易方均无须按照主协议第四条的约定进行被终止交易项下的支付或交付,而须按照本条第二款和第三款的约定在轧差计算被终止交易的公允市场价值的基础上计算并支付提前终止应付额……2.违约事件项下提前终止应付额的计算。(1)确定提前终止日后,甲方负责就被终止交易的提前终止应付额进行计算,并向乙方、丙方、丁方提交计算报告。提前终止应付额的计算公式为:提前终止应付额=所有被终止交易的公允市场价值总和的终止货币等值额+守约方应收到的未付款项终止货币等值额-违约方应收到的未付款项终止货币等值额。若该数额为正数,应由违约方向守约方支付;若该数额为负数,应由守约方向违约方支付。(2)甲方对提前终止应付额(包含被终止交易的公允市场价值)的计算将本着诚实守信的原则进行,不得重复计算。甲方应当从相关市场取得公平合理的价格。当甲方不能从市场获得公平合理的价格时,应当合理地估算结算金额。3.计算报告。甲方须在提前终止日(若适用'自动提前终止',则为其知晓或应知晓提前终止日发生之日)后的20天内向乙方、丙方、丁方提交计算报告……第二十一条 通知条款。本协议中所称通知只能采用如下形式,并按如下日期生效:1.采用书面形式并通过专人速递服务送达的,于送达当日生效……甲方接收本条约定的通知的联系方式:地址:浙江省宁波市××区鄞县大道1357号广博国际商贸中心一楼××室,收件人:×××,邮政编码:315100,电话:0574-8283××××,传真:0574-8921××××。乙方、丙方、丁方接收本条约定的通知的联系方式:地址:浙江省宁波市××路××号××楼××室,收件人:××,邮政编码:315040,电话:0574-8779××××,传真:0574-8779××××。第二十二条 其他……(3)定义。在本协议内,下列词语有如下定义……交易证实书:指交易方交换的用以确认或证明交易的文件或其他书面证据,包括但不限于成交单、电子邮件、电报、电传、传真、合同书和信件……交易有效约定:指就各项具体交易作出的具有法律约束力的约定(包括但不限于交易证实书)。"

同日,某银行分行(甲方)与某开发公司(丙方)、案外人某开发有限公司(乙方)、案外人某集团公司(丁方)签订《〈衍生产品交易总协议〉补充协议》一份[协议编号:C59DF0P17(年)001N-S/01],主要内容"一、交易品种。乙方、丙方、丁方向甲方申请叙做如下衍生产品交易:远期结售汇、人民币对外汇期权交易;二、授信额度及担保。1.乙方、丙方、丁方在本协议项下的授信额度合计(最高债务余额)为人民币贰亿贰仟万元整……2.授信额度的期限为:主协议签署之日起至2022年11月28日。授信额度项下单笔远期结售汇最长期限不超过12个月,单笔人民币外汇期权期限最长不超过12个月……三、在主协议及本补充协议项下提及的计算方始终为甲方;四、乙方、丙方、丁方向甲方作出如下额外声明和保证:1. 乙方、丙方、丁方在办理远期结售汇期业务时,须向甲方提交《远期结售汇申请书》……2. 乙方、丙方、丁方须提交甲方与某控股公司之间的借款合同、某控股公司境外贷款的相关合同等交易背景材料……"《〈衍生产品交易总协议〉补充协议》所附的《某银行产品说明书(远期结售汇)[模板]》之产品注意事项第3条内容为"基于对外汇风险敞口进行对冲的需求,客户向我行提出远期结售汇交易申请,逐笔填写《远期结汇/售汇申请书》,并提供办理相应的有效证明文件。"

2018年6月4日,某控股公司发出《关于某开发公司外债资金锁汇及使用、监管的询价函》一份,主要内容为"因某控股公司子公司某开发公司拟向某控股公司借款0.34亿美元,现特就该笔资金的锁汇和外债资金使用、监管事项向贵行询价,有关情况说明如下:一、本次询价内容为金额不超过0.34亿美元、到期日为2019年6月4日的美元锁汇产品价格。报价银行应按照附件《报价函》格式一次性报出价格,且不得更改,报价有效期不少于90天……三、本次询价在有效报价中选择锁汇价格最低的银行作为中标银行。四、本次询价结果经某控股公司董事会审议通过某开发公司借款事项并实际实施后生效,如借款事项经审议未获通过或未实施,则某控股公司有权无条件单方取消本次询价,报价银行自行承担因此所受的所有损失。请贵行于2018年6月6日11点之前提供锁汇价格。所报价格应以纸质文件提供,并盖有权机构公章,逾期未提供的视同放弃……"该份询价函后附《报价函》格式一份。某银行分行于截止日期前向某控股公司发《报价函》一份,主要内容为:"根据贵方《关于某开发公司外债资金锁汇及使用、监管的询价函》的要求,我公司报价如下:一、锁汇产品品种:远期售汇。二、锁汇价格(2019年6月4日购汇价格+其他费用)为1美元=6.4689元人民币(保留小数点后四位),其中:2019年6月4日购汇价格为1美元=6.4689元人民币(保留小数点后四位);其他费用(指期权费等不包含在购汇价格内的费用)报价为1美元=0.0000元人民币(保留小数点后四位)……三、我行承诺中标后与某银行分行、某控股公司及某开发公司签署贷款项目结算资金监督管理协议。"2018年7月13日15时54分,某控股公司给某银行分行发《通知书》一份,内容为："你方于2018年6月6日递交的关于某开发公司外债资金锁汇及使用、监管询价的《报价函》已被我方接受，经询价工作小组评审，无异议，被确定为中选供应商。中选事项：金额不超过0.34亿美元、到期日为2019年6月4日的美元锁汇产品，锁汇价格（2019年6月4日购汇价格+其他费用）为1美元=6.4689元人民币（保留小数点后位），其中：2019年6月4日购汇价格为1美元=6.4689元人民币（保留小数点后四位）；其他费用（指期权费等不包含在购汇价格内的费用）报价为1美元=0.0000元人民币（保留小数点后四位）。并且承诺中选后与某银行分行、某控股公司及某开发公司签署贷款项目结算资金监督管理协议。请你方根据我方的要求及时与某开发公司、某银行宁波分行、某控股公司办理相关手续。"

2018年7月13日，某银行分行给某控股公司发出《报价撤销函》一份，内容为"基于2018年6月4日贵司发出的《某开发公司外债资金锁汇及使用、监管的询价函》，我行于2018年6月6日向贵司提交《报价函》。截至2018年7月13日仍未收到贵公司的中标通知书及签署的相关文件。鉴于近期市场波动较大，若按原报价执行显失公平，故我行撤销上述锁汇价格为6.4689（美元/人民币）的报价，自本报价撤销函发出之日起原《报价函》即刻失效。"2018年8月14日，某银行分行给某控股公司发《函》一份，内容为："贵司于2018年6月4日向各家银行发送了询价招标文件，我司于2018年6月6日进行投标，贵司于2018年7月13日发出的中标通知书告知我司，经工作小组评议由我司中标。现因非我司原因，贵司无法在中标通知书发出后30天内向我司提出远期锁汇申请，也未能与我司签订远期结售汇合同，我司特发函告知，与贵司解除合作关系。"

2018年8月16日，某控股公司给某银行分行发《通知函》一份，内容为："基于我司2018年6月4日发出的《关于某开发公司外债资金锁汇及使用、监管的询价函》，贵行于2018年6月6日提交《报价函》。我司接受贵行报价，并于2018年7月13日向贵行发出了确认中选的《通知书》。我司于2018年7月16日收到贵行寄送的《报价撤销函》。我司认为，贵我双方锁汇合同已经成立。依法成立的合同受法律保护，贵行无权单方面解除。贵行应按照《报价函》履行相关义务。请贵行在2018年8月20日下午5时之前书面答复我司(以送达为准)。如同意继续履行,请直接在附件1《远期售汇申请书》(客户联)上盖章并将原件送回我司;如明确不履行锁汇事宜,请在附件2《通知书》上盖章后将原件送回我司。如果我司在2018年8月20日下午5时未收到贵行的任何书面答复,则视为贵行拒不履行锁汇事宜,我司有权重新询价,以贵行2018年6月6日报价函为依据,追究贵行违约责任,要求贵行承担包括但不限于差价、汇率损失、费用等全部损失。"该份《通知函》附有《远期售汇申请书》(远期售汇交易证实书)银行联及客户联各一份,《通知书》一份,并在《远期售汇申请书》中明确申请购买远期外汇金额为34,000,000美元。在《远期售汇申请书》客户联标题的下方有"远期售汇交易证实书"的字样,页尾标注"此联为客户联,一经银行签字盖章即作《远期售汇交易证实书》由客户留存",在《远期售汇申请书》银行联的下方有"银行意见　□本行已审单并达成交易"的内容。

2018年8月27日,某银行分行向某控股公司发《函》,内容为"贵司于2018年8月16日发出的《通知函》我行已收悉。就本次某开发公司外债资金锁汇业务的相关事项。我行答复如下:我行再次重申已于7月13日向贵司发出《报价撤销函》,撤销报价并退出招标。且自贵司发出中标通知书后的30天内,未根据询价函与我行签订相关合同及履行相关手续。依据上述事实,我行认为我行有权解除合作关系,并不存在违约情形,因此,我行也无须承担贵司所提及的损失。"2018年8月29日,某控股公司受某开发公司委托重新询价。2018年8月31日,某股份银行宁波市分行出具《报价函》,锁汇价格(2019年6月4日购汇价格+其他费用)为1美元=6.8435元人民币,锁汇产品品种为区间宝。同日,某控股公司通知某股份银行宁波市分行被确定为中选供应商。

2019年6月4日,某开发公司向某股份银行宁波市分行发《区间宝业务到期行权通知书》。同日,某股份银行宁波市分行客户回单显示交易金额人民币为232,679,000元。

某开发公司向一审法院提起诉讼,请求:判令某银行分行向某开发公司赔偿损失12,736,400元,并赔偿自2019年6月5日起至某银行分行实际支付赔款之日期间的以12,736,400元为基数按照年利率6%计算的利息。

【裁判结论】

一审判决:一、某银行分行向某开发公司赔偿损失12,736,400元,并赔偿以12,736,400元中未支付的款项为基数,按照中国人民银行公布的同期同类贷款基准利率计算的自2019年6月5日起至2019年8月19日止的利息损失,按照全国银行间同业拆借中心公布的贷款市场报价利率计算的自2019年8月20日起至实际履行之日止的利息损失;二、驳回某开发公司的其他诉讼请求。

某银行分行不服一审判决,提起上诉。

二审判决:驳回上诉,维持原判。

【裁判观点】

法院认为,本案主要有两个争议焦点:一是涉案远期售汇合同是否成立?二是如果合同成立,某开发公司诉请主张的损失赔偿数额是否合理?

一、涉案远期售汇合同是否成立

某银行分行和某开发公司之间的远期售汇合同已经合法成立,双方均应依约履行。理由是:2018年6月4日,某控股公司向包括某银行分行在内的若干家银行发出《关于某开发公司外债资金锁汇及使用、监管的询价函》,根据《合同法》第十五条①的规定,要约邀请系希望他人向自己发出要约的意思表示,故该询价函符合要约邀请的相关特性。2018年6月6日,某银行分行发送的《报价函》明确了锁汇品种、价格、购汇日期等,报价函的内容具体确定,依法应当认定为要约。某银行分行在报价时未对询价函中"报价有效期不少于90天"的内容提出异议,应视为同意受此约束。2018年7月13日,某控股公司给某银行分行发出的《通知书》,全面回应并重复了《报价函》的交易内容,未对《报价函》内容作出实质性变更,明确表示接受报价,确定某银行分行为中选供应商并要求办理相关手续,应视为双方当事人已就合同主要条款协商一致,故构成有效承诺。一审法院将询价函认定为要

---

① 已废止,对应《民法典》第四百七十三条。

约,报价函认定为承诺,存有不当,应予纠正。上诉人某银行分行认为涉案远期售汇合同尚未成立,双方仅就签订合同进行初步磋商,合同成立需双方确认《远期售汇申请书》并提供有效证明文件,上述主张均与查明事实不符或依据不足,法院难以采信。

二、某开发公司主张的损失赔偿数额是否合理

第一,双方签订的《衍生产品交易总协议》及《〈衍生产品交易总协议〉补充协议》约定:"在提前终止被有效指定或发生后,交易方在本协议下的所有被终止交易适用终止净额,即交易方均无须按照主协议第四条的约定进行被终止交易项下的支付或交付,而须按照本条第二款和第三款的约定在轧差计算被终止交易的公允市场价值的基础上计算并支付提前终止应付额……违约事件项下提前终止应付额的计算。(1)确定提前终止日后,甲方负责就被终止交易的提前终止应付额进行计算,并向乙方、丙方、丁方提交计算报告。提前终止应付额的计算公式为:提前终止应付额=所有被终止交易的公允市场价值总和的终止货币等值额+守约方应收到的未付款项终止货币等值额-违约方应收到的未付款项终止货币等值额。若该数额为正数,应由违约方向守约方支付;若该数额为负数,应由守约方向违约方支付……3. 计算报告。甲方须在提前终止日(若适用'自动提前终止',则为其知晓或应知晓提前终止日发生之日)后的20天内向乙方、丙方、丁方提交计算报告……在主协议及本补充协议项下提及的计算方始终为甲方。"根据上述约定,提前终止应付额的计算公式为:提前终止应付额=所有被终止交易的公允市场价值总和的终止货币等值额+守约方应收到的未付款项终止货币等值额-违约方应收到的未付款项终止货币等值额。而所有被终止交易的公允市场价值的计算过程涉及与被终止交易相关的金融市场数据来源、所选用的计算模型属于什么模型。某银行分行既未在合同中约定被终止交易的公允市场价值的数据来源、计算模型,也未根据合同约定对提前终止应付额进行计算,法院无法对计算数据来源及计算模型的权威性、公正性作出判断。故对某银行分行主张应根据合同约定计算某开发公司应向某银行分行收取的终止应付额和利息的观点不予采信。第二,某股份银行宁波市分行出具的《报价函》未表明收取期权费等不包含在购汇价格内的费

用。第三,在双方未明确解除合同的情况下,某开发公司于2018年8月29日重新询价并无不妥。某银行分行认为某开发公司未及时采取措施而致损失扩大的理由不能成立。第四,某开发公司主张的利息损失过高。应以赔偿款为基数,自2019年6月5日起至2019年8月19日按照中国人民银行公布同期同类贷款基准利率计算利息损失,自2019年8月20日起至实际付清之日止按照全国银行间同业拆借中心公布的贷款市场报价利率计算利息损失。对此,法院认为,双方签订的《衍生产品交易总协议》及《〈衍生产品交易总协议〉补充协议》虽有约定违约事件项下提前终止应付额的计算方式,但未明确被终止交易的公允市场价值的数据来源、计算模型,法院据此认为无法判断计算数据及计算模型的权威性、公正性,对某银行分行主张的计算方式未予采信,综合考虑合同约定及某开发公司的实际损失等因素,对某开发公司的诉讼请求予以支持,并无不当。

011 金融衍生品交易主协议及交易确认书等交易文件如不存在合同无效的事由则合法有效

某银行与某石化公司金融衍生品种交易纠纷案

【案号】

(2020)沪74民终533号

【裁判要旨】

金融衍生品交易主协议、交易条款均系双方当事人的真实意思表示,且内容不违反法律和行政法规的效力性强制性规定,也不存在其他导致合同无效的事由,该合同合法有效。掉期交易中,交易双方对具体违约责任触发交易提前终止的合约安排实质上属于继续性合同的约定解除。违约事件下提前终止应付额包括终止款项和未付款项两部分,其中未付款项的清偿属于对已发生并确定之债务的履行,而提前终止款项即为交易违约方在合同解除后对非违约方应承担的违约责任，也就是赔偿非违约方因交易提前解除而遭受之损失。

【案情简介】

2011年9月15日，某银行与某石化公司签订《主协议》，约定：双方按照主协议的约定进行场外衍生品交易，并按确认书的具体内容履行付款或交付义务。任何一方取消、否认、放弃或拒绝全部或部分之本主协议、由该方签订和交付之任何确认书或由此等确认书证明之任何交易，或对本主协议、上述确认书或交易之有效性提出异议，构成该方之违约事件[第5(a)(ii)(2)条]。违约方之违约事件发生且在持续之中，另一方得以通知期不超过20天之通知告知违约方有关违约事件，并指定不早于通知生效之日期为有关所有未完成之交易的提前终止日[第6(a)条]。如提前终止日系因违约事件产生，提前终止款项等于"为未违约方就每一项终止交易或一组终止交易(视情况而定)决定之结算款项(无论是正数还是负数)相当于终止货币之金额"与"为积欠未违约方之未付款项相当于终止货币之金额"之和减去"积欠违约方之未付款项相当于终止货币之金额"，如该提前终止款项为正数，应由违约方向未违约方支付，如该提前终止款项为负数，未违约方应向违约方支付该金额之绝对值……按本条支付之款项系对亏损之合理预先估计而非违约金，支付该数额之目的是补偿交易之未能实现及保障未来损失之风险[第6(e)条]。在出现违约方或发生任何其他终止事件而所有未完成交易成为受影响交易时，付款人应向收款人支付的任何提前终止款项将按未违约方之选择(无须事先通知违约方)下用于扣减抵销收款人应向付款人支付之任何其他款项，任何其他款项以此方式抵销时，此等其他款项之付款义务将被立即全部解除，未违约方将通知另一方根据约定所为之任何抵销[第6(f)条]。如提前终止款项于提前终止日到期，该款项将以终止货币与自该提前终止日(包括当日)至该款项实际支付之日(不包括当日)期间按适用之结算利率计算利息，(于判决之前及之后)一并支付，利息将按每日复式利率以及实际过期的日数计算[第9(h)条]。违约方将依请求，向另一方赔偿并报销其一切合理的开支(包括律师费、签署费及印花税)并使其免受损害，该等开支系因该方执行和保障本协议或任何信用支持文件下之权利所产生或因任何交易提前终止而产生之费用，包括但不限于催收费用（第11条）。决定方将以善意并按合理之商业程序确定任何结算款项，以达到合理之商业效益。决定方可为任何一组终止交易或一笔终止交易确定结算款项。每笔结算款项应在提前终止日确定，或如以该日为之在商业上非合理可行者，亦可按提前终止日之后商业上合理之日确定。在决定结算款项时不应考虑有关某一笔终止交易或一组终止交易之未付款项和律师费及实付费用，决定方可在确定结算款项时参考任何有关信息，包括但不限于以下一类或多类信息：（1）一个或多个第三方提供的有关替换交易的（确定或参考性的）报价，第三方在提供这些报价时可以考虑决定方在提供报价时的信用状况以及决定方与提供报价的第三方间任何有关文件，包括信用支持文件的条款。（2）一个或多个第三方提供的相关市场数据资料，包括但不限于相关利率、价格、收益率、收益率曲线、波动性、利差、相关性以及相关市场的其他相关市场数据。（3）源于以上第1项和第2项（包括源于决定方的任何关系人）所述类型的资料，但该资料应是决定方在评估同类交易的日常商务过程中使用的同类资料；根据以上第1项提供报价或根据以上第2项提供市场数据的第三方可包括但不限于相关市场的交易商、相关产品的最终使用者、资料销售者、经纪商以及市场资料的其他来源。确定结算款项合理之商业程序可包括：（1）适用按以上第2项由第三方提供的相关市场数据或适用按以上第3项源自内部之资料、定价或其他评估模式，唯该等数据、资料、定价或模式亦系用在决定结算款项时，决定方在日常商业过程中评估与第三方进行类似交易时所采用者；（2）根据一笔终止交易或一组终止交易之类型、复杂性、规模和数量对该笔或该组终止交易适用不同的评估办法（第14条）。

2014年2月14日，某石化公司签署《布伦特原油——买入绩效互换》交易条款（以下简称2月份交易条款），载明：本文件仅作讨论之用，并不构成任何要约、建议或诱导任何人士订立任何交易或采纳任何对冲、交易或投资策略。参考条款并不全面，亦不是最终的，受限于最终的交易条款、确认书或者其他文件的规定。如果最初的交易条款和后续的交易条款存在不一致，则以最近被确认或者签署的交易条款为准来解释该不一致。如果交易条款与已经签署的确认书不一致，则以已经签署的确认书为准。

2014年3月7日，某银行与某石化公司签订《布伦特原油——买入绩效互换》交易条款及对应的交易确认书（以下简称3月份交易条款），双方约定于2014年8月1日至2015年2月28日间的7个公历月间（每个公历月为一个计算期间）就布伦特原油开展互换交易：（1）每一计算期间的名义数量为20,000桶，总计140,000桶。（2）某银行于每个计算期间的相应支付日向某石化公司支付固定金额20,000美元。（3）双方以每桶布伦特原油93美元为执行价格，以单个计算期间内每一定价日商品参考价格的未加权算术平均值为评估价格，在每个计算期间的结算日就浮动金额依如下安排结算：当评估价格等于或高于执行价格，则双方之间不产生另行支付的金额；当评估价格低于执行价格，则某石化公司向某银行支付的美元金额为：（执行价格－评估价格）×名义数量。另约定不依赖和非投机目的两条附加条款：不依赖，是指交易一方向对方声明：（1）其并未从对方处获取任何就本交易在法律、税务、法规、会计等方面的建议或依赖于任何该等建议；（2）就本交易而言，其有能力（通过内部或根据独立的专业建议）对该交易作出评估，并遵照自身决定达成本交易，且其已理解本交易的所有条款、条件及所含风险并愿意（在财务及其他方面）承担该等风险。非投机目的，是指在达成本交易之日时，某石化公司向某银行声明（或应视为声明）：某石化公司达成本交易是出于管理其借款或投资，对其资产、负债或与其经营范围相关的业务避险之目的，而非为了进行投机活动。在风险确认中，某石化公司向某银行确认及承认：某石化公司已经基于自身的判断对是否订立交易以及交易是否合适或适当作了最终决定，且对于其认为需要取得其他咨询以协助其作出本决定的，其已经取得自身顾问的所有额外意见。对于相关交易，某银行已向某石化公司充分披露了协议和交易的风险，包括：（1）交易和协议之条款和固有风险的描述；（2）可能会导致其遭受与交易和协议有关的任何损失的主要因素的描述。某石化公司已阅读上述风险警告，完全明白可能因交易和协议引起的全部风险，包括但不限于最差情况下其潜在的损失；其有能力承受可能因交易和协议引起的全部风险，包括但不限于最差情况下其潜在的损失；其具有与本交易直接相关基础资产或基础负债(以下简称基础敞口),并且该基础敞口为进行本交易的真实需求背景;其进行本交易的目的是对冲或者避免而不是投机,且上述对冲或者避嫌的目的完全符合本交易条款中交易目的部分的规定。

2014 年 3 月 7 日,某银行与某石化公司的授权交易员齐某就系争交易内容进行确认,某银行特别就布伦特原油价格跌破执行价格的亏损风险向某石化公司进行说明,某石化公司最终确认进行系争交易。《主协议》、3 月份交易条款签订后,某银行与某石化公司依约履行了 4 期互换交易。

2014 年 5 月 28 日、2014 年 9 月 17 日,某银行与某石化公司的授权交易员齐某通话,就系争交易向某石化公司提示油价下跌风险。某石化公司均表示了解且希望按原约定 3 月份交易条款执行。

2014 年 11 月 11 日,某石化公司出具关于终止布伦特原油——买入绩效互换的函,要求提前终止 2 月份交易条款,否认 2014 年 11 月 10 日后互换交易的效力,并表示不再承担 2014 年 11 月 10 日后的损失。

2014 年 11 月 27 日,某银行向某石化公司发出提前终止通知,指定 2014 年 12 月 2 日为主协议项下所有未完成交易的提前终止日。

2014 年 12 月 2 日,某银行向高盛、道达尔、巴克莱、法国巴黎银行、英国 BP 石油发送电子邮件,就系争交易拟于 2015 年 2 月 28 日提前终止所需的平仓成本发送询价函。五家市场交易商回复电子邮件中的报价分别为:高盛报价 1,167,000 美元,道达尔报价 1,161,000 美元,巴克莱报价 1,170,651 美元,法国巴黎银行报价 1,227,600 美元,英国 BP 石油报价 1,151,140 美元。

2014 年 12 月 3 日,某银行向某石化公司发出提前终止金额计算报告及其附件,载明:要求某石化公司支付提前终止款项 1,456,840 美元,提前终止金额在本报告生效日起的第二个本地工作日到期(以下简称支付到期日),要求某石化公司在支付到期日支付以上提前终止款项加上到期应付的利息。附件中载明:(1)终止交易结算款项的终止货币等值额为 1,189,000 美元,与五家市场交易商市场报价剔除最高价和最低价之后的算数平均数金额 1,166,217 美元相近;(2)某石化公司欠某银行的未付款项的终止货币等值额为 267,840 美元;

(3)某银行欠某石化公司的未付款项的终止货币等值额为0美元。根据主协议约定,提前终止款项等于上述3项的总和,应由某石化公司支付给某银行。

2014年12月11日,某银行从某石化公司的人民币账户和美元账户中分别扣除人民币185,597.62元(按2014年12月10日牌价折合30,328.89美元)和97,950.14美元。

2015年6月8日,某银行向某仲裁委员会提交仲裁申请书,某仲裁委员会根据某银行与某石化公司签订的主协议中仲裁条款及某银行提交的仲裁申请书受理主协议争议仲裁案,并于2016年6月26日作出(2016)中国贸仲京(沪)裁字第×××号裁决书,认定以市场报价1,166,217美元作为终止交易结算款项的终止货币等值额,以1,305,777.97美元作为某石化公司尚欠提前终止款项本金。

2016年12月2日,中国银行业监督管理委员会北京监管局办公室出具关于对某石化公司反映问题回复的函,载明:某银行是获准经营从事金融衍生产品交易业务(其中包括大宗商品衍生产品)的机构,其在和某石化公司的交易相关文件中就业务细节及交易产品的风险情况作出了说明,某石化公司对此进行了确认。

某银行向法院提起诉讼,请求:1.判令某石化公司向某银行支付互换交易项下欠付的提前终止款项1,328,560.97美元,以及自2014年12月2日起至其实际支付结算款项之日止的利息;以上暂计人民币9,660,823.15元;2.判令某石化公司承担某银行支出的律师费人民币20万元;3.判令某石化公司承担某银行支出的仲裁费人民币106,938元;4.判令某石化公司负担本案全部的诉讼费用、保全费。

【裁判结论】

一审判决:一、某石化公司支付某银行互换交易项下欠付的提前终止款项1,305,777.97美元,自2014年12月2日起至2018年10月31日止的利息58,571.55美元,以及自2018年11月1日起至实际清偿日的利息,以上款项按判决时银行间外汇市场人民币汇率美元对人民币中间价计算后以人民币支付;二、驳回某银行其他诉讼请求。

某石化公司不服一审判决,提起上诉。

二审判决:驳回上诉请求,因某银行自愿放弃关于利息的诉讼请求,判决将一审判决变更为某石化公司应支付某银行1,305,777.97美元。

【裁判观点】

一、一审法院审理程序的合法性审查

首先,在管辖问题上,某石化公司在一审阶段提出管辖权异议后,一审法院已作出驳回裁定,并经二审法院裁定维持,管辖权业已确定,二审法院不再重复审查。

其次,对于某石化公司提起的反诉,法院可以审查是否属于应当合并审理的范围,且即便未予受理,该公司亦有权提起另案诉讼,故一审法院未受理反诉并未实际影响某石化公司的诉讼权利。

最后,涉案所有协议,包括《主协议》、交易条款、交易确认书等均由某石化公司和被某银行签订,某银行分行并非合同相对方。某银行分行仅在提前终止通知和提前终止金额计算报告上加盖公章,但该两份文件落款处均署名为某银行,对此,某银行认可该两份文件的效力,某石化公司亦未对该两份文件代表某银行意思表示提出异议。另外,某石化公司发函的对象也是某银行,并未因某银行分行工作人员参与部分事务而对合同相对方有所误解,故一审法院未予追加第三人并无不当。

二、涉案交易协议的效力

某石化公司在签署3月份交易条款同日签署确认书,该确认书是对3月份交易条款的确认,对于2月份交易条款,某石化公司未曾签署过相应确认书,也从未实际履行过,故2月份交易条款并未发生法律效力。本案系争《主协议》、3月份交易条款均系双方当事人的真实意思表示,且内容不违反法律和行政法规的效力性强制性规定,也不存在其他导致合同无效的事由,故法院认为上述合同合法有效,当事人理应恪守。

某石化公司上诉称,某银行未尽到适当性义务,未将合适的产品销售给适合的消费者。法院认为,所谓金融消费者,是指为满足个人或家庭生活消费需要、购买金融机构金融产品或接受金融服务的自然人。卖方机构在向金融消费者推荐、销售高风险等级金融产品时必须履行了解客户、了解产品、将适当的产品(或者服务)销售(或者提供)

给适合的金融消费者等义务。本案中,某石化公司作为经营油类产品的企业,进行涉案衍生品交易,并非出于个人或家庭消费需要,不属于金融消费者的范畴,故对其该项上诉理由,不予支持。

虽然某石化公司不属于金融消费者,但基于金融衍生品交易的复杂性和其自身所隐含的风险,金融机构在与客户缔约时也应评估交易对手的适合度,并向客户充分披露风险。在案证据显示,某石化公司从事油类销售业务,基于我国国内油价与国际油价的接轨制度,国际油价波动对国内油类销售业务可能产生影响,故该公司具有与涉案交易直接相关的基础资产。某石化公司还签署了风险确认书,确认其已基于自身判断对是否订立交易以及交易是否合适或适当作了最终决定,某银行已充分披露了协议和交易的风险,某石化公司已阅读上述风险警告,完全明白可能因交易和协议引起的全部风险,包括但不限于最差情况下其潜在的损失,同时,还确认其具有与本交易直接相关基础资产或基础负债,进行本交易的目的是对冲或避险。故某银行在缔约过程中已履行了相应的客户审查及风险提示义务。

在涉案产品设计的公平性问题上,衍生品交易是合同当事人对未来的不确定性进行博弈,在金融机构对产品交易结构、蕴含风险进行充分揭示的情况下,当事人应对交易过程中可能产生的收益或亏损有一定的预期,并在此基础上自主作出商业判断。同时,作为风险管理工具,衍生交易下的盈亏与现货交易中的损益之间存在对冲关系,故也不应仅从涉案交易本身的盈亏判断合同的公平性。

此外,某石化公司还主张,某银行存在强制搭售行为,但对此并未提供有效证据予以证明,法院难以采信。

综上分析,涉案交易协议系双方当事人真实意思表示,并不违反法律、行政法规的禁止性规定,已经成立并合法有效,当事人均应恪守合同约定。

三、某石化公司发函终止协议是否构成违约

根据《主协议》约定,任何一方取消、否认、放弃或拒绝全部或部分之《主协议》、由该方签订和交付之任何确认书或由此等确认书证明之任何交易,或对《主协议》、上述确认书或交易之有效性提出异议,构成该方之违约事件。某石化公司在互换交易依约履行 4 期后,向某银行发函要求提前终止并解除互换交易,否认2014年11月10日之后互换交易的效力并表示不再履行合同义务,构成主协议项下的违约事件。某银行据此确定双方之间互换交易的提前终止日并要求某石化公司支付提前终止款项及其利息的主张,具有合同依据,法院予以支持。

某石化公司主张终止2月份交易条款,称其并未生效,但该行为并不会导致3月份交易条款的直接终止。法院认为,有相对人的意思表示的解释,应当按照所使用的词句,结合相关条款、行为的性质和目的、习惯以及诚信原则,确定意思表示的含义。从某石化公司关于终止布伦特原油——买入绩效互换的函的具体内容来看,函中虽将协议签署时间记载为"2月18日",但同时也明确表示,认同并履行2014年11月10日以前的合约约定,2014年11月10日之后的协议不再生效,故其目的在于终止正在进行的互换交易,否定剩余3期互换约定的效力,而非要终止一份未生效的协议。现双方当事人对实际履行的协议为3月份交易条款并无争议,故某石化公司向某银行出具此函应理解为要求终止3月份交易条款,构成主协议第5(a)(ii)(2)条下的违约事件,某银行得依据第6(a)条约定享有违约事件发生后提前终止之权利。某石化公司该项上诉理由并无事实依据,法院难以采信。

四、终止净额结算条款的性质和计算

双方在合同中约定的提前终止款项系对亏损之合理预先估计而非违约金,支付该数额的目的是补偿交易之未能实现及保障未来损失之风险,故某石化公司关于提前终止款项作为违约金应按照实际损失来确定的抗辩没有事实和法律依据,法院不予支持。该提前终止款项的金额,仲裁庭已根据相关市场报价作出了认定,该金额尚属合理,法院予以认同。关于提前终止款项利息,某银行主张适用的利率等于某银行取得有关资金须支付的资金成本(以年利率计)加1%,应采用隔夜融资利率上浮1%即年化1.1017%作为利率,具有合同依据,法院予以采纳。

《主协议》第6(e)(v)条约定:"按第6(e)条支付之款项系对亏损之合理预先估计而非违约金。支付该数额之目的系为补偿交易之未能实现及保障未来损失之风险。"掉期交易中,交易双方对具体违约责任触发交易提前终止的合约安排实质上属于继续性合同的约定解除。

违约事件下提前终止应付额包括终止款项和未付款项两部分，其中未付款项的清偿属于对已发生并确定之债务的履行，而提前终止款项即为交易违约方在合同解除后对非违约方应承担的违约责任，也就是赔偿非违约方因交易提前解除而遭受之损失。

《合同法》第一百一十三条[①]规定，当事人一方不履行合同义务或者履行合同义务不符合约定，给对方造成损失的，损失赔偿额应当相当于因违约所造成的损失，包括合同履行后可以获得的利益，但不得超过违反合同一方订立合同时预见到或者应当预见到的因违反合同可能造成的损失。ISDA 主协议的出台为场外衍生品交易提供了适用于国际市场的标准化合约，并作为国际惯例和国内行业规则在衍生品交易实践中被广泛采用并为交易参与方所熟知。因此，若交易协议中实际采用了 ISDA 主协议的相关规定，则应当认为交易各参与方对协议中所列违约责任的承担具有一定的预期。

根据本案《主协议》的规定，在违约事件发生后，非违约方应当以通知的形式，根据协议就所有受到影响的未到期交易指定一个提前终止日。无论有关的违约事件、终止事件是否仍持续，该提前终止日将于指定的日期生效，并以此提前终止日为基准，使相应的未到期交易被提前终止。本案中，某银行于 2014 年 11 月 27 日发出提前终止通知，并指定 2014 年 12 月 2 日为提前终止日，符合双方合同约定。

关于提前终止款项的计算方法，根据《主协议》第 14 条的约定，计算方将以诚实信用原则，并按合理之商业程序确定任何结算款项，以达到合理之商业效益。计算方可参考任何有关信息，包括但不限于第三方提供的有关替换交易之报价、第三方提供的相关市场数据资料等。本案中，某银行向行业内数家第三方机构咨询了有关替代交易的报价，并结合其他市场信息计算了提前终止款项。一审法院以市场报价的平均数作为提前终止款项计算的依据，并不违反双方合同约定，且低于某银行计算的金额，实际减轻了债务人的负担，可予维持。

某银行自愿放弃关于利息的诉讼请求，系其对自身权利的处分，于法不悖，二审法院予以准许，并据此对一审判决作出相应变更。

---

① 已废止，对应《民法典》第五百八十四条。

此外，某石化公司还以提起另案行政诉讼为由申请中止审理。二审法院认为，中国银行保险监督管理委员会已就某石化公司的投诉作出了处理，该公司提起行政诉讼系向中国银行保险监督管理委员会申请信息公开，故本案并不必须以该案审理结果为依据，不属于《民事诉讼法》（2017 年修正）第一百五十条①所规定的中止诉讼的情形，因此，对某石化公司的该项请求，二审法院不予支持。

012　强行平仓虽为一种权利但应当按照双方的约定行使，金融机构对违约强行平仓导致的损失承担相应责任

彭某与某银行分行金融衍生品种交易纠纷案

【案号】

（2020）甘 05 民终 816 号

【裁判要旨】

保证金交易中的强行平仓，是指当客户账户内交存的保证金比例低于双方约定或交易所规定的保证金比例时，经金融机构通知客户，但客户未能在指定期限内追加足额保证金时，金融机构按照双方协议约定直接将客户账户内持有的头寸全部或部分卖出的行为。虽然强行平仓从本质上看是金融公司为维护自身资金安全所享有的一项权利，但其根本目的在于避免透支交易，具有降低现货延期交收交易风险的重要作用，这其中风险的主要承担者不仅是投资者，更是金融机构本身。现货延期交收合约交易中，金融机构并非交易的民事主体，是否交易及如何进行交易均由客户决定，客户应对自己账户及所持合约的风险具有积极管理及注意义务。

---

① 2021 年修正后改为第一百五十三条。

【案情简介】

2014年11月,某银行分行作为甲方,彭某作为乙方,就某银行分行为彭某提供代理个人贵金属现货延期交收业务(以下简称递延业务)有关事项,以网络签约的形式签订了《代理个人客户现货延期交收交易业务协议书》(以下简称《双方协议》),《双方协议》第8条约定:日终资金清算时,甲方系统根据交易所公布的当日递延业务合约结算价,按照规定的交易保证金比例计算乙方持有合约所需的保证金。(1)乙方的保证金比例高于或等于甲方规定的交易保证金比例时,乙方可进行正常交易;(2)乙方的保证金比例低于甲方规定的交易保证金比例,但高于或等于甲方规定的强平保证金比例时,甲方将发送预警短信提醒追加交易保证金,乙方不能进行现货延期交收合约开新仓或买入现货实盘合约交易,但可通过现货延期交收合约平仓、卖出现货实盘合约交易等方式在下一个交易日开始前补足保证金的不足部分;(3)乙方的保证金比例低于甲方规定的强平保证金比例时,甲方将发送待强平短信提醒乙方追加交易保证金,乙方可通过现货延期交收合约平仓、卖出现货实盘合约交易等方式在下一个交易日开市前补足保证金的不足部分。第9条约定:乙方应对其交易资金账户进行积极管理,在交易账户出现保证金不足等情况时,有义务及时采取措施(包括但不限于自行平仓、补充资金等)补足保证金。第11条约定:甲方有权从乙方交易资金账户或乙方在某银行系统内各营业机构开立的账户中划转资金,用于支付下列费用:(1)依照乙方指令成交的货款和由此产生的交易亏损;(2)为乙方支付的开户费、溢短差、仓储费、延期费、超期费、出入库费和运保费;(3)乙方应支付的代理手续费和交易手续费;(4)因乙方的交易行为产生的其他费用;(5)甲方与乙方双方同意的其他划款事项。甲方如不能及时从乙方账户中划转上述约定的各项资金时,乙方需承担违约责任,甲方有权对乙方应付未付的资金,按每日5‰计收违约金。第13条约定:当市况发生波动或交易所因节假日等情况调整保证金比例时,甲方有权对交易保证金比例或强平保证金比例进行相应的调整。乙方应当在甲方调整交易保证金比例或强平保证金比例后的下一个交易日开市前补足保证金。否则,除乙方不能进行现货延期交收合约开新仓或买入现货实盘合约交易外,通常情况下,甲方于下一个交易日上午时段开盘半小时后启动强行平仓,对乙方持有的部分或全部现货延期交收合约持仓进行强行平仓处理。若前一个交易日出现涨(跌)停板,甲方有权在下一个交易日开市后交易时段内的任何时点对乙方持有的部分或全部现货延期交收合约持仓进行强行平仓处理。第 14 条约定:当出现下列情况之一时,甲方将根据交易所相关规则有权对乙方所持现货延期交收合约执行强行平仓:(1)乙方的保证金比例低于甲方规定的强平保证金比例,并未能在规定时限内补足的;(2)乙方持仓量超过交易所和甲方限仓规定且未及时自行减仓;(3)乙方因违规受到交易所强行平仓处罚的;(4)根据交易所的紧急措施应予强行平仓的;(5)其他应予以强行平仓的情况。第 32 条约定:当甲方对乙方持仓进行平仓时,只要乙方成交的平仓价位和平仓数量在当时的市场条件下属合理的范围,乙方同意不以强行平仓的时机未能选择最佳价位和数量为由向甲方主张权益。《双方协议》签订后,彭某即通过某银行分行代理在上海黄金交易所开展 Ag(T+D)即白银现货延期交收业务。《双方协议》中约定的保证金比例计算方式为保证金比例=已付保证金÷合约总金额(手数×结算价),强平保证金比例为恒定 9%。

某银行分行进行现货延期交收合约交易的上海黄金交易所交易时间为:每天开市时间为 19:45,夜市连续交易时段为 20:00 至下一个自然日凌晨 2:30,上午时段连续交易时间为 9:00 至 11:30,下午时段连续交易时间为 13:30 至 15:30,收市时间为 15:45,日终资金清算时间为 15:30 至 16:00。

彭某 2015 年 2 月 16 日至 2016 年 7 月 6 日期间共进行 700 多笔交易,其中 2016 年 4 月 22 日,因在上一个交易日日终资金清算时保证金比例低于强平线 9%,彭某于 4 月 22 日 8:56 至 9:15 期间分 7 次汇款 95,000 元至交易账户,银行系统自动扣款后使保证金比例高于 9%,银行系统未强行平仓。2016 年 5 月 3 日,因在上一个交易日日终资金清算时保证金比例低于强平线 9%,彭某于 5 月 3 日 7:33 汇款 2 万元,9:19 通过赵某支付宝转账 5000 元,银行系统自动扣款上述 25,000 元后,因保证金比例仍低于强平线 9%,故银行系统自动进行了部分强平。2016 年 6 月 30 日,日终资金清算时,彭某持仓 1600 手,已付保证金 532,488.17 元,结算价为 3958 元,保证金比例为 8.4%,低于 9% 的强平线,且彭某未在下一个交易日开市前即 2016 年 6 月 30 日 19:45 之前补足保证金,2016 年 7 月 1 日上午 9 时,彭某自行减仓 300 手,银行系统于 9 时 30 分从彭某账户上自动扣款 2 万元,此时彭某的保证金比例已从 6 月 30 日日终结算时的 8.4% 提高到 10.73%,不符合“低于 9%”的约定,银行系统未强行平仓。2016 年 7 月 1 日日终结算时,彭某持仓 1300 手,已付保证金为 3,841,32.62 元,结算价为 4069 元,已付保证金比例为 7.26%,低于 9% 的强平线,且彭某未在下一个交易日开市前即 2016 年 7 月 1 日(7 月 2 日、3 日为周六、周日,不产生交易)19:45 之前补足保证金。2016 年 7 月 4 日 9 时 31 分,因银行系统对彭某活期账户自动扣款 155,800 元,此时彭某的保证金比例已提高至 10.20%,不符合“低于 9%”的约定,银行系统仍未强行平仓;7 月 4 日日终结算时,彭某持仓 1300 手,已付保证金为 270,505.65 元,结算价为 4277 元,已付保证金比例为 4.86%。因 2016 年 7 月 4 日 14:00 出现涨停,强平保证金比例调整为 13%,某银行分行按照协议约定可于下一个交易日即 7 月 4 日 19:45 至 7 月 5 日 15:30 的 3 个交易时间段内的任何时间点对彭某的账户进行强行平仓,2016 年 7 月 4 日 20:34,银行系统对彭某的账户进行了强行平仓,于 20:34 以 4664 元/手的价格卖出 881 手,于 20:39 以 4530 元/手的价格卖出 41 手、以 4528 元/手的价格卖出 1 手、以 4529 元/手的价格卖出 1 手。上海黄金交易所 2016 年 7 月 5 日交易行情为:Ag(T+D)的开盘价为 4375 元,最高价为 4747 元、最低价为 4230 元、收盘价为 4333 元。2016 年 7 月 5 日日终结算时,彭某账户亏损 403,189 元,其中包括因彭某已缴保证金不足以弥补当日亏损导致的 137,803.77 元保证金的亏损,上海黄金交易所从彭某工行账户上划扣 137,803.77 元以弥补彭某不足以支付的损失。庭审中,双方均明确表示无法区分彭某未补足交易保证金的损失和某银行分行未强行平仓的损失数额。

上海黄金交易所日终结算单显示,彭某的账户 2016 年 7 月 1 日保证金亏损 170,162 元、7 月 4 日保证金亏损 270,400 元、7 月 5 日保证金亏损 403,189 元(含保证金负损失 137,803.77 元),以上共计亏损 844,389 元。2016 年 6 月 29 日至 7 月 4 日期间,某银行分行通过短信的方式14次告知彭某其“保证金不足,要求予以补缴”“保证金余额预计低于强平保证金比例,请予以关注,防范风险”“近日Ag(T+D)合约市场价格盘中出现涨停,近期贵金属市场波动加剧。请关注交易账户余额变动情况,合理控制仓位,有效控制交易风险,谨慎投资”等内容。

彭某曾在原一审、二审中委托甘肃某律师事务所律师作为其诉讼代理人,甘肃某律师事务所向上海黄金交易所就本案涉及的专业问题进行调查。2017年12月6日,上海黄金交易所清算部给甘肃某律师事务所回函,内容主要为:1.根据上海黄金交易所现行市场规则,交易所实行会员制,会员可以直接参与交易所交易,客户须通过会员代理参与交易。也就是说,客户参与贵金属交易,须与会员签署代理协议并通过会员进行,客户的资金清算也由会员负责。2.交易所只清算到会员,交易所不可能也无法直接从客户账户扣款。会员根据客户全天的交易结果与客户约定的相关费率,计算客户的货款、保证金、盈亏、手续费等,在客户账户上相应增加或者减少资金,因此即便是发生扣款也应发生在每日下午。客户交存在会员账户的资金,部分或全部可作为持仓占用保证金。具体保证金率应按会员与客户协议约定。通过客户资金余额与客户持仓金额倒推保证金率是不正确的,也没有意义。3.交易所保证金确定的方法为EWMA模型,按照风险覆盖置信度为99.7%,确定各合约具体保证金水平。依照上述方法确定各合约保证金率后,交易所向市场公告,并在一定时间段内保持稳定。如当前白银保证金率为9%(交易所向会员收取),会员向客户收取的保证金率按照会员与客户的协议约定,一般来说高于交易所向会员收取的保证金率。

2017年12月15日,一审法院为明确相关专业问题,向上海黄金交易所出具委托调查函。2017年12月19日,该交易所清算部给一审法院出具回函,内容为:“……会员根据客户全天的交易结果及与客户约定的相关费率,计算客户的货款、保证金、盈亏、手续费等,在客户账户上相应增加或者减少资金;客户交存在会员账户的资金,部分或全部可作为持仓占用保证金,具体保证金率应按会员与客户协议约定。通过客户资金余额与客户持仓金额倒推保证金率是不正确的,也没有意义……”某银行分行对此解释，该回函中关于保证金的陈述为持仓占用保证金的计算方法，而这种计算方法在《双方协议》第8条已有表述，是对客户实际的保证金比例高于或低于某银行规定的保证金比例后的交易约定，不存在倒推保证金比例的问题，《双方协议》中无“已付保证金”的概念，也无倒推保证金的计算方式。第8条也未表述保证金比例只能在日终资金清算时计算，而约定的是持仓合约所需保证金的计算方式。同日，上海黄金交易所回函，答复如下：1. 交易所实行会员制，会员可以直接参与交易所交易，客户须通过会员代理参与交易。资金清算方面，交易所实行“集中、净额、分级”的清算原则，即交易所负责对会员清算，会员负责对客户清算。2. 客户参与交易所各产品交易，须与其代理会员签署代理协议。会员及其客户按照代理协议的相关约定履行双方的权利与义务，会员对客户清算应按照双方协议的约定进行，包括保证金率、手续费标准和强行平仓条件等。

2017年12月16日，一审法院向中国银行业监督管理委员会天水监管分局（以下简称天水银监分局）出具委托处理函，要求该局对当事人的纠纷予以调查处理，并就相关专业问题进行解答。该局答复其在2017年11月22日已作出《关于对彭某投诉事项的答复》，现彭某正在甘肃银监局申诉，应等待甘肃银监局的复议结果出来后再协调处理。

2018年2月26日，中国银行业监督管理委员会甘肃监管局（以下简称甘肃银监局）作出《行政复议决定书》，以提请复议的问题属于民事纠纷问题，天水银监分局无权作出认定为由，撤销天水银监分局作出的《关于对彭某投诉事项的答复》。

彭某向一审法院提起诉讼，请求判令某银行分行赔偿因违约给彭某造成的损失844,389元。诉讼过程中，彭某增加诉讼请求为要求某银行分行按照中国人民银行同期贷款利率支付自2016年11月8日起至损失付清时止的利息。

某银行分行提出反诉请求：判令彭某赔偿某银行分行保证金损失137,803.77元。

【裁判结论】

一审法院判决：一、某银行分行于赔偿彭某交易账户2016年7月1日亏损170,162元、7月4日亏损270,400元，7月5日亏损265,385.23

元(不含保证金负损失),共计705,947.23的40%即282,379元;二、彭某赔偿某银行分行穿仓损失137,803.77元的60%即82,682元;三、驳回彭某和某银行分行的其他诉讼请求。

某银行分行不服一审判决,提起上诉。

二审判决:驳回上诉,维持原判。

【裁判观点】

法院认为,民事案由规定的"合同纠纷"通常是指《民法典》所规定的合同类型,而本案属于因贵金属现货延期交收合约交易发生的纠纷,该类交易属于商事领域,故本案案由应定为金融衍生品交易纠纷。

本案《双方协议》系双方真实意思表示,某银行分行作为上海黄金交易所会员,代理彭某在上海黄金交易所内进行递延业务及相关的资金清算、实物交割活动。该合约业务的交易模式采用保证金制度,具有资金杠杆放大效应,采用当日无负债结算制度和强行平仓制度,可以当日随时开仓、随时平仓,投资者可以做多和做空。我国关于贵金属递延交易目前无对应的法律规则予以规范,但《上海黄金交易所现货交易规则》《上海黄金交易所延期交收交易规则》中对于会员单位对客户交易账户执行强行平仓的标准、条件等均有明确具体规定,故双方签订的交易代理协议在不违反上述规则的情况下,依法成立有效,双方均应依约履行。

一、某银行分行是否有权从彭某绑定的银行账户中自动扣划资金追加交易保证金?某银行分行在2016年7月1日、7月4日未对彭某账户启动强行平仓是否违反双方协议约定?对于彭某2016年7月1日保证金亏损170,162元、7月4日保证金亏损270,400元,某银行分行是否应承担赔偿责任

(一)关于某银行分行是否有权从彭某绑定的银行账户中自动扣划资金追加交易保证金的问题

彭某与某银行分行签订的《双方协议》第8条约定,当彭某的保证金比例低于某银行分行规定的强平保证金比例时,某银行分行将发送待强平短信提醒彭某追加交易保证金,彭某可通过现货延期交收合约平仓、卖出现货实盘合约交易等方式在下一个交易日开市前补足保证金的不足部分。第9条约定,客户应对其交易资金账户进行积极管

理,在交易账户出现保证金不足等情况时,有义务及时采取措施(包括但不仅限于自行平仓、补充资金等)补足保证金。故当彭某的交易账户出现保证金余额不足时,根据上述协议约定,彭某有义务关注延期交收合约交易中保证金和持仓状况,及时采取措施主动补足保证金。除非双方对从彭某在办理递延业务时绑定的银行账户中自动扣划资金追加交易保证金有明确约定,否则某银行分行无权从彭某的银行账户中自动扣划资金进入贵金属延期交易账户补足保证金。

某银行分行上诉认为彭某2015年2月16日至2016年6月期间进行的多笔交易中存在银行系统采用自动扣款方式补充交易保证金,从而使保证金比例高于9%,银行系统未启动强行平仓的情况,因此,应视为彭某对于银行系统自动扣款补充交易保证金的行为认可并同意,且符合《双方协议》约定,不存在违约行为。一审法院认为,《双方协议》第11条规定了某银行分行(甲方)有权从彭某(乙方)交易资金账户或彭某在某银行系统内各营业机构开立的账户中划转资金,用于支付的费用包括:(1)依照乙方指令成交的货款和由此产生的交易亏损;(2)为乙方支付的开户费、溢短差、仓储费、延期费、超期费、出入库费和运保费;(3)乙方应支付的代理手续费和交易手续费;(4)因乙方的交易行为产生的其他费用;(5)甲方与乙方双方同意的其他划款事项。首先,从该条第1项至第4项内容来看,某银行分行有权自动划转资金支付的费用范围包括因依照客户指令成交的货款和交易亏损,以及交易过程中产生的各种开支及费用,并不包括交易保证金。其次,根据《上海黄金交易所现货交易规则》、《上海黄金交易所延期交收交易规则》和《双方协议》的约定,某银行分行的责任是严格根据客户的指令进行交易操作,一般情形下无权处分客户财产。在某银行分行无证据证明其与彭某对银行系统有权划转的资金范围中包括交易保证金进行过明确约定,亦无证据证明在银行系统自动扣款前曾明确告知并征得过彭某同意的情况下,不能认定彭某向其绑定的银行账户转账、汇款的目的就是补足保证金,企求交易的正常进行,也不能根据彭某对之前交易中存在上述情形未提出异议,就认定双方对系统自动从绑定账户中扣款追加保证金的行为达成了一致意见。如果只要彭某绑定的资金账户中有剩余资金,且彭某保证金比例不足时就允许某银行分行自动扣款,无形中增加了交易产生的风险,将直接导致客户账户内资金存在无限透支的风险。最后,鉴于保证金在现货延期交收交易中的重要作用,不能仅依据个别交易中存在银行系统自动扣款追加交易保证金,以提高保证金比例,系统未启动强行平仓的情形,就当然推定双方对此达成了一致意见。因此,某银行分行有权划转资金的范围中不包括交易保证金,某银行分行直接从彭某账户自动扣划资金追加交易保证金的行为不当,某银行分行以此主张免责的理由不能成立。

(二)关于某银行分行在2016年7月1日、7月4日未对彭某账户启动强行平仓是否违反双方协议约定的问题

保证金交易中的强行平仓,是指当客户账户内交存的保证金比例低于双方约定或交易所规定的保证金比例时,经金融机构通知客户,但客户未能在指定期限内追加足额保证金时,金融机构按照双方协议约定直接将客户账户内持有的头寸全部或部分卖出的行为。从本质上看强行平仓是上海黄金交易所以及会员单位为维护自身资金安全所依法享有的一项权利,根本目的在于避免透支交易。在客户保证金低于强行保证金比例的情况下,客户又未能在约定的时间内追加或自行减仓,金融机构为避免客户及金融机构的账户风险,应当及时行使强行平仓的权利。故只要强行平仓的实体条件及程序条件具备,某银行分行就应采取强行平仓。

其一,关于强行平仓的实体条件。第一个条件是客户账户内资金低于强平保证金;第二个条件是客户未能在合理时间内补仓。2016年6月30日、7月1日日终资金结算时,彭某交易保证金比例已低于9%的强平线,并且彭某均未在下一个交易日开市前即2016年6月30日、7月1日的19:45前按照协议约定的措施及时补足保证金不足部分,故应当认定已满足双方约定的强行平仓实体条件。

其二,关于强行平仓的程序条件。根据《双方协议》的约定,彭某应亲自办理买卖活动,某银行分行应及时发送通知短信,某银行分行在彭某保证金比例低于规定的强平保证金比例时,某银行分行应当向彭某发送风险预警和补仓通知。本案现有证据显示,某银行分行已履行了上述通知义务,彭某对此未持有异议。某银行分行于2016年6月

30 日 18:54:10 及 2016 年 7 月 1 日 18:45:36 给彭某发出短信通知到下一个交易日开市（每天开市时间为 19:45），中间有近 1 个小时的时间，这期间均属银行开放转账的时间，且强行平仓的时间为下一个交易上午时段开市半小时后，故留给彭某实际追加保证金的时间应属合理，某银行分行已完成了通知义务。

因此，2016 年 6 月 30 日、7 月 1 日日终资金清算时，彭某账户内保证金比例已低于强平线，某银行分行履行了相应的通知义务，彭某在约定的时间内未主动采取措施补足保证金，故在 2016 年 7 月 1 日、7 月 4 日上午时段开盘半小时后强行平仓的实体条件、程序条件均已具备，故某银行分行应当启动强行平仓。

关于某银行分行上诉认为由于 2016 年 7 月 1 日上午 9:00，彭某自行减仓 300 手，某银行分行 9:30 从彭某账户自动扣款 2 万元；2016 年 7 月 4 日上午 9:31，某银行分行从彭某账户自动扣款 155,800 元，使彭某账户内保证金比例高于 9% 的强平保证金比例，强行平仓条件未成就的问题，一审法院认为，因某银行分行有权划转资金的范围不包括交易保证金，故某银行分行系统违反《双方协议》的约定直接从彭某账户自动扣划资金追加交易保证金，导致彭某账户保证金比例提高到强平线以上，某银行分行未采取强行平仓不当。此外，虽然强行平仓从本质上看是金融公司为维护自身资金安全所享有的一项权利，但其根本目的在于避免透支交易，具有降低现货延期交收交易风险的重要作用，这其中风险的主要承担者不仅是投资者，更是金融机构本身。关于某银行分行上诉认为因强行平仓系某银行分行的权利，即使彭某保证金不足触发强行平仓条件，其也可以不对彭某持仓实施强行平仓的主张，与《上海黄金交易所现货交易规则》、《上海黄金交易所延期交收交易规则》以及强行平仓目的相悖，该主张不能成立。因此，某银行分行未在 2016 年 7 月 1 日、7 月 4 日上午时段开盘半小时后启动强行平仓不当，违反《双方协议》的约定。

（三）关于彭某 2016 年 7 月 1 日保证金亏损 170,162 元、7 月 4 日保证金亏损 270,400 元，某银行分行是否应承担赔偿责任的问题

现货延期交收合约交易中，某银行分行并非交易的民事主体，是否交易及如何进行交易均由客户决定，彭某作为交易客户，对自己账

户及所持合约的风险具有积极管理及注意义务。故虽然某银行分行在强行平仓条件成就时,为了避免透支交易享有强行平仓的权利,但并不排除彭某为了保护自身财产安全与利益采取平仓措施的权利。本案中,某银行分行在彭某交易保证金比例低于9%时,给其发送了补仓通知和预警短信,根据《双方协议》第8条第3项、第9条的约定,彭某未主动通过现货延期交收合约平仓、卖出现货实盘合约交易、补足资金等方式有效控制交易风险,构成先行违约。某银行分行在彭某未主动采取措施提高交易保证金的情况下,自动从彭某账户扣款用来追加交易保证金的行为显属不当,某银行分行对彭某交易账户未尽到相应的防控义务,对彭某账户内损失应承担相应的违约责任。但彭某在某银行分行未采取强行平仓后,未对市场行情、交易风险作出合理预判,亦未采取平仓等措施避免损失进一步扩大,因此扩大的损失应由彭某个人承担。但一审中,双方均明确表示无法区分彭某未补足交易保证金的损失、某银行分行未强行平仓的损失以及彭某应当自行平仓而未平仓造成的扩大损失。故一审法院根据双方过错程度,判决由某银行分行承担彭某2016年7月1日保证金亏损170,162元、7月4日保证金亏损270,400元,共计440,562元的40%即176,224.8元并无不当。

二、某银行分行在2016年7月4日20:34起对彭某账户进行强行平仓是否违反协议约定?对于彭某因此造成的损失403,189元(包括给某银行分行造成的穿仓损失137,803.77元),某银行分行是否应承担责任

《双方协议》第13条约定:前一个交易日出现涨(跌)停板,某银行分行有权在下一个交易日开市后交易时段内的任何时点对乙方持有的部分或全部现货延期交收合约持仓进行强行平仓处理。因2016年7月4日14:00出现涨停,强平保证金比例调整为13%,该日日终结算时,彭某持仓1300手,已付保证金为270,505.65元,结算价为4277元,已付保证金比例为4.86%,低于强平保证金比例。故某银行分行可以于下一个交易日的三个交易时段内任何时间点对彭某账户进行强行平仓。由于现货延期交易市场价格瞬息万变,彭某未举证证明平仓价位在当时市场条件下不属于合理范围。故某银行分行于2016年

7 月 4 日 20:34 对彭某账户进行强行平仓未违反《双方协议》的约定。

但是,关于彭某 2016 年 7 月 5 日保证金亏损 403,189 元(其中包括给某银行分行造成的穿仓损失 137,803.77 元)是否应由某银行分行承担的问题。一审法院认为,虽然《双方协议》中约定,某银行分行依据协议对彭某持仓进行强行平仓,只要成交的平仓价位、平仓数量在当时的市场条件下属于合理范围,对强行平仓后造成的彭某账户内资金损失以及某银行分行的穿仓损失均应由彭某承担。但本案中,因某银行分行在 2016 年 7 月 1 日、7 月 4 日上午时段,银行系统从彭某的银行账户中自动扣款追加保证金的行为不当,导致某银行分行在强行平仓条件成就时,未及时对彭某交易账户进行强行平仓,某银行分行存在一定过错。之后,彭某自己亦未采取平仓等措施保护自身财产安全,也未对某银行分行未强行平仓提出异议,反而在 2016 年 7 月 4 日市场波动剧烈、行情上涨的情况下,仍然进行做空交易,也存在导致损失进一步扩大的责任。因此,对于 2016 年 7 月 4 日日终结算时,彭某账户保证金比例仅为 4.86%,双方均有一定责任。故某银行分行于 2016 年 7 月 4 日 20:34 对彭某账户启动强行平仓后造成的损失结果,与某银行分行在 2016 年 7 月 1 日、7 月 4 日强平条件成就时,系统自动从彭某账户扣款追加保证金,导致彭某账户保证金比例高于强平线,未进行强行平仓的原因之间具有不可分性,二者之间存在一定的因果关系。一审法院认为由某银行分行承担因强行平仓给彭某账户资金造成损失 265,385.23 元的 40%,由彭某承担因某银行分行强行平仓造成的穿仓损失 137,803.77 元的 60%,与某银行分行、彭某在履行协议过程中各自的过错程度相符,并无不当。

第三部分　文 书 范 本

文书范本使用说明

本书文书范本放在有章平台，可以直接下载使用，使用说明如下：

输入网址（http://www.lawpress.com）－搜索范本标题－阅读、下载文件；客户端：下载“有章阅读”APP－浏览器/微信扫描二维码－打开有章阅读APP－阅读文件。

北京法院优秀裁判文书精选

（2022年卷）

BEIJING FAYUAN
YOUXIU CAIPAN WENSHU JINGXUAN

主　编/孙玲玲
执行编辑/张农荣　王　姝　白菁华　杨雨晴

法律出版社
LAW PRESS·CHINA
北京

图书在版编目(CIP)数据

北京法院优秀裁判文书精选. 2022年卷 / 孙玲玲主编. -- 北京 : 法律出版社, 2023
ISBN 978-7-5197-7917-7

Ⅰ. ①北… Ⅱ. ①孙… Ⅲ. ①审判-法律文书-汇编-北京 Ⅳ. ①D926.22

中国国家版本馆CIP数据核字(2023)第084542号

北京法院优秀裁判文书精选(2022年卷)
BEIJING FAYUAN YOUXIU CAIPAN WENSHU JINGXUAN(2022 NIAN JUAN)

孙玲玲 主编

责任编辑 朱轶佳
装帧设计 李 瞻

出版发行 法律出版社
编辑统筹 司法实务出版分社
责任校对 王晓萍
责任印制 胡晓雅
经　　销 新华书店

开本 710毫米×1000毫米 1/16
印张 51.75 **字数** 954千
版本 2023年8月第1版
印次 2023年8月第1次印刷
印刷 三河市龙大印装有限公司

地址:北京市丰台区莲花池西里7号(100073)
网址:www.lawpress.com.cn
投稿邮箱:info@lawpress.com.cn
举报盗版邮箱:jbwq@lawpress.com.cn

销售电话:010-83938349
客服电话:010-83938350
咨询电话:010-63939796

书号:ISBN 978-7-5197-7917-7
定价:208.00元

凡购买本社图书,如有印装错误,我社负责退换。电话:010-83938349

编辑说明

为全面落实司法责任制，加强和规范裁判文书释法说理，进一步提升北京法院裁判文书质量，打造精品裁判文书品牌，北京市高级人民法院组织开展了“北京法院2022年优秀裁判文书网上互评活动”。评选活动邀请了最高人民法院领导、全国法院审判业务专家、北京市法院审判业务专家、知名学者、人大代表、政协委员、新闻媒体代表等65名专家学者组成评审委员会，经过初评、复评、总评三个阶段的评审，最终评选出优秀裁判文书100篇，其中一等奖10篇、二等奖20篇、三等奖30篇、优秀奖40篇。为了更好地发挥优秀裁判文书的引领示范作用，对获得一、二等奖的优秀裁判文书结集出版。

韩绍鹏

王 敏

曾 竞

刘雪琳

金昌伟

张晓霞

丁少芃

北京市第三中级人民法院
赵晖

杨德嘉

尚晓茜

王丽英

2022年北京法院优秀裁判文书网上互评活动评委名单

一、复评评委名单

赵　彤　北京市高级人民法院立案庭副庭长
肖江峰　北京市高级人民法院刑一庭庭长
宋　莹　北京市高级人民法院刑一庭副庭长
蔡　秀　北京市高级人民法院刑二庭法官
史智军　北京市高级人民法院民一庭法官
金　曦　北京市高级人民法院民二庭法官
周　波　北京市高级人民法院民三庭法官
高　翡　北京市高级人民法院民三庭法官
张　璇　北京市高级人民法院民三庭法官
刘井玉　北京市高级人民法院行政庭法官
赵世奎　北京市高级人民法院行政庭法官
史德海　北京市高级人民法院执行二庭庭长
马　军　北京市高级人民法院申诉审查庭法官
谭劲松　北京市第一中级人民法院党组成员、副院长
高春乾　北京市第一中级人民法院团河人民法庭副庭长
葛　红　北京市第二中级人民法院民三庭庭长
杨子良　北京市第二中级人民法院刑二庭副庭长
黄海涛　北京市第三中级人民法院审管办主任
梅　宇　北京市第四中级人民法院民庭（北京国际商事法庭）三级高级法官
冯　刚　北京知识产权法院审判监督庭庭长
谢甄珂　北京知识产权法院审判第三庭庭长
陈广辉　北京金融法院立案庭（审管办）庭长
陈良刚　北京金融法院审判第三庭庭长
冯　宁　北京市东城区人民法院天坛人民法庭副庭长（负责人）

余亚宇　北京市东城区人民法院审管办（研究室）副主任
陈立如　北京市西城区人民法院党组书记、院长
齐晓丹　北京市朝阳区人民法院党组成员、副院长
刘砺兵　北京市朝阳区人民法院刑庭副庭长（负责人）
马千里　北京市海淀区人民法院民二庭（劳动争议审判庭）庭长
杨德嘉　北京市海淀区人民法院民事五庭（知识产权审判庭）庭长
张英婷　北京市丰台区人民法院审判委员会专职委员
魏亚南　北京市丰台区人民法院花乡人民法庭庭长
张英周　北京市石景山区人民法院民二庭副庭长（负责人）
闫洪升　北京市门头沟区人民法院党组成员、副院长
张金星　北京市门头沟区人民法院审判委员会专职委员
赵洪波　北京市房山区人民法院综合审判庭庭长
蒲延红　北京市房山区人民法院审判委员会委员、副院长助理
张朝阳　北京市通州区人民法院党组成员、副院长
李中华　北京市通州区人民法院刑庭庭长
赵芳芳　北京市大兴区人民法院党组成员、政治部主任
程　立　北京市大兴区人民法院执行局四级高级法官
宋素娟　北京市顺义区人民法院刑庭庭长
李永芝　北京市顺义区人民法院综合审判庭副庭长
潘幼亭　北京市昌平区人民法院党组成员、副院长
郑维岩　北京市昌平区人民法院审判委员会专职委员
孙吉旭　北京市怀柔区人民法院党组成员、副院长
郑飞飞　北京市平谷区人民法院民二庭庭长
张维霞　北京市密云区人民法院民二庭副庭长
刘珍君　北京市密云区人民法院刑庭（少年法庭）副庭长
郑东梅　北京市延庆区人民法院审管办（研究室）主任
孙世乐　北京市延庆区人民法院民一庭副庭长
姜　颖　北京互联网法院党组成员、副院长
李文超　北京互联网法院综合审判二庭副主任

二、总评评委名单

刘树德 最高人民法院审管办副主任

刘红宇 全国政协委员、北京市人大代表、北京市新阶层联谊会副主任、中国妇女第十二次全国代表大会执行委员会执委、北京市朝阳区工商联副主席、北京金诚同达律师事务所创始合伙人

朱建岳 北京市人大代表，西城区人大常委会委员，北京观韬中茂律师事务所合伙人、律师

张雪梅 北京市人大代表、北京市人大社会建设委员会委员、北京青少年法律援助与研究中心执行主任

皮剑龙 全国政协社会和法制委员会委员、中华全国律师协会维护律师权益委员会副主任、最高人民法院特约监督员、北京市金台律师事务所主任律师

高警兵 北京市政协委员、北京市律师协会副会长、北京天驰君泰律师事务所管理委员会主任

毕文胜 北京市人大代表、北京市律师协会副会长、北京市嘉观律师事务所律师

王　成 北京大学法学院法治与发展研究院司法案件研究中心主任、教授

肖建国 中国人民大学法学院教授、中国人民大学纠纷解决研究中心主任、最高人民法院特邀咨询员、最高人民法院案例指导委员会委员、中国民事诉讼法学研究会副会长

郑文科 首都经济贸易大学法学院副院长、副教授

崔国斌 清华大学法学院教授、知识产权法研究中心执行主任

涂　铭 新华社北京分社常务副总编辑

目录 CONTENTS

一等奖

二等奖

一等奖

韩绍鹏

北京市第二中级人民法院

北京市第二中级人民法院刑事审判第一庭三级高级法官，清华大学法学院刑法学硕士。工作期间，荣立个人三等功一次，多次获评优秀法官等荣誉。在扫黑除恶专项斗争开展期间，作为北京市第二中级人民法院扫黑除恶专班资深法官，承办周广森等人涉黑案、牛力等人涉恶案，参与审理陈海涛等人涉黑案、石凤刚等人涉黑案等社会影响重大的案件，成绩突出，获评北京市扫黑除恶专项斗争先进个人称号，记二等功一次。在《中国法院年度案例》等书籍刊物上发表多篇文章。

王敏

北京市第二中级人民法院

北京市第二中级人民法院刑事审判第一庭四级高级法官，中国政法大学刑法学硕士。2018年1月至2020年12月先后在中央纪委审理室、东城区人民法院刑事审判庭借调交流。工作十余年来，先后审结案件400余件，荣立个人三等功一次，获个人嘉奖一次，先后获评优秀共产党员、优秀法官助理等。承办的多起案件被评为优秀裁判文书、优秀示范庭审。在《中国审判案例要览》《中国法院年度案例》等书籍刊物上发表了多篇文章。北京市第二中级人民法院扫黑除恶专班成员，国家安全、邪教类等重大敏感案件承办法官，承办周广森等人涉黑案及周边关联案件、“窦店灭门案”、许某等11人利用邪教组织破坏法律实施案，办理多名原省部级官员违法违纪案等重大疑难复杂案件。

点评辞

周广森等人涉黑案是一起特大黑社会性质组织犯罪案件，具有重大社会影响，涉及15名被告人、50余起违法犯罪事实、一审判决书近30万字。该案是扫黑除恶常态化以来京城第一起涉黑案，中央扫黑除恶专项督导小组及市委均高度重视，该案一审宣判后，15名被告人均表示服判不上诉，取得了良好的政治效果、法律效果、社会效果和法治宣传效果。该案案情复杂，证据材料多，辩护人数多，指控和辩护观点纷繁，该篇文书清晰阐释了各起违法犯罪事实，对于各被告人所涉犯罪事实及罪名，以及在其中各自的作用，认定事实清楚、证据展示层次分明、结构严谨、语言规范、文字精练、对各辩护观点的回应准确、释法说理充分、裁判结果精准，具有重大刑事案件裁判文书示范指导意义。该篇文书也得到了被告人、辩护人的一致认可，实现了一审服判不上诉、一审宣判后案结事了的双赢效果。

北京市第二中级人民法院
刑事附带民事判决书

（2021）京02刑初121号

公诉机关：北京市人民检察院第二分院。

附带民事诉讼原告人：范某1，女，1949年6月12日出生，住北京市大兴区；系本案被害人。

诉讼代理人：孟颖，女，1974年2月20日出生，住辽宁省沈阳市；系范某1之儿媳。

附带民事诉讼原告人：赵某6，男，1951年8月17日出生，住址同范某1；系本案被害人。

被告人：周广森，男，1966年1月2日出生于北京市大兴区，初中文化，案发前系北京市大兴区魏某1镇东某1村治保主任、北京诚信广森建材中心法定代表人、北京春益生农副产品产销专业合作社法定代表人，曾任北京市大兴区魏某1镇东某1村党支部书记、村委会主任，北京市大兴区人大代表，住北京市大兴区魏某1镇；1999年3月，因妨害公共安全被行政拘留十日；2000年11月，因犯故意伤害罪被判处有期徒刑一年，缓刑一年；因涉嫌犯寻衅滋事罪，于2005年7月28日被羁押，同年8月26日被取保候审；因涉嫌犯寻衅滋事罪，于2020年8月1日被羁押；因涉嫌犯非法制造、运输枪支罪、敲诈勒索罪、聚众斗殴罪，同年9月7日被逮捕；现羁押于北京市第一看守所。

辩护人暨诉讼代理人：沈月江，北京市开越律师事务所律师。

被告人：周广柱，男，1957年2月3日出生于北京市，初中文化，案发前系北京广兴市政园林有限公司法定代表人，住河北省固安县（户籍所在地北京市大兴区魏某1镇）；因涉嫌犯寻衅滋事罪，于2005年8月14日被羁押，同年9月21日被取保候审；因涉嫌犯寻衅滋事罪，于2020年8月1日被羁押，因涉嫌犯敲诈勒索罪，同年9月7日被逮捕；现羁押于北京市第一看守所。

辩护人：张小峰，北京市京都律师事务所律师。

被告人：王云峰，男，1983年5月27日出生于吉林省桦甸市，初中文化，无业，住北京市大兴区（户籍所在地吉林省桦甸市）；因涉嫌犯寻衅滋事罪，于2019年11月29日被羁押，2020年1月3日被取保候审，后于同年8月1日被羁押，因涉嫌犯非法制造、运输枪支罪、聚众斗殴罪，同年9月7日被逮捕；现羁押于北京市第一看守所。

指定辩护人：杨汉卿，北京广森律师事务所律师。

指定辩护人：张新全，北京广森律师事务所律师。

被告人：赵言，男，1976年6月6日出生于北京市，初中文化，案发前系北京市大兴区魏某1镇东某1村党支部书记、村委会主任，北京兴福恒通物业管理有限公司法定代表人，住北京市大兴区魏某1镇（户籍所在地北京市大兴区魏某1镇）；2001年1月，因违反交通管理法规被行政拘留五日；2006年7月，因故意伤害被行政拘留十日；因涉嫌犯寻衅滋事罪，于2020年8月1日被羁押，因涉嫌犯聚众斗殴罪，同年9月7日被逮捕；现羁押于北京市第一看守所。

辩护人：郭琳，北京金佑律师事务所律师。

被告人：甘建民，男，1972年1月6日出生于北京市，初中文化，案发前系北京市大兴区魏某1镇岳某1村党支部书记、村委会主任，住北京市大兴区魏某1镇；因涉嫌犯寻衅滋事罪，于2020年8月13日被羁押，因涉嫌犯敲诈勒索罪、聚众斗殴罪，同年9月7日被逮捕；现羁押于北京市第一看守所。

辩护人：刘伟，北京忠恕律师事务所律师。

辩护人：王凯，北京市兴涛律师事务所律师。

被告人：赵亚利，男，1972年1月30日出生于北京市，初中文化，无业，住北京市大兴区北某1镇（户籍所在地北京市大兴区北某1镇）；因涉嫌犯寻衅滋事罪，于2020年8月14日被羁押，因涉嫌犯聚众斗殴罪，同年9月7日被逮捕；现羁押于北京市第一看守所。

指定辩护人：陈亮，北京市京师律师事务所律师。

指定辩护人：关新，北京市京师律师事务所律师。

被告人：孙永合，男，1953年7月13日出生于北京市，初中文化，无业，住北京市大兴区魏某1镇（户籍所在地北京市大兴区魏某1镇）；因涉嫌犯寻衅滋事罪，于2020年8月1日被羁押，因涉嫌犯聚众斗殴罪，掩饰、隐瞒犯罪所得罪，同年9月7日被逮捕；现羁押于北京市第一看守所。

辩护人：魏东，北京市律通律师事务所律师。

被告人：陈胜丽，女，1982年1月3日出生于河南省滑县，初中文化，案发前系北京诚益成商贸有限公司法定代表人，住北京市大兴区黄某1镇（户籍所在地河北省固安县）；因涉嫌犯寻衅滋事罪，于2020年8月20日被羁押，因涉嫌犯诈骗罪、聚众斗殴罪、职务侵占罪，同年9月25日被逮捕；现羁押于北京市第一看守所。

辩护人：杨大成，北京济和律师事务所律师。

被告人：陈胜勇，男，1978年7月5日出生于河南省滑县，初中文化，无业，住河南省安阳市（户籍所在地河南省安阳市）；因涉嫌犯诈骗罪，于2020年10月15日被羁押，同年11月19日被逮捕；现羁押于北京市第一看守所。

指定辩护人：林明杰，北京东环律师事务所律师。

被告人：张国印，男，1969年9月18日出生于河北省南宫市，初中文化，案发前系北京东方鸿发种植中心法定代表人，住北京市大兴区（户籍所在地河北省南宫市）；2018年8月，因寻衅滋事被行政拘留五日；2001年3月，因犯聚众斗殴罪被判处有期徒刑六个月；因涉嫌犯寻衅滋事罪，于2020年8月1日被羁押，因涉嫌犯聚众斗殴罪，同年9月7日被逮捕；现羁押于北京市第一看守所。

辩护人：陈永河，北京兴展律师事务所律师。

被告人：窦晓雷，男，1980年5月21日出生于北京市，初中文化，案发前系北京市大兴区魏某1镇西某1村治保主任，住北京市大兴区魏某1镇；2008年11月，因犯故意伤害罪、强迫交易罪、敲诈勒索罪被判处有期徒刑五年，并处罚金人民币四千元，2012年1月18日刑满释放；因涉嫌犯寻衅滋事罪，于2020年8月1日被羁押，因涉嫌犯聚众斗殴罪、寻衅滋事罪，同年9月7日被逮捕；现羁押于北京市第一看守所。

辩护人：谢雪梅，北京兴尚律师事务所律师。

被告人：杨长战，男，1973年2月17日出生于黑龙江省哈尔滨市，小学文化，无业，案发前系河北省廊坊市某区政协委员，住河北省廊坊市（户籍所在地河北省廊坊市）；因涉嫌犯聚众斗殴罪，于2020年9月29日被羁押，同年11月5日被逮捕；现羁押于北京市第一看守所。

辩护人：马一军，河北凌翔律师事务所律师。

被告人：张国，男，1981年5月12日出生于北京市，小学文化，案发前系友顺源园林绿化工程管理有限公司巡查员，住北京市大兴区魏某1镇；2000年6月，因犯抢劫罪、故意伤害罪、寻衅滋事罪被判处有期徒刑七年，并处罚金人民币一万元；后被假释，2008年11月，又因犯故意伤害罪、强迫交易罪、敲诈勒索罪，被撤销假释，数罪并罚，判处有期徒刑五年六个月，并处罚金人民币一万三千元；2014年3月，因犯寻衅滋事罪被判处有期徒刑一年，2014年9月16日刑满释放；因涉嫌犯寻衅滋事罪，于2020年8月1日被羁押，因涉嫌犯聚众斗殴罪、寻衅滋事罪，同年9月7日被逮捕；现羁押于北京市第一看守所。

辩护人：刘洋，北京兴展律师事务所律师。

辩护人：韩俊莎，北京兴展律师事务所实习律师。

被告人：刘万利（曾用名刘宝来），男，1965年7月22日出生于北京市，初中文化，案发前系北京市大兴区魏某1镇东某1村巡防队队员，住北京市大兴区魏某1镇；因涉嫌犯敲诈勒索罪，于2021年3月31日被羁押，同年4月29日被逮捕；现羁押于北京市第一看守所。

指定辩护人：刘成义，北京想成律师事务所律师。

被告人：李波，男，1966年12月29日出生于北京市，初中文化，案发前系北京市大兴区魏某1镇东某1村委会财务专管员，住北京市大兴区魏某1镇；因涉嫌犯诈骗罪，于2020年10月13日被羁押，同年11月19日被逮捕；现羁押于北京市第一看守所。

辩护人：岳仁东，北京法绳律师事务所律师。

北京市人民检察院第二分院以京二分检刑诉〔2021〕Z75号起诉书指控被告人周广森犯组织、领导黑社会性质组织罪、寻衅滋事罪、聚众斗殴罪、故意伤害罪、敲诈勒索罪、非法倒卖土地使用权罪、职务侵占罪、串通投标罪、诈骗罪、洗钱罪、伪造国家机关证件罪、非法制造、运输枪支罪、非法狩猎罪、非国家工作人员受贿罪、行贿罪，被告人周广柱犯参加黑社会性质组织罪、寻衅滋事罪、敲诈勒索罪、诈骗罪，被告人王云峰犯参加黑社会性质组织罪、寻衅滋事罪、聚众斗殴罪、故意伤害罪、串通投标罪、诈骗罪、洗钱罪、非法制造、运输枪支罪，被告人赵言犯参加黑社会性质组织罪、聚众斗殴罪、故意伤害罪、诈骗罪，被告人甘建民犯参加黑社会性质组织罪、故意伤害罪、敲诈勒索罪、诈骗罪，被告人孙永合犯参加黑社会性质组织罪、故意伤害罪、非法倒卖土地使用权罪、诈骗罪、洗钱罪，被告人赵亚利犯参加黑社会性质组织罪、故意伤害罪、诈骗罪，被告人陈胜丽犯参加黑社会性质组织罪、故意伤害罪、职务侵占罪、诈骗罪，被告人陈胜勇犯参加黑社会性质组织罪、诈骗罪，被告人张国印犯参加黑社会性质组织罪、聚众斗殴罪、诈骗罪，被告人窦晓雷犯参加黑社会性质组织罪、寻衅滋事罪、聚众斗殴罪，被告人杨长战犯参加黑社会性质组织罪、故意伤害罪，被告人张国犯参加黑社会性质组织罪、寻衅滋事罪、聚众斗殴罪，被告人刘万利犯参加黑社会性质组织罪、敲诈勒索罪、诈骗罪，被告人李波犯参加黑社会性质组织罪、职务侵占罪、诈骗罪，于2021年10月10日向本院提起公诉。在诉讼过程中，附带民事诉讼原告人赵某6、范某1向本院提起附带民事诉讼。本院依法组成合议庭，于2021年10月25日至26日召开庭前会议，于同年11月1日至2日公开开庭进行了合并审理。北京市人民检察院第二分院指派副检察长李华，检察官高翔、邓新军、张龙、王欣恺，检察官助理王路遥、张帆、尚振杰、贾嘉楠出庭支持公诉，书记员赵鹏昊、邱胜杰协助庭审工作。附带民事诉讼原告人赵某6、附带民事诉讼原告人范某1的诉讼代理人孟颖，被告人周广森及其辩护人暨诉讼代理人沈月江，被告人周广柱及其辩护人张小峰，被告人王云峰及其指定辩护人杨汉卿，被告人赵言及其辩护人郭琳，被告人甘建民及其辩护人刘某8、王凯，被告人孙永合及其辩护人魏东，被告人赵亚利及其指定辩护人陈亮、关新，被告人陈胜丽及其辩护人杨大成，被告人陈胜勇及其指定辩护人林明杰，被告人张国印及其辩护人陈永河，被告人窦晓雷及其辩护人谢雪梅，被告人杨长战及其辩护人马一军，被告人张国及其辩护人刘洋、韩俊莎，被告人刘万利及其指定辩护人刘成义，被告人李波及其辩护人岳仁东到庭参加诉讼。现已审理终结。

北京市人民检察院第二分院指控：

一、组织、领导、参加黑社会性质组织罪

被告人周广森于2001年通过被告人周广柱等人拉票，当选本市大兴区魏某1镇东某1村委会主任，于2003年隐瞒前科劣迹违规取得中共党员身份，于2006年至2007年代理魏某1镇魏某2村党支部书记，于2007年至2018年担任魏某1镇东某1村党支部书记、村委会主任，于2008年至2009年代理魏某1镇北某2村党支部书记，于2006年至2016年任大兴区人大代表。其间，周广森扶持被告人赵言担任东某1村委会主任、党支部书记等职务，并通过被告人甘建民、窦晓雷及其他关系人担任周边村党支部书记、村委会主任等职务，逐步把持、操控魏某1镇多个村基层政权。

被告人周广森等人于2004年至2020年，有组织地实施违法犯罪活动，形成了以周广森为组织者、领导者，以被告人周广柱、王云峰、赵言、甘建民为基本固定的骨干成员，以被告人孙永合、赵亚利、陈胜丽、陈胜勇、张国印、窦晓雷为积极参加者，以杨长战、张国、刘万利、李波为一般参加者，人员较多、结构稳定、分工明确的犯罪组织，实施了一系列违法犯罪活动。

被告人周广森及其组织成员通过在魏某1镇有组织地实施诈骗、串通投标、职务侵占、敲诈勒索等犯罪活动，垄断土地资源，包揽当地政府民生项目、绿化养护项目，积累巨额财富，并将部分财产用于犯罪活动，维系组织的生存、发展和壮大。

被告人周广森及其组织成员为形成强势地位、树立非法权威、逞强争霸、攫取非法利益，先后实施寻衅滋事、聚众斗殴、故意伤害、敲诈勒索等多起犯罪活动及恐吓群众的违法行为，为非作恶、欺压百姓，严重扰乱社会秩序、破坏基层政权基础。

被告人周广森及其组织成员通过上述违法犯罪活动，并利用国家工作人员的包庇、纵容，在魏某1镇称霸一方，形成非法控制和重大影响，严重破坏当地政治、经济、社会生活秩序。

二、黑社会性质组织实施的犯罪活动

（一）寻衅滋事罪

1. 被告人周广柱于2004年五六月间，受邱某1（时任魏某1镇羊某1村党支部书记）之托，为阻止被害人赵某6竞选魏某1镇羊某1村委会主任，指使邱某2（另案处理）等人多次前往羊某1村委会选举现场及赵某6家中无故生事，对赵某6进行滋扰。2004年6月29日5时许，被告人王云峰与邱某2、马某1、马某2、吴某1、咸明强、魏洪海（均另案处理）等十余人，持镐把、砍刀等工具闯入赵某6家中，将赵某6、范某1等人打伤，并将赵某6家窗玻璃砸毁。经鉴定，赵某6、范某1身体所受损伤程度均构成轻伤。

2. 被告人周广森于2005年7月26日22时许，在本市大兴区黄某1镇观某1小区东门处，酒后因琐事与被害人李某1发生争执，后纠集被告人王云峰和张某4、程某1（均另案处理）等人持刀、砖头将李某1打伤。经鉴定，李某1身体所受损伤程度构成轻伤二级。

3. 被告人窦晓雷等人于2013年1月26日下午，在本市大兴区庞某1镇薛某1村一歌厅内，因琐事与被害人周某1等人发生争执，遂纠集被告人张国持刀将周某1砍伤。经鉴定，周某1身体所受损伤程度构成轻伤二级。

（二）聚众斗殴罪

1. 被告人周广森于2006年6月18日，为维护其在魏某1镇魏某1村的麦收利益，指使被告人王云峰与邱某2、张某4（均另案处理）等人伙同陈某3（另案处理）等人与韩某1（另案处理）等人先后在本市大兴区青某1镇、魏某1镇两次持械斗殴，造成双方多人受伤。

2. 被告人周广森于2007年4月30日中午，在魏某1镇半某1村商业街竹园酒乡饭店内，因被告人张国印的债务纠纷，纠集被告人赵言、窦晓雷、张国、孙某1（另案处理）等人持械与张某7、李某5、谷某1（均另案处理）等人互殴，造成双方多人受伤。

（三）故意伤害罪

被告人周广森于2010年8月5日，因被告人孙永合与毛某1（另案处理）的赌债纠纷，纠集被告人王云峰、赵言、甘建民、赵亚利、杨长战、陈胜丽、赵川（另案处理）、庄伟（另案处理）等人在魏某1镇魏某1煤场内，持镐把、刀等与毛某1一方互殴，将毛某1、毛某2、藏某1（均另案处理）打伤。经鉴定，毛某1身体所受损伤程度构成重伤二级，毛某2、藏某1身体所受损伤程度均构成轻伤二级。

（四）敲诈勒索罪

1. 被告人周广森、周广柱于2010年六七月间，因未能承接中铁某1公司位于魏某1镇北某2村的建筑工程，对实际承接工程的寇某1产生不满，遂指使被告人甘建民、刘万利等人以堵路方式阻碍施工，以此相要挟向寇某1索取人民币60万元支票一张。

2. 被告人周广柱于2017年至2018年，以中铁建某1公司、中铁某2公司、某路桥公司承揽北京新机场高速公路、北京轨道交通新机场线、京霸铁路工程影响其进出位于魏某1镇西某1村、东某1村、天某1农场交界处的库房为由，多次采取停车堵路等方式阻碍施工，以此相要挟向上述三家施工单位索取人民币共计24万元。

（五）非法倒卖土地使用权罪

1. 被告人周广森、孙永合于2012年5月，违反土地管理法规，将周广森等人租赁的本市大兴区青某1镇某村“曹某某”地块100余亩农用地，以人民币600万元转租给河北省三河市某公司用于建设搅拌站，非法牟取利益。

2. 被告人周广森伙同他人于2019年5月，违反土地管理法规，将周广森等人租赁的本市大兴区青某1镇某村“曹某某”地块100余亩农用地，以每年人民币30万元转租给刘某10用于放置砂石，非法牟取利益，造成49余亩土壤耕作层被破坏。

3. 被告人周广森于2019年，违反土地管理法规，将其租赁的魏某1镇陈某1村10余亩基本农田，以每亩每年人民币2万元转租给王某31用于收购废品，非法获利人民币50余万元。

（六）职务侵占罪

被告人周广森于2014年1月至2020年7月，利用担任魏某1镇东某1村党支部书记、村委会主任、村经济合作社社长等职务便利，个人决定以该村经济合作社名义与被告人陈胜丽签订土地租赁合同，并指使被告人李波伪造村代表会议记录、土地租金缴纳凭证，伙同陈胜丽非法占用该村土地，侵占该村经济合作社应收土地租金共计人民币6万余元。

（七）串通投标罪

1. 被告人周广森于2014年8月至9月，伙同他人以江苏兴厦建设工程集团有限公司名义，与其他公司采取围标方式，中标本市大兴区2014年农民住宅抗震节能改造工程（魏某1镇），标的金额人民币2502万余元。

2. 被告人周广森于2015年6月至7月，伙同他人以江苏兴厦建设工程集团有限公司名义，与其他公司采取围标方式，中标本市大兴区2015年农民住宅抗震节能改造工程（魏某1镇）二标段，标的金额人民币1624万余元。

3. 被告人周广森于2017年11月至12月，伙同他人以北京兴林园林绿化工程有限公司名义，与其他公司采用围标方式，中标本市2018年3月至2019年2月魏某1镇平原造林管护项目（三标段），标的金额人民币1387万余元。

4. 被告人周广森、王云峰于2019年9月至10月，伙同他人以北京兴林园林绿化工程有限公司名义，与其他公司采用围标方式，中标本市2019年11月~2020年2月魏某1镇平原造林管护项目（三标段），标的金额人民币462万余元。

5. 被告人周广森、王云峰于2020年2月，伙同他人以北京兴林园林绿化工程有限公司名义，与其他公司采用围标方式，中标本市2020年3月至2021年2月魏某1镇平原造林管护项目（一标段），标的金额人民币696万余元。

（八）诈骗罪

1. 被告人周广森、周广柱于2008年，在本市大兴区黄某1镇狼某1民族小学院外东南侧地块内建设彩钢房，后通过虚假的土地承租合同，以不在此地经营的北京嘉利达建筑工程有限公司名义，在本市大兴区魏永路工程拆除腾退中，骗取黄某1镇人民政府补偿款人民币67万余元。

2. 被告人周广森、周广柱于2009年6月至7月，在魏某1镇东某1村村东北地块内抢建厂房，并以不在此地经营的周广森（北京亿龙飞投资咨询有限公司）名义，在本市大兴区魏永路工程拆除腾退中，骗取魏某1镇人民政府补偿款人民币150余万元。

3. 被告人周广森、孙永合伙同杨某6（另案处理）于2010年至2014年4月，在杨某6租赁的魏某1镇龙海园开发区地块内，通过抢建简易房、倒签租地协议等方式，在本市大兴区魏永路工程拆除腾退中，骗取魏某1镇人民政府补偿款人民币818万余元。

4. 被告人周广森、甘建民于2014年3月至2015年3月，在北京龙清园生态科技发展有限公司租赁的魏某1镇西某1村村东南地块内，通过伪造租赁合同、工程施工合同等方式，在2014年新建农业设施补贴项目中，骗取魏某1镇人民政府补贴款人民币193万余元。

5. 被告人甘建民、刘万利、陈胜勇于2014年至2017年，在本市大兴区农民住宅抗震节能改造工程（魏某1镇）外墙保温工程中，虚增施工面积4780余平方米，意图骗取政府补贴款共计人民币35万余元；在门窗改造工程中，虚增施工面积910余平方米，意图骗取政府补贴款共计人民币27万余元。其中，陈胜勇参与意图骗取政府补贴款共计人民币57万余元。

6. 被告人周广森于2015年9月，指使被告人张国印在时任魏某1镇陈某1村党支部书记、村委会主任王某11（另案处理）的协助下，违规与贾某3等人（均另案处理）签订陈某1村“斗一”地块9户村民确权地的土地租赁合同，并倒签合同日期、虚增确权地面积，合谋抢建抢种骗取拆迁补偿款。被告人周广柱参与租地并与张国印签订土地转租合同，后抢建大棚、抢种树木，于2016年12月至2017年10月，在京投基础建设工程、京霸铁路建设工程地上物拆迁补偿中，骗取魏某1镇人民政府补偿款共计人民币1500余万元。

7. 被告人周广森伙同被告人赵亚利于2015年10月至2016年，在被告人甘建民等人租赁（系帮周广森代持）的魏某1镇后某1村“西某某”地块内抢建大棚、抢种树木，合谋骗取拆迁补偿款；其间，被告人周广柱帮赵亚利抢建大棚。后赵亚利与甘建民等人签订委托协议，于2016年12月至2017年12月，在京霸铁路建设工程地上物拆迁补偿中，骗取魏某1镇人民政府补偿款共计人民币983万余元。

8. 被告人周广森于2015年10月，指使被告人赵亚利在时任魏某1镇西某1村党支部书记、村委会主任孙某7（另案处理）的协助下，违规与杨某8、李某12签订西某1村“小某某”地块10户村民确权地的土地租赁合同，并倒签合同日期、虚增确权地面积，合谋抢栽抢种骗取拆迁补偿款。后赵亚利抢种树木，于2016年12月至2018年8月，在京投基础建设工程、京霸铁路建设工程、北京新机场高速公路等三线电力迁改工程地上物拆迁补偿中，骗取魏某1镇人民政府补偿款共计人民币1296万余元。

9. 被告人周广柱、甘建民伙同他人于2016年至2017年11月，在魏某1镇岳某1村村西边角地上，通过抢种树木等方式，在京投基础建设工程、京霸铁路建设工程地上物拆迁补偿中，骗取魏某1镇人民政府补偿款共计人民币110万余元。

10. 被告人周广柱于2016年10月，与孙某7、杨某8、孙某13、孙某14等人（均另案处理）合谋在魏某1镇西某1村抢栽抢种，并通过伪造土地租赁合同及土地使用年限证明等方式，骗取拆迁补偿款。

（1）在被告人赵亚利租赁的西某1村“小某某”地块东侧边角地上抢种树木，后于2016年12月至2017年12月，通过赵亚利的协助，在京投基础建设工程地上物拆迁补偿中，骗取魏某1镇人民政府补偿款共计人民币34万余元。

（2）伙同李某14（另案处理）在西某1村与天某1农场交界处边角地上抢种树木，后于2016年12月至2018年1月，在京投基础建设工程、京霸铁路建设工程地上物拆迁补偿中，骗取魏某1镇人民政府补偿款共计人民币221万余元。

（3）在西某1村村南平原造林工程土地上抢种树木，后于2017年12月至2019年4月，在北京新机场高速公路等三线电力迁改工程地上物拆迁补偿中，骗取魏某1镇人民政府补偿款共计人民币235万余元。

11. 被告人周广柱于2016年间，在魏某1镇西某1村村东南边角地上抢种树木以骗取拆迁补偿款；于2016年12月至2018年1月，通过孙某7（另案处理）的协助，在京投基础建设工程地上物拆迁补偿中，骗取魏某1镇人民政府补偿款共计人民币3万余元。

12. 被告人张国印经被告人周广森同意于2017年5月，在被告人甘建民租赁的魏某1镇东某1地块内抢种树木以骗取拆迁补偿款；于2017年12月至2019年4月，通过甘建民的协助，在北京新机场高速公路等三线电力迁改工程地上物拆迁补偿中，骗取魏某1镇人民政府补偿款共计人民币8万余元。

13. 被告人周广森于2017年5月至12月，指使被告人陈胜丽、陈胜勇在陈胜丽租赁的魏某1镇东某1村地块西侧部分和肖某3租赁的东某1村地块北侧部分抢建彩钢房，指使被告人赵言（时任东某1村党支部副书记）在魏某1镇农村集体经营性建设用地入市试点项目（二期）拆除腾退（以下简称魏某1镇集建地拆除腾退）中到测绘、清登现场对上述抢建房屋的权属等相关情况进行确认，并通过出具虚假的用地证明等方式，骗取拆除腾退补偿款。陈胜丽于2017年12月19日签订共计人民币603万余元的拆除腾退补偿协议，其中涉及抢建房屋的补偿款共计人民币565万余元；于2018年12月至2019年7月收取兴某1公司补偿款共计人民币483万元。

14. 被告人赵言、王云峰、陈胜勇、甘建民经被告人周广森指使、授意于2017年5月至12月，在肖某3、魏某2、王某24租赁的魏某1镇东某1村地块内抢建彩钢房、冷库等，并通过倒签土地租赁日期、谎报彩钢房和冷库建设时间等方式，骗取魏某1镇集建地拆除腾退补偿款。

（1）在肖某3租赁地块内抢建彩钢房，意图骗取补偿款共计人民币998万余元，因被认定为抢建而未得逞。

（2）在魏某2租赁地块内新建彩钢房、加盖隔层、改建冷库，于2017年12月20日通过魏某2（另案处理）签订含人民币615万余元隔层、冷库补偿款的拆除腾退补偿协议，于2019年9月30日在魏某2获取兴某1公司补偿款后收取魏某2转账人民币640万元。

（3）在王某24租赁地块内改建冷库，于2017年12月19日通过王某24签订含人民币75万余元冷库补偿款的拆除腾退补偿协议，于2019年7月19日在王某24获取兴某1公司补偿款后收取王某24转账人民币107万余元。

15. 被告人周广森于2017年5月至12月，指使被告人赵言和刘某20（另案处理）在刘某19租赁的魏某1镇东某1村地块内抢建冷库，同意被告人张国印在该地块内抢建太阳能灯杆，骗取魏某1镇集建地拆除腾退补偿款；于2017年12月19日通过刘某19（另案处理）签订含人民币510万余元冷库补偿款、人民币4万余元太阳能灯杆补偿款的拆除腾退补偿协议；于2018年12月至2019年7月间在刘某19获取兴某1公司补偿款后收取刘某19转账共计人民币500万元。

16. 被告人周广森于2017年5月至12月，指使被告人周广柱在尹某1租赁的魏某1镇三某1村地块内，通过抢建隔层等方式，骗取魏某1镇集建地拆除腾退补偿款；于2017年12月19日通过尹某1签订共计人民币337万余元的拆除腾退补偿协议，其中涉及抢建隔层的补偿款共计人民币19万余元；于2019年7月至10月在尹某1获取兴某1公司补偿款后收取尹某1转账共计人民币99万元。

17. 被告人周广柱于2017年5月至12月，在其租赁的魏某1镇三某1村村东北地块内，通过抢种树木等方式，骗取魏某1镇集建地拆除腾退补偿款；于2017年12月19日签订共计人民币122万余元的拆除腾退补偿协议，其中涉及抢种树木的补偿款共计人民币65万余元；于2018年8月至2019年7月收取兴某1公司补偿款共计人民币98万元。

18. 被告人李波于2017年11月至12月，在魏某1镇集建地拆除腾退中，提供非拆除腾退地址的个体工商户营业执照，出具虚假的机井产权证明，骗取拆除腾退补偿款共计人民币9万余元；于2017年12月19日签订含以上补偿款在内共计人民币90万余元的拆除腾退补偿协议；于2018年7月至2019年7月间收取兴某1公司补偿款共计人民币72万元。

（九）洗钱罪

1. 被告人孙永合受周广柱指使于2010年7月，将周广森犯罪组织敲诈寇某1所得的60万元支票以银行账户转账等方式转换为现金。

2. 被告人王云峰受周广森指使于2018年12月24日和2019年7月24日，通过本人银行账户收取刘某19转账、周广森犯罪组织骗取的魏某1镇集建地拆除腾退补偿款共计人民币500万元，并将部分款项转账赵言、陈胜勇等人。

三、个人实施的犯罪活动

（一）伪造国家机关证件罪

被告人周广森为给其子周某8（曾用名周晟宇）办理户口登记，指使他人伪造河北省廊坊某医院的《出生医学证明》，后于2010年凭该《出生医学证明》等材料为周某8办理了常住人口登记。经鉴定，该《出生医学证明》

为假。

（二）非法制造、运输枪支罪

被告人周广森、王云峰于2018年，购买相关零件并在周广森住处组装气动力钢珠枪两支，后携枪驾车往返于北京市与河北省张北县间。该两支气动力钢珠枪于2020年8月1日被起获，经鉴定为枪支。

（三）非法狩猎罪

被告人周广森于2020年7月31日，违反狩猎法规，持自制气动力钢珠枪在河北省张北县某村东北方向树林内，打死保护动物雉鸡两只。

（四）非国家工作人员受贿罪

被告人周广森于2017年，利用其担任魏某1镇东某1村党支部书记、村委会主任的职务便利，帮助史某2谋取利益，收受史某2丰田坦途皮卡车一辆（购车价格人民币46.6万元）。

（五）行贿罪

被告人周广森于2017年年底至2018年年初，为加快审批、发放何某3（另案处理）在北京新机场高速公路等三线电力迁改工程中的拆迁补偿款，请托时任魏某1镇党委委员、副镇长王某27（另案处理），并将何某3提供的现金人民币20万元给予王某27。

被告人周广森、周广柱、王云峰、赵言、甘建民、孙永合、赵亚利、陈胜丽、陈胜勇、张国印、窦晓雷、杨长战、张国、李波分别于2020年8月1日、13日、14日、20日、9月29日、10月13日、15日被公安机关查获归案；被告人刘万利于2021年3月31日向公安机关自动投案。

针对指控的上述事实，公诉机关当庭宣读和出示了物证（照片）、书证、被害人陈述、证人证言、现场勘验检查笔录、鉴定意见、电子数据及被告人供述等证据材料。公诉机关认为，被告人周广森组织、领导被告人周广柱、王云峰、赵言、甘建民、孙永合、赵亚利、陈胜丽、陈胜勇、张国印、窦晓雷、杨长战、张国、刘万利、李波，形成骨干成员基本固定、组织结构较为稳定的犯罪组织，通过有组织地进行违法犯罪活动或其他方式获取巨额经济利益，以暴力、威胁等手段有组织地多次进行违法犯罪活动，为非作恶、欺压群众，在当地形成重大恶劣影响，严重破坏当地政治、经济、社会生活秩序，被告人周广森系黑社会性质组织的组织者、领导者，被告人周广柱、王云峰、赵言、甘建民、孙永合、赵亚利、陈胜丽、陈胜勇、张国印、窦晓雷系积极参加者，被告人杨长战、张国、刘万利、李波系一般参加者；被告人周广森、周广柱、王云峰、窦晓雷、张国随意殴打他人，情节恶劣；被告人周广森、王云峰、赵言、张国印、窦晓雷、张国持械聚众斗殴，斗殴人数多，规模大，社会影响恶劣；

被告人周广森、王云峰、赵言、甘建民、孙永合、赵亚利、陈胜丽、杨长战故意伤害他人身体，造成一人重伤、二人轻伤；被告人周广森、周广柱、甘建民、刘万利敲诈勒索公私财物，数额巨大；被告人周广森、孙永合以牟利为目的，违反土地管理法规，非法倒卖土地使用权，情节特别严重；被告人周广森利用本市大兴区魏某1镇东某1村党支部书记、村委会主任、村经济合作社社长的职务便利，伙同陈胜丽、李波，将村集体财产占为己有，数额较大；被告人周广森、王云峰串通投标，情节严重；被告人周广森、周广柱、王云峰、赵言、甘建民、孙永合、赵亚利、陈胜丽、陈胜勇、张国印、刘万利诈骗公私财物，数额特别巨大；被告人李波诈骗公私财物，数额较大；被告人王云峰、孙永合为掩饰、隐瞒黑社会性质的组织犯罪所得，通过转账等方式转移资金；被告人周广森伪造国家机关证件；被告人周广森、王云峰非法制造、运输枪支；被告人周广森违反狩猎法规，在禁猎区、禁猎期使用禁用的工具进行狩猎，破坏野生动物资源，情节严重；被告人周广森利用职务上的便利，非法收受他人财物，为他人谋取利益，数额较大，为谋取不正当利益，给予国家工作人员财物。各被告人的行为分别触犯了《中华人民共和国刑法》第二十五条第一款，第二百九十四条第一款、第四款、第五款，第二百九十三条第一款，第二百九十二条第一款、第二款，第二百三十四条第二款，第二百七十四条，第二百二十八条，第二百七十一条第一款，第二百二十三条第一款，第二百六十六条，第一百九十一条第一款，第二百八十条第一款，第一百二十五条第一款，第三百四十一条第二款，第一百六十三条第一款，第三百八十九条第一款之规定，应当以组织、领导黑社会性质组织罪、寻衅滋事罪、聚众斗殴罪、故意伤害罪、敲诈勒索罪、非法倒卖土地使用权罪、职务侵占罪、串通投标罪、诈骗罪、洗钱罪、伪造国家机关证件罪、非法制造、运输枪支罪、非法狩猎罪、非国家工作人员受贿罪、行贿罪追究被告人周广森的刑事责任；应当以参加黑社会性质组织罪、寻衅滋事罪、敲诈勒索罪、诈骗罪追究被告人周广柱的刑事责任；应当以参加黑社会性质组织罪、寻衅滋事罪、聚众斗殴罪、故意伤害罪、串通投标罪、诈骗罪、洗钱罪、非法制造、运输枪支罪追究被告人王云峰的刑事责任；应当以参加黑社会性质组织罪、聚众斗殴罪、故意伤害罪、诈骗罪追究被告人赵言的刑事责任；应当以参加黑社会性质组织罪、故意伤害罪、敲诈勒索罪、诈骗罪追究被告人甘建民的刑事责任；应当以参加黑社会性质组织罪、故意伤害罪、非法倒卖土地使用权罪、诈骗罪、洗钱罪追究被告人孙永合的刑事责任；应当以参加黑社会性质组织罪、故意伤害罪、诈骗罪追究被告人赵亚利的刑事责任；应当以参加黑社会性质组织罪、故意伤害罪、职务侵占罪、诈骗罪追究被告人陈胜丽的刑事责任；应当以参加黑社会性质组织罪、诈骗罪追究被告人陈胜勇的刑事责任；应当以参加黑社会性质组织罪、聚众斗殴罪、诈骗罪追究被告人张国印的刑事责任；应当以参加黑社会性质组织罪、寻衅滋事罪、聚众斗殴罪追究被告人窦晓雷的刑事责任；应当以参加黑社会性质组织罪、故意伤害罪追究被告人杨长战的刑事责任；应当以参加黑社会性质组织罪、寻衅滋事罪、聚众斗殴罪追究被告人张国的刑事责任；应当以参加黑社会性质组织罪、敲诈勒索罪、诈骗罪追究被告人刘万利的刑事责任；应当以参加黑社会性质组织罪、职务侵占罪、诈骗罪追究被告人李波的刑事责任。其中，被告人窦晓雷、张国曾因故意犯罪被判处有期徒刑以上刑罚，在刑罚执行完毕五年以内，再犯应当判处有期徒刑以上刑罚之罪，系累犯，应当从重处罚。鉴于被告人周广森、王云峰、赵言、甘建民、孙永合、赵亚利、陈胜勇、张国印、窦晓雷、杨长战、张国、刘万利、李波自愿认罪认罚，建议法庭根据各被告人的犯罪情节及认罪悔罪态度，依法从宽处理。

附带民事诉讼原告人赵某6、范某1的诉讼请求及诉讼代理人的代理意见均为：要求被告人周广森、周广柱、王云峰就北京市大兴区人民法院（2007）大刑初字第430号、（2007）大刑初字第707号、（2007）大刑初字第708号刑事附带民事判决所确定的赵某6经济损失8978.53元、范某1经济损失2261.51元，与另案判决的邱某2、吴某1、马某2、马某1承担连带赔偿责任。

在法庭审理过程中，被告人周广森当庭表示认罪认罚，对指控的罪名和犯罪事实均无异议，希望法庭对其从宽处理。

其辩护人对指控的被告人周广森犯组织、领导黑社会性质组织罪、寻衅滋事罪、聚众斗殴罪、故意伤害罪、敲诈勒索罪、职务侵占罪、串通投标罪、伪造国家机关证件罪、非法制造枪支罪、非法狩猎罪、非国家工作人员受贿罪、行贿罪等犯罪不持异议。主要辩护意见为：（1）周广森不构成非法倒卖土地使用权罪，本案系转租行为，而非倒卖行为。（2）指控的诈骗犯罪第二起、第三起、第七起、第十四起、第十五起、第十六起事实，不能认定为犯罪事实。认为占地给予补偿的部门，没明确界定截止时间及地上物容积率的标准等，这才给周广森等人实施抢建、抢栽、抢种等投机行为获得补偿提供了条件，涉案土地拆迁补偿款是根据占地补偿部门勘查、测量作出评估报告后才发放的，不存在隐瞒事实的情况。其中，指控的诈骗犯罪第二起事实，周广森（北京亿龙飞投资咨询公司）是否在占地处经营，均不能作为诈骗的行为，补偿对象是地上物，不是公司经营损失，补偿款给周广森，可能是收取补偿款的主体错误所致，不应认定为诈骗犯罪事实。其中，指控的诈骗犯罪第三起、第七起、第十四起、第十五起、第十六起事实，周广森在他人租赁土地上建房，系合作或合伙，没有虚构事实，如产生补偿款纠纷，应是民法典调整范围。

（3）周广森不构成洗钱罪。指控二起洗钱事实的涉案钱款，分别是敲诈勒索罪和诈骗罪的赃款，按照牵连犯的处理原则，应择一重罪处理，不应再追究洗钱罪的刑事责任。（4）指控的寻衅滋事罪第二起事实及聚众斗殴罪第一起事实已超过追诉时效。（5）周广森构成非法制造枪支罪，不构成运输枪支罪。周广森制造气枪是为了打鸟，其携带枪支到河北省张北县打鸟，在主观目的上与制造枪支一致，不应再认定为运输枪支罪。（6）故意伤害罪中，周广森积极赔偿了经济损失，并得到被害人的谅解。（7）周广森等人制造的枪支是气枪，且发射的钢珠射程仅有十几米，杀伤力及社会危害性相对较小。（8）非法狩猎的动物数量少，且系初犯。（9）在行贿罪中具有自首情节。综上，建议对被告人周广森从轻处罚。

被告人周广森及其诉讼代理人对附带民事诉讼原告人及诉讼代理人的上述诉讼请求和代理意见，均表示认可、愿意赔偿。

被告人周广柱对指控的罪名及犯罪事实均不予认可。辩称其未参与黑社会性质组织，不构成参加黑社会性质组织罪；未指使任何人滋事，且当年已被调查并确认不构成犯罪，不构成寻衅滋事罪；指控的第一起敲诈勒索事实，其未参与协商、指使，未获利、未拿过支票；指控的第二起敲诈勒索事实，系因影响其库房通行，与三家公司协商获得租库房、道路的钱，其未实施堵路行为，不构成敲诈勒索罪；认可实施了指控的种树行为，但否认抢栽抢种；第六起诈骗事实中，所租土地上原有桃树及核桃树，相应的补偿款不应计算在犯罪数额之内；其是从事工程建设，参与建大棚、房等建筑，均无诈骗故意，其不构成诈骗罪。

其辩护人的辩护意见为：（1）周广柱不构成参加黑社会性质组织罪。首先，本案不存在黑社会性质组织；涉案人员大多属于亲缘、同村、同乡、聘用、雇佣等关系，不存在为了违法犯罪而聚集在一起的犯罪组织，不存在组织纪律，不具有欺压残害百姓、非法控制等特征。其次，指控的周广柱的犯罪事实，即使属实，也是单纯为了牟取不法经济利益而实施的违法犯罪活动，不具有为非作恶、欺压百姓的特征，不能作为黑社会性质组织犯罪论处，不能以此认定周广柱构成参加黑社会性质组织犯罪及积极参加者。（2）不构成寻衅滋事罪。在案无充分证据证实周广柱存在指使他人的行为，且其未亲自实施殴打等行为，且当年的调查及生效判决也能证实周广柱与本起犯罪行为无关。（3）不构成敲诈勒索罪。指控的第一起敲诈勒索事实中，无证据证实周广柱与周广森等人共谋实施敲诈行为，无证据证实周广柱预谋或指使他人堵路，且周广柱无犯罪动机、非法占有目的，无充分证据证实周广柱存在领取支票的行为，且犯罪对象为60万元支票而非现金，也不符合常理；指控的第二起敲诈勒索事实中，在案证据证实施工确实影响周广柱进出仓库，有关单位支付适当补偿是合理的，无充分证据证实周广柱实施了堵路的行为。（4）不构成诈骗罪。拆迁补偿款发放，是基于评估公司现场勘查后作出的评估结果，周广柱的申报行为不足以导致专业人员的错误认识，作为被拆迁方，周广柱主张自己的权利是法律赋予的合法权利；指控的诈骗罪的第一起、第七起、第九起、第十六起事实中，周广柱仅是帮助他人建彩钢房、建大棚、车库和挪树，无证据证实其与他人存在共同诈骗的故意，且其未获利，不能因相关建设行为就认定为共同犯罪。指控的诈骗罪第二起事实中，周广柱虽委托周广森进行拆迁补偿的申报，但不存在诈骗的主观故意。指控的诈骗罪的第六起、第十起、第十一起、第十七起事实中，认定抢栽、抢种的证据不足，在案并无拆迁公告等证据明确禁止种树的截止时间，且第六起、第十七起中存在原有树木获得补偿款的情况。

被告人周广柱认为，未指使他人、也未参与寻衅滋事罪，不应承担民事赔偿责任。

被告人王云峰当庭表示认罪认罚，对指控的罪名和犯罪事实均无异议，希望法庭对其从宽处理。

其辩护人对指控王云峰犯参加黑社会性质组织罪、寻衅滋事罪、聚众斗殴罪、故意伤害罪、诈骗罪、非法制造枪支罪不持异议。主要辩护意见为：（1）王云峰不构成串通投标罪。在案证据不能证明相关行为损害了招标人或其他投标人的利益。（2）不构成洗钱罪。涉案钱款在组织成员的账户之间流动，不能达到由黑转白的目的，并非掩饰、隐瞒犯罪所得；王云峰若被认定为参加黑社会性质组织罪，再认定其构成洗钱罪，则属于重复评价，对洗钱罪不应再适用数罪并罚的规定。（3）不构成运输枪支罪。其非法制造枪支的目的是用于打猎，携带枪支到异地打猎的行为，应当被非法狩猎罪吸收，不应对其携带枪支的行为进行单独评价。（4）王云峰到案后如实供述所犯罪行，认罪认罚，认罪悔罪。（5）王云峰在所实施的各起犯罪中均仅起到次要作用，均应认定为从犯。（6）在利用肖某3租赁的地块内抢建，诈骗系犯罪未遂。综上，建议对王云峰从宽处理。

被告人王云峰对附带民事诉讼原告人及诉讼代理人的上述诉讼请求和代理意见，表示认可、愿意赔偿。

被告人赵言当庭表示认罪认罚，对指控的罪名和犯罪事实均无异议，希望法庭对其从宽处理。

其辩护人的辩护意见为：（1）赵言在黑社会性质组织的积极参加者中没有主导和指挥的能力，是听从周广森的指挥被动参与，作用较小，参与犯罪活动较少，获利较少。（2）聚众斗殴案中，赵言系从犯，且在案件起因上无过错；对方有备而来，持有凶器并先将赵言砍伤，存在过错。（3）故意伤害案中，在案件起因上被害人存在过错；不能证明毛某 1 等三人的伤系由赵言直接造成；赵言在共同犯罪中起次要或辅助作用，系从犯；被害人已经获得赔偿并表示谅解。（4）指控的诈骗罪第十三起事实中，赵言系从犯。（5）指控的诈骗罪第十四起事实中，肖某 3 租赁地块事实属于犯罪未遂，魏某 2、王某 24 租赁地块事实中，赵言系从犯。（6）指控的诈骗罪第十五起事实，赵言系从犯，且具有自首情节。（7）赵言如实供述自己的罪行，自愿认罪认罚，认罪态度好。综上，建议对赵言从宽处理。

被告人甘建民当庭表示认罪认罚，对指控的罪名和犯罪事实均无异议，希望法庭对其从宽处理。

其辩护人的辩护意见为：（1）甘建民不构成参加黑社会性质组织罪，即使构成，也应认定为一般参加者。（2）故意伤害事实中，甘建民系从犯，被害人存在过错，且已取得被害人谅解。（3）敲诈勒索事实中，甘建民系从犯。（4）指控的诈骗罪第四起事实中，甘建民是从犯，且犯罪数额应为 123 万元。（5）指控的诈骗罪第五起事实，系未遂。（6）甘建民不应对指控的诈骗罪第七起事实承担责任，无证据证实甘建民与刘某 18 一起代替周广森签订租赁合同系出于犯罪目的，甘建民后续未参与，未获得好处。（7）指控的诈骗罪第九起事实，甘建民系从犯。（8）甘建民不应对指控的诈骗罪第十二起事实承担责任，甘建民未与他人共谋，未提供实质性帮助。（9）指控的诈骗罪第十四起事实中，甘建民作用较小，且肖某 3 租赁地块系犯罪未遂。综上，建议对甘建民从宽处理。

被告人赵亚利当庭表示认罪认罚，对指控的罪名和犯罪事实均无异议，希望法庭对其从宽处理。

其辩护人的辩护意见为，赵亚利到案后如实供述自己的罪行，自愿认罪认罚；在故意伤害事实中，未动手打架，且有拦阻行为；系初犯，主观恶性小，社会危害性小，希望法庭对其从轻处罚。

被告人孙永合当庭表示认罪认罚，对指控的罪名和犯罪事实均无异议，提出其在非法倒卖土地使用权事实中作用较小，希望法庭对其从宽处理。

其辩护人的辩护意见为：（1）无证据证明孙永合对以周广森为首的黑社会性质组织主观明知，孙永合与周广森主要是共同投资土地，与其他人无交集；孙永合未参与实施如敲诈勒索、聚众斗殴等犯罪行为，不具有黑社会性质组织的行为特征，不构成参加黑社会性质组织罪。（2）指控孙永合的行为构成故意伤害罪不当，应认定为聚众斗殴罪。孙永合在本起事实中仅起到过渡作用，未实际参与斗殴，主观上无打架的想法，对方的重伤后果与孙永合的行为缺乏因果关系；在该起事实中，孙永合系从犯，主观恶性小，积极赔偿被害人并得到谅解，且被害人对本案发生存在重大过错。（3）孙永合没有倒卖的主观故意，倒卖土地前孙永合已退出合伙，单纯的签订合同不符合犯罪客观要件，不构成非法倒卖土地使用权罪。（4）孙永合租地的目的虽是取得拆迁利益，但并不知道拆迁范围及拆迁时间；孙永合获取拆迁款未虚构、隐瞒事实；签订合同时间与实际履行合同有差异，仅是手续的瑕疵，不构成诈骗罪。（5）指控孙永合的行为构成洗钱罪不当，孙永合在将支票兑现时，主观上并未认识到该笔钱是黑社会性质组织的犯罪所得，应认定为掩饰、隐瞒犯罪所得罪。

被告人陈胜丽辩称，其不清楚自己的行为是否属于参加黑社会性质组织罪；其是去劝阻、制止周广森的，不构成故意伤害罪；其未签过租地合同，不构成职务侵占罪；其只签署了赔偿协议，签字前并不知道是犯罪，认为是政府拆迁，不构成诈骗罪，希望法庭考虑全案具体情节，予以从轻处罚。其不懂法律，如果公诉机关和法庭认定其有罪，其也认可。

其辩护人的辩护意见为：（1）除2010年8月在故意伤害事实中到过现场外，陈胜丽未参与、实施过本案及其他违法犯罪活动，且陈胜丽2012年怀孕、产子后便很少出门，不构成参加黑社会性质组织罪。（2）陈胜丽虽与周广森一起到了现场，既无伤害他人的故意，亦未实施伤害他人的行为，未鼓动他人斗殴，反而竭尽所能地阻止斗殴行为的发生，不构成故意伤害罪。（3）陈胜丽未实施虚构事实、隐瞒真相的行为，其所签确认单是真实的，评估报告并非依据其签字的确认单作出，其行为不构成诈骗罪。（4）陈胜丽所签协议并非在案的协议，且现有证据无法证明陈胜丽与周广森、李波形成共谋，不构成职务侵占罪。

被告人陈胜勇当庭表示认罪认罚，对指控的罪名和犯罪事实均无异议，希望法庭对其从宽处理。

其辩护人的辩护意见为：（1）陈胜勇并未积极主动加入该黑社会性质组织，系基于与其妹妹的特殊关系及信任，受蒙骗情况下参与，应认定为一般参加者。（2）陈胜勇在被指控参与的诈骗事实中，均系从犯。（3）在指控的诈骗罪第五起事实中，陈胜勇系犯罪未遂。（4）陈胜勇自愿认罪认罚。综上，建议对陈胜勇从宽处理。

被告人张国印当庭表示认罪认罚，对指控的罪名和主要犯罪事实没有异议，辩称在诈骗罪第十二起事实中，其在涉案地块上只种了白蜡树，原有的果木树补偿款不应计入诈骗数额，希望法庭对其从宽处理。

其辩护人的辩护意见为：（1）张国印主观上并未意识到该组织带有黑社会性质，主观恶性较小，系底层、辅助人员。（2）参与聚众斗殴犯罪的情节较轻。（3）在指控的诈骗罪第六起事实中，张国印很早即退出合同，没有参与抢建行为，没有得到任何收益，应减轻或免除处罚。（4）指控的诈骗罪第十二起事实中，此前就有果木树，相关补偿不应计算为诈骗数额。（5）检举揭发周广森涉嫌犯非国家工作人员受贿罪，系立功。综上，建议对张国印从宽处理。

被告人窦晓雷当庭表示认罪认罚，对指控的罪名和犯罪事实均无异议，希望法庭对其从宽处理。

其辩护人的辩护意见为：（1）窦晓雷主观上不明知该组织系具有一定规模且以实施违法犯罪为主要活动的组织，未主动参加该组织，未接受该组织的领导和管理，不构成参加黑社会性质组织罪；即使构成该罪，也应属于一般参加者。（2）指控窦晓雷的行为构成寻衅滋事不当，应认定为故意伤害罪；该起事实是突发案件，不属于黑社会性质组织犯罪；窦晓雷无滋事故意，且犯罪情节轻微；积极赔偿被害人损失，得到对方谅解；对方存在过错。（3）窦晓雷所犯聚众斗殴罪，情节轻微。该案系突发案件，非黑社会性质组织犯罪，窦晓雷作为饭店的经营者，并非被纠集，系看到顾客、员工受伤，饭店财物被损毁，才还手反击，有明显的防卫性质；对方有重大过错；事发后的三个月，窦晓雷因其他犯罪被羁押后即已如实供述此起犯罪。（4）窦晓雷自愿认罪认罚，具有法定从轻情节。综上，建议对窦晓雷从宽处理。

被告人杨长战当庭表示认罪认罚，对指控的罪名和犯罪事实均无异议，希望法庭对其从宽处理。

其辩护人的辩护意见为：（1）杨长战只参加了一起故意伤害事实，为黑社会性质组织的一般参加者。（2）对于故意伤害事实，杨长战如实供述，在共同犯罪中所起作用小，系从犯；被害人得到了赔偿并表示谅解。（3）当庭认罪认罚。综上，建议对杨长战从宽处理。

被告人张国当庭表示认罪认罚，对指控的罪名和犯罪事实均无异议，辩称其在共同犯罪中作用较小；在聚众斗殴事实中，系对方先危害其生命安全其才反击，属于防卫过当；在寻衅滋事事实中，对方亦存在过错，希望法庭对其从宽处理。

其辩护人的辩护意见为：（1）张国系黑社会性质组织的一般参加者，处于最底层、作用最小。（2）指控的寻衅滋事罪第三起事实中，双方均对事发有明显过错；针对的是特定人，未对社会秩序构成破坏；张国系半途加入，应负较轻的刑事责任；案发后张国积极赔偿被害人；该案已过追诉时效。

（3）指控的聚众斗殴罪第二起事实，张国系偶然经过，并非被纠集；其被对方施加暴力后回击，并非积极主动参与斗殴，不具有破坏公众秩序的主观故意；该案已过追诉时效。（4）张国如实供述，认罪认罚，认罪悔罪态度好，建议对张国从宽处理。

被告人刘万利当庭表示认罪认罚，对指控的罪名和犯罪事实均无异议，希望法庭对其从宽处理。

其辩护人的辩护意见为，刘万利具有自首情节；在参与的共同犯罪中均系从犯；认罪认罚，主观恶性小，系初犯，建议对刘万利从宽处理。

被告人李波当庭表示认罪认罚，对指控的罪名和犯罪事实均无异议。辩称参加黑社会性质组织的情节较轻，其管理相关的合同系财务专管员的工作职责，希望法庭对其从宽处理。

其辩护人的辩护意见为：（1）李波不构成参加黑社会性质组织罪。周广森等人未形成黑社会性质组织，李波没有参加黑社会性质组织的故意，亦未参加黑社会性质组织的违法犯罪活动，指控其实施的职务侵占罪、诈骗罪均应属于个人犯罪。（2）李波不构成职务侵占罪。李波与周广森、陈胜丽无共同犯罪故意，且指控的该起事实与诈骗罪第十三起事实有重复评价的情况；如认定构成犯罪，李波系从犯。（3）李波不构成诈骗罪。现有证据不足以证明领取停产停业综合补助费提供的营业执照上标明的地址必须与被拆除房屋地址一致；李波提供的营业执照标有营业地点，且与李波户籍所在地相同，对方不会因此陷入错误认识；李波主观上没有诈骗停产停业综合补助费的故意；本起事实应认定诈骗未遂、以自首论。（4）李波自愿认罪认罚。综上，建议对李波从宽处理。

经审理查明：

一、组织、领导、参加黑社会性质组织的事实

2001年，被告人周广森通过被告人周广柱等人拉票等方式，当选北京市大兴区魏某1镇东某1村（以下简称东某1村）村委会主任，于2003年隐瞒前科劣迹违规取得中共党员身份，于2006年至2007年代理魏某1镇魏某2村党支部书记，于2007年至2018年间担任东某1村党支部书记，于2008年至2009年间代理魏某1镇北某2村党支部书记，并于2006年至2016年当选北京市大兴区人大代表。其间，周广森扶持团伙成员被告人赵言自2007年5月起担任东某1村村委会主任、党支部副书记，周广森在因前科劣迹无法继续担任东某1村党支部书记后，又扶持被告人赵言自2018年12月起担任东某1村党支部书记、村委会主任，使东某1村仍被非法控制在周广森手中。周广森还通过时任魏某1镇岳某1村党支部书记、团伙成员被告人甘建民，时任魏某1镇西某1村治保主任、团伙成员被告人窦晓雷，以及其他关系人担任周边其他村党支部书记、村委会主任等职务，逐步直接或间接地把持、操控魏某1镇多个村基层政权。

2004年至2020年，被告人周广森先后纠集、指使被告人周广柱、王云峰、赵言、甘建民、赵亚利、孙永合、陈胜丽、陈胜勇、张国印、窦晓雷等人，有组织地实施寻衅滋事、聚众斗殴、敲诈勒索、串通投标、诈骗等50余起违法犯罪活动，逐步形成以周广森为组织者、领导者，以周广柱、赵言、甘建民、王云峰为骨干成员，以孙永合、赵亚利、陈胜丽、陈胜勇、张国印、窦晓雷为积极参加者，以杨长战、张国、刘万利、李波为一般参加者，骨干成员基本固定、人数较多、结构较为稳定、分工明确的犯罪组织。

被告人周广森及其组织成员通过在魏某1镇有组织地实施敲诈勒索、串通投标、非法倒卖土地使用权、诈骗等犯罪活动，并在有关国家机关工作人员的纵容下，垄断土地资源，包揽当地政府园林绿化养护、抗震节能等民生项目；利用北京市大兴区魏永路工程、北京新机场高速公路、轨道交通新机场线及京霸城际铁路工程（以下简称"三线工程"），以及北京市大兴区魏某1镇农村集体经营性建设用地入市试点项目（二期）（以下简称集建地项目）拆迁腾退补偿之机，在魏某1镇多个村租赁土地，采用倒签土地租赁合同日期、虚增土地面积、抢建抢栽抢种等方式，骗取拆迁腾退补偿款，攫取巨额非法利益，聚敛巨额财富。其中，将部分财产用于犯罪活动和维系组织的生存、发展，在东某1村建造固定的活动基地，用以宴请组织成员及关系密切的周边各村村干部等；为组织成员购买住房、提供财物；收买国家工作人员，为组织获取不当利益提供便利等。

被告人周广森及其组织成员，为形成强势地位，树立非法权威，多次使用暴力、威胁等手段有组织地实施寻衅滋事、聚众斗殴、故意伤害等暴力犯罪活动，以及指使他人在春节期间凌晨向村民家中扔礼花弹进行恐吓的违法行为，为非作恶、欺压群众。其中，多起暴力犯罪系公开公然实施，尤其是在煤场聚众斗殴中，该组织成员及其纠集人员持砍刀等参与斗殴，致一人重伤、二人轻伤，案发后相关人员未被追究刑事责任，给当地群众造成了极大的心理强制和恐惧，致使当地群众、企业在合法权益遭到侵害后，不敢通过正常途径进行控告或举报，严重扰乱社会秩序。

被告人周广森及其组织成员，通过上述违法犯罪活动，并利用国家工作人员的纵容，在魏某1镇为非作恶、称霸一方，形成非法控制和重大影响，严重破坏了当地政治、经济、社会生活秩序。该组织通过把持、操控魏某1镇多个村基层政权，树立非法权威，严重破坏魏某1镇农村基层组织建设，严重损害基层政权基础。

被告人周广森、周广柱、王云峰、赵言、孙永合、张国印、窦晓雷、张国于2020年8月1日被查获归案，被告人甘建民于同年8月13日被查获归案，被告人赵亚利于同年8月14日被查获归案，被告人陈胜丽于同年8月20日被查获归案，被告人陈胜勇于同年10月15日被查获归案，被告人杨长战于同年9月29日被查获归案，被告人李波于同年10月13日被公安机关查获归案；被告人刘万利于2021年3月31日向公安机关自动投案。

认定上述事实的证据有：

1. 证人刘某1（东某1村原村委会主任）的证言：我在东某1村干过一届村主任，后来周广森通过拉票选举不正当竞争的方式，当选了村主任。他当上村干部后，在村西盖了一个挺好的院子，开上了奔驰，孩子最少有4个，还听说在海南、黄某1镇、张家口都有房子，要是他不胡来，一个村干部绝对不能这么富裕。周广森刚当上村主任一个月，没到任期的村书记赵某1和经联社社长赵福贵都不干了。刘某14当了代理书记，刘某14好使唤，周广森说什么是什么，全听周广森一个人的。周广森在刘某14当代理书记时入了党，后接替刘某14成了村书记。周广森还去魏某2村、北某2村当过书记，有的村不太好管，镇里让他去就能管得了，普通老百姓都怵周广森，不敢惹他。听说周广森跟研堡的人干过架，把对方大筋都挑了，最后也没进监狱，拿钱把事“铲”了。周广森身边老有人围着，有本村的赵言、他的司机“小峰”。周广森一般也不在大队待着，而是在西边的“基地”里。

2. 证人赵某1（东某1村原党支部书记）的证言：周广森当选村主任，听说是周广柱拉的票，没人拉票，他肯定当不上，因为他那时年轻，也老不在村里，没什么威望，换届选举时，大队外站了20人左右，我感觉是给周广森助势的，他当上书记后，这帮人也围着他转。我和周广森共事过一二个月，后来我提前不干了，因为我是书记，他是主任，村里的大小事应该我说了算，但他不听我的，想一个人说了算，我管不了他，就提前不干了。后刘某14当了代理书记，他是个老好人，大事小事全是周广森说了算。周广森和“大妈”（毛某1）打架的事我听说过，魏某1镇好多人都知道，听说周广森把人打得挺严重的，最后用钱给平了。魏某1地区的人提到周广森就有点发怵，他还去过魏某1镇三四个村当过书记，有的村不好管理，让周广森去，他就能管好了。

3. 证人谢某1（魏某1镇党委书记）的证言：2016年9月，我到魏某1镇担任党委书记，周广森平常开会基本不来，不把镇党委和镇政府放在眼里，我以组织的名义找他谈过话，他说身体不好，吹不了空调，按规定不来开会一次，镇里扣500元绩效，周广森每年都拿不到考核绩效，他也不在乎。除了开会不来，我们还发现周广森不管东某1村的事务。为了加入新鲜血液，我们决定更换周广森、赵某8等人大代表，当时让镇人大主席李林做周广森的工作，周广森不高兴了，不想退，听说周广森说过人大代表是一个护身符，有次他打架被派出所抓了，一说是人大代表就放了，所以免去他人大代表时他很不高兴。有村干部向我反映，想干好工作，得跟周广森搞好关系，在日常工作中遇到群众上访或其他一些难题时，也有人建议我找周广森摆平。

4. 证人邢某1（时任魏某1镇副镇长）的证言：我知道周广森兄弟多，朋友多，势力比较大。周广森平常很少来镇里开会，一般是赵言替他来，也没人管。周广森可以控制好几个村子，包括陈某1村、东某2村、西某1村、东某1村、西某1村、岳某1村、车某1村、三某1村、大某1村等。我知道他在“煤场”打架的事，听说后来也没追究责任，赔钱了事，当地人都知道是谁干的。我还知道当年寇某1中标工程被周广森等人敲诈勒索60万元的事，当时那个工程周广森也想干，没干成，寇某1中标了，周广森就从寇某1处拿了60万元，事后他还以此炫耀，意思是这活儿他不干谁也干不了，就算干也要给他钱。周广森的小弟有窦晓雷和张国，我听说窦晓雷在陈某1村开了一个饭店，有人在饭店闹事，周广森就出面。窦晓雷和张国是周广森的兄弟，张国是通过窦晓雷介绍傍上周广森的，一般人还接触不到周广森。周广森平常老爱宣扬自己，到哪都说他叫兄弟“杨小”（杨长战）把“大妈”砍了的事。杨长战在混混圈里有点名气，混社会的都知道他，手下有人。这些事都是周广森炫耀自己的谈资，让别人怕他。

5. 证人杨某1（时任魏某1镇伊某1村党支部书记）的证言：2012年左右，我刚当上伊某1村书记时认识了周广森，他挺霸道的，黑白两道都吃得开，有人有钱，大家都尊称他为“三哥”。他在南九镇是一号人物，他要自称老二，没人敢自称老大。大约2015年，有一次各村村书记到镇里开会，我座位边上是周广森的桌牌，他经常不来开会，我就把他的桌牌放到了别的地方，大约过了一个星期，周广森打电话质问我为什么动他桌牌，问我在哪，要来找我，意思是要纠集人打我，之前我听说周广森他们把魏某1镇一个外号叫“大妈”的人砍了，砍得挺严重的，也没被处理，我也怕被他砍，赶紧离开了。周广森霸道得很，没人敢惹，听说他因为工程敲诈过60万元。有一次我在饭店吃饭，听见在吃饭的老百姓吓唬小孩，都不说狼来了，而是说周广森来了，可见这个人给当地老百姓心里造成了多大的恐惧。周广森什么事儿都想插一手，他不仅在东某1村有工程，整个魏某1镇的工程都是他干，资产不断增加，越来越有经济实力，老百姓越来越怕他。魏某1镇哪个村乱，哪个村不好管，周广森过去就行，别人做工作就不好使，周广森就管用，因为老百姓怕他，他手段狠，老百姓知道软的不行人家会来硬的，最后还得服。周广森经常不来镇里开会，也没见过镇里处理周广森，书记还是照常当，他跟镇里关系好。

6. 证人王某1（曾任北京市西某1农副产品批发市场有限公司法定代表人）的证言：魏某1镇的园林绿化养护工程，政策规定政府有专项补助，一亩地政府专项补助2000元，树木养护开始都是各村管，后来镇政府想把各村的园林养护项目收回去，但魏某1镇南部陈某1村、东某1村、西某1村、岳某1村、三某1村、东某3村等村书记都不跟镇里谈，跟周广森关系好，都听周广森的。他不让谈谁也不敢跟政府谈，周广森不让镇里接管养护工程，他可以把养护的事层层分包下去，实际养护费用一亩可能就几百元，剩下的大头全由他支配。2014年或2015年的夏天，镇里开会，周广森没来，伊某1村的书记把周广森的桌牌扔地上了，周广森得知此事给伊某1村的书记打电话，双方骂起来了，在“基地”里周广森把几辆车车牌都蒙上了，准备带王云峰、张某4、赵言等十几个人去砍伊某1村的书记，被我拦下了。

7. 证人耿某1（时任魏某1镇大某1村党支部书记）的证言：魏某1地区的村书记几乎没人敢不听周广森的，他能控制别的村书记干与不干，能不能干好，魏某1地区想干村书记的都得去周广森那里“拜山头”，周广森像“地下组织部长”。周广森性情暴戾，没人敢惹，听说他敢砍人，大家都知道他狠，手下有人。我2007年当选大某1村书记，我们村2008年从镇里申请了一个新农村项目，在原村委会旧址上新建一个二层办公楼，这个项目由周广森承包施工，周广森要求村里出资，这个项目有专门的政府资金，按规定村里不用出资，我就没答应他的无理要求，和他结了梁子。后周广森约我吃饭，说不去就不给他面子，我不敢得罪他就去了，吃饭时他还让我们村出资，我没答应，跟他吵了起来，周广森用酒泼了我一脸，还打了我，张国印用酒杯砸了我的头。2016年年底，周广森他们想让我出证明，我没答应，他们看我不配合，就开始告我了。2017年年底，我被周广森他们从村书记的位置弄了下来。他们先以合作、分成的形式，把占地范围内老百姓的地承租过来，然后抢栽抢种、搭建简易的阳光棚骗取补偿款。

8. 证人贾某1（魏某1镇陈某1村村民）的证言：周广森为人很霸道，魏某1镇一提起“三哥”，都害怕、发怵，他黑白两道通吃，政府里也有人。魏某1镇赚钱的工程，都是周广森干，别人谁也干不了。周广森养了很多东北人作为打手，都是他小弟，周广森就像是魏某1镇的“土皇帝”，哪个村解决不了的事情，找“三哥”都能解决了。魏某2村和北某2村两个村因为分确权地的事吵得不可开交，周广森当了这两个村的书记就把地分好了，因为老百姓知道周广森“路子深”，都怕他。

9. 证人回某1（魏某1镇王各庄村党支部书记）的证言：周广森是东某1村的党支部书记，我听说他在黑白两道都很有背景，身边有一群小混混跟着，甘建民是周广森手下一员大将，帮周广森弄工程，甘建民干的工程基本都是周广森授意承接的；赵言是周广森最忠实的小弟，在周广森安排下当了东某1村党支部书记，东某1村的实际控制人还是周广森。我还听说周广森有很多妻子，有很多个孩子。

10. 证人赵某2（东某1村村民）的证言：周广森于2001年5月当选东某1村村主任，后成了村书记，2010年兼任北某2村村书记，还做过魏某2村村书记。周广森挺有势力的，周边村很多人找他办过事。周广柱是周广森的二哥，口碑一般；赵言开过出租车，在周广森的帮助下，进了村委会，2007年左右当选村主任，2018年当选村书记；王云峰是东北人，从2004年就开始跟着周广森，先在周广森的饭店打工，后来给周广森当司机；甘建民是岳某1村村书记，主要给周广森管理土建工程，跟着周广森赚钱。

11. 证人赵某3（东某1村村民）的证言：2010年至2016年，我一直担任东某1村的村民代表，决定重大事项村里应召开村民代表大会讨论，再让代表在会议记录上签字。我曾看过民警向我出示的2份会议记录，那2份会议记录是假的，肯定是周广森让人写的，我没参会就把我的名字写了上去。周广森他们十几年前老打架，挺有“名气”的，老百姓都比较怕他，有时别的村有事，也会找他处理。周广森、周广柱、赵言，还有周广森的司机“小峰”关系比较好，周广森是老大。

12. 证人刘某2（东某1村村民）的证言：2005年到2015年，我一直担任东某1村村民代表。村民代表的职责是开村民代表大会，每年春天和秋天各开一次例会，都是赵言主持，走一个形式，我们签完字就得了。召开村民代表大会，周广森作为村书记应该在场，但他基本不来。我当了10年的村民代表，没参与过村里要集体修建道路或建设某种工程召开的村民会议，也没印象因租赁村集体土地的事情开过村民代表会议。周广森有几次派人拿着一张内容空白的村民会议记录，直接让我签字。

13. 证人孙某1（魏某1镇西某1村村民）的证言：周广森在东某1村当了差不多20年村书记，他在当地是有分量、有力度、有头有脸的人物，别人处理不了的事情，甚至本村书记处理不了的事情，周广森就能处理。周广柱是周广森的二哥，是搞建筑的，我们西某1村及魏某1其他村的一些建筑的活都是周广柱做的，这些活都让周广柱干，是因为看着周广森的面子；赵言是周广森的接班人，周广森担任东某1村书记时，赵言在周广森扶持下当了村主任，后因周广森有过前科，不能继续担任村干部，就扶持赵言当了村书记；张国印跟周广森是一伙的，他承包的地，都是周广森帮他拿的；窦晓雷是周广森的兄弟，跟周广森的关系很密切。

14. 证人赵某4（魏某1镇吴某1村村民）的证言：2010年2月8日1时许，我听见院里传来三四声爆炸声，7时许，我看见外院车棚外红色富康车后有一个类似礼花弹的球状物体，车棚靠北墙放的大葱被烧坏了一部分，一辆自行车也烧到了一点。走出外院，我看见大门外的地上有爆竹烧过的痕迹。我打"110"报警说院子里被人扔了爆炸物，被人恐吓。我怀疑是周广森等人指使别人往我家院里扔的东西，因为当时镇里违法征收我们村的土地，我在上访，以前镇里的好多起拆迁占地的矛盾都是周广森用各种方法平息的，案发前周广森让人叫我一块吃饭，我拒绝了，没给他面子，我觉得他会报复我。

15. 证人郝某1（时任吴某1村党支部书记兼村委会主任）、赵某5（证人赵某4之妻）、霍某1（证人赵某4之母）、刘某3（吴某1村村民）的证言均可证明2010年2月8日凌晨，赵某4家院内被他人扔进礼花弹，且发生了爆炸的情况。

16. 证人陈某1的证言：2010年临近春节的时候，周广森在基地跟我说，"吴某1村工地上总有村民捣乱，不让我的工程队施工，你去买几个礼花弹扔他家，吓唬吓唬他"，并告诉了我那个村民的名字。第二天，我去魏某1镇集市上买了两个礼花弹，当天傍晚我去吴某1村确定好了那户村民家的位置，晚上我来到他家院子外面，把点燃的礼花弹扔进了他的院子，第一个礼花弹响了，第二个没响，扔完后我就跑了。当时我在周广森手下干工程，周广森、周广柱兄弟给我发工资，他们说什么我就干什么。

17. 证人孙某2（西某1村村民）的证言：2017年7月左右的一天20时许，孙某3给我打电话让我去啤酒花园，我听他像喝多了，就没去。过了一会儿，周广森打电话说孙某3喝多了，让我带他回家。我在啤酒花园看见赵言、"小峰"等几个年轻人围着孙某3，我想带孙某3回家，赵言以为我是孙某3叫过来帮忙打架的，就上来揪我脖领子，周广森看见了，招呼我喝酒，我坐下了。张国一直站我身边，周广森骂了他，让他别站在这里，还随手打了他俩嘴巴，后张国拿了一把大片刀要砍我，周广森站起来拦他，把自己手指弄伤了。窦晓雷一看这情况就把吃饭的桌子掀了，并和许某1一起拿酒瓶子砸我，武某1护着我，我才没受伤，但武某1被砸流血了。后窦晓雷、赵言他们带着周广森去医院了。

18. 证人孙某3（西某1村村民）的证言亦证明孙某2证言所提及的2017年7月左右"啤酒花园"事件中，赵言、窦晓雷参与此事。

19. 证人张某1（抗震节能工程施工人员）的证言：周广森是甘建民的老

板，在当地比较厉害。有一次我们在北某2村干活，一户人家跟后院有矛盾，做工程时必须在这户人家的后院搭架子，后院的农户不让搭，当时这个村的书记来了，说这个活儿是周广森的，后院的人就不阻拦了。我听说周广森把人打得挺严重的，最后没被处理，老百姓应该是害怕他。

20. 证人王某2的证言：周广森在魏某1镇黑白两道通吃，估计周广森想要总包2014年魏某1镇的抗震节能工程，所以找了镇里的关系，他找完关系后我们这些施工队分包就没戏了。周广森跟镇里历任书记关系都挺好，还跟抗震节能的主管副镇长关系好。周广森是东某1村的书记，身边一直围绕着赵言、甘建民、王云峰等小混混。赵言在周广森的安排下成了东某1村的党支部书记，甘建民给周广森管理工程，王云峰开始给周广森开车，后来也得到了重用。周广森生活作风十分混乱，至少有三个孩子。我还听说2010年周广森带人把魏某1煤场那个叫“大妈”的人打了，打得挺严重，魏某1镇当时都轰动了。

21. 证人张某2的证言：我是北京兴远房地产土地评估有限公司（以下简称兴远公司）员工。东某1村有个叫周广森的人，东某1村书记赵言都得管他叫“三哥”，周围的村民都怕他。我去陈胜丽那户清登时，赵言让我等会，说等“三哥”发话了再量。我知道周广森的产业挺多的，别人租不了的地，他都能租上。

22. 证人张某3（中铁某2公司京霸铁路一标段工作人员）的证言：周广柱用车辆进行堵路的情况发生后，我们项目部曾经把国家扫黑除恶的标语贴到施工现场，但不起作用。后我们听说周广柱及他弟弟周广森是本地的“座山雕”，我们如果报警，没准周广柱会给我们带来更大的麻烦，所以我们没报警。

23. 证人李某1（赵言之妻）的证言：赵言2007年能成为东某1村主任离不开周广森的帮助和运作，在此之前赵言没干过村委会的工作，没有周广森提拔、运作，赵言不可能从村委会编外人员直接成为村主任。2019年，赵言担任东某1村党支部书记也是周广森运作的，赵言成为书记后，大事小情都跟周广森请示汇报，东某1村的实际控制人还是周广森。2013年左右，周广森把他家的一辆尼桑轿车连同手续给了我，后我又用这个指标购买了一辆大众途观L轿车，这车一直是我在使用。周广森找人帮忙给我安排了工作，每个月3500元左右。我家在云南购买的房产及途观L轿车都是赵言出资购买的，我知道赵言的收入只有村委会的工资收入和我家流转地的收入，每年不到3万元。

24. 证人王某3（王云峰之妻）的证言：周广森2012年给了我们家一套房，2015年左右给了一辆银色丰田车，王云峰开着的那辆车也是周广森的。2014年，我和王云峰有了孩子后花销比较大，加上孩子有病，周广森说“如果缺钱，就让来家里拿”，有时王云峰会找周广森拿几万块钱用于家用和看病。2017年5月，王云峰说和赵言、甘建民他们有个盖厂房、库房的投资，让我筹钱，我筹的大部分钱都转到了陈胜勇的账户，陈胜勇是周广森的大舅哥。

25. 立案决定书、受案登记表、到案经过等证明案件立案及各被告人到案的情况。

26. 常住人口登记信息等证明各被告人的自然情况。

27. 北京市大兴区魏某1镇党建办公室出具的周广森、赵言、甘建民、窦晓雷、李波简历，大兴区魏某1镇农村经济合作经济经营管理站出具的说明及中国人民政治协商会议廊坊市某区委员会出具的杨长战简历证明：周广森等人身份情况及担任相关职务情况。

其中，周广森2001年4月至2007年4月担任东某1村村委会主任，2006年4月至2007年2月代理魏某2村党支部书记，2006年10月被推选为北京市大兴区第三届人大代表，2007年4月至2010年6月担任东某1村党支部书记，2008年10月至2009年12月代理北某2村党支部书记，2010年6月至2018年12月担任东某1村村党支部书记、村委会主任，2011年11月被推选为北京市大兴区第四届人大代表，任期五年；2018年12月至2019年3月担任东某1村村委会主任，2019年3月至2020年8月担任东某1村治保主任；2007年4月至2011年4月担任东某1村经济合作社法定代表人及社长，2011年4月至2019年11月担任东某1村股份经济合作社董事长兼财务主管。2018年8月因隐瞒入党前严重错误，被给予严重警告处分。

赵言2007年5月至2010年6月担任东某1村村委会主任，2010年6月至2018年12月担任东某1村党支部副书记、村委会委员，2018年12月至2019年3月担任东某1村党支部书记、村委会委员，2019年3月至2020年8月担任东某1村党支部书记、村委会主任。

甘建民2015年10月至2018年12月担任岳某1村党支部委员，2018年12月至2019年3月担任岳某1村党支部书记，2019年3月至2020年8月担任岳某1村党支部书记、村委会主任。

窦晓雷2013年6月至2017年6月担任西某1村委会主任，2017年6月至2018年12月担任西某1村委会主任、全面主持村内工作，2018年12月至2019年3月担任西某1村委会主任，2019年4月至2020年8月担任西某1村治保主任。

杨长战2010年7月至2012年2月担任政协廊坊市某区第三届委员会委员，2012年2月至2017年2月担任政协廊坊市某区第四届委员会委员，2017

年2月后担任政协廊坊市某区第五届委员会委员。

李波2004年9月至2020年10月担任东某1村委会财务专管员。

28. 周广森入党材料、人大代表材料证明：周广森2003年填写入党志愿书、2011年填写区人大代表基本情况登记表时，均未如实填报其前科劣迹情况。

29. 婚姻登记证明等证明：周广森与陈胜丽于2016年4月26日登记结婚。

30. 涉案房产、车辆扣押、查封手续、交易明细、专项审计报告证明：侦查机关依法查封、扣押、冻结涉案房产、车辆、银行账户，以及对涉案15名被告人处起获的枪支、刀具、现金、土地租赁合同等物品进行扣押的情况。

31. 行政处罚裁决书、行政处罚决定书、刑事判决书及释放证明等证明：被告人周广森因妨害公共安全，于1999年3月28日被处以行政拘留十日，因犯故意伤害罪于2000年11月2日被判处有期徒刑一年，缓刑一年；被告人赵言因违反交通管理法规，于2001年1月4日被处以行政拘留五日，因故意伤害于2006年7月12日被处以行政拘留十日；被告人张国印因寻衅滋事，于2018年8月20日被处以行政拘留五日，因犯聚众斗殴罪于2001年3月9日被判处有期徒刑六个月；被告人窦晓雷因犯故意伤害罪、强迫交易罪、敲诈勒索罪，于2008年11月26日被判处有期徒刑五年，并处罚金人民币四千元，2012年1月18日刑满释放；被告人张国因犯抢劫罪、故意伤害罪、寻衅滋事罪，于2000年6月23日被判处有期徒刑七年，并处罚金人民币一万元，后被假释；假释期间，又因犯故意伤害罪、强迫交易罪、敲诈勒索罪，于2008年11月26日被撤销假释，数罪并罚，并与前罪未执行完毕的刑罚及罚金刑并罚，被判处有期徒刑五年六个月，并处罚金人民币一万三千元；因犯寻衅滋事罪于2014年3月7日被判处有期徒刑一年，2014年9月16日刑满释放。

32. “110”接处警记录证明：2010年2月8日，赵某4报案称有人向其家中扔礼花弹。

33. 魏某1镇信访办出具的关于吴某1村部分村民反映村东马坟地是出租还是征地问题答复意见、关于吴某1村刘玉栋等人提出信访事项的答复意见、关于吴某1村部分群众反映村内征地问题的答复意见及村民代表大会会议纪要、行政上诉状等证明：相关部门对赵某4等人反映吴某1村征地占地情况的答复及诉讼情况。

34. 被告人王云峰的供述：周广森是我们的老大，我们都得听他的，他在团伙里说一不二，没人敢违抗他的命令，我们都叫他“三叔”或“三哥”。他在魏某1镇是赫赫有名的人物，上到政府、下到老百姓，没人不给他面子，如果不听他的话就会遭到报复。周广森有两处“基地”，2008年左右建了一个，

2015年左右搬到现在的新“基地”，“基地”这个名字是周广森起的。他经常住在这里，周广柱、赵言、甘建民、窦晓雷、赵亚利、孙永合、张国印经常来找他吃饭喝酒。周广森通过关系拿到了魏某1镇的土建、绿化养护工程，并且长期把持基层政权，几个村的村主任、书记都听从他的指挥，政府工作人员也长期在他的“基地”吃喝玩乐，我们所有人都依附他挣钱。周广柱是周广森的二哥，我们这些人平时都很尊敬他，他在魏某1镇的项目都是通过周广森的关系拿下的，他通过周广森挣钱，所以听周广森的。在“老寇”（寇某1）被敲诈这件事上，周广柱的工程也是周广森给的，周广柱在饭局上对寇某1等人恶言相对，帮助周广森敲诈寇某1钱财。甘建民负责管理周广森所有的建筑工程，是给周广森挣钱的一条手臂。在“煤场”打架中，甘建民听从周广森的指挥参与打架，在寇某1被敲诈勒索中，甘建民利用工程的便利，在磷肥厂的必经之路上指挥手下刘万利倒土堵路。我跟了周广森16年，负责管理周广森的绿化养护工程，也是给周广森挣钱的一条手臂，周广森给我购买房产，平时对我挺好的。在2005年李某1案中，我接到周广森电话后第一时间就赶了过去，用刀将对方砍伤了；在2006年聚众斗殴案中，我听从周广森的命令，带人前往魏某1镇帮助周广森的朋友陈某3实施犯罪活动；在“煤场”聚众打架中，我听从周广森的指挥，第一个冲上去打伤了对方的人；在制造、运输枪支案中，我按照周广森的命令从网上查询资料购买枪支零件，完成了枪支的制作及运输。赵言表面上是东某1村的村书记，实际上是周广森的傀儡，幕后主持大局还是周广森。赵言是周广森在政治上的一条腿，方便他把持基层政权，通过政治手段敛财。在“煤场”聚众打架中，赵言为凸显自己，接过周广森的镐把打在了毛某1的头上，后得到周广森的重用。陈胜丽是周广森的妻子，平时负责招待客人，周广森将“基地”旁的土地写在了她名下，获得了丰厚的拆迁补偿款。赵亚利依附在周广森身边，通过周广森谋取钱财，我听说他和周广森一同租赁土地，在土地上盖房，来骗取拆迁款，在“煤场”聚众打架中，赵亚利跟周广森一同到煤场，动手打了人。杨长战平时总来基地，“煤场”聚众打架中，杨长战带着几个人最后到的现场，直接逆转了局势，将对面的人打退。“煤场”聚众打架案的起因就是孙永合赌博欠钱拖着不还，还想借周广森的名头赖账，导致周广森带人在煤场将对方打伤。张国印通过周广森在魏某1租赁了不少土地，在“竹园酒乡”打架案中，张国印听从周广森指挥，将对方的人打伤。陈胜勇是陈胜丽的亲哥，是周广森的大舅子，经常住在“基地”。周广森2018年接了绿化工程的活后，让我和陈胜勇一起负责管理绿化工程，2019年年底后的绿化工程款都打到陈胜勇的账户。窦晓雷总来“基地”找周广森吃饭、喝酒，“竹园酒乡”是窦晓雷经营的。我们这些人跟周广森是上下级关系，周广森是大哥，让我们干什么我们就干什么，周广柱是周广森的二哥，除了周广森我们就听周广柱的，陈胜丽是周广森的妻子，她说的话我们也得听，剩下的人基本都是平级。

35. 被告人赵言的供述：周广森在东某1村前后有两处“基地”，老“基地”是2008年或2009年建的。2015年左右，周广森建成新“基地”，用来居住、办公，招待各级领导。周广柱、甘建民、张国印、赵亚利、杨长战、窦晓雷、张国、孙永合还有我都经常去“基地”；村委会的李波、王某26也经常去“基地”向周广森请示、汇报工作。

2000年村委会换届选举，周广森因为没有在东某1村委会工作过，村里的群众、党员对他都不太了解，周广柱在东某1村委会工作过，有一些群众基础，就找那些跟他关系好的，让他们给周广森投票，帮助周广森当选为东某1村委会的村主任。2007年6月换届选举，我在周广森的安排下当选为东某1村村委会主任。2018年年底，村两委换届选举，周广森因受过刑事处罚不能继续担任东某1村两委干部，他拍板让我当村支书，多次向镇领导推荐我，还在选举支委委员前的村全体党员会上先发言说“提议赵言、王某26、刘美艳当下一届的支委委员”。周广森为人霸道，在村委会搞一言堂，听不进别人的意见，谁要跟他唱反调，他就会打击报复。我成为东某1村党支部书记后，周广森担任村治保主任，他没到村委会上过班，但一直都领着工资。周广森任村支书时，也长期不到镇政府参加会议，一直都是我替他去，他也不来村委会办公，村委会的工作都是去他的“基地”汇报。周广森在村委会的各个部门全部安插了自己人，把东某1村委会搞成了他个人的地盘。

周广柱跟周广森关系最为紧密，他们是亲兄弟，周广柱为了利益，不惜踩着我、甘建民、王云峰，他称“基地”是“我们周家府”来显示他跟周广森更亲近，周广柱多年来一直跟周广森干基建的活，周广森通过关系运作下来的建筑项目一般都给周广柱干。周广柱平时为人霸道，他惹事了有周广森给他撑腰，所以在魏某1一带到处耍横、惹事，别人一听他是周广森的二哥都对他敬而远之。我、甘建民、王云峰对周广柱也很尊敬，称呼他“二叔”，不敢得罪他。周广柱也会指挥我、甘建民、王云峰等人去办些事，如果周广森不在，我们都听从周广柱的安排，他是仅次于周广森的领导人、“二当家”。周广森担任东某1村党支部书记、村委会主任期间，我们村对一些重大事项或涉及全体村民的事情，大多数都是周广森指使李波组织大家开会，本人几乎不参加，会后由李波完善会议记录，大多数情况是李波按周广森授意或同意代替参会人员签字。

36. 被告人甘建民的供述：范某2是周广森的战友，经常去“基地”。

2018年11月左右，时任岳某1村书记范某2在周广森的“基地”，说干完这届想让我接班。后开党员会选举时，范某2在会上提议让我参选，大伙投票同意后，我就当上了书记。赵言跟周广森得有十年了，村主任也是周广森给弄的，王云峰好像从2004年就跟着周广森了，周广森还在海子角给王云峰买了一套房，周广森的车也一直是王云峰开，王云峰在“基地”有固定的屋，管周广森叫“三哥”，他们之间是大哥跟小弟的关系。

37. 被告人窦晓雷的供述：我管周广森叫“三叔”，因为他排行老三。2007年3月，我和赵言等人开了“竹园酒乡”饭馆。饭馆打架后，周广森带着我和其他人一起旅游过几次。我2013年当选西某1村村主任后，有时会和周广森等几个村的村主任、村书记一起吃饭。

38. 被告人李波的供述：周广森在魏某1镇的影响力相当大，他跟魏某1镇历届的镇党委书记和镇长的关系都很密切，不仅长期担任东某1村的党支部书记，还兼任过北某2村、魏某2村的党支部书记。周广森不仅自己当书记，还极力扶持他的身边人像赵言、甘建民、窦晓雷这样的“小弟”担任各村的党支部书记或村委会主任，另外对于一些存在利益关系的人如西某1村原党支部书记“保利”（孙某7）、西某1村原村委会主任孙某2、岳某1村前任党支部书记范某2、陈某1村前任村委会主任王某11等人，他也积极扶持，这些人当选为党支部书记或者村委会主任后更方便周广森在这些村域攫取经济利益，扩大他的势力范围和影响力。

2000年左右周广森在周广柱等人的串联、拉票下，当选为东某1村的村委会主任，后来又成为党支部书记，周广森当上村委会主任后，村委会就长期有一批像王云峰这样的东北籍外地人围在周广森身边供他驱使。周广森担任村党支部书记后，以各种理由把那些不听命于他的人清理出村委会，将原本跟着他混或与其关系密切的人安插到村委会的各个部门。2019年换届选举后，赵言开始主持东某1村的村务工作，但村里的人都知道赵言不过是周广森的傀儡，村务实际上还是周广森主持。

我跟着周广森这些年，最主要的工作是为他个人服务，为他在工程款结算、伪造土地租赁合同、伪造变造支出凭证、做假账、私设小金库等事情上提供帮助。我惹不起周广森，也想有个稳定收入，在利益的驱使下，对周广森百依百顺。

39. 被告人张国印的供述：周广柱是周广森的二哥，承接的大部分建筑工程的活都是依仗着周广森的面子和人脉接过来的。王云峰在周广森身边十多年了，一开始给周广森当司机，后周广森让他负责管理绿化养护工程。因周广森有前科，不能继续担任村书记，赵言在周广森的扶持下，担任了村书记，实际上村里的大小事务还是周广森说了算。甘建民是岳某 1 村村书记，跟周广森认识很久了，没当村书记时，周广森安排他负责工地工程方面的活，担任村书记后，还帮着周广森管理工地工程。陈胜丽是周广森现任妻子，跟着周广森十多年了。陈胜勇是周广森的大舅哥，没有正当职业，跟着周广森打杂。窦晓雷原来在西某 1 市场上班，跟着周广森后，在周广森扶持下当上了西某 1 村主任。张国、赵言、窦晓雷都是周广森的得力干将，周广森让他们做什么，他们就做什么，他们都管周广森叫“三叔”。

40. 被告人陈胜丽的供述：王云峰是东北桦甸人，给周广森当过司机，后来周广森让他管理镇里林地养护的项目。赵言之前是东某 1 村的村主任，周广森不当村书记后，他当了东某 1 村的村书记。甘建民帮周广森管过保温、绿化项目工程，后来成了岳某 1 村的村书记。赵亚利没什么正经工作，跟周广森关系不错，他们合租过地。孙永合喜欢赌博，他和周广森在魏某 1 合租过一块地。

41. 被告人孙永合的供述：周广森因为身份敏感不方便出面，我和赵亚利、张国印出面给周广森弄过地。甘建民是周广森的得力干将，一直负责工程；王云峰是司机兼保镖，有事就上；赵言的村书记是周广森运作的，表面是村书记，实际操控村委会的还是周广森。这些人都得过周广森的好处，所以周广森有事，他们都冲在前面。“煤场”事件，我听说当时对方都给周广森跪下喊“三爷，我错了”，都不行，杨长战也挺猛的，跟周广森关系很好，“煤场”打架的时候，他也过来帮忙了。

42. 被告人赵亚利的供述内容涉及王云峰、赵言、甘建民、孙永合等人身份及与周广森的关系，与其他被告人供述和辩解的内容及证人证言内容基本一致。

43. 被告人刘万利的供述：我负责周广森工程工地内的施工，帮他监工；甘建民负责购买建筑材料、联系活儿。我听周广森的，周广森给我奖金和工资。我 2008 年左右开始在村委会上班的，周广森一年给我 9600 元。2016 年左右，我帮周广森盯工程的事，连工资带奖金给我 3.6 万元，奖金数额不定，要看当年工程和收益。

上述证据经庭审举证、质证，本院对言词证据中相互印证的部分及其他证据予以确认。

二、黑社会性质组织实施的犯罪活动

（一）寻衅滋事的事实

1. 2004 年五六月间，被告人周广柱受邱某 1（时任魏某 1 镇羊某 1 村党支部书记）之托，为阻止被害人赵某 6 竞选羊某 1 村委会主任，指使邱某 2（已判刑）等人多次前往羊某1村委会选举现场及赵某6家中无故生事，对赵某6进行滋扰。2004年6月29日5时许，被告人王云峰与邱某2、马某1、马某2、吴某1（均已判刑）等十余人，持镐把、砍刀等工具闯入赵某6家中，将赵某6、范某1等人打伤，并将赵某6家窗玻璃砸毁。经鉴定，赵某6身体所受损伤程度构成轻伤一级，范某1身体所受损伤程度构成轻伤二级。

认定上述事实的证据有：

（1）被害人赵某6的陈述：2004年5月30日上午，羊某1村村支委委员选举正在唱票，有四个人开车进大队院里往外轰村民，开车的是周广柱，他们不让大家靠前，我看选票时，周广柱还打我，不让我碰选票。2004年6月初，我找镇党委的付书记反映了这事。6月12日晚，周广柱等人来我家，质问我为什么告他，过了几天，又有两个人来我家，其中一个自称姓邱，问我为什么告周广柱他们是黑社会。6月18日晚上，我回家发现妻子范某1胸口被踹了一脚，躺在地上，范某1说周广柱和姓邱的来了。6月29日早晨，我弟弟赵某7给我打电话说周广柱带了好多人来找我，他和我弟妹刘某4来我家找我，说房后停了三辆车，让我注意点，正说着，二十多人闯进我家院子，有拿刀的，有拿木棍的，其中十多人拿着东西进屋打了我们十多分钟，我和范某1都被砍伤了，赵某7、刘某4也被打了。

（2）被害人范某1的陈述：2004年6月18日19时许，有三辆车停在我家门口，下来十五六个人，一姓周的男子问赵某6是否在家，我说没在，他就到院子里找，没找着。姓周的男子问我赵某6上哪儿去了，为什么告他们，我说告的是邱某1，一个小伙子照我胸口给了一脚，我被踹倒了，姓周的就走了。姓周的男子自称叫周铁柱，东某1村人，他和邱某1关系不错，村委会2004年6月换届选举的时候他也在现场。2004年6月29日早晨，赵某7和刘某4来到我家，有十多个人进入我家院子，往屋里扔砖头、酒瓶等物，把玻璃都砸碎了，打到了赵某7的后脖子，后对方进屋了，赵某6往西屋跑，顶着门不让对方进来，他们把门弄掉了，把赵某6打倒在地，还用刀砍、用棍子打。刘某4想报警，被打后也打不了电话了。他们过来打我，我用椅子挡着，他们把椅子打成两半，用刀砍了我左手大拇指，还打了我胸口等处。

（3）证人邱某1的证言：2004年，我和赵某6竞选羊某1村村主任，我不想让赵某6当选，就给周广柱打电话，让他在选举当天带人来捣乱，他说“明白”。我找周广柱是因为他在当地比较横，手下有一帮人，可以帮我揍赵某6；而且我当时是村书记，让周广柱在村里干过活，我想利用周广柱的势力阻止赵某6当选。选举那天，周广柱带了好几个人，开了几辆车来到村委会，但当天现场群众多，周广柱没揍赵某6，就在选举现场起哄，制造混乱。我看见过周广柱手下的人爬上赵某6小院墙头，往院子里扔砖头。

（4）证人刘某4的证言：2004年6月29日五六点钟，有村民跟我说赵某6家来人了，我就给赵某6打电话，告诉他外面可能有人，让他注意点。我去了赵某6家，当时赵某7也在。我们正在说话，从外面来了十几个人，手里拿着镐把、铁管、酒瓶、手锯等，进来就开始打赵某6，我刚要打“110”，有两个手拿木把手锯的人威胁我，把我拉到院子里，我看到赵某7躺在地上。那伙人走后，我看到赵某6浑身是血躺在地上，就找了村民蔡某1开车带他去看病。

（5）证人赵某7的证言：2004年6月29日5时许，我和刘某4到赵某6家，没一会儿，有十几个人冲进院子里，拿着棍子、酒瓶开始砸窗户玻璃，往屋里扔白色粉末，我被一个酒瓶打昏了。

（6）证人蔡某1的证言：2004年6月29日，我跟着刘某4进了赵某6家，看到他家玻璃被砸了，赵某6头和胳膊被砍伤了，大腿也被打折了，躺在地上，流了一地的血。赵某6妻子也被打伤了，身上都是血。我拨打了“110”和“120”。

（7）证人赵亚利的证言：王云峰被放出来时，大伙吃饭为他“接风洗尘”，说了他被抓是因为羊某1村竞选书记的事，有人跟一个姓邱的人竞选，姓邱的找到周广柱，让周广柱找人，到对方家里把人给打了。

（8）现场勘验笔录、现场平面示意图、现场照片证明：现场位于北京市大兴区魏某1镇羊某1村南部赵某6家。外屋门东侧窗子的两块玻璃破碎，灶台东侧墙上窗子的两块玻璃破碎，灶台北侧木门及南侧门框上有打击痕迹，木柜南侧木门门板倒放在地面上，门板上有多处打击痕迹。门板下方地面上有一把铁柄斧子，柄上粘有少量血迹。西屋南侧衣柜东南角距地面76厘米处有两处砍切痕迹。东屋房门东侧地面上有大片血迹，东屋地面上有一把拆散的木椅、绿色啤酒瓶玻璃碎片、透明窗玻璃碎片。东屋南侧的窗子玻璃均破碎，窗框损坏。

（9）北京市公安局大兴分局原法医检验鉴定所出具的刑事科学技术检验报告、诊断证明书及北京市大兴区公安司法鉴定中心出具的补充说明证明：赵某6身体所受损伤程度构成轻伤一级、范某1身体所受损伤构成轻伤二级。

（10）北京市大兴区人民法院（2007）大刑初字第430号、（2007）大刑初字第707号、（2007）大刑初字第708号刑事附带民事判决及相关更正裁定证明：经生效裁判文书认定，2004年6月29日5时许，邱某2纠集吴某1、马某2、马某1等人，持镐把、砍刀等作案工具窜至羊某1村赵某6家中无故将赵某6、范某1打伤（经法医鉴定赵某6、范某1均为轻伤），并将赵某6家窗玻璃砸毁。根据以上事实及相关证据，北京市大兴区人民法院判决邱某2犯寻衅滋事罪，判处有期徒刑三年；吴某1犯寻衅滋事罪，判处有期徒刑二年；马某2犯寻衅滋事罪，判处有期徒刑二年；马某1犯寻衅滋事罪，判处有期徒刑一年；邱某2、吴某1、马某2、马某1连带赔偿赵某6经济损失人民币8978.53元，范某1经济损失人民币2261.51元。

（11）被告人周广柱的供述和辩解：我和羊某1村书记邱某1关系不错，并通过他在羊某1村接过一些活。2004年六七月，魏某1镇一姓赵的副书记说羊某1村村委要换届选举，让我找人帮忙维持现场秩序，后“连鹏”（邱某2）找了四五个人去了。我带着赵某2去羊某1村大队找邱某1想找点活干，正赶上选举唱票，我在大队会议室待了十多分钟，邱某1当天没选上村主任，一个姓赵的选上了，邱某1让我找几个人劝姓赵的退下来，让“连鹏”也找几个人劝姓赵的退下来。我跟“连鹏”说，那你找俩人跟姓赵的说说。第二天，“连鹏”给我打电话说姓赵的家关着门，他们两个人翻墙跳进去被打了，我说不行就算了。后姓赵的到镇里告我是黑社会，还告我找人打了他，我才知道姓赵的被打这件事。后我和马希会去过姓赵的家，他和他媳妇都在，我问姓赵的为什么说我是黑社会，他说是误会。

（12）被告人王云峰的供述：2004年夏天，我和咸明强来北京投奔了“宝子”。“宝子”有次跟我说，要是有人开车来接，就让我跟着，不用下车，人家打架我们去凑个数。这种事我去过两三次，前几次都没下车，最后一次我下车参与打架了。那天早上，有两人开车来接我和咸明强，我们知道是跟着打架，一小时后，我们来到大兴区一个农村小院的门口，现场有我、咸明强、“连鹏”、吴某1、马某2、马某1、“洪海”、“小坤”等十几个人，有人从车上拿了木棍、砍刀，我捡了一根木棍，咸明强拿了一把砍刀。我和咸明强跟着他们进了院，捡砖头砸正房玻璃，我跟着进了屋，看到几个人围着一个老头和一个老太太，老头手里拿着一把菜刀乱挥，老太太躲在老头身后，我看对方是老人，就出来了，继续捡砖头砸玻璃。过了一会儿，我听见有人喊“砍人了，快跑”，我就跟着跑出了院子。我2020年1月被取保候审后，周广森跟我说这事跟周广柱有关，是羊某1村姓邱的书记想竞选村主任，让周广柱找人去打参与竞选的老头。

（13）同案犯吴某1的供述：2004年六七月的一天，邱某2对我、马某2、马某1、“田民强”等人说明天出去办点事。第二天天没亮，他带着我们十多个人到魏某1镇一个村的一户院门口，邱某2让“田民强”拿刀把岁数大的男子砍了，“田民强”带着我们冲进院子，有人拿着酒瓶往屋里扔，有人拿镐把把窗户玻璃打坏了，“田民强”拿刀冲进了屋，其他人也进去了，出来后“田民强”说砍了对方腿上两刀。

（14）同案犯马某2的供述及辨认笔录：我跟着邱某2找赵某6闹过三次。第一次在道边地头，对方是一个老头，邱某2让他以后别老乱说话，老头挺客气，说“行”；第二次隔了不到一个月，我跟吴某1、邱某2、马某1等人去了老头家门口，老太太出来骂我们，吴某1踹了老太太肚子一脚，老太太就跑了；第三次邱某2在头一天晚上叫了我、马某1、吴某1、“田民强”和“小峰”，说明天这事一定要办好，往后的日子就好过了，还让“田民强”拿刀跟“小峰”打老头，把老头脚筋挑了。次日6时许，我们十多个人分乘五辆车，我拿着消防枪，有人拿着酒瓶、镐把、砍刀，“田民强”和“小峰”在屋里打老头、老太太，“大三子”往屋里扔酒瓶。周广柱找邱某2时我见过两次，听邱某2说是周广柱出5万元找他打老头。据我所知是原羊某1村书记找的周广柱，让周广柱搞别人。

经对七组，每组12张不同男性正面免冠照片进行辨认，马某2辨认出第1组7号照片上的男子（魏洪海）就是“红海”，该人那天拿镐把在院子；辨认出第2组10号照片上的男子（王云峰）就是“小峰”，该人跟“田明强”进屋打老头；辨认出第3组6号照片上的男子（王某11福）就是“大三子”，那天该人往屋里扔啤酒瓶；辨认出第4组2号照片上的男子（吴某1）就是吴某1，那天该人拿镐把进院；辨认出第5组8号照片上的男子（邱某2）就是邱某2，其几人称该人“连鹏”，每次去找老头都是该人组织安排的；辨认出第6组6号照片上的男子（咸明强）就是“田民强”，该人在现场用刀砍赵某6；辨认出第7组8号照片上的男子（周坤）就是“小坤”，案发当天该人和马某2等人一起去的赵某6家院内。

（15）同案犯马某1的供述及辨认笔录：邱某2带着我、马某2、吴某1、“洪海”、“小昆”、“大三子”、“小峰”、“田民强”等十多个人去了案发现场，“田民强”“洪海”“小昆”等人拿镐把砸了那家人的玻璃窗户。“田民强”拿了一把砍刀，其余人大多拿镐把。邱某2在外面没进院，他说是邱某1让他去的。

经对四组，每组12张不同男性正面免冠照片进行辨认，马某1辨认出第1组7号照片上的男子（魏洪海）就是“洪海”，案发当天该人在现场；辨认出第2组9号照片上的男子（王云峰）就是“小峰”，案发当天该人在现场；辨认出第3组3号照片上的男子（邱某2）就是邱某2，该人当天在案发现场，也是该人组织去的；辨认出第4组8号照片上的男子（吴某1）就是吴某1，该人案发当天也去了。

上述证据经庭审举证、质证，本院对言词证据中相互印证的部分及其他证据予以确认。

2. 2005年7月26日22时许，在北京市大兴区黄某1镇观某1小区东门处，被告人周广森酒后因琐事与被害人李某1发生争执，后纠集被告人王云峰和张某4、程某1（均另案处理）等人到达现场，持刀、砖头将李某1打伤。经鉴定，李某1身体所受损伤程度构成轻伤二级。

认定上述事实的证据有：

（1）被害人李某1的陈述及辨认笔录证明：2005年7月26日22时30分左右，我朋友李某3开车送我回观某1小区的家，我们在小区门口跟保安发生了争执，正在理论时，周广森乘坐他女朋友的车来了，他下车就骂我，嫌我堵路了，后他打电话叫人带刀来，还催对方，他女朋友下车拦着周广森。我姐姐李某4也从家里出来把我劝回家。周广森还在外面吵吵，威胁李某3把我叫出去，否则就砸车，我怕李某3吃亏，就拿了一把菜刀出门。我一出门，周广森就把他的手机扔过来打到我胸前，喊“就是他，给我剁了他”。四五个人就拿板砖、砍刀、匕首向我冲来，我拿着菜刀乱挥，菜刀跟刀撞上过，不知道是否砍到人。后对方有个人落单了往回走，我拿菜刀追，追了十几米有人向我扔板砖，砸伤了我右眼眉骨，我退到一辆车旁，背靠着车跟对方僵持。后警察来了，对方听到警笛声就跑了，我才发现手指被砍掉一节，应该是拿砍刀的人砍的。第二天周广森被警察抓了，后经他人说情，周广森赔了我4万元，我同意谅解他。

经对15张不同男性正面免冠照片进行辨认，李某1辨认出11号照片上的男子（周广森）就是本案的犯罪嫌疑人。

（2）证人程某1的证言及辨认笔录证明：2005年7月的一天晚上，“果子”让我跟他出去一趟，他还带了两个人，他说有个哥哥和人家吵起来了，过去看看。我们四人到了某1小区门口，看到一光膀子男子指着另一男子说“就是他，揍他”，我们四人就过去了。我看见对方男子四十多岁，拿着菜刀，站在小区门口南侧十多米处，我没敢上去，“果子”和他带来的两个人一边让那男子放下刀一边往里走，那男子就往后退，那个光膀子男子还在喊“揍他，揍他”。后“果子”和那两人捡砖头砸对方，对方退到两个楼之间站着，“果子”带的一男子拿一把匕首站在对方北侧。后“果子”用砖头砸到对方头部，另外两人用砖头砸到对方身上，对方和北侧拿匕首的男子对打，拿匕首的男子往后跑，拿菜刀男子退了回去。这时有一女子，好像是拿菜刀男子的亲戚，拉着他回楼里了。后警察来了，“果子”他们跑了，我被警察抓住了，我记得后来拿菜刀的男子脑袋上有血。

经对12张不同男性正面免冠照片进行辨认，程某1辨认出7号照片上的男子（同案人张某4）是外号叫“果子”的男子。

（3）证人王某4的证言：2005年夏天的一个晚上，我开车带着周广森回观某1小区，到小区东门时，一辆车堵着进口，我们车进不去，保安说前面那辆车和保安有纠纷。后保安推开大门，周广森说下车看看，我开车进小区，停下车，再回来看到周广森与前车的人（李某1）争吵起来，互相对骂。我拦着周广森，对面司机也在劝李某1，把李某1往家推。后李某1拿着一把菜刀从单元门口出来了，我上去劝他、推他，他把刀举起来，我吓得往回跑。这时有个不认识的男子迎面走来，拿着40公分左右像铁棍的东西和李某1打到一起，我听到刀和铁碰撞的声音，紧接着那男子往南跑了，李某1往南追了几步，举着刀又往北跑，这时北边来了四五个人，李某1去砍那几个人，那几个人和李某1厮打在一起，我事后听说李某1受伤了。

（4）证人陈某2的证言及辨认笔录证明：2005年7月26日22时许，我丈夫李某1被人砍伤了，对方是住在我们楼上的胖男子叫来的。当时我在看电视，李某1进家后到厨房转了一圈又出去了。我听李某1的哥哥李某5说，李某1因为车与他人发生争执，对方在叫人，我和李某5就跟着出去了。我看到李某1在小区23号楼路东侧，住楼上的胖男子打电话说“怎么这么慢，赶紧过来”，我在中间劝，对方不听，还把手机摔到李某1身上，李某1往上凑时，他身后一男青年砍了他一下，之后就往南跑，李某1在后面追。我赶紧回家报警。

经对15张不同男性正面免冠照片进行辨认，陈某2辨认出11号照片上的男子（周广森）就是指使他人寻衅滋事的犯罪嫌疑人。

（5）证人李某3的证言及辨认笔录证明：2005年7月26日晚，我和朋友李某1一起喝酒，我开车送他到小区门口，保安抬杆时砸坏了汽车前机械盖处一块漆，我和李某1与对方协商。23时左右，后面的车上下来一男子，挺胖，指着我的车让赶紧走。李某1说车被砸了怎么走。那男子和李某1骂了起来，后李某1被人拉开了。对方男子打电话说“过来”，还指着我说再劝就揍我。我上车要走，那男子将我拽下车，说如果我走就砸我的车，我站了一会儿，那男子在一旁打电话，我就走了。过了10多分钟，我回来时警车已经来了。

经对15张不同男性正面免冠照片进行辨认，李某3辨认出11号照片上的男子（周广森）就是本案的犯罪嫌疑人。

（6）证人李某4的证言：2005年7月26日22时30分左右，我弟妹陈某2说李某1跟别人打起来了，我让她报警。我出去看到李某1站在一辆车前，有三四个男子拿砖头打他，我上前拉架，对方不停手，我边拉他们边推李某1，把李某1推回家了。我看到李某1头破了，头上、手上都是血，手指被砍掉了一段。当时对方有一男子拿着一把刀，长20多公分，还有一男子站在小区东边墙下喊“打死他，打死他”。

（7）证人李某5的证言：2005年7月26日22时45分左右，我在观某1物业西侧停好车准备回家，看见四五个男青年正在追打李某1，好像有拿刀的，我赶紧去报案。后李某1说他右手食指被砍掉一节，眼睛被人拍了一砖头。

（8）证人赵某8的证言及辨认笔录证明：案发当天，我同事姚某1正在给一辆白色车开登记卡，车直接冲向了栏杆，后从车上下来两个人，司机与我们发生了争执，另外那人站在保安室墙角。后一辆黑色车停在门外，从车上下来一光膀子的胖子，问这车为什么停在这里，司机向他解释了几句，另外那人骂胖子管闲事，那胖子回嘴了，旁边一个业主怕他们打起来，就和白车司机把另外那人拉走了。后白车司机回来准备把车开走，胖子不让他走，问另外那人哪去了，让司机叫他回来，否则不让他走。他们僵持了3分钟，另外那人又回来了。

经对15张不同男性正面免冠照片进行辨认，赵某8辨认出11号照片上的男子（周广森）就是本案的犯罪嫌疑人。

（9）证人姚某1的证言：2005年7月26日22时30分左右，我在值班，一辆白色轿车在登记出入证时被栏杆别了一下机器盖，车上下来两名男子让我找物业。这时开过来一辆黑色小轿车，进不了小区，一个光膀子男子下车问白色轿车司机怎么回事，和司机一起的男子骂了光膀子男子一句，光膀子男子也骂他。后光膀子男子连续打了四五个电话，过了10分钟，来了一辆白色轿车，下来5名20多岁的男子，走进了小区，光膀子男子也不见了，后听见小区里有人喊“要拿刀砍人”。

（10）证人白某1的证言：我和王某4、周广森、李某1都是邻居。2005年7月26日23时左右，我听到外面有人打架，过去看见周广森站在小区门口，李某1在24号楼下向北走，王某4和另外几人向李某1走去，王某4拦着李某1，李某1拿着一把刀，和一个拿刀男子打了起来。我把王某4拉到我家，在阳台上看到有人被打了，后来有人跑了，李某1在后面追，后警察就来了。

（11）北京市公安局大兴分局原法医检验鉴定所出具的人体损伤程度鉴定书及北京市大兴区公安司法鉴定中心出具的补充说明证明：被害人李某1面部、手部受伤，其身体所受损伤程度构成轻伤二级。

（12）伤害赔偿自行调解协议书及申请证明：2005年8月24日，王某4代表周广森与李某1达成调解，王某4一次性赔偿李某1人民币4万元，李某1不再追究周广森等人的刑事责任。

（13）被告人周广森的供述：2005年7月26日19时许，我酒后乘王某4

的车回家，在观某1小区门口，看见楼下的邻居李某1和门卫嚷嚷，不让抬杆，导致我的车进不去。我下车和李某1嚷嚷，并推搡起来。后我回车里拿了一把砍刀砍了他手一下，他就跑了。王某4怕李某1报复我，就给“国子”打电话，之后我和王某4就回家了。第二天，民警把我带到派出所刑事拘留，后王某4私下找李某1和解，赔了对方四万元至六万元，最后这个案子没处理我。

（14）被告人王云峰的供述及辨认笔录：2005年7月的一天21时许，我接到周广森的电话，他说跟别人吵架了，让我带刀赶紧到小区门口打架，我拿了一把长约30公分短刀就出门。5分钟左右，我到了周广森住的小区东门，看见周广森、“国子”还有两个20岁出头、东北口音的男子在现场，旁边还围着很多人。我走到周广森身边，对面男子朝我们走来，周广森说“打他”，“国子”和那两名男子朝对方扔砖头，砸在对方头上流血了。我看见对方男子手里拿着一把菜刀，周广森说“拿刀砍他”，我就拿刀跟他互砍，他砍了几下没砍到我，我的刀砍到他手上，他的手就流血了。周广森看我把对方砍伤了，就说“快跑”，我就往小区里跑，对方拿菜刀追了几步就不追了。过了一两天，我听说周广森被公安机关抓获了，后又被放了。

经对12张不同男性正面免冠照片进行辨认，王云峰辨认出4号照片上的男子（张某4）就是当日参与打架的“国子”。

（15）同案人张某4的供述：2004年或2005年，王云峰打电话让我过去，我就找了“小林子”，我们到大兴黄某1附近一小区门口，发现是叫我打架。我刚下车走到现场，跟王云峰说了两句话，对方拿刀朝我追过来，我顺势从地上捡起一块砖头，朝对方扔了过去，后我和“小林子”都跑了。

上述证据经庭审举证、质证，本院对言词证据中相互印证的部分及其他证据予以确认。

3. 2013年1月26日下午，在北京市大兴区庞某1镇薛某1村一歌厅内，被告人窦晓雷等人因琐事与被害人周某1等人发生争执，遂纠集被告人张国至歌厅，其间，张国持刀将周某1砍伤。经鉴定，周某1身体所受损伤程度构成轻伤二级。

认定上述事实的证据有：

（1）被害人周某1的陈述及辨认笔录证明：2012年年底，我在庞某1镇薛某1村开了一家歌厅。2013年1月26日，歌厅服务生告诉我有三个男顾客要扒女服务员的裤子，女服务员不同意，就出了包间，那三名顾客拽着女服务员的头发把她拖回了包间，女服务员的头发被拽掉了两绺，他们还往包间的垃圾桶里撒尿。我进包房时，里面有“三哥”“雷子”“文龙”等五人，“雷子”

“文龙”说没玩高兴，要把歌厅砸了，“三哥”和另一人一直劝他们离开，他们就是不走。后那三名男子结完账要走，我拦着说要么报警，要么带服务员去看伤，他们说一会儿再说，就回了刚才消费的包房。我就在歌厅大厅一直待着。过了大概20分钟，从歌厅外进来一个20多岁，身穿绿色军大衣的男子，直接从身后拿出两把刀砍我。那名男子砍了我两刀，我用右胳膊挡，第一刀没有砍透羽绒服，第二刀把胳膊砍伤流血了，我就跑出了歌厅。过了一会儿，歌厅服务员说那三名顾客和砍我的那名男子一起开车走了，服务员就报警了。砍我的两把刀是一样的，长约40公分，刀刃是半圆形的。我被砍伤后在右安门医院住了一个多月，西某1市场一姓王的老板带着“窦雷”来找我，说是“窦雷”让那名男子来砍我的，想调解这事，我同意了。过了几天，我和姓王的老板及“窦雷”等人到庞某1派出所做了调解，王老板给了我35万元现金。调解书上写的砍我的人不是实际砍我的人，砍我的人没来。

经对三组，每组12张不同男性正面免冠照片进行辨认，周某1辨认出第1组9号照片上的男子（窦晓雷）就是本案中涉嫌违法行为的人；辨认出第2组6号照片上的男子（张国）就是本案中持刀将其砍伤的违法嫌疑人；辨认出第3组7号照片上的男子（贾某2）即为2013年1月26日在薛某1歌厅闹事的三名男性顾客之一。

（2）证人史某1的证言：2013年1月底，我和贾某2、窦晓雷三人去了庞某1的一个歌厅，贾某2叫了一个女陪唱，可能对服务不满意，他在门外跟女陪唱吵了起来，我和窦晓雷从包间里出来，看见贾某2正在骂女陪唱，还推了另一个男服务员几下，那个男服务员就下楼了，我们三人也跟着下楼往歌厅大厅走。到了大厅，歌厅的人不让我们走，争执过程中，歌厅老板带了几个人过来，张国也从外面到了大厅。贾某2跟对方动起手来，对方一个人拿灭火器喷我们，我们赶紧跑出来上了张国的车离开了。过了三五天，窦晓雷跟我说对方有人受伤了，找王某1出面帮忙调解，我们赔了35万元。我们把钱给了王某1，一起去的庞某1派出所调解，我写的调解书，写的是我拿刀砍伤的歌厅老板，实际上是张国砍伤的。当时是贾某2先动的手，窦晓雷可能也撕吧了几下，我没动手，事后我才知道是张国拿刀砍了歌厅的老板。

（3）证人贾某2的证言：2013年，我和窦晓雷去过庞某1薛某1村的歌厅。我们与歌厅服务员发生了口角，双方打了起来，歌厅里有五六个服务员，都拿着棍棒之类的东西，还有一个人拿着灭火器喷我们。我们是空手，我们这边没人受伤。事后我从王某1那里借了4万元，自己拿了6万元，赔给了对方10万多元，窦晓雷赔了20多万元。

（4）证人柏某1（周某1之妻）的证言：2013年1月26日17时左右，我正在庞某1镇薛某1村的歌厅上班，听到楼上有吵声，我就上了楼，在二楼楼道看到三个男子拉扯领班马某3，还骂骂咧咧的，有一个一直在打电话，还有一个骂我，还说这个歌厅让你开你就能开，不让你开就别想开。我把他们拉开，让服务生和马某3下楼了，把这三人也劝回包房。我下楼后把这事和周某1说了，他说马上过来。在周某1来之前，对方叫了三个人，直接上到二楼，过了大概十分钟，周某1来了。我、周某1、马某3一起上了楼，刚到包房门口，他们六个人一边骂一边往外走，一边走一边拉拽周某1和服务生。到一楼大厅，对方又因为买单的事跟服务员争执起来，过了一会儿，又来了两个男的，就在大厅坐着。我又看见五六个人从外面进来，每人手里都拿着刀，其中一个左右手各拿一把刀，问“谁呀”，一个穿红衣服的人用拳头打了周某1，我上去拉人，他打了我几下。服务生说周某1被砍了，我看到他右胳膊流了好多血，就赶紧带他去了医院。

另，2013年3月6日，柏某1到派出所称周某1委托其来撤案，称双方都认识，已自行协商好处理了此事，不再追究对方任何责任。

（5）证人师某1的证言：2013年1月26日16时左右，我在歌厅二楼包房接待三名男子，他们叫了三个女服务生。17时左右，因女服务生吃饭回来不及时，其中一名男子在过道里骂，我上前解释，被他往包房里拉，领班马某3过来问情况，把三名男子劝回了包房。过了一会儿，又上来三名客人说是来劝架的，后老板周某1、马某3也上来了，双方在楼道里拉扯了一会儿就下楼了。周某1坐在大厅的椅子上，从外面进来两个男的，说来找人，在大厅里待着，过了十来分钟，从外面又进来两个人，走在前面的人说“谁这么牛呀”，并从上衣前胸内掏出一把菜刀，当时有一个劝架的人站在周某1身边，拿刀的人一脚把劝架的人踹到一边，又从上衣前胸处掏出另一把菜刀，举刀向周某1砍去，周某1用胳膊一挡，砍在了胳膊上，我抱起楼梯口的灭火器朝拿刀的人喷了一下，拿刀的人就朝我和马某3走过来，周某1趁机从大门跑了出去。我又喷灭火器，拿刀的人就没过来了，我看到马某3的胳膊被椅子砸了。除了拿刀的人，还有一个人手里拿着一根长约1米的镐把。

（6）证人王某5的证言：我身份证上的名字叫王某5，但大家一般叫我“王凤玻”。2013年1月26日17时左右，王某6接了个电话，说在村南歌厅有人吵架，让我去劝架，我、王某6、潘某1就开车去了歌厅。我们上楼到一个包间，里面有三个男子，王某6劝他们走，歌厅老板、老板娘也带着两个服务生进了包间，双方理论起来。我们把歌厅老板一方先劝到了一楼大厅，后和那三个男子也下楼了。正在劝架时，从歌厅外进来两个人，也不说话就站到一边，后又进来两三个人，走在最前边的人什么都没说，就踹了我一脚，我忙说不是我。我听到王某6在歌厅外叫我，赶紧出了歌厅，我们就开车走了。

（7）证人王某6的证言：2013年1月26日17时左右，庞某1镇薛某1村一歌厅的人打电话跟我说我们村的人在歌厅喝酒，发生了纠纷，让我去说说。我、“王风波”、潘某1开车去了歌厅，在歌厅包房看到我们村的贾某2和“窦雷”及一个不认识的人。我们劝了双方，但没劝好，我正往外走时，两个男子下车进到屋里，“王风波”当时在老板旁边劝，后我听见他说“别踹我”，接着屋里打了起来，还有灭火器喷的声音。我在门外叫“王风波”、潘某1赶紧走，他俩出来后我们就开车走了。

（8）证人潘某1的证言：我们把歌厅老板劝到一楼大厅后，那三个喝多的也跟着下来了。老板坐在椅子上，一直和那三个小伙子较劲，王某6劝老板，老板说不用他管，他就出去了。后从外面进来两个小伙子，说不唱歌，一个坐在老板旁边的凳子上，另一个在大厅站着。有两个服务生一个拿着烟灰缸，另一个拿着刀上前冲，还说骂我们老板就不行，我把他们拦下了。这时，从外面又进来两三个小伙子，进门就问喝多的那三个小伙子“是谁呀”，那三人指了一下歌厅老板，当时“王风波”正在劝老板，那几个人中的一人踹了“王风波”一脚，“王风波”躲开了，接着那几个人就跟老板动手了，我和“王风波”出门走了。

（9）证人王某1的证言：2013年1月，贾某2给我打电话说在庞某1的一个歌厅把人给打了，说他和窦晓雷、史某1、张国去歌厅唱歌，他嫌小姐串台，就把小姐打了，后服务员打了他们，张国用刀把歌厅老板砍了，现在派出所在找他，希望我出面把事情平了，我答应了。我找人帮忙说和，对方说拿38万元解决，我就答应了。过了几天，贾某2说可以去庞某1派出所调解了，我就带贾某2、窦晓雷、史某1去了派出所，他们三人凑了38万元给了周某1，双方还写了调解书，调解时张国怕被抓，没有去。

（10）北京市大兴区公安司法鉴定中心出具的鉴定书证明：周某1身体所受损伤程度构成轻伤二级。

（11）住院病历、出院记录等证明：周某1于2013年1月26日19时到北京丰台右安门医院治疗，诊断为右上肢开放性损伤，包括指伸肌部分断裂、肱桡关节囊破裂、尺侧腕伸肌、腕屈肌部分断裂、右上肢皮裂伤；右肱骨远端及尺骨骨折（开放）；右桡骨头关节面部分缺失；于2013年2月2日18时出院。

（12）调解协议、工作说明、撤案申请等证明：贾某2与周某1于2013年1月26日17时许发生纠纷，史某1持菜刀将周某1胳膊砍伤，双方已自行调解，互不追究法律责任，不需要公安机关再做处理，史某1一次性给周某1赔偿35万元；2013年3月6日，周某1到派出所申请撤案，表示不再追究对方法律责任，不要求公安机关再做处理，不再进行鉴定，自行解决。

（13）被告人窦晓雷的供述：2013年1月26日下午，我和史某1、贾某2三人去了薛某1村一无名歌厅玩，我们叫了一个女服务生并在歌厅包厢喝了点酒。过了一会儿，贾某2在包厢外和服务生骂了起来，我和史某1把贾某2拽到了包厢里，史某1让对方把老板叫过来。老板和那个服务生一起来到包厢，老板向着服务生，态度挺不客气的，我们就和老板吵了几句。后我们三人打算走，老板坐在大厅的椅子上，有两三个服务员拿着关公刀、镐把等不让我们走，还打电话叫人来打我们。我就给张国打电话，让他开车来接我们，张国在电话里听到我们这边挺乱的，就带着刀来接我们。张国进歌厅后叫我们走，我们三人就往外走，老板也站起来，服务生拦着我们，有个服务生拉开了一个干粉灭火器，喷的都是白烟，双方就打起来了。张国把歌厅老板的胳膊砍伤了，后我们四人从歌厅跑了出去，开车回家了。我们没有骚扰女服务生，事后我们通过王某1，联系歌厅老板私了，我和贾某2、史某1、王某1及歌厅老板周某1去派出所做了调解，张国没去，所以史某1说是他用菜刀砍伤了老板，最后只有他在协议书上签了字，我和史某1各出了13.5万元，贾某2出了8万元，一共赔偿周某1是35万元，张国后来知道我们赔钱了，给了我5万元。

（14）被告人张国的供述：2013年年初的一天下午，窦晓雷给我打电话说他在庞某1歌厅有事，让我赶紧去接他。我听着他那边挺乱的，有人在吵架嚷嚷。我开车去了歌厅，下车时从车后座拿了一把菜刀装进裤兜。进歌厅后，我看见四五个歌厅服务员，有拿钢管的，有拿灭火器的，有拿关公刀的，拦着窦晓雷、贾某2、史某1不让走。我让窦晓雷他们赶紧走，歌厅老板坐着骂我们且不让我们走，有个男服务生拿着钢管拦我，我扒拉他，他就用钢管打了我右后肩膀一下，老板指着我和窦晓雷说“谁也别想走”，我就把菜刀掏出来，砍了老板的胳膊。有服务生用灭火器喷我们，我们趁乱跑到外面，开车就走了。我用的刀不锈钢材质，刀把是木头的，刃宽10公分左右，长20公分左右。过了几天，窦晓雷说托人和歌厅老板到派出所解决了，赔给他30多万元，我给了窦晓雷5万元。

上述证据经庭审举证、质证，本院对言词证据中相互印证的部分及其他证据予以确认。

（二）聚众斗殴的事实

1.2006年6月18日，被告人周广森为维护其在魏某1镇魏某1村的麦收利益，指使被告人王云峰与邱某2、张某4（均已判刑）等人伙同陈某3（已判刑）等人与韩某1（已判刑）等人先后在北京市大兴区青某1镇、魏某1镇两次持械斗殴，造成多人受伤，部分财产损失。其中，薛某1、王某8、华某1、陈某3、刘某5身体所受损伤程度构成轻伤一级，辛某1身体所受损伤程度构成轻伤二级。

认定上述事实的证据有：

（1）证人张某4的证言：我2006年跟着周广森的小舅子张某6收过麦子，到陈某3所在的魏某1村收过两年，也是张某6联系的。当年收割麦子竞争挺多的，韩某1也带人收麦子。

（2）证人张某5的证言：我哥张某6跟周广森一起承包过麦子收割的事，他2014年去世了。

（3）证人王某8的证言：2006年6月18日中午，我和江涛、王辉在东某1村村主任周广森家里，“峰哥”说“宝国”找人有事，让我们三个人跟他走。“峰哥”开车拉我们去了魏某1镇“宝国”家，当时“宝国”家外边停着十多辆车，四五十个人。“宝国”“连鹏”“大国子”等人从屋里出来，“宝国”手里拿着一把枪，还让人买了三十根镐把。“宝国”上的一辆金杯车在前面，其他车在后面跟着，转了好长时间没找到对方，就先回到魏某1大队部。有人给“宝国”打电话，他又拿着枪出去了，“连鹏”也拿着一把枪刺，我们跟在他俩后面。对方有八十多人，拿着镐把和刀，双方距离七八米时，开始互相扔砖头，后对方冲过来，我被镐把打在后脑勺，晕倒在地上，醒来时已经在医院了。“峰哥”是给周广森开车的，周广森和“宝国”关系特别好，我认为是“宝国”要打架让周广森找人，周广森又叫“峰哥”找人，“峰哥”就找了我。“峰哥”是吉林桦甸人，“宝国”是魏某1一个村的村主任。

（4）证人刘某5的证言：2006年6月18日下午，我和彭某1、刘某6在吃饭，“红伟”从外边进来了，他打了一个电话后来了一辆车，“红伟”说“走吧”，刘某6和彭某1就上车了，他们让我一块去，我就上车了。车开得挺远的，有几辆车从后面过来，别住了我们的车，那几辆车上下来好多人，拿着镐把、砍刀砸我们的车，刘某6他们都跑了，我后背被砍了几刀，打完我之后，那些人上车走了。

（5）证人韩某1的证言：2006年6月18日9点半左右，我和“高亮”、杨某2等四人在青某1垡二营村收割麦子，在魏某1收割麦子的刘某7给我打电话，说陈某3不让他在魏某1割麦子，还说陈某3在找我。我就联系杨某3让他向陈某3说情，杨某3答复说陈某3还是不同意。陈某3给杨某3打电话说要找我们打架。我和杨某3、张东一共找了一百人左右，陈某3也带来了一百多人，双方拿着刀、镐把等在魏某1打起来了。

（6）现场勘验检查笔录，提取痕迹、物证登记表，现场平面示意图，现场照片证明：现场位于北京市大兴区魏某1镇魏某1村红绿灯东侧800米处魏府公路上，路面上有散落的砖头。在公路南侧路边排水沟边有滴溅血迹，在排水沟内提取一件白色李宁牌T恤衫，两块带血的砖头，排水沟内提取一只黑色皮鞋，路两侧路边分别提取两半片刀把，在距魏某1村红绿灯东1000米处路南侧平房前面有两处血泊。

（7）照片证明：车辆被砸及涉案人员所使用凶器情况。

（8）价格鉴定意见书证明：案发时被毁坏车辆损失价值人民币1475元。

（9）北京市公安局原法医检验鉴定中心、北京市公安局大兴分局原法医检验鉴定所出具的人体损伤程度鉴定书及北京市大兴区公安司法鉴定中心出具的补充说明证明：2006年6月18日魏某1聚众斗殴案中，薛某1、王某8、华某1、陈某3、刘某5身体所受损伤程度均构成轻伤一级，辛某1身体所受损伤程度构成轻伤二级。

（10）北京市大兴区人民法院（2007）大刑初字第333号、（2007）大刑初字第334号刑事判决及北京市第一中级人民法院（2008）一中刑终字第231号、（2008）一中刑终字第232号刑事裁定证明：陈某3与韩某1因有矛盾，于2006年6月18日上午，约定斗殴地点。后陈某3组织邱某2、薛某1、张某4、辛某1、华某1、包某1等人，韩某1伙同杨某3纠集任某1、田某1等人，双方数十人持镐把、砍刀等凶器，于当日在青某1红绿灯及魏某1红绿灯等处互殴，整个过程中部分人员受伤，部分车辆被砸毁，认定邱某2、陈某3、张某4、韩某1等二十一人均犯聚众斗殴罪，判处有期徒刑八年至二年不等的刑罚。

（11）被告人王云峰的供述：2006年6月18日上午，周广森给我打电话，让我带三个人去找魏某1村书记陈某3，跟着他一起去打架。我就去周广森办公室接上那三个人去了陈某3家，那三个人知道打架的事，肯定是周广森之前跟他们说好了。我们到的时候，门口已经有三十多人，陈某3给我们在场的人发了镐把，让我们开车跟他走，一共有二三十辆车，我开车带着那三个人跟着车队。走了一个小时左右，来到魏某1镇一条很宽的马路，我们四人拿着镐把跟着人流，双方各有四五十人，我们这边站在最前边的是陈某3。双方说了几句话就捡路边的砖头互扔，我带的三个人也朝对方扔砖头，当时现场比较混乱，我躲了起来，后开车回了东某1村村委会。打架后没几天，周广森让我把两个参与打架的男子送到融雪剂厂当保安躲两天，我照办了。

（12）同案犯陈某3的供述和辩解及辨认笔录：2006年，魏某1村收麦子时，东某1村书记周广森给我打电话说他有几台收割机，要上我们村收麦子，后周广森的小舅子带着四五台收割机来我们村了，邱某2带着张某4等两三个人在地里转悠，有点看场子的意思。王各庄村、东某1村、魏某1村以及东某1村周围几个村都是周广森他们的势力范围，一亩地抽5块钱好处费。2006年6月18日上午，韩某1的小舅子也领着收割机来我们村收，我不让他收，韩某1、杨某3就纠集人要打我，邱某2就给我找了三四十人打架。我没跟周广森说要找人打架，应该是邱某2告诉周广森的，周广森派“小峰”开着大队部的车带着三四个人来了，邱某2是周广森的小弟，应该也是周广森派来的。周广森帮我叫人是因为我们村的麦收生意是他的，他的生意被抢，肯定要帮我找人打对方。

经对12张不同男性正面免冠照片进行辨认，陈某3辨认出8号照片上的男子（王云峰）是周广森的司机“小峰”，该人参与了“6·18聚众斗殴案”。

（13）同案犯邱某2的供述：2006年6月18日上午，陈某3给我打电话说韩某1约他在青某1打仗，让我赶紧去他家。陈某3让我叫人，我叫了张某4等人，他们又找了一些人，我们总共十一二辆车、三四十人去和对方打架。

（14）同案犯张某4的供述：案发当天，“连鹏”找我说去陈某3家吃饭，到了之后才知道要打架，他俩让我帮忙，我同意了。“连鹏”问我能不能再叫点人来，我叫了王刚和辛某1，王刚又叫了两个人。打架时我拿的木质镐把，陈某3一手拿气枪，一手拿铁锹。

上述证据经庭审举证、质证，本院对言词证据中相互印证的部分及其他证据予以确认。

2. 2007年4月30日，为调解孙某1（另案处理）与他人的纠纷，被告人周广森组织相关人员在魏某1镇半某1村商业街竹园酒乡饭店包间内吃饭。其间，被告人张国印将向其讨债的张某7、李某5、谷某1（均另案处理）等人约至竹园酒乡饭店，并将谷某1和张某7二人带进饭店包间内，孙某1用酒瓶砸谷某1，双方发生冲突，周广森遂指使被告人赵言、窦晓雷、张国持械与对方斗殴，导致双方多人受伤。经鉴定，谷某1一方中，马某4身体所受损伤程度属于轻伤一级，马某5、曹某1身体所受损伤程度属于轻伤二级。周广森、张国、窦晓雷、赵言及饭店人员张某8受伤，经鉴定，张某8所受损伤程度属于轻伤二级。

认定上述事实的证据有：

（1）证人张某7的证言及辨认笔录证明：2002年我因为卖黄盘被抓了，家里凑了两三万元找到张国印，希望他把我捞出来，结果钱给了我也没出来。2007年，我通过小舅子李某6认识了李某5，获悉李某5也遇到同样的事，李某5的一帮东北哥们撺掇他找张国印要钱，但找不到人，想通过我找，后我通过谷某1和张国印取得了联系。案发当天，谷某1给我打电话说和张国印约在魏某1的一个饭店。我、李某6、谷某1、李某5，还有李某5的四个东北哥们，印象中有一个姓马，还有一个腿有点瘸，是姓马的哥哥，还有一个外号叫“老哥”的，我们开了两辆车去的饭店。当时饭店门口有几名男子，我们在大厅坐下，没几分钟，张国印喊谷某1，我跟着谷某1一起进了包间。包间里有七八个人正在喝酒，坐在角落的一男子站起来就骂谷某1，大概意思是你还敢要钱，说着就砸过来一个酒瓶子，把谷某1拍倒了，酒瓶子掉地上碎了。这会大厅里也乱了，包间里的人也开始往外涌，我随着人流涌出来，看到大厅里打成一团，现场特别乱。我快跑到门口时迎面一男子拿着斧子要砍我，被张国印拦下了，我就到了饭店外。后听说李某5和李某6把他们受伤的哥们送医院了。姓马的和“老哥”受伤了，姓马的后背被砍了几刀，“老哥”也被砍伤了。

经对三组，每组12张不同男性正面免冠照片进行辨认，张某7辨认出第1组4号照片上的男子（曹某1）是李某5叫来的外号叫“老哥”的男子；辨认出第2组8号照片上的男子（马某4）是李某5叫来的姓马的男子；辨认出第3组5号照片上的男子（窦晓雷）是当时在饭店要拿斧子砍其的男子。

（2）证人李某6的证言及辨认笔录证明：2007年4月30日10时左右，我、谷某1、李某5说起找张国印要钱的事，谷某1提议去张国印家要钱。我就给姐夫张某7打电话，后我、谷某1、张某7、李某5、一个叫“老哥”的东北男子及姓马的两个兄弟共七人，分乘二辆车，一起去魏某1镇半某1乡张国印家。张国印没在家，经他儿子联系，张国印让谷某1去半某1一饭店找他，我们又开车去了饭店。我们七人进入饭店，我看见张国印和一个胖子在大厅，没有其他人，张国印和谷某1聊了几句后，和那个胖子一起到饭店东北角的包间了。我们七人还在大厅，过了一分钟左右，张国印把谷某1叫进包间，又过了两分钟，谷某1把张某7也叫进了包间。过了一分钟，我听见包间内有酒瓶碎的声音，肯定是打起来了。这时从饭店西北角厨房冲出来七八名持械男子向我们冲过来，有拿砍刀的，有拿长把斧子的。我转头向外跑，李某5也跟着我跑。我们跑到车边后，李某5用手机报了警。过了两三分钟，姓马的两个兄弟从饭店里跑到我们停车的位置，他俩一个头部受伤流了好多血，一个后背受伤也流了好多血。我和李某5开车带他俩去了大兴医院急诊，在那里碰到左胳膊被砍伤的“老哥”，医生给“老哥”包扎了一下，后急诊安排救护车把姓马的两兄弟送到右安门医院急诊。姓马的两个兄弟，岁数大点的是头部受伤，头皮都掀起来了，伤口大约7公分；岁数小的后背有两道伤，每道大约20公分，伤口挺深的；“老哥”的左胳膊有道5公分左右的伤口，医生说是肌腱断裂。他们的伤是饭店那帮人砍的，对方应该是都动手了，我们这方动手也是“老哥”和姓马的两个兄弟，他们仨是混社会的，我不确定他们仨带没带东西。我、李某5、谷某1、张某7没带。

经对四组，每组12张不同男性正面免冠照片进行辨认，李某6辨认出第1组11号照片上的男子（马某4）是姓马的年纪较小男子，该人参与了本案；辨认出第2组11号照片上的男子（马某5）就是姓马的年纪较大男子，该人参与了本案；辨认出第3组7号照片上的男子（曹某1）就是叫"老哥"的男子，该人参与了本案；辨认出第4组5号照片上的男子（张国印）就是张国印，该人参与了本案。

（3）证人李某5的证言及辨认笔录证明：2007年4月30日，我开一辆黑色福莱尔牌车，张某7开一辆银白色福莱尔牌车，拉着李某6、谷某1、马某5、马某4、曹某1，共七人，先去张国印位于魏某1镇的住处找他，他不在，后他来电说在半某1竹园饭店等我们，我们就开车去了。我们把车停在饭店对面的马路上，一块进了饭店。经谷某1联系，张国印从包间里出来，张某7让张国印退钱。张国印说"爱怎么着就怎么着，钱已经花了"，说话挺横的，说完就回到包间了。过了一分钟左右，张国印把谷某1喊进包间，谷某1进去一分钟左右，又出来让张某7进去，他俩进了包间后，包间门就关上了，我和其他四人在大厅坐着。过了一分钟左右，听见包间里有酒瓶子碎的声音和骂骂咧咧的声音，看见从厨房里跑出七八个人冲我们跑过来，都持械，有的拿消防斧，有的拿砍刀，我和李某6赶紧跑出饭店。马某5、马某4、曹某1被对方截住了。后我打电话报警，马某5、马某4都受了伤，我和李某6带他俩去了医院。转院到右安门医院后，我看见曹某1也来了，他手腕受伤了。他们仨的伤应该是对方用消防斧、砍刀砍的，当时对方的人都动手了。对方拿的砍刀长约60公分，银色的；消防斧，红把，长约1米。我没携带武器，其他人带没带我不清楚。

经对五组，每组12张不同男性正面免冠照片进行辨认，李某5辨认出第1组8号照片上的男子（张某7）是张某7；辨认出第2组1号照片上的男子（李某6）是李某6；辨认出第3组2号照片上的男子（马某4）是马某4；辨认出第4组7号照片上的男子（曹某1）是曹某1；辨认出第5组2号照片上的男子（马某5）是马某5。

（4）证人曹某1的证言：案发当天早上，马某5、马某4、"老张"等人商议承包土地，后决定开车转转，我上车后不久就睡着了。醒来时，车停在一村镇的饭店门前，马某5、马某4下车往饭店走，我也跟着一起进了饭店。我们坐了一会儿，听到包房里传来扔瓶子、餐具的声音，还有叫喊声、打架声。马某4说是"老张"的声音，他们让我去看看情况。我刚站起来没走两步，包间门开了，我看到"老张"在包间里地上躺着。七八个拿着砍刀、斧子的人冲我、马某5、马某4过来，我们正要往外跑，从门外又冲进来七八个人，两拨人把我和马某5、马某4分开了，还用砍刀和斧子砍我们，我晕倒了。醒来后发现自己还在饭店大厅里，砍我们的人不见了，跟“老张”一起的一男子先后扶着马某5和马某4上车离开。我自己去了大兴医院，看到马某5、马某4躺在医院，警察也在，医院说我们三人伤情严重需要转院，“120”将我们拉到了右安门医院。砍我们的人手里拿的斧子是一米多长的钢管焊接的斧头，我在现场看到好几把；砍刀总长六七十厘米，大约三指宽，有好几把；此外还有几把二三十厘米长的匕首。

（5）证人马某4的证言：我们当时是七个人开两辆车去的饭店，有我、马某5、曹某1和李某5。当时李某5说去办事，我和马某5、曹某1是顺路去吃饭。进入饭店后，我、马某5、曹某1三人坐在门口靠墙的桌子上，李某5和另外三名男子中一岁数大的老头、一矮个男子直接走进饭店里面一包间，我没注意另外那名高个男子干了什么。过了两三分钟，我听见包间里传出瓶子或碗摔碎的声音，挺杂乱的，然后从饭店厨房里、包间里冲出几名男子，饭店门外也有十几名男子往饭店里冲。从厨房冲出来的人手里都拿着斧子和砍刀，从饭店外面往里冲的男子有拿斧头的，也有拿刀的，他们看着就是来砍人的。我被从厨房冲出来的一名男子拿一件工具砍到了左肩膀，就赶紧钻到桌子底下，拿了一个圆凳护住头，我听到桌子上方有噼啪乱砍的声音，持续了大概两三分钟。过程中，我、马某5、曹某1都被砍伤了，李某5和另外三个男子没有受伤。

（6）证人马某5的证言：2007年4月的一天中午，我和马某4、曹某1、“小李”一起去“小李”推荐的一个饭店吃饭。我们四人在大厅坐下后，“小李”说他还有点事，就出饭店了。大概四五分钟后，“小李”和两三个男子进到我们左前方的包间内，不到一分钟，我就听到包间传来酒瓶子砸碎的声音，我还没看见从包间出来人，头部右侧就被砍了一刀，就昏迷了，醒来就在右安门医院了。

（7）证人张某8的证言：2007年4月30日中午，我在厨房的操作间工作，听见外面有人吵吵起来。我听见一句“打贼×的”，就从操作间出去了。刚出操作间，就被一个人拿刀扎进了后背右侧肩胛骨，我向前走了两步就扑倒在地上昏迷了，醒来时就在大兴医院了，饭店老板张某9在我床边上，是他送我去的医院。我认为是我不认识的那伙人扎的我，我认识周广森、张国印，他们的人不会打我。

（8）证人孙某2的证言：当天10时许，周广森打电话让我到东某1村大队，说调解孙某4和孙某1关于房基地的纠纷。那时我是西某1村的村主任，周广森是东某1村的书记兼主任。当时张国印、赵言、范某2在，还有几个东某1村的小伙子。我打电话叫孙某1后没多久就调解好了，周广森说到中午了，一起吃个饭，他招呼我们去了“窦雷”新开的“竹园饭店”。我们去了一个包间，三个小伙子在大厅吃饭。没一会儿，张国印接了一个电话，听着是张国印欠对方钱，对方来“竹园饭店”找他。张国印说自己在包间里。这时周广森让张国印把对方叫进来，把钱给对方。后张国印出去了，孙某1也跟着出了包间，过了两三分钟，一个我不认识的外地人进来了，孙某1紧跟在他后面，这个外地人刚进包间，孙某1就从桌子上抄起一个啤酒瓶子砸了他头部一下，那人直接倒在包间的墙角了，没再站起来，紧跟着进包间的第二个外地人就从腰里拿出一把小菜刀，直接砍到了周广森的头顶，周广森当时就流血了，说“给我砍死他”。拿刀砍周广森的外地人立刻跑出包间了。当时包间里的人都在关心周广森的伤势，我听见外面已经乱成一锅粥了，我没出包间，但我想应该是外面三个小伙子还有“窦雷”、赵言和找张国印要账的人打起来了。外面乱了十多分钟，这期间范某2带着周广森去医院了，我们其他人都在包间，我没注意被孙某1打的外地人的情况。后来我们到派出所时，周广森还说要是早知道摊上这事，大队的这帮孩子他都带“竹园饭店”去，砍他的人一个都跑不了，他也不至于挨砍。孙某1和张国印没什么关系，张国印出去找要账的人，我不知道孙某1为什么跟着。孙某1用的酒瓶是绿色的600多毫升的燕京啤酒。

（9）证人孙某4的证言：2007年4月左右，我因和邻居孙某1盖围墙的纠纷，找周广森帮忙说和，周广森让我们一起吃顿饭，处理此事。当天中午，我去了魏某1镇半某1一小饭店东南角的包间，包间内有六七个人，有孙某1、孙某2、王某8、周广森等，还有一个外地人。没过一会儿，进来一名男子找那个外地人，双方应该是有债务问题。孙某1冲进门那男子扔过去一个酒瓶子，那男子就出去了。又有一名矮个男子手里拿着一把刀说“我看你们谁××敢动”，我们这边一个人把凳子抄起来了，比画着要扔，矮个男子也跑出去了。这时周广森说“都××的干吗啊”，并站起来往包间外走，在包间门口被一名男子用刀砍伤头部流血了。包间内的人就窜出去了，我和王某8没出去，周广森也回到包间内。外边很乱，我和王某8在包间内给周广森止血，过了三四分钟，外边没有动静了，我们就把周广森送到半某1卫生院。

（10）证人肖某4的证言及辨认笔录证明：2007年左右，我和窦晓雷、“小言”、张某9在魏某1半某1开了一个叫竹园酒乡的饭店。2007年的一天快中午时，我在饭店的院子里看见窦晓雷和“小言”在招待客人，当时大厅有七八个外地的、我不认识的男子，后我去后厨忙活。过了十多分钟，后厨负责切菜的张某 8 出去了，没过一分钟，他捂着肚子回来说外边有人打架，他被扎了一刀，我害怕就把门锁上了。过了两三分钟，我听见外面没什么动静了，出去发现大厅里一片狼藉，桌子被砍了，花瓶被砸了，满地酒瓶子。我走出大厅，看见窦晓雷在外边站着，头上好像有血，手里拿着一把斧子；“小言”也在外边站着，手里也拿着家伙；张国也在，他手里好像拿着一把刀。后张某 9 拉着张某 8 去看病，我就报警了。窦晓雷手里的斧子，大概一米多长，斧头是半圆形的，斧头上有血。张国手上的刀，长约 40 公分，刀刃好像是带血。后厨肯定没有斧子和刀。

经对四组，每组 12 张不同男性正面免冠照片进行辨认，肖某 4 辨认出第 1 组 10 号照片上的男子（赵言）就是“小言”，该人当时在院里，手里拿着家伙；辨认出第 2 组 8 号照片上的男子（张国）就是张国，该人当时在院子里，手里拿着刀；辨认出第 3 组 10 号照片上的男子（张某 9）就是张某 9，该人将张某 8 送往医院看病；辨认出第 4 组 10 号照片上的男子（周广森）当时在包间吃饭。

（11）证人张某 9 的证言：2007 年 2 月，我和窦晓雷、赵言、肖某 4 共同出资在半某 1 村后十字街合伙经营竹园酒乡饭店。2007 年 4 月底的一天午后，我、肖某 4、张某 8 等人在饭店后厨做饭，周广森等人在饭店东南角的包间吃饭，赵言应该在包间内。我在饭店外抽烟休息，并跟窦晓雷聊天。后我听见饭店内有摔碎东西的声音，还看到有人往外跑，我进入饭店看到大厅和周广森所在的包间有人打架，现场特别混乱。我看到张某 8 在地上躺着，后背流血了，就开车把他送到医院，他住了十几天院。现场肯定有人持刀，因为张某 8 受的是刀伤，而且他说有人拿刀扎他。窦晓雷头上有伤，肯定是打架过程中造成的。当时在场双方都动手了。

（12）证人王某 1 的证言：有一次我去“基地”，见周广森头上有伤，问他怎么回事，他说前两天有人找张国印要账，他们在窦晓雷开的饭馆跟对方商量，对方的人把他砍了，后窦晓雷、赵言把对方砍了。后来张某 9 跟我说参与的有窦晓雷、赵言，还说他俩下手挺狠的，当时都拉不住。

（13）证人王云峰的证言：2007 年 4 月一天中午，我和周广森、赵言、张国印、“窦雷”、周广森的儿子等人到大兴区半某 1 乡的竹园酒乡饭店吃饭喝酒，周广森等人在包间里，我和周广森的儿子在大厅吃完就回东某 1 村了。过了一会儿，我接到周广森的电话说他在饭店挨打了，让我拿着家伙，叫点人赶紧过去。我在大队碰见甘建民，就叫他一起去，我还叫了两个村民。后我在大队拿了镐把，开车带着他们仨去竹园酒乡饭店。我们四人拿着家伙跑进饭店，看见现场一片狼藉，地上有血迹，他们已经打完了，对方的人跑了，周广森的头部被刀砍伤了，别人也都受伤了。

（14）证人甘建民的证言：2007年4月底的一天11时左右，我到饭店，当时周广森、孙某4、孙某1、张国印、范某2等人在包间吃饭，我跟王云峰等人在外面大厅吃的，这顿饭应该是周广森调解孙某4跟孙某1之间的矛盾。饭后我开车带王云峰等人回东某1大队，过了十几分钟，好像是范某2给我打电话说打架了，让我过去，我就叫了王云峰和赵某2，我们仨开车到饭馆时已经打完了，对方都跑了。

（15）证人赵某2的证言：2017年4月30日去竹园酒乡饭店吃饭时，我和甘建民、周广森的儿子以及另外一个人在大厅吃，吃完就回东某1村委会了。过了二十分钟左右，甘建民或范某2接了一个电话，后甘建民说那边打架了，让我一起过去看看。我们回到饭店现场后没看到打架，在门口看到右侧脑袋流血的周广森，对方人都跑了。

（16）现场勘验检查笔录，提取痕迹、物证登记表，现场平面示意图，现场照片证明：现场位于北京市大兴区魏某1镇半某1竹园酒乡饭店，饭店北侧50米是东西走向的半某1工业街，饭店西侧是南北走向的纬次路，饭店西南侧35米处停放一辆车牌号为京HD×××0银色秦川福莱尔牌小轿车，车头朝南，车钥匙插在点火开关上，在前排座上发现并提取一件带血的衣服，在后排座上发现30厘米×50厘米的擦蹭血迹（衣服上的血与车座上的血送检）。竹园酒乡饭店临街，门朝西，木质，双扇内开，在门外地上可见一瓶（疑似花瓶）被砸碎，进入室内可见餐厅，南侧是一吧台，东墙下放一张桌子，桌下物品被砸，餐厅北侧是1号包间和2号包间，东侧是厨房和3号包间，南侧是4号包间和5号包间，4号包间与5号包间中间被一条过道隔开，4号包间门内玻璃被砸碎，5号包间（饭店东南角）餐桌上残留有盘子等物，室内西墙下放一张沙发，在沙发上发现一碎啤酒瓶。竹园酒乡南侧100米处是北京光明圣杰木制品有限公司，进门是院，在院南墙下发现并提取一把斧子，斧子长1米，斧子把上有残留血迹（血送检），在该处墙上发现有扒痕，墙外是开阔地。

（17）北京市大兴区公安司法鉴定中心出具的鉴定书证明：马某4身体所受损伤程度属于轻伤一级；马某5身体所受损伤程度属于轻伤二级；曹某1身体所受损伤程度属于轻伤二级；张某8身体所受损伤程度属于轻伤二级。

（18）北京市大兴区公安司法鉴定中心出具的伤情记录及公安机关出具的相关工作说明证明：被告人周广森、赵言、窦晓雷、张国在案件中受伤的情况。

（19）北京市公安局原法医检验鉴定中心出具的生物物证鉴定书证明：极强力支持送检车内衣服上血迹为马某4所留，车内血迹为马某5所留，斧子头和斧子把上血迹为曹某1所留。

（20）病历复印件等证明：马某4于2007年4月30日至5月15日在右安门医院住院，伤情为胸部开放性损伤、右侧血气胸、右侧多发肋骨骨折（2，3）、脊上韧带、脊旁侧韧带不全断裂、右肩胛骨不全骨折、背部软组织裂伤、创伤失血性休克。曹某1于2007年4月30日至5月3日在右安门医院住院，伤情为左手中、环、小指伸肌腱断裂，左腕尺侧屈肌腱断裂，左侧颅骨不完全骨折。马某5于2007年4月30日至5月4日在右安门医院住院，伤情为左侧桡骨远端开放性、粉碎性骨折、颅骨开放性粉碎性骨折、多发皮肤裂伤（背、右肩、右肘、颈）、皮肤擦伤（全身多处）。

（21）被告人周广森的供述：2008年之前，孙某4联系我说他和孙某1因为房基地盖围墙的事有点纠纷，让我帮忙说和，我就约了他俩去饭店边吃边说。当时张国印和他老乡来找我玩，我合计着一起吃饭，张国印和他老乡也一起去了饭店。当时双方谈得挺好，事情都解决了，也都喝得不少，这时外边有人进来敬酒，那个人肯定认识我们中的一个，应该也喝了不少，他敬到孙某1时可能因为说话语气冲，而且有些啰唆，孙某1和他嚷嚷起来，后孙某1站起来拿起桌上的空酒瓶扔向对方，要和对方打架。我上前劝，边说边把对方往包间外推，孙某1一直和对方互骂，我刚把对方推到大厅，头就被人拿刀砍了一下，出血了，我双手抱着头，脑子也蒙了，砍我的人和我推出去的人应该是跑了，之后我被孙某4他们带到半某1卫生院包扎。

（22）被告人张国印的供述：当天上午，我去东某1村委会找周广森商量事，11点左右，周广森说去窦晓雷的饭店吃个饭，捧个场，我同意了。饭店好像在半某1桥南，窦晓雷、赵言在饭店门口接我们到包间，包间里有周广森、孙某4、孙某2等。坐了一会儿，张国也来了，但很快就去外边张罗饭菜的事。当时孙某4、孙某2的一个亲戚有点矛盾，他俩当着周广森的面喝了一杯酒把矛盾化解了。后谷某1打电话找我要钱，我让他过来吃饭，顺便谈谈。我跟周广森说了，想让他帮忙说和并提出借钱，他说回头再说。谷某1他们来了六个人，我把谷某1和他姐夫接到包间里，另外几人坐在外边大厅。吃了一会儿，挨着谷某1的那人给了谷某1头部一酒瓶子，事后听说那人是喝多了没事找事。谷某1被打后，他和他姐夫没什么反应，也没离开包间，我赶紧去饭店大厅，外面正吃饭的那几个小伙子听见酒瓶子的声音，都走过来，我把他们拦下说瓶子掉地上了。一瘦高个东北口音小伙子绕过我，拿出刀向包间走去。周广森正站在包间门口跟我说把要钱的带来干什么，让他们赶紧走。正说着，那个小伙子用刀划了周广森头一刀，当时血就顺着脸流下来了。周广森捂着头进包间说“你们说这跟我有什么关系啊，给了我一刀”。当时包间里的人就乱了，有人嚷了一嗓子“打贼×的”，大家就抢着往外跑，有的直接离开现场，有的去后厨拿家伙参与打架。我和谷某1跑到另一个包间躲起来，我正责备他要钱还带人时，给了周广森脑袋一刀的那个小伙子进了包间要扎我。我举起椅子跟他对峙，并表示可以多给钱，让他赶紧走。谷某1也劝对方，后对方跟我比画了几下，拿刀跑出了包间。我跟着跑到包间门口，看到窦晓雷手里拿着一个长柄的斧子和这个小伙子互相打了几下，小伙子边打边退跑出大厅离开了。我看到赵言拿着斧头在追人，张国也持刀参与了。张国和对方均被砍伤了，张国左胳膊被砍伤了，右手捂着左胳膊。此时窦晓雷拿斧子要砍一个半蹲在前台旁边的小伙子，我赶紧拉着他，那小伙子就跑了。后我在饭店门口看到王云峰在马路对面，带着四五个人往这边走，手里都拿着武器。王云峰一个人走到饭店门口，看打架的人都走了，就带人回去了。窦晓雷的斧头是一把半圆形斧头，木质的斧柄，斧柄长约1米，事后听窦晓雷、赵言说斧头是从后厨拿的。对方拿的刀有一把长约30公分，单刃，有一侧有血槽；另外三个人都拿着长约20公分的小刀。我没看见谷某1那边的人携带斧头。过了三四天，周广森带着我去十渡，吃饭时他说窦晓雷、赵言、张国都是自家兄弟，他们仨看病的钱，应该是周广森掏的。

（23）被告人赵言的供述：2007年4月30日中午，我和窦晓雷在饭店照顾客人时，看到周广森、张国印、孙某1、王连志、王云峰等人前后脚进了我们饭店。周广森、张国印、孙某1、王连志等七八个人进了包间，王云峰等人在大厅吃完饭就先离开了。过了半小时左右，进来三四个不认识的男子在大厅坐下。没两分钟，张国印出来把这几个男子带到周广森吃饭的包间。没过一会儿，我听到那个包间吵嚷起来，还有打架的声音，看到周广森用手捂着脑袋跑了出来，有人拿刀在追他。我和窦晓雷、张国赶忙跑过去，我抄起椅子护住周广森并询问事情缘由，这时窦晓雷、张国已经跟对方打起来了。周广森说有人砍他，接着就往大门外跑。我看到周广森被打，很生气，就抡起餐厅的木椅子砸了一名拿刀男子的前胸，还拿餐具等物品砸对方的身体。这时饭店里又出现了三四名男子，有拿刀的，有拿斧子的，因为最开始进来的几个男子被我们围着打，新来的这几个想救他们。其中一拿短刀的男子砍了我头部一刀，我头部流血了，就抄起凳子挡住对方的刀，并用凳子砸那几个人。这时对方一男子拿斧子砍我，我用凳子格挡，后双手抓住斧柄，和他抢在一起，斧子在乱抡，我印象中没抡到人。对方有人受伤往外跑，跟我抢斧头的男子也往外跑，我追到饭店门口把斧头抢了过来，然后拿着斧头追了那男子六七米，没追上。这时我看见周广森用手捂着头在饭店外的院子里，同时王云峰、甘建民、赵某2、刘海旺也从饭店门口公路北面赶了过来。我、窦晓雷、张国一起坐车去医院看病，是周广森出的钱。后来我和周广森聊过这件事，因为我、窦晓雷、张国参与打架完全是看着周广森的面子，也想让他知道我为他出力了。周广森还出钱安排我们仨到房山区某风景区休养了三五天犒劳我们。

（24）被告人张国的供述：2007 年的一天中午，我开车路过窦晓雷开的竹园酒乡饭店，看见窦晓雷在院子里坐着，就下车和他闲聊天。几分钟后，我听见饭店里有摔东西、桌椅倒了的声响。我俩冲进饭店，见有人拿刀砍了周广森头一刀，便上去劝架。这时有人拿刀砍我们俩，砍在我胳膊上，我将刀夺了过来；又一个人拿刀冲我过来，我砍了那人胳膊一刀、后背一刀。后因我胳膊被砍伤拿不住刀，我跑出饭店，脑袋还被人砍了一刀。不到一分钟，窦晓雷也跑出来了，他脑袋也流血了，后我们俩打车去医院。

（25）被告人窦晓雷的供述：当时我听到饭店包间有摔酒瓶子的声音，就进到饭店大厅，看到有人拿刀追周广森，我说“别砸饭馆”，并把拿刀的人拦了下来。这时对面两三个人拿刀砍我，我往厨房跑，有人在后面追。我进厨房后，从靠东墙的切菜的案板南边抄起一把平时剁排骨、剁狗肉的斧子抡了几下，追我的人就退出厨房了。斧子是我从集市上买的，有两把。后配菜的小工张某 8 从厨房出去，一掀帘，就被人扎在身上，他躺在大厅让我救他。我从厨房出来和对方的人对打，至少砍伤了对方两个人。一人先被我砍在肩部，他拿刀想扎我肚子，没扎到，后背亮了出来，我横抡斧子，把他后背砍伤了。对方另一人从后面用刀砍我右后头部一下，我被砍伤，用斧子朝后砍了对方头部一下，那人就不再和我打，从饭店跑出去了。我看对方的人都跑了，就去看病了。我从厨房冲出来时，看到赵言拿了一把大斧子，还看见有人和张国打架，后听说他当时用刀把对方一人的胳膊砍伤了。

（26）同案人孙某 1 的供述：2007 年 4 月底的一天，孙某 2 让我中午去半某 1 周广森的饭店，找周广森解决我跟邻居孙某 4 的邻里矛盾。我前往饭店，孙某 2 把我接进包间，当时包间里有周广森、孙某 4、张国印等人。我们吃饭喝酒过程中，张国印带着两个我不认识的二十多岁外地口音的小伙子进了包间。后来不知怎么回事，这两人跟周广森吵了起来，互相骂，周广森站了起来，我们也都跟着站了起来，有的抄起酒瓶子，有的抄起碗碟，我和孙某 2 抄的是酒瓶子，我俩冲那两人扔了酒瓶子，其他人也扔了酒瓶子、盘子、碗等。那两人就跑出去了，周广森、张国印跟着出去了，很快周广森捂着脑袋又进包间了，他的脑袋受伤流血了，然后听见有人说了句“打贼 × 的”，可能是周广森喊的，但时间太长我不敢确定。后包间里的人就出去了，两边打了起来。我和孙某 2 一直躲在包间，能听见大厅打架的声音。包间没其他人，也没人进来，到处都是碎酒瓶子。外边没动静后，我俩从包间出来，看到饭馆大厅地上和墙上到处都是血迹，打架的人都已经走了，我就回家了。

上述证据经庭审举证、质证，本院对言词证据中相互印证的部分及其他证据予以确认。

（三）故意伤害的事实

2010年8月5日，被告人孙永合因与毛某1（另案处理）发生赌债纠纷，找到被告人周广森欲摆平此事。周广森与毛某1等人在电话里发生口角，遂纠集被告人王云峰、赵言、甘建民、赵亚利、陈胜丽、杨长战及赵川、庄伟（均另案处理）等人持刀、镐把等在北京市大兴区魏某1镇魏某1煤场内，与毛某1一方互殴，将毛某1和毛某2（另案处理）、藏某1（另案处理）打伤。经鉴定，毛某1身体所受损伤程度属于重伤二级，藏某1、毛某2身体所受损伤程度属于轻伤二级。

认定上述事实的证据有：

1. 证人毛某1的证言：我还有一个名字叫扈连合。2009年“老李”向我借了7万元，其中有我从藏某1处借的3万元。2010年，藏某1要结婚，想把钱拿回去。8月4日，我找“老李”要钱，我们约好次日14时在煤场见面。8月5日13时许，我通知藏某1和我弟弟毛某2来煤场拿钱，他们来了后，我们一起在煤场等“老李”。等了20多分钟，一辆金杯车和四五辆小轿车开进煤场院内，车上下来三四十人，拿着片刀、铁棍、镐把等，朝我们冲过来又砍又打，我四处躲，躲不开，被打晕了。

2. 证人毛某2的证言：我借给毛某1十多万元，他把钱借给了“孙春和”。2010年8月5日14时许，“孙春和”以还钱为名约毛某1到魏某1东某1村，毛某1通知我去拿钱，我和藏某1去找的毛某1。毛某1给“孙春和”打电话，“孙春和”又说不见我们了，我接过电话，一男子骂我，后“孙春和”说十五分钟后到魏某1煤场见面，我们就去了煤场。等了十多分钟，“孙春和”给毛某1打电话让我们走，我们刚要走，毛某1又接了一个电话说让我们别走。过了一会儿，来了二十多个人，手里拿着刀，进院用刀就砍，其中一男子用刀扎藏某1，我推开藏某1，刀扎在我腰部左侧，我把刀踹掉在地上，又有两男子要砍我，我躲开了。扎我腰的那男子捡起刀，又朝我肚子扎来，我左手抓住刀，他往回一带，我左手指被划开了，他又用刀扎我肚子，我用手挡，手又被划破，此时又有三四个人拿刀过来，我从西墙跳出去后报了警。后来毛某1说对方都是熟人，是误会，不让我再管，但我感觉他是得罪不起对方，毛某1给了我一万块钱医药费，藏某1的医药费好像也是毛某1出的。

3. 证人藏某1的证言：案发当天13时许，我去找毛某1玩，我们开车去接毛某2的路上，毛某1接到一个电话，没聊两句就和对方嚷嚷起来，后他挂断电话。我们接上毛某2后，开车到魏某1煤场门口时，毛某1又接了一个电话，他让对方叫“孙某和”的还钱，双方又在电话里嚷嚷起来。我们在煤场院里下车后，毛某1说一会儿有人送钱来。过了一会儿，煤场大门外来了五六辆黑色奔驰三厢轿车，堵住了门，车上下来二三十人，手里拿着棍子、砍刀、尖刀，其中一个胖子领着这二三十人冲着毛某1就去了，那个胖子和毛某1推搡起来，我看他们要打架，就拽着那胖子两侧的衣服并劝架，此时有人用尖刀刺了我左胳膊小臂上方，血一下就喷出来了，我用右手捂着左胳膊的伤口，又上来几个人把我踹倒了，有人让我跪下，我双手抱头趴在地上，这些人围着我拳打脚踢，还有人用砍刀砍我的右后小腿上侧，后我就昏迷了。等我再有意识时，现场已经没人了。当时毛某1、毛某2被其他二三十个拿着棍子、砍刀、尖刀的人给围了，毛某2跑了，我和毛某1被打了。

4. 证人王某9的证言及辨认笔录证明：2010年8月5日15时左右，我在魏某1煤场院内看见20多人把三个人砍伤了，被砍伤的其中一个叫扈连合，外号叫“大妈”。我当时在煤场办公室睡觉，听见院子里有人喊，看见20多个人在追几个人，其中有拿刀的。过了十多分钟，没动静了，我出来看到扈连合等三人被砍伤了，警察也来了。扈连合左胳膊被砍了一大口子，头部全是血，其他两人中年轻的腿和胳膊被砍破了，另一个40多岁的手、腰被砍了。案发前扈连合称是“孙月河”让他来的。

经对12张不同男性正面免冠照片进行辨认，王某9辨认出5号照片上的男子（孙永合）就是“孙月河”。

5. 证人王某1的证言：2010年挺热的时候，周广柱说周广森带人把扈连合砍了，让我去医院看看扈连合的情况。第二天，我和纪某1到医院看扈连合，他伤得挺严重，后周广柱开车带我去河北徐水见周广森等人。我把扈连合的情况说了，周广森表示想花钱把这事“平了”，我答应了。我跟扈连合及其媳妇扈某1协商，最终协商赔偿260万元，不经公安机关，私下解决此事。钱是分两三次用现金给的，其中一次在半某1信用社，当时有我、周广柱、孙永合的妹妹孙某5、王某9和扈连合的媳妇、儿子，周广柱存了160万元现金到扈连合儿子账户。听说起因是扈连合打电话向孙永合要账，结果周广柱拿过电话骂了扈连合一顿，后周广柱和孙永合把这事告诉了周广森，正好扈连合又给孙永合打电话，周广森接过电话与扈连合互骂，后双方约在煤场，周广森就带人把扈连合他们砍了，赵言参与了打架，孙永合怕出人命，还报了警。据我所知警察应该是没处理周广森等人。

6. 证人扈某1的证言：2010年左右，我丈夫毛某1被打伤住在右安门医院。孙永合给了50万元赔偿费，我跟大儿子扈某2一起把钱存到了扈某2的农商银行卡里，他答应给毛某1的是200万元，但经我手的只有50万元。

7. 证人扈某2的证言：2010年我父亲毛某1打架受伤住院时，我母亲扈某1让我去半某1农商银行，给了我50万元现金让我存到银行卡里，我才知道这是毛某1的医药费。

8. 证人孙某5的证言：出事后，我哥孙永合不在家，好像是“周老三”的二哥托人来说，让我去解决。我和王某9去医院找扈连合，见他头上、腿上都缠着绷带，挺严重的。后孙永合与“周老三”给了扈连合50万元，里面包括孙永合欠扈连合的钱及赔偿金，“周老三”委托王某1赔偿给扈连合儿子，在半某1桥头附近的北京农商银行，王某1把50万元现金存进了扈连合儿子的账户。

9. 证人纪某1的证言：2010年8月，我跟王某1一起去医院看扈连合，他伤得挺重，脑袋上裹着纱布，只露着嘴和眼睛，说话都费劲。王某1问怎么被砍成这样，他说是跟“周生儿”在电话里骂起来，后被“周生儿”砍了，还说他一个兄弟的腿（或胳膊）也被砍折了，问王某1怎么弄。王某1说让他先养伤，回头再说。“周生儿”就是周广森。

10. 现场勘验检查笔录，提取痕迹、物证登记表，方位示意图，现场照片证明：现场位于北京市大兴区魏某1煤场院内。魏某1煤场位于魏某1镇青魏路北侧胡同内东侧由南往北数的第一个院，门口没有门牌号码标识。院内地面堆放有煤堆和处理好的煤球。院内进院南侧为门房和宿舍，东南角为卫生间，在卫生间男厕所门后地面发现一根铁棍。

11. 北京市大兴区公安司法鉴定中心出具的法医学人体损伤程度鉴定书、鉴定书及相关补充说明证明：毛某1身体损伤程度构成重伤二级；毛某2、藏某1身体所受损伤程度属于轻伤二级。

12. 北京农村商业银行储蓄存取款凭条证明：2010年8月26日扈某2账户存款50万元，同年9月8日取现50万元。

13. 被告人周广森的供述：2010年夏天，当时我在“基地”请朋友吃饭，赵言、王云峰、陈胜丽等人都在，我喝了不少酒。饭后我送朋友时，孙永合来了，把他的电话给了我，我当时不知道对方是谁，接过电话对方就骂我，我火一下就起来了，和对方互骂。我印象中对方挺横的，好像说要来我村找我这类的话，后我和赵言、王云峰等人一起开车去找对方，印象中是孙永合说了煤场这个地方，我们就去了王某9的煤场。事后我才知道当时去了几辆车，赵言、王云峰、陈胜丽、孙永合、杨长战、甘建民等人都去了，这些人都是我多年的朋友，肯定都是为了帮我才去的。我没携带器械，但当时喝多了，又在气头上，肯定想打对方出气。事后我才知道孙永合和扈连合之间有经济纠纷，他俩通电话时，不知什么原因，扈连合跟周广柱吵了起来，才有后边的事。我听说陈胜丽当时拼命拉着我，我也醉得站不住了，就没打扈连合。王云峰和赵言都上去打了扈连合。我听说当时的情况后，就意识到出事了，马上给王某 1 打电话，他让我先出去躲躲，等他电话再回来。我开车拉着陈胜丽、孙永合一起去了张北，王云峰好像回了老家。我听王某 1 说打得挺严重的，扈连合及对方两个兄弟都受伤了，最后这件事通过王某 1 私了了，我出了 200 万元赔给扈连合，并让孙永合也出了点钱，毕竟是他惹的事。后王某 1 出面把钱给了扈连合。

14. 被告人王云峰的供述：2010 年夏天的一天中午，周广森和赵亚利、赵言等人一起在“基地”吃饭喝酒，后周广森让我拿着家伙跟他打架去，他说完就坐着别人的车走了。我从“基地”厨房拿了一把短刀，开着周广森的黑色奥迪 A6 轿车在赵言的指引下，带着甘建民等人一起去了煤场。我拿刀跑进大院后，看见周广森和陈胜丽站在一个坡上，旁边站着赵亚利和另外一名男子，他们手里都没家伙。对方有三四名男子在坡下站着，手里都拿着铁管，其中一个是“大妈”。当时双方只是在互骂，我跑过去和周广森站在一排，这时对方一名年轻男子朝我扔砖头，还骂我们，我急了，朝他跑过去想砍他，他把铁管扔了和我抢刀，我们厮打起来。过程中，我的刀划了他小臂一下，我看见刀上有血，害怕了，就用力甩开对方往外跑，这时有五六名男子从院外冲进来，带头的是杨长战，他手里拿着砍刀，其他人手里也都拿着砍刀、镐把等家伙。杨长战等人肯定是周广森叫来帮忙打架的，他们进院就朝对方冲了过去，对方一看我们这边人多，而且手里拿着砍刀，就往里边跑，我看我们这边人多了，就跟着杨长战他们追了上去。杨长战和他带来的人一起将“大妈”打倒在地，杨长战砍了“大妈”，当时“大妈”用胳膊护着自己，我划了“大妈”胳膊一刀。这时周广森手里拿着镐把也跑到“大妈”身边，镐把应该是杨长战他们给的，他用镐把打了“大妈”身上几下，后赵言也过来了，他接过周广森手里的镐把，往“大妈”身上也打了几下，有一下打在“大妈”的头上。与此同时，杨长战、甘建民、赵亚利等人冲过去把逃跑的人都拽了回来，对他们进行殴打。在场的除了陈胜丽，其他人都动手了。后我听见有人说“别打了，再打就出事了”，我们就开车跑了。当时“大妈”身上有血，倒在地上一直没起来，对方三四个人身上所有的伤，都是我们这边的人造成的。我使用的是一把塑料把的匕首，长约 15 公分；杨长战拿的砍刀，长约 60 公分，其他人拿的砍刀跟杨长战拿的差不多；周广森、赵言等人拿的木质镐把，长约 1 米；对方使用的铁管，长约 1 米，直径约 2 公分。

15. 被告人赵言的供述：2010 年 8 月 5 日中午，我和周广森、甘建民、王云峰、赵亚利、陈胜丽等一起在“基地”招待大兴区的领导用餐，饭后送这些人出门时，看见孙永合在院门外打电话，他和对方发生了口角，后孙永合把手机给了周广森，并对我们说中午和周广柱一块吃饭时，扈连合给他打电话要钱，态度特别横，因周广柱认识扈连合，他想让周广柱帮忙说和，但扈连合没给周广柱面子，二人在电话里对骂起来，周广柱挂断电话就走了。后我听见周广森在电话里跟对方骂起来，还说要找对方，他挂断电话后说扈连合跟他较劲，让我们一起去找扈连合。孙永合说扈连合他们总在魏某1村附近的煤场打牌，这时赵川正好开车到“基地”办事，周广森让赵川送他过去，他和陈胜丽上了赵川的车，王云峰开着周广森的奥迪A6拉着我和甘建民等人，孙永合开着他的桑塔纳2000轿车，赵亚利好像也开一辆车，我们都跟着周广森的车去了煤场。我们这辆车最后到达，当时周广森和陈胜丽、赵亚利正站在煤场院内和扈连合那边六七个人互骂，我、王云峰、甘建民下车就冲进了院里，扈连合那边的人拿钢管、铁棍把我们往外赶，王云峰拿出一把20多公分的短刀，一边后退一边格挡。这时周广森和陈胜丽还在煤场院子里，我们被赶出院子二三分钟后，杨长战带着七八个人从两辆车上下来，拿着砍刀和镐把，直接就冲向扈连合一方。我、王云峰、甘建民、赵亚利也冲过去，王云峰用刀扎了对方一人的胳膊，杨长战拿砍刀砍了对方一人的胳膊。对方看打不过就翻墙跑了，扈连合倒在地上，头部在流血，地上也有血迹。周广森拿着一根镐把站在他身边，我把镐把接了过来，朝扈连合的肩部和腿部各打了一下。这时周广森示意我们赶紧离开，我们就跑了，扈连合还躺在地上没动。当晚周广森说这事闹大了，要去张北躲躲，这边交给周广柱处理。第二天，周广森、陈胜丽、赵亚利和我一起从“基地”开车去张北周广森买的一处院落躲藏，王云峰回了吉林桦甸老家。我们几人在张北待了两个月左右，杨长战曾带着二三个人来找过周广森，周广柱也来过，跟周广森商谈与扈连合私了的事。周广森说花了三四百万元私了了，我们才回到东某1村，听说周广森和孙永合都出钱了。

16. 被告人甘建民的供述：煤场打架前，周广森在“基地”给了我一个黑色手包，说里面有一把破枪，因这里人杂，要把包和枪放我那里。我问他枪是哪来的，他说是杨长战给的。枪是铁质的，类似于左轮手枪，颜色发黄，周广森说是发令枪改装的，黑色手包里还有五六颗子弹。我当天就把包和枪带回家藏好了。

煤场打架那天下午，周广森打电话叫我带着枪去“基地”，当时周广森、赵亚利、孙永合、王云峰、陈胜丽等人都在。我把装枪的包给了周广森，并问王云峰怎么回事，他让我听信。后周广森拿着枪比画，赵亚利跟他争夺这把枪，赵亚利还说“要打你就打我吧”之类的话，我担心出事就跟赵亚利一起把周广森手里的枪夺了过来，陈胜丽也帮忙夺枪了。我夺过枪后就放回了原来那个包里，把包放在了周广森奥迪 A6 的后座上。抢枪时我没听见枪响，事后在张北听赵亚利说当天周广森在“基地”开过两枪。后赵川开着一辆黑色的奔驰车到了“基地”门口，车里还坐着一个人，听赵亚利说叫庄伟。赵川跟周广森说“大妈”带着几个人在北侧的马路上，后周广森、陈胜丽、赵亚利、赵川、庄伟一起坐着奔驰车离开了“基地”，不知谁喊了一嗓子“上车跟着走”，我、赵言等人就上了王云峰开的奥迪 A6 车跟着出发了，孙永合也开车跟我们一起出发的。我们跟着赵川的车先到了东某 1 村西的公路上，没找到扈连合，周广森就让孙永合给扈连合打电话，孙永合联系扈连合后知道对方在煤场，于是我们又跟着赵川的车去了煤场。王云峰下车就冲了上去，我看到赵川、庄伟、王云峰与对方拳打脚踢，后他们被扈连合方六七名拿着钢管等工具的男子打得往煤场门口退。我和赵言一看形势不好，也往煤场门口方向退，还没到门口，杨长战带着五六个拿着刀的男子从煤场外往里冲，用刀砍对方，对方开始四散逃跑，杨长战他们就追。局面翻转过来后，赵川、庄伟、王云峰、赵言也跟着冲了上去，我也转身往煤场里走，看到陈胜丽扶着周广森往煤堆走，扈连合面朝下趴在煤堆上，附近还站着杨长战、赵言、赵亚利等人。周广森手里拿着一把不知道从哪里来的刀，试图砍扈连合，我赶忙上前从周广森手里夺下刀，扔在一边，后我和陈胜丽、赵亚利一起把周广森扶到赵川的车上，赵川开车离开了现场。我和王云峰、赵言乘坐奥迪车返回了“基地”。后周广森让我们都躲几天，我就开车回家了。王云峰和赵言下车时没拿东西，我印象中我方只有王云峰上臂有伤，对方扈连合头部、后背、左侧胳膊、腿上都有刀伤，我没动手，一直在边上看着。周广森在煤场没用过枪，枪一直在奥迪 A6 车上放着，返回“基地”时我确认枪还在车里，之后不清楚枪去了哪里。

17. 被告人赵亚利的供述及辨认笔录：2010 年八九月一天中午，我、孙永合、周广柱等人一起在饭店吃饭，“大妈”给孙永合打电话让他还钱，口气不强硬，双方说了几句后，周广柱获悉是孙永合玩牌欠“大妈”钱，想显示自己厉害，就抢过手机特别横地说“谁欠你钱，不还怎么着”，后孙永合把电话挂了。饭快吃完时，“大妈”又打电话问刚才谁在骂人，并让孙永合交人，孙永合说回头再说，并把电话挂了。到“基地”后，“大妈”还不断给孙永合打电话让他交人，孙永合就让周广森接电话，意思是想让周广森帮忙解决。周广森接电话后，对面说话很冲，双方骂了起来，后约在魏某 1 煤场解决。周广森让我打电话叫人来打架，我就打电话给庄伟，庄伟又叫了赵川。周广森也打电话叫人，应该是给甘建民和“杨小”打了电话，我听见他让甘建民拿枪来，还说“快来，砍 × 来”之类的话。赵川带着庄伟开车来的。甘建民到了后，给了周广森一把银色、外形跟左轮手枪相似的枪。我劝周广森别拿枪，并跟他抢枪，还说“你要打就打我吧”，并掰着他的手把枪口对准了自己的脑袋，周广森真的扣动了扳机，但枪哑火了，他又朝“基地”外的一个铁牌子打了一枪，这一枪打响了，子弹打在铁牌子上，声音还挺大。后在周广森的招呼下，赵川开车拉着周广森、陈胜丽、庄伟和我往煤场走，王云峰、赵言、甘建民开着另一辆车跟着我们。两辆车前后脚到，当时对方五六个人拿着铁棍和镐把在等我们，周广森喊“刚才是谁骂我”，双方开始互骂。王云峰拿着刀，庄伟拿着夹煤用的夹子，赵川也从地上捡了东西，他们三人冲对方五六个人过去了，我和周广森、陈胜丽、赵言、甘建民在后面跟着，对方和王云峰、庄伟、赵川打起来，拿棍子打了王云峰，庄伟、赵川也被打了，他们被打后就往后退，我们也往后退。这时“杨小”开着宝马车到了，他带着四五个人，手里都拿着砍刀，周广森说“就是他们，砍他们”，“杨小”就带人往煤场里冲，王云峰、庄伟、赵言、甘建民、赵川也一起冲了上去，对方四五个人就四散跑了，跑得快的翻墙跑了，有个跑得慢的被“杨小”带来的人砍倒了。我跟着追了十几米，看到赵言拿着镐把，还看到王云峰和“杨小”拿着刀在煤堆上砍“大妈”，“大妈”半跪在煤堆上叫唤，最后赵言用镐把打了“大妈”后脑部一下，“大妈”就倒地没动静了，周广森走过去骂“大妈”，说要砍死他，还要拿镐把和刀，但没人给他，怕弄出人命。我跟陈胜丽拉着周广森往外走，途中还看到对方一人躺在地上，胳膊或腿上有明显的刀伤，周广森还朝那个人头上踢了一脚，后我们分乘三辆车离开了。我在煤场没看见孙永合，听说他事后报了警。周广森开完两枪后我就没注意枪的去向，不知道枪是否被带到煤场。

经对三组，每组12张不同男性正面免冠照片进行辨认，赵亚利辨认出第1组6号照片上的男子（庄伟）就是2010年8月5日被其叫去参与打架的庄伟；辨认出第2组10号照片上的男子（赵川）就是2010年8月5日被庄伟叫去参与打架的赵川；辨认出第3组5号照片上的男子（杨长战）就是2010年8月5日，周广森、赵亚利、王云峰、赵言、甘建民等人在煤场打架时，持刀带人冲入煤场帮忙打架的“杨小”。

18. 被告人孙永合的供述：我赌博欠了在赌局放账的扈连合弟弟毛某2五万元左右。2010年8月的一天中午，我和周广柱等人在饭馆吃饭，扈连合给我打电话要账，我说周一肯定还，后我就把电话放在了桌上。周广柱问我对方是谁，我说是扈连合，他拿起电话就骂扈连合，两人对骂起来，后来电话那头换成了毛某2，他也跟周广柱互相骂，可能骂急了，就问周广柱在哪，要来找他。周广柱说自己在北某2的饭馆，然后挂了电话开车走了。我以为周广柱去了“基地”，后来才知道他开车捏脚去了。我在去“基地”的路上，毛某2又给我打了三四个电话，问周广柱去哪了，我说他走了，下周一我肯定还钱。到“基地”时，周广森刚喝完酒正在送朋友，他见我在打电话，就问我对方是谁，我说对方找周广柱，他就把电话拿了过去，跟电话那头的毛某2说“我是周广森，你谁啊”，毛某2没给面子，跟周广森骂了起来，周广森问毛某2在哪，毛某2说在煤场，然后就把电话挂了。我正在劝周广森，不知道哪来一个小子跟周广森说“三叔，大队部那有辆捷达找你”，周广森一听就急了，以为是毛某2他们，就开车去煤场找毛某2他们。当时从周广森院里出来十多个人。他们走了后，我在原地打电话报警，说煤场要干架，然后又给扈连合和王某9打电话，说周广森他们过去了，让他们赶紧走。后我开车跟着去了煤场，到现场后周广森他们都走了。现场围了好多人，我看见藏春宝和另外一个人躺在地上。当晚，周广柱说扈连合被打坏了，周广森提议跑路，我、周广森、周广柱、赵言、王云峰还有一个叫“胜丽”的女的就都跑路了，先在张北住了一个多月，后在河北省保定市徐水区住了半个月。其间，周广森安排王某1在北京协商赔钱的事，我们得知扈连合出院后，就回北京了。周广森、赵言、王云峰、杨长战都参与了斗殴，周广柱应该没去，周广森说因为我欠钱，才有后续的事，让我掏钱，我们一共赔了三百一二十万元，我掏了一百二三十万元，剩下的全是周广森出的。我们都把现金给了中间人，由中间人再给扈连合，中间人都是周广森找的，有王某1，应该还有其他人。

19. 被告人杨长战的供述及辨认笔录：煤场打架那天，我当时在廊坊，周广森给我打电话说他挨欺负了，让我叫人跟他一块打人去。我就接上“小宇”，还有他叫来的两个东北人，坐着我的宝马车一块去了北京。我打电话问孙永合，获悉了煤场的位置，到的时候发现他们打完了。当时对方一小伙子胳膊流血了，我问谁是“大妈”，对方给我指了，我就骂“大妈”，“大妈”也骂我，并拿着麻花钢朝我过来，我从旁边人的手里抢过一把刀，和“大妈”打了起来。我们用砍刀和麻花钢互相抡起来，我把他逼退了四五米，他踩到煤堆滑倒了，随后赵言、“小峰”、“民子”、“小利”，还有几个我不认识的人都一起上去打他。赵言用镐把打了“大妈”的脑袋，“小峰”用尖刀挑了“大妈”后背一下，“民子”踢了“大妈”几下，“小利”用镐把打了“大妈”腿一下，周广森最后上来打了“大妈”腿一下。我和“大妈”互抡时，对方七八个人都跑了。我用的砍刀，长六七十公分，一半是木质握把，一半是刀刃；赵言拿的是木质镐把；“小峰”拿的尖刀，塑料握把，刀刃有二十公分长；“民子”“小利”拿的是镐把或刀。对方手里拿的都是镐把、砍刀，“大妈”手里拿的是麻花钢。打完架后，我就带着“小宇”他们回廊坊了。后我给周广森打电话，他说没事，他要出去躲躲。我在打架现场没看见孙永合。过了几天，我听说周广森他们躲在张北，就去了张北，看到周广森、孙永合、张国印、“小峰”、“小利”，还有周广森媳妇“胜丽”等人。周广森告诉我“大妈”醒了，我就放心了，我听说王某1从中说和，周广森赔了“大妈”三百多万元。

经对八组，每组12张不同男性正面免冠照片进行辨认，杨长战辨认出第1组7号照片上的男子（毛某1）就是“大妈”；辨认出第2组10号照片上的男子（周广森）就是周广森；辨认出第3组7号照片上的男子（甘建民）就是“民子”；辨认出第4组10号照片上的男子（王云峰）就是“小峰”；辨认出第5组1号照片上的男子（孙永合）就是孙永合；辨认出第6组8号照片上的男子（周广柱）就是周广柱；辨认出第7组2号照片上的男子（赵言）就是赵言；辨认出第8组7号照片上的男子（赵亚利）就是“小利”。经对12张不同女性正面免冠照片进行辨认，杨长战辨认出4号照片上的女子（陈胜丽）就是周广森的妻子“胜丽”。

20. 被告人陈胜丽的供述和辩解：2010年夏天，周广森和一些人吃饭喝酒快结束的时候，孙永合来了，他一直在外边打电话，跟对方嚷嚷。我收拾桌子时，看见孙永合和周广森轮流拿电话和对方嚷嚷、对骂，越嚷越厉害。后周广森和“大妈”约架，王云峰和赵言当时在基地，周广森还叫了甘建民、“杨小”，赵川是后来的，还带了一个我不认识的人。我劝不住周广森，就跟着上了车，赵川开车，车上有我、周广森、“小利”。我们第一时间没找到“大妈”，后周广森打电话，问了煤场的具体位置，又继续开车到了煤场。到煤场后，我、周广森、“小利”手里都没拿东西，赵川和他带来的那个人手里有没有武器我没印象了，对方几人已经在等我们了，有人手里好像拿着铁锹。我们第二辆车很快也到了，王云峰、赵言、甘建民从车上下来，他们有人手里拿着武器。周广森跟对方对骂，王云峰、赵川及赵川带来的人跟对方打了起来，他们三个被对方打退到煤场门口，这时“杨小”带着三四个人拿着长刀从煤场门口冲进来砍对方，对方一看“杨小”带人冲过来，就往煤场里跑，周广森也要跟着去，我拉他，但他非要去找“大妈”，后甘建民帮我一起搀着周广森往煤场里走，当时周广森喝多了，站都站不稳。我们进去时，里边已经打完了，“大妈”在煤堆那趴着，头上流血了。周广森朝旁边的人要武器，想打“大妈”，但没人敢给他，我和甘建民赶紧把周广森拉走了，没让他打“大妈”，我和甘建民把周广森搀上车后离开了。周广森说去张北住一段，王云峰说他回东北。第二天，周广森、赵言和我直接去了张北，“小利”、孙永合、甘建民也先后去过张北。在张北时，周广森给王某1打电话，让他帮忙解决此事，总共花了300多万元，我们出了一部分，孙永合出了一部分。在张北听他们聊天说，当时王云峰拿了一把刀，赵言拿了一根棍子，“小利”还说赵言往

“大妈”头上打的那一下太重了，赵言也没说什么。我还听孙永合说他也去了煤场，还报了警。

21. 同案人赵川的供述：案发当天中午，我和庄伟吃饭时，赵亚利打电话让庄伟去“基地”，我们开车到“基地”时，那里乱哄哄的，有周广森、陈胜丽、赵言、甘建民、赵亚利等人。周广森喝多了，情绪很激动，周围还有人拦着劝他，不想让他出门，但拦不住。有人说要找“大妈”，并说“大妈”是东南研堡弄藕的，我就知道是扈连合。我说，在来“基地”的路上，看到扈连合他们五六个人在“基地”北边马路边上站着。周广森就上了我的车，坐在副驾驶，庄伟、赵亚利和陈胜丽也上了车。周广森让我开车带他们去找扈连合，我开车到了“基地”北边的马路，没看到扈连合，周广森打电话，向对方指示了我们的位置。过了一会儿，又来了五六辆车，周广森的奥迪 A6 也过来了，当时有二十人左右。周广森免提接了一个电话，对方说在小煤场，并劝周广森别去。周广森骂着说“我让你看看我周广森到底算不算一个屁”。到煤场后，我按照周广森的要求把车开进了煤场院里，停在地磅旁，我们五人都下了车，周广森、赵亚利站上了地磅，我和庄伟站在车头，陈胜丽最后下的车。对方有八九个男子排成两排站着，扈连合站在前排正中间，跟周广森开始对骂，骂了一会儿，周广森急了，让我和庄伟上去打对方。我俩空手往上冲，对方前排的人没拿家伙，后排的人都拿着钢管和镐把等工具，我们冲着扈连合拳打脚踢，我踹了扈连合的下半身四五脚，庄伟用拳头抡，抡到谁我没看清。对方后排的人扒开前排的人，上前要打我和庄伟，我俩就转身往后跑，有人用镐把打了我的右肩部，我从地上捡起一块砖头或煤块，没回头就往后扔。我俩跑到停车的地方，庄伟从地磅旁捡起一个煤夹子，这时王云峰到了，手持一把短刀站在前面，庄伟拿着煤夹子站在他后面，他俩向对方冲过去，王云峰左小臂被对方用铁棍打了，他俩就又被打退了。我们退到门口时，又有五六个男子手持砍刀之类的器械冲向扈连合那方，赵言和甘建民也跟着这五六个人一起往对方冲去。这些人明显是周广森叫来的，都冲着对方砍、打，对方就往煤场里跑，好多人翻墙跑了。周广森在陈胜丽的搀扶下，往煤场院里走，我没过去，等完事后赵亚利和庄伟上了我的车，我们就走了。当时周广森喝多了，陈胜丽一直扶着他。扈连合一方拿的空心钢管长一米多，直径三四公分；木质镐把长一米一左右。庄伟拿的煤夹子长四五十公分，黑色铁质的；王云峰拿的短刀，长二十多公分；我方还有五六个拿刀的，都是一样的刀，刀长一米五左右，刀把长一米左右，刃长五十公分左右。我没看到赵言、甘建民、赵亚利、周广森、陈胜丽拿器械。当时我的右肩部被对方打了一镐把，王云峰、甘建民都是左胳膊受了伤，肿起来了，庄伟也被打了。我听说扈连合被砍得挺严重的，事后赔了他们不少钱。

22. 同案人庄伟的供述：2010年的一天，赵川开车送我回家时，我接到赵亚利的电话，他说“三哥”（周广森）跟人吵起来了，让我过去。他拉我到了“基地”后，周广森、赵亚利和一女子上了我们的车，赵川开车拉我们去了煤场。在车上，周广森在打电话，具体内容没听清楚。到煤场后，“大妈”骂周广森，周广森让我们揍他，赵川从地下捡起一块砖头朝对方扔了过去，我上去打了对方一人一个嘴巴，左胳膊被对方用钢管打了一下，后我从地上捡起一个煤夹子朝对方甩，没打到人，我就往后退。这时我们这边又来了一辆车，从车上下来二三个人，有人拿刀朝对方砍，对方有一人倒地了。过了大概一分钟，我们这边又来了十多个人，追着对方砍，最后对方除了一个倒地的，剩下的都跑了。这事是因为周广森和“大妈”吵架，赵亚利才叫我过去摆场子。

上述证据经庭审举证、质证，本院对言词证据中相互印证的部分及其他证据予以确认。

（四）敲诈勒索的事实

1. 2010年六七月间，被告人周广森、周广柱因未能承接中铁某1公司（以下简称中铁五院）位于魏某1镇北某2村的建筑工程，对实际承接工程的寇某1产生不满，遂指使被告人甘建民、刘万利等人以堵路方式阻碍施工，以此相要挟向寇某1索取人民币60万元支票一张。

认定上述事实的证据有：

（1）被害人寇某1的陈述：我是北京郑兴建筑工程有限公司的法人代表。2010年6月前后，我用大兴天恒建设工程有限公司的资质参与投标了一个工程，是公司员工鲍某1去的，工程是中铁五院的车间项目，主要负责土建、地基，项目地址在魏某1镇磷肥厂。当时鲍某1和我说周广森也参与投标了，咱们虽然中标了，但这活不好干，周广森放出话，让施工现场没法接水接电。该项目之前的一些小活都是周广森签的，这次投标的工程比较大，他肯定也想干，但我们中标了，有利益竞争。后我准备了一箱茅台去找周广森，想和他吃顿饭，说说这事。我请赵某8帮忙说和，他和周广森比较熟，赵某8又叫了王某1帮忙，我们一起吃的饭，饭桌上还有四五个人。因赵某8告诉我周广森说找谁都没用，我就没再聊工程的事，吃完饭，把茅台放下我们就走了。之后我们准备进场时发现进入工地的唯一道路中间停着一辆铲车，铲车旁边还有一些东西，彻底把路堵死了，还有人在那看着，不让车辆、机械入场，而且工地里也没有水电，这些都是周广森干的。之后我通过赵某8找到王某1，想给周广森20万元让工程顺利开工，王某1说给问问。后王某1答复说得给周广森、周广柱60万元才能解决。当时路已经堵了十多天，再不开工，发包方就要罚款，我的损失就会更大，我不敢得罪周广森，只能给他60万元。周广森背后有势力，他之前因为打架被拘留过，还是人大代表，我不想得罪他，也没敢报案，怕被报复。2010年7月左右，我跟周广森谈好后，让会计耿某1出了一张60万元的支票送到王某1的办公室。支票后面备注"付周广柱"是耿某1写的，这件事前前后后都是周广柱在跑，我也知道钱实际给的就是周广柱，我就直接跟会计说给周广柱，她就在后面标注上了。给完60万元后，当天铲车就不堵路了，也没有其他事了。钱是公司出的，但公司是我个人的，跟我出钱是一样的。

（2）证人王某1的证言：当时大兴区魏某1镇有个工程周广森和寇某1都想干，寇某1把活接了，得罪了周广森，周广森把工地路给堵了，寇某1找到我，想赔偿给周广森20万元，好让周广森让他开工。我给周广柱打电话把这事说了，周广柱回复说不行，20万元太少，我又找周广森，周广森说少于60万元不行，我转告给了寇某1。2010年7月，寇某1的会计拿了一张60万元的支票到我办公室，我把支票给了周广柱，然后路就通了，寇某1才得以开工。我听周广森说过，是他指使人干的。

（3）证人赵某8的证言：2010年前后，寇某1让我帮忙约王某1，说周广森的人堵了他施工的路，向他要60万元，他想让我和王某1从中说和，少要点，我让王某1帮忙说说。后我们三人去了"基地"，和周广森等人一起吃了个饭。我和周广森说，"都是本地的，30万差不多得了"，周广森挺不耐烦的，说"以后再说，你别管了"，我一看他这态度就没再提这事。饭局中寇某1对周广森特别客气，但周广森对寇某1说话态度特别不客气，吃得差不多了，我就赶紧招呼寇某1、王某1走了。饭局过后两三天，寇某1让我问问王某1事情怎么样了，王某1答复称周广森说钱少不了。我转告寇某1后就没再管。我印象中是寇某1说如果不给周广森钱就开不了工，不是吃饭前就是吃饭后听他说路被堵了。

（4）证人鲍某1的证言及辨认笔录证明：我是北京郑兴建筑工程有限公司项目经理。2010年夏天，我们中标了中铁五院一个车间项目并完成了奠基仪式。我们准备进场时，发现进场施工的唯一道路被堵上了，对方有两三个人，一辆小轿车，带头的是大兴本地人，一米八左右，头发比较少。对方将一车斗的沙土堆到路中央，一米多高，车肯定过不去，对方的人也在这看着。我当时和对方沟通，但对方的意思就是不经他的同意谁也别想过。我就向老板寇某1汇报了这个情况，寇某1没说什么，让我回去，我就走了。过了几天寇某1让我给西某1市场老板送一张60万元的支票，我和会计耿某1一起去了，耿某1自己把支票送上楼后我们就回去了。给完钱没过两天，我们再去现场就发现沙土堆已经被清理了，对方的人也不在了。当时水也被断了，没法施工，给完支票后这些问题都解决了。

经对12张不同男性正面免冠照片进行辨认，鲍某1辨认出8号照片中的男子（甘建民）就是参与堵路的1米8左右的男子。

（5）证人耿某1的证言：我是北京郑兴建筑工程有限公司会计。2010年7月左右，寇某1让我从公司开一张60万元的支票，送给西某1市场二楼的周广柱。我填了一张郑兴建筑的转账支票，支票没有收款人名字，后我在公司的支票供应使用登记簿上做了登记，用途写的是“付周广柱”，时间是2010年7月。鲍某1开车带我去了西某1市场，我到二楼去找周广柱，找人问后在一间办公室找到一名男子，我说寇某1让我来送一张支票，他让我把支票放下，我把支票给他就走了。支票号以公司提供的支票使用登记簿为准。

（6）证人陈某4的证言：我是北京郑兴建筑工程有限公司经理。2010年的一天，老板寇某1让我买一箱茅台送到东某1村西侧的“基地”里。后我在大兴烟酒公司买了一箱茅台酒送去了，看见寇某1站在大厅里，我把酒放在大厅后就走了。后来我知道这个“基地”是周广森的。

（7）证人王云峰的证言：2010年的一天，“老寇”带着赵某8、王某1、邱某1到“基地”找周广森、周广柱吃饭喝酒。当时喝的茅台是“老寇”带的，饭局是“老寇”约的，他还请了王某1、赵某8、邱某1来说和，但周广森没给他们面子，说“想干这个活可以，得拿钱”，周广柱跟周广森是一个态度，说“想开工也行，拿钱”。当时气氛不太好，但也没人敢顶撞周广森。过了几天，我听说甘建民带人把磷肥厂门口的路堵了，后“老寇”给周广森赔钱了。

（8）证人赵亚利的证言：在一次喝酒聊天时，我听周广森说大约十年前，在魏某1有一个工程，应该是他干，结果“老寇”中了标，把活接走了，周广森就把“老寇”施工工地的路断了，后来“老寇”给了周广森几十万元，才能继续干这个活。周广森当时说，“不让我干，谁××也别干，我给×路断了”。

（9）证人孙永合的证言：涉案地块前期工程是周广森干的，本以为能中标继续干后续的工程，结果中标的是寇某1，周广森气不过，扬言寇某1干不了这个工程。寇某1跟我说一开始周广森要的不止60万元，他找中间人调解，才定的60万元，只有支付60万元，他才能正常开展施工。

（10）招标文件、投标文件、北京金铁四方工程机械有限公司钢结构车间、机加工车间建筑工程施工合同等证明：涉案项目名称为北京金铁四方工程机械有限公司钢结构车间、机加工车间建筑工程，招标单位为中铁某1公司，承包方为北京天恒建设工程有限公司，该工程从招标到竣工的时间为2010 年6月至10 月。

（11）支票供应使用登记簿、支票配售记录、中国工商银行客户存款对账单证明：2010 年 7 月 3 日，北京郑兴建筑工程有限公司开具一张 60 万元的支票，用途记为“付周广柱”。

（12）被告人周广森的供述和辩解：我在磷肥厂没有工程，周广柱在磷肥厂接过拆除的活，我听说甲方是中铁五院，中铁五院应该是买了磷肥厂那块地，准备开发基建，周广柱接了中铁五院的活来拆磷肥厂。当时魏某 1 镇领导找我，问我干不干这个活，我就介绍了周广柱，以后的事都是周广柱沟通的。项目开始后那个领导又找我说工程后面部分给姓寇的了，想让我劝周广柱撤场，还说已经和姓寇的商量好了，给周广柱 30 万元作为补偿，当时中铁五院已经用周广柱了，周广柱把人、料都准备好了，已经干了一段时间，撤场损失太大，我和周广柱说了，他不同意撤场，而且让我别管。因没解决好，周广柱就拖延工期，姓寇的进不了场就开始赔钱，后王某 1 在我那组织了饭局，饭桌上周广柱没同意 30 万元退场，后我听说赔了周广柱五六十万元，他才退场，他们具体怎么谈的我没过问。

（13）被告人周广柱的供述和辩解：2010 年三四月间，周广森说镇领导给了他一个磷肥厂的小工程，让我去找中铁五院对接。我陆续干了几个小活，并获悉还有一个盖厂房的大活，我想干，但对方说可能不用我们，别的公司有更硬的关系。过了几天，周广森说磷肥厂要建大厂房，咱们接着干，我说听说有关系更硬的人把活接了，咱们投标也中不了，周广森坚持要投标，并说他去找镇领导。过了几天，周广森跟我说他找了镇领导，并抱怨说前期工作咱们都干完了，现在不用咱们了，工程给“老寇”了，说坚持参与投标。后他就在魏某 1 放出话说这个活他不干，别人谁也别想干，他还让甘建民做了标书，投标当天是我和甘建民去的，没中标，后我听说“老寇”的公司中标了。投标前我的工人干完活就撤场了。过了几天的一天中午，我在“基地”看见“老寇”、赵某 8、王某 1、邱某 1 等人跟周广森吃饭。赵某 8、王某 1 叫我进屋喝口酒，我就进去了。赵某 8 或王某 1 说“都是兄弟，别因为一点小事伤了和气”，周广森说“这活要不就我干，要不谁也别干”，他还对“老寇”说“你要干这活也行，拿钱”，我当时就一直陪着王某 1、赵某 8 他们喝酒，没搭茬。后我听周广森说，磷肥厂被堵路、断水了，我知道是周广森指使他手底下的人干的，我没参与。又过了几天，我接到王某 1 的电话，问 20 万元能否解决“老寇”那事，我让他找周广森。2010 年五六月的一天 10 时左右，周广森打电话让我去王某 1 那里取一张支票，在西某 1 市场王某 1 把支票给了我，说是

“老寇”给的，我看了支票，金额是60万元。

（14）被告人甘建民的供述：我记得寇某1去“基地”吃过一次饭，当时有寇某1、周广森、王某1、赵某8等，我听他们说的好像是中铁五院工程的事，寇某1公司的陈某4还开车送来一箱酒。周广森觉得这个工程应该是他干，他应该还找了镇领导，但结果没中标，寇某1中标了，工程被寇某1抢了，周广森比较生气，所以寇某1过来说和，缓解关系。赵某8跟寇某1的关系很好，他和王某1是作为中间人协调这事的，但这次吃饭没达到缓解说和的目的。之后一天下午，周广森打电话让我把北某2加油站东侧挨着磷肥厂东门的路给堵上，那条路是南北向的柏油路，磷肥厂在路北，路两侧都是农田，没法过人和车，要开车去磷肥厂只能走这条路。后我给刘万利打电话，让他找工人拉车土倒在路南头，刘万利就安排人拉了两车土倒在路南头。堵路现场有人看守，不是刘万利就是工人，我也去现场解释过堵路的原因，说这是新修的路，还没验收，不能过。堵了一周左右，周广森给我打电话，我才让刘万利撤的土。一开始周广森没说堵的是谁，后来我听周广森说才知道是寇某1。堵路造成寇某1施工车辆无法进出，影响了工期。堵路期间我没接触过寇某1公司的人，我当时并不清楚这件事最后是怎么解决的。

（15）被告人刘万利的供述：2010年四五月，甘建民通知我进场磷肥厂项目，他负责找工人，我负责现场监工。当时周广柱也到现场指挥，因为施工的活儿也有他的。干了大概两三个月，甘建民说这个工程别人干了。之后的一天下午，甘建民打电话让我找车堵路，说“咱们不能干，他们也别想干”。第二天上午，我找了一辆绿色解放牌八轮的拉土的翻斗车，谈好价格后我向甘建民汇报，他同意了。共拉了二趟土，上午是我开车带着去的，土卸在离磷肥厂大门500米左右南北走向的路面东侧，是我指的卸土的位置。第二趟司机把土卸在紧挨着第一趟卸的土的旁边，也就是路面西侧，后司机给我打电话，我过去看路已经堵上了，汽车肯定过不去，就给了钱，并告诉了甘建民。在路中间卸土就是为了不让别人把车开进去施工，我们想干这个活，所以阻止别人干。通往磷肥厂的路就这一条，堵路之前，这条路没有施工的情况，能正常通行。后来，甘建民通知我说事情解决完了，让我找辆铲车把土清了，我就找了一辆铲车把土清理了。

上述证据经庭审举证、质证，本院对言词证据中相互印证的部分及其他证据予以确认。

2. 2017年至2018年，中铁建某1公司、中铁某2公司、某路桥公司承揽“三线工程”相关项目施工期间，被告人周广柱以施工影响其进出位于西某1村、东某1村、天某1农场交界处的“库房”为由，多次采取停车堵路等方式阻碍施工，并以此要挟向上述三家施工单位索取钱财。三家施工单位为不影响工程进度，被迫各自支付人民币8万元，周广柱由此非法获利人民币24万元。

认定上述事实的证据有：

（1）证人董某1的证言：我当时是“三线工程”魏某1指挥部工作人员。周广柱在东某1村、西某1村、天某1农场三处交界的位置有一个小建筑，该建筑只有一个西门，和一条平原造林养护用的土路连接。当时“三线工程”施工占了土路，周广柱以“三线工程”影响他进出为由阻碍施工。我去现场看到，该建筑大门外有一个要立桥墩的大坑，但旁边的地方能走车，周广柱进出绕一下就行，只是麻烦了一点。我提议施工单位给周广柱修一个能走车的临时路，当时施工方同意了，周广柱也没说什么。周广柱阻碍施工四五天，当时整个“三线工程”都被迫停工了，影响还是挺大的。后来我听说“三线工程”给了周广柱钱才解决问题。

（2）证人陈某5（时任北京京投发展有限公司征拆保障部副部长）的证言：2018年，我负责“三线工程”新机场高速项目的拆迁、征地、高压线路迁改，施工方中铁建大桥工程局负责该项目第五标段。当时西某1村区域施工建设的外协负责人刘某8找我说施工队建设大桥桥墩时，周广柱拦住施工人员不让继续施工，说施工占用了他进出厂子的一条小路。我把该情况反映给了董某1。通过施工方反馈的情况分析，周广柱应该是想借用施工建设的名义拆掉这块厂房，得到补偿款，但这块厂房在新机场高速公路的拆迁红线计划之外，无法拆迁，他就以施工阻碍他进厂为由一直堵着路，不让施工方进去，想收取占道费。施工占用的小土路向东通向周广柱厂子的西门，但这条路不是周广柱进出厂的必经之路，甚至不是厂子要用的路，他厂子东墙外有一条很正规的柏油路，比这条土路更有使用价值，但他为了造成施工影响其进厂的假象，没在东墙开门。我曾在现场看见一辆银色面包车停在那条小土路上，车附近没人，不知道停了多长时间。周广柱阻工持续了两个月，增加了施工方的费用，延误了工程进度，打乱了施工部署，后来是中铁建大桥工程局给了周广柱钱，他才同意让施工队进场施工。我知道周广柱跟周广森是兄弟，周广森是东某1村的村支书，在魏某1影响很大，附近村子都听周广森的话。

（3）证人樊某1（时任中铁建大桥工程局集团北京大兴国际机场高速公路五标段项目部党工委书记）的证言及辨认笔录证明：2018年3月左右，我们项目部施工队在Z4闸道施工时，我听说有一个叫周广柱的男子以施工影响他出行为由，不让我们施工，导致我们设备、人员都无法进场。我们项目部派了刘某8和周广柱进行协调，但谈的过程不是很顺利。京霸铁路施工方中铁十二局项目部和轨道交通施工方北京市政路桥项目部也遇到相同的情况，最后我们三家公司在不情愿的情况下，各给了周广柱8万元，一共24万元，之后周广柱就不再阻挠我们施工了。周广柱的厂房有一个小门向西开，门口有一条东西走向的土路，我们车辆施工需要经过一条平原造林使用的南北走向的小路，这条小路刚好和周广柱门口的土路相交，周广柱开了一辆车堵在那条南北走向的小路上，让我们无法进场施工。持续了十天左右，我们工期因此受到影响，损失了四五万元。我们施工对他的影响是很有限的，他厂房的西门很小，也就过个小车，小车能绕过我们的施工区域，通行没有问题。当时我们没报警，因为我们了解到周广柱在本地背景、势力很大，我们惹不起也不想得罪他，为了保证按时完成施工只好忍耐。我们和周广柱签了一个协议，并报了资金计划，通过我们上级公司和甲方审批后，大概2018年7月，我们项目部财务通过公户把钱转到了周广柱中国邮政储蓄银行账户。

经对12张不同男性正面免冠照片进行辨认，樊某1辨认出9号照片上的男子（周广柱）是周广柱，该人当时在魏某1镇西某1村，将车辆堵在施工路段，阻挠施工队施工。

（4）证人刘某8（时任中铁建某1公司对外协调部部长）的证言：2017年七八月，我们施工队在东某1村、西某1村交界处施工时，周广柱把一辆黑色现代越野车（尾号是23）开来堵在我们施工使用的一条平原造林的土路上，导致我们施工车无法进入施工区域，且无法正常进行钻机施工。我去了阻工现场，当时中铁某2公司的马某6也在，周广柱说我们施工占用这条土路，影响他进出东侧的厂房，让我们给个说法。他的意思就是想要钱，我把这件事汇报给了甲方的陈某5。后周广柱好几次以相同理由开车到现场阻碍施工，影响了我们的施工进度。他说让我们每家补偿12万元，不给钱就继续堵路。大概在2017年年底，我们三家单位为了保证施工按期完成，会同甲方，和周广柱在堵路的施工现场进行商谈，最后降到每家给他8万元，他同意了。我们觉得给他这么多钱不合理，就拖着没给，但到了2018年二三月，周广柱又好几次开车到现场堵路阻碍施工，且时常打电话催我们给钱，我们迫不得已，在2018年3月，和周广柱在东某1村的项目部签了一个临时征地协议书，后将8万元通过我们项目部的中国民生银行公户转到了周广柱的中国邮政储蓄银行账户，给他钱之后再没遇到过阻工情况。他堵路对我们产生人工、机器的窝工费用等误工费用，每次损失在1万元左右，而且会导致我们工期延误。我们给他钱是不情愿的，但他堵路会影响我们施工进度，带来更大的经济损失，因为我们的施工项目是国家工程，项目推进很重要，所以只能给钱。我们钻机施工区域离他的厂房门口有三四米，他出入不受影响，周围都是平地，车辆进出可以绕开施工区域。他是因为“三线工程”没占用他的厂房，他没获得赔偿，所以找个理由来要钱。他的厂房我进去过，钢结构，共二层，里面什么东西都没有，没有任何生产经营活动。我们施工没占用周广柱的厂房，而且土路是西某 1 村平原造林的土路，即使给钱，也应该给西某 1 村委会。我们在协议书上写“临时征地”是为了走账，这 8 万元是我们公司新机场高速第五标段项目部出的。

（5）证人罗某 1 的证言：2018 年，某路桥公司总承包一部承接了魏某 1 镇西某 1 村到前某 1 村的新机场轨道建设的工程，我的施工队在他们那承包了西某 1 到魏永路这一段的桥梁下部结构施工项目。2018 年 7 月左右，施工队工人反映我们施工占用了一条小土道，妨碍了道路边上一个厂房人员及车辆进出，对方不让我们施工了。我把这个情况反映给了项目部的负责外协工作的赫某 1，他找对方沟通后和我说，得给对方一个叫周广柱的人道路使用费，两个月租金 8 万元，才能继续施工，不然对方就不让干了。项目部因对方是个人无法开具发票，让我先垫付 8 万元，我就拿了 8 万元现金给了赫某 1，他将这笔钱给了周广柱，给完钱后我们施工就没再受到任何阻碍。对方阻碍施工增加了施工时间和人工费用。给周广柱的 8 万元，算在了某路桥公司给我们结算的工程款里，相当于是路桥公司出的钱。

（6）证人赫某 1（某路桥公司总承包一部员工）的证言及辨认笔录证明：大概 2018 年二三月，我们项目部负责西某 1 村施工段的施工队反映有人在现场阻碍施工，导致他们停工。后对方三番五次到施工现场阻碍施工，影响了施工进度，我去现场看到一名 50 岁左右的男子站在我们施工占用的一条土路上，旁边停了一辆双排带后兜的车。他说我们施工影响他进出厂房，让我们停工。我说这条路属于施工红线占用的土地，我们有政府批文，但对方执意不让我们施工。我们只好停工，等对方走了再施工。没过几天，施工队又反映有人阻碍施工，我到现场见到一名自称周广柱的男子，开了一辆黑色现代 SUV，顺着路停在路边，让我们给个说法，我们商量无果，他把车停在那，我们干不了活儿，只能停工。在那片区域负责新机场高速公路建设、京霸铁路建设的中铁建某 1 公司、中铁某 2 公司也遇到了周广柱的阻挠，我们三家公司商量后和周广柱说好，每家给他 8 万元的道路使用费，当时是那两家去和周广柱谈的，后来施工队老板罗某 1 先出了 8 万元现金，我交给周广柱，他没写收据。给钱后，施工再没受到过周广柱的阻挠。

我们施工占用的土路 2.5 米至 3 米宽，东西走向，是平原造林时使用的土路，这条路和周边的土地应该都属于西某 1 村，这条土路通往东侧周广柱厂房的西门。我们在土路的东西两方向各挖了一个直径六米左右的土坑，准备建桥墩用，每个土坑大约占道路 1/3 的宽度。我们挖的土坑确实占用了道路，但人员是可以通过的，而且道路周边是空地，车辆绕一下也能过。周广柱每次到现场阻碍施工，我们都得停工，这情况持续了一个月左右，我们只能干干停停，耽误了工程进度，直到给他钱才正常开工。我们当时没有报警，因为我听说周广柱在本地有些势力，害怕报警把他惹急了。

经对12张不同男性正面免冠照片进行辨认，赫某1辨认出9号照片上的男子（周广柱）就是在魏某1镇西某1村阻挠施工队施工的叫周广柱的男子。

（7）证人宁某1（时任某路桥公司总承包一部项目经理）的证言：2018年左右，施工队在魏某1镇西某1村兴东路北侧进行桩基施工时，遇到一个叫周广柱的男子阻工。该男子三番两次阻挠施工，严重影响工程进度，而且在那个区域施工的中铁建某1公司、中铁某2公司也遇到周广柱阻工的情况，我们三家公司就共同找他解决此事，中铁十二局得到的答复是施工影响他进出厂房，他想让我们租他的厂房，我们也明白他就是想以施工占路为由管我们要钱。我们综合考量，最后同意每家单位按2个月工期支付给他8万元。我们没把钱立即给周广柱，但他老催赫某1给钱，说不给钱就接着来现场不让动工。我们没办法，就让赫某1给了周广柱8万元现金。我觉得这钱给得不合理，我们也不愿意给，但不给怕他影响施工进度，带来更大的损失。2017年12月我们考察时，他的厂房没有西门，我认为他是为了找理由要钱才开了一个西门。他厂房北边有一条道路可以走，厂房西边的土路没有硬化，从旁边的空地也可以走，我也没见过那个厂房里有人。

（8）证人张某10的证言：2018年，我参与修机场高速路项目东某1到魏永路那段，是罗某1让我带人去那干活的。刚进场时，我听钻井、打桩的人说之前有人在挨着东某1村、西某1村边上的那段施工现场阻碍施工。我们施工现场附近有个厂房，平时关着，见不到人，施工不影响这个厂房人员车辆的进出。

（9）证人马某6（时任中铁某2公司京霸铁路一标段工作人员）的证言及辨认笔录证明：2017年年底，我们施工队在魏某1镇西某1村一条土路上进行京霸铁路桥墩桩机基础施工，施工队的工人向项目部汇报说有人在现场阻碍施工，把一辆车停在了施工区域，导致无法干活。我看见一辆面包车停在现场，周围没有人，后我们打听到这条道路东侧厂房是周广柱的，我就给他打电话，他承认是他停的车，还说土路是他修的，我们施工影响他进出厂房，得解决出行才让我们继续施工。我和他谈了很久他才把车开走。后两个月这种情况又出现好几次。当时在那个区域施工的还有某路桥公司和中铁建某1公司的项目，他们也受到了周广柱的阻碍。后我们三家公司找周广柱商量，最后他同意每家给8万元“租路”的钱，谈好后，我们和他签了一个临时占路的协议，在他催要下，我们项目经理部四分部财务给他个人账户打了钱，他没给收据，后他没再堵过路。这条路是村里流转给政府林业站的，不属于他，他就是以我们施工占用土路为由讹钱。我们没报警是因为惹不起周广柱和他兄弟周广森，村民说他们是当地的“老大”。

经对12张不同男性正面免冠照片进行辨认，马某6辨认出8号照片上的男子（周广柱）就是在魏某1镇西某1村阻挠施工的叫周广柱的男子。

（10）证人张某3的证言：2017年年底，我们项目部施工队在西某1村区域施工，一个叫周广柱的男子多次开车堵在施工区域，导致施工车辆和人员无法进场。他说施工占用了他进出厂房的土路，所以开车堵路阻碍施工，并以此向我们要道路使用费，不给钱就不让继续施工。这条土路在我们京霸铁路施工红线范围之内，是西某1村平原造林地块里的一条护林路，是西某1村的公产，路面没经过硬化，向东一直通到周广柱厂房一个大门，我们只能从这条路进入施工区域。周广柱说厂房是他的，这条土路通向厂房，所以土路也是他的。我们让他拿出建厂房的证明，他拿不出来，只说镇里已经清登了。我们施工没占用他的厂房，而且施工区域离厂房有100米左右，完全不影响他出入，他可以从旁绕行。因周广柱多次用车堵路，我们项目部派出负责征拆的经理马某6多次和他协调，我们曾提出把这条土路改道，但他不同意，我们也找过魏某1镇政府拆迁指挥部的董某1，也协商无果。2018年春节后，周广柱又多次开车堵路阻碍施工，2018年3月，新机场高速公路的甲方业主陈某5牵头，带着我们京霸铁路、新机场高速公路、新机场轨道线三家施工方在魏某1镇线性工程指挥部与周广柱协调，周广柱提出给我们两个月工期，每家施工方给他8万元，如果超出两个月还得加钱。我们三家施工方为了赶施工进度，就同意了。我们项目部出于走账目的，和周广柱签订了一份协议，内容大致为施工占用了周广柱厂房的道路，使用期限两个月，费用由京霸铁路、新机场高速公路、新机场轨道线三家施工单位平摊，每家出8万元，共计24万元。我们当时不想给这笔钱，但周广柱三番五次给马某6打电话催要，并又把车开到了施工现场堵路。2018年4月27日，我们项目部通过中国建设银行公户把8万元转到周广柱的账户，他就没再找我们麻烦。

（11）证人杨某4（西某1村村民）的证言：周广柱是东某1村人，我在东、西某1村的交界处也就是平原造林地块的一处库房附近的土路上见过他，当时他开着一辆黑色越野车正要进库房。这个库房没盖之前地上有条沟，沟的南北都是我们村的地，东侧是东某1村的地，沟填平后盖的库房。这个库房既占了西某1村的地也占了东某1村的地，现在已被拆除了。库房前的路是平原造林留下的，属于西某1村，长二三十米，宽四米左右，上面铺了点石子，没有硬化，东西走向，向东通到这个库房门口。我经常下地干活，老能看见这个库房，除了看见周广柱开车进过一次和三轮车往里拉过一次花，就没再见过有人进或拉东西，也没见过里面有人，库房门老关着。库房盖得挺简易的，就是砖垒的墙，顶子是彩钢板。

（12）证人赵言的证言：周广柱在东某1村西北角有一块土地，这块地与西某1村和天某1农场交界。一部分在东某1村，其他分属西某1村和天某1农场。这块地是在周广森当书记时周广柱强占的，没有报备，还加盖了建筑物。东某1村没给他出过这块地的土地租赁合同。这块地原是排水的沟渠，不是建设用地。2016年左右，魏某1镇政府给我们村发了涉及违建的卫星图斑，说在我们村西北有违建，我去实地查看时才得知周广柱在这块地上的违建，分别占了东某1村、西某1村和天某1农场的地。2018年或2019年，这处违建被拆除了，后来周广柱还到村委会找我，想补个短期土地租赁合同，跟镇政府要补偿款。我说让李波问问镇政府怎么弄，这件事后来没进一步推进。

（13）证人李波的证言：周广柱这块地在东某1村只有一小部分，大部分属于西某1村和天某1农场。我一直都不知道周广柱租赁了这块土地，直到2019年赵言跟我说周广柱要租地时，我才知道周广柱在这块地上盖了建筑物。

（14）北京新机场高速公路（南五环—北京新机场）工程施工第5标段项目工程临时征地协议书、中铁建某局集团相关项目会议记录、管理活动签到记录表、5标验工计价（预付）支付审核表（4月）、中国民生银行转账凭证、周广柱中国邮政储蓄银行账户交易明细、中铁建某1公司出具的阻工情况说明等证明：周广柱厂房道路与北京新机场高速公路工程施工第5标段Z4匝道里程相交，影响该标段Z4－17#轴4根桩基无法施工。经协商，临时征地挖占掘路费用约定为24万元，费用由中铁建某1公司等三家单位平均分摊，每家各8万元。中铁建某1公司于2018年7月13日向周广柱中国邮政储蓄银行账户分两次转账共计8万元。

与周广柱厂房道路的争议阻碍了中铁建大桥工程局相关标段桩基施工，造成旋挖钻机、吊车及施工人员停窝工，损失约4.5万元。

（15）中铁某2公司京霸铁路一标四工区项目部记账凭证、合同专用报销单、费用开支审批表、银行支付申请单、京霸城际铁路项目工程挖占掘路协议书、中国建设银行客户专用回单、周广柱中国建设银行账户交易明细等证明：中铁某2公司京霸铁路一标四工区项目部于2018年3月25日与周广柱签订了挖占掘路的协议，约定临时征地挖占掘路时间为2018年3月25日至2018年5月24日，费用为24万元，费用由中铁某2公司京霸铁路一标四工区项目部等三家单位平均分摊，每家各8万元。中铁某2公司京霸铁路一标项目部于2018

年4月27日向周广柱中国建设银行账户转账8万元。

（16）照片证明：周广柱库房的位置、设施等情况。

（17）原北京市国土资源局大兴分局提供的国土部2016年度卫片发现一般违法用地明细表、魏某1镇人民政府出具的关于东某1村相关违建的情况、相关卫片证明：涉案库房（编号613）为违建。

（18）被告人周广柱的供述和辩解：我在东某1村、西某1村和天堂河交界的库房没有土地租赁协议，这里原本是垃圾堆和排水沟，没人租，我就盖库房把地占上了。经查卫星图片，我确定这块地属于东某1村，2018年和2019年，我把租金交给了东某1村。这个库房我经常使用，我把施工用的方钢、铁管、小推车等工具都放在库房里，要用时就去库房拉。当时只有门口那条石子路能通往库房，“三线工程”施工方占了那条石子路，我就无法进出库房了，后我和他们协商租我的库房和那条石子路。当时我和三家施工方的项目经理及甲方一起在魏某1镇政府西侧的拆迁办商谈，达成一致意见，三家公司跟我签了赔偿协议，大概意思是他们三家租我的库房和门口的路两个月，每家公司给我8万元，共计24万元，之后三家公司分别把钱给我了。我收到钱后，将库房里有用的东西处理了，将库房腾空。我没有阻碍过施工。

上述证据经庭审举证、质证，本院对言词证据中相互印证的部分及其他证据予以确认。

（五）非法倒卖土地使用权的事实

1\. 2012年5月，被告人周广森、孙永合以牟利为目的，违反土地管理法规，将与他人共同租赁的北京市大兴区青某1镇某村“曹某某”地块100余亩农用地，以人民币600万元的价格转租给河北省三河市某建材有限公司用于建设搅拌站。周广森非法获利人民币170万元。

认定上述事实的证据有：

（1）证人周某10的证言：我认识孙永合，我们没一起租过地，涉案土地租赁合同上像是我的签字，但具体怎么回事我不知道。我没向青某1某村村委会交过租金，孙永合也没向我要过租金。大概2011年周广森让我去过青某1某村这块地，当时上面有八九十亩苗圃，种的都是树，还有十几间房。周广森说那边空气好，让我去，顺便帮他看树。我不经常去，断断续续去了2年左右，一共也没去几天。

（2）证人赵某9的证言：2012年我成立了三河市某建材有限公司，我是法人。我在大兴区青某1镇租过土地，位置在青某1镇政府西南侧500米左右。当时我想在大兴找一块地建搅拌站，通过别人介绍，认识了周广森。周广森说他手里有一块120亩的国有土地，手续他来搞定，肯定没问题。2012年5

月，我和周广森签了租赁协议，写的分三次付款，每次200万元，一共600万元，租地16年，包括120亩土地和1.5亩废坑地，还有土地上的四五间房子和小树苗，房子和树苗值60万元左右，绝大多数是买土地使用权的钱，签协议后我按照协议履行了自己的义务，分两次给了周广森400万元，后来合同没履行就终止了。青某1镇某村村委会不知道周广森把地租给我，当时没召开村民代表大会，是我和周广森在他家里签的协议，就我们两个人，他把打印好的协议给我，甲方孙永合已经签字，我在协议上签字盖章，一式两份，我和周广森一人一份。我没见过孙永合，不知道他是谁。签协议后没多久，我通过支票给了周广森200万元，2012年5月11日，他给我写了第一份150万元的收据，2012年6月22日，他给我写了第二张收据，50万元整。2012年12月25日陈胜丽给我写了20万元的收条，这是第二批款的一部分，剩下的180万元肯定也有支票。到2014年这块地也没建成搅拌站。给完第二次钱，我准备建厂，刚拉了三四车渣土开始硬化土地，城管就来了，不让我施工，后我去了镇政府，镇政府领导明确答复这块地是一般农用地，不让建搅拌站，我就死心了，没再给周广森最后的200万元。我找过周广森，他说话比较横，一分钱也不退，我没办法，也怕惹麻烦，管他要他手里那份协议，他也不给，最后在协议上写了一句“此合同截止到2015年5月”，并签了字，周广森在边上签了“同意”两个字。地上的树苗周广森帮我卖了40万元，我赔了360万元。

（3）证人刘某9（时任青某1镇某村党支部书记）的证言：大概在2011年，丰台西局和周广森谈好，把在青某1某村租的地转给周广森承租，和村里的租地合同后续也由周广森继续履行。我们三方签的转租协议，协议是周某10签的，他告诉我实际承租人是周广森。这份协议是在队部签的，我也签了字。承租方由丰台西局换成周广森没有召开村民代表会，那时候转租情况比较普遍，不需要召开村民代表大会，未到期的合同都是自己找下家继续履行。村里只要每年有人交地租，其他也不过多干预。周广森承租后把丰台西局种的树卖了，准备建搅拌站，我知道那不符合政策规定，就联合城管等部门阻止了。我不清楚周广森又把地转租的事。周广森的租金是派人来村委会交给财务，每次都是现金，我任职期间他每年都交了租金。这块地一共120亩，是一般农用地。

（4）证人武某2的证言：西局公司的全称叫北京市丰台区西局农工商联合公司第四分公司，现在已经不存在了。2010年西局公司在大兴区青某1某村有地块转出，是我代表西局公司签的字，这块地是2000年承租的，合同中写的面积是120亩及1.5亩废坑。由于不赚钱就转出了，转租出去获得70万元，转出时地上有树。地转给了周某10和孙永合，但我没见过他们。

（5）证人商某 1 的证言：2012 年左右，周广森说丰台有个人不租青某 1 的地了，让我们凑点钱接过来，我给了他 25 万元算合伙，合伙人还有孙永合和李某 6 共四人。后我听说孙永合租地一年左右就退出了，周广森说是“杨小”把孙永合的股份接了。这块地的实际承租人应该是周广森，但我不能确定，我只去过一次，签合同时我不在场，也没见过租赁合同。承租这块地后一直没有经营，我去青某 1 某村村委会交过两三次地租，每年是 4.8 万元，签的都是周广森的名字，我认为是我们轮流交，轮到我周广森就让我去。这地块周广森就给过我一次 40 万元的分红，是 2014 年或 2015 年，我不清楚收益是怎么来的，听周广森说他把这块地租给了一个三河市的想开搅拌站的人，可能是该人给的地租。转租这事周广森跟我说过，但没征求我的意见，没召集我们开过会。后我听说因手续或其他原因搅拌站没办起来。我记得周广森给了“杨小”45 万元分红。听周广森说孙永合把份额转给“杨小”时，还没有转租给三河那个人。

（6）证人杨长战的证言：我买了孙永合在北京市大兴区青某 1 镇某村的股份，和周广森共同租了 100 亩或 120 亩地，当时说给 80 万元，我出了 50 万元后发现每个人每年还要交一万多元地租，我和孙永合吵起来，后他答应再给 20 万元就行。这块地有我、周广森、“商哥”和一个民警四个人入股。这块地原来是林地，后来变成基本农田了。这块地周广森总共就分给过我 50 万元。拿到分红后我听孙永合或周广森说有个三河市的人买了这块地，把地上的树苗卖了，打算建搅拌站，先给了 200 万元的前期款，后续 400 万元打算分几年给清，但卖完树后村民不让建搅拌站，总去捣乱，搅拌站就黄了，那个三河市人不要那 200 万元的前期款了，后期的 400 万元也不给了，又把地还给我们了。

（7）证人郭某 1（青某 1 镇某村村民）的证言：我从 2011 年 6 月到 2018 年年初在青某 1 某村“曹某某”那块地给周广森看过大门，这块地在青礼路西侧，大概 120 亩。刚开始时 80% 的面积都是树苗，剩下的是荒草。这块地最早是丰台区西局大队承租的，后转给了周广森。好像在 2013 年，周广森把这块地租给了一个姓赵的外地人，大概租了两年，后来一直闲着，直到 2018 年又租给了刘某 10（绰号“老七”）。当时姓赵的人把树苗清了，准备把这块地留着卸修路的材料，但后来不知什么原因没干成。

（8）协议书证明：甲方为北京市大兴区青某 1 镇某村经济合作社，乙方为北京金盛丰投资管理公司（原丰台区西局农工商联合公司第四分公司），丙方为周某 10。三方约定，丙方承租 120 亩地块和一块 1.5 亩的废坑地，租赁期限 20 年，每亩 340 元，丙方支付乙方补偿款 70 万元整。丙方签字人员为孙永合、周某 10。该协议日期为 2010 年 4 月 19 日。

（9）协议书证明：孙永合与三河市某建材公司签订协议，将120亩地和1.5亩废坑地出租给三河市公司，期限为2012年5月1日至2028年10月1日。租金600万元，包括租赁土地及地上所有的树木和房屋。双方约定租金分三次支付，2012年5月1日至7月1日交纳200万元，2014年7月1日前支付200万元，2016年7月1日前交齐。协议签字人员甲方为周广森、孙永合，乙方为赵某9。协议最后写有“结止到2015年5月1日，此合同已经全部终止，赵某9”“同意。周广森”字样。

（10）赵某9提交的收据证明：赵某9向周广森支付租金的情况。内容分别为，“今收到三河市某建材有限公司送来租地支票三张共150万元整，2012年5月11日，收款人周广森”“今收到赵总现金20万元，2012年12月25日，收款人陈胜丽”。

（11）被告人孙永合的供述和辩解：2009年九十月，青某1镇六街附近有一个120亩的绿化苗圃，租给了西局大队，后我和周某10承租了这块地，是跟某街大队签订的承租协议，承租年限好像是15年。当时地上全是树，所以给了西局大队70万元转让费，我出了40万元，周广森出了30万元。几个月后周广森说商全振的弟弟和姓李的民警也入股了，也没跟我商量，我提出自己交的钱多，得多分点，周广森说以后再算。2011年，周广森让我把股份卖给杨长战，我虽不愿意，但也只能答应，杨长战答应给我80万元，但只给了50万元。后来周广森把这块地的使用权卖给了一个开奥迪的老头，我过去签了个字，是因为承租这块地时是我签的字，我是承租人，再转手往外租还得我签字。当时周广森答应给我10万元，但后来一直没给。这块地当时卖了200万元，周广森、姓商的、杨长战和姓李的民警各分了50万元。后来我听说因城管不让，这块地没建成混凝土搅拌站，对方地也不要了，200万元也不要了，这块地的使用权还是周广森的了。这块地的租金是一年4.8万元，我给六街大队交过一年的租金，当时是周广森告诉杨长战这块地要租给三河的人建搅拌站，能获利600万元。

上述证据经庭审举证、质证，本院对言词证据中相互印证的部分及其他证据予以确认。

2.2019年四五月间，被告人周广森伙同他人以牟利为目的，违反土地管理法规，将与他人共同租赁的北京市大兴区青某1镇某村“曹某某”地块100余亩农用地，以每年人民币30万元的价格转租给刘某10用于砂石项目，造成49余亩土壤耕作层被破坏。周广森非法获利人民币60万元。

认定上述事实的证据有：

（1）证人刘某10的证言：我在青某1某村承包过土地。土地在青礼路西侧，大概120亩，我们都管这块地叫“曹某某”。2019年4月1日我到周广森家里签合同，他给了我两份合同，上面周广森、商某1已经签了字，我签好后我和周广森各留一份，我给了他第一年租金30万元现金，周广森在协议书上写了“2019年4月1日租金已交”。这份协议是我和周广森私下签的，没经过村里，没开过某村村民代表会。我租地时，地上堆满了土，我跟周广森说过这块地要转租出去开砂石料场，他让我自己看着弄，还说地里的土堆我可以卖了，要遇到拆迁就退我剩余租金。“曹某某”地块属于农用地，应该是一般农田，以前有树，承租土地时我没问过周广森土地性质，但我和他说了要开砂石料场，他应该比我了解土地的性质，他说能干我觉得应该就行。2020年4月29日，我去周广森家里交了第二年租金，当时周广森没在家，我把租金给了他媳妇，也是现金，周广森媳妇给我写了收条，内容是“今收到租地款30万元整（青某1某村）”，收款人是陈胜丽，日期是2020年4月29日。我没给青某1某村交过土地租金。同年5月，我把其中的50亩转租给了程某2、陈某6等人，他们给了我100万元租金，我从中赚了40万元差价。程某2他们租地后用6个月左右时间平整了土地，后有人举报该地块内有建筑垃圾，镇政府的人来清理出了一些建筑垃圾。“曹某某”地块土比较软，为了钩机和铲车能顺利平整土地，程某2他们运来一些建筑垃圾倒在地上铺成路，倒了大约10亩地的建筑垃圾。我转租给程某2他们平土堆、倒建筑垃圾铺路周广森应该知道，因为开砂石料场肯定要用石头或砖头这些硬东西铺路，要不大车容易陷进去；再者我承租土地前，周广森他们堆土时就应该用砖头瓦块铺过路面，要不然拉土的大车也进不去，而且程某2他们平土堆时我看见挖出过碎砖头、石头等。

（2）证人商某1的证言：2019年四五月，周广森让我去“基地”，说将土地租给青某1一个姓刘叫“老七”的人。当时“老七”说想租土地放砂石，周广森说行，“老七”还说地上有土堆，想移开，周广森就让他自己弄，后他俩签了合同，我也在合同上签了字，当时“老七”给了周广森30万元。周广森把地转租给“老七”分给过我2万元，当时李某6在场。

（3）证人杨长战的证言：我听说周广森让人往青某1那块地卸了几车渣土，他说是免费帮朋友，没给我分钱。后周广森又把这块地租出去了，听说是租给青某1一个叫“老七”的人，每年租金30万元，周广森答应两年给我10万元，实际也没给。

（4）证人郭某1的证言：2018年，周广森又把这块地租给了刘某10（绰号“老七”），刘某10说不用我了，我就没继续看门。刘某10租地后找钩机用土把地块四周垒成了挺高的土坡当院墙，我路过时老能看见装满了货的十轮大货车进进出出。刘某10垒土坡的土是周某3运过来卸在这里的好土。

（5）证人陈某6的证言：我和程某2、周某2一起在青某1镇某村承租过土地，是从刘某10（绰号“老七”）手里租来的。2019年年初，我们想开个石料厂，通过老乡刘某11认识了刘某10，我们去看了这块地，发现地面太软，就跟刘某10说垫地，他同意后，我们才签署协议干活。协议的内容为承租期从2019年5月1日至2022年5月1日，租金每年每亩3万元，承租面积50亩，每年租金150万元。签协议的时间是2019年5月1日，2019年4月我们就先进场干活了。2019年4月12日，我给刘某10的女婿刘某12账户转款100万元，后续的陆续交。我们租地时地上全是土堆，长满了草，我们找了三四辆卡车和一个钩机，将这些土运到地块四周，垒成院墙。因土质太软，卡车无法行驶，运土前先拉来了一些砖头、瓦块、钢筋混凝土等建筑垃圾倒在地块内把地面变硬，弄了大概1亩地，40公分的厚度，是刘某12帮我们弄的，是签合同前就约定好的。2019年6月青某1政府的人说不让干石料厂，我们就走了。

（6）证人程某2、周某2的证言内容与陈某6证言内容基本一致。

（7）证人顾某1的证言：陈某6、程某2、周某2是我老乡，他们在青某1租赁土地，我帮他们看着。土地是从一个姓刘的叫“老七”的人手里承租的。我看场地的时间大概是2019年4月中旬至5月中旬。当时这100亩地上有2米高的土堆，长满了草，地块的一个角落有个院子，里面大概有10间房，没有建筑垃圾。他们先平整了土地，用卡车、钩机、铲车将这些土堆推到地块的四周，形成一个3米高的土墙。他们后又向地块内倒砖头块、钢筋混凝土等建筑垃圾硬化路面，都是晚上来倒的，倒了三天，一共倒了100车，大概2000吨，占了一亩多地，厚度约1米。当时我在场，“老七”和我老乡他们共同说的往里面倒垃圾。倒垃圾期间有城管来制止过，后因青某1不让开沙场，我们就没再干。

（8）证人刘某11的证言：程某2知道我在青某1开过沙场，2019年年初，他让我帮忙找块地开沙场，我就找到了“七哥”。“七哥”大名叫刘某10，青某1镇人。过了几天，“七哥”带我们去现场看了青某1某村这块地，这块地大概100亩，地上都是土。后来我没参与，听程某2说他们用了其中的50亩。后听说因青某1不让开沙场，最终也没开成。

（9）证人周某3的证言：周广森在青某1租的地大概有140亩，听说要建搅拌站，后来没建成。2016年或2017年的9月，青某1要修105国道，我想修道肯定缺土，就找到周广森说想找点土放在他地里，打算卖给修路的赚点钱，周广森同意了。我找了六七万立方的好土堆在地里，最终也没卖出去，后我听说这些土让“老七”推到了旁边成了土墙把这块地围起来了。

（10）证人刘某12的证言：刘某10是我岳父，2018年年底或2019年年初，他从周广森手里承租了青某1镇的一块土地，位置在清礼路与104国道交叉口南侧200米左右，有100多亩。承租过来后，经刘某11介绍，他直接把地转租给了几个河南人。刘某10不用银行转账，我就把我的农业银行卡提供给他们交租金。2019年4月12日他们给我转了100万元。这块地承租过来时堆的都是绿化用土，3名河南人先把土推到四周垒成墙，后运来砖头、瓦块、钢筋混凝土等建筑垃圾垫在该地块上，再后来他们怎么经营我就不知道了。后我听说地里的建筑垃圾被青某1政府清运走了。

（11）转租协议证明：周广森、商某1与刘某10签订转租协议，约定将青某1某村120亩地转租给刘某10，费用每亩2500元。承租日期从2019年5月1日起。协议签订时间为2019年4月1日。该协议上有“租金已交”四个字。

（12）转租协议证明：程某2、陈某6与刘某10签订转租协议，约定将青某1某村50亩地转租给程某2、陈某6，租金每年每亩3万元，承租期3年，从2019年5月1日至2022年5月1日。协议签订时间为2019年5月1日。

（13）收条证明：刘某10向周广森交纳租金的情况，收条内容为“今收到租地款30万元整（青某1某村）”，落款签名为“陈胜丽”，时间为“2020年4月29日”。

（14）转账凭条证明：陈某6于2019年4月12日给刘某12转账100万元。

认定上述二起非法倒卖土地使用权的事实的证据还有：

（1）证人李某6的证言：2000年我通过周广森的大哥认识了周广森。2012年，周广森跟我说青某1有块地，让我投资赚点钱，我陆续投资了20万元左右。2012年左右周广森给了我20万元，再没给过其他钱。这块地属于青某1镇，具体位置、面积我都不知道，也没去看过。我也不知道有无其他人参与合租，没见过合同，不知道和谁签的，也不知道地的营利模式，周广森没说过。

（2）证人王某10（青某1某村党支部书记兼村委会主任）的证言：青某1某村有个叫“曹某某”的地块，东侧是清礼路，南侧是岔河，北侧是111乡道，西侧是“大地块”。大概2000年，青某1某村将该地出租给北京市丰台区西局农工商联合公司第四分公司。2015年11月我上任时，这块地是荒芜的，没人使用，该地块是一般农用地，现在是基本农田。2020年有人举报该地块内有渣土，后来青某1镇政府出面解决了。

（3）青某1镇某村“曹某某”地块租金交纳情况证明：孙永合于2010年10月、2011年10月二次各向青某1镇某村交纳土地承包款各4.08万元。赵某9于2013年1月代孙永合向青某1镇某村交纳2012年度租金4.08万元。赵某9于2013年11月、2015年2月二次各向青某1镇某村交纳租金4.08万元。周广森于2016年1月、2016年11月、2018年1月、2019年1月、2019年11月五次各向青某1镇某村交纳租金4.08万元。

（4）中央生态环境保护督察信访举报案件转办单、中共北京市大兴区青某1镇委员会出具的信访举报案件办理报告证明：该报告出具时间为2020年9月16日，信访举报反映大兴区青某1镇某村曹某某120亩基本农田被挖沙出售，并用建筑垃圾和渣土回填、堆积成渣土山。“曹某某地块”位于某村南部，西至农田地，北至111乡道，东至林地，南至东孙村，占地面积约130亩。土地现状为，基本农田约127亩，其余为一般农用地。经调查，未发现有挖沙取土情况，地块内约2000平方米中间区域表层有30～50公分渣土，周边区域有渣土遗撒，9月16日已经全部清理完毕。初步了解，该块地存在转租行为。

（5）北京市大兴区青某1镇某村支部委员会出具的说明证明：在该村现存土地承包合同中，关于曹某某120亩地块，合同显示承租人为西局（农）工商联，未发现周广森与该村签订土地合同。

（6）土地租赁合同及补充协议书证明：北京市大兴县青某1镇某村经济合作社将涉案土地出租给丰台区西局农工商联合公司第四分公司，合同签订时间为2000年8月2日，承租期限从2000年10月1日至2020年10月1日。年上缴租金2.16万元。后双方签订补充协议书，租金从180元每亩调整至340元每亩，从2004年调整，租赁合同期限调整为2000年10月1日至2028年10月1日，租金从2020年10月1日后递增15%。

（7）北京市规划和自然资源委员会大兴分局出具的非法占用农用地破坏程度鉴定意见、情况说明证明：涉案相关地块在2009年至2018年的土地利用现状及总体规划情况。根据测绘成果报告，该地块用地总面积75569.22平方米（合113.354亩）。依据2018年土地利用现状成果，该地块地类为：其他林地74247.54平方米（合111.37亩）、农村道路497.18平方米（合0.75亩）、村庄824.51平方米（合1.24亩）。根据大兴区土地利用总体规划（2017～2035年），该地块规划用途为：永久基本农田保护区74236.37平方米（合111.35亩）、生态混合区825.27平方米（合1.24亩）、林草保护区507.59平方米（合0.76亩）。经现场踏勘及鉴定，该地块堆土压占永久基本农田（现状地类为其他林地）面积33267.63平方米（合49.901亩），造成压占部分土壤耕作层破坏。

（8）被告人周广森的供述和辩解：我和商某1、孙永合和李某6一起在大兴区青某1镇某村租了一块120亩的地。当时是和某村书记刘某9谈的，租金是每年 5 万元，我们四人各出资 20 万元，共计 80 万元，这笔钱交给了西局，之后我们四人轮流给青某 1 某村交租金。协议是孙永合和我大哥周某 10 签的。当时这块地上有树苗，后这块地从林地变成了农用地，就一直放着。我记得我们四个出资租地后两三个月，孙永合就退出了，他在外边赌钱借了高利贷，着急凑钱还账，就私下用 80 万元把自己的份额转给杨长战了，这块地后续使用和分红孙永合没有参与。后河北三河的赵某 9 要租这块地，想开一个搅拌站，我们商量 600 万元连地加地里的树都转给他，他同意了，但一直没给钱。后来他没跑下来手续，但他已经把树卖了，最后补给了我一百六七十万元，我们四个人分了，每人 40 万元。这块土地有时候放点土，都是好土。后来“老七”找到我，说想租这块地放点东西，没说放什么，每年给我 30 万元，这个事情我也跟商某 1 他们三个说过，大家也都同意，但不是正式租给“老七”，是我和他私底下签了一个协议。“老七”给了我 30 万元，除了 5 万元交了租金外，剩下的钱我们四个人平分。孙永合不知道将地转租给赵某 9、“老七”的情况。

上述证据经庭审举证、质证，本院对言词证据中相互印证的部分及其他证据予以确认。

3. 2019 年间，被告人周广森以牟利为目的，违反土地管理法规，将其租赁的魏某 1 镇陈某 1 村 10 余亩基本农田转租给王某 31 用于收购废品。

认定上述事实的证据有：

（1）证人王某 11 的证言：2017 年 5 月，周广森从陈某 1 村西租了 200 亩基本农田，每年每亩 2500 元，每年租金 50 万元。后周广森将其中的 24 亩多租给了一个搞废品回收的河南人，每亩每年 2 万元，一年将近 50 万元租金。

（2）证人王某 31 的证言：2019 年，我从周广森手里租了十六七亩土地，每亩每年租金 2 万元，是和周广森个人签的，合同签了 2 年。合同上写着这块地可以做再生资源利用，周广森没跟我说这是农地，后我就投入建设、接水接电，做废品回收。两年租金一共 50 多万元，我都交了。2021 年我搬走了。

（3）证人田某 2 的证言：我是陈某 1 村的电工。村西废品回收站那块地原始的购电卡户名是春益生公司，好像就是周广森的。废品回收站经营了一年多就撤了。

（4）土地租赁合同、村民代表会议记录、春益生公司营业执照、建设项目承诺书等证明：2017 年 8 月 22 日，北京春益生农副产品产销专业合作社（法定代表人周广森）从陈某 1 村经济合作社（法定代表人王某 11）租赁土地 200 亩，土地用途为种植苗木、果树，租期 2017 年 5 月 1 日至 2037 年 4 月 30 日，双方约定，租赁方不得从事废品收购等非法活动；未经出租方书面同意将土地擅自转租、转包给第三人的，出租方有权解除合同。

（5）陈某1村记账凭证证明：2017年至2020年，周广森每年按期交纳200亩土地的租金50万元。

（6）涉案地块土地规划图、卫星图证明：涉案地块土地规划性质为基本农田保护区，2020年该地块南侧开始存在堆放物品的情况。

（7）北京众合兴成科技发展有限公司出具的普通测量成果报告书证明：经北京市公安局大兴分局现场指界认定，涉案地块位于陈某1村，用地面积11344.67平方米（合17.017亩）。

（8）被告人周广森的供述：我在陈某1西侧租过200亩土地，租金我一年一交，一年租金50万元。2019年我要交地租时，手头有点紧，陈某1书记王某11和我说把我这块地南侧几亩地租给一个卖废品的，可以少交点租金，我同意了，当年就只交了25万元租金。我和对方没签合同。

上述证据经庭审举证、质证，本院对言词证据中相互印证的部分及其他证据予以确认。

（六）职务侵占的事实

2014年1月至2020年7月，被告人周广森利用担任魏某1镇东某1村党支部书记、村委会主任、村经济合作社社长等职务的便利，个人决定以该村经济合作社名义与被告人陈胜丽签订土地租赁合同，并指使被告人李波伪造村代表会议记录、土地租金缴纳凭证，伙同陈胜丽非法占用该村土地，侵占该村经济合作社应收土地租金共计人民币6.4427万元。

认定上述事实的证据有：

1. 证人赵言的证言：陈胜丽在东某1村有租地，就是现在周广森新“基地”加上新“基地”西面的那2亩左右的空地，一共4亩多。陈胜丽在东某1村承租土地，幕后肯定是周广森，周广森是东某1村书记，不方便出面，所以让陈胜丽承租土地。陈胜丽是周广森的妻子，肯定清楚周广森为什么用她的名义承租土地，因为土地承租合同上必须有陈胜丽本人的签字。我看了东某1村2008年3月20日的村民代表会议记录，我没主持和参加过这个会，会议记录中我的签字不是我签的。2008年4月1日东某1村经济合作社与王建刚签署的土地承包合同，发包方一栏的签字是我本人签的，周广森让我在这份土地承包合同上签字时我才知道这件事，签字时王建刚不在场，我不认识王建刚。我没参加过东某1村2013年11月9日的村民代表会议，会议记录中同意人员签字一栏中我的签字不是我本人写的。2013年魏某1镇村级重大事项事前咨商申请（村级），村两委人员签字一栏中不是我本人签字，我没参与过咨商讨论会议，也没参加过东某1村2015年8月19日的村民代表会议，同意人员签字一栏我的名字不是我本人书写的。2020年李波清理出来王建刚这份土地承包合同，后他制作了合同终止协议，我签字后他加盖了村经济合作社的印章。这份合同终止协议在 2013 年王建刚与村里解除承包时就应该出具的，但为什么没出具我不清楚。

2. 土地租赁合同、东某 1 村代表会议记录证明：甲方大兴区魏某 1 镇东某 1 村经济合作社（法定代表人周广森）与乙方陈胜丽，签订租赁合同，甲方将 4.5 亩土地租给乙方使用，租期自 2014 年 1 月 1 日至 2033 年 12 月 31 日。租金每年每亩 2000 元，每 5 年递增 5%，支付方式为年付，支付时间为每年 1 月 1 日支付下一年的土地租金。

3. 土地租赁合同补充协议证明：东某 1 村经济合作社（法定代表人周广森）与陈胜丽就 2013 年 12 月 17 日签订的土地租赁合同达成如下补充协议：自 2018 年 1 月 1 日起，土地租金标准由原来的每年每亩地 2000 元，每 5 年递增 5%；调整为每年每亩地 4000 元，每 5 年递增 5%。甲方签字为周广森，乙方签字为陈胜丽。

4. 合同终止协议、承诺书证明：陈胜丽与大兴区魏某 1 镇东某 1 村经济合作社于 2014 年 1 月 1 日签订的土地租赁合同，涉及土地面积 4.5 亩，租期 20 年，于 2017 年 12 月 31 日终止。承租人承诺在该地上的租金已交齐，承诺人签字为陈胜丽。

5. 情况说明记载：王建刚租村西土地 6 亩，每亩 1000 元，30 年合同，2008 年至 2038 年租金一次性交齐 18 万元，2008 年至 2014 年租金 3.6 万元，剩余租金 14.4 万元。陈胜丽于 2013 年在王建刚处转租土地 4.5 亩，两人已达成一致意见。2014 年 1 月与村集体签订合同以后，大队再有费用由陈胜丽负担，王建刚所剩租金 14.4 万元也一起转给陈胜丽，所剩土地 1.5 亩，租金由陈胜丽负担，王建刚无偿使用所剩土地。截至 2015 年 9 月陈胜丽所剩租金 14.1 万元，用于支付其本人名下土地租金。租金使用完后继续由陈胜丽支付以后费用。该情况说明系手写，有李波签字，并盖有北京市大兴区魏某 1 镇东某 1 村经济合作社公章。

6. 记账凭证、收据、支出凭单、说明等记载：东某 1 村出具的收据载明，王建刚于 2009 年 9 月 26 日交 2008 年至 2038 年租地款 18 万元，交款人为“王”，收款人为“李”。支出凭单等载明，2016 年 1 月 26 日，东某 1 村退王建刚合同调整租金 12.3 万元，领款人为“王建刚”，出纳为李波。东某 1 村出具的收据载明，2016 年 1 月 26 日，陈胜丽交纳租金 12.3 万元，收款人为李波。东某 1 村出具的相关说明载明，王建刚于 2009 年 10 月一次性交齐租金，于 2014 年将此地块中的 4.5 亩转租陈胜丽，所剩余年限租金也一起转给陈胜丽。

7. 北京众合兴成科技发展有限公司出具的测量报告等证明：经测绘，周广森、陈胜丽在东某1村实际占地共计10.875亩，其中地块一（北侧）1.956亩、地块一（中间）0.294亩、地块一（南侧）4.304亩，地块二（“新基地”）2.751亩，地块三1.570亩。

8. 北京天正华会计师事务所出具的专项审计报告证明：依据陈胜丽与大兴区魏某1镇东某1村经济合作社签订土地租赁合同（合同土地面积4.5亩），按照东某1村其他相同时间段、相同租金标准计算的租地费用为：2014～2017年为期4年，按照每年每亩地2000元计算，应收租地租金为3.6万元；2018～2020年7月为期二年七个月，按照每年每亩地4000元计算，仍在实际使用的2.751亩“新基地”应收地租为2.8427万元，故陈胜丽应交纳租地租金合计为6.4427万元。

9. 北京万兴建筑集团第二分公司提供的东某1村委会办公用房、东西厢房设计预算、概算表、结构设计说明、平面图、北京天正华会计师事务所出具的专项审计报告等证明：东某1村村委会办公用房建筑面积508.94平方米，工程造价估算金额32.8万元；东、西厢房建筑面积436.54平方米，工程造价估算金额36万元。根据东某1村账资料，东某1村因北京诚信广森建材中心（甘建民）承建的文化大院项目，累计支出128.1484万元，付款时间为2005年7月至2011年10月。2008～2011年，东某1村因大队部项目向承建单位北京诚信广森建材中心（甘建民），支付33.0232万元。

10. 在案简历、说明等证明：被告人周广森于2010年6月至2018年12月担任东某1村村党支部书记、村委会主任，后担任东某1村村委会主任、东某1村治保主任；2011年4月至2019年11月担任东某1村股份经济合作社董事长兼财务主管。

11. 被告人周广森的供述：王建刚从王武、张国印手里租了村西6亩地，应该就是我现在住的这块地，后我和王建刚谈了租地的事，合同是陈胜丽跟村里签的，租金是按合同4.5亩交的。当时村里的文化大院是我建的，李波跟我说村里还差我18万元，后镇里划了18万元尾款，我说这笔钱折抵陈胜丽的租金，李波算了差不多，我就把这钱当租金了，也可能是我给了王建刚18万元租金，具体记不清了。2013年清理合同后，转租土地的相关手续需要王建刚签字，我当时找不到他，就代他签名了。

12. 被告人陈胜丽的供述和辩解：2011年左右，周广森让我去村委会签字，我当天就去了，会计李波接待了我。我跟村委会签了一份土地租赁合同，没看合同的具体细节。2017年，我住的院子的西侧因为拆迁腾退，通知我去领补偿款，我才知道当时签的是这块地的合同。这块地我没交过租金，可能是周广森或周广森叫别人去交的。这块地我们盖成了两个院，西边大院里有一个大库房和四五间平房，平时存放周广森做工程的工具、材料还有车。东边小院有十六七间平房，是我们日常生活起居的地方。2015 年到 2016 年，西院里的仓库拆了，建成了一个两层的仓库，还建了一条东西向的路。我不认识“王建刚”，不清楚这个人跟这块地是否有关系。

13. 被告人李波的供述：陈胜丽名下的 4.5 亩土地原本是王建刚承租的。2008 年 4 月，周广森给了我一份土地承租合同，写着王建刚承租位于我们村西的一块 6 亩的土地并交纳租金。周广森将合同交给我保管，授意我和赵言在不召开村民代表大会的情况下，伪造一份村民代表会议记录并伪造了村民代表的签名直接签在了同意王建刚承租土地一栏中。我当时还根据王建刚的土地租赁合同和周广森的叙述画了一张四至图附在里面。我记得王建刚并没有到村委会交纳过土地租金。2009 年 9 月，村里要给周广森结修建村委会文化大院 18 万元左右的工程尾款，周广森说用工程款抵王建刚的 18 万元土地租金，让我出个收据，收据上写明是王建刚交的。我在 2009 年 9 月 26 日制作了一份收取王建刚 18 万元土地租金的三联收据，第一联存根、第二联交到镇经管站入账、第三联交给了周广森，同时还出了一份 2009 年 9 月给周广森结工程尾款的证明，这样这 18 万元不用动，我们村的账上还是平的。2012 年，周广森出资在王建刚承租的土地上建造了一座 2.7 亩的“新基地”。2013 年年底，魏某 1 镇政府要求各村清理土地租赁合同，要求合同租期不能超过 20 年，土地租金要涨到 2000 元每亩每年。我跟周广森说王建刚承租的土地不符合镇政府的通知要求，周广森让我出份合同，把承租人由王建刚变更为陈胜丽。后周广森安排我丈量这块地的面积，我丈量的是“新基地”的院墙内的面积和“新基地”西墙外空地的面积，丈量的结果是 4.5 亩。我给陈胜丽制作了一式三份土地租赁合同，没提转租的事，这份合同确定承租面积是 4.5 亩，承租期限从 2014 年 1 月 1 日起至 2033 年 12 月 31 日止，租金标准为每亩每年 2000 元，并盖上了东某 1 村经济合作社的印章。陈胜丽一直没交纳过租金，2015 年魏某 1 镇政府开始清查各村承租土地的租金交纳情况，周广森让我出一个情况说明，说明王建刚在 2008 年 4 月租赁土地时交纳的租金还剩 14.4 万元，并将所剩租金 14.4 万元一起转给陈胜丽，截至 2015 年 9 月陈胜丽所剩租金 14.1 万元用于支付名下土地租金，租金使用完后由陈胜丽支付以后费用。结合周广森这些违背常规的操作及我多年管理租地合同的经验，我很清楚这块地的幕后拥有者就是周广森。我没见过王建刚签订合同、交过租金，在村里也没见过这个人，就算有这个人，也是周广森放在台前遮人耳目的牌，周广森是村书记，他为避嫌不能自己直接承租土地。在陈胜丽承租土地后，王建刚的土地租赁合同没有终止，不能直接将王建刚所交租金转给陈胜丽。但在周广森心里，不论是王建刚的这6亩地，还是18万元租金，都是他的。为了应付魏某1镇的合同检查，周广森还让我写了说明，但他不明白，即使我出了这份说明，王建刚的这18万元租金的余款也是没有转给陈胜丽的，在账上还是支付着王建刚6亩土地的租金，没有陈胜丽交租金的相关票证，就说明陈胜丽是没交过租金的。

上述证据经庭审举证、质证，本院对言词证据中相互印证的部分及其他证据予以确认。

（七）串通投标的事实

1. 2014年8月至9月，被告人周广森伙同他人以江苏兴厦建设工程集团有限公司（以下简称江苏兴厦公司）的名义，与南通启益建设集团有限公司（以下简称南通启益公司）、北京龙建集团有限公司（以下简称北京龙建公司）、北京大唐首邑建筑集团有限责任公司（以下简称北京大唐首邑公司）采取围标的方式，中标北京市大兴区2014年农民住宅抗震节能改造工程（魏某1镇），标的金额人民币2502.9849万元。

2. 2015年6月至7月，被告人周广森伙同他人再次以江苏兴厦公司的名义，伙同北京龙建公司、北京大唐首邑公司采取围标的方式，中标北京市大兴区2015年农民住宅抗震节能改造工程（魏某1镇）二标段，标的金额人民币1624.2757万元。

认定上述二起事实的证据有：

（1）证人甘建民的证言：2013年年底，我听说要有保温层、换窗户的工程，就去找周广森，想干活挣点钱，周广森说找找人。没过多久，周广森和我说江苏兴厦公司分公司的法人代表赵某10负责此事，让我找赵某10。我联系了赵某10，跟他说周广森在镇政府留的都是我的电话，和我联系就行。招投标的事我没参与，听说参与竞标的其他几个公司都是赵某10找来陪标的，最后肯定是江苏兴厦公司中标。中标后，我去镇里开会、对接，负责工程。周广森没有具备资质的公司，投不了标，赵某10跟周广森以前是同事，关系一直很好，公司又有资质，而且收的管理费比例是5%，比市面上低6%~7%，所以周广森找他。招标由镇里负责，周广森找了镇里的领导，当时分管农办的领导是亓丽萍，具体怎么找人托关系怎么找人围标我都不清楚，这些事都是周广森和更大的领导之间的事。在开始干这活前他请亓丽萍去“基地”吃过饭。2015年周广森对我说还有抗震节能项目，还是江苏兴厦公司做总包方，还是让我在中标后去镇里对接干活。过了一段时间，我接到镇里通知去开施工队和监理公司的会，我就继续参与了2015年魏某1镇抗震节能项目施工。2015年江苏兴厦公司中标的是二标段，周广森应该也找了镇里的关系，做工程挣的钱都是周广森的。

（2）证人赵某 10（时任江苏兴厦公司北京大兴区分公司负责人）的证言：甘建民借用我们公司的资质参与了 2014 年和 2015 年度的魏某 1 镇抗震节能项目工程。2008 年春节前后，我通过周广森认识了甘建民。2014 年刚过春节，甘建民找我说魏某 1 镇有抗震节能项目，给老百姓的房子修建保温墙、更换保温窗户，他的施工队没有资质，想借用我们公司的资质干这活，我同意了。甘建民当时是一个包工头，没有能量从镇里要来这个活，但他是跟着周广森干工程的，周广森跟魏某 1 镇领导关系不错，能从镇里协调让甘建民干上这个活。周广森虽没有直接跟我说，但我知道肯定是周广森想干这个活，又没有资质，就让甘建民来找我，我也是看在周广森的面子才答应的。我跟周广森关系不错，他同意我在东某 1 村租地盖房。后我让盖某 1 找了几家有资质的公司一起去参与投标。江苏兴厦公司只是出了资质，没参与具体施工，我和甘建民约定收项目工程款 5% 的管理费。我们公司的商务标和技术标都是我写，资质标是盖某 1 写，其他几个公司的标书都是盖某 1 找人写的，我们这是围标行为。

（3）证人盖某 1（时任江苏兴厦公司北京分公司负责人）的证言：2014 年和 2015 年，赵某 10 找我说想投标大兴区魏某 1 镇抗震节能工程，让我帮忙找几家公司一块参与投标，我同意了。2014 年，我联系了南通启益公司负责招投标的邹某 1、北京龙建公司负责招投标的郑某 1、北京大唐首邑公司负责招标的吴某 2，让他们帮忙投标，最后中标的肯定是我们公司。他们是同行朋友，有项目招投标时，我们都是相互帮忙的。我联系好后，赵某 10 具体负责与以上这几家公司对接。2015 年，我只找了郑某 1 和吴某 2，因为三家公司投标就可以了。2014 年和 2015 年魏某 1 镇抗震节能项目都是我们江苏兴厦公司中标，中标后我把合同邮寄到总公司，总公司法人代表签字后盖上总公司的章，给我寄回来，我再把合同交给赵某 10 及甲方魏某 1 镇政府。陪标公司购买标书及开标过程的相关费用都是赵某 10 出的。

（4）证人邹某 1（南通启益公司员工）的证言：我负责我们公司的招投标工作。我参与过 2014 年大兴区魏某 1 镇抗震节能项目的投标，当时有人要用我们公司的资质帮忙陪标，我就买了标书，买标书的钱是我先垫付的，后中标单位把钱给我了，标书好像是我们公司找人做的，费用也是中标单位出的。我们公司只是帮忙陪标，没中标，也没想过中标。2014 年魏某 1 抗震节能项目中标单位是江苏兴厦公司，所以肯定是江苏兴厦公司或跟江苏兴厦公司有关的人找的我。中标是专家评审的，应该是中标单位负责运作。

（5）证人郑某 1（北京龙建公司员工）的证言：我负责我们公司招投标报名和相关的合同签订。我们公司 2014 年和 2015 年投标过大兴区魏某 1 镇抗震节能项目，我是负责人。当时有人找我说想用我们公司的资质帮忙陪标，我审核确认了项目确实存在，我们公司也符合参与投标的资格，就同意了。这两年都是江苏兴厦公司中标，来找我的应该是中标公司的人。我们公司就负责出资质，开标时派名二级建造师把标书送过去就行了。标书是找我们的人负责写的，我们公司没有损失，不用出任何费用。

（6）证人吴某2（北京大唐首邑公司员工）的证言：我负责我们公司项目招投标工作。2014年和2015年，我们公司在魏某1镇抗震节能项目上投标了，但没中标，那两年中标的都是江苏兴厦公司，他们跟魏某1镇政府关系比较硬。当时应该是江苏兴厦公司的盖某1找我们帮忙投标。我们公司与江苏兴厦公司没有业务往来，就是有时候互相帮忙投标。

（7）证人吴某3的证言：2009年至2014年10月我任魏某1镇新农村办公室副主任，是第一负责人。2014年魏某1镇抗震节能保温项目确定施工方时，新农办计划沿用往年的招投标方式，并确定了有资质的施工方开会，但在会议召开的前一天，时任魏某1镇副镇长亓丽萍让我把会议取消了，确认该项目施工方的事情就暂时放在一边了。几天后，镇里让我通知抗震节能项目的施工方等单位来开会，施工方亓丽萍让我联系甘建民，我不清楚甘建民是怎么成为施工方的。后来有企业向镇里反映，为何镇里的项目要找一家江苏的公司来施工，我才知道江苏兴厦公司是该项目的施工方。

（8）证人穆某1的证言：我是北京魏某1和城城镇建设有限公司（以下简称和城公司）工程部的工作人员，主要对镇里的项目进行规划管理，辅助镇里对项目进行招投标和结算审计。2014年、2015年的抗震节能项目是和城公司辅助镇里的新农办与招投标代理公司衔接。2014年我们与当时的新农办主任吴某3对接，后选定了北京捷迅通力工程咨询有限公司（以下简称北京捷迅通力公司）做招投标代理。捷迅通力公司做的招投标手续，最后是江苏兴厦公司通过招投标流程成为2014年魏某1镇抗震节能项目的中标方。2015年抗震节能的招投标工作具体的实施过程和2014年一样，但因为2015年的抗震节能项目户数增加了，所以分为两个标段，有两家公司中标了，其中一家是江苏兴厦公司。新农办的主管领导是副镇长亓丽萍。我在抗震节能项目的施工现场见过甘建民，他参与了抗震节能项目的施工，我不知道他是如何拿到工程的。

（9）证人杨某11（北京捷迅通力公司员工）的证言内容与穆某1证言内容基本一致。

（10）证人王某2的证言：我在2014年年初就知道有魏某1镇抗震节能工程项目，当时吴某3是魏某1镇政府的新农办主任，我们魏某1本地工程队想要获得工程一般都直接跟吴某3说，这次我也和他说了，他同意了。2014年8月的一天上午，吴某3给我打电话说该项目给你们施工队干一部分，让我们明天到魏某1镇政府开会，分配工作。当天下午，他又给我打电话说有领导不同意，明天的会议不开了，有新情况再通知。我一听就明白了，肯定是镇里有领导不同意将工程给我们几个施工队了。我知道主管抗震节能工程的领导是新农办科长吴某3、主管副镇长亓丽萍、镇长孔祥森、书记戴光伟，这四个主管领导谁说不同意，我们都不能分包到工程。最后是周广森身后的公司总包了这个工程，肯定跟周广森的运作有关系。

（11）吴某3笔记本的复印件证明：在该笔记本中，吴某3记载“2014年8月11日，通知2014年抗震节能保温的11个施工队明天下午2：30来我镇的第一会议室开会”“晚上6：15，亓镇说明天会议取消，戴书记说暂缓”。

（12）大兴区2014年农民住宅抗震节能改造工程（魏某1镇）及大兴区2015年农民住宅抗震节能改造工程（魏某1镇）（二标段）施工评标报告、招标信息、招投标情况书面报告备案表、投标报名表、评分记录表、评标结果排序表、中标公示等证明：大兴区2014年农民住宅抗震节能改造工程（魏某1镇），招标代理人为北京捷迅通力公司，投标单位有北京大唐首邑公司、江苏兴厦公司、南通启益公司、北京龙建公司，开标及中标公示时间为2014年9月19日，评标结果为江苏兴厦公司排名第一。大兴区2015年农民住宅抗震节能改造工程（魏某1镇）（二标段），招标代理人为北京捷迅通力公司，投标单位有北京大唐首邑公司、江苏兴厦公司、北京龙建公司，开标时间为2015年7月6日，中标公示时间为2015年7月8日，评标结果为江苏兴厦公司排名第一。

（13）中标通知书证明：大兴区2014年农民住宅抗震节能改造工程（魏某1镇）中标人为江苏兴厦公司，工程涉及北田各庄、东某1、陈某1等17个村，1100户，计划开工日期为2014年9月30日，计划竣工日期为2014年11月28日，中标价格为2502.9849万元，该通知书日期为2014年9月23日。大兴区2015年农民住宅抗震节能改造工程（魏某1镇）（二标段）中标人为江苏兴厦公司，涉及714户，计划开工日期为2015年8月1日，计划竣工日期为2015年12月28日，中标价格为1624.2757万元，该通知书日期为2015年7月8日。

（14）北京市房屋建筑和市政基础设施工程施工总承包合同证明：大兴区2014年农民住宅抗震节能改造工程（魏某1镇）发包人为魏某1镇人民政府，承包人为江苏兴厦公司；共涉及北田各庄、东某1、陈某1等17个村，1100户；合同价款为2502.9849万元；工期60日，计划开工日期为2014年9月30

日，计划竣工日期为2014年11月30日，合同订立时间为2014年10月11日，发包人签字为亓丽萍。

（15）北京市建设工程施工专业承包合同证明：大兴区2015年农民住宅抗震节能改造工程（魏某1镇）二标段，发包人为魏某1镇人民政府，承包人为江苏兴厦公司；工程地点在北京市大兴区，具体为施工图纸范围内的全部工作内容；合同价款1624.2757万元；计划开工日期为2015年8月1日，计划竣工日期为2015年12月28日，工期总天数为150天。发包人签字为亓丽萍。

（16）被告人周广森的供述和辩解：抗震节能工程从2014年开始投标，好像是找的江苏兴厦公司投的标。我去找当时主管的副镇长亓丽萍，想让她帮忙，被拒绝了。2014年和2015年活也干了，是跟别人拼着干的。

上述证据经庭审举证、质证，本院对言词证据中相互印证的部分及其他证据予以确认。

3.2017年11月至12月，被告人周广森伙同他人以北京兴林园林绿化工程有限公司（以下简称兴林园林公司）的名义，与北京富美达绿化工程有限公司（以下简称富美达公司）、北京安海之弋园林古建工程有限公司（以下简称安海之弋公司）、北京京林园林绿化工程有限公司（以下简称京林园林公司）采用围标等方式，中标2018年3月至2019年2月北京市大兴区魏某1镇平原造林管护项目（三标段），标的金额人民币1387.6422万元。

4.2019年11月至12月，被告人周广森、王云峰伙同他人以兴林园林公司的名义，与安海之弋公司、北京绿茵大地园林绿化工程有限公司（以下简称绿茵大地公司）、北京中海兴业建设工程有限公司（以下简称中海兴业公司）采用围标等方式，中标2019年11月至2020年2月北京市大兴区魏某1镇平原造林管护项目（三标段），标的金额人民币462.629806万元。

5.2020年2月，被告人周广森、王云峰伙同他人以兴林园林公司的名义，与北京五福林园林绿化有限公司（以下简称五福林公司）、安海之弋公司采用围标等方式，中标2020年3月至2021年2月北京市大兴区魏某1镇平原造林绿化管护项目（一标段），标的金额人民币696.008584万元。

认定上述三起事实的证据有：

（1）证人张某11的证言：我是兴林园林公司的总经理。2018年3月，周广森推荐王云峰做魏某1镇平原造林工程养护项目的负责人，他俩关系非常好，我去周广森家基本都能见到王云峰。2018年至2020年，该项目经政府招标，我公司中标后将工程交给了王云峰，他自己找人、找资源开展养护工作，我公司进行监督。完工后政府先向我公司支付费用，我公司扣除3%的管理费后王云峰支付费用。这三年的工程都是周广森提前找好关系后让我直接找公司去围标的，方法都差不多，具体找哪几家公司是我和公司员工王某11实施的。做标书的钱由周广森出，他知道这些事。我们找专业做标书的，把标书做得比围标公司好些，再加上镇里领导关系，专家就可以顺水推舟地选中我们公司。保证中标的关键是与领导的关系，周广森提出让我找公司帮忙围标时，说已经找过领导了，一定能中标，而且他都提前告诉我参与几标段，不找领导关系我们不可能每次都能中标。2018年的养护时间是2018年3月1日至2019年2月28日，管护陈某1村、西某1村、东某1村、岳某1村、三某1村、穆园子村共计5201.058亩。我们找了富美达公司、安海之弋公司、京林园林公司一起帮助围标，富美达公司和安海之弋公司是王某11找的，京林园林公司是我的关系，找这三家公司围标都经过我同意。2019年的养护时间是2019年3月1日至2020年2月29日，管护范围、面积同2018年，围标用的是绿茵大地公司、安海之戈公司、中海兴业公司，安海之弋公司是我的关系，其他两家公司我不太熟悉，当时凑不齐招投标公司了，就要求给我们做标书的公司的张某12找了两家公司参与围标。2020年的养护时间是2020年3月1日至2021年2月28日，管护西某1村、东某1村、三某1村共计2838.52亩，围标用的是五福林公司和安海之弋公司。

（2）证人王某11的证言：我是兴林园林公司的员工，负责公司的招投标工作。2017年年底，公司老板张某11说一个叫王云峰的男子有个园林绿化的活，让我联系几家公司围标，工程实际是王云峰干。我找了富美达公司的刘某13，他同意帮忙围标。张某11给了我安海之弋公司副总于海影的电话，通过该人我联系上了安海之弋公司的高某1，并让他们公司帮忙围标。张某11还给了我一个京林园林公司的电话，我联系上了该公司的孟某1帮忙围标。我们公司和这三家公司先从招标代理公司购买招标文件，钱是王云峰出的，后王云峰通过我给他的电话联系了制作标书的公司，包括我们在内的四家公司的标书都是我们公司制作的，相关费用我们公司先垫钱，后从王云峰的工程款里扣除，实际也是王云峰出的。一般招标规定三家以上公司投标就可以开标，张某11让我找几家公司，就是为了给当陪衬，确保我们公司能中标。我们公司能中标，应该是王云峰的关系。中标后，园林绿化的活都是王云峰找人干，和我们公司没有关系。王云峰没有资质，就是想用我们公司的资质去承接魏某1镇园林绿化养护项目，并利用我们公司的账户结算工程款。2019年也一样，我通过一个专门制作标书的叫张某12的女子，找了绿茵大地公司，又联系了安海之弋公司、中海兴业公司，包括我们在内的四家公司的标书都是张某12做的，买招投标文件和做标书的钱都是王云峰出的。中标后，还是王云峰干工程。第三次投标应该是2020年2月左右，情况和2019年一样，张某11给我一个五福林公司的电话，我通过该人联系到他们公司的杨某5，还联系了安海之弋公司的高某1帮忙围标。

（3）证人张某12的证言：我是北京卓亨科美工程咨询有限公司的法人代表，我个人还帮助其他企业或个人写标书并收取辛苦费。我帮助王某11、王云峰写过标书。王某11是兴林园林公司的职员，主要负责项目的投标，王云峰是王某11介绍给我的。我帮王某11写过2019年魏某1镇平原造林养护项目三标段的投标文件，目的就是把兴林园林公司的投标文件写得更容易中标。当时王某11说兴林园林公司的王总想投标，要写投标文件，让我把她们公司及绿茵大地公司、安海之弋公司、中海兴业公司三家帮忙投标的公司的投标文件一起写了，我同意了。后我跟王云峰商定了写投标文件的价格，他将费用转给了我。因王某11说投标的公司数量不够，我帮忙找了绿茵大地公司。她找其他几家公司投标就是为了围标，好让自己公司中标。第二次帮他们写投标文件是2020年2月，也是王某11联系的我，项目还是魏某1镇平原造林养护项目。这次我写的投标文件是一标段，之后王云峰联系我敲定价格，并把钱转到了我卡上。这次我给五福林公司、安海之弋公司、兴林园林公司及北京艺苑风景园林工程有限公司（以下简称艺苑风景公司）写的标书文件，写标书时把兴林园林公司的投标文件写得更容易中标，把其他公司的文件写得不容易中标，因为是王某11找的我，肯定是她们公司中标。

（4）证人高某1的证言：我是安海之弋公司的员工。王某11负责兴林园林公司的招投标工作，我帮她陪了两三年魏某1镇平原造林养护项目的标，大概是2018年至2020年。当时王某11找我，说有个魏某1镇平原造林养护的项目，让我帮忙陪个标。我们买了标书后按照标书的要求准备材料并把材料和公司的资质交给了王某11，她去制作标书，我们公司再出个人在开标时帮忙投标。这两三年一直都是王某11联系我去帮忙陪标的，我们陪标没有好处，就是同行间互相帮忙。买标书的钱是王某11公司出的。

（5）证人孟某1的证言：我是京林园林公司的员工，负责公司的招投标工作。2017年年底左右，兴林园林公司的王某11找我说有一个魏某1镇平原造林绿化管护二标段的项目，让我帮忙围标。我按照她发给我的项目文件买了标书，钱应该是王某11给的。我把准备好的资料给王某11，她找人制作好标书，拿着标书来找我封标，盖上我们公司的章，我再拿着封好的标书去参加开标会就行了。该项目应该是王某11所在的兴林园林公司中了标。

（6）证人刘某13的证言：我是富美达公司员工。2018年年初，兴林园林公司的王某11找我说在招标网上有魏某1镇平原造林管护项目三标段的招标公告，她想借用我们公司的资质陪标，我同意了。我们买了标书，王某11支付的200元买标书的钱，她做完标书后找我们公司盖了我们公司的公章，然后再交回招标代理公司。

（7）证人马某7的证言：我是绿茵大地公司的员工。我们公司参与了2019年魏某1镇的园林绿化工程，当时是张某12找到我，说用我们公司的资质投个标，我们公司不用出钱买标书，也不用制作标书，只用一下资质。我受张某12委托到招投标代理公司买了标书，先垫了几百元，后不是张某12就是张某12委托的人把钱转给了我。我把买的标书给了张某12，后期都是她来制作。我公司没中标。

（8）证人占某1的证言：我是中海兴业公司员工，主要负责公司的招投标工作。大概是2019年，兴林园林公司的王某11说魏某1镇有个平原造林管护三标段的项目，她想借用我公司的资质报名投标，我们同意了。后我们公司先授权她们去招投标代理公司买招标文件，她们做完标书后，王某11到我们公司，加盖了我们公司的公章，再把这份标书交给招投标代理公司。这个项目最后是王某11的公司中标。

（9）证人杨某5的证言：我是五福林公司员工。我认识兴林园林公司负责招投标工作的王某11。2020年2月左右，王某11找我说有个2020年魏某1镇平原造林绿化管护项目，想让我们公司帮忙陪个标，经询问公司领导，我们同意了。我把准备好的材料和资质交给了王某11，她们制作好标书后，来我们公司盖公章及法人章封标。开标时，我们公司应该再去一个人跟着，但当时是疫情，好像没人去。制作标书及相关费用全是兴林园林公司出的，最后也是他们中标，他们找别的公司出资质帮忙投标，肯定是他们中标。

（10）证人周某4的证言：我是艺苑风景公司员工，负责公司投标。我们公司参与过2020年2月开标的魏某1镇平原造林绿化管护工程的投标。投标文件可能是专门写标书的人做的。我认识兴林园林公司专门负责投标的王某11，我们公司的投标材料如果提供给别的公司，必须经我手，我记不清是否把公司的投标材料提供给了王某11。

（11）证人马某8的证言：我是北京市魏某1镇农业技术推广站站长，同时也是魏某1镇半某1农机站和北京隆蓝耀绿化管理有限公司（以下简称隆蓝耀公司）的实际负责人。从2018年开始，魏某1镇政府以公开招投标的方式选定绿化公司负责魏某1镇所有自然村的绿化，并授权我牵头管理招投标工作。2018年招标代理公司是北京方圆工程监理有限公司（以下简称方圆公司）。该项目当时设定了六个标段，每个标段负责的面积不一样，按照规定每个标段由三家以上具备资质的绿化公司进行竞标，中标后签订养护合同。当年第三标段中标的单位是兴林园林公司。我们双方签订养护合同，约定管控范围是陈某1村、西某1村、东某1村、岳某1村、三某1村、穆园子村六个村，管护面积是5201.058亩，管护期限是2018年3月1日起至2019年2月28日止，管护费单价每平方米4元，总价共计1387.6422万元。2019年年初，由于魏某1镇各村领导换届选举，无法及时开展养护工程的招投标工作，镇党委会决定由2018年的六家绿化公司继续承担2019年3月到10月的养护工作，养护的工程款也由镇里统一拨款，下半年再重新招标。2019年度下半年魏某1镇平原造林管护项目的招标代理公司是新华工程咨询有限公司（以下简称新华公司），当时设定了七个标段，第三标段中标的还是兴林园林公司，管护期限自2019年11月1日起至2020年2月29日止。2020年养护工程的招标代理公司是北京筑营工程造价咨询有限公司（以下简称筑营公司），当时设定了八个标段，第一标段中标的是兴林园林公司，管护期限自2020年3月1日起至2021年2月28日止，管护范围是西某1村、东某1村、三某1村三个村，管护面积共计2838.52亩，总价共计696.008584万元。

（12）证人吴某4的证言：我是方圆公司的招标专员，负责招标代理工作。我们公司代理过2018年魏某1镇平原造林管护项目三标段的招标工作，实际招标人是北京市大兴区魏某1镇人民政府。招标公告是在网上发布的，发布招标公告后有五家单位买了招标文件，分别叫兴林园林、安海之弋、富美达、京林园林、日出枫林。日出枫林买了标书后没有投标，剩余四家来投标了，按规定有三家单位投标即可开标。此次招标是服务类，采用的是暗标，评审人员看不到相关公司名称。评审人员是从北京市专家库里随机抽取的。该项目中标的是兴林园林公司。根据相关法律规定，经公示程序，确定兴林园林公司中标。

（13）证人马某10的证言：我是新华公司的专职招标代理员。2019年9月，我们公司受魏某1镇人民政府的委托，负责2019年魏某1镇平原造林管护项目的招标代理工作，当时我是负责人。2019年魏某1镇平原造林管护项目共七个标段。根据专家打出的分数，三标段的中标候选公司按照排名先后是兴林园林公司、绿茵大地公司、中海兴业公司，经公示，排名第一的兴林园林公司被正式确定为中标单位。

（14）证人李某7的证言：我是筑营公司的职员。2020年2月，我们公司负责甲方魏某1镇政府北京市大兴区魏某1镇平原造林绿化管护项目的招标工作。该项目一标段有四家公司买过标书，分别是兴林园林公司、五福林公司、安海之弋公司、艺苑风景公司，但艺苑风景公司好像还投了别的项目，就没交标书，未进行评标。最后是兴林园林公司中标。

（15）魏某1镇平原造林管护项目建设工程招标代理合同证明：经北京市

大兴区魏某1镇人民政府委托，方圆公司、新华公司、筑营公司分别作为魏某1镇平原造林管护项目2018～2019年度、2019～2020年度、2020～2021年度的招标代理机构，承担相应年度该工程的施工招标代理工作。

（16）魏某1镇平原造林管护项目招标文件等证明：魏某1镇平原造林管护项目招标及制作标书等相关内容及要求。

（17）中标通知书等证明：2018～2019年度，魏某1镇平原造林管护项目（三标段）中标人为兴林园林公司，养护期为1年，养护面积5444.61亩，中标价为1451.1212万元；2019～2020年度，魏某1平原造林管护项目（三标段）中标人为兴林园林公司，服务期限为4个月，中标价为462.629806万元；2020～2021年度，魏某1镇平原造林管护项目（一标段）中标人为兴林园林公司，服务期限为一年，中标价为696.0085846万元。

（18）北京市大兴区魏某1镇人民政府出具的北京兴林园林绿化工程有限公司平原造林管护面积减少说明、北京隆蓝耀绿化管理有限公司出具的情况说明证明：2018～2019年度，因三线工程占地，原平原造林管护面积减少，陈某1占地22.2亩，西某1占地154.512亩，岳某1占地66.84亩，将减少相应管护面积。

（19）平原造林养护合同证明：兴林园林公司承包2018～2019年度魏某1镇平原造林管护项目（三标段），时间为2018年3月1日至2019年2月28日，管护范围包括陈某1村、西某1村、东某1村、岳某1村、三某1村、穆园子村，管护面积共计5201.058亩，合同总价1387.6422万元。兴林园林公司承包2019～2020年度魏某1镇平原造林管护项目（三标段），时间为2019年11月1日至2020年2月29日，管护范围包括陈某1村、西某1村、东某1村、岳某1村、三某1村、穆园子村，管护面积共计5201.058亩，合同总价462.629806万元。兴林园林公司承包2020～2021年度魏某1镇平原造林管护项目（一标段），时间为2020年3月1日至2021年2月28日，管护范围包括西某1村、东某1村、三某1村，管护面积共计2838.52亩，合同总价696.008584万元。

（20）被告人周广森的供述：我和张某11认识十多年了，他一直从事绿化方面的工作。我获悉镇里有养护招标的事就找到张某11，想借他公司资质参与投标，张某11同意了。我跟他说照常纳税，他扣下公司的相关费用。当时魏某1镇涉及退耕还林的土地有五六万亩，镇政府开了六七个标段，每个标段涉及几个村。招投标的具体经过我没参与，都是让张某11和王云峰去弄的。张某11懂这些，怎么买标书，怎么弄标书都是他帮忙按照镇政府的投标程序弄的，中标的具体时间我记不清了，干了得有三年。

（21）被告人王云峰的供述：2017年年底，周广森说有个绿化养护的工程，如果政府通知我开会，就说明中标了，让我以后专职负责该工程。2018年一二月，魏某1镇政府下属的隆蓝耀公司通知我去开会，周广森说他挂靠了兴林园林公司中的标，让我代表该公司去开会。会上隆蓝耀公司的领导马某8确认了参会的公司中标。我没参与2018年的招投标，我知道的时候已经中标了。2019年9月左右，隆蓝耀公司给我们开会说今年的绿化养护工程还是我们做，让我们重新招投标，我跟周广森说了，周广森让我找几家公司陪标，把标书做了，还按照去年的面积做。我不会做标书，就把需要投标的事跟王某11说了，她说可以帮忙找几家公司陪标，还给我介绍了做标书的张某12。后我联系张某12，让她帮忙做四家公司的标书，要求就是必须让我们公司中标，我们还商量了价格。我跟周广森说了这事，他同意了。后张某12把做好的标书给了王某11，我从王某11那拿到四份标书并送到了招标代理公司。过了大概十天，我代表兴林园林公司开标，兴林园林公司中标了绿化养护工程的三标段。招投标需要至少四家公司参与竞标，标书应由各公司自行制作，各公司均应自行前往招标代理公司购买投标文件，并按要求做标书，此次参与投标的四家公司都是我们找的，标书也是我们花钱制作的，我们能确保把自己的标书做得最好。2020年一二月，隆蓝耀公司给我们开会时说新的一年需要重新招投标，让我们制作标书。我把这件事告诉了周广森，他让我按照去年的方式，找几家公司陪标并出钱制作标书。我让王某11找几家公司为兴林园林公司陪标，她还是让我找张某12做标书，我就跟张某12说还是按照去年那样做四份标书，必须让兴林园林公司中标，张某12做好标书后，我把标书送到了招标代理公司。过了十天左右，我代表兴林园林公司去招标代理公司开标，这次兴林园林公司中标了绿化养护工程一标段。我没有联系过其他帮忙陪标的公司人员，都是王某11和张某12联系的，我负责出钱，做标书的钱是我转给张某12的，都是周广森的钱。

上述证据经庭审举证、质证，本院对言词证据中相互印证的部分及其他证据予以确认。

（八）诈骗的事实

1. 被告人周广森、周广柱于2008年，在北京市大兴区黄某1镇狼某1民族小学院外东南侧地块内建设彩钢房，后通过虚假的土地租赁合同，以不在此地经营的北京嘉利达建筑工程有限公司名义，在大兴区魏永路道路工程拆除腾退中，骗取黄某1镇人民政府补偿款人民币67.6749万元。

认定上述事实的证据有：

（1）证人王某29的证言：我从2009年8月至今任狼某1民族小学校长，

我任职期间没有向校外的个人或集体出租过学校的地产，也不认识周广柱。我们学校没地可租，也没收到过学校土地的收益款或土地租金。我们学校的产权归黄某1镇政府，土地是狼某1西村的，魏永路拓宽时占了学校一排平房教室，改成绿地，学校没有得到拆迁补偿。我没签过涉案的土地租赁合同，合同上没有校长签字，合同中学校的印章同我校使用的印章也明显不符。

（2）证人梁某1的证言：我自1998年10月至今在狼某1民族小学任职，负责后勤、财务。我们学校的房子是镇政府的，土地是狼某1西村的，学校没有土地可以出租，学校大门外的土地不归学校所有。我们学校没有签过涉案的土地租赁合同，学校财务没收过租金。在案的合同上没校长签字，盖的学校的章也不对。2011年至2012年，魏永路拓宽时占了学校门前8米左右，还拆了一排校舍，后区教委给我校补盖了一排校舍，学校没拿过拆迁补偿。王某4在2001年至2009年8月任我们学校校长。2008年4月或5月有人在学校南门东侧盖过简易房，长度大约30米，宽四五米，高大概3米。这个房子就是危房，质量很差，刚建完就有砖体脱落的情况，我记得那时学校还用警戒线将房子围起来，怕墙体脱落后砸伤学生。这处简易房没有经营使用，这种危房连人都进不去。这房子不是学校的，所占的土地不在校域内，地应当是狼某1西村的。我觉得建这个危房就是为了拆迁要钱。2008年时，魏永路虽然没定好要拆什么位置，但早就传出要修魏永路配合天宫院地区开发，后来这个房子被拆了。

（3）证人王某4的证言：我从2001年9月至2009年7月任狼某1民族小学校长，任职期间没有以狼某1小学的名义向外出租过土地，学校也没有收过土地出租的租金，狼某1小学没有权利向外出租土地或者房屋。周广森、周广柱没有跟我提过从狼某1民族小学租地，涉案土地租赁合同上的章和我们小学的章也不像。我任校长时公章多数由我保管，其次是后勤老师、教导主任。

（4）证人肖某1（狼某1西村党支部书记兼村委会主任）的证言：狼某1民族小学用的是狼某1西村的土地，如果小学要出租校门前的土地，要经过村委会同意，村委会没有民族小学向外出租土地的申请或记录。2008年民族小学门前有过一排房，不知道谁盖的。王某30在我们村里开过一个做展柜的厂子。周广森、周广柱没有在我村租过土地。

（5）证人王某30（北京嘉利达建筑工程有限公司法定代表人）的证言：2007年左右，我从王某12那里租了狼某1民族小学对面、魏永路南侧200多米处的一块地，后在上面盖了房子，用来做家具展柜，2017年后我把这块地和公司整体转让了。北京嘉利达建筑工程有限公司的注册地址是狼某1西村南生态街4号，这个地址和我租地建厂房的地址相同。我没在狼某1民族小学门口租过房屋或建厂房、仓库。民警出示的我的身份证复印件上的签名是我写的，其他材料上所有的签字都不是我写的，照片上的彩钢房不是我盖的。我不认识周广森、周广柱、甘建民，也不认识狼某1民族小学的校长或老师。我在狼某1西村生产经营时，没有得到过拆迁补偿、停产停业补助等赔偿款。

（6）证人王某12（狼某1西村村委会委员）的证言：王某30在2007年或2008年从我手里租过地，在狼某1小学往南500米左右。这块地的地址是狼某1西村南生态街4号，因为镇里安全科老来检查，我就编了这个地址，王某30公司的营业执照也是这个地址，这块地不涉及魏永路。2009年左右魏永路修路时，肖某1书记找我要过王某30的营业执照资料，没说干什么用，我找王某30要了，他给了我一张营业执照的复印件。

（7）北京市房屋条件调查表、房屋附属物及设备登记调查表、房屋估价勘查表、非住宅房屋拆迁价格测算报告、房屋拆迁补偿价格测算单、停产停业示意图、魏永路（黄某1段）道路工程拆除腾退审核单、非住宅房屋拆除腾退补偿估价报告、房屋拆迁补偿价格通知单、承诺书、证明、北京嘉利达建筑工程有限公司营业执照、税务登记证、缴税付款凭证、被腾退人与经营者协议、土地租赁合同、租赁合同、拆除腾退补偿综合协议、领款登记表、照片等证明：周广柱因魏永路道路工程项目获得拆迁补偿的情况。该项目于2009年8月调查评估，北京市大兴区黄某1镇人民政府于2014年7月9日与周广柱签订拆除腾退补偿综合协议，于2014年7月15日补偿周广柱67.6749万元。

其中，土地租赁合同内容为：周广柱于2008年5月20日与狼某1民族小学签订合同，承租狼某1民族小学校门外东侧长60米、宽8米土地，租期从2008年5月20日至2013年5月19日。甲方盖有狼某1民族小学印章，乙方签字为“周广柱”。

租赁合同内容为：周广柱于2008年10月1日将狼某1小学南侧650平方米房屋出租给北京嘉利达建筑工程有限公司（法定代表人王某30）作为加工、库房使用，租期从2008年10月1日至2013年4月29日。甲方签字为“周广柱”，乙方签字为“王某30”。

被腾退人及经营者协议内容为：经出租方周广柱与承租方王某30友好协商，同意将大兴区魏永路道路工程项目涉及的房屋补偿款、搬家补助费及停产停业综合补助费付款至周广柱名下。甲方签字为“周广柱”，乙方签字为“王某30”。

证明的内容为：魏永路（黄某1段）征地拆迁腾退项目涉及北京嘉利达建筑工程有限公司，营业执照注册地址为大兴区黄某1镇狼某1西村南生态大街4号，其实际经营地址与被拆除腾退人周广柱租赁我村土地为同一地址。落款处盖有该村村委会印章，日期为2014年7月1日。

（8）狼某1民族小学公章图样、说明等证明：狼某1民族小学正式公章自2001年大兴县改区时开始使用至今，该小学除此公章外没有其他公章。经核对，该正式公章与拆迁档案中土地租赁合同上所盖的公章不一致。

（9）北京市大兴区黄某1镇第一中心小学出具的证明：狼某1民族小学是大兴区黄某1镇第一中心小学下属完全小学，2001年9月至2009年7月任职校长为王某4，2009年8月至今（2021年9月22日）任职校长为王某29。

（10）北京市大兴区教育委员会出具的证明等证明：大兴区黄某1镇狼某1民族小学现有围墙内土地及地上物使用权为该校所有，围墙外各种用地及地上物使用权不属于学校所有。校园内如涉及拆迁补偿等事宜，由拆迁主体依照评估补偿结果，返还政府财政部门。

（11）狼某1西村在经管站备案的经济合同台账证明：备案台账中未发现周广柱从狼某1西村租赁土地的记录。

（12）被告人周广森的供述：我在狼某1民族小学有一块地，是我当时的女朋友王某4跟我说的，我找了当时狼某1大队的书记，租了这块地。租过来后好像盖了几间房，魏永路扩路时被拆了，补偿了20万元，我记得最后给钱时，狼某1村书记叫肖某1，他知道这个事情，我租地时找的不是肖某1，那时候他还不是大队书记。

（13）被告人周广柱的供述和辩解：狼某1民族小学门前有一块空地，周广森让我去盖几间房，我就找了一个叫"四川"的工人，甘建民进料，在这片地上盖了六七间平房。盖完房后，周广森让我找时任狼某1民族小学校长王某4，当时租地合同已经拟好了，我就在合同上面签了个字。2010年左右，我接到狼某1村委会电话，说魏永路拓宽，占地拆迁涉及我盖的那几间房。后这块地拆迁了，拆迁补偿款好像是以支票形式给的我，我拿了支票给了周广森。这块地是周广森租的，我就签了个字，找了工人盖了房。

上述证据经庭审举证、质证，本院对言词证据中相互印证的部分及其他证据予以确认。

2. 被告人周广森、周广柱于2009年6月至7月，在魏某1镇东某1村村东北地块内抢建厂房，并以不在此地经营的周广森（北京亿龙飞投资咨询有限公司）名义，在北京市大兴区魏永路工程拆除腾退中，骗取魏某1镇人民政府补偿款人民币158.3139万元。

认定上述事实的证据有：

（1）证人李某8的证言及辨认笔录证明：2005年，我妻子魏某1从周广柱那里租了12亩土地，租金每亩2000元，租期30年。租完后，我们在院子里盖了办公、生活用房。2008年，拆迁工程在我的院子两头钉橛子，确定了我的院子要拆，拆迁办要找这个院子的归属人。周广森知道此事后，先向拆迁办报了自己名下的一个公司，说自己是这个院子的主人，后来我找拆迁办把手续改了过来。之后周广柱就找我要租地合同，来捣乱了七八次，抢砸办公、生活用品，想把我们赶走，独占拆迁补偿款。2009年，周广柱向法院起诉我们，说我们违约，其间周广森跟我商量在该院子东侧空地处盖一处楼房，拆迁时多要的钱跟我分成，我同意了，但周广森跟周广柱协商时，周广柱不同意。后周广柱未经我同意，扒开了我的院墙，在院子里盖大棚，其间还砸伤一名工人，因为赔偿问题，那名工人还将周广柱告到了大兴法院。拆迁办的人对院内建筑进行清登是周广森带着来的，我没见过拆迁办的清登明细。2011年5月，我们盖的房子被魏某1镇政府强拆了。2013年，周广柱又把我们告到法院，最终法院判我们和周广柱合同解除，地上物归我们，周广柱退还我们剩余租金。2015年镇里因该地块存在纠纷，只给了我们部分拆迁款共400多万元，这笔钱转到了我女儿李公平的银行账户了。

经对12张不同男性正面免冠照片进行辨认，李某8辨认出10号照片上的男子（陈某1）就是2008年去其院子里闹事的嫌疑人。

（2）证人刘某14（时任东某1村党支部书记）的证言：2005年，周广柱租了村北了一大块坑废地，租完后他建围墙把地围了起来，后把地转租出去了，还因为转租的事跟人打过官司。

（3）证人麻某1的证言：2010年5月至2015年年底，我在和城公司拆迁部工作，主要负责魏某1镇征地拆迁补偿工作。周广柱和魏某1在东某1村一处非住宅一直谈不拢，影响了魏永路的建设进度。2015年秋，镇里召开了会议，讨论了该地块的补偿标准和价格。后我带着魏某1领了补偿款。

（4）证人刘某15（魏某1镇农建科工作人员）的证言：魏某1的建筑是违建，那块地是不让盖房子的，拆除不应该给钱。魏某1的违建不是周某5就是史金涛带着人拆的，她对此事一直不满，天天到镇里闹腾，镇里开了协调会，决定给一些补偿，应当是作为配合魏永路项目拆除腾退的奖励，给了200万元左右，我跟她说这钱是按拆迁补偿款补偿的。魏某1的违建拆除后，周广柱还找过我，说那块土地上的建筑是他的，他想要补偿款。

（5）证人周某5（时任魏某1镇副镇长）的证言：魏某1在东某1村村北有一处违建，是副镇长史金涛带队拆除的，魏某1曾多次找史金涛闹事，要求镇政府给予补偿。魏某1镇政府的清登补偿工作是和城公司办的。

（6）土地承包合同、租地审批申请、东某1经济合作社会议记录、租赁土地合同书证明：2005年8月5日，周广柱承包东某1村村东北12亩废坑地，承包期限 30 年，自 2005 年 8 月 5 日起至 2035 年 8 月 5 日；2005 年 9 月 23 日，周广柱将该 12 亩地租赁给魏某 1，租赁期限自 2005 年 8 月 31 日至 2035 年 8 月 5 日，双方约定付款方式及如遇国家征地，地上建筑物、财产的赔偿归魏某 1 所有等内容。

（7）北京市大兴区人民法院（2011）大民初字第 8021 号民事判决证明：2009 年六七月，被告周广柱在东某 1 村东北其租赁的院落中建彩钢房，2009 年 7 月 20 日上午，原告张宪平受雇安装彩钢板时从房顶摔下受伤，法院判决周广柱对张宪平进行赔偿等情况。

（8）魏某 1 派出所工作说明证明：2009 年 7 月 5 日，魏某 1 到派出所反映周广柱在其租赁的院子里盖房，不让其进院子的情况。

（9）大兴区土地利用总体规划图、卫星图证明：魏某 1 地块 2004 ~ 2010 年土地规划性质为一般农地区，2010 ~ 2017 年除部分区域被规划公路外，其余土地规划性质为一般农地区。卫星图显示 2005 年该地块用墙围起来，无建筑物；2006 ~ 2008 年有少量建筑物；2009 ~ 2010 年加盖大量建筑物；2011 ~ 2014 年部分建筑被拆除；2014 年第 3 季度后出现魏永路，经过该地块一角。

（10）《大兴区魏某 1 镇人民政府关于东某 1 村魏某 1 违法建设情况的报告》《关于强制拆除东某 1 魏某 1（周广柱）等违法建设工作方案》及相关说明等证明：魏某 1 镇人民政府经核查认为，2008 年年底至 2009 年年初，魏某 1 未经批准，未办理规划、建设等相关手续，擅自在东某 1 村村北其租赁的土地上建设的建筑物应认定为违法建筑；且 2010 年度原国土资源部卫片执法发现了该宗违法建设，国土分局和区政府将其列为须拆除的重点案件。魏某 1 镇政府向魏某 1 下达了限期拆除通知书，但在规定期限内魏某 1 没有自行拆除违法建设。2011 年 5 月 10 日，魏某 1 镇政府对该违法建设进行了强制拆除。

（11）信访件批办单、和城公司出具的说明等证明：2012 年 9 月 5 日，魏某 1 信访反映魏永路占用其租用的东某 1 村东北角的土地，魏永路占地补偿时没有和其商谈；该信访件转至和城公司，该公司 2012 年 9 月 14 日答复“2009 年魏永路评估公司对该土地产权人北京亿龙飞投资有限公司进行清登工作，清登后魏某 1 与北京亿龙飞投资有限公司出现了产权纠纷，由产权人双方自行解决，待解决后再进行下一步工作”。

（12）北京市大兴区人民法院（2013）大民初字第 5542 号民事判决、本院（2015）二中民（商）终字 4816 号民事判决证明：周广柱与魏某 1 就土地租赁合同纠纷一案的审理情况。

（13）周广森（北京亿龙飞投资咨询有限公司）魏永路魏某 1 段非住宅资料目录、北京市房屋估价勘查表、房屋条件调查表、房屋附属物及设备登记调查表、停产停业示意图、非住宅房屋拆迁价格测算报告、房屋拆迁补偿价格测算单证明：2009年8月13日，涉案地块以周广森（北京亿龙飞投资咨询有限公司）的名义进行清登，经测算，该地块房屋拆迁补偿款总计646.8767万元，其中房屋重置成新价635.1906万元，装修、设备及附属物11.6861万元。

（14）魏某1镇人民政府关于召开魏永路拆迁腾退工作协调会会议纪要、付款审批单、魏永路项目拆迁补偿协议、委托书、记账凭证、中国工商银行进账单、支票存根、交易明细、支出凭单等证明：魏某1镇人民政府于2015年10月12日通过会议讨论，决定给予魏永路魏某1段东某1村魏某1、周广柱相应的拆迁补偿。2015年10月15日，魏某1人民政府与魏某1签订补偿协议，给予魏某1一次性补助款256万元，同年10月20日，魏某1镇人民政府向魏某1女儿李公平中国工商银行账户（尾号9924）转账256万元。经周广柱委托，2018年12月3日，魏某1镇人民政府与周广森签订补偿协议，给予周广柱一次性补助款170万元，同年12月18日魏某1镇人民政府给周广森中国工商银行账户（尾号3970）转账170万元。

（15）被告人周广森的供述：周广柱找时任村书记刘某14租过一块地，当时我是村主任。这块地在东某1村东北、魏永路边上，后转租给了魏某1。周广柱和魏某1因租金及拆迁的事还告到了法院，最后二中院判决周广柱胜诉了。这块地最开始是一个大坑，周广柱租下后把坑填了，他想在地里盖房然后出租，但手里没钱，我借给了他100万元，在盖房期间还摔伤了一个工人，我又给了他20多万元用于赔偿工人，共计120万元，房子都是周广柱找人盖的。魏永路拆迁正好占了这块地，地上的建筑物都拆了，周广柱还了我不到200万元，魏某1好像也拿到了补偿款。

（16）被告人周广柱的供述和辩解：2005年前后，我在东某1村村北承租了一块地，一共12亩。租下来后我就找工人垒围墙、盖房，盖好后将地租给了魏某1，租期30年，租金63万余元，约定租金1年内全部付清，但她只给了我40万元，剩下的一直没给。由于租金问题，我们一直打官司，最后我胜诉了。魏某1在这块地的西侧盖了好多房。周广森也跟我说想在院里盖房，我就找人进场施工，把这块地东侧的大坑填平了，在东侧盖房，盖房的料是甘建民找的。后我在东侧盖的房及魏某1在西侧盖的房均被认定为违建，被拆除了。魏永路拆迁时，将我承租土地时建的房子评估了170余万元，我委托周广森去领钱，他领钱后没有给我。

上述证据经庭审举证、质证，本院对言词证据中相互印证的部分及其他证据予以确认。

3. 2009年至2014年4月，被告人周广森、孙永合伙同杨某6（另案处理）

在北京龙海投资有限公司（以下简称龙海公司）租赁的魏某 1 镇龙海园开发区地块内，通过抢建简易房、倒签租地协议等方式，在北京市大兴区魏永路工程拆除腾退中，骗取魏某 1 镇人民政府补偿款人民币 818.8824 万元。

认定上述事实的证据有：

（1）证人杨某 6（时任龙海公司负责人）的证言：2006 年，周广森强占了我一块地，位置在龙海园园区内的西南角，大概 20 亩，镇里在 2005 年前后调整规划，将这块地的性质从一般农用地改成了建设用地，预留给了魏永路。2007 年左右，周广森说他在那块地上建了房，算我点股份，我说不要股份，并跟他要过租金，他开始说建好房交，后来又说拆迁再交，不拆就不交了。周广森盖的是简易彩钢棚，高十米左右，就一层，造价每平方米 100 多元，大概十天就完工了，棚子没有人养护，后来都塌了。建完棚子后，孙永合找我补签过一个租地合同。2012 年左右，孙永合又跟我补签了一个我占股 1/3 的合同，这两份合同的内容都是属实的。2013 年前后，因为修建魏永路，周广森盖房这块地拆迁了，周广森通过孙永合的账户给我转账 150 万元租金。魏永路的规划早就有，周广森找我时，我就知道这块地的位置按规划要拆迁，但不知道具体拆迁时间。

（2）扣押决定书、扣押物品清单证明：从杨某 6 处起获租地协议等物品并予以扣押的情况。

（3）二份租地协议记载：一份内容为，甲方（龙海公司）将开发区西侧 22 亩地租给乙方（孙永合）经营企业、建厂房，租赁期限 5 年，自 2009 年 1 月 1 日起至 2014 年 1 月 1 日止，如遇国家占地，地上物赔偿除去成本后，甲方得 30%，乙方得 70%，甲方处盖有龙海公司印章，乙方签名为孙永合，时间为 2009 年 1 月 1 日；另一份内容为，甲方（龙海公司）将魏某 1 镇龙海园开发区西侧 20 亩地租给乙方（孙永合）经营企业、建厂房，租赁期限为 8 年，自 2008 年 6 月 1 日至 2016 年 6 月 1 日；租金每年一交，交纳时间为每年 6 月 1 日前，每年每亩租金人民币 5000 元整，共计年租金拾万元整；甲方处盖有龙海公司印章，乙方签名为孙永合，时间为 2008 年 6 月 1 日。

（4）大兴区土地利用总体规划、查询地块位置示意、魏某 1 地块权属示意图、卫星图、北京市规划和自然资源委员会大兴分局关于北京市公安局大兴分局调取证据通知书的复函证明：该地块 2009 年卫星图片无建筑，2010 年卫星图片出现大量建筑。

（5）院落及房屋平面示意图、北京市房屋条件调查表、房屋附属物及设备登记调查表、搬迁腾退非住宅补偿协议等证明：2009 年 8 月 26 日，该地块进行清登，2014 年 4 月，魏某 1 镇人民政府与孙永合签订补偿协议，搬迁房屋面积10236.03平方米，拆迁补偿款总计818.8824万元。

（6）资金审批单、支出凭单、记账凭证、中国工商银行进账单、支票存根等证明：2014年4月30日，魏某1镇人民政府向孙永合中国工商银行账户（尾号7795）转账818.8824万元。

（7）被告人周广森的供述：杨某6是龙海园的经理。2006年左右，范某2等人找我，说想租龙海园的一块空地，让我跟杨某6打声招呼，我就打电话给杨某6说有朋友想租这块地，杨某6说只租给我。后我找杨某6谈，他同意把地租给我，还说如果赶上拆迁，他要收30%的拆迁款，我们没谈过租金的事。后我和孙永合商量共同出资，在这块地上盖大棚房，等这块地拆迁后，除去本钱及杨某6的30%拆迁款，剩下的钱平分，孙永合同意了。后续和杨某6签合同、盖大棚，以及涉及拆迁的所有事情都是孙永合和杨某6处理的。孙永合说拿了800万元的拆迁款，给我分300万元，但他当时要借100万元急用，只给我打了200多万元，钱打到陈胜丽的工商银行账户上。按照之前和杨某6的约定，应该给杨某6拆迁补偿款240万元，但孙永合说找杨某6谈了只给他150万元，杨某6答应了，只拿了150万元。

（8）被告人孙永合的供述：2009年，我承租了龙海园的土地，位置在龙海园开发区的最南边，紧挨着小龙河。周广森跟龙海园负责人杨经理是朋友，他们先谈的租地的事，后周广森跟我说“开发区有十几亩地，要修魏永路，肯定得拆迁，你上那盖房，等拆迁的时候多挣点补偿款”。龙海园这块地是我实际经营的，土地承租也是我的名字，我在这块地上投资了100多万元，盖了一万平方米左右的彩钢房，等着拆迁。2015年春天，拆迁公司给我工商银行账户转了818万元，我按照周广森的要求给杨经理转了150万元，剩余的650万元，我拿了260万元左右，剩下的390万元左右周广森拿走了。土地租赁合同不可能是2008年签的，2008年我还不认识周广森。

认定大兴区魏永路工程诈骗事实的证据还有：

（1）北京市规划委员会出具的《关于魏永路（经七路—京开高速公路）改建工程设计方案的批复》（〔2005〕1503号）证明：2005年，魏永路即已经被规划为城市主干路，政府有关部门已经开始对修建该路进行设计等相关工作。

（2）北京国道通公路设计研究院股份有限公司出具的情况说明、关于魏永路道路工程测量工作的说明、相关道路平面示意图等证明：2005年前后，受北京市路政局项目管理中心委托，北京国道通公路设计研究院开展魏永路（京开高速—京济公路）道路工程方案设计。2006年6月已经开始实地调查，2007年5月开展地形图测绘工作，具体包括在已有道路或水泥固定处布设控制点，钉钉子并刷油漆进行编号，做标记等，6 月 21 日提交测绘成果。

（3）钉桩条件说明书、定线工作记录表及相关平面图证明：2007 年，魏永路工程开展相关工作的情况。

（4）北京市国土资源局大兴分局出具的《关于魏永路（规划二路—京济公路）道路工程建设项目用地预审意见》（〔2008〕92 号）证明：魏永路工程为市政道路建设项目，用地位于大兴区黄某 1 镇、魏某 1 镇、青某 1 镇，同意通过用地预审。该意见作出时间为 2008 年 11 月 19 日。

（5）北京市发展和改革委员会出具的《魏永路（规划二路—京济公路）道路工程项目建议书（代可行性研究报告）的批复》（〔2009〕570 号）证明：经 2009 年 3 月 25 日市长办公会审议，同意实施魏永路（规划二路—京济公路）道路工程。该批复作出时间为 2009 年 3 月 31 日。

（6）征地拆迁委托协议证明：北京市大兴区政府（甲方）委托北京市魏某 1 镇人民政府（乙方）作为魏永路（京开高速—京济公路）改建工程征地拆迁具体实施主体。

上述证据经庭审举证、质证，本院对言词证据中相互印证的部分及其他证据予以确认。

4. 被告人周广森、甘建民于 2014 年 3 月至 2015 年 3 月，在北京龙清园生态科技发展有限公司（以下简称龙清园公司）租赁的魏某 1 镇西某 1 村村东南地块内，通过伪造租赁合同、工程施工合同等方式，在 2014 年新建设施农业补贴项目中，骗取魏某 1 镇人民政府补贴款人民币 193. 4 万元。

认定上述事实的证据有：

（1）证人何某 1（时任西某 1 村财务专管员）的证言：我从 2006 年 3 月开始担任财务专管员，知道西某 1 村土地出租、承包情况，春益生合作社没有承包过我们村的土地。西某 1 村有两个农业大棚，都在村东南，一个靠南，一个靠北，中间隔一条路。靠北的大约 230 亩，是李某 9 于 2011 年前后承租的，在 2016 年或 2017 年又转租给了王某 13。

（2）证人孙某 6 的证言：龙清园公司是用我妻子李某 9 名字注册的，注册地在大兴区魏某 1 镇西某 1 村东南，法人是李某 9，主要经营花卉和果木种植等，公司主要交给李某 10 在管理。2010 年，我用龙清园公司及李某 9 的名义和西某 1 村签订了租地合同，因为这块地里有坟地和村民的树苗，直到 2013 年才开始施工建设，经孙某 7 介绍，我用的是周广柱的施工队，我们商定建设 1 万多平方米的阳光棚及大量的日光温室，总价 1600 多万元。开工时间是 2013 年 11 月，所有的阳光棚和日光温室都是当年完工的。2015 年二三月，周广森跟李某 10 说能申请一笔农业项目的补助，但补助只能给本地企业，让我们和他签一个租赁合同，租期1年。李某10跟我汇报后，我想得点补助弥补损失，就同意了，公司还是我们经营，就是给周广森一个名义，周广森承租期间，没有任何建设、经营行为，也没交过租金。2015年3月25日，一个叫春益生合作社的单位给我们转了40万元，李某10说周广森要我们取出15万元返给他们，我觉得是好处费，但因惹不起周广森、周广柱两兄弟，就同意了。

（3）证人李某10的证言：龙清园公司法人是李某9，实际经营者是孙某6，我帮孙某6管理、看门。龙清园公司建设方是周广柱，建设了1年多。2013年开始建设，当年建成了47个日光温室菜棚和10个钢结构大棚，2014年硬化路面和栽树。大棚建成后，周广森租过大棚，在2014年年底，他让甘建民来签合同，都没让我看合同内容，就让我签字了。他们租了1年，没种植、经营。2015年三四月，他们转账给龙清园公司40万元，又要回15万元，相当于给了25万元租金。

（4）证人孙某7（时任西某1村党支部书记、村委会主任）的证言：龙清园位于西某1村东南侧，园区有230多亩地，承租人叫李某9，这块地是我租出去的，合同齐全。李某9建过大棚，是周广柱施工建设的。2018年以前李某9没转租过这块地，一直都是她和她老公孙某6在经营，周广森跟这块地没有关系。

（5）证人王某14（时任魏某1镇政府农办工作人员）的证言：大兴区新建设施农业和老危旧设施改造计划是农办负责的。区农委下发通知以后，村委会负责申报，镇农办向区农委报送，建设主体进行建设，年底进行验收，合格后拨付资金，对申报总量没有要求。申报2014年度新建要求大棚在2014年建设，2009年之后新建不能列入老旧改造范围，申报单位要求为本市注册企业。2012年、2013年建设的不可以申报2014年新建项目。2014年，西某1村申报建设80栋大棚，验收也是80栋，80栋大棚都是春益生合作社申报的，建设项目在西某1村南，龙清园地块内。验收时申报单位有人在场，签字的人是周广森，验收时间是2014年12月27日。

（6）证人杨某7的证言：我是北京仁泽建设监理公司法人、总经理，我公司承接了2014年北京市农委新建设施农业项目监理工作，这个项目是业务经理高某2承接的，总负责也是他，他具体安排这个项目。

（7）证人高某2的证言：我是北京仁泽建设监理公司项目经理，我公司承接了2014年北京市农委新建设施农业项目监理工作，这个项目的具体负责人是监理员高某3。高某3负责现场验收，一是确认现场工程与申报书相符，二是对现场工程面积进行实际测量，如果发现与申报不相符，按规定不应在验收单上签字，同时告诉我，我再向市农委许小东处长汇报。验收时间是在项目当年的九十月，验收单签字、盖章时间是 12 月。工程面积使用手持测距仪进行现场测算，建筑面积是实际设施占地的面积，占地面积是园区占地的面积。

（8）证人高某 3 的证言：我是北京仁泽建设监理公司监理员，我的直接领导是项目经理高某 2。我监理了 2014 年北京市农委新建设施农业项目，主要是对新建设施农业进行验收，验收合格报给市农业局，市农业局会批给建设农业设施单位补助。具体流程为，农业设施建设完成后报给各区，各区再报给市农业局，市农业局通知我们去验收。我们到项目点后，对照市农业局给的新建设施农业验收汇总表登记的面积，按相关建设标准检查新建设施并且测量面积，符合标准且面积不高于汇总表的，就算验收通过，现场填写新建设施农业验收表上的设施数量和建筑面积、占地面积，填好后上交，这个表格在各职能部门盖章签字后再返回我手里，我签字盖章，交给市农业局许小东处长。2014 年，整个大兴区的项目都是我和我妻子刘某 16 跑的，验收是在项目当年的 9 月以后，验收单是我和刘某 16 填写的，相关数据都给了北京市农业局。每个项目验收一次，如果面积超了或发现质量不合格，就是不合格，不合格的当场通知镇里的工作人员项目不合格，项目作废。新建设施的建设时间只能凭目测。春益生合作社这个项目建设过程不是我监理的，我只负责验收。

（9）证人刘某 16（曾用名刘营）证言内容与高某 3 证言内容基本一致。

（10）证人周广柱的证言：2012 年或 2013 年，我给孙某 6 在西某 1 村盖过大棚，我跟孙某 6 签了合同，合同金额是 1500 多万元，涉及 8 个阳光棚、40 多个暖棚，这个工程 2012 年进场，2013 年完工。龙清园公司的法定代表人李某 9 是孙某 6 的爱人，该公司在西某 1 村西南角。

（11）北京市农村工作委员会、北京市农业局、北京市财政局出具的《2014 年设施农业建设工作实施方案》等证明：新建设施农业与老危旧改造以项目管理形式进行申报和建设；经监理公司验收合格，新建中高档日光温室每亩补贴 3 万元，新建和改造钢架大棚每亩补贴 1 万元，提档升级类老危旧日光温室改造每亩补贴 2 万元。

（12）北京市大兴区农村工作委员会出具的《关于 2014 年设施农业建设工作实施方案》、北京市大兴区农村委员会办公室印发的《关于设施农业新建（改造）及基本菜田建设等相关工作调整到大兴区种植业服务中心的通知》、大兴区种植业服务中心党政办公室印制的《大兴区种植业服务中心关于 2014 年设施农业新建（改造）工作的实施方案》等证明：设施农业新建（改造）及基本菜田建设等相关工作 2014 年 7 月 15 日后调整到大兴区种植业服务中心。该项工作主管单位变更，但工作实施方案内容基本一致，申报条件仍要求，新建设施农业以项目管理形式进行申报和建设；项目土地流转、租赁手续合法、齐全；补贴标准仍为，经监理公司验收合格，新建中高档日光温室每亩补贴3万元，新建和改造钢架大棚每亩补贴1万元。

（13）北京市农业局建设工程监理合同及附件证明：2014年7月28日，北京市农业局与北京仁泽建设监理公司就2014年菜篮子设施农业建设监理项目签订合同。其中设施农业建设技术标准明确规定“验收2014年所有符合验收条件的新建设施”“日光温室和钢架大棚必须为2014年新建”。

（14）孙某6提供的西某1工地工程概算、2013～2014年西某1工地工程总概算、西某1工地完成工程等证明：西某1工地于2013年开始施工，工程量包括菜棚（长）合计338.4万元；阳光棚10个建筑面积22044平方米，合计771.54万元等，2013年完成工程总款1174.5671万元。

（15）农村土地承包经营权流转合同证明：魏某1镇西某1村村民委员会（甲方）将西某1村东南角230亩土地承包经营权流转给李某9（乙方），流转期限26年，从2011年7月1日起至2037年7月1日。甲方代理人签字为孙某7。

（16）土地租赁合同记载：龙清园公司（甲方）将位于其公司院内的118亩土地出租给春益生合作社（乙方），租赁期限从2013年5月1日至2023年5月30日，甲方委托代理人签字为李某10，乙方签字为甘建民，签订时间为2013年5月1日。

（17）西某1大棚施工合同等记载：春益生合作社（甲方）与北京广兴市政园林有限公司（乙方）就魏某1镇西某1村温室钢架大棚项目工程签订施工合同，合同工期为100天，从2014年3月20日起至6月30日止，大棚面积61.7亩，总价522.54万元。甲方签字为周广森，乙方签字为周广柱，签订时间为2014年3月20日。

（18）企业基本信息证明：北京广兴市政园林有限公司，法定代表人为周广柱，成立日期为2014年12月15日。

（19）2014年新建设施农业项目申报书、2014年大兴区新建温室设施、钢架大棚设施农业申报项目汇总表、2014年新建设施农业验收表、验收汇总表等证明：春益生合作社（法人代表周广森）申报新建设施农业项目建设地点为北京市大兴区魏某1镇西某1村南，建设时间为2014年3月至8月，建设面积75亩，设施建设类型为中高档日光温室65栋，钢架大棚10栋；经汇总，春益生合作社在西某1村建成中高档温室65亩，钢架大棚10亩；经监理验收，认定春益生合作社建成日光温室62栋，建筑面积61.7亩，钢架大棚18栋，建筑面积8.3亩。

（20）2014年大兴区新建、改造设施农业建设第一批验收合格单位名录、大兴区种植业服务中心出具的《关于拨付2014年大兴区设施农业建设第一批验收合格项目单位的补贴资金的请示》、《关于2014年农业设施补贴工作说明》及大兴区农委出具的《关于2014年设施农业建设第一批验收合格项目单位补贴资金的函》等证明：对春益生合作社进行补贴的情况，其中高档日光温室61.7亩，补贴185.1万元；钢架大棚8.3亩，补贴8.3万元，共计193.4万元。

（21）记账凭证、中国工商银行转账支票存根、进账单、收据等证明：2015年3月13日，魏某1镇财政所向春益生合作社北京农商银行账户（尾号6298）转账193.4万元。收款人签字为甘建民。

（22）北京天正华会计师事务所出具的专项审计报告证明：春益生合作社收取财政款项情况，其中，2015年3月13日，春益生合作社收到魏某1镇财政所拨付的2014年设施农业验收合格项目款193.4万元。资金审批单内容提到鼓励春益生合作社新建农业生产设施70亩，补贴193.4万元，其中新建温室61.7亩，每亩补贴3万共185.10万元，新建钢架大棚8.3亩，每亩补贴1万元，共计8.3万元。

（23）龙清园公司收据及账户明细证明：2015年三四月间，龙清园公司账户收到春益生合作社转账40万元，收据记载为收到魏某1镇拨款40万元，时间为2015年3月25日。

（24）被告人周广森的供述：春益生合作社法人代表是我，甘建民帮我管过执照和章。大概2012年或2013年，周广柱帮龙清园公司的老板孙某6建了大棚，当年就完工了。2014年，新建设施农业补贴政策下来后，我找了龙清园公司的管理员李某10，跟他说想借这块地上的大棚弄点补贴，他和孙某6商量，孙某6同意了，我让甘建民和龙清园公司签了租地协议。后我申请了2014年新建设施农业补贴，具体金额以转账金额为准。

（25）被告人甘建民的供述：春益生合作社的法人代表是周广森。在案龙清园公司与春益生合作社签署的土地租赁合同，笔迹应该没问题，是我签的。龙清园公司我没听说过。该合同肯定是周广森让我签的，当时春益生合作社的照和章都在我这里，肯定是周广森让我把照和章拿到“基地”，顺便就签了字，我根本没印象去过西某1村签字。这个事我后续没参与，钱没经我手。我知道周广柱在西某1村东南盖了100亩左右温室大棚还有阳光板大棚，我觉得周广柱干活的地方就是合同所说的地方，都是100亩左右，都在西某1，而且还有温室大棚还有阳光板大棚。

上述证据经庭审举证、质证，本院对言词证据中相互印证的部分及其他证据予以确认。

5. 被告人甘建民、刘万利、陈胜勇在2014年度至2016年度北京市大兴区农民住宅抗震节能改造工程（魏某1镇）（以下简称抗震节能工程）中，虚增施工面积，意图骗取政府补贴款共计人民币63.188775万元；其中，被告人陈胜勇参与意图骗取政府补贴款共计人民币57.6081万元。

认定上述事实的证据有：

（1）证人李某11（抗震节能工程施工人员）的证言：2014年八九月，我从甘建民处要了岳某1、东某1等三四个村抗震节能工程的活。施工面积是挨家挨户测量的，老百姓在测量单上签字后，我们再将数据汇总。结算工程款时工程发票的抬头是江苏兴厦公司，甘建民应该是挂靠在该公司名下。抗震节能项目有政府财政拨款，每户门窗改造，每平方米单价是330元，政府出300元，个人出30元，个人出的部分是按平方米数直接给施工队，政府出的300元结算后再给施工方。

（2）证人刘某17（抗震节能工程施工人员）的证言：2014年、2015年我在魏某1镇做过抗震节能工程，该项目是政府补贴项目，总包方是江苏兴厦公司。我通过甘建民拿到了2014年、2015年该工程外墙保温施工的活。我和甘建民没签合同，我给他的报价是每平方米63元，包工包料。我跟张某1两人按照甘建民的分配干活，我主要负责盯现场，张某1负责账目和技术。外墙保温好像100平方米之内每平方米政府补贴100元，老百姓交20元，超过100平方米的部分没有政府补贴。当时甘建民安排刘万利带着我和工人去各村各户测量具体的施工面积，测量后填表汇总。测量时我的工人，甘建民的人如刘万利、周某6等，还有农户三方在场，农户现场签字确认后按照实际的平方米数把每平方米20元的钱交给甘建民的人，甘建民的人会出具收据，上面写着钱数和面积数。之后我安排工人进场施工，完工后我的工人与甘建民的人核对具体的施工量，甘建民的人会签字确认。甘建民负责去镇里开会，给我各村报名的名单，收取各户改造前后的照片，检查施工情况，还给我们支付工程款，我认为他就是甲方的角色。张某1负责与甘建民对接财务的事，我负责现场干活，我们的人从来没收过钱。2014年，我做了6个村，分别是大某1村施工面积8337.60平方米、南某1村施工面积2362.62平方米、东某2村施工面积796.22平方米、陈某1村施工面积6707.99平方米、西某1村施工面积5472.73平方米、魏某2村施工面积5864.10平方米，总施工面积是29541.26平方米。2015年，我做了5个村，分别是东某3村143户，施工面积10913.03平方米；西某2村村62户，施工面积4776.21平方米；东某2村3户，施工面积124.38平方米；西某1村44户，施工面积2962.65平方米；大某1村59户，施工面积3954.43平方米；总共311户，总面积22730.7平方米。

（3）证人张某 1（抗震节能工程施工人员）的证言：2014 年和 2015 年我经刘某 17 介绍和甘建民一起干保温层工作，我们是以实际测量算账，每平方米 63 元，2014 年干了 29541.26 平方米，2015 年干了 22730.7 平方米。我提供的保温层建设面积数据是准确的，都是和农户一户户测算的真实面积。

（4）证人孙某 8（抗震节能工程施工人员）的证言：我 2014 年开始给甘建民在村里安装门窗，到 2017 年结束。2014 年、2015 年我分别干了 1 个村、5 个村的活。2016 年到 2017 年我干了 4 个村的活，分别是东某 1 村施工面积 1528 平方米，西某 1 村施工面积 2410 平方米，岳某 1 村施工面积 1631 平方米，兴某 2 村施工面积 1416 平方米，总共 6985 平方米。我跟甘建民确定的门窗施工价格是每平方米 240 元，我们 2014 年签过一个合同，后来再施工时，他说不用签合同，按之前的就行，就都没再签合同。

（5）证人荣某 1（抗震节能工程施工人员）的证言：2016 年 10 月中旬，甘建民给我打电话说有外墙保温的活儿，我们商定单价每平方米 65 元，包工包料，他让我做了四个村，分别是东某 1 村、西某 1 村、岳某 1 村和兴某 2 村。我们没签合同，都是口头谈的。甘建民安排他手下一男子带着我的工人去农户家里测量，后我的工人就开始施工了。这四个村全部完工后甘建民的工人和我的工人一起核对了施工面积，大概是两万多不到两万一千平方米，总工程款大约是 135 万元。我记得有一个河南人叫陈胜勇，他在工程完工时跟我确认过施工面积和工程款总数，他当时把数字记在了一个本子上。我的工人测量的单据都给了甘建民手下一个叫刘万利的负责记录的工人。

（6）证人邢某 2（抗震节能工程施工人员）的证言：2014 年，我通过“窦雷”认识了甘建民，后和甘建民签订了抗震节能工程门窗改造的施工合同，单价每平方米 240 元，包工包料，包制作和安装，但不包含开发票的税点。合同是用公司的名义签的，我用的是北京富恒兴达装饰工程有限公司，甘建民用的也是一个公司，他只签了名字，没加盖公司公章。2014 年 8 月左右的一天，甘建民、周某 6 带着我和我的工人去农户家里测量，之后都是周某 6 和刘万利带着测量，测量后我们加工，最后入户安装。每次我要钱都直接找甘建民，刘万利和周某 6 带队测量门窗的尺寸，还负责向农户收钱、出收据。

（7）证人王某 15（抗震节能工程施工人员）的证言：我通过甘建民获得了 2014 年魏某 1 镇抗震节能项目刘家场村、李家场村、张家场村、后某 2 村、西某 1 村 5 个村的施工，外墙保温和门窗我都做了。具体施工面积我记不清了，肯定是按实际施工面积报给总包方了，他们再报给镇里。2014 年魏某 1 镇的抗震节能项目总包方是江苏兴厦公司和甘建民。

（8）证人翟某 1（抗震节能工程施工人员）的证言：我找甘建民要了

2015年魏某1镇的抗震节能工程保温外墙和门窗的活，负责南某1村、北某3村、前某2村、后某2村四个村。施工面积我报给了江苏兴厦公司，江苏兴厦公司统一汇总后报给了镇政府。我们没有虚报工程量，江苏兴厦公司是否虚报我不清楚。

（9）证人王某28（北京市佳兴园建筑工程有限公司第十一分公司负责人）的证言：2015年魏某1镇抗震节能工程分成东片区和西片区，西片区由周广森的公司承包了，甘建民是周广森的手下，负责具体干工程，周广森在背后运作。2016年魏某1抗震节能工程，我干的总包，甘建民干的是分包。

（10）证人肖某2（北京市佳兴园建筑工程有限公司第十一分公司员工）的证言：第十一分公司是北京市佳兴园建筑工程有限公司的分公司，王某28是负责人，我是该公司的项目经理兼会计，公司有关工程和业务上的事情都是我处理。2016年我们公司承接了大兴区魏某1镇抗震节能工程，涉及整个魏某1镇30多个村，但我们公司实际就负责了魏某1村一个村，其他的村都分包给了甘建民、王某15、翟某1、穆某1等七人，甘建民分包了4个村。

（11）证人周某6（抗震节能工程施工人员）的证言：我2014年到2016年做过抗震节能的活，是甘建民安排我去测量的。我负责带施工队入户测量面积，逐户测量外墙保温和窗户的面积，后向老百姓收钱、开收据，收到的钱和收据我都交给了陈胜丽。2016年，陈胜勇也参加过抗震节能的活，他也收钱了。我听周广森说保温的活是政府给的，周广森好像是分包。工程中存在弄虚作假的情况，按照政策，单做外墙保温或单做门窗改造是不给补贴的，但2016年施工时，有的农户只做一项，经甘建民同意我也给测量并施工了，往政府报送工程量时，甘建民让我和陈胜勇给这些人的另外一项加上点面积往上报，陈胜勇就在单子上没做的那个单项里虚报了面积。虚报的面积没有施工，就是往上填数字，这样能从政府多拿工程款，就是骗政府的钱。我知道的大概有二十户。

（12）证人史某1（北京昌隆昊霖建设工程有限公司员工）的证言：我和甘建民是2014年10月认识的，后兼职给他做工程方面的资料员，一直到2017年。我开始时就做给监理和政府的资料，后又增加了上传到抗震节能保温系统网站上的资料，甘建民按户给我资料费。甘建民将一些基础的数据表格的纸质资料给我，内容有农户的姓名、身份证号码、电话号码、外墙面积、门窗面积等。表格的内容都是手写的，有的有签字确认，有的没有。我收到这些表格后就制作给监理单位的报验资料，后上传到网上，再做验收单，验收单在甘建民签字盖章后，上传系统并整理结算单报审计公司。这几年都是按照甘建民的要求做的，后来跟我对接的还有陈胜勇。报审计公司结算用的汇总表是基于甘建民给的纸质版数据制作的。

（13）证人王某16（魏某1镇政府农办人居环境办公室主任）的证言：2015年到2017年这三年我负责抗震节能项目，我2015年刚接手时必须同时做外墙保温和门窗改造才能获得政府补贴，2016年政策上允许单做。支付工程款的面积由审计公司的结果确定，存在审计确认的施工面积少于施工单位上报面积的情况，这三年都有这种情况。我认识甘建民，他2015年到2017年这三年都带施工队做过抗震节能的活，甘建民向农办报过施工户数、施工面积，支付工程款时，也是他送发票和取支票。

（14）证人吴某5（魏某1镇政府新农办工作人员）的证言：从审计报告看，2014年魏某1镇抗震节能工程实际给江苏兴厦公司是1200.3508万元，2015年抗震节能工程补贴给江苏兴厦公司分两个部分，一部分是外墙保温补贴给了413.2564万元，另一部分是门窗补贴给了553.2453万元，总共给了江苏兴厦公司966万余元。这两年魏某1镇抗震节能工程款应该在2016年结清了。镇政府是依据审计报告批钱支付工程款。

（15）证人某1（大兴区审计局行政事业审计科科长）的证言：2014年魏某1镇抗震节能工程都是由江苏兴厦公司施工的，工程完成后他们送审的施工金额被审减了一些，审减原因是工程量多记，即上报的工程量多于实际施工的工程量。我们核实现场时查出此情况，审减掉的部分政府没有支付工程款。2015年魏某1镇抗震节能工程二标段也是江苏兴厦公司施工的，他们送审的施工金额也被审减了一些，审减原因是工程量多记、综合单价偏高，也是因为多报了工程量和工程数被审计查出后将工程款减去。

（16）证人赵某10的证言：2014年、2015年魏某1镇的抗震节能工程是周广森、甘建民用江苏兴厦公司的资质投标中标后施工的，是北京诚信广森建材公司做的工程，我们完全不参与工程，做完工程后魏某1镇将工程款打到我们公司的公户，我们扣除5%的手续费后将工程款转给周广森和甘建民。我们通过支票和汇款的方式给周广森和甘建民工程款，其中汇款是通过公司公户汇到北京诚信广森建材中心的银行账户上，支票都是开给甘建民，他自己去取。

（17）魏某1镇人民政府办公室出具的抗震节能保温项目施工单位名单证明：2014年施工单位为江苏兴厦公司，联系人为甘建民，分包人为王某15、屈文鹏、李某11；2015年施工单位分别为江苏兴厦公司和北京拓羿建筑工程有限公司，江苏兴厦公司联系人为甘建民，该公司分包人为王某15、屈文鹏；2016年施工单位为北京佳兴园建筑工程有限公司，联系人为肖某2，分包人为甘建民、屈文鹏、穆某1、吴占山、翟某1、黄建文。

（18）邢某2提供的2013~2014年度大兴区农村住宅抗震节能工程门窗改

造合同书证明：甲方（发包人）北京诚信广森建材中心，乙方（承包人）北京富恒兴达装饰工程有限公司，甲方代表人签字是甘建民，乙方代表人签字是邢某2，门窗更换综合单价每平方米240元，乙方负责工程量的计算，并上报甲方，工作量以甲、乙双方确认数量为准，合同签订日期是2014年9月14日。

（19）刘某17提供的2014年及2015年外墙分包确认单、2015年工程量确认单、单项改造、综合改造项目申请信息表等证明：2014年度魏某1镇陈某1村、大某1村、东某2村、南某1村、魏某2村和西某1村及2015年度魏某1镇西某1村、大某1村、东某2村、东某3村、西某2村村各户外墙保温实际施工面积的情况，与该人证言内容一致。

（20）孙某8提供的门窗施工量记账单等证明：2016年到2017年，孙某8在魏某1镇东某1村、西某1村、岳某1村、兴某2村门窗改造施工面积的情况，与该人证言内容一致，且证明门窗施工的价格为每平方米240元。

（21）邢某2提供的2014年改造门窗工程回款明细证明：2014年邢某2门窗改造施工面积的情况。

（22）魏某1镇政府提供的2014年度、2015年度、2016年度抗震节能改造工程工程量确认单及大兴区审计局提供的魏某1镇2014年、2015年二标段抗震节能工程量汇总、各村工程量确认单等证明：2014年度至2016年度，施工方提交给魏某1镇政府的各年度、各村、各户抗震节能工程量的面积情况。

（23）北京市大兴区审计局出具的审计报告、北京市大兴区新农村建设指挥部办公室出具的关于通报2015年农宅抗震节能改造结算审计结果的通知等证明：大兴区农民住宅抗震节能改造工作，节能保温部分门窗改造政府补贴标准为300元/平方米，外墙保温改造政府补贴标准为75元/平方米。

（24）北京天正华会计师事务所出具的专项审计报告证明：施工方刘某17提供了2014年大某1、东某2、西某1、南某1、魏某2、陈某16个村的外墙保温实际施工面积，共计29541.26平方米；而相应上报镇里的外墙保温施工面积为30285.35平方米，差额744.09平方米，按照单价75元/平方米，虚报金额为5.580675万元。施工方刘某17提供了2015年大某1、东某2、东某3、西某1、西某2村5个村的外墙保温实际施工面积，共计22730.7平方米；而相应上报镇里的外墙保温施工面积为23556.88平方米，差额826.18平方米，按照单价75元/平方米，虚报金额为6.19635万元。根据荣某1所称，2016年东某1、西某1、岳某1、兴隆庄4个村的外墙保温实际施工面积不超过21000平方米，而相应上报镇里的外墙保温施工面积为24211.3平方米，差额3211.3平方米，按照单价75元/平方米，虚报金额为24.08475万元。施工方孙某8提供了2016年东某1、西某1、岳某1、兴某2四个村门窗改造实际施工面积，共计6985平方米；而相应上报镇里的门窗改造施工面积为7895.9平方米。差额910.90平方米，按照单价300元/平方米，虚报金额为27.327万元。综上，2014年至2016年，魏某1镇农村住宅抗震节能改造工程项目中，甘建民负责的农村住宅各年度外墙保温及门窗改造项目的虚报金额合计63.188775万元；其中，陈胜勇所参与的2015年、2016年该改造工程项目，虚报金额合计57.6081万元。

（25）北京市大兴区审计局出具的审计报告、北京市安凯嘉和工程造价咨询有限公司出具的大兴区2015年农民住宅抗震节能改造工程结算审核报告证明：2014年至2016年，魏某1镇农民住宅抗震节能改造工程送审及审减的情况。主要审减原因为工程量多计，综合单价偏高。

（26）北京天正华会计师事务所出具的专项审计报告，江苏兴厦公司北京大兴区分公司提供的关于2014年、2015年抗震节能项目进账、出账凭证、合同协议书，2014年、2015年节能抗震工程款出账凭证、入账凭证、项目汇总，2014～2015年魏某1政府节能改造项目汇总，江苏兴厦公司北京大兴区分公司2014～2015年魏某1镇农民住宅抗震节能改造工程情况相关交易明细证明：2014年度及2015年度，江苏兴厦公司因抗震节能工程收取魏某1镇人民政府财政补贴资金及随后支付给北京诚信广森建材中心及甘建民等企业、个人相应资金的情况。魏某1镇人民政府2014年累计拨付给江苏兴厦公司北京大兴区分公司财政补贴资金1200.35085万元；2015年累计拨付给江苏兴厦公司北京大兴区分公司财政补贴资金966.50575万元。

（27）被告人周广森的供述：党的十八大以后，我干过外墙保温的工程，工程有2000多户，具体都是甘建民、刘万利他们去干的。这个工程有补贴的，村民往大队报自己的平方米数，镇里的工作人员核对各家各户的平方米数，都没问题了再找人施工。院内的门窗改造是和外墙保温一起的，也享受政府的补贴。施工结束后，镇里、区里、市里的工作人员会来村里验收，验收合格后政府按照补贴标准把工程款打到江苏兴厦公司的公户里，扣完税点后，江苏兴厦公司把剩下的钱打到广森建材公司的公户。

（28）被告人甘建民的供述：2014年到2016年，我做了三年抗震节能工程。2014年、2015年，我们挂靠在江苏兴厦公司，总包后把工程分包出去，我和分包商谈好单价让分包干，包工包料，我们挣个差价。2016年，我们是接了总包佳兴园公司分包的活后再分包出去，具体负责施工的是刘万利和周某6。2014年、2015年的外墙分包是刘某17、张某1，2016年门窗分包是孙某8，外墙分包是荣某1。2014年到2016年三年的门窗分包价格是每平方米240元，2014年、2015年的外墙分包价格每平方米64元，2016年的外墙分包价格每平方米65元。外墙每平方米政府补贴75元，门窗每平方米政府补贴300元。农户需要个人承担的价格是外墙每平方米20元，门窗每平方米30元。工程是先干活后给钱，我上报给政府的工程施工量要多于分包商实际的施工量。2016年的外墙多报了七八百平方米，门窗多报了100多平方米，2015年外墙多报了200多平方米，2014年没有多报。虚报的方式有两种，一种是只做了单项，没做的那项也给加上点面积；另一种是针对没超过政府补贴限额面积的，按比例往上加。这么做是弄虚作假，是为了多得点政府补贴款。钱最后都在周广森的账上，虚报面积的表格是陈胜勇统计的，他知道面积虚报的事。

（29）被告人刘万利的供述：2014年的一天，周广森说接了魏某1镇政府的抗震节能的项目，让我跟着甘建民做。后几年我们接了陈某1村、东某1村、西某1村、南某1村、北某3村、东某3村、西某2村、东某2村、西某1村、大某1村等村的外墙保温的活。我们先到各村村委会要同意施工的农户名单，后按照名单挨家挨户测量、算价钱。100平方米以内，按每平方米20元计算保温墙价格，每平方米30元计算窗户价格；超出100平方米的部分按照每平方米120元计算保温墙价格，每平方米130元计算窗户价格，都是连工带料的价格。如果该户不同意就算了，如果觉得价钱合适就交钱，交完钱我们会写清明细并给对方开收据，等把一个村的钱都收完，就进料施工。从各村收的钱，当天我就会送到“基地”，一般是交给陈胜丽，都是现金，因周广森经常不在家，陈胜丽管钱，交给她就相当于交给周广森。工钱和料钱我都不管，我就负责盯着工人干活，施工队都是周广森或甘建民找的。保温外墙的活做了三四年，从2014年到2017年，验收由甘建民负责，他把虚报的数字加上后通过总包方向镇里报。门窗和保温项目必须同时做，如果只做其中一项是不享受补贴的，无法施工。有的农户只想做一样，就会找甘建民，甘建民答应对方后就会安排施工，他让我只管施工，别管其他的。我们做好一项后，甘建民往另一项上填些面积，再报给镇里，只要不超过100平方米就行，一般都是虚报几十平方米。门窗每虚报1平方米可以获得300元，外墙保温每虚报1平方米可以获得75元。虚报的部分老百姓自己不花钱，甘建民还能多拿钱。

（30）被告人陈胜勇的供述：我2015年刚来北京时，周广森让我跟着甘建民做魏某1镇政府的保温层工程。当时是村民个人出一部分钱，政府出一部分钱，我们做了三四个村。一般是甘建民或刘万利带我们去，我就是带工人去农户家中测量面积，做好登记，刘万利跟我做的事一样。我们登记后，按照每平方米20元的标准收费，然后把登记的情况交给施工队，施工队按照登记情况进行施工，负责施工的好像叫刘某17。甘建民是总负责人，我们每天测量多少户，收了多少钱，都向他汇报，收上来的钱交给我妹妹陈胜丽保管。2016

年，我们又接了西某 1 村、东某 1 村、兴某 2 村的保温层工程，还是甘建民带着干，我给他做辅助，具体和 2015 年一样。抗震节能工程虚报面积的第一种情况是，有的村民已经做过了，但还想参加，按规定是不能再享受国家补贴的，我们就用其他人的名字顶替；第二种情况是，有的村民只想做一项，按规定只做一项也没补贴，我们就把没做的那项也虚报些面积；第三种情况是，在实际测量的面积上，凭空加上一些面积。有些人不符合标准，又想占国家补贴的便宜，就找到甘建民，甘建民就让我虚报面积和人名等。每年政府都会对我们上报的面积数进行审计，按一定比例减掉一些，剩下的就可以领国家补贴了。报的面积越多，甘建民拿到的补贴钱就越多。我不定期地对测量数据进行整理，做成表格，并把手写的材料和做的表格统一报给一个姓史的资料员，他整理后上报给总包公司。

上述证据经庭审举证、质证，本院对言词证据中相互印证的部分及其他证据予以确认。

6. 被告人周广森于 2015 年 9 月，指使被告人张国印在时任魏某 1 镇陈某 1 村党支部书记、村委会主任王某 11（另案处理）的协助下，违规与陈某 1 村村民贾某 3 等 9 人（均另案处理）签订土地租赁合同，并倒签合同日期、虚增确权地面积，合谋抢建抢种骗取拆迁补偿款。被告人周广柱参与租地并与张国印签订土地转租合同，后抢建大棚、抢种树木，于 2016 年 12 月至 2017 年 10 月，在“三线工程”相关项目地上物拆迁补偿中，骗取魏某 1 镇人民政府补偿款共计人民币 1561.6329 万元。

认定上述事实的证据有：

（1）证人巩某 1（时任陈某 1 村党支部专职副书记）的证言：2015 年七八月，王某 11 跟我说村东的确权地要拆迁了，周广柱准备租那里的地建大棚、种树，拆迁能多赔点钱，跟我们按比例分成。我听说过村东确权地要拆迁的事，也见过工作人员在那里采样、勘查。我这块确权地是基本农田，依法只能种粮食，不能盖棚、种树，拆迁补不了多少钱，周广森、周广柱有关系，肯定上下打点过，所以能弄，盖棚、种树的补偿肯定多，对我也合适，我就同意了。当时王某 11 指了一片地，是包括我在内共九个人的地，我帮王某 11 找来其他八户村民，一起在大队跟张国印签了租赁合同，签合同时详细谈了分成情况，约定某个数以上三七开，某个数以下二八开，都写到了合同上。我们是以个人名义跟张国印签的合同，没有召开村民代表大会。签合同时我们的确权地面积都多算了 10%，多出的部分是用地间小路、沟渠等共产地填的，张国印说这样可以多争取地上物赔偿，而且我们也不想让租地的人白用地间小路和水渠，王某 11 也提出把小路和水渠的一部分加到我们的地里。这片地的实际使用人是周广柱，他在地上盖了棚，在棚里种了很多品种的树，盖棚种树是为了拆迁时多赔钱。2017年年底，这片地拆迁了，周广柱让我们9户村民到半某1桥头的农商银行研堡分理处，给我们转了钱，赔了我三十八九万元。

（2）证人王某17（陈某1村村民）的证言：我家在“斗一”地块有3.74亩地，土地性质为基本农田，机场高速正好从该地块过。2015年9月，村书记王某11召集九家在“斗一”地块有确权地的村民来村委会会议室开会，介绍说张国印要租我们的地栽树苗，确权地的上水渠、泄水渠也包括到土地租赁合同里，按每亩每年2500元给钱，如果国家占地，村民分30%补偿款，张国印方分70%补偿款。我签合同的面积4.07亩左右，比我实际确权地面积多了10%，多的亩数就是加上了确权地边上的水渠、车道的面积，这些面积都算租金。张国印分别与我们九户签了土地租赁合同。合同是2015年9月签的，但落款日期是2013年9月10日。提前两年，我认为是为了避免张国印承租“斗一”地块被认定为“抢栽抢种”。2015年张国印把租金和青苗费总计一万多元发给了我们，2016年、2017年，王某11以现金形式代发给我们，每年一万余元。2017年年底，我坐周广柱车去北京农商银行研堡分理处，周广柱将占地补偿费40.7万元左右打到了我的北京农商银行卡里。确权地租给张国印没有经过村民代表大会，也没经过镇事前咨商联席会议制度。

张国印租地后，当年10月左右就开始建阳光棚，特别矮，是质量最次的棚子，还着火了，烧了三四亩，后来也是按照好棚子赔的钱。棚子里栽有松树、樱桃、核桃树、玉兰树、五角枫、银杏、桃树、油松、白皮松等树种，周广柱他们24小时不停地栽树，树栽的比正常种树密得多。村里不让我们种树，但周广森、周广柱他们跟镇里有关系，跟村书记王某11关系好，他们不仅能种树，还能获得大额占地补偿。我听周广柱说这个事他还要拿出200万元来上下打点，就是给他获得拆迁补偿提供帮助的人送礼。

（3）证人贾某1（陈某1村村民）的证言：我家在“斗一”地块有4.68亩地，是基本农田。2015年9月，村主任兼书记王某11召集在“斗一”地块有确权地的村民来村委会会议室开会，说张国印要租这块地。张国印是周广森和周广柱的小弟，他是替周广森、周广柱来租地的，王某11和周广森都是村干部，关系不错，肯定是周广森、周广柱找了王某11，王某11才会把张国印介绍给我们。当时村民都知道那块地国家要占，就跟张国印谈要求，最后谈的是，张国印在地块上建大棚、栽树，遇政府占地补偿的话，600万元以下补偿款的25%归村民，75%归他们，600万元以上的补偿款的30%归村民，70%归他们，“斗一”地块涉及拆迁的9户村民都同意了。我们当月在村委会分别和张国印签了土地租赁合同，但合同落款日期是2013年9月10日，因为张国印和周广森、周广柱得到信，“斗一”这块地要被“三线工程”占地，如果合同签实际日期，怕镇里认定他们抢栽抢种，不给占地赔偿，所以把合同签订日期提早两年，造成早已签订合同的假象。我合同里出租土地的面积是 5.15 亩，比我确权地面积多了 0.47 亩。签完合同后，村委会代发了一年的租金一万两千余元，2016 年和 2017 年也是村委会代发的租金。2015 年 11 月，周广柱就开始修建大棚。大棚质量特别差，就是冲着占地补偿去的，大棚也就一人高，要想真种树，不可能修这么矮，使用的钢架也就是两三厘米粗的空管子，风一吹就塌。2016 年春天，周广柱在大棚内外开始种银杏树等树种，种植密度很大，树与树之间的距离三四十厘米，人根本走不进去。基本农田按照规定不可以种树，周广森、张国印他们可以种是因为有人、有关系。张国印租地时就说，他们可以种上树，我们种不上，即使种上了，也赔偿不了钱。2017 年下半年占地赔偿款下来后，周广柱让我们去北京农商银行研堡分理处，给我转了 41 万元补偿款。

（4）证人焦某 1（陈某 1 村村民）的证言：2017 年国家“三线工程”拆迁占了我在“斗一”范围内的确权地，面积是 4.6 亩多，土地性质是基本农田。2015 年，巩某 1 找我说张国印想租村东的地，让我来村委会商量。当时除了我还有 8 个人，我、邓某 1、田某 3 三人的地块上种的有果树，我们九人先后也都同意并签了合同。合同是之前就准备好的，约定了如遇拆迁如何分配补偿款等问题。合同实际上是 2015 年 9 月签的，但合同上的日期是 2013 年。合同上写的土地面积，比实际亩数要大 10%，所有人的合同都一样，这样每个村民都能多拿点租金，拆迁时还能多拿点补偿款。我们将地租给张国印他们，是因为他们可以盖大棚、种名贵树木，而我们不能。我们租给张国印的地都盖大棚了。地刚租下来，周广柱就来了，跟张国印一起弄这块地，还雇我打理大棚里的树。我知道周广柱没那么多钱弄这块地，他是给周广森跑腿的。2015 年 10 月前后，周广柱他们用最次的阳光板盖的大棚。有人来检查，也是凑合事的，检查时停一下，走了继续盖。大棚盖了大概一个月，2015 年年底或 2016 年年初开始栽树，行与行间距 2 米，棵与棵间距 1 米，把 52 亩大棚都栽满了，种了两三万棵，松树高 2～2.5 米，樱桃树高 60～70 厘米，树粗 5～6 厘米，陆续种到 2016 年 11 月前后。2016 年年底，拆迁的就来清登了。土地拆迁后，我获得了 50 多万元补偿，钱是周广柱打给我的。打完钱后周广柱还说钱下来了，得打点租地、拆迁帮过忙的人。

（5）证人邓某 1（陈某 1 村村民）的证言：我在陈某 1 村东有 3.62 亩地，是基本农田。2015 年或 2016 年，张国印找了王某 11，后村大队找到我们在村东有地的村民，说张国印要租村东的地，愿意出租的就去村委会签合同。我去签了合同。合同约定每年每亩2500元，还约定了拆迁分成。合同应该是张国印草拟的，落款日期是2013年。我看到那块地盖了大棚，拆迁时的资料写的是种的树。拆迁后我获得60多万元补偿，钱是大队给的，应该是按照合同约定扣除了张国印的部分。

（6）证人田某3（陈某1村村民）的证言：我在村东“斗一”地有5.62亩确权地，土地性质是基本农田。2015年八九月，巩某1通知说有人想租我们村的“斗一”地，我就去了村委会，参会的有时任村书记王某11、张国印，还有在“斗一”地有确权地的9个村民。张国印说他想租“斗一”地中一部分地，要盖大棚种树。当时村民都传这块地要被占地，会有拆迁补偿。我跟张国印签了租地合同，约定张国印按每年每亩2500元给我们租金，如果拆迁，总拆迁款低于600万元，就给我们25%，高于600万元，就给我们30%。租地后，张国印建了很多大棚，在大棚里面、周围种了很多树。后来这些树都被机场高速占地拆迁了，获得了补偿。钱补偿到了周广柱那里，周广柱带着我们9个人去银行，按照30%的比例给我们打的款，给我打款61.3万元。张国印租地盖大棚、种树给我们分的占地补偿款肯定比我们自己那点地上物补偿多，这块地按规定只能种粮食，村里也不让我们种树，我们即使种了树也得不到补偿；普通村民也没那么多钱投资种树，如果最后没被占地，就白花钱了。张国印、周广柱他们有关系，他们盖大棚、种树能得到补偿。

（7）证人焦某2（陈某1村村民）的证言：2015年左右，村书记王某11通知在村东“斗一”地块有地的人来村委会开会，给我们介绍了一个陌生男子，说那男子想租我们村东的地，那男子和我们谈条件，双方确定租地每年每亩2500元，如遇国家拆迁补偿按三七分成，我们几个村民都签了合同。我“斗一”地块确权地实际面积是2.8亩，但当时把确权地周围的道和渠的面积都算上了，写成了3.09亩。合同落款日期不是我写的，是有人后填上的，签订日期绝不是2013年。租地没多久，那男子就在这块地盖了阳光棚种了树。我之前不知道村东土地能被修路占地腾退，到村委会开会时我才意识到这块地可能要拆，能用这么高的价格租地，估计已经知道这块要拆迁占地，而且自身得有点能力，包括跟上边的关系。我村东土地的性质是基本农田，只能种果树或庄稼，如果是我自己盖阳光棚，政府直接就按违建拆了；种经济类树木也会被拔了，拆迁都得不了钱。那名男子把我们的土地租过去肯定能拆，他建阳光棚、种树，没人管，多获得补偿款按30%分，我也能多赚点，我就把地租给他了。2017年左右，我的地被占地腾退了，最后给了我30.65万元。这笔补偿款是“铁柱”（周广柱）带着我去半某1的农商银行给我转的钱。承租地的人和给我补偿款的不是一个人，但他们都是一伙的。

（8）证人贾某 3（陈某 1 村村民）的证言：2015 年年底，一陌生号码给我打电话，问我在“斗一”地块的确权地租不租，他还说我的几家老街坊已同意把地租给他了。我基本不在村里，就想着随大流，就同意了，后他让我去村委会签字。我到村委会后，一陌生男子给了我一份合同，我当时也没看，直接在上边签了字，对方给了我二年共 2 万多元的租金。我在“斗一”地块的土地承包经营权证书上登记的是 3. 74 亩，但租地合同写的是 4. 11 亩，钱也是按照 4. 11 亩给的。我后来听王某 17 说这块地被租地的人种上树了，2017 年机场高速占地，把我这块地全给占了。2017 年年底那男子给我的农商银行卡上打了 39 万余元。我这块地的土地性质是基本农田。

（9）证人贾某 4（陈某 1 村村民）的证言：我大哥贾桂芝在“斗一”有 4. 68 亩地。他去世后地一直闲着，我每年给我侄媳妇姚某 2 每亩地 200 元，在这块地上种庄稼。2015 年左右，一个老街坊跟我念叨说这块地有人要租，后我参加了村里组织的会，会上一陌生男子要承租“斗一”地块的地，给的钱高。我没手机，就让三哥贾某 5 和姚某 2 取得了联系。后来又开过一次会，并直接签了合同，是我替姚某 2 签的字。我就签了一个字，内容不是我写的，我觉得他们把村委会工厂两边的路和沟渠的一部分面积都算上了。合同落款时间不是我写的，2013 年 9 月 10 日这个日期肯定是不对的。我听说租地的人种了树，盖了阳光房，后来修机场高速时这块地被占了。土地出租时没开村民代表大会，但开会、签合同都在村委会，村里应该知道。出租土地的性质是基本农田，只能种植类似苹果树、桃树，不让种别的树，阳光房也不能盖大型的。

（10）证人贾某 5（陈某 1 村村民）的证言：我大哥贾桂芝和他儿子都去世了，他家现在只有儿媳妇姚某 2。姚某 2 在陈某 1 村东有确权地 4. 68 亩，是我和我弟弟贾某 4 一起帮她出租的。贾某 4 帮她签的字，我去帮她领的钱。2015 年左右，贾某 4 找我说有人要租贾桂芝在村东的地，后我和姚某 2 联系，她同意出租。我帮她领过租金，钱是按照贾某 4 签订的合同，每亩每年 2500 元领的，合同上租地面积 5. 15 亩应该是把确权地周边的道路和沟渠给算上了。我知道是周广柱承租的这块地。新机场占地后，周广柱带出租土地的村民去半某 1 北京农商银行给各户打的钱。姚某 2 给了我她儿子姚世平的账号，周广柱给姚世平的账号打了 51 万元左右。

（11）证人姚某 2 的证言：2015 年左右的一天，我三叔贾某 5 给我打电话说我老叔贾某 4 不想租我家的地了，正好东某 1 村有个姓周的男子到村里租地，一共要租八九户的土地，给的租金高，每亩每年 2500 元，而且以后如果遇到征地拆迁能给拆迁款的 30%。我同意了，并委托贾某 5 和贾某 4 代我签订了合同。我这块地 4 亩多，签订合同的面积是 5. 15 亩，加上了道和渠的面积。

后来这块地就一直是那名姓周的男子在承租，听说他在上面建了大棚。这块地被新机场高速占地拆迁后，我用我小儿子姚世平的名字办了一张农商银行的折子，将这个折子给了贾某5，周姓男子给我打了50.9万元。

（12）证人贾某7（陈某1村党支部书记）的证言：我们村东有一块地是基本农田，大概在2015年，有几户村民把这块地租给外人了，2017年“三线工程”占地拆迁时，我才知道是周广柱租的地。我听说他在这块地上种了树，还盖了阳光棚。这块地可以种一些果树，但不可以种林木，银杏、杨树、松树这些是坚决不允许的，也不允许盖阳光棚。如果村书记发现有人种植林木应第一时间阻止，清除林木，恢复原貌，如果不听劝阻，村书记就会通知镇综合办让镇里出面解决。周广柱种银杏树等林木，当时的村书记王某11是知情的，但当时他说了算，他不管也就没人管了。王某11跟周广森关系好，周广柱租这块地是利用周广森和王某11的关系才租上的，听说周广森能力挺大的，跟镇领导的关系也很好。周广柱他们应该是和村民直接签的合同，没开过村民代表大会，村民之间租地的情况需要向村委会汇报，如果是租给外村人，必须经村委会并召开村民代表大会商讨通过，后村委会向乡镇上报，走事前咨商联席会议制度，镇里同意后还要在村里进行公开才行。

（13）证人焦某3（时任陈某1村委会工作人员）的证言：我1992年开始在村委会做会计，一直干到2016年8月，之后一直在村委会工作至今。村民把地出租给张国印，村里没有召开全体村民代表大会。农田中间的沟渠、道路是村集体公产，是属于村集体的。周广柱或者张国印从来没有交过租金。

（14）证人柯某1的证言：我在2015年至2016年给周广柱种过不少树，主要是陈某1那片，我提供的树苗。2015年年底，周广柱找我，让我在陈某1村帮他盖大棚，并在大棚里种树。陈某1的地是周广柱租的。我从2015年年底开始施工，盖了一段时间后，又去了后某1盖一个大棚，耽误了一个多月的时间，之后又回来给周广柱盖大棚，总共盖了大约三个月，2016年年初完工。大棚是用钢管支起来的，上面盖透明的玻璃钢管。大棚质量比较一般，周广柱要求用料尽量节省。盖完大棚后，周广柱就让我在大棚里种树，有樱桃、银杏、白皮松。大棚盖得不通风，管理也不太到位，而且这些树苗种得很密，成活率不高。当年八九月我还给周广柱补种过一些，补种时我发现大棚里有很多树不是我种的，种得很多很密。我知道有两个人一直帮他管那片地。周广柱有点钱就让我种树，小苗种了一万多棵，三米多的大树种了几千棵。2018年我离开北京前就知道陈某1村我盖大棚、种树的地方拆迁赔偿了。

（15）证人窦晓雷的证言：2016年开春，我在周广森那里听说他们有个投资项目，出20万元算是一股，周广森问我投不投，我问他做什么，他没告诉我。我凑了17万元现金，其中我出了10万元，找张国借了7万元，给了周广森。2017年3月左右，周广柱转了140万元到我的农商行银行卡里，这笔投资算是结清了。当时周广森只说是周广柱的项目，具体什么项目没说。

（16）证人王某11（时任陈某1村党支部书记、村委会主任）的证言：2015年，周广森打电话说我们村东月季园北边的那块土地“三线工程”要占地拆迁了，他想让张国印把要被占地拆迁的确权地都租过来，让我协助张国印联系这块地所有的确权人，把地顺利地租给张国印。那块地的土地性质是基本农田，只能种庄稼，不能种树，更不能建棚和建建筑。没过两天，张国印来了，我就联系了月季园北边那块土地的九个确权人，分别是焦某2、田某3、贾某1、巩某1、焦某1、王某17、贾某3、邓某1等。我说有人想租他们的确权地，让他们来村委会谈谈。我向九个村民介绍了张国印，张国印表达了要租地的想法，当时老百姓已通过各种渠道知道了自己的土地要拆迁，有几户不想租，就说回去商量，张国印也不能做主，他是个传话筒，是来接触老百姓看看是否可以顺利转租的，就回去和周广森、周广柱汇报了。没过几天，张国印让我再召集村民聊聊，我就又召集了九户村民，在我办公室开了第二次会。在会上，我提出直接给老百姓拆迁补偿款的三成，老百姓就同意了，他们还提出拾边地的问题，我说还是按照之前的惯例，将拾边地算到承租的面积里，大约能增加10%的承租面积，老百姓的收益更多，接着我还劝老百姓“你建不一定能建起来，有巡查和综治的人在村内巡查，查到这种抢栽抢建的直接拆了，你们自己抢栽抢建估计是做不到的，但人家建应该没问题，人家有关系，他们抢栽抢建没人敢管。”当时大部分人表示同意把地租给张国印。张国印带着老百姓的要求回去向周广森汇报，几家不同意的是周广柱的同学，周广柱又多次找这几家做工作。第三次见面时，张国印就和地块的原承租人签订了租赁合同，九户老百姓均同意张国印提出的补偿方案，双方签署了承租合同。合同我没看，应该就是土地转租协议。

在张国印同那九户村民签完合同几天后，周广柱跟我说这块地从张国印的名下转到了他名下，之后他就开始盖阳光棚，24小时不间断施工建设。周广柱还在阳光棚中种树，种树都是晚上。他还邀请我一起种树建棚、一块赚这笔占地拆迁补偿款，我没答应。盖棚种树应该在几个月内完成了。距张国印和村民签署合同大约一年后，这块地开始拆迁清登，是我带清登的工作人员去的，周广柱作为承租人也在现场。我跟清登人员说，这片地的承租人是周广柱，并且向拆迁公司的工作人员指出这块地的四至，这块地的所有地上物都清登到了周广柱名下，打了一千多万元。九户确权地的确权人都获利30万元到50万元。有一天，周广柱突然把我叫到半某1的农商行，给我转了100万元，我就收下了。

这块地可以转让，但需要走镇政府和村里的程序。首先村民要向村里提出申请，由村里召开村民代表会表决同意之后再上报镇政府召开咨商会，经过咨商会同意后才能将确权地转租出去。周广柱和张国印从村民手中转租下来的确权地没有经过村民代表会和镇政府咨商会，张国印和村民直接签订的土地转租合同，这个合同在村委会没有备案，村里登记的还是原承租户的确权地。张国印是周广森和周广柱的小弟，虽然这块地是张国印承租的，但我想这块地周广森和周广柱是实际所有人。盖棚抢栽抢种归区里和镇里的巡查员管，我作为村书记，也有监督管理的权利。签订合同时我在场，我确实没听过他们让老百姓把时间提前写到2013年，他们这么做就是为了让拆迁公司人员误以为这块土地的租赁时间是在很久以前，给自己抢栽抢种争取时间，这么做是违法的。

周广柱给我的100万元算是我帮助他们从村民手中转租土地的好处费。我帮他们协调运作，首先是看周广森的面子，我不敢不帮忙；其次是为了拆迁时，能给村民多获得点利益。我虽然没占地，也没参股进行抢栽抢建，但我却帮助周广柱、张国印他们租到了这块确权地，我错了，我的行为属于助纣为虐。

（17）陈某1村农户承包地面积确认公示表、“斗一”地块分地登记表等证明涉案村民承包地面积情况。

（18）地上物档案目录，集体土地地上物预审表、终审表，地上物拆迁补偿价格评估报告，地上物估价结果通知单，地上物清查登记表，非住宅搬迁基本情况调查表，土地租赁合同，转租协议，承诺书，验收单，拆迁补偿协议，定期储蓄存单，照片等证明：周广柱在陈某1村获得拆迁补偿的情况。

周广柱在京投基础建设工程项目（新机场高速及北京市轨道交通新机场线）陈某1村拆迁中，涉及拆迁土地实测面积21.7亩（证载面积52亩），实地勘察期为2016年12月11日，后北京市大兴区魏某1镇人民政府与周广柱签订拆迁补偿协议，于2017年10月23日支付周广柱果木树补偿款242.9584万元，其中桃树补偿款16.828万元；大棚及棚内作物补偿款1301.157万元。

周广柱在京霸铁路建设工程项目陈某1村拆迁中，涉及拆迁土地实测面积8.61亩（证载面积52亩），实地勘察期为2016年12月11日，后北京市大兴区魏某1镇人民政府与周广柱签订拆迁补偿协议，于2017年10月23日支付周广柱果木树补偿款45.1635万元，其中桃树补偿款10.818万元。

其中，土地租赁合同显示张国印从贾某3等村民处承租土地的情况。合同落款时间均为2013年9月10日，内容包括：张国印从各村民处承租土地的亩数、位置、租期，双方约定每亩年租金2500元，如遇国家及政府占地，所有拆迁补偿、安置补偿，补偿款总数为600万元以下的，补偿款25%归出租人，75%归承租人（张国印）；补偿款总数为600万元及以上的，补偿款30%归出租人，70%归承租人（张国印）。

张国印与周广柱签订的转租协议显示该协议落款时间为2013年9月15日，内容为张国印把从陈某1村民处承租的土地52亩无偿转给周广柱经营。周广柱按照张国印与村民签订的土地租赁合同所有条款无条件执行。

（19）银行账户交易明细、北京天正华会计师事务所出具的专项审计报告等证明：涉案钱款的流向。周广柱银行账户于2017年10月收到上述补偿款后，转窦晓雷140万元。

（20）被告人周广森的供述：我和王某11的关系挺好的，我们两村挨着，而且也经常一起开会。

（21）被告人周广柱的供述和辩解：2015年8月，张国印在陈某1村找老百姓租了几十亩地，后他不想租了，问我租不租，我说租。我挨个找老百姓，他们均同意把土地租给我，且按照之前九户和张国印签订的合同，继续履行。跟老百姓商量好后，我找张国印签订了土地转租协议，协议上注明将陈某1的52亩土地转租给我，之后这块土地上的一切经营，包括拆迁补偿和张国印没有关系了。张国印为何又将土地转租给我，我也说不好，可能是有几户老百姓不愿意租给张国印，他们跟我熟，愿意把土地租给我。土地租赁费应该是周广森和张国印给的，我接手后，没给过租金，我印象中周广森和张国印说就当他们在这块地上投资了，遇到拆迁时，要将拆迁款分给他们一部分。我租赁土地时不知道该地块会被拆迁腾退，我没跟老百姓商量租赁的土地遇拆迁占地如何分钱，是张国印他们商量的，说是遇拆迁占地之类的，老百姓占三成，张国印占七成。

租赁土地后，我开始在这块地上盖大棚。棚地基大约20公分，然后地上盖了50公分左右的墙，又在墙上建了彩钢板，棚的顶也是彩钢板的，大棚约4米高，整块土地我都盖满了这样的彩钢棚，建了一个多月，我找了一个姓柯的建的，花费了200多万元。盖完了大棚，我就在大棚里面栽树苗，因为之前地上有一些老百姓种的树，他们的树我也没有伐，我又栽了一些树，栽的是白皮松、核桃、樱桃等，都是树苗，大约50公分高。2017年“三线工程”要占地，这块地在拆迁范围内，清登时我在场。2017年10月给的拆迁补偿款，一共1600万元。我有一个同学叫焦某1，他在我这块地的南侧拾边地也种了树，钱也打在我的账户里，我给他了100多万元，柯某1的50多万元也是拾边地钱，剩下1400万元，按照合同给老百姓三成拆迁款400多万元，我成本400多万元，剩下不到500万元。我拿着这500万元去找周广森，周广森说之前他们有投资，要平分这个钱，最后是我、窦晓雷、周广森和陈某1的书记分了，每个人120万元。我不知道窦晓雷、陈某1书记和周广森入股了，具体多少钱我也不知道，拆迁款下来后，我才知道他们入股了。

（22）被告人张国印的供述：2015年的一天，周广森跟我说陈某1有块地可能要拆迁，京霸高速施工可能占那块地，问我租不租，我说不租。周广森说他租，让我去陈某1签几份合同，帮他代持土地，他是村书记，不好出面租地。后周广森给了我几个名字，让我找陈某1村书记王某11把那几个人叫来签合同。周广森和王某11应该是已经商量好了，王某11把那几户农户叫来后，我逐一和他们签了合同。没签2015年的日期，而是提前两年，签了2013年，是周广森让这么签的，因为他们在地里盖大棚、盖阳光房怕被有关部门认定为违建，也怕拆迁时认定为抢建，把租地时间提前写两年就能避免这个问题。当时好像有两户村民没签，只签了我的名字，王某11说他去沟通。我怕周广森他们在地里盖房子、种树，做违法的事，就找周广森说我不干了，后我和周广柱签了一个无偿转租协议，就没再参与这件事。我听说周广森、周广柱他们在租的地里盖大棚、种树。周广森肯定是听政府内部人员说过，京霸高速施工会占哪些地。建京霸高速两三年前，就有工作人员在地里钉木橛子，当时很多人就知道这块地可能要被占，但老百姓都没放在心里。在王某27副镇长要调走之前，我在“基地”听到王某27跟周广森说哪块地要拆迁了，但没听清具体内容，他们应该知道哪块地要拆迁，王某11肯定也知道被钉木橛子的地要被占地拆迁，周广森跟王某11关系很好，会沟通的。周广森、周广柱应该大致清楚拆迁补偿标准，种什么树，能赔多少钱。周广柱买了很多淘汰树种在那里，就是那种树木够粗，但没有枝叶，只剩一个光杆的树，这种树没有经济价值，种这种树主要就是为了获得国家拆迁补偿款。周广森等人知道建房补偿标准，房子高度要盖到2.2米以上，包括面积什么的，他们都知道。租地时我没将租户的土地面积增加，没把与村里的沟渠、道路等公产都划到租赁协议里面，应该是周广森和王某11沟通的这些事情，我就去签了字，量地时我都没去现场。

我签合同时没给村民租金，应该是周广森把租金给陈某1的村书记，然后由村书记付给村民。周广森找我帮忙可能是他认为我经常租地，有经验，或是想让我跑腿，签协议，盖大棚，干辛苦活，如果真的拆迁了，他把大头儿拿走，只给我一点辛苦钱。我也没上当，觉得这件事有风险就提前说不干了。陈某1租赁的地块，最后被占地拆迁了，听说拆迁款是1000多万元，我一分钱也没分到。我听说窦晓雷分了140万元，陈某1村书记分了260万元，周广柱分了520万元，剩下的都是周广森的，他怎么再分，我就不清楚了。陈某1占地拆迁这件事，周广森肯定找过公职人员，如果不疏通关系，地里的大棚建都建不起来。

上述证据经庭审举证、质证，本院对言词证据中相互印证的部分及其他证据予以确认。

7. 被告人周广森伙同被告人赵亚利于 2015 年 10 月至 2016 年，在被告人甘建民等人租赁（系帮周广森代持）的魏某 1 镇后某 1 村“西某某”地块内抢建大棚、抢种树木，合谋骗取拆迁补偿款。其间，被告人周广柱帮赵亚利抢建大棚。后赵亚利与甘建民等人签订委托协议，于 2016 年 12 月至 2017 年 12 月，在京霸铁路建设工程地上物拆迁补偿中，骗取魏某 1 镇人民政府补偿款共计人民币 983.7007 万元。

认定上述事实的证据有：

（1）证人张某 13（时任后某 1 村党支部书记）的证言：2013 年三四月，甘建民和刘某 18 找到我，想租我们村“西某某”地块的地。我跟甘建民说这块地是万兴集团下属的兴集福苑物业有限公司承包的地。他说跟“三叔”说一声，去找兴集福苑物业公司，让他们退出来。甘建民说的“三叔”就是周广森。过了几天，兴集福苑物业公司的人来找我说不想承包这块地了，这样我就同意把这块地租给了甘建民和刘某 18。我们谈好的价格是每年每亩 2000 元，每 5 年递增，双方 2013 年 4 月 20 日在后某 1 村委会签订了土地租赁合同。这块地是耕地。甘建民和刘某 18 租地的背后就是东某 1 村书记周广森，周广森不方便出面签合同，所以甘建民和刘某 18 找我签合同。我知道周广森在当地的“实力”，也怕他，他要在我这租地，我不敢拒绝，而且周广森能找人让万兴集团退出，可见他确实有“实力”，我也只能同意。这块地共计 63 亩，是 2013 年三四月，我跟东某 1 村的赵言、周广柱一起拿百米绳到现场量的，量地时没有地上物，就是一片荒地。

2013 年左右，我们村北来过好几个测量人员测量 GPS 点位，之后就在点位上钉一个长宽五厘米，露出地面十几厘米的木头桩，大约相距三四十米就钉一个，后来村北的这条线被修成了机场高速和城市快轨。2015 年年底，京霸高铁也就是后来的京雄高铁的测量人员，拿着相同的测量设备来我们村西侧的“西某某”进行测量，之后也会钉一个小桩子，当时好多老百姓看见了，还挺高兴，心想这下可发财了，家里的地要修路了。村民毛某 3 对当时测量、钉木桩情况比较了解，他老去地里看。

甘建民他们租地后，第一次进行建设就是盖大棚。京霸高铁测量时间在前，盖大棚的时间在后。甘建民他们盖大棚是在我们村拆迁完之后，我们村拆迁开始的时间是 2015 年 12 月 5 日，结束时间是 2015 年 12 月 26 日。这块地盖大棚的时间是在2016年冬天，当时下雪了，他们还在大棚下点了柴火，怕大雪把棚压塌了。这个地块肯定有赵亚利的股份，当时有人跟我反映，说一个东某1村的人，高高的，挺瘦的，正在焊大棚，根据描述我猜焊大棚的人是周广柱，就给他打电话，周广柱说正带人替赵亚利他们焊大棚，我说要是下卫片会拆除，他说到时候再说。我印象中大棚盖好后确实下了违建图斑卫片，赵亚利还来村委会找我帮忙处理，我拒绝了。赵亚利后来找到谁我不知道，反正最后没拆。这地块就是周广森的，赵言、甘建民、赵亚利都是给周广森跑腿的。焊完棚子就种树了，就是抢栽抢种，在此之前，镇里开过会不让抢栽抢种，“三线”沿线的各村村书记都参会了，我也参会了，会上还发过一个文件，说不让抢栽抢种。

这块地的租金是周广森出钱，让甘建民交到我们这的。这块地还有四五年的租金没交，总数是五六十万元，我找甘建民要，他让我找周广森。“三线工程”拆除腾退时，这块地没交齐租金。“三线工程”拆除腾退指挥部清登时没让村委会的人去现场指认，也没让村委会出具交齐租金的证明，就把地上物补偿发下去了。一般人焊不起大棚，焊起来也得给拆了，可他们下了卫片也没拆，这么大规模的建设，镇里肯定知道是抢栽抢种抢建，最终还能赔偿，我感觉周广森他们能量挺大的，肯定有关系。

（2）证人毛某3（后某1村村民）的证言：我在后某1村有6亩多的土地，这块地在修建新机场高速时被占了一分半。2014年3月左右，一辆金杯车停在我地块里，我当时在种菜，看见车里下来四五个人扛着机器，司机说这里马上要建高速路，这边的地百分之八九十要被占，他是带技术人员过来打桩勘测地质的。我看见那些工作人员在我地块的西侧打了不少木桩子，三四十米放一个，打进土地中去，露出地面三四十公分，上面用红油漆和红线标记，我感觉这些桩子就是高速路的规划线路。打桩后，村民就都知道马上要修高速公路占地了。2015年三四月有工人到后某1村按照之前做法用木桩子打孔勘测地质。

（3）证人刘某18的证言：2013年3月，甘建民和我说后某1有一块地，大概六七十亩，问我租不租，我想将来可能用得上（用一部分地放建筑材料），就答应了。甘建民说他出不起租金，让我先把租金垫上，他已经和后某1村书记张某13说好租金是每年每亩2000元，后我就交了12.6万元现金。交租金时甘建民、张某13都在，我把租金给了村会计，并和村里签订了土地租赁合同，合同的承租方是我和甘建民，租下这块地后我一直没用。这块地我大概去过两次，第一次是2013年刚租下来后，甘建民带我看过，当时是平地；第二次是2014年、2015年左右，我想用这块地就去看了看，但因道路变窄无法通车就没用，当时还是平地，南侧沙坑被填上了，东南侧种了一些平原造林的树木。我交过两次租金，第一次是前面说的；第二次是2015年，我去后某1村委会交了2015年至2016年的租金12.6万元，当时甘建民也在场。甘建民跟我商量好每人交一年的租金，2013年他说没钱，我就交的第一年的租金。2015年甘建民让我去交租金，我就跟他一起去了。大概2016年，甘建民让我把这块地给赵亚利，说这块地就跟我没关系了，我想这块地也没用，就同意了。后甘建民让我去“基地”签了委托书，内容是甘建民、刘某18因公出差在外原因，不能亲自办理拆迁事宜，特委托赵亚利全权办理坐落大兴区魏某1镇后某1村土地拆迁相关事宜，落款日期是2017年11月21日。委托书上“刘某18”是我签的字，手印也是我按的，落款日期可能是甘建民或别人后加上去的，签委托书时就有我、甘建民和赵亚利。我认为我跟甘建民退出了这块地，这块地给赵亚利使用了。甘建民和赵亚利如何处理这块地我不清楚，也没参与，但应该和拆迁补偿有关，因为我跟赵亚利签的委托书的内容就和拆迁补偿有关。我不认识张某13。

（4）证人何某2的证言：2015年秋天，赵亚利跟我说区里开会了，魏某1好多地要拆迁，“三哥”周广森在后某1的地应该也要拆迁，他想把这块地弄过来盖大棚，搞一些种植先占上，等拆迁信息靠谱时再种一些银杏树，能多赔点钱。他想从我这借点钱，我借给了他100多万元让他盖大棚用。我当时想盖这个大棚，但他说盖大棚的活儿“二哥”（周广森的二哥）要干，我就没再说话，后来赵亚利说盖大棚需要镀锌管，问我有没有渠道，我又出了80多万元买了镀锌管，给他们盖大棚用。赵亚利的地都是周广森帮忙运作租下的，他是天宫院人，正常情况下不可能在魏某1租这么多地。后某1这块地我一开始的时候打听过，是周广森帮万兴集团在后某1租的，后来一直荒着。周广森之前给万兴集团的老总开过车，又是东某1村的村支书，在魏某1镇比较有实力。

（5）证人柯某1的证言：我在后某1建棚子的地块在后某1村西北一公里以上，挺偏僻的，当时没路。这块地我是替周广柱干活，周广柱是接的别人的活。棚子好像是2016年10月以后建的，那年正好有一场早雪，建到一半时下雪了。棚子面积很大，超过一万平方米，有六米多高，结构比较简单，就是钢构柱子上面支起阳光板，我带了七十多人几天就盖起来了。其实盖这么高的棚子不太合理，但周广柱让这么盖我就这么盖了，因为棚子又高又简易，建完后没多长，就有地方被风刮坏了，周广柱让我又去给他修过一次。后来这块地要修路，棚子碍事，周广柱给了我赵亚利的电话，让我联系他，赵亚利让我去拆棚子，拆棚子的时间是2017年二三月，拆的时候里面种的都是松树。

（6）后某1村地块历年影像图证明：2016年一季度后某1地块开始出现

大棚。

（7）京霸铁路建设工程项目地上物档案目录，集体土地地上物预审表、终审表，地上物拆迁补偿价格评估报告，地上物估价结果通知单，地上物清查登记表、复核单，非住宅搬迁基本状况调查表，土地租赁合同，承诺书，验收单，拆迁补偿协议，定期储蓄存单，照片等证明：赵亚利在后某1村获得拆迁补偿的情况。该项目实地勘察期为2016年12月13日，后北京市大兴区魏某1镇人民政府与赵亚利签订拆迁补偿协议，并于2017年12月22日补偿赵亚利10051347元，其中果木树补偿1533351元，大棚及棚内作物8303656元。

土地租赁合同内容为：自2013年1月1日起至2032年12月31日止，甘建民、刘某18租赁魏某1镇后某1村经济合作社土地63亩；合同落款日期为2013年4月20日。

委托书内容为：委托人甘建民、刘某18，坐落大兴区魏某1镇后某1村。委托人因公出差在外，不能亲自办理拆迁事宜，特委托赵亚利全权办理拆迁事宜；委托书上有“甘建民”和“刘某18”的签名，落款时间为2017年11月21日。

（8）被告人周广森的供述：我在后某1村和刘某18一起租了大概60亩地，我俩交的地租，合同是甘建民代签的。租了10多年了，后赵亚利让我帮忙找找地，我就把这块地给他了，让他交的后面的租金。赵亚利租过去后在上面种树，后来这块地拆了，不知道有多少补偿款。拆迁赔偿后赵亚利给了我200万元。我没有分给甘建民钱，后某1这块地周广柱没有参与投资，何某2是赵亚利的朋友，我就见过一面。

（9）被告人赵亚利的供述：魏某1镇后某1村这块地是周广森租的，他让甘建民和刘某18代持，我交了2015和2016两年的租金，我把钱给了甘建民，让甘建民把钱交给了后某1村。2015年我在这块地上种树、盖阳光棚。种的树主要是阳光棚边上的一百多棵银杏树，还有在阳光棚里面的雪松。盖阳光棚就是为了在阳光棚里种雪松，原本想卖树苗赚钱，但是还没卖，2017年被京霸高速占地拆迁了。当时种雪松的人剩了点银杏树，想卖给我，正好我的阳光棚边上也剩了块地，就让他种在那里了。这块地快拆迁时，我曾带着甘建民找周广森，说这块地我们投资了，地上的大棚也盖好两年了，一直也没租出去，我和何某2投了很多钱，损失很大，拆迁补偿款得先打到我的账户上。我当时担心这块地承租合同上签的是甘建民和刘某18的名字，拆迁补偿款如果打到甘建民的账户上，甘建民也不听我的，我再想要这些钱就不容易了。拆迁款下来后，也该交地租了，我就在原本该分给周广森钱的基础上，又多给他转了二十万元的租金。

（10）被告人周广柱的供述：2013 年或 2014 年，“小利”找我说他在后某 1 村租了一块地，让我给他盖阳光棚，他自己出料，我出砖、水泥和工人。我们说好每平方米好像是 90 块钱，后我就找人给他盖阳光棚，一共盖了二十多亩，阳光棚有六米高，四周有四十公分是土墙，再往上全是阳光板，中间有水泥墩和方钢支撑着阳光板。阳光棚里是土地，“小利”打算种点东西，但具体种什么我不清楚。“小利”最后给了我 100 多万元工钱。他为何租这块地、怎么租的我都不清楚。

（11）被告人甘建民的供述：我和刘某 18 在后某 1 村的西南角租了 60 多亩地，是我俩一起跟后某 1 村委会签的租赁合同，期限是 20 年，2000 块钱一亩地，每 5 年递增。这块地原先是万兴集团承租的，不知道万兴集团跟后某 1 村有什么矛盾，村里不租了，万兴集团的老总找周广森，让周广森想办法把这块地留下来，周广森就找后某 1 村谈这件事，并让我签租赁合同。刘某 18 是万兴老总的儿子。这块地我就签了个合同，剩下的事没参与。我听周广森说好像是赵亚利负责经营这块地。

上述证据经庭审举证、质证，本院对言词证据中相互印证的部分及其他证据予以确认。

8. 被告人周广森于 2015 年 10 月，指使被告人赵亚利在时任魏某 1 镇西某 1 村党支部书记、村委会主任孙某 7（另案处理）的协助下，违规与杨某 8、李某 12 签订西某 1 村“小某某”地块 10 户村民确权地的土地租赁合同，并倒签合同日期、虚增确权地面积，合谋抢栽抢种骗取拆迁补偿款。后赵亚利抢种银杏树，于 2016 年 12 月至 2018 年 8 月，在“三线工程”相关项目地上物拆迁补偿中，骗取魏某 1 镇人民政府补偿款共计人民币 1296.7794 万元。

认定上述事实的证据有：

（1）证人孙某 7 的证言：2015 年冬天，周广森打电话说他让赵亚利来找我，想在我们村租块地，拆迁能挣点拆迁款，让我按照赵亚利的要求，给予帮助，好处之后再说。我知道周广森的势力很大，得给他面子，而且他明确说会给我好处，我就同意了。我感觉赵亚利就是个幌子，周广森不方便出面，实际租地的是周广森。过了两天，周广柱带着赵亚利来西某 1 村委会找我，说“这是赵亚利，跟周广森关系不赖，想在西某 1 租点地”。赵亚利说想租“小某某”那块地，希望同村委会或个人签一个总体合同，不想挨个跟村民签订土地租赁合同，让我帮帮忙。他还想让我帮忙多量一些面积，到时候拆迁能多赔点钱。我答应了，并说先问问老百姓愿不愿意租。我把杨某 8 和李某 12 叫来，让他俩去“小某某”地块的村民家问问愿不愿意出租。赵亚利说每年每亩 5000 块钱租金，并同意一次性付三年。我让杨某 8 和李某 12 先跟愿意租地的老百姓签订一份合同，让他俩再跟赵亚利签订一份合同。加上杨某8共有十个村民愿意租地，一共24亩多，我让杨某8给赵亚利多量点地，后杨某8告诉我租地面积是45.3亩。租地合同是赵亚利出的，签订日期是打印在合同里的，赵亚利跟我说把合同的签订日期提前到2013年，我同意了。我觉得这样做是为了拆迁时方便，租地时间太短可能不符合拆迁条件，拿不到拆迁补偿款。拆迁档案里的租地合同需要到经管站加盖魏某1镇经济合作社的公章。按照当时魏某1镇的规定，个人和个人之间的租地合同，必须要上村民代表大会通过，有会议纪要才能盖章。这份合同没上过村民代表大会，不符合盖章的规定。2017年10月，我和赵亚利、周广柱、李某12、杨某8一起吃饭，赵亚利把他和杨某8、李某12签订的租地合同拿给我，让我给他盖个章，他说不盖章心里不踏实，我知道他怕合同上没章，拆迁时不给赔钱。我让村会计何某1拿着这份合同去经管站盖章，因为这份合同不符合盖章的要求，经管站没盖章，何某1又把合同拿了回来，我看没有别的办法，就用自己私刻的西某1村村委会的假公章，给这份合同盖了章。2015年，赵亚利在地上种满了葡萄，后来葡萄种得不好，就种满了银杏树。赵亚利来找我租地时就知道要拆迁，但不知道具体时间，所以他先种了葡萄，先挣点钱，等有了具体拆迁时间，改种银杏树，再挣拆迁补偿款。2018年年底，赵亚利约我去黄某1东大街的农商银行见面，他说拆迁补偿款下来了，为了感谢我之前的帮助，给我点钱，后他把100万元转到李丽新的农商行账户。我明白钱是周广森给我的，就拿着了。

（2）证人杨某8（西某1村村民）的证言：2015年9月，时任村书记孙某7跟我和李某12说赵亚利想在我们村租地，让我们问问一队在“小某某”有地的村民，有没有愿意出租土地的，我答应了。孙某7跟赵亚利当时肯定已经知道新机场高速、“三线工程”要占“小某某”这块地，我是一队的队长，所以找我。“小某某”这块地是村民的口粮地，土地性质是基本农田。一队一共13人分这块地，确权地一共30亩左右，赵亚利愿意每亩每年出5000元，我带着李某12逐一问我们队的社员是否愿意出租。除了孙某12等三人，杨某9、张某14、孙某9、孙某11、孙某10等人和我都同意租地，实际出租给赵亚利的确权地是24亩多。后赵亚利直接把租金交给了我和李某12，我们把3年的租金交给村民，并按孙某7的要求让村民跟我和李某12签了一份土地租赁合同，内容是我跟李某12从村民手中租赁土地，每亩每年5000元，一次性给3年的租金。这份合同实际签订时间是2015年10月1日，但合同记载的日期是2013年10月，我不知道为什么要往前推2年。签完合同后，孙某7又让我跟李某12找赵亚利签订了一份土地租赁合同，内容是我跟李某12将“小某某”的土地出租给赵亚利，租金是每亩每年5000元。合同里写的亩数是45.3亩，因为孙某7说给赵亚利这块地尽量多量一点，于是我在那10个同意租地的村民确权地面积的基础上，还把那3个不同意租地的村民确权地的面积5.7亩也算在内了，同时把“小某某”周围的土地，包括树的阴影大约30米，“小某某”西侧、南侧、东侧路的面积都算进去了。这些多量出来的地是村集体的。孙某7让我这么干就是为了在合同里能多写一点亩数，等“三线工程”拆除腾退时，能多赔钱给赵亚利。签完合同后，赵亚利给了我和李某12一人1万元现金，说是帮他跑租地的“辛苦费”。赵亚利不直接找村民签合同是因为他不是本村人，村民信不过。2015年年底，赵亚利种了葡萄，到了2016年7月，改种了银杏树。修机场高速占了赵亚利的这块地的一半，占地补偿都给了赵亚利。赵亚利跟东某1的村书记周广森（“老三”）关系好，应该是通过周广森找孙某7租的地，实际上背后还是周广森来租地。

（3）证人李某12（西某1村村民）的证言内容与证人杨某8证言内容基本一致。

（4）证人何某1（时任西某1村会计）的证言：2017年11月7日，村书记孙某7给了我一份甲方是杨某8、李某12，乙方是赵亚利的没有盖章的土地租赁合同，让我去镇里的经管站盖章。这份合同没经过正常的民主程序，镇里不可能盖章，但孙某7还是让我去申请盖章，我就填了一份魏某1镇村级公章使用审批单，去镇经管站申请盖章。经管站的答复这是个人和个人之间的合同，没有进行正常的民主程序，也没在经管站备案，不能盖章。孙某7很不高兴，说我这点事都干不好，后我就把这份没盖章的合同还给了孙某7。

（5）证人李某13（时任魏某1镇经管站工作人员）的证言：按照土地承包法的规定，只有经过村集体同意，村民才可以把自己的确权地租给本村村民。如果村民把自己的确权地先流转到村集体，村集体再向外流转时要经过村级重大事项事前咨商联席会议制度，报请镇里审批，镇里讨论通过后，再由村集体开村民代表大会通过，之后村集体与土地承包人才能签订土地租赁合同。根据京兴发〔2010〕30号中共北京市大兴区委《关于进一步规范农村土地承包经营权流转工作的指导意见》，如果村民有意向流转土地，须告知村集体经济组织，村集体经济组织还要上报镇“村级重要经济事项事前咨商领导小组”进行咨商，咨商领导小组同意后方可实施土地流转，并到镇、区经管站备案。以西某1村集体的名义将村集体土地对外出租的情况是有的，在经管站有备案，只要通过咨商联席会议制度的土地对外发包或出租，都会在经管站进行备案。

我没有见过杨某8、李某12和赵亚利的土地租赁合同，这份合同没有在镇经管站备案。2017年11月7日魏某1镇村级公章使用审批单填写的是西某1村会计何某1，应该是她带着合同来经管站申请盖西某1村经济合作社的章，但这种甲方、乙方都是个人，没有村委会同意，也没有经过村级重大事项事前咨商联席会议制度批准的合同，不符合土地流转制度，我们是不会盖章的，况且这份合同的签订日期是2013年，也不是2017年，想在这份合同上盖章的人是想蒙混过关。

（6）证人张某14（西某1村村民）的证言：2015年10月，杨某8和李某12问我“杨坟”地块的地是否出租，说有一个外村的人要种葡萄，每年每亩地5000元，一次性先给3年的租金。我在2015年夏天就看见地里已经插好了木桩子，村里人说这里要修高铁。我跟家里人商量觉得价格比较合适，就同意把这块地租给杨某8和李某12了。他们让我签了一份合同，租地时间比2015年往前提了，那个租地的外村人和杨某8、李某12一起和我说提前一到两年时间，修路占地给的钱多，我同意了。签完合同后他们就给了我24300元。我是和杨某8、李某12签的合同，杨某8和李某12又把地租给了那个外村人。那个外村人开始种了葡萄，2016年春天又改种银杏树，种得特别密，一看就是奔着多赔钱去的。种树是拿吊车一棵一棵种的，种的时候树就很粗，树和树之间也就大概1米远，要是真想种树，每棵树之间最起码也得离3米远。

（7）证人杨某9（西某1村村民）的证言：我在西某1村“杨坟”地块有3.24亩地。2015年八九月，杨某8和李某12找到我妻子聂玉梅，问我们家“杨坟”的地是否出租，要是出租的话每年每亩5000元，一次性先给3年的租金。我们考虑这个价格比较合理，就同意了，杨某8给了聂玉梅4.86万元现金。后来我听杨某8说是天宫院的赵亚利租的地，挨着我们家的地也都租给赵亚利了，总共四十多亩。2015年10月左右，先种了葡萄，后通机场的一条高速要占这块地，就改种了银杏树。

（8）证人孙某9（西某1村村民）的证言：我在“小某某”的1.89亩地是2015年9月18日租给杨某8、李某12的。当时他俩到我家说要租“小某某”的地，每年每亩5000元，租3年，一次性给3年租金，我家就同意了。杨某8是我们村一队的队长，李某12也在村里上班，他俩都是村干部，把地租给他俩心里踏实。2014年七八月，我去“小某某”地除草时发现已经打上了楔子，我听说“小某某”要被占地，杨某8和李某12来租地时，我认为那块地不会很快被占，而且他俩给的租金又高，就同意租给他们了。

（9）证人周某7（西某1村村民）的证言：我是史宝忠的妻子。2015年9月，杨某8和李某12劝我把“杨坟”地块的2.16亩土地租出去，租金每亩每年5000元，我同意了，当月他俩就把32400元租金送到了我家。2015年10月，他们在那块地上栽了葡萄树，2016年春天栽上了银杏树。土地出租时没有通过村委会，也没开过村民代表大会。

（10）证人孙某 10（西某 1 村村民）的证言：我家户主是我媳妇杨宝亭，我在“杨坟”地块有 2.16 亩地。2015 年 9 月，杨某 8 劝我把“杨坟”地块的地租给他，租金每亩每年 5000 元，可以一次性给 3 年的租金。同月，我将“杨坟”地块租给了杨某 8，他将 32400 元租金送到我家。2016 年 10 月，那块地栽上了银杏树。

（11）证人孙某 11（西某 1 村村民）的证言：2015 年秋天，杨某 8 想租我们家在“杨坟”的 0.54 亩地，我同意了。后杨某 8 给了我 8000 多元租金，我在他给我的土地租赁协议上签了字。我记得合同的落款日期往前提了 2 年，杨某 8 说“合同往前提两年，就是为了好租地，如果遇到拆迁补偿能多补偿点”。新机场高速修建时占了一部分“杨坟”地块，但没占我家的地。

（12）证人韩某 2（西某 1 村村民）的证言：我是孙启军的妻子。“杨坟”这块地是我们家的口粮地，整个“某某”都是我们一队各家的口粮地，这块地我们就种口粮和菜，村委会不让种树，村里有人在自己地里种过树，没多久就被清理了。2015 年 9 月中旬，杨某 8 和李某 12 来我家说东某 1 村的周广森和周广柱想在这块地上种树，因为机场高速可能要占用这块地，想提前种树获取地上物占地补偿。杨某 8 和李某 12 让我们跟他俩签土地租赁合同，租金每年每亩 5000 元，一次性给 3 年的租金，如果遇到新机场高速建设占地拆迁，地上物的钱归他们，占用土地的钱给我们。我看他们给的租金挺高的，又是本村的，就同意了，他们俩给了我 2 万多元租金。把地租给他们没有开过村民代表大会。他们种了很多树，种得特别密，树干直径大约三四十厘米粗，都是大树，都是在机场高速占地拆迁之前赶忙栽的。我在 2015 年 10 月左右发现张某 14 的地里都打上木桩了，木桩出地面 10 厘米左右，就是机场高速要占地提前把地定出来了，打木桩来做记号。

（13）证人万某 1、孙某 11（均系西某 1 村村民，夫妻关系）的证言：2015 年 10 月左右，杨某 8 和李某 12 来我们家，想租我们家在“杨坟”的 2.16 亩地，一次性给 3 年的租金，每年每亩 5000 元。我们村当时有传言说机场高速要占“杨坟”这块地，但不知道具体时间、哪里的地，我们同意了。2016 年春天，我们看见“杨坟”这块地上种了银杏树，树挺粗，直径二三十厘米。

（14）证人何某 2 的证言：2015 年秋，赵亚利找我借钱，说在东西某 1 的交界处又租了一块地，40 多亩，旁边是一个葡萄园。他说想种葡萄，先把地占上，赔钱的时候能多赔点。因为他之前借我的钱没还，我没同意借给他，他说那就算我投资入股，我答应了。我们约定要是有拆迁赔偿，刨去本钱我俩分。后我又给了他100万元进行种植，算是投资。2017年左右，这两块地（另一块地在后某1村）好像都因为拆迁给了赔偿款，赵亚利前后给我转了1100万元左右。当时拆迁已经靠谱了，我也想入股能多赚点。我们约定好把我借给赵亚利的钱算投资的时候，已经知道赵亚利租的西某1的土地会被拆除腾退。

（15）证人周广柱的证言：2014年或2015年的一天，赵亚利说想在西某1村租块地，已经跟老百姓都说好了，就差跟村书记说一声了，我总在西某1干工程，跟西某1的书记孙某7比较熟，他想让我带着他找孙某7说一声。我就带着他去西某1村委会找孙某7，他俩就说了租地这事，最后孙某7同意了，赵亚利就把地租了下来。我看见赵亚利在这块地上种了葡萄后，才知道这块地东至东、西某1的交界，北至其他老百姓的葡萄园，南至龙河，大概有几十亩。后来赵亚利不干葡萄园了，又在这块地种满了银杏树。过了2年左右，“三线工程”开始拆迁，那块地的一部分在拆迁范围内。

（16）小某某分地示意图、村民分地统计表（西某1村一队）等证明：“小某某”土地分配情况。

（17）土地租赁协议等证明杨某8、李某12租赁西某1村村民土地的情况。

（18）地上物档案目录，集体土地地上物预审表、终审表，地上物拆迁补偿价格评估报告，地上物估价结果通知单，地上物清查登记表，非住宅搬迁基本情况调查表，承诺书、验收单，土地租赁合同，拆迁补偿协议，地上物拆迁及土地临时占地补偿协议书，定期储蓄存单等证明：赵亚利在西某1村获得拆迁补偿的情况（以下钱款均打入赵亚利银行账户）。

2016年12月7日，京投基础建设工程项目（新机场高速及北京市轨道交通新机场线）、京霸铁路建设工程项目对赵亚利西某1村土地进行清登，后北京市大兴区魏某1镇人民政府与赵亚利签订拆迁补偿协议；2017年12月22日，京投基础建设工程项目补偿赵亚利776.8740万元，其中银杏的补偿款为742.35万元，白皮松（系周广柱等人抢种）的补偿款为34.524万元；2017年12月27日，京霸铁路建设工程项目补偿赵亚利359.0853万元（均为银杏补偿款）。上述两项目中的土地租赁合同内容为，赵亚利租赁杨某8、李某12的土地45.3亩，合同落款时间为2013年10月1日。

2018年5月9日，新机场高速公路等三线电力迁改工程进行清登，后北京市大兴区魏某1镇人民政府与赵亚利签订拆迁补偿协议，2018年8月2日补偿赵亚利117.931万元，其中，果木树（银杏）补偿108.1710万元。2018年6月7日，新机场高速公路等三线电力迁改工程再次清登，2018年8月29日补偿赵亚利93.0831万元，其中，果木树（银杏）补偿87.1731万元。

（19）被告人周广森的供述和辩解：赵亚利在西某1那边租地时，我投资了一些钱，大概是“三线工程”占地前，赵亚利租西某1地时钱不够了，就找我出点钱入股，我就跟他说投钱可以，挣了钱得分给我点，他说行，之后我好像投了100来万元。他租地后种了树，好像还盖了大棚。赵亚利在西某1租地是他自己牵的头，合同是他自己签的，根本用不上我，我和他关系不错，他缺钱就想到我了。赵亚利租地时西某1的村书记是孙某7，我和孙某7没有私交，我们都是村干部，在工作上有接触。我没帮赵亚利找过孙某7。“三线工程”占地拆迁后，赵亚利说给我200万元，我说行，他就给我打钱了。我没让赵亚利给孙某7送钱，我都不知道这事，最多也就是我给赵亚利牵线认识孙某7时，在饭桌上我说过以后如果赚钱了，让赵亚利给孙某7点好处费。

（20）被告人赵亚利的供述和辩解：我看到西某1村这块地荒着，没人打理，就想租过来建个葡萄采摘园。我让西某1村的朋友杨某8和李某12去村里问这块地属于谁家，分别找到各家去问愿不愿意出租。愿意出租的，我们跟各家签订了租地合同，租金以现金方式当场给各家村民。这些合同上签的都是杨某8和李某12的名字，我再和他们俩签了一份租地合同，把地统一租了过来。所有的合同上写的都是每年每亩5000元，这些土地是种植、养殖用地。我和何某2共同投资了这块地，总共投资了300多万元，我一共出了30多万元，其余的钱都是何某2出的。我们先盖了葡萄采摘园，后来葡萄都死了，我们就种了银杏树。2018年修京霸高铁，占了这块地中的20多亩，补偿款1100多万元。当时京霸高铁修建还占了我后某1村的一块地，两块地补偿款合在一起，我、何某2、周广森协商后分了。

我租地前问过周广森是否知道那块地是谁的，他说是西某1的地。我让他帮忙问问，他就给时任西某1村书记孙某7打电话，后让我直接去找孙某7。见到孙某7后，孙某7说找两个村委成员广播问问。我租地找周广森是为了图个方便，他门路多，认识人多，能跟西某1的人说上话，那些地都是西某1村村民的，由村干部出面租地，村民愿意租。在签租地合同时，何某2没签字，因为我们关系很好，这些地是我交的租金，何某2跟我合作进行投资。

上述证据经庭审举证、质证，本院对言词证据中相互印证的部分及其他证据予以确认。

9. 被告人周广柱、甘建民伙同他人于2016年至2017年11月，在魏某1镇岳某1村村西边角地上，通过抢种树木等方式，在“三线工程”相关项目地上物拆迁补偿中，骗取魏某1镇人民政府补偿款共计人民币110.0799万元。

认定上述事实的证据有：

（1）证人王某18（岳某1村财务专管员）的证言：甘某2是甘建民的儿子，他在“三线工程”经过的平原造林南侧的一块土路上种了树，6～8亩，获得了拆迁补偿款。这块地位于岳某1村西侧，东西走向，土路北侧是我们村流转到镇里的平原造林地块。土路属于岳某1村公产，甘某2种树之前没人承包，也没人种树。2016年“三线工程”清登前一个月，突然有人在这块土路上种了树，没几天就种好了。“三线工程”清登时我来过这块地，看见一片银杏树，有一二百棵，直径20厘米左右，高10多米，种得特别密，间距也就一米，一看就是为了获得更高的补偿而种的树。我听说是甘建民家种的，甘建民以捡拾边角地的方式，挂了甘某2的名字，跟村里补签了一个协议，给村里交了三年的地租。甘建民等人需要和村里补签土地租赁合同，他们找了当时的村书记范某2，范某2同意了，按规定要盖章的话须经村民代表大会同意，但当时没开村民代表大会，我把空的会议记录内容打印出来给了他们，他们去找所有村民代表签了字，之后才补签了土地租赁合同。

（2）证人甘某1（岳某1村村民）的证言：甘建民在岳某1村西南侧一块平原造林的土道上种了树，后来这些树在“三线工程”建设时被挪了。2017年年初，我发现这条土道东西走向种了几排银杏树，路中间有种树挖出来的土块，一看就是刚种完没多久。甘建民说树是周广柱给他种的，因为只有本村人才能包本村的未利用地，就挂了甘某2的名字。“三线工程”要开始建设了，他要获得拆迁补偿才进行了抢栽。种的树直径20厘米左右，是几十年的树直接给挪过来了。这块地不是甘建民和甘某2承包的地，我听说是一块拾边地，甘建民补交了3年租金，补签了合同。

（3）证人范某2（时任岳某1村党支部书记）的证言：甘建民2016年在岳某1村西侧一块平原造林的土道上种树获得了补偿。2016年“三线工程”清登时，我发现这条土道上种了树，是新种的，挺密的，而且我在现场看到了甘某2。这块地是平原造林的边角地，地上什么也没有，一直没人用。我找过甘建民，让他补交土地租金，并责备他种树没提前说，他承诺交租金。过了几个月，甘建民等人找我补签合同，我让王某18给了他们合同范本，收了他们补交的租金。甘建民是在“三线工程”清登前两三个月种的树，他之前没用过这块地，种树就是为了获得补偿。我记得种的是银杏树，好几排，密密麻麻的，总数有几百棵，直径有十多厘米。

（4）证人甘某2（甘建民之子）的证言：2016年8月，甘建民让我找范某2，替他和村里签一份土地租赁协议。同年11月，甘建民让我去村西侧土路路口找人签字，我发现一帮人站在那里，才知道他们在登记地里的树木，这些人清点完树木后让我在清登表上签字。我跟甘建民打电话确认了树木的数量，二三百棵，甘建民说没问题，我就在清登表上签了字。清登时我才知道这件事，我不知道树是谁种的。这块地位于岳某1村西侧，东西走向，土路延伸到东是东大路，西侧是天堂河的地块，树种在土路的南侧，东西走向，种了七八排。2017年九十月，甘建民又让我去村委会替他补签土地租赁合同、去拆迁指挥部签赔偿合同，我都去签了。2017年11月，我的北京农商银行账户获得了110万元赔偿款。甘建民给了我一张纸条，纸条上写的是周广柱的名字和账户，让我转95万元到周广柱账户，剩下的15万元甘建民让我给他转了大概十几万元，余下的钱我日常生活开销了。

（5）证人王某19（三某1村村民）的证言：我小名“三行儿”。2016年或2017年左右，我感觉“三线工程”项目会规划到我们村，就和4个村民出资10万元，购买了树苗，2016年10月开始种树。后来发现“三线工程”占不到我们村了，路线往岳某1村方向走了，我们就去找岳某1村的书记范某2，问能不能把树移到岳某1村，他说行。我联系周广柱，跟他说树就给他了，别让我们赔钱就行，让他帮忙挪到岳某1村去，他答应了，用了一个月挪了300～310棵树。我后来才知道周广柱又联系了甘建民。周广柱给了我们20万元左右，我们5个出资人分了，多少都赚了点。

（6）地上物档案目录，集体土地地上物预审表、终审表，地上物拆迁补偿价格评估报告，地上物估价结果通知单，地上物清查登记表，非住宅搬迁基本状况调查表，补充土地租赁合同，补充中止合同书，股东（村民）代表会议记录，收据，承诺书，验收单，拆迁补偿协议，定期存储存单，照片等证明：甘某2在岳某1村获得拆迁补偿款的情况（以下补偿款均打入甘某2银行账户）。

京投基础建设工程项目（新机场高速及北京市轨道交通新机场线）于2016年12月11日实地勘察，后北京市大兴区魏某1镇人民政府与甘某2签订拆迁补偿协议，并于2017年11月20日给甘某2补偿款94.1724万元（均系果木树补偿）。

京霸铁路建设工程项目于2016年12月12日实地勘察，后北京市大兴区魏某1镇人民政府与甘某2签订拆迁补偿协议，于2017年11月21日补偿甘某2 15.9075万元（均系果木树补偿）。

补充土地租赁合同内容为：甘某2租赁魏某1镇岳某1村经济合作社土地8亩，租金每年每亩2500元，一次性补缴3年租金60000元；合同落款时间为2017年10月21日。

（7）记账凭证、收据、情况说明等证明：甘某2已足额补缴上述8亩土地的3年租金。

（8）银行账户交易明细证明：2017年11月26日，甘某2银行账户分两笔各转入15.908163万元、94.177109万元后，于次日转给周广柱银行账户95万元。

（9）被告人周广柱的供述和辩解：甘某2租赁的岳某1地块不是我租的，是三某1村民王某19（“三行儿”）租的，他找我帮忙拉树，我同意了。2015年或2016年秋后，我按照王某19的要求从三某1村西侧将银杏树挪种到岳某1村西和村西南两个地方。这两个地方都是边角地。拆迁款下来后，甘建民问我怎么给那边钱，我让他直接给王某19，他说不想跟王某19过多来往，就把钱打给了我，我全给了王某19，这件事我没有获利。

（10）被告人甘建民的供述：2017年年中的一天晚上，周广柱让我去岳某1村村西边的边角地，说“三线工程”修路要从这过，让我以自己的名义和村里签协议把这块地占上，他要在地上种树，拆迁时给我几万块钱，我同意了。过了两三天，周广柱就找人在那种了100多棵银杏和五六百棵白皮松，两三个月就种好了。树种好后，周广柱让我去村委会补一份边角地的协议。我就给范某2打电话说周广柱在村西边角地占地种了树，是以我的名义种的，我现在没在村里，让我儿子甘某2去他那签一下占地协议，范某2同意了。我又让甘某2去范某2那签协议，没和他说协议内容。周广柱交了七八千元租金给王某18。签完协议一个多月，周广柱打电话说拆迁评估的人都到了，让甘某2赶紧过去。我到的时候，周广柱和评估公司的人已经在现场了。过了一会儿甘某2也来了，和评估公司的人签了一个确认单。年底时，补偿款打到甘某2的银行卡里了。我留下15万元左右，让甘某2转了95万元到周广柱告诉我的银行卡里。我以前经常在周广森身边做事，和周广柱比较熟，周广柱就来找我帮忙了。这块地的协议时间从2017年往前推了5年，协议是村委会制定的，范某2同意可能是碍于面子。我们作假就是想挣点钱，事后我和周广柱都没给范某2好处，甘某2不知道协议内容，让他去签字他就去了，也没获得好处。

上述证据经庭审举证、质证，本院对言词证据中相互印证的部分及其他证据予以确认。

10. 被告人周广柱于2016年10月前后，与孙某7、杨某8、孙某13、孙某14（均另案处理）等人合谋在魏某1镇西某1村及周边采用抢栽抢种等方式，骗取拆迁补偿款。

第一起：被告人周广柱等人在被告人赵亚利租赁的西某1村“小某某”地块东侧边角地上抢种白皮松，后于2016年12月至2017年12月，通过赵亚利的协助，在“三线工程”相关项目地上物拆迁补偿中，骗取魏某1镇人民政府补偿款共计人民币34.524万元。

认定上述事实的证据有：

（1）证人孙某7的证言：2017年1月，负责“三线工程”占地拆迁的拆迁公司在西某1村委会门口的公告栏张贴了拆迁公告，要拆迁的具体地块的位置、长度、宽度、平方米数都写明了，赵亚利地块在拆迁范围内。不久，周广柱说想在赵亚利那块地东边种点树，等“三线工程”拆迁了借赵亚利这块地挣点钱，我默许了。过了两天，我路过赵亚利所租地块时，看见周广柱在紧挨着该地块东边的地里种满了白皮松，种白皮松的地已经过了西某1的村界，有部分是东某1的地。树种得挺密的，中间都进不去人。没过几天，拆迁公司、评估公司的人就上门清登了，赵亚利的地块是赵亚利指认的，周广柱也在旁边。周广柱这块地没跟村里签署租地协议，他是利用赵亚利地块拿到的拆迁补偿款，我听说赵亚利拿到1000多万元拆迁补偿款，不清楚周广柱拿了多少。我是西某1村的村书记，周广柱不是西某1村人，他不通过我绝对不可能种上树。周广柱种树就是为了骗取拆迁款，没考虑树的死活，树都是晚上抢种的，因为白天有镇政府的人巡视检查抢栽抢种。

（2）证人杨某8的证言：2016年9月左右，孙某7说周广柱想在村里找拾边地种树，让我带他去村里找能种树又能拆迁的拾边地，在“三线工程”占地时挣点占地补偿。周广柱已经大概知道哪块地要被“三线工程”占地，带我去看了他看好的地方，让我指出这块地里能种树的具体范围。周广柱在赵亚利所承租的“小某某”土地东侧弄了大约5亩地，这块地最后是以赵亚利的名字补偿的，赵亚利给了周广柱相应的补偿款。

（3）证人孙某13（西某1村村民）的证言：2016年11月，我在西某1村村委会和周广柱、孙某7、孙某14、杨某8聊天。孙某7说“三线工程”要经过西某1村，可能会拆迁，在地里种树赶上拆迁能得到赔偿。他们说村东边有一块拾边地，在赵亚利租的地东边，没人用。我们商量一起在那块地上种树，拆迁时获取拆迁补偿。当时说好把钱都给周广柱，拆迁补偿后周广柱再打给我们。周广柱说白天种树怕被人举报，毕竟大家都知道是抢栽抢种，所以晚上种树的时候多，一共种了几天。我送过一次饭，听周广柱说种了一千四五百棵的松树，到时候用赵亚利的名字赔偿。我觉得赵亚利租的地就在旁边，算在赵亚利的地里，一方面可以省下一笔拾边地要补交的三年租金，另一方面拆迁时说这一大块地都是一个人的，不显得突兀。2018年年初，孙某7说先给我转点钱，后我就收到周广柱转给我的10多万元，孙某7说这是东边那块地的钱。“三线工程”详细占地情况是孙某7、周广柱聊天时告诉我们的，他们在魏某1比较有面子、有地位，关系比较广，特别是周广柱，年轻人都叫他“二哥”。

（4）地上物档案目录，集体土地地上物预审表、终审表，地上物拆迁补偿价格评估报告，地上物估价结果通知单，地上物清查登记表，非住宅搬迁基本情况调查表，承诺书、验收单，土地租赁合同，拆迁补偿协议，地上物拆迁及土地临时占地补偿协议书，定期储蓄存单等证明：2017年12月22日，京投基础建设工程项目补偿赵亚利西某1村“小某某”地块776.8740万元，其中白皮松（系周广柱等人抢种）的补偿款为34.524万元。

（5）被告人周广柱的供述和辩解：2013年左右，新机场“三线工程”经过魏某1镇，老百姓听说魏某1要拆迁，都想找地盖房、种树，拆迁时多赚点钱。我和西某1村的村干部杨某8、大队工作人员孙某13、治保主任“老纪”（孙某14）、做彩钢棚的“小柯”、村书记孙某7想通过租地种树的方式在拆迁时挣点钱。我们一起在西某1村找了一块拾边地，用3天时间种了1300棵白皮松。地是杨某8找的，一部分占了赵亚利的地，另一部分是拾边地，一共五六亩。树苗是我们一起花钱买的，每棵300元，一共1300棵，共花了30多万元，我出了四五万元，每个人出的差不多。过了两三年，这块地拆迁了，由于树种得太密，中间都进不去人，不能都赔，最终赔偿了80万元。孙某7说刨去本钱把赚的钱平分，我分了十几万元，每个人分的差不多。因为没有合同，这笔拆迁款算在赵亚利那块地上，拆迁后他把钱给了我们。

（6）被告人赵亚利的供述：我们收的补偿款总数是2100多万元，里面有周广柱80多万元的补偿款。周广柱的地在我西某1村地的东侧，是一块拾边地，应该是属于村里的，评估时，他的地被划到我的地里。周广柱在这块拾边地上种的松树，种树的时间不长，因为我种银杏树时没看到松树，我那块地快要开始评估测量了，突然发现周广柱在我的地边上种了一片松树。周广柱肯定提前知道那块地要拆迁的信了，抢种一批松树骗取拆迁补偿款。评估公司测量那天，我、周广柱、评估公司工作人员都在现场，西某1村也有人来，周广柱跟评估公司说了这块拾边地的归属情况。评估后，周广柱说他已经跟评估公司说好了，把他的拾边地划到我的地里，评估公司找我时，让我别说什么，拿着钱后再把钱给他。

第二起：被告人周广柱等人伙同李某14（另案处理）在西某1村与天某1农场交界处边角地上抢种树木，后于2016年12月至2018年1月，在“三线工程”相关项目地上物拆迁补偿中，骗取魏某1镇人民政府补偿款共计人民币221.4719万元。

认定上述事实的证据有：

（1）证人孙某7的证言：2016年年底，镇政府开完“三线工程”拆迁工作动员会后，“三线工程”施工方已经在拆迁的土地上用尼龙绳把范围圈好了，周广柱跟我说发现在西某1村北边跟天堂河村交界的地方有一块空地，在拆迁范围内，他想在那里种树，赚点拆迁补偿款，还说种树差钱，让我拿十万块钱，当时我没有答应。这块地属于我们村平原造林的地，我怕他把平原造林的树动了，林业局来查。过了一天，我开车到村北的地里见周广柱，他指着天堂河围墙南侧的一块地问我在这种树行不行，我说行，后从车里拿了十万块钱给了周广柱和孙某 13，我们三人应该都出钱了。当天晚上，周广柱就在这块地上种了银杏树，种得挺密的，都是晚上种，因为白天有巡查的人检查，不敢种。

清登土地时是周广柱和孙某 13 一起去的，周广柱当天打电话说拆迁公司的人清登完了，需要一份租地协议。周广柱拿着土地租赁协议找我，说这块地用李某 14 的名义租，他名下的地太多了。我没看协议直接签了字，还让会计何某 1 盖了村委会的公章。我让何某 1 按 2 亩地收租金，收完钱拿着合同去经管站盖章。周广柱交纳了 2 亩地从 2015 年到 2017 年三年的租金，后何某 1 拿着协议到镇里的经管站盖了章，这份土地租赁协议就生效了。把协议的签订日期从 2017 年提前到 2015 年，是为了卡拆迁的日期，经管站规定只有交纳了三年租金才能给合同盖章，盖了章才符合拆迁的程序，如果合同是 2017 年签订的话，就不能赔钱。周广柱拿着合同去找拆迁公司，拆迁公司跟村委会要能证明拆迁土地的确权证明，我让何某 1 后补了一份会议纪要，实际上没开过会。会议纪要的内容是把这次西某 1 村要拆迁的所有边角地的确权都写在了一起，包括周广柱、李某 14 等人，证实这些人在前几年确实在边角地栽种树木，但没及时签订合同，补交三年租金后拆迁补偿归这些人所有。这是当时镇里领导定的，村民在村边角地确有种树的，经村里核实，种树的时间超过三年的，补交三年土地租金，可以补签土地租赁合同，在拆迁中拿到拆迁补偿。这是镇里出的主意，让村委会出一份会议纪要，我才让会计出的。周广柱还拿了一份村界绿化合同让我盖章，内容是经村委会决定，将最北边与天某 1 农场交界处绿化带承包给李某 14，有效期 20 年，落款提前到 2011 年，这份合同证明这块地归西某 1 村所有，我也让何某 1 拿去经管站盖了章。这个合同上虽然没有我签字，但经管站为了抓紧推进“三线工程”的拆迁工作就直接在上边盖章了。我和周广柱、孙某 13 想通过抢栽抢种的方法获得拆迁补偿款，在周广柱找我前，“三线工程”施工方已经在地块上放线并圈出拆迁范围了。2017 年年底，拆迁补偿款下来了，周广柱按我的要求给李丽新打了 40 多万元，其中包括我的 10 万元本钱，我赚了 30 多万元。我听说周广柱也给孙某 14 和杨某 8 钱了。

（2）证人杨某 8 的证言：西某 1 村村北这块地也是 2016 年 9 月后，我和周广柱在村里找地时他选的。我负责全村的平原造林地块管护，知道这块地北边是村界，我当时指地时故意往北指了二三米，多指了一两亩地，是为了多种树、多挣点补偿。2016年年底，周广柱开始在这块地上种树。这块地虽然补交了3年租金，但这块地实际使用时间不足3年。周广柱不方便出面，就以李某14的名义进行拆迁补偿，李某14再把补偿款给周广柱。周广柱给了我25万元，给孙某13和孙某14也应该是25万元。孙某7投钱了，肯定也分了钱。

（3）证人孙某13的证言：2016年11月，孙某7跟我说北边还有一块地，周广柱他们正在垫钱种树，让我去看看。我去现场看到周广柱带着工人在种树。我前后给了周广柱20多万元，算我跟孙某7的种树钱。我基本没管别的，有时孙某7让我去给种树的人送饭。种的树都是银杏和松树，晚上种树的时候多，一共种了三四天。

（4）证人李某14的证言及辨认笔录证明：2017年前后，"三线工程"快要清登了，周广柱说西某1那边有块地空着，他找人种树，让我去盯着工人干活，我同意了。这块地是一块拾边地，一直荒着，周广柱买树苗向我借了8万元。白天不让干活，晚上我去盯着种树，连续干了十几个晚上，在那块地上种满了银杏树。孙某13负责送饭。种树时我就知道这里要拆迁，那时在"三线工程"范围内的树上已经系了红绳，周广柱也跟我说这里要修高铁，马上就拆了。清登那天，杨某8、孙某14、西某1村书记"孙宝利"、周广柱都在。清登后没几天，周广柱说他背的地太多，让我帮他背这块地，给我找了一份已经写好的合同，我在上面签了字。2018年春节前，周广柱给了我13万元，除了还给我的8万元以及给他打工的一年工资3万多元，多给的1万多元是帮他背地的钱。清登那天有工作人员问我是否有租地合同，我没回答，"孙宝利"接过话说合同在大队，那会实际上还没有签合同。周广柱和西某1村书记"孙宝利"当时跟我说不会让我白背地，大概意思是事后会给好处，所以我就帮他们说话了。

经对12张不同男性正面免冠照片进行辨认，李某14辨认出10号照片上的男子（孙某7）就是其笔录中称"孙宝利"的男子。该人伙同周广柱、杨某8等人抢栽抢种，并承诺其替周广柱代持土地，事后有好处。

（5）地上物档案目录，集体土地地上物预审表、终审表，地上物拆迁补偿价格评估报告，地上物估价结果通知单，地上物清查登记表，复核单，非住宅搬迁基本情况调查表，村民（社员）代表决议，村界绿化合同，承诺书，验收单，拆迁补偿协议，定期储蓄存单，照片等证明：李某14在西某1村获得拆迁补偿的情况（以下钱款均打入李某14银行账户）。

京霸铁路建设工程项目、京投基础建设工程项目（新机场高速及北京市轨道交通新机场线）实地勘察期均为2016年12月6日，后北京市大兴区魏某1镇人民政府与李某14签订拆迁补偿协议，两项目于2018年1月5日分别补偿李某 14 了 55.7702 万元、165.7017 万元（均为果木树补偿）。

其中，村民（社员）代表决议内容为：2017 年 10 月 25 日西某 1 村委会召开村民代表会议，主持人孙某 7；周广柱、李某 14 等人在村边角地栽种树木，没有及时签订土地承包合同，经核实确系周广柱、李某 14 等人栽植使用，经代表决议，补交 3 年租金［租金 2500 元/（年·亩）］，地上物补偿归周广柱、李某 14 等人所有。

（6）银行账户交易明细、北京天正华会计师事务所出具的专项审计报告等证明：李某 14 账户于 2018 年 1 月 5 日收到两笔分别为 165.7017 万元、55.7702 万元的补偿款后，于同年 1 月 8 日分两笔 165.705843 万元、55.771594 万元转入周广柱账户。

（7）被告人周广柱的供述和辩解：2014 年或 2015 年，杨某 8 打电话跟我说西某 1 村北边跟天堂河交界的地方有一块空地，是拾边地，让我和他一起种树，我同意了。我和杨某 8、孙某 7、孙某 13、孙某 14 等人一起去看了，都觉得可以种树。我找了大概 400 棵银杏树，花了三十多万元，孙某 13 他们找了 400 棵银杏树，差不多也花了三四十万元。这些树木的养护都是我找工人在做。过了大概两年，“三线工程”占地，这块地在拆迁范围内。拆迁公司现场清登时，我和孙某 7、孙某 13、孙某 14、杨某 8 都到场了，这块地的四至是孙某 7 指认的。魏某 1 镇政府规定只有承租三年以上并交纳租金的地才能补偿，这块地我们没有合同，也没有交纳租金，孙某 7 他们在西某 1 村都有职务，我又在赵亚利土地旁边种树了，都不方便跟西某 1 村签合同，就商量以在我手底下干活的李某 14 的名义签订租地合同。合同是西某 1 村大队出具的，支付租金和签合同是一起进行的，我和李某 14 一起去西某 1 村村委会补交了这块地三年的租金一共三万多元。李某 14 在拆迁补偿协议上签的字，拆迁补偿款一共是二百多万元。钱打到李某 14 的农商行账户，我们商量给李某 14 留下五万元，剩下的钱孙某 7 做主分了，我拿了七十万元，其中三四十万元是买树苗的钱，赚了大概三十万元。

第三起：被告人周广柱等人在西某 1 村村南平原造林工程土地上抢种树木，后于 2017 年 12 月至 2019 年 4 月，在“三线工程”相关项目地上物拆迁补偿中，骗取魏某 1 镇人民政府补偿款共计人民币 235.5244 万元。

认定上述事实的证据有：

（1）证人杨某 8 的证言：这块地 5 亩左右，在“小某某”地往南二三百米，机场高速往西一百多米的地方，最早是孙某 13 的姥爷杨宝礼的地，2013 年平原造林该土地流转用于平原造林了。平原造林的地不能种树，不能再以个人名义进行占地补偿了。2016 年 9 月左右，周广柱和我在村里找能种树的拾边地时，我想起这块地上有片死树，就带着周广柱看了这块地，并说了这块地是平原造林的地。周广柱说回去问问，一是打听这块地是否会被“三线工程”占地，二是打听平原造林地怎样才能获得拆迁补偿。过了几天，周广柱决定在这块地里种树，我带着孙某14、孙某13给周广柱指这块地的具体范围，周广柱跟我们商量种多少银杏树合适。他当时钱不够，让我们三人凑10万元，我拿了3.5万元现金，孙某14和孙某13各拿了3.3万元现金。周广柱订好树还没拉到现场，施工单位已经在这块地里划好了施工范围，跟我们之前定的范围基本吻合。后周广柱就带人种了银杏树。拆迁补偿相关手续是周广柱和孙某13跑的。我听说大队做了一个手续，将这块地又转到了杨宝礼名下。这件事孙某7都知道，没有他的许可和帮助，周广柱办不成。补偿下来后孙某13拿着杨宝礼的银行卡给我转账33.5万元，孙某14和孙某13得的钱应该也是30多万元，周广柱、孙某7肯定也得钱了。

（2）证人孙某13的证言：2017年10月左右，孙某7说赵亚利地块南边还有一块地可以种树赚钱，还说这块地我姥爷杨宝礼种过，让我问问我姥爷，能不能还以他的名义起个合同，让我们在上面种树。我跟我姥爷说了，他同意了，我们就让周广柱去买树去了。这块地是三队的地，我姥爷是三队的人，找他就是个幌子，这块地很长时间没人种了，我姥爷当年种的是不是这块地我都不清楚，用我姥爷的名字，就是显得比较合理。这块地面积大约7亩，当时地上什么都没种，孙某7说是边角地，我清楚这不是边角地，孙某7是准备造假，我不敢反驳，就顺着他的意思做了。我在这块地买树花了3.3万元，树钱是我跟杨某8一起给周广柱送过去的，还给过周广柱1万多元租地的钱。孙某7和周广柱做了个假合同，也没让我姥爷签字。做完假合同后，让我们补交3年的地租，造成早就租地的假象。我们种上树后几个月地就被占了，占地原因是修高压线的线塔。我获利了20万元，是孙某7给我的现金。

（3）证人孙某14的证言：2017年左右，孙某7和我们说电力迁改要占“佟坟”地块的地（三队的地），让我们和周广柱一块去种树。我们一起去看了地，看完后再找工人、找树苗在这块地上种了银杏，大概种了一个晚上，种了100棵左右。我、周广柱、孙某7、孙某13、杨某8在这块地上都出资了。孙某7和我们一起商量过，这块地最后以孙某13姥爷杨宝礼的名字和村委会签订的土地租赁合同。合同是后补的，内容也是假的，时间也提前了，制造早已经承租的假象来骗补偿款。

（4）新机场高速公路等三线电力迁改工程地上物档案目录，集体土地地上物预审表、终审表，地上物拆迁补偿价格评估报告，地上物估价结果通知单，地上物清查登记表，非住宅搬迁基本状况调查表，补充土地租赁协议，承诺书，验收单，补偿协议书，定期储蓄存单，照片等证明：杨宝礼在西某1村获得拆迁补偿的情况。新机场高速公路等三线电力迁改工程分别于2017年12月5日、2018年3月7日实地勘察，后魏某1镇人民政府与杨宝礼签订补偿协议书，于2018年5月22日补偿杨宝礼32.5278万元，于2018年5月2日补偿杨宝礼185.2677万元；2018年9月，魏某1镇人民政府再次因新机场高速公路等三线电力迁改工程与杨宝礼签订补偿协议书，确认补偿杨宝礼17.7289万元。

（5）银行账户交易明细、北京天正华会计师事务所出具的专项审计报告等证明：杨宝礼账户于2018年5月2日收到补偿款185.2677万元，于2018年5月22日收到补偿款32.5278万元，于2019年4月24日收到补偿款17.7289万元；收款后，杨宝礼账户转周广柱账户37万元，转孙某14账户10.5万元。

（6）被告人周广柱的供述和辩解：2015年六七月，孙某13或杨某8说西某1村小龙河南侧有点地，可以种树，我同意了。参与这件事的有杨某8、孙某14、孙某13，我不确定有没有孙某7，我们几个凑的钱，我出了几万块，每个人出的钱都差不多。这块地在“三线工程”征地中赔偿了，每个人都挣了点钱。

上述证据经庭审举证、质证，本院对言词证据中相互印证的部分及其他证据予以确认。

11. 被告人周广柱于2016年，在魏某1镇西某1村东南边角地抢种树木，后于2016年12月至2018年1月，通过孙某7（另案处理）的协助，在“三线工程”相关项目地上物拆迁补偿中，骗取魏某1镇人民政府支付的补偿款共计人民币3.666万元。

认定上述事实的证据有：

（1）证人何某1的证言：西某1村有一块地后来算作周广柱的，拆迁的时候他补交的租金，我不知道周广柱从村里租过地，村里也没有周广柱租地合同。2019年3月，我在“三线工程”办公室看到有周广柱在西某1村的拆迁材料，突然想起来周广柱没有在西某1村交租金，就把周广柱没交占地租金的情况跟“三线工程”的工作人员说了，过了几天，孙某13就带着周广柱来村里补交租金了。我看是村里工作人员孙某13带来的，就收了租金，开了收据。周广柱交了一亩地三年的租金，总共7500元。孙某7跟我说过周广柱在西某1村有块地，具体位置没说。孙某7让我写过一个会议记录，内容大概是周广柱、孙某13等人在村边角地上种树了，但没签承包合同，经核实确认是他们栽树使用了，“三线工程”要占他们的地拆迁，经代表决议，让他们补交三年租金，拆迁占地补偿归他们。我不知道这个会议，是孙某7让我写的记录。

（2）证人孙某13的证言：周广柱还在西某1村的东南侧，一个农业种植企业东边的一块边角地上种树了，位置在东某1村、西某1村和三某1村的交界处，在一条柏油路边上。孙某14说这块东南侧边角地里的树是周广柱种的，也是为了“三线工程”占地获得拆迁补偿抢栽的树，种了不到一年就被“三线工程”占用了。周广柱种的树都是粗大的银杏树，好像还有松树。这块地周广柱或其他人没给我分拆迁补偿款。我给过周广柱一两次钱，第一次三四万元，第二次十一万元左右，我还给过孙某7三十万元左右的现金，可能也让周广柱拿走了。周广柱没具体说钱用在哪块地上了，反正都拿去种树了。

（3）京投基础建设工程项目（新机场高速及北京轨道交通新机场线）地上物档案目录，集体土地地上物预审表、终审表，地上物拆迁补偿价格评估报告，地上物估价结果通知单，承诺书，验收单，拆迁补偿协议，地上物清查登记表，非住宅搬迁基本状况调查表，补充土地租赁合同，村界绿化合同，村民（社员）代表决议，收据，定期储蓄存单，照片等证明：周广柱在西某1村获得拆迁补偿的情况。京投基础建设工程项目于2016年12月7日实地勘察，后魏某1镇人民政府与周广柱签订拆迁补偿协议，并于2018年1月5日补偿周广柱3.666万元（均系白皮松补偿）。

其中，村民（社员）代表决议内容为：2017年10月25日西某1村委会召开村民代表会议，主持人为孙某7，周广柱、李某14等人在村边角地栽种树木，没有及时签订土地承包合同，经核实确系周广柱、李某14等人栽植使用，经代表决议，补交3年租金［租金2500元/(年·亩)］，地上物补偿归周广柱、李某14等人所有。

（4）被告人周广柱的供述：我在西某1村和东某1村交界处、小龙河的南侧种过树，这块地不到1亩地。2015年左右，我找人种了白皮松，“三线工程”拆迁补偿了3万多元，钱是我自己拿的。这块地也是我们几个人一起种的，当时我们沿着东、西某1村沿线种了很多树，这块地拆迁补的钱少，我记不清是给他们分钱了，还是请他们吃喝了。

上述证据经庭审举证、质证，本院对言词证据中相互印证的部分及其他证据予以确认。

12. 经被告人周广森同意，被告人张国印于2017年5月在被告人甘建民所租赁的东某1村地块内抢种对节白蜡树以骗取拆迁补偿款，后于2017年12月至2018年8月，通过甘建民的协助，在“三线工程”相关项目地上物拆迁补偿中，骗取魏某1镇人民政府补偿款共计人民币8.178万元。

认定上述事实的证据有：

（1）证人赵言的证言：在魏某1镇集体经营性建设用地入市腾退试点工

程期间，张国印找周广森，说他想找一个在拆迁腾退范围内有空地的厂子抢种点树木，好在拆迁腾退中多拿点拆迁腾退补偿款。周广森可能跟我、甘建民或王云峰说过让张国印在肖某3的厂子南边空地上种树，拆迁腾退时能拿点补偿款。当时陈胜勇和甘建民正在肖某3的厂子里建库房，张国印找了工人进场种树。张国印和肖某3还因种树用电用水的问题发生过矛盾，肖某3问我张国印是什么人，我说是周广森的兄弟，马上拆迁腾退了，在这种点树，肖某3一听是周广森的人就没再说话了。后来张国印种树的这块地因为高压线塔增高增宽，占了一部分地，国家给了补偿。这块地在甘建民和肖某3合作建库房的35亩地范围内，补偿款不是给了张国印就是给了甘建民。肖某3问过我补偿款怎么没给她，我问甘建民，甘建民说这笔补偿款都给了张国印，我又问张国印，张国印按照约定按30%的比例给了我2万元，我把这2万元给了肖某3。

（2）证人肖某3的证言：我在东某1村租完70亩地后，盖了6处建筑。我承租的70亩地内，有一个电线塔，这个电线塔是2018年左右修机场高速的时候修建的。占用了我租的土地，但没给过我补偿。

（3）新机场高速公路等三线电力迁改工程地上物档案目录，集体土地地上物预审表、终审表，地上物拆迁补偿价格评估报告，地上物估价结果通知单，地上物清查登记表，非住宅搬迁基本情况调查表，土地租赁合同，承诺书，验收单，拆迁补偿协议，定期储蓄存单，照片等证明：甘建民在东某1村获得拆迁补偿的情况。新机场高速公路等三线电力迁改工程于2017年12月27日实地勘察，后魏某1镇人民政府与甘建民签订补偿协议，并于2018年8月2日补偿甘建民8.7522万元，其中对节白蜡树补偿8.178万元。

土地租赁合同（二份）内容分别为：北京三铁伟业精细化工有限公司（法定代表人肖某3）租赁东某1村70亩土地，合同落款日期为2014年4月21日；甘建民租赁北京三铁伟业精细化工有限公司40亩土地，合同落款日期为2014年5月10日。

（4）被告人周广森的供述和辩解：张国印在肖某3的地块里种树的事我当时不知道，后来听说过。我没有让张国印在肖某3的地里种树，这是张国印的个人行为，张国印也没给我钱。

（5）被告人张国印的供述：2017年八九月，我问周广森南边的厂子有没有地闲着，我想种点树。周广森说南边是一般农田，只能种树，但地不一定能拆。我想，先种上树，能拆就拆，就算不拆，树也能卖，就同意了。这块地在东某1村的西南方向300米，就在“基地”南边的融雪剂厂里，是甘建民跟肖某3签的协议。我找甘建民，想跟他签一份关于这块地的协议，甘建民说他没有得到周广森的消息，不能跟我签。因为我树的定金都交了，就等着地了，所以我只能把树种上。集建地项目没拆这块地，但2018年因为高压线塔增高增宽，占了我种树的部分地方，赔了我8.4万元。这钱是在我找周广森问补偿款的事后，周广森让甘建民给我打的，甘建民听从周广森的命令。我从这8万多元里拿出来2万元通过赵言给了肖某3。

（6）被告人甘建民的供述：我与肖某3签的租地合同是张国印在周广森“基地”起草的，库房南边的一片空地也在合同之内，张国印想在空地上种树。我们盖的那个库房没拆，但张国印种树的地方建了一个高压铁塔，赔了8.5万元左右，因为是我签的合同，所以这笔钱先转到我的账户，我再把钱转到了张国印媳妇的账户。我一共转过两次，第一次是7万元，转完后没几天张国印说手头紧，让我把剩下的1.5万元也转过去，我说这是给肖某3的分成，张国印说下回再占树时一块给肖某3，我就把钱转了过去。

认定“三线工程”诈骗事实的证据还有：

（1）证人吴某3（魏某1镇政府工作人员）的证言：国家“三线工程”途径魏某1镇，我曾经参与过绘制草图的工作。2015年7月左右，“三线工程”的设计单位来魏某1镇对接，当时我的主管领导刘某15不在镇里，孔祥森镇长安排我跟着“三线工程”设计单位实地勘测，让我把占地草图画出来，把线路设计中心点左右两侧75米的范围都画出来，说是为了防止有人在占地线路左右两侧抢栽抢种。我跟着“三线工程”的人一边走一边绘制，他们给我指哪些地方是设计中心点。“三线工程”的人之前就已经标好了记号，我按照他们标好的记号往左右各扩张75米的距离作为下一步的控制范围，防止有人抢栽抢种。我画完草图后当天下午就给孔祥森镇长看了。第二天，我又带着邢某1按照草图范围实地看了一下，看完后，我把草图给了邢某1。当时“三线工程”设计单位从南到北带我去过大某1村、天某1（岳某1村西边）、西某1和东某1交界处（小龙河南侧，东某1村融雪剂厂西侧附近）、后某1村南，这几个设计点是线路的拐点，这几个拐点依次连接起来就是线路的大概走向。线路从南到北依次是大某1、魏某2、礼花厂、岳某1、陈某1、三某1、东某1与西某1交界、后某1，涉及8个村和一个礼花厂公司。当时经过地方的地上物，除了村庄外，在大某1村南有点果树和平原造林的树木，魏某2那里有点大棚，其他地方就没什么东西，农作物都很少。这个草图，镇政府我就给孔祥森看过，草图给了邢某1，副镇长王某27最后管这项工作。

（2）证人邢某1的证言：我管过魏某1镇“三线工程”，当时我是科长，我的主管副镇长是王某27。王某27应该看过吴某3移交给我的东西，从工作分管上，他也应该看。我们部门知道“三线工程”的占地范围，“三线工程”的会议大部分是王某27去，有时我代替，重要的会都是王某27去。2016年

11 月我提了副镇长，就离开“三线工程”指挥部了，王某 27 一直在管。三线指挥部审核评估公司的评估报告，看哪些该赔、哪些不该赔。评估公司负责评估，镇政府负责审核评估公司的赔偿金额。

（3）证人王某 20（北京市勘察设计研究院有限公司员工）的证言及勘察放线桩示例照片证明：我负责新机场快轨魏某 1 段的地质勘察工作。2015 年 5 月，我组织工人对大兴区魏某 1 镇新机场快轨线路进行地质勘测。我们先从北京轨道建设管理公司获取地形图和设计图，后根据专业知识对建设线路的路况进行勘测位置的选点，再安排工人到现场通过网络定位找到勘测点，用木桩对该点位进行勘测。2015 年 5 月开始初勘工作，一直干到 2015 年的七八月。选好点位后，我会安排负责勘测的工人实地进行勘测点的检测工作。勘测点的标记老百姓肯定会看见，因为勘测点就在田间地头，找到勘测点后我们会用 30 厘米的木楔子插在上面，在木楔子上拴上红绳，个别点会用油漆进行标识。勘测点标识在现场时间存放的时间不固定，可能一两天也可能放一周左右。

（4）证人于某 1（中兴铂码工程咨询有限公司员工）的证言：我是魏某 1 镇“三线工程”项目的审计负责人，我们负责对该工程所有拆迁补偿款进行审计，审查是否合规，我们对这个项目的审计结果即赔偿补偿金额负责。对于土地使用权属及地上物里的房屋，只有得到村、镇两级认可的才能认定，其他地上物，如苗、木，要根据现场情况进行清登，还需要村里进行指认才能确定具体归属。现场清登时，京投公司和京霸公司也会派人前往，他们会先画好占地的线，线画到哪里，服务公司和评估公司的人就会到现场问这块被占的土地是谁在使用。评估公司的人会进行现场测量清登，后根据现场清登的数据出具评估报告，把评估金额写在评估报告里，之后服务公司根据评估报告填写预审、终审表。服务公司还要整理关于被占土地权属的相关证明，包括被拆迁人身份证复印件以及村、镇两级相关证明等材料。服务公司收集整理好所有的材料后，再把整套材料交给我公司进行审核。我们根据“三线工程”拆迁补偿实施方案对整套材料进行审核。如果有人租赁村里土地，服务公司会把相关的土地租赁合同附在拆迁补偿材料里，我们会审核该土地租赁合同的合法性。村里的土地租赁合同需要加盖村经济合作社的章，如果土地租赁合同里没有盖这个章，我们肯定不予审核通过。有时服务公司拿来的材料里没有合同，说以后补上，我们可能当时只审核了补偿金额，确定符合标准就盖了审计专用章。按照流程是镇政府确认在前，所以存在没有土地租赁合同但镇政府在补偿协议书上确认的情况，我们肯定也是看到补偿协议书上加盖了副镇长王某 27 的人名章且加盖了魏某 1 镇政府的公章，才盖审计专用章的，我们也是相信了这份有镇领导签字并加盖镇政府公章的协议书。西某 1 村赵亚利有四份拆迁档案，是我们公司审计的，四份土地租赁合同均存在问题，一份土地租赁合同未加盖公章，一份土地租赁合同甲方盖有西某1村委会公章但甲方不是村委会，两份不是西某1村土地租赁合同而是后某1村的土地租赁合同。这四份拆迁档案都存在明显问题，按标准都不可能得到补偿，不应通过审计，但最终却被审计通过，应该是审计时没附着土地合同，合同应该是后补的。

（5）证人张某15（北京市东城区拆迁服务有限公司员工）的证言：我们公司负责北京市大兴区魏某1镇的“三线工程”的拆迁服务项目，简称服务公司。我们公司与评估公司对接，根据评估公司出具的评估报告里的拆迁补偿款的具体数额，填写拆迁补偿协议，再把所有与拆迁补偿有关的材料整理成拆迁补偿档案送给审计公司进行预审。

整个拆除腾退需要经历以下环节：一是进行现场清登，清登会登记地上物的情况，评估公司会对相关地段进行测量。二是评估公司对清登的地上物及其他相关设施进行估价，并出具评估报告。三是服务公司拿到评估报告后，先填写集体土地地上物预审表，把被拆迁人的土地租赁合同、被拆迁人的身份证复印件等相关材料整理在一起交给评估公司审核，评估公司确认无误后，其项目负责人李昂会在预审表上签字确认并盖上评估公司印章。后我把材料交给我们公司的项目负责人王铮进行审核，王铮确认无误后在预审表上签字并盖上我们公司的印章。后我会把材料交给董某1进行审核，董某1再找主管副镇长王某27进行审核，王某27审核同意后会在实施主体意见里盖上自己的署名章，并盖上北京市大兴区魏某1镇人民政府的公章。盖完镇政府的公章后，我再去找董某1把材料取回来交给审计公司进行审核。审计公司是于某1等人进行审核，审核确认无误后，审计公司在预审表上盖上“京霸铁路等三线工程拆迁审核小组”的方章。预审环节结束后，我出承诺书及拆迁补偿协议，王铮再去找被拆迁人在拆迁补偿协议和承诺书上签字，后我再填写一份“集体土地地上物终审表”，把加上承诺书和拆迁补偿协议的所有材料交给评估公司审核，评估公司签字盖章后服务公司再进行审核，确认无误后我再把材料交给董某1，董某1审核通过后交给主管副镇长王某27，王某27审核同意后在终审表和拆迁补偿协议上盖上自己的署名章及北京市大兴区魏某1镇人民政府的公章，后我再把所有资料交到审计公司进行最终审核，审核通过后审计公司会在终审表上盖项目章，然后我再将所有材料给到董某1，董某1拿着材料去镇政府申请打钱。

赵亚利在后某1村和西某1村都涉及“三线工程”占地补偿，他在西某1村有关“三线工程”的合同材料总共有四套，京投项目一套合同、京霸项目一套合同、电力迁改两套。我当时把赵亚利位于后某1村的土地租赁合同（土地租赁人为甘建民、刘某18）复印了两份，把复印件放在赵亚利位于西某1村“三线工程”电力迁改的拆迁补偿材料里了。这两套有错误的电力迁改拆迁补偿材料，都通过了预审和终审，京投项目拆迁和京霸项目拆迁已经把补偿款发给了赵亚利。我见过甲方是杨某8和李某12，乙方是赵亚利的两份土地租赁合同，一份合同没有任何盖章，一份合同上有“北京市大兴区西某1村村民委员会”的盖章，这两份土地租赁合同分别让我附在了赵亚利京投项目拆迁补偿材料和京霸项目拆迁补偿材料里了。这两份合同确实有问题，一份合同没有村集体的章，不能认定为有效合同；另一份合同虽然加盖了“北京市大兴区西某1村村民委员会”的章，但这份合同的甲方不是村经济合作社，而是两个个人，也不能认定为有效合同，涉及这两份合同的拆迁都不应得到补偿，我当时整理材料时没发现，我和后面负责审核的部门都有责任。

（6）证人孙某7的证言：2016年年底，镇里召集涉及“三线工程”拆迁的五个村的村书记开会，这个会是魏某1镇的常务副镇长王某27和副镇长邢某1给我们开的。王某27是拆迁的总负责人，邢某1主管环境，在拆迁中配合王某27。他们在会上说，这次“三线工程”的拆迁主体是魏某1镇政府，让我们各村做好拆迁前老百姓的动员、宣传工作，全力配合拆迁工作，还大致说了一下拆迁范围，涉及西某1村拆迁的土地就是和东某1村、天堂河交界区域内的地方。拆迁过程中，村委会的职责是向拆迁公司提供土地租赁协议和土地归属证明材料。清登时，拆迁公司直接找土地承租人，让承租人指认土地四至。拆迁公司直接跟被拆迁人谈拆迁补偿款。

（7）魏某1镇党委（扩大）会议纪要证明：2016年9月21日，魏某1镇党委书记谢某1主持召开镇党委（扩大）会议，会议原则同意副镇长王某27同志进行说明的《京霸城际铁路等工程项目魏某1段工作机构及职责分工》。

（8）魏某1镇线性工程指挥部京霸城际铁路、地铁新机场线及新机场高速公路征地拆迁工作实施方案证明：2016年12月2日，魏某1镇线性工程指挥部明确了在京霸城际铁路、地铁新机场线及新机场高速公路征地拆迁工作中的组织机构、工作流程、会商机制、合同及付款审批制度等。

（9）大兴区轨道交通重点道路工程建设指挥部办公室2017年3月3日印发的《关于魏某1镇京霸铁路等三线工程拆迁实操细则的会议纪要》证明：魏某1镇京霸铁路等“三线工程”实施拆迁工作的细则。项目房屋及地上物情况的认定以评估公司、拆迁服务公司、业主单位、镇政府共同现场认定的清登结果为准。

（10）《北京市大兴区魏某1镇人民政府关于在集建地拆除腾退工作中有关合同问题的处理意见》《关于魏某1镇“三线工程”边角地补偿政策沿用集

建地拆腾情况说明》等证明：在魏某1镇集建地拆除腾退中，因历史原因，村民在村内捡拾边角地的，土地一直由个人使用，由村集体与本人签订补充协议，按照实际占地面积，一次性补缴不少于3年租金；因历史原因，自然人、法人承租、承包或以其他形式占用村集体土地，且被列入此次拆除腾退的地块，存在无合同或口头协议等情况，用地面积经实际测绘后，经村集体同意，由村集体与被腾退人按实际面积签订补充协议。“三线工程”拆除腾退工作相关合同问题处理政策参照集建地政策执行。

（11）2010年11月18日印发的《中共北京市大兴区委关于进一步规范农村土地承包经营权流转工作的指导意见》证明：大兴区关于农村土地承包经营权流转工作的指导意见。包括：严格土地流转程序。各镇组织各村，通过村民代表大会讨论通过以下土地流转程序：有流转意向的农户需告知村集体经济组织，村集体经济组织要对受让方经营能力、经营方向进行审查，并上报镇“村级重要经济事项事前咨商领导小组”进行咨商，咨商领导小组同意后方可实施土地流转，并到镇、区经管站备案。

（12）银行账户交易明细、北京天正华会计师事务所出具的专项审计报告及补正书等证明：涉案钱款的流向。其中，赵亚利银行账户于2017年12月22日收到1005.1347万元（后某1村拆迁补偿款）；于2017年12月22日收到776.8740万元，2017年12月27日收到359.0853万元，2018年8月2日收到117.9310万元，2018年8月29日收到93.0831万元（以上均为西某1村拆迁补偿款）。赵亚利收款后，于2018年1月2日，给周广柱转账95万元，给李丽新转账100万元，给王云峰转账490万元；于2017年12月29日、2018年1月2日、2018年2月6日分别给何某2转账223万元、530万元、100万元。

（13）被告人赵亚利的供述：西某1村土地拆迁给了我补偿款1100多万元，后某1村给了1000万元左右，加一起2100多万元。这些拆迁款我给周广柱转账95万元，给孙某7转账了100万元，剩下1900万元左右是我、周广森、何某2三个人分的。我分了360万元左右，周广森分了将近400万元，何某2分了1100万元左右，剩下的二三十万元周广森都拿走了，他说要给甘建民和刘某18分点钱，因为后某1村的那块地是他们签字代持的。

上述证据经庭审举证、质证，本院对言词证据中相互印证的部分及其他证据予以确认。

13. 被告人周广森于2017年5月至12月，在集建地项目拆除腾退中，指使被告人陈胜丽、陈胜勇，在陈胜丽租赁的东某1村地块西侧部分和肖某3租赁的东某1村地块北侧部分抢建彩钢房（拆迁编号为3－DZL－207）；指使被告人赵言（时任东某1村党支部副书记）到测绘、清登现场进行确认，以及通过村经济合作社出具虚假的实际用地面积证明等手段，骗取拆除腾退补偿款。2017年12月至2019年7月，陈胜丽与兴某1公司（以下简称兴瑞临福公司）签订补偿协议确定拆除腾退补偿款为人民币603.943万元，实际已获取补偿款人民币483万元。其中，抢建房屋的补偿款为人民币565.303万元，按照已获取补偿款的比例折算，实际骗得人民币452.097878万元。

认定上述事实的证据有：

（1）证人张某16（北京兴洧拆迁服务公司工作人员）的证言：陈胜丽地块在东某1村西，大概有6亩，在周广森“基地”的南面有一块，“基地”的西侧有一块，两块地是连起来的，南面比较大，西侧的比较小，有点像菜刀的形状。这块地南面是融雪剂厂，北面是王磊的地。这块地是赵言带我们去清登的，赵言说这块地就是拆迁的，我们就进去清登了。我们谈拆迁补偿开始一般先说一个稍微低一点的价格，拆迁户肯定是不会同意的，他们都有一个心理预期，想多拿点钱，最后我们把钱给到他们的心理预期就可以了。我们跟陈胜丽谈的时候，没跟她商量价格，直接就给了她最后拆迁的实际价，毕竟她是村书记周广森的媳妇，我们以后还得拆这个村。地上物评估价格首先由测绘公司测出面积，评估公司再根据地上物进行计算，补偿有专门的文件和标准，按照标准进行计算；种植的树木只要村里出证明是陈胜丽自己种植的就能得到赔偿；拆迁工程配合奖励费每平方米建筑奖励500元，搬家费每平方米50元。

（2）证人张某2的证言：我知道东某1村有一个叫周广森的，东某1村的书记赵言都管他叫“三哥”，周围的村民都挺怕他的。我给陈胜丽入户清登的时候，赵言把我叫住让我等会儿，说“等三哥发话了再量吧”。陈胜丽地块测绘最初给的面积大概是4000多平方米，计算的价格260万元左右（地上物），按照面积算完奖励费、搬家费是420万元左右。后来测绘公司依据镇里给的一个隔层认定标准又认定了一部分隔层面积，这样就变成了8000多平方米，地上物价值不变，奖励费、搬家费多了100多万元，最后的总价变成了600万元左右，最后也按照这个价钱给的。地上物只补偿2017年5月之前的，2017年5月后建的算是抢建，不给钱。陈胜丽地块总的建筑面积为8715.09平方米，其中南部2号房不规则的正方形建筑面积为6152.94平方米，6152.94平方米的补偿款包括拆除腾退费为1765894元，工程配合奖励费为3076470元，搬迁补助费为307647元。该2号房内总共涉及5类附属物，经评估，其中玻璃隔断总共2318.5973平方米，评估金额为347790元；防盗门总共77个，评估金额为23100元；电动推拉门总长度3.4米，评估价格为3400元；电料总面积为6152.94平方米，评估金额为123059元；卷帘门总共16.2平方米，评估金额为5670元。2号房内附属物总的评估金额为503019元。

（3）证人王某21的证言及辨认笔录证明：我是北京鑫海恒福项目管理有限公司（以下简称鑫海恒福公司）员工，参与了魏某1镇5个村的拆除腾退工作，其中包括东某1村。大概是2017年10月29日，我联系了东某1村的村干部赵言，以及拆迁服务公司、评估公司、测绘公司、审计公司的相关人员，进行被拆除腾退户的地上清登工作。当时赵言领着我们到了陈胜丽要被拆除腾退的地块，进门后，陈胜丽给测绘公司和评估公司的工作人员指了被拆迁地块的四至。陈胜丽被拆迁的地块看起来像是一个斧子形状的地块，地块上是二层的楼，房屋里面没有床，也没有接电，不像是有人住的样子，感觉像是为了拆除腾退而抢建的楼。清登完毕后，陈胜丽在清登表上签了字。

经对12张不同男性正面免冠照片进行辨认，王某21辨认出2号照片上的男子（赵言）就是赵言，他当时带其去了魏某1镇东某1村一名叫陈胜丽的女子的地块进行拆除腾退工作；经对12张不同女性正面免冠照片进行辨认，王某21辨认出3号照片上的女子（陈胜丽）就是陈胜丽，她当时给测绘公司、评估公司指出被拆除腾退地块的四至，并签了清登表。

（4）证人赵某11的证言：我是北京兴达兴工程造价咨询有限公司员工，负责东某1村拆迁项目的审计工作，主要对拆除腾退过程进行监督，在清登阶段对房屋等实物进行拍照，过审阶段对档案的完整性进行监督，审核数据计算是否正确，以及对补偿方案的执行情况进行监督。陈胜丽拆迁地块跟村里签的合同好像是4.5亩，实际测量是6亩多。拆迁地块地上物的补偿是评估公司根据北估秘（2016）001号文件的标准计算的，拆迁奖励是规定期限内完成拆除腾退就可以拿到，一平方米500元，搬家费一平方米50元。陈胜丽地块补偿的建筑面积为6307.46平方米，赔偿款是6039430元。

（5）证人崔某1的证言：我是北京智环成科技发展有限公司（以下简称智环成公司）员工。陈胜丽地块北边挨着王磊的地，东边和南边挨着肖某3的地，西边是空地。地上物有4部分，第一部分是报告上编号为1号的部分，这个部分是彩钢房，是一层隔一层的格局相当于假2层，这部分占地面积是361.19平方米；第二部分是水泥路的北边至1号部分，这部分也是2层彩钢房，占地面积是1100.48平方米；第三部分是水泥路往北至肖某3地块部分，这部分是2层仓库，占地面积是3076.47平方米；还有一部分是一条水泥路，这部分只是把水泥路算在了陈胜丽的地上物里了，但是地没算在拆迁范围内，这部分面积是558.84平方米。当时村里出了证明，证明这条路是陈胜丽建的，我才去测量的。测量的地方是东某1村的村委带着陈胜丽进行的指认，他们让我量哪我就量哪，没有具体的地标。

（6）证人王某22的证言及辨认笔录证明：案发时我是兴伟拆迁服务有限

公司员工。2017 年 10 月，我参与了陈胜丽房屋的拆迁工作。陈胜丽房屋是一片“L”形的厂房，紧挨着机场高速。清登时，陈胜丽厂房内没有设备设施或用于生产经营的材料，是空的，缺乏必要的生产、生活条件，二层连灯都没有，也没接水电，一看就是为了骗取拆迁补偿突击建设的。陈胜丽带着我们在她的房屋、院子里转了一圈，说明了她房屋、院子的范围。当时我们准备拆迁她的水泥路尽头、影壁西边的房屋，但陈胜丽向我们强调、指认，说水泥路南边的屋子也有她的，她强调、指认的房屋，就是我说的二楼连灯和水电都没有的厂房。我们按照陈胜丽的指认，将水泥路南边的房子也登记到了她的拆除范围。当时东某 1 村一个姓赵的副书记也去了，是他给我们带的路，他对陈胜丽指认的房屋没有提出异议。

经对 12 张不同男性正面免冠照片进行辨认，王某 22 辨认出 7 号照片上的男子（赵言）就是为其带路的“赵副书记”；经对 12 张不同女性正面免冠照片进行辨认，王某 22 辨认出 8 号照片上的女子（陈胜丽）就是带其在厂房里转了一圈，并说明厂房范围的陈胜丽。

（7）证人单某 1 的证言：我是北京博路通房屋拆除有限公司员工。陈胜丽拆迁腾退项目的拆除工作是我负责的。她的地块不规则，类似一把刀，有一条东西走向的水泥断头路从房屋经过，水泥路尽头是一个影壁。在路南是一个不规则的正方形，路尽头西边还有一小块向北的不规则长方形。她的地块基本上都盖满了房屋，拆除之后的四至基本上与她的房屋相吻合。拆的房屋都是钢结构，层高大概 5 米，里面打了很多隔断。

（8）证人王云峰的证言：2017 年，周广森跟我和赵言、甘建民、陈胜勇说完要拆迁的事没多久，周广森就在基地的西南侧盖起了二层彩钢库房，库房呈“L”形，南北长约 50 米，东西长约 50 米，建筑面积五六千平方米。盖房的钱是周广森出的，后来这个库房拆迁了，陈胜丽去拆迁办拿了拆迁补偿款。

（9）证人周广柱的证言：周广森基地西侧以及南侧彩钢房是周广森让我找了一个叫“小柯”的人盖的，周广森跟“小柯”聊的盖房的事，我听说是陈胜勇和“小柯”签的合同。

（10）证人柯某 1 的证言：周广森“基地”西侧的彩钢棚是 2017 年 5 月开始建的，我先把地上原有的简易棚拆掉，然后测量放线、挖槽，到 2017 年八九月才开始正式建设彩钢棚，彩钢棚建设完后，再硬化了路面。

（11）证人李波的证言：陈胜丽承租了 4. 5 亩土地，周广森在该土地东侧建造了“新基地”，在西侧建造了几个车棚，没有仓库、厂房。2017 年魏某 1 镇集体建设用地拆除腾退二期试点工程前，周广森和陈胜丽才找人在西侧土地上建造了库房骗取国家拆除腾退补偿款。陈胜丽承租的 4. 5 亩土地在 2017 年集建地项目拆除腾退过程中所有跑手续和盖章的活都是赵言干的，赵言曾多次跟我说要到镇里帮周广森和陈胜丽跑拆除腾退手续和盖章。我们村都是赵言先给测量、评估公司的人指定被拆除腾退房屋土地的四至，然后承租人也指定四至，村干部和承租人共同向测量、评估公司的人确认四至无误后，测量的人才开始测量。

（12）北京市规划和自然资源委员会大兴分局出具的《关于区公安分局调取证据通知书相关问题的复函》证明：陈胜丽拆迁地块（3－DZL－207）内建筑物未依法取得乡村建设规划许可证，属乡村违法建设。

（13）土地租赁合同、实际用地面积证明、合同终止协议、补充协议、补充终止协议书等证明：陈胜丽与魏某1镇东某1村经济合作社签订租赁合同承租东某1村4.5亩土地，租赁期间从2014年1月1日至2033年12月31日。经测绘，陈胜丽拆迁地块面积为6.824亩，东某1村经济合作社就多出的2.324亩与陈胜丽签订补充协议，并出具该6.824亩均为陈胜丽实际用地的证明。该租赁合同、补充协议因拆迁腾退需要于2017年12月31日终止。周广森在上述补充协议、证明上均签字。

（14）拆除腾退项目测绘报告，非住宅房屋拆迁补偿价格评估报告，估价结果通知单，陈胜丽南部2号地拆除腾退项目表，陈胜丽2号房内附属物估价结果通知单，陈胜丽搬迁损失补偿项目资产评估报告书，魏某1镇集建地项目二期（三标段）拆除腾退项目终审表，魏某1镇农村集体经营性建设用地入市试点项目拆除腾退补偿协议、补充协议等证明：经入户测绘、评估估价，陈胜丽与兴瑞临福公司签订协议，补偿总金额603.943万元，其中抢建的南部2号房屋及房屋附属物补偿金额为565.303万元。

（15）魏某1镇农村集体经营性建设用地入市试点项目拆除腾退补偿预付款协议，记账凭证，中国工商银行业务回单、进账单、转账支票存根，领款确认单等证明：陈胜丽签署了拆除腾退补偿预付款协议，并已收取拆除腾退补偿款共计483万元。

（16）被告人周广森的供述：肖某3是杨旭的嫂子，我和杨旭口头约定占用他们租的4亩多地，肖某3也同意了，这块地在我现在住的院子西侧往南的位置。2016年拆迁的时候，我跟肖某3说想在这块地上盖房，拿了拆迁款后给她一部分，肖某3同意了。这次拆迁涉及我大院西侧2亩多地，以及肖某3租的4亩多地。2017年3月左右，我把地上原有的几间狗舍和平房拆了，在我的大院西侧和肖某3的地上都盖了大棚。拆迁的时候都是陈胜丽去谈的，签的赔偿协议，她是承租人。拆迁之前我跟陈胜丽说过在杨旭地上盖房，拆迁之后拿出一部分钱给肖某3的事，并跟她说过如果拆迁公司的人问，就让她说这也是我们的院子。拆迁补偿了600多万元，钱分批到账，还未到齐，都打给了陈胜丽。

（17）被告人赵言的供述：2017年东某1村的集建地项目拆除腾退工作是周广森负责，他安排我和李波实际开展工作，每次服务公司来村委会前，周广森都会给我打电话，让我接待。我主要负责与各服务公司的工作人员对接并带路，介绍承租人及承租地块的方位等情况；李波主要负责出具租地补充协议、合同终止手续、补交租金等。我作为村干部是不应该履行村书记职责的，但是周广森让我管这些工作，我不能推脱。周广森“新基地”南侧的彩钢库房所占用的土地，原本与“老基地”是一个整体，这块地是“老基地”的西院，一直是周广森在使用。这块地可能是肖某3承租的，白给周广森使用了。周广森知道集建地拆迁的消息后，负责出资，周广柱负责施工建设，陈胜勇现场监工，在“老基地”的西边院子和“新基地”西侧那2亩地上都盖了钢结构二层库房，“新基地”西侧空地上原有的小平房没拆，被盖在了二层库房的下面；原有的车库拆了，建起的钢结构二层库房一直贯通到“老基地”西边院子，将整个“新基地”西侧和“老基地”西边院子用库房连接在一起，呈现出“L”形，只有影壁墙露在外面没有拆除，总共面积六七亩，有8000多平方米。他们建的库房是钢结构的，高度有五六米，建设得很简陋，没有经过任何装修，也没有机械设备，根本不具备生产条件。陈胜丽对建库房肯定知情，因为那时她每天住在“基地”里，这两处库房就紧挨着“基地”，在“基地”院子里就能看见库房施工。

周广森在陈胜丽承租地块的测量、清登之前跟我说，“你明天带着服务公司的人去陈胜丽租的那块地测量、清登，基地留人”。2017年年底或者2018年年初的一天，我带着评估公司、审计公司等拆迁腾退指挥部的工作人员到周广森“新基地”找陈胜丽，当天陈胜丽、陈胜勇都在场，我向服务公司工作人员介绍陈胜丽是周广森书记的妻子，陈胜勇是周广森书记的大舅子，还指了周广森“基地”西侧和南侧盖的蓝色彩钢房，跟服务公司的人说“这片都是陈胜丽承租的土地”。陈胜丽、陈胜勇带着服务公司的人进行了测量、清登。陈胜丽是被拆除腾退人，她对被拆除腾退地块的四至更清楚，最后她在相关手续、单据上签了字；陈胜勇是这两处库房修建时的监工，他对这两处库房的设施和材料最熟悉。陈胜丽拆迁档案中手续不是其递交的就是我代为递交到拆迁腾退指挥部的，有证明需要盖章的时候，周广森跟我一说，我就去盖章了。

（18）被告人陈胜丽的供述和辩解：拆迁开始前，周广森跟我说，过几天有拆迁腾退的人来，让我配合一下。他说这块地是杨旭的，我们在上面盖了点房，等拆迁之后，给他们分点钱就行了，还说拆迁公司的人问起来，让我说这块地是我们家的。拆迁评估当天，赵言向几个公司的人介绍我是村书记周广森的妻子。赵言先给工作人员指了西院“L”形的库房，还带着工作人员到仓库里边，介绍了库房的情况。赵言是村委成员，也是村里的副书记，他向拆评测工作人员指定我家地的情况，能够代表村里对这块地的情况进行确认。赵言指完后，我就跟工作人员说这条路西边和南边建了库房的地都是我承租的。当时陈胜勇也在现场，这个二层库房是周广柱找人来盖的，陈胜勇看着这些人盖房子。被拆部分的院子整体呈“L”形，北半部分位于我们日常生活的东院的西边，南半部分东西横跨整个东院和西院。院子被拆迁腾退前，里面是二层库房，没有其他的建筑。被拆迁腾退的面积和拆迁补偿问题，陈胜勇都跟我说过，相关拆迁腾退的手续都是陈胜勇处理的。编号为3－DZL－207的《北京市房屋装修附属物及设备登记调查表》和编号为3－DZL－207的《北京市房屋条件调查表》上面的签名，写的是“陈胜勇代陈胜丽”，这应该是陈胜勇签的字，“陈胜丽”三个字不是我写的。现场拆评测工作结束后，工作人员让我签了份协议。后来拆迁办打电话让我去魏某1镇政府领取拆迁补偿款。补偿款是600多万元，但不是一次性全额领取，需要分批次领取。我总共领取了480万元的支票，这些钱都存到了我的工商银行账户，后来陆续转到我的兴业银行账户，剩下的100多万元拆迁补偿款至今没给我。

（19）被告人陈胜勇的供述：2017年5月，周广森在“新基地”西边陈胜丽租的那块地盖了库房，他让我管理现场施工，负责记账。周广森提前知道了东某1村要拆迁的事情，建仓库就是为了能够在拆迁腾退时挣补偿款。施工人员是周广柱找的，是一个叫“小柯”的人，施工价钱应该是周广柱事先说好的。仓库范围从基地的西侧，向南呈一个“L”形。这块地应该是周广森或者陈胜丽的，大约有3000平方米，盖的是二层库房，评估的时候是6000平方米左右，盖仓库的钱都是周广森出的，这块地拆迁的时候，补偿了五六百万元。测绘的时候，陈胜丽不在村里，我代陈胜丽在测绘的单子上签了字，后来拆评测的工作人员再来的时候，都是陈胜丽在现场配合工作人员。赵言代表村里参与过拆评测工作，来过现场。

上述证据经庭审举证、质证，本院对言词证据中相互印证的部分及其他证据予以确认。

14. 被告人周广森于2017年5月至12月，指使、授意被告人赵言、王云峰、甘建民、陈胜勇，在甘建民所租赁的肖某3地块及魏某2、王某24所租赁的东某1村地块集建地项目拆除腾退中，通过抢建彩钢房、冷库等方式骗取拆迁腾退补偿款。具体事实如下：

第一起：被告人周广森指使被告人赵言、王云峰、甘建民、陈胜勇，与肖某3签订土地租赁合同并倒签合同日期，在该土地上（拆迁编号为3－DZL－111）抢建彩钢房，意图骗取拆迁腾退补偿款共计人民币998.20964万元，因被认定为抢建而未得逞。

认定上述事实的证据有：

（1）证人杨某10的证言：我和杨旭在2005年前后和东某1村签了租地合同，占地70亩。周广森在我生产车间的北侧一个长方形空地上，盖了一排房，这排房子靠西侧的房间用于居住，靠东侧的房间养了一些鸡、鸭、狗。2010年前后，周广森盖了新房子，就是现在的“基地”，他就搬到“基地”去住了。杨旭跟我说，他把周广森这片地都租下来了，我们就使用了那排房间，西侧用于办公，东侧的房子空着。2017年前后，周广森将东侧这排房拆了，盖上了二层的简易房，跟我厂子里面的二层简易房是一起盖的。周广森说要拆迁了，要找人在我的地上盖点房，拆迁的时候我跟盖房的人分钱，我本来不同意周广森的意见，但周广森在当地比较有权势，为人又霸道，如果不同意，他肯定会报复我，我不敢不听他的，只能照办。我通过自己名下的建设银行卡转给周广森50万元，算是盖房的施工费，这件事我妻子肖某3也知道。

（2）证人肖某3的证言：我是北京三铁伟业精细化工有限公司的法定代表人。我公司主要生产融雪剂，位置在东某1村村西，占地70亩。这70亩土地是我2005年从东某1村租的，租期30年。厂房南侧的二层简易仓库，是周广森、赵言、甘建民强行租了我的地建的。2017年7月左右，杨某10跟我说“周广森想在咱们家租的这片地里盖房子”，我问他答应了没有，杨某10说“不同意也没招，咱们不同意人家也得盖，也没说补偿咱们的事情，而且还让咱们拿50万给他盖房”，我很生气，但没办法，只能同意。我们东拼西凑了50万元，杨某10把钱给他们了。这个二层简易仓库盖得非常快，周广森等人就是听到拆迁的信了，赶紧建简易库房，好骗政府的拆迁款。二层简易仓库建好后，赵言找过我三四次，想让我签订合同，大概内容是让我把地转租给他们，他们可以在租的地上建设地上物等，我迫不得已签了合同。我们签合同的时间是2017年，但他们非要让我把合同日期写成2014年。合同是在周广森的“基地”签的，在场的人有我、赵言、甘建民，合同的乙方是甘建民。

（3）证人张国印的证言：王云峰、赵言、陈胜勇、甘建民四个人在融雪剂厂里面建了二层仓库，面积大约是两万平方米，他们建仓库的目的是拆迁时挣拆迁补偿款。建的仓库北边是建设用地，属于拆迁范围，肯定能拆，南边属于一般农田，不一定能拆，所以他们没建仓库，把地给我种树苗了。

（4）证人崔某1的证言：肖某3地块比较复杂，这块地大体来说是一块地，但分为两个人，一部分是肖某3的地，一部分是甘建民的地，这两块地改过一次测绘报告，修改前是肖某3的地把甘建民的地给围起来了，当时甘建民的地测量面积是17.085亩，地上是一些彩钢房，肖某3的地测量面积是52.201亩；评估公司让我们修改了测绘报告，听说是甘建民和肖某3之间有一份合同，修改后甘建民的地变更为34.686亩，肖某3的地变更为34.601亩，但甘建民新增加的土地上的房屋还是归肖某3所有。

（5）证人马某11（兴远公司员工）的证言：东某1村3－DZL－110肖某3和3－DZL－111甘建民这2个块地是我负责评估的。2017年九十月，我和张某16及测绘公司、兴瑞临福公司的相关人员在一名村干部的带领下，来到肖某3的融雪剂厂，我们先跟肖某3了解了这块地的四至，就各自开始工作。甘建民的地在肖某3的地块内，我们也进行了测绘。甘建民地上的不予补偿的钢结构建筑，总面积为11389.98平方米，全部为2017年之后建设。价格评估单的内容包括两方面，一方面是建筑的重置成新价，另一方面是建筑的装修、附属物及设备补偿款。甘建民这个建筑有两层，一层的建筑面积为5694.99平方米，二层总建筑面积为11389.98平方米，每层金额是按照房屋的屋架、屋面、墙身、门窗、地面等条件取分值打分，计算出总分值之后，乘以房屋的建筑面积计算出来的，每层金额3771317.0225元，两层就乘以2，共计7542634.045元。此外，因为甘建民的建筑是2009年之后建成的，如果按照政策，房屋重置成新价的赔偿需要打六折，就是4525580.427元。甘建民的建筑装修、附属物及设备补偿款是按照“北京市大兴区魏某1镇项目房屋附属物及地上物评估作价标准”计算，由数量乘以单价计算出来的。这个建筑的所有装修、附属物及设备类别是按照我们清登时的结果填写的，分别是塑钢玻璃隔断6627.02平方米，评估价格828378元；塑钢护墙132平方米，评估价格43032元；单彩隔断12180平方米，评估价格1193640元；隔层11389.98平方米，评估价格1708497元；地暖11389.98平方米，评估价格740349元；大理石地面890.4平方米，评估价格260887元；防盗门总共197个，评估价格591000元；卷帘门共96平方米，评估价格33600元；铝合金塑钢156.4平方米，评估价格50048元；格栅7085平方米，评估价格7085元。总的装修、附属物及设备补偿款评估价相加是5456516元。

（6）证人勾某1（鑫海恒福公司员工）的证言：肖某3的融雪剂厂到现在也没有拆除，我听说是因为有纠纷，这块地一开始是肖某3和村里签的租地合同，租地面积70亩左右，后来肖某3把这块地中一部分租给了甘建民，拆除腾退的时候双方好像产生纠纷了，后来这块地就没有进行拆除腾退。

（7）证人谈某1的证言：2017年5月，甘建民让我去东某1村西一处院落，他和一个姓赵的男子在那等我，他们问我轻型钢结构多少钱一平方米，我按照市场价格说 140 元/平方米，经协商，我们确定价格 130 元/平方米。他们带我到院落南侧的融雪剂厂，过了一会儿，陈胜勇也来了。他们跟我说了轻型钢结构的四至，并让我跟陈胜勇对接，由陈胜勇负责测量施工面积、结账。他们要求多上人，快点弄，只要不倒就行。我每天都去现场盯着，每天施工人数都不低于 35 人，陈胜勇也在现场盯着，甘建民、姓赵的男子偶尔来看看。工程一共两层，施工结束后，我跟陈胜勇一起测量了面积，一共是 22710 平方米，施工周期从 2017 年 5 月中旬至 2017 年 7 月 26 日。2017 年 5 月 28 日，他们支付了 50 万元材料费，因为接下来我又接了他们另一个工程，两个工程款一起算。甘建民使用任某 2 的银行卡给我转了 3 笔钱共 65 万元；陈胜勇通过现金、转账的方式向我支付工程款，2017 年 6 月 12 日转了 30 万元，其中有 24 万元是通过周广森农业银行账号转的。

（8）证人孙某 8 的证言：2017 年，甘建民打电话让我去东某 1 村西融雪剂厂弄隔断，我在那里碰到谈某 1，当时他给甘建民干钢结构。我在施工现场见过甘建民、陈胜勇。陈胜勇在现场盯着，负责最后结账，验收也是陈胜勇看一眼就完事，他让我抓紧时间，干完了才能拿钱。这个厂房没有实际用途，质量一般，结账的时候陈胜勇说等拆迁以后再给我钱。

（9）土地租赁合同、补偿协议记载：北京三铁伟业精细化工有限公司（肖某 3）将 40 亩土地出租给甘建民，合同时间为 2014 年 5 月 10 日；甲方（北京三铁伟业精细化工有限公司）经东某 1 村委会同意，将本厂部分空地转租给乙方（甘建民），乙方出资建房，如遇征地拆迁的补偿费，扣除乙方投资成本后的剩余甲乙按三七分成，甲方出资 50 万元。

（10）兴远公司出具的估价结果通知单证明：被拆迁人甘建民总建筑面积 11389.98 平方米，全部为 2017 年后面积，房屋重置成新价按照最低补偿标准，补偿金额为 452.55804 万元，装修、附属物及设备补偿款 545.6516 万元。

第二起：被告人周广森、赵言、王云峰、甘建民、陈胜勇，伙同魏某 2（另案处理）在魏某 2 所租赁东某 1 村地块（拆迁编号为 3 - DZL - 209）通过抢建彩钢房、冷库及加盖二层隔层等方式骗取拆迁腾退补偿款。2017 年 12 月至 2019 年 9 月，魏某 2 与兴瑞临福公司签订补偿协议确定拆除腾退补偿款为人民币 2562.3174 万元，实际已获取补偿款人民币 2048 万元。其中，抢建的隔层、冷库补偿款为人民币 615.14224 万元，按照已获取补偿款的比例折算，实际骗得人民币 491.668716 万元。

认定上述事实的证据有：

（1）证人魏某 2 的证言及辨认笔录证明：2008 年前后，我以我儿子芦瑞翔的名义从东某 1 村村民孟某 2 手中承租了 22 亩地。2012 年 1 月 1 日，以芦瑞翔的公司“北京瑞祥鑫达物流有限公司”的名义从东某1村村委会租赁该块土地，同年5月8日，该土地转租到我名下。2017年年底拆迁时，这块地实际测量29.359亩，我已向东某1村村委会补交了租金。2008年以来，这块地一直由我本人实际使用，经营过纸张加工项目，并建设了配套的厂房和库房，建筑面积1万多平方米。从2014年起，因纸张加工经营不景气，我将地上的建筑作为库房出租，赚取租金。2017年的春天，东某1村的赵言书记在消防检查时问我想不想在租的地上加盖东西，我想加盖，因为当时魏某1已经有拆迁的了，加盖点东西，拆迁的时候能多挣点拆迁费，到了九十月，赵言把王云峰和一个姓陈的男子介绍给我，王云峰说在我的地上加盖，全部由他们操作，不用我出钱，并约定加盖部分的拆迁补偿款我拿35%，他们拿65%。王云峰等人建设时，我给他们提供了必要的宿舍和供电。他们在我原有的库房里加盖了一部分二层，面积大约是10400平方米；在原有的库房外新建了一部分库房，面积大概2000平方米；在原有的库房里加盖了一个冷库，面积大约3000平方米，总共新建的库房面积大概12400平方米，新建冷库面积是3000多平方米，建设时间总共两三个月，在2017年12月清登前基本完工了。从2017年9月开始，就陆续有拆迁的人来我的地块照相、测量、记录，当时库房里加盖的二层和冷库尚未完工，从9月下旬开始，又来过三批人，他们都说是拆迁的人，测量、登记了我所有的库房，包括了冷库和加盖的部分及所有设备设施，只有300平方米左右一小部分新盖的库房因为完成度太低没有登记。

2017年12月20日，我签了补偿协议，协议里写了腾退补偿总计14224649元，工程配合奖励11398525元，总计补偿我25623174元。加盖部分总共获得了800多万元的拆迁补偿款。发钱的当天，王云峰跟我一起去了银行，我向他工商银行账户转了640万元。我拿到了2048万元拆迁补偿款，还有20%的补偿款没有拿到，王云峰说里面还有100多万元是他们的。

魏某2经对拆迁测绘报告中的魏某2用地平面图进行指认，指认赵言等人在2号、6号、7号、15号、16号、20号房抢建了隔层，以及新盖库房的位置。

经对12张不同男性正面免冠照片进行辨认，魏某2辨认出10号照片上的男子（陈胜勇）就是参与商讨，并在其地块上进行过加盖的姓陈的男子；经对12张不同男性正面免冠照片进行辨认，魏某2辨认出7号照片上的男子（王云峰）就是王云峰。

（2）证人谈某1的证言及辨认笔录证明：2017年7月，在融雪剂厂房快完工的时候，甘建民、姓赵的男子、陈胜勇又带我去了东某1村东的一个酒厂，酒厂的老板姓魏，里面有5个库房，他们说这里也要盖轻型钢结构厂房，让我干完融雪剂厂房后就到这边干。他们让我在酒厂的空地上新建厂房，在原来的 5 个库房、过廊里面新建隔断。2017 年 7 月 26 日，陈胜勇验收了融雪剂厂房后，我就安排工人到酒厂继续施工，用了一个半月的时间完成施工。5 个库房新建的隔断二层面积是 10022.4 平方米，北过廊新建隔断二层面积是 275.7 平方米，南过廊新建隔断二层面积是 172.2 平方米，空地新建厂房一块面积是 880 平方米，另一块面积是 1200 平方米。陈胜勇在现场盯着安全和进度，负责验收，最终的施工面积是我和陈胜勇测量之后确认下来的，甘建民和姓赵的男子偶尔来看看。陈胜勇用现金、银行转账的方式结账，但他说拆迁款还没下来，所以工程款没有结清。

经对 12 张不同男性正面免冠照片进行辨认，谈某 1 辨认出 4 号照片上的男子（赵言）为赵姓男子，是与甘建民一起与其洽谈融雪剂厂和酒厂库房建设，该人与甘建民、陈胜勇一起带其去过融雪剂厂和酒厂查看施工现场，施工过程中不定时去施工现场查看建设情况；经对 12 张不同女性正面免冠照片进行辨认，谈某 1 辨认出 5 号照片上的女子（魏某 2）为魏某 2，是东某 1 村东侧酒厂的老板；经对 12 张不同男性正面免冠照片进行辨认，谈某 1 辨认出 11 号照片上的男子（陈胜勇）为陈胜勇，该人与甘建民、赵姓男子一起带其去过融雪剂厂和酒厂查看施工现场，负责现场施工的监督，并负责施工面积的测量和工程款计算；经对 12 张不同男性正面免冠照片进行辨认，谈某 1 辨认出 9 号照片上的男子（甘建民）为甘建民，该人介绍其为抢建厂房的施工方，与陈胜勇、赵姓男子一起带其去过融雪剂厂和酒厂查看施工现场，在施工过程中不定时前来查看。

（3）证人孙某 8 的证言：在融雪剂厂房快完工的时候，甘建民、陈胜勇又带我到了东某 1 村东的一个酒厂，里面有个库房，放的都是酒。陈胜勇让我每 30 平方米弄一个玻璃隔断，越快越好，只要不倒就行。我按照陈胜勇的要求，一切从简，越快越好，共施工了十几天。陈胜勇在现场盯着安全和进度，甘建民偶尔也来看看。他们说等拆迁款到位后再结账，工程款还没有给我。

（4）证人王某 23 的证言及辨认笔录证明：2017 年 10 月 17 日左右，陈胜勇让我到大兴做一批冷库。我们在东某 1 村的一个厂区见了面，厂区仓库里存放了酒，陈胜勇让我在一个钢结构库房内新做冷库，说“这个冷库就是我个人的，建一个便宜点的，材料和设备用二手的就行，我不需要发票，价格越低越好，工期越快越好”。10 月 20 日，我和陈胜勇签了合同，陈胜勇支付了 10 万元定金，让我备料、准备施工。我测量了一下库房面积，大约 3240 平方米，在施工的过程中，陈胜勇又让我与放酒仓库挨着的一间面积约 1000 平方米的库房也建成冷库，标准和要求跟第一个仓库一样。冷库是陈胜勇验收的，就是通电、试机，查看一下制冷效果，他说可以了就算验收了。施工的时候，我见过一个50多岁，胖乎乎的卷发女子，陈胜勇说她是房东大姐，她安排工人清扫了库房里的杂物，给工人安排房间住宿，施工时接电、用水都是找她。

经对12张不同女性正面免冠照片进行辨认，王某23辨认出7号照片上的女子（魏某2）房东大姐，是其修建的第一个、第二个冷库所在厂区的老板。

（5）证人范某3的证言及辨认笔录证明：2017年10月，一个姓赵的男子打电话让我去东某1村东南角的厂区给两个冷库安装防爆灯，他准备好材料后，我就带着3个工人去安装了。一共两个冷库，一大一小，大的大概600平方米，小的大概400平方米，半高位置弄了一个隔断，分成两层。

经对12张不同男性正面免冠照片进行辨认，范某3辨认出1号照片上的男子（赵言）为赵言，是给其打电话，安排其在东某1村冷库内安装防爆灯的人，该人为其施工准备材料、验收并支付工钱。

（6）证人张某2的证言：魏某2在集建地东某1地块被拆除腾退中有三个隔断，分别位于15号、16号、20号房当中，15号房的隔层面积是1437.08平方米；16号房的隔层面积是1263.16平方米，20号房的隔层面积是3359.32平方米，三个隔层面积是根据测绘报告得出来的。三个房号的隔层评估金额都是面积乘以单价150元/平方米，再乘以0.6（三个房屋都是2009年后建设的，根据规定，2009年之后的房屋打6折，所以乘以0.6）计算出来的。15号房屋隔层的评估价格为129337.2元，16号房隔层的评估金额为113684.4元，我提供的报告上写的是15号房隔层和16号房隔层的评估价格之和为243021.6元；20号房隔层的评估价格为302338.8元。

（7）证人张某17（北京博睿凯德资产评估有限公司工作人员）的证言：2017年11月、12月前后，我协同拆迁服务公司去魏某1入户清登、勘查设备，其中就有魏某2的冷库。魏某2当时在现场，她跟我说了冷库制冷设备的参数，并说冷库是2012年建设。我以她介绍的参数和建设时间进行了勘查、清登和拍照，魏某2本人签字确认了。后我把确认单交给公司的评估助理熊某1，由她整理并初评。确定冷库的建设时间基本是以业主提供的数据为准，参数主要是魏某2口述，也会综合考虑机器设备的运行能力。魏某2的冷库材质比较一般，就是冷库板喷了一层保温喷涂，当时冷库也没有运行。

（8）证人熊某1（北京博睿凯德资产评估有限公司工作人员）的证言：我参与了博睿评拆字〔2017〕WSZ－133号的评估，该评估报告业主是魏某2。我们主要测量了魏某2冷库的体积、保温材料、制冷设备，制冷效率、建设时间、使用情况无法测量，都由魏某2提供，魏某2说她的冷库建于2012年，在登记之后，魏某2在登记底单上签字确认了。

（9）冷库工程合同书、银行转账记录证明：2017 年 10 月 20 日，陈胜勇与王某 23 签订安装 3240 平方米、金额为 701248 元的冷库合同；王某 23 的中国工商银行卡（尾号 8716）于 2017 年 10 月 20 日至 11 月 28 日，9 次共收到陈胜勇转账 92 万元。

（10）土地租赁合同、土地租赁协议、实际用地面积证明、补充协议、合同终止协议、补充终止协议书、场地经营情况证明、经营确认单等证明：北京瑞翔鑫达物流有限责任公司与魏某 1 镇东某 1 村经济合作社签订土地租赁合同，承租东某 1 村 22 亩土地，租赁期间从 2012 年 1 月 1 日至 2031 年 12 月 31 日，后北京瑞翔鑫达物流有限责任公司将该 22 亩土地转租给魏某 2 经营使用。经测量，魏某 2 拆迁地块实际面积为 29.359 亩，东某 1 村经济合作社就多出的 7.359 亩与北京瑞翔鑫达物流有限责任公司签订补充协议，并出具该 29.359 亩土地均为北京瑞翔鑫达物流有限责任公司实际用地面积的证明。该土地租赁合同、补充协议因拆迁腾退需要于 2017 年 12 月 31 日终止。东某 1 村村委、东某 1 村经济合作社分别在经营确认单、场地经营证明盖章，赵言签名。

（11）拆除腾退项目测绘报告、非住宅房屋拆迁补偿价格评估报告、估价结果通知单、张某 2 提供的隔层补偿数额计算表、魏某 2 搬迁损失补偿项目资产评估报告书、魏某 1 镇集建地项目二期（三标段）拆除腾退项目终审表、魏某 1 镇农村集体经营性建设用地入市试点项目拆除腾退补偿协议、补充协议等证明：经入户测绘、评估估价，魏某 2 与兴瑞临福公司签订协议，补偿总金额 2562.3174 万元，其中抢建的隔层、冷库的补偿金额为 615.14224 万元。

（12）魏某 1 镇农村集体经营性建设用地入市试点项目拆除腾退补偿预付款协议、记账凭证，中国工商银行业务回单、进账单、转账支票存根、领款确认单等证明：魏某 2 签署了拆除腾退补偿预付款协议，已收到拆除腾退款补偿款共计 2048 万元。

（13）王云峰的中国工商银行交易明细、北京农商银行交易明细，北京天正华会计师事务所出具的专项审计报告证明：王云峰中国工商银行账户（尾号 7257）于 2019 年 9 月 30 日收到魏某 2 转账 640 万元，后向其北京农商银行账户（尾号 1700）转账 416 万元，向赵言中国农业银行（尾号 3374）转账 4 万元，向陈胜丽兴业银行（尾号 1818）转账 200 万元。王云峰北京农商银行账户（尾号 1700）收到 416 万元后，向陈胜丽兴业银行（尾号 1818）共转账 165 万元，向任某 2 中国银行账户（尾号 7211）共转账 95 万元，向陈胜勇中国建设银行账户（尾号 4777）共转账 69 万元。

第三起：被告人周广森、赵言、王云峰、甘建民、陈胜勇，在王某 24 所租赁的东某 1 村地块（拆迁编号为 3 – DZL – 208）抢建冷库骗取拆迁腾退补偿款。2017年12月至2019年7月，王某24与兴瑞临福公司签订补偿协议确定拆除腾退补偿款为人民币880.2067万元，实际已获取补偿款人民币704万元。其中，抢建的冷库补偿款为人民币75.3447万元，按照已获取补偿款的比例折算，实际骗得人民币60.261605万元。

认定上述事实的证据有：

（1）证人王某23的证言：2017年11月，酒厂冷库快完工的时候，陈胜勇让我去马路对面的一个放着很多油桶的库房建冷库。我测量了面积，大约800平方米，陈胜勇要求的标准是价格越便宜越好、工期越快越好，我按照陈胜勇的标准在那里又建了一个冷库。

（2）证人李某15（北京博睿凯德资产评估有限公司工作人员）的证言：我参与了王某24地块内的设备及冷库的清登工作。王某24地块是个大库房，库房内有一个一层小冷库，大概有800平方米。这个冷库墙体和顶棚用聚氨酯泡沫喷成，有10多厘米厚，地面是水泥地面。我感觉这个冷库是普通库房改成的冷库，标准挺低的。

（3）证人熊某1的证言：我参与了博睿评拆字〔2017〕WSZ－017号报告书的评估，该份报告书的业主是王某24。我们主要测量记录了王某24冷库的体积、保温材料、制冷设备，制冷效率、建设时间、使用情况无法测量，都是王某24提供的，王某24说她的冷库建于2014年，登记之后，王某24在登记底单上签字确认了。

（4）王某24出入境记录查询、报案材料、公安机关出具的工作说明证明：王某24于2019年12月18日入境美国，因疫情无法回国，其以微信拍照方式发送报案材料，举报周广森、赵言抢建冷库获取补偿款。

（5）农村集体建设用地使用权租赁合同、合同终止协议、场地经营情况证明、被拆除腾退人与经营者协议等证明：北京石科院润滑油研究所与北京市大兴区魏某1镇东某1村经济合作社签订租赁合同，承租大东路东侧16亩土地，租赁期间从2012年1月1日至2031年12月31日，该租赁合同因拆除腾退需要于2017年12月19日终止。北京石科院润滑油研究所与王某24签订协议，认可租赁土地上的地上物及附属物全部由王某24个人出资成立，同意将停产停业综合补助费、搬迁补助费补给王某24。东某1村村委会在经营情况确认单上签字，周广森签字。

（6）拆除腾退项目测绘报告，非住宅房屋拆迁补偿价格评估报告，估价结果通知单，王某24搬迁损失补偿项目资产评估报告书，魏某1镇集建地项目二期（三标段）拆除腾退项目终审表，魏某1镇农村集体经营性建设用地入市试点项目拆除腾退补偿协议、补充协议等证明：经入户测绘、评估估价，王某24与兴瑞临福公司签订协议，补偿总金额880.2067万元，其中抢建的冷库的补偿金额为75.3447万元。

（7）魏某1镇农村集体经营性建设用地入市试点项目拆除腾退补偿预付款协议，记账凭证，中国工商银行业务回单、进账单、转账支票存根，领款确认单等证明：王某24签署了拆除腾退补偿预付款协议，已收到拆迁补偿款共计704万元。

（8）陈胜勇中国工商银行交易明细、北京天正华会计师事务所出具的专项审计报告证明：2019年7月17日，陈胜勇中国工商银行账户（尾号4317）收到王某24转账107.74万元后，向任某2北京农商银行账户（尾号6116）转账50万元。

认定上述三起事实的证据还有：

（1）证人王某3的证言：2017年5月，王云峰说和赵言、甘建民有个盖厂房、库房的投资，让我筹钱，我筹集的大部分钱都转到了陈胜勇的账户。2017年5月27日，我通过中国农业银行账户（尾号6574）取现70万元给了甘建民；2017年7月3日，我通过北京农商银行账户（尾号8623）向王云峰的中国工商银行账户（尾号7257）转账10万元；2017年8月至11月，我通过北京农商银行账户（尾号8623）向谈某1北京农商银行账户（尾号2304）转账6笔5万元，共30万元；向陈胜勇中国建设银行账户（尾号8945）转账2笔5万元、1笔45万元，共55万元。2017年11月，我通过中国工商银行账户（尾号3259）给陈胜勇中国建设银行账户（尾号8945）转账1笔50万元、1笔40万元，共90万元。2017年11月前后，我通过平安银行的消费贷，陈胜勇作为我的消费对象，平安银行直接放贷到陈胜勇中国建设银行（尾号8945）50万元。我累计投资了约310万元，这310万元用于在魏某1地区盖厂房或者库房。一年后，王云峰陆续把钱给我转了回来，除去还贷款的利息约20万元，挣了几万块钱。

（2）证人李某1的证言：2017年或2018年的一天，赵言跟我说“我和王云峰、甘建民约好共同出资在村里的那些厂子里面建些库房什么的，过些日子等库房拆迁了，能赚点钱，要是不拆就放在那早晚也拆，这事别人都出资咱们不出资他们肯定不带咱们玩了，可是咱们家又没那么多钱，不如先从你弟弟李某16那借10万块钱出资建库房”。过了三四天，赵言给李某16打电话借钱，过了几天，赵言跟我说“李某16给我转了15万元钱”。赵言说跟王云峰、甘建民商量好了，共同出资在村里的融雪剂厂建库房，过些日子等库房拆迁了，能拿点拆迁腾退补偿款，他们之间没硬性规定谁出资多少或者平均出资，谁有多少就出多少。

（3）证人李某16（赵言妻弟）的证言：2017年或者2018年的一天，赵言给我打电话说“东某1村马上就拆迁了，我和几个哥们想合伙投资在村里盖点库房什么的，将来能赚点拆迁补偿款，因为是合伙盖厂房，别人都出钱我不出钱不合适，我现在手中没有钱，你跟你媳妇商量商量能不能借我点钱”，我答应了，用我父亲的银行卡给赵言转账了15万元。

（4）被告人周广森的供述和辩解：王云峰说他和赵言、甘建民想在仓库南边的空地上盖个二层厂房，等拆迁的时候赚点钱，我让他们跟肖某3说，如果肖某3不同意，我再和肖某3谈，结果王云峰他们跟肖某3谈成了。王云峰他们投资，在紧挨着仓库的南侧边上盖了个二层厂房，肖某3问过我知不知道他们盖厂房的事情，我说知道。他们盖的厂房没有拆迁，政府说房子是2017年6月后盖的，补偿不了。王云峰为了盖这个厂房把自己的房子抵押了，应该花了挺多钱。魏某2在我们村租了一块地办厂子，她的厂子离刘某19的厂子不远，我不知道王云峰他们在魏某2的仓库里投资盖房的事情。王某24在我们村租了两三亩地，我不知道王云峰他们在王某24的这块地上投资盖房的事情。

（5）被告人王云峰的供述：2017年5月，周广森在“基地”当着我、赵言、甘建民、陈胜丽、陈胜勇的面说“魏某1镇在搞企业土地拆迁腾退，东某1马上也要面临拆迁，这回拆迁补偿款给得挺多的，你们在肖某3那块地上盖点房，我已经跟她说好了，到时候拆迁了可以挣点拆迁补偿款”。我们听到这个消息都特别高兴，之前这种挣钱的机会都是周广森的，没有给过我们机会。后拆迁的事在全镇都传开了，很多人都知道了，但是普通老百姓租不到土地，我们也租不到，我们都希望跟着周广森，利用周广森的人脉关系，能租到土地盖房挣钱。我和赵言、甘建民、陈胜勇一起商量找地盖库房。甘建民说他认识一个姓谈的人，之前给他干过活，是做彩钢棚的，我们都同意让姓谈的来干活，但不知道盖彩钢棚需要多少钱，大家商量好先凑钱把彩钢棚盖起来，谁有钱就多出，没钱就少出，等到拆迁之后，先把本钱还上，赚的钱平分。我有一套商品房，是可以抵押的，我就把房子抵押给了贷款公司，将抵押的钱给了陈胜勇及盖房的人。肖某3这块地是周广森找的，周广森跟我们说这件事的时候，就已经跟肖某3说好了，让我们在她的地上盖库房。周广森说这块地我们不用交租金，库房盖完后免费让肖某3使用，拆迁之后将拆迁补偿款获利的30%给肖某3，剩下的70%我们四个人分。我们盖的库房在周广森“基地”南侧500米左右，中间隔着“老基地”和融雪剂厂的库房，库房大概是一个长方形，一共两层，层高2米多，每层面积7000多平方米，两层一共1.5万平方米左右。

在肖某 3 这块地上的彩钢棚快盖完的时候，赵言说又找了一块地，在东某 1 村东，原租户是个姓魏的女子。我觉得赵言没有租地的能力，应该是周广森找的。这个院子本身就有 5000 平方米左右的库房，我们四个商量在房子一半的高度打隔断，改成二层，把一层改成冷库，这样在拆迁的时候可以多算面积多赔钱。我们和姓魏的女子约定盖的房让她免费使用，拆迁的时候把补偿款获利的 35% 给她，剩下的我们 4 个人平分。这个院子库房的工期大概一两个月。2019 年，赵言说拆迁款下来了，我就跟姓魏的女子一起到银行，她将属于我们的补偿款都转到了我的工商银行卡。赵言在东某 1 村东还找了一个厂房，租户是一个姓王的女子。这个地块本身就有一个库房，大概三四千平方米，我、赵言、甘建民、陈胜勇商量直接把库房改成冷库，把拆迁补偿款的 30% 给租户。

我们建的库房，都是甘建民找那个姓谈的人盖的，冷库都是陈胜勇找人建的。我们开始建库房的时候不知道要多少钱，钱都是陆续投进去的，不分哪个库房，我一共出资 260 万元左右，赵言一共出了 20 万元，陈胜勇和甘建民每个人出了 70 万元，总共出资 420 万元左右。我的 260 万元中 70 万元是家里的存款，40 万元是王某 3 跟家里人借的，找银行贷了 50 万元，后又将海子角的房子抵押给了一个公司，抵押了 185 万元，抵押后我先将银行贷款还清了，将剩下的 100 万元左右全部投了进去，我把这 260 万元都给了陈胜勇。

（6）被告人赵言的供述：2017 年魏某 1 镇集体经营性建设用地入市腾退试点工程开始前的一天，我、甘建民、王云峰、陈胜勇都在“基地”，周广森说“现在大兴区正在搞企业土地腾退，魏某 1 镇已经有几个村在搞一期拆除腾退了，腾退补偿款给了不少钱，二期腾退就有东某 1 村，将来找块地盖个库房什么的，多弄点拆除腾退补偿款”。当时周广森家的地正在建库房，周广森说“马上就集建地入市拆迁了，到时候肖某 3 院子里面有空地，你们操持着，投点钱建库房拆迁赚点钱”，我们四个明白周广森想要给我们机会，让我们在拆迁中赚点钱。第二天，我带着陈胜勇或甘建民先找肖某 3 老公谈，我跟他说“我们打算在你家空地上建点库房，周广森跟你都通过气了，你出地我们出钱，拆迁收益纯利润给你们拿 30% 到 40%”，他同意了。我跟李某 1 说“周广森让我、王云峰、甘建民、陈胜勇在村西边肖某 3 的厂子里投资建库房，到时候拆迁的时候好赚点钱，咱们家没钱，你看看能不能从娘家那边借些给我投资”，李某 1 从我小舅子李某 16 那里借了 15 万元。肖某 3 厂子里库房的具体施工人员是甘建民或陈胜勇找的。我当时觉得自己借的 15 万元不顶事，就跟甘建民、陈胜勇、王云峰说“我真的是没这么多钱进行投资，我就给你们跑跑腿找找关系什么的”。他们没有非让我出钱投资。

在肖某3融雪剂厂建库房过程中，陈胜勇、甘建民、王云峰让我在村里面的厂子找找，看看是否还有空地，说一起再建点库房，拆迁的时候能多获得点拆迁补偿款，我同意了。我把这个事跟周广森说了，他让我们自己看着操持，我还提出魏某2和王某24承租的土地里面有空地，可以去问问，周广森也同意了。我找周广森是怕周广森自己想在魏某2、王某24厂子里建库房或者要留给别人投资建库房。次日，我带着王云峰、陈胜勇、甘建民去找魏某2，跟魏某2说王云峰是周广森的司机、陈胜勇是周广森的大舅哥，马上要拆迁了，我们想在她的厂子里建库房，拆除腾退的时候多获得点补偿款，她出地，我们出钱出工进行建设，拆迁的时候她拿纯利润的30%到40%，魏某2同意了。我带着陈胜勇到了王某24的厂子里，跟王某24说陈胜勇是周广森的大舅哥，马上她这里要拆除腾退了，我们想在她的厂子里建点库房，拆除腾退的时候多获得点补偿款，她出地，我们出钱出工进行建设，拆迁的时候她拿纯利润的30%到40%，王某24同意了。我们看了王某24的厂子后，觉得没地方可以建库房，当时刘某20、张国印在刘某19的厂子里建冷库，我们决定学他们也建冷库。

我前期没有投钱，就是跑跑腿，找关系，找厂子。为了建库房，王云峰将他在大兴区黄某1镇海子角的房子抵押了，需要还贷款，陆续向我借过钱还贷款，借款有1万元、2万元、5万元的，总数记不清了。

（7）被告人甘建民的供述：2017年5月，我和赵言在周广森的“基地”，赵言跟我说，过一阵可能要拆迁腾退了，想在东某1村找块地，到时候拆迁挣点钱。赵言说在“基地”南边融雪剂厂找了地，我们在那里盖个二层库房。我找了一个干钢结构的工程队，施工时间大概一个月，盖好后就一直搁着，等着拆迁。前期谈判都是赵言谈的，跟周广森打招呼也是赵言负责，因为弄地的事，虽然赵言是书记，但也得周广森同意才行。赵言说肖某3同意了，不用交租金，拆迁后给她30%的分成就行。租地合同是我签的，因为我是外村人，比较脸生，合同是2017年5月初签的，但合同日期写的是2014年5月10日，因为弄这块地的时间跟拆迁时间比较近，所以就弄了一个2014年的合同，这样显得比较正常。另外还有一个协议，内容是拆迁以后从拆迁款里给肖某3 30%。肖某3厂子的库房还没干完的时候，我去周广森的“基地”，陈胜勇跟我说赵言和王云峰在村东边又找了一块地，那个院子本身就有库房，我们只要在半高的位置弄个隔断，建个二层就行。我们四个人一起去看了这块地，这块地承租人是一个姓魏的女的，当时她跟我们说想要35%的分成，比肖某3要的还多，当时我觉得不合适，他们三个的意思是能挣1万元是1万元，最后就决定干了，王云峰签的租地合同。在王某24地块的库房改建冷库，是赵言他们三个人去谈的，这块地我投钱了，但签合同、谈判我都不在，也没去过现场。这三块地我一共投资了95万元，不是每块地分别投资，一开始说这事的时候，我说有20万元，能再借70万元，给陈胜勇钱也不是每块地分开给的，是一起给了。赵言投了25万元，王云峰把房子都抵押了，应该投的不少，陈胜勇好像向周广森借了100多万元，账的事情都是陈胜勇负责。

（8）被告人陈胜勇的供述：2017年6月，王云峰跟我说融雪剂厂有块地，他和赵言、甘建民准备建库房，让我去负责管理施工现场。我们四人去融雪剂厂看了场地，商量好建一个二层的仓库。我们和肖某3签订了一份租地协议、一份投资协议，约定利润的30%给肖某3，这两份协议都是甘建民签的字。租地协议甘建民先保管了一两个月，然后交给了我，后又被甘建民拿走了，投资协议一直在“基地”的屋子里，跟账本放在一起。签完协议后，甘建民就把施工队负责人谈某1叫到融雪剂厂，让我跟谈某1见面，跟谈某1讲了一下施工现场的情况，还找了一个叫孙某8的人负责安窗户，他们最后都是找我结账。

在肖某3的融雪剂厂二层仓库快建好的时候，王云峰带我去看了魏某2的地，说能不能在这个厂子里再建个库房。我、王云峰、赵言，记不清是否有甘建民，就去找魏某2，他们应该提前跟魏某2谈过这个事情了，因为没说几句就开始跟魏某2谈怎么分成了，魏某2觉得分得少，最后约定将利润的35%给她。我们和魏某2签订了一份投资协议，签字的是王云峰。次日，王云峰让我带谈某1去看魏某2的仓库能不能加隔断改二层，谈某1说可以，我还是负责施工现场。王云峰又提出来能不能找人建个冷库，我们四人到处打听能够建冷库的人，我打听到一个叫王某23的人会建冷库，就跟他签了一份施工协议。我把王某23报的价格跟王云峰、甘建民、赵言说了，他们都同意。我跟魏某2说了加盖2个冷库的事情，没有单独再签协议，约定跟加盖隔断改的二层仓库一样，将利润的35%给她。在魏某2厂里的2个冷库快建好了的时候，赵言又找了王某24的润滑剂厂这块地，让我带王云峰、王某23去看看能不能建点什么。我们决定在仓库里建一个冷库，还商量在仓库北侧种树，当时王某24在国外，所以没签协议。王某23用了一周左右的时间盖了一个冷库，我还叫人种了几十棵果树。补偿款下来后，赵言跟我们说他和王某24约定了给她30%利润。

盖仓库、冷库，我们四个人都出钱了，没说谁具体出多少钱，不够了就陆续一起凑，钱是我管理。王云峰陆续出了280万~290万元，甘建民出了95万元，赵言出了25万元左右，我出了70多万元。我有一个账本，记了我、王云峰、赵言、甘建民四个人的账，还记了和姓柯的人在“基地”建仓库的账，以及与谈某1、王某23的账。谈某1和孙某8是甘建民找来的，王某23是我找来的；种果树的人是王云峰或者赵言给了我一个电话，我打电话叫来的。我们找地盖仓库、冷库时没说具体怎么分钱，应该是先把每个人的本钱除去，再分剩下的钱。

上述证据经庭审举证、质证，本院对言词证据中相互印证的部分及其他证据予以确认。

15. 被告人周广森于2017年5月至12月，指使被告人赵言、刘某20（另案处理），伙同刘某19（另案处理）在刘某19租赁的东某1村地块（拆迁编号为3-DZL-210）集建地项目拆除腾退中，通过抢建冷库方式骗取拆迁腾退补偿款；在周广森的同意下，被告人张国印在该地块抢建太阳能灯杆骗取拆迁腾退补偿款。2017年12月至2019年7月，刘某19与兴瑞临福公司签订补偿协议确定拆除腾退补偿款为人民币4412.9244万元，实际已获取补偿款人民币3530万元。其中，抢建的冷库、太阳能灯杆的补偿款分别为人民币510.7686万元、4.425万元，按照已获取补偿款的比例折算，实际骗得人民币408.575582万元、3.539659万元。

认定上述事实的证据有：

（1）证人刘某19的证言：2006年左右，我在东某1村租了25多亩地开办印刷厂，合同约定每年每亩2000元，签了30年，当时东某1村的书记是周广森。2012年，国家不让签30年的租地合同了，我就跟村里重新签了一份20年的租地合同，还是每年每亩2000元。2017年拆迁，我这块地经实际测量是35.851亩，我向村里补交了差额租金。我2006年租地时这块地是荒地，没有任何建筑。承租后，我安装了变压器并建设厂房，2009年起照正式经营，之后几年一边生产一边增建，到2012年左右就没有增建了。2017年夏天，东某1村的赵言主任找我，说有人想在我的库房加盖冷库，冷库利润更大，拆迁的时候补偿款比普通库房多，也会给我一定好处，我想在拆迁的时候多赚点补偿款，就同意了。过了几天，周广森的司机王云峰找我，说他是来建设冷库的，我看他是周广森的司机，觉得要给周广森面子，就同意他在我厂子里盖冷库了。我们口头约定，冷库由王云峰他们建设，建成后，如果拆迁了，冷库的补偿款三七分成，我拿三成，王云峰他们拿七成；如果没拆迁，我也不负责任。王云峰他们在我的库房里一共加盖了5个冷库，这些加盖的冷库后来都拆迁了，也都给了拆迁补偿，评估价格总计为5107686元。厂区内的冷库都是王云峰他们于2017年修建的。改建冷库最开始是赵言跟我谈的，王云峰跟我聊了建设的相关事宜，还谈了补偿款的问题。我在厂区里从来没有建设过太阳能灯杆，可能是赵言、王云峰他们或是他们安排的人修建的灯杆。清登人员来过很多次，每次都是一帮人，有的照相、有的测量、有的登记，勘查我的厂区和设施。我和张某 16 谈的拆迁款，拆迁合同中测量、评估、冷库详细情况我都认可，我在上面确认签字了，我已经拿了 3500 多万元拆迁补偿款，还有几百万元没给我，到账的拆迁补偿款中，我转了 500 万元给王云峰。

（2）证人王云峰的证言：2018 年集建地拆迁，周广森在“基地”跟我说，他让刘某 19 给我卡里转一笔钱，具体是什么钱没说。我开车到大兴区黄某 1 镇龙河路和富强路交叉口西南角的工商银行找刘某 19，把我的工商银行卡给了刘某 19，刘某 19 在柜台给我转账了 200 万元。没过几天，周广森让我把钱转走了，具体给谁转的记不清了。周广森没有具体跟我说这笔钱是什么钱，我觉得是拆迁补偿款，因为这笔钱的数额很大，而且钱是刘某 19 给我转的，当时刘某 19 那块地正在拆迁，那段时间张国印总是来“基地”找周广森，他们说事的时候都不让我在场，所以我认为这笔钱是周广森和张国印合伙在刘某 19 那块地上分得的拆迁补偿款。

（3）证人刘某 20 的证言：2017 年或者 2018 年，我去周广森的“基地”找周广森、赵言他们玩，周广森或赵言带我去了东某 1 村东一个印刷厂，问我会不会把库房改成冷库，我说会。当时我的朋友张某 20 正好让我带他弟弟张某 21 投资赚钱，我就把这个工程告诉了张某 21，张某 21 拿了 60 万元现金，加上我自己的钱，总共 200 多万元，我们垫资为周广森或赵言改建冷库。我找了“小范”，张某 21 也找了几个工人，我和张某 21 去二手市场买了改建冷库所需要的板材和压缩机，“小范”他们干了不到一个月就把冷库建成了。冷库一共 4 个左右。垫付的 200 多万元中，购买二手的冷库板材、压缩机、风机等物品大概花了一百七八十万元，人工费大概花了 80 万元，我支付的人工费都给了“小范”。过了一二年，冷库被拆迁了，赵言有钱了，一共给我转了 180 万元，我让赵言给张某 21 转了 60 万元。

（4）证人范某 3 的证言：2017 年秋天，刘某 20 问我愿不愿意去东某 1 村改建个冷库，干完活给我结工钱，我说行。过了几天，有个男的打电话说是刘某 20 介绍的，叫我到东某 1 村东一个厂子里，那名男子让我把东西两排厂房（大概有四五个小厂房）改建成冷库，他们出材料，我只负责安装冷库板和走线。我丈量了一下这四五个厂房，面积大概 1100 平方米，我跟他说差不多要 15 万元，他说可以，让我等材料来了赶紧施工。过了不到一周时间，那名男子打电话说明天冷库板就到了，让我赶紧去施工。我临时找了十几个工人就过去了，改建冷库共用了十多天时间。改建冷库的原材料都是刘某 20 和那名男子提供的，用的冷库板都是放了很久的老的冷库板，冷风机也是有新有旧。改建工程完成后不久，刘某 20 给了我 10 多万元工程款。

（5）证人勾某1的证言：2017年10月的时候，我们发现魏某1镇很多厂房在抢建太阳能灯杆，意图骗取拆迁补偿款。针对这一情况，我们向魏某1镇政府汇报，镇里开会商讨后，最后确定每根灯杆不高于280元，并形成了书面的标准，下发给了评估单位和审计单位。

（6）证人张某2的证言：刘某19厂区的灯杆是太阳能灯杆，金属材质，结构比较简单，就是一个灯杆、一个灯罩、一个太阳能板，大概高3米，建得比较密集，厂区里共有177根，相隔2米到3米就有一根，正常照明的话根本用不了这么密集。清登后，按照拆迁项目管理公司的规定，每根灯杆作价280元左右，我们给刘某19厂区的灯杆作价是每根250元，177根灯杆一共44250元。

（7）证人李某15的证言及辨认笔录证明：我参与了刘某19地块设备及冷库的清登工作。刘某19厂房内有五个冷库，都是一层的。这五个冷库第一个冷库长64米，宽19.1米，高4.3米；第二个长64米，宽19.1米，高4.3米；第三个长58.5米，宽22米，高4.3米；第四个长25.2米，宽19.3米，高4.3米；第五个是个"L"形的冷库，高4.4米。这些冷库的墙体和顶棚都是聚氨酯板，大概15厘米的厚度，都是水泥地面。

经对12张不同男性正面免冠照片进行辨认，李某15辨认出6号照片上的男子（刘某19）就是刘某19。

（8）证人熊某1的证言：我参与了博睿评拆字〔2017〕WSZ-025号报告书制作，该份报告业主是刘某19。我们主要测量记录了刘某19冷库的体积、保温材料、制冷设备，制冷效率、建设时间、使用情况，都是刘某19本人提供的，刘某19称其冷库建于2015年。

（9）土地租赁合同、实际用地面积证明、营业执照、情况声明、补充协议、合同终止协议、补充终止协议书、场地经营情况证明、经营确认单等证明：北京增富印务有限公司与东某1村经济合作社签订土地租赁合同，承租东某1村25亩土地，租赁期间从2012年1月1日至2031年12月31日，刘某19为北京增富印务有限公司法定代表人，拆迁补偿款及预付款等全部归刘某19个人所有。经测量，该拆迁地块实际面积为35.851亩，东某1村经济合作社就多出的10.851亩与增富印务有限公司签订补充协议，并出具该35.851亩土地均为增富印务有限公司实际用地面积的证明。该土地租赁合同、补充协议因拆迁腾退需要于2018年1月1日终止。东某1村村委、东某1村经济合作社分别在经营确认单、场地经营证明盖章，周广森签名。

（10）拆除腾退项目测绘报告，非住宅房屋拆迁补偿价格评估报告，估价结果通知单，刘某19搬迁损失补偿项目资产评估报告书，魏某1镇集建地项目二期（三标段）拆除腾退项目终审表，魏某 1 镇农村集体经营性建设用地入市试点项目拆除腾退补偿协议、补充协议等证明：经入户测绘、评估估价，刘某 19 与兴瑞临福公司签订协议，补偿总金额 4412.9244 万元，其中抢建的 5 个冷库的补偿金额为 510.7686 万元，177 根太阳能灯杆的补偿金额为 4.425 万元。

（11）魏某 1 镇农村集体经营性建设用地入市试点项目拆除腾退补偿预付款协议，记账凭证，中国工商银行业务回单、进账单、转账支票存根，领款确认单等证明：刘某 19 签署了拆除腾退补偿预付款协议，并已收取拆除腾退补偿款共计 3530 万元；2018 年 12 月 24 日、2019 年 7 月 24 日，刘某 19 向王云峰中国工商银行账户（尾号 7257）分别转账 300 万元、200 万元。

（12）被告人周广森的供述和辩解：刘某 19 在 2000 年之后在我们村租地盖了个印刷厂。王云峰、赵言、陈胜勇跟我说过在刘某 19 的印刷厂里投资的事情，我劝他们别弄。刘某 20、张国印也找过我，我都回绝了。

（13）被告人赵言的供述：2017 年魏某 1 镇集体经营性建设用地入市腾退试点工程期间，刘某 20、张国印到“基地”找周广森说想在东某 1 村找一个在拆迁腾退范围内的厂子改建或者抢建点库房，可以挣点拆迁补偿款。过了几天，周广森跟我说“你看看村东头刘某 19 的印刷厂是否还在生产运营，看看他厂子里还有没有空地可以抢建点库房，如果有地方就让张国印和刘某 20 在那建库房，后面拆迁腾退能给点补偿款”，我说行。我带着刘某 20、张国印到了刘某 19 的印刷厂，这个厂子没有地方可以新建库房了，刘某 20 和张国印提出将原先的普通库房改建为冷库好多获得拆迁补偿款，改建冷库是刘某 20 和张国印共同出的资。我给刘某 19 打电话说“大兴区现在都在搞拆迁腾退，清退的就是你这样的中小企业，你这个厂子将来也在清退范围内，我们周广森书记的一个哥们儿想跟你合作，钱由他出，将你原有库房改造成冷库，这样在拆迁腾退的时候可以多给补偿款，补偿款下来肯定也不能亏了你，给你利润的 30%”，刘某 19 同意了。后张国印带着工人把普通库房改造成了冷库。刘某 19 的印刷厂测量、评估的时候，是张国印带着测量、评估公司的人找刘某 19 一起确认的测量、评估范围，指认的现场。刘某 19 厂子里的冷库补偿了 500 多万元，这 500 万元拆迁补偿款分 2 次打到了王云峰的账户，第一次 300 万元，第二次 200 万元，都是周广森安排我带着王云峰去找的刘某 19，刘某 19 再把钱转到王云峰的账户上。周广森让我把这些钱陆续通过转账或者提取现金的方式交给孙永合、张国印、窦晓雷、刘某 20、张某 16 等人，周广森把这笔拆迁补偿款交给我执行，我怕周广森日后询问账目，就简单地记录在两张纸上。写有“印刷厂冷库”的纸条是我在周广森授意下记录的分配刘某 19 土地拆迁款的第一张纸条，其中“印刷厂冷库”指的就是刘某19的那个印刷厂；“200万（第二批钱）”指的是刘某19转的第二笔拆迁腾退补偿款200万元；“给孙永合100万”指的是从这笔钱中借给孙永合100万元；“给张国印10万”指的是分给张国印投资建冷库的钱10万元；“剩90万”指的是这笔200万元后来剩下了90万元。“第一批300万”指的是刘某19转的第一笔拆迁腾退补偿款300万元；“借雷子100万”指的是借给窦晓雷100万元；“广汉150万”指的是分给刘某20投资建冷库的钱150万元；“张国印36万”指的是分给张国印投资建冷库的钱36万元；“张某16　10万”指的是准备给张某16的10万元。写有“汉、胡、顺、三、印、辉”等字样的纸条是我在周广森授意下记录的分配刘某19土地拆迁款的第二张纸条，“汉150”是指给刘某20的150万元；“胡16”是指还给胡广钢16万元，胡广钢是周广森的同学，他借给过张国印钱，周广森让我记着这个账；“顺5”是指还给“来顺”5万元，“来顺”也是周广森的同学；“三5+4”是指周广森有一个5万元和4万元，印象中应该是周广森用了5万元和4万元；“印10”是指给张国印10万元；“辉10”是指给张某16的10万元，这个张某16是2017年魏某1拆迁腾退指挥部的工作人员，30岁左右，他和周广森、张国印关系很好，他们之间一直有经济往来。当时周广森让我带着张国印、刘某20跟刘某19对接，我就带着他俩和刘某19认识了一下；刘某19获得拆迁补偿款后，我在周广森的安排下将钱分给了他们，我没有从中获利。

（14）被告人张国印的供述及辨认笔录：2017年9月左右，当时大兴区几乎所有的镇都面临着集建地入市腾退项目。我知道这个事情后，就跟刘某20商量能不能在集建地入市腾退项目拆迁的时候挣点钱，刘某20同意了。我们一起到“基地”找周广森，想看看东某1村或者附近有没有合适的地，能够让我们投资搞项目，周广森说没有地了。后来我听说刘某20在东某1村的印刷厂里弄项目，我就问周广森为什么赵言、刘某20建冷库，不带我玩，周广森让我别参与了，说刘某20都谈好了，让我去找刘某20。我去找刘某20，刘某20说自己做不了主，让我去找周广森，我又问赵言，赵言说自己就是跑腿的，让我去问周广森和刘某20。他们三个来回推，我反复地找他们，后来周广森可能烦了，说你非要弄，就装个路灯吧。周广森让赵言带我去了印刷厂，见了负责人的一个亲戚，我问他是否能装路灯，那人说能。我就在小广告上找了装灯的工人，带着工人在印刷厂里指了装灯的位置，就走了。2017年10月左右，冷库和灯的项目建好了，2017年年底，印刷厂就拆迁了。我听刘某20说他投资花了200多万元，周广森和印刷厂都没有投资，我听说周广森给了刘某20一笔190万元，一笔90万元，剩下的钱周广森留下了。周广森问我装灯花了多少钱，我说花了20多万元，周广森让赵言给我妻子梁亚青的账户转了25万元，好像是用王云峰的账户转的。

经对12张不同男性正面免冠照片进行辨认，张国印辨认出2号照片上的男子（刘某20）就是2017年5月在大兴区魏某1镇东某1村刘某19租赁地块厂房内，违规抢建冷库，骗取拆迁款500余万元的人。

上述证据经庭审举证、质证，本院对言词证据中相互印证的部分及其他证据予以确认。

16. 被告人周广森于2017年5月至9月，指使被告人周广柱在尹某1租赁的魏某1镇三某1村地块（拆迁编号为3－SSZ－102）集建地项目拆除腾退中，通过抢建彩钢房、加盖二层隔层等方式骗取拆迁腾退补偿款。2017年12月至2019年9月，尹某1与兴瑞临福公司签订补偿协议确定拆除腾退补偿款为人民币337.5286万元，实际已获取补偿款人民币269万元。其中，抢建的隔层补偿款为人民币19.8126万元，按照已获取补偿款的比例折算，实际骗得人民币15.790037万元。

认定上述事实的证据有：

（1）证人尹某1的证言：2005年左右，我在三某1村承租了一块8.4亩的地，每年每亩500元，一直到2013年前后，村里变更了合同，调整为每年每亩3000元，承租期限20年。我承租后没钱盖房，就把这块地整体转租给了董某2，约定将来遇到拆迁对半分，相当于各占50%的产权。2006年左右，董某2开始建设，在地块北侧盖了一排平房，有20间左右，东侧盖了300平方米左右的厂房，西侧盖了600平方米左右的厂房，南侧盖了1000平方米左右的厂房。2017年年初，董某2想把地上的厂房转出去，我问他多少钱，他说150万元，我说按照约定这个厂房我占一半产权，董某2说可以70万元转给我。我自己不太好筹钱，因为过去和周广森是前后院，关系不错，就找了他，算是拉他入股，从他那里拿了70万元。我和周广森约定出租或者以后有拆迁收益各占一半。

董某2于2017年四五月搬走了，五六月的时候，周广森找我商量，想把这个院子盖满，我说没钱。周广森找周广柱盖的房子，施工的人是周广柱找的，工钱也是周广柱谈的，当时没给周广柱工钱，2019年拆迁款到了，周广森让我跟周广柱算算工钱，周广柱报了三十多万元，周广森说这个价格报得太高，到现在也没把工钱给周广柱。从2017年五六月开始，先在西侧和南侧的厂房内加盖了隔层，后来又在院子中央的空地上盖了彩钢房，到2017年八九月，西侧和南侧隔层完成了，彩钢房没盖完，有一部分只搭好了架子，没盖好屋顶，魏某1镇政府的人来叫停，就没再盖屋顶，最后拆迁评估也没算这部分。董某2盖的房子没有隔层，周广森让人加盖隔层，在院落中盖彩钢棚，为了出租多挣点钱，拆迁时候也可以多赔点钱，彩钢棚、隔层盖得都比较简陋。拆迁一共补偿330万元左右，从2019年分批给的，到现在给了80%，收到拆迁款后，我先给周广森转了29万元，周广森让我给王云峰转了70万元，通过微信也给周广森转过一两万元。

（2）证人董某2的证言：2006年左右，我从尹某1手中承租了三某1村的8亩多地，我在上面建设了几个厂房，做装饰板的生意，一直干到了2017年。2017年的时候，这个生意不好干了，我在南方还有一些生意，就想把厂房卖了，我给尹某1估了70万元的价格，尹某1接受了，把厂房买断了，我2017年四五月就搬走了。我在承租地的东边、南边、西边都盖了库房和厂房，北边盖了一排平房，围成一个院子，院中间是空的，我盖的房子都没有二层隔层。

（3）证人柯某1的证言：2017年八九月，周广柱让我在三某1村尹某1的地上进行过建设，在尹某1原有的彩钢棚里加盖了隔层，把一层变成二层，还在他的院子里新建彩钢棚，加盖隔层的工程完工了，新建彩钢棚的工程建到一半被城管执法队叫停了，没有完工。

（4）证人王云峰的证言：周广森说东某1村的尹某1在三某1村有块地，尹某1因为这块地跟周广森借了一笔钱。后来这块地拆迁了，他要把钱还给周广森，周广森就要了我的卡号让尹某1给我转了70万元，后周广森让我把这笔钱全部转出去了。

（5）土地租赁合同、合同终止协议、场地经营证明、经营情况确认单等证明：尹某1与三某1村经济合作社签订租赁合同承租该村8.4亩土地，租赁期间从2013年1月1日至2032年12月31日。该租赁合同因拆迁腾退需要于2019年4月10日终止。三某1村村委、三某1村经济合作社分别在经营确认单、场地经营证明上盖章。

（6）拆除腾退项目测绘报告，非住宅房屋拆迁补偿价格评估报告，估价结果通知单，魏某1镇集建地项目二期（三标段）拆除腾退项目终审表，魏某1镇农村集体经营性建设用地入市试点项目拆除腾退补偿协议、补充协议证明：经入户测绘、评估估价，尹某1与兴瑞临福公司签订协议，补偿总金额337.5286万元，其中抢建的6彩钢隔层、7彩钢隔层补偿金额共计19.8126万元。

（7）魏某1镇农村集体经营性建设用地入市试点项目拆除腾退补偿预付款协议，记账凭证，中国工商银行业务回单、进账单、转账支票存根，领款确认单等证明：尹某1签署了拆除腾退补偿预付款协议，并已获取拆除腾退补偿款共计 269 万元。2019 年 7 月至 8 月，尹某 1 向周广森中国农业银行账户共转账 29 万元；向王云峰中国工商银行账户转账 70 万元。

（8）被告人周广森的供述：尹某 1 是东某 1 村人，我们两家挨着，父辈来往挺多的，我们关系还可以。尹某 1 很早之前就在三某 1 村租了块地，又转租给了他的一个朋友，那个人在地上盖了些库房。四五年前，那个人不想租了，尹某 1 就想在地上再盖些房子出租，因为他没那么多钱，就找我借钱，当时说好借的钱算我入股投资，出租之后会分钱给我，要是赶上拆迁就算我的投资款。我借给尹某 1 了 50 万元或 70 万元，这笔钱他一部分用于盖房，一部分用于补偿他那个朋友盖房出资的钱。他的库房盖起来后没有出租，在集体土地上市的时候拆了。尹某 1 盖房子时问过我施工的事，我让他自己弄，没时间跟他折腾这个事。2019 年，我让尹某 1 给王云峰打了 70 万元本金，给我打了 29 万元算是盈利。

上述证据经庭审举证、质证，本院对言词证据中相互印证的部分及其他证据予以确认。

17. 被告人周广柱于 2017 年 9 月至 12 月，在其租赁的魏某 1 镇三某 1 村地块（拆迁编号为 3 – SSZ – 203）集建地项目拆除腾退中，通过抢种树木的方式骗取拆除腾退补偿款。2017 年 12 月至 2019 年 7 月，周广柱与兴瑞临福公司签订补偿协议确定拆除腾退补偿款为人民币 122. 7447 万元，实际已获取补偿款人民币 98 万元。其中，抢种的树木补偿款为人民币 65. 8055 万元，按照已获取补偿款的比例折算，实际骗得人民币 52. 539449 万元。

认定上述事实的证据有：

（1）证人赵亚利的证言：2012 年至 2013 年，周广森跟我说三某 1 村路东侧有块地，面积有四五亩，问我投不投，我同意投。周广森让我拿了 10 万元，让杨长战拿了 20 万元，后来杨长战撤资了，周广森又让商权震和一个姓李的各出了 10 万元，我们 3 人凑了 30 万元，买断了这块地，这块地是养殖用地。周广森让周广柱管理这块地，我们把钱都给了周广柱，周广柱把地上的树和藤都伐了，盖上了平房，后来平房被商权震用来当库房。租这块地的合同是周广柱签的，盖房是周广森决定，周广柱具体实施的。2017 年左右，镇里统一要求拆迁腾退，这块地上的一排平房被拆了，我一两个月后才知道拆迁的事，问了周广柱，周广柱说补偿了 40 万元左右。

（2）证人王某 19 的证言：2005 年前后，我在三某 1 村租了 6 亩地，每年每亩租金 100 元。我想在地上建设，镇里老有人来检查，不让建设。2010 年的时候，周广森是区里的人大代表，包片我们村，他说想要这块地，价格 30 万元，我同意了。后周广柱找我，跟我砍价，最后这块地 20 万元转给了周广柱。

我和周广柱签的协议，大概内容是将这6亩地一次性转让给周广柱，今后这块地就是周广柱的了，转租协议是2010年签的，当时合同日期是空着的。2015年前后，这块地还是荒着的，长了很多杂草，周广柱把地用围墙围了起来。2017年开春，周广柱开始在地上建设，一共建了四排房屋，大概在2017年9月完全盖成。2017年11月开始清登，清登前周广柱把北数第二排房拆了，可能是镇里的人来检查，按照违建自行拆除了。清登的时候只认定了北边第一排房屋，最南边的两排房没有认定。这块地最早是庄稼地，不是建设用地，地上没什么树，树都是周广柱2017年9月以后种的。盖房的时候，是东某1村的李某14盯着。

（3）证人李某14的证言：2016年前后，周广柱跟我说在三某1村弄了块地，让我去盯着工人盖房。开始先垒围墙，再盖的房子，具体盖房的时间记不清了，到2017年9月全部完工。一共盖了四排房子，北数第二排房子听说是违建，周广柱自行拆除了。后周广柱又开始在院子里种树，种树之前院子里只有几棵死树。

（4）证人黄某1的证言：我帮周广柱在三某1村盖的房子是2016年冬天或者2017年开春时开工的，因为经常有城管或者综合执法队的人过来叫我们停工，说我们是违法建筑，所以断断续续停工，干了几个月才盖好。盖房的时候是东某1村的李某14盯着。

（5）土地承包合同、转租协议、合同终止协议、终止协议记载：王某19承包三某1村村东6亩荒地，准许养殖建设，期限从2006年12月22日至2036年12月22日；2006年12月23日，王某19将该6亩地转让给周广柱经营；土地承包合同、转租协议因拆迁腾退需要均已终止。

（6）拆除腾退项目测绘报告，非住宅房屋拆迁补偿价格评估报告，估价结果通知单，魏某1镇集建地项目二期（三标段）拆除腾退项目终审表，魏某1镇农村集体经营性建设用地入市试点项目拆除腾退补偿协议、补充协议等证明：经入户测绘、评估估价，周广柱与兴瑞临福公司签订补偿协议，补偿总金额122.7447万元，其中抢种的苗木补偿补助费65.8055万元。

（7）魏某1镇农村集体经营性建设用地入市试点项目拆除腾退补偿预付款协议，记账凭证，中国工商银行业务回单、进账单、转账支票存根，领款确认单等证明：周广柱签署了拆除腾退补偿预付款协议，并已获取拆除腾退补偿款共计98万元。

（8）被告人周广柱的供述和辩解：2006年左右，赵亚利、杨长战找三某1村村民王某19租了6亩土地，承租后，这块地闲了一两年。我找赵亚利说要在这块地上盖房，当时我正和前妻王春娥闹离婚，她是三某1村的人，这块地离她家很近，我想盖房给她住，让她把东某 1 村的房子腾出来，赵亚利同意了。我把这块地上原有的三排烂棚改造成了三排房，后又在第一排和第二排房中间加盖了一排房。隔了几年，这四排房子中我加盖的那一排房子被认定为违建，我就自行拆除了。后我在房子拆除的位置种了树，树直径 10 公分左右，高 4 米左右。这块地要清登的时候，我找赵亚利将这块地的租赁合同要了过来，找王某 19 一起到大队将这块地的租赁人改成了我。这块地被拆迁时，第一排房子和我种的树被划进了拆迁范围给拆除了，拆迁补偿款 120 余万元，但现在只给了 80 万元，我把其中的 20 万元给了赵亚利。

上述证据经庭审举证、质证，本院对言词证据中相互印证的部分及其他证据予以确认。

18. 被告人李波于 2017 年 11 月至 12 月，在其承包的东某 1 村土地（拆迁编号为 3 - DZL - 109）集建地项目拆除腾退中，通过提供非拆除腾退地址的营业执照、出具虚假的机井产权证明的方式，骗取拆除腾退补偿款共计人民币 9. 8105 万元。2017 年 12 月至 2019 年 7 月，李波与兴瑞临福公司签订补偿协议确定拆除腾退补偿款为人民币 90. 5019 万元，实际已获取补偿款人民币 72 万元，按照已获取补偿款的比例折算，实际骗得人民币 7. 804874 万元。

（1）证人赵言的证言：李波在其东某 1 村西南的确权地上用围墙把地圈起来，加盖了一些房屋，刚建好的时候养过猪，后来就出租给了外地人，没有实际经营。在 2017 年集体建设性用地入市（二期）工程期间这处养猪场被拆除腾退了。李波的这处养猪场建在确权地上，根据规定确权地是不能注册营业执照、成立公司企业的。

（2）土地承包合同，机井产权证明，实际用地面积证明，确权地补充协议、情况声明、补充协议、合同终止协议、补充终止协议书，场地经营情况证明、经营情况确认单，个体工商户营业执照，税务登记证等证明：李波与东某 1 村经济合作社签订土地承包合同，承租村南 3. 2 亩土地，承包期限从 2005 年 10 月 1 日至 2035 年 10 月 1 日，东某 1 村经济合作社提供现有机井、水泵管道及配套设施。经测量，该拆迁地块实际面积为 3. 707 亩，东某 1 村经济合作社就多出土地面积与李波签订确权地补充协议，并出具该 3. 707 亩土地均为李波实际用地面积的证明。东某 1 经济合作社出具机井产权证明称机井为李波所有并盖章，上有“周广森”签名。李波在拆迁腾退时提供了北京兴园农圃养殖场的营业执照，东某 1 村村委在经营确认单盖章，上有“周广森”签名。

（3）拆除腾退项目测绘报告，非住宅房屋拆迁补偿价格评估报告，估价结果通知单，李波搬迁损失补偿项目资产评估报告书，魏某 1 镇集建地项目二期（三标段）拆除腾退项目终审表，魏某 1 镇农村集体经营性建设用地入市试点项目拆除腾退补偿协议、补充协议等证明：经入户测绘、评估估价，李波与兴瑞临福公司签订协议，补偿总金额90.5019万元，其中机井的补偿金额4万元，一次性停产停业综合补助费5.8105万元。

（4）魏某1镇农村集体经营性建设用地入市试点项目拆除腾退补偿预付款协议，记账凭证，中国工商银行业务回单、进账单、转账支票存根，领款确认单等证明：李波签署了拆除腾退补偿预付款协议，已收取拆除腾退补偿款共计72万元。

（5）被告人李波的供述：我在东某1村村南有2块1.6亩的确权地。2014年到2016年，我在地上建了围墙和住房用于出租。2017年魏某1镇集体建设性用地上市试点二期工程测量土地期间，赵言跟我说“哥哥，你在村南的3.2亩跟着南边的集建地一块拆了吧”，我说好。我想这块地马上就拆除腾退了，拆除的时候会补偿地上物，我就让高刚华找人在院子中间建了100多个路灯，高刚华说他有个哥们，是专门做拆迁的，想在我的院子里建库房，等拆迁腾退之后，纯利润三七分成，后那个人在我的院子里建了三千多平方米的二层铁皮库房。2017年年底，集建地项目入户清登，经测量我3.2亩确权地实际用地面积3.707亩，我补交6年的超占地的租金7000元，为自己开具了确权地补充协议用地面积证明、确权地补充终止协议书。我到拆迁腾退指挥部谈评估的时候，对方说院内的铁皮库房不能算作拆除腾退补偿范围，我就让那个人将库房拆走了。我这3.2亩确权地上没有营业执照，我的宅基地上有一个北京兴园农圃养殖场的营业执照，每年都在完税，我就把营业执照复印件和完税证明交到了指挥部；机井也不是我个人的，我到村委会找周广森，说机井是村里的财产，但是我想在拆迁腾退中多获点补偿。周广森说该出证明出证明，村委会给盖章，反正也是国家出钱。我按照一个样式将我确权地里村集体所有的机井写成了我个人所有，并且模仿了周广森的签字并盖章，我模仿周广森签字是经周广森同意的。拆除腾退材料中经营情况确认单上周广森的签字是我代签的，这也是我跟周广森汇报完后，周广森让我代其签字的。我一共获得了90.5019万元的补偿款，其中房屋一次性停产停业综合补助费5.8105万元，机井补偿费4万多元。

认定集建地项目拆除腾退诈骗事实的证据还有：

（1）证人张某20（时任兴瑞临福公司董事长兼总经理）的证言：兴瑞临福公司是2017年4月左右由魏某1镇政府为魏某1镇集建地拆迁上市成立的。兴瑞临福公司负责魏某1地区集建地的拆迁腾退工作，把拆迁的地统一集中上市，面积是“拆5还1”，就是拆5亩地，其中1亩地统一集中上市，剩下的4亩地归兴瑞临福公司所有，可以种树或种粮食。集建地项目主牵头人是时任魏某1镇党委委员、魏某1镇副镇长王某27，具体负责的是时任魏某1镇项目办主任任某1，任某1比较清楚前期筹备工作。兴瑞临福公司在集建地项目拆除腾退中向杭州银行贷款9亿余元，向工行贷款27亿元，向北京银行贷款3.67亿元，还向村里借了4亿元左右，大兴区财政批了6亿元。魏某1集体建设用地拆除腾退分为一期和二期，一期是魏某1北部7个村，二期是魏某1镇剩余的32个村。二期在2017年8月左右在魏某1镇政府三楼大会议室开的动员大会，时任党委书记谢某1、镇长王烨、常务副镇长王某27、我，以及包括北7村在内的整个魏某1镇的各村书记全部参加了。

集体建设用地拆除腾退范围是依据北京市规划与自然资源委员会大兴分局给的卫星图斑，图斑上标注了具体需要拆除腾退的土地范围和矢量坐标，这些手续都是任某1负责跑的。我们根据卫星图斑让负责管理的公司与各村的村书记进行摸底调查，魏某1集体建设用地拆除腾退一期管理公司的负责人是吴博，一期大概是2017年6月进行的摸底，二期的负责人是勾某1，二期大概是2017年10月进行的摸底。摸底工作需要管理公司的工作人员找到各村书记，把需要拆除腾退的相关企业法定代表人叫过来，跟他们讲拆除腾退的相关政策，并简略了解这些企业的占地面积、内部设施等情况，后管理公司带着测绘公司、评估公司、审计公司去现场进行清登，一期清登时间在2017年6月左右，二期清登时间在2017年10月左右。

（2）证人王某25（兴瑞临福公司工作人员）的证言：从2017年开始，魏某1镇向大兴区申请实施集建地入市项目，批准之后，魏某1各个村分别出资成立了兴瑞临福公司，一期是在2017年启动的，二期是在2017年年底启动的。启动之前，兴瑞临福公司通过招标，确认了拆评测和审计公司，负责拆腾工作，然后将拆腾地块统一交到区里，按照指标分配换取可以上市的集建地地块，这些地块上市后赚取的资本可以和之前拆腾时候的成本进行平衡。拆腾成本由兴瑞临福公司从银行贷款，区里也有几亿元的财政支持。

在项目启动之前，我记得好像有致村民的《一封信》，是由项目管理公司制作的模板，由各个村盖章下发给各家村民和所有企业。这个项目关于拆腾的补偿标准是魏某1镇农村集体经营性建设用地拆除腾退补偿实施细则，这份实施细则是由鑫海恒福公司制作的草拟稿，由兴瑞临福公司审核后，具体执行实施。补偿实施细则里补偿范围的时间节点分为2006年之前、2006年至2009年期间、2009年之后三个阶段，每个阶段补偿的金额不一样。勾某1在二期项目实施的前期跟我说过一个时间节点，说的是“2017年的就不赔了”。

集建地二期项目的测绘公司是智环成公司。项目之初，测绘公司制作过一套有红斑、蓝斑、绿斑的图，名称好像叫拆腾范围图，图里的红斑是依据

2014年土地改革调查之后确定的需要拆腾的地块，蓝斑是各村里不符合土地改革，但是实际上确实存在工厂企业的地块，绿斑就是土地面积比较大、建筑物比较少的那种利用率不高的地块，我们依据这套图来确定具体拆腾的地块。红斑是依据2014年国家土地改革调查后的数据制作的，蓝斑应该是依据拆除腾退服务组核实的情况确定的，绿斑我不太清楚依据什么确定的。这套图是鑫海恒福公司让测绘公司制作的，主要用于服务拆腾项目，兴瑞临福公司向镇里、区里汇报材料的时候，需要参考图中的标识。政府有一个不成文的说法，用被拆除腾退的建设用地换取可以上市的建设用地指标，按照大约是5:1的比例，红斑是符合2014年土地改革调查结果的，是可以用于换取指标的；蓝斑的地块是可以拆除，但是不能用于换取指标的；绿斑地块是存疑地块，需要进一步确定能不能拆腾，也是不能够换取指标的。拆腾标准由各个服务组确定，确定好之后上报到鑫海恒福公司，鑫海恒福公司再上报兴瑞临福公司确定。服务组组长一般是镇里副镇长级的干部，副组长是各个村的村书记，成员是镇、村两委的领导成员。

（3）证人勾某1的证言：2017年11月左右，兴瑞临福公司先与魏某1镇开协调会，讲了政策形势，为方便我们和村内对接，涉及拆除腾退的村书记都参会了。后村里的人带我们到各村需要拆除腾退的企业、工业大院进行清登。测绘公司先对拆除企业进行测量，这个过程审计也会跟着，测绘出了基础数据后交由评估公司评估，评估和测绘报告再交给审计公司审核、监督，没有问题的话就会交给服务公司，服务公司和待拆除腾退的人去谈补偿，最后签字给钱。我们公司负责统筹协调各公司的工作。在项目开始之前，镇里把要拆迁的各个村的村支书叫到一起召开过一次入户清登动员大会，东某1村来的是周广森。村里开会讨论过租地合同与绘测不符如何处理的问题，因为这种问题比较普遍，讨论的结果是对于没有合同的部分，必须补交三年租金。地上物如果是2017年5月以前建的可以进行补偿，2017年5月以后建成的地上物属于抢建新建一律不予补偿。

（4）证人崔某1的证言：2017年魏某1镇开始了集体经营性建设用地试点项目，魏某1政府委托兴瑞临福公司进行招投标，我们公司中标承接了集建地入市试点项目的测绘工作。2017年10月，我们到现场进行测绘，把测绘数据交给评估、服务公司，这两家公司进行约户，后我们同审计、管理、评估、服务一共五家公司同时入户进行清登。为方便评估公司作价，清登完毕后，我们根据评估公司给的拆除腾退的房屋编号及户主姓名，以及兴瑞临福公司提供的影像图，进行年代的划分，然后把数据返还给我们公司的质检部进行质检，再与审计公司、评估公司核实被拆除腾退房屋的年代，之后将成果提交给评估公司。

在我们公司进场测绘之前，兴瑞临福公司召开过一次动员会。兴瑞临福公司给了我们一张纸质图斑，分别是红、蓝、绿三个颜色，大概就是代表能拆的、可拆可不拆之类的，给这张图的目的是让我们对上面三种情况都进行测绘。联营公司还给了我们三张魏某 1 镇的卫星影像图，分别是 2006 年、2009 年以及 2017 年 5 月的卫星影像图（2017 年 5 月的影像图是有被拆除腾退人找兴瑞临福公司询问年代建成的问题，兴瑞临福公司才告诉我们的），他们给我们这 3 张影像图是为了给被拆除腾退的建筑划分年代，方便评估公司进行作价，兴瑞临福公司没有告诉我们这 3 张影像图来源。根据 3 张影像图，被拆除腾退的建筑具体可划分成四个年代，分别是 2006 年之前、2006 年至 2009 年、2009 年至 2017 年以及 2017 年之后，不同的年代补偿的费用不一样。兴瑞临福公司还给了我们一个小飞行器拍摄的影像数据，这个小飞行器负责对魏某 1 镇每个进行拆除腾退的村庄进行空中拍摄，每个村会拍摄几段，拍摄的时间就是在 2017 年 5 月左右，目的是查找、辨别一些卫星图不好分辨的建筑。

（5）证人张某 2 的证言：我负责魏某 1 镇集体经营性建设用地入市试点项目二期拆除腾退项目的评估工作。二期涉及东某 1 村、西某 1 村、北某 2 村、兴某 2 村和三某 1 村。我们按照北京市大兴区魏某 1 镇政府的文件《北京大兴区魏某 1 镇项目房屋附属物及地上物评估作价标准》（2017 年 11 月）进行评估，如水泥地按照每平方米 56 元补偿，电线杆每个 800 ~ 1600 元，水井是每个 4 万元左右，测绘公司的报告包括占地面积、建筑面积以及建筑物的建成时间段，我们对报告上面积内的地上物进行评估，如果被拆迁人认为测绘公司测绘范围外还有附属物，则需要被拆迁人去村委会开具相关证明，村委会书记在证明上签字盖章我们才进行评估。建筑物建成时间段分 2006 年以前、2006 年至 2009 年、2009 年至 2017 年 5 月、2017 年 5 月之后。2006 年以前建成的按照房屋重置成新价的 100% 进行补偿，2006 年到 2009 年建成的按照房屋重置成新价的 80% 进行补偿，2009 年到 2017 年 5 月建成的按照房屋重置成新价的 60% 进行补偿，2017 年 5 月以后建成的一律不予评估补偿。这些标准都是兴瑞临福公司以及魏某 1 镇政府定的。兴瑞临福公司给测绘公司每户被拆迁人 CAD 软件制作的户型图，按照图纸上被拆迁人的面积进行入户清登。如果有违建，兴瑞临福公司根本不能让我们去清登，有违建就是兴瑞临福公司的失职。评估依据是测绘公司的报告，还有就是清登时现场量的附属物，如井、树等，需要村委会开的相关证明。东某 1 村陈胜丽、王磊、魏某 2、刘某 18 的房屋存在隔层，一开始测绘公司报告给出的是隔层，按照每平方米 200 元进行评估，后来兴瑞临福公司让测绘公司把“隔层”认定成建筑面积，测绘公司把之前的报告收回去后又出了一份新的测绘报告，新的报告把“隔层”认定成了“建筑面积”，我们按照新的报告再进行评估，价格还是每平方米200元，但是把“隔层”认定成“建筑面积”，在服务公司那就会多出很大一笔拆迁奖励费和搬家费。拆迁奖励费的补偿标准是每平方米500元，搬家费补偿标准是每平方米50元，这些钱都是服务公司给的。每份评估报告会列一个表格，这个表格里会写明2006年以前的建筑面积、2006年到2009年的建筑面积、2009年以后的建筑面积，2017年5月以后的建筑面积不会体现在评估报告上，但会在评估结果通知单里写明建筑面积，金额会空着或者写“0”，这样做就可以把这些面积算在测绘的总面积里，测绘公司可以多收取这一部分的测绘费。

（6）证人张某16（北京兴淯拆迁服务公司工作人员）的证言：我们公司通过政府招标承接了魏某1镇集建地项目，动员大会是2017年10月左右开的，清登是在2017年的10月或者11月左右。我们公司的职责是依据评估公司给的评估单上的价格跟每户商谈价格，商量好后签订协议。兴瑞临福公司属于甲方，支付我们公司服务费，兴瑞临福公司听魏某1镇政府的。2017年5月之后建设的不进行补偿，这个时间点是魏某1政府定的。

（7）证人单某1的证言：我们公司中标了魏某1镇集建地项目拆除项目，具体负责东某1、西某1、三某1村、兴某2、北某2这五个村的拆除工作。我们中标之后找了其他分包公司，由他们具体负责现场的拆除工作，东某1村的拆除工作分包了给一个叫“东子”的人。

（8）证人弓某1（北京博睿凯德资产评估有限公司工作人员）的证言：我们公司评估了2017年大兴区魏某1镇集建地拆迁的项目。大兴区魏某1兴瑞临福公司发布了招标信息，我们公司中标后，具体由郭某2负责。评估对象是机器设备，冷库也归类到了机器设备里，也是我们评估的。评估的目的就是评估设备的价值，为拆迁补偿提供依据。评估报告是我们公司的评估师王建明、杨俊英拟写的，最后以公司名义盖章出具。

（9）证人郭某2（北京博睿凯德资产评估有限公司工作人员）的证言：我们公司根据招标文件进行投标，取得中标资格后和甲方兴瑞临福公司签订项目合同，根据甲方的工作安排，组织人员进行入户清登，由评估助理熊某1进行资料整理及初评，向项目委托的审计公司及本公司内部上报初评结果，后审计公司出具初评意见，拆迁公司向我公司提交被腾退人资料信息，整理好资料后，向本公司内部上报终审表，由公司的注册评估师进行审核签字，出具正式评估报告，后我把正式评估报告给拆迁公司。我负责协调及调度，具体的作价由注册评估师进行确认。我们公司具体入户人员是孙郁葱、李某15、张某17，他们入户对被拆除腾退地内的设备及冷库进行登记核实、拍摄照片，做好记录。

（10）证人王某 26（时任东某 1 村党支部委员）的证言：2017 年 2 月左右，我在周广森“基地”吃饭的时候听周广森说东某 1 村要进行集建地项目拆除腾退了，周广森好像说过趁着集建地入市拆迁腾退这个项目挣点钱，盖点厂房什么的能多补偿点，当时赵言好像也在。

（11）证人任某 1（魏某 1 镇副镇长）的证言：2015 年左右，国家发了一个关于集体经营性建设用地入市的通知，北京市大兴区是试点地区。2016 年，大兴区成立了集体经营性建设用地入市的“试点办”。2016 年年底，镇里具体开会部署试点工作，由副镇长王某 27 牵头，我当时是“项目办”主任，具体负责前期联营公司的组建工作。2016 年年底或者 2017 年年初，镇里的领导找了羊某 1 村、后某 1 村、吴某 1 村等魏某 1 镇北部 7 个村的村书记进行座谈，讨论成立联营公司的相关事宜。这 7 个村是集建地入市一期的成员，作为股东加入联营公司，联营公司的名称是兴瑞临福公司。大兴区“试点办”给镇里下发了北京市规划和自然资源委员会大兴分局出具的 2009 年“二调”数据图斑，我们依据这个图斑范围确定具体的拆迁范围。镇里先拟定了“一期”的拆除腾退试点方案，整个集建地入市项目分“一期”和“二期”，“一期”是北部 7 个村先进行拆除腾退，“二期”是镇里剩下的所有村都加入进来，进行集建地入市的拆除腾退工作。“二期”工作中，负责跟村里进行对接的是副镇长王某 27，具体实施公司是兴瑞临福公司。我当时协助王某 27 协调融资的相关事宜，我们向北京银行大兴支行贷款约 8. 8 亿元；向中国工商银行大兴分行贷款约 23 亿元，后来增加到 60 亿元；向杭州银行大兴支行贷款约 10 亿元。2020 年 8 月左右，我们把所有的银行贷款进行了转贷，都转到国家开发银行北京分行了，贷款额大约 80 亿元，利息从最初的 6% 变成了后来的 4. 75% 。

（12）证人陈某 7（时任魏某 1 镇副镇长）的证言：我主要负责魏某 1 镇集建地入市项目镇域内的规划和建设及城管队，对全镇中的各类抢建、抢种行为进行打击；对需要拆除腾退区域的房屋是否存在违建进行认定及拆除；组织拆除工程中的扬尘防控工作；对已经拆除的地块进行看护。这些工作 2017 年之前是综治办负责，2017 年之后由镇里公开招标的保安公司进行看护，保安公司有北京首安保安有限公司、北京京铁卫士保安有限公司、北京华远卫士保安有限公司。2016 年 11 月 1 日，北京首安保安有限公司开始负责全镇的巡查管护，2017 年 7 月左右，北京京铁卫士保安有限公司负责看护南中轴路西侧的区域，北京华远卫士保安有限公司负责看护南中轴路东侧的区域。保安公司每天对所看护区域进行巡查，发现违法建设行为进行制止和拆除，如果发现违法建设的行为一般是当时就进行拆除。如果保安公司对所看护区域发生的违法行为未能及时制止，镇里会对该保安公司扣减服务费，情节严重的可以对保安公司进行辞退。

（13）《魏某1镇农村集体经营性建设用地入市试点项目非住宅房屋拆除腾退补偿实施方案（一期）规定》证明：本项目的拆除腾退人为兴某1公司，被拆除腾退人为拆除腾退范围内的房屋及附属物所有权人。房屋所有人根据有效证件、土地租赁合同等相关证明材料确定；被拆除腾退房屋建筑面积的认定以房屋所有权证、规划许可证、房屋准建证或其他具有法律效力的证明文件标明的面积为准，不能提供上述证据的又确属被拆除腾退人为生产经营需要长期使用的房屋，由村委会、属地镇政府结合实际清登测绘结果认定。

2006年3月17日至2009年2月19日建设完成且未取得土地、规划部门审批手续的房屋，可按照建筑面积给予一定的拆除费；2006年3月17日前建成的，按每平方米500元给予一次性停产停业综合补助费；2006年3月17日至2009年2月19日建成的，按每平方米500元给予一次性停产停业综合补助费，营业面积不超过实际建筑面积60%。搬家补助费，按每平方米50元计算；对于2009年2月19日后建成的房屋，在拆除腾退过程中，可按照建筑面积给予被拆除腾退人一定的拆除腾退费。

（14）魏某1镇农村集体经营性建设用地入市试点项目（二期）拆除腾退方案证明：按照魏某1镇一期集建地拆除腾退实施方案及补偿细则执行。各拆除腾退服务组组长由镇领导担任，村支部书记担任副组长，负责协助组长全面跟进、配合拆除腾退全过程工作，协助组长梳理、分析、汇总问题；同时村支部书记负责协助服务公司对本村拆除腾退中涉及的企业、一包、二包进行协调，履行村级主体责任，确保所在村按计划时限完成拆除腾退工作。

（15）兴某1公司企业基本信息证明：兴某1公司系由包括东某1村股份经济合作社在内的魏某1镇39个村股份经济合作社投资设立的有限责任公司。

（16）魏某1镇党委会议纪要证明：2017年4月5日，魏某1镇党委会同意张某20同志任联营公司法人、董事长、总经理，联营公司的财务工作由镇财政所管理。为做好拆腾地块数据保存，防止抢建、抢栽、抢种，同意由联营公司牵头，对镇域范围进行航拍，拆除腾退地上物以航拍结果为准。

（17）兴某1公司董事会议纪要证明：2017年8月22日，兴某1公司董事会讨论并决定集建地拆除腾退（二期）按照《魏某1镇农村集体经营性建设用地入市试点项目非住宅房屋拆除腾退补偿实施方案（一期）》执行。同时，为保证公平，以2017年5月航拍作为评估依据，对2017年5月后建成的房屋不予补偿。

（18）北京市大兴区魏某1镇东某1村经济合作社（股份经济合作社）社

员（股东）代表大会关于加入兴某 1 公司实行集体经营性建设用地统筹入市交易的决议记载：2017 年 8 月 13 日，东某 1 村召开村民代表大会，同意本村社以集体经济组织成员数量核定股份数额入股兴某 1 公司，成为公司股东，同时愿将规划区域内拆除腾退土地的使用权交由兴某 1 公司；同意本村社出资 1000 万元入股公司，作为兴某 1 公司注册资金；授权委托本村经济合作社（股份经济合作社）法定代表人周广森作为股东代表，代表本社参加兴某 1 公司的股东会，就公司股东会的相关议题行使表决权。

（19）北京兴展投资控股有限公司提供的北京兴瑞临福公司贷款、担保等证明：兴某 1 公司资金的来源情况。

上述证据经庭审举证、质证，本院对言词证据中相互印证的部分及其他证据予以确认。

（九）洗钱的事实

1. 2010 年 7 月，被告人孙永合受被告人周广柱指使，将周广森黑社会性质组织敲诈勒索寇某 1 所取得的人民币 60 万元支票，通过银行转账等方式转换为现金。

认定以上事实的证据有：

（1）证人孙某 15 的证言：2008 年左右，我爸孙永合听说我们村要拆迁，就让我用我的名字去起个照，我就去办理了北京市魏某 1 全香建材商店（以下简称全香建材商店）的营业执照，后来一直也没干。2012 年前后，我们家把门脸房租出去了，租户想用我们的照干买卖，就一直给他们使用。商店没有实体经营，对公账户是在半某 1 农商银行开的户，就是空挂户，办照用，因为要缴税。商店的公章、财务专用章，还有我的人名章，都放我哥那里，只有我爸和我哥使用，一般是我爸的朋友通过公户走账，我跟着去取钱，但是钱具体干什么用，谁转的钱，取现后我爸是否给别人我都不知道，家里的买卖他不跟我说，现金的用途我也不知道。这些走对公账户的钱基本都是我爸管着，进出都通过我爸，我就是帮着跑腿，因为这个公户挂着我的名字，有些大额取现必须有我的身份证。2010 年 7 月 8 日有一笔 60 万元支票存入全香建材商店对公账户，我不知道这是什么钱，不是我爸就是我哥操作的。

（2）证人孙某 16 的证言：2010 年左右，我们村要拆迁了，为了多分得拆迁补偿款，我父亲孙永合带着我妹妹孙某 15 去魏某 1 工商所办了全香建材商店的营业执照，孙某 15 是法人，营业执照上登记的地点就是孙永合在魏某 1 车某 1 村的一间平房。我们没有实际经营，把房屋和照一起出租了，但因怕出问题，就没让租户使用全香建材商店的公户。我记得 2010 年有两个银行账户，一个是北京农商银行的账户，一个是中国农业银行的账户，这两个账户一个是银行卡，一个是存折，平时都是放在孙永合那里，每次他让我取钱就把卡给我，我就去取钱。孙永合没让我给别人转过钱，我把钱交给他后，他有没有给别人我不清楚。我记不清2010年7月我是否提取现金了，我看了你们调取的银行签字的底单，两笔4万元和一笔22万元底单上“孙某16”的签字确实是我的字体，既然是我的字体，那么这三笔钱肯定是我取的，这个我承认。

（3）证人李某16的证言：大约1986年，我用自己家的房注册了盛兴达五金建材商店。2010年7月应该是我侄子徐某1在经营，其间公章、执照、对公账户都由徐某1管理。我不知道2010年盛兴达账户转给全香建材商店30万元的事情。

（4）证人张某18的证言：李某16是我三婶，我爱人徐某1是李某16的亲侄子。2006年左右，我和徐某1一起经营五金建材时把盛兴达建材的公户借过来用了，主要是我在负责。2010年年初，我将盛兴达建材的公户借给了贾某6，当时把公户、密码、公司章和李某16人名章都给了贾某6。贾某6和我说的就是入支票用，至于做不做别的我不清楚。贾某6借用了2年左右，用到2012年左右还给我的。

（5）证人贾某6的证言：我用过盛兴达建材这个公司的营业执照，从2009年一直用到2012年左右。我是通过“徐晓亮”借的这个户，这个户应该是他叔叔的，具体法人是谁我记不清了。2010年盛兴达建材收到全香建材商店的一笔转账30万元，当时是孙某16找到我说全香建材商店没法用公户直接转到个人账户，问我能不能把这笔钱取出来，当时盛兴达建材经营部的公户开通了这项业务，我就同意了，孙某16就用全香建材商店转到盛兴达建材经营部一笔30万元，我转到自己的账户后取出来给的孙某16；另一笔钱22万元，是在30万元这笔钱取完后过了两天，孙某16问我还能不能取，我当时觉得比较麻烦，就说直接转到他自己的账户让他自己取，他说行，我就用盛兴达建材经营部给孙某16的个人账户转过去22万元。我记得是孙某16让我操作的，因为我和孙永合不熟，一般是孙某16和我沟通。

（6）证人周广柱的证言：我从王某1那里拿到60万元支票后联系周广森，他让我给孙永合送去，并让孙永合把支票提现，后我把支票给了孙永合。过了三四天，孙永合的儿子孙某16电话联系我说钱取出来了，我让他到“基地”，后他告诉我只取出40万元，我俩一起进“基地”找到周广森，周广森听说只取了40万元就不高兴了，孙某16说这一两天提出来就赶紧送过来，我就先走了，钱放在周广森那里。剩下的20万元取没取出来，给没给周广森送我就不知道了。周广森没给过我钱。

（7）中国工商银行转账支票证明：北京市魏某1全香建材商店收取北京

郑兴建筑工程有限公司工商银行转账支票 60 万元。

（8）相关转账记录、活期存款凭条等证明：全香建材商店对公账户于 2010 年 7 月 8 日到账 60 万元，同年 7 月 9 日孙某 16 从全香建材商店支取 4 万元，7 月 12 日全香建材商店转给盛兴达建材经营部 30 万元，7 月 13 日孙某 16 从全香建材商店支取 4 万元，同日，贾某 6 从其农业银行卡取款 30 万元，同年 7 月 14 日全香建材商店转给盛兴达建材经营部 22 万元，7 月 15 日，孙某 16 从其农业银行卡取款 22 万元。

（9）被告人孙永合的供述：2010 年 7 月 8 日，周广柱给了我 60 万元的支票，让我等现金到账后取出来。当天我去魏某 1 农商行将支票存入我女儿全香建材商店的账号，后分了几笔提现。2010 年 7 月 9 日把 4 万元转入孙某 16 账户，当日取现给的周广柱；7 月 12 日把 30 万元转入盛兴达建材城后于当日转入贾某 6 账户，7 月 13 日贾某 6 取现把钱给孙某 16，孙某 16 把钱给我，我再给周广柱；7 月 13 日把 4 万元转入孙某 16 账户，当日取现给的周广柱；7 月 14 日把 22 万转入盛兴达建材账户，当日又转到孙某 16 账户，7 月 15 日取现给周广柱。这些操作是周广柱教我的，目的是怕引起公安机关的注意，因为这笔钱是周广森敲诈寇某 1 的钱。盛兴达建材的账户、贾某 6 的账户都是周广柱给我用于转账的，想让这笔钱多经过几个人手或者多转几次账，让这笔敲诈来的钱的流向更合理一点。最后这 60 万元都以现金形式给周广柱了。取现一般都是预约，14 时后才能取，我一般都是中午吃完饭去银行，取现之后给周广柱。我看见支票时知道是寇某 1 的钱，但当时不知道周广森和周广柱是以什么形式要的这笔钱，帮助周广柱转账提现过程中我感觉这笔钱有问题。

上述证据经庭审举证、质证，本院对言词证据中相互印证的部分及其他证据予以确认。

2. 2018 年 12 月至 2019 年 7 月，被告人王云峰受周广森指使，通过本人银行账户收取刘某 19 转账、周广森黑社会性质组织骗取的集建地项目拆除腾退补偿款共计人民币 500 万元，并将部分款项转账给赵言、陈胜勇等人。

认定上述事实的证据有：

（1）证人刘某 19 的证言：我一共收到 3500 多万元拆迁补偿款，2018 年收到 2 笔，2019 年收到 1 笔。王云峰在第二次、第三次发钱的时候，让我跟他去银行当面给他转钱。第二次收到拆迁款后，我给他转了 300 万元，第三次收到拆迁款后，我给他转了 200 万元。

（2）证人赵言的证言：刘某 19 厂子里的冷库补偿了 500 多万元，这 500 万元拆迁补偿款分两次打到了王云峰的账户，第一次 300 万元，第二次 200 万元，都是周广森安排我带着王云峰去找的刘某 19，刘某 19 再把钱转到王云峰账户上。

（3）银行转账记录、北京天正华会计师事务所出具的专项审计报告证明：2018年12月24日，刘某19中国工商银行账户（尾号2535）收到拆腾补偿款882万元后，于同日向王云峰中国工商银行账户（尾号7257）转账300万元；2019年7月18日，刘某19中国工商银行账户（尾号2535）收到拆腾补偿款1715万元后，于同日向其中国建设银行账户（尾号9540）转账500万元，同年7月24日，该中国建设银行账户向王云峰中国工商银行账户（尾号7257）转账200万元。王云峰中国工商银行账户（尾号7257）收到刘某19转账的300万元后，现金取款100万元，向陈胜勇中国建设银行账户（尾号4777）转账47万元，向王某3北京农商银行账户（尾号8623）转账151万元；收到刘某19转账的200万元后，将该款项转至其北京农商银行账户（尾号1700），后向赵言北京农商银行账户（尾号2036）共转账190万元。

（4）被告人王云峰的供述：2018年集建地拆迁，周广森在“基地”跟我说，他让刘某19给我卡上转一笔钱，具体是什么钱没说。我开车到大兴区黄某1镇龙河路和富强路交叉口西南角的工商银行找刘某19，把我的工商银行卡给了刘某19，刘某19在柜台办理的转账，转了一笔200万元。我回“基地”后，周广森说刘某19给我的卡上转了200万元，没过几天，周广森就让我把钱转走了，具体给谁转的记不清了。周广森没有具体跟我说这笔钱是什么钱，我觉得是拆迁补偿款，因为这笔钱的面额很大，而且钱是从刘某19的账户里给我转的，当时刘某19那块地正在拆迁，而且那段时间张国印总是来“基地”找周广森，并且他们说事的时候都不让我在场，所以我认为这笔钱是周广森和张国印合伙在刘某19那块地上分得的拆迁补偿款。这件事我没有得到好处。

上述证据经庭审举证、质证，本院对言词证据中相互印证的部分及其他证据予以确认。

三、个人实施的犯罪事实

（一）伪造国家机关证件的事实

被告人周广森为给其子周某8（曾用名周晟宇）办理户口登记，指使他人伪造由原卫生部统一制发的《出生医学证明》，后于2010年凭该《出生医学证明》等材料为周某8办理了常住人口登记。经鉴定，该《出生医学证明》为假。

认定上述事实的证据有：

1. 证人付某1（廊坊某医院院长）的证言：我们医院2005年成立，没有周晟宇的病历，我也不认识周晟宇、周广森、张某19。我们医院从廊坊市妇幼保健院领取出生证，编号为 G130539929 的出生证所在的号段不是发给某医院的，医学证明复印件上的签名不是我的笔迹。

2. 证人张某 19（周广森前妻）的证言：周某 8 管我叫妈，但不是我亲生的，他一岁左右才被抱回家，我抚养他到上初中，后被周广森接走了。他的出生证明是周广森办理的，我不清楚。

3. 《出生医学证明》真伪鉴定书证明：新生儿周晟宇的《出生医学证明》（编号为 G130539929）为假。

4. 常住人口登记表、登记事项变更和更正记载、北京市大兴区原人口和计划生育委员会出具的违反法规生育子女入户联系单、北京市非税收入一般缴款书、出生医学证明副页、工作说明等证明：周晟宇户籍登记信息为父亲周广森、母亲张某 19，出生日期 1999 年 11 月 23 日，出生地点廊坊某医院，接生人员为付某 1，2010 年入户；2013 年 4 月 7 日姓名变更为周某 8。

5. 《出生医学证明管理工作指导手册》及公安部、原卫生部出具的《关于〈出生医学证明〉管理的补充规定》等证明：出生医学证明由原卫生部（2014 年后由原国家卫生和计划生育委员会）统一制发（以省、自治区、直辖市为单位统一编号），由合法接生单位签发。

6. 被告人周广森的供述：我儿子周某 8 于 1999 年 1 月 23 日出生于大兴仁和医院，生母是胡洁。孩子六个月大时，胡洁的母亲逼我离婚和胡洁结婚，我不想离婚，给了她们 4 万块钱，胡洁和母亲就回湖北老家了，把孩子留给了我。周某 8 的户口是他上初中时办的，出生证明是我花了 7000 块钱在网上找人办的，母亲写的张某 19，父亲写的我，当时他叫周晟宇。后我拿着出生证明、政府开的第三胎的罚款证明、村里开的入户证明及我和张某 19 的结婚证等材料去的魏某 1 镇派出所，派出所的人看证件齐全就给办了户口。张某 19 当时不知道这事。

上述证据经庭审举证、质证，本院审核属实，予以确认。

（二）非法制造、运输枪支的事实

2018 年间，被告人周广森欲制造枪支，遂指使被告人王云峰购买相关零件，并在周广森住处组装气动力钢珠枪两支，后数次携带枪支往返于北京市与河北省张北县。涉案气动力钢珠枪于 2020 年 8 月 1 日被起获后，经鉴定均为枪支。上述枪支均被依法收缴。

认定上述事实的证据有：

1. 证人赵亚利的证言：我听说周广森有两把气罐枪，均长约半米，枪身上有气罐装置，应该都放在张北，是他打鸟用的。周广森使用这两把枪至少二三年了，2019 年八九月在张北，我跟他用这两把枪打过一次鸟。

2. 证人陈胜丽的证言：2019年我在张北玩的时候，见过周广森有两把枪，长约0.5米，带气罐，当时放在皮卡车的后座脚底下。我知道周广森用这个枪打鸟，打回来的鸟他们做熟了，还叫我一起尝了。

3. 搜查决定书、搜查笔录、扣押决定书、扣押清单、物证照片等证明：2020年8月1日，公安机关对张北县某村兄弟情深农家院进行搜查，从车牌号为京Q7×××8的丰田坦途汽车内搜查出气枪两把并予以扣押。

4. 北京市公安司法鉴定中心出具的鉴定书证明：上述扣押的两支枪状物均为枪支。

5. 收缴枪支弹药管制器具交接表证明：涉案枪支（二把）已被依法收缴。

6. 被告人周广森的供述：2018年4月，我想弄一把气枪，就让王云峰按照网上的图片买了高压气筒和一些钢珠，我们又在廊坊大市场买了两把装修用的握把，还买了一部瞄准镜，我把这些零件带到张北的家里开始组装。我在家里找到钢管，锯短了当枪管，打磨后配合其他零件做了一把气枪，就是抓获我后起获的那把黄色气罐的枪。图纸是网上找的，每一步写得、画得很详细，我按步骤来就行。做完后我先玩了三四个月，因质量不好老是出问题，我和王云峰又去廊坊大市场买了一个绿色的气罐和一个大一点的瞄准镜，重新做了一把绿罐的气枪。这两把枪都只能打钢珠，从枪口往里放钢珠后才能击发。黄罐气枪放钢珠不能斜着放，要不钢珠就会掉出来了，绿罐气枪里面有吸铁石，放钢珠后不会掉出来。两把枪有效射程大概10米，打鸟没问题，我用这两把气枪打过野鸡。抓我时，家里当子弹用的钢珠也被查了。2020年7月20日左右，我驾车从北京去张北时带着这两把枪，是从东某1村的住处拿出来后放到后备厢里的。

另，经向周广森出示涉案两把气枪的照片，其确认照片上的两把气枪就是其制作的两把气枪。

7. 被告人王云峰的供述：周广森的两把仿制气枪都是我组装后给他的。2017年或2018年的夏天，周广森让我做一把打猎用的气枪，我从网上搜索组装枪的图片，后按照图片中的组装方法购买零件，并带周广森在廊坊大市场里购买了一个黑色塑料瞄准镜和两个银白色金属材质握把；枪管是我从淘宝上买的，买来后裁成合适的长度；网上买的钢珠大小不合适，我从张北一个修自行车的人手里买了合适的钢珠；黄色气罐是我在大兴一个卖消防器材的商店里买的；铜管是我从“基地”旧冰箱的压缩机上拆下来的；气门嘴是我在北京的一个修车店里买的。东西都备齐后，我在“基地”按照网上图片中的方法进行组装。第一把枪组装完后，我用它打纸箱子试了试，可以用，就给周广森了。第二天我们就开车去张北了，气枪放在后排座位下边，路上没有警察检查，后来这把枪就留在张北了。过了一个月左右，周广森说这把枪不好用，打不着鸟，让我再组装一把好的，我又开车带他去廊坊大市场购买了一个好的瞄准镜，从网上买了铁管，绿色气罐是我从网上买的车载灭火器，握把、铜管、气门嘴都用的上次买的，我在周广森张北的住处，按照同样的方法又组装了一把枪，组装之后我也给了周广森。这两把气枪使用之前先用高压气筒往气罐里充满空气，然后将一颗钢珠放入枪管，拉动枪栓，扣动扳机，钢珠就打出去了。我和周广森都使用过这两把气枪，用这两把仿制枪打过两三次鸟。周广森在张北打猎结束，一般都会把枪运回北京，张北住处没人，放两把枪他不放心，来回运输这两把枪支周广森肯定在车上。

上述证据经庭审举证、质证，本院审核属实，予以确认。

（三）非法狩猎的事实

2020年7月31日，被告人周广森违反狩猎法规，持自制气动力钢珠枪在河北省张北县某村东北方向树林内，打死保护动物雉鸡两只。

认定上述事实的证据有：

1. 证人王某26的证言：2020年7月底的一天21时许，在河北省张北县，周广森、我、“晓波”等人开着皮卡出去一个多小时，打回来两只野鸡，都是周广森打的，我在一边照明，甘建民和我一样拿着手电筒在地里和电线上找鸟。这两只鸟还没来得及吃，公安局就把周广森抓走了，两只鸟和气枪一起收走了。

2. 现场勘验笔录、现场图、现场照片证明：现场位于张北县某村大三宝村兄弟情深农庄，在农庄后院发现两只被打死的野鸡。

3. 扣押决定书、扣押清单、物证照片证明：张北县公安局于2020年8月1日扣押野鸡两只。

4. 张家口鼎瀚林草地资源鉴定中心出具的鉴定意见书证明：上述扣押动物为雉鸡，属《有重要生态、科学、社会价值的陆生野生动物名录》中的保护动物。

5. 张家口市人民政府办公室《关于划定野生动物禁猎区和规定禁猎期的通知》、工作说明证明：该市全部行政区域划定为禁猎区，一般禁猎区的禁猎期为每年3月1日至11月30日，特殊禁猎区全年禁猎。

6.《中华人民共和国陆生野生动物保护实施条例》证明：气枪属于禁止使用的狩猎工具。

7. 被告人周广森的供述、辨认笔录及照片：在我院里放的两只野鸡，是2020年7月31日去某村东北方向野地里用气枪打的，一公一母。具体位置说不清，反正离我住的那个农家院不远，有个两三公里的样子。张北那边不可以打猎，我就是闲着没事。

周广森辨认出张北县某村东北方向树林地，距五福堂村约1公里，为其非法狩猎的案发地；辨认出张北县某村其居住地为其非法狩猎野生动物的存放地。

上述证据经庭审举证、质证，本院审核属实，予以确认。

（四）非国家工作人员受贿的事实

2017年间，被告人周广森利用担任魏某1镇东某1村党支部书记、村委会主任的职务便利，为史某2谋取利益，收受史某2给予的丰田坦途皮卡车一辆（购车价格人民币46.6万元）。

认定上述事实的证据有：

1. 证人史某2的证言：2011年1月，我到东某1村干一个供电局的工程，得知村书记是周广森，就跟他说想租块地，后我在东某1村租了8亩地，租期20年，租地时我没给周广森好处，租金每年都会上交村委会。2012年我妻子马丽与村委会重新签订了一份合同，租金也是马丽交的。我承租的土地是集体性建设用地，用的水是从村里面的一口井打出来的，电是从村委会的主电线中拉出一根线，按用电量缴费，用水和拉电线都需要周广森同意，他都很配合。2017年魏某1镇集建地拆迁腾退，我跟时任村书记兼主任周广森说，我那块地盖好了是正经做生意的，不想拆除腾退，搬家麻烦。他说没事，让我放心。后来拆除腾退的人果然没有找我，这么多年也没人找过我说要腾退的事。周广森人脉广，和镇里的领导也挺熟的，拆迁的又是他们村里的地，他说了算。2017年10月左右，我碰到周广森，他说他老往张北跑，需要个越野性能好点的车，问我能不能送他一辆，我答应了。正好我儿子总是跑工地，我也想买个越野皮卡给我儿子，这样我就让周广森买车时一块去，到时候给他选一辆。当时我想，第一，我在东某1村租地，周广森是书记，他提出让我给他买车的要求，我不敢得罪他只能答应；第二，我能从东某1村建起房子离不开周广森的支持，这么多年我从村内机井里面打水，从村总电线里接电，也没人来捣乱，没有周广森的帮助和照顾是做不到的，送他辆车也算是这么多年他照顾我的好处；第三，我在东某1村的房子还得继续使用，和他说了后我的地上物没有被拆除腾退；第四，周广森当时还是村书记，为了以后有求于他时他能帮我，我也得满足他的要求。2017年11月，我带着周广森、赵言去天津港选车，我选了一辆80多万元的福特猛禽皮卡落在马丽的名下，周广森选了一辆50多万元的丰田坦途皮卡落在赵言的名下，是周广森要求的。送给周广森的丰田坦途车，我刷卡给代理商胡月52万元左右，他负责给我买车办手续。

2. 证人赵言的证言：这辆丰田坦途皮卡车是周广森用我的名义登记购买

的。2017年左右，周广森说史某2要去天津看车，他想要辆丰田坦途车，让我跟着一起去把车开回来，车就放在我名下，我答应了。第二天史某2开一辆商务舱拉着他妻儿及一个朋友到“基地”拉上我一起去的天津港。到天津港后史某2付款买了两辆丰田坦途车，一辆用我名字登记，另一辆他自己留下。当天我就开着其中一辆坦途回“基地”了，把车钥匙交给了周广森。这辆车是京牌，平时都在“基地”放着，周广森去张北打鸟喜欢开这辆车。

3. 证人张国印的证言：2010年我通过周广森卖出去16亩地，后来我见过买我这块地的“小周子”，他在这片地上盖了一个私人会所，不对外经营，会所现在还在。这块地后来建了围墙，会所在围墙里，在外能看见院子里有个四五层的楼房。最近二三年，因为魏某1镇所有的基础设施建设的工业用地都要腾退拆迁，“小周子”的地也在腾退拆迁范围内，为了不腾退，保留这个会所，“小周子”让周广森帮忙运作此事，最后这块地保留了下来，当时周广森是东某1村的村书记。为表感谢，“小周子”给了周广森买了一辆5.7L的白色丰田坦途皮卡，这个车价值五六十万元，还花了大约五万块钱进行了改装。我听说周广森当时找到了镇里边的一个领导，以这块地里有一栋楼租给了京霸高速做项目指挥部为借口把这块地全部都给保留了。京霸高速施工方确实租了其中一栋楼做了项目指挥部，但应该只保留这一栋楼，不应把这块地的地上物全部保留。

4. 证人王云峰的证言：2016年左右我在“基地”第一次见这辆白色丰田坦途皮卡车。后来我听周广森说，这辆车是别人在天津港花50多万元买来送给他的。当时周广柱、赵言也在场。这辆车后来改装过轮毂和减震，平时都在“基地”放着，周广森也不怎么开，他只有去外地玩时才开这辆车。他被抓这次去张北也是开的这辆车。

5. 证人勾某1的证言：我们公司进驻时已经有红斑图了，红斑图上标红框的地方是需要拆迁清登的。我们根据这张红斑图，结合实际情况来确定拆迁清登区域。图上的红框是国土局下发的，其他颜色是联营公司标上作为参考的，我们工作人员在现场了解现状并记录后还要召集涉及村的村书记来办公点，给他们看红斑图，让他们指出自己村域范围内的情况，看看还有没有增减，最后形成定稿。这种会开过一次，当时东某1、西某1的村书记都来了，这两个村都有增减的地块。

6. 土地租赁合同、租地款交纳收据证明：马丽于2011年12月16日与东某1村经济合作社签订土地租赁合同，约定马丽租赁东某1村土地8亩，期限为2012年1月1日至2031年12月31日，后马丽按年交纳土地租金。

7. 机动车登记信息、购车发票证明：2017年11月7日，赵言名下登记丰田坦途车一辆，车辆价税合计46.6万元。

8. 扣押决定书、扣押清单等证明：公安机关依法从周广森处扣押赵言名下的丰田坦途汽车（京Q7×××8）一辆。

9. 简历证明：2010年6月至2018年12月，周广森任大兴区魏某1镇东某1村党支部书记、村委会主任。

10. 被告人周广森的供述：丰田皮卡是2019年冬天买的，50多万元，买车时我在海南，我朋友史某2给我打电话问我要不要，说不用摇号而且过一阵子就买不到了，我同意买了。钱是史某2花的，他自己也买了一辆福特猛禽，我当时让他帮我先垫付，后我要还他钱，他说都是哥们，死活不要。我和史某2认识20多年了，10多年前他有一个公司，给供电局干活，他问我村里有没有地，他想租块地办公，我答应帮他看看。回村后我一打听正好有块地，当时的承租人不想租了想转让，我就联系了史某2，最后这块地就租给史某2了。具体的事我没参与，是史某2自己谈的。史某2租地的位置是就在我“基地”的北边，两家挨着。那块地六七亩，是建设用地，史某2都盖上房了，盖得还挺好，他住在那也在那办公。集建地拆迁时镇里的精神是说办厂开企业还有污染的肯定要拆，也没有指标，自己村里上报就行。当时我要是上报拆除这块地也是符合镇里要求的，这块地属于可报可不报，史某2肯定是不想拆，他找过我表示不想拆，当时我自己盖的房子在史某2租地的南边，我也不想拆，我就跟镇里请示了一下，镇里答复可以不拆，我们那块地就没拆。

上述证据经庭审举证、质证，本院审核属实，予以确认。

（五）行贿的事实

2017年年底至2018年年初，为加快审批、发放何某3（另案处理）在北京新机场高速公路等三线电力迁改工程中的拆迁补偿款，被告人周广森请托主管“三线工程”的时任魏某1镇党委委员、副镇长王某27（另案处理），并将何某3提供的人民币20万元给予王某27。

认定上述事实的证据有：

1. 证人何某3的证言：2017年年底，我在东某1村的木门厂在“三线工程”项目拆迁范围内，已经清登测绘完毕并签订了补偿协议，按照常规，拆迁腾退合同签订后3个月左右能够拿到拆迁补偿款，但我的补偿款一直没到，为了尽快拿到拆迁补偿款，我找周广森让他帮忙找主管“三线工程”的副镇长王某27，尽快把我的拆迁补偿款发下来。2018年年初，我拿了20万元现金到周广森家，跟周广森说我那块地早就清登测绘完毕，签了拆迁补偿协议，上面的厂房也被拆除了，但是拆迁补偿款一直没发给我，希望他能帮我找找王某27，让镇里赶紧把拆迁补偿款发下来。周广森看了一眼我手提袋里的现金，让我把钱放下，他帮我找王某 27 问问。我理解他那意思就是同意了，让我回去等消息。这 20 万元现金是我从银行取的成捆现金，面值都是 100 元的人民币。过了两个月左右，我的拆迁补偿款发下来了，4000 多万元一次性打到我的银行卡里，我觉得周广森应该已经帮我找王某 27 说过这件事了。

2. 证人王某 27 的证言：周广森让我帮忙给何某 3 加快其“三线工程”拆迁补偿款的放款速度，为这件事，周广森在“基地”给了我 20 万元现金，都是百元面额。

3. 地上物拆迁及土地临时占地补偿协议书、土地临时占地补偿协议书、定期储蓄存单等证明：2018 年 3 月 26 日，北京市大兴区魏某 1 镇人民政府就北京新机场高速公路等三线电力迁改工程项目与何某 3 签订补偿协议书，于同年 4 月 19 日向何某 3 补偿 4670. 2232 万元；2018 年 6 月 29 日，北京市大兴区魏某 1 镇人民政府再次就该项目与何某 3 签订补偿协议书，于同年 7 月 17 日向何某 3 补偿 25. 2238 万元。以上两份协议书均盖有北京市大兴区魏某 1 镇人民政府公章及王某 27 人名章。

4. 魏某 1 镇线性工程指挥部京霸城际铁路、地铁新机场线及新机场高速公路征地拆迁工作实施方案证明：王某 27 在京霸城际铁路、地铁新机场线及新机场高速公路征地拆迁工作中担任常务副总指挥。其中合同及付款审批制度规定：（1）取得审计初审意见后，与被征地拆迁人签订征地补偿协议，组织各户档案以村为单位分批次由内审组组长拟“合同审批单”，报项目主管领导、镇长、书记签字，并由内审组组织专人负责征地拆迁补偿协议盖章事宜；（2）取得审计终审意见后，以村为单位分批次由内审组组长做付款汇总表及“付款审批单”，报项目主管领导、镇长、书记签字，并交由镇财政所专人组织付款工作。方案通过时间为 2016 年 12 月 2 日。

5. 干部任免审批表证明：王某 27 于 2015 年 6 月至 2016 年 11 月任魏某 1 镇副镇长，于 2016 年 11 月至 2018 年 10 月任魏某 1 镇党委委员、副镇长。

6. 北京市西城区监察委员会出具的情况说明证明：调查人员于 2021 年 9 月 5 日对周广森进行询问时，周广森如实供认了调查组不掌握的其请托王某 27 关照何某 3 拆除腾退事宜，并替何某 3 向王某 27 行贿 20 万元现金的事实；同年 9 月 7 日，调查人员讯问王某 27，王某 27 对此事供认不讳；9 月 17 日，调查人员询问何某 3，何某 3 亦证实确有此事。

7. 被告人周广森的供述：2018 年年初，何某 3 来找我，说他那块地已经签了拆迁补偿协议，听镇里别的拆迁户说已经拿到了拆迁补偿，他的还没到，想通过我跟当时主管“三线工程”的副镇长王某 27 说一下，快点把他的拆迁补偿款发下来。他找我时拿着一个袋子，里面装着 20 万元现金，托我给王某 27

送过去。我打电话让王某27来我的“基地”一趟，第二天早上，王某27开着他那辆汉兰达来了，我跟他说了何某3的事，让他帮忙让镇里赶紧把何某3的补偿款发下来。王某27走的时候，我把何某3的20万元现金扔到了汉兰达车的副驾驶座位上。王某27推托一番就收下了。

上述证据经庭审举证、质证，本院审核属实，予以确认。

四、本案其他综合证据

（一）搜查证、搜查笔录、扣押物品清单、扣押笔录、扣押物品照片等证明：公安机关依法从周广森、陈胜丽住处查扣大量现金、字画、香烟、首饰、奢侈品等财物，以及查扣其余涉案被告人刀具等财物。

（二）查封、扣押、冻结手续等证明公安机关查封、扣押、冻结房产、车辆及银行账户的情况。

（三）关于甘某2位于北京市大兴区隆昌大街北段9号院7号楼8层1单元801的房产，系用集建地项目违法所得部分出资购买的证据有：

1. 证人任某2的证言：我没有借过陈胜勇钱，2019年7月26日陈胜勇给我转账50万元的事情我不清楚，应该是甘建民让陈胜勇转的，是什么钱我不清楚。

2. 北京市商品房预售合同、商品房预售合同联机备案表、交费收据等证据证明：2019年6月27日，甘某2与北京中海兴达房地产开发有限公司签署合同，购买位于大兴区庞某1镇PGZ02－21地块R2二类居住用地11#住宅楼8层1单元－801住房。该房总价款343.7059万元。该合同网上签约日期及联机备案日期均为2019年4月11日。

3. 规划施工号与门牌、楼牌编号对照表证明：规划施工号为11#的住宅楼，对应楼牌编号为7号楼。

4. 银行账户明细证明：王某24中国工商银行账户（尾号5285）于2019年7月19日向陈胜勇中国工商银行账户（尾号4317）转账107.74万元；陈胜勇上述账户于2019年7月26日向任某2北京农商银行账户（尾号6116）分三笔共转账50万元。任某2上述账户于2019年8月10日、11日、13日分三笔向甘某2中国农业银行账户（尾号6073）转账共计84万元。甘某2上述账户于2018年11月8日、2019年8月14日分别向北京中海兴达房地产开发有限公司支付134.7059万元、206万元。

5. 北京天正华会计师事务所出具的专项审计报告证明：该房产交易价格为343.7059万元，系甘某2从北京中海兴达房地产开发有限公司购买。购房款中，甘某2农行卡（尾号6073）支付340.7059万元，他人支付3万元。王某24于2019年收到兴某1公司支付的集建地拆迁补偿款176万元和227万元，后转给陈胜勇账户 107.74 万元。陈胜勇后转给任某2 账户 50 万元，任某2 收到上述款项后，转给甘某2 用于购买该房，其中购房款有陈胜勇转入的 50 万元。

6. 房地产产权登记信息等证明涉案房产的位置、所有权人、不动产权证书号等情况。

（四）关于甘某3 位于大兴区隆昌大街北段 9 号院 12 号楼 9 层 2 单元 902 的房产，系用集建地项目违法所得部分出资购买的证据有：

1. 证人甘某3 的证言：王云峰跟我父亲甘建民是朋友，我跟他不熟，2019 年 10 月 14 日到 16 日，王云峰分三笔给我的账户转账 210 万元，不是我向王云峰借的，具体情况我不清楚，应该是我父亲跟王云峰谈的，我没借给过王云峰钱，也不欠他钱。

2. 北京市商品房预售合同、商品房预售合同联机备案表等证据证明：2019 年 4 月 7 日，甘某3 与北京中海兴达房地产开发有限公司签署合同，从对方处购买位于大兴区庞某1 镇 PGZ02 – 21 地块 R2 二类居住用地 12#住宅楼 9 层 2 单元 – 902 住房。该房总价款 339.0856 万元。该合同网上签约日期及联机备案日期均为 2019 年 4 月 7 日。合同中该项目名称为云锦佳园，收据中该项目名称记载为中海云筑。

3. 银行账户明细证明：魏某2 账户（尾号 9728）于 2019 年 9 月 30 日向王云峰中国工商银行账户（尾号 7257）转账 640 万元，王云峰中国工商银行账户（尾号 5571、7257）于 2019 年 10 月 14 日、16 日分三笔向甘某3 中国建设银行账户（尾号 7356）转账 90 万元、60 万元、60 万元。2018 年 11 月 7 日，甘某3 向北京中海兴达房地产开发有限公司转账 133.0856 万元，2020 年 2 月 21 日至 3 月 30 日，甘某3 上述账户向北京中海兴达房地产开发有限公司转账 11 次，共计转账 203 万元。

4. 北京天正华会计师事务所出具的专项审计报告证明：该房产交易价格为 339.0856 万元，系甘某3 从北京中海兴达房地产开发有限公司购买。购房款中，甘某3 中国建设银行账户（尾号 7356）支付 336.0856 万元，他人支付 3 万元。甘某3 上述银行账户资金来源包括王云峰转入的 210 万元。王云峰资金来源为魏某2 于 2019 年 9 月 27 日取得兴某1 公司支付的集建地拆迁补偿款 2048 万元等。

5. 房地产产权登记信息等证明涉案房产的位置、所有权人、不动产权证书号等情况。

（五）关于周某8 名下北京市大兴区高米店南里 26 号楼 5 层 2 单元 502 房及 37 幢 – 1 层 – 136（车位）系北京诚信广森建材中心、北京春益生农副产品产销专业合作社及被告人甘建民账户出资购买的证据有：

1. 北京市商品房现房买卖合同（二份）证明：2016年5月16日，周某8（委托代理人周广森）与北京兴创房地产开发有限公司签署合同，从对方处购买北京市大兴区高米店南里26号楼5层2单元502商品房，商品房总价款866.586万元。2016年6月24日，周某8（委托代理人周广森）与北京兴创房地产开发有限公司签署合同，从对方处购买北京市大兴区高米店南里37幢-1层-136（车位）商品房，商品房总价款20万元。

2. 银行交易明细等证明：北京诚信广森建材中心北京农商银行账户（尾号1799）于2016年1月27日、2月3日、2月26日向北京兴创房地产开发有限公司账户（尾号0763）转款400万元、100万元、360万元。北京春益生农副产品产销专业合作社的北京农商银行账户（尾号6298）于2016年2月26日向北京兴创房地产开发有限公司上述账户转入6.586万元。

3. 北京天正华会计师事务所出具的专项审计报告证明：2016年5月16日，周某8从北京兴创房地产开发有限公司购买上述房产，房产交易价格886.586万元，北京诚信广森建材中心支付860万元，甘建民账户支付20万元，北京春益生农副产品产销专业合作社支付6.586万元。

4. 被告人周广森在庭前会议供述，上述房产系其出资购买。被告人甘建民对周广森的说法未提出异议。

（六）关于王某3名下北京市大兴区海子角西里11号楼1单元401室系周广森部分出资购买用于豢养组织成员的证据有：

1. 证人王某3的证言：2012年周广森给我们家买了一套房。

2. 存量房交易结算资金自行划转声明、北京天正华会计师事务所出具的专项审计报告证明：该房屋系王某3于2013年1月9日从白书亭处购买，房价款为72万元。

3. 被告人周广森的供述："小峰"现在住在海子角的房子，房屋产权人好像是他媳妇王某3。买房时是我找的关系，当时房价40多万元，我出了20来万元，他媳妇出了20来万元。我出的钱算是他的工资，不可能再找他要。

4. 被告人王云峰的供述：因结婚岳母要求有房，其跟周广森说后，周广森同意送其一套房。

（七）关于任某2位于大兴区隆昌大街北段9号院46幢-1层B1704号车位，系用集建地项目违法所得部分出资购买的证据有：

1. 北京中海兴达房地产开发有限公司收据、中国农业银行商户存根等证明：2020年6月19日，北京中海兴达房地产开发有限公司通过微信收取1万元，该款项用于任某2购买地下车位。2020年6月29日，北京中海兴达房地产开发有限公司收到任某2支付的地下车库Ⅱ（非人防）-1704车位款18.5

万元。

2. 北京天正华会计师事务所出具的专项审计报告证明：涉案地下车库（1704号），系任某2于2020年6月19日从北京中海兴达房地产开发有限公司购买，当日微信支付1万元车库认筹金，后通过甘某3建行卡（尾号7356）支付18.5万元，甘某3上述银行账户资金来源为2019年10月29日、31日由任某2北京农商银行账户（尾号6116）转入，任某2账户资金来源于王云峰北京农商银行账户（尾号1700），王云峰账户资金来源为魏某2集建地拆腾款640万元。

3. 房地产产权登记信息等证明涉案房产的位置、所有权人、不动产权证书号等情况。

（八）关于任某2名下车辆捷豹XJ（京Q7×××9）系周广森用“三线工程”违法所得出资购买的证据有：

1. 银行账户明细证明：2017年10月25日，周广柱北京农商银行账户（尾号7422）向王云峰北京农商银行账户（尾号2079）转款100万元，后王云峰上述账户于2017年11月21日向德万隆经贸有限公司支付68.58万元。

2. 北京天正华会计师事务所出具的专项审计报告证明：任某2名下捷豹XJ（京Q7×××9）1辆，系2017年11月21日从北京德万隆经贸有限公司购买，购车款68.58万元由王云峰农商银行账户（尾号2079）支付，王云峰账户资金来源系周广柱2017年10月24日收到“三线工程”陈某1拆迁补偿款后转入100万元。

3. 扣押决定书、扣押清单证明该车系公安机关从周广森处扣押。

4. 被告人周广森在庭前会议中供述：该车系其出资购买，只是借用了任某2的购车指标，车辆系陈胜丽实际使用。

5. 被告人王云峰在庭前会议中供述：不清楚购买该车的情况。

（九）关于周亚名下车辆英路领行员（京AC×××9）系周广森用北京市大兴区魏永路工程违法所得出资购买的证据有：

1. 机动车综合信息查询记录证明：涉案车辆为黑色英路领行员汽车，所有人为周亚。

2. 购车发票等证明：2019年1月22日，周亚从大连北核科技有限公司购买该车，购车款价税合计103.678529万元。

3. 北京天正华会计师事务所出具的专项审计报告证明：涉案周亚名下车辆（京AC×××9）系于2019年1月22日，从大连北核科技有限公司购买，购车款疑似周广森中国工商银行账户（尾号3970）支付，该账户于2019年1月17日消费付款114.5万元，资金来源为周广柱2018年12月魏永路拆迁补偿款，补偿款由魏某1镇人民政府支付，周广森代为收取。

4. 扣押决定书、扣押清单证明：该车系公安机关从周广森处扣押。

5. 被告人周广森的供述：我现在自己开一辆黑色林肯领航员，尾号是“369”，这辆车不是我的名字，登记在我女儿周亚的名下。

（十）关于周某9名下车辆梅赛德斯－奔驰CLA200（京N2×××5）系用“三线工程”违法所得出资购买的证据有：

1. 机动车综合信息查询记录证明：涉案车辆为白色梅赛德斯－奔驰汽车，所有人为周某9。

2. 购车发票证明：2018年6月29日，周某9从利星行之星（北京）汽车有限公司购买该车，购车款价税合计24.48万元。

3. 收据证明：2018年6月29日，周某9向利星行之星（北京）汽车有限公司支付购车预付款23.78万元。

4. 银行流水信息证明：周广柱北京农商银行账户（尾号7422）于2017年10月24日收到两笔款项，金额分别为1551.428328万元及48.883907万元；后于2017年10月25日向周亚北京农商银行账户（尾号0208）转账100万元；周亚上述账户于2018年6月29日，通过POS消费，向利星行之星（北京）汽车有限公司支付23.78万元。

5. 北京天正华会计师事务所出具的专项审计报告证明：周某9名下奔驰汽车（京N2×××5），系2018年6月29日从利星行之星（北京）汽车有限公司购买，购车款23.78万元由周亚北京农商银行账户（尾号0208）支付，该账户资金来源周广柱2017年10月25日收到“三线工程”陈某1拆迁补偿款后转入100万元。

（十一）关于庞某1名下车辆大众辉昂（冀R5×××3）系周广柱用“三线工程”违法所得出资购买的证据有：

1. 机动车保险单等证明：涉案大众牌汽车（冀R5×××3）车主系庞某1，保险初次登记日期为2018年2月7日。

2. 购车发票等证明：2018年2月6日，庞某1从北京车谷汽车有限公司购买该车，购车款价税合计30.97万元。

3. 银行流水信息证明：周广柱北京农商银行账户（尾号7422）于2018年1月8日收到李某14北京农商银行账户（尾号4386）转款165.705843万元，北京农商银行账户（尾号4343）转款55.771594万元；于同日收到周广柱北京银行账户（尾号4378）转款3.666092万元。周广柱北京农商银行账户（尾号7422）于2018年2月6日，通过POS消费，向北京车谷汽车销售有限公司支付30.97万元。

4. 北京天正华会计师事务所出具的专项审计报告证明：庞某1名下大众辉昂汽车（冀R5×××3），系2018年2月6日从北京车谷汽车销售有限公司购买，购车款30.97万元由周广柱北京农商银行账户（尾号7422）支付，该账户资金来源于李某14及其本人“三线工程”拆迁补偿款。

（十二）其他涉案账户的相关证据：

1. 企业基本信息、法定代表人登记表、个人投资者名录证明：北京诚信广森建材中心系个人独资企业，法定代表人为周广森，投资人仅周广森1人。

2. 企业基本信息、设立登记申请书、法定代表人登记表证明：北京春益生农副产品产销专业合作社系农民专业合作经济组织，法定代表人系周广森，投资人为周广森、赵言、赵长海、王国良、刘某14。

3. 企业基本信息、自然人股东身份证明等证明：北京广兴市政园林有限公司系自然人独资有限责任公司，法定代表人周广柱，投资人为周广柱1人。

上述证据经庭审举证、质证，本院予以确认。涉案相关财物的权属均由相关证据予以证明，本院将依法予以处理。

根据本案事实、证据及相关法律规定，对于各被告人的辩解及辩护人的辩护意见，本院综合评判如下：

1. 关于组织、领导、参加黑社会性质组织罪的认定。依照相关法律规定，黑社会性质组织应同时具备组织特征、经济特征、行为特征和危害性特征，本案以被告人周广森为首的犯罪组织具备以上四个特征：

（1）关于组织特征。以被告人周广森为组织者、领导者的黑社会性质组织，自2004年至2020年长期较稳定存在，骨干成员基本固定，人数较多，有明确的层级和职责分工。2001年，周广森通过周广柱等人拉票等方式当选为东某1村村委会主任，2003年隐瞒前科劣迹违规取得中共党员身份，自2007年至2018年担任东某1村党支部书记，还曾代理魏某2村、北某2村党支部书记，并曾担任两届大兴区人大代表。其间，周广森扶持赵言担任东某1村村委会主任、党支部书记等职务，通过组织成员甘建民、窦晓雷及其他关系人担任周边各村党支部书记、村委会主任等职务，逐步把持、操控魏某1镇多个村基层政权。自2004年至2020年，周广森先后纠集、指使被告人周广柱、王云峰、赵言、甘建民、赵亚利、孙永合、陈胜丽、陈胜勇、张国印、窦晓雷等人，有组织地实施寻衅滋事、聚众斗殴、敲诈勒索、串通投标、诈骗等50余起违法犯罪活动，逐步形成以周广森为组织者、领导者，以周广柱、王云峰、赵言、甘建民为骨干成员，以赵亚利、孙永合、陈胜丽、陈胜勇、张国印、窦晓雷为积极参加者，以杨长战、张国、刘万利、李波为一般参加者，骨干成员基本固定、人数较多、结构较为稳定、分工明确的犯罪组织。周广森对该犯罪组织的发展及运行、活动，起着决策、指挥、管理、协调作用，周广柱、王云峰、赵言、甘建民、赵亚利、孙永合、陈胜丽、陈胜勇、张国印、窦晓雷等人接受周广森的领导、管理或指挥，多次积极参与该组织的犯罪活动，系积极参加者。其中，周广柱、王云峰、赵言、甘建民在周广森纠集、指使和授意下，多次指挥或积极参与聚众斗殴、敲诈勒索、诈骗等犯罪活动，属于骨干成员。杨长战、张国、刘万利、李波接受该犯罪组织的领导和管理，在上述组织成员的纠集或指使下，具体实施违法犯罪活动，系一般参加者。

（2）关于经济特征。以周广森为首的犯罪组织通过有组织的犯罪活动获取巨额经济利益，有较强的经济实力以维系组织的生存、发展，用巨额赔偿使组织成员逃避刑事追究等，符合黑社会性质组织的经济特征。被告人周广森及其组织成员在魏某1镇有组织地实施敲诈勒索、串通投标、非法倒卖土地使用权、诈骗等犯罪活动，并在有关国家机关工作人员的纵容下，垄断土地资源，包揽当地政府园林绿化养护、抗震节能等民生项目；利用北京市大兴区魏永路工程、“三线工程”、集建地项目拆迁腾退补偿之机，在魏某1镇多个村租赁土地，采用倒签土地租赁合同日期、虚增土地面积、抢建抢栽抢种等方式，骗取拆迁腾退补偿款，先后骗得补偿款、补贴款共计7000余万元；敲诈勒索他人财物达80余万元；通过串通投标，非法获得6000余万元的经济合同，攫取巨额非法利益，聚敛巨额财富。案发后，查封、扣押周广森及组织成员房产、车辆、账户资金、贵重物品等大量财物。该犯罪组织所攫取的巨额经济利益，大部分被周广森所掌控，其将部分财产用于维系组织的生存、发展，向组织成员赠送房产、财物等；在东某1村建造固定的活动基地，用来宴请组织成员及关系密切的周边各村村干部等；收买国家工作人员，为组织获取不当利益提供便利。部分财产用于实施犯罪活动，如在即将拆迁的土地上抢建房屋、抢栽抢种树木骗取拆迁补偿款等，使犯罪组织的经济实力不断壮大。

（3）关于行为特征。以周广森为首的犯罪组织以暴力、威胁等手段，有组织地多次实施暴力犯罪及威胁恐吓违法活动，为非作恶，欺压群众，符合黑社会性质组织的行为特征。为在魏某1镇树立非法权威，该犯罪组织多次实施寻衅滋事、聚众斗殴、故意伤害等暴力犯罪及向村民家中投掷礼花弹进行恐吓的违法行为。为逞强争霸或谋取非法利益，动辄随意殴打他人，或持械斗殴，造成多人受伤。2006年，周广森为维护其在魏某1镇魏某1村的麦收利益，指使王云峰与邱某2、张某4等数十人先后在青某1镇、魏某1镇两次持械斗殴，造成多人受伤；在魏某1煤场聚众斗殴，致1人重伤、2人轻伤，在当地造成严重的恶劣影响。当该犯罪组织利益受损时，即采取胁迫、威慑手段，如工程竞标失败就扬言“我不干，谁都不能干”，阻挠中标者施工，进行敲诈勒索。

上述事实均体现出该犯罪组织在当地逞强争霸、欺压百姓、借故生非、打击报复的暴力性等特征，严重扰乱当地的社会管理秩序。

（4）关于危害性特征。被告人周广森及其组织成员，为形成强势地位，树立非法权威，多次使用暴力、威胁等手段有组织地实施寻衅滋事、聚众斗殴、故意伤害等暴力犯罪活动及违法行为。其中，多起暴力犯罪系公开公然实施，尤其是在煤场聚众斗殴中，该组织成员及其纠集人员持砍刀等参与斗殴，致一人重伤、二人轻伤，案发后相关人员未被追究刑事责任，给当地群众造成了极大的心理强制和恐惧，致使当地群众、企业在合法权益遭到侵害后，不敢通过正常途径进行控告或举报。被告人周广森及其组织成员，通过上述违法犯罪活动，并利用国家工作人员的纵容，在魏某1镇为非作恶、称霸一方，形成非法控制和重大影响，严重破坏了当地政治、经济、社会生活秩序。周广森不仅本人长期把持基层政权，还安排、扶持组织成员担任、接任村主任、村书记等职务，帮助组织成员、其他关系人担任周边多个村的村主任、村书记等职务。通过把持、操控魏某1镇多个村基层政权，树立非法权威，严重破坏魏某1镇农村基层组织建设，严重损害基层政权基础。

综上，被告人周广柱、陈胜丽及部分辩护人所提本案不存在黑社会性质组织，聚众斗殴、寻衅滋事、职务侵占、诈骗等犯罪事实不属于黑社会性质组织犯罪事实，被告人周广柱、甘建民、孙永合、陈胜丽、窦晓雷、李波不构成参加黑社会性质组织罪的辩解和辩护意见，均不能成立，本院不予采纳。

2. 关于辩护人分别所提被告人周广柱并非黑社会性质组织的积极参加者；被告人王云峰所犯参加黑社会性质组织罪应认定为从犯；被告人赵言在黑社会性质组织中作用较小；被告人甘建民、陈胜勇、窦晓雷系黑社会性质组织的一般参加者；被告人张国印系黑社会性质组织底层辅助人员等辩护意见，经查，被告人周广柱是该犯罪组织的领导者周广森之兄，通过拉票等方式帮助周广森当选村委会主任，在周广森指使、授意下，或利用周广森的职务便利，先后实施寻衅滋事、敲诈勒索、诈骗等犯罪行为，利用犯罪组织的非法控制和重大影响，攫取巨额经济利益；被告人王云峰在犯罪组织成立初期即加入该组织，担任周广森司机及保镖，为其管理魏某1地区绿化养护项目，长期获取周广森经济资助，在周广森指挥或授意下，多次积极参与该组织实施的寻衅滋事、聚众斗殴、故意伤害等暴力犯罪，以及串通投标、诈骗等经济犯罪；被告人赵言在周广森扶持下，自2007年起至2020年，先后担任东某1村村委会主任、党支部书记等职务，帮助周广森把持基层政权，垄断村内资源，并积极参与该组织实施暴力犯罪、经济犯罪；被告人甘建民在周广森的帮助下担任岳某1村党支部书记，长年帮助周广森管理土建工程项目，在周广森的指使下积极参与故意伤害、敲诈勒索、诈骗等犯罪，为组织攫取经济利益；陈胜勇与周广森系亲戚关系，在周广森指挥和授意下，积极参与组织实施的诈骗犯罪活动，获取巨额经济利益；张国印帮助周广森代持土地，积极参与聚众斗殴、诈骗等犯罪活动；窦晓雷持械积极参加暴力犯罪，且作用突出，并通过组织实施的诈骗犯罪谋取经济利益。综上，周广柱、王云峰、赵言、甘建民、陈胜勇、张国印在黑社会性质组织中均系积极参加者。而且，《刑法》根据黑社会性质组织成员在共同犯罪中的地位、作用，对组织者、领导者及积极参加者、一般参加者的量刑幅度已进行明确区分，不应再区分主从犯。上述辩护意见均不能成立，本院不予采纳。

3. 关于寻衅滋事犯罪的第一起事实，被告人周广柱及其辩护人所提周广柱未指使他人或亲自实施滋事行为，且当年已被调查并确认不构成犯罪的辩解和辩护意见；被告人王云峰的辩护人提出王云峰系从犯的辩护意见，经查，在案被害人赵某6的陈述，证人邱某1、赵亚利的证言，被告人王云峰的供述和辩解，同案犯马某2的供述和辩解，鉴定意见，生效裁判等证据能够相互印证，结合周广柱曾供述让同案犯邱某2找对方“谈谈”，并曾在案发时间段因被赵某6举报而到赵某6家中等情况，足以认定周广柱受邱某1之托，指使邱某2纠集他人对赵某6、范某1等人进行滋扰、殴打，造成二人轻伤的事实，周广柱的行为构成寻衅滋事罪。公安机关接受报案后，虽对周广柱采取了强制措施，但司法机关未对其进行刑事处罚，在事实清楚、证据确实充分的情况下，再对其进行追诉，符合法律规定。在本案中，王云峰受他人纠集后积极参与寻衅滋事行为，在共同犯罪中起主要作用。上述辩解及辩护意见均不能成立，本院不予采纳。

4. 关于寻衅滋事犯罪的第二起事实，被告人王云峰的辩护人提出王云峰系从犯的辩护意见，经查，王云峰受周广森纠集，积极实施寻衅滋事行为，持刀将被害人李某1砍伤，在共同犯罪中起主要作用，上述辩护意见不能成立，本院不予采纳。

5. 关于寻衅滋事犯罪的第三起事实，被告人窦晓雷的辩护人提出被害方存在过错，窦晓雷无滋事故意，本案应认定故意伤害罪等辩护意见；被告人张国的辩护人提出双方均有明显过错，张国系中途加入，行为针对的是特定人，作用较轻，且未对社会秩序构成破坏等辩护意见，经查，在案被害人周某1的陈述，证人柏某1、师某1等人的证言，鉴定意见等证据能够相互印证，证实本案系窦晓雷一方在歌厅滋事引发，后窦晓雷纠集张国等人到达歌厅，张国遂持刀将周某1砍伤的事实；本案系被告方借故生非、激化矛盾所引发，被害人不存在刑法意义上的过错；本案发生在公共场所，窦晓雷、张国等人为发泄情绪、逞强耍横，在公共场所持械随意殴打他人并致人轻伤，既侵害了他人的人身权利，又妨害了社会管理秩序，应认定为寻衅滋事罪。张国被纠集至歌厅后，持刀将被害人砍致轻伤，在犯罪中起主要作用。上述辩护意见均不能成立，本院不予采纳。

6. 关于聚众斗殴、故意伤害犯罪（聚众斗殴转化），部分辩护人所提对方存在过错的辩护意见，经查，聚众斗殴的参加者，均明知自己的行为可能导致他人受伤及被他人行为致伤的后果，应当自行承担相应的刑事责任，相关辩护意见不能成立，本院不予采纳。

7. 关于聚众斗殴犯罪的第一起事实，被告人王云峰的辩护人提出王云峰系从犯的辩护意见，经查，王云峰受周广森指使，纠集多人到达案发现场，并积极参与聚众斗殴，致多人受伤，在犯罪中起主要作用，上述辩护意见不能成立，本院不予采纳。

8. 关于聚众斗殴犯罪的第二起事实，被告人赵言的辩护人提出赵言系从犯等辩护意见；被告人窦晓雷的辩护人提出窦晓雷的行为具有防卫性质，犯罪情节较轻等辩护意见；被告人张国及其辩护人提出张国并非被纠集，系被对方施加暴力后回击，具有防卫性质，并非积极主动参与斗殴，不具有破坏公共秩序的主观故意等辩解和辩护意见，经查，在案证人张某7、李某6、李某5、曹某1等多人证言，辨认笔录，现场勘验检查笔录，鉴定意见，各被告人供述和辩解等证据能够相互印证，证实周广森纠集赵言、窦晓雷、张国等人，与张某7、谷某1等人在竹园酒乡饭店公共场所持械聚众斗殴，造成多人受伤的事实；赵言持械积极参与聚众斗殴，在犯罪中起主要作用；在聚众斗殴过程中，窦晓雷持斧子积极加入周广森一方，砍伤至少二人，造成严重后果，其行为不具有防卫性质；被告人张国持刀积极加入周广森一方，并将对方砍伤，各被告人的聚众斗殴行为，均破坏了社会管理秩序。上述辩解和辩护意见均不能成立，本院不予采纳。

9. 关于故意伤害罪的事实，被告人王云峰、赵言、甘建民、孙永合、杨长战的辩护人提出上述被告人均系从犯，不能证明毛某1等三人的伤系赵言直接造成等辩护意见；孙永合的辩护人提出孙永合的行为应认定为聚众斗殴罪等辩护意见；被告人陈胜丽及其辩护人提出陈胜丽到现场是为了阻止斗殴，无伤害他人的故意和行为，不构成故意伤害罪的辩解和辩护意见，经查，陈胜丽伙同他人到案发现场，对其他人实施伤害行为起到支持作用，鉴于其未动手，可认定其对伤害后果的发生起次要、辅助作用；王云峰、赵言、杨长战均持械积极参与斗殴，甘建民亦积极参与斗殴，对被害人共同实施伤害行为，在共同犯罪中均起主要作用；本案因孙永合意图借助周广森的影响力解决其与毛某1等人的赌债问题而引发，且多名被告人的供述和辩解能够相互印证，在周广森带人去找被害人时，孙永合提供了被害人所处位置，在共同犯罪中起到重要作用，应对周广森等人的伤害后果共同承担刑事责任，其行为构成故意伤害罪。上述辩解及辩护意见均不能成立，本院不予采纳。

10. 关于敲诈勒索罪的第一起事实，被告人周广柱及其辩护人提出周广柱未参与共谋实施犯罪，无犯罪故意、犯罪行为，其行为不构成敲诈勒索罪等辩解和辩护意见；被告人甘建民、刘万利的辩护人分别提出甘建民、刘万利系从犯的辩护意见，经查，在案被害人寇某1的陈述，证人王某1、赵某8、鲍某1、耿某1、陈某4、王云峰等人的证言，中国工商银行客户存款对账单等书证，各被告人的供述和辩解能够相互印证，证实周广柱参与勒索寇某1的犯罪行为及获取60万元现金支票后，让孙永合套现的事实；在周广森的指挥下，甘建民指使刘万利堵路阻碍寇某1进场施工，二人均积极参与，并在共同犯罪中起重要作用。上述辩解及辩护意见均不能成立，本院不予采纳。

11. 关于敲诈勒索罪的第二起事实，被告人周广柱及其辩护人提出周广柱未实施堵路行为，获得的钱款系与对方协商后确定的库房及道路的租金，施工给周广柱造成了影响，理应支付适当补偿等辩解和辩护意见，经查，在案证人董某1、陈某5、樊某1、刘某8、罗某1、赫某1、宁某1、张某10、马某6、张某3等人的证言，辨认笔录，银行转账记录，原国土资源部2016年度卫片发现一般违法用地明细表等证据能够相互印证，证实周广柱所谓的“库房”是非法强占东某1村、西某1村、天某1农场土地后，私自建设的违法建筑；“库房”门口的道路为西某1村集体所有，周广柱无权获取“租金”；周广柱在“三线工程”施工期间，多次采取停车堵路等方式阻碍施工，向施工单位勒索钱财，基于停车堵路等行为造成延误工期的压力及畏于周广柱等人在当地的势力，施工单位被迫交付钱款，周广柱的行为已构成敲诈勒索罪。上述辩解及辩护意见不能成立，本院不予采纳。

12. 关于非法倒卖土地使用权罪的相关事实，被告人周广森的辩护人提出本案系转租而非倒卖的辩护意见；被告人孙永合的辩护人提出孙永合没有倒卖土地使用权的主观故意，在案发前孙永合已退伙，签订合同不构成犯罪等辩护意见，经查，非法倒卖土地使用权，不仅包括明码标价将土地使用权出卖给他人的行为，也包括以转租等形式掩盖土地使用权买卖实质而将土地使用权转让给他人的行为。本案中，周广森承租涉案农用地后未实际经营，违反土地管理法规，以牟利为目的将土地转租给他人用于非农业建设，其行为构成非法倒卖土地使用权罪；孙永合虽自行将相关权利转让给他人，对外其仍是土地租赁合同的承租方，其在明知周广森将土地转租给他人系用于非农业建设的情况下，仍在转租协议上签字，为周广森倒卖土地使用权提供帮助，其行为应认定为非法倒卖土地使用权罪。上述辩护意见不能成立，本院不予采纳。

13. 关于职务侵占罪的事实，被告人陈胜丽及其辩护人提出陈胜丽并未签署租地协议，未与周广森、李波共谋，不构成犯罪的辩解和辩护意见；被告人李波的辩护人提出李波与周广森、陈胜丽无共同故意，不构成犯罪，且该起事实与后续诈骗犯罪相关事实系重复评价等辩护意见，经查，涉案地块的部分土地被用于建造“基地”，供周广森、陈胜丽居住、使用，还有部分土地被周广森、陈胜丽用来抢建房屋，骗取集建地项目拆除腾退补偿款；陈胜丽在土地租赁合同上签字，且拆迁档案材料中合同终止协议、土地租赁合同补充协议、租金已交齐的承诺书、拆除腾退补偿协议上均有陈胜丽的签字和手印；陈胜丽、周广森利用周广森职务上的便利，伪造涉案土地租金已实际交纳的相关手续，还在土地租赁合同因拆迁终止的情况下，继续占用“基地”部分地块至案发，将本应交给村集体的租金非法占为己有，陈胜丽的行为构成职务侵占罪；李波明知周广森、陈胜丽未实际交纳租金，仍受周广森指使伪造租金交纳凭证、收据、出具情况说明等，系在共同犯罪中起帮助作用，其行为构成职务侵占罪。本起职务侵占事实，与后续诈骗犯罪在犯罪行为、犯罪对象、所侵害的法益及被害单位等方面均不同，故不存在重复评价的问题。上述辩解和辩护意见不能成立，本院不予采纳。

14. 关于串通投标罪的事实，被告人王云峰的辩护人提出相关行为未损害招标人或其他投标人的利益，不构成犯罪；如认定为犯罪，王云峰系从犯的辩护意见，经查，串通投标罪侵犯的客体是市场经济秩序，王云峰等人采取围标等方式参与投标，中标多个项目，累计金额高达上千万元，其行为破坏了公平竞争的市场秩序，损害了招标人或其他潜在投标人的合法利益，情节严重，依法构成串通投标罪。在周广森指使下，王云峰联系多家公司陪标，出钱委托制作投标文件及标书等，系积极参与犯罪，在共同犯罪中起主要作用。上述辩护意见不能成立，本院不予采纳。

15. 关于在大兴区魏永路工程、“三线工程”、集建地项目拆除腾退中认定抢建、抢栽抢种时间节点的问题。在案相关证人证言能够相互印证，证实魏永路工程于2005年已进行规划，2006年开始实地调查，2007年5月开展地形图测绘工作，包括在已有道路或水泥固定处布设控制点，钉钉子并刷油漆进行编号、做标记等，可认定此时当地群众应明知魏永路工程即将启动，并获悉路线大致走向，随后在可能涉及拆迁地块进行的建设房屋等行为，均应认定为抢建。在案相关证人证言、书证能够相互印证，证实“三线工程”勘察设计人员于2015年七八月对“三线工程”进行实地勘测并标记，可认定此时当地群众明知“三线工程”即将启动，并获悉路线大致走向，随后在可能涉及拆迁地块进行的建设房屋、大棚，栽种树木等行为，均应认定为抢建、抢栽抢种。被告人赵言、王云峰、甘建民、陈胜勇等人的供述，相关书证能够相互印证，证实周广森犯罪组织在2017年5月之前就获悉了集建地项目拆除腾退启动的消息及拆迁地块的大致范围，结合兴瑞临福公司会议纪要中2017年5月之后建成的房屋不予补偿的规定，可认定涉案拆迁地块上2017年5月之后建成的地上物为抢建。综上，部分辩护人所提相关部门没有明确界定时间节点，没有拆迁公告等载明禁止种树的截止时间，被告人作案时不明知拆迁范围及时间等辩护意见均不能成立，本院不予采纳。

16. 关于部分辩护人所提涉案土地拆迁补偿款是根据占地补偿部门勘查、测量作出评估报告后才发放的，与被告人的主张无关，申报行为不同于隐瞒事实，不足以导致专业人员的错误认识，当事人主张自己的权利是合法权利，申报材料中签订合同时间与实际履行有差异系手续上的瑕疵等辩护意见，经查，在测绘、清登、提供拆迁材料的过程中，提供造假的土地租赁合同、编造地上物种植、建成时间，或隐瞒抢建、抢栽抢种的行为，均属于诈骗罪中的虚构事实、隐瞒真相行为，目的在于让被害单位陷入错误认知而交付财物，各被告人采取上述手段骗取拆迁款的行为，均应认定为诈骗罪。上述辩护意见不能成立，本院不予采纳。

17. 关于被告人王云峰、赵言、甘建民、陈胜勇的辩护人分别提出王云峰、赵言、甘建民在诈骗罪第十四起的部分事实中系犯罪未遂，甘建民、陈胜勇在诈骗罪第五起事实系犯罪未遂，建议法庭从宽处理的辩护意见，经查，王云峰、赵言、甘建民、陈胜勇在本案中均参与多起诈骗犯罪，既遂、未遂数额均达到了数额特别巨大的标准，依照相关规定，应以既遂数额认定为诈骗罪既遂，对于未遂数额，以犯罪既遂酌情从重处罚。上述辩护意见不能成立，本院不予采纳。

18. 关于诈骗罪的第一起事实，被告人周广柱及其辩护人所提周广柱无诈骗故意的辩护意见，经查，在案证人王某29、梁某1、王某30等人的证言，狼某1民族小学公章图样，拆迁档案材料等相关书证，被告人周广森、周广柱的供述和辩解等证据能够相互印证，证实周广森、周广柱通过伪造土地租赁合同，编造北京嘉利达建筑工程有限公司在涉案地块经营的事实，骗取拆迁款。其中，周广柱实施伪造土地租赁合同、租赁合同、建设彩钢房、签订拆除腾退补偿综合协议等行为，明显具有骗取拆迁款的犯罪故意，依法构成诈骗罪。上述辩解及辩护意见不能成立，本院不予采纳。

19. 关于诈骗罪的第二起事实，被告人周广森的辩护人提出补偿对象是地上物，不是公司经营损失，无论周广森（北京亿龙飞投资咨询公司）是否在涉案地块经营，均不属于诈骗行为，补偿款给周广森可能是收取补偿款的主体错误所致的辩护意见；被告人周广柱及其辩护人提出周广柱无诈骗故意的辩解和辩护意见，经查，在案证人李某8、刘某14、刘某15等人的证言，土地承包合同、租赁土地合同、生效裁判、魏某1镇政府会议纪要、拆迁档案材料等书证，被告人周广森的供述等证据能够相互印证，证实周广森、周广柱在明知魏永路即将拆迁的情况下，于2009年七八月间在涉案地块抢建房屋，并以不在此地经营的周广森（亿龙飞投资咨询有限公司）的名义申报清登，试图骗取拆迁补偿款；二人实际获取的拆迁补偿，是以清登时作出的房屋拆迁补偿价格测算单为依据。周广森、周广柱主观上具有骗取拆迁款的犯罪故意，客观上共同实施抢建房屋、领取拆迁补偿款等行为，其行为均构成诈骗罪。上述辩解及辩护意见均不能成立，本院不予采纳。

20. 关于诈骗罪的第三起事实，被告人周广森的辩护人提出周广森系在他人租赁的土地上建房，系合作或合伙关系，不应认定为犯罪等辩护意见；孙永合的辩护人提出孙永合获取拆迁款未虚构、隐瞒事实，合同时间有误差系手续上的瑕疵，孙永合不构成诈骗罪等辩护意见，经查，在案证人杨某6的证言，魏永路项目的相关书证，租地协议，卫星图片，被告人周广森、孙永合的供述等证据能够相互印证，证实周广森、孙永合在明知涉案地块即将拆迁的情况下，通过倒签租地协议、抢建简易房等方式骗取拆迁款，其行为均已构成诈骗罪。上述辩护意见不能成立，本院不予采纳。

21. 关于诈骗罪的第四起事实，被告人甘建民的辩护人提出甘建民系从犯，且犯罪数额应为123万余元的辩护意见。经查，在案证人孙某6、王某14、高某3、周广柱等人的证言，土地租赁合同，2014年新建设施农业项目相关书证，被告人周广森、甘建民的供述等证据能够相互印证，证实甘建民参与签订伪造的土地租赁合同、领取补贴款，在共同犯罪中起到主要作用；春益生合作社获取补贴款后，向龙清园公司支付款项，系犯罪后对赃款进行的处分，不应从犯罪数额中扣除。上述辩护意见不能成立，本院不予采纳。

22. 关于诈骗罪的第五起事实，被告人陈胜勇、刘万利的辩护人分别提出陈胜勇、刘万利系从犯的辩护意见，经查，在案证人荣某1、周某6、史某1等人的证言，魏某1镇政府提供的抗震节能改造工程工程量确认单等相关书证，被告人甘建民、陈胜勇、刘万利的供述等证据能够相互印证，证实陈胜勇、刘万利在本起事实中实施了虚报面积的行为，是诈骗犯罪的关键环节，在共同犯罪中均起主要作用。上述辩护意见不能成立，本院不予采纳。

23. 关于诈骗罪的第六起事实，被告人周广柱提出其没有诈骗故意的辩解，经查，在案证人王某11、巩某1、王某17、贾某1等人的证言，土地租赁合同、转租协议、拆迁档案材料等相关书证能够相互印证，证实周广柱明知“三线工程”拆迁涉及该地块，还在该地块上抢建大棚、抢种树木，骗取拆迁补偿款，其行为具有明显的诈骗故意。上述辩解不能成立，本院不予采纳。

24. 关于诈骗罪的第七起事实，被告人周广森的辩护人提出周广森系在他人租赁的土地上建房，系合作或合伙关系，不应认定为犯罪等辩护意见；被告人周广柱及其辩护人提出周广柱没有诈骗的主观故意的辩解和辩护意见；被告人甘建民的辩护人提出无证据证明甘建民与刘某18代替周广森签订土地租赁合同系出于犯罪目的，甘建民后续未参与，未获得好处，不应承担责任等辩护意见。经查，在案证人张某13、毛某3、刘某18、何某2等人的证言，土地租赁合同、委托书、拆迁档案材料等相关书证，被告人周广森、周广柱、甘建民等人的供述和辩解等证据能够相互印证，证实周广森明知“三线工程”拆迁涉及该地块，伙同赵亚利等人在该地块上抢建大棚、抢种树木，骗取拆迁补偿款，其行为构成诈骗罪；周广柱明知该地块要拆迁，仍帮助周广森等人抢建大棚，应认定为诈骗罪共犯；甘建民帮助周广森代持土地，明知周广森等人意图骗取拆迁补偿款，仍在拆迁过程中委托赵亚利全权处理拆迁事宜，为赵亚利等人诈骗拆迁补偿款提供帮助。各被告人有明显的意思联络，在共同犯罪中分工合作，均应承担诈骗罪的刑事责任。上述辩解及辩护意见不能成立，本院不予采纳。

25. 关于诈骗罪的第九起事实，被告人周广柱及其辩护人提出周广柱没有诈骗故意的辩解和辩护意见；被告人甘建民的辩护人提出甘建民系从犯的辩护意见，经查，在案证人王某18、甘某1、甘某2、范某2等人的证言，补充土地租赁合同、拆迁档案材料等相关书证，被告人周广柱、甘建民的供述和辩解等证据能够相互印证，证实周广柱、甘建民明知“三线工程”拆迁涉及该地块，后周广柱在该地块上抢种树木，甘建民指使其子甘某2与岳某1村经济合作社签订补充土地租赁合同，二人共同骗取拆迁补偿款，均有明显的诈骗故意，均构成诈骗罪；甘建民指使其子签订补充土地租赁合同、实际分得赃款，在共同犯罪中起主要作用。上述辩解和辩护意见不能成立，本院不予采纳。

26. 关于诈骗罪的第十起、第十一起事实，被告人周广柱提出其没有诈骗故意的辩解，经查，在案证人孙某7、杨某8、孙某13、李连民、何某1等人的证言，土地租赁合同、村民（社员）代表决议、补充土地租赁协议、拆迁档案材料等相关书证等证据能够相互印证，证实周广柱明知“三线工程”拆迁涉及涉案地块，还伙同他人抢种树木，并采用伪造、倒签土地租赁合同等方式，骗取拆迁补偿款，主观上有明显的诈骗故意，其行为构成诈骗罪。上述辩解不能成立，本院不予采纳。

27. 关于诈骗罪的第十二起事实，被告人甘建民的辩护人提出甘建民未与他人共谋，未提供实质性帮助，不应承担责任的辩护意见；被告人张国印及其辩护人提出张国印只种了白蜡树，涉案地块原有的其他果木树补偿不应计入诈骗数额的辩解和辩护意见，经查，在案证人赵言、肖某3的证言，土地租赁合同、拆迁档案材料等相关书证，被告人张国印、甘建民的供述能够相互印证，证实甘建民明知张国印在其租赁的土地上抢种树木，意图骗取拆迁补偿款，仍配合清登并提供土地租赁合同等获得拆迁补偿必需的材料，甘建民的行为是骗取拆迁款的关键环节，应认定共犯；本起诈骗数额只包括58棵对节白蜡树的补偿款，没有其他果木树的补偿。上述辩解及辩护意见均不能成立，本院不予采纳。

28. 关于诈骗罪的第十三起事实，被告人陈胜丽及其辩护人提出陈胜丽无犯罪主观故意，只是签署了真实的赔偿协议，不构成犯罪的辩解和辩护意见；被告人陈胜勇的辩护人提出陈胜勇系从犯的辩护意见，经查，在案证人张某16、张某2、王某21、赵某11等人的证言，土地租赁合同、拆迁档案材料等相关书证，被告人周广森、赵言、陈胜丽、陈胜勇的供述和辩解等证据能够相互印证，证实周广森、陈胜丽、陈胜勇等人明知集建地项目拆除腾退涉及该地块，仍在该地块上抢建简易彩钢房，并提供虚假的证明材料，骗取拆迁款，各被告人的行为均构成诈骗罪。其中，陈胜丽与东某1村经济合作社签订该地块的租赁合同，还在测绘、清登现场对拆迁位置、房屋予以指认，并以本人名义签订拆除腾退补偿协议，领取拆迁补偿款，主观上具有骗取拆迁补偿款的故意，客观上实施了诈骗行为，其行为构成诈骗罪；陈胜勇在抢建现场监督施工，在相关拆迁材料上签字，并分得大量赃款，在共同犯罪中起主要作用。上述辩解及辩护意见均不能成立，本院不予采纳。

29. 关于诈骗罪的第十四起事实，被告人周广森的辩护人提出周广森系在他人租赁的土地上建房，系合作或合伙关系，不应认定为犯罪等辩护意见；被告人王云峰、赵言、陈胜勇的辩护人分别提出王云峰、赵言、陈胜勇系从犯的辩护意见；被告人甘建民的辩护人提出甘建民作用较小的辩护意见，经查，在案证人杨某10、肖某3、魏某2、崔某1等人的证言，土地租赁合同、拆迁档案材料等相关书证，被告人王云峰、赵言、陈胜勇、甘建民等人的供述等证据能够相互印证，证实周广森明知集建地项目拆除腾退涉及涉案地块，仍指使或授意赵言、王云峰、陈胜勇、甘建民在上述地块通过抢建房屋、冷库、加盖隔层等方式，骗取拆迁腾退补偿款，各被告人的行为均已构成诈骗罪。赵言、王云峰、陈胜勇、甘建民分工协作，共同出资、分赃，均起到主要作用。上述辩护意见不能成立，本院不予采纳。

30. 关于诈骗罪的第十五起事实，被告人周广森的辩护人提出周广森系在他人租赁的土地上建房，系合作或合伙关系，不应认定为犯罪的辩护意见；被告人赵言的辩护人提出赵言具有自首情节等辩护意见，经查，在案证人刘某19、王云峰、刘某20、张某2等人的证言，土地租赁合同、拆迁档案材料等相关书证，被告人周广森、赵言、张国印的供述和辩解等证据能够相互印证，证实周广森明知集建地项目拆除腾退涉及该地块，指使赵言等人与该地块实际承租人协商抢建房屋，并约定利润分成，后在该地块抢建冷库，并同意张国印在该地块抢建太阳能灯杆，骗取拆除腾退补偿款，各被告人的行为均已构成诈骗罪；在赵言如实供述本起犯罪事实前，公安机关已掌握赵言涉嫌参与诈骗罪其他事实的相关线索，赵言不构成自首。上述辩护意见均不能成立，本院不予采纳。

31. 关于诈骗罪的第十六起事实，被告人周广森的辩护人提出周广森系在他人租赁的土地上建房，系合作或合伙关系，不应认定为犯罪等辩护意见；被告人周广柱及其辩护人提出周广柱没有诈骗故意等辩解和辩护意见，经查，在案证人尹某1、董某2、柯某1等人的证言，土地租赁合同、拆迁档案等相关书证能够相互印证，证实周广森明知集建地项目拆除腾退涉及该地块，仍与他人共谋并指使周广柱在该地块抢建隔层，骗取拆迁补偿款，其行为已构成诈骗罪；周广柱明知周广森意图骗取拆迁补偿款，仍积极联络施工人员，帮助周广森抢建房屋，其行为应认定为诈骗共犯。上述辩解及辩护意见均不能成立，本院不予采纳。

32. 关于诈骗罪的第十七起事实，被告人周广柱及其辩护人提出周广柱没有诈骗故意，且存在原有树木获得补偿致指控犯罪数额过高的辩解和辩护意见，经查，在案证人赵亚利、王某19、李某14等人的证言，土地承包合同、转租协议、拆迁档案材料等相关书证能够相互印证，证实周广柱明知集建地项目拆除腾退涉及该地块，仍在该地块抢种树木，骗取拆迁腾退补偿款，主观上具有骗取拆迁款的故意，客观上实施了诈骗行为，其行为构成诈骗罪；证人赵亚利、王某19、李某14均表示该地块没有树或只有几棵死树，能够排除将原有树木纳入补偿范围的可能性。上述辩解及辩护意见不能成立，本院不予采纳。

33. 关于诈骗罪的第十八起事实，被告人李波的辩护人提出李波不构成诈骗罪；本起事实应认定诈骗未遂、李波具有自首情节等辩护意见，经查，在案证人赵言的证言，土地承包合同、机井产权证明、拆迁档案材料等书证，被告人李波的供述等证据能够相互印证，证实李波通过提供非拆除腾退地址的营业执照、出具虚假的机井产权证明的方式，骗取拆除腾退补偿款，其行为构成诈骗罪；该起事实中，按照实际获取的补偿款比例，认定李波诈骗既遂数额为 7.8 万余元，与未遂数额在同一量刑幅度，应以诈骗罪既遂酌情从重处罚。李波到案前不明知警察找其系为调查其涉案事实，且在前二次讯问中均未如实供述犯罪事实，依法不构成自首。上述辩护意见不能成立，本院不予采纳。

34. 关于洗钱罪的事实，被告人周广森的辩护人提出洗钱犯罪中的钱款，分别是敲诈勒索罪、诈骗罪的赃款，应按照牵连犯的处理原则，择一重罪处理，不应再追究周广森洗钱罪刑事责任的辩护意见；被告人王云峰的辩护人提出赃款在组织成员的账户之间流动不能达到由黑转白的目的，王云峰系组织成员，不应重复评价认定王云峰构成洗钱罪，如认定王云峰构成洗钱罪，其也系从犯的辩护意见；被告人孙永合的辩护人提出，孙永合在将支票兑现时，主观上并未认识到是黑社会性质组织的犯罪所得，应认定为掩饰、隐瞒犯罪所得罪的辩护意见，经查，王云峰、孙永合系本案黑社会性质组织的积极参加者，对涉案钱款来源系周广森组织、领导的黑社会性质组织犯罪所得有明确的认知，孙永合将涉案支票转换为现金，王云峰提供资金账户协助钱款转移，二人的行为均构成洗钱罪；孙永合、王云峰实施的套现、转账行为均是为了组织利益，且得到了周广森的认可，应认定为组织犯罪。周广森系黑社会性质组织的组织者、领导者，应当按照其所组织、领导的黑社会性质组织的全部罪行处罚，故应对洗钱罪承担刑事责任，并依法数罪并罚；王云峰未被认定为相关上游犯罪的共犯，其应对实施的下游洗钱行为承担刑事责任，不存在重复评价和主从犯区分的问题。上述辩护意见不能成立，本院不予采纳。

35. 关于非法制造、运输枪支罪及非法狩猎罪的事实，被告人周广森的辩护人提出周广森非法制造及运输枪支都是为了打鸟，不应再单独评价为非法运输枪支罪，且涉案气枪社会危害性较小等辩护意见；被告人王云峰的辩护人提出王云峰非法运输枪支是为了打猎，已被非法狩猎罪吸收，不应再被评价为非法运输枪支罪，且王云峰在非法制造枪支犯罪中系从犯等辩护意见，经查，非法制造、运输枪支系选择性罪名，应以行为人实施的客观行为进行具体认定，周广森、王云峰均实施了制造及运输的客观行为，均应认定为非法制造、运输枪支罪；涉案气枪经鉴定属于枪支，已违反了枪支管理规定并应刑事处罚，不能认定社会危害性较小；非法运输枪支罪和非法狩猎罪侵害的是不同的法益，且公诉机关未指控王云峰构成非法狩猎罪，故不存在吸收的问题；在周广森的指使下，王云峰购买零件并组装两支气枪等行为，系积极实施非法制造、运输枪支的行为，在共同犯罪中起主要作用。上述辩护意见均不能成立，本院不予采纳。

36. 关于追诉时效，部分辩护人提出寻衅滋事犯罪第二起、第三起事实，聚众斗殴犯罪二起事实等存在超过追诉时效的问题，经查，涉案犯罪事实均属于公诉案件，在刑事追诉期内，依法均应予追究刑事责任。公安机关之前进行的调解、当事人自行协商解决，或部分涉案人员已被刑事处理，均不影响追究本案被告人的刑事责任；本案各被告人的行为又分别构成组织、领导、参加黑社会性质组织罪，属于在追诉期限内又犯罪，前罪的追诉期限依法应从犯后罪之日起计算，上述犯罪均未超过追诉时效。上述辩护意见不能成立，本院不予采纳。

37. 关于合法财产与非法财产的区分，以及案外人财产的问题，本院将结合相关证据查明在案查扣款物的权属，依法予以处理。

本院认为，被告人周广森组织、领导被告人周广柱、王云峰、赵言、甘建民、赵亚利、孙永合、陈胜丽、陈胜勇、张国印、窦晓雷、杨长战、张国、刘万利、李波，形成骨干成员基本固定、组织结构较为稳定的犯罪组织，通过有组织地进行违法犯罪活动或其他手段获取经济利益，以暴力、威胁等手段有组织地多次进行违法犯罪活动，为非作恶，欺压群众，在当地形成非法控制和重大影响，严重破坏当地政治、经济、社会生活秩序；该组织通过把持、操控魏某1镇多个村基层政权，树立非法权威，严重损害基层政权基础。被告人周广森系黑社会性质组织的组织者、领导者，被告人周广柱、王云峰、赵言、甘建民、赵亚利、孙永合、陈胜丽、陈胜勇、张国印、窦晓雷系积极参加者，被告人杨长战、张国、刘万利、李波系一般参加者；被告人周广森、周广柱、王云峰、窦晓雷、张国等人随意殴打他人，情节恶劣；被告人周广森、王云峰、赵言、张国印、窦晓雷、张国持械聚众斗殴，斗殴人数多，规模大，社会影响恶劣；被告人周广森、王云峰、赵言、甘建民、赵亚利、孙永合、陈胜丽、杨长战故意伤害他人身体，造成一人重伤、二人轻伤；被告人周广森、周广柱、甘建民、刘万利敲诈勒索公私财物，其中周广森、周广柱数额特别巨大，甘建民、刘万利数额巨大；被告人周广森、孙永合以牟利为目的，违反土地管理法规，非法倒卖土地使用权，情节特别严重；被告人周广森利用担任东某1村党支部书记、村委会主任、村经济合作社社长的职务便利，伙同陈胜丽、李波，将村集体财产占为己有，数额较大；被告人周广森、王云峰串通投标，情节严重；被告人周广森、周广柱、王云峰、赵言、甘建民、赵亚利、孙永合、陈胜丽、陈胜勇、张国印、刘万利诈骗公私财物，数额特别巨大；被告人李波诈骗公私财物，数额较大；被告人王云峰、孙永合为掩饰、隐瞒黑社会性质组织的犯罪所得，通过转账等方式转移资金；被告人周广森伪造国家机关证件；被告人周广森、王云峰非法制造、运输枪支；被告人周广森违反狩猎法规，在禁猎区、禁猎期使用禁用的工具进行狩猎，破坏野生动物资源，情节严重；被告人周广森利用职务上的便利，非法收受他人财物，为他人谋取利益，数额较大，为谋取不正当的利益，给予国家工作人员财物。

被告人周广森的上述行为，已构成组织、领导黑社会性质组织罪、寻衅滋事罪、聚众斗殴罪、故意伤害罪、敲诈勒索罪、非法倒卖土地使用权罪、职务侵占罪、串通投标罪、诈骗罪、洗钱罪、伪造国家机关证件罪、非法制造、运输枪支罪、非法狩猎罪、非国家工作人员受贿罪、行贿罪，对上述犯罪，依法均应予惩处，并数罪并罚。鉴于周广森被采取强制措施后，如实供述侦查机关尚未掌握的行贿罪行，对其所犯行贿罪，以自首论，依法从轻处罚。周广森作为黑社会性质组织的组织者、领导者，应当按照其所组织、领导的黑社会性质组织所犯的全部罪行处罚，其虽有如实供述主要犯罪事实，当庭表示认罪认罚，赔偿寻衅滋事、故意伤害被害方的经济损失等情节，但不足以对其从轻处罚。

被告人周广柱的上述行为，构成参加黑社会性质组织罪、寻衅滋事罪、敲诈勒索罪、诈骗罪，依法均应予惩处，并数罪并罚；本院根据其在共同犯罪中的地位、作用等情节，对其所犯各罪依法判处相应的刑罚。

被告人王云峰的上述行为，构成参加黑社会性质组织罪、寻衅滋事罪、聚众斗殴罪、故意伤害罪、串通投标罪、诈骗罪、洗钱罪、非法制造、运输枪支罪，依法均应予惩处，并数罪并罚。鉴于王云峰到案后如实供述自己的罪行，当庭表示认罪认罚，悔罪态度较好；大部分犯罪系受周广森指使等情节，对其所犯参加黑社会性质组织罪、寻衅滋事罪、聚众斗殴罪、故意伤害罪、串通投标罪、诈骗罪、洗钱罪、非法制造、运输枪支罪，依法均予以从轻处罚。

被告人赵言的上述行为，构成参加黑社会性质组织罪、聚众斗殴罪、故意伤害罪、诈骗罪，依法均应予惩处，并数罪并罚。鉴于赵言到案后能够提供侦破本案涉及抗震节能工程事实及诈骗罪第六起、第七起事实的重要线索，具有立功情节；在参与实施的诈骗罪第十三起、第十五起事实中，起次要、辅助作用，系从犯；能够如实供述自己的罪行，当庭表示认罪认罚，悔罪态度较好等情节，对其所犯参加黑社会性质组织罪、聚众斗殴罪、故意伤害罪、诈骗罪，依法均予以从轻处罚。

被告人甘建民的上述行为，构成参加黑社会性质组织罪、故意伤害罪、敲诈勒索罪、诈骗罪，依法均应予惩处，并数罪并罚。鉴于甘建民在参与实施的诈骗罪第七起事实中起次要、辅助作用，系从犯；如实供述其参与实施的故意伤害、敲诈勒索、诈骗的主要犯罪事实，当庭表示认罪认罚，悔罪态度较好等情节，对其所犯参加黑社会性质组织罪、故意伤害罪、敲诈勒索罪、诈骗罪，依法均予以从轻处罚。

被告人赵亚利的上述行为，构成参加黑社会性质组织罪、故意伤害罪、诈骗罪，依法均应予惩处，并数罪并罚。鉴于赵亚利当庭表示认罪认罚，悔罪态度较好等情节，对其所犯参加黑社会性质组织罪、故意伤害罪、诈骗罪，依法均予以从轻处罚。

被告人孙永合的上述行为，构成参加黑社会性质组织罪、故意伤害罪、非法倒卖土地使用权罪、诈骗罪、洗钱罪，依法均应予惩处，并数罪并罚。鉴于孙永合被采取强制措施后，如实供述司法机关尚未掌握的其参与实施的非法倒卖土地使用权及诈骗的犯罪事实，对其所犯非法倒卖土地使用权罪、诈骗罪以自首论；在非法倒卖土地使用权共同犯罪中起次要、辅助作用，系从犯，且受他人指使；如实供述参与实施的洗钱犯罪事实，赔偿故意伤害的被害方经济损失，当庭表示认罪认罚，悔罪态度较好等情节，对其所犯非法倒卖土地使用权罪，依法予以减轻处罚，对其所犯参加黑社会性质组织罪、故意伤害罪、洗钱罪、诈骗罪，依法予以从轻处罚。

被告人陈胜丽的上述行为，构成参加黑社会性质组织罪、故意伤害罪、职务侵占罪、诈骗罪，依法均应予惩处，并数罪并罚。鉴于陈胜丽在故意伤害犯罪中起次要、辅助作用，系从犯等情节，对其所犯故意伤害罪予以减轻处罚，对其所犯参加黑社会性质组织罪、职务侵占罪、诈骗罪，本院结合其在共同犯罪中的地位、作用等情节，依法判处相应的刑罚。

被告人陈胜勇的上述行为，构成参加黑社会性质组织罪、诈骗罪，依法均应予惩处，并数罪并罚。鉴于陈胜勇能够如实供述主要犯罪事实，当庭表示认罪认罚，悔罪态度较好等情节，对其所犯参加黑社会性质组织罪、诈骗罪，依法均予以从轻处罚。

被告人张国印的上述行为，构成参加黑社会性质组织罪、聚众斗殴罪、诈骗罪，依法均应予惩处，并数罪并罚。鉴于张国印检举周广森实施的非国家工作人员受贿的犯罪事实，具有立功情节；在参与的诈骗罪第六起事实中起次要、辅助作用，系从犯；能够如实供述自己的罪行，当庭表示自愿认罪认罚，悔罪态度较好等情节，对其所犯诈骗罪，依法予以减轻处罚，对其所犯参加黑社会性质组织罪、聚众斗殴罪，依法予以从轻处罚。

被告人窦晓雷的上述行为，构成参加黑社会性质组织罪、寻衅滋事罪、聚众斗殴罪，依法均应予惩处，并数罪并罚。被告人窦晓雷曾因故意犯罪被判处有期徒刑以上刑罚，在刑罚执行完毕五年以内，再犯应当判处有期徒刑以上刑罚之罪，系累犯，依法应当对其所犯参加黑社会性质组织罪、寻衅滋事罪从重处罚。窦晓雷能够如实供述所参与的寻衅滋事、聚众斗殴的主要犯罪事实，并赔偿寻衅滋事的被害人经济损失，当庭表示认罪认罚，悔罪态度较好等情节，对其所犯参加黑社会性质组织罪、寻衅滋事罪、聚众斗殴罪，依法均予以从轻处罚。

被告人杨长战的上述行为，构成参加黑社会性质组织罪、故意伤害罪，依法均应予惩处，并数罪并罚。鉴于杨长战能够如实供述自己的罪行，当庭表示认罪认罚，悔罪态度较好等情节，对其所犯参加黑社会性质组织罪、故意伤害罪，依法均予以从轻处罚。

被告人张国的上述行为，构成参加黑社会性质组织罪、寻衅滋事罪、聚众斗殴罪，依法均应予惩处，并数罪并罚。被告人张国曾因故意犯罪被判处有期徒刑以上刑罚，在刑罚执行完毕五年以内，再犯应当判处有期徒刑以上刑罚之罪，系累犯，依法应当对其所犯参加黑社会性质组织罪、寻衅滋事罪从重处罚。鉴于张国能够如实供述其参与的寻衅滋事、聚众斗殴的主要犯罪事实，并赔偿寻衅滋事被害人的经济损失，当庭表示认罪认罚，悔罪态度较好等情节，对其所犯参加黑社会性质组织罪、聚众斗殴罪、寻衅滋事罪，依法均予以从轻处罚。

被告人刘万利的上述行为，构成参加黑社会性质组织罪、敲诈勒索罪、诈骗罪，依法均应予惩处，并数罪并罚。鉴于在司法机关一般性排查询问时，刘万利主动交代其参与的敲诈勒索、诈骗的主要犯罪事实，其所犯敲诈勒索罪、诈骗罪，构成自首；在其所参与的诈骗犯罪第五起事实中，已经着手实施犯罪，由于意志以外的原因未能得逞，系犯罪未遂；其能够如实供述主要犯罪事实，当庭表示认罪认罚，悔罪态度较好等情节，对其所犯敲诈勒索罪、诈骗罪，依法均予以减轻处罚，对其所犯参加黑社会性质组织罪，依法予以从轻处罚。

被告人李波的上述行为，构成参加黑社会性质组织罪、职务侵占罪、诈骗罪，依法均应予惩处，并数罪并罚。鉴于李波在参与的职务侵占罪中起次要、辅助作用，系从犯；能够如实供述所参与的职务侵占、诈骗的主要犯罪事实，当庭表示认罪认罚，悔罪态度较好等情节，对其所犯参加黑社会性质组织罪、职务侵占罪、诈骗罪，依法均予以从轻处罚。

北京市人民检察院第二分院指控被告人周广森等人犯罪的事实清楚，证据确实、充分，指控的罪名均成立；对认罪认罚的被告人王云峰等 12 人提出从宽处理的建议适当，本院予以采纳。各被告人及其辩护人分别所提被告人具有自首、立功、从犯、如实供述、认罪认罚、系一般参加者、受他人指使、赔偿获谅解等与上述认定一致的辩解和辩护意见，本院均予以采纳。被告人周广森、周广柱、王云峰等人的寻衅滋事行为，给附带民事诉讼原告人赵某6、范某1造成了经济损失，依法应予合理赔偿，并承担连带责任。附带民事诉讼原告人赵某6、范某1及诉讼代理人所提要求周广森、周广柱、王云峰与另案处理的同案犯连带赔偿其经济损失的诉讼请求及代理意见合法，本院予以支持；相关经济损失的数额已由生效判决认定，本院予以确认。被告人周广柱所提不应承担民事赔偿责任的意见不能成立，本院不予支持。在案扣押的款物，依法一并处理。本院根据被告人周广森、周广柱、王云峰、赵言、甘建民、赵亚利、孙永合、陈胜丽、陈胜勇、张国印、窦晓雷、杨长战、张国、刘万利、李波犯罪的事实、性质、情节、对于社会的危害程度及各自在共同犯罪中的地位和作用，以及附带民事诉讼原告人经济损失的情况，依照《中华人民共和国刑法》第十二条，第二百九十四条第一款、第四款、第五款，第二百九十三条第一款第（一）项，第二百九十二条第一款第（一）项、第（二）项、第（四）项，第二百九十二条第二款，第二百三十四条第二款，第二百七十四条，第二百二十八条，第二百七十一条第一款，第二百二十三条，第二百六十六条，第一百二十五条第一款，第一百六十三条第一款，第三百八十九条第一款，第三百九十条第一款，第二十五条第一款，第二十六条第一款、第四款、第二十七条，第二十三条，第四十五条，第四十七条，第五十二条，第五十三条第一款，第五十五条第一款，第五十六条第一款，第五十七条第一款，第五十九条第一款，第六十五条第一款，第六十七条，第六十八条，第六十九条第一款、第三款，第六十一条，第六十二条，第六十三条第一款，第六十四条，第三十六条，1997年修订的《中华人民共和国刑法》第二百九十三条第（一）项、第二百七十四条、第二百八十条第一款、第三百四十一条第二款，经2006年《中华人民共和国刑法修正案（六）》修正的《中华人民共和国刑法》第一百九十一条第一款，《中华人民共和国刑事诉讼法》第十五条，《中华人民共和国民法典》第一千一百六十五条第一款、第一千一百六十八条，《最高人民法院关于审理黑社会性质组织犯罪的案件具体应用法律若干问题的解释》第三条第一款、第七条，《最高人民法院、最高人民检察院关于办理寻衅滋事刑事案件适用法律若干问题的解释》第二条第（一）项、第（四）项，第七条，第八条，《最高人民法院、最高人民检察院关于办理敲诈勒索刑事案件适用法律若干问题的解释》第一条、第八条，《最高人民法院关于审理破坏土地资源刑事案件具体应用法律若干问题的解释》第一条、第二条、第九条，《最高人民法院、最高人民检察院关于办理诈骗刑事案件具体应用法律若干问题的解释》第一条、第六条，《最高人民法院关于审理洗钱等刑事案件具体应用法律若干问题的解释》第三条、第四条第一款，《最高人民法院关于审理非法制造、买卖、运输枪支、弹药、爆炸物等刑事案件具体应用法律若干问题的解释》第一条第一款第（二）项，《最高人民法院关于审理破坏野生动物资源刑事案件具体应用法律若干问题的解释》第六条第（二）项，《最高人民法院、最高人民检察院关于办理贪污贿赂刑事案件适用法律若干问题的解释》第七条第一款、第十一条第一款、第十九条第二款，《最高人民法院关于处理自首和立功具体应用法律若干问题的解释》第一条、第二条、第三条、第五条，《最高人民法院关于适用〈中华人民共和国刑事诉讼法〉的解释》第一百九十二条第一款、第二款、第一百九十四条之规定，判决如下：

一、被告人周广森犯组织、领导黑社会性质组织罪，判处有期徒刑九年，剥夺政治权利三年，并处没收个人全部财产；犯寻衅滋事罪，判处有期徒刑三年六个月；犯聚众斗殴罪，判处有期徒刑七年，剥夺政治权利一年；犯故意伤害罪，判处有期徒刑六年；犯敲诈勒索罪，判处有期徒刑十年，剥夺政治权利二年，并处罚金人民币五万元；犯非法倒卖土地使用权罪，判处有期徒刑五年，并处罚金人民币二十五万元；犯职务侵占罪，判处有期徒刑九个月，并处罚金人民币二万元；犯串通投标罪，判处有期徒刑二年六个月，并处罚金人民币二十五万元；犯诈骗罪，判处无期徒刑，剥夺政治权利终身，并处没收个人全部财产；犯洗钱罪，判处有期徒刑一年，并处罚金人民币三十万元；犯伪造国家机关证件罪，判处有期徒刑六个月；犯非法制造、运输枪支罪，判处有期徒刑三年；犯非法狩猎罪，判处有期徒刑六个月；犯非国家工作人员受贿罪，判处有期徒刑二年，并处罚金人民币二十万元；犯行贿罪，判处有期徒刑一年，并处罚金人民币十万元，决定执行无期徒刑，剥夺政治权利终身，并处没收个人全部财产。

二、被告人周广柱犯参加黑社会性质组织罪，判处有期徒刑七年，剥夺政治权利二年，并处没收个人全部财产；犯寻衅滋事罪，判处有期徒刑三年；犯敲诈勒索罪，判处有期徒刑十年，剥夺政治权利二年，并处罚金人民币五万元；犯诈骗罪，判处有期徒刑十五年，剥夺政治权利三年，并处罚金人民币一百万元，决定执行有期徒刑二十二年，剥夺政治权利五年，并处没收个人全部财产。

（刑期从判决执行之日起计算。判决执行以前先行羁押的，羁押一日折抵刑期一日，即自 2020 年 8 月 1 日起至 2042 年 6 月 22 日止。）

三、被告人王云峰犯参加黑社会性质组织罪，判处有期徒刑五年，剥夺政治权利一年，并处罚金人民币二十五万元；犯寻衅滋事罪，判处有期徒刑二年；犯聚众斗殴罪，判处有期徒刑三年六个月；犯故意伤害罪，判处有期徒刑五年；犯串通投标罪，判处有期徒刑一年，并处罚金人民币五万元；犯诈骗罪，判处有期徒刑十一年，剥夺政治权利二年，并处罚金人民币五十五万元；犯洗钱罪，判处有期徒刑八个月，并处罚金人民币二十五万元；犯非法制造、运输枪支罪，判处有期徒刑三年，决定执行有期徒刑十八年，剥夺政治权利三年，并处罚金人民币一百一十万元。

（刑期从判决执行之日起计算。判决执行以前先行羁押的，羁押一日折抵刑期一日，即自2020年8月1日起至2038年6月25日止。罚金限本判决发生法律效力后30日内缴纳。）

四、被告人赵言犯参加黑社会性质组织罪，判处有期徒刑五年，剥夺政治权利一年，并处罚金人民币二十五万元；犯聚众斗殴罪，判处有期徒刑三年六个月；犯故意伤害罪，判处有期徒刑五年；犯诈骗罪，判处有期徒刑十一年，剥夺政治权利二年，并处罚金人民币五十五万元，决定执行有期徒刑十六年，剥夺政治权利三年，并处罚金人民币八十万元。

（刑期从判决执行之日起计算。判决执行以前先行羁押的，羁押一日折抵刑期一日，即自2020年8月1日起至2036年7月31日止。罚金限本判决发生法律效力后30日内缴纳。）

五、被告人甘建民犯参加黑社会性质组织罪，判处有期徒刑五年，剥夺政治权利一年，并处罚金人民币二十五万元；犯故意伤害罪，判处有期徒刑四年；犯敲诈勒索罪，判处有期徒刑三年六个月；犯诈骗罪，判处有期徒刑十二年，剥夺政治权利二年，并处罚金人民币六十万元，决定执行有期徒刑十五年六个月，剥夺政治权利三年，并处罚金人民币八十五万元。

（刑期从判决执行之日起计算。判决执行以前先行羁押的，羁押一日折抵刑期一日，即自2020年8月13日起至2036年2月12日止。罚金限本判决发生法律效力后30日内缴纳。）

六、被告人赵亚利犯参加黑社会性质组织罪，判处有期徒刑三年六个月，并处罚金人民币十四万元；犯故意伤害罪，判处有期徒刑三年六个月；犯诈骗罪，判处有期徒刑十二年六个月，剥夺政治权利二年，并处罚金人民币五十万元，决定执行有期徒刑十四年六个月，剥夺政治权利二年，并处罚金人民币六十四万元。

（刑期从判决执行之日起计算。判决执行以前先行羁押的，羁押一日折抵刑期一日，即自2020年8月14日起至2035年2月13日止。罚金限本判决发生法律效力后30日内缴纳。）

七、被告人孙永合犯参加黑社会性质组织罪，判处有期徒刑三年六个月，并处罚金人民币十四万元；犯故意伤害罪，判处有期徒刑三年六个月；犯非法倒卖土地使用权罪，判处有期徒刑一年，并处罚金人民币十万元；犯诈骗罪，判处有期徒刑十年，剥夺政治权利二年，并处罚金人民币四十万元；犯洗钱罪，判处有期徒刑六个月，并处罚金人民币三万元，决定执行有期徒刑十三年，剥夺政治权利二年，并处罚金人民币六十七万元。

（刑期从判决执行之日起计算。判决执行以前先行羁押的，羁押一日折抵刑期一日，即自2020年8月1日起至2033年7月31日止。罚金限本判决发生法律效力后30日内缴纳。）

八、被告人陈胜丽犯参加黑社会性质组织罪，判处有期徒刑四年，并处没收个人全部财产；犯故意伤害罪，判处有期徒刑一年；犯职务侵占罪，判处有期徒刑六个月，并处罚金人民币一万元；犯诈骗罪，判处有期徒刑十年六个月，剥夺政治权利二年，并处罚金人民币四十二万元，决定执行有期徒刑十二年，剥夺政治权利二年，并处没收个人全部财产。

（刑期从判决执行之日起计算。判决执行以前先行羁押的，羁押一日折抵刑期一日，即自2020年8月20日起至2032年8月19日止。）

九、被告人陈胜勇犯参加黑社会性质组织罪，判处有期徒刑三年，并处罚金人民币十二万元；犯诈骗罪，判处有期徒刑十年六个月，剥夺政治权利二年，并处罚金人民币四十二万元，决定执行有期徒刑十一年，剥夺政治权利二年，并处罚金人民币五十四万元。

（刑期从判决执行之日起计算。判决执行以前先行羁押的，羁押一日折抵刑期一日，即自2020年10月15日起至2031年10月14日止。罚金限本判决发生法律效力后30日内缴纳。）

十、被告人张国印犯参加黑社会性质组织罪，判处有期徒刑三年，并处罚金人民币十二万元；犯聚众斗殴罪，判处有期徒刑三年六个月；犯诈骗罪，判处有期徒刑四年，并处罚金人民币十六万元，决定执行有期徒刑七年六个月，并处罚金人民币二十八万元。

（刑期从判决执行之日起计算。判决执行以前先行羁押的，羁押一日折抵刑期一日，即自2020年8月1日起至2028年1月31日止。罚金限本判决发生法律效力后30日内缴纳。）

十一、被告人窦晓雷犯参加黑社会性质组织罪，判处有期徒刑三年六个月，并处罚金人民币十四万元；犯寻衅滋事罪，判处有期徒刑一年六个月；犯聚众斗殴罪，判处有期徒刑四年六个月，决定执行有期徒刑六年六个月，并处罚金人民币十四万元。

（刑期从判决执行之日起计算。判决执行以前先行羁押的，羁押一日折抵刑期一日，即自2020年8月1日起至2027年1月31日止。罚金限本判决发生法律效力后30日内缴纳。）

十二、被告人杨长战犯参加黑社会性质组织罪，判处有期徒刑二年，并处罚金人民币六万元；犯故意伤害罪，判处有期徒刑五年，决定执行有期徒刑五年六个月，并处罚金人民币六万元。

（刑期从判决执行之日起计算。判决执行以前先行羁押的，羁押一日折抵刑期一日，即自2020年9月29日起至2026年3月28日止。罚金限本判决发生法律效力后30日内缴纳。）

十三、被告人张国犯参加黑社会性质组织罪，判处有期徒刑一年，并处罚金人民币三万元；犯寻衅滋事罪，判处有期徒刑一年六个月；犯聚众斗殴罪，判处有期徒刑四年，决定执行有期徒刑四年六个月，并处罚金人民币三万元。

（刑期从判决执行之日起计算。判决执行以前先行羁押的，羁押一日折抵刑期一日，即自2020年8月1日起至2025年1月31日止。罚金限本判决发生法律效力后30日内缴纳。）

十四、被告人刘万利犯参加黑社会性质组织罪，判处有期徒刑六个月，并处罚金人民币一万元；犯敲诈勒索罪，判处有期徒刑一年六个月；犯诈骗罪，判处有期徒刑三年，并处罚金人民币九万元，决定执行有期徒刑三年六个月，并处罚金人民币十万元。

（刑期从判决执行之日起计算。判决执行以前先行羁押的，羁押一日折抵刑期一日，即自2021年3月31日起至2024年9月30日止。罚金限本判决发生法律效力后30日内缴纳。）

十五、被告人李波犯参加黑社会性质组织罪，判处有期徒刑一年六个月，并处罚金人民币四万元；犯职务侵占罪，判处有期徒刑六个月，并处罚金人民币一万元；犯诈骗罪，判处有期徒刑一年，并处罚金人民币三万元，决定执行有期徒刑二年，并处罚金人民币八万元。

（刑期从判决执行之日起计算。判决执行以前先行羁押的，羁押一日折抵刑期一日，即自2020年10月13日起至2022年10月12日止。罚金限本判决发生法律效力后30日内缴纳。）

十六、被告人周广森、周广柱、王云峰就北京市大兴区人民法院（2007）大刑初字第430号刑事附带民事判决，（2007）大刑初字第707号刑事附带民事判决、刑事附带民事裁定，（2007）大刑初字第708号刑事附带民事判决所确定的赔偿金额，承担连带赔偿责任，即被告人周广森、周广柱、王云峰与另案处理的邱某2、马某1、吴某1、马某2连带赔偿附带民事诉讼原告人赵某6

各项经济损失共计人民币八千九百七十八元五角三分、范某1各项经济损失共计人民币二千二百六十一元五角一分（限本判决发生法律效力后30日内给付）。

十七、追缴被告人周广森、周广柱、甘建民、刘万利敲诈勒索违法所得人民币六十万元，发还被害人寇某1。

十八、追缴被告人周广森、周广柱敲诈勒索违法所得人民币二十四万元，分别发还被害单位中铁建某1公司、中铁某2公司、某路桥公司各八万元。

十九、追缴被告人周广森非法倒卖土地使用权违法所得人民币二百三十万元，予以没收。

二十、追缴被告人周广森、陈胜丽、李波职务侵占违法所得人民币六万四千四百二十七元，发还被害单位北京市大兴区魏某1镇东某1村经济合作社。

二十一、追缴被告人周广森、周广柱诈骗违法所得人民币六十七万六千七百四十九元，发还被害单位北京市大兴区黄某1镇人民政府。

二十二、追缴被告人周广森、周广柱诈骗违法所得人民币二千二百一十五万一千三百三十一元，发还被害单位北京市大兴区魏某1镇人民政府。被告人赵亚利对其中的人民币三十四万五千二百四十元承担责任，被告人窦晓雷对其中的人民币一百四十万元承担责任。

二十三、追缴被告人周广森、孙永合诈骗违法所得人民币八百一十八万八千八百二十四元，发还被害单位北京市大兴区魏某1镇人民政府。

二十四、追缴被告人周广森、甘建民诈骗违法所得人民币一百九十三万四千元，发还被害单位北京市大兴区魏某1镇人民政府。

二十五、追缴被告人周广森、赵亚利诈骗违法所得人民币二千二百八十万四千八百零一元，发还被害单位北京市大兴区魏某1镇人民政府；被告人周广柱对其中的人民币九百八十三万七千零七元，案外人何某2对其中的人民币八百五十三万元承担责任。

二十六、追缴被告人周广森、周广柱、甘建民诈骗违法所得人民币一百一十万零七百九十九元，发还被害单位北京市大兴区魏某1镇人民政府。

二十七、追缴被告人周广森、张国印、甘建民诈骗违法所得人民币八万一千七百八十元，发还被害单位北京市大兴区魏某1镇人民政府。

二十八、追缴被告人周广森、陈胜丽、陈胜勇、赵言诈骗违法所得人民币四百五十二万零九百七十八元七角八分，发还被害单位兴某1公司。

二十九、追缴被告人周广森、赵言、王云峰、陈胜勇、甘建民诈骗违法所得人民币五百五十一万九千三百零三元二角一分，发还被害单位兴某1公司。

三十、追缴被告人周广森、赵言诈骗违法所得人民币四百零八万五千七百五十五元八角二分，发还被害单位兴某1公司。

三十一、追缴被告人周广森、张国印诈骗违法所得人民币三万五千三百九十六元五角九分，发还被害单位兴某1公司。

三十二、追缴被告人周广森、周广柱诈骗违法所得人民币六十八万三千二百九十四元八角六分，发还被害单位兴某1公司。

三十三、追缴被告人周广森、李波诈骗违法所得人民币七万八千零四十八元七角四分，发还被害单位兴某1公司。

三十四、在案查封、冻结、扣押的款物，依法处理（清单附后）；其他扣押物品，由公安机关依法处理。

如不服本判决，可在接到判决书的第二日起十日内，通过本院或者直接向北京市高级人民法院提出上诉。书面上诉的，应当提交上诉状正本一份，副本一份。

审　判　长　张素莲
审　判　员　韩绍鹏
审　判　员　王　敏

二〇二一年十一月十五日

法官助理　陈林林
法官助理　程靖翔
法官助理　赵　欣
书　记　员　周　沫
书　记　员　申　怡
书　记　员　沈俞汐

曾竞

北京市海淀区人民法院

北京市海淀区人民法院民事审判四庭副庭长，四级高级法官。审理了大量疑难复杂及新类型案件，所审理案件被北京电视台等媒体报道，办案事迹被《北京日报》等媒体宣传。注重审判中的思考和研究，曾连续六年获得全国法院系统学术讨论会二等奖、三等奖，及北京法院系统学术讨论会一等奖、二等奖、三等奖。在《法学杂志》《法律适用》等核心期刊发表论文。多次在《人民法院报》等报刊发表法律文章。多次赴北京大学、中国政法大学等高校进行模拟法庭指导和司法实务授课。

点评辞

廉洁协议类纠纷系新类型案件，本案系供应商因违反廉洁协议所约定的廉洁义务被判承担百万元以上违约金案件，裁判时经类案检索，在北京法院属首例，所判决违约金数额在全国为数不多案件中亦为最高额，系体现诚信等社会主义核心价值观的典型案例。该案裁判推翻传统观点对于廉洁义务系无形义务，在买卖（采购）合同正常履行情况下，无形损失不应认定为损失继而支持违约责任的传统保守认知，具有类案裁判标准确立的典型意义。还进行了多角度论证，明晰在违约金约定过高时，如何合理综合判断各种因素后恰当酌减，除考察通常的约定标准、过错程度等因素外，还借鉴不正当竞争法领域中的获益剥夺理念，确定较为合理的补偿性为主惩罚为辅的违约金数额。该裁判文书行文流畅，结构合理，逻辑严谨，结合社会主义核心价值观，说理充分且具有深度，达到政治效果、法律效果和社会效果的统一。

北京市海淀区人民法院
民事判决书

（2020）京0108民初4460号

原告：锐某网络股份有限公司，住所地福建省福州市仓山区。

法定代表人：黄奕豪，董事长。

委托诉讼代理人：梁朝玉，北京观韬中茂律师事务所律师。

委托诉讼代理人：李侦，北京观韬中茂律师事务所律师。

被告：福州乐某电子科技有限公司，住所地福建省福州市台江区。

法定代表人：林某1，总经理。

委托诉讼代理人：周茂青，福建知信衡律师事务所律师。

原告锐某网络股份有限公司（以下简称锐某公司）和被告福州乐某电子科技有限公司（以下简称乐某公司）合同纠纷一案，本院立案后，依法适用普通程序，公开开庭进行了审理。原告锐某公司委托诉讼代理人梁朝玉，被告乐某公司委托诉讼代理人周茂青均到庭参加诉讼。本案现已审理终结。

锐某公司向本院提出诉讼请求，请求判令乐某公司：（1）支付违约金836万元；（2）承担律师费损失5万元；（3）承担本案诉讼费。事实和理由：2012年7月27日锐某公司和乐某公司签署《采购协议》，约定乐某公司成为锐某公司的供应商，锐某公司从乐某公司处采购需要的商品，包括3G模块、SFP屏蔽罩、SFP插座、连接器、通讯接口变压器、端子连接器、排母、排针、插针和插座等多种多规格商品。在签署《采购协议》前的2011年11月双方就发生交易，一直延续至2019年1月，交易额累计为27867716.58元。在签署《采购协议》的同时，为了加强管理、防止损害锐某公司利益和维持公正透明的交易环境，锐某公司与乐某公司同时签署《诚信廉洁合作协议》，其中第二条第三款第四项约定“乙方以及乙方人员不得为甲方人员的亲属、朋友等安排工作，提供便利以及为其提供应由甲方人员个人支付的各种费用”；第三条第二款约定“乙方及其业务人员如违反本协议规定并给甲方造成损失的，应承担赔偿责任”。其间，于2014年5月双方又签署了《供应商廉洁协议》，进一步约定，“乙方承诺，至本协议生效日为止，乙方与甲方人员之间不存在利害关系，在合作期间，乙方也会避免产生这种利害关系”“这些利害关系包括但不限于：……2. 甲方人员的配偶、父母、子女及其他近亲属对乙方参股、出资、在乙方任职、为乙方提供有偿技术咨询、有偿商务咨询、有偿推荐等事实……”乐某公司的大股东林某1（持有乐某公司95%的股份）是苏某1妻子林某2的哥哥，而苏某1于2009～2014年3月在锐某公司工作，担任“策略采购工程师”职务、负责锐某公司“供应链管理”，即乐某公司的大股东林某1符合《诚信廉洁合作协议》所述的“甲方人员的亲属、朋友”，因此在双方建立业务关系之初，乐某公司不向锐某公司申报这一事实，就已经违反了《诚信廉洁合作协议》中关于“乙方以及乙方人员不得为甲方人员的亲属、朋友等安排工作”的约定，即乐某公司明知其不符合《诚信廉洁合作协议》的约定、不能成为锐某公司的合格供应商，但为了获取利益，仍然与锐某公司签署《诚信廉洁合作协议》，拒不向锐某公司申报，构成违约。另本案中还有苏某1的上级同为锐某公司员工的李某1经苏某1介绍入股乐某公司担任隐名股东的情况。至2014年5月双方再次签署《供应商廉洁协议》时，乐某公司继续隐瞒其违约事实，不但使得其违约事实一直处于持续之中，并进一步违反了《供应商廉洁协议》中关于“避免利害关系”的约定。《供应商廉洁协议》第二条“乙方违反‘避免利害关系义务’的违约责任”第1项约定“乙方支付甲方：甲方采购总额30%的违约金”，而锐某公司发现乐某公司违约时，甲方总采购额27867716.58元的30%为836万余元，则根据《供应商廉洁协议》的约定，乐某公司应支付锐某公司836万元的违约金。故诉至法院，望判如所请。

乐某公司辩称：第一，《供应商廉洁协议》是锐某公司提供的格式合同，因加重乐某公司责任，排除乐某公司主要权利，违背公平原则，是无效的。至少第一条、第二条无效。锐某公司与乐某公司签订《供应商廉洁协议》时，利用了甲方的优势地位，致使《供应商廉洁协议》的内容加重乙方责任，排除乙方主要权利，违背公平原则。（1）锐某公司在导入供应商时，要求供应商填写《锐某网络供货商建档文件申请表》，该申请表中并无股东信息的内容，也没有要求填写供应商与锐某公司的关联关系，说明供应商的股东并非锐某公司审核供应商资格的条件。锐某公司在导入供应商并在签订《采购协议》时没有告知存在“利害关系”的禁止性规定。（2）2014年6月，锐某公司在与乐某公司已经交易3年后突然要求签订《供应商廉洁协议》。此时，如上所述，供应商货款没有收回，锐某公司处于优势地位。供应商在客观上不可能与甲方进行协商，只能被动接受格式合同。（3）《供应商廉洁协议》第一条将“避免利害关系”的范围界定极为宽泛，对任何与甲方人员有关联的人员在乙方参股、出资、任职等，乙方都要承担违约责任。这种所谓的“利害关系”乙方根本无法避免，这明显加重乙方的责任。既然要“避免利害关系”，甲方在签订《供应商廉洁协议》时就应当将协议中列举的需要避免的“利害关系”人员书面告知乙方并要求乙方避免，否则乙方怎么能知道哪些人员是存在利害关系的需要避免的人员？既然甲方没有告知，这些“利害关系”的限制对乙方是无效的。(4)《供应商廉洁协议》第二条对违约责任的约定，“乙方应支付甲方采购总额的 30% 违约金，采购总额 30% 低于 200 万元的，以人民币 200 万元计”。该条款不考虑是否造成损失，以采购总金额来确定违约金，且以 200 万元为低限，明显不公平。结合本案，交易额 2816 万元（利润只有 10% 左右，280 万元左右），而违约责任却达到 836 万元，明显将乙方获取正当利润的权利都排除了。因此，《供应商廉洁协议》只是对供应商的单方义务，损害了供应商的合法权益，成为甲方利用手中的权力或者拥有的经济优势压榨小供应商的工具。根据《合同法》第四十条“提供格式条款的一方免除其责任、加重对方责任、排除对方主要权利的，该条款无效”的规定，《供应商廉洁协议》无效，至少第一条、第二条无效。

第二，乐某公司没有违反《诚信廉洁合作协议》及《供应商廉洁协议》。锐某公司称乐某公司违反《诚信廉洁合作协议》第二条第三款第四项“乙方及乙方人员不得为甲方人员的亲属、朋友等安排工作”及《供应商廉洁协议》第一条第二项“甲方人员的配偶、父母、子女及其他近亲属对乙方参股、出资”的约定是没有依据的。(1)《诚信廉洁合作协议》第二条第三款第（四）项“乙方及乙方人员不得为甲方人员的亲属、朋友等安排工作”约定应当作限缩解释。①朋友并非法律意义上的概念，亲属、朋友的范围太广泛，认识的人都可以称为朋友。只要甲方任何人员的亲属朋友在乙方工作，乙方就要承担不廉洁的违约责任是荒谬的。如果这样，乙方在聘用之际要对应聘人员的“亲朋”关系知情，这怎么可能？再者，如果应聘者只是甲方门卫、流水线上生产工人，而不是董监高之类高管的亲朋，又何来违反廉洁的问题？因此，该条款需要正确解释，从“安排”的措辞（文义）结合协议的目的（目的），应解释为“乙方不得出于违反诚信廉洁的目的而对甲方人员董事总经理之类高管的亲属予以雇用或者聘任”。②苏某 1 并非甲方公司的高管，只是“供应链管理”部门下属的“策略采购部”普通的策略采购工程师。锐某公司称苏某 1 担任“策略采购工程师”负责“供应链管理”的表述不正确。“供应链管理”部下设“策略采购部”“质量部”“生产供应部”等部门，各部门各自有负责人，苏某 1 仅仅是“策略采购部”一名普通员工，对公司的决策起不到作用。苏某 1 即使有亲朋好友在乙方工作也并非不廉洁的行为。③林某 1 是乐某公司的股东，是乐某公司的总经理，其在乐某公司工作是基于股东身份，并非因为是苏某1的亲朋好友而被聘用。④林某1作为乐某公司的股东，其与锐某公司之间并没有不诚信不廉洁的行为。因此，锐某公司要求乐某公司根据《诚信廉洁合作协议》赔偿损失是没有依据的。⑤李某1投资乐某公司是基于与法定代表人林某1的朋友关系，其股权也是由林某1代持。李某1收取乐某公司的款项是合法正当的股权分红。锐某公司与乐某公司于2012年7月27日签订《诚信廉洁合作协议》时并没有要求乐某公司告知股东信息，乐某公司没有违反《诚信廉洁合作协议》。（2）锐某公司认为乐某公司违反《供应商廉洁协议》第一条第二项（甲方人员的配偶、父母、子女及其他近亲属对乙方参股、出资、在乙方任职等）的约定同样是没有依据的。①苏某1于2009～2014年3月就职于锐某公司，即苏某1在2014年3月已离职。锐某公司和乐某公司之间的《供应商廉洁协议》签订于2014年6月，此时苏某1已离职，即签订《供应商廉洁协议》时苏某1已不是甲方工作人员。②乐某公司股东林某1并非苏某1近亲属。民事诉讼中的近亲属包括：配偶、父母、子女、兄弟姐妹、祖父母、外祖父母、孙子女、外孙子女。因此，苏某1不是甲方工作人员，林某1又并非苏某1近亲属，乐某公司没有违反《供应商廉洁协议》第一条第二项（甲方人员的配偶、父母、子女及其他近亲属对乙方参股、出资）的约定。③在2014年6月9日签订《供应商廉洁协议》时，乐某公司也不知道李某1是锐某公司员工，锐某公司也没有将需要回避的公司员工及离职员工的名单告知乐某公司，乐某公司无法提出回避，乐某公司没有过错。

第三，乐某公司通过锐某公司的考核成为供应商，经过采购流程审核签订《采购协议》，乐某公司依约全面履行了《采购协议》，没有给锐某公司造成任何损失。（1）锐某公司供应商导入流程：锐某内部发起新供应商导入需求→寻找多家备选供应商→搜集建档申请表→锐某内部审核通过→锐某稽核小组成员对供应商现场稽核→稽核后结果评估输出合格供应商→领导审批→合格供应商填写建代码资料→签核采购协议质量协议等协议→锐某建供应商代码。乐某公司于2012年根据锐某公司的要求提交了《锐某网络公司供应商建档申请表》等资料，经过锐某公司规范流程，严格审核，成为锐某公司的供应商，并签订《采购协议》。（2）锐某公司物料导入采购流程（前提是已成为正式供应商）：锐某内部发起物料选型要求→供应商评估替代物料→提供报价→报价锐某审核通过后→送样品测试→锐某样品测试合格→小批量试生产验证→验证通过后建立正式料号→量产后正常采购（同一个料有2～3家备选供应商，价格不相同，锐某按内部规则分配每家供应商采购份额）→每年以及每个季度锐某会再次进行议价，降低采购成本。锐某公司经过采购流程审核与乐某公司于

2012 年签订《采购协议》，交易到 2019 年 1 月。每年以及每个季度会再次进行议价，降低采购成本。（3）乐某公司按照合同约定完成供货义务，货物价格、采购订单、交货、收货检验、品质保证等均严格按照《采购协议》约定履行。第一批货物交付至今已 9 年，最后一批货物交付至今也已 1 年。锐某公司也从未提出过异议。因此，乐某公司已依约履行了与锐某公司签订的《采购协议》，没有给锐某公司造成任何损失。

第四，《供应商廉洁协议》约定的违约金明显过高，不应当得到支持。（1）《供应商廉洁协议》约定按照采购总额的 30% 支付违约金（采购总额的 30% 低于 200 万元的，以 200 万元计），该约定极不公平。（2）最高人民法院 2019 年 9 月 11 日通过的《全国法院民商事审判工作会议纪要》（法〔2019〕254 号）（“九民会议纪要”）第五十点“违约金过高标准及举证责任”中明确，违约金一般应当以《合同法》第一百一十三条规定的损失为基础进行判断。在《全国法院民商事审判工作会议纪要理解与适用》（P326）中明确说明：①违约金是否过高的考量基础是违约造成的损失。违约金制度系以赔偿非违约方的损失为主要功能，而不是旨在严厉惩罚违约方。合同自由并非绝对，需以合同正义予以规制，以防止违约金条款成为一方压榨另一方和获取暴利的工具。②认定违约金是否过高还应当结合合同的履行情况、当事人的过错程度以及预期利益等综合因素，根据公平原则和诚实信用原则予以衡量。首先，应查明实际损失，确定基本标准。《合同法司法解释（二）》第二十九条规定，“当事人约定的违约金超过造成损失的百分之三十的，一般可以认定为合同法第一百一十四条第二款规定的‘过分高于造成的损失’”；其次，应考虑合同的履行情况；再次，应考虑当事人的过错程度；最后，应考虑当事人缔约时对可得利益损失的预见，当事人之间的交涉力是否平等，是否适用格式合同条款，是否存在过失相抵、减损规则以及利益相抵规则等因素，根据诚实信用原则和公平原则，结合案件的实际情况，综合衡量。（3）结合本案：首先，锐某公司在已经与乐某公司交易后、乐某公司货款没有收回时，使用格式合同条款，胁迫乐某公司签订显失公平的协议；其次，乐某公司所有的货物都履行完毕、没有任何违约情形，锐某公司没有任何损失；最后，乐某公司没有违反《供应商廉洁协议》，苏某 1 与乐某公司没有关系，林某 1 并非苏某 1 近亲属，乐某公司没有过错。因此，锐某公司在双方《采购协议》履行完毕多年后，突然以乐某公司的股东林某 1 是苏某 1 的亲属朋友为由，起诉 836 万元的巨额违约金，明显是意图获取暴利。锐某公司的行为违背诚实信用原则和公平原则，应当予以驳回。

第五，泉州牧某科技有限公司（以下简称牧某公司）及股东傅某 1、苏某 1

被追究刑事责任与乐某公司无关，不能证明乐某公司违反《供应商廉洁协议》第三条的约定。被追究刑事责任（对非国家工作人员行贿罪）的是牧某公司及股东傅某1、苏某1。牧某公司单位犯罪被判处罚金40万元、傅某1被判处有期徒刑三年，缓刑三年，并处罚金30万元（自首）[（2020）闽0104刑初180号]；苏某1被判处有期徒刑三年六个月，并处罚金10万元[（2020）闽01刑终410号]。法院也查明了行贿的款项全部来源于牧某公司。因此，牧某公司及股东傅某1、苏某1的犯罪行为与乐某公司无任何关系。

第六，乐某公司作为弱小的民营企业，目前濒临破产边缘，恳请法院平等保护民营企业的合法权益。中小民营企业发展生存一直比较艰难，特别在新冠疫情发生后，更是举步维艰。锐某公司作为国有企业，本应帮助扶持民营企业，但是锐某公司却以其优势地位强迫乐某公司签订不平等的《供应商廉洁协议》，店大欺客，践踏小民营企业的合法权益。乐某公司目前已基本停业，濒临破产边缘。恳请法院平等保护民营企业的合法权益，给民营企业一个发展的机会和空间。

当事人围绕诉讼请求依法提交了证据，本院组织当事人进行了证据交换和质证。对当事人无异议的证据，本院予以确认并在卷佐证。本院经审理查明事实如下：

一、案涉协议相关情况

锐某公司原名称为福建星网锐某网络有限公司，于2016年1月8日变更为现名称。

2012年7月27日，锐某公司和乐某公司签署《采购协议》，约定乐某公司成为锐某公司的供应商，锐某公司从乐某公司处采购需要的商品，包括3G模块、SFP屏蔽罩、SFP插座、连接器、排母、排针、插针和插座等多种多规格商品。双方实际于2011年11月开始履行上述《采购协议》，后双方于2019年1月停止交易，累计交易金额为27867716.58元，包括9款3G模块、2款SFP屏蔽罩、6款SFP插座、2款连接器、18款通讯接口变压器、8款端子连接器、3款排母、4款排针、多款插针和多款插座等产品。

关于案涉《采购协议》采购款情况，双方均认可该价款系正常价格，没有过高或过低情形。乐某公司亦提交电子邮件证明案涉《采购协议》中采购价格系经过双方多次反复议价达成。

2012年7月27日，甲方锐某公司和乙方乐某公司签订《诚信廉洁合作协议》，约定以下内容："一、说明 为了保障甲乙双方在采购业务往来中的合法权益，充分体现公平、公正、廉洁、诚信合作的精神，抵制商业贿赂和不正当竞争，反对商业欺诈，在信任和诚实、坦率与正直的基础上构筑相互间的合作关系，甲乙双方特订立本协议如下；二、具体条款　1. 甲乙双方应严格遵守中国及采购发生国的相关法律法规和其他关于廉洁自律的规定，遵守相关行业管理规定。2. 甲乙双方应对业务人员经常性进行廉洁诚信教育，使其建立良好的职业操守和从业行为。3. 乙方承诺严格遵守以下条款：（1）乙方以及乙方人员不得贿赂或变相贿赂甲方人员。（2）乙方以及乙方人员不得以任何形式向甲方人员馈赠‘礼金、有价证券及支付凭证’和‘通信器材、交通工具、非低价值文化用品以及其他贵重物品’等。（3）乙方以及乙方人员不得组织甲方人员参加旅游、高消费娱乐、旅游风景区开会等活动。（4）乙方以及乙方人员不得为甲方人员的亲属、朋友等安排工作，提供便利以及为其提供应由甲方人员个人支付的各种费用。（5）乙方需按甲方要求主动申报与甲方是否存在关联关系，不得发生关联交易行为。（6）乙方支持甲方的诚信廉洁建设，若甲方人员在日常业务过程中有索贿行为，必须拒绝，并向甲方主管部门投诉。（7）乙方不得将明知不符合物料技术规格书的物料提供给甲方且不事先告知。（8）乙方不得向甲方推广不符合行业发展趋势或不符合乙方发展路标的物料且不事先告知。（9）乙方向甲方提供的文件、资料、数据、陈述和口头陈述等应保证真实、准确。（10）乙方应严格遵守向甲方提供的承诺、双方签署的合同、协议和备忘录，按时、保质、保量提供货物；合理报价，不商业欺诈；不以次充好、不偷工减料。4. 甲方业务人员应遵守以下条款：（1）不得接受乙方以及乙方人员的任何贿赂或变相贿赂行为。（2）不得接受乙方以及乙方人员以任何形式馈赠的‘礼金、有价证券及支付凭证’和‘通信器材、交通工具、非低价值文化用品以及其他贵重物品’等。（3）不得参加乙方组织的旅游、高消费娱乐、旅游风景区开会等活动。（4）不得要求乙方为自己亲属、朋友等安排工作，提供便利以及为其提供应由甲方人员个人支付的各种费用。（5）禁止关联交易行为。（6）如发现乙方有违反（3）中的任何条款，应及时向甲方上级部门或主管部门如实反映。5. 甲乙方业务人员存在直系亲属［仅包括父母、子女和配偶关系］和其他来往密切关系的，进行业务往来时，应主动申请回避。三、违约责任　1. 乙方及其业务人员违反本协议规定，甲方将有权停止与乙方所有采购业务合作至少一年。情节严重的，甲方将有权取消乙方作为锐某公司的供应商资格，无限期停止与乙方所有采购业务合作，并保留通过法律途径追究当事人责任的权利。2. 乙方及其业务人员如违反本协议规定并给甲方造成损失的，应承担赔偿责任，甲方保留追究责任的权利。3. 甲乙方采购业务关系的变更或解除，不影响当事人按本协议规定要求追究责任及赔偿损失的权利。四、其他条款　1. 本协议未尽事宜按双方已经签署的相关协议的相关条款执行。2. 执行过程中对认定结果如有争议，双方协商解决。3. 本协议自双方授权代表签字或盖章之日起生效，除非经书面修改或更新，本协议在双方业务关系的存续期间（包括甲方的关联公司）持续有效。4. 本协议一式两份，经甲乙双方签字盖章后生效，双方各执一份，具有同等效力。”

2012年9月2日，锐某公司向乐某公司发送电子邮件显示以下内容：“Hi 章文，供应商建档申请表，请下周2前提供给我，务必保证，谢谢哦。”后乐某公司填写供应商建档申请表发送给锐某公司。

2014年6月3日，锐某公司向乐某公司发送《供应商廉洁协议》等材料，并要求乐某公司在2014年6月9日前将正本盖章寄回。

2014年6月9日，甲方锐某公司和乙方乐某公司签订《供应商廉洁协议》，约定如下：

“有鉴于：甲乙双方就甲方向乙方采购产品事宜已经进行广泛深入、双赢互利的合作；在双方的商业往来过程中，坚持诚信廉洁，避免利害关系、杜绝商业贿赂及其他不正当利益，维持公正透明的交易环境，既符合甲乙双方的共同利益，也是双方的社会责任；乙方认可，作为供应商，如果存在本协议约定的利害关系，如果对甲方人员进行商业贿赂或者与甲方人员有其他不正当利益关系，将影响甲方人员公正廉洁履行本职工作职责，这种对甲方企业文化和队伍纪律的侵害，对于甲方为害甚巨，不可估量，某种程度上要比产品和服务出现质量事故更为严重，更具破坏性。基于以上的认识，双方协商一致达成如下协议，以资共同遵守：

“第一条、避免利害关系　甲乙双方一致认可，如果甲方人员与甲方供应商之间存在利害关系，将严重影响甲方人员公正、廉洁履行工作职责，严重影响双方之间公平、公正、透明的交易环境，进而严重影响双方共同的利益。乙方承诺，至本协议生效日为止，乙方与甲方人员之间不存在利害关系，在合作期间，乙方也会避免产生这种利害关系。这些利害关系包括但不限于：1. 甲方人员对乙方参股（无论是隐名还是实名，下同）、出资（无论是隐名还是实名，下同）、在乙方任职、为乙方提供有偿技术咨询、有偿商务咨询、有偿推荐等事实；2. 甲方人员的配偶、父母、子女及其他近亲属对乙方参股、出资、在乙方任职、为乙方提供有偿技术咨询、有偿商务咨询、有偿推荐等事实；3. 与甲方人员存在近亲属关系以外的其他利害关系的人对乙方参股、出资、在乙方任职、为乙方提供有偿技术咨询、有偿商务咨询、有偿推荐等事实；4. 甲方的离职人员（无论这种离职行为是因为劳动合同的终止还是解除，是协商一致的还是单方引发的，下同）对乙方参股、出资、在乙方任职、为乙方提供有偿技术咨询、有偿商务咨询、有偿推荐等事实；5. 甲方人员参股、出资、任职的单位对乙方参股（无论是实名还是隐名，下同）、出资（无论是实名还是隐名，下同）的事实；6. 甲方人员的配偶、父母、子女等其他近亲属参股、出资、任职的单位对乙方参股、出资的事实；7. 甲方离职人员参股、出资、任职的单位对乙方参股、出资的事实；8. 与甲方人员或甲方人员的配偶、父母、子女等近亲属参股、出资的单位存在其他关联关系、利害关系的事实；9. 其他有可能影响甲方人员公正、廉洁履行工作职责的利害关系事实。

“第二条、乙方违反‘避免利害关系义务’的违约责任　如果乙方与甲方人员存在本协议第一条所述利害关系，经甲方查证属实的，乙方向甲方同时承担如下各项法律责任：1. 乙方支付甲方：甲方采购总额 30%（采购总额为：自首笔交易起，计算至甲方对乙方与甲方人员存在利害关系查证属实之日止。甲乙双方之间所有交易的总额，其中既包括甲方已支付货款，也包括甲方应付货款。采购总额 30% 低于 200 万元的，以 200 万元计）的违约金。该违约金从甲方对乙方的应付款扣除，不足部分，由乙方在接到甲方书面通知之日起 7 日内一次性支付给甲方；2. 甲方有权单方面无条件撤销甲乙双方之间已生效未交付订单；3. 甲方有权单方面无条件退回乙方甲方已采购但未销售给最终用户或者甲方代理商的货物；4. 乙方认可，乙方支付给与乙方存在利害关系的甲方人员的收益，实际上来源于甲方支付给乙方的货款，该收益变相提高了甲方的采购成本，因此，这部分收益应计入甲方损失，由乙方负责全额赔偿。因乙方违反避免利害关系义务，造成甲方其他损失的，由乙方一并赔偿。

“第三条、禁止商业贿赂　1. 乙方不得以销售奖励、回扣、技术开发费、安家费、车马费、装修费、过节费、生日礼金、丧葬嫁娶礼金等各种名目向甲方人员个人给予单次金额 200 元以上现金、银行卡、信用卡、购物卡、会员卡等及单次金额 200 元以上的礼品和服务。2. 乙方不得以销售奖励、回扣、技术开发费、安家费、车马费、装修费、过节费、生日礼金、丧葬嫁娶礼金等各种名目向与甲方人员有利害关系的人员（包括但不限于甲方人员的配偶、父母、子女、其他近亲属以及存在其他利害关系的人），给予单次金额 200 元以上现金、银行卡、信用卡、购物卡、会员卡等及单次金额 200 元以上的礼品和服务。3. 乙方不得以销售奖励、回扣、技术开发费、装修费、过节费等各种名目向与甲方人员有利害关系的单位（包括但不限于甲方人员以及与甲方人员有利害关系的人参股、出资、任职的单位，以及以该单位作为股东、出资人又成立的单位及存在其他关联关系的单位）给予单次金额 200 元以上的现金、银行卡、信用卡、购物卡、会员卡及单次金额 200 元以上的礼品和服务。

“第四条、违反‘禁止商业贿赂义务’的违约责任　乙方违反本协议第三条约定的禁止商业贿赂义务，经甲方查证属实的，乙方向甲方同时承担如下各项法律责任：1. 乙方向甲方支付乙方用于贿赂支出总金额的10－20倍的违约金（贿赂支出总金额的10倍低于100万元的，按100万元计算）。该违约金从甲方对乙方的应付款扣除，不足部分，由乙方在接到甲方书面通知之日起7日内一次性支付给甲方；2. 甲方有权单方面无条件撤销甲方双方之间已生效未交付订单；3. 甲方有权单方面无条件退回乙方甲方已采购但未销售给最终用户或者甲方代理商的货物；4. 乙方认可，乙方支付给与甲方人员的贿赂，实际上来源于甲方支付给乙方的货款，该贿赂变相提高了甲方的采购成本，因此，这部分贿赂应计入甲方损失，由乙方负责全额赔偿。因乙方违反利害关系避免义务，造成甲方其他损失的，由乙方一并全额赔偿。

“第五条、甲方承诺 1. 甲方将加强内部纪律建设，与乙方一起，共同致力于维护双方之间公正、透明的交易环境；2. 甲方欢迎乙方举报、告发甲方人员收受商业贿赂、与其他供应商之间存在的利害关系、不正当利益输送及其他有违甲方人员职务廉洁行为的信息；对于乙方的举报、告发，甲方承担严格的保密义务，承诺乙方不会因为举报、告发遭受不公正商业对待；3. 甲方承诺，认真对待乙方的举报，不推诿，不包庇，无论甲方人员的职务多高，对甲方的贡献多大，一经核实，甲方将严肃依据国家法律法规、甲方内部的管理规定进行严肃处理；4. 甲方承诺，乙方有违约行为，需要按照本协议的约定承担违约责任，此种情形下，如乙方能充分认识并积极纠正自身的违约行为，配合甲方调查、取证工作，积极退赔甲方损失或者乙方向甲方提供了甲方尚不知情的甲方人员其他违背公正廉洁的违法违规事实（无论甲方人员的这种违法违规事实是和乙方之间还是和其他供应商之间），经甲方查证属实，甲方将酌情对乙方的违约责任予以适当减免。

“第六条、其他 1. 虽然本协议未做具体情形的约定，但乙方如有违反廉洁诚信义务的其他行为，由甲方按照其违约情节，类比适用第二条、第四条违约责任的约定。2. 本协议为甲方双方之间就廉洁诚信、避免利害关系、反商业贿赂和不正当利益输送事宜的最终、确定协议，具有最高效力，如与甲乙双方之间就廉洁诚信事宜签署的其他法律文件有冲突，一律以本协议约定为准。3. 本协议之签订履行所生纠纷，如协商不成，则由本合同签订地人民法院北京市海淀区人民法院管辖。4. 本协议一式四份，双方各执两份，于双方签章之日起生效，有效期及于甲乙双方的整个合作期间及合作结束后十年。5. 本协议签署日期为2014年5月26日。”

二、与乐某公司是否违约相关的情况

锐某公司主张乐某公司存在违约行为，主要涉及其离职人员苏某1、李某1和乐某公司之间的关联，除本案外，其他关联案件中包括（2020）京0108民初2470号案、（2020）京0108民初2472号案、（2020）京0108民初37815号案，锐某公司主张被告公司存在分别系苏某1担任股东，苏某1配偶或亲属担任法定代表人、股东以及高管等的情形，上述查明事实，本院在本案中一并列明。

（一）相关公司情况

乐某公司于2011年10月20日成立，法定代表人为林某1，其股东为林某1（持股比例95%）、陈某1（持股比例5%），陈某1担任乐某公司监事，林某1担任乐某公司执行董事兼总经理。李某1曾担任乐某公司隐名股东。

福建飞某电子科技有限公司于2013年4月7日成立，法定代表人为陈某1，其股东为苏某1（持股比例78%）、魏某1（持股比例12%）、杨某1（持股比例6%）、陈某1（持股比例4%），陈某1担任总经理，苏某1担任执行董事，魏某1担任监事。

福州飞某1实业有限公司于2014年7月2日成立，法定代表人为苏某2，其股东为苏某2（持股比例55%）、杨某2（持股比例25%）、蒋某1（持股比例12%）、蒋某2（持股比例8%），苏某2担任执行董事兼总经理，蒋某1担任监事。

福建立某电子有限公司于2012年10月19日成立，法定代表人为林某2，其股东为林某2（持股比例78%）、林某3（持股比例22%），林某2担任执行董事兼总经理，林某3担任监事。

（二）苏某1、李某1及相关人员情况

苏某1和林某2于2007年12月12日结婚，婚姻关系存续至今。

林某2和林某1系兄妹关系。

苏某2和苏某1系兄弟关系。

李某1系苏某1在锐某公司工作期间上级，其于2011年5月入职锐某公司担任供应链管理部策略采购二组经理，后于2014年3月离职。李某1系乐某公司隐名股东，投资20万元。

苏某1于2009年至2014年在锐某公司工作，其于2014年3月离职。苏某1在锐某公司供应链管理部门从事策略采购工程师工作。

锐某公司主张李某1经苏某1介绍入股乐某公司，违反《供应商廉洁协议》，其提交以下证据予以证明：

1. 锐某公司主张系李某1于2020年9月5日出具的手写悔过书，其中载明以下内容：尊敬的公司领导：您好！今天，我怀着十分愧疚和懊悔写下这份悔过书，一是公司澄清我的错误行为，二是恳请公司谅解我的过错。事情是这样的，2011年10月，经苏某1介绍我投资了他大舅子的公司（乐某），投资金额为20万元，占股40%。但是没有经受住思想的考验才做出了这样的事情，此后在2013年1月收到不当投资收益44.5万元，2014年1月收到40万元不当投资收益，2014年3月离职后，在2015年1月收到不当投资收益30万元。2016年1月不当投资收益16.8万元，之后在2016年10月，我退出了股份，并销毁了持股证明。最后一笔不当投资收益是2017年1月的4.5万元，累计收到135.8万元不当投资收益……对于该份证据，乐某公司称真实性无法确认，其称李某1投资乐某公司是基于和林某1的朋友关系，股权也是林某1代持，李某1收取乐某公司的款项系合法正当的股权分红。

2. 李某1于2020年9月9日向锐某公司出具退款协议书，载明以下内容：甲方锐某公司、乙方李某1鉴于乙方担任甲方正式员工期间，违背相关的法律条款和公司的廉洁制度，利用职务便利，收受甲方供应商乐某公司的不当收益，合计135.8万元。现乙方已充分认识到该行为给甲方造成严重损失，对甲方的《锐某网络廉洁制度》《锐某网络员工奖惩管理办法》造成违反，涉嫌构成犯罪的严重后果（详见附件《悔过书》），甲方愿意接受乙方的真诚悔过，并在乙方兑现以下承诺前提下对乙方予以谅解。甲乙双方经平等、友好协商就乙方自愿退还甲方损失达成如下合意：第一条　根据甲方审计监察部调查取证结果，乙方承认其行为存在如下违规行为：利用职务便利，收受甲方供应商乐某公司的不当收益，合计为135.8万元。第二条　双方确认，乙方应于2021年9月5日前，分三次将违规所得人民币135.8万元退还至甲方指定账户……对于该证据，乐某公司称认可形式真实性，但乐某公司没有参与协议签订，故无法确认是否真实，不认可证明目的，其称其中提及李某1的收益系股权分红是合法收益，李某1入股乐某公司时，乐某公司并不知道其是锐某公司的员工，锐某公司也从未告知李某1是其员工，锐某公司上述行为系迫使李某1承认获得不当利益而达到让乐某公司承担责任的目的。

3. 退款凭证，证明李某1于2020年9月13日向锐某公司退回不当收益凭证之一，其主张李某1共计向锐某公司退回其入股乐某公司产生的135.8万元的不当收益。对该证据，乐某公司称真实性无法确认，系锐某公司和李某1的关系，与乐某公司无关。

4. 李某1证人证言，因李某1人在国外，故通过视频通话方式予以在线作证。李某1陈述其于2010年5月至2014年2月在锐某公司工作，系苏某1的直接领导，2011年经苏某1介绍投资乐某公司20万元，股权占比40%，系隐名股东，后每年获得违规收益，后将不当收益退给锐某公司。苏某1当时与李某1沟通称公司有一部分物流在国外采购贵，想导入便宜的物料，给公司节约成本。当时知道乐某公司和苏某1的关系，知道林某2系苏某1配偶，林某1

系其大舅子，因为是苏某1说让投资乐某公司的。但是之后供应商导入流程是按照标准进行的，苏某1提交名单后，公司综合判断后选定，大概比例是三个名单筛选出一个。苏某1在引入乐某公司后汇报供应商的基本情况，其他手续系苏某1自行办理的。双方均认可李某1作证及本院核实过程。锐某公司主张李某1证言能够印证相关证据的真实性。乐某公司主张成为供应商经过标准程序，乐某公司不存在不合法情况。李某1通过苏某1的介绍投资，而非林某1代持苏某1股份，乐某公司并未给锐某公司造成损失。

关于原被告双方是否知晓苏某1和林某2、林某1、苏某2的关系。锐某公司称不清楚，苏某1入职锐某公司时没有要求申报，只要求填写家庭信息，苏某1填写了其父亲信息，公司不清楚其他关系，但双方签署《供应商廉洁协议》时，要求乐某公司提供申报承诺函，排查是否有禁止情况。关于锐某公司的《供应商廉洁协议》签署是否规范化的问题，其称和供应商均签署廉洁协议，其中有发现不符合廉洁情况进行申报的，也有因为不同意签订廉洁协议而终止合作的。乐某公司称不清楚锐某公司是否知晓苏某1上述情况，其认可确实没有向锐某公司告知上述情况。

（三）苏某1所涉刑事处罚情况

苏某1因犯行贿罪被刑事处罚。一审（2019）闽0104刑初718号刑事判决书载明以下内容：经审理查明：被告人苏某1于2007年间隐名入股朋友傅某1（另案处理）所实际经营控制的牧某公司。2009年11月，被告人苏某1入职国有控股企业锐某公司担任供应链管理部策略采购工程师，后于2012年协助牧某公司成为锐某公司的光模块业务供应商之一，并利用其负责光模块采购业务的职务便利，为牧某公司提供报价建议，使牧某公司在光模块业务中取得竞价优势，为牧某公司谋取利益。2014年4月，被告人苏某1从锐某公司离职后，为了继续使牧某公司在光模块业务中取得竞价优势，出面联系锐某公司的策略采购部经理被告人陈某2、策略采购工程师被告人陈某3，并许诺给予好处。后由被告人陈某3向被告人苏某1提供其他光模块供应商的报价信息，被告人陈某2提供审批便利，使牧某公司顺利获取锐某公司大量光模块业务订单。经审计，2014年5月至2018年8月，锐某公司支付给牧某公司的材料款合计人民币105307703.8元。2015年10月至2018年8月，被告人苏某1用其妻子林某2的银行账户向被告人陈某2所提供的其外甥王某1的银行账户共计转账汇款人民币226.32万元，作为给被告人陈某2好处费。2015年11月至2018年8月，被告人苏某1用其个人及其妻子林某2的银行账户向被告人陈某3所提供的其父亲陈某4、岳母郑某1的银行账户共计转账汇款人民币200.62万元，作为给被告人陈某3的好处费，2018年11月9日，被告人陈某3将郑某1银行账户中的人民币55万元汇还给被告人苏某1……本院认为，被告人苏某1伙同他人为谋取不正当利益，给予公司工作人员以财物，数额巨大，其行为已构成对非国家工作人员行贿罪。被告人陈某2、陈某3在锐某公司任职期间，利用职务上的便利，非法收受他人财物，为他人谋取利益，数额巨大，其行为均已构成非国家工作人员受贿罪。被告人苏某1的供述及证人傅某1的证言及牧某公司购销合同可以相互印证证实被告人苏某1是以透露其他供应商价格及锐某公司底价的方式使牧某公司在竞价中取得优势从而获取订单，公诉机关提供同期其他品牌供应给其他公司的供货价格对比及2018年前后产品价格降幅对比，均不能排除采购产品的价格有受到采购量不同、时间点不同、市场环境不同影响的可能，故无法直接证实被告人苏某1在任职期间以明显高于市场的价格向其亲友经营的牧某公司采购产品，辩护人关于公诉机关指控被告人苏某1为亲友牟利罪证据不足，指控罪名不能成立的辩护意见，本院予以采纳。被告人陈某3、苏某1的供述可以相互印证证实，被告人陈某3与被告人苏某1间原仅系同事关系，被告人陈某3系在利用其职务便利为被告人苏某1谋取利益的情况下，以个人生活周转为由向被告人苏某1大额借款，且双方未签订书面借条、未约定还款时间，根据上述钱款往来发生的背景、时机及钱款金额，应认定上述钱款系被告人陈某3以借款名义收受的贿赂；同时，被告人陈某3在侦查阶段的供述与被告人苏某1的供述可以相互印证，证实被告人陈某3系在被锐某公司调离原岗位，担心受到法律惩处的情况下将55万元退还被告人苏某1，辩护人关于上述款项系被告人陈某3归还被告人苏某1的借款，不应计入被告人陈某3本案犯罪金额的辩护意见，与事实不符，本院不予采纳。被告人苏某1、陈某3归案后如实供述自己的主要犯罪事实，被告人陈某2当庭如实供述自己的罪行，认罪态度较好，依法予以从轻处罚。被告人苏某1、陈某2、陈某3积极退赃，酌情予以从轻处罚。依照《中华人民共和国刑法》第一百六十四条第一款、第二十五条第一款、第一百六十三条第一款、第六十七条第三款、第六十四条及最高人民法院，《最高人民检察院关于办理贪污贿赂刑事案件适用法律若干问题的解释》第十一条之规定，判决如下：一、被告人苏某1犯对非国家工作人员行贿罪，判处有期徒刑四年六个月，并处罚金人民币十万元。(刑期从判决执行之日起计算。判决执行以前先行羁押的，羁押一日折抵刑期一日，即从2019年1月8日起至2023年7月7日止。罚金应于本判决生效后一个月内缴纳。）二、被告人陈某2犯非国家工作人员受贿罪，判处有期徒刑五年。（刑期从判决执行之日起计算。判决执行以前先行羁押的，羁押一日折抵刑期一日，即从2019年1月8日起至2024年1月7日止。）三、被告人陈某3犯非国家工作人员受贿罪，判处有期徒刑五年。（刑期从判决执行之日起计算。判决执行以前先行羁押的，羁押一日折抵刑期一日，即从 2019 年 1 月 8 日起至 2024 年 1 月 7 日止。）四、被告人苏某 1 退出的违法所得人民币五十五万元，予以没收，上缴国库。五、被告人陈某 2 退出的所得人民币二百二十六万三千二百元，予以没收，上缴国库。六、被告人陈某 3 退出的违法所得人民币一百四十五万六千二百元，予以没收，上缴国库。

后（2020）闽 01 刑终 410 号刑事判决书认定：上诉人苏某 1 伙同他人为谋取不正当利益，给予公司企业工作人员以财物，数额巨大，其行为已构成对非国家工作人员行贿罪。上诉人陈某 3、原审被告人陈某 2 在公司企业任职期间，利用职务上的便利，非法收受他人财物，为他人谋取利益，数额巨大，其行为均已构成非国家工作人员受贿罪。上诉人苏某 1、陈某 3、原审被告人陈某 2 能如实供述自己所犯罪行，对其依法予以从轻处罚。关于上诉人陈某 3 称原审判决量刑过重，请求对其从轻处罚的上诉理由。经查，原审判决已充分考虑其量刑情节，所判刑罚与其所应承担的刑事责任相一致，量刑并无不当，故该上诉理由不能成立，不予采纳。另综合考量全案犯罪事实及各上诉人与原审被告人的量刑平衡，原审判决对上诉人苏某 1 量刑显属偏重，量刑不当，应予纠正。上诉人苏某 1 及其辩护人此节诉辩意见成立，予以采纳。据此，依照《中华人民共和国刑法》第一百六十四条第一款、第一百六十三条第一款、第六十七条第三款、第六十四条，《最高人民法院、最高人民检察院关于办理贪污贿赂刑事案件适用法律若干问题的解释》第十一条，《中华人民共和国刑事诉讼法》第二百三十六条第一款第（一）、（二）项之规定，判决如下：一、维持福州市仓山区人民法院（2019）闽 0104 刑初 718 号刑事判决第二、三、四、五、六项，即对被告人陈某 2、陈某 3 定罪量刑及没收涉案违法所得之判决。二、撤销福州市仓山区人民法院（2019）闽 0104 刑初 718 号刑事判决第一项，即对被告人苏某 1 量刑之判决。三、上诉人苏某 1 犯对非国家工作人员行贿罪，判处有期徒刑三年六个月，并处罚金人民币十万元。（刑期从判决执行之日起计算，判决执行以前先行羁押的，羁押一日折抵刑期一日，即上诉人苏某 1 的刑期自 2019 年 1 月 8 日起至 2022 年 7 月 7 日止。罚金已缴纳。）

三、其他情况

关于违约金，锐某公司根据双方合同约定，按照其采购交易总额的 30% 予以主张，乐某公司主张本案利润只有采购交易总额的 10% 左右即约 280 万元，故违约金约定过高，排除其正当利润权利，属于无效条款，同时认为约定过高，申请法院予以调整。

另锐某公司提交委托代理协议、律师费发票及付款回单证明因本案诉讼产生5万元律师费损失。对此，乐某公司认可真实性，不认可证明目的，称双方没有约定，且乐某公司并未违约，故不应承担相应费用。

当事人对于真实性认可的证据，本院亦不持异议，对于当事人对真实性有异议的证据，本院认定如下：李某1的证人证言和锐某公司提交的退款协议书、悔过书、退款凭证等证据，结合乐某公司所认可李某1系其隐名股东向其支付收益等情况，相互之间能够印证并形成完整证据链，本院对上述证据真实性予以采信，由此本院能够认定李某1经由苏某1介绍入股乐某公司并获得收益的事实。

本院认为，本案系廉洁义务相关纠纷，综合当事人的诉辩称及举证质证情况，本院归纳本案的争议焦点主要包括以下几点：一是《供应商廉洁协议》的效力；二是乐某公司是否违约；三是违约金数额是否过高。针对上述争议焦点，本院进行如下评述：

一、《供应商廉洁协议》的效力考察

（一）廉洁和诚信的法益保护

《最高人民法院关于适用〈中华人民共和国民法典〉时间效力的若干规定》第一条规定："民法典施行后的法律事实引起的民事纠纷案件，适用民法典的规定。民法典施行前的法律事实引起的民事纠纷案件，适用当时的法律、司法解释的规定，但是法律、司法解释另有规定的除外。民法典施行前的法律事实持续至民法典施行后，该法律事实引起的民事纠纷案件，适用民法典的规定，但是法律、司法解释另有规定的除外。"第四条规定："民法典施行前的法律事实引起的民事纠纷案件，当时的法律、司法解释仅有原则性规定而民法典有具体规定的，适用当时的法律、司法解释的规定，但是可以依据民法典具体规定进行裁判说理。"本案法律事实发生在民法典施行之前，故适用当时的法律、司法解释的规定，但就诚实信用和公序良俗等规定会相应结合民法典予以裁判说理。

我国法律对诚实信用和公序良俗等予以规定。《中华人民共和国民法通则》第四条规定："民事活动应当遵循自愿、公平、等价有偿、诚实信用的原则。"第七条规定："民事活动应当尊重社会公德，不得损害社会公共利益，扰乱社会经济秩序。"《中华人民共和国合同法》第六条规定："当事人行使权利、履行义务应当遵循诚实信用原则。"《中华人民共和国民法典》第七条规定："民事主体从事民事活动，应当遵循诚信原则，秉持诚实，恪守承诺。"《中华人民共和国民法典》第八条规定："民事主体从事民事活动，不得违反法律，不得违背公序良俗。"

本案中，首先考察案涉协议是否具有法律保护利益。《供应商廉洁协议》

系以避免廉政风险为目标，通过设定诚信告知义务和规范合作行为等，以保障采购供应活动的公正、平等和规范而签订的协议。该类型廉洁协议的出现符合我国市场经济发展规律，能够有效加强诚信体系建设，促进营商环境建立。廉洁义务和与之实现相关联的诚实信用原则从法律上及公序良俗上而言，均于法有据且具有保护利益。

廉洁通常形容人操行清白、清廉自守的高尚品质。廉洁不仅是道德品质，更是个人准则和组织要求，廉洁义务是义务也是责任。廉洁通常而言具有以下内涵：一是维护公利，能够克己奉公，不能不当运用手中权力损人利益和损公肥私；二是坚持公正，行为正当合理，行为标准一致，平等对待所有行为相对人；三是行为公开透明，行使权力履职过程经受得起监督；四是遵纪守法，坚守法律底线，不做违法乱纪之事。廉洁文化是中华民族优秀文化的重要组成部分，存在于社会工作生活的方方面面，从古至今影响并指导人们的行为准则，对于正确人生观、价值观和世界观的建立具有重要作用。在我国社会公序良俗的不断发展和积累过程中，廉洁文化对于公民道德建设和法治要求发挥重要作用，包括形成具有普遍认同感的以廉洁为导向的认知模式和行为模式。诚信做人和廉洁从业不仅是个人品格要求，更是国家、社会和行业对个体的需求。

诚信原则作为民商法的系统原则，系帝王条款、最高行为准则，其基本语义为要求人们在民事活动中行使民事权利和履行民事义务时应当讲究信用、严守诺言，诚实不欺，在不损害他人利益的前提下追求自己的利益，否则将获得不利的法律评价。廉洁的实现需要交易活动中的诚实信用。《供应商廉洁协议》中保护的廉洁义务关联的即诚信原则，其具有法益，亦应在法律框架下得到有效保护。诚信即诚实守信，是人类社会千百年传承下来的道德传统，也是社会主义道德建设的重点内容，它强调诚实劳动，信守承诺，诚恳待人。诚信两字各有侧重，诚侧重不能歪曲主观和客观的实际状况，而信更侧重不能违背诺言，诚是内在品性，信是外在确信。诚信既是个人道德的基石，又是社会正常运行不可或缺的条件。在中国特色社会主义条件下，必须加强诚信建设，这亦符合市场契约精神。完善的商事主体诚信体系的构建，需要商事主体恪守诚信原则。商事主体作为商事活动中最基本、最重要和最活跃的主体，其是否能够遵守诚实信用法律原则及具体规定，是否能够正确践行社会主义核心价值观中的诚信价值观，直接影响我国市场经济活动的健康发展。

就社会主义核心价值观而言，商事交易活动中，应贯彻社会主义核心价值观，商事主体尤其应公平交易，诚信经营。廉洁对应于社会主义核心价值观中的诚信、公正内容。社会主义核心价值观已融入社会发展各方面，转化为人们的情感认同和行为习惯。社会主义核心价值观包括以下三个层次内容：富强、民主、文明、和谐是国家层面的价值目标，自由、平等、公正、法治是社会层面的价值取向，爱国、敬业、诚信、友善是公民个人层面的价值准则。本案中，原被告双方签订的《供应商廉洁协议》中体现对廉洁利益的保护，廉洁利益的实现尤其需要商事主体恪守诚信和公正的社会主义核心价值观，通过在个人层面、个体层面的诚信行为，在交易活动中做到平等公平，在法治社会中，自由平等而又合法的经营活动，最终也亦达成国家的富强、民主、文明、和谐。

本案中锐某公司主张根据双方《供应商廉洁协议》中约定的乐某公司应遵守廉洁义务和诚信原则，通过供应商关联关系的告知和合理排除，保证交易活动的公平、公正和廉洁，符合法律规定，符合社会主义核心价值观要求。其所主张保护的廉洁和诚信亦具有法益，其所主张廉洁义务和诚信原则的违反，将损害公司廉洁文化和企业形象等，具有合理性和积极意义。供应商的廉洁具有重要意义，企业采购商品，对供应商的选择，通常而言是公开公正的过程，其选择过程本身体现程序规范和透明，不仅具有保障采购货物质量、价款优质的作用，还产生对于企业内部、外部的公示效果，即通过公开、公正的方式进行选择，以此在其他供应商和未入选供应商处产生较好的企业形象，树立长久的企业竞争力。供应商的关联关系排除能够成为保护供应商廉洁的有力方式，良好保护企业形象和正向促进企业竞争力，有利于正常经济秩序的建立，营商环境的建设。

（二）《供应商廉洁协议》的效力认定

双方对《供应商廉洁协议》的效力各持己见。本院对案涉协议成立及效力进行评述。通常而言，当事人达成合意，合同即成立。合同成立又称缔约，是指当事人经由要约、承诺，通过交互进行的意思形成一致意思表示，就合同的主要条款达成合意。合同成立的要件包括以下几点：一是合同主体有一方或者多方当事人；二是合同的内容必须具备合同的必备条款等；三是合同订立程序经过要约、承诺两个阶段，并达成合意，这是合同成立的根本要件也是实质要件。依法成立的合同自成立时生效，对当事人具有法律约束力，关于合同生效的实质要件包括：一是当事人必须具有相应的民事行为能力；二是当事人意思表示真实；三是不违反法律或者社会公共利益。合同不违反法律和社会公共利益的，主要指合同内容和合同目的合法，其中合同内容合法即合同条款的权利义务以及指向的对象应符合法律规定和社会公共利益，合同目的合法即当事人缔约动机合法，并且不属于以合法形式掩盖非法目的规避法律的情况。其他合同生效的形式要件还包括具备法律、行政法规规定的合同生效必须具备的条件。

本案中双方系平等民事主体，经过双方当事人真实意思表示的要约和承诺方式签订《供应商廉洁协议》，且该协议保护廉洁利益，亦没有其他法律规定的无效情形，故案涉《供应商廉洁协议》合法有效，对双方当事人均有约束力。

锐某公司主张乐某公司违反廉洁义务的主要依据系《供应商廉洁协议》，乐某公司辩称该协议无效至少部分无效，结合乐某公司的具体理由，本院进行如下分析：

案涉廉洁协议虽然未在《采购协议》签订时同时签订，但之后双方的补充签订行为，能够视为双方对廉洁条款约束效力的认可以及对之前《采购协议》符合廉洁约定的追认，此时效力作用保障于整个采购过程。双方《供应商廉洁协议》的签订系在《采购协议》签订后签订，对此锐某公司亦进行解释，即因为公司管理的逐渐规范化，考虑签订时间背景和社会发展大背景，锐某公司该项主张具有合理性，难以由此显示锐某公司要求乐某公司签订《供应商廉洁协议》具有其他不当目的。乐某公司虽然主张系乐某公司在货款没有收回情况下，锐某公司利用优势地位，致乐某公司被动接受格式合同，但从其证据中并未体现锐某公司存在不签订《供应商廉洁协议》即不支付货款之类的意思表示，乐某公司亦未提出异议，乐某公司亦未提举有效证据证明锐某公司存在其他以优势地位存在胁迫情形，并不符合法律规定的无效或可撤销情形。

《供应商廉洁协议》虽然由锐某公司提供制式合同于乐某公司让其签署，但并非由此即应认为该协议系格式合同从而不产生约束力。锐某公司通过电子邮件方式发送《供应商廉洁协议》，并给予乐某公司超过5天的盖章回邮时间，该期间足够乐某公司充分阅读并审查关联情况。在此期间内直至签字承诺后几年内，从乐某公司提交证据来看，其并未就条款存在不理解让锐某公司予以解释，并未提出异议让锐某公司予以修改，亦未告知违反风险询问是否可因实际交易发生而免责，直至诉讼中，乐某公司才提及对于身份关系限制过于宽泛等问题，以此足以认定乐某公司在2014年对案涉协议盖章的行为，系其对协议认可并承诺，双方达成合意，双方均应诚信履约。

关于《供应商廉洁协议》是否存在只限定乐某公司义务，免除锐某公司义务的问题。从该协议中能够看到，在“第五条、甲方承诺”一节内容中，锐某公司承诺加强纪律，欢迎乐某公司举报、告知关于锐某公司内部工作人员违反廉洁义务或其他违法行为，一经查实严肃处理等内容，并承诺如果乐某公司有违约行为需承担违约责任时，如果需要按照本协议的约定承担违约责任，此种情形下，如乐某公司能充分认识并积极纠正自身的违约行为，配合锐某公司调查、取证工作，积极退赔锐某公司损失，或者乐某公司向锐某公司提供了锐某公司尚不知情的锐某公司人员其他违背公正廉洁的违法违规事实（无论锐某公司人员的这种违法违规事实是和乐某公司之间的还是和其他供应商之间的），经锐某公司查证属实，锐某公司将酌情对乐某公司的违约责任予以适当减免。上述内容，结合锐某公司对李某1的相关处理，能够看出锐某公司并非仅严格限定乐某公司义务，同时进行约束自身行为的承诺，并承诺违约责任减轻或者免除条款，并非属于典型不公平合同条款情形。

此外，基于采购和供应的特殊关系，供应商选择本就是廉政风险高发环节，结合交易习惯考虑，采购商对供应商廉洁义务进行较为详细的约定符合廉洁利益保护的公序良俗和交易习惯，不应简单认定约定详细即属于加重一方责任而免除己方责任的情形。

综上，《供应商廉洁协议》中并未存在其他违反法律法规中关于合同无效或可撤销的规定的其他情形。故本院对于乐某公司《供应商廉洁协议》无效或部分条款无效从而不产生约束力的主张不予采纳，认定该协议合法有效。

二、乐某公司是否具有违约行为

《中华人民共和国合同法》第一百零七条规定："当事人一方不履行合同义务或者履行合同义务不符合约定的，应当承担继续履行、采取补救措施或者赔偿损失等违约责任。"本案中双方争议乐某公司是否具有违约行为，本院从以下几方面予以分析：

（一）苏某1、李某1和乐某公司的关联关系

乐某公司法定代表人林某1系苏某1配偶林某2之兄，与苏某1具有亲属关系。虽然双方在进行采购活动和签订采购协议时，未签署《供应商廉洁协议》约定上述利害关系回避情形，但双方签署《供应商廉洁协议》后，视为对之前行为的追认。此时乐某公司具有按照协议约定的廉洁义务如实向锐某公司告知是否违反的义务。

根据苏某1、李某1的岗位及工作职责，其直接负责供应商的选择相关工作，虽然乐某公司主张后续考察、签约需经过公司审批等流程，但苏某1及其上级李某1具有选择供应商的职责和权力，对于候选供应商是否能够成为供应商具有重要影响。另根据查明事实能够看出，苏某1、李某1和乐某公司间存在关联关系以及利益往来。根据李某1陈述，供应商选择通常为三选一过程，难以排除苏某1或李某1将类似"标底"等相关选择标准告知乐某公司的嫌

疑，从而使乐某公司不仅入选供应商备选范畴，更成为被选定的有利影响因素。所以上述情形实则影响供应商规范化导入流程，而供应商规范导入及形式审批等，不影响乐某公司违反廉洁义务的认定。

本案中，双方均认可李某1系乐某公司隐名股东，李某1作为锐某公司员工以及苏某1上级，其入股苏某1亲属林某1担任法定代表人的公司并获得利益，明显违反《供应商廉洁协议》，其违反该协议第一条第一项、第三项约定。

诉讼中，乐某公司辩称该利害关系条款约定范围过广，可能存在当事人并不知晓违反身份关系的情形。但本案中，林某1系苏某1之配偶林某2之兄，并非远方亲戚范畴，而苏某1在锐某公司工作长达五年时间，如称林某2及林某1不知晓苏某1及其上级李某1在锐某公司工作情况，明显不具有合理性，而林某1作为乐某公司的法定代表人和股东，如称乐某公司不知晓上述利害关系，亦明显不具有合理性。所以，本案中并不存在当事人不知晓或者不易于知晓利害关系情形，本院能够认定乐某公司由此确实存在违反《供应商廉洁协议》第一条第三项、第四项的行为。

（二）苏某1违法犯罪行为的影响

（2020）闽01刑终410号刑事判决书中认定的牧某公司（苏某1担任隐名股东）为锐某公司供应商，苏某1对锐某公司人员行贿，犯对非国家工作人员行贿罪的情况。对于其犯罪行为的查实中提到苏某1通过透露其他供应商价格以及锐某公司底价的方式使牧某公司在竞价中取得优势从而获取订单。虽然该刑事案件中，苏某1对锐某公司工作人员行贿并非帮助乐某公司谋取不当利益，但是能够使得苏某1和锐某公司之间产生紧密联系，苏某1由此在锐某公司不仅是在职期间，包括离职后，产生不当影响力，甚至存在不当利益输送嫌疑。某种程度而言，上述苏某1通过违法手段使得关联公司成为供应商以及取得订单的方式，足以使得苏某1及关联公司和锐某公司之间的交易行为合法性存疑。而苏某1及相关人员的不当影响力以及由此必然涉及的其他人情关系，甚至潜在打开的“便利之门”并非仅作用于牧某公司，必然对苏某1关联的其他公司产生或多或少的影响。

（三）其他诉讼案件的影响

根据已查明事实，与苏某1关联的成为锐某公司供应商的公司，并非仅乐某公司一家，还包括（2020）京0108民初2470号案、（2020）京0108民初号2472案、（2020）京0108民初37815号案中被告公司，分别系苏某1担任股东，苏某1配偶或直系亲属担任股东或法定代表人及高管的情形。从关联的多个案件亦能看出，乐某公司成为锐某公司供应商及未告知和苏某1间的关系，并非出于乐某公司不知晓的情形。相反，和苏某1存在关联的公司分别在不同期间成为锐某公司的供应商，以及苏某1上级李某1入股乐某公司的情况，难以仅认定为巧合，或与苏某1毫无关联，其他关联案件更加证明乐某公司存在过错。

综合上述原因，本院认为能够认定乐某公司存在违反《供应商廉洁协议》的违约行为，应承担违约责任。

三、违约责任的确定和违约金的调整

《中华人民共和国合同法》第一百一十四条规定："当事人可以约定一方违约时应当根据违约情况向对方支付一定数额的违约金，也可以约定因违约产生的损失赔偿额的计算方法。约定的违约金低于造成的损失的，当事人可以请求人民法院或者仲裁机构予以增加；约定的违约金过分高于造成的损失的，当事人可以请求人民法院或者仲裁机构予以适当减少。当事人就迟延履行约定违约金的，违约方支付违约金后，还应当履行债务。"

本案中，采购活动正常履行未造成实际损失是否成为违反廉洁协议免责条款？乐某公司辩称其通过锐某公司供应商导入流程和物料导入采购流程，并且按照合同约定完成供货义务，货物价格、采购订单、交货、收货检验、品质保证等均严格按照《采购协议》约定履行，没有造成实际损失，故不应承担违约责任及违约金。

采购活动正常履行未造成实际损失并非违反廉洁协议免责条款。《供应商廉洁协议》所保护的利益为廉洁和诚信，上述法益，并非仅基于交易中的商品或者货币损失，而是无形利益。违反廉洁和诚信，并非仅损害货物买卖本身，而损害的是供应商选择活动的公平性，以及其他参选供应商的平等被选择权等经济秩序。此时，违反廉洁协议的供应商，即便供应货物符合采购需求，仍然已经损害廉洁诚信和其他落选供应商的平等参与权。

就违约金是否过高问题，《供应商廉洁协议》中明确约定乐某公司承担违约责任的方式为支付违约金，乐某公司提出违约金过高的抗辩，申请本院予以酌减。

我国违约金制度的性质是"以补偿为主，以惩罚为辅"，违约金制度系以赔偿非违约方的损失为主要功能，而不是旨在严厉惩罚违约方。合同并非无限制的自由约定，仍需以合同正义予以规制，以防止违约金条款成为一方压榨另一方和获取暴利的工具。尽管法律并不要求违约金数额和违约损失额完全一致，但也非意在使两者差异悬殊而导致两者成为相互迥异的两个事物。如果任由当事人约定过高的违约金且以意思自治为由予以支持，在有些情况下，无异于鼓励当事人通过不正当的方式取得暴利。人民法院可以对不合理的违约金数额进行调整，以维护公平和诚实信用原则，并使违约方从高额且不合理的违约金责任的束缚中解脱出来，防止赌博性约定隐藏的道德风险，避免出现一方利益过度保护而对另一方惩罚过于严厉的裁判结果。

本院认为本案确实属于违约金约定过高情形，本院依法对违约金予以调整。通常而言，认定违约金是否过高应当结合合同的履行情况、当事人的过错程度以及预期利益等综合因素，根据公平原则和诚实信用原则予以衡量。

本案中，考虑廉洁诚信义务特殊性，本院就违约金酌定主要考虑以下因素：

（一）双方对违约金的约定情况

本案中双方对违约金在《供应商廉洁协议》中进行明确约定，计算标准为参照采购交易额，故违约金酌减时应将采购交易额作为参考依据之一。一般而言，采购交易额越高供应商获利越多，故供应商注意义务等应更高，此时应考虑，供应商廉洁义务是否得以遵守，诚信原则是否得以遵循，所影响的是能够成为供应商的是与否的准入问题，而非货物供应的好与坏的质量问题。当事人就违约金的计算基数约定采购交易额，当事人由此产生预判和约束，发生纠纷时，以该标准作为参照基数具有合理性，此后再在双方约定比例基础上进行合理酌减。

（二）损害后果和合同履行情况

虽然《供应商廉洁协议》签署为保障《采购协议》正常履行，但《供应商廉洁协议》系锐某公司本案起诉主要依据，且该协议保障的是供应商廉洁而并非保障货物交付、付款等问题，故应正确区分损害后果，违约依据系《供应商廉洁协议》而非《采购协议》。当然，《采购协议》的正常履行虽并非免责事由，但能够也应该成为违约金予以酌减的因素，还应注意如损害后果涉及货品质量等问题，亦可能导致损失增加后果。

如前文所述，本案中乐某公司违反《供应商廉洁协议》损害的并非系《采购协议》的采购供货等履行，而是廉洁义务、诚信原则以及由此导致的锐某公司廉洁文化、对外的企业形象及企业文化等，包括未来潜在合作对象对锐某公司的评价降低，由此导致其丧失交易机会等。无形损害后果，无形相较货币的有形，并非意味着无形即为无害，尤其在我国市场经济快速发展及营商环境建设的大背景下，更需要严格规范不诚信经营行为，对于触碰廉洁底线行为进行严厉打击。企业的不诚信经营行为，违反公序良俗和社会主义核心价值观，对于经济发展和经济秩序具有深远的损害后果，本案中以违约金方式承担违约责任，能够兼具惩罚和补偿作用。

（三）当事人过错程度

乐某公司从签订《供应商廉洁协议》直至诉讼发生，均未主动告知锐某公司关于该公司和苏某1、李某1相关联情况，结合其他关联案件所体现的与苏某1相关的多家公司均违反《供应商廉洁协议》情况，结合苏某1和各个公司的关联关系不属于不易察知情形，综合认定乐某公司存在主观过错，而非客观不知或过失。本案中，较为恶劣情形还在于，乐某公司让李某1入股并回报利益情况，明显显示乐某公司知晓违约情形，甚至存在明知而故意为之以获取不当利益、不当交易机会的嫌疑。

（四）预期利益

本案中双方签订《供应商廉洁协议》在于保障供应商廉洁性，所以该预期利益在于通过自查、告知关联关系以及规范供应商不当往来和行贿等行为的约定，保障供应商的廉洁性，维护正常经济秩序。此时对于采购方而言亦存在无形中的企业文化、形象的预期利益。故本案中的预期利益系综合性的预期利益，并非仅为《采购协议》项下的货物利益。

基于违反廉洁义务损害正当竞争的特点，而本案中双方违约金约定方式，亦能看出类似不正当竞争类纠纷中的损害赔偿金额确定方式，该类型纠纷中对于损害后果和预期利益的结合方式值得参考。具体如《中华人民共和国反不正当竞争法》第十七条规定："经营者违反本法规定，给他人造成损害的，应当依法承担民事责任。经营者的合法权益受到不正当竞争行为损害的，可以向人民法院提起诉讼。因不正当竞争行为受到损害的经营者的赔偿数额，按照其因被侵权所受到的实际损失确定；实际损失难以计算的，按照侵权人因侵权所获得的利益确定。经营者恶意实施侵犯商业秘密行为，情节严重的，可以在按照上述方法确定数额的一倍以上五倍以下确定赔偿数额。赔偿数额还应当包括经营者为制止侵权行为所支付的合理开支。经营者违反本法第六条、第九条规定，权利人因被侵权所受到的实际损失、侵权人因侵权所获得的利益难以确定的，由人民法院根据侵权行为的情节判决给予权利人五百万元以下的赔偿。"当然本案中，乐某公司违约行为不等同于上述侵权行为，但基于廉洁义务和诚信原则违反的特殊性，存在类似不正当竞争后果，虽不可直接依照上述规定裁判，但能够成为合理考量因素。

本案中，考虑损害后果和预期利益时，亦可参考乐某公司获益情况予以衡量。乐某公司自认利润为案涉交易额的10%左右，该自认情况纳入违约金考量因素中。

本院结合上述所有情形，对于案涉违约金数额先予以调整和酌减至采购协议交易额10%左右的标准。再结合锐某公司称李某1入股乐某公司不当获利后，向锐某公司退还 135.8 万元不当收益的情况，本院认为李某 1 所退还款项，虽然和乐某公司违反《供应商廉洁协议》款项并非同一法律性质，但均产生弥补锐某公司损失的后果，所以该款项亦纳入违约金酌减因素中予以考虑。

故本院在考虑上述所有因素后，判令乐某公司向锐某公司支付违约金 140 万元。

四、其他

关于锐某公司所主张的律师费损失，双方在《供应商廉洁协议中》并未约定律师费损失，且该费用并非必要支出费用，故本院对锐某公司要求乐某公司承担律师费损失的诉讼请求不予支持。

最后，本院就乐某公司关于中小企业经营困难的意见予以回应，乐某公司称其为民营企业，中小民营企业发展生存艰难，特别在新冠肺炎疫情发生后，更是举步维艰，应充分保护中小民营企业。

为弘扬社会主义核心价值观，本院认为在营商环境建设的背景下，不只保护中小企业的合法权益，任何企业的合法权益均需得到有效保护，而司法裁判在企业权益保护和营商环境建设中应发挥正确的司法导向、司法指引作用。乐某公司虽为中小民营企业，但仍应在企业经营中和商事交易活动中，遵守诚信原则。对于中小民营企业的保护，并非体现在对经营活动中不规范、不诚信活动的纵容或放任，更应通过正确的司法指引，规范其经营活动，加强诚信经营理念，最终增强企业生命力和竞争力。

当事人提举的其他证据材料或发表的其他意见不影响本院依据查明的事实依法进行裁判，本院不予一一评述。

综上，依照《最高人民法院关于适用〈中华人民共和国民法典〉时间效力的若干规定》第一条，《中华人民共和国合同法》第六条、第一百零七条、第一百一十四条之规定，判决如下：

一、被告福州乐某电子科技有限公司于本判决生效之日起七日内支付原告锐某网络股份有限公司违约金 140 万元；

二、驳回原告锐某网络股份有限公司其他诉讼请求。

如果被告福州乐某电子科技有限公司未按本判决指定的期间履行给付金钱义务，应当依照《中华人民共和国民事诉讼法》第二百五十三条之规定，加倍支付迟延履行期间的债务利息。

案件受理费 70670 元，原告锐某网络股份有限公司已预交，由其自行负担 58906 元；由被告福州乐某电子科技有限公司负担 11764 元，于本判决生效之日起七日内付清。

如不服本判决，可在判决书送达之日起十五日内，向本院递交上诉状，并按对方当事人或者代表人的人数提出副本，上诉于北京市第一中级人民法院。

审　判　长　曾　竞
人民陪审员　张　红
人民陪审员　郭　焕

二〇二一年四月三十日

书　记　员　李盼盼

刘雪琳

北京市海淀区人民法院

北京市海淀区人民法院东升人民法庭一级法官，中央财经大学法律硕士。撰写的论文《探索与规范：离婚案件中网络店铺分割的裁判径路》荣获第二十九届全国法院系统学术讨论会二等奖、中国青年法学论坛三等奖；撰写的《王某诉徐某某离婚纠纷案——淘宝店铺的价值确定与分割》一文荣获全国法院系统2017年度优秀案例分析暨“促公正·法官梦”第三届青年法官优秀案例评选活动三等奖，并发表于《法律适用·司法案例》；撰写的《互联网背景下离婚案件新类型财产分割疑难问题研究》入选《家事法实务（2017年卷）》一书。参与海淀区人民法院《服务合同案件裁判方法与规范》一书的编写工作。荣获第十届“金玫奖”优秀裁判文书评选活动优秀奖。撰写的多篇案例入选《中国法院年度案例》。

点评辞

本案二原告之女通过网络交易平台前后两次购买“三有”保护野生动物银环蛇，后被咬身亡。本案案情复杂新颖，涉及出售人、二手交易平台、快递公司三类、六个被告，属多数人侵权纠纷的疑难案件。案件涉及的网络交易平台对用户在平台上发布商品的审查义务、快递企业收寄快递的验视义务、微商与代理商的法律关系等热点法律问题，亦涉及直接结合的共同侵权行为与间接结合的共同侵权行为的理论认定难点。该判决对案件事实叙述清晰完整，对关键情节交代清楚。文书中逐一针对各项法律问题进行论述，对侵权责任要件、责任承担方式及责任比例按各方主体细化说明，特别针对六被告行为符合“直接结合”还是“间接结合”特征、“间接结合”下根据各被告过错程度及原因力划分责任承担比例等焦点问题进行分析，条分缕析、逻辑严谨、论证周密、说理透彻。案件宣判后，各方当事人服判息诉，不仅妥善地解决了个案，对类似案件的审理也具有参考价值，是一篇高质量的裁判文书。

北京市海淀区人民法院
民事判决书

（2018）京0108民初61705号

原告：齐某某，女，1974年7月20日出生，汉族，住陕西省渭南市华州区。

原告：杨某某，男，1975年12月15日出生，汉族，住陕西省渭南市华州区。

二原告之共同委托诉讼代理人：李娟，陕西恒达律师事务所律师。

二原告之共同委托诉讼代理人：杨建生，陕西恒达律师事务所律师。

被告：邵某某，男，1997年2月18日出生，汉族，住河南省信阳市浉河区。

委托诉讼代理人：王本思，北京市华泰律师事务所律师。

委托诉讼代理人：胡伟新，北京市中运律师事务所律师。

被告：杨某，男，1996年1月1日出生，汉族，住河南省南阳市宛城区。

被告：王某某，男，1990年12月12日出生，汉族，住广东省佛山市南海区。

被告：北京某公司，住所地北京市海淀区。

法定代表人：姚某某，董事长。

委托诉讼代理人：白喜凤，女，该公司职员。

委托诉讼代理人：吴江涛，北京卓翔律师事务所律师。

被告：杭州某公司，住所地浙江省杭州市滨江区。

法定代表人：陈某，经理。

委托诉讼代理人：潘雪飞，女，该公司职员。

被告：某快递有限公司，住所地青浦区重固镇。

法定代表人：陈某某，董事长。

委托诉讼代理人：张加富，浙江合强律师事务所律师。

原告齐某某、杨某某（以下简称二原告）与被告邵某某、杨某、王某某、北京某公司（以下简称北京某公司）、杭州某公司（以下简称杭州某公司）、某快递公司（以下简称某快递公司）生命权、健康权、身体权纠纷一案，本院于2018年10月18日立案受理后，依法适用普通程序，公开开庭进行了审理。原告齐某某、杨某某及其委托诉讼代理人李娟、杨建生，被告邵某某及其委托诉讼代理人胡伟新、王本思，被告杨某、被告王某某、被告北京某公司之委托诉讼代理人白喜凤、吴江涛，被告杭州某公司之委托诉讼代理人潘雪飞，被告某快递公司之委托诉讼代理人张加富均到庭参加诉讼。本案现已审理终结。

二原告向本院提出诉讼请求：（1）请求判决六被告连带赔偿医疗费57931元、护理费2800元、交通费1000元、住宿费1960元、住院伙食补助费350元、丧葬费50802元、亲属办理丧事事宜必要支出10000元（包括误工费6000元、交通费2000元、住宿费2000元）、死亡赔偿金1248120元、精神损害抚慰金60000元；（2）请求判决六被告连带支付调查取证费9424元，包括交通费7611元、住宿费1813元；（3）诉讼费由六被告承担。诉讼过程中，齐某某、杨某某变更死亡赔偿金请求金额为1512040元，变更丧葬费请求金额为64272元。

事实和理由：二原告之女杨某琪分别于2018年6月20日及7月1日在北京某公司运营的二手交易平台上，自邵某某处两次购买银环蛇，邵某某与杨某联系发货。第一条银环蛇由某快递公司运输，杨某琪于2018年6月24日收到。第二条银环蛇由王某某发货，杭州某公司运输，杨某琪于2018年7月6日收到。2018年7月9日，杨某琪左手食指被银环蛇咬伤，二原告遂将杨某琪送往渭南市华州区人民医院治疗，杨某琪于当晚自主心跳减弱、无自主呼吸，随后持续昏迷。因陕西省没有银环蛇分布，故陕西省内医院没有银环蛇血清。二原告百般周折委托朋友从上海购买到银环蛇血清空运至陕西，注射后，杨某琪并未好转。2018年7月11日，杨某琪转往陕西省某医院继续治疗，情况依然没有好转。2018年7月13日，在被医生告知不治的情况下，杨某琪从陕西省某医院出院回家，并依靠呼吸机维持了最后两天生命，于2018年7月15日在家中去世。二原告认为，杨某琪的死亡与六被告的行为存在密不可分的关系。根据《中华人民共和国野生动物保护法》（以下简称《野生动物保护法》）的规定，禁止为出售、购买野生动物发布广告，禁止网络平台为违法出售购买野生动物提供交易服务。然而，一方面，邵某某违法在北京某公司运营二手交易平台公开销售银环蛇；另一方面，北京某公司疏于管理，未及时发现并制止该行为，客观上对邵某某的违法交易行为提供了撮合服务，使得本不应当在网上买卖的银环蛇成功地交易。根据《中华人民共和国邮政法实施细则》（以下简称《邮政法实施细则》）的规定，禁止寄递或者在邮件内夹带各种活的动物。《快递暂行条例》规定，经营快递业务的企业发现寄件人交寄禁止寄递物品的，应当拒绝收寄。快递业务的企业收寄快件，应当验视内件，并作出验视标识。寄件人拒绝验视的，经营快递业务的企业不得收寄。某快递公司、杭州某公司未对包裹进行验视及安检，王某某违法将活的银环蛇包装邮寄，导致本不应当被寄出的银环蛇被顺利寄出。邵某某与杨某联系邮寄蛇，杨某也参与其中。现无法证明杨某琪被哪一条蛇伤害致死，两条银环蛇均有可能伤害死者。正是因为六被告各自实施了违法行为并连环配合，造成了杨某琪顺利收到银环蛇并最终被该蛇咬伤不治而死。六被告的行为相结合，共同侵犯了杨某琪的生命权，应当对杨某琪的死亡承担连带责任。依据相关法律规定，二原告作为杨某琪的父母有权主张六被告连带赔偿医疗费、护理费、交通费、住宿费等费用。杨某琪虽为农村户口，但其家庭在城镇购房定居，杨某琪自小在城镇读书、生活至去世，杨某琪的父母均在城镇有稳定工作，家庭经济来源为城镇，应按照城镇居民的相关赔偿标准计算杨某琪的人身损害赔偿费用。二原告为查清相关事实，先后赴清远市、北京市调查取证，相应费用应予赔偿。依据《中华人民共和国侵权责任法》（以下简称《侵权责任法》）第 6 条、第 8 条，《最高人民法院关于审理人身损害赔偿案件适用法律若干问题的解释》（法释〔2003〕20 号，以下简称《人损司法解释》）第 3 条的规定，六被告虽然没有共同故意或者共同过失，但其行为共同结合导致了损害后果，本案涉及两条蛇，现有证据无法确定是哪条蛇将杨某琪咬伤，故六被告应承担连带赔偿责任。综上，望法院支持二原告全部诉讼请求。

邵某某辩称，无论法院最终如何裁决，邵某某对杨某琪身故表示遗憾，但邵某某不存在侵害杨某琪生命权的行为。（1）邵某某作为杨某代理人向杨某琪销售银环蛇可能属于行政违法行为，但该行政违法行为和二原告主张的侵害杨某琪生命权的民事侵权行为属于两种不同性质的行为，不具有相同性或等同性。依据《野生动物保护法》的规定，银环蛇不属于国家重点保护野生动物，出售行为的合法与否决定于是否取得合法来源证明及检疫证明。即便银环蛇的出售方没有合法来源证明，邵某某的行为在性质上属于行政违法行为，不等于侵害民事权利的违法行为。《野生动物保护法》的立法目的不是对公民个人的保护，而是对公共利益的规范，不能依据此来认定邵某某的过错。（2）杨某琪身亡是被其饲养的银环蛇咬伤、没有及时就医、就医后向医生隐瞒事实，进而贻误治疗时机等因素叠加导致的，杨某琪的身亡和邵某某没有关系。杨某琪作为完全民事行为能力人，应对购买银环蛇可能造成的危险存在足够清楚的认知，其在饲养过程中未能保证自身安全被咬伤，应对自身行为承担责任。且从齐某某在接受采访时描述的事实可知，杨某琪没有及时就医，被咬伤后自行处理过伤口，在就医时说自己是被公园里的蛇咬伤的，错过了最佳治疗时间。齐某某在接受采访时还曾表示在抢救时，由于没有及时使用呼吸机，导致了杨某琪脑死亡。邵某某作为杨某代理人向杨某琪销售银环蛇的行为不必然导致杨某琪死亡。杨某琪于2018年6月20日购买银环蛇后并未身故，并继续购蛇，可说明邵某某等被告的销售、运输等行为并非杨某琪身亡的直接原因。（3）邵某某尽到了告知义务，不存在过错。邵某某在向杨某琪销售银环蛇的过程中，提示、告知杨某琪银环蛇的危险性并杨某琪应积极采取戴手套等保护措施。杨某琪表示买蛇用于泡酒，但实际是作为宠物饲养，杨某琪手指被咬伤，是其没有保护措施所致。（4）二原告主张各被告承担连带责任，无相应法律依据，各被告并不属于无意思联络的共同侵权。各被告行为结合在一起仅仅是将银环蛇送达到杨某琪手中，其收到银环蛇不代表必然会被咬伤、死亡。如按照原告主张，杨某琪在收到第一条蛇时，就应该被咬，而杨某琪还第二次购买了蛇，说明原告的逻辑不能成立。杨某琪作为饲养人，应当自行承担责任。（5）邵某某是作为杨某的代理人从事销售银环蛇工作的，即便二原告的主张成立，也应当由杨某承担法律责任。此外，二原告的证据不足以证明杨某琪工作、生活在城镇，因此二原告要求按照城镇标准赔偿死亡赔偿金、丧葬费等款项，无事实和法律依据。

杨某辩称，我和邵某某是在网上认识的，我发布蛇的出售信息，邵某某如果有需要就会找我，我找其他人给邵某某发货。涉案的两条蛇都是邵某某找我，我找别人发货的，具体发货细节我记不清了。我和杨某琪没有直接联系，我不同意承担赔偿责任。

王某某辩称，我和杨某琪没有直接关系，是杨某没有货了，让我帮忙发货，发了一条银环蛇，我只是帮忙的，没有收过买家和卖家的钱。银环蛇是杨某琪自愿购买的，不是邵某某强买强卖的，邵某某也已经告知杨某琪银环蛇有毒。杨某琪作为一个成年人，在饲养银环蛇过程中被咬伤，应当自行承担后果。杨某琪的去世非常可惜，我已经被工商部门罚款，已经承担了责任。杨某琪购买了两条银环蛇，现不清楚她被哪条银环蛇咬伤，不同意二原告的诉讼请求。

北京某公司辩称，我公司并非银环蛇买卖的一方，不是侵权人，没有侵权主体地位。在杨某琪和邵某某的交易过程中，我公司没有任何获利行为，不应承担任何赔偿责任。我公司作为网络平台已经尽到了注意和管理义务。用户注册时，我公司尽到了提醒义务，包括不得销售法律法规限制的商品。在日常平台运行中，我公司通过机器初审、人工复审、专门抽检，对用户发布的商品审查，要求我公司对海量信息检查是不现实的。事情发生后，我公司第一时间对邵某某的账户进行了封禁，与二原告取得联系后，告知了邵某某的注册信息，我公司还派专人到二原告家中慰问，并给了慰问金 3 万元。杨某琪作为完全民事行为能力人应对购买银环蛇可能造成的危险后果有足够清楚的认知，杨某琪未能保证自身安全，被其饲养的银环蛇咬伤，且在咬伤后没有第一时间告诉家属被咬伤的事实，延误了治疗时机，杨某琪应对自身过错承担责任。我公司同意邵某某的答辩意见。希望法庭驳回二原告对我公司的诉讼请求。

某快递公司辩称，杨某琪于 2018 年 6 月 20 日购买的第一条蛇确实是我公司承运，但二原告主张我公司承担连带赔偿责任没有法律依据。我公司的邮寄行为只是快递流通环节，不会导致杨某琪被蛇咬到，即我公司的邮寄行为与杨某琪被咬不存在因果关系。我公司投递的快递于 2018 年 6 月 21 日收件，6 月 24 日被签收，杨某琪于 2018 年 7 月 9 日被咬伤，时间间隔较远，且第二条银环蛇不是我公司运输。根据二原告提交的公园门卫谈话记录可以证实，我公司邮寄的蛇已经死掉，杨某琪不可能被我公司邮寄的蛇咬伤。我公司不同意二原告的诉讼请求。

杭州某公司辩称，我公司没有参与杨某琪购买银环蛇的环节。在邮寄过程中，即便我公司确定邮寄的是活物，也无法确定是否有毒，故我公司对杨某琪的去世不存在过错。杨某琪在某平台先后购买了两条银环蛇，其中 2018 年 6 月 20 日购买的银环蛇并非我公司运输，我公司投递的快递于 2018 年 7 月 6 日已经被签收，杨某琪于 2018 年 7 月 9 日被咬伤，签收时间和咬伤时间相差了近四天。杨某琪的死亡是由于其饲养过程中疏忽造成的，我公司的邮寄行为与其死亡无因果关系。杨某琪作为完全民事行为能力人，知晓银环蛇有毒，应当自行承担责任。我公司虽然违反了相关行政规定，邮寄了活的动物，但已得到了相应处罚。二原告要求我公司承担连带责任，无任何法律依据，请求驳回二原告对我公司的全部诉讼请求。其他意见与邵某某一致。

当事人围绕诉讼请求依法提交了证据，本院组织当事人进行了证据交换和质证。对当事人没有异议的证据，本院予以确认并在卷佐证，并据此确认如下事实：

一、当事人基本情况

某二手交易网（www. ××. com，以下简称某平台）是为用户提供二手及闲置物品交易服务的网络平台，北京某公司为某平台的运营公司。邵某某居住于河南省，于2018 年4 月注册为某平台用户，曾发布以“海南闪鳞蛇”“绿锦蛇”“云南黑眉苗”“宠物三索颌腔蛇”等为标题的商品出售信息，并通过某平台与买家进行交易。杨某居住于河南省，与邵某某经网络相识，曾在网络发布各种类蛇的出售信息，并曾依邵某某提供的地址、蛇的种类发货。王某某居住于广东省，与杨某经网络相识，曾依杨某提供的地址、蛇的种类发货。某快递公司、杭州某公司均为提供快递运输服务的企业。杭州某公司曾将广东省清远市的快递业务揽件、运输工作委托给案外人清远某公司（以下简称清远某公司，黄某为该公司负责人）处理。杨某琪居住于陕西省，为齐某某与杨某某之女。

二、案件基本事实

2018年6月20日，杨某琪（某平台用户名为依某）通过某平台与邵某某联系，询问邵某某是否出售银环蛇，欲购买活的银环蛇。邵某某与杨某琪沟通后，在某平台发布商品出售信息，标题为银环蛇未去毒，并配有银环蛇图片。杨某琪通过某平台拍下银环蛇订单，为此支付110元。邵某某接到订单后，通过微信联系杨某，要求杨某向杨某琪地址邮寄银环蛇，并支付杨某70元。上述订单由某快递公司自广东省快递运输至陕西省杨某琪处，杨某琪于2018年6月24日收到银环蛇（以下简称第一条银环蛇）。

2018年7月1日，杨某琪再次通过某平台与邵某某联系购买银环蛇，邵某某在某平台发布商品出售信息，标题为银环大成体公，描述为超级毒物并配有银环蛇图片。杨某琪拍下并支付115元。邵某某再次联系杨某发货，并支付80元。杨某收取邵某某款项后，通过微信与王某某联系，王某某按照杨某提供的杨某琪地址自广东省清远市将银环蛇通过快递邮寄发出，并收取杨某60元。上述快递由案外人黄某收件，由杭州某公司快递运输，杨某琪于2018年7月6日收到银环蛇（以下简称第二条银环蛇）。

2018年7月9日，杨某琪左手食指被银环蛇咬伤，其在被咬伤后曾外出购买创可贴药品。同日下午6时许，杨某琪电话告知齐某某自己于5时许在公园被蛇咬伤，但未告知蛇的种类。齐某某遂将杨某琪送往渭南某医院（以下简称渭南医院）急诊，就诊时未能说明蛇的种类。因病情不清楚，渭南医院先给予相关检查（心电监测、吸氧、止吐、抗过敏、补液、创面处理等）。杨某琪在治疗过程中出现呕吐，呕吐物为黏膜分泌物，渭南医院给予抑制黏膜分泌治疗。当日21时37分，杨某琪出现全身皮肤青紫、发绀、发凉，自主心跳减弱、无自主呼吸等症状。渭南医院给予心肺复苏处理，于当日22时47分给予办理住院治疗手续，入院诊断为：蛇咬伤、重度蛇毒中毒、呼吸衰竭、循环衰竭、意识丧失。住院后，渭南医院给予杨某琪告病危、呼吸机辅助呼吸、监护、脑复苏、补液、抗感染、监测、调控血糖、化痰、吸痰等治疗，于7月10日1时2分注射抗蝮蛇毒血清。

齐某某于2018年7月10日凌晨自杨某琪的手机记录中得知杨某琪曾购买银环蛇，因陕西省内无法购得抗银环蛇血清，齐某某遂联系其他省市购买。取得抗银环蛇血清后，渭南医院分别于7月10日18时30分、7月11日0时34分给予杨某琪注射抗银环蛇毒血清。后杨某琪脑功能未见明显改善，齐某某、杨某某要求转上级医院进一步诊治。2018年7月11日，杨某琪转入陕西省某医院住院2天，诊断为蛇咬伤、多脏器功能衰竭（呼吸、中枢）、缺血缺氧性脑病、电解质代谢紊乱、低钾血症、蛛网膜下腔出血、急性肝损伤、低蛋白血症、酸碱平衡紊乱、代谢性酸中毒合并呼吸性碱中毒、高乳酸血症。杨某琪于2018年7月13日出院，被接回家中，于2018年7月15日在家中去世。

2018年7月20日，清远市某区林业局对黄某进行询问。黄某陈述，其为杭州某公司（清远市区一部）的加盟商。2018年7月3日下午，黄某前往清远市农批市场收取快递件，收取了王某某的一个纸皮箱快件，黄某因赶时间未开箱验视，回到公司后，又因安检机器坏了，未进一步安检即将快件发出。后黄某通过新闻及总公司自查得知，王某某邮寄的快件是银环蛇，且银环蛇咬死了一个女孩。黄某在询问中另陈述，王某某此前曾邮寄过仓鼠等小宠物，因没有危险性，故进行了收件。王某某还曾邮寄过一条蛇，收件检查发现后，拒收了王某某的快件。

2018年7月31日，清远市邮政管理局以黄某询问笔录等证据材料查实，杭州某公司清远分公司未依照规定对寄递物品进行开封验视和安全检查，给予罚款20万元的行政处罚。

2019年1月16日，清远市某区市场监督管理局查实，王某某未报林业行政主管部门批准，擅自寄出装有银环蛇的快递件，违反了《广东省野生动物保护管理条例》的规定，构成非法邮寄“三有保护野生动物”的违法行为，给予罚款1万元的行政处罚。

三、双方当事人证据情况

二原告主张六被告分别参与了两条银环蛇的出售、运输、提供交易服务等环节，因无法确定杨某琪被哪条银环蛇咬伤，故六被告均与杨某琪的死亡相关，要求六被告承担连带赔偿责任。六被告则均抗辩杨某琪自愿购买银环蛇，应预见饲养毒蛇风险，自行承担责任，且杨某琪被咬伤后，存在隐瞒事实、延误治疗的行为。

为此，邵某某向本院提交其与杨某琪在某平台上的交易聊天记录，内容可显示，杨某琪主动询问邵某某是否出售银环蛇，并提出通过某平台交易，要求邵某某发布银环蛇购买链接，邵某某曾告知杨某琪“这蛇很毒，先提醒你”“被咬我不负责”“它可比眼镜蛇毒得多”“注意再戴个手套更好”。邵某某据此证明银环蛇系杨某琪主动要求购买，且已尽到提醒义务。

邵某某另向本院提交CCTV－12社会与法频道《热线12》栏目关于杨某

琪被蛇咬伤的视频截图，欲证明杨某琪就医时未告知蛇的种类，贻误治疗。视频截图显示渭南医院姜某某医生接受采访时陈述“她说在公园，我想是咱们本地的一些小蛇咬的吧”“晚上凌晨，患者的妹妹说她姐姐前段时间在网上买了一条蛇”。齐某某在接受采访时陈述“医生的经验就必须知道这是什么蛇咬的，对症下药嘛，不然的话，没有治的”“把孩子的手机找着，就想孩子的手机上能找着什么线索，最后从孩子的手机上找到的线索就是她有买卖银环蛇这个记录”。经质证，二原告对交易聊天记录予以认可，对视频截图真实性不予认可，否认视频中姜某某医生的陈述，仅认可其自行陈述内容。本院对上述证据真实性予以确认，证明力另作论述。

六被告另针对各自抗辩提交如下证据：

邵某某抗辩其与杨某系委托代理关系，代理杨某出售银环蛇，相应责任应由被代理人杨某承担。为此，邵某某向本院提交与杨某的微信（微信号为×××，微信昵称×××、×××）聊天记录，显示邵某某向杨某询问“代理价格”，杨某向邵某某发送各种类蛇的价格。微信昵称为“A×××No. 1招代理”的朋友圈截图，朋友圈内容多为各种类蛇的出售信息及招代理信息。经询，邵某某陈述其发布各种类蛇的照片等出售信息均来源于杨某，其以自己名义接到订单后，告知杨某买受人订单信息，由杨某负责发货。就出售价格，邵某某表示其自行定价，赚取差额部分作为代理酬劳。经质证，杨某认可聊天记录真实性，不认可朋友圈截图真实性。本院对聊天记录真实性予以确认，证明力另作论述。邵某某提交的朋友圈截图未经杨某确认，且微信名称亦与双方聊天记录名称不符，本院对朋友圈截图真实性不予采信。杨某另否认与邵某某系代理关系，主张双方仅为买卖合同关系，自己不知晓亦不干涉邵某某的出售价格。邵某某另抗辩已提示杨某琪相应风险，其出售行为并非民事侵权行为。

北京某公司抗辩已尽到注意和管理义务，向本院提交了如下证据：（1）《北京某公司用户服务协议》《用户行为规范》《北京某公司用品发布条例》《北京某公司用户处罚条例》打印件，内容显示北京某公司要求用户不得在某平台销售国家法律法规所禁止或限制的物品。北京某公司表示上述文件均为用户注册时同意遵守的规范，尽到事前提醒义务。（2）《呼叫中心外包服务协议》，主张已将客户审核服务外包，尽到审核义务。（3）邵某某在某平台账户信息，显示北京某公司于2018年7月17日将邵某某账户封禁，北京某公司据此主张尽到事后管理义务。经质证，二原告及邵某某对证据1真实性不予认可，无法证明系邵某某注册时同意内容；认可证据2真实性，但认为协议内容无法反映审核过程；认可证据3真实性。本院采信证据2、3真实性，证明力另作论述。北京某公司提交的证据1仅为打印件，本院对该份证据不予采信。

杭州某公司认可第二条银环蛇由其公司负责运输，但提出收件人员黄某并非其公司工作人员，并向本院提交杭州某公司上海分公司与清远某公司签署的《业务服务合同》，约定杭州某公司上海分公司为清远某公司提供快递服务。二原告认可上述合同真实性，否认证明目的。本院采信上述证据真实性，证明力另作论述。另经询问，杭州某公司认可清远某公司使用其品牌的运单，使用其品牌经营。

杭州某公司、某快递公司另均抗辩运输行为与杨某琪死亡无因果关系。审理中，二原告曾申请证人王某出庭，欲说明证人在其工作的华县某公陵园发现两条银环蛇的事实。王某陈述其在华县某公陵园从事门卫工作，2018 年 7 月在公园垃圾箱处发现一条已死的银环蛇，相隔四五天后又发现一条活的银环蛇，并将银环蛇铲死，但王某未能说明具体日期。某快递公司据此主张杨某琪被咬伤时，其公司运输的第一条银环蛇已死亡。本院对王某证言真实性予以确认。

杨某、王某某抗辩与杨某琪无直接联系，不应赔偿责任。王某某提出无法确定杨某琪被哪一条银环蛇咬伤，第一条银环蛇并非由其发货。

四、原告主张经济损失情况

二原告主张的各项赔偿项目、计算标准及证据如下：

1. 医疗费 57931 元。二原告提交陕西省城乡居民医保（新农合）住院报销结算表 2 份，显示杨某琪在渭南市华州区人民医院住院产生医疗费 5890. 88 元，报销后自付金额为 3887 元；杨某琪在陕西省某医院住院产生医疗费 33001. 16 元，报销后自付金额为 23534. 2 元。陕西省医疗机构门诊医疗费用专用发票 1 张，显示杨某琪支出救护转运费 6200 元；陕西省医疗门诊收费票据 2 张，显示杨某琪购买注射用乌司他丁花费 1954. 8 元；药品出库单 2 张，显示购买复方氨基酸注射液、进口沐舒坦、亚胺培南西司他汀、尼莫地平注射液等药品，花费 2980 元。二原告另表示因陕西省内无银环蛇，故委托他人自上海购买银环蛇血清，提交微信转账截图及订机票发票，显示向他人转账 5600 元，支出机票款 2304 元。经质证，杨某、某快递公司认可上述证据真实性，否认关联性。王某某、北京某公司对机票款提出异议，抗辩并非医疗费用，认可其他证据真实性。邵某某、杭州某公司对药品出库单、机票款不予认可，认可其他证据真实性。二原告均可出示上述证据原件，本院对真实性予以确认，证明力另作论述。

2. 住院伙食补助费 350 元、护理费 2800 元，二原告按照每日 50 元的标准主张 7 日住院伙食补助费，并表示其二人护理杨某琪，按照每日每人 200 元的标准主张 7 日护理费，但未就二原告的误工损失情况向本院提交相应证据。

3. 交通费1000元、住宿费1960元、亲属办理丧葬事宜必要支出10000元（包括误工费6000元、交通费2000元、住宿费2000元）。二原告表示将杨某琪送往医院及转院过程中产生交通费用，二原告在杨某琪就医期间居住于快捷酒店产生住宿费，办理杨某琪丧葬事宜产生各项费用，但均未就其主张向本院提交相应证据。

4. 丧葬费64272元、精神损害抚慰金60000元。二原告按照北京市职工月平均工资计算支付丧葬费，并要求赔偿精神损害抚慰金。

5. 死亡赔偿金1512040元。杨某琪户籍所在地为陕西省华县下庙镇×村×组，户别为居民家庭户口。二原告按照城镇标准主张死亡赔偿金，向本院提交如下证据：（1）《卖房协议书》、土地使用权证，显示齐某某于2007年购买位于百司院。（2）渭南市华州区华州街道办事处西关社区居民委员会出具的《证明》，内容为二原告及杨某琪自2007年起长期居住在其辖区。（3）渭南市华州区华州街道办事处出具的《证明》，内容为“兹证明渭南市华州区华州街道办事处西关社区属于华州街道办城镇社区”。（4）陕西省小学阶段义务教育证书、渭南市华州区城关初级中学出具的《证明》，显示杨某琪就读情况。（5）新华人寿保险股份有限公司渭南中心支公司出具的《收入证明》及完税证明，显示齐某某在该公司工作并取得收入。二原告表示杨某琪一直居住于城镇，完成学业后打零工，二原告收入均来源于城镇，故主张按照城镇标准赔偿。经质证，北京某公司认可上述证据真实性，邵某某、王某某、杭州某公司对证据2、3不予认可，认可其他证据真实性。某快递公司、杨某认可证据1~4真实性，不认可证据4的证明目的。二原告提交的证据2、3的证据形式符合法律规定，本院采信上述证据的真实性，证明力另作论述。

6. 调查取证费9424元（包含交通费7611元、住宿费1813元）。二原告表示杨某琪去世后，齐某某曾与委托诉讼代理人李娟前往广东省、北京市查询相关情况，产生交通及住宿费用。二原告向本院提交齐某某与李娟的登机牌、航空运输电子客票行程单、广州白云国际机场空港快线运输有限公司机场大巴发票、清远好来登候机楼管理有限公司发票、太易保综合业务查询凭证，其中清远好来登候机楼管理有限公司发票未显示金额，上述票据显示齐某某与李娟往返广州、咸阳，支出5226元。滴滴出行行程单，显示齐某某在清远市前往清远市市场监督管理局、清远市公安局森林分局清城派出所等地点，支出163.45元。清远市北江之星旅馆有限公司住宿费发票，支出561元。齐某某与李娟往返北京的火车票、出租车发票、北京盛凯宾馆住宿费发票、北京神舟商旅酒店头子管理有限公司上地酒店住宿费发票、上海赫程国际旅行社有限公司发票，显示支出交通费2076.5元、住宿费1242元。邵某某、王某某、北京某公司、杭州某公司认可上述证据，某快递公司、杨某认可上述证据真实性，但否认关联性。本院对上述证据真实性均予以确认。

五、银环蛇相关信息

银环蛇为陆地第四大毒蛇，毒性很强，分布在我国安徽、浙江、广东、广西等地。银环蛇被列入原国家林业局发布的《国家保护的有益的或者有重要经济、科学研究价值的陆地野生动物名录》，属于“三有”保护野生动物、非国家重点保护野生动物。

本院认为，公民的生命权、健康权、身体权受法律保护，行为人因过错侵害他人民事权益造成损害的，应当承担侵权责任。被侵权人死亡的，其近亲属有权请求侵权人承担侵权责任。本案中，杨某琪已死亡，二原告作为其父母有权提起本诉。根据本院查明的事实及双方陈述，本案的争议焦点有三：一是六被告的行为是否构成侵害杨某琪生命权、健康权的侵权行为；二是六被告应否担责及责任承担方式、大小；三是受害人的损失范围。

一、六被告的行为是否构成侵害杨某琪生命权、健康权的侵权行为

根据侵权责任构成要件，结合本院查明的事实，本案中判断六被告行为是否构成对杨某琪生命权、健康权侵害的核心要件有二：一是六被告的行为与杨某琪遭受的生命权、健康权损害之间是否存在因果关系；二是六被告实施相应行为是否具有过错。

（一）六被告的行为与杨某琪所遭受的生命权、健康权损害之间是否存在因果关系

1. 从六被告整体交易行为角度分析

从杨某琪和六被告之间买卖银环蛇的整体交易行为来看，杨某琪作为两条银环蛇的买家，先后两次通过某平台主动向邵某某询问是否有未去毒的银环蛇并发出购蛇要约；双方达成买卖合意后，邵某某先后两次通过某平台上架交易链接，杨某琪两次拍下银环蛇，某平台在两次交易中为双方提供了网上交易平台和服务。邵某某作为卖家，先后与杨某琪订立两份银环蛇买卖合同，并实际受领了杨某琪支付的购蛇款。在与杨某琪订立第一条银环蛇买卖合同后，邵某某联系杨某从其处购买银环蛇并支付购蛇款，同时向其提供杨某琪的收货地址并指示其进行交邮发货；在与杨某琪订立第二条蛇的买卖合同后，邵某某以相同方式从杨某处购蛇并指示其向杨某琪地址交邮发货，杨某又联系王某某，从其处购买银环蛇、支付购蛇款，并指示王某某直接向杨某琪地址交邮发货。先后交邮的两条银环蛇分别由某快递公司和杭州某公司完成收件、运输和投递，产生两条银环蛇先后成功交付给杨某琪的结果。两次交易均已完成。

综上可见，六被告在两组银环蛇买卖交易中的行为客观上具备以下功能：

北京某公司为两次交易提供了线上交易平台和服务；邵某某、杨某、王某某三人均为银环蛇卖家，实施了出售、提供、交邮银环蛇的行为；某快递公司和杭州某公司在前后两组交易中，分别实施了收件、运输、投递银环蛇的行为。六被告中，北京某公司、邵某某、杨某、某快递公司以及北京某公司、邵某某、杨某、王某某、杭州某公司的先后两组行为相结合，形成两组完整闭环，最终实现向杨某琪先后交付两条银环蛇的结果。

杨某琪先后收到两条银环蛇的几日后遭蛇咬伤，受伤当日进入渭南医院诊断为：蛇咬伤、重度蛇毒中毒、呼吸衰竭、循环衰竭、意识丧失；经治疗无好转，后转入陕西省某医院，诊断为蛇咬伤、多脏器功能衰竭（呼吸、中枢）、缺血缺氧性脑病、电解质代谢紊乱、低钾血症、蛛网膜下腔出血、急性肝损伤、低蛋白血症、酸碱平衡紊乱、代谢性酸中毒合并呼吸性碱中毒、高乳酸血症。结合上述情况可以认定杨某琪的健康权确实因被蛇咬伤而遭受损害；后杨某琪因中蛇毒不治身亡，生命权确受到损害。

综上，根据“如无则不”的判断标准，如果银环蛇未交付给杨某琪，则其不会遭受银环蛇咬伤的损害结果，六被告整体行为产生的两组银环蛇交付结果，客观上构成杨某琪遭受银环蛇咬伤损害事实上的原因。现原告已充分举证证明杨某琪系因两组交付结果中的其中一条银环蛇咬伤致损，完成了因果关系择一性的举证证明责任，故本院推定六被告实施的两组行为与杨某琪损害之间均存在因果关系。此时六被告若想否定自身行为与杨某琪损害后果之间的推定因果关系，应负担“另一组行为是造成杨某琪损害的唯一原因”的举证证明责任，方能免除自身侵权责任。对此，某快递公司以二原告向本院提交的王某证人证言，以期证明杨某琪被银环蛇咬伤时，由其负责运送的第一条银环蛇已经死亡。但证人王某陈述“于2018年7月在公园垃圾箱处发现一条已死的银环蛇，相隔四五天后又发现一条活的银环蛇，并将银环蛇铲死”的证言，未能证明第一条银环蛇死亡的具体日期，不足以证明某快递公司的抗辩主张，故本院对某快递公司的抗辩意见不予采信。其余五被告亦均未能充分举证证明自身参与的该组行为与咬伤杨某琪的银环蛇交付过程之间无关联，故综上，本院推定六被告实施的两组行为与杨某琪的损害后果之间均存在事实上的因果关系。

2. 从六被告个体行为角度分析

（1）邵某某、杨某、王某某行为分析

根据本院查明的事实，邵某某与杨某琪通过某平台在线达成买卖银环蛇的合意，杨某琪依约向邵某某支付购蛇价款，邵某某先后两次按约履行银环蛇交付义务，方式均为从杨某处购买合同标的商品并指示其向杨某琪直接进行交邮发货；在第一条银环蛇交易中，杨某按照邵某某的要求，提供银环蛇并由某快递公司提供物流服务。第二条蛇交易中，杨某接收邵某某支付的购蛇款及向杨某琪交邮发货的要求后，从王某某处购买合同标的商品并指示王某某向杨某琪进行交邮发货；后王某某接收杨某支付的购蛇款、自行提供银环蛇并向杭州某公司购买物流服务、完成交邮发货。杨某琪与邵某某、邵某某与杨某、杨某与王某某之间均符合买卖行为特征，构成买卖合同关系。

邵某某抗辩称其与杨某之间为委托代理关系，并向法院提交了两人的微信聊天记录，记录显示邵某某向杨某询问代理价格，杨某告知其各类蛇的价格。但邵某某在向杨某琪出售银环蛇时，均以自己的名义作为合同相对人，出售价格由其自主决定且未告知杨某；结合其向杨某琪售蛇的价格明显高于其从杨某处购蛇的价格来看，邵某某的售蛇行为并非为了杨某的利益，而是作为中间商寻求自身利益。虽邵某某抗辩称差价系其代理报酬，但尚无证据显示其与杨某之间存在相应约定，杨某亦否认双方之间存在委托代理关系。综上，本院对邵某某主张的委托代理关系不予采信。

两次交易中，邵某某均作为与杨某琪订立银环蛇买卖合同的出售方，通过向杨某购买并指示其交邮的方式履行合同约定的商品交付义务。杨某先后两次分别向王某某或他人购买并指示其交邮的方式，履行与邵某某之间银环蛇买卖合同约定的商品交付义务；王某某在第二次银环蛇买卖中，与杨某订立买卖合同，自行提供银环蛇并按其指示的地址完成交邮发货。三人之间连环买卖银环蛇并进行交邮发货的行为联系紧密，具备事实上和逻辑上的顺延性，若无其三人出售、交邮行为，则自始不能发生银环蛇交付给杨某琪的结果，故其三人的行为均与杨某琪损害之间存在因果关系。

（2）北京某公司行为分析

北京某公司在两组交易过程中，均承担为杨某琪、邵某某提供银环蛇买卖网络交易服务的功能，其服务行为给以下行为提供了场所和便利：杨某琪通过该平台在线与邵某某进行买卖未去毒银环蛇活体的沟通并形成初步合意；邵某某通过平台成功上架带有“银环蛇”“未去毒”等高度敏感字眼并附有银环蛇图片的交易链接；杨某琪通过平台成功拍下该交易链接、支付价款，与邵某某形成买卖合同关系。若没有某平台提供网络服务，则杨某琪不会与邵某某订立银环蛇买卖合同，亦不会发生银环蛇交付的后续结果，故北京某公司提供网络服务的行为与杨某琪的损害之间存在因果关系。

（3）某快递公司和杭州某公司行为分析

某快递公司和杭州某公司在先后两组交易中均实施了接收装有银环蛇的包裹、进行运输并向杨某琪投递的行为。其收件、运输、投递行为完成了涉案两条银环蛇的交易闭环，如其未实施上述行为，则不会产生杨某琪成功接收两条银环蛇的结果，故二公司行为与杨某琪的损害间均存在因果关系。

杭州某公司主张收件人员黄某并非其公司工作人员，并向本院提交杭州某公司上海分公司与清远某公司签署的《业务服务合同》。但其与第三方之间签订的服务协议及工作人员部署安排等正常经营、管理行为，均不能否认其对外作为承担银环蛇运输服务主体身份，本院对其抗辩意见不予采信。

综上所述，邵某某、杨某、王某某作为银环蛇出售方，实施了出售、交邮银环蛇的行为，是危险源的提供者；北京某公司作为网络服务平台，为银环蛇交易提供了线上交易场所和服务；某快递公司和杭州某公司作为物流服务提供者，接受了装有银环蛇的包裹并向杨某琪运输并投递；六被告若不实施各自行为，则不会产生银环蛇交付给杨某琪的后果，故六被告行为均与杨某琪损害之间存在因果关系。

（二）六被告相应行为是否具有过错

1. 邵某某、杨某、王某某

邵某某、杨某、王某某三人作为银环蛇出售方，实施的出售、交邮银环蛇的行为违反了《民法总则》第3条、第110条第1款，《侵权责任法》第2条对自然人生命权、健康权的保障规定以及《中华人民共和国邮政法》（以下简称《邮政法》）第24条，《快递暂行条例》第30条，《禁止寄递物品管理规定》第3条第2款对禁止寄递物品的相关规定，系违法行为；另银环蛇系我国“三有”保护野生动物，三人出售、交寄银环蛇均未取得合法来源证明，违反了《野生动物保护法》第27条，《中华人民共和国陆生野生动物保护实施条例》第25条、第26条的规定，属于违法行为。且三人作为长期销售各品类蛇的卖家，对银环蛇的致害性和高度危险性应当具有明知，对买受人可能因此遭受咬伤等损害亦应当可以预见。在此情况下，邵某某作为杨某琪的卖方、杨某作为邵某某的卖方、王某某作为杨某的卖方，均在明知银环蛇毒性极强、具有高度致害性和危险性并要向杨某琪进行交付的情况下，仍向其出售、交寄银环蛇，三人提供的银环蛇危险源给杨某琪的人身安全增设了明显不合理的风险。从邵某某与杨某琪的沟通来看，邵某某在杨某琪主动要求购买未去毒银环蛇活体时，询问了其购蛇用途、告知其危险性并提醒其做好防护措施，可见其并没有希望或放任杨某琪人身损害发生的意图，不构成故意。但三人抱着轻信杨某琪可以避免的心态直接、间接向杨某琪出售、交寄银环蛇，其行为均具有过失。

2. 北京某公司

北京某公司作为网络交易服务提供者，对其平台上的网络交易负有审查、管理等义务。邵某某通过北京某公司平台先后两次在线上架银环蛇交易链接，且在商品名称中注明了“银环蛇”“未去毒”等高度敏感字眼并附有银环蛇图片，北京某公司理应对买受人可能因此遭受的损害具备相当可预见性。但北京某公司在两次交易中均未能通过机器或人工审核方式及时发现该上架链接并加以管控，其未及时、有效审核、管控危险物品上架交易并为邵某某和杨某琪继续提供银环蛇网上交易服务的行为，违反了《中华人民共和国电子商务法》第 13 条、《野生动物保护法》第 32 条的规定，其行为具有过失。

北京某公司抗辩称其已将客户审查义务外包，并据此主张其已尽到审核义务。但其作为网络服务平台提供者依法应承担的注意、审核、监管等义务，不因其将相关义务以购买服务方式转包第三方而有减损；故两次交易均未尽到及时审查、管控义务的行为后果，仍应由北京某公司承担。至于北京某公司与外包公司之间就合同履行可能产生的纠纷，与本案诉争事实无关联。北京某公司虽在事发后将邵某某账户封号，但已不能阻止交易完成及损害后果的发生，故其据上述理由主张已尽到审查、管理义务的抗辩意见，本院不予采信。

3. 某快递公司和杭州某公司

二公司作为物流服务提供者，未对装有银环蛇的快递包裹进行开箱验视、安检，并成功完成收件、运输、投递银环蛇的行为，违反了《邮政法》第 25 条、第 75 条，《快递暂行条例》第 30 条、第 31 条，《禁止寄递物品管理规定》第 3 条第 2 款的规定，系违法行为。结合《邮政法》《快递暂行条例》《禁止寄递物品管理规定》等相关规定和立法精神，法律强制要求快递企业建立、执行收件验视制度，是为了应对快递过程中已知、未知的不合理危险。且邮寄活物、致害性物品等不合理危险，在邮寄行业的发展历程中，已具有相当程度的普遍认知和可预见性。但二公司在两组交易中均未进行收件验视和安检，以致自身在不知情的情况下收件、运输并向杨某琪投递了危及寄递安全和用户安全的毒害性物品银环蛇，并最终完成投递交付，二公司忽视法律为了保护他人生命或财产利益而规定的安全制度，未达勤勉标准，均构成过失。

综上，六被告在两组交易中分别实施的提供银环蛇网络交易服务、出售、交邮、运输、投递银环蛇的不法行为均具有过失，且与杨某琪损害之间存在因果关系，具有可归责性，均应承担侵权责任。

二、六被告之间的责任承担方式及责任比例

（一）责任承担方式

因六被告在两条银环蛇的交易过程中，分处不同交易环节、实施不同行为、承担不同功能，故六被告的责任承担方式应当结合两组交易情形和具体行为加以认定。

1. 关于六被告是否应当共同承担连带责任的分析

本案中，二原告在诉称中主张六被告之间虽无共同故意或共同过失，但六被告分别实施的行为结合后共同导致杨某琪的损害后果，故应依据《人损司法解释》（法释〔2003〕20号）第3条第1款“二人以上共同故意或者共同过失致人损害，或者虽无共同故意、共同过失，但其侵害行为直接结合发生同一损害后果的，构成共同侵权，应当依照民法通则第一百三十条规定承担连带责任”，由六被告共同承担连带责任。对于二原告该主张，本院做如下分析：

（1）法律依据分析

根据《最高人民法院关于适用〈中华人民共和国民法典〉时间效力的若干规定》第2条规定：“民法典施行前的法律事实引起的民事纠纷案件，当时的法律、司法解释有规定，适用当时的法律、司法解释的规定，但是适用民法典的规定更有利于保护民事主体合法权益，更有利于维护社会和经济秩序，更有利于弘扬社会主义核心价值观的除外。”本案所涉法律事实发生于民法典施行前，且《民法典》关于共同侵权的相关规定与《侵权责任法》一脉相承，在民事主体法益保护、社会经济秩序维护、社会主义核心价值观弘扬方面具有一致性，故本案应适用《侵权责任法》。根据《侵权责任法》关于共同侵权行为的规定，当事人承担连带责任的行为形态主要包括共同侵权、教唆帮助侵权、共同危险行为、均充足原因力的分别侵权四类。

二原告在本案中主张适用的2003年《人损司法解释》，其中第3条旨在将《民法通则》第130条规定的“共同侵权”行为形态进行细化列举，即包括共同故意侵权、共同过失侵权、行为“直接结合”的分别侵权三类形态，并对应连带责任法效果；同时将行为“间接”结合的分别侵权归入分别侵权范畴，对应按份责任法效果。该司法解释虽出台于2009年的《侵权责任法》之前，但《侵权责任法》第8条对“共同侵权”的规定沿革吸收了《民法通则》第130条的立法本意，故2003年《人损司法解释》第3条对“共同侵权”行为形态的相关规定仍具有适用基础。2020年最新修订的《人损司法解释》已将该条删除，其目的在于矫正司法裁判对前述三类“共同侵权”形态认定中，容易出现的第三类行为“直接结合”或“间接结合”的认定标准分歧问题，以避免出现连带责任不合理适用的情况，体现出《民法典》对连带责任适用的谨慎态度。但被删除的条文在侵权事实发生时尚处于生效状态，且该规定本身旨在明确连带责任的适用范围、具有适用基础，故本院在本案中予以适用。

（2）六被告行为是否构成共同侵权

根据《人损司法解释》（法释〔2003〕20号）第3条规定，二人以上虽无共同故意、共同过失，但其侵害行为直接结合发生同一损害后果的构成共同侵权，承担连带责任；数个行为间接结合发生同一损害后果的，应当根据过失大小或者原因力比例各自承担相应的赔偿责任。据此，本案争议焦点之一在于评价六被告的行为符合“直接结合”还是“间接结合”特征。所谓“直接结合”，是指数人行为结合程度非常紧密，对加害后果而言，各自的原因力和加害部分都无法区分，其紧密程度使得数个行为凝结为一个共同的加害行为，共同对受害人产生了损害，故各行为人均应对特定损害有积极的加害行为。“间接结合”则相反，即多个行为人的行为结合具有偶然性，且并非全部行为都直接或必然地导致损害结果发生，其中某些行为仅为直接或必然导致损害结果的发生创造了条件，其本身并不会也不可能直接或必然引发损害后果。

由此，本案中，第一组交易中的北京某公司、某快递公司与邵某某、杨某的行为之间不具有侵害杨某琪合法权益的意思关联，且北京某公司和某快递公司分别处于提供网络服务、物流服务的银环蛇交易辅助环节，其各自行为属于违反了自身作为义务的消极不作为，在行为意图和对杨某琪遭受损害的可预见性、可避免性方面，均与作为银环蛇危险源提供者的卖方邵某某、杨某二人有明显不同，故不能成立共同故意或共同过失，北京某公司提供网络交易平台的行为和某快递公司的运输行为本身，不具有对杨某琪实施积极加害的意图，且单独不足以产生致使杨某琪遭受特定损害的后果，仅为售蛇人完成银环蛇交易提供了辅助条件，故交易各环节中的被告行为结合具有偶然性，行为内容和性质不符合“行为直接结合”造成同一损害后果的特征；同理，第二组交易中，北京某公司、杭州某公司与邵某某、杨某、王某某行为之间亦不具有意思关联，且行为意图和对杨某琪遭受损害的可预见性、可避免性与作为银环蛇危险源提供者的卖方邵某某、杨某、王某某三人有明显不同，亦不能成立共同故意或共同过失，北京某公司和杭州某公司的辅助行为本身不具有对杨某琪实施积极加害的意图，且单独不足以产生案涉损害后果，故交易各环节的被告行为结合具有偶然性，行为内容和性质亦不符合“行为直接结合”特征，故上述六被告行为既不成立共同故意或共同过失，也不构成“侵害行为直接结合发生同一损害后果”的情形，故不构成共同侵权，二原告据此要求六被告共同承担连带责任的主张不成立。

（3）六被告行为是否构成共同危险行为

针对二原告在庭审中主张六被告行为结合导致杨某琪损害后果，且不能确定杨某琪为两条蛇中的哪一条所伤，故六被告应承担连带赔偿责任的诉讼主张，本院认为，根据《侵权责任法》第 10 条规定，“两人以上实施危及他人人身、财产安全的行为，其中一人或者数人的行为造成他人损害，能够确定具体侵权人的，由侵权人承担责任；不能确定具体侵权人的，行为人承担连带责任”。第11条规定，“二人以上分别实施侵权行为造成同一损害，每个人的侵权行为都足以造成全部损害的，行为人承担连带责任”。本案中，六被告的两组行为结合产生的两条银环蛇交付结果，二原告虽已证明择一因果关系成立，但六被告的两组行为并不因此构成共同危险行为或均充足原因力的分别侵权。理由如下：

一是六被告行为不符合成立共同危险行为的构成要件。因北京某公司、某快递公司、杭州某公司违反各自应履行的审查管控、开箱验视义务等“不作为”行为，在邵某某、杨某、王某某三人未提供银环蛇危险源的情况下，单独均不能引发杨某琪所遭受的特定损害危险，故在本案中不应成为实施共同危险行为的主体。如前所述，六被告在两组交易中分处不同交易环节、承担不同功能，邵某某、杨某、王某某三人作为银环蛇发售方和危险源提供者，对杨某琪可能遭受的损害具有可预见性和可避免性，其在明知杨某琪可能因此遭受人身损害的情况下仍然实施了向杨某琪出售、交邮、提供不合理危险源银环蛇的行为，其行为单独即具有发源式危害杨某琪及不特定寄递服务工作人员的严重危险性，故其三人行为构成共同危险行为，应当承担连带责任。但作为提供网络服务平台的北京某公司和经营运输投递业务的两家快递公司均非危险源的提供者，三公司均因未有效履行各自的作为义务客观上导致自身未能预见、避免杨某琪可能遭受的损害后果，即三公司均在本应知道但因过错未能知道的情况下充当了银环蛇危险源提供方邵某某、杨某、王某某三人向杨某琪发售交付银环蛇的“工具”，若无出售方三人出售、交邮等提供银环蛇危险源的“先决行为”，则三公司提供的服务行为本身不会产生对杨某琪人身财产损害的危险，故前述两类被告行为的危险性大小具有明显差异，某平台和两家快递公司不是实施共同危险行为的主体，六被告行为不能构成共同危险行为，故三家公司不应与银环蛇发售方三人共同承担连带责任。

二是六被告行为亦不符合均充足原因力分别侵权的构成要件。根据《侵权责任法》第11条之规定，当且仅当每个人的侵权行为都足以造成全部损害的，各行为人方应承担连带责任。如前所述，本案中，六被告的单独行为分别处于银环蛇交易的不同环节，经偶然结合形成一个整体，但六被告的单独行为均不足以完成将银环蛇交付给杨某琪的结果，故六被告行为不具有共同连带的基础。且根据《侵权责任法》第12条之规定，六被告分别实施侵权行为间接结合导致同一损害后果的，原则上应按照各行为人的责任大小分别承担相应责任，故六被告不应共同承担连带责任。

综上，对于二原告主张六被告共同承担连带责任的诉讼主张，在本院不予支持。六被告分别在银环蛇交易的三类环节中实施的行为，符合“行为间接结合导致同一损害”的特征，故各环节行为主体应当根据过失大小或者原因力比例各自承担相应的赔偿责任。

2. 关于银环蛇发售方应如何承担责任的分析

如前所述，对于作为银环蛇发售方即危险源银环蛇提供者的邵某某、杨某、王某某三人，邵某某、杨某二人在第一条银环蛇交易中以及邵某某、杨某、王某某三人在第二次交易中作为银环蛇发售方，均实施了出售、提供并交邮银环蛇的行为。三人在两组交易均存在售蛇盈利的相同行为意图，并基于该意图在明知要向杨某琪交付银环蛇的情况下，积极且协调一致地实施了银环蛇出售、提供、交邮行为，三人实施的两组行为具有逻辑延续性和意思关联性，三人均对杨某琪可能因接收银环蛇而遭受损害具有同等可预见性、可避免性。因此，三人实施的两组银环蛇出售、提供、交邮行为，符合“危及他人人身安全的行为”特征，三人作为银环蛇危险源的提供者，给杨某琪增设了受领两条银环蛇的不合理人身安全风险，因现不确定是哪组行为交付的银环蛇最终导致杨某琪遭受了人身损害，故三人实施的两组银环蛇出售、提供、交邮行为构成共同危险行为，三人应在与其实施两组行为的相应过错范围内承担连带责任。

另因上述三被告出售、提供并交邮银环蛇的行为在触犯了《野生动物保护法》等对野生动物保护的相关规定，涉及行政范畴的同时，也触犯了《民法总则》《侵权责任法》《邮政法》《快递暂行条例》等对自然人健康权、生命权以及快递运输安全的相关规定，属于民法调整的民事范畴，故三被告以其行为属于行政违法行为或已承担相应行政责任为由，主张不应承担本案所涉的民事责任的抗辩意见，本院不予采纳。

3. 关于网络平台服务提供者和物流服务提供者应如何承担责任的分析

北京某公司、某快递公司、杭州某公司在两次交易过程中承担了辅助卖方完成交付义务的功能，但均与上述发售银环蛇三人行为间无意思关联性、无相同行为意图，且对杨某琪会因此遭受的损害无相同可预见性、可避免性；三公司与三卖家分处不同交易环节，分别实施的数个行为结合产生了将两条银环蛇成功交付给杨某琪的同一后果，应根据各自过错大小、原因力承担相应按份责任。

其中，北京某公司作为两次交易行为的同一网络交易服务提供者，应单独承担与其过错相应的侵权责任；某快递公司和杭州某公司分处两次交易的相同环节，承担相同的运输、交付功能，应分别承担与其过错相应的侵权责任。

另因银环蛇运输者某快递公司和杭州某公司的行为同时触犯了民事和行政相关法律法规，故杭州某公司以其已承担相应行政处罚为由主张不应承担民事责任的抗辩意见，本院不予采纳。

综上所述，本案六被告的行为不构成共同故意、共同过失、共同危险或均充足原因力的分别侵权，其分别实施的数个行为间接结合导致杨某琪遭受人身损害的同一后果，应当根据过失大小或者原因力比例各自承担相应的赔偿责任。

（二）责任承担比例

1. 加害人与受害人之间的责任比例划分

根据《侵权责任法》第 26 条规定，受害人对损害的发生也有过错的，可以减轻侵权人的责任。故关于责任比例，首先应从加害人和受害人的行为分析入手，根据双方过错程度和原因力大小对双方责任比例进行整体划分。

结合两组交易情形来看，杨某琪本人对于购置银环蛇、遭受银环蛇咬伤并最终发生死亡损害后果，在过错程度和因果关系参与度方面均占据主导因素，其自身行为是使其遭受损害的主要原因，应承担主要责任。理由如下：

（1）因果关系参与度方面

其一，杨某琪系于收到第二条银环蛇的几日后方被咬伤，咬伤部位为左手食指处，由此可见其遭受咬伤的情形发生于银环蛇脱离六被告管控范围的自行饲养期间，且其未按照卖方提示做好佩戴手套等防护措施，故杨某琪自身的不当饲养、未做好充分防护等事实与其遭受咬伤之间存在明显因果关系。

其二，杨某琪遭受咬伤后未在第一时间寻求救治并如实告知情况，导致其未能及时获得针对性治疗，最终导致病情恶化进而出现死亡后果，故其自身行为与其遭受的死亡后果之间亦存在明显因果关系。

其三，因六被告行为在时间、空间上距离杨某琪遭受的损害距离较远，故杨某琪的自身行为与其损害之间的因果关系参与度应高于六被告。在杨某琪自身行为与其遭受的银环蛇咬伤及死亡损害后果之间的因果关系程度范围内，应同比减弱六被告的原因力大小，减轻六被告相应的责任承担。

（2）过错程度方面

其一，银环蛇的购置系杨某琪主动联系邵某某要求订购，并非邵某某公开发售或推荐销售，且在订购过程中，邵某某多次提醒杨某琪“这蛇很毒，先提醒你”“被咬我不负责”“它可比眼镜蛇毒得多”“注意再戴个手套更好”，向杨某琪说明了银环蛇的危险性并提示做好相应保护措施。在此情况下，杨某琪作为一个理性、谨慎的完全民事行为能力人，对银环蛇具有致害性和高度危险性的风险应具有相当程度的认知，对于其因主动要求购买未去毒银环蛇活体而可能遭受的损害后果也应有相当程度的可预见性，但其仍坚持购置银环蛇，主动招惹已知的风险，将自己置于危险境地，其行为具有明显过错。

其二，杨某琪系在收货几日后方被咬伤，而非收货当日，可见银环蛇攻击发生于饲养期间，杨某琪未能按照提示做好充分防护，未尽到一个理性且谨慎的人应尽的注意义务，其自身行为应是其遭受银环蛇咬伤的主要原因，其自身过错程度应高于六被告。

其三，杨某琪在被银环蛇咬伤后，未在第一时间寻求专业救治，亦未如实告知系被银环蛇所伤的重要诊疗信息，导致救治时机贻误、损害后果扩大，其应对此承担主要责任。

综上，结合案件全部事实，本院判定杨某琪对其遭受的银环蛇咬伤致死损害后果承担主要责任，六被告承担次要责任，责任比例分别为 80%、20%。

2. 各加害人内部的责任比例划分

关于六被告的内部责任比例划分，应依据各被告所处交易环节、发挥功能等因素综合判定各被告过错程度及原因力大小，并据以划分各自责任比例。

（1）因果关系参与度方面

邵某某、杨某、王某某作为银环蛇出售方，是危险源的直接提供者；而北京某公司、某快递公司、杭州某公司三家公司是在应当知情并作为、但因未尽相应作为义务导致自身不知情的情况下，辅助发售方三人完成了银环蛇交易、交付的辅助工作，若出售银环蛇的三人不予发售银环蛇则三家公司均无可能单独给杨某琪的人身安全带来危险，故该邵某某、杨某、王某某三人的行为是导致银环蛇交付杨某琪的最主要原因，其三人的因果关系参与度应高于北京某公司和两家快递公司。

（2）过错程度方面

邵某某和杨某、邵某某和杨某和王某某三人在两组向杨某琪发售、提供并交寄银环蛇的环节中分别构成共同过失，三人对银环蛇的致害性、危险性均应明知，且对买方可能遭受的损害结果具有可预见性、可避免性，三人主观恶意较大，是加害方内部的主要原因力。北京某公司作为网络交易服务平台，未依法尽到审核义务，在先后两次银环蛇非法上架交易中，均未及时发现制止，是银环蛇交易过程的助成原因，应负次要责任。某快递公司和杭州某公司，未依法进行交寄验视，未能及时发现制止非法寄送的快递，也是银环蛇交易过程的助成原因，应负次要责任。

综上，本院判定邵某某、杨某、王某某三人对两组交易行为对外连带承担 15% 的侵权责任。就三人内部最终责任比例而言，因邵某某、杨某二人均先后参与了两条银环蛇发售过错，而王某某仅参与第二条银环蛇发售过程，故王某某虽对外应与邵某某、杨某共同承担连带赔偿责任，但其承担的最终责任应低于邵某某、杨某，本案中不予处理此关系。

另因北京某公司系互联网交易服务提供者，其所处环节与杨某琪遭受的损害之间时空距离最远，且在作用大小和阻断能力方面，其作用均相对小于提供物流服务并直接向杨某琪完成投递的两家快递公司，但北京某公司参与了两次银环蛇交易，两家快递公司均分别参与一次交易，故本院综合三家公司所处环节、功能作用大小及过错程度和原因力大小，判定由北京某公司承担2%的侵权责任；由某快递公司和杭州某公司分别承担1.5%的侵权责任。

此外，对于邵某某、王某某、杭州某公司以其行为属于行政违法行为，主张不承担民事责任的抗辩意见，根据《侵权责任法》第4条规定，侵权人因同一行为应当承担行政责任的，不影响依法承担侵权责任，本院不予采纳。

对于杭州某公司主张第二条银环蛇的运输行为系由其加盟商承运，不应由其承担侵权责任的抗辩意见，因杭州某公司系第二条银环蛇的承运人，其与加盟商之间的法律关系与本案诉争纠纷无关联，本院不予采纳。

三、二原告的损失范围

二原告提交的陕西省城乡居民医保（新农合）住院报销结算表、陕西省医疗机构门诊医疗费用专用发票、药品出库单均可证明杨某琪的医疗费损失情况，但应扣除已报销金额。六被告认可购买血清费用真实性，本院对此不持异议。二原告主张的机票款项并非医疗费用，且其提交的机票发票无法显示与本案关联性，本院对该笔款项不予支持，判定医疗费损失金额为44156元。

二原告主张的住院伙食补助费、丧葬费、精神损害抚慰金，具备事实及法律依据，标准合理，本院予以支持。其中，住院伙食补助费应依住院天数计算，损失金额为200元，丧葬费损失金额为56443元，精神损害抚慰金损失金额为60000元。

二原告虽未就护理费向本院提交相应证据，但考虑杨某琪被蛇咬伤后病情严重，确需护理的情况，对护理费予以支持。二原告主张的护理人员、期限、标准合理，本院判定护理费损失金额为2800元。

二原告未就其主张的交通费、住宿费、亲属办理丧葬事宜必要支出向本院提交相应证据，本院对此均不予支持。

二原告提交的两份《证明》可证明杨某琪一直居住于城镇地区，现二原告以城镇标准主张死亡赔偿金，具备事实及法律依据，本院予以支持，判定死亡赔偿金金额为1512040元。

本案第二条银环蛇发货地点为广东省清远市，交易平台北京某公司注册地点位于本市，二原告在杨某琪去世后，为查明相关事实而产生交通费、住宿费，应属合理损失，本院予以支持，判定因调查取证产生交通费、住宿费共计9268.95元。

经核算，二原告的合理损失为：医疗费 44156 元、住院伙食补助费 200 元、护理费 2800 元、丧葬费 56443 元、精神损害抚慰金 60000 元、死亡赔偿金 1512040 元、调查取证产生交通费、住宿费 9268.95 元，以上共计 1684907.95 元；六被告应按照责任比例赔偿二原告上述合理损失。

综上所述，依照《中华人民共和国侵权责任法》第四条第一款、第六条第一款、第八条、第十条、第十二条、第十五条、第十六条、第十八条第一款、第二十六条，《中华人民共和国野生动物保护法》第二十七条、第三十二条，《中华人民共和国邮政法》第二十四条、第二十五条、第七十五条，《中华人民共和国电子商务法》第十三条，《最高人民法院关于审理人身损害赔偿案件适用法律若干问题的解释》（法释〔2003〕20 号）第三条第二款之规定，判决如下：

一、邵某某、杨某、王某某于本判决生效后 7 日内连带赔偿齐某某、杨某某医疗费 6623.4 元、住院伙食补助费 30 元、护理费 420 元、丧葬费 8466.45 元、精神损害抚慰金 9000 元、死亡赔偿金 226806 元、调查取证产生交通费、住宿费 1390.34 元，以上共计 252736.19 元；

二、北京某公司于本判决生效后 7 日内赔偿齐某某、杨某某医疗费 883.12 元、住院伙食补助费 4 元、护理费 56 元、丧葬费 1128.86 元、精神损害抚慰金 1200 元、死亡赔偿金 30240.8 元、调查取证产生交通费、住宿费 185.38 元，以上共计 33698.16 元；

三、杭州某公司于本判决生效后 7 日内赔偿齐某某、杨某某医疗费 662.34 元、住院伙食补助费 3 元、护理费 42 元、丧葬费 846.65 元、精神损害抚慰金 900 元、死亡赔偿金 22680.6 元、调查取证产生交通费、住宿费 139.03 元，以上共计 25273.62 元；

四、某快递公司于本判决生效后 7 日内赔偿齐某某、杨某某医疗费 662.34 元、住院伙食补助费 3 元、护理费 42 元、丧葬费 846.65 元、精神损害抚慰金 900 元、死亡赔偿金 22680.6 元、调查取证产生交通费、住宿费 139.03 元，以上共计 25273.62 元；

五、驳回齐某某、杨某某的其他诉讼请求。

如果未按本判决指定的期间履行给付金钱义务，应当依照《中华人民共和国民事诉讼法》第二百五十三条之规定，加倍支付迟延履行期间的债务利息。

案件受理费 20278 元（齐某某、杨某某均已预交），由齐某某、杨某某负担 16222.4 元，已交纳；由邵某某、杨某、王某某负担 3041.7 元，由北京某公司负担 405.56 元，由杭州某公司负担 304.17 元，由某快递公司负担 304.17

元，均于本判决生效后7日内交纳。

如不服本判决，可以在判决书送达之日起十五日内，向本院递交上诉状，并按照对方当事人或者代表人的人数提出副本，上诉于北京市第一中级人民法院。

审 判 长 张钢成
审 判 员 刘雪琳
审 判 员 佟 冰

二〇二一年十一月二日

书 记 员 赵鸣鸣
书 记 员 张璐萌

金昌伟

北京市第二中级人民法院

北京市第二中级人民法院审监庭副庭长，三级高级法官，中国政法大学诉讼法学硕士、博士在读，北京市政法系统百名英才。从事刑事审判工作10余年，参与审理多起大案要案，办理的案件入选全国法院涉黑案件审理参阅案例、北京法院参阅案例。获北京市审判业务标兵、北京市专案审理先进个人、北京市扫黑除恶专项斗争先进个人等称号，荣立个人二等功一次、三等功三次。在《法律适用》《人民司法》等期刊发表文章20余篇，所撰写的学术论文、调研成果、案例分析多次在法院系统获奖。

点评辞

审判监督程序具有重要的纠错功能，是提升案件审判质量的重要抓手和维护社会公平正义的最后屏障。本案是再审宣告无罪的案件，判决书依据现有证据，对案件事实进行了全面的重述，案件事实认定清楚、准确，为确定被告人罪责、准确适用法律奠定基础。判决书从“从旧兼从轻”的法律适用原则和“罪刑法定原则”两个方面详细论述了被告人为什么不构成犯罪，理论结构清晰，逻辑严谨，说理充分，对类似案件的法律适用问题具有一定的指导和借鉴意义。判决书还对行政违法与刑事犯罪的界限进行了释法，并从营造良好的营商环境角度进行了说理，进一步明确刑罚是最后的惩罚手段，应当保持必要的克制和谦抑，不能动辄以刑事手段干预社会经济活动，凸显刑事司法在社会价值方面的引领作用。

北京市第二中级人民法院
刑事判决书

（2020）京02刑抗6号

抗诉机关：北京市人民检察院第二分院。

原审被告人：张某某，男，1954年4月24日出生于江苏省南京市，大专文化，曾任原国企房地产开发公司二分公司经理，户籍地江苏省南京市。因本案于1998年5月15日被逮捕，1999年5月31日因犯非法转让土地使用权罪被判处罚金人民币一百五十万元，同日被取保候审。

辩护人：王楠，北京桂润律师事务所律师。

北京市丰台区人民法院审理北京市丰台区人民检察院指控原审被告人张某某犯非法经营罪一案，于1999年5月31日作出（1999）丰刑初字第266号刑事判决，认定张某某犯非法转让土地使用权罪，判处罚金人民币一百五十万元。宣判后，在法定期限内，张某某未上诉，同级人民检察院未抗诉，判决发生法律效力。判决发生法律效力后，张某某不服，提出申诉。北京市丰台区人民法院于2001年12月5日作出（2001）丰刑监字第3号驳回再审申请通知书，驳回其再审申请。张某某仍不服，向人民检察院申请监督。北京市人民检察院第二分院于2020年7月2日以京二分检刑申抗〔2020〕2号刑事抗诉书向本院提起抗诉。本院依法组成合议庭，公开开庭审理了本案。北京市人民检察院第二分院指派检察官高景惠、检察官助理赵娟出庭履行职务，原审被告人张某某及其辩护人王楠到庭参加诉讼。本案经合议庭评议、审判委员会讨论并作出决定，现已审理终结。

北京市丰台区人民法院一审判决认定：1995年3月2日，被告人张某某经国企房地产开发公司授权天创经济文化发展总公司任命为国企房地产开发公司二分公司总经理期间，在未向土地管理部门办理土地使用权转让手续的情况下，代表国企房地产开发公司与水利部丹江口水利枢纽管理局签订了期房转让合同，非法将位于本市丰台区太平桥小区金融时报社南侧的土地1600余平方米及所建的两栋综合楼，以人民币3300余万元的价格转让给该管理局使用。后被公安机关查获。

认定上述事实的证据有：证人宋某、陈某1、季某、陈某2、刘某、沈某的证言，北京市房屋土地管理局出具的证明，天创经济文化发展总公司的证明、任命书，期房转让合同、收据及有关书证等，被告人张某某亦供认。

北京市丰台区人民法院认为，国企房地产开发公司及其授权的天创经济文化发展总公司无视国家法律，违反土地管理法规，非法转让土地使用权，情节严重。被告人张某某身为国企房地产开发公司下属二分公司总经理，明知未向国家土地管理部门办理土地使用权转让手续，仍将土地非法转让给他人使用，是直接责任者，其行为已构成非法转让土地使用权罪。判决：被告人张某某犯非法转让土地使用权罪，判处罚金人民币一百五十万元。

北京市人民检察院第二分院抗诉认为，北京市丰台区人民法院（1999）丰刑初字第266号刑事判决书确有错误，原审被告人张某某的行为不构成非法转让土地使用权罪。理由如下：

1. 法院判决书认定原审被告人张某某构成非法转让土地使用权罪错误。一是根据在案证据显示，原审被告人张某某在担任国企房地产开发公司二分公司总经理期间，代表国企房地产公司与水利部丹江口水利枢纽管理局签订《太平桥小区综合楼期房转让合同》时，国企房地产公司不是涉案地块的土地使用权人，无法实施转让或非法转让土地使用权的行为。二是本案事实的实质是太平桥农工商联合公司、国企房地产公司和水利部丹江口水利枢纽管理局三方对涉案地块的开发建设行为，太平桥农工商联合公司一方作为涉案地块的实际使用权人出地、水利部丹江口水利枢纽管理局一方出资，张某某所在的国企房地产开发公司实质上是引进资金的中间人并负责建筑施工。三是《中华人民共和国土地管理法》及《中华人民共和国土地管理法实施条例》规定土地使用权转移的，必须向地方政府土地管理部门申请土地使用权变更登记，更换土地证书。但法律并没有规定双方对土地的开发建设前必须完成土地使用权的过户登记，而且在当时的历史情况下后补房屋所有权证、土地使用权证的情况很普遍，法院判决书将原审被告人未向国家土地管理部门办理土地使用权转让手续作为犯罪构成的要件于法无据。四是在案相关证据显示涉案地块的土地使用权人始终未发生实质转移，直至2005年之前一直在太平桥农工商联合公司名下。五是非法转让土地使用权罪是牟利型犯罪，非法获利是构成犯罪的情形之一，但判决书并没有将原审被告人的非法获利作为犯罪情节严重程度的评价。

2. 鉴于原审被告人张某某不构成投机倒把罪，法院判决书依照《中华人民共和国刑法》第十二条第一款（从旧兼从轻）规定，认定其犯非法转让土地使用权罪系适用法律错误。一是原审被告人张某某以国企房地产开发公司的名义与水利部丹江口水利枢纽管理局签订《太平桥小区综合楼期房转让合同》的行为发生并完成于1995年3月，应当适用1979年《刑法》，第一百一十七条规定，“违反金融、外汇、金银、工商管理法规，投机倒把，情节严重的，处三年以下有期徒刑或者拘役，可以并处、单处罚金或者没收财产”。法条采取列举的方式，将违反上述行政法规，情节严重的行为，以投机倒把罪论处，但并没有列出土地管理法规，因此对于土地使用权的非法转让行为，不能依据投机倒把罪来处理。二是《最高人民法院、最高人民检察院关于当前办理经济犯罪案件中具体应用法律的若干问题的解答（试行）》中，对投机倒把行为列举中，也没有将土地使用权作为犯罪对象；对司法解释规定“倒卖国家不允许自由买卖的物资”中的重要生产资料和紧俏耐用消费品的理解，也应当根据国家行政机关的规定，例如，原国家工商行政管理局、商业部、原国家物资局于1985年4月29日作出的《关于禁止就地转手倒卖的重要生产资料和紧俏耐用消费品的品种范围的通知》中，明确列举的24种重要生产资料和紧俏耐用消费品中，并无土地或土地使用权。原国家工商行政管理局、商业部、原物资部于1988年作出的《关于调整禁止就地转手倒卖的重要生产资料和紧俏耐用消费品的品种范围的通知》中，调整列举了22种重要生产资料和紧俏耐用消费品，仍然没有将土地或土地使用权纳入其中。因此，土地使用权及地上房产不宜归类为“国家不允许自由经营的重要生产资料”，也不属于投机倒把罪的犯罪对象。综上，依据《中华人民共和国刑法》第十二条第一款（从旧兼从轻）规定，原审被告人张某某的行为应当按照无罪处理。

再审庭审中，原审被告人张某某辩称，其没有转让土地牟利，其无罪。其辩护人认为，张某某的行为不构成犯罪，同意检察院的抗诉意见，张某某的行为是一种正常的经济行为，不具备社会危害性，从犯罪构成、法律规定各方面分析，张某某的行为均不符合犯罪的构成要件。

本院经再审查明：

1993年11月3日，天创经济文化发展总公司组建国企房地产开发公司第一、二分公司，对外经营统一使用国企房地产开发公司的营业执照及资质证明，任命原审被告人张某某为国企房地产开发公司二分公司总经理。

1995年1月6日，原审被告人张某某以国企房地产开发公司的名义（乙方）与北京市丰台区太平桥农工商联合公司、北京鸿新联公司（共同甲方）签订《联建合同书》和《房屋转让合同》，约定由甲方提供位于太平桥小区金融时报社南侧1669平方米建设用地，乙方出资，联合建设4130平方米建筑物，房屋建成后甲、乙双方按面积各得50%。甲方负责提供规划及用地许可证，办理建设所需手续，并协助乙方办理有关产权过户的一切手续。同时约定乙方出资购买甲方的50%建筑物面积，合同总金额为人民币1450万元，乙方有权利在付清全款后取得房屋产权证及有关土地使用证明。太平桥农工商联合公司先后为上述建设项目办理了建设工程规划许可证、建设工程开工证、固定资产投资项目投资许可证等。上述建设项目涉及土地的使用权类型为划拨。

1995年3月2日，原审被告人张某某以国企房地产开发公司的名义（甲方）与水利部丹江口水利枢纽管理局（乙方）签订《太平桥小区综合楼期房转让合同》，项目位于北京市丰台区太平桥小区金融时报社南侧，占地1666.9平方米，建筑面积约4922.17平方米（以实际建筑面积为准），约定转让总金额为3370.8万元。乙方分期付款，在付足90%购房款后，甲方开始为乙方办理本项目的土地使用证的过户手续，并确保今后无产权争议或者纠纷。

1998年1月16日，原审被告人张某某以北京九龙新区房地产物业公司的名义作为甲方（国企房地产开发公司二分公司于1995年3月20日撤销建制）与水利部丹江口水利枢纽管理局（乙方）签订《太平桥综合楼期房竣工决算书》进行工程决算，北京市丰台区太平桥小区二期综合楼已经过北京市丰台区质监站竣工验收合格，乙方已经支付给甲方综合楼转让金额33688417元，还需再付给甲方转让金额1463348.94元。

2004年9月，北京太平桥工贸集团（原北京市丰台区太平桥农工商联合公司）取得上述合同涉及的综合楼房屋所有权证书，并于同年10月办理了国有土地使用证书。2005年4月，该房屋所有权人变更为水利部丹江口水利枢纽管理局驻北京联络处，同年5月，该国有土地使用证书亦注明经交易转让给水利部丹江口水利枢纽管理局驻北京联络处。

上述事实，有经一审及再审开庭审理中质证确认的天创经济文化发展总公司的批复、任命书、免职决定，国企房地产开发公司与北京市丰台区太平桥农工商联合公司、北京鸿新联公司签订的联建合同书和房屋转让合同，国企房地产开发公司与水利部丹江口水利枢纽管理局签订的太平桥小区综合楼期房转让合同，北京九龙新区房地产物业公司与水利部丹江口水利枢纽管理局签订的太平桥综合楼期房竣工决算书，中华人民共和国国有土地使用证、房屋所有权证等证据证实。

本院认为，刑法是国家打击犯罪的重要手段，是处罚最为严厉的法律，必须严格遵循罪刑法定原则，法律明文规定为犯罪行为的，依照法律定罪处刑；法律没有明文规定为犯罪行为的，不得定罪处刑。本案中，原审被告人张某某在未办理土地使用权转让手续的情况下，即与他人签订期房转让合同，依据当时的行政法规，该行为涉嫌行政违法，但结合当时的法律、政策综合考虑，该行为并不构成刑事犯罪，原判认定张某某犯非法转让土地使用权罪，属于法律适用错误。

首先，对原审被告人张某某行为的法律评价应当适用1979年《中华人民共和国刑法》（以下简称旧刑法）的相关规定。起诉书指控的犯罪事实及原审判决书认定的犯罪事实均指向张某某以国企房地产开发公司的名义与水利部丹江口水利枢纽管理局签订《太平桥小区综合楼期房转让合同》的行为，该行为发生并完成于1995年，故对该行为的法律评价应当适用行为时的法律，即旧刑法的有关规定。同时，因该案审判时，1997年《中华人民共和国刑法》（以下简称新刑法）已经开始施行，依据新刑法第十二条的规定："中华人民共和国成立以后本法施行以前的行为，如果当时的法律不认为是犯罪的，适用当时的法律；如果当时的法律认为是犯罪的，依照本法总则第四章第八节的规定应当追诉的，按照当时的法律追究刑事责任，但是如果本法不认为是犯罪或者处刑较轻的，适用本法。"对张某某行为的法律评价应当适用上述"从旧兼从轻"的法律原则，只有在旧刑法认为是犯罪的情况下，才能考虑适用新刑法的有关规定。原审判决在未论证张某某的行为依据旧刑法是否构成犯罪的情况下，直接援引新刑法第十二条，适用新刑法对张某某以非法转让土地使用权罪定罪处罚，属于法律适用错误。

其次，依据旧刑法的规定，原审被告人张某某的行为不构成犯罪。依据旧刑法，张某某的行为最有可能触犯投机倒把罪。旧刑法第一百一十七条规定："违反金融、外汇、金银、工商管理法规，投机倒把，情节严重的，处三年以下有期徒刑或者拘役，可以并处、单处罚金或者没收财产。"该法条采取列举式立法体例，明确将违反金融、外汇、金银、工商管理法规情节严重的行为，界定为投机倒把罪，但并未将违反房地产管理法规和土地管理法规的行为纳入其中。同期，1985年《最高人民法院、最高人民检察院关于当前办理经济犯罪案件中具体应用法律的若干问题的解答（试行）》规定，当前投机倒把行为主要有8种情形，虽然第一种情形规定了"倒卖国家不允许自由经营的重要生产资料和紧俏耐用消费品"，但依据1985年《国家工商行政管理局、商业部、国家物资局关于禁止就地转手倒卖的重要生产资料和紧俏耐用消费品的品种范围的通知》，房屋和土地使用权亦不在该通知所明确列举的24种重要生产资料和紧俏耐用消费品之中，解答规定的其余7种情形明显不包含房屋和土地使用权。综上，依据罪刑法定的原则，投机倒把罪的罪状应当严格限定为违反金融、外汇、金银、工商管理法规的行为，犯罪对象特定、具体，不能随意做扩大解释，房屋和土地使用权并非投机倒把罪的犯罪对象。张某某未办理土地使用权转让手续即与他人签订期房转让合同的行为，不符合投机倒把罪的构成要件，依法不构成投机倒把罪。

再次，在法律无明文规定的情况下，不能将行政违法行为上升为刑事犯罪行为。依据1990年《中华人民共和国城镇国有土地使用权出让和转让暂行条例》、1993年《北京市实施〈中华人民共和国城镇国有土地使用权出让和转让暂行条例〉办法》的相关规定，转让地上建筑物、其他附着物连同转让划拨土地使用权、包括出售开发建设的房屋连同转让划拨土地使用权的，须经土地管理部门和规划管理部门、国有资产管理部门批准，由土地使用者同土地管理部门签订土地使用权出让合同并补交地价款后，方可进行。未经批准擅自转让划拨土地使用权的，由土地管理部门依法没收其非法收入，并根据情节对非法转让双方处非法收入2倍以下罚款，直至依法收回划拨用地，没收地上建筑物。上述行政法规、规章对未经批准擅自转让划拨土地使用权的行为规定了明确的行政处罚措施，亦未明确构成刑事犯罪的，移送司法机关处理。本案中，张某某未办理土地使用权转让手续即与他人签订期房转让合同的行为，涉嫌行政违法，但该类行政违法行为并未被纳入刑法的调整范围，不能追究刑事责任。

最后，根据国家当时的房地产产业政策，本案中的行为亦不宜作为犯罪处理。1992年《国务院关于发展房地产业若干问题的通知》指出，房地产业在我国是一个新兴产业，随着城镇国有土地有偿使用和房屋商品化的推进，将成为国民经济发展的支柱产业之一。加快发展房地产业，对于提高土地既是资源又是资产的认识，促进土地的节约和合理利用，对政府筹集建设资金，加快城市建设和经济发展，都具有重要作用。本案中，原审被告人张某某未办理土地使用权转让手续即与他人签订期房转让合同的行为，虽然涉嫌行政违法，但合同主要内容已经实际履行，未造成其他不良后果，且符合当时的产业政策，故不宜动用刑事处罚手段干预此类经济行为，从而为经济社会发展营造良好的营商环境。

综上，原审判决认定张某某的行为构成非法转让土地使用权罪，属于法律适用错误，应当依法予以纠正。北京市人民检察院第二分院抗诉理由成立，本院予以采纳。原审被告人张某某及其辩护人所提张某某的行为不构成犯罪的辩解和辩护意见成立，本院予以采纳。依照《中华人民共和国刑法》第十二条，《中华人民共和国刑事诉讼法》第二百五十四条第三款、第四款，第二百五十六条、第二百三十六条第一款第（二）项及《最高人民法院关于适用〈中华人民共和国刑事诉讼法〉的解释》第四百七十二条第一款第（三）项、第五百三十一条的规定，判决如下：

一、撤销北京市丰台区人民法院（1999）丰刑初字第 266 号刑事判决。

二、原审被告人张某某无罪。

三、原审判决已执行的罚金，依法予以返还。

本判决为终审判决。

审 判 长 蔡 宁

审 判 员 金昌伟

审 判 员 吴 宏

二〇二一年九月三十日

书 记 员 许天卉

张晓霞

北京知识产权法院

北京知识产权法院审判二庭庭长、审判委员会委员，二级高级法官，北京市第一届审判业务专家。北京大学民商法学博士，日本东京大学访问学者，民法学研究会理事。

审理的微博言论侵权第一案“周鸿祎案”入选北京法院“首例案件”专题展览；自2015年始，历年获得北京法院优秀裁判文书百佳奖；审理的案件曾获北京法院知识产权十大典型案例、中国法院50件典型知识产权案例，以及2017～2021年AIPPI中国分会版权热点案件、第四届全国知识产权优秀裁判文书评选特等奖等荣誉。审理案件重视法官释明义务的运用，裁判文书注重法律适用的寻找和法律解释，在很多判决中的说理部分对如何理解在先生效判决以及如何进行援引都进行了有益的探索。

点评辞

为配合正式生效的《视听表演北京条约》，2020年《著作权法》修改后的一项重要变化是演出单位不再作为表演者。而上海聚力公司未经许可，不仅在其经营的PPTV视频网站上提供《窝头会馆》话剧演出的录像视频，还删除了录像制品开头部分“北京人民艺术剧院”、版权侵权“警告”以及“话剧窝头会馆北京人民艺术剧院演出”字样。对该删除行为的定性恰恰涉及新旧法变化的内容，成为立法上的空白以及理论上的难点。本判决通过对表演者权立法沿革的梳理以及职务表演制度的强化和表演权利管理信息范围变化的分析，得出与一审完全不同的结论，认为涉案话剧演出录像开头部分“北京人民艺术剧院”的标注依据旧法或新法均属于录像制品权利管理信息的范畴；“话剧窝头会馆北京人民艺术剧院演出”的标注依据旧法属于表明表演者身份的范畴，依据新法则属于表演权利管理信息的范畴。新旧著作权法虽然对演出单位权利的保护方式有所不同，但针对删除上述信息、割裂演出单位与演出作品之间的联系的行为均规定属于侵权行为，应承担民事责任。该判决对规范视听表演使用、维护演出单位合法权益具有重要的意义。

北京知识产权法院
民事判决书

（2021）京 73 民终 1723 号

上诉人（一审原告）：北京人民艺术剧院，住所地北京市东城区王府井大街 22 号。

法定代表人：任鸣，该剧院院长。

委托诉讼代理人：王晗晨，北京韬安律师事务所律师。

委托诉讼代理人：薛然，北京韬安律师事务所律师。

上诉人（一审被告）：上海聚力传媒技术有限公司，住所地中国（上海）自由贸易试验区碧波路 690 号 5 号楼 501－3。

法定代表人：朱力，该公司董事长。

委托诉讼代理人：谢瑶嘉，女，该公司员工。

委托诉讼代理人：徐丽颖，女，该公司员工。

北京人民艺术剧院（以下简称北京人艺）因与上海聚力传媒技术有限公司（以下简称上海聚力公司）侵犯著作权纠纷一案，双方均不服北京互联网法院（2019）京 0491 民初 32469 号民事判决（以下简称一审判决），分别向本院提起上诉。本院于 2021 年 5 月 11 日立案后，依法组成合议庭进行审理，并于 2021 年 6 月 24 日通过互联网法庭组织双方当事人进行了询问。上诉人北京人艺的委托诉讼代理人王晗晨、薛然，上诉人上海聚力公司的委托诉讼代理人徐丽颖网上在线参加了询问。本案现已审理终结。

北京人艺上诉请求：（1）撤销一审判决；（2）上海聚力公司在经营网站 PP 视频（网址：http：//www. pptv. com）首页置顶位置，发布公开声明（声明内容须经北京人艺书面确认）持续 30 日，为北京人艺消除影响；（3）判令上海聚力公司赔偿北京人艺损失 500000 元；（4）判令上海聚力公司承担本案维权支出的合理费用，包括公证费 11360 元，律师费 50000 元。事实和理由：（1）北京人艺对涉案话剧《窝头会馆》享有表明表演者身份的权利，一审判决未予认定，并驳回了北京人艺关于消除影响的诉讼请求，适用法律错误。①本案应当适用 2010 年修正的《中华人民共和国著作权法》（以下简称 2010

年著作权法）。根据2010年著作权法第三十七条的规定，表演者包括演出单位，可以完整享有表演者的各项权利。一审判决认为“表明表演者身份的权利”仅为自然人享有的权利，将该项权利排除出演出单位表演者权范围，错误地适用了法律。②话剧演出筹备、组织、排练均由演出单位主持，演出的舞台呈现体现的是演出单位的意志。演员个人对于其表演享有的“表明表演者身份的权利”与演出单位对于整台演出享有的“表明表演者身份的权利”的对象不同，不存在重复主张。一审判决以“避免演员和演出单位对该项权利的重复主张”为由，认定北京人艺作为演出单位对整台演出不享有“表明表演者身份的权利”是错误的。③演出行业经过多年发展，形成公认的行业秩序，演出单位表明表演者身份的权利是受到保护的。一审判决否认演出单位具有“表明表演者身份的权利”将会对演出行业秩序造成不良影响。（2）一审判决赔偿数额过低。①被诉侵权视频对于北京人艺演出及DVD录像光盘具有替代作用。被诉侵权视频造成北京人艺票房收益流失。被诉侵权视频播放量达到195769次，造成涉案话剧《窝头会馆》DVD光盘销量损失接近1000万元。②一审判决遗漏了上海聚力公司在被诉侵权视频播放页面设置10个广告位并收取广告费的事实。上海聚力公司仅基于被诉侵权视频的广告收入就已经超过900万元。此外，上海聚力公司由于被诉侵权视频增加的关注流量也属于其侵权获利。③涉案话剧《窝头会馆》具有较高的知名度和艺术价值，是中国话剧史上的经典剧目之一，一审判决仅确定60000元的赔偿数额过低。④北京人艺实际聘请了律师且出庭，一审判决没有支持律师费的请求错误。

上海聚力公司针对北京人艺的上诉请求辩称，（1）北京人艺对涉案话剧《窝头会馆》不享有表明表演者身份的权利。①表演者权属于表演者，北京人艺作为演出单位，没有获得全部表演者授权，不享有表演者权。将表演者和演出单位同时认定为表演者权的权利主体，将导致权利范围难以确定，给网络传播平台造成风险。②表明表演者身份的权利，属于人身性权利，不应由演出单位享有。（2）涉案DVD载明的出版者和总经销商均不是北京人艺，北京人艺不是涉案录像制品的制作者。（3）北京人艺主张判决赔偿数额过低没有依据。①本案录像制品为话剧表演的机械录制，独创性较低。网络观看体验与现场差别较大，不会替代现场观看，不能将话剧的票房损失计入赔偿数额。②PP视频网站广告刊例价格与实际广告销售价格并不一致，涉案视频点击量不高。PP视频网站中与被诉侵权视频相关的仅有三个映前广告，时长45秒，其余广告位均与被诉侵权视频无关。PP视频网站中没有针对被诉侵权视频单独设计广告，映前广告是平台通用的广告类型。

上海聚力公司上诉请求：（1）撤销一审判决；（2）依法改判，驳回一审法院作出的上海聚力公司支付经济损失及公证费71360元的判决。事实和理由：一审判决确定的赔偿数额过高。（1）一审判决认定的公证费过高，远超市场收费标准，且仅提供一张公证费发票，无法与本案公证书建立联系。（2）一审判决认定60000元经济损失过高。广告刊例价格与实际广告销售价格不一致，《窝头会馆》演出视频点击量不高，广告收益有限。本案录像制品为话剧演出的机械录制，独创性较低。网络观看与观看现场演出的体验差别较大，不会替代现场观看，不能将票房损失计算入赔偿数额。

北京人艺针对上海聚力公司的上诉请求辩称，一审判决关于公证费用的认定正确。《窝头会馆》演出视频在上海聚力公司网站播放量达到195769次，造成涉案话剧DVD光盘销量金额损失接近1000万元，上海聚力公司仅基于《窝头会馆》演出视频的广告收入就已经超过900万元，一审确定的赔偿数额明显过低。

北京人艺向一审法院起诉请求：（1）判令聚力公司在经营网站PP视频（网址：http：//www. pptv. com）首页置顶位置，发布公开声明（声明内容需经北京人艺书面确认）持续30日，为北京人艺消除影响；（2）判令聚力公司赔偿北京人艺经济损失500000元；（3）判令聚力公司承担北京人艺维权合理支出，公证费11360元、律师费50000元。

一审法院认定事实：

一、北京人艺主张权利的相关事实

2018年3月18日，北京人艺（甲方）与上海刘恒影视文化工作室（乙方，以下简称刘恒工作室）签订《授权协议》，载明“鉴于甲方于2009年委托乙方刘恒先生创作话剧《窝头会馆》剧本，双方约定话剧《窝头会馆》剧本的话剧表演权由甲方享有”。双方约定如下：（1）甲方同意将其合法享有的话剧《窝头会馆》剧本之话剧表演权无偿授予乙方，甲、乙双方为《窝头话剧》剧本之话剧表演权的共同权利人。（2）甲、乙双方确认：本协议签署后，双方作为《窝头会馆》剧本之话剧表演权的共同权利人，均有权单独行使《窝头会馆》剧本之表演权，即任一方有权在全球范围内公开表演话剧《窝头会馆》，以及用各种手段公开播送话剧《窝头会馆》的表演，并获取相应的收益。（3）收益 双方同意，各自行使《窝头会馆》剧本之话剧表演权所获收益，由各自分别享有。在甲方的演出票房收入中，乙方刘恒先生继续享有作为编剧的分成比例。

北京人艺提交涉案话剧表演首演宣传册，该宣传册首页载明“《窝头会馆》（三幕话剧）北京人民艺术剧院演出庆祝中华人民共和国成立60周年献礼剧目 总策划：张和平 编剧：刘恒 导演：林兆华”等。内页张和平撰写的一段出品人的话载明：我是2007年11月23日到北京人艺任职的。2008年7月

29日开了一次全院大会，那天到会有309人，全院在编职工是319人。据说是人艺历史上到会最齐的一次……其实那时候的我已经跟刘恒商量好了，为人艺写一个戏，是他话剧的处女作。“处女作”总是令人期待的……一年过去了，有了今天就要演出的《窝头会馆》……在刘恒撰写的编剧的话中写道：……坦率地讲，我是话剧的小学生，至今仍然吃不透这种传播思维信息的独特方式……现在，我只能将这笨拙的习作献给观众，并以此向北京人艺致敬！向老舍先生和曹禺先生致敬！向张和平院长致敬！向林兆华导演致敬！向伟大的演员朋友们致敬……后页中载有故事梗概、场序、演员表（有何冰、濮存昕、宋丹丹、杨立新、徐帆等）、分场导演（宋丹丹、杨立新、何冰）等信息。

北京人艺提交涉案话剧DVD光盘及光盘封面、内页图，该光盘封面显示“窝头会馆”“北京人民艺术剧院演出”等字样，封底显示“北京人民艺术剧院演出”“北京文化艺术音像出版社出版”“北京明日经典文化发展有限公司总经销”。播放该光盘内容，首先显示“北京人民艺术剧院”字样，之后显示版权侵权“警告”，之后显示“话剧窝头会馆北京人民艺术剧院演出”字样（以下简称前三屏内容）。北京人艺欲证明该录像光盘系由北京人艺根据话剧《窝头会馆》全剧的演出实况录像而制作的，北京人艺作为录像制品制作者，享有相应的录像制品制作者权。同时，北京人艺主张前述前三屏内容第一屏的信息系北京人艺署名，第二屏系北京人艺权利声明，第三屏系涉案话剧表演名称及北京人艺作为表演者的署名内容。

2019年6月11日，北京文化艺术音像出版有限责任公司出具声明，载明：“本公司（原北京文化艺术音像出版社）经合法授权仅负责话剧《窝头会馆》DVD（2009年版）的出版工作。我公司自始不享有话剧《窝头会馆》的著作权、话剧《窝头会馆》录像制品的邻接权、以及其相关的财产权（收益权）。”

一审庭审中，北京人艺明确其作为涉案话剧的表演者，主张享有表明表演者身份的权利及信息网络传播权，作为涉案录像制品的制作者，享有信息网络传播权。

二、被控侵权行为的相关事实

北京市方圆公证处出具（2017）京方圆内经证字第73533号公证书，载明，申请人北京人艺的委托代理人于2017年11月28日申请对在“PPTV”网站中搜索查看相关网页及观看《窝头会馆》的过程办理保全证据公证，使用公证处的电脑进行了如下操作：在百度网站搜索框中搜索“PPTV”，页面自动进入搜索结果页面，点击该页面所显示的“pp视频一起玩出精彩－原聚力视频、PPTV聚力_ _ 海量影……”进入新页面。公证视频截图显示，该页面网址为http：//v. pptv. com……网页底部显示版权人上海聚力传媒技术有限公司。在该网站搜索栏中搜索“窝头会馆”，进入新页面，点击该页面下方所显示的“马上观看”，在所得页面中随机拖动播放该页面内的视频，并对相关页面进行截屏。公证视频截图显示，该网页导航栏左侧有“PP 视频”图标，视频播放页面右上角“PP 视频”水印，视频时长为 2 时 7 分 22 秒。根据公证取证录像，该视频播放前，有三个广告，时长总计为 45 秒。以上视频播放过程中并未显示有前述前三屏内容。

三、其他与本案相关的事实

北京人艺提交“窝头会馆视频完整版”豆瓣评论网页截图，并提交相应的可信时间戳认证证书，证明 2010 年 6 月 13 日之前，上海聚力公司已发布与被控侵权视频内容相同的视频内容，且根据网友评论，试图证明该等《窝头会馆》完整版视频，对于话剧《窝头会馆》演出具备替代效果，对于 DVD 录像光盘更是产生实质性替代效果。北京人艺提交 2019 年 PP 视频网站广告刊例及该广告刊例接收邮件截屏，并提交相应的可信时间戳认证证书，证明按照上海聚力公司 2019 年 PP 视频网站广告刊例，同时，还提交了涉案话剧生产、演出的日程表。

为证明合理支出，北京人艺提交一张金额为 50000 元的律师费发票及一张金额为 11360 元的公证费发票。

一审法院认为，本案的争议焦点问题有：

一、北京人艺是否为涉案话剧的表演者，上海聚力公司涉案行为是否侵害北京人艺的表演者权

对于涉案话剧的演出，作为演出单位的北京人艺需负责前期的策划、人员组织、演员排练、舞台设计、演出宣传等工作，演出所需费用亦由其主要承担，在没有相反约定的情况下，北京人艺应依法享有 2010 年著作权法第三十八条第（三）项至第（六）项载明的表演者财产权，演员个人不再享有该些权利。

上海聚力公司未经许可，通过信息网络传播涉案话剧，侵害了北京人艺作为表演者享有的信息网络传播权，依法应当承担相应的侵权责任。

关于本案北京人艺主张的表明表演者身份的权利，类似于作品的作者享有的署名权，指表演者对其表演所享有的表示姓名的权利，与表演文学、艺术作品的演员的人身紧密相关，具有极强的人身依附性，应当由自然人享有，这有利于平衡演员个人与演出单位利益及权利的行使，避免演员和演出单位对该项权利的重复主张，故作为演出单位的北京人艺对涉案话剧表演并不享有表明表演者身份的权利。

二、北京人艺是否为涉案话剧表演录像制品的录像制作者，上海聚力公司涉案行为是否侵害北京人艺的录像制作者权

《著作权法实施条例》第五条第（五）项规定，录像制作者，是指录像制品的首次制作人。根据现有证据及北京人艺陈述，北京人艺主张权利的涉案录像制品系其组织对其现场表演进行录制并制作，根据该制品出版方的声明及制品署名，在没有相反证据的情况下，依法确认北京人艺系涉案《窝头会馆》录像制品的录像制作者。上海聚力公司未经北京人艺许可，通过信息网络传播涉案录像制品，使相关公众可以在选定的时间和地点获得该制品，侵害了北京人艺作为录像制作者享有的信息网络传播权，依法应当承担相应的侵权责任。

三、上海聚力公司删除涉案制品相关信息的行为是否侵权

关于北京人艺主张的第一屏的内容，载有“北京人民艺术剧院”字样，北京人艺认为系其署名，由于涉案戏剧作品系刘恒创作的剧本，北京人艺经授权享有该作品的表演权并作为演出单位组织演出并录制涉案制品，由于著作权法并未规定制品制作者享有署名或者表明身份的权利，故该字样应视为该录像制品权利人信息，属于权利管理电子信息。北京人艺主张的第二屏内容系版权侵权警告，系该录像制品使用条款和条件的信息，属于权利管理电子信息范畴。关于第三屏内容系作品或者表演的名称及表演者信息，亦属于制品的权利管理电子信息，如前所述，依法确认北京人艺作为演出单位并不享有涉案话剧表演的表明表演者身份的权利，故上海聚力公司删除该些内容进行在线传播的行为并不侵害北京人艺的表明表演者身份的权利。

四、上海聚力公司应承担的侵权责任

由于上海聚力公司涉案行为侵害了北京人艺相应的信息网络传播权，系财产性权利，故关于其要求上海聚力公司发布声明为其消除影响的诉讼请求，不再予以支持。关于北京人艺主张的赔偿经济损失的诉讼请求，于法有据，予以支持。关于赔偿经济损失的数额，根据在案证据不能确认涉案侵权行为造成的实际损失或侵权获利情况，将综合考虑涉案话剧表演及制品的知名度、上海聚力公司的侵权性质情节等各类因素，对北京人艺主张的经济损失酌情予以支持。关于合理支出费用，北京人艺主张的律师费，鉴于仅提交发票但未提交代理合同，不能确认该笔费用系本案发生，故不予支持。北京人艺主张公证费并提交了公证费发票，予以支持。

据此，判决：（1）上海聚力公司于判决生效之日起十日内赔偿原告北京人民艺术剧院经济损失60000元及公证费11360元，以上两项合计71360元；（2）驳回北京人艺的其他诉讼请求。

二审期间，北京人艺补充提交其与北京市盈科律师事务所签署的《诉讼委托代理合同书》，其中约定北京人艺聘请北京市盈科律师事务所针对PP视频网站未经授权播放话剧《窝头会馆》的录像，启动维权程序，代理费5万元。上述合同有北京人艺和北京市盈科律师事务所盖章，且与增值税发票金额对应。北京人艺陈述其一审时未提交该《诉讼委托代理合同书》的原因为：一审开庭前北京人艺将委托的北京市盈科律师事务所更换为北京韬安律师事务所，时间较为仓促，未能及时提交。本院认为，北京人艺补充提交其与北京市盈科律师事务所签署的《诉讼委托代理合同书》有双方签字、盖章且与增值税发票金额对应，本院对该证据予以采信。

本院另查明：

北京市方圆公证处出具的（2017）京方圆内经证字第73533号公证书中显示PP视频网站页面中，在播放被诉侵权视频过程中，显示有10个广告位。上海聚力公司辩称与本案侵权视频相关的广告仅为映前的三个广告，时间总计45秒，其余广告位与本案被诉侵权视频无关。

被诉侵权视频页面显示，被诉侵权视频播放量为195769次。案外人科大讯飞股份有限公司与上海聚力公司签署的《讯飞广告平台合作合同》中约定合同期间内阶段价格为15秒前贴片5元/千人成本，开屏13.5元/千人成本。

北京人艺《窝头会馆》首演时间为2009年9月25日，同期制作了《窝头会馆》录像制品。至迟在2010年6月13日，上海聚力公司已发布与被控侵权视频内容相同的被诉侵权视频内容。被诉侵权视频于一审开庭前在PPTV视频网站上删除。

以上事实，有北京市方圆公证处（2017）京方圆内经证字第73533号公证书、《讯飞广告平台合作合同》、被诉侵权视频页面等证据及当事人陈述在案佐证。

本院认为，根据北京人艺在一审提出的诉讼主张，本案涉及的被诉侵权行为不仅是上海聚力公司未经许可，在其经营的PPTV视频网站上提供《窝头会馆》话剧演出的录像视频，还包括删除了录像制品开头部分“北京人民艺术剧院”、版权侵权“警告”以及“话剧窝头会馆北京人民艺术剧院演出”，即删除前三屏内容的行为。针对删除前三屏内容的行为，一审判决认为北京人艺作为演出单位虽然享有表演者权中的财产权利，但不享有作为人身权的表明表演者身份的权利，并据此认定上海聚力公司删除前三屏内容的行为不侵害北京人艺表明表演者身份的权利，未支持北京人艺要求上海聚力公司承担消除影响民事责任的诉讼请求。北京人艺上诉主要针对一审判决对删除前三屏内容的行为定性错误，坚持认为是对北京人艺作为演出单位享有的表演者权中表明表演者身份权利的侵犯。同时，双方上诉均针对一审判决确认的赔偿数额提出异议。为此，二审审理的焦点问题集中在北京人艺作为演出单位是否享有表演者权中的表明身份的权利，针对删除前三屏内容的行为应当如何定性及承担怎样的民事责任，其中包括赔偿数额的确定等几个方面。具体阐述如下：

一、针对上海聚力公司删除前三屏内容的行为的认定

本案中，对PPTV视频网站中搜索查看相关网页及观看《窝头会馆》的过程进行证据公证是在2017年11月28日，该视频于一审开庭前已删除。被诉侵权行为发生在2010年著作权法适用期间。而二审受理时，2020年修正的《中华人民共和国著作权法》（以下简称2020年著作权法）已经施行。根据《中华人民共和国立法法》（以下简称《立法法》）第八十四条规定，法律、行政法规、地方性法规、自治条例和单行条例、规章不溯及既往，但为了更好地保护公民、法人和其他组织的权利和利益而作的特别规定除外。可见，法律适用以不溯及既往为原则，但也有例外。正基于此，本案二审审理涉及新旧法律的选择适用问题。

2010年著作权法第三十七条第一款规定："使用他人作品演出，表演者（演员、演出单位）应当取得著作权人许可，并支付报酬。演出组织者组织演出，由该组织者取得著作权人许可，并支付报酬。"《著作权法实施条例》第五条第（六）项规定，著作权法和本条例中表演者，是指演员、演出单位或者其他表演文学、艺术作品的人。2010年著作权法第三十八条第一款规定："表演者对其表演享有下列权利：（一）表明表演者身份；（二）保护表演形象不受歪曲；（三）许可他人从现场直播和公开传送其现场表演，并获得报酬；（四）许可他人录音录像，并获得报酬；（五）许可他人复制、发行录有其表演的录音录像制品，并获得报酬；（六）许可他人通过信息网络向公众传播其表演，并获得报酬。"根据2010年著作权法及其实施条例的规定，表演者不仅包括自然人演员，也包括演出单位，并且法律未对演出单位所享有的表演者权利类型作出特殊限制。从文义上可以直接得出结论，演出单位享有2010年著作权法第三十八条所规定的表演者的六项权利。即北京人艺作为演出单位不仅享有表演者权中的财产权利，也同样享有表明表演者身份的人身权利。2010年著作权法的立法背景下，表明表演者身份的权利虽然属于著作人身权，但其性质并非一审判决所认定的仅能专属于自然人的权利，如同法人作为著作权人所享有的部分种类的著作权人身权亦为著作权法所认可。一审判决在适用2010年著作权法的基础上，认为"表明表演者身份的权利"仅能由自然人演员享有，进而否认了北京人艺作为演出单位享有的表明表演者身份的权利，属于错误地适用了法律，本院予以纠正。

但不能否认，从国际公约的规定进行考察，表演者通常是从事表演活动的自然人。表演者权基于表演者的表演而产生。也就是说，演出过程中呈现出来的灯光、音像、舞美设计等不是表演者权保护的范围，同时，在表演者的舞台表演之外，对包含情节设定、台词、灯光、舞美的“整台演出”不能另行设立表演者权，否则与公约设定的表演者权的含义是不符合的。2010 年著作权法规定演出单位可以作为表演者享有表演者权，解释为是关于多人参与同一表演时的表演者权利归属和行使方式的特殊规定才更符合表演者权的基本含义，不能解释为演员和演出单位可以同时享有表演者权，而扩大表演者权产生的根据。北京人艺主张在演员个人表演之外，北京人艺享有表演者权，意味着赋予演出单位对“整台演出”享有表演者权，扩大了表演者权的产生基础，故不能支持。

2012 年 6 月，在我国缔结的《视听表演北京条约》中定义的表演者是演员、歌唱家、演奏者、舞蹈者和其他演出、歌唱、讲述、朗诵、演奏、诠释或以另外方式表演文学或艺术作品或民间文艺表达形式的人。与之相应，在 2020 年修订著作权法时，也不再将演出单位规定为表演者。

但是，如果仅仅因为适用 2010 年著作权法而认为演出单位有表明表演者身份的权利应当保护，不阐释 2020 年著作权法进行了怎样的相应调整，回避对演出单位相应的权利如何保护之探究，不仅不利于旧法与新法的衔接适用，也不利于对演出单位权利的保护。况且，根据《立法法》第八十四条确立的原则，如果新法属于为了更好地保护公民、法人和其他组织的权利和利益而作的特别规定，则可以突破法不溯及既往的一般适用原则，适用新法。为此，不能回避对 2020 年著作权法相应条款的阐释。

2020 年著作权法第三十八条规定：“使用他人作品演出，表演者应当取得著作权人许可，并支付报酬。演出组织者组织演出，由该组织者取得著作权人许可，并支付报酬。”在表演者后面不再有 2010 年著作权法中“表演者（演员、演出单位）”这样的表述。同时，2020 年著作权法第四十条增加了职务表演方面的规定：“演员为完成本演出单位的演出任务进行的表演为职务表演，演员享有表明身份和保护表演形象不受歪曲的权利，其他权利归属由当事人约定。当事人没有约定或者约定不明确的，职务表演的权利由演出单位享有。”该规定中，不仅明确演员是表演者，而且明确地将表演者权划分为“表明表演者身份和保护表演形象不受歪曲的权利”和“其他权利”。无论是约定还是没有约定以及约定不明确，演出单位能享有的是“表明表演者身份和保护表演形象不受歪曲的权利”之外的“其他权利”。演出单位通过职务表演规定获得“其他权利”的同时，为有效的对外彰显权利主体身份，促进演出质量和水平提升，2020 年著作权法第五十三条第（七）项规定的内容，在 2010 年著作权法第四十八条第（七）项涉及权利管理电子信息的作品和录音录像制品基础上，增加了“表演”，即“故意删除表演权利管理信息”的，应当承担民事责任，为演出单位权利管理信息保护提供了更为明确的法律保护依据。也就是说，根据2020年著作权法的规定，演出单位虽然不能享有表演者权中的表明表演者身份等人身属性的权利，但通过职务表演规定，演出单位可以获得表演者权中的财产性权利，并通过加强对权利管理信息的保护，为演出单位对外彰显权利主体身份提供了保障。

结合本案，《窝头会馆》话剧演出录像开头部分包括的“北京人民艺术剧院”、版权侵权“警告”以及“话剧窝头会馆北京人民艺术剧院演出”。“北京人民艺术剧院”的标注无论是依据2010年著作权法还是2020年著作权法，都属于录像制品权利管理信息的范畴；而“话剧窝头会馆北京人民艺术剧院演出”的标注依据2010年著作权法属于表明表演者身份的范畴，依据2020年著作权法则属于表演权利管理信息的范畴。2010年著作权法与2020年著作权法，对演出单位权利的保护方式虽有不同，但针对删除上述信息、割裂演出单位与演出作品之间的联系的行为均规定属于侵权行为，应承担民事责任。

二、上海聚力公司应当承担的民事责任

依据2010年著作权法的规定，演出单位可以作为表演者并享有“表明身份”的权利，该项权利属于人身性权利，根据2010年著作权法第四十八条第（三）项规定，除另有规定外，未经表演者许可，复制、发行录有其表演的录音录像制品，或者通过信息网络向公众传播其表演的，应当根据情况，承担停止侵害、消除影响、赔礼道歉、赔偿损失等民事责。一审判决未支持北京人艺关于消除影响的请求违反法律规定，本院予以纠正。

2020年著作权法对演出单位对外彰显权利主体身份的保障是通过保护表演者权利管理信息实现的，而权利管理信息并非人身性权利，擅自删除权利管理信息是否应当承担消除影响的民事责任，则取决于消除影响的责任方式适用的范围。民事责任的基本原则是填平原则，使受损害的权利恢复到损害发生前的状态。消除影响这一责任方式从其作为民事责任方式出现在《中华人民共和国民法通则》开始，始终与恢复名誉捆绑在一起，而恢复名誉显然是针对侵害人身权的民事责任。所以，久而久之，实践中将两者作为一体当成了针对侵害人身权而承担的民事责任。但是，与恢复名誉不同，消除影响的责任方式中并没有明显的如同“名誉”这样的权利类型指代，其功能在于通过公开对侵权行为进行纠正，消除社会公众误解，并防止误解的进一步扩大。相比“恢复名誉”责任方式，“消除影响”应该有更为广泛的适用空间。这既是消除影响和恢复名誉的责任方式区别于金钱赔偿的特殊功能，也是“消除影响”与“恢复名誉”两者之间的区别。在适用2020年著作权法的前提下，删除权利管理信息虽侵害的不是人身权，但权利管理信息具有标明权利人、声明权利以及公示使用条件的功能，删除权利管理信息客观上割裂了权利人与表演之间的联系。从删除权利管理信息的侵权行为所造成的后果看，亦需要通过公开方式予以纠正，从而恢复建立公众眼中权利人与演出作品之间的联系。因此，针对删除权利管理信息的侵权行为人，没有理由不适用消除影响的民事责任方式。

比较 2020 年著作权法和 2010 年著作权法，对于演出单位权利的保护侧重点和保护路径虽有不同，但是均承认和保护演出单位基于演出的投入、筹备、组织、排练等所应获得的权利，也为演出单位对外彰显权利主体身份作出了相应的制度设计。从保护范围和责任方式上看，2020 年著作权法相关条款的修改并没有弱化对演出单位权利的保护。

此外，上海聚力公司未经许可，在其经营的 PPTV 网站中，通过信息网络传播涉案话剧表演，使相关公众可以在选定的时间和地点获得涉案话剧表演，侵害了北京人艺作为表演者享有的“许可他人通过信息网络向公众传播其表演，并获得报酬的权利”。北京人艺主张权利的涉案录像制品系其组织对其现场表演进行录制并制作，根据该制品出版方的声明及制品署名，在没有相反证据的情况下，一审法院依法确认北京人艺系涉案《窝头会馆》录像制品的录像制作者是正确的，上海聚力公司关于北京人艺并非《窝头会馆》录像制品的录像制作者的抗辩理由，本院不予采纳。上海聚力公司未经北京人艺许可，通过信息网络传播涉案录像制品，使相关公众可以在选定的时间和地点获得该制品，侵害了北京人艺作为录像制作者享有的“许可他人通过信息网络向公众传播其表演，并获得报酬的权利”，依法应当承担相应的侵权责任。

根据 2010 年著作权法第四十九条规定：“侵犯著作权或者与著作权有关的权利的，侵权人应当按照权利人的实际损失给予赔偿；实际损失难以计算的，可以按照侵权人的违法所得给予赔偿。赔偿数额还应当包括权利人为制止侵权行为所支付的合理开支。权利人的实际损失或者侵权人的违法所得不能确定的，由人民法院根据侵权行为的情节，判决给予五十万元以下的赔偿。”结合本案，《窝头会馆》话剧具有较高知名度和艺术价值，属于北京人艺排演的经典话剧节目之一，具有极高艺术价值，作为我国话剧表演历史上的经典之作，理应获得更加充分的保护。北京人艺作为演出单位，创作、排演该话剧付出较高成本，话剧推向市场以来取得良好的经济效益和社会效益；被诉侵权视频上传时间至迟为 2010 年 6 月，距离《窝头会馆》话剧演出时间不长，处于《窝头会馆》话剧演出关注度以及热度较高的时间段；被诉侵权视频完整呈现了《窝头会馆》表演的全部内容，对《窝头会馆》表演和录像制品具有较高替代性；视频播放量达到 195769 次，上海聚力公司基于侵权行为获得了较大的流量关注。并且，PPTV视频网站在完整呈现《窝头会馆》话剧演出的同时，还有意删除了与北京人艺相关的表演者身份信息和权利管理信息，主观恶意比较明显。为此，一审判决确定的赔偿数额明显偏低。二审中北京人艺补充提交了与律师事务所签署的维权合同，该合同与增值税发票相互印证，本院对律师费用予以支持。北京人艺进行了公证取证，并提供了公证费用发票，一审判决支持公证费支出并无不当，上海聚力公司的相关上诉理由本院不予支持。

综上所述，对于北京人艺的上诉请求，予以支持；对于上海聚力公司的上诉请求，不予支持。依照2010年修正的《中华人民共和国著作权法》第四十八条第（三）项、第（四）项，第四十九条，《中华人民共和国民事诉讼法》第一百七十条第一款第（二）项规定，判决如下：

一、撤销北京互联网法院（2019）京0491民初32469号民事判决；

二、上海聚力传媒技术有限公司于本判决生效之日起十日内赔偿北京人民艺术剧院经济损失500000元及律师费50000元，公证费11360元；

三、上海聚力传媒技术有限公司于本判决生效之日起十日内在PPTV网站首页显著位置，连续七日刊载声明消除影响（声明内容须经本院审核，逾期不履行，本院将在一家全国发行的报纸上刊登判决书有关内容，费用由上海聚力传媒技术有限公司负担）；

四、驳回北京人民艺术剧院其他诉讼请求；

五、驳回上海聚力传媒技术有限公司的上诉请求。

如果未按本判决指定的期间履行给付金钱义务，应当依照《中华人民共和国民事诉讼法》第二百五十三条规定，加倍支付迟延履行期间的债务利息。

二审案件受理费9413元，由北京人民艺术剧院负担1300元（已交纳），上海聚力传媒技术有限公司负担8113元（已交纳1584元，剩余部分于本判决生效后十日内交纳）。

本判决为终审判决。

审 判 长 张晓霞
审 判 员 李志峰
审 判 员 宋 鹏

二〇二一年十二月二十八日

法官助理 高瞳辉
书 记 员 刘晓婉

丁少芃

北京市第一中级人民法院

北京市第一中级人民法院团河人民法庭四级高级法官，中国政法大学法学学士及国际经济法硕士。荣立个人三等功两次，获优秀嘉奖四次、单项嘉奖两次。2019年获评北京市第五届民事审判业务标兵。承办的两起二审案件分别获评最高人民法院“人民法院贯彻实施民法典典型案例（第二批）”第七例、北京法院参阅案例第70号，以及最高人民法院“老年人权益保护第二批典型案例”第五例。撰写的十篇案例入选本院精品案例，其中五篇入选中国法院年度案例、两篇获评最高人民法院优秀案例。获全国法院系统学术讨论会三等奖两次，获最高人民法院及北京市高级人民法院其他各级学术征文奖项共计六次。先后获评本院审判质量奖、调研工作先进个人等荣誉。

点评辞

本案系在北京市委规划自然资源领域专项巡视高尔夫球场违规超标准用水问题背景下，由供水方向用水方追缴高尔夫球场灌溉特殊行业用水差价3.5亿元的供用水合同纠纷一审案件。被告对原告主体资格、合同履行状态、诉请超过时效、原告举证力度等多方面提出抗辩。本案裁判文书对双方证据逐一列明并认证，全面客观记载了调查取证及现场勘验等审理程序，事实认定逻辑清晰、内容充分翔实，法律适用及参照规范明确，裁判结果计算过程明晰，能够实现当事人及二审法院通过一审判决即对全案知悉的效果。

本案裁判文书能够体现人民法院对民事诉讼证明义务的明确分配，亦能够对双方证据逐一列明并认证，以开示各自的证明标准；既涉及对诉讼主体及案外主体过往合同沿革的梳理，又涉及对争议法律关系及效力认定过程中文义解释、体系解释的法理运用，体现了人民法院对水资源国有资产及社会公共利益的保护，以及对当事人履约信赖利益的平衡。

北京市第一中级人民法院
民事判决书

（2020）京01民初503号

原告：北京市响潭地表水再生水处理利用有限公司（原北京市响潭地表水再生水处理利用中心），住所地北京市昌平区南口镇响潭水库。

法定代表人：尹怀庆，执行董事。

委托诉讼代理人：李文艳，北京市易和律师事务所律师。

委托诉讼代理人：李小琪，北京市易和律师事务所实习律师。

被告：北京华彬庄园绿色休闲健身俱乐部有限公司，住所地北京市昌平区土楼乡南口农场场部院内。

法定代表人：严丹骅，董事长。

委托诉讼代理人：伍昉，北京市中伦律师事务所律师。

委托诉讼代理人：吴志珍，北京市中伦律师事务所律师。

原告北京市响潭地表水再生水处理利用有限公司（原北京市响潭地表水再生水处理利用中心，以下简称响潭有限公司）与被告北京华彬庄园绿色休闲健身俱乐部有限公司（以下简称华彬庄园有限公司）供用水合同纠纷一案，本院于2020年11月20日立案后，依法适用普通程序，公开开庭进行了审理。原告响潭有限公司之委托诉讼代理人李文艳、李小琪，被告华彬庄园有限公司之委托诉讼代理人伍昉、吴志珍到庭参加诉讼。本案现已审理终结。

原告响潭有限公司向本院提出诉讼请求：（1）判令被告向原告支付欠付水费人民币306617513.2元及至实际支付日的滞纳金（滞纳金暂计人民币41751914.88元），暂合计348369428.08元。（2）判令本案诉讼费用由被告承担。诉讼过程中，响潭有限公司变更诉讼请求：（1）判令被告向原告支付欠付水费人民币306547897.7元及至实际支付日的滞纳金（滞纳金暂计人民币41742586.4元），暂合计348290484.1元。（2）判令本案诉讼费用由被告承担。事实与理由：原告与被告系供用水合同关系，被告系以高尔夫为主营业务的公司，原告自2008年起向被告供水，被告向原告交付水费。北京市水务局、北京市市场监督管理局、国家税务总局北京市税务局2020年5月15日《关于落实巡视整改要求规范高尔夫球场取水用水管理工作的意见》（京水务资〔2020〕31号）第二条“严格特殊行业水资源费税征缴”要求：2014年5月1日至2017年11月30日，球场取用自来水、自备井水、地表水用于球场灌溉的执行特殊行业水价标准；用于球场办公、餐饮、会所等配套服务设施用水的执行非居民水价标准；2017年12月1日后，按照《北京市水资源税改革试点实施办法》（京政发〔2017〕36号）、《北京市发展和改革委员会关于本市水价有关问题的通知》（京发改〔2018〕115号）规定，球场取用城镇公共供水、地表水、地下水用于球场灌溉的执行特殊行业水价标准，用于球场办公、餐饮、会所等配套服务设施用水的执行非居民水价标准。同时，该意见还要求，对于拖欠水资源费、污水处理费的球场，应依法追缴。2020年5月28日，原告收到北京市昌平区人民政府节约用水办公室（以下简称昌平区节水办）的〔2020〕昌节字第2号《告知函》，按照该告知函，被告华彬庄园有限公司2014年5月至2017年11月用水量为2016678立方米，2018年用水量为77180立方米。据上，2020年6月2日原告与被告面谈，并于2020年6月17日送达《水费补缴通知书》，告知自2014年5月1日至2018年12月31日被告用水中属于特殊行业用水的水量为2093858立方米，应补交特殊行业水费。为维护公用事业秩序、维护国计民生，维护原告合法利益，特向贵院起诉，请法院依法判如所请！变更后的诉请构成明细如下：诉请第一项欠付水费本金为，160元/立方米×总用水量2093858立方米=335017280元，减去第一阶段2014年5月1日至2014年12月31日已缴水费4963665.85元（7.15元/立方米×694219立方米），减去第二阶段2015年1月1日至2016年4月30日已缴水费7293296.45元（8.15/立方米×894883立方米），减去第三阶段2016年5月1日至2018年12月31日已缴水费4542804元（9元/立方米×504756立方米），再减去已缴税款11669616元=306547897.7元。诉请第二项滞纳金分为两个阶段，第一阶段系以318217513.7元（欠付本金306547897.7元+已缴税款11669616元）为基数按照日千分之一计算，自2020年7月8日至9月3日共57天，第一阶段滞纳金计为18138398.28元；第二阶段系以诉请的欠付水费本金306547897.7元为基数按照日千分之一计算，自2020年9月4日（收到11669616元税款之日）至实际支付之日止，暂计算自2020年9月4日至11月19日共计77天（本案起诉之前一日），第二阶段滞纳金暂计为23604188.12元。

被告华彬庄园有限公司辩称，请求驳回原告响潭有限公司的全部诉讼请求，判令由原告响潭有限公司承担本案全部诉讼费用。事实和理由：响潭有限公司与华彬庄园有限公司之间并无供水合同关系，响潭有限公司并非本案的适格原告，其起诉应予驳回。北京市昌平区响潭水库管理处（以下简称水库管理处）与华彬庄园有限公司于2001年3月25日签署《供水协议书》，于2007年7月13日签署《补充协议书》，对协议供水及相关水价进行了约定，相关合同履行多年且合同项下的权利义务并未发生转移。水库管理处系非财政补助（自收自支）事业单位，具有独立的民事主体地位，其与华彬庄园有限公司签订的《供水协议书》及《补充协议书》真实、合法、有效。原告响潭有限公司成立于2008年，系水库管理处全资设立的全民所有制企业，其与水库管理处均有独立的法人主体资格。原告响潭有限公司与华彬庄园有限公司之间并未签订任何合同，并无供水合同关系。原告响潭有限公司妄图通过举证向华彬庄园有限公司开具发票以主张双方存在事实上的供水合同关系，但事实上水库管理处在履行供水协议的过程中也以自身名义向华彬庄园有限公司收取供水相关费用并开具发票，可见水库管理处始终未退出供用水合同关系。原告响潭有限公司虽有代水库管理处收取水费的行为，但仅系代收，《供水协议书》及《补充协议书》项下权利义务并未发生转移，水库管理处仍为合同主体。因此，响潭有限公司并非合同主体，其并非本案的适格原告，无权提起本案诉讼，起诉应予驳回。具体答辩意见如下：

第一，水库管理处与华彬庄园有限公司之间系平等的民事合同关系，20多年来双方均按照《供水协议书》约定履行各自义务，履约多年不持异议。华彬庄园有限公司与水库管理处签署《供水协议书》时，经双方协商一致，将水费价格约定为0.6元/立方米，在长达20余年的履约过程中，水费价格曾有多次调整，但均系双方一致认可，并且根据双方签署的《补充协议书》，水库管理处再次确认相关水费单价的约定系有效商业安排，不受行政干预影响。包括2014年4月8日北京市发展和改革委员会（以下简称北京市发改委）发布《关于调整北京市非居民用水价格的通知》（京发改〔2014〕884号）调整特殊行业用水、非居民用水水价标准后，水库管理处通过发送《关于华彬庄园水费调整通知》的书面形式，明确华彬庄园有限公司用水非特殊行业用水，而系非居民用水，适用非居民用水单价标准，即华彬庄园有限公司用水自2014年5月起，水价为7.15元/立方米；自2015年1月1日起，水价为8.15元/立方米。华彬庄园有限公司在认可前述书面通知的水费标准后，按此标准缴纳水费，双方自2014年起履约多年不持异议。因此，在《供水协议书》实际履约过程中采用的水费单价，属于双方根据实际供用水情况，本着平等自愿原则形成的意思合意，履行多年来并不存在争议。

第二，华彬庄园有限公司含有多种不同业态，高尔夫球场仅占总面积约1/4。根据相关规定及原告的举证，仅球场灌溉部分才对应适用特殊行业用水水价（160元/立方米），而其他经营业态均不应适用特殊行业用水水价。华彬庄园有限公司经营业态多样，包括农业设施（含大棚、菜地、果园、有机试验草坪）、园林绿化、建筑设施、市政设施、林业设施（含庄园自植林地、政府平原造林）及人工湖节水工程等，高尔夫球场仅占华彬庄园有限公司总面积约四分之一，高尔夫球场的运营用水仅占华彬庄园有限公司用水总量的一小部分。根据原告提交的证据《关于落实巡视整改要求规范高尔夫球场取水用水管理工作的意见》的表述：球场取用自来水、自备井水、地表水用于球场灌溉的执行特殊行业水价标准；用于球场办公、餐饮、会所等配套服务设施用水的执行非居民水价标准。因此，华彬庄园有限公司占地约3/4面积的其他业态用水及球场范围内的配套服务设施用水均属于非球场灌溉用水，不应适用特殊行业用水水价。并且，华彬庄园有限公司将企业发展与生态修复相结合，回填土方2500多万立方，绿化改造3350多万平方米，种植苗木1000多万株，彻底扭转了地表裸露、水土流失的局面，将6000多亩的沙荒地改造成一片绿洲。华彬庄园有限公司因此被评为北京市防沙治沙先进单位、首都绿化美化花园式单位。在华彬庄园有限公司占地范围内，共有488亩平原造林地系2013年马池口镇平原造林项目，该等苗木的产权归政府所有，但该等造林项目的苗木多年来也均由华彬庄园有限公司无偿代政府进行浇灌和维护。因此，华彬庄园有限公司的用水有很大一部分用于无偿替政府养护平原造林苗木、沙荒治理及其他业态。

第三，高尔夫球场灌溉用水来源为污水处理中水及雨水收集，根据有关规定，球场灌溉使用雨水及回收使用中水均不适用160元/立方米的特殊行业用水标准，水库管理处了解华彬庄园有限公司高尔夫球场用水的实际情况，因此在认可华彬庄园有限公司球场用水自给自足的基础上，于2014年北京市发改委调整水价后，仍书面通知华彬庄园有限公司按非居民用水价格7.15元/立方米收费。华彬庄园有限公司内部建设有多处污水处理设施、雨水收集设施，华彬庄园有限公司每年雨水收集与处理中水为82.72万立方米到130.61万立方米，球场年灌溉用水为55.5万立方米到69.4万立方米，收集的雨水及回用中水，可以完全满足高尔夫球场的灌溉需求。收集的雨水并不属于《取水许可和水资源费征收管理条例》（国务院令第460号）的征管范围，并且根据《关于水资源费征收标准有关问题的通知》（发改价格〔2013〕29号），“对取用污水处理回用水免征水资源费”，故使用雨水及回用中水均不适用160元/立方米的特殊行业用水标准。因此，在北京市发改委发布《关于调整北京市非居民用水价格的通知》调整特殊行业用水与非居民自来水、自备井供水价格后，水库管理处基于十几年来华彬庄园有限公司用水的实际情况，于2014年5月

30 日发送《关于华彬庄园水费调整通知》，明确华彬庄园有限公司用水单价采用非居民用水标准 7.15 元/立方米执行，即对华彬庄园有限公司的高尔夫业态用水能够自给自足的情况下，认可华彬庄园有限公司所用水性质为非居民用水，而非用于高尔夫球场的特殊行业用水。

第四，原告对诉请的欠缴水费、滞纳金的金额未提交相应证据，不应予以支持。原告主张被告欠缴水量为 2093858 立方米的特殊行业用水水费，而提交的相应证据仅仅是 2014 年 1 月 1 日至 2018 年 12 月 31 日的《对公活期账户交易明细》，没有提交任何有关用水量的计量证明和计算方式的说明。并且原告对于特殊行业用水量的计算均为根据已缴水费交易明细，除以适用水费单价进行倒算得出，所有交易明细记录均未能有效区分华彬庄园有限公司的高尔夫球场灌溉用水或其他用途用水，明显存在举证不足及计算依据不足的问题。同时，供用水双方当事人并未在《供水协议书》中或以其他方式就滞纳金适用标准进行任何约定，因此原告诉请水费、滞纳金的证据不足，不应予以支持。

第五，按月结算的欠缴水费已经超过诉讼时效，不应予以支持。根据《最高人民法院关于适用〈中华人民共和国民法典〉时间效力的若干规定》，本案系《民法典》施行前的法律事实引起的民事纠纷案件，适用当时的法律、司法解释的规定。原告诉请的相关法律事实发生于 2014 年 5 月至 2017 年 11 月之间，应分别适用当时《中华人民共和国民法通则》及《中华人民共和国民法总则》中关于诉讼时效 2 年和 3 年的规定。并且，根据水库管理处与华彬庄园有限公司签署的《供水协议书》，约定每月单独结算水费，每月供水量和支付的水费相互独立，属于定期给付的双务合同债务，应当单独使用诉讼时效的计算区间。换言之，原告于 2020 年 11 月 20 日提起本案诉讼，而华彬庄园有限公司根据《供水协议书》约定应于每月 4 日计算诉讼时效，则最后一期 2017 年 11 月的水费诉讼时效至 2020 年 11 月 4 日也已经届满。综上，应当按月结算的欠缴水费已经超过诉讼时效，不应予以支持。

第六，水库管理处与华彬庄园有限公司签署的《供水协议书》一直履约至今，协议并未变更、解除，原告与被告不可能对同一标的物形成事实合同关系，2008 年水库管理处收取费用后开具收据，没有正式发票，原告与被告以及水库管理处从未协商变更《供水协议书》，原告只是为了开具合法发票而设立，实际供水合同的履行主体仍是水库管理处，包括供水、变更水价等。水库管理处在 2008 年 7 月后虽然没有直接向被告收取水费，但是根据被告提交的证据九，水库管理处仍向被告直接收取与供水有关的其他费用，并直接收取相关管理费，部分月份开具的票据先由原告盖章后经涂改后再由水库管理处盖章等证据和事实，进一步说明水库管理处与原告存在人员混同和资金混同，原告只是代收款和代开票方，并非合同主体。

第七，针对被告支付的11669616元款项的性质，根据付款申请单的内容，该款项内容是暂借原告水资源税，并且有原告工作人员常某的签字，该款项的性质是借款，并且不能作为被告认可应该补交水费的依据，被告以借款方式向原告支付11669616元，是为了避免原告欠税而承担法律责任，为了保证原告供水，原告在收钱时也明确了该款项。发票系原告单方制作并填写项目明细，不能以开发票为由否认借款真实性，不予归还。原告提交的相关聊天记录，常某的证人证言没有出庭质证，不予认可。11669616元金额恰恰是昌平区节水办要求原告支付的数字，进一步证明被告借款用于帮助原告支付水资源税的背景是真实，2014～2018年水费的缴纳被告均是通过银行汇款的方式进行的，而本次11669616元的借款是特别要求原告工作人员亲自到被告处领取支票并签署付款申请单，付款方式的特殊性更足以证明该款项是特殊的借款性质，而非一般的水费补交。

综上所述，响潭有限公司非本案适格原告，其起诉应予驳回，并且其诉请没有事实依据和法律依据，请求法院依法予以驳回，以维护华彬庄园有限公司的合法权益。

本院经审理查明，当事人围绕诉讼请求及答辩意见分别向本院提交了证据，本院组织当事人进行了证据交换和质证。

一、原告响潭有限公司向本院提交如下证据

证据一：《华彬庄园高尔夫球场红线范围示意图》原件1页，证明事项：北京市规划和自然资源委员会昌平分局出具的《华彬庄园高尔夫球场红线范围示意图》对华彬庄园有限公司高尔夫球场用水的范围进行划定。根据该示意图，红线范围内的用水都属于高尔夫行业用水；根据《北京市水务局、北京市市场监督管理局、国家税务总局北京市税务局关于落实巡视整改要求规范高尔夫球场取水用水管理工作的意见》（京水务资〔2020〕31号）的规定，红线范围内除用于球场办公、餐饮、会所等配套服务设施用水的执行非居民水价标准以外，所有用水均应当执行特殊行业用水水价。

华彬庄园有限公司发表质证意见如下：不认可该证据的真实性、合法性、关联性及证明事项。该证据虽名为红线图，但指示内容不清晰，无法看清红线的具体范围。从该示意图体现的区域来看，不仅包括了华彬庄园有限公司的整体经营范围，甚至还涵盖了华彬庄园有限公司经营范围之外邻近的地块。同时，华彬庄园有限公司不仅仅经营高尔夫球场，还包括其他许多经营业态，具体有足球、马术、果园、露天菜地、大棚种植、平原造林、庭院园林绿地、酒店住宿、餐饮、会议接待、冰雪运动及人工湖等。高尔夫球场仅占华彬庄园有限公司总体经营面积约1/4。该证据无法得出原告所主张“红线范围内的用水都属于高尔夫行业用水”之结论，并且原告也确认了用于球场办公、餐饮、会所等配套服务设施用水的执行非居民水价标准。因此，在整个华彬庄园有限公司经营范围内仅有约占总面积1/4的球场灌溉部分才应执行特殊行业用水水价，其他经营业态不应执行特殊行业用水水价。从证据形式的角度看，该示意图虽有北京市规划和自然资源委员会昌平分局盖章，但未标明出具时间，且未对红线范围划定的背景以及示意图的具体用途进行明确，其图例所述“处罚范围”所针对的处罚事项更不知具体是什么内容，无法体现与本案的关联性，无从证明原告的主张。根据原告证据中有关内容，球场取用自备井水、地表水用于球场灌溉的执行特殊行业水价标准，用于球场办公、餐饮、会所等配套服务设施用水的执行非居民水价标准，并没有规定除用于球场办公、餐饮、会所等配套服务设施用水外，“红线范围内”其他用水均应当执行特殊行业用水水价。

本院经审查认为，《华彬庄园高尔夫球场红线范围示意图》图例载明为“处罚范围”，未能体现出该红线图的出具时间及出具目的，不能反映华彬庄园有限公司高尔夫球场的面积数据以及特殊行业用水量的具体数据，与本案争议问题不具有关联性，本院对此份证据不予认定。

证据二：《对公活期账户交易明细》《2014年5月至2018年11月（含特行用水）水费银行对账单梳理表》，原件共计48页，证明事项：响潭有限公司与华彬庄园有限公司之间系供用水合同关系，华彬庄园有限公司经营高尔夫球场，响潭有限公司向华彬庄园有限公司供水，华彬庄园有限公司向响潭有限公司交纳水费。经核对银行对账单，2014年5月1日至2018年11月，响潭有限公司向华彬庄园有限公司全部供水量共计4919539.388立方米，包含全部特殊行业用水水量共计2093858立方米。

华彬庄园有限公司发表质证意见如下：对于该证据的真实性、合法性、关联性予以认可，但不认可证明事项。该证据不能证明响潭有限公司与华彬庄园有限公司存在供用水合同关系，而恰恰相反，水库管理处与华彬庄园有限公司于2001年3月25日签署《供水协议书》并履行多年且合同项下的权利义务并未发生转移，水库管理处仍为合同主体，响潭有限公司虽有代水库管理处收取水费的行为，但仅系代收，响潭有限公司与华彬庄园有限公司之间并未签订任何合同，并无供水合同关系。并且响潭有限公司制作的《2014年5月至2018年11月（含特行用水）水费银行对账单梳理表》恰恰可以证明被告提交的水库管理处发送《关于华彬庄园水费调整通知》真实有效，因为自2014年5月之后，双方按照水库管理处发送《关于华彬庄园水费调整通知》明确的水费单价进行实际履约，并且多年来未发生任何异议。该证据《对公活期账户交易明细》之前所附的《2014年5月至2018年11月（含特行用水）水费银行对账单梳理表》系响潭有限公司单方制作，其中用水量数据来源依据不明，很可能直接由付款金额、执行单价进行倒算推导，且有关数据存在前后不一致的问题。响潭有限公司主张2014年5月1日至2018年11月全部供水量共计4919539.388立方米，该数据与响潭有限公司提交的《水费补缴通知书》中所载的供应地表水共计3009429立方米存在较大出入。并且仅通过银行对账单，无从得出特殊行业用水水量为2093858立方米的情况，响潭有限公司并未说明相关特殊行业用水水量计量来源的依据。

本院经审查认为，华彬庄园有限公司对《对公活期账户交易明细》的真实性、合法性、关联性予以认可，本院不持异议并予以认定，但该证据中付款摘要内容既包括“生活用水”，又包括“环境用水”等用途，也包括未做具体用途标注的“水费”，尽管双方对于付款笔数和金额无异议，但通过已付金额亦无法推算和区分出用于球场灌溉特殊行业用水的具体数量，故本院对该证据的证明事项不予认定。

证据三：京水务资函〔2020〕2号《北京市水务局关于征求高尔夫球场取用水行为管理等工作意见的函》（以下简称京水务资函〔2020〕2号文）原件共计6页。

证据四：昌政函〔2020〕60号《北京市昌平区人民政府关于征求规范高尔夫球场取用水行为管理等工作意见的复函》（以下简称昌政函〔2020〕60号复函）原件共计2页。

证据三和证据四的共同证明事项：2020年2月25日，根据北京市委规划自然资源领域专项巡视关于高尔夫球场存在违规超标准用水现象问题，北京市水务局组织相关的13个区政府对全市所有64家高尔夫球场取用水情况进行全面调查的基础上，针对主要问题，起草了《北京市水务局关于落实巡视整改要求规范高尔夫球场取水用水管理工作的意见（征求意见稿）》，并向北京市发改委、北京市市场监督管理局、北京市税务局、各有关区政府发函征求意见。北京市昌平区人民政府（以下简称昌平区政府）对京水务资函〔2020〕2号文征询事项作出昌政函〔2020〕60号复函。根据该复函可知，昌平区政府认为对于高尔夫球场采用水利工程供水方式取用地表水，按照水利工程供水收取水资源费，2014年5月1日至2017年11月30日水利工程供水资源费征收标准全市不明确。

华彬庄园有限公司发表质证意见如下：对证据三和证据四的真实性、合法性、关联性予以认可，对证明事项有所补充。昌平区政府确认在2014年5月1

日至2017年11月30日，水利工程供水的水资源费征收标准在全市范围内均不明确。本案华彬庄园有限公司用水系来源于水库管理处筹建的水利工程供水，存在适用标准不明确的情况。《北京市发展和改革委员会关于印发北京市定价目录的通知》（京发改规〔2015〕1号）明确水利工程由供方与终端用户通过协议明确由双方协商定价的部分不适用政府定价，因此，昌平区政府建议2014年5月1日至2017年11月30日高尔夫球场的水费征收标准延续原标准不变。可见，华彬庄园有限公司与水库管理处之间在该期间内使用的水费标准不仅是双方认可的协商定价，并且不违反政府有关政策的规定。

本院经审查认为，华彬庄园有限公司对京水务资函〔2020〕2号文及昌政函〔2020〕60号复函的真实性、合法性、关联性均予以认可，未对证明事项提出异议，本院不持异议并予以认定。

证据五：北京市水务局、北京市市场监督管理局、国家税务总局北京市税务局于2020年5月15日发布《关于落实巡视整改要求规范高尔夫球场取水用水管理工作的意见》（京水务资〔2020〕31号，以下简称〔2020〕31号《意见》）原件共计6页，证明事项：北京市水务局、北京市市场监督管理局、国家税务总局北京市税务局就规范北京市高尔夫球场取用水管理工作，在征求各部门和区政府的意见的基础上联合发布〔2020〕31号《意见》；根据〔2020〕31号《意见》第二条，“严格特殊行业水资源费税征缴”要求：2014年5月1日至2017年11月30日，球场取用自来水、自备井水、地表水用于球场灌溉的执行特殊行业水价标准；用于球场办公、餐饮、会所等配套服务设施用水的执行非居民水价标准；2017年12月1日后，按照《北京市水资源税改革试点实施办法》（京政发〔2017〕36号）、《北京市发展和改革委员会关于本市水价有关问题的通知》（京发改〔2018〕115号）规定，球场取用城镇公共供水、地表水、地下水用于球场灌溉的执行特殊行业水价标准，用于球场办公、餐饮、会所等配套服务设施用水的执行非居民水价标准。同时，〔2020〕31号《意见》第二条第（九）项还要求：对于存在拖欠水资源费、污水处理费的球场，各区应当责令其在2020年5月31日前补缴，逾期不缴纳或未足额缴纳的，应依法追缴。

华彬庄园有限公司发表质证意见如下：对于该证据的真实性、合法性、关联性予以认可，并对响潭有限公司提出的证明事项有所补充。北京市发改委于2014年4月8日发布《关于调整北京市非居民用水价格的通知》（京发改〔2014〕884号）调整特殊行业用水、非居民用水水价标准之后，水库管理处于2014年5月30日以书面通知的形式，明确通知华彬庄园有限公司“依据现行水价政策结合目前水资源现状”，适用非居民用水单价标准，并且双方据此履约多年不持异议。其原因恰恰在于，水库管理处了解华彬庄园有限公司高尔夫球场用水的实际情况，认可华彬庄园有限公司高尔夫球场用水通过污水处理和雨水收集自给自足的基础上，认定华彬庄园有限公司的用水应使用非居民用水水价标准。

本院经审查认为，华彬庄园有限公司对〔2020〕31号《意见》的真实性、合法性、关联性均予以认可，未对证明事项提出异议，本院不持异议并予以认定。

证据六：昌平区节水办〔2020〕昌节函字第2号《告知函》原件1页，证明事项：根据该《告知函》可知，华彬庄园有限公司自2014年5月至2017年11月特殊行业用水水量为2016678立方米，2018年特殊行业用水水量为77180立方米，共计2093858立方米。结合〔2020〕31号《意见》关于追缴特殊行业水费的要求，响潭有限公司作为华彬庄园有限公司的实际供水单位，有权按照特殊行业用水水价向华彬庄园有限公司收取水费。

华彬庄园有限公司发表质证意见如下：对该证据的真实性、合法性、关联性及响潭有限公司提出的证明事项均不予认可。《告知函》系昌平区节水办出具给响潭有限公司的，根据《中华人民共和国水法》《水资源费征收使用管理办法》《北京市水资源费征收管理办法》的相关规定，取水单位是水资源费的缴纳义务人，而本案系民事主体之间的合同争议，《告知函》与华彬庄园有限公司无关。根据《取水许可和水资源费征收管理条例》规定，取水审批机关确定水资源费缴纳数额后，应当向取水单位或者个人送达水资源费缴纳通知单，取水单位或者个人应当自收到缴纳通知单之日起7日内办理缴纳手续；水资源费的缓缴期限最长不得超过90日，响潭有限公司未举证相关特殊行业用水量的计算依据及其实际缴纳水资源费的凭证，无权仅凭《告知函》向华彬庄园有限公司转嫁和“追缴”所谓水资源费。《告知函》不能直接用于证明本案中供用水双方的履约事实，响潭有限公司需要承担举证证明华彬庄园特殊行业用水量共计2093858立方米的证明责任，以及证明响潭有限公司是收费适格主体的证明责任。响潭有限公司在起诉状中主张的尚未支付水费金额与《告知函》载明的应补缴金额存在明显差异。

本院经审查认为，经本院调查核实，《告知函》系由昌平区节水办出具，本院对该证据的真实性、合法性与关联性予以认定，对该证据的证明事项是否成立将结合其他证据综合分析认定。

证据七：《授权书》、2020年6月2日《约谈笔录》、2020年6月17日《约谈笔录》、《水费补缴通知书》共计5页，均为原件。

证据八：《关于北京市响潭地表水再生水处理利用中心的回复函》原件

1 页。

证据九：华彬庄园有限公司 2020 年 9 月 4 日补缴 11669616 元水费的凭证原件共计 2 页。

证据七、证据八、证据九的共同证明事项：响潭有限公司收到〔2020〕31 号《意见》和《告知函》后，于 2020 年 6 月 2 日和 17 日分别约谈华彬庄园有限公司的工作人员安某，并于 2020 年 6 月 17 日向其直接送达《水费补缴通知书》，告知其自 2014 年 5 月 1 日至 2018 年 12 月 31 日特殊行业用水的水量为 2093858 立方米，应补缴特殊行业水费 318287129. 2 元。华彬庄园有限公司于 2020 年 7 月 22 日回复响潭有限公司，称华彬庄园有限公司已收到上述《水费补缴通知书》，正在积极与市水务部门、税务部门沟通、协商，表明华彬庄园有限公司认可上述欠缴水费事宜。2020 年 9 月 4 日，华彬庄园有限公司向响潭有限公司补缴 11669616 元水费。

华彬庄园有限公司发表质证意见如下：对证据七、证据八、证据九的真实性、合法性、关联性均予以认可，但对证明事项不予认可。响潭有限公司在证据九中表明华彬庄园有限公司于 2020 年 9 月支出 11669616 元，而响潭有限公司在起诉状中表述为华彬庄园有限公司只补缴了特殊行业水费 11808540 元，数额存在明显偏差。华彬庄园有限公司支出的 11669616 元并非代表认可响潭有限公司所诉称的特殊行业用水性质，也并非认可应由华彬庄园有限公司承担，仅系借款给水库管理处，避免水库管理处因高额税收滞纳金承担行政责任甚至刑事责任。同时，在华彬庄园有限公司支付前述款项的同时，响潭有限公司工作人员还签署了相关《付款申请单》，其付款说明记载为“暂借款响潭地表水再生水处理利用中心缴纳 2018 年水资源税”，并且有响潭有限公司工作人员常某的确认签字。

本院经审查认为，华彬庄园有限公司对证据七、证据八、证据九的真实性、合法性、关联性均予以认可，本院不持异议并予以认定，对证据九的证明事项是否成立将结合其他证据综合分析认定。

证据十：相关水费调整的规定共计 23 页，均为原件。

证据十之一：《北京市发展和改革委员会关于调整水价的通知》（京发改〔2004〕1517 号）。

证据十之二：《北京市发展和改革委员会关于调整北京市再生水价格的通知》（京发改〔2014〕885 号）。

证据十之三：《北京市发展和改革委员会关于北京市居民用水实行阶梯水价的通知》（京发改〔2014〕865 号）。

证据十之四：《北京市发展和改革委员会关于调整北京市非居民用水价格

的通知》（京发改〔2014〕884号）。

证据十之五：《北京市发展和改革委员会、北京市财政局关于调整北京市非居民用水价格的通知》（京发改〔2016〕612号）。

证据十之六：《北京市发展和改革委员会关于印发〈北京市定价目录〉的通知》（京发改规〔2015〕1号）。

证据十之七：《北京市发展和改革委员会关于印发〈北京市定价目录〉的通知》（京发改规〔2018〕2号）。

证据十证明事项：（1）关于特殊行业用水水费收取标准的规定，①2004年《北京市发展和改革委员会关于调整水价的通知》（京发改〔2004〕1517号）调整水费价格时并未将高尔夫球场用水纳入特殊行业用水，但明确规定按照供水方式（水利工程供水、转供水、自来水、中水）进行分类收费；②2014年《北京市发展和改革委员会关于调整北京市非居民用水价格的通知》（京发改〔2014〕884号）调整水费价格时，虽将高尔夫球场用水纳入特殊行业用水，但并未明确对何种供水方式按照160元的标准进行收费调整，故特殊行业水费收取标准不明确，对利用水利工程供水（地表水）供应高尔夫球场用水是否按照160元的标准收取未予明确；③2016年《北京市发展和改革委员会、北京市财政局关于调整北京市非居民用水价格的通知》仅调整了非居民用水价格，并未调整特殊行业用水水费，也依然未明确对何种供水方式按照160元的标准进行收费调整。（2）2015年和2018年的《北京市发展和改革委员会关于印发〈北京市定价目录〉的通知》均明确规定：区属水利工程价格授权区人民政府定价，水利工程由用户自建自用和供方与终端用户通过协议明确由双方协商定价。（3）基于前述规定情况，响潭有限公司自2014年5月1日起未按160元的标准收取华彬庄园特殊行业水费，而是按照双方商定的价格收费。（4）经北京市委第七巡视组专项巡视，北京市水务局、北京市市场监督管理局、国家税务总局北京市税务局明确高尔夫球场属于特殊行业用水单位，要求按照特殊行业用水160元的标准追缴涉案球场水费。

华彬庄园有限公司发表质证意见如下：对于证据十的真实性、合法性予以认可，对其中部分内容的关联性予以认可。证据十之二、之三的内容主要是再生水价格及居民用水价格，与本案无关。对响潭有限公司提出的证明事项有所补充和异议。根据2004年《北京市发展和改革委员会关于调整水价的通知》（京发改〔2004〕1517号），水利工程供水、城市供水体系内的自来水有各自的供水收费标准。响潭有限公司在证明事项2、3中，进一步确认“水利工程由用户自建自用和供方与终端用户通过协议明确由双方协商定价”，并自认“自2014年5月1日起未按160元的标准收取华彬庄园特殊行业水费，而是按照双方商定的价格收费”。据此，响潭有限公司的举证和自认与《关于华彬庄园水费调整通知》的内容能够相互印证，无论华彬庄园有限公司是否能够补充提交《关于华彬庄园水费调整通知》的原件，均不影响在2014年北京市发改委调整水价后，双方基于真实意思合意按照非居民用水价格标准进行履约这一事实的真实性。根据水库管理处与华彬庄园有限公司签署的《补充协议书》，双方明确经协商确定的水价，“是正常的商业运作行为，不受任何行政干预和其他因素的影响”，而响潭有限公司在证明事项4中却罔顾上述有效约定，以北京市委第七巡视组专项巡视（但响潭有限公司并未对此提交任何证据）及其对有关部门规定的解释，来推翻此前双方的有效约定和长期履约达成的信赖利益。响潭有限公司及水库管理处作为昌平区水务局的下属单位，充分了解相关用水定价规定，却全然不顾历史事实，“追缴”水费差价，主张用水单位承担应由供水（取水）单位承担的全部责任，没有合同、法律依据以及事实上的合理性。

本院经审查认为，华彬庄园有限公司对于证据十的真实性、合法性均予以认可，本院不持异议，因证据十均为规范性文件，系水费调整与收取的规范依据，故本院对此不作为本案证据予以认定。

证据十一：北京市昌平区响潭水库管理处工商登记信息原件1页。

证据十二：北京市响潭地表水再生水处理利用中心工商登记信息原件1页。

证据十三：2014年5月至2018年12月，响潭有限公司向华彬庄园开具的水费发票原件共计9页。

证据十一至证据十三，结合证据二《对公活期账户交易明细》共同证明：水库管理处不具有供水的业务范围。响潭有限公司自2008年成立时起即为提供供水服务的单位，从2008年成立至今一直为华彬庄园有限公司供水，华彬庄园有限公司向响潭有限公司支付水费，响潭有限公司为华彬庄园开具发票，响潭有限公司与华彬庄园有限公司之间形成了事实上的供用水合同关系。

华彬庄园有限公司发表质证意见如下：对证据十一至证据十三的真实性、合法性、关联性予以认可，但不认可证明事项。水库管理处的业务范围中明确包含“灌溉”事项，并且水库管理处的业务范围是否包含“供水”，与水库管理处是否为《供水协议书》及《补充协议书》的一方主体并无关联。响潭有限公司提交的证据不能证明2008年至2014年华彬庄园向响潭有限公司支付水费，并且实践中关联主体代收费用的情况并不鲜见，在已有书面协议明确合同主体的情况下，收款及发票开具均不能作为认定合同关系成立的依据。并且，在供水协议履约期间，水库管理处仍以自身名义向华彬庄园有限公司收取供水相关费用并开具发票。在无任何书面合同的情况下，实际履约、付款以及开票的行为或许能够作为判断事实合同关系成立的依据，但在水库管理处与华彬庄园有限公司已经签署《供水协议书》《补充协议书》，且并无任何权利义务转移的情况下，响潭有限公司的代收款、开发票的行为应被理解为其与水库管理处之间的内部代理行为，于华彬庄园有限公司而言，供水单位仍是水库管理处并未发生任何改变。

本院经审查认为，华彬庄园有限公司对证据十一至证据十三的真实性、合法性、关联性均予以认可，本院不持异议。上述证据系反映水库管理处和响潭有限公司各自的法人类型和经营范围，以及响潭有限公司向华彬庄园有限公司实际开具的发票情况，本院对证据十一至证据十三均予以认定。

证据十四：响潭有限公司为华彬庄园有限公司补缴11669616元水费开具的发票原件共计69页，证明事项：根据《北京市发展和改革委员会、北京市财政局关于调整北京市非居民用水价格的通知》（京发改〔2016〕612号）的规定，用户缴纳的水费水价包含水费、水资源税和污水处理费，华彬庄园有限公司缴纳的11669616元的费用系其补缴的特殊行业水费，绝非华彬庄园有限公司所称的借款。

华彬庄园有限公司发表质证意见如下：对该证据的真实性、合法性、关联性及证明事项均不予认可。仅凭开票明细判断相关款项的真实性质并不妥当。并且，在双方已经通过相关经办人员签署《付款申请单》的方式明确了款项性质为“暂借款”之后，不能以发票否定双方的书面确认。

本院经审查认为，虽然华彬庄园有限公司否认该证据发票的真实性，但未能提出相反证据，故本院对发票的真实性及关联性予以确认，对该证据的证明事项是否成立将结合其他证据综合分析认定。

证据十五：2019年、2020年华彬庄园有限公司交纳水费的银行明细，2019年、2020年华彬庄园有限公司生活水费缴费及用水量表，原件共计17页，证明事项：按照华彬庄园有限公司2019年、2020年所交纳水费数额推算出其自2019年、2020年特殊行业用水之外的生活用水水量每年为36.18万立方米，结合原告提交的证据二，扣减华彬庄园有限公司生活用水年平均水量后，说明华彬庄园有限公司特殊行业用水量为2093858立方米。

华彬庄园有限公司发表质证意见如下：认可该证据的真实性、合法性，但对关联性及证明事项不予认可。原告全部举证中涉及被告用水量的数据均是通过其“推算”得出，均没有提交任何体现特殊行业用水水量数据来源的直接证据。原告还用2019年、2020年的数据来类推2014年至2017年华彬庄园有限公司的生活用水水量，不仅进一步证明原告未提交特殊行业水量计量的直接证据，而且该类推没有考虑多年之间华彬庄园有限公司的员工数量、接待游客数量存在较大差异，不具有合理性和参考价值。仅仅从原告提交的证据内容看，相关交易明细并无任何信息体现相关付款是针对生活用水部分，因此对于推算基础数据选取的正当性和合理性本身就存在难以解释的问题。原告仅凭水费除以单价“推算”的用水量扣减是不正确、不严肃的，原告如对分析结论存在异议，应当申请专业鉴定，由专业人士进行评判。

本院经审查认为，华彬庄园有限公司对于证据十五的真实性、合法性均予以认可，本院不持异议，但因该证据系对 2019 年及 2020 年华彬庄园有限公司生活用水量的推算依据，与本案争议事实不具有关联性，故本院对该证据不予认定。

证据十六：原告响潭有限公司职员常某和华彬庄园有限公司财务人员李某 2 的微信聊天记录打印件共 1 页（庭审中展示手机原始载体）。

证据十七：响潭有限公司出具的《说明》原件 1 页。

证据十八：响潭有限公司职员常某出具的《说明》原件 1 页。

证据十六至证据十八的共同证明事项：华彬庄园有限公司使用支票补缴欠缴的特殊行业水费 11669616 元，响潭有限公司指派职工常某于 2020 年 9 月 1 日去华彬庄园有限公司领取该 11669616 元支票。收到款项后，响潭有限公司在华彬庄园有限公司的要求下开具了发票。华彬庄园有限公司称该 11669616 元系响潭有限公司向其借款显然虚假。

华彬庄园有限公司发表质证意见如下：对上述证据的真实性、合法性、关联性及证明事项均不予认可。证据十六微信聊天记录原始载体与聊天记录打印件经比对一致，但从形式上看该证据系电子证据，应当符合相关法定认证要求，而响潭有限公司未对用户个人信息界面进行固定，就相关证据无从进行核实。此外，需要说明的是，响潭有限公司向华彬庄园有限公司主张“水资源费（税）”的依据即昌平区节水办向响潭有限公司出具的《告知函》，其中对 2018 年的用水量记载为 77180 立方米，而华彬庄园有限公司已经按照双方约定缴纳的水费为 9 元/立方米，因此如华彬庄园有限公司为自身进行补缴，相关款项金额计算公式和结果应当为：（160 − 9）×77180 = 11654180 元，而华彬庄园有限公司实际支付的金额是 11669616 元（与《告知函》中昌平节水办要求响潭有限公司缴纳的金额相同），恰恰能够证明华彬庄园有限公司支付款项实际系代响潭有限公司缴纳，性质为“暂借款”。证据十七、证据十八均系响潭有限公司及其工作人员单方出具的说明，其性质应当属于证人证言，相关证人未出庭接受质询，其真实性不应予以认定。

本院经审查认为，证据十六系微信聊天记录，因响潭有限公司未能充分证明沟通人员的身份，在华彬庄园有限公司对真实性不予认可的情况下，无法核实相关人员身份信息，故本院对证据十六不予认定。因证据十七与证据十八系响潭有限公司工作人员出具的说明，因上述人员与响潭有限公司存在一定利害关系，且未到庭就其说明内容作证，故本院对证据十七与证据十八均不予认定。

证据十九：入账通知书清单原件共计2页、入账通知原件共计61页、水量统计表共计56页。证明事项：2014年5月至2018年12月华彬庄园有限公司用水及缴费情况，其中特殊行业用水量为2093858立方米。其中2016年期间华彬庄园有限公司的生活用水供水水管有漏水的情况，导致生活用水量相对于平时用水较多；但结合证据十五，综观2014年5月至2018年12月，正常情况下生活用水每月的水费约为20万元，即平均每月的用水量约为2万立方米。

华彬庄园有限公司发表质证意见如下：对证据十九中银行入账通知部分的真实性、合法性、关联性认可，但不认可水量统计表的真实性、合法性、关联性，不认可证明事项。原告提交的上述证据只是缴费单据（银行入账通知），没有任何地方体现被告的实际用水量计量。原告声称其为供水合同当事方，但从未提供证据证明其履行供水以及实际供水量的证据，都是拿支付金额除以供水单价反算出供水量，进一步证明响潭有限公司不是适格原告。水量统计表只是原告单方统计，没有基础证据作为数据来源依据，并且原告声称水表1－4是高尔夫球场灌溉用水，但水量统计表明确备注是人工湖用水。将证据十九银行入账通知书清单与原告提交的证据二进行比对，银行入账通知书清单明显缺少2015年11月2日支付的1000000元，且存在多处付款金额与水量统计表存在不一致的地方，水量统计表的内容存在大量自相矛盾和错误的地方。2016年5月开始应适用9元/立方米的单价，但是在2016年5月、6月的统计中，原告仍然采用8.15元/立方米的单价进行计算，进一步证明了供用水双方实际适用的是双方约定的优惠水价。

本院经审查认为，华彬庄园有限公司对证据十九中银行入账通知部分的真实性、合法性、关联性认可，本院对证据十九中的银行入账通知内容予以认定；但华彬庄园有限公司对该证据中的水量统计表的真实性、合法性、关联性及证明事项均不予认可，对此本院经审查认为，该水量统计表系响潭有限公司自行制作，无其他经双方确认的抄表确认单据能够印证，水量统计表所载明的特殊行业用水总量与告知函中所记载的特殊行业用水量不能对应，故不足以充分证明华彬庄园有限公司的特殊行业用水量，故本院对证据十九中的水量统计表的证明事项不予认定。

证据二十：《中华人民共和国价格法》打印件共计6页，证明事项：根据

《中华人民共和国价格法》第十九条第三款、第二十条第二款规定，结合原告证据十之六、证据十之七历次的《北京市定价目录》可知，对于政府定价的行业，经营者不能随意制定价格，水费由政府定价，应当严格执行政府定价。

证据二十一：《取水许可和水资源费征收管理条例》《污水处理费征收使用管理办法》打印件共计 14 页，证明事项：根据《取水许可和水资源费征收管理条例》（国务院令第 676 号）第三条第三款规定，《污水处理费征收使用管理办法》（财税〔2014〕151 号）第四条规定，结合原告证据十之四《北京市发展和改革委员会关于调整北京市非居民用水价格的通知》（京发改〔2014〕884 号）中附件内容（北京市非居民用水阶梯水价表）以及证据十之五《北京市发展和改革委员会、北京市财政局关于调整北京市非居民用水价格的通知》（京发改〔2016〕612 号）中附件内容（北京市非居民用水价格表）可知，华彬庄园有限公司作为用水人应当缴纳的特殊行业水费为综合水费，包括水费、水资源费（2018 年改为水资源税）及污水处理费三部分，其中水资源费和污水处理费共计 156 元，占比特殊行业水费的 97. 5%，均为由原告代国家收缴并按规定上缴财政的收入，属于国家财产，关系重要的国家利益。

证据二十二：《北京市城市公共供水管理办法》打印件共计 4 页，证明事项：依据《北京市城市公共供水管理办法》第二十条的规定，华彬庄园有限公司拒不缴纳特殊行业水费的行为，响潭有限公司有权要求其按照每日 0. 1% 的标准缴纳逾期水费滞纳金。

华彬庄园有限公司认为证据二十至证据二十二均为相关规定，不应作为证据提交，故不发表质证意见。

本院经审查认为，证据二十至证据二十二均为规范性文件，本院不作为本案证据予以认定。

二、被告华彬庄园有限公司向本院提交如下证据

证据一：《供水协议书》原件一份，证明事项：2001 年 3 月 25 日，水库管理处与华彬庄园有限公司签署《供水协议书》，约定年供水量约 50 万立方米，华彬庄园有限公司按月提供用水计划，用水计量方法以水库坝外出水管的流量为准，水费单价 0. 6 元/立方米，缴纳水费时间为每月 4 日前。水库管理处系非财政补助（自收自支）事业单位，具有独立的民事主体地位，其与华彬庄园有限公司签订的《供水协议书》真实、合法、有效。本案的原告响潭有限公司系水库管理处下设的全民所有制企业，响潭有限公司与华彬庄园有限公司之间并未签订任何合同、协议，并无供水合同关系，响潭有限公司虽有代水库管理处收取水费的行为，但仅系代收，《供水协议书》项下权利义务并未发生转移，水库管理处仍为合同主体。据此，响潭有限公司与华彬庄园有限公司之间并无供水合同关系，响潭有限公司并非本案的适格原告。

响潭有限公司发表质证意见如下：因合同签订主体不是响潭有限公司，该合同与本案无关。水库管理处系1994年成立的，自成立时起一直不具有供水资质，结合原告证据十二，响潭有限公司系水库管理处下设的全民所有制企业，成立于2008年1月28日，是独立法人。响潭有限公司自成立时起即具有供水资质，且成为华彬庄园有限公司的实际供水单位，华彬庄园有限公司向响潭有限公司支付水费，双方实际上形成了事实上的供用水合同关系。据此，响潭有限公司作为华彬庄园有限公司的实际供水单位，与华彬庄园有限公司之间形成了事实上的供用水合同关系，响潭有限公司是本案的适格原告。

本院经审查认为，经本院调查核实，水库管理处法定代表人赵洪桥表示，该证据中落款处水库管理处的盖章及签名应为真实，在响潭有限公司成立前，由水库管理处向华彬庄园有限公司供水。本院对该证据的真实性予以认定，对该证据的关联性及证明事项是否成立将结合其他证据综合分析认定。

证据二：《关于华彬庄园水费调整通知》复印件1页，证明事项：水库管理处在北京市发改委相关通知发布后，结合华彬庄园有限公司的实际用水情况进行了确认，在确认华彬庄园有限公司的高尔夫球场业态用水能够自给自足的情况下，明确华彬庄园有限公司用水采用非居民用水每立方米7.15元执行。

响潭有限公司发表质证意见如下：《关于华彬庄园水费调整的通知》未提交证据原件，对证据的真实性不认可。该通知系水库管理处作出，并非响潭有限公司作出，水库管理处与响潭有限公司是两个独立的主体。该通知涉及的是关于自备井用水、环境用水和饮用水的水费标准，未涉及高尔夫球场特殊行业用水的水费收取标准，本案系被告欠缴高尔夫球场特殊行业用水水费引起的，该证据与本案无关。2014年5月1日施行的《北京市发展和改革委员会关于北京市居民用水实行阶梯水价的通知》（京发改〔2014〕884号）规定的非居民用水的水价为7.15元/立方米，虽然将高尔夫球场纳入特殊行业，规定水价为160元/立方米，但是对于利用水利工程供水（地表水）灌溉高尔夫球场是否按照160元/立方米的标准收取未予明确，当时华彬庄园有限公司高尔夫球场使用水利工程（地表水）供水，因此收费标准不明确，响潭有限公司暂实际按照非居民用水每立方米7.15元的标准向华彬庄园有限公司收取水费。

本院经审查认为，经本院调查核实，水库管理处法定代表人赵洪桥对响潭有限公司成立前系由水库管理处与华彬庄园有限公司签订供水合同的事实予以认可，并表示水库管理处于2014年出具的水费调整通知系代表响潭有限公司，水库管理处在发函过程中未注意与响潭有限公司区分主体。虽然证据二为复印件，但经与被告证据十三《关于华彬庄园水费调整通知》原件比对，两组证据在落款盖章、行文体例、行文内容能够保持一致，与水库管理处法定代表人的陈述能够相互印证，故本院对证据二的真实性予以认定，对该证据的关联性及证明事项是否成立将结合其他证据综合分析认定。

证据三：《华彬生态园合理用水分析报告》原件一份，证明事项：（1）华彬生态园包含多种业态，集体育健身、休闲度假、婚庆、会议、室外拓展活动为一体，包括高尔夫、足球、马术、果园、露天菜地、大棚种植、平原造林、庭院园林绿地、酒店住宿、餐饮、会议接待、冰雪运动等。（2）华彬生态园 2014 年至 2017 年园内雨水收集的水量为每年 44. 12 万立方米到 83. 35 万立方米；华彬生态园生活用水全部进行了收集处理和再生利用，2014 年至 2017 年生活用水处理再生回用量为每年 38. 60 万立方米到 47. 26 万立方米。（3）华彬生态园中高尔夫球场在节水灌溉的条件下，每年需要灌溉水量约为 55. 5 万立方米；正常条件下最多不超过 69. 4 万立方米。生态园中收集的雨水及生活回用水可以完全满足高尔夫球场的灌溉用水需求，并有一定的结余。除了满足高尔夫灌溉用水外还可以部分用于其他业态灌溉。综上，可以证明华彬庄园有限公司的高尔夫业态用水能够自给自足，并结合被告证据二的内容进一步证明，水库管理处对于华彬庄园有限公司的实际用水情况非常了解，知道华彬庄园有限公司用水均非特殊行业用水，因此在北京市发改委相关通知发布后，以书面形式确认华彬庄园有限公司按照非居民用水每立方米 7. 15 元执行。华彬庄园有限公司就《华彬生态园合理用水分析报告》同时向本院申请通知具有专门知识的专家证人胡林出庭，就《华彬生态园合理用水分析报告》的内容以及华彬庄园有限公司高尔夫球场用水的客观情况、专业问题进行阐述和说明。

响潭有限公司发表质证意见如下：对该证据的真实性、合法性、关联性和证明目的均不认可。该证据系被告单方委托出具的，不具有客观公正性，不具有证明待证事项的法律效力。从该证据形式来看，该份报告的出具单位是中国农业大学，但是未见中国农业大学出具该单位具有用水分析资质的任何证据材料，对该证据形式及内容的真实性、合法性均不认可。该证据不能证明报告内容与北京安睿捷科技有限公司有关，从而不能证明北京安睿捷科技有限公司系该报告出具人，进一步显示该分析报告实际就是没有用水分析资质的中国农业大学出具的，且系根据被告提供材料在本案被诉之后所做，显然不具有真实性；结合原告提交的证据一，北京市规划和自然资源委员会昌平分局出具了高尔夫球场用水范围的红线图，该报告中高尔夫球场用水的范围显然与北京市规划和自然资源委员会昌平分局认定的高尔夫球场范围相差巨大，被告提供的报告结论虚假，证明目的显然不成立。对于华彬庄园有限公司在该证据的证明事项所称的“水库管理处对于华彬庄园有限公司的实际用水情况非常了解，知道华彬庄园有限公司用水均非特行用水，因此在北京市发改委相关通知发布后，以书面形式确认华彬庄园按照非居民用水每立方米7.15元执行”待证事项，响潭有限公司也不认可。

本院经审查认为，《华彬生态园合理用水分析报告》系华彬庄园有限公司单方委托相关机构作出的测绘及分析意见，不宜单独作为本案的定案依据，故本院未准予华彬庄园有限公司关于通知具有专门知识的专家证人出庭的申请。本院对《华彬生态园合理用水分析报告》的关联性以及证明事项是否成立将结合其他证据综合分析认定。

证据四：平原造林证明原件一份，证明事项：北京市昌平区园林绿化局马池口林业工作站出具证明，显示华彬庄园有限公司内共有488亩平原造林地，为2013年马池口镇平原造林项目，多年来平原造林的苗木均由华彬庄园有限公司购水进行浇灌与维护，为昌平区园林绿化、防风固沙事业作出贡献。因此，华彬庄园有限公司内不但有自身经营业态需要用水，政府平原造林项目的灌溉用水实际上也是由华彬庄园有限公司负担。

响潭有限公司发表质证意见如下：该证明非我方出具，真实性无从核实，且与本案无关；华彬庄园有限公司高尔夫球场的范围以相应职权机关北京市规划和自然资源委员会认定为准。平原造林实际上是有收益的，并且华彬庄园有限公司高尔夫球场种植了很多经济类作物，高尔夫球场的整个环境、造景都属于高尔夫球场的范围。华彬庄园有限公司有使用供水的情况，就应该缴费。

本院经审查认为，经本院现场勘验，华彬庄园有限公司内确有上述平原造林地，故本院对该证据的真实性予以确认，但该证据与本案诉争期间的争议事实不具有关联性，故本院对该证据不予认定。

证据五：华彬庄园实景图打印件10页，证明事项：华彬庄园有限公司内的具体业态多种多样，除高尔夫球场外，还有农业设施（含大棚、菜地、果园、有机试验草坪）、园林绿化、建筑设施、市政设施、林业设施（含庄园自植林地、政府平原造林）及大面积的人工湖，高尔夫球场的面积仅占庄园总面积约四分之一。因此，原告主张华彬庄园有限公司内全部是高尔夫球场，华彬庄园有限公司的相应用水全部是特殊行业用水的主张与事实不符。此外，华彬庄园有限公司内还建设有大量污水处理设施（并且庄园未与市政污水管网相连，没有无未处理污水排放）、雨水收集设施和人工湖集水，为高尔夫球场灌溉提供充足水源，实现节水环保绿色经营。

响潭有限公司发表质证意见如下：对该证据真实性、合法性、关联性和证明目的均不认可。在核对原件中发现电脑中存储照片的创建时间为2021年6

月3日，显然形成于诉讼之后，而非被告所称的形成时间为2014年至今，2021年6月3日的所谓实景图欲证明2014年至2018年的情况，显然不成立。华彬庄园有限公司高尔夫球场的范围是由相关部门认定的，根据《华彬庄园高尔夫球场红线范围示意图》，红线范围内的用水均属于高尔夫行业用水，红线范围内除用于球场办公、餐饮、会所等配套服务设施用水执行非居民用水水价标准以外，所有用水均应当执行特殊行业用水水价。

本院经审查认为，该证据系反映目前华彬庄园有限公司的经营情况，与本案诉争期间的争议事实不具有关联性，故本院对该证据不予认定。

证据六：付款申请单原件1页，证明事项：《付款申请单》中“付款说明”一栏记载为“暂借款借响潭地表水再生水处理利用中心缴纳2018年水资源税共计11669616.00元”，“签收人”处有原告工作人员常某的签字。该笔款项并非华彬庄园有限公司认可原告所诉称的特殊行业用水性质，也并非认可该笔款项应由华彬庄园有限公司承担，仅是暂借款给水库管理处，避免其因高额税收滞纳金承担行政责任甚至刑事责任。

响潭有限公司发表质证意见如下：对该证据的真实性、合法性和证明目的均不认可。结合响潭有限公司证据七至证据九可知，响潭有限公司分别于2020年6月2日和6月17日约谈华彬庄园有限公司的工作人员安某，并告知其欠缴特殊行业用水水费共计318287129.2元，华彬庄园有限公司于2020年7月22日回复响潭有限公司认可欠缴水费事宜，华彬庄园有限公司向响潭有限公司补交11669616元水费，因此该笔款项属于华彬庄园有限公司补交的水费，华彬庄园有限公司所说的借款显然虚假。该证据的证明事项与华彬庄园有限公司2020年7月22日回复事宜相互矛盾，该证据的证明事项不具有真实性。结合原告证据九，被告11669616元支票开具日为2020年8月31日的事实，显见该11669616元款项其内部申请审批应在2020年8月31日已完成，在此之前被告没有任何原告向其申请借款的证据，被告此11669616元支票绝非对原告的借款，且响潭有限公司没有必要也不可能向华彬庄园有限公司借款。在核对证据原件时也发现，华彬庄园有限公司在付款申请单上随意增加批注、盖章和签字，故该证据不具有真实性，不能证明待证事项；该证据原件上有“刘某通知做以前年度损益调整”的标注，更进一步清晰说明此款绝非借款，而是之前年度补缴的水费；响潭有限公司工作人员常某在该单据的签字仅代表其领取该华彬庄园有限公司补缴水费11669616元的支票，不产生任何其他效力，绝不可能产生借款的效力。响潭有限公司也不可能授权常某进行借款，华彬庄园有限公司以其随意自行填写内容的内部申请单欲证明外部借款关系，显然不能成立。

本院经审查认为，响潭有限公司认可付款申请单“签收人”处系常某签字，本院对此不持异议，但响潭有限公司认为常某签字时付款申请单上并无“付款说明”中关于暂借款的记载内容，记载内容系华彬庄园有限公司后自行添加。华彬庄园有限公司未能提供其他证据证明双方根据企业治理相关规范制度就企业法人之间拆借11669616元款项达成合意，且该付款申请单右上角标注有“刘某通知做以前年度损益调整”内容，响潭有限公司对此款项亦向华彬庄园有限公司开具有发票，综合上述事实情况，华彬庄园有限公司提交的付款申请单不足以证明11669616元系其出借给响潭有限公司的事实，本院对该证据不予认定。

证据七：《补充协议书》原件1份，证明事项：继2001年水库管理处与华彬庄园签署《供水协议书》之后，2007年7月13日双方又签署《补充协议书》，明确华彬庄园有限公司投资建设引水管线并将产权无偿交付水库管理处使沿线十几家单位受益，故水库管理处承诺继续执行供水价优惠价的政策不变；同时，约定若北京市供水价格有调整时，供水价格比照以往供水优惠比例继续给予优惠；用水优惠价是“双方分别作为两个独立平等的企业经协商确定的供水优惠价格，是正常的商业运作行为，不受任何行政干预和其他因素的影响”“不存在正常价、加价和优惠价之间差价补偿问题”。

响潭有限公司发表质证意见如下：响潭有限公司并非《补充协议书》签约主体，该证据与本案无关。从该证据的形式可以看出，仅有甲方的一个盖章，没有骑缝章，没有填写日期，与常理不符。该协议于2007年签订，响潭有限公司并未成立，且水库管理处属于事业单位；且根据《中华人民共和国价格法》第六条及《北京市定价目录》等相关规定，水费是由政府定价，对于政府定价的行业，经营者不能随意制定价格，应当严格执行政府定价。响潭有限公司自成立时起即具有供水资质，且成为华彬庄园有限公司的实际供水单位，华彬庄园有限公司向响潭有限公司支付水费，双方实际上形成了事实上的供用水合同关系，该证据与本案无关。

本院经审查认为，经本院调查核实，水库管理处法定代表人赵洪桥表示，该证据中落款处水库管理处的盖章及签名应为真实，在响潭有限公司成立前，由水库管理处向华彬庄园有限公司供水。本院对该证据的真实性予以认定，对该证据的关联性及证明事项是否成立将结合其他证据综合分析认定。

证据八：水库管理处开具的相关发票原件共计3页，证明事项：在2008年响潭有限公司成立之后，水库管理处仍以自身名义向华彬庄园有限公司收取供水相关费用并开具发票，可见水库管理处并未退出供用水合同关系，仍是《供水协议书》和《补充协议书》的履约一方，并非自2008年响潭有限公司成立之后，即由响潭有限公司向华彬庄园有限公司开具发票。响潭有限公司的开票行为不能改变供水合同权利、义务并未发生转移的事实。

响潭有限公司发表质证意见如下：真实性无从核实，该证据与本案无关，与我方无关，也不能证明待证事项。该证据体现的收款项目（经营项目）分别是安装费、代收电费，所涉主体为水库管理处与华彬庄园有限公司，而本案因华彬庄园有限公司欠缴水费引发的供用水合同纠纷，故该证据与本案无关。

本院经审查认为，因该证据中载明的经营项目为安装费及电费，与本案争议期间所涉的特殊行业用水水费不具有关联性，故本院对该证据不予认定。

证据九：水库管理处代收华彬庄园有限公司电费并经由响潭有限公司上缴的相关文件凭证共计6页（2页客户收款入账通知为复印件，其余为原件），证明事项：水库管理处向华彬庄园有限公司开具《支付通知》，明确表述响潭水库代华彬庄园有限公司向供电局支付电费，并由水库管理处盖章出具结算票据。但《客户收付款入账通知》显示，向国网北京市电力公司实际上缴电费的主体为响潭有限公司，上述上缴电费单据加盖水库管理处财务专用章后交由华彬庄园有限公司留存。相关供电的用途系为华彬庄园有限公司供水泵房以及周边设施供电，双方并未签署其他合同，故供电系供水合同关系中的附随义务履行。同时还可以看出，在与华彬庄园有限公司履约的过程中，水库管理处、响潭有限公司在实际履行和收付款环节上存在大量混同操作的情况。特别需要注意的是，2017年12月开具的结算票据中，盖章主体先是响潭有限公司，后相关单据进行了涂改处理，变更为水库管理处，更进一步说明了水库管理处与响潭有限公司混同管理，在与华彬庄园有限公司履约的过程中存在主体不清（一套班子两个主体）、混同履行的事实情况。

响潭有限公司发表质证意见如下：真实性无从核实，该证据与本案无关，与响潭有限公司无关，不能证明待证事项。支付通知、北京市行政事业单位资金往来结算票据、客户收付款入账通知等文件均体现的项目系缴纳电费，而本案系因华彬庄园有限公司欠缴水费引发的供用水合同纠纷，该证据显然与本案无关。

本院经审查认为，因该证据中载明的收款项目为代收电费，与本案争议期间所涉的特殊行业用水水费不具有关联性，故本院对该证据不予认定。

证据十：《华彬庄园用水检查情况》复印件1页，证明：2011年8月27日，水库管理处出具《华彬庄园用水检查情况》，明确在当时华彬庄园有限公司雨水回收量约为60万立方米/年（符合《华彬生态园合理用水分析报告》的评估结论每年雨水收集量44.12万～83.35万立方米/年），华彬庄园有限公司设立有中水处理系统，回收量约为18万立方米/年（华彬庄园有限公司于

2011年后又新建、升级了污水处理设施，中水回收量有所增加），并且水库管理处所得出的结论是“华彬庄园节水措施较完善，用水情况符合国家相关法律法规”。可见，早在2011年水库管理处就对华彬庄园有限公司的用水、节水情况按照国家相关规定进行过彻底检查并得出明确的结论，完全了解华彬庄园有限公司高尔夫球场灌溉用水均为庄园内自行收集的雨水和中水，因此认可华彬庄园有限公司用水性质是非居民用水，而非特殊行业用水。

响潭有限公司发表质证意见如下：该证据没有原件，真实性无从核实，该证据与本案无关，与响潭有限公司无关，不能证明待证事项。结合响潭有限公司证据十一水库管理处登记信息，水库管理处系事业单位，负责库区设施维护管理、水文观测、防汛、抗旱等工作，没有所谓查处职能。该份证据系水库管理处出具的，与本案没有任何关系。

本院经审查认为，因该证据系复印件，无原件核对，未载明发文对象及目的，出具时间记载为2011年，与本案诉争期间具有一定时间间隔；内容载明“根据国家‘十一’部委对高尔夫项目清查的指示，近期昌平水务局副局长带队、水务局检查执法大队一行对华彬庄园进行现场实地检查，主要针对自备井封闭、自来水使用、灌溉用水等情况，检查结果如下：……”因华彬庄园有限公司未能提交其他辅助证据能够与该证据所载明的内容相互印证，本院对该证据不予认定。

证据十一：《华彬庄园污水改造设备采购、安装合同》原件一份，证明事项：2012年年底，华彬庄园有限公司与水库管理处签署《华彬庄园污水改造设备采购、安装合同》。可见，水库管理处不仅向华彬庄园有限公司提供污水改造设备，并负责安装、建设污水处理设施，并且还于2012年年底作为供应商参与了华彬庄园有限公司污水处理设施的升级改造。

证据十二：《托管合同书》原件一份，证明事项：2013年7月17日，华彬庄园有限公司与水库管理处签署《托管合同书》，约定将华彬庄园有限公司内5座分散污水处理设施委托水库管理处代为管理，以保证污水处理设施顺利运行。水库管理处曾经作为污水处理设施的托管方，对于华彬庄园有限公司的污水处理与中水回用情况非常了解。

响潭有限公司发表质证意见如下：证据十一及证据十二的真实性无从核实，与本案无关，与响潭有限公司无关，不能证明待证事项。

本院经审查认为，证据十一与证据十二两份合同中的水库管理处法定代表人“刘学中”的手写签名存在显著差异，华彬庄园有限公司就上述两份合同的具体履行情况未能提交充分证据予以证明，且上述两份合同未能具体体现相关设备回收污水治理后在本案诉争期间使华彬庄园有限公司可循环使用的水量以及该回收治理设备产生回收使用水的具体用途。此外，经本院调查核实，水库管理处法定代表人赵洪桥表示，水库管理处不了解华彬庄园有限公司内循环水再生设施的情况。综上，本院对证据十一与证据十二不予认定。

证据十三：2013 年 4 月 7 日《关于华彬庄园水费调整通知》原件 1 页，证明事项：2013 年 4 月 7 日，水库管理处向华彬庄园有限公司发送《关于华彬庄园水费调整通知》，明确“根据北京市发展和改革委员会关于调整本市非居民用水水资源费征收标准，依据现行水价政策结合目前水资源现状”，对适用水价进行明确。本证据及水库管理处于 2014 年 5 月 30 日发送的《关于华彬庄园水费调整通知》足以证明：华彬庄园有限公司自 2001 年与水库管理处建立供水合同关系以来，均本着平等自愿原则对供水电价进行了事前确认和约定，并不违反相关法律法规；而响潭有限公司仅是收款和开票主体，不具有本案原告资格。2013 年、2014 年都是水库管理处发的通知。

响潭有限公司发表质证意见如下：证据十三的真实性无从核实，该证据与本案无关，与响潭有限公司无关，不能证明待证事项，其余同对被告证据二的质证意见。

本院经审查认为，经本院调查核实，水库管理处法定代表人赵洪桥对响潭有限公司成立前系由水库管理处与华彬庄园有限公司签订供水合同的事实予以认可，并表示水库管理处于 2014 年出具的水费调整通知系代表响潭有限公司，水库管理处在发函过程中未注意与响潭有限公司区分主体。证据十三系原件，与被告证据二《关于华彬庄园水费调整通知》复印件，在落款盖章、行文体例、行文内容能够保持一致，与水库管理处法定代表人的陈述能够相互印证，故本院对证据十三的真实性予以认定，对该证据的关联性及证明事项是否成立将结合其他证据综合分析认定。

证据十四：水库管理处实际履约及响潭有限公司代收款、代开票的证明单据通知共计 11 页，证明事项：收取水费时，水库管理处向华彬庄园有限公司发出书面通知收取水费，但水库管理处无法开具水费发票，只能开具水费收据，见 2005 年水库管理处开具的《通知》及收据。响潭有限公司于 2008 年成立后，收取水费时，仍由水库管理处向华彬庄园有限公司发出书面通知缴纳水费，由响潭有限公司代收并开具发票。故响潭有限公司并非合同当事人、并非适格原告。

响潭有限公司发表质证意见如下：发生在 2005 年的事项与本案无关，2011 年 7 月 25 日的通知出具方不是响潭有限公司，应收水费为 50 万元，而付款凭证是 46 万元，前面通知书与后面的付款凭证无关，该组证据不能证明待证事项。

本院经审查认为，响潭有限公司未对证据十四的真实性提出异议，仅就关联性与证明目的不予认可，本院对此不持异议。但因该证据所反映的履行情况非本案诉争期间，与本案争议事实不具有关联性，故本院对该证据不予认定。

对当事人无异议的证据，本院予以确认并在卷佐证。综合本案双方提供的证据及双方的陈述、本院调查核实及勘验的情况，本院认定事实如下：

一、本案相关主体信息情况

北京市响潭地表水再生水处理利用中心成立于2008年1月28日，系北京市昌平区响潭水库管理处主管设立的全民所有制企业，法定代表人赵洪桥，注册资金30万元，经营范围为地表水、再生水处理、利用；供水服务。

北京市响潭地表水再生水处理利用中心于2021年7月28日经北京市昌平区市场监督管理局核准，名称变更为北京市响潭地表水再生水处理利用有限公司。响潭有限公司法定代表人由赵洪桥变更为尹怀庆，注册资本为30万元，类型为有限责任公司（法人独资），股东名称为北京市昌平区响潭水库管理中心。

华彬庄园有限公司于1998年8月10日成立，经营范围包括健身、保龄球、动植物观赏、练马场、高尔夫球训练场等。

北京市昌平区响潭水库管理处于1994年4月15日成立，法定代表人沈维明；2010年4月15日法定代表人变更为李德奎，2012年5月7日法定代表人变更为刘学中，2019年11月22日法定代表人变更为赵洪桥；2021年北京市昌平区响潭水库管理处名称变更为北京市昌平区响潭水库管理中心（北京市昌平区响潭水库水文站）。

二、本案相关合同的签订、履行及争议情况

2001年3月25日，水库管理处与华彬庄园有限公司就供水事宜签署《供水协议书》，主要内容约定如下：约定水库管理处每年向华彬庄园有限公司提供约50万立方米水量，华彬庄园有限公司按月提供用水计划，用水计量方法以水库坝外出水管的流量为准，华彬庄园有限公司所用水量水费按工业消耗水价格标准交纳，单价0.6元/立方米，以后如有变动按国家物价指数调整，缴纳水费时间为每月4日前，过期按华彬庄园有限公司违约计算，未尽事宜另定补充协议，补充协议与本协议具有同等法律效力。此份《供水协议书》未约定合同有效期。

2007年7月13日，水库管理处与华彬庄园有限公司签署《补充协议书》，主要内容约定如下：水库管理处向华彬庄园有限公司供水价格在现有北京市供水价格不变的情况下，继续执行绿化用水1.57元/立方米（若存在用电每立方米加收0.3元电费）；若北京市供水价格有调整时，供水价格比照以往供水优惠比例继续给予优惠；水库管理处给予华彬庄园有限公司的用水优惠价是双方本着互惠互利的原则，双方分别作为两个独立平等的企业经协商确定的供水优惠价格，是正常的商业运作行为，不受任何行政干预和其他因素的影响。从水库管理处向华彬庄园有限公司开始供水至今，包括今后双方确定的供水优惠价均为最终结算价，不存在正常价、加价和优惠价之间差价补偿问题……此份《补充协议书》未约定合同有效期。

响潭有限公司与华彬庄园有限公司均认可：华彬庄园有限公司用水来源为响潭水库；自响潭有限公司2008年成立后，华彬庄园有限公司用水量计量方式为，响潭有限公司工作人员前往华彬庄园有限公司内人工抄表，后响潭有限公司向华彬庄园有限公司发送水费交纳通知书，华彬庄园有限公司依照水费交纳通知书向响潭有限公司交纳水费，由响潭有限公司向华彬庄园有限公司开具发票；华彬庄园有限公司已按照同期非居民生活用水标准向响潭有限公司缴纳完毕2014年5月至2018年12月全部用水量所对应水费。

响潭有限公司表示其属于利用水利工程取水方式的供水单位，华彬庄园有限公司对此无异议，但认为供水服务主体为水库管理处而非响潭有限公司，就实际供用水期间无异议。

2013年4月7日，水库管理处向华彬庄园发送《关于华彬庄园水费调整通知》，表示："根据北京市发展和改革委员会关于调整本市非居民用水水资源费征收标准，依据现行水价政策结合目前水资源现状，经我单位研究决定，现将水价调整如下：自备井用水2.50元/立方米，环境用水1.77元/立方米，此水价标准自2013年5月1日起执行。"

2014年5月30日，水库管理处向华彬庄园发送《关于华彬庄园水费调整通知》，表示："根据北京市发展和改革委员会关于调整本市非居民用水水资源费征收标准，依据现行水价政策结合目前水资源现状，经我单位研究决定，现将水价调整如下：自备井用水7.15元/立方米，环境用水5元/立方米，饮用水7.15元/立方米，此水价标准自2014年6月1日起执行。"

2020年5月28日，昌平区节水办向响潭有限公司发出《告知函》，载明："依据北京市水务局、北京市市场监督管理局、国家税务总局北京市税务局联合发布的《关于落实巡视整改要求规范高尔夫球场取水用水管理工作的意见》的要求，你单位自2014年5月向北京华彬庄园高尔夫球场供应灌溉用水共计3009429立方米，其中涉及高尔夫球场范围内用水2093858立方米，你单位按照非居民水价征收水资源费（税）应当按照特种行业用水水价征收水资源费（税）。一、收费依据：我办公室依据京发改〔2014〕884号文件、京发改〔2016〕612号文件向你单位征收2014年5月至2017年11月向北京华彬庄园高尔夫球场售出水量的水资源费；依据京政发〔2017〕36号文件向你单位核定费改税后（2017年12月1日至向华彬庄园停止供水日期）向北京华彬庄园高尔夫球场售出水量，移交水务部门收取水资源税。二、应当缴纳的水资源费（税）：自2014年5月至2017年11月，地表水用数量2016678立方米，每立方米153元；应缴纳金额308551734元；扣除2014年5月至2015年12月用水量1493991立方米，按每立方米1.63元已缴纳水资源费2435205.33元，2016年至2017年11月用水量522687立方米，按每立方米1.8元已缴纳水资源费940836.6元，应补缴水资源费305175692.07元。2018年1－12月地表水用水量77180立方米，每立方米153元；应缴纳金额11808540元；扣除按每立方米1.8元已缴纳水资源费138924元，应向昌平区税务局补缴水资源税11669616元。请你单位在收到本函后及时缴纳上述费用，水资源税请到你单位固定缴纳水资源税地点缴纳；水资源费缴费地点：昌平区节水办……联系人：李某1……”

2020年6月17日，响潭有限公司约谈华彬庄园有限公司经理安某，于当日向华彬庄园有限公司送达《水费补缴通知书》并告知其自2014年5月1日至2018年12月31日涉及高尔夫球场范围内用水为2093858立方米，应补交特殊行业水费318287129.2元。华彬庄园有限公司于2020年7月22日书面回复响潭有限公司，表示华彬庄园有限公司正在积极与市水务部门和市税务部门进行沟通、协商。

2020年8月31日，华彬庄园有限公司出具转账支票，收款人为响潭有限公司，金额为11669616元，未注明用途。响潭有限公司工作人员常某于2020年9月1日领取上述支票。响潭有限公司针对上述款项向华彬庄园有限公司开具了明细记载为“×不征税自来水×2018年特行水资源税差额”的北京增值税普通发票。

华彬庄园有限公司未向响潭有限公司支付其他特殊行业用水差额费用，响潭有限公司向本院提出诉讼，并于诉中申请财产保全，本院依法对华彬庄园有限公司作出财产保全措施。

响潭有限公司主张，华彬庄园有限公司内共安装有计量水表9块，其中1号至4号水表用于统计高尔夫球场灌溉用水量；华彬庄园有限公司每年用水量分为三种用途，一是高尔夫球场灌溉使用，二是生活饮用水，三是除灌溉使用的其他非生活饮用水。响潭有限公司在其证据十九中自行制作2014年至2018年的特殊行业用水量统计表如下：2014年5月至2014年11月共计用水量694219立方米，2014年12月用水量为0立方米；2015年1月、2月、11月、12月四个月用水量均为0立方米，其余8个月共计用水量799772立方米；2016年1月、2月、3月、11月、12月五个月的用水量均为0立方米，其余7

个月用水量共计437236立方米，分别为2016年4月用水95111立方米、2016年5月用水84068立方米、2016年6月用水93027立方米、2016年7月用水38199立方米、2016年8月用水26893立方米、2016年9月用水86764立方米、2016年10月用水13174立方米；2017年仅有5月、6月、7月、9月四个月产生用水量共计85451立方米，分别为2017年5月用水17475立方米、2017年6月用水44700立方米、2017年7月用水9001立方米、2017年9月用水14275立方米，其余八个月用水量均为0立方米；2018年仅有6月、7月、9月、10月四个月产生用水量共计77180立方米，其余八个月用水量均为0立方米。

华彬庄园有限公司抗辩主张该园区内具有多种经营业态，高尔夫球场仅占地约四分之一，其余区域不属于特殊行业用水范围，且园区自行循环使用的水源量足以覆盖球场灌溉用水量。华彬庄园有限公司提交《华彬生态园合理用水分析报告》作为上述抗辩主张的依据。上述分析报告中，“1.4分析评估依据”中包括法律法规、规范和标准、其他资料。其中“1.4.2规范和标准”，包括《高尔夫球场取水定额》（DB11/1224－2015）、《用水定额 第35部分：高尔夫球场》（DB11/T 1764.35－2020）等；“1.4.3其他资料”，包括华彬生态园土地利用卫星影像图、华彬生态园与北京碧利清水处理技术有限公司签订的《污水处理合同（2018年－2019年度）》、华彬生态园2014年至2017年外购生活饮用水资料等。《华彬生态园合理用水分析报告》载明，华彬生态总占地面积为364.05万平方米……高尔夫草坪占地957039.2平方米……根据华彬生态园提供的外购生活用水记录，2014年至2017年，华彬生态园购买了生活用水分别为45.98万立方米、42.89万立方米、52.51万立方米、48.90万立方米……在严格节水灌溉条件下，生态园中高尔夫球场每年需要灌溉水量约为55.5万立方米，在正常耗水灌溉条件下，生态园中高尔夫球场每年需要灌溉水量约为69.4万立方米，2014年至2017年生态园中收集的非常规水源最少的年份为85.5立方米……响潭有限公司对华彬庄园有限公司2014年至2017年外购生活用水量予以认可，同时认为适用特殊行业水价标准的高尔夫球场面积不仅仅局限于草坪面积，还包括周围绿化景观等，应以规划局出具的红线图作为划定适用特殊行业水价标准面积范围的依据。

三、本院调查核实及勘验情况

本院于2021年7月15日前往昌平区节水办调查《告知函》中所载明的特殊行业用水量问题。该办公室联系人李某1认可《告知函》系昌平区节水办出具。李某1陈述，响潭有限公司每月向昌平区节水办报送当月出售水量详情，但当月报送的售水量中不区分具体用水单位各自的用水量；《告知函》上所列特殊行业用水量2093858立方米是根据响潭有限公司于2020年5月向昌平区节水办补报的数据。昌平区节水办于2021年7月15日盖章出具表格，向本院提供响潭有限公司向昌平区节水办报送的华彬庄园有限公司使用特殊行业用水量数据如下：2014年763835立方米、2015年730156立方米、2016年431765立方米、2017年90922立方米、2018年77180立方米。

本院于2021年7月15日前往水库管理处核实本案华彬庄园有限公司所提交相关证据的真实性，并调查了解本案相关情况。水库管理处法定代表人赵洪桥核对了2001年3月25日《供水协议书》以及2007年7月13日《补充协议书》，对水库管理处在上述两份合同尾部落款处的盖章及法定代表人签名的真实性予以认可。水库管理处法定代表人赵洪桥陈述，水库管理处自响潭有限公司2008年成立后即不再作为供水服务主体，事实上是由响潭有限公司继续作为供水服务主体，水库管理处、响潭有限公司、华彬庄园有限公司三方未对上述两份协议进行变更或解除；响潭有限公司截至2021年7月15日，除了赵洪桥以外只有1人系水库管理处的事业编人员，其余人员均系劳务派遣人员，故在对华彬庄园有限公司的供水服务中，水库管理处与响潭有限公司可能在发函中未注意彼此区分，主体发生了混淆；水库管理处在2014年5月对华彬庄园有限公司发出的调整水费通知，实际系代表响潭有限公司；响潭有限公司在履行供水服务过程中自行负责抄表，抄表后向华彬庄园有限公司发出缴费通知单，每个月的缴费通知单上应该不会注明具体的用水用途类型；华彬庄园有限公司也不是一直按时缴费，大约会拖欠四个月水费；水库管理处不了解华彬庄园有限公司内循环水再生设施的情况。

应本院调查事实需要，赵洪桥以北京市昌平区响潭水库管理中心（北京市昌平区响潭水库水文站）法定代表人名义，于2021年7月20日签名向本院出具《情况说明》（无单位盖章），主要内容如下：（1）水库管理处系事业单位，基于历史原因，2001年至2007年曾向华彬庄园有限公司供水。为此曾安装水表9块，安装时间大概为2001年1块，其余8块水表均为2002年至2007年陆续安装。水表安装没有规划、设计图，也没有竣工、验收图等手续材料，由于安装水表无须向政府部门审批，所以也没有备案。（2）响潭有限公司成立后，水库管理处就不再向华彬庄园有限公司供水，由响潭有限公司向华彬庄园有限公司供水，没有经过三方洽商变更供水主体……该情况说明后附以下文件：（1）《北京市昌平区事业单位登记管理局收缴〈事业单位法人证书〉和单位印章凭证》（编号：2021017）复印件，载明："北京市昌平区响潭水库管理中心（北京市昌平区响潭水库水文站）由于名称变更我局于2021年7月20日收缴你单位《事业单位法人证书》正本1份、副本1份，单位印章2枚，印章收缴后不再外借……北京市昌平区事业单位登记管理局 2021 年 7 月 20 日。”（2）北京市昌平区响潭水库管理中心（北京市昌平区响潭水库水文站）事业单位法人证书复印件，载明宗旨和业务范围：“承担响潭水库水利工程建设和水利设施运行管理工作，参与指导管辖范围内水利设施、水域及其岸线的管理保护与综合利用，参与防御洪涝抗御旱灾工作，配合开展管辖范围河长制相关工作。承担水文站维护和管理及水文要素的检测，协助流域地表水文站网建设、维护和管理工作。”经费来源为财政补助，开办资金为 29 万元，举办单位为北京市昌平区水务局。（3）昌编办事〔2021〕24 号文件复印件，载明：“将北京市昌平区响潭水库管理处更名为北京市昌平区响潭水库管理中心，加挂北京市昌平区响潭水库水文站牌子。调整后区响潭水库管理中心（区响潭水库水文站）为区水务局所属相当正科级财政补助公益一类事业单位，核定事业编制 14 名……”

本院于 2021 年 8 月 26 日前往华彬庄园有限公司进行现场勘验并制作勘验笔录，响潭有限公司及华彬庄园有限公司的委托诉讼代理人及各自相关工作人员均全程参与并签字确认。双方共同确认：现场勘验的第一块水表底数为 711008 立方米；现场勘验第二块水表已经废弃，此前用于统计生活饮用水；现场勘验的第三块水表底数为 404437. 4 立方米；现场勘验的第四块表底数因废料堆积阻碍无法查看具体底数；现场勘验的第五块水表底数为 11. 954 立方米。

响潭有限公司表示：第一块勘验的水表是其所提交证据十九中的水表 3，抄表人用“环一”命名；第三块勘验的水表是其所提交证据十九中的水表 4，抄表人用“环二”命名；第四块勘验的水表是其所提交证据十九中的水表 1，抄表人用“东门”命名；第五块勘验的水表是其所提交证据十九中的水表 2，抄表人用“东门里”命名。经开阀试验，响潭有限公司及华彬庄园有限公司均认可现场勘验第三块水表（水表位于机器加工厂东南方向约 40 米处）对应管线中的水流入景观湖。华彬庄园有限公司认为现场勘验第一、四、五块水表对应管线中的水流入婚礼堂南侧小型人工湖；响潭有限公司认为现场勘验第一、四、五块水表对应管线中的水和现场勘验第三块水表对应管线中的水均流入景观湖。

经本院现场勘验，华彬庄园有限公司经营范围内存在高尔夫球场、平原造林项目、马术营地、房车营地、婚礼堂、酒店住宿、景观湖、采摘园等多种业态。

本院于 2021 年 9 月 2 日联系北京市发改委价格处，调查了解京发改〔2014〕884 号文件及京发改〔2016〕612 号文件的制定背景及该发文机关对相关条文含义的解读。北京市发改委价格处向本院提供京发改〔2020〕295号《北京市发展与改革委员会关于对规范高尔夫球场取用水行为管理等工作反馈意见的函》复印件，载明："市水务局：贵局《关于征求规范高尔夫球场取用水行为管理等工作意见的函》（京水务资函〔2020〕2号）收悉。经认真研究，现将有关意见函复如下：一是2014年4月30日前，高尔夫球场企业经营范围内取用城市自来水应执行当年本市水价标准。根据北京市节约用水办公室（北京市人民政府令第244号）和北京市发展和改革委员会《关于调整北京市非居民用水价格的通知》（京发改〔2014〕884号）有关规定，经与贵局讨论认为，高尔夫球场企业属于具有不同用水性质的混合用水户，不同用水性质类别应分别安装水计量设施。自2014年5月1日起，高尔夫球场企业经营范围内取用的城市自来水，实现分表计量的，用于灌溉绿化的水量执行行业水价标准，用于其他生产经营活动的水量执行非居民水价标准；未实现分表计量的，所有水量按从高原则均执行特殊行业水价标准。二是高尔夫球场经营企业取用的地表水、自备井水等自采水源，2014年4月30日前，水资源费执行当年标准；2014年5月1日至2017年11月30日，水资源费执行特殊行业标准；2017年12月1日起，水资源税按《北京市水资源税改革试点实施办法》规定执行。三是根据《价格法》和《政府制定价格行为规则》，《北京市定价目录》中规定的供排水定价内容以外的供排水价格，不属于政府定价范围。"

响潭有限公司与华彬庄园有限公司对本院调查核实的证据、调查笔录及勘验笔录内容的真实性均予以认可。

四、本案相关政策及规范性文件

《北京市发展和改革委员会关于调整北京市非居民用水价格的通知》（京发改〔2014〕884号）主要规定："一、特殊行业用户水价。本市洗车业、洗浴业、纯净水业、高尔夫球场、滑雪场用水户为特殊行业用户，水价为每立方米160元。二、非居民用户水价。除上述特殊行业用户外，本市工商业、旅游饭店餐饮业和行政事业等其他非居民用户，自2014年5月1日起，水价为每立方米7.15元；自2015年1月1日起，水价为每立方米8.15元……四、共有一块水表计量、具有不同用水性质的混合用水户，应主动与供水单位联系办理单独装表计量事宜；不具有单独装表条件的，经供水单位认定，可安装二级计量水表分别计量收费；凡不单独装表（或二级表）的混合用水户，供水单位按水价从高的原则收费……七、本通知自2014年5月1日起实施……北京市发展与改革委员会2014年4月28日。"文件附件中，用户类别为"非居民"的水价备注栏中"自来水供水"栏，水价为7.15元，其中水费3.52元、水资源费1.63元、污水处理费2元；"自备井供水"栏，水价为7.15元，其中水费 2.54 元、水资源费 2.61 元、污水处理费 2 元；用户类别为“特殊行业”的水价为 160 元，其中水费 4 元、水资源费 153 元、污水处理费 3 元，备注栏为空白。

《北京市发展和改革委员会、北京市财政局关于调整北京市非居民用水价格的通知》（京发改〔2016〕612 号）主要规定：“一、非居民用户水价。除特殊行业用户外，本市城六区非居民用水价格调整为 9.5 元/立方米……其他区域非居民用水价格调整为 9 元/立方米，其中，自来水供水水费调整为 4.2 元/立方米，水资源费调整为 1.8 元/立方米……污水处理费均为 3 元/立方米。自来水供水水费中包含的水利工程水价调整为 1.3 元/立方米。二、特殊行业用户水价。本市洗车业、洗浴业、纯净水业、高尔夫球场、滑雪场用水户为特殊行业用户，水价为每立方米 160 元。其中：滑雪场用水实行定额管理，定额内用水按非居民水价标准执行，超定额用水按特殊行业水价标准执行。四、共有一块水表计量、具有不同用水性质的混合用水户，应主动与供水单位联系办理单独装表计量事宜；不具有单独装表条件的，经供水单位认定，可安装二级计量水表分别计量收费；凡不单独装表（或二级表）的混合用水户，供水单位按水价从高的原则收费……七、本通知自 2016 年 5 月 1 日起实施……北京市发展与改革委员会　2016 年 4 月 15 日。”该文件附件中，用户类别为“非居民”（其他区域）的水价备注栏中“自来水供水”栏，水价为 9 元，其中水费 4.2 元、水资源费 1.8 元、污水处理费 3 元；“自备井供水”栏，水价为 9 元，其中水费 2.2 元、水资源费 3.8 元、污水处理费 3 元；用户类别为“特殊行业”的水价为 160 元，其中水费 4 元、水资源费 153 元、污水处理费 3 元，备注栏为空白。

《北京市发展和改革委员会关于印发〈北京市定价目录〉的通知》（京发改规〔2015〕1 号，已废止）与《北京市发展和改革委员会关于印发〈北京市定价目录〉的通知》（京发改规〔2018〕2 号）的附件《北京市定价目录》均规定，区（县）属水利工程供水价格授权区县人民政府，水利工程由用户自建自用的和供方与终端用户通过协议明确由双方协商定价的部分除外；自来水销售价格、再生水销售价格、污水处理费、转供水价格由市价格主管部门定价。

2020 年 2 月 25 日《北京市水务局关于征求高尔夫球场取用水行为管理等工作意见的函》（京水务资函〔2020〕2 号）载明，根据北京市委规划自然资源领域专项巡视关于高尔夫球场存在违规超标准用水现象的问题反馈，北京市水务局决定组织相关的 13 个区政府对全市所有 64 家高尔夫球场取用水情况进行全面调查。在调查的基础上，针对主要问题，起草了《北京市水务局关于落实巡视整改要求规范高尔夫球场取水用水管理工作的意见（征求意见稿）》，并向北京市发改委、北京市市场监督管理局、北京市税务局、各有关区政府发函征求意见。

2020年3月4日《北京市昌平区人民政府关于征求规范高尔夫球场取用水行为管理等工作意见的复函》（昌政函〔2020〕60号）载明，对于高尔夫球场采用水利工程供水方式取用地表水，《北京市发展和改革委员会关于调整水价的通知》（京发改〔2004〕1517号）中明确，水利工程供水（除农业和环境用水外）水资源费由每立方米0.60元调整为1.10元；在《关于调整北京市非居民用水价格的通知》（京发改〔2014〕884号）中未明确水利工程供水水资源费征收标准。因此，2014年5月1日至2017年11月30日水利工程供水资源费征收标准全市不明确。依据《北京市发展和改革委员会关于印发北京市定价目录的通知》（京发改规〔2015〕1号）“区（县）属水利工程供水价格授权区县人民政府制定（水利工程由用户自建自用的和供方与终端用户通过协议明确由双方协商定价的部分除外）”，建议2014年5月1日至2017年11月30日高尔夫球场取用地表水的价格和水资源费征收标准延续各区原征收标准不变。

2020年5月15日，北京市水务局、北京市市场监督管理局、国家税务总局北京市税务局发布的《关于落实巡视整改要求规范高尔夫球场取水用水管理工作的意见》（京水务资〔2020〕31号）第二条规定：“严格特殊行业水资源费税征缴……（七）……2014年5月1日至2017年11月30日，球场取用自来水、自备井水、地表水用于球场灌溉的执行特殊行业水价标准；用于球场办公、餐饮、会所等配套服务设施用水的执行非居民水价标准。2017年12月1日后，按照《北京市水资源税改革试点实施办法》（京政发〔2017〕36号）、《北京市发展和改革委员会关于本市水价有关问题的通知》（京发改〔2018〕115号）规定，球场取用城镇公共供水、地表水、地下水用于球场灌溉的执行特殊行业水价标准，用于球场办公、餐饮、会所等配套服务设施用水的执行非居民水价标准……（九）依法追缴拖欠的水资源费税。对于存在拖欠水资源费、污水处理费情况的球场，各区应当责令其在2020年5月31日前补缴，逾期不缴纳或未足额缴纳的，应依法追缴……”

《北京市地方标准　高尔夫球场取水定额》（DB11/1224－2015）（北京市质量技术监督局于2015年7月15日发布，2015年9月1日实施）规定：“1　范围，本标准规定了高尔夫球场取水定额的术语和定义、计算方法、取水定额及管理要求。本标准适用于高尔夫球场的取水管理……3　术语和定义，3.1高尔夫球场，在需要进行灌溉、修剪等养护措施的草坪上从事高尔夫运动的场所，包括标准高尔夫球场，非标准高尔夫球场及练习场。3.2　不同功能区，为满足高尔夫运动要求而设置的不同区域，包括发球台、球道、果岭、高草区及自然区等……3.5　高尔夫球场灌溉定额，按高尔夫球场灌溉面积核算的单位面积年灌溉取水量……5.1　高尔夫球场灌溉取水综合定额为 0.58m^3/m^2 · a……”

《北京市地方标准 用水定额 第 35 部分：高尔夫球场》（DB11/T 1764.35 – 2020 代替 DB11/1224 – 2015）（北京市市场监督管理局于 2020 年 12 月 24 日发布，2021 年 4 月 1 日实施）规定：“本文件代替 DB11/1224 – 2015……对定额值进行了修订，分为通值和先进值……3.2　高尔夫球场灌溉用水量指高尔夫球场用于草坪机园林植物灌溉的用水量……3.4　高尔夫球场灌溉用水定额，按高尔夫球场灌溉面积核定的单位面积年灌溉用水量……4.1.2　灌溉面积包括果岭、发球台、球道的全部面积及高草区、自然区中实际灌溉的面积……5.1 高尔夫球场用水定额，先进值为 0.35m^3/m^2 · a，通用值为 0.48m^3/m^2 · a……6.1　高尔夫球场用水定额是对高尔夫球场进行年度计划用水指标、评价用水水平的依据。先进值用于高尔夫球场节水评价，通用值用于现有高尔夫球场日常用水管理和节水考核……”

以上事实，有对公活期账户交易明细、告知函、约谈笔录、水费补缴通知书、关于北京市响潭地表水再生水处理利用中心的回复函、转账支票、工商登记信息、发票、供水协议书、补充协议书、关于华彬庄园水费调整的通知、调查笔录、勘验笔录等证据在案佐证。

本院认为，根据各方当事人的诉辩主张，本案的争议焦点在于以下四个问题，本院分别予以论述：

一、关于原告主体是否适格，原被告之间的法律关系及效力认定

《最高人民法院关于适用〈中华人民共和国民法典〉时间效力的若干规定》第一条规定，《民法典》施行后的法律事实引起的民事纠纷案件，适用《民法典》的规定。《民法典》施行前的法律事实引起的民事纠纷案件，适用当时的法律、司法解释的规定，但是法律、司法解释另有规定的除外。《民法典》施行前的法律事实持续至《民法典》施行后，该法律事实引起的民事纠纷案件，适用《民法典》的规定，但是法律、司法解释另有规定的除外。本案诉争欠缴水费的产生所依据的法律事实发生于《民法典》施行前，故本案应适用当时的相关法律、行政法规及司法解释的规定。

《最高人民法院关于适用〈中华人民共和国合同法〉若干问题的解释（二）》（2009 年通过）第二条规定，当事人未以书面形式或者口头形式订立合同，但从双方从事的民事行为能够推定双方有订立合同意愿的，人民法院可以认定是以《合同法》第十条第一款中的“其他形式”订立的合同。但法律另有规定的除外。根据本案已查明的事实，2001年3月25日，水库管理处与华彬庄园有限公司就供水事宜签署《供水协议书》；2007年7月13日，双方签署《补充协议书》。上述协议并未违反法律、行政法规的效力性强制规定，应属有效。水库管理处与华彬庄园有限公司亦履行上述协议至2008年1月响潭有限公司成立。响潭有限公司成立后，由响潭有限公司向华彬庄园有限公司继续供水，华彬庄园有限公司向响潭有限公司交纳水费，响潭有限公司向华彬庄园有限公司开具发票。本案原被告双方亦均认可华彬庄园有限公司已按照同期非居民生活用水标准向响潭有限公司缴纳完毕2014年5月至2018年12月全部用水量所对应水费。虽然水库管理处、华彬庄园有限公司、响潭有限公司三方主体对于书面供水协议书及补充协议书，未做书面洽商变更，亦未解除原协议并重新签订供水合同，但根据水库管理处和响潭有限公司在组织类型与经营范围上的区别、多年来实际供水履行中收取水费及开具发票的主体情况，可以认定自2008年起响潭有限公司系接替水库管理处继续对华彬庄园有限公司进行供水，响潭有限公司与华彬庄园有限公司形成了事实上的供用水合同关系。在响潭有限公司向华彬庄园有限公司供水履约过程中，虽然存在水库管理处向华彬庄园有限公司发出水费价格调整通知的情况，但因水库管理处系响潭有限公司的出资设立及主管机构，水库管理处与响潭有限公司在组织成员上亦存在一定重叠和混同，故水库管理处向华彬庄园有限公司发出水费价格调整通知应视为代表响潭有限公司的意思表示，响潭有限公司与华彬庄园有限公司实际上亦是按照该意思表示所确定的价格标准履行。本案供水服务的主体应认定为响潭有限公司，响潭有限公司系本案适格原告，其与华彬庄园有限公司之间构成事实上的供用水合同关系，亦未违反法律、行政法规的效力性强制规定，应属有效。本院对华彬庄园有限公司关于原告主体不适格的抗辩意见不予采纳。

二、关于响潭有限公司与华彬庄园有限公司约定对诉争期间按照非居民用水价格标准收费的效力认定

《中华人民共和国合同法》（1999年通过）第七条规定，当事人订立、履行合同，应当遵守法律、行政法规，尊重社会公德，不得扰乱社会经济秩序，损害社会公共利益；第五十二条规定，有下列情形之一的，合同无效：（1）一方以欺诈、胁迫的手段订立合同，损害国家利益；（2）恶意串通，损害国家、集体或者第三人利益；（3）以合法形式掩盖非法目的；（4）损害社会公共利益；（5）违反法律、行政法规的强制性规定；第五十六条规定，无效的合同或者被撤销的合同自始没有法律约束力。合同部分无效，不影响其他部分效力的，其他部分仍然有效。

《中华人民共和国水法》（2009年修正）第三条规定，水资源属于国家所有。水资源的所有权由国务院代表国家行使。农村集体经济组织的水塘和由农村集体经济组织修建管理的水库中的水，归各该农村集体经济组织使用；第七条规定，国家对水资源依法实行取水许可制度和有偿使用制度。但是，农村集体经济组织及其成员使用本集体经济组织的水塘、水库中的水的除外。国务院水行政主管部门负责全国取水许可制度和水资源有偿使用制度的组织实施；第五十五条规定，使用水工程供应的水，应当按照国家规定向供水单位缴纳水费。供水价格应当按照补偿成本、合理收益、优质优价、公平负担的原则确定。具体办法由省级以上人民政府价格主管部门会同同级水行政主管部门或者其他供水行政主管部门依据职权制定。《取水许可和水资源费征收管理条例》（国务院令第460号，2006年通过）第二十八条规定，取水单位或者个人应当缴纳水资源费。取水单位或者个人应当按照经批准的年度取水计划取水。超计划或者超定额取水的，对超计划或者超定额部分累进收取水资源费。水资源费征收标准由省、自治区、直辖市人民政府价格主管部门会同同级财政部门、水行政主管部门制定，报本级人民政府批准，并报国务院价格主管部门、财政部门和水行政主管部门备案。其中，由流域管理机构审批取水的中央直属和跨省、自治区、直辖市水利工程的水资源费征收标准，由国务院价格主管部门会同国务院财政部门、水行政主管部门制定。

根据上述法律及行政法规的规定，水资源属于国家所有，使用水资源应有偿，使用水工程供应的水，应当按照国家规定向供水单位缴纳水费。因此，华彬庄园有限公司用水应依据法律规定向响潭有限公司缴纳水费。北京市的供水价格应由北京市人民政府价格主管部门会同北京市水行政主管部门依据职权制定。因此，北京市发改委与北京市水务局对于北京市水资源费征收标准及水价具有定价及管理的职权，其发布的规范性文件应作为水费收取的价格标准依据。北京市发改委于2014年4月28日发布的《关于调整北京市非居民用水价格的通知》（京发改〔2014〕884号）第一条规定，高尔夫球场属于特殊行业用水户，水价为每立方米160元；第二条规定，有非居民用户水价，除上述特殊行业用户外，本市工商业、旅游饭店餐饮业和行政事业等其他非居民用户，自2014年5月1日起，水价为每立方米7.15元；自2015年1月1日起，水价为每立方米8.15元。该文件附件规定“非居民”用水由“自来水供水”和由“自备井供水”两种不同供水方式，在水价构成中的水费、水资源费及污水处理费的各项具体标准有所区别，对于“特殊行业”用水未区分供水方式，统一规定160元水价的构成为4元水费、153元水资源费及3元污水处理费。虽然北京市发改委在《北京市定价目录》中规定，区（县）属水利工程供水价格授权区县人民政府，水利工程由用户自建自用的和供方与终端用户通过协议明确由双方协商定价的部分除外；自来水销售价格、再生水销售价格、污水处理费、转供水价格由市价格主管部门定价。但根据《取水许可和水资源费征收管理条例》（国务院令第460号，2006年通过）第二十八条的规定，特殊行业水价构成中153元水资源费的征收标准应由北京市人民政府价格主管部门会同同级财政部门、水行政主管部门制定，报本级人民政府批准，并报国务院价格主管部门、财政部门和水行政主管部门备案，不属于供方与终端用户可以通过协议明确由双方协商定价的部分。响潭有限公司的供水方式属于利用水利工程供水，其与华彬庄园有限公司对诉争期间的水费协商约定按照非居民用水价格标准收取，该价格构成中的水资源费金额远低于特殊行业用水水价构成中的水资源费金额，该约定违反了法律及行政法规的相关规定，使属于国家所有的水资源费未足额缴纳，侵害了国家及社会公共利益。因此，响潭有限公司与华彬庄园有限公司对于诉争期间用水全部按照非居民用水标准收取的协商定价应认定为无效，但该部分价格的约定无效不影响双方整体事实供水合同关系的效力。

京发改〔2014〕884号文件附件对于“特殊行业”用水定价，确实存在对供水方式未做区分或注明的情况。依据京发改〔2020〕295号《北京市发展与改革委员会关于对规范高尔夫球场取用水行为管理等工作反馈意见的函》，高尔夫球场企业属于具有不同用水性质的混合用水户，既有用于灌溉绿化的用水，又有用于其他生产经营活动的用水，故不宜仅从文义理解认定京发改〔2014〕884号文件第一条所规定高尔夫球场内的全部用水均属特殊行业用水。综上，对于特殊行业用水价格标准，在供水方式未做明确区分或注明，用水用途类型亦未充分明确的情况下，可能存在对条款含义及法律效果的理解分歧。鉴于北京市水务局、北京市市场监督管理局、国家税务总局北京市税务局于2020年5月15日发布《关于落实巡视整改要求规范高尔夫球场取水用水管理工作的意见》（京水务资〔2020〕31号）第二条对于特殊行业用水用途以及供水方式均作出了具体明确，即2014年5月1日至2017年11月30日，高尔夫球场取用自来水、自备井水、地表水用于球场灌溉的执行特殊行业水价标准；用于球场办公、餐饮、会所等配套服务设施用水的执行非居民水价标准。2017年12月1日后，按照《北京市水资源税改革试点实施办法》（京政发〔2017〕36号）、《北京市发展和改革委员会关于本市水价有关问题的通知》（京发改〔2018〕115号）的规定，球场取用城镇公共供水、地表水、地下水用于球场灌溉的执行特殊行业水价标准，用于球场办公、餐饮、会所等配套服务设施用水的执行非居民水价标准。故自 2020 年 5 月 15 日起能够明确，2014 年 5 月 1 日至 2017 年 11 月 30 日，高尔夫球场取用自来水、自备井水、地表水用于球场灌溉的执行特殊行业水价标准，华彬庄园有限公司在此期间用于球场灌溉的用水均应按照 160 元每立方米标准向响潭有限公司补缴特殊行业用水水费，自 2017 年 12 月 1 日后应就用于球场灌溉的用水向税务部门补缴特殊行业用水税费。因本案双方对诉争期间水费收取标准协商定价无效，应按照法律、行政法规、地方规范性文件的规定予以补缴，故本案不存在诉讼时效抗辩的适用前提，本院对华彬庄园有限公司提出的时效抗辩意见不予采纳。

三、关于华彬庄园有限公司应补缴水费差额的数额核定

《最高人民法院关于适用〈中华人民共和国民事诉讼法〉的解释》（2020 年修正）第九十条规定，当事人对自己提出的诉讼请求所依据的事实或者反驳对方诉讼请求所依据的事实，应当提供证据加以证明，但法律另有规定的除外。在作出判决前，当事人未能提供证据或者证据不足以证明其事实主张的，由负有举证证明责任的当事人承担不利的后果。响潭有限公司于本案诉请华彬庄园有限公司支付特殊行业用水价格与非居民用水价格的差价，应对华彬庄园有限公司用于球场灌溉的用水量负有举证义务。响潭有限公司自京发改〔2014〕884 号文件发布之日起，即应知高尔夫球场系存在混合用水的特殊行业用水户，对华彬庄园有限公司球场灌溉用水量的统计应按照不同用途单独装表计量，并应在供水过程中注重对须收取高额水资源费的特殊行业用水量进行统计和凭证保存。虽然响潭有限公司主张华彬庄园有限公司经营范围内已有 4 块水表用于统计特殊行业用水量，但未提交上述水表安装、规划、验收、备案等材料予以证明，亦未能提交经双方共同确认的抄表单据作为球场灌溉用水量的依据。经本院审查，响潭有限公司自行制作的特殊行业用水量统计表，与本院现场勘验水表目前底数不能对应。经本院调查，昌平区节水办告知函上的用水量数据以及昌平区节水办向本院出具的特殊行业用水量数据，也均系由响潭有限公司单方于 2020 年 5 月补充报送所得，故本院对昌平区节水办出具的告知函上所载明的特殊行业用水量以及昌平区节水办向本院出具的特殊行业用水量均不予采信。响潭有限公司提交的其他证据亦不足以证明华彬庄园有限公司具体的球场灌溉面积及相应合理的灌溉用水量。

华彬庄园有限公司抗辩其自行收集的雨水及循环使用的生活污水足以覆盖球场灌溉所需用水量，并向本院提交《华彬生态园合理用水分析报告》予以证明。该分析报告中载明有华彬庄园有限公司自认的 2014 年至 2017 年外购生活用水量。该分析报告中关于华彬庄园有限公司污水循环利用用水量的分析，系依据华彬生态园与北京碧利清水处理技术有限公司签订的《污水处理合同

（2018年－2019年度）》。但上述污水处理合同并非本案诉争期间履行，未能体现诉争期间华彬庄园有限公司污水的具体回收量；华彬庄园有限公司提交其与水库管理处分别于2012年和2013年签订的《华彬庄园污水改造设备采购、安装合同》和《托管合同书》，但未能提供其他证据证明上述合同履行情况及污水回收的履行效果。综上，华彬庄园有限公司在本案中提交的证据亦不足以证明其自行收集的雨水及循环使用的生活污水足以覆盖球场灌溉所需用水量的事实。

鉴于双方一致确认，诉争期间全部用水量已按照非居民用水价格标准缴清。全部用水量中既包括华彬庄园有限公司经营所需的生活用水，也包括球场灌溉用水及其他非居民用水三种用途，故可以认定华彬庄园有限公司事实上已使用了相应数量的供水。因双方当事人均无法充分举证证明各自诉辩主张的事实成立，故本院综合基于本案实际用水的履行情况及在案证据情况，酌情参照《北京市地方标准 高尔夫球场取水定额》（DB11/1224－2015）规定中的关于高尔夫球场灌溉定额标准 $0.58m^3/m^2 \cdot a$，按照华彬庄园有限公司自认的高尔夫草坪占地面积957039.2平方米，核定华彬庄园有限公司维持高尔夫球场经营使用所需的合理年灌溉取水量，年均取水量酌定为555083立方米。响潭有限公司诉请的期间为2014年5月至2018年12月，其中2017年12月至2018年12月，华彬庄园有限公司已向响潭有限公司支付11669616元特殊行业用水税费，视为华彬庄园有限公司对此期间特殊行业用水量的认可。虽然华彬庄园有限公司抗辩主张该11669616元系对响潭有限公司的借款，但其就该抗辩事实未能提交其他证据证明双方根据企业治理相关规范制度就企业之间拆借款项达成合意，且华彬庄园有限公司提交的付款申请单右上角标注有“刘某通知做以前年度损益调整”内容，响潭有限公司对此款项亦向华彬庄园有限公司开具有发票。综合上述事实情况，华彬庄园有限公司提交的付款申请单不足以证明11669616元系其出借给响潭有限公司的事实，本院对华彬庄园有限公司关于11669616元系借款的抗辩意见不予采信。

因2017年12月至2018年12月应补缴的特殊行业用水税费已履行，故以下主要核定2014年5月至2017年11月的特殊行业用水量，并据此核定应补缴水费差额。根据响潭有限公司自行制作的水量统计表，响潭有限公司诉请华彬庄园有限公司2016年的特殊行业用水量为7个月共计437236立方米，诉请华彬庄园有限公司2017年的特殊行业用水量为4个月共计85451立方米，均低于本院参照地方标准综合酌定的年均取水量，故本院对2016年及2017年的用水量以响潭有限公司诉请主张的具体用水量予以核定。本院酌定华彬庄园有限公司2014年5月至12月的合理所需灌溉用水量为370055立方米，2015年全年为 555083 立方米。综上，本院对华彬庄园有限公司于 2014 年 5 月至 2017 年 11 月特殊行业用水量酌定为 1447825 立方米。华彬庄园有限公司对于 2014 年特殊行业用水应补缴（160 元/立方米 - 7.15 元/立方米）×370055 立方米 = 56562906.75 元；对于 2015 年特殊行业用水应补缴（160 元/立方米 - 8.15 元/立方米）×555083 立方米 = 84289 353.55 元；对于 2016 年1 ~ 4 月特殊行业用水应补缴（160 元/立方米 - 8.15 元/立方米）×95111 立方米 = 14442605.35 元，对于 2016 年 5 ~ 12 月特殊行业用水应补缴（160 元/立方米 - 9 元/立方米）×342125 立方米 = 51660875 元；对于 2017 年 1 ~ 11 月特殊行业用水应补缴（160 元/立方米 - 9 元/立方米）×85451 立方米 = 12903101 元。华彬庄园有限公司应补缴的特殊行业水费差额本金共计 56562906.75 元 + 84289353.55 元 + 14442605.35 元 + 51660875 元 + 12903101 元 = 219858841.65 元。

关于响潭有限公司诉请的滞纳金是否应予以支持。本案诉争特殊行业水费差额的补缴费用及金额的争议，系因双方在履行供水合同过程中对于相关规范性文件的理解差异所致，双方对特殊行业用水量亦始终存在争议。华彬庄园有限公司在过去多年的履约过程中，依响潭有限公司的查表核算与通知，能够积极履行水费缴费义务，不存在拖欠水资源费的主观恶意，故本院对响潭有限公司诉请的滞纳金不予支持。

综上所述，响潭有限公司的部分诉讼请求成立，本院予以支持。依照《最高人民法院关于适用〈中华人民共和国民法典〉时间效力的若干规定》第一条第二款，《中华人民共和国水法》（2009 年修正）第三条、第五十五条，《中华人民共和国合同法》（1999 年通过）第七条、第五十二条、第五十六条，《最高人民法院关于适用〈中华人民共和国合同法〉若干问题的解释（二）》（2009 年通过）第二条，《取水许可和水资源费征收管理条例》（国务院令第 460 号，2006 年通过）第二十八条，《中华人民共和国民事诉讼法》第六十四条，《最高人民法院关于民事诉讼证据的若干规定》（2019 年修正）第三条、第二十一条、第五十一条、第八十八条，《最高人民法院关于适用〈中华人民共和国民事诉讼法〉的解释》（2020 年修正）第九十条之规定，判决如下：

一、北京华彬庄园绿色休闲健身俱乐部有限公司于本判决生效后十日内向北京市响潭地表水再生水处理利用有限公司支付欠付水费共计人民币 219858841.65 元。

二、驳回北京市响潭地表水再生水处理利用有限公司的其他诉讼请求。

如果未按本判决指定的期间履行给付金钱义务，应当依照《中华人民共和国民事诉讼法》第二百五十三条之规定，加倍支付迟延履行期间的债务利息。

保全申请费5000元，由北京华彬庄园绿色休闲健身俱乐部有限公司负担（于本判决生效后十日内交纳）。

案件受理费1783252元，由北京市响潭地表水再生水处理利用有限公司负担657572元（已交纳），由北京华彬庄园绿色休闲健身俱乐部有限公司负担1125680元（于本判决生效后十日内交纳）。

如不服本判决，可在判决书送达之日起十五日内，向本院递交上诉状，并按对方当事人的人数提出副本，上诉于北京市高级人民法院。

审　判　长　李晓龙
审　判　员　张永钢
审　判　员　丁少芃

二〇二一年九月二十三日

法官助理　陈大林
法官助理　谢冰伦
书　记　员　姜雨蕾

赵晖

北京市第三中级人民法院

北京市第三中级人民法院审监庭三级高级法官，法律硕士。先后在北京市高级人民法院、北京市第二中级人民法院从事刑事审判、申诉审查工作。曾获评北京市优秀共青团员，北京市第二中级人民法院结案能手、调解能手，优秀审判长，荣获嘉奖。在北京市第三中级人民法院从事再审工作多年，撰写的裁判文书多次在院里被评为优秀裁判文书，具有丰富的民事、刑事再审案件办理和当事人服判息诉工作经验。

点评辞

本案判决对律师见证遗嘱的效力作出认定。涉案被继承人为确保遗嘱有效，到律师事务所寻求法律服务，律师事务所出具《遗嘱》和《律师见证书》两份书面见证文件，由两位律师分别只在其中一份文件上签字。原审判决认为，《遗嘱》和《律师见证书》一并封存，加盖骑缝章，符合法律规定的遗嘱形式要件。申诉人提交上述律师事务所于2019年单方出具的撤销《律师见证书》的声明作为新证据，请求判决遗嘱无效。再审判决认为，遗嘱的形成、签署过程以及证人证言足以形成完整的证据链，证明遗嘱内容是被继承人的真实意思表示。被继承人已于2012年去世，律师事务所无正当理由出具撤销《律师见证书》的声明不能否认立遗嘱人的真实意思表示，因此再审判决未采纳申诉人提交的新证据，秉持尊老、敬老、爱老的价值理念，尊重被继承人生前真实意愿，维持了原终审判决。判决结构完整、层次分明、逻辑清晰、论证充分，将社会主义核心价值融入文书释法说理，具有示范意义。

北京市第三中级人民法院
民事判决书

（2021）京 03 民再 118 号

抗诉机关：北京市人民检察院。

申诉人（原审被告、二审上诉人）：孙某 1，男，1957 年 12 月 5 日出生，汉族，住北京市朝阳区。

委托诉讼代理人：孙某 4（孙某 1 之子），1990 年 6 月 20 日出生，住北京市朝阳区。

委托诉讼代理人：王雨萌，北京市金栋律师事务所律师。

被申诉人（原审原告、二审被上诉人）：孙某 2，女，1957 年 5 月 3 日出生，汉族，住北京市朝阳区。

委托诉讼代理人：殷某（孙某 2 之子），1982 年 2 月 16 日出生，住北京市顺义区。

原告孙某 2 诉被告孙某 1 继承纠纷一案，北京市朝阳区人民法院（以下简称原审法院）于 2012 年 12 月作出（2012）朝民初字第 18125 号民事判决。孙某 1 不服，向北京市第二中级人民法院提出上诉。北京市第二中级人民法院于 2015 年 4 月 20 日作出（2013）二中民终字第 04987 号民事裁定，撤销原审法院（2012）朝民初字第 18125 号民事判决，发回原审法院重审。原审法院于 2018 年 10 月 23 日作出（2015）朝民初字第 46710 号民事判决。孙某 1 不服，向本院提出上诉。本院于 2018 年 12 月 7 日作出（2018）京 03 民终 14443 号民事判决。孙某 1 不服，向北京市高级人民法院提出再审申请。北京市高级人民法院于 2019 年 11 月 13 日作出（2019）京民申 3453 号民事裁定，驳回孙某 1 的再审申请。孙某 1 不服，向北京市人民检察院申诉。北京市人民检察院于 2021 年 6 月 17 日作出京检民监〔2021〕110××××××××号民事抗诉书，向北京市高级人民法院提出抗诉。北京市高级人民法院于 2021 年 7 月 22 日作出（2021）京民抗 36 号民事裁定，指令本院再审本案。本院依法组成合议庭，开庭审理了本案。北京市人民检察院指令北京市人民检察院第三分院派员出席再审法庭。北京市人民检察院第三分院指派检察官程建玲、检察官助理王挺出庭依法履行职责。申诉人孙某1之委托诉讼代理人孙某4、王雨萌，被申诉人孙某2之委托诉讼代理人殷某到庭参加诉讼。本案现已审理终结。

北京市人民检察院抗诉认为，北京市第三中级人民法院作出的终审判决将《遗嘱》和《律师见证书》两部分视为一份完整的代书遗嘱并认定其有效，属认定事实缺乏证据证明，适用法律错误。第一，现有证据不足以证明陈昕律师在场见证了涉案代书遗嘱的形成过程。第二，涉案代书遗嘱不符合法律规定的形式要件。第三，终审判决认定涉案代书遗嘱有效缺乏证据证明，适用法律错误。

申诉人孙某1称，同意检察院的抗诉意见，请求撤销原一审、二审判决，改判涉案遗嘱无效，按照法定继承分割房产份额。事实与理由：第一，涉案遗嘱因为见证的律师事务所撤销了《律师见证书》，只剩下一位见证人，违反了法律规定代书遗嘱应有两位见证人的强制性规定而无效。第二，涉案遗嘱在真实性、合法性方面存在重大瑕疵，应属无效。代书人王洪亮在见证时已经被吊销了律师证，依然以律师身份进行见证。见证人陈昕律师的签字系他人冒充。第三，两名邻居没有见证遗嘱的形成过程，应属无效。第四，被继承人李某不会写字，所以涉案遗嘱不是李某签字。第五，遗嘱和见证书中立遗嘱人的地址不同，无法确认是同一人，也无法确认是李某本人。第六，涉案遗嘱只有一名假冒律师在遗嘱上签字。第七，申诉人曾经书面申请调取证据，但法院不予调取，属程序违法。第八，申诉人诉见证的律师事务所请求撤销《律师见证书》，并申请法院中止审理，但法院却下达了判决书，属程序违法。第九，法院适用法律错误。

被申诉人孙某2辩称，不同意检察院的抗诉意见，原终审判决认定事实清楚，证据充分，适用法律得当。现有证据足以证明陈昕律师在场见证了涉案代书遗嘱的形成过程。律师事务所指派行政主管李某1到庭作证，其本人是遗嘱见证过程的参与者，律师事务所单方面撤销已盖章的见证意见不具有法律效力。

孙某2向原审法院起诉请求，（1）判令北京市朝阳区×小区×楼503号房屋（以下简称503号房屋）中李某的份额全部由孙某2继承；（2）对503号房屋中孙某3的份额按照法定继承进行分割。事实与理由：孙某3与李某系夫妻关系，孙某1、孙某2系该二人之子女。孙某1与吕某系夫妻关系。孙某3于1996年去世，李某于2012年4月20日去世。原审法院（2014）朝民初字第15204号民事判决书认定孙某1、吕某共同共有503号房屋所有权中59.71%份额。李某2007年6月23日立下遗嘱，将上述房屋归孙某2继承。故诉至法院，请求法院依法裁判。

原审法院认定事实：孙某 3 与李某系夫妻关系，孙某 1、孙某 2 系二人之子女。孙某 1 与吕某系夫妻关系。孙某 3 于 1996 年去世，李某于 2012 年 4 月 20 日去世。经询，孙某 2、孙某 1 均认可孙某 3 生前未留有遗嘱。

503 号房屋原系孙某 3 单位分配的住房，由孙某 3 承租。孙某 3 去世后，变更为由李某承租。1999 年 9 月 30 日，中国钢铁工贸集团公司向李某发出签订购房协议书的通知，通知要求李某于 10 月 30 日签订购房合同，并载明房款及各项费用共 48775.28 元，已付房款 46000 元。1999 年 10 月 25 日，李某与中国钢铁工贸集团公司签订《房屋买卖合同》，2000 年 5 月 29 日发票显示李某交纳购房款 48775.28 元。2000 年 4 月，李某取得 503 号房屋的房屋所有权证。

原审法院作出的（2014）朝民初字第 15204 号民事判决书认定孙某 1、吕某共同共有 503 号房屋所有权中 59.71% 份额。孙某 3 工龄所占比例 26.02%、李某工龄所占比例 14.27%。

2007 年 6 月 23 日，李某至法政牛津律师事务所办理律师见证代书遗嘱。王洪亮代书李某遗嘱，李某与王洪亮签字署名日期。陈昕律师见证了代书遗嘱的过程，出具了《律师见证书》，签字后加盖公章，将见证书与代书遗嘱一并加盖公章。该代书遗嘱载明：本人合法所有的私人房屋，坐落于北京市朝阳区 × 小区 × 楼 503 号的楼房在本人百年之后，由我女儿孙某 2（身份证号：略）继承。

就上述遗嘱的形成过程，原审法院调查事项如下：

1. 证人李某 1 证言："我是法政牛津律师事务所行政主管，陈昕是分所主任，她说涉案的这个遗嘱是王洪亮联系的……当时出具了四份内容相同的见证书，在两份上盖了公章，然后孙某 2 都拿走找邻居签字……陈昕在见证书上签字了。"

2. 证人赵某证言："我是李某的邻居，在孙某 2 家的客厅里给她做个见证，当时还怕老太太糊涂呢，我还问了问，老太太说话还挺清楚的，遗嘱的内容就是把房给孙某 2，遗嘱的主要内容是我签字之后形成的，老人先签字的，然后我们签字按手印，签字的时候律师没有在场，我想不起来我当时签字的时候王洪亮是否签字了。"

3. 证人刘某证言："我是李某街坊，老太太说儿子不管她，闺女管，所以将来这个房屋就留给闺女，老太太的意识是清楚的，遗嘱上的签字是老太太亲笔签的，遗嘱是在孙某 2 家形成的，当时是老太太先签字的，我签字之后还按了手印，我没有见过《律师见证书》，不清楚遗嘱是谁打印出来的，遗嘱代书人处好像没有王洪亮的签字。"

经询，孙某2称，“律师先签了四份，然后李某签了两份，剩下两份拿回来李某和证人才签字的，证人可能记不清了”。孙某1认为，遗嘱是孙某2伪造的，见证遗嘱应该当场签字，拿回家找见证人签字是无效的，且律师事务所没有提供业务收支凭证，故遗嘱无效。

另查，王洪亮自2007年5月18日起律师执业状态为注销状态。孙某2称见证遗嘱不一定要两个律师见证，王洪亮作为见证人和代书人的身份如何，不影响遗嘱的效力。孙某1称律师见证遗嘱应当由两名律师同时在场见证，遗嘱形成之日没有王洪亮律师这个人，所以遗嘱是伪造的，应属无效。

2018年10月10日，孙某1的委托诉讼代理人持原审法院调查令找到王洪亮，王洪亮出具《说明》一份并提供其书写前述《证明》时现场拍摄的照片一张，《说明》载明：“朝阳法院：李某所立遗嘱档案并非我个人保管，不在我个人手里。”孙某2、孙某1对王洪亮出具的《说明》及现场拍摄的照片真实性均予以认可，认可照片中的人是王洪亮本人，孙某2称《证明》可以证明李某遗嘱真实存在，遗嘱也是王洪亮书写的；孙某1称《证明》的内容说明见证档案不是被王洪亮拿走了，应当还在律师事务所，是孙某2藏匿没有拿出来，孙某2应当承担举证不利的后果。

再查，李某去世后在中国工商银行×××账户内留有存款7589.71元，孙某2对上述款项曾经支取两次共计5073.99元，剩余2515.72元；李某在中国工商银行曾经有存款两笔共计4万元，分别于2005年3月9日、10月5日销户。孙某2为李某办理丧事支出丧葬费8219元。

原审法院认为：公民的私有财产的继承权利受法律保护，继承开始后按照法定继承办理；有遗嘱的，按照遗嘱或遗赠协议办理；有遗赠扶养协议的按照协议办理。代书遗嘱应当有两个以上见证人在场见证，由其中一人代书，注明年、月、日，并由代书人、其他见证人和遗嘱人签名。本案中，被继承人李某生前至律师事务所要求立遗嘱，其所立遗嘱由王洪亮、陈昕二人见证，由王洪亮代书，且见证书及遗嘱一并封存，加盖印章，该遗嘱具有完整的代书遗嘱形式，符合法律规定的形式要件，王洪亮是否为律师身份不影响其代书、见证遗嘱的效力。赵某、刘某未能见证遗嘱形成的过程，见证无效，但不影响该见证遗嘱王洪亮、陈昕见证人的见证效力，且赵某、刘某的证人证言佐证了被继承人李某立遗嘱之时的真实意思为涉案房屋由孙某2继承。因503号房屋有他人份额，故被继承人李某仅能就其所有份额作出相应遗嘱处分，李某的遗嘱中涉及处分他人财产份额的内容无效。孙某1主张孙某2存在虐待被继承人的情形，但未提供相应的证据，原审法院不予采信。故孙某2主张其继承涉案房屋中属于李某房产份额的请求，于法有据，原审法院予以支持，就孙某3的房产份额则按法定继承予以处理，为减少当事人诉累，原审法院对503号房屋中孙某3、李某的遗产一并予以份额确认。

孙某2负责办理李某丧葬事宜，故孙某2提取的李某名下的款项及剩余款项以归孙某2为宜。孙某1主张的4万元存款，已经于2005年销户，不属于遗产，原审法院不予处理。

综上，原审法院依照《中华人民共和国继承法》第二条、第五条、第十条、第十五条、第十七条之规定，判决：（1）位于北京市朝阳区×小区×楼503号房屋中属于被继承人李某的份额（31.62%）由原告孙某2全部继承，属于被继承人孙某3的份额（13.01%）由原告孙某2继承其中4.33%份额，即原告孙某2占该房屋35.95%份额；（2）位于北京市朝阳区×小区×楼503号房屋中属于被继承人孙某3的份额（13.01%）由被告孙某1继承其中4.34%份额，即被告孙某1除占该房屋4.34%份额之外，还与吕某共同共有该房屋59.71%份额；（3）被继承人李某名下中国工商银行×××账户内二千五百一十五元七角二分由原告孙某2继承。

孙某1不服，向本院提出上诉。孙某1上诉请求：撤销一审判决，改判驳回孙某2的诉讼请求，503号房屋属于孙某3与李某的份额均按照法定继承进行分割，孙某2应少分；一审、二审诉讼费用由孙某2承担。

本院二审认定的事实，孙某1提交如下证据：（1）孙某1一方于2018年10月10日找王洪亮调取遗嘱档案过程的录像光盘以及光盘的文字稿，证明王洪亮记不清是否参加过遗嘱见证，并称签字是主任让其所签；（2）陈昕的签字，证明遗嘱上的签字并非陈昕所签，系伪造。孙某2对以上证据发表质证意见：认可证据1的真实性，但证明目的不认可；证据2的真实性及证明目的均不认可。本院二审经审查认为，证据1孙某1提交的录像光盘及文字稿系对王洪亮于2018年10月10日出具《说明》过程的拍摄，王洪亮出具的《说明》在一审已经双方当事人交换质证，对《说明》真实性双方均认可，故该证据不能形成对《说明》的反驳意见，本院不予采纳；证据2陈昕的签字，在孙某2否认其真实性的前提下，孙某1未有其他证据对该笔迹系陈昕所签进行佐证，故本院对该证据的真实性不予采信。另孙某1向本院提交鉴定申请，要求对见证人陈昕在《律师见证书》上签名的真实性进行鉴定。本院二审认为，因孙某1对二审提交的陈昕签字不能确认真实性，且其对《律师见证书》中陈昕签字的真实性未提出其他合理怀疑，故本院对该鉴定申请不予准许。

本院二审认为，根据双方当事人的诉辩意见，本案二审的争议焦点为，（1）遗嘱的效力；（2）503号房屋属于孙某3与李某的份额应如何分配。下面分别予以阐述。

1. 遗嘱的效力。当事人对自己提出的诉讼请求所依据的事实或者反驳对方诉讼请求所依据的事实有责任提供证据加以证明。没有证据或者证据不足以证明当事人的事实主张的，由负有举证责任的当事人承担不利后果。代书遗嘱应当有两个以上见证人在场见证，由其中一人代书，注明年、月、日，并由代书人、其他见证人和遗嘱人签名。本案中，李某的遗嘱，有《遗嘱》和《律师见证书》两部分组成，并盖有骑缝章，应视为一份完整遗嘱，其中有代书人王洪亮、见证人陈昕、遗嘱人李某签名，并注有日期，符合代书遗嘱的形式要件，孙某1称该遗嘱系伪造，但并未提供充分证据予以证明其主张，将承担举证不能的法律后果，原审法院认可该遗嘱的真实性及效力并无不妥，本院二审予以维持。

2. 503号房屋属于孙某3与李某的份额如何分配。继承开始后，按照法定继承办理；有遗嘱的，按照遗嘱继承办理。孙某3去世时，未留有遗嘱，应当按照法定继承办理，李某去世时留有遗嘱，应当按照遗嘱继承办理。本院二审对503号房屋属于孙某3与李某的遗产范围及继承方式分别进行阐述。

（1）503号房屋中孙某3的遗产范围。1999年李某购买503号房屋时，依照国家关于工龄的折抵政策，使用了配偶孙某3的工龄优惠，而获得政策性福利，该部分政策性福利对应的财产价值部分，应当作为孙某3的遗产予以继承。原审法院作出的（2014）朝民初字第15204号民事判决书认定：503号房屋中孙某3工龄所占比例26.02%，故503号房屋的26.02%部分系孙某3工龄优惠，折算对应的房屋份额，应认定为专属于孙某3个人的财产性利益，作为孙某3的遗产予以继承。原审法院将孙某3所占26.02%部分，作为孙某3与李某的夫妻共同财产予以析产继承错误，本院二审予以纠正。

（2）503号房屋中李某的遗产范围。原审法院作出的（2014）朝民初字第15204号民事判决书认定：503号房屋中李某工龄所占比例14.27%，根据前述，李某工龄所占比例14.27%，系李某工龄折算对应的房屋份额，亦应当认定为属于李某的个人财产性利益，作为其遗产予以继承。根据李某所立遗嘱，503号房屋就李某所有份额应由孙某2继承，原审法院对503号房屋李某遗产范围确认有误，本院二审予以纠正，确认的李某遗产继承方式正确，本院二审予以维持。

本院二审判决：（1）撤销北京市朝阳区人民法院（2015）朝民初字第46710号民事判决第一、二项；（2）维持北京市朝阳区人民法院（2015）朝民初字第46710号民事判决第三项；（3）位于北京市朝阳区×小区×号楼503号房屋中属于被继承人李某份额所对应的财产性利益由孙某2全部继承，属于被继承人孙某3份额所对应的财产性利益由孙某2继承其中1/3，即孙某2继承北京市朝阳区×小区×号楼 503 号房屋的 31.62% 份额所对应的财产性利益；（4）位于北京市朝阳区×小区×号楼 503 号房屋中属于被继承人孙某 3 份额所对应的财产性利益由孙某 1 继承其中 1/3，即孙某 1 继承北京市朝阳区×小区×号楼 503 号房屋 8.67% 份额所对应的财产性利益。

本院再审期间，孙某 1 向本院提交了如下证据：

1. 2019 年 1 月 11 日天津法政牛津（北京）律师事务所出具的《关于撤销律师见证书的声明》，内容为："本所前用名'法政牛津律师事务所北京分所'，于 2007 年 6 月 23 日出具了 2007 字第 01 号《律师见证书》，对于李某所作的遗嘱出具了律师见证书。现本所名称已经变更为天津法政牛津（北京）律师事务所。现本所声明：撤销本所于 2007 年 6 月 23 日出具的 2007 字第 01 号《律师见证书》。本撤销声明一经发出，即刻生效。"用以证明涉案遗嘱的见证人只剩下一位，违反了法律规定的代书遗嘱应有两位见证人的强制性规定而无效。孙某 2 认可该证据的真实性，不认可关联性，该证据已经在北京市高级人民法院提交过。撤销见证是单方面的，律师事务所已经派员出庭陈述了见证过程。

2. 孙某 1 起诉要求撤销《律师见证书》的起诉状、开庭传票、撤诉申请书、笔录，用于证明律师事务所同意撤销《律师见证书》并出具声明，双方达成和解。孙某 2 不认可该证据的关联性，律师事务所没有权利单方面撤销。

3. 孙某 1 撤销投诉申请书，用以证明北京市朝阳区律师协会同意撤销律师见证书的形成过程。孙某 2 认可该证据的真实性，不认可其关联性，该证据属于别的案件审理过程。

4. 孙某 1 与律师事务所就撤销律师见证书充分沟通并达成一致后的书面说明以及律师事务所主任綦春治收到孙某 1 提交的撤诉申请、撤销投诉申请以及说明等材料的收条。孙某 2 认可该证据的真实性，不认可关联性和证明目的。

5. 广东信用司法鉴定所文书司法鉴定意见书，用以证明见证经过及遗嘱中陈昕的签名不是本人签署。孙某 2 不认可该证据的真实性和证明目的，该证据在二审审理时已经提交过。

孙某 1 在本院再审过程中提出申请，要求对《见证经过》《律师见证书》中陈昕的签名进行笔迹鉴定。对此，孙某 2 不同意鉴定。本院认为，《见证经过》《律师见证书》属于律师事务所出具的文件，盖有律师事务所公章。原审中，该律师事务所的行政主管李某 1 亦到庭证明《律师见证书》盖了律师事务所的公章，陈昕在《律师见证书》上签字。孙某 1 的笔迹鉴定申请与《见证经过》《律师见证书》中立遗嘱人的真实意思表示无直接因果关系，故对于孙某1的鉴定申请本院不予准许。

根据上述证据，本院再审认定如下事实：2018年11月23日，孙某1起诉到原审法院，要求法院判令撤销天津法政牛津（北京）律师事务所（原法政牛津律师事务所北京分所）于2007年6月出具的2007字第01号《律师见证书》。在法院审理期间，双方达成和解，2019年1月11日天津法政牛津（北京）律师事务所作出书面声明，撤回2007年6月出具的2007字第01号《律师见证书》。孙某1向原审法院撤回起诉，原审法院于2019年1月14日口头裁定准许撤诉。2019年1月14日孙某1向北京市朝阳区律师协会申请撤回对天津法政牛津（北京）律师事务所的投诉。

本院再审另查明，在本案终审判决后，孙某2起诉到原审法院，要求判令503号房屋归其所有，给予孙某1、吕某折价款。在诉讼中，双方认可503号房屋价值474万元。双方达成调解协议，原审法院于2020年7月28日作出（2020）京0105民初5783号民事调解书，内容：（1）位于北京市朝阳区×小区×号楼503号房屋归被告孙某1、吕某共同共有；（2）被告孙某1、吕某给付原告孙某2房屋折价款150万元［于2020年7月28日前给付100万元（已付清）；于2021年7月28日前给付50万元（收款账户名：孙某2，开户行：北京银行望京科技园支行，账号：×××）］；（3）原告孙某2收到全部150万元房屋折价款当天配合被告孙某1、吕某办理位于北京市朝阳区×小区×号楼503号房屋的产权转移登记手续（办理过户手续中产生的费用由被告孙某1、吕某负担）。该调解书已经发生法律效力，孙某1、吕某于签署调解当日给付孙某2房屋折价款100万元，剩余50万元未给付。503号房屋的产权人依然登记在被继承人李某名下。

本院再审认定其他事实同本院二审所作判决认定事实一致。

上述事实有双方当事人的陈述等证据在案佐证。

本院再审认为，本案争议的焦点在于涉案遗嘱内容是否属于被继承人李某的真实意思表示并根据该遗嘱进行继承。本院从以下三个方面综合分析：

第一，遗嘱内容应反映被继承人的内心真意，力求符合立遗嘱人愿望。关于被继承人李某的真实意思表示，根据原审审查情况，首先，被继承人李某为订立遗嘱，找到原法政牛津律师事务所北京分所寻求法律服务，在相关人员的协助下形成遗嘱。孙某1主张遗嘱的见证形式违法，但并不能否认被继承人李某寻求律师事务所服务且形成遗嘱的事实。其次，为增强遗嘱的证明力，被继承人将原法政牛津律师事务所北京分所形成的书面遗嘱带回家，找两位无利害关系的邻居签字见证。在原审法院审理期间，证人赵某、刘某出庭作证，证明涉案遗嘱在孙某 2 的家中给他们看的，问过李某本人，把房产给孙某 2 继承是李某本人的真实意思表示，由李某先签字，然后两位证人签字。上述遗嘱的形成、签署过程以及证人证言足以形成完整的证据链，可以认定李某的真实意思表示是其所有的房屋份额由孙某 2 继承。对此，本院予以确认。

第二，关于孙某 1 再审中提交的天津法政牛津（北京）律师事务所出具的《关于撤销律师见证书的声明》是否作为新证据的问题。根据原审审查情况，原法政牛津律师事务所北京分所出具的落款日期为 2007 年 6 月 23 日的《律师见证书》，是基于李某在立遗嘱过程中对律师事务所提出委托，由该律师事务所出具的证明文件，盖有律师事务所印章。李某订立遗嘱的行为作为一种单方的、无须受领的法律行为，与委托律师事务所提供法律服务这样的双方法律行为存在本质区别。李某已于 2012 年去世，律师事务所无正当理由出具撤销《律师见证书》的声明，不影响立遗嘱人的真实意思表示。原审开庭过程中，该律师事务所的行政主管李某 1 到庭证明涉案遗嘱是王洪亮联系的，《律师见证书》盖了律师事务所的公章，然后孙某 2 拿走找邻居签字，陈昕在《律师见证书》上签字。律师事务所单方面出具撤销声明的行为有违诚实信用原则，该份《关于撤销律师见证书的声明》不足以成为否认原判决认定事实的新证据，本院不予采信。

第三，关于原审法院作出的（2020）京 0105 民初 5783 号民事调解书与本案处理结果的关系问题。本案二审判决作出后，在孙某 2 诉孙某 1、吕某共有物分割纠纷一案中，双方经法院主持达成调解协议，该调解书内容系根据本案二审判决结果确认涉案房屋归孙某 1 所有，并由孙某 1 给付孙某 2 房屋折价款数额。该调解书已经发生法律效力且部分履行。上述行为，应视为各方当事人已经认可本案判决结果。孙某 1 在已经达成调解协议的情况下又对原审判决进行申诉，造成司法资源浪费，其行为不应予以支持。

“百善孝为先”，我国的尊老、敬老、爱老、助老文明具有悠久历史。在立遗嘱人去世后，若无充足证据的情况下轻易否认遗嘱的效力，无疑是对立遗嘱人意思及合法权利的漠视，亦与遗嘱制度的本质特征以及现代民法的基本原理背道而驰。本案被继承人作为一名普通公民，担心自己对法律条文理解不到位，找到律师事务所寻求法律服务，形成书面文件后，再找到两位无利害关系的邻居至家中签字见证，足以说明被继承人对其所立遗嘱的慎重态度，可以认定该遗嘱是其真实意思表示。诚然，诉讼过程中双方的对立立场，使得双方尽力提出主张并否认对方主张。然而，法院不想看到的是，本应是相互扶持的一家人，在反驳对方观点的过程中矛盾加剧难以调和，这不符合社会主义核心价值以及坚持以人民为中心的法治思想。

综上所述，孙某1的再审请求不能成立，本院不予支持。本院二审根据上述事实所作处理并无不当，本院予以维持。依照《中华人民共和国民事诉讼法》第二百零七条第一款、第一百七十条第一款第一项规定，判决如下：

维持本院（2018）京03民终14443号民事判决。

一审案件受理费1050元，由孙某2负担236元（已交纳）；由孙某1负担814元（于本判决生效后七日内交纳）。

二审案件受理费1050元，由孙某1负担814元（已交纳），由孙某2负担236元（于本判决生效后七日内交纳）。

本判决为终审判决。

审 判 长 赵 晖
审 判 员 张 明
审 判 员 孙 栋

二〇二一年十一月十八日

法官助理 周子俊
法官助理 詹晓莉
书 记 员 王 郁

杨德嘉

北京市海淀区人民法院

北京市海淀区人民法院民事审判五庭（知识产权审判庭）庭长。从事知识产权审判工作近20年，承办、参审各类知识产权案件4000余件，审理过众多疑难复杂及新类型案件；撰写的多篇判决在最高人民法院、北京市高级人民法院组织的裁判文书评比中获奖。曾参与起草《北京市高级人民法院侵害著作权案件审理指南》等文件；在著作权、商标权、反不正当竞争等领域撰写理论文章、案例分析数十篇；连续多年在知名高校讲授司法实务课程。

点评辞

本案系全国首例判令网盘服务商因怠于采取屏蔽措施制止用户侵权分享热播电视剧而承担赔偿责任的案例，获评2020年中国法院50件典型知识产权案例、北京法院2020年度知识产权司法保护十大案例、2020年中国十大最具研究价值知识产权裁判案例。广度上，本案明确网络服务提供者应对用户的侵权行为采取的必要措施，不仅包括及时断开侵权链接，还应包括采取预防侵权的合理措施（如屏蔽），以及对重复侵权用户采取限制措施；深度上，首次在判决中详细论述了关于网络服务提供者是否应当采取屏蔽措施应综合考虑的因素；并在现有证据不足以确定原告实际损失或被告侵权获利具体数额的情况下，运用裁量性计算方法确定赔偿数额。本案的裁判不仅彰显了加大知识产权司法保护力度的决心，也为建立权利人、网络服务提供者与用户之间利益平衡从而实现共存、共赢、共同发展的行业规则提供了有效的指引。

北京市海淀区人民法院
民事判决书

（2017）京0108民初15648号

原告：优酷网络技术（北京）有限公司，住所地北京市海淀区海淀大街8号中钢国际广场A座5层A、C区。

法定代表人：庄卓然，董事长。

委托诉讼代理人：林蔚，北京达晓律师事务所律师。

委托诉讼代理人：王莉，北京达晓律师事务所律师。

被告：北京百度网讯科技有限公司，住所地北京市海淀区上地十街10号百度大厦2层。

法定代表人：梁志祥，经理。

委托诉讼代理人：张永宜，北京市大地律师事务所律师。

委托诉讼代理人：李蔚，北京市大地律师事务所律师。

原告优酷网络技术（北京）有限公司（以下简称优酷公司）与被告北京百度网讯科技有限公司（以下简称百度公司）侵害作品信息网络传播权纠纷一案，本院受理后，依法适用普通程序，公开开庭进行了审理。优酷公司的委托诉讼代理人林蔚、王莉，百度公司的委托诉讼代理人张永宜、李蔚到庭参加了诉讼。本案现已审理终结。

优酷公司向本院提出诉讼请求，请求判令百度公司：（1）停止侵权，包括断开涉案链接并删除百度网盘（服务器）上存储的涉案作品视频文件（以下简称涉案视频文件），对反复对外分享侵权内容的用户采取措施（暂停或终止服务）及采取技术手段（MD5值、视频指纹、关键词）屏蔽涉案视频文件的上传、存储、分享；（2）在百度网站（www. baidu. com）及百度网盘网站首页连续30日刊登声明，消除影响；（3）赔偿优酷公司经济损失2900万元及合理支出3万元（包括律师费12000元和公证费18000元）。本案审理过程中，优酷公司撤回了第2项诉讼请求。事实与理由：优酷公司是一家专门提供网络应用和视频播放等互联网服务的企业。2016年12月13日，优酷公司经授权取得电视剧《三生三世十里桃花》（以下简称涉案作品）独占专有的信息网络传播权。自2017年1月30日起，涉案作品在东方卫视、浙江卫视、优酷平台等上线播出，取得了不菲的收视率和播放量。2017年1月24日，优酷公司就涉案作品权属和即将上线播出情况预先向百度公司发送了权利预警函，提请采取措施防止或制止相关侵权行为。然而涉案作品上线播出后，仍出现大量百度网盘用户发布的涉案视频文件的分享链接。百度网盘的商业模式及国家版权局的具体规定都决定了百度公司对百度网盘上的侵权内容负有主动审查的义务。根据百度网盘的技术特点，同一文件在服务器上只存储一个文件，用户用来存储和分享的不同链接其实都指向这一文件，而百度公司亦在相关案例中自认其有能力对百度网盘上的侵权行为进行事先处理。此外，百度公司在其开发的袋鼠遥控软件中也提供对百度网盘内容的搜索服务，故其具备主动检索和审查的技术手段和能力。然而在优酷公司先后发送了78封侵权通知函后，百度公司并未及时删除侵权内容，对8名反复发布侵权内容的百度网盘用户也未及时采取封禁等措施，在百度网盘用户利用网盘分享功能向第三方平台和网站分享涉案视频文件时亦进行屏蔽处理。综上，百度公司的行为侵害了优酷公司对涉案作品享有的信息网络传播权，故诉至法院。

百度公司辩称：（1）优酷公司坚持要求判令停止侵权，但百度公司在庭审过程中已删除了优酷公司举证的涉案侵权链接。优酷公司所称百度网盘中存储有涉案视频文件，不排除是用户存储在自己的网盘账户中的，这属于用户的私密存储空间，亦属于著作权法规定的合理使用范畴，因此不能要求百度公司对这些内容进行查看、处理、干涉。（2）优酷公司关于经济损失的证据不能证明其损失或百度公司的获利，相反只能证明优酷公司通过分销行为获得了巨大利润。（3）百度公司不存在侵权行为或主观过错：①百度网盘是一种网络硬盘，是信息存储空间。涉案视频文件系用户自行上传到其账户空间内。百度公司事先不知道这些行为的存在，亦没有对涉案视频文件的内容进行编辑、修改。②百度公司承担侵权责任的前提是具备明知或者应知的主观过错，是指对已经发生的侵权行为的明知和应知，而不是要求对未发生的侵权行为明知、应知，这也不可能实现。③百度公司不提供任何针对百度网盘的搜索服务，同时采取了保护权利人的技术措施，除非采取破坏技术措施的手段，否则任何产品均无法搜索到百度网盘中的内容。④百度网盘的分享功能，其实是向用户提供的一种私密分享。只有与特定用户认识的人从该用户处获得分享链接才可以获得该用户百度网盘中的内容，不特定的第三方无法获得用户百度网盘的分享内容。⑤互联网上存在一些破坏百度网盘技术措施、提供专门针对百度网盘搜索服务的第三方网站。优酷公司主张的部分涉案侵权链接是通过上述第三方网站获得的，而其他大多数侵权链接是通过加用户的微信、微博后从用户处获得的。⑥将百度网盘存储文件的分享链接放置于微信、微博等平台上是用户的行为，与百度网盘的分享功能无关。百度公司如果发现这种情况，会及时断开分享链接，甚至对相关用户进行封禁（用户无法浏览其存储在百度网盘上的内容，也无法重新注册成为百度网盘用户）。（4）百度网盘的网页上公示有投诉方式，此外还另向北京网络版权监测中心提供了一个接受投诉的邮箱（本案中收到优酷公司邮件的邮箱）。这证明百度公司对处理百度网盘上的侵权行为态度是积极的。本案中百度公司采取的处理方式与之前涉及《芈月传》和《人民的名义》案件中的方式一致，均及时对相关的侵权链接进行了处理。基于以上事实，百度公司认为自身不存在过错，即使有一定过错，也不应承担优酷公司主张的高额赔偿金和合理开支。

当事人围绕诉讼请求依法提交了证据，本院组织当事人进行了证据交换和质证。结合举证质证情况、当事人陈述，本院就相关事实认定如下：

一、关于涉案作品的著作权归属及知名度

涉案作品片头显示出品单位为上海剧酷文化传播有限公司（以下简称剧酷公司）、霍尔果斯嘉行影视文化有限公司（以下简称嘉行公司）、上海三味火文化传播有限公司（以下简称三味火公司）。

2016年9月29日，上海市文化广播影视管理局出具（沪）剧审字（2016）第031号国产电视剧发行许可证，载明涉案作品经准许在全国范围发行，长度为58集。

2017年2月6日，嘉行公司、三味火公司分别出具《著作权声明书》，确认涉案作品由剧酷公司、嘉行公司、三味火公司共同投资拍摄；自拍摄完成之日起，涉案作品的著作权全部归属于剧酷公司，嘉行公司仅享有署名权和按投资比例分取投资收益的权利，三味火公司仅享有署名权。

2016年12月13日，剧酷公司向优酷公司出具《授权书》，载明：剧酷公司将其享有合法版权的涉案作品独占专有的信息网络传播权（含转授权、维权权利）授予优酷公司；授权平台包括优酷公司网络平台youku. com、youku. net、soku. com及其下级各子域名等和软硬件客户端以及上述平台的无线增值业务平台；授权期限为涉案作品在中国首轮上星播出之日起8年；授权地域为中国（不含港澳台地区）。本案双方当事人共同确认该剧于2017年1月30日首轮播出。

百度公司对优酷公司提交的上述证据的真实性、合法性和关联性均不持异议，亦认可优酷公司对涉案作品享有信息网络传播权。

2017年7月26日，经原北京市工商行政管理局海淀分局核准，优酷公司的名称由合一网络技术（北京）有限公司变更为现名称。

为证明涉案作品具有较高知名度，优酷公司提交了对涉案作品进行宣传推广的合同、发票、照片、截屏、海报等复印件；人民网、新浪娱乐等媒体对涉案作品热播情况进行报道的网页截屏及相关公证书，相关微信公众号、新浪微博加V账号发布的涉案作品相关文章及配图；反映涉案作品搜索量高的百度搜索指数和微博搜索指数情况及相关公证书等。百度公司认可涉案作品有较高知名度，但认为涉案作品的伦理价值低，并提交了对人民日报刊载《“仙侠”不可架空现实伦理（艺海观澜）》一文及相关搜索结果进行证据保全公证的（2017）京国信内经证字第7589号公证书。

二、关于百度网盘

百度公司系百度网盘的经营者。通过pan. baidu. com可进入百度网盘登录页面。

为证明百度网盘提供的是信息存储空间服务，百度公司提交了（2016）京方正内经证字第17793号公证书及（2014）海民（知）初字第17614号民事判决书（以下简称第17614号民事判决书，该判决已生效）。其中公证书载明：百度网盘网站发布的“百度网盘服务协议”载明该协议系由百度公司及其关联公司与所有使用百度网盘服务的主体（包括但不限于个人、团队等，以下简称用户）对百度网盘服务的使用及相关服务所订立的有效合约；百度网盘服务是一个向广大用户提供上传空间和技术的信息存储空间服务平台，通过百度网盘服务技术为用户提供个人数据存储、同步、管理和分享等在线服务；百度网盘服务本身不直接上传、提供内容，对用户传输内容不做任何修改或编辑；用户承诺其已经取得利用百度网盘服务提供的网络服务上传、发布、传送或通过其他方式传播的内容的权利人（如有）的书面授权，并已与前述权利人就利益分配达成内部协议，保证其在将相关内容提交、上传至百度网盘服务前拥有充分、完整无瑕疵、排他的所有权及知识产权；如果用户上传的内容允许其他用户下载、查看、收听或以其他方式访问或分发，其必须保证该内容的发布和相关行为实施符合相关知识产权法律法规中相关的版权政策，包括但不限于用户在收到侵权通知之时，应立即删除或禁止访问声明的侵权内容，并同时联系递送通知的人员以了解详细信息，以及用户知悉并同意百度公司及其关联公司将根据相关法律法规对第三方发出的合格的侵权通知进行处理，并按照要求删除或禁止访问声明的侵权内容，采用并实施适当的政策，以期杜绝在相应条件下重复侵权。百度网盘网站发布的“百度网盘权利声明”亦载明百度网盘是信息存储空间服务平台，不直接上传、提供内容，对用户传输内容不做任何修改或编辑；同时，根据法律、法规和规范性文件要求，百度公司及其关联公司制定了旨在保护权利人的合法权益的措施和步骤，当权利人发现有百度网盘用户利用百度网盘及其服务侵犯其合法权益时，权利人应事先向百度发出书面“权利通知”，百度公司及其关联公司将根据中国法律法规和政府政策性文件采取相应的措施予以处理，并附有具体的措施、步骤和百度公司的联络地址。百度网盘网站上亦设置了版权投诉通道，相关页面公布了投诉须知（包括受理范围说明、投诉内容说明和权利义务声明）和可选择的投诉方式（包括机构投诉、个人投诉和更多投诉）等。第17614号民事判决书载明：因双方当事人对百度云网盘系信息存储空间、该案中所涉及的作品由用户上传至百度云网盘的事实不持异议，故法院对此予以确认。优酷公司认可上述证据的真实性。

另查，百度网盘中并不存在对其他用户的存储文件或相关链接提供搜索、展示等服务的内容或页面。本案中亦无证据证明百度公司对相关用户存储、传播的涉案视频文件及链接提供过搜索、展示等服务。

三、关于被诉侵权行为

（一）关于涉案视频文件的存储和传播

为证明百度网盘服务器上存储有涉案视频文件，用户点击“分享至”可将百度网盘中视频文件的链接分享至新浪微博、QQ空间、腾讯微博、人人网、网易微博等第三方平台，以及点击“保存到网盘”后用户在自己的百度网盘账号中可实现视频的在线播放、下载等事实，优酷公司提交了以下公证书：

2017年2月20日的（2017）京国立内证字第2437号公证书载明：在360安全浏览器地址栏中粘贴链接“http：//pan. baidu. com/share/link？shareid = 3991417407&uk = 3013551384&from = singlemessage&isappinstalled = 0&lwfrom = user_dingfriend&errno = 0&errmsg = Auth% 20Login% 20Sucess&&bduss = &ssnerror = 0#list/path = %2F&parentPath = %2F”并进入昵称为“如××源库”的百度网盘用户所属页面，显示该用户“网盘”中含有名为“3生三世38－44集”的文件夹，其中包含第38集至第44集涉案视频文件，每集视频文件的大小为6.4G左右，修改时间均为2017年2月20日。

2017年2月21日的（2017）京国立内证字第2590号公证书（以下简称第2590号公证书）载明：在新浪微博首页搜索栏中输入“影×××子”进行搜索并点击搜索结果进入新浪微博昵称为“影×××子”的主页，该用户发布了名为“三生三世十里桃花1－44集”等链接，点击该链接可直接跳转进入百度网盘，显示昵称为“ai×××zhe”的百度网盘用户发布了名为“三生三世十里桃花.2017.同步TV”的文件夹，其中包括第1集至第44集涉案视频文件，每集视频文件的大小为1G左右，修改时间均为2017年2月20日。

2017年2月21日的（2017）京国立内证字第2591号公证书（以下简称第2591号公证书）载明：在新浪微博首页搜索栏中输入“三生三世十里桃花”进行搜索，搜索结果显示昵称为“说×××7”的新浪微博用户当日发布了内容为“#三生三世十里桃花电视剧#三生三世今晚不要睡啦 连看七集 有特效!!”的博文并配有涉案电视剧播放页面及百度网盘相关截图，经与该微博用户私信获得微信号we×××in并添加微信好友后，该微信用户（昵称“××”）提供了链接“http：//pan. baidu. com/share/link？ shareid = 3500362330&uk = 826505912”；另点击搜索结果中的用户昵称“三×××里”进入该主页，显示“追剧 + V信：na×××05”，添加该微信号后，该微信用户（昵称为娜×××力）亦提供了前述链接。复制粘贴该链接至浏览器地址栏并进入昵称为“renl××××××5”的百度网盘用户所属页面，显示该用户“网盘”中含有名为“［③③］［同步网络］”的文件夹，其中包括第38集至第44集涉案视频文件，每集视频文件的大小为1G左右，修改时间均为2017年2月20日。

2017年2月22日的（2017）京国立内证字第2643号公证书（以下简称第2643号公证书）载明：在浏览器地址栏中输入“wangpan007. com”，点击进入网盘007网站，在搜索栏中输入关键词“三生三世十里桃花”并筛选“视频”和“最新分享文件”，点击标题为“EP40. mp4［网剧］［三生三世十里桃花］［同步更］”的搜索结果进入相关页面，显示分享时间为2017年2月21日，分享来源为百度网盘；点击“进入百度网盘查看”后跳转至百度网盘中“EP40. mp4”视频文件的播放页面，点击播放框右侧的用户昵称“下雨××_ _”，可跳转至该用户的“全部分享”页面；该页面中显示有大量名称中包含“韩剧”“网剧”“同步更”字样的文件夹及其分享时间，其中名为“［网剧］［三生三世十里桃花］［同步更］”的文件夹分享时间为2017年2月20日，其中包括第1集至第44集涉案视频文件，每集视频文件的大小为1G左右。

上述第2437、2590、2591、2643号公证书均系北京市国立公证处根据对优酷公司代理人使用其笔记本电脑，在清除浏览器历史记录后登录百度网盘进行相关操作的证据保全过程出具。相关内容显示将涉案视频文件通过点击操作“保存到我的网盘”后，用户在自己的百度网盘账号中可实现视频的在线播放、下载，且点击“分享至”可将相关视频文件的链接分享至新浪微博、QQ空间、腾讯微博、人人网等第三方网站。

百度公司认可第2437号公证书、第2590号公证书的形式真实性，但认为公证设备是优酷公司代理人自带的，未进行清洁，违反了相关公证规定，故不认可该公证书内容的真实性；认可第 2591 号公证书、第 2643 号公证书的形式真实性，但认为该公证过程是先在微博中添加一个用户为好友，通过私信聊天得到其微信号，然后用手机加其为好友后通过微信聊天记录获得链接，再将链接粘贴到电脑端后打开，该手机未交代来源，亦未进行清洁，故不认可内容真实性。

为证明涉案视频文件系百度网盘用户上传，百度公司在收到涉案通知后及时断开了涉案链接，该公司提交了 2017 年 6 月 9 日的（2016）京方正内经证字第 11024、第 11025 号公证书（以下简称第 11024、第 11025 号公证书）。第 11024 号公证书的主要内容为对在百度新审核后台（misaudit. baidu. com）查询部分涉案链接的相关情况（包括 uid、shareid、创建时间、ip、状态、失效时间等），并针对其中的 uid 进行查询的结果（包括用户的 uid、用户 uk、用户名、邮箱、手机号、会员状态、激活时间、激活 ip、封禁状态及时间等）进行证据保全。第 11025 号公证书的主要内容为对在百度 Passport 后台管理系统查询用户个人信息（包括用户的 uid、用户名、身份证、邮箱、注册时间和 ip、注册手机号、常用登录地、封禁状态等）进行证据保全。优酷公司认可上述证据的形式真实性，但不认可内容的真实性和证明目的。

优酷公司对百度网盘提供的是信息存储空间服务不持异议，亦认可涉案作品由用户上传，但认为百度公司对用户的侵权行为未尽到合理的注意义务，对侵权结果的发生存在主观过错，构成侵权。其主张百度公司的主观过错体现在以下方面：（1）未在 24 小时内及时删除部分涉案链接，未及时删除百度网盘上的涉案视频文件；（2）未采取技术手段（MD5 值、视频指纹、关键词）屏蔽涉案视频文件的上传、存储、分享；（3）针对重复侵权的 8 名用户，未采取必要的预防或制止侵权的措施。

（二）关于侵权通知及处理

优酷公司称，2017 年 2 月 3 日至 4 月 13 日，北京网络版权监测中心受其委托分别向百度公司发送“提请移除侵权作品通知”邮件 78 封（发件邮箱 mo× × ×rg，收件邮箱 to× × ×om，以下简称 78 封通知邮件），邮件中附有相关授权书及侵权链接 URL（以下简称涉案链接）。优酷公司提交的上述邮件打印件载明：北京网络版权监测中心受优酷公司委托，授权代为处理优酷公司享有独家信息网络传播权作品的检测和维权事宜；百度公司通过其运营的百度网盘平台为公众提供涉案作品的在线播放、下载、资源存储或推送服务；请百度公司收到本通知后，立即采取有效措施，停止侵权行为，包括但不限于清除或断开上述视频作品所列链接；也不得在包括但不限于 PC 端、手机端、PAD 端等终端上播放上述作品；未经权利人许可，勿再通过信息网络以任何方式传播上述视频作品。

百度公司认可上述收件邮箱系基于其与北京网络版权监测中心的协议，提供的专门用于接收对方通知邮件的邮箱，亦认可收到了其中76封通知邮件及所附链接，但称并未收到2017年2月4日21时及2月28日发送的两封邮件（以下简称两封争议邮件）及所附的80条链接。优酷公司认为两封争议邮件系其通过相同的方式和渠道发送，百度公司应当已实际收到。其提交的2018年1月23日（2018）京国立内经证字第182号公证书载明：登录邮箱mo×××rg，在关键词栏中输入“三生三世十里桃花”，在收件人栏中输入“to×××aw”，日期选择“2017年2月1日”至“2017年3月1日”，经搜索显示有该时间段内向百度公司发送的邮件；其中两封争议邮件均显示为“已发送”状态，点击后可浏览邮件内容。百度认可该公证书的真实性。

关于全部涉案链接，双方当事人共同确认：除去优酷公司明确不再主张的47条无效链接和1条非百度网盘链接，所附链接总计17378条。其中，扣除重复发送的链接5982条，首次发送的链接共计11396条（百度公司认可收到了其中的11316条，不认可收到过两封争议邮件所附的80条）。上述78封电子邮件中，共有36封是在涉案作品首次播出后的三十日内发出的，其中有5封是在十日内发出，附链接近1000条；有8封是在第十一日至第二十日内发出，附链接1300余条；有23封是在第二十一日至第三十日内发出，附链接4000余条。

百度公司明确，其收到通知邮件后未向相关用户进行转送，而是直接采取断开链接措施。双方当事人虽确认涉案链接已全部断开，但对于采取断开措施是否及时仍存在分歧：

百度公司认为，法律对“通知—删除”规则中履行断开链接义务的合理时间范围并无明确规定，应根据个案中权利通知的不同情况予以确定。本案中，优酷公司一次发送上千条链接，导致百度公司对部分链接无法在很短的时间内采取断开措施。为证明其收到优酷公司的投诉材料后及时采取了断开链接的措施，百度公司提交了（2017）京方正内经证字第8023、8369、8401号公证书（以下简称第8023、8369、8401号公证书），载明在浏览器地址栏中输入涉案链接跳转至百度网盘后，相关页面显示链接分享内容无法访问、分享文件已被取消等；（2017）京国信内经证字第6818、7443号公证书（以下简称第6818、7443号公证书），载明在百度新审核后台（misaudit. baidu. com）查询涉案链接的相关情况（包括uid、shareid、创建时间、ip、状态、失效时间和命中审核时间）。优酷公司认可第8023、8369、8401号公证书的真实性，但不认可证明目的；不认可第6818、7443号公证书的真实性，认为用于查询涉案链接的系统归百度公司所有，其中的数据是百度公司单方控制的数据。优酷公司主张，根据国家版权局的《关于规范网盘服务版权秩序的通知》，百度公司作为网盘服务商应在接到权利人通知、投诉后 24 小时内断开涉案链接。

本案审理过程中，双方当事人对涉案链接的处理情况进行了统计并制作了统计表，对统计表中数据的真实性（包括涉案链接、投诉时间、失效时间和命中审核时间等）均表示认可。针对统计表中涉及的技术术语，百度公司解释称："失效时间"是管理员最后一次主动对该条链接进行断开的时间或者用户对其上传文档的删除时间（对百度网盘文档的删除只能由用户操作）；"命中审核时间"是管理员第一次主动对该条链接进行断开的时间；因其中涉及用户的操作，故"失效时间"早于"命中审核时间"或者"命中审核时间"早于"失效时间"均有可能发生，应以两者中的在先时间作为实际断开链接的时间。优酷公司主张应按照统计表中"失效时间""命中审核时间"两者中的在后时间作为实际断开链接的时间。

优酷公司认可百度公司提交的以下统计数据：在优酷公司发送通知前百度公司已主动断开的链接共计 8 条；发送通知后于当日断开的链接为 7304 条，次日断开的链接为 1631 条，第三日断开的链接为 1532 条，第四日断开的链接为 506 条，第五日断开的链接为 62 条，第六日断开的链接为 145 条，一周后断开的链接为 128 条。

（三）关于对重复侵权用户的处理

优酷公司另主张根据其发送的 78 封通知邮件所附涉案链接中包含的 uk 值能够识别 8 个用户存在重复侵权行为，且其已于 2017 年 2 月 19 日 19:38 发送的通知邮件中对 uk 值为 40×××89、42×××52 的 2 个用户进行了特别指明，故百度公司对重复发生侵权行为 3 次的用户应立即采取封禁等措施。

为证明用户"顶×熙华"（uk40×××89）重复实施侵权行为，优酷公司提交了（2017）京国立内证字第 2846、3862、4290 号公证书（以下简称第 2846、3862、4290 号公证书）。2017 年 3 月 2 日的第 2846 号公证书载明：优酷公司代理人以用户（以下简称公证用户）身份登录百度网盘账户，点击订阅的"顶×熙华"可进入其全部分享页面，显示"三生三世十里桃花.1080 完结"文件夹的分享时间为 2017 年 3 月 2 日；"《三生三世十里桃花》2017. 同步 TV57"文件夹的分享时间为 2017 年 3 月 1 日；点击"保存到网盘"将上述文件夹保存至公证用户的账户后，可点击播放、下载涉案视频文件。2017 年 3 月 7 日的第 3862 号公证书载明：登录公证用户的百度网盘账户，点击订阅的"顶×熙华"可进入其全部分享页面，显示已不存在涉案视频文件。2017 年 3 月 22 日的第 4290 号公证书载明：登录公证用户的百度网盘账户，点击订阅的

“顶×熙华”可进入其全部分享页面，显示“[三生三世十里桃花]”文件夹的分享时间为2017年3月21日；点击“保存到网盘”将上述文件夹保存至公证用户的账户后，可点击播放、下载涉案视频文件。公证用户的账号内，对保存的上述文件夹可分别创建公开链接和私密链接；复制粘贴上述链接至浏览器地址栏后，公开链接可直接跳转至该账号内的相关文件夹页面，私密链接在输入提取密码后亦可发生上述跳转。

另外，为证明涉案视频文件在百度网盘注册用户之间可轻易、快捷地传播，优酷公司提交了（2018）京长安内经证字第16847号公证书（以下简称第16847号公证书），载明分别在地址栏中输入链接后进入昵称为“dhg××××hhg”“骄傲×××女00”等百度网盘用户分享案外文件的页面，点击页面右侧该用户昵称下方的“立即订阅”，后可在“分享动态”中查看该用户分享的全部内容，保存到公证用户的网盘后可完整播放案外作品视频。百度公司不认可该证据的证明目的，并称百度网盘的分享功能是限制在私密分享范围内的，即只有认识的亲朋好友之间才可能通过订阅获得分享链接，将分享限定在了合理使用的范围内，具有实质性非侵权用途。

百度公司认可涉案链接字符中所包含的uk值与所涉百度网盘用户之间具有唯一对应关系，但认为：第2846、4290号公证书中显示的链接并非78封通知邮件中所附的链接，且只有认识的用户之间才能订阅成功；针对重复侵权用户，百度公司会根据侵权的情节（如分享的作品的类型不同）、造成侵权后果的严重程度等因素判定是否采取封禁或限制措施，但并未设立明确的标准；优酷公司虽主张8个用户重复侵权，但实际上是用户一次上传的一个文件夹中包含多集涉案视频文件，而不是多次侵权；鉴于当时通知邮件发送频率高、链接数量大，百度公司将主要精力放在断开链接上，且邮件中并未提供重复侵权用户的用户名和账号等具体信息，进行反查需要一定的时间；虽然在处理时间上有所延迟，但随后还是对该8个用户采取了封禁或限制视频分享的措施。

优酷公司认可其中5个用户已被采取相关措施，但对uk值为15×××90、20×××45、21×××60的用户处理仍有疑义。百度公司称，其在2018年5月24日庭审中有关未对该3个用户采取措施的陈述系表达有误，并为此补充提交了其新审核后台的网页打印件，显示3个用户均于2018年4月12日被封禁。优酷公司认为该证据系从百度公司的后台获取，且与当庭陈述矛盾，故不认可真实性。同时，优酷公司表示，经其于2019年11月23日核实，确认订阅上述3个用户后已无法看到分享的任何内容，故认可确已采取了封禁措施，但对百度公司主张的封禁时间不予认可。

结合双方确认的涉案链接处理情况以及相关勘验、当事人陈述等内容，本院将涉案 8 个重复侵权用户所涉及的链接、通知及百度公司的处理等情况进行汇总并制作了《侵权用户情况统计表》（见附录）。

（四）关于 MD5 值

优酷公司主张，MD5 值（全称为“消息摘要算法第五版”）是采用标准函数算出的数字符号，可以用来校验文件的一致性。该公司曾在 2017 年 2 月 19 日 19:38 的邮件中特别指明了 7 个涉案视频文件的 MD5 值（分别对应第 38 集至第 44 集涉案作品），但百度公司在收到后并未据此采取屏蔽措施，限制与上述 MD5 值相匹配的涉案视频文件上传、存储、分享，存在主观过错。

百度公司认可收到过上述 MD5 值，且随后未采取任何措施，但认为并不能据此认定其具有主观过错，理由如下：（1）百度网盘中存储的涉案视频文件已经加载了百度自己的 MD5 值（非标准 MD5 值），而优酷公司并未说明其提供的 MD5 值是标准 MD5 值还是非标准 MD5 值。（2）用户存储的涉案视频文件，虽然从作品名称上来说都是涉案作品，但视频文件来源不同、有无字幕、清晰度差异、片长差异以及是否经过修改等因素会导致 MD5 值不同，会被机器识别为不同的文件，故使用 MD5 值扫描达不到制止侵权的目的。（3）MD5值比对需针对百度网盘整体内容进行扫描，百度公司无权对用户的私密存储空间进行扫描，否则将极大侵犯用户个人隐私。（4）即使发现用户个人网盘中存储有涉案视频文件，也有可能是作为优酷等视频网站的 VIP 用户合法下载取得，或者该用户存储后并未进行分享，这些情况均属于合理使用，百度公司不应删除。

优酷公司认可对视频文件的修改会导致 MD5 值不同，但称 MD5 值是仅机器能够识别的编码，进行 MD5 值比对并不会对文件内容进行查验，故不会侵犯用户的隐私。该公司认为：（1）在百度网盘服务器上事先存储有相同的涉案视频文件时，所谓的“用户上传”过程中并不会实际发生文件数据上传，也不会生成新的文件副本，而是在与网盘上已存储的视频文件进行 MD5 值校验一致后，给予“上传”用户对该已有文件的访问等相关权限。（2）无论是百度公司自己的非标准 MD5 值，还是标准 MD5 值，都可以对涉案视频文件进行准确比对。优酷公司为此提交了（2018）京方圆内经证字第 11789、11790 号公证书（以下简称第 11789、11790 号公证书）予以证明。其中第 11789 号公证书载明：百度网盘帮助中心页面载明“什么是秒传？秒传是将上传的文件与百度网盘服务器中的文件进行比对，若云端存在相同文件，则百度网盘将直接把文件保存到你的网盘，大大节省上传时间”。第 11790 号公证书展示的上传过程显示：优酷公司代理人将涉案视频文件上传至百度网盘，单集上传用时约 30 秒，57 集上传共用时约 10 分钟。百度公司认可上述公证书的真实性。

本案审理过程中，双方另确认以下事实：百度网盘用户注册后享有的存储空间并非物理意义上相互隔离的独立存储空间，实际上是对百度网盘中一定容量存储空间的使用配额及访问权限；不同用户在百度网盘上传同一文件时，服务器上只会存储一个文件，并不存储多个副本，只是会将对该文件的访问等权限同时分配给上述不同用户。

（五）关于视频指纹技术

优酷公司认为，百度公司应根据通知邮件中所附链接，运用视频指纹技术自行对存储于百度网盘中的涉案视频文件进行视频指纹信息的提取和比对，进而限制匹配一致的视频文件被上传、存储、分享。该公司提交的（2018）京长安内经证字第16846号公证书载明：百度云网站（cloud. baidu. com）产品文档相关页面显示，百度云视频内容审核VCR（Video Content Regulation）是一款基于百度音视频AI及转码技术的计算平台，为用户提供视频及直播的内容审核能力；对视频中的图像、语音、文字等内容在涉政、色情、暴恐、违禁、广告等场景进行审核，大大提高企业音视频审核的效率；企业客户借助VCR出色的音视频内容识别能力，可以显著提高音视频内容审核的效率，降低人工审核漏审风险、审核工作量计成本，并附有VCR审核流程。视频内容审核功能介绍页面显示对视频的语音、文字、图像进行多维检测，及时发现涉黄、涉暴、政治敏感、广告、违禁品等风险内容，同时支持自定义视频黑库，基于视频指纹技术实现视频对比，识别准确率高，实时跟进最新政策，大幅减少人工审核；合作案例包括百度网盘。百度公司认可该公证书的真实性。

（六）关于屏蔽关键词

前述第2437、2590、2846、4290、2643号公证书显示，百度网盘上存储的涉案视频文件名称或分享至第三方平台的链接名称中包含了“三生三世十里桃花”及其变体“三生三世”“3生三世”等关键词。优酷公司据此认为通过第三方网站进行关键词搜索即可获得百度网盘用户分享的涉案视频文件链接，说明百度公司亦有能力进行定位并进一步采取关键词屏蔽措施。

为证明百度公司具备屏蔽关键词的技术能力，优酷公司提交了（2017）京海诚内民证字16141号公证书（以下简称第16141号公证书）。该公证书记载了在袋鼠遥控手机应用软件中搜索并在电视上投屏播放案外作品的证据保全过程。百度公司认可该公证书的形式真实性，但认为在公证过程中手机端的操作多次被遮盖，且实际操作人与公证书中记载的操作人不符，故不认可内容的真实性；此外，该公证书所涉内容与本案并非同一事实，优酷公司已另案起诉。

百度公司认可在技术层面上可以做到屏蔽关键词，但不能据此证明其具有主观过错，理由如下：（1）据百度公司统计，涉案链接中仅8条包含涉案作品名称。（2）除政策规定外，百度公司无权在其他领域采取屏蔽关键词措施。在相同行业内也没有屏蔽关键词的先例和惯例。因为屏蔽一个关键词将致与该关键词有关的一切内容均无法显示，会损害用户的合法利益，导致权利人的权利过分扩张，使社会公共利益遭到损害。（3）百度公司的产品不提供针对百度网盘内容的搜索服务，亦未与任何第三方开展过相关合作。优酷公司主张通过袋鼠遥控手机应用软件能够搜索到百度网盘中存储的内容，但实际上抓取的只是用户分享到第三方平台的链接，且该软件现在已经下线。而市场上第三方提供的搜索百度网盘内容服务，都是通过破坏百度网盘的技术措施实现的。百度公司为此提交了（2017）京方正内经证字第7408号公证书，主要内容为对百度网盘的robots协议等进行证据保全。优酷公司认可该公证书的真实性，但不认可证明目的，认为百度公司单方发布的免责条款不能否定其在本案中实施的侵权行为。

（七）其他情况

为证明百度公司未尽到合理注意义务，优酷公司另提交了如下证据：

1. 2017年1月24日，北京网络版权监测中心受优酷公司委托向百度公司发送“《三生三世十里桃花》等作品权利预警函”邮件及所附相关授权书。邮件载明：涉案作品于2017年1月30日起在东方卫视、浙江卫视每晚19:30两集联播，并在优酷平台上线播出；优酷公司享有涉案作品在中国（不含港澳台地区）的独占性信息网络传播权和单独维权的权利；任何未经优酷公司许可，通过有线或无线方式传播涉案作品全片或部分片段的行为均属于侵权行为；请百度公司及时采取相关预防措施，对侵权信息予以主动屏蔽，避免出现侵权行为，若已存在侵权行为的，请立即采取措施停止侵权行为。优酷公司据此证明涉案作品开播之前其向百度公司发送预警函提示做好屏蔽工作。百度公司认可收到上述邮件，但认为预警函中仅有作品名称，且在开播前尚未发生侵权事实，亦没有任何与百度公司产品及具体侵权行为相关的信息，不属于法律规定的有效通知。

2. 2017年3月15日，国家版权局网站发布的《2017年度第三批重点作品版权保护预警名单》一文。文中载明：相关网站应对版权保护预警名单内的重点作品采取保护措施，包括用户上传内容网站应禁止用户上传版权保护预警名单内的作品；涉案作品在预警名单之列，显示权利主体为优酷网，作品类型为电视剧，授权形式为独家，授权期限为2017年1月30日至2025年1月29日，分销、置换情况为腾讯视频、爱奇艺、乐视视频、搜狐视频、PPTV、聚力。百度公司认可该证据的真实性，但不认可证明目的，认为百度网盘为用户提供私密的存储空间，其作为网盘服务商无权窥探用户的隐私。

3. 2015年10月20日，国家版权局网站发布《关于规范网盘服务版权秩序的通知》一文，内容包括：网盘服务商应当建立必要管理机制，运用有效技术措施，主动屏蔽、移除侵权作品，防止用户违法上传、存储并分享他人作品；网盘服务商应当在其网盘首页显著位置详细标明权利人通知、投诉的方式，及时受理权利人通知、投诉，并在接到权利人通知、投诉后24小时内移除相关侵权作品，删除、断开相关侵权作品链接；同时应当遵守《信息网络传播权保护条例》关于“通知”的相关规定……该网站同日发布的《国家版权局发布〈关于规范网盘服务版权秩序的通知〉——进一步加强网盘服务版权监管》一文载明：为推动通知的贯彻落实，国家版权局于10月20日召开“规范网盘服务秩序座谈会”，百度网盘等主要网盘服务商以及视频网站、权利人组织代表参加了会议；各网盘服务商一致表示将严格遵守通知要求，切实履行法律义务，积极支持和配合国家版权局的监管工作，并加强与权利人的版权合作。百度公司认可其真实性，但认为通知属于部门行政规章，不是法院判决适用的法律渊源。

4. （2017）京方圆内经证字第65221号公证书。其中载明：百度网盘网站上刊登了《响应“净网2017”“护苗2017”专项行动，自觉维护网络清朗环境》一文，并附有“关于规范网盘服务版权秩序的通知”相关信息的链接，点击可跳转至国家版权局网站相关页面；百度网盘提供付费会员服务，不同等级的会员享受不同的服务；优酷公司代理人登录相关百度网盘账户并上传案外视频文件后通过分享功能可将视频文件的公开或加密链接分享到第三方平台。优酷公司认为据此可证明百度公司明知相关部门对网盘服务商的各项要求，对用户上传的内容负有审核义务，但百度网盘用户通过第三方社交平台仍可以公开分享盗版内容链接。百度公司认可该公证书的真实性，但不认可证明目的，认为网站刊登的上述文章涉及淫秽色情信息、非法有害少儿出版物和“三假”等突出问题，与本案无关；国家版权局的通知属于部门行政规章，不是法院判决适用的法律渊源；关于网盘的分享功能，优酷公司进行的私密分享、好友分享及邮件分享均须知晓分享人的邮箱号、联系方式或加为网盘好友后才能进行，故只限于亲朋好友之间，属于合理使用。

此外，优酷公司还提交了如下证据：（1）法制网、新浪财经、和讯科技、网易新闻、腾讯网等网站的报道网页打印件，证明网盘已成为侵权视频传播的重要渠道，案外网盘服务商已关停或者调整个人网盘业务。（2）（2018）京方圆内经证字第4447号公证书，主要内容为今日头条网站2016年5月17日刊登有《打击新浪微盘、百度云盘等“涉黄”被通报　云盘“贩黄”产业链曝光》一文，证明百度公司怠于履行注意义务。(3)（2015）海民（知）初字第8413号民事判决书（以下简称第8413号民事判决书），其中载明百度公司曾在百度云网盘“达人推荐”栏目下的“电影”分栏目中推荐过分享案外作品视频文件的用户，使公众在进入该用户页面并点击“1秒钟保存到我的网盘”后即可在线播放该案外作品视频文件，客观上帮助了用户传播该作品，主观上具有明显的过错，被判令承担侵权责任。(4)（2017）京方圆内经证字第67202号公证书，主要内容为对百度网盘百度贴吧中热门资源栏目下展示有案外影视作品链接的情况进行证据保全，用以证明百度贴吧亦由百度公司运营，其对百度网盘用户传播权属不明的影视剧持纵容态度。(5)（2018）京方圆内经证字第4108号公证书，载明百度网盘新浪官方微博账号于2015年12月23日发布了《百度云关于清理〈芈月传〉相关盗版文件及分享链接的情况说明》（以下简称《〈芈月传〉情况说明》）。百度公司在该说明中称，“我们发现在一些社交媒体上，有用户在利用百度云分享《芈月传》，我们随即紧急启动了违规内容清理预案，当即成立专项小组，一方面删除已经发现的违规内容，另一方面投入大量人力在社交媒体上收集违规样本。通过系统自动化过滤和人工清理两种方式，发现一条就立即删除一条。经过上述措施，《芈月传》相关违规内容的分享在24小时内基本得到了控制，48小时后已基本找不到有效的分享链接”。百度公司认为上述证据不是对本案侵权事实的证明。

四、关于损害赔偿

优酷公司就其主张的损害赔偿数额提交了如下证据：

1. 2015年6月5日优酷公司与剧酷公司签订的《影视作品授权合同》及发票，证明优酷公司为取得涉案作品的独占专有的信息网络传播权（含转授权、维权权利）支付的高额成本。

2. 《版权分销委托书》《影视节目授权合同书》及4份《合作协议》，证明优酷公司及受其委托的合一信息技术（北京）有限公司将涉案作品的非独家信息网络传播权授予相关视频平台，许可使用费从1500万元至3200余万元不等。

3. 2017年11月27日，北京市国立公证处出具的（2017）京国立内证字第11289号公证书，载明腾讯视频网站、爱奇艺网站、PP视频网站、搜狐视频网站、乐视网分别显示涉案作品的播放量为104亿余次、115亿余次、20亿余次、10亿余次、43亿余次。

4. 优酷公司通过其关联公司订立的《网络广告发布合同》及广告订单，证明其在涉案作品播放期间提供贴片广告服务并收取的相关费用。

5. （2017）京国立内证字第11290号公证书，主要内容为对百度公司的新浪官方微博账号于2017年2月22日发布了《中国个人网盘市场专题分析2017》，证明百度网盘的用户量较大、市场占有率较高。

6.（2018）京方圆内经证字第65223号公证书，主要内容为对百度网盘用户进入iOS版百度网盘时界面展示广告的情况，证明百度公司通过刊登广告获利。

7.（2018）京方圆内经证字第11791号公证书（以下简称第11791号公证书），载明在网盘搜索（pan115. com）等第三方网站中以“三生三世十里桃花”为关键词进行搜索的结果。优酷公司据此认为因百度公司未在24小时内及时删除部分涉案链接，导致每条链接的访问次数在2000次至3000次，造成了侵权结果的扩大。该公证书另载明，显示的“文件路径”中包括“三生三世十里桃花”字样的搜索结果下方均显示“已经被取消，再搜一下”；但该公证书没有点击上述搜索结果并发生跳转过程的记载。对于点击这些链接后是否可以实际跳转至百度网盘，优酷公司表示其不能提交相应证据证明。

8. 金额为12000元的律师费发票1张和金额共计18200元的公证费发票7张。

针对优酷公司提交的上述证据，百度公司除不认可其中SN×××、SN×××广告订单的真实性外，对其余证据的真实性均不持异议，但认为优酷公司通过对涉案作品版权分销及添加贴片广告获得的收入远超过其为获得涉案作品独家信息网络传播权支出的费用，不能证明其存在损失；公证费和律师费亦不应由百度公司承担。

以上事实，有优酷公司提交的著作权声明书、授权书、公证书、网页及手机应用软件页面截屏、邮件打印件、委托书、合同（网络发布合同、广告发布合同、社会化媒体营销传播服务合同、服务合同、版权采购合同、合作协议、影视节目授权合同、网络广告发布合同等）、宣传广告的照片、广告订单、第8413号民事判决书、统计表、发票（律师费、公证费及部分合同发票），百度公司提交的公证书、第17614号民事判决书、统计表等证据为证，本院的询问笔录、证据交换笔录、开庭笔录等亦在案佐证。

本院认为：

一、关于优酷公司对涉案作品享有的权利

如无相反证据，在作品上署名的公民、法人或非法人组织为作者。电影作品和以类似摄制电影的方法创作的作品的著作权由制片者享有，著作权人有权许可他人行使其享有的权利。结合涉案作品的署名情况、《著作权声明书》及《授权书》等，本院认定优酷公司经许可获得了相应期限内涉案作品信息网络传播权的专有使用权，有权提起本案诉讼。

二、关于百度公司是否构成侵权

优酷公司提交的公证书等证据证明，公众可以通过公开渠道获得源于百度网盘的涉案链接，进而实现在线播放、下载涉案视频文件。发生这一侵权结果的前提，是百度网盘的用户通过创建和分享链接的方式向不特定的公众传播了涉案作品。本案中，并无证据证明通知邮件中所附的涉案链接是在百度网盘用户不知情的情况下，由案外人采用非法手段、违背用户意愿进行创建并对外传播的。尽管百度公司辩称部分涉案链接是第三方网站在破坏百度网盘技术措施后提供的，但并未提交相应证据，亦未能具体指明哪些链接与其所称的破坏其技术措施有关，故本院不予采信。此外，相关证据已充分证明涉案链接可以在百度网盘用户与不特定公众之间进行传播，百度网盘所提供的分享功能显然不仅是该公司所称的“私密分享”。本不熟识的网络用户之间即使加为“好友”或“关注”“订阅”，也与现实生活中范围较小、关系密切、私密度高的亲友关系存在本质不同，故无论涉案链接的分享是否以上述“好友”“订阅”等名义进行，均不会改变其公开、向不特定公众进行传播的性质。故对百度公司与此有关的辩称，本院亦不予采信。

对于本案中的信息网络传播行为，若以百度网盘的服务对象进行区分，可以划分为用户行为（百度网盘的用户利用网盘所提供的服务创建链接、对外分享，使公众获得涉案作品的行为）和第三方行为（在百度网盘的服务范围之外，由第三方网站或个人在获取百度网盘的涉案链接后，再行向公众传播，进而使公众获得涉案作品的行为）。

关于第三方行为，由于缺乏相应证据证明百度公司参与了实施，亦无证据证明百度公司对案外人、案外网站的上述行为存在教唆、帮助等情形；且这些行为并不在百度网盘所提供的服务范围之内，亦脱离了百度公司所能控制的范围，故其不应就此承担侵权责任。

关于用户行为，首先，应予明确的是，本案中将视频文件上传至服务器、生成链接分享至其他网站或网络平台进行传播，使公众可以在选定的时间和地点获得涉案作品的，即直接实施侵害涉案作品信息网络传播权之行为者，均为百度网盘的用户。百度公司并未参与实施用户的上述行为，亦不存在与用户分工合作之情形，故并非侵权行为的直接或共同实施者，不应因此而承担侵权责任。其次，百度公司通过百度网盘向用户提供的是信息存储空间及数据的同步、管理和分享等在线服务，并不存在对相关文件进行选择、编辑、修改、推荐等行为或从用户提供的涉案视频文件中直接获得经济利益等情况，故其在此范围内亦不存在过错，不应承担侵权责任。因此，本案的焦点问题在于：在排除上述责任后，是否仍存在百度公司明知或应知用户的行为构成侵权，却未采取必要措施的情形，因此应认定其对涉案损害后果的发生、扩大具有主观过错，须与用户承担连带责任。结合优酷公司的相关主张，本院就此评述如下：

（一）是否在收到通知后及时断开链接

双方当事人确认涉案链接现已全部断开，亦认可涉案链接处理情况统计表中所记载数据的真实性，争议在于如何根据“失效时间”与“命中审核时间”二者来判断断开链接的实际时间。鉴于百度公司能够对相关术语与其操作结果之间的关系作出合理解释，其所述内容与相关数据之间并不矛盾，故尽管优酷公司持有异议，但在缺乏相反证据的情况下，本院对百度公司有关两者中在先时间系涉案链接实际断开时间的陈述予以采信。据此，根据双方均认可的相关统计数据，可确认百度公司收到涉案通知后：于当日断开的链接约占64%，两日内断开的链接约占78%，3日内断开的链接占91%以上，3日后断开的链接约占8%（其中超过一周仍未断开的链接占不到2%）。

在收到涉案通知后，百度公司已明确知道用户的涉案侵权行为，故应当及时采取必要的措施。对于何为“及时”，在法律法规未予明确规定的情况下，国家版权局《关于规范网盘服务版权秩序的通知》中的相关要求虽具有一定针对性和参考性，但鉴于个案之间在服务模式、链接数量、作品类型、市场价值、紧急程度等方面可能存在巨大差异，因此也不宜“一刀切”式地将该通知中的“24小时内”作为考量是否及时断开链接、认定网络服务提供商是否具有过错的唯一因素。设置这一规则的目的，在于促使网络服务提供者在其控制范围内尽可能制止用户侵权的损害后果扩大。因此，在具体案件中判断是否“及时”，应当根据最终的实际效果进行判断，即网络服务提供商在其能力范围内采取相应措施后，是否仍存在较为严重的侵权和较为明显的损害后果。对此，一方面可以通过涉案链接的数量判断，另一方面也可以通过涉案链接传播涉案作品的次数评估。

具体到本案中，尽管百度公司在收到相关通知后当日即予以断开的涉案链接达到64%，但并未对没有断开其余链接的原因作出合理解释并举证证明，且从制止侵权的实际效果看：在总计11000余条的涉案链接中，可以侵权传播涉案作品持续超过24小时的有近4000条，持续超过两天的有2000余条，持续超过三天的有近千条，持续超过一周的仍有百余条。由于当时正值涉案作品的热播期，而相关证据显示该作品的知名度及其在各视频网站的点击量亦足以反映其受公众关注和欢迎的程度，结合涉案链接总量以及不断出现大量新的涉案链接等情形可以推断，前述链接在被断开之前，极有可能已吸引了数量可观的网络用户浏览、下载涉案作品，造成较为明显的侵权损害后果。然而对于每条链接分别对应的浏览、下载涉案作品的次数以及累计总次数，本案中却缺乏证据证明，致使本院根据现有证据难以对侵权规模和损害后果做出较为准确的判断。对此，优酷公司作为被侵害的一方，虽无法获得涉案链接传播涉案作品的具体数据，但在举证能力范围内尽力提交了其他证据证明其所受损害严重，已在相关事项的证明上形成了相应优势。而百度公司作为百度网盘的运营者，理应掌握上述相关数据。在此情况下，对于其断开链接已足够及时、未导致明显损害这一争议事项，百度公司既有能力提交相关数据予以证明，亦负有相应的举证证明责任。然而其自始至终并未向本院提交任何相关证据，故应当依法承担相应的不利后果。根据现有证据和双方当事人的举证证明情况，本院认定百度公司在收到通知后并未及时对全部涉案链接采取断开措施，放任部分涉案链接持续、大量传播涉案作品，致使侵权范围和规模进一步扩大，应对由此导致的损害扩大部分与网络用户承担连带责任。

（二）是否应当采取屏蔽措施制止侵权

依据相关法律、法规、司法解释的规定，在收到权利人通知后及时断开侵权链接，是网络服务提供者免于承担侵权责任的必要条件，但并非充分条件。网络服务提供者针对用户侵权所应采取的必要措施，不应仅限于在侵权发生之后断开链接一项，否则即便其做到了及时断开，往往也会使侵权用户、权利人和网络服务提供者之间陷入“侵权—通知—断开—再侵权—再通知—再断开”的往复循环之中，难以有效制止用户的持续侵权和权利人损失的扩大。因此，除及时断开链接外，网络服务提供者还应基于其所提供服务的性质、方式、引发侵权可能性的大小以及其所具备的信息管理能力，积极采取其他合理措施，如通过屏蔽制止用户分享侵权链接。

对于百度公司而言，首先，其具备采取相应措施所需要的信息管理能力等条件。结合有关百度网盘的服务性质、技术特点、运营方式、用户使用等情况，以及百度公司对相关文件、数据的控制能力等情节，可以认定百度公司有能力通过网盘所存储文件的名称、类型、大小等信息，对用户对外传播的涉案视频文件与涉案作品的相关性做出判断，从而通过屏蔽的方式禁止用户利用百度网盘的功能创建链接对外分享、侵害涉案作品的信息网络传播权。百度公司在《〈芈月传〉情况说明》中发布的相关内容，亦可佐证其具有采取相应技术措施的能力和经验。其次，要求其采取制止分享侵权链接的措施具有可行性和合理性。本案中涉及的 MD5 值校验、视频指纹比对、关键词屏蔽等，均是能够辅助实现制止侵权链接分享的技术手段，且均系较为成熟并为业内所广泛使用的常规技术。将类似技术用于制止用户侵权的措施之中，无论是从现有技术水平还是日常应用成本的角度看，均不会使百度公司面临难以克服的技术障碍或不合理的成本负担，更不会导致百度网盘因此无法正常为用户提供服务，影响运营和发展。再次，采取上述措施对实现有效制止侵权具有必要性。若百度公司能将仅起到事后停止侵权作用的及时断开链接，与可以起到事先预防侵权作用的制止分享链接这两项措施结合使用，无疑可以明显遏制用户侵权结果的产生和扩大，亦将大大减少权利人的损失，同时也能在很大程度上降低自身承担侵权责任的风险。从长远来看，更加有利于实现网络服务提供者与著作权人的利益平衡，促进二者的共存、共赢和共同发展。最后，上述措施的采取，并不会对百度网盘用户的利益造成不合理的损害。从现实可能性的角度看，因采取合理的预防侵权措施致使用户不能对其享有合法权利的内容进行正当分享，从而导致“误伤”的可能性极低；而现有的技术手段和应用水平，也足以为避免大量出现此类问题提供充分的保障。从平衡利弊的角度看，即使因屏蔽造成上述极小概率的“误伤”，也完全可以通过建立用户的反通知机制等予以合理、便捷地解决。将这一后果与不采取预防措施导致著作权人遭受的巨大损害进行比较，合理地对侵权传播进行屏蔽明显更加有利于平衡网盘用户与著作权人之间的利益，也更加符合相关法律法规的制定目的。

本案中，优酷公司于首轮播出前即发送“预警函”，希望百度公司能够针对涉案作品采取预防侵权的措施。尽管此时涉案侵权行为尚未发生，难以单独凭借该“预警函”认定百度公司就此后用户实际实施的侵权行为具有主观过错，但根据百度网盘服务的模式、特点以及以往的运营经验等，此时百度公司理应能够对其用户侵权的可能性进行初步预判。而在首轮播出后便收到侵权通知并对部分链接采取断开措施之后，百度公司所面临的用户侵权问题已经从一种可能性转变为客观存在的、明显的事实，此时其已能够在管理能力所及的范围内，对哪些文件可能被用于侵权传播作出较为准确的判断。然而其在应知用户已大量实施侵权行为，且不采取合理预防措施将极有可能出现更多侵权行为的情况下，却并未对其用户分享涉案链接的行为通过屏蔽加以制止。由此导致的结果，在通知邮件所附涉案链接的数量变化中即有所体现：在首轮播出后的第一个十日为近1000条，在第二个十日进一步增长到1300余条，而在接近首轮播出尾声的第三个十日更达到了超越此前总和的4000余条。可见，无论前述的断开链接是否足够及时，若百度公司仅仅采取这种事后处理措施，而不通过合理的预防措施对其用户侵权行为加以有效遏制，那么最终的结果仍将会是给优酷公司造成严重的经济损失。综上，本院认为，在应当知道用户利用百度网盘侵害涉案作品信息网络传播权的情况下，百度公司未采取屏蔽措施制止用户分享涉案链接，导致了相应损害后果的发生，应当与用户承担连带责任。

应予明确的是，上述必要措施所针对的是百度网盘用户创建链接对外分享涉案作品的侵权行为，而非优酷公司所主张的上传、存储涉案作品相关文件的行为。原因在于：

首先，根据百度网盘的服务模式，用户“上传、存储”文件实际分为两种情况：第一种是将百度网盘服务器此前尚未存储过的文件以上传的形式复制到服务器中；第二种是在识别到用户欲上传的文件与服务器中已存储的文件相同时，便不再对同一文件进行重复执行上传和存储，而是直接分配给该用户访问服务器中已有相同文件的权限，即所谓“秒传”。而无论是哪种上传、存储，在用户未将涉案视频文件以创建分享链接的方式提供给公众之前，均不构成信息网络传播行为，即不在信息网络传播权的控制范围之内。

其次，在不能排除部分用户经合法授权或出于个人学习、研究、欣赏等目的而依法使用作品的情况下，一概阻止用户存储或要求百度公司删除已有的相关文件，有可能不合理地影响、限制部分用户对涉案作品的合法、正当使用，损害相关公众的利益。

因此，对于仅享有涉案作品信息网络传播权的优酷公司而言，其所提出的有关制止百度网盘用户上传和存储相关文件，以及将百度网盘服务器中已存储的涉案视频文件予以删除的诉讼请求，均缺乏法律依据，本院不予支持。

（三）是否应对重复侵权的用户采取必要措施

鉴于涉案侵权行为的直接实施者均为百度网盘的用户，故在前述断开链接和进行屏蔽之外，依法对作为侵权源头的用户，特别是反复、大量侵权的用户限制其使用部分功能甚至停止服务，也应成为百度公司所采取的必要措施之一。

关于对 uk 值为 15 × × ×90、20 × × ×45、21 × × ×60 的 3 个用户所采取的限制措施，鉴于百度公司补交了审核后台证据，并对矛盾陈述作出了解释，而优酷公司虽对具体封禁时间不予认可，但已确认无法看到相关用户的分享内容，且未能提交其他证据予以反驳，故本院对补充证据中所示采取措施的方式和时间等情况予以确认。本案中，8 个用户重复实施涉案侵权行为的期间基本与涉案作品首轮播出时间相一致，涉及的侵权通知中的链接数量从 10 余条至 300 余条不等。而百度公司直到距首轮播出后近三个月的 2017 年 4 月 21 日起，才陆续对 8 个用户采取限制视频分享、封禁等限制使用或停止服务的措施，对其中 5 个用户采取措施的时间更是迟延至 2018 年 4 月以后。考虑到涉案作品具有较高的知名度和关注度，且涉案链接传播期间处于涉案作品的热播期，因而放任用户反复侵权或对严重侵权的用户迟延加以制止，势必会给优酷公司造成明显损害。

百度公司作为百度网盘的经营者，根据涉案链接中含有的用户 uk 值等其所掌握的相关信息，应当知道哪些用户实施了涉案侵权行为以及相关的时间、数量、是否存在反复侵权等具体情况。然而该公司既缺乏针对侵权用户如何采取相应措施的明确标准和机制，亦未及时对涉案的 8 个侵权用户采取限制分享或封禁的必要措施，导致这些用户的侵权行为在被其放任的状态下得以持续和反复发生，造成了优酷公司损失的扩大，故其应依法对该扩大部分与用户承担连带责任。

三、关于百度公司应当承担的法律责任

侵害他人著作权的，应当依法承担停止侵权、赔偿损失的责任。

关于停止侵权，一方面，鉴于百度公司已断开了全部涉案链接，且已对反复侵权的用户采取了限制分享、封禁措施，故用户的直接侵权行为已经处于停止状态；另一方面，由于帮助侵权行为以直接侵权行为的存在为前提，在用户的直接侵权行为业已停止的情况下，百度公司在本案中的帮助侵权行为亦不可能单独继续存在。由此可见，优酷公司上述有关停止侵权的请求现已得到实现，本院无须再行予以判令。对于优酷公司所主张的制止用户上传、存储以及删除百度网盘服务器中的涉案视频文件等主张，基于前述理由，本院均不予支持。

关于赔偿损失，尽管双方均未提交足以证明优酷公司实际损失或百度公司侵权获利具体数额的相应证据，但现有证据及以下情节，仍可对赔偿数额的估算和裁量提供相应的依据：第一，涉案作品具有较高的知名度和市场价值，优酷公司授权各视频平台播放的许可使用费从1500万元到3200余万元，各平台的播放量从10亿余次到115亿余次；第二，涉案侵权行为发生期间正值首轮播出及随后一段时间的热播期，且随着播放进度呈现出不断增长之势，足见侵权规模之大，损害后果之严重；第三，在总计11000余条的涉案链接中，持续传播涉案作品超过24小时的有近4000条，超过两天的有2000余条，超过三天的有近千条，超过一周的有百余条，而持续的时间越长，给优酷公司造成的损失也就越大；第四，对于因未及时断开部分涉案链接，未屏蔽分享链接措施，以及未及时对侵权用户采取限制使用功能、停止服务而导致的相应侵权损害的产生和扩大部分，百度公司应当承担责任。由于缺乏证据证明涉案链接传播涉案作品的具体数据，且实际的损害结果是由于上述多种因素相互交织、共同作用导致的，很难对某一部分情节在其中所占的比重作出量化认定，因此也难以对本案赔偿数额做出准确计算。尽管如此，综合上述因素，仍可确定优酷公司所受损失已明显超过50万元。

同时应予考虑的是：第一，百度公司并非涉案侵权行为的直接实施者，其作为网络服务提供者，仅应承担与其行为及主观过错程度相适应的连带责任；第二，尽管百度公司对相应必要措施的采取存在不够全面、及时或缺失等问题，但从收到通知当日即予以断开的涉案链接达到64%等事实看，其对部分侵权行为已经采取了较为积极的制止措施，在一定程度上避免了更大损害后果的发生；第三，即使按照优酷公司主张的平均每条涉案链接的访问量为2000次到 3000 次进行统计，同时参考涉案作品对外许可的使用费金额以及各授权平台的播放数量，所能推算出的损失金额也远远难以达到该公司主张的 2900 万元。

结合以上各方面因素及在案证据，本院最终裁量确定赔偿金额为 100 万元。优酷公司主张的诉讼支出，均有相关票据等予以证明，亦在合理范围之内，应由百度公司一并负担。

综上，依照《中华人民共和国侵权责任法》第三十六条第二款、第三款，《中华人民共和国著作权法》第十条第二款、第十一条第四款、第十五条第一款、第四十八条第一项、第四十九条第一款，《最高人民法院关于审理侵害作品信息网络传播权民事纠纷案件适用法律若干问题的规定》第三条第二款、第七条第三款、第八条第一款、第九条，《最高人民法院关于适用〈中华人民共和国民事诉讼法〉的解释》第九十条，《最高人民法院关于民事诉讼证据的若干规定》第七十五条之规定，本院判决如下：

一、本判决生效之日起十日内，被告北京百度网讯科技有限公司赔偿原告优酷网络技术（北京）有限公司经济损失 100 万元及合理开支 3 万元；

二、驳回原告优酷网络技术（北京）有限公司的其他诉讼请求。

如被告北京百度网讯科技有限公司未按本判决所指定的期间履行给付金钱义务，则应依据《中华人民共和国民事诉讼法》第二百五十三条之规定，加倍支付迟延履行期间的债务利息。

案件受理费 186950 元（原告已预交），由原告优酷网络技术（北京）有限公司负担 36950 元（已交纳），由被告北京百度网讯科技有限公司负担 150000 元（于本判决生效后七日内交纳）。

如不服本判决，可于判决书送达之日起十五日内，向本院递交上诉状，并按对方当事人的人数提出副本，交纳上诉案件受理费，上诉于北京知识产权法院。

审 判 长 杨德嘉

审 判 员 王栖鸾

审 判 员 尹 斐

二〇一九年十一月二十八日

书 记 员 陆 燕

书 记 员 何 璐

书 记 员 刘 炜

附录：

序号	uk	用户名	包含该uk值的涉案链接（条）	用户创建涉案链接期间	优酷公司通知时间	百度公司处理情况
1	40×××89	顶×××华	21	2017年2月9日－2017年3月21日（不含被告主张未收到的2月4日投诉邮件中涉及的一条链接）	2017年2月4日－2017年3月22日（其中被告主张未收到的2月4日邮件中的1条链接）	2017年4月26日封禁
2	31×××82	ai×××he	16	2017年1月30日－2017年3月1日	2017年2月3日－2017年3月2日	2017年4月21日封禁
3	40×××44	3×××视	40	2017年1月29日－2017年3月14日	2017年2月3日－2017年3月20日（其中被告主张未收到的2月4日邮件中的1条链接）	2017年4月27日封禁
4	82×××12	ren×××58	22	2017年2月2日－2017年3月1日	2017年2月3日－2017年3月2日	2018年6月9日以后封禁
5	42×××52	爱转×××34	161	2017年1月30日－2017年3月1日	2017年2月3日－2017年3月5日	2018年4月16日限制视频分享功能
6	15×××90	drx××××r993	20	2017年1月30日－2017年3月2日	2017年2月3日－2017年3月8日	2018年4月12日封禁
7	20×××45	捕风×××12	227	2017年1月30日－2017年3月11日	2017年2月3日－2017年3月13日	2018年4月12日封禁

续表

序号	uk	用户名	包含该uk值的涉案链接（条）	用户创建涉案链接期间	优酷公司通知时间	百度公司处理情况
8	21×××60	银河×××盟吧	321	2017年1月29日－2017年3月2日	2017年2月3日－2017年3月3日（其中被告主张未收到2月4日邮件中的1条链接）	2018年4月12日封禁

尚晓茜

北京市第三中级人民法院

北京市第三中级人民法院民事审判第四庭副庭长，三级高级法官，法学硕士。先后在北京市东城区人民法院、北京市第三中级人民法院工作，审结民商事案件4500余件，审理了北京法院首例融资融券债务纠纷案等疑难复杂案件。合著法学书籍5本，主要执笔完成省部级以上课题3项，获评北京市优秀调研成果一等奖。在《人大复印报刊资料·法学文摘》《人民司法·应用》《上海政法学院学报》等法学刊物发表论文、案例20余篇，学术论文及案例分析获全国法院学术讨论会及优秀案例分析奖项。撰写的裁判文书获评全国法院百篇优秀裁判文书，获北京市法院优秀裁判文书一等奖两次、三等奖两次，参与最高人民法院食品安全司法解释的起草、电子商务法立法的论证等工作。荣立个人三等功三次，先后荣获“北京法院模范法官”“北京法院商事审判业务标兵”“北京市审判业务专家”等称号。

点评辞

本案系一起涉及保证责任及诉讼时效的借款合同纠纷，当事人就保证人在保证期间届满后、主债权诉讼时效届满前作出的履行行为性质及对诉讼时效的影响产生争议。本判决根据保证责任、诉讼时效的有关规定，结合当事人相互关系及履行行为具体情况等主客观因素对保证人在保证期间届满后、主债权诉讼时效届满前作出的履行行为性质及其对主债权诉讼时效的影响作出认定，并据此对当事人之间的权利义务关系予以确认，具有示范意义。首先，应当严格适用保证责任认定规则及诉讼时效制度，依法保障当事人权益；其次，须在准确把握当事人真实意思基础上，对当事人行为性质及法律地位作出认定；再次，可从当事人关系、履行行为背景及实际履行情况等角度对当事人真实意思表示予以考察；最后，兼顾法律规定与个案平衡，鼓励当事人清偿债务积极性，合理认定当事人在特定情形下的权利义务。

北京市第三中级人民法院
民事判决书

（2021）京 03 民终 11146 号

上诉人（原审被告）：北京佧金广告有限公司，住所地北京市朝阳区安贞西里三区 26 楼 1616 室。

法定代表人：陶盛，董事长。

委托诉讼代理人：黄剑，北京黄剑律师事务所律师。

委托诉讼代理人：王佳祺，北京黄剑律师事务所律师。

上诉人（原审被告）：陶峰，男，1980 年 8 月 25 日出生，汉族，住山东省威海火炬高新技术产业开发区。

委托诉讼代理人：黄剑，北京黄剑律师事务所律师。

委托诉讼代理人：王佳祺，北京黄剑律师事务所律师。

被上诉人（原审原告）：深圳市兴耀源投资发展有限公司，住所地深圳市南山区沙河街道沙河路东白石二道南中信红树湾花园 5 栋 A－2103。

法定代表人：林丹，执行董事。

委托诉讼代理人：封洁英，广东普罗米修律师事务所律师。

委托诉讼代理人：王耀，广东普罗米修（福田）律师事务所律师。

上诉人北京佧金广告有限公司（以下简称佧金公司）、陶峰因与被上诉人深圳市兴耀源投资发展有限公司（以下简称兴耀源公司）借款合同纠纷一案，不服北京市朝阳区人民法院（2020）京 0105 民初 56963 号民事判决，向本院提起上诉。本院立案后，依法由审判员尚晓茜独任开庭审理，上诉人佧金公司与上诉人陶峰之委托诉讼代理人黄剑以及被上诉人兴耀源公司之委托诉讼代理人封洁英、王耀到庭参加诉讼。本案现已审理终结。

佧金公司与陶峰上诉请求：（1）撤销一审判决，改判驳回兴耀源公司的诉讼请求或将本案发回重审；（2）本案诉讼费由兴耀源公司承担。事实和理由：

1. 一审法院以微信聊天记录和《确认函》《情况说明》认定陶峰再次对兴耀源公司主张的债权进行确认，缺乏事实及法律依据。陶峰系借款合同的连带责任保证人，保证期间于2018年1月20日届满，但兴耀源公司未依法向陶峰请求承担保证责任，故保证责任消灭。保证责任消灭的，不计算保证责任的诉讼时效。保证责任消灭后，如果债权人与保证人重新达成新的保证，按照民法典的规定，应当签订书面担保合同并对保证责任的主要条款达成明确约定。陶峰与刘某的微信聊天记录是在保证责任消灭后之后，陶峰并未表示愿意承担保证责任，双方聊天内容对于主债权数额、债务人履行债务的期间、保证方式、保证期间等更无约定，不符合保证合同成立的要件。另外，兴耀源公司单方出具的《确认函》《情况说明》只能证明陶峰要求兴耀源公司出具其与案外人之间的代收款关系，不能证明陶峰与兴耀源公司之间形成了新的保证。因此，一审法院以微信聊天记录与《确认函》《情况说明》认定陶峰再次对兴耀源公司主张的债权进行确认没有事实及法律依据。

2. 陶峰支付的50万元系保证责任消灭后的自愿履行行为，不属于导致诉讼时效中断的法定事由。陶峰支付的50万元系在保证责任消灭后，陶峰既没有表示愿意作为共同借款人偿还剩余借款，也没有同意为债务提供新的担保。因此，该行为仅属于自愿履行行为不能视为对保证责任的重新确认，更不属于导致诉讼时效中断的法定事由。

3. 本案诉讼时效没有发生中止中断事由，诉讼时效已届满，佧金公司不应承担还款责任。本案借款期间为1年，自2016年7月21日起至2017年7月20日止，故诉讼时效截至2020年7月21日。兴耀源公司于2020年8月4日起诉，已超过诉讼时效。诉讼时效届满前，兴耀源公司从未向佧金公司主张过债权，其与陶峰的微信联系不能证明其向佧金公司主张债权，陶峰自愿履行的50万元亦不能代表系佧金公司的还款行为。因此，本案诉讼时效没有发生中止中断事由，佧金公司不应承担还款责任。二审庭审中，佧金公司与陶峰补充上诉意见称，本案保证期间亦已届满，故陶峰不应再承担保证责任。

兴耀源公司辩称，不同意佧金公司与陶峰的上诉请求及理由，服从一审判决。具体答辩意见为：

1. 本案实际是佧金公司与陶峰共同借款，两者属于共同借款人，应当共同承担还款责任。陶峰是佧金公司的实际控制人，兴耀源公司正是基于对陶峰的信任才出借款项，佧金公司的收款账户是由陶峰指定，其在借款时表示该笔借款系用于个人买房，兴耀源公司多年来一直是与陶峰联系。

2. 陶峰在《借条》中作为担保人，但其在与刘某的微信聊天记录中多次承诺偿还款项，其与佧金公司亦实际共同偿还了50万元，且兴耀源公司亦同意由陶峰承担还款责任。

3. 本案诉讼时效未届满，兴耀源公司有权向佧金公司与陶峰主张还款。

兴耀源公司向一审法院起诉请求：佧金公司与陶峰偿还借款本金 500 万元，并以 500 万元为基数，按照年利率 4.75% 的标准，计算给付自 2016 年 7 月 21 日起至实际付清之日止的利息。

一审法院认定事实：2016 年 7 月 21 日，兴耀源公司向佧金公司转账汇入 500 万元。当日，佧金公司及法定代表人陶盛作为借款人出具一份《借条》，载明："今有北京佧金广告有限公司向深圳市兴耀源投资发展有限公司借款人民币伍佰万元整。此笔借款佧金广告一年内向兴耀源一次还清，借款收益参照人民银行同期利息计算。"在该份《借条》底部有"注：此笔借款见证及担保人：陶峰。"

佧金公司对上述借款事实无异议，但认为兴耀源公司的主张已超过诉讼时效；陶峰不认可作为借款人的身份，也认为兴耀源公司的主张超过了保证责任的保证期间。

针对兴耀源公司曾在诉讼时效内提出过债权主张，兴耀源公司提交案外人刘某与陶峰的微信聊天记录，证明曾在 2020 年 1 月 21 日至 9 月 10 日催要涉案款项，并根据陶峰要求出具《确认函》《情况说明》等。佧金公司与陶峰对上述证据的真实性均认可，但认为不构成对诉讼时效中断的证明力。

2020 年 1 月 21 日，陶峰向康某支付 10 万元。2020 年 8 月 21 日，陶峰委托银熙传媒无锡有限公司（以下简称银熙公司）向深圳正德集团有限公司（以下简称正德公司）付款 20 万元。针对上述 30 万元款项，兴耀源公司于 2020 年 9 月 9 日向陶峰出具《确认函》，认可该款项系涉案债权。2020 年 9 月 10 日，陶峰委托银熙公司向深圳启达投资咨询有限公司（以下简称启达公司）付款 20 万元。

一审法院认为，借款合同是指自然人之间、自然人与法人或其他组织之间，以及法人或其他组织之间，以货币或其他有价证券为标的的资金融通行为。

本案中，兴耀源公司提交了《借条》及付款凭证，形成了完整的证据链条，可以证明兴耀源公司曾向佧金公司出借 500 万元款项的事实，兴耀源公司可得作为债权人主张权利。佧金公司作为债务人系适格被告。陶峰在《借条》落款处签字，并确认作为保证人的身份，应承担保证责任。保证责任的保证期间为主债务履行期限届满后六个月，债权人未在保证期间内向保证人主张保证责任的，保证人免除保证责任。

本案中，兴耀源公司持有的《借条》约定的借款期限为一年以内，还款日期应为 2017 年 7 月 21 日，陶峰作为保证人应承担保证责任的保证期间为自 2017 年 7 月 21 日起六个月内。兴耀源公司并未提交证据证明曾在该期间内向陶峰主张过保证责任。但兴耀源公司提交的案外人刘某与陶峰的微信聊天记录可以看出，刘某接受兴耀源公司的委托向陶峰主张债权，并根据陶峰的要求出具了《确认函》《情况说明》等文本，由此可以看出，在陶峰作为保证人的保证期间届满后，陶峰再次对兴耀源公司主张的债权进行了确认，陶峰应继续承担保证责任。

兴耀源公司持有的《借条》约定还款日期届满后三年内系债务人佧金公司应承担还款责任的诉讼时效，诉讼时效截至2020年7月21日，虽然兴耀源公司提起本案诉讼的时间为2020年8月4日，但兴耀源公司作为债权人，在2020年1月即已向保证人陶峰主张债权，陶峰并未提出异议，且履行还款责任的事实可以认定，兴耀源公司并未放弃债权主张，兴耀源公司现有证据可以佐证其并未超过诉讼时效，可得向债务人佧金公司一并主张债权。

兴耀源公司持有的《借条》约定借期内利率按照“人民银行同期利息计算”，兴耀源公司可据此向佧金公司与陶峰主张权利，但陶峰已付50万元，该款项应在尚欠款项中予以抵扣。

综上，一审法院依照《中华人民共和国合同法》第六十一条、第二百一十条，《中华人民共和国担保法》第六条、第二十五条，《最高人民法院关于审理民间借贷案件适用法律若干问题的规定》第十条之规定，判决：（1）佧金公司、陶峰于判决生效之日起七日内共同给付兴耀源公司本金500万元，并以此为基数，按照中国人民银行同期贷款利率标准计算给付自2016年7月21日至2019年8月20日的利息，并按照全国银行间同业拆借中心公布的贷款市场利率标准计算给付自2019年8月21日至实际结清之日止的利息，陶峰已付50万元优先抵扣上述利息，超出部分折抵本金；（2）驳回兴耀源公司的其他诉讼请求。

二审期间，各方当事人均未向本院提交新证据。

二审中，兴耀源公司向本院提交《司法鉴定申请书》，请求对《借条》笔迹及《借条》上陶盛签字进行鉴定，理由为：《借条》系由陶峰书写，佧金公司与陶盛未在其上签字，陶峰系佧金公司实际控制人，故兴耀源公司一直是与陶峰联系；同时，兴耀源公司向本院提交《调查取证申请书》，请求调取佧金公司银行账户流水记录，理由为：佧金公司银行账户流水记录可以证明本案借款是否用于陶峰个人用途，因为陶峰在借款时称其系用于买房，但借款的实际用途并不清楚，故需查询该笔借款是否流向陶峰的个人账户。

本院经审查认为，因佧金公司与陶峰未对《借条》真实性提出异议，兴耀源公司调查取证事项与其本案主张不具一致性且与本案争议缺乏充分紧密关联，故本院对其提出的司法鉴定申请及调查取证申请均不予准许。

本院二审依法补充查明以下事实：

一、关于兴耀源公司与陶峰的沟通内容

兴耀源公司于一审中提交了刘某与陶峰自2020 年1 月21 日至2020 年9 月10 日的微信聊天记录，显示：

2020 年1 月21 日，陶峰：我个人账户上给康（康某）转了10 万元，你先安抚一下大家，那个一百我在继续催着……我晚点再想办法给你弄个20……对公收到后，这个10 万元，请退给我。

2020 年1 月22 日，刘某：陶峰总，春节前您一定要争取付款。陶峰：我刚落地北京，专门飞回北京协调。

2020 年3 月16 日，刘某：陶峰总，我们已经正常上班了，麻烦您是否把春节前的未尽事宜办一下，谢谢。陶峰：收到，我这几天刚刚完成隔离。

2020 年4 月15 日，刘某：陶峰总，您是否尽快给我们解决春节前承诺的剩余款项？陶峰：收到。

2020 年4 月23 日，刘某：陶峰总，麻烦您是否能确认四月份能争取到多少钱？陶峰：我这两天和您确认。

2020 年4 月29 日，刘某：陶峰总，资金没问题吧？陶峰：正在协调，尽快再给您40 个，最大的努力了。刘某：这40 个什么时间能到账？陶峰：对公有可能是明天，如果来不及对私那就可能要1 号了。

2020 年5 月13 日，刘某：陶峰总，今天能给40 个吗？您不能老食言吧？陶峰：我不能再食言了，累计50，这次40，您放心吧，我压力也是很大。

2020 年5 月14 日，刘某：陶峰总，您看合同证明材料能给我吗？您承诺的钱什么时候到账？陶峰：合同我也在安排，年前给你的那个证明材料不行吗？我现在也离开了那个岗位，所以协调事情相对也是比较不容易。刘某：但法务说这是公司之间的业务，不能因为个人的离开而业务合同就没有了，没有合同，依据什么支付投资基金应返还的钱呢？

2020 年5 月15 日，刘某：陶峰总，40 个的钱今天还能支付吗？

2020 年5 月16 日，刘某：陶峰总，您那边到底什么情况？是否也给我回复一下！

2020 年5 月20 日，陶峰：刘总，关于我们合作的事情，目前给你带来的以下两个问题：1. 合作合约的问题；2. 资金的问题。以上两个问题，我想不管是基于朋友，还是合作伙伴，无论我的身份发生什么变化，我都会认真地解决，这是你的事情，也是我的事情。

2020 年8 月17 日，陶峰：请给我一个你们收款的对公账号。刘某：开户名：正德公司，开户行：……账号：……陶峰：好的，这周有个50 万元到账，我扣掉我给你的那个10万元，我给你们汇40万元，那是我个人的10万元。

2020年8月21日，陶峰向刘某发送银熙公司向正德公司付款20万元的转账截图，并发信：今天到账20，还有要下周了。

2020年9月4日，陶峰：周一会有20万元。

2020年9月7日，陶峰：你再给我一个兴耀源的账户，或者你确认一个兴耀源和正德的关系文件，我这边安排给你付款20万元。刘某：付了吗？陶峰：还没有，兴耀源起诉了，所以和你们的资金往来我得明确一下。

2020年9月10日，陶峰向刘某发送银熙公司向启达公司付款20万元的转账截图。刘某：已收到，谢谢！

二、关于《付款委托书》《确认函》《情况说明》《代收款确认书》的具体内容

1. 兴耀源公司于一审中提交了落款时间为2020年8月21日的《付款委托书》，载明：兹委托银熙公司支付往来款人民币贰拾万元整（￥200，000.00）至正德公司以下账户：户名：正德公司，开户银行：……账号：……特此委托。委托人（签字）：陶峰。该《付款委托书》全部内容为打印，无陶峰签字。

2. 兴耀源公司于2020年9月9日签章出具《确认函》，载明：兴耀源公司已收到陶峰于2020年1月21日还款的人民币壹拾万元整以及2020年8月21日陶峰还款的人民币贰拾万元整，该人民币叁拾万元整由正德公司收款，系深圳正德公司对兴耀源公司的应收账款。

3. 兴耀源公司于2020年9月7日签章出具《情况说明》，载明：兴耀源公司委托启达公司代收陶峰人民币贰拾万元。收款账户开户名：启达公司，开户行：……账号：……

4. 正德公司于2020年10月20日签章出具《代收款确认书》，载明：正德公司代收2020年8月21日陶峰对兴耀源公司还款的人民币贰拾万元整，并委托本公司员工康某代收陶峰对兴耀源公司于2020年1月21日还款的人民币壹拾万元整，正德公司代收陶峰对兴耀源公司还款共计人民币叁拾万元整。

三、其他经查经询内容

1. 关于康某的身份，兴耀源公司称其系兴耀源公司财务。

2. 关于陶峰与佧金公司法定代表人陶盛的关系，佧金公司与陶峰称陶盛是陶峰的父亲。

3. 关于形成本案《借条》与转款500万元的时间顺序，兴耀源公司称因出于对陶峰的信任，故是先转款后形成《借条》，但无证据佐证。

4. 关于陶峰在2020年1月21日微信聊天记录中所称的100万元，陶峰称该100万元并非本案项下款项，因为金额与本案不符，是双方其他款项往来；兴耀源公司则称该100万元就是本案部分借款。

5. 陶峰在微信聊天记录中多次有关于协调的意思表示，陶峰称其并非指向对本案还款事项的协调，而是协调处理双方其他业务往来。兴耀源公司对此不予认可。

6. 关于陶峰在本案中的法律地位，兴耀源公司称其系名义上的保证人，实际为共同借款人，关于共同借款人的理由有二，一是《借条》由陶峰个人书写；二是陶峰系佧金公司实际控制人，兴耀源公司在还款过程中也一直是与陶峰联系还款事宜。同时，兴耀源公司称即便陶峰不是共同借款人，其行为也应属于债务加入。

7. 关于陶峰是否有认可其自己系本案借款人的意思表示，兴耀源公司称其在2020年5月20日的微信聊天记录中表示“1. 合作合约的问题；2. 资金的问题。以上两个问题，我想不管是基于朋友，还是合作伙伴，无论我的身份发生什么变化，我都会认真地解决，这是你的事情，也是我的事情”可以体现。

8. 关于陶峰在直接或者委托他人付款时的主体身份，陶峰称，从微信聊天记录可以看出，因为陶峰是保证人，故其在对方催缴的情况下以保证人的身份代借款人偿还了部分款项，但并非对整个债权的确认，微信聊天记录中并无陶峰对主债权进行确认的意思表示，其回复总体上都是说在协调解决。

9. 关于本案50万元还款的性质，兴耀源公司称系佧金公司与陶峰共同偿还的借款，陶峰亦是基于借款人的身份进行还款，其还款行为可以视为对本案借款本金及利息的重新确认；佧金公司与陶峰亦认可该50万元确系本案项下还款，但主张陶峰当时仍属担保人身份，其系基于保证人的身份进行还款。

10. 关于陶峰在本案中应当承担的责任性质，兴耀源公司于一审庭审中主张陶峰陆续向兴耀源公司还款，属于自愿的债务加入，故其既是债务人，亦为保证人，即使保证责任届满，也应当承担债务人的责任。

11. 佧金公司与陶峰均主张2020年9月7日《情况说明》与2020年9月9日《确认函》均由兴耀源公司出具，故无法证明陶峰对本案债权进行过确认；兴耀源公司认可《情况说明》《确认函》均由其出具，但称系基于陶峰的要求而出具，故可证明陶峰对兴耀源公司在本案中主张的债权进行了确认。

12. 关于在2020年1月21日前要求对方还款的情况，兴耀源公司未举证，并称正是由于对陶峰个人的信任，故多年来未对陶峰和佧金公司进行过正规的催款。

13. 各方当事人均确认本案《借条》载明的借款期限到期后并无关于展期

的进一步约定。

14. 关于其他借款关系，兴耀源公司称其还向陶峰个人出借过500万元，但双方未形成借款合同，且陶峰亦未还款。

15. 关于陶峰与伟金公司之间的关系，兴耀源公司称陶峰系伟金公司实际控制人，其在2013年持有伟金公司60%股权并担任法定代表人、执行董事与经理；伟金公司与陶峰均不认可陶峰系伟金公司实际控制人，因为陶峰在2016年并非伟金公司股东，其虽曾担任过伟金公司董事等职务，但不能据此认定其为伟金公司实际控制人。

16. 根据中国人民银行公布的金融机构人民币贷款基准利率，2016年至2017年六个月至一年（含一年）的人民币贷款基准利率为年利率4.35%。

17. 根据企业信息查询系统显示，伟金公司持有银熙公司80%的股权，伟金公司与陶峰亦称伟金公司与银熙公司系关联公司。

本院对一审查明的其他事实予以确认。

本院认为，根据各方当事人的诉辩意见，本案二审争议焦点有三：(1）陶峰在本案中的法律地位及其应否承担相应法律责任；（2）伟金公司是否因诉讼时效届满而免除还款责任；(3）兴耀源公司的债权范围。

一、关于陶峰法律地位以及应否承担相应法律责任

根据《最高人民法院关于适用〈中华人民共和国民法典〉时间效力的若干规定》第一条第二款之规定，民法典施行前的法律事实引起的民事纠纷案件，适用当时的法律、司法解释的规定，但是法律、司法解释另有规定的除外。本案中，兴耀源公司向伟金公司转账时间以及《借条》载明借款时间均为2016年7月21日，故关于陶峰法律地位及其责任承担的认定，应当适用当时的法律规定。

根据《中华人民共和国担保法》第十九条之规定，当事人对保证方式没有约定或者约定不明确的，按照连带责任保证承担保证责任。本案中，《借条》仅载明陶峰系此笔借款见证及担保人，未对陶峰的保证方式作出约定，故陶峰依法应为承担连带责任的保证人；同时，根据《中华人民共和国担保法》第二十六条之规定，连带责任保证的保证人与债权人未约定保证期间的，债权人有权自主债务履行期届满之日起六个月内要求保证人承担保证责任。在合同约定的保证期间和前款规定的保证期间，债权人未要求保证人承担保证责任的，保证人免除保证责任。具体到本案，在案证据未有指向各方当事人对保证期间作出约定，结合兴耀源公司向伟金公司转账时间以及《借条》载明借款时间均为2016年7月21日，且《借条》载明“此笔借款伟金广告一年内向兴耀源一次还清”，故本案借款期限为一年，主债务履行期届满之日为2017年

7月21日，兴耀源公司有权自2017年7月21日起六个月内要求陶峰承担保证责任。根据查明案件事实，兴耀源公司未举证证明其在前述期间内要求陶峰承担保证责任，故陶峰依法免除基于《借条》的保证责任，兴耀源公司关于陶峰应承担保证责任的主张，理据不足，本院不予支持；一审法院关于陶峰应继续承担保证责任的认定有误，本院依法予以纠正。

与此同时，兴耀源公司另主张陶峰应为共同借款人，即便不是共同借款人，其还款行为、微信聊天记录中的相关内容以及兴耀源公司应其要求出具《情况说明》《确认函》的事实亦可证明陶峰已对兴耀源公司本案债权予以确认，应当认定为债务加入。对此本院认为，第一，《借条》已经载明陶峰为担保人，故兴耀源公司关于陶峰为共同借款人的主张与约定不符；第二，前述文件非由陶峰出具，而系兴耀源公司出具，陶峰虽在微信聊天记录中要求将前述文件快递至指定地址，但在案证据不能证明前述文件系应陶峰要求而出具，且其中未有陶峰同意承担还款责任的意思表示；第三，陶峰虽在微信聊天记录中多次表示将协调解决资金问题，但据全案证据显示内容，该等意思表示不能与债权确认、同意承担保证责任或者承诺还款、债务加入之意思表示等同。因此，兴耀源公司关于陶峰为本案共同借款人或者其属于债务加入的主张不能成立，本院亦不予支持。

二、关于佯金公司是否因诉讼时效期间届满而免除还款责任

如前所述，本案应当适用当时的法律、司法解释的规定。根据《中华人民共和国民法总则》第一百八十八条之规定，向人民法院请求保护民事权利的诉讼时效期间为三年；诉讼时效期间自权利人知道或者应当知道权利受到损害以及义务人之日起计算。根据《最高人民法院关于适用〈中华人民共和国民法总则〉诉讼时效制度若干问题的解释》第二条之规定，民法总则施行之日，诉讼时效期间尚未满民法通则规定的二年或者一年，当事人主张适用民法总则关于三年诉讼时效期间规定的，人民法院应予支持。根据查明案件事实，本案借款期限为一年，债务履行期届满之日为2017年7月21日，故《中华人民共和国民法通则》规定的二年诉讼时效期间于2019年7月21日届满，因《中华人民共和国民法总则》施行时间为2017年10月1日，故在《中华人民共和国民法总则》施行之日，本案诉讼时效期间尚未满民法通则规定的二年，本案应当适用民法总则关于三年诉讼时效期间的规定，在诉讼时效期间无中止、中断事由情况下，兴耀源公司起诉请求保护债权的诉讼时效期间于2020年7月21日届满。

《中华人民共和国民法通则》第一百四十条、《中华人民共和国民法总则》第一百九十五条第（二）项均规定，义务人同意履行义务的，诉讼时效中断，从中断、有关程序终结时起，诉讼时效期间重新计算；同时，根据《最高人民法院关于审理民事案件适用诉讼时效制度若干问题的规定》（2008年8月11日由最高人民法院审判委员会第1450次会议通过）第十六条之规定，义务人作出分期履行、部分履行、提供担保、请求延期履行、制订清偿债务计划等承诺或者行为的，应当认定为《中华人民共和国民法通则》第一百四十条规定的当事人一方同意履行义务。

具体到本案，兴耀源公司的出借款项500万元系以转账方式直接支付至佴金公司，且《借条》亦载明佴金公司为借款人，故兴耀源公司系出借人，佴金公司系借款人。根据查明案件事实及当事人陈述，陶峰于2020年1月21日向康某转款10万元、于2020年8月21日委托银熙公司向正德公司付款20万元、于2020年9月10日委托银熙公司向启达公司付款20万元，兴耀源公司于2020年9月9日出具《确认函》确认已收到前述第一笔及第二笔还款，于2020年9月7日出具《情况说明》表示委托启达公司代收第三笔还款，关于前述三笔转款付款的性质，本院分析如下：

（一）陶峰向康某转款10万元的性质

第一，兴耀源公司出具《确认函》确认已收到该笔10万元款项，其于二审中亦称康某为其公司财务，故陶峰向康某该笔转款10万元系针对兴耀源公司本案项下债权的还款。

第二，根据微信聊天记录内容，陶峰有“对公收到后，这个10万元请退给我；这周有50万元到账，我扣掉10万元，给你们汇40万元，那是我个人的10万元”等表述。因此，陶峰该笔转款既非向兴耀源公司偿还其自身债务，亦不足以证明其系履行保证责任。

第三，根据佴金公司与陶峰陈述，佴金公司法定代表人陶盛与陶峰为父子关系，且陶峰曾担任佴金公司董事职务。因此，基于佴金公司及其法定代表人与陶峰之间的关系，并结合上述微信聊天记录有关内容，陶峰该笔转款与佴金公司应向兴耀源公司偿还债务之间存在关联性。上述行为发生在相关协调期间以及诉讼时效期间内。

（二）陶峰委托银熙公司付款40万元的性质

第一，兴耀源公司出具《确认函》确认已收到陶峰委托银熙公司付款20万元，亦出具《情况说明》表示委托启达公司代收陶峰委托银熙公司付款20万元，结合两笔款项已实际发生的事实，该两笔款项应属针对兴耀源公司本案项下债权的还款。

第二，根据微信聊天记录内容，陶峰有“我刚落地北京，专门回北京协调；正在协调；协调事情相对也是比较不容易”等表述，陶峰前述关于协调的意思表示自2020年1月即开始，并持续至2020年5月。因此，结合陶峰与刘某在2020年8月17日关于收款账号的微信聊天记录，以及双方在2020年8月21日、2020年9月10日关于两笔20万元付款的微信聊天记录与实际付款情况，陶峰委托银熙公司付款40万元亦非向兴耀源公司偿还自身债务或者履行保证责任。

第三，根据查明案件事实及当事人陈述，佧金公司系银熙公司持股80%的控股股东，佧金公司与陶峰亦认可佧金公司与银熙公司系关联公司。因此，结合前述对陶峰个人转款行为的认定，陶峰委托银熙公司付款与佧金公司应向兴耀源公司偿还债务之间亦存在关联性。进言之，关于陶峰协调的相对方，从2020年8月、9月两笔付款行为看，均系由银熙公司完成，而该公司的控股股东即为佧金公司，因此有理由认定陶峰协调的相对方应涉及佧金公司，亦即上述协调行为发生在诉讼时效期间内。

综上分析，本院认为，在无相反证据证明陶峰与兴耀源公司之间存在其他债权债务关系情况下，陶峰在本案中的个人转款及委托付款均指向佧金公司应向兴耀源公司承担的借款偿还义务；结合本案所涉陶峰与陶盛的父子关系、陶盛担任佧金公司法定代表人的事实，基于此种亲属关系，陶峰的付款及协调行为理应为陶盛知悉；又鉴于银熙公司的上述代付行为以及其与佧金公司的关系，可以认定上述还款均指向本案佧金公司具有及实施了清偿债务的行为表示。因此，在本案诉讼时效期间届满前，诉讼时效期间因义务人佧金公司间接作出上述清偿债务表示行为，引发诉讼时效中断事由，并从中断时起，诉讼时效期间重新计算。兴耀源公司于2020年8月4日提起本案诉讼时，未超过法律规定的诉讼时效期间，佧金公司非因诉讼时效届满而免除还款责任。佧金公司关于本案诉讼时效期间已届满的主张，缺乏充分依据，本院不予支持。

三、关于兴耀源公司的债权范围

（一）本案本金及利息的认定

根据查明案件事实及当事人陈述，本案借款本金为500万元，佧金公司应予偿还。关于利息，根据《最高人民法院关于审理民间借贷案件适用法律若干问题的规定》（2020年8月18日最高人民法院审判委员会第1809次会议修正）第二十九条第二款第（二）项、第三十二条第二款之规定，约定了借期内利率但是未约定逾期利率，出借人主张借款人自逾期还款之日起按照借期内利率支付资金占用期间利息的，人民法院应予支持；借贷行为发生在2019年8月20日之前的，可参照原告起诉时一年期贷款市场报价利率四倍确定受保护的利率上限。本案中，因《借条》约定借款期限为一年且借款收益参照人民银行同期利息计算，故基于借贷双方商事主体身份，本院认定借期内利息按照中国人民银行同期贷款利率计算。同时，各方未约定逾期利率，根据上述规定，伴金公司应自逾期还款之日起按照借期内利率支付资金占用期间利息。综合上述，伴金公司应向兴耀源公司支付自2016年7月21日起至2019年8月19日止，以500万元为基数，按照中国人民银行同期贷款利率计算的利息，以及自2019年8月20日起至实际付清之日止，以500万元为基数，按照全国银行间同业拆借中心发布的一年期贷款市场报价利率计算的利息。

（二）已付款项的抵扣问题

《最高人民法院关于适用〈中华人民共和国合同法〉若干问题的解释（二）》第二十一条规定，债务人除主债务之外还应当支付利息和费用，当其给付不足以清偿全部债务时，并且当事人没有约定的，人民法院应当按照下列顺序抵充：（1）实现债权的有关费用；（2）利息；（3）主债务。根据上述规定，本案项下已偿还50万元，因各方对款项支付顺序未作约定，故本院依法对该50万元以优先扣除利息再行扣除本金为原则进行抵扣。经核算，上述50万元均应抵扣2019年8月19日前的利息，故截至2019年8月19日，伴金公司还应向兴耀源公司支付借款本金500万元以及利息242 187.5元。

综上所述，伴金公司与陶峰关于陶峰不应承担本案还款责任的上诉请求成立，本院予以支持；其关于本案诉讼时效期间已届满的上诉请求不能成立，应予驳回；一审判决关于陶峰应继续承担保证责任的认定有误，本院依法予以纠正。依照《中华人民共和国民法总则》第一百八十八条、第一百九十五条第（二）项，《中华人民共和国担保法》第十九条、第二十六条，《最高人民法院关于适用〈中华人民共和国合同法〉若干问题的解释（二）》第二十一条，《最高人民法院关于适用〈中华人民共和国民法总则〉诉讼时效制度若干问题的解释》第二条，《最高人民法院关于审理民事案件适用诉讼时效制度若干问题的规定》（2008年8月11日由最高人民法院审判委员会第1450次会议通过）第十六条，《最高人民法院关于审理民间借贷案件适用法律若干问题的规定》（2020年8月18日最高人民法院审判委员会第1809次会议修正）第二十九条第二款第（二）项、第三十二条第二款，《中华人民共和国民事诉讼法》第一百七十条第一款第（二）项之规定，判决如下：

一、撤销北京市朝阳区人民法院（2020）京0105民初56963号民事判决；

二、北京伴金广告有限公司于本判决生效之日起七日内支付深圳市兴耀源投资发展有限公司借款本金500万元以及截至2019年8月19日的利息242187.5元；

三、北京伴金广告有限公司于本判决生效之日起七日内支付深圳市兴耀源投资发展有限公司利息（以500万元为基数，自2019年8月20日起至实际付清之日止，按照全国银行间同业拆借中心发布的一年期贷款市场报价利率计算）；

四、驳回深圳市兴耀源投资发展有限公司的其他诉讼请求。

如果未按本判决指定的期间履行给付金钱义务，应当依照《中华人民共和国民事诉讼法》第二百五十三条之规定，加倍支付迟延履行期间的债务利息。

一审案件受理费23400元，由北京伴金广告有限公司负担（已由深圳市兴耀源投资发展有限公司预交，于本判决生效之日起七日内给付深圳市兴耀源投资发展有限公司）。

二审案件受理费46800元，由北京伴金广告有限公司负担（已由陶峰预交，于本判决生效之日起七日内给付陶峰）。

本判决为终审判决。

审　判　员　尚晓茜

二〇二一年十月二十日

法官助理　刘　衍
书　记　员　陈佳琪

王丽英

北京市朝阳区人民法院

北京市朝阳区人民法院民事审判三庭庭长，三级高级法官，北京大学法学硕士。先后审理包括“北京首例私募基金投资人代表起诉交易关联方案”等各类民商事案件6000余件；多篇案例入选《审判前沿》《全国法院年度案例》。作为负责人之一并主要执笔的涉私募基金商事案件的调研报告荣获北京法院优秀调研成果一等奖，撰写的司法建议获北京法院优秀司法建议二等奖、裁判文书获北京法院优秀裁判文书三等奖。作为专家组成员参与编著《金融案件裁判规则：适当性义务纠纷审理》一书，撰写的部分论文被各类论坛及论文集收录。

点评辞

本案系一起典型的涉合伙型私募基金纠纷案件。当前，涉私募基金案件不断增多且存在诸多难点，其中，对未到期的合伙型私募基金，投资人能否以及通过何种路径要求解除合同并收回投资款，司法实践中存在争议和模糊地带。针对这一典型问题，该判决立足争议焦点、注重回应辨析，结合私募基金不同组织形态的特性，明确指出委托理财关系与合伙关系的本质区别，充分论证《合伙企业法》与《合同法》的法律适用逻辑，事实清楚、论理深入、层次分明，对解决合伙型私募基金的核心问题、消除投资人的认识误区具有较重要的示范意义。此外，该判决还探索援引在先生效判决，并结合实际进一步解释延伸，为促进同类案件的类型化辨析、统一裁判尺度提供了有益参考。

北京市朝阳区人民法院
民事判决书

（2020）京 0105 民初 41421 号

原告：孙玮，男，1968 年 11 月 21 日出生，汉族，住上海市。

委托诉讼代理人：应越，上海市锦天城律师事务所律师。

被告：北京华核投资基金管理有限公司，住所地北京市朝阳区八里庄东里 1 号 B 区 312。

法定代表人：苏志刚，执行董事。

委托诉讼代理人：蔡晓霞，北京市竞天公诚律师事务所律师。

委托诉讼代理人：张光磊，北京市竞天公诚（深圳）律师事务所律师。

被告：珠海华核投资基金（有限合伙），住所地珠海市横琴新区宝华路 6 号 105 室－9508。

执行事务合伙人：北京华核投资基金管理有限公司（委派代表：王若飞）。

委托诉讼代理人：蔡晓霞，北京市竞天公诚律师事务所律师。

委托诉讼代理人：张光磊，北京市竞天公诚（深圳）律师事务所律师。

原告孙玮与被告北京华核投资基金管理有限公司（以下简称北京华核）、珠海华核投资基金（有限合伙）（以下简称珠海华核）合同纠纷一案，本院受理后，依法适用普通程序，根据《全国人民代表大会常务委员会关于授权最高人民法院在部分地区开展民事诉讼程序繁简分流改革试点工作的决定》，由审判员独任、公开开庭进行了审理。原告孙玮的委托诉讼代理人应越，被告北京华核、珠海华核的共同委托诉讼代理人蔡晓霞到庭参加诉讼。本案现已审理终结。

原告孙玮向本院提出诉讼请求：（1）判决解除《珠海华核投资基金（有限合伙）合伙协议》中孙玮与北京华核的合同关系；（2）判决北京华核、珠海华核连带返还投资本金 210 万元；（3）判决北京华核、珠海华核连带赔偿资金占用损失（以投资本金 210 万元为基数，自 2016 年 4 月 6 日起至 2019 年 8 月 19 日按照中国人民银行同期同类贷款利率计算，自 2019 年 8 月 20 日起至实际清偿之日止按照同期全国银行间同业拆借中心公布的贷款市场报价利率计算）。事实及理由：2016年4月6日，孙玮与北京华核签署《珠海华核投资基金（有限合伙）合伙协议》（以下简称《合伙协议》），并支付210万元认购基金。因北京华核存在诸多根本违约行为，故要求解除《合伙协议》中的合同关系，具体理由如下：（1）北京华核未履行投资者适当性义务。北京华核向孙玮推介基金时，并未履行卖方机构应当履行的适当性义务，既未了解产品是何种风险的产品，也没有了解孙玮是否是合格投资者、风险承受能力如何，更没有就孙玮与产品是否匹配履行必要程序，严重违反了《私募投资基金监督管理暂行办法》第16条及第17条。（2）北京华核未履行告知说明义务。在整个基金推介过程中，北京华核并未履行卖方机构的告知说明义务，既未向孙玮告知股权投资的相关风险，也未告知系争的基金是何种风险的基金，严重违反了《私募投资基金监督管理暂行办法》第17条。（3）北京华核未将孙玮登记为珠海华核的有限合伙人。根据珠海华核的公示信息，珠海华核的合伙人为申某云和北京华核。孙玮投资认购基金后，北京华核未将孙玮登记为珠海华核的有限合伙人，系根本违约。（4）北京华核未按照《合伙协议》的约定投资，基金募集的款项不知所终。根据北京华核的推介，基金投向为北京国保金泰信息安全技术有限公司（以下简称国保金泰）专项股权投资，但根据公示信息，珠海华核从未登记为国保金泰的股东且珠海华核曾登记为其他公司股东。截至2020年5月7日，珠海华核已无对外投资，但北京华核一直没有向投资人分配投资款项，亦未告知投资人款项去处，严重违反了《私募投资基金监督管理暂行办法》第23条，构成根本违约。（5）北京华核未勤勉尽责，经催告后仍不履行职责。如果北京华核已根据《合伙协议》约定投资了国保金泰，其应当根据《股权转让协议》第10.1条的约定，在2018年7月31日后，要求股权转让方段某奎履行回购义务，向珠海华核支付股权回购款，但北京华核一直怠于要求段某奎回购，也未起诉段某奎。2020年4月21日，孙玮委托上海市锦天城律师事务所致函北京华核要求其履行基金管理人职责，北京华核在收函后十日内仍未采取任何维护基金权益的行动，构成根本违约。（6）北京华核未履行信息披露义务。自孙玮认购基金至提起诉讼的四年间，北京华核未向孙玮告知过有关基金投资的情况，未按期披露季度报告及年度报告，未在基金底层投资存在问题以及投资目标、投资策略及范围发生变化等可能影响投资者利益的重大事项时如实披露告知，严重违反了《私募投资基金信息披露管理办法》中的各项规定。孙玮认为，其与北京华核之间成立委托理财关系，故依据《合同法》第94条规定主张解除合同，同时认为，其系与北京华核签订的《合伙协议》，款项按照北京华核指示支付到珠海华核，故《合伙协议》解除后，北京华核应承担返还义务；珠海华核收取款项系不当得利，故亦应承担返还义务，根据《合伙企业法》的规定，北京华核亦应对珠海华核的债务承担连带责任，故北京华核与珠海华核应承担连带返还责任。

被告北京华核答辩称，不同意孙玮的诉讼请求，理由如下：（1）北京华核不构成违约，无论依据法律还是合同，都不构成合同解除，且《合伙协议》第9.2.2条约定："（1）除非按照本协议的约定，任何合伙人无权从合伙企业撤出资金或以任何方式收回实缴出资额或取得分配……"《合伙协议》第11.2.2条约定，"有限合伙人承诺在企业解散或清算之前，除非经执行事务合伙人同意，不得退伙"，因此不同意解除合同关系。（2）孙玮投资对象是合伙企业，其与北京华核之间不存在投资关系，且《合伙协议》约定，普通合伙人不应当返还有限合伙人投资，也不对有限合伙人投资收益保底或赔偿资金占用损失，故孙玮主张北京华核返还投资本金并赔偿损失没有依据。（3）孙玮所称违约事项均不成立：其一，在孙玮投资入伙前，北京华核已经就投资珠海华核的细节情况向其进行充分告知，并通过风险揭示书充分揭示了投资风险，孙玮签署了风险揭示书，承诺已经充分理解了投资珠海华核可能造成的风险和损失，北京华核已经妥善履行告知义务和适当性义务。其二，未将孙玮登记为有限合伙人不构成违约，首先，双方事实上已经就无须登记为有限合伙人达成了共识，孙玮从2016年投资入股到起诉之时长达四年，在此期间也未催告或要求登记有限合伙人；其次，合伙协议没有约定北京华核有义务将孙玮登记为有限合伙人，也没有约定不登记构成违约；最后，没有登记为有限合伙人也不影响孙玮合伙权益，不影响投资目的的实现，合伙人在合伙协议项下的权利义务和责任承担不是以登记为要件，而系根据合伙协议的约定共享收益，共担风险；实践中，不登记亦不影响合伙协议的履行，北京华核已经通过合伙协议和出资额确认书确认了孙玮有限合伙人的身份和出资额，并通过分红条款向孙玮明确了投资收益的分配方式，因此未进行工商登记不影响孙玮作为有限合伙人的权利。其三，北京华核已经对国保金泰进行了专项股权投资，2016年9月通过增资750万元取得了5%的股权，未能进行工商变更登记系国保金泰自身原因，北京华核或珠海华核不存在过错，珠海华核作为股东参加了国保金泰股东会会议，行使了股东权利。其四，北京华核合理行使执行事务合伙人的投资决策权，尽到了勤勉尽责义务。《合伙协议》第7.3.1条约定，北京华核行使珠海华核的投资决策权；《合伙协议》第4.4.1条约定，北京华核作为珠海华核的执行事务合伙人有权决定和执行投资项目的投资及其退出。因此，在对国保金泰进行专项股权投资后，北京华核有权根据合伙企业的利益决定何时退出、如何退出。特别是，在国保金泰资金及运营现状较差的情况下，起诉并非有效维护珠海华核利益的最优方案。即使获得胜诉裁决，珠海华核也难以通过执行程序取得股权回购款或等值资产。相反，国保金泰涉诉信息的公开，极有可能引发其他债权人的连锁起诉和维权，这将加速国保金泰陷入资不抵债，甚至有可能面临破产，届时珠海华核的投资款项将更加难以收回。据北京华核调查了解，目前国保金泰仍处于积极运营状态，未来尚有可能通过与核心客户达成订单的方式实现收益、改善经营状况。待国保金泰运营状况好转后，珠海华核将有机会通过分红、退股等方式获取投资收益。此外，若国保金泰运营状况持续恶化，北京华核和珠海华核将会充分考虑投资人及珠海华核的利益，在合适的时间点向国保金泰启动法律程序。鉴于此，为珠海华核投资利益的考量，珠海华核决定暂不退出国保金泰，系合理行使执行事务合伙人的投资决策权，尽到了勤勉尽责义务，不存在违约行为。因此，北京华核不存在孙玮主张的根本违约行为，孙玮无权单方解除协议，无权要求返还本金及利息。退一步讲，即便北京华核存在违约行为，在投资收益尚未确定、珠海华核尚未清算的情况下，孙玮是否遭受了投资损失犹未可知，故应驳回孙玮的诉讼请求。同时，依据《民法总则》第178条，孙玮要求北京华核与珠海华核承担连带责任没有合同依据和法律依据。

被告珠海华核答辩称，与北京华核的意见一致，不存在合伙协议约定的退伙或撤出资金的情形，孙玮无权要求珠海华核返还投资本金或利息；孙玮要求北京华核与珠海华核承担连带责任没有依据。

当事人围绕诉讼请求依法提交了证据，本院组织当事人进行了证据交换和质证。根据当事人的陈述和经审查确认的证据，本院认定事实如下：

一、关于《合伙协议》及合伙企业设立

孙玮、北京华核和珠海华核（共同）各提交一份2016年签订的《合伙协议》，协议内容一致，包括释义、合伙企业的设立、合伙人及其出资、普通合伙人、有限合伙人、合伙事务、投资业务、合伙人会议、资本账户与收益分配、会计及报告、权益转让及退伙、后续募集、解散和清算、纠纷处理等部分，其中：

第二条“合伙企业的设立”部分约定：本合伙协议由北京华核作为普通合伙人与有限合伙人订立，各方同意根据《合伙企业法》及本协议约定的条款和条件，共同设立一家有限合伙企业，合伙企业名称为珠海华核；合伙企业的目的是对企业进行股权投资等，旨在尽可能为投资者创造优异的投资回报；合伙企业的经营范围为：股权投资、项目投资；投资管理（不含证券、期货、保险及其他金融业务）；资产管理；投资咨询（不含证券、期货、保险及其他金融业务）；企业管理；设计、制作、发布、代理广告；企业策划、企业管理；

会务、承办展览展示活动（依法须经批准的项目，经相关部门批准后方可开展经营活动）。合伙企业的经营期限（合伙企业存续期间）为：自成立日起7年。7年期满，执行事务管理人有权决定延长2年，在延长期内，执行事务合伙人有权提前结束。根据合伙企业的经营需要，在前述经营期限到期时，经全体合伙人同意可继续延长经营期限。

第三条“合伙人及其出资”部分约定：3.3.3　单个有限合伙人最低认缴金额不低于100万元，并可按50万元整数倍递增。3.4　所有合伙人出资方式均为货币出资……3.5.2　合伙企业成立后，各合伙人按照第3.3条规定及第3.5条规定缴付出资。执行事务合伙人有权按照合伙企业投资的投资项目的需要，根据实际情况独立决定将合伙企业存续期间的出资分为若干期（各期出资将分别涉及合伙企业投资的某一个或几个投资项目）。执行事务合伙人有权就每一期出资向各合伙人发出要求缴付出资的通知，并可以就每一期出资一次或多次发出要求缴付出资的通知，其中列明各合伙人该次应缴付出资的金额。执行事务合伙人根据合伙企业的投资需要可随时要求各合伙人缴付其认缴出资余额。每一合伙人均应按照执行事务合伙人每一次发出的缴付出资通知缴付其实缴出资额。

第四条“普通合伙人”部分主要条款为：4.3.1　合伙人一致同意由北京华核作为合伙企业的执行事务合伙人，并同意执行事务合伙人在有限合伙企业存续期间负责合伙企业的资产管理。4.4.1　普通合伙人北京华核作为执行事务合伙人，拥有《合伙企业法》及本协议所规定的对于合伙企业事务的执行权，包括但不限于：（1）决定和执行投资项目的投资及其退出以及合伙企业的其他业务和活动的权利；（2）管理、维持、转让和处分合伙企业的资产，包括但不限于投资性资产、非投资性资产、知识产权等；（3）采取为维持合伙企业合法存续，以合伙企业身份开展经营活动所必需的一切行动……（7）为合伙企业的利益决定提起诉讼或应诉、仲裁；与争议对方进行谈判、和解等，以解决合伙企业与第三方的争议；采取所有可能的行动以保障有限合伙的财产安全，减少因合伙企业的业务活动而可能给有限合伙人、普通合伙人及财产带来的风险……（10）从事为实现合伙目的、维护或争取合伙企业合法权益所必需的其他活动。4.5　普通合伙人均负有以下义务：（1）普通合伙人应遵守法律，诚信、勤勉、尽责；（2）按照合伙协议的约定维护合伙财产的安全及完整性；（3）对合伙企业的投资风险有充分认知；（4）对本合伙企业的债务承担无限连带责任；（5）法律、行政法规及本协议规定的其他义务……4.7　责任限制及免责保证：4.7.1　除非依照本协议的约定，普通合伙人及其关联人或关联基金不应被要求返还合伙人的出资资金，亦不对有限合伙人的投资收益保底。4.7.2　普通合伙人应基于诚实信用原则为合伙企业谋求最大利益，若因普通合伙人故意违反本协议的约定，致使合伙企业经济利益受到损害，普通合伙人应承担赔偿责任。

第六条“合伙事务”部分约定：合伙企业由执行事务合伙人执行合伙事务。合伙企业的投资业务以及其他活动之管理、控制、运营的权力全部归属于执行事务合伙人。

第七条“投资业务”部分约定：7.1　投资目标，合伙企业将对企业进行股权投资、股权收益权投资等，旨在尽可能为投资者创造优异的投资回报……7.2.1　合伙企业的投资范围包括：（1）合伙企业的投资必须符合国家相关法律及产业政策的要求；（2）主要投资于核电产业和相关上下游配套产业，及其他新能源、新材料等产业中具有高成长潜力的企业；（3）合伙企业的闲置资金可投资于低风险、流动性强的投资产品，包括但不限于银行存款、银行保本理财产品、政府债券及法律法规允许的其他产品……7.4　投资项目的退出，合伙企业持有的投资应在投资期限届满时尽快通过合法有效的方式收回投资成本、实现投资收益，降低投资风险。

第八条“合伙人会议”部分约定：8.1.2　普通合伙人应于每半年向有限合伙人提供一份关于合伙企业的业务、财务及其他合伙事务执行情况的报告。

第九条“资本账户、收益分配”部分约定：9.2.2　收益分配原则：（1）除非按照本协议约定，任何合伙人无权从合伙企业撤出资金或以任何方式收回实缴出资额或取得分配。合伙企业对合伙人的分配仅按照本协议的约定而做出。（2）合伙企业就每一投资项目分别计算项目投资本金和可分配收入，该投资项目实际收益的20%应作为普通合伙人的业绩提成。具体公式为：业绩提成=［可分配收入-投资本金］×20%……（4）合伙企业的可分配收入将首先用于向普通合伙人支付业绩提成，剩余部分应在参与该投资项目的合伙人间按照实缴出资比例进行分配。9.2.3　亏损分担：合伙企业在实缴出资总额之内的亏损由所有合伙人根据实缴出资额按比例分担，超出合伙企业实缴出资总额的亏损由普通合伙人承担。

第十条“会计及报告”部分约定：10.3.1　普通合伙人应按年以信件、传真、电子邮件或其他方式向有限合伙人提交下列财务报表：（1）资产负债表；（2）损益表；（3）各合伙人在合伙企业中的资产余额在该会计年度的变化。10.4 自合伙企业设立的第一个完整年度结束时起，普通合伙人于每年4月30日前应向有限合伙人提交年度报告。内容为上一年度投资活动总结及上一年度的财务报告。

第十一条“权益转让及退伙”部分约定：11.2.2　有限合伙人承诺在合伙

企业结算或清算之前，除非经执行事务合伙人同意，不得退伙……11.2.4　有限合伙人依规定退伙时，其他合伙人应当与该退伙人按照退伙时的合伙企业财产状况进行结算，退还退伙人的财产份额。

第十三条“解散和清算”部分约定：13.1　当下列任何情形之一发生时，合伙企业应被终止并清算：（1）执行事务合伙人提议解散并经合伙人会议表决通过；（2）合伙企业经营期限届满并不再延长；（3）合伙企业被吊销营业执照；（4）本协议约定投资目标已实现以及出现《合伙企业法》及本协议规定的其他解散原因。13.3.1　合伙企业到期或终止清算时，合伙企业的财产在支付清算费用后，按下列顺序进行清偿及分配：（1）支付职工工资、社会保险费用和法定补偿金；（2）缴纳所欠税款；（3）清偿合伙企业债务；（4）根据本协议约定的收入分配原则和程序在所有合伙人之间进行分配。

两份《合伙协议》签字盖章页均有普通合伙人北京华核盖章，有限合伙人孙玮、杨某签字；但孙玮提交的版本中另有申某云作为有限合伙人签字，北京华核和珠海华核提交的版本中无申某云签字。

两份《合伙协议》附件一均为珠海华核盖章的《合伙人及其出资表》，载明合伙人及认缴出资额，分别为：普通合伙人北京华核，认缴出资额0万元；有限合伙人杨某、孙玮，认缴出资额分别为210万元、210万元。孙玮提交的版本中另显示有限合伙人申某云，认缴出资额为1365万元。

孙玮称北京华核和珠海华核提交的《合伙协议》为草稿版，但对尾页的签字认可；对附件不认可，称未见过。

关于全部投资人及投资金额。北京华核确认，除申某云、杨某和孙玮外，深圳市前海盈合投资有限公司（以下简称前海盈合）作为有限合伙人实缴出资400万元，北京华核作为普通合伙人实缴出资150万元，另外，申某云实缴金额为1695万元，故总计实缴出资2645万元。

各方认可孙玮实缴出资额200万元，并交纳管理费10万元。珠海华核出具的收据中显示，收款单位为珠海华核，收款人为申某云，收款时间为2016年4月7日。北京华核和珠海华核称，申某云为前海盈合员工，在珠海华核未任职，收款时协助北京华核处理事务。

珠海华核企业信用信息显示：成立日期为2015年11月26日，登记合伙人为申某云、北京华核，无孙玮、杨某。

二、关于风险提示与适当性义务

北京华核和珠海华核先后提交两份孙玮签字的《风险揭示书》、一份《投资者承诺书》，证明已向孙玮提示并告知风险。其中：第一份《风险揭示书》写明：请您在出资之前认真阅读《合伙协议》。并解释了如下风险：市场风险

（包括政策风险、经济周期风险、被投公司经营风险、利率风险）、管理风险、流动性风险、其他风险；本基金的管理人将依照恪尽职守、诚实信用、谨慎勤勉的原则管理和运用本基金财产，尽可能降低投资风险，但并不保证本基金一定盈利，也不保证最低收益。《投资者承诺函》中写明：本投资者已经阅读并理解基金《风险揭示书》之内容。

第二份《风险揭示书》包括基金管理人承诺、风险揭示与投资者声明，投资者声明部分包含13项内容并由孙玮逐项签字，内容包括“本人已仔细阅读私募基金法律文件和其他文件，充分理解相关权利、义务、本私募基金运作方式及风险收益特征，愿意承担由上述风险引致的全部后果；本人知晓，基金管理人、基金销售机构、基金托管人及相关机构不应当对基金财产的收益状况作出任何承诺或担保；在购买本私募基金前，本人已符合《私募投资基金监督管理暂行办法》有关合格投资者的要求并已按照募集机构的要求提供相关证明文件；本人已认真阅读并完全理解基金合同的所有内容，并愿意自行承担购买私募基金的法律责任”等。北京华核、珠海华核称，第二个版本的《风险揭示书》是基金备案时根据中国证券投资基金业协会要求重新调整并签字确认的。

孙玮认为《风险揭示书》中缺乏风险等级告知，没有明确告知基金可能面临的最大风险是投资本金可能损失，且未进行过风险测评。

北京华核和珠海华核称，其法定代表人与孙玮是多年朋友，向孙玮告知了投资路径和投资情况，签订了风险揭示书，孙玮充分理解基金风险，北京华核和珠海华核已经履行了适当性和告知说明义务；退一步说，即使存在违反适当性和告知说明义务情形，该义务属于先合同义务，孙玮无权据此解除合同。

三、关于《合伙协议》履行

双方认可基金销售时明确其投向为向国保金泰进行专项股权投资。

2016年4月11日，北京华核向投资人出具《分红条款说明书》，载明：本说明书主要是对本基金合伙协议第9.2.1条收益分配的补充说明。鉴于本次投资项目为国保金泰专项股权投资。因此本专项投资分红方式为投资项目退出所收回之资金或其他资产扣除一年内经合理预计的应支付费用、应偿还之负债及其利息后按照第9.2.2条之规定进行分配，同时在国保金泰项目持有期间，如果国保金泰有现金分红，珠海华核收到分红款后5个工作日内按照LP分配80%、GP分配20%的方式进行分配。

孙玮认为，珠海华核并未向国保金泰实际投资，并提交国保金泰“企查查”信息，显示：投资人中未显示有珠海华核。

珠海华核称，其实际以增资方式向国保金泰投资，并提交了银行转账记录，显示珠海华核于2016年9月29日向国保金泰分两次支付600万元、150万元，摘要代码为“投资款”。孙玮认为与《股权转让协议》约定的股权转让方式不符，按照该协议应该向段某奎支付款项。

孙玮提交2016年8月1日珠海华核、国保金泰与段某奎签订的《股权转让协议》，证明协议约定股权转让方式，且2018年7月31日之后珠海华核有权要求国保金泰控股股东段某奎回购，但其至今未主张。协议显示：国保金泰为目标公司，主营业务为信息安全产品及解决方案，珠海华核为收购方，段某奎为转让方；收购方拟通过受让转让方持有目标公司股权的方式成为目标公司的股东；各方同意，收购方以人民币675万元为对价收购转让方持有目标公司5.56%的股权。本协议生效且收购方收到除转让方以外的其他原股东签署的放弃标的股权优先购买权的声明后10个工作日内，收购方向转让方支付全部收购价款。目标公司及转让方应在收到收购价款后20日内，按照所有有关法律法规的规定申请并完成登记机关对标的股权转让的登记变更手续。目标公司未完成本协议约定业绩承诺或自本协议签订之日起2年后任意时间收购方要求控股股东回购收购方持有目标公司的股权时，控股股东须无条件进行回购，回购价款为本协议约定的收购价款加实际出资日至回购日利息，利息按5%年利率计算。

北京华核和珠海华核提交国保金泰出具的《关于珠海华核投资情况的说明》，内容为：“珠海华核向国保金泰以增资的方式投资人民币750万元，持有国保金泰5%的股权；国保金泰确认已经收到珠海华核支付的人民币750万元的投资款项。国保金泰自身原因，至今未能进行股东工商变更登记。国保金泰确认，未能将珠海核登记为工商股东，并不影响珠海华核的股东权益，自珠海华核投资起，其参加了国保金泰历次股东会会议，并行使了股东权利。同时，国保金泰也确认，在珠海华核退出投资前，珠海华核将始终享有国保金泰的股东权益。”孙玮认为，股权未经工商登记变更，不能证明珠海华核履行了股权投资义务，且投资比例与《股权投资协议》约定有差异。

2020年4月14日，上海市锦天城律师事务所向北京华核发送律师函，提出：“北京华核未能根据《合伙协议》及《分红条款说明书》之约定，完成对标的公司的投资，已构成严重违约。在合伙企业未实际获得标的公司股权的情况下，贵司应当及时解除《股权转让协议》并要求段某奎返还股权投资款。自2016年8月1日起至今，已逾近4年，贵司迟迟未能起诉段某奎。在委托人多次催促贵司的情况下，贵司也只是在2020年年初安排委托人与段某奎见面，并未采取任何实质性的行动。即便不考虑解除《股权转让协议》及适用《股权转让协议》的其他回购约定，根据《股权转让协议》第10.1条，贵司在 2018 年 7 月 31 日之后，亦有权要求段某奎履行股权回购义务，向贵司支付全部股权投资的本金和约定利息。但自 2018 年 8 月 1 日起，贵司没有任何实质性行动。综上，鉴于贵司的持续严重违约行为，受委托人之委托，请贵司在收到本律师函十日内：（1）勤勉尽责地履行基金管理人职责，向段某奎发送‘解除股权协议的通知书’或‘要求股权回购的通知书’，并起诉要求段某奎返还全部股权投资本息或履行回购义务支付全部股权回购款；（2）在段某奎无法履行前述义务的情况下，由贵司赔偿委托人的全部投资本金并按照业绩比较基准赔偿投资收益。否则，委托人将采取进一步法律手段，维护自身合法权益。”

北京华核向上海市锦天城律师事务所回函称：“1. 我司作为珠海华核投资基金管理人，自身亦对标的公司持有投资份额，对于贵司《律师函》中提到的《合伙协议》《股权转让协议》中约定的内容从未懈怠过，与标的公司关于股权转让变更以及后来股权回购事宜的沟通情况也已及时通报给贵司委托人。2. 在对于标的公司进行投资期间，我司派专人关注标的公司经营情况，并且在 2018 年后一直督促标的公司实控人段某奎履行股权回购义务。在收到贵司律师函后，我司负责人又一次与段某奎会面了解情况并共同制定投资款解决方案。3. 考虑到标的公司的行业特殊性以及公司目前短期流动性紧张的情况，若启动诉讼可能会导致大面积投资人诉讼，对标的公司的经营情况缓解非常不利。为了能够快速解决标的公司的自身经营情况以及投资人的投资回款，我司已启动赋能投资标的公司，与标的公司利用各自资源，共同从回收应收账款、寻找新的投资方、制定重组方案几方面解决其目前经营困境，以尽快争取贵司委托人及其他投资人的股权投资顺利得以实施回购。综上，我司作为基金管理人，亦对投资标的持有投资份额，能充分理解贵司委托人的急切心情，我司会勤勉尽责，督促标的公司尽快给投资人出具回购方案，并及时将进度通报与贵司委托人。”

关于国保金泰公司经营状况及珠海华核主张权利情况。北京华核和珠海华核称还在经营中，但经营状况不佳，认为现在主张回购不是最佳方案；珠海华核称与回购义务方段某奎沟通过，但未书面正式要求回购。

四、孙玮主张的北京华核与珠海华核其他违约事项

（一）违反专项投资规定，将基金财产投资至国保金泰之外的其他公司

孙玮提交珠海华核及中核瑞思科技有限公司（以下简称中核瑞思）“企查查”公示信息，证明珠海华核曾经投资至中核瑞思，并认为违反专项投资约定，构成严重违约。公示信息显示：珠海华核历史对外投资 1 项，被投资企业为中核瑞思，投资退出时间为 2017 年 5 月 22 日；中核瑞思 2017 年 12 月 20 日

显示原投资人中包括珠海华核、国保金泰。

珠海华核称，《合伙协议》中并未直接提到国保金泰专项股权投资，孙玮及案外人杨某的投资用于国保金泰股权投资，投资中核瑞思的资金来源于其他合伙人；投资国保金泰的最终目的就是对中核瑞思进行投资，2016 年 4 月对国保金泰的投资基金未募集完毕，故于 2016 年 4 月 18 日先将募集的 200 万元投资款投向中核瑞思，后合伙人实缴出资后，于 2016 年年中退出中核瑞思，并于 2016 年 9 月向国保金泰投资。在中核瑞思投资期间无损失，不构成违约。

经询，珠海华核称具体投向哪个投资项目由有限合伙人和执行事务合伙人商量决定，利润分配的时间和方式由执行事务合伙人决定。

（二）同意部分合伙人预先退出基金

诉讼中，北京华核与珠海华核称，涉案基金共募集金额 2645 万元，向国保金泰投资的 750 万元中包括北京华核 95 万元、前海盈合 255 万元、孙玮 200 万元、杨某 200 万元；其余募集资金于 2017 年至 2018 年陆续向申某云、前海盈合及北京华核全部或部分退回。北京华核、珠海华核认可未将此情况告知孙玮、杨某。

孙玮认为，根据《合伙协议》收益分配的约定，向国保金泰投资 750 万元后，剩余的 1895 万元应当根据孙玮等投资人的实缴金额按比例退还，且北京华核和珠海华核在发现项目风险后，优先向申某云、北京华核、前海盈合退还投资，损害了孙玮的利益；同时，北京华核、珠海华核在一个基金项下内设不同投向的投资单元并使得部分投资单元投资人优先退出，严重违反中国证监会及中国证券投资基金业协会的相关规定，属于不公平对待投资人。

北京华核与珠海华核认为，根据《合伙协议》约定，在执行事务合伙人北京华核同意的情况下，珠海华核的有限合伙人可以退伙，故上述事项不构成违约；《合伙协议》第 9. 2. 2 条及第 13. 3 条系合伙企业投资项目退出所收回之资金或其他资产的收益以及合伙企业清算时的分配原则，珠海华核退回募集的多余资金不属于项目退出资金及资产收益，不属于清算情形，不适用清算分配原则。

（三）未履行信息披露义务

孙玮认为，北京华核和珠海华核未提供信息披露报告，股权转让变成增资、申某云退出投资均未告知，未履行信息披露义务。北京华核和珠海华核认可没有提供过合同约定的财务报告、定期报告，未告知上述情况，但认为不构成根本违约。即便构成违约，因合伙企业未进行清算，无法证明孙玮的实际损失。

五、登记备案事项

经查，北京华核作为私募基金管理人于 2015 年 12 月 2 日在中国证券投资基金业协会登记，出资人为上海雅伟投资中心、前海盈合；其成立的基金仅有珠海华核；公示信息显示为“异常机构”，异常原因：未按要求进行产品更新或重大事项更新累计2次及以上（本异常机构公示情形已整改）。

珠海华核作为基金经中国证券投资基金业协会备案，备案信息显示成立时间2015年11月26日，备案时间2016年8月3日，基金信息最后更新时间为2017年6月22日，信息披露情况：半年报应披露3条，按时披露1条，未披露0条；年报应披露4条，按时披露0条，未披露1条。

六、关于孙玮的诉讼请求及其请求权基础

经询，孙玮确认其主张解除的是三个有限合伙人签字的《合伙协议》中确认的合同关系。孙玮认为，其与北京华核之间成立委托理财关系，非合伙关系。理由在于：（1）根据合伙协议约定，北京华核应当负责基金投资的全部事宜，但只能获得固定的管理费和20%的业绩报酬，不符合一般的合伙经营的特征，更符合基金管理人与基金投资者之间的特征。（2）北京华核未将孙玮登记为有限合伙人；珠海华核向其他合伙人退还全部或部分投资款，但北京华核从未依据《合伙企业法》第51条、第52条及第68条之规定告知并征求孙玮意见；北京华核从未根据《合伙协议》约定向孙玮提供财务会计报告及财务账簿等；孙玮从未参与任何涉及有限合伙人表决权利的事项，因此，北京华核从未将孙玮视为有限合伙人。特别是退回投资款一事中看出，北京华核并不认为其他投资人的款项与孙玮有任何关系，北京华核认为投资人之间的投资款是相互独立的，各合伙人的资金也投向不同项目，故每一个投资人与北京华核之间成立委托理财关系，各基金投资人之间也相互独立，不成立合伙关系。从申某云的身份看，其为珠海华核的财务人员，并非基金投资人，因此真正的基金投资人只有孙玮、杨某与北京华核，因此合伙协议实际上是北京华核与孙玮、杨某之间的协议，不存在孙玮、杨某与其他投资人共同合伙投资的事实。（3）合伙协议的本质是有关私募基金投资的基金合同，非合伙人之间的合伙协议。一般合伙企业具有较强的人合性，任何合伙人的加入都需要其他合伙人一致同意，而私募基金的实质决定了合伙协议实质上并非投资人之间的合伙而是投资人与基金管理人之间的委托理财，本案中合伙协议亦约定新有限合伙人入伙仅需要北京华核同意即可。本案合伙协议是北京华核作为基金管理人、孙玮和杨某作为投资人、申某云作为珠海华核的财务签署的，不涉及其他投资人，故孙玮有权依据《合同法》第94条的规定解除《合伙协议》，并要求北京华核返还投资款。

孙玮认为，本案系基于合同解除而产生的资金返还，并非财产损害责任纠纷，故不需要基金清算确认实际损失，基金清算后是否有收益也与孙玮无关。

另外，涉案基金另一有限合伙人杨某亦基于相同事实和理由以北京华核、珠海华核为被告向本院提起诉讼，诉请内容与请求权基础与本案一致。

本院认为，依据《最高人民法院关于适用〈中华人民共和国民法典〉时间效力的若干规定》第一条第二款之规定："民法典施行前的法律事实引起的民事纠纷案件，适用当时的法律、司法解释的规定，但是法律、司法解释另有规定的除外。"本案法律事实发生于《中华人民共和国民法典》施行前，故本案应当适用当时施行的法律、司法解释的规定。

孙玮与北京华核及其他投资人签订的《合伙协议》，系各方当事人的真实意思表示，内容未违反法律、行政法规的强制性规定，属合法有效，各方均应依约履行合同义务。本案争议焦点在于：（1）孙玮与北京华核之间成立何种法律关系；（2）孙玮主张解除合同关系的诉请能否得到支持；（3）孙玮能否主张返还投资款、管理费并支付利息。

关于焦点一，孙玮与北京华核之间的法律关系。孙玮主张虽签订的协议为《合伙协议》，但其与北京华核成立委托理财关系。本院认为，确认本案中的法律关系需要明确如下问题：（1）私募投资基金是以非公开方式向合格投资者募集资金设立的投资基金，包括公司型、契约型和合伙型。合伙型私募基金即资产由普通合伙人（执行事务合伙人）管理的以投资活动为目的而设立的合伙企业。本质上，无论采取何种形式，私募基金均是投资人进行的投资活动，基金管理人或普通合伙人（通常即为执行事务合伙人）实际充当了资产管理主体的角色，与孙玮所称的"委托理财"存在共性，但不能以其中的共性特点替代、覆盖或抹杀了合伙型基金所特有的合伙企业特性。实践中之所以存在公司型、契约型和合伙型三种私募投资基金形态，系基于不同组织形态在投资管理方式、税收等多方面的不同优势而产生的不同需求，并且经法律法规确认而合法存在。投资人与基金管理人选取某种组织形态，即受该种组织形态所设定的法律形式和法律关系的约束，而不能笼而统之以投资本质简单定性，否则不同组织形态的选择将失去必要性和意义。（2）相对而言，有限合伙的人合性弱于普通合伙的人合性，但并不因此改变合伙关系的本质，合伙型私募基金中投资人与普通合伙人的关系与委托理财合同关系仍具有本质区别：委托理财是指委托人将合法拥有的资金委托给受托人管理，由受托人按委托人的要求进行投资，并将由此产生的收益和损失归于委托人的合同安排。在委托理财合同关系中，委托人与受托人之间构成委托关系，财产为委托人所有，投资损益分配由合同约定，主要法律依据为《合同法》；合伙型基金中，因采取设立合伙企业并以合伙企业作为对外投资主体，投资人作为有限合伙人与普通合伙人之间构成合伙关系，普通合伙人作为执行事务合伙人实际进行投资管理，合伙人的出资、以合伙企业名义取得的收益和依法取得的其他财产均为合伙企业的财产，投资损益分配及入伙、退伙、合伙事务执行、清算事宜依据合伙协议并遵照《合伙企业法》进行。对合伙关系的确认或推翻，须从以上本质区别点着眼。（3）对合同主体之间法律关系的判断应以合同为基础、结合各主体之间实质构成的法律关系确定，但法律关系的确定与合同主体的违约行为是两个层面的问题，不能相互混淆，即不能因存在合同主体未按约定履行的情况而改变双方合同关系性质。（4）对外公示行为与内部法律关系不应混淆，登记事项仅具有对外公示意义，不影响合伙人之间实际构成的法律关系。

基于以上要点，本院认为：孙玮与北京华核及其他投资人签订《合伙协议》且内容包含《合伙企业法》规定的合伙协议应包含的主要事项，孙玮完成了出资，北京华核亦实缴出资，与其他合伙人出资共同形成了合伙企业财产；虽珠海华核成立时间早于协议签订时间，但协议约定设立的合伙企业名称与实际对外投资的合伙企业均为珠海华核，珠海华核实际进行了投资且目标企业亦与双方认可的专项投资项目一致；协议约定北京华核作为执行事务合伙人收取固定管理费和20%的业绩报酬，亦不违反《合伙企业法》关于利润分配、亏损分担可协商决定的规定，故孙玮与北京华核之间符合合伙关系的法律特征。北京华核或珠海华核未将孙玮登记为合伙人不影响实际法律关系的认定，北京华核或珠海华核在协议履行过程中的违约行为亦不影响对双方法律关系的认定，即使存在北京华核或珠海华核区别对待投资人、分别投向不同项目的情况，也不能据此将合伙关系分拆为单个投资人与普通合伙人之间的关系，孙玮与杨某之外是否存在其他投资人亦不影响此种认定。故本院对孙玮关于其与北京华核之间构成委托理财关系的主张不予采信，双方之间构成合伙关系。

关于焦点二，孙玮主张解除合同关系的诉请能否得到支持。按照孙玮的理由陈述，其主张解除合同关系的前提是认为其与北京华核之间构成委托理财合同关系，据前述分析，本院认为该前提不能成立，故孙玮以委托理财关系为基础主张解除合同关系不具有事实和法律基础，本院不予支持。需要阐述的另一问题是：在双方构成合伙关系的情况下，孙玮能否依据《合同法》第九十四条第四款规定的法定解除权，以解除《合伙协议》的方式退出合伙企业。首先，《合伙企业法》是专门用于规范合伙企业活动的特别法，特别是对合伙人退出事宜作出了具体的法律规定，尽管合伙行为属于民事活动，总体受《民法总则》《合同法》的规范，但对涉及退伙、解散等合伙企业特有的问题方面，应优先适用《合伙企业法》，对此上海市高级人民法院（2018）沪民终558号巨杉（上海）资产管理有限公司与上海乐昱创业投资管理中心、上海海通创世投资管理有限公司等合伙协议纠纷案民事判决书中作出明确阐述，特别提及，“退伙和解散会涉及其他合伙人和合伙企业外部民事主体的利益，所以《合伙企业法》就退伙和解散的程序性、实体性问题作出了许多有别于《合同法》解除权的具体规定。巨杉公司入伙后，可否退出合伙企业，也就当然应适用《合伙企业法》加以判断，而不是《合同法》”。最高人民法院在该案的再审审查与审判监督案即（2019）最高法民申 5588 号案中对此予以肯定。本院认同此种观点，同时认为，“优先适用”表明法律适用顺序，并不代表绝对排除《合同法》的适用。当前私募基金市场鱼龙混杂，存在假借合伙形式募集资金、合伙企业未正规运行、合伙企业未经正当程序注销、普通合伙人失联等异常情形，对该类情形，须结合法律关系实质、适用《合伙企业法》退伙等特殊规定的可操作性等问题综合认定，不排除在不应适用《合伙企业法》或无法优先适用《合伙企业法》的情况，以合同关系为基础，适用《合同法》规定解除合同以解决争议、维护合法权益的情况。同时，对于合伙协议中约定特定目的的情况，亦不排除以“不能实现合同目的”为依据解除合同的情况。

本案中，如前所述，孙玮与北京华核之间成立合伙关系，无论珠海华核对国保金泰公司的投资方式是否违反协议约定，该专项投资已经进行，合伙企业亦正常存续，基金尚处于退出阶段，孙玮主张解除合同关系实为退伙，应优先适用《合伙企业法》，孙玮依据《合同法》第九十四条主张解除合同关系依据不足。即便考虑《合伙协议》的实际履行情况，珠海华核对国保金泰的投资何时退出并清算、普通合伙人及合伙企业是否存在不当行为亦属于《合伙协议》履行问题，双方并无保本或固定收益约定，基金清算之后如存在损失亦具有投资风险因素，不能作为不能实现合同目的之依据。综上，本院对孙玮主张解除合同关系的诉讼请求不予支持。

关于焦点三，返还投资款、管理费及利息问题。基于以上分析，孙玮主张解除合同关系的诉请不能成立，故其以合同解除为基础主张返还投资款、管理费并赔偿资金占用损失自然无法得到支持。孙玮如认为其合法权益在履约过程中遭受侵害，应另循其他法律途径解决。

需要说明的是，北京华核与珠海华核在基金运行中是否存在违约行为及该种违约的后果不在本案审理范围之内，同时，基于对基金运行管理及投资人权益最大限度实现的考虑，北京华核作为普通合伙人及执行事务合伙人应履行勤勉尽责义务，珠海华核作为对外投资主体亦应全面履约，尽快推动国保金泰股权项目的资产回收，避免消极怠惰损害投资人利益。

综上所述，依照《中华人民共和国合伙企业法》第二十条、《中华人民共和国合同法》第九十四条、《最高人民法院关于适用〈中华人民共和国民法典〉时间效力的若干规定》第一条第二款之规定，判决如下：

驳回原告孙玮的全部诉讼请求。

案件受理费 26409 元，由原告孙玮负担（已交纳）。

如不服本判决，可在判决书送达之日起十五日内，向本院递交上诉状，并按对方当事人的人数提出副本，上诉于北京市第三中级人民法院。

审　判　员　王丽英

二〇二一年八月二十四日

书　记　员　何　方

二等奖

朱军巍

北京市朝阳区人民法院

北京市朝阳区人民法院审判委员会专职委员、三级高级法官，北京大学法律硕士，北京市审判业务专家。从事行政审判工作20余年，曾荣获全国法院行政审判工作先进个人、北京法院先进法官、北京市模范法官、北京市行政审判业务标兵等称号。撰写的裁判文书获北京市法院优秀裁判文书二等奖等奖项，撰写的案例数次获得全国法院系统优秀案例分析二等奖、三等奖等奖项，撰写的多篇论文和审判案例在《法律适用》《审判前沿》《行政执法和行政审判》等书籍刊物上发表。曾荣立个人二等功一次、三等功五次。

北京市朝阳区人民法院
行政判决书

（2021）京 0105 行初 109 号

原告：李亚珠，女，1975 年 4 月 14 日出生，×族，住北京市西城区×××××××号。

被告：首都机场公安局北京首都国际机场东航站区派出所，住所地北京市朝阳区首都机场 3 号航站楼。

负责人：万长明，所长。

委托代理人：韩冬，男，首都机场公安局北京首都国际机场东航站区派出所干部。

委托代理人：宋驰，男，首都机场公安局北京首都国际机场东航站区派出所干部。

原告李亚珠（以下简称原告）不服被告首都机场公安局北京首都国际机场东航站区派出所（以下简称被告）罚款处罚，向本院提起行政诉讼。本院于 2021 年 3 月 2 日受理后，依法组成合议庭，公开开庭审理了本案。原告，被告委托代理人韩冬、宋驰到庭参加了诉讼。本案现已审理终结。

被告于 2021 年 2 月 5 日作出首机公（首东）行罚决字〔2021〕50002 号《行政处罚决定书》（以下简称被诉《行政处罚决定书》），认定 2021 年 2 月 4 日 19 时 20 分许，在由深圳飞往北京的国航 CA1398 航班上，原告私自将自己 60L 的座位更换到座位 60F，且不听从航空公司工作人员劝阻，原告的行为扰乱了机舱内的秩序。根据《中华人民共和国治安管理处罚法》（以下简称《治安管理处罚法》）第二十三条第一款第（三）项之规定，决定给予原告罚款二百元的行政处罚。

原告诉称，在飞机上存在大量空座位的情况下，原告为了遵守国家防疫规定，与邻座乘客保持防疫安全距离，仅在平流层乘客可活动期间由 60L 更换至同排五个连续空座位中的 60F，但被告按照扰乱机舱秩序进行行政处罚，其认为自己全程无过错，处罚结果不公正。被诉处罚决定存在如下问题：一是事实认定有误。案发事实是原告牺牲了自己的生命安全保障，满足了机组人员不负责任且蛮横无理的要求，回到了自己的座位。原告从主观意愿到客观结果都没有想要或造成扰乱公共秩序。二是执法程序不合规。被告不仅存在随意执法的嫌疑，且其判定该事件应当进入司法程序的依据完全忽视了原告换座是在疫情特殊情况下采取的不得已行为；被告将原告、机组工作人员以及证人带至派出所后，曾单独将机组工作人员叫到派出所大门外商议，涉嫌妨碍司法公正；被告作出的处罚结果先于给原告制作笔录；被告在给原告制作笔录时曾表示“看看明天早上6点前能否搞完这个事”，这对原告的心理状态造成极大干扰，被告制作的笔录中除了事实陈述部分，所有签字画押并非原告真实意愿的表达。综上，原告认为，国航工作人员为了自身工作方便，避免承担大数据追踪的责任，坚持采取粗暴激烈的方式，将完全合情合理的换座行为上升至航空报警。被告作为民航系统的行业公安单位，又将一个在疫情期间特殊发生，情节极其轻微，本可以口头教育即可完结的事件上升至正式司法程序，在一个遵纪守法的好公民身上浪费国家大量公检法资源实属不该。故提起本次诉讼，请求法院撤销被告于2021年2月5日作出的被诉《行政处罚决定书》。

在指定期限内，原告未向本院提交证明被诉行政处罚决定违法的证据。

被告辩称，第一，该所认定原告扰乱公共交通工具上的秩序一案事实清楚、证据确实充分。2021年2月4日19时20分许，在由深圳飞往北京的国航CA1398航班上，原告登机后，即未按登机牌标识座位就座，飞机平飞后再次更换座位，空乘人员期间多次反复劝阻，明确告知其不得自行调换座位，其间原告情绪激动不听劝阻，长时间占用其他座位。其行为对航空器上的秩序造成了一定影响。该所经过前期依法取证，取得了原告的询问笔录、乘务人员和乘客的自书材料、机上安全执勤记录仪视听资料及民警出具的到案经过等证据。第二，该所对原告处以行政罚款二百元的行政处罚决定，程序合法、适用法律准确、裁量适当。首先，该所是依法对首都机场区域内违反治安管理的行为进行处罚的适格主体。其次，关于原告主张民警执法程序不合规，该所认为：（1）根据《治安管理处罚法》第二十三条第一款第（三）项之规定，民警告知原告，其实施扰乱机上秩序的行为可能适用罚款或拘留，是民警依据行政处罚法处罚与教育相结合的原则，结合原告机上扰序的具体案例，对其进行普法教育工作，因此民警不存在随意执法，更没有判定该事件应当进入司法程序，民警的行为言语并无不妥。（2）民警确实曾将机组工作人员叫到派出所大门外，但仅是因为民警考虑到机组人员飞行时长及休息问题，向机组人员解释需要他们配合工作，同时需要消耗一定的时间，希望机组人员对公安机关法律程序予以理解。同时向机组人员就嫌疑人所实施的行为所涉嫌违法的法律进行解释。在征得机组人员同意后，民警将机组人员再次带进派出所。根据记录仪录像，显示外出过程仅为 2 分 30 秒左右。民警依法履职，不存在其他的违法违规行为。（3）民警在对原告制作完成询问笔录之后，才出具被诉《行政处罚决定书》，并由其本人阅读后签字。而在整个询问过程中，民警是结合整个案情，鉴于原告当时配合公安机关工作，依据行政处罚法处罚与教育相结合的原则，对适用法律依据、裁量幅度等进行宣传教育，也是希望通过言语安抚原告作为一名知识女性的紧张情绪。（4）根据《治安管理处罚法》第八十三条之规定，对违反治安管理行为人，公安机关传唤后应当及时询问查证，询问查证的时间不得超过八小时；情况复杂，依照本法规定可能适用行政拘留处罚的，询问查证的时间不得超过二十四小时。2021 年 2 月 4 日 23 时，办案民警将原告传唤至派出所开展工作，2 月 5 日 1 时 30 分左右，原告在被诉《行政处罚决定书》上签名按手印后离开派出所，留置原告在派出所的时间不足三个小时，因此，办案民警并未违反相关法律规定。原告作为具有完全行为能力的成年人，应对自己的言行承担相应的法律责任，办案民警对其调查处理的过程中，均未发生任何执法不规范的行为，因此，其在相关法律文书上的签名按指印的行为，是真实的意思表达，是合法有效的。第三，飞行中的航空器作为正在运行的公共交通工具，机组工作人员负有维护航空器正常运行秩序，管理乘机旅客行为的责任。乘机旅客也应当配合机组工作人员的管理，共同维护好航空器上的正常秩序。如果乘客不服从机组工作人员管理，机上的正常秩序受到破坏，就会出现混乱状态，影响飞机飞行安全与其他乘客的正常活动。原告两次私自更换座位，且第二次私自更换座位后不服从机组工作人员管理，在乘务员劝说其回到自己座位未成功的情况下，安全员对其告知其行为属于强占公共交通工具座位的行为，并且妨碍了机组正常履行职责，应立即停止，否则将承担法律责任，原告依然不服从机组管理，直到飞机开始降落时，才回到自己的座位。座位号 57H、60J、63H 的乘客均反映，原告拒绝配合机组工作人员的管理。该所认为，原告私自更换座位，不服从飞行中航空器上机组工作人员的管理，其行为扰乱了公共交通工具上的秩序，符合《治安管理处罚法》第二十三条第一款第（三）项的规定。该所依照《治安管理处罚法》《公安机关办理行政案件程序规定》的有关规定，严格履行了受案、传唤、询问、调查、告知等相关程序，做到了程序合法。故该所作出的处罚，程序合法、适用法律准确、裁量适当，请求法院驳回原告的诉讼请求。

在法定期限内，被告向本院提交了如下证据和规范性文件依据：

1. 作出被诉《行政处罚决定书》认定违法事实及执法程序的证据

（1）《受案登记表》《受案回执》，证明案件事实来源合法，该所依法受理。

（2）办案民警出具的《到案经过》《工作说明》及接受到案民警证件的复印件，证明民警依法将原告口头传唤到案。

（3）被诉《行政处罚决定书》《呈请行政处罚审批表》，证明该所依法作出行政处罚决定并送达原告。

（4）《中央非税收入统一票据（电子）》，证明原告已交纳罚款。

（5）《行政处罚告知笔录》，证明该所依法履行告知程序。

（6）被告对原告制作的《询问/讯问笔录》，笔录记载原告自述“上飞机后，我坐在了54J，起飞前，乘务员要求坐回到自己的座位60L，后来我就坐回到了60F位置附近”“我在深圳机场办理值机时，我担心新冠疫情风险，就要求办理值机的工作人员帮我调到相对人少的位置”“上飞机后，看到后舱的人相对较多，但是基本每一个人身边都是空位置的，只有我的座位旁边有一名旅客”“我当时找到空乘……请她帮我核实一下并要求换座位，后来她明确拒绝了，然后为了不耽误飞机起飞，我就回到了自己的座位60L”“后来等飞机起飞平稳后，可以离开座位了，我当时就自己换到了旁边60F没人的位置……乘务员过来要求我回到原座位，我没有同意……直到飞机开始降落，我才回到自己的座位60L”。

（7）国航CA1398航班主任乘务长周某某出具的《证人亲笔证词Testimony》，主要内容为：旅客登机期间，60L旅客自行坐到54J，声称不可以坐到自己座位处，需要换座。6号乘务长许某随后去地服处沟通是否可以地面更改。18:55地服随乘务长上机表示不可以更换座位，并与航班安全员、乘务员一同劝该旅客回自己座位就座，在19:09成功劝该旅客回自己座位就座。飞机起飞后15分钟，该旅客自行换到60F，乘务员和安全员又去劝阻，但该旅客情绪激动，不听劝阻。随后报告机长，在机长指示下决定报警处理。

（8）国航CA1398航班安全员刁某出具的《证人亲笔证词Testimony》，主要内容为：在今日航班上，60L旅客擅自调换座位，乘务员要求其进行摄录。在此期间乘务组与深圳地面多次劝说后，该旅客回到原位。在飞机起飞后大约20:10，此旅客换到60F，乘务组再次对其进行劝说，但该名旅客不配合工作。安全员在20:40左右介入，向其告知其行为属于扰乱机上秩序，要承担相应法律责任，并要求其回到原座位，但该名旅客仍然不配合，并表示愿意承担法律责任。据其周围旅客告知，此旅客在21:58回到自己座位，随后飞机在22:10落地北京首都机场。

（9）国航 CAl398 航班 6 号乘务长许某出具的《证人亲笔证词 Testimony》，主要内容为：地面迎客期间，60L 原告登机要求换座，自行入座 54J，本人第一时间按疫情防控标准话术沟通告知其无法换座，但尽可能帮助询问地服工作人员协调。地服工作人员表示除座位故障安全隐患外，其他情况不能调换。带领地面工作人员一同上机与原告解释沟通长达 10 分钟未果。1 号乘务长安排安全员打开执法记录仪，僵持到最后关机门前一分钟，机长催促解决不完报警时，原告才回到原位。航班起飞 15 分钟时，11 号乘务员向其报告 60L 女士再次自行换座 60F，本人要求乘务员再次劝说无果。本人报告 1 号乘务长后再次劝说旅客，其情绪激动，本人及时回避由 1 号乘务长与安全员接手对旅客劝说。

（10）同乘航班乘客李某出具的两份《证人亲笔证词 Testimony》，主要内容为：本人乘坐航班登机后看见机组人员手拿记录仪对着一位乘客拍摄，并有其他机组人员与这位乘客进行交谈。交谈时间大概 20 分钟，这位乘客回到了座位上。大概 20:20 发现机组人员又与这位乘客交谈并用记录仪拍摄，这位乘客的位置不是刚开始的座位，交谈了大概半小时，这位乘客依然坐在那里没有起来。距降落 30 分钟左右这位女士自己回到了 60 座位上，降落后警察将其带到派出所。

（11）同乘航班乘客刘某某出具的两份《证人亲笔证词 Testimony》，主要内容为：本人座位右前方有一位穿粉红色衣服的女士，因未坐在登机牌指定的位置，空姐多次劝说，双方沟通 15 分钟，这位女士以个人防疫安全为由不愿意回自己的位置。在各位机组人员多次劝说下，最后返回自己的座位。

（12）同乘航班乘客赵某某出具的两份《证人亲笔证词 Testimony》，主要内容为：有一位女士在前方要求换座，经乘务员多次劝阻并告知如不返回原座位就需下机处理后坐在其右手边。起飞约半小时后，该女士要求出去下，我让开后她坐到 60 排中间无人处。后空乘和空警前来劝阻，多次说明根据防疫要求不能换座，该女士不同意。持续大概 30 分钟，后空乘告知将报警处理，该女士同意。后 21:48 左右该女士回到原有座位，飞机落地后警察将该女子带走。

（13）光盘及《光盘制作说明》，内容为机组安全员在飞机上用执法记录仪拍摄的三段视频资料，分别为 19:01～19:10，飞机起飞前机组人员劝说原告回原座位的影像；20:07～20:34，飞机起飞后机组人员劝说原告回原座位的影像；22:25～22:50，被告民警出警在飞机上执法过程的影像。

以上 6～13 号证据用以证明原告私自更换座位，不听劝阻，扰乱机舱秩序的事实。

（14）《航班机组报警单》，证明警情来源是机组工作人员报警。

（15）《移交证据清单》，证明机组工作人员将收集的三份证人亲笔证词移交该所。

（16）七份《行政案件权利义务告知书》，被告知人分别为原告、上述三位机组人员和三位同航班乘客，证明该所依法告知原告及证人权利与义务。

（17）《违法嫌疑人饮食及休息信息登记表》，证明该所依法保障原告的基本权利。

（18）原告的户籍证明及身份证复印件、上述三位机组乘务员的中国民航空勤登记证和三名同航班乘客的身份证复印件、登机牌，证明原告身份及证人的身份情况。

（19）《网上比对工作记录》，证明该所对原告是否属于网上在逃人员进行核查。

2. 作出被诉《行政处罚决定书》的法律依据

（1）职权依据：《中华人民共和国行政处罚法》（2017年修正，以下简称《行政处罚法》）第十五条、《中华人民共和国人民警察法》（2012年修正）第七条、《治安管理处罚法》（2012年修正）第二条。

（2）程序依据：《治安管理处罚法》第七十七条、第八十二条、第八十三条、第八十五条，《公安机关办理行政案件程序规定》（2018年修正）。

（3）行政处罚依据：《治安管理处罚法》（2012年修正）第二十三条第一款第（三）项、第九十一条，《中华人民共和国民用航空安全保卫条例》（2011年修订，以下简称《民用航空安全保卫条例》）第二十五条。

经庭审质证，本院对上述证据认证如下：被告东航站区派出所提交的证据均系在履行行政执法程序中制作、调取的，收集证据手段合法、证据形式符合法定要求、内容客观真实且具有与本案待证事实的关联性，能够证明该所作出被诉《行政处罚决定书》所依据的事实、履行程序的基本情况，本院依法予以采纳并采信。

根据上述有效证据并结合当事人当庭陈述，本院经审理查明：2021年2月4日22时15分，被告接报案称，2021年2月4日19时20分许，在由深圳飞往北京的国航CA1398航班上，座位号60L的旅客，即本案原告私自更换座位至60F，且不听从航空公司工作人员劝阻，原告的行为扰乱了机舱内的秩序。被告接报案后出警前往CA1398航班，接收了《航班机组报警单》，同航班乘客李某、刘某某、赵某某出具的《证人亲笔证词Testimony》，经初步甄别认为属于该单位管辖的行政案件，遂制作《受案登记表》并开具《受案回执》，继续对案件予以调查处理。

2021 年 2 月 4 日 23 时 23 分，被告对原告进行询问并制作《询问/讯问笔录》，原告陈述了在国航 CA1398 航班上私自更换座位的事实及理由。国航 CAl398 航班主任乘务长周某某、安全员刁某、6 号乘务长许某分别书写了《证人亲笔证词 Testimony》，陈述了原告不听从机组人员劝阻私自更换机上座位的事实。同程航班乘客李某、刘某某、赵某某分别书写《证人亲笔证词 Testimony》，陈述了亲历的事实经过。被告调取了国航 CAl398 航班安全员用记录仪拍摄的视频资料并刻录光盘予以保存。

2021 年 2 月 5 日 0 时 49 分，被告在核实了原告身份、调集了前述证据的基础上，制作《行政处罚告知笔录》，告知原告其实施的行为扰乱了机舱内秩序，已构成扰乱公共交通工具上的秩序，公安机关将根据《治安管理处罚法》第二十三条第一款第（三）项的规定对其进行罚款处罚，其享有陈述申辩的权利。原告在笔录中书写“我不提出陈述和申辩”，并签名摁手印。此后，被告作出前述被诉《行政处罚决定书》并向原告送达。原告已自行履行该处罚决定，缴纳罚款 200 元。

本院认为，《治安管理处罚法》（2012 年修正）第二条规定，扰乱公共秩序，妨害公共安全，侵犯人身权利、财产权利，妨害社会管理，具有社会危害性，依照《中华人民共和国刑法》的规定构成犯罪的，依法追究刑事责任；尚不够刑事处罚的，由公安机关依照本法给予治安管理处罚。《行政处罚法》（2017 年修正）第二十条规定，行政处罚由违法行为发生地的县级以上地方人民政府具有行政处罚权的行政机关管辖。法律、行政法规另有规定的除外。本案被告作为对首都机场区域内负有治安管理职责的公安机关，对于降落于首都机场航班上的报警具有接收、受理并依法对违反治安管理的行为作出处罚的法定职责。

《治安管理处罚法》（2012 年修正）第二十三条规定，有下列行为之一的，处警告或者二百元以下罚款；情节较重的，处五日以上十日以下拘留，可以并处五百元以下罚款。其中第（三）项规定为“扰乱公共汽车、电车、火车、船舶、航空器或者其他公共交通工具上的秩序的”。本案中，被告以该条规定为据对原告作出行政处罚，故此原告客观上实施了何种行为及应如何对其定性是本案的核心问题。对此，本院分析如下：

1. 对原告实施行为事实认定的证据分析。对于行为人实施行为的认定应有充分确凿证据。本案中，公安机关调取的证实原告在国航 CAl398 航班上实施扰乱行为的证据共有三类：一为其本人的自述。被告对其所作的询问笔录记载，原告本人自述了上飞机后未在登机牌指示座位就座，后经劝阻坐回原位，但飞机平飞后又离席择空位就座的事实经过。二为证人证言，分别为国航

CA1398航班三位机组工作人员和同乘旅客出具。上述人员作为事件的亲历者，均陈述了所见事实且描述的事实经过与原告本人自述基本一致。三为机组安全员拍摄的影像资料。该资料客观记录了原告在机组人员反复劝阻的情况下，仍不按登机牌确定的座位就座的全部过程。上述三类证据能够形成完整证据链条，足以证明原告不听从机组人员指引，私自更换座位就座的事实。

2. 对原告实施行为的定性分析。原告未经允许，不按照登机牌指示座位就座，且不听从机组人员劝阻，其行为性质从以下三个方面详述：

（1）就航空器飞行安全角度而言。公共汽车、电车、火车、船舶、航空器都是人民日常乘坐的交通工具，但航空器与其他交通工具相比具有特殊性，它对配载的要求非常高，乘客的座位、行李重量及位置都对航空器的平衡有着极其重要影响。当乘客办理完登机手续，乘客的座位信息、行李重量信息等都被计入航空器的载重，相关部门需要依据这些信息按照航空器安全飞行的重心要求，做行李摆放分配和其他相关配置、装载工作。也就是说，即将起飞航班上的座位安排以及货仓货物、行李的放置位置均已按照相关技术要求做好安排，而上述信息也是机长确认飞机重量、重心，计算航空器相关飞行参数的依据。一旦航空器的配载平衡被破坏，将对航空器的飞行安全造成极大影响，因此，每一位乘客办理登记时取得登机牌上确认的座位，直接影响航空器飞行的安全技术指标。试想如果乘客登机后，看到空座位即随意就座，势必会破坏航空器为保证飞行安全已确定的平衡参数，给飞行安全造成极大隐患。因此，为避免航空器失衡影响操作性能而危及飞行安全，航空器上的座位是不允许乘客擅自调换的。

（2）就社会公众法定义务的遵守角度而言。公共秩序是维护社会公共生活所必需的秩序，自觉遵守公共秩序是每一个公民应尽的基本义务。而公共交通工具上的秩序更是确保公共交通工具正常、安全运行的基本条件之一。本案涉及民用航空器上的秩序，包括管理秩序、运营秩序等，其维护既需要机组人员切实履行工作职责，同时也离不开旅客对规则的自觉遵守。关于民用航空器机组人员应履行的工作职责和旅客应遵循的行为准则，《中华人民共和国民用航空法》（以下简称《民用航空法》）、国务院制定颁布的《民用航空安全保卫条例》以及交通运输部根据前述有关规定制定的《公共航空旅客运输飞行中安全保卫工作规则》（交通运输部令2017年第3号）均作出了相应的规定，上述法律、行政法规、部委规章是为维护民用航空秩序，保障民用航空安全，保护民用航空活动当事人各方合法权益的法律文件，是民用航空活动参与人均应遵循的规则。首先，关于民用航空器机组的工作职责。依据《民用航空法》

的规定，机组是民用航空器飞行安全的责任主体，承担着保护民用航空器及其所载人员和财产的安全的职责。根据《民用航空安全保卫条例》第二十二条、第二十三条的规定，航空器在飞行中的安全保卫工作由机长统一负责。航空安全员在机长领导下，承担安全保卫的具体工作。机长、航空安全员和机组其他成员，应当严格履行职责，保护民用航空器及其所载人员和财产的安全。在航空器飞行中，对扰乱航空器内秩序，干扰机组人员正常工作而不听劝阻的人，可以采取必要的管束措施。其次，关于旅客应遵守的行为准则。《民用航空安全保卫条例》第二十五条明确将在禁烟区吸烟，抢占座位、行李舱（架），打架、酗酒、寻衅滋事，盗窃、故意损坏或者擅自移动救生物品和设备，危及飞行安全和扰乱航空器内秩序的其他行为作为航空器内禁止实施的行为加以规定。《公共航空旅客运输飞行中安全保卫工作规则》中将扰乱行为定义为在民用机场或在航空器上不遵守规定，或不听从机场工作人员或机组成员指示，从而扰乱机场或航空器上良好秩序的行为，且对航空器上的扰乱行为作了具体列举式规定，其中包括强占座位、行李架和妨碍机组成员履行职责的行为。综合上述规定可以认定，民用航空器的机组人员负有维护客舱秩序、确保客舱安全的管理职责，乘机旅客应听从乘务人员指引，约束自身行为，不实施前述法律规范禁止的行为，是对民用航空器上管理秩序的维护和行为规则的遵守，是社会公众应遵循的法定义务。

（3）就疫情防控期间的防护要求而言。2020 年，新冠肺炎疫情席卷全球，严重影响人们的生命健康和社会经济发展，本案即发生在疫情防控期间。鉴于疫情防控形势的严峻性和复杂性，在此期间，社会各界和公众均应增强防护意识，主动做好自我防护，共同筑牢疫情防控的人民防线。因此，本案原告在诉讼意见中始终强调出于个人疫情防护安全的角度选择空位就座，其初衷和意愿本无可厚非。但在此本院需强调的是，个人特殊防护需求的实现需建立在对公共防护安全和公共秩序维护的基础上。首先，本案发生在民用航空器上。在疫情防控常态化背景下，航空公司应严格落实执行各项疫情防控措施，做好机组人员个体防护、机上服务和航空器防疫管理的各项工作。客观上，如果航班上旅客不多，在符合航空器配载要求的情况下，尽可能将旅客安排分散就座确实更有利于减少和降低旅客间的接触，降低传染风险。但隔位就座或分散就座并非航空器上应遵守的疫情防控要求。因此，原告的主张具有满足个人防护要求的特殊性，而其实现则必须听从机组人员的引导和安排。对其提出的要求，机组人员已经与地面勤务部门联系但未被许可，在此情况下原告仍坚持不按登机牌指定座位就座构成了对机上公共秩序的破坏。其次，众所周知，疫情防控期间，一旦发生确诊病例，开展对重点人员的数据筛查、轨迹的追踪溯源是极为重要的传染病防治措施。人员轨迹数据越精准、全面，越能快速划定重点人群范围，及时有效阻断疫情的传播。按照登机牌上指定位置就座，是确保追踪溯源的基础。如果航空器上旅客均出于个人安全，按照个人意愿随意择空位就座，则不符合公共防疫安全要求，给疫情防控工作造成极大困扰。最后，疫情防控期间，航空器上应制定有疫情防控的应急处置的工作预案。其中保留一定空余座位，作为机上应急事件处理的物理隔离区使用，是疫情防控技术指南的要求之一。因此，航空器上的空余座位并非供旅客随意使用，否则会给应急处置造成不利影响。

综合以上分析可以认定，原告不按照登机牌上指定的座位就座，拒不听从机组人员的引导和劝阻。此种不服从机组人员管理的行为，即构成对航空器内正常管理秩序的侵扰。被告对其行为所作的违法定性符合法律规定，本院应予支持。

关于原告的诉讼理由，本院一一回应如下：（1）尽管原告出于维护个人安全目的更换座位，但不听从机组人员引导私自更换座位的行为，客观上构成了对公共秩序的扰乱；（2）办案人员对原告实施违法行为可能导致法律后果的告知并非属于未经调查即作出处罚结果；（3）办案人员对机组人员告知其应配合公安机关工作，履行作证义务并不构成妨碍司法公正；（4）公安机关基于询问查证时间不得超过 24 小时的规定要求，对开展案件调查所作的时间提示并不具有向原告施压的意图，此主张系原告的主观臆断；（5）原告作为具有完全民事行为能力人，否认其在相关法律文书上的签名、摁手印的真实意思表示没有事实依据。原告所持上述诉讼理由，本院均不予采纳。

综上，本院认为，被告依法具有行政处罚权，已调取了充分确凿证据证实原告在国航 CA1398 航班上私自更换座位且拒不听从机组人员劝阻，对其实施行为的违法性定性准确，作出行政处罚种类的确定符合法律规定，且履行了法定程序，故对被诉行政处罚决定的合法性本院予以认可。在此需要指出，良好、有序的公共秩序是社会文明进步的基本标志。每一个公民均应自觉遵守法律法规，在社会生活中养成约束自身行为的行为习惯，共同承担起维护公共秩序和安全的使命。

综上，原告要求撤销被告作出的被诉《行政处罚决定书》的诉讼请求不能成立。依照《中华人民共和国行政诉讼法》第六十九条之规定，判决如下：

驳回原告李亚珠的诉讼请求。

案件受理费 50 元，由原告李亚珠负担（已交纳）。

如不服本判决，可于判决书送达之日起15日内，向本院提交上诉状，并按对方当事人人数提交副本，同时交纳上诉案件受理费人民币50元，上诉于北京市第三中级人民法院。

审　判　长　朱军巍
人民陪审员　王志军
人民陪审员　陆向军

二〇二一年八月二十日

书　记　员　刘会霞

陈晓东

北京市第三中级人民法院

北京市第三中级人民法院审判委员会委员、民事审判第一庭庭长，二级高级法官。长期从事民事审判工作，2006年以来，先后担任北京市朝阳区人民法院民事审判第一庭庭长、执行局局长。曾荣立个人三等功四次，荣获全国法院民事审判工作先进个人、北京市政法系统“十百千”人才工程第千层次人才、全国法院民事审判工作先进个人等荣誉，被评为北京市审判业务专家。曾参与编写《诉讼调解实例与研究》《法律思维与审判实务》《人民法庭民事审判实务问答》等书籍，出版个人专著《医疗纠纷证据指引》，在《法律适用》等期刊上发表数篇文章。

北京市第三中级人民法院
民事判决书

（2021）京03民终16350号

上诉人（原审被告）：中日友好医院，住所地北京市朝阳区樱花园东街2号。

法定代表人：周军，院长。

委托诉讼代理人：蒋欣，男，1974年11月23日出生，汉族，中日友好医院脊柱外科医师，住单位宿舍。

委托诉讼代理人：陈利进，北京市华卫律师事务所律师。

被上诉人（原审原告）：时某1，男，1983年9月6日出生，汉族，住北京市海淀区。

委托诉讼代理人：王家博，北京至普律师事务所律师。

委托诉讼代理人：贾艳芳，女，1994年8月3日出生，汉族，北京至普律师事务所实习律师，住北京市昌平区。

上诉人中日友好医院因与被上诉人时某1医疗损害责任纠纷一案，不服北京市朝阳区人民法院（2019）京0105民初67181号民事判决，向本院提起上诉。本院于2021年10月13日立案后，依法组成合议庭，公开开庭进行了审理。上诉人中日友好医院的委托诉讼代理人蒋欣、陈利进，被上诉人时某1及其委托诉讼代理人王家博、贾艳芳到庭参加诉讼。本案现已审理终结。

中日友好医院上诉请求：（1）撤销（2019）京0105民初67181号民事判决书；（2）依法改判中日友好医院不承担赔偿责任。

事实和理由：第一，一审判决认定事实错误。中日友好医院对中天司法鉴定中心出具的司法鉴定意见书有异议，患者关某罹患运动神经元病完全是自身疾病所致，与其在中日友好医院行腰椎、颈椎手术无直接关系，中日友好医院的手术不是导致患者死亡的因素：（1）关某在中日友好医院治疗期间，中日友好医院的诊疗行为符合医疗规范，无过错。术前已行肌电图检查，检查结果排除了运动神经元病。术前如果有运动神经元病的早期表现，肌电图是能够发现的，术前既没有临床症状也没有相应的电生理检查结果支持，临床上是不考虑运动神经元病的。关某手术适应证明确，无手术禁忌证。手术过程顺利，手术操作也符合诊疗规范。患者术后2个月出现的逐渐加重的多块肌肉无力症状是运动神经元性疾病的典型发病表现，该疾病与腰椎、颈椎手术无直接关系。（2）中日友好医院曾请多位神经内科主任研究过患者的肌电图结果，得出的结论均不考虑运动神经元病。所以，中日友好医院认为患者罹患运动神经元病不是中日友好医院医疗过错所致，其最终死亡的损害后果也与中日友好医院无关。在中天司法鉴定中心的鉴定回函第3条中鉴定人也明确说："患者的死亡符合ALS疾病的发展转归，与医方医疗行为无因果关系。"对此，时某1没有提供证据证明患者死亡与中日友好医院的医疗行为之间有因果关系，一审法院就判决中日友好医院承担患者因治疗自身疾病所支付的医疗费、住院伙食补助费、护理费等，属于认定事实错误。

第二，一审判决适用法律不当。《中华人民共和国侵权责任法》第五十四条规定：患者在诊疗活动中受到损害，医疗机构及其医务人员有过错的，由医疗机构承担赔偿责任。中日友好医院的医疗行为是否构成侵权，应同时具备以下构成要件：患者在诊疗活动中受到损害，有明确的损害后果；医疗机构及其医务人员有过错；而且医疗过错与损害后果之间有因果关系。

本案一审期间，一审法院委托中天司法鉴定中心进行鉴定，委托事项为：（1）中日友好医院对关某的诊疗行为有无过错；（2）中日友好医院的诊疗过错与关某死亡的损害后果之间是否存在因果关系及原因力大小。对此，鉴定机构于2021年3月26日出具了中天司鉴中心〔2019〕医鉴字第56号司法鉴定意见书，鉴定意见为：中日友好医院在对关某的诊疗行为中有过错，过错与患者的死亡无因果关系。既然鉴定意见认为中日友好医院的诊疗行为与关某死亡的损害后果之间无因果关系，本案就不符合侵权要件，中日友好医院的诊疗行为与关某的死亡没有因果关系，上诉人不应该承担侵权赔偿责任。

时某1辩称，不同意中日友好医院的上诉请求，一审认定事实正确，适用法律适当，请求维持一审判决。一审中的鉴定意见认定了中日友好医院存在诊疗过错，缩短了患者的生存期，实质上就是加速了患者死亡，中日友好医院的过错与患者死亡具有事实上的因果关系，其应该承担侵权责任。

关某于2019年4月29日向一审法院起诉请求：请求依法判令中日友好医院赔偿关某精神损害抚慰金暂计10000元。具体诉讼请求待鉴定后一并主张。一审诉讼中，关某于2020年8月1日去世，时某1作为关某唯一继承人参加诉讼。时某1变更诉讼请求为：（1）中日友好医院赔偿时某1医疗费284881.53元、住院伙食补助费43800元、营养费43800元、护理费134320元、交通费5325.4元、医疗器械费45386元、死亡赔偿金1436438元、丧葬费

86602.5元，上述费用共计2080553.43元，按照40%的比例请求赔偿，共计832221.37元；（2）中日友好医院赔偿时某1精神损害抚慰金100000元。

一审法院认定事实：关某与时某2系夫妻关系，二人育有一子即时某1。时某2于2020年4月26日去世。关某的父母均早于其去世。关某以医疗损害责任纠纷为由将中日友好医院起诉至一审法院，诉讼过程中关某于2020年8月1日去世。时某1为关某唯一继承人。

2018年5月4日，关某入住中日友好医院，鉴别诊断：（1）梨状肌综合征；（2）强直性脊柱炎。2018年5月8日在全麻下行腰椎后路椎管扩大减压、椎间植骨融合、椎弓根钉内固定术（L4/5）。2018年5月11日出院。出院诊断：颈椎间盘突出、腰椎间盘突出、大隐静脉曲张、右胫前外伤、糖尿病、高脂血症。住院天数7天。

2018年5月11日，关某第二次入住中日友好医院，2018年5月18日在全麻下行颈椎后路单开门，侧块螺钉内固定（C3－6）术。2018年5月24日出院，出院诊断：脊髓型颈椎病、颈椎间盘突出、腰椎术后。住院天数13天。

2018年7月6日至8月6日、2018年8月6日至8月16日、2018年8月21日至9月4日关某分别在中日友好医院住院，住院天数分别为31天、10天、14天。

2018年9月14日，关某第六次入住中日友好医院，2018年9月26日出院，出院天数12天，出院诊断：颈椎术后、腰椎术后、腰背痛、乏力、肢体皮肤麻木等。

2018年10月23日至12月10日、2018年12月12日至12月21日、2018年12月21日至2019年1月4日，关某分别在北京小汤山医院住院48天、9天、14天。

2018年12月4日，关某在北京大学第三医院门诊部就诊，诊断或印象诊断：运动神经元病、睡眠障碍。2019年3月18日复诊，诊断或印象诊断：运动神经元病、肌萎缩侧索硬化、焦虑抑郁状态。

2019年2月23日至2月24日，关某在北京市红十字会急诊抢救中心住院，住院天数1天。

2019年3月25日，关某入住北京大学第三医院，行胃造瘘术。2019年3月29日出院，住院天数4天。出院诊断：运动神经元病、2型糖尿病、高血压2级、腔隙性脑梗死。2019年8月16日至8月21日，关某在北京大学第三医院住院，住院天数5天。

自2019年11月5日至2020年7月31日，关某有间断的在北京市丰台区二七北社区卫生服务中心住院，住院天数共计230天。2020年3月22日至3

月27日关某在北京市石景山医院住院5天。

2019年11月17日至12月2日，关某入住首都医科大学附属朝阳医院，2019年12月2日出院，住院天数15天。出院诊断：慢性呼吸衰竭、运动神经元病、肺部感染、胃术后等。

2020年1月3日至22日，关某在首都医科大学附属朝阳医院住院，住院天数19天。

2020年7月31日，关某入住朝阳医院，2020年8月1日死亡，住院天数1天。

关某起诉后申请以下鉴定：中日友好医院的诊疗行为有无过错，该过错与关某的损害后果之间有无因果关系及原因力大小；关某的伤残等级、护理期、休息期、营养期、护理依赖、护理人数、残疾辅助器具评定。经当事人协商确定由中天司法鉴定中心为本案鉴定机构。关某去世后，时某1参加诉讼，时某1认为关某的损害后果为关某的死亡，鉴定事项变更为：中日友好医院对关某的诊疗行为有无过错，该过错与关某的死亡损害后果之间是否存在因果关系及原因力大小；关某需要的护理期、护理依赖程度、护理人数以及营养期。2020年12月24日，中天司法鉴定中心出具《说明函》，称时某1要求的护理期、护理依赖程度、护理人数以及营养期鉴定需要对活体检查，因关某已经死亡，故无法鉴定。2021年3月26日中天司法鉴定中心作出中天司鉴中心〔2019〕医鉴字第56号《司法鉴定意见书》，其中分析说明记载：（1）对中日友好医院诊疗行为的评价：①2018年5月4日第一次入院后，患者有手术治疗的适应证，可以行手术治疗，但在医疗替代方案的告知方面存在不足。②中日友好医院考虑患者存在脊髓型颈椎病符合一般临床诊疗思路。③中日友好医院在鉴别诊断方面存在过错。肌萎缩侧索硬化（ALS，运动神经元病的一种临床类型）早期的临床表现可与脊髓型颈椎病类似，二者临床上也可合并存在，需要进行鉴别诊断。临床上，通过仔细分析临床表现、影像学检查及神经电生理检查来鉴别。本案中，中日友好医院虽然在患者第二次入院时给予肌电图检查，但仅见右上肢肌电图报告，考虑检查范围不充分，不利于此两种疾病的鉴别诊断。2019年9月14日再次入院时，患者出现了双下肢、双拇乏力、声音低沉、饮水呛咳等临床表现，而该临床表现并不能用手术并发症解释时，中日友好医院未给予进一步检查（如神经电生理检查），存在鉴别诊断不充分的过错。（2）医疗过错与损害后果的因果关系及原因力大小。肌萎缩侧索硬化是运动神经元病中最常见的类型，一般中老年发病多见，生存期通常为3~5年。尽管是一种无法治愈的疾病，但许多方法可以改善患者的生活质量，应尽早诊断、早期治疗，尽可能延长生存期。关某于2018年11月就诊于北京大学第三医院诊断为 ALS，病情进行性加重，后发展为呼吸困难、呼吸衰竭，并出现肺部感染等症状，于 2020 年 8 月 1 日死亡。患者的死亡符合 ALS 疾病的发展转归，与中日友好医院过错行为无因果关系。ALS 生存期通常为 3 ~ 5 年，影响患者预后的因素较多，如年龄、性别、起病部位、疾病进展速度、肺功能、医疗干预等。根据本案病历资料，考虑患者的不良预后主要与其自身疾病相关。中日友好医院鉴别诊断不充分的过错影响患者的早期诊断和治疗，也是不良预后的因素，不利于患者生存期的延长。综合患者自身疾病、诊治风险、现有医疗技术的局限性及医疗过错等因素，建议医疗过错在导致患者损害后果（生存期）中原因力大小为次要。鉴定意见为：中日友好医院对关某的诊疗行为中存在过错，过错与关某的死亡无因果关系，但不利于患者生存期的延长，建议医疗过错导致患者损害后果（生存期）中的原因力大小为次要。时某 1 认可鉴定意见书的真实性，称鉴定意见中不利于患者生存期的延长实质上就是造成患者死亡。中日友好医院认可真实性，不认可鉴定意见中关于中日友好医院的过错导致患者生存期的影响，生存期由其自身疾病确定，与医疗行为无关。时某 1 预交鉴定费 15000 元。

时某 1 提交医疗费票据，证明关某发生医疗费共计 284881. 5 元。中日友好医院称其中有两张时某 2 的票据不认可真实性，金额共计 22. 18 元，其他真实性认可，均不认可关联性，系治疗关某的自身疾病发生。

时某 1 提交收据，证明护理费发生金额。中日友好医院不认可真实性。

时某 1 提交救护车收据，证明关某发生的医疗转运费 1579 元。中日友好医院认可真实性。

时某 1 提交出租发票、停车票，证明交通费 3746. 4 元。中日友好医院不认可停车票的真实性，认可出租车票的真实性，不认可关联性及证明目的。

时某 1 提交证明、发票，证明其购买医疗器械发生费用 45386 元。中日友好医院不认可真实性及关联性。

时某 1 提交关某户口本，证明其为城镇户口。中日友好医院认可真实性。

一审法院认为，民法典施行前的法律事实引起的民事纠纷案件，适用当时的法律、司法解释的规定，但是法律、司法解释另有规定的除外。本案医疗行为发生在《中华人民共和国民法典》实施前，故应适用当时的法律、司法解释等规定。

患者在诊疗活动中受到损害，医疗机构及其医务人员有过错的，由医疗机构承担赔偿责任。本案中，经鉴定，中日友好医院对关某的诊疗过程中存在医疗过错，该医疗过错与关某的死亡后果之间不存在因果关系，但不利于患者生存期的延长，医疗过错导致患者损害后果（生存期）中的原因力大小为次要。

一审法院结合关某自身疾病情况、中日友好医院医疗行为的过错程度以及给关某造成的损害后果等，确定中日友好医院承担25%的赔偿责任。医疗费根据医疗机构出具的医药费、检查费、住院费以及会诊费等收款凭证予以确定。时某1现有证据显示关某治疗个人支付医疗费284859.4元，一审法院对于其要求支付医疗费的请求予以支持。住院伙食补助费参照北京市国家机关一般工作人员的出差伙食补助费标准予以确定。根据现有证据显示关某生前共计住院438天，时某1主张按照每天100元的标准计算438天，未超过实际住院天数，一审法院予以支持，具体金额由一审法院依法判决。关于营养费，根据关某当时的身体及治疗情况，确有加强营养的必要，故对于时某1主张的营养费，一审法院予以支持，具体金额由一审法院依法酌定。护理费根据护理人员的收入状况和护理人数、护理期限确定。护理人员有收入的，参照误工费的规定计算，护理人员没有收入或者雇用护工的，参照当地护工从事同等级别护理的劳务报酬标准计算。根据关某所患疾病及治疗情况，确有护理必要，但该护理的产生并非中日友好医院的诊疗行为必然导致，故一审法院对于时某1主张的护理费予以酌情判决。交通费根据受害人及其必要的陪护人员因就医或者转院治疗实际发生的费用计算。本案中，时某1提交的救护车票据与关某治疗有关，故一审法院予以支持。时某1提交的其他票据未能证明与治疗的关联性，一审法院不予支持。关于医疗器械费，中日友好医院不认可真实性及关联性，时某1亦未举证证明上述医疗费器械购买的必要性，故对于时某1的该项主张一审法院不予支持。死亡赔偿金按照受诉法院所在地上一年度城镇居民人均可支配收入或者农村居民人均纯收入标准，按20年计算。但60周岁以上的，年龄每增加一岁减少一年；75周岁以上的，按五年计算。关某于1958年11月25日出生，2020年8月1日去世，故时某1主张按照2020年北京市城镇居民人均可支配收入标准计算19年，符合法律规定，一审法院予以支持。丧葬费按照受诉法院所在地上一年度职工月平均工资标准，以六个月总额计算。时某1主张按照2019年度标准计算，一审法院不持异议，具体金额由一审法院依法计算。受害人或者死者近亲属遭受精神损害，赔偿权利人可以向人民法院请求赔偿精神损害抚慰金。关某的死亡确实给时某1造成精神损害，故时某1要求赔偿精神损害抚慰金于法有据，一审法院予以支持，具体金额由一审法院依法确定。综上，一审法院依照《中华人民共和国侵权责任法》第十六条、第五十四条，《最高人民法院关于适用〈中华人民共和国民法典〉时间效力的若干规定》第一条，判决：（1）中日友好医院于判决生效之日起七日内赔偿时某1医疗费71214.85元、住院伙食补助费10950元、营养费1000元、护理费10000元、交通费394.75元、死亡赔偿金359109.5元、丧葬费13271元、精神损害抚慰金 25000 元；（2）驳回时某 1 的其他诉讼请求。如果未按照判决指定的期限履行金钱给付义务，则需要按照《中华人民共和国民事诉讼法》第二百五十三条之规定，加倍支付迟延履行期限的债务利息。

本院二审期间，双方当事人没有提交新的证据。经中日友好医院申请，本院依法通知中天司法鉴定中心的鉴定人杨某出庭接受质询。

对于中日友好医院的提问，鉴定人杨某答复如下：

1. 关于“鉴定意见认为中日友好医院对患者术前检查不充分，还需要做什么检查才算是检查完善?”这一问题，答复为：依据目前的临床诊疗指南，包括骨科学分册、病学分册、肌萎缩侧索硬化的诊断和治疗指南，ALS 和脊髓型颈椎病要做神经电的鉴别诊断，需要对四个区域进行检查和测定。结合本案的肌电图检查报告和专家的临床专业意见，鉴定机构认为中日友好医院对于两种疾病的鉴别诊断不完善。

2. 关于“胸锁乳突肌的检查在指南或诊疗规范中属于鉴别诊断必须要做的吗?”这一问题，答复为：通常是需要做的，这是指南规定的。关某于 2018 年 5 月在中日友好医院进行颈椎手术，9 月再次住院时相当于没有做任何检查，其出现的双下肢乏力等临床症状是不能用手术并发症解释的。

3. 关于“鉴定意见认为中日友好医院的过错和患者死亡没有因果关系，但影响了患者的生存期。对于 ALS 患者，如果早期能诊断出这个疾病，生存期能延长吗?”这一问题，答复为：ALS 患者的生存期一般为 3～5 年，但是无法精确到个案，只能根据目前的资料对于生存期进行一般判断。本案患者从有明确临床表现到死亡的时间约为 2 年。ALS 这种疾病无法痊愈，治疗的目的在于尽可能延长患者的生存期，改善其生存质量，本案不能排除中日友好医院的诊疗过错与患者生存期缩短之间的因果关系。

4. 关于“患者死亡和中日友好医院的过错之间是否没有因果关系?”这一问题，答复为：患者死亡和中日友好医院的医疗过错没有因果关系，中日友好医院造成的损害后果是不利于患者生存期的延长。

对于本院的提问：“鉴定意见认为中日友好医院的过错和患者生存期缩短有因果关系，生存期缩短这一损害后果体现在各项费用上应为什么损失？包括医疗费、住院伙食补助费、护理费等费用吗?”鉴定人答复为：中日友好医院的过错和治疗 ALS 的医疗费等各项费用没有直接的关系，只是进行治疗早晚的问题，和患者生命的缩短有因果关系。

对于鉴定人的上述答复意见，中日友好医院的质证意见为：认可鉴定人的答复。时某 1 的质证意见为：不认可鉴定人对于因果关系和各项赔偿费用的答复。我方认为中日友好医院的过错导致患者生存机会的丧失，因此医院的过错和患者死亡具有因果关系。我方也检索了类案，可以支持我方的观点。医院的漏诊和误诊使患者失去了及时接受治疗的机会，如果患者得到及时诊断和适当治疗，可能可以存活十几年或二十年，医院也无法证明患者即使得到及时诊断治疗也只能活2年。由于中日友好医院漏诊、误诊使患者的生存机会丧失，因此产生的医疗费等各项费用应当由中日友好医院进行赔偿。一审法院认定的赔偿责任比例、各赔偿项目及其数额并无不当。

对于一审法院查明的事实，本院予以确认。

本院认为，结合双方当事人的诉辩意见，本案二审的争议焦点为：中日友好医院的过错诊疗行为与患者关某的死亡是否具有因果关系及其因果关系程度。

构成医疗损害责任须同时具备患者的损害后果、医疗机构的过错医疗行为、损害后果与过错医疗行为具有因果关系三个要件。其中，损害后果与过错医疗行为具有因果关系，指的是过错医疗行为作为原因，患者所受损害事实作为结果，二者之间存在前者引起后者，后者被前者所引起的客观联系。对于因果关系的判断，学理及审判实践主要采相当因果关系说。相当因果关系说不要求行为与损害结果之间具有直接的、必然的因果关系，只要行为人的行为对损害结果构成适当条件，即依据侵权行为人在行为时的一般社会经验和知识水平作为判断标准，认为该行为具有引起该损害后果发生的可能性，而在实际上该行为又确实引起了该损害后果，则可以认定该行为与该损害后果之间具有相当因果关系，行为人应承担相应责任。对相当因果关系的判断，区别于单纯的事实上的因果关系判断，而包含法律上的因果判断，其最终指向法律上的可归责性。在医疗损害责任纠纷案件中，判断过错医疗行为与损害后果之间是否具有因果关系在很大程度上依赖于司法鉴定意见。司法鉴定是诉讼活动中鉴定人运用科学技术或者专门知识对诉讼涉及的专门性问题进行鉴别和判断并提供鉴定意见的活动。鉴定意见作为一种医学证据，其实质是对医疗机构的医疗行为与患者的损害后果之间是否在事实层面上成就因果关系进行专业性认定。因此，鉴定意见在绝大多数情况下会成为法院认定医疗损害责任之因果关系的依据，但其并非必然作为法院判断因果关系的唯一依据，法院应当在鉴定意见的基础上依法综合评判违法诊疗行为的可归责性及其责任程度。

本案一审法院委托鉴定事项为中日友好医院对关某的诊疗行为有无过错，该过错与关某的死亡损害后果之间有无因果关系及原因力大小。中天司法鉴定中心出具鉴定意见认为：中日友好医院对关某的诊疗过程中存在医疗过错，该医疗过错与关某的死亡后果之间不存在因果关系，但不利于患者生存期的延长，医疗过错导致患者损害后果（生存期）中的原因力大小为次要。二审中，鉴定人杨某出庭接受质询时，亦表示关某的死亡和中日友好医院的医疗过错没有因果关系，中日友好医院的诊疗过错对关某造成的损害后果系不利于其生存期的延长。基于前述分析，该鉴定意见所评价的是中日友好医院的过错诊疗行为与关某死亡这一损害后果之间是否具有事实层面的因果关系，即中日友好医院的过错诊疗行为客观上是否直接、必然地导致了关某的死亡。其一方面认为中日友好医院的医疗过错与关某的死亡无关，另一方面又认为该医疗过错对关某的生存期有不利影响。而生存期的终点即为患者的死亡，故无法将患者死亡这一损害后果与生存期缩短截然割裂进行评判。因此，对于中天司法鉴定中心出具的该份鉴定意见，本院不予完全采信。对于中日友好医院的过错诊疗行为与关某死亡之因果关系的判断，应结合本案具体情况进行分析。

本案中，关某所患肌萎缩侧索硬化（amyotrophic lateral sclerosis，ALS）是以运动神经元退变为特征的疾病，其病理机制错综复杂，患者常因呼吸衰竭于 3 ~ 5 年后死亡。既往研究显示，中国散发型 ALS 患者中位生存期约为 71 个月，10 年生存率约 32%①。目前，ALS 尚无治愈方法，但可通过适当治疗手段延长患者的生存期。中日友好医院认为关某的死亡后果系其自身原发疾病 ALS 的发展及转归，与中日友好医院的诊疗行为不存在因果关系。时某 1 主张中日友好医院的过错导致关某丧失生存机会，因此该过错与关某的死亡事实上具有因果关系。本院认为，根据目前的医疗水平及临床经验，ALS 系无法治愈之疾病，但患者若能得到及时诊断，仍有通过适当治疗手段延长生存期的可能性。中日友好医院对关某所患 ALS 存在鉴别诊断不充分的过错，其过错诊疗行为降低了关某及时接受治疗以延长生存期的概率，而增加了关某因延误诊断治疗缩短生存期的可能性，且事实上造成关某于确诊 ALS 疾病 2 年后死亡，其生存期相比于一般的 ALS 患者确实较短。因此，可以认定中日友好医院的过错诊疗行为是关某早于一般 ALS 患者死亡这一损害后果发生的适当条件，二者之间具有相当因果关系。本案鉴定意见虽认为中日友好医院的过错医疗行为与关某的死亡不具有直接的、必然的因果关系，但不能因为死亡系患者罹患 ALS 后确定发生的结果即完全排除中日友好医院的过错诊疗行为与关某提前死亡之间的相当因果关系。由此引申，可以认定中日友好医院的过错诊疗行为与关某的死亡之间存在因果关系，中日友好医院应当对关某的死亡承担医疗损害赔偿责任。

关于因果关系的比例，在多种原因共同导致患者损害后果的情况下，各个

---

① 参见陈璐、樊东升：《中国散发性肌萎缩侧索硬化患者的自然病史与临床特征》，载《中华内科杂志》2015 年第 12 期，第 1052 页。

原因对于损害结果的发生发挥不同作用，应当适用原因力规则以确定医疗机构的违法诊疗行为对于患者损害结果发生的原因力大小，从而准确认定医疗机构承担赔偿责任的比例。本案中，中日友好医院的违法诊疗行为仅是造成关某早于一般 ALS 患者死亡的原因之一，患者的发病年龄、起病部位、自身体质等因素对于疾病的发展及损害后果的发生亦具有不同程度的影响，且 ALS 早期的临床表现与脊髓型颈椎病类似，其在临床诊断上确有一定难度。鉴于此，应综合考虑 ALS 疾病的病理、关某相较于一般 ALS 患者减少的生命年限、鉴定机构对中日友好医院诊疗行为的鉴定分析等因素，确定中日友好医院的过错诊疗行为对于损害后果发生的原因力大小，从而认定中日友好医院的原因力比例。具体而言，相较于一般 ALS 患者存活的较长期限 5 年，关某于确诊 ALS 后 2 年去世，二者的生存期相差 3 年；法律规定的死亡赔偿金的计算年限最长为 20 年，关某较 5 年生存期而言少存活的 3 年与死亡赔偿金最长计算年限 20 年之间的比例为 15%；参考鉴定意见认为中日友好医院的医疗过错导致患者损害后果（影响生存期限）的原因力大小为次要，次要责任比例的上限为 40%，故本院在前述 15% 比例的基础上，按照 40% 以下的原因力大小酌定中日友好医院对关某的死亡承担 5% 左右的赔偿责任。一审法院未综合考虑上述因素，即在鉴定意见认定的次要责任比例范围内判决中日友好医院对关某的死亡承担 25% 的赔偿责任，显属不当，本院予以纠正。

侵害他人造成人身损害的，应当赔偿医疗费、护理费、交通费等为治疗和康复支出的合理费用，以及因误工减少的收入。造成死亡的，还应当赔偿丧葬费和死亡赔偿金。对于一审法院核算的医疗费、住院伙食补助费及交通费的数额，本院予以确认。对于营养费及护理费的数额，由本院依法酌定。对于医疗器械费，因时某 1 未提供充分证据证明购买医疗器械的必要性，本院不予支持。对于死亡赔偿金，时某 1 主张按照 2020 年北京市城镇居民人均可支配收入标准计算 19 年，符合法律规定，本院予以支持。对于丧葬费，时某 1 主张按照 2019 年北京市城镇在岗职工平均工资标准计算，本院不持异议，具体数额由本院核算。上述费用由中日友好医院按照 5% 的责任比例进行赔偿。对于精神损害抚慰金，受害人或者死者近亲属遭受精神损害，赔偿权利人可以向人民法院请求赔偿精神损害抚慰金。故本院对时某 1 主张的精神损害抚慰金予以支持，具体数额由本院酌定。

另外，本案若完全采信中天司法鉴定中心出具的鉴定意见，即“中日友好医院的过错诊疗行为与关某的死亡无关，其造成的损害后果为不利于关某生存期的延长”，则中日友好医院承担赔偿责任的范围应为关某因生存期缩短所产生的相关损失，亦不应包括死亡赔偿金与丧葬费。一审法院在采信该鉴定意见的情况下，对时某1主张的死亡赔偿金与丧葬费一并予以支持，有欠妥当。而时某1于一审中并未就关某生存期缩短所产生的相关损失提出诉讼请求，则其需另诉主张权利。因此，相较于完全采信鉴定意见的审理思路，本院认为本案在部分采信鉴定分析的基础上综合分析认定中日友好医院的过错诊疗行为与关某死亡的损害后果之间存在因果关系并确定相关责任程度，更符合现行法律规定及法理逻辑。

综上所述，本院依照《中华人民共和国侵权责任法》第十六条、第五十四条，《最高人民法院关于审理人身损害赔偿案件适用法律若干问题的解释》（法释〔2003〕20号）第十七条、第十八条，《最高人民法院关于适用〈中华人民共和国民法典〉时间效力的若干规定》第一条第二款，《中华人民共和国民事诉讼法》第一百七十七条第一款第二项，判决如下：

一、撤销北京市朝阳区人民法院（2019）京0105民初67181号民事判决；

二、中日友好医院于本判决生效之日起七日内赔偿时某1医疗费一万四千二百四十三元、住院伙食补助费二千一百九十元、营养费二百元、护理费二千元、交通费七十九元、死亡赔偿金七万一千八百二十二元、丧葬费四千三百三十元、精神损害抚慰金一万元；

三、驳回时某1的其他诉讼请求。

一审鉴定费15000元，由中日友好医院负担（时某1已预交，中日友好医院于本判决生效之日起七日内支付时某1）。

一审案件受理费13122元，由时某1负担11664元（已交纳），由中日友好医院负担1458元（于本判决生效之日起七日内交纳）。

二审案件受理费8664元，由时某1负担1733元（于本判决生效之日起七日内交纳），由中日友好医院负担6931元（已交纳）。

本判决为终审判决。

审 判 长 陈晓东
审 判 员 孙 京
审 判 员 付 辉

二〇二二年一月十三日

法官助理 樊思迪
法官助理 雷 悦

焦岗

北京市大兴区人民法院

北京市大兴区人民法院红星人民法庭副庭长，四级高级法官，中国政法大学法律硕士。从事民事执行工作十余年，先后任执行一庭副庭长、执行二庭副庭长、财产处置组组长。累计办理执行案件近3000件，妥善处置多件涉众、疑难、大标的涉案财产。2021年8月，调入红星人民法庭从事民事审判工作。曾获评大兴区直机关优秀共产党员，荣立个人三等功一次。

北京市大兴区人民法院
民事判决书

（2021）京0115民初2819号

原告：黄丽君，女，1980年12月18日出生，汉族，北京一帆富红商贸有限公司法定代表人，住北京市东城区。

委托诉讼代理人：张海霞，北京勤永律师事务所律师。

委托诉讼代理人：任媛媛，北京勤永律师事务所律师。

被告：胡栋，男，1978年9月27日出生，汉族，北京长生建筑工程有限公司职员，住北京市大兴区。

原告黄丽君与被告胡栋合同纠纷一案，本院立案后，依照《全国人民代表大会常务委员会关于授权最高人民法院在部分地区开展民事诉讼程序繁简分流改革试点工作的决定》，依法适用普通程序独任制，公开开庭进行了审理。原告黄丽君及其委托诉讼代理人张海霞、被告胡栋到庭参加诉讼。本案现已审理终结。

黄丽君向本院提出诉讼请求：（1）请求法院判令解除原、被告之间的口头借名买房协议；（2）判令被告偿还原告已经支付的购房款1464298元；（3）判令被告偿还原告已经支付房屋贷款49920元；（4）判令本案全部诉讼费用由被告承担。事实与理由：原告与被告系多年朋友关系，由于原告在北京没有相应购房资质，而被告享有相应资质，故2019年10月中旬，原告与被告口头协商一致，由原告借被告名义购买北京市大兴区魏善庄镇云熙佳苑×号楼×单元×××室房屋，房屋登记在被告名下，待原告享有相应资质后再过户给原告。2019年10月22日，原告、被告一起到北京中海兴盛房地产开发有限公司在大兴区魏善庄镇的云熙佳苑项目看房，并向北京中海兴盛房地产开发有限公司直接支付定金8万元。2019年11月中旬，被告胡栋与北京中海兴盛房地产开发有限公司签订《北京市商品房预售合同》。2019年10月22日～11月8日，原告黄丽君及父亲黄其斌向被告胡栋通过银行、微信等方式转账购房款1384298元，2020年6月中旬，被告申请办理银行贷款成功，每月21日为还款日，原告黄丽君每月提前向被告胡栋银行卡转账相应的房贷还款数额，房贷实际亦由原告黄丽君偿还。

2020年6月19日，原告黄丽君提出就双方协商借名购房事宜补充签订书面合同，被告胡栋同意签署，但事后并未实际签署。2020年6月21日后被告胡栋不再回复原告黄丽君微信，拒绝任何沟通，原告只能向法院提起诉讼。根据《中华人民共和国合同法》第六条、第十条、第九十四条之规定，原告、被告双方约定原告以被告名义购买房屋，将房屋登记在被告名下，原告实际享有房屋权益，现被告拒绝与原告沟通，导致原告不能达到过户的合同目的，并且原告现在尚无购房资质，故原告请求法院判令解除双方借名买房协议，并要求被告偿还为购房支付的全款。综上，为维护原告合法权益，请贵院判如所请。

胡栋辩称，不同意原告的诉讼请求，不认可双方是借名购房关系，被告购买房屋是事实，被告是自己要购买的房屋，被告和原告是朋友关系，从2018年3月开始到2019年10月被告给原告微信转账和银行转账237多万元，2019年10月被告买房的时候原告还过一些，有140多万元，没有借名购房关系，所以没有解除的依据，没有返还购房款的依据。

当事人围绕诉讼请求提交了证据，本院组织当事人进行了证据交换和质证。对当事人无异议的证据，本院予以确认并在卷佐证。根据当事人的陈述和审查确认的证据，本院认定事实如下：2019年11月17日，胡栋（买受人）与北京中海兴盛房地产开发有限公司（出卖人）签订《北京市商品房预售合同》，载明：项目名称云熙佳苑，房屋坐落大兴区魏善庄镇××地块二类居住用地×#住宅楼×层×单元－×××，销售人员姬广雷，预测建筑面积88.74平方米，单价（套内建筑面积）51199.24元/平方米，总价款3633098元，付款方式为首付1463098元，剩余价款采用贷款方式解决。

2020年5月18日，胡栋与农业银行签订《个人购房担保借款合同》，载明：借款金额2170000元，借款用途购买住房，购买房产位于大兴区魏善庄镇××地块二类居住用地×#住宅楼×层×单元－×××，购房总价3633098元，借款期限300个月，借款人的还款账户为×××，还款方式为等本递减还款，还款日为每期末月的借款发放日对应日。

胡栋与黄丽君之间存在多笔资金转账，且均提交了转账单据。本院按转账时间、转账方式、转账金额逐笔列出。胡栋向黄丽君转账：2018年3月30日，微信转账10000元、8000元、1500元；2018年7月11日，银行转账94162元；2018年7月18日，银行转账450000元；2018年8月3日，银行转账12300元；2018年8月27日，银行转账70000元；2018年9月8日，银行转账70000元；2018年9月10日，微信转账10000元、10000元、1150元；2018年9月10

日，微信转账500元；2018年9月13日，微信转账10000元、10000元、1600元；2018年9月19日，银行转账50000元、41520元；2018年9月21日，微信转账6000元；2018年9月26日，银行转账4笔50000元、1笔200000元；2018年9月27日，银行转账10060元；2018年11月15日，银行转账150000元；2018年11月26日，银行转账200000元；2018年11月30日，银行转账70000元；2018年12月9日，银行转账2笔50000元；2018年12月25日，微信转账20000元；2019年1月19日，银行转账200000元；2019年1月20日，银行转账4笔50000元；2019年1月24日，银行转账50000元；2019年8月6日，银行转账70000元；2019年8月10日，微信转账2500元。

胡栋主张以上转账支付给黄丽君的款项均为借款，但未提交证据予以证明。黄丽君认可收到上述款项，但称系受胡栋委托代为操作，上述收到的款项已投资一个名为普顿外汇PTFX的理财平台，并非借款。对款项流向，黄丽君均一一予以说明，本院逐笔核对无误。为证明非借款关系，黄丽君提交其与胡栋的微信聊天记录，本院摘录部分如下：2018年10月1日，黄丽君："佣金+盈利分享+利润，后台太慢了，提一个要半个小时"；胡栋："这是我的吗?"黄丽君："对，佣金是500美金、盈利分享是630美金、盈利分享是一个月的、今天出金6.86。"2018年9月24日，黄丽君："你这周佣金是490美金，刚加金的那几个都没什么利润"；胡栋回复："哦!"2018年9月27日，黄丽君："这是他到账的，正好加一万进去第二天就赔了，所以没有钱赔"；胡栋："唉!"2018年9月27日，胡栋："我给说一下哦"；黄丽君："好的"；胡栋："强红育6000美金　强义大1500美金　张丽华1500美金　蔡东成1500美金　赵玉玲1500美金"。2018年11月2日，黄丽君："投资就存在风险，比如说做实体，做工程……当然我们的投资也存在风险，一个操盘手做单怕爆仓……"2018年11月5日，黄丽君："还有他们3000户的就赚50美金左右他们账上只有38美金题吗，还要10元的手续费"；胡栋："好的"；黄丽君："还有开户的吗，前面11个都开好了"；胡栋："有，准备中"。2019年12月26日，胡栋发来微博页面截屏"外汇骗局，PTFX普顿外汇全部崩盘，目前国内有上百万会员受害，全国爆发维权，望有关部门重视解决一下……"胡栋："西安发给我的，现在是四面楚歌"；黄丽君："你多关注群里有消息吧，给点时间会水落石出的……还有一个最坏的一步就是登记报案，可能以后会发放一些。"

黄丽君向胡栋转账：2019年10月22日，银行转账80000元、微信转账3000元、银行转账497000元（该笔系黄其斌所转）；2019年10月23日，银行转账500000元（该笔系黄其斌所转）；2019年11月6日，银行转账200000

元；2019年11月8日，银行转账124298元；2019年10月14日，银行转账95000元；2020年6月20日、7月21日、8月20日，银行转账各16640元。经询问，黄丽君称黄其斌系其父亲；以上转账款项中包含1200元代办费。

黄丽君主张以上转账支付给胡栋的款项为借名买房首付款及银行还贷款，胡栋不予认可。为证明其与胡栋之间存在口头借名买房协议和购房款给付事实，黄丽君提交与胡栋的微信聊天和电话录音记录，本院摘录部分如下：2020年6月19日，黄丽君：“每个月的房贷是多少”；胡栋：“16640，16636.66”；黄丽君：“好的，我汇16640可以吗？”胡栋：“可以。”黄丽君：“看到你的朋友圈为了我的房子贷款把你心爱的车都卖了。”胡栋：“无奈之下。”黄丽君：“要不房子给你吧！我心里挺过意不去的。”胡栋：“捂脸（表情）……”黄丽君：“房子你指标借给我用，我们要签份协议你不会有想法吧！”胡栋：“有什么想法啊。”黄丽君：“我就担心你误会我不相信你。”胡栋：“你想多了”；2020年8月31日，胡栋：“……也就是说你现在买房也就是140多万块钱，然后您说，跟我说你愿意拿多少钱出来？让我渡过难关，别说赔不赔的问题……”2020年9月9日，黄丽君：“……那胡栋，我打给你140多万购买房子，这是事实吧？是事实吧？”胡栋：“我打给你一百七八十万的钱，事实吧？”黄丽君：“我跟你说一百七八十万是你要我帮你带入金，都代入到每个人的账户后台的吧，他们都产生盈利的吧，这个帐是有据可查的，你说是不是？我给你打的150多万这个是买房子的钱……”黄丽君：“那你让我给你拿100万来拿回这套房子是吗？”胡栋：“对呀”；黄丽君：“行吧，那你房子的钱，你就占为己有，好不好？我这150万，我打到你账上，这是买房子的钱，跟外汇没有任何关系的，你如果说……”胡栋：“你要是没有关系的话，您收了一百七八十万块钱吧。”黄丽君：“一百七八十万是我帮你带入金的，是每一笔资金都入到每个人账户，每个人下面的你如果说有多少会员，每个下面的都有，那他们收益的钱呢……”

黄丽君提交与涉案房产销售人员姬广雷的微信聊天记录，本院摘录部分如下：2019年10月22日，黄丽君：“买房的总价算一下清单给我……总价370万一套，折扣是一个两个折扣是多少，折扣点你一会有空在给我一下……中间折扣点怎么算给我一下……”姬广雷：“我给您列一个计算过程，发给您……当时应该给您列出来精准的计算方法，给您带来不舒服的感受……”黄丽君：“我在你这边买房消息先封锁一下，那边不给我退”；姬广雷：“好的，不会不给退的，告诉他们购房资格不具备，或者借用指标的人不同意了，肯定是没办法买了……”黄丽君：“370万第一次折是多少，0.95吗”；姬广雷：“不是，正常我们是七天内付首付，0.995折，当天付齐首付，0.99……”2019年11月6

日，黄丽君："我那套房子还差多少钱，那个给了100万了"；姬广雷："黄姐，还差734298元"；黄丽君："我们交了多少了"；姬广雷："加定金一共73万元……黄姐您好，今明两天，您和胡先生约一下时间哈，咱们的剩余房款约定时间，最晚是11月10日……我这边提前准备一下草签合同"。2020年2月15日，黄丽君："……就想问问你我买的那套房子，我把指标腾出来可以过弄到我名下吗?"姬广雷："这没法弄啊，已经在胡先生的名下了啊……"黄丽君："开发商付款信息你有吗"；姬广雷："付款信息就是收据啊，每次交钱都有收据，在胡先生手里……"

另查，2020年11月17日，福建省三明市中级人民法院作出（2020）闽04刑终277号刑事裁定书，载明：……福建省三明市梅列区人民检察院指挥被告人刘铁、周严、徐蕾……犯组织、领导传销活动罪一案……原判查明，网络上有一"PTFX外汇投资交易平台"。该平台动作模式及程序是：（1）参与人员以上线介绍登入PTFX平台网页，输入姓名、上线人员账号等相关信息，绑定银行账户注册成为普顿平台会员。（2）人员把投资款转入PTFX平台指定的银行账户，而该银行账户是经常更换不确定，甚至冒用他人的银行账户，用于接收会员投入款；后台人员（或系统自动）将会员投入款兑换为美元，按1∶1的比值显示在会员所在的PTFX平台页面"积分钱包"中。

再查，截至2021年11月1日，涉案房屋尚有2047 033. 39元银行贷款本金未偿还，尚未办理不动产权登记。

经询问，胡栋自述于2021年9月与涉案房屋开发商办理了收房手续。

审理过程中，黄丽君向本院申请财产保全，交纳保全申请费5000元。

本院认为，根据《最高人民法院关于适用〈中华人民共和国民法典〉时间效力的若干规定》第一条第二款的规定："民法典施行前的法律事实引起的民事纠纷案件，适用当时的法律、司法解释的规定，但是法律、司法解释另有规定的除外。"本案中，借名购房协议形成于2019年10月，在2021年1月1日《中华人民共和国民法典》施行前，故应适用《中华人民共和国合同法》及相关法律规定。

本案当事人争议焦点问题有二：一是黄丽君与胡栋之间是否存在口头借名买房协议；二是黄丽君与胡栋之间多笔钱款往来的性质认定，即黄丽君转给胡栋的钱款是买房款还是胡栋出借款项的还款，胡栋转给黄丽君的钱款是委托黄丽君代为投资理财款还是胡栋借给黄丽君的借款。分析如下：

关于黄丽君与胡栋之间是否存在口头借名买房协议。据黄丽君提交其与胡栋的电话录音和微信聊天记录，虽没有直接涉及胡栋出名、黄丽君借名买房的相关协议内容，但从字里行间，可以看出胡栋对黄丽君借名买房一事是认可的。只是区别于早先胡栋欣然自认，后因投资理财失败与黄丽君商讨如何承担损失未果关系紧张未予正面回应。再从黄丽君与房产销售人员姬广雷的微信聊天记录中，关于选房、付款折扣、购房价款及约胡先生签约等细节，涉案房屋预售合同载明销售人员姓名、购房价款，首付款等，均可相互印证，故本院对黄丽君与胡栋之间存在口头借名买房关系的事实予以认定。

关于黄丽君与胡栋之间相互多笔钱款往来的性质认定。首先考察黄丽君转账给胡栋的钱款，转账时间集中于2019年10月底至2019年11月初，而胡栋与北京中海兴盛房地产开发有限公司签订涉案房屋《北京市商品房预售合同》的时间正是2019年11月17日，付款时间与合同签订时间高度契合。黄丽君基本上均通过银行进行大额转账，只有一笔微信转账3000元，但与其父黄其斌同日一笔银行转账497000元相加正好凑成整数500000元，符合购房等大额款项的凑整支付习惯。在2020年10月13日，有一笔转账95000元，黄丽君主张其中60000元系房款，剩余35000元系二人之间因胡栋女友买房的借款，并未就35000元在本案主张权利。上述期间转款总额为1464298元（含产权代办费1200元），与涉案房屋首付款金额相符。另外，2020年6月20日、7月21日、8月20日，黄丽君向胡栋三次各转账支付16640元，对于此项支付，黄丽君解释系用于还贷。因《个人购房担保借款合同》签订时间是2020年5月18日，此日期与还贷款起始时间相吻合。当然，黄丽君并未提交转账给胡栋的钱款实际汇入涉案房产开发商账户和签约贷款银行账户的证据，但因胡栋与房产开发商顺利签约，后又与农业银行签订房产抵押贷款合同的事实，此节应可合理推定。故本院认定黄丽君转账给胡栋的钱款，共计1514218元，系黄丽君借胡栋之名购置涉案房屋所支付的首付款及银行还贷款。

关于胡栋转账支付给黄丽君的多笔钱款的性质认定。先考察款项支付情况，从2018年3月至2019年8月，时间跨度长达一年半，支付方式除银行转账支付外，还有16笔系通过微信支付，单笔支付金额低至500元，仅有少数几笔是大额支付，其余大多数只有几千元、几万元，支付金额零散，还有几笔金额如12300元、1150元、41520元、94162元等，有零有整，与日常借款资金给付行为迥异。再者，考察黄丽君提交与胡栋之间涉钱款往来的微信聊天记录，从中未见有关借款还款的内容，反而呈现出大量有关投资收益的沟通内容。故本院对胡栋主张其转账给黄丽君的钱款系借款的主张不予采信。

综上，从黄丽君与房产销售人员沟通选房，到支付首付款，再到胡栋与涉案房产开发商签订商品房预售合同及与贷款银行签订房产抵押贷款合同后黄丽君如期支付3期房贷款，黄丽君借胡栋之名买房的证据可以相互印证，故本院认定黄丽君与胡栋之间存在借名买房的法律关系。

但是，黄丽君在本案诉讼中并非诉请确认其与胡栋之间存在借名买房协议，而是诉请解除该借名买房协议，并返还已支付的购房款及银行还贷款，上述诉请应否得到支持，本院有以下考虑：

解除借名买房协议是否符合双方意愿，是否有利于纠纷的妥善处理。对于黄丽君来说，自不待言，正是其诉讼请求。对于胡栋，鉴于其答辩时，并不认可存在借名购房协议，而陈述是自己购房。结合黄丽君仅偿还了三期房贷，其后至今的房贷均是由胡栋偿还，且胡栋已于2021年9月与开发商办理收房手续的事实，解除借名买房协议的直接法律后果，即涉案房屋真正归属于胡栋应不违背其意愿。再者，借名购房法律关系的产生及存续，有赖于借名方与出名方之间良好关系的维系。否则，以登记作为权属判断标准的不动产，在借名买房的情况下，实际出资人与登记名义人相分离，其中蕴含的风险不言而喻，对借名人在将来实际取得房产的预期产生重大影响。据本案查明事实，原告、被告在借名购房之初的良好关系现已不复存在，对于黄丽君来说，将来能否取得房产的不确定性及长期还贷风险，实属巨大的心理负担，从根本上已经不能实现其所欲实现的合同目的。故解除借名买房协议，有利于从根本上修复不稳定的社会关系。

黄丽君已支付的钱款如何返还。合同解除后，尚未履行的，终止履行；已经履行的，根据履行情况和合同性质，当事人可以请求恢复原状或者采取其他补救措施，并有权请求赔偿损失。本案借名买房协议如解除，直接法律效果就是出名人胡栋实际取得了涉案房产，享有房产的价值，同时，黄丽君投入的首付款及还贷款应当返还，但如何返还，要考虑以下几点：（1）导致借名买房协议解除双方存在的过错因素。黄丽君借用胡栋名义购房实现自身在京房产权益，应是受益者。出名人胡栋，其将具有一定稀缺性的北京市购房资质（购房指标）让与黄丽君行使，其自身利益受损。黄丽君本不具有北京市购房资质，此情形在借名购房之初即已存在，其后并未有变化，至今尚未取得。黄丽君起诉请求解除借名买房协议，是导致协议解除的主要过错方。胡栋否认借名买房这一法律事实，违反了借名买房协议的约定，亦对借名买房协议的解除具有一定的过错。（2）涉案房屋现值如何。涉案房屋暂无法作价值评估，原告、被告双方对房屋现值亦未达成一致意见，但均未提供房价存在大幅涨跌的确切证据。本院认为，因国家坚持房住不炒的基本政策，加之北京市执行的限购、限贷政策，北京楼市仍是长期向好，房价总体水平在较长时期内呈现温和平稳态势。涉案房屋系2021年新交付的楼盘，不同于周边二手房，其现值相较于原购置价应无大的波动。（3）胡栋返还首付款将要承担的经济压力。对于一般人来说，购置房产需要有稳定乐观的心理预期和较充足的资金准备，用于支付首付款及承担较长年限内持续还贷的压力和风险。本案纠纷发生前，胡栋本无购房之意愿，因借名购房协议解除而被动承受涉案房产，因之须返还黄丽君钱款的给付期限要有适当宽限。

综合考虑以上因素，就黄丽君为涉案房屋已支付的购房款1464298元和已还贷款49920元，本院酌定胡栋于六个月内全额返还黄丽君。

综上所述，对黄丽君诉讼请求的返还金额，本院予以支持。依照《中华人民共和国合同法》第九十四条、第九十七条，《最高人民法院关于适用〈中华人民共和国民法典〉时间效力的若干规定》第一条之规定，判决如下：

一、解除黄丽君与胡栋达成的关于北京市大兴区魏善庄镇云熙佳苑×号楼×单元×号房屋的口头借名买房协议，剩余银行贷款余额由胡栋负责偿还；

二、胡栋于本判决生效后六个月内返还黄丽君购房款1464298元；

三、胡栋于本判决生效后六个月内返还黄丽君还贷款49920元；

四、驳回黄丽君的其他诉讼请求。

如果未按本判决指定的期间履行给付金钱义务，应当依照《中华人民共和国民事诉讼法》第二百五十三条之规定，加倍支付迟延履行期间的债务利息。

案件受理费9214元，由黄丽君负担4607元（已交纳），由胡栋负担4607元（于本判决生效后七日内交纳），保全费5000元由胡栋负担。

如不服本判决，可在本判决书送达之日起十五日内，向本院递交上诉状，并按对方当事人的人数提出副本，交纳上诉案件受理费，上诉于北京市第二中级人民法院。如在上诉期满后七日内未交纳上诉案件受理费的，按自动撤回上诉处理。

审 判 员 焦 岗

二〇二一年十一月二十四日

法官助理 印 鹏

书 记 员 陈鹏廷

杨子良

北京市第二中级人民法院

北京市第二中级人民法院刑事审判第二庭副庭长，三级高级法官，法学博士。先后发表专业文章70余篇，个人专著、主编书籍5部，曾获中国青少年犯罪研究会会员研讨会学术论文一等奖、全国法院第27届学术讨论会论文二等奖、北京法院优秀裁判文书网上互评活动一等奖等奖励。累计承办或参与办理一审和二审刑事案件1000余件，承办过国土资源部原部长田凤山受贿案等大要案。2012年获北京法院首届“刑事审判专业标兵”称号，2016年被评为北京市审判业务专家。曾荣立个人三等功五次、二等功一次，获嘉奖五次、北京市人民满意政法干警争创奖一次。

北京市第二中级人民法院
刑事裁定书

（2021）京02刑终261号

抗诉机关：北京市丰台区人民检察院。

原审被告人：李某某，男，1981年7月4日生于山东省烟台市，汉族，初中文化。2004年11月因犯盗窃罪被判处有期徒刑六个月，缓刑一年，罚金人民币三千元；2014年8月因犯盗窃罪被判处有期徒刑六个月，罚金人民币二千元，2014年8月27日被释放。因涉嫌犯抢劫罪于2020年10月27日被羁押，同年12月2日被逮捕。现羁押在北京市丰台区看守所。

指定辩护人：刘岩岩，北京想成律师事务所律师。

北京市丰台区人民法院审理北京市丰台区人民检察院指控原审被告人李某某犯抢劫罪一案，于二〇二一年三月二十五日作出（2021）京0106刑初386号刑事判决。在法定期限内，北京市丰台区人民检察院提出抗诉，原审被告人李某某未提出上诉。本院依法组成合议庭，于2021年6月28日公开开庭进行了审理。北京市人民检察院第二分院指派检察官郭俐、检察官助理高鹏出庭履行职务，原审被告人李某某及指定辩护人刘岩岩到庭参加诉讼。经合议庭评议，审判委员会讨论决定，本案现已审理终结。

北京市丰台区人民法院判决认定：

2020年10月27日13时许，被告人李某某携带弹簧刀进入北京市丰台区榴乡路西侧无牌号平房，盗窃黑色单肩挎包内36元人民币后被发现，被告人李某某为抗拒抓捕，掏出弹簧刀威胁被害人崔某某。

被告人李某某于2020年10月27日被北京市公安局丰台分局东铁匠营派出所抓获。

原判认定上述事实的证据有：被告人李某某在公安机关的供述，被害人崔某某的陈述及辨认笔录，证人崔某某、罗某某的证言，视听资料，公安机关出具的现场勘验笔录及照片、搜查证、搜查笔录、扣押决定书、扣押笔录、扣押清单，被告人李某某的身份证明，刑事判决书、释放证明书，公安机关出具的“110”接处警记录、到案经过及破案报告等。

原判认为：被告人李某某无视国家法律，盗窃他人财物后，为抗拒抓捕而以暴力手段相威胁，其行为已构成抢劫罪，应予处罚。鉴于被告人李某某有犯罪未遂情节，且到案后如实供述犯罪事实，故对其予以减轻处罚。据此，原判依照《中华人民共和国刑法》第二百六十九条、第二百六十三条、第二十三条、第六十七条第三款、第五十二条、第五十三条、第六十四条、第六十一条之规定，判决如下：（1）被告人李某某犯抢劫罪，判处有期徒刑二年六个月，并处罚金人民币五万元。（2）随案移送被告人李某某作案工具折叠刀一把予以没收存档。

北京市丰台区人民检察院的抗诉意见是：事后抢劫的既遂应以先前的盗窃行为是否既遂来认定，即先前的盗窃行为既遂的，应认定事后抢劫既遂。先前的盗窃行为是否既遂，应以行为人取得（控制）了财物作为认定标准。在认定盗窃行为的既遂与未遂时，必须根据财物的性质、形状、体积大小、被害人对财物的占有状态、行为人的窃取样态等进行综合判断。就体积很小的财物而言，行为人将该财物夹在腋下、放入口袋、藏入怀中时就是既遂，即只要行为人将其置于其个人专属领域，就应认定为既遂。因为财物一旦进入行为人的个人专属领域，在社会观念上就处于行为人的支配空间，排除了被害人的占有。换言之，财物进入行为人的个人专属领域后，基于人格权等缘故，被害人就不可能没有障碍地取回财物。本案中，被告人李某某以非法占有为目的进入被害人崔某某的暂住地，将屋内挎包中的36元钱放入其外衣兜内，此时被告人在事实上已经取得了该体积较小的财物，排除了被害人对该笔钱款的占有，即应认定为盗窃既遂。被害人发现丢失财物后，被告人情急之下将所盗窃的钱款扔在地上，此时被告人的扔钱行为应视作盗窃既遂后对财物的处理行为，而不应影响对盗窃既遂形态的认定。被害人拉拽被告人欲寻求邻居帮助未果，后拨打报警电话，此时被告人在被害人的暂住地外掏出裤兜内的弹簧刀威胁被害人，属于为抗拒抓捕当场以暴力相威胁，先前的盗窃行为转化为抢劫罪，且抢劫既遂。原判认定本案有犯罪未遂情节错误，导致量刑畸轻。

北京市人民检察院第二分院的出庭意见是：原审被告人李某某入室盗窃，并将所窃财物带出户外，其盗窃行为已经既遂，其在户外将所盗窃钱款扔在地上的行为属于盗窃既遂后对非法窃取财物的处置。由于李某某盗窃既遂，此后其为抗拒抓捕当场以暴力相威胁的行为应当认定为抢劫既遂。北京市丰台区人民检察院抗诉意见正确，应予支持。原判认定李某某的行为构成抢劫罪定性准确，但认定犯罪未遂系适用法律错误，导致量刑不当，建议二审法院依法改判。另外，李某某在被害人报警后没有逃离现场是因为受到被害人控制，没有主动投案的意识，其行为不构成自首。

原审被告人李某某辩称：其是在屋内扔钱在地上。

原审被告人李某某的辩护人提出以下辩护意见：（1）李某某当场使用暴力或以暴力相威胁的目的不是窝藏赃物、抗拒抓捕或毁灭证据，不具有转化型抢劫罪的主观条件；李某某虽有持刀行为，但其所持刀具并非管制刀具，其是在被被害人抓住衣领继而报警的过程中顺势掏出弹簧刀，在双方保持一定距离时对峙，随即将刀扔到房屋北侧拆迁垃圾堆，该行为系消极防御的“摆脱行为”，不应认定为“使用暴力”，故原判适用法律错误，李某某的行为不构成抢劫罪，而应构成盗窃罪。（2）李某某明知被害人报警，且在未被控制仍具有逃跑可能的情况下在现场等待，到案后如实供述犯罪事实，应当认定李某某有自首情节。（3）一般抢劫罪主观恶性往往甚于转化型抢劫，既未劫取财物，又未造成他人人身伤害后果的，可以认定一般抢劫的未遂，却不能认定转化型抢劫未遂，显然违背罪刑相适应原则。故即使认定李某某的行为构成抢劫罪，亦应当认定李某某具有抢劫未遂的情节。

经审理查明：2020 年 10 月 27 日 13 时许，原审被告人李某某酒后携带弹簧刀进入被害人崔某某租住的北京市丰台区榴乡路西侧无牌号平房，趁崔某某在平房睡觉不备之机，盗窃其放在平房内桌子上单肩挎包内人民币 36 元，放进自己外衣右兜。被害人崔某某被响声惊醒后质问李某某进屋理由，李某某谎称租房，后向平房外逃走。被害人崔某某追出平房后，李某某将钱扔在了地下。被害人崔某某随即打电话报警。李某某为阻止报警，掏出弹簧刀对被害人崔某某进行威胁。被害人崔某某返回平房找出菜刀与李某某对峙，并继续打电话报警。后李某某将弹簧刀扔进平房外北侧拆迁垃圾堆内，在平房外等待民警到达现场，后被民警抓获。涉案弹簧刀已被起获在案。

认定上述事实的证据已在原审法院庭审中举证、质证并经原判确认，本院经开庭调查属实，予以确认。

本院认为：

一、关于本案性质

原审被告人李某某看到被害人报警后持刀对被害人进行威胁，企图阻止报警，被害人是在李某某持刀威胁后才从厨房内拿出菜刀自卫，此事实有被害人的陈述和李某某的庭前供述证明，足以认定，故李某某的行为属于入户盗窃他人财物后，为抗拒抓捕而持刀相威胁，其行为已构成转化型抢劫犯罪，依法应以抢劫罪定罪处罚。

北京市丰台区人民检察院及北京市人民检察院第二分院所提李某某的行为构成抢劫罪的意见成立，本院予以采纳。原审被告人李某某的辩护人所提李某某的行为不构成抢劫罪，而应构成盗窃罪的辩护意见不成立，本院不予采纳。

二、关于原审被告人李某某的抢劫行为构成既遂还是未遂

对于李某某的抢劫行为构成既遂还是未遂的问题，首先，需要正确确定转化型抢劫罪的既遂标准和判断既遂的时间基准。根据最高人民法院2005年7月印发的《关于审理抢劫、抢夺刑事案件适用法律若干问题的意见》，抢劫罪侵犯的是复杂客体，既侵犯财产权利又侵犯人身权利，具备劫取财物或者造成他人轻伤以上后果两者之一的，均属抢劫既遂；既未劫取财物又未造成他人轻伤以上人身伤害后果的，属抢劫未遂。转化型抢劫罪的犯罪性质与一般抢劫罪相同，社会危害性不比一般抢劫罪大，在既未劫取到财物又未造成轻伤以上人身伤害后果的情况下，一般抢劫罪可以认定为犯罪未遂，如果转化型抢劫罪认定为既遂，则会导致对转化型抢劫罪的处罚比一般抢劫罪的处罚更重，违反刑法规定的罪责刑相适应原则。故认定转化型抢劫罪既遂的标准应当与一般抢劫罪的认定标准相同。同理，判断是否构成既遂时如果不采取相同的时间基准，也违反刑法规定的罪责刑相适应原则。因此，判断转化型抢劫罪既遂的时间基准也应当与一般抢劫罪的认定标准相同。抢劫罪的基本特征在于“两个当场”，即当场实施暴力或以暴力威胁以及当场劫取财物，根据最高人民法院2016年1月印发的《关于审理抢劫刑事案件适用法律若干问题的指导意见》第三条规定，这里的“当场”是指在盗窃、诈骗、抢夺的现场以及行为人刚离开现场即被他人发现并抓捕的情形。因此，对于一般抢劫罪，认定既遂即劫取到财物或者造成轻伤以上人身伤害后果，应以抢劫行为当场实施终了为时间基准；对于转化型抢劫罪，认定既遂的时间基准，应当是为窝藏赃物、抗拒抓捕或者毁灭罪证而当场使用暴力或者以暴力相威胁行为的最终结束时。先前的盗窃、诈骗、抢夺行为不是转化型抢劫罪的最终环节，盗窃、诈骗、抢夺行为结束的时间节点不能作为认定转化型抢劫罪既遂的时间基准。因此，不能以盗窃、诈骗、抢夺行为是否既遂作为转化型抢劫罪是否既遂的判断标准。在未造成轻伤以上后果的情况下，即使盗窃、诈骗、抢夺行为既遂，如果行为人在使用暴力或者以暴力相威胁的当场被被害人夺回财物，行为人最终未获取财物，全案仍应当认定为抢劫罪未遂。

其次，需要正确确定盗窃罪既遂的认定标准。最高人民法院2003年11月印发的《全国法院审理经济犯罪案件工作座谈会纪要》指出，贪污罪是一种以非法占有为目的的财产性职务犯罪，与盗窃、诈骗、抢夺等侵犯财产罪一样，应当以行为人是否实际控制财物作为区分贪污罪既遂与未遂的标准。据此，对涉案财物形成实际控制是认定盗窃既遂的必要条件。行为人是否形成实际控制，需要结合财物持有人控制范围大小的不同情况分别认定。同样是现金，在公共场所或公共交通工具上扒窃的情况下，现金持有人控制范围只限于其自身及携带的物品，只要行为人把现金从持有人衣袋或提包等随身携带的处所窃取出来，就意味着持有人对现金失控，行为人形成对现金的控制。但在入户盗窃的情况下，持有人控制范围一般为整个户内，现金没有被移动到户外的，应认定为持有人对现金还没有失控，行为人还没有形成对现金的控制。本案被害人居住的房屋内属于其控制范围，李某某只要未将屋内钱款带到屋外，被害人就未对钱款失控，李某某就尚未实际控制钱款。本案现仅有被害人陈述证明李某某在屋外扔钱在地上，不足以证明李某某将所盗窃钱款带出屋外，不能认定李某某盗窃既遂。即使认定其带出屋外，其盗窃行为达到既遂，因李某某在被害人追赶的情况下将窃得的钱款扔在地上，最终未当场取得财物，未造成被害人轻伤以上人身伤害后果，也不能认定李某某的行为构成转化型抢劫既遂。故李某某所犯转化型抢劫罪系未遂，对其可以依法减轻处罚。

北京市丰台区人民检察院及北京市人民检察院第二分院所提李某某的行为构成抢劫既遂的意见不成立，本院不予采纳。

原审被告人李某某所提其是在屋内扔钱在地上的辩解成立，本院酌予采纳。

辩护人所提即使认定李某某的行为构成抢劫罪，亦应当认定李某某具有抢劫未遂情节的辩护意见成立，本院予以采纳。

三、关于原审被告人李某某的行为是否构成自首

原审被告人李某某明知被害人报警，在未被控制仍具有逃跑可能的情况下在现场等待，可以视为自动投案；其在到案后一审宣判前能如实供述主要犯罪事实，依法可认定其有自首情节。

北京市人民检察院第二分院所提李某某的行为不构成自首的出庭意见不成立，本院不予采纳。辩护人所提应当认定李某某有自首情节的辩护意见成立，本院予以采纳。

四、对原判的分析

原判认定事实和定罪正确，审判程序合法，未认定李某某自首不当，但已对李某某减轻处罚，量刑适当，故本院予以维持并对未认定自首及适用法律问题一并予以纠正。

综上，本院依照《中华人民共和国刑法》第二百六十九条、第二百六十三条、第二十三条、第六十七条第一款、第五十二条、第五十三条、第六十一条、第六十四条，《中华人民共和国刑事诉讼法》第二百三十六条第一款第一项之规定，裁定如下：

驳回抗诉，维持原判。

本裁定为终审裁定。

审　判　长　杨子良

审　判　员　王志东

审　判　员　周　耀

二〇二一年八月十日

法官助理　王芊雯

书　记　员　董华昕

郑吉喆

北京市第三中级人民法院

北京市第三中级人民法院立案庭四级高级法官，中国政法大学法学硕士,汉堡大学、香港城市大学法律硕士。入选北京市政法系统“十百千”人才工程，曾荣立个人三等功两次，多次获得优秀嘉奖。撰写的裁判文书曾获评首届全国法院百篇优秀裁判文书，作为执笔人参与撰写了最高人民法院、国家体育总局等的多项省部级课题，撰写的多篇文章在《审判前沿》《中国法院年度案例》《人民法院案例选》等书籍刊物上发表。

北京市第三中级人民法院
民事判决书

（2021）京03民终10532号

上诉人（原审原告）：智某，女，1957年8月25日出生，汉族，住北京市朝阳区。

委托诉讼代理人：周东明，北京市华夏律师事务所律师。

被上诉人（原审被告）：中信建投证券股份有限公司北京朝阳分公司，营业场所北京市朝阳区安立路66号4号楼。

负责人：李英虎，总经理。

委托诉讼代理人：孙雪洁，女，中信建投证券股份有限公司北京朝阳分公司员工。

被上诉人（原审被告）：中信建投证券股份有限公司，住所地北京市朝阳区安立路66号4号楼。

法定代表人：王常青，董事长。

委托诉讼代理人：高聪伟，男，中信建投证券股份有限公司员工。

上诉人智某因与被上诉人中信建投证券股份有限公司北京朝阳分公司（以下简称中信建投朝阳分公司）、中信建投证券股份有限公司（以下简称中信建投公司）服务合同纠纷一案，不服北京市朝阳区人民法院（2021）京0105民初9997号民事判决，向本院提起上诉。本院立案受理后，根据《全国人民代表大会常务委员会关于授权最高人民法院在部分地区开展民事诉讼程序繁简分流改革试点工作的决定》，依法适用独任制公开开庭审理本案。上诉人智某的委托诉讼代理人周东明，被上诉人中信建投朝阳分公司的委托诉讼代理人孙雪洁、中信建投公司的委托诉讼代理人高聪伟到庭参加诉讼。本案现已审理终结。

智某上诉请求：（1）将本案案由变更为侵权责任纠纷；（2）撤销一审判决，改判中信建投朝阳分公司、中信建投公司赔偿智某经济损失307623元；（3）将本案一审案件受理费更正为2957元，本案一审、二审诉讼费由中信建投朝阳分公司、中信建投公司承担。事实和理由：（1）本案实际是侵权责任纠纷，一审判决以服务合同纠纷违约责任为由，酌定中信建投朝阳分公司、中信建投公司连带赔偿智某经济损失3万元，认定事实错误，是超越职权的裁判。（2）一审判决适用法律错误。本案实际是侵权责任纠纷，一审法院依据《中华人民共和国民法典》第一百八十六条、第五百七十七条、第五百八十二条关于合同违约的法律规定作出判决，显然适用法律错误。本案应适用《中华人民共和国民法总则》《中华人民共和国民法通则》《中华人民共和国侵权责任法》等相关法律规定。（3）本案实际是侵权责任纠纷，一审判决以违约责任为由，酌定中信建投朝阳分公司、中信建投公司连带赔偿智某损失3万元，不合法，不公平，不合理。（4）一审判决违反《中华人民共和国民事诉讼法》规定的“人民法院审理民事案件，必须以事实为根据，以法律为准绳”的基本原则，明显袒护中信建投朝阳分公司、中信建投公司。（5）本案基本事实是中信建投朝阳分公司由于过错给智某造成经济损失。双方提供的证据证明，2018年10月19日，智某买入中信建投股票的意愿是明确积极的，并采取了实际行动。由于中信建投朝阳分公司从业人员侯某将他人资金账号提供给智某，致使智某无法登录中信建投股票交易系统，该异常行为使智某受到很大惊吓和风险，直接导致智某不能正常进行资金转账，无法买入中信建投股票，给智某造成重大经济损失。智某要求中信建投朝阳分公司、中信建投公司赔偿经济损失307623元，是依据《中华人民共和国侵权责任法》的规定，按照损失发生时的股票市场价格计算的，合法合理，中信建投朝阳分公司、中信建投公司给智某造成的经济损失远远大于307623元。

中信建投公司辩称，不同意智某的上诉请求、事实与理由。争议当日智某根本不具备购买中信建投股票的现实可能性，中信建投朝阳分公司告知其错误资金账号的行为未给智某带来任何实际损失。智某不具备购买中信建投股票的真实意愿。智某主张的赔偿数额不具备合理性。智某在争议事实早已确定的情况下多次变更索赔数额。

中信建投朝阳分公司辩称，同中信建投公司的答辩意见。

智某向一审法院起诉请求：判令中信建投证券股份有限公司北京安立路证券营业部（以下简称安立路营业部）和中信建投公司连带赔偿智某经济损失307623元。

一审法院认定事实如下：

智某为证明其有购买股票的真实意愿，提交证据如下：

1. 智某与其子赵某1（微信名为f）于2018年10月19日的微信。安立路营业部、中信建投公司对此证据的真实性、合法性均不予认可，认为有篡改微信的可能。

2. 赵某1的证人证言。安立路营业部、中信建投公司对其真实性、合法性均不予认可。

3. 智某民生银行于2018年10月18日有余额3379000元的截屏及民生银行个人账户对账单。安立路营业部、中信建投公司对其真实性、合法性均不予认可，认为民生银行并非安立路营业部、中信建投公司股票的关联绑定银行，认为不能证明智某有购买股票的真实意愿。

4. 赵某1于2018年10月19日通过微信发送给智某的中信建投股票截屏。安立路营业部、中信建投公司对此证据的真实性认可，证明目的均不予认可。

5. 智某的申万宏源证券股票账户股票明细对账单。安立路营业部、中信建投公司认为智某可以使用申万宏源证券股票账户购买股票，该账户并非停用状态。

6. 智某与民生银行北京奥运村支行的录音及个人账户对账单。安立路营业部、中信建投公司对此证据不予认可，认为不能证明智某有购买股票的真实意愿。

智某为证明因安立路营业部职员提供错误信息导致智某产生损失，提交证据如下：

1. 智某与其子赵某1于2018年10月19日的微信，载明的微信内容为：智某："证券密码忘记了，要亲自去改"；赵某1："好"；智某："一会儿就去，现在是万3可以调到万2，但要申请和看购买量"；赵某1："好，要万2的""我预计2450大底分毫不差""速度。见底了""昨天给妈妈选的中信建投""已经2%多了。不过不急。不差短期这点。应该是大底。买入好好持有。明年底前赚30%起步"；赵某1："妈，弄好了吗?"；智某："交易密码就是登录密码"；赵某1："账号不对!""你弄得是别人的账号。""别买了！周末买理财度过吧！哎"；智某："证券那个男孩用他手机，妈妈感觉很不对就站着看他!"；赵某1："你给我发你的电话去个电""座机打"；智某："大客服了，废话一大堆！告诉的最后两位数颠倒了！但确实有给我的错误账号其人！哪有这么巧合?"安立路营业部、中信建投公司对此证据的真实性、合法性均不予认可，认为有篡改微信的可能。

2. 安立路营业部职员侯某提供给智某的资金账号。安立路营业部、中信建投公司对此证据的真实性、合法性予以认可。

3. 智某与安立路营业部职员侯某于2018年10月19日的微信，载明的微信内容为：14时27分，智某："小侯你好!""网上APP登录密码。你问问中信建投。肯定不是你那个。你那个是交易和转账密码""请告诉阿姨以上问"；侯某："交易密码就是登录密码""你登录一下"。19时7分，侯某："阿姨，今天实在不好意思，由于我把您账号后两位告诉您错了，导致您折腾了一下午，是在是非常抱歉，导致您到现在也没有迟到，我也非常的自责，阿姨真的非常的对不起”。22时45分，智某：“阿姨从医院刚到家。你休息了吗”。23时59分，智某：“这是阿姨在柜台办理业务给你看我儿子给我发的微信。阿姨当时和你说：这是我儿子选的今天要买你们的股票。”安立路营业部、中信建投公司对其真实性认可，但存在侯某自我陈述与客观事实不相符的情况。

4. 智某与安立路营业部职员侯某于2018年10月19日的短信，载明的短信内容为：智某：“×××××××××”“我儿子问：网上app登录密码。你问问中信建投。肯定不是你那个。你那个是交易和转账密码”。智某与安立路营业部职员侯某于2018年10月21日的短信，载明的短信内容为：侯某：“阿姨，刚才给您打电话，您没接，估计您还在医院忙，我这两天周末在上课，然后就是赵某2联系的您，然后确实是我们的错，处理就按赵某2和您沟通的处理，下周看您那天方便，我去当面给您道个歉，以感谢一下您，那阿姨您早点休息，注意身体。”安立路营业部、中信建投公司对其真实性认可，但存在侯某自我陈述与客观事实不相符的情况。

智某为证明因安立路营业部同意赔偿智某的损失，提交证据如下：

1. 智某与安立路营业部职员赵某2于2019年10月19日的微信。安立路营业部、中信建投公司对此证据真实性予以认可，但不认可证明目的。

2. 智某与安立路营业部副经理薛某于2019年10月22日、24日、25日、26日的短信。安立路营业部、中信建投公司对此证据真实性予以认可，但不认可证明目的。

智某为证明其损失，提交中信建投股票于2018年10月19日、2019年10月22日K线图。安立路营业部、中信建投公司对其真实性认可，但是不认可证明目的，认为智某无购买股票的真实意愿且智某无真实存在的损失。

安立路营业部、中信建投公司为证明智某无真实购买股票的意愿，提交证据如下：

1. 安立路营业部、中信建投公司查询智某在申万宏源证券有限公司的证券账户截图及查询过程视频。智某不认可此证据合法性、关联性、证明目的，认为是安立路营业部提供错误资金账户导致智某产生损失。

2. 智某首次股票交易日期查询结果截屏及查询视频。智某对其真实性、合法性、关联性及证明目的均不予认可。

3. 智某与安立路营业部客服中心通话录音。智某对其真实性、合法性、关联性予以认可，但对证明目的不予认可。

4. 智某资金账户银证流水表及查询过程。智某对证明目的不予认可，认为是安立路营业部提供错误资金账户导致智某产生损失。

5. 智某证券账户委托流水表及查询过程。智某对证明目的不予认可，认为是安立路营业部提供错误资金账户导致智某产生损失。

安立路营业部、中信建投公司为证明智某主张的损失金额不具合理性，提交证据如下：

1. 智某与安立路营业部客服中心通话录音。智某对其真实性、合法性、关联性予以认可，但对证明目的不予认可。

2. 智某的《自然人风险承受能力问卷》结果截屏及查询视频。智某对其真实性、合法性、关联性均不认可。

3. 资金账号××××××××的登录日志查询结果截屏及查询视频。智某对其真实性、合法性认可，但是不认可关联性。

4. 2018年10月19日中信建投股票价格变动明细及查询视频。智某对其真实性、合法性认可，但是不认可关联性。

关于双方之间的服务合同，安立路营业部提交法院一份电子版《客户合同书》，称安立路营业部与智某仅签署了电子合同，未签署纸质合同。智某对此电子合同不予认可，称双方曾经签署过纸质合同，但是不在智某本人处，应该在安立路营业部处，智某认为安立路营业部提交的电子合同系其伪造的合同。

一审法院认为，当事人对自己的诉讼主张有责任提供证据，未提交相关证据或所提交证据不足以证明待证事实的，由负有举证责任的当事人承担相应诉讼后果。智某虽未向法院提交书面的服务合同且不认可安立路营业部提交的电子版《客户合同书》，但结合现有证据和当事人陈述，可认定智某与安立路营业部之间存在事实上的服务合同关系。法律规定，因当事人一方的违约行为，损害对方人身权益、财产权益的，受损害方有权选择请求其承担违约责任或者侵权责任。现本案智某以服务合同纠纷起诉安立路营业部、中信建投公司，主张安立路营业部存在过错导致智某产生损失。庭审中虽各方当事人均认可存在安立路营业部提供给智某错误资金账号这一事实，但考虑到一方面智某未充分举证证明自己的实际损失；另一方面智某未举证证明合同双方就违约责任如何约定，现中信建投公司表示如果法院判决愿意与安立路营业部承担连带责任，故一审法院酌定安立路营业部、中信建投公司连带赔偿智某损失30000元。综上，一审法院依据《中华人民共和国民法典》第一百八十六条、第五百七十七条、第五百八十二条之规定，判决：（1）中信建投证券股份有限公司北京安立路证券营业部与中信建投证券股份有限公司于判决生效之日起七日内连带赔偿智某经济损失3万元；（2）驳回智某的其他诉讼请求。

本案二审期间，智某向本院提交以下证据：证据1. 法院诉讼费交款通知书、人民法院诉讼收费专用票据，用以证明本案一审诉讼费是2957元，一审法院收取的诉讼费是错误的，应予纠正；证据2. 中信建投股票2018年6月至2020年4月16日k线图，用以证明中信建投股票2018年10月的股票价格是最低的，之后再也没有低于2018年10月19日的价格，中信建投朝阳分公司的过错使智某失去以超低价买入股票的机遇，造成重大损失；证据3. 智某民生银行个人账户对账单，用以证明2018年10月19日智某用手机银行从民生银行账户转入中信建投证券资金账户绑定的工商银行银行卡20万元，该款实时到账，用于购买中信建投股票；证据4.《民生银行网银互联是什么》网页截图，用以证明民生银行的转账可实时到账，如果中信建投朝阳分公司业务员侯某提供给正确的资金账号，智某可以将款项转到工商银行卡，款项实时到账，登录中信建投股票交易系统就可以买入中信建投股票；证据5. 中信建投朝阳分公司的基本信息截图；证据6. 名称变更通知复印件；证据5、证据6用以证明安立路营业部于2021年1月5日名称变更为中信建投朝阳分公司，本案庭审中，中信建投朝阳分公司隐瞒名称变更的事实；证据7. 智某与其子赵某1微信聊天记录以及赵某1的微信号截图，用以证明2018年10月19日赵某1给智某选中中信建投股票，将该股票代码K线图发给智某，要其买入好好持有，由于中信建投朝阳分公司业务员提供他人的资金账号，致使智某无法买入中信建投股票；证据8. 智某在申万宏源证券北京安定路证券营业部股票明细对账单，用以证明智某自2015年12月17日将证券账户的资金全部转入银行账户，停止使用申万宏源证券账户，到诉争的2018年10月19日，已停用两年十个月，至今没有任何交易记录；证据9. 智某微信号资料截图。

中信建投朝阳分公司、中信建投公司发表质证意见如下：对证据1的真实性予以认可；对证据2的真实性、证明目的不予认可；对证据3的真实性认可，证明目的不予认可；对证据4的真实性、证明目的不予认可，在2018年10月19日争议当日，中信建投朝阳分公司在上午确实告知了错误的资金账号，但是下午就已经告诉了智某正确的账号，其如有真实意愿购买，可以在2018年10月22日开盘后购买，但是智某到现在都没有买过一分钱的中信建投的股票；对证据5、证据6的真实性予以认可，证明目的不予认可，中信建投朝阳分公司没有隐瞒名称变更事实的故意；证据7为智某与其子之间的微信聊天记录，真实性无从考证，不予认可，综合智某获知正确资金账号之后并未及时转入资金，也未买入中信建投股票的事实，智某并不具备购买中信建投股票的真实意愿；对证据8的真实性、证明目的均不予认可，智某是否忘记申万宏源账号，中信建投朝阳分公司、中信建投公司无从知晓，中信建投朝阳分公司、中信建投公司主张智某不具备购买中信建投股票的真实意愿，是基于一系列证据和事实提出的主张；对证据 9 的真实性、证明目的不予认可。

中信建投朝阳分公司、中信建投公司提交系统操作演示视频一份，用以证明银证转账是不需要资金账号的。对此智某表示：对其真实性、合法性、关联性和证明目的均不予认可，与本案无关。

二审经查，2021 年 1 月 5 日，经北京市朝阳区市场监督管理局核准，安立路营业部的名称变更为中信建投朝阳分公司。

关于本案案由问题，在智某向一审法院提交的落款时间显示为 2021 年 1 月 12 日的《变更诉讼请求申请书》中，明确载明“申请人（本案原告）智某起诉第一被告中信建投证券股份有限公司北京安立路证券营业部、第二被告中信建投证券股份有限公司服务合同纠纷一案，现根据本案实际情况变更诉讼请求……”同时，在一审庭审中，一审法院就本案案由确定问题进行询问，智某代理人明确表示：“我们起诉的是服务合同纠纷。我方认为被告在履行合同过程中存在过错，双方签署过合同《中信建投证券股份有限公司客户合同书》，原告把这份合同已经丢失。”

二审经查，智某在一审中提交的其与侯某的微信聊天记录中显示，2018 年 10 月 19 日 23：49，智某向侯某发送民生银行账户变动提醒截图，记载 10 月 18 日“您尾号××××的借记卡交易信息：存入个人投资本金和收益，人民币 3379000 元”，智某同时向侯某发送信息“这是阿姨理财到账的准备买股票”。

本院对一审法院查明的其他事实予以确认。

本院认为，对于本案的法律适用一节，《最高人民法院关于适用〈中华人民共和国民法典〉时间效力的若干规定》第一条第二款规定：“民法典施行前的法律事实引起的民事纠纷案件，适用当时的法律、司法解释的规定，但是法律、司法解释另有规定的除外。”根据本案查明事实，引起本案纠纷的法律事实发生于《中华人民共和国民法典》施行前，故本案应当适用当时的法律、司法解释的规定，一审法院适用《中华人民共和国民法典》的规定对本案进行处理，适用法律不当，本院予以纠正。

关于本案案由确定问题。《中华人民共和国合同法》第一百二十二条规定：“因当事人一方的违约行为，侵害对方人身、财产权益的，受损害方有权选择依照本法要求其承担违约责任或者依照其他法律要求其承担侵权责任。”由此可见，侵权责任与违约责任构成法律上的责任竞合，当事人只能择一选择。这种选择一旦确定，涉及各方诉辩思路、请求权基础、判决依据等问题，故当事人不得随意更改。在本案审理中，智某在其向一审法院提交的变更诉讼请求申请中明确本案系服务合同纠纷，其代理人在一审庭审接受法庭对案由的询问时，亦明确表示其系以服务合同纠纷提起本案诉讼，在一审法院已就本案案由确定问题进行审查且智某未明确要求变更本案案由的情况下，一审法院根据智某就本案案由提出的意见及智某提出的诉讼请求涉及的法律关系性质确定本案案由为服务合同纠纷，符合法律规定，对此本院予以确认。智某二审上诉提出将本案案由变更为侵权责任纠纷缺乏依据，本院不予采纳。

关于责任认定问题。本院认为，本案中虽未有充分证据显示双方曾就服务合同的具体文本内容达成一致，但根据查明的事实，智某在中信建投朝阳分公司开立资金账户，中信建投朝阳分公司为智某提供了包括账户信息查询等的服务，双方构成服务合同关系。一审法院结合本案现有证据和当事人的陈述认定智某与中信建投朝阳分公司存在事实上的服务合同关系，并无不妥，应予确认。

证券公司应当依法审慎经营，勤勉尽责，诚实守信。作为服务的提供方，作为专业的证券行业从业机构，无论有无具体书面合同约定，证券公司在为客户提供相应服务时都应当保证服务的基本质量，确保自身法定义务的履行，应当认为这些内容属于服务合同默示的必备条款或者内容，无须当事人再另行进行明示的书面约定，如果证券公司在为投资人提供服务过程中未尽到基本的注意义务，则应当认为构成服务合同的违约。就本案查明事实，在为智某提供有关资金账号查询服务的过程中，中信建投朝阳分公司的工作人员确实存在失误，将智某资金账号的最后两位顺序颠倒，向智某告知了错误的资金账号，致使智某在2018年10月19日下午无法登录证券交易系统进行证券交易，故应当认为中信建投朝阳分公司在服务合同的履行中存在未勤勉尽责、未尽到基本注意义务的情形，其行为构成服务合同的违约，应当依法承担相应违约责任。《中华人民共和国合同法》第一百零七条规定："当事人一方不履行合同义务或者履行合同义务不符合约定的，应当承担继续履行、采取补救措施或者赔偿损失等违约责任。"就本案而言，根据智某的诉讼请求，其实质系要求证券公司承担赔偿损失的责任。本案中，中信建投公司、中信建投朝阳分公司并未就一审法院判令其赔偿智某相应损失的判项提起上诉，因此本案的争议焦点在于应否支持智某的主张的损失数额。

从损失的分类上看，损失既包括由于财产价值下降减损的损失，也包括合同在得到全面履行下应当获得而未获得的利益。本案中智某并不存在已有财产本身的减损贬值，其主张的损失是如果中信建投朝阳分公司在智某查询时提供了正确的资金账号，智某就能够在2018年10月19日下午开盘后短时间内以337.9万元的资金全部买进中信建投股票，并在10月22日价格上涨后盈利卖出的情形下所能获得的利润，从性质上看属于可得利益损失。《中华人民共和国合同法》第一百一十三条第一款规定：“当事人一方不履行合同义务或者履行合同义务不符合约定，给对方造成损失的，损失赔偿额应当相当于因违约所造成的损失，包括合同履行后可以获得的利益，但不得超过违反合同一方订立合同时预见到或者应当预见到的因违反合同可能造成的损失。”与减损损失相比，可得利益损失系建立在单个或多个假设事实的基础上对预期利润的估量，并非实际发生的损失，具有一定的预测性。本案中，对智某主张的损失，本院分析如下：

一、从可得利益的确定性角度进行考量

本院认为，可得利益损失具有未来性、预测性的特征，但这并不意味着估算可得利益损失时可进行任意的假设估量，权利人依然需要证明其所主张的可得利益损失至少具有合理的确定性。从可得利益产生的基础看，一般而言，如果可得利益系基于受害人长期而稳定的劳动、生产经营等而产生的，那么认定可得利益损失存在的可能性更大一些。如果该利益的取得系建立在证券市场行情等不确定因素的基础之上，那么一般较难满足确定性的要求，这是因为股票交易的显著特点就在于股票价格会随着市场行情、资金流入流出状况等大幅波动，处于涨跌不定的状态之中，投资人是否买入的投资决策、购买数量往往会随之变动，能够获得股票价差利润仅具有可能性，并不具备合理的确定性。本案中智某主张的可得利益是准备买入的特定股票交易的差价利润，虽然智某提供了其与赵某1之间的微信聊天记录，证明赵某1向其推荐了中信建投股票，但智某在当天可能具有投资该只股票的意图并不意味着其所主张的可得利益的确定性，根据在案证据显示，在此之前智某已经数年未曾交易股票，智某正是因为开户后长期未使用才遗忘账户，且智某名下的与诉争证券资金账户相关联的第三方存管的银行账户在2018年10月19日当天仅有20万元款项转入，智某诉称的337.9万元资金并未全部转入，此种背景下，智某是否使用其所称的大额资金全部买入中信建投股票的情况存在不确定性。同时，如智某对中信建投股票的盈利预期及以337.9万元购买中信建投股票的意愿足够强烈，其在获取正确资金账号和密码后及时买进，亦能取得可观收益，但本案中并无证据显示智某此后进行过相应投资行为。故就本案审理情况，本院难以认定智某主张的可得利益的确定性。

退一步讲，即使从智某假设的买入情形分析，在智某代理人向本院提交的书面意见中载明，智某在本案中主张的场景是在2018年10月19日13时至14时投入337.9万元买入中信建投股票，但其亦自认在上述60分钟中，中信建投的成交金额为5209万元，如按其所述，智某单一账户的买入将占据该时段中信建投股票全国成交量的百分之六以上，正如前述分析，股票的价格波动会受多方面因素的影响并实时变化，单一账户的大量买入是否会引发中信建投股价的波动，对当天后续走势会造成何种影响都将处于不确定的状态，综合以上分析，本院认为智某在本案中所主张的可得利益损失确定性不足。

二、从可得利益的可预见性方面进行考量

合同履行后可以获得的利益不得超过违反合同一方订立合同时预见到或者应当预见到的因违反合同可能造成的损失。可预见性是判断可得利益合理与否的法定考量因素。从常理看，无论在办理开户手续时还是提供了错误的资金账号之时，中信建投朝阳分公司的工作人员都难以预见到智某在本案中所主张的将其所称的337.9万元均用于投资的情形，且本案中，智某是否具有将其所称的民生银行账户余额全部用于购买中信建投股票的意愿，属于当事人内心意思的范畴，外人无从得知。就本案现有证据，智某在2018年10月19日23时49分才将民生银行账户变动提醒截图发给侯某，而在侯某为智某提供资金账户和密码服务的过程中，智某并未明确告知侯某其准备将民生银行账户余额全部用于购买中信建投股票，故就本案审理情况，难以认定智某已将其欲以其民生银行账户全部余额购买中信建投股票的意愿明确告知侯某，从而达到引起侯某在履行审慎注意义务的基础上进一步提高其注意义务的程度。综合以上分析，本院认为本案中智某所主张的损失可预见性不足。

三、从违约程度和可得利益对比方面进行公平考量

可得利益损失并非实际损害，要结合违约方的违约程度和当事人主张的可得收益的对比进行综合判断。违约人承担的赔偿责任，要与违约的严重程度及合同履行中的过错程度相适应，否则容易导致当事人之间的权利义务严重失衡。本案中中信建投朝阳分公司确实存在告知智某错误资金账号的情况，但其承担的责任应以其未尽审慎注意义务的范围为限。根据本案查明事实，中信建投朝阳分公司工作人员告知智某的资金账号系后两位颠倒，根据一般生活常识，应当认为该等告知错误并非中信建投朝阳分公司工作人员故意为之，应属中信建投朝阳分公司工作人员未尽审慎注意义务所致，虽有过失，但过错程度较轻，在本案中亦未显著增加智某已有财产的损失风险，智某所主张的可得利益赔偿责任金额与中信建投朝阳分公司在本案服务合同履行中的过错程度明显失衡，对此本院难以支持。

综上所述，智某在本案中所主张的损失金额依据和理由不足，本院难以支持。本案中中信建投朝阳分公司应承担的责任，应以其未尽审慎注意义务的范围为限，本案中智某虽无法证明其受到的实际损失，但不可否认，中信建投朝阳分公司在此次服务中的不到位会给智某的投资带来一定的困扰，结合双方事后就本案争议解决进行沟通和洽商的过程，综合考虑本案的实际情况，本院认为一审法院酌定的赔偿金额并无明显不当，可予维持。中信建投公司对与中信建投朝阳分公司承担连带责任不持异议，本院对此予以确认。

就案由一节，本院在论述的最后仍需要指出，智某一方在二审中反复坚持以侵权责任纠纷主张权利，但就本案的具体情形而言，中信建投朝阳分公司提供错误账号的事实是明确的，故本案无论是侵权责任纠纷还是服务合同纠纷，在归责方面并不存在区别；在对智某提出的诉讼请求的请求权基础审查方面，特别是对可得利益损失的审查上，相较于《侵权责任法》并未对可得利益损失进行明确，《合同法》无疑提供了更明确的请求权基础；在损失数额支持上亦不存在以侵权责任纠纷主张就能高于以服务合同纠纷案由主张的情形，智某一方对案由的变更与否的坚持实质上并不影响案件的裁判结果。

关于一审案件受理费，本院认为，《诉讼费用交纳办法》第二十九条第一款、第二款规定："诉讼费用由败诉方负担，胜诉方自愿承担的除外。部分胜诉、部分败诉的，人民法院根据案件的具体情况决定当事人各自负担的诉讼费用数额。"本案中，智某的一审诉讼请求并未得到完全支持，属于部分胜诉、部分败诉的情形，一审法院对于一审案件受理费的计算有误，本院根据智某提出的诉讼请求数额、获支持的数额等情况对本案的一审案件受理费予以重新核算。

关于智某在本案二审中针对中信建投公司、中信建投朝阳分公司提交的诉讼材料提出的申请，其本质上是对中信建投公司、中信建投朝阳分公司提交的诉讼材料不符合法定的形式要求的异议意见，对此本院认为，在本案审理中，本院已对双方提交的相应诉讼材料进行审查并结合全案证据对案件事实予以综合认定，中信建投公司、中信建投朝阳分公司的举证形式虽有不妥，但并不影响双方当事人依法行使诉讼权利及本院对本案事实的认定。

同时，因安立路营业部的名称已经市场监督管理部门核准变更为中信建投朝阳分公司，故本院对一审判决的相应判项内容予以变更。

综上所述，智某的上诉请求不能成立，应予驳回；一审判决对于部分诉讼主体名称认定有误，适用法律不当，本院依法予以纠正。依照《中华人民共和国合同法》第一百零七条、第一百一十三条、第一百二十二条，《中华人民共和国民事诉讼法》第一百七十条第一款第二项，《最高人民法院关于适用〈中华人民共和国民法典〉时间效力的若干规定》第一条，《最高人民法院关于适用〈中华人民共和国民事诉讼法〉的解释》第九十条之规定，判决如下：

一、维持北京市朝阳区人民法院（2021）京0105民初9997号民事判决第二项；

二、将北京市朝阳区人民法院（2021）京0105民初9997号民事判决第一项变更为“中信建投证券股份有限公司北京朝阳分公司与中信建投证券股份有限公司于本判决生效之日起七日内连带赔偿智某经济损失3万元”。

如果未按本判决指定的期间履行给付金钱义务，应当依照《中华人民共和国民事诉讼法》第二百五十三条之规定，加倍支付迟延履行期间的债务利息。

一审案件受理费2957元，由智某负担2669元（已交纳），由中信建投证券股份有限公司北京朝阳分公司与中信建投证券股份有限公司负担288元（于本判决生效后七日内交至一审法院）。

二审案件受理费5464元，由智某负担（已交纳5194元，余款于本判决生效后七日内交纳）。

本判决为终审判决。

审 判 员 郑吉喆

二〇二一年十月八日

法官助理 汤和云
法官助理 武 菁
书 记 员 陈昭希
书 记 员 马梦蕾

杨磊

北京市第一中级人民法院

北京市第一中级人民法院民事审判二庭副庭长，三级高级法官。从事民事审判工作十四年，审理的多起案件入选中国法院年度案例和院精品案例。先后七次获评“优秀”，三次荣立个人三等功。个人承办案件的裁判文书获评全国法院百篇优秀裁判文书、北京法院2021年优秀裁判文书网上互评活动一等奖，荣获北京法院“模范云庭”银奖等荣誉称号；撰写的多篇文章在《人民司法》《中国审判》《北京审判》《人民法院报》等刊物上发表。

北京市第一中级人民法院
民事判决书

（2021）京 01 民终 5867 号

上诉人（原审被告）：车立方文化发展（北京）有限公司，住所地北京市朝阳区太阳宫乡十字口村东头 24 幢。

法定代表人：唐承珍，经理。

委托诉讼代理人：孙朋，北京市富程律师事务所律师。

委托诉讼代理人：王丽丽，女，北京市富程律师事务所实习律师。

被上诉人（原审原告）：北京深层广告有限公司，住所地北京市海淀区学院路 37 号北京航空航天大学天行网球馆。

法定代表人：许旸，总经理。

委托诉讼代理人：肖京文，北京市海淀区燕园社区法律服务所法律服务者。

上诉人车立方文化发展（北京）有限公司（以下简称车立方公司）因与被上诉人北京深层广告有限公司（以下简称深层广告公司）服务合同纠纷一案，不服北京市海淀区人民法院（2020）京 0108 民初 40629 号民事判决，向本院提起上诉。本院于 2021 年 7 月 6 日立案后，依据《中华人民共和国民事诉讼法》第一百六十九条之规定，合议庭经过阅卷、调查和询问当事人后，不开庭审理了本案，现已审理终结。

车立方公司上诉请求：撤销一审判决，改判驳回深层广告公司全部诉讼请求。事实和理由：第一，一审判决认定“涉案合同约定的付款期间应属约定不明”“车立方公司应于 2020 年 1 月 22 日前履行还款义务，车立方公司未按照此期限付款应属违约”，该认定缺乏事实和法律依据，属基本事实认定错误。涉案合同项目是为奥迪公司摄制视频，按照行业惯例，奥迪公司向车立方公司支付合同款项后，车立方公司向深层广告公司支付合同款项。基于此，在双方签订的《视频拍摄合同》第 2. 2 条中，双方一致约定以“广告主奥迪公司向车立方公司支付全部合同款项”为付款条件。该约定系双方真实意思表示，没有违反我国法律和行政法规的强制性规定，合法有效。车立方公司尚未收到广告主奥迪公司支付的合同款项，涉案合同的付款条件尚未成就，车立方公司并未构成违约，不应承担违约责任。车立方公司与奥迪公司签订相关合作合同时明确约定了付款期限，一审判决以“车立方公司与深层广告公司在签订合同时不可能明确知悉奥迪公司的付款时间”为由，忽视合同付款条件尚未成就的客观事实，认定“涉案合同约定的付款期限应属约定不明”，并依据深层广告公司的《催款函》认定车立方公司应于2020年1月22日前履行付款义务，于法无据，属基本事实认定错误。第二，一审判决载明，“车立方公司亦未就奥迪公司的付款情况向本院提交证据予以证明”，与庭审实际情况不符。本案庭审过程中，车立方公司向法院提交了与奥迪公司的电子邮件沟通记录截图4张用于证明奥迪公司未向车立方公司支付涉案合同款项，车立方公司积极催促奥迪公司付款。在车立方公司已经就奥迪公司付款情况提交证据的情况下，一审判决的上述认定与庭审实际情况不符。第三，一审判决适用法律错误，缺乏事实和法律依据。《视频摄制合同》第2.2条明确约定了付款条件及期限，一审判决以“根据相关法律规定，当事人就有关合同履行期限约定不明确，既不能达成补充协议，按照合同有关条款或者交易习惯又不能确定的，债务人可以随时履行，债权人也可以随时要求履行，但应当给对方必要的准备时间”为由，认定车立方公司的付款条件已经成就，属适用法律错误。

深层广告公司辩称，同意一审判决，不同意车立方公司的上诉请求及理由。

深层广告公司向一审法院起诉请求：（1）判令车立方公司立即支付“全系奥迪A6L上市视频拍摄”服务费2800000元；（2）判令车立方公司支付违约金382200元（以2800000元为基数，按照每日万分之五，自2019年9月3日计算至2020年6月3日共计273天）；（3）判令车立方公司承担本案诉讼费。

一审法院认定事实：2019年1月2日，车立方公司（甲方、委托方）与深层广告公司（乙方、受托方）签订《视频拍摄合同》，合同约定：甲方委托乙方提供视频拍摄服务，工作周期为2019年1月6日至2019年2月5日，为期31天，交付甲方使用时间为2019年1月30日；甲方应向乙方支付合同价款2800000元；乙方按期完成并提交制作成果且经甲方及奥迪验收合格且甲方收到奥迪支付的全部合同款项后30日内向乙方支付合同总净额100%；乙方应于甲方付款前2日向甲方出具全额增值税专用发票，发票内容为服务费，乙方迟延开具发票或者提供发票不符合甲方需求的，甲方有权暂缓向乙方付款，且不承担因此引发的任何责任；如甲方迟延付款，则每迟延一日，应向乙方支付未付款项万分之五的违约金。

上述《视频拍摄合同》签订后，深层广告公司按照双方合同约定履行了全部合同义务。2019 年 9 月 4 日，车立方公司收到深层广告公司开具的全额增值税专用发票。2020 年 1 月 7 日，深层广告公司向车立方公司以电子邮件方式发送《催款函》，要求车立方公司于 2020 年 1 月 22 日前付清款项，否则深层广告公司将依据《视频摄制合同》约定追究车立方公司的违约责任。车立方公司认可于 2020 年 1 月 7 日收到上述《催款函》，但车立方公司至今未向深层广告公司付款。

车立方公司辩称，其承接了奥迪公司的项目，涉案视频制作合同是从中拆分出来的，车立方公司与奥迪公司并未单独就涉案视频制作部分签订单独的合同，《视频摄制合同》中约定的付款期限就是在奥迪公司把整个大项目项下的所有款项结清以后，车立方公司再付钱给深层广告公司，现奥迪公司未向车立方公司全额付款，故车立方公司向深层广告公司付款的条件尚未成就。深层广告公司对此不予认可，认为根据上述约定，无法确定实际给付合同价款的具体时限，奥迪公司不是本案合同的当事人，深层广告公司也无从知晓奥迪公司与车立方公司所签订的合同内容，故车立方公司以其收到奥迪支付的全部合同款项作为支付涉案合同价款的条件，严重违背诚信原则，该条款不应成为车立方公司拒绝支付涉案合同价款的理由。

经法院询问，车立方公司表示奥迪公司自 2018 年度开始欠款，但车立方公司至今未向奥迪公司提起诉讼，车立方公司亦未就奥迪公司的付款情况向法院提交证据予以证明。

一审法院认为，深层广告公司与车立方公司签订的《视频拍摄合同》系双方真实意思表示，内容与形式不违反我国法律和行政法规的强制性规定，应属有效。双方均应按照合同约定完全履行合同义务。

本案争议焦点在于《视频拍摄合同》中约定的付款条件是否成就，对此法院认为，双方合同中约定的“车立方公司收到奥迪支付的全部合同款项后 30 日内向深层广告公司支付合同总净额 2800000 元”中关于“奥迪支付的全部合同款项”所指向的内容并不明确，深层广告公司和车立方公司在签订合同时都不可能明确知悉奥迪公司的付款时间，因此涉案合同约定的付款期限应属约定不明。根据相关法律规定，当事人就有关合同履行期限约定不明确，既不能达成补充协议，按照合同有关条款或者交易习惯又不能确定的，债务人可以随时履行，债权人也可以随时要求履行，但应当给对方必要的准备时间。具体到本案，在深层广告公司已经履行完毕全部合同义务的前提下，其于 2019 年 9 月 4 日向车立方公司提供了全额增值税专用发票，并于 2020 年 1 月 7 日向车立方公司发送《催款函》，明确要求车立方公司于 2020 年 1 月 22 日前给付合同价款，该期限已经为车立方公司预留了付款准备时间，应属合理，故法院认定车立方公司应于2020年1月22日前履行付款义务，车立方公司未按照此期限付款应属违约，其应将服务费2800000元给付深层广告公司，并承担相应违约责任。故深层广告公司关于服务费的诉讼请求具有事实和法律依据，法院依法予以支持，其关于违约金的主张，因起算日期与法院认定事实不符，法院对其2020年1月23日至2020年6月3日的违约金186200元予以支持，对超出部分不予支持。

关于车立方公司主张降低违约金计算标准的请求，考虑到车立方公司已经迟延付款一年以上，而深层广告公司仅主张了部分违约金，且获法院支持部分并未过分高于其实际损失，故法院对其降低违约金计算标准的请求不予准许。

综上所述，一审法院依照《中华人民共和国合同法》第八条、第六十一条、第六十二条、第一百零七条、第一百零九条、第一百一十三条、第一百一十四条，《中华人民共和国民事诉讼法》第六十四条第一款，《最高人民法院关于适用〈中华人民共和国民事诉讼法〉的解释》第九十条，《最高人民法院关于适用〈中华人民共和国民法典〉时间效力的若干规定》第二十条之规定，判决：（1）车立方文化发展（北京）有限公司于判决生效后十日内向北京深层广告有限公司支付服务费2800000元及迟延付款违约金186200元；（2）驳回北京深层广告有限公司其他诉讼请求。如果车立方文化发展（北京）有限公司未按判决指定的期间履行给付金钱义务，应当依照《中华人民共和国民事诉讼法》第二百五十三条之规定，加倍支付迟延履行期间的债务利息。

本案二审期间，双方当事人均没有提交新证据。

另查，就车立方公司上诉所称的其于一审期间提交了奥迪公司付款情况的证据，经查，车立方公司确于一审开庭时出示了催款邮件两封及附件，但深层广告公司对该份证据的真实性和证明目的均不认可，车立方公司就此并未提交其他相关证据佐证。除上述事实外，一审法院认定的其他事实正确，本院予以确认。

本院认为，本案争议焦点是车立方公司根据双方签订的《视频拍摄合同》第2.2条之约定，以付款条件未成就为由，认为其不应履行付款义务，并未构成违约的主张是否成立。对此，本院评述如下：

一、本案的法律适用

根据《最高人民法院关于适用〈中华人民共和国民法典〉时间效力的若干规定》第二十条之规定，民法典施行前成立的合同，依照法律规定或者当事人约定该合同的履行持续至民法典施行后，因民法典施行前履行合同发生争议的，适用当时的法律、司法解释的规定。本案诉争《视频拍摄合同》订立于2019年，双方因合同履行产生争议及起诉行为发生于2020年，故本案应适用《中华人民共和国民法典》施行前的相关法律规定。

二、车立方公司能否以付款条件未成就为由拒绝履行付款义务

（一）对双方争议条款的处理原则

本案诉争《视频拍摄合同》系双方真实意思表示，内容不违反我国法律和行政法规的强制性规定，应属有效。双方均应按照合同约定完全履行合同义务。

对合同约定具体内容的确定是履行合同的前提，也是判断是否存在违约情形的基础。本案中，针对诉争车立方公司的付款义务，《视频拍摄合同》第2.2条约定，乙方按期完成并提交制作成果且经甲方及奥迪验收合格且甲方收到奥迪支付的全部合同款项后30日内向乙方支付合同总净额100%。对于其中的“甲方收到奥迪支付的全部合同款项后30日内向乙方支付合同总净额100%”，深层广告公司认为此系对付款条件约定不明，车立方公司认为该约定是明确的。本案一审、二审期间，双方就此无法达成一致的补充协议。根据《中华人民共和国合同法》第六十一条之规定，在当事人对合同条款的理解产生争议时，应通过合同解释阐明合同订立双方的真实意思，进而确定合同约定的具体内容。

（二）对双方争议条款的文义解释

《中华人民共和国合同法》第一百二十五条第一款规定，当事人对合同条款的理解有争议的，应当按照合同所使用的词句、合同的有关条款、合同的目的、交易习惯以及诚实信用原则，确定该条款的真实意思。因此，对合同的解释首先应从文义解释入手。从《视频拍摄合同》第2.2条约定的通常文义看，车立方公司向深层广告公司付款的正常流程是，深层广告公司提交制作成果并接受车立方公司与奥迪公司验收，验收合格之后，奥迪公司向车立方公司支付相关款项，车立方公司再向深层广告公司履行付款义务。若仅从字面意义理解，奥迪公司付款是车立方公司履行付款义务的前置环节。但对于文义的解释，不能简单、机械、片面地强调字面内容，若仅凭字面意义理解会导致违背双方真实意思的解释结果，例如将致使合同履行无限期而明显违背诚实信用原则等情形，此时则应具体结合双方当事人交易全过程以及订立合同时的真实意思等因素进行判断，对双方约定的文义进行合理限制。具体到本案中，深层广告公司已经依照约定完全履行全部合同义务，而根据车立方公司所述奥迪公司因其自身原因至今未能向车立方公司支付相关款项，何时能够支付亦没有明确，此种情况是否属于《视频拍摄合同》第2.2条所约束的对象，仅仅通过文义解释无法确定。

（三）对双方争议条款的进一步解释

在文义解释无法确定争议条款的真实意思时，应遵循诚实信用原则并采取最适合于合同目的的解释方法。诚信解释要求根据一个诚实守信的人所应当理解的含义来解释合同，目的解释要求解释合同应符合当事人所欲达成的目的。本案中，车立方公司和深层广告公司订立合同时所欲追求的效果是，通过合同的完全履行来达到获取合格视频和相应款项等主要目的，并通过约定视频提交时间、验收程序、违约金等要素来保障合同履行。合同订立后，深层广告公司依照约定全面履行了自己的义务。因此，无论是合同订立时双方在诚信基础上的真意探知，还是合同履行中的实际行为，均反映出双方并未将奥迪公司迟迟不付款且未来不确定能否付款及何时付款，作为车立方公司拒绝履行付款义务的情形，否则将与双方订立合同时所欲达成的目的相悖，并将深层广告公司置于极大的风险状态中，且违反诚实信用的交易原则。因此，在双方本着诚实信用原则签订合同且深层广告公司已经履行完毕全部合同义务的情况下，《视频拍摄合同》第2.2条约定车立方公司以奥迪公司的付款行为作为其向深层广告公司付款的条件，并不能理解为车立方公司有权在奥迪公司未在合理期限内向其付款时，拒绝向深层广告公司履行付款义务。因此，车立方公司以奥迪公司未向其支付款项为由主张其付款条件未成就，该理由不能成立。

三、车立方公司应当履行付款义务的起算时点

如前所述，《视频拍摄合同》第2.2条虽然对车立方公司履行付款义务的条件进行了约定，但不能绝对机械地依照字面约定进行理解。在本案深层广告公司合同义务已经履行完毕，而奥迪公司未能向车立方公司付款，且具体履行日期无法按照合同有关条款和交易习惯确定的情况下，根据《中华人民共和国合同法》第六十二条之规定，履行期限不明确的，债务人可以随时履行，债权人也可以随时要求履行，但应当给对方必要的准备时间。本案中，根据查明的事实，深层广告公司依照约定，于2019年1月30日交付制作成果，后通过车立方公司和奥迪公司验收并在市场投放；2019年9月4日向车立方公司提供了全额增值税专用发票，并于2020年1月7日向车立方公司发送《催款函》，明确要求车立方公司于2020年1月22日前给付合同价款。深层广告公司发送《催款函》时距离其提交合格的制作成果已近一年时间，且为车立方公司预留了合理的付款准备时间，应属合理的履行期限。故一审法院认定车立方公司应于2020年1月22日前履行付款义务，车立方公司未按照此期限付款应属违约，应承担相应违约责任，并无不当。

综上所述，车立方公司的上诉请求不能成立，应予驳回；一审判决结果正确，应予维持。依照《中华人民共和国民事诉讼法》第一百七十条第一款第一项之规定，判决如下：

驳回上诉，维持原判。

二审案件受理费 30690 元，由车立方文化发展（北京）有限公司负担（已交纳）。

本判决为终审判决。

审　判　长　陈立新
审　判　员　汤　平
审　判　员　杨　磊

二〇二一年九月二十九日

法官助理　张丽君
书　记　员　张蕎芯

陈立新

北京市第一中级人民法院

北京市第一中级人民法院三级高级法官。中国政法大学法学学士、北京大学法律硕士。1993年参加工作以来，多次被院里嘉奖，被评为北京市法院系统第一届审判业务标兵。曾荣立个人三等功、北京市先进法官，获得优秀代教法官、审判质量奖等荣誉。成功审理南怀瑾、英达、仲满、张培萌等具有较大影响力人士的姓名权、名誉权的纠纷案件，2021年审理的罗某与央视名誉权案被最高人民法院写在当年的两会报告中。

北京市第一中级人民法院
民事判决书

（2020）京01民终3819号

上诉人（原审原告）：罗某，男，1968年5月24日出生，上海某律师事务所律师，住上海市浦东新区。

被上诉人（原审被告）：中央电视台，住所地北京市海淀区复兴路11号。

法定代表人：慎海雄，台长。

委托诉讼代理人：牛火焱，北京德恒律师事务所律师。

上诉人罗某因与被上诉人中央电视台（以下简称央视）名誉权纠纷一案，不服北京市海淀区人民法院（2019）京0108民初43398号民事判决，向本院提起上诉。本院于2020年5月8日立案后，依法组成合议庭，公开开庭进行了审理。上诉人罗某，被上诉人央视之委托诉讼代理人牛火焱到庭参加诉讼。本案现已审理终结。

罗某上诉请求：撤销一审判决，依法改判支持我的一审诉讼请求。事实和理由：我只是认可涉案《武汉铁路公安局武汉公安处行政处罚决定书》（以下简称《处罚决定书》）这个文件的真实性，对内容并不认可，一审法院故意对该问题表述不清，歪曲事实且自相矛盾。一审法院已经认定了我要求等一会儿补票的事实，但又以我说“凭什么给你看身份证”“你再拍我我就抽你”这两句话确认我有拒绝补票的意思表示，这与法律中的意思表示理论是相违背的，这只是维护权利的行为。央视报道说我“霸铺”属于对我的诽谤，我只是临时占用火车上不确定的区域或者卧铺的附属物，并无“霸铺”的事实。一审法院违反“谁主张，谁举证”的证据规则，明显偏袒央视，对于扰乱公共秩序的解释没有任何法规、法则、法理作为依据。央视对我被拘留的报道违反真实性、准确性原则且侮辱我的人格，该报道是否真实不应以《处罚决定书》为标准，应以客观事实为标准，《处罚决定书》不能证明我扰乱社会秩序，只能证明我被拘留的事实。我到站后未及时补票，并不损害公共秩序，只是履行合同的时间问题。央视的报道只是一份单纯的新闻报道，没有对事实行为和法律的适用进行分析，该报道不是“以案释法”，仅是“涉及法律的新闻报道”。

央视将我的照片公之于众侵害了我的人格尊严，其报道行为造成我社会评价度降低，理应认定央视构成侵权，并承担相应的侵权责任。

央视辩称，同意一审判决，不同意罗某的上诉请求和理由。一审法院认定事实清楚，适用法律正确。央视作为我国重要的新闻舆论机构，对涉案事件进行报道，是在履行国家赋予的言论监督权。央视对于罗某的报道没有删减事实，没有添加其他事实或者侮辱、诽谤性的文字，报道内容客观准确，没有侵犯罗某的名誉权。

罗某向一审法院起诉请求：（1）判令央视赔偿名誉权精神损失费30000元；（2）判令央视立即采取相应措施停止在网络等载体上对罗某的侵害，消除影响、恢复名誉，在中央级媒体（全国公开发行的报刊）上赔礼道歉；（3）判令央视赔偿侵犯名誉权造成的经济损失30000元；（4）央视承担本案全部诉讼费用。

一审法院认定事实：2018年12月8日22时6分，罗某乘坐由武昌始发到达终点上海南的Z25次列车。罗某当日所持车票乘车区间为武昌站到鄂州站。在列车到达鄂州站后，罗某未下车，从其车票所示的4车4号上铺移至5车继续乘车。在列车自鄂州站行驶至黄石站期间，列车乘务员要求罗某补票，罗某要求等会儿，后列车长至5车要求查看罗某身份证，罗某亦没有理会。之后乘警要求罗某出示身份证，罗某当场拒绝，并反问乘警为何要将身份证出示。罗某一度情绪激动，乘警告知其不要扰乱乘车秩序，同时列车乘务员携摄像设备记录现场情况。罗某表示不要拍，做出抢夺乘务员摄像设备的动作，并伴有不文明语言，双方发生了争执。列车在黄石站停靠期间，黄石站派出所将罗某查获，并作出编号为武铁武公（治）行罚决字〔2018〕286号《处罚决定书》，给予罗某行政拘留五日的处罚，将罗某送至黄石市拘留所执行。

12月11日，CCTV－4中文国际频道“中国新闻”栏目、CCTV－2财经频道“第一时间”栏目分别以《男子嚣张“霸铺”拒补票扰乱秩序被行拘》《“霸座”“霸铺”再现　两人均被拘》为题报道了该事件；同日，人民网转发了中国新闻网以《列车“霸铺叔”扰乱秩序被武汉铁路警方行政拘留》为题的报道，并附有列车现场截图，对拒补票乘客面部进行马赛克处理。

庭审中，对于罗某主张央视侵犯其名誉权一节，罗某向法院申请调取CCTV－4和CCTV－2的播放视频，法院依法向央视调取视频后，罗某当庭表示，其主张央视侵犯名誉权内容多达以下六处：

1. CCTV－4新闻标题《男子嚣张“霸铺”拒补票　扰乱秩序被行拘》中的“嚣张‘霸铺’”描述是对罗某的诽谤，其根本没有碰到铺位，何谈“霸铺”一说。

2. CCTV－4新闻播报员介绍该新闻要点时提到“霸在卧铺车厢”，构成诽谤。

3. CCTV－4新闻播报员介绍罗某“到站后拒不下车也拒不补票，还大声辱骂工作人员”构成诽谤，其中，“大声辱骂工作人员”与事实不符，其确与列车工作人员有冲突，有不礼貌、说脏话行为，但不构成“大声辱骂”。列车员用摄影设备不停摄像，罗某只是在制止他们的行为。

4. CCTV－4新闻播报员介绍罗某“严重扰乱社会秩序”与事实不符，其行为不构成扰乱，如果不是列车员、乘警挑衅，就不会发生报道中的事件。并且其当场批评了列车长，说自己是有身份的人，不会不买票，他们的做法不合适。

5. CCTV－4新闻播报员介绍罗某“拒不下车”属于诽谤。其表示不下车是在列车员不停敲桌子催赶的情况下，才说不下车，目的是乘车，不存在霸在卧铺车厢的情况。

6. CCTV－2、CCTV－4两个报道标题都有“霸铺”一词，主持人也反复强调“霸铺”，其中，CCTV－2将罗某被拘留评论为“大快人心”，这种做法是哗众取宠，是侵犯名誉权的行为。

央视对CCTV－2、CCTV－4播放的新闻内容真实性、合法性、关联性均无异议，但并不认可罗某的证明目的。此外，对于罗某当庭提交的其搜索中国新闻报道其霸铺的内容截屏，央视对真实性不予认可。由于罗某并未提交该截屏的原始凭证，对该证据的真实性，法院不予认可。

一审法院认为：本案的争议焦点在于CCTV－2、CCTV－4频道的报道和评论是否侵犯了罗某的名誉权。侵权行为的构成要件包括违法行为、损害事实、违法行为与损害事实之间的因果关系和过错。下文围绕争议焦点构成要件进行论述。

一、央视对“罗某列车被拘”一事进行报道、评论是否属于违法行为

（一）央视新闻报道行为

新闻一直以来是国家进行主体意识传播的主要工具，也是国家和人民之间的纽带。新闻报道是新闻传播的一个重要载体，以真实、及时、重要为特点，以概括事实、精选事例、再现场景、对比衬托为主要方法，以真实性、客观性为基本原则。新闻报道真实性原则，是指新闻报道中的每一个具体事实需合乎客观实际，即新闻报道中的时间、地点、人物、事情、原委均有据可查。新闻报道客观性原则是指按照事实本来面目进行报道，包括内容客观和形式客观两方面。其中，内容客观，是指新闻所报道的事实是一种客观存在的事物、人物或实践，形式客观是指新闻以客观陈述的方式进行报道。同时，在涉及具体人物的报道时，需要依法保护被报道人的个人隐私，需要对被报道个人采取隐名、人脸模糊处理等方式，防止将被报道个人真实情况完全公之于众，确保公民权利得到有效保护。

央视是我国重要的新闻舆论机构，承担着传播新闻、社会教育、文化娱乐、信息服务等多种功能，是公众获取信息的重要渠道，也是国家进行舆论监督的重要媒介。对于发生扰乱社会公共秩序等行为，央视作为舆论监督部门，有权利进行报道、评论。任何人都可能成为监督、报道的对象。其监督、报道的形式既包括对正面做法进行宣传，释放正能量，也包括对错误、不当行为进行批评，以此督促、推进良好秩序的形成。

具体到本案中，首先，央视将“罗某列车被拘”一事进行报道，是源于罗某在列车上发生了扰乱社会公共秩序的行为并被行政处罚一事，对该违法行为需要进行提示、警戒，引导社会公众养成良好乘车习惯、维护稳定社会秩序。其选择该事件进行报道，是在充分履行国家赋予的舆论监督权力。

其次，央视报道的“罗某列车被拘”一事，遵守了新闻报道的基本原则。从报道真实性来看，该事件发生于2018年12月8日，武汉铁路公安处因为罗某拒不补票一事作出了武铁武公（治）行罚决字〔2018〕286号《处罚决定书》，事件真实可查，庭审中，当事人双方对此并无异议。罗某持有争议的内容为，在其并没有拒绝补票的意思表示情况下，央视将其在列车上被拘一事进行报道，并以《男子嚣张“霸铺”拒补票扰乱秩序被行拘》为题，且用“到站后拒不下车也拒不补票，还大声辱骂工作人员”等不实内容进行描述，故主张央视侵犯其名誉权。对此，法院认为，央视报道的依据是武汉铁路公安处制作的《处罚决定书》，庭审中，双方当事人对《处罚决定书》的真实性不持异议。尽管罗某表示不起诉武汉铁路公安处并不代表其认可《处罚决定书》的内容真实，但其未提供相关证据证明《处罚决定书》内容不真实。在没有相反证据推翻该《处罚决定书》合法性的情况下，央视依照该《处罚决定书》及执法记录仪内容进行新闻播报，遵守了报道真实性的基本原则。

从报道客观性角度来看，首先，就内容客观性而言，罗某主张侵权的核心为其并没有拒绝补票的意思表示。然而从执法记录仪的记录内容可以看出，罗某以其在列车上的行为作出了拒绝补票的意思表示，且其行为影响了列车运行秩序。具体而言，其一，旅客应当持有效客票乘运。旅客无票乘运、超程乘运、越级乘运或者持失效客票乘运的，应当补交票款，承运人可以按照规定加收票款。旅客不交付票款的，承运人可以拒绝运输。罗某所购车票系从武昌到鄂州，该运输合同自列车到达鄂州时已经履行完毕。在列车继续运行、罗某仍在车上但尚未补票的情形下，铁路公司并不负有载运罗某的义务。从视频内容上看，罗某在列车已至鄂州之后，并未下车，在列车行至黄石途中，与乘警、列车员发生了较为激烈的争论，其“我为什么要给你看身份证”“你再拍我就抽你”等言辞实为以个人行为拒绝补票的意思表示。其二，罗某认为其与列车员发生争论、制止拍摄是在进行正当防卫。我国刑法规定“为了使国家、公共利益、本人或者他人的人身、财产和其他权利免受正在进行的不法侵害，而采取的制止不法侵害的行为，对不法侵害人造成损害的，属于正当防卫”。本案中，铁路乘务员依据工作行为规范，为履行维持铁路运输秩序的职责，在旅客超出购票区间不及时补票的情况下，要求补票；铁路乘警为了查明违反乘车秩序的乘客身份，要求罗某出示身份证件，行为合法有据；此外，为保证执法工作有据可查，工作人员依法对现场情况进行执法记录。全程既未对罗某人身采取不法侵害，亦未将罗某的视频记录另作他用。罗某并未遭受可以以正当防卫抵御的不法侵害。同时，罗某该辩论意见亦进一步说明其确实在列车上就补票事宜与列车员发生较为激烈的争论。其三，罗某作为一名职业律师，应当比普通公众更了解铁路运输合同的权利义务及其行为后果，更熟知在列车等公共场所维护秩序的重要意义。而其却在列车员要求补票时，不及时补票，还发生了激烈争论，扰乱了车厢秩序。基于上述三点，罗某表示其并非不愿意补票的陈述法院不予认可，其继续乘坐列车的行为并不具备合法性。在该具体行为真实存在的情况下，回溯到央视的新闻报道，央视新闻主持人陈述的“到站后拒不下车也拒不补票，还大声辱骂工作人员”等内容客观、真实。其次，就形式客观性来说，央视在报道过程中，对罗某进行面部处理，使用马赛克隐去真实面容，同时对罗某的真实姓名进行了处理，尽到了保护行为人个人信息的注意义务。

综上，央视对罗某乘车被行拘一事进行报道，是在正常履行舆论监督职责，并且遵守了新闻报道的真实性、客观性原则。报道行为合理、合法。

（二）央视新闻评论行为

央视作为国家媒体，承担着引领社会主流价值的职能，无论是进行正面典型宣传还是反面“以案说法”，都可能涉及对报道内容的评论。评论内容，需要严格遵守正当性和合理性原则，具体而言，有四项检验标准：一是符合国家政策；二是符合法律规范；三是符合社会主流价值观；四是符合社会公共道德。

本案中，罗某提出，央视新闻报道及主持人使用了“霸铺”描述其行为，使用“大快人心”进行评论，侵犯了其名誉权。对此，法院评述如下：

首先，综合央视的报道语境可以看出，央视报道“罗某列车被拘”一事，旨在通过负面的典型案例“以案说法”，从而形成正面的社会引导效力。

具体来说，央视主持人在报道时提到“男子霸在卧铺车厢”，是对视频中罗某拒绝补票的真实情况总结，罗某提出，其没有碰到车厢卧铺，何来“霸铺”一说，并列举百度词条对“霸”的释义，以支持其主张。对此，法院认为，罗某关于“霸”的词义理解实际是对词义进行“缩小解释”。霸座、霸铺是对一类行为的统称，凡违反合同运输义务、超过购票区间持续乘坐运输工具，且不遵循铁路运输规范秩序，即为“霸”；同时，依据所购车票种类，涉及卧铺车厢，可统称为霸铺，涉及普通座次，可统称为霸座。因此，罗某主张央视使用“霸铺”一词，侵犯其名誉权的主张，法院不予采纳，央视关于“男子霸在卧铺车厢”的说法客观、真实，法院不持异议。

央视主持人在报道时提到的“扰乱社会公共秩序”，罗某认为其坐在卧铺车厢过道的椅子上，并未影响其他人乘坐列车，未影响公共秩序，央视评论不实。法律明确规定，旅客禁止以“强行登乘或者以拒绝下车等方式强占列车”。罗某在与乘务人员沟通补票过程中，与乘务人员激烈争论、大声呵斥等行为已经扰乱了正常列车行驶秩序，违反了安全乘车的义务。进一步而言，在本案中，公共秩序应具象为“乘车购票”“按购票区间乘车”“超出购票区域坐车补票”等内容，而非简单地体现为打扰他人休息、坐车。罗某对于“扰乱社会公共秩序”的解释与“霸铺”类似，均是对概念、名词进行“缩小解释”。此外，央视在报道中提出的“扰乱社会公共秩序”，实际为央视作为国家媒体对“霸座”“霸铺”这一行为的危害性阐述，既与“自由、平等、公正、法治”的社会价值目标相符，也符合“遵纪守法”的社会文明规范，同时，也完全契合“上车买票”“超区间补票”的社会共识。因此，央视在报道时使用的“扰乱社会公共秩序”合理、客观，罗某关于央视使用“扰乱社会公共秩序”的说法侵犯其名誉权的主张法院不予认可。

央视主持人在新闻中提到的“大快人心”，罗某认为，央视将其被拘的行为称为“大快人心”，是哗众取宠。从央视报道视频可知，主持人所使用的“大快人心”等评述词，实际是为武汉铁路公安处惩罚扰乱公共秩序的乘客，为法律惩罚违法行为、倡导良好社会风气形成鼓劲叫好。综合整篇报道内容，该评论与央视想要以“负面案例提示遵纪守法”的意图相一致。换言之，该评论合理、正当，因此，法院对罗某关于央视使用“大快人心”的说法侵犯其名誉权的主张不予认可。

综合来看，央视将“罗某列车被拘”一事在CCTV－2和CCTV－4进行报道，是在充分履行作为国家媒体的监督职责，引领正确的价值观确立，报道真实、客观，评论合理、妥当，该行为非侵权违法行为。

庭审中，罗某提出，央视可以选择其在列车上的画面作为报道画面，但是却选择其双手被铐的画面，这对于其名誉造成严重损害，并据此主张央视报道行为的过错。对此，法院认为，新闻报道单位在确保报道客观、真实，评价合理、妥当，且尽到保护个人信息的注意义务之后，其有权利根据报道需要对画面进行编排、组合，尽可能地实现节目制作的初衷。央视在报道、评论行为合法，且对罗某进行隐名、马赛克处理的情况下，已经消弭了罗某推断央视主观故意或者行为过失的大前提。因此，罗某关于央视存在过错的主张，法院不予认可。

二、央视对“罗某列车被拘”一事进行报道造成的损害后果及其与报道、评论的因果关系

罗某在庭审中提出，CCTV－2和CCTV－4播放的相关视频，虽然对其脸部使用马赛克技术处理，但是对其熟识的人一看视频都能知道视频中的人是他，由此导致其个人名誉受损、社会评价降低，甚至影响他的律师事业经营。庭审中，罗某提交其与妹妹的聊天截屏证明其社会评价受损的事实。不可否认，央视作为国家级媒体，其影响力远大于一般社会媒介，在央视播放罗某涉案视频之后，罗某的个人声誉、评价确实会在其生活圈中有一定程度的下降。但是，核心问题在于，罗某个人声誉、评价降低的根源是其在列车上发生了违法行为，而非央视为履行舆论监督职能进行的“以案释法”做法。换言之，央视在遵循报道真实、客观，评论合理、妥当的前提下，对违法行为进行批评，是在履行舆论监督职责，是为了引导公民遵纪守法、遵守公共秩序。罗某作为一名职业律师，应当对自身的违法行为造成的不良后果有充分预计，并承担由此造成的不良后果。因此，在违法行为并不存在的大前提下，罗某提出名誉权侵权的主张尚不能成立，法院不予支持。

三、关于本案侵权损害赔偿的回应

因侵权致人精神损害的，造成严重后果的，人民法院除判令侵权人承担停止侵害、恢复名誉、消除影响、赔礼道歉等民事责任外，可以根据受害人一方的请求判令其赔偿相应的精神损害抚慰金。本案中，罗某主张央视赔偿名誉权损失30000元及其为维权造成的经济损失30000元，但由于罗某主张央视侵害名誉权的主张并不成立，因此其主张名誉权损失、维权经济损失法院均不予支持。

综上所述，依照《中华人民共和国民事诉讼法》第六十四条、第六十五条，《最高人民法院关于适用〈中华人民共和国民事诉讼法〉的解释》第九十条的规定，判决：驳回罗某的全部诉讼请求。

二审中，双方当事人均未向本院提交新证据。罗某向本院提交调取证据申请，申请本院调取武汉铁路公安局武汉公安处黄石火车站派出所持有的罗某在2018年12月8日武昌至上海Z25次车上与该车乘务员发生纠纷的视频录像。对此，本院认为，公安机关对罗某出具的《处罚决定书》已载明相关涉案事实，罗某对此《处罚决定书》予以认可，因而调取罗某所称上述视频已无必要，故本院对其该项申请，不予准许。

经本院审查，一审法院查明的事实正确，本院予以确认。

本院认为，名誉是对民事主体的品德、声望、才能、信用等的社会评价。作为一种关涉人之自由和尊严的具体人格权，名誉权的保护既关系自然人人格自由和尊严的实现，也会直接影响民事主体其他民事权利义务的享有和承担。依据本案事实发生时的《中华人民共和国民法通则》第一百零一条之规定，公民、法人享有名誉权，公民的人格尊严受法律保护，禁止用侮辱、诽谤等方式损害公民、法人的名誉。实践中，以捏造事实公然丑化他人人格，以及用侮辱、诽谤等方式损害他人名誉，造成一定影响的，均应当认定为侵害自然人名誉权的行为。本案中，罗某的名誉权是否被侵害，应依据上述规范判断。但是，央视作为国家级媒体，其基于公共利益行使舆论监督的权利亦应受到法律保护。故而，本案亦存在新闻媒体行使舆论监督权与自然人名誉权的限制问题，针对如何在权利冲突中协调平衡利益以及本案争议的焦点问题，本院综合评判如下：

一、新闻媒体舆论监督的职能与边界

（一）新闻媒体舆论监督的职能

央视系新闻媒体平台，媒体的主要职能包括以下几个方面的内容：及时真实地传播信息；广泛持久地推广文化知识，不断把人类创造的新知识、新技术、新思想、新理论介绍给公众，促进知识的交流与创新；生动形象地教化公众，通过自己的方式潜移默化地引导公众提高思想道德素质、科学文化素质和关心社会进步、生态环境文明的责任感，影响公众的生产方式和生活方式；高度负责地坚持舆论监督，揭露公众关心的社会矛盾和违法违纪事件，讴歌先进典型、批评不良现象，用主流价值观即社会主义核心价值理念引领社会思潮，塑造健康的公共舆论环境。

作为国家级重要媒体平台，央视与其他媒体平台一样，必然承载着上述主要职能。且基于央视的权威性，其在新闻传播、社会教育、文化娱乐、信息服务等多个方面，发挥着独特的功能，是国家进行舆论监督的重要媒介。从这个意义上说，央视可以被称作人民的“喉舌”，为人民而发声，代人民而发声。鉴于此，其在宣传报道新闻事件、宣传国家大政方针的同时，对于社会上发生的各种事件，均有权利进行报道，也有权利进行评论。甚至可以说，新闻媒体基于公共利益对社会事件进行舆论监督，是权利，也是社会责任的一种体现。

（二）新闻媒体舆论监督的边界

新闻媒体在发挥舆论监督职能时，不可避免地会对社会关注的人和事进行报道与评价，这种舆论监督权在行使过程中，难免会与自然人的名誉权产生一定的冲突和矛盾。自然人名誉权作为一项具体人格权，以人的自由和尊严为最高保护价值，非在法律规定的范围内，不得予以限制。然而，新闻媒体作为舆论监督的重要角色，亦有作为社会“免疫系统”的重要功能设置，功能的良好发挥在最终目的上也能促使人格的健全和完善，故相关立法和司法解释精神均对此予以肯认，并在舆论监督的场合使自然人的名誉权受到必要限制。

根据《中华人民共和国民法总则》第一百零九条、《中华人民共和国民法通则》第一百零一条，以及《最高人民法院关于审理名誉权案件若干问题的解释》《最高人民法院关于审理名誉权案件若干问题的解答》中有关新闻媒体侵犯名誉权的规定所体现的原则要义，对新闻媒体侵权的重要衡量因素有二：一是在事实层面审查新闻报道是否严重失实；二是在评论意见层面，新闻媒体虽有舆论监督之责，但亦不能在报道评论中使用侮辱性言辞等贬损他人名誉。同时，基于新闻事实的时效性，表达社会关注、引领社会价值导向的公共利益这一重要取向，一般认为新闻媒体的报道在事实层面只要尽到合理的核实义务即可。上述理论和司法实践总结已经体现在《中华人民共和国民法典》第一千零二十五条等条款之中。依据《最高人民法院关于适用〈中华人民共和国民法典〉时间效力的若干规定》第四条之规定，本案不适用民法典的具体条款裁判，但上述法律精神，可作为我们衡量本案的重要考量依据。

二、央视的报道和评论是否构成对罗某的名誉权侵权

本案系名誉权纠纷，侵犯名誉权的法律构成要件为：行为人客观上有捏造事实公然丑化他人人格，或以侮辱、诽谤等方式损害他人名誉，致使公众对受害人社会评价降低的情形，且主观上具有过错。司法实践中认定某行为构成名誉权侵权，上述要件均要满足，缺一不可。本院认为，结合双方二审的诉辩主张及证据情况，本案的核心争议在于央视的报道和评论行为是否侵害了罗某的名誉权，本院从央视涉诉行为的合法性、真实性以及是否有贬损他人名誉的情形等因素重点予以评析。

（一）关于央视对涉案事件报道行为真实性、合法性的认定

首先，新闻报道应合理、合法。本案中，罗某因其个人言行，将本属私人领域的活动，上升为具有一定代表意义、为社会公众普遍关心的、有一定新闻价值的新闻事件，导致该事件足以引起公众的关注。基于社会公共利益的考量，以及其固有的职责，央视选择涉案事件进行报道、评论、宣传，是履行国家赋予的舆论监督权的体现。央视的该报道行为在主观上只是为了“以案说法”，实现其公共教育职能，并无侵害罗某个人人格尊严的主观过错。基于上述情由，本院认为央视在本案中的报道行为合理、合法。

其次，新闻报道应以真实性、客观性为基本原则。央视作为新闻报道单位

应对其报道的新闻尽到合理核实义务。本案已查明，事件发生后，公安机关作出的《处罚决定书》中载明的相关内容，包含了对罗某在列车上相关言行的客观描述，罗某对该《处罚决定书》亦予以认可。虽罗某称其认可该《处罚决定书》并不代表其认可《处罚决定书》记载内容的真实性，但《处罚决定书》上记载的信息既包括对涉案事实的描述，又包括对罗某行为违法性的认定，故罗某辩解其认可《处罚决定书》的同时，又否认该《处罚决定书》记载事实的真实性，逻辑上难以自洽。且罗某并未提交足以推翻上述《处罚决定书》合法性、真实性的证据。同时，央视在报道涉案事件中，所播放的影像资料亦来源于公安机关提供的执法记录仪记载的画面，央视在画面右上角进行了文字标识。从该影像资料中可以看出，视频画面中罗某的言行均出自其本人，央视未对该事件过程中罗某的言行进行篡改、虚构，也没有增添或减少其他事实而导致事件记载失真，整个报道过程所体现的客观情况均与影像资料的原始素材相符，客观上还原了事发当时的真相。故本院认定，央视对涉案事件的报道，遵守了新闻报道真实性的原则。

另外，央视新闻播报员的导语，亦系在上述客观事实的基础上，对新闻事件中所涉问题关键要素的总结与提炼，不应认定为虚假、不实报道，也不应认定为对罗某人格权有贬损的行为。

最后，本案中，罗某与铁路运输部门之间构成运输合同关系。购票乘车、按票乘车是当事人履行运输合同的基本义务。对于超程乘坐的旅客，承运人有权要求其补票，这也是合同权利义务对等性原则的基本要求。罗某作为具备一定社会阅历及掌握法律专业知识的成年人，对上述原则应系明知。罗某在其所持车票对应车站并未下车而是选择了继续乘车，在此情况下，列车工作人员要求其补票的行为合理、合法。但罗某一再不配合工作人员让其补票的要求，且在乘警及列车长履行职责，要求查验其身份证件时，罗某不但不予以配合，反而做出了不当的激烈言行。直至黄石车站，罗某一直未予补票。罗某的上述行为，显属不当。现罗某辩称，其自始具有补票的本意和初衷，但罗某所称的上述内在意思，并未通过外在的言行予以呈现。如果罗某确如其本人所言，具有补票的本意和初衷，其完全可以以合理理由与乘务人员进行沟通，理性地说明其想法，而不应实施视频中所显示的言行。故通过罗某的一系列外在言行表现，本院不能确认其具有补票的意思表示，而只能认定为其在拒绝补票的情况下坚持乘车。罗某称其当时的某些言行构成“正当防卫”，目的是维护自己的合法权益。但通过整个事件的发展过程来看，列车工作人员文明、正确履行职责，并没有实施侵犯罗某合法权益的行为。反而是罗某自己不但没有履行补票的合同义务，还做出了不当言行，扰乱了列车的乘车秩序，对社会公共秩序构成了妨害。在权利没有被侵害的情况下，正当防卫便无从谈起，显然，罗某关于“正当防卫”的辩解，缺乏事实依据。

（二）关于央视在报道涉案事件中的主观评论行为的认定

如上所述，央视作为国家级媒体平台，在舆论监督方面，具有特殊的制度功能和重要的现实意义。央视在履行新闻报道职能的同时，对相关社会热点事件发表具有一定主观色彩的评论，是其正当履职的体现。适当、合理的评论，在弘扬中华民族的传统美德、传播社会正能量、规范社会公众的行为、引导公众树立正确价值取向等方面具有重要意义，也是培育和弘扬社会主义核心价值观的重要方式。只要其坚持真实报道、客观评论的原则，在无其他侵权行为的情况下，理应确认央视报道、评论的正当性。

本案中，罗某主张央视报道中的下列主观评论系对其个人的诽谤，并侵犯了其名誉权。主要内容为：CCTV－4、CCTV－2报道中所用“嚣张‘霸铺’”“霸在卧铺车厢”“严重扰乱社会秩序”“大快人心”等用语。上述评论是否构成对罗某的侵权，本院结合案件事实予以综合评判。

首先，“霸”字在作为动词使用时，具有“霸占”之意，即霸道地占有，也可理解为无理地占有，在法律上则构成无权占有。“霸座”一词亦是近年来因相关社会热点事件而为社会公众所普遍接受的词语，“霸铺”的意思与“霸座”不完全一致，但在乘坐列车这一特殊场景下，该行为的性质基本相同，均为无理地占有了本不属于自己的位置。罗某称其只是临时占用了卧铺车厢过道的折叠椅，并没有占着卧铺，不属于“霸铺”。但从罗某的上述一系列言行来看，在列车到达黄石车站前，罗某并没有补票的意思表示，其所购车票乘车区间为武昌至鄂州，在列车驶过鄂州继续行驶时，罗某并未下车，在列车员要求其补票时其对列车员的合理要求亦予拒绝，而此时承运人的合同义务已经履行完毕，其继续乘车已无合同依据。卧铺车厢过道的折叠椅，属于卧铺车厢的附属物，与卧铺位一样应由持合法车票的乘客使用，无票人员无权占用。央视评论中将未购买车票而霸占在卧铺车厢的行为，称为“霸铺”，在该特定的语言环境中，该词语的使用恰当。且本案中，在列车工作人员要求罗某离开并补票后，罗某予以拒绝并作出不当的过激言行，在此基础上，央视主持人称其行为为“霸铺”，并无不当之处。

其次，公共场所是指人群经常聚集、供公众使用，服务于人民大众的活动场所。我国《公共场所卫生管理条例》第二条明确将公共交通工具列为公共场所。旅客列车作为公共交通工具的一种，亦应属于公共场所范畴之内。本案所涉列车上人员众多，还具有一定的流动性，因而保持良好的乘车秩序是保证列车安全、顺利将旅客运输到目的地的基本要求，也是每一位乘车旅客均应遵守的乘车义务。罗某在列车上拒不补票及言行过激的行为，破坏了正常的乘车秩序，干扰了列车工作人员及其他乘客的正常工作和休息环境，客观上属于扰乱社会公共秩序的行为。因而央视在报道该事件时，使用“扰乱社会公共秩序”的评语，系在其职能范围内作出的与客观事实相符的评价，不属于对罗某的侮辱、诽谤性语言。

最后，央视在报道过程中使用的“大快人心”一词，的确具有一定的主观感情色彩。但该表述与所对应的事件结果相匹配，充分反映了广大人民群众对该事件处理结果予以高度认同的心声。同时央视的上述评价，从另外一个层面还可以解读为：为铁路公安机关正确、果断的处置行为叫好。其意在宣扬倡导良好的社会风气，而非没有实据的任意评论，故本院认为，央视的该评语客观、准确。

综上，央视在报道、评论本案事件时，对事件的报道真实，对事件的评论客观，符合国家法律、法规及相关政策的规定，符合社会主流价值观，尊重了社会公共秩序和善良风俗。本院认为，央视报道、评论行为并不构成对罗某名誉权的侵犯。因此，本案的诉争行为未满足侵权构成要件。更何况，央视在报道过程中，并未直接称呼罗某的名字，在播放视频时也对罗某的面部进行了马赛克处理，已经充分尊重了罗某的隐私，并最大限度地维护了罗某的合法权益，故央视的宣传报道行为不存在过错，亦不存在任何针对罗某本人的侮辱、诽谤性言辞。罗某并非具有较高知名度的公众人物，对于不熟悉罗某的广大观众来说，人们记住的仅仅是“霸铺”这个行为，并不会就此得出是罗某“霸铺”的结论，社会公众亦无法从报道中识别、分析出事件的主角具体是谁，因而无从谈及罗某社会评价的降低。即便是极少数人能通过该报道判断出事件的主角是罗某，并给罗某的个人社会评价造成一定程度的影响，但罗某社会评价降低的根源系因其自身不当言行所致，与央视的报道行为之间不具有因果关系，其以此为由主张央视的报道侵权，无法律依据。公民在公共场所实施不当言行，理应预判到其言行会受到媒体的报道评述以及广而告之后所造成的社会影响，并理应接受社会公众的批评、评价，这是法治中国的必然要求，也是社会公众普遍可以接受的价值观念。

故此，综合本案情节，本院认定央视对涉案事件的宣传、报道、评论行为，不构成对罗某名誉权的侵犯，因而央视亦无须承担相应的民事责任。

三、本案引发的思考

法律赋予了我们诸多权利，同时也规定了需要遵守的法定义务。权利与义务相对等，这是法治的基本逻辑内涵。依法维护自身合法权利是法律所提倡的，但维权行为必须建立在合理、合法的基础之上，且符合社会主义核心价值观的基本要求，如此才能得到法律的保护和社会公众的认同。

一般而言，在乘坐火车等交通工具时，因各种原因延误了下车或想改变目的地继续乘车，是日常生活中常见的现象，此时可以通过主动购票或者与乘务人员坦诚沟通等方式，解决自己的困难。原本这是一件微不足道的小事，如果罗某能在工作人员要求其及时补票时，积极予以配合，本不至于发展到今天的地步。但是，身为律师的罗某却并未采取正当方式解决问题，最终导致了现有局面，其中缘由与教训值得深思。

古语有言，勿以善小而不为，勿以恶小而为之。我们生活在一个开放的中国，每个人的言行都可能经由媒体报道，成为社会公众普遍关心的议题。因此，我们的言行举止应该自觉接受社会公众的监督，任何违背法律法规及社会主义核心价值观的不当行为，均应受到法律的惩罚及舆论的正当批评。没有规矩不成方圆，法治中国的全面构建、社会主义核心价值观的培育和弘扬，是整个社会的共同目标追求，也是我们每个公民的应尽之责。在工作和生活中，我们应遵守法律与社会规则，言行有界，用行动共同创建文明、和谐、友善、有序的良好社会环境，让社会主义核心价值观成为我们每个人言行举止的根本道德遵循!

综上所述，罗某的上诉请求不能成立，应予驳回；一审判决认定事实清楚，适用法律正确，应予维持。依照《最高人民法院关于适用〈中华人民共和国民法典〉时间效力的若干规定》第四条，《中华人民共和国民法总则》第一百零九条，《中华人民共和国民法通则》第一百零一条，《最高人民法院关于审理名誉权案件若干问题的解答》第七条，《最高人民法院关于审理名誉权案件若干问题的解释》第六条，《中华人民共和国民事诉讼法》第六十四条第一款、第一百七十条第一款第一项规定，判决如下：

驳回上诉，维持原判。

一审案件受理费 100 元，由罗某负担（已交纳）。

二审案件受理费 100 元，由罗某负担（已交纳）。

本判决为终审判决。

审 判 长 陈立新
审 判 员 汤 平
审 判 员 杨 磊

二〇二一年十二月六日

法官助理 姜 斐
书 记 员 苏 杭

赵世奎

北京市高级人民法院

北京市高级人民法院国家赔偿委员会委员、行政审判庭审判长，三级高级法官，北京市审判业务专家。从事过行政审判、民事审判和研究室调研工作，承办过多起重大、敏感、新型、涉群体等疑难复杂案件。在《人民司法》《法律适用》《中国审判案例要览》《人民法院案例选》《中国法院年度案例》《行政执法与行政审判》等书籍刊物上发表文章、案例分析50余篇。曾多次获得全国及北京法院论文比赛奖项，多次获得优秀文书评比奖项。

北京市高级人民法院
行政判决书

（2021）京行终9805号

上诉人（一审原告）：殷悦，女，1981年8月1日出生，汉族，住河北省秦皇岛市。

被上诉人（一审被告）：中华人民共和国司法部，住所地北京市朝阳区朝阳门南大街6号。

殷悦因诉中华人民共和国司法部（以下简称司法部）撤销行政许可决定及行政复议一案，不服北京市第三中级人民法院（以下简称一审法院）作出的（2021）京03行初409号行政判决（以下简称一审判决），向本院提起上诉。本院受理后，依法组成合议庭对本案进行了审理。本案现已审理终结。

司法部于2021年1月21日对殷悦作出《撤销行政许可决定书》（文号：2021－005号，以下简称被诉撤销决定），主要内容为：你经本机关审核决定授予法律职业资格，证书编号：C20171303210070。现查明，你在参加2017年国家司法考试过程中，存在隐瞒被开除公职的事实、提供虚假证明材料骗取报名并获得法律职业资格的行为，属于《国家司法考试违纪行为处理办法》（2008年9月16日司法部令第114号发布，根据2016年9月14日司法部令第135号《司法部关于修改〈国家司法考试违纪行为处理办法〉的决定》修正）第五条规定的情形。本机关认为，殷悦在参加2017年国家司法考试过程中，存在隐瞒被开除公职的情况，事实清楚，证据确凿。根据《中华人民共和国行政许可法》（以下简称行政许可法）第六十九条、第七十条及《国家司法考试违纪行为处理办法》第五条规定，本机关决定撤销授予殷悦法律职业资格的决定，收回、注销法律职业资格证书。殷悦不服被诉撤销决定，向司法部申请行政复议。司法部于2021年6月17日作出《行政复议决定书》［（2021）司复决52号，以下简称被诉复议决定］，认为被诉撤销决定事实清楚，内容适当，程序合法，未援引适用依据的具体款项，属于执法瑕疵，应予以指正，殷悦的复议请求不予支持，根据《中华人民共和国行政复议法》（以下简称行政复议法）第二十八条第一款第一项规定，决定维持被诉撤销决定。殷悦仍不服，向一审法院提起行政诉讼，请求撤销被诉复议决定、被诉撤销决定，请求审查《国家司法考试违纪行为处理办法》第五条。

一审法院经审理查明，2016年6月24日，原秦皇岛市抚宁区监察局（以下简称原抚宁区监察局）作出《关于给予殷悦开除公职处分的决定》（抚监发〔2016〕6号，以下简称涉案开除决定），给予殷悦开除公职处分。2016年7月29日，原抚宁区监察局作出《关于殷悦开除公职案的复审决定》（抚监发〔2016〕7号，以下简称涉案复审决定），决定维持涉案开除决定。殷悦对涉案复审决定不服，向原秦皇岛市监察局申请复核。2016年12月15日，原秦皇岛市监察局作出《关于给予殷悦同志开除公职处分的复核决定》［（2016）秦监决字第52号，以下简称涉案复核决定］，维持了涉案开除决定。2017年，殷悦报名参加当年国家司法考试，并填制《2017年国家司法考试报名表》，承诺无《国家司法考试实施办法》规定的不能报名参加考试的情形，所填内容属实，提供材料真实，并承担相应法律后果。2017年12月18日，殷悦在填制《2017年国家司法考试法律职业资格授予申请表》时，亦承诺无《国家司法考试违纪行为处理办法》第七、八、九、十条规定情况，无被国家机关开除公职等情形。2020年1月3日，河北省司法厅向司法部报送《关于撤销殷悦法律职业资格的请示》（冀司呈〔2020〕3号），建议司法部撤销殷悦2017年参加国家司法考试取得的法律职业资格，收回、注销《法律职业资格证书》。2020年12月18日，司法部向殷悦作出《国家司法考试违纪行为处理权利告知书》，并通过秦皇岛市司法局于12月27日向殷悦送达。2021年1月5日，司法部向殷悦作出《听证通知书》，并通过秦皇岛市司法局于次日送达殷悦。1月15日，司法部通过视频方式举行听证会并制作听证记录。1月21日，司法部向殷悦作出被诉撤销决定，决定撤销授予殷悦法律职业资格的决定，收回、注销其法律职业资格证书（证书编号：C20171303210070），并于1月27日通过秦皇岛市司法局向殷悦邮寄送达。

2021年3月15日，司法部复议机构收到殷悦因不服被诉撤销决定提交的《行政复议申请书》，经审查，依法予以立案并于3月19日向司法部法律职业资格管理局（以下简称资格管理局）发出行政复议答复通知。3月23日，资格管理局提交行政复议书面答复意见。因案情复杂，司法部复议机构于5月8日分别向殷悦和资格管理局作出行政复议延期通知书，并于5月11日向殷悦邮寄发出，向资格管理局直接送达，殷悦于5月11日签收。案件审理期间，因客观原因，司法部于6月11日作出中止行政复议审理通知书，并于6月12日向殷悦邮寄发出，殷悦于6月13日签收。6月17日，司法部复议机构恢复案件审理并于同日作出被诉复议决定，于6月18日向殷悦邮寄发出，殷悦于6

月 20 日签收。殷悦不服，提起本案诉讼。

一审法院认为，根据《国家司法考试违纪行为处理办法》第五条规定，针对报名人员提供虚假证明材料或者以其他形式骗取报名，已经取得法律职业资格的，司法部具有作出本案被诉撤销决定的法定职权。同时，行政复议法第十四条规定，对国务院部门或者省、自治区、直辖市人民政府的具体行政行为不服的，向作出该具体行政行为的国务院部门或者省、自治区、直辖市人民政府申请行政复议。司法部作为国务院部门，具有接受殷悦的行政复议申请并开展行政复议工作的法定职责。

根据《国家司法考试实施办法》第四章“报名条件”第十六条规定，有下列情形之一的人员，不能报名参加国家司法考试，已经办理报名手续的，报名无效：（1）因故意犯罪受过刑事处罚的；（2）曾被国家机关开除公职或者曾被吊销律师执业证、公证员执业证的；（3）被处以二年内不得报名参加国家司法考试期限未满或者被处以终身不得报名参加国家司法考试的。本案中，原抚宁区监察局作出的涉案开除决定、涉案复审决定，以及原秦皇岛市监察局作出的涉案复核决定等在案证据材料能够证明，殷悦存在曾被开除公职的情形，因此，其不符合参加 2017 年国家司法考试的报名条件，报名无效。

根据行政许可法第六十九条第二款规定，被许可人以欺骗、贿赂等不正当手段取得行政许可的，应当予以撤销。同时，根据第七十条第四项规定，行政许可依法被撤销、撤回，或者行政许可证件依法被吊销的，行政机关应当依法办理有关行政许可的注销手续。《国家司法考试违纪行为处理办法》第五条规定，报名人员提供虚假证明材料或者以其他形式骗取报名的，由其报名所在地司法行政机关作出报名无效的决定；已经参加考试的，由省、自治区、直辖市司法行政机关给予其当年考试成绩无效的处理；已经取得法律职业资格的，由司法部撤销授予法律职业资格的决定，并收回、注销其法律职业资格证书。本案中，殷悦在参加 2017 年国家司法考试过程中，存在隐瞒曾被开除公职的情况，后于 2017 年 12 月取得法律职业资格 C 证，属于以欺骗、贿赂等不正当手段取得法律职业资格，司法部依据前述规定作出被诉撤销决定，决定撤销授予殷悦法律职业资格的决定，收回、注销其法律职业资格证书，事实清楚，证据确凿。但在适用法律、法规方面，没有援引具体款项，虽然结合被诉撤销决定认定的事实，可明确判断所依据的款项，并无歧义，且不影响处理结果，不属于适用法律、法规错误的情形，但仍属存在瑕疵，法院予以指正。

司法部收到河北省司法厅报送的《关于撤销殷悦法律职业资格的请示》（冀司呈〔2020〕3 号）及附件等相关材料后，依法调查核实，履行了权利告知、举行听证会、送达等程序，保障了殷悦的陈述、申辩权利，被诉撤销决定的作出程序合法。

司法部复议机构收到殷悦的行政复议申请后，履行了立案、通知答复、延期、中止、送达等程序，且对被诉撤销决定未援引法律依据具体款项的执法瑕疵，在被诉复议决定中予以纠正和明确，因此，被诉复议决定事实清楚，程序合法，结论并无不当。

《中华人民共和国行政诉讼法》第五十三条规定，公民、法人或者其他组织认为行政行为所依据的国务院部门和地方人民政府及其部门制定的规范性文件不合法，在对行政行为提起诉讼时，可以一并请求对该规范性文件进行审查。前款规定的规范性文件不含规章。本案中，殷悦请求审查《国家司法考试违纪行为处理办法》第五条的规定。但《国家司法考试违纪行为处理办法》系司法部制定的规章，依法不属于人民法院司法审查的范畴，对其请求，不予支持。

综上，根据《中华人民共和国行政诉讼法》第六十九条、第七十九条的规定，判决驳回殷悦的全部诉讼请求。案件受理费50元，由殷悦负担（已交纳）。

殷悦不服一审判决，向本院提起上诉，请求撤销一审判决，依法改判或发回重审，撤销被诉复议决定、被诉撤销决定，审查《国家司法考试违纪行为处理办法》第五条，对司法部提出司法建议。其主要上诉理由为：第一，司法部在适用法律、法规时，没有援引具体条款，属于适用法律错误。第二，司法部在二年内未发现殷悦的违法行为，根据《中华人民共和国行政处罚法》（以下简称行政处罚法）第三十六条第一款的规定，不应再作出被诉撤销决定。一审法院未对该事实进行认定，属于认定事实不清。第三，《中华人民共和国律师法》《国家司法考试实施办法》《国家司法考试违纪行为处理办法》的相关规定应当根据2021年8月20日《中华人民共和国人口与计划生育法》（以下简称《人口与计划生育法》）的修改作出相应调整，因超计划生育被开除公职应作为除外情形，否则法律、法规之间相互抵触，且与国家新的计划生育政策相违背。第四，“司法考试”在2018年已经修改成“国家统一法律职业资格考试”，且《国家统一法律职业资格考试实施办法》已于2018年4月25日实施，该规章明确了法律职业资格考试的报名条件、组织实施、违纪处理、资格授予管理等内容，因此司法部不应当再适用旧的规章，司法部依据《国家司法考试违纪行为处理办法》已经不合时宜，司法部适用法律错误。第五，司法部的行政行为明显不当，应当予以撤销。殷悦持证生育，不属于超计划生育的情形。第六，司法部作出的被诉撤销决定事实不清、证据不足。第七，与计划生育政策相关的《国家司法考试违纪行为处理办法》第五条滞后于国家二孩、三孩计划生育政策，请求法院向司法部提出司法建议。

司法部未提出上诉答辩意见。

一审证据材料均已随案移送本院。本院经审理认为一审法院的相关认证意见正确，予以确认。二审期间，双方当事人未向本院提交新的证据材料。本院经审理查明的事实与一审判决认定的事实一致，对此予以确认。

本院认为，《中华人民共和国行政诉讼法》第六十九条规定，行政行为证据确凿，适用法律、法规正确，符合法定程序的，人民法院应当判决驳回原告的诉讼请求。结合双方当事人的诉辩意见，本案的主要争议焦点是，被诉撤销决定认定殷悦在参加 2017 年国家司法考试过程中，存在隐瞒被开除公职的情况，并决定撤销授予殷悦法律职业资格的决定，收回、注销法律职业资格证书，上述处理认定事实是否准确、适用法律是否正确，以及行政程序是否合法。

一、关于被诉撤销决定认定事实是否准确的问题

被诉撤销决定认定殷悦在参加 2017 年国家司法考试过程中，存在隐瞒被开除公职的事实、提供虚假证明材料骗取报名并获得法律职业资格的行为。被诉复议决定中认定 2017 年殷悦报名参加当年国家司法考试，并填制《2017 年国家司法考试报名表》，承诺无《国家司法考试实施办法》规定的不能报名参加考试的情形；后殷悦在填制《2017 年国家司法考试法律职业资格授予申请表》时，亦承诺其不存在被国家机关开除公职等情形。针对上述其认定的事实，司法部在一审审理过程中提交了殷悦《2017 年国家司法考试报名表》、《2017 年国家司法考试法律职业资格授予申请表》、原抚宁区监察局作出的涉案开除决定、原秦皇岛市监察局作出的涉案复核决定。依据《最高人民法院关于适用〈中华人民共和国行政诉讼法〉的解释》第一百三十五条第二款的规定，作出原行政行为的行政机关和复议机关对原行政行为合法性共同承担举证责任，可以由其中一个机关实施举证行为。司法部提供的上述证据能够证明殷悦存在曾被开除公职的情形，但殷悦在参加 2017 年国家司法考试报名和申请授予法律职业资格过程中，隐瞒了上述事实。据此，可以认定被诉撤销决定认定事实准确。殷悦关于被诉撤销决定事实不清、证据不足等相关主张不能成立。

二、关于被诉撤销决定适用法律是否正确的问题

被诉撤销决定系适用行政许可法第六十九条、第七十条及《国家司法考试违纪行为处理办法》第五条的规定，决定撤销授予殷悦法律职业资格的决定，收回、注销法律职业资格证书。行政许可法第六十九条第一款规定，有下列情形之一的，作出行政许可决定的行政机关或者其上级行政机关，根据利害关系人的请求或者依据职权，可以撤销行政许可：（1）行政机关工作人员滥用职权、玩忽职守作出准予行政许可决定的；（2）超越法定职权作出准予行政许可决定的；（3）违反法定程序作出准予行政许可决定的；（4）对不具备申请资格或者不符合法定条件的申请人准予行政许可的；（5）依法可以撤销行政许可的其他情形；第二款规定，被许可人以欺骗、贿赂等不正当手段取得行政许可的，应当予以撤销；第三款规定，依照前两款的规定撤销行政许可，可能对公共利益造成重大损害的，不予撤销；第四款规定，依照本条第一款的规定撤销行政许可，被许可人的合法权益受到损害的，行政机关应当依法给予赔偿。依照本条第二款的规定撤销行政许可的，被许可人基于行政许可取得的利益不受保护。第七十条规定，有下列情形之一的，行政机关应当依法办理有关行政许可的注销手续：（1）行政许可有效期届满未延续的；（2）赋予公民特定资格的行政许可，该公民死亡或者丧失行为能力的；（3）法人或者其他组织依法终止的；（4）行政许可依法被撤销、撤回，或者行政许可证件依法被吊销的；（5）因不可抗力导致行政许可事项无法实施的；（6）法律、法规规定的应当注销行政许可的其他情形。根据2017年9月1日通过的《全国人民代表大会常务委员会关于修改〈中华人民共和国法官法〉等八部法律的决定》施行前的《中华人民共和国法官法》《中华人民共和国检察官法》《中华人民共和国律师法》等法律规范的规定，国家对初任法官、检察官和取得律师资格实行统一的司法考试制度。国务院司法行政部门会同最高人民法院、最高人民检察院共同制定司法考试实施办法，由国务院司法行政部门负责实施。最高人民法院、最高人民检察院、司法部以司发〔2008〕11号通知印发的《国家司法考试实施办法》第十六条第二项中规定，曾被国家机关开除公职的人员，不能报名参加国家司法考试，已经办理报名手续的，报名无效。《国家司法考试违纪行为处理办法》第五条规定，报名人员提供虚假证明材料或者以其他形式骗取报名的，由其报名所在地司法行政机关作出报名无效的决定；已经参加考试的，由省、自治区、直辖市司法行政机关给予其当年考试成绩无效的处理；已经取得法律职业资格的，由司法部撤销授予法律职业资格的决定，并收回、注销其《法律职业资格证书》。本案中，因殷悦于2017年报名参加当年国家司法考试，故上述法律规范的时间效力及于殷悦的报名行为。殷悦请求审查《国家司法考试违纪行为处理办法》第五条，因《中华人民共和国行政诉讼法》第五十三条只授权公民、法人或者其他组织在认为行政行为所依据的国务院部门和地方人民政府及其部门制定的规范性文件不合法，在对行政行为提起诉讼时，可以一并请求对该规范性文件进行审查，但上述规范性文件不含规章，而《国家司法考试违纪行为处理办法》属于规章性质，因此，殷悦无权以提出诉讼请求的方式要求人民法院对上述规章进行审查。《中华人民共和国行政诉讼法》第六十三条第三款规定，人民法院审理行政案件，参照规章。因《国家司法考试实施办法》《国家司法考试违纪行为处理办法》关于报名条件、对提供虚假证明材料或者以其他形式骗取报名行为的处理等内容不违反行政许可法、《中华人民共和国法官法》、《中华人民共和国检察官法》、《中华人民共和国律师法》等上位法的规定，故本案可以依据《中华人民共和国行政诉讼法》第六十三条的规定参照适用上述规章及规范性文件。

《国家司法考试违纪行为处理办法》第五条中“报名人员提供虚假证明材料或者以其他形式骗取报名的……已经取得法律职业资格的，由司法部撤销授予法律职业资格的决定，并收回、注销其《法律职业资格证书》”的内容，属于对行政许可法第六十九条、第七十条在司法考试领域对应当撤销行政许可的细化规定，因此，在被诉撤销决定并未引用行政许可法第六十九条、第七十条的具体款项而引用了《国家司法考试违纪行为处理办法》第五条的情况下，不应认定被诉撤销决定适用法律错误。被诉复议决定和一审判决认为上述情况属于瑕疵，本院不持异议。

需要指出的是，前述《国家司法考试实施办法》第十六条第二项中规定的曾被国家机关开除公职的人员，不能报名参加国家司法考试，已经办理报名手续的，报名无效的内容，是将殷悦填制《2017年国家司法考试报名表》《2017年国家司法考试法律职业资格授予申请表》时未说明其存在被国家机关开除公职的行为，定性为提供虚假证明材料或者以其他形式骗取报名的行为的直接法律依据，被诉撤销决定和被诉复议决定均未将《国家司法考试实施办法》第十六条第二项作为法律依据，在法律适用方面有失周延，本院应予指出，但上述缺陷不足以认定被诉撤销决定适用法律错误。

关于殷悦提出的本案应当适用行政处罚法相关规定的主张。全国人大常委会法制工作委员会于2017年2月23日作出的《关于公司法第一百九十八条“撤销公司登记”法律性质问题的答复意见》（法工委复〔2017〕2号）中答复：“行政许可法第六章监督检查第六十九条第一款对行政机关违法履行职责而准予行政许可的撤销作了规定，第二款对被许可人以欺骗、贿赂等不正当手段取得行政许可的撤销作了规定。第七章法律责任第七十九条规定，被许可人以欺骗、贿赂等不正当手段取得行政许可的，行政机关应当依法给予行政处罚。依照行政许可法的上述规定，撤销被许可人以欺骗等不正当手段取得的行政许可，是对违法行为的纠正，不属于行政处罚。”本院认为可以参照上述答复确定行政许可法第六十九条中所规定的撤销行政许可行为的法律性质。据此，本案被诉撤销决定不具有行政处罚的性质。殷悦认为本案应适用行政处罚法的相关规定，缺乏法律依据。

关于殷悦提出的本案新旧法律规范的选择适用的相关主张。《中华人民共和国立法法》第九十三条规定，法律、行政法规、地方性法规、自治条例和单行条例、规章不溯及既往，但为了更好地保护公民、法人和其他组织的权利和利益而作的特别规定除外。据此，在行政诉讼领域，行政相对人的行为发生在新法施行以前，行政行为作出在新法施行以后，人民法院审查行政行为的合法性时，实体问题适用旧法规定，程序问题适用新法规定，但法律、法规或规章另有规定的，或者适用新法对保护行政相对人的合法权益更为有利的，或者按照行政行为的性质应当适用新法的实体规定的除外。如前所述，本案殷悦存在隐瞒被开除公职的事实、提供虚假证明材料骗取报名并获得法律职业资格的行为，在《国家司法考试违纪行为处理办法》等法律规范的时间效力范围之内，应当将《国家司法考试违纪行为处理办法》等法律规范作为对被诉撤销决定的合法性进行判断的标准。殷悦主张适用《国家统一法律职业资格考试实施办法》等法律规范，但并不存在后者比前者对保护殷悦的合法权益更为有利等应该适用新法的情况，故殷悦的上述主张不能成立，本院不予支持。

关于殷悦提出的司法部作出被诉撤销决定的基础存在问题的相关主张。《最高人民法院关于审理行政许可案件若干问题的规定》第七条规定，作为被诉行政许可行为基础的其他行政决定或者文书存在以下情形之一的，人民法院不予认可：（1）明显缺乏事实根据；（2）明显缺乏法律依据；（3）超越职权；（4）其他重大明显违法情形。本院注意到，殷悦在本案复议、一审、二审过程中，均强调其与计划生育主管部门之间的计划生育行政法律关系，以及与监察部门之间的行政处分法律关系对本案的影响问题。本案中，监察部门对殷悦作出的涉案开除决定，可以视为被诉撤销决定的直接基础，而计划生育主管部门对殷悦作出的相关处理或认定，可以视为被诉撤销决定的间接基础。现无证据证明对于殷悦的涉案开除决定已被有权部门予以撤销，涉案开除决定亦不存在重大明显违法的情形。据此，司法部将涉案开除决定、涉案复核决定等作为被诉撤销决定的基础，并无不当。关于殷悦所持的国家生育法制及政策变迁对本案的处理有所影响的主张。本院认为，国家在原有的提倡一对夫妻生育一个子女，符合法律、法规规定条件的可以要求安排生育第二个子女的生育制度之后，陆续于2015年出台了《中共中央、国务院关于实施全面两孩政策改革完善计划生育服务管理的决定》、于2021年出台了《中共中央、国务院关于优化生育政策促进人口长期均衡发展的决定》，上述决定作出后，《人口与计划生育法》也随之进行了调整，国务院卫生健康部门也分别出台了相关配套通知，其中对人口和计划生育相关法律、法规的新旧法衔接问题等事项作了相应规定，如原国家卫生和计划生育委员会办公厅《关于印发中共中央、国务院关于实施全面两孩政策改革完善计划生育服务管理的决定学习宣传提纲的通知》（国卫办指导函〔2016〕38号）第七条“改革生育服务管理制度”中规定，“依法依规处理政策外生育行为。对政策外多孩生育的，依法征收社会抚养费，是国家工作人员的，依法给予行政处分，其他人员还应当由其所在单位或者组织给予纪律处分。对政策实施前已征收社会抚养费的，维持原处理决定；对尚未处理或已作出处理决定但尚未征收到位的，依法依规妥善处理。加强和规范社会抚养费征收管理，严格落实‘收支两条线’。”又如，国家卫生健康委员会办公厅《关于印发中共中央 国务院关于优化生育政策促进人口长期均衡发展的决定学习宣传提纲的通知》（国卫办人口函〔2021〕421号）第三条“贯彻落实《决定》的主要任务”中规定，“对之前违反法律法规规定生育三孩的，对社会抚养费的征收，已经依法作出征收决定并执行完毕的，应当予以维持；已经作出征收决定但尚未执行完毕的，已经征收部分不予退还，未征收部分不再继续征收；尚未调查或作出征收决定的，不再进行受理、处理。要做好政策衔接，加强宣传解读，稳妥有序地推动工作落实”。上述内容体现了国家主管部门对于因生育法制、政策变迁带来的相关衔接问题的基本对策。本案中，殷悦于2012年12月11日生育第二个子女，于2016年6月24日因违反规定超计划生育行为被开除公职。结合上述有关政策及相关事实，本案中亦不存在因计划生育法制、政策变迁导致被诉撤销决定的基础存在重大明显违法的情形。据此，殷悦主张的被诉撤销决定作出的基础存在相关问题的主张不能成立，本院不予支持。

三、关于被诉撤销决定行政程序是否合法的问题

在作出被诉撤销决定的过程中，司法部履行了调查核实、权利告知、举行听证、送达等程序，其中充分保障了殷悦陈述与申辩的权利，一审庭审过程中殷悦对于作出被诉撤销决定的行政程序亦未提出异议。一审法院确认司法部作出被诉撤销决定的行政程序合法，并无不当，本院亦予以确认。

综上，因殷悦存在隐瞒被开除公职的事实、提供虚假证明材料骗取报名并获得法律职业资格的行为，司法部通过作出被诉撤销决定，撤销授予殷悦法律职业资格的决定，收回、注销法律职业资格证书，认定事实清楚、证据确凿，适用法律正确，符合法定程序。司法部作出被诉复议决定维持被诉撤销决定，亦无不当。殷悦要求撤销被诉撤销决定和被诉复议决定的理由不能成立，一审法院判决驳回殷悦的诉讼请求正确，本院应予维持。殷悦的上诉请求和理由没有相应事实根据和法律依据，本院不予支持。依照《中华人民共和国行政诉讼法》第八十九条第一款第一项的规定，判决如下：

驳回上诉，维持一审判决。

二审案件受理费人民币50元，由上诉人殷悦负担（已交纳）。

本判决为终审判决。

审　判　长　霍振宇
审　判　员　赵世奎
审　判　员　周凯贺

二〇二二年二月二十一日

法官助理　毕婷婷
书　记　员　李　晴

孙璟钰

北京市朝阳区人民法院

北京市朝阳区人民法院民事审判三庭副庭长，四级高级法官，北京理工大学民商法学硕士。北京市法院先进法官，曾三次荣立个人三等功。从事商事审判十余年，先后审理了包括北京首例适用民法典审理的保理合同纠纷案、多起知名艺人解约案、涉供应链金融票据案、徒步坠崖保险案等典型、疑难案件在内的商事案件6000余件；撰写的裁判文书曾获北京法院优秀裁判文书二等奖。在法学专业期刊发表过学术论文，撰写的多篇案例被收入《中国法院年度案例》，并多次执笔参与撰写各类商事审判白皮书。

北京市朝阳区人民法院
民事判决书

（2022）京0105民初3528号

原告：昝鸿彬，男，1963年6月9日出生，汉族，住山西省。

委托诉讼代理人：孙学博，男，1988年2月23日出生，汉族，昝鸿彬之女婿。

被告：中国人民财产保险股份有限公司浙江省分公司，经营场所浙江省杭州市上城区中河中路66号。

负责人：岑志刚，总经理。

委托诉讼代理人：童美玲，浙江金奥律师事务所律师。

原告昝鸿彬与被告中国人民财产保险股份有限公司浙江省分公司（以下简称人保浙江分公司）保险合同纠纷一案，本院立案后，根据《中华人民共和国民事诉讼法》第四十条第二款之规定，依法适用普通程序，公开开庭进行了审理。原告昝鸿彬的委托代理人孙学博，被告人保浙江分公司的委托诉讼代理人童美玲到庭参加诉讼。本案现已审理终结。

原告昝鸿彬向本院提出诉讼请求：（1）人保浙江省分公司向昝鸿彬支付医疗费用补偿款共计358059.82元（包括医疗费306882.62元、检测费8850元、护理费21980元、膳食费18500元、救护车使用费1847.2元）；（2）人保浙江分公司支付利息（以358059.82元为基数，自拒赔之日2021年7月12日起至实际付款之日止，按照全国银行间同业拆借中心公布的贷款市场报价利率计算）。事实与理由：2021年2月4日，投保人孙学博为被保险人昝鸿彬购买人保公司支付宝端百万医疗保险，其中一般疾病险300万元、重疾险600万元，保障期间自2021年2月5日至2022年2月4日。2021年4月19日，昝鸿彬生病住院，主要诊断为缺血缺氧、肺部感染等。后孙学博通过客服向人保浙江分公司申请理赔被拒，但人保浙江分公司并未解除保险合同。2021年7月5日至2021年10月21日，昝鸿彬在首都医科大学附属北京康复医院继续治疗产生花费，并被同时诊断为下运动神经元综合征，属于上述医疗保险范围内的重大疾病。故昝鸿彬诉至法院。

被告人保浙江分公司答辩称：人保浙江分公司不同意承担保险责任。第一，投保人未履行如实告知义务。孙学博投保时，对人保浙江分公司询问是否患有息肉等疾病的答复为否。实际上，在昝鸿彬住院病历中可见其在5年前就诊过胃窦黏膜等疾病，孙学博未将此情况告知，未履行如实告知义务。第二，在排除孙学博是否履行如实告知义务的情况下，昝鸿彬所患肺部疾病属于一般疾病，而不属于重大疾病，按照保险条款的约定，一般疾病存在1万元免赔额，重大疾病无免赔额限制。第三，昝鸿彬在首都医科大学附属北京康复医院治疗期间的花费不属于保险责任范围。依据保险条款约定，可以理赔的就诊医院不包括康复中心，可以理赔的范围不包括康复性治疗。第四，护理费只赔付在住院费用中列明的，昝鸿彬主张的赔付护理费并非在此范畴。第五，检测费4800元与本案无关，不属于涉案保险的赔付范围。

当事人围绕诉讼请求依法提交了证据，本院组织当事人进行了证据交换和质证。围绕当事人提供的证据及陈述，本院确认事实如下：

一、有关投保流程

2021年2月4日，孙学博通过支付宝端为昝鸿彬投保《“好医保”个人住院医疗保险》。投保流程为：打开好医保，填写投保人及被保险人基本信息，界面上显示“请阅读《投保须知》《保险条款》《平台服务协议》”，无须阅读上述内容可直接点击“我要投保”，进入免责条款、特别约定的页面。其中免责条款第（3）项为“非疾病治疗：预防性、康复性、保健性、美容整形等相关医疗；眼镜、义齿、义眼、义肢、助听器等康复性器具”；第（5）项为未经科学或者医学认可的试验性或者研究性治疗及其产生的后果所产生的费用，未获得治疗所在地政府许可或批准的治疗、药品或药物，各类医疗鉴定费用，被保险人在不符合本合同约定的医院就诊发生的医疗费用。特别约定第6条为医保身份扣除免赔后报销比例为100%，非医保身份（没有社会医疗保险或没有以社会医疗保险身份就诊或结算）的报销比例为60%；第9条为以上未尽事宜以本保险产品适用条款为准。特别约定下方为认可医院、医生的定义，有关医院的描述为：（1）拥有合法经营执照；（2）设立的主要目的为向受伤者和患病者提供留院治疗和护理服务；（3）有合格的医生和护士提供全日二十四小时的医疗和护理服务；（4）非主要作为康复医院、诊所、护理、疗养、戒酒、戒毒或类似的医疗机构等。点击“了解并继续”（该操作键上方显示“阅读到页面底部后可继续”）进入显示保障内容、被保人、付款方式、保费金额页面，下方为“阅读并同意投保须知/保险条款/平台服务协议”，点击“同意并继续”，显示健康询问页面。健康询问第2条为被保险人正在或曾经患有下列疾病：结节或息肉（甲状腺结节、乳房肿块或结节、肺部结节或磨玻璃影、胃或肠道息肉）。孙学博均选择为“无问题”。

二、有关保单及保险条款约定

（一）人保浙江分公司出具的“好医保”个人住院医疗保险保险单（电子保单）载明

投保人孙学博，被保险人昝鸿彬，与投保人关系为父母，参加社会基本医疗保险。保障项目包括：重大疾病医疗费用补偿（等待期30日，给付比例100%），保险金额600万元。一般医疗费用补偿（等待日30日，给付比例100%，免赔额1万元），保险金额300万元。保险期间自2021年2月5日至2022年2月4日，保险费1169元。适用条款为《个人住院医疗保险条款（支付宝专用版）》。特别约定包括：……（8）对于本产品一般医疗保险金及重大疾病医疗保险金责任，指定医院为中国大陆境内二级或二级以上的公立医院普通部（不含外宾部、特需部、特诊部等同类病区）；（9）对于本产品一般医疗保险金及重大疾病医疗保险金责任，若被保险人以有社会医疗保险身份投保，但未以社会医疗保险身份就诊并结算的，上述责任按照应赔付金额的60%进行赔付。健康告知（以下内容均加粗加黑）载明：投保人需确认被保险人是否有以下情况？……（2）被保险人正在或曾经患有下列疾病或症状：……结节或息肉，甲状腺结节、乳房肿块或结节、肺部结节或磨玻璃影、胃或肠道息肉……对于上述投保时的告知询问，投保人对于智能核保问卷之外的询问事项均选择为“否”。本保险合同根据投保的投保申请和已确认的上述健康告知内容，经本公司同意并签发，如有任何未如实告知，本公司有权解除合同，对于合同解除前发生的保险事故，不承担赔偿或者给付保险金责任。

（二）《个人住院医疗保险条款（支付宝专用版）》载明

2.1.1一般医疗保险责任，指被保险人自获得被保资格之日起因遭受意外伤害（释义见9.5）或自获得被保资格之日起经过本保险合同约定的等待期后罹患本保险合同约定的重大疾病以外的其他疾病，在中华人民共和国境内（不包括香港、澳门和台湾地区）二级或二级以上公立医院（释义见9.6）的普通部接受治疗的，对于被保险人在保险期间内累计支出的2.1.1.1－2.1.1.4中必需且合理（释义见9.7）的医疗费用，保险人在扣除本保险合同约定的免赔额后，按照约定的给付比例，在一般医疗保险金额范围内计算并给付保险金；除另有约定外，保险人承担本项保险责任的范围不包括如下机构或医疗服务：（一）特需医疗、外宾医疗、干部病房、联合病房、国际医疗中心、vip部、联合医院；（二）诊所、康复中心、家庭病床、护理机构；（三）休养、戒酒、戒毒中心。

2.1.1.1住院医疗费用，被保险人接受符合本保险合同约定的住院（释义见9.8）治疗时，发生的必需且合理的住院医疗费用，包括……膳食费（释义见9.11）、护理费（释义见9.12）、诊疗费、检查检验费（释义见9.13）、治疗费（释义见9.14）、药品费（释义见9.15）、手术费（释义见9.16）、救护车使用费（释义见9.17）。

2.1.1.3门诊手术医疗费用，被保险人接受符合本保险合同约定的门诊治疗且必须接受门诊手术治疗时，发生的必需且合理的手术医疗费用。

2.1.1.4住院前后门急诊医疗费用，被保险人接受符合本保险合同约定的住院的，在住院前7日（含住院当日）和出院后30日（含出院当日）内，因与该次住院相同原因而接受符合本保险合同约定的门急诊治疗时，发生的必需且合理的门急诊医疗费用（但不包括特殊门诊医疗费用和门诊手术医疗费用）。

2.1.2重大疾病医疗保险责任，指被专科医生确认初次罹患本保险合同所约定的重大疾病中的一种或多种，在中华人民共和国境内（不包括香港、澳门和台湾地区）二级或二级以上公立医院的普通部接受治疗的，对于被保险人在保险期间内累计支出的2.1.1.1－2.1.1.4中必需且合理的医疗费用，保险人按照约定的给付比例，在重大疾病医疗保险金额范围内计算并给付保险金。有关机构及医疗服务的排除范围与一般医疗保险责任约定一致。

2.2责任免除，因下列情形之一导致被保险人支出医疗费用的或发生如下列明的医疗费用，保险人不承担保险金给付责任：（1）既往病症……（3）非疾病性治疗，预防性、康复性、保健性、美容整形等相关医疗，眼镜、义齿、义眼、义肢、助听器等康复性器具；（4）生育或牙科相关治疗……

4保险人义务……（4）保险人应当将核定结果通知被保险人或者受益人；对属于保险责任的，在与被保险人或者受益人达成给付保险金的协议后10日内，履行赔偿保险金义务；保险人依照前款约定作出核定后，对不属于保险责任的，应当自作出核定之日起3日内向被保险人或者受益人发出拒绝给付保险金通知书，并说明理由。

9.4重大疾病（二十二）严重运动神经元病，是一组中枢神经系统运动神经元的进行性变性疾病，包括进行性脊肌萎缩症、进行性延髓麻痹症、原发性侧索硬化症、肌萎缩性侧索硬化症；须满足自主生活能力完全丧失，无法独立完成六项基本日常生活活动中的三项或三项以上。

9.6医院、医疗机构，本保险合同约定的医院或医疗机构是指符合下列所有条件的机构：（1）拥有合法经营执照；（2）设立的主要目的是为向受伤者和患病者提供留院治疗和护理服务；（3）有合格的医生和护士提供全日二十四小时的医疗和护理服务；（4）非主要作为康复医院、诊所、护理、疗养、戒酒、戒毒或类似的医疗机构。

9.7 必需且合理，指符合以下两个条件：1. 符合通常惯例，指与接受医疗服务所在地通行治疗规范、通行治疗方法、平均医疗费用价格水平一致的费用；2. 医学必需。

9.11 膳食费，指实际发生的、由医院提供的合理的、符合惯常标准的膳食费用，但不包括购买的个人用品。

9.12 护理费，指住院期间根据医嘱所示的护理等级确定的护理费用。

9.13 检查检验费，指实际发生的、以诊断疾病为目的，采取必要的医学手段进行检查及检验而发生的合理的医疗费用，包括诊查费、X光费、心电图费……肺功能仪费、分子生化检验费和血、尿、便常规检验费等。

9.17 救护车使用费，指住院期间以抢救生命或治疗疾病为目的，根据医生建议，被保险人需医院转诊过程中的医院用车费用，且救护车的使用仅限于同一城市中的医疗运送。

三、有关就诊及费用

（一）有关住院诊疗及费用

1. 大同市第三人民医院（三级甲等）住院及费用

2021年4月20日至2021年6月3日，昝鸿彬入住大同市第三人民医院呼吸与危重症医学科，主要诊断为缺血缺氧性脑病，其他诊断包括心肺复苏术后，社区获得性肺炎、重症，金黄色葡萄球菌性肺炎、感染性休克、脑梗死、重度营养不良、低蛋白血症、双侧胸腔积液、电解质紊乱、高钾血症等。住院病历现病史载明：患者于5年前无明显诱因出现乏力及食欲减退，自行口服中药治疗；3年前上述症状再次加重，当时就诊于大同市三医院行电子胃镜显示，胃窦黏膜中度慢性炎，胃底腺息肉，考虑慢性胃炎并给予口服促进消化类药物。

大同市第三人民医院出具的昝鸿彬住院期间费用清单显示：床位费2684元、诊疗费22199元、卫生材料费6638.1元、一般诊疗费29386.4元、手术费1940元、护理费33899.64元、租赁临时床（陪侍）176元、西药47121.7元、化验费14408元、检查费12760.9元、治疗费4231.44元，账单合计175445.18元。该医院出具的住院收费票据载明：金额合计175445.18元，其中医保统筹基金支付79897.27元、其他支付64214.45元、个人现金支付31333.46元。

2. 解放军总医院第一医学中心（三级甲等）住院及费用

2021年6月4日至2021年7月5日，昝鸿彬入住解放军总医院第一医学中心呼吸科监护室，主要诊断为肺部感染、左肺下叶不张、气管切开术后、心肺复苏术后，其他诊断包括双侧胸腔积液、神经性肌病、心包积液、低白蛋白血症、细胞免疫缺陷、营养不良等。解放军总医院第一医学中心于2021年7月5日出具出院介绍信载明：出院（转院）时病员状况为患者气切处呼吸机辅助呼吸，面容体形消瘦，建议到康复医院进一步治疗。

解放军总医院第一医学中心出具的昝鸿彬跨省异地就医住院结算单载明：医院等级三级，总费用169927.99元，大额医疗费用补助基金支付136244.06元，个人现金支付33683.93元。

3. 首都医科大学附属北京康复医院（三级）住院及费用

2021年7月5日至27日、2021年7月27日至8月24日、2021年8月24日至9月22日、2021年9月22日至10月18日、2021年10月18日至21日，昝鸿彬入住首都医科大学附属北京康复医院呼吸内科，主要诊断为重症肺炎，其他诊断包括呼吸衰竭、休克、下运动神经元综合征、心功能不全、营养不良、胸腔积液等。入院记录现病史载明，患者目前持续有创呼吸机辅助通气，鼻饲饮食，留置尿管，需药物辅助通便。

2021年7月27日，首都医科大学附属北京康复医院出具的医疗住院收费票据载明，住院时间2021年7月5日至27日，金额合计114509.88元，其中基金支付88020.09元、个人支付26489.79元。

2021年8月24日，首都医科大学附属北京康复医院开具的医疗住院收费票据载明，住院时间2021年7月27日至8月24日，金额合计114798.51元，其中基金支付80925.05元，个人支付33873.46元。

2021年10月20日，首都医科大学附属北京康复医院出具的医疗住院收费票据载明，住院时间2021年8月24日至9月22日，金额合计106717.18元，其中基金支付50596.35元、个人支付56120.83元。

2021年10月20日，首都医科大学附属北京康复医院出具的医疗住院收费票据载明，住院时间2021年9月22日至10月18日，金额合计97985.28元，全部个人支付。

2021年10月21日，首都医科大学附属北京康复医院出具的医疗住院收费票据载明，住院时间2021年10月18日至21日，金额合计12214.28元，全部个人支付。

首都医科大学附属北京康复医院住院期间个人支付总金额为226683.64元。

（二）有关门诊诊疗及费用

1. 大同市第三人民医院门诊费用

2021年4月19日，昝鸿彬个人支付新冠检测费75元、急诊诊察费19元，共计 94 元。2021 年 4 月 20 日，昝鸿彬个人支付西药费、急诊诊察费、化验费、治疗费、手术费、输氧费共计 2084. 38 元。以上合计 2178. 38 元（医保类型：自费）。

2. 解放军总医院第一医学中心门诊费用

2021 年 6 月 3 日，昝鸿彬个人支付医疗费 1360 元、2244 元，个人支付医事服务费 70 元；2021 年 6 月 4 日，昝鸿彬个人支付医疗费 9079. 21 元。以上合计 12753. 21 元（医保类型：全费）。

3. 首都医科大学附属北京康复医院门诊费用

2021 年 7 月 27 日、8 月 24 日、9 月 22 日、10 月 18 日，昝鸿彬每次个人支付医事服务费 50 元。以上合计 200 元（医保就诊）。

4. 北京大学第一医院门诊费用

2021 年 7 月 29 日，昝鸿彬个人支付医事服务费 50 元（医保就诊）。

庭审中，人保浙江分公司表示昝鸿彬在大同市第三人民医院及解放军总医院第一医学中心发生的住院及门诊费用虽属涉案保险承保范畴，但因孙学博未履行如实告知义务，故不同意赔付；同时，昝鸿彬所就诊的首都医科大学附属北京康复医院不属于《个人住院医疗保险条款（支付宝专用版）》第 9. 6 条约定的予以赔付医院范畴，故对在该医院发生的费用不同意赔付。

（三）有关检测费、护理费、救护车费、膳食费

1. 检测费

昝鸿彬提供 × × 公司于 2021 年 9 月 1 日出具的发票证明其支出检测费 4800 元；提供 2021 年 7 月 29 日北京大学第一医院门诊收费收据 1 张证明个人支出化验费 4050 元。人保浙江分公司对上述证据的真实性、合法性认可，但对关联性不认可，认为其无法确认该费用系因昝鸿彬本次疾病而支出。

2. 护理费

昝鸿彬提供 2021 年 10 月 19 日 × × × 出具的发票证明其支出护理服务费 21980 元。人保浙江分公司对该证据的真实性、合法性、关联性认可，但对证明目的不认可，认为该费用系发生在康复阶段，不属于涉案保险的理赔范围。

3. 救护车费

昝鸿彬提供北京市救护车收费专用收据 2 张、北京市医疗门诊收费收费票据 2 张证明其支出救护车费 1847. 2 元。其中 2021 年 7 月 5 日的行程为从解放军总医院至首都医科大学附属北京康复医院，发生的医疗转运费为 689. 6 元、车费为 320 元。2021 年 10 月 21 日的行程为从首都医科大学附属北京康复医院至居住地，发生的转运费为 689. 6 元、车费为 148 元。上述共计 1847. 2 元。人保浙江分公司对上述证据的真实性、合法性、关联性认可，但对证明目的不

认可，认为在昝鸿彬入住首都医科大学附属北京康复医院之后发生的费用均不属于理赔范畴，在此之前发生车费及转运费中的材料费不属于理赔范畴，其余费用如涉及赔付属于理赔范畴。

庭审中，昝鸿彬表示膳食费支出18500元系针对2021年4月19日至10月21日的费用，按照每天100元主张，无相应票据，申请由法院酌定。人保浙江分公司表示昝鸿彬主张的膳食费标准过高，应以北京市医院的基本标准计算。

四、有关理赔

2021年7月12日，孙学博通过添加人保浙江分公司理赔员×××微信向其发送理赔申请及材料。理赔员收到材料后表示：因昝鸿彬病历中显示之前有胃底腺息肉，不符合健康告知，因此不予理赔。孙学博表示病历中涉及的胃镜检查早在几年之前，其在投保时曾询问昝鸿彬，昝鸿彬已不记得，且本次所患疾病与胃部息肉也无关联。理赔员表示，需要走拒赔流程，并要求孙学博发送地址。

庭审中，昝鸿彬认为因人保浙江分公司未在合同约定期限内向其发送解除合同通知，故人保浙江分公司应履行保险赔付义务；人保浙江分公司表示因孙学博后续未向其提供地址，故其无法向其寄送解除合同通知，但其工作人员已在微信中明确表示拒赔。孙学博解释其未发送地址的原因为自以为在投保时已预留过地址。

诉讼中，本院与昝鸿彬在首都医科大学附属北京康复医院呼吸内科主治医生×××联系，向其询问昝鸿彬在科室就诊情况。×××医生表示昝鸿彬入住该科室前两个月主要由其负责，其住院的目的为治疗疾病，并非为康复，昝鸿彬在前两个月无法脱离呼吸机，经会诊后认为其所患疾病包括百姓俗称的“渐冻症”，因累及肺部，因此主要诊断及治疗亦针对肺部症状，主要大额花费也是在呼吸机使用方面；有关膳食费，如果有相关医嘱且实际发生，医院都会向患者出具缴费单或账单。

本院认为，关于本案法律适用问题，依据《最高人民法院关于适用〈中华人民共和国民法典〉时间效力的若干规定》第一条第一款之规定：“民法典施行后的法律事实引起的民事纠纷案件，适用民法典的规定。”本案法律事实发生于《中华人民共和国民法典》施行后，故本案应当适用《中华人民共和国民法典》规定。

孙学博为昝鸿彬向人保浙江分公司投保“好医保”个人住院医疗保险，双方成立保险合同关系，该保险合同系双方的真实意思表示，不违反法律法规的强制性规定，应属合法有效。双方的主要争议点为人保浙江分公司是否应承担保险责任，本院将从以下四方面对该争议焦点进行论述。

一、投保人未告知曾患胃部息肉是否构成未履行如实告知义务

《中华人民共和国保险法》（以下简称《保险法》）第十六条第一款及第二款规定：订立保险合同，保险人就保险标的或者被保险人的有关情况提出询问的，投保人应当如实告知；投保人故意或者因重大过失未履行前款规定的如实告知义务，足以影响保险人决定是否同意承保或者提高保险费率的，保险人有权解除合同。结合上述规定，本院认为认定投保人是否未履行如实告知义务应从以下三方面进行分析：第一，客观上存在未告知的行为；第二，主观上存在故意或者重大过失；第三，主客观条件均满足后影响保险人决定是否同意承保或者提高保险费率。首先，就客观方面而言。依据《最高人民法院关于适用〈中华人民共和国保险法〉若干问题的解释（二）》（以下简称《保险法解释二》）第六条之规定，投保人的告知义务限于保险人询问的范围和内容。故所谓客观上存在未告知的行为应指投保人对于保险人询问的内容未告知。本案中，人保浙江分公司在健康询问中确曾询问投保人“是否曾经患有胃或肠道息肉”，昝鸿彬提供的病历显示其在首次住院 3 年前经胃镜检查确存在“胃底腺息肉”，故从客观上而言，存在未告知的行为。其次，从主观方面而言。依据《保险法解释二》第五条之规定，所谓“应当如实告知”系指保险合同订立时，投保人明知的与保险标的或者被保险人有关的情况。故《保险法》第十六条的“故意”应指明知而未告知，“重大过失”应指应知而未告知。无论明知或应知，均应从投保人对与保险标的或者被保险人有关的情况，即“客观事实”认识角度分析。人对客观事实的反映是一个由实践到认识、由认识到实践的反复过程。人对实践的认知往往取决于很多因素，如年龄、知识、经历、环境等诸多因素。投保人对上述“客观事实”的认知程度，也受投保人年龄、经历、知识、环境等因素的制约。本案中，投保人孙学博并非被保险人本人，其对“客观事实”的认知取决于对“客观事实”所处环境的掌握程度、被保险人陈述及个人知识、阅历等。依据孙学博所述，其在投保时已就健康告知事项向昝鸿彬进行询问，昝鸿彬并未忆起其曾在 3 年前行胃镜检查存在“胃底腺息肉”的情况；从实际情况看，昝鸿彬的病历显示胃镜检查后的认定为“考虑慢性胃炎并给予口服促进消化类药物”，故昝鸿彬存在将“胃底腺息肉”认知为未患病的可能。综上，在昝鸿彬未向孙学博告知“客观情况”存在现实可能的情况下，孙学博作为昝鸿彬的女婿，对此“客观情况”不知存在合理性。孙学博就其认知范围及程度对人保浙江分公司询问的内容进行回答符合如实告知，其未告知的客观行为不存在主观上的故意或重大过失。最后，在主观条件未满足的情况下，即无须再考虑客观行为与保险人决定承保或提供保险费率的因果关系。综上，投保人未告知曾患胃部息肉不构成未履行如实告知义务，人保浙江分公司依此拒赔无事实及法律依据，本院不予采信。

二、人保浙江分公司是否在法定期限内行使合同解除权

《保险法》第十六条第三款规定，前款规定的合同解除权，自保险人知道有解除事由之日起，超过三十日不行使而消灭。自合同成立之日起超过二年的，保险人不得解除合同；发生保险事故的，保险人应当承担赔偿或者给付保险金的责任。本案中，孙学博系于2021年7月12日通过微信方式向人保浙江分公司申请理赔，人保浙江分公司经审核后仅在微信中表示因孙学博未履行如实告知义务而不予理赔，但未明确向孙学博表示解除案涉保险合同或发送解除保险合同通知书，超过上述法律规定的30日的期限。故即使孙学博存在未履行如实告知义务的情形，人保浙江分公司的合同解除权亦因其怠于行使而消灭，其仍应向昝鸿彬履行给付保险金责任。人保浙江分公司主张因孙学博未提供送达地址故其未寄送解除合同的通知不构成其在法定期限内未行使合同解除权的有效抗辩，本院对其该点抗辩意见不予采信。

三、被保险人在首都医科大学附属北京康复医院诊疗发生的费用是否属于人保浙江分公司的免赔范畴

双方针对该部分主要有以下两方面争议点：第一，昝鸿彬所治疗疾病是否属于免责条款第（3）项非疾病治疗的范围；第二，昝鸿彬在首都医科大学附属北京康复医院诊疗是否属于免责条款第（5）项，即被保险人在不符合本合同约定的医院就诊发生的费用。

（一）昝鸿彬所治疗疾病是否属于免责条款第（3）项非疾病治疗的范围

依据本院与昝鸿彬在首都医科大学附属北京康复医院呼吸内科诊疗的主治医生的核实内容及昝鸿彬在该院的病历可知，昝鸿彬在该院的就诊系为治疗疾病并非为疾病治疗后的康复，故不属于免责条款第（3）项非疾病治疗的范畴。

（二）昝鸿彬在首都医科大学附属北京康复医院诊疗是否属于免责条款第（5）项，即被保险人在不符合本合同约定的医院就诊发生的费用

在该争议点下，双方主要存在以下两方面争议：

第一，《个人住院医疗保险条款（支付宝专用版）》在保险责任下方约定的除外医疗机构，即第（2）项中的“康复中心”条款是否对昝鸿彬发生效力。

《中华人民共和国民法典》第四百九十六条规定，格式条款是当事人为了重复使用而预先拟定，并在订立合同时未与对方协商的条款。采用格式条款订立合同的，提供格式条款的一方应当遵循公平原则确定当事人之间的权利和义

务，并采取合理的方式提示对方注意免除或者减轻其责任等与对方有重大利害关系的条款，按照对方的要求，对该条款予以说明。本案中，人保浙江分公司所提供的《个人住院医疗保险条款（支付宝专用版）》系为了方便众多申请人加入案涉保险产品而事先拟定并重复使用的条款，属于格式条款，应当遵循公平原则，此为其一。其二，单就保险合同条款约定内容而言，人保浙江分公司在保险责任约定处所描述的“二级及二级以上公立医院普通部”属于其在厘定保险产品费率后所作出的对其及被保险人较为公平的约定，但若在此基础上再进行范围的限缩即属于免除或减轻保险公司责任且与对方有重大利害关系的内容，人保浙江分公司应对此进行提示及明确说明。本案中，人保浙江分公司提供的昝鸿彬投保流程中并无该条款内容；昝鸿彬提供的保险条款中亦未有该条款区别于其他条款的标注。故人保浙江分公司现有证据不足以证明其对该条款已向投保人进行提示及明确说明，该条款内容对昝鸿彬不发生效力。

第二，昝鸿彬在首都医科大学附属北京康复医院呼吸内科的诊疗是否属于“（4）非主要作为康复医院、诊所、护理、疗养、戒酒、戒毒或类似的医疗机构”条款约定的范畴。

首先，关于双方是否将该上述条款作为约定医疗机构的条件之一。《保险法解释二》第十四条第（一）项规定：投保单与保险单或者其他保险凭证不一致的，以投保单为准。但不一致的情形系经保险人说明并经投保人同意的，以投保人签收的保险单或者其他保险凭证载明的内容为准。案涉保险对于医院及医疗机构的范围的描述分别在以下三部分出现：第一，在投保流程中对医院的定义部分；第二，在电子保单特别约定部分；第三，在保险条款保险责任定义及 9.6 释义部分。其中投保流程中对医院的定义与保险条款 9.6 释义内容一致，电子保单特别约定部分与保险条款保险责任定义中“中华人民共和国境内二级或二级以上公立医院的普通部”内容一致。按照上述法律规定，对于案涉医院的定义应以投保流程中对医院的定义为准，即需满足“非主要作为康复医院、诊所、护理、疗养、戒酒、戒毒或类似的医疗机构”。其次，关于如何理解上述条款中“非主要作为康复医院”的内容。《中华人民共和国民法典》第四百九十八条规定，对格式条款的理解发生争议的，应当按照通常理解予以解释。对格式条款有两种以上解释的，应当作出不利于提供格式条款一方的解释。人保浙江分公司主张昝鸿彬在首都医科大学附属北京康复医院呼吸内科属于“主要作为康复医院”，而昝鸿彬认为其就诊的首都医科大学附属北京康复医院虽然名字中含有“康复医院”字样，但不能据此认定属于上述条款中的“主要作为康复医院”，因其在该医院呼吸内科的就诊属于治疗疾病，并非主要为康复。本院认为上述情形属于双方对格式条款的理解发生争议的情形。“非主要作为康复医院”并无法律上的规定，案涉保险条款中亦未对“非主要作为康复医院”的内容进行解释或定义，故从通常理解角度确存在案涉双方不同的理解，此为其一。其二，从条款整体解释及目的解释上看，“非主要作为康复医院”系与“诊所、护理、疗养、戒酒、戒毒等”并列，系从机构功能及被保险人就诊目的角度对就诊机构的范围进行限定，并非仅从名称上的限定，即该条款所欲排除的医疗机构系指被保险人为疾病治疗后的康复或非为疾病治疗而选定的机构。故在该格式条款存在两种解释的情况下，应当作出不利于格式条款提供方，即人保浙江分公司的解释，按照昝鸿彬对该条款的理解进行解释。最后，依据解放军总医院第一医学中心出具出院的介绍信内容可知，昝鸿彬从该院出院系转院，即听从该院建议转至康复医院进行进一步治疗，且转院时气切处仍需呼吸机辅助呼吸。解放军总医院第一医学中心系符合涉案保险合同约定的医疗机构，昝鸿彬根据该医院建议转至首都医科大学附属北京康复医院进行治疗亦属于保险合同约定到指定医疗机构就诊的情形。综上，昝鸿彬在首都医科大学附属北京康复医院呼吸内科诊疗属于保险合同约定的范畴，其在该医院所支出的费用，应由人保浙江分公司承担保险责任。

四、昝鸿彬主张费用金额的认定

《个人住院医疗保险条款（支付宝专用版）》中对重大疾病保险责任与一般疾病保险责任存在是否应免除1万元免赔额的区分。关于昝鸿彬在本案中提出的理赔应由人保浙江分公司承担何种保险责任。本院认为，根据昝鸿彬的病历，其在三家医院就诊所医治的疾病主要为肺部疾病，所产生的治疗费用亦主要针对该项疾病，故人保浙江分公司有权按一般疾病保险责任向昝鸿彬进行理赔。在昝鸿彬对重大疾病保额与一般疾病保额存在免赔额区分的事实予以认可的情况下，人保浙江分公司主张从应赔付金额中扣除1万元免赔额的主张有合同依据，本院予以采信。具体费用金额如下：

（一）有关住院诊疗费用

昝鸿彬除基本医疗保险之外在大同市第三人民医院个人支付的31333.46元、在解放军总医院第一医学中心个人支付的33683.93元、在首都医科大学附属北京康复医院个人支付的226683.64元住院诊疗费用，共计291701.03元均属于案涉保险条款2.1.1.1约定的责任范围。

（二）有关门诊诊疗费用

依据孙学博的投保流程及“好医保”个人住院医疗保险保险单（电子保单）已将“若被保险人以有社会医疗保险身份投保，但未以社会医疗保险身份就诊并结算的，上述责任按照应赔付金额的60%”作为特别约定第9条的事实可以认定人保浙江分公司已将该免责事项向孙学博进行提示及明确说明，该约定条款对昝鸿彬有效。昝鸿彬系以有社会医疗保险身份进行的投保，而昝鸿彬在大同市第三人民医院所支付的门诊费用 2178.38 元、在解放军总医院第一医学中心所支付的门诊费用 12753.21 元均为自费，即未以社会医疗保险身份进行就诊及结算，故人保浙江分公司有权按上述费用的 60% 向昝鸿彬履行赔付义务，赔付金额为 8958.95 元。

昝鸿彬在首都医科大学附属北京康复医院所支付的门诊费用 200 元及在北京大学第一医院所支付的门诊费用 50 元系使用社会医疗保险身份结算，故均属于案涉保险条款 2.1.1.4 约定的责任范围。

（三）有关检测费、护理费、救护车费、膳食费

1. 检测费

昝鸿彬在 ××公司进行的检测确发生在其患病期间，属于必需且合理的费用，应由人保浙江分公司承担保险责任。但因该检测亦系昝鸿彬以非社会医疗保险身份进行结算，故人保浙江分公司应按检测费 4800 元的 60%，即 2880 元进行赔付。昝鸿彬于 2021 年 7 月 29 日在北京大学第一医院使用社会医疗保险身份支出的化验费 4050 元亦系在其患病期间，且属必需且合理费用，应由人保浙江分公司赔付。

2. 护理费

昝鸿彬向 ××× 支出的护理服务费 21980 元并无医嘱，不属于人保浙江分公司应予理赔的范围，本院对此不予支持。

3. 救护车费

昝鸿彬主张的救护车费 1847.2 元系发生在其患病期间，运送起始点均属其就诊及居住地址，且在同一城市内，属于案涉保险承保范围，应由人保浙江分公司履行赔付义务。

4. 膳食费

《个人住院医疗保险条款（支付宝专用版）》约定，人保浙江分公司应赔付的膳食费为实际发生的、由医院提供的合理的、符合惯常标准的膳食费用。现昝鸿彬并未提供其主张该费用所对应的医嘱，且无医疗机构出具的相应收费凭证，故本院对其该项诉讼请求不予支持。

综上，扣除 10000 元免赔额后，人保浙江分公司应向昝鸿彬赔付保险金的金额为 299687.18 元（291701.03 元 + 8958.95 元 + 250 元 + 2880 元 + 4050 元 + 1847.2 元 - 10000 元）。

鉴于双方系对是否应予赔付、赔付金额存在争议且昝鸿彬系在本案中方就首都医科大学附属北京康复医院发生的费用向人保浙江分公司申请理赔，故本院对其主张人保浙江分公司赔偿利息损失的诉讼请求不予支持。

依照《中华人民共和国保险法》第十六条，《中华人民共和国民法典》第四百九十六条、第四百九十七条、第四百九十八条，《最高人民法院关于适用〈中华人民共和国民法典〉时间效力的若干规定》第一条第一款之规定，判决如下：

一、被告中国人民财产保险股份有限公司浙江省分公司于本判决生效之日起十日内向原告昝鸿彬支付保险赔偿金299687.18元；

二、驳回原告昝鸿彬其他的诉讼请求。

如果未按本判决指定的期间履行给付金钱义务，应当依照《中华人民共和国民事诉讼法》第二百六十条之规定，加倍支付迟延履行期间的债务利息。

案件受理费6671元，由被告中国人民财产保险股份有限公司浙江省分公司负担5795元（于本判决生效之日起七日内交纳），由原告昝鸿彬负担876元（已交纳）。

如不服本判决，可以在判决书送达之日起十五日内，向本院递交上诉状，并按照对方当事人或者代表人的人数提出副本，上诉于北京金融法院。

审　判　员　孙璟钰

二〇二二年三月十七日

书　记　员　姚学穆

书　记　员　孙诗楠

杨秀芝

北京市顺义区人民法院

北京市顺义区人民法院后沙峪人民法庭副庭长，四级高级法官。累计审理合同类、侵权类、物权类等各类纠纷4000件左右。曾获评顺义区人民法院办案能手、优秀共产党员、审判业务特别贡献奖，多次获得优秀公务员称号，三次荣立三等功，在2020年北京法院“百案云庭”评比中获银奖。撰写的调研报告获评2012年北京法院调研成果三等奖，撰写的司法统计获评2015年北京法院优秀司法统计分析三等奖、撰写的多篇案例被收入《中国法院年度案例》《中国审判案例要览》等，在《北京审判》等刊物上发表多篇论文。

北京市顺义区人民法院
民事判决书

（2019）京 0113 民初 26063 号

原告（反诉被告）：北京大鹏物流服务有限责任公司，住所地北京市顺义区天竺镇岗山路 42 号楼，统一社会信用代码 91110113102530168Y。

法定代表人：宋怡达，执行董事。

委托诉讼代理人：高丛松，北京竞法律师事务所律师。

委托诉讼代理人：赵晓娜，北京嘉善律师事务所律师。

被告（反诉原告）：北京空港弘升汽车科技发展有限公司，住所地北京市顺义区天竺镇岗山路 42 号楼 10 幢 1 层，统一社会信用代码 911101130592612649。

法定代表人：崔鹏，总经理。

委托诉讼代理人：吕波，男，1969 年 2 月 8 日出生，汉族，北京空港弘升汽车科技发展有限公司员工。

委托诉讼代理人：马颖秋，北京市中咨律师事务所律师。

原告（反诉被告）北京大鹏物流服务有限责任公司（以下简称大鹏公司）与被告（反诉原告）北京空港弘升汽车科技发展有限公司（以下简称弘升公司）房屋租赁合同纠纷一案，本院受理后，依法适用普通程序，公开开庭进行了审理。大鹏公司法定代表人宋怡达及委托诉讼代理人高丛松、赵晓娜，弘升公司委托诉讼代理人吕波、马颖秋到庭参加诉讼。本案现已审理终结。

原告大鹏公司向本院提出诉讼请求：（1）请求判令解除原、被告于 2013 年 3 月 13 日签订的《租赁合同》《补充协议》，及 2015 年 8 月 15 日签订的《补充协议二》，解除时间由法院裁判；（2）请求判令被告向原告支付自 2019 年 1 月 1 日至判决租赁合同解除之日的欠付租金（暂计算至 2019 年 7 月 23 日为 807888.72 元）并按照年租金的 3% 向原告支付违约金；（3）请求判令被告向原告支付欠款 250 万元；（4）请求判令被告向原告支付自 2019 年 6 月 12 日起至租赁合同解除之日止的办公用房租金，按每月 1.5 万元计算；（5）请求判令被告将租赁物腾退返还给原告；（6）请求判令被告将涉案租赁物内改建房屋和道路的隐蔽工程图纸等相关资料移交给原告；（7）请求判令被告向原告支付自合同解除之日起至实际将租赁物交还之日止的使用费（按照合同约定的租金标准每月251976.15元计算，从2020年1月16日起按上年度租金的3%递增）；（8）请求判令被告承担本案的诉讼费用和保全费用。

事实与理由：2013年3月13日，原告与被告签订了《租赁合同》及《补充协议》，协议约定，原告作为出租人将位于北京市顺义区×××内的场地及地上现有建筑物、构筑物租赁给被告。2015年8月15日，双方又签订了《补充协议二》。从合同内容来看，合同约定的租金每平方米与周边租金相比较过低，按土地面积计算为每平方米0.19元，按房产面积每平方米0.26元，显失公平。在合同履行过程中，原告按约将租赁物交付被告使用，被告未按约定支付租金，未按约定及时解决租赁物的前期遗留问题，导致原告承担违约责任。未按约向原告报批，未办理房屋扩建、改造的审批手续，所建房屋系违建，既破坏市容影响安全，又因此造成原告原有合法建筑被拆除，导致国有资产流失；同时，政府拆违范围包括被告按约提供给原告的办公用房，导致原告没有办公场所，只能另行租房办公。目前，被告因利用承租涉案租赁物获得的使用权涉嫌进行犯罪活动，已被定性为涉恶团伙，其法定代表人刘岩、实际控制人吕岩、业务部经理王伟等已因强迫交易罪被提起公诉，该刑事案件被定性为涉恶团伙案件，被告亦因此长期处于非正常经营状态，诉争合同已无法继续履行，结合中央和顺义区打黑除恶督导组对涉黑涉恶团伙进行打掉保护伞、断血的处置精神和切断其一切经济来源的要求，依据诉争合同的约定和《中华人民共和国合同法》的相关规定，原告有权解除合同。因此，原告诉至法院。

2020年9月21日，原告提交《变更、增加诉讼请求申请书》，将起诉状第5项诉讼请求变更为：判令被告将租赁场地及未被拆除的原有合法建筑（仅剩老办公楼和1号门脸房）腾退返还给原告。另增加4项诉讼请求：（1）判令被告赔偿原告租赁房屋被拆除的损失共计18839594元；（2）判令被告赔偿原告职工宿舍房屋被拆除的损失共计9664110元；（3）判令被告赔偿未向原告移交三套房屋的经济损失732000元（自2015年1月1日暂计算至2020年8月31日）；（4）判令被告向原告移交变压器三台（编号分别为1042651003、1042651032、1038822839）及其相关手续资料，并配合原告办理电力部门的更名手续（2020年12月2日的庭审中，原告撤回该项诉讼请求）。补充事实和理由：2020年9月以来，顺义区政府开始对涉案租赁场地×××内被告改扩建的违章建筑进行强制拆除，目前租赁场地内的大部分违章建筑已被拆除，没有拆除的部分房屋已张贴违章建筑强制拆除通知，房屋内人员也已清理完毕，后续违章建筑将被全部拆除。鉴于大部分租赁房屋已被拆除的重大事实变化，返还全部租赁物在客观上已经无法实现，原告只能变更诉讼请求，请求被告腾退返还租赁场地，以及未被拆除的原有合法建筑，即返还原有办公用房（455.58平方米）及两处门面房（东门面房面积814.16平方米，西门面房面积808.65平方米）。而对于被告未经合法审批自行改、扩、建而整体被认定为违章建筑的租赁房屋，因该部分房屋被拆除给原告造成的巨额损失应由被告予以全额赔偿，根据租赁房屋移交时双方确认的房屋价值，共计18839594元。另外，根据双方合同约定建设的职工宿舍楼也将被拆除，由此造成原告的损失共计9664110元，亦应由被告予以赔偿。2013年7月18日，原告与被告签署《联合会议纪要》，约定乙方弘升公司出资改建职工宿舍一栋，甲方大鹏公司职工居住使用22套。该宿舍楼于2014年4月左右建成分配，然而被告实际交付原告的房屋只有19套，至今未移交应当交付的另外3套房屋，因此给原告带来的经济损失应由被告予以赔偿。参照该宿舍楼相同房型的租金价格，自2015年1月1日暂计算至2020年8月31日，原告的经济损失为732000元（2015年租金3200元/月，2016年租金3500元/月，2017年租金3800元/月，2018年租金4000元/月，2019年租金3500元/月，2020年租金3500元/月）。

被告弘升公司辩称：（1）不同意原告诉讼请求。《租赁合同》经双方合法签订，合同约定的解除权行使条件没有事实基础，同时原告在向法院起诉前也没有按合同法的相关规定先行向被告发送解除合同通知，原告违反解除合同的法定程序。（2）关于租金，原告要求被告交纳2019年1月1日至合同解除之日的租金，该诉请不明确，合同解除应当在诉讼之前发生，而不是由法院判定解除的时间。至原告起诉之前，被告已足额交纳租金，没有违约，谈不上承担违约责任，不同意支付原告主张的租金和违约金。（3）关于欠款250万元，这笔欠款与本案租赁合同没有关系。根据三方协定，这笔钱是被告代原告向第三方支付的赔偿款，应当向第三方支付，而不是向原告支付。原告原与梁存春有租赁合同纠纷，后双方签订协议由原告补偿梁存春355万元，职工楼建成后原、被告协商给梁存春一套房，还剩下300万元，之后被告替原告支付了梁存春50万元，还剩250万元。但是355万元是15年租金的一次性交付，现在涉及梁存春的房屋已经全部被拆除，所以被告不但不应给付原告250万元，原告还应当将余款返还被告。（4）关于原告自行租赁办公用房的损失，原告的请求恰好说明被告的所有建筑是在原告默认同意的情况下所建，被告所建的自建房建筑一直由原告作为办公用房使用，原告作为办公用房之时，没有提出该房屋是违章建筑，所以该违章建筑被拆除并非被告的责任，而是原告不配合办理相关的改、扩建手续造成。被告给原告提供的办公用房在整个租赁物范围之内，因租赁物属违章建筑被拆除导致原告自行租赁其他办公用房，系由原告自己造成，与被告无关，不同意赔偿原告自行租赁办公用房的租金。（5）腾退租赁物属合同解除后的下一个法律关系，只有在解除合同后才能腾退租赁物，与本案是上下游的关系，本案不能同时审理，应当待解除合同关系之后另行起诉。（6）双方若继续履行合同，所有的资料依合同约定都是被告进行管理，原告要求交付隐蔽工程图纸以及建设房屋和道路的相关资料没有合同和事实依据。（7）与对原告第5项诉讼请求的答辩意见一致。就原告变更、增加的诉讼请求，被告辩称：原告所述的所有损失都不是被告造成，是因原告自己不作为。原告没有及时办理房屋登记相关事宜导致×××内房屋几近全部被拆除，与被告无关。关于原告所诉的未移交房屋的损失，其中一套已经顶给了梁存春，另有一套在原告的指示下交给了于锦涛，原告在2008年5月29日与于锦涛签订了租赁合同，向于锦涛赔偿其自建652平方米的赔偿款，原告向于锦涛交付该套房屋抵顶被告的赔偿款。第三套房屋原定是在职工楼二期中再行交付，所以与本案所涉职工楼没有任何关系，被告也不控制该房屋。

被告弘升公司向本院提出反诉请求：（1）判决原告返还被告已支付的职工楼占用的1039.5平方米自2013年7月1日至2019年11月12日的租金229555.39元（1039.3×0.19×2325÷2）；（2）判决原告返还被告已支付的四合院（面积为1796.6平方米）的租金差额，自2018年11月13日至2019年11月12日共计45903.13元［1796.6×（0.26－0.19）×365］；（3）判决原告向被告交付原办公室的控制权限，房屋面积495平方米，场地545平方米（后被告于2020年12月2日的庭审中撤回交付原办公室的请求），同时赔偿因迟延交付原办公楼给被告造成的自2019年1月1日至11月12日的损失280137.5元（180675＋99462.5）；（4）判决原告协助被告解封大库（面积3095.12平方米）和小库（面积613.3平方米），并返还自2015年1月1日起至2019年11月12日止的租金2 405 937.95元（3095.12×0.26×1775＋613.3×0.26×1775），因两库后被拆除，被告仅要求返还租金；（5）判决原告返还被告已支付的原虹桥公寓所占用的面积900平方米自2019年6月6日至2019年11月12日的租金10017元［900×（0.26－0.19）×159］，后变更为要求原告退还虹桥公寓自2019年6月13日至2019年11月12日的租金9576元；（6）判决原告协助被告办理×××内燃气设施的相关手续，后被告于2020年12月2日的庭审中撤回该项反诉请求；（7）判决原告协助被告办理×××内所有租赁物及其同意改、扩建建筑物、构筑物的相关合法手续，后将该项请求变更为要求原告协助被告办理后建职工楼的合法手续；（8）诉讼费由原告承担。

事实与理由：原告与被告于2013年3月13日签订租赁合同，依据合同约定，租赁方式为整租，包括有证的房屋和无证的房屋。第一年租金为420万元，以后递增。场地面积为每天每平方米0.19元，房产面积每天每平方米0.26元。但是，自签订合同始，原告自己占用职工楼面积共计1039.3平方米，占用办公室面积共计1796.6平方米，但被告一直交付租金。2015年1月，大库和小库因消防不合格被查封，但原告作为出租方，不积极解决问题，导致被告一直不能商业经营。被告一直按商业用地向原告交付租金。2019年6月6日，原虹桥公寓被强制拆除；2018年11月13日，四合院被拆除。原告作为业主，不积极维护自己的权益，但被告对拆除部分一直按房屋交纳租金。原告于2013年3月13日将×××全部整租给被告，但自2019年1月起，强行占用其原办公室的房屋，导致被告与原租户签订的合同不能履行。综上，被告认为原告自行占用的场地职工楼、办公室的房屋场地的租金应由其自行支付。同时原告作为出租方，不积极维护自己已出租利益，给承租人造成的损失应当承担。强行占用原办公室的房屋行为，已违反双方合同约定。

2020年9月30日，被告提交《增加反诉请求申请书》，增加反诉请求：判决原告偿还被告已代其向北京精通市政工程公司支付的工程款100万元。补充事实和理由：原告与案外人北京精通市政工程公司于2017年10月18日签订关于工程燃气外线及锅炉房煤气部分的《建设工程施工合同》。原告要求被告向精通市政工程公司垫付工程款，至今已垫付工程款100万元，但原告至今未偿还被告。被告认为，该合同是原告签署的，合同义务应由原告履行，被告仅是垫付行为，原告应当偿还被告垫付的工程款，故增加反诉请求。

原告大鹏公司就反诉辩称：就第1项反诉请求，原职工楼14号和15号房有产权，被告将原职工楼拆除后建设了新的职工楼，导致原有资产灭失，合同约定原告的职工用房和办公用房应由被告保障，故不同意返还职工楼部分的租金并要求被告进行赔偿。就第2项反诉请求，四合院是1979年建设的老营房，有房产证，被告对此进行了翻建，导致城管执法强制拆除，是被告的违法行为导致原告有房产证的资产灭失，这部分的租金不应当退还，被告还要对原告进行赔偿。就第3项反诉请求，根据双方签订的交接确认单，老办公楼在2013年就交付被告，双方已签字确认，原告自始至终都在被告提供的办公用房里办公，直到2019年6月13日办公用房被拆除，原告自始至终没有占用老办公楼，老办公楼的日常维护、修复都是被告在进行。就第4项反诉请求，原告在2013年就已将两个库房交给被告，被告在使用过程中违规操作，属地政府相关部门对两个库房进行了查封，查封以后被告一直用这两个库作为仓库储存相应的家具、物品，原告不应退还被告这两个库的租金。就第5项反诉请求，原告已将虹桥公寓移交给了被告，被告对该房屋进行翻盖扩建导致成为违建，城管执法将该房屋强制拆除，该损失是由被告违规违法行为造成，不应由原告承担相应的责任。就第7项反诉请求，职工楼已被顺义区×××列为违建，已发限拆通知，被告从一开始就没有按照合同履行，导致该房屋成为违建。双方租赁合同第8条第2款第2项明确约定，被告负责办理房屋扩建改造的手续并承担所有费用，被告应当提交书面设计方案经原告书面同意，手续应由被告负责，原告没有义务配合被告办理相关合法手续。就被告增加的反诉请求，不同意偿还被告燃气管道工程款100万元，按照双方租赁合同第7条约定，租赁期间如因被告需要使用或因政府要求使用的市政设施费用由被告承担，燃气管道改造工程是被告承租房屋后使用，实际使用主体是被告，原告只是签订了工程施工合同，实际上商谈、议价、受益主体均是被告，被告也多次书面向原告承诺承担全部工程费用，故被告主张的100万元工程款应由其自行承担。

当事人围绕诉讼请求依法提交了证据，本院组织当事人进行了证据交换和质证。

本院经审理认定事实如下：

一、合同权利义务的约定

（一）合同的签订情况

大鹏公司与弘升公司就租赁关系共签订《租赁合同》及《补充协议》、《补充协议二》三份书面合同，具体如下：

1. 2013年3月13日，北京大鹏物流服务中心（合同甲方，以下简称大鹏物流中心，后于2017年12月6日更名为大鹏公司）与弘升公司（合同乙方）签订《租赁合同》

双方就乙方租赁由大鹏物流中心经上级批准承租经营管理的所有权属北京戎利实业总公司的位于北京市顺义区×××内的场地及地上现有建筑物、构筑物，并对其进行投资改造、开办“北京空港汽车文化广场”，由乙方自主经营，同时保证甲方租金收入，正常办公用房及职工住房等事宜约定如下：第一条、租赁范围：×××，场地面积共58337.1平方米，有证建筑物、构筑物面积15762.57平方米，其余为临时搭建的棚、库、房等无证建筑物、构筑物面积28589.25平方米。第二条、租赁用途：主要用于投资建设开办集办公、仓储、物流、展厅、汽车维修服务、餐饮、住宿、酒店、商品销售等为一体的“北京空港汽车文化广场”。第三条、租赁期限：有偿租赁期限为15年，自2013年3月13日起算，甲方同意另给乙方15个月的免租期，主要用于解决处理遗留问题、办理投资改造相关手续审批、对原租户的清理腾退。免租期平均分摊至15个年度，即每年度按13个月计，其中免收最后一个月的租金，有偿租期依此顺延，合同实际到期时间为2029年6月12日。第四条、租金：第一年年租金为420万元，以后每年按3%递增，直至合同期满。第五条、付款方式：租金每月支付一次，以现金或支票支付、上付（提前一个月交付下一个月的租金）。第六条、租赁保证金：正式合同签订之前，乙方必须向甲方支付70万元的租赁保证金，租赁期满后，乙方按合同约定向甲方移交所“租赁房屋”后，甲方将租赁保证金退还给乙方。第八条、权利和义务：约定甲方责任有：负责配合乙方提供办理房屋改造和经营许可所需相关手续，乙方对“租赁房屋”进行改、扩、建形成的地上建筑物及构筑物的产权归甲方及其上级单位所有，房屋改、扩建后有关权证记载的产权所有人均应为原产权所有人；甲方保证在乙方5年投资改造建设期内（自改造方案经政府批准时起算）不得擅自终止合同；甲方负责配合向乙方提供办理经营、扩建、改造所需的或可能发生的环保、水、电、通讯、消防、卫生及其他北京市地方政府规定的申请批准手续，需甲方提供的资料。乙方责任有：乙方负责办理房屋扩建、改造所需的相关手续，并承担因此产生的全部费用，房屋改造方案必须先提交书面设计文件，经甲方书面同意；在甲方同意改造方案并经政府批准后，乙方必须保证总的相关投资扩建、改造成本不低于8000万元，并在5年内完成全部建设改造；乙方应保证甲方移交建筑物的完整，乙方因扩建、改造拆除甲方移交的“租赁房屋”时，均应事先就拆除征得甲方书面同意；乙方保证扩建、改造后甲方的办公用房及职工用房，符合国家规定的正常办公及无煤气住宅的基本标准，且不低于现有面积，具体位置视扩建、改造实际情况由双方商定确认，在租赁合同履行期间，办公用房及职工住房由甲方无偿使用。第九条、房屋改善：乙方在租赁期内为满足经营需要，可以出资对“租赁房屋”进行扩建、改造，在未取得地方政府有关部门审核批准手续前，不得擅自进行拆建改造。第十五条、违约责任：若乙方迟延交纳租金，每延迟一日，按应缴未缴租金的千分之一支付违约金，超过三十日仍未交纳的，甲方有权解除合同，所收取的租赁保证金不予退还，并对欠付的租金继续追缴；若乙方未履行本合同或法律规定的其他义务的，应当在甲方指定的期限内补充履行完毕或采取有效的补救措施，否则甲方有权解除合同，解除之日为甲方解除本合同的书面通知送达之日。

2. 签订《租赁合同》同日，双方签订《补充协议》

就解决甲方原与北京嘉缘休闲健身有限公司（以下简称嘉缘公司）租赁合同纠纷及其他租户遗留问题达成约定（为方便比较，具体约定内容后述）。就处理历史遗留问题，双方在本《补充协议》中约定：处理所有遗留问题，最终均须以甲方名义与原租户签订书面解除（终止）合同协议，保证今后不再追溯；因乙方处理遗留问题不当，由此引发的任何经济补偿及法律纠纷均由乙方负责承担；遗留问题的处理进度，不影响租赁合同其他条款的执行，乙方应按约缴纳租金，否则视为违约；如果在清退处理过程中发生其他经甲方同意建设的建筑物、构筑物，甲乙双方将另行协商处理。此协议与主合同具有同等法律效力。

3. 2015年8月15日，双方就《租赁合同》及《补充协议》签订《补充协议二》

双方约定：乙方应当办理房屋扩建、改造所需的相关手续，并承担因此产生的费用；乙方的房屋扩建、改造方案应经甲方书面同意并经政府有关部门批准；未经甲方书面同意及政府有关部门批准扩建改造的建筑物、构筑物，由乙方自行承担责任，如遇政府有关部门要求停止建设、拆除等，与甲方无关，甲方不予任何赔偿、补偿；因此给甲方造成损失的，乙方应予赔偿。另就有关与嘉缘公司、孙广友、梁存春的历史遗留问题进行了补充约定（为方便比较，具体约定内容后述）。双方在《补充协议二》中同意将租期延长五年，租金以第15年的年租金为基数，每年按照3%的比例递增。

（二）有关历史遗留问题处理的约定

在与弘升公司签订《租赁合同》之前，大鹏物流中心已将×××内的部分房屋租与他人，为解决好这些历史遗留问题，双方进行了相关约定。

1. 有关嘉缘公司遗留问题处理的约定

2013年3月13日，《补充协议》约定：对与嘉缘公司租赁合同纠纷案的处理，由甲方负责支付法院生效判决执行赔付余款约750万元和罚息，乙方应将该款项出借给甲方，以后逐年在应付甲方的租金中予以抵扣，具体抵扣金额由乙方根据当年效益情况确定，但实际抵扣金额每年不高于220万元。除上述案件涉及的建筑物之外，嘉缘公司在42号院场地内建造的其他房屋的拆迁及清理由乙方负责，费用由乙方承担，乙方应最终促成嘉缘公司与甲方就该等房屋的拆迁和清理问题达成和解，签订和解协议，敦促嘉缘公司尽早撤场。

2014年6月18日，大鹏物流中心向弘升公司出具001号委托租赁函，约定针对解决与嘉缘公司遗留问题，需弘升公司协助提供650万元，此款不退本金、不计利息，将采取以下方式冲抵：大鹏物流中心将42号院内新悦酒店西侧原大鹏中心与嘉缘公司涉案房及附着门面房共5957.22平方米一并委托弘升公司代为出租，租期为15年，自2014年7月1日起计，租金总额为650万元，并以此款项均摊冲抵15年租期内应缴该房屋全部租金。

2015年8月15日，《补充协议二》就嘉缘公司在西南角自建约7900平方米房屋所占地约2700平方米的处理约定：鉴于嘉缘公司仍在承租上述场地，且就上述场地每年支付甲方30万元租金，该租金由甲方直接收取，并视同乙方向甲方支付的租金。

2015 年 8 月 17 日，中国新兴交通物流总公司向大鹏物流中心出具一份《关于大鹏物流与空港弘升〈补充协议二〉的有关说明》：（1）原嘉缘涉案欠付赔款 650 万元由空港弘升先行支付给大鹏物流，依据 2014 年 6 月 18 日《委托租赁函》视为空港弘升对原嘉缘 5957 平方米涉案房 15 年租金的一次性交纳，大鹏物流每年在应收空港弘升总租金中对该部分房屋租金按面积予以抵减［抵减金额 = 房屋面积（平方米）×每平方米年租金］……（3）嘉缘在西南角 7900 平方米房屋所占约 2700 平方米土地每年 30 万元租金由大鹏物流直接收取，大鹏物流每年在应收空港弘升租金中对该部分土地租金按固定金额予以抵减（固定金额为 30 万元）。

2. 有关孙广友遗留问题处理的约定

《租赁合同》签订后，与孙广友有关的 24 号房一直未向弘升公司移交，仍由孙广友控制。2014 年 6 月 18 日，大鹏物流中心（甲方）与弘升公司（乙方）签订《协议书》，就处理孙广友遗留问题达成如下协议：（1）乙方同意出资 100 万元给孙广友，收回孙广友在与甲方合同期内自建房屋，该房屋收回后由乙方自行支配使用，对于乙方支付的 100 万元，甲方同意按以下方式处理：①甲方将以此款均摊冲抵 15 年租期内应缴该房屋全部租金。②因该租赁物系遗留问题处理范围，甲方未按《租赁合同》约定如期交付乙方，对此将同意顺延租期，起租期自 2014 年 7 月 1 日起计，租期仍按双方所签《租赁合同》约定不变，租期内若甲方需要提前收回该房屋，甲方应提前 6 个月通知乙方，并承担乙方对该租赁物的全部投资成本加倍返还乙方。③租赁期满后，乙方拥有对该租赁物的继续租用权（该租用权租期为 10 年），如届时甲乙双方就继续租用未能达成一致，甲方将双倍返还乙方对该租赁物的全部投资成本。乙方收款后，须保证将该租赁物及新增部分现状交与甲方。如乙方自动放弃不再继续租用，应无条件将该租赁物及新增部分现状全部交与甲方，甲方不予任何补偿。④因是乙方前期出资 100 万元收回孙广友自建房屋，故若在租期及续租期内遇政府规划拆迁，甲方同意对该地上物的全部拆迁补偿归乙方所有……（2）甲方同意乙方再出资 285 万元协同甲方处理原与孙广友租赁合同纠纷及增改扩建等历史遗留问题，对该款项本息（按银行同期贷款利率计）从乙方续租期限内应缴甲方租金中全额抵顶至续租期满止，该租赁物现状全部归还甲方。

2014 年 7 月 1 日，弘升公司、孙广友及大鹏公司签订《关于孙广友自建房协议》，三方约定对于孙广友自建房具体处理方法为：房屋交接后弘升公司一次性支付孙广友房屋转让费 100 万元整，孙广友收到此款后，该房屋归弘升公司所有，孙广友不享有对该房屋的任何权利；弘升公司同意均分 15 年支付孙广友补偿款共计825万元，计每年55万元，到2028年止。孙广友承诺在本协议签订后5日内腾退所有房屋。后孙广友向弘升公司交付24号约1000平方米房屋。

2015年8月15日《补充协议二》，双方就孙广友遗留问题的处理约定：弘升公司除承担应由其支付给孙广友的550万元之外，原由甲方（大鹏公司）每年承担的25万元也改由乙方一并承担，且甲方无须偿还乙方。

2015年8月17日，中国新兴交通物流总公司向大鹏物流中心出具一份《关于大鹏物流与空港弘升〈补充协议二〉的有关说明》，第2条约定：2014年6月18日《协议书》、2014年7月1日《关于孙广友自建房协议》中约定给付原租户孙广友的925万元全部由空港弘升承担，同时大鹏物流对该部分约1000平方米房屋的租金也不再收取。2019年12月6日，中国新兴交通物流有限责任公司出具一份有关《补充协议二》的补充说明，明确2015年8月17日说明第2条最后半句的意思是：按照2014年之前与孙广友签订的《房屋租赁合同》中约定孙广友给付大鹏物流4万元房屋租金，孙广友房屋交回大鹏物流后不再向孙广友收取租金。

2014年7月1日《关于孙广友自建房协议》的三方协议签订后，弘升公司向孙广友支付100万元，孙广友将24号房交付弘升公司。弘升公司另按约每年向孙广友支付55万元补偿款至2017年。2018年始，弘升公司未按年向孙广友支付补偿款，孙广友于2018年至2020年连年起诉弘升公司、大鹏公司，要求二者连带给付其补偿款。本院作出的生效民事判决书支持了孙广友的诉讼请求。庭审中，大鹏公司增加诉讼请求要求弘升公司向孙广友履行2019年55万元的付款义务。

3. 有关梁存春遗留问题处理的约定

2014年6月18日，大鹏物流中心向弘升公司出具第002号委托租赁函，就港茂源建材销售中心（法人代表梁存春）合作库利润分成问题约定：因为大鹏物流中心资金紧缺，为了方便弘升整体规划改造，需请弘升公司协助提供355万元，此项款不计利息、不退本金，大鹏物流中心采取以下方式进行冲抵：（1）大鹏物流中心将42号院内合作库（库房编号23栋，面积3551.13平方米）委托弘升公司代为出租，租期15年，租金总额一次性支付355万元，并以此款项均摊冲抵15年租期内应缴该房屋全部租金……（3）因大鹏物流中心原因中途终止租赁委托，致使合同无法正常履行，大鹏物流中心愿按投入成本加倍给予赔偿，并提前6个月告知。

2015年8月15日《补充协议二》双方再就北京港茂源建材销售中心（梁存春）遗留问题的处理约定：双方同意终止2014年6月18日就解决甲方与北

京港茂源建材销售中心（梁存春）遗留问题甲方向乙方出具的《委托租赁函》，《委托租赁函》约定的权利义务也自此全部解除。解决港茂源建材销售中心（梁存春）遗留问题的355万元（含15年租期职工宿舍一套）全部由乙方承担，乙方在本协议签订后三年内分期将剩余300万元支付给甲方，对此甲方无须偿还乙方。

2015年8月17日，中国新兴交通物流总公司向大鹏物流中心出具一份《关于大鹏物流与空港弘升〈补充协议二〉的有关说明》，第4条约定：原租户梁存春355万元空港弘升已给付房屋一套，剩余300万元由大鹏物流先行垫付，空港弘升在从2015年7月24日起三年内分期分批支付给大鹏物流。

上述《补充协议二》签订后，弘升公司又付大鹏公司50万元，余250万元至今未付。

（三）有关职工宿舍和办公用房的约定

双方在《租赁合同》中约定，合同履行期间，弘升公司应无偿为大鹏公司提供职工住房及办公用房。

2013年7月18日，大鹏物流中心和弘升公司召开会议达成以下意见：由弘升公司出资改建职工宿舍一栋，共40套住房；大鹏物流中心职工居住使用22套，弘升公司职工居住使用18套。同日，双方就职工宿舍翻建改造等相关事宜达成一致意见：弘升公司在大鹏中心院内职工宿舍原址翻建改造综合楼一套，建筑面积5229平方米；依据合同约定，弘升公司保证提供不少于大鹏物流中心院内现有职工居住面积，超出约定面积部分的房屋，优先考虑大鹏物流中心现有在岗异地员工居住，按建筑成本缴费。余下房屋由弘升公司安排其员工居住使用。

2013年7月17日，弘升公司与北京国泰建设集团有限公司二分公司签订《建设工程施工合同》，由后者承包大鹏物流综合楼改造工程。2013年8月，14号房老职工宿舍被拆除。弘升公司出资在原址翻建一处职工住房。住房建成后，弘升公司提供19套给大鹏公司的职工居住，有12名职工自付了部分建筑成本。弘升公司另提供一套住房作价55万元折抵应付梁存春历史遗留问题的补偿款。弘升公司庭审中称还提供了一套给于锦涛，大鹏公司不予认可，弘升公司也未提交相关证据。

2015年4月8日，大鹏物流中心与弘升公司制定联合会议纪要，约定依据《租赁合同》，弘升公司为大鹏物流中心在×××内居住的职工解决不低于原有居住面积的职工住房，在实施过程中，考虑到大鹏物流中心职工的现实居住情况，应大鹏物流中心要求，增加了建筑面积，其中有一部分职工自付了部分的建筑成本，为明确这部分房屋居住人的权益，经双方协商同意，决定在合同执行期内，如遇政府拆迁补偿，弘升公司放弃由职工自付了部分的建筑成本的住房面积的拆迁补偿受益权。

为了履行《租赁合同》约定的为大鹏公司提供办公用房的义务，弘升公司在42号院内新建一处办公楼，其中一半给大鹏公司办公使用，另一半由弘升公司自用。后该办公楼被认定为违法建设，2019年6月13日，大鹏公司使用的一半办公用房被强制拆除。此后大鹏公司租赁院内荣丰酒店的5间房屋作为办公室，每月租金合计15000元，大鹏公司提交了与荣丰酒店签订的租赁合同及租金支付凭证。后因荣丰酒店亦被强制拆除，2020年5月、6月，弘升公司在42号院内为大鹏公司无偿提供另一处办公用房，直到该房屋亦被强制拆除。2020年10月下旬，弘升公司自用的另一半办公用房被强制拆除。

（四）有关租赁保证金折抵的约定

2013年12月30日，双方签署《租赁保证金抵付确认书》，就双方《租赁合同》第六条约定的70万元租赁保证金，鉴于双方在协作处理遗留问题过程中，乙方垫付了应收嘉缘公司2013年至2014年5月所发生的水电费用、拆除原职工宿舍危房费用、清运历史长期遗留积攒生活垃圾堆费用，上述费用经双方协商，甲方同意乙方已作为70万元租赁保证金抵付，若实际发生（计算至2014年5月31日）超出保证金额度部分，甲方不再另行承担，不足保证金部分的，则由乙方另行支付。

二、租赁标的

×××国有土地使用证登记在北京戎利实业总公司名下，土地面积58337.1平方米。2001年，院内共41处房屋合计15762.57平方米登记在该公司名下，产权证号为×××号。但是截至大鹏公司与弘升公司签订《租赁合同》时，院内原进行产权登记的部分房屋已被拆除、翻建、加建、改建，另有部分新建房屋。

（一）租赁标的的交接

《租赁合同》签订后，大鹏物流中心与弘升公司就租赁标的进行了交接，在双方确认的交接文件中，42号院的房屋地上物按序号共划分为29栋房屋，其中，双方分别就第1～13号、第15～17号、第20～23号、第26～28号房屋按栋单独签署交接确认书。关于合计29栋房屋的交接情况，双方签署的《北京大鹏物流服务中心房屋移交表》中记载如下：1号房包括门市房（有产权证，808.65平方米，残值549780元）和修理厂大棚（无产权证）。2号房为门卫（无产权证，61.06平方米，残值244860元）。3号房包括新建库房（无产权证，1800平方米，原37号产权证面积636.94平方米已拆除，残值1436985元）和新建办公用房（无产权证，150.68平方米，残值56375元）。4号房为库房（有产权证，2308.25平方米，残值1864995元）。5号房为库房（有产权证，962.29平方米，残值776710元）。6号房为新建库房（无产权证，70平方米，残值14490元）。7号房包括办公室卫生间（有产权证，25.08平方米，残值7470元）、办公室（有产权证，208.38平方米，残值43140元）及办公室卫生间（有产权证、19.89平方米、残值5625元）。8号房包括办公室（有产权证，455.58平方米的，残值106560元）及新建办公室卫生间（无产权证，34.67平方米，残值17760元）。9号房为库房（有产权证，204.11平方米，残值63360元）。10号房包括库房（有产权证，72平方米，残值20295元）、新建第二层库房（前述72平方米库房二层加建，无产权证，72平方米，残值34595元）及库房（有产权证，298.77平方米，残值65400元）。11号房为办公室（有产权证，311.85平方米，残值65310元）。12号房为食堂（有产权证，303.88平方米，残值61800元）。13号房为办公室（有产权证，520.82平方米，残值107490元）。14号包括大鹏职工宿舍（无产权证，原20号产权证面积302.72平方米已拆除，面积302.72平方米，2013年8月拆，未移交）、大鹏修理间（无产权证，2013年8月拆）及大鹏锅炉房（无产权证，2013年8月拆除）。15号房因盖大鹏职工宿舍拆除（2000年建，200平方米，原面积891.6平方米、691.6平方米已拆除，残值84671元）。16号房为库房（有产权证，814.16平方米，残值289710元）。17号房为新建门市房（无产权证，295平方米，残值124670元）。18号房为二层公寓占地（无产权证，2000年建，桂德忠占地530平方米）。19号房包括库房（无产权证，原17号产权证面积751.94平方米已拆除，1507.44平方米，未移交）、库房（无产权证，原18号产权证面积108.51平方米已拆除，1683.84平方米，未移交）、库房（无产权证，原19号产权证面积755.5平方米已拆除，1241.76平方米，未移交）。20号房为库房（无产权证，3084平方米，残值3345900元）。21号房为办公室（无产权证，面积76.95平方米，残值40950元）。22号房为库房（无产权证，原8号产权证面积280.11平方米已拆除，780平方米，残值519525元）。23号房为新建库房（无产权证，原11号产权证面积754.43平方米、原12号产权证面积764.26平方米已拆除，3551.13平方米，残值3110874元）。24号房为三层公寓（他建，无产权证，原9号产权证面积286.56平方米已拆除，1000平方米，未移交）。25号房为库房（有产权证，48.87平方米，未移交）。26号房为水井房（无产权证，20平方米，残值32880元）。27号房为库房（有产权证，2049.31平方米，残值1735800元）。28号房为门市房、库房（无产权证，原10号产权证面积351.56平方米已拆除，5957.22平方米，残值4011614元）。29号房为新建三层库房（无产权证，原21号产权证面积209.57平方米、原33号产权证面积24.99平方米、原34号产权证面积192.66平方米已拆除，7000平方米，未移交）。

根据上述记载，双方交接确认的29栋房屋中有产权证的面积合计9411.89平方米，无产权证的面积合计29418.47平方米。根据双方签署的《北京大鹏物流服务中心房屋移交表》备注记载，作为租赁标的的14号、19号、24号、25号、29号，大鹏物流中心未向弘升公司移交。其中，14号为后来拆除的老职工宿舍，19号涉及与伟民时代的纠纷，24号涉及与孙广友的纠纷，29号涉及与嘉缘公司的纠纷。14栋、24栋、29栋的后续处理情况如前述。

关于涉伟民时代的19号房屋的交付情况。2016年8月9日，大鹏公司（甲方）、伟民时代（乙方）、弘升公司（丙方）与北京亚美达国际酒店有限公司（丁方，以下简称亚美达公司）四方拟定一份《四方协议》，就顺义区×××库房第10、11、12栋房屋（伟民时代承租后对三栋房屋进行了改造，在大鹏公司与弘升公司的交接确认书中为19号房屋）继续租赁经营事宜达成以下协议：（1）甲方已将42号院整租给丙方经营；（2）乙方将其全部权利、义务转让给丁方；（3）丙方、丁方自行签订租赁合同，自丙方、丁方双方租赁合同生效之日起，《四方协议》生效，甲乙双方签订的合同终止。甲方、乙方、丁方在该《四方协议》上签名盖章，但丙方未签章。丙方与丁方也未签订租赁合同。大鹏公司据《四方协议》主张已将19号房交付弘升公司，弘升公司则称因其未在《四方协议》上签名盖章，且弘升公司与亚美达公司并未签订租赁合同，故《四方协议》未生效，《四方协议》无法证明已交付19号房，大鹏公司未向弘升公司交付该房屋。

（二）租赁标的的改造经营

弘升公司接收房屋后将部分房屋进行了转租，次承租人租用房屋经营公寓、酒店等。弘升公司或其承租人对房屋进行了改造。包括：1号门面房加盖二层钢结构。对2号门卫用房进行加建、扩建。3号房原一层被改造为二层又加盖三层，经营荣丰酒店。4号房进行装修改造，经营和谐公寓。5号房经营虹桥公寓，弘升公司称其将该库的苯板外观拆除，在里面加盖砖混结构；大鹏公司称弘升公司将该库完全拆除重建。弘升公司的承租人将9号、10号房改造后经营窝趣公司。7号以及11～13号组成四合院，弘升公司自称将四栋房屋均加高20厘米。将16号、17号库房加建、改造为门脸房。20号为羽毛球场（大库），22号为茶叶库（小库）。弘升公司承租21号房后拆除改建成消防站，后消防站构成违建被拆除。弘升公司将23号房屋转租后，次承租人改造后经营芒果公寓。弘升公司的承租人将27号房改造后经营新悦酒店。28号房原为嘉缘公司承租，大鹏公司将该房屋交付弘升公司后，弘升公司的承租人对该库进行了改建。

为了证明在上述房屋的改造过程中履行了向大鹏公司的报批手续，弘升公司提交以下证据：

1. 关于28号房的改建。(1) 2015年12月10日，瑞金公司向弘升公司报送的《关于请大鹏物流协助报送〈暂缓处理违章建筑请示〉的说明》，载明瑞金公司在经营管理期间产生了部分违章建筑，并被城管部门要求限期拆除，请求由大鹏物流中心向区政府提交《暂缓处理违章建筑请示》，以促成政府暂缓处理目前违建问题，使我公司有时间补办相关手续。(2) 加盖瑞金公司公章的《暂缓处理违章建筑请示》。(3) 2015年12月29日，顺义区违法建设查处工作领导小组办公室作出的《关于暂缓处理违章建筑的答复》，抬头为大鹏物流中心，内容如下：接到你中心报送的《暂缓处理违章建筑请示》后，经与市专指办沟通，其明确表示：不同意你中心请示。统一规划补办手续的前提是必须处置该地块新生违法建设，销账完毕后方可向规划部门申请手续合理规划。故请你中心按照原要求，按时处置该宗违法建设，确保销账。

2. 关于3号房的改建。2014年10月8日，大鹏物流中心向北京市顺义区城管监察局出具一份《证明材料》。因荣丰酒店租赁房屋主体建筑原采用属非防火材料，顺义区公安消防支队多次检查直至2012年8月30日安全检查强制要求我方对所使用的房屋进行安全防火改造。鉴于此，我们对所使用的原房屋区域内1800平方米进行改造，我方于2014年4月15日开始改造施工，于2014年7月15日主体完工，完工后由城管贴告知单并贴封条。鉴于目前区域隐患较多，政府监管力度极大，为减少人力物力资源的浪费，我方积极配合、尽快整改、配合政府改变周边环境，树立干净卫生区，达到政府要求标准。我方在原有的房屋基础上加固改造，没有加高、加宽，所用材料均符合安全消防标准。改造单位北京荣丰酒店管理有限公司同时加盖公章。

除上述外，弘升公司未向本院提交其在承租期间向大鹏公司报送房屋扩建、改造手续及申请大鹏公司同意改建的证据。

庭审中，大鹏公司提交一份2019年6月17日的《关于立即停止×××违建的通知》，载明：弘升公司未经申报、审核与批准，擅自新增违建面积36649平方米，近日，顺义区城管部门已对违建房屋强制拆除约8500平方米，经查，弘升公司的承租户河北建设公司目前仍在院区内未经申报、审核与批准擅自装修改造。现责令弘升公司立即履行合同义务，对仍在私搭乱建的河北建设公司要求其于2019年6月18日12:00前停止一切装修改造活动。大鹏公司称将该通知贴在了弘升公司的办公室门口，也向弘升公司的工作人员进行了送达。弘升公司称未收到该通知。大鹏公司未提交证据证明向弘升公司送达了该通知。

（三）租赁标的的整改拆除

2016年11月，顺义公安消防支队就20号、22号房向大鹏物流中心发出责令限期整改通知书，指出两库使用苯乙烯可燃彩钢板搭建，不符合消防技术要求，要求在2017年1月25日前改正，并查封了两个库，大鹏公司和弘升公司均未对库房进行整改，直至被认定为违建拆除。两库被拆除前，本院曾去现场勘验，库内装有物品，大鹏公司称是弘升公司的物品，弘升公司称有部分物品是大鹏公司办公室拆除时搬来的办公用品。大鹏公司认为双方签订合同后，已将上述两个库移交给弘升公司，弘升公司必须履行合同义务，按照整改要求办理消除火灾隐患。弘升公司称从接收两个库以后，对两个库房都没有进行过改造。

2018年11月13日，7号与11～13号组成的四合院被认定为违建强制拆除。2019年6月13日，5号虹桥公寓被认定为违建，连同旁边的6号一并被拆除。16号、17号门面房及1号门面房的二层加盖部分被认定为违建，于2019年12月被拆除。2020年6月，2号房及其加建部分被拆除。20号大库、22号小库被认定违法建设于2020年6月被拆除。4号房改造的和谐公寓被认定为违法建设于2020年8月被拆除。3号房的荣丰酒店被认定为违法建设于2020年8月拆除。29号嘉缘公寓被认定违法建设于2020年8月被强制拆除。9号、10号房改造的窝趣公寓被认定为违法建设于2020年8月被强制拆除。18号房张建军使用的房屋被认定为违建依法于2020年8月被强制拆除。19号房亚美国际酒店房屋被认定为违法建设于2020年9月被强制拆除。27号房新悦酒店因构成违法建设于2020年9月被拆除。28号瑞金公司承租的房屋因构成违法建设于2020年9月被强制拆除。23号房芒果公寓被认定为违法建设于2020年9月被强制拆除。

2020年11月，职工住房被认定为违法建设，至本案法庭辩论终结时尚未拆除。大鹏公司于庭审中增加诉求，要求弘升公司在职工宿舍楼拆除后向梁存春支付55万元。

至本案法庭辩论终结前，42号院内的有产权登记的房屋除1号门脸房和8号老办公楼之外，其余房屋均被拆除。弘升公司于庭审中增加反诉请求：（1）要求法院确认自2020年10月1日起大鹏公司按照0.19元/平方米的标准收取场地租金；（2）2014年6月18日，双方约定就嘉缘公寓由弘升公司一次性交付大鹏公司650万元计为15年的租金，现嘉缘公寓已被拆除，故增加反诉请求要求大鹏公司返还自2020年10月1日至2029年6月30日多交的嘉缘公寓的租金共计3107958.93元。就上述两项反诉请求，大鹏公司辩称：弘升公司要求按照0.19元/平方米标准计算场地租金，没有依据。大鹏公司在起诉状上提出0.19元的标准是为了表明双方的租金价格明显低于周边市场价格，对于大鹏公司来说显失公平，是大鹏公司要求解除合同的依据，若按照弘升公司主张，以单价分别乘以房屋和土地的面积，租金之和远高于双方约定的420万元的标准，不同意弘升公司的该项请求。关于嘉缘公寓15年的租金，在双方租赁合同解除之前的租金应由弘升公司负担，合同解除之后的租金是否应退还由法院裁判。

三、租金的交纳

《租赁合同》约定租期为15年，并给予15个月的免租期。双方均认可在每个租赁年度分摊一个月的免租期，即计算一个租赁年度的租金总额后分摊到13个月，按月交纳。

（一）2017年以前双方对账

1. 关于2013年租金。弘升公司提交：（1）其于2013年12月31日出具的《2013年度扣减租金说明》，记载：本年度合同时间2013年1月1日至12月31日，应移交总面积44351.82平方米，应付租金420万元，本年度未移交部分应扣减租金苏勇（注：涉嘉缘公司的28号和29号）应移交未交面积约12223.86平方米，扣减1160044.31元。李伟春（注：涉伟民时代的19号）未移交面积4744.2平方米，扣减金额450224.58元，孙广友（注：24号）应移交未交面积约1000平方米，扣减金额94900元。合计面积约17968.06平方米，暂按租赁合同应扣减合计1705168.89元。上述2013年暂未移交面积，望北京大鹏物流服务中心尽快与北京空港弘升汽车科技发展有限公司交接。该说明手写以下内容并加盖大鹏物流中心公章：上述未能按合同约定面积交付，是因历史遗留问题造成，目前仍在处理过程中，情况属实，经大鹏物流中心班子研究，我方认同2013年度未交付部分面积应扣减租金，此外差额部分请空港弘升汽车科技发展有限公司进行补齐。（2）2014年1月10日《2013年度与大鹏物流中心往来款对账单》。内容为：原房租合同金额420万元（2013年1月至12月），按租赁面积扣减金额1705168.89元（见《2013年度扣减租金说明》），应收房租总额2494831.11元，已缴纳房租总额2300000元，房租欠款194831.11元，大鹏转入往来款66145.47元（此款项已经在2014年1月结清），合计260976.58元。截至2013年12月31日，我司共欠北京大鹏物流中心款项合计260976.58元，相关款项结算以此对账单为准。大鹏物流中心在该对账单上加盖财务专用章。

2. 关于2014年租金。弘升公司提交2014年11月24日大鹏物流中心向弘升公司出具的《2014年北京大鹏应收空港弘升租金情况说明》：（1）本年度租金时间2014年1月1日至12月31日。①2014年度应交纳租金2494831.11元（按上年度未交部分房屋面积扣减的租金），加上按合同规定每年按3%递增74844.93元，计2014年度应交大鹏租金2569676.04元，截至2014年11月24日弘升已付165万元，还欠大鹏2014年度租金919676.04元；②弘升欠大鹏2013年度租金19488.31元；③以上两项弘升应欠大鹏2014年租金939164.35元。（2）2014年1～10月代收代之电费支付税金及附加735445.67×5.5%＝40449.51元。

3.2015年4月16日，大鹏物流中心与弘升公司签署《2014年2月1日至2015年2月28日大鹏物流应收空港弘升租金确认》：（1）依合同应移交总面积44351.82平方米，依据评估报告实际现有面积38300.36平方米，实际交付依据确认书确认面积25515.73平方米。（2）本年度依合同空港弘升应付大鹏租金420万元。（3）本年度未移交部分应扣减租金：（全部按原租赁价格扣减）嘉缘公司应移交未交面积约7000平方米，扣减金额664300元，李伟春应移交未交面积约4433.04平方米，扣减金额420695.5元，孙广友应移交未交面积约1000平方米，扣减租金47450元，已于2014年7月1日拆除。以后年度不再扣减该项。（4）关于合作库（注：涉梁存春23号房）。大鹏与空港弘升于2014年6月18日达成协议，将合作库3551.13平方米采取委托租赁，租期为15年，租金为355万元一次性付给大鹏，应扣减面积3551.13平方米，年租金为337002.24元。（5）关于委托租赁，大鹏与空港弘升于2014年6月18日达成协议，将原苏勇遗留问题房屋5957.22平方米采取委托租赁，租期为15年，租金为650万元一次性付给大鹏，由于租金已一次支付，所以应扣减金额为565340.18元。按合同约定空港弘升应付大鹏2014年2月1日至2015年2月28日租金420万元，应扣减应移交未交面积折合金额2034787.92元，空港弘升应付大鹏2014年2月1日至2015年2月28日租金2165212.08元（4200000－2034787.92），加上年度租金2494831.11元按3%递增的74844.93元，合计应付总金额2240057.01元，截至2月28日收到空港弘升租金2050000元，欠190057.01元。

4.2015年5月29日，双方签署《大鹏与空港弘升对账明细》：（1）大鹏物流应收弘升款项如下：①空港弘升欠大鹏2013年1月1日～2014年1月31日租金94 831.11元；②应收空港弘升2015年4月～5月31日租金352 501.33元，以上两项大鹏应收金额为447 332.44元。（2）大鹏物流应付空港弘升款项如下：①应付空港弘升2013年8月16日～2014年1月15日电费71221.8元；②应付空港弘升2014年1月16日～12月10日电费82133.52元；③应付空港弘升2014年12月11日～2015年3月10日电费31133.88元；④大鹏物流应付空港弘升代付 2014 年 7 月 1 日至 12 月 31 日孙广友赔偿款 125000 元。以上四项大鹏应付空港弘升电费及赔偿款 309489.2 元。（3）空港弘升代垫李伟春律师费 30 万元，代垫孙广友律师费 20 万元，李伟春诉讼费 15951 元、反诉受理费 29840 元、鉴定费 25300 元，共计 571091 元，大鹏应开具收据暂借款。（4）关于委托租赁。大鹏与空港弘升于 2014 年 6 月 18 日达成协议 2 份：①合作库 3551.13 平方米（梁存春）租期为 15 年，租金为 300 万元，一次性付给大鹏，至今未付。②涉案房 5957.22 平方米（28 号），租期 15 年，租金为 650 万元，一次性付给大鹏，至今已付 620 万元。

5. 2016 年 12 月 5 日，双方签署《北京大鹏物流服务中心与北京空港弘升汽车科技发展有限公司租金收缴情况说明》：（1）截至 2016 年 11 月 30 日前，大鹏物流中心与弘升公司正常房屋租金全部结清。（2）大鹏物流中心委托弘升公司将涉案房（嘉缘公司苏勇）及附着门面房共 5957.22 平方米代为出租，租期 15 年，起租日期自 2014 年 7 月 1 日至 2029 年 6 月 30 日，租金总额为 650 万元已全部结清。

6. 庭审中，弘升公司提交一份双方于 2016 年 10 月 25 日签署的《2015 年 8 月 16 日 –2016 年 9 月 15 日大鹏物流应收空港弘升租金收缴备忘录》，内容为：目前由于伟民时代经营部尚未解决，2016 年 10 月 24 日经双方协商，伟民时代租金暂定由大鹏物流收取，大鹏应从空港弘升 2015 年 8 月 16 日至 2016 年 9 月 15 日总租金 420 万元减去涉案房 565340.18 元，减去孙广友 94900 元，减去嘉缘 300000 元，减去伟民时代 420695.5 元，等于 2819064.32 × 103% = 2903636.25 元。空港弘升应付大鹏物流 2015 年 8 月 16 日 ~2016 年 9 月 15 日租金 2903636.25 元。2016 年 9 月 16 日 ~2017 年 10 月 15 日应收空港弘升租金 2903636.25 元 × 103% = 2990745.34 元/13 个月 = 230057.33 元/月租金。2016 年 9 月 16 日 ~10 月 31 日应收空港弘升租金 345086 元（月租金 230057.33 × 1.5 个月），2015 年 8 月 16 日 ~ 2016 年 10 月 31 日应收空港弘升总租金 3248722.25 元，已收租金 3051919.59 元，欠收 196802.6 元（明细略），截至 2016 年 10 月 31 日已开发票金额为 3469147.24 元（明细略）。上述为第一页内容，第二页有大鹏公司及弘升公司的盖章，但因合同签章页与上述内容不在同一页上，大鹏公司对上述备忘录的内容不予认可。弘升公司申请对上述两页内容打印同一性进行鉴定。

案件审理过程中，双方未再提交其后的对账证据。

（二）2017 年 11 月以后按月交纳租金及开具发票

2017 年 11 月、12 月及 2018 年 1 月至 10 月，弘升公司按照每月 236959.05 元的标准向大鹏公司交纳租金，大鹏公司按照该数额按月向被告开具发票，其中2018年6月、7月、8月、9月系先开发票后付款。大鹏公司按照240513.44元的数额开具2018年11月租金发票，根据该月租金发票备注记载，2018年11月1日至15日的租金为118479.525元，2018年11月16日至30日的租金为122033.91元。大鹏公司按照244067.82元金额开具2018年12月租金发票。租金开始按比上一年度递增3%上调。

庭审中，除涉及孙广友24号房的租金外，双方对2018年之前的租金支付标准未提出异议。

（三）2019年的租金交纳情况

1.2019年1月25日，弘升公司的吕波向大鹏公司支付租金244067.82元，大鹏公司就此向弘升公司开具等额发票，注明2019年1月租金。2019年3月，大鹏公司将该笔租金退给吕波。吕波称因后来与大鹏公司就代收租金达成一致，大鹏公司要求统一结算，故将2019年1月的租金退回。

2. 因弘升公司的法定代表人涉嫌犯罪被羁押，公司公章被扣押，就2019年的租金，弘升公司于2019年2月22日委托大鹏公司与首都空港贵宾服务管理有限公司（以下简称贵宾服务公司）就格林公寓（共47间客房）签订2018年1月1日至2019年6月30日《房屋租赁合同》，由大鹏公司代弘升公司收取房屋租金及水电费并开具发票，大鹏公司从收取的租金中扣除弘升公司应向大鹏公司交纳的租金。2019年2月28日，大鹏公司与贵宾服务公司签订《房屋租赁合同》，约定将岗山路42号8栋现房（3层楼，共47间，面积1378.83平方米）租给贵宾服务公司作为员工宿舍居住，租期自2018年1月1日至2019年6月30日，租金每月112800元，年租金1353600元，双方另约定能源费水费每吨13元，电费每度1.5元，由贵宾服务公司根据实际需要预存，实际发生费用由双方授权代表签字确认，供暖季期间的暖气费在未实施集中供暖前，产生的电费由双方各承担50%；关于付款双方约定，首次支付2018年1月1日至12月31日的租金1353600元；第二次支付为2019年4月，支付2019年1月1日至3月31日的租金338440元，第三次支付为2019年7月，支付2019年3月31日至2019年6月30日的租金338400元。

2019年3月1日，贵宾服务公司向大鹏公司支付租金1353600元及水电费225000元。2019年3月，大鹏公司代弘升公司缴纳电费390475.67元。2019年5月，贵宾服务公司向大鹏公司支付租金338400元。2019年7月23日，大鹏公司向本院提起诉讼。2019年7月26日，贵宾服务公司向大鹏公司交纳水电费50000元。2019年7月30日，大鹏公司收弘升公司支付的租金131950.41元（转账备注7月的部分租金），2019年9月27日，贵宾服务公司向大鹏公司支付租金338400元。此后，弘升公司未再向大鹏公司缴纳租金。

（四）大鹏公司向弘升公司催缴租金的情况

2019 年 6 月始，大鹏公司连续向弘升公司发出催款函。

1. 2019 年 6 月 6 日，大鹏公司向弘升公司发出《关于催收空港弘升公司所欠款项的函》，提出截至 2019 年 6 月 6 日，弘升公司的欠款如下：（1）2018 年 4 月 16 日，大鹏公司向弘升公司发送《关于北京伟民时代装饰材料经营部涉案房屋移交的通知》，伟民时代原欠大鹏公司租金由弘升公司负责追缴和偿还，经核实弘升公司尚欠大鹏公司 2263895 元；（2）2015 年 8 月 15 日，双方签订《补充协议二》，约定弘升公司 3 年内分期将所补偿梁存春 300 万元支付给大鹏公司，经核实尚欠 250 万元；（3）2014 年 7 月 1 日，大鹏物流中心、弘升公司与孙广友签订三方协议，约定 2018 年 7 月 1 日前，弘升公司应付孙广友 55 万元，经核实至今未付，造成大鹏公司违约；（4）2013 年 3 月 13 日，双方签订租赁合同，截至当日，弘升公司尚欠大鹏公司租金 516260. 33 元（上付）。限于 5 个工作日内，将上述款项足额支付至我公司，以财务到账凭证为准，我公司将保留进一步追讨权力。

2. 2019 年 7 月 1 日，大鹏公司向弘升公司发出第二份催款函，催款的数额中应付孙广友的金额增长至 110 万元，欠租金数额增长至 803294. 44 元。

3. 2019 年 8 月 1 日，大鹏公司向弘升公司发出第三份催款函，催款金额中的欠付租金增长至 1043441. 76 元。

4. 2019 年 9 月 1 日，大鹏公司向弘升公司发出第四份催款函，欠付租金数额增长至 1198525. 44 元，同时提出“未提供办公用房形成的租金，2019 年 6 月 12 日 –2019 年 9 月 11 日租金共计 4. 5 万元；上诉孙广友案费用 9300 元”。催款合计 7116720. 44 元。

本案中，大鹏公司以弘升公司欠付 2019 年租金，且逾期超过 30 日，要求解除双方的租赁合同，要求弘升公司按照每月 251976. 15 元（244067. 82 + 94900 ÷ 12）的标准支付 2019 年 1 月以后的租金，并补交 2015 年 8 月 16 日至 2018 年 12 月 31 日孙广友的租金 320580 元（按年租金 94900 元计算）。

四、其他问题

（一）关于水电费结算

自 2019 年 11 月 20 日起，大鹏公司接管 42 号院的自来水管理工作。2020 年 8 月，大鹏公司与弘升公司签署说明，约定自 2020 年 8 月起，弘升公司向大鹏公司缴纳 42 号院的自来水费、电费，自来水费单价为 11. 1 元/吨，电费单价为 1. 08 元/吨。2020 年 9 月 28 日，大鹏公司向弘升公司发出《关于催缴二、三季度水电费的通知》，提出自 2020 年 5 月至今，弘升公司已拖欠首都机场动力能源公司水费共计 21 万余元，截至 9 月 26 日已拖欠国网北京顺义供电公司电费121362.76元（自9月25日起每日需额外缴纳千分之二的滞纳金）。

2020年10月13日，弘升公司回函，称自2019年10月起，由大鹏物流代商户缴费（收到的商户水费均已抵扣房屋租金）以及2020年2月至4月水费共计146443.5元。2019年1月至10月、2020年2月至8月均没有发票凭证，导致我司至今未能平账。部分发票跨年无法开出，现与贵司协商将缴费名称变更为弘升公司，变更缴费名后我司会于5日内缴清水费欠款。

2020年11月26日，大鹏公司向弘升公司发出催缴电费通知书，提出变压器缴费信息归属大鹏公司之前租户和家属楼住户实际电费已由弘升公司收取，但弘升公司收取后没有交给大鹏公司。要求弘升公司在11月30日之前缴清电费16289.92元。就上述欠付电费，大鹏公司已经先行向供电公司交纳，大鹏公司增加诉讼请求要求被告给付电费16289.92元。

弘升公司认可欠缴电费16289.92元，但提出大鹏公司同时欠弘升公司2018年和2019年的电费128325.64元，且因大鹏公司将弘升公司的银行账户冻结才无法按时交纳水费，弘升公司增加反诉请求要求大鹏公司向弘升公司支付欠付的水电费合计128325.64元。大鹏公司称并不是其故意拖欠弘升公司2018年和2019年的水电费，而是以往均是在年底结算水电费，并从弘升公司应付租金中扣除，但因2018年和2019年弘升公司银行账户被冻结，就水电费没有结算，所以没有抵扣水电费。

（二）关于精通市政工程款

2017年10月18日，大鹏公司（发包人）与北京精通市政工程公司（承包人，以下简称精通公司）签订《建设工程施工合同》，约定大鹏公司将位于北京大鹏物流服务中心工程燃气外线及锅炉房燃气部分发包给精通公司施工，合同采用固定总价合同形式，合同金额为200万元。合同履行过程中，弘升公司付精通公司工程款100万元。因未收到余款，精通公司将大鹏公司诉至本院索要剩余工程款。大鹏公司在该案中辩称：精通公司诉称的工程款事宜系弘升公司承租上述场地房屋后为经营使用而进行，该建设工程的实际合同主体为弘升公司，大鹏公司只是应弘升公司的申请作为产权方出面签订了工程合同，事实上与精通公司商谈议价、监督工程履行、支付工程款、受益工程结果的主体均为弘升公司，大鹏公司不了解也从未参与过整个过程。

在该案审理过程中，精通公司提交的工程竣工验收记录上，建设单位处除加盖大鹏公司的公章外，弘升公司的员工王伟在该验收记录上签名。就该案，本院作出（2020）京0113民初15752号民事判决书，认为施工合同由大鹏公司与精通公司签订，该合同合法有效，大鹏公司应给付精通公司剩余工程款，大鹏公司与弘升公司的纠纷可另行解决。现弘升公司提起反诉要求大鹏公司向其支付已付精通公司的工程款100万元。大鹏公司的答辩意见为不同意支付。

2019年7月23日，大鹏公司向本院提起诉讼，要求行使合同解除权解除与弘升公司之间的《租赁合同》及两份补充协议。概括其主张的弘升公司的违约行为包括：（1）未按期交纳2019年1月以后的租金且逾期超过30天，以及未交纳自2015年8月16日至2018年12月31日涉孙广友24号房屋的年租金94900元，合计320580元；（2）未能按照合同约定义务解决历史遗留问题导致大鹏公司被起诉；（3）未按合同约定就房屋改、扩建履行报批手续，导致房屋被认定为违建而拆除；（4）没有按照合同约定的租赁标的用途履行合同，合同约定弘升公司租赁×××的场地房屋应用于开办“北京空港汽车文化广场”。

此外，大鹏公司另主张，因×××内的绝大部分房屋已被拆除，且相关政府部门已将该土地规划为绿地用途，合同履行条件已经发生变化，双方签订的《租赁合同》及其补充协议应当予以解除。

2019年10月23日，本院将大鹏公司的起诉状送达弘升公司。

大鹏公司向本院提出诉前财产保全申请，本院于2019年8月26日作出民事裁定书，冻结了弘升公司银行账户存款限额330万元。大鹏公司交纳保全费5000元。

上述事实，有庭审笔录、《租赁合同》、《补充协议》、《补充协议二》、交接确认书、国有土地使用证、房屋产权证、整改通知书、拆除通知书、对账单、租金支付凭证、发票、催款函等在案佐证。

本院认为：

双方的权利义务关系错综复杂，本案仅就法庭辩论结束前双方明确提出的诉讼请求进行审理，未尽事宜双方另行解决。

因本案争议的法律事实发生于《中华人民共和国民法典》施行之前，根据《最高人民法院关于适用〈中华人民共和国民法典〉时间效力的若干规定》第一条第二款之规定，本案应当适用《民法典》施行前的法律、司法解释的规定。

一、关于《租赁合同》及其补充协议效力的认定

依法成立的合同，自成立时生效。《中华人民共和国城乡规划法》第四十条规定：在城市、镇规划区内进行建筑物、构筑物、道路、管线和其他工程建设的，建设单位或者个人应当向城市、县人民政府城乡规划主管部门或者省、自治区、直辖市人民政府确定的镇人民政府申请办理建设工程规划许可证。《最高人民法院关于审理城镇房屋租赁合同纠纷案件具体应用法律若干问题的解释》（以下简称《房屋租赁合同司法解释》）第二条规定：出租人就未取得建设工程规划许可证或者未按照建设工程规划许可证的规定建设的房屋，与承租人订立的租赁合同无效。但在一审法庭辩论终结前取得建设工程规划许可证或者经主管部门批准建设的，人民法院应当认定有效。第三条规定：出租人就未经批准或者未按照批准内容建设的临时建筑，与承租人订立的租赁合同无效。但在一审法庭辩论终结前经主管部门批准建设的，人民法院应当认定有效。

大鹏公司与弘升公司签订《租赁合同》，约定将×××内的场地及地上现有建筑物、构筑物出租给弘升公司使用。从双方权利义务条款来看，主要围绕弘升公司如何使用、改造房屋进行约定；双方办理交接手续时围绕房屋进行交接；双方在计算租金时亦是完全按照房屋的面积计算。综上，本院认为，双方主要围绕着租赁房屋约定权利义务，双方之间系房屋租赁合同关系。关于合同效力的认定应适用前述《房屋租赁合同司法解释》的规定。根据产权登记证书，2001年院内房屋均进行了产权登记，属合法建筑。但是，截至2013年大鹏公司与弘升公司签订《租赁合同》时，院内原有合法产权登记的房屋有的维持原状，有的被拆除翻建，有的被改建、加建。现无证据证明经过翻建、改建、加建的房屋经过建设工程规划许可。根据前述法律和司法解释的规定，就有合法产权登记的房屋签订的租赁合同部分属合法有效，就未经规划许可翻、改、扩建的房屋签订的租赁合同部分应属无效。具体来说，根据双方签署的交接确认单记载，有产权登记的1号门市房、4号、5号、7号、8号办公室、9号、10号一层库房、11号、12号、13号、16号、25号、27号签订的租赁合同部分是双方真实意思表示，不违反法律法规的强制性规定，属合法有效，双方应依约履行；就其余未经规划许可建设的建筑物、构筑物签订的租赁合同因违反了法律法规的强制性规定应属无效。

《补充协议》《补充协议二》是《租赁合同》未尽事宜的补充，其效力认定与《租赁合同》相同。

无效的合同自始没有法律约束力。合同无效后，因该合同取得的财产，应当予以返还；不能返还或没有必要返还的，应当折价补偿。有过错的一方应当赔偿对方因此所受的损失，双方都有过错的，应当各自承担相应的责任。对于合同无效部分，大鹏公司要求弘升公司腾退返还，符合法律规定的合同无效的后果，本院予以支持。合同部分无效，不影响其他部分效力的，其他部分仍然有效，有效部分的合同条款对双方有约束力。大鹏公司起诉要求解除双方签订的《租赁合同》及《补充协议》、《补充协议二》，应审查合同中的有效部分是否能解除。关于大鹏公司所提要求解除合同的依据是否成立，于下文论述。

二、关于争议租金的认定

根据《房屋租赁合同司法解释》第四条的规定，房屋租赁合同无效，出租人可以参照合同约定的租金标准要求承租人支付房屋占有使用费。据此，弘升公司就有效部分的房屋应支付租金，就无效部分应按照合同约定的租金标准支付房屋占有使用费。

双方在《租赁合同》中对租赁标的以及年租金的递增、交纳方式进行了约定。但由于历史遗留问题的影响，双方之间的标的交付和租金交纳并未完全按照合同履行。故此，2013 年至 2016 年，双方对每个年度租金支付情况进行对账，并以书面形式确认；2017 年、2018 年的租金弘升公司按月交纳、大鹏公司按月开具发票。上述合同履行期间，大鹏公司并未对弘升公司交纳租金的数额提出过异议。

本案中，大鹏公司提出异议，认为自 2015 年 8 月 16 日之后涉孙广友房屋的年租金 94900 元不应从总租金中扣除，弘升公司则认为应当扣除。关于该争议，本院结合双方提交的证据分析如下：

1. 根据 2013 年、2014 年双方对账的信息，因大鹏公司未向弘升公司交付涉孙广友的 24 号房屋，故 2013 年至 2014 年 7 月 1 日按年 94900 元扣除弘升公司应付费用；2014 年 7 月 1 日，孙广友向弘升公司交付 24 号房，视为大鹏公司已向弘升公司交付 24 号房，从权利义务对等的角度，弘升公司应向大鹏公司交纳该房屋的使用费。

2. 有关孙广友房屋的最终解决方案。审查双方有关孙广友房屋处理的约定，最终方案是由弘升公司出资 100 万元收回孙广友的自建房后自行支配使用，孙广友对该房屋不再享有任何权利，该 100 万元均摊冲抵该房屋 15 年的租金（使用费），租期自 2014 年 7 月 1 日起算；弘升公司还应再补偿孙广友 825 万元，分 15 年补齐，每年 55 万元。从该约定可以看出，从 2014 年 7 月 1 日之后 24 号房屋 15 年的租金（使用费）以弘升公司支付孙广友的 100 万元予以冲抵，故弘升公司已向大鹏公司支付了 24 号房 15 年的使用费。在计算弘升公司每年应向大鹏公司支付租金（使用费）数额时，应从总额中扣除 24 号房 1000 平方米左右的使用费 94900 元，否则就构成了重复交纳。

3. 有关弘升公司提交的 2016 年 10 月 25 日《租金收缴备忘录》，该备忘录约定 2015 年 8 月 16 日至 2016 年 9 月 15 日的租金中应扣除孙广友的 94900 元，同时记载 2015 年 8 月 16 日至 2016 年 9 月 15 日的租金 2903636.25 元，2016 年 9 月 16 日至 2017 年 10 月 15 日在上一年度基础上递增 3% 再分摊至 13 个月，每月交租金数额为 230057.33 元。大鹏公司以该租金收缴备忘录首页无大鹏物流中心盖章对真实性不予认可。弘升公司申请对该收缴备忘录两页纸内容的打印同一性进行鉴定。

根据2017年10月租金发票、2018年11月租金发票备注内容，可以看出双方实际履行中，2017年10月15日之前的月租金应为115028.67元×2=230057.34元，与租金备忘录上记载的数字一致；2018年11月15日之前的月租金应为118479.525元×2=236959.05元，比230057.34元增长3%。因此，根据2017年、2018年租金交纳和发票开具情况，在大鹏公司未提交其他计算方式的情况下，本院对弘升公司主张的从年租金中扣除孙广友94900元的意见予以采信，并进而推定双方曾就扣减孙广友94900元达成过一致意见。在上述推定下，本院对弘升公司申请鉴定的请求不再予以准许。

综上，本院认为，双方就从年总租金420万元中扣除涉孙广友房94900元达成一致意见，且诉讼发生前大鹏公司对从弘升公司应交租金（使用费）总额中扣除涉孙广友部分并未提出异议。弘升公司以出资100万元收回孙广友房屋的方式及2014年6月18日双方协议、2014年7月1日三方协议约定，应视为弘升公司已支付了24号房15年的使用费，从权利义务对等的角度也应从年租金中扣除94900元。大鹏公司要求弘升公司补交2015年8月16日至2018年12月31日关于24号房的租金（使用费）320580元的诉讼请求本院不予支持。

三、关于弘升公司是否逾期支付2019年租金的认定

大鹏公司以弘升公司逾期支付2019年租金超过30天，主张其可依合同约定行使合同解除权。就大鹏公司是否享有合同解除权解除《租赁合同》的有效部分，本院分析如下：

合同履行满足约定或法定解除条件的，享有合同解除权的一方可以行使解除权解除合同。双方签订《租赁合同》第十五条约定：若乙方迟延交纳租金，每延迟一日，按应缴未缴租金的千分之一支付违约金，超过三十日仍未交纳的，甲方有权解除合同。大鹏公司与弘升公司签订的租赁合同有效部分，当满足约定或法定条件时，一方当事人可行使解除权解除合同。

因《租赁合同》部分有效、部分无效，关于弘升公司是否迟延交纳有效部分的月租金，只能从弘升公司每月支付租金（使用费）总额来判断。按照双方约定，租金按月上付。2019年每月的租金最晚应于上月月底前支付。2019年1月25日，弘升公司向大鹏公司支付租金（使用费）244067.82元，但大鹏公司于2019年3月退回，大鹏公司不能基于弘升公司逾期交纳2019年1月租金行使合同解除权。

根据弘升公司对大鹏公司的委托及大鹏公司与贵宾服务公司签订的《租赁合同》，贵宾服务公司向大鹏公司交纳的租金应抵作弘升公司向大鹏公司交纳的租金，水电费等由大鹏公司与贵宾服务公司另行约定计算。按照双方约定，2019年3月1日，大鹏公司收贵宾服务公司1353600元；2019年5月，大鹏公司又收贵宾服务公司338400元；2019年7月30日，弘升公司交来租金131950.41元；2019年9月27日，大鹏公司收贵宾服务公司338400元；上述租金数额基本可冲抵弘升公司2019年9月底之前应交的租金或使用费。根据上述租金交纳接收情况，按照每月244067.82元的标准，2019年7月底之前弘升公司并无逾期交纳租金超过30天的情况。2019年7月23日，大鹏公司提起本案诉讼，以弘升公司逾期支付租金超过30天为由要求行使合同解除权，但其行使单方合同解除权的条件并不具备，故大鹏公司解除合同的该项理由不能成立。

大鹏公司以弘升公司逾期支付租金超过30天为由行使合同解决权虽不能成立，但弘升公司仍应就其在大鹏公司起诉前逾期支付租金的行为承担向大鹏公司支付违约金的违约责任，本院根据合同有效部分的租金占每月应交总额的比例、弘升公司每笔租金支付逾期的天数，结合弘升公司逾期交纳租金给大鹏公司造成的损失，酌情确定违约金的数额。

四、租赁标的被强制拆除的责任认定

合同签订时，按照双方签署的交接确认书，大鹏公司共向弘升公司交付了24栋标的，后期合同履行过程中，又交付了涉孙广友的24号房。对于涉伟民时代的19号房是否交付双方有争议。根据《四方协议》的约定，大鹏公司欲将出租人的权利义务转移给弘升公司，伟民时代欲将承租人的权利义务转让给亚美达公司，但只有弘升公司与亚美达公司签署正式的租赁合同后，上述《四方协议》方才生效，实际上弘升公司并未与亚美达公司签署书面租赁合同，故四方协议未生效，伟民时代仍与大鹏公司存在租赁合同关系，大鹏公司主张已将19号房屋交付弘升公司本院不予采信。

1. 在大鹏公司交付弘升公司的合计25栋标的中，双方签字确认的有产权登记的属于合法建筑。因弘升公司承租过程中无论是自行还是其承租人对房屋进行翻、改、扩，弘升公司所举证明不能证明其在对房屋进行建设改造前向大鹏公司或相关政府部门履行了合法报批手续，导致房屋被政府相关部门认定为违法建设，弘升公司应对此承担主要责任。但是，在合同履行过程中，大鹏公司明知弘升公司在未取得合法审批手续的情况下对承租房屋进行违法改、扩、建，但大鹏公司未举证证明其完全尽到了出租人对承租人的监督管理的责任，应对合法房屋被改造为违法房屋承担次要责任。本院根据双方的过错程度认定对于合法房屋被改造为违法建设的责任，由弘升公司承担70%，由大鹏公司承担30%。因合法房屋被拆除，大鹏公司要求弘升公司按照双方交接时约定的残值损失进行赔偿，本院根据弘升公司的过错比例及交接时合法房屋的残值数额，确定由弘升公司赔偿大鹏公司因合法房屋被拆除的损失合计4034412元，大鹏公司主张过高部分本院不予支持。

2. 交付时即无产权证的房屋，弘升公司在履行合同中又进行了拆、改、建，并被强制拆除。因这些房屋在交付时即未取得建设工程规划许可，被认定为违建而拆除的责任不应由弘升公司承担，而应由大鹏公司自行承担。大鹏公司要求弘升公司赔偿上述房屋被拆除的损失，本院不予支持。

五、双方的租赁合同及其补充协议能否解除的认定

如前所述，大鹏公司不能以弘升公司逾期支付2019年租金超过30天为由解除合同。《租赁合同》第十五条约定：若乙方未履行本合同或法律规定的其他义务的，应当在甲方指定的期限内补充履行完毕或采取有效的补救措施，否则甲方有权解除合同，解除之日为甲方解除本合同的书面通知送达之日。

关于大鹏公司所述其他解除合同的理由，本院分析如下：

1. 关于未按约向原告报批，未办理房屋扩建、改造的审批手续，所建房屋构成违建的问题

双方《租赁合同》第八条明确约定乙方负责办理房屋扩建、改造所需的相关手续，房屋改造方案必须先提交书面设计文件经甲方书面同意；乙方因扩建、改造拆除甲方移交的租赁房屋时，均应事先就拆除征得甲方书面同意；乙方在租赁期内为满足经营需要，可以出资对租赁房屋进行扩建、改造，在未取得地方政府有关部门审核批准手续前，不得擅自进行拆改改造。双方签订的《补充协议二》再次对弘升公司在改建、扩建前应当履行的报批手续进行了约定。

庭审中，弘升公司为证明其向大鹏公司履行了报批手续，向本院提交瑞金公司有关28号房改造的请示等手续，系在瑞金公司违章建设后的手续，不能证明在改造前弘升公司向大鹏公司履行了报批手续。有关3号房改造的由大鹏公司加盖公章的证明材料，可以视为大鹏公司在3号房改造后对改造的认可。除此之外，弘升公司未再向本院提交其他证据证明其在×××内进行大面积拆、改、建经过了大鹏公司的同意并办理了政府审批手续。

弘升公司有上述违约行为，但根据合同约定，大鹏公司应向弘升公司指定期限补充履行或采取有效的补救措施，弘升公司逾期未补充履行或未采取有效补救措施的，大鹏公司方可享有合同解除权。大鹏公司所举2019年6月17日《关于立即停止×××违建的通知》，未能证明已向弘升公司实际送达，本院不予采信，大鹏公司也未提交其他证据证明其在合同履行期间发现弘升公司违法改、扩、建后指令其整改或补救，故其不具备合同约定解除权的条件。大鹏公司以此为由要求解除合同本院不予支持。

2. 关于未解决租赁物的前期遗留问题

解决历史遗留问题是弘升公司履行租赁合同的一项义务，也是大鹏公司给予弘升公司15个月免租期的条件。弘升公司应当按照双方约定解决大鹏物流的历史遗留问题。双方主要对涉及嘉缘公司、梁存春及孙广友的历史遗留问题进行了约定。按照双方合同履行过程中签署的文件，有关嘉缘公司的历史遗留问题弘升公司已按约履行。关于梁存春和孙广友的历史遗留问题，弘升公司到目前为止尚未履行完毕款项给付义务。就此，本院认为大鹏公司、弘升公司已就梁存春、孙广友的历史遗留问题的解决达成一致意见，明确了义务主体，大鹏公司所提事项仅是协议内容的款项支付问题，且并不影响大鹏公司合同根本目的的实现，大鹏公司以此为由要求解除合同，本院不予支持。

3. 关于大鹏公司主张弘升公司未按合同约定目的使用承租房屋，要求解除合同的意见

本院认为双方并未约定有上述事项时大鹏公司可解除合同，且大鹏公司对于弘升公司多年来使用房屋的方式并未提出异议，大鹏公司以此为由要求解除合同，本院不予支持。

虽然本院认定大鹏公司不享有单方合同解除权，但是双方签订的《租赁合同》绝大部分属于无效，弘升公司应就合同无效部分的房屋向大鹏公司腾退。而合同有效部分涉及的房屋除1号和8号外已全部被拆除，合同履行的条件发生了巨大变化，双方对于后续履行事项不能达成一致意见，双方订立合同时的合同目的均难以实现，本院认为合同有效部分因租赁物绝大部分灭失已基本不具备履行的条件。将《租赁合同》作为整体考量，本院认为双方《租赁合同》及其补充协议中的有效部分应当予以解除，解除时间为本判决生效之日。

双方签订的《租赁合同》及《补充协议》、《补充协议二》有效部分已解除，无效部分自始不具有法律约束力。大鹏公司要求弘升公司腾退×××场地及其上现有房屋，具有事实和法律依据，本院予以支持。弘升公司要求继续承租场地并自2020年10月1日起按照0.19元/平方米的标准交纳场地租金的反诉请求本院不予支持。

六、合同被认定无效及解除后，弘升公司应如何向大鹏公司支付租金和使用费

2019年9月27日，贵宾服务公司向大鹏公司交纳最后一笔租金之前，大鹏公司与弘升公司对于双方租金交纳情况均未提出异议。2019年2月，弘升公司委托大鹏公司代收贵宾服务公司的租金。2019年7月30日，弘升公司还自行向大鹏公司交了一笔租金。彼时四合院或虹桥公寓已经拆除，但弘升公司

并未提出要求扣减四合院或虹桥公寓的租金，说明双方均同意按照先前确定的标准支付租金，即使在房屋拆除后弘升公司亦同意按原先标准支付租金。因此，在2019年9月27日之前的租金交纳情况，本院视为双方均无异议，现在弘升公司要求大鹏公司退还已经交纳的四合院、虹桥公寓被拆除后的租金，本院不予支持。

关于2019年9月底之后期间的租金或使用费如何交纳，根据弘升公司实际使用的情况，分述如下：

1. 合同有效部分的房屋，已被强制拆除的，弘升公司应向大鹏公司交纳租金至房屋被拆除之日，按照双方约定的年度租金数额及计租房屋面积，按照每年递增的比例，经本院核算为512341元；尚存的1号房和8号房的租金应支付至合同解除之日，截至2021年3月，上述未拆除房屋弘升公司应交租金数额为200381元，自2021年4月起至合同解除之日及合同解除后至弘升公司实际腾退上述房屋之日止按照每月11315元的标准交纳租金（使用费）。

2. 对合同无效部分，弘升公司应就其实际使用的房屋向大鹏公司支付使用费至房屋灭失之日，经本院核算为1555820元，无效部分的房屋被拆除后，弘升公司不应再向大鹏公司支付房屋占有使用费。

3. 关于弘升公司要求大鹏公司返还职工楼占用土地面积的租金。从双方交付的标的及往年关于租金的对账记录来看，弘升公司系按照大鹏公司实际交付的房屋面积交纳租金，且为大鹏公司免费提供职工楼是双方合同约定的弘升公司应承担的义务，弘升公司现要求大鹏公司退还大鹏公司占用职工楼占地面积的租金，本院不予支持。

4. 关于弘升公司要求大鹏公司返还20号和22号库因被查封导致无法使用的租金。因双方在本案诉讼发生前，对于两库被查封后的租金并无异议，弘升公司已默认仍就两库向大鹏公司支付费用，现弘升公司要求大鹏公司返还两库因被查封无法使用的租金，本院不予支持。

5. 关于弘升公司要求大鹏公司返还2020年10月1日至2029年6月30日多交的涉嘉缘公司租金的请求。根据双方关于嘉缘公司历史遗留问题的约定，弘升公司协助大鹏公司提供650万元解决与嘉缘公司的纠纷，该650万元视为对嘉缘公司所涉28号房屋十五年租金的一次性交纳，十五年租期自2014年7月1日起算。28号房在交付时即无产权证，但自2014年7月1日至2020年该房被强制拆除之前，弘升公司应向大鹏公司支付使用费。现弘升公司要求大鹏公司退还2020年10月1日至2029年6月30日的费用3107958.93元，本院予以支持。

七、其他诉求

1. 关于大鹏公司要求弘升公司支付解决梁存春遗留问题的250万元的

请求。

关于梁存春的遗留问题，大鹏公司先是于2014年6月18日向弘升公司出具002号《委托租赁函》，由弘升公司提供355万元解决问题，大鹏公司将23号房委托弘升公司出租，355万元冲抵15年的租金。但是2015年8月15日双方签订的《补充协议二》解除了上述有关委托租赁的权利义务，约定解决梁存春的355万元全部由弘升公司承担，且大鹏公司无须偿还弘升公司。从本质上来说，弘升公司为大鹏公司提供解决梁存春问题的款项，是为了获得23号房在双方约定租期内的承租权，从2014年6月18日弘升公司接收该房后到该房屋被强制拆除，弘升公司应交纳上述期间的使用费，根据双方2015年4月16日签订的《2014年2月1日至2015年2月28日大鹏物流应收空港弘升租金确认》的约定，2014年2月1日至2015年2月28日涉23号房的租金337002.24元已从总租金中扣除，而从2015年8月16日开始，涉23号房的年租金不再从总租金中扣除，故弘升公司应向大鹏公司交纳2014年6月18日至2015年8月15日的使用费。现在弘升公司已付梁存春一套职工宿舍作价55万元，又付大鹏公司50万元，上述费用总和足可抵作弘升公司应付的使用费，现大鹏公司要求弘升公司支付剩余250万元，本院不予支持。

2. 关于大鹏公司要求弘升公司支付办公用房被拆除后另行租用办公用房的租金损失。

按照合同约定弘升公司应在合同履行期限内无偿为大鹏公司提供办公用房，但双方并未约定办公用房具体的位置、坐落，当弘升公司新建的办公用房被强制拆除后，弘升公司为大鹏公司提供办公用房的义务并不免除，大鹏公司在合理期限内另行租赁办公用房的租金损失应由弘升公司承担，本院根据合同履行情况、院内房屋拆除情况酌定确定赔偿的金额。

3. 关于大鹏公司要求弘升公司移交改造房屋和道路的隐蔽工程图纸等相关资料的诉讼请求。

因院内绝大部分房屋已拆除，合同有效部分亦解除。大鹏公司的上述请求无实际意义，弘升公司又不同意移交，本院对该项请求不予支持。

4. 大鹏公司要求弘升公司赔偿职工宿舍被拆除的损失。

本案法庭辩论终结前，职工宿舍尚未拆除，大鹏公司主张的损失尚未发生。此外，将老职工楼拆除建设新职工楼是双方约定的事项，新职工楼因未取得合法审批手续被认定为违建，双方对此均有过错，大鹏公司的该项请求本院不予支持。

5. 关于大鹏公司主张的弘升公司未向其移交三套职工住房的损失。

双方约定弘升公司应为大鹏公司提供22套职工住房，现实际提供了19

套。职工宿舍建设未经合法审批，已被认定为违法建设，大鹏公司要求弘升公司按照市场租金价格对其进行赔偿，无法律依据，大鹏公司也未证明有实际损失发生，对该项诉求本院不予支持。

6. 大鹏公司要求弘升公司支付电费的请求。

弘升公司认可欠付大鹏公司电费16289.92元，但以大鹏公司亦欠付其水电费为由不同意支付。弘升公司的抗辩意见不能成立，大鹏公司要求弘升公司支付电费16289.92元，本院予以支持。

7. 关于大鹏公司要求弘升公司在职工宿舍楼被拆除后向梁存春支付55万元的诉求以及要求弘升公司履行向孙广友支付2019年55万元补偿款的诉求。

职工宿舍楼尚未拆除，大鹏公司亦不是适格的请求权主体，其要求弘升公司在职工楼被拆除后支付梁存春55万元本院不予支持。弘升公司需向孙广友支付2019年补偿款55万元已经本院判决，是否实际履行系判决执行问题，大鹏公司的相应诉求本院不予支持。

8. 关于弘升公司要求大鹏公司赔偿迟延交付原办公楼的损失的请求。

原办公楼所在8号房，根据双方签订的交接确认单记载，大鹏公司已将该房屋交付弘升公司，弘升公司主张大鹏公司迟延交付无相应证据，本院不予采信，相应诉求本院不予支持。

9. 关于弘升公司要求大鹏公司协助办理职工楼合法手续的请求。

因双方的租赁合同关系部分无效，有效部分应解除，弘升公司要求大鹏公司继续协助其办理职工楼的合法手续本院不予支持。

10. 关于弘升公司要求大鹏公司支付精通市政100万元工程款的请求。

根据大鹏公司提交的证据及本院在另案中查明的事实，与精通市政的建设工程施工合同虽以大鹏公司的名义签订，本院一审也从合同相对性的角度判令大鹏公司支付精通市政剩余工程款，但从大鹏公司与弘升公司内部来看，该工程实际由弘升公司发包，弘升公司系工程款的实际负担主体，弘升公司要求大鹏公司支付其已付的100万元工程款本院不予支持。

11. 弘升公司要求大鹏公司支付水电费128325.64元的请求。

大鹏公司亦认可欠付弘升公司水电费，但因双方尚未结算，弘升公司对于其主张的水电费的数额未举证证明，本院对此不予处理，待弘升公司取得相关证据后可另行主张。

综上，依照《最高人民法院关于适用〈中华人民共和国民法典〉时间效力的若干规定》第一条第二款以及《中华人民共和国合同法》第五十六条、第五十八条、第六十条、第九十七条、第一百零七条、第一百一十四条，《最高人民法院关于审理城镇房屋租赁合同纠纷案件具体应用法律若干问题的解释》第二条、第五条，《最高人民法院关于适用〈中华人民共和国民事诉讼法〉的解释》第九十条之规定，判决如下：

一、北京大鹏物流服务中心与被告（反诉原告）北京空港弘升汽车科技发展有限公司于二〇一三年三月十三日签订的《租赁合同》及《补充协议》，以及于二〇一五年八月十五日签订的《补充协议二》有效部分于本判决生效之日解除；

二、被告（反诉原告）北京空港弘升汽车科技发展有限公司于本判决生效之日起七日内支付原告（反诉被告）北京大鹏物流服务有限责任公司租金及使用费合计2268542元，并支付逾期违约金5000元；

三、被告（反诉原告）北京空港弘升汽车科技发展有限公司于本判决生效之日起七日内将顺义区×××的场地房屋腾退返还给原告（反诉被告）北京大鹏物流服务有限责任公司；

四、被告（反诉原告）北京空港弘升汽车科技发展有限公司自二〇二一年四月起按每月11315元的标准向原告（反诉被告）北京大鹏物流服务有限责任公司支付租金（使用费）至实际腾退之日止；

五、被告（反诉原告）北京空港弘升汽车科技发展有限公司于本判决生效之日起七日内赔偿原告（反诉被告）北京大鹏物流服务有限责任公司租赁房屋被拆除的损失4034412元；

六、被告（反诉原告）北京空港弘升汽车科技发展有限公司于本判决生效之日起七日内支付原告（反诉被告）北京大鹏物流服务有限责任公司电费16289.92元；

七、被告（反诉原告）北京空港弘升汽车科技发展有限公司于本判决生效之日起七日内赔偿原告（反诉被告）北京大鹏物流服务有限责任公司办公用房租金损失60000元；

八、原告（反诉被告）北京大鹏物流服务有限责任公司于本判决生效之日起七日内退还被告（反诉原告）北京空港弘升汽车科技发展有限公司涉嘉缘公寓的租金3107958.93元；

九、驳回原告（反诉被告）北京大鹏物流服务有限责任公司其他诉讼请求；

十、驳回被告（反诉原告）北京空港弘升汽车科技发展有限公司其他反诉请求。

如果未按本判决指定的期间履行给付金钱义务，应当依照《中华人民共和国民事诉讼法》第二百五十三条之规定，加倍支付迟延履行期间的债务利息。

案件受理费178400元，由北京大鹏物流服务有限责任公司负担89200元（已交纳），由北京空港弘升汽车科技发展有限公司负担89200元，于本判决生效之日起七日内交纳。反诉费12814元，由北京空港弘升汽车科技发展有限公司负担6407元（已交纳），由北京大鹏物流服务有限责任公司负担6407元，于本判决生效之日起七日内交纳。保全费5000元，由北京空港弘升汽车科技发展有限公司负担，于本判决生效之日起七日内直接给付给北京大鹏物流服务有限责任公司。

如不服本判决，可在判决书送达之日起十五日内，向本院递交上诉状，并按对方当事人的人数提出副本，上诉于北京市第三中级人民法院。

审　判　长　杨秀芝
人民陪审员　穆希超
人民陪审员　王　健

二〇二一年三月三十一日

法官助理　曾庆贺
书　记　员　王梦伟

刘英飞

北京市房山区人民法院

北京市房山区人民法院行政审判庭副庭长，四级高级法官，中国政法大学法律硕士。从事行政审判工作逾13年，爱岗敬业、业绩突出，审理的案件曾获2020年度北京法院“百案云庭”专项业务技能比赛银奖，撰写的裁判文书曾分获北京法院系统优秀裁判文书评比三等奖、优秀奖，并在北京法院行政审判系统裁判文书、司法建议评比中多次获奖。荣立个人三等功一次，并荣获“办案质量标兵”称号。

北京市房山区人民法院
行政判决书

（2021）京 0111 行初 651 号

原告：孙颍清，女，1994 年 4 月 8 日出生，汉族，户籍所在地安徽省界首市。

委托代理人：曹传芳，北京观道律师事务所律师。

被告：北京市房山区人力资源和社会保障局，住所地北京市房山区良乡西路 5 号。

法定代表人：王耕，局长。

委托代理人：孔繁丽，北京市房山区人力资源和社会保障局工作人员。

委托代理人：杨会文，北京市房山区人力资源和社会保障局工作人员。

被告：北京市房山区人民政府，住所地北京市房山区良乡政通东路 1 号。

法定代表人：阳波，区长。

委托代理人：邢丽，北京市房山区人民政府工作人员。

委托代理人：杨玲玲，北京市房山区人民政府工作人员。

第三人：北京协尔鑫生物资源研究所有限责任公司房山分公司，住所地北京市房山区窦店镇六股道村东。

法定代表人：方伟贞，经理。

委托代理人：潘文博，北京协尔鑫生物资源研究所有限责任公司房山分公司工作人员。

原告孙颍清诉被告北京市房山区人力资源和社会保障局（以下简称被告房山区人保局）工伤保险资格认定及被告北京市房山区人民政府（以下简称被告房山区政府）行政复议案，于 2021 年 11 月 8 日向本院提起行政诉讼。本院于 2021 年 11 月 9 日立案后，于法定期限内向二被告送达了起诉状副本及应诉通知书。因北京协尔鑫生物资源研究所有限责任公司房山分公司（以下简称协尔鑫研究所）与本案有利害关系，本院依法通知其为第三人参加诉讼。本院依法组成合议庭，于 2021 年 12 月 8 日公开开庭审理了本案。原告委托代理人曹传芳，被告房山区人保局委托代理人孔繁丽、杨会文，被告房山区政府委托代理人邢丽、杨玲玲，第三人协尔鑫研究所委托代理人潘文博到庭参加诉讼。本案现已审理终结。

被告房山区人保局于2021年6月22日对第三人协尔鑫研究所作出京房人社工伤认1110F0425258号《不予认定工伤决定书》（以下简称涉案不予认定工伤决定），主要内容为，经调查核实，第三人协尔鑫研究所职工孙起学，于2021年4月10日在宿舍休息时间发烧，先后前往多家医院就诊后被诊断为猴疱疹病毒脑脊髓炎，于2021年5月27日在首都医科大学附属北京地坛医院（以下简称北京地坛医院）死亡。孙起学受到的伤害，不符合《工伤保险条例》第十四条、第十五条认定工伤或者视同工伤的情形，现决定不予认定或视同工伤。第三人协尔鑫研究所不服该决定，遂向被告房山区政府申请行政复议。被告房山区政府于2021年10月22日作出房政复字〔2021〕153号《行政复议决定书》（以下简称涉案复议决定），维持被告房山区人保局于2021年6月22日作出的涉案不予认定工伤决定。

原告孙颖清诉称，原告之父孙起学自2017年起在第三人协尔鑫研究所从事兽医工作，该公司是一家专门从事非人灵长类动物繁育、研究和销售的生物技术公司。孙起学日常负责对公司的非人灵长类动物进行日常饲养、卫生管理、动物疾病监测监控、动物疾病预防和治疗，实际工作中每天直接接触大量实验用猴，包括笼内外观察动物，直接对动物进行抓取、体检和采样，给动物打针、灌药、治疗，对病危动物进行安乐死、解剖和处理等。2021年4月孙起学高烧，先后前往多家医院就诊，经国家疾控中心检测确认，于4月18日确诊为全国首例人感染猴疱疹病毒案例，于5月27日抢救无效死亡。第三人协尔鑫研究所于2021年6月4日向被告房山区人保局申请工伤认定，被告房山区人保局于2021年6月22日作出涉案不予认定工伤决定。第三人协尔鑫研究所申请行政复议，被告房山区政府于2021年10月22日作出涉案复议决定维持了涉案不予认定工伤决定，理由是第三人协尔鑫研究所提交的证据材料不能证明孙起学发病死亡与工作有关。2021年7月3日《中国疾控中心周刊》发布了联合署名的论文，在此之前，我国并无对猴B疱疹病毒（又称猴疱疹病毒Ⅰ型，以下简称猴疱疹病毒）深入的研究报告。在孙起学确诊后，疾控部门才到其工作单位检测环境和猴子有无该病毒，因该病毒的存活环境、繁殖特性目前并未有确切定论，即使孙起学3月初解剖的死猴和其他猴子未检出该病毒，也并不能否定孙起学感染猴疱疹病毒与职业特性的关系。相关论文介绍，猴疱疹病毒为特定环境和特定人群才可能感染的疾病。而本案死者孙起学从事灵长类兽医工作，与大量恒河猴有直接接触。根据《中华人民共和国国家职业卫生标准》（GBZ227—2017），孙起学完全符合职业性传染病的诊断标准。

因是全国首例，故不在分则的疾病之中。猴疱疹病毒自1932年至今，全球仅60多例人类感染病例，孙起学是全国首例，不可能包含在2013年修订的《职业病分类和目录》中。综上，人感染猴病毒在全球都极为罕见，孙起学的职业特性和猴疱疹病毒的易感人群完全吻合，可以合理推定孙起学因工作原因接触恒河猴等灵长类动物，才被传染了此病毒并最终导致死亡，故符合职业性传染病的诊断原则和《工伤保险条例》第十四条第一项的规定。故诉至法院。请求：（1）撤销涉案不予认定工伤决定及涉案复议决定；（2）判令被告房山区人保局重新作出认定工伤决定书，认定孙起学感染猴疱疹病毒死亡为工伤。

原告孙颍清向本院提交了以下证据：

1. 涉案不予认定工伤决定。

2. 涉案复议决定。

证据1~2，证明孙起学感染猴疱疹病毒死亡，被告房山区人保局及被告房山区政府认为不能证明孙起学发病死亡与工作有关，不予认定工伤。

3. 专业文献，证明猴疱疹病毒通过抓伤、咬伤、针头刺伤、笼具刮伤和黏液飞溅等引起人的感染，感染一般发生于操作恒河猴实验的相关科研人员和饲养人员。

4. 关于孙起学感染猴疱疹病毒死亡的新闻报道，证明1932~2021年全球仅约60例人畜共患感染的病例，孙起学为全国首例。

被告房山区人保局辩称，原告的事实和理由不成立。第一，经调查核实，孙起学于2021年4月10日在宿舍休息时间发烧，先后前往多家医院就诊，被诊断确诊为猴疱疹病毒脑脊髓炎，于2021年5月27日在北京地坛医院死亡，不符合《工伤保险条例》第十五条认定工伤或者视同工伤情形。第二，根据被告房山区人保局对第三人协尔鑫研究所人事专员和副所长作出的调查笔录及提交的相关证明材料显示：孙起学的病经有关职业病医疗机构鉴定不在职业病目录范围内；孙起学也未曾受到事故伤害，且不能证明孙起学发病死亡与工作有关。不符合《工伤保险条例》第十四条认定工伤情形。第三，《关于因履行工作职责感染传染性非典型肺炎工作人员有关待遇问题的通知》《关于因履行工作职责感染新型冠状病毒肺炎的医护及相关工作人员有关保障问题的通知》等相关规定与孙起学诊断的猴疱疹病毒感染无关联性，且无法律法规及政策依据。故孙起学发病死亡不符合《工伤保险条例》第十四条、第十五条认定工伤或视同工伤情形。综上，被告房山区人保局作出的涉案不予认定工伤决定事实清楚、依据适当、结论正确、程序合法，请求法院依法驳回原告的诉讼请求。

被告房山区人保局向本院提交了以下证据：

1. 涉案不予认定工伤决定及送达回证，证明被告房山区人保局作出涉案不予认定工伤决定并送达。

2. 工伤认定申请表，证明被告房山区人保局收到工伤认定申请及受理工伤认定申请的时间。

3. 孙起学身份证复印件，证明孙起学身份情况。

4. 居民死亡医学证明（推断）书，房山区良乡医院病历，北京中医药大学房山医院病历，首都医科大学附属北京佑安医院门诊病历，首都医科大学附属北京友谊医院（西城园区）诊断证明书、证明书、住院病案、病历记录、出院记录，北京地坛医院住院病案、入院记录、死亡记录、出院诊断证明书，证明孙起学因身体不适在医院就诊治疗过程、死亡时间及死亡原因。

5. 劳动合同书，证明第三人协尔鑫研究所与孙起学存在劳动关系。

6. 户口本复印件、原告身份证复印件，证明孙起学与原告系亲属关系。

7. 情况说明，证明孙起学在宿舍休息时发病及孙起学的死亡时间。

8. 授权委托书、身份证复印件，证明第三人协尔鑫研究所委托徐翼办理孙起学工伤认定事宜。

9. 张晨靓身份证复印件，证明第三人协尔鑫研究所副所长张晨靓身份情况。

10. 第三人协尔鑫研究所营业执照，证明第三人协尔鑫研究所的企业信息。

11. 工伤认定申请补正材料通知书、工伤认定申请受理通知书及送达回证，证明被告房山区人保局告知申请人补正材料、受理工伤认定及送达情况。

12. 调查笔录（徐翼），证明被告房山区人保局向第三人协尔鑫研究所人事专员徐翼进行调查，证明孙起学所患疾病不在职业病目录范围之内。

13. 调查笔录（张晨靓），证明被告房山区人保局向第三人协尔鑫研究所副所长张晨靓进行调查，证明孙起学发病及诊疗过程。

被告房山区政府辩称，不同意原告的诉讼请求，恳请法院依法驳回起诉或驳回其诉讼请求。第一，被告房山区政府作出的涉案复议决定程序合法。被告房山区政府收到第三人协尔鑫研究所邮寄的行政复议申请书后，履行了立案、要求被告房山区人保局提交答复、追加第三人、延期审理、送达等程序，符合《中华人民共和国行政复议法》和《中华人民共和国行政复议法实施条例》的相关程序规定。第二，被告房山区政府作出的涉案复议决定事实清楚。被告房山区人保局具有审查并作出工伤认定决定的法定职权。本案中，原告与第三人协尔鑫研究所主张孙起学感染猴疱疹病毒与其所从事的职业直接相关，应当认定为工伤。但在案证据显示，涉案场所、孙起学解剖的两只死猴及所属第三人协尔鑫研究所的所有猴子均未检测出猴疱疹病毒。被告房山区人保局收到第三人协尔鑫研究所的工伤认定申请后，依法履行了受理、调查询问等工作程序，认定第三人协尔鑫研究所提交的证据材料不能证明孙起学发病死亡与工作有关，不符合《工伤保险条例》第十四条、第十五条认定工伤或者视同工伤情形的结论，并无不妥。故被告房山区政府维持了涉案不予认定工伤决定。综上，被告房山区政府作出的涉案复议决定认定事实清楚、程序合法，适用法律正确。

被告房山区政府向本院提交以下证据：

1. 涉案复议决定的送达回证及投递详单，证明原告、被告房山区人保局、第三人协尔鑫研究所收到涉案复议决定。

2. 行政复议申请书，证明第三人协尔鑫研究所提交行政复议申请书。

3. 行政复议申请处理审批表，证明被告房山区政府于 2021 年 7 月 26 日收到行政复议申请并依法立案。

4. 行政复议答复通知书，证明被告房山区政府要求被告房山区人保局提交书面答复及证据材料。

5. 送达回证，证明被告房山区人保局收到答复通知书。

6. 行政复议答复书及证据材料，证明被告房山区人保局提交的书面答复及相关证据材料。

7. 行政复议追加第三人处理审批表、第三人参加行政复议通知书、送达回证及邮单详情，证明被告房山区政府依法追加原告为第三人。

8. 第三人意见书及身份证复印件，证明原告提交的意见书及身份证明。

9. 行政复议案件（延期）呈报表、行政复议延期通知书、送达回证及邮单详情，证明被告房山区政府依法延期审理该案。

10. 行政复议案件电话询问录音光盘及文字整理，证明被告房山区政府工作人员通过电话询问方式向第三人协尔鑫研究所了解情况。

11. 结案（维持）呈报表，证明被告房山区政府作出的涉案复议决定书经负责人批准。

第三人协尔鑫研究所述称，孙起学自 2017 年一直在第三人处从事兽医工作。2021 年 4 月 17 日孙起学经疾控中心专家会诊确认为感染猴疱疹病毒，同年 5 月 27 日经抢救无效死亡。第三人配合家属申请工伤认定，被告房山区人保局作出涉案不予认定工伤决定。第三人请求对孙起学的伤害认定为工伤。

第三人协尔鑫研究所未向本院提交证据。

经庭审质证，本院对上述证据认证如下：原告孙颖清、被告房山区人保局、被告房山区政府提交的证据，能够反映案件真实情况、与待证事实相关联、来源和形式符合法律规定，本院予以采纳。

经审理查明，第三人协尔鑫研究所经营范围为养殖实验动物。第三人协尔鑫研究所与孙起学（原告之父）于2020年7月12日签订劳动合同书，工作岗位为动物管理部门副部长。2021年4月9日孙起学因在宿舍休息期间发烧，先后前往多家医院就诊。2021年4月19日首都医科大学附属北京友谊医院（西城院区）出院诊断为猴疱疹病毒脑脊髓炎，出院医嘱为结合全市专家组建议于北京地坛医院进一步诊疗。同日孙起学转至北京地坛医院。2021年5月27日孙起学经抢救无效死亡，北京地坛医院死亡记录中载明死亡原因为猴疱疹病毒感染、病毒性脑脊髓炎。

2021年6月4日第三人协尔鑫研究所向被告房山区人保局提交工伤认定申请。同日被告房山区人保局作出工伤认定申请补正材料通知书并送达第三人协尔鑫研究所，要求其补正相关材料。后第三人协尔鑫研究所补正相关材料，被告房山区人保局于同年6月8日予以受理。同年6月17日，被告房山区人保局对第三人协尔鑫研究所人事专员徐翼进行调查询问，询问其是否去北京朝阳医院给孙起学做职业病鉴定，徐翼陈述医院答复孙起学的病不在职业病目录范围内。同日，被告房山区人保局对第三人协尔鑫研究所副所长张晨靓进行调查询问，询问该公司的作息及请销假制度等内容，张晨靓陈述了该公司的作息及孙起学的就诊经历，并陈述在治疗期间，北京市相关专家对孙起学的病例进行诊断，专家陈述根据患者的工作岗位进行相关传染病的核酸检测，确认为猴疱疹病毒脑脊髓炎。到目前为止，医学专家组未确定为人畜共患病，当前缺乏相关医学数据支撑，此事相关医学数据极少。经审查，同年6月22日被告房山区人保局作出涉案不予认定工伤决定，对孙起学受到的伤害，决定不予认定或视同工伤。被告房山区人保局于同年7月2日向第三人协尔鑫研究所及孙起学家属送达该决定。

第三人协尔鑫研究所不服涉案不予认定工伤决定，于2021年7月20日向被告房山区政府申请行政复议。被告房山区政府于同年7月26日予以立案，并于同日向被告房山区人保局作出行政复议答复通知书，要求其10日内作出书面答复并提交相关证据、依据和其他有关材料。同年8月2日，被告房山区人保局提交行政复议答复书及相关证据材料。同年9月6日，被告追加原告孙颖清为行政复议第三人并向其送达。同年9月10日，原告孙颖清提交第三人意见书。同年9月15日，被告房山区政府电话询问第三人协尔鑫研究所法定代表人方伟贞该公司场所、孙起学解剖的猴子及该公司所有猴子是否检测出病毒，方伟贞陈述均未检测出病毒。同年9月22日，经审批，被告房山区政府决定延期30日审理该案。同日，被告房山区政府作出行政复议延期通知书，并送达原告孙颖清、被告房山区人保局及第三人协尔鑫研究所。同年 10 月 22 日，经审批，被告房山区政府作出涉案复议决定，维持涉案不予认定工伤决定。同年 10 月 25 日，被告房山区政府向原告、被告房山区人保局、第三人协尔鑫研究所送达该复议决定，原告、被告房山区人保局、第三人协尔鑫研究所分别于同年 10 月 25 日、26 日、28 日签收。

本院认为，依据《工伤保险条例》第五条第二款的规定，被告作为社会保险行政部门，对辖区内用人单位、工伤职工或者其直系亲属、工会组织的工伤认定申请，具有审查并作出认定的职责。依据《中华人民共和国行政复议法》第十二条第一款之规定，被告房山区政府具有处理行政复议申请的法定职权。

《工伤保险条例》第十四条规定，职工有下列情形之一的，应当认定为工伤：（1）在工作时间和工作场所内，因工作原因受到事故伤害的；（2）工作时间前后在工作场所内，从事与工作有关的预备性或者收尾性工作受到事故伤害的；（3）在工作时间和工作场所内，因履行工作职责受到暴力等意外伤害的；（4）患职业病的；（5）因工外出期间，由于工作原因受到伤害或者发生事故下落不明的；（6）在上下班途中，受到非本人主要责任的交通事故或者城市轨道交通、客运轮渡、火车事故伤害的；（7）法律、行政法规规定应当认定为工伤的其他情形。结合原、被告的诉辩意见及庭审陈述，本案中被告房山区人保局及被告房山区政府对孙起学感染猴疱疹病毒最终经抢救无效死亡的情形不予认定工伤的主要理由为：（1）孙起学所感染猴疱疹病毒不在职业病目录中；（2）孙起学未曾受过事故伤害。

关于被告房山区人保局所提孙起学所感染猴疱疹病毒不在职业病目录的主张。《中华人民共和国职业病防治法》第二条第三款规定，职业病的分类和目录由国务院卫生行政部门会同国务院劳动保障行政部门制定、调整并公布。本案中孙起学所患猴疱疹病毒确不在《职业病分类和目录》范围中，但不能因此得出职工所患疾病不在现行的《职业病分类和目录》就不能认定为工伤的结论。《工伤保险条例》的立法目的是保障因工作遭受事故伤害或者患职业病的职工获得医疗救济和经济补偿，促进工伤预防和职业发展，分散用人单位的工伤风险。在工伤认定过程中，既不能僵化执法，也不能任意扩大或缩小对当事人合法权益的保护范围。职工所受伤害是否与履行工作职责密切相关应作为工伤认定的核心考量因素。就本案而言，相关资料和报道显示，孙起学为我国首例感染猴疱疹病毒病例。猴疱疹病毒通过被抓伤、咬伤、针头刺伤、笼具刮伤和黏液飞溅等引起人的感染，感染一般发生于操作恒河猴实验的相关科研人员和饲养人员。可见猴疱疹病毒并非一般意义上的普通常见疾病，与特定的工作环境及特定的职业存在密切关系。孙起学所感染猴疱疹病毒虽未纳入现行《职业病分类和目录》范围，被告房山区人保局亦应立足《工伤保险条例》立法本意，结合个案具体情况，充分考量及调查孙起学是否因特定的工作环境受到人身伤害，是否属于《工伤保险条例》中因工作原因受到伤害的情形，保护其合法权益。故对被告以孙起学所受伤害不属于职业病不予认定工伤的主张，本院不予支持。

关于被告房山区人保局及被告房山区政府所提孙起学未曾受到事故伤害的主张。本院认为，行政机关作出行政行为应当事实清楚、证据确凿。如前所述，现有资料显示猴疱疹病毒并非一般意义上的普通常见疾病，与特定的工作环境和特定的职业存在密切关系。本案中，孙起学因在宿舍休息时间发烧就诊，在就诊过程中被确认感染猴疱疹病毒。基于一般生活常识，孙起学在休息时间发烧不能得出孙起学在休息时间感染病毒的结论，进而否认孙起学的伤害与工作直接相关。孙起学所感染猴疱疹病毒为全国首例，相关研究资料非常少。在所知甚少的病毒学专业领域，普通人尤其是行政执法人员应持审慎态度，深入调查及研究论证后方能作出结论。在对猴疱疹病毒的特性、存活环境、发病周期等不甚了解的情况下，被告房山区人保局基于其对第三人协尔鑫研究所工作人员的调查询问，被告房山区政府基于其调查的孙起学解剖的猴子及第三人协尔鑫研究所的猴子未检出猴疱疹病毒，所得出的孙起学所受事故伤害不能认定为与职业直接相关的结论，均不属于非专业人员运用逻辑经验和生活经验可以径行得出的判断。故被告房山区人保局及被告房山区政府关于孙起学未曾受到事故伤害的主张，缺乏科学依据和事实根据，本院不予支持。

综上，被告房山区人保局作出的涉案不予认定工伤决定缺乏事实根据，证据不足，应当予以撤销。鉴于对第三人协尔鑫研究所的工伤认定申请，尚需被告房山区人保局进一步调查、裁量，故本院责令被告房山区人保局针对第三人协尔鑫研究所的工伤认定申请重新作出处理。依据《最高人民法院关于适用〈中华人民共和国行政诉讼法〉的解释》第一百三十五条之规定，复议机关决定维持原行政行为的，人民法院应当在审查原行政行为合法性的同时，一并审查复议程序的合法性。被告房山区政府虽然履行了受理、审查等法定程序，但是其作出的涉案复议决定，亦缺乏事实根据，故本院予以撤销。依照《中华人民共和国行政诉讼法》第七十条第一项、第七十二条、第七十九条，《最高人民法院关于适用〈中华人民共和国行政诉讼法〉的解释》第九十一条第三款之规定，判决如下：

一、撤销被告北京市房山区人力资源和社会保障局于2021年6月22日作出的京房人社工伤认1110F0425258号《不予认定工伤决定书》；

二、撤销被告北京市房山区人民政府于 2021 年 10 月 22 日作出的房政复字〔2021〕153 号《行政复议决定书》；

三、责令被告北京市房山区人力资源和社会保障局在法定期限内对第三人北京协尔鑫生物资源研究所有限责任公司房山分公司提出的工伤认定申请重新作出处理。

案件受理费 50 元，由北京市房山区人力资源和社会保障局负担（于本判决生效之日起七日内交纳）。

如不服本判决，可于判决书送达之日起十五日内提起上诉，向本院递交上诉状，并按对方当事人的人数提交副本，上诉于北京市第二中级人民法院。

审 判 长 佟 淑
审 判 员 刘英飞
审 判 员 于 妍
人民陪审员 崔 东
人民陪审员 李 平
人民陪审员 焦忠茂
人民陪审员 靳琳琥

二〇二一年十二月二十九日

法官助理 郑 正
书 记 员 王 佳

陈实

北京市第一中级人民法院

北京市第一中级人民法院民事审判三庭副庭长，三级高级法官。工作以来，先后被评为全国法院先进个人、北京法院先进工作者，五次荣立个人三等功。撰写的学术论文荣获全国法院系统学术论文二等奖两次、三等奖一次，多次荣获北京法院学术论文二等奖、三等奖、优秀奖。撰写的裁判文书曾获评北京法院优秀裁判文书二等奖。作为主要执笔人参与中国法学会2012年度部级法学研究课题、最高人民法院2017年度司法研究重大课题、2019年国务院参事室重点调研课题等，多份调研报告先后获得北京法院2020年重点调研课题一等奖、北京法院2021年重点调研课题三等奖、2020年度北京法院优秀司法统计分析三等奖，撰写的多篇文章、案例分析在《人民司法》《商事审判指导》《中国审判》等书籍刊物上发表。

北京市第一中级人民法院
民事判决书

（2020）京01民初239号

原告：山西证券股份有限公司，住所地山西省太原市府西街69号山西国际贸易中心东塔楼。

法定代表人：侯巍，董事长。

委托诉讼代理人：王悦，北京市金杜律师事务所律师。

委托诉讼代理人：康震，北京市金杜律师事务所实习律师。

被告：聚永融资租赁（上海）有限公司，住所地中国（上海）自由贸易试验区马吉路2号1101室。

法定代表人：蔡迎，董事长。

委托诉讼代理人：毕晓倩，上海信冠律师事务所律师。

被告：融信租赁股份有限公司，住所地福建省福州市仓山区林浦路与潘墩路交会处E5号楼第18层。

法定代表人：王为兵，董事长。

委托诉讼代理人：黄先贵，男，该公司员工。

原告山西证券股份有限公司（以下简称山西证券）与被告聚永融资租赁（上海）有限公司（以下简称聚永公司）、被告融信租赁股份有限公司（以下简称融信公司）案外人执行异议之诉一案，本院于2020年7月6日立案后，依法适用普通程序，组成合议庭公开开庭进行了审理。原告山西证券的委托诉讼代理人王悦、康震，被告聚永公司的委托诉讼代理人毕晓倩，被告融信公司的委托诉讼代理人黄先贵到庭参加诉讼。本案现已审理终结。

山西证券向本院提出诉讼请求：（1）请求判决确认山西证券对以融信公司名义开立的中国光大银行股份有限公司福州分行华林支行（以下简称光大银行华林支行）监管账户（账号：××××××××××××××5572）内资金享有所有权；（2）请求判决解除对以融信公司名义开立的光大银行华林支行监管账户（账号：××××××××××××××5572）内资金（截至目前的账户余额为人民币28296303.20元）的冻结措施；（3）请求判决诉讼费全部

由融信公司、聚永公司承担。

事实和理由：（1）聚永公司已经同意解除对案涉监管账户的冻结措施。在执行异议审理程序的庭审笔录中，聚永公司明确陈述“同意解除涉案账户内的资金的冻结措施”，据此，应解除对监管账户的冻结措施。但是，案涉《执行裁定书》中却称“聚永公司述称，存款户名对外具有公示效力，融信公司的账户聚永公司有权查封”，与庭审事实不符。（2）最高人民法院确立的对专用账户中资金权属的判断的审判原则为，对于特定专用账户中的资金，应当根据账户当事人对账户中资金的特殊约定以及相关法律规定来判断资金权属，而不应简单适用《执行裁定书》所援引的《最高人民法院关于人民法院办理执行异议和复议案件若干问题的规定》第25条规定。本案所涉监管账户即属于专用账户。在融信公司《开户申请报告》中，融信公司就此已明确自认；而该证据也已在执行异议审理程序中提交（执行异议审理程序中的庭审笔录中有记载），但《执行裁定书》第3页中却未列明并罔顾该证据。（3）根据法律规定，融信公司已经将基础资产即租金债权转让给山西证券，其不得侵占、损害监管账户归集的租金回收款。中国证监会《证券公司及基金管理公司子公司资产证券化业务管理规定》第二、三、六条中明确界定了资产证券化业务、基础资产、原始权益人、管理人的含义，融信公司作为原始权益人，从法律规定上即须以移交基础资产获得融资。因此其宣称仍为基础资产（监管账户中回收的租金）的权利人，于法相悖。参照外地其他法院的类案生效判决司法裁判文书，山西证券对监管账户内资金应享有足以排除强制执行的权益。武汉市中级人民法院（以下简称武汉中院）（2019）鄂01执异786号案件除申请执行人与本案不同外，其他案件事实与本案高度一致。武汉中院在该案中认定山西证券对案涉资金享有足以排除强制执行的权益，并据此裁定山西证券是案涉监管账户资金的权利人，山西证券主张其对监管账户内资金享有的所有权具备合法性和真实性，能够排除执行，该裁定现已生效；广州市中级人民法院（以下简称广州中院）已生效的（2019）粤01执异272号《执行裁定书》亦认定资产证券化项目管理人对监管账户资金享有足以排除强制执行的权益。（4）根据合同约定，山西证券与融信公司在《融信租赁2017年一期资产支持专项计划资产买卖协议》（以下简称《买卖协议》）、《融信租赁2017年一期资产支持专项计划服务协议》（以下简称《服务协议》）、《融信租赁2017年一期资产支持专项计划监管协议》（以下简称《监管协议》）中，明确约定案涉监管账户中资金所有权属于山西证券。首先，根据《买卖协议》约定，融信公司作为卖方及原始权益人应将其应收租金收益，作为基础资产转让给买方及计划管理人山西证券。山西证券已经于2018年2月12日向融信公司支付其转让基础资产购买价款人民币485000000元，双方于2018年2月12日签订《交割确认函》，《交割确认函》的签订即视为双方就基础资产买卖交割完成。双方于2018年4月25日在中国人民银行征信中心办理了《动产权属统一登记—初始登记》，明确转让财产为“融信租赁与承租人签订的129笔售后回租合同项下全部应收租金收益”。其次，根据《服务协议》约定，山西证券委托融信公司作为专项计划资产服务机构，为专项计划提供与基础资产及其回收有关的管理服务，融信公司应在监管银行开立监管账户作为专项计划下“回收款”的归集账户，专门用于归集、记录专项计划基础资产所产生的回收款。融信公司仅为受托人、服务机构，却宣称监管账户这一专户中资金为其所有，于法无据、于合同无据。最后，根据《监管协议》约定，案涉监管账户的资金来源是融信公司已经转让给山西证券的基础资产回收款，监管账户归集的回收款，只能用于向专项计划账户划转，不得做其他任何用途。

融信公司辩称，山西证券将《买卖协议》《服务协议》《监管协议》从“整体计划”即“融信公司2017年一期资产支持专项计划”“不可分割的有机整体”系列合同中孤立出来系断章取义，其所主张的法律关系错误。（1）双方法律关系，按照《融信租赁2017年一期资产支持专项计划说明书》（以下简称《计划说明书》）第十八章规定“本《计划说明书》的附录和备查文件包括以下文件，该等文件是本《计划说明书》不可分割的有机组成部分”，其含义包括《标准条款》《认购协议与风险揭示书》《资产买卖协议》《服务协议》《监管协议》《差额支付承诺函》《保证合同》等全部约定内容，充分表明双方为融资借款法律关系，不是债权转让法律关系。《资产买卖协议》《服务协议》《监管协议》只是约定安排融信公司以收取的应收租金回收款，作为偿还优先债权39100万元的还款来源，除此之外，“整体计划”按偿债顺序的优先/次级约定，融信公司以交付其的9400万元货币资金本金及利息，为优先债权39100万元本息的清偿，提供了增信担保；融信公司还以《差额支付承诺函》对实际使用的39100万元借款资金的清偿，承担足额清偿责任，并由融信公司实际控制人暨第一大股东以《保证合同》承担连带保证清偿责任。所谓“对价”4.85亿元，其中，9400万元是融信公司自己交付的，剩余39100万元本金及孳息，融信公司依约是要足额偿还。故此，“整体计划”权利义务的实质为融资借款而非债权转让。（2）融信公司收取并存放于融信公司名下收款账户的资金，依约只是融信公司偿还债务的一个来源，所有权归融信公司，在依约转付至山西证券的计划专户之后，所有权才发生转移，才算作融信公司还款。光大银行福州分行并无对监管账户内资金进行处分的自有处分权或法定执法权，监管账户的称谓仅为融信公司与山西证券之间的约定称谓，监管账户与融信公司的一般收款账户，并无本质区别，其中的资金在依约转付之前，均归融信公司所有。（3）正是因《买卖协议》及“整体计划”系列协议所为的实质是借款而非债权转让，山西证券并不能依据该协议享有应收租金债权的所有权，所以《监管协议》《服务协议》《监管协议》均已预料到融信公司收取租金的账户（融信公司的收款账户、双方《服务协议》内部约定的监管账户、双方虽授权银行参加监管但实质仍属当事人自定的监管账户），可能会被司法冻结、扣划，且即使再新开设账户，仍可被司法再次冻结、扣划，并在协议中对可能出现的相关事宜进行了约定。（4）因“整体计划”为融资借款，不是债权转让，山西证券并不享有基础资产的所有权，也没有足以排他的优先权，故其于《计划说明书》如实揭示了“在每个回收款转付期间内，基础资产回收款将存放在原始权益人的自有账户。在此期间若原始权益人破产，或原始权益人存在其他优先债权人、普通到期债权人，回收款将存在被用于偿付的风险”，即基础资产的回收款，不仅不能对抗融信公司的优先债权，甚至连融信公司普通债权都对抗不了。山西证券作为“整体计划”的设计者，已经于《计划说明书》揭示了该计划的上述固有风险。（5）双方发生业务关系以来，一方面，融信公司存入本案系争账户里的资金不仅有“129笔应收租金债权”实现回收的款项，融信还将大量其他资金存入了该账户；另一方面，融信公司从该账户里划出资金，偿付给山西证券的款项中，亦有大量的资金，并非来源于“129笔应收租金债权”实现回收的款项。融信公司列举的证据10、证据11，直接证明融信公司收取承租人东莞市惠尔明高分子材料科技有限公司（以下简称东莞惠尔明）支付编号××××-2016-2-×-0016《售后回租合同》下的4笔租金613888.88元，收取河南开泰新能源科技有限公司代承租人河南豫新太阳能科技股份有限公司支付编号××××-2017-2-×-0035《售后回租合同》下的租金92083.33元，也均存入了系争账户“融信5572账户”，而融信所收取的上述合同下的租金，均非《资产买卖协议》附件一《基础资产清单》所列“129笔应收租金债权”合同所产生的租金。（6）山西证券不能以与本案事实并无关联，且不具有可比性的其他案件的审理结果作为其主张的依据。

聚永公司辩称，不同意山西证券的全部诉讼请求，本案涉案的账户是开立在融信公司名下的一般账户，山西证券提供的原件不能证明是本案涉案账户的开立文件，所以聚永公司认为该账户为一般的账户。一般的账户就应该按照账户名称来判断权属，所以本案的涉案账户的财产权益不属于山西证券，山西证券也没有权利要求解除涉案账户的财产保全。聚永公司同意解除保全的是本案被保全的另一个账户，户名为融信公司2017一期资产支持专项计划，开户行为光大银行福州分行、尾号为9041的账户，对此在北京市第一中级人民法院执行异议案件庭审结束后，聚永公司也向法官提交了书面的意见，因此本案不存在程序错误的问题。《监管协议》签署于2018年2月，其中约定的涉案“5572”账户其实在该协议订立之前就已经开立了，说明该账户开始不是用于监管计划，从山西证券补充提交的证据中的流水来看，该账户不符合专用的特征，所以从实体上来说，山西证券无权享有涉案账户财产的所有权。

当事人围绕诉讼请求依法提交了证据，本院组织当事人进行了证据交换和质证。根据当事人的陈述和经审查确认的证据，本院认定事实如下：

2017年5月18日，融信公司董事会作出《融信租赁股份有限公司第四届董事会2017年第六次会议决议公告》，主要内容：审议并通过了《关于调整〈关于公司与国信证券股份有限公司实施资产证券化的议案〉的议案》。(1）议案内容：原《关于公司与国信证券股份有限公司实施资产证券化的议案》已通过公司第四届董事会2017年第二次董事会审议，并通过公司2017年第二次临时股东大会审议，现根据实际操作过程中与合作方国信证券股份有限公司（以下简称国信证券）的沟通情况，公司拟在不改变整体执行方案的情况下变更合作方，故针对该次资产证券化的实施，公司需进行重新审议，议案内容具体如下：公司原拟定与合作方国信证券共同推进资产证券化项目，现因综合考虑本项目的实施效果及推进程序等因素，并经与山西证券进行充分协商，拟将本项目的合作实施方确认为山西证券，并由山西证券与本公司就与本次资产证券化项目相关的基础资产包所涉融资租赁合同以及相关补充协议文件项下的租金请求权和其他权利及其附属担保权益事宜签署相应协议，由山西证券作为管理人，设立融信租赁2017年一期资产支持专项计划（以下简称专项计划），由公司作为该专项计划的资产服务机构。除上述合作方变更外，该次资产证券化实施的其他要件实际确定情况具体如下：公司拟同意通过山西证券设立发行规模为人民币4.85亿元的专项计划，其中，优先级资产支持证券的规模为人民币3.91亿元，次级资产支持证券规模为人民币0.94亿元，由公司对次级资产支持证券进行认购。同时，拟由公司对专项计划承担差额补足义务，公司实际控制人王丁辉先生对公司补足义务的承诺承担连带担保责任，期限为公司履行期限届满之日后2年。为保证上述项目的顺利实施，董事会授权公司经营管理团队实施，包括但不限于对外签署与本次资产证券化有关的所有法律文件，同时按照资产证券化的备案要求向主管机构提交备案文件等。本议案涉及关联交易，关联董事王丁辉、王丁明回避表决。(2）审议结果：同意3票；反对0票；弃权0票。

2018年2月12日，融信公司董事会作出《融信租赁股份有限公司关于与山西证券股份有限公司实施资产证券化进展的公告》，主要内容：融信租赁股份有限公司（以下简称公司）于2017年3月15日召开公司第四届董事会第二次会议、于2017年3月30日召开公司2017年第二次临时股东大会及于2017年5月18日召开公司第四届董事会第六次会议，上述会议均审议通过了公司拟实施资产证券化相关的议案。2017年5月中旬，公司与山西证券股份有限公司实施资产证券化项目正式启动。资产证券化对接项目为公司129笔融资租赁业务形成的应收租金资产包，融资总额4.85亿元，其中优先A档3.41亿元，优先B档0.5亿元，评级机构分别给予AA+及AA的评级。本次资产证券化基础资产由129笔融资租赁业务合同组成……此次项目监管银行为中国光大银行股份有限公司福州华林支行，托管银行为中国光大银行股份有限公司福州分行，评级机构为联合信用评级有限公司。公司于2017年9月21日已取得上海证券交易所发出的上证函2017（×××）号《关于对融信租赁2017年一期资产支持证券挂牌转让无异议的函》。截至公告披露日，4.85亿元投资款已全部到位，资产证券化项目全部流程已完成，专项计划宣告成立。本期资产证券化所募集到的资金公司将用于购买本期ABS的基础资产。

2017年8月31日，融信公司与山西证券签订《买卖协议》，主要内容：第二条，基础资产买卖。2.1.2在专项计划成功设立，且买方按本协议第2.3款向卖方支付了相应的全部基础资产购买价款之日，卖方将其依据融资租赁合同对承租人享有的租金请求权｛包括自基准日（含该日）起存在的未偿本金余额、利息［包含所有截至基准日（含该日）应计但未支付的部分］、违约金、损害赔偿金、租赁物件留购价款及其他依据融资租赁合同应由承租人向原始权益人偿还的款项｝和其他权利及其附属担保权益均转让给买方。买方基于卖方在本协议第五条和第7.1款项下之陈述、保证和承诺，接受上述转让，并同意根据本协议及应适用的中国法律的规定，（1）承担基础资产的全部风险，享有基础资产所产生的全部收益；并（2）根据本协议第2.3款约定支付基础资产的购买价款。

2017年12月13日，融信公司向光大银行华林支行提交《开户申请报告》，申请开立“专用”人民币银行结算账户。同时提交《中国光大银行开立单位人民币银行结算账户申请书》，在账户性质一栏勾选专用，资金性质一栏为保管专用账户。

2017年12月31日，融信公司与山西证券签订《服务协议》，主要内容：第二条，基础资产的管理和服务。2.1.1计划管理人委任融信租赁作为专项计划的资产服务机构，由其按照本协议的约定为专项计划提供与基础资产及其回收有关的管理服务及其他服务。同时，融信租赁接受该委任并同意将根据本协议的约定履行相应职责。2.3监管账户的设置　2.3.1融信租赁开立的用于归集融资租赁业务相关日常经营租金的银行账户（“融信租赁收款账户”）基本信息如下：开户银行为【中信银行福州分行】，户名为【融信租赁股份有限公司】，账户为【×××××××××××××××5487】。2.3.1 融信租赁作为资产服务机构，应于专项计划设立日或之前在监管银行开立监管账户作为本专项计划项下“回收款”的归集账户，专门用于归集、记录专项计划基础资产所产生的回收款。融信租赁应对属于专项计划的基础资产回收款与融信租赁持有或管理的其他财产严格区分、记录。2.3.6 监管账户基本信息如下：开户银行为【光大银行华林支行】，户名为【融信租赁股份有限公司】，账户为【×××××××××××××5572】。

2018年2月1日，融信公司与中国光大银行股份有限公司福州分行、山西证券签订《监管协议》，主要内容：第六条，账户的开立与管理。6.1 监管账户的设置　融信租赁应于专项计划设立日或之前在监管银行开立“监管账户”，专门用于监管、记录专项计划的基础资产所产生的回收款。监管账户的基本信息如下：开户银行为【光大银行华林支行】，户名为【融信租赁股份有限公司】，账号为【×××××××××××××5572】（以下简称光大银行5572账户）。6.2 监管账户的资金来源　监管账户是融信租赁用于归集基础资产产生的回收款的人民币资金账户，其资金来源为融信租赁根据《买卖协议》已经转让给计划管理人但作为资产服务机构受托管理的基础资产所产生的回收款。6.3.4 资产服务机构不可撤销地授权监管银行（监管银行同意接受该授权）于每个回收款转付日15:00前将监管账户内的全部回收款划转至专项计划账户。专项计划账户信息为：户名为【融信租赁2017年一期资产支持专项计划】，开户行为【中国光大银行福州分行】，账号为【××××××××××××9041】。资产服务机构应于本协议签署日或之前向监管银行和计划管理人出具《授权及承诺书》，格式见本协议附件二。资产服务机构也可通过转账支票等其他监管银行认可的方式通过监管银行柜台办理监管账户资金的划转。6.3.5 监管账户归集的基础资产回收款，只能用于向专项计划账户划转，不得做其他任何用途。……附件一第（35）项，基础资产包括融信公司对承租人享有的融资租赁合同下61笔租赁债权，也包括融信公司从其子公司浩瀚（上海）融资租赁有限公司（以下简称浩瀚租赁）受让的融资租赁合同下的68笔租赁债权；第（84）项，“基准日”为2017年5月1日；第（87）项，专项计划设立日为专项计划所募集的资金总额已达到“《计划说明书》”约定的目标募集金额，且已全额划付至“专项计划账户”后，经计划管理人宣布的专项计划设立之日。

2018年2月12日，山西证券向融信公司支付其转让的基础资产购买价款人民币485000000元。同日双方签订了交割确认函，确认双方基础资产买卖交割完成。同日，融信公司董事会作出《融信租赁股份有限公司关于与山西证券股份有限公司实施资产证券化进展的公告》，确定当日为专项计划设立日。

2018年4月25日，融信公司在中国人民银行征信中心办理了应收账款转让登记，主要内容：交易业务类型为应收账款；出让人信息出让人名称为融信公司；受让人信息受让人名称为山西证券；转让合同号码为《融信租赁2017年一期资产支持专项计划服务协议》；转让财产价值为501253300元。

2018年2月13日至2020年4月23日，光大银行5572账户共发生625笔流水，流入资金中：6笔来自融信公司，其中2018年2月13日自账户××××××××××××2033转入165227874.2元，其余5笔均自中信银行福州分行××××××××××××××5487转入；61笔来自融信公司的子公司浩瀚租赁；524笔转账来自专项计划项下基础资产的承租人、担保人或关联公司；9笔为账户内沉淀资金结息；4笔为通知存款回转；5笔来自东莞惠尔明；1笔来自河南豫新太阳能科技股份有限公司（以下简称河南豫新）；2笔为个人（邓婧宇）回款，金额分别为0.10元。流出资金中：9笔为向专项计划账户转付租金回收款；4笔为办理通知存款相应资金流出；2018年12月6日账户被冻结后，无资金流出。

另查，东莞惠尔明系惠尔明（福建）化学工业股份有限公司（以下简称福建惠尔明）的全资子公司，河南昊诚光电科技有限公司（以下简称河南昊诚）是河南豫新的全资子公司；福建惠尔明和河南昊诚均系案涉专项计划项下基础资产的承租人。

截至本案最后一次庭审结束前，山西证券、融信公司均未曾向福建惠尔明、河南昊诚另行主张支付租金，东莞惠尔明、河南豫新亦未就向光大银行5572账户的转账系错误支付向山西证券或融信公司主张取回。

再查，2020年6月22日，本院作出（2020）京01执异21号裁定书，认为，《最高人民法院关于人民法院办理执行异议和复议案件若干问题的规定》第二十五条规定："对案外人的异议，人民法院应当按照下列标准判断其是否系权利人：……（三）银行存款和存管在金融机构的有价证券，按照金融机构和登记结算机构登记的账户名称判断；有价证券由具备合法经营资质的托管机构名义持有的，按照该机构登记的实际投资人账户名称判断；……"本案中，本院冻结的涉案账户登记在融信公司名下，山西证券主张该涉案账户内资金为该公司所有，不符合上述法律规定，山西证券所提异议，本院不予支持。裁定：驳回山西证券提出的案外人异议。山西证券2020年6月24日收到（2020）京01执异21号裁定书，并于2020年6月向本院提起本案诉讼。

2020年1月6日，山西证券依据以融信公司为被申请人，依据《买卖协议》《监管协议》《服务协议》中的仲裁条款，向深圳国际仲裁院提交仲裁申请，请求仲裁庭支持以下诉讼请求：（1）裁决确认山西证券对监管账户（户名：融信租赁股份有限公司；开户行：光大银行福州华林支行；账号：××××××××××××××5572）内的全部资金享有所有权……2021年3月5日，深圳国际仲裁院仲裁庭做出（2020）深国仲535号《裁决书》，裁决：（1）申请人（山西证券）对监管账户（户名：融信租赁股份有限公司；开户行：光大银行福州华林支行；账号：××××××××××××××5572）内的全部资金享有所有权……

本案审理期间，本院就案涉5572账户的相关情况向光大银行福州分行进行了函询调查，光大银行福州分行于2021年3月9日向我院回函，答复函中载明：根据监管协议约定我行为监管银行，截至目前，该账户仍处于我行的监管之下，我行按照协议约定将监管账户内资金转付至山西证券开立的专项计划账户；根据合同约定，银行的监管职能体现在向专项计划账户划拨资金、对账、向山西证券提供监管账户的收付款情况；此监管账户是根据监管协议约定设立，在银行业实践中并不少见，通常为专用存款账户。

上述事实有《融信租赁股份有限公司第四届董事会2017年第六次会议决议公告》《融信租赁股份有限公司关于与山西证券股份有限公司实施资产证券化进展的公告》《买卖协议》《服务协议》《监管协议》《计划说明书》《应收账款转让登记》及庭审笔录等证据在案佐证。

本院认为，本案的争议焦点有二：一是山西证券与融信公司之间的基础法律关系应为资产证券化特定法律关系还是借贷法律关系；二是案涉光大银行5572账户虽开立在融信公司名下，但账户资金是否已特定化并归属于专项计划，山西证券作为专项计划管理人可据此排除强制执行。现具体分析如下：

关于争议焦点一，确定本案的基础法律关系性质，是确定案涉账户资金所有权归属的前提和基础，本案山西证券与融信公司之间系资产证券化特定法律关系。

资产证券化是指原始权益人（发起人）将其能产生现金流的资产（债权）进行重新组合，转让出售给特设目的的实体（受让人），受让人通过信用增级，使其受让的该资产（债权）的信用级别得以提升，并维持在一定投资级别水平，然后以该资产（债权）为基础向投资者发行证券，用发行证券筹集的资金，支付原始权益人（发起人）作为转移资产的对价，然后用受让资产（债权）产生的收入向证券投资者支付证券本息的过程。

目前，关于资产证券化业务在我国尚无专门立法，仅有中国证券监督管理委员会于2014年11月19日发布的《证券公司及基金管理公司子公司资产证券化业务管理规定》（以下简称《管理规定》），对该业务予以规范。根据《管理规定》中的界定，资产证券化业务指“以基础资产所产生的现金流为偿付支持，通过结构化等方式进行信用增级，在此基础上发行资产支持证券的业务活动”。其中的基础资产为“符合法律法规规定，权属明确，可以产生独立、可预测的现金流且可特定化的财产权利或者财产”。《管理规定》还对证券公司、基金管理公司子公司为开展资产证券化业务设置的特殊目的载体进行了专门规定，即“证券公司、基金管理公司子公司为开展资产证券化业务专门设立的资产支持专项计划（以下简称专项计划）或者中国证监会认可的其他特殊目的载体”。

本院认为，资产证券化业务中，专项计划与原始权利人以及原始债务人之间的法律关系是资产证券化的核心和基础法律关系。本案中，山西证券作为代表专项计划的管理人，与原始权利人融信公司之间的法律关系即本案所涉基础法律关系。

首先，从融信公司的真实意思表示来看，在案涉协议签署之前，融信公司第四届董事会在第2次会议、第6次会议等发布的决议公告中，均体现了山西证券、融信公司拟进行资产证券化缔约过程中的意思表示；在山西证券与融信公司自愿签订的《买卖协议》《服务协议》《监管协议》《标准条款》系列协议中，亦明确表明融信公司将案涉129笔基础资产转让给专项计划，按照现行资产证券化的规范进行证券化；且融信公司在2018年2月11日支付9400万元次级认购价款，进一步以实际行动表明其接受了证券化的运作方式，主动认购次级作为优先级的安全垫保障，为专项计划提供了内部增信。

因此，不论是融信公司在合同签订前自行发布的公司公告还是其在签订合同中明确的意思表示，以及合同签订后其按照典型的资产证券化交易结构进行的认购活动，均表明融信公司明确清楚，其与山西证券之间的交易行为是资产（债权）买卖行为，而非融资借贷行为。

其次，从案涉《买卖合同》中约定的权利义务来看，合同明确约定，买方（专项计划管理人山西证券）承担基础资产的全部风险，享有基础资产所产生的全部收益，并支付基础资产的购买价款。专项计划存续期间，买方发现不合格基础资产时，立即书面通知卖方（融信公司），卖方应按照合同约定立即置换，以确保合同的继续履行。由此可见，本案所涉交易行为中，各方当事人在合同中已明确表示交易性质为基础资产（应收债权）销售，且与该基础资产（应收债权）相关的所有权益和风险全部按照公平的市场价格转让给受让人，故该基础资产转让行为应视为真实出售而非融资借贷。

最后，从融信公司行为的对外效果来看，案涉系列协议签订后，融信公司积极主动办理或协助山西证券办理了一系列后续事宜，包括使专项计划获得上交所无异议函，产品在基金业协会备案，主动将基础资产转让的动产权属在中国人民银行征信中心进行统一登记，上述行为均具有对外公示的作用，并足以产生对抗第三人的效力。案涉资金流转、动产权属登记、《交割确认函》、所涉证券的评级、监管账户的开设、专项计划账户的开设等均不同于普通的融资借贷法律行为的外观，而系典型的资产证券化特定法律关系中特定民事法律行为的外观体现。

综上，本案的基础法律关系为基于资产证券化特定的法律关系。其中，最核心的即为专项计划管理人山西证券与原始权益人融信公司之间的资产（债权）转让关系。案涉三份协议应视为一个整体协议，其实质是融信公司与山西证券之间关于一次性转让融信公司所有的应收租金收益的商业安排。标的即为融信公司转让的 129 笔售后回租合同项下全部应收租金收益。专项计划通过基础资产（应收债权）转让合同，受让原始权益人的基础资产（应收债权），并获得要求原始债务人直接向其偿付债务的权利。

关于融信公司所称债权转让因未通知债务人而对债务人不生效的抗辩，本院认为，根据《中华人民共和国合同法》第八十条之规定，债权人转让权利未通知债务人的，该转让对债务人不发生效力。但此条规定并不影响债权转让在转让人和受让人之间的效力。融信公司的该项抗辩于法无据，本院不予支持。

关于争议焦点二，案涉光大银行 5572 账户虽开立在融信公司名下，但其账户资金的所有权归属应结合本案的基础法律关系予以综合考虑。本院认为，对于一般账户中的资金，应当以账户的名称作为权属判断的基础与依据，但对于特定专用账户中的资金，应根据账户当事人对该资金的特殊约定以及相关法律规定来判断资金权属。

首先，按照《管理规定》第五条规定："因专项计划资产的管理、运用、处分或者其他情形而取得的财产，归入专项计划资产。……专项计划资产独立于原始权益人、管理人、托管人及其他业务参与人的固有财产。原始权益人、管理人、托管人及其他业务参与人因依法解散、被依法撤销或者宣告破产等原因进行清算的，专项计划资产不属于其清算财产。"

其次，从案涉系列协议约定内容来看，融信公司除基于《买卖协议》具有原始权益人身份外，还基于《服务协议》《监管协议》《标准条款》具有专项计划的资产服务机构身份。《服务协议》第 2. 3. 2 条，《监管协议》第 6. 1、6. 2、6. 3. 5、7. 2. 1 条，《标准条款》之（78）等条款明确约定，监管账户系开立在资产服务机构名下，"专门"用于接受基础资产产生的回收款的归集账户。本院认为，不能简单以"按照金融机构和登记结算机构登记的账户名称判断"的标准来认定该账户开立在融信公司名下，其账户内的资金亦归其所有。依据《民法典》关于占有改定、动产交付、所有权转移的相关规定，及《监管协议》等相关协议安排中体现的双方意思表示，特定的某笔资金汇入融信公司名下的监管账户时，资金所有权直接自原所有权人转移至专项计划。专项计划对于监管账户内资金的受领不再需要额外的、特别的、积极的意思表示。双方这种观念上的占有改定合法有效，资金原所有权人向专项计划的交付已经完成，所有权即归属于专项计划。根据《监管协议》附件（一）第（87）项的定义，专项计划设立日应为双方基础资产买卖交割完成之日，即2018年2月12日。

再次，从5572账户资金往来明细来看，自2018年2月13日至2020年4月23日，该账户中款项往来共625笔。流出款项共13笔，除4笔系《监管协议》第6.3.10条之约定办理的通知存款项目外，9笔均系向专项计划账户转账，金额共计248364637.46元，且均发生在2018年12月6日该账户被冻结查封之前。流入款项共612笔，4笔系对应的通知存款回转，9笔系资金结息，67笔系专项计划设立日后融信公司和浩瀚租赁转入，530笔系专项计划中129笔售后回租合同的承租人、担保人或关联公司转入，2笔系个人（邓婧宇）转入共计0.2元。其中2018年12月5日第9笔向专项计划账户转出资金后，5572账户余额为0元。2018年12月6日5572账户被冻结查封后，流入资金除2笔个人汇款外，均来自售后回租合同的承租人、担保人或关联公司，账户金额共计28175693.8元。上述明细可以清楚地看出，除0.2元的零星资金汇入外，该监管账户中的绝大部分资金往来均系按照资产证券化系列合同约定，归集基础资产回收款的行为。且光大银行福州分行的答复函亦明确，该账户系根据《监管协议》约定设立，一直处于该行的监管之下，银行按照协议约定将监管账户内资金转付至山西证券开立的专项计划账户。由此可见，账户虽在融信公司名下，但并不由其自主控制。

最后，从账户汇入汇出资金所有权归属来看，庭审中，对于上述资金流水，融信公司以9笔资金的汇出全部流向专项计划账户系其自愿主动还款行为，4笔通知存款汇出则系其自主理财行为，账户有8笔来自东莞惠尔明、河南豫新、邓婧宇的汇入款项不属于专项计划中的回收款为由，据此抗辩该账户内资金并未特定化，其所有权不属于专项计划。对此，本院认为，资金的汇入与汇出均不改变账户资金所有权属性。第三方将资金汇入监管账户，自汇入后该资金的所有权即发生转移，并归属于专项计划。无论第三方汇入资金基于何种原因，均不影响案涉资金所有权的归属，如有纠纷亦应通过其他途径解决。且截至最后一次庭审结束，融信公司亦未有证据表明东莞惠尔明、河南豫新、邓婧宇曾就错误转账向山西证券或融信公司主张取回，故本院认为，对融信公司主张监管账户内资金并未特定化，其所有权属于融信公司的主张不予采信。

此外，关于融信公司抗辩《买卖协议》中对于监管账户可能被司法冻结划扣后的补救性约定，系山西证券明确放弃对于采取保全措施的监管账户资金所有权的抗辩，本院认为，该约定系双方的内部增信措施，不影响案涉资金的所有权归属认定，亦不能表明山西证券对账户资金所有权的放弃，本院对融信公司的抗辩不予认可。

综上，本院认为，光大银行5572账户虽在融信公司名下，但账户资金按照《监管协议》的约定受到监管银行的严格监管，融信公司并未自由支配和使用，其账户性质应属于《服务协议》《监管协议》约定的专项计划监管账户，其账户中的资金应归属于专项计划管理人山西证券，山西证券可据此排除强制执行。

此外，因深圳国际仲裁院已对山西证券对案涉账户内的全部资金享有所有权作出裁决，根据《中华人民共和国仲裁法》第九条第一款关于“一裁终局”的制度规定，本院对于山西证券第一项诉讼请求不再处理。

综上，依据《中华人民共和国合同法》第六条、第八条，《中华人民共和国仲裁法》第九条、第二十六条，《最高人民法院关于适用〈中华人民共和国民事诉讼法〉的解释》第三百一十条、第三百一十一条、第三百一十二条之规定，判决如下：

一、解除被告聚永融资租赁（上海）有限公司对中国光大银行股份有限公司福州分行华林支行××××××××××××5572账户内资金的冻结措施；

二、驳回原告山西证券股份有限公司的其他诉讼请求。

案件受理费183282元，由融信租赁股份有限公司、聚永融资租赁（上海）有限公司负担。

如不服本判决，可在判决书送达之日起十五日内，向本院递交上诉状，并按对方当事人的人数提交副本，上诉于北京市高级人民法院。

审 判 长 陈 实
审 判 员 甄洁莹
审 判 员 王 晴

二〇二一年四月二十日

法官助理 李晓桐
书 记 员 李连漪

高磊

北京市朝阳区人民法院

北京市朝阳区人民法院南磨房人民法庭一级法官，北京交通大学法律硕士。先后审结普通民事案件近5000件，针对“银行飞单案”“涉疫幼儿园退费案”等社会广泛关注案件，坚持以司法为民为根本遵循，深入研究案件事实，在充分释法明理的基础上，妥善确定各方责任，真正实现了案件审理法律效果、政治效果和社会效果有机统一。撰写的案例分析多次被收入《中国法院年度案例》等，撰写的司法建议曾荣获北京法院年度司法建议三等奖。

北京市朝阳区人民法院
民事判决书

（2020）京 0105 民初 52399 号

原告（反诉被告）：王文娟，女，1982 年 3 月 7 日出生，汉族，住北京市朝阳区。

委托诉讼代理人：张建武，北京市汉和律师事务所律师。

委托诉讼代理人：白勇，北京市汉和律师事务所律师。

被告（反诉原告）：北京雅宝路天雅服装市场有限责任公司，住所地北京市朝阳区雅宝路 2 号。

法定代表人：周克芹，董事长。

委托诉讼代理人：张志明，北京市创世律师事务所律师。

原告（反诉被告）王文娟（以下简称王文娟）与被告（反诉原告）北京雅宝路天雅服装市场有限责任公司（以下简称雅宝路公司）房屋租赁合同纠纷一案，本院立案后，依据《全国人民代表大会常务委员会关于授权最高人民法院在部分地区开展民事诉讼程序繁简分流改革试点工作的决定》，依法适用普通程序，由审判员高磊独任审理。王文娟之委托诉讼代理人张建武、雅宝路公司之委托诉讼代理人张志明到庭参加了诉讼。本案现已审理终结。

王文娟向本院提出诉讼请求：（1）解除王文娟与雅宝路公司签订的《商贸用房租赁合同》；（2）雅宝路公司退还王文娟押金 5 万元；（3）雅宝路公司退还王文娟 2020 年 2 月 1 日至 3 月 31 日的租金 13000 元；（4）雅宝路公司退还王文娟 2020 年 2 月 1 日至 3 月 31 日的市场管理费 5800 元；（5）王文娟无须承担 2020 年 4 月 1 日至合同解除之日期间的租金和市场管理费。事实和理由：王文娟与雅宝路公司于 2019 年 11 月 7 日签订《商贸用房租赁合同》，约定王文娟承租位于北京市朝阳区雅宝路 2 号专做俄罗斯服装贸易并由雅宝路公司统一管理、专业服装市场的天雅大厦×××号天雅大厦×××号房间用于经营服装，合同期限自 2020 年 1 月 1 日至 2021 至 9 月 30 日，押金 5 万元，月租金 6500 元，以三个月为周期支付。合同同时约定，如遇经济环境突变等不利因素导致整体经营受阻，雅宝路公司将酌情调整租金标准以达到双方共同承担经营风险的目的。合同签订后，王文娟依约向雅宝路公司支付了租金，履行了合同义务。2020年1月24日左右，我国发生严重的新冠肺炎疫情，随之天雅大厦的客流量断崖式下跌，所在商区店面都均暂停营业。王文娟作为一家以俄罗斯客户为对象的专门服装经营商受到的影响更加严重，至月底客流量已经直降为零。由于新冠疫情不能预见、不能避免且不能克服，王文娟根据国家管控政策不能开门营业；且因俄罗斯发生比较严重的疫情，俄罗斯客户不可能再至天雅大厦进行贸易，进而使王文娟无法经营。王文娟就此曾多次试图与雅宝路公司沟通解除合同、退还押金租金事宜，但均无果。王文娟已处于非常困难的境地。按照雅宝路公司答复，如果王文娟就此关店，雅宝路公司不退还押金、租金并要求王文娟继续支付租金。如果王文娟继续营业，则意味着在没有任何收入的浪费人力、物力和财力，坚持继续经营纯属浪费资源。截至起诉之日，随着疫情变化，王文娟即便能够开门营业，但俄罗斯的疫情何时结束仍属未知，继续经营仍然等于浪费资源。此种情况显失公平，最终也无法实现王文娟签订合同、保持经营盈利的目的。王文娟没有任何收入，也无法支付高额租金，雅宝路公司亦难以实现合同目的。故在没有必要且现实上疫情导致无法经营的情况下，解除合同是双方当事人的唯一选择。鉴于此，王文娟根据《民法总则》及《合同法》相关规定，已经书面通知雅宝路公司解除双方的合同并提出租金、押金等费用退还事宜，但雅宝路公司拒不处理。

雅宝路公司辩称，同意解除合同，但解除时点应为2020年6月5日；不同意王文娟的其他诉讼请求，押金应当作为违约金予以抵扣，不应退还。

雅宝路公司反诉提出诉讼请求：（1）王文娟支付雅宝路公司2020年4月1日至2020年6月5日的房屋租金14083元及滞纳金（以14083元为基数，按日0.5%标准，计算自2020年5月16日至实际给付之日止）；（2）王文娟支付雅宝路公司2020年4月1日至2020年6月5日的市场管理费6283元；（3）王文娟支付雅宝路公司自2020年6月6日至2020年9月14日的房屋占有使用费（按6500元/月标准计算）。事实和理由：受疫情影响，大厦从2020年2月17日开始正常营业。王文娟本应于2020年3月交纳租金，但雅宝路公司自行延后收租时间。直到2020年4月22日，雅宝路公司向包括王文娟在内的各商户发送通知，安排5月11日至15日收取租金，同时对于一次性交纳六个月租金的商户给予三个月免租，仍按季交付的给予一个月免租。在采取缓交、免交措施的同时，雅宝路公司积极与各商户沟通，共克时艰、共渡难关，但王文娟执意提出无理要求，既不开门营业，也不缴纳租金。

王文娟辩称，不同意雅宝路公司的全部反诉请求。疫情期间，涉案房屋不能营业；且雅宝路公司未采取“缓交、免交”租金等措施。雅宝路公司主张占有使用费等，没有事实和法律依据。

当事人围绕诉讼请求依法提交了证据，本院组织当事人进行了证据交换和质证。对当事人无异议的证据，本院予以确认并在卷佐证。

根据当事人陈述和经审查确认的证据，本院认定事实如下：

2019年11月7日，雅宝路公司作为甲方（出租方）、王文娟作为乙方（承租方），签订《商贸用房租赁合同》（以下简称涉案合同），约定乙方承租北京市朝阳区雅宝路2号北京雅宝路天雅服装市场×××号房屋（以下简称涉案房屋）用于经营服装销售，租期自2020年1月1日至2021年9月30日，月租金为6500元，按季支付；押金为5万元。乙方未按甲方通知时间缴付租金的，甲方有权向乙方加收滞纳金，滞纳金每延误一日按应缴款额的0.5%收取；若15日内仍未缴纳，甲方有权终止合同，收回其所承租的商贸用房，并扣留乙方全部的押金作为对甲方的赔偿。甲方损失超出押金的，乙方还应继续承担赔偿责任。乙方在租期内中途退租，属乙方违约，乙方无权要求退还押金，同时甲方保留向乙方索赔的一切权利。未经甲方书面同意，乙方连续关门停止营业达5日（含5日）或任意截取的30天时段关门停止营业累计达10日（含10日），视为乙方中途退租。

涉案合同签订后，雅宝路公司向王文娟交付涉案房屋，王文娟向雅宝路公司支付押金5万元及截至2020年3月31日前的租金、管理费。此后，王文娟未再向雅宝路公司支付租金。

2020年2月15日，雅宝路公司向包括王文娟在内的商户发送通知，载明：天雅大厦自2020年2月17日开始营业。开业条件为：返京商户、房间雇员、外来客商到京后须在家自我隔离满14天，且无异常情况，第一次来可出具相关票据证明；可通过手机漫游定位证明15天内未离开过北京；进大厦时需有序接受测量体温，且正常；进入大厦必须佩戴好口罩；进入大厦和离开大厦时应按要求登记签字。不符合以上条件的商户不能进入大厦。

2020年4月22日，雅宝路公司向包括王文娟在内的商户发送通知，载明：考虑到疫情影响，雅宝路公司决定把本应在3月中旬完成的租金收缴工作推迟到2020年5月11日开始。同时，雅宝路公司决定与各商户共同承担损失，给予相当幅度的减免和优惠，具体政策以缴费通知为准。缴费通知载明：本次缴费自2020年5月11日至5月15日，采取两种缴费形式，一是一次性交纳六个月租金，可以使用涉案房屋至2020年12月31日；二是按季付租金的，可以一次性免租一个月，使用至2020年7月31日。以上两种形式商户可以任选其一，需于2020年4月30日18：00前交至天雅大厦一层前台。王文娟收到上述通知后，未按时向雅宝路公司支付租金。

2020年5月底，王文娟欲搬离涉案房屋，但因雅宝路公司未向其开具“出门条”，故商场管理人员未放行，王文娟未能搬离涉案房屋。

2020年6月5日，雅宝路公司在涉案房屋处张贴“通告”并在涉案房屋上张贴封条，载明：经雅宝路公司工作人员多次与王文娟联系，王文娟仍未缴纳租金，故雅宝路公司根据合同约定，收回涉案房屋，终止涉案合同，王文娟需三天内到雅宝路公司市场部办理腾退交接手续，否则后果自负。王文娟收到上述通知后，未按时与雅宝路公司联系搬离事宜。

2020年7月1日，王文娟向本院提交起诉书、证据等诉讼材料，提出上述诉讼请求。诉讼过程中，雅宝路公司提出上述反诉请求。

2020年9月14日，经本院组织协调，王文娟搬离涉案房屋，雅宝路公司收回涉案房屋。

经询，王文娟表示疫情期间，商场客流量锐减，致使其签订合同目的无法实现，故2020年2月17日以来未开门营业。雅宝路公司表示受疫情影响，商场客流量确有下降，但并未不允许客户进出大厦，特别是5月之后，无论商户还是客人，只要登记即可进入。经双方核实雅宝路公司自行制作的“天雅大厦商场进入大厦登记表”，王文娟、雅宝路公司共同确认：2020年5月11日至31日，商场出入人数共计842人；2020年6月1日至17日，商场出入人口共计547人；2020年6月18日至8月29日，商场出入人口共计798人。雅宝路公司另表示5月11日之前，商场只对商户进行登记；6月27日，商场开始实行健康宝登记，故“登记表”未全部记载进出人口。“登记表”另显示，2020年3月5日、3月28日、3月31日、4月1日、4月3日、4月4日、4月9日、4月23日、4月26日、4月29日、5月8日，王文娟登记进入涉案房屋。

审理中，雅宝路公司表示疫情发生前，涉案商场共有商户四百余户；2020年5月，已有三百余户向雅宝路公司交纳租金等费用；至2020年11月，涉案商场仍有商户二百九十余户在继续经营。至本案辩论终结后，雅宝路公司表示现商户经营模式业已变更，与之前均在涉案房屋与客户磋商方式相比，疫情发生以来，商户更倾向于对涉案房屋通过线上视频等方式进行交易。王文娟、雅宝路公司均表示，如本院判令己方违约，涉案合同所约违约金标准过高，希望本院酌情降低。

另查一，王文娟利用涉案房屋经营时，需向雅宝路公司支付市场管理费。其中，2020年1月1日至2020年3月31日的管理费为8700元。

另查二，与本案审理同期，另有十余名商户以房屋租赁合同纠纷为由诉至本院，提出与王文娟相近的诉讼请求，本院合并审理上述案件。

另查三，2020 年 2 月 10 日，北京发布疫情防控通告，要求严格落实小区（村）封闭式管理，严格抵京人员登记，严格核实登记小区往来人员、车辆。2020 年 2 月 14 日，北京新冠肺炎疫情工作领导小组发布通告，自即日起，所有返京人员到京后，均应居家或集中观察 14 天。2020 年 4 月 29 日，北京召开疫情防控新闻发布会，宣布自 2020 年 4 月 30 日起，北京市疫情应急响应级别由一级调至二级，低风险地区进京人员不再要求隔离 14 天。2020 年 6 月 6 日，北京市突发公共卫生事件响应级别调整至三级。

本院认为，《最高人民法院关于适用〈中华人民共和国民法典〉时间效力的若干规定》第一条第二款规定：民法典施行前的法律事实引起的民事纠纷案件，适用当时的法律、司法解释的规定，但是法律、司法解释另有规定的除外。本案系因民法典施行前的法律事实引起的民事纠纷，故应当适用《中华人民共和国合同法》及其司法解释。

涉案合同系双方真实意思表示，不违反法律、法规的强制性规定，双方均应按约履行。根据王文娟、雅宝路公司的诉辩意见及庭审查明情况，本案的争议焦点有二：一是何方当事人有权解除涉案合同；二是涉案合同解除的法律后果。

一、何方当事人有权解除涉案合同

（一）王文娟有无权利依据“不可抗力”规则解除涉案合同

《中华人民共和国合同法》第九十四条规定，因不可抗力致使不能实现合同目的，当事人可以解除合同；第一百一十七条规定，因不可抗力不能履行合同的，根据不可抗力的影响，部分或者全部免除责任，但法律另有规定的除外。根据上述规定，王文娟若依据“不可抗力”规则解除涉案合同，需要满足两项条件：其一，疫情对于涉案合同履行构成不可抗力；其二，王文娟受疫情影响无法实现合同目的。本院经审理认为上述两项条件均未成就，具体理由如下。

疫情并未导致王文娟无法使用涉案房屋。根据本案查明的事实，雅宝路公司自 2020 年 2 月 15 日即通知王文娟商场自 2020 年 2 月 17 日开始营业；在此之后，王文娟亦可自由进入涉案房屋。虽然疫情确对王文娟业务开展、业绩经营产生一定影响，但对王文娟使用涉案房屋并用于经营而言，并未构成“不能预见、不能避免并不能克服”之客观情况，现有证据亦足以证明疫情期间涉案房屋仍在使用，即使未能正常经营，也主要是因为王文娟拒绝开门营业；退一步讲，即便受疫情影响，涉案房屋无法发挥全部经济效用，但双方仍可通过变更合同履行期限、履行方式、价款数额等方式，重新达致权利义务平衡的状态。因此，本案中疫情对于房屋租赁而言，不构成不可抗力。

疫情亦未导致涉案合同目的无法实现。承租人取得房屋使用权用于经营，出租人取得相应租金系房屋租赁合同之主要合同目的。本案中，雅宝路公司已依约履行将涉案房屋交付给王文娟之主要合同义务，王文娟的主要合同目的已获实现。至于王文娟陈述因商场客流量减少致其无法经营获利之意见，因该目的仅为王文娟通过租赁涉案房屋并以之经营的间接目的，而非双方签署涉案合同的直接目的；并且该目的亦非仅仅仰赖客流量予以实现，亦可在短期内通过变更经营模式、加强线上交易等方式积极增加创收，特别是考虑到涉案合同的长期性、防控措施的暂时性，实难称之为合同目的无法实现。

因此，疫情对于涉案合同履行不构成不可抗力且涉案合同目的并未无法实现的情况下，王文娟并无权利依据“不可抗力”规则无责解除涉案合同。

（二）雅宝路公司有无权利解除涉案合同

《最高人民法院关于依法妥善审理涉新冠肺炎疫情民事案件若干问题的指导意见（二）》第五条虽明确规定“承租房屋用于经营，疫情或者疫情防控措施导致承租人资金周转困难或者营业收入明显减少，出租人以承租人没有按照约定的期限支付租金为由请求解除租赁合同，由承租人承担违约责任的，人民法院不予支持”，但该项规定的实质在于针对疫情或者疫情防控措施对合同履行的影响，尽量鼓励和推动合同的履行，力求将各方当事人损害降到最低，将疫情对市场秩序的影响降到最低，有效助力和推动复工复产，促进经济社会发展。具体到本案，疫情暴发伊始，在王文娟未按约交纳租金时，雅宝路公司考虑到疫情影响，并未向其催缴；疫情应急响应级别下调之后，雅宝路公司虽然开始催缴租金，但同时根据实际情况提出相应的租金缴纳方案及减免措施，且减免幅度与国有企业大体相当；在王文娟超过其所规定的缴费时间半月有余仍未交纳租金时，雅宝路公司才以张贴通知的方式要求解除涉案合同、收回房屋，其已尽到“诚实信用”“鼓励交易”之义务。反观王文娟，疫情期间迟延支付租金，并经雅宝路公司给予减租、免租以及缓交租金等优惠措施后既不与雅宝路公司协商，亦不支付租金，且未正当使用涉案房屋，而是任由涉案房屋空置。即使王文娟提交的证据足以证明疫情或者疫情防控措施导致资金周转困难或者营业收入明显减少，但在该时点，王文娟已无履行合同之意愿，而是坚持主张解除合同，因此并不属于上述指导意见规定的情况。在此情况下，王文娟拒付租金，经雅宝路公司催要后仍拒不缴纳，并以自己的行为明确表示不再履约，构成根本违约，雅宝路公司有权按照法律规定和合同约定解除涉案合同。

综上，雅宝路公司于2020年6月5日在涉案房屋张贴通告，通知王文娟解除涉案合同、收回涉案房屋，系行使合同解除权，故涉案合同于该日解除。

二、涉案合同解除的法律后果

《中华人民共和国合同法》第一百零七条规定，当事人一方不履行合同义务或者履行合同义务不符合约定的，应当承担继续履行、采取补救措施或者赔偿损失等违约责任。因王文娟构成根本违约，故其应当按照上述规定向雅宝路公司承担相应的违约责任。对于双方的诉讼/反诉请求，本院分项论述如下。

（一）关于租金

因涉案合同于2020年6月5日解除，故王文娟应向雅宝路公司支付2020年2月1日至2020年6月5日的租金。关于租金标准，考虑到此次新冠疫情采取的防控措施之广、影响程度之深，王文娟的经营活动确实受到了相应影响。本院综合考虑客流的减少程度、防控措施力度的大小等因素，酌情确定2020年2月1日至4月30日，王文娟按原租金标准减半向雅宝路公司支付租金；2020年5月1日至6月5日，王文娟按原租金标准的80%向雅宝路公司支付租金。王文娟于2020年2月1日至3月31日支付的租金用以抵扣上述期间的费用，本院仅在判决主文中载明王文娟应向雅宝路公司支付2020年2月1日至6月5日应付未付的租金数额。

（二）关于占有使用费

雅宝路公司解除涉案合同后，王文娟未按约向雅宝路公司返还涉案房屋，故其应向雅宝路公司支付相应期间（2020年6月6日至9月14日）的房屋占有使用费。关于房屋占有使用费标准，本院综合考虑王文娟实际占有使用房屋的情况、当事人过错程度、疫情对于涉案房屋使用的影响等因素，酌情确定王文娟按照涉案合同所约租金标准的80%向雅宝路公司支付占有使用费。

（三）关于市场管理费

涉案合同履行期间，王文娟应依约向雅宝路公司支付市场管理费。关于市场管理费标准，本院依据涉案合同约定标准，综合考虑王文娟使用涉案房屋情况，参照王文娟租金支付标准，酌情确定王文娟应向雅宝路公司支付的市场管理费具体数额。

（四）关于押金/违约金

根据合同约定，王文娟违约时，雅宝路公司有权扣留王文娟全部的押金作为对雅宝路公司的赔偿。本院认为，该项约定的实质意义为王文娟构成违约时，应当赔偿相当于押金数额的违约金，并以押金予以抵扣。本案中，因王文娟构成根本违约，雅宝路公司虽然有权依据该项约定将王文娟支付的押金作为违约金予以扣留，但因该违约金标准畸高，且王文娟明确申请本院酌情降低，故本院综合考虑本案实际情况、王文娟的过错程度、雅宝路公司的实际损失以及预期利益，酌情判处王文娟赔偿雅宝路公司相当于三个月租金标准的违约金；剩余部分，根据押金的性质及涉案合同约定，在抵扣王文娟应当支付的相应费用后，雅宝路公司应当返还王文娟。关于迟延履行违约金（滞纳金），因雅宝路公司已就王文娟迟延支付租金解除涉案合同并主张解约违约金，受王文娟违约所造成的损失已获填平，故其无权再行主张滞纳金。

三、本院需特别说明的问题

疫情突发，作为参与经济活动的民商事主体，应当根据合同法的基本原则和立法精神，结合相应的法律规定，明确合理预期，约束经济行为，正确处理正在履行的合同，本院亦据此裁判。具而言之，在商业租赁领域，民商事主体应当遵循诚实信用原则和鼓励交易原则，本院对此分项论述如下：

（一）诚实信用原则

诚实信用是人类社会普遍崇尚的基本价值。诚实信用原则要求行为人恪守诺言、诚实不欺，在不损害他人利益和社会利益的前提下追求自己的利益，被公认为民商事活动的根本原则。在疫情的背景下，对于疫情所带来的暂行性困难，当事人基于诚实信用，应当本着“共担风险、共渡难关”精神，互谅互让、调解协商解决纠纷。具体到本案中，新冠肺炎疫情发生以后，如前所述，雅宝路公司针对承租人营业额下降、资金回笼困难等实际，主动延迟缴租时间、合理降低租金标准、积极推动合同继续履行，通过各项措施分担疫情所造成的损失，充分践行了诚实信用原则，体现了企业在疫情防控面前的担当精神，本院对此予以肯定。反观王文娟，其未按期支付租金，违约之后亦未与雅宝路公司协商继续履约的条件，且在雅宝路公司放宽租金缴纳期限及作出租金减免措施，涉案商场商户十之七八选择继续履约后，亦未支付租金及就此与之作进一步沟通，甚至双方纠纷发生后，仍然拒绝与雅宝路公司就涉案合同解除、涉案房屋腾退等事宜进行协商，反而一纸诉状诉至本院，要求解除合同、赔偿损失。王文娟的上述行为，将风险转嫁对方，明确违反了诚实信用原则，本院对此予以否定。

（二）鼓励交易原则

市场主体越活跃，市场活动越频繁，市场经济才能真正得到发展。通过维护合同的效力，尽力鼓励当事人交易，是社会经济发展和进步所必需。鼓励交易原则要求当事人恪守合同约定，严格限制合同解除条件。疫情及防控措施在一定时期内确对经济社会产生了重大影响，以本案所涉商业租赁为例，大量业主房屋空置、收租困难，多数租户经营凋敝、收入锐减，各方利益均遭重创，社会整体经济增速减缓。正是基于此种背景，为了更快、更好地摆脱低迷形势，保持经济活力，政府有关部门及各级法院先后出台各项行政/司法政策，通过减免租金、延长租期、变更支付方式等措施，平衡各方风险利益，明确各方权利义务，积极引导当事人协商和解、共担风险、共渡难关，最大限度促进既有合同积极履行。就本案而言，疫情及防控措施虽然导致王文娟收入受到一定影响，但是并未导致其根本无法使用房屋进行经营。即使在疫情最为严重的阶段，王文娟亦可通过拓展新的经营模式进行创收，而非“闭门谢客”、任由涉案房屋闲置，直至诉讼期间本院组织双方协商时，雅宝路公司才收回涉案房屋。在合同履行期限未至六分之一的情况下，王文娟因为一时的困难断然解约，将风险全部转嫁给雅宝路公司，不仅导致涉案合同不能继续履行，并且造成社会财富极大浪费，与相关政策精神明显相悖，更违反了鼓励交易原则。

本院认为，越是艰难困苦的外部环境，当事人越应克服困难积极履约，大而言之，是为国家、为社会贡献自己的力量；小而言之，是公民践行诚信等社会主义核心价值观的直接表现。本院正是基于上述考虑，认为王文娟系涉案合同不能履行的主要原因及直接责任人，构成根本违约，并据此作出裁判。本院希望双方当事人能够认真对待本案判决、清楚认识本院所持基本立场与价值导向；更希望双方在以后的经济生活中，在遵循诚实信用原则和鼓励交易原则的基础上，本着“共担风险、共渡难关”的精神，按照相关政策和判例确定的标准，以更为积极的态度和行为，主动与对方协商解决纠纷，促进合同切实履行，以使责归其位、物尽其用，在经济形势不甚理想的当前阶段，努力为增进而非浪费社会财富贡献自己的力量。

综上，本院依据《最高人民法院关于适用〈中华人民共和国民法典〉时间效力的若干规定》第一条第二款，《中华人民共和国合同法》第六条、第八条、第六十条、第九十四条、第九十七条、第一百零七条、第一百一十四条，《最高人民法院关于适用〈中华人民共和国合同法〉若干问题的解释（二）》第二十六条、第二十九条及《中华人民共和国民事诉讼法》第六十四条之规定，判决如下：

一、原告（反诉被告）王文娟与被告（反诉原告）北京雅宝路天雅服装市场有限责任公司于二〇一九年十一月七日签订的《商贸用房租赁合同》于二〇二〇年六月五日解除；

二、原告（反诉被告）王文娟于本判决生效之日起七日内给付被告（反诉原告）北京雅宝路天雅服装市场有限责任公司欠付租金二千八百一十六元六角七分、房屋占有使用费一万七千一百六十元、市场管理费一千二百五十六元六角七分［均由原告（反诉被告）王文娟支付的押金予以抵扣］；

三、原告（反诉被告）王文娟于本判决生效之日起七日内赔偿被告（反诉原告）北京雅宝路天雅服装市场有限责任公司违约金一万九千五百元［由原告（反诉被告）王文娟支付的押金予以抵扣］；

四、被告（反诉原告）北京雅宝路天雅服装市场有限责任公司于本判决生效之日起七日内退还原告王文娟押金九千二百六十六元六角六分；

五、驳回原告（反诉被告）王文娟的其他诉讼请求；

六、驳回被告（反诉原告）北京雅宝路天雅服装市场有限责任公司的其他反诉请求。

如果未按本判决指定的期间履行给付金钱义务，应当按照《中华人民共和国民事诉讼法》第二百五十三条之规定，加倍支付迟延履行期间的债务利息。

案件受理费1270元，由原告（反诉被告）王文娟负担1062元（已交纳），由被告（反诉原告）北京雅宝路天雅服装市场有限责任公司负担208元（于本判决生效之日起七日内交至本院）。

反诉费479元，由原告（反诉被告）王文娟负担454元（于本判决生效之日起七日内交至本院），由被告（反诉原告）北京雅宝路天雅服装市场有限责任公司负担25元（已交纳）。

如不服本判决，可以在判决书送达之日起十五日内，向本院递交上诉状，并按对方当事人或者代表人的人数提出副本，上诉于北京市第三中级人民法院。

审 判 员 高 磊

二〇二一年十月二十七日

书 记 员 段 超

王海广

北京市第三中级人民法院

北京市第三中级人民法院刑事审判第二庭四级高级法官。从事经济犯罪和职务犯罪案件的审理工作十余年，先后3次荣立个人三等功，并被评为北京法院系统“百名业务标兵”。稳妥审理多起重大疑难案件，参与并承办了某省人民政府原副省长刘某受贿、破坏选举案等十余件省部级、厅局级职务犯罪案件。撰写的裁判文书多次被评为优秀裁判文书，并在2021年北京法院优秀裁判文书网上互评中获得三等奖。撰写的司法建议得到了北京市税务局、密云区人民政府等单位的高度肯定。撰写的案例入选《人民法院案例选》。

北京市第三中级人民法院
刑事判决书

（2020）京03刑初170号

公诉机关：北京市人民检察院第三分院。

被告人：高某，男，1973年9月1日出生，大学文化，原系北京××创新网络营销技术股份有限公司董事长；因涉嫌犯背信损害上市公司利益罪于2018年3月3日被羁押，次日被刑事拘留，同年4月9日被取保候审，2019年4月8日被解除取保候审，因涉嫌犯背信损害上市公司利益罪、职务侵占罪，于2020年1月9日被逮捕。现羁押在北京市第一看守所。

辩护人：许明，北京市京都律师事务所律师。

辩护人：王卫中，北京永勤律师事务所律师。

被告人：陈某，男，1970年6月22日出生，硕士研究生文化，原系上海数×××股权投资基金管理有限公司法定代表人、上海数×××股权投资管理中心（有限合伙）执行事务合伙人委派代表；因涉嫌背信损害上市公司利益罪，于2018年3月12日被羁押，同日刑事拘留，同年4月9日被取保候审，2019年4月8日被解除取保候审，因涉嫌职务侵占罪、挪用资金罪，于2020年1月9日被逮捕。现羁押在北京市第一看守所。

辩护人：杨文军，北京市长安律师事务所律师。

北京市人民检察院第三分院以京三分检税刑诉〔2020〕5号起诉书指控被告人高某犯背信损害上市公司利益罪、内幕交易罪，被告人陈某犯职务侵占罪、挪用资金罪，于2020年11月25日向本院提起公诉，本院依法组成合议庭，公开开庭审理了本案。北京市人民检察院第三分院指派检察官王亚喆出庭支持公诉。被告人高某及其辩护人许明、王卫中，被告人陈某及其辩护人关杨文军到庭参加诉讼。现已审理终结。

北京市人民检察院第三分院起诉书指控：

一、背信损害上市公司利益罪

2015年至2016年，被告人高某利用担任北京××创新网络营销技术股份有限公司实际负责人、董事长的职务便利，以北京××创新网络营销技术股份有限公司的名义与殷某签订《北京市房屋买卖合同》以及《补充协议》，截至2016年8月29日支付购房款共计人民币1.653亿元。2016年9月6日，被告人高某以北京××创新网络营销技术股份有限公司名义从殷某处转回购房款人民币2030万元，并在收到殷某发出的《是否继续履约通知书》后仍然未履行付款义务，致使北京××创新网络营销技术股份有限公司损失购房定金人民币3500万元。

二、内幕交易罪

2016年5月至10月，被告人高某利用担任北京××创新网络营销技术股份有限公司董事长的职务便利，获悉该公司及其原董事长徐某1涉嫌单位行贿罪被司法机关调查一事，在信息公开披露前，将其名下解禁的“××股份”限售股卖出1129800股，后又将3389460股高管锁定股转至他人名下后卖出，累计卖出“××股份”股票4519260股，成交金额共计人民币1.08亿余元。

三、职务侵占罪

2016年至2017年，被告人陈某利用担任上海数×××股权投资管理中心（有限合伙）实际负责人的职务便利，以对外投资的名义将钱款转入个人账户，并将其中200万元占为己有。

四、挪用资金罪

1. 2016年11月，被告人陈某利用担任上海数×××股权投资基金管理有限公司法定代表人的职务便利，授意会计从公司账户转款人民币200万元给他人使用，至今未归还。

2. 2016年7月，被告人陈某利用担任上海数×××股权投资基金管理有限公司法定代表人的职务便利，授意会计转款人民币100万元供其个人使用，至2017年11月归还。

被告人高某、陈某经北京市公安局电话传唤于2020年1月9日到案。

针对上述指控事实，公诉机关向本院提交了被告人供述、证人证言和书证等证据，并认为被告人高某作为上市公司董事长，违背对公司的忠实义务，利用职务便利，操纵上市公司从事损害公司利益的行为，致使上市公司遭受重大损失，其行为触犯了《中华人民共和国刑法》第一百六十九条之一的规定，应当以背信损害上市公司利益罪追究其刑事责任；被告人高某作为内幕信息知情人，在内幕信息尚未公开前卖出相关证券，情节特别严重，其行为触犯了《中华人民共和国刑法》第一百八十条的规定，应当以内幕交易罪追究其刑事责任。被告人陈某身为公司工作人员，利用职务便利，将本单位财物非法占为己有，数额巨大，其行为触犯了《中华人民共和国刑法》第二百七十一条的规定，应当以职务侵占罪追究其刑事责任；被告人陈某利用职务便利，挪用本公司资金归个人使用，数额较大不退还，其行为触犯了《中华人民共和国刑法》第二百七十二条的规定，应当以挪用资金罪追究其刑事责任。被告人高某、陈某的行为同时触犯数罪名，根据《中华人民共和国刑法》第六十九条的规定，应当数罪并罚。鉴于被告人高某对于公诉机关指控的内幕交易罪认罪认罚，建议以内幕交易罪判处其有期徒刑五年至六年。

被告人高某对于公诉机关指控其犯内幕交易罪的事实和罪名自愿认罪认罚，对于公诉机关指控其犯背信损害上市公司利益罪的事实无异议，但辩称其不构成背信损害上市公司利益罪。

被告人高某的辩护人许明的主要辩护意见是：（1）被告人高某不构成背信损害上市公司利益罪。北京××创新网络营销技术股份有限公司按照合同约定共支付1.45亿元，该公司从殷某处转回的2030万元不是购房款，而是北京××创新网络营销技术股份有限公司走账资金。高某并未收到殷某发出的《是否继续履行通知书》，且北京××创新网络营销技术股份有限公司与殷某房屋买卖合同已经解除，双方并未认定违约，不存在因背信损失3500万元的事实。（2）被告人高某内幕交易数额应认定为7540万余元，避损金额应认定为624万余元，高某将112.9万股股票卖出的行为属于内幕信息形成前的既定安排，该部分事实不应认定构成内幕交易罪。（3）高某系电话通知到案，应认定高某系自首。（4）高某认罪认罚，退缴违法所得，建议判处高某有期徒刑三年，并适用缓刑。

被告人高某的辩护人王卫中的主要辩护意见是：（1）北京××创新网络营销技术股份有限公司从殷某处转回2030万元并未导致北京××创新网络营销技术股份有限公司违约。高某对于殷某发出的《是否继续履约通知书》一事并不知情，且高某对于《是否继续履约通知书》中赋予北京××创新网络营销技术股份有限公司的义务，已不再负有相关职责。北京××创新网络营销技术股份有限公司已与殷某协商解决，并未造成北京××公司3500万元违约损失。（2）被告人高某认罪认罚，退缴违法所得，希望法庭对高某从轻处罚。

被告人陈某的辩解及其辩护人的辩护意见是：（1）被告人陈某不构成职务侵占罪。首先，陈某在上海数×××股权投资管理中心（有限合伙）中享有未决算经济利益，上海数×××股权投资管理中心（有限合伙）对陈某个人有欠款，陈某缺少职务侵占的故意。公诉机关指控的200万元根据可转债投资协议已转归在×公司债务，已不属于上海数×××股权投资管理中心（有限合伙）。后在×公司将200万元归还上海数×××股权投资管理中心（有限合伙），上海数×××股权投资管理中心（有限合伙）并未损失该200万元。且陈某在经营上海数×××股权投资管理中心（有限合伙）存在个人资金与公司资金混同、个人垫付公司资金的情况，该200万元是上海数×××股权投资管理中心（有限合伙）对陈某垫付款的还款。（2）陈某不构成挪用资金罪。首先，上海数×××股权投资基金管理有限公司转入高某的200万元事实中，陈某在上海数×××股权投资基金管理有限公司享有未决算经济利益，上海数×××股权投资基金管理有限公司对陈某个人有欠款，陈某主观上没有挪用资金的故意。其次，陈某收到上海数×××股权投资基金管理有限公司的100万元，该100万元系往来款，不能认定陈某构成挪用资金罪。最后，陈某在检察机关起诉前，已经归还该100万元借款，即使构成犯罪，可以减轻或者免除处罚。陈某辩护人另提交谅解书拟证明陈某侵占的钱款已经归还，取得××资本谅解。

经审理查明：

一、内幕交易的事实

2016年5月至10月，被告人高某利用担任北京××创新网络营销技术股份有限公司（以下简称××股份）董事长的职务便利，获悉该公司及其原董事长徐某1涉嫌单位行贿罪被司法机关调查一事，在信息公开披露前，将其名下解禁的“××股份”限售股卖出112.98万股，后又将338.946万股高管锁定股等转至他人名下后卖出，累计卖出“××股份”股票451.926万股，成交金额共计人民币1.08亿余元（以下币种均为人民币）。经中国证券监督管理委员会认定，被告人高某作为内幕交易的知情人，交易股票避免损失金额为1602万余元。

上述认定的犯罪事实，被告人高某在开庭审理中表示无异议，且有经庭审质证、确认的证人徐某1、徐某2、向某、张某1、杨某等人的证言、公告、任职明细、社保记录、劳动合同书、辞职申请等任职材料、结婚登记材料、离婚登记材料、诉讼案件材料、高某持股情况说明、银行回单、资金凭证、工商变更材料、招股说明书、投资者证券持有变更信息、证券非交易过户登记申请表、限售股转让所得个人所得税清算申报表、完税证明、证券非交易过户登记申请确认书、公证书、股份变更告知函、回复、开户资料、汇总对账单、委托交易明细、银行账户交易明细、付款凭证、承诺书、股票收盘价、关于高某内幕交易案有关问题认定函、被告人高某的供述等证据证实，足以认定。

二、职务侵占的事实

2016年至2017年，被告人陈某利用担任上海数×××股权投资管理中心（有限合伙）（以下简称××资本）实际负责人的职务便利，以对外投资的名义将钱款转入个人账户，并将其中200万元占为己有。

针对上述指控事实，公诉机关当庭出示、宣读了下列证据：

1. 证人顾某的证言证明：2016年2月开始其负责上海××国泰股权投资管理中心（有限合伙）、上海数×××股权投资基金管理有限公司（以下简称上海××）、上海×××互联网科技有限公司和××资本的财务账。2017年12月开始接管××创新网络科技（上海）有限公司的财务账。××资本的经营决策主要由投资决策委员会决定，委员为高某、何某和陈某。一般投资都是他们三个同意，出具投资决策委员会会议决议来进行投资，但有的小金额的借款或汇款没有投资决策委员会会议决议。其和陈某、何某及高某有一个微信群，其通常在收到陈某给其××资本投资决策委员会会议决议的情况下，或者陈某、何某和高某在微信群里都同意了其才会付款，其也还会向陈某要一些投资的合同或其他需要财务入账的，陈某说先付款之后补，其也会听他的先付款，如果是高某和何某让其付款其肯定不会付款，因为陈某是公司的法人，即使高某、何某都同意了，但如果陈某不同意，其也无法付款，其归陈某领导，得听他的。

大概是2016年10月，高某、何某和陈某决议为合理避税，出资1000万元委托陈某对外以个人名义进行投资，其就将1000万元转入陈某个人账户内，之后陈某购买了基金。2017年年初，陈某、何某和刘某1商量将陈某进行投资的1000万元转投××企业发展（上海）有限公司，但还没投，2017年3月审计来公司审计，说这1000万元让陈某投资不合适，陈某就赶紧将1000万元基金赎回，赎回的时候亏了50多万元，陈某将940多万元直接汇给了××企业发展（上海）有限公司，之后××创新网络科技（上海）有限公司将1000万元补齐后，由××企业发展（上海）有限公司退还给了××资本，其就将这笔账平了。

证人顾某在本院审理期间的证言：上海××、上海×××互联网科技有限公司和××资本都是一起的，不存在陈某个人资金与××资本资金混同的情况。

2. 证人彭某的证言证明：其于2016年9月至2017年4月一直负责××创新网络科技（上海）有限公司的财务账，2017年5月将××创新网络科技（上海）有限公司的财务账交给顾某管理。其和陈某、刘某1、顾某开的会议就是××资本的管理会议，都是陈某召集开会，陈某是以××资本总裁身份，刘某1是以××资本执行总裁、××创新网络科技（上海）有限公司法定代表人身份，顾某是以××资本财务总监的身份，其是以××资本委派至白花花项目公司的财务负责人的身份参加的会议。该管理会议在公司章程或公司管理规定中没有书面规定。其参加这个会的时候会议纪要都已经打印好了，陈某通知其开会，其觉得内容没什么问题就签字了。作为其这个层级的员工，老板陈某怎么说其就怎么做就可以了，其考虑不到那么高的内容，说这钱是谁的，给谁用什么的，这是老板需要考虑的事情。××资本的实际控制人是陈某。××企业发展（上海）有限公司、上海××商务网络服务有限公司和××创新网络科技（上海）有限公司这三家公司都是由何某实际控制，日常经营都是由冉某负责，其管着这三家公司合同章、公章、法人章、财务章和营业执照，其按照陈某的指示对这三家公司的财务进行监管。

2017年6月××创新网络科技（上海）有限公司给××企业发展（上海）有限公司的1000万元不是用于××企业发展（上海）有限公司的正常经营。2017年6月陈某召集其、顾某、刘某1开了一个会，会上说要将××资本之前借给陈某的1000万元收回，支付给××企业发展（上海）有限公司作为可转债投资的一部分，让××企业发展（上海）有限公司拿600万元借给张某2做投资，为防止刘某2再来公司闹事，将400万元借给陈某作为特殊备用金。这也是陈某提出的，400万元转到一个叫张某的账户上，张某的账户钱怎么到陈某账户上的其就不清楚了。其不知道1000万元怎么到××企业发展（上海）有限公司账户的，××企业发展（上海）有限公司按照陈某的安排将1000万元转到了北京中×××节能科技有限公司，该公司是陈某妹夫苗某的公司，公司的网银、U盾什么的都在其这里保管，陈某安排其将北京中×××节能科技有限公司的1000万元中的600万元转到张某2的账户上作为借款。

陈某在收到400万元之后留过借条，内容是“今借公司人民币300万元，特殊备用金”，“今借公司人民币100万元，特殊备用金”。2017年12月，公安局将其公司的账户冻结，2017年12月29日陈某将他的银行卡交接给其，说里面有400万元，今后用于公司的日常经营业务，其就用这张卡给员工发工资什么的。

3. 证人刘某1的证言证明：其于2016年7月担任××创新网络科技（上海）有限公司法定代表人、董事长，2016年7月担任××资本执行总裁。2016年5月，其和陈某在谈业务的时候陈某告诉其他手里有2.5亿元，想要投资几个靠谱的项目，询问其有没有推荐的项目。其就推荐了叶某的公司。经过接触，陈某便提出两家公司共同成立一家新公司，后双方成立了××创新网络科技（上海）有限公司，其担任法定代表人和董事长，叶某担任总经理，陈某最初没有任职。陈某控制的××资本提供资金和上市公司的大客户资源，主要任务是把××创新网络科技（上海）有限公司的业务发展起来，同时掌管××创新网络科技（上海）有限公司的财务、行政和人事。××资本的决策机构是投资决策委员会，由高某、何某和陈某担任，共同决定对外投资方向，谁说了算其不清楚。投资后有管理小组，由陈某、刘某1、顾某、彭某担任，主要是对大的投资款项的安排，做一些决策和记录，陈某起主导作用，财务一直是陈某负责。2017 年 6 月管理小组决定转给陈某的 400 万元比较特殊，当时公司和上市公司有矛盾，担心资金链出问题，陈某提出留出一部分放在外面作为公司特殊备用金，他是公司法人，最终的责任都由他自己承担。钱款用途是给公司使用，不能给个人使用，但是陈某怎么使用其就不知道了。

4. 证人苗某的证言证明：其是北京中×××节能科技有限公司法定代表人，陈某是其姐夫，张某是其同学。其公司账户在上海开户包括转款的整个过程都是陈某安排的，其都没有参与，账户由彭某管理，实际控制人是陈某。××企业发展（上海）有限公司向其公司转款 1000 万元是陈某借给其的钱，让其以公司的名义再借出去，其在中间挣利息差。1000 万元的去向都是陈某决定的，张某的账户也是陈某控制的。

5. 证人冉某的证言证明：其是××企业发展（上海）有限公司法定代表人、大股东，代管上海××商务网络服务有限公司业务。两家公司的日常业务经营都是由其负责的，公司公章、发票、税控机、合同章、法人章、财务专用章、发票专用章都由上海×××信息科技有限公司的财务彭某管理。名义上该两家公司归其管理，但实际上是由何某和陈某控制。2017 年 6 月，陈某和其说通过他个人的账户借给××企业发展（上海）有限公司 940 万元，让其将这些资金借给北京中×××节能科技有限公司，每次借款都是陈某将账号和需要的资金额发给其，其按照他的指令进行汇款。根据陈某的要求，2017 年 11 月 27 日，××企业发展（上海）有限公司将从陈某那借款 940 万元还给了××资本，11 月 16 日至 27 日，××创新网络科技（上海）有限公司又给××企业发展（上海）有限公司汇款 59 万元和 940 万元，凑足 1000 万元，陈某说是××创新网络科技（上海）有限公司代北京中×××节能科技有限公司还款 1000 万元，这样从陈某那借款 940 万元也还了，北京中×××节能科技有限公司借的 1000 万元还了。

6. 被告人高某的供述及证人蔡某的证言证明：××资本由陈某控制，高某不知道××资本委托陈某对外投资 1000 万元的事。

7. ××股份第二届董事会第十三次会议决议、关于设立××资本和发起设立并购基金的公告、关于共同成立 TMT 产业并购基金的战略合作协议、《合伙企业入伙协议书》、《合伙协议》、××股份第二届董事会第二次临时会议决议、《关于拟追加投资 TMT 产业并购基金的议案的公告》、《追加投资协议》、记账凭证、××股份第二届董事会第十九次会议通知、议案、表决票、决议、《合伙协议之补充协议》、《合伙协议之补充协议二》、《合伙协议之补充协议三》等证据证明：××资本成立的过程，其中××资本的最高权力机构为投资决策委员会，成员为高某、何某、陈某，××资本的钱款均为××股份的注资。根据合伙协议中执行合伙事务合伙人的费用和报酬的规定，××资本按季度向执行事务合伙人支付管理费，管理费以合伙财产支付。在实现分红前，按照合伙企业全体合伙人应缴出资额的2%支付管理费，实现分红后，按全体合伙人实际出资额减去分红项目投资额后余额的2%支付管理费。管理费用于执行事务合伙人的所有营运费用，包括工资、房租、通讯费、差旅费及调查、评估投资机会与项目投资清盘所需的费用。

8. 工商资料证明：××资本和××创新网络科技（上海）有限公司的工商注册情况。

9. 全体合伙人委托执行事务合伙人的委托书、委派书等材料证明：2015年11月15日上海××、上海××股权投资基金管理有限公司、××股份委托上海××为××资本的执行事务合伙人；2015年11月16日，上海××委派陈某为××资本执行事务合伙人的委派代表。

10. 可转债投资协议证明：××资本于2016年10月15日与××企业发展（上海）有限公司签订该协议，约定××资本拟对××企业发展（上海）有限公司项目进行投资，采用可转债的方式操作，××资本借给××企业发展（上海）有限公司1000万元，期限自2016年10月16日至2017年10月15日，利息为月息1%；借款到期后，××资本可选择让××企业发展（上海）有限公司一次性支付本息，也可以要求××企业发展（上海）有限公司按××资本认可的估值折算成为乙方项目的股东。

××创新网络科技（上海）有限公司与××企业发展（上海）有限公司就“白花花”项目开展深入合作，××创新网络科技（上海）有限公司以可转债形式投资××企业发展（上海）有限公司1750万元，年利息为6%，期限截至2018年12月31日。完成对赌业绩后，双方确认，上述债权××创新网络科技（上海）有限公司可以不高于××企业发展（上海）有限公司在资本市场的50%的价格转化为××企业发展（上海）有限公司的股权，如未完成，××企业发展（上海）有限公司的全部股权归××创新网络科技（上海）有限公司处置。

11. ××资本投资决策委员会决议证明：2016年10月12日××资本决议，为合理避税，同意××资本出资1000万元委托陈某以个人名义对外投资，相关收益及风险均由××资本承担。

12. ××资本会议纪要证明：2017年6月××资本决议，××资本之前借给陈某的1000万元收回后，由陈某直接转付给“在途”，算作××资本委托××创新网络科技（上海）有限公司对“在途”不超过1750万元可转债投资的一部分。安排“在途”转借给张某 2600 万元（年化利息不低于 6%，2018 年 12 月 31 日前一次性归还本息），借给陈某 400 万元作为特殊备用金。

13. 借条证明：2017 年 6 月 30 日，陈某借公司 300 万元；2017 年 7 月 3 日，陈某借公司 100 万元，用途均为“特殊备用金”。

14. ××资本付款申请单、记账凭证、银行业务回单、民生银行业务回单、建设银行客户回单、××资本记账凭证、陈某国泰君安证券账户基金交易确认函、赎回申请书、相关银行账户明细等证明：2016 年 10 月 12 日至 13 日，××资本分 4 笔转给陈某中国银行账户、民生银行账户共计 1000 万元。陈某账户收到上述钱款后，转入潍坊万向机械工程有限公司 50 万元，转至陈某证券账户 200 万元，转至陈某理财账户 140 万元，转至国泰君安证券 603 万元。

2017 年 6 月 16 日至 21 日，陈某账户赎回基金 550.2 万元，赎回股票 190.286 万元，后上述 740.486 万元全部转给××企业发展（上海）有限公司，××企业发展（上海）有限公司于 6 月 30 日转给北京中×××节能科技有限公司 300 万元，同日，北京中×××节能科技有限公司账户通过张某账户转给陈某账户，陈某同日将其中 200 万元再次转回给××企业发展（上海）有限公司，转至陈某本人理财账户 90 万元。2017 年 7 月 3 日，××企业发展（上海）有限公司转至北京中×××节能科技有限公司 500 万元，其中 100 万元通过张某账户转入陈某账户 100 万元，该 100 万元后转至陈某本人理财账户。

2017 年 11 月 16 日和 27 日，××创新网络科技（上海）有限公司又相继付款给××企业发展（上海）有限公司 59.514 万元和 940.486 万元，摘要均为“补足可转债投资款”。××企业发展（上海）有限公司收到 940.486 万元于当天全部转给××资本，附言为“归还××资本委托陈某可转债投资款”。

15. 被告人陈某的供述：陈某对于××资本成立的过程没有异议，另供述××资本有三个委员会，其中投资决策委员会是在××股份与上海××的合作协议里确认的，成员是陈某、高某、何某。2016 年六七月陈某、何某、顾某、刘某 1 开会决定成立投后管理委员会，没有会议纪要，也没有任何文件确定。××资本下属有上海×××互联网科技有限公司、××创新网络科技（上海）有限公司、上海腾信毅横数字技术有限公司、上海×××信息科技有限公司、上海白花花科技中心（有限合伙）、北京×××信息技术有限公司、上海××商务网络服务有限公司、××企业发展（上海）有限公司。上述公司其个人持有的股份都是其代持的××资本的股份，其个人没有股份。其替××股份、××资本做了很多事，有些是其个人花销的，××资本也应该支付给其一些报酬，其个人认为其该收到的报酬是二三百万元，其和何某讨论过，何某也同意，后其和高某、何某一起说过这件事，何某就提出来让其以委托投资的名义从公司借1000万元，其中200万元用于抵其之前的费用，剩下的800万元用于投资，后签了投委会决议，其在公司财务上办的借款手续。因为如果办委托投资手续，就全是公司的钱，就没法冲抵其以前的亏空，所以办的借款手续，没签借款协议，也没约定利息，其只是明确告知顾某在财务记账上将1000万元记为其个人借款。其看作其的钱用于日常消费了，具体花哪去了需要看其银行账。那400万元也是借款，其让顾某在财务账目上做的借款记账，所以其拿到钱之后用来还上面这1000万元里的200万元了，其中100万元还上海××××的借款了。2017年6月的会议纪要里表示这400万元的用途是特殊备用金，这个特殊就是一旦发生特殊事件，必须第一时间把400万元交到公司，除此之外这400万元任由其支配。

因为当时股票市场好，其就借了1000万元。有600万元其购买了善智斯巴达私募基金，200万元存入其的股票账号，由其司机季伟成帮其炒股，200万元在其个人账户上消费了。2017年6月，因为要投××企业发展（上海）有限公司，其就将基金赎回，基金亏了50万元，股票亏了10万元，分两笔将550万元和190万元汇入××企业发展（上海）有限公司的账号，另外2017年6月投后管理委员会以备用金的形式借给其400万元，其将其中的200万元还给××企业发展（上海）有限公司，后来××企业发展（上海）有限公司将940万元还给了××资本，这样其借××资本的1000万元就平账，60万元的亏损是××资本应该承担的。支付给潍坊万向机械工程有限公司50万元是其个人还款。400万元中的200万元充了其之前借××资本的1000万元，这样其和××资本结清了，还给数研××100万元，之后数研××将100万元还给了××资本。其觉得××资本还欠其二三百万元，其就和其自己的钱混为一谈了，其现在还觉得××资本欠其二三百万元。

公司委托其进行投资的钱其用于个人消费是其和何某商量好的，其当时没和高某说过，何某是否和高某说过其不清楚。

被告人陈某在本院审理期间供述：××资本只有对外投资，没有利润和分红。

上述证据，经庭审举证、质证，经审查均系依法取得，证据来源及形式合法，内容客观真实，与待证事实存在关联性，证据之间能够相互印证的部分，本院均予以确认。

三、挪用资金的事实

1. 2016年11月，被告人陈某利用担任上海××法定代表人的职务便利，授意会计从公司账户转款200万元给他人，至今未归还。

针对上述指控事实，公诉机关当庭宣读、出示了下列证据：

（1）证人刘某2的证言证明：其是上海××金融信息服务集团有限公司任执行董事、法定代表人，上海××创业管理有限公司执行董事、法定代表人，上海××任董事，上海××互联网金融信息服务有限公司股东。上海××曾用名上海××股权投资基金管理有限公司，是其在2014年4月在上海市工商行政管理局注册成立的，股东为上海××和上海××国泰股权投资管理中心，公司在2015年11月将公司法定代表人由其变更为陈某。其是通过陈某的妻子戴某认识的陈某。2015年8月，陈某突然找到其说他联系了他在北京的发小高某，高某是上市公司××股份的财务总监，他和高某商量的是数研××和××股份成立一家合伙企业，注册资金1000万元，数研××出资200万元，××股份出资800万元，再在合伙企业下边成立一只基金，主要做上市公司的市值管理、管理上市公司员工持股计划，这只基金××股份会出资6亿元，陈某已经联系好了浙商银行配资20亿元，除此之外××股份还会给基金出资2.5亿元，专门用于上市公司的员工持股计划，其就同意了。陈某提出要求他当上海××的法定代表人和总经理，股东也要进行一系列的变更，只有这样××股份才能同意进行注资，还让其去找北大的教授曹和平，让曹和平当上海××的董事长，这样名声上好听。其都同意了。其当时不清楚××股份一共给××资本投资多少钱，2017年6月才知道××股份一共给××资本投资了2.5亿元。在2015年11月陈某担任数研××的法人和总经理，并且将股东变更到一些陈某指定的公司名下后，公司的印章、网银、营业执照等都在陈某手里保管，公司的经营都是由陈某负责，公司的款项支出都是由陈某说了算。

2017年5月17日，××股份的高某找到刘某，高某说陈某把××资本的钱都倒走了，现在××股份要追这个钱，高某还拿出一份授权书，让其代表数研××的大股东上海××授权他对××资本进行审计。18日高某直接找到了曹和平，并把具体情况和曹和平说了一遍，曹和平认识到问题的严重性，先把情况和徐某1沟通了一下，并立刻作为上海××的董事长，发给陈某一份函件，让陈某交出××资本、数研××的相关印章、网银和支票等，并让其执行，交由其保管，同时暂停××资本、数研××的业务。陈某收到后并没有执行，曹和平又立刻发了一份补充函，督促陈某限期交出这两家公司的东西，陈某说××股份是××资本的大股东，他只听××股份的。这样曹和平又和徐某1联系了，××股份又给陈某发了一份函，同意执行曹和平函件的内容。23日，陈某主动来找其，将两个公司的印章、网银等相关东西都交给其，陈某说交就交，反正里边也没钱了，其问他钱呢，陈某说都转走了，其也没问他转哪了。后来其一查上海××账户上没钱了，后来徐某1他们查过××资本的账户也没钱了。开始其和曹和平想的是让陈某将资金还回来，如果亏得少争取××股份的谅解，但陈某不退钱。2017年6月，其和陈某一起开了上海××的董事会，本意还是想让陈某退钱，但陈某还是不同意退款。但几天后其的手机突然收到一条短信，提示其上海××的网银被取消了，后来徐某1一查××资本的网银也被取消了，其们就知道了是陈某又重新办了一套网银。9月29日其和曹和平又要求陈某参加董事会，主要议题就是免去陈某在数研××的相关职务，陈某没有参加。11月其们应××股份的要求去上海长宁区法院撤诉，但戴某说其们手中××资本和上海××的印章是假的，这时候其知道陈某在交印章之后又私刻了一套上海××和××资本的印章。2017年6月，在陈某交还给其两个公司的公章、网银后其才知道有管理费这个事情，之前这两家公司的账他们从来不给其看，也不告诉其。其后来从上海××的流水看到上海××一共收到××资本管理费500万元，这500万元借给高某200万元，借给陈某200万元，委托陈某个人投资100万元。这事其还问过顾某，顾某说陈某是上海××的法人，她听陈某的，陈某让这么操作她就这么操作。

（2）证人顾某的证言证明：上海××的财务账一直是其负责的。上海××大概收到××资本1500万元，还给××资本612万元。其中有666万元是合伙协议里确定的，××资本按出资额2%支付给数研××的管理费。2016年11月，陈某和其说高某要借200万元，其问陈某干什么用，陈某说算是借款，让其从××资本给上海××的管理费里出，其记的科目是高某借200万元，高某本人没有找过其。陈某那天特别着急让其汇款，其就汇款了。上海××与陈某之间没有资金混同的情况。

（3）证人高某的证言证明：2016年的一天，陈某向其借款200万元，他没说干什么用，他还向蔡某借款100万元，据说是拿其的200万元还了蔡某100万元。其没有给过陈某好处费或者劳务费。

（4）证人蔡某的证言证明：其于2016年7月8日借给陈某100万元，陈某开始向高某借款，高某说没有钱，高某就让其借给陈某100万元，后陈某还给其100万元。

（5）证人殷某的证言证明：蔡某曾经让其借给陈某100万元，后来陈某还给其了。

（6）上海××的工商资料证明：上海××的工商注册情况，其中陈某为上海××的法定代表人。

（7）律师函、高某的回复证明：2017年7月10日上海××委托律师发函向高某催收2016年11月2日的借款200万元，高某回复称其于2016年7月15日借款200万元给陈某，后陈某于2016年11月2日以银行转账方式归还了借款，其当时未关注还款的资金来源。之后高某发现资金来自上海××曾问过陈某，陈某表示没有问题。

（8）相关银行账户明细、业务回单等证明：陈某中国银行8232账户2016年7月5日收蔡某、殷某转账各100万元，2016年7月15日，收高某转入200万元，转给蔡某100万元，2016年7月16日，转给殷某100万元。2016年11月2日，上海××转款给高某账户200万元，附言“其他合法款项借款”。

（9）被告人陈某的供述：其账户上的200万元资金来源是2016年7月5日蔡某、殷某各给其转了100万元，这钱是其替高某卖股票，高某给其的劳务费。2016年6月底高某找到其说想把他在××股份持有的价值大约1亿元的股票出售，但是因为他是××股份的董事长，按照规定在承诺期内是不允许出售的，高某就让其想想办法，经其了解，高某与他的前妻在2016年就离婚了，离婚的时候做过财产公证，高某持有的股票归高某前妻所有。这样其就给高某出主意，让他去法院走诉讼，由法院判决将股票归到高某前期名下，但是后来因为股票数额巨大，而且判决周期比较长，高某他们就撤诉了。后来其通过其妻子戴某找了她的朋友Wendy，Wendy的老公是中登公司在深圳的员工，其把高某的情况告诉他，问他能否办非交易过户，后来他查了资料之后告诉其，高某的情况符合政策，可以办理非交易过户，之后其就和高某说可以办这件事，其向高某要200万元的劳务费，高某说他现在没有，他让蔡某、殷某把钱打给其，这样7月5日蔡某、殷某就各给其转了100万元。大概在2016年9月、10月间，高某就在中登公司北京的公司办理的过户手续，其知道的办了财产公证、完税证明、分割协议等，过户之后高某前妻就把股票给卖了，挣了8000多万元。2016年7月15日高某说他把钱给其，让其把钱还给蔡某和殷某，之后他给其转了200万元，其就把钱还给了蔡某和殷某。但是2017年10月高某到北京市西城区人民法院起诉其，说这200万元是对其的借款，让其归还借款，但这钱是其正常的劳动所得，如果没其给高某找人咨询这事，高某这股票肯定卖不出去，他把股票卖了8000多万元，其挣他200万元的劳务费不为过。

上述证据，经庭审举证、质证，经审查均系依法取得，证据来源及形式合法，内容客观真实，与待证事实存在关联性，证据之间能够相互印证的部分，本院均予以确认。

2. 2016年7月，被告人陈某利用担任上海××法定代表人的职务便利，授意会计转款100万元供其个人使用，至2017年11月归还。

上述事实，有经庭审举证质证的下列证据证实：

（1）证人顾某的证言证明：2016年7月8日，陈某找到其，说是他要用

100万元去投资，但当时他没有给其委托投资协议书，所以其让陈某签了一张借据，借款期限自2016年7月8日至2016年12月31日。2017年11月16日，陈某从他个人账户还给了上海××的账户，陈某和当时的出纳说这100万元就是还他在2016年7月8日的借款。收到后上海××立刻将100万元转入××资本账户内。这笔借款没有约定利息，陈某当时说放在他个人账户上当备用金。

（2）证人郭某的证言证明：其于2011年12月至今在虹桥古玩城开店从事销售翡翠珠宝行业。因为陈某和何某在其古玩城的店里买过几次翡翠饰品，其就认识了他们俩。2016年7月11日，陈某和何某一起来其的店里，陈某想要购买一个价值108万元的翡翠戒面，但是陈某没带够钱，何某就替陈某向其支付了8万元，当日陈某分两笔转账给其转至其银行账户100万元。

（3）借据：上海××于2016年7月8日收到××资本出借的借款100万元，用于公司日常经营开支，借款人处加盖上海××公章，并有陈某签字。

（4）银行账户明细、业务回单等证明：2016年7月8日，上海××账户转款给陈某账户合计100万元，附言“其他合法款项借款”。2016年7月11日，陈某账户分两笔转给郭某账户100万元。2017年11月16日，陈某账户转给上海××100万元。

（5）被告人陈某的供述：2016年7月，××资本已经成立了，××股份也签好协议增资2.5亿元，根据合伙协议的约定上海××可以提500万元的管理费，其就想着先用××资本的钱预提100万元的管理费到上海××，其再从上海××把钱借出来其个人消费使用，等年底审计的时候上海××从管理费里冲抵，其再从上海××给其的分红里冲抵。后其让顾某从××资本预提了100万元的管理费到上海××，其再从上海××借款100万元，该笔钱款是2016年7月8日到账的，当时其账户上有200多万元，加上该100万元一共有300多万元。有了钱之后其就去郭某的翡翠店里看翡翠，其看上了几块翡翠，在7月11日、14日在郭某的翡翠店里消费了300万元，购买了一个108万元的戒指、一个25万元的戒指、一个100多万元的龙牌、一个200万元的手镯、一个13万元多的吊坠，该300万元是支付的哪几个翡翠物品其现在有点对不上。买戒指的时候何某替其付了8万元，但其后来还给何某了。

上述证据，经庭审举证、质证，经审查均系依法取得，证据来源及形式合法，内容客观真实，与待证事实存在关联性，证据之间能够相互印证的部分，本院均予以确认。

公诉机关另指控：2015年至2016年，被告人高某利用担任××股份实际负责人、董事长的职务便利，以××股份的名义与殷某签订《北京市房屋买卖合同》以及《补充协议》，截至2016年8月29日支付购房款共计1.653亿元。2016年9月6日，被告人高某以北京××创新网络营销技术股份有限公司名义从殷某处转回购房款2030万元，并在收到殷某发出的《是否继续履约通知书》后仍然未履行付款义务，致使××股份损失购房定金3500万元。

针对上述指控事实，公诉机关当庭宣读出示了下列证据：

1. 证人徐某1的证言证明：其原来是××股份的大股东及董事长，因涉嫌单位行贿被关押，在其关押期间，高某当选了××股份的董事长。从其被采取强制措施到高某担任董事长前，高某是董事会秘书兼财务总监。在此期间公司与他有关的投资行为包括以1.6亿元购买通州房产。这些议题高某也都是以其名义向董事会提交的，据其了解有董事提出过异议，比如，增资××资本和购买通州房产，公司的中某某、田某都提出过异议，认为公司目前的现金流也只是能够维持正常经营，把资金都投出去会对公司经营产生不好的影响，但高某基本都是以其同意或者其要求这么做为由来说服他们。但是高某在其被羁押期间的所有投资行为其都不知情。

2. 证人陈某的证言证明：其是时任徐某1涉嫌单位行贿案的辩护律师。其听张某2说高某等人没经徐某1同意，运作以1亿元至2亿元的价格购买通州的一套房产，徐某1听了挺恼火的，这个徐某1签字了，没有签署日期。由高某等人主持对外投资的事情，徐某1对××资本的事情事先是不知道的，但对此只是担心高某等人能否做得好，没表示过反对。徐某1事先不知道他被免去董事长，由高某担任董事长的事情，其第一次见到他的时候他对于××股份公司的情况能看出来是不了解的，要不他也不会问公司由谁负责主持工作这种话。

3. 证人张某2的证言与证人陈某的证言内容基本一致。

4. 证人史某、高某、林某、赵某、中某某、田某的证言证明：上述人员均系时任××股份董事会成员。上述人员证言证明高某在董事会上说购买殷某的房产系徐某1同意的，董事会遂同意了其该提议。田某、史某、林某均证实，当时××股份的资金流已经十分紧张，林某还曾让史某去劝高某放弃买房的计划。中某某和史某证实高某告称准备购买房产建设大数据计算中心，高某并向史某和田某称该事宜系经过徐某1同意的，因此最后大家都签字同意了。

5. 证人李某的证言证明：其是2008年开始在××股份工作。其大约是2008年认识殷某的，高某和蔡某认识殷某也是通过其认识的。殷某之前一直是做电力工程生意的，他通州那套房产是2012年给一个叫金融街控股公司做电力工程时，抵账过来的房产，当时应该交了1000多万元的首付，但总房款也就五六千万元的样子。后来殷某向其公司也推荐过这套房产，公司当时也没有买房的想法，后来其听说公司是为了平账，才与殷某签了一份意向协议，准备买房，并支付了3500万元的定金，但该笔定金支付后又通过席某的北京×××瑞科技有限公司和北京以诺×有限公司转回到××股份。2016年上半年其基本处于养病状态，公司的事情其也没怎么管，后来其知道是又与殷某签订了正式的房屋买卖协议，约定总价款是1.6亿元，其间××股份支付了4530万元，后来又是高某和蔡某找殷某配合，拿殷某的房产在北京市文×融资租赁股份有限公司抵押贷款8500万元，这笔钱又过上海源×公司转给殷某，但这之间的数额具体是怎么核算的其不清楚，殷某和其说就是收到1.45亿元，后来由于高某辞职，造成××股份违约。后来徐某1出来和高某沟通期间，殷某还向××股份公司出过律师函，但高某也没管，后来徐某1来谈，殷某就涨价了，说××股份违约在先，要么就1.9亿元买，要不就退款，但退款要一年后退，而且要原路径退回，而且要求每个环节都要当场确认，但由于当时高某、陈某和徐某1已经很僵了，他俩不可能配合，所以这事就一直搁置了。

6. 证人席某的证言证明：其是北京×××瑞科技有限公司法定代表人及实际控制人。其通过工作关系认识了高某和蔡某。后高某让其帮××股份转一笔钱，也没说为什么要转，其当时为了能多卖给××股份电脑，维持好关系，就答应帮他们转了，这样发生了很多次后，高某就找到其说××股份是上市公司，公司有些业务资金流转不灵活，让其利用北京×××瑞科技有限公司帮××股份作一下代支付业务，高某解释代支付业务是应该由××股份直接收的业务款，改由北京×××瑞科技有限公司先收，再由北京×××瑞科技有限公司转给××股份，或者由××股份支付的业务款，改由××股份付给北京×××瑞科技有限公司，由北京×××瑞科技有限公司支付给对方。之后有这样的业务了，蔡某或者高某就给其打电话，其就根据他们的指令开始收付款。

7. 证人殷某的证言证明：其是北京×××达投资咨询有限公司、北京×××源电力科技有限公司、北京×××电力工程有限公司实际控制人。2013年其经过朋友介绍高某和蔡某。2013年年初，其承接北京×××集团的电力项目，后期以工程款的形式购买通州的房产，当时购买总价是7000多万元，其支付了1053万元的定金。大概是2015年11月，蔡某问其那套房产卖没卖，如果没卖，他们想先定下来，等之后支付其一笔定金，到时候再过会看是否购买，也问其价格，其开始说的就是每平方米2.5万元。说实话其当时觉得就是一个意向，也没觉得最后能怎么样，既然可以买其的房其就同意了。之后没几天，具体意向协议在哪签署、怎么签署的其记不清楚了，但这份意向协议是蔡某拿给其签的，说是先期支付3500万元定金，在双方签署正式协议前，××股份可以单方面解除协议，也不属于违约。2015年12月25日支付的定金，在支付定金前，蔡某和其说上市公司不能直接将资金转到其个人名下，需要其找一个公司收款，这样其们就签署了一份协议书，约定北京×××达投资咨询有限公司收款，之后蔡某给其来电话说准备支付定金，但这笔钱他们上市公司要用一下，让其转给别人，其琢磨反正是个定金，也是××股份的钱，他说用就先用，其也没多想就同意了，之后其转给××股份指定的一个北京×××瑞科技有限公司账户中。在签署正式协议之前，大约是2016年春节后2月陈某来过一次对房产做过调查，其开车接的陈某去现场看的，并介绍的房产情况，看完后是其和陈某一起回蔡某的办公室，陈某对这个房产表示满意。正式协议是腾信那边制定的，是蔡某通知其的，说是买房的事已经通过董事会了，让其去签署正式的协议，协议价格是1.6亿元。实际其账户收到资金2.111亿元，通过其账户转出6610万元，实际收到房款1.45亿元。其中有两笔借款，第一笔是2015年12月31日，李某给其打电话，说是公司着急用一笔钱，向其借600万元，蔡某和高某都知道这事，之后公司会归还，其就转给李某600万元。第二笔是2016年4月12日，蔡某给其打电话，说当时是先支付了1530万元，蔡某说借走480万元，其就同意了，按照蔡某的指示转给席某了。之后这两笔钱都是从房款中抵扣的。因为其间支付过程中到2016年4月20日抵扣完借款，一共才支付5000万元，按原协议约定付款情况已经出现违约，其就催高某和蔡某付款，2016年8月中旬，蔡某和其说公司资金有困难，有一个融资公司可以给公司融资，但一直没有抵押物，问其能不能使用这套房产进行抵押贷款，来支付房款，其就同意了。之后是蔡某带着融资公司的人来房屋现场，当时是其们三方商议的这个事情。北京市文×融资租赁股份有限公司的人说要给××股份放一笔贷款，然后也说这个抵押物可以，又向其了解房产及××股份卖房的相关情况。当时其意见就是使用其的房产抵押可以，但不管抵押多少钱，都必须按房款转给其，后又重新签署的补充协议。补充协议是2016年8月23日签署的，内容是××股份那边制定的，一是按照之前的付款情况及融资情况，重新拟定了付款时间和金额；二是融资贷款要专款专用，不能支付他人和挪作他用，其理解就是必须支付给其；三是由腾信公司的子公司为其提供现金担保；四是贷款超出部分原路径退回，如不足部分由腾信公司补齐；五是由于房产抵押，由腾信公司在2016年10月20日前支付给北京市文×融资租赁股份有限公司贷款，将房产解押，并在10月30日前办理完过户手续；六是如因××股份原因未履行协议，全部损失由××股份承担，3500万元定金不予退还。签署补充协议之后的第二天或者第三天，双方在房产中心办理抵押登记现场签署的抵押协议。2016年8月26日北京市文×融资租赁股份有限公司向××股份发放贷款，之后是上海源×公司8月29日转给其8500万元，该

8500万元其理解就是房款，至于为什么要由上海源×公司支付，为什么又在协议约定由上海源×公司支付保证金的原因，开始其不知道什么意思，也没有多想，反正用其的房抵押的融资款只要到其账户就行。2016年9月中旬，蔡某给其打电话说因为前期已经支付1.45亿元，想履行协议后由××股份的一个子公司来持有这套房产，当时其认为都是他们公司内部的事，谁持有都行，原则上其就同意了，蔡某让陈某来和其这边对接。其让其财务和法务来和陈某对接的具体事情，后来其法务来和其说这里面风险巨大，说陈某提出的是一个由其、××股份和上海源×的三方协议，要将这套房产权直接变更到上海源×名下，然后让上海源×支付的8500万元是保证金，这里面存在一房二卖的情况，还有就是这8500万元是保证金还是房款的性质确认不清，如果是保证金那最后这笔钱其是不是还是得退回去，所以存在巨大的风险，其就决定只和××股份交易，就没有签署陈某那边制定的三方协议。当时其就觉得很气愤，给高某和蔡某打电话，其也在电话中明确表态了，其只和××股份交易，别的任何协议其都不会签署，赶快交易完成。三方协议的事一直都是陈某和其对接。开始其不知道为什么要这么做，后来其听说高某他们就是想用上海源×的名义拿其这套房。后来其知道上海源×的法人开始是陈某，后来是高某，但好像公司的章什么的都在陈某那里，如果这个协议不能履行，或者说他们以上海源×的名义向其要8500万元的保证金，那资金原路径退回，也是退到上海源×公司账户中，但其了解到他俩可能后来产生了矛盾，所以这件事后来他俩谁也没有找过其。其是2016年11月17日通过邮寄的方式向××股份发的是否履约通知书，也没有回信，之后一直到2017年3月，徐某1来找其谈这个事。2016年9月6日转给××股份的2030万元，是蔡某和其说要平账，从其账面转回××股份2030万元，因为当时按照协议其已经收到了1.45亿元了，而且当时其们还没有闹僵，都是按照协议履行，所以就根据蔡某的要求给他们走一笔钱。

8. 证人王某的证言证明：王某是北京市文×融资租赁股份有限公司业务部经理。王某证言证明了××股份使用殷某房产抵押贷款9000万元，后将8460万元支付给××股份的事实。王某另称，房产距离政府新区不远，粗估一下值1.2亿元以上。2016年10月，王某在××股份的公告上看见实际控制人徐某1被调查，王某公司决定让××股份提前还款。截至2016年11月2日，××股份结清了其公司的款项。

9. 证人蔡某的证言证明：2015年12月，××股份在投资车×网项目中违规使用了股民募集资金账户中的资金，造成了3500万元的资金缺口，在年底审计的时候，如果不补上这个缺口，就会被审计发现，引发问题。其和高某说过这件事，高某说他来解决。那段时间其和高某的朋友殷某正好想出售他在通州的房产，高某就让其和殷某商量，利用购买房产的事情签一个意向协议，把3500 万元由××股份转给殷某，殷某再把这笔钱转回来，补上募集资金账户里的窟窿，其和殷某商量的时候也是说让他帮这个忙，公司也有意向想买这房子，但这事必须得过董事会才可以。因为殷某是其朋友，其和高某也透露出有买房的想法，殷某也就同意给其们帮忙。后来也确实是这么操作的，签完意向协议之后，2015 年 12 月××股份给了殷某 3500 万元，殷某通过××股份的一家叫北京×××瑞科技有限公司的体外公司把这 3500 万元转到××股份，××股份用来填窟窿，应付了当年的审计。到 2016 年一二月，其和高某讨论公司发展策略的时候，考虑到 2015 年公司投资车×网失败，可能要亏损 1 亿多元，就想怎么弥补这个窟窿，而且徐某 1 被抓之后，××股份流失了一部分客户，2016 年新签的合同利润也不高，甚至有些赔本，其们就想买一个固定资产，一是等待升值，二是如果公司以后两年连续亏损，导致公司可能退市，有一个大额固定资产在手里，还可以把房子卖了，救公司一命，哪怕卖不了，找个公司签一个假的卖房合同，手续做好了，也可以当作卖成功了。至于为什么买殷某的房子，一是殷某之前帮其们解决了 3500 万元募集资金的问题，二是殷某的房子地理位置也还可以，一直有传言说北京市政府搬迁到通州，房子大小、价格也合适。正好有个现成的，也不用去找了，就决定买殷某的房子。之后高某就和殷某进行谈判，高某告诉其他把买房的事情告诉过徐某 1 的弟弟徐某 2，徐某 2 也带信给过徐某 1，徐某 1 也同意了，但是买房也存在问题，首先买房的价格确实定得很草率，没有调查、评估就随意定了一个价，但这是高某定的，其次其和高某也没尽到对董事会告知风险的义务，没有把殷某的房产没有房本并且殷某并没有付清购房款的风险告知董事会，但董事会最终通过了决议，同意购买这套房产。之后其就根据公司的资金情况安排付款，2016 年 4 月，××股份又分三笔支付给殷某 3530 万元，8 月 3 日，××股份支付给殷某1000 万元，2016 年 5 月，××股份又通过董事会决议对××资本的投资由 1 亿元增资至 2.5 亿元，其记得当时××股份的现有流动资金肯定不够支付殷某剩余的房款，陈某、何某也着急充实 2.5 亿元的增资，正好北京市文×融资租赁股份有限公司来谈融资的事情，其当时想如果能从北京市文×融资租赁股份有限公司贷款通过××资本、上海源×支付殷某的购房款，这样既能支付了购房款，又能充实了对××资本的增资，相当于办一件事情能完成两件事情，其就把其这个设想告诉了陈某、何某和高某，他们对其这个提议表示赞同，所以后来其去找殷某谈的使用他的房产做抵押，从北京市文×融资租赁股份有限公司贷款 8500 万元，但需要退回 2030 万元给××股份使用，陈某找殷某谈的是上海源×购买通州房产的合同细节，并且通过××资本和上海源×将北京市文×融资租赁股份有限公司贷款8500万元作为购房款支付给殷某，最后殷某同意使用他的房产做抵押，但要求从北京市文×融资租赁股份有限公司贷款多少就支付给他多少，殷某再退回给××股份2030万元，以保证抵押贷款的资金链是完整的，另外殷某不管是××股份买房还是上海源×买房，他对陈某提出来的由上海源×买房合同同意，但是对合同中没有支付购房款的期限表示不同意，殷某觉得买东西必须有固定的期限，陈某想的是什么时候有钱了什么时候支付给殷某购房款。这就是为什么最后没有以上海源×成功买到殷某房子的原因，8月25日，从北京市文×融资租赁股份有限公司贷出8500万元进入××股份的账户后，其将钱转入××资本的账户内，××资本转入上海源×账户内，最后由上海源×将8500万元支付给了殷某，殷某在2016年9月6日又通过北京×××达投资咨询有限公司退回给××股份2030万元。这样××股份一共支付给殷某1.65亿元，因为退回给××股份2030万元，殷某实际收到购房款1.45亿元。

当时陈某、何某催其补足××资本的2.5亿元的投资款催得很着急，其当时首先考虑的是××资本和上海源×的事情，之后才是从殷某那买房的事情，所以才从殷某那又要回了2030万元。这样的后果就是导致××股份从殷某那购房交易失败，导致现在××股份既没有拿到房子，也没有拿到钱，现在如果退房××股份还会损失一笔违约金，至于金额多少需要和殷某谈了。

蔡某另证称：在2015年12月底，高某告诉其徐某1质押在招商证券的股票需要交利息，他找殷某借了600万元，其当时不在公司，所以高某让殷某把钱转到了李某的卡上，李某再把钱转到徐某1平安银行的卡上，直接交了徐某1的利息。其和高某知道殷某的房子没有房本，所以就告诉殷某让他办房本，但是殷某说他办房本还需要支付给金融街集团四五千万元，还得赔偿金融街集团一笔违约金，如果其公司不买这房子，他就可以一直拖着，但是其公司要买这房子，这笔钱就得其公司出，高某当时就同意了，之后在4月其公司陆续支付给了殷某3530万元。等到8月殷某说诉讼结束了，他需要付800多万元的违约金，××股份又支付给殷某一笔1000万元，在8月殷某就把房本给办下来了。到此为止××股份账面上支付给了殷某买房款8030万元，但是实际上只支付给了殷某4530万元，××股份还欠着殷某3500万元，其现在记得××股份以支付媒体款或者其他名义的方式把这3500万元转出了××股份，其中殷某拿走了1500万元，剩下的2000万元是××股份这边给用了，但是具体用途其现在想不起来了。这么算起来××股份账面支付了殷某8030万元，实际支付了6000万元，账目和实际支付有一个2000万元的差额。这样等到殷某的房产进行抵押贷款，××股份得到8500万元的贷款之后，××股份账面给殷某是16530万元，但是实际上才给了殷某14500万元。在2016年八九月为了完成对××资本的增资，高某安排其从杭州银行募集资金账户全部弄出来，所有的钱都转到××资本去，其当时提醒了一下高某，还欠着殷某的600万元借款没还，购买殷某的房产的账目还不平，高某让其拿这笔钱转一下，抹平账目。其就根据高某的安排把××股份在杭州银行的募集资金账户中的全部资金以研发费或者购买产品等方式转出了5000多万元，通过四五家公司再转到北京×××瑞科技有限公司，北京×××瑞科技有限公司将其中的2630万元转到了殷某的北京×××源电力科技有限公司，剩下的钱转回给了××股份，殷某扣除了600万元的借款之后，将2030万元以退还房款的名义转回给了××股份农商银行账户，这样××股份财务账目与实际支付给殷某的金额就相同了。××股份收到了北京×××瑞科技有限公司和北京×××源电力科技有限公司退回来的钱之后，就陆续把这些钱转到了××资本。

其和高某从××股份离职之后其让殷某给××股份发过一份律师函，要求××股份派人与殷某联系，如果当时徐某1派人和殷某联系，把这1500万元补齐了，就没后面的事了，但是不知道为什么徐某1一直到2017年四五月才和殷某取得联系。另外房本解押之后，高某想让其和殷某沟通，说把购房合同解约，让殷某少收点违约金，但是如果这样的话，殷某本来是可以不拿房本，一直留着等到有人接手再办房本，如果解约，等于是殷某自己花了四五千万元把这房本给办下来了，殷某肯定不乐意，所以其就没答应高某去找殷某谈。

10.《北京市商品房预售合同（商业、办公等非住宅类）》、补充协议、刷卡凭证、房地产权登记信息等材料证明：殷某于2012年3月31日与金融街（北京）商务园置业有限公司签订商品房预售合同，购买涉案房产，后于2016年8月22日取得产权登记。

11.《房屋买卖意向协议》证明：2015年11月，××股份与殷某签订《房屋买卖意向协议》，腾信拟购买殷某拥有百分之百所有权的位于通州区×镇×园B×/B×的房屋，建筑面积为5912.1平方米，单价2.5万元/平方米，总房款为14780.25万元。本意向协议签订后30日内，××股份向殷某支付预付款3500万元，在签署正式合同前，××股份有权单方面终止购买意向且不得视为违约，殷某应全额退还预付款。

12.《协议书》证明：2015年12月1日，××股份与殷某、北京×××达投资咨询有限公司签署协议，约定因××股份不能将预付款直接拨付至个人账户，故由北京×××达投资咨询有限公司代收取预付款3500万元后转给殷某。殷某在收到预付款后不得将房屋转让给××股份之外的第三人。

13. ××股份第二届董事会第十六次会议决议公告证明：××股份于2016年3月24日召开第二届董事会第十六次会议，会议由高某召集并主持，全票通过了关于公司拟以自有资金购买房产的议案，同意公司以自有资金不超过1.6亿元购买位于通州区×镇×园B×/B×的房产，作为公司为业务拓展而设立的研发中心。通过了关于实施融资租赁的议案，同意公司向北京市文×融资租赁股份有限公司申请融资，额度不超过9000万元，借款期限3年，徐某1为本次融资租赁提供个人无限连带责任担保。

14.《北京市房屋买卖合同》证明：2016年3月25日，高某代表××股份与殷某签订房屋买卖合同，约定××股份购买殷某坐落为北京市通州区商业金融项目用地#办公楼全部六层，建筑面积共5912.1平方米。房屋成交价格为1.6亿元，具体付款方式为：2015年12月31日前支付定金3500万元，因××股份原因导致合同无法继续履行，或合同被解除或被认定无效的，定金不予退还；2016年4月30日前支付房款4500万元；2016年7月30日前支付房款6500万元；过户前10日内支付房款1000万元；过户后3日内支付房款500万元，过户时间至迟不晚于2016年8月25日前；支付房款完毕，定金转为房款。办理过户手续的最终时限不得晚于2016年8月25日，××股份未在合同约定的时限办理付款和过户的，殷某有权解除或者终止合同，已支付定金3500万元不予退还。

15.《补充协议》证明：2016年8月23日，××股份与殷某签订补充协议，因××股份资金不足，双方对付款及过户时限作出调整：2016年9月5日前××股份支付1.1亿元，2016年10月20日前支付1000万元，并解除本房屋为配合融资而设定的抵押登记，2016年10月30日前办理完毕房屋的过户手续，并支付500万元。应××股份要求，需要殷某将交易房产向北京市文×融资租赁股份有限公司提供抵押担保，协助××股份完成融资事宜。为保障抵押房产免受抵押权的实现，××股份的子公司提供现金担保，同时××股份就子公司现金担保不足部分继续承担连带担保责任。

16. ××资本投资决策委员会会议决议：2016年8月23日，××资本投资决策委员会决议同意上海源×出资8500万元购买殷某所有位于通州的房产，交易总价为1.6亿元，××股份已承诺另行补齐差额部分及相关税费。陈某、高某、何某签字。

17. ××资本合伙协议之补充协议二证明：2016年8月23日，高某代表××股份与陈某代表的上海××签订该协议，约定××股份承诺的2.5亿元不含××股份委托××资本对上海车××有限公司实现战略捆绑之需求的债权投资基金，上述资金收益收回后算作××股份对××资本的追加投资，××股份承诺的2.5亿元出资应在2016年9月30日前到位；××资本应单独成立项目公司出资8500万元（剩余资金由××股份另行支付）购买殷某所有的位于北京通州的房产，房产落在项目公司名下，根据市场情况××资本可自行独立处置该房产，所得收益的多出部分算作××股份对××资本的追加出资。

18.《北京市房屋买卖合同》证明：殷某与上海×××互联网科技有限公司签订买卖合同，约定合同签订之日支付6000万元，待房屋抵押权解除之日支付房款8500万元，过户后支付剩余房款1500万元。

19.《融资租赁合同》《咨询服务合同》《软件著作权转让合同》《保证合同》《抵押合同》《项目审批表》《放款审批表》《付款申请表》《租赁类客户提前还款审批表》《关于××股份9000万元回租项目已结清本金利息的通知》、财务凭证等材料证明：××股份以殷某房产抵押融资9000万元的情况。

20. 相关银行账户明细、记账凭证、殷某提供的材料等证据证明：

（1）2015年12月25日，××股份账户通过北京×××达投资咨询有限公司、北京×××瑞科技有限公司账户将支付给殷某的3500万元转回××股份。

（2）2015年12月31日，殷某账户给李某账户转账600万元，2017年3月11日、14日，××股份通过北京×××瑞科技有限公司、北京×××达投资咨询有限公司账户分别向殷某账户转账2350万元和200万元。

（3）2016年4月8日至8月3日，××股份账户向殷某支付4530万元，其中4月12日，殷某账户通过席某账户转回××股份480万元。

（4）2016年8月29日，上海源×账户通过多个账户转账给殷某账户8500万元。

（5）2016年9月6日，××股份账户通过多个账户转账给北京×××达投资咨询有限公司账户2030万元，同日北京×××达投资咨询有限公司账户转给××股份账户2030万元。

21.《关于贵公司就〈北京市房屋买卖合同〉〈补充协议〉是否继续履约的通知书》等证明：殷某向××股份发函要求××股份于2016年11月30日前委派人员与其接洽，如××股份仍有履约意愿和能力，至迟不得晚于2016年11月30日完成全部剩余房款的支付和房屋过户手续的办理。如期限届满仍未有人与其接洽，其有权解除合同。

22.《关于解除〈北京市房屋买卖合同〉、〈补充协议〉的通知书》等证明：2016年12月1日，殷某通知××股份因××股份未能按期履约，故自2016年12月1日起解除双方于2016年3月25日签订的《北京市房屋买卖合同》、2016年8月23日另订的《补充协议》等相关法律文书。

23. ××资本和上海源×出具的《说明》证明：因××股份现金流紧张，故委托××资本实际控制的上海源×代为支付购房款8500万元，落款时间2016年12月31日。

24. 《备忘录》证明：××资本、上海源×、××股份2017年5月5日达成该备忘录，××资本与上海源×已向殷某支付的8500万元购房款，三方应在2017年8月28日前协商确定解决方案，未达成最终解决方案前，任何一方不得以代付房款的名义向另一方或向殷某行使权利；房产归属及处分权、已支付购房款的处理等，以三方另行协商确定的内容为准。

25. ××股份关于《原高管团队损害上市公司权益相关事项造成损失的情况说明》证明：××股份应在2016年10月20日之前支付殷某1000万元，截至2016年10月19日××股份银行存款余额为6807.22万元，除不能动用的募集资金5384.97万元外，实际可用于日常经营资金1422.25万元。

26. ××股份公告等证明：2017年4月26日××股份召开第三届董事会第五次会议，会议审议《关于公司计提资产减值准备的议案》，对购买通州房产支付的定金3500万元，公司将面临定金无法收回的可能，故此计提资产损失3500万元。××股份公司于当日发布了董事会决议公告和计提资产减值准备的公告。

27. 《关于〈北京市房屋买卖合同〉之终止协议》证明：2020年8月25日，××股份与殷某签订协议，解除双方于2016年3月25日签订的《北京市房屋买卖合同》、2016年8月23日签订的《补充协议》等文书，殷某分期退还除定金外支付的1.1亿元购房款；双方同意本着公平互利的原则，后续就原合同约定的3500万元购房定金事宜继续进行协商，寻求双方认可的方式予以解决，并另行签署协议予以安排。

28. 徐某1出具的关于通州房产退款情况的说明证明：××股份与殷某协商，2020年决定终止本次购买房产意向。公司于2020年8月27日召开第四届董事会第三次会议，审议通过了《关于终止公司以自有资金购买房产的议案》，同日发布公告，同日签署了《关于〈北京市房屋买卖合同〉之终止协议》，双方约定自终止协议签署之日起，解除双方于2016年3月25日签订的原合同及2016年8月23日签订的《补充协议》等相关法律文书，一致同意，关于3500万元的购房定金事宜，后续双方将继续协商。截至2021年5月24日，殷某共退还1.1亿元购房款及3500万元定金中的1750万元，其余1750万元定金及2016年开始的资金占用费不予退还。

29. 本院以职权向殷某调取的说明、还款明细、终止协议、还款协议等证据证明：截至2021年4月30日，殷某已经按照与××股份签订的终止协议向

××股份支付 1.275 亿元。2021 年 4 月 28 日，殷某与××股份签订《还款协议二》，约定关于购房定金 3500 万元，殷某已向××股份指定账户归还 1750 万元，××股份将不再向殷某主张购房定金中剩余部分退款的任何利息和财务成本，视为殷某已经履行完毕购房定金的退款义务，双方的债权债务全部消灭。

30. 被告人高某的供述：其是通过李某认识了殷某，大概是 2015 年下半年，××股份借给车×网 8860 万元，通过深圳琮×有限公司借给车×网 3500 万元，这两笔钱迟迟无法归还。2015 年 12 月，年底要出财务报表，为了让上市公司财务报表好看一点，其和蔡某商量要用购买殷某通州的房产作为幌子，来补充通过深圳琮×有限公司借给车×网的 3500 万元的窟窿，后蔡某找殷某谈的，不是真购买他的房产，只是通过显示购买他的房产走一账，用来平之前的借款，殷某同意了。关于签订的《房屋买卖意向协议》可能也是为了应付年底审计出财务报表，不能只说 3500 万元购买房产了，而什么材料都没有。2015 年 12 月底，××股份将 3500 万元转给了殷某，具体怎么转的账其不清楚，其安排蔡某去做的，具体的怎么走其不关心。其记得是给深圳琮×有限公司的 3500 万元没有记账，殷某是通过北京×××瑞科技有限公司回到了××股份 3500 万元，因为出去的时候没有记账，所以回来其也没有记账。大概是 2016 年 3 月，其考虑到车×网的钱估计是要不回来了，投资买楼怎么也能挣点，这样能弥补一下车×网的亏空，还能挂账，殷某的楼是现房，买完还能做点业务，就想着真买殷某通州的房产。后其和殷某、蔡某商量买房的事情，殷某说之前意向定的 1.47 亿元购房款不包括四五十个车位，若××股份真想购买加上四五十个车位总房价款要 1.6 亿元，殷某还说这个房子他是很早的时候从金融街集团购买的一直没有付清全款，大概还差三四千万元没有支付给金融街集团，如果××股份真想购买，给他付个首付，殷某用首付支付购房款，他就能办下房产证来给××股份办过户了。其当时想均价 2.5 万元，在通州以后怎么也能涨 1 万元，就决定要购买。2016 年 3 月，其向董事会提出了购买殷某的通州房产的议案，董事会通过了议案并发布了公告，决定购买这个房产。后××股份转给殷某一笔 3500 万元、一笔 2530 万元，还有一笔 2000 万元，殷某后来退回了××股份 2030 万元，这样××股份一共支付给殷某 6000 万元，具体转账细节其记不清了，其逻辑是给殷某了 8030 万元，他退回了 2030 万元，收到购房款 6000 万元，具体付款都是蔡某调度安排的，其签过字。

其没有对殷某的房产做过详尽的调查，并出具纸质调查报告，只是在网上查了一下周边的价格。也没有向董事会介绍过殷某的房产没有房产证，且没有支付购房全款，需要××股份缴纳首付让殷某去支付完购房款才能拿到房产证过户给××股份。其个人想法是这房屋的价格是有盈利空间的，殷某在通州做电力的，他也不会骗其，他没有付清全款，其公司买房交钱，他挣的就是利润，其就很相信他了，当时其有点心大了。

后其问殷某房屋办理房产证的情况，殷某告诉其现在金融街集团因为他违约付清房款的事情起诉他了，他想用200万元解决这件事情，最后法院判决他赔偿800万元，2016年8月，其和蔡某商量从北京市文×融资租赁股份有限公司贷款支付殷某的购房款，蔡某去和殷某商量的将他的房产抵押给北京市文×融资租赁股份有限公司，殷某同意了。从北京市文×融资租赁股份有限公司贷款8500万元的时候正好陈某何某催其往××资本增资2.5亿元特别着急，其和蔡某商量通过××资本将8500万元转给殷某，这样算是××股份对××资本的增资，即使最后不买房了，殷某也需要按照原来路径将钱退回，这样××资本有钱了，其们还能干事。这事其和蔡某也和陈某、何某说过，他们同意了。2016年8月，当时已经开始操作从北京市文×融资租赁股份有限公司贷款的事情，贷款还没有下来的时候，其在北京和陈某、何某见面的时候，当时蔡某也在场，其觉得××股份没有给××资本增资到2.5亿元，就提议从北京市文×融资租赁股份有限公司贷出的8500万元从××资本支付给殷某后，可以将那处房产过户到上海源×的名下，想办法抵押房产，补充××股份对××资本的出资额，陈某听了其的想法后就开始做合同，其记得后来殷某也没同意这件事。大概是2016年10月底，其和蔡某快要辞职的时候，其和蔡某分三笔将北京市文×融资租赁股份有限公司的8500万元提前还完了，当时借款期限是一年，这笔贷款其签的个人无限连带责任，其想辞职之前把这件事情了结，别离开公司之后再有什么责任。

2018年3月3日，被告人高某被传唤到案。2018年3月12日，被告人陈某被传唤到案。案发后，被告人高某家属代高某退缴违法所得1600万元，公安机关冻结陈某账户内钱款200余万元。

公诉机关另当庭出示宣读了下列证据：

1. 受案登记表、立案决定书证明本案的立案情况。

2. 到案经过证明：被告人高某、陈某的到案情况。

3. 协助冻结通知书证明：公安机关案发后冻结陈某名下中国民生银行尾号1166账户、中国工商银行尾号2129账户，账户内余额200余万元。

4. 案款收据证明：被告人高某家属案发后代高某退缴1600万元在案。

5. 公安机关出具的户籍信息证明：被告人高某、陈某的身份情况。

经当庭举证质证，控辩双方均无异议，本院亦对上述证据予以确认。

综合公诉意见，被告人所作辩解、辩护人发表的辩护意见，控辩双方的争议焦点集中在：（1）被告人高某是否构成背信损害上市公司利益罪；（2）被告人高某内幕交易的涉案金额；（3）被告人陈某是否构成职务侵占罪、挪用资金罪；（4）被告人高某对于内幕交易行为是否构成自首，据此本院综合评判如下：

一、被告人高某是否构成背信损害上市公司利益罪

刑法规定，上市公司的董事、监事、高级管理人员违背对公司的忠实义务，利用职务便利，操纵上市公司从事下列行为之一，致使上市公司利益遭受重大损失的，处三年以下有期徒刑或者拘役，并处或者单处罚金；致使上市公司利益遭受特别重大损失的，处三年以上七年以下有期徒刑，并处罚金：（1）无偿向其他单位或者个人提供资金、商品、服务或者其他资产的；（2）以明显不公平的条件，提供或者接受资金、商品、服务或者其他资产的；（3）向明显不具有清偿能力的单位或者个人提供资金、商品、服务或者其他资产的；（4）为明显不具有清偿能力的单位或者个人提供担保，或者无正当理由为其他单位或者个人提供担保的；（5）无正当理由放弃债权、承担债务的；（6）采用其他方式损害上市公司利益的。被告人高某构成本罪的主体要件，控辩双方均无异议，本院亦予以采纳，争议焦点在于高某的行为是否系背信损害上市公司利益的行为。

本院认为，公诉机关指控被告人高某构成背信损害上市公司利益罪的证据不足，理由如下：

1. 被告人高某确有真实购买涉案房产的意愿，并无通过购买涉案房产掏空××股份的主观故意。被告人高某的供述及证人蔡某的证言可以相互印证证明，××股份因为违规使用了募集资金进行借款造成了3500万元的缺口，后高某与蔡某通过签订购房意向书的形式通过殷某将3500万元在账面上予以平账。后高某出于房屋增值的考虑决定购买殷某所有的房产，并签订了房屋买卖合同，后续也安排蔡某支付了相关钱款。

2. 被告人高某虽未尽到尽职调查的义务，并向董事会隐瞒了殷某当时并未取得房产证的事实，但是其并未以明显不公平的条件或者明显不合理的价格购买涉案房产。第一，殷某虽于签订房屋买卖合同的时候未取得房产证，但其确在合同履行过程中取得了房产证，按照合同约定，该事项并不成为房产过户的障碍。第二，被告人高某出于房屋增值的考虑购买涉案房产并非没有依据，考虑到2016年北京房价上涨和北京市主要机关单位搬迁至通州的事实，被告人高某的考虑有一定的依据，而公诉机关并未提供相关证据证明涉案房屋买卖明显低价或者明显不公平。

3. 现有证据不足以证明被告人高某故意制造违约，导致殷某取得3500万元定金。

公诉机关指控高某在已经足额支付房款的情况下抽回2030万元导致××股份没有履行合同义务，殷某据此取得了3500万元定金。虽然××股份的记账凭证证明××股份已经支付了1.6亿元，但是被告人高某的供述和证人蔡某、殷某、李某等人的证言可以证明，××股份在合同约定的付款期间内支付的钱款为1.45亿元，相关银行账户明细及殷某提供的材料佐证相关事实。虽殷某转回2030万元，但是被告人高某的供述及证人蔡某的证言证明该2030万元并非高某故意抽回的，而是××股份平账所用，银行账户佐证了被告人高某及证人蔡某的说法。

4. ××股份损失定金的事实与高某通过董事会购买涉案房产缺乏刑法上的因果关系。

首先，如前所述，高某确有购买房产的意愿，其亦按照合同约定支付了相关房款。其次，被告人高某的供述及证人蔡某的证言可以证明在2016年8月徐某1被取保候审后高某与徐某1发生了矛盾，高某于2016年10月左右便不再常去××股份办公。殷某发函要求××股份是否继续履约的通知发生在2016年11月17日，而××股份公告高某离职的时间为2016年1月24日，殷某所发函件确认违约时间为2016年11月30日，此时徐某1作为××股份大股东可以根据公司公告及相关协议与殷某协商，但是直至2017年三四月徐某1才与殷某协商履约事宜。再次，证人李某、殷某的证言证明当徐某1与殷某协商时殷某并未直接要求不再返还定金。最后，根据殷某与××股份提供的材料，2020年8月，殷某与××股份签订终止协议，约定3500万元定金事宜双方继续协商，后续殷某返还了××股份支付的1.1亿元房款及1750万元定金，××股份不再向殷某主张购房定金中剩余部分退款的任何利息和财务成本，视为殷某已经履行完毕购房定金的退款义务，双方的债权债务全部消灭。

故被告人高某及其辩护人的相关辩解及辩护意见，本院予以采纳。

二、被告人高某内幕交易的涉案金额

被告人高某的辩护人认为被告人高某卖出个人无限售流通股的数额不应认定为犯罪数额。本院经审查后认为，根据相关法律及司法解释规定，内幕交易的行为是指证券、期货交易内幕信息的知情人员或者非法获取证券、期货交易内幕信息的人员，在涉及证券的发行，证券、期货交易或者其他对证券、期货交易价格有重大影响的信息尚未公开前，买入或者卖出该证券，或者从事与该内幕信息有关的期货交易，或者泄露该信息，或者明示、暗示他人从事上述交易活动的行为。而内幕信息敏感期是指内幕信息自形成至公开的期间。证券法所列“重大事件”的发生时间、规定的“计划”“方案”以及期货交易管理条例规定的“政策”“决定”等的形成时间，应当认定为内幕信息的形成之时。所谓重大事件包括了公司涉嫌犯罪被依法立案调查，公司的控股股东、实际控制人、董事、监事、高级管理人员涉嫌犯罪被依法采取强制措施。根据证据显示，2015 年 7 月 29 日，司法机关已对××股份及徐某 1 涉嫌单位行贿立案侦查，并对徐某 1 采取强制措施。证人徐某 2、田某的证言及被告人高某的供述能够证明 2015 年 9 月 3 日之前已经获知徐某 1 被调查的情况，此时内幕交易已经形成，后续高某所谓将股票展期，并将股票卖出的行为发生在内幕交易敏感期内，亦非司法解释规定的按照事先订立的书面合同、指令、计划从事相关证券、期货交易的，该部分金额应认定高某内幕交易的金额。

三、被告人陈某是否构成职务侵占罪

本院认为，被告人陈某的行为构成职务侵占罪，理由如下：

首先，被告人陈某身为××资本投资决策委员会的成员，对于钱款支出具有职务便利，有被告人高某的供述、证人蔡某、顾某等人的证言予以佐证。顾某的证言亦证明不存在陈某个人资金与××资本资金混同的情形。

其次，被告人陈某供述及高某在公安机关的供述证明××资本将 1000 万元委托陈某个人投资并没有告知高某。

再次，被告人陈某将 1000 万元用于个人理财、购买股票及归还个人钱款，后续只归还了 740.486 万元，剩余部分未予归还。

最后，虽后续××企业发展（上海）有限公司将 940.486 万元归还给了××资本，但是银行账户反映该部分钱款系××资本转给××创新网络科技（上海）有限公司再转给××企业发展（上海）有限公司的钱款，而证人顾某、叶某、冉某等人证言证明××资本、××创新网络科技（上海）有限公司、××企业发展（上海）有限公司的财务由陈某控制，所谓还款只是陈某通过其控制的公司账户来回倒账掩盖其侵占××资本事实的行为。

故被告人陈某及其辩护人所提相关辩解及辩护意见，本院均不予采纳，陈某辩护人所提交证据本院亦不予采信。

四、被告人陈某的行为是否构成挪用资金罪

本院认为，被告人陈某的行为构成挪用资金罪，理由如下：

首先，证人顾某、刘某 2 等人证言及工商资料证明陈某作为上海××的法定代表人，控制着上海××的财务。

其次，合伙协议规定，××资本支付给执行事务合伙人上海××的管理费并非由陈某个人随意支配，管理费并不包含将个人钱款随意出借给他人的情形。

最后，证人顾某的证言证明不存在上海××资金与陈某个人资金混同的情形。

故被告人陈某及其辩护人所提相关辩解及辩护意见，本院均不予采纳。

五、被告人高某对于内幕交易行为是否构成自首

本院认为，被告人高某虽接电话通知到案，但是其到案后并未如实供述自己内幕交易的犯罪事实，其行为不应认定为自首。

本院认为，被告人高某作为内幕交易知情人，在对证券交易价格有重大影响的信息尚未公开前，交易该证券，其行为已构成内幕交易罪，且情节特别严重，依法应予惩处。被告人陈某身为公司人员，利用职务上的便利，将本单位财物非法占为己有，其行为已构成职务侵占罪，且数额巨大，依法应予惩处；陈某又利用职务上的便利，挪用本单位资金归个人使用，超过三个月未归还，数额较大，其行为亦已构成挪用资金罪，依法亦应予以惩处，且应与其所犯职务侵占罪数罪并罚。北京市人民检察院第三分院指控被告人高某犯内幕交易罪，指控被告人陈某犯职务侵占罪、挪用资金罪的罪名成立，指控被告人高某犯背信损害上市公司利益罪的罪名不成立。鉴于被告人高某家属代高某退缴绝大部分违法所得，在案钱款可以部分弥补被害单位的经济损失，本院依法对被告人高某、陈某从轻处罚，公诉机关对被告人高某量刑建议适当。据此，本院根据被告人高某、陈某犯罪的事实，犯罪的性质、情节和对于社会的危害程度，对被告人高某依照经2009年《中华人民共和国刑法修正案（七）》修正的《中华人民共和国刑法》第一百八十条第一款、第三款，第五十二条，第五十三条，第六十一条，第六十四条及《最高人民法院、最高人民检察院关于办理内幕交易、泄露内幕信息刑事案件具体应用法律若干问题的解释》第一条、第三条、第四条、第五条、第七条、第八条、第十条之规定，对被告人陈某依照1997年修订的《中华人民共和国刑法》第二百七十一条第一款、第二百七十二条第一款、第六十九条第一款、第六十一条、第六十四条及《最高人民法院、最高人民检察院关于办理贪污贿赂刑事案件适用法律若干问题的解释》第二条、第六条、第十一条之规定，判决如下：

一、被告人高某犯内幕交易罪，判处有期徒刑五年六个月，并处罚金人民币一千七百万元。

（刑期从判决执行之日起计算，判决执行以前先行羁押的，羁押一日折抵刑期一日，即自2020年1月9日起至2025年5月31日止，先行羁押的时间已折抵。罚金于本判决生效后十日内缴纳）

二、被告人陈某犯职务侵占罪，判处有期徒刑五年六个月，犯挪用资金罪，判处有期徒刑一年六个月，决定执行有期徒刑六年。

（刑期从判决执行之日起计算，判决执行以前先行羁押的，羁押一日折抵

刑期一日，即 2020 年 1 月 9 日起至 2025 年 12 月 10 日止）

三、继续追缴被告人高某违法所得人民币二万六千三百七十九元八角六分，予以没收，上缴国库；责令被告人陈某退赔上海数×××股权投资管理中心（有限合伙）人民币二百万元，退赔上海数×××股权投资基金管理有限公司人民币二百万元。

四、扣押、冻结之钱款，并入本判决第三项的执行。

如不服本判决，可在接到判决书的第二日起十日内，通过本院或者直接向北京市高级人民法院提出上诉。书面上诉的，应当提交上诉状正本一份，副本一份。

审 判 长　杨立军
审 判 员　麻学军
审 判 员　王海广

二〇二一年九月二十四日

法官助理　童思琪
书 记 员　马当先

翟长玺

北京市第四中级人民法院

北京市第四中级人民法院刑事审判庭三级高级法官，中国政法大学刑法学硕士。先后两次荣立个人三等功。撰写的论文曾获北京法院第十六届学术讨论会三等奖、第十八届学术讨论会二等奖，撰写的两篇案例入选《中国审判案例要览》，裁判文书获北京法院第二届“优秀裁判文书百佳奖”三等奖等。

北京市第四中级人民法院
刑事判决书

（2021）京 04 刑初 5 号

公诉机关：北京市人民检察院第四分院。

被告人：洪文革，男，56 岁（1965 年 9 月 24 日出生），出生地河北省保定市容城县，初中文化，经商，住北京市大兴区（户籍所在地河北省保定市）。因涉嫌犯走私普通货物罪，于 2020 年 1 月 7 日被羁押，同年 2 月 13 日被逮捕。现羁押于北京市第一看守所。

辩护人：李伟，北京大成律师事务所律师。

被告人：王绅其（绰号“四哥”），男，56 岁（1965 年 5 月 26 日出生），出生地广西壮族自治区钦州市，小学文化，经商，住广西壮族自治区北海市（户籍所在地广西壮族自治区北海市）。因涉嫌犯走私普通货物罪，于 2020 年 1 月 7 日被羁押，同年 2 月 13 日被逮捕。现羁押于北京市第一看守所。

辩护人：白望金，北京谦冲律师事务所律师。

辩护人：任万田，北京市博人律师事务所洛阳分所律师。

被告人：洪健，男，33 岁（1988 年 2 月 7 日出生），出生地河北省保定市容城县，大专文化（自述），经商，住北京市丰台区（户籍所在地河北省保定市）。因涉嫌犯走私普通货物罪，于 2020 年 1 月 7 日被羁押，同年 2 月 13 日被逮捕。现羁押于北京市第一看守所。

辩护人：季昊，北京大成律师事务所律师。

被告人：张亮，男，41 岁（1980 年 11 月 8 日出生），出生地河北省保定市满城县，中专文化，经商，住北京市房山区（户籍所在地北京市房山区）。因涉嫌犯走私普通货物罪，于 2020 年 1 月 7 日被羁押，同年 2 月 13 日被逮捕。现羁押于北京市第一看守所。

辩护人：侯海东，北京大成律师事务所律师。

被告人：吴小兵（绰号“四嫂”），女，51 岁（1969 年 12 月 7 日出生），出生地广西壮族自治区防城港市，小学文化，经商，住广西壮族自治区（户籍所在地广西壮族自治区东兴市）。因涉嫌犯走私普通货物罪，于 2020 年 1 月 7

日被羁押，同年2月13日被逮捕。现羁押于北京市第一看守所。

辩护人：王义甫，北京熙瑞律师事务所律师。

被告人：张璐，女，32岁（1989年2月3日出生），出生地辽宁省大连市，大学文化（自述），经商，住北京市丰台区（户籍所在地辽宁省大连市）。因涉嫌犯走私普通货物罪，于2020年1月7日被羁押，同年2月5日被北京海关缉私局取保候审，同年9月10日被北京市人民检察院第四分院取保候审，于2021年3月5日被本院取保候审。

辩护人：王月池，北京大成律师事务所律师。

被告人：田会良，男，52岁（1969年8月1日出生），出生地河北省保定市容城县，初中文化，经商，住北京市丰台区（户籍所在地河北省保定市）。因涉嫌犯走私普通货物罪，于2020年1月7日被羁押，同年2月5日被北京海关缉私局取保候审，于2021年1月22日被北京市人民检察院第四分院取保候审，同年3月5日被本院取保候审。

辩护人：王峰，北京大成律师事务所律师。

被告人：谢志青，男，51岁（1970年1月9日出生），出生地河北省保定市容城县，初中文化，经商，住北京市丰台区（户籍所在地河北省保定市）。因涉嫌犯走私普通货物罪，于2020年1月7日被羁押，同年2月13日被北京海关缉私局取保候审，同年9月10日被北京市人民检察院第四分院取保候审，于2021年3月5日被本院取保候审。

辩护人：董一闻，北京大成律师事务所律师。

被告人：洪达，男，30岁（1991年8月3日出生），出生地河北省保定市容城县，硕士研究生文化，经商，住北京市大兴区（户籍所在地北京市丰台区）。因涉嫌犯走私普通货物罪，于2020年1月7日被羁押，同年2月13日被北京海关缉私局取保候审，同年9月10日被北京市人民检察院第四分院取保候审，于2021年3月5日被本院取保候审。

辩护人：蒋运宁，北京大成律师事务所律师。

被告人：薛卫欣，男，46岁（1975年11月27日出生），出生地山东省临沂市河东区，初中文化，经商，住山东省临沂市（户籍所在地山东省临沂市）。因涉嫌犯走私普通货物罪，于2020年8月17日被北京海关缉私局取保候审，同年9月10日被北京市人民检察院第四分院取保候审，于2021年3月8日被本院取保候审。

指定辩护人：党红亮，北京市东卫律师事务所律师。

被告人：田野，男，28岁（1993年10月6日出生），出生地河北省保定市容城县，小学文化，住北京市丰台区（户籍所在地河北保定市）。因涉嫌犯走私普通货物罪，于2020年1月15日被北京海关缉私局取保候审，同年9月10日被北京市人民检察院第四分院取保候审，于2021年3月5日被本院取保候审。

辩护人：秘瑗，北京大成律师事务所律师。

被告人：柯辉煌，男，42岁（1979年10月18日出生），出生地福建省泉州市晋江市，初中文化，经商，住广东省深圳市（户籍所在地福建省泉州市）。因涉嫌犯走私普通货物罪，于2020年1月8日被北京海关缉私局取保候审，同年9月10日被北京市人民检察院第四分院取保候审，于2021年3月5日被本院取保候审。

辩护人：吴青江，北京旭坤律师事务所律师。

北京市人民检察院第四分院以京四分检公诉刑诉〔2021〕Z2号起诉书指控被告人洪文革、王绅其、洪健、张亮、吴小兵、张璐、田会良、田野、谢志青、洪达、薛卫欣、柯辉煌犯走私普通货物罪，于2021年3月2日向本院提起公诉。本院依法组成合议庭，于同年4月21日召开庭前会议，并于同年5月12日、5月13日、5月31日公开开庭审理了本案。北京市人民检察院第四分院指派检察员李荣冰、检察官助理黄玲林出庭支持公诉。被告人洪文革及其辩护人李伟，被告人王绅其及其辩护人白望金、任万田，被告人洪健及其辩护人季昊，被告人张亮及其辩护人侯海东，被告人吴小兵及其辩护人王义甫，被告人张璐及其辩护人王月池，被告人田会良及其辩护人王峰，被告人田野及其辩护人秘瑗，被告人谢志青及其辩护人董一闻，被告人洪达及其辩护人蒋运宁，被告人薛卫欣及其指定辩护人党红亮，被告人柯辉煌及其辩护人吴青江均到庭参加诉讼。在诉讼过程中，田野、薛卫欣、柯辉煌自愿认罪认罚，并确认签署了认罪认罚具结书。张亮、张璐、田会良、谢志青、洪达向本院提交自愿认罪认罚申请，并签署认罪认罚案件权利义务告知书。本案现已审理终结。

北京市人民检察院第四分院起诉书指控：

2015年12月至2019年10月，被告洪文革等人在进口冻白虾等水产品过程中，通过王绅其等人，以化整为零、更换包装等方式，将应当以一般贸易方式进口的水产品498柜通过边民互市贸易的渠道进口，逃避海关监管。经计核，共偷逃应缴税额人民币59675524.68元（以下币种同）。

在整个走私过程中，洪文革主要负责整体组织指挥，洪健主要负责采购进口，张亮主要负责销售、财务，张璐主要负责协助洪健采购进口，田会良主要负责档口管理、销售，田野主要负责财务，谢志青主要负责销售，洪达主要参与销售、联系付汇；王绅其主要负责组织边民过货，吴小兵协助王绅其并主要负责财务，薛卫欣主要负责安排境内运输，柯辉煌帮助向国外账户支付走私货款。其中，洪文革、洪健、张亮、张璐、田会良自始参与走私，对全部数额负责；田野参与走私392柜，偷逃应缴税额44375939.55元；谢志青参与走私371柜，偷逃应缴税额41892248.44元；洪达参与走私301柜，偷逃应缴税额34196882.88元。王绅其、吴小兵参与走私293柜，偷逃应缴税额35577250.15元；薛卫欣参与走私161柜，偷逃应缴税额19672144.59元；柯辉煌参与走私8柜，偷逃应缴税额1194914.66元。

被告人洪文革、王绅其、洪健、张亮、吴小兵、张璐、田会良、谢志青、洪达、柯辉煌于2020年1月7日被抓获归案，田野于2020年1月14日经电话通知到案，薛卫欣于2020年8月16日经电话通知到案。到案后，洪健、田野、薛卫欣、柯辉煌自愿如实供述主要犯罪事实。

针对指控的事实，公诉机关向本院提交了被告人供述与辩解、书证、证人证言、鉴定意见等证据材料，认为被告人洪文革、王绅其、洪健、张亮、吴小兵、张璐、田会良、田野、谢志青、洪达、薛卫欣在进口货物过程中违反国家法律、法规，逃避海关监管，以伪报贸易性质的方式，偷逃应缴税额特别巨大，柯辉煌偷逃应缴税额巨大，其行为触犯了《中华人民共和国刑法》第二十五条，第一百五十三条第一款第（二）、（三）项，第三款，第一百五十六条之规定，应当以走私普通货物罪追究十二名被告人的刑事责任。被告人田野、薛卫欣自动投案，如实供述自己的罪行，根据《中华人民共和国刑法》第六十七条的规定，系自首。洪文革、王绅其、洪健、张亮在共同犯罪中起主要作用，根据《中华人民共和国刑法》第二十六条的规定，系主犯。吴小兵、张璐、田会良、田野、谢志青、洪达、薛卫欣、柯辉煌在共同犯罪中起次要或者辅助作用，系从犯。建议判处田野、柯辉煌有期徒刑二年，适用缓刑，并处罚金；建议判处薛卫欣有期徒刑三年，适用缓刑，并处罚金。

被告人洪文革向本院提交自愿认罪认罚申请，请求法庭能够对其从轻处罚。但其在法庭审理中辩解称，其不知道通过边民互市贸易方式进口货物是违法的，2019年政策有变之后才知道“边贸虾”有问题，起诉书指控其走私498柜水产品与事实严重不符，境外循环方式占总数的90%，洪健、张璐及洪达没有参与过“边贸虾”生意；举报李某、田某、何某等人涉嫌走私犯罪。洪文革的辩护人提出的主要辩护意见是：（1）本案应认定为单位犯罪。起诉书指控的走私犯罪以单位名义实施。整个走私行为的违法所得最终是归单位所有。北京连大悦海商贸有限公司（以下简称连大悦海公司）依法成立，有正当的经营活动，不属于为实施犯罪成立的单位或成立后主要以犯罪行为为主要活动的单位。（2）起诉书的部分指控内容事实不清，证据不足，无法证明洪文革等人通过边民互市贸易方式走私水产品498柜，并偷逃应缴税额

59675524.68 元。作为起诉书指控最主要的证据不仅前后矛盾，而且证据形成过程也违反相关法律规定。公诉机关指控的 498 柜货中，未形成完整证据链条的有 420 柜，因此应认定连大悦海公司走私柜数为 81 柜，偷逃应缴税额 1109 万元。

被告人王绅其在法庭审理中辩解称，其公司收购边民手中的越南产的南美白虾后再卖给洪文革，公诉机关提供的证据不能证明其参与走私 293 柜水产品。王绅其的辩护人白望金提出的主要辩护意见是：王绅其的犯罪行为属于单位犯罪；王绅其自愿认罪，系初犯，其文化程度低，法律意识淡薄，主观恶性不深，系从犯，本案的鉴定证书不能客观反映案件事实等，建议法庭对王绅其从轻或减轻处罚，并判处缓刑。

被告人洪健在法庭审理中表示认罪，但辩解称案发前其认识到“边贸虾”生意是不正常的，被抓后才知道“边贸虾”是违法的，其不是主犯，不认可起诉书指控的偷逃应缴税额。洪健的辩护人提出的主要辩护意见是：本案起诉书指控的犯罪主体错误，走私行为系单位进行，本案属单位犯罪。起诉书认定的走私货物的数量和偷逃税款的金额错误。本案的案值扩大与海关缉私部门执法不当有关，洪健主观恶性不深，系从犯，其听从父亲的指示，有被动参与的成分等，故应对洪健减轻处罚。公诉机关不应自行调整偷逃应缴税额，本案送核部门没有制作送核表，很多货柜没有合同、发票、提单及说明书等，本案的重新计核违反计核程序，核税表多项重复，因没有送核表及证据缺失严重，导致具体的计核结果出现多处错误等。

被告人张亮在法庭审理中辩解称，其前期没有意识到从事“边贸虾”是不正常的，后期知道有人被抓了，才意识到不正常；其不是财务、销售负责人，在走私过程中也不是组织者、决策者和最终的受益者，其起次要、辅助作用，系从犯，不认可起诉书认定其为主犯和偷逃应缴税额。张亮的辩护人提出的主要辩护意见是：涉案的电子邮件证据不具有合法性，真实性存疑，不具有证据能力，不能作为本案的定案依据，其他有关被告人的手机、电脑、存储卡的鉴定意见、鉴定方法和鉴定标准都存在严重问题，因此，公诉机关指控的本案涉嫌走私 498 柜水产品、偷逃应缴税额 59675524.68 元的事实不清、证据不足，依法也不能认定张亮对上述全部走私数额承担责任。张亮在共同犯罪中起次要作用，应该认定为从犯，犯罪主观恶性较小，到案后如实供述自己的犯罪事实，并如实供述了同案犯的事实，具有坦白情节，且当庭自愿认罪，案发前没有前科劣迹，一贯表现良好，属于初犯，向法庭预缴了部分罚金。建议合议庭依法认定张亮为从犯，并酌情给予三年以下的量刑，同时适用缓刑。

被告人吴小兵在法庭审理中辩解称，其认可起诉书指控的罪名，但其不是主要记账的，只是偶尔帮王绅其的忙。吴小兵的辩护人提出的主要辩护意见是：吴小兵此前没有违法犯罪记录，到案后能够如实稳定供述，当庭自愿认罪认罚；其并没有参与到他人实行行为的关键性环节，仅是根据王绅其的安排实施的协助或者帮助行为，只属于辅助性、事务性的一般行为，对于他人走私行为的完成，影响力极低，其情节明显轻微，其所实施的协助或者帮助行为，主要是因其与王绅其之间存在夫妻关系而被动发生的，从期待可能性的角度去考量，其主观恶性明显轻微。恳请法庭对吴小兵作定罪免刑处理或者对其减轻处罚，并适用缓刑。

被告人张璐在法庭审理中辩解称，其前期没有意识到从事“边贸虾”是不正常的，后期才知道是不正常的，不认可起诉书指控的偷逃应缴税额。张璐的辩护人提出的主要辩护意见是：起诉书认定张璐自始参与走私，对全部数额负责，事实不清、证据不足。张璐主观犯意较轻，系从犯，认罪态度好，主动预缴罚金5万元，且积极提供立功线索，个人和家庭有实际困难等，恳请法庭对其从轻处罚，适用缓刑。

被告人田会良在法庭审理中辩解称，其当时确实不知道走私“边贸虾”是违法的，到检察院和法院阶段其才知道自己是犯罪，其没有得到分红。后其向本院提交书面的认罪悔过书称，在整个走私过程中，其主要负责档口管理和销售，其案发前和案发后自始参与走私，自始知道是违法犯罪行为等。田会良的辩护人提出的主要辩护意见是：通过边民互市贸易的渠道进口本应以一般贸易方式进口的水产品，是否构成犯罪值得商榷。在主观上，田会良没有犯罪的故意，不应对全部数额负责，只应对其实际销售的“边贸虾”数额负责。北京海关关税处出具的京关核税2021－007号《涉嫌走私的货物、物品偷逃税款海关核定证明书》（以下简称7号《核定证明书》）不应作为定案依据，真实性、准确性、合法性严重存疑，没有送核表，重新计核没有另行指派计核人员，将全部货物认定为从厄瓜多尔进口，适用5%的税率是错误的，增值税税率应为9%。本案应适用2019年10月的税则、税率、汇率，税款计算方法有误等。田会良到案之后如实供述自己的行为，系初犯、偶犯，预缴罚金3万元。恳请合议庭判处田会良3年以下有期徒刑，并适用缓刑，不判处罚金或就低判处罚金。

被告人田野在法庭审理中辩解称，涉案的一些费用是为连大悦海公司交的，应认定为单位犯罪，本案在货物进口的问题上还是有一些纰漏的。田野的辩护人提出的主要辩护意见是：起诉书指控田野涉嫌走私普通货物罪部分事实错误、证据不足。其主观恶性较小，作用极其轻微，没有牟取不法利益，有自首情节，系从犯，自愿签署认罪认罚具结书，认罪悔罪，自愿缴纳罚金3万元，没有再犯罪的危险，对其适用缓刑不会发生不良的社会影响，故恳请合议庭对田野判处缓刑。

被告人谢志青在法庭审理中辩解称，2019年出事后，其才意识到这个行为不正常，对指控其参与的偷逃应缴税额有意见。后其向本院提交书面的认罪悔过书称，其在案发前后对自己的错误都有认识。谢志青的辩护人提出的主要辩护意见是：谢志青涉案金额较指控金额存在差异，只有79柜货证据完整，其余货柜所依据的证据不充分，并不能证明这些货柜走私过境，在国内销售。谢志青认罪认罚，积极缴纳罚金，能够如实供述自己的罪行，积极配合办案机关的调查，且系从犯，一贯表现良好，没有前科劣迹，故请法院对谢志青从轻处罚。

被告人洪达在法庭审理中辩解称，其后期意识到“边贸货”有问题，提出过反对。洪达的辩护人提出的主要辩护意见是：起诉书指控洪达参与走私301柜，偷逃应缴税额34196882.88元依法不能成立，不认可认定洪达参与的时间起点为2018年7月27日，应以洪达实际参与的具体行为来认定其参与的柜数，不应以一个时间点为起点笼统地认定此时间点之后的所有柜数均属洪达参与的。请合议庭依法认定洪达主观恶性相对较轻，客观行为显著轻微。即便指控成立，考虑洪达为从犯，有坦白情节，属于初犯、偶犯，认罪悔罪，已预缴部分罚金，其没有人身危险性、主观恶性不严重等，恳请合议庭能够最大限度地对洪达从轻、减轻处罚，并对其适用缓刑。

被告人薛卫欣在法庭审理中未作辩解。薛卫欣的指定辩护人提出的主要辩护意见是：薛卫欣在共同犯罪中起次要或者辅助作用，是从犯，具有自首情节，获利数额有限，且在公诉机关签署认罪认罚具结书，认罪态度好，属于初犯、偶犯，主观恶性较轻、人身危险性较小，故请法院依法对薛卫欣从轻或减轻处罚。

被告人柯辉煌在法庭审理中未作辩解。柯辉煌的辩护人提出的主要辩护意见是：柯辉煌到案后对参与的全部犯罪事实进行了如实的供述，当庭悔罪，有坦白情节，属于首次犯罪，自愿认罪认罚，系从犯等，恳请对其适用缓刑。请法院对公诉机关指控柯辉煌涉嫌参与走私8柜、造成税收损失119万余元的数额予以核定，从公诉机关举证的证据中无法一一核实出119万元。

被告人洪文革、王绅其、洪健、张亮、吴小兵、张璐、田会良、田野、谢志青、洪达、薛卫欣、柯辉煌均未向法庭提供证据。为证明各自辩护意见成立，洪文革的辩护人向法庭宣读、出示了北京市社会保险个人权益记录（单位职工缴费信息）及案款收据；洪健的辩护人向法庭宣读、出示了提单、周×的卖货记录、连大悦海公司与北京市北水嘉伦水产品市场有限责任公司（以下简称北水嘉伦公司）签订的合同、北水嘉伦公司出具的证明及案款收据；张亮、张璐、田会良、田野、谢志青、洪达的各自辩护人向本院提交了案款收据，拟证明上述六被告人主动预缴部分款项的事实。洪文革、张璐向法庭提交了检举他人涉嫌犯走私普通货物罪的材料。田会良的辩护人申请调取侦查机关于2020年1月7日在田会良住处扣押的笔记本电脑，称该笔记本电脑上所安装的“管家婆”软件存有田会良的交易明细，可以证明田会良走私犯罪数额。

经审理查明：

北京新发地佳和水产品销售中心（以下简称佳和水产中心）系个体，经营者为被告人洪文革，成立日期为2006年10月10日，经营范围为销售水产品等。连大悦海公司成立日期为2014年1月9日，公司类型为一人有限责任公司，法定代表人为被告人洪健（经理、执行董事），监事为被告人田会良，经营项目为销售水产品等。

2015年12月至2019年10月，洪文革、洪健等人在进口冻白虾等水产品过程中，通过王绅其等人，以化整为零、更换包装等方式，将应当以一般贸易方式进口的水产品498柜通过边民互市贸易的渠道进口，逃避海关监管。经计核，共偷逃应缴税额59675524.68元。在整个走私过程中，洪文革主要负责整体组织指挥，洪健主要负责采购进口，张亮主要负责销售、财务，张璐主要负责协助洪健采购进口，田会良主要负责档口管理、销售，田野主要负责财务，谢志青主要负责销售，洪达主要参与销售、联系付汇，王绅其主要负责组织边民过货，吴小兵协助王绅其并主要负责财务，薛卫欣主要负责安排境内运输，柯辉煌帮助向国外账户支付走私货款。其中，洪文革、洪健、张亮、张璐、田会良自始参与走私，对全部偷逃应缴税额负责；田野参与走私392柜，偷逃应缴税额44375939.55元；谢志青参与走私371柜，偷逃应缴税额41892248.44元；洪达参与走私301柜，偷逃应缴税额34196882.88元。王绅其、吴小兵参与走私293柜，偷逃应缴税额35577250.15元；薛卫欣参与走私161柜，偷逃应缴税额19672144.59元；柯辉煌参与走私8柜，偷逃应缴税额1194914.66元。

洪文革、王绅其、洪健、张亮、吴小兵、张璐、田会良、谢志青、洪达、柯辉煌于2020年1月7日被抓获归案，田野于2020年1月14日经电话通知到案，薛卫欣于2020年8月16日经电话通知到案。到案后，洪健、田野、薛卫欣、柯辉煌自愿如实供述主要犯罪事实。案发后，侦查机关查封洪文革、洪健名下房产各1套、洪达名下房产4套，冻结洪文革等人名下并由洪文革等人实际使用和控制的银行账户26个，并从洪文革等人的住处或办公场所扣押手机、电脑和账册等物品。

本院审理过程中，洪文革缴纳款项 1000000 元，洪健缴纳款项 200000 元，张亮缴纳款项 60000 元，张璐缴纳款项 50000 元，田会良、田野、谢志青、洪达各缴纳款项 30000 元。

上述事实，有经庭审举证、质证的下列证据证明：

1. 证人周某的证言证明：一开始他从市场上串一些货来卖，从一个叫孙某的人手中买过一段时间货之后，他逐渐打听到这些货是从北京洪文革等老板处购买的，后他就去了北京到了洪文革的摊位上，他跟张亮谈的，一开始张亮也不同意卖货给他，后他软磨硬泡，保证不乱价扰乱市场，这才逐渐开始卖货给他。他与张亮平时用电话和微信联系，张亮微信昵称叫作“人生进行曲”。有时候张亮会报价给他，他也会不定期问张亮，如果价格合适，他就会要货，货收到后他先卖一两天，如果没什么问题就按张亮提供的账户付款过去。大部分付款都是付给曹某，也付给过田会良，还有一个叫文某的，他用的是自己名字的账户。他买的都是进口的冻虾，这些货来的时候，有时带着一个粉色的“边民互市贸易带进物品放行单”，他从孙某那里串的货也有这种单子。拉货的大车司机都不说这些货是从哪里拉到他这里的。边民互市贸易放行单上应该都是东兴的。一直到了 2017 年 3 月左右，他就几乎不再从洪文革那里拿货了。2018 年年初维尔康市场开始有要求，没有正关手续的货不让入库，所以他跟张亮说要货时都要求提供手续，张亮保证说让他放心卖，货都有手续，但是后来张亮发给他的货随车都没有带着手续，他也管张亮要过，但张亮都是磨磨唧唧的不给，也偶尔会从微信发给他几次报关单。他给张亮等汇款的账户是张某等人的，只要是这三个名字账户给张亮等账户汇款的，都是他买货的货款。他带来的账本上写着张亮等收款的账户名称和金额，除了上次说的，还有一个叫高春霞的账户。

2. 证人周某 1（周某之女）的证言证明：因为周某的眼睛不好，所以让她帮忙记账，她就按照周某跟她说的记下来。相关账本复印件里绝大多数是她记的，有时候周某也会自己记一点，“孙”是济南的孙某，“北京张”“张”只知道是北京的。

3. 证人孙某的证言证明：他从 2015 年开始采购进口的虾，基本上都是南美冻虾。2015 年 8 月，他去北京新发地市场找货源时，知道了洪文革卖南美进口冻虾，就从洪文革那买了几百箱虾，大概十几万元的货，他和洪文革是通过电话联系的，买完以后洪文革来济南找他谈生意，后他一直从洪文革那里买虾，基本上都是跟业务员张亮联系，买的全都是南美进口冻虾，从开始到现在大概从洪文革那里买了四五百万元的冻虾。洪文革卖给他的冻虾都是从厄瓜多尔进口来的。2019 年之前，绝大多数的货送到他这里时都是带着一个粉红色的单子，好像是叫“东兴市边民互市贸易带进物品放行单”（以下简称东兴放行单），应该是从东兴走的边贸，过关后直接拉到他这里的。2017年年底，济南维尔康水产市场一个做“边贸虾”的大户出事了，海鲜市场、肉联厂都开始严查“边贸虾”，没有正规报关单、检验检疫手续的进口虾不让卖了，肉联厂也不让入库了，所以2018年之后他就不怎么从洪文革那买货了。边贸进口的虾没有正常报关的手续，只有边民互市贸易带进物品放行单，应该是一车一个单子。货收到后，这些单子随手就扔掉了。每次他都是让老婆曹某用其中国建设银行的账户或者其外甥女的中国农业银行账户，付款给洪文革提供的田野、文某和田会良的银行账户。张亮现在跟他联系的微信名叫“人生进行曲”，他几乎都是跟张亮联系买货的事情，洪健今年跟他联系过卖正关货的事情。洪文革、张亮等是货主，理应知道货是通过边民互市贸易进口的。丁某等出事之后，他就跟洪文革等说过其不要边民互市贸易的货了，因为要来也卖不动，而且还担风险。

4. 证人许某1（另案处理）的证言证明：2016年夏天，他结识了洪文革。通过洪文革认识洪健后不久，洪健联系他问有没有美元可以向外支付，当时他离岸账户上还有美元，就答应洪健可以帮忙。他帮洪健向外支付美元不收取费用，每次找他换美元的都是洪健。2017年洪健找他换美元比较多，到2018年就很少了，之后几乎没有了。2017年和2018年都是换了300万美元左右。他先后用过两个离岸账户，最早是交通银行的，后来不能用了，又办了一个浦发银行的。这两个离岸账户都是以其妻子在英国注册成立的公司的名义办理的，账户操作都是他。每次都是洪健给他打电话说需要换多少美元，他查一下离岸账户，如果有的话他就说可以换，洪健把付款的账号和折算的人民币给他，他安排公司的财务用网银操作汇款，偶尔洪健安排张亮跟他联系换美元。换汇金额主要都是电话里说的，账户信息通过微信发给他的。换的美元主要付到洪健提供的香港的账户，偶尔汇到厄瓜多尔账户。厄瓜多尔账户应该是冻品外商的。洪健用其他人的账户将钱打到他的个人银行卡上，每次打钱的人都不一样。他的收款账户是中国建设银行的（卡号后四位7888）和中国农业银行的（卡号后四位8817）。2016年至2019年，他帮洪健付出有2000万美元左右，总共收了大概有1.4亿元人民币。

5. 证人林某的证言证明：洪健是他的大学同学。大概是2016年时，洪健通过聊天软件WhatsApp联系上他，他告诉洪健自己在做丝网的出口生意，其有离岸银行账户，外商会把货款汇到他的离岸银行账户上。洪健问他是否可以用他的离岸银行账户上的美元来支付外商的海鲜货款。他的外商客户把货款打到其离岸账户后，他会告诉洪健到账美元的具体数额，问需不需要这些美元，如果洪健需要的话，他会根据当日美元换人民币的汇率牌价，提高3%的汇率向洪健报价，如果洪健认可这个汇率了，就会把相应数额的人民币汇到他或他朋友名下中国民生银行账户。转账成功，洪健会把转账截图发给他，收到人民币转账之后，洪健有时会通知他美元暂时不用，存在他的离岸账户里，有时会通过微信告诉他需要汇美元的离岸账户，他向洪健提供的账户付美元成功后，会通过微信把交易截图发给洪健。他一般都是和洪健通过微信联系，偶尔几次洪达也和他通过微信联系过，除了他俩之外没有其他人了。

6. 证人文某（洪文革之妻）的证言证明：她与洪文革大约从2000年开始贩卖鱿鱼，从山东采购鱿鱼，后运输到北京进行贩卖。开始时他们就在北京新发地市场露天卖，后他们在那儿租了经营者乐园2号库，从山东采购的鱿鱼拉到这个库里，通过批发、零售的方式进行贩卖，营业执照是佳和水产中心。

7. 证人韩某（张亮之妻）的证言证明：大约2006年时，张亮在洪文革所在的公司当会计，2008年以后，张亮一直在洪文革所在的公司管理账务，负责销售海产品。大约两年前，她和张亮去北京市房山区窦店镇中国农业银行（窦店支行）办理了一张银行卡，该银行卡一直是张亮在使用。张亮每月工资6000元，打到这张卡上。除了工资，每年年底会给张亮一定的分红，最早都是一两万元，上一次分了至少十万元吧。张亮两三个月就会出差一次，去辽宁、湛江、山东、广西。张亮出差去过一两次越南。

8. 证人宗某的证言证明：从2001年至2011年，她一直是原英国ABC公司北京代表处的负责人。公司销售部负责人李某先认识的洪文革，把公司从国外采购的货销售给洪文革。他们跟洪文革是从2014年开始合作的，洪文革从他们这订购的南美白虾。她和洪文革一般都是通过邮件联系，洪文革的邮箱是×@126. com。洪文革需要货，销售找采购要价格之后报给洪文革，洪文革会跟销售订货，采购部制作一个形式发票，形式发票上有商品规格、价格、数量等具体信息，还有她的电子签名，采购把形式发票给销售后，销售再发给洪文革签字确认，洪文革签字后把形式发票回传给他们之后，就算是合同订立了。洪文革按照该合同内容付美金预付款，他们把预付款发给外商，外商开始生产并按照洪文革指定的港口发货，货到港之前，洪文革支付剩下尾款。外商收到尾款后，工厂直接发电放信息给他们，他们再通过邮件转发给洪文革，洪文革拿到电放提货后，整个交易就完成了。洪文革都是让外商把货发到越南海防港，从来没有发到国内的。

9. 证人李某的证言与证人宗某的证言一致。其证言还证明：北京的张某、梁某、洪文革采用边民互市贸易的方式委托其公司从南美外商订购海鲜后发到越南海防港。外商通过电子邮件将货物的电放信息发给他们公司，他再把电放信息通过邮件发给洪文革指定的清关人员，由清关人员在越南海防港提货。洪文革指定的清关人员是“小谢”。洪文革让他把单据都转给“小谢”，“小谢”是洪文革在越南的清关过货人员。“小谢”应该是采用边民互市的方式过货的。产品的价格、规格可能根据市场行情有变化，但是目的地港在洪文革委托其公司订货时就已经明确了，全部都要发到越南海防港。他们都是通过邮箱联系，洪文革的邮箱名称是×@126. com、×@126. com。洪健2014年来英国ABC特选食品公司北京办事处入职，负责国内市场销售，给客户报价，是在他和洪文革认识之后入职的。洪健入职时洪文革让他带带洪健。洪健在其公司做了七个月销售，主要就是联系国内的客户。洪健离职后，洪文革再也没有从其公司订过货。张璐大概是2013年冬天来的公司，做的出口方面的业务，张璐西班牙语很好，负责和国外的客户联系，洪健离职以后，张璐没多久也离职了。洪文革一直都是以个人名义跟其公司签订的合同。洪文革找他从国外订购的全部都是厄瓜多尔产的南美白虾。

10. 证人魏某的证言证明：当时她负责英国ABC公司进口跟单的处理资料工作。2014年左右，佳和水产中心主要是向其公司购买厄瓜多尔白虾，到货港大部分是越南海防港。其公司没有权利决定客户把货发到哪里。她和佳和水产中心都是通过邮件联系，对方的邮箱是×@126. com。邮件中的“张先生”曾经给她发过一个邮件说公司联系的邮箱更换了，对方在邮件里面自称叫张亮。

11. 扣押决定书、扣押清单及扣押笔录证明：2020年1月7日，在见证人严某的见证下，北京海关缉私局侦查员对在广东省湛江市赤坎区观海北路10号君临海岸3号楼507室发现的iPhone手机、OPPO手机各1部（洪文革持有）进行扣押。

12. 搜查证、搜查笔录、扣押决定书、扣押清单、扣押物品、文件清单、扣押清单复印件及扣押材料证明：2020年1月7日，在见证人蒙某的见证下，北京海关缉私局侦查员对广西北海市×（王绅其、吴小兵住所）进行搜查，对王绅其所持有的三星牌手机2部，吴小兵所持有的手机1部、绿色笔记本1本、晨光笔记本1本、中国农业银行客户回执5张、中国农业银行业务凭证1张、边民互市进口食品国内收货人（进口商）备案申请表1份及银行卡10张进行扣押。

13. 搜查证、搜查笔录、扣押决定书、扣押笔录、扣押清单、扣押清单复印件、扣押材料及北京海关缉私局侦查二处出具的《工作说明》证明：2020年1月7日，在见证人秦某的见证下，北京海关缉私局侦查员对北京市丰台区×进行搜查，起获并扣押洪健所持有的手机4部（洪健2部、张璐和文会彩各

1 部）、笔记本电脑 2 台、相机 SD 卡 1 张、硬盘 1 个、银行卡 11 张、连大悦海公司印章（长方形）1 枚、印章（圆形）1 枚、草稿纸 3 页及文件 21 页。同日，在见证人王某的见证下，北京海关缉私局侦查员对洪健一品虾皇公司办公地（北京市大兴区 ×）进行搜查，起获并扣押了手写账页 20 页、社保材料 7 页、银行结算账户申请书 3 页、山东省青岛市中级人民法院刑事判决书 39 页、名片 30 张、华为手机 1 部、Lenovo 电脑 1 台、收入安排材料 1 页、手写记账纸 2 张及银行卡 11 张。

14. 搜查证、搜查笔录、扣押决定书、扣押清单及扣押笔录证明：2020 年 1 月 7 日，在见证人杜某的见证下，北京海关缉私局侦查员对北京市房山区 ×（张亮的住所）进行搜查，起获并扣押张亮持有的手机 4 部及笔记本电脑 1 台。

15. 搜查证、搜查笔录、扣押决定书、扣押清单、扣押清单复印件及扣押材料证明：2020 年 1 月 7 日，在见证人刘某的见证下，北京海关缉私局侦查员对北京市丰台区 ×（以下简称经营者乐园 × 室）进行搜查，起获并扣押田会良所持有的边贸互市贸易材料 146 页、进出库管理台账 1 本、品质证书 1 页、检验检疫证书 1 页、笔记本电脑 1 台、现金日记账 1 册、银行存款账 3 册及手机 1 部。

16. 搜查证、搜查笔录、扣押决定书、扣押笔录及扣押物品、文件清单证明：2020 年 1 月 7 日，在见证人刘某的见证下，北京海关缉私局侦查员对 × 进行搜查，起获并扣押田野所持有的笔记本电脑 4 台、电脑主机 1 台、网银盾 19 个、银行卡 4 张、电子支付密码器 1 个、账册 11 本、购销合同 2 页及网络硬盘录像机 1 台。

17. 扣押决定书、扣押笔录、扣押清单、扣押清单复印件及扣押材料证明：2020 年 1 月 7 日，在见证人严某的见证下，北京海关缉私局侦查员对谢志青所持有的手机 2 部、出库单 1 页、记账散页 9 页、记账本 2 本及 DELL 笔记本 1 台进行扣押。

18. 搜查证、搜查笔录、扣押决定书、扣押笔录、扣押清单、扣押清单复印件及扣押材料证明：2020 年 1 月 7 日，在见证人翟某的见证下，北京海关缉私局侦查员对北京市大兴区 × 进行搜查，起获并扣押洪达所持有的手机 2 部、银行存款账本 6 本、公司注册资料及手书材料 12 页、不动产权证书 6 本、中国农业银行 K 令 2 个、印章 1 枚、U 盘 1 个、银行卡 10 张及 iPad 1 部。

19. 扣押决定书及扣押清单证明：2020 年 7 月 24 日，在见证人高某的见证下，北京海关缉私局侦查员对薛卫欣所持有的手机 2 部、运输合同 91 页及笔记本 9 本进行扣押。

20. 搜查证、搜查笔录、扣押笔录、扣押清单及扣押决定书证明：2020 年

1月7日，在见证人庄某的见证下，北京海关缉私局侦查员对深圳市×（柯辉煌的住宅）进行搜查，起获并扣押柯辉煌所持有的手机1部、电脑硬盘2个、汇丰银行卡1张、U盾1个及笔记本电脑1台。

21. 搜查证、搜查笔录、扣押决定书及扣押清单证明：2020年1月7日，在见证人付某、许某的分别见证下，北京海关缉私局侦查员对山东省烟台市×分别进行搜查，起获并扣押许某1所持有的手机3部、电脑主机1台、财务单据1批、笔记本电脑2台及平板电脑2台。

22. 搜查证、搜查笔录、扣押决定书及扣押清单证明：2020年1月7日，在见证人孙某1的见证下，北京海关缉私局侦查员对山东省济南市×（孙×的住所）进行搜查，起获并扣押孙某2所持有的记录本3册、纸张5页、手机1部及联想牌台式一体机电脑内置硬盘1个。

23. 扣押决定书及扣押清单证明：2020年11月10日，在见证人付娟的见证下，北京海关缉私局侦查员对林某所持有的台式机电脑硬盘1个、笔记本电脑1台、手机2部、U盘2个、招商银行回单44页、招商银行账户明细1页及美元统计表4页进行扣押。

24. 7号《核定证明书》及核税表补充和补正材料证明："417"涉嫌走私普通货物案，涉嫌走私的货物、物品应缴税额共计60176890.44元，核定偷逃税款共计60176890.44元。

25. 发票号码为5650、5641等498柜货物发票提单及翻译件、广西出入境检验检疫局边民互市出入境货物申报单、南宁海关边民互市出入境货物申报单（以下简称南宁申报单）、中华人民共和国入境检验检疫入境货物检验检疫证明（以下简称入境货物检验检疫证明）、水口出入境检验检疫局入境放行凭条、龙州县边民互市贸易带进物品放行单（以下简称龙州放行单）、广西防城港市防城区商务局边民互市贸易带进物品放行单（以下简称防城港放行单）、东兴放行单、龙州水口口岸经济区管理委员会互市商品证明（以下简称龙州互市证明）、中国检验认证集团广西有限公司品质证书（以下简称品质证书）、检测报告及越南社会主义共和国向中华人民共和国出口水产品检验检疫证书等证据证明：洪文革等人向外商订货的情况。

26. 吴小兵账本原件及其复印件证明：吴小兵记录的王绅其、吴小兵帮助洪文革等人从边境走私货物的情况。

27. 田野账册原件及田野所记账本附件复印件证明：田野记录的洪文革等人边贸走私货物情况。

28. 周某卖货记录统计表、记账本复印件、调取证据通知书及调取证据清单证明：侦查机关从周某处调取其记录的从洪文革、张亮处购买"边贸虾"

的情况。

29. 薛卫欣账本原件及复印件证明：薛卫欣记录的帮助洪文革等人边贸走私的货物情况。

30. 谢志青记账本、洪达银行存款账本、田会良进出库管理台账、本现金日记账、田会良银行存款账及孙某记录本证明：本案其他相关账本情况。

31. 从涉案被告人邮箱中查获的邮件及邮件附件1（2017年货柜跟踪明细表）、邮件附件2（2018年货柜跟踪明细表）、邮件及2019年财务对账表邮件附件、邮件及2016年至2018年财务对账表邮件附件及翻译件、货物跟踪统计表翻译件、与外商之间的付款记录表2018年、付款记录表2019年及2019年货柜对账单等材料证明：洪文革等人与外商之间订货的情况。

32. 吴小兵与洪文革货柜对账表及洪文革与“小谢”的货物对账往来邮件证明：洪文革等人走私涉案货物的相关情况。

33. 从周某和周某1处调取的龙州放行单、防城港放行单、入境货物检验检疫证明、广西增值税普通发票、税收缴款书、品质证书、对外贸易经营者备案登记表、出入境检验检疫报检企业备案表、营业执照、货物运输协议等单据复印件、调取证据通知书及调取证据清单证明：周某从洪文革等人处购买“边贸虾”的情况。

34. 从薛卫欣处调取的东旭冷藏日晟运输合同若干证明：薛卫欣为洪文革等人运输“边贸虾”的情况。

35. 从经营者乐园×室扣押的防城港放行单、东兴放行单、边民互市贸易进口商品申报单、税收缴款书原件及复印件证明：从经营者乐园×室调取到边境互市相关单据的情况。

36. 从龙州水口口岸经济区管理委员会调取的龙州互市证明复印件、从东兴市商务局调取的东兴放行单、从防城港市防城区商务局调取的防城港放行单及里火互市进口车辆登记表、从水口海关调取的水口互市货物登记簿和南宁申报单等单据以及从广西防城港市防城区商务局和口岸管理局、东兴市商务和口岸管理局分别调取的防城港放行单、东兴放行单证明：侦查机关调取与本案走私水产品相关的证据的情况。

37. 涉案相关人员银行账户开户资料、业务凭证、银行流水、交易明细、个人活期明细、协助查询财产通知书及离岸账户交易明细等书证证明：洪文革等人收取货款、支付过货费及对外付汇等的相关情况。

38. 从张璐所使用的办公邮箱内调取的订货邮件、洪文革、柯辉煌付汇邮件及附件、“阿勇”（×@126.com、×@126.com、×.com）与洪健等人往来邮件及提单以及部分邮件的补充翻译材料证明：洪文革等人利用边贸走私水产品的情况。

39. 张亮和过货人员“四嫂”等人的电话记录等证据证明：侦查机关从2017年10月开始依法对洪文革等人长期进行边贸走私的情况进行侦查的情况。

40. 北京通达法正鉴定中心（以下简称通达鉴定中心）出具的京通法鉴〔2020〕电鉴字第94号《司法鉴定意见书》及京通法鉴〔2020〕电检字第94号补《2020－FZD94号司法鉴定意见书补充报告》证明：从J1（王绅其持有的SAMSUNG手机1部，内含sim卡1张）机身获取手机信息660条，其中通讯录163条等，从J2（王绅其持有的SAMSUNG手机1部，内含sim卡1张）机身获取手机信息3840条，其中通讯录27条等。从J2媒体文件中获取到名为“20190510_ 115727. jpg”的图片文件1个等。

41. 通达鉴定中心出具的京通法鉴〔2020〕电鉴字第38号《司法鉴定意见书》及京通法鉴〔2020〕电检字第38号补《2020－FZD38号司法鉴定意见书补充报告》证明：搜索关键词“22903151404”，从J2（洪达持有的HUAWEI手机1部，内含SIM卡2张）微信（官方版）账号“q641798×”中获取群聊天记录1064条；从J2的微信账号“q641798×”中获取与微信账号“夕阳无限好（夕阳无限好/wxid_ mza257×）（田野）”的聊天记录331条等。

42. 通达鉴定中心出具的京通法鉴〔2020〕电鉴字第95号《司法鉴定意见书》及京通法鉴〔2020〕电检字第95号补《2020－FZD95号司法鉴定意见书补充报告》证明：从J1（吴小兵持有的HUAWEI手机1部，内含sim卡1张）获取手机信息4198条，其中即时通讯（微信）47334条等。从J1的微信账号“吴小兵/wxid_ kiwuxezx×”中获取与微信账号“大笨象/xx_ wrq”的聊天记录1881条、删除聊天记录139条，与微信账号“诚信赢天下3/N002×”的聊天记录186条、删除聊天记录15条，与微信账号“阿勇 卡隆公司/wxid_ 9nfw6r9t×”的聊天记录53条、删除聊天记录2条等。

43. 通达鉴定中心出具的京通法鉴〔2020〕电鉴字第816号《司法鉴定意见书》证明：获取J1（薛卫欣持有的HUAWEI手机，内含sim卡1张）sim卡信息共270条，其中通讯录223条、短信息15条等，从J1机身获取手机信息5221条，其中通讯录1088条、已删除通讯录123条、通话记录2000条等，即时通讯（微信）1244530条等。从J2（薛卫欣持有的小米手机，内含sim卡1张）sim卡获取信息32条，从机身获取手机信息共9533条，其中通讯录1047条、通话记录7751条，即时通讯（微信）43236条等。

44. 通达鉴定中心出具的京通法鉴〔2020〕电鉴字第42号《司法鉴定意见书》证明：经搜索关键词“wxid_ 5yo4aiimoq6p12（周某）” “wxid_

7aiab8rillya22（宁静致远洪文革）”“wxid_ c2qi67cd5jne12（东旭日晟冷链薛卫欣）”“wxid_ 22903151404@ chatroom（川、小火箭、人生进行曲、永恒、618 老板办、洪达、海东青 c、田会良聊天群）”“wxid_ 12553226863@ chatroom（小火箭、javi fu 健、人生进行曲聊天群）”，分别从 J3（张亮的 HUAWEI 手机，内含 sim 卡 2 张）微信账号“人生进行曲/wxid_ pcukawp7e9oa22”中获取聊天记录 151 条、246 条、622 条、1550 条、1932 条等。

45. 通达鉴定中心出具的京通法鉴〔2020〕电鉴字第 93 号《司法鉴定意见书》证明：经搜索关键词“22903151404@ chatroom（川、小火箭、人生进行曲、永恒、宁静致远、洪达、田会良聊天群）”，从 J3（洪文革的 HUAWEI 手机 1 部，内含 sim 卡 1 张）微信账号“宁静致远/wxid_ 7aiab8ril×”中获取到聊天记录 121 条、删除聊天记录 2 条等。

46. 通达鉴定中心出具的京通法鉴〔2020〕电鉴字第 39 号《司法鉴定意见书》证明：从 J3（洪健持有的 iPhone 手机 1 部）机身获取手机信息 45 条等。从 J4（洪健持有的 HUAWEI 手机 1 部，内含 sim 卡 1 张）获取手机信息 3694 条，其中通讯录 11 条等。将 J4 微信分身版的数据信息迁移至取证手机中，通过取证设备获取到微信（官方版）70160 条等。

47. 通达鉴定中心出具的京通法鉴〔2020〕电鉴字第 98 号《司法鉴定意见书》证明：从 J1（许某 1 持有的 iPhone 手机 1 部，内含 sim 卡 1 张）获取手机信息 2803 条，其中通讯录 1785 条等。从 J2（许某 1 持有的 iPhone 手机 1 部，无 sim 卡）获取手机信息 714 条，其中通讯录 63 条、微信 783 条等。

48. 通达鉴定中心出具的京通法鉴〔2020〕电鉴字第 97 号《司法鉴定意见书》证明：从 J1（柯辉煌持有的 iPhone 手机 1 部，内含 sim 卡 1 张）获取手机信息 9642 条，其中通讯录 1152 条、短信息 2155 条等；即时通讯 293901 条，其中微信 290950 条等。

49. 通达鉴定中心出具的京通法鉴〔2020〕电鉴字第 107 号《司法鉴定意见书》证明：从 J1（周某持有的三星手机 1 部，内含 sim 卡 2 张）机身获取手机信息 8185 条，其中通讯录 2155 条、短信息 2031 条等；即时通讯（微信）225141 条等。

50. 通达鉴定中心出具的京通法鉴〔2020〕电鉴字第 99 号《司法鉴定意见书》证明：从 J1（孙某持有的三星手机 1 部）中获取手机信息 6676 条，其中通讯录 532 条、短信息 453 条等；即时通讯 214654 条，其中微信 201189 条等。

51. 通达鉴定中心出具的京通法鉴〔2020〕电鉴字第 96 号《司法鉴定意见书》证明：从 J1（谢志青持有 honor 手机 1 部，内含 sim 卡 1 张）中获取手机信息4195条，其中通讯录1336条、短信息127条等；即时通讯（微信）45593条等。从J2（谢志青持有honor手机1部，内含sim卡2张）中获取手机信息5712条，其中通讯录1906条、短信息329条等；即时通讯（微信）169985条等。将J2微信（分身版）中的微信数据信息迁移至取证手机中通过取证设备获取到微信1494条等。

52. 通达鉴定中心出具的京通法鉴〔2020〕电鉴字第43号《司法鉴定意见书》证明：从J1（田会良持有的HUAWEI手机1部，内含sim卡1张）获取的重点关注内容是，在微信（官方版）账号“田会良/tianhuiliang×”中获取微信群“川、小火箭、人生进行曲、永恒、宁静致远，洪达Denzel、田会良/22903151404@chatroom”的聊天记录178条、删除聊天记录2条等。

53. 通达鉴定中心出具的京通法鉴〔2020〕电鉴字第40号《司法鉴定意见书》证明：从J1（张璐持有的iPhone手机1部，内含sim卡1张）获取手机信息7833条，其中通讯录9条、短信息898条等；即时通讯（微信）55427条，电子邮件2239条等。

54. 通达鉴定中心出具的京通法鉴〔2020〕电鉴字第41号《司法鉴定意见书》证明：从J1（文某持有的HUAWEI手机1部，内含sim卡1张）获取手机信息5085条，其中通讯录30条、短信息267条等；即时通讯（微信）68364条等。

55. 通达鉴定中心出具的京通法鉴〔2020〕电鉴字第1451号《司法鉴定意见书》证明：从J1（林某持有的acer便携式计算机1台）获取与委托鉴定事项相关的内容，在“分区2_本地磁盘［D］……”路径下获取名为“副本－贱内.xlsx”的文件1个。从J2（林超伟持有的WD硬盘1个）获取与委托鉴定事项相关的内容，在“分区1_本地磁盘［C］……”路径下获取名为“副本－贱内.xlsx”的文件1个。从J3（林超伟持有的iPhone手机1部，内含sim卡1张）获取与指定微信号的聊天记录，搜索微信号“shuang×”“lu45932×”“Gabion×”“wxid_3kpmrv303×”，分别在J3登录的微信（官方版）账号“誉泰公司/Vincent_lin×”中获取聊天记录30条、12条、1111条、21条等。

56. 鉴定聘请书、鉴定意见通知书、调取证据通知书、调取证据清单及证明若干证明：侦查机关将新旧核税报告、手机鉴定报告等相关鉴定意见对洪文革、洪健、张亮、王绅其、吴小兵、田野、田会良、洪达、谢志青等人进行告知；侦查机关对相关涉案邮箱内容数据、周某持有的边民互市贸易商品证明文件进行调取及从东兴市商务局等相关部门调取边贸互市商品证明文件的情况等。

57. 协助查询及冻结财产通知书以及涉案房产查封手续等证明：调取涉案相关人员银行账户的开户资料、交易流水以及涉案相关人员的银行账户、洪健等人名下不动产被查封的情况。

58. 北京海关缉私局出具的《工作说明》证明：侦查机关在“417”走私普通货物案抓捕过程中查获了被告人的手机、电脑等电子数据原始存储介质，侦查机关立即对这些涉案的电子数据原始存储介质进行了扣押，在行动中各个小组均配备了通达鉴定中心工作人员协助工作，侦查机关在扣押原始存储介质后当场将相关电子数据原始存储介质移交通达鉴定中心工作人员进行鉴定。

59. 北京海关缉私局出具的《情况说明》证明：王绅其、吴小兵被抓获时的住址为广西北海市星海名城×号楼×单元×室。开案当天南宁海关缉私局民警协助北京海关缉私局对王绅其、吴小兵住处进行了搜查并对涉案物品进行了扣押。南宁海关缉私局民警当时只制作了搜查笔录，未制作扣押笔录，也未对见证人的身份证复印件进行留存。北京海关缉私局办案民警对薛卫欣物品进行扣押时，使用扣押决定书并制作了扣押清单，但未制作扣押笔录。

60. 连大悦海公司报关材料、佳和水产中心银行账户信息、连大悦海公司银行账户交易流水及开户信息、协助查询财产通知书、连大悦海公司银行流水及北京海关缉私局侦查二处出具的《工作说明》证明：2019年9月6日，连大悦海公司委托天泰公司从天津新港海关通过一般贸易方式进口了2票南美白虾。佳和水产中心银行账户交易明细及连大悦海公司开户信息、开户以来交易明细。连大悦海公司账户首笔交易发生时间为2019年5月27日。

61. 受案登记表及立案决定书证明：2019年4月17日，北京海关缉私局侦查二处接海关总署缉私局报称，2014年至今，王绅其等人伙同洪文革、洪健等人，将本应以一般贸易方式进口的冻虾等水产品，伪报贸易性质，逃避海关监管，通过边民互市贸易渠道走私进境，涉嫌偷逃税款1000余万元，案值约5000万元。“417”走私普通货物案于2019年4月29日立案侦查。洪文革、洪健等人涉嫌走私普通货物案接报时间为2017年4月10日，立案时间为2018年10月10日。

62. 传唤证、拘留证、拘留通知书、批准逮捕决定书、逮捕证、逮捕通知书、入所健康检查表、湛江市第二看守所出所登记表、释放通知书、释放证明书、取保候审决定书、被取保候审人义务告知书、取保候审保证书及北京海关缉私局不准出境决定书等证据证明：本案中洪文革等12名被告人被采取强制措施及部分被告人被限制出境的相关情况。

63. 到案经过若干证明：2020年1月7日5时许，北京海关缉私局民警在北京市丰台区新发地经营者乐园×号楼×室将洪达抓获。同日6时许，南宁海关缉私局民警黄某、伍某在广西北海市海城区×将吴小兵抓获。同日6时30分许，北京海关缉私局民警在广东省湛江市×、北京市丰台区×、北京市丰台区×、广东省湛江市×、广东省深圳市×分别将洪文革、张璐、田会良、谢志青、柯辉煌抓获。同日7时许，广西南宁海关缉私局民警在广西北海市海城区×将王绅其抓获；北京海关缉私局民警在北京市丰台区×、北京市丰台区×分别将洪健、张亮抓获。同年1月14日，北京海关缉私局民警电话联系田野，通知其同年1月15日到北京海关缉私局配合工作，同年1月15日9时许，田野来到北京海关缉私局投案。同年8月16日，北京海关缉私局民警电话联系薛卫欣，通知其同年8月17日到北京海关缉私局配合工作。同年8月17日9时许，薛卫欣来到北京海关缉私局投案。洪文革、王绅其、洪健、张亮、吴小兵、张璐、田会良、田野、谢志青、洪达、薛卫欣、柯辉煌均没有反抗、逃跑等抗拒行为。

64. 洪文革前科相关材料，北京海关缉私局侦查二处出具的《工作说明》《关于薛卫欣前科的情况说明》及张亮等人信息查询结果，北京市公安局丰台分局拘留证、取保候审决定书、释放通知书、解除取保候审决定书，广西北海市公安局公园路派出所出具的《证明》及广西东兴市公安局东兴边境派出所出具的《无刑事犯罪（违法）记录检验鉴定通知单》证明：洪文革曾因寻衅滋事被刑事拘留后被取保候审，未发现其他处理结果；薛卫欣自述其2001年因在上海水产城打架被警方拘留7日，但在公安网查询系统中未检索到薛卫欣的前科信息；王绅其、吴小兵、张亮、洪健、田野、田会良、洪达、谢志青、张璐、柯辉煌尚未发现有违法犯罪记录。

65. 北京海关缉私局侦查二处出具的《情况说明》及烟台海关缉私分局出具的立案决定书、取保候审决定书、解除取保候审决定书、物品交接清单证明：侦查机关将许某1涉嫌走私普通货物案移交烟台海关缉私分局另案处理以及将涉案的笔记本电脑2台等物品移交烟台海关缉私分局的情况。

66. 基本信息情况表若干、广西北海市公安局公园路派出所出具的《户籍证明》及广西东兴市公安局东兴边境派出所出具的《户籍证明》证明：洪文革等12名被告人户籍信息情况。

67. 佳和水产中心主体资料、连大悦海公司营业执照及工商信息查询材料证明：佳和水产中心系个体经营，经营者姓名洪文革，执照号×，成立日期2006年10月10日，经营范围为销售食品；销售新鲜水果、新鲜蔬菜、水产品等。连大悦海公司的法人是洪健，2014年1月9日成立，注册资本100万元，经理、执行董事洪健，监事田会良，经营范围为销售水产品、鲜肉、鲜蛋、新鲜水果、新鲜蔬菜、粮食，仓储服务，货运代理，企业统一社会信用代码为

×等。

68. 被告人洪健供述：他联系过越南人“阿勇”，“阿勇”负责在越南清关，把货物从越南海防港提出来。帮他们在广西过货的人叫王绅其，外号叫“四哥”，“小陈”“阿洪”也帮他们在广西边境口岸过货。外商会主动告诉货物的报价等信息，他也会主动问外商货物的相关信息，这两种情况都有，外商把规格、价格等信息发送给他之后，如果他确定要货了会支付预付款，后外商会把货发到他指定的港口，货物到港前外商会要求他支付尾款，结清尾款之后，外商会发给他电放信息，代理公司会到他指定的港口帮他提柜、清关。他通过烟台的许某1及张亮帮他联系的付汇人员向外商支付外汇。他根据跟外商签订合同的外汇金额，按照当天的汇率支付相应的人民币给许某1，由许某1将外汇支付给外商，他们会给许某1一定的手续费。他们直接向外商付汇付不出去，因为他从外商处订购冻虾，就没有想采用一般贸易的方式直接将货物发到中国的基本港，是想采用边贸的方式进到中国来。从南美等外商处订购的冻虾，都会要求外商发到越南海防港，发到中国基本港就得以一般贸易的方式进口。发到海防港的目的就是采用边民互市贸易的方式将虾运到中国来。采用边民互市这种方式进货，不会像一般贸易那样向海关缴纳那么多的关税。采用一般贸易方式从南美进口一柜虾的关税从二十多万元到几万元不等，后期他通过天泰公司以一般贸易的方式进口过，所以知道汇率怎么算。“阿勇”会将越南代理清关公司的信息通过邮件发给他，他再将这个信息转发给外商，外商根据他提供的信息制作相应的单据，货物到海防港后，外商通过电子邮件将提单信息发给他，他转给“阿勇”，由“阿勇”在海防港提柜后将货物运输到越中边境口岸，洪文革和张亮可能会联系王绅其，由“四哥”在广西边境口岸通过边民互市贸易的方式把货由越南口岸运到中国境内的口岸。“阿勇”在越南把货提柜后，会运输到与中国广西口岸对应的越南口岸，后“阿勇”会联系“四哥”、洪文革或者张亮说可以过货了，也会把这个信息告诉洪文革、张亮，由洪文革、张亮根据这一柜货物的销售情况，在口岸联系相对应的冷链运输车辆，提前去口岸等着装货，他们联系好冷链运输车后，洪文革、张亮会把货车的车牌号等车辆信息告诉“四哥”，“四哥”接到信息后会联系“阿勇”，并把货装到指定的冷链运输车上。货装好后，发车前“四哥”会发一条相对应的运输信息给洪文革或张亮，由洪文革或张亮转发给相应的客户，这辆车就会把货运输到相应的国内客户那里。车到货主那里后，会按照约定由他们或者货主直接向司机支付运费。应该是洪文革具体和“四哥”谈过货费用的事。“阿勇”把货运到越中边境口岸之前，他们已经确定这柜货将要发到国内哪个地方。他从外商订购货物，支付预付款后，张亮、谢志青等负责销售的人员就开始联系国内的客户，销售这柜货了，有时货到越中口岸的时候就已经确定销售给国内的客户了，没有销售出去的就会发到北京他们自己的库房。运输车辆有时候是洪文革、张亮联系，有时是“四哥”帮他们联系好了。货物发车前，“四哥”给他发的具体运输信息包括这柜货品类、件数、柜号、运输大车的车牌号、司机信息及运费。当时洪文革销售的冻虾没有以一般贸易方式进口的。他们大概从2014年开始采用边民互市贸易方式走私冻虾的。2015年，他在英国ABC特选食品公司工作时，洪文革就应该开始做“边贸虾”的生意了。洪文革通过ABC公司的李某、宗某联系外商订购冻虾。货物都发到越南海防港，好像是那个越南代理“阿勇”负责清关后将货柜提到边境口岸，再由一个叫“小谢”的在边境口岸负责过货到中国来。2014年、2015年左右，他自己开始从外商处直接订购冻虾了，都是通过边贸互市贸易的方式运到国内的。当时有部分外商使用西班牙语的，就会让张璐帮他联系，张璐的西班牙语比较好，就让张璐进行翻译，传送往来邮件。当时是“小谢”在帮着过货。从2015年左右到现在，他们从境外订的虾都是“阿勇”在越南帮他们清关。“小谢”好像是到2016年就不用了。他听洪文革说“小谢”2016年出事了，好像是帮别人过货被抓了。2016年“小谢”出事之后，他们开始找“四哥”帮他们在广西边境过货，应该是洪文革联系上的。从2016年到2019年，“四哥”应该是一直都在广西边境帮他们过货。大概是在2018年开始用的“小陈”，当时边境口岸的政策变了，从越南过来的冻虾必须有越南虾厂的检验检疫证，就联系上“小陈”帮他们过货了。“阿洪”可能是越南人，是薛卫欣介绍给他的，“阿洪”能找到越南虾厂的检验检疫证，2019年左右找“阿洪”过货。他知道“小陈”等要在越南购买越南虾厂的检验检疫证，并把他从南美订购的冻虾更换外箱包装，或是在外箱上打码，把货伪报成越南原产的，才能通过边民互市贸易的方式进来。柯辉煌曾经帮他们付过外汇，是洪文革联系的。洪达、谢志青、田会良都是销售，联系国内客户。张亮负责财务、销售，联系找外汇，根据国内市场行情，给他从国外订购提供建议。张亮在湛江待过，可能负责他们在湛江的冷库。货从边境口岸发出后，张亮接收运输信息，联系接货，协助洪文革向他传达一些指令。田野负责记账、付款，主要就是记账，根据他们的要求，记录订购的每柜货的柜号、规格、数量、已付外汇的金额、时间，尾款支付的时间、金额，负责转账，所有的账户应该都是田野在负责。他们定期更换微信号、换电话的原因是洪文革要求他们这么做的。洪文革说使用一个微信号、一个电话，被海关查到会留下证据，就是害怕他们留下通过边民互市贸易的方式走私冻虾的证据。

69. 被告人田野供述：他们定期会更换电话、微信，洪文革这么要求是因为他们的货有问题，怕他们使用固定的手机、微信会被查到。2018年他到了北水嘉仑市场PF16－17任会计时，洪文革都是让他们自己去买新电话号、注册新微信号来进行联系。洪文革以前在微信群里跟他们说过不换手机、微信有可能会被海关查到。洪健从国外订完货后，会给他发微信告诉他订购货物的规格是多少，有多少件，让他入账记录，所以他知道货物都是从国外订购的。每次洪健订购边贸货后，都会临时建一个微信群，基本上都会拉他跟张亮入群，在群里把情况说一下，告诉他是让他记账入库，告诉张亮是因为张亮是销售，得知道到了什么规格的货及数量。有时这个群里还会有其他人在，基本上说完一件事，这个群就解散了。这种边贸货运到北京销售的少，一部分运到湛江，他知道公司在湛江租了个冷库，好像是叫"巾帼冷库"，都是张亮在负责。还有一部分货应该是直接就卖了，从广西或云南运输到境内销售了。走边贸进的都是厄瓜多尔有头虾和去头虾、墨西哥白虾。2018年9月6日12时54分，他用"吉鲁"这个微信给洪达"巴斯光年"微信发了一个图片，内容是"中国检验认证集团广西有限公司品质证书"，45168030199号，这应该是边贸货的随附单据，就知道是品质证明，有的客户会跟他们要这个东西，都是运输的货车司机带过来的。司机把这种品质证书拿来后，一般都是放在他们宿舍里，客户有需要就拿一张拍一下发给客户。2018年年初洪文革让他接手财务工作，就是按照洪文革、洪健的指令付款、收款、记账。2018年下半年，他知道洪家从事走私"边贸虾"的生意，洪文革告诉他不能用洪文革的家人名下的银行卡来做流通、转账用，洪文革会找别人的卡进行转账。洪文革是总指挥，掌握全局，洪健负责联系外商订货，订好货之后会把这批货的规格发给他，他将规格记下来用作库存账，后他就会向洪健提供的这些账户付款。2019年开始洪达也订过货，但订得比较少。张亮是卖货的，不直接负责订货，知道市场行情，哪些规格的货好卖，洪健在订货前会和张亮商量订哪些货，洪健会根据张亮提供的意见向外商订货，根据张亮提供的市场行情与外商还价。谢志青也是卖货的，洪健订货前也会参考谢志青的意见。他听见张亮当他的面联系过运输的货车司机，告诉司机把货物运输到什么地方。他从张亮那里接手财务工作的时候，张亮给了他之前记的账，他当时不知道这是记的"边贸虾"的账，之后才知道这是洪文革做"边贸虾"生意记的账。洪文革曾经当面和他说过，在微信上也说过，现在做的货是边贸货，告诉他要藏好账本，怕被海关查到。确定订货后，洪健会联系向外商付汇的人，洪健会找他给帮他们付汇的人付人民币，从付汇人员那里换美金，支付货款，后这些货会发到越南，再到广西。货到广西后会装到物流车上运输到国内客户那里，是谁联系的物流车他不清楚，但是发车后张亮会通过微信把物流信息告诉他，让他记账的货主要是准备入北京库房的货，物流信息主要包括司机电话、车号、司机姓名、身份证号、件数、柜号、运费等内容。如果是张亮销售给国内客户的货，张亮就不会发给他物流信息，会告诉他卖给国内哪个客户和卖给客户的价格。洪文革、洪健从外商那里订好货之后，就会让他记录这柜货的柜号、规格、件数，付定金后他会加上付定金的日期和金额，付尾款后他也会再加上付尾款的日期和金额。一开始洪文革说“边贸虾”不违法，告诉他要定期销毁之前记的账本，换新账本，还告诉他要定期换电话、换微信。洪健在向外商订货时，主要是洪文革来拿意见，少部分的货洪健、张亮两人商量好了就订了。他还向广西那边的账户付过钱，账户主要就是吴小兵、王绅其、黄某、廖某这些，洪文革一开始只告诉他转到这些账户的钱是“费用”，后他知道这些钱是过货费。2018年他接手财务工作后，隔一两个月就会向“老四”的那些账户付钱。他向付汇人员和“老四”账户转的钱都是洪文革的钱。洪文革让他转给“小谢”的费用是过货费。洪文革等2018年大概销售三百柜，2019年有几十柜。

70. 被告人吴小兵供述：她的账本里记的“H”是洪文革，王绅其让她这么记。她认识洪健、洪文革。王绅其曾经带着她和洪健在东兴的一个农庄吃过饭。她用过其本人及王绅其名下的中国农业银行卡收过洪文革汇的钱。她还用其嫂子廖某名下及侄媳妇黄某1名下的中国农业银行卡收过钱。她替王绅其记的都是王绅其做边贸的账。他们当地很多人从越南口岸把货拉到广西口岸，王绅其好像就是做这个。这些不是支付王绅其本人的货钱，可能是国内老板的。她听王绅其说洪老板找王绅其做的都是南美白虾和越南草虾。收钱的银行卡账户是王绅其在使用，平时卡都在王绅其那里。王绅其可能是2017年左右开始帮洪文革过货的。她还见过张亮，也是吃饭见过的，当时张亮好像要去越南，王绅其和她在东兴请张亮吃饭。薛卫欣是在东兴那边做物流的，经常和王绅其在一起喝茶。

71. 被告人张璐供述：根据国内客户的需要，她会联系一些南美洲的工厂，也有印度的工厂，大部分是厄瓜多尔的工厂她使用邮件与工厂的销售人员联系，确定了订单之后外方就将发票发到她的邮箱，她确认后，一般情况下需要向外方支付定金，每个40尺货柜3万美元到4万美元，外方收款后开始生产，确认之后一般两周或一个月内发货，货物到港前十日支付尾款，外商会将提单、发票发到她的邮箱。海上时间35～40天到天津、湛江或越南海防。把货物发到越南海防是洪健告诉她收货方地址和到港目的地，和她说是客户要求的。每次她收到外商的发票、提单等就打印出来交给洪健，应该是洪健交给提货人的。提货人是越南的KALONG公司，是做清关代理的。越南海防的事，洪健、洪文革都不让她知道，因为是违法的，海防的货进境没有交关税。到越南的虾都是白盒包装的，只有规格和生产日期，到了海防需要换成彩盒包装，有品牌、生产日期，因为中国海关有要求，换上越南产地的包装才能进口到中国来。他们从南美进口的虾原产地不是越南，换包装是越南的KALONG公司来做的。大概在2016年她陪洪健去过凭祥、南宁去见“小谢”。“小谢”说货不能过了，得停一停，就是从越南走凭祥进口免税虾的事情不能做了，说是海关查得严，他们和“小谢”见面也是为了了解一下具体情况，后她就不负责向外商订发越南的货了，洪健告诉她风险大咱们就停了。停了很长时间，在这期间零星的也有从越南走的货。预付款和尾款是付给越南的KALONG公司，KALONG公司再付给外商。每次KALONG公司付完款，洪健都会把付款凭证照片发给她，她再发给外商用于订货和发货。财务由洪健、田野负责。从越南海防走的货自2015年下半年开始到她接手至现在，记得是有五六十柜。2017年年初她怀孕之后就到西班牙了，2019年4月回的北京，这期间订货都由洪健来负责。国内销售由张亮、洪达负责。洪达在微信中跟她聊天时说过“这些货是让谢过还是让四过”，洪达可能是让她把这个消息转达给洪健。她跟洪健与“小谢”见过面后，就已经知道洪健从境外订购的货物发到越南后，由“小谢”在中越边境广西凭祥口岸过货。与“小谢”见面后，她一直按照洪健、洪文革的指令与外商联系，从境外订购冻海虾。

72. 被告人薛卫欣供述：越南的一个叫阿美的“美叔”，把广西东兴的一个叫“四哥”的介绍给他，“美叔”是在越南开虾厂的，“四哥”是帮“美叔”在广西东兴口岸过货的。“四哥”介绍他在广西东兴专门做物流，联系大车，2017年他开始在广西东兴专职做物流中介。“四哥”是广西东兴人，姓王，“四哥”的老婆姓吴。“四哥”是专门在广西边境口岸过货的。广西东兴的这些冻品都是从越南过来的边贸货。边贸货是边民把货拉到中国境内，后边民会把这些通过边贸进来的货拉到他派的货运大车上，这些大车司机会把货运到国内指定的客户手里。2017年下半年开始，他帮北京的张亮和“四哥”联系大车司机帮对方运输冻虾。大概2017年时，他联系张亮要钱时，才知道张亮的老板是洪文革。2019年时他帮洪健派了几个车，帮洪健运输过冻虾。最开始张亮会给他打电话询问运输价格是多少，他报价后会有东兴口岸负责帮张亮装货的马仔让他把联系好的大车车牌号、司机姓名和手机号发给对方。有时候张亮有要求，他也会将这些信息直接发给张亮。他的微信名是“东旭冷链×，薛”“东旭冷链”。货物到越南的港口后，越南的代理公司会提货，把货提到越南口岸，越南的代理公司会通知国内的货主，由国内的货主去联系国内的代理公司，国内的代理公司会组织边民利用每日8000元免税额度，把货物零散地从越南边境口岸拉到广西边境口岸，货物到广西边境口岸后进行整合，装到他联系的冷链运输车上，再发到国内货主指定的运输地点。帮国内货主过货基本都是广西东兴当地负责组织过货的人组织边民，利用边民的身份信息，用边民每日8000元免税额度来收货，每个边民每次赚取50元左右“好处费”。洪文革、洪健、张亮找“四哥”过的大多数货是这些人从第三国订购的南美白虾。有时他会用“东旭冷藏日晟运输合同”来和洪文革、洪健、张亮签订协议。当时在东兴口岸过货的人都是把第三国的冻虾运输到边境口岸后，从越南购买在中国备案的越南虾厂出的“检验检疫证”给第三国产的虾的外箱包装上打码或换包装后，采用边民互市贸易的方式运到境内来。打码就是根据越南虾厂的“检验检疫证”，将相对应的信息打印到外纸箱上。换包装就是第三国过来的冻虾外箱包装不符合东兴口岸的相关要求，口岸过货的人会提前准备外纸箱，将相应的越南“检验检疫证”信息打印好，在越南更换外箱包装。打码、换包装都是为了配合越南“检验检疫证”将第三国产的冻虾伪报成越南原产的冻虾，将货物运输到中国境内来。洪健等在东兴口岸联系了一个叫“小陈”的帮买证、过货。“小陈”帮洪健在爱店口岸、水口口岸、弄怀口岸过货，后“小陈”在越南找的检疫证可能有问题，洪健就让“小陈”联系他问是否认识越南卖证的，这样他就把越南人“阿洪”介绍给了洪健跟“小陈”。“阿洪”在越南可以搞到在爱店口岸、水口口岸、弄怀口岸备案的越南虾厂的检验检疫证。“阿洪”一般都是搞到证后，会告诉洪健或“小陈”在哪个口岸可以过货。洪健收到信息后，会联系越南的清关代理“阿勇”，由“阿勇”在越南海防港提货后，将货物运输到相对应的越南口岸。货到口岸后，洪健会联系过货人员“小陈”，使用“阿洪”提供的越南检验检疫证，采用边民互市贸易的方式将货物运输到境内。洪健联系“小陈”的同时，会提前通知他有几柜货，什么时间从哪个口岸运输到中国哪个城市，他会提前联系相对应的冷链车，并谈好运费去口岸接货，同时把货车信息告知“阿洪”。由“阿洪”转给过货的“小陈”，过货后直接将货物装到对应的冷链货车上。“小陈”将货物装到他联系的中国冷链车上后，他将运输信息发送给洪健。“阿洪”应该都是通过一个户名为“江某”的（尾号为6071）的银行卡，给其妻子朱某名下（尾号为2613）的中国农业银行卡共汇了7万元。他介绍洪健给“阿洪”，“阿洪”帮洪健买越南检验检疫证，给他介绍费。“四嫂”有时让他帮找车。

73. 被告人柯辉煌供述：2014年经朋友介绍认识的洪文革，洪文革通过国内的银行账户给其国内账户打钱，后他用其香港公司的美元给洪文革境外的客户付款，会在当天的人民币与美元的汇率上加0.01或0.02的点收洪文革的钱，都是一笔一结，他们之间也就做了一两年生意。洪文革找他付的款项都是些订单的货款。他们一般通过打电话、发微信、发电子邮件联系。他们之间的交易往来没有记录，他不记账。洪文革付款的国内账户不固定。他国内的收款账户不固定，大部分是他的，可能也会有他老婆的账户。主要的账户是交通银行、中国农业银行的。他在香港的美元账户是汇丰银行的账户（尾号为0283）。他最早从 2014 年开始帮洪文革付汇，做到 2016 年左右就停了。洪健曾经到深圳跟他见过面，有时付汇的事情洪健也会联系他。他的邮箱一直是×2005@126.com，洪文革一方的邮箱变动过，有好几个邮箱，偶尔还会安排公司其他人跟他联系付汇的事情，他接到过张亮的电话，也跟他联系过付汇的事，也发过邮件。每次他帮洪文革付汇，洪文革都会提前跟他电话沟通，在电话中先将付汇的汇率、付汇金额跟他商量好后，再发邮件给他，邮件的内容是收款账户的信息。当洪文革需要他向境外支付美元时，就会打电话找他问一下汇率，汇率可以的话，洪文革会把需要支付的美元金额和境外的银行账户通过邮件发给他，同时把相应的人民币金额打给他的国内账户，他收到钱之后再通过香港银行帮洪文革向境外账户支付美元，支付完后再通过邮件把支付的银行流水单信息发给洪文革核对。洪文革一方给他发外商的发票，是因为他通过香港对境外付美元的时候，香港银行有时候会要求提供相应的付款资料，说明付款的用途和原因，他就会让洪文革提供一下相应的资料。

74. 被告人谢志青供述：洪文革 2014 年左右开始销售从国外进口的南美白虾。连大悦海公司的实际老板、控制人是洪文革，所有事情都是洪文革在负责，所有员工都听洪文革指挥，公司出事之前，洪文革一直在负责，具体的事务洪文革都过问。洪健负责从国外采购冻海虾，张亮负责卖货。洪达在新发地销售过货，田野负责付款、记账，田会良主要负责鱿鱼销售。应该是洪文革、洪健联系外商订货，直接发到广西，一般都是张亮在广西联系运输车辆，再从广西发到收货人处。通常情况下，发到北京的货的运输信息都是张亮发给田野，由田野将运输信息发到他们公司的微信群中，运输信息包括车号、司机姓名、联系方式、柜号、规格、件数、运费。应该是订的货到库房后，由田野在一个销售软件“管家婆”上记录、入账，这个软件他们都能看到库存信息。卸货的时候，公司负责卸货的员工会给虾拍照片再发给他。他收到照片后会将规格信息、虾的照片发到微信朋友圈销售。费用有时客户是先付，有时是拉货销售后再给他结账。公司的收款账户都是田野提供的。他用过张哲、孟楠等人名下的账户来收货款。他知道洪文革之前在做“边贸虾”的生意，洪文革没有当面和他说过什么，但在微信群里说过。微信群是洪文革建的，里面有洪文革、张亮、洪健、洪达、田会良、田野和他。

75. 被告人洪达供述：他和洪文革、洪健的思路不一样，认为他们做生意的方式过时了，存在风险。2018 年洪文革告诉他家里在做边贸生意。边贸生意由洪文革负责。洪文革让他干什么他就干什么。他在国外留过学，按他父亲的要求，用英文和外商联系，后他把外商提供给其相关进口单据转发给洪文革，进口海虾的货都是由厂商发到越南的港口。发给他电子邮件的商业发票（编号×的发票）是外商发给他的，他转发给洪文革了。2018年下半年，因为市场好多家做边贸海虾生意的出事，他们家就不做了。他有两个微信号：一个叫巴斯光年，另一个叫洪达.wma。洪文革经常换微信名字。

76. 被告人田会良供述：鱿鱼的生意一直持续到2014年，2014年洪文革的生意分开了，洪文革开始只负责进口货物，市场上由他和洪文彬负责，他负责西南郊摊位的鱿鱼生意，偶尔还从市场上倒点南美白虾的货来卖。洪文革从2014年开始主要是进口边贸货，从2018年开始也进大贸货。他和洪文彬是在档口主要负责零散销售，会卖洪文革手里的南美白虾、厄瓜多尔白虾，偶尔销售的基本都是从市场上其他商户倒过来的货。洪文革手里的虾有大贸货也有边贸货。在他印象里大贸货的外包装是彩色盒子，是正规渠道进口的货。边贸货的外包装是白色盒子，是通过边民互市贸易渠道进来的货，这是不正规的，是违法的。2018年，洪文革在微信群里说边贸货危险了，要转型。2018年之前，洪文革跟他们说“边贸虾”的生意是合法的，也是正规渠道进来的。从2018年开始，市场开始查“边贸虾”，洪文革就跟他们说要注意“边贸虾”的事情，“边贸虾”是不合规的。边贸货是张亮负责联系，货到了北京的冷库之后，他就从冷库里提货来卖。洪健负责订货，张璐因为外语好就在洪健订货时帮洪健翻译，这些货通过边民互市贸易的渠道进到国内，张亮、谢志青是销售，负责联系这些货在国内的运输，大部分都是发到全国其他地方，很少一部分货会拉到北京的冷库。边贸货销售后，货款由张亮、谢志青提供银行账户给国内买家，国内买家将货款打到这些账户上。洪文革办了很多银行卡，还让他办了两个账户。他每月工资5000元，到年底，因为他和洪某2各占洪文革市场销售款份额的20%到30%，所以会得到分红，一年二三十万元。

77. 被告人张亮供述：洪文革跟他说过好像是ABC公司出事了。在被拘留之前，他猜测那虾可能是“边贸虾”，不确定那些货是洪文革自己做的，还是别人的货。被拘留之后，他才知道那些虾可能是洪文革做的边贸货。洪文革让他支付货款，他还帮洪文革记过账，记录货的规格、数量等信息。他负责支付货款的账户好像都是别人的。洪文革从南美订的货是从天津、湛江、广西运到国内的。他在湛江开过的一个车好像是王绅其的。薛卫欣是做物流的，在广西帮洪文革联系冷链运输车拉货，货从广西拉出后，薛卫欣会告诉他大车车牌号和司机手机号码，有时他再把这些信息转给国内客户。薛卫欣联系大车从广西拉出的货应该是洪文革的。

78. 被告人王绅其供述：2016年10月他成立了防城港市里顺贸易有限公司开始做边贸生意。边贸生意就是收购边民通过边民互市贸易买来的货。他卖给洪文革的每柜虾是他花40多万元从边民手里买的。“阿勇”是黎某的哥哥。2017年他卖给洪文革3～5柜货，2018年和2019年都是这个数，2017年和2018年的价格差不多，每年100万元左右，2019年价格高一些，有200万元左右。他没有帮洪文革过货。

79. 被告人洪文革供述：他从2014年、2015年开始销售“边贸虾”，一直做到2018年，他做的这些“边贸虾”有边境海关的边贸放行单、检验检疫证明等手续，其不确定是不是走私行为。“边贸虾”基本都是从广西东兴、北海运过来的，口岸其不清楚。洪健语言不太好，不能跟外商直接交流，基本上不太联系外商，都是张璐帮他去联系外商，张璐怀孕后就不怎么做了。他与中国台湾地区的林先生、田小姐都合作过，都是他与这两个人联系。货款也都是通过林先生、田小姐帮他操作的。

80. 辨认笔录若干证明：2020年1月10日，在见证人连某的见证下，柯辉煌从侦查员提供的2组照片（每组10张）中能够准确认出洪文革、洪健。同年7月24日，在见证人高某的见证下，薛卫欣从侦查员提供的5组照片（每组10张）中能够准确认出洪文革、王绅其、张亮、吴小兵、洪健。

81. 认罪认罚具结书证明：田野、薛卫欣、柯辉煌自愿适用认罪认罚从宽制度及同意公诉机关提出量刑建议的情况。

上述证据经庭审举证、质证，本院对言词证据中相互印证的部分及其他证据予以确认。

对于田会良的辩护人向法庭提出的调取证据的申请，经查，经庭审查明的事实和证据能够证明田会良自始参与走私，应当对全部偷逃应缴税额负责，即便调取到田会良的“管家婆”软件中的“边贸虾”交易明细，也不能否定起诉书中指控的涉及田会良参与走私的事实，故本院对田会良的辩护人的该项申请不予准许。对于洪文革、洪健的辩护人各自向法庭宣读、出示的证据材料，经查，上述证据材料均与本案无直接关联，不能有效支持辩护人的辩护意见，故本院对上述证据均不予采信。洪文革、张璐及其各自辩护人关于二被告人有立功情节的辩解和辩护意见，经查，在案无证据证实二被告人具有刑法意义上的立功情节，故二被告人的辩解及其各自辩护人的辩护意见缺乏相应的证据证实，本院均不予采纳。对于洪文革、洪健、张亮、张璐、田会良、田野、洪达、谢志青各自辩护人向法庭提交的案款收据，本院均予以确认。

针对公诉机关的公诉意见、各被告人的辩解及其各自辩护人的辩护意见，根据查明的事实和认定的证据，本院综合分析、评判如下：

第一，涉案的电子邮件及手机、电脑等的司法鉴定意见书能否作为本案的定案依据的问题。

首先，侦查机关向网之易信息技术（北京）有限公司（以下简称网易公司）等单位调取涉案邮箱的内容等证据，有在案的调取证据通知书、调取证据清单、移动硬盘及网易公司出具的证明等证据予以证实，侦查机关收集、提取及移送上述电子邮件等证据的过程，程序合法，真实有效，亦符合法律及相关司法解释的规定，上述电子邮件等证据与在案的其他证据能够相互印证，具有证据能力，可以作为本案的定案依据。其次，扣押决定书、扣押清单及侦查机关出具的《工作说明》等证据能够证明，侦查机关在见证人的见证下，从各涉案人员处及被告人的办公场所起获并扣押了手机、电脑等原始存储介质，且在抓捕行动中各个小组均配备了通达鉴定中心的工作人员协助工作，侦查机关在扣押手机等原始存储介质后当场将原始存储介质移交通达鉴定中心的工作人员进行鉴定，可见，侦查机关固定、收集、提取及移送上述证据等的过程，程序合法，真实有效，手机等的司法鉴定意见书亦可以作为本案的定案依据。

第二，关于7号《核定证明书》是否存在错误的问题。

1. 关于确定涉案水产品关税税率的问题。虽然在案的发票提单、部分邮件附件中的原产地证明及被告人供述等证据材料显示涉案的部分水产品大多来自南美国家，少部分来自其他国家，但洪文革等人违反国家法律、法规，逃避海关监管，将应当以一般贸易方式缴税进口的货物通过边民互市贸易的方式申报进口，在整个进口货物过程中，被告人并没有向海关提供合法有效的、与涉案实际货物相符的原产地证明，故涉案冻品虽由越南输入，但其始终不具备适用协定税率计征关税的条件，而只能以最惠国税率计核偷逃关税。故7号《核定证明书》确定涉案水产品的关税税率为5%最惠国税率准确无误。

2. 关于重新计核没有另行指派计核人员的问题。侦查阶段初期，北京海关关税处根据送核部门调取的初步证据，出具了京关核税ZH2020012267号《涉嫌走私的货物、物品偷逃税款海关核定证明书》，后另行指派主要计核人员依据增加的嫌疑货柜的数量来调整核税的范围，并出具了京关核税2020－071号《涉嫌走私的货物、物品偷逃税款海关核定证明书》。公诉机关在对本案审查起诉期间，因案件部分事实不清、证据不足，又将该案退回侦查机关补充侦查两次，在此期间，北京海关关税处随着侦查工作进展程度对送核部门陆续提供的证据相继进行梳理，先后又出具了京关核税2020－100号《涉嫌走私的货物、物品偷逃税款海关核定证明书》（以下简称100号《核定证明书》）、7号《核定证明书》。北京海关关税处先后出具100号《核定证明书》、7号《核定证明书》不属于《中华人民共和国海关计核涉嫌走私的货物、物品偷逃税款暂行办法》（2018年）（以下简称《计核办法》）第十四条规定的“海关进行补充核定或重新核定”的情形，故海关税款计核部门可以不另行指派计核人员来进行计核。

3. 关于本案是否应适用2019年10月所适用的税则、税率、汇率以及增值税税率应为9%的问题。根据《计核办法》第二十八条的规定，因在案证据能够证明洪文革等人自2015年12月至2019年10月走私498柜水产品发生的具体时间，故7号《核定证明书》以走私行为发生之日所适用的税则、税率、汇率计核偷逃税款，适用法规准确，并无不妥。关于增值税的税率，根据《中华人民共和国增值税暂行条例》第二条及财政部、税务总局《关于调整增值税税率的通知》等相关规定，7号《核定证明书》根据增值税税率调整的情况，相应地计算出本案的偷逃增值税税款，于法有据，准确无误。

4. 关于税款计算方法是否有误的问题。7号《核定证明书》依据《计核办法》第十六条、第二十七条等相关规定，采取的税款计算方法不存在错误，计算结果正确。

第三，关于根据现有证据能否认定涉案的498柜水产品已全部走私入境的问题。

根据现有证据，能够认定洪文革等人将原产于南美的冻虾经过中转越南，通过王绅其等人以边贸方式将498柜水产品走私入境的事实。（1）7号《核定证明书》所列的第1至第62柜水产品。认定该62柜水产品走私入境的证据有吴小兵的账本、发票提单、边民互市贸易带进物品放行单、品质证书、薛卫欣的账本及田野的账本等证据，吴小兵的账本能够通过柜号与62柜水产品中的外商发票提单一一对应，与田野账本的付款金额亦能够对应。（2）7号《核定证明书》所列的第63柜至第457柜水产品（其中286～288项未指控）。田野的账本能够通过柜号与部分货柜的外商发票提单一一对应，其中部分货柜亦有边民互市贸易带进物品放行单、田野的账本、薛卫欣的账本等证据予以印证。而对于没有外商发票提单的货柜，田野的账本能够通过柜号、付款金额与从洪健、张璐等人邮箱中查获的财务对账表、付款记录表中的外商发票号、付款金额一一对应，其中部分货柜亦有薛卫欣的账本等证据予以印证。（3）7号《核定证明书》所列的第458柜至第501柜水产品。能够通过周某的账本中销售日期、运费、规格 数量、品名、售卖方及部分的柜号与外商发票提单进行对应，其中部分货柜有薛卫欣的账本等证据予以印证。

第四，关于被告人通过边民互市贸易方式进口应以一般贸易方式进口的水产品的行为是否构成走私普通货物罪的问题以及关于王绅其与洪文革等人之间是否系买卖水产品关系的问题。

综合全案证据，洪健、田野、薛卫欣及柯辉煌等人在侦查阶段的有罪供述与在案证据之间可以相互印证，已形成完整的证据链条，足以认定王绅其与洪文革等人之间不是真正的买卖水产品的关系，12名被告人的行为属于伪报贸易性质的走私普通货物犯罪，且系共同犯罪。

1. 洪健、田野等在侦查阶段的有罪供述能够证明“四哥”（王绅其）不是真正的货主，只是负责组织边民，并通过边民互市贸易的方式将洪文革、洪健等人向外商购买的涉案冻海产品运输入境，洪文革、洪健等人给王绅其、吴小兵支付过货费等事实。洪健、田野等人的有罪供述得到了同案被告人薛卫欣、吴小兵等人的供述及洪达、吴小兵等人手机微信聊天记录等证据的印证，且能够相互印证，内容真实可信。

2. 洪达等10余涉案人员手机微信聊天记录、洪健等人在侦查阶段所作的有罪供述、证人许某1等人的证言及洪健等人与外商之间往来邮件等证据，能够证明洪文革等12名被告人主观上具有走私普通货物的犯罪故意。（1）洪达等人手机微信聊天记录证明洪文革等人明知以边贸方式进口南美虾是走私行为，违反国家法律规定，偷逃国家关税，且通过频繁更换手机、微信账号，借用他人银行卡付款，换包装打码等方式，试图逃避监管。（2）外商发票、装箱单及提单等相关单据证明目的地为越南海防港，收货公司为越南公司，路线违反正常贸易逻辑，绕道而行，印证洪文革等人具有走私普通货物的犯罪故意。（3）洪健、张璐、田野、薛卫欣、柯辉煌等人的有罪供述能够证明洪文革等人对边贸走私是明知的。（4）柯辉煌的供述以及付汇人员许某1、林某的证言等证据亦证明洪文革等人通过正常付汇无法对外付款，需要通过第三方离岸账户付款，亦印证了主观上具有走私的犯罪故意。（5）证人宗某、李某等人的证言能够证明案发前洪文革曾委托李克君所在的公司从南美外商订购海鲜后发货到越南海防港，后通过“小谢”采用边民互市贸易的方式将货物运输入境的事实。（6）在案的货物报关单等相关书证可以证明，洪文革控制的连大悦海公司于2019年9月委托天泰公司从天津新港海关通过一般贸易方式进口了2票南美白虾，洪文革、洪健等人主观上均知道普通货物进口环节应缴纳税款的情况。

3. 洪文革等12名被告人客观上共同实施了走私涉案水产品的犯罪行为。（1）发票提单、吴小兵账本、往来邮件（包含商业发票、装箱单、提单等）等证据能够证明洪健等人与外商联系商谈货物价格、规格，从厄瓜多尔等地订购冻虾，并指令外商将货物发往越南海防港。（2）过货单据等证据能够证明洪文革等人将原产于南美等地的冻虾，伪报为越南产地的冻虾，通过边民互市贸易的方式走私进口。（3）银行转账记录（相关银行账户）显示洪文革通过许某1、柯辉煌、林某等人向外商付汇，向王绅其、吴小兵等人支付过货费用的事实。（4）洪达等10余人手机微信聊天记录等能够证明洪文革指挥洪健等人，通过王绅其等人，以边贸方式走私进口南美冻虾的事实。（5）洪健、田野、薛卫欣等人能够如实供述以边贸走私的犯罪事实，周某、孙某等人证言证明从洪文革处购买“边贸虾”的情况，柯辉煌的供述、许某1的证言能够证明帮助洪文革对外付汇的情况。

第五，本案是否属于单位犯罪的问题。

1. 本案是否属于连大悦海公司犯罪的问题。本案不属于连大悦海公司犯罪。（1）连大悦海公司自成立之日起至案发，通过一般贸易方式进口南美白虾仅有2票。该公司成立日期为2014年1月9日，法定代表人为洪健（经理、执行董事），监事为田会良，该公司账户首笔交易发生时间为2019年5月27日，同年9月6日，连大悦海公司委托天泰公司从天津新港海关通过一般贸易方式进口了2票南美白虾。（2）洪文革等人使用控制的田野、曹某、田会良、韩某等人的银行账户收付款，大部分违法犯罪所得归洪文革、洪健等个人所有，仅有少部分违法犯罪所得用于给田野等人缴纳社保、交纳市场租金等。（3）各被告人的供述、证人证言及微信聊天记录等证据亦能够充分证明，通过边民互市贸易方式走私的犯罪意志主要由洪文革个人产生，走私犯罪过程由洪文革主要负责整体组织指挥，洪健主要负责采购进口，其他被告人亦分工明确，有的负责财务，有的负责销售及联系付汇等，但均听从洪文革的组织指挥。

2. 王绅其的行为亦不构成单位犯罪。在案证据能够证明王绅其以个人名义组织边民，并利用边民互市贸易的方式将洪文革、洪健等人向外商购买的涉案水产品运输入境，洪文革等人向其支付的过货费均汇入王绅其名下账户或由其控制的个人银行账户，犯罪所得均归王绅其所有，故王绅其的行为不属于单位犯罪。

第六，关于各被告人偷逃应缴税额及在共同犯罪中地位和作用如何确定的问题。

首先，应根据各被告人实质参与走私行为的时间作为被告人承担责任和确定偷逃应缴税额的基础。（1）洪文革、洪健、张亮、张璐、田会良自始参与走私，应当对全部偷逃应缴税额负责。（2）田野从2018年开始参与走私，并能与田野账本记载时间相互印证，应当对2018年之后的走私金额负责，共参与走私392柜，偷逃应缴税额44375939.55元。（3）谢志青自2018年开始参与走私，供述曾承认知晓销售的是“边贸虾”，微信聊天记录显示其于2018年5月10日将从广西里火口岸走私入境的2柜虾卖给孙某，其对此日期之后的偷逃应缴税额负责，共参与走私371柜，偷逃应缴税额41892248.44元。（4）洪达曾供述承认2018年洪文革告知其家里在做“边贸虾”生意，林某证言证实与洪达联系过，微信聊天记录显示2018年7月27日洪达指示田野给林某付款，因此其对此日期后的偷逃应缴税额负责，共参与走私301柜，偷逃应缴税额34196882.88元。（5）吴小兵的账本能够与在案发票的柜号、金额相互印证，证明涉案发票对应的冻虾系王绅其、吴小兵帮助过货，因此王绅其、吴小兵应当对涉案发票所对应的走私货物负责，共参与走私293柜，偷逃应缴税额35577250.15元。（6）薛卫欣应当对安排运输的走私货物负责，经对薛卫欣运输记录本详细记载的货物逐笔对应，认定薛卫欣参与走私161柜，偷逃应缴税额19672144.59元。（7）根据付款邮件、发票及付款凭证等证据，能够认定柯辉煌应当对为洪文革对外付汇的8柜走私货物负责，偷逃应缴税额1194914.66元。

其次，根据查明的事实和证据，在整个走私过程中，洪文革主要负责整体组织指挥，系决策者、指挥者，洪健主要负责采购进口、联系付汇等，张亮主要负责销售、财务，王绅其主要负责组织边民过货，根据《中华人民共和国刑法》第二十六条的规定，四被告人在共同犯罪中均起主要作用，系主犯。根据《中华人民共和国刑法》第二十七条的规定，吴小兵、张璐、田会良、田野、谢志青、洪达、薛卫欣、柯辉煌在共同犯罪中均起次要或辅助作用，系从犯。

本院认为，被告人洪文革、王绅其、洪健、张亮、吴小兵、张璐、田会良、田野、谢志青、洪达、薛卫欣、柯辉煌在进口货物过程中违反国家法律、法规，逃避海关监管，将应当以一般贸易方式缴税进口的货物通过边民互市贸易的方式申报进口，其中洪文革、洪健、张亮、张璐、田会良偷逃应缴税额59675524.68元，王绅其、吴小兵偷逃应缴税额35577250.15元，田野偷逃应缴税额44375939.55元，谢志青偷逃应缴税额41892248.44元，洪达偷逃应缴税额34196882.88元，薛卫欣偷逃应交税额19672144.59元，柯辉煌偷逃应缴税额1194914.66元，洪文革等十二名被告人的行为均已构成走私普通货物罪。北京市人民检察院第四分院指控被告人洪文革、王绅其、洪健、张亮、吴小兵、张璐、田会良、田野、谢志青、洪达、薛卫欣、柯辉煌犯走私普通货物罪的事实清楚，证据确实、充分，罪名成立。洪文革、王绅其、洪健、张亮、吴小兵、张璐、田会良、田野、谢志青、洪达、薛卫欣所犯走私普通货物罪，偷逃应缴税额特别巨大，柯辉煌偷逃应缴税额巨大，依法均应予以惩处。鉴于洪文革、王绅其、洪健、张亮在共同犯罪中均起主要作用，系主犯，吴小兵、张璐、田会良、田野、谢志青、洪达、薛卫欣、柯辉煌在共同犯罪中均起次要或者辅助作用，系从犯，田野、薛卫欣系自首，张璐、田会良、田野、谢志青、洪达、薛卫欣、柯辉煌均自愿认罪认罚，并如实供述自己的罪行，吴小兵亦能够当庭如实供述自己的罪行，且部分偷逃税款已被追缴在案，洪文革、洪健等人缴纳部分税款或罚金等情节，本院对洪文革、洪健、张亮予以从轻处罚，对吴小兵、张璐、田会良、田野、谢志青、洪达、薛卫欣、柯辉煌予以减轻处罚，同时对张璐、田会良、田野、谢志青、洪达、薛卫欣、柯辉煌适用缓刑。王绅其的辩护人所提建议法庭对王绅其从轻或减轻处罚，并适用缓刑的辩护意见，洪健的辩护人所提建议法庭对洪健减轻处罚的辩护意见，张亮的辩护人所提建议法庭对张亮依法认定为从犯，并酌情给予张亮三年以下有期徒刑的量刑，同时适用缓刑的辩护意见以及吴小兵的辩护人所提恳请法庭对吴小兵作定罪免刑处理或对其减轻处罚并适用缓刑的辩护意见，经查，上述辩护意见均与庭审查明的事实和证据不符，亦缺乏法律依据，本院不予采纳。张璐、田会良、谢志青、洪达的辩护人关于建议法庭对张璐、田会良、谢志青、洪达予以减轻处罚，并适用缓刑的相关辩护意见，本院予以采纳。对于公诉机关的量刑建议以及田野、薛卫欣、柯辉煌的辩护人的相关量刑辩护意见，本院予以采纳。在案查封、扣押、冻结的款物，本院依法予以处理。综上，根据各被告人犯罪的事实、性质、情节及对于社会的危害程度，以及各自在共同犯罪中的地位和作用，依照《中华人民共和国刑法》第一百五十三条第一款第二项、第三项，第三款，第一百五十六条，第二十五条第一款，第二十六条第一款、第四款，第二十七条，第五十二条，第五十三条，第六十七条第一款、第三款，第七十二条第一款、第三款，第七十三条第二款、第三款，第六十一条，第六十三条第一款，第六十四条及《最高人民法院、最高人民检察院关于办理走私刑事案件适用法律若干问题的解释》第十六条第一款，《最高人民法院关于处理自首和立功具体应用法律若干问题的解释》第一条、第三条之规定，判决如下：

一、被告人洪文革犯走私普通货物罪，判处有期徒刑十三年，并处罚金人民币一千五百万元。

（刑期自判决执行之日起计算。判决执行以前先行羁押的，羁押一日折抵刑期一日，即自2020年1月7日起至2033年1月6日止。罚金应于本判决发生法律效力第二日起三十日内缴纳。）

二、被告人王绅其犯走私普通货物罪，判处有期徒刑十一年，并处罚金人民币二百万元。

（刑期自判决执行之日起计算。判决执行以前先行羁押的，羁押一日折抵刑期一日，即自2020年1月7日起至2031年1月6日止。罚金应于本判决发生法律效力第二日起三十日内缴纳。）

三、被告人洪健犯走私普通货物罪，判处有期徒刑十年，并处罚金人民币三百万元。

（刑期自判决执行之日起计算。判决执行以前先行羁押的，羁押一日折抵刑期一日，即自2020年1月7日起至2030年1月6日止。罚金应于本判决发生法律效力第二日起三十日内缴纳。）

四、被告人张亮犯走私普通货物罪，判处有期徒刑十年，并处罚金人民币二百万元。

（刑期自判决执行之日起计算。判决执行以前先行羁押的，羁押一日折抵刑期一日，即自2020年1月7日起至2030年1月6日止。罚金应于本判决发生法律效力第二日起三十日内缴纳。）

五、被告人吴小兵犯走私普通货物罪，判处有期徒刑三年，并处罚金人民币五十万元。

（刑期自判决执行之日起计算。判决执行以前先行羁押的，羁押一日折抵刑期一日，即自2020年1月7日起至2023年1月6日止。罚金应于本判决发生法律效力第二日起三十日内缴纳。）

六、被告人张璐犯走私普通货物罪，判处有期徒刑三年，缓刑五年，并处罚金人民币一百万元。

（缓刑考验期限，从判决确定之日起计算。罚金应于本判决发生法律效力第二日起三十日内缴纳。）

七、被告人田会良犯走私普通货物罪，判处有期徒刑三年，缓刑四年，并处罚金人民币一百万元。

（缓刑考验期限，从判决确定之日起计算。罚金应于本判决发生法律效力第二日起三十日内缴纳。）

八、被告人谢志青犯走私普通货物罪，判处有期徒刑三年，缓刑三年，并处罚金人民币五十万元。

（缓刑考验期限，从判决确定之日起计算。罚金应于本判决发生法律效力第二日起三十日内缴纳。）

九、被告人洪达犯走私普通货物罪，判处有期徒刑三年，缓刑三年，并处罚金人民币五十万元。

（缓刑考验期限，从判决确定之日起计算。罚金应于本判决发生法律效力第二日起三十日内缴纳。）

十、被告人薛卫欣犯走私普通货物罪，判处有期徒刑三年，缓刑三年，并处罚金人民币三十万元。

（缓刑考验期限，从判决确定之日起计算。罚金应于本判决发生法律效力第二日起三十日内缴纳。）

十一、被告人田野犯走私普通货物罪，判处有期徒刑二年，缓刑三年，并处罚金人民币五十万元。

（缓刑考验期限，从判决确定之日起计算。罚金应于本判决发生法律效力第二日起三十日内缴纳。）

十二、被告人柯辉煌犯走私普通货物罪，判处有期徒刑二年，缓刑二年，并处罚金人民币二十万元。

（缓刑考验期限，从判决确定之日起计算。罚金应于本判决发生法律效力第二日起三十日内缴纳。）

十三、在案查封、冻结的被告人洪文革等人名下银行账户中的款项及洪文革等人名下的不动产予以拍卖、变卖后的款项，均用于补缴应缴税款，上缴国库。不足部分继续向洪文革、王绅其、洪健、张亮追缴。（清单略）。

十四、扣押在本院及北京海关缉私局的款物依法予以处理（清单略）。

如不服本判决，可在接到判决书的第二日起十日内，通过本院或者直接向北京市高级人民法院提出上诉。书面上诉的，应当提交上诉状正本一份，副本一份。

审 判 长　王　靖
审 判 员　翟长玺
人民陪审员　刁全贵

二〇二一年十一月二十九日

法官助理　郭红佛
法官助理　江珞伊
书 记 员　谭梦雯

涂琳

北京市顺义区人民法院

北京市顺义区人民法院牛栏山人民法庭副庭长，四级高级法官，法律硕士。长期在审判一线工作，撰写的多篇案例、论文在《中国法院年度案例》《北京审判》等书籍刊物发表，撰写的论文曾获全国法院第33届学术讨论会二等奖、北京法院第33届学术讨论会一等奖。曾获北京法院民事审判业务标兵，北京法院人民法庭工作先进个人，北京法院先进审判团队，北京市顺义区优秀共产党员，顺义法院第三届、第四届审判业务特别贡献奖等荣誉。2019～2021年连续三年荣立个人三等功。

北京市顺义区人民法院
民事判决书

（2019）京0113民初28309号

原告：刘子忱，男，1968年2月15日出生，汉族，户籍地吉林省舒兰市。

委托诉讼代理人：高胜，吉林久弘律师事务所律师。

委托诉讼代理人：高璐，吉林久弘律师事务所律师。

被告：北京京通华远物流有限公司，住所地北京市顺义区牛栏山镇府前街9号A-1，统一社会信用代码91110113306387316J。

法定代表人：迟宏波，经理。

委托诉讼代理人：张俊建，男，1963年5月14日出生，汉族，北京市顺义区杨镇第二法律服务所法律服务工作者。

被告：杨青山，男，1960年6月8日出生，汉族，户籍地黑龙江省五常市，住北京市怀柔区。

委托诉讼代理人：刘佳媛，北京智勇律师事务所律师。

第三人：北京福田戴姆勒汽车有限公司，住所地北京市怀柔区红螺东路21号，统一社会信用代码9111000071788484XU。

法定代表人：巩月琼，董事长。

委托诉讼代理人：王贤国，男，1987年8月13日出生，汉族，北京福田戴姆勒汽车有限公司员工。

委托诉讼代理人：马彩霞，女，1992年11月15日出生，汉族，北京福田戴姆勒汽车有限公司法务。

第三人：北京普田物流有限公司怀柔分公司，住所地北京市怀柔区庙城镇高各庄村328号2幢1层01，统一社会信用代码91110116796742180E。

法定代表人：李玉连，经理。

委托诉讼代理人：祁辰，女，1989年5月7日出生，汉族，北京普田物流有限公司怀柔分公司法务。

原告刘子忱与被告北京京通华远物流有限公司（以下简称京通物流公

司）、杨青山，第三人北京福田戴姆勒汽车有限公司（以下简称福田汽车公司）、北京普田物流有限公司怀柔分公司（以下简称普田物流公司）提供劳务者受害责任纠纷一案，本院于2019年10月30日立案后，依法适用普通程序，公开开庭进行了审理。原告刘子忱及其委托诉讼代理人高胜、高璐，被告杨青山及其委托诉讼代理人刘佳媛，被告京通物流公司法定代表人迟宏波及其委托诉讼代理人张俊建，第三人福田汽车公司之委托诉讼代理人王贤国、马彩霞，第三人普田物流公司之委托诉讼代理人祁辰到庭参加诉讼。本案现已审理终结。

原告刘子忱向本院提出诉讼请求：医疗费189152.67元，医疗依赖费用120000元，住院伙食补助4600元，残疾赔偿金1223820元，误工费73195.40元，后续治疗费30000元，鉴定费3300元，营养费4600元，精神抚慰金50000元，被扶养人生活费30595.50元，交通费2864.50元，护理依赖费用925280元，要求二被告共同赔偿上述损失，二位第三人连带赔偿上述损失。

事实与理由：刘子忱受杨青山雇用干背车工作，约定月薪4000元，经查该项工程系杨青山从京通物流公司处承包。2018年7月5日，由于雇主杨青山的工具和工作设备老化、未及时检修，导致刘子忱被所背架子砸伤。事故发生后，杨青山将刘子忱送至北京市红十字会急诊抢救中心治疗，后由于费用过高，刘子忱出院返回老家进行康复治疗。杨青山垫付部分医疗费后称自己没钱了，不再予以治疗，而京通物流公司对于此事置若罔闻，自始至终未曾出面。刘子忱为进行治疗花费巨大，二被告却不闻不问，故起诉要求连带赔偿。同时因为福田汽车公司将物流违法转包给普田物流公司，普田物流公司将物流业务违法转包给京通物流公司，因此要求二位第三人承担连带赔偿责任。

被告杨青山辩称：确实是我雇用刘子忱背车的过程中导致他受伤，我承认是我给刘子忱造成伤害的。刘子忱的合理损失我同意赔偿，但是我没钱我赔不起。我与刘子忱之间是直接雇佣关系，与京通华远公司不存在刘子忱所述的分包关系，我与京通华远公司只是场地租赁关系。因为我直接雇佣的刘子忱，所以应当由我承担赔偿责任。本次事故是刘子忱自己操作千斤顶把车辆支上车，由于自己操作不当，致使千斤顶滑落砸到自己，所以刘子忱应当自己承担相应责任。

被告京通物流公司辩称：不同意刘子忱的诉讼请求。我公司与刘子忱不存在劳务雇佣关系，我公司与杨青山存在场地租赁关系，并不知晓刘子忱受伤经过情形，不了解刘子忱与杨青山之间的雇佣关系，在接到本次诉讼后，我公司才知道刘子忱与杨青山之间的劳务雇佣关系，这种关系是双方是否存在赔偿关系的重要依据，我公司认为有必要陈述清楚双方承揽各种业务的关系。本次受伤，杨青山平时通过关系在 2015 年 1 月 1 日与我公司签订了场地租赁合同，杨青山个人租赁我公司在 × 村 × 号院，杨青山使用我公司在该场院的吊运架，该吊运架是将重物起吊的装置，连电即可使用，上述我陈述有误，杨青山不是使用我公司在该场地的吊运架，而是杨青山自己安装的吊运架，杨青山只是租用了我公司院内的一块地，南北东西大约都不到十米，其自行安装了铁质吊运架，杨青山自己用来吊车用，之后杨青山又雇用了刘子忱，二人是劳务雇佣关系，刘子忱为杨青山提供劳务，杨青山和我公司之间是租赁关系。杨青山租赁场地每年租金 1000 元，额外再支付些水费和电费，机器设备也都是杨青山自己的。杨青山平常揽活的方式为，在租赁场地北侧五公里左右属于怀柔区，该地有一个福田汽车生产厂，该生产厂生产大型货运车辆，需要向全国销售网点销售并运送货运车辆，运输的车辆没有箱体，只有车辆头部和底盘、发动机，福田汽车公司在运送上述车辆的时候和有 10 多家运输公司签订运输车辆的合同，签订后运输公司自己不进行运输，而是另行和社会上雇佣的司机再签订转运输合同，这些司机负责运输福田汽车公司生产的上述汽车，运输的方式为司机直接将新车开至销售网点，所谓的销售网点是福田汽车公司指定的销售网点，在运输的时候司机为了多赚钱，就一次争取运送两辆车，将两辆车中的一辆车吊运起来放在另一辆车的底盘框架上，在他们的术语中，这就是背车，背车的活技术性很强，运输行业高度危险，都是长途运输，所以背车一定要固定好两辆车，尤其是摞在上面的车要固定好，司机如果要运输两辆车需要找人背车，把车辆摞上去并固定好，这个技术性很强，所以杨青山就联系这些运输司机，给他们背车，背一辆车收费 200 元，这是行业内的承揽方式。我公司听说杨青山和刘子忱在背车过程中刘子忱受伤了，具体受伤过程不清楚，以上我陈述的事实就是刘子忱受伤的事实，也是双方各自的法律关系。我公司认为福田汽车公司与各物流公司之间是运输合同关系，各物流公司与社会运输车辆的司机之间是转运输合同关系，我公司与杨青山之间是场地租赁关系，杨青山背车的行为与社会司机之间是承揽合同关系下的定做或加工合同关系，刘子忱与杨青山是个人雇佣关系。综上，我公司认为就本案而言，我公司与刘子忱之间不存在雇佣关系，不是适格被告。我公司与杨青山之间是场地租赁合同关系，我公司与普田物流公司是商品车运输合同关系，双方签订了运输合同。刘子忱要求我公司共同承担赔偿责任，但是场地和架子都是杨青山的，本案不存在非法转包，这些转包关系都是合法的，法律没有规定因这种转包关系需要承担赔偿责任，只有建工合同中需要承担连带责任。事故是刘子忱操作不当造成的，应当承担相应的责任，坚持认为我公司没有责任。

第三人福田汽车公司述称：杨青山并非我公司员工，并非职务行为。我公司虽然是机动车车主，但实际使用人不是我公司，对此事故的发生也没有过错，要求我公司承担责任没有法律依据。我公司与京通物流公司之间只签过一份合同，涉及的业务是仓储服务，我公司样车存放在京通物流公司，样车并不涉及背车活动。我公司委托普田物流公司负责承运，京通物流公司为其下游承运商。根据双方合同约定，运载途中造成的损失由普田物流公司全部负责赔偿，普田物流公司为涉案车辆办理了临时交强险和商业险。本案中交通事故发生时机动车并不是由我方控制使用，而是处于普田物流公司及其委托的第三方物流公司的控制和使用中。因此根据合同约定和法律规定，我公司对此侵权行为不存在任何过错，不需要承担赔偿责任。

第三人普田物流公司述称：我公司并非刘子忱的用人或雇佣单位，本次事故中，我公司与刘子忱没有法律关系，刘子忱将我公司作为本案被告无事实与法律依据，我公司不承担任何赔偿责任。我公司作为福田汽车公司的承运商，承接福田汽车公司的欧曼重卡车辆承运业务，根据发运量及线路将运输任务分派给其他下游承运商，如京通物流公司。根据我公司与京通物流公司签订的商品车运输合同，按照每台车的发运里程结算运费，并对运输过程进行管控。商品车背载则是由实际承运人自行决定，实际承运人按照行业规范《商品车背车载装技术要求》执行。

双方当事人围绕诉讼请求依法提交了证据，本院组织当事人进行了证据交换和质证。根据当事人陈述和经审理确认的证据，本院认定事实如下：

刘子忱受杨青山雇用从事背车工作，此处的背车是指将被背车辆的车架子固定在运输车辆的行为。2018年7月6日，刘子忱在从事背车过程中受伤，于当日入北京市红十字会急诊抢救中心治疗，2018年7月24日出院（住院18天），出院诊断为："1. 脊髓损伤伴双下肢完全截瘫；2. 胸12椎体向前脱位；3. 腰1椎体爆裂骨折；4. 腰1右侧上关节突骨折；5. 腰2双侧横突骨折；6. 左侧第12肋骨折；7. 双侧胸腔积液；8. 全身多处软组织损伤；9. 胸12、腰1棘上、棘间韧带断裂；10. 低蛋白血症；11. 双肺挫伤；12. 腰3/4－腰5/骶1椎间盘突出；13. 脑外伤后神经反应。建议：全休壹个月，前往康复医院进一步康复治疗，遵医嘱行功能锻炼，定期门诊复查，不适随诊。注：2018年7月6日患者急诊入手术室行胸12椎体滑脱骨折切开复位椎弓根钉内固定术等。二期取内固定物费用约三万元。备注：住院期间陪护一人。"后刘子忱于2019年2月18日入舒兰德容医院治疗，2019年3月18日出院（实际住院28天），出院诊断：截瘫，胸腰椎外伤术后。后多次门诊治疗。刘子忱认可杨青山为其垫付费用237814.67元，同意从杨青山应承担的赔偿责任中扣除。刘子忱户籍住址为吉林省舒兰市×组，户别为非农业家庭户，与妻子腾淑华生育一子刘迪（1992年5月10日出生）、一女刘淼（2002年5月1日出生）。

2019年7月25日，刘子忱委托吉林津科司法鉴定中心就其伤残等级、后续治疗费、护理依赖、医疗依赖进行鉴定。2019年8月8日，该鉴定中心出具吉津科司鉴中心〔2019〕临鉴字第260号司法鉴定意见书，鉴定意见为：（1）刘子忱此次外伤伤情达×级伤残。（2）刘子忱此次外伤后续治疗费1.5万元。（3）刘子忱此次外伤需要医疗依赖，医疗依赖费500元/月。（4）刘子忱此次外伤伤情达大部分护理依赖程度。刘子忱花费鉴定费3300元。

审理中，杨青山申请就刘子忱伤情的伤残等级和赔偿指数、营养期、护理期、误工期及护理依赖程度进行重新鉴定，本院依法委托北京中正司法鉴定所进行司法鉴定。后北京中正司法鉴定所出具《关于刘子忱鉴定案件退案函》，内容有"我所收到贵院委托材料后，通知原被告双方来我所鉴定，被鉴定人刘子忱于2019年12月11日来我所鉴定，后我所与缴费义务人杨青山联系告知其缴费，缴费义务人杨青山于2019年12月16日表示拒绝缴费。故此我所经研究决定终止鉴定，本案做退案处理"。后经本院询问，杨青山表示退案函内容属实，表示不再申请重新鉴定。京通物流公司经本院询问亦表示不申请重新鉴定。

关于事发经过，刘子忱与杨青山均称平日有多人操作背车，事发时仅其二人在场，因当日背车架（吊车）出现故障，杨青山说需要维修，维修的话必须把车开出去，如果开出去需要把车轮胎安装上去，这时候车还在空中20厘米处，需要把车用千斤顶往上顶才能把轮胎安装上去，杨青山就让刘子忱把吊车用的钢丝绳摘了，开始用千斤顶往下缓车，千斤顶错位了，刘子忱在车底下操作千斤顶，所以被砸伤了。杨青山之前也在车底下操作千斤顶，事发时其刚从车底下离开站在车边上。就千斤顶是谁放置的，刘子忱称是其二人一同放的，杨青山称是刘子忱一人放的。

关于本案背车所涉的行业流程，依各方陈述，主要如下：涉案车辆为欧曼重卡车辆，事发时所有人为福田汽车公司。福田汽车公司与普田物流公司签订运输合同（框架合同），福田汽车公司根据其车辆销售计划，给普田物流公司下达商品车整车运输计划。商品车整车运输计划指的是福田汽车公司需要运输的车辆均是经销商已向其下订单的车辆，福田汽车公司根据所下订单生产车辆，生产完车辆有物流运输计划后，在系统中根据每辆车发往的地区，由普田物流公司分配给承运商，承运商在系统中接到普田物流公司物流计划后打印单据，拿着单据到福田汽车公司的欧曼二厂提车。与普田物流公司签约的承运商大约有十家，京通物流公司是其中一家，运输的司机都是各承运商自行委派。司机根据商品车提车的单据去欧曼二厂提车，提车后将车辆开到承运商自己的场地，后再运输到各经销商处，该单据就是从系统中打印的《商品车交接验收单》，一式五份。普田物流公司的指令中没有标注是需要背车还是需要人工架送，都是承运商自己确定的。

关于上述流程各方间的约定主要如下：2018年1月1日，福田汽车公司（甲方）与普田物流公司（乙方）签订《福田戴姆勒商品车承运合同》，约定甲方委托乙方代理国内商品车运输，乙方按照甲方要求的送达方式、时间和地点将商品车发送到甲方指定的改装厂或经销商，同时甲方向乙方定期结算商品车运费。乙方在合法的运输方式下运送车辆，若违反本约定给甲方造成的所有损失均由乙方自行承担。其中，乙方的义务有：4.2.5运载途中因交通肇事等人为因素给甲方以及第三人造成的损失由乙方全部承担……4.2.12乙方在承运甲方车辆过程中发生交通事故，第三方起诉的，如果事故车辆由乙方转委托第三方运输的，乙方应提供乙方与第三方的运输合同。另外，17.4条款约定除非本协议另有规定，未经甲方事先明确书面同意，乙方不得将本协议项下的任何权益、责任或义务（包括到期付款或即将到期的付款）全部或部分转让给任何第三方。同时，该合同附件3《北京福田戴姆勒汽车有限公司福田戴姆勒商品车运输业务管理规范》在途部分第5条约定，对乙方违规背车、违规配货对甲方造成损失的，甲方有权按照《商品车销售物流管理办法》中考核标准向乙方索赔；乙方违规背车、违规配货造成质量损失的，按照实际维修、更换零部件等产生的金额赔偿。

普田物流公司（甲方、托运方）与京通物流公司（乙方、承运方）签订《北京普田物流有限公司商品车运输合同（2018—2019年度欧曼重卡业务）》，约定甲方委托乙方运输北京怀柔发往全国各地的欧曼重卡等品牌商品车，运输方式有人工驾送和背车驾送。其中5.7.1条款中约定，违规背车现象指乙方承运的商品车人工驾送中一背二及以上的行为。第10条转包/分包条款约定：（1）禁止转包……（2）有条件的分包：……乙方不得将其承接的业务分包给不具备履行本合同应当具备的相应资质条件的单位或个人。乙方应采取有力措施禁止分包单位或个人将其分包的业务再分包。

另外，涉案场地位于顺义区×村，系京通物流公司从梁景福处租赁，双方签订了《租赁合同》（租赁期自2014年8月1日起至2034年8月1日止）。福田汽车公司与京通物流公司签订有《仓储服务合同》，约定由京通物流公司提供车辆停放的仓储服务，期限自2018年4月1日至2019年3月31日。本案所涉事故车辆并非该仓储服务合同项下的车辆。

关于京通物流公司与杨青山之间的关系，京通物流公司提交 2015 年 1 月 1 日其作为甲方与杨青山（乙方）签订的《背车场地租赁合同》，条款如下：(1) 甲方在停车场西北角提供给乙方二百平方米作为背车使用。(2) 全部背车设备由乙方自行建设，如龙门吊、气泵及辅助设备等。(3) 乙方经营期间各种消耗材料如木方、铁丝、螺杆等自行负担，乙方所有背的车辆由乙方自行收取司机背车费用。(4) 乙方在经营期间必须严格遵守操作规程，安全生产，起重设备经常检查保养，确保工作人员人身安全。乙方人员在经营期间，若在背车作业过程中造成车辆损失或人员身伤亡意外的，一切经济损失由乙方承担与甲方无关。(5) 由于乙方原因发生其他违法违规行为，造成相关管理部门处罚的，一切责任和费用由乙方承担。(6) 乙方在经营过程中，所产生的水电费用由乙方按水电表计算收费。租金每年 1000 元。(7) 本协议有效期 5 年，自 2015 年 1 月 1 日起至 2019 年 12 月 31 日止。杨青山在此前相关诉讼中于 2019 年 7 月 18 日的询问笔录中陈述其与京通物流公司是承包关系，其使用京通物流公司的场地背车，不用给物流公司缴费。后在本案中，杨青山认为其与京通物流公司之间是场地租赁关系，没有转承包、分包关系，并提交收据以证明其交付电费给京通物流公司。刘子忱认为杨青山与京通物流公司之间是承包关系，车辆系京通物流公司承运，京通物流公司将背车业务发包给杨青山，主张依据《最高人民法院关于审理人身损害赔偿案件适用法律若干问题的解释》（以下简称《人损赔偿解释》）第十一条第二款以及《中华人民共和国安全生产法》（以下简称《安全生产法》）第四十六条、第一百条和《中华人民共和国特种设备安全法》（以下简称《特种设备安全法》）第二条要求杨青山承担赔偿责任，京通物流公司承担连带赔偿责任。

关于京通物流公司与承运司机之间的关系，京通物流公司提交其作为甲方与司机（乙方）之间的《商品车运输合同》，主要约定有：1.0 甲乙双方签署本合同时，已确定双方之间为劳务合同关系，乙方为甲方提供临时、单次劳务，甲方按次与乙方进行结算，乙方不受甲方正式员工的规章制度制约，双方之间不存在劳动法及劳动合同法范畴的管理与被管理关系，但乙方应遵守本合同约定。4.0 特别提示：乙方在承运过程中发生的各类事故或人身、财产损失或商品车损失等，除保险公司赔偿的外，其他均由乙方负责赔偿，甲方对损失享有追偿权。

关于背车装载的技术规范，《商用车背车装载技术要求》（中华人民共和国物流行业标准 WB/T 1057—2015）对商用车在采用背车运输过程中的背车装载原则及装载技术要求进行了规定。背车装载是指一辆商用车承载另一辆商用车的相关作业过程，分背车台装载和吊装装载两种方式。作业设备设施有背车台设施、吊装设备（桥架型起重机、臂架型起重机）。根据原国家质量监督检验检疫总局公布的《特种设备目录》，起重机械位列其中。

经本庭询问，诉讼中各方均认可案涉《福田戴姆勒商品车承运合同》《北京普田物流有限公司商品车运输合同》均涉及背车架送服务，普田物流公司表示其将《福田戴姆勒商品车承运合同》项下的物流运输服务（包括背车架送服务）分包给包括京通物流公司在内的运输公司，仅对京通物流公司的背载工艺进行审查，未审查京通物流公司是否具备背车装载方面的资质及安全生产条件。京通物流公司表示其无背车设备，亦将《北京普田物流有限公司商品车运输合同》中背车架送所涉及的背车装载业务包给杨青山，清楚背车系属违规，但是现实中都是这么做的，未审核杨青山是否具备背车装载资质。各被告方及第三人均认可致刘子忱受伤的案涉车辆系福田汽车公司生产，由普田物流公司委托京通物流公司承运，因车辆未实际起运就造成刘子忱受伤，无法核实车辆车架号、发动机号等信息。后京通物流公司变更意见，认为致刘子忱受伤的车辆不是由其承运，同时表示不清楚由谁承运。

上述事实，有庭审笔录、双方当事人陈述、户口本、司法鉴定意见书、《福田戴姆勒商品车承运合同》、《背车场地租赁合同》、《商品车运输合同》等证据在案为证，可作为认定案件事实之依据。

本院认为，归纳双方的诉辩意见，本案争议的焦点如下：一是对刘子忱人身损害后果承担赔偿责任主体的认定；二是对刘子忱合理损失项目及数额的核定。以下分别予以阐述：

第一，关于本案损害赔偿责任承担主体的认定。

在确定本案损害赔偿责任承担主体之前，有必要先就各方主体之间法律关系进行定性分析。就此分析如下：

首先，关于刘子忱与杨青山之间的法律关系。根据二人在本案中所述，刘子忱系受杨青山雇用从事背车，其因此应得收入亦由杨青山按月发放，二人均认可他们之间形成劳务关系，本院不持异议。

其次，关于杨青山与京通物流公司的法律关系。杨青山与京通物流公司均认为双方之间存在租赁合同关系，并提交了《背车场地租赁合同》及相应收据，本院对二人之间的租赁合同关系不持异议。同时，涉案场地由京通物流公司租赁使用，既用于其与福田汽车公司所签订的《仓储服务合同》项下的仓储服务使用，亦用于其与普田物流公司所签订《北京普田物流有限公司商品车运输合同》项下的运输服务使用。《北京普田物流有限公司商品车运输合同》所约定的运输方式包括背车架送，依据本案所涉背车业务的交接流程，杨青山所从事的背车装载业务系从承运司机处接手，而通过京通物流公司与承运司机之间的约定可见，承运司机系京通物流公司所雇佣，故承运司机找杨青山背车的行为应视为京通物流公司的行为。致刘子忱受伤的车辆各方均认可系京通物流公司承运，京通物流公司后续不认可由其承运，本院责令其说明理由并询问是否能提交证据，京通物流公司未说明理由亦未提交证据，考虑到京通物流公司系案涉租赁场地的使用权人、欧曼重卡的承运人，本院结合京通物流公司的诉讼能力、在案证据、庭审陈述和案件具体情况进行审查后不采信京通物流公司所述，现有证据及庭审查明足以认定致刘子忱受伤车辆亦由京通物流公司承运。故此，京通物流公司作为租赁场地的使用权人将部分场地交由杨青山专门从事背车装载业务，背车装载亦是服务于其所承运的物流运输，二者按照所背车辆计件收费，二者之间亦构成承揽合同关系。

最后，关于福田汽车公司、普田物流公司以及下级承运物流公司之间的关系。依据本案背车所涉的行业流程及各方主体所签订的合同，各方均是将所背车辆视为被运送货物，因此在福田汽车公司与普田物流公司之间以及普田物流公司与包括京通物流公司在内的下级物流公司之间成立运输合同关系。福田汽车公司与京通物流公司因签订《仓储服务合同》而另行构成的仓储合同关系，与本案并无关联。

在厘清各方主体之间法律关系之后，关于赔偿责任的主体问题，本院分析认定如下：

首先，根据现行《侵权责任法》第三十五条的规定，个人之间形成劳务关系，提供劳务一方因劳务造成他人损害的，由接受劳务一方承担侵权责任。提供劳务一方因劳务自己受到损害的，根据双方各自的过错承担相应的责任。背车装载涉及起重机等此类特种设备，杨青山作为个人，不具备《安全生产法》中所要求的安全生产条件及《特种设备安全法》中所涉及的特种设备使用、检验、检测等条件，其未履行《安全生产法》及《特种设备安全法》中法定的职责和义务，包括但不限于为雇员提供安全生产教育和培训、落实重大危险源的安全管理措施、检查安全生产状况，及时排查生产安全事故隐患等，根据二人陈述，事发时背车架出现故障，架支千斤顶的行为系因杨青山所有的背车架出现故障而为，系在杨青山的指示下进行。作为接受劳务一方，杨青山明知该行为具有较大的人身危险性，而未呼叫专业人员或采取专业设备进行维修即指示刘子忱继续工作，显然对事故的发生存在重大过错，其应承担赔偿责任。同时刘子忱作为作业人员，未能经专门的安全作业培训，无证进行特种作业操作，虽具有一定作业工作经验，但在作业过程中发现事故隐患或者其他不安全因素，亦应当按照操作规程采取有效措施保证安全，但在设备出现故障时，其贸然同意采取危险措施进行作业导致受伤，其对自身安全负有疏忽和放任的过失。但考虑到其作为普通雇员，对于相关行业许可证照的具备欠缺充分的法律意识，亦相对欠缺自主学习相关技术并申领行业证照的能力，而杨青山相对更具备相关行业规范的常识经验，具有相对更优势的市场地位，其对于雇佣无作业证照人员所存在的生产安全风险负有相对更大的过错，且其未能充分采取相关措施有效保障作业人员人身安全，杨青山作为接受个人劳务完成所承揽特种作业的一方，应就刘子忱的人身损害后果承担主要责任，本院酌定杨青山的责任比例为80%，刘子忱应就自身损害后果承担次要责任，本院酌定刘子忱的责任比例为20%。

其次，关于京通物流公司是否承担赔偿责任的问题。根据《安全生产法》第四十六条规定，生产经营单位不得将生产经营项目、场所、设备发包或者出租给不具备安全生产条件或者相应资质的单位或者个人。生产经营项目、场所发包或者出租给其他单位的，生产经营单位应当与承包单位、承租单位签订专门的安全生产管理协议，或者在承包合同、租赁合同中约定各自的安全生产管理职责；生产经营单位对承包单位、承租单位的安全生产工作统一协调、管理，定期进行安全检查，发现安全问题的，应当及时督促整改。第一百条规定，生产经营单位将生产经营项目、场所、设备发包或者出租给不具备安全生产条件或者相应资质的单位或者个人的……导致发生生产安全事故给他人造成损害的，与承包方、承租方承担连带赔偿责任。根据《人损赔偿解释》第十一条第二款的规定，雇员在从事雇佣活动中因安全生产事故遭受人身损害，发包人、分包人知道或者应当知道接受发包或者分包业务的雇主没有相应资质或者安全生产条件的，应当与雇主承担连带赔偿责任。本案中，杨青山从事背车业务所使用的背车架应属《特种设备目录》中的起重机械，其经营、使用应符合《安全生产法》《特种设备安全法》的相关规定，而本案中的背车架系杨青山自行找人焊接，日常亦缺乏检测、维护与保养，显然不具备安全生产条件及特种设备作业条件。京通物流公司作为专业的物流单位，以及涉案场地使用人，应熟知并严格遵守国家相关安全生产法规的强制性规定，更应注意通过有效严谨的审查措施尽可能预防因违规背车面临的安全风险，不得将场地出租及背车项目发包给不具备安全生产条件的个人是其法定义务。但京通物流公司不仅将使用的部分场地出租给杨青山，同时将背车架送所涉的背车装载业务发包给杨青山，并且杨青山从事的背车装载业务服务于其所承运的物流运输业务。京通物流公司的行为违反了《安全生产法》中法定义务，与造成刘子忱实际损害后果的雇主杨青山具有共同过错，二人构成共同侵权，根据《人损赔偿解释》第十一条第二款的规定，京通物流公司应与杨青山就刘子忱从事雇佣活动中遭受的人身损害承担连带赔偿责任。

最后，就福田汽车公司与普田物流公司是否承担责任的问题。刘子忱主张二者承担连带赔偿责任的事由为涉案车辆运输业务系该二公司层层违法转包而至京通物流公司，就此，经庭审查明，各方均认可背车架送属于普田物流公司、京通物流公司所签订的承运合同及运输合同项下的合同内容，经庭审询问，普田物流公司认可其并无背车装载技术条件也未履行背车装载和背车架送服务，而是将此项业务转包给了包括京通物流公司在内的下游物流公司。福田汽车公司作为专业的汽车生产企业，应熟知并严格遵守国家相关《安全生产法》规定的强制性规定，更应注意通过有效严谨的审查措施尽可能选任具备安全装载条件的运输企业承揽业务，而福田汽车公司在选用普田物流公司承揽承运业务时未尽到对普田物流公司在背车装载方面的安全生产条件的合理审查义务。同样，普田物流公司将含背车装载业务在内的运输业务委托下游运输企业京通物流公司承运，京通物流公司同样不具备背车装载相关的安全生产条件，普田物流公司亦未尽到谨慎审查义务。福田汽车公司、普田物流公司均负有选任不具备安全生产条件的单位的过失，根据《安全生产法》第一百条的规定，福田汽车公司、普田物流公司均应当与京通物流公司一起与杨青山承担连带赔偿责任。

第二，关于刘子忱合理损失项目及数额的核定。

在不区分责任比例的情况下，就刘子忱主张的各项损失，本院核定如下：

医疗费：依据《人损赔偿解释》第十九条的规定，医疗费应当根据医疗机构出具的医药费、住院费等收款凭证，结合病历和诊断证明等相关证据确定。本案中，刘子忱主张189152.67元，系伤后就诊时所花费，均辅以病历、收费凭证作为佐证，杨青山与京通物流公司认可该数额，本院不持异议。

医疗依赖费：刘子忱主张120000元，系其根据鉴定意见书所载500元/月计算20年所得。被告方认为刘子忱主张的时间过长，而且不认可计算的月标准。在被告方均不另行申请鉴定亦未提交相反证据的情形下，本院对吉津科司鉴中心〔2019〕临鉴字第260号司法鉴定意见书的鉴定意见予以参考。刘子忱因外伤造成脊髓损伤伴双下肢完全截瘫等，需要预防治疗深静脉血栓、泌尿系统感染、褥疮等病症，需要医疗依赖，本院对鉴定意见中认为的医疗依赖费500元/月的标准予以采纳，综合考虑到刘子忱的年龄，本院酌情认定暂计5年，自定残日起算，5年以后刘子忱仍有实际支出，可另行主张。本院核算医疗依赖费用为30000元。

住院伙食补助费：刘子忱主张4600元，按照住院46天，每天100元计算，被告方认为应按照每天50元计算。依据《人损赔偿解释》第二十三条的规定，住院伙食补助费可以参照当地国家机关一般工作人员的出差伙食补助标准予以确定。刘子忱主张住院46天，每天100元的符合北京市国家机关一般工作人员的出差伙食补助标准，经核算，该项金额为4600元。

残疾赔偿金（含被扶养人生活费）：刘子忱主张1223820元（67990元/年×20年×90%）。被告方认为应当按照户籍地城镇标准计算，不应当以北京标准计算。刘子忱是城镇户口，达×级伤残，刘子忱主张应按照北京地区2018年城镇居民人均可支配收入标准计算，符合《人损赔偿解释》第二十五条的规定，本院不持异议。经核算，该项金额为1223820元。被扶养人生活费：刘子忱主张30595.50元（67990×90%÷2），被扶养人是其女儿刘淼，2002年5月1日出生，事发时未成年。被告方认为以北京市标准计算过高。本案中，刘子忱有权主张其女刘淼的被扶养人生活费，但其按照2018年城镇居民人均可支配收入标准计算不符合法律规定，根据《人损赔偿解释》第二十八条的规定，应按照北京地区2018年度城镇居民人均消费性支出42926元/年计算，经核算，该项金额为19316.70元（42926×90%÷2）。《侵权责任法》实施后，“被扶养人生活费”不再作为一项单独的请求事项，而应计入残疾赔偿金，故本案中应赔偿的残疾赔偿金（含被扶养人生活费）数额共计1243136.70元。

误工费：刘子忱主张73195.40元，因鉴定意见是全残，没有劳动能力，故按照事发前每月4000元的标准主张398天（受伤日到鉴定日2019年8月8日）。被告方对误工时间不认可，认为应当以医疗诊断证明确定误工时间，误工标准也过高，应当按照北京市最低工资标准计算。本院认为，根据刘子忱所受伤情结合鉴定意见书，足以认定自受伤之日至鉴定前一日刘子忱确无劳动能力，此期间为刘子忱的合理误工期间。关于误工标准，杨青山承认其每月给付刘子忱4000元且包吃包住，故对刘子忱主张的每月4000元的标准予以采信。经核算，该项金额为52267元。

后续治疗费：刘子忱主张30000元，系按照2018年7月24日北京市红十字会急诊抢救中心医嘱主张，目前尚未发生。被告方认为应以实际发生为准。根据《人损赔偿解释》第十九条规定，器官功能恢复训练所必要的康复费、适当的整容费以及其他后续治疗费，赔偿权利人可以待实际发生后另行起诉。但根据医疗证明或者鉴定意见确定必然发生的费用，可以与已经发生的医疗费一并予以赔偿。刘子忱因受伤行胸12椎体滑脱、腰1椎体爆裂性骨折切开复位锥弓根钉内固定术等，根据医嘱待骨折完全愈合后，需住院行内固定物取出术，必然发生费用。虽北京市红十字会急诊抢救中心医嘱显示取出内固定物费用约30000元，但刘子忱以其伤情进行鉴定后，根据吉林津科司法鉴定意见中心司法鉴定意见，参照其省医疗机构一般收费情况，刘子忱此次外伤取内固定物约需15000元，为减轻各方诉累，本院认为应当支持后续治疗费，考虑到刘子忱伤后康复等治疗都在吉林当地实施，本院酌情按照司法鉴定意见书所确定15000元标准支持此费用。

营养费：刘子忱主张4600元，按照每日100元标准，住院46天计算。被告方认可营养期，但认为应按每日20元标准计算。根据《人损赔偿解释》第二十四条的规定，营养费根据受害人伤残情况参照医疗机构的意见确定。本院综合刘子忱的伤情酌情认定每日50元的标准，计算46天，金额为2300元。

精神抚慰金：刘子忱主张50000元，被告方认为过高。鉴于此次伤情较重，确对刘子忱造成了精神损害，本院根据其伤情和损害程度，酌情确定为40000元。

交通费：刘子忱主张2864.50元，包括往返北京就医的费用和配合本案杨青山申请的鉴定往返北京的交通费用。被告杨青山不予认可。根据《人损赔偿解释》第二十二条的规定，交通费根据受害人及其必要的陪护人员因就医或者转院治疗实际发生的费用计算。交通费应当以正式票据为凭；有关凭据应当与就医地点、时间、人数、次数相符合。根据刘子忱的伤情及就医情况，本院认为其主张2864.50元合情合理，应予以支持。

护理依赖费：刘子忱主张925280元，因鉴定意见书确定是大部分护理依赖，其按照57830元（居民服务业平均工资标准）×20年×80%计算。被告方认为标准主张过高，年限不认可，最多认可到60岁的剩余年限。根据《人损赔偿解释》第二十一条规定，护理费根据护理人员的收入状况和护理人数、护理期限确定。护理人员有收入的，参照误工费的规定计算；护理人员没有收入或者雇用护工的，参照当地护工从事同等级别护理的劳务报酬标准计算。护理人员原则上为一人，但医疗机构或者鉴定机构有明确意见的，可以参照确定护理人员人数。护理期限应计算至受害人恢复生活自理能力时止。受害人因残疾不能恢复生活自理能力的，可以根据其年龄、健康状况等因素确定合理的护理期限，但最长不超过二十年。受害人定残后的护理，应当根据其护理依赖程度并结合配制残疾辅助器具的情况确定护理级别。考虑到刘子忱的年龄、结合其伤情，本院对其护理期限暂计5年，自定残日起算，5年以后仍有支出，刘子忱可另行主张。参考中华人民共和国公安部下发的《人身损害护理依赖程度评定GA/T 800－2008》之附录B（资料性附录），根据护理依赖程度等级所需护理费用的比例，对护理依赖的赔付比例分为完全护理依赖100%、大部分护理依赖80%、部分护理依赖50%三个等级。刘子忱主张的护理标准合理，综合上述因素，本院核算护理依赖费用为231320元。

综上，经计算在不区分责任比例的情况下，刘子忱的各项损失合计1810640.87元。根据前述责任主体的责任比例，确定杨青山承担1448512.70元，扣除杨青山已垫付的237814.67元，杨青山应承担的余款为1210698.03元，京通物流公司、福田汽车公司、普田物流公司承担连带责任。

综上所述，依照《中华人民共和国侵权责任法》第三十五条，《中华人民共和国安全生产法》第四十六条、第一百条，《最高人民法院关于审理人身损害赔偿案件适用法律若干问题的解释》第十条、第十一条第二款、第十七条、第十八条、第十九条、第二十条、第二十一条、第二十二条、第二十三条、第二十四条、第二十五条、第二十八条，《最高人民法院关于适用〈中华人民共和国民事诉讼法〉的解释》第九十条之规定，判决如下：

一、被告杨青山于本判决生效之日起七日内赔偿原告刘子忱医疗费、医疗依赖费、住院伙食补助费、残疾赔偿金（含被扶养人生活费）、误工费、后续治疗费、营养费、精神抚慰金、交通费、护理依赖费共计一百二十一万零六百九十八元零三分；

二、被告北京京通华远物流有限公司、第三人北京福田戴姆勒汽车有限公司、第三人北京普田物流有限公司怀柔分公司对本判决第一项承担连带赔偿责任；

三、驳回原告刘子忱的其他诉讼请求。

如果未按本判决指定的期间履行给付金钱义务，应当依照《中华人民共和国民事诉讼法》第二百五十三条之规定，加倍支付迟延履行期间的债务利息。

案件受理费二万六千一百五十四元（原告刘子忱已预交），由原告刘子忱负担四千一百五十四元（已交纳），由被告北京京通华远物流有限公司负担五千五百元，由被告杨青山负担五千五百元，由第三人北京福田戴姆勒汽车有限公司负担五千五百元，由第三人北京普田物流有限公司怀柔分公司负担五千五百元，于本判决生效之日起七日内支付原告刘子忱。

鉴定费三千三百元（原告刘子忱已预交），由原告刘子忱负担四百六十元，由被告北京京通华远物流有限公司负担七百一十元，由被告杨青山负担七百一十元，由第三人北京福田戴姆勒汽车有限公司负担七百一十元，由第三人北京普田物流有限公司怀柔分公司负担七百一十元，于本判决生效之日起七日内支付原告刘子忱。

如不服本判决，可在判决书送达之日起十五日内，向本院递交上诉状，并按对方当事人的人数提出副本，交纳上诉案件受理费，上诉于北京市第三中级人民法院。上诉期满后七日内仍未交纳上诉案件受理费的，按自动撤回上诉处理。

审 判 长 涂 琳
审 判 员 孙树华
审 判 员 张 婷

二〇二〇年十二月二十九日

法官助理 邵 冲
书 记 员 罗佳旭

曹欣

北京市第二中级人民法院

北京市第二中级人民法院民事审判第四庭三级高级法官，中国政法大学国际法学硕士。从事商事审判工作20余年，审理了大量重大疑难复杂、新类型案件及年度大要案，撰写的裁判文书曾获最高人民法院涉外商事海事裁判文书二等奖、北京法院涉外商事裁判文书一等奖。曾荣立个人三等功，获北京市法院模范法官、北京市第二中级人民法院“身边的榜样”及审判专家等荣誉称号。

北京市第二中级人民法院
民事判决书

（2021）京 02 民初 105 号

原告（反诉被告）：中信金融租赁有限公司，住所地天津市天津自贸试验区（中心商务区）金昌道 637 号华夏金融中心 11 层 1102B，1102C 室。

法定代表人：杨毓，董事长。

委托诉讼代理人：张尘，北京富尔律师事务所律师。

委托诉讼代理人：于晓菲，北京富尔律师事务所律师。

被告：贵州千禧绿色环保出租汽车服务有限公司，住所地贵州省贵阳市云岩区新添大道南段 289 号中天花园玉兰园 C 栋 2 单元 1 层 1A－1C 号。

法定代表人：刘治光，执行董事兼总经理。

委托诉讼代理人：崔文静，贵州中孚律师事务所律师。

委托诉讼代理人：龙荣，贵州中孚律师事务所律师。

被告（反诉原告）：贵州亨特房地产开发有限公司，住所地贵州省贵阳市云岩区中华中路 8 号。

法定代表人：杨中安，执行董事。

委托诉讼代理人：袁图跃，贵州千里律师事务所律师。

被告：贵州亨特惠通汽车销售服务有限公司，住所地贵州省贵阳市云岩区新添大道南段 289 号玉兰园 C 栋壹层贰号。

法定代表人：杨光，执行董事。

委托诉讼代理人：崔文静，贵州中孚律师事务所律师。

委托诉讼代理人：龙荣，贵州中孚律师事务所律师。

被告：四川千禧神骊科技有限公司，住所地中国（四川）自由贸易试验区成都高新区天府三街 199 号 B 座 10 楼 B01 室、B02 室、B03 室。

法定代表人：刘治光，执行董事兼总经理。

委托诉讼代理人：崔文静，贵州中孚律师事务所律师。

委托诉讼代理人：龙荣，贵州中孚律师事务所律师。

被告：杨中安，男，1954 年 11 月 12 日出生，汉族，住址贵州省贵阳市花溪区。

委托诉讼代理人：袁图跃，贵州千里律师事务所律师。

被告：刘智苓，女，1958年7月8日出生，汉族，住址贵州省贵阳市花溪区。

委托诉讼代理人：袁图跃，贵州千里律师事务所律师。

被告：杨光，男，1978年11月13日出生，汉族，住址贵州省贵阳市花溪区。

委托诉讼代理人：崔文静，贵州中孚律师事务所律师。

委托诉讼代理人：龙荣，贵州中孚律师事务所律师。

被告：张蕾，女，1988年8月30日出生，汉族，住址四川省成都市高新区。

委托诉讼代理人：崔文静，贵州中孚律师事务所律师。

委托诉讼代理人：龙荣，贵州中孚律师事务所律师。

原告中信金融租赁有限公司（以下简称中信金租公司）与被告贵州千禧绿色环保出租汽车服务有限公司（以下简称千禧公司）、贵州亨特房地产开发有限公司（以下简称亨特房地产公司）、贵州亨特惠通汽车销售服务有限公司（以下简称亨特惠通公司）、四川千禧神骊科技有限公司（以下简称神骊公司）、杨中安、刘智苓、杨光、张蕾融资租赁合同纠纷一案，本院于2021年2月1日立案后，依法适用普通程序，于2021年8月20日、2021年10月9日公开开庭进行了审理。原告中信金租公司的委托诉讼代理人张尘、于晓菲，被告千禧公司、亨特惠通公司、神骊公司、杨光、张蕾的委托诉讼代理人崔文静、龙荣，被告亨特房地产公司、杨中安、刘智苓的委托诉讼代理人袁图跃到庭参加诉讼。本案现已审理终结。

中信金租公司向本院提出诉讼请求：

1. 判令千禧公司向中信金租公司支付已到期未付租金人民币33807299.20元及相应逾期利息（逾期利息以已到期未付租金为基数，按照日万分之五为标准，自逾期之日起计算至上述租金付清之日止；其中，第十三期8451824.80元租金的逾期利息自2020年7月17日起计算，第十四期8451824.80元租金的逾期利息自2020年8月6日起计算，第十五期8451824.80元租金的逾期利息自2020年11月6日起计算，第十六期8451824.80元租金的逾期利息自2021年2月6日起计算）；

2. 判令千禧公司向中信金租公司支付于2021年2月22日提前到期的租金人民币33807299.19元及相应逾期利息（逾期利息以提前到期的租金人民币33807299.19元为基数，按照日万分之五为标准，自2021年2月23日起计算至上述租金付清之日止）；

3. 判令千禧公司向中信金租公司支付违约金人民币1897284.45元（按未付的剩余租赁本金人民币63242814.97元的3%计算）；

4. 判令千禧公司向中信金租公司支付留购价款人民币1元；

5. 判令千禧公司向中信金租公司支付已发生的保全保险费41707.13元、律师代理费25000元；

6. 判令亨特房地产公司、亨特惠通公司、神骊公司、杨中安、刘智苓、杨光、张蕾，就千禧公司对中信金租公司的上述全部债务向中信金租公司承担连带清偿责任；

7. 判令中信金租公司就上述千禧公司的全部债务，对其与千禧公司间《股权质押合同》中质押的上海卓诺汽车服务有限公司（以下简称上海卓诺公司）100%股权拍卖、变卖所得的价款优先受偿；

8. 判令中信金租公司就上述千禧公司的全部债务，对亨特房地产公司名下黔（2017）南明区不动产证明第0057268号、黔（2019）贵阳市不动产证明第0098107号、黔（2019）贵阳市不动产证明第0098840号《不动产登记证明》所载的在建工程及不动产（以抵押物清单为准），拍卖、变卖所得的价款，按抵押顺位优先受偿；

9. 判令中信金租公司有权就拍卖、变卖租赁物（以《租赁物清单》所列为准）的价款，在千禧公司对中信金租公司的上述全部债务范围内受偿；

10. 判令本案诉讼费、保全费用，由千禧公司、亨特房地产公司、亨特惠通公司、神骊公司、杨中安、刘智苓、杨光、张蕾负担。

事实与理由：

中信金租公司与千禧公司于2017年2月13日在北京市东城区签订了编号为CITICFL－C－2017－0223的《融资租赁合同（回租通用项目A版）》及编号为CITICFL－C－2017－0223－01《租赁附表》（以下简称《融资租赁合同》）。

根据上述合同等文件约定，千禧公司与中信金租公司开展融资租赁回租业务，租赁期限共5年，自租赁物购买价款支付之日起算，中信金租公司应支付的租赁物购买价款为10000万元，千禧公司的租赁成本为人民币10000万元，租赁利率为每年5.4625%，租金分二十期支付，每期为三个月，千禧公司应支付的租金合计人民币115157174.40元，留购价款为人民币1元。在千禧公司因未按时、足额支付租金而构成根本违约时，中信金租公司有权要求千禧公司立即支付已到期未付租金，按约定支付逾期利息（逾期期间按照每天应付未付款项的万分之五计算），并对不能按时支付的逾期利息按日万分之五支付复利，支付违约金（按剩余租赁本金的3%计算），并行使约定的担保权利，违约救济的费用全部由千禧公司承担，有关合同的一切争议由合同首页列明的签订地北京市东城区有管辖权的人民法院管辖。

中信金租公司与千禧公司分别于2019年9月20日和2020年9月28日就上述《融资租赁合同》签订了编号为CITICFL－C－2017－0118－A－02和CITICFL－C－2017－0118－A－03的《融资租赁合同补充协议》，对《融资租赁合同》项下《租前息/预付租赁成本/租金支付概算表》及宽限期、提前还款等事宜进行了变更或补充约定。

为担保千禧公司履行《融资租赁合同》及相关附件、两份《融资租赁合同补充协议》所约定的义务，亨特房地产公司于2017年1月23日与中信金租公司签订了编号为CITICFL－C－2017－0219－G－ZGEBZA－02的《最高额保证合同（法人适用）》，并于2017年11月9日就前述《最高额保证合同（法人适用）》签订了编号为CITICFL－C－2017－0219－G－ZGEBZA－02－A01的《最高额保证合同补充协议》，又于2020年9月28日就前述《最高额保证合同（法人适用）》及《最高额保证合同补充协议》向中信金租公司出具了《确认函》；亨特惠通公司于2017年1月23日与中信金租公司签订了编号为CITICFL－C－2017－0219－G－ZGEBZA－01的《最高额保证合同（法人适用）》，并于2017年11月9日就前述《最高额保证合同（法人适用）》签订了编号为CITICFL－C－2017－0219－G－ZGEBZA－01－A01的《最高额保证合同补充协议》，又于2020年9月28日就前述《最高额保证合同（法人适用）》及《最高额保证合同补充协议》向中信金租公司出具了《确认函》；神骊公司于2020年9月28日与中信金租公司签订了编号为CITICFL－C－2017－0118－G－ZGEBZA的《最高额保证合同（法人适用）》；杨中安、刘智苓于2017年1月23日分别与中信金租公司签订了编号为CITICFL－C－2017－0219－G－ZGEBZB－01、CITICFL－C－2017－0219－G－ZGEBZB－03的《最高额保证合同（自然人适用）》，并于2017年11月9日共同就前述两份《最高额保证合同（自然人适用）》签订了编号为CITICFL－C－2017－0219－G－ZGEBZB－A－01的《最高额保证合同补充协议》，又于2020年9月28日共同就前述《最高额保证合同（自然人适用）》及《最高额保证合同补充协议》向中信金租公司出具了《确认函》；杨光于2017年1月23日与中信金租公司签订了编号为CITICFL－C－2017－0219－G－ZGEBZB－02的《最高额保证合同（自然人适用）》，并于2017年11月9日与张蕾共同就前述《最高额保证合同（自然人适用）》签订了编号为CITICFL－C－2017－0219－G－ZGEBZB－A－02的《最高额保证合同补充协议》，杨光、张蕾又于2020年9

月 28 日共同就前述《最高额保证合同（自然人适用）》及《最高额保证合同补充协议》向中信金租公司出具了《确认函》；亨特房地产公司分别于 2017 年 1 月 15 日、2017 年 1 月 23 日、2019 年 6 月 27 日与中信金租公司分别签订合同编号为 CITICFL－C－2017－0219－G－ZGEREA－01、CITICFL－C－2017－0219－G－ZGEREA－02、CITICFL－C－2017－0219－G－ZGEREA－03 的三份《最高额不动产抵押合同（法人适用）》，后亨特房地产公司于 2020 年 9 月 28 日就前述《最高额不动产抵押合同（法人适用）》向中信金租公司出具了《确认函》；千禧公司于 2020 年 5 月 20 日与中信金租公司签订了编号为 CITICFL－C－2017－0118－G－GQA－06 的《股权质押合同（法人适用）》，并于 2020 年 9 月 28 日就前述《股权质押合同（法人适用）》向中信金租公司出具了《确认函》。

2017 年 2 月 17 日，千禧公司向中信金租公司出具了《付款通知》和《委托扣款申请书》，要求中信金租公司于当日支付租赁物购买价款 10000 万元；同时，确认因千禧公司向中信金租公司支付的咨询服务费、资产管理咨询服务费和押金共计 800 万元人民币的付款期限已届满，要求中信金租公司在支付租赁物购买价款时直接扣除千禧公司应向中信金租公司支付的上述 800 万元，向千禧公司实际支付人民币 9200 万元，即为完成全部 10000 万元租赁物购买价款的付款义务。

中信金租公司于 2017 年 2 月 17 日按千禧公司上述两份付款文件要求，向千禧公司以银行转账方式付款人民币 9200 万元。同日，千禧公司向中信金租公司出具了《所有权转移及租赁物接受书》。

2017 年 7 月 18 日，中信金租公司与亨特房地产公司办理了所抵押不动产的不动产登记手续，并取得了编号为黔（2017）南明区不动产证明第 0057268 号和黔（2017）南明区不动产证明第××××号的《不动产登记证明》；2019 年 9 月 29 日，因部分抵押物建设完成，不再属于在建工程，中信金租公司与亨特房地产公司对前述黔（2017）南明区第 0082655 号《不动产登记证明》所涉抵押物办理了变更，并取得了编号为黔（2019）贵阳市不动产证明第 0098107 号和黔（2019）贵阳市不动产证明第 0098840 号的《不动产登记证明》。2020 年 5 月 18 日，中信金租公司与千禧公司办理了股权出质登记手续，并取得了编号为股质登记设字〔062020〕第 0024 号的《股权出质设立登记通知书》。

因千禧公司未按编号 CITICFL－C－2017－0118－A－03 的《融资租赁补充协议》的约定，于 2021 年 1 月 5 日向中信金租公司支付相应租金，已构成根本违约。根据《融资租赁合同》及相关补充协议约定，按照调整后的租金概算表，千禧公司已支付了第一期至第十二期的各期租金，同时，千禧公司支付了截至2020年7月16日的第十一期至第十三期的逾期利息，但尚未支付第十三期之后（含第十三期）已到期的各期租金及逾期利息等款项，以及应提前到期的未到期租金。

基于上述事实，中信金租公司认为千禧公司已构成《融资租赁合同》项下的根本违约，千禧公司应立即支付全部已到期未付租金、剩余未到期租金、逾期利息、复利及违约金、留购价款，并承担中信金租公司的违约救济费用。同时，中信金租公司有权根据各《最高额保证合同》《最高额不动产抵押合同》《股权质押合同》的约定，向各被告实现相应担保权利。现中信金租公司为维护自身合法权益，依法提起本案诉讼，望判如所请。

千禧公司、亨特惠通公司、神骊公司、杨光、张蕾辩称：

第一，本案可以适用《中华人民共和国民法典》（以下简称《民法典》）。

本案纠纷所引发的事实发生于《民法典》施行以前，但中信金租公司起诉之日，《民法典》已经实施并生效，结合《最高人民法院关于适用〈中华人民共和国民法典〉时间效力的若干规定》第一条第三款规定："民法典施行前的法律事实持续至民法典施行后，该法律事实引起的民事纠纷案件，适用民法典的规定，但是法律、司法解释另有规定的除外"，本案的法律事实持续至《民法典》施行后，可以适用《民法典》的规定。

第二，涉案车辆所有权应当属于千禧公司及第三方购买人所有。

根据《民法典》第二百二十四条规定："动产物权的设立和转让，自交付时发生效力，但是法律另有规定的除外。"第二百二十五条规定："船舶、航空器和机动车等的物权的设立、变更、转让和消灭，未经登记，不得对抗善意第三人。"现涉案车辆已在公安机关登记，具有对外公示效力，且已实际交付给千禧公司以及第三方购买人，其转让已发生法律效力。

第三，千禧公司在诉讼中归还的800万元及已付押金、咨询服务费/咨询费应抵扣已到期未还的租赁本金。

1. 2021年7月27日，千禧公司与中信金租公司及福州华达汽车销售服务有限公司（以下简称华达公司）三方签订《代付协议》，该协议第一条约定："经各方同意并确认，丙方应于2021年7月30日前直接代乙方，向甲方付款人民币捌佰万元。……"2021年7月29日，华达公司如约向中信金租公司支付800万元款项，又根据"鉴于"部分约定："丙方自愿直接向甲方代付乙方基于（0084）号融资租赁合同500万元、（0223）号融资租赁合同300万元而应向甲方支付的部分合同应付款项……"协议中明确说明，"应向甲方支付的部分合同应付款项"，但代付协议里未约定代偿顺序，中信金租公司认为应按原融资租赁合同的顺序进行抵扣，但千禧公司认为原融资租赁合同抵扣顺序的约定条款系格式条款，基于违约金、利息是因未能履行合同导致的惩罚性质的债权，并非属于合同应付款项，因此，该 800 万元款项应当先冲抵千禧公司拖欠中信金租公司的租金。

2. 基于押金的性质，其具有担保作用，押金本来就是为了弥补损失扩大。在合同有效期间内，应在千禧公司出现违约时立即使用押金抵扣所欠款项，即使在第一次违约时中信金租公司未进行冲抵，但最迟应于合同期满或双方进入结算期时抵扣押金，押金抵扣后，剩余未付租金开始计算违约责任，押金功能已完成，不应再计算押金违约金。本案中，中信金租公司宣布全部债权于 2021 年 2 月 22 日提前到期，双方此时进入债务结算期，故中信金租公司最迟应于 2021 年 2 月 22 日使用押金抵扣千禧公司所欠债务。

3. 咨询服务费/咨询费实际属于本次交易资金成本的一部分，应抵扣已拖欠的款项及利息。中信金租公司与千禧公司于 2017 年 2 月 17 日签订《资产管理咨询合同》和《咨询服务合同》。根据上述合同约定，中信金租公司应向千禧公司提供咨询服务，并将服务成果通过书面、邮寄等形式发送千禧公司，但千禧公司并没有享受到中信金租公司提供的咨询服务，故咨询服务费/咨询费实质就是中信金租公司资金成本的一部分。上述费用是围绕涉案融资租赁合同收取的，且中信金租公司也是在扣除该费用后才向千禧公司支付的融资租赁费。因此，该费用并非独立于融资租赁合同，应在本案中一并处理。

第四，中信金租公司主张按日万分之五计算逾期利息，同时又主张按照未付租金的 3% 计算违约金，构成重复计算，二者实质属于利息，中信金租公司主张的利息过分高于其资金成本产生的损失，应按照日万分之二计算利息。

1. 中信金租公司主张的逾期利息和违约金，均属违约金性质，应当一并予以考虑。千禧公司拖欠的租金总额由两块构成（租赁本金及租赁本金的利息），每期归还的租金总额已经包含了租金利息，同时中信金租公司宣布债权提前到期，千禧公司已经丧失了使用资金的期限利益，本身亦是对千禧公司违约行为的惩罚，如再行判令千禧公司支付约定逾期利息及违约金，违约责任过重。

2. 在中信金租公司宣布全部租金到期前，千禧公司已归还了 13 期的租金（包含租金本金及租赁利息），中信金租公司已获得巨大的租赁利息，现又以包含租赁利息的租赁总额为基数，按照日万分之五（年利率 18%）计算逾期利息，又主张 3% 的违约金，其主张已经过分高于其损失，且该标准过高。

第五，因本案有债务人提供的物保，故保证人应当在实现物保后再承担担保责任，对处置抵押物不足以清偿部分的债务，以其担保金额为限承担保证责任。

亨特房地产公司、杨中安、刘智苓辩称：

第一，中信金租公司与千禧公司擅自改变交易结构，改变了合同的性质，保证人应当免除担保责任。同时，本案的法律关系实为民间借贷法律关系，并非融资租赁合同法律关系。

1. 法律规定：《中华人民共和国合同法》（以下简称《合同法》）第二百三十七条规定的融资租赁合同是指“出租人根据承租人对出卖人、租赁物的选择，向出卖人购买租赁物，提供给承租人使用，承租人支付租金的合同”。第二百四十二条规定，“出租人享有租赁物的所有权。承租人破产的，租赁物不属于破产财产”。《最高人民法院关于审理融资租赁合同纠纷案件适用法律问题的解释》（2020年修正）第一条规定，“人民法院应当根据民法典第七百三十五条的规定，结合标的物的性质、价值、租金的构成以及当事人的合同权利和义务，对是否构成融资租赁法律关系作出认定。对名为融资租赁合同，但实际不构成融资租赁法律关系的，人民法院应按照其实际构成的法律关系处理。”《中华人民共和国道路交通安全法》第八条、第九条、第十二条及《中华人民共和国道路交通安全法实施条例》明确规定机动车实行登记制，以登记人为所有权人。

2. 合同约定：涉案《融资租赁合同》第2.2款交易结构部分约定“承租人以筹措资金、回租租赁物使用为目的，以售后回租方式向出租人转让租赁物；出租人根据本合同约定向承租人、出租人共同指定的监管账户支付租赁物购买价款，在符合本合同约定的用款条件后将租赁物购买价款转付给承租人指定的供货商，承租人从供货商处受让租赁物所有权之后，出租人从承租人处受让租赁物所有权并回租给承租人使用。”

3. 合同的实际履行：首先，本案融资租赁合同项下的标的物为232台车辆。所有可查实的车辆从合同履开始初始登记有部分登记在千禧公司及其分公司名下，有部分登记在案外自然人名下，有部分登记在案外其他公司名下，与法律规定及合同约定的交易结构不符。中信金租公司与千禧公司在合同的实际履行中改变了交易结构，已经不符合融资租赁合同的法律构成要件。因此，本案的基础法律关系不再是融资租赁合同关系，而是名为融资租赁、实为民间借贷，况且这一改变并未告知和征得全部担保人的同意，同样也增加了担保人的担保风险。在实际履行中千禧公司也确实转让了部分车辆。其次，从《融资租赁合同》附件一《租赁附表》中有关租金的支付约定可以证实，本案的租金组成为本金加利息。虽然原《合同法》第二百四十三条规定“融资租赁合同的租金，除当事人另有约定的以外，应当根据购买租赁物的大部分或者全部成本以及出租人的合理利润确定”，但如果本案真实的法律关系为融资租赁，租金计算的基础应当以每台车辆每月计租，才符合租赁的常识和交易的惯例。本案本金加利息的租金支付方式则是典型的借贷法律关系。

综上所述，中信金租公司与千禧公司擅自改变交易结构，改变了合同的性质，损害保证人的权益，保证人应当免除担保责任。

第二，关于担保合同中格式条款的问题。

担保人亨特房地产公司、杨中安、刘智苓所签订的《最高额保证合同》是格式合同，合同中有大量加重对方责任，排除对方主要权利的条款，如第3.2条、第5.5条、第7.8条等，该条款中的约定与《中华人民共和国担保法》（以下简称《担保法》）及其司法解释的规定相悖，且加重了担保人的责任，排除担保人依法应当享有的权利，故依据《合同法》第三十九条、第四十条规定，应当予以排除。担保人承担担保责任的顺序应当按照法律规定，即千禧公司自行提供的物保应优先处置，不足部分再由担保人承担责任。

第三，中信金租公司未及时办理租赁物的抵押登记，视为放弃千禧公司提供的租赁物作为物保的，担保人应在中信金租公司放弃千禧公司物保范围内免责。

首先，根据《担保法》第二十八条规定，“同一债权既有保证又有物的担保的，保证人对物的担保以外的债权承担保证责任。债权人放弃物的担保的，保证人在债权人放弃权利的范围内免除保证责任”。《最高人民法院关于适用〈中华人民共和国担保法〉若干问题的解释》第七十五条规定，“同一债权有两个以上抵押人的，债权人放弃债务人提供的抵押担保的，其他抵押人可以请求人民法院减轻或者免除其应当承担的担保责任”。第一百二十三条规定，“同一债权上数个担保物权并存时，债权人放弃债务人提供的担保物的担保的，其他担保人在其放弃权利的范围内减轻或者免除担保责任”。本案中，中信金租公司与千禧公司于2019年9月20日签订的《融资租赁合同补充协议》第2.3条中达成用租赁物车辆办理抵押的合意，即债务人用租赁物作为抵押物形成了新的物的担保，但中信金租公司一直未办理抵押登记。中信金租公司放弃租赁物抵押担保，直接造成千禧公司将部分租赁物转让他人，故依据上述《担保法》及其司法解释的规定，担保人应当在抵押担保价值范围内免除担保责任。其次，抵押人亨特房地产公司提供的抵押担保系过渡性担保，中信金租公司应在2年内办理完租赁物抵押后解除，但由于中信金租公司怠于办理租赁物抵押，现2年期限已经届满，抵押人不应再承担抵押担保责任。

第四，中信金租公司未履行通知的法定义务。

根据《合同法》第二百四十八条规定，“承租人应当按照约定支付租金，承租人经催告后在合理期限内仍不支付租金的，出租人可以要求支付全部租金；也可以解除合同，收回租赁物”。《最高人民法院关于审理融资租赁合同纠纷案件适用法律问题的解释》（法释〔2014〕3号，以下简称原融资租赁司法解释）第十二条第（二）项规定，“承租人未按照合同约定的期限和数额支付租金，符合合同约定的解除条件，经出租人催告后在合理期限内仍不支付的”。因中信金租公司未履行催告义务，故不能解除合同。

第五，本案有遗漏当事人的情形，应追加租赁物现登记的所有权人及第三方购买人为第三人。

涉案租赁物原始登记时就有部分租赁物登记在案外人名下。经庭审查明，千禧公司在合同履行中有转让租赁物给第三人的事实。因此，中信金租公司在本案中要求对租赁物的拍卖、变卖等价款优先受偿的诉讼请求，涉及租赁物的所有权人及第三方购买人的合法权益，根据原融资租赁司法解释第二十四条规定，应追加租赁物现登记的所有权人及第三方购买人为第三人参加本案诉讼。

第六，根据《最高人民法院关于适用〈中华人民共和国民法典〉时间效力的若干规定》第一条、第二条、第四条的规定，本案不应当适用《民法典》的规定。

亨特房地产公司提出反诉请求：（1）判令中信金租公司注销亨特房地产公司名下黔（2017）南明区不动产权证明第0057268、黔（2019）贵阳市不动产证明第0098107号、黔（2019）贵阳市不动产证明第0098840号三不动产登记证明所载在建工程及不动产（以抵押物清单为准）的抵押登记；（2）本案诉讼费用由中信金租公司承担。事实和理由：

2017年1月23日，中信金租公司与亨特房地产公司签订了编号为CITIC-FL－C－2017－0219－G－ZGEBZA－02的《最高额保证合同》，并于2017年11月9日签订《最高额保证合同补充协议》，约定亨特房地产公司为千禧公司与中信金租公司签订的融资租赁系列合同约定的债务承担连带保证责任。根据千禧公司与中信金租公司签订的《融资租赁合同》及《融资租赁合同补充协议》，中信金租公司应与千禧公司就租赁物签订抵押合同，办理抵押登记，根据中信金租公司向中信银行股份有限公司贵阳分行（以下简称中信银行贵阳分行）出具的《工作联系函》，亨特房地产公司提供的担保为过渡性抵押担保措施，过渡期限为2年，中信金租公司承诺在租赁物办理完抵押登记手续后解除亨特房地产公司提供的抵押。《融资租赁合同》约定了租赁物所有权保留，租赁物所有权保留给中信金租公司即是千禧公司向中信金租公司提供的物保，中信金租公司应按合同约定积极签署租赁物的抵押合同，办理抵押登记，但其一直未办理，其已经放弃了对千禧公司的物保，亨特房地产公司应在中信金租公司放弃范围内免除担保责任。同时，根据《工作联系函》，亨特房地产公司承担担保责任的期限是 2 年，现 2 年期已过，中信金租公司应办理涉案抵押物的抵押注销手续。因此，中信金租公司已经放弃了千禧公司提供的租赁物担保，租赁物的价值及千禧公司自行提供的物保已经远远超出了中信金租公司要求亨特房地产公司承担连带清偿责任的金额，亨特房地产公司的担保责任已免除，中信金租公司应办理涉案抵押物的抵押注销手续。

中信金租公司辩称：不同意亨特房地产公司的反诉请求。首先，亨特房地产公司提到的《工作联系函》的收件方是中信银行贵阳分行，并非构成中信金租公司与亨特房地产公司之间权利义务的约定。其次，该《工作联系函》尾部载有“盼复为谢”字样，说明中信金租公司与中信银行贵阳分行就解除抵押事宜并未达成合意。中信银行贵阳分行在其债权享有第一顺位抵押的情况下，中信金租公司与亨特房地产公司设立第二、第三顺位的抵押，并不影响中信银行贵阳分行行使其债权，故不存在解除中信金租公司与亨特房地产公司之间所设抵押的必要。

当事人围绕诉讼请求依法提交了证据。本院组织当事人进行了证据交换和质证。根据当事人的举证质证意见及当事人陈述和经审查确认的证据，本院认定事实如下：*

一、涉案《融资租赁合同》及相关补充协议签订情况

2017 年 2 月 13 日，中信金租公司作为出租人、千禧公司作为承租人，双方签订合同编号 CITICFL – C – 2017 – 0223《融资租赁合同（回租通用项目 A 版）》：第一条　定义……（5）“租赁物”指所有权原属承租人所有，承租人为筹措资金，依照本合同约定转让给出租人，并在转让时或转让后向出租人租回使用的资产。租赁物以租赁附表的约定为准。（6）“租赁附表”指按本合同附件一中载明租赁基本要素的附表。每个租赁附表具体列明每个租约项下租赁物的清单、租前期、租赁期限、租金等内容。承租人确认将签署每个租赁附表……（18）“租金”指承租人根据本合同约定，因承租租赁物应向出租人支付的对价，包含承租人应承担的与之相关的所有增值税。租金的具体支付方式和金额以相应的租赁附表约定为准。（19）“押金”指为确保承租人履行本合同项下各项义务，由承租人向出租一次性支付的款项，押金的具体支付方式、金额、使用和返还等事宜以本合同相应条款以及租赁附表的约定为准。（20）“手续费”指承租人按照本合同租赁附表的约定，在租前息、预付租赁成本、租金、押金等款项之外应向出租人支付的因出租人提供融资租赁交易结构设计、办理融资租赁业务等服务产生的费用，包含相应的增值税，手续费一经支付不予退

---

* 下文所列各涉案合同的相关条款内容均为摘录。——编者注

还。具体金额及支付方式以租赁附表中的约定为准……（22）“租赁利息”指根据租赁成本和租赁利率计算的利息。（23）“支付日”指本合同或租约约定的承租人应向出租人支付每期租前息、预付租赁成本和租金等其他任何应付款项之日。该支付日以租前息、预付租赁成本、租金等任何应付款项实际到达出租人收款账户的日期为准，而非承租人汇出的日期。支付日如遇公休日或法定节假日则自动提前至公休日或法定节假日前一个工作日。除双方另有书面约定外，具体的支付日以租赁附表为准。（24）“逾期期间”指自承租人应当向出租人支付租前息、预付租赁成本、租金或其他应付款项的支付日起至该笔租前息、预付租赁成本、租金或其他应付款项实际、足额到达出租人账户之日止连续计算的期间。（25）“逾期利息”指承租人未按时足额支付租前息、预付租赁成本、租金、补足押金以及本合同约定的承租人应当支付的其他款项，而应就逾期期间的应付未付款项向出租人支付的逾期利息。逾期利息按照每天应付未付款项的万分之五计算。逾期利息的收取不影响本合同项下租前息、预付租赁成本、租金、违约金、损害赔偿金及其他应付款项的计收。对不能按时支付的逾期利息，按日万分之五的逾期利率计收复利……（27）“违约金”指在承租人发生本合同第11.2条项下的根本违约行为时，出租人向承租人收取的违约赔偿金。该等违约金不影响逾期利息以及复利的支付。违约金的计算方式详见租赁附表中的约定……（29）“留购价款”指租赁期限满，在承租人清偿完毕本合同及相应租约项下应付出租人的全部租前息、预付租赁成本、租金及其他应付款的前提下，承租人为取得租赁物的所有权而应向出租人支付的租赁物价格。（30）“费用”指出租人因签署、履行本合同或任何租约而发生的任何费用，以及出租人因实现自己在本合同以及任何租约项下的任何权利和权益而发生的任何费用或款项，包括但不限于诉讼费、仲裁费、财产保全费、仓储费、拆装公司费、运输费、差旅费、执行费、评估费、拍卖费、公证费、送达费、公告费、律师费、税费等。第二条　租赁物的购买。2.2交易结构，承租人以筹措资金、回租租赁物使用为目的，以售后回租方式向出租人转让租赁物；出租人根据本合同约定向承租人支付租赁物购买价款，从承租人处受让租赁物所有权并回租给承租人使用。在本合同约定的放款条件满足的情况下，出租人向承租人支付租赁物购买价款。除本合同约定的租赁物购买价款外，出租人不对租赁物的购买承担任何价款或费用、价款或其他任何义务。第三条　租前息、预付租赁成本、租金、押金。3.3押金及功能　3.3.2若承租人未履行或未完全履行本合同项下的义务，出租人有权以押金按本合同第3.9款约定的扣划顺序冲抵承租人对出租人的债务。3.5逾期及逾期利息约定，出租人、承租人均理解并确认：因包括但不限于银行手续费扣除、划款周期、承租人过错等非出租人过错的一切原因导致出租人未在约定的支付日按时、足额收到租前息、预付租赁成本、租金或其他应付款项时，即构成承租人逾期支付，就逾期期间内的应付未付款项，承租人须向出租人支付逾期利息。3.9应付款项的偿付顺序约定，除非本合同另有约定，承租人向出租人支付的任何款项按照如下顺序扣划：（1）出租人遭受的损失和支出的任何费用；（2）违约金及损害赔偿金；（3）逾期利息、复利；（4）押金（如需补足）；（5）到期未付租前息和租赁利息；（6）到期未付的预付租赁成本/租赁成本；（7）手续费；（8）未到期租前息和租赁利息；（9）未到期的预付租赁成本/租赁成本；（10）其他需要抵扣的项目；（11）留购价款。为避免疑问，出租人有权自行决定或变更上述偿付顺序。第十一条　违约及救济。11.2根本违约11.2.2约定，本合同期限内，有下列任一情形发生时，构成本合同项下承租人根本违约：（1）承租人未按时、足额支付任何到期前息、预付租赁成本、租金或其他应付款项。11.3出租人可选的违约救济措施约定，若承租人违约（包括但不限于本条第11.1款、第11.2款以及本合同其他条款约定的违约情形），出租人有权采取以下任何一项或多项措施，并且有权自行决定承租人支付各款项的清偿顺序：……（3）使用全部或部分押金清偿承租人的应付款项。（4）要求承租人就到期应付款项按本合同的约定支付逾期利息。（5）要求承租人支付违约金（适用于承租人出现第11.2款的违约情形，计算方式以租赁附表中的约定为准）；如上述违约金不足以覆盖出租人因承租人违约而遭受的全部损失和支付的费用的，出租人有权要求承租人额外赔偿未覆盖部分的损失（损害赔偿金）。（6）宣布本合同项下承租人的债务全部或部分提前到期，要求承租人立即支付提前到期应付款，承租人所付款项不足以支付全部提前到期应付款时，按照本合同第3.9款约定的顺序予以清偿。……（9）向承租人或第三人行使约定的担保权利。11.6违约救济的费用负担约定，出租人采取本条约定措施，所产生的全部费用均由承租人承担；出租人为此先行垫付或支付任何款项或费用的，承租人应当在收到出租人的通知和支付凭证后三个工作日内将全部款项支付给出租人；承租人未支付的，出租人有权就该等款项加收逾期利息。出租人采取本条约定措施，并不因之免除本合同约定的承租人其他义务。

上述《融资租赁合同》附件一租赁附表（编号为CITICFL－C－2017－0223－01）载明：一、租前期及租赁期限。本租赁附表的租前期和租赁期限共5年，自租赁物购买价款支付日起算，每3个月为一期，共20个租期。概算起租日为2018年2月15日，实际支付日以《实际租前息/预付租赁成本/租金支付表》为准。如需对本租赁附表已约定的实际起租日进行调整，实际起租日以出租人另行书面通知承租人的时间确定。二、租赁物购买价款、租赁成本及租赁利率。2.1本租赁附表项下租赁物购买价款为1亿元。2.2在本合同签署时，本租赁附表项下的租赁成本（包含预付租赁成本）为人民币1亿元整；2.3本租赁附表项下租赁利率的计算方式为：按照本租赁附表签署时中国人民银行公布的1－5年期（含5年）上浮15%计算，本租赁附表签署时的租赁利率为5.4625%。三、租前息、预付租赁成本、租金及其他应付款项的支付。3.1本附表项下概算租前息、预付租赁成本、租金总额为人民币壹亿壹仟伍佰壹拾伍万柒仟壹佰柒拾肆元肆角（小写：115157174.40元）。3.2租前息、预付租赁成本及租金支付期间：本附表项下的租前息、预付租赁成本及租金合计20期，每3个月支付一次，等额、期末后付，该等支付安排不影响每期租前息、租赁利息金额。除本合同另有约定外，具体支付日期应在支付当月的15日。如按照前述约定，最后一期支付日晚于租赁期限届满之日，则最后一期支付日调整为租赁期限届满之日。3.3押金＝租赁成本×2%，即人民币贰佰万（小写：2000000.00元）。在符合本合同约定的押金返还或冲抵条件的前提下，押金可按照以下方式处理：押金依次冲抵租赁附表项下的留购价款以及倒数相应期次的租金。……五、其他约定。5.2救济措施，违约金＝剩余租赁本金×3%。5.3留购价款，本合同项下租赁物的留购价款为人民币壹元整（小写：1.00元）。……七、租赁物。7.1租赁物为：特斯拉和宝马，经营用专车。7.2租赁物净值总额为：壹亿零肆佰壹拾伍万零肆佰贰拾肆元整（小写：104150424.00元）。7.3租赁物使用地点：成都市等。7.4租赁物清单列明了162台特斯拉牌汽车和70台宝马牌汽车的型号规格、净值及发票号等其他关键信息，数量合计232台，净值合计104150 424元。

2019年9月20日，中信金租公司与千禧公司签订编号为CITICFL－C－2017－0118－A－02《融资租赁合同补充协议》，约定：第一条 附解除条件的租金支付方式变更。其中，第1.3.2款列明了编号为CITICFL－C－2017－0223《融资租赁合同》项下编号为CITICFL－C－2017－0223－01《租赁附表》对应的变更后的租金支付概算表。第二条 承租人承诺与保证。2.3承租人承诺尽快按附件一和附件二租赁物清单向出租人提供租赁物采购发票扫描件。承租人承诺按出租人要求于2019年9月30日之前签署附件一租赁物车辆的抵押合同，并提供附件二租赁物车辆与机动车登记车主之间签署的车牌租赁、挂靠类文件复印件。承租人保证于本补充协议签署之日起二个月内提供全部租赁物车辆登记证书和车辆保险保单等文件。

2020年9月28日，中信金租公司与千禧公司签订了编号为CITICFL－C－2017－0118－A－03《融资租赁合同补充协议》，约定：第一条 贷款基准利率变更为贷款市场报价利率（LPR）。1.1双方同意，自2020年6月30日

（含）起，融资租赁合同中关于贷款基准利率相关的内容不再适用，每期租金的租赁利率以相应租赁利率确定日前最新公布的5年期以上贷款市场报价利率加128.75个基点计算，加减点在整个租赁期限内保持不变。第二条 租金支付方式变更。2.1延长融资租赁合同租赁期限。2.2调整融资租赁合同宽限期。2.3.2列明了CITICFL－C－2017－0223《融资租赁合同》项下编号为CITICFL－C－2017－0223－01《租赁附表》对应的变更后的租金支付概算表。第三条 承租人承诺与保证。3.2如承租人未遵守前款承诺和保证，即承租人未按时足额偿还CITICFL－C－2017－0219、CITICFL－C－2017－0223、CITICFL－C－2017－0084或CITICFL－C－2017－0118号融资租赁合同项下任意一期2021年1季度租金，或承租人未于2021年3月31日之前提前偿还融资租赁合同租金1.5亿元，视为承租人违反本协议基本还款要求，构成融资租赁合同根本违约。一旦发生该等情况，融资租赁合同的租金支付方式将按照本协议第四条约定自动调整，同时出租人保留主张承租人违约责任的权利。第四条 承租人违约后租金支付方式再次变更。4.1自承租人发生本协议第3.2款约定的根本违约情形之次日起，无须出租人另行通知，融资租赁合同及本协议即自动作出以下调整：（1）本协议第2.1款约定的项目租赁期限不再适用。CITICFL－C－2017－0219和CITICFL－C－2017－0223号融资租赁合同到期日调整为2022年2月17日。（2）本协议第2.2款约定的宽限期规则不再适用。CITICFL－C－2017－0219和CITICFL－C－2017－0223号融资租赁合同将2019年2月15日至2020年2月15日设为宽限期。（3）宽限期内按季度支付租赁利息，不支付租赁本金，宽限期后按季等额本息后付支付租金，且从宽限期开始每期租金偿还日由当月15日调整为5日，在此基础上，承租人应于2021年4月1日向出租人提前支付1.5亿元租金，2021年4月1日后剩余未到期租金按等额本息规则重新计算。利率规则和数值仍适用本协议第一条约定。（4）按照第（3）项调整后，调整日前承租人按照本协议已向出租人支付的款项自动按到期时间顺序和融资租赁合同约定抵扣规则冲抵融资租赁合同的已到期应付款项，冲抵后仍未清偿部分将按照融资租赁合同约定计收逾期利息。承租人应于调整日支付冲抵后仍未清偿部分及其逾期利息。第五条 本协议与融资租赁合同约定的关系。5.1本协议构成融资租赁合同的一部分，本协议未作约定的，双方应依照融资租赁合同的约定执行。本协议生效后，CITICFL－C－2017－0118－A－02号融资租赁合同补充协议与本协议不一致的，按本协议执行。如承租人未能履行本协议的约定，出租人有权依据融资租赁合同向承租人主张违约责任。

二、涉案《最高额保证合同》及相关补充协议签订情况

1. 亨特惠通公司与中信金租公司签订《最高额保证合同》及相关补充协议情况

2017年1月10日，亨特惠通公司形成股东会决议，审议通过了为千禧公司向中信金租公司申请总额为3亿元（具体金额以签订合同为准）融资租赁提供连带责任保证担保的决定，相关事宜以保证合同为准。

2017年1月23日，保证人亨特惠通公司与债权人中信金租公司签订合同编号为CITICFL－C－2017－0219－G－ZGEBZA－01号《最高额保证合同（法人适用）》，约定：第一条　主合同、主债权及最高额保证。1.1本合同项下的主合同为在2017年1月16日至2017年12月31日（以下简称债权确定期间）内，债权人与主合同债务人所签署的形成债权债务关系的一系列《融资租赁合同》、《咨询服务合同》（如有）、《资产管咨询合同》（如有）以及其他法律性文件（以下简称主合同）。1.2上述主合同项下形成的全部债权，无论债权的到期日是否超过上述债权确定期间，只要主合同的签署发生在上述债权确定期间内，均为保证人在本合同项下所担保的主债权（以下简称主债权），主合同债务人在主合同项下对债权人所应支付的所有债务及应付款项为本合同项下的被担保债务（以下简称被担保债务）。双方同意，本合同项下保证人所担保的主债权最高额度为人民币肆亿肆仟叁佰叁拾捌万壹仟柒佰壹拾贰圆柒角贰分（小写：443381712.72元）（以下简称最高债权额度）。1.3保证人就债权人在主合同项下对主合同债务人享有的主债权，以本合同约定的最高债权额度为限向债权人提供保证担保。当发生本合同约定的保证人承担保证责任的情形时，债权人有权在约定的最高债权额度内要求保证人承担保证责任。1.4除本合同约定的在债权确定期间形成的债权之外，本合同项下被担保债务可在出现下述情形时确定：主合同项下约定的被担保债务履行期限届满，或债权人根据主合同的约定要求提前收回被担保债务。第二条　保证范围。本合同项下保证担保的范围包括主合同债务人在主合同项下的全部债务，包括但不限于主合同债务人基于主合同而应向债权人支付的租前息（如有）、预付租赁成本（如有）、租金（包括租赁成本及租赁利息）及相应的增值税（如有）、逾期利息、违约金、损害赔偿金、押金、手续费、复利、留购价款、咨询费/咨询服务费（如有）、保管费（如有）和实现债权、担保权利的费用（包括但不限于诉讼费、仲裁费、财产保全费、仓储费、拆装费、运输费、差旅费、执行费、评估费、拍卖费、公证费、送达费、公告费、律师费、税费）和其他所有应付的费用（统称为保证范围）。第三条　保证方式。3.1本合同项下的保证方式为不可撤销的连带责任保证。3.2本合同项下保证独立于债权人就主债权所取得的

任何其他担保。债权人行使本合同项下的担保权利前无需首先执行其持有的任何其他担保（无论是物的担保还是人的担保，不论该担保是由债务人提供还是由第三人提供），也无需首先向债务人或其他任何第三人追索或采取任何其他救济措施。3.3 本合同项下的保证为不间断的持续性担保。除非基于法律规定或债权人同意，本合同项下保证人的保证责任不因任何原因而消灭。保证人对债权人承担的保证责任不受主合同债务人或其他任何担保人所提供的担保的影响，也不因之而免除或减少。第四条　保证期间。4.1 本合同担保的每一具体主合同项下的保证期间单独计算，保证期间自各个主合同生效之日起至各个主合同项下最后一期被担保债务履行期限届满之日起两年。4.2 主合同债务人履行最后一期被担保债务的期限以主合同约定为准。但按法律、法规、规章规定或依主合同约定或主合同各方当事人协商一致被担保债务提前到期的，或主合同各方当事人协议延长被担保债务履行期限并得到保证人同意的，则最后一期被担保债务提前到期日或延长到期日为最后一期被担保债务的履行期限届满之日。第五条　保证人的声明与保证。5.5 债权人因任何原因放弃其享有的其他担保权利（不论该担保是由债务人提供还是由第三人提供）、变更前述担保权利的顺位或内容，造成债权人在前述担保权利项下的优先受偿权丧失或减少时，保证人承诺对债权人承担的保证责任不因之而免除或减少。如本合同的担保范围包含多笔债权的，债权人有权决定债权之间的清偿顺序及比例，保证人对此不得提出任何异议。第六条　保证责任的承担。6.1 在本合同有效期内，发生下列情形之一的，债权人有权要求保证人履行保证责任，保证人应无条件在最高债权额度内承担连带保证责任：6.1.1 主合同债务人未按照主合同的约定按时、足额向债权人清偿被担保债务的，或主合同债务人违反主合同其他约定的。第七条　保证人的权利与义务。7.8 若主合同无效、被撤销/解除或被认定为其他性质的合同，保证人仍应就主合同债务人在主合同无效、被撤销/解除后因应向债权人返还财产或损害赔偿而形成的债务，或者主合同被认定为其他性质合同后，主合同债务人在主合同项下所有的金钱给付义务，以最高债权额度为限承担独立于担保的连带清偿责任。

2017 年 9 月 22 日，亨特惠通公司形成股东会决议，审议通过了为千禧公司向中信金租公司申请总额为 7 亿元（具体金额以签订合同为准）融资租赁提供连带责任保证担保的决定，相关事宜以保证合同为准。

2017 年 11 月 9 日，中信金租公司与亨特惠通公司签订了编号为 CITICFL－C－2017－0219－G－ZGEBZA－01－A01《最高额保证合同补充协议》，约定：第一条　最高额保证合同内容调整。1. 最高额保证合同第 1.1 条债权确定期间由“2017 年 1 月 16 日至 2017 年 12 月 31 日”变更为“2017 年 1 月 16 日至

2018年9月30日”。2. 最高额保证合同第1.2条最高债权额度由“人民币肆亿肆仟叁佰叁拾捌万壹仟柒佰壹拾贰圆柒角贰分（小写：443381712.72元）”变更为“人民币壹拾叁亿玖仟贰佰贰拾陆万贰仟肆佰玖拾捌元壹角肆分（小写：1392262498.14元）”。

2020年9月28日，亨特惠通公司作为担保人向中信金租公司出具《确认函》：确认知悉，出租人中信金融公司与承租人千禧公司共同签署了CITICFL－C－2017－0118－A－03号《融资租赁合同补充协议》，将主合同中租赁利率适用的贷款基准利率调整为贷款市场报价利率，并相应调整了租金条款、租赁期限、宽限期、违约条款等内容。担保人不可撤销地同意下述事宜：（1）担保人已充分了解融资租赁合同补充协议的全部内容并予以认可，不持任何异议。（2）担保人同意并认可，融资租赁合同补充协议构成融资租赁合同的组成部分，共同构成担保合同项下的主合同。担保人同意就调整后的主合同以及该主合同项下的主债权金额继续按照担保合同及本补充协议的约定履行担保义务。如需担保人配合办理相关担保登记变更手续的，担保人将无条件予以配合。（3）担保人同意并确认，出租人根据主合同约定因主合同项下租赁利率等发生变化而调整主合同项下租金等应付款项的，主债权的金额以调整后的数额为准（具体数额以出租人依据主合同就每期租金发送的《租前息/预付租赁成本/租金支付通知书为准》），此类调整不属于主合同的变更，出租人无需征得担保人同意，担保人应继续按照担保合同的约定对调整后的主债权承担担保责任。

2. 亨特房地产公司与中信金租公司签订《最高额保证合同》及相关补充协议情况

2017年1月13日，亨特房地产公司形成股东会决议：（1）审议通过了为千禧公司向中信金租公司申请总额为3亿元（具体金额以签订合同为准）融资租赁提供连带责任保证担保的决定，相关事宜以保证合同为准；（2）审议通过了为千禧公司向中信金租公司申请总额为3亿元（具体金额以签订合同为准）融资租赁以本公司自有财产亨特国际商场及亨特国际金融中心全部房产作为第二顺位抵押给中信金租公司的决定，相关事宜以抵押合同为准。

2017年1月23日，亨特房地产公司与中信金租公司签订了合同编号为CITICFL－C－2017－0219－G－ZGEBZA－02号《最高额保证合同（法人适用）》，约定内容和亨特惠通公司与中信金租公司签订的《最高额保证合同》内容基本一致。

2017年9月22日，亨特房地产公司形成股东会决议：（1）审议通过了为千禧公司向中信金租公司申请总额为7亿元（具体金额以签订合同为准）融资租赁提供连带责任保证担保的决定，相关事宜以保证合同为准。（2）审议通过了为千禧公司向中信金租公司申请总额为7亿元（具体金额以签订合同为准）融资租赁以本公司自有亨特国际、亨特金融中心房产作为第三顺位抵押给中信金租公司的决定，相关事宜以抵押合同为准。

2017年11月9日，中信金租公司与亨特房地产公司签订编号CITICFL－C－2017－0219－G－ZGEBZA－02－A01《最高额保证合同补充协议》，约定内容和亨特惠通公司与中信金租公司签订的合同编号CITICFL－C－2017－0219－G－ZGEBZA－01－A01《最高额保证合同补充协议》内容基本一致。

2020年9月28日，亨特房地产公司作为担保人向中信金租公司出具《确认函》，确认内容与亨特惠通公司于同日出具的《确认函》内容基本一致。

3. 杨中安、刘智苓、杨光、张蕾与中信金租公司签订《最高额保证合同》及相关补充协议情况

2017年1月23日，保证人杨中安、杨光、刘智苓分别与债权人中信金租公司签订合同编号CITICFL－C－2017－0219－G－ZGEBZB－01、CITICFL－C－2017－0219－G－ZGEBZB－02、CITICFL－C－2017－0219－G－ZGEBZB－03《最高额保证合同（自然人适用）》，约定内容和亨特惠通公司与中信金租公司签订的《最高额保证合同（法人适用）》内容基本一致。

2017年11月9日，中信金租公司与杨中安、刘智苓共同签订合同编号CITICFL－C－2017－0219－G－ZGEBZB－A－01号《最高额保证合同补充协议》，约定内容和亨特惠通公司与中信金租公司签订的合同编号CITICFL－C－2017－0219－G－ZGEBZA－01－A01《最高额保证合同补充协议》内容基本一致。

同日，中信金租公司与杨光、张蕾共同签订合同编号CITICFL－C－2017－0219－G－ZGEBZB－A－02《最高额保证合同补充协议》，约定内容和亨特惠通公司与中信金租公司签订的合同编号CITICFL－C－2017－0219－G－ZGEBZA－01－A01《最高额保证合同补充协议》内容基本一致。该协议第一条第3款约定，张蕾加入最高额保证合同，与杨光共同在合同最高债权额度内向债权人提供不可撤销的连带责任保证。

2020年9月28日，杨中安与刘智苓、杨光与张蕾分别向中信金融公司出具《确认函》，确认内容与亨特惠通公司于同日出具的《确认函》内容基本一致。

4. 神骊公司与中信金租公司签订《最高额保证合同》情况

2020年9月25日，神骊公司形成股东会决议，同意公司向千禧公司与中信金租公司开展融资租赁业务提供最高额连带责任担保，融资租赁本金额度不

超过10亿元，具体担保事宜以最高额保证合同为准。

2020年9月28日，神骊公司与中信金租公司签订了合同编号CITICFL－C－2017－0118－G－ZGEBZA《最高额保证合同（法人适用）》，约定：第一条 主合同、主债权及最高额保证。1.1本合同项下的主合同为在2017年1月16日至2024年12月31日（以下简称债权确定期间）内，债权人与主合同债务人所签署的形成债权债务关系的一系列《融资租赁合同》、《融资租赁合同补充协议》、《咨询服务合同》（如有）、《资产管咨询合同》（如有）以及包括上述合同的任何修订、补充及变更协议在内的其他法律性文件（以下简称主合同）。1.2双方同意，本合同项下保证人所担保的主债权最高额度为人民币壹拾肆亿柒仟壹佰捌拾肆万伍仟陆佰肆拾柒元捌角肆分（小写：1471845647.84元）（以下简称最高债权额度）。其他约定内容和亨特惠通公司与中信金租公司签订的《最高额保证合同（法人适用）》内容基本一致。

各方当事人均认可，上述《最高额保证合同》系针对千禧公司与中信金租公司之间合同编号CITICFL－C－2017－0084、CITICFL－C－2017－0118、CITICFL－C－2017－0219、CITICFL－C－2017－0223四份融资租赁系列合同签订的。

三、涉案《股权质押合同》签订情况

2020年5月20日，千禧公司作为出质人、中信金租公司作为债权人，双方签订合同编号CITICFL－C－2017－0118－G－GQA－06号《股权质押合同（法人适用）》，约定：为确保质权人作为出租人与千禧公司作为承租人签订的CITICFL－C－2017－0223、CITICFL－C－2017－0219、CITICFL－C－2017－0084和CITICFL－C－2017－0118号《融资租赁合同》及其项下所有租赁附表、CITICFL－C－2017－0118－A－02号《融资租赁合同补充协议》、CITICFL－20170223－ZX和CITICFL－20170219－ZX号《咨询服务合同》、CITICFL－20170223－ZG、CITICFL－20170219－ZG、CITICFL－20170084－ZG、CITICFL－20170118－ZG－01号《资产管理咨询合同》（以下统称主合同）的履行，保证质权人债权的实现，出质人同意以其对上海卓诺公司（以下简称目标公司）合法持有的股权/股份为质权人在主合同项下对主合同债务人享有的全部债权提供质押担保，质权人同意接受出质人所提供的质押担保。第一条 主债权的种类和数额。1.1出质人在本合同项下担保的债权为质权人依据主合同对主合同债务人享有的收取所有款项和费用的全部债权（以下简称主债权），主合同债务人在主合同项下对质权人所应支付的所有债务及应付款项为本合同项下的被担保债务（以下简称被担保债务）。1.2出质人在本合同项下担保的主债权中租金/租前息、手续费（如有）及咨询服务费（如有）、咨询费（如有）为：人民币壹拾贰亿肆仟捌佰玖拾捌万零捌佰玖拾元伍角捌分（小写：1248980890.58元），其中租赁成本为：人民币壹拾元（小写：1000000000.00元）。租赁成本指质权人对主合同债务人在主合同项下所享有的所有到期和未到期的租金本金部分，包含主合同债务人在租前期内应支付的预付租赁成本（如有）。如本合同项下的租赁成本、租金等款项金额与主合同不一致，则以最终签署的主合同项下约定的金额为准。1.3出质人同意并确认，质权人根据主合同约定因主合同项下的租赁成本、租赁利率或租赁物购买价款支付日等发生变化而调整主合同项下租金等应付款项的，主债权的金额以调整后的数额为准，此类调整不属于主合同的变更，质权人无需征得出质人同意，出质人应继续按照本合同约定对调整后的主债权承担担保责任。第二条　质押担保的范围。本合同项下质押担保的范围包括主合同债务人在主合同项下的全部债务，包括但不限于主合同债务人基于主合同而应向质权人支付的租前息（如有）、预付租赁成本（如有）、租金及相应的增值税（如有）、逾期利息、违约金、损害赔偿金、押金、手续费（如有）、留购价款、咨询费/咨询服务费（如有）、保管费（如有）和实现债权、担保权利的费用（包括但不限于诉讼费、仲裁费、财产保全费、保全担保/保险费、仓储费、拆装费、运输费、差旅费、执行费、评估费、拍卖费、公证费、送达费、公告费、律师费、税费）和其他所有应付的费用（统称为担保范围）。第三条　主合同债务人履行债务的期限。主合同债务人履行每期被担保债务的期限以主合同约定为准，但按法律、法规、规章规定或主合同约定或主合同各方当事人协商一致被担保债务提前到期，或主合同各方协议延长债务履行期限并得到出质人同意的，被担保债务提前到期日或延长到期日为被担保债务履行期限届满之日。……第六条　出质人的声明与保证。6.6出质人承诺：无论质权人对主合同项下的债权是否拥有其他担保（包括但不限于主合同债务人和/或第三人提供物的担保、保证、保函等担保方式），质权人均有权直接要求出质人根据本合同约定承担担保责任，无需事先行使其他担保权利（包括但不限于先行处置主合同债务人和/或第三人提供的物的担保）；如本合同的担保范围包含多笔债权的，质权人有权决定债权之间的清偿顺序及比例，出质人对此不得提出任何异议。第七条　质权的实现。7.1在本合同有效期内，发生下列情形之一的，质权人有权立即实现质权：主合同债务履行期限届满（含提前到期和分期到期）之日，质权人未受清偿的，或主合同债务人违反主合同其他约定的。合同附件《出质权利清单》载明，出质权利为出质人持有的上海卓诺公司100%股权，目标公司注册资本2000万元人民币。

2020年5月18日，上海市静安区市场监督管理局向中信金租公司出具股质登记设字〔062020〕第0024号《股权出质设立登记通知书》，上面载明，质权登记编号为：0620200024；出质股权所在公司：上海卓诺公司；出质股权数额：2000万元人民币；出质人：千禧公司；质权人：中信金租公司。

2020年9月28日，千禧公司作为担保人向中信金租公司出具《确认函》，确认内容与亨特惠通公司于同日出具的《确认函》内容基本一致。

四、涉案《最高额不动产抵押合同》签订情况

2017年1月15日、2017年1月23日、2019年6月27日，亨特房地产公司与中信金租公司分别签订合同编号CITICFL－C－2017－0219－G－ZGEREA－01、CITICFL－C－2017－0219－G－ZGEREA－02和CITICFL－C－2017－0219－G－ZGEREA－03《最高额不动产抵押合同（法人适用）》，约定：第一条　主合同、主债权及最高额抵押。1.1本合同项下的主合同为在2017年1月1日至2017年12月31日（以下简称债权确定期间）内，债权人与主合同债务人所签署的形成债权债务关系的一系列《融资租赁合同》、《咨询服务合同》（如有）、《资产管理咨询合同》（如有）以及其他法律性文件（以下简称主合同）。主债务履行期限为2017年1月15日至2022年1月15日之内，具体履行时间以主合同约定为准。1.2上述主合同项下形成的全部债权，无论债权的到期日是否超过上述债权确定期间，只要主合同的签署发生在上述债权确定期间内，均为抵押财产在本合同项下所担保的主债权（以下简称主债权），主合同债务人在主合同项下对债权人所应支付的所有债务及应付款项为本合同项下的被担保债务（以下简称被担保债务）。双方同意，本合同项下抵押财产所担保的主债权最高额度为人民币肆亿肆仟叁佰叁拾捌万壹仟柒佰壹拾贰圆柒角贰分（小写：443381712.72元）（以下简称最高债权额度）。1.3抵押人同意并确认，抵押权人根据主合同约定因主合同项下的租赁成本、租赁利率或租赁物购买价款支付日等发生变化而调整主合同项下租金等应付款项的，主债权的金额以调整后的数额为准，此类调整不属于主合同的变更，抵押权人无需征得抵押人同意，抵押人应继续按照本合同约定对调整后的主债权承担担保责任。1.4除本合同约定的在债权确定期间形成的债权之外，本合同项下被担保债务可在出现下述情形时确定：（1）主合同项下约定的被担保债务履行期限届满，或债权人根据主合同的约定要求提前收回被担保债务。……第二条　抵押担保的范围。本合同项下抵押担保的范围为主合同债务人在主合同项下的全部债务，包括但不限于主合同债务人基于主合同而应向债权人支付的租前息（如有）、预付租赁成本（如有）、租金（包括租赁成本及租赁利息）及相应的增值税（如有）、逾期利息、违约金、损害赔偿金、押金、手续费、复利、留购价款、咨询费/咨询服务费（如有）、保管费（如有）和实现债权、担保权利的费用（包括但不限于诉讼费、仲裁费、财产保全费、仓储费、拆装费、运输费、差旅费、执行费、评估费、拍卖费、公证费、送达费、公告费、律师费、税费）和其他所有应付的费用（统称为担保范围）。第三条 主合同债务人履行债务的期限。主合同债务人履行每期被担保债务的期限以各个主合同约定为准，但按法律、法规、规章规定或主合同约定或主合同双方当事人协商一致被担保债务提前到期，或主合同双方协议延长债务履行期限并得到抵押人同意的，各个主合同项下被担保债务提前到期日，或延长到期日为相应主合同项下被担保债务履行期限届满之日。第四条 抵押物。4.1 抵押人以本合同附件《抵押物清单》所列明的不动产（以下简称抵押物）向抵押权人提供抵押担保，抵押权人依法律法规及本合同约定享有抵押权，该抵押权效力及于抵押物的从物、从权利、附属物、添附物、天然及法定孳息、抵押物的代位物，以及因抵押物毁损、灭失或被征收而产生的保险金、赔偿金、补偿金。……第六条 抵押人的声明与保证。……6.6 抵押人承诺：当主合同债务人不履行到期债务或发生约定的实现抵押权的情形，无论抵押权人对主合同项下的债权是否拥有其他担保（包括但不限于主合同债务人和/或第三人提供物的担保、保证、保函等担保方式），抵押权人均有权直接要求抵押人根据本合同约定承担担保责任，无须事先行使其他担保权利（包括但不限于先行处置主合同债务人和/或第三人提供的物的担保）；如本合同的担保范围包含多笔债权的，抵押权人有权决定债权之间的清偿顺序及比例，抵押人对此不得提出任何异议。……第八条 抵押权的实现。8.1 在本合同有效期内，发生下列情形之一，抵押权人有权立即行使抵押权：（1）主合同债务履行期限届满（含提前到期和分期到期）而抵押权人未受清偿的，或主合同债务人违反主合同其他约定的。第十七条 其他约定事项。亨特国际金融中心2号楼在建工程建成验收并取得不动产产权证书之日起三个工作日内，抵押人应到抵押物法定的登记部门为抵押权人办理更新抵押登记，更新后抵押权人的顺位和主债权金额应不劣于抵押物清单约定的顺位和情况，抵押登记手续办妥后，抵押人应立即将他项权利证明、抵押登记证明文件正本及抵押物所有权属证明复印件交抵押权人保管，如有违反本条约定，视为抵押人对本合同的根本违约。具体抵押物以合同附件《（房地产）抵押物清单》《（在建工程）抵押物清单》记载为准。……

2017年7月18日，贵阳市国土资源局不动产登记机构出具黔（2017）南明区不动产证明第0057268号《不动产登记证明》，载明：证明权利或事项：抵押权；权利人（申请人）：中信金租公司；义务人：亨特房地产公司；坐落：南明区机场路18号亨特国际裙楼地下室幢负3层1A号等17户；不动产单元号：520102 004001 GB00011 F00020011等共17户。其他：原不动产权证明号：

黔（2017）南明区不动产证明第0009336号，不动产权证书号：0××××、010340393等17户；抵押方式：最高额抵押；被担保主债权数额：44338.1713万元；债务确定期间：2017年1月15日起2022年1月15日止；抵押面积：106336.42平方米；债务人：千禧公司。

2017年9月26日，贵阳市国土资源局不动产登记机构出具黔（2017）南明区不动产证明第××××号《不动产登记证明》，载明：证明权利或事项：抵押权；权利人（申请人）：中信金租公司；义务人：亨特房地产公司；坐落：南明区文昌路54号亨特国际金融中心1层1号等151户；不动产单元号：520102 004001 GB00025 F00010002等；其他：原不动产登记证明号：黔（2017）南明区不动产证明第0009365号；抵押方式：在建工程抵押；被担保主债权数额：44338.1713万元；履行债务期限：2017年1月15日起2022年1月15日止；抵押面积：68817.47平方米；债务人：千禧公司。附记：该案与201702080171合并办理，第二顺位。

2019年9月29日，贵阳市国土资源局不动产登记机构出具黔（2019）贵阳市不动产证明第0098107号《不动产登记证明》，载明：证明权利或事项：抵押登记；权利人（申请人）：中信金租公司；义务人：亨特房地产公司；坐落：南明区机场路与文昌路交叉口亨特国际2号楼（亨特国际金融中心）1层1号等146户；不动产单元号：520102 004001 GB00038 F00050000；其他：不动产权证书号：黔（2017）南明区不动产证明第××××号，抵押单元数量：1幢楼；债务人：千禧公司；抵押方式：最高额抵押；担保债权的总数额：44338.1713万元；债务起止期间：2017年1月15日起2022年1月15日止；抵押房屋总面积：66336.36平方米。附记：该案与201702080171合并办理，第二顺位。

2019年9月30日，贵阳市国土资源局不动产登记机构出具黔（2019）贵阳市不动产证明第0098840号《不动产登记证明》，载明：证明权利或事项：抵押登记；权利人（申请人）：中信金租公司；义务人：亨特房地产公司；坐落：南明区机场路与文昌路交叉口亨特国际2号楼（亨特国际金融中心）4层2号等5户；不动产单元号：520102 004001 GB00038 F00050000；其他：不动产权证书号：黔（2017）南明区不动产证明第××××号，抵押单元数量：1幢楼；债务人：千禧公司；抵押方式：一般抵押；担保债权的总数额：44338.1713万元；债务起止期间：2017年1月15日起2022年1月15日止；抵押房屋总面积：2145.88平方米。附记：第二顺位在建工程抵押变更，原不动产权证明号：黔（2017）南明区不动产证明第××××号。

2020年9月28日，亨特房地产公司作为担保人向中信金租公司出具《确认函》，确认内容与亨特惠通公司于同日出具的《确认函》内容基本一致。

五、涉案其他合同签订情况

2017 年 2 月 17 日，中信金租公司（甲方）与千禧公司（乙方）签订合同编号 CITICFL－20170223－ZX《咨询服务合同》，约定：第一条　咨询服务范围和期间。1.1 甲方就其所开展的金融租赁业务，为乙方提供融资租赁结构设计咨询服务、融资租赁交易安排咨询服务。1.2 甲方就融资租赁业务涉及的相关财务、税务、经济问题，为乙方提供咨询。甲方可通过电子邮件的形式向乙方发送书面服务成果，乙方指定的接收电子邮箱为：yuht@ gzht1h. com。双方确认，一经甲方向乙方指定电子邮箱发送书面服务成果邮件且自甲方操作端完成操作或显示发送成功即视为已送达乙方。1.3 本合同服务期自 2017 年 2 月 17 日开始至 2018 年 12 月 31 日终止，在服务期内，甲方将根据本合同的约定提供服务。乙方在甲方发送服务成果后 2 个工作日未提出合理书面异议的，视为乙方确认甲方所提供的服务满足乙方验收要求。若在本合同签署前，甲方已经开始向乙方提供本合同第一条所列范围内的服务的（包括任何口头解答、书面报告、电子邮件、传真等方式），在本合同签署时，均视为乙方认可甲方服务并验收合格。第二条　咨询服务费用和支付时间。2.1 乙方同意就甲方提供的咨询服务向甲方支付咨询服务费人民币叁佰万元整，上述咨询服务费含税。

同日，中信金租公司（甲方）与千禧公司（乙方）签订合同编号 CITICFL－20170223－ZG《资产管理咨询合同》，约定：第一条　资产管理咨询服务内容。根据双方在本合同第二条的约定，甲方可为乙方提供以下服务中的中信金融租赁有限公司一项或几项：（1）资产选型咨询服务；（2）资产价值评估咨询服务；（3）资产租期检查及相关咨询服务；（4）资产日常运营监测及相关咨询服务；（5）资产保险咨询服务；（6）资产处置咨询服务。第三条　服务期限。本合同服务期自 2017 年 2 月 17 日开始至 2022 年 2 月 17 日终止，在服务期内，甲方将根据本合同的约定提供服务。第四条　服务提供方式。在服务期限内，甲方通过现场口头解答、电子邮件、书面报告、传真等必要的方式，按年度向乙方提供本合同第二条所列服务。甲方如通过电子邮件的形式定期向乙方发送书面服务成果，乙方指定的接收电子邮箱为：yuht @ gzht1h. com。双方确认，一经甲方向乙方指定电子邮箱发送书面服务成果邮件且自甲方操作端完成操作或显示发送成功即视为已送达乙方。乙方在甲方发送服务成果后 2 个工作日未提出合理书面异议的，视为乙方确认甲方所提供的服务满足乙方验收要求。若在本合同签署前，甲方已经开始向乙方提供本合同第一条所列范围内的服务的（包括任何口头解答、书面报告、电子邮件、传真等方式），在本合同签署时，均视为乙方认可甲方服务并验收合格。第五条 咨询费及支付方法。5.1在综合考虑甲方为本合同第二条所列范围提供的咨询服务所耗费的人力、物力、时间成本等因素，甲方向乙方收取咨询费，咨询费总金额叁佰万元整，上述咨询费含税。

六、涉案《融资租赁合同》的履行情况

2017年2月17日，千禧公司向中信金租公司发出《付款通知》，载明：根据双方签订的编号为CITICFL－C－2017－0223的《融资租赁合同》，本公司特此发出本付款通知，向贵公司申请于2017年2月17日支付租赁物购买价款计人民币壹亿元整，以用于购买租赁附表项下的租赁物。本付款通知不可撤销。

同日，千禧公司向中信金租公司出具《委托扣款申请书》，确认千禧公司在编号为CITICFL－20170223－ZX《咨询服务合同》项下应向中信金租公司支付咨询服务费300万元、在编号为CITICFL－20170223－ZG《资产管理咨询合同》项下向中信金租公司支付咨询费300万元、在编号为CITICFL－C－2017－0223的《融资租赁合同》项下应向中信金租公司支付押金200万元，扣除上述应付款项合计800万元后，中信金租公司应向千禧公司支付金额为9200万元。

同日，中信金租公司向千禧公司转账支付人民币9200万元。

同日，千禧公司向中信金租公司出具《所有权转移及租赁物接受书》，确认自2017年2月17日起，将编号为CITICFL－C－2017－0223的《融资租赁合同》及对应编号为CITICFL－C－2017－0223－01的租赁附表（合称融资租赁合同）项下的全部租赁物的所有权转移给中信金租公司，租赁物清单以CITICFL－C－2017－0223－01号租赁附表中约定的租赁物清单为准。此外，确认于2017年2月17日“按其现状”接收上述租赁物，并确认：（1）上述租赁物由承租人选择，经承租人检验后确认符合承租人的购买和使用要求，承租人同意该等租赁物作为融资租赁合同项下的租赁物交付给承租人并由承租人接收；（2）融资租赁合同的条款适用于该等租赁物；（3）该等租赁物已接收并位于下列地点：成都。

同日，中信金租公司在中国人民银行征信中心办理动产权属统一登记—初始登记，登记证明编号为0334 5611 0004 0317 0112，承租人为千禧公司，出租人为中信金租公司，租赁合同号码为CITICFL－C－2017－0223，租金总额115157174.40元，租赁财产描述租赁物为特斯拉和宝马经营用专车，详情见附件。

2021年1月6日，中信金租公司出具《租金支付概算表》，载明：因承租人在融资租赁合同项下发生根本违约，依据 CITICFL－C－2017－0118－A－03 号《融资租赁合同补充协议》第四条约定，以 2021 年 1 月 6 日作为调整日调整租金支付方式，调整后 CITICFL－C－2017－0223《融资租赁合同》项下编号为 CITICFL－C－2017－0223－01《租赁附表》对应的租前息/预付租赁成本/分期租金支付概算表如下：（详细列明了每期支付日、每期预付租赁成本/租赁成本、每期租前息/租赁利息、每期租前息/预付租赁成本/租金总额）其中，第 1 期至第 8 期支付日分别为 2017 年 5 月 15 日、2017 年 8 月 15 日、2017 年 11 月 15 日、2018 年 2 月 15 日、2018 年 5 月 15 日、2018 年 8 月 15 日、2018 年 11 月 15 日、2019 年 2 月 15 日，每期租前息/预付租赁成本/租金总额均为 5756209.97 元；第 9 期支付日为 2019 年 5 月 15 日，每期租前息/预付租赁成本/租金总额为 928329.86 元；第 10 期支付日为 2019 年 8 月 5 日，每期租前息/预付租赁成本/租金总额为 855315.15 元；第 11 期、第 12 期支付日为 2019 年 11 月 5 日和 2020 年 2 月 5 日，每期租前息/预付租赁成本/租金总额均为 959621.88 元；第 13 期至第 19 期支付日分别为 2020 年 5 月 5 日、2020 年 8 月 5 日、2020 年 11 月 5 日、2021 年 2 月 5 日、2021 年 5 月 5 日、2021 年 8 月 5 日、2021 年 11 月 5 日，每期租前息/预付租赁成本/租金总额均为 8451824.80 元；第 20 期支付日为 2022 年 2 月 17 日，每期租前息/预付租赁成本/租金总额为 8451824.79 元；上述每期租前息/预付租赁成本/租金总额合计 117367166.92 元。

因千禧公司未按编号 CITICFL－C－2017－0118－A－03 的《融资租赁合同补充协议》的约定，于 2021 年 1 月 5 日向中信金租公司支付相应租金，中信金租公司提起本案诉讼。庭审中，中信金租公司和千禧公司确认，双方之间共签订有四份《融资租赁合同》，合同编号分别为 CITICFL－C－2017－0084、CITICFL－C－2017－00118、CITICFL－C－2017－0219、CITICFL－C－2017－0223。千禧公司在支付租金时未区分具体指向的《融资租赁合同》，中信金租公司在起诉时对于千禧公司的已付款项在上述四份《融资租赁合同》项下进行了分配。中信金租公司在本案中主张，按照上述调整后的《租金支付概算表》，千禧公司已支付了第一期至第十二期的各期租金，同时，千禧公司支付了截至 2020 年 7 月 16 日的第十一期至第十三期的逾期利息，但尚未支付第十三期之后（含第十三期）已到期的各期租金及逾期利息等款项，以及应提前到期的未到期租金。经询，千禧公司对于中信金租公司在本案中所主张的千禧公司付款时间及付款金额不持异议。

中信金租公司在起诉时主张涉案《融资租赁合同》于 2021 年 1 月 6 日提前到期，在庭审中主张以本院向千禧公司送达起诉状副本的时间，即 2021 年 2

月22日作为涉案《融资租赁合同》提前到期日，千禧公司对此不持异议。中信金租公司同时主张以2021年2月22日作为千禧公司已付押金的抵扣日，并按照合同约定的应付款项的偿付顺序，即按照保全保险费、律师费、违约金、已到期未付租金和提前到期租金的逾期利息、已到期未付租金的顺序进行抵扣。千禧公司则主张在其出现违约时中信金租公司即应当使用押金抵扣千禧公司已到期未还的款项。

此外，在本案审理过程中，中信金租公司作为甲方、千禧公司作为乙方、华达公司作为丙方，三方于2021年7月27日签订《代付协议》，约定，鉴于：1. 因甲乙双方之间编号CITICFL－C－2017－0084、CITICFL－C－2017－0223的《融资租赁合同》（以下分别称0084号融资租赁合同、0223号融资租赁合同，分别包括合同项下附件、附表和补充协议等文件）项下，乙方作为承租人发生逾期，甲方作为出租人起诉至北京市第二中级人民法院（以下简称法院），形成案号分别为（2021）京02民初106号、（2021）京02民初105号的融资租赁合同纠纷民事诉讼案件（以下分别称106号案件、105号案件）。上述案件法院审理中。在106号案件中，法院已对杨光所持有的贵州亨丰通汽车销售服务有限公司股权（以下简称标的股权，标的股权对应出资额人民币1900万元，占该公司全部股权比例的95%）予以冻结。2. 在上述案件诉讼过程中，根据乙方、丙方另行协商一致，丙方自愿直接向甲方代付乙方基于0084号融资租赁合同、0223号融资租赁合同而应向甲方支付的部分合同应付款项，甲方、乙方同意丙方进行该等代付。甲方在根据本协议约定足额收到丙方全部代付款项后，甲方承诺按照本协议约定向法院提交对标的股权的解除冻结申请书。第一条　各方同意并确认，丙方应于2021年7月30日（以下简称代付日）前直接代乙方向甲方付款人民币捌佰万元（小写：8000000.00元）（以下简称代付款项）。丙方向甲方收款账户支付代付款项时，应备注“代贵州千禧付中信金租合同应付款”。第二条　各方同意并确认，甲方收到丙方向其支付的全部代付款项并且不退回的，视为乙方向甲方等额支付了0084号融资租赁合同及0223号融资租赁合同项下相应应付款项，具体为：1. 代付款项中人民币伍佰万（小写：5000000.00元）视为乙方向甲方偿还0084号融资租赁合同项下应付款项；2. 代付款项中人民币叁佰万（小写：3000000.00元）视为乙方向甲方偿还0223号融资租赁合同项下应付款项。第三条　甲方同意最晚于甲方收到丙方全部代付款项的次一工作日，以EMS中国邮政速递物流方式向北京市第二中级人民法院发出对标的股权的解除冻结申请书，并将邮件号按以下联系方式发送至丙方。同时，甲方应积极与法院沟通，应争取在20个工作日内解除对标的股权的查封，且甲方应在法院解除对目标股权冻结后的三日内通知丙方。另外，甲方承诺签订收到800万元代付款之日起四个月内，甲方不得以本协议中提及的两案件或其他案件再次对标的股权进行诉讼保全或执行查封、拍卖。

2021年7月29日，华达公司向中信金租公司分别支付300万元、500万元，摘要或附言注明：代贵州千禧付中信金租合同应付款。中信金租公司主张在本案中以华达公司代千禧公司支付的300万元，按照《融资租赁合同》约定的偿付顺序抵扣千禧公司的应付款项，抵扣日为2021年7月29日。

七、中信金租公司实现债权的费用

2021年1月10日，中信金租公司（甲方）与北京富尔律师事务所（乙方）签订CITICFL－C－2017－0223－L号《委托代理协议》，约定：甲方因与千禧公司等方融资租赁合同纠纷一案，委托乙方的律师进行代理；乙方接受甲方委托，指派张尘、于晓菲律师担任甲方的诉讼代理人；案件标的：被告方因编号为CITICFL－C－2017－0223融资租赁合同及相关附件等与甲方开展的融资租赁交易项下全部应付款项，其中相关融资租赁合同签署时租赁本金共计人民币1亿元；审级或其他程序：一审、二审（如有）、执行（如有）；甲方同意按以下方式支付本案律师费：乙方完成本协议所述案件立案及申请诉讼保全事宜后，甲方在本案一审开庭前，向乙方支付诉讼审理阶段代理费人民币贰万伍仟元整，上述费用包括本案起诉、诉讼保全、一审、二审（如有）等诉讼阶段的全部律师代理工作。如本案进入强制执行阶段，甲乙双方须就增加执行阶段的律师费等事宜另行协商。

2021年3月8日，中信金租公司向北京富尔律师事务所支付律师费295000元，其中包含本案律师费25000元。

在本案审理过程中，中信金租公司向本院提出财产保全申请，为此向中国平安财产保险股份有限公司投保了诉讼财产保全责任保险，支付保险费41707.13元。

八、关于涉案租赁物的情况

涉案租赁物为232辆经营用专车，包括162辆特斯拉牌汽车和70辆宝马牌汽车。有关上述车辆初始登记的情况，千禧公司解释称，上述车辆系经营用专车，受到运营地车辆管理规定的限制，故部分车辆登记在千禧公司及其分公司名下，部分车辆登记在案外自然人或其他公司名下。诉讼中，千禧公司出具情况说明称，目前，上述162辆特斯拉牌汽车中有124辆已出售，有38辆未出售；70辆宝马牌汽车已经全部出售。中信金租公司经核实确认其保管有38辆特斯拉牌汽车的机动车登记证书原件，且上述车辆均登记在千禧公司成都分公司名下。后中信金租公司向本院申请律师调查令，向成都市公安局交通管理局车辆管理所调查123辆特斯拉牌汽车的注册登记及转移登记信息。调查结果显示，其中85辆特斯拉牌汽车已过户至第三方深圳公司（转出深圳市），38辆特斯拉牌汽车于2018年过户至千禧公司广州分公司（转出）。千禧公司表示，上述过户至千禧公司广州分公司的38辆特斯拉牌汽车均已出售。中信金租公司对此不予认可，但表示针对上述车辆截至目前的登记信息不再申请调查取证。另外，中信金租公司解释称，因没有其余70辆宝马牌汽车和1辆特斯拉牌汽车的发动机号、车架号和车牌号，故其未申请调查该部分车辆的注册登记及转移登记信息。

九、亨特房地产公司的反诉情况及追加申请

亨特房地产公司为支持其反诉请求提交了一份中信金租公司致中信银行贵阳分行的《工作联系函》复印件，内容如下：贵行向我司推荐客户贵州千禧绿色环保出租汽车服务有限公司在2017年2月获得我司3亿元批复后，分别于2017年2月17日提款1.52亿元及2017年7月18日提款1.48亿元。近期，千禧租车已向我司提出20亿元的资金需求用于上海、深圳、广州等地运营车辆的购买，2017年资金需求为7亿元，该笔业务系承租人与主机厂在车辆购买中享受一定的价格优惠政策，同时将车辆抵押给我司。为此，我司已与承租人谈定后续抵押资产（抵押情况参见附件），但由于目前相关权证无法拿到。为此，我司望贵行予以同意在原有亨特房开已抵押贵行的相关房地产及在建工程为第一顺位抵押物再为后续拟增加20亿元债权顺位抵押我司作为过渡性抵押担保措施，过渡期限为二年。随后续承诺给我司抵押资产手续陆续完善，我司立即办理相应资产抵押手续，并且将20亿元债权在后的顺位抵押陆续解除。盼复为谢！落款时间为2017年9月20日，落款处加盖有中信金租公司的公章。

中信金租公司发表质证意见称，亨特房地产公司未提供该证据的原件，故对该证据的真实性和证明目的均不予认可。该份函件的内容不能证明中信金租公司与中信银行贵阳分行就解除抵押达成一致意见。中信金租公司与亨特房地产公司之间的权利义务应以双方签订的《最高额不动产抵押合同》及抵押登记为准，双方并未约定抵押过渡期。

根据上述《工作联系函》及租赁物车辆登记情况，亨特房地产公司申请追加中信银行股份有限公司贵阳分行、租赁物购买人、租赁物登记权利人为第三人参加本案诉讼。

上述事实，有双方当事人提供的证据及庭审陈述在案佐证。

本院认为，围绕本案当事人争议的焦点问题，本院分述如下：

一、关于法律适用问题

《最高人民法院关于适用〈中华人民共和国民法典〉时间效力的若干规

定》第一条第三款规定："民法典施行前的法律事实持续至民法典施行后，该法律事实引起的民事纠纷案件，适用民法典的规定，但是法律、司法解释另有规定的除外。"本案《融资租赁合同》成立于民法典施行前，约定的合同期限至 2022 年 2 月 17 日，因千禧公司未按期支付租金引发本案纠纷，且该法律事实亦已持续至民法典施行后，故本案应适用《民法典》的规定。

二、关于涉案《融资租赁合同》的效力及性质问题

根据《民法典》第四百六十五条的规定，依法成立的合同，受法律保护，并对当事人具有法律约束力。本案中，中信金租公司具备从事融资租赁相关业务的行业许可，其与千禧公司签订的《融资租赁合同》《融资租赁合同补充协议》，其分别与亨特房地产公司、亨特惠通公司签订的《最高额保证合同（法人适用）》《最高额保证合同补充协议》，其与神骊公司签订的《最高额保证合同（法人适用）》，其与杨中安、刘智苓签订的《最高额保证合同（自然人适用）》《最高额保证合同补充协议》，其与杨光签订的《最高额保证合同（自然人适用）》，其与杨光、张蕾共同签订的《最高额保证合同补充协议》，其与亨特房地产公司签订的《最高额不动产抵押合同（法人适用）》，其与千禧公司签订的《股权质押合同（法人适用）》，以及千禧公司、亨特房地产公司、亨特惠通公司、杨中安、刘智苓、杨光、张蕾分别向中信金租公司出具的《确认函》，均系各方当事人真实意思表示，且内容不违反我国法律、行政法规的强制性规定，应当认定有效。各方当事人均应当按照约定履行自己的义务。

在本案审理之初，各方当事人对本案合同性质为融资租赁合同关系均无异议。亨特房地产公司、杨中安、刘智苓三方在变更委托诉讼代理人后转而主张，中信金租公司与千禧公司在实际履行合同过程中改变了交易结构，并且采用本金加利息的租金支付方式，故本案合同性质为民间借贷。对此，本院认为，《民法典》第七百三十五条规定："融资租赁合同是出租人根据承租人对出卖人、租赁物的选择，向出卖人购买租赁物，提供给出租人使用，承租人支付租金的合同。"《最高人民法院关于审理融资租赁合同纠纷案件适用法律问题的解释》（2020 年修正）第一条第一款规定："人民法院应当根据民法典第七百三十五条的规定，结合标的物的性质、价值、租金的构成以及当事人的合同权利和义务，对是否构成融资租赁法律关系作出认定。"第二条规定："承租人将其自有物出卖给出租人，再通过融资租赁合同将租赁物从出租人处租回的，人民法院不应仅以承租人和出卖人系同一人为由认定不构成融资租赁法律关系。"根据涉案《融资租赁合同》的约定，中信金租公司与千禧公司的交易结构为承租人以筹措资金、回租租赁物使用为目的，以售后回租方式向出租人转让租赁物；出租人根据本合同约定向承租人支付租赁物购买价款，从承租人处受让租赁物所有权并回租给承租人使用。在本合同约定的放款条件满足的情况下，出租人向承租人支付租赁物购买价款。由此可知，本案融资租赁交易采用的是售后回租方式，售后回租作为融资租赁交易的一种特殊形式，仍应当符合融物与融资并重的本质特征。根据审理查明的事实，涉案租赁物为经营用专车，中信金租公司与千禧公司在《融资租赁合同》附件一《租赁附表》中明确约定了租赁物的具体名称、净值总额、使用地点，并以租赁物清单方式详细列明了租赁物车辆的型号规格、每台净值及发票号等关键信息，且双方当事人在中国人民银行征信中心对涉案融资租赁业务及其所对应的租赁物办理了动产权属统一登记。上述事实证明，涉案租赁物真实存在，且租赁物净值与租赁物购买价款基本吻合。千禧公司在诉讼中解释称，由于受到租赁物车辆运营地的管理规定限制，涉案部分租赁物车辆初始登记在案外第三方名下，但实际由千禧公司控制和使用，目前部分车辆已被千禧公司出售。在2019年9月20日签订的CITICFL－C－2017－0118－A－02《融资租赁合同补充协议》中，中信金租公司明确要求千禧公司提供租赁物车辆与机动车登记车主之间签署的车牌租赁、挂靠类文件复印件以及全部租赁物车辆登记证书和车辆保险保单等文件。千禧公司未按约定履行上述合同义务，且擅自处分租赁物，其行为构成违约，但不能据此认定中信金租公司与千禧公司协商一致改变了交易结构。针对千禧公司提出的涉案车辆所有权属于千禧公司及第三方购买人的抗辩主张，本院认为，《民法典》第二百二十四条规定："动产物权的设立和转让，自交付时发生效力，但是法律另有规定的除外。"第二百二十五条规定："船舶、航空器和机动车等的物权的设立、变更、转让和消灭，未经登记，不得对抗善意第三人。"由此可知，我国法律对机动车这一特殊动产的物权变动采取以交付作为生效要件、以登记作为对抗要件的原则。千禧公司与中信金租公司已签署《所有权转移及租赁物接受书》，采用占有改定的方式确认将全部租赁物的所有权转移给中信金租公司，千禧公司"按其现状"接收上述租赁物。因此，对千禧公司的该项主张，本院不予采信。另根据《民法典》第七百四十六条规定："融资租赁合同的租金，除当事人另有约定外，应当根据购买租赁物的大部分或者全部成本以及出租人的合理利润确定。"本案双方当事人约定，以中信金租公司向千禧公司支付的租赁物购买价款作为租赁成本，并根据约定的租赁利率及租赁期限，确定千禧公司应支付的租金总额及各期租金，符合法律规定，并无不当。综上所述，应当认定本案合同性质为融资租赁合同。对于亨特房地产公司、杨中安、刘智苓提出的本案合同性质为民间借贷的抗辩意见，本院不予采纳。

三、关于租金的诉讼请求

《民法典》第七百五十二条规定："承租人应当按照约定支付租金。承租人经催告后在合理期限内仍不支付租金的，出租人可以请求支付全部租金；也可以解除合同，收回租赁物。”本案中，租赁物购买价在涉案《融资租赁合同》签订后，中信金租公司已按约履行支付款的义务，千禧公司应当按照合同约定履行支付租金等相关费用的合同义务。根据审理查明的事实，千禧公司已按照调整后的《租金支付概算表》向中信金租公司支付了第一期至第十二期的租金及第十三期的部分逾期利息，尚未支付第十三期之后（含第十三期）已到期的各期租金及逾期利息等款项。根据涉案《融资租赁合同》第 11. 2. 2 款的约定，千禧公司已构成根本违约。另根据涉案《融资租赁合同》第 11. 3 款约定，若承租人违约（包括但不限于本条第 11. 1 款、第 11. 2 款以及本合同其他条款约定的违约情形），出租人有权采取以下任何一项或多项措施，并且有权自行决定承租人支付各款项的清偿顺序：……（6）宣布本合同项下承租人的债务全部或部分提前到期，要求承租人立即支付提前到期应付款，承租人所付款项不足以支付全部提前到期应付款时，按照本合同第 3. 9 款约定的顺序予以清偿。现中信金租公司主张以本院向千禧公司送达起诉状副本的时间，即 2021 年 2 月 22 日作为涉案《融资租赁合同》提前到期日，具有合同依据，本院对此不持异议。经核算，截至 2021 年 2 月 22 日，千禧公司已到期未付租金合计 33807299. 20 元，提前到期的租金合计 33807299. 19 元（其中，租赁本金为 32563149. 03 元）。千禧公司应当向中信金租公司支付上述已到期未付租金及提前到期租金。

四、关于逾期利息及违约金的诉讼请求

根据《最高人民法院关于审理融资租赁合同纠纷案件适用法律问题的解释》（2020 年修正）第九条规定：“承租人逾期履行支付租金义务或者迟延履行其他付款义务，出租人按照融资租赁合同的约定要求承租人支付逾期利息、相应违约金的，人民法院应予支持。”本案中，中信金租公司既主张以已到期未付租金和提前到期的租金为基数，按照日万分之五计算逾期利息，同时主张按照未付的剩余租赁成本的 3% 计算违约金，千禧公司等辩称逾期利息计算标准过高，且不同意支付违约金。本院注意到，首先，本案中，千禧公司的违约行为仅为迟延支付租金，中信金租公司既主张迟延履行利息，又主张一次性违约金，具有双重惩罚性质。其次，当事人已经确认涉案《融资租赁合同》项下的全部未到期租金在 2021 年 2 月 22 日提前到期，且该部分租金中已经包含融资利息，中信金租公司已经获得巨大期限利益。综合考虑中信金租公司在涉案《融资租赁合同》项下的履行利益、融资租赁行业的平均收益率及其收取的咨询费等因素，本院就中信金租公司主张的上述违约责任一并予以酌定，对于已到期未付租金部分的逾期利息，以已到期未付租金 33807299. 20 元为基数，按照合同约定的日万分之五的标准计算；对于提前到期租金的逾期利息以提前到期租金中的租赁本金32563149.03元为基数，自提前到期日的次日即2021年2月23日起至实际支付之日止，按照日万分之二的标准计算。

五、关于留购价款的诉讼请求

《民法典》第七百五十七条规定，“出租人和承租人可以约定租赁期限届满租赁物的归属”。根据涉案《融资租赁合同》的约定，“留购价款”指租赁期限届满，在承租人清偿完毕本合同及相应租约项下应付出租人的全部租前息、预付租赁成本、租金及其他应付款的前提下，承租人为取得租赁物的所有权而应向出租人支付的租赁物价格。本案中，中信金租公司主张按照合同约定由承租人在全部债务清偿完毕后以支付留购价款为代价取得租赁物所有权，具有合同依据，本院予以支持。

六、关于保全担保费、律师费的诉讼请求

涉案《融资租赁合同》第11.6条“违约救济的费用负担”约定，出租人采取本条约定措施，所产生的全部费用均由承租人承担。该合同第一条第（31）项同时约定，“费用”是指出租人因签署、履行本合同或任何租约而发生的任何费用，以及出租人因实现自己在本合同以及任何租约项下的任何权利和权益而发生的任何费用或款项，包括但不限于诉讼费、财产保全费、律师费等。中信金租公司在诉讼中申请进行诉讼财产保全，实际支付了保全保险费41707.13元。另外，中信金租公司提供了《委托代理合同》及付款凭证，证明其委托律师代理本案诉讼，实际支付律师代理费25000元。中信金租公司要求千禧公司承担上述两项费用，符合合同约定，具有事实依据，应予支持。

七、关于已付咨询服务费/咨询费、押金及代付款项的抵扣问题

千禧公司等被告抗辩主张，将千禧公司已支付的600万元咨询服务费/咨询费、200万元押金以及在诉讼中由华达公司代付的300万元款项抵扣千禧公司已到期未还的租金。对此，本院认为，首先，根据涉案《融资租赁合同》约定，“手续费”指承租人按照本合同租赁附表的约定，在租前息、预付租赁成本、租金、押金等款项之外应向出租人支付的因出租人提供融资租赁交易结构设计、办理融资租赁业务等服务产生的费用，包含相应的增值税，手续费一经支付不予退还。且中信金租公司向千禧公司收取上述咨询服务费/咨询费所依据的是双方另行签订的《咨询服务合同》及《资产管理咨询合同》，与本案虽有关联，但并非同一法律关系。千禧公司主张将上述款项冲抵已到期未还的款项，缺乏合同依据和法律依据，本院不予支持。其次，根据涉案《融资租赁合同》约定，“押金”指为确保承租人履行本合同项下各项义务，由承租人向出租人一次性支付的款项，押金的具体支付方式、金额、使用和返还等事宜以本合同相应条款以及租赁附表的约定为准；若承租人未履行或未完全履行本合同项下的义务，出租人有权以押金按本合同第3.9条约定的扣划顺序冲抵承租人对出租人的债务。由此可见，涉案押金属于履约保证金，且冲抵承租人的债务属于对出租人的赋权性约定而非出租人的义务。在双方当事人未对何时冲抵作出明确约定的情况下，现中信金租公司主张以提前到期日2021年2月22日作为抵扣日，将千禧公司已付押金按照合同第3.9条约定的偿付顺序冲抵千禧公司的债务，本院予以支持。经核算，用200万元押金先冲抵保全保险费41707.13元和律师费25000元，再冲抵千禧公司截至2021年2月21日（含当日）第十三期至第十六期已到期未付租金的逾期利息2303122.26元，剩余已到期未付租金的逾期利息为369829.39元。此外，中信金租公司同意于2021年7月29日以华达公司代付款项300万元抵扣千禧公司的应付款项。经核算，用代付款项300万元先冲抵前述未还的已到期未付租金的逾期利息369829.39元，再冲抵千禧公司截至2021年7月28日（含当日）第十三期至第十六期已到期未付租金的逾期利息2653873元，剩余已到期未付租金的逾期利息为23702.39元。

八、关于各担保人的担保责任

亨特房地产公司、杨中安、刘智苓抗辩称，涉案《最高额保证合同》是格式合同，其中存在大量加重担保人责任、排除担保人权利的条款，应当予以排除。各担保人均提出，因涉案债权存在债务人提供的物保，故应优先处置千禧公司自行提供的物保，不足的部分再由担保人在各自的担保限额内承担担保责任。对此，本院认为，首先，涉案《最高额保证合同》系各方当事人自愿签订，合同中有关保证方式、保证人的声明与保证、保证人的权利与义务的相关约定，不违反我国法律、行政法规的强制性规定，均属合法有效，不存在排除担保人主要权利之情形。其次，根据《民法典》第三百九十二条规定："被担保的债权既有物的担保又有人的担保的，债务人不履行到期债务或者发生当事人约定的实现担保物权的情形，债权人应当按照约定实现债权；没有约定或者约定不明确，债务人自己提供物的担保的，债权人应当先就该物的担保实现债权；第三人提供物的担保的，债权人可以就物的担保实现债权，也可以请求保证人承担保证责任。提供担保的第三人承担担保责任后，有权向债务人追偿。"由此可见，我国法律允许合同当事人就债权人实现担保物权的顺序进行约定。涉案《最高额保证合同》《股权质押合同》《最高额不动产抵押合同》均明确约定，无论中信金租公司对债权是否拥有其他担保，债权人均有权直接向各保证人/担保人行使相应合同项下的担保权利，而无须事先行使其他担保权利，无论是物的担保还是人的担保，不论该担保是由债务人提供还是由第三人提供。因此，对各担保人提出的上述抗辩意见，本院不予支持。中信金租公司有权根据合同约定要求各担保人依法承担各自的担保责任，无须区分各担保人承担担保责任的顺序。

（一）关于保证担保责任

《民法典》第六百八十八条规定："当事人在保证合同中约定保证人和债务人对债务承担连带责任的，为连带责任保证。连带责任保证的债务人不履行到期债务或者发生当事人约定的情形时，债权人可以请求债务人履行债务，也可以请求保证人在其保证范围内承担保证责任。"第六百九十一条规定："保证的范围包括主债权及其利息、违约金、损害赔偿金和实现债权的费用。当事人另有约定的，按照其约定。"第七百条规定："保证人承担保证责任后，除当事人另有约定外，有权在其承担保证责任的范围内向债务人追偿，享有债权人对债务人的权利，但是不得损害债权人的利益。"

中信金租公司分别与保证人亨特房地产公司、亨特惠通公司、神骊公司、杨中安、刘智苓、杨光、张蕾签订了《最高额保证合同》及补充协议，明确约定各保证人为千禧公司在涉案融资租赁合同项下的租金、逾期利息等全部债务提供连带保证责任，且相关担保事项经过亨特惠通公司、亨特房地产公司、神骊公司的股东会决议，故涉案各保证人均应当依约对千禧公司的涉案债务承担连带保证责任。根据涉案的《最高额保证合同》及其补充协议、《确认函》的内容可知，各保证人提供的最高额保证均系针对中信金租公司与千禧公司签订的合同编号CITICFL－C－2017－0084、CITICFL－C－2017－0118、CITICFL－C－2017－0219、CITICFL－C－2017－0223四份《融资租赁合同》，且该四份《融资租赁合同》项下均涉及纠纷诉讼，故上述融资租赁系列合同所产生的债务为关联债务。鉴于中信金租公司与亨特房地产公司、亨特惠通公司、杨中安、刘智苓、杨光、张蕾签订的《最高额保证合同补充协议》中确认的最高债权额度变更为1392262498.14元，中信金租公司与神骊公司签订的《最高额保证合同》确认的最高债权额度为1471845647.84元，亨特房地产公司、亨特惠通公司、杨中安、刘智苓、杨光、张蕾应对上述四份《融资租赁合同》项下千禧公司的债务在最高债权额1392262498.14元范围内承担连带保证责任，神骊公司应对上述四份《融资租赁合同》项下千禧公司的债务在最高债权额1471845647.84元范围内承担连带保证责任。亨特房地产公司、亨特惠通公司、神骊公司、杨中安、刘智苓、杨光、张蕾承担连带保证责任后，有权向千禧公司追偿。

（二）关于质押担保责任

《民法典》第四百四十条规定，"债务人或者第三人有权处分的下列权利可以出质：……（四）可以转让的基金份额、股权”。第四百四十三条第一款规定：“以基金份额、股权出质的，质权自办理出质登记时设立。”本案中，为确保实现中信金租公司在涉案四份《融资租赁合同》及其项下所有租赁附表等主合同项下对千禧公司所享有的全部债权，千禧公司以其合法持有的上海卓诺公司的 100% 股权向中信金租公司提供质押担保，并依法办理了股权出质设立登记。据此，中信金租公司主张对千禧公司持有的上海卓诺公司的 100% 股权享有优先受偿权，本院予以支持。

（三）关于抵押担保责任

《民法典》第三百九十四条第一款规定：“为担保债务的履行，债务人或者第三人不转移财产的占有，将该财产抵押给债权人的，债务人不履行到期债务或者发生当事人约定的实现抵押权的情形，债权人有权就该财产优先受偿。”第四百二十条第一款规定：“为担保债务的履行，债务人或者第三人对一定期间内将要连续发生的债权提供担保财产的，债务人不履行到期债务或者发生当事人约定的实现抵押权的情形，抵押权人有权在最高债权额限度内就该担保财产优先受偿。”本案中，中信金租公司与亨特房地产公司先后签订三份《最高额不动产抵押担保合同》，双方就上述《最高额不动产抵押担保合同》附件抵押物清单中的房产和在建工程办理了不动产抵押登记，后亨特房地产公司又以出具《确认函》的方式对不动产抵押担保主合同变更的内容予以认可和确认，故亨特房地产公司应当按照约定对千禧公司在涉案融资租赁合同项下的债务及其他关联债务在最高债权额 443381712.72 元范围内承担担保责任。亨特房地产公司承担担保责任后，有权向千禧公司追偿。

亨特房地产公司抗辩称，中信金租公司与千禧公司在 2019 年 9 月 20 日签订的《融资租赁合同补充协议》中达成以租赁物车辆办理抵押的合意，但中信金租公司一直未办理抵押登记，因而主张在中信金租公司放弃的抵押物担保价值范围内免除责任。本院认为，如前所述，中信金租公司与千禧公司之间系融资租赁法律关系，虽然中信金租公司作为出租人对涉案租赁物享有的所有权具有担保功能，但并不具备以涉案租赁物办理抵押登记的法定条件，故不存在中信金租公司放弃千禧公司提供的租赁物作为抵押担保的情形。亨特房地产公司还提出其提供的抵押担保系过渡性担保，因过渡期限已经届满，其不应再承担抵押担保责任。亨特房地产公司提出该项主张所依据的《工作联系函》并非原件，从该函件的内容来看，亦无法证明中信金租公司与亨特房地产公司就解除抵押担保达成了合意。综上，本院对亨特房地产公司提出的免除其相应担保责任的主张不予采纳。

九、关于涉案租赁物的受偿问题

根据《最高人民法院关于适用〈中华人民共和国民法典〉有关担保制度

的解释》第六十五条第一款规定，“在融资租赁合同中，承租人未按照约定支付租金，经催告后在合理期限内仍不支付，出租人请求承租人支付全部剩余租金，并以拍卖、变卖租赁物所得的价款受偿的，人民法院应予支持”。因此，在千禧公司未支付前述全部已到期未付租金、提前到期租金及相应逾期利息的情况下，中信金租公司有权请求人民法院拍卖、变卖涉案《融资租赁合同》项下租赁物，并以所得价款在其债权范围内受偿。中信金租公司与千禧公司在本案中仅能共同确认现有38辆登记在千禧公司成都分公司名下的特斯拉牌汽车未被出售，为避免在拍卖、变卖过程中产生不必要之争议，本院仅支持中信金租公司以拍卖、变卖该部分租赁物所得的价款受偿。其余部分的租赁物，双方当事人可以另行解决。

十、关于应否追加第三人的问题

因千禧公司并未向本院提交已出售租赁物车辆的交易对象信息，本案亦未对登记在案外第三方名下的租赁物进行处理，故无必要追加相关主体作为本案第三人。另因亨特房地产公司提交的《工作联系函》复印件不足以证明中信金租公司与亨特房地产公司达成了解除抵押担保之合意，故亦无必要追加《工作联系函》的接收对象作为本案第三人。

十一、关于亨特房地产公司的反诉请求

亨特房地产公司反诉所依据的事实与理由，与其在本诉中提出的免除其担保责任的理由相同，亨特房地产公司主张其担保责任已免除，进而要求中信金租公司注销亨特房地产公司名下抵押物的抵押登记。本院在前文中已论述亨特房地产公司的反诉理由不能成立，故对亨特房地产公司的反诉请求不予支持。

综上所述，本院对中信金租公司诉讼请求部分予以支持。依照《中华人民共和国民法典》第二百二十四条、第二百二十五条、第三百八十六条、第三百八十九条、第三百九十二条、第三百九十四条第一款、第三百九十五条、第四百一十条第一款、第四百二十条第一款、第四百二十五条、第四百四十条、第四百四十三条第一款、第四百六十五条、第六百八十八条、第六百九十条、第六百九十一条、第六百九十九条、第七百条、第七百三十五条、第七百四十六条、第七百五十二条、第七百五十七条，《最高人民法院关于适用〈中华人民共和国民法典〉时间效力的若干规定》第一条第三款，《最高人民法院关于适用〈中华人民共和国民法典〉有关担保制度的解释》第六十五条第一款，《最高人民法院关于审理融资租赁合同纠纷案件适用法律问题的解释》（2020年修正）第一条第一款、第二条、第九条之规定，判决如下：

一、贵州千禧绿色环保出租汽车服务有限公司于本判决生效后十日内支付中信金融租赁有限公司已到期未付租金33807299.20元及截至2021年7月28

日的逾期利息23702.39元，并支付剩余逾期利息（以33807299.20元为基数，自2021年7月29日起至实际支付之日止，按日万分之五的利率标准计算）。

二、贵州千禧绿色环保出租汽车服务有限公司于本判决生效后十日内支付中信金融租赁有限公司提前到期租金33807299.19元及逾期利息（以提前到期租赁本金32563149.03元为基数，自2021年2月23日起至实际支付之日止，按日万分之二的利率标准计算）。

三、贵州千禧绿色环保出租汽车服务有限公司于本判决生效后十日内支付中信金融租赁有限公司留购价款1元。

四、贵州亨特房地产开发有限公司、贵州亨特惠通汽车销售服务有限公司、杨中安、刘智苓、杨光、张蕾对本判决第一项、第二项、第三项所确定的贵州千禧绿色环保出租汽车服务有限公司的债务，在CITICFL－C－2017－0084、CITICFL－C－2017－0118、CITICFL－C－2017－0219、CITICFL－C－2017－0223四份《融资租赁合同》项下债务总和不超过最高债权额1392262498.14元范围内承担连带保证责任；贵州亨特房地产开发有限公司、贵州亨特惠通汽车销售服务有限公司、杨中安、刘智苓、杨光、张蕾承担保证责任后，有权在其承担保证责任的范围内向贵州千禧绿色环保出租汽车服务有限公司追偿。

五、四川千禧神骊科技有限公司对本判决第一项、第二项、第三项所确定的贵州千禧绿色环保出租汽车服务有限公司的债务，在CITICFL－C－2017－0084、CITICFL－C－2017－0118、CITICFL－C－2017－0219、CITICFL－C－2017－0223四份《融资租赁合同》项下债务总和不超过最高债权额1471845647.84元范围内承担连带保证责任；四川千禧神骊科技有限公司承担保证责任后，有权向贵州千禧绿色环保出租汽车服务有限公司追偿。

六、中信金融租赁有限公司就本判决第一项、第二项、第三项确定的贵州千禧绿色环保出租汽车服务有限公司的债务，有权以股质登记设字〔062020〕第0024号《股权出质设立登记通知书》项下贵州千禧绿色环保出租汽车服务有限公司所持有的上海卓诺汽车服务有限公司的100%股权拍卖、变卖所得的价款优先受偿。

七、中信金融租赁有限公司就本判决第一项、第二项、第三项确定的贵州千禧绿色环保出租汽车服务有限公司的债务，在不超过最高债权额443381712.72元范围内，有权以贵州亨特房地产开发有限公司名下黔（2017）南明区不动产证明第0057268号、黔（2019）贵阳市不动产证明第0098107号、黔（2019）贵阳市不动产证明第0098840号《不动产登记证明》所载的在建工程及不动产（以抵押物清单为准）拍卖、变卖所得的价款，按抵押顺位优先受偿。

八、如果贵州千禧绿色环保出租汽车服务有限公司未履行本判决第一项、第二项、第三项确定的付款义务，则中信金融租赁有限公司有权以本判决附表列明的租赁物拍卖、变卖所得的价款受偿。

九、驳回中信金融租赁有限公司的其他诉讼请求。

十、驳回贵州亨特房地产开发有限公司的反诉请求。

如果未按本判决指定的期间履行给付金钱义务，应当依照《中华人民共和国民事诉讼法》第二百五十三条之规定，加倍支付迟延履行期间的债务利息。

本诉案件受理费389693元，由中信金融租赁有限公司负担9815元（已交纳），由贵州千禧绿色环保出租汽车服务有限公司、贵州亨特房地产开发有限公司、贵州亨特惠通汽车销售服务有限公司、四川千禧神骊科技有限公司、杨中安、刘智苓、杨光、张蕾共同负担379878元（于本判决生效之日起7日内交纳）；保全费5000元，由贵州千禧绿色环保出租汽车服务有限公司、贵州亨特房地产开发有限公司、贵州亨特惠通汽车销售服务有限公司、四川千禧神骊科技有限公司、杨中安、刘智苓、杨光、张蕾共同负担（于本判决生效之日起7日内交纳）。反诉案件受理费194846.50元，由贵州亨特房地产开发有限公司负担（已交纳）。

如不服本判决，可在判决书送达之日起十五日内，向本院递交上诉状，并按对方当事人的人数提交副本，同时交纳上诉案件受理费，上诉于北京市高级人民法院。在上诉期满后七日内，仍未交纳上诉案件受理费的，按自动撤回上诉处理。

审判长 曹欣
审判员 王楠
审判员 王朔

二〇二一年十一月一日

法官助理 苏琪越
书记员 张雯

附表

编号	品牌名称	型号规格	车牌号码	车辆识别代码/车架号码	发动机号	车辆行驶证登记所有权人
1	特斯拉	S60R5	川 AD21255	5YJSA7E16GF149119	T16G0122163L1S	贵州千禧绿色环保出租汽车服务有限公司成都分公司
2	特斯拉	S60R5	川 AD23500	5YJSA7E18GF149123	T16G1010122L1S	贵州千禧绿色环保出租汽车服务有限公司成都分公司
3	特斯拉	S60R5	川 AD23564	5YJSA7E18GF147677	T16G1010881L1S	贵州千禧绿色环保出租汽车服务有限公司成都分公司
4	特斯拉	S75R5	川 AD19446	5YJSA7E18GF135884	T16H0123043L1S	贵州千禧绿色环保出租汽车服务有限公司成都分公司
5	特斯拉	S60R5	川 AD21230	5YJSA7E17GF149145	T16F1009875L1S	贵州千禧绿色环保出租汽车服务有限公司成都分公司
6	特斯拉	S75R5	川 AD20198	5YJSA7E13GF146937	T16H0122930L1S	贵州千禧绿色环保出租汽车服务有限公司成都分公司
7	特斯拉	S75R5	川 AD21939	5YJSA7E17GF140008	T16H1012292L1S	贵州千禧绿色环保出租汽车服务有限公司成都分公司
8	特斯拉	S75R5	川 AD23550	5YJSA7E15GF139942	T16H1012616L1S	贵州千禧绿色环保出租汽车服务有限公司成都分公司
9	特斯拉	S75R5	川 AD23605	5YJSA7E10GF138746	T16H0122958L1S	贵州千禧绿色环保出租汽车服务有限公司成都分公司

续表

编号	品牌名称	型号规格	车牌号码	车辆识别代码/车架号码	发动机号	车辆行驶证登记所有权人
10	特斯拉	S75R5	川AD20520	5YJSA7E12GF136996	T16H0123045L1S	贵州千禧绿色环保出租汽车服务有限公司成都分公司
11	特斯拉	S75R5	川AD21933	5YJSA7E1XGF137684	T16H1012449L1S	贵州千禧绿色环保出租汽车服务有限公司成都分公司
12	特斯拉	S75R5	川AD21087	5YJSA7E19GF135845	T16H0123054L1S	贵州千禧绿色环保出租汽车服务有限公司成都分公司
13	特斯拉	S60R5	川AD22910	5YJSA7E17GF149002	T16G1010827L1S	贵州千禧绿色环保出租汽车服务有限公司成都分公司
14	特斯拉	S60R5	川AD26315	5YJSA7E1XGF149124	T16F1009864L1S	贵州千禧绿色环保出租汽车服务有限公司成都分公司
15	特斯拉	S75R5	川AD24122	5YJSA7E18GF135853	T16H0123103L1S	贵州千禧绿色环保出租汽车服务有限公司成都分公司
16	特斯拉	S75D5	川AD21762	5YJSA7E21GF139798	T16E1025358T16E1025380L2SL2S	贵州千禧绿色环保出租汽车服务有限公司成都分公司
17	特斯拉	S75D5	川AD03748	5YJSA7E24GF139830	T16E1026364T16E1026534L2SL2S	贵州千禧绿色环保出租汽车服务有限公司成都分公司
18	特斯拉	S60R5	川AD29911	5YJSA7E19GF148062	T16G1010638L1S	贵州千禧绿色环保出租汽车服务有限公司成都分公司

续表

编号	品牌名称	型号规格	车牌号码	车辆识别代码/车架号码	发动机号	车辆行驶证登记所有权人
19	特斯拉	S75R5	川 AD24236	5YJSA7E19GF137658	T16H0123427L1S	贵州千禧绿色环保出租汽车服务有限公司成都分公司
20	特斯拉	S75R5	川 AD23669	5YJSA7E10GF136656	T16H1012938L1S	贵州千禧绿色环保出租汽车服务有限公司成都分公司
21	特斯拉	S75R5	川 AD28215	5YJSA7E10GF154283	T16H0123435L1S	贵州千禧绿色环保出租汽车服务有限公司成都分公司
22	特斯拉	S75R5	川 AD28645	5YJSA7E16GF145653	T16H1022803L1S	贵州千禧绿色环保出租汽车服务有限公司成都分公司
23	特斯拉	S60R5	川 AD23639	5YJSA7E17GF147654	T16G1010888L1S	贵州千禧绿色环保出租汽车服务有限公司成都分公司
24	特斯拉	S75D5	川 AD23506	5YJSA7E26GF139831	T16E1025463T16E1025458L2SL2S	贵州千禧绿色环保出租汽车服务有限公司成都分公司
25	特斯拉	S60R5	川 AD19470	5YJSA7E18GF148067	T16G1010685L1S	贵州千禧绿色环保出租汽车服务有限公司成都分公司
26	特斯拉	S75R5	川 AD28228	5YJSA7E16GF140100	T16E1007284L1S	贵州千禧绿色环保出租汽车服务有限公司成都分公司
27	特斯拉	S75D5	川 AD19450	5YJSA7E24GF140170	T16E1026367T16E1026487L2SL2S	贵州千禧绿色环保出租汽车服务有限公司成都分公司

续表

编号	品牌名称	型号规格	车牌号码	车辆识别代码/车架号码	发动机号	车辆行驶证登记所有权人
28	特斯拉	X75D6	川 AD22111	5YJXCCE25GF016871	T16H1069822T16H1071475L2SL2S	贵州千禧绿色环保出租汽车服务有限公司成都分公司
29	特斯拉	X75D6	川 AD29879	5YJXCCE23GF016870	TL611074647T18B1316780L2SL2S	贵州千禧绿色环保出租汽车服务有限公司成都分公司
30	特斯拉	X75D6	川 AD29838	5YJXCCE20GF016874	T1611074530T1611074261L2SL2S	贵州千禧绿色环保出租汽车服务有限公司成都分公司
31	特斯拉	X75D6	川 AD27369	5YJXCCE29GF016873	T16H1071241T16H1071545L2SL2S	贵州千禧绿色环保出租汽车服务有限公司成都分公司
32	特斯拉	X75D6	川 AD25521	5YJXCCE27GF016872	T16H1069871T16H1071667L2SL2S	贵州千禧绿色环保出租汽车服务有限公司成都分公司
33	特斯拉	S60D5	川 AD06402	5YJSA7E20GF149058	T16G1052697T16G1052855L2SL2S	贵州千禧绿色环保出租汽车服务有限公司成都分公司
34	特斯拉	S60R5	川 AD21225	5YJSA7E13GF147716	T16G1011195L1S	贵州千禧绿色环保出租汽车服务有限公司成都分公司
35	特斯拉	S60D5	川 AD21227	5YJSA7E29GF149057	T16G1052612T16G1052627L2SL2S	贵州千禧绿色环保出租汽车服务有限公司成都分公司
36	特斯拉	S75R5	川 AD21709	5YJSA7E18GF155231	T1611014337L1S	贵州千禧绿色环保出租汽车服务有限公司成都分公司

续表

编号	品牌名称	型号规格	车牌号码	车辆识别代码/车架号码	发动机号	车辆行驶证登记所有权人
37	特斯拉	S75R5	川 AD21715	5YJSA7E13GF132925	T16H1013858L1S	贵州千禧绿色环保出租汽车服务有限公司成都分公司
38	特斯拉	S75R5	川 AD21040	5YJSA7E12GF139980	T16H1013877L1S	贵州千禧绿色环保出租汽车服务有限公司成都分公司

魏颖

北京市朝阳区人民法院

北京市朝阳区人民法院刑事审判庭四级高级法官，中国政法大学法学硕士。北京市模范法官、北京法院扫黑除恶专项斗争先进个人、北京市打击洗钱犯罪成绩突出个人、朝阳区人民法院司法业务标兵、朝阳区人民法院审判业务专家，朝阳区人民法院审思明断奖获得者。扎根刑事审判一线十余年，办理各类刑事案件千余件，审理多起有影响力的疑难复杂刑事案件，先后三次荣立三等功，多次被评为五好党员、优秀共产党员。在《人民司法》《审判前沿》《北京审判》《中国法院年度案例》等书籍刊物上发表案例分析近20篇，撰写的裁判文书获北京法院优秀裁判文书网上互评活动二等奖，撰写的学术论文两次被评为院学术讨论会优秀论文，三次获得朝阳区人民法院调研突出贡献奖。

北京市朝阳区人民法院
刑事判决书

（2020）京0105刑初1331号

公诉机关：北京市朝阳区人民检察院。

被告人：谷良坤，男，1973年9月27日出生，户籍所在地北京市东城区。因涉嫌犯虚假诉讼罪，于2019年7月19日被羁押，次日被刑事拘留，同年7月21日被取保候审，后于同年11月25日被逮捕。现羁押在北京市朝阳区看守所。

辩护人：王朝勇，北京市京师律师事务所律师。

辩护人：黄露娟，北京京师（天津）律师事务所律师。

北京市朝阳区人民检察院以京朝检公诉刑诉〔2020〕1277号起诉书指控被告人谷良坤犯虚假诉讼罪，于2020年7月1日向本院提起公诉。本院依法组成合议庭，适用普通程序，公开开庭审理了本案。北京市朝阳区人民检察院指派检察员宋迎新出庭支持公诉，证人于某某、汤某、郎某某、聂某某出庭作证，被告人谷良坤及其辩护人王朝勇、黄露娟均到庭参加诉讼。现已审理终结。

北京市朝阳区人民检察院起诉书指控，被告人谷良坤于2016年间，在北京市朝阳区京某大厦内，伙同保定玉某旅游开发有限公司（以下简称玉某公司）法定代表人王某某、北京龙某电气有限责任公司（以下简称龙某公司）实际控制人汤某（二人均已判决）捏造了玉某公司向龙某公司借款1020万元的事实，龙某公司的会计聂某某、出纳郎某某协助出具了相关“借款合同”等证据。后龙某公司于2016年5月将玉某公司诉至北京市朝阳区人民法院，要求偿还欠款及利息，诉讼过程中双方提交了伪造的借款凭证及伪造的孙某某名下的国有土地使用证复印件等证据，致使北京市朝阳区人民法院于2016年7月29日出具民事调解书，内容包括被告玉某公司于2016年8月31日前偿还原告龙某公司本金1020万元，于2016年8月31日前支付原告利息270万元等。后龙某公司向北京市朝阳区人民法院申请强制执行。北京市朝阳区人民法院于2017年1月10日出具强制执行裁定书，查封了孙某某名下土地的使用权。孙某某提出执行异议后，北京市朝阳区人民法院于2017年8月17日中止了对上述土地使用权的查封。被告人谷良坤后向公安机关投案。公诉机关就上述指控向本院提交了证人证言、书证等证据材料，认为被告人谷良坤伙同他人以捏造的事实提起民事诉讼，妨害司法秩序，严重损害他人合法权益，其行为已构成虚假诉讼罪，提请本院依照《中华人民共和国刑法》第三百零七条之一的规定对其定罪处罚。

被告人谷良坤对公诉机关指控的事实及罪名予以否认。被告人谷良坤的辩护人认为：在案王某某、汤某、聂某某、郎某某的证言前后矛盾，无法排除为了推脱罪责陷害谷良坤的合理怀疑，不能作为定案依据；在案证据不能形成完整证据链，达不到确实充分的标准，公诉机关指控谷良坤犯虚假诉讼罪的事实不清、证据不足。

经审理查明，被告人谷良坤于2016年间，在北京市朝阳区京某大厦内，伙同保定玉某旅游开发有限公司（以下简称玉某公司）法定代表人王某某、北京龙某电气有限责任公司（以下简称龙某公司）实际控制人汤某（二人均已判决）捏造了玉某公司向龙某公司借款1020万元的事实，龙某公司的会计聂某某、出纳郎某某协助出具了相关“借款合同”等证据。后龙某公司于2016年5月将玉某公司诉至北京市朝阳区人民法院，要求偿还欠款及利息，诉讼过程中双方提交了伪造的借款凭证及伪造的孙某某名下的国有土地使用证复印件等证据，致使北京市朝阳区人民法院于2016年7月29日出具民事调解书，内容包括被告玉某公司于2016年8月31日前偿还原告龙某公司本金1020万元，于2016年8月31日前支付原告利息270万元等。后龙某公司向北京市朝阳区人民法院申请强制执行。北京市朝阳区人民法院于2017年1月10日出具强制执行裁定书，查封了孙某某名下土地的使用权。孙某某提出执行异议后，北京市朝阳区人民法院于2017年8月17日中止了对上述土地使用权的查封。被告人谷良坤于2019年7月19日主动向公安机关配合工作。民警从被告人谷良坤处起获扣押的手机1部已移送在案（暂扣于北京市公安局朝阳分局）。

以上事实，有下列证据予以证明：

1. 同案王某某的供述证明：

（1）2018年6月2日：2015年1月刘某某和张某找到我说他们有一块地在河北保定玉某村让我一起开发，要成立一个公司，我同意了。刘某某让其儿子当股东，张某让他亲戚当，还有一个叫孙某某的（地就是她的），我当了法人。刘某某和张某让我找钱建设这块土地，我当时就找到朋友汤某，他有钱我带他来看过这个地。刘某某和张某给了我土地证的复印件和土地地上物的房产证原件，我把这些证的复印件和房产证原件给了汤某，从2015年3月到7月，我分6次从汤某位于北京市朝阳区京某大厦处借了1020万元人民币的现金，后我将钱都给了开发的施工队。我是以保定玉某公司名义借的。我当时借钱时带着一个司机，钱每次都用纸箱子放的。我在朝阳法院提供的公司票据都是施工队给的，我不清楚为何是假的。

（2）2018年6月8日：公司是按照工商局要求注册的。没开过股东大会。股东大会决议是张某拿来的，我就签字了。我没见过孙某某。股东大会决议和任职的事是张某先让我签字的，签完之后张某和刘某某去北京找孙某某签的字。我觉得孙某某的名字应该是她自己签的，她应该知道我是法人。公司的注册资金我和刘艺某、杨某某都是以货币方式认缴的，孙某某是以土地方式充当注册资金的。营业执照是张某注册的。2015年公司注册以后我们搞了剪彩活动。我开始修路等。我管汤某借钱的事张某和刘某某都知道，是他们让我去找钱和招商引资。孙某某肯定也知道我找汤某借的钱。因为张某给我这块土地上的房本，让我用房本去外面借钱。我认为房本是孙某某给他的，所以孙某某知道让我借钱的事。我把房产证放在汤某那里了，借款协议上使用房子还是土地我记不清了。一共借来一千多万元，全部用在玉某项目。

（3）2018年6月20日：营业执照是张某办的，执照里孙某某占50%的股份，出资形式是土地，公司章程是2014年12月在刘某某办公室里，我跟刘某某和张某定的，孙某某不在场。孙某某对占股50%用土地出资应该是没意见，她签字了。孙某某的土地证是张某在我们办理工商营业执照之前提供的。我不知道为何在玉某公司的第一次股东会载明的出资方式是货币，但在公司章程中孙某某的出资方式为土地。在公司运营中，张某和刘某某负责前期手续，我负责后期工程建设和协调资金。2015年6月左右，张某和刘某某闹翻了，我一个人在运作，我一共跟汤某借了1020万元，借了半年时间，利息是多少我忘记了。我跟刘某某说了我从北京借了钱，但是没说从汤某处借的，我没跟张某说过向汤某借钱的事，不知道刘某某跟他说过没有。我给汤某写了借条是以公司名义借的，汤某起诉公司是因为我是公司的法人，这钱也用于公司了。案卷中有玉某公司的现金明细账，记账凭证和收据这些都是我提供的，公司的公章在我这里，这些票据都是真实的。

（4）2018年6月28日：刘某某曾经派刘某到公司当会计，后来刘某某不满意刘某的工作把她开除了，刘某离开公司之后我相继找了艳某、杨会计管理公司的账。我从汤某那里取钱的时候还有我司机跟着我，他能证明我从汤某处借走1020万元现金，他和我一起去的汤某办公室，给钱的时候他也在，还有汤某的会计和出纳，每次都是汤某公司的人把钱捆成10万元一捆的装在纸箱里。刘某走了之后我就自己做公司的出纳，我每次从汤某那借钱出来就把钱拿回来直接到工地上发给工人了，施工队能证明给我开了收据，每次拿回来的钱数量都不一样但是每次都能发完，我从汤某手里借钱拿的都是政府的批文，都是复印件，房产证是原件，这些都是张某给我的，我给汤某看过土地证的复印件，我没见过土地证原件。我没押给过汤某东西。在法院起诉的时候是原告汤某提供的证据。我不知道汤某从哪里获得的这份土地证复印件，我没给过他。我和汤某借钱的事情我和刘某某说了，没和张某说，我是用项目做担保向汤某借的钱。

（5）2018年8月23日：刘某某和张某让我使用公司名义向汤某借款的，但我没证据证明。我给汤某提供过土地证和政府出具的文件的复印件，证明钱的用途。我没有土地证的原件，只有复印件，是张某给我的。汤某向法院提供的土地证复印件应该是我向他借钱的时候给他的。我借款的时候汤某和他的会计、出纳在场。

（6）2019年7月8日：我之前没说实话。2015年成立玉某公司，我在地上办开业仪式、打井、修路花了四五百万元，其他股东都不投钱，孙某某还通过法院告工商局说我们做假执照，我当时想花钱买孙某某的土地，但我没有钱。后来朋友汤某来保定觉得土地位置不错，我让他出钱，但他说没有钱。2015年夏天，汤某让我去北京京某大厦找他，我去后见到他和一名男子在，汤某介绍男子是谷律师，汤某说可以把这块地产生一起诉讼，再把这起诉讼弄到法院审判。我说我在北京没关系，汤某说可以让谷律师代理这起案件，法院把土地冻结通过执行拍卖，如果能卖一亿元可以拿出四五千万元给孙某某，土地就归我了。我同意了。汤某说谷律师会安排一个虚假的诉讼，他会制作证据，让我配合谷律师签字、盖章。汤某说他要1000万元好处费，所以我们这起虚假诉讼中我写的欠条就是1020万元人民币。汤某安排公司会计按照谷律师的安排打印了借款单和进账凭证等证据，我就在伪造的证据上签字、盖章了。借款钱数和时间都是谷律师安排会计写的。后来的诉讼都是谷律师和汤某在跟进，我不知道他们怎么操作的了。大概2016年或2017年，谷律师在朝阳法院的诉讼结束了，土地冻结了。孙某某因为土地冻结向法院提起诉讼，法院执行部门给我打电话让我配合调查。我告诉了汤某，汤某安排谷律师带我去朝阳法院配合调查。在执行庭开庭的时候我听法官说我和汤某的民事诉讼有问题，因为之前的庭审我没参与，都是谷律师代理的，我一听就知道这块土地要解封，还把我套里面了，我预感到要出事。我跟汤某说了这件事，汤某说还要上诉。2017年年底，汤某叫我到北京说此事，让我给谷律师打电话，我给谷律师打电话后，他说朝阳公安局已经立案了，并且到朝阳法院调查此事了。我到汤某办公室找他，汤某给我看了谷律师给他发的立案通知书照片。汤某跟我说他想办法，让我被抓后要坚持住，说警察如果问我让我咬定六次借钱都是用红酒纸箱装的钱。我没给过谷律师钱，我不知道汤某和谷律师是怎么谈的。

（7）2019 年 7 月 23 日：我觉得我的虚假诉讼的事，除了我和汤某外，谷律师、汤某手下的两个会计也应当承担责任。这个虚假诉讼很多漏洞都是他们做的，要是没有漏洞也不好认定虚假诉讼，汤某手下两个会计把账、时间给弄错了，漏洞百出。他们弄的那个东西我以前没看，我太相信汤某了，后来满城法院调取材料后让我看，证据上面的时间和钱数都是错的，我就知道完了。我和汤某的借款合同是谷良坤写的，汤某办公室有电脑，谷良坤用电脑打的字，与合同对应的票据是那两个会计做的。当时在汤某的办公室写了一下午，我在场，是他们把我叫过来的，我公司的公章是我一起带过来的，来之前说了是过来写借款合同。当时有我、汤某、谷良坤、汤某的司机小某在。当时写了六份借款合同，复印了很多份，就是他们把合同复印的时候复印乱了。谷良坤用电脑打完了合同后，拷在优盘交给了小某，小某拿到了汤某会计那屋，会计把借款合同打印出来又复印的。在谷良坤写借款合同时，汤某的两个会计进来过，根据那个借款合同做凭据。写借款合同前，汤某当我的面跟谷良坤说了虚假诉讼的事，汤某就没借钱给我，所以我、汤某、谷良坤都知道借款合同是假的。后来我找汤某说此事，汤某让我给谷良坤打电话，谷良坤在电话里让我打死了也要扛住，说不然事就大了。

2. 同案汤某的供述及辨认笔录证明：

（1）2019 年 6 月 14 日：我于 2014 年成立北京龙某电气公司。关于我和王某某涉嫌虚假诉讼的事，公安找我取证过多次。王某某 2015 年开始跟我借过 6 次钱，我每次都给他现金，现金都是我家里的，一共是人民币 1020 万元。郎某某是我公司的出纳，聂某某是我公司的会计，我每次都让她俩办手续，但她们没见过我带的现金。王某某是以玉某公司名义向我的龙某公司借款。

（2）2019 年 6 月 17 日：我于 2001 年认识王某某，2015 年年初，王某某给我打电话说他有个叫玉某养老度假村的项目，他是玉某公司总经理和法人。我经过考察觉得这个项目不靠谱，我就拒绝了他。后来王某某没钱交房租了，想找我先借款 30 万元人民币交房租。他说现在玉某旅游开发公司已经建了四座别墅的框架，将来这四座别墅他准备卖 80 万元一套，如果我借给他钱，他就按照 20 万元人民币的价格卖给我一套。以后再还给我 10 万元现金。因为我想以便宜的价格购买一套别墅，我就同意借给了他 30 万元。有一次王某某来公司找我，当时我跟谷良坤律师在我办公室正在说我公司其他案件。王某某说玉某公司的股东孙某某一直在告工商局，说企业注册手续是虚假的。王某某还给我看了满城法院一审的判决书和保定市中级人民法院二审的判决书。二审判决了工商局胜诉，王某某就觉得自己的股份和法人身份踏实了。当时谷良坤律师指出王某某和刘某某一共占有 40% 股份，孙某某和另一名股东占 60% 股份，王某某在公司的地位还是不稳定。谷良坤律师问王某某这块地投资了多少钱，王某某就计算出 1800 万元费用，说他自己投资 800 万元。谷良坤说剩下的资金可以让我和王某某之间虚构个借款合同。让王某某找我借 1020 万元。王某某和谷良坤律师两人就按照开工期和工程排期草拟出 6 次借款时间、借款数额。谷良坤还设计了我个人出资后以公司名义向玉某公司借款的虚假事实。谷良坤当时就拟出借款合同和支出凭证。我安排公司会计聂某某和出纳郎某某按照谷良坤草拟的借款合同和支出凭证制作了 6 次虚假借款合同和支出证明。制作完虚假的借款合同和支出证明后，王某某签了字并盖了玉某旅游公司的公章。谷良坤还让王某某提供审计报告。虚构的第一次借款合同与支出凭证上写的时间应该是 2015 年 3 月，借款期限是 3 个月。实际上是往前推了签署时间。等到合同到期后 6 个月左右，谷良坤就从我这里拿走了所有的借款合同和凭证去朝阳法院起诉。王某某还按照谷良坤的要求提供了土地证和公司章程、协议等资料。而且谷良坤还要求我和王某某在朝阳法院调解处理。我和王某某就按照谷良坤的安排进行了调解。调解后我和王某某、谷良坤一起商定通过朝阳法院走执行程序。在执行过程中，王某某还按照谷良坤的要求再次提供了土地证和公司章程、协议等资料。王某某把资料给我之后我就原封不动地交给谷良坤。朝阳法院执行庭后把孙某某在满城的土地冻结了。孙某某发现土地被冻结之后就到朝阳法院起诉，朝阳法院又解冻了孙某某的土地。后来昌平经侦来找我了解过情况，我跟谷良坤和王某某说了这件事。谷良坤说这件事我和王某某两个人都要死扛。我和王某某就按照谷良坤说的做了。包括后来王某某被朝阳公安分局抓获以后，警察找我了解情况，我也是按照谷良坤律师说的死扛给过王某某 1020 万元现金。我跟王某某有约定，如果这件事能按照 1020 万元借款执行，我把钱都给王某某。谷良坤律师按照执行额 30% 的标准拿风险代理费。剩下的钱由王某某占有，王某某答应再给我一栋别墅。警察找我、我公司会计和出纳了解情况的时候，我们都说给了王某某现金，是谷良坤给我们出的主意。谷良坤从我这里拿的正常的诉讼费，因为他挣的是风险代理的钱，就是诉讼标的金额的 30%。谷良坤知道王某某与我之间的借款情况和诉讼是虚假。因为借款的事情都是谷良坤安排的，诉讼也是他代理的，也就是说这个虚假诉讼都是谷良坤律师安排的。王某某和我公司的会计、出纳都能证明这件事。我是想要王某某答应我的那两套别墅。再有就是我信任谷良坤，觉得应该没问题，我和王某某、我公司会计和出纳都不是做这样事情的人。不然会计制作的虚假凭证也不会写错时间和钱数，这都是按照谷良坤律师写的虚假证据制作的。我想解除与谷良坤律师的代理关系。因为我进来之前我给他打电话，他说让我死扛不能说实话，不要把他说出去。现在我知道自己做错了，我不能再相信他，不能让他作为我的代理律师。

（3）2019年7月9日：我和谷良坤认识十年了。谷良坤2016年或2017年的时候找到我，想跟我借500万元，说他跟一个承德人打官司，我没借给他。那次王某某找我说保定土地的事，谷良坤也在我办公室说承德人的事，谷良坤听了后就让我们弄一个虚假诉讼，让我跟王某某做一个借款协议，这样孙某某就不敢闹腾了。

（4）2019年7月19日：虚构的第一次借款合同与支出凭证上写的时间应该是2015年3月，借款期限是3个月。实际上是往前推了签署时间。剩下的五份证据我都没看，就是太信任谷良坤了，我如果当时看一下，可能就不会写错时间了。这些都做好后，我、王某某、谷良坤商定诉讼的事，我提出如果真能通过虚假诉讼拿回钱，我不要虚假的借款，但事成后王某某要给谷良坤诉讼标的30%的风险代理费。王某某同意了，还提出判决中的利息和滞纳金给我。我提出这钱我也不要，但我提出将来王某某在这块地对面盖好的别墅给我一套。王某某同意了。当天我就把谷良坤代理案件的委托书写好交给他了，谷良坤把所有虚假借款手续拿走了，他负责安排诉讼。没过几天，谷良坤就通知我朝阳法院立案了，让我们去交钱。我去朝阳法院立案庭交了4万多元诉讼费。后来的事情就是谷良坤运作，我没去过法院。没过多久，谷良坤告诉我已经调解了，我看了调解书。谷良坤又去办执行手续。在执行过程中，王某某按照谷良坤的要求再次提供了土地证和公司章程、协议等材料。王某某把资料给我，我原封不动交给了谷良坤。朝阳法院执行庭后把孙某某在满城的土地冻结了。孙某某发现土地被冻结之后就到朝阳法院起诉，朝阳法院又解冻了孙某某的土地。后来昌平经侦来找我了解过情况，我跟谷良坤和王某某说了这件事。谷良坤让我和王某某咬死有实际借款，如果说了实话大家全完，最惨的就是他。我和王某某按照谷良坤说的，一直跟警察说有借款。王某某被抓后，警察找我了解情况，我一直没承认。我找过谷律师，谷律师说他认识警察，能够把我择出来。谷良坤让我给他钱作为感谢。我觉得这事不是警察能够做主的，就没给他钱。每次警察找我，我都跟谷良坤联系，他都让我去，说是正常询问。

（5）2019年7月20日：当天王某某找我提出要捏造虚假债务，谷良坤来找我，我把王某某公司内部股权情况跟谷良坤说了，又跟谷良坤说我借给了王某某 1020 万元人民币。谷良坤说可以通过诉讼处理。我说我没有写借款手续，王某某说可以补写借款手续，我要求谷良坤给我起草了借款协议。谷良坤给了我一个借款协议的模板，他就走了。我委托谷良坤代理龙某公司起诉王某某的公司。我没有告诉谷良坤我和王某某之间的虚假借款。后来谷良坤正常代理我的案子。在诉讼和执行程序后，分局找我了解情况，我知道我和王某某虚假诉讼的案子被公安发现了，我跟谷良坤说了实情。谷良坤让我扛住，扛不住就进去，我就按照谷良坤和其他朋友说的，没跟警察说实话。谷良坤问过为何没写欠条，我说没写。伪造的借款协议、支出凭证、收据是我和王某某商量的，和谷良坤没关系，伪造的六次借款时间、金额是我和王某某商定的。之前我因为害怕把责任推到谷良坤身上。

（6）2019 年 9 月 10 日：这起案件是谷良坤一手策划的，是他让我和王某某签署虚假的借款协议，之后他再去法院起诉。我知道谷良坤向公安机关提供的录音一事，当时谷良坤告诉我案件已经按照虚假诉讼在朝阳分局立案了，他给我打电说他会给我打电话问我借款是否是真实的，让我在电话中配合他说是真实的。之后他就给我打了电话，在电话里问我借款是否是真实的，我按照谷良坤之前教我的说借款是真实的，我还在电话里骂了一句警察。里面的内容是谷良坤让我配合他说的，谷良坤说别把这个事牵扯上他。整个这件事都是谷良坤攒的局，开始说我和王某某做一个借款协议就完了，是谷良坤说要走诉讼才真实。出了事，谷良坤给我打电话说朝阳立案了，如果立案他就完了，说会给我打电话，让我在电话里说借款是真实的。在虚假诉讼案件中王某某的代理律师于某艳是我安排的，她是我公司的法律顾问，对虚假诉讼的事情不知情。

（7）庭审所述：谷良坤的 30% 风险代理费是我、王某某和谷良坤一起定的。我和他的代理合同里没有写，是口头说的，全部执行完了，由玉某公司给谷良坤。借款合同是谷良坤起草的，我会计打印的，谷良坤在我公司手写的，写完会计打的。支出凭证是聂某某做的，收据是郎某某做的，我让她们做的。起诉提交的文件，北京公司的材料是我提供的，保定的材料是王某某提供的。

汤某辨认出谷良坤。

3. 证人郎某某的证言及辨认笔录证明：

（1）2019 年 6 月 14 日：我是 2005 年到汤某公司工作，我和会计聂某某平时给公司做账交税。我之前没说实话。我就见过王某某一次，是有一天在京某大厦汤某把我和聂某某叫到他办公室，汤某向我和聂某某介绍王某某是王总，汤某说王总之前找他借过钱，让我和聂某某补个借款合同。后来是聂某某按照汤某说的通过电脑打印了借款合同和借款条。王某某给我们提供的借款人姓名和借款公司的名称。六份借款合同是当天一次性签署的。当天汤某没有给王某某钱。我听汤某说过他要起诉王某某。我之前跟警察说看见王某某去过汤某公司六次，每次都是去借款，而且还看见过汤某给他现金是假话，是汤某让我说的。

（2）2019 年 6 月 17 日：我记得借款合同落款时间是 2015 年，合同是补签的，真实的制作时间是 2016 年或 2017 年。我记得伪造证据那天，我看见王某某、谷良坤律师在汤某办公室。他们商量什么我不清楚，我感觉他们在伪造证据时是有意背着我的。我和聂某某在一个办公室，开始是汤某叫聂某某到他办公室，没叫我。后来聂某某在汤某办公室打印好借款合同回到我办公室盖公司章。聂某某说王某某向汤某借款写了六份借款合同和支出凭证，是谷良坤律师帮着排的时间和金额，写的合同。我听后没多想，聂某某就在借款合同上盖了龙某公司的章。过了几个月，谷良坤到公司找汤某，汤某把我和聂某某叫到他办公室，谷良坤说要到法院起诉王某某，需要补一份收据，意思就是我公司账上没有钱，是汤某个人出资以公司名义借给王某某玉某公司钱。这笔钱是现金方式借，没有入我公司账户，让我和聂某某补一份我公司会计、出纳收到汤某出借现金的收款凭证。这样结合之前做的借款合同和支出凭证能证明我公司以现金方式将 1020 万元现金分六次借给玉某公司王某某。谷律师说完后，我和聂某某按照他说的制作了虚假的收款凭证。谷律师把凭证拿走了。后来我听汤某说玉某公司如果还不了钱，公司在河北保定有块地可以抵债。后汤某还说官司赢了。之后我听汤某说王某某被抓了，土地不是玉某公司的，是孙某某的。警察找汤某调查诉讼的事，汤某让我和聂某某找警察作伪证，谎称见过王某某来公司借过六次钱，每次我们都见到王某某了，也看到汤某给王某某现金了，而且借款合同、收款凭证、支出凭证都是每次当时签署的。我们按照汤某说的跟警察说了假话。后来我们就从汤某公司离职了。被抓之前警察找我，我还给汤某打了电话，他说没事，让我按照之前那样说，结果我又说了假话。聂某某当天做借款合同的时候我就知道这件事是假的，但因为是汤某个人的事情，与我无关，我们就做了。开始伪造证据的时候我没在汤某办公室，后来我听聂某某说虚构借款凭证的时候是谷良坤安排时间、钱数写的借款合同。为了起诉案件，谷良坤律师安排我和聂某某伪造的收款凭证。我知道这些虚假证据都是谷良坤伪造的，之后他又自己代理这起案件。

（3）2019 年 7 月 19 日：2016 年三四月的时候，聂某某从汤某办公室出来拿着一些借款合同，说是汤某、王某某他们一起做的，让我盖章，我拿出公章和聂某某一起盖章。盖完章后聂某某填写了支出凭证，每份借款合同对应一份支出凭证。我和聂某某把盖好章的借款合同和写好的支出凭证送到汤某办公室。我看见他办公室有汤某、王某某和谷良坤律师。当时汤某让我代替他母亲即龙某公司法人李某在支出凭证上签字，我签完字后王某某在支出凭证上签字。我记得过了两天谷良坤来到公司，让聂某某补填了收据，意思就是汤某个人使用现金给龙某公司入账，收据证明龙某公司收到了汤某个人的现金，龙某公司再用这些钱给王某某。谷良坤还让聂某某把借款手续装订成财务账册，将手续复印后交给谷良坤，他说起诉要用。后来我听汤某说谷律师代理了这起诉讼还胜诉了。

（4）庭审证言：做合同那天我在汤某办公室见过谷良坤，后要凭证还见过他一次。

郎某某辨认出谷良坤。

4. 证人聂某某的证言证明：

（1）2019年6月14日：我是龙某公司的会计。郎某某是出纳。公司的实际控制人是汤某。王某某和我公司没有业务往来。龙某公司没有收到过汤某的钱，龙某公司也没借给过王某某公司钱。我们出具的借款合同、支出单据、入账收据都不是真实的。这些手续是汤某让做的。

（2）2019年6月17日：我之前有部分没说实话，汤某是我老板，他让我那么说，他没有被抓，我不敢说实话。2016年上半年的一天，汤某让我去他办公室，我进去后看见两个人，汤某说一个是谷律师，一个叫王某某。汤某让我用他办公室的电脑打印借款合同，当时是谷律师口述的，他说一句我打一句，在电脑上打出来文本后，我回到自己办公室打印出来，之后在我办公室按照借款合同手工填写了支出凭单。我把打好的借款合同和支出凭单送到汤某办公室，王某某当场就签名，盖了玉某公司的章。全部做好后交给了汤某。过了一段时间，我记得是汤某跟我说开个收据，意思是我公司账上没钱，他想以龙某公司名义借给王某某公司钱。虽然这笔钱是以现金方式借给王某某的，又没有入我公司账户，钱有出项没进项。让我补一份我公司收到汤某出借现金的收据。我按照汤某说的补了六份收据，做好后交给了汤某。后来我听汤某说他通过法院起诉王某某公司了。再后来汤某找我和郎某某找警察作伪证，谎称2015年自己见过王某某来公司借过六次钱，每次我们都看见王某某了，每次都看见汤某给王某某现金，是用纸箱子装的钱，但没有过数。而且借款合同、收款凭证和支出凭证都是每次当时签署。我们就按照汤某教我们说的跟警察说了假话。我和郎某某后来都从汤某公司离职了，我被抓前一天，汤某给我打电话说没事，让我按照之前那样说，结果我又对警察说了假话。汤某、王某某和谷律师在我进汤某办公室前是怎么商量的我不知道，我进屋后汤某说谷律师没带助理，让我给谷律师打印个东西，谷律师口述，我在电脑上敲字，我完全是按照谷律师口述的内容敲的，没有一点不同。

（3）2019 年 7 月 19 日：汤某让我用他办公室的电脑打印借款合同，当时谷律师口述，他说一句我打一句，在电脑打出来文本后，我回到自己的办公室打印出来六份借款合同。我是在汤某办公室电脑上制作的，是一台新的一体机电脑，我用优盘把文件转过去，用自己的电脑打印的。

（4）2019 年 7 月 20 日：2016 年上半年的一天，汤某叫我到他办公室。汤某让我打印个东西，他说谷律师说什么我打什么，我打印的时候发现是借款合同，当时是谷律师口述，我根据他说的在电脑上打字，打好第一份借款合同后，谷律师当时还给了我几个日期和金额（是他直接给了我一张写了日期和金额的纸还是他口述我记到纸上的我记不清了，但肯定是谷律师给我的日期和金额）。整个过程都是谷律师口述，我记录内容，这个过程中汤某和王总我们都在一个办公室，我没印象汤某和王总针对借款合同跟我说过什么，我都是按照谷律师的口述记录的。在电脑上打好第一份借款合同后，因为汤某办公室没有打印机，我把合同拷到优盘，拿到我的办公室打印，并按照谷律师给我的日期和金额又打印了另外五个借款合同，每个合同都是一式两份。打印完后，汤某和王某某到我办公室，汤某让我写了六份公司支出凭证，上面的金额对应借款合同的金额和日期。王某某就在合同和支出凭证上签字了，汤某没签字，后来都给汤某了。后来的事我就不知道了。借款合同的内容大概是王某某名下公司从龙某公司借款，六个借款合同金额共计 1000 多万元，借款方式写的现金。

（5）2019 年 7 月 26 日：当天我忘了是谷良坤说的还是汤某说的，说谷良坤有助理的，当时谷良坤的助理没来，所以让我给谷良坤打字。谷良坤在那里说，我在那里打字，六份借款合同是当天打出来的。我打出来一个模子似的借款合同后，用优盘把模子拷了出来，再把优盘插到我和郎某某办公室的电脑上，用电脑打了出来。开始的那份模子是有时间和借款金额的，算是第一次借款，然后谷良坤跟我说我直接打到电脑、还是我把谷良坤说的另外五次借款时间和金额记在一张纸上后我打到电脑里，这块我忘了，但是肯定是谷良坤提供了另外五次借款时间和借款金额，我照着打在电脑里然后打印出来的另外五份借款合同。当时谷良坤让写的是 2015 年的借款合同，但是当时是 2016 年，所以我在手填支出凭单时间的时候顺手写成了 2016 年（这个是笔误），谷良坤说的都是 2015 年。我和郎某某一个办公室，汤某是独立办公室，当时谷良坤说我打借款合同是在汤某的办公室，他的办公室很大，我记得当时汤某和王某某坐在沙发上，我坐在电脑那，谷良坤坐在我边上说。打好借款合同后我把合同模子拷到优盘回到我和郎某某的办公室，把优盘插到了我和郎某某办公室里我的电脑上，因为我的电脑有打印机，这样我在我的电脑上按照谷良坤提供的借款时间和金额打了另外五份借款合同。六份借款合同是一式两份，我打印了十二份借款合同。后我在我的办公室对照六份借款合同上的借款时间和金额，手写了六份支出凭单。然后我把借款合同和支出凭单给了汤某。我在我的办公室打印借款合同和填写支出凭单时郎某某、汤某在场，汤某从我办公室把借款合同和支出凭单拿走的。我记不清是当时还是之后汤某还让写了收据。写收据的时候谷良坤应该不在。后来汤某让我把六份借款合同和支出凭单装订成册了。后来汤某让我和郎某某说假话，我怕被报复就说了假话。

（6）庭审证言：借款合同是谷良坤口述，我敲的字，然后打印的，当时谷良坤、王某某和汤某在场。是在汤某办公室的电脑敲的字，打印是在我们办公室打印的，因为汤某办公室没有打印机。

5. 证人张某的证言证明：2014年年底，刘某某找到我说想买地，盖养老院别墅，说王某某给他施工。我就带刘某某去北京找到了严某的爱人孙某某，他们具体怎么谈的、怎么签订的协议我不清楚。2015年六七月，严某说王某某以玉某公司名义在网上招商，经了解，王某某在孙某某不知情的情况下注册成立了玉某公司，法人是王某某，股东有王某某、孙某某、杨某某、刘艺某。后来孙某某就通过法律途径起诉了满城工商局。

6. 证人杨某某的证言证明：我是保定玉某旅游开发公司的股东。2015年1月13日中午，我姐夫张某给我打电话说一会有人拿股东合同让我签个字。我当时就同意了，后来有人找我，我当时签了三四个名字，上面的内容我也没有看。我不认识王某某、孙某某、刘艺某，也没去过公司。

7. 证人于某艳的证言及委托代理合同、发票证明：我是龙某公司诉玉某公司借款纠纷一案中玉某公司的代理律师。我与玉某公司的代理合同是2016年7月8日签署的，代理期间我去过两次朝阳法院，应该是庭前调解程序，最后是调解结案的。结果是玉某公司偿还借款，经调解，借款利息有所降低。我认为当庭出具调解书的情况不异常。法官说借款是现金，问玉某公司把钱用到什么方面了，要求提供玉某公司股东对借款知情或同意的股东会决议。我把要求和王某某说了，我去河北保定取的证据材料。我记得材料好像是购买挖掘机的收据或发票，好像还有工程预算书。法官要求的股东会决议没有拿到，好像王某某说股东会没有召集起来，我转述给了法院。借款合同不是我向法院递交的，应该是原告律师提供的。当时属于庭前调解程序，不存在质证问题，我没有对借款合同进行查验。王某某委托我时表示对向龙某公司借款没有争议，承认借款事实，也是我没有查验的原因。我认识汤某，他和我们所的合伙人认识。汤某或许说过有他认识的人要开庭请律师，因为我和他认识时间不短，有过这种情况，但他没有明确提过被告的名字。我不认识谷良坤。调解之后，王某某想让我代理执行阶段，我没有接。因为在开庭阶段对方代理律师提过借款实际出借人是汤某，我觉得自己认识汤某，又做汤某对方的代理人不好。我代理这起案子收了2万元律师费。相关委托代理合同及发票证明于某艳代理该案收取2万元律师费的情况。

8. 证人于某某的证言证明：

（1）公诉机关证言：谷良坤是我姑姑家的表哥，平时关系很好。我于2016年年初至2019年10月一直陪着谷良坤，他去哪我去哪，给他开车，我哥平时给我点零花钱。我认识汤某。我进过他办公室。第一次是汤某给谷良坤打电话让谷良坤去，到了办公室汤某说有人欠他钱，要打官司，后来我就没听，坐在边上玩手机。当时谷良坤向汤某介绍了我是他表弟，没一会儿我们就走了。过了几天，汤某又叫我们去，汤某给了谷良坤一些材料，我不知道是什么，我们坐了一会儿后，又来了两个人，汤某介绍说有一个是王总，另一个人没介绍。我没听见他们说什么，过了一会儿就走了。第二次去汤某办公室我没有印象是否有别人进过办公室。

（2）庭审证言：我记得去过三次汤某办公室。其中一次是我自己去的，谷良坤让我拿文件袋去盖章。

9. 刑事判决书证明：王某某、汤某因犯虚假诉讼罪被分别判处刑罚；郎某某、聂某某因犯伪证罪被分别判处刑罚的情况。

判决中，证人孙某某就案件情况提供了相关证言——“2015年我通过朋友介绍与刘艺某、王某某、杨某某意欲成立一家旅游公司，刘艺某拿着由其制作的《保定玉某旅游开发有限公司章程》《保定玉某旅游开发有限公司第一次股东会会议》到北京找到我，首次股东会由王某某召集和主持，公司注册资本500万元，出资方式为货币500万元，当时决定让我出资100万元人民币，我同意了但一直没有给公司出钱。后来我在工商查询中发现我的出资方式在我不知情的情况下由100万元变成使用我名下位于河北的300亩土地（价值1亿元人民币）。我于2015年7月24日向保定满城县工商行政管理局递交《申请撤销保定玉某旅游开发有限公司登记申请书》，后我又向保定竞秀区法院提起行政诉讼。2017年5月，我在网上查询发现朝阳法院将我名下的保满国用（2008）字第某号国有土地予以查封。经查，2016年北京龙某公司法人李某和其儿子汤某以民间借贷为由，诉保定玉某公司欠款本金1020万元，利息266万元，朝阳法院作出民事调解书，内容包括被告玉某公司偿还本金1020万元、支付利息270万元等。朝阳法院根据上述调解书于2017年1月10日出具强制执行裁定书，将我的前述土地查封。后我依法从朝阳法院调取了民事卷宗，显示自2015年3月16日起至6月30日止，玉某公司共向龙某公司借款六笔：2015年3月16日借款150万元、2015年4月20日借款160万元、2015年4月30日借款210万元、2015年5月30日借款180万元、2015年6月20日借款240万元、2015年6月30日借款80万元，上述共计本金1020万元。借期短、借款密集，以上六笔借款金额不同，但合同中最终确认收款金额均为150万元，上下不一，明显造假。根据庭审笔录显示，龙某公司出借给玉某公司的1020万元是现金出借，钱的来源是该公司法人李某的儿子汤某。我从朝阳国税局了解到，龙某公司根本没有这笔款项的往来记录。玉某公司确认收到1020万元的现金，并说这些钱给了其他公司作为工程款，并出示了加盖其他公司单位章的收款收据，经了解上述其他公司与玉某公司没有业务往来，也没有给该公司出具收款收据。我从没有将自己的土地证给过任何人，卷宗中出现的土地证复印件与我的土地证有明显差异，系伪造。玉某公司法人王某某与龙某公司的诉讼调解书、双方签订的《还款协议暨国有土地使用权转让协议》，直接针对的是我名下的土地。王某某和李某等人恶意串通，提供虚假证据，该案属于虚假诉讼。我的土地证从来没有给过任何人，包括复印件。我这个地上的房子已经是作废的了，当时有一个房产证是玉某营房，已经是废旧房子，房产证也没有用了，我当时购买这块地将所有人改成我的名字后房产证我没有要。我不知道公司有借款一事。”

判决中，证人刘艺某提供了相关证言——“王某某是保定玉某公司的法人，我是股东之一。2015年左右，刘某某让我和一个叫张某的人去保定市满城区工商局办理保定玉某旅游开发有限公司，当时让我当其中一个股东，其他股东还有杨某某（张某介绍的）、孙某某、法定代表人是王某某。我没有实际参与经营。我不知道王某某以公司名义借款。我知道公司有一块地，我出钱修这块地的路，具体花了多少钱我记不清了。王某某是否出钱修路我不清楚。”

判决中，证人姜某某提供了相关证言——“2015年1月我公司老板刘某某想在满城注册一家公司，让我带着他儿子刘艺某去满城工商部门办理手续。资料都是刘艺某提交的，办理完营业执照后我就交给刘艺某了。刘某某让我注册的这家公司叫玉某公司。我记得这家公司当时有四个股东，王某某、刘艺某、孙某某和杨某某。注册前是我去找杨某某签的字。我记得注册资金有500万元人民币，都是以出资的方式入股的。我记得当时都是以货币的方式出资的，没印象有拿土地入资的。”

判决中，证人王某提供了相关证言——“我发现王某某冒用孙某某的名义注册了玉某旅游公司。我跟对方沟通此事过程中认识的王某某。之前跟我联系的都是刘某某。我知道刘某某与孙某某谈土地的事情，当时刘某某说购买土地，说省里会出资，但钱不能直接打给我们公司，需要再成立一家公司。第二次刘某某来后让孙某某在成立公司的章程上签字，说是准备材料，因孙某某不是河北当地的，让她先把字签了。具体事项真正成立的时候再谈。当时我看了孙某某的出资形式就是货币，刘某某说需要找其他股东签字就把原件拿走了。后2015年四五月，刘某某打电话以谈事为由骗我去保定，我们发现被骗假剪彩，当时土地上建了一个架子，我拍了照片。2015年7月，我们查询发现刘某某伪造孙某某签字注册了公司，并且偷换了公司章程中关于出资方式的内容，变更为使用土地入资，出资比例由20%变为50%。当年7月底我们申请撤销公司。2015年9月，我们提出行政复议，后提出行政诉讼。土地上没有任何施工，是原始状态，售楼处不在土地上，听说是村干部替王某某出的钱。后来我查到玉某公司的两起民事诉讼，其中一起是王某某以玉某公司的名义向汤某借钱的事。我去法院查询才知道土地被查封。我们在法院资料中看到的土地证的复印件与我们的真土地证出入很大。”

10. 相关书证、民事调解书、民事判决书、强制执行裁定书、执行裁定书等证明：

保定玉某旅游开发有限公司的章程、股东会决议内容，王某某为该公司法定代表人。北京龙某电气有限责任公司的营业执照载明法定代表人为李某。

还款协议暨国有土地使用权转让协议载明，龙某公司作为甲方出借人，玉某公司作为乙方借款人，内容显示乙方分别于2015年3月至6月共六次向甲方借款1020万元，因乙方尚未还款，达成协议即确认双方借款金额和利息，乙方承诺如2015年11月15日前不能归还，同意将位于河北省满城县的某国有土地使用权转让给甲方，甲乙双方在落款均有签章，日期为2015年10月30日。

北京龙某电气有限责任公司作为原告，委托谷良坤作为代理人于2016年5月25日向本院提起诉讼，请求判令保定玉某旅游开发有限公司（委托代理人于某艳）支付借款本息。诉讼双方向本院提供了“支出凭单”（共6张，时间和金额分别为：2015年3月16日150万元，2015年4月20日160万元，2015年4月30日210万元，2016年5月30日180万元，2015年6月20日240万元，2015年6月30日80万元，领款人均为王某某，主管审批签名均为李某）“借款合同”（共6份，第一份落款2015年3月16日，借款金额150万元，合同记载乙方实际收取150万元；第二份落款2015年4月20日，借款金额160万元，合同记载乙方实际收取150万元；第三份落款2015年4月30日，借款金额210万元，合同记载乙方实际收取150万元；第四份落款2015年5月30

日，借款金额 180 万元，合同记载乙方实际收取 150 万元；第五份落款 2015 年 6 月 20 日，借款金额 240 万元，合同记载乙方实际收取 150 万元；第六份落款 2015 年 6 月 30 日，借款金额 80 万元，合同记载乙方实际收取 150 万元）“记账凭证”“收据”“国有土地使用证”（该证中记事一栏为空白）等书证，本院于 2016 年 7 月 29 日作出民事调解书，内容包括被告保定玉某旅游开发有限公司于 2016 年 8 月 31 日前偿还原告北京龙某电气有限责任公司本金 1020 万余元，被告于 2016 年 8 月 31 日前支付原告利息 270 万元等。

北京龙某电气有限责任公司于 2016 年 10 月 17 日委托谷良坤全权代理其公司负责与保定玉某公司的借贷纠纷执行。本院于 2016 年 11 月 1 日出具强制执行裁定书，裁定包括冻结、划拨被执行人保定玉某公司的银行存款等。王某某于 2016 年 11 月 14 日前往本院就执行事项进行谈话。本院于 2017 年 1 月 10 日出具强制执行裁定书，查封孙某某编号为保满国用（2008）字第某号土地的使用权，查封期限为三年。

案外人孙某某于 2017 年 5 月 3 日向本院申请中止执行相关裁定书，解封申请人已被查封的相关土地。本院于 2017 年 8 月 17 日作出裁定书，基于申请执行人（龙某公司）所提及的证据材料不足以证明该出资土地与被查封的“孙某某对保满国用（2008）字第某号土地的使用权”的直接对应关系，且被执行人的公司章程与股东会决议存在出资方式不一致情况，故中止对编号为保满国用（2008）字第某号土地使用权的执行。谷良坤作为龙某公司的委托代理人，于 2017 年 8 月 23 日向本院提出执行异议之诉，请求依法判令准许执行“保满国用（2008）字第某号”土地使用权。本院于 2018 年 8 月 1 日作出民事判决书，驳回原告北京龙某电气有限责任公司关于请求依法判令准许执行“保满国用（2008）字第某号”土地使用权的诉讼请求。

11. 谷良坤所录与汤某的通话录音证明：2018 年 10 月 28 日录音中，谷良坤问汤某与王某某的借款是否有问题，汤某说没问题。2018 年 10 月 29 日录音中，谷良坤多次询问汤某其与王某某借钱是否真实，汤某说确实借了，没问题。

12. 扣押决定书、扣押清单证明：民警从被告人谷良坤处起获扣押手机 1 部的情况。

13. 公安机关出具的到案经过、身份证明材料等证明：被告人谷良坤于 2019 年 7 月 19 日到公安机关配合工作；被告人谷良坤的身份信息情况。

14. 被告人谷良坤的供述证明：

（1）2019 年 7 月 19 日：我和汤某是朋友。2016 年 5 月，汤某让我到他的办公室要咨询借款问题。我去后他跟我说一个叫王某某的借了他 1000 多万元，问我能不能打官司。当时给我拿了一份保定玉某公司的章程复印件，还有一个不完整不清晰的土地证复印件。汤某问我王某某钱还不回来，但有一块地，怎么能把钱要回来或把地要过来。我当时给汤某发了借款合同，汤某的人填写的内容，我就走了。过了几天汤某叫我过去，我见到了叫王某某的男子，汤某把借款合同原件和复印件、玉某公司章程和土地证复印件给我。我回到我的律所起草好诉讼手续后找汤某盖章。后我去朝阳法院立案。案件受理后汤某自己交的诉讼费。法院叫我开庭的时候王某某的律师也在，我说了我的诉讼请求，王某某的律师认可借款并同意调解，法官看了资料后发现是现金借款缺少相关证据，让补充。第二次开庭王某某的律师拿了资料交给法官，法官同意对案件进行调解，借款真实有效。第二次王某某律师提交的证据，我没详细看，是公司入账情况和汤某公司的入账情况。汤某称借款是龙某公司借给王某某的保定玉某公司1000多万元。汤某称王某某的公司欠工人工资和工程款。我不清楚为何王某某的律师提交龙某公司的入账记录。我代表龙某公司，我没有印象我提供过龙某公司的入账记录。我不记得借款的日期了。我去汤某公司王某某也在公司说欠款的事，我问王某某欠款数额对不对及他是否能还钱，他说钱数没问题，愿意还钱但还不上，想用地还钱，我告知了他起诉的事情。案件调解后我向法院提交执行，汤某提供王某某公司的财产线索，即土地证复印件和公司章程。后来朝阳法院对孙某某名下的土地进行查封。2017年孙某某提出土地查封执行异议，我又在法院提出执行异议之诉，原因是汤某说借款是真实的，法院的执行裁定不对。后来法官告诉我公安机关对此案立案侦查了，我和汤某核实该案的真实性，汤某说没问题。我有给汤某打电话的两次录音，他都说借款是真实的。王某某和王某某的律师认可借款数额，所以我深信不疑。我从来不知道汤某的借款有问题。我没有收过汤某一分钱，就是帮忙。

（2）2019年7月20日：（前半部分笔录内容基本同2019年7月19日）汤某称以龙某公司名义借给王某某做法人的保定玉某公司1000多万元，当时汤某有收条，但是没有借款合同，他想要钱，知道王某某的玉某公司没有钱，但是有一块地。想要钱没有钱看看怎么把地执行了。我给汤某的建议是如果是出借方和借款方对事实和数额认可的情况下，双方协商一致可以补签借款合同。我在办公室给汤某发了一个借款合同的样本，发完后我就离开了。大约过了一个星期，汤某让我去取签好的借款合同。我有两次录音，公安机关第一次询问我前，我给汤某打电话问借款是否真实，他回答得很肯定，是真实的。因为王某某把钱花出去的对不上，第二天我又给汤某打电话，再次核实借款情况，汤某再次强调是真实借款。王某某和他的律师都认可借款金额，所以我深信不疑。我从来不知道汤某的借款有问题。这个案件我没收过汤某的一分钱，就是帮忙。对汤某和王某某的虚假诉讼一事我不知情也没参与。

（3）2019 年 11 月 25 日：我代理这个案子每个程序都是按照法律要求做的，我没有虚假诉讼。汤某一直向我承诺借款是完全真实的。我作为律师没有权利认定借款的真实性。汤某给我打电话说他借出 1000 多万元要不回来，让我去他办公室帮他看看怎么打官司。我到他办公室，他跟我说有个河北的叫王某某的从他那里借了 1000 多万元要不回来。我说要打官司看看证据，我问汤某有哪些证据，有无借款协议。他说没有签署书面借款协议，但财务有对方签字的收条。我问他有无银行转账记录，说是现金给的，说不是一次给的，是分五六次给的。我个人认为分五六次借款 1000 多万元现金是可能的。我问汤某如果打官司，现金交易法院有可能要求提供银行提款记录，证明资金来源。问他王某某有没有给他什么东西做担保。汤某说王某某给他拿了一个土地证和玉某公司章程做担保。他给我看了两个复印件。我看完章程后给汤某提建议，玉某公司是 2015 年成立，成立时孙某某使用自己名下土地作价出资 250 万元作为注册资金，占有玉某公司 50% 股份。汤某要求打官司追钱是 2016 年。我以前接触过，如果以实物出资的往往出资价虚高，打官司经法院评估拍卖实物价会很低。我告诉汤某拿土地入资，土地价值一般虚高。如果对方不还钱，法院拍卖土地，价格最多 100 多万元，汤某的债权很难拿回来。我让王某某自己去了解王某某和玉某公司有没有其他财产。执行时可以给法院提供线索。我没问汤某这笔借款是否有担保人或见证人。因为汤某告诉我他和王某某是朋友，他借给王某某钱是帮助王某某。我跟汤某说过，如果让我代理，我只能按照法院的要求让汤某提供证据，最重要的证据是借款协议。汤某当时说没有借款协议，我找他补签一份，他还是比较配合的。汤某问我借款合同如何签，我帮他找了一份借款合同样本，他们自己去签，签完再给我打电话。过了五六天，2016 年 5 月，汤某签好合同给我打电话，我过去的时候汤某给了我 6 份借款合同和汤某公司的营业执照、法人身份证复印件，玉某公司的营业执照复印件等。我看了借款合同，里面约定非常清楚。我在汤某公司跟他谈的时候快到中午来了六个人，汤某介绍是王某某。我跟王某某说借了这么多钱要抓紧时间还，王某某回答说借钱没错，就是现在还不了。王某某对借款事实和数额都认可。我就见过王某某这一次。我去的时候我表弟于某某也去了，他给我开车。我看过汤某补签的借款合同，在民事案件中当事人当时没签书面合同的，事后双方达成一致，补签合同是很正常的事。我后来找汤某要过对方签字的财务收条，我把借款合同和财务提供的支出凭单核对过，内容是一致的。我认为补签的合同没问题。补签的借款协议是我提供给法院的，法院没有对此案的真实性提出疑义。我还向法院提供了玉某公司的章程复印件、孙某某名下土地证复印件。我对汤某借款的真实性从来没有怀疑过，要不我不会代理该案。我和他外甥女谈过恋爱，我一直叫他大舅，他经济实力比较好，我向他核实出借能力的时候，他向我出示过他个人纳税证明近七八十万元，对应的收入至少八九百万元。在开庭时，王某某的律师对借款事实和借款数额都认可，法院对借款事实也认可。2018年10月28日至29日，我分两次给汤某打电话，向他核实借款真实性，他回答一直很肯定。我一直不知道公安机关对此案已经立案。2018年10月27日，汤某给我打电话告诉我王某某因为虚假诉讼被抓四个月了，我在办理此案时问过汤某很多次，汤某都肯定告诉我没问题，一定真实。在汤某给我打电话之前，在此案执行异议之诉时，法官告知我们第三方孙某某被虚假诉讼案已经被立案了。我将此事告诉了汤某，汤某告诉我虚假诉讼案件不成立，已经撤案，让我给法院写调查申请。我按照汤某的要求给法院寄了调查申请。此外就没消息了。后来汤某告诉我王某某被抓，我很不理解。我认为虚假诉讼跟我没关系，所以没核实案件是否已经撤案。

（4）2020年3月23日：汤某和他的两个财务人员向司法机关的陈述不真实。汤某的财务人员说借款合同是我在电脑上打印的，这一点不真实，因为我不会用电脑，在单位都是我自己用手写文件然后我的助理给我打印。汤某财务说是我打印的这个情况不真实。汤某的财务说是汤某把借款合同交给财务，这样的陈述和前面说的我打印完双方盖章是矛盾的。汤某和他的两个财务人员被刑拘之前所做笔录都说借款是真实的，经过侦查，他们借款不真实，说明他们也欺骗了公安机关。在2018年10月28日和29日两次和我的通话中，汤某一直跟我说借款没有问题，他从我接这个案子到最后都跟我说是真的，汤某没有跟我说实话。我和汤某说话的录音有两次（2018年10月28日和29日），法院开完庭录的，是法院告诉我公安机关虚假诉讼立案，开完庭我去汤某公司找他，问汤某借款事实有没有问题，汤某说绝对没问题，完全是真实的，要我放心。律师对委托人谈话正常情况下不录音，之所以这两次我录音，其他的和他的通话没录音，是因为录音前一天汤某打电话说王某某被抓4个月，我当时担心汤某没有跟我说实话，我再一次核实时就要留下证据，充分说明汤某一直是向我说借款是真实的。

（5）第一次庭审供述：我不认罪，我没有参与虚假诉讼。

我第一次去汤某办公室是2016年4月底或5月初，汤某约我去的，说河北一个人欠他1000多万元还不了，问我怎么打这个官司，我和表弟于某某一起去的。汤某跟我说王某某借了他1000万元，一直还不了，怎么把钱要回来，跟我说的时候提供了土地证和企业章程，说是抵押的。我问他怎么借出去的，是否有银行交易记录，汤某说都是现金，借了五六次，我问是否有借款合同，汤某说没有，只有财务收条。我说不行，还款利息没有约定，法院不会支持。汤某说找王某某签一个，问我怎么写，我回去找了个合同范本。

借款合同范本不是在汤某办公室出的，是在我办公室从我电脑里打印的，我和我表弟送过去的，范本出借人和借款人都是空白的。第二次去汤某那是汤某给我打电话让我取合同，我和于某某去的，我把土地证复印件、企业章程、营业执照副本和借款合同（六份）看完，我要回我办公室准备材料，临走的时候来了两个人，汤某介绍了个子矮的是王某某，我跟王某某说这么多钱要抓紧时间还，王某某说钱没问题，但工程没干完，工程干完肯定能还钱，我就走了。我回去给汤某准备起诉材料，过了一两天，我找汤某盖章，盖章在汤某财务的办公室，我准备好起诉材料第二天，汤某给我的借款合同、土地证复印件、企业章程等证据。后来法院让补充的支出凭证，支出凭证也是汤某给我的。我没看出借款合同和支出凭证有问题。王某某那边的材料是汤某给我的，应该是第二次的时候在袋子里装着。我一直认为借款是真实的，我没有对每一份合同都逐字对账，但我对起诉数额核对了。我做了 25 年律师，主要做房地产，不懂财务上的事。这个案子我没收律师费，我和汤某认识很久了。这个案子没有什么其他成本，跑腿出差去保定，都是我自己出的费用。官司打完我也没有要钱。

立案之后汤某自己去交费，我是汤某的代理律师，对方律师叫于某艳，我不认识对方律师，在出庭时表现出来是王某某请的。后来我整理材料时发现于某艳是汤某另一公司的法律顾问，我反过来想可能有问题。第一次没有调解，法院认为证据不充分，让双方回去补充证据，后来于某艳提交了一份证据，我提交的什么记得不是太清楚了。第二次法院出的调解书，汤某的龙某公司申请执行，我和执行法官一起去的保定，先去的河北工商局，调取档案登记，确实是孙某某入资的，后来又去对相应的土地进行查封，孙某某提出执行异议，把土地又解封了，我出于对当事人负责，又去找了汤某。支出凭证和借款合同是我提供给法院的，但我当时没注意。

汤某、王某某关于我的证言没有真话，我从来没出主意，我没有犯罪动机。我多次向汤某通话核实借款是否真实，并录了音，我的录音是客观的，能推翻汤某的话，如果我是风险代理会在合同中写得非常清楚，我们没有约定，我不收取汤某任何费用。王某某的律师是汤某找的，他们把事情都推到我身上。汤某找我的时候给我看了玉某公司章程和土地证，证明玉某公司有这个财产，我想不到这是要侵害第三人孙某某利益。我不认识聂某某、郎某某，我没口述过合同，我是回我办公室提供的合同范本。我作为律师，给当事人提供范本时我不知道他们是虚假诉讼。

（6）第二次庭审供述：汤某 2019 年 7 月 20 日的证言和我的录音能够互相吻合，这个录音是客观的，汤某不知道我录音了。

以上证据，经过庭审举证、质证，本院对互相印证的部分予以确认。被告人谷良坤及其辩护人对同案王某某、汤某的供述、证人聂某某、郎某某的证言提出异议，本院结合在案证据情况，对上述异议及辩方关于被告人谷良坤不构成虚假诉讼罪的辩解及辩护意见，综合回应如下：

一、关于辩方有异议的言词证据能否被采信

关于辩方所称王某某和汤某所述不属实，且二人作出谷良坤自始知道虚假诉讼的供述是为了推卸责任的意见。经查，同案王某某、汤某均先于被告人谷良坤到案，已因犯虚假诉讼罪被判处刑罚。聂某某和郎某某因在侦查机关及检察院办理王某某案件时，对与案件有关的情节，故意向办案机关作虚假证明，构成伪证罪，均被判处刑罚。四人在被公安机关抓获归案后，所做笔录就虚假诉讼的关键性问题，均经历了一个从不如实供述到如实供述的过程。四人并未因、也不会因向侦查机关或检察院交代谷良坤的行为而减轻或免除自己罪责。四人在言词证据中，就谷良坤对借款是否真实存在，谷良坤是否帮助制作借款合同等材料以及谷良坤得知即将案发后的行为等方面均有涉及。

1. 就谷良坤对借款是否真实存在，同案王某某称——“2015 年夏天汤某让我去北京京某大厦找他，我去后见到他和一名男子在，汤某介绍男子是谷律师，汤某说可以把这块地产生一起诉讼，再把这起诉讼弄到法院审判。我说我在北京没关系，汤某说可以让谷律师代理这起案件。”“汤某说谷律师会安排一个虚假的诉讼，他会制作证据，让我配合谷律师签字、盖章。”“写借款合同前，汤某当我的面跟谷良坤说了虚假诉讼的事，汤某就没借钱给我，所以我、汤某、谷良坤都知道借款合同是假的。”同案汤某称——“有一次王某某来公司找我，当时我跟谷良坤律师在我办公室正在说我公司其他案件。王某某说玉某公司的股东孙某某一直在告工商局，说企业注册手续是虚假的。王某某还给我看了满城法院一审的判决书和保定市中级人民法院二审的判决书。二审判决了工商局胜诉，王某某就觉得自己的股份和法人身份踏实了。当时谷良坤律师指出王某某和刘某某一共占有 40% 股份，孙某某和另一名股东占 60% 股份，王某某在公司的地位还是不稳定。谷良坤律师问王某某这块地投资了多少钱，王某某就计算出 1800 万元费用，说他自己投资 800 万元。谷良坤说剩下的资金可以让我和王某某之间虚构个借款合同。让王某某找我借 1020 万元。”“那次王某某找我说保定土地的事，谷良坤也在我办公室说承德人的事，谷良坤听了后就让我们弄一个虚假诉讼，让我跟王某某做一个借款协议，这样孙某某就不敢闹腾了。”王某某和汤某的上述供述均能证明谷良坤对王某某公司与汤某公司之间不存在真实的借款这一关键点是自始知情的。虽然汤某于 2019 年 7 月 20 日的供述就该情节存在反复，但其后面的供述和庭审作证均就谷良坤知情借款不存在予以了重申，故本院对汤某 2019 年 7 月 20 日的供述不予确认。

2. 就借款合同等材料的准备，王某某称——“汤某安排公司会计按照谷律师的安排打印了借款单和进账凭证等证据，我就在伪造的证据上签字盖章了。借款钱数和时间都是谷律师安排会计写的。”“我和汤某的借款合同是谷良坤写的，汤某办公室有电脑，谷良坤用电脑打的字，与合同对应的票据是那两个会计做的……谷良坤用电脑打完了合同后，拷在优盘交给了小某，小某拿到了汤某会计那屋，会计把借款合同打印出来又复印的。在谷良坤写借款合同时，汤某的两个会计进来过，根据那个借款合同做凭据。”汤某称——“王某某和谷良坤律师两人就按照开工期和工程排期草拟出 6 次借款时间、借款数额。谷良坤还设计了我个人出资后以公司名义向玉某公司借款的虚假事实。谷良坤当时就拟出借款合同和支出凭证。我安排公司会计聂某某和出纳郎某某按照谷良坤草拟的借款合同和支出凭证制作了 6 次虚假借款合同和支出证明。”聂某某称——“汤某让我用他办公室的电脑打印借款合同，当时是谷律师口述的，他说一句我打一句，在电脑上打出来文本后，我回到自己办公室打印出来，之后在我办公室按照借款合同手工填写了支出凭单。”“谷律师口述，我在电脑上敲字，我完全是按照谷律师口述的内容敲的，没有一点不同。”“汤某让我打印个东西，他说谷律师说什么我打什么，我打印的时候发现是借款合同，当时是谷律师口述，我根据他说的在电脑上打字，打好第一份借款合同后，谷律师当时还给了我几个日期和金额（是他直接给了我一张写了日期和金额的纸还是他口述我记到纸上的我记不清了，但肯定是谷律师给我的日期和金额）。整个过程都是谷律师口述，我记录内容，这个过程中汤某和王总我们都在一个办公室。”郎某某称——“后来是聂某某按照汤某说的通过电脑打印了借款合同和借款条。”“聂某某说王某某向汤某借款写了六份借款合同和支出凭证，是谷良坤律师帮着排的时间和金额，写的合同。”上述同案供述和证言均能证明聂某某按照谷良坤的口述在电脑上打出了借款合同，谷良坤对合同的时间、金额知情，虽然王某某的供述就具体谁在电脑上打的字与其他所述有所不同，但后三人的言词证据能够相互印证，不影响对谷良坤亲自参与拟定借款合同等证据的认定。

3. 就得知即将案发后谷良坤的行为，王某某称——“汤某叫我到北京说此事，让我给谷律师打电话，我给谷律师打电话后，他说朝阳公安局已经立案了，并且到朝阳法院调查此事了。我到汤某办公室找他，汤某给我看了谷律师

如不服本判决，可在接到判决书的第二日起十日内，通过本院或者直接向北京市第三中级人民法院提出上诉。书面上诉的，应当提交上诉状正本一份，副本二份。

审　判　长　魏　颖
人民陪审员　邢海燕
人民陪审员　王艳芬

二〇二一年六月十八日

书　记　员　郭晓珊

李燕

北京市东城区人民法院

北京市东城区人民法院天坛人民法庭四级高级法官，中国政法大学民商法学硕士。深耕执行和民商事审判领域十余年，办理案件5000余件。撰写的三篇案例先后入选《中国法院年度案例》。参与《商事裁判思维及方法精要》一书的编撰工作，负责“信托公司从事通道业务中的法律责任承担”篇章。多次被评为北京市东城区人民法院结案能手，获得年度嘉奖等。

北京市东城区人民法院
民事判决书

（2021）京 0101 民初 876 号

原告：申万宏源证券有限公司，住所地上海市徐汇区长乐路 989 号 45 层。

法定代表人：杨玉成，总经理。

委托诉讼代理人：尤杨，北京市汉坤律师事务所律师。

委托诉讼代理人：张树祥，北京市汉坤律师事务所实习律师。

被告：中粮信托有限责任公司，住所地北京市朝阳区朝阳门南大街 8 号中粮福临门大厦 11 层。

法定代表人：吴浩军，总经理。

委托诉讼代理人：石睿，北京市天同（重庆）律师事务所律师。

委托诉讼代理人：潘朗峰，北京市天同律师事务所律师。

原告申万宏源证券有限公司（以下简称申万证券公司）诉被告中粮信托有限责任公司（以下简称中粮信托公司）营业信托纠纷一案，本院立案后，依据《全国人民代表大会常务委员会关于授权最高人民法院在部分地区开展民事诉讼程序繁简分流改革试点工作的决定》，依法适用普通程序，由审判员公开开庭进行了独任审理。原告申万证券公司之委托诉讼代理人尤杨、张树祥，被告中粮信托公司之委托诉讼代理人石睿、潘朗峰均到庭参加了诉讼。本案现已审理终结。

原告申万证券公司向本院变更诉讼请求：（1）判令解除编号 2016 中粮集字第 113 号《中粮信托 · 长丰一号集合资金信托计划信托合同》。（2）判令被告返还原告信托资金 24850000 元。（3）判令被告赔偿原告预期信托利息损失，按 6.7385%/年的预期年化收益率计算：①以 10000000 元为基数，自 2018 年 12 月 20 日（含）起计算至 2019 年 2 月 25 日（不含），为 125410.97 元；②以 65000000 元为基数，自 2018 年 12 月 20 日（含）起计算至 2019 年 3 月 15 日（不含），为 1034172.57 元；③以 150000 元为基数，自 2018 年 12 月 20 日（含）起计算至 2019 年 4 月 25 日（不含），为 3537.71 元；④以24850000 元为基数，自 2018 年 12 月 20 日（含）起计算至被告实际返还原告剩余信托资金之日（不含），暂计算至2020年11月1日为3172279.90元，共计4335401.16元。（4）判令被告支付原告律师费200000元。（5）判令被告支付本案诉讼费用。

事实和理由：2016年12月，中粮信托公司基于其尽职调查报告及公司内部决策，与河南省宋河酒业股份有限公司（以下简称宋河酒业）签署《信托贷款合同》和《动产抵押合同》，与辅仁药业集团有限公司（以下简称辅仁集团）/朱文臣签署《保证合同》等交易文件，约定中粮信托公司发起设立“中粮信托·长丰一号集合资金信托计划”（以下简称信托计划），募集资金向宋河酒业发放信托贷款，辅仁集团、朱文臣提供连带责任担保，宋河酒业提供动产抵押担保。2017年1月，中粮信托公司推介信托计划时，表示该产品是其主动管理产品，经过尽职调查，融资方有较强的偿付能力，具有价值充足的动产抵押担保，中粮信托公司将采取有效风控措施，保障信托财产安全。基于对中粮信托公司的信任，申万证券公司与其签署了编号为2016中粮集字第113号《中粮信托·长丰一号集合资金信托计划信托合同》（以下简称《信托合同》），并于2017年1月19日支付认购资金1亿元。根据《信托合同》约定，信托目的为：受托人按委托人的意愿及信托文件的规定，为受益人的利益管理、运用和处分信托财产，并向受益人分配信托利益。受托人的义务是：按照信托文件、贷款合同及担保合同等交易文件的约定，恪尽职守，履行诚实、信用、谨慎、有效管理的义务，为受益人的最大利益处理信托事务。2017年2月7日，中粮信托公司出具《收款通知书》，再次承诺将依照信托合同和相关文件的规定，规范运作，为受益人提供高效、专业的服务。然而，中粮信托公司在产品推介、信托贷款发放、贷后管理、信托报酬提取等方面多次严重违反约定，完全背离受托人信义义务。中粮信托公司的行为直接导致信托财产无法清收变现，信托计划一再延期，构成根本违约。《信托合同》的合同目的已经无法实现，应当予以解除，理由如下：

一、中粮信托公司未经适当审查就发放信托贷款

1. 形式上，中粮信托公司没有根据合同约定审查贷款发放条件。《信托贷款合同》第7.1条约定了十几项放款条件，并约定在放款先决条件全部且持续满足后，中粮信托公司才应当发放贷款。根据中粮信托公司收放款记录，其在申万证券公司支付认购资金后6分钟，就发放了第一笔信托贷款。客观上，中粮信托公司根本不可能在6分钟内，以诚实、信用、谨慎、有效管理原则进行适当审查。

2. 实质上，多项贷款发放条件都不满足。从事后了解的情况看，第一笔信托贷款发放时，至少没有满足以下放款条件：第一，《信托贷款合同》第

7.1.6款约定放款先决条件之一为放款时信托计划应已成立。而中粮信托公司发放贷款时，信托计划没有成立。根据《信托公司集合资金信托计划管理办法》第二条的规定和《信托合同》第6.1条、第7.2条的约定，信托计划应当在委托人不少于两个（含两个）且信托资金达到最低募集金额人民币1.5亿元时才能成立。2017年1月19日，信托计划仅募集到申万证券公司支付的认购资金人民币1亿元。无论是委托人人数还是募集的信托资金金额，都不满足成立的条件，信托计划还没有成立。中粮信托公司在信托计划未成立时，就擅自使用“信托财产”（准确来说，在信托计划成立前，信托财产尚未形成），将申万证券公司认购资金1亿元全部用于向宋河酒业发放信托贷款。第二，《信托贷款合同》第7.1.7款约定放款先决条件之一为抵押物应满足相应的质量和价值标准。而中粮信托公司发放贷款时，没有对抵押物的质量和价值进行审慎核查。抵押物是本金2亿元的信托贷款唯一物保，其质量和价值是否符合相应的标准，直接关系贷款安全。根据中粮信托公司事先介绍，中粮信托公司应当确保宋河酒业在厂区将勾兑好的1200吨50度国字宋河九号散装酒灌装入指定钢体储罐内，由当地质量监督局对酒品进行取样鉴定出具质量鉴定报告，同时公司对钢体储罐阀门进行上锁，粘贴封条，根据质检报告结果，在当地工商局办理特定白酒的动产抵押手续。相关白酒应当无须加工，经包装即可零售。但中粮信托公司没有按照约定的方式检验抵押物质量。事后提供的检验报告显示，2016年11月28日，宋河酒业自行委托检验，检验方式为送检样品2瓶，不存在任何抽样过程或第三方监督，根本无法保证送检样品来源于抵押物或抵押物品质与送检样品一致。由于中粮信托公司没有按照合同约定，以其事先宣称的合理方式检查抵押物品质，以致至今也无法考证抵押物品质，且完全无法处置抵押物。第三，《信托贷款合同》第7.1.8款约定放款先决条件之一为抵押物的保险期间应覆盖信托存续期间。而中粮信托公司发放贷款时，抵押物的保险期间明显不能覆盖信托存续期间。信托计划的预计存续期间应当截至2019年1月21日。而宋河酒业对抵押物投保时，保险期间仅到2019年1月9日，明显不能覆盖信托存续期间。

二、中粮信托公司没有按照《信托贷款合同》《保证合同》等交易文件的约定履行贷后管理职责

1. 中粮信托公司没有核查信托贷款的使用情况，没有对贷款进行日常管理，没有了解宋河酒业生产经营、财务活动。根据《信托贷款合同》约定，中粮信托公司应当根据合同约定核查宋河酒业是否按照约定用途使用贷款，包括但不限于：（1）要求宋河酒业提供资金使用情况说明并提供相关材料；（2）对贷款资金使用情况进行账户分析、凭证检验或现场调查；（3）要求宋河酒业每季度前10个工作日内提供最近一期财务报表；（4）亲自或聘请第三方对贷款人发放的贷款进行日常管理，包括但不限于了解借款人的生产经营、财务活动。然而，截至申万证券公司起诉之日，经多次询问，中粮信托公司都无法说明宋河酒业使用贷款的实际情况，所谓日常管理、了解生产经营、财务活动更无从谈起。

2. 中粮信托公司没有审查宋河酒业等主体新增借款和对外担保等情况。根据贷款合同及担保合同等交易文件的约定：（1）宋河酒业发生影响其偿债能力、履行《信托贷款合同》的能力的交易，应当配合中粮信托公司采取借款保障措施、清偿或落实债务偿还；（2）未经中粮信托公司书面同意，宋河酒业不能向第三方提供任何担保；（3）未经中粮信托公司事先书面同意，担保人不能向第三方提供任何担保，否则中粮信托公司有权宣布贷款提前到期。从后来了解的情况看，2017年1月至2019年1月：（1）宋河酒业的未结清信贷由92笔增加至126笔，对外保证由4笔增加至13笔，前述两项的金额合计由186970万元激增至414165.57万元；（2）2017年4月25日，宋河酒业对外提供抵押担保；（3）2017年5月27日，辅仁集团对外提供质押担保。宋河酒业、辅仁集团的前述行为，直接导致其偿债能力严重下降，影响信托财产安全和受益人利益。中粮信托公司完全可以通过审阅财务报表，查询中国人民银行征信中心或网络公开信息等方式获知该等情况。但中粮信托公司不仅完全不知道前述情况，甚至始终宣称“报告期内无影响信托计划安全和受益人利益的情形发生”，更没有按照合同约定要求宋河酒业、辅仁集团纠正违约行为、宣布信托贷款提前到期。中粮信托公司的行为直接导致其在债务人、担保人偿债能力严重下降时，没能及时采取任何救济措施，放任事态恶化。

三、中粮信托公司没有及时清收信托贷款和变现信托财产

1. 中粮信托公司没有及时宣布信托贷款提前到期。根据《信托贷款合同》约定，宋河酒业违反《信托贷款合同》项下任何义务的，或任一担保人发生担保合同项下的违约情形的视为借款人违约，中粮信托公司有权宣布信托贷款提前到期。早在2017年4月25日，宋河酒业未经中粮信托公司同意对外提供担保；2017年5月27日，辅仁集团未经中粮信托公司同意对外提供担保；2019年1月10日，朱文臣持有的3447万股宋河酒业股份被法院冻结。前述任一情形发生时，中粮信托公司就应当立即宣布信托贷款提前到期，并及时清收，但其没有采取任何行动，没有在相关主体还有偿债能力时清收信托贷款。

2. 信托贷款到期后，中粮信托公司也没有及时清收和变现信托财产。2019年1月18日信托贷款到期，中粮信托公司直至2019年2月27日申请强制执行，但是没有申请财产保全，拖延至2019年4月19日才冻结了辅仁集团持有的700万股ST辅仁（600781. SH）限售流通股股票。股票经过四次网络公开拍卖均没有成交，最终法院根据中粮信托公司的申请裁定以物抵债。直至申万证券公司起诉之日，股票仍处于限售期，且股价长期低迷仅为人民币3. 83元/股。即便全部变现，也根本不足以清偿剩余信托贷款债权。中粮信托公司在放款前没有落实抵押物的质量和价值，始终没有保全抵押物，对抵押物完全失去控制，至今无法确认所谓储罐内到底有没有储存散酒。抵押担保措施落空。而在产品推介时，中粮信托公司从未提示抵押物的质量和价值风险、无法控制、无法采取保全措施、无法处置变现等风险，反而一再强调抵押物价值充足，是信托贷款的重要还款保障。

3. 如中粮信托公司及时采取措施，信托贷款完全可以得到清偿。根据《信托贷款合同》第11. 1条第（8）项约定，信托贷款债权与宋河酒业的其他同类债务至少处于平等地位。但在信托贷款到期后，辅仁集团清偿了多笔到期时间晚于案涉信托贷款，且金额不低于案涉信托贷款的债权。如果中粮信托公司能够及时清收信托贷款，保全债务人、保证人名下财产的，信托计划也不会一再延期，清收无望。

四、其他不当行为

除以上内容外，中粮信托公司还存在多项不当行为，包括：（1）推介信托计划时，没有进行风险适应性测评，没有履行告知说明义务，没有披露信托计划可能存在的风险。（2）信托计划预计存续期内，中粮信托公司没有按照信托文件的约定履行信息披露义务，甚至通过“倒签日期”，更改信息披露报告的挂网时间。

被告中粮信托公司辩称，在案涉信托计划设立及存续期间中粮信托公司已按约履行适当义务，不存在根本违约行为，本案不符合约定及法定解除条件；中粮信托公司已按约设立信托计划，且申万证券公司实际已认可案涉信托计划于2017年1月19日成立的事实；宋河酒业违约之后，中粮信托公司也不存在违反合同义务的行为，中粮信托公司采取行动之后，已经收到宋河酒业2亿元，并向申万证券公司分配了8800万元，依据《信托合同》第6. 2条、第14. 1条的约定，信托计划只能进行现金分配，并且约定了现金类信托财产不足以支付的则自动延期的内容，且自动延期不需要经过受益人大会，目前信托财产还在变现的过程中；在信托财产逾期之后，中粮信托公司实际没有收取信托报酬；在中粮信托公司的主动管理之下，信托财产有望收回，申万证券公司在信托计划中获取的利益已经超过88%；目前信托财产还在清算过程中，申万证券公司利益是否受损及受损金额还无法确定，中粮信托公司不应承担相应损害赔偿责任；中粮信托公司已经积极履行义务，不存在根本违约的情况，应当驳回申万证券公司的诉讼请求，具体理由如下：

第一，在信托计划设立及存续期间，中粮信托公司已按约适当履行受托人义务，不存在根本违约行为。

1. 案涉信托计划的设立及贷款发放阶段符合《信托合同》约定。中粮信托公司已按照《信托合同》，完成了信托贷款发放所要求的工作。依据《信托合同》第10.3（2）、（3）、（4）条之约定，中粮信托公司已在信托贷款发放前按《信托合同》约定分别与宋河酒业、辅仁集团、朱文臣签订相应担保合同，与河南华安保全智能发展有限公司（以下简称华安保全公司）签订《保全服务合同》，完成信托贷款发放要求的系列工作。而且，案涉散酒已在鹿邑县工商局办理抵押登记、华安保全公司已为案涉散酒开通保全服务。中粮信托公司在贷款发放阶段不存在违反《信托合同》约定的行为。中粮信托公司已按约设立信托计划，且申万证券公司实际已认可案涉信托计划于2017年1月19日成立的事实。首先，中粮信托公司已向申万证券公司出具《收款通知书/受益权证明书》，申万证券公司在收到时并未对信托计划成立时间提出任何异议。依据《信托合同》第6.1条及第7.2条约定，中粮信托公司已在分期募集第1期信托资金后，即向申万证券公司出具《收款通知书/受益权证明书》，宣告第1期信托计划于2017年1月19日成立，申万证券公司在收到该文件时并无异议，可见其实际认可案涉信托计划于2017年1月19日成立。其次，申万证券公司自2017年1月19日开始即享有信托收益，其以实际履行行为认可案涉信托计划于2017年1月19日成立。依据《信托合同》第1.33条及第13.3条之约定，持有第1期信托单位的受益人享有的对应信托利益从信托计划成立日（含）起算。而《对公账户历史交易明细表》显示，中粮信托公司向申万证券公司分配的信托收益自2017年1月19日（含）起算，并于2017年3月21日完成第1期分配，可见申万证券公司明知并认可案涉信托计划已于2017年1月19日成立。另外，《信托公司集合资金信托计划管理办法》并未规定集合资金信托计划无效或不成立的情形，而且该规定属于部门规章，不属于可使民事法律行为无效的“法律、行政法规的强制性规定”，不影响案涉信托计划的设立及效力。案涉信托计划在存续期间存在两个委托人，已符合《信托公司集合资金信托计划管理办法》相关规定，故案涉信托计划已有效设立。

2. 申万证券公司已充分授权中粮信托公司依据其专业能力管理信托财产。在信托计划存续期间，中粮信托公司亦已对信托财产进行主动管理，积极了解宋河酒业等经营财务情况以及向申万证券公司进行信息披露等，不存在违反《信托合同》约定的行为。申万证券公司在起诉前对此并无异议，其实际认可中粮信托公司的主动管理行为。在信托计划存续期间，中粮信托公司已主动了解宋河酒业等经营财务情况，尽到了忠实勤勉的受托人义务。依据《信托合同》第10.4条之约定，中粮信托公司有权对发放的贷款进行日常管理。首先，中粮信托公司已定期前往宋河酒业了解资金使用及生产经营情况，而且，申万证券公司与中粮信托公司相关工作人员也曾一同前往宋河酒业，提前落实信托贷款履行情况；其次，中粮信托公司要求宋河酒业和辅仁集团等定期提供相关财务文件并对其进行分析，包括宋河酒业2017年度以及2018年度财务报表审计报告等。报告显示，宋河酒业在2018年年底的资产负债率为39.35%，相较2017年年底资产负债率39.66%基本无变化，未超过《信托贷款合同》第15.1.1条约定的68%上限，宋河酒业在信托贷款到期前财务情况稳定。中粮信托公司还要求辅仁集团提供2017年度和2018年度信用等级通知书。中诚信国际信用评级有限责任公司将辅仁集团2017年与2018年信用评级均评定为AA+，且辅仁集团在信托贷款到期前仍获取多家银行授信，可见其在信托贷款到期前财务情况稳定；此外，中粮信托公司一直密切关注宋河酒业、辅仁集团和朱文臣的涉诉情况等。在朱文臣股权被冻结后，中粮信托公司第一时间要求宋河酒业说明情况，仅两天后宋河酒业即出具情况说明，表示该诉中保全措施所涉案件已中止审理，不影响朱文臣个人的偿债能力。在信托计划存续期间，中粮信托公司通过多种方式向申万证券公司进行信息披露，申万证券公司一直了解案涉信托计划的运营情况，在起诉前一直未提出异议，可见其实际认可中粮信托公司的信息披露以及其他主动管理行为。依据《信托合同》第22.3条之约定，受托人可以通过电子邮件、电话、在受托人网站上公告等方式进行信息披露。对此，中粮信托公司已按该约定通过电子邮件、电话、网站公告以及跟申万证券公司共赴现场等方式向申万证券公司披露案涉信托计划相关情况，申万证券公司在较长时间内未对中粮信托公司的信息披露方式及内容提出异议，也一直了解案涉信托计划运营以及信托贷款的具体情况，可见其实际认可中粮信托公司的信息披露以及其他主动管理行为。

3. 在宋河酒业出现违约行为后，中粮信托公司已积极采取多种手段进行清收及变现，收回款项已超过信托贷款本金的75%，剩余款项的收回亦具有足额保障。而且，中粮信托公司已向申万证券公司充分披露了案涉信托计划的风险，即使信托计划出现兑付风险，也应由信托财产和申万证券公司按约承担。申万证券公司已充分授权中粮信托公司依据其专业能力处置风险，在宋河酒业出现违约行为后，中粮信托公司已积极采取多种手段进行清收及变现，适当履行了《信托合同》约定的受托人义务。依据《信托合同》第10.4条、第10.5条及第10.6条之约定，如出现借款人违约时，由受托人根据其专业能力办理相关事宜，受托人有权自行决定信托财产变现方式、程序、价格及与信托财产变现相关的其他一切事项，无须另行通知委托人或受益人，亦无须提请受益人大会审议。据此，中粮信托公司已在宋河酒业违约后积极采取多种清收变现措施，包括：首先，中粮信托公司已通过电子邮件、书信、现场清收等多种方式与交易对手谈判，催告宋河酒业归还信托贷款本息、担保方承担相应担保责任。其次，中粮信托公司已积极采取强制执行、诉讼等司法手段。中粮信托公司已于2019年2月向北京市第二中级人民法院申请强制执行，目前也通过以物抵债方式取得辅仁集团所持辅仁药业集团制药股份有限公司（以下简称辅仁药业）700万股股票；此外，为了实现股权质权，中粮信托公司也于2020年10月起诉辅仁科技控股（北京）集团股份有限公司（以下简称辅仁科技），目前该案已胜诉并处于申请执行阶段。最后，中粮信托公司已通过营销债权的手段推进清收变现工作，目前已有意向方拟购买中粮信托公司所持700万股股票，双方正在接洽当中。在信托计划存续期间，中粮信托公司已实际收到宋河酒业等2亿余元，其中中粮信托公司在宋河酒业违约后已清收款项合计1.7亿元，超过信托贷款本金的75%。中粮信托公司的清收变现措施切实有效。自宋河酒业违约后，中粮信托公司已收回本金154575223.19元，利息1283333.33元，罚息13519707.81元，复利357615.66元，实现权利的费用186000元，其他费用959440元，已清收金额合计170881320元。而且，加上2017年至2018年所收到的利息后，中粮信托公司在信托计划期内实际已收到宋河酒业等共计202941736.66元。中粮信托公司已向申万证券公司充分披露了案涉信托计划的风险，并明确相关风险应由信托财产和申万证券公司承担。依据《信托合同》第14.1条以及第14.3条之约定，信托计划存在流动性风险、信用风险、抵押物风险、延期风险等。在受托人依据信托文件约定管理、运用或处分信托财产的情况下，信托财产因前述风险遭受的损失应由信托财产和受益人承担。此外，《信托合同》第一部分“风险申明”内容、《信托计划说明书》第10条亦充分披露了案涉信托计划存在的多种风险，并明确告知案涉信托计划不承诺保本和最低收益。对此，申万证券公司也在《信托合同》中明确“本机构愿意依法承担相应的信托投资风险”。本案中，中粮信托公司始终按照信托文件的约定履行受托人义务。因此，依据相关信托文件约定，目前因宋河酒业违约而产生的流动性风险、信用风险、抵押物风险、延期风险等产生的损失应由信托财产和申万证券公司自行承担。

第二，在中粮信托公司的主动管理下，剩余信托贷款清收亦具有足额保障，信托贷款有望可以收回。

首先，案涉散酒价值55912.3万元，已完全覆盖宋河酒业欠付款项，且散酒目前状态完好，仍在保险期间内且配备了保全服务，足以保障剩余款项的收回。其次，辅仁科技已向中粮信托公司提供其持有的辅仁集团股权作为质押担保，目前已办理质押登记。中粮信托公司为实现质权已提起相关诉讼，此外，郑州远策生物制药有限公司也以其名下不动产向中粮信托公司提供抵押担保。最后，信托计划已通过以物抵债方式持有辅仁药业700万股股票，且目前已有辅仁药业的重组方与中粮信托公司接洽股票收购事宜，预计股票在限售期结束后能够顺利处置。因此，在中粮信托公司主动管理下，剩余信托贷款的收回亦具有足额保障，案涉信托贷款收回的可能性较大。

第三，中粮信托公司清收款项已超过案涉信托贷款本金的75%，剩余款项清收亦具有多种保障措施，而且申万证券公司获得的信托利益也已超过其认购资金的88%，不存在案涉信托目的无法实现的情形。

依据《信托合同》第2条之约定，案涉信托目的主要是设立信托，由中粮信托公司以信托资金发放信托贷款，并为受益人利益管理、运用、处分信托财产。案涉信托计划已于2017年1月19日成立，信托贷款也已发放给宋河酒业。贷款到期前，宋河酒业一直按期付息，中粮信托公司也按约向申万证券公司支付信托收益。贷款到期后，中粮信托公司已清收款项约1.5亿元，超过信托贷款本金的75%。而且，在信托计划存续期间，申万证券公司也已实际收到信托利益约8825万元，不存在信托合同目的不能实现的情形。此外，已办理登记的案涉散酒抵押权、股权质权等均足额保障剩余信托贷款的收回。因此，申万证券公司所称《信托合同》目的无法实现与目前实际情况完全不符，其提起本案诉讼是想通过司法手段向中粮信托公司施压，由此希望中粮信托公司向其进行刚兑，贵院应驳回其全部诉讼请求，维护中粮信托公司的合法权益。

第四，案涉清收变现工作正在有序推进，信托贷款有望收回，申万证券公司所称如不解除信托合同可能造成更大损失的理由不能成立。

1. 中粮信托公司延长信托计划期限是基于《信托合同》的明确约定，中粮信托公司已适当履行《信托合同》项下义务，本案不符合《信托合同》的约定及法定解除条件。依据《信托合同》第6.2条、第14.1（7）条以及第21条之约定，案涉信托财产的分配方式是现金分配，在信托计划预计存续期限届满时，若信托财产未变现完毕的，信托计划进入延长期。中粮信托公司在信托财产未变现时，选择延长信托计划期限，是履行《信托合同》的约定，并非为了收取更多信托报酬而“一再宣布信托计划延期”。因此，中粮信托公司的行为并不违反《信托合同》约定，亦不符合《信托合同》第27条的约定解除情形。此外，如前所述，本案不存在信托目的无法实现的情形，因此也不符合法定解除条件。

2. 信托计划存续期间内，申万证券公司有可能收回剩余本金和相应信托收益，而且，因信托计划未进行清算，故难以确定申万证券公司是否存在损失及具体的损失金额。目前案涉信托计划仍然存续，在未进行清算前，申万证券公司是否存在损失以及具体的损失金额尚不能确定。更何况，基于剩余信托贷款的收回具有足额保障，申万证券公司有可能收回剩余投资本金和相应信托收益。因此，中粮信托公司认为申万证券公司主张的4335401.16元预期信托利益损失（暂计至2020年11月1日）不能成立。

当事人围绕诉讼请求依法提交了证据，本院组织当事人进行了证据交换和质证。对当事人无异议的证据，本院予以确认并在卷佐证。对于有争议的证据和事实，本院经审理认定事实如下：

一、申万证券公司与中粮信托公司签订合同及履行合同相关事实

2017年1月18日，申万证券公司（委托人、受益人）与中粮信托公司（受托人）签署编号为2016中粮集字第113号《信托合同》。其中第2条约定，信托目的：委托人为有效运用其合法所有或管理的并享有合法处分权利的货币资金，基于对受托人的信任，通过本合同设立本信托，并由受托人以自己的名义以信托资金向借款人发放信托贷款，用于补充宋河酒业所需的流动资金；委托人按照本合同的约定将信托资金委托给受托人，由受托人按委托人的意愿及信托文件的规定以自己的名义，为受益人的利益管理、运用和处分信托财产，并向受益人分配信托利益。

第六条约定，信托规模和期限：本信托计划预计发行不超过200000000份信托单位，每份信托单位面值及发行价格均为人民币1元，总计不超过人民币贰亿元整；信托计划资金可分期募集、分期发放，信托计划推介期内或推介期届满时所募集的最低金额为人民币壹亿伍仟万元整（以下简称最低募集金额）；字体加粗内容为信托计划推介期内，受托人有权根据信托计划实际募集情况调整最低募集金额。本信托计划的预计期限为自信托计划成立日（含该日）起至最后一期信托单位预计存续期限届满日（不含该日）止……如在信托计划预计期限届满日，信托财产尚未全部变现的，且本信托项下可供分配的现金形式的信托财产不足支付本合同第13.1条约定的全体受益人尚未实现的预期信托利益及本合同第11.3条约定的信托费用（不包括浮动信托报酬）及信托税费应付款项之和，则信托期限自动顺延至信托财产全部变现之日……本款所述信托计划提前终止或自动延期终止情形无须召开受益人大会，但受托人应以公告方式提前1个工作日告知全体受益人。

第7.2条约定：本信托计划推介期内或推介期届满日，募集的信托资金达到最低募集金额且受托人宣布信托计划成立的，信托计划成立并生效。本信托计划的成立日以受托人公告为准。

第 10.3 条约定，全体委托人同意信托计划资金按照以下方式管理和运用：信托计划资金全部由受托人向借款人发放信托贷款，信托贷款主要要素列明了贷款期限、贷款用途、贷款利率、结息付息方式、本金偿还方式、提前还款，并写明上述贷款要素与《信托贷款合同》约定不一致的以及信托贷款具体事宜，均以《信托贷款合同》约定为准。在向宋河酒业发放信托贷款前，受托人分别与保证人辅仁集团签订《保证合同 1》、与保证人朱文臣签订《保证合同 2》，全体保证人为宋河酒业在《信托贷款合同》项下的全部义务提供保证担保。在向宋河酒业发放信托贷款前，受托人与抵押人签订《动产抵押合同》，抵押人以其所有的不低于 1230.81 吨 50 度国字宋河九号散酒作为抵押物为宋河酒业在《信托贷款合同》项下的全部义务提供抵押担保。在向宋河酒业发放信托贷款前，受托人与抵押人、第三方保全服务机构华安保全公司签订《保全服务合同》，由华安保全公司提供抵押物保全服务。全体委托人同意受托人签署《信托贷款合同》、两份《保证合同》《动产抵押合同》《保全服务合同》并确定上述合同的内容，全体委托人在此确认对受托人签署上述合同的风险已知晓、理解并认可。

第 10.4 条约定，受托人应以诚实、信用、谨慎、有效管理为原则进行管理、运用、处分信托财产，并进行信托利益的分配，受托人对信托财产的处分权限为：严格按信托文件的约定进行投资操作。

第 10.5 条约定，信托计划成立后，如出现借款人违约或因信托财产引起的或与信托财产有关的纠纷而涉及到诉讼、仲裁或强制执行时，由受托人根据其专业能力办理相关事宜（包括但不限于为诉讼或仲裁程序选择律师等），由此所造成的一切风险由全体委托人、受益人承担。受托人依据本条约定行使无须另行通知委托人或受益人，亦无须提请受益人大会审议。

第 10.6 条约定，全体委托人及受益人同意，信托计划存续期限内，本着委托人/受益人利益最大化原则，受托人有权根据信托计划运营情况自行决定变现信托财产，并在信托财产全部变现后提前终止信托计划。本着委托人/受益人利益最大化原则，在不违反信托文件及相关交易文件约定的前提下，受托人可以自行决定信托财产的变现方式、程序及价格及与信托财产变现相关的其他一切事项，受托人可以采取包括但不限于协议转让、要求保证人承担保证责任等方式变现信托财产，受托人亦有权自行决定是否聘请中介机构对信托财产予以评估等。受托人依据本条约定行使无须另行通知委托人或受益人，亦无须提请受益人大会审议。

第13.3条约定，信托利益的分配：信托利益以现金方式分配，在第i期信托单位预计存续期内，受托人在第i期信托单位生效日起每自然季度末月的20日后5个工作日内，向持有第i期信托单位的受益人支付当期信托利益。

第14.1条约定，风险揭示：具体列明了信托计划可能面临的风险：法律与政策风险、市场风险、流动性风险、信用风险、抵押物风险、管理及操作风险、延期风险、提前终止风险、不可抗力及其他风险。其中抵押物风险载明本项目抵押物为原酒，由第三方保全服务机构依据《保全服务合同》对抵押物进行监控，并由借款人向保险公司投保，如发生抵押物存在保管不当受损或者其他原因导致的灭失风险，且不在保险公司的理赔范围内或者保险赔偿金不足以覆盖损失的，可能无法足额偿付主债权，此外，如本信托需通过处置抵押物实现债权的，抵押物处置流程较长、手续较复杂，可能无法及时获得受偿，且存在抵押物价值减损或市场价格波动导致无法足额偿付主债权的风险，如此可能造成受益人预期收益无法实现，甚至使信托财产遭受损失。延期风险载明如果信托计划（或信托单位）预计存续期限届满时，现金类信托财产不足以支付受益人预期信托利益且信托财产未变现完毕的，信托计划（或信托单位）进入延长期，该延期可能导致受托人或受益人无法在预计存续期限内实现信托利益，从而使委托人或受益人遭受损失。

第14.3条约定，风险承担：受托人根据信托文件的约定管理运用或处分信托财产及发生上述第14.1条所述任一风险而导致信托财产遭受损失的，其损失由信托财产和受益人承担；受托人违反信托文件的约定处理信托事务，致使信托财产遭受损失的，由受托人以固有财产赔偿，但该赔偿以信托财产的实际损失为限，并不得超过信托财产本身，不足赔偿时，由投资者自担；受托人承诺以受益人的最大利益为宗旨处理信托事务，并谨慎管理信托财产，但受托人不承诺信托财产不受损失，亦不承诺信托资金的最低收益。

第15.4条约定，受托人义务：受托人管理信托财产必须恪尽职守，履行诚实、信用、谨慎、有效管理的义务，为受益人的最大利益处理信托事务。

第34条约定，合同的生效：本合同自委托人（自然人）签字、委托人（机构）法定代表人/负责人或其授权代理人签字或签章并加盖公章、受托人法定代表人或其授权代理人签字或签章并加盖公章后生效。

《认购（申购）风险申明书》第一部分风险申明：中粮信托公司承诺管理信托财产将恪尽职守，履行诚实、信用、谨慎、有效管理的义务，但受托人在管理、运用或处分信托财产过程中可能面临风险，包括但不限于法律与政策风险、市场风险、信用风险、抵押物风险、管理及操作风险、延期风险、提前终止风险、流动性风险、不可抗力及其他风险等。中粮信托公司郑重申明：信托计划不承诺保底和最低收益，具有一定的投资风险，适合风险识别、评估、承受能力较强的合格投资者；委托人应当以自己合法所有的资金认购（申购）信托单位，不得非法汇集他人资金参与信托计划；信托公司依据信托计划文件约定管理信托财产所产生的风险，由信托财产承担；信托公司因违背信托计划文件、处理信托事务不当而造成信托财产损失的，由信托公司固有财产赔偿但该赔偿以信托财产的实际损失为上限，并不得超过信托财产本身；不足赔偿时，由投资者自担。在签署本信托有关信托文件前，委托人应当仔细阅读本申明书及其他信托文件，谨慎作出是否签署信托文件的决策，委托人签署本申明书即表明委托人已仔细阅读并理解本申明书及其他信托文件，委托人已了解本信托可能产生的风险和造成的损失并愿意承担相应的风险和损失。

《认购（申购）风险申明书》第二部分认购（申购）条款：委托人在本合同项下的认购（申购）标的为“中粮信托·长丰一号集合资金信托计划”项下第［1］期（总共 1 期）信托单位，信托单位、数量及预期年化收益率如下：认购（申购）资金人民币壹亿元整，认购（申购）份数壹亿份，预计存续期限为自信托单位生效日起 24 个月，预期年化收益率为 6.7385%。字体加粗内容为受托人特别声明，上述预期年化收益率并非受托人对各类受益人实际收益所做出的任何承诺或保证。

申万证券公司以手写字体声明本机构已经阅读并充分理解《信托合同》《风险申明书》和其他有关信息，且受托人已就上述文件进行充分、完整、并无任何遗漏或误解的说明，本机构愿意依法承担相应的信托投资风险。

《中粮信托·长丰一号集合资金信托计划说明书》（以下简称《信托计划说明书》）在重要提示中载明：本信托计划不承诺保本和最低收益，具有一定的投资风险，适合风险识别、评估、承受能力较强的合格投资者；受托人依据信托文件管理信托财产所产生的风险，由信托财产承担，受托人因违背信托文件、处理信托事务不当而造成信托财产损失的，由受托人以固有财产赔偿，不足赔偿时，由投资者自担；受托人不保证本信托计划一定盈利，也不保证信托计划不发生亏损，投资者在加入本信托计划前应认真阅读相关信托文件，借此谨慎作出是否签署信托文件的决策。在风险警示内容中的风险揭示部分载明了法律与政策风险、市场风险、流动性风险、信用风险、抵押物风险、管理及操作风险、延期风险、提前终止风险、不可抗力及其他风险。在风险承担方面，受托人承诺以受益人的最大利益为宗旨处理信托事务，并谨慎管理信托财产，但受托人不承诺信托财产不受损失，亦不承诺信托资金的最低收益。在备查文件部分列明了《信托贷款合同》《动产抵押合同》《保证合同 1》《保证合同 2》。

2017年1月19日15:12:19，申万证券公司向信托财产专户支付认购资金1亿元。2017年1月25日，中粮信托公司发布涉案信托计划成立公告，载明：本信托计划第一笔资金壹亿元于2017年1月19日募集结束，第二笔资金壹亿元于2017年1月22日募集结束，信托资金共计贰亿元已全部存入信托专户。2017年2月7日，中粮信托公司出具《收款通知书/受益权证明书》，称信托计划于2017年1月19日正式成立，已收到申万证券公司认购的信托资金1亿元，本资金将仅用于该信托计划的运用，根据本信托合同，按照每单位份额面值1.00元人民币计算，信托份额100000000份，已全部记入受益人账户，中粮信托公司作为该项目的受托人，将依照信托合同和相关文件的规定，规范运作，为申万证券公司提供高效、专业的服务。

自2017年3月至2018年12月每自然季度末月的21日，中粮信托公司通过信托财产专户向申万证券公司支付了当期的信托利益。中粮信托公司分别于2019年2月25日、2019年3月15日、2019年4月25日向申万证券公司分别支付了收益分配1000万元、6500万元、15万元，共计7515万元。双方均认可上述7515万元系偿还的本金。

2019年1月31日，中粮信托公司发布涉案信托计划第三次临时公告，书面正式告知信托计划自动延期，申万证券公司认可在收到该次公告前已知悉信托计划延期的情况。

另查一，2019年11月29日，中粮信托公司将多收取的信托报酬2357693.7元归还至信托财产专户。截至2021年3月21日，信托财产专户尚有资金余额1918145.35元。

另查二，涉案信托计划的另一委托人为恒丰银行股份有限公司，于2017年1月22日支付认购资金1亿元。

二、中粮信托公司与宋河酒业、辅仁集团、朱文臣签订合同及履行事实

2016年12月26日，中粮信托公司（贷款人）与宋河酒业（借款人）签订《信托贷款合同》（合同编号：2016中粮集字第［113－1］号，以下简称主合同），约定：中粮信托公司以其设立的涉案信托计划项下募集资金向宋河酒业发放信托贷款人民币2亿元，年利率8.25%。贷款期限为该期贷款发放日起第24个月届满日，每期贷款的具体起止日期见借款凭证（编号为0001233的借款借据上记载宋河酒业于2017年1月19日的借款金额为人民币1亿元整，到期日为2019年1月18日，该笔贷款实际汇款时间为2017年1月19日15:18:25，来源于申万证券公司的认购资金；编号为0001250的借款借据上记载宋河酒业于2017年1月22日的借款金额为人民币1亿元整，到期日为2019年1月18日）。贷款用途为借款人日常经营，借款人未经贷款人事先书面同意，借款人不得改变本合同中确定的贷款用途，本合同项下的贷款不得以任何形式用于房地产开发、土地储备（包括土地收购、土地前期开发、整理）、证券投资、股本权益性投资以及法律法规、部门规章、监管规定禁止生产经营和禁止信托资金投向的任何领域。贷款的发放：7.1 就本合同项下的各期贷款而言，除非贷款人全部或部分放弃下述放款条件，只有下述放款先决条件全部且持续满足后，贷款人方有义务向借款人发放该期贷款：……7.1.6 信托计划已成立，与该期贷款对应的信托单位已生效；7.1.7 抵押人已将不低于 1230.8 吨 50 度国字宋河九号散酒作为抵押物抵押于贷款人名下并已办理完毕全部抵押登记手续，抵押物的品质由当地质量监督局鉴定，中水致远资产评估有限公司已就抵押物出具正式评估报告，抵押物评估值不低于 55 912.3 万元，按照贷款本金最高发放金额计算的抵押率不高于 42.6%；7.1.8《动产抵押合同》项下抵押物已办妥投保手续，以贷款人作为第一顺位保险金请求权人的保险合同已签署并生效，且保险期间覆盖信托存续期间，保险金额能够覆盖信托贷款的全部本息……9 贷款资金使用：由借款人按照本合同约定用途使用，不进行账户监管，但借款人应按照贷款人的要求提供贷款资金使用情况说明并提供相关资料。宋河酒业负有向中粮信托公司按时足额还款付息等的给付义务。双方共同申请办理了主合同公证并赋予强制执行效力。

2016 年 12 月 26 日，中粮信托公司与宋河酒业签订《动产抵押合同》，约定宋河酒业以其存放于河南省宋河酒业股份有限公司鹿邑县工业园区新园区 327 号罐、328 号罐两储罐内的 1230.81 吨宋河九号散酒（以下简称涉案抵押财产）抵押给中粮信托公司，为宋河酒业在信托贷款合同项下的全部债务提供抵押担保。双方共同办理了抵押合同公证并赋予强制执行效力。双方已就前述抵押物共同向河南省鹿邑县工商行政管理局申请办理了动产抵押登记，中粮信托公司于 2016 年 12 月 27 日取得了编号为鹿工商动抵字（2016）019 号的《动产抵押登记书》。

另作为担保方式，中粮信托公司与辅仁集团签订《保证合同》，约定辅仁集团为宋河酒业在主合同项下的全部债务提供无限连带保证担保。该保证合同第 9.4 条约定未经债权人事先书面同意，保证人不得向第三方提供抵押、质押或其他担保；第 12.1 条约定保证人违反本合同任一约定或违反任何义务，债权人有权宣布主债权提前到期。双方就上述保证合同共同办理了公证并赋予强制执行效力。

中粮信托公司与朱文臣签订《保证合同》，约定朱文臣为宋河酒业在主合同项下的全部债务提供无限连带保证担保。该保证合同第 9.4 条约定未经债权人事先书面同意，保证人不得对外进行融资，或向第三方提供抵押、质押或其他担保；第11.1条约定发生涉及保证人或其财产的任何查封、扣押、诉讼、仲裁或其他争议事件，即为保证人发生违约；第12.1条约定保证人违反本合同任一约定或违反任何义务，债权人有权宣布主债权提前到期。双方就上述保证合同共同办理了公证并赋予强制执行效力。

2019年2月3日，中粮信托公司向北京市精诚公证处就上述已办理公证书赋予强制执行效力的《信托贷款合同》、《动产抵押合同》、两份《保证合同》申请签发执行证书，公证处于2019年2月21日出具执行证书，确认中粮信托公司有权对宋河酒业、辅仁集团、朱文臣未还本金、利息、逾期贷款罚息、复利、实现债权及担保权利发生的一切费用向人民法院申请强制执行，宋河酒业可供执行的财产包括其名下抵押给中粮信托公司的存放于宋河酒业鹿邑县工业园区新园区327号罐、328号罐两储罐内的1230.81吨宋河九号散酒在内的全部财产。2019年2月27日，中粮信托公司向北京市第二中级人民法院申请强制执行。2020年8月5日，北京市第二中级人民法院出具（2020）京02执恢139号之一执行裁定书，载明本院分别于2020年7月13日、14日，8月3日、4日在淘宝司法网络拍卖平台对将被执行人辅仁集团持有的辅仁药业集团制药股份有限公司（以下简称辅仁药业）700万股股票进行第一次和第二次司法网络拍卖，均因无人报名而流拍，中粮信托公司向本院书面申请以本院第二次司法网络拍卖的保留价将上述财产以物抵债，故裁定将被执行人辅仁集团持有的辅仁药业700万股股票作价20412000元交付中粮信托公司抵偿辅仁药业在本案中所欠的相应债务，辅仁药业700万股股票的所有权及其他权利自本裁定送达中粮信托公司时起转移。另查，上述700万股份为辅仁集团于2017年12月辅仁药业重组时认购，性质为限售流通股。2020年12月31日，上市公司发布公告表明辅仁集团该次重组认购的股份限售期延长6个月，即2021年6月26日解除限售，截至2021年6月29日，上市公司没有就解禁事项发布公告，上述700万股票未如期解禁。

2019年2月22日，辅仁集团分两次向信托财产专户分别汇款1000万元；2019年3月8日，宋河酒业向信托财产专户汇款126320元；2019年3月13日，辅仁集团向信托财产专户汇款2000万元；2019年3月14日，辅仁集团向信托财产专户分别汇款3000万元、4000万元、4000万元；2019年4月23日，辅仁集团向信托财产专户汇款30万元；2019年12月27日，信托财产专户收到执行款项43000元。

另查一，2016年12月26日，中粮信托公司（甲方）、华安保全公司（乙方）、宋河酒业（丙方）签订《保全服务合同》，约定在甲方监督下，丙方将涉案抵押财产置于丙方酒厂的钢化酒罐，并在钢化酒罐上贴上已抵押于甲方名下的标识，对涉案抵押财产进行封存，甲方委托乙方对涉案抵押财产进行全程监控管理，防止涉案抵押财产以任何方式被挪用、处置、损坏、盗抢等。华安保全公司已收取了自2017年1月至2021年7月的保全服务费，持续为涉案抵押财产提供保全服务。另外，宋河酒业为涉案抵押财产投保财产基本险，保险期间自2017年1月10日零时起至2019年1月9日24时止，宋河酒业于2017年1月12日向中粮信托公司出具续保承诺函，承诺于保险到期前对上述抵押物续保。中粮信托公司为涉案抵押财产投保财产基本险，总保险金额6600万元，保险期间自2021年4月8日零时起至2022年4月7日24时止。

另查二，根据中粮信托公司出具的《尽职调查报告》，载明在涉案信托计划发行前，宋河酒业在其厂区将勾兑好的1200吨50度国字宋河九号散酒灌装入指定钢体罐内，由当地质量监督局对酒品进行取样鉴定出具质量鉴定报告。2016年11月30日，河南省鹿邑县质量技术监督检验测试中心按照“企业送检”方式对涉案抵押财产进行检验，出具《检验报告》。

另查三，2019年1月17日，中粮信托公司向宋河酒业发送到期还本付息通知书，告知宋河酒业截至2019年1月18日应向中粮信托公司支付贷款本息201283333.34元（含案涉贷款本息100641666.67元）。2019年1月18日，中粮信托公司向宋河酒业发送违约告知函，告知宋河酒业就案涉贷款构成实质性违约，贷款人保留并有权行使相关违约救济权利。2019年1月21日，宋河酒业、辅仁集团、朱文臣向中粮信托公司发送承诺书，称因流动资金紧张，申请将本息偿还期限延长至2019年1月23日，并承诺于2019年1月23日前偿还全部贷款本息。2019年1月24日，中粮信托公司向辅仁药业、朱文臣发送代偿通知函（履行责任通知书），告知辅仁集团、朱文臣于2019年1月29日前履行案涉信托贷款合同项下全部贷款本息及其他一切应付款项。

三、其他查明的事实

中粮信托公司向申万证券公司公布了涉案信托计划自信托成立至2018年12月31日的季度管理报告，告知“信托计划资金未发生重大违约情况”“报告期内无影响信托计划安全和受益人利益的情形发生”。中粮信托公司向申万证券公司披露了宋河酒业2017年、2018年度财务报表审计报告及辅仁集团2017年、2018年度信用等级通知书。

2017年4月26日，宋河酒业对外提供了主债权金额为37500万元的担保。根据2017年1月22日及2019年1月16日的宋河酒业《企业信用报告》，截至2019年1月16日，宋河酒业贷款笔数由92笔增加至126笔，金额由136970万元增加至176465.57万元，宋河酒业对外担保笔数由4笔增加至13笔，金额由50000万元增加至237700万元；根据2017年1月22日及2019年1月4日的辅仁集团《企业信用报告》，截至2019年1月4日，辅仁集团对外担保中质押笔数由4笔增加至6笔，金额由27643万元增加至35000万元。2019年1月10日，上海市闵行区人民法院作出（2018）沪0112民初19339号民事裁定书，裁定冻结朱文臣名下3446.996万元财产。经中粮信托公司要求，宋河酒业于2019年1月12日就上述冻结情况作出情况说明，称朱文臣已提起另案诉讼，要求撤销（2018）沪0112民初19339号案件中所涉的借款合同对朱文臣的法律效力，（2018）沪0112民初19339号案件已中止审理。2019年6月26日，上海市闵行区人民法院针对朱文臣的起诉，作出（2018）沪0112民初24998号民事裁定书，审查认为本案涉及另案，且该案发现资金流水有疑问，涉及多案、金额较大，有犯罪嫌疑，不属人民法院受理民事诉讼的范围，故裁定驳回朱文臣的起诉。

宋河酒业违约后，中粮信托公司通过微信和邮件方式向申万证券公司披露信托贷款清收及变现情况。

2019年3月5日，中粮信托公司与辅仁科技控股（北京）集团股份有限公司（以下简称辅仁科技）签订《股权质押合同》，约定为保障案涉信托贷款合同债权的实现，辅仁科技以其持有的辅仁集团3200万股的股权出质给中粮信托公司。2019年3月12日，河南省市场监督管理局就上述股权出质情况办理了设立登记。

2020年6月4日，中粮信托公司申请通过北京金融资产交易所发布营销公告，拟转让案涉信托贷款债权资产，北京金融资产交易所已公示。

申万证券公司就本案委托北京市汉坤律师事务所提供法律服务，支出律师费20万元。

本院认为，本案争议焦点在于案涉信托合同是否应当解除的问题。申万证券公司认为中粮信托公司在产品推介、信托贷款发放、贷后管理等方面多次严重违反约定，完全背离受托人信义义务，中粮信托公司的行为直接导致信托财产无法清收变现，信托计划一再延期，构成根本违约，依据《中华人民共和国合同法》第九十四条第（四）项规定，认为中粮信托公司的根本违约行为致使合同目的无法实现，故要求解除合同。本院围绕申万证券公司请求解除合同的事由进行阐述。

一、申万证券公司主张案涉信托计划没有成立就发放贷款，贷款发放不符合法律规定及合同约定的问题

1. 申万证券公司认为中粮信托公司在信托计划未成立时就将申万证券公司的认购资金1亿元全部用于向宋河酒业发放信托贷款，违反《信托贷款合同》中放款时信托计划应已成立的约定。本院认为，根据《中华人民共和国信托法》第8条第3款规定，采取信托合同形式设立信托的，信托合同签订时，信托成立。《信托合同》第34条约定，本合同自委托人（自然人）签字、委托人（机构）法定代表人/负责人或其授权代理人签字或签章并加盖公章、受托人法定代表人或其授权代理人签字或签章并加盖公章后生效。本案中，案涉《信托合同》已经双方当事人签字并加盖公章，系双方当事人真实意思表示，不违反法律或行政法规的效力性强制性规定，已于2017年1月18日成立并生效，案涉信托计划也已符合法定成立要件。

依据《信托合同》第6.1条约定，信托计划推介期内，受托人有权根据信托计划实际募集情况调整最低募集金额；第7.2条约定，本信托计划推介期内或推介期届满日，募集的信托资金达到最低募集金额且受托人宣布信托计划成立的，信托计划成立并生效。本案中，中粮信托公司于2017年2月7日向申万证券公司发送《收款通知书/受益权证明书》，宣布案涉信托计划已于2017年1月19日成立，申万证券公司在本案诉讼发生前也从未对此提出异议，故案涉信托计划成立于2017年1月19日符合信托合同约定。

2. 申万证券公司认为中粮信托公司在收到款项后6分钟就发放贷款，没有足够时间对放款条件进行审查。本案中，案涉信托计划是“先有项目，后有资金”。事实上，中粮信托公司在与申万证券公司签订《信托合同》前半年就开始对融资人宋河酒业进行调查并形成极为详细的《尽职调查报告》，申万证券公司对此也并无异议。另外，案涉信托计划为主动管理类信托，《信托合同》对发放贷款的时间并无限制，中粮信托公司有权依据其专业知识和判断，自主决定贷款发放时间。因此，申万证券公司的主张并无合同依据。

3. 申万证券公司认为中粮信托公司发放贷款时，没有对抵押物的质量和价值进行审慎核查，作为抵押物的宋河九号散装酒的检验方式不符合约定，系宋河酒业自行委托检验，不存在任何抽样过程或第三方监督，至今无法考证抵押物品质，也无法处置抵押物。本院认为，中粮信托公司在对抵押物进行质量检验方面存在不当行为，但该行为不构成根本违约，且抵押物一直由华安保全公司提供保全服务，并已投保财产保险。另外，在《信托合同》《认购（申购）风险申明书》《信托计划说明书》中多次提示了抵押物风险，而第14.3条第（1）款更是明确约定“受托人根据信托文件的约定管理运用或处分信托财产及发生上述第14.1条所述任一风险而导致信托财产遭受损失的，其损失由信托财产和受益人承担”。

二、申万证券公司主张中粮信托公司没有履行贷后管理职责的问题

1. 申万证券公司认为中粮信托公司没有核查信托贷款的使用情况，没有对贷款进行日常管理，没有了解宋河酒业生产经营、财务活动。本院经审查认为，申万证券公司与中粮信托公司相关工作人员曾一同前往宋河酒业，提前落实信托贷款履行情况；中粮信托公司定期要求宋河酒业和辅仁集团等提供相关财务文件、密切关注宋河酒业及辅仁集团和朱文臣的涉诉情况，确保了宋河酒业在2017年至2018年均按期支付利息，且案涉信托计划为主动管理类信托，中粮信托有权根据其专业知识自主决定信托管理方式，在申万证券公司按期取得信托收益的情况下，基于实现委托人利益最大化的原则，中粮信托公司没有任何理由提前终止贷款合同。

2. 申万证券公司认为中粮信托公司没有审查宋河酒业等主体新增借款和对外担保等情况，与中粮信托公司提交的季度管理报告载明的信息不一致。本院认为，依据《信托合同》第2.1条约定，贷款用途为补充宋河酒业流动资金。《信托贷款合同》第4.1条约定，本合同项下贷款用途为用于借款人日常经营；第9条约定，中粮信托不对宋河酒业进行账户监管。同时，从上述宋河酒业及辅仁集团财务文件可知，两者的负债和对外担保情况在2017年、2018年间并无显著变化。在宋河酒业正常使用贷款，依约按时支付贷款利息的情况下，基于实现委托人利益最大化的原则，中粮信托没有任何理由提前终止贷款合同。但须指出的是，中粮信托公司在监督宋河酒业资金使用方面确实存在信息披露不准确、不及时的情况。

三、申万证券公司主张中粮信托公司没有及时清收信托贷款和变现信托财产的问题

申万证券公司认为信托贷款于2019年1月18日到期后，中粮信托公司直至2019年2月3日才向公证处申请出具《执行证书》，2019年2月27日才向北京市第二中级人民法院申请强制执行，但是没有申请财产保全，拖延至2019年4月19日才冻结了辅仁集团持有的700万股ST辅仁（600781.SH）限售流通股股票，股票经过四次网络公开拍卖均没有成交，最终法院根据中粮信托公司的申请裁定以物抵债，直至申万证券公司起诉之日，股票仍处于限售期，且股价长期低迷仅为人民币3.83元/股，即便全部变现，也根本不足以清偿剩余信托贷款债权。中粮信托公司在放款前没有落实抵押物的质量和价值，始终没有保全抵押物，对抵押物完全失去控制，至今无法确认所谓储罐内到底有没有储存散酒，抵押担保措施落空。本院经审查认为，根据《信托合同》第10.5条及第10.6条约定，如出现借款人违约时，由受托人根据其专业能力办理相关事宜，且受托人有权自行决定信托财产变现方式、程序、价格及与信托财产变现相关的其他一切事项，无须另行通知委托人或受益人，亦无须提请受益人大会审议。基于此，中粮信托公司已在信托贷款逾期后，积极采取各项措施保护委托人利益，具体包括：通过与交易对手谈判等方式，收回现金

15042.632万元并向申万证券公司分配信托利益7515万元；通过强制执行等方式，取得辅仁集团所持辅仁药业700万股的股票，并执行回款4.3万元；促使宋河酒业关联公司辅仁科技额外提供辅仁集团8%的股权质押作为新增担保；在北京金融资产交易所发布债权转让公告，寻求多样化的债权实现方案；为了确保宋河酒业抵押的鹿邑县工业园区内327号、328号罐内的宋河九号散酒的安全，中粮信托公司持续缴纳保全费和保险费等，故申万证券公司主张中粮信托公司怠于清收信托贷款和变现信托财产与事实情况不符，本院对其主张不予采纳。

四、申万证券公司主张推介信托计划时，没有进行风险适应性测评，没有履行告知说明义务，没有披露信托计划可能存在的风险的问题

本案中，申万证券公司作为专业投资者，根据申万证券公司的投资经验，虽然中粮信托公司未对其进行风险适应性测评，但并未影响其投资涉案信托计划的自主决定权，故应由申万证券公司自负投资风险。《信托合同》中“认购（申购）风险申明书”的第二部分“认购（申购）条款”第1条，中粮信托公司特别声明不对受益人实际收益做出任何承诺和保证；第2条，申万证券公司确认“本机构愿意依法承担相应的信托投资风险”。同时，《信托合同》第14.1条还特别列举了“流动性风险”“信用风险”“抵押物风险”“延期风险”等9项主要风险，而第14.3条第（1）款更是明确约定“受托人根据信托文件的约定管理运用或处分信托财产及发生上述第14.1条所述任一风险而导致信托财产遭受损失的，其损失由信托财产和受益人承担”。本院认为，无论是宋河酒业逾期还款，还是抵押物处置过程中遭遇的困难，都属于中粮信托公司已经向申万证券公司披露的信托投资风险。且申万证券公司以手写字体声明本机构已经阅读并充分理解《信托合同》《风险申明书》和其他有关信息，且受托人已就上述文件进行充分、完整、并无任何遗漏或误解的说明，本机构愿意依法承担相应的信托投资风险。故申万证券公司主张中粮信托公司没有履行告知说明义务、没有披露信托计划可能存在风险的意见，无事实依据，本院不予支持。

当事人提举的其他证据材料或发表的其他意见不影响本院依据查明的事实依法进行裁判，本院不予一一评述。

综上所述，中粮信托公司在案涉信托计划的设立及存续期内已经适当履行了受托人义务。中粮信托公司对贷款逾期并无过错；中粮信托公司在贷款逾期后积极回收款项、增加担保措施，最大限度维护了委托人利益。虽然中粮信托公司存在信息披露不及时、不准确等情形，但不构成合同目的不能实现的根本违约情形，故申万证券公司据此要求解除合同、赔偿损失的诉讼请求，没有事实和法律依据，本院不予支持。

根据《中华人民共和国合同法》第八条、第一百零七条，《中华人民共和国信托法》第八条第三款，《中华人民共和国民事诉讼法》第六十四条，《最高人民法院关于适用〈中华人民共和国民事诉讼法〉的解释》第九十条之规定，判决如下：

驳回原告申万宏源证券有限公司的诉讼请求。

案件受理费188727元，由原告申万宏源证券有限公司负担（已交纳）。

如不服本判决，可在判决书送达之日起十五日内，向本院递交上诉状，并按对方当事人的人数提出副本，交纳上诉案件受理费，上诉于北京金融法院。在上诉期满后七日内未交纳上诉案件受理费的，按自动撤回上诉处理。

审　判　员　李　燕

二〇二一年七月十三日

书　记　员　李冰洁

附录

2022年北京法院优秀裁判文书网上互评活动获奖名单

组织奖

北京市海淀区人民法院
北京市朝阳区人民法院
北京市第二中级人民法院
北京市第一中级人民法院
北京市第三中级人民法院

一等奖

北京市第二中级人民法院	韩绍鹏 王敏	（2021）京02刑初121号
北京市海淀区人民法院	曾 竞	（2020）京0108民初4460号
北京市海淀区人民法院	刘雪琳	（2018）京0108民初61705号
北京市第二中级人民法院	金昌伟	（2020）京02刑抗6号
北京知识产权法院	张晓霞	（2021）京73民终1723号
北京市第一中级人民法院	丁少芃	（2020）京01民初503号
北京市第三中级人民法院	赵 晖	（2021）京03民再118号
北京市海淀区人民法院	杨德嘉	（2017）京0108民初15648号
北京市第三中级人民法院	尚晓茜	（2021）京03民终11146号
北京市朝阳区人民法院	王丽英	（2020）京0105民初41421号

二等奖

北京市朝阳区人民法院	朱军巍	（2021）京 0105 行初 109 号
北京市第三中级人民法院	陈晓东	（2021）京 03 民终 16350 号
北京市大兴区人民法院	焦　岗	（2021）京 0115 民初 2819 号
北京市第二中级人民法院	杨子良	（2021）京 02 刑终 261 号
北京市第三中级人民法院	郑吉喆	（2021）京 03 民终 10532 号
北京市第一中级人民法院	杨　磊	（2021）京 01 民终 5867 号
北京市第一中级人民法院	陈立新	（2020）京 01 民终 3819 号
北京市高级人民法院	赵世奎	（2021）京行终 9805 号
北京市朝阳区人民法院	孙璟钰	（2022）京 0105 民初 3528 号
北京市第一中级人民法院	柳适思	（2019）京 01 民初 130 号
北京市顺义区人民法院	杨秀芝	（2019）京 0113 民初 26063 号
北京市房山区人民法院	刘英飞	（2021）京 0111 行初 651 号
北京市第一中级人民法院	陈　实	（2020）京 01 民初 239 号
北京市朝阳区人民法院	高　磊	（2020）京 0105 民初 52399 号
北京市第三中级人民法院	王海广	（2020）京 03 刑初 170 号
北京市第四中级人民法院	翟长玺	（2021）京 04 刑初 5 号
北京市顺义区人民法院	涂　琳	（2019）京 0113 民初 28309 号
北京市第二中级人民法院	曹　欣	（2021）京 02 民初 105 号
北京市朝阳区人民法院	魏　颖	（2020）京 0105 刑初 1331 号
北京市东城区人民法院	李　燕	（2021）京 0101 民初 876 号

三等奖

北京市海淀区人民法院	王栖鸾	（2018）京 0108 民初 32020 号
北京知识产权法院	周丽婷	（2018）京 73 行初 3240 号
北京市海淀区人民法院	唐盈盈	（2021）京 0108 民初 2026 号
北京市石景山区人民法院	易珍春	（2020）京 0107 民初 9387 号
北京知识产权法院	李志峰	（2019）京 73 民初 1722 号

北京市顺义区人民法院	张　蕾	（2020）京0113民初4163号
北京市东城区人民法院	万红玉	（2020）京0101民初18308号
北京市密云区人民法院	张维霞	（2021）京0118民初1014号
北京知识产权法院	芮松艳	（2019）京73行初5353号
北京市高级人民法院	汪　明	（2021）京民终52号
北京互联网法院	刘　邢	（2020）京0491民初7999号
北京市第四中级人民法院	韩继先	（2021）京04行初1056号
北京市高级人民法院	马宏玉	（2021）京行终1885号
北京市第二中级人民法院	常　燕	（2021）京02刑终453号
北京市高级人民法院	刘　辉	（2021）京民终693号
北京市第二中级人民法院	徐　宁	（2021）京02行终740号
北京市房山区人民法院	孙静波	（2021）京0111民初4371号
北京市门头沟区人民法院	文　利	（2021）京0109民初935号
北京市通州区人民法院	邱春阳	（2021）京0112行初992号
北京市丰台区人民法院	彭　宇	（2021）京0106民初13926号
北京市昌平区人民法院	吕偲偲	（2021）京0114行初120号
北京市东城区人民法院	罗　兰	（2020）京0101刑初143号
北京市顺义区人民法院	王思思	（2019）京0113民初24633号
北京市石景山区人民法院	张英周	（2021）京0107民初6137号
北京市朝阳区人民法院	白星晖	（2020）京0105民初32289号
北京市西城区人民法院	张佳丽	（2020）京0102民初552号
北京市通州区人民法院	陶　涛	（2021）京0112刑初784号
北京市海淀区人民法院	覃　波	（2020）京0108刑初577号
北京市高级人民法院	任　颂	（2021）京民再127号
北京市东城区人民法院	冯　宁	（2021）京0101民初6309号

优秀奖

北京市昌平区人民法院	李　笑	（2020）京0114民初850号
北京市顺义区人民法院	张　伊	（2021）京0113刑初887号
北京市高级人民法院	亓　蕾	（2021）京民再48号

北京市第四中级人民法院	于颖颖	（2021）京 04 民初 190 号
北京市西城区人民法院	刘　喆	（2021）京 0102 行初 561 号
北京市石景山区人民法院	李　婧	（2021）京 0107 刑初 359 号
北京市房山区人民法院	王保新	（2020）京 0111 民初 9692 号
北京市西城区人民法院	徐澜涛	（2021）京 0102 民初 26410 号
北京市朝阳区人民法院	巫　霁	（2020）京 0105 民初 2912 号
北京市门头沟区人民法院	谢耀宗	（2021）京 0109 民初 934 号
北京市西城区人民法院	许　波	（2021）京 0102 民初 4506 号
北京市朝阳区人民法院	李有光	（2021）京 0105 民初 1996 号
北京市第一中级人民法院	杨　力	（2021）京 01 民终 2425 号
北京市门头沟区人民法院	张　岭	（2021）京 0109 民初 3075 号
北京市海淀区人民法院	赵　云	（2021）京 0108 行初 566 号
北京市第二中级人民法院	金　丽	（2021）京 02 行终 575 号
北京市第一中级人民法院	高春乾	（2021）京 01 民终 9488 号
北京市顺义区人民法院	刘琳琳	（2021）京 0113 行初 54 号
北京市大兴区人民法院	马超雄	（2021）京 0115 民初 523 号
北京市通州区人民法院	徐明祺	（2019）京 0112 民初 40399 号
北京市海淀区人民法院	周　红	（2019）京 0108 民初 62136 号
北京金融法院	丁宇翔	（2021）京 74 民初 102 号
北京互联网法院	张连勇	（2020）京 0491 民初 28159 号
北京市高级人民法院	禹明逸	（2021）京执复 190 号
北京市石景山区人民法院	姚　媛	（2021）京 0107 民初 13568 号
北京市高级人民法院	温小洁	（2020）京刑终 23 号
北京金融法院	林文彪	（2021）京 74 民终 534 号
北京市丰台区人民法院	王　静	（2020）京 0106 民初 31199 号
北京市第一中级人民法院	李　利	（2021）京 01 民初 682 号
北京市门头沟区人民法院	马冬梅	（2021）京 0109 行初 73 号
北京市高级人民法院	王东勇	（2019）京行终 1214 号
北京市第三中级人民法院	咸海荣	（2021）京 03 民终 15120 号
北京市丰台区人民法院	张　炎	（2019）京 0106 民初 24500 号
北京市朝阳区人民法院	魏慧彪	（2019）京 0105 民初 3496 号

北京市密云区人民法院	曲　爽	（2020）京0118民初4912号
北京知识产权法院	马兴芳	（2020）京73民终3422号
北京市密云区人民法院	栗　茜	（2018）京0118民初4744号
北京市东城区人民法院	李彦宏	（2021）京0101民初10294号
北京市平谷区人民法院	孙　瑜	（2021）京0117执异243号
北京市第四中级人民法院	张勤缘	（2021）京04民终603号